Dictionnaire Scolaire

HACHETTE

CM-Collège
9-14 ans

Le Dictionnaire Scolaire **Hachette**
est édité sous la responsabilité de Ghislaine Stora.

Le Dictionnaire Scolaire Hachette poursuit le travail de l'équipe qui a réalisé le Dictionnaire Hachette Junior sous la direction de Jean-Pierre Mével.

MOTS DE LANGUE ET NOMS PROPRES

COORDINATION
Bénédicte Gaillard
Jean-Benoit Ormal-Grenon
Assistés de Sophie Rouleux

INFORMATIQUE ÉDITORIALE
Luc Audrain

RÉDACTION
mots de langue
Emmanuelle Bruley
Béatrice Lebeau
Daphné Morel
Julie Ozon
Isabelle Thomas

noms propres
Véronique Basset
Joëlle Guyon-Vernier
Lionel Hertault
Valérie Lecœur

CORRECTION
Patricia Abbou
Sylvia Bonafos
Élisabeth Bonvarlet
Joëlle Guyon-Vernier

MAQUETTE
Dominique Dubois et Didier Pujos

COMPOSITION
Studio APS

PARTIE « AIDE-MÉMOIRE »

COORDINATION
François Cohen
Claire Inizan

AUTEURS
Français
Isdey Cohen et Annick Mauffrey (14-63)

Mathématiques
Michel Berge (66-73, 92-95, 104-105, 114-115)
Gérard Caparros (74-91, 96-103, 106-113, 116-127)

Histoire
Jean Duma (132-143)
Bernard Jenner (130-131, 144-161)

Géographie
Jean Duma (164-169)
Bernard Jenner (170-173, 190, 192-195)

Sciences
Vincent Besnard (220-229, 232-233)
Marie-Jeanne Comte (230-231, 234-235)
Bernard Jenner (198-219)

Anglais
Annie Sussel

MAQUETTE
Laurent Carré

MISE EN PAGE
Laser-Graphie

FABRICATION
Karine Mangili

COUVERTURE
Laurent Carré

ISBN 2.01.280527-2

43, Quai de Grenelle
75905 Paris cedex 15

www.hachette-education.com

Préface

Le *Dictionnaire Scolaire Hachette* est conçu pour accompagner au quotidien la scolarité des élèves au Cours Moyen et au Collège.
Cet ouvrage est composé de deux parties :
• **La partie dictionnaire** propose plus de **33 000 définitions** et plus de **3 000 noms propres**. Outre le vocabulaire de la vie courante, on y trouvera l'intégralité des termes à connaître dans les programmes de toutes les disciplines scolaires, du CM à la 3e.
• **La partie aide-mémoire scolaire**, illustrée et tout en couleurs, est située au centre de l'ouvrage. Elle est organisée en six parties **(français, mathématiques, anglais, histoire, géographie, sciences, anglais)** et contient plus de **120 fiches**. Celles-ci proposent une synthèse des connaissances requises du CM à la 3e. Des indications de niveau permettent de savoir à partir de quelle classe la notion présentée dans chaque fiche est enseignée. Pour faciliter la recherche des notions, des index viennent clore chaque partie.

Dans l'ouvrage, la partie noms communs précède celle des noms propres. Les deux parties fonctionnent comme tout dictionnaire « courant » :
• Chaque nom commun est suivi de sa catégorie grammaticale, d'une définition courte écrite dans une langue claire, d'un exemple qui met le mot en contexte dans une phrase et d'expressions utilisant ce mot.
• Selon les cas, les entrées sont également suivies d'indications sur la prononciation, sur le pluriel s'il présente des particularités, sur l'appartenance à une famille de mots, de remarques sur l'origine du mot et de précisions sur la grammaire ou sur l'orthographe. Ainsi, les variantes proposées dans le cadre des rectifications de l'orthographe en 1990 ont systématiquement été données. Le texte comprend enfin des indications sur les synonymes ou sur les contraires et, pour les verbes, des renvois aux tableaux de conjugaison situés au début de l'aide-mémoire central.
• Dans la partie noms propres, les pays font l'objet d'un traitement particulier : dans un cadre bleu, une « fiche d'identité » donne les informations essentielles sur le pays (nombre d'habitants, superficie, capitale, langue officielle, monnaie).
• Des tableaux situés en début d'ouvrage proposent des renseignements sur la phonétique, les adjectifs et les noms d'habitants des pays du monde.

Le *Dictionnaire Scolaire Hachette* constitue ainsi un indispensable outil de maîtrise et de connaissance de la langue. Il a également pour ambition d'offrir à l'élève de CM et au collégien le plaisir de la découverte et de la culture générale.

Présentation du

mots de langue

indique que ce mot est défini à un autre endroit

fac Voir ***faculté***.

gascon, onne → tableau p. 6 / 7.

indique un renvoi vers un tableau à ces pages

cette expression fait partie de la langue familière

godillot (nom masculin) Dans la langue familière, grosse chaussure.
★ **Godillot** vient du nom d'*Alexis Godillot*, qui fabriqua ces brodequins pour les soldats de la guerre de 1870.

indique l'origine de ce mot

attention à la grammaire

grand-oncle (nom masculin) Frère du grand-père ou de la grand-mère.
▶ Pluriel : des **grands-oncles**.
▶ Prononciation [gʀɑ̃tɔ̃kl].

attention à la prononciation

autre façon d'écrire ce mot

îlot (nom masculin) Petite île. *Un **îlot** rocheux.*
▶ On écrit aussi **ilot**.

légalité (nom féminin) Ce qui est légal. *On est dans la **légalité** quand on respecte les lois.* (Contr. **illégalité**.)

ce nom féminin a un contraire

local, ale, aux (adjectif) Qui concerne un endroit ou une région. *La météo **locale** a annoncé des chutes de neige. Le dentiste lui a fait une anesthésie **locale**.*
■ **local, aux** (nom masculin) Bâtiment ou salle pouvant servir à tel ou tel usage. *Ils ont trouvé un **local** pour se réunir.*
★ Famille du mot : local**ement**, local**isation**, local**iser**, local**ité**.

indique que cet adjectif est aussi employé comme nom masculin

indique que ce mot fait partie d'une famille d'au moins quatre mots

le numéro renvoie à un tableau de conjugaison situé pages 2 à 13 de l'aide mémoire central

loger (verbe) (conj. 5) **1** Habiter quelque part. *Quand elle va à Paris, elle **loge** à l'hôtel.* (Syn. **demeurer**, **résider**, **vivre**.) **2** Donner un logement à quelqu'un. *Ils **ont logé** un ami pendant 6 mois.* (Syn. **héberger**.) **3** Faire entrer quelque part. *Le coffre de la voiture est plein, on ne peut rien y **loger** de plus.* (Syn. **mettre**.) **4 Se loger :** s'installer dans un logement. *Ils ont trouvé à **se loger** en banlieue.*
★ Famille du mot : **dé**loger, loge**ment**, loge**ur**, logis, **re**loger.

ce sens 1 du verbe a trois synonymes

la forme pronominale de ce verbe a un sens particulier

ce verbe a quatre sens différents

il y a deux mots louche : un adjectif et un nom féminin

① **louche** (adjectif) Qui paraît suspect et éveille la méfiance. *Cette affaire est **louche**, ne nous en mêlons pas !*

② **louche** (nom féminin) Cuillère large et profonde à long manche. *Apporte-moi la soupière et la **louche**.*

mon, ma, mes (déterminant) Adjectif possessif de la première personne du singulier. *J'habite ici, c'est **ma** maison. Il me tarde de retrouver **mes** parents et **mes** amies. Je te prête **mon** stylo.*
▶ Devant un nom féminin commençant par une voyelle ou un h muet, on emploie **mon** au lieu de **ma** : mon opinion, mon histoire.

précision sur l'emploi grammatical du mot

cet adjectif a une forme différente au masculin, au féminin et au pluriel

nasal, ale, aux (adjectif) Qui concerne le nez. *Les fosses **nasales** sont le siège de l'odorat.*

œillère (nom féminin) Chacune des plaques de cuir qui empêchent un cheval de voir sur les côtés. • **Avoir des œillères :** être borné, avoir des préjugés.

ce mot apparaît dans une expression

Dictionnaire

noms propres

indique que ce mot est défini à un autre endroit

Adrien voir ***Hadrien***

il y a deux mots Allier : la rivière et le département

① Allier
Rivière de France (410 km). L'Allier prend sa source dans le Gévaudan, en Lozère, et se jette dans la Loire au Bec-d'Allier, près de Nevers.

② Allier
Département français (03) de la Région Auvergne. 7 381 km^2 ; 344 721 hab. ; chef-lieu : Moulins.

Cameroun

fiche d'identité du pays

14,3 millions d'habitants
Superficie : 475 440 km^2
Capitale : Yaoundé
Langues officielles : français, anglais
Monnaie : le franc CFA

État de l'Ouest de l'Afrique situé sur le golfe de Guinée. La population de la république du Cameroun est principalement citadine et se constitue de plusieurs ethnies : les Fangs, les Bamilékés, les Bamums.

pour mieux se repérer dans les longues définitions

GÉOGRAPHIE La végétation très variée, oppose la forêt dense au sud, à la savane dans le nord du pays. L'ouest est flanqué d'une chaîne volcanique qui culmine au mont Cameroun à 4 095 m.
ÉCONOMIE La culture du cacao et du café, et l'exploitation du pétrole et du bois constituent les principales ressources du pays. C'est l'un des pays les moins défavorisés de cette partie de l'Afrique.
HISTOIRE Au XIXe siècle, l'Allemagne a colonisé le Cameroun, mais durant la Première Guerre mondiale, le pays fut placé sous l'autorité française et britannique par la Société des Nations. Le Cameroun français a pris son indépendance en 1960 et s'est uni au Sud du Cameroun, anglais, en 1972.

Çiva
Dieu de la religion hindoue. Il représente le principe de destruction-rénovation dans l'univers.

autre façon de dire ce mot

On dit aussi **Shiva**.
On écrit aussi **Siva**.

autre façon d'écrire ce mot

Damoclès (IVe siècle avant J.-C.)
Courtisan du roi de Syracuse, Denys l'Ancien. Pour donner une leçon symbolique à Damoclès, qui enviait sa place de roi, Denys l'obligea, le temps d'un banquet, à rester sous la menace d'une épée suspendue au-dessus de sa tête par un crin de cheval.

ce mot apparaît dans une expression

■ Épée de **Damoclès** : cette expression désigne une menace permanente.

Adjectifs et noms d'habitants

Tous ces mots sont formés sur un nom propre (pays, ville ou région) grâce à des suffixes particuliers : -ais, -aise ; -ien, -ienne ; -ois, -oise ; -ain, -aine, etc. Quand ils désignent une personne, ils commencent par une majuscule : les Chinois. Certains de ces adjectifs (■) deviennent des noms masculins pour désigner une langue : le chinois est une langue parlée en Chine par les Chinois.

Adjectif	Nom des habitants	Pays, région ou ville
■ acadien, enne	les Acadiens	l'Acadie
afghan, ane	les Afghans	l'Afghanistan
africain, aine	les Africains	l'Afrique
■ albanais, aise	les Albanais	l'Albanie
algérien, enne	les Algériens	l'Algérie
■ allemand, ande	les Allemands	l'Allemagne
■ alsacien, enne	les Alsaciens	l'Alsace
américain, aine	les Américains	l'Amérique
angevin, ine	les Angevins	l'Anjou
■ anglais, aise	les Anglais	l'Angleterre
antillais, aise	les Antillais	les Antilles
■ arabe	les Arabes	l'Arabie
argentin, ine	les Argentins	l'Argentine
■ arménien, enne	les Arméniens	l'Arménie
asiatique	les Asiatiques	l'Asie
australien, enne	les Australiens	l'Australie
autrichien, enne	les Autrichiens	l'Autriche
auvergnat, ate	les Auvergnats	l'Auvergne
balte	les Baltes	les pays Baltes
■ basque	les Basques	le Pays basque
belge	les Belges	la Belgique
■ bengali, ie	les Bengalis	le Bengale
béninois, oise	les Béninois	le Bénin
berrichon, onne	les Berrichons	le Berry
■ biélorusse	les Biélorusses	la Biélorussie
■ birman, ane	les Birmans	la Birmanie
bolivien, enne	les Boliviens	la Bolivie
bosniaque	les Bosniaques	la Bosnie
bourguignon, onne	les Bourguignons	la Bourgogne
brésilien, enne	les Brésiliens	le Brésil
■ breton, onne	les Bretons	la Bretagne
britannique	les Britanniques	la Grande-Bretagne
■ bulgare	les Bulgares	la Bulgarie
cambodgien, enne	les Cambodgiens	le Cambodge
camerounais, aise	les Camerounais	le Cameroun
canadien, enne	les Canadiens	le Canada
■ catalan, ane	les Catalans	la Catalogne
champenois, oise	les Champenois	la Champagne
chilien, enne	les Chiliens	le Chili
■ chinois, oise	les Chinois	la Chine
colombien, enne	les Colombiens	la Colombie
comorien, enne	les Comoriens	les Comores
congolais, aise	les Congolais	le Congo
■ coréen, enne	les Coréens	la Corée
■ corse	les Corses	la Corse
crétois, oise	les Crétois	la Crète
croate	les Croates	la Croatie
cubain, aine	les Cubains	Cuba
■ danois, oise	les Danois	le Danemark
druze	les Druzes	la Syrie, le Liban, la Jordanie, Israël
écossais, aise	les Écossais	l'Écosse
égyptien, enne	les Égyptiens	l'Égypte
■ espagnol, ole	les Espagnols	l'Espagne
■estonien, enne	les Estoniens	l'Estonie
éthiopien, enne	les Éthiopiens	l'Éthiopie
européen, enne	les Européens	l'Europe
finlandais, aise	les Finlandais	la Finlande
flamand, ande	les Flamands	la Flandre
■ français, aise	les Français	la France
francilien, enne	les Franciliens	l'Île-de-France
franc-comtois, oise	les Francs-Comtois	la Franche-Comté
gabonais, aise	les Gabonais	le Gabon
■ gallois	les Gallois	le pays de Galles
gascon, onne	les Gascons	la Gascogne
■ gaulois, oise	les Gaulois	la Gaule
■ grec, grecque	les Grecs	la Grèce
guadeloupéen, enne	les Guadeloupéens	la Guadeloupe
guatémaltèque	les Guatémaltèques	le Guatemala
guinéen, enne	les Guinéens	la Guinée
guyanais, aise	les Guyanais	la Guyane
haïtien, enne	les Haïtiens	Haïti
hawaïen, enne	les Hawaïens	Hawaï
hollandais, aise	les Hollandais	la Hollande
■ hongrois, oise	les Hongrois	la Hongrie
indien, enne	les Indiens	l'Inde
■ indonésien, enne	les Indonésiens	l'Indonésie
irakien, enne	les Irakiens	l'Irak
(iraquien, enne	*les Iraquiens*	*l'Iraq)*
iranien, enne	les Iraniens	l'Iran
■ irlandais, aise	les Irlandais	l'Irlande
■ islandais, aise	les Islandais	l'Islande
israélien, enne	les Israéliens	Israël
■ italien, enne	les Italiens	l'Italie
ivoirien, enne	les Ivoiriens	la Côte-d'Ivoire
■ jamaïcain, aine	les Jamaïcains	la Jamaïque

Adjectif	Nom des habitants	Pays, région ou ville
■ japonais, aise	les Japonais	le Japon
■ javanais	les Javanais	Java
jordanien, enne	les Jordaniens	la Jordanie
jurassien, enne	les Jurassiens	le Jura
■ kabyle	les Kabyles	la Kabylie
■ kazakh, akhe	les Kazakhs	le Kazakhstan
kenyan, ane	les Kenyans	le Kenya
kosovar, are	les Kosovars	le Kosovo
■ kurde	les Kurdes	le Kurdistan
languedocien, enne	les Languedociens	le Languedoc
laotien, enne	les Laotiens	le Laos
■ lapon, one	les Lapons	la Laponie
latino-américain, aine	les Latino-américains	l'Amérique latine
libanais, aise	les Libanais	le Liban
libyen, enne	les Libyens	la Libye
liégeois, oise	les Liégeois	Liège
limousin, ine	les Limousins	le Limousin
londonien, enne	les Londoniens	Londres
lorrain, aine	les Lorrains	la Lorraine
luxembourgeois, oise	les Luxembourgeois	le Luxembourg
madrilène	les Madrilènes	Madrid
maghrébin, ine	les Maghrébins	le Maghreb
■ malais, aise	les Malais	la Malaisie
■ malgache	les Malgaches	Madagascar
malien, enne	les Maliens	le Mali
marocain, aine	les Marocains	le Maroc
martiniquais, aise	les Martiniquais	la Martinique
mauricien, enne	les Mauriciens	l'île Maurice
mauritanien, enne	les Mauritaniens	la Mauritanie
méditerranéen, enne	les Méditerranéens	la Méditerranée
mélanésien, enne	les Mélanésiens	la Mélanésie
mexicain, aine	les Mexicains	le Mexique
monégasque	les Monégasques	Monaco
mongol, ole	les Mongols	la Mongolie
moscovite	les Moscovites	Moscou
mozambicain, aine	les Mozambicains	le Mozambique
■ néerlandais, aise	les Néerlandais	les Pays-Bas
néo-calédonien, enne	les Néo-Calédoniens	la Nouvelle-Calédonie
néo-zélandais, aise	les Néo-Zélandais	la Nouvelle-Zélande
nigérian, ane	les Nigérians	le Nigeria
nigérien, enne	les Nigériens	le Niger
nord-africain, aine	les Nord-Africains	Afrique du nord
nord-américain, aine	les Nord-Américains	Amérique du nord
normand, ande	les Normands	la Normandie
■ norvégien, enne	les Norvégiens	la Norvège
■ occitan, ane	les Occitans	l'Occitanie
océanien, enne	les Océaniens	l'Océanie
pakistanais, aise	les Pakistanais	le Pakistan
palestinien, enne	les Palestiniens	la Palestine
paraguayen, enne	les Paraguayens	le Paraguay

Adjectif	Nom des habitants	Pays, région ou ville
parisien, enne	les Parisiens	Paris
périgourdin, ine	les Périgourdins	le Périgord
■ persan, ane	les Persans	la Perse
péruvien, enne	les Péruviens	le Pérou
philippin, ine	les Philippins	les Philippines
picard, arde	les Picards	la Picardie
poitevin, ine	les Poitevins	le Poitou
■ polonais, aise	les Polonais	la Pologne
polynésien, enne	les Polynésiens	la Polynésie
■ portugais, aise	les Portugais	le Portugal
■ provençal, ale	les Provençaux	la Provence
prussien, enne	les Prussiens	la Prusse
québécois, oise	les Québécois	le Québec
réunionnais, aise	les Réunionnais	la Réunion
romain, aine	les Romains	Rome
■ roumain, aine	les Roumains	la Roumanie
■ russe	les Russes	la Russie
rwandais, aise	les Rwandais	le Rwanda
saoudien, enne	les Saoudiens	l'Arabie Saoudite
sarde	les Sardes	la Sardaigne
savoyard, arde	les Savoyards	la Savoie
scandinave	les Scandinaves	la Scandinavie
sénégalais, aise	les Sénégalais	le Sénégal
serbe	les Serbes	la Serbie
■ slovaque	les Slovaques	la Slovaquie
■ slovène	les Slovènes	la Slovénie
soviétique	les Soviétiques	l'URSS
sud-africaine, aine	les Sud-africains	l'Afrique du Sud
sud-américain, aine	les Sud-américains	l'Amérique du Sud
■ suédois, oise	les Suédois	la Suède
suisse	les Suisses	la Suisse
syrien, enne	les Syriens	la Syrie
tahitien, enne	les Tahitiens	Tahiti
tchadien, enne	les Tchadiens	le Tchad
■ tchèque	les Tchèques	la Rép. tchèque
■ tchétchène	les Tchétchènes	la Tchétchénie
texan, ane	les Texans	le Texas
thaïlandais, aise	les Thaïlandais	la Thaïlande
■ tibétain, aine	les Tibétains	le Tibet
togolais, aise	les Togolais	le Togo
tourangeau, elle	les Tourangeaux	la Touraine, Tours
tunisien, enne	les Tunisiens	la Tunisie
■ turc, turque	les Turcs	la Turquie
■ ukrainien, enne	les Ukrainiens	l'Ukraine
vendéen, enne	les Vendéens	la Vendée
vénézuélien, enne	les Vénézuéliens	le Venezuela
vénitien, enne	les Vénitiens	Venise
■ vietnamien, enne	les Vietnamiens	le Vietnam
■ wallon, one	les Wallons	la Wallonie
yéménite	les Yéménites	le Yémen
yougoslave	les Yougoslaves	la Yougoslavie

L'alphabet phonétique

Consonnes

b	balle	[bal]
	abbaye	[abɛi]
d	dent	[dɑ̃]
	addition	[adisjɔ̃]
f	fête	[fɛt]
	effort	[efɔʀ]
	photo	[fɔtɔ]
g	garer	[gaʀe]
	bague	[bag]
	aggraver	[agrave]
k	coton	[kɔtɔ̃]
	accord	[akɔʀ]
	acquis	[aki]
	chaos	[kaɔ]
	kaki	[kaki]
	paquet	[pakɛ]
	rock	[rɔk]
l	latin	[latɛ̃]
	allô!	[alo]
m	magie	[maʒi]
	pomme	[pɔm]
n	nager	[naʒe]
	bonne	[bɔn]
ɲ	vigne	[viɲ]
ŋ	parking	[paʀkiŋ]
p	poire	[pwaʀ]
	apporter	[apɔʀte]
ʀ	rubis	[ʀybi]
	arrivée	[aʀive]
	rhubarbe	[ʀybaʀb]
s	danse	[dɑ̃s]
	assis	[asi]
	ronce	[ʀɔ̃s]
	reçu	[ʀəsy]
	scène	[sɛn]
	mention	[mɑ̃sjɔ̃]
	asthme	[asm]
ʃ	chat	[ʃa]
	shérif	[ʃeʀif]
	schéma	[ʃema]
t	tulipe	[tylip]
	attendre	[atɑ̃dʀ]
	théâtre	[teɑtʀ]
v	vive	[viv]
	wagon	[vagɔ̃]
z	saison	[sɛzɔ̃]
	zébu	[zeby]
ʒ	jouer	[ɟwe]
	manger	[mɑ̃ɟe]
	nageoire	[naʒwaʀ]

Voyelles

a	mal	[mal]
	femme	[fam]
	poêle	[pwal]
	poids	[pwɑ]
ɑ	mâle	[mɑl]
ɑ̃	avant	[avɑ̃]
	lampe	[lɑ̃p]
	envoi	[ɑ̃vwa]
	emploi	[ɑ̃plwa]
	paon	[pɑ̃]
e	été	[ete]
	marcher	[maʀʃe]
	assez	[ase]
ɛ	cher	[ʃɛʀ]
	piège	[pjɛʒ]
	être	[ɛtʀ]
	neige	[nɛʒ]
	briquet	[bʀikɛ]
	air	[ɛʀ]
	pays	[pɛi]
	steak	[stɛk]
ɛ̃	brin	[bʀɛ̃]
	train	[tʀɛ̃]
	daim	[dɛ̃]
	peintre	[pɛ̃tʀ]
	examen	[ɛgzamɛ̃]
ə	peler	[pəle]
i	vie	[vi]
	naïf	[naif]
	papyrus	[papirys]
o	oser	[oze]
	diplôme	[diplom]
	aube	[ob]
	nouveau	[nuvo]
ɔ	école	[ekɔl]
	alcool	[alkɔl]
	podium	[pɔdjɔm]
ɔ̃	bonbon	[bɔ̃bɔ̃]
	tomber	[tɔ̃be]
œ	nageur	[naʒœʀ]
	œil	[œj]
œ̃	brun	[bʀœ̃]
	parfum	[paʀfœ̃]
ø	yeux	[jø]
	vœu	[vø]
u	chou	[ʃu]
	looping	[lupiŋ]
y	lune	[lyn]
j	payer	[pɛje]
	papier	[papje]
	cueillir	[kəjiʀ]
	travail	[tʀavaj]
ɥ	luire	[lɥiʀ]
w	kiwi	[kiwi]
	pointu	[pwɛ̃ty]
	ouest	[wɛst]
	adéquat	[adekwat]

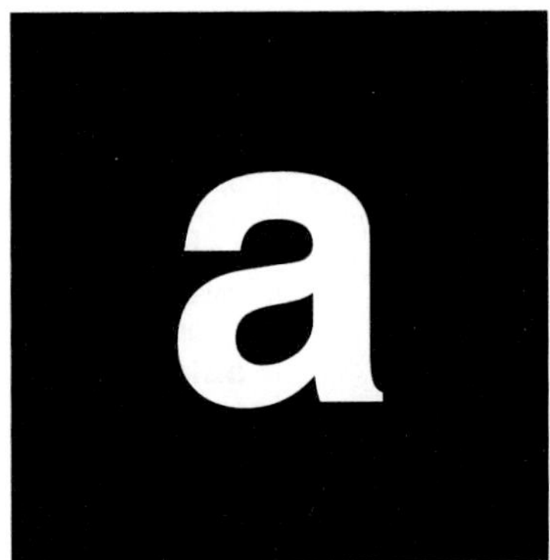

a- Préfixe tiré du grec qui exprime le manque, la suppression (exemple : *amoral*).
► On écrit aussi **an-** devant une voyelle ou un *h* muet (exemples : *anaérobie, anhydre*).

a (nom masculin) Première lettre de l'alphabet. *Le A est une voyelle.* • **De A à Z** : du début à la fin.

à (préposition) Sert à indiquer de nombreux types de compléments. *Aller **à** la campagne (lieu). Rentrer **à** minuit (temps). Marcher **à** grands pas (manière). Se battre **au** couteau (moyen). Un livre **à** dix euros (prix). Parler **aux** voisins (attribution). Un crayon **à** bille (complément du nom), etc.*
► **À** se combine avec les articles *le* ou *les* : voir *au* et *aux*. Ne pas oublier l'accent grave qui distingue ce mot de la forme du verbe **avoir** (il **a**).

abaisser (verbe) (conj. 3) **1** Faire descendre plus bas. *Il fait chaud, **abaisse** donc la vitre !* (Syn. **baisser**. Contr. **relever**.) **2 S'abaisser** : perdre sa fierté. *Je ne **m'abaisserai** pas à le supplier.*

abajoue (nom féminin) Extension de la joue chez certains mammifères qui leur sert de réserve à aliments. *Le hamster a des **abajoues**.*

abandon (nom masculin) **1** Action d'abandonner quelque chose ou quelqu'un. *Les **abandons** de chiens sont fréquents à la veille des vacances.* **2** Fait de ne pas continuer. *Le boxeur a perdu par **abandon** au troisième round.* • **À l'abandon** : dont personne ne s'occupe plus, qu'on laisse sans soin.

abandonner (verbe) (conj. 3) **1** Laisser une personne ou un animal et ne plus s'en soucier. *Il **a abandonné** sa petite sœur sans surveillance.* **2** Quitter définitivement un lieu. *Ils **ont abandonné** Paris pour aller vivre à la campagne.* **3** Renoncer à faire quelque chose. *Comprenant qu'il avait perdu, il **a abandonné** la partie.*

abasourdir (verbe) (conj. 11) **1** Étourdir par un grand bruit. *La sonorisation était trop forte, elle **a abasourdi** tout le monde.* **2** Provoquer de la stupéfaction. *Kevin nous **abasourdit** avec ses histoires incroyables.* (Syn. **sidérer, stupéfier**.)

abat-jour (nom masculin) Accessoire de tissu ou de papier placé autour d'une lampe pour atténuer la lumière crue de l'ampoule.
► Pluriel : des **abat-jours** ou des **abat-jour**.

abats (nom masculin pluriel) Cœur, foie, tripes, langue, cervelle, rognons, rate et poumons des animaux de boucherie. *Le tripier vend des **abats**.*

abattage (nom masculin) **1** Action d'abattre, de faire tomber. *L'**abattage** des arbres se fait maintenant à la tronçonneuse.* **2** Action d'abattre un animal. *L'**abattage** d'un bœuf.*

abattant (nom masculin) Partie d'un meuble qui se lève ou s'abaisse. *Julie fait ses devoirs sur l'**abattant** de son secrétaire.*

abattement (nom masculin) **1** Fait d'être abattu, découragé. *Ce deuil l'a plongé dans un profond **abattement**.* **2** Diminution d'une somme. *Vous pouvez bénéficier d'un **abattement** pour vos enfants à charge.*

abattis (nom masculin pluriel) Abats de volaille.

abattoir (nom masculin) Bâtiment où l'on abat les animaux de boucherie.

abattre (verbe) (conj. 31) **1** Renverser, faire tomber par terre. *Les bûcherons **ont abattu** le vieux chêne.* **2** Tuer un animal. **3** Tuer quelqu'un en tirant sur lui. *Le shérif **a abattu** le bandit.* **4** Ôter ses forces, son courage ou sa gaieté à quelqu'un. *Anna **est** très **abattue** depuis qu'elle a appris l'accident.* **5 S'abattre** : tomber brutalement sur quelque chose. *La foudre **s'est abattue** sur le cèdre.*
★ Famille du mot : abat-jour, abatt**age**, abatt**ant**, abatte**ment**, abatt**oir**, rabattre.

abbatiale (nom féminin) Église d'une abbaye.
► Prononciation [abasjal].

abbaye (nom féminin) Bâtiment où des religieux vivent en communauté sous la direction d'un abbé.
► Prononciation [abei].

abbé (nom masculin) **1** Prêtre catholique. *Monsieur l'**abbé** Dupont est le nouveau curé de la paroisse.* **2** Celui qui dirige une abbaye.
★ Famille du mot : abbaye, abbatiale.

abc (nom masculin) Ce que l'on doit commencer par apprendre. *Le calcul est l'**abc** des mathématiques.* (Syn. **base, rudiments.**)
► Prononciation [abese].
► Pluriel : des **abc**.

abcès (nom masculin) Poche de pus. *Cet **abcès** dentaire me fait mal.*

abdication (nom féminin) Action d'abdiquer. *Après son **abdication**, l'empereur Charles Quint se retira dans un monastère.*

abdiquer (verbe) (conj. 3) Renoncer au pouvoir. *Napoléon **a abdiqué** une première fois en 1814.*

abdomen (nom masculin) Partie du corps qui contient l'appareil digestif. (Syn. **ventre.**)
► Prononciation [abdɔmɛn].

abdominal, ale, aux (adjectif) De l'abdomen. *Des douleurs **abdominales**.*
■ **abdominaux** (nom masculin pluriel) Muscles de l'abdomen.

abducteur (adjectif masculin et nom masculin) Muscle qui permet à un membre ou à une partie d'un membre de s'écarter du plan médian du corps. (Contr. **adducteur.**)

abeille (nom féminin) Insecte qui vit dans une ruche et qui produit du miel et de la cire.

abélien, enne (adjectif) Qui est muni d'une loi de composition interne commutative. *Un ensemble **abélien**.*
★ **Abélien** vient de *Abel*, mathématicien norvégien.

aberrant, ante (adjectif) Qui n'a pas de bon sens, pas de logique. *Faire de la moto sur le verglas, c'est **aberrant** !* (Syn. **absurde, déraisonnable, insensé.**)

aberration (nom féminin) Attitude aberrante. *C'est une **aberration** de se réfugier sous un arbre par temps d'orage.* (Syn. **absurdité, folie.**)

abêtir (verbe) (conj. 11) Rendre bête. *Ce travail long et monotone finit par **abêtir**.*

abhorrer (verbe) (conj. 3) Avoir en horreur, dans la langue littéraire. *Le sage **abhorre** le mensonge.* (Syn. **exécrer, haïr.** Contr. **adorer.**)

abîme (nom masculin) Gouffre qui paraît sans fond. *Les **abîmes** océaniques peuvent atteindre plus de 11 000 mètres dans le Pacifique.*
► On écrit aussi **abime**.

abîmer (verbe) (conj. 3) Mettre en mauvais état. *Les fruits vont s'**abîmer**, mets-les au réfrigérateur.* (Syn. **détériorer, gâter.**)
► On écrit aussi **abimer**.

abiotique (adjectif) Impropre à la vie. *Les êtres vivants ne peuvent pas se reproduire dans un milieu **abiotique**.*

abject, ecte (adjectif) Qui entraîne le mépris. *La torture est une pratique **abjecte**.* (Syn. **honteux, ignoble, méprisable.**)

abjurer (verbe) (conj. 3) Renier une religion, une opinion. *Henri IV **a abjuré** le protestantisme pour accéder au trône.*

ablatif (nom masculin) Cas de la déclinaison latine qui exprime le point de départ, l'origine, la séparation, l'éloignement.

ablation (nom féminin) Opération chirurgicale qui consiste à enlever un membre, un organe ou une tumeur. *Son grand-père a dû subir une **ablation** de la rate.*

ablutions (nom féminin pluriel) • **Faire ses ablutions :** se laver.

abnégation (nom féminin) Renoncement, sacrifice volontaire de soi. *En renonçant à ses intérêts personnels, cet homme a agi par **abnégation**.*

aboiement (nom masculin) Cri du chien. *Les **aboiements** du chien m'ont réveillé à quatre heures du matin.*

abois (nom masculin pluriel) • **Être aux abois :** être dans une situation désespérée.
★ Cette locution vient de la chasse à courre, quand le cerf épuisé est entouré par les chiens qui aboient sauvagement.

abolir (verbe) (conj. 11) Annuler, supprimer une loi ou une coutume. *La peine de mort **a été abolie** en France en 1981.* (Syn. **abroger.**)

abolition (nom féminin) Action d'abolir. *L'**abolition** de l'esclavage.* (Syn. **suppression.**)

abominable (adjectif) Très désagréable, très mauvais. *Depuis trois jours, il fait un temps **abominable**.* (Syn. **affreux, détestable, horrible.**)

abominablement (adverbe) Extrêmement. *Il chante **abominablement** faux.* (Syn. **horriblement.**)

abondamment (adverbe) Beaucoup, en abondance. *Il pleut **abondamment** depuis deux heures.*

abondance (nom féminin) Grande quantité. *L'**abondance** des chutes de neige a provoqué des avalanches.*

abondant, ante (adjectif) Qui est en grande quantité. *Cette année, les récoltes sont **abondantes**.*
★ Famille du mot : abond**amment**, abond**ance**, abond**er**, **sur**abondance, **sur**abondant.

abonder (verbe) (conj. 3) Se trouver en abondance. *Le gibier **abonde** dans cette forêt.* (Syn. **pulluler.** Contr. **manquer.**)

abonné, ée (nom) Personne qui a pris un abonnement. *Cette offre est réservée aux **abonnés** du théâtre.*

abonnement (nom masculin) Contrat par lequel on s'abonne. *Un **abonnement** d'un an à une revue.*

abonner (verbe) (conj. 3) Payer d'avance pour avoir le droit de recevoir régulièrement un produit ou de profiter d'un service. *Pour recevoir cette chaîne de télévision, il faut **être abonné**.*

abord (nom masculin) • **Au premier abord** : à première vue, au départ. • **Être d'un abord facile** *ou* **difficile** : être quelqu'un à qui on peut s'adresser facilement ou non.
■ **abords** (nom masculin pluriel) Ce qui entoure immédiatement un lieu. *Les **abords** de la ville étaient à l'abandon.* (Syn. **alentours, environs.**)
▶ Voir aussi **d'abord** (adverbe).
★ Famille du mot : abord**able**, abord**age**, abord**er**, **in**abord**able**.

abordable (adjectif) Qui n'est pas trop cher. *Les fraises sont **abordables** cette année.* (Syn. **bon marché.** Contr. **inabordable.**)

abordage (nom masculin) Assaut donné à un navire. *Les pirates se lancèrent à l'**abordage** du galion.*

aborder (verbe) (conj. 3) **1** Arriver quelque part. *Les coureurs **abordent** la montée du col.* **2** Synonyme d'accoster. *Élodie **a abordé** un agent de police pour lui demander son chemin.* **3** Commencer à faire une chose, à parler de quelque chose. *Quentin **aborda** enfin la question qui nous intéressait tous.*

aborigène (nom et adjectif) Premiers habitants d'une contrée. *Les Européens ont cherché à dominer les **aborigènes** d'Australie.*

aboutir (verbe) (conj. 11) **1** Se terminer quelque part. *Cette petite route **aboutit** à la route nationale.* (Syn. **conduire, mener.**) **2** Avoir pour résultat. *L'enquête **a abouti** à l'arrestation des coupables.*

aboutissement (nom masculin) Ce à quoi on aboutit. *Cette découverte est l'**aboutissement** de longues recherches.* (Syn. **résultat.**)

aboyer (verbe) (conj. 6) Pousser des aboiements. *Le chien **aboie** dès qu'on s'approche de la porte.*

abracadabrant, ante (adjectif) Qui est à tout à fait invraisemblable. *Une histoire **abracadabrante**.* (Syn. **extravagant.**)
★ Ce mot vient de *abracadabra*, qui était une formule magique.

abrasif, ive (adjectif et nom masculin) Qui use par frottement. *On utilise un **abrasif** pour poncer le bois.*

abrégé (nom masculin) Condensé d'un texte ou d'un discours. *Romain a lu un **abrégé** de cette histoire.* (Syn. **résumé.**) • **En abrégé** : en bref, ou sous forme d'abréviation. *S'il vous plaît s'écrit SVP **en abrégé**.*

abréger (verbe) (conj. 5) Rendre plus court. *Ton récit est trop long : **abrège**-le !* (Syn. **écourter, raccourcir.**)

s'**abreuver** (verbe) (conj. 3) Boire quand il s'agit d'animaux. *Le soir, les lions viennent **s'abreuver** dans le fleuve.*

abreuvoir (nom masculin) Grand récipient où l'on fait boire les animaux.

abréviation (nom féminin) Forme abrégée d'un mot, réduite à quelques lettres. *« Mme » est l'**abréviation** de « madame ».*

abri (nom masculin) Endroit où l'on est protégé des intempéries ou du danger. *Il va pleuvoir, trouvons un **abri** !*
★ Famille du mot : abribus, abriter, sans-abri.

abribus (nom masculin) Arrêt d'autobus abrité.
★ **Abribus** est le nom d'une marque.

abricot (nom masculin) Fruit de l'abricotier, de couleur orangée.

abricotier (nom masculin) Arbre fruitier qui donne les abricots.

abriter (verbe) (conj. 3) **1** Mettre à l'abri. *Viens t'**abriter** sous mon parapluie !* (Syn. **protéger.**) **2** Recevoir comme occupant. *Cet hôtel peut **abriter** soixante personnes.* (Syn. **accueillir, héberger, loger.**)

abrogation (nom féminin) Action d'abroger.

abroger (verbe) (conj. 5) Annuler une loi. *Le Parlement **a abrogé** cette loi trop ancienne.* (Syn. **abolir.**)

abrupt, upte (adjectif) **1** Très raide. *Une route **abrupte**.* (Syn. **escarpé.**) **2** Brutal, direct. *Une réponse **abrupte**.*

abruti, ie (adjectif et nom) Qui est stupide, sans intelligence. *Il a l'air complètement **abruti**. Cet **abruti** a tout gâché !* (Syn. **idiot.**)

abrutir (verbe) (conj. 11) Rendre incapable de penser ou d'agir. *Ce bruit continuel nous **abrutit**.*
★ Famille du mot : abruti, abruti**ssant**.

abrutissant, ante (adjectif) Qui abrutit. *Ce vacarme est **abrutissant**.*

abscisse (nom féminin) L'une des coordonnées servant à définir la position d'un point dans un plan. *L'axe des **abscisses** est horizontal, celui des ordonnées est vertical.*

absence (nom féminin) **1** Fait de ne pas être là. *Son **absence** était due à une maladie.* (Contr. **présence.**) **2** Manque de quelque chose ou de quelqu'un. *L'**absence** de témoins ne facilite pas l'enquête.*

absent, ente (adjectif et nom) Qui n'est pas là. *Thomas est **absent** car il est malade. S'il y a trop d'**absents**, la sortie sera annulée.* (Contr. **présent.**)
★ Famille du mot : absen**ce**, s'absen**ter**, absent**éisme**.

absentéisme (nom masculin) Fait d'être souvent absent de son lieu de travail, d'études. *Le taux d'**absentéisme**.*

s'**absenter** (verbe) (conj. 3) Quitter un moment le lieu où l'on est. *Fatima **s'est absentée** un instant, attendez-la !*

abside (nom féminin) Partie d'une église située derrière le chœur. *L'**abside** est éclairée par une gigantesque rosace.*

absinthe (nom féminin) Liqueur à la saveur amère extraite d'une plante. *La fabrication et la vente de l'**absinthe** sont interdites en France.*

absolu, ue (adjectif) Complet, total. *Sous l'Ancien Régime, les rois avaient un pouvoir **absolu**.*
★ Famille du mot : absolu**ment**, absolu**tisme**.

absolument (adverbe) D'une manière absolue. *Ce que tu dis est **absolument** faux !* (Syn. **complètement, entièrement, tout à fait.**)

absolution (nom féminin) Pardon accordé à quelqu'un qui a commis une faute. *Je te donne mon **absolution**, mais ne recommence jamais !*

absolutisme (nom masculin) Exercice sans contrôle du pouvoir politique. *Les philosophes du XVIIIe siècle se sont opposés à l'**absolutisme**.*

absorbant, ante (adjectif) **1** Qui absorbe les liquides. *Le papier buvard est **absorbant**.* **2** Qui occupe quelqu'un complètement. *Victor fait un travail **absorbant**.*

absorber (verbe) (conj. 3) **1** S'imprégner de liquide. *La terre **absorbe** l'eau.* **2** Boire ou manger. *Le malade n'a rien pu **absorber**.* (Syn. **avaler.**) **3** Occuper entièrement l'esprit de quelqu'un. *Son travail l'**a** tant **absorbé** qu'il n'a pas vu le temps passer.*
★ Famille du mot : absorb**ant**, absorp**tion**.

absorption (nom féminin) **1** Action d'absorber un liquide. *L'**absorption** des eaux de ruissellement se fait par le calcaire.* **2** Action d'avaler ou de respirer. *L'**absorption** de ce produit toxique peut provoquer des troubles graves.*

absoudre (verbe) (conj. 52) **1** Accorder le pardon aux pécheurs. *Le prêtre **absout** le fidèle qui vient se confesser.* (Syn. **pardonner.**) **2** Décharger un coupable de l'accusation qui pèse sur lui. *Le coupable **a été absous**.*
► Le participe passé s'écrit aussi **absout**.

s'**abstenir** (verbe) (conj. 19) **1** Se priver volontairement de quelque chose. *Le tabac est dangereux, il vaut mieux **s'abstenir** de fumer.* **2** Ne pas voter. *Ne sachant pas pour qui voter, il **s'est abstenu**.*
★ Famille du mot : absten**tion**, abstent**ionnisme**, abstinence.

abstention (nom féminin) Non-participation à un vote. *45 % d'**abstentions**, c'est beaucoup !*

abstentionnisme (nom masculin) Attitude de ceux qui ne votent pas. *Le taux d'**abstentionnisme** a été très élevé lors de ces élections.*

abstinence (nom féminin) Fait de se priver de quelque chose, notamment de certains aliments. *La religion catholique recommandait, autrefois, l'**abstinence** de viande le vendredi.*

abstrait, aite (adjectif) Qui désigne des qualités, des idées et non des objets. *Beauté, malheur sont des mots **abstraits**.* (Contr. **concret.**)

absurde (adjectif) Contraire au bon sens. *C'est **absurde** de vouloir ouvrir cette boîte de conserve avec un couteau.* (Syn. **aberrant, idiot, stupide.**)

absurdité (nom féminin) Chose absurde. *C'est une **absurdité** de croire tout ce qu'il te raconte !* (Syn. **aberration, idiotie, stupidité.**)

abus (nom masculin) Fait d'abuser de quelque chose. *L'**abus** de médicaments nuit à la santé.* • **Faire des abus** : trop manger et trop boire. • **Il y a de l'abus !** : c'est exagéré !
★ Famille du mot : abuser, abusif.

abuser (verbe) (conj. 3) Faire un trop grand usage ou profiter de quelque chose d'une façon exagérée. *Tu **abuses** de ma patience !*

abusif, ive (adjectif) Qui est exagéré. *Il fait une consommation **abusive** de sucreries.*

abysse (nom masculin) Fosse océanique. *Les **abysses** peuvent atteindre 5 000 mètres de profondeur.*

acabit (nom masculin) • **De cet acabit** : de ce genre. *J'ai rarement vu un imbécile **de cet acabit**.*

acacia (nom masculin) Arbre aux branches souvent épineuses, qui donne des grappes de fleurs blanches ou jaunes au printemps.

académicien, enne (nom) Membre d'une académie, spécialement de l'Académie française.

académie (nom féminin) **1** Réunion d'écrivains, de savants ou d'artistes célèbres. *Les membres de l'**Académie** française sont appelés « les Immortels ».* **2** Division administrative qui regroupe les écoles, les collèges, les lycées et les universités d'une région. *L'**Académie** de Paris.*
★ Dans l'Antiquité, l'**Académie** était un jardin d'Athènes où se rencontraient des philosophes.

acadien, enne → tableau p. 6 / 7.

acajou (nom masculin) Bois très dur, rouge-brun, utilisé en ébénisterie. *Une table basse en **acajou**.*

acalorique (adjectif) Qui n'apporte pas de calories. *Les aliments **acaloriques** sont prescrits dans les régimes amaigrissants.* (Contr. **calorique.**)

acanthe (nom féminin) Plante méditerranéenne ornementale à feuilles longues et découpées, à fleurs en épis. • **Feuille d'acanthe** : ornement d'architecture imité de cette plante.
★ **Acanthe** vient du mot grec *akantha* qui signifie « épine ».

acariâtre (adjectif) Qui a un caractère désagréable. *Ce personnage **acariâtre** s'est fâché avec tout le monde.* (Syn. **grincheux.**)

acarien (nom masculin) Petit parasite qui peut provoquer des allergies.

acaule (adjectif) Qui n'a pas de tige apparente. *Les feuilles des plantes **acaules** sont au ras du sol.*

accablant, ante (adjectif) Qui accable. *Il fait une chaleur **accablante**.* (Syn. **écrasant.**)

accabler (verbe) (conj. 3) Peser sur quelqu'un de façon pénible. *Le professeur nous **accable** de travail.* (Syn. **surcharger.**)

accalmie (nom féminin) Moment de calme pendant une tempête, un orage. *La pluie cesse, profitons de cette **accalmie** pour rentrer bien vite.*

accaparer (verbe) (conj. 3) Garder pour soi. *N'**accapare** pas la salle de bains, on attend !*

accéder (verbe) (conj. 8) **1** Atteindre un endroit. *Il faut prendre ce chemin pour* ***accéder*** *à la plage.* **2** Parvenir à une situation, une fonction. *Jacques Chirac* ***a accédé*** *à la présidence de la République en 1995.*

accélérateur (nom masculin) **1** Sur un véhicule à moteur, pédale ou manette qui sert à accélérer. *Dans une voiture, l'****accélérateur*** *est à droite du frein.* **2** Appareil qui permet de communiquer une grande vitesse à des particules qui portent une charge électrique et de les diriger sur une cible.

accélération (nom féminin) Action d'accélérer. *L'****accélération*** *des travaux a permis de terminer deux mois plus tôt.*

accélérer (verbe) (conj. 8) **1** Augmenter la vitesse. *Le conducteur* ***accélère*** *pour grimper la côte.* (Contr. **ralentir.**) **2** Faire aller plus vite. *L'entrepreneur* ***accélère*** *la construction de la maison.* (Syn. **activer.**)
★ Famille du mot : accélér**ateur**, accélér**ation**.

accent (nom masculin) **1** Prononciation particulière aux habitants d'un pays, d'une région. *L'****accent*** *suisse.* **2** Signe que l'on place au-dessus de certaines voyelles et qui peut en changer la prononciation. *« Accéder » a un* ***accent*** *aigu, « accès » un* ***accent*** *grave, « âcre » un* ***accent*** *circonflexe.* • **Mettre l'accent** : insister. *Kevin* ***a mis l'accent*** *sur le rôle qu'il avait joué dans cette histoire.*
★ Famille du mot : accent**uation**, accent**uer**.

accentuation (nom féminin) Fait de s'accentuer. *Il y a eu en août une* ***accentuation*** *de la chaleur.*

accentuer (verbe) (conj. 3) **1** Mettre les accents sur les voyelles. **2 S'accentuer** : devenir plus important. *Le froid* ***s'est accentué*** *depuis hier.* (Syn. **s'accroître, augmenter.**)

acceptable (adjectif) Dont on peut se contenter. *Il nous a proposé un prix tout à fait* ***acceptable.*** (Syn. **honnête.** Contr. **inacceptable.**)

acceptation (nom féminin) Fait d'accepter. *Le conseil municipal a donné son* ***acceptation*** *au projet.* (Syn. **accord, consentement.**)

accepter (verbe) (conj. 3) **1** Consentir à recevoir ce qui est donné. *J'****accepte*** *ce cadeau avec plaisir.* (Contr. **refuser.**) **2** Être d'accord pour faire quelque chose. *J'****accepte*** *de te prêter mon livre.*
★ Famille du mot : accept**able**, accept**ation**, **in**accept**able**.

acception (nom féminin) Sens d'un mot. *Ce mot a plusieurs* ***acceptions.*** • **Sans acception de personne** : sans préférence envers quelqu'un.

accès (nom masculin) **1** Voie permettant d'accéder à un endroit. *Cet escalier donne* ***accès*** *à la terrasse.* **2** Manifestation soudaine d'un état ou d'un sentiment. *Un* ***accès*** *de fièvre, un* ***accès*** *de folie.*
★ Famille du mot : accéder, access**ible**, access**ion**, **in**access**ible**.

accessible (adjectif) Que l'on peut atteindre facilement. *Le haut de la tour est* ***accessible*** *par cet escalier.* (Contr. **inaccessible.**)

accession (nom féminin) Fait d'accéder à une fonction, à une situation. *Ces prêts favorisent l'****accession*** *à la propriété.*

accessoire (adjectif) Qui n'est pas essentiel. *Il y a un détail que je n'ai pas compris, mais c'est* ***accessoire.*** (Syn. **annexe, secondaire.**)
▪**accessoire** (nom masculin) Élément qui n'est pas indispensable, mais qui est un utile complément. *Sur une bicyclette, les sacoches sont des* ***accessoires bien utiles.***

accessoirement (adverbe) De façon accessoire. *Ce tabouret sert* ***accessoirement*** *d'escabeau.*

accident (nom masculin) **1** Évènement imprévu. *Il m'est arrivé un petit* ***accident****, j'ai renversé mon jus d'orange sur ma robe.* **2** Évènement imprévu qui peut faire des victimes, des dégâts. *Un* ***accident*** *de voiture.* • **Accident de terrain** : inégalité de terrain, bosse ou trou dans le sol.
★ Famille du mot : accident**é**, accident**el**, accident**ellement**.

accidenté, ée (adjectif) Qui présente des trous et des bosses ou de fortes pentes. *Le terrain* ***accidenté*** *ralentit la marche des randonneurs.* (Contr. **plat, uni.**)
▪**accidenté, ée** (adjectif et nom) Qui a été victime d'un accident. *Les* ***accidentés*** *de la route ont été très vite secourus.*

accidentel, elle (adjectif) **1** Qui arrive par accident. *Une mort* ***accidentelle.*** **2** Qui est dû au hasard. *Une découverte* ***accidentelle*** *a permis de fabriquer le premier antibiotique.* (Syn. **fortuit, imprévu.**)

accidentellement (adverbe) De façon accidentelle. *J'ai appris cela* ***accidentellement,*** *en écoutant la radio.*

acclamation (nom féminin) Action d'acclamer. *Son discours fut salué par des* ***acclamations.***

acclamer (verbe) (conj. 3) Saluer avec des cris d'enthousiasme. *Les spectateurs* ***ont acclamé*** *le vainqueur.* (Contr. **huer.**)

acclimatation (nom féminin) Fait d'acclimater des plantes ou des animaux à un nouveau milieu. *Les lions et les girafes d'un jardin d'****acclimatation.***

acclimater (verbe) (conj. 3) Adapter des animaux ou des plantes à un autre climat. *Le faisan, originaire de l'Asie centrale,* ***a été acclimaté*** *en Europe dans l'Antiquité.*

accolade (nom féminin) **1** Signe spécial qui sert à réunir plusieurs lignes. **2** Geste qui consiste à prendre une personne dans ses bras pour la saluer ou la féliciter. *Le président a donné l'****accolade*** *aux astronautes.*
★ Autrefois, *cou* se disait « col » : une **accolade**, c'était mettre ses bras autour du cou de quelqu'un.

accoler (verbe) (conj. 3) Mettre l'un contre l'autre, côte à côte.

a b c d e f g h i j k l m n o p q r s t u v w x y z

accommodant, ante (adjectif) Avec qui il est facile de s'entendre. *Son heureux caractère le rend particulièrement* ***accommodant.*** (Syn. **arrangeant, conciliant.** Contr. **intransigeant.**)

accommoder (verbe) (conj. 3) **1** Préparer des aliments pour les manger. *Il y a mille façons d'****accommoder*** *les restes.* (Syn. **cuisiner.**) **2 S'accommoder :** se contenter de quelque chose. *Je n'ai pas choisi de venir ici, je dois bien* ***m'en accommoder.***

accompagnateur, trice (nom) **1** Personne qui accompagne un groupe pour le guider ou s'occuper de lui. *Les enfants font le voyage avec deux* ***accompagnateurs.*** **2** Musicien qui accompagne un chanteur.

accompagnement (nom masculin) Musique qui accompagne un chanteur ou un instrument soliste. *Il est plus difficile de chanter sans* ***accompagnement.***

accompagner (verbe) (conj. 3) **1** Aller avec une personne jusqu'à l'endroit où elle se rend pour la guider ou lui tenir compagnie. *Sa mère l'****accompagne*** *chez le dentiste.* **2** Jouer d'un instrument pour soutenir un chanteur. *Gaëlle* ***accompagne*** *les chanteurs au piano.*
★ Famille du mot : accompagn**ateur**, accompagn**ement**, raccompagner.

accompli, ie (adjectif) Qui est parfait en son genre. *Une maîtresse de maison* ***accomplie.*** (Syn. **modèle.**) • **Le fait accompli :** situation irréversible. *Être mis devant* ***le fait accompli.***

accomplir (verbe) (conj. 11) **1** Faire quelque chose jusqu'au bout. *Combien de temps te faut-il pour* ***accomplir*** *ce parcours ?* (Syn. **effectuer, exécuter, réaliser.**) **2 S'accomplir :** se produire, se réaliser. *Toutes ses prévisions* ***se sont accomplies.***
★ Famille du mot : accompli, accompl**issement**.

accomplissement (nom masculin) Fait d'accomplir ou de s'accomplir. *L'****accomplissement*** *d'un travail.* (Syn. **réalisation.**)

accord (nom masculin) **1** Bonne entente entre des personnes. *Ces familles vivent en parfait* ***accord*** *dans l'immeuble.* **2** Arrangement entre des individus, des partis, des États. *Les deux États ont conclu un* ***accord*** *de paix.* **3** Permission accordée. *Je veux bien vous emmener, mais il me faut l'****accord*** *de vos parents.* (Syn. **autorisation, consentement.**) **4** Fait de jouer plusieurs notes à la fois sur un instrument de musique. *Hélène joue des* ***accords*** *sur sa guitare.* **5** Fait de s'accorder pour l'article, l'adjectif et le verbe. *L'****accord*** *de l'adjectif se fait en genre et en nombre avec le nom qu'il accompagne.*
► Voir aussi **d'accord** (adverbe).

accordéon (nom masculin) Instrument de musique à air, à soufflet et à clavier. • **En accordéon :** qui forme des plis. *Ses chaussettes sont* ***en accordéon.***

accordéoniste (nom) Musicien qui joue de l'accordéon.

accorder (verbe) (conj. 3) **1** Accepter de donner ce qui a été demandé. *Elle lui* ***a accordé*** *un rendez-vous.* (Contr. **refuser.**) **2** Régler un instrument de musique pour qu'il joue juste. *Avant de commencer à jouer, Julie* ***accorde*** *sa guitare.* **3 S'accorder avec quelqu'un :** se mettre d'accord avec lui. *David et Laura* ***s'accordent*** *toujours pour faire des farces.* (Syn. **s'entendre.**) **4 S'accorder :** se mettre au même genre et au même nombre. *Le verbe* ***s'accorde*** *avec le sujet.*
★ Famille du mot : accord, accord**eur**, **dés**accord.

accordeur (nom masculin) Personne dont le métier est d'accorder certains instruments de musique. *Un* ***accordeur*** *de piano.*

accostage (nom masculin) Fait d'accoster. *Les marins surveillent l'****accostage*** *du bateau.*

accoster (verbe) (conj. 3) **1** S'approcher et se placer le long du quai. *Le bateau est arrivé, il est en train d'****accoster.*** **2** S'approcher de quelqu'un pour lui parler. *Xavier* ***a accosté*** *un passant dans la rue.* (Syn. **aborder.**)

accotement (nom masculin) Chacun des bas-côtés de la route. *Papa a rangé sa voiture sur l'****accotement*** *pour changer une roue.*

accotoir (nom masculin) Partie d'un siège qui sert à s'appuyer. *Les accoudoirs sont des* ***accotoirs.***

accouchement (nom masculin) Action d'accoucher. *L'****accouchement*** *se fait à la maternité.*

accoucher (verbe) (conj. 3) Mettre un enfant au monde. *Ma cousine* ***a accouché*** *d'un garçon.*

s'**accouder** (verbe) (conj. 3) S'appuyer sur les coudes. *Yann* ***s'accoude*** *au bastingage.*

accoudoir (nom masculin) Appui pour s'accouder. *Les* ***accoudoirs*** *d'un fauteuil.* (Syn. **bras.**)

accouplement (nom masculin) Fait de s'accoupler. *Le mulet est le produit de l'****accouplement*** *de l'âne et de la jument.*

s'**accoupler** (verbe) (conj. 3) S'unir pour avoir des petits. *Beaucoup d'animaux* ***s'accouplent*** *au printemps.*

accourir (verbe) (conj. 16) Venir en courant, le plus vite possible. *Ils* ***sont accourus*** *dès qu'ils ont entendu mes cris.*
► **Accourir** se conjugue avec *être* ou *avoir* : il **a accouru** ou il **est accouru**.

accoutrement (nom masculin) Habillement un peu extravagant. *Tu ne peux pas aller à l'école dans cet* ***accoutrement !***

s'**accoutrer** (verbe) (conj. 3) S'habiller de manière ridicule, bizarre. *Il* ***s'était accoutré*** *d'un chapeau à plumes et d'un pantalon trop large.* (Syn. **s'affubler.**)

accoutumance (nom féminin) Fait d'être accoutumé à quelque chose. *Pour supporter la chaleur, il faut une certaine* ***accoutumance.*** (Syn. **adaptation, habitude.**)

accoutumer (verbe) (conj. 3) Synonyme d'habituer. *Myriam s'****est*** *bien* ***accoutumée*** *à sa nouvelle école.*

accréditer (verbe) (conj. 3) **1** Faire reconnaître officiellement la qualité de quelqu'un. *La lettre de créance **accrédite** l'ambassadeur.* **2** Rendre plausible une nouvelle. *Ces explications **accréditent** votre version des faits.*

accrétion (nom féminin) Fait d'augmenter de masse lorsque des éléments s'agglomèrent. *Les météorologues observent les **accrétions** de nuages.*

accroc (nom masculin) Déchirure faite en s'accrochant. *En passant entre les fils barbelés, Benjamin a fait un **accroc** à son pantalon.*
▶ Prononciation [akʀo].

accrochage (nom masculin) **1** Léger heurt entre deux véhicules. *Mon père a eu un **accrochage**, il doit faire changer une aile de sa voiture.* **2** Combat qui ne dure pas. *Il y a eu un **accrochage** entre deux patrouilles ennemies.* (Syn. **affrontement.**)

accroche-cœur (nom masculin) Boucle de cheveux en forme de crochet plaquée sur la tempe ou le front.
▶ Pluriel : des **accroche-cœurs**.

accrocher (verbe) (conj. 3) **1** Suspendre à un crochet ou attacher avec un crochet. *On **a accroché** un tableau au mur du bureau.* **2** Déchirer au passage. *Elle **a accroché** sa robe à un clou qui dépassait.* **3** Heurter légèrement. *Le camion **a accroché** une voiture.* **4** S'accrocher : se retenir fermement à quelque chose. ***Accroche-toi** à la rampe pour ne pas glisser !* (Syn. **se cramponner.**) **5** S'accrocher : faire preuve de ténacité. *Si tu veux être le meilleur, il faut **t'accrocher**.*
★ Famille du mot : accroc, accroch**age**, accroch**eur**, **dé**crocher, raccrocher.

accrocheur, euse (adjectif) Qui retient l'attention. *Ce livre s'est bien vendu grâce à son titre **accrocheur**.*

accroissement (nom masculin) Fait de s'accroître. *Dans certains pays, l'**accroissement** de la population est dramatique.* (Contr. **diminution.**)

accroître (verbe) (conj. 37) Rendre plus grand. *Les engrais permettent d'**accroître** les productions agricoles.* (Syn. **augmenter.**)
▶ On écrit aussi **accroitre**.

s'**accroupir** (verbe) (conj. 11) S'asseoir sur les talons. *Le chasseur **s'est accroupi** pour examiner les empreintes.*

accru, ue (adjectif) Plus important. *Avec sa promotion, il a une responsabilité **accrue**.*

accu Voir ***accumulateur***.

accueil (nom masculin) Fait de recevoir quelqu'un. *Cette dame s'occupe de l'**accueil** des visiteurs.*

accueillant, ante (adjectif) Qui accueille bien les gens. *On se sent bien dans cette famille **accueillante**.* (Syn. **hospitalier.**)

accueillir (verbe) (conj. 13) Recevoir quelqu'un chez soi. *Ils nous **ont accueillis** chez eux pendant la durée du séjour.*
★ Famille du mot : accueil, accueill**ant**.

acculer (verbe) (conj. 3) Coincer l'adversaire de sorte qu'il ne puisse plus reculer ni s'enfuir. *Le rat **était acculé** dans un coin.*

accumulateur (nom masculin) Appareil qui emmagasine de l'électricité et la restitue sous forme de courant.
▶ Ce mot s'abrège familièrement en **accu**.

accumulation (nom féminin) Quantité de choses accumulées. *Une **accumulation** d'erreurs.*

accumuler (verbe) (conj. 3) Amasser ou rassembler petit à petit. *Odile ne jette jamais rien, elle **accumule** tout dans ses placards.* (Syn. **entasser.**)
★ Famille du mot : accumul**ateur**, accumul**ation**.

accusateur, trice (adjectif et nom) Qui accuse quelqu'un. *Clément m'a jeté un regard **accusateur**. Sarah souhaite répondre à ses **accusateurs**.*

accusatif (nom masculin) Cas de déclinaison qui sert à exprimer principalement l'objet direct.

accusation (nom féminin) Parole qui accuse une personne. *Une **accusation** injuste, mensongère.*

accusé, ée (nom) Personne que l'on accuse. *L'**accusé** comparaît devant le tribunal d'assises.*
■ **accusé** (nom masculin) • Accusé de réception : formulaire postal faisant savoir à l'expéditeur que l'on a reçu son envoi.

accuser (verbe) (conj. 3) **1** Dire que quelqu'un est coupable de quelque chose. *On l'**a accusé** d'être parti sans payer.* **2** Rendre quelque chose plus visible. *Un visage aux traits **accusés**. Les années qui passent **accusent** leur différence d'âge.* (Syn. **souligner.**) • Accuser réception d'une lettre, d'un colis : faire savoir à l'expéditeur qu'on l'a bien reçu.
★ Famille du mot : accus**ateur**, accus**ation**, accus**é**.

acerbe (adjectif) Qui est agressif et cherche à blesser. *Des critiques **acerbes**.* (Syn. **mordant.**)

acéré, ée (adjectif) Pointu et tranchant. *La panthère a des griffes **acérées**.*

acétate (nom masculin) Sel ou ester de l'acide acétique. *Les **acétates** de vinyle servent à la fabrication de nombreuses matières plastiques.*

acétique (adjectif) • Acide acétique : composé organique à fonction acide.
★ **Acétique** vient du latin *acetum* qui signifie « vinaigre ».

acétone (nom féminin) Liquide incolore très volatil dont l'odeur rappelle celle de l'éther. *L'**acétone** est utilisée comme dissolvant.*

acétylène (nom masculin) Hydrocarbure gazeux, incolore, plus léger que l'air. *L'**acétylène** est utilisé dans la fabrication du nylon.*

achalandé, ée (adjectif) Qui offre un grand choix de marchandises. *Une boutique bien **achalandée**.* (Syn. **approvisionné.**)
★ Le mot *chaland* signifiait autrefois « client » : une boutique bien **achalandée** avait beaucoup de clients.

acharné, ée (adjectif) Qui montre de l'acharnement. *La dispute était **acharnée**, personne ne voulait céder.*

acharnement (nom masculin) Fait de s'acharner. *Ursula travaille avec **acharnement** pour réussir son examen.*

s'**acharner** (verbe) (conj. 3) Attaquer violemment et avec obstination. *La panthère **s'acharne** sur sa proie. Le sort **s'acharne** contre lui.*
★ Famille du mot : acharné, acharnement.

achat (nom masculin) **1** Action d'acheter une chose. *L'**achat** d'une voiture.* **2** Ce que l'on a acheté. *Tous mes **achats** sont dans mon sac.*

acheminement (nom masculin) Action d'acheminer. *La Poste s'occupe de l'**acheminement** du courrier.*

acheminer (verbe) (conj. 3) **1** Diriger quelque chose vers une destination. *Les camions de la Croix-Rouge **acheminent** la nourriture jusqu'au camp de réfugiés.* **2** S'acheminer : synonyme littéraire d'aller. *Nous **nous acheminons** vers une solution à nos problèmes.*

acheter (verbe) (conj. 8) Payer pour obtenir quelque chose. *Passe à la boulangerie et **achète** une baguette.* (Syn. **acquérir**.)
★ Famille du mot : achat, acheteur, rachat, racheter.

acheteur, euse (nom) Personne qui achète. (Syn. **acquéreur**.)

achèvement (nom masculin) Action d'achever. *La fabrication des outils en métal marque l'**achèvement** de la préhistoire.* (Syn. **fin**. Contr. **commencement**.)

achever (verbe) (conj. 8) **1** Terminer jusqu'au bout. *Il faut **achever** ce travail avant la nuit.* (Syn. **finir**. Contr. **commencer**.) **2** Tuer un animal blessé.
★ Famille du mot : achèvement, inachevé, parachever.

achopper (verbe) (conj. 3) Buter sur une difficulté. *Le candidat était brillant mais il **a achoppé** sur la question d'histoire.*

achromatique (adjectif) Qui ne fixe pas les colorants cellulaires.

acide (adjectif) Qui est piquant et aigre au goût. *Cette pomme est trop **acide**, je ne peux pas la manger !*
▪ **acide** (nom masculin) Produit chimique qui attaque certains matériaux en les rongeant. *Le vinaigre, le citron contiennent de l'**acide**.*
★ Famille du mot : acidité, acidulé.

acidimètre (nom masculin) Appareil permettant de mesurer le titre d'une solution acide.

acidité (nom féminin) Goût acide. *L'**acidité** du vinaigre.*

acidulé, ée (adjectif) Qui a un goût légèrement acide. *Des bonbons **acidulés**.*

acier (nom masculin) Métal très dur, alliage de fer et de carbone.

aciérie (nom féminin) Usine où l'on fabrique de l'acier.

acné (nom féminin) Affection de la peau se traduisant par une éruption de petites pustules sur le visage et la partie supérieure du thorax. *L'**acné** est fréquente à l'adolescence.*
★ Acné vient du mot grec *akhnê* qui signifie « efflorescence ».

acolyte (nom masculin) Complice d'un malfaiteur. *Le bandit et ses deux **acolytes** ont dévalisé la banque.*

acompte (nom masculin) Partie du prix que l'on paie à l'avance. *Il faut verser un **acompte** à la commande.* (Syn. **avance**.)

s'**acoquiner** (verbe) (conj. 3) Se lier avec quelqu'un pour faire quelque chose de mal. *Ils **se sont acoquinés** pour faire cette vilaine farce.*
★ Dans ce mot, on trouve le nom *coquin*, qui signifiait autrefois « bandit ».

à-côté (nom masculin) Aspect secondaire, accessoire. *Les **à-côtés** d'une profession.*
► Pluriel : des **à-côtés**.

à-coup (nom masculin) Secousse ou irrégularité dans le fonctionnement d'une machine. *J'entends des **à-coups** dans le moteur de la voiture.* • Par à-coups : de façon irrégulière. *Je n'ai pu dormir que **par à-coups**.*
► Pluriel : des **à-coups**.

acoustique (nom féminin) Qualité d'un lieu, concernant la façon dont on y entend les sons. *L'**acoustique** du préau est très désagréable.*

acquéreur (nom masculin) Synonyme d'acheteur. *La maison voisine a été vendue, mais je ne connais pas son **acquéreur**.*

acquérir (verbe) (conj. 18) **1** Synonyme d'acheter. *Le cultivateur est content d'avoir pu **acquérir** cette terre.* **2** Obtenir quelque chose. *L'avocat **a acquis** la preuve de l'innocence de l'accusé.*
★ Famille du mot : acquéreur, acquis, acquisition.

acquiescer (verbe) (conj. 4) Donner son accord, dire oui. *Pour toute réponse, Zoé **acquiesce** d'un signe de tête.* (Syn. **approuver**.)

acquis (nom masculin) Ce que l'on a acquis, obtenu grâce à ses efforts. *Cet élève ne travaille pas, il se contente de vivre sur ses **acquis**.*

acquisition (nom féminin) **1** Action d'acquérir quelque chose. *Papa a fait l'**acquisition** d'une nouvelle voiture.* **2** La chose que l'on a acquise. *Elle m'a montré sa nouvelle **acquisition**.*

acquit (nom masculin) • Par acquit de conscience : pour n'avoir pas de doute ni de remords par la suite. *J'ai fermé la porte mais, **par acquit de conscience**, je vais vérifier.*

acquittement (nom masculin) Décision d'un tribunal qui acquitte un accusé. *Le président du tribunal a prononcé l'**acquittement** du prévenu.*

acquitter (verbe) (conj. 3) **1** Déclarer non coupable. *Le tribunal **a acquitté** l'accusé, faute de preuves.* (Contr. **condamner**.) **2** S'acquitter : accomplir quelque chose que l'on doit faire. *David **s'est acquitté** de sa mission avec succès.*

acra (nom masculin) Beignet salé de légumes ou de poisson. *Le traiteur antillais prépare des **acras** délicieux.*

âcre (adjectif) Piquant et irritant. *Cette boisson a un goût **âcre** qui brûle la gorge.*

âcreté (nom féminin) Caractère d'un goût ou d'une odeur âcre.

acrimonie (nom féminin) Mécontentement qui s'exprime par des paroles blessantes. *L'**acrimonie** de ses paroles s'explique par son échec.* (Syn. **aigreur, amertume.**)

acro- Préfixe tiré du grec qui signifie « élevé » (exemple : *acropole*).

acrobate (nom) Artiste qui exécute des exercices physiques périlleux, des tours de force ou d'adresse. *Les trapézistes, les funambules, les équilibristes sont des **acrobates**.*
★ Famille du mot : acrobat**ie**, acrobat**ique**.

acrobatie (nom féminin) Exercice d'équilibre, d'adresse. *Anna fait des **acrobaties** sur le banc du jardin.*
▶ Prononciation [akʀobasi].

acrobatique (adjectif) Qui demande de l'agilité et de la souplesse. *Un saut **acrobatique**.*

acronyme (nom masculin) Sigle que l'on prononce comme un mot ordinaire, sans l'épeler. *Unesco* [ynɛsko] *est un acronyme.*

acropole (nom féminin) Partie la plus élevée des cités grecques de l'Antiquité, comportant une citadelle et des lieux de culte. *Des milliers de touristes visitent chaque année l'**acropole** d'Athènes.*

acrosport (nom masculin) Discipline mêlant la gymnastique, l'acrobatie et la chorégraphie.

acrylique (adjectif) Qui est fait à base de certains produits chimiques. *De la peinture **acrylique**.*
▪ **acrylique** (nom masculin) Fibre textile acrylique. *Des vêtements en **acrylique**.*

acte (nom masculin) **1** Ce qui est fait par une personne. *Ibrahim est assez grand pour comprendre les conséquences de ses **actes**.* (Syn. **action.**) **2** Document officiel qui établit un fait. *L'**acte** de vente de la maison sera signé chez le notaire.* **3** Chacune des parties qui constituent une pièce de théâtre. *Cette comédie se joue en trois **actes**.*

acteur, trice (nom) Personne qui interprète un rôle. *Un **acteur** de théâtre, de cinéma.* (Syn. **comédien.**)

actif, ive (adjectif) **1** Qui aime agir ou qui accomplit, avec énergie, beaucoup de choses. *Élodie ne s'ennuie jamais, elle est très **active**.* (Syn. **dynamique.**) **2** Qui agit avec efficacité. *Prenez ce médicament, il est très **actif** contre les maux de tête.* • **Voix active** : forme du verbe dont le sujet est l'auteur de l'action *Voix active et voix passive.*
★ Famille du mot : activ**ement**, activ**er**, activ**ité**, **in**actif.

action (nom féminin) **1** Ce que fait une personne qui agit. *Faire une bonne, une mauvaise **action**.* **2** Fait d'agir. *Assez de discussions ! Il est temps de passer à l'**action**.* **3** Effet produit par quelque chose. *La neige a fondu sous l'**action** de la chaleur.* **4** Déroulement des évènements. *L'**action** de ce film se déroule au Japon.* (Syn. **intrigue.**) **5** Part du capital d'une entreprise qu'une personne peut acheter. • **Action d'éclat** : exploit ou acte de courage. • **Film d'action** : film dans lequel les événements se déroulent à un rythme très rapide.
★ Famille du mot : action**naire**, action**ner**.

actionnaire (nom) Personne qui possède des actions d'une société. *Chaque année, l'entreprise verse des bénéfices à ses **actionnaires**.*

actionner (verbe) (conj. 3) Mettre en marche. *En tournant la clé de contact, on **actionne** le démarreur.*

activateur, trice (adjectif et nom masculin) Produit qui accélère une réaction chimique ou biologique.

activement (adverbe) De manière active et efficace. *Tout le monde s'occupe **activement** des préparatifs de la fête.*

activer (verbe) (conj. 3) **1** Rendre plus rapide. *Il faut **activer** les travaux de réparation.* (Syn. **accélérer.**) **2** Rendre plus fort, plus intense. ***Activer** un feu en soufflant dessus.* **3** **S'activer** : synonyme de s'affairer. *Toute la famille **s'active** avant le départ pour préparer les bagages.*

activité (nom féminin) **1** Fait d'être actif. *Bien qu'elle soit âgée, grand-mère est toujours d'une très grande **activité**.* (Syn. **dynamisme.** Contr. **inertie.**) **2** Manière d'occuper son temps. *En dehors des heures de classe, ses **activités** préférées sont le judo et la musique.* **3** Animation qui règne dans un lieu. *Avant la représentation, il règne une **activité** intense dans les coulisses du théâtre.* • **En activité** : en action, en service. *Un volcan **en activité**.*

actualiser (verbe) (conj. 3) Rendre plus actuel. *Ce livre d'histoire a besoin d'**être actualisé**.*

actualité (nom féminin) Ce qui se passe maintenant, à l'heure actuelle. *Il se tient au courant de l'**actualité** en lisant des journaux.*
▪ **actualités** (nom féminin pluriel) Informations fournies par le journal télévisé.

actuel, elle (adjectif) Qui existe maintenant, dans le présent. *Le chômage est un problème très **actuel**.*
★ Famille du mot : actual**iser**, actual**ité**, actuelle**ment**.

actuellement (adverbe) En ce moment. *Revenez plus tard, il est **actuellement** absent.*

acuponcteur, trice (nom) Médecin qui pratique l'acuponcture.
▶ On écrit aussi **acupuncteur**, mais on prononce toujours [akypɔ̃ktœʀ].

acuponcture (nom féminin) Procédé médical d'origine chinoise, qui consiste à piquer des points précis du corps avec de fines aiguilles.
▶ On écrit aussi **acupuncture**, mais on prononce toujours [akypɔ̃ktyʀ].
★ **Acuponcture** vient de deux mots latins qui signifient « aiguille » et « piqûre ».

a b c d e f g h i j k l m n o p q r s t u v w x y z

acyclique (adjectif) Qui se produit sans cycle. *Les maladies **acycliques** ont une évolution irrégulière.*

adage (nom masculin) Maxime populaire. *Son almanach contient de nombreux **adages**.*

adaptable (adjectif) Qui peut être adapté. *Un jeu électronique **adaptable** à la télévision.*

adaptateur (nom masculin) Dispositif permettant le branchement d'un appareil électrique. *Cette console vidéo est vendue avec un **adaptateur**.*

adaptation (nom féminin) **1** Fait de s'adapter. *Il a besoin d'une période d'**adaptation** pour se sentir à l'aise dans sa nouvelle école.* **2** Action d'adapter une œuvre littéraire. *Ce film est l'**adaptation** d'un roman de Jules Verne.*

adapter (verbe) (conj. 3) **1** Fixer ou ajuster une chose à une autre. *On peut **adapter** un flash sur cet appareil photo.* **2** Faire correspondre deux choses. *Thomas a réussi à **adapter** sa technique de jeu à celle de son adversaire.* **3** Transformer une œuvre littéraire pour en faire un spectacle. *On **a adapté** ce roman célèbre pour la télévision.* **4 S'adapter** : synonyme de s'habituer. *Ces animaux exotiques ont beaucoup de mal à **s'adapter** au climat froid.*
★ Famille du mot : adapt**able**, adapt**ateur**, adapt**ation**, **in**adapté, se **ré**adapter.

addenda (nom masculin) Addition à la fin d'un ouvrage.
► Prononciation [adẽda].

additif (nom masculin) Produit ajouté à un autre. *C'est un jus de fruit naturel sans aucun **additif**.*

addition (nom féminin) **1** Opération d'arithmétique qui consiste à ajouter plusieurs nombres pour en obtenir la somme. *On utilise le signe plus (+) pour faire une **addition**.* **2** Petite facture qui indique le prix. *Deux cafés, et l'**addition**, s'il vous plaît !*

additionner (verbe) (conj. 3) **1** Faire une addition. ***Additionnez** les nombres inscrits au tableau !* **2** Ajouter en mélangeant. *Il **a additionné** son eau d'un peu de sirop de citron.*

adducteur (adjectif masculin et nom masculin) Muscle qui permet à un membre ou à une partie d'un membre de se rapprocher du plan médian du corps. (Contr. **abducteur.**)

adduction (nom féminin) Action d'amener, par des conduites, de l'eau ou du gaz, d'un endroit à un autre. *Des travaux d'**adduction** d'eau ont permis d'irriguer cette région aride.*

adepte (nom) Partisan d'une doctrine ou amateur d'une activité. *Fatima est une **adepte** du rock.*

adéquat, ate (adjectif) Qui convient parfaitement. *Pour faire du camping, il faut prévoir un équipement **adéquat**.*
► Prononciation [adekwa] ou [adekwat].

adéquation (nom féminin) Fait d'être adéquat. *L'écrivain recherche la parfaite **adéquation** entre le mot et l'idée.*

adhérence (nom féminin) Fait d'adhérer, de coller. *Les pneus neufs ont une meilleure **adhérence** à la route.*

adhérent, ente (nom) Personne qui a adhéré à une organisation, un parti, un club. *Après votre inscription à la piscine, vous recevrez votre carte d'**adhérent**.*

adhérer (verbe) (conj. 8) **1** Coller fortement à quelque chose, y rester attaché, fixé. *Le sparadrap permet de bien faire **adhérer** le pansement à la plaie.* **2** Devenir membre d'une organisation. *Quentin a payé sa cotisation pour **adhérer** au club de tennis.*
★ Famille du mot : adhér**ence**, adhér**ent**, adhé**sif**, adhé**sion**.

adhésif, ive (adjectif) Qui adhère. *Un pansement **adhésif**.*
■ **adhésif** (nom masculin) Tissu ou papier adhésif. *Le colis est fermé avec de l'**adhésif**.*

adhésion (nom féminin) Action d'adhérer à une organisation. *L'**adhésion** au club de ping-pong est gratuite.* (Syn. **inscription.**)

adieu (interjection) Mot que l'on dit à quelqu'un que l'on ne reverra pas pendant longtemps, ou que l'on ne reverra jamais. ***Adieu** mes amis ! dit-il, ne m'oubliez pas !*
■ **adieu, eux** (nom masculin) • **Faire ses adieux** : dire au revoir. *Il est venu nous **faire ses adieux** la veille de son déménagement.*

adipeux, euse (adjectif) **1** Qui contient de la graisse. *Les tissus **adipeux** constituent une réserve nutritive de l'organisme.* **2** Trop gras, en parlant du corps ou d'une partie du corps. *Ce vieil homme **adipeux** est très laid.* (Syn. **obèse.**)

adiposité (nom féminin) Accumulation localisée de graisses dans le tissu cellulaire.

adjacent, ente (adjectif) **1** Qui se trouve juste à côté, qui est voisin. *Venez à pied, j'habite dans la rue **adjacente**.* **2** Se dit d'angles qui ont le même sommet et un côté commun.

adjectif (nom masculin) Mot qui qualifie ou détermine un nom et qui s'accorde avec lui. *« Petit » et « grand » sont des **adjectifs** qualificatifs. Les **adjectifs** possessifs, démonstratifs, interrogatifs, numéraux sont des déterminants.*

adjoindre (verbe) (conj. 35) Associer une personne à une autre comme auxiliaire. *Il **s'est adjoint** un collaborateur.*

adjoint, ointe (nom) Personne qui aide une autre personne dans son travail et la remplace en cas d'absence. *Le directeur n'est pas là, mais vous pouvez voir son **adjointe**.*

adjudant (nom masculin) Grade de certains sous-officiers.

adjuger (verbe) (conj. 5) **1** Attribuer en récompense. *On lui **a adjugé** le deuxième prix du concours de pêche à la ligne.* **2 S'adjuger** : prendre pour soi, sans se préoccuper des autres. *Kevin **s'est adjugé** la meilleure raquette.*

adjuration (nom féminin) Demande insistante, pressante. *Ses **adjurations** n'avaient de cesse.*

admettre (verbe) (conj. 33) **1** Accepter quelqu'un dans un groupe. *Gaëlle **est admise** en sixième.* **2** Tolérer ou permettre quelque chose. *Mes parents n'**admettent** pas que je sois impoli.* **3** Reconnaître quelque chose, l'accepter comme vrai. *Il a fini par **admettre** qu'il avait tort.*
★ Famille du mot : admissi**ble**, admissi**on**, **in**admissi**ble**.

administrateur, trice (nom) Personne responsable de l'administration d'une entreprise.

administratif, ive (adjectif) Qui concerne l'administration. *Une secrétaire s'occupe du travail **administratif** : elle répond au courrier, classe les dossiers.*

administration (nom féminin) **1** Gestion, organisation d'une entreprise ou d'un groupe. *L'**administration** de la commune est confiée au maire.* **2** L'Administration : tous les services publics d'un pays. *Les ministres, les maires, les préfets font partie de l'**Administration**.*

administré, ée (nom) Personne qui dépend d'une administration. *Le maire fait un discours à ses **administrés**.*

administrer (verbe) (conj. 3) **1** Diriger un groupe de personnes. *Le maire **administre** sa commune avec l'aide du conseil municipal.* (Syn. **gérer.**) **2** Faire absorber ou donner quelque chose. *On lui **a administré** un médicament pour le faire dormir.*
★ Famille du mot : administr**ateur**, administr**atif**, administr**ation**, administr**é**.

admirable (adjectif) Qui mérite l'admiration. *Un paysage **admirable**.*

admirablement (adverbe) D'une façon admirable, très bien. *Maman réussit **admirablement** certains plats.*

admirateur, trice (nom) Personne qui admire une autre personne. *La vedette salue ses nombreux **admirateurs**.*

admiratif, ive (adjectif) Plein d'admiration. *Pierre jette un regard **admiratif** sur la vitrine du marchand de jouets.*

admiration (nom féminin) Sentiment que l'on éprouve face à ce qui est beau, remarquable ou respectable. *Quentin est plein d'**admiration** pour son oncle navigateur.*

admirer (verbe) (conj. 3) Éprouver de l'admiration. *Hélène **admire** beaucoup ses parents. Des touristes **admirent** le paysage.*
★ Famille du mot : admir**able**, admir**ablement**, admir**ateur**, admir**atif**, admir**ation**.

admissible (adjectif) **1** Que l'on peut admettre. *Il n'est pas **admissible** de faire preuve de violence.* (Contr. **inadmissible.**) **2** Qui est admis à la première partie d'un examen ou d'un concours. *Mon grand frère est **admissible** à l'oral du concours.*

admission (nom féminin) Fait d'admettre ou d'être admis. *Julie aimerait obtenir son **admission** au même collège que son amie.*

admonester (verbe) (conj. 3) Faire une remontrance à quelqu'un. *Le maître l'**avait admonesté** devant toute la classe.* (Syn. **réprimander, blâmer.**)

ADN (nom masculin) Constituant essentiel des chromosomes. *L'**ADN** est le support des informations héréditaires.*
★ ADN est le sigle de **a**cide **d**ésoxyribo**n**ucléique.

adolescence (nom féminin) Période de la vie entre l'enfance et l'âge adulte. *À quinze ans, Laura est en pleine **adolescence**.*

adolescent, ente (nom) Jeune garçon, jeune fille qui est à l'âge de l'adolescence.
► Ce mot est souvent abrégé : un ou une **ado**.

s'**adonner** (verbe) (conj. 3) Pratiquer un sport, une activité. *Romain **s'adonne** avec passion à la musique folklorique.*

adopter (verbe) (conj. 3) **1** Prendre légalement une personne pour fils ou pour fille. ***Adopter** un orphelin.* **2** Admettre ou choisir une idée, une attitude. *Thomas **a adopté** un comportement désagréable pendant tout le jeu.* **3** Approuver, être d'accord. *Le conseil municipal **a adopté** le projet de construction d'un gymnase.*
★ Famille du mot : adopt**if**, adopt**ion**.

adoptif, ive (adjectif) **1** Qui a été adopté. *La fille de notre voisine est une enfant **adoptive**.* **2** Qui a adopté quelqu'un. *Il porte le nom de famille de ses parents **adoptifs**.* (Syn. **nourricier.**)

adoption (nom féminin) **1** Fait d'adopter un enfant. *L'**adoption** d'un bébé.* **2** Action d'adopter un projet. *L'**adoption** du budget.*

adorable (adjectif) Qui plaît par sa beauté, sa gentillesse. *Ce sont des grands-parents **adorables**.*

adorateur, trice (nom) **1** Personne qui adore une divinité. *Les Incas étaient des **adorateurs** du Soleil.* **2** Admirateur passionné. *Cette star a de nombreux **adorateurs**.*

adoration (nom féminin) **1** Culte rendu à une divinité. **2** Amour et admiration passionnés pour quelqu'un. *Victor est en **adoration** devant son père.*

adorer (verbe) (conj. 3) **1** Prier et vénérer un dieu. *Les chrétiens **adorent** un seul dieu.* **2** Aimer énormément. *Elle **adore** ses enfants. Odile **adore** les bonbons à la menthe.* (Contr. **détester.**)
★ Famille du mot : ador**able**, ador**ateur**, ador**ation**.

s'**adosser** (verbe) (conj. 3) S'appuyer le dos contre quelque chose. *William **s'est adossé** au mur.*

adoubement (nom masculin) Au Moyen Âge, cérémonie au cours de laquelle un jeune homme était armé chevalier et recevait son équipement.

adoucir (verbe) (conj. 11) **1** Rendre doux au toucher ou au goût. *Ce savon **adoucit** la peau.* **2** Rendre moins dur, moins pénible. *Son réconfort **a adouci** ma peine.*

a b c d e f g h i j k l m n o p q r s t u v w x y z

a b c d e f g h i j k l m n o p q r s t u v w x y z

adoucissant, ante (adjectif) Qui adoucit. *Une crème **adoucissante**.*
■ **adoucissant** (nom masculin) Produit destiné à assouplir le linge.

adoucissement (nom masculin) Fait de s'adoucir, de s'atténuer. *L'**adoucissement** de la température a permis d'éteindre le chauffage.*

adrénaline (nom féminin) Hormone sécrétée par les glandes surrénales. *L'**adrénaline** permet à l'organisme de s'adapter à des agressions extérieures.* • **Poussée d'adrénaline** : accès d'excitation ou de colère.

① **adresse** (nom féminin) Indication du domicile d'une personne. *Sur sa carte de visite figurent son **adresse** et son numéro de téléphone.* • **Adresse électronique** : code d'identification permettant l'envoi et la réception de courrier sur Internet. • **À l'adresse de quelqu'un** : à l'intention de, destiné à. *Il a dit quelques mots **à l'adresse** des nouveaux arrivants.*
★ Famille du mot : adress**er**.

② **adresse** (nom féminin) Caractère d'une personne adroite. *Xavier a réussi à obtenir ce qu'il voulait en le demandant avec beaucoup d'**adresse**.* (Syn. **habileté.** Contr. **maladresse.**)
★ Famille du mot : adroit, adroit**ement**, **mal**adresse, **mal**adroit, **mal**adroit**ement**.

adresser (verbe) (conj. 3) **1** Envoyer quelque chose à quelqu'un. *Myriam **a adressé** une lettre de remerciement à sa tante.* **2** Exprimer quelque chose à l'intention de quelqu'un. *Son oncle passe son temps à lui **adresser** des reproches.* **3 S'adresser à quelqu'un** : lui parler. *Ce n'est pas à Yann, mais à toi que je **m'adresse**.* **4 S'adresser à quelqu'un** : aller lui demander une aide ou un renseignement. *Pour le courrier, **adressez-vous** au gardien.* • **Adresser la parole à quelqu'un** : lui parler. *Depuis cette dispute, il ne m'**adresse** plus **la parole**.*

adret (nom masculin) Versant d'une montagne exposé au soleil. (Contr. **ubac.**)

adroit, oite (adjectif) **1** Qui se sert de ses mains avec habileté, avec adresse. *Son père est un bricoleur très **adroit**.* (Contr. **maladroit.**) **2** Qui sait se tirer d'une situation difficile. *Il est trop **adroit** pour se laisser tromper par vos ruses.* (Syn. **astucieux, malin.**)

adroitement (adverbe) De façon adroite. *Noémie a très **adroitement** rattrapé le ballon.* (Syn. **habilement.** Contr. **maladroitement.**)

aduler (verbe) (conj. 3) Manifester son admiration envers quelqu'un. *Ce chanteur **est adulé** par la plupart des jeunes.*

adulte (adjectif) Qui est arrivé à son développement définitif. *C'est un chien **adulte**, il ne grandira plus.* • **L'âge adulte** : âge qui succède à l'adolescence et précède la vieillesse.
■ **adulte** (nom) Personne adulte. (Syn. **grande personne.**)

adultère (nom masculin) Fait d'être infidèle à la personne à laquelle on est marié.

adultérin, ine (adjectif) Qui se rapporte à l'adultère. *Les relations **adultérines** peuvent entraîner le divorce.* (Contr. **légitime.**)

advenir (verbe) (conj. 19) Arriver ou se produire par hasard. *Quoi qu'il **advienne**, je serai là jeudi.*

adverbe (nom masculin) Mot invariable qui complète ou modifie le sens d'un verbe, d'un adjectif ou d'un autre adverbe. *Peu, beaucoup, trop, énormément sont des **adverbes**.*

adversaire (nom) **1** Personne opposée à une autre au cours d'une compétition. *Les deux **adversaires** sont à égalité depuis le début du match.* (Syn. **rival.** Contr. **partenaire.**) **2** Personne qui s'oppose avec force à certaines choses. *C'est un **adversaire** du racisme.* (Syn. **ennemi.** Contr. **partisan.**)

adverse (adjectif) Qui est contraire, opposé. *Ils ont battu l'équipe **adverse**.*

adversité (nom féminin) Situation malheureuse qui semble due à la malchance. *Le naufragé a su lutter contre l'**adversité**.*

aède (nom masculin) Poète de la Grèce antique qui chantait ses propres œuvres. *Les **aèdes** s'accompagnaient au son de la lyre.*

aér(o)- Préfixe tiré du grec indiquant un rapport soit avec l'air, soit avec la navigation aérienne (exemples : *aérateur, aérospatial*).

aérateur (nom masculin) Appareil qui sert à renouveler l'air d'un local.

aération (nom féminin) Action d'aérer. *Ouvre la fenêtre, la chambre a besoin d'**aération**.*

aérer (verbe) (conj. 8) Renouveler l'air dans un lieu. *Cette pièce **est** bien **aérée** par de grandes fenêtres.*
★ Famille du mot : aéra**teur**, aéra**tion**.

aérien, enne (adjectif) **1** Qui est installé à l'air libre. *Le métro **aérien**.* **2** Qui se fait par les airs, par avion. *La navigation **aérienne**.*

aérobic (nom masculin) Gymnastique qui se pratique sur une musique à rythme très soutenu. *Julie fait de l'**aérobic** tous les matins.*

aérobie (adjectif) Qui a besoin d'oxygène pour vivre. *Bactéries **aérobies**.* (Contr. **anaérobie.**)

aéroclub (nom masculin) Club dans lequel on pilote des avions.
► Prononciation [aeʀɔklœb].

aérodrome (nom masculin) Terrain aménagé pour permettre le décollage et l'atterrissage des avions.

aérodynamique (adjectif) Qui offre peu de résistance à l'air. *La forme **aérodynamique** du TGV.*

aérogare (nom féminin) Ensemble des installations d'un aéroport destinées aux voyageurs. *Les voyageurs enregistrent leurs bagages à l'**aérogare**.*

aéroglisseur (nom masculin) Véhicule qui glisse au-dessus de l'eau ou de la terre grâce à un coussin d'air.

aéromodélisme (nom masculin) Construction de modèles réduits d'avions. *Clément a participé à plusieurs championnats d'**aéromodélisme**.*

aéronautique (nom féminin) Science de la navigation aérienne et technique de construction des avions et des fusées.

aéronaval, ale, als (adjectif) Qui relève à la fois de l'aviation et de la marine. *Une base **aéronavale** est installée à Saint-Raphaël.*

aéronef (nom masculin) Tout appareil qui peut se déplacer dans les airs. *Les avions, les hélicoptères, les ballons dirigeables sont des **aéronefs**.*

aérophagie (nom féminin) Déglutition d'une certaine quantité d'air qui pénètre dans l'estomac et provoque des douleurs.

aéroplane (nom masculin) Nom donné autrefois à un avion.

aéroport (nom masculin) Ensemble formé par l'aérodrome, l'aérogare et tous les bâtiments destinés à l'entretien des avions. *Orly est l'un des **aéroports** de Paris.*

aérosol (nom masculin) Petit appareil qui permet de vaporiser un liquide sous pression. *Ce déodorant est vendu en **aérosol**.*

aérospatial, ale, aux (adjectif) Qui relève à la fois de l'aéronautique et de l'astronautique. *L'Airbus est un produit de l'industrie **aérospatiale** européenne.*
■ **aérospatiale** (nom féminin) Construction d'engins aérospatiaux.

affable (adjectif) Accueillant et aimable. ***Très affable**, le gardien sait accueillir les visiteurs.*

affabulation (nom féminin) Déguisement de la vérité. *Toutes ces histoires ne sont que des **affabulations**.* (Syn. **mensonge.**)

affadir (verbe) (conj. 11) Rendre fade, insipide. *Le cuisinier a mis trop d'eau dans la sauce, cela l'**a affadie**.*

affaiblir (verbe) (conj. 11) Rendre faible. *Sa maladie l'**a** beaucoup **affaibli**. Le bruit de l'orage s'**affaiblissait** peu à peu.*

affaiblissement (nom masculin) Fait de s'affaiblir. *Le coureur commence à montrer des signes d'**affaiblissement** : il ralentit nettement sa course.*

affaire (nom féminin) **1** Ce qui concerne quelqu'un, ce qu'il a à faire. *Ne t'occupe pas de ça, c'est mon **affaire** !* **2** Problème compliqué dont s'occupent une ou plusieurs personnes. *Il faut discuter de cette **affaire** avant de prendre une décision.* **3** Opération commerciale ou financière. *Faire une bonne, une mauvaise **affaire**.* • **Avoir affaire à quelqu'un** : être en rapport avec quelqu'un pour discuter d'une question. • **Être à son affaire** : être à l'aise en faisant bien quelque chose que l'on aime. • **Faire l'affaire** : convenir, être adapté. *Je n'ai pas de tournevis, mais un couteau **fera l'affaire**.* • **Se tirer d'affaire** : se sortir d'une situation difficile ou périlleuse.

■ **affaires** (nom féminin pluriel) **1** Activités commerciales ou financières. *En ce moment, les **affaires** ne marchent pas. C'est un homme d'**affaires** qui a très bien réussi.* **2** Ensemble des questions qui concernent les intérêts d'une personne, d'un gouvernement. *Le ministère des **Affaires** étrangères.* **3** Objets personnels. *Odile a rangé ses **affaires** avant d'aller se coucher.*

affairé, ée (adjectif) Qui a beaucoup de choses à faire. *Aux heures des repas, les serveurs du restaurant sont très **affairés**.* (Syn. **occupé.**)

s'**affairer** (verbe) (conj. 3) S'occuper activement de l'exécution d'une tâche. *Tout le monde **s'affaire** à la cuisine pour que le repas soit prêt à temps.* (Syn. **s'activer.**)

affaissement (nom masculin) Fait de s'affaisser. *Le poids de l'armoire a provoqué un **affaissement** du plancher.*

s'**affaisser** (verbe) (conj. 3) **1** Plier ou baisser sous le poids de quelque chose. *Le toit, couvert de neige, **s'est affaissé**.* **2** Tomber lourdement, sans forces. *Le coureur, victime d'un malaise, **s'est affaissé** sur la piste.* (Syn. **s'effondrer.**)

s'**affaler** (verbe) (conj. 3) Se laisser tomber avec lourdeur. *Épuisé, David **s'est affalé** sur le divan.*

affamé, ée (adjectif) Qui a très faim. *Après cette journée au grand air, les enfants sont **affamés**.*

affectation (nom féminin) **1** Fait d'être affecté, prétentieux. *Elle parle avec une telle **affectation** qu'elle est ridicule.* (Contr. **naturel.**) **2** Désignation à un poste, à une fonction. *La maîtresse a reçu une nouvelle **affectation** pour une autre région.*

affecté, ée (adjectif) **1** Qui manque de naturel, de simplicité. *Au lieu de répondre naturellement quand on lui parle, Sarah prend un ton **affecté**.* (Syn. **prétentieux.**) **2** Ému par un évènement. *Il est très **affecté** par la mort de son grand-père.*

affecter (verbe) (conj. 3) **1** Faire semblant d'éprouver un sentiment. *Ibrahim **affectait** l'indifférence pour cacher sa déception.* (Syn. **feindre.**) **2** Réserver une chose ou un endroit à un certain usage. *Le maire a décidé d'**affecter** ces logements aux sans-abri.* **3** Donner un poste, une fonction à quelqu'un. *On **a affecté** cette infirmière au service des urgences de l'hôpital.* **4** Causer de la peine, de la tristesse. *La nouvelle de sa mort **a affecté** tous ses amis.*
★ Famille du mot : affect**ation**, affect**é**, **dés**affecté.

affectif, ive (adjectif) Qui concerne les sentiments. *Le bonheur est un état **affectif**.*

affection (nom féminin) **1** Sentiment d'attachement, de tendresse, d'amitié à l'égard de quelqu'un. *Avoir de l'**affection** pour sa famille, ses amis.* **2** Synonyme de maladie. *Sa toux provient d'une **affection** de la gorge.*
★ Famille du mot : affectif, affection**ner**, affect**ueusement**, affect**ueux**.

affectionner (verbe) (conj. 3) Avoir de l'affection pour quelqu'un ou quelque chose. *Ursula **affectionne** les vêtements de couleur bleue.*

a b c d e f g h i j k l m n o p q r s t u v w x y z

affectueusement (adverbe) De manière affectueuse. *Je t'embrasse **affectueusement**.*

affectueux, euse (adjectif) Qui exprime de l'affection, de la tendresse. *Zoé est très **affectueuse** avec ses grands-parents.* (Contr. **indifférent.**)

affermir (verbe) (conj. 11) Rendre plus ferme, plus fort, plus solide. *Le sport **affermit** les muscles. Les encouragements de ses parents **ont affermi** sa confiance.* (Syn. **renforcer.** Contr. **affaiblir.**)

affichage (nom masculin) Action d'afficher. *Panneau d'**affichage**.*

affiche (nom féminin) Grande feuille imprimée ou illustrée que l'on fixe sur un mur pour informer le public. *Une **affiche** publicitaire.*
★ Famille du mot : affich**age**, affich**er**, affich**ette**.

afficher (verbe) (conj. 3) **1** Faire savoir quelque chose au moyen d'une affiche. *La directrice **a affiché** les dates des vacances à l'entrée de l'école.* **2** Exprimer clairement quelque chose. *Elle **a affiché** sa mauvaise humeur.*

affichette (nom féminin) Petite affiche. *Kevin a posé des **affichettes** dans le quartier pour retrouver son chat.*

affilé, ée (adjectif) Aiguisé et pointu. *Ce couteau a une lame bien **affilée**.* (Contr. **émoussé.**)

d'**affilée** (adverbe) Sans interruption. *Le spectacle a duré trois heures **d'affilée**.*

s'**affilier** (verbe) (conj. 10) S'inscrire comme membre d'un parti, d'un organisme. *Il **s'est affilié** à une association de défense de l'environnement.*

affine (adjectif) • **Géométrie affine** : géométrie dans laquelle le parallélisme est conservé.

affiner (verbe) (conj. 3) **1** Enlever les éléments étrangers mêlés à une substance. *On peut **affiner** de l'or par oxydation.* (Syn. **purifier.**) **2** Rendre plus fin, plus subtil. *Ses nombreuses lectures **ont affiné** sa réflexion.* **3 S'affiner** : devenir plus fin. *Élodie **s'est affinée** ces dernières années.* • **Affiner des fromages** : leur faire achever leur maturation.

affinité (nom féminin) Attirance entre des personnes qui ont des goûts en commun. *Pierre s'ennuie avec son cousin car ils n'ont aucune **affinité**.*

affirmatif, ive (adjectif) Qui exprime une affirmation. *Sa demande a été acceptée, elle a reçu une réponse **affirmative**.* (Contr. **négatif.**)
▪ **affirmative** (nom féminin) • **Répondre par l'affirmative** : répondre oui.

affirmation (nom féminin) Ce que l'on affirme. *La police doit vérifier les **affirmations** du témoin.* (Syn. **déclaration.**)

affirmer (verbe) (conj. 3) Dire avec certitude et fermeté qu'une chose est vraie. *Quentin **affirme** qu'il n'est pour rien dans cette affaire.* (Syn. **assurer, certifier, garantir.**)
★ Famille du mot : affirma**tif**, affirma**tion**, affirma**tive**.

affleurer (verbe) (conj. 3) Apparaître à la surface. *Le canot s'est échoué sur des rochers qui **affleuraient** près de la côte.*

affliction (nom féminin) Très grande peine. *La mort de sa femme l'a plongé dans une profonde **affliction**.* (Syn. **chagrin, douleur.**)

affligeant, ante (adjectif) Qui afflige. *Cette forêt dévastée par l'incendie est un spectacle **affligeant**.* (Syn. **consternant, désolant.**)

affliger (verbe) (conj. 5) Causer de l'affliction. *La nouvelle de sa mort nous **a** beaucoup **affligés**.* (Syn. **attrister.**)
★ Famille du mot : affli**ction**, affligea**nt**.

affluence (nom féminin) Rassemblement d'un grand nombre de personnes dans un même endroit. *Les bus sont bondés aux heures d'**affluence**.*

affluent (nom masculin) Cours d'eau qui se jette dans un autre cours d'eau. *La Durance est un **affluent** du Rhône.*

affluer (verbe) (conj. 3) Arriver en grand nombre au même endroit. *Pendant les vacances, les touristes **affluent** sur les plages.*
★ Famille du mot : afflu**ence**, afflu**ent**, afflux.

afflux (nom masculin) Fait d'affluer dans un même endroit. *Il y a toujours un **afflux** de clients dans les magasins au moment des soldes.*
► Prononciation [afly].

affolant, ante (adjectif) Qui affole. *Cette voiture roule à une vitesse **affolante**.* (Syn. **terrifiant.**)

affolement (nom masculin) Fait de s'affoler. *Le bruit de l'explosion provoqua un **affolement** général.* (Syn. **panique, terreur.**)

affoler (verbe) (conj. 3) Causer une grande frayeur à quelqu'un. *Ce n'est pas la peine de s'**affoler**, sa blessure n'est pas grave.*
★ Famille du mot : affol**ant**, affol**ement**.

affranchir (verbe) (conj. 11) **1** Rendre libre, indépendant. ***Affranchir** un pays occupé.* **2** Mettre, sur une lettre ou un colis, le timbre qui correspond au prix de son transport. ***As-tu affranchi** correctement les cartes postales avant de les envoyer ?*

affranchissement (nom masculin) **1** Fait de s'affranchir. *L'**affranchissement** des esclaves.* **2** Prix à payer pour affranchir une lettre, un colis. *L'**affranchissement** d'une lettre dépend de son poids et de sa destination.*

affres (nom féminin pluriel) Synonyme littéraire de angoisse, tourment. *Les **affres** de la mort est le thème principal de ce poète tourmenté.*

affreusement (adverbe) De façon affreuse. *Il a été **affreusement** blessé dans un accident.* (Syn. **horriblement.**)

affreux, euse (adjectif) **1** Très laid. *Arrête de faire des grimaces, tu es **affreux** !* (Syn. **hideux.**) **2** Très désagréable, très mauvais. *Aujourd'hui, il fait un temps **affreux**.*

affront (nom masculin) Insulte faite à quelqu'un en public. *Romain lui a fait un* ***affront*** *en le traitant de menteur devant tous ses amis.*
★ Famille du mot : affront**ement**, affront**er**.

affrontement (nom masculin) Action de s'affronter. *La Première Guerre mondiale fut un terrible* ***affrontement*** *entre la France et l'Allemagne.*

affronter (verbe) (conj. 3) **1** Faire face courageusement à un danger, à une difficulté. *Les marins* ***ont affronté*** *une terrible tempête pendant la nuit.* **2** S'affronter : se battre dans un combat. *Les deux armées se sont affrontées.*

affubler (verbe) (conj. 3) Habiller quelqu'un de façon ridicule. *Thomas* ***s'est affublé*** *d'une veste rose et verte.*

affût (nom masculin) Endroit où le chasseur se poste pour guetter le gibier. • **Être à l'affût** : être en train de guetter ou d'attendre. *Elle* ***est*** *toujours* ***à l'affût*** *d'une bonne affaire.*
► On écrit aussi **affut**.

affûter (verbe) (conj. 3) Synonyme d'aiguiser. *Ces ciseaux ne coupent plus, il faut les faire* ***affûter****.*
► On écrit aussi **affuter**.

afghan, ane → tableau p. 6 / 7.

afin (préposition et conjonction) Indique le but. *Il va à son agence de voyages* ***afin de*** *réserver des billets. Parlez plus fort* ***afin que*** *tout le monde puisse vous entendre.*

a fortiori (adverbe) À plus forte raison, d'autant plus. *Cette route de montagne est dangereuse,* ***a fortiori*** *quand elle est couverte de neige.*
► Prononciation [afɔʀsjɔʀi].

africain, aine → tableau p. 6 / 7.

afrikander (nom et adjectif) Habitant de l'Afrique du Sud d'origine néerlandaise.
► Prononciation [afʀikɑ̃dɛʀ].
★ **Afrikander** vient du mot néerlandais *afrikaans* qui signifie « africain ».
► On écrit aussi **afrikaner** [afʀikanɛʀ].

agaçant, ante (adjectif) Qui agace. *Arrête de m'interrompre sans arrêt, tu es vraiment* ***agaçante*** *!* (Syn. **énervant.**)

agacement (nom masculin) Fait d'être agacé. *Tous ces retards ont provoqué l'****agacement*** *des voyageurs.* (Syn. **énervement, irritation.**)

agacer (verbe) (conj. 4) Provoquer l'énervement ou l'irritation. *Anna, tu m'****agaces*** *avec tes réflexions désagréables.* (Syn. **énerver, irriter.**)
★ Famille du mot : aga**çant**, agac**ement**.

agapes (nom féminin pluriel) Grand repas joyeux entre amis.
★ **Agape** vient du mot grec *agapê* qui signifie « amour ».

agaric (nom masculin) Champignon à chapeau et lamelles, dont certaines espèces sont comestibles.

agate (nom féminin) Pierre très dure formée de couches de couleurs variées. *On fabrique des billes avec de l'****agate****.*

âge (nom masculin) **1** Période d'existence d'une personne depuis sa naissance. *Victor a huit ans, le même* ***âge*** *qu'Élodie.* **2** Période qui concerne une époque précise de l'histoire de l'humanité. *L'****âge*** *de pierre, l'****âge*** *du bronze, l'****âge*** *du fer.* • **Avoir un certain âge** : ne plus être très jeune. • **L'âge de raison** : l'âge où un enfant est capable de comprendre la différence entre le bien et le mal. • **Le troisième âge** : la vieillesse.

âgé, ée (adjectif) Synonyme de vieux. *Grand-père est trop* ***âgé*** *pour faire de l'alpinisme.* • **Être âgé de** : avoir tel âge. *Le père de William* ***était âgé d'****environ 30 ans quand il s'est marié.*

agence (nom féminin) Entreprise qui propose des services à ses clients. *Une* ***agence*** *de voyages, une* ***agence*** *immobilière.*

agencement (nom masculin) Manière d'agencer des choses. *Si on achète un divan plus grand, il faudra changer l'****agencement*** *de cette pièce.*

agencer (verbe) (conj. 4) Arranger des choses dans un certain ordre. *Mon père* ***a agencé*** *une pièce de l'appartement en bureau.*

agenda (nom masculin) Carnet où l'on note, jour par jour, les rendez-vous et les choses à faire. *Xavier a inscrit le jour et l'heure de ses rendez-vous dans son* ***agenda****.* (Syn. **mémento.**)
► Prononciation [aʒɛ̃da].
★ En latin, **agenda** signifie « les choses qu'il faut faire ».

s'**agenouiller** (verbe) (conj. 3) Se mettre à genoux. *Yann* ***s'est agenouillé*** *dans l'herbe pour chercher des trèfles à quatre feuilles.*

agent (nom masculin) **1** Personne qui travaille au service d'une entreprise ou d'une administration. *Un* ***agent*** *immobilier, un* ***agent*** *secret.* **2** Policier chargé du maintien de l'ordre, de la protection des gens. *L'****agent*** *de police fait signe aux piétons de traverser.* • **Complément d'agent** : complément d'un verbe passif, indiquant l'auteur de l'action.

agglomérat (nom masculin) Entassement naturel de minéraux formant un bloc. *Un* ***agglomérat*** *de silice et d'argile.*

agglomération (nom féminin) Ensemble d'habitations qui constituent un village, une ville. *Dans les* ***agglomérations,*** *la vitesse est limitée au moins à 50 kilomètres à l'heure.*

aggloméré (nom masculin) Matière formée de petites particules de bois agglomérées. *Mes étagères sont faites avec des planches en* ***aggloméré****.*

s'**agglomérer** (verbe) (conj. 8) Se rassembler en masse compacte. *Les flocons de neige* ***se sont agglomérés*** *pour former une couche épaisse.*
★ Famille du mot : agglomér**ation**, agglomér**é**, agglomér**at**.

s'**agglutiner** (verbe) (conj. 3) Se serrer les uns contre les autres. *La foule* ***s'agglutine*** *sur le lieu de l'accident.*
★ **S'agglutiner**, c'est comme se coller avec de la *glu*.

aggravation (nom féminin) Fait de s'aggraver. *On annonce une **aggravation** du froid dans les prochaines jours.* (Contr. **amélioration.**)

aggraver (verbe) (conj. 3) Rendre plus grave ou plus pénible. *L'état du malade **s'est aggravé**.* (Syn. **empirer.** Contr. **améliorer.**)

agile (adjectif) Qui est souple et rapide. *Être **agile** comme un singe.* (Syn. **leste, vif.**)

agilité (nom féminin) Fait d'être agile. *Le chat retombe sur ses pattes avec **agilité**.*

agio (nom masculin) Commission prélevée par une banque sur une opération. *Le débiteur paie des **agios** parce qu'il a dépensé de l'argent qu'il n'avait pas sur son compte.*

agir (verbe) (conj. 11) **1** Faire quelque chose, accomplir une action. *Réfléchis avant d'**agir** !* **2** Se conduire, se comporter. *Tu **as** mal **agi** en lui mentant.* **3** Produire un effet, être efficace. *Ce médicament **agit** très vite.* • **Il s'agit de quelque chose** : il est question de. ***De** quoi **s'agit-il** dans ce livre ? **Il s'agit** d'une histoire qui se passe au Moyen Âge.* • **Il s'agit de** : il faut. *Maintenant, **il s'agit de** se presser si on veut arriver à temps.*

agissements (nom masculin pluriel) Suite d'actes malhonnêtes. *La police a mis fin aux **agissements** des cambrioleurs en les arrêtant.*

agitateur, trice (nom) Personne qui pousse les autres à manifester ou à se révolter.

agitation (nom féminin) **1** Mouvements d'une foule, qui donnent une impression de désordre. *Il règne une grande **agitation** autour du stade, les jours de compétition.* **2** Mouvement de mécontentement politique ou social. *L'**agitation** étudiante.*

agiter (verbe) (conj. 3) **1** Faire bouger fortement. ***Agiter** ce flacon avant de s'en servir.* **2 S'agiter** : bouger, ne pas tenir en place. *Les enfants **s'agitent** dans la voiture quand le voyage dure trop longtemps.*
★ Famille du mot : agit**ateur**, agit**ation**.

agneau, eaux (nom masculin) Petit de la brebis et du bélier.

agnosie (nom féminin) Maladie du système nerveux qui entraîne des difficultés à reconnaître ce que les sens peuvent percevoir. *L'**agnosie** auditive.*
► Prononciation [agnɔzi].

agnostique (adjectif et nom) Qui ne croit pas en Dieu. (Syn. **athée, incroyant.** Contr. **croyant.**)

agonie (nom féminin) Moment de la vie qui précède immédiatement la mort. *Il est mort très vite, après une courte **agonie**.*

agonir (verbe) (conj. 11) • **Agonir quelqu'un d'injures** : injurier violemment quelqu'un.
► Ne pas confondre **agonir** avec **agoniser**.

agoniser (verbe) (conj. 3) Être à l'agonie, sur le point de mourir. *Les oiseaux **agonisent** sur la plage à cause de la marée noire.*

agora (nom féminin) **1** Place publique et marché des anciennes villes grecques. *Des temples et des statues bordent l'**agora**.* **2** Espace commerçant et piétonnier dans une ville nouvelle.

agrafe (nom féminin) Petit crochet métallique qui sert à réunir des papiers ou d'autres objets minces.
★ Famille du mot : agraf**er**, agraf**euse**, **dé**grafer.

agrafer (verbe) (conj. 3) Fixer avec une agrafe. *Benjamin **agrafe** ses feuilles pour ne pas les perdre.*

agrafeuse (nom féminin) Petit instrument qui sert à agrafer.

agraire (adjectif) Qui concerne les champs, l'agriculture. *L'hectare est une mesure **agraire**.*

agrandir (verbe) (conj. 11) Rendre plus grand, plus important. *Papa veut abattre un mur pour **agrandir** la salle de séjour.*

agrandissement (nom masculin) Action d'agrandir. *Cette belle photo mériterait un **agrandissement**.*

agrandisseur (nom masculin) Appareil servant à agrandir des photographies.

agréable (adjectif) **1** Qui fait plaisir. *Ce voyage a été très **agréable**.* **2** Que l'on fréquente avec plaisir. *Nos nouveaux voisins sont très **agréables**.* (Syn. **plaisant, sympathique.** Contr. **déplaisant, désagréable.**)
★ Famille du mot : agréable**ment**, **dés**agréable, **dés**agréa**blement**.

agréablement (adverbe) D'une façon agréable. *Son succès était inattendu : il nous a **agréablement** surpris.*

agréer (verbe) (conj. 3) **1** S'emploie à la fin d'une lettre, comme synonyme d'accepter. *Veuillez **agréer** mes meilleurs sentiments.* **2** Approuver officiellement. *Cette proposition de loi **a été agréée** par tous les députés.* (Contr. **refuser, rejeter.**)
★ **Agréer** c'est trouver à son *gré*.

agrégation (nom féminin) **1** Assemblage de petites parties homogènes qui forment un tout plus gros. *L'**agrégation** de plaquettes sanguines forme un caillot sanguin.* **2** Concours qui permet de devenir professeur de lycée ou d'université. *Cet étudiant passe l'**agrégation** de lettres modernes.*

agréger (verbe) (conj. 5) Assembler des parties homogènes pour former un tout.

agrément (nom masculin) Fait de donner son accord. *Il faut l'**agrément** du propriétaire pour faire des travaux dans l'appartement.* • **D'agrément** : qui est fait pour le plaisir. *Un voyage **d'agrément**.*

agrémenter (verbe) (conj. 3) Rendre plus joli. *De nombreuses plantes vertes **agrémentent** le salon.* (Syn. **orner.**)

agrès (nom masculin pluriel) Appareils de gymnastique. *Les barres parallèles, la corde, les anneaux sont des **agrès**.*

agresser (verbe) (conj. 3) Attaquer brutalement quelqu'un. *Clément s'est fait **agresser** dans la rue par des voyous.*
★ Famille du mot : agresseur, agressif, agression, agressivité.

agresseur (nom masculin) Personne qui a commis une agression. *L'homme a fait une description de son **agresseur** aux policiers.*

agressif, ive (adjectif) Qui a tendance à attaquer les autres même si on ne lui a rien fait. *N'approchez pas ce chien : il est très **agressif** !*

agression (nom féminin) Action d'agresser. *Ce monsieur vient d'être victime d'une **agression** : on lui a volé tous ses papiers et son argent.*

agressivité (nom féminin) Caractère agressif. *Je te parlais gentiment : pourquoi me réponds-tu avec tant d'**agressivité** ?*

agricole (adjectif) Qui concerne l'agriculture. *Ce superbe cheval a remporté une médaille au concours **agricole**.*

agriculteur, trice (nom) Personne qui travaille dans l'agriculture. (Syn. **cultivateur, paysan.**)

agriculture (nom féminin) Activité visant à produire des végétaux et à élever des animaux nécessaires à l'alimentation de l'homme.

agripper (verbe) (conj. 3) Saisir en serrant fortement. ***Agrippe**-toi à moi, si tu as peur de glisser !*

agro- Préfixe tiré du grec qui signifie « champ » (ex. *agronomie*).

agroalimentaire (adjectif) Qui transforme les produits de l'agriculture en produits alimentaires. *Cette usine **agroalimentaire** transforme le maïs en pop-corn.*

agrochimie (nom féminin) Chimie pratiquée dans l'agriculture.

agro-industrie (nom féminin) Ensemble des industries liées à l'agriculture.

agronome (nom) Spécialiste d'agronomie. *Cet ingénieur **agronome** est un spécialiste de la lutte contre les maladies de la vigne.*

agronomie (nom féminin) Ensemble des connaissances qui servent à l'agriculture.

agrume (nom masculin) Fruit juteux comme l'orange, le citron, le pamplemousse, la mandarine et la clémentine.

aguerrir (verbe) (conj. 11) Habituer à supporter des choses pénibles. *Toutes les épreuves qu'il a subies l'**ont aguerri**.*

aguets (nom masculin pluriel) • **Être aux aguets** : rester immobile à observer, à guetter. *Le lion rôde, les antilopes **sont aux aguets**.*

aguicher (verbe) (conj. 3) Séduire par des manières provocantes. *Cette femme **aguiche** les hommes avec sa minijupe.*

ah ! (interjection) Mot qui sert à exprimer la satisfaction, le mécontentement, la surprise, etc. ***Ah !** comme c'est agréable ! **Ah !** tu m'agaces !*

ahaner (verbe) (conj. 3) Respirer bruyamment pendant un effort, dans la langue littéraire. *Le marathonien **ahane** d'épuisement.*
► Prononciation [aane].

ahuri, ie (adjectif) Qui est très étonné par ce qui lui arrive. *Je suis **ahurie** d'apprendre cette incroyable nouvelle.* (Syn. **abasourdi, hébété.**)

ahurissant, ante (adjectif) Très étonnant. *Je n'arrive pas à croire cette histoire, elle est vraiment **ahurissante** !* (Syn. **incroyable.**)

aï (nom masculin) Mammifère arboricole, végétarien, qui vit dans la forêt brésilienne et se déplace lentement. (Syn. **paresseux.**)

aide (nom féminin) Action d'aider quelqu'un. *Pour finir ses devoirs, Fatima a eu besoin de l'**aide** de sa grande sœur.* • **À l'aide !** : au secours ! • **À l'aide de** : en se servant de. *David arrache un clou **à l'aide de** tenailles.*
■ **aide** (nom) Personne qui en aide une autre dans son travail. *Le maçon a demandé à son **aide** de lui apporter un sac de ciment.*

aide-mémoire (nom masculin) Petit livre qui résume ce qu'il faut savoir.
► Pluriel : des **aide-mémoires** ou des **aide-mémoire**.

aider (verbe) (conj. 3) **1** Joindre ses efforts à ceux d'une autre personne. ***Aide**-moi à porter ma valise !* **2** **S'aider** : se servir de quelque chose. *L'aveugle **s'aide** de sa canne blanche pour suivre le bord du trottoir.*
★ Famille du mot : aide, aide-mémoire, aide-soignant, entraide, s'entraider.

aide-soignant, ante (nom) Personne qui aide les infirmiers à soigner les malades, dans les hôpitaux.
► Pluriel : des **aide-soignant(e)s**.

aïe ! (interjection) Mot qui exprime la douleur. *Ibrahim a crié « **aïe** ! » quand il s'est tordu la cheville.*
★ Aïe est une onomatopée : c'est le cri qu'on pousse quand on se fait mal.

aïeul, aïeule (nom) Synonyme littéraire de grand-père ou de grand-mère.
■ **aïeux** (nom masculin pluriel) Synonyme d'ancêtres. *La Normandie est la province où vécurent mes **aïeux**.*

aigle (nom masculin) Grand oiseau de proie qui vit dans les montagnes.

aiglefin Voir ***églefin***.

aiglon (nom masculin) Petit de l'aigle.

aigre (adjectif) **1** Qui a un goût piquant et acide. *Ce lait est **aigre** : il a tourné.* **2** Au sens figuré, qui est blessant, désagréable. *Il m'a parlé d'un ton **aigre**.*

■ **aigre** (nom masculin) • **Tourner à l'aigre** : prendre un caractère blessant et agressif. *La discussion **tourne à l'aigre** entre les deux automobilistes.*
★ Famille du mot : aigre-doux, aigre**let**, aigr**eur**, aigr**ir**.

aigre-doux, aigre-douce (adjectif) **1** Qui est doux et aigre à la fois. *Une sauce **aigre-douce**.* **2** Au sens figuré, dont la méchanceté se cache sous une douceur apparente. *Tenir des propos **aigres-doux**.*
► Pluriel : des condiments **aigres-doux**, des sauces **aigres-douces**.

aigrelet, ette (adjectif) Un peu aigre. *Le goût **aigrelet** d'une pomme pas mûre.*

aigrette (nom féminin) **1** Touffe de longues plumes sur la tête de certains oiseaux, comme le paon ou le héron. **2** Grand oiseau blanc des pays chauds, qui ressemble au héron.

aigreur (nom féminin) Caractère aigre. *L'**aigreur** du vinaigre. L'**aigreur** d'une remarque.*

aigrir (verbe) (conj. 11) **1** Devenir aigre. *Ce jus d'orange n'est plus bon : il **a aigri**.* **2** Au sens figuré, rendre irritable ou désagréable. *Ses échecs l'**ont aigri**.*

aigu, aiguë (adjectif) **1** Se dit d'un son qui est très haut, perçant. *Kevin aime le son **aigu** des fifres.* (Contr. **grave**.) **2** Qui est très vif, intense, violent. *Gaëlle a eu une crise **aiguë** d'appendicite.* • **Angle aigu** : angle plus petit que l'angle droit. (Contr. **obtus**.)
► On écrit aussi au féminin **aigüe**.

aigue-marine (nom féminin) Pierre précieuse bleu-vert transparent. *Le bijoutier monte une **aigue-marine** en pendentif.*
► Pluriel : des **aigues-marines**.

aiguillage (nom masculin) Appareil qui permet à un train de passer d'une voie de chemin de fer à une autre.

aiguille (nom féminin) **1** Petite tige d'acier pointue, qui sert à coudre ou à tricoter. *Hélène enfile une **aiguille** pour recoudre un bouton.* **2** Fine tige de métal creuse qui sert à injecter un liquide. *Pour faire une piqûre, il faut une seringue et une **aiguille**.* **3** Tige rigide qui sert à indiquer l'heure et les minutes. *La grande **aiguille** indique les minutes.* **4** Feuille étroite et pointue des conifères. *Des **aiguilles** de pin, de mélèze.*
► Prononciation [egɥij].
★ Famille du mot : aiguill**age**, aiguill**er**, aiguill**eur**, aiguill**ette**, aiguill**onner**.

aiguiller (verbe) (conj. 3) Diriger vers une certaine direction. *Ce promeneur **a été** mal **aiguillé** et il s'est perdu dans la ville.*
► Prononciation [egɥije].

aiguillette (nom féminin) **1** Tranche mince et longue de la poitrine de certaines volailles. *Les **aiguillettes** et le confit de canard sont des spécialités du Périgord.* **2** Partie du rumsteck.

aiguilleur (nom masculin) Personne chargée de manœuvrer un aiguillage. • **Aiguilleur du ciel** : technicien qui guide les avions en vol depuis le sol.
► Prononciation [egɥijœʀ].

aiguillon (nom masculin) Dard des insectes qui piquent.

aiguillonner (verbe) (conj. 3) Stimuler avec insistance. *Les voyages **ont aiguillonné** l'imagination de l'écrivain.* (Contr. **modérer, calmer**.)

aiguiser (verbe) (conj. 3) Rendre plus coupant. *Une pierre à **aiguiser** les couteaux.* (Syn. **affûter**.)

aïkido (nom masculin) Art martial japonais qui se pratique à mains nues et qui exclut toute idée de compétition. *Pour pratiquer l'**aïkido**, on porte un kimono avec un pantalon noir ample.*

ail (nom masculin) Plante dont on utilise les bulbes odorants pour assaisonner les aliments. *Maman met de l'**ail** dans le gigot.*
► Pluriel : des **ails** ou des **aulx**.

aile (nom féminin) **1** Organe de certains animaux, qui leur sert à voler. *L'aigle déploie ses **ailes**.* **2** Partie fixe de chaque côté d'un avion, qui le soutient dans l'air. **3** Partie d'un moulin à vent que le vent fait tourner. **4** Partie de la carrosserie d'une voiture, au-dessus de chaque roue. *L'**aile** avant gauche de la voiture est cabossée.* **5** Partie latérale d'un bâtiment. *Le gardien habite dans une **aile** du château.* **6** Partie latérale de quelque chose. *Les **ailes** du nez. L'**aile** gauche de l'équipe de basket.* • **Voler de ses propres ailes** : être indépendant, se passer de l'aide d'autrui.
★ Famille du mot : ail**é**, ail**eron**, ail**ette**, ail**ier**.

ailé, ée (adjectif) Qui a des ailes. *La chauve-souris est un mammifère **ailé**.*

aileron (nom masculin) **1** Extrémité de l'aile d'un oiseau. **2** Nageoire d'un requin. **3** Volet mobile situé sur le bord de l'aile d'un avion.

ailette (nom féminin) Lame métallique fixée sur un projectile pour lui donner un équilibre et augmenter la précision du tir. *Les **ailettes** d'une fléchette.*

ailier (nom masculin) Joueur d'une équipe de football, de handball qui joue sur les côtés de la ligne des avants.

ailleurs (adverbe) Dans un autre endroit. *Ce restaurant est trop bruyant, allons dîner **ailleurs**.*
► Voir aussi **d'ailleurs** (adverbe).

ailloli (nom masculin) **1** Mayonnaise à l'ail. **2** Plat de poisson et de légumes bouillis accompagné de cette mayonnaise.
► On écrit aussi **aïoli** comme le mot provençal formé de *ai*, « ail » et de *oli*, « huile ».

aimable (adjectif) Qui reçoit bien les gens et cherche à leur faire plaisir. *Ce commerçant est très **aimable** avec ses clients.* (Syn. **avenant, courtois**.)

aimablement (adverbe) De façon aimable. *Ils nous ont **aimablement** reçus chez eux.*

aimant (nom masculin) Morceau d'acier qui attire le fer.

aimanté, ée (adjectif) Qui a la propriété d'attirer le fer. *L'aiguille **aimantée** de la boussole indique le nord.*

aimanter (verbe) (conj. 3) Rendre un objet magnétique comme l'aimant.

aimer (verbe) (conj. 3) **1** Éprouver de l'amour pour quelqu'un, en être amoureux. *Ils s'**aiment** et rien ne peut les séparer.* **2** Avoir de l'affection, de la tendresse pour quelqu'un. *Julie **aime** beaucoup son grand-père.* **3** Avoir un goût très vif pour quelque chose. *Pierre **aime** la nature.* • Aimer mieux : préférer. *Pour dormir, j'**aime mieux** laisser la fenêtre entrouverte.*

aine (nom féminin) Partie du corps située entre le haut de la cuisse et le bas du ventre.

aîné, ée (adjectif) Qui est plus âgé qu'un autre. *Quentin est mon frère **aîné** : il a trois ans de plus que moi.* (Contr. **cadet.**)
▪ **aîné, ée** (nom) Enfant le plus âgé d'une famille. (Contr. **benjamin.**)
▶ On écrit aussi **ainé, ée**.

aînesse (nom féminin) • Droit d'aînesse : droit qui privilégie l'aîné des enfants mâles dans une succession.
▶ On écrit aussi **ainesse**.

ainsi (adverbe) De cette façon. *C'est **ainsi** qu'il faut faire.* • Pour ainsi dire : presque. *Il fait **pour ainsi dire** nuit.*
▪ **ainsi que** (conjonction) **1** Comme. *Tout s'est passé **ainsi que** tu l'avais dit.* **2** Et aussi. *J'ai mis un pull **ainsi qu**'une écharpe.*

aïoli Voir ***ailloli***.

air (nom masculin) **1** Gaz que nous respirons et qui constitue l'atmosphère. *L'**air** pénètre dans le corps par le nez et par la bouche.* **2** Mélodie d'une chanson, d'une musique. *Chanter un **air** d'opéra célèbre.* **3** Expression du visage. *Il a pris un **air** étonné.* • Au grand air : en pleine nature. • Avoir l'air : sembler, paraître. *Romain **a l'air** d'un vrai clown avec ces vêtements !* • En l'air : vers le ciel. • En plein air : dehors. • Prendre l'air : sortir, faire une promenade. • Prendre de grands airs : faire le fier.

airain (nom masculin) • D'airain : dur, impitoyable. *Ce tyran a un cœur **d'airain**.*
★ **Airain** était autrefois le nom du bronze.

airbag (nom masculin) Coussin qui sert à protéger les passagers d'un véhicule en cas d'accident, en se gonflant automatiquement.
★ **Airbag** est le nom d'une marque.

aire (nom féminin) **1** Terrain aménagé pour une activité. *L'**aire** d'atterrissage des hélicoptères.* **2** Surface, superficie. *On calcule l'**aire** d'un rectangle en multipliant la longueur par la largeur.* **3** Nid d'un aigle.

airelle (nom féminin) Petite baie comestible, noire ou rouge.

aisance (nom féminin) **1** Manière d'être ou d'agir qui donne une impression de facilité. *Cet avocat s'exprime avec **aisance**.* **2** Situation de fortune qui permet de bien vivre. *Son bon salaire permet à toute sa famille de vivre dans l'**aisance**.*

aise (nom féminin) État d'une personne qui n'est pas gênée. *Thomas est à l'**aise** dans ses vêtements. Laura est mal à l'**aise** car elle doit parler en public.*
▪ **aises** (nom féminin pluriel) Bien-être, confort. *Installez-vous confortablement, prenez vos **aises** !*

aisé, ée (adjectif) **1** Qui est facile à faire, à comprendre. *Voilà un problème **aisé** à résoudre.* (Contr. **ardu.**) **2** Qui a assez d'argent pour ne manquer de rien. *Il vient d'une famille **aisée** : son père est riche.*

aisément (adverbe) De façon aisée. *Au retour, nous avons **aisément** trouvé notre chemin.* (Syn. **facilement.** Contr. **difficilement.**)

aisselle (nom féminin) Creux qui se trouve sous le bras, sous l'articulation de l'épaule.

ajonc (nom masculin) Arbrisseau épineux sauvage, à fleurs jaunes.
▶ Prononciation [aʒɔ̃].

ajourer (verbe) (conj. 3) Confectionner des trous pour orner. *La couturière **ajoure** un drap.*

ajourner (verbe) (conj. 3) Remettre à un autre jour. *À cause du mauvais temps, nous avons dû **ajourner** l'excursion.* (Syn. **repousser, retarder.**)

ajout (nom masculin) Ce qu'on ajoute. *Nous avons fait quelques **ajouts** à la liste des invités.* (Contr. **suppression.**)

ajouter (verbe) (conj. 3) **1** Mettre en plus. *Ce plat est fade, il faudrait **ajouter** du poivre.* **2** Synonyme d'additionner. *Si on **ajoute** 8 à 13, on obtient 21.*
★ Famille du mot : ajout, rajouter.

ajustage (nom masculin) Action d'ajuster les pièces d'une machine ou d'un objet. *L'**ajustage** est effectué par l'ajusteur.*

ajusté, ée (adjectif) Qui moule le corps. *Myriam porte une robe très **ajustée**.* (Contr. **ample.**)

ajuster (verbe) (conj. 3) Adapter exactement une chose à une autre. *Il faut bien **ajuster** le couvercle de la cocotte.*
★ Famille du mot : ajust**age**, ajust**é**, ajust**eur**, **r**ajuster, **ré**ajuster.

ajusteur (nom masculin) Ouvrier spécialisé dans la fabrication et l'ajustage des pièces mécaniques.

akène (nom masculin) Fruit sec qui ne contient qu'une seule graine et ne s'ouvre pas à maturité. *Les noisettes et les glands sont des **akènes**.*
★ **Akène** vient du grec *khainein* qui signifie « s'ouvrir ».

alaise (nom féminin) Toile, souvent imperméable, qui protège le matelas.
▶ On écrit aussi **alèse**.

alambic (nom masculin) Appareil servant à fabriquer de l'alcool.

alambiqué, ée (adjectif) Très complexe et confus. *Il écrit dans un style **alambiqué**.* (Syn. **tarabiscoté.**)

a b c d e f g h i j k l m n o p q r s t u v w x y z

alanguir (verbe) (conj. 11) Rendre somnolent et sans énergie. *La maladie l'**a alangui**.* (Syn. **affaiblir.**)

alarmant, ante (adjectif) Qui est très inquiétant. *Les prévisions sont **alarmantes** : on craint l'arrivée d'un cyclone.*

alarme (nom féminin) Signal qui avertit d'un danger. *Les sentinelles ont donné l'**alarme**.*
★ **Alarme** vient de l'italien, et signifie « aux armes », cri poussé par une sentinelle à l'approche des ennemis.

alarmer (verbe) (conj. 3) Inquiéter beaucoup. *Ne vous **alarmez** pas, c'est une blessure très légère.*

albacore (nom masculin) Thon à nageoires jaunes. *De l'**albacore** en boîte de conserve.*

albanais, aise → tableau p. 6 / 7.

albâtre (nom masculin) Belle pierre blanche et translucide servant à faire des objets décoratifs.

albatros (nom masculin) Le plus grand des oiseaux de mer. *L'envergure de l'**albatros** peut atteindre trois mètres.*
▶ Prononciation [albatʀos].

albinos (adjectif et nom) Qui a la peau, les poils et les cheveux blancs. *Un lapin **albinos** a les yeux rouges.*
▶ Prononciation [albinos].

album (nom masculin) **1** Sorte de livre personnel destiné à recevoir des collections diverses. *Classer des photos dans un **album**.* **2** Livre d'images. *Victor adore les **albums** de bandes dessinées.* **3** Disque de variétés. *Noémie a acheté le dernier **album** de son chanteur favori.*
▶ Prononciation [albɔm].
★ En latin, ce mot signifie « tableau blanc ».

albumen (nom masculin) **1** Blanc de l'œuf. **2** Tissu nutritif des angiospermes, servant à la conception de la graine.
▶ Prononciation [albymɛn].

albumine (nom féminin) Protéine contenue dans le sérum, le lait et le blanc d'œuf, et soluble dans l'eau. *La fièvre jaune est une maladie qui entraîne l'augmentation de l'**albumine** dans les urines.*

alcali (nom masculin) Synonyme vieilli d'ammoniaque.
★ **Alcali** est un mot qui vient de l'arabe.

alcalin, ine (adjectif) • **Métaux alcalins** : métaux de la première colonne de la classification périodique des éléments, qui s'oxydent facilement.

alcaloïde (nom masculin) Catégorie de matières vivantes d'origine végétale dont les molécules basiques sont toxiques à forte dose. *Parmi les **alcaloïdes** on trouve la caféine et la nicotine.*

alcazar (nom masculin) En Espagne, palais fortifié de l'époque médiévale.
★ **Alcazar** est un mot qui vient de l'arabe.

alchimie (nom féminin) Science mêlée de magie qui existait au Moyen Âge.

alchimiste (nom) Personne qui pratiquait l'alchimie. *Les **alchimistes** recherchaient l'élixir de longue vie et la pierre capable de transformer le plomb en or.*

alcool (nom masculin) **1** Substance qui résulte de la distillation de jus de raisin ou de céréales fermentés. *La bière contient de l'**alcool**.* **2** Boisson qui contient une certaine quantité de cette substance. *L'abus d'**alcool** est dangereux pour la santé.* **3** Liquide incolore, qui sert à désinfecter les plaies. *De l'**alcool** à 70 degrés.* **4** Composé organique possédant un ou plusieurs groupements hydroxyles de formule OH.
▶ Prononciation [alkɔl].
★ Famille du mot : alcool**émie**, alcool**ique**, alcool**isé**, alcool**isme**, alcoo**logue**, alcoomètre, alcootest.

alcoolémie (nom féminin) Taux d'alcool dans le sang d'une personne. *L'alcootest permet de mesurer l'**alcoolémie** d'un conducteur de voiture.*
▶ Prononciation [alkɔlemi].

alcoolique (adjectif et nom) Qui est intoxiqué par l'alcool et ne peut plus s'en passer.
▶ Prononciation [alkɔlik].

alcoolisé, ée (adjectif) Qui contient de l'alcool. *La bière est une boisson **alcoolisée**.*
▶ Prononciation [alkɔlise].

alcoolisme (nom masculin) Maladie des alcooliques. *En interdisant la publicité pour les alcools, on lutte contre l'**alcoolisme**.*
▶ Prononciation [alkɔlism].

alcoologue (nom) Médecin spécialisé dans les problèmes de l'alcoolisme.

alcoomètre (nom masculin) Instrument qui permet de mesurer la quantité d'alcool contenue dans un liquide alcoolisé.

alcootest (nom masculin) Instrument dans lequel on fait souffler un automobiliste, pour savoir s'il n'a pas trop bu d'alcool pour conduire.
▶ Prononciation [alkɔtɛst].
★ **Alcootest** est le nom d'une marque.

alcôve (nom féminin) Renfoncement dans une chambre où l'on place un lit.

aléa (nom masculin) Chose imprévisible. *Cette expédition en terre inconnue comporte beaucoup trop d'**aléas**.* (Syn. **risque.**)
★ **Alea** est un mot latin qui désigne les dés, jeu de hasard, donc imprévisible.

aléatoire (adjectif) Qui est hasardeux, imprévisible. *Gagner à ce jeu est très **aléatoire**.*

alentours (nom masculin pluriel) Environs d'un lieu. *Le renard rôde aux **alentours** de la ferme.*

① **alerte** (adjectif) Qui a des mouvements lestes et vifs. *À tout âge, il faut faire du sport pour rester dynamique et **alerte**.*

② **alerte** (nom féminin) Signal qui avertit d'un danger. *Quand elle a entendu un bruit, la sentinelle a donné l'**alerte**.* (Syn. **alarme.**)

alerter (verbe) (conj. 3) Donner l'alerte. *Les enfants **ont alerté** la maîtresse quand William est tombé.* (Syn. **avertir, prévenir.**)

alèse Voir ***alaise***.

alevin (nom masculin) Jeune poisson, avec lequel on repeuple les rivières et les lacs.

alexandrin (nom masculin) En poésie, vers de douze syllabes. *« Aime la vérité mais pardonne à l'erreur » est un **alexandrin** de Voltaire.*
★ Ce vers a été employé pour la première fois dans un poème du XIIe siècle qui s'appelait « le Roman d'Alexandre ».

alezan, ane (adjectif) De couleur fauve, en parlant de la robe d'un cheval, d'un mulet.
■ **alezan** (nom masculin) Cheval de robe alezane.
★ **Alezan** est un mot qui vient de l'arabe.

algèbre (nom féminin) Science des calculs. *$x + 3 = 4$ est une formule d'**algèbre**.*

algérien, enne → tableau p. 6 / 7.

algorithme (nom masculin) Méthode qui utilise un nombre précis de règles, à appliquer dans un certain ordre, pour résoudre un problème mathématique. *Le professeur décrit l'**algorithme** du plus grand commun diviseur.*
★ **Algorithme** vient de *Al-Khouaresmi*, nom d'un mathématicien arabe.

algue (nom féminin) Plante aquatique. *En Bretagne, on ramasse des **algues** pour faire des engrais.*

alias (adverbe) Autrement appelé. *Jeanne d'Arc, **alias** la pucelle d'Orléans.*
▶ Prononciation [aljas].

alibi (nom masculin) Preuve qu'une personne n'était pas présente au moment où un délit ou un crime a été commis. *Il a un **alibi** : à l'heure du vol, il déjeunait au restaurant.*
★ **Alibi** est un mot latin, qui signifie « ailleurs ».

aliénable (adjectif) Qui peut être cédé gratuitement ou vendu. *Une terre **aliénable**.*

aliéné, ée (nom) Synonyme vieilli de fou. *Un asile d'**aliénés**.*

alignement (nom masculin) Fait d'être aligné. *Un immeuble de la rue dépasse de l'**alignement**.*

aligner (verbe) (conj. 3) Disposer en ligne droite. *La maîtresse demande aux élèves de s'**aligner** dans la cour en rangs par deux.*

aligot (nom masculin) Purée de pommes de terre à la tomme fraîche. *L'**aligot** est une spécialité de l'Aveyron.*

aliment (nom masculin) Produit qui sert à nourrir les êtres vivants. *On range les **aliments** frais dans le réfrigérateur.*
★ Famille du mot : aliment**aire**, aliment**ation**, aliment**er**, **sous**-aliment**ation**, **sous**-aliment**é**.

alimentaire (adjectif) Qui concerne les aliments. *La boucherie et la boulangerie sont des commerces **alimentaires**.*

alimentation (nom féminin) Manière de se nourrir. *Il faut manger de tout pour avoir une **alimentation** équilibrée.*

alimenter (verbe) (conj. 3) **1** Donner des aliments. *Xavier **alimente** ses oiseaux avec des graines.* (Syn. **nourrir.**) **2** Fournir ce qui est nécessaire. *Cette source **alimente** en eau toute la région.*

alinéa (nom masculin) Retrait vers la droite de la première ligne d'un paragraphe. *Le chapitre commence par un **alinéa**.*
★ **Alinéa** vient du latin *a linea* qui signifie « à la ligne ».

s'**aliter** (verbe) (conj. 3) Se mettre au lit. *Yann a dû **s'aliter** à cause de la grippe.*

alizé (nom masculin) Vent qui souffle régulièrement sur les océans, de l'est vers l'ouest.

allaitement (nom masculin) Action d'allaiter.

allaiter (verbe) (conj. 3) Nourrir un petit de son lait ou donner le sein à un nourrisson. *Tous les mammifères **allaitent** leurs petits.*

alléchant, ante (adjectif) Qui est appétissant. *Ce rôti a une odeur **alléchante**.*

allécher (verbe) (conj. 8) Attirer quelqu'un en lui faisant envie. *Les enfants **sont alléchés** par l'odeur du gâteau au chocolat.*

allée (nom féminin) Chemin dans un parc, une forêt ou un jardin. *Suivez l'**allée** qui mène au château.*
■ **allées** (nom féminin pluriel) • **Allées et venues** : déplacements de personnes qui vont et viennent.

allégation (nom féminin) Ce que l'on affirme. *Il faudra que vous apportiez les preuves de vos **allégations**.* (Syn. **affirmation.**)

allégé, ée (adjectif) Qui contient moins de graisse ou de sucre qu'un aliment habituel. *Maman achète du fromage blanc **allégé**.*

allégeance (nom féminin) Fidélité d'un vassal envers son suzerain. *Le serment d'**allégeance** lie le vassal au seigneur.*

allègement (nom masculin) Action d'alléger. *Les ouvriers demandent un **allègement** de leur temps de travail.* (Syn. **diminution, réduction.**)
▶ On écrit aussi **allégement**.

alléger (verbe) (conj. 5) Rendre plus léger. *Il faut **alléger** cette valise : on peut à peine la soulever.* (Contr. **alourdir.**)
★ Famille du mot : allégé, allè**gement**.

allégorie (nom féminin) Figure de style par laquelle on présente un objet pour évoquer une notion plus abstraite. *Un squelette armé d'un sablier et d'une faux est une **allégorie** de la mort.*

allégorique (adjectif) Qui utilise une suite de métaphores pour exprimer une idée. *Les textes du Moyen Âge sont souvent des œuvres **allégoriques**.*

allègre (adjectif) Qui est de bonne humeur, plein d'entrain. *La fanfare joue un air **allègre**.*

allégresse (nom féminin) Joie très vive.

a b c d e f g h i j k l m n o p q r s t u v w x y z

allégro (adverbe) D'un mouvement vif et rapide, en musique.
▪ **allégro** (nom masculin) Morceau de musique joué rapidement.
▶ Prononciation [alegro].
★ **Allégro** vient de l'italien qui signifie « vif ».
▶ On écrit aussi **allegro**.

alléguer (verbe) (conj. 8) Donner pour excuse. *Les mauvais élèves **allèguent** toujours de bonnes raisons pour ne pas aller à l'école.* (Syn. **prétexter.**)

allèle (nom masculin) Chacune des formes que peut prendre un même gène. *Les **allèles** d'un gène sont identiques chez les homozygotes.*

alléluia (nom masculin) Mot qui exprime la joie, souvent récité dans les prières. *« **Alléluia** ! **Alléluia** ! » chantent les choristes pendant la messe.*
▶ Prononciation [aleluja].
★ **Alléluia** vient de l'hébreu *hallelou Yah* qui signifie « louez l'Éternel ».

allemand, ande → tableau p. 6 / 7.

① **aller** (verbe) (conj. 56) **1** Se rendre quelque part. *Cet été, nous **allons** à la montagne.* **2** Mener quelque part. *Cette petite route **va** au village.* (Syn. **conduire.**) **3** Être sur le point de. *Il **va** pleuvoir, le ciel est tout noir.* **4** Se porter, se sentir dans tel état. ***Je vais** très bien, merci !* **5** Convenir à quelqu'un, lui être adapté. *Ce chapeau ne te **va** pas du tout !* **6** **S'en aller** : partir. *Il est tard, je dois **m'en aller**.*
▶ **Aller** se conjugue avec l'auxiliaire *être* : Je *suis allé* à Paris.

② **aller** (nom masculin) **1** Trajet effectué pour se rendre à un endroit. *Faire l'**aller** en train et le retour en avion.* **2** Billet de train ou d'avion dans lequel le prix du retour n'est pas compris. *Je voudrais un **aller** pour Lyon, s'il vous plaît.* (Contr. **retour.**)

allergène (nom masculin et adjectif) Substance qui provoque une allergie. *Certains aliments, comme les arachides, contiennent des **allergènes**.*

allergie (nom féminin) Réaction anormale du corps. *Benjamin ne va plus sur la plage : il fait une **allergie** au soleil.*
★ Famille du mot : allerg**ène**, allerg**ique**, allergologue, antiallerg**ique**.

allergique (adjectif) **1** Qui souffre d'allergie. *Odile est **allergique** aux poils de chat.* **2** Au sens figuré, qui n'aime pas du tout quelque chose. *Ce paresseux est **allergique** à tout effort !*

allergologue (nom) Médecin spécialisé dans le traitement des allergies.

aller-retour (nom masculin) Parcours effectué dans les deux sens. *Benjamin a fait l'**aller-retour** Paris-Lille dans la journée.*
▶ Pluriel : des **allers-retours**.

alliage (nom masculin) Métal obtenu en fondant ensemble plusieurs métaux ou un métal et d'autres substances. *L'acier est un **alliage** à base de fer et de carbone.*

alliance (nom féminin) **1** Accord entre deux partis ou deux pays. **2** Anneau porté à l'annulaire de la main gauche par les gens mariés.

allié, ée (nom) Groupe de personnes ayant conclu une alliance. *Nos **alliés** ont gagné la guerre.*

s'allier (verbe) (conj. 10) Conclure une alliance. *Ces deux pays **se sont alliés** pour lutter contre leur ennemi commun.* (Syn. **s'unir.**)
★ Famille du mot : alli**age**, alli**ance**, allié, **mésalliance**.

alligator (nom masculin) Crocodile d'Amérique.

allitération (nom féminin) Répétition d'une consonne ou d'un groupe de consonnes dans une phrase ou dans un vers. *« Un chasseur sachant chasser sans son chien » est une **allitération** en « s » et en « ch ».*

allô ! (interjection) Mot que l'on dit au début d'une conversation téléphonique. ***Allô** ! ne quittez pas !*

allocataire (nom) Personne qui bénéficie d'une allocation prévue par la loi. *Tous les **allocataires** ont un numéro d'affiliation à la CAF.*

allocation (nom féminin) Somme d'argent versée régulièrement. *Mon oncle a perdu son emploi : il bénéficie d'une **allocation** de chômage.*

allocution (nom féminin) Discours bref. *Le maire doit prononcer une **allocution** lors de la cérémonie.*

allogène (adjectif) Qui s'est récemment implanté dans un pays, en parlant d'une population. (Contr. **indigène, autochtone.**)

allongé, ée (adjectif) Qui a une forme étendue en longueur. *Le ballon de rugby a une forme **allongée**. Un visage de forme **allongée**.*

allongement (nom masculin) Augmentation de la longueur ou de la durée. *Les progrès de la médecine ont permis un **allongement** de la vie.*

allonger (verbe) (conj. 5) **1** Rendre plus long. *Ce détour **a allongé** notre voyage.* (Syn. **rallonger.** Contr. **raccourcir.**) **2** Étendre un membre. *Tu as une crampe : **allonge** ta jambe !* **3** **S'allonger** : se mettre en position horizontale. *Sarah **s'allonge** dans l'herbe pour observer les insectes.*

allopathie (nom féminin) Médecine traditionnelle qui emploie des médicaments pour traiter les maladies. (Contr. **homéopathie.**)
★ Allopathie vient des mots grecs *allos* qui signifie « autre » et *pathos* qui signifie « maladie ».

allouer (verbe) (conj. 3) Attribuer une somme d'argent. ***Allouer** des crédits pour la construction d'un stade.*

allumage (nom masculin) Système électrique qui permet de faire exploser le combustible dans les moteurs à explosion.

allume-cigare (nom masculin) Dispositif électrique qu'on porte à incandescence pour allumer les cigarettes dans une voiture.
▶ Pluriel : des **allume-cigares**.

allume-feu (nom masculin) Produit très inflammable servant à allumer le feu. *Grâce à l'**allume-feu**, le feu du barbecue a rapidement pris.*
▶ Pluriel : des **allume-feux**.

allume-gaz (nom masculin) Petit appareil servant à allumer le gaz d'une cuisinière. *L'**allume-gaz** produit des étincelles.*
▶ Pluriel : des **allume-gaz**.

allumer (verbe) (conj. 3) **1** Mettre le feu à quelque chose. ***Allumer** des bûches dans la cheminée.* **2** Faire fonctionner une lumière, un appareil électrique. ***Allume** la lampe s'il ne fait pas assez clair. **Allume** le poste de télévision.* (Contr. **éteindre**.)
★ Famille du mot : allum**age**, allum**ette**, **r**allumer.

allumette (nom féminin) Bâtonnet en bois dont une extrémité est inflammable par frottement et qui sert à allumer un feu.

allure (nom féminin) **1** Vitesse à laquelle on se déplace. *Les voitures roulaient à toute **allure** juste avant l'accident.* **2** Aspect, apparence. *Ursula a une drôle d'**allure** avec cette nouvelle coiffure.*

allusion (nom féminin) Façon de parler d'une personne ou d'une chose d'une manière vague, sans donner de précisions. *Il a fait de nombreuses **allusions** à son passé.*

alluvial, ale, aux (adjectif) Produit par des alluvions. *Les plaines **alluviales** sont très fertiles.*

alluvions (nom féminin pluriel) Dépôts de terre apportés par un fleuve ou une rivière.

almanach (nom masculin) Calendrier, souvent illustré, qui contient des informations telles que des prévisions météo, des conseils pratiques et des renseignements astronomiques. *Le facteur vend des **almanachs** à la fin de l'année.*
▶ Prononciation [almana].
★ **Almanach** est un mot qui vient de l'arabe.

aloès (nom masculin) Plante des pays chauds, à feuilles charnues, qu'on utilise dans la fabrication de produits cosmétiques. *L'**aloès** possède des vertus apaisantes et hydratantes.*

alors (adverbe) **1** À ce moment-là. *Il était **alors** 14 heures précises.* **2** Dans ce cas, dans ces conditions. *Tu as fini tes devoirs ? **Alors**, tu peux aller jouer.*
▪ **alors que** (conjonction) Bien que, tandis que. *Ils partent à la plage **alors qu'**il pleut !*

alouette (nom féminin) Petit oiseau au plumage brun, qui vit surtout dans les champs.

alourdir (verbe) (conj. 11) Rendre plus lourd. *Tous ces livres vont **alourdir** la valise.* (Contr. **alléger**.)

alpaga (nom masculin) Fibre légère et brillante faite avec la laine de lama. *Julie a bien chaud dans son pull en **alpaga**.*

alpage (nom masculin) Pâturage situé en haute montagne.

alpaguer (verbe) (conj. 3) Arrêter, retenir quelqu'un, dans la langue argotique.

alpestre (adjectif) Des Alpes. *Le chamois est un animal de la faune **alpestre**.*

alpha (nom masculin) Première lettre (A, α) de l'alphabet grec. • **L'alpha et l'oméga** : le commencement et la fin. • **Particule alpha** : noyau d'hélium émis lors de certaines réactions nucléaires.

alphabet (nom masculin) Ensemble des lettres d'une langue, classées dans un ordre déterminé. *Récite l'**alphabet** de A à Z.*
★ Famille du mot : alphabét**ique**, alphabét**isation**, alphabét**iser**, **an**alphabète, **an**alphabét**isme**.
★ Ce mot est formé sur *alpha* et *bêta*, les deux premières lettres de l'alphabet grec.

alphabétique (adjectif) Qui est dans l'ordre de l'alphabet, de A à Z. *Dans un dictionnaire, les mots sont rangés par ordre **alphabétique**.*

alphabétisation (nom féminin) Action d'alphabétiser. *L'**alphabétisation** favorise l'insertion des travailleurs immigrés.*

alphabétiser (verbe) (conj. 3) Apprendre à lire et à écrire à quelqu'un qui n'est pas allé à l'école.

alphanumérique (adjectif) Qui comporte à la fois des lettres et des chiffres. *Un clavier **alphanumérique**.*

alpin, ine (adjectif) Qui concerne les Alpes. *Il y a de la neige sur les massifs **alpins**.*

alpinisme (nom masculin) Sport qui consiste à faire des ascensions en montagne.
★ **Alpinisme** vient du nom des *Alpes*, première montagne où l'on a pratiqué ce sport.

alpiniste (nom) Personne qui fait de l'alpinisme. *Des **alpinistes** font l'ascension de l'Everest.*

alsacien, enne → tableau p. 6 / 7.

altération (nom féminin) Fait de s'altérer, de s'abîmer. *La rouille est une **altération** du fer.*

altercation (nom féminin) Dispute violente. *Après l'accident, il y a eu une **altercation** entre les deux automobilistes.*

alter ego (nom masculin) Personne de confiance. *Son ami d'enfance est son **alter ego**.*
▶ Prononciation [altɛʀego].
★ **Alter ego** est une expression latine qui signifie « autre moi-même ».

altérer (verbe) (conj. 8) **1** Abîmer ou détériorer quelque chose. *Les fruits **se sont** vite **altérés** à cause de la chaleur.* **2** Donner soif. *Cette marche sous le soleil nous **a altérés**.*
★ Famille du mot : altér**ation**, **dés**altérer, **in**altér**able**.

alternance (nom féminin) Fait d'alterner. *Ces deux films passent en **alternance** dans la même salle, l'un l'après-midi, l'autre le soir.*

alternateur (nom masculin) Machine qui produit des courants électriques alternatifs.

alternatif, ive (adjectif) Qui va dans un sens puis dans l'autre, avec régularité. *Le balancier d'une pendule a un mouvement **alternatif**.*

alternative (nom féminin) Choix que l'on doit faire entre deux solutions. *Dire ce qu'on pense ou se taire : il n'y a pas d'autre **alternative**.*

alternativement (adverbe) Chacun son tour. *Chacun des élèves est **alternativement** chargé de distribuer les cahiers.*

alterner (verbe) (conj. 3) Se succéder régulièrement. *Les quatre saisons **alternent** tout au long de l'année.*
★ Famille du mot : alter**nance**, alter**nateur**, altern**atif**, altern**ative**, altern**ativement**.

altesse (nom féminin) Titre donné aux princesses et aux princes.

altier, ère (adjectif) Synonyme littéraire de hautain. *Une attitude **altière**.*

altimètre (nom masculin) Appareil qui indique l'altitude d'un lieu.

altiport (nom masculin) Aérodrome de montagne. *L'hélicoptère se pose sur l'**altiport**.*

altiste (nom) Musicien qui joue de l'alto. *Les **altistes** sont placés à côté des violonistes dans l'orchestre.*

altitude (nom féminin) Hauteur d'un lieu au-dessus du niveau de la mer. *Le Concorde vole à plus de 15 000 m d'**altitude**.*

alto (nom masculin) **1** Instrument de musique à cordes, un peu plus gros et au son plus grave que le violon. **2** Femme qui chante dans le son grave.
► Dans le deuxième sens, **alto** peut s'employer au féminin.

altocumulus (nom masculin) Nuage blanc ou gris, formant des bancs ou des nappes d'aspect pommelé.
► Prononciation [altokymylys].
★ **Altocumulus** vient des mots latins *altus* qui signifie « haut » et *cumulus* qui signifie « amas ».

altostratus (nom masculin) Nuage formant une couche grisâtre, parfois légèrement bleutée, d'aspect uniforme ou strié. *L'**altostratus** annonce en général une pluie continue.*
► Prononciation [altostʀatys].
★ **Altostratus** vient des mots latins *altus* qui signifie « haut » et *stratus* qui signifie « étendu ».

altruisme (nom masculin) Caractère d'une personne qui aime aider les autres. *Clément fait preuve d'**altruisme** en participant à une action humanitaire.* (Contr. **égoïsme**.)

altruiste (adjectif et nom) Qui fait preuve d'altruisme. *Un comportement **altruiste**.* (Contr. **égoïste**.)

aluminium (nom masculin) Métal très léger fabriqué à partir de la bauxite. *L'**aluminium** est le métal le plus utilisé après le fer.*
► Prononciation [alyminjɔm].

alun (nom masculin) Corps chimique isomorphe. *On utilise les **aluns** en photographie, en teinture et en médecine.*
► Prononciation [alœ̃].

alunir (verbe) (conj. 11) Se poser sur la Lune. *Le vaisseau spatial **a aluni** sans problème dans la mer de la Tranquillité.*

alunissage (nom masculin) Action d'alunir. *Le premier **alunissage** a eu lieu le 21 juillet 1969.*

alvéolaire (adjectif) Qui est propre aux alvéoles des poumons. *Le pneumocoque peut provoquer une inflammation **alvéolaire**.*

alvéole (nom masculin ou féminin) **1** Petite cavité construite par les abeilles à l'intérieur d'une ruche. *Le miel est recueilli dans les **alvéoles**.* **2** Minuscule cavité située dans les poumons, permettant les échanges de gaz entre l'air et le sang.

amabilité (nom féminin) Caractère d'une personne aimable. *Ayez l'**amabilité** de frapper avant d'entrer !* (Syn. **courtoisie, gentillesse**.)

amadouer (verbe) (conj. 3) Flatter pour obtenir quelque chose. *Le cavalier tentait d'**amadouer** son cheval en lui caressant l'encolure.*

amaigrir (verbe) (conj. 11) Rendre maigre ou plus maigre qu'avant. *Il est sorti **amaigri** de l'hôpital.*

amaigrissant, ante (adjectif) Qui fait maigrir. *Un régime **amaigrissant**, sans sucre et sans graisse.*

amaigrissement (nom masculin) Fait d'être amaigri. *Son **amaigrissement** est le signe d'un problème de santé.*

amalgame (nom masculin) Mélange d'éléments qui ne vont pas bien ensemble. *Son dessin est un affreux **amalgame** de couleurs.*

amalgamer (verbe) (conj. 3) **1** Mélanger ce qui ne va guère ensemble. *Il faut veiller à ne pas **amalgamer** la nationalité et la religion.* **2 S'amalgamer :** se mélanger et devenir flou. *Des idées disparates **s'amalgament** dans son esprit.*

amande (nom féminin) Fruit à coque dure de l'amandier. *Une tarte aux **amandes**.* • **En amande :** de forme allongée. *Des yeux **en amande**.*

amandier (nom masculin) Arbre dont le fruit est l'amande.

amanite (nom féminin) Champignon dont certaines espèces sont comestibles, certaines sont vénéneuses et d'autres mortelles.

amant (nom masculin) Homme avec lequel une femme a des relations sexuelles en dehors du mariage.

amarante (nom féminin) **1** Plante annuelle ornementale dont une espèce est cultivée pour ses fleurs pourpres. **2** Colorant utilisé dans les produits alimentaires.
▪ **amarante** (adjectif) De la couleur rouge des fleurs de l'amarante.
► Pluriel : des étoffes **amarante**.

amareyeur (nom masculin) Ouvrier chargé d'entretenir les parcs à huîtres.
★ **Amareyeur** vient du mot *marée*.

amarre (nom féminin) Cordage servant à attacher ou à retenir un bateau. *Les marins larguent les **amarres** avant le départ du navire.*

amarrer (verbe) (conj. 3) Attacher par des amarres. *Les bateaux **sont amarrés** dans le port.*

amaryllis (nom féminin) Plante à bulbe, vivace et parfumée, dont une espèce répandue a de grandes fleurs colorées. *L'**amaryllis** fleurit à la fin de l'été.*
▶ Prononciation [amaRilis].

amas (nom masculin) Accumulation de choses. *Après l'accident, la voiture n'était plus qu'un **amas** de ferraille.* (Syn. **amoncellement, tas.**)

amasser (verbe) (conj. 3) Faire un amas. *Zoé **a amassé** des dizaines de timbres depuis qu'elle a commencé sa collection.* (Syn. **accumuler.**)

amateur (nom masculin) **1** Personne qui exerce une activité sans être professionnel. *Le club des photographes **amateurs** de ma ville organise régulièrement des expositions.* **2** Personne qui a du goût pour quelque chose. *David est un **amateur** de vieilles voitures.*

amazone (nom féminin) • **Monter en amazone :** monter à cheval avec les deux jambes du même côté.
★ Les **Amazones** étaient une tribu de femmes guerrières, dans la mythologie grecque.

ambassade (nom féminin) Résidence de l'ambassadeur et de ses services.

ambassadeur, drice (nom) Représentant d'un État dans un pays étranger. *L'**ambassadrice** des États-Unis en France.*

ambi- Préfixe tiré du latin *ambo* qui signifie « les deux » (exemple : *ambidextre*).

ambiance (nom féminin) **1** Atmosphère qui règne dans un lieu, une fête, un groupe. *Ibrahim adore l'**ambiance** des fêtes foraines.* **2** Atmosphère gaie et animée. *Kevin n'a pas son pareil pour mettre de l'**ambiance**.*

ambiant, ante (adjectif) Relatif au milieu qui nous entoure. *Ne mets pas ce fromage dans le réfrigérateur : on le mange à température **ambiante**.*

ambidextre (adjectif) Qui est à la fois droitier et gaucher. *Un joueur de tennis **ambidextre**.*
★ **Ambidextre** contient des mots latins qui signifient « deux mains droites » : une personne ambidextre est aussi habile que si elle avait deux mains droites.

ambigu, uë (adjectif) Que l'on peut comprendre de plusieurs façons. *À l'oral, les phrases « la personne qui l'a ramené » et « la personne qu'il a ramenée » sont **ambiguës**.* (Contr. **clair.**)
▶ On écrit aussi au féminin **ambigüe**.

ambiguïté (nom féminin) Chose ambiguë. *Sa réponse à mes questions est pleine d'**ambiguïtés**.*
▶ On écrit aussi **ambigüité**.

ambitieux, euse (adjectif et nom) Qui a de l'ambition. *Anna est une **ambitieuse**. Son projet est beaucoup trop **ambitieux** : on ne pourra jamais le réaliser.* (Syn. **présomptueux.**)
▶ Prononciation [ɑ̃bisjø].

ambition (nom féminin) **1** Désir très fort. *Pierre aime peindre et il a l'**ambition** d'exposer ses toiles.* **2** Volonté de réussir dans la vie. *Il n'hésiterait devant rien pour satisfaire son **ambition** de devenir un scientifique renommé.*

ambivalence (nom féminin) Caractère de ce qui présente deux aspects. *Sa réponse était claire, sans aucune **ambivalence**.*

amble (nom masculin) Déplacement de certains quadrupèdes qui avancent simultanément les deux membres d'un même côté. *Le cheval va l'**amble**.*
★ **Amble** vient du mot latin *ambulare* qui signifie « se promener ».

amblyope (nom et adjectif) Personne dont la vue est très faible. (Syn. **malvoyant.**)

ambre (nom masculin) • **Ambre gris :** substance provenant des cachalots, utilisée pour faire des parfums. • **Ambre jaune :** résine fossile dure et translucide, servant à faire des bijoux.

ambré, ée (adjectif) **1** Qui a la couleur de l'ambre jaune. *Le sucre prend une teinte **ambrée** à la cuisson.* **2** Qui contient de l'ambre gris. *Un parfum **ambré**.*

ambulance (nom féminin) Véhicule aménagé pour transporter les blessés et les malades. *L'**ambulance** fait retentir sa sirène.*

ambulancier, ère (nom) Personne qui conduit une ambulance.

ambulant, ante (adjectif) Qui se déplace d'un endroit à un autre pour proposer des services. *La bibliothèque **ambulante** passe une fois par semaine dans notre village.*

âme (nom féminin) Partie de l'être humain, distincte du corps, qui lui permettrait de penser et d'éprouver des sentiments. *Certaines religions considèrent que l'**âme** est immortelle.* • **Corps et âme :** entièrement, complètement. • **Rendre l'âme :** mourir.

amélioration (nom féminin) Fait de s'améliorer. *Ses résultats sont en nette **amélioration** : elle pourra passer dans la classe supérieure.* (Contr. **aggravation.**)

améliorer (verbe) (conj. 3) Rendre meilleur. *On peut **améliorer** cette purée en y ajoutant de la crème.*

amen (interjection) Mot que l'on dit à la fin d'une prière juive ou chrétienne, et qui veut dire « ainsi soit-il ». • **Dire amen :** être d'accord.
▶ Prononciation [amɛn].

aménagement (nom masculin) Action d'aménager un lieu. *La maison nécessite encore quelques **aménagements** avant d'être habitable.*

aménager (verbe) (conj. 5) Organiser un lieu pour le rendre utilisable. *Ils **ont aménagé** leur grenier pour en faire une chambre.*

amende (nom féminin) Somme à payer si on n'obéit pas à la loi. *On risque une **amende** si on ne boucle pas sa ceinture de sécurité.* (Syn. **contravention.**)
• **Faire amende honorable :** reconnaître ses torts.

a b c d e f g h i j k l m n o p q r s t u v w x y z

amender (verbe) (conj. 3) **1** Rendre un sol plus fertile à l'aide de produits. *L'agriculteur **amende** ses terres avec de l'engrais.* **2** Apporter des modifications à un texte légal. *Les parlementaires **amendent** une loi.* **3** **S'amender** : synonyme littéraire de se corriger. *Un menteur qui **s'est amendé**.*

amener (verbe) (conj. 8) **1** Conduire quelqu'un quelque part. *Je l'**ai amené** chez le médecin avant que son rhume se transforme en bronchite.* **2** Être la cause de quelque chose. *Ses mauvaises fréquentations vont lui **amener** des ennuis.* (Syn. **causer, occasionner.**) **3** Obliger à faire quelque chose. *Si tu continues, je **serai amené** à te punir.*

s'**amenuiser** (verbe) (conj. 3) Devenir plus faible ou plus petit. *À mesure que tu t'éloignes, le bruit de tes pas **s'amenuise**.*

amer, ère (adjectif) **1** Qui a un goût âpre et désagréable. *Ces prunes sont **amères** : elles ne sont pas mûres.* (Contr. **doux.**) **2** Au sens figuré, se dit de ce qui est pénible, douloureux. *Un chagrin **amer**.*
★ Famille du mot : amère**ment**, amer**tume**.

amèrement (adverbe) De manière amère, pénible. *Il fait si froid qu'il regrette **amèrement** d'être sorti.*

américain, aine → tableau p. 6 / 7.

américaniser (verbe) (conj. 3) Donner une allure américaine. *Le développement des fast-foods **a américanisé** notre alimentation.*

amerrir (verbe) (conj. 11) Se poser sur l'eau. *L'hydravion **a amerri** au milieu du lac.*

amertume (nom féminin) **1** Sentiment de découragement et de forte déception. *Son échec nous a remplis d'**amertume**.* **2** Goût amer. *L'**amertume** du pamplemousse.*

améthyste (nom féminin) Pierre précieuse violette. *La pierre de cette bague est une **améthyste**.*

ameublement (nom masculin) Ensemble de meubles utilisés pour l'aménagement d'une pièce ou d'une maison. (Syn. **mobilier.**)

ameuter (verbe) (conj. 3) Rassembler des personnes en poussant des hurlements. *Arrête de crier, tu vas **ameuter** tout le voisinage !*

ami, ie (nom) Personne à laquelle on est lié par l'affection et la sympathie. *On doit toujours pouvoir compter sur ses **amis**.* (Syn. **camarade, copain.** Contr. **ennemi.**)
★ Famille du mot : amical, amical**ement**, amitié, **in**amical.

à l'**amiable** (adverbe) En conciliant directement deux intérêts opposés. *Quentin et Élodie se sont entendus **à l'amiable**.*

amiante (nom masculin) Matière minérale fibreuse qui résiste à l'action du feu. *La poussière d'**amiante** provoque de graves maladies.*

amibe (nom féminin) Être vivant unicellulaire qui se déplace en étendant une partie de sa cellule. *Certaines **amibes** vivent dans l'intestin de l'homme.*
★ **Amibe** vient du mot grec *ameibein* qui signifie « changer ».

amibien, enne (adjectif) Dû aux amibes. *Une dysenterie **amibienne**.*

amical, ale, aux (adjectif) Qui relève de l'amitié. *En partant, Romain m'a fait un salut **amical**.* (Contr. **hostile, inamical.**)
▪ **amicale** (nom féminin) Association qui regroupe des personnes ayant une même activité. *Le concours de pêche est organisé par l'**amicale** des pêcheurs à la ligne.*

amicalement (adverbe) De manière amicale. *Ils m'ont **amicalement** proposé de me raccompagner.*

amide (nom masculin) Dérivé de l'ammoniac à un ou plusieurs atomes d'hydrogène. *Les **amides** sont d'excellents solvants pour de nombreux composés organiques.*

amidon (nom masculin) Substance végétale utilisée pour fabriquer la colle. *Le riz, les pommes de terre, les haricots contiennent de l'**amidon**.*

amidonner (verbe) (conj. 3) Vaporiser un produit à base d'amidon sur des vêtements avant de les repasser, afin de leur donner plus de tenue. *À la blanchisserie, on **amidonne** les cols de chemises.* (Syn. **empeser.**)

amincir (verbe) (conj. 11) Rendre plus mince. *Fatima **s'est amincie** depuis qu'elle a repris le sport.*

amincissant, ante (adjectif) Qui amincit. *Cette crème **amincissante** est-elle efficace ?*

aminé, ée (adjectif) • **Acide aminé** : principal constituant des protéines, essentiel à l'organisme qui ne peut le synthétiser.

amiral, aux (nom masculin) Officier du grade le plus haut, dans la marine militaire.
★ **Amiral** vient d'un nom arabe qui veut dire « chef », et que l'on retrouve dans *émir*.

amirauté (nom féminin) État-major de la marine militaire formé par les amiraux.

amitié (nom féminin) Sentiment qui existe entre deux personnes amies. *Leur **amitié** date de l'école primaire.* (Syn. **affection.** Contr. **hostilité.**)
▪ **amitiés** (nom féminin pluriel) Témoignage d'amitié. *La prochaine fois que tu vois Thomas, adresse-lui mes **amitiés**.*

ammoniac (nom masculin) Gaz incolore à l'odeur suffocante, extrêmement soluble dans l'eau.
★ **Ammoniac** vient du nom du temple d'*Ammon*, en Libye.

ammoniaque (nom féminin) Solution qui contient de l'ammoniac dissous dans l'eau. *Le coiffeur utilise un produit à base d'**ammoniaque** pour décolorer les cheveux.* (Syn. **alcali.**)

ammonite (nom féminin) Mollusque fossile, à coquille en forme de spirale, abondant pendant l'ère secondaire. *Certaines **ammonites** atteignaient des tailles gigantesques.*

amnésie (nom féminin) Perte de la mémoire. *Victor a souffert d'**amnésie** après son accident : il ne reconnaissait même plus ses parents.*

amnésique (adjectif et nom) Qui souffre d'amnésie. *Cet **amnésique** a même oublié son nom.*

amniocentèse (nom féminin) Prélèvement, par ponction, de liquide entourant le fœtus dans le ventre de sa mère, pour l'analyser et déceler d'éventuelles anomalies.
▶ Prononciation [amnjosɛ̃tɛz].

amnistie (nom féminin) Annulation de certaines amendes et de certaines condamnations. *Le nouveau président de la République a décrété l'**amnistie** des contraventions.*

amnistier (verbe) (conj. 10) Accorder une amnistie à quelqu'un. *Le juge **a amnistié** des repris de justice qui ont commis de petits délits.*

amocher (verbe) (conj. 3) Synonyme familier d'abîmer ou de blesser.

amoindrir (verbe) (conj. 11) Rendre moins grand ou moins fort. *Sa longue maladie l'**a amoindri**.*

s'**amollir** (verbe) (conj. 11) Synonyme de ramollir. *Laisse le sorbet **s'amollir** avant de le manger.*

amonceler (verbe) (conj. 8 ou 9) Synonyme d'entasser.

amoncellement (nom masculin) Ensemble d'objets amoncelés. (Syn. **amas, entassement, tas.**)
▶ On écrit aussi **amoncèlement**.

amont (nom masculin) Partie d'un cours d'eau la plus proche de la source. *Sur la Garonne, Toulouse est en **amont** de Bordeaux.* (Contr. **aval.**)

amorce (nom féminin) **1** Appât que l'on jette dans l'eau pour attirer le poisson. **2** Dispositif destiné à déclencher une explosion. *La poudre explosera quand on aura enflammé l'**amorce**.* **3** Petite charge de poudre enveloppée de papier. *Un pistolet à **amorces**.* **4** Au sens figuré, début de quelque chose. *Ces quelques idées sont l'**amorce** d'un grand projet.* (Syn. **ébauche.**)
★ Famille du mot : amorc**er**, **dés**amorc**er**.

amorcer (verbe) (conj. 4) **1** Jeter de l'amorce dans l'eau pour appâter le poisson. *Il **amorce** avec du pain à l'endroit où il va pêcher.* **2** Garnir une charge d'explosif d'une amorce. (Contr. **désamorcer.**) **3** Commencer à faire quelque chose. *Le peloton **a amorcé** l'ascension du col.*

amorphe (adjectif) Qui est mou et sans énergie. *Les médicaments qu'il prend pour dormir le rendent complètement **amorphe**.* (Contr. **actif, énergique, vif.**)

amortir (verbe) (conj. 11) Atténuer la violence ou l'intensité de quelque chose. *La moquette **amortit** les bruits de pas.* (Contr. **amplifier.**)

amortisseur (nom masculin) Pièce mécanique qui sert à amortir les secousses dans un véhicule.

amour (nom masculin) **1** Sentiment très fort d'affection et d'attirance sexuelle que l'on éprouve pour quelqu'un. *C'est le grand **amour** : ils vont se marier.* **2** Sentiment profond d'affection entre des personnes. *L'**amour** maternel, l'**amour** filial. L'**amour** du prochain.* **3** Intérêt très vif pour une chose, une activité. *Il est devenu garde forestier par **amour** de la nature.* • **Faire l'amour** : avoir des relations sexuelles avec quelqu'un.
★ Famille du mot : amour**ette**, amour**eux**, amour-propre, s'amour**acher**.

s'**amouracher** (verbe) (conj. 3) S'éprendre soudainement de quelqu'un. *Que lui a-t-il pris d'aller **s'amouracher** de cet idiot ?*

amourette (nom féminin) Petite histoire d'amour peu durable. *Gaëlle n'est pas malheureuse d'avoir rompu avec William, ce n'était qu'une **amourette** de vacances.* (Syn. **flirt.**)

amoureux, euse (adjectif et nom) Qui éprouve de l'amour pour quelqu'un ou quelque chose. *Xavier est **amoureux** d'Hélène. Les alpinistes sont des **amoureux** de la montagne.*

amour-propre (nom masculin) Sentiment très vif que l'on a de sa valeur personnelle. *Son **amour-propre** l'a poussé à ne pas abandonner la course devant ses camarades.* (Syn. **fierté.**)

amovible (adjectif) Qui peut être démonté ou enlevé. *La capuche de ton manteau est **amovible**.* (Contr. **inamovible.**)

ampérage (nom masculin) Puissance d'un courant électrique. *On utilise des fusibles de faible **ampérage** pour l'éclairage.*

ampère (nom masculin) Unité de puissance des courants électriques (symbole A). *Une batterie de 12 volts et 45 **ampères**.*
▶ **Ampère** s'abrège en *A*.
★ Famille du mot : ampér**age**, ampèremètre.

ampèremètre (nom masculin) Appareil qui sert à mesurer la puissance d'un courant électrique.

amphétamine (nom féminin) Produit qui augmente les capacités physiques et mentales de l'individu, mais entraîne une dépendance. *Les **amphétamines** sont souvent employées dans le dopage.*

amphi Voir ***amphithéâtre***.

amphibie (adjectif) **1** Qui peut vivre dans l'air et dans l'eau. *Les tortues de mer sont des animaux **amphibies**.* **2** Qui peut fonctionner sur terre et dans l'eau. *L'armée utilise des véhicules **amphibies**.*

amphibien (nom masculin) Animal amphibie. *Les crapauds et les grenouilles sont des **amphibiens**.*

amphigouri (nom masculin) Énoncé confus et obscur, dans la langue littéraire.

amphithéâtre (nom masculin) **1** Dans l'Antiquité, théâtre circulaire avec des gradins. **2** Salle circulaire garnie de gradins. *À l'université, certains cours ont lieu dans l'**amphithéâtre**.*
▶ Ce mot est souvent abrégé en **amphi**.
★ En grec, *amphi* signifie « des deux côtés » : les spectateurs étaient assis des deux côtés du spectacle.

amphitryon (nom masculin) Maître d'une maison qui reçoit à dîner, dans la langue littéraire. *L'**amphitryon** a convié à sa table tous les notables du bourg.*

amphore (nom féminin) Vase à deux anses, en terre cuite, utilisé dans l'Antiquité. *Les **amphores** servaient à transporter des graines ou des liquides.*

ample (adjectif) Qui est large, peu serré. *Des vêtements **amples** préservent mieux du froid.* (Contr. **ajusté, étriqué, étroit.**)
★ Famille du mot : ampl**ement**, ampl**eur**, ampl**ificateur**, ampl**ifier**, ampl**itude**.

amplement (adverbe) De façon ample, plus que suffisante. *Je n'ai plus faim, tu m'avais **amplement** servi.* (Syn. **largement.**)

ampleur (nom féminin) **1** Caractère ample. *Cette jupe manque d'**ampleur**.* **2** Degré d'importance. *Il faut maintenant mesurer l'**ampleur** des dégâts.*

ampli Voir ***amplificateur***.

amplificateur (nom masculin) Appareil qui amplifie le son. *Sur une chaîne haute-fidélité, on règle le son sur l'**amplificateur**.*
▶ Ce mot est souvent abrégé : un **ampli**.

amplifier (verbe) (conj. 10) Rendre plus puissant, plus fort. *Le carrelage au sol **amplifie** les bruits de pas.* (Contr. **amortir, atténuer.**)

amplitude (nom féminin) **1** Écart entre deux valeurs extrêmes. *La différence entre les températures minimale et maximale d'une journée est l'**amplitude** journalière.* **2** Envergure maximale d'un mouvement. *L'**amplitude** d'un grand écart.*

ampoule (nom féminin) **1** Enveloppe de verre contenant un filament rendu lumineux par le courant électrique. *L'**ampoule** de la lampe ne fonctionne plus.* **2** Petit tube de verre qui contient un médicament. *Le médecin m'a prescrit des **ampoules** de vitamines.* **3** Cloque provoquée par un frottement ou une brûlure. *Une **ampoule** au talon me gêne pour marcher.*

amputation (nom féminin) Opération chirurgicale consistant à couper un membre ou une partie d'un membre.

amputer (verbe) (conj. 3) Faire subir une amputation. *Après son accident, il a fallu l'**amputer** d'un doigt.*

amulette (nom féminin) Petit objet que l'on porte sur soi comme porte-bonheur.

amusant, ante (adjectif) Qui amuse. *Mon petit frère trouve **amusant** de marcher dans les flaques d'eau.* (Syn. **plaisant.**)

amuse-gueule (nom masculin) Petit hors-d'œuvre servi à l'apéritif.
▶ Pluriel : des **amuse-gueules**.

amusement (nom masculin) Activité qui amuse. *Son plus grand **amusement** est de cacher les jouets de son frère pour le faire enrager.*

amuser (verbe) (conj. 3) **1** Faire rire ou distraire quelqu'un. *Benjamin nous **amusera** toujours avec ses imitations.* (Syn. **divertir, égayer.**) **2 S'amuser :** se distraire, jouer. *Il **s'amuse** à faire des ricochets dans l'eau.*
★ Famille du mot : amus**ant**, amuse-gueule, amuse**ment**.

amygdale (nom féminin) Chacune des deux glandes situées de part et d'autre de la gorge. *Yann s'est fait opérer des **amygdales**.*
▶ Prononciation [amidal].
★ **Amygdale** vient d'un mot grec signifiant « amande », à cause de la forme allongée de ces glandes.

an (nom masculin) Durée de douze mois. *Il a vécu trois **ans** en Angleterre. Gaëlle a huit **ans**.* • **Le jour de l'an** *ou* **le premier de l'an :** le premier jour de l'année, le 1er janvier.

anabaptiste (nom et adjectif) Adepte qui n'accorde aucune valeur au baptême du jeune enfant et demande un second baptême à l'âge de raison.

anabolisant, ante (adjectif) Qui favorise l'assimilation des éléments par le corps.
■ **anabolisant** (nom masculin) Hormone de synthèse qui accélère l'absorption des protéines. *L'usage d'**anabolisants** est interdit dans les compétions sportives.*

anachorète (nom masculin) Personne qui aime vivre dans la solitude.
▶ Prononciation [anakɔʀɛt].

anachronique (adjectif) Qui ne correspond pas à l'époque dont il est question. *Ses habits sont complètement **anachroniques**.* (Syn. **démodé, désuet.**)
▶ Prononciation [anakʀɔnik].

anachronisme (nom masculin) Ce qui est anachronique. *Sur cette image, Vercingétorix porte une montre au poignet : c'est un **anachronisme**.*
▶ Prononciation [anakʀɔnism].

anacoluthe (nom féminin) Figure de style qui consiste à rompre la construction grammaticale d'une phrase. *« Vous, ministre de paix [...], Le sang, à votre gré, coule trop lentement » est une anacoluthe de Racine.*
★ **Anacoluthe** vient du mot grec *anacoluthon* qui signifie « absence de suite ».

anaconda (nom masculin) Serpent des marais et des fleuves d'Amérique tropicale, qui peut atteindre une longueur de dix mètres. *L'**anaconda** se nourrit de mammifères qu'il étouffe avant d'avaler.*

anaérobie (adjectif) Qui peut vivre sans oxygène. *Des bactéries **anaérobies**.* (Contr. **aérobie.**)

anagramme (nom féminin) Mot formé en changeant l'ordre des lettres d'un autre mot. *« Chien » est une **anagramme** de « niche ».*

anal, ale, aux (adjectif) Relatif à l'anus. • **Stade anal** : âge auquel un enfant apprend à contrôler son sphincter anal.

analgésique (adjectif et nom masculin) Qui diminue ou supprime la douleur. *Xavier prend des **analgésiques** quand il a mal à la tête.* (Syn. **antalgique**.)

analogie (nom féminin) Point commun entre des choses. *Il y a des **analogies** entre le crapaud et la grenouille.* (Syn. **ressemblance**.)
★ Famille du mot : analogue, analogi**que**.

analogique (adjectif) • **Dictionnaire analogique** : où les mots sont groupés en fonction des points communs de leur sens.

analogue (adjectif) Qui présente une analogie. *Ces deux boîtes ont un usage **analogue** : ce sont des boîtes à thé.* (Syn. **semblable**.)

analphabète (adjectif et nom) Qui ne sait ni lire ni écrire. *La mairie organise des cours de lecture pour les adultes **analphabètes**.*
★ **Analphabète** vient de deux mots grecs qui signifient « sans alphabet ».

analphabétisme (nom masculin) Fait d'être analphabète. *L'école permet de lutter contre l'**analphabétisme**.*

analyse (nom féminin) Recherche des éléments qui constituent une chose. *On lui a fait une **analyse** de sang pour vérifier son taux de cholestérol.*

analyser (verbe) (conj. 3) Faire l'analyse de quelque chose. *On **a analysé** minutieusement les restes de l'avion, après l'accident. **Analyser** un mot dans une phrase.*

analyste-programmeur, euse (nom) Spécialiste de l'analyse et de la rédaction de programmes informatiques.
▶ Pluriel : des **analystes-programmeurs**, des **analystes-programmeuses**.

anamorphose (nom féminin) Image déformée d'un objet par des appareils optiques. *L'**anamorphose** peut être créée par le reflet d'un objet dans un miroir courbe.*
★ **Anamorphose** vient du mot grec *anamorphoun* qui signifie « transformer ».

ananas (nom masculin) Fruit exotique à la pulpe jaune et à l'écorce épaisse.

anaphore (nom féminin) Figure de style qui consiste à répéter un ou plusieurs mots au début de phrases successives, pour insister sur une idée. *« Partir maintenant ? Partir pour quoi faire ? Et partir pour aller où ? » est une **anaphore**.*

anarchie (nom féminin) **1** Doctrine politique qui prône la suppression de l'État. **2** Grand désordre causé par l'absence d'autorité. *Quelle **anarchie** au carrefour : le feu tricolore est en panne !*
★ Famille du mot : anarchi**que**, anarchi**ste**.

anarchique (adjectif) Qui relève de l'anarchie. *Les agents de police luttent contre le stationnement **anarchique**.*

anarchiste (nom) Partisan de l'anarchie.

anathème (nom masculin) Punition qui consiste à exclure un fidèle de l'Église, chez les catholiques et les orthodoxes. *Le Concile de Trente a lancé l'**anathème** contre les défenseurs de la Réforme.*

anatomie (nom féminin) Science qui étudie comment est constitué le corps des êtres vivants. *Si on connaît bien l'**anatomie** du corps humain, on comprend comment il fonctionne.*

anatomique (adjectif) De l'anatomie. *Cette planche **anatomique** permet de comprendre les phénomènes mécaniques de la digestion.*

ancestral, ale, aux (adjectif) Qui date du temps de nos ancêtres. *Cette demeure appartient à la même famille depuis des temps **ancestraux**.*

ancêtre (nom masculin) Personne dont on descend, plus éloignée que les grands-parents. *C'est un de mes **ancêtres** qui a construit cette maison.*
■ **ancêtres** (nom masculin pluriel) Personnes qui ont vécu dans les siècles passés. *Nos **ancêtres** les Gaulois étaient des agriculteurs.*

anche (nom féminin) Languette placée dans le bec de certains instruments de musique à vent et qui, par vibration, produit les sons. *L'**anche** de la clarinette.*
★ **Anche** vient du mot germanique *ankja* qui signifie « embouchure ».

anchois (nom masculin) Petit poisson que l'on conserve dans le sel, l'huile ou le vinaigre.

ancien, enne (adjectif) **1** Qui existe depuis longtemps. *Cette tour est très **ancienne**, elle date du XVIIe siècle.* (Contr. **moderne**, **nouveau**.) **2** Qui a cessé d'être ce qu'il était. *C'est un **ancien** conducteur de locomotive.*
■ **ancien, enne** (nom) Personne qui exerce une activité depuis longtemps. *Madeleine est une **ancienne** dans l'entreprise.* (Contr. **nouveau**.)
★ Famille du mot : ancien**nement**, ancien**neté**.

anciennement (adverbe) Dans le passé. *La rue Docteur-Léon s'appelait **anciennement** le passage de l'Église.* (Syn. **autrefois**.)

ancienneté (nom féminin) **1** Caractère de ce qui est ancien. *L'**ancienneté** de ces timbres leur donne une grande valeur.* **2** Durée depuis laquelle quelqu'un exerce une activité. *Avoir dix ans d'**ancienneté** dans l'enseignement.*

ancre (nom féminin) Instrument de métal qui, jeté au fond de l'eau, sert à retenir un bateau, à l'aide d'un câble ou d'une chaîne. *Lever l'**ancre**. Jeter l'**ancre**.*

ancrer (verbe) (conj. 3) **1** Immobiliser un bateau en jetant l'ancre. *Leur bateau **est ancré** au large de Saint-Tropez.* **2** Au sens figuré, fixer une idée dans l'esprit de quelqu'un. *C'**est** bien **ancré**, je m'en souviendrai !*

andante (adverbe et nom masculin) Morceau de musique joué à un rythme modéré.
▶ Prononciation [ɑ̃dɑ̃t] ou [ɑ̃dɑ̃te].
★ **Andante** est un mot italien qui signifie « allant ».

a b c d e f g h i j k l m n o p q r s t u v w x y z

andouille (nom féminin) **1** Sorte de saucisse constituée d'un boyau de porc farci de tripes. **2** Dans la langue familière, personne stupide. *Quelle* ***andouille****, ce Benjamin !*

andouiller (nom masculin) Ramification des bois des cervidés. *Le nombre d'****andouillers*** *du cerf permet de connaître son âge.*

andouillette (nom féminin) Petite andouille qu'il faut faire cuire.

andro- Élément tiré du mot grec *andros* qui signifie « homme » (exemple : *androïde*).

androgène (nom masculin) Hormone mâle. *Le système pileux des hommes apparaît sous l'influence des* ***androgènes****.*

androïde (nom masculin) Sorte de robot ayant l'apparence humaine. *Les* ***androïdes*** *des romans de science-fiction.*

âne (nom masculin) **1** Mammifère plus petit que le cheval, à grandes oreilles. *L'ânon est le petit de l'****âne*** *et de l'ânesse.* **2** Personne stupide. • **Têtu comme un âne** : très têtu.

anéantir (verbe) (conj. 11) Détruire complètement. *Un incendie* ***a anéanti*** *le centre de la ville.*

anéantissement (nom masculin) Fait d'anéantir. *L'****anéantissement*** *de la récolte risque de provoquer la famine.*

anecdote (nom féminin) Court récit d'un fait intéressant. *Les magazines sont pleins d'****anecdotes*** *sur la vie des stars.*

anecdotique (adjectif) Qui a le caractère d'une anecdote. *Ce n'est qu'un détail* ***anecdotique*** *dans cette histoire.*

anémie (nom féminin) Maladie du sang qui entraîne une grande fatigue.
★ Famille du mot : ané**mier**, ané**mique**.

anémier (verbe) (conj. 10) Rendre anémique. *La privation de nourriture l'****a anémié****.*

anémique (adjectif) Qui souffre d'anémie. *Clément est devenu* ***anémique*** *à force de manger insuffisamment.*

anémomètre (nom masculin) Appareil qui sert à mesurer la vitesse du vent.

anémone (nom féminin) Plante dont les fleurs ont des couleurs variées. • **Anémone de mer** : animal marin à tentacules colorées, qui vit fixé sur les rochers.
★ **Anémone** vient du mot grec *anemos* qui signifie « vent », car la fleur de l'anémone s'ouvre au vent.

ânerie (nom féminin) Bêtise dite ou faite. *Je ne le croirai plus : il ne dit que des* ***âneries****.*

ânesse (nom féminin) Femelle de l'âne.

anesthésie (nom féminin) Suppression de la douleur grâce à un anesthésique avant une opération chirurgicale. *Avant d'arracher la dent, le dentiste m'a fait une* ***anesthésie*** *locale.*
★ Famille du mot : anesthé**sier**, anesthé**sique**, anesthé**siste**.

anesthésier (verbe) (conj. 10) Faire une anesthésie. *Il* ***a été anesthésié*** *avant d'être opéré : on l'a endormi.*

anesthésique (nom masculin) Médicament qui rend insensible à la douleur.

anesthésiste (nom) Médecin spécialisé dans les anesthésies. *L'****anesthésiste*** *assiste le chirurgien pendant l'opération.*

aneth (nom masculin) Autre nom du fenouil. *On utilise l'****aneth*** *pour parfumer certains plats.*
► Prononciation [anɛt].

anévrisme (nom masculin) Augmentation anormale de volume d'une artère. • **Rupture d'anévrisme** : éclatement d'une artère, qui entraîne presque toujours la mort.

anfractuosité (nom féminin) Creux dans un rocher. *Des oiseaux se sont nichés dans les* ***anfractuosités*** *de la falaise.*

ange (nom masculin) **1** Dans certaines religions, être envoyé par Dieu. **2** Au sens figuré, personne qui a toutes les qualités. *David est adorable : c'est un* ***ange****.* • **Être aux anges** : être ravi.

angélique (adjectif) Qui évoque un ange par sa beauté et sa bonté. *Julie a un visage* ***angélique*** *qui met en confiance.*

angélus (nom masculin) Sonnerie des cloches d'une église qui annonce l'heure de la prière.

angevin, ine → tableau p. 6 / 7.

angine (nom féminin) Maladie de la gorge. *Les* ***angines*** *s'accompagnent d'une forte fièvre.*

angiome (nom masculin) Malformation des vaisseaux sanguins ou lymphatiques. *Le nourrisson est né avec un* ***angiome*** *au coin de la lèvre.*

angiosperme (nom féminin) Groupe de végétaux, aux graines protégées par un fruit, qui se divise en monocotylédones et dicotylédones. *Les* ***angiospermes*** *sont souvent appelées plantes à fleurs.*

anglais, aise → tableau p. 6 / 7.
★ Famille du mot : angl**icisme**, anglophone, anglo-saxon.

angle (nom masculin) **1** Portion d'espace comprise entre deux demi-droites qui ont une même origine. *Pour mesurer un* ***angle****, on utilise un rapporteur.* **2** Synonyme de coin. *Notre école est à l'****angle*** *des rues Jules-Ferry et Paul-Langevin.*

anglican, ane (adjectif et nom) Fidèle d'une religion qui se situe entre le catholicisme et le protestantisme.

anglicisme (nom masculin) Mot d'origine anglaise. *Football est un* ***anglicisme****.*

anglophone (adjectif et nom) Qui parle anglais. *On recherche une secrétaire* ***anglophone****.*

anglo-saxon, onne (adjectif et nom) Qui appartient à la culture britannique. *Prendre le thé à 17 heures est une coutume* ***anglo-saxonne****. Les* ***Anglo-Saxons****.*

angoissant, ante (adjectif) Qui provoque l'angoisse. *J'ai été réveillé cette nuit par un cauchemar* ***angoissant****.*

angoisse (nom féminin) Profonde inquiétude causant un malaise. *Maman éprouve une grande* ***angoisse*** *quand je rentre en retard.* (Syn. **anxiété.** Contr. **calme, sérénité.**)

angoisser (verbe) (conj. 3) Causer de l'angoisse. *Ce film d'épouvante m'****a angoissé****.*

angora (adjectif) **1** Qui a des poils longs et doux. *Des lapins* ***angoras****.* **2** Qui est fait de poils de chèvre ou de lapin angora. *Un pull en laine* ***angora****.*
★ Angora vient du nom d'*Ankara*, ville de Turquie, qui était une étape sur la route des caravanes qui rapportaient cette laine d'Orient.

angström (nom masculin) Unité de mesure non légale (Å), équivalant à une longueur dix millions de fois plus petite que le millimètre. *On mesure les atomes en* ***angströms****.*
► Prononciation [ɑ̃gstrœm].
► On écrit aussi **angstrœm**.

anguille (nom féminin) Poisson qui a la forme d'un serpent. *L'****anguille*** *naît dans la mer, mais va grandir en eau douce.*

angulaire (adjectif) Qui forme un angle. • **Pierre angulaire** : ce qui est à la base de quelque chose.

anguleux, euse (adjectif) Qui présente des angles vifs. *Son visage* ***anguleux*** *lui donne un air méchant.*

anhydre (adjectif) Qui ne contient pas de molécule d'eau.

anicroche (nom féminin) Petite difficulté. *Le voyage s'est déroulé sans* ***anicroche****.*

animal, aux (nom masculin) **1** Être vivant capable de se déplacer, par opposition aux végétaux. *L'abeille, le chien, l'homme sont des* ***animaux****.* **2** Être vivant qui n'est pas doté de la parole, par opposition à l'homme. *La Société protectrice des* ***animaux****.* (Syn. **bête.**)
■ **animal, ale, aux** (adjectif) Qui concerne les animaux. *Certaines espèces* ***animales*** *sont en voie de disparition.*
★ Famille du mot : animal**erie**, animal**ier**.

animalerie (nom féminin) Magasin qui vend des animaux de compagnie. *Hélène a acheté un couple de perruches dans une* ***animalerie****.*

animalier, ère (adjectif) • **Parc animalier** : parc où l'on peut voir des animaux en liberté.

animateur, trice (nom) **1** Personne qui anime une réunion, une émission de télévision. *L'****animateur*** *de l'émission était très drôle.* **2** Personne chargée de conduire les activités dans une colonie de vacances, un club de sport, un centre de loisirs.

animation (nom féminin) **1** Caractère de ce qui est animé. *Ibrahim et Laura discutent avec* ***animation****.* **2** Activité organisée. *Ce club de vacances propose de nombreuses* ***animations****.* **3** Technique des dessins animés. *Un film d'****animation****.*

animé, ée (adjectif) Qui est plein de vie, de mouvement. *Cette rue est très* ***animée*** *les jours de marché.* (Contr. **morne, mort.**) • **Être animé** : être vivant, animal ou plante.

animer (verbe) (conj. 3) **1** Faire bouger quelque chose. ***Animer*** *un pantin, une marionnette en manipulant les fils qui les soutiennent.* **2** Diriger une réunion et lui donner un caractère intéressant. ***Animer*** *un débat télévisé.* **3** Inciter quelqu'un à agir. *Il* ***est animé*** *par une ambition sans limites.* **4 S'animer** : montrer de la vie, de l'enthousiasme. *La foule* ***s'anime*** *quand les joueurs pénètrent sur la pelouse.* (Syn. **s'exalter.**)
★ Famille du mot : anim**ateur**, anim**ation**, anim**é**, **in**animé, ranimer, **ré**anim**ation**.

animosité (nom féminin) Signe d'hostilité envers quelqu'un. *L'****animosité*** *de son regard m'a fait comprendre combien il pouvait être méchant.*

anion (nom masculin) Ion qui possède une certaine quantité d'électricité négative. *Un ion qui perd des électrons devient un* ***anion****.* (Contr. **cation.**)

anis (nom masculin) Plante utilisée pour parfumer des bonbons ou des boissons.

ankyloser (verbe) (conj. 3) Provoquer une raideur dans une articulation. *Ne reste pas longtemps à genoux, tu vas t'****ankyloser****.*

annales (nom féminin pluriel) Livre qui raconte les évènements qui ont marqué une époque. *Ce chercheur entrera dans les* ***annales*** *grâce à sa découverte.*

anneau, eaux (nom masculin) **1** Petit cercle qui sert à attacher, à retenir. *Une chaîne est formée d'****anneaux*** *accrochés entre eux.* **2** Bague faite d'un simple cercle de métal. **3** Chose circulaire. *Les cinq* ***anneaux*** *du drapeau olympique.*

année (nom féminin) **1** Période d'un an qui commence le 1er janvier et se termine le 31 décembre. *L'****année*** *dernière a été très riche en évènements.* **2** Période de douze mois, quel qu'en soit le début. *Voilà deux* ***années*** *que je ne l'ai pas vu.* **3** Période d'activité de moins de douze mois. *L'****année*** *scolaire dure dix mois.*

année-lumière (nom féminin) Distance que la lumière parcourt en un an. *Une* ***année-lumière*** *correspond à environ 9 461 milliards de kilomètres.*
► Pluriel : des **années-lumière**.

annexe (adjectif) Qui vient en complément d'une chose principale. *Les cours de gymnastique ont lieu dans un bâtiment* ***annexe*** *de l'école.*

▪ **annexe** (nom féminin) Chose ou bâtiment annexe. *La maternité est dans l'**annexe** de la clinique.* ★ Famille du mot : annexer, annexion.

annexer (verbe) (conj. 3) Rattacher un territoire à un pays. *Strasbourg **a été annexée** à la France par Louis XIV.*

annexion (nom féminin) Action d'annexer. *L'**annexion** de la Savoie à la France a eu lieu en 1860.*

annihiler (verbe) (conj. 3) Réduire quelque chose à néant. *Le gel **a annihilé** le travail des vignerons.* ★ Dans **annihiler**, il y a le mot latin *nihil* qui signifie « rien ».

anniversaire (nom masculin) **1** Jour rappelant un évènement qui a eu lieu au moins un an plus tôt. *Le 11 novembre, c'est l'**anniversaire** de la fin de la Première Guerre mondiale.* **2** Fête donnée pour l'anniversaire de la naissance de quelqu'un. *Toute la classe est invitée à l'**anniversaire** de Myriam.*

annonce (nom féminin) Fait d'annoncer quelque chose. *Les étudiants ont organisé une manifestation à l'**annonce** d'une nouvelle loi.* • **Petite annonce** : texte publié dans un journal pour proposer des emplois, des logements.
★ Famille du mot : annoncer, annonceur.

annoncer (verbe) (conj. 4) **1** Informer officiellement de quelque chose. *Ils viennent d'**annoncer** leur mariage.* **2** Donner un signal. *Au théâtre, les trois coups **annoncent** le lever de rideau.* **3** Être l'indice de quelque chose. *Ce ciel tout noir **annonce** un orage.*

annonceur, euse (nom) **1** Personne ou entreprise qui fait passer des annonces publicitaires. *L'**annonceur** a réservé une pleine page dans le journal pour sa campagne publicitaire.* **2** Synonyme recommandé de speaker.

annotation (nom féminin) Remarque que l'on porte sur un texte, un devoir. *Le professeur écrit ses **annotations** dans la marge.*

annoter (verbe) (conj. 3) Écrire des annotations. *L'institutrice écrit lisiblement lorsqu'elle **annote** les copies de ses élèves.*

annuaire (nom masculin) Livre publié chaque année et donnant divers renseignements. *J'ai trouvé son adresse de Noémie dans l'**annuaire** téléphonique.*

annualiser (verbe) (conj. 3) Prendre l'année comme référence. *Dans cette entreprise, les horaires de travail **ont été annualisés**.*

annuel, elle (adjectif) Qui a lieu chaque année. *La fête **annuelle** de l'école a toujours lieu en juin.*
★ Famille du mot : annualiser, annuellement.

annuellement (adverbe) De façon annuelle. *Les anciens élèves de ce lycée se rassemblent **annuellement**.*

annulaire (nom masculin) Quatrième doigt de la main, en partant du pouce. *Les gens mariés portent souvent un anneau à l'**annulaire** gauche.*

annulation (nom féminin) Action d'annuler. *Des fraudes ont causé l'**annulation** de l'élection.*

annuler (verbe) (conj. 3) **1** Rendre nul, sans valeur. *Les élections **ont été annulées** à cause des fraudes.* **2** Supprimer quelque chose de prévu. ***Annuler** un rendez-vous.*

anoblir (verbe) (conj. 11) Donner un titre de noblesse (chevalier, comte, duc, etc.).

anode (nom féminin) Électrode reliée à l'extrémité positive d'une génératrice électrique lors d'une électrolyse. *Les électrons se dirigent vers l'**anode**.* (Contr. **cathode**.)
★ **Anode** vient du mot grec *anodos* qui signifie « chemin vers le haut ».

anodin, ine (adjectif) Qui est sans importance ou sans gravité. *J'espérais apprendre des choses nouvelles, mais notre conversation fut tout à fait **anodine**.* (Syn. **insignifiant**.)

anomalie (nom féminin) Chose anormale. *Ce jouet ne peut pas être vendu parce qu'il présente une **anomalie**.* (Syn. **bizarrerie**.)

ânon (nom masculin) Petit de l'âne et de l'ânesse.

ânonner (verbe) (conj. 3) Lire ou réciter avec peine, ou sans mettre le ton.

anonymat (nom masculin) Caractère anonyme. *Le témoin a préféré garder l'**anonymat**.* (Syn. **incognito**.)

anonyme (adjectif) Qui ne dit pas son nom. *Un coup de téléphone **anonyme** a prévenu la police.*

anorak (nom masculin) Blouson de sport matelassé et imperméable. *Kevin a mis son **anorak** pour aller skier.*
★ **Anorak** vient d'un mot esquimau qui veut dire « vent », car ce vêtement protège du vent.

anorexie (nom féminin) Maladie d'origine psychologique, caractérisée par un refus de s'alimenter. *La sœur de Zoé souffre d'**anorexie** : elle ne pèse plus que trente kilos.* (Contr. **boulimie**.)
★ **Anorexie** vient du grec *orexis* qui signifie « appétit ».

anormal, ale, aux (adjectif) Qui n'est pas normal. *Le magnétoscope doit être en panne : il fait un bruit **anormal**.* (Syn. **bizarre**.)

anormalement (adverbe) De manière anormale. *Pierre a été **anormalement** aimable avec Odile : il a quelque chose à se faire pardonner.*

anse (nom féminin) **1** Partie d'un objet qui permet de le tenir ou de le porter. *L'**anse** d'une tasse à café.* **2** Petite baie. *Le bateau a jeté l'ancre dans une **anse**.*

antagonisme (nom masculin) Rivalité entre deux personnes. *Un vieil **antagonisme** les oppose depuis longtemps.* (Syn. **opposition**.)

antalgique (nom masculin et adjectif) Produit pharmaceutique qui atténue la douleur. *Élodie a pris un **antalgique** car elle avait mal à la tête.* (Syn. **analgésique**.)
★ **Antalgique** vient du grec *algos* qui signifie « douleur ».

d'**antan** (adjectif) Du temps passé. *Ma grand-mère nous raconte souvent comment était la vie **d'antan**.*

antarctique (adjectif) De la région du pôle Sud. *Le continent **antarctique**.*

anté- Élément tiré du mot latin *ante* qui signifie « avant » (exemple : *antécédent*).

antécédent (nom masculin) Mot auquel se rapporte un pronom relatif. *Dans la phrase : « J'ai enfin trouvé la robe dont tu m'as tant parlé », « robe » est l'**antécédent** de « dont ».*
■ **antécédents** (nom masculin pluriel) Actes du passé de quelqu'un. *Il a été engagé parce qu'il avait de bons **antécédents**.*

antédiluvien, enne (adjectif) Très ancien et démodé. *Cette musique est **antédiluvienne**, même mes parents ne l'ont pas connue !*

antenne (nom féminin) **1** Tige métallique servant à diffuser ou à recevoir les émissions de radio ou de télévision. *L'image est floue : l'**antenne** de la télévision doit être déréglée.* **2** Organe long et mince placé sur la tête de certains animaux, et qui leur permet de se diriger et de sentir. *Les escargots, les langoustines, les papillons ont des **antennes**.* • **Passer à l'antenne** : passer à la télévision ou à la radio.

antérieur, eure (adjectif) **1** Qui a eu lieu avant. *L'invention du cinéma est **antérieure** à celle de la télévision.* **2** Qui est placé devant. *Les muscles **antérieurs** de la cuisse permettent de tendre la jambe.* (Contr. **postérieur**.)

antérieurement (adverbe) Dans le passé. *Sa décision a été prise **antérieurement**, avant l'avis de ses conseillers.* (Syn. **précédemment**.)

anthologie (nom féminin) Recueil de textes. *Ce livre est une **anthologie** de poésies du XVIIe siècle.*

anthracite (nom masculin) Sorte de charbon noir et brillant.

anthrax (nom masculin) Grave maladie qui se manifeste par l'apparition de gros boutons de pus sur des zones délimitées du corps.
▶ **Anthrax** est parfois employé par erreur pour désigner la maladie du charbon.

anthrop(o)- Élément tiré du grec *anthrôpos* qui signifie « être humain » (exemple : *anthropologie*).

anthropoïde (adjectif) Qui ressemble à l'homme, en parlant d'un animal.
■ **anthropoïdes** (nom masculin pluriel) Sous-ordre de primates qui comprend les singes et les hominidés.

anthropologie (nom féminin) Science qui étudie l'espèce humaine.

anthropologue (nom) Spécialiste d'anthropologie.

anthropophage (nom) Personne qui mange de la chair humaine. *Les Indiens caraïbes étaient des **anthropophages**.* (Syn. **cannibale**.)

anti- Élément tiré du grec qui signifie « contre » (exemples : *antiraciste*, *antiatomique*).

antiaérien, enne (adjectif) Qui combat les attaques aériennes et protège de leurs effets. *La défense **antiaérienne** a repéré un avion ennemi.*

antialcoolique (adjectif) Qui combat l'alcoolisme. *Une ligue **antialcoolique**.*

antiallergique (nom masculin et adjectif) Médicament qui prévient les réactions allergiques. *Un traitement **antiallergique**.*

antiatomique (adjectif) Qui protège des bombes atomiques et des radiations. *Un abri **antiatomique**.*

antibactérien, enne (adjectif et nom masculin) Qui détruit les bactéries. *Un produit de vaisselle **antibactérien**.*

antibiogramme (nom masculin) Examen réalisé sur un germe pour déterminer quel est l'antibiotique le plus efficace pour le détruire.

antibiotique (nom masculin) Médicament très efficace contre les infections microbiennes. *Le premier **antibiotique**, la pénicilline, a été découvert en 1928, par l'Écossais Fleming.*

antibrouillard (adjectif) • **Phare antibrouillard** : phare spécial, efficace pour éclairer dans le brouillard.
▶ Pluriel : des phares **antibrouillard**.

anticalcaire (adjectif) Qui élimine le calcaire. *Je nettoie l'évier avec un produit **anticalcaire**.*

antichambre (nom féminin) Pièce où l'on fait attendre les visiteurs. *Le député était assis dans l'**antichambre** du ministre.*

anticipation (nom féminin) • **Film, roman d'anticipation** : dont les aventures se déroulent dans le futur.

anticiper (verbe) (conj. 3) Faire comme si un évènement était déjà arrivé. *N'**anticipe** pas, les vacances sont encore lointaines !*

anticlérical, ale, aux (adjectif) Qui s'oppose à l'influence du clergé et de l'Église dans la vie publique.

anticlinal, ale, aux (adjectif et nom masculin) Plissement de terrain qui forme une ondulation vers le haut. *On a trouvé une nappe de pétrole sous un **anticlinal**.* (Contr. **synclinal**.)
★ **Anticlinal** vient du mot grec *antiklinein* qui signifie « pencher en sens contraire ».

anticoagulant, ante (adjectif et nom masculin) Médicament qui empêche la coagulation du sang.

anticonformiste (adjectif) Qui ne se conforme pas aux usages établis. *Les artistes modernes sont souvent **anticonformistes**.*

anticorps (nom masculin) Substance fabriquée par l'organisme pour se défendre des microbes.

anticyclone (nom masculin) Zone de hautes pressions atmosphériques. *Quand un **anticyclone** recouvre une région, il fait beau.*

a b c d e f g h i j k l m n o p q r s t u v w x y z

antidépresseur (nom masculin) Médicament qui soigne la dépression. *Depuis qu'il prend des **antidépresseurs**, il a meilleur moral.*

antidopage (adjectif) Qui lutte contre le dopage. *Le cycliste a subi un contrôle **antidopage**.*

antidote (nom masculin) Remède contre un poison. *Le lait était souvent employé comme **antidote**.* (Syn. **contrepoison**.)

antigang (adjectif et nom féminin) • **Brigade antigang** : unité spéciale de police qui lutte contre les gangs.

antigel (nom masculin) Produit qui empêche l'eau de geler.

antigène (nom masculin) Substance qui provoque la formation d'anticorps spécifiques quand elle est introduite dans l'organisme.

anti-inflammatoire (adjectif et nom masculin) Qui combat l'inflammation. *Kévin a mal au dos, le médecin lui a prescrit des **anti-inflammatoires**.*
► Pluriel : des **anti-inflammatoires**.

antillais, aise → tableau p. 6 / 7.

antilope (nom féminin) Mammifère ruminant, à cornes, des savanes africaines.

antimilitariste (adjectif et nom) Qui est hostile à l'armée. *Certaines personnes sont **antimilitaristes** à cause de leurs opinions pacifistes.*

antimissile (adjectif) Qui neutralise les missiles ennemis.

antimite (nom masculin) Produit qui protège les vêtements contre les mites. *Il faut mettre de l'**antimite** dans la penderie.*

antinomie (nom féminin) Contradiction entre deux idées. *Y a-t-il une **antinomie** entre l'idée de liberté et celle de respect ?* (Syn. **opposition**.)

antipape (nom masculin) Pape illégitime qui n'est pas reconnu par l'Église catholique. *Il y eut des antipapes aux XIVe et XVe siècles.*

antiparasite (nom masculin et adjectif) Dispositif qui réduit la production de parasites d'une radio ou d'une télévision. *Le haut-parleur est muni d'un **antiparasite**.*

antipathie (nom féminin) Sentiment d'hostilité à l'égard de quelqu'un. *Entre eux l'**antipathie** a été immédiate.* (Contr. **sympathie**.)

antipathique (adjectif) Qui inspire de l'antipathie. *Son visage sévère le rend **antipathique** !* (Syn. **déplaisant, désagréable**. Contr. **sympathique**.)

antiphrase (nom féminin) Figure de style qui consiste à employer un mot ou une phrase dans un sens contraire à sa véritable signification. *« Sarah se lève en retard, elle baille : elle a très envie d'aller travailler aujourd'hui ! » est une **antiphrase**.*

antipodes (nom masculin pluriel) Région de la Terre diamétralement opposée à une autre. *L'Australie est située aux **antipodes** de l'Europe.* • **Aux antipodes** : très différent, opposé. *Tes idées sont **aux antipodes** des miennes, nous ne pourrons pas nous entendre.*
★ **Antipodes** vient d'un mot grec signifiant « opposé par la plante des pieds ».

antipoison (adjectif) • **Centre antipoison** : hôpital équipé pour soigner ceux qui ont avalé un poison.
► Pluriel : des centres **antipoison**.

antiquaire (nom) Marchand d'antiquités. *Maman a acheté ce fauteuil chez un **antiquaire**.*

antique (adjectif) **1** Très ancien. *Anna s'abritait sous un **antique** parapluie.* **2** Qui date de l'Antiquité. *Les pyramides d'Égypte sont des monuments **antiques**.*
★ Famille du mot : antiqu**aire**, antiqu**ité**.

antiquité (nom féminin) **1** Objet d'art ancien, meuble ancien, qui a de la valeur. *Cette amphore est une véritable **antiquité**.* **2** Période qui va de la fin de la préhistoire à la chute de l'Empire romain (Ve s. apr. J.-C.). *L'**Antiquité** grecque, l'**Antiquité** égyptienne.*
► Au sens 2, ce mot commence par une majuscule.

antiraciste (adjectif et nom) Qui est contre le racisme. *Une loi **antiraciste**.*

antiride (adjectif et nom masculin) Produit cosmétique qui évite la formation des rides ou les atténue.

antirouille (adjectif et nom masculin) Produit qui évite la formation de la rouille ou qui la supprime. *Il faut passer une couche d'**antirouille** sur la grille du jardin.*

antisémite (adjectif et nom) Qui est hostile aux Juifs. *Des propos **antisémites**.*

antisémitisme (nom masculin) Racisme dirigé contre les Juifs.

antisepsie (nom féminin) Ensemble de méthodes de lutte contre les infections microbiennes.

antiseptique (nom masculin) Produit qui détruit les microbes et arrête l'infection. *L'eau oxygénée est un **antiseptique**.*
★ **Antiseptique** est formé de mots grecs qui signifient « contre ce qui pourrit ».

antitabac (adjectif) Qui lutte contre les méfaits du tabac. *Des publicités **antitabac**.*
► Pluriel : des campagnes **antitabac**.

antitétanique (adjectif) Qui protège du tétanos. *Un vaccin **antitétanique**.*

antithèse (nom féminin) Idée opposée à une autre. *La censure est l'**antithèse** de la liberté d'expression.* (Syn. **contraire**.)

antituberculeux, euse (adjectif) Qui lutte contre la tuberculose. *Le BCG est le vaccin **antituberculeux**.*

antivenimeux, euse (adjectif) Qui agit contre l'action du venin. *Un sérum **antivenimeux** l'a aidé à lutter contre la morsure de vipère.*

antiviral, ale, aux (adjectif) Qui est actif contre les virus. *Un médicament **antiviral**.*

antivol (nom masculin) Dispositif destiné à empêcher le vol. *Toutes les voitures sont munies d'un **antivol**.*

antonyme (nom masculin) Mot de sens contraire à un autre. *« Grand » est l'**antonyme** de « petit ».* (Contr. **synonyme**.)

antre (nom masculin) Caverne qui sert d'abri à un fauve. *L'**antre** du tigre.* (Syn. **tanière**.)

anus (nom masculin) Orifice du tube digestif, par où sortent les excréments.
▶ Prononciation [anys].

anxiété (nom féminin) Vive inquiétude causée par l'incertitude, l'attente. *L'**anxiété** se lisait dans son regard.*

anxieusement (adverbe) Avec anxiété. *Élodie attend **anxieusement** les résultats de son examen.*

anxieux, euse (adjectif) Très inquiet. *Romain regardait sa montre d'un regard **anxieux** car il était en retard.*
★ Famille du mot : anxi**été**, anxieu**sement**.

anxiogène (adjectif) Qui provoque l'anxiété.

AOC (nom féminin) Dénomination légale qui garantit l'origine d'un vin ou d'un produit agroalimentaire. *Le camembert de Normandie au lait cru et moulé à la louche est un fromage **AOC**.*
★ **AOC** est l'abréviation de « **a**ppellation d'**o**rigine **c**ontrôlée ».

aorte (nom féminin) Artère principale du cœur, qui porte le sang chargé d'oxygène à tout l'organisme.

août (nom masculin) Huitième mois de l'année, qui compte 31 jours.
▶ Prononciation [u] ou [ut].
★ **Août** vient du latin *augustus*, c'est-à-dire le « mois d'Auguste » en l'honneur de l'empereur.
▶ On écrit aussi **aout**.

apaisant, ante (adjectif) Qui apaise. *Tes paroles **apaisantes** me rassurent.*

apaisement (nom masculin) Fait de s'apaiser. *Depuis qu'il a dit ce qu'il avait sur le cœur, Thomas éprouve un sentiment d'**apaisement**.*

apaiser (verbe) (conj. 3) Calmer quelqu'un ou quelque chose. *Victor **a apaisé** bébé en lui chantant une berceuse.*

aparté (nom masculin) • **En aparté** : à part, à voix basse. *Elle n'arrête pas de faire des commentaires **en aparté**, c'est gênant.*
★ Au théâtre, un **aparté**, c'est ce que l'acteur dit « à part » : les autres acteurs sont censés ne pas entendre.

apartheid (nom masculin) Ségrégation raciale officielle, pratiquée en Afrique du Sud jusqu'en 1991.
▶ Prononciation [apaʀtɛd].

apathique (adjectif) Qui est sans réaction, sans énergie. *Secouez-vous donc, allez jouer ! Vous êtes complètement **apathiques**.*

apercevoir (verbe) (conj. 21) **1** Commencer à voir. *On **apercevait** au loin la chaîne des Alpes.* (Syn. **discerner, entrevoir**.) **2** S'apercevoir : se rendre compte. *Tout le monde **s'est aperçu** de ton absence.* (Syn. **remarquer**.)
★ Famille du mot : aper**çu**, **in**aper**çu**.

aperçu (nom masculin) Remarques rapides sur un sujet. *Le journaliste a donné un **aperçu** de la situation pour faire le point.*

apéritif (nom masculin) Boisson parfois alcoolisée que l'on prend avant le repas.
▶ On abrège familièrement ce mot : un **apéro**.

apéro Voir ***apéritif***.

apesanteur (nom féminin) Absence de pesanteur. *Dans le vaisseau spatial, les astronautes, en état d'**apesanteur**, flottent dans la cabine.* (Contr. **pesanteur**.)

à peu près (adverbe) Environ. *Il y a **à peu près** cent personnes dans la salle.* (Syn. **approximativement**.)
■ **à-peu-près** (nom masculin) Ce qui est superficiel et peu précis. *William se contente toujours d'**à-peu-près** : il n'est jamais précis.* (Syn. **approximation**.)
▶ Pluriel : des **à-peu-près**.

apeuré, ée (adjectif) Rempli de peur. *Benjamin, **apeuré**, écoutait les pas se rapprocher.* (Syn. **effrayé**.)

aphone (adjectif) Sans voix. *Hélène a une angine, elle s'est réveillée **aphone** : elle ne peut plus parler.*
★ Dans **aphone**, il y a un mot grec qui signifie « voix », et que l'on retrouve dans *magnétophone, téléphone, visiophone*, etc.

aphorisme (nom masculin) Expression qui résume en peu de mots un point essentiel d'une théorie. *Les **aphorismes** d'Hippocrate.*
★ **Aphorisme** vient du mot grec *aphorismos* qui signifie « définition ».

aphrodisiaque (nom masculin et adjectif) Substance qui stimule le désir sexuel. *On dit que le chocolat est un **aphrodisiaque**.*
★ **Aphrodisiaque** vient du nom propre *Aphrodite*, déesse de l'Amour.

aphte (nom masculin) Petite plaie à l'intérieur de la bouche. *Julie ne peut pas manger de gruyère, cela lui donne des **aphtes**.*
▶ Prononciation [aft].

aphteux, euse (adjectif) Accompagné d'aphtes. *Des symptômes **aphteux**.* • **Fièvre aphteuse** : maladie due à un virus, très contagieuse, qui atteint le bétail et peut se transmettre à l'homme.

api- Préfixe tiré du mot latin *apis* qui signifie « abeille » (exemple : *apiculture*).

a b c d e f g h i j k l m n o p q r s t u v w x y z

a b c d e f g h i j k l m n o p q r s t u v w x y z

api • **Pomme d'api** : petite pomme ferme et sucrée, dont une face est rouge vif.
★ **Api** vient du nom propre *Appius*, de celui qui aurait introduit ces pommes à Rome.

à-pic (nom masculin) Paroi très abrupte.
► Pluriel : des **à-pics**.

apiculteur, trice (nom) Personne qui pratique l'apiculture. *L'**apiculteur** élève des abeilles dans des ruches pour récolter du miel.*

apiculture (nom féminin) Élevage des abeilles.

apitoiement (nom masculin) Fait de s'apitoyer.

apitoyer (verbe) (conj. 6) Faire éprouver de la pitié. *Clément essaie d'**apitoyer** tout le monde sur son sort.* (Syn. **attendrir**.)

aplanir (verbe) (conj. 11) **1** Rendre plan, uni. *Le bulldozer **aplanit** le chemin.* **2** Au sens figuré, faire disparaître les désaccords. *La discussion a permis d'**aplanir** les désaccords.*

aplatir (verbe) (conj. 11) Rendre plat. *Quelqu'un s'est assis sur mon chapeau et l'**a** complètement **aplati** !*

aplomb (nom masculin) Trop grande confiance en soi. *Et tu crois que je vais te donner la permission ? Tu ne manques pas d'**aplomb** !* (Syn. **audace, toupet**.)
• **D'aplomb** : en équilibre stable ; au sens familier, de nouveau en bonne santé.
★ Être d'**aplomb**, c'est être vertical, comme la direction indiquée par le *fil à plomb*.

apnée (nom féminin) • **Plonger en apnée** : en bloquant sa respiration et sans utiliser de bouteilles d'oxygène.

apocalypse (nom féminin) Catastrophe effroyable. *L'éruption du volcan avait tout détruit, c'était un spectacle d'**apocalypse**.*
★ L'**Apocalypse** est le nom du dernier livre de la Bible : il raconte la fin du monde.

apocalyptique (adjectif) Terrifiant au point de faire penser à la fin du monde. *Après l'explosion, la ville avait un aspect **apocalyptique**.*

apode (nom masculin et adjectif) Qui n'a pas de pattes ou de nageoires. *L'asticot est un **apode**.*

apogée (nom masculin) Point le plus haut de quelque chose. *La royauté française a atteint son **apogée** sous le règne de Louis XIV.*

apologie (nom féminin) • **Faire l'apologie de quelqu'un** *ou* **de quelque chose** : dire tout ce qui est bien, faire l'éloge.

apophyse (nom féminin) Partie saillante d'un os. *L'**apophyse** permet l'articulation des os.*

apoplexie (nom féminin) Évanouissement soudain, généralement causé par une hémorragie cérébrale. *En 1870, la comtesse de Ségur échappa de peu à une grave crise d'**apoplexie**.*
★ **Apoplexie** vient du mot grec *apoplêssein* qui signifie « renverser ».

a posteriori (adverbe) Après, rétrospectivement, avec l'expérience. ***A posteriori**, je vois que j'ai eu raison de prendre cette décision.* (Contr. **a priori**.)

apostolat (nom masculin) **1** Mission d'un apôtre. **2** Tâche qui demande un grand dévouement. *La profession d'infirmière est un véritable **apostolat**.*

apostrophe (nom féminin) **1** Signe qui indique l'élision d'une voyelle. *Dans « l'iris », l'**apostrophe** signale qu'on a supprimé le « e » de l'article.* **2** Paroles grossières et brusques. *L'arbitre a expulsé un joueur qui lui lançait des **apostrophes**.*

apostropher (verbe) (conj. 3) Adresser brutalement la parole à quelqu'un. *Les enfants, qui faisaient trop de bruit, se sont fait **apostropher** par un voisin.* (Syn. **interpeller**.)

apothéose (nom féminin) Le plus beau moment d'un spectacle, d'une fête. *Ce but magnifique a été l'**apothéose** du match.*

apothicaire (nom masculin) Ancien nom du pharmacien. • **Comptes d'apothicaire** : comptes d'argent compliqués et tatillons.

apôtre (nom masculin) **1** Chacun des douze disciples du Christ. **2** Au sens figuré, personne qui défend une idée avec ardeur. *Un **apôtre** de la non-violence.*

apparaître (verbe) (conj. 37) **1** Devenir visible. *La lune **apparut** derrière les nuages.* (Contr. **disparaître**.) **2** Avoir l'air, sembler. *Laura **apparaît** triste à ceux qui ne la connaissent pas bien.* (Syn. **paraître**.)
► On écrit aussi **apparaitre**.
► **Apparaître** se conjugue avec l'auxiliaire *être*.
★ Famille du mot : appar**ition**, réapparaître, réappar**ition**.

apparat (nom masculin) • **D'apparat** : prévu pour les grandes réceptions, les cérémonies. *Porter un habit **d'apparat** lors d'un mariage.*

apparatchik (nom masculin) Membre d'un parti politique ou d'un syndicat, dans la langue familière. *Un **apparatchik** communiste.*
★ **Apparatchik** est un mot d'origine russe.

appareil (nom masculin) **1** Instrument destiné à exécuter un travail, une mesure, etc. *Un **appareil** photographique, un **appareil** ménager, un **appareil** dentaire.* **2** Téléphone. *Le téléphone sonne : décroche l'**appareil** !* **3** Avion. *L'**appareil** décollera dans dix minutes.* **4** Ensemble des organes qui remplissent une fonction. *Les poumons font partie de l'**appareil** respiratoire.* • **Dans le plus simple appareil** : tout nu.

appareiller (verbe) (conj. 3) Lever l'ancre et quitter le port. *Le navire vient d'**appareiller** et rejoint la haute mer.*

apparemment (adverbe) Selon les apparences. ***Apparemment**, elle n'est pas encore arrivée.*
► Prononciation [apaʀamɑ̃].

apparence (nom féminin) Aspect extérieur. *David est d'**apparence** chétive.*

apparent, ente (adjectif) **1** Qui se voit bien. *Une tache très **apparente**.* (Syn. **visible**. Contr. **invisible**.) **2** Qui n'est pas tel qu'il paraît. *Sous le calme **apparent**, l'explorateur flairait le danger.*
★ Famille du mot : appare**mment**, apparence.

apparenté, ée (adjectif) Qui a un lien de parenté avec quelqu'un. *Par sa mère, Kevin est **apparenté** aux Dupont.*

apparition (nom féminin) **1** Fait d'apparaître. *L'**apparition** des premiers bourgeons annonce le printemps.* (Contr. **disparition**.) **2** Fantôme, être surnaturel. *C'était un château hanté, certains y avaient vu des **apparitions**.*

appartement (nom masculin) Logement de plusieurs pièces dans un immeuble.

appartenance (nom féminin) Fait d'appartenir, de faire partie. *Son **appartenance** au club de voile lui a permis de participer à la régate.*

appartenir (verbe) (conj. 19) **1** Être la propriété de quelqu'un. *Cette voiture **appartient** à notre voisin.* **2** Faire partie d'un ensemble. *Myriam **appartient** à l'équipe de basket.*

appât (nom masculin) **1** Nourriture employée pour attirer les animaux que l'on veut attraper. *Pour détruire les rats, on a placé dans la cave des **appâts** empoisonnés.* (Syn. **amorce**.) **2** Au sens figuré, ce qui excite la convoitise. *L'**appât** du gain l'a rendu malhonnête.*

appâter (verbe) (conj. 3) Attirer quelqu'un en le tentant. *Il l'**a appâté** en lui promettant beaucoup d'argent.*

appauvrir (verbe) (conj. 11) Rendre pauvre. *Trop dépensier, il **s'est** vite **appauvri**.* (Contr. **enrichir**.)

appauvrissement (nom masculin) Fait de s'appauvrir. *Les mauvaises récoltes successives ont provoqué l'**appauvrissement** de cet agriculteur.* (Contr. **enrichissement**.)

appeau (nom masculin) Instrument imitant le cri d'un oiseau. *Le chasseur siffle dans un **appeau** pour attirer les canards.*
★ **Appeau** est une variante de l'ancien français *appel*.

appel (nom masculin) **1** Action d'appeler. *L'équipe de secours a entendu les **appels** de l'alpiniste.* **2** Coup de téléphone. *Il y a eu un **appel** pour toi.*
• **Faire appel à quelqu'un** : lui demander un service.
• **Faire l'appel** : appeler chaque personne d'un groupe par son nom pour savoir qui est présent et qui est absent.

appeler (verbe) (conj. 9) **1** Se servir de sa voix ou d'un geste pour faire venir quelqu'un. *Ibrahim siffle pour **appeler** son chien.* **2** Téléphoner. *Noémie t'**a appelée** tout à l'heure, elle rappellera.* **3** Rendre nécessaire. *Ce problème **appelle** une explication.* (Syn. **exiger, réclamer**.) **4** Donner un nom. *Leur fille **s'appelle** Sarah.* (Syn. **nommer**.)
★ Famille du mot : appel, appel**lation**.

appellation (nom féminin) Nom par lequel on désigne quelque chose. *Le colibri est aussi connu sous l'**appellation** d'« oiseau-mouche ».* (Syn. **dénomination, nom**.)

appendice (nom masculin) **1** Petite poche allongée, au bout du gros intestin. **2** Supplément placé à la fin d'un livre. *En **appendice**, vous trouverez les tableaux de conjugaison.*
▶ Prononciation [apɛ̃dis].

appendicite (nom féminin) Inflammation de l'appendice. *Une crise d'**appendicite**.*
▶ Prononciation [apɛ̃disit].

appentis (nom masculin) Petite construction appuyée à une maison. *Le bois de chauffage est rangé sous un **appentis**.*

s'**appesantir** (verbe) (conj. 11) S'arrêter sur un sujet, en parler trop longuement. *Je trouve inutile de **s'appesantir** sur des détails.* (Syn. **insister**.)

appétissant, ante (adjectif) Qui met en appétit. *Mmm ! Ces odeurs de cuisine sont très **appétissantes** !*

appétit (nom masculin) Envie de manger. *On voit que l'air de la mer vous a ouvert l'**appétit** !*

applaudimètre (nom masculin) Appareil censé mesurer le succès d'un spectacle en fonction de l'intensité des applaudissements. *Il a fallu départager les chanteurs ex aequo à l'**applaudimètre**.*

applaudir (verbe) (conj. 11) Battre des mains pour exprimer son approbation. *La foule **applaudit** les joueurs.*
★ Famille du mot : applaudimètre, applaudisse**ments**.

applaudissements (nom masculin pluriel) Battements de mains de ceux qui applaudissent. *Quand le rideau se baissa, ce fut un tonnerre d'**applaudissements**.*

applicable (adjectif) Qui peut ou doit être appliqué. *Cette loi est **applicable** dans tous les cas.* (Contr. **inapplicable**.)

application (nom féminin) **1** Action d'appliquer. *L'**application** d'une couche de peinture.* **2** Mise en pratique. *L'**application** d'un nouveau procédé.* **3** Soin que l'on apporte à ce que l'on fait. *Ursula colorie son dessin avec **application**.*

applique (nom féminin) Appareil d'éclairage fixé au mur.

appliquer (verbe) (conj. 3) **1** Poser ou étendre sur une surface. ***Appliquer** un pansement sur une plaie.* **2** Mettre en pratique. ***Appliquer** une règle de grammaire.* **3** **S'appliquer** : mettre tout son soin à réaliser son travail. *Vous devez **vous appliquer** davantage. Benjamin est un élève **appliqué**.*
★ Famille du mot : applica**ble**, applica**tion**, appli**que**, **in**applica**ble**.

appoint (nom masculin) Somme exacte en petite monnaie. *Encore 10 centimes et vous aurez fait l'**appoint**.* • **D'appoint** : supplémentaire. *Un lit **d'appoint**.*

appointements (nom masculin pluriel) Rémunération donnée pour un emploi. *Vos **appointements** vous seront versés par virement bancaire sur votre compte.* (Syn. **salaire.**)

appontement (nom masculin) Construction flottante qui permet l'accostage et le déchargement des bateaux. *Les passagers passent par l'**appontement** avant de monter sur le quai.* (Syn. **embarcadère.**)

apport (nom masculin) Ce qui est apporté. *Un **apport** d'engrais augmentera la récolte.* (Syn. **contribution.**)

apporter (verbe) (conj. 3) **1** Porter quelque chose à quelqu'un. ***Apporte**-moi mon châle, s'il te plaît.* (Contr. **emporter, remporter.**) **2** Être la source de, procurer. *Ses enfants lui **apportent** beaucoup de joie.* (Syn. **amener, donner.**) **3** Mettre une qualité particulière à ce que l'on fait. *Pierre **apporte** beaucoup d'attention à la manière dont il s'habille.*

apposer (verbe) (conj. 3) Appliquer sur une surface. *La directrice **a apposé** une note pour les parents sur la porte de l'école.*

apposition (nom féminin) Mot ou groupe de mots qui, placé à côté d'un nom ou d'un pronom, le qualifie ou en précise le sens. *Dans « Le chat, en colère, sort ses griffes », « en colère » est mis en **apposition** à « chat ».*

appréciable (adjectif) Que l'on apprécie beaucoup. *Ce raccourci nous a fait gagner un temps **appréciable**.* (Syn. **précieux, utile.**)

appréciation (nom féminin) Manière dont on apprécie quelque chose. *Les **appréciations** portées par la maîtresse sur mon carnet de notes sont encourageantes.* (Syn. **observation, remarque.**)

apprécier (verbe) (conj. 10) **1** Évaluer approximativement quelque chose. *Il est difficile d'**apprécier** la valeur de ce vieux meuble.* (Syn. **évaluer.**) **2** Bien aimer quelque chose ou quelqu'un. *J'**apprécie** beaucoup sa gentillesse.*
★ Famille du mot : appréci**able**, appréci**ation**, **in**appréci**able**.

appréhender (verbe) (conj. 3) **1** Arrêter quelqu'un. *Les bandits **ont été appréhendés** à la frontière.* **2** Synonyme de craindre. *J'**appréhende** cette journée difficile.*

appréhension (nom féminin) Action d'appréhender quelque chose. *Quentin éprouve toujours une **appréhension** quand il croise le gros chien du voisin.* (Syn. **anxiété, crainte, inquiétude.**)

apprendre (verbe) (conj. 32) **1** Acquérir des connaissances. *Zoé **apprend** à jouer aux échecs.* **2** Faire acquérir des connaissances. *Romain m'**a appris** à fabriquer un cerf-volant.* (Syn. **enseigner.**) **3** Recevoir une information. *Il a pleuré quand il **a appris** le décès de son grand-père.* **4** Faire connaître une information. *On m'**apprend** que vous avez été malade.* (Syn. **annoncer, informer.**)

apprenti, ie (nom) Personne jeune qui apprend un métier manuel avec un maître. *Notre plombier a embauché un **apprenti**.*

apprentissage (nom masculin) Action d'apprendre par la pratique. *Thomas est entré en **apprentissage** chez un maçon.*

apprêt (nom masculin) **1** Manière de préparer les étoffes et les peaux avant de les vendre. *L'artisan donne un **apprêt** à un tissu.* **2** Style qui manque de simplicité et de naturel.

s'apprêter (verbe) (conj. 3) Se préparer à faire quelque chose. *Il **s'apprête** à partir en voyage.* (Syn. **se disposer.**)

apprivoiser (verbe) (conj. 3) Habituer un animal sauvage à vivre avec les hommes. *Anna **a apprivoisé** un hérisson trouvé dans le jardin.* (Syn. **domestiquer.**)

approbateur, trice (adjectif) Qui manifeste de l'approbation. *Un geste **approbateur**.* (Contr. **désapprobateur, réprobateur.**)

approbation (nom féminin) Action d'approuver. *William a demandé l'**approbation** de ses parents avant d'acheter son jeu vidéo.* (Syn. **accord, assentiment, consentement.** Contr. **désapprobation.**)

approchant, ante (adjectif) Qui est très voisin. *Si vous n'avez plus ce modèle, donnez-moi quelque chose d'**approchant**.* (Syn. **analogue.**)

approche (nom féminin) • À l'approche de : au moment où quelque chose est proche. ***À l'approche de** Noël, les commerçants décorent leur magasin.* • Aux approches de : près de. *La circulation ralentit **aux approches du** péage.* (Syn. **abords.**)

approcher (verbe) (conj. 3) **1** Mettre plus près. ***Approche**-toi, je n'entends pas ce que tu dis.* **2** Devenir plus proche dans le temps. *Le départ **approche**.* **3** Être sur le point d'atteindre quelque chose. *On **approche** de la maison de nos cousins, je reconnais la rue.*

approfondir (verbe) (conj. 11) **1** Rendre plus profond. ***Approfondir** un trou.* **2** Au sens figuré, étudier quelque chose à fond. ***Approfondir** une question difficile.*

approprié, ée (adjectif) Qui convient bien pour ce que l'on a à faire. *Benjamin a pu réparer la roue de sa bicyclette car il avait les outils **appropriés**.* (Syn. **adapté, adéquat, convenable.**)

s'approprier (verbe) (conj. 10) S'attribuer une chose et la garder. *Élodie **s'est approprié** la chambre du côté de la mer.* (Syn. **s'adjuger.**)

approuver (verbe) (conj. 3) Être d'accord avec ce que quelqu'un fait ou dit. *C'est bien d'avoir dit ce que tu pensais, je t'**approuve** pleinement.* (Contr. **désapprouver, désavouer.**)

approvisionnement (nom masculin) Action d'approvisionner. *Des camions-citernes assurent l'**approvisionnement** de la station-service.*

approvisionner (verbe) (conj. 3) **1** Fournir les provisions dont on a besoin. *Il n'y a qu'une épicerie au village où l'on peut s'**approvisionner**.* **2** Verser de l'argent sur un compte bancaire. *Si vous n'**approvisionnez** pas votre compte dès aujourd'hui, vous serez débiteur.*

approximatif, ive (adjectif) Qui n'est qu'une approximation. *La vitesse **approximative** de cette voiture était de 80 km/h.* (Contr. **exact, précis.**)

approximation (nom féminin) Estimation assez proche de la réalité. *Par **approximation**, je peux vous dire que cela pèse environ sept kilos.*
★ Famille du mot : approximatif, approximati**vement**.

approximativement (adverbe) De façon approximative. *Il faut **approximativement** une heure pour traverser la ville.* (Syn. **environ, à peu près.**)

appui (nom masculin) **1** Ce qui sert pour s'appuyer. *Pour faire fonctionner un levier, il faut un point d'**appui**.* **2** Au sens figuré, soutien apporté à quelqu'un. *Sans votre **appui**, je n'aurais jamais pu réussir.* (Syn. **aide.**) • **À l'appui** : avec des documents ou des preuves pour appuyer ce que l'on affirme.

appuie-bras (nom masculin) Support permettant de reposer l'avant-bras.
► Pluriel : des **appuie-bras**.

appuie-tête (nom masculin) Coussin fixé sur le dossier d'un siège pour y appuyer la tête. *Tous les sièges de la voiture ont des **appuie-têtes**.*
► Pluriel : des **appuie-têtes**.

appuyer (verbe) (conj. 6) **1** Placer une chose contre un support pour qu'elle tienne. *Clément **appuie** son vélo contre le mur.* **2** Apporter une aide, un soutien. ***Appuyer** un candidat à une élection.* (Syn. **soutenir.**) **3** Soutenir ce que l'on dit avec des arguments. *Il **appuie** son récit sur plusieurs témoignages.* (Syn. **étayer.**) **4** Pousser ou peser sur quelque chose. *Fatima **appuie** sur le bouton de la sonnette.* **5** Mettre l'accent sur. *Il **appuie** un peu trop sur son rôle dans cette histoire !* (Syn. **s'appesantir, insister.**) **6 S'appuyer** : se servir de quelque chose ou de quelqu'un comme soutien. ***Appuie-toi** sur moi.*
★ Famille du mot : appui, appuie-bras, appuie-tête.

âpre (adjectif) **1** Qui râpe la langue ou la gorge. *Les prunelles sauvages sont **âpres**.* **2** Qui est violent, pénible. *Une **âpre** bataille les a opposés.*
★ Famille du mot : âpre**ment**, âpre**té**.

âprement (adverbe) Avec âpreté. *Ils se sont disputés **âprement** pour une chose qui n'en valait pas la peine.*

après (préposition) **1** Sert à indiquer le temps. ***Après** l'école, je vais à la piscine.* **2** Sert à indiquer le lieu. *Tournez à gauche, juste **après** l'église.* • **Après tout** : tout compte fait, finalement.
▪ **après** (adverbe) Plus tard. *Finissez d'abord de manger, vous aurez les glaces **après**.* (Syn. **ensuite.** Contr. **auparavant, avant.**)
► Voir aussi **d'après** (préposition).

après-demain (adverbe) Le jour qui suivra demain. *Hélène ne viendra pas aujourd'hui, ni demain mais **après-demain**.*
★ Voir surlendemain.

après-guerre (nom masculin ou féminin) Période qui suit une guerre. *L'**après-guerre** était joyeux et décontracté.*
► Pluriel : des **après-guerres**.

après-midi (nom masculin ou féminin) Moment de la journée compris entre midi et le soir. *Durant les longues **après-midis** d'été, les enfants faisaient la sieste.*
► Pluriel : des **après-midis**.

après-rasage (nom masculin et adjectif) Lotion ou crème qui adoucit la peau après le rasage. *Papa passe de l'**après-rasage** sur son visage.*
► Pluriel : des **après-rasages**.

après-shampoing (nom masculin) Produit appliqué sur les cheveux après lavage pour les traiter et les démêler. (Syn. **démêlant.**)
► Pluriel : des **après-shampoings**.

après-ski (nom masculin) Chaussure imperméable et chaude que l'on met à la montagne quand on ne skie pas. *Les **après-skis** sont plus confortables que les chaussures de ski.*
► Pluriel : des **après-skis**.

après-vente (adjectif) • **Service après-vente** : service qui assure l'entretien et la réparation des appareils d'un client, après l'achat.
► Pluriel : des services **après-vente**.

âpreté (nom féminin) Caractère âpre, pénible. *Les adversaires se disputent avec **âpreté**.* (Syn. **rudesse, violence.** Contr. **douceur.**)

a priori (adverbe) À première vue, au premier abord. ***A priori**, cela me semble envisageable, il faut y penser.* (Contr. **a posteriori.**)

à-propos (nom masculin) Qualité d'une parole ou d'une action qui vient au bon moment. *Sa remarque était pleine d'**à-propos**.*
► Pluriel : des **à-propos**.

à propos de (préposition) Au sujet de quelque chose. ***À propos de** la fête, sais-tu quand elle a lieu ?*

apte (adjectif) Qui remplit les conditions nécessaires pour faire quelque chose. *David a été déclaré **apte** à faire de la natation.*
★ Famille du mot : apti**tude**, **in**apte, **in**apti**tude**.

aptère (adjectif) Qui n'a pas d'ailes. *Les termites ouvrières sont **aptères**.*

aptitude (nom féminin) Qualité d'une personne apte pour une activité particulière. *Julie a des **aptitudes** pour le saut en hauteur.* (Syn. **capacité, talent.**)

apurer (verbe) (conj. 3) Vérifier une comptabilité pour s'assurer qu'elle est en règle. *Le comptable **a apuré** le compte de l'artisan.*

aqua- Élément tiré du latin qui signifie « eau » (ex. *aquarelle, aquarium*).
► Prononciation [akwa].
► On utilise aussi **aqui-**[akɥi].

aquaculture (nom féminin) Culture des végétaux aquatiques et élevage des animaux aquatiques.
► Prononciation [akwakyltyʀ].

a b c d e f g h i j k l m n o p q r s t u v w x y z

aquagym (nom féminin) Gymnastique pratiquée dans l'eau.

aquaplanage (nom masculin) Perte d'adhérence des roues d'un véhicule sur un sol mouillé. *Quand il pleut il faut rouler moins vite pour éviter l'**aquaplanage**.*
► On dit aussi **aquaplaning**.

aquarelle (nom féminin) Peinture exécutée avec des couleurs délayées dans de l'eau. *Pour réussir une **aquarelle**, il faut travailler rapidement.*
► Prononciation [akwaʀɛl].

aquariophilie (nom féminin) Élevage de poissons d'ornement en aquarium.

aquarium (nom masculin) Récipient de verre servant à élever des poissons.
► Prononciation [akwaʀjɔm].

aquatique (adjectif) Qui vit dans l'eau ou au bord de l'eau. *Le roseau est une plante **aquatique**.*
► Prononciation [akwatik].

aqueduc (nom masculin) Canal qui conduit l'eau d'un endroit à un autre. *Le pont du Gard est un **aqueduc** romain.*
► Prononciation [akdyk].
★ Dans **aqueduc**, il y a le mot latin *aqua* signifiant « eau », que l'on retrouve dans *aquaculture, aquarelle, aquarium, aquatique*.

aqueux, euse (adjectif) Qui contient de l'eau. *Les pastèques sont des fruits **aqueux**.* • **Humeur aqueuse** : liquide transparent de l'œil.

aquifère (adjectif) Qui constitue un gisement d'eau souterrain. *Les nappes **aquifères** sont alimentées par les eaux de pluie.*

aquilin (adjectif masculin) • **Nez aquilin** : nez mince et recourbé, en forme de bec d'aigle.
★ Le mot latin dont vient **aquilin** signifie « qui ressemble à l'aigle ».

aquilon (nom masculin) Vent du nord, froid et violent, dans la langue poétique.

ara (nom masculin) Grand perroquet d'Amérique du Sud, aux couleurs vives et à longue queue.

arabe → tableau p. 6 / 7.

arabesque (nom féminin) Ensemble de lignes courbes, sinueuses. *Le jasmin dessine de fines **arabesques** sur le muret du jardin.*
★ Une **arabesque** est une décoration « à l'arabe », c'est-à-dire avec des formes géométriques.

arabica (nom masculin) Café à la saveur douce et légèrement parfumée. *Le robusta et l'**arabica** sont les deux principales espèces de café.*
★ **Arabica** vient du mot latin *arabicus* qui signifie « arabe ».

arabophone (adjectif et nom) Qui parle l'arabe. *Les Égyptiens et les Syriens sont **arabophones**.*

arachide (nom féminin) Plante tropicale dont les graines fournissent de l'huile. *Les cacahuètes sont les graines grillées de l'**arachide**.*

arachnide (nom masculin) Arthropode dont la tête et le thorax sont soudés, possédant quatre paires de pattes et une paire de crochets. *Les araignées et les scorpions sont des **arachnides**.*
► Prononciation [aʀaknid].

araignée (nom féminin) Petit animal invertébré à huit pattes, qui tisse une toile ou creuse un terrier et se nourrit d'insectes.

araire (nom masculin) Charrue simple tirée par un animal. *Autrefois les paysans labouraient leur champ avec un **araire**.*

araser (verbe) (conj. 3) **1** Rendre horizontal un mur ou un terrain. **2** Aplanir un relief par usure. *Le vent a **arasé** les montagnes.*

arbalète (nom féminin) Arme du Moyen Âge constituée d'un arc que l'on tend à l'aide d'un mécanisme. *Les flèches d'**arbalète** pouvaient être envoyées jusqu'à 150 mètres.*
★ Une flèche d'arbalète se nomme un **carreau**.

arbalétrier (nom masculin) Soldat armé d'une arbalète. *L'**arbalétrier** tire des flèches sur l'ennemi par les meurtrières du château fort.*

arbitrage (nom masculin) Action d'arbitrer. *Les pays en conflit demandent l'**arbitrage** de l'ONU.*

arbitraire (adjectif) Qui dépend uniquement de la décision de quelqu'un. *Il a été victime d'une arrestation **arbitraire**.*

arbitrairement (adverbe) De façon arbitraire. *La police du dictateur a arrêté **arbitrairement** plusieurs dizaines de personnes.* (Syn. **illégalement**.)

arbitre (nom masculin) **1** Personne désignée pour arbitrer. *L'**arbitre** a sifflé le penalty.* **2** Personne chargée de déterminer qui a tort et qui a raison. *Je veux bien servir d'**arbitre** dans votre dispute.*
★ Famille du mot : arbitr**age**, arbitr**er**.

arbitrer (verbe) (conj. 3) **1** Contrôler le respect des règles et le bon déroulement d'un match, d'un jeu. ***Arbitrer** un match de tennis.* **2** Intervenir comme arbitre dans un conflit.

arborer (verbe) (conj. 3) Porter quelque chose sur soi avec fierté. *Il **arbore** sa Légion d'honneur sur le revers de sa veste.*

arborescent, ente (adjectif) Qui a la forme d'un arbre, qui a des ramifications. *Les fougères **arborescentes** de la forêt équatoriale.*

arborétum (nom masculin) Parc botanique planté de nombreuses espèces d'arbres. *Les arbres tropicaux poussent dans la serre de l'**arborétum**.*
► Prononciation [aʀbɔʀetɔm].
► On écrit aussi **arboretum**.

arboricole (adjectif) Qui vit sur les arbres. *Les lémuriens sont des animaux **arboricoles**.*

arboriculteur, trice (nom) Spécialiste d'arboriculture. *J'ai acheté un magnolia chez un **arboriculteur**.*

arboriculture (nom féminin) Culture des arbres fruitiers et des arbres d'ornement.

arbre (nom masculin) **1** Grande plante fixée en terre par des racines dont le tronc porte des branches. *Le tilleul, l'érable, le cyprès, le pommier sont des **arbres**.* **2** Tige de métal qui transmet aux roues le mouvement du moteur. *L'**arbre** de transmission d'une automobile.* • **Arbre généalogique** : schéma qui montre les liens de parenté entre tous les membres d'une même famille.
★ Famille du mot : arborescent, arborétum, arboricole, arboriculteur, arboriculture, arbrisseau, arbuste.

arbrisseau, eaux (nom masculin) Synonyme d'arbuste.

arbuste (nom masculin) Petit arbre. *L'églantier et le lilas sont des **arbustes**.*

arc (nom masculin) **1** Arme servant à lancer des flèches. *Certains Indiens d'Amazonie utilisent des **arcs** de 3 mètres de haut.* **2** Portion de cercle. *Dessine avec ton compas un **arc** de cercle de 90 degrés.* **3** Ligne courbe d'une voûte. • **Arc de triomphe** : monument voûté construit pour célébrer une victoire.
★ Famille du mot : arcade, arc-boutant, s'arc-bouter, arc-en-ciel.

arcade (nom féminin) • **Arcade sourcilière** : endroit du visage où poussent les sourcils.
■ **arcades** (nom féminin pluriel) Galerie couverte, dont les piliers sont reliés par des arcs. *Il fait bon se promener à l'ombre des **arcades** autour de la place.*

arcanes (nom masculin pluriel) Mystères que seuls les initiés peuvent comprendre. *Les **arcanes** de l'histoire.*
★ Arcane vient du mot latin *arcanum* qui signifie « secret ».

arc-boutant (nom masculin) Construction en forme d'arc, qui soutient un mur de l'extérieur. *Les **arcs-boutants** d'une cathédrale gothique.*
► On écrit aussi **arcboutant**.
► Pluriel : des **arcs-boutants**.

s'**arc-bouter** (verbe) (conj. 3) Pousser de tout son corps pour résister à une pression. *Laure **s'arc-boutait** contre la porte pour empêcher Kevin d'entrer.*

arceau, eaux (nom masculin) Petit arc de métal. *Au croquet, on doit faire passer les boules sous des **arceaux**.*

arc-en-ciel (nom masculin) Phénomène lumineux en forme d'arc, qui se produit quand le soleil paraît après une averse. *Le violet, l'indigo, le bleu, le vert, le jaune, l'orange et le rouge sont les sept couleurs de l'**arc-en-ciel**.*
► Pluriel : des **arcs-en-ciel**.

archaïque (adjectif) Qui est très ancien et n'a plus cours aujourd'hui. *L'invention de la machine à laver a fait de la lessiveuse un objet **archaïque**.* (Syn. **périmé**. Contr. **moderne**.)
► Prononciation [aʀkaik].

archaïsme (nom masculin) Mot ou expression qui n'est plus en usage. (Contr. **néologisme**.)
★ Archaïsme vient du mot grec *arkhaios* qui signifie « ancien ».

archange (nom masculin) Ange supérieur aux autres anges. *Les **archanges** Gabriel, Michel et Raphaël.*
► Prononciation [aʀkɑ̃ʒ].

arche (nom féminin) Voûte en forme d'arc, soutenue par des piliers. *L'aqueduc romain de Ségovie a 128 arches.*

archéo- Préfixe tiré du mot grec *arkhaios* qui signifie « ancien » (ex. *archéologie*).
► Prononciation [aʀkeo].

archéologie (nom féminin) Science qui étudie les civilisations anciennes.
► Prononciation [aʀkeɔlɔʒi].
★ Famille du mot : archéolo**gique**, archéolo**gue**.

archéologique (adjectif) Qui concerne l'archéologie. *Des fouilles **archéologiques** sous-marines.*
► Prononciation [aʀkeɔlɔʒik].

archéologue (nom) Spécialiste d'archéologie.
► Prononciation [aʀkeɔlɔg].

archéoptéryx (nom masculin) Oiseau fossile du jurassique, proche des reptiles, qui est le plus ancien genre d'oiseau connu.

archer (nom masculin) Tireur à l'arc.

archet (nom masculin) Baguette tendue de crins qui sert à jouer du violon ou du violoncelle.

archevêque (nom masculin) Dans l'Église catholique, prêtre de rang élevé, supérieur à l'évêque.

archi- Élément tiré du mot grec *arkhi*, servant à marquer le degré supérieur.

archiduc, archiduchesse (nom) Titre porté par les princes et princesses de la maison impériale d'Autriche.

archipel (nom masculin) Groupe d'îles. *Les Galapagos sont un **archipel** du Pacifique.*

architecte (nom) Personne qui dessine les plans d'une construction et dirige les travaux. *L'**architecte** Mansart a réalisé une grande partie du château de Versailles.*

architecture (nom féminin) **1** Art d'imaginer et de construire des édifices. *Cette cathédrale est d'**architecture** gothique.* **2** Manière dont un édifice est construit, sa forme. *L'**architecture** de cette maison est très moderne.*

archiver (verbe) (conj. 3) Classer un document dans des archives. *Des documents historiques très anciens **sont archivés** à la bibliothèque.*

archives (nom féminin pluriel) Documents anciens qui sont classés et conservés pendant de longues périodes.

a b c d e f g h i j k l m n o p q r s t u v w x y z

arçon (nom masculin) Pièce arquée constituant l'armature d'une selle. • **Cheval d'arçon** : appareil de gymnastique soutenu par quatre pieds et sur lequel sont fixées deux poignées servant à faire des exercices.
★ **Arçon** vient du mot latin *arcus* qui signifie « arc ».

arctique (adjectif) De la région du pôle Nord.

ardemment (adverbe) Avec ardeur. *Ibrahim souhaite **ardemment** retourner à la montagne.* (Syn. **vivement.**)
▶ Prononciation [aʀdamɑ̃].

ardent, ente (adjectif) **1** Qui est très vif et passionné. *Myriam avait un **ardent** besoin de liberté.* (Syn. **fervent, violent.**) **2** Qui est très chaud, qui brûle. *Un soleil **ardent**.* (Syn. **brûlant.**)
★ Famille du mot : ard**emment**, ard**eur**.
★ En ancien français, le verbe *ardre* veut dire « brûler ».

ardeur (nom féminin) Enthousiasme que l'on met à ce que l'on fait. *Travailler avec **ardeur**. L'**ardeur** des paroles d'un orateur.* (Syn. **entrain, zèle.**)

ardoise (nom féminin) **1** Roche de couleur gris foncé qui se sépare en plaques minces. *Un toit d'**ardoises**.* **2** Tablette sur laquelle on écrit. *Sur une **ardoise**, on écrit à la craie.*
★ Ce mot vient de la pierre « ardenoise », c'est-à-dire des Ardennes, où l'on extrayait l'**ardoise**.

ardu, ue (adjectif) Très difficile. *Un problème **ardu**.* (Syn. **compliqué, dur.** Contr. **aisé, facile.**)

are (nom masculin) Unité de surface pour mesurer les terrains, et qui vaut 100 mètres carrés. *Un champ de 10 000 m² fait 100 **ares**, ou 1 hectare.*

arène (nom féminin) Piste située au centre d'un amphithéâtre. *Le torero est descendu dans l'**arène**.* ▪ **arènes** (nom féminin pluriel) Bâtiment où ont lieu des courses de taureaux. *Les **arènes** de Nîmes.*
★ **Arène** vient du latin *arena* qui veut dire « sable », car la piste est recouverte de sable.

arénicole (adjectif) Qui vit dans le sable. *Les vers **arénicoles** laissent des traces dans le sable.*

arête (nom féminin) **1** Os mince et pointu du squelette de la plupart des poissons. **2** Ligne d'intersection de deux surfaces. *Les pigeons sont perchés sur l'**arête** du toit.*

argent (nom masculin) **1** Métal précieux blanc et brillant. *Des boucles d'oreilles en **argent**.* **2** Pièces ou billets de banque servant à payer ce qu'on achète. *As-tu de l'**argent** sur toi ?* • **Argent de poche** : somme d'argent qu'un enfant reçoit régulièrement de ses parents. • **Prendre pour argent comptant** : croire naïvement ce qu'on dit, ce qu'on promet.
★ Famille du mot : argent**é**, argent**erie**, **dés**argent**é**.

argenté, ée (adjectif) **1** Recouvert d'une couche d'argent. *Un pendentif en métal **argenté**.* **2** Qui a la couleur, l'éclat de l'argent. *Sous le soleil, la rivière a des reflets **argentés**.*

argenterie (nom féminin) Vaisselle et couverts en argent.

① **argentin, ine** (adjectif) Qui a un son clair comme de l'argent. *Une clochette au son **argentin**.*

② **argentin, ine** → tableau p. 6 / 7.

argile (nom féminin) Terre molle et imperméable, utilisée pour fabriquer des poteries, des briques. (Syn. **glaise.**)

argileux, euse (adjectif) Qui contient de l'argile. *Dans les régions **argileuses** comme la Sologne, il y a beaucoup d'étangs.*

argon (nom masculin) Gaz (Ar) de l'air, incolore et inodore. *L'**argon** constitue environ un centième de l'atmosphère.*

argot (nom masculin) Ensemble de mots très familiers qui s'emploient entre gens d'un même milieu. *« Mec », « flic » sont des mots qui viennent de l'**argot**.*

argotique (adjectif) Qui appartient à l'argot. *« Laisse béton » est une locution **argotique** qui signifie « laisse tomber ».*

argument (nom masculin) Raisonnement cherchant à convaincre. *Je n'ai pas fait mes devoirs parce que je me suis couché tard. – Ce n'est pas un **argument** !* (Syn. **raison.**)
★ Famille du mot : argument**ation**, argument**er**.

argumentation (nom féminin) **1** Fait d'argumenter. *L'**argumentation** de l'avocat est particulièrement convaincante.* **2** Ensemble des arguments qui amènent à une même conclusion. *L'**argumentation** est une épreuve du baccalauréat de français.*

argumenter (verbe) (conj. 3) Donner des preuves, des arguments. *L'avocat **a argumenté** longuement pour défendre l'accusé.*

aride (adjectif) Se dit d'un endroit très sec, où il ne pousse rien. *Un désert **aride**.* (Contr. **fertile.**)

aridité (nom féminin) Fait d'être aride. *L'**aridité** du sol rend l'agriculture impossible.* (Syn. **sécheresse.**)

aristocrate (nom) Personne qui appartient à l'aristocratie. (Syn. **noble.**)
★ Famille du mot : aristocrat**ie**, aristocrat**ique**.

aristocratie (nom féminin) Ensemble des membres de la noblesse. *En France, les privilèges de l'**aristocratie** ont été abolis le 4 août 1789.*
▶ Prononciation [aʀistɔkʀasi].
★ En grec, **aristocratie** veut dire « gouvernement des meilleurs ».

aristocratique (adjectif) Qui est de l'aristocratie. *Ils ont toujours mené un train de vie **aristocratique**.* (Syn. **distingué, raffiné.**)

arithmétique (nom féminin) Partie des mathématiques qui étudie les nombres. *Les quatre opérations de l'**arithmétique** sont l'addition, la soustraction, la multiplication et la division.*

arlequin (nom masculin) Personnage de théâtre masqué, vêtu d'un costume bigarré.

armada (nom féminin) **1** Flotte importante. *L'**armada** de voiliers entre dans le port.* **2** Grande quantité dans la langue familière. *La vedette est entourée d'une **armada** de journalistes.*

armagnac (nom masculin) Eau-de-vie de raisin. *Il a servi un verre d'**armagnac** à ses invités après le dîner.*

armateur (nom masculin) Personne qui équipe et exploite des navires de pêche ou de commerce.

armature (nom féminin) Éléments qui servent à maintenir quelque chose rigide. *L'**armature** de ma tente est en fibre de verre.*

arme (nom féminin) **1** Instrument fait pour attaquer ou se défendre. ***Arme** à feu, **arme** blanche (couteau, épée, etc.), **arme** atomique.* **2** Au sens figuré, moyen utilisé pour vaincre, gagner. *Le mensonge est une **arme** redoutable.* • **Fait d'armes** : exploit guerrier. • **Passer quelqu'un par les armes** : le fusiller. • **Prendre les armes** : se préparer au combat. • **Rendre ou déposer les armes** : se rendre, cesser le combat. ▪ **armes** (nom féminin pluriel) Dessin qui sert d'emblème. *Les **armes** de la ville.* (Syn. **armoiries, blason.**)
★ Famille du mot : armé, armée, arme**ment**, arme**r**, arm**ure**, arm**urier**, **désarmant**, **désarmement**, **désarmer**.

armé, ée (adjectif) **1** Qui porte des armes sur soi. *Les brigands étaient **armés** jusqu'aux dents.* **2** Renforcé par des tiges de métal. *Une dalle en béton **armé**.* • **Attaque à main armée** : attaque faite par des personnes armées.

armée (nom féminin) **1** Ensemble des forces militaires d'un pays. *On distingue l'**armée** de l'air ou l'aviation, l'**armée** de mer ou la marine et l'**armée** de terre ou l'infanterie, l'artillerie, et les blindés.* **2** Au sens figuré, grand nombre, multitude. *Une **armée** de supporters.* (Syn. **foule, quantité.**)

armement (nom masculin) Ensemble des armes d'un soldat, d'une troupe ou d'un pays.

arménien, enne → tableau p. 6 / 7.

armer (verbe) (conj. 3) **1** Donner des armes. *La guérilla **a armé** les paysans.* (Contr. **désarmer.**) **2** Rendre prêt à fonctionner. ***Armer** un fusil, un appareil photo.* **3** Équiper un navire de son gréement. **4 S'armer** : au sens figuré, faire une grande provision de choses. ***Armons-nous** de patience, il y a la queue.* • **Armer chevalier** : au Moyen Âge, faire accéder un jeune homme au rang de chevalier.

armistice (nom masculin) Accord conclu entre des pays en guerre pour arrêter les combats. *Signer un **armistice**.*
★ **Armistice** est formé de deux mots latins qui signifient « les armes restent immobiles ».

armoire (nom féminin) Meuble haut et fermé, qui sert au rangement. *Les draps et les serviettes sont dans l'**armoire** de la chambre.* • **Armoire à glace** : personne qui a une puissante carrure, dans la langue familière.

armoiries (nom féminin pluriel) Emblème représentant une famille ou une ville. *Les **armoiries** du comte ornent la porte du château.* (Syn. **armes, blason.**)

armure (nom féminin) Ensemble de pièces de métal que revêtaient les chevaliers pour se protéger au combat.

armurier (nom masculin) Personne qui fabrique ou vend des armes.

ARN (nom masculin) Constituant essentiel de la cellule vivante qui assure la synthèse des protéines.
★ **ARN** est le sigle de « **a**cide **r**ibo**n**ucléique ».

arnaque (nom féminin) Délit qui consiste à tromper quelqu'un pour lui soutirer un bien ou de l'argent. *Les consommateurs ont été victimes d'une arnaque.* (Syn. **escroquerie, tromperie.**)

arnica (nom féminin) Plante de montagne, toxique, utilisée en pharmacie. *Les pommades qui calment les hématomes sont à base d'**arnica**.*

arobase (nom masculin) Signe @ du clavier d'un ordinateur, utilisé dans les adresses électroniques.
★ **Arobase** est un mot qui vient de l'espagnol.

aromate (nom masculin) Plante utilisée en cuisine pour parfumer un plat. *Elle a ajouté dans son bouillon une feuille de laurier et un peu de thym comme **aromates**.*

aromatique (adjectif) Qui sert d'aromate. *L'anis est une plante **aromatique**.*

aromatiser (verbe) (conj. 3) Parfumer avec des aromates. *Noémie aime **aromatiser** son thé avec un peu de cannelle.*

arôme (nom masculin) Odeur agréable d'une plante ou d'un aliment. *Le délicieux **arôme** des croissants chauds envahit la cuisine.*
★ Famille du mot : arom**ate**, arom**atique**, arom**atiser**.

arpège (nom masculin) Exécution successive de toutes les notes d'un accord.
★ **Arpège** vient du mot italien *arpeggio* qui signifie « jeu de harpe ».

arpent (nom masculin) Ancienne mesure agraire, qui valait entre 20 et 50 ares.

arpenter (verbe) (conj. 3) Parcourir un endroit à grands pas. *Des voyageurs énervés par l'attente **arpentaient** le quai de la gare.*

arpenteur (nom masculin) Spécialiste qui mesure et calcule la surface des terrains.

arqué, ée (adjectif) Courbé en forme d'arc. *Il avançait, le dos **arqué** sous le poids de son sac.*

arquebuse (nom féminin) Ancienne arme à feu portative. *L'**arquebuse** était une arme très lourde.*

arrachage (nom masculin) Action d'arracher. *À notre époque, les agriculteurs se servent de machines pour l'**arrachage** des pommes de terre.*

d'**arrache-pied** (adverbe) Avec acharnement. *Sarah travaille **d'arrache-pied** à la préparation de son examen.*
▶ On écrit aussi **d'arrachepied**.

arracher (verbe) (conj. 3) **1** Faire sortir en tirant. *Mets des gants pour **arracher** les orties !* **2** Réussir à avoir quelque chose. *Lucas **a arraché** à son père*

l'autorisation de se coucher plus tard. **3** Faire quitter difficilement un endroit ou un état. *Un vacarme nous **a arrachés** à notre sommeil.*
★ Famille du mot : arrach**age**, arrach**eur**.

arracheur (nom masculin) • **Mentir comme un arracheur de dents** : raconter d'énormes mensonges sans la moindre honte.
★ Les dentistes d'autrefois promettaient à leurs patients qu'ils ne souffriraient pas : naturellement, ils mentaient.

arraisonner (verbe) (conj. 3) Arrêter un navire pour le contrôler. *Une vedette de la police **a arraisonné** un bateau à l'entrée du port.*

arrangeant, ante (adjectif) Qui accepte de s'arranger, de se mettre d'accord. *Il a payé son loyer avec un peu de retard mais sa propriétaire est **arrangeante**.* (Syn. **accommodant, conciliant.**)

arrangement (nom masculin) **1** Manière d'arranger. *Avec ce nouveau bureau, il faudra changer l'**arrangement** de ta chambre.* **2** Accord pour résoudre un conflit. *Au lieu de faire un procès, il vaudrait mieux trouver un **arrangement**.*

arranger (verbe) (conj. 5) **1** Installer d'une certaine manière ou dans l'ordre qui convient. *Ursula **a arrangé** sa chambre avec beaucoup de goût.* **2** Remettre en bon état. *Le robinet fuit, il faudrait le faire **arranger**.* (Syn. **réparer.**) **3** Faire le nécessaire pour trouver la meilleure solution. *Essayez d'**arranger** cette affaire sans dispute. Ils se **sont arrangés** pour voyager dans le même avion.* **4** Être satisfaisant. *Faisons notre réunion lundi, cela **arrangera** tout le monde.* (Syn. **convenir.** Contr. **déranger.**) **5** **S'arranger** : devenir meilleur. *Grâce à ce nouveau médicament, son état **s'est arrangé**.* **6** **S'arranger** : se mettre d'accord. *Après une violente dispute, ils ont fini par **s'arranger**.*
★ Famille du mot : arrang**eant**, arrange**ment**.

arrestation (nom féminin) Fait d'arrêter quelqu'un pour l'emprisonner. *Le commissaire a procédé à l'**arrestation** de plusieurs suspects.*

arrêt (nom masculin) **1** Fait de s'arrêter. *Il est interdit de descendre avant l'**arrêt** du train.* **2** Lieu où s'arrête un véhicule. *Rendez-vous à 8 heures à l'**arrêt** du bus.* **3** Moment où une action s'arrête. *Le gouvernement a décidé l'**arrêt** des combats. Il a plu sans **arrêt** pendant toute la nuit.*

arrêté, ée (adjectif) Qui n'est pas près de changer. *Il a déjà des idées bien **arrêtées** sur ce qu'il fera plus tard.*
▪ **arrêté** (nom masculin) Décision prise par une autorité administrative. *Par **arrêté** municipal, il est interdit de stationner sur la place du village.*

arrêter (verbe) (conj. 3) **1** Empêcher quelqu'un ou quelque chose d'avancer. *Papa **a arrêté** sa voiture devant la porte.* **2** Faire cesser. *On a dû **arrêter** le match à cause de la pluie. Zoé s'**est** brusquement **arrêtée** de pleurer.* **3** Faire prisonnier. *Les policiers **ont arrêté** les cambrioleurs.* **4** Fixer son choix. *Nous devons **arrêter** la date de notre départ avant de retenir nos billets.* (Syn. **décider.**) **5** **S'arrêter** : cesser de fonctionner. *La pendule vient de **s'arrêter**.* **6** **S'arrêter** : faire une halte, un arrêt. *Pierre **s'est arrêté** pour se reposer.*
★ Famille du mot : arres**tation**, arrêt, arrêté.

arrhes (nom féminin pluriel) Somme d'argent versée à l'avance sur le prix total d'un achat. *Si vous annulez votre voyage, les **arrhes** ne vous seront pas remboursées.*

arrière (adverbe) • **En arrière** : à une certaine distance derrière les autres ou en reculant.
▪ **arrière** (nom masculin) **1** Partie qui se trouve derrière. *Faites monter les enfants à l'**arrière** de la voiture.* **2** Joueur placé derrière les autres. *Les **arrières** protègent le but.*
▪ **arrière** (adjectif) Qui se trouve derrière. *Les feux **arrière** de la voiture se sont allumés quand il a freiné.*
▶ Pluriel : des pneus **arrière**.

arriéré, ée (adjectif) **1** Qui a une intelligence trop peu développée pour son âge. *Ma tante travaille dans un établissement qui s'occupe d'enfants **arriérés**.* **2** Qui est en retard sur son époque. *Ce n'est pas permis d'avoir des idées aussi **arriérées** !*

arrière-boutique (nom féminin) Local qui se trouve à l'arrière d'un magasin. *L'épicier range ses réserves dans son **arrière-boutique**.*
▶ Pluriel : des **arrière-boutiques**.

arrière-cuisine (nom féminin) Petit local situé derrière une cuisine. *Le stock de provisions est rangé dans l'**arrière-cuisine**.*
▶ Pluriel : des **arrière-cuisines**.

arrière-garde (nom féminin) Troupe de soldats qui marche à l'arrière d'une armée pour la protéger. (Contr. **avant-garde.**)
▶ Pluriel : des **arrière-gardes**.

arrière-goût (nom masculin) Goût qui reste dans la bouche après avoir bu ou mangé. *Ce médicament a un **arrière-goût** amer.*
▶ On écrit aussi **arrière-gout**.
▶ Pluriel : des **arrière-goûts**.

arrière-grand-mère (nom féminin) Mère de la grand-mère ou du grand-père.
▶ Pluriel : des **arrière-grands-mères**.

arrière-grand-père (nom masculin) Père de la grand-mère ou du grand-père.
▶ Pluriel : des **arrière-grands-pères**.

arrière-grands-parents (nom masculin pluriel) Parents de la grand-mère ou du grand-père.

arrière-pays (nom masculin) Région située en arrière de la côte. *Ils ont quitté le bord de mer pour s'installer dans l'**arrière-pays**.*
▶ Pluriel : des **arrière-pays**.

arrière-pensée (nom féminin) Pensée ou intention cachée. *Je ne voulais pas te vexer, j'ai dit ça sans aucune **arrière-pensée**.*
▶ Pluriel : des **arrière-pensées**.

arrière-petits-enfants (nom masculin pluriel) Enfants des petits-enfants.

arrière-plan (nom masculin) Partie d'un tableau ou d'une photo qui paraît la plus éloignée. *À l'**arrière-plan** de ce portrait, on aperçoit un paysage.*
► Pluriel : des **arrière-plans**.

arrière-saison (nom féminin) Fin de l'automne. *Le temps froid de cette **arrière-saison** nous annonce l'hiver.*
► Pluriel : des **arrière-saisons**.

arrière-train (nom masculin) Partie arrière du corps d'un animal. *Assis sur son **arrière-train**, le chien attend son maître.*
► Pluriel : des **arrière-trains**.

arrimer (verbe) (conj. 3) Fixer solidement. *Les marins **arriment** les caisses dans la cale du navire avant le départ.*

arrivage (nom masculin) Livraison de marchandises. *Le poissonnier attend un **arrivage** de crevettes.*

arrivant, ante (nom) Personne qui vient d'arriver. *Les premiers **arrivants** ont eu des places au premier rang de la salle.*

arrivée (nom féminin) Moment ou lieu où l'on arrive. *Les spectateurs attendent l'**arrivée** du vainqueur. Le premier coureur vient de passer la ligne d'**arrivée**.* (Contr. **départ**.)

arriver (verbe) (conj. 3) **1** Atteindre un lieu. *Nos amis doivent **arriver** à Strasbourg à 8 heures.* **2** Être proche. *C'est bientôt l'été, les vacances **arrivent** !* **3** Avoir lieu. *Ce genre d'accident n'**arrive** pas très souvent.* (Syn. **se produire**.) **4** Réussir à accomplir quelque chose. *Je n'**arrive** pas à fermer cette valise !* **5** Atteindre un certain niveau. *Quentin a encore grandi, il m'**arrive** déjà au menton ! Les vagues **arrivent** jusqu'au pied de la falaise.*
► **Arriver** se conjugue avec l'auxiliaire *être*.
★ Famille du mot : arriv**age**, arriv**ant**, arriv**ée**.
★ **Arriver** c'est, à l'origine, atteindre l'autre *rive* d'un cours d'eau.

arriviste (nom) Personne qui est prête à utiliser n'importe quel moyen pour réussir.

arrogance (nom féminin) Attitude hautaine et insolente. *Romain se croit tout permis, il est d'une **arrogance** incroyable.* (Syn. **morgue**.)

arrogant, ante (adjectif) Qui montre de l'arrogance. *Il parle toujours d'un ton **arrogant** à ses employés.*

s'**arroger** (verbe) (conj. 5) Prendre un droit ou un pouvoir de manière illégitime. *Elle **s'est arrogé** le droit de parler au nom de ses collègues.*
★ **S'arroger** vient du mot latin *rogare* qui signifie « demander ».

arrondi, ie (adjectif) Qui est de forme plus ou moins ronde. *Anna nous regardait avec des yeux **arrondis** par la surprise.*

arrondir (verbe) (conj. 11) **1** Donner une forme ronde. *Depuis qu'il va mieux, ses joues se **sont arrondies**.* **2** Au sens figuré, ajouter ou retrancher pour obtenir un compte rond. *Vous me devez encore 12,20 euros, mais j'**arrondis** à 12 euros.* • **Arrondir les angles** : faire tout son possible pour éviter une dispute.

arrondissement (nom masculin) Division administrative d'une ville ou d'un département. *Paris est divisé en vingt **arrondissements**.*

arrosage (nom masculin) Action d'arroser. *Les enfants s'amusent à s'asperger avec le tuyau d'**arrosage**.*

arroser (verbe) (conj. 3) Mouiller en versant de l'eau ou un autre liquide. *Le jardinier **arrose** les légumes du potager.*
★ Famille du mot : arros**age**, arros**eur**, arros**oir**.

arroseur, euse (nom) Personne qui arrose. • **L'arroseur arrosé** : personne qui se retrouve victime de ses propres agissements.
■ **arroseur** (nom masculin) Appareil utilisé pour l'arrosage. *Le jardinier installe un **arroseur** automatique sur la pelouse.*

arrosoir (nom masculin) Récipient qui sert à arroser les plantes.

arsenal, aux (nom masculin) **1** Atelier de construction et de réparation des navires de guerre. **2** Dépôt d'armes et de munitions. *Les malfaiteurs avaient caché tout un **arsenal** au fond d'une cave.*

arsenic (nom masculin) Poison très violent. *L'autopsie a prouvé qu'il a été empoisonné à l'**arsenic**.*

art (nom masculin) **1** Ensemble des activités humaines ayant pour but la création d'œuvres. *La peinture, la musique, la danse sont des **arts**. Les tableaux, les statues, les films sont des œuvres d'**art**.* **2** Ensemble des œuvres d'art réalisées pendant une certaine période, à un certain endroit. *L'**art** chinois.* **3** Ensemble des techniques qui concernent un métier. *L'**art** culinaire est l'**art** de faire la cuisine.* **4** Manière de faire quelque chose. *Élodie a l'**art** de mettre tout le monde d'accord.*
★ Famille du mot : art**iste**, art**istique**.

artère (nom féminin) **1** Vaisseau sanguin qui part du cœur vers les organes de notre corps. **2** Grande rue dans une ville. *L'**artère** principale est très large.*
★ Famille du mot : artér**iel**, artér**iole**, artér**ite**.

artériel, elle (adjectif) Qui concerne les artères. *Mon grand-père doit surveiller sa tension **artérielle**.*

artériole (nom féminin) Petite artère. *L'**artériole** conduit le sang vers les vaisseaux capillaires.*

artérite (nom féminin) Altération de la paroi d'une artère. *L'**artérite** entraîne une réduction du débit sanguin.*

arthrite (nom féminin) Inflammation des articulations, due à une bactérie ou un rhumatisme. *L'**arthrite** peut toucher les jeunes enfants.*

arthropode (nom masculin) Insecte dont les extrémités sont articulées. *Les araignées et les crustacés sont des **arthropodes**.*

arthrose (nom féminin) Maladie des articulations. *En vieillissant, grand-mère commence à souffrir d'**arthrose**.*

a b c d e f g h i j k l m n o p q r s t u v w x y z

artichaut (nom masculin) Légume dont on mange la base des feuilles et le fond.

article (nom masculin) **1** Texte écrit publié dans un journal. *Les **articles** sportifs sont à la page 4.* **2** Paragraphe dans un texte de loi ou dans un contrat. *L'**article** premier de la Déclaration des droits de l'homme et du citoyen affirme que « les hommes naissent et demeurent libres et égaux en droits ».* **3** Objet en vente dans un magasin. *En ce moment, les **articles** de jardinage sont en solde.* **4** Déterminant du nom. *Les **articles** définis (le, la, les) et les **articles** indéfinis (un, une, des) se placent avant le nom.*

articulaire (adjectif) Qui concerne les articulations. *Souffrir de rhumatismes **articulaires**.*

articulation (nom féminin) **1** Endroit où les os s'articulent entre eux. *À la suite d'une chute, Thomas souffre de l'**articulation** du genou.* **2** Manière d'articuler les mots. *Lis lentement ce paragraphe en faisant attention à l'**articulation**.*

articulé, ée (adjectif) Qui est formé d'éléments mobiles qui s'articulent entre eux. *Cette marionnette a des membres **articulés**.*

articuler (verbe) (conj. 3) **1** Prononcer distinctement. *Essaie d'**articuler** si tu veux qu'on comprenne ce que tu dis.* **2** S'articuler : être uni grâce à une jointure qui permet de bouger. *Le pied **s'articule** sur la jambe au niveau de la cheville.*
★ Famille du mot : articul**aire**, articul**ation**, articul**é**, **dés**articul**é**.

artifice (nom masculin) Moyen habile et trompeur. *Il s'est déguisé en policier et a réussi à s'enfuir grâce à cet ingénieux **artifice**.*

artificiel, elle (adjectif) Qui est créé par l'homme. *Des fleurs **artificielles**.* (Contr. **naturel**.)

artificiellement (adverbe) D'une manière artificielle. *Cette variété de roses bleues a été créée **artificiellement**.*

artillerie (nom féminin) **1** Matériel de guerre comprenant les canons et leurs munitions. *Un tir d'**artillerie** a entièrement détruit la ville.* **2** Partie de l'armée qui se sert de canons. *Des officiers d'**artillerie**.*

artilleur (nom masculin) Soldat qui sert dans l'artillerie.

artisan (nom masculin) Personne qui exerce un métier manuel pour son propre compte. *Un relieur, un peintre, un plombier sont des **artisans**.*
★ Famille du mot : artisan**al**, artisan**at**.

artisanal, ale, aux (adjectif) Fabriqué par un artisan. *Sur la place du marché, il y a une exposition de tapisseries **artisanales**.*

artisanat (nom masculin) Activité des artisans. *Ce village est réputé pour l'**artisanat** du bois.*

artiste (nom) **1** Personne qui crée des œuvres d'art. *Ce peintre est maintenant un **artiste** célèbre.* **2** Personne qui interprète des œuvres théâtrales, cinématographiques ou musicales. *Cette émission de télévision réunit de nombreux **artistes** : des musiciens, des acteurs, des chanteurs.*

artistique (adjectif) Qui concerne l'art. *Victor a choisi le chant comme activité **artistique**.*

arum (nom masculin) Plante à grandes fleurs en forme de cornet.
► Prononciation [aʀɔm].

as (nom masculin) **1** Carte à jouer marquée d'un seul signe. *Avec les quatre **as**, tu es sûre de gagner la partie.* **2** Face de dé ou de domino marquée d'un seul point. **3** Personne qui est excellente dans son domaine. *Fatima est un **as** de la planche à voile.*
► Prononciation [as], contrairement à la deuxième personne du singulier de *avoir : tu as.*

ascendance (nom féminin) Origine familiale. *C'est un Américain d'**ascendance** irlandaise.*

ascendant, ante (adjectif) Qui va de bas en haut. *Un courant **ascendant** entraîne le cerf-volant vers les nuages.* (Contr. **descendant**.)
▪ **ascendant** (nom masculin) **1** Père, grand-père, arrière-grand-père, etc. *Alexis a des **ascendants** russes.* (Contr. **descendant**.) **2** Influence qu'on exerce sur quelqu'un. *Hélène a beaucoup d'**ascendant** sur son jeune frère.*

ascenseur (nom masculin) Appareil qui sert à monter ou à descendre les étages d'un immeuble. *Si l'**ascenseur** est en panne, il nous faudra monter au dixième étage à pied !*

ascension (nom féminin) Action de monter. *Nous avons atteint le sommet de la montagne après une **ascension** de plusieurs heures.*

ascensionnel, elle (adjectif) Qui monte ou qui aide à monter. *Un parachute **ascensionnel**.*

ascète (nom) Personne qui vit dans la solitude et se consacre à la méditation. *L'ermite vit en **ascète**.*

ascorbique (adjectif) • **Acide ascorbique** : vitamine C qui permet d'éviter le scorbut.

asepsie (nom féminin) Ensemble des méthodes utilisées pour éviter toute infection microbienne. *La salle d'opération doit impérativement respecter une **asepsie** absolue.*

aseptiser (verbe) (conj. 3) Synonyme de désinfecter. ***Aseptiser** une salle d'opération, un instrument chirurgical.*

asexué, ée (adjectif) Sans sexe. *La plupart des bactéries se reproduisent de manière **asexuée**.*

asiatique → tableau p. 6 / 7.

asile (nom masculin) **1** Endroit qui sert d'abri ou de refuge. *Des sans-abri cherchent un **asile** pour la nuit.* **2** Nom donné autrefois à un hôpital psychiatrique.

asocial, ale, aux (adjectif et nom) Qui n'est pas adapté à la vie en société.

aspartam (nom masculin) Produit chimique qui remplace le sucre. *Ces yaourts contiennent de l'**aspartam**.*

aspect (nom masculin) Manière dont une personne ou une chose nous apparaît. *C'est un vieux pull mais il a l'**aspect** d'un vêtement neuf.* (Syn. **allure.**)
▶ Prononciation [aspɛ].

asperge (nom féminin) Légume dont on mange les jeunes pousses. *Des **asperges** à la vinaigrette.*

asperger (verbe) (conj. 5) Mouiller en projetant un liquide. *William **a aspergé** son petit frère avec son pistolet à eau.*

aspérité (nom féminin) Petite bosse qui dépasse sur une surface. *Accroche-toi aux **aspérités** du rocher pour l'escalader sans peine !*

aspersion (nom féminin) Action d'asperger. *Le prêtre baptise les fidèles par **aspersion**.*

asphalte (nom masculin) Matière noire utilisée pour recouvrir les routes. *Les ouvriers étalent sur la chaussée une couche d'**asphalte**.* (Syn. **bitume.**)

asphyxie (nom féminin) Arrêt de la respiration. *Il a failli mourir par **asphyxie** à cause de la fumée dégagée par l'incendie.* (Syn. **étouffement.**)

asphyxier (verbe) (conj. 10) Causer la mort par asphyxie.

aspic (nom masculin) Sorte de vipère.

aspirateur (nom masculin) Appareil électrique servant à aspirer la poussière.

aspiration (nom féminin) **1** Action d'aspirer un liquide. **2** Fait d'aspirer à quelque chose de meilleur. *La vie à la campagne satisfait toutes ses **aspirations**.*

aspiré, ée (adjectif) • **Le « h » aspiré** : la lettre « h » au début de certains mots, qui empêche de faire la liaison avec le mot précédent.

aspirer (verbe) (conj. 3) **1** Faire entrer de l'air dans ses poumons. *Avant de plonger, **aspirez** profondément !* **2** Attirer un liquide ou un gaz. ***Aspirer** de l'eau avec une pompe, de la poussière avec un aspirateur.* **3** Au sens figuré, désirer quelque chose avec force. *Après tant d'aventures, il **aspire** à une vie tranquille.*
★ Famille du mot : aspir**ateur**, aspir**ation**, aspir**é**.

aspirine (nom féminin) Médicament utilisé contre la fièvre ou les douleurs.

s'**assagir** (verbe) (conj. 11) Devenir plus sage. *Elle **s'est assagie** en grandissant.*

assaillant, ante (nom) Personne qui attaque. *Les **assaillants** ont été repoussés après un terrible combat.*

assaillir (verbe) (conj. 14) Attaquer avec violence, à l'improviste. *Des voyous **ont assailli** un voyageur pour le dévaliser.*

assainir (verbe) (conj. 11) Rendre plus sain, plus propre. *L'eau du lac est polluée, il faudra l'**assainir** avant d'autoriser la baignade.*

assainissement (nom masculin) Action d'assainir. *Les travaux d'**assainissement** de la rivière.*

assaisonnement (nom masculin) Manière d'assaisonner un plat. *Julie mélange du sel, de l'huile et du vinaigre pour l'**assaisonnement** de la salade.*

assaisonner (verbe) (conj. 3) Ajouter du sel ou des épices à un plat pour lui donner plus de goût. *Maman **assaisonne** le coq au vin avec un peu de thym, du laurier et une pincée de poivre.*

assassin (nom masculin) Personne qui a assassiné une autre personne. (Syn. **criminel, meurtrier.**)
★ Famille du mot : assassin**at**, assassin**er**.

assassinat (nom masculin) Action d'assassiner. *On l'a tué de sang-froid, c'est un affreux **assassinat**.* (Syn. **crime, meurtre.**)

assassiner (verbe) (conj. 3) Tuer quelqu'un volontairement. *Cet homme **a assassiné** son voisin par vengeance.*

assaut (nom masculin) Attaque menée contre un lieu ou une personne. *Les troupes s'élancent à l'**assaut** de la forteresse.* • **Prendre d'assaut** : se précipiter en foule quelque part.

assèchement (nom masculin) Opération destinée à assécher un lieu. *Les marais sont dangereux, on a prévu leur **assèchement**.*

assécher (verbe) (conj. 8) Enlever l'eau d'un endroit pour le mettre à sec. *On **a asséché** la mare du jardin pour éviter les moustiques.*

assemblage (nom masculin) Ensemble d'éléments assemblés. *Une mosaïque est faite d'un **assemblage** de carreaux multicolores.*

assemblée (nom féminin) Groupe de personnes réunies. *L'**Assemblée** nationale est composée de députés qui votent les lois en France.*

assembler (verbe) (conj. 3) **1** Réunir des éléments pour en faire un tout. *Benjamin **assemble** les pièces de sa maquette avant de les coller.* **2 S'assembler** : se réunir. *Les gens **se sont assemblés** sur la place pour regarder le feu d'artifice.* (Syn. **se rassembler.**)
★ Famille du mot : assembl**age**, assembl**ée**, rassemble**ment**, rassembler.

asséner (verbe) (conj. 8) Donner un coup violent. *Il lui **a asséné** un coup de matraque sur la tête pour l'assommer.*
▶ On écrit aussi **assener**, mais on prononce toujours [asene].

assentiment (nom masculin) Accord ou consentement. *Laura a pris cette décision sans l'**assentiment** de ses parents.*

s'**asseoir** (verbe) (conj. 29) Poser ses fesses quelque part. *S'il n'y a plus de siège, **assieds-toi** par terre !*
▶ On écrit aussi **assoir**.

assermenté, ée (adjectif) Qui a promis solennellement. *L'expert **assermenté** a exposé ses conclusions devant le tribunal.*

assertion (nom féminin) Ce que l'on dit être vrai avec certitude et fermeté. *Cette **assertion** demande à être vérifiée.* (Syn. **affirmation.**)

asservir (verbe) (conj. 11) Rendre esclave, soumettre. *Des révoltes éclataient dans tout le pays contre le tyran qui **asservissait** le peuple.*

assesseur (nom masculin) Personne qui aide une autre personne dans ses fonctions. *Le juge est aidé de deux **assesseurs**.*
★ Assesseur vient du mot latin *assessor* qui signifie « celui qui est assis auprès de quelqu'un ».

assez (adverbe) **1** Autant qu'il en faut. *Il y a **assez** de gâteau pour tout le monde.* (Syn. **suffisamment**.) **2** Moyennement. *Myriam est **assez** bonne en orthographe.* • **En avoir assez** : être agacé, excédé. *J'**en ai assez** de vous entendre crier.*

assidu, ue (adjectif) Qui est appliqué et persévérant. *Clément réussit grâce à un travail **assidu**.*
★ Famille du mot : assid**uité**, assid**ûment**.

assiduité (nom féminin) Qualité d'une personne assidue. *Il fréquente la bibliothèque avec **assiduité**.*

assidûment (adverbe) De façon assidue. *David étudie ses leçons **assidûment**.*
► On écrit aussi **assidument**.

assiégeant, ante (nom) Qui fait le siège d'un lieu. *Les **assiégeants** ont attendu la nuit pour prendre la ville d'assaut.*

assiéger (verbe) (conj. 5) Encercler un lieu pour obliger ses occupants à se rendre. *Les habitants résistent aux ennemis qui **assiègent** leur ville.* (Syn. **investir**.)

assiette (nom féminin) **1** Pièce de vaisselle dans laquelle on mange. *Des **assiettes** en porcelaine, en carton. Des **assiettes** plates, des **assiettes** creuses.* **2** Position d'équilibre du cavalier. *Depuis qu'elle suit des cours d'équitation, Noémie a une meilleure **assiette**.* **3** Base de calcul d'un impôt.

assiettée (nom féminin) Contenu d'une assiette. *Tous les enfants ont eu droit à une **assiettée** de spaghettis.*

assigner (verbe) (conj. 3) **1** Attribuer quelque chose à quelqu'un. *On **a assigné** les places du fond aux élèves les plus grands.* **2** Convoquer quelqu'un devant un tribunal.

assimilation (nom féminin) **1** Ensemble des transformations que les aliments subissent dans notre corps après la digestion. **2** Fait de comprendre et de savoir utiliser ce qu'on apprend. *L'**assimilation** des connaissances.*

assimiler (verbe) (conj. 3) **1** Considérer comme semblables. *C'est une erreur d'**assimiler** les araignées aux insectes.* **2** Transformer les aliments qu'on absorbe en énergie pour l'organisme. *C'est un bébé, il n'**assimile** encore que le lait.* **3** Au sens figuré, comprendre et retenir ce qu'on apprend. *Il faut que tu lises ta leçon plusieurs fois pour l'**assimiler** complètement.*

assis, ise (adjectif) • **Place assise** : place où l'on peut s'asseoir. *Il ne reste plus de **place assise** dans cette salle.*

assises (nom féminin pluriel) • **Cour d'assises** : tribunal qui juge les criminels. *Il comparaît devant la **cour d'assises** pour meurtre.*

assistance (nom féminin) **1** Ensemble des assistants. *Le spectacle s'est déroulé devant une **assistance** enthousiaste.* **2** Aide apportée à quelqu'un. *Des passants ont porté **assistance** aux victimes de l'accident.* (Syn. **secours**.)

assistant, ante (nom) **1** Personne qui assiste à quelque chose. *La plupart des **assistants** ont quitté la réunion avant la fin.* **2** Personne qui aide une autre personne dans son travail. *Le directeur est absent, mais vous pouvez vous renseigner auprès de son **assistant**.* • **Assistante sociale** : femme qui aide et conseille les personnes malades ou celles qui ont des difficultés.

assisté, ée (adjectif) • **Assisté par ordinateur** : se dit d'un travail dont une partie est réalisée sur un ordinateur.

assister (verbe) (conj. 3) **1** Être présent au moment où quelque chose se produit. *Le gendarme interroge ceux qui **ont assisté** à l'accident.* **2** Porter assistance. *Deux infirmières **assistaient** le chirurgien pendant l'opération.*
★ Famille du mot : assist**ance**, assist**ant**, assist**é**.

associatif, ive (adjectif) Qui concerne une association. *La vie **associative** est très développée dans notre commune.* • **Loi associative** : loi de composition interne k telle que, quels que soient les éléments a, b et c d'un ensemble E, (akb)kc = ak(bkc).

association (nom féminin) Groupe de personnes ayant un intérêt commun. *Elle fait partie d'une **association** pour la protection des animaux.* (Syn. **organisation**.)

associé, ée (nom) Personne qui participe au travail, aux frais et aux bénéfices d'une entreprise. *Cet hôtel est dirigé par plusieurs **associés**.*

associer (verbe) (conj. 10) Faire participer ou donner une part de responsabilité. *Il **a associé** son fils à son entreprise. Ils se **sont associés** pour monter un commerce.*
★ Famille du mot : associ**atif**, associ**ation**, associ**é**.

assoiffé, ée (adjectif) Qui a soif. *Ils sont rentrés **assoiffés** après une journée passée au soleil.*

assolement (nom masculin) Fait d'alterner les cultures d'un champ pour qu'il reste fertile.

assombrir (verbe) (conj. 11) **1** Rendre plus sombre. *L'horizon s'**assombrit** lentement.* (Contr. **éclaircir**.) **2** Au sens figuré, rendre triste. *Le vol de notre voiture **a assombri** nos derniers jours de vacances.*

assommant, ante (adjectif) Très ennuyeux. *Vos bavardages sont **assommants**.*

assommer (verbe) (conj. 3) **1** Étourdir quelqu'un en le frappant à la tête. *Il **a assommé** un passant d'un coup de poing sur la tête.* **2** Synonyme familier d'ennuyer. *Arrête de passer toujours le même disque : tu nous **assommes** !*

assonance (nom féminin) Répétition du même son, et d'une voyelle en particulier, dans la dernière syllabe de deux vers. *« Coutume » et « fortune » forment une **assonance**.*

assortiment (nom masculin) Ensemble de choses assorties. *En entrée, on a servi un **assortiment** de charcuterie.*

assortir (verbe) (conj. 11) Mettre ensemble des choses qui s'accordent bien. *Maman **a assorti** les rideaux aux murs de la chambre.*

s'**assoupir** (verbe) (conj. 11) S'endormir peu à peu. *Il **s'est assoupi** après le déjeuner.*

assoupissement (nom masculin) Fait de s'assoupir. *Un petit bruit le tira brusquement de son **assoupissement**.*

assouplir (verbe) (conj. 11) Rendre plus souple. *Grâce au sport, son corps s'**est assoupli**.*

assouplissement (nom masculin) Action de s'assouplir. *Avant la compétition, les skieurs font des exercices d'**assouplissement**.*

assouplisseur (nom masculin) Produit de rinçage qui sert à assouplir le linge.

assourdir (verbe) (conj. 11) **1** Rendre sourd pendant un court moment. *Le bruit des pétards nous **a assourdis**.* **2** Rendre moins sonore. *Un épais tapis de neige **assourdissait** nos pas.*

assourdissant, ante (adjectif) Qui assourdit. *Le bruit **assourdissant** d'une sirène.*

assouvir (verbe) (conj. 11) Calmer un besoin ou une envie. *Kevin se sent capable d'avaler un poulet entier pour **assouvir** sa faim.*

assujettir (verbe) (conj. 11) **1** Placer sous sa domination. *Le dictateur **assujettit** son peuple.* (Syn. **asservir**.) **2** Ôter toute sa liberté à quelqu'un. *Son travail l'**assujettit** entièrement.* **3** Être dans l'obligation d'obéir à une loi. *Les citoyens **sont assujettis** à un nouvel impôt.*

assumer (verbe) (conj. 3) Accepter les conséquences d'un choix. *Il est capable d'**assumer** son rôle de chef.*

assurance (nom féminin) **1** Garantie certaine. *Je lui ai donné l'**assurance** que je serai présent à la réunion.* **2** Contrat qui assure contre certains risques. *Il a pris une **assurance** contre l'incendie.* **3** Confiance en soi. *Face au témoin du vol, le coupable a perdu toute son **assurance**.* (Contr. **timidité**.)

assuré, ée (adjectif) Qui montre de l'assurance. *Sarah a répondu à toutes les questions d'un ton **assuré**.* (Contr. **timide**.)

■ **assuré, ée** (nom) Personne qui a un contrat d'assurance.

assurément (adverbe) Sûrement, certainement. *Acceptera-t-il mon invitation ? – **Assurément** !*

assurer (verbe) (conj. 3) **1** Affirmer que quelque chose est sûr. *Il m'**a assuré** qu'il viendrait.* **2** Payer pour être garanti contre certains risques. *Papa **a assuré** sa voiture, il sera remboursé en cas d'accident.* **3** Accomplir un travail ou une fonction. *L'infirmière de nuit **assure** la surveillance des malades.* **4** **S'assurer** : vérifier que quelque chose est sûr. *Les passagers sont priés de **s'assurer** qu'ils n'ont rien oublié dans l'avion.*
★ Famille du mot : assur**ance**, assur**é**, assur**ément**, assureur.

assureur (nom masculin) Personne qui a pour métier d'établir des contrats d'assurance.

aster (nom masculin) Plante à petites fleurs en forme d'étoiles.
▶ Prononciation [astɛʀ].

astérisque (nom masculin) Signe d'imprimerie en forme d'étoile (*). *L'**astérisque**, placé derrière un mot, indique un renvoi à ce mot.*
★ En grec, ce mot signifie « petite étoile ».

astéroïde (nom masculin) Petite masse rocheuse qui appartient au système solaire. *On observe les **astéroïdes** avec des télescopes.*

asthénosphère (nom féminin) Couche interne du globe terrestre située en dessous de la lithosphère.

asthmatique (adjectif et nom) Qui souffre d'asthme.
▶ Prononciation [asmatik].

asthme (nom masculin) Maladie qui provoque des crises d'étouffement. *Grand-père a du mal à respirer, c'est peut-être une crise d'**asthme**.*
▶ Prononciation [asm].

asticot (nom masculin) Larve de la mouche à viande, qui a la forme d'un petit ver blanc. *Les pêcheurs se servent d'**asticots** comme appât.*

asticoter (verbe) (conj. 3) Synonyme familier de tracasser. *Arrête de m'**asticoter** comme ça, tu me casses les pieds !*

astigmate (adjectif et nom) Qui est atteint d'une anomalie de l'œil donnant une vision trouble.

astiquer (verbe) (conj. 3) Frotter pour faire briller. ***Astiquer** des meubles, le parquet.*
★ L'*astic* était un petit instrument en os ou en bois dur servant à faire briller le cuir.

astragale (nom masculin) **1** Plante dont certaines espèces sont utilisées en pharmacie. **2** Os du pied articulé en haut avec les os de la jambe, et en bas avec l'os du talon. *Pierre s'est cassé l'**astragale** au cours de judo.*

astrakan (nom masculin) Fourrure à poils frisés provenant d'agneaux d'Asie.
★ **Astrakan** vient du nom d'une ville de Russie, d'où provenait cette fourrure.

astre (nom masculin) Étoile ou planète. *Les savants étudient les **astres** à l'aide de télescopes.*
★ Famille du mot : astrologie, astrologique, astrologue, astronaute, astronautique, astronome, astronomie, astronomique.

astreignant, ante (adjectif) Qui ne laisse pas beaucoup de temps libre. *Ibrahim fait un travail très **astreignant**.*

astreindre (verbe) (conj. 35) Forcer à faire quelque chose. *Le gouvernement **a astreint** la population à payer un impôt supplémentaire.* (Syn. **contraindre, obliger.**)

astringent, ente (adjectif et nom masculin) Qui resserre les tissus vivants. *Les lotions **astringentes** servent à raffermir la peau.*

astro- Élément tiré du mot grec *astron* qui signifie « astre ».

astrolabe (nom masculin) Instrument qui servait aux marins à se repérer par rapport aux étoiles.

astrologie (nom féminin) Croyance que la position des astres dans le ciel influence le caractère et la vie des hommes.
★ Famille du mot : astrolog**ique**, astrologue.

astrologique (adjectif) Qui concerne l'astrologie. *Les signes du zodiaque ont une signification **astrologique**.*

astrologue (nom) Personne qui fait de l'astrologie. *Un **astrologue** lui a prédit un riche mariage.*

astronaute (nom) Pilote ou passager d'un engin spatial. (Syn. **cosmonaute.**)

astronautique (nom féminin) Science de la navigation dans l'espace interplanétaire.

astronome (nom) Spécialiste d'astronomie.

astronomie (nom féminin) Science qui étudie les astres et la structure de l'Univers.

astronomique (adjectif) **1** Qui concerne l'astronomie. *Une lunette **astronomique** est un instrument qui permet l'observation des astres.* **2** Dans un sens figuré et familier, très élevé et exagéré. *Ces montres sont vendues à des prix **astronomiques**.*

astrophysique (nom féminin et adjectif) Science consacrée à l'étude de la nature physique des astres.

astuce (nom féminin) **1** Moyen habile. *Ursula trouve toujours une **astuce** pour échapper aux corvées.* **2** Petite plaisanterie ou jeu de mots.
★ Famille du mot : astuc**ieusement**, astuc**ieux**.

astucieusement (adverbe) De façon astucieuse. *Alice a très **astucieusement** évité tous les pièges que lui tendait l'examinateur.*

astucieux, euse (adjectif) Qui est plein d'ingéniosité. *Un bricoleur **astucieux**. Une solution **astucieuse**.*

asymétrie (nom féminin) Absence de symétrie.

asymétrique (adjectif) Qui est composé de deux parties qui ne sont pas symétriques. *Le visage que tu as dessiné est complètement **asymétrique**.* (Syn. **dissymétrique.**)

asymptote (nom féminin) Droite dont la distance à une ligne courbe diminue quand cette droite s'éloigne vers l'infini.
★ **Asymptote** vient du mot grec *sumptôsis* qui signifie « rencontre ».

asynchrone (adjectif) Qui ne se produit pas en même temps. *Chez les insectes les plus évolués, les battements des ailes sont **asynchrones**.* (Contr. **synchrone, simultané.**)

asyndète (nom féminin) Figure de style qui consiste à supprimer des mots de liaison, pour donner plus de vigueur au discours. *« À la vie à la mort » est une **asyndète**.*

atavisme (nom masculin) Caractère héréditaire d'un ascendant qui réapparaît après plusieurs générations.
★ **Atavisme** vient du latin *atavus* qui signifie « ancêtre ».

atèle (nom masculin) Singe d'Amérique du Sud, aux membres très longs, aux mains à pouce de petite taille. *L'**atèle** ne vit que dans les arbres.*
★ **Atèle** vient du mot grec *atelês* qui signifie « incomplet ».

atelier (nom masculin) Lieu où travaille un artiste ou un artisan. *L'**atelier** d'un sculpteur, d'un peintre.*

atermoiements (nom masculin pluriel) Fait d'hésiter et de remettre à plus tard. *Elle a fini par prendre une décision après bien des **atermoiements**.* (Syn. **hésitation.**)
► Prononciation [atɛʀmwamɑ̃].

athée (nom) Personne qui ne croit en aucun dieu.

athéisme (nom masculin) Fait de ne pas croire en Dieu. *Les militants contre la religion prônent l'**athéisme**.*

athermique (adjectif) Qui ne laisse pas passer la chaleur. *La voiture est équipée d'un pare-brise **athermique**.* (Contr. **thermique.**) • **Transformation athermique** : transformation qui s'effectue sans produire de chaleur.

athlète (nom) **1** Sportif qui fait de l'athlétisme. *Cet **athlète** vient de remporter l'épreuve du saut en hauteur.* **2** Personne qui a un corps musclé et puissant. *Zoé est très mince mais c'est une véritable **athlète**.*
★ Famille du mot : athlé**tique**, athlé**tisme**.

athlétique (adjectif) Qui a la carrure et la souplesse d'un athlète. *Une jeune fille **athlétique**.*

athlétisme (nom masculin) Ensemble des sports individuels de compétition. *Les épreuves d'**athlétisme** regroupent la course à pied, les sauts et les lancers (poids, disque, javelot, marteau).*

atlas (nom masculin) Livre constitué de cartes de géographie.
★ **Atlas** est le nom d'un géant de la mythologie, qui portait le monde sur ses épaules.

atmosphère (nom féminin) **1** Couche d'air qui entoure la Terre. **2** Au sens figuré, ambiance, milieu où l'on se trouve. *À Noël, il y a une **atmosphère** de fête dans la maison.*

atmosphérique (adjectif) Qui concerne l'atmosphère. *Des perturbations **atmosphériques** ont retardé l'atterrissage de l'avion.*

atoll (nom masculin) Île des mers tropicales, formée de coraux qui entourent une lagune.

atome (nom masculin) Particule minuscule de matière. *Les **atomes**, unis entre eux, forment la matière de tout ce qui existe dans l'Univers.*
★ **Atome** vient d'un mot grec qui signifie « qu'on ne peut pas couper ».
★ Famille du mot : atom**ique**, atom**iser**, atom**iseur**.

atomique (adjectif) Qui a rapport à l'énergie produite par les atomes. *L'énergie **atomique** s'appelle aussi l'énergie nucléaire.*

atomiser (verbe) (conj. 3) **1** Réduire un corps en particules extrêmement fines. *Le vaporisateur **atomise** le parfum en gouttelettes.* (Syn. **vaporiser.**) **2** Détruire au moyen d'armes atomiques. *Hiroshima et ses habitants **furent atomisés** en 1945.* **3** Détruire la cohésion d'un groupe. *Cette famille **est** complètement **atomisée** depuis la mort du père.* (Syn. **morceler.**)

atomiseur (nom masculin) Flacon muni d'un bouchon spécial sur lequel on appuie pour projeter un liquide en fines gouttelettes. *Un **atomiseur** de parfum.* (Syn. **vaporisateur.**)

atonal, ale, als (adjectif) Composé sans s'organiser autour d'un ton principal, contrairement aux règles de l'harmonie musicale classique. *La musique contemporaine est souvent atonale.* (Contr. **tonal.**)
► On rencontre parfois le pluriel **atonaux**.

atone (adjectif) **1** Qui manque de force. *Le kinésithérapeute fait travailler les muscles **atones**.* (Contr. **tonique.**) **2** Sans expression, sans vie, en parlant du regard ou de la voix. *Ses yeux **atones** montrent son désarroi.* (Contr. **vif.**) **3** Sur lequel la voix ne porte pas d'accent d'intensité, en parlant d'un son. *Le « e » muet final est une voyelle **atone**.* (Contr. **accentué.**)

atours (nom masculin pluriel) • **Ses plus beaux atours** : ses plus beaux vêtements et bijoux. *La reine assistait au bal, parée de **ses plus beaux atours**.*

atout (nom masculin) **1** Dans certains jeux de cartes, couleur qui vaut plus que les autres. *Pierre a gagné la première manche grâce au valet d'**atout**.* **2** Au sens figuré, chose qui avantage. *La connaissance de l'anglais est un **atout** dans son métier.*

atrabilaire (adjectif et nom) Qui se met facilement en colère, dans la langue littéraire. (Syn. **coléreux.** Contr. **doux, calme.**)
★ **Atrabilaire** vient des mots latins *atra* qui signifie « noire », et *bilis* qui signifie « bile ».

âtre (nom masculin) Foyer d'une cheminée. *Le bois sec crépitait dans l'**âtre**.*

atroce (adjectif) Qui est d'une cruauté horrible. *Les prisonniers ont subi d'**atroces** tortures.*
★ Famille du mot : atroce**ment**, atroc**ité**.

atrocement (adverbe) De manière atroce. *Ses blessures le font **atrocement** souffrir.*

atrocité (nom féminin) Acte atroce. *Les coupables des **atrocités** commises pendant la guerre vont être jugés.*

atrophie (nom féminin) Diminution du volume ou du poids d'un tissu, d'un organe. *Le myopathe souffre d'**atrophie** musculaire.* (Contr. **hypertrophie.**)

s'attabler (verbe) (conj. 3) S'asseoir à table. *Les invités **se sont attablés** devant un bon dîner.*

attachant, ante (adjectif) Qui inspire la sympathie, l'affection. *C'est une enfant d'un naturel très **attachant**.*

attache (nom féminin) Objet qui sert à attacher. *Une courroie, une agrafe sont des **attaches**.*
▪ **attaches** (nom féminin pluriel) Liens d'affection. *Elle vit à Paris mais elle a gardé des **attaches** à Bordeaux où elle est née.*

attaché, ée (adjectif) Qui aime beaucoup une personne ou une chose. *Anna est très **attachée** à sa nourrice.*

attaché-case (nom masculin) Mallette plate qui sert de porte-document. *L'**attaché-case** se verrouille avec un code secret.*
► Pluriel : des **attachés-cases**.
► Prononciation [ataʃekɛz].

attachement (nom masculin) Fait de s'attacher à une personne ou à une chose. *Élodie a gardé beaucoup d'**attachement** pour l'infirmière qui a pris soin d'elle à l'hôpital.*

attacher (verbe) (conj. 3) **1** Faire tenir à l'aide d'un lien. *Quentin **a attaché** son chien au lampadaire.* (Contr. **détacher.**) **2** Faire tenir ensemble. ***Attacher** les lacets de ses chaussures.* **3** **S'attacher** : se mettre à aimer quelqu'un ou quelque chose. *Fatima **s'est** beaucoup **attachée** à son institutrice.* **4** **S'attacher** : s'efforcer de faire quelque chose. *Hélène **s'est attachée** à faire consciencieusement son exercice.*
• **Attacher de l'importance à quelque chose** : prendre cette chose au sérieux.
★ Famille du mot : attach**ant**, attache, attach**é**, attache**ment**, **r**attache**ment**, **r**attacher.

attaquant, ante (nom) Personne qui attaque. *Les soldats ont repoussé leurs **attaquants** hors du fort.*

attaque (nom féminin) **1** Action d'attaquer. *L'**attaque** ennemie a échoué devant les murs du château.* **2** Critique violente. *Dans son discours, il a lancé des **attaques** contre ses adversaires politiques.*

attaquer (verbe) (conj. 3) **1** Engager le combat. *Les troupes ennemies **ont attaqué** pendant la nuit.* **2** Commettre un acte de violence. ***Attaquer** une banque. Des malfaiteurs **se sont attaqués** au chauffeur de l'autobus.* **3** Critiquer avec violence. *L'opposition **attaque** la politique du chef de l'État.* **4** Abîmer. *L'acide **attaque** les métaux.* (Syn. **ronger.**) **5** Commencer à exécuter quelque chose. *Après le goûter, Romain **a attaqué** ses leçons.*
★ Famille du mot : attaqu**ant**, attaque, **contre**-attaque, **contre**-attaquer, **in**attaqu**able**.

s'attarder (verbe) (conj. 3) Se mettre en retard. *David **s'est attardé** en revenant de l'école.*

atteindre (verbe) (conj. 35) **1** Parvenir à toucher. *Julie n'arrive pas à **atteindre** les valises rangées en* *haut du placard.* **2** Toucher une cible. *Une balle* ***a atteint*** *la victime à la jambe.* **3** Arriver dans un endroit. *L'avion* ***atteindra*** *Rome à 8 heures.*

atteinte (nom féminin) • **Hors d'atteinte** : impossible à atteindre. • **Porter atteinte** : nuire, faire du tort. *Tous les mensonges qu'on a racontés sur lui* ***ont porté atteinte*** *à sa réputation.*

attelage (nom masculin) Ensemble d'animaux attelés. *Un* ***attelage*** *de quatre chevaux noirs tirait le carrosse de la princesse.*

atteler (verbe) (conj. 8 ou 9) Attacher des animaux à un véhicule pour qu'ils le tirent. *On* ***a attelé*** *le petit âne à la carriole pour emmener les enfants en promenade.* (Contr. **dételer.**)
★ Famille du mot : attel**age**, **dé**teler.

attelle (nom féminin) Support rigide qui maintient en place un os fracturé. *Thomas a une* ***attelle*** *au petit doigt.*

attenant, ante (adjectif) Synonyme de contigu. *Leur maison est* ***attenante*** *à la nôtre.*

attendre (verbe) (conj. 31) **1** Rester à un endroit jusqu'à ce que quelqu'un ou quelque chose arrive. ***Attendre*** *l'autobus.* ***Attends****-moi dans la rue.* **2** Espérer ou souhaiter quelque chose. *Nous* ***attendons*** *les vacances avec impatience.* **3 S'attendre à quelque chose** : penser que cela va arriver et s'y préparer. *S'il gèle après la pluie, il faut* ***s'attendre*** *à du verglas.* • **Attendre un enfant** : être enceinte.
★ Famille du mot : atten**te**, **in**attend**u**.

attendrir (verbe) (conj. 11) Rendre quelqu'un plus tendre, plus indulgent. *Les grosses larmes du bébé* ***ont attendri*** *toute la famille.* (Syn. **émouvoir.**)

attendrissant, ante (adjectif) Qui attendrit, émeut. *Ces petits chiens qui viennent de naître sont vraiment* ***attendrissants.*** (Syn. **touchant.**)

attendrissement (nom masculin) Fait de s'attendrir.

attentat (nom masculin) Attaque pour tenter d'assassiner quelqu'un ou pour détruire quelque chose. *L'****attentat*** *a fait quatre victimes.*

attente (nom féminin) **1** Période passée à attendre. *Il y a une heure d'****attente*** *avant le départ du train.* **2** Ce qu'on espérait. *Le résultat ne correspond pas à notre* ***attente.***

attenter (verbe) (conj. 3) • **Attenter à la vie de quelqu'un** : chercher à le tuer. • **Attenter à ses jours** : se suicider.

attentif, ive (adjectif) Qui écoute avec attention. *Ce problème est difficile, soyez très* ***attentifs*** *!* (Contr. **distrait, inattentif.**)

attention (nom féminin) **1** Faculté de se concentrer et de ne pas se laisser distraire. *Victor suit le match avec beaucoup d'****attention.*** *Faites* ***attention*** *au chien, il est dangereux.* **2** Marque de gentillesse, d'affection pour quelqu'un. *Laure est pleine d'****attentions*** *pour son petit frère.*
★ Famille du mot : attent**if**, attention**né**, attenti**vement**, **in**attentif, **in**attention.

attentionné, ée (adjectif) Qui a beaucoup d'attentions pour quelqu'un. *Soyez* ***attentionnés*** *envers vos grands-parents !*

attentivement (adverbe) De façon attentive. *Écoutez* ***attentivement*** *ce que je vais vous dire !*

atténuant, ante (adjectif) • **Circonstances atténuantes** : faits qui diminuent la responsabilité d'un accusé et rendent sa peine moins lourde.

atténuer (verbe) (conj. 3) Rendre moins fort, moins intense. *Ce médicament devrait* ***atténuer*** *rapidement la douleur. Le vent* ***s'est atténué.*** (Syn. **diminuer.** Contr. **augmenter.**)

atterrer (verbe) (conj. 3) Plonger dans la stupeur et la consternation. *Son échec nous* ***a*** *tous* ***atterrés.***

atterrir (verbe) (conj. 11) Se poser sur la terre. *Attachez vos ceintures, l'avion va* ***atterrir*** *dans quinze minutes.* (Contr. **décoller.**)

atterrissage (nom masculin) Action d'atterrir. *La tour de contrôle domine le terrain d'****atterrissage.***

attestation (nom féminin) Document écrit qui atteste un fait. *Pour s'inscrire au collège, il faut une* ***attestation*** *de domicile.* (Syn. **certificat.**)

attester (verbe) (conj. 3) Garantir qu'une chose est vraie, exacte. *Je peux* ***attester*** *qu'il est innocent.* (Syn. **certifier.**)

attifer (verbe) (conj. 3) Habiller, parer quelqu'un d'une façon excessive ou ridicule, dans la langue familière. *Elle* ***s'est attifée*** *d'une jupe jaune et de bottes vertes en caoutchouc.* (Syn. **accoutrer, affubler.**)

attirail (nom masculin) Ensemble d'objets plus ou moins nécessaires pour une activité. *Papa a apporté tout son* ***attirail*** *de pêche.*

attirance (nom féminin) Sentiment de sympathie ou d'amour envers quelqu'un. *Elle a tout de suite ressenti une* ***attirance*** *pour lui.*

attirant, ante (adjectif) Qui attire, intéresse, plaît. *Cette offre est très* ***attirante.*** *Elle a un physique* ***attirant.*** (Syn. **agréable, séduisant.** Contr. **repoussant.**)

attirer (verbe) (conj. 3) **1** Faire venir. *Ce fromage* ***attire*** *les mouches.* **2** Éveiller l'intérêt ou le désir. *Benjamin* ***est*** *très* ***attiré*** *par le judo.*
★ Famille du mot : attir**ance**, attir**ant**.

attiser (verbe) (conj. 3) Activer un feu, le rendre plus fort. *Le vent* ***attise*** *l'incendie de forêt.*

attitré, ée (adjectif) **1** Chargé nommément d'une fonction. *L'ambassadeur est le représentant* ***attitré*** *de son pays à l'étranger.* **2** Que l'on préfère aux autres. *J'ai mon boulanger* ***attitré.***

attitude (nom féminin) **1** Manière de se tenir. *Myriam a une* ***attitude*** *très gracieuse quand elle danse.* **2** Façon d'agir, de se comporter. *Son* ***attitude*** *agressive est inacceptable.* (Syn. **comportement.**)

attouchement (nom masculin) **1** Action de toucher légèrement avec la main. *Le guérisseur prétend soigner les douleurs par* ***attouchement.*** **2** Caresse sexuelle déplacée. *Le psychologue aide les enfants victimes d'****attouchements.***

attractif, ive (adjectif) Qui attire, intéresse. *Ce jeu est très **attractif**.*

attraction (nom féminin) **1** Force qui attire. *L'**attraction** terrestre. L'**attraction** des aimants.* **2** Activité, amusement ou spectacle. *Clément a visité le parc d'**attractions** d'Astérix.*

attrait (nom masculin) Ce qui attire, charme. *Noémie n'a jamais éprouvé le moindre **attrait** pour le football.*

attrape (nom féminin) • **Farces et attrapes :** objets servant à faire des farces.

attrape-nigaud (nom masculin) Ruse médiocre qui ne trompe que les personnes naïves, dans la langue familière. *Cette offre spéciale est un **attrape-nigaud**, le prix de cet article n'a pas baissé.*
► Pluriel : des **attrape-nigauds**.

attraper (verbe) (conj. 3) **1** Réussir à saisir quelque chose en mouvement. *Je te lance le ballon, essaie de l'**attraper** !* **2** Avoir une maladie contagieuse. *Sarah **a attrapé** les oreillons.* (Syn. **contracter.**) **3** Synonyme familier de tromper. *Tu m'as cru ? Ah ! je t'**ai** bien **attrapé** !* **4** Synonyme familier de réprimander. *Si tu mens, tu vas te faire **attraper** par tes parents.*

attrayant, ante (adjectif) Qui présente un attrait. *C'est un spectacle **attrayant** pour les enfants.*

attribuer (verbe) (conj. 3) **1** Accorder quelque chose à quelqu'un. *C'est à David qu'on **a attribué** le premier prix de dessin.* **2** Considérer comme l'auteur. *On **attribue** à Pasteur le vaccin contre la rage.*

attribut (nom masculin) Adjectif qui est relié à un nom ou à un pronom à l'aide d'un verbe comme être, sembler, paraître, devenir, etc. *Dans la phrase « ce chat est gris », « gris » est l'**attribut** de « chat ».*

attribution (nom féminin) Action d'attribuer. *Demander l'**attribution** d'une prime.*
▪ **attributions** (nom féminin pluriel) Ce que quelqu'un est chargé de faire. *Visiter les chantiers fait partie des **attributions** d'un architecte.*

attrister (verbe) (conj. 3) Rendre triste. *Cette mort nous **a** profondément **attristés**.* (Syn. **chagriner, peiner.** Contr. **réjouir.**)

attroupement (nom masculin) Rassemblement de personnes. *Un **attroupement** s'est formé dans la rue après l'accident.*

s'**attrouper** (verbe) (conj. 3) Se rassembler quelque part. *Les touristes **se sont attroupés** autour du guide.* (Contr. **se disperser.**)

atypique (adjectif) Différent de ce que l'on rencontre habituellement. *C'est un bel appartement **atypique** avec une verrière à la place du toit.* (Contr. **typique.**)

au (déterminant) Forme de l'article *le*, qui est une combinaison de *à* et *le*. *Aller **au** bois.*

aubade (nom féminin) Concert donné le matin à l'aube. *Le prince joue une **aubade** sous la fenêtre de la princesse.*

aubaine (nom féminin) Avantage inattendu. *Kevin a trouvé cent euros par terre, c'est une **aubaine** !*

aube (nom féminin) **1** Synonyme d'aurore. *Les alpinistes sont partis à l'**aube**.* **2** Robe blanche que met le prêtre catholique pour célébrer la messe. **3** Robe blanche du premier communiant. • **Roue à aubes :** roue munie de pales transversales que le poids de l'eau fait tourner ou qui faisait avancer les bateaux à vapeur.
★ **Aube** vient du latin *alba* qui signifie « blanc » et que l'on retrouve dans *aubépine* (épine blanche), *albinos*.

aubépine (nom féminin) Arbuste épineux qui donne des fleurs blanches ou roses, très parfumées.
★ Voir **aube**.

auberge (nom féminin) Hôtel ou restaurant, à la campagne.

aubergine (nom féminin) Fruit violet à la peau lisse, consommé en légume.

aubergiste (nom) Personne qui tient une auberge.

aubier (nom masculin) Partie du tronc et des branches d'un arbre qui se trouve entre le cœur du bois et l'écorce, et qui correspond aux couches les plus récemment formées. *La sève circule dans l'**aubier**.*

auburn (adjectif) De couleur brun-roux, en parlant des cheveux.
► Prononciation [obœʀn].
► Pluriel : des mèches **auburn**.

aucun, aucune (déterminant) Pas un seul. *Ursula n'a fait **aucune** faute dans sa dictée : elle a eu 10 sur 10.*
▪ **aucun, aucune** (pronom) Pas une seule chose, pas une seule personne. *De tous les candidats, **aucun** n'a été reçu.*

aucunement (adverbe) Pas du tout. *Je ne lui en veux **aucunement**.* (Syn. **nullement.**)

audace (nom féminin) Courage face à un danger ou à une difficulté. *Tu ne manques pas d'**audace** pour plonger de si haut !* (Syn. **hardiesse.**)

audacieux, euse (adjectif) Qui a de l'audace. *Ce projet me semble bien **audacieux**.*

au-dedans Voir ***dedans***.

au-dehors Voir ***dehors***.

au-delà (adverbe et préposition) Plus loin. *Le chemin s'arrête ici, on ne peut aller **au-delà**. La forêt commence **au-delà** de la rivière.*
▪ **au-delà** (nom masculin) • **L'au-delà :** ce qui est au-delà de la mort. *L'**au-delà** est-il un paradis ou un enfer ?*

au-dessous Voir ***dessous***.

au-dessus Voir ***dessus***.

au-devant Voir ***devant***.

audible (adjectif) Que l'on peut entendre. *Parle plus fort, ce que tu dis est à peine **audible** !* (Contr. **inaudible.**)

audience (nom féminin) **1** Entretien accordé par un personnage important. *Demander une **audience***

au président de la République. **2** Séance d'un tribunal. *Le deuxième jour de l'**audience**, on a entendu les témoins.* **3** Ensemble des auditeurs. *Cette émission passe trop tard dans la nuit pour avoir une grande **audience**.*

audimat (nom masculin) Mesure de l'audience des émissions de télévision. *L'**audimat** indique que 40% des foyers ont regardé le match de football hier soir.*
▶ Prononciation [odimat].
★ **Audimat** est le nom d'une marque.

audimètre (nom masculin) Appareil qu'on relie à une télévision pour mesurer l'audience auprès d'un échantillon de téléspectateurs. *L'**audimètre** est donné à un panel de téléspectateurs.*

audio- Élément tiré du mot latin *audire* qui signifie « entendre » (exemple : *audiovisuel*).

audioconférence (nom féminin) Conférence téléphonique qui réunit des personnes à distance, en ne transmettant que les paroles. *La société organise une **audioconférence** entre les bureaux de Paris et de New York.* (Contr. **vidéoconférence.**)

audiogramme (nom masculin) **1** Disque ou cassette qui permet l'enregistrement ou la diffusion d'un son. **2** Examen médical mesurant les capacités d'audition d'une personne. *L'**audiogramme** permet de détecter une surdité partielle.*

audiovisuel, elle (adjectif) Qui utilise le son et l'image. *On peut utiliser des moyens **audiovisuels** pour apprendre une langue étrangère.*

audit (nom masculin) **1** Opération destinée à contrôler la bonne gestion d'une entreprise et de ses finances, et l'application correcte des décisions prises. *Un **audit** a été imposé à cette entreprise pour s'assurer qu'elle applique la loi sur les trente-cinq heures.* **2** Personne indépendante qui contrôle la gestion et la comptabilité d'une entreprise.
▶ Prononciation [odit].
★ **Audit** vient de l'anglais *internal auditor.*

auditeur, trice (nom) Personne qui écoute une émission ou un discours.

auditif, ive (adjectif) De l'audition. *Ma grand-mère a des troubles **auditifs**.*

audition (nom féminin) **1** Fait de pouvoir entendre les sons. *L'abus du baladeur peut entraîner une perte d'**audition**.* **2** Action d'entendre. *Après l'**audition** des témoins, les juges délibèrent.* **3** Essai que passe un chanteur ou un comédien devant un jury.

auditionner (verbe) (conj. 3) **1** Présenter un échantillon de son répertoire, en parlant d'un artiste. *Le chanteur **auditionne** devant un jury.* **2** Faire passer une audition à un artiste avant de l'engager. *La chorégraphe **auditionne** des danseuses pour son prochain spectacle.*

auditoire (nom masculin) Ensemble des auditeurs. *Cette conférence sur l'archéologie a passionné tout l'**auditoire**.* (Syn. **public.**)

auditorium (nom masculin) Salle équipée pour enregistrer ou écouter de la musique.
▶ Prononciation [oditɔʀjɔm].

auge (nom féminin) Bassin dans lequel on donne à boire et à manger aux porcs.

augmentation (nom féminin) Action ou fait d'augmenter. *Il a obtenu une **augmentation** de salaire.* (Syn. **hausse.** Contr. **baisse, diminution.**)

augmenter (verbe) (conj. 3) **1** Rendre plus grand, plus élevé ou plus cher. ***Augmente** le son, je n'entends rien ! **Augmenter** les impôts. **Augmenter** les prix.* (Syn. **accroître.** Contr. **baisser, diminuer.**) **2** Devenir plus grand, plus élevé ou plus cher. *Le chômage **a augmenté**. Les prix vont encore **augmenter**. Si la fièvre **augmente**, il faudra appeler un médecin.* (Contr. **baisser, diminuer.**)

augure (nom masculin) • **Être de bon ou de mauvais augure** : laisser présager de bonnes ou de mauvaises nouvelles.
★ Dans l'Antiquité, les **augures** étaient des prêtres chargés de prédire l'avenir en observant le vol des oiseaux.

augurer (verbe) (conj. 3) Faire des suppositions sur l'avenir par l'observation et l'interprétation des signes. *Je n'**augure** rien de bon de tout cela.*

aujourd'hui (adverbe) **1** Ce jour même. ***Aujourd'hui**, c'est dimanche, il n'y a pas de classe.* **2** À notre époque, de nos jours. ***Aujourd'hui**, la machine remplace de plus en plus l'homme.*

aulne (nom masculin) Arbre qui pousse au bord de l'eau.
▶ On écrit aussi **aune**.

aulx Voir ***ail***.

aumône (nom féminin) Somme d'argent qu'on donne à un mendiant. *Un clochard demandait l'**aumône** dans le métro.*
★ Famille du mot : aumônerie, aumônier.

aumônerie (nom féminin) **1** Mission de l'aumônier. *Le prêtre consacre sa vie à l'**aumônerie**.* **2** Lieu où l'aumônier exerce sa mission. *L'hôpital a aménagé une **aumônerie** catholique.*

aumônier (nom masculin) Prêtre qui travaille dans un lycée, un hôpital, une prison ou un régiment.

aune Voir ***aulne***.

auparavant (adverbe) Avant, d'abord. *Si tu veux vraiment gagner le tournoi, entraîne-toi **auparavant**.* (Contr. **après.**)

auprès de (préposition) **1** Sert à indiquer la proximité. *Viens t'asseoir **auprès de** moi.* **2** Sert à indiquer le point de vue. *Ibrahim est considéré comme un garçon excentrique **auprès de** ses camarades.* **3** Sert à indiquer la comparaison. *Ta dictée n'est pas très bonne **auprès de** celles des autres élèves.*

auquel Voir ***lequel***.

aura (nom féminin) **1** Halo qui entourerait certaines substances, dans les sciences occultes. **2** Influence

mystérieuse qui semble émaner d'une personne. *L'homme politique travaille son discours pour renforcer son **aura**.*
★ **Aura** vient du latin qui signifie « souffle ».

auréole (nom féminin) **1** Cercle lumineux qui entoure la tête du Christ et des saints dans les tableaux. **2** Trace circulaire laissée autour de l'endroit où une tache a été nettoyée.

au revoir (interjection) Mot qu'on dit à quelqu'un quand on le quitte. ***Au revoir**, et à très bientôt !*

auriculaire (nom masculin) Petit doigt de la main.

aurifère (adjectif) Qui contient de l'or. *Une rivière **aurifère**.*

aurige (nom masculin) Conducteur de char, dans l'Antiquité. *Une pièce de monnaie romaine représentait un **aurige** le bras levé.*
★ **Aurige** vient du mot latin *auriga* qui signifie « cocher ».

aurique (adjectif) • **Voile aurique :** voile de bateau en forme de trapèze.

aurore (nom féminin) Lumière qui vient juste avant le lever du soleil. *On s'est levé très tôt, dès l'**aurore**.* (Syn. **aube**.)

auscultation (nom féminin) Action d'ausculter.

ausculter (verbe) (conj. 3) Écouter le bruit du corps, pour faire un diagnostic. *Le médecin **a ausculté** attentivement le bébé.* (Syn. **examiner**.)

auspices (nom masculin pluriel) • **Sous de bons auspices :** avec de bonnes chances de réussite.
★ Dans l'Antiquité, les **auspices** étaient des présages que les augures tiraient du vol des oiseaux.

aussi (adverbe) **1** De même. *Lucas est malade et son frère **aussi**.* **2** De façon égale. *Zoé est **aussi** grande que moi.* **3** Tellement, à ce point. *Je ne pensais pas qu'il était **aussi** vieux.* **4** En plus. *Il faut racheter du beurre et **aussi** du fromage.*
▪ **aussi** (conjonction) C'est pourquoi, par conséquent. *Je le savais déjà, **aussi** cela ne m'a pas étonné.*

aussitôt (adverbe et conjonction) Tout de suite, à l'instant même. *On a appelé les pompiers et ils sont arrivés **aussitôt**. Nous dînerons **aussitôt que** tu seras rentré.*

austère (adjectif) Qui manque de gaieté, de fantaisie. *Cette tenue est bien **austère** pour un mariage !*

austérité (nom féminin) Caractère austère. *En cette période d'**austérité**, il va falloir diminuer nos dépenses.*

austral, ale, als (adjectif) Qui se situe au sud de l'équateur, ou à proximité du pôle Sud. *L'hémisphère **austral**.* (Contr. **boréal**.)

australien, enne → tableau p. 6 / 7.

australopithèque (nom masculin) Hominidé fossile découvert en Afrique et dont les restes connus les plus anciens remontent à environ 4 millions d'années. *L'**australopithèque** mesurait entre 1 mètre et 1,50 mètre.*
★ **Australopithèque** vient du mot latin *australis* qui signifie « méridional », et du mot grec *pithêkos* qui signifie « singe ».

autan (nom masculin) Vent de secteur Sud-Est, dans le midi de la France. *L'**autan** souffle en fortes rafales.*

autant (adverbe) **1** En quantité égale ou de manière égale. *J'ai **autant** de courage que toi.* **2** En si grande quantité. *On ne pensait pas qu'il y aurait **autant** de monde sur les routes.* (Syn. **tant**.) • **D'autant plus que :** pour cette raison supplémentaire. *Pierre a **d'autant plus** faim **qu**'il n'a pas dîné hier soir.*

autarcie (nom féminin) Fait de vivre de ses propres ressources et de se suffire à soi-même. *L'élevage et la culture permettaient aux paysans de vivre en **autarcie**.*

autel (nom masculin) Table sur laquelle le prêtre célèbre la messe.
★ Dans l'Antiquité, l'**autel** était une table de pierre sur laquelle on sacrifiait des animaux pour plaire aux dieux.

auteur (nom masculin) **1** Personne qui écrit des livres ou qui crée une œuvre. *Saint-Exupéry est l'**auteur** du « Petit Prince ».* **2** Personne qui est responsable d'une action. *La police recherche les **auteurs** de l'attentat.*

authenticité (nom féminin) Caractère authentique de quelque chose. *On doute de l'**authenticité** de ce tableau.*

authentifier (verbe) (conj. 10) Certifier que quelque chose est authentique. *Un expert **a authentifié** le tableau.*

authentique (adjectif) **1** Qui n'est pas une imitation, un faux ou une copie. *Ce tableau de Van Gogh est certifié **authentique**.* (Contr. **faux**.) **2** Qui est vrai, véridique. *C'est **authentique**, je n'ai rien inventé !* (Syn. **réel**. Contr. **faux**.)
★ Famille du mot : authenticité, authentifier.

autiste (adjectif et nom) Qui est si replié sur lui-même qu'il ne peut communiquer avec le monde extérieur.

auto- Élément tiré du mot grec *autos* qui signifie « soi-même » (exemples : *autocollant*, *autodictée*).

auto (nom féminin) Synonyme familier d'automobile.

autobiographie (nom féminin) Récit de la vie d'une personne, écrit par elle-même.

autobus (nom masculin) Véhicule qui sert au transport en commun dans les villes. (Syn. **bus**.)

autocar (nom masculin) Véhicule qui sert au transport collectif des personnes, en particulier des touristes. (Syn. **car**.)

a b c d e f g h i j k l m n o p q r s t u v w x y z

S'**autocensurer** (verbe) (conj. 3) Pratiquer une censure sur soi-même ou sur ses propres œuvres. *Le journaliste* ***s'autocensure*** *avant de remettre son article au journal.*

autochtone (nom) Personne qui est née dans le pays qu'elle habite. (Syn. **indigène**.)
► Prononciation [otokton].

autoclave (nom masculin et adjectif) Récipient étanche à l'intérieur duquel est maintenue une forte pression, pour cuire ou stériliser des substances. *Le cuisinier stérilise des bocaux dans un* ***autoclave****.*

autocollant, ante (adjectif) Qui colle tout seul. *Ces timbres sont* ***autocollants****.*
■ **autocollant** (nom masculin) Image autocollante. *Anna a plein d'****autocollants*** *sur la porte de sa chambre.*

autocontrôle (nom masculin) Contrôle exercé sur soi-même, sur son propre comportement. *La relaxation est une technique d'****autocontrôle*** *dans le traitement des troubles psychologiques.*

autocouchette (adjectif) • **Train autocouchette** : train qui transporte des voyageurs en couchette ainsi que leur voiture.
► On écrit aussi **autos-couchettes**.

autocritique (nom féminin) Jugement que l'on porte sur soi-même et ses comportements. *L'acteur exigeant s'est livré à une* ***autocritique*** *très sévère.*

autocuiseur (nom masculin) Autoclave pour la cuisson rapide des aliments. *Mettez les légumes dans l'****autocuiseur*** *et laissez cuire dix minutes.*

autodafé (nom masculin) **1** Cérémonie au cours de laquelle étaient prononcées les sentences, pendant l'Inquisition, et où l'on condamnait les coupables à être brûlés vifs s'ils refusaient de se repentir. *Autrefois, on infligeait l'****autodafé*** *aux hérétiques.* **2** Destruction par le feu. *Ce vieux fou a fait un* ***autodafé*** *de ses papiers de famille.*
★ Autodafé vient des mots portugais *auto da fe* qui signifient « acte de foi ».

autodéfense (nom féminin) Fait de se défendre par ses propres moyens en cas d'agression. *Quentin a eu un réflexe d'****autodéfense****.*

autodictée (nom féminin) Sorte de dictée consistant à écrire sans modèle un texte appris par cœur.

autodidacte (nom) Personne qui s'est instruite toute seule, sans maître.

autodiscipline (nom féminin) Discipline que l'on s'impose à soi-même, sans contrôle extérieur.

auto-école (nom féminin) Établissement où l'on apprend à conduire les voitures.
► Pluriel : des **auto-écoles**.
► On écrit aussi **autoécole**.

autoévaluation (nom féminin) Évaluation de soi-même. *Les étudiants remplissent un questionnaire d'****autoévalutation****.*

autofocus (nom masculin) Appareil photo équipé d'un système de mise au point automatique.
► Prononciation [otofɔkys].

autographe (nom masculin) Signature d'une personne. *Demander un* ***autographe*** *à une actrice.*

automate (nom masculin) Machine qui a l'aspect d'un être animé et qui est capable d'imiter ses mouvements grâce à un mécanisme.

automatique (adjectif) **1** Qui se fait grâce à un mécanisme qui fonctionne sans qu'on s'en occupe. *Dans le métro, la fermeture des portes est* ***automatique****.* **2** Que l'on fait sans y penser, sans intervention de la volonté. *Des gestes* ***automatiques****.* (Syn. **machinal**.)

automatiquement (adverbe) De façon automatique. *Une porte qui s'ouvre* ***automatiquement****.*

automatisation (nom féminin) Utilisation de machines et de robots pour faire certains travaux.

automatiser (verbe) (conj. 3) Équiper d'un fonctionnement automatique. *Cette usine* ***est*** *entièrement* ***automatisée****.*

automnal, ale, aux (adjectif) De l'automne. *Des couleurs* ***automnales****.*
► Prononciation [otɔnal].

automne (nom masculin) Saison de l'année qui suit l'été et qui vient avant l'hiver.
► Prononciation [otɔn].

automobile (nom féminin) Véhicule à moteur muni de roues, qui sert à transporter des personnes et des bagages. *Cette* ***automobile*** *a un moteur de sept chevaux.* (Syn. **auto, voiture**.)
■ **automobile** (adjectif) Qui se rapporte aux voitures. *Le sport* ***automobile****.*

automobiliste (nom) Personne qui conduit une automobile.

autonettoyant, ante (adjectif) Qui se nettoie tout seul. *Un four* ***autonettoyant****.*

autonome (adjectif) **1** Qui se gouverne ou s'administre tout seul. *La Catalogne est une région* ***autonome*** *d'Espagne.* **2** Qui se débrouille tout seul. *Romain est un enfant très* ***autonome****, il a horreur qu'on l'aide.*
★ Famille du mot : autonomie, autonomiste.

autonomie (nom féminin) **1** Indépendance dont bénéficie un pays ou une personne autonome. **2** Durée pendant laquelle une machine peut fonctionner sans apport d'énergie. *Ce téléphone portable a une* ***autonomie*** *de six heures.*

autonomiste (nom) Personne qui demande l'autonomie de sa région.

autoportrait (nom masculin) Portrait de soi-même. *Ce tableau est un* ***autoportrait*** *du peintre.*

S'**autoproclamer** (verbe) (conj. 3) Déclarer de soi-même que l'on accède à une fonction. *Le général* ***s'est autoproclamé*** *président de la République.*

autopsie (nom féminin) Examen d'un cadavre par un médecin pour rechercher les causes de la mort. *L'****autopsie*** *montre qu'il s'agit d'un crime.*

autoradio (nom masculin) Poste de radio installé dans une voiture.

autorisation (nom féminin) Fait d'autoriser. *Pour sortir de l'école avant l'heure, il faut obligatoirement l'**autorisation** de la directrice.* (Syn. **permission.** Contr. **défense, interdiction.**)

autoriser (verbe) (conj. 3) Donner à quelqu'un la permission de faire quelque chose. *Papa m'**a autorisé** à sortir ce soir.* (Syn. **permettre.** Contr. **défendre, interdire.**)

autoritaire (adjectif) Qui fait preuve d'une grande autorité. *Ce dompteur est très **autoritaire** avec ses lions.*

autorité (nom féminin) Pouvoir de commander, de se faire obéir. *La maîtresse a de l'**autorité** sur ses élèves.* • **Faire autorité** : être reconnu par tous comme le meilleur dans une spécialité. *Ses recherches sur les fourmis **font autorité**.*
■ **autorités** (nom féminin pluriel) Représentants de l'État, du gouvernement ou de l'Administration.

autoroute (nom féminin) Voie rapide, sans carrefour, dont les deux sens de circulation sont séparés matériellement.

autosatisfaction (nom féminin) Satisfaction de soi-même, de sa propre façon de penser et d'agir. *On peut lire un sourire d'**autosatisfaction** sur le visage du vainqueur.*

auto-stop (nom masculin) Pratique qui consiste à faire signe aux voitures pour se faire transporter gratuitement. *L'**auto-stop** est interdit sur les autoroutes.*
► On écrit aussi **autostop**.

auto-stoppeur, euse (nom) Personne qui fait de l'auto-stop.
► On écrit aussi **autostoppeur, euse**.
► Pluriel : des **auto-stoppeurs, euses**.

autour de (préposition) **1** Dans l'espace qui entoure quelque chose. *La Terre tourne **autour du** Soleil.* **2** Environ, à peu près. *Il gagne **autour de** 2 000 euros par mois.*
■ **autour** (adverbe) Dans l'espace qui entoure. *Nous avons un jardin avec des murs **autour**.*

autre (adjectif) **1** Qui n'est pas le même. *Prends un **autre** couteau, celui-ci ne coupe pas.* (Syn. **différent.**) **2** Qui vient en plus. *Veux-tu un **autre** jus de fruits ?* (Syn. **supplémentaire.**)
■ **autre** (pronom) Une personne ou une chose différente ou supplémentaire. *Si tu n'aimes pas ce gâteau, prends-en un **autre**.*

autrefois (adverbe) Dans le temps passé. ***Autrefois**, on ne savait pas que la Terre était ronde.* (Syn. **jadis.** Contr. **actuellement, aujourd'hui.**)

autrement (adverbe) **1** D'une autre façon. *Tu devrais t'habiller **autrement**.* (Syn. **différemment.**) **2** Sans quoi, sinon. *Couvre-toi, **autrement** tu vas attraper froid !*

autre part (adverbe) Dans un autre endroit. *Si tu ne trouves pas ta montre dans ta chambre, cherche **autre part**.* (Syn. **ailleurs.**)

autrichien, enne → tableau p. 6 / 7.

autruche (nom féminin) Très grand oiseau, incapable de voler, mais qui court très vite.

autrui (pronom) Les autres personnes que soi. *Thomas est égoïste, il ne pense jamais à **autrui**.*

auvent (nom masculin) Petit toit incliné au-dessus d'une porte.

auvergnat, ate → tableau p. 6 / 7.

aux (déterminant) Forme de l'article qui est une combinaison de *à* et *les*. *Aller **aux** Antilles.*

auxiliaire (nom masculin) Verbe que l'on utilise pour former les temps composés d'autres verbes. *Avoir et être sont des **auxiliaires**.*
■ **auxiliaire** (adjectif) Qui est employé pour aider quelqu'un ou pour compléter quelque chose. *Ce jeune professeur **auxiliaire** voudrait bien devenir titulaire.*

auxquels, auxquelles Voir ***lequel***.

s'**avachir** (verbe) (conj. 11) **1** Se déformer et devenir tout mou. *Le chapeau du shérif commence à **s'avachir**.* **2** Se laisser aller, s'affaler. *Dès qu'il rentre, il **s'avachit** dans un fauteuil.*

aval (nom masculin) Partie d'un cours d'eau la plus éloignée de la source. *Nantes est en **aval** de Tours, sur la Loire.* (Contr. **amont.**)

avalanche (nom féminin) Glissement d'une énorme masse de neige le long d'une pente de montagne. *Des skieurs imprudents ont été emportés par une **avalanche**.*

avaler (verbe) (conj. 3) **1** Faire descendre dans la gorge. *Le serpent **avale** sa proie tout entière.* **2** Dans un sens figuré et familier, croire naïvement quelque chose. *Victor est prêt à **avaler** tout ce qu'on lui dit.*

avaliser (verbe) (conj. 3) **1** Donner son accord pour quelque chose. *La banque **a avalisé** mon prêt.* (Syn. **accorder.** Contr. **refuser.**) **2** Se porter garant de quelque chose qu'on approuve. *J'**avaliserai** votre projet auprès de la direction.* (Syn. **appuyer, approuver.**)

avance (nom féminin) **1** Marche en avant. *L'**avance** des troupes ennemies.* (Syn. **progression.**) **2** Distance qui sépare quelqu'un de quelqu'un d'autre qui le suit. *Ce coureur a une très nette **avance** sur le second.* **3** Temps gagné sur quelque chose. *Élodie a pris de l'**avance** dans son travail.* **4** Somme d'argent versée avant la date normale de paiement. *Demander une **avance** sur son salaire.* • **À l'avance, d'avance** : avant le moment fixé ou prévu.

avancé, ée (adjectif) **1** En avance sur les autres. *William est très **avancé** pour son âge.* (Syn. **précoce.**) **2** Qui est très moderne. *Cet ordinateur est d'une technique très **avancée**.*
■ **avancée** (nom féminin) **1** Ce qui dépasse d'une surface. *La terrasse forme une **avancée** sur le jardin.* (Syn. **saillie.**) **2** Fait de progresser. *Les **avancées** technologiques ne se font pas toujours au profit de l'homme et de la nature.* (Syn. **progrès, évolution.**)

avancement (nom masculin) **1** Manière d'avancer, de progresser. *Cette balise permet de suivre son*

a b c d e f g h i j k l m n o p q r s t u v w x y z

a b c d e f g h i j k l m n o p q r s t u v w x y z

avancement dans la traversée de l'Atlantique. **2** Progression dans une carrière professionnelle. *Grâce à son travail, elle a obtenu de l'****avancement****.* (Syn. **promotion.**)

avancer (verbe) (conj. 4) **1** Pousser ou déplacer quelque chose vers l'avant. ***Avance*** *ta chaise, tu es trop loin de la table.* (Contr. **reculer.**) **2** Aller vers l'avant. *On a du mal à* ***avancer*** *dans cette foule.* **3** Effectuer plus tôt que prévu. *On* ***a avancé*** *notre retour de vacances à cause du mauvais temps.* (Contr. **différer, retarder.**) **4** Marquer une heure plus tardive que l'heure réelle. *La pendule* ***avance*** *de dix minutes.* (Contr. **retarder.**) **5** Faire progresser. *Fatima* ***a*** *bien* ***avancé*** *le rangement de ses timbres.* **6** Verser une avance ou prêter de l'argent. *Benjamin m'****a avancé*** *20 euros.* **7** Progresser. *Les travaux n'****avancent*** *pas vite à cause du gel.*
★ Famille du mot : avance, avancé, avance**ment**.

avanie (nom féminin) Insulte publique, dans la langue littéraire. *Il a essuyé les* ***avanies*** *de son patron devant tous ses collègues.* (Syn. **vexation, affront, humiliation.**)

avant (préposition) **1** Sert à indiquer le temps. *J'arriverai* ***avant*** *toi. Passe me voir* ***avant*** *le dîner.* (Contr. **après.**) **2** Sert à indiquer le lieu. *Sa maison est juste* ***avant*** *la boulangerie.* (Contr. **après.**)
▪ **avant** (adverbe) Plus tôt. *Il habite Lyon depuis un an,* ***avant*** *il habitait à la campagne.* (Syn. **auparavant.**) • **En avant** : devant soi. *Mettre un pied* ***en avant****.* (Contr. **en arrière.**)
▪ **avant** (nom masculin) **1** Partie qui est située devant. *La motrice se trouve à l'****avant*** *du train.* (Contr. **arrière.**) **2** Joueur placé devant les autres. *Les* ***avants*** *d'une équipe de rugby.*
▪ **avant** (adjectif) Qui est placé à l'avant. *La roue* ***avant*** *de ton vélo est dégonflée.* (Contr. **arrière.**)
▶ Pluriel : les roues **avant**.

avantage (nom masculin) Ce qui donne une supériorité sur les autres. *Le principal* ***avantage*** *de cette voiture est son confort.* (Syn. **atout.** Contr. **désavantage, inconvénient.**) • **À l'avantage de quelqu'un** : à son profit, en sa faveur. (Contr. **au détriment.**) • **Prendre l'avantage sur quelqu'un** : le dominer dans une lutte, une compétition.
★ Famille du mot : avantage**r**, avantage**usement**, avantage**ux**, **dés**avantage, **dés**avantage**r**, **dés**avantage**ux**.

avantager (verbe) (conj. 5) Donner un avantage, une supériorité à quelqu'un. *Sa grande expérience l'****a avantagé****.* (Syn. **favoriser.** Contr. **désavantager.**)

avantageusement (adverbe) De façon avantageuse. *Ce système remplace* ***avantageusement*** *le précédent.*

avantageux, euse (adjectif) Qui procure un avantage. *C'est plus* ***avantageux*** *d'acheter ses vêtements pendant les soldes.* (Syn. **économique, intéressant.** Contr. **désavantageux.**)

avant-bras (nom masculin) Partie du bras qui va du coude au poignet. *Le radius est un os de l'****avant-bras****.*
▶ Pluriel : des **avant-bras**.

avant-centre (nom masculin) Joueur au centre de la ligne des avants, dans les sports d'équipe. *L'****avant-centre*** *passe le ballon à l'attaquant.*
▶ Pluriel : des **avant-centres**.

avant-coureur (adjectif) Qui annonce quelque chose à l'avance. *Les médecins n'ont pas su identifier les signes* ***avant-coureurs*** *de la maladie.* (Syn. **précurseur.**)
▶ Pluriel : des signes **avant-coureurs**.

avant-dernier, ère (adjectif) Qui est juste avant le dernier. *Le 30 décembre est l'****avant-dernier*** *jour de l'année.*
▶ Pluriel : les **avant-derniers** jours, les **avant-dernières** semaines.

avant-garde (nom féminin) **1** Partie d'une armée qui est envoyée en avant du reste des troupes. (Contr. **arrière-garde.**) **2** Au sens figuré, ensemble de ceux qui sont à la pointe du progrès. *L'****avant-garde*** *artistique.*
▶ Pluriel : des **avant-gardes**.

avant-goût (nom masculin) Première impression que l'on a de quelque chose. *Ce soleil radieux nous donne un* ***avant-goût*** *de l'été.*
▶ On écrit aussi **avant-gout**.
▶ Pluriel : des **avant-goûts**.

avant-hier (adverbe) Le jour qui a précédé hier. *Aujourd'hui, c'est samedi ;* ***avant-hier*** *on était jeudi.*
★ Voir **avant-veille**.

avant-première (nom féminin) Spectacle donné à l'intention des critiques avant la première représentation publique. *L'équipe du film était présente à l'****avant-première****.*
▶ Pluriel : des **avant-premières**.

avant-propos (nom masculin) Courte préface au début d'un livre. (Syn. **introduction.**)
▶ Pluriel : des **avant-propos**.

avant-scène (nom féminin) Partie de la scène comprise entre le rideau et la rampe. *En attendant le début du spectacle, le présentateur s'adresse au public depuis l'****avant-scène****.*
▶ Pluriel : des **avant-scènes**.

avant-veille (nom féminin) Jour qui vient juste avant la veille. *Il faut réserver sa place l'****avant-veille*** *du départ, c'est-à-dire vendredi pour partir dimanche.*
▶ Pluriel : des **avant-veilles**.
★ L'**avant-veille** d'aujourd'hui, c'est *avant-hier*.

avare (adjectif et nom) Qui ne pense qu'à accumuler de l'argent. *Elle est bien trop* ***avare*** *pour te prêter de l'argent. Un vieil* ***avare****.* (Contr. **dépensier, généreux.**)
▪ **avare** (adjectif) Qui ne donne pas facilement quelque chose. *Elle est* ***avare*** *de son temps.*

avarice (nom féminin) Défaut d'une personne avare.

avarie (nom féminin) Dégât survenu à un bateau. *Le voilier a subi de grosses* ***avaries*** *avec la tempête.*

avarié, ée (adjectif) Qui est abîmé, pourri. *La viande est* ***avariée*** *à cause de la chaleur.* (Contr. **frais.**)

avatar (nom masculin) Accident ou mésaventure. *On a connu bien des **avatars** pendant notre voyage !*

avec (préposition) Sert à introduire divers compléments. *Il est venu **avec** sa femme* (accompagnement). ***Avec** cette chaleur, les fruits s'abîment* (cause). *Manger sa soupe **avec** une cuillère* (moyen). *Il écoute **avec** attention* (manière).

aven (nom masculin) Gouffre naturel creusé par l'infiltration de l'eau, dans les roches calcaires. *Les **avens** forment parfois des grottes.*
► Prononciation [avɛn].

① **avenant, ante** (adjectif) Qui est aimable et accueillant. *Cet hôtelier est très **avenant** avec ses clients.*

② à l'**avenant** (adverbe) De la même manière. *Tout se dégrade dans cette maison : le toit, les murs, les fenêtres et tout le reste **à l'avenant**.*

avènement (nom masculin) Moment où un roi commence son règne.

avenir (nom masculin) **1** Évènements futurs. *On ne peut pas prévoir l'**avenir**.* **2** Ce que quelqu'un ou quelque chose deviendra plus tard. *Hélène est jeune, mais elle pense déjà à son **avenir**.* • **À l'avenir** : à partir de maintenant. ***À l'avenir**, je serai plus prudent.* (Syn. **désormais, dorénavant.**)

aventure (nom féminin) **1** Évènement extraordinaire ou imprévu, vécu par quelqu'un. *As-tu lu les **aventures** de Tintin ?* **2** Entreprise nouvelle et risquée. *Julie aime les voyages et l'**aventure**.* • **À l'aventure** : sans but précis. • **Dire la bonne aventure** : prédire l'avenir.
★ Famille du mot : s'aventur**er**, aventur**eux**, aventur**ier**, **més**aventure.

s'**aventurer** (verbe) (conj. 3) Prendre un risque en allant quelque part. *Les enfants n'ont pas osé **s'aventurer** dans la grotte.*

aventureux, euse (adjectif) **1** Qui est plein d'aventures, d'imprévus. *Mener une vie **aventureuse**.* **2** Qui a peu de chances de réussir. *Arrête ce bricolage **aventureux** et appelle un plombier !* (Syn. **risqué.**)

aventurier, ère (nom) Personne qui recherche l'aventure par goût du risque. *Les navigateurs solitaires sont de vrais **aventuriers**.*

avenue (nom féminin) Large rue, dans une ville.

s'**avérer** (verbe) (conj. 8) Se révéler, se montrer. *Le gel **s'est avéré** néfaste pour les arbres fruitiers.*

averse (nom féminin) Pluie soudaine et abondante, mais de courte durée. *On a attendu à l'abri la fin de l'**averse**.*
★ Une **averse**, c'est quand il pleut *à verse*.

aversion (nom féminin) Sentiment d'antipathie ou de dégoût. *Laure a une profonde **aversion** pour les araignées.* (Syn. **répulsion.** Contr. **sympathie.**)

avertir (verbe) (conj. 11) Informer quelqu'un pour le mettre en garde. *On nous **a avertis** d'un risque d'avalanche.* (Syn. **aviser, prévenir, signaler.**)
★ Famille du mot : avertis**sement**, avertis**seur**.

avertissement (nom masculin) **1** Ce qu'on dit pour avertir. *Tu aurais dû écouter les **avertissements** de tes parents.* (Syn. **conseil, recommandation.**) **2** Réprimande, rappel à l'ordre. *Clément a reçu un **avertissement** du directeur du collège.*

avertisseur (nom masculin) Appareil sonore servant à avertir.

aveu, eux (nom masculin) Fait d'avouer une chose. *Myriam nous a fait un **aveu** : elle nous avait menti.*

aveuglant, ante (adjectif) **1** Qui gêne la vue. *La lumière **aveuglante** me fait mal aux yeux.* (Syn. **éblouissant.**) **2** Qu'on ne peut nier. *La vérité est **aveuglante**, il y a des témoins.* (Syn. **flagrant.**)

aveugle (adjectif et nom) Qui est privé de la vue. *Ces chiens sont dressés pour guider des **aveugles**.*
■ **aveugle** (adjectif) Qui est incapable de voir la réalité. *Elle a une confiance **aveugle** en lui.*
★ Famille du mot : aveugl**ant**, aveugl**ement**, aveugl**ément**, aveugl**er**, à l'aveugl**ette**.

aveuglement (nom masculin) Manque de jugement, de lucidité.

aveuglément (adverbe) Sans réfléchir. *Contente-toi de suivre **aveuglément** le mode d'emploi !*

aveugler (verbe) (conj. 3) Gêner la vue, éblouir. *David a mis des lunettes noires pour ne pas **être aveuglé** par le soleil.*

à l'**aveuglette** (adverbe) **1** Sans y voir, comme un aveugle. *Les enfants avancent **à l'aveuglette** dans la grotte.* (Syn. **à tâtons.**) **2** Au sens figuré, sans savoir où l'on va. *Se lancer **à l'aveuglette** dans une aventure risquée.*

aviateur, trice (nom) Personne qui pilote un avion. *Louis Blériot est le premier **aviateur** à avoir traversé la Manche en 1909.*

aviation (nom féminin) **1** Ensemble des activités qui se rapportent aux avions, à la navigation aérienne. *Kevin lit un livre sur l'histoire de l'**aviation**.* **2** Ensemble des avions. *L'**aviation** ennemie.*

aviculture (nom féminin) Élevage des oiseaux ou de la volaille. *Dans cette exploitation agricole, on pratique l'**aviculture** sous incubateur.*

avide (adjectif) Qui désire très fortement quelque chose et en veut toujours davantage. *Noémie est **avide** de connaissances.* (Syn. **insatiable.**)

avidité (nom féminin) Désir très fort et immodéré de quelque chose. *Ibrahim mange avec **avidité**.*

s'**avilir** (verbe) (conj. 11) Devenir vil, méprisable. *On **s'avilit** à boire trop d'alcool.* (Syn. **s'abaisser.**)

avion (nom masculin) Appareil à moteur servant au transport aérien. *Le Concorde est le plus rapide des **avions** de ligne.*
★ Famille du mot : aviateur, aviation.
★ Ce mot a été créé par Clément Ader, pionnier de l'aviation, d'après le mot latin *avis* qui signifie « oiseau ».

aviron (nom masculin) **1** Rame d'une embarcation. *Si le vent tombe, il faudra se servir des **avirons**.* **2** Sport nautique pratiqué avec un bateau à rames. *Il y a une course d'**aviron** sur la Seine.*

avis (nom masculin) **1** Ce qu'on pense sur quelque chose. *J'ai besoin de ton **avis** avant de me décider.* (Syn. **opinion, point de vue.**) **2** Information écrite. ***Avis** au public : les chiens sont interdits dans le magasin.*

avisé, ée (adjectif) Qui agit intelligemment. *Un conseiller très **avisé**.* (Syn. **sage.**)

aviser (verbe)(conj. 3) **1** Apercevoir soudain. ***Aviser** un ami au loin.* (Syn. **remarquer.**) **2** Avertir ou prévenir quelqu'un. *Tu ne nous **as** pas **avisés** de ton prochain départ.* **3** S'aviser : se risquer à. *Ne **vous avisez** surtout pas de recommencer !*

avitaminose (nom féminin) Maladie provoquée par un manque de vitamines. *Les symptômes de l'**avitaminose** varient en fonction de la vitamine en carence.*

① **avocat, ate** (nom) Personne qui défend les accusés devant la justice. *Pour gagner son procès, il va lui falloir un bon **avocat**.*

② **avocat** (nom masculin) Fruit vert ou marron, à gros noyau, ayant la forme d'une poire. *En entrée, Lucas a mangé un **avocat** aux crevettes.*

avoine (nom féminin) Céréale dont les grains servent surtout à nourrir les chevaux.

① **avoir** (verbe)(conj. 1) **1** Posséder un bien. *Pierre aimerait **avoir** un chat.* **2** Posséder une caractéristique. *Sarah **a** les yeux bleus.* **3** Obtenir quelque chose. *Quentin **a eu** 10 sur 10 en géographie.* **4** Éprouver, ressentir quelque chose. *J'**ai** faim. Romain **a** mal aux dents.* **5** Être âgé de tant. *Ursula **a** 9 ans.* **6** Synonyme familier de tromper. *Tu as payé bien trop cher, tu t'es fait **avoir** !* • Avoir à : devoir. *J'**ai** des courses **à** faire.* • Il y a : il existe. ***Il y a** plein de poussière sur les meubles.*

▶ **Avoir** est également employé comme auxiliaire pour conjuguer les verbes aux temps composés (par ex. : j'**ai** mangé, il **avait** joué).

② **avoir** (nom masculin) **1** Ce qu'on possède. *Tout son **avoir** est à l'étranger.* **2** Crédit qu'on a chez un commerçant. *J'ai rapporté le CD que j'avais en double et le vendeur m'a fait un **avoir**.*

avoisinant, ante (adjectif) Qui est voisin, tout proche. *On a trouvé des champignons dans les bois **avoisinants**.*

avoisiner (verbe) (conj. 3) **1** Être à proximité de quelque chose. *L'écurie **avoisine** le champ de courses.* (Syn. **jouxter.**) **2** Se rapprocher de. *Le taux de réussite au brevet **avoisine** les soixante pour cent.* (Syn. **approcher.**)

avortement (nom masculin) Fait d'avorter.

avorter (verbe)(conj. 3) **1** Arrêter la grossesse avant son terme, accidentellement ou volontairement. **2** Au sens figuré, ne pas réussir. *Tous ses projets **ont** malheureusement **avorté**.* (Syn. **échouer.**)
★ Famille du mot : avort**ement**, avort**on**.

avorton (nom masculin) Individu difforme et chétif. *On ne tirera jamais rien de bon de cet **avorton** !* (Syn. **gringalet.**)

avouable (adjectif) Qu'on peut avouer sans en avoir honte. *Elle a fait une bêtise qui n'est pas très **avouable**.* (Contr. **inavouable, honteux.**)

avouer (verbe) (conj. 3) **1** Reconnaître que quelque chose est vrai. *J'**avoue** que j'ai eu très peur.* **2** Reconnaître qu'on est coupable. *Le meurtrier **a avoué**.* (Contr. **nier.**)
★ Famille du mot : avou**able**, inavou**able**.

avril (nom masculin) Quatrième mois de l'année, qui compte trente jours.

axe (nom masculin) **1** Tige qui traverse le milieu d'un objet. *La roue tourne autour de son **axe**.* **2** Ligne qui partage un espace en deux parties semblables. *La ligne blanche est tracée dans l'**axe** de la route. Un **axe** de symétrie.* **3** Grande route qui traverse un pays. *Les grands **axes** sont aujourd'hui bien dégagés.*

axer (verbe)(conj. 3) Diriger selon un axe. *Il a décidé d'**axer** sa vie sur son travail.* (Syn. **orienter.**)

ayant droit (nom) Personne qui a droit à une prestation. *Les **ayants droit** perçoivent une indemnité au début de chaque mois.*
▶ Pluriel : des **ayants droit**.

aye-aye (nom masculin) Mammifère malgache proche du singe, de la taille d'un chat, au pelage argenté, ayant une queue touffue. *L'**aye-aye** est une espèce en voie de disparition.*
▶ Pluriel : des **ayes-ayes**.
★ Aye-aye est une onomatopée.

azalée (nom féminin) Arbuste à fleurs décoratives.

azerty (adjectif) • Clavier azerty : clavier d'une machine à écrire ou d'un ordinateur, utilisé en France, qui présente ces lettres de l'alphabet sur les six premières touches.

azote (nom masculin) Gaz qui constitue la plus grande partie de l'air.

azuléjo (nom masculin) Carreau de faïence émaillée, bleu à l'origine, employé en Espagne et au Portugal. *Le carreleur pose des **azuléjos** sur les murs de la salle de bains.*
▶ Prononciation [azuleʀo].
★ **Azuléjo** vient du mot espagnol *azul* qui signifie « bleu ».
▶ On écrit aussi **azulejo**.

azur (nom masculin) Couleur bleue, en particulier celle du ciel.

azyme (adjectif) • Pain azyme : pain cuit sans levain.

b (nom masculin) Deuxième lettre de l'alphabet. *Le B est une consonne.*

BA (nom féminin) Bonne action. *J'ai fait ma **BA** de la journée en lui rendant service.*
▶ Prononciation [bea].
▶ Pluriel : des **BA**.
★ BA est le sigle de *bonne action*.

baba (nom masculin) Gâteau dont la pâte est arrosée de rhum.

babiller (verbe) (conj. 3) Bavarder gentiment. *Clément perd son temps à **babiller**.*

babines (nom féminin pluriel) Lèvres de certains animaux. *Le singe retrousse ses **babines** : il est menaçant.* • S'en lécher les babines : se réjouir à l'avance à la pensée d'une chose agréable.

babiole (nom féminin) **1** Petit objet qui a peu de valeur. *Gaëlle est déçue : on ne lui a offert que des **babioles**.* **2** Chose sans importance. *C'est stupide de se disputer pour des **babioles**.*

bâbord (nom masculin) Côté gauche d'un bateau quand on regarde vers l'avant. *Le voilier vire à gauche, à **bâbord**.* (Contr. **tribord**.)

babouche (nom féminin) Chaussure en cuir sans talon. *Zoé a rapporté une paire de **babouches** de son voyage au Maroc.*

babouin (nom masculin) Singe d'Afrique dont le museau ressemble à celui d'un chien.

baby-boom (nom masculin) Augmentation importante et brusque de la natalité. *À cause du **baby-boom**, il y a beaucoup d'enfants dans les classes aujourd'hui.*
▶ Prononciation [babibum].
★ **Baby-boom** vient des mots anglais *baby* qui signifie « bébé », et *boom* qui signifie « explosion ».
▶ Pluriel : des **baby-booms**.
▶ On écrit aussi **babyboom**.

baby-foot (nom masculin) Jeu qui reproduit une partie de football avec des joueurs fixés sur des tringles.
▶ **Baby-foot** est un mot anglais : on prononce [babifut].
▶ Pluriel : des **baby-foot**.
▶ On écrit aussi **babyfoot**.

baby-sitter (nom) Personne payée pour garder les enfants quand leurs parents sont absents.
▶ **Baby-sitter** est un mot anglais : on prononce [babisitœʀ].
▶ Pluriel : des **baby-sitters**.
▶ On écrit aussi **babysitter**.

baby-sitting (nom masculin) Activité du baby-sitter. *Cette étudiante fait du **baby-sitting** pour payer ses études.*
▶ **Baby-sitting** est un mot anglais : on prononce [babisitiŋ].
▶ Pluriel : des **baby-sittings**.
▶ On écrit aussi **babysitting**.

① **bac** (nom masculin) **1** Bateau qui permet à des passagers et à des véhicules de traverser un cours d'eau ou un lac. *On a pris le **bac** pour traverser la rivière.* **2** Grand récipient. *Un **bac** à glace, un **bac** à sable, un **bac** à fleurs.*

② **bac** (nom masculin) Synonyme familier de baccalauréat.

bacantes (nom féminin pluriel) Synonyme familier de moustaches. *Mon grand-oncle porte d'énormes **bacantes**.*
★ **Bacchantes** vient du mot allemand *Backen* qui signifie « joues ».
▶ On écrit aussi **bacchantes**.

baccalauréat (nom masculin) Examen que l'on passe à la fin des études secondaires. *Après le **baccalauréat**, on peut s'inscrire à l'université.* (Syn. **bac**.)

bacchanales (nom féminin pluriel) Fêtes religieuses dédiées à Bacchus, dans l'Antiquité. *Les **bacchanales** étaient pratiquées par des communautés secrètes.* (Syn. **orgie**.)
▶ Prononciation [bakanal].

bâche (nom féminin) Grande toile imperméable. *Le peintre a mis des* ***bâches*** *pour protéger les meubles et le sol.*

bachelier, ère (nom) Personne qui a obtenu le baccalauréat.
★ Au Moyen Âge, le **bachelier** était un jeune homme qui voulait devenir chevalier.

bâcher (verbe) (conj. 3) Couvrir d'une bâche. *Le salon de jardin reste* ***bâché*** *pendant tout l'hiver.*

bachoter (verbe) (conj. 3) Préparer un examen par un travail intensif de dernière minute, en faisant appel surtout à la mémoire. *Ça lui est égal de ne rien comprendre, il* ***bachote*** *juste pour avoir son diplôme.*

bacille (nom masculin) Bactérie en forme de bâtonnet. *La tuberculose est due au* ***bacille*** *de Koch.*
► Prononciation [basil].
★ **Bacille** vient du latin *bacillum* qui signifie « petit bâton ».

bâcler (verbe) (conj. 3) Faire quelque chose trop vite et sans s'appliquer. *David* ***a bâclé*** *son devoir et a eu une très mauvaise note.*

bacon (nom masculin) Lard fumé. *Des œufs au* ***bacon.***
► **Bacon** est un mot anglais : on prononce [bekɔn].

bactéricide (adjectif) Qui tue les bactéries. *La nourrice plonge les biberons dans un produit* ***bactéricide.***

bactérie (nom féminin) Micro-organisme formé d'une seule cellule et qui peut transmettre des maladies.
★ Famille du mot : bactéricide, bactériologie.

bactériologie (nom féminin) Étude des bactéries et des infections qu'elles provoquent. *À l'hôpital, il y a un service de* ***bactériologie.***

badaud (nom masculin) Personne qui regarde par curiosité ce qui se passe dans la rue. *Les* ***badauds*** *s'attardent devant les vitrines.* (Syn. **flâneur.**)

badge (nom masculin) Insigne que l'on accroche sur un vêtement. *Porter un* ***badge*** *avec son nom.*

badger (verbe) (conj. 5) Introduire un badge dans une machine pour être identifié. *Les employés de la banque* ***badgent*** *chaque matin en arrivant à l'agence.* (Syn. **pointer.**)

badigeonner (verbe) (conj. 3) **1** Recouvrir une surface avec une peinture facile à étaler. *Ces maisons blanches* ***ont été badigeonnées*** *à la chaux.* **2** Enduire d'un médicament liquide. *L'infirmière* ***a badigeonné*** *la blessure d'Hélène avec de l'eau oxygénée.*

badin, ine (adjectif) Synonyme littéraire de enjoué. *Nous avons discuté sur un ton* ***badin.*** (Syn. **plaisant.** Contr. **triste, maussade.**)
★ **Badin** vient du mot provençal *badau* qui signifie « niais ».

badine (nom féminin) Baguette mince et souple qui sert de cravache.

badiner (verbe) (conj. 3) Parler de manière enjouée et légère. (Syn. **plaisanter.**) • **Ne pas badiner avec quelque chose** : prendre quelque chose au sérieux, y attacher de l'importance.

badminton (nom masculin) Jeu qui se joue avec des raquettes légères et un volant, par dessus un filet.
► **Badminton** est un mot anglais : on prononce [badmintɔn].

baffe (nom féminin) Synonyme familier de gifle.

baffle (nom masculin) Haut-parleur d'une chaîne stéréo. *Les* ***baffles*** *sont placés à gauche et à droite de la chaîne.*

bafouer (verbe) (conj. 3) Traiter avec mépris ou tourner en ridicule. *C'est humiliant d'****être bafoué*** *devant ses amis.*

bafouiller (verbe) (conj. 3) Parler d'une manière peu compréhensible. *Julie est si timide qu'elle* ***a bafouillé*** *en récitant son poème.* (Syn. **bredouiller.**)

bagage (nom masculin) **1** Sac ou valise que l'on emporte avec soi en voyage. *On ne pourra jamais mettre tous ces* ***bagages*** *dans le coffre de la voiture !* **2** Au sens figuré, ensemble des connaissances d'une personne. *Il faut avoir un* ***bagage*** *suffisant en mathématiques pour faire des études scientifiques.*
• **Plier bagage** : partir.

bagagiste (nom) Personne qui s'occupe de porter et ranger les bagages dans un hôtel, une gare ou un aéroport. *Le* ***bagagiste*** *amène les valises dans la chambre.*
▪ **bagagiste** (nom masculin) Industriel qui fabrique des bagages.

bagarre (nom féminin) Dans la langue familière, violente dispute avec échange de coups. *La discussion s'est terminée en* ***bagarre.*** (Syn. **rixe.**)
★ Famille du mot : se bagarrer, bagarreur.

se **bagarrer** (verbe) (conj. 3) Synonyme familier de se battre. *Ils se sont fait mal en* ***se bagarrant.***

bagarreur, euse (adjectif) Synonyme familier de batailleur.

bagatelle (nom féminin) Chose sans importance. *Ils se sont disputés pour une* ***bagatelle,*** *c'est ridicule.*

bagnard (nom masculin) Condamné au bagne. (Syn. **forçat.**)

bagne (nom masculin) **1** Lieu où étaient détenus les condamnés aux travaux forcés. **2** Au sens figuré, endroit où les conditions de travail sont très dures. *Cette usine est un vrai* ***bagne*** *!*

bagnole (nom féminin) Synonyme familier de automobile.

bagou (nom masculin) Dans la langue familière, grande facilité à parler. *Pour être un bon vendeur, il faut avoir du* ***bagou.***
► On écrit aussi **bagout.**

bague (nom féminin) Bijou en forme d'anneau que l'on porte au doigt.

baguenauder (verbe) (conj. 3) Synonyme familier et vieilli de flâner. (Syn. **se balader.**)
► On dit aussi **se baguenauder**.

baguette (nom féminin) **1** Petit bâton mince. *Au Japon, on mange avec des **baguettes**.* **2** Pain long et mince. *Acheter une **baguette** chez le boulanger.* • **Baguette magique :** petit bâton dont se servent les magiciens pour faire leurs sortilèges. • **Mener quelqu'un à la baguette :** le diriger avec sévérité.

bah ! (interjection) Marque l'indifférence, le dédain et l'insouciance. ***Bah !** Tant pis, je ferai mieux la prochaine fois !*

bahut (nom masculin) Buffet bas. *Range les assiettes et les verres dans le **bahut** de la cuisine.*

bai, baie (adjectif) Qui a la robe rouge-brun, la queue et la crinière noires, en parlant d'un cheval.
★ **Bai** vient du mot latin *badius* qui signifie « brun ».

baie (nom féminin) **1** Endroit de la côte où la mer avance dans la terre. **2** Grande ouverture vitrée, servant de fenêtre ou de porte-fenêtre. *De grandes **baies** donnent sur le jardin.* **3** Petit fruit à pépins. *Les mûres, les groseilles, les myrtilles sont des **baies**.*

baignade (nom féminin) **1** Action de se baigner. *La **baignade** est interdite quand il y a le drapeau rouge sur la plage.* **2** Endroit où l'on peut se baigner. *Il y a une **baignade** aménagée sur la rivière.*

baigner (verbe) (conj. 3) **1** Mettre dans l'eau ou faire prendre un bain. *Tu préfères te **baigner** à la mer ou à la piscine ?* **2** Tremper dans un liquide. *Les morceaux de viande **baignent** dans la sauce.*
★ Famille du mot : baign**ade**, baign**eur**, baign**oire**, bain, bain-marie.

baigneur, euse (nom) Personne qui se baigne. *Les **baigneurs** sont plus nombreux en été.*
■ **baigneur** (nom masculin) Poupée qui ressemble à un bébé. *Ma petite sœur joue avec son **baigneur**.*

baignoire (nom féminin) Grand récipient pour prendre des bains. *Après son bain, Ibrahim nettoie la **baignoire**.*

bail, baux (nom masculin) Contrat fixant la durée et les conditions de location d'un bien. *Mes parents ont signé un **bail** de neuf ans avec le propriétaire.*
► Prononciation [baj], pluriel [bo].

bâillement (nom masculin) Action de bâiller.

bâiller (verbe) (conj. 3) **1** Ouvrir involontairement la bouche toute grande. *Tu as sommeil, tu n'arrêtes pas de **bâiller** !* **2** Être entrouvert, mal fermé ou mal ajusté. *Une porte, un vêtement qui **bâille**.*

bailleur, bailleresse (nom) Personne qui donne un bien à bail. *Le **bailleur** loue sa maison au preneur.* • **Bailleur de fonds :** personne qui fournit des capitaux à une entreprise.

bâillon (nom masculin) Bandeau que l'on met sur la bouche de quelqu'un pour l'empêcher de crier.

bâillonner (verbe) (conj. 3) Mettre un bâillon sur la bouche de quelqu'un. *Les cambrioleurs **ont bâillonné** le caissier de la banque.*

bain (nom masculin) Fait de se mettre dans l'eau pour se laver ou pour nager. *Kevin prend un **bain** tous les soirs.* • **Bain de soleil :** exposition du corps aux rayons du soleil, pour bronzer.

bain-marie (nom masculin) Façon de cuire lentement un aliment en le mettant dans un récipient plongé dans de l'eau bouillante. *Faire fondre doucement du chocolat au **bain-marie**.*
► Pluriel : des **bains-marie**.

baïonnette (nom féminin) Petite épée qui se fixe au bout d'un fusil.
★ **Baïonnette** vient de *Bayonne*, première ville où l'on fabriqua cette arme.

baisemain (nom masculin) Hommage consistant à saluer une femme ou un souverain en lui baisant la main. *Le **baisemain** se pratique encore dans l'aristocratie.*

① **baiser** (verbe) (conj. 3) Toucher avec ses lèvres. ***Baiser** le front de quelqu'un.* (Syn. **embrasser.**)

② **baiser** (nom masculin) Geste de tendresse qui consiste à toucher quelqu'un avec ses lèvres. *Laura m'a donné un gros **baiser** sur la joue.*

baisse (nom féminin) Fait de baisser. *Une **baisse** de température. La **baisse** des prix.* (Syn. **diminution.** Contr. **augmentation, hausse.**)

baisser (verbe) (conj. 3) **1** Mettre plus bas. *Si tu as trop chaud, **baisse** la vitre pour avoir de l'air.* (Syn. **abaisser.** Contr. **relever.**) **2** Courber une partie du corps. ***Baisser** la tête.* (Syn. **pencher.**) **3** Diminuer la force, l'intensité ou le prix de quelque chose. ***Baisse** un peu le son de la radio. **Baisser** les impôts.* (Contr. **augmenter.**) **4** Devenir moins fort, moins haut ou moins cher. *La température **a** beaucoup **baissé**. Attendre que les prix **baissent**.* (Syn. **diminuer.** Contr. **augmenter, monter.**) **5 Se baisser :** se pencher vers le bas. *Le joueur **se baisse** pour ramasser la balle.*

bajoue (nom féminin) Joue de certains animaux.

bakchich (nom masculin) Somme d'argent donnée, secrètement ou non, pour un service rendu. *Il a donné un **bakchich** au douanier pour que ses bagages ne soient pas fouillés.* (Syn. **pot-de-vin, pourboire, gratification.**)
★ **Bakchich** est un mot persan.

bakélite (nom féminin) Matière plastique à base de formol et de phénol. *L'artiste expose des objets d'art en **bakélite**.*
★ **Bakélite** est le nom d'une marque.

bal, bals (nom masculin) Réunion de gens qui dansent. *Les **bals** du 14 Juillet.*

balade (nom féminin) Synonyme familier de promenade. *Pierre et Anna ont fait une grande **balade** à vélo.*

se **balader** (verbe) (conj. 3) Synonyme familier de se promener. ***Se balader** dans les rues de la ville.*

baladeur (nom masculin) Petit lecteur portable de cassettes ou de CD, muni d'un casque d'écoute.

a b c d e f g h i j k l m n o p q r s t u v w x y z

balafon (nom masculin) Instrument à percussion de l'Afrique occidentale, proche du xylophone. *On joue du **balafon** au Tchad et au Sénégal.*

balafre (nom féminin) Longue entaille sur le visage.

balafré, ée (adjectif) Qui porte une balafre.

balai (nom masculin) Brosse souple fixée au bout d'un long manche pour balayer. *Quentin a passé un coup de **balai** dans l'entrée.*
★ Famille du mot : balai-brosse, balay**age**, balay**er**, balay**ette**, balay**eur**, balay**euse**.

balai-brosse (nom masculin) Brosse dure fixée au bout d'un manche.
▶ Pluriel : des **balais-brosses**.

balaise Voir ***balèze***.

balalaïka (nom féminin) Petit luth à caisse triangulaire et à trois cordes, employé dans la musique russe. *On pince les cordes de la **balalaïka** avec une petite lame de corne.*

balance (nom féminin) Appareil qui sert à peser. *Le boucher pose le rôti sur la **balance**.*

balancelle (nom féminin) **1** Banc de jardin sur lequel on peut se balancer. *Le toit en tissu de la **balancelle** protège du soleil.* **2** Embarcation pointue aux deux extrémités, à un seul mât. *La **balancelle** était surtout utilisée en Méditerranée.*

balancement (nom masculin) Mouvement de quelque chose qui se balance. *Le **balancement** d'une barque sur la mer.*

balancer (verbe) (conj. 4) Donner un mouvement de va-et-vient. *La houle **balance** les voiliers dans le port. Arrête de te **balancer** d'un pied sur l'autre !*
★ Famille du mot : balance**ment**, balanc**ier**, balanç**oire**.

balancier (nom masculin) **1** Pièce d'une horloge qui se balance autour d'un axe et rend son fonctionnement régulier. **2** Très long bâton qui sert de contrepoids. *Le **balancier** d'un équilibriste lui permet de se maintenir sur le fil.*

balançoire (nom féminin) **1** Siège suspendu au bout de deux cordes, et sur lequel on peut se balancer. **2** Planche de bois posée en équilibre sur un point d'appui et qui bascule lorsqu'on s'assoit à une extrémité.

balayage (nom masculin) Action de balayer. *Le **balayage** des feuilles mortes.*

balayer (verbe) (conj. 7) **1** Nettoyer le sol avec un balai. *Il y a de la poussière, il faut **balayer** ta chambre.* **2** Au sens figuré, pousser violemment devant soi. *Le vent **a balayé** les nuages : le ciel est tout bleu.*

balayette (nom féminin) Petit balai.

balayeur, euse (nom) Personne chargée de balayer les rues.

balayeuse (nom féminin) Véhicule servant à balayer les rues.

balbutiement (nom masculin) Fait de balbutier. *Je n'arrive pas à comprendre ce que les **balbutiements** de cet enfant veulent dire.*
▶ Prononciation [balbysimɑ̃].

balbutier (verbe) (conj. 10) Parler en articulant mal ou de façon confuse. *Il était tellement intimidé qu'il n'a pu que **balbutier** quelques mots.*
▶ Prononciation [balbysje].

balcon (nom masculin) Terrasse entourée d'une balustrade et se trouvant sur la façade d'un immeuble. *Ouvre la porte-fenêtre et va prendre l'air sur le **balcon**.*

baldaquin (nom masculin) Sorte de toit de tissu, suspendu au-dessus d'un lit. *Dans chaque chambre du château, on trouve un lit à **baldaquin**.*

baleine (nom féminin) **1** Mammifère marin de très grande taille. *La **baleine** bleue peut peser jusqu'à 150 tonnes.* **2** Chacune des tiges flexibles servant à tendre la toile d'un parapluie.
★ Famille du mot : baleine**au**, baleini**er**.

baleineau, eaux (nom masculin) Petit de la baleine.

baleinier (nom masculin) Navire servant à pêcher les baleines.

balèze (adjectif et nom) **1** Synonyme familier de puissant. *Les gardes du corps sont des types **balèzes**.* (Syn. **costaud, robuste.**) **2** Synonyme familier de instruit. *C'est un **balèze** en chimie.* (Syn. **cultivé.**)
★ **Balèze** vient du mot provençal *balès,* qui signifie « homme grotesque ».
▶ On écrit aussi **balaise**.

balisage (nom masculin) Action de baliser. *Le **balisage** d'une piste d'aviation la rend bien visible.*

balise (nom féminin) **1** Signal servant à guider les bateaux ou les avions. *Des **balises** signalent la piste.* **2** Code dans un fichier informatique servant à délimiter des informations.
★ Famille du mot : balis**age**, balis**er**.

baliser (verbe) (conj. 3) Munir de balises. *L'entrée du port **est balisée** par des bouées lumineuses.*

balistique (adjectif) Qui concerne le mouvement des projectiles. *La pendule **balistique** mesure la vitesse d'un missile.*
▪ **balistique** (nom féminin) Science du mouvement des projectiles lancés par les armes à feu. *La **balistique** permet de décrire la trajectoire d'une balle.*

balivernes (nom féminin pluriel) Paroles sans intérêt. *Cesse de raconter des **balivernes**, tu ne nous intéresses pas !* (Syn. **sornettes.**)

balkanique (adjectif) De la péninsule la plus orientale du bassin méditerranéen. *La Grèce et la Bulgarie sont des pays **balkaniques**.*

balkanisation (nom féminin) Morcellement d'un pays en États indépendants. *Ce grand empire a disparu depuis sa **balkanisation**.* (Syn. **éclatement.**)

ballade (nom féminin) **1** Poème lyrique du Moyen Âge. *La **ballade** comprend au moins trois strophes.*

2 Composition vocale ou instrumentale de forme libre, typique de la musique romantique. *J'écoute les **ballades** de Chopin.*
★ **Ballade** vient du mot du bas latin *ballare* qui signifie « danser ».

ballant, ante (adjectif) Qui pend et se balance dans le vide. *Ne reste pas les bras **ballants** à ne rien faire !*

ballast (nom masculin) **1** Couche de pierres sur laquelle sont posées les traverses supportant les rails d'une voie ferrée. **2** Réservoir d'eau d'un sous-marin, lui permettant de plonger ou de remonter.

balle (nom féminin) **1** Petit objet en forme de boule qui sert à jouer. *Une **balle** de tennis.* **2** Petit projectile métallique d'une arme à feu. *Il a été tué d'une **balle** de revolver.* • **Saisir la balle au bond** : saisir l'occasion sans attendre.

ballerine (nom féminin) **1** Danseuse de ballet. **2** Chaussure de femme qui ressemble à un chausson de danse.

ballet (nom masculin) Spectacle de danse. *Élodie applaudit les danseurs du **ballet** de l'opéra.*

ballon (nom masculin) **1** Grosse balle. *Au football, le **ballon** est rond ; au rugby, le **ballon** est ovale.* **2** Petit sac de caoutchouc qui se gonfle quand on souffle dedans. *Les enfants ont décoré la classe avec des **ballons** multicolores.* **3** Aéronef constitué d'une enveloppe contenant un gaz plus léger que l'air et d'une nacelle. *Faire un voyage en **ballon**.*
★ Famille du mot : ballonné, ballon**nement**, ballon-sonde.

ballonné, ée (adjectif) Qui est gonflé comme un ballon. *Après ce repas, j'ai l'estomac tout **ballonné**.*

ballonnement (nom masculin) Gonflement de l'abdomen produit par l'accumulation de gaz intestinaux. *Élodie a des **ballonnements** parce qu'elle a mangé trop de cassoulet.*

ballon-sonde (nom masculin) Ballon équipé d'appareils de mesure pour explorer la haute atmosphère. *La station météo envoie des **ballons-sondes** dans le ciel.*
▶ Pluriel : des **ballons-sondes**.

ballot (nom masculin) Paquet de vêtements ou de marchandises. *Un gros **ballot** de linge sale.*

ballottage (nom masculin) Situation d'un candidat à une élection, qui n'a pas obtenu assez de voix pour être élu au premier tour. *S'il y a **ballottage**, il va falloir retourner voter.*
▶ On écrit aussi **ballotage**.

ballotter (verbe) (conj. 3) Secouer dans tous les sens. *On est plus **ballotté** au fond du car qu'au milieu.*
▶ On écrit aussi **balloter**.

ball-trap (nom masculin) Appareil à ressort qui lance des disques d'argile en l'air, sur lesquels on tire avec un fusil. *Chaque année, un concours de **ball-trap** est organisé au village.*
▶ **Ball-trap** est un mot anglais : on prononce [baltʀap].
▶ Pluriel : des **ball-traps**.
▶ On écrit aussi **balltrap**.

balluchon (nom masculin) Petit paquet de vêtements et d'affaires personnelles.
▶ On écrit aussi **baluchon**.

balnéaire (adjectif) Qui concerne les bains de mer. *Deauville est une station **balnéaire**.*

balnéothérapie (nom féminin) Cure médicale par des bains d'eau de mer ou d'eau thermale. *On pratique la **balnéothérapie** dans des stations thermales.*

balourd, ourde (adjectif) Qui est maladroit, sans finesse. *Tu es vraiment **balourd** avec tes questions stupides !*

balsa (nom masculin) Bois très léger provenant d'un arbre d'Amérique. *Une maquette de bateau en **balsa**.*

balsamique (adjectif et nom masculin) Qui contient un baume. *On embaumait les momies avec des substances **balsamiques**.*

balte → tableau p. 6/7.

baluchon Voir ***balluchon***.

balustrade (nom féminin) Barrière qui borde un balcon ou une terrasse, et qui empêche de tomber.

balustre (nom masculin) Petit pilier arrondi. *L'architecte a orné de **balustres** les rampes de l'escalier.*

bambin (nom masculin) Petit enfant.

bambou (nom masculin) Plante des pays chauds, à longue tige creuse. *Une canne à pêche, une chaise en **bambou**.*

bambouseraie (nom féminin) Plantation de bambous. *Il y a des **bambouseraies** dans les pays tropicaux.*

ban (nom masculin) Applaudissements rythmés en l'honneur de quelqu'un. *Faire un **ban** pour les vainqueurs.*
■ **bans** (nom masculin pluriel) Annonce d'un mariage. *La mairie a publié les **bans** du mariage de mon oncle.*

banal, ale, als (adjectif) Qui n'a rien d'original. *Cet incident se produit souvent, il est très **banal**.* (Syn. **commun, courant, ordinaire**. Contr. **exceptionnel, extraordinaire**.)
★ Famille du mot : banal**isé**, banal**ité**.

banalisé, ée (adjectif) Qui n'a aucun signe distinctif. *Une voiture de police **banalisée**.*

banalité (nom féminin) **1** Caractère banal de quelque chose. *Une vie d'une grande **banalité**.* **2** Paroles banales, sans intérêt. *Il n'a dit que des **banalités**.*

a b c d e f g h i j k l m n o p q r s t u v w x y z

a b c d e f g h i j k l m n o p q r s t u v w x y z

banane (nom féminin) **1** Fruit allongé du bananier, à peau jaune et épaisse, qui pousse en grappes appelées « régimes ». **2** Sacoche portée autour de la taille.
★ Famille du mot : banane**raie**, banan**ier**.

bananeraie (nom féminin) Plantation de bananiers.

bananier (nom masculin) **1** Plante cultivée dans les pays chauds et qui donne les bananes. **2** Navire équipé pour transporter des bananes.

banc (nom masculin) Long siège, avec ou sans dossier, pour plusieurs personnes. *S'asseoir sur un **banc** dans un square.* • **Banc de poissons** : grande quantité de poissons nageant ensemble. • **Banc de sable** : masse de sable accumulée dans la mer ou dans une rivière.

bancaire (adjectif) D'une banque. *Ici, on peut payer avec un chèque **bancaire** ou avec une carte **bancaire**.*

bancal, ale, als (adjectif) Qui est mal équilibré. *Cette table est **bancale** car elle a un pied abîmé.* (Contr. **stable**.)

bandage (nom masculin) Pansement fait avec une bande de tissu.

bandana (nom masculin) Petit foulard carré de coton imprimé. *Julie porte un **bandana** rouge noué autour du cou.*

bande (nom féminin) **1** Morceau de tissu, de papier, de cuir, etc. qui est beaucoup plus long que large. *Thomas a une **bande** autour du poignet car il s'est fait une foulure. Une **bande** de papier adhésif.* **2** Groupe de personnes. *Fatima se promène avec sa **bande** de copines.* • **Bande dessinée** : suite de dessins qui raconte une histoire. *Un album de **bandes dessinées**.* (Syn. **BD**.) • **Bande magnétique** : long ruban sur lequel sont enregistrés des sons ou des images. • **Faire bande à part** : rester à l'écart d'un groupe.
★ Famille du mot : band**age**, bande-annonce, band**eau**, band**elette**, band**er**, bande-son, bande-vidéo.

bande-annonce (nom féminin) Passages d'un film que l'on montre avant sa sortie. *La **bande-annonce** m'a donné envie de voir ce film.*
► Pluriel : des **bandes-annonces**.

bandeau, eaux (nom masculin) Étroite bande de tissu servant à retenir les cheveux ou couvrir les yeux. *Pour jouer à colin-maillard, on se met un **bandeau** sur les yeux.*

bandelette (nom féminin) Bande très longue et étroite. *Les momies égyptiennes étaient entourées de **bandelettes**.*

bander (verbe) (conj. 3) **1** Entourer d'une bande de tissu. ***Bander** une cheville foulée.* **2** Tendre la corde d'un arc pour envoyer la flèche.

banderille (nom féminin) Bâton pointu muni de rubans, que le torero plante dans le dos du taureau, au cours d'une corrida.

banderole (nom féminin) Bande de tissu tendue entre deux bâtons et portant une inscription. *Les grévistes préparent des **banderoles** pour la manifestation.*

bande-son (nom féminin) Support magnétique sur lequel est enregistré le son d'un film. *Pour exporter un film à l'étranger, on traduit sa **bande-son** ou on le sous-titre.*
► Pluriel : des **bandes-son**.

bande-vidéo (nom féminin) Support magnétique servant à enregistrer des sons et des images. *Il existe des films sur DVD et sur **bande-vidéo**.*
► Pluriel : des **bandes-vidéo**.

bandit (nom masculin) Malfaiteur dangereux. *Des **bandits** ont attaqué la banque.* (Syn. **gangster**.)

banditisme (nom masculin) Activité des bandits. *La police lutte contre le **banditisme**.*

bandonéon (nom masculin) Instrument de musique à air, proche de l'accordéon, utilisé dans les orchestres de tango. *Ils dansaient sur un air de **bandonéon**.*
★ **Bandonéon** vient du nom de l'inventeur *Band* et de *accordéon*.

bandoulière (nom féminin) • **En bandoulière** : qui est tenu par une courroie passée d'une épaule au côté opposé du corps. *Le facteur porte sa sacoche **en bandoulière**.*

banjo (nom masculin) Sorte de petite guitare ronde. *Dans cet orchestre de jazz, un musicien joue du **banjo**.*
► Prononciation [bɑ̃dʒo].

banlieue (nom féminin) Ensemble des communes qui entourent une grande ville. *Myriam n'habite plus Paris, elle a déménagé en **banlieue**.*

banlieusard, arde (nom) Personne qui habite la banlieue. *Les **banlieusards** prennent le train ou le bus pour aller travailler à la ville.*

bannière (nom féminin) Sorte de drapeau. *Les supporteurs agitent la **bannière** du club.*

bannir (verbe) (conj. 11) **1** Condamner quelqu'un à quitter son pays. **2** Au sens figuré, rejeter, supprimer. *Depuis qu'il est malade, papa **a** complètement **banni** le tabac.*

banque (nom féminin) Entreprise où on peut déposer de l'argent et en emprunter. *Passer prendre un chéquier à la **banque**.*
★ Famille du mot : banc**aire**, banqueroute, banqu**ier**.

banqueroute (nom féminin) Faillite due à l'imprudence ou à la fraude. *Cette entreprise a fait **banqueroute** à cause d'une mauvaise gestion.*
★ **Banqueroute** vient de l'italien *banca rotta* qui signifie « banc rompu ».

banquet (nom masculin) Grand repas de fête. *Le maire du village a organisé un **banquet** pour les personnes âgées.*

banquette (nom féminin) Siège rembourré à plusieurs places. *Victor est assis sur la **banquette** arrière de la voiture.*

banquier, ière (nom) Personne qui dirige une banque.

banquise (nom féminin) Dans les régions polaires, couche de glace qui se forme sur la mer. *Les ours blancs, les phoques, les morses vivent sur la **banquise**.*

bantou, oue (nom masculin et adjectif) Famille de langues africaines parlées par les populations africaines vivant au sud de l'équateur. *Il existe plusieurs centaines de langues **bantoues**.*

baobab (nom masculin) Grand arbre au tronc énorme, qui pousse dans les régions tropicales d'Afrique et d'Australie.

baptême (nom masculin) Sacrement par lequel une personne devient chrétienne. • **Baptême de l'air** : premier vol en avion ou en hélicoptère.
▶ Prononciation [batɛm].

baptiser (verbe) (conj. 3) **1** Donner à quelqu'un le sacrement du baptême. **2** Donner pour nom. *Odile **a baptisé** son chat Plume.*
▶ Prononciation [batize].
★ Famille du mot : baptême, baptistère, **dé**baptiser.

baptistère (nom masculin) Édifice religieux réservé au baptême. *Le prêtre, le parrain et la marraine se réunissent dans le **baptistère**.*

baquet (nom masculin) Grand récipient, généralement en bois.

① **bar** (nom masculin) **1** Endroit où on sert des boissons. *Ils ont rendez-vous au **bar** des Sports.* **2** Comptoir d'un café. *Maman a mangé rapidement un sandwich au **bar**.*
★ Ce mot anglais vient du français : il désignait d'abord la *barre* sur laquelle s'appuyaient les buveurs.

② **bar** (nom masculin) Poisson de mer à la chair appréciée. *Papa nous prépare un **bar** au fenouil.* (Syn. **loup**.)

baragouiner (verbe) (conj. 3) Dans la langue familière, parler très mal une langue. *Noémie **baragouine** un peu l'italien.*
★ **Baragouiner** vient de deux mots bretons signifiant « pain » et « vin » : les pèlerins bretons disaient ces mots quand ils entraient dans une auberge pour demander à manger et à boire.

baraque (nom féminin) Construction légère et provisoire. *Une **baraque** de jardinier.*

baraqué, ée (adjectif) Synonyme familier de robuste. *Elle aime les types **baraqués**.* (Syn. **costaud**, **balèze**.)

baraquement (nom masculin) Ensemble de baraques. *Pendant les manœuvres, les soldats sont logés dans des **baraquements**.*

baratin (nom masculin) Synonyme familier de boniment. *Ne le crois pas : tout ce qu'il dit n'est que du **baratin** !*

baratiner (verbe) (conj. 3) Dans la langue familière, dire des choses sans intérêt ou mensongères. *Arrête de me **baratiner** : je ne te crois pas !*

baratte (nom féminin) Machine dans laquelle on bat la crème pour en extraire le beurre. *Les **barattes** de la laiterie sont en acier inoxydable.*

barbacane (nom féminin) **1** Meurtrière étroite. **2** Ouverture pratiquée dans une construction pour faciliter l'écoulement des eaux. *L'eau de condensation s'écoule par les **barbacanes** de la fenêtre.*

barbant, ante (adjectif) Synonyme familier d'ennuyeux. *Ce livre est si **barbant** que je ne l'ai même pas fini.*

barbare (adjectif et nom) Qui est cruel, féroce. *Un crime particulièrement **barbare**. Ils se sont comportés comme des **barbares**.*

barbarie (nom féminin) Comportement barbare. *Les accusés avaient commis des actes de **barbarie**.*

barbarisme (nom masculin) Grosse faute de langage. *Écrire « j'ai parti » est un **barbarisme**.*

barbe (nom féminin) Poils des joues et du menton des hommes. *Grand-père a une grande **barbe** blanche.* • **Au nez et à la barbe de quelqu'un** : sans qu'il s'en aperçoive. • **Quelle barbe !** *ou* **la barbe !** : se dit familièrement pour une chose ennuyeuse.
★ Famille du mot : barb**er**, barb**iche**, barb**u**.

barbecue (nom masculin) Gril fonctionnant au charbon de bois et installé en plein air. *On a fait griller des saucisses sur un **barbecue**.*
▶ **Barbecue** est un mot anglais : on prononce [baʀbəkju].

barbelé, ée (adjectif) Qui porte des petites pointes. *Du fil de fer **barbelé** entoure cette propriété.*
■ **barbelé** (nom masculin) Fil de fer barbelé. *La prison est entourée de **barbelés**.*

barber (verbe) (conj. 3) Synonyme familier d'ennuyer. *Ça me **barbe** d'aller dîner chez eux.*

barbiche (nom féminin) Petite touffe de barbe à la pointe du menton.

barbier (nom masculin) **1** Personne dont la profession est de tailler ou de raser la barbe. **2** Poisson commun de la Méditerranée, dont les nageoires ressemblent à des lames de rasoir.

barbiturique (nom masculin et adjectif) Médicament utilisé pour calmer la douleur et les convulsions ou pour faire dormir. *Il est déconseillé de conduire lorsqu'on prend des **barbituriques**.*

barboter (verbe) (conj. 3) S'agiter dans l'eau. *Les canards **barbotent** dans la mare.*

barboteuse (nom féminin) Vêtement pour bébé, qui se ferme entre les jambes sans les couvrir.

barbouillage (nom masculin) Écriture ou dessin réalisés de façon maladroite.

barbouillé, ée (adjectif) • **Avoir l'estomac barbouillé** : avoir mal au cœur, envie de vomir.

barbouiller (verbe) (conj. 3) Étaler une matière qui salit. *Après avoir mangé son gâteau, Sarah **était** toute **barbouillée** de chocolat.*

a b c d e f g h i j k l m n o p q r s t u v w x y z

barbu, ue (adjectif) Qui a ou porte une barbe. (Contr. **imberbe.**)

barbue (nom féminin) Poisson de mer plat qui ressemble au turbot.

barcarolle (nom féminin) Chanson cadencée des gondoliers de Venise.
▶ On écrit aussi **barcarole.**

barda (nom masculin) Dans la langue familière, ensemble de bagages encombrants. *Tu ne vas pas emporter tout ce* ***barda*** *en voyage !*

① **barde** (nom masculin) Poète et chanteur gaulois.

② **barde** (nom féminin) Mince tranche de lard gras. *Le boucher entoure le rosbif d'une* ***barde.***

bardé, ée (adjectif) Qui est couvert de choses nombreuses. *Un sportif* ***bardé*** *de médailles.*

bardeau Voir ***bardot.***

barder (verbe) (conj. 3) **1** Entourer d'une barde. **2** Dans la langue familière, tourner mal ou devenir violent. *Si tu as menti, ça va* ***barder*** *pour toi !*

bardot (nom masculin) Animal né de l'accouplement d'un cheval et d'une ânesse. *Les* ***bardots*** *sont hybrides : ils ne peuvent pas se reproduire.*
▶ On écrit aussi **bardeau.**

barème (nom masculin) Répertoire de données chiffrées. *Papa se sert d'un* ***barème*** *pour calculer ses impôts.*
★ **Barème** vient du nom de *François Barrême,* mathématicien français du XVIIe siècle.

barge (nom féminin) Longue péniche à fond plat.

baril (nom masculin) Petit tonneau. *Un* ***baril*** *de vin.*

barillet (nom masculin) **1** Petit tonneau. **2** Dispositif mécanique en forme de cylindre. *Le* ***barillet*** *d'un révolver est la partie contenant les cartouches.*
▶ Prononciation [baʀijɛ].

bariolé, ée (adjectif) Qui a des couleurs vives et variées. *Arlequin portait un costume* ***bariolé.***

barman (nom masculin) Serveur dans un bar.
▶ **Barman** est un mot anglais : on prononce [baʀman].
▶ Pluriel : des **barmans** ou des **barmen** [baʀmɛn].

bar-mitsva (nom féminin) Cérémonie religieuse au cours de laquelle les garçons juifs deviennent majeurs. *William est invité à la* ***bar-mitsva*** *de David.*
▶ Pluriel : des **bar-mitsva.**

barographe (nom masculin) Baromètre qui enregistre l'altitude à bord d'un avion. *Le* ***barographe*** *enregistre les mouvements sur du papier quadrillé.*

baromètre (nom masculin) Instrument qui indique les variations de la pression atmosphérique. *Le* ***baromètre*** *monte : il va faire beau.*

baron, onne (nom) Titre de noblesse, inférieur à celui de comte ou de comtesse.

baronnie (nom féminin) Terre qui appartient à un baron. *Le seigneur a fait construire un château sur sa* ***baronnie.***

baroque (nom masculin) Style des beaux-arts du XVIIe et du XVIIIe siècles, caractérisé par l'abondance des ornements.
▪ **baroque** (adjectif) **1** Qui appartient au baroque. *Une église* ***baroque.*** **2** Qui est extravagant, bizarre. *C'est une idée vraiment* ***baroque.***

baroudeur, euse (nom) Synonyme familier de aventurier. *Ce* ***baroudeur*** *est parti avec son sac à dos et on ne l'a plus revu.* (Syn. **risque-tout.**)

barque (nom féminin) Petit bateau sans pont.

barquette (nom féminin) **1** Petit gâteau en forme de barque. **2** Petit emballage pour les fruits fragiles. *Une* ***barquette*** *de framboises.*

barracuda (nom masculin) Poisson marin de l'Atlantique et de la Méditerranée, pouvant atteindre une longueur de 2 mètres, rapide et très vorace. *Le* ***barracuda*** *est un animal agressif.*

barrage (nom masculin) **1** Obstacle installé pour barrer une route. *Un* ***barrage*** *de gendarmerie.* **2** Grand mur construit en travers d'un cours d'eau pour retenir l'eau. *Les* ***barrages*** *servent à irriguer les terres, à produire de l'électricité, à empêcher les inondations.*

barre (nom féminin) **1** Morceau de matière rigide, long et étroit. *Une* ***barre*** *de fer. Manger une* ***barre*** *de chocolat.* **2** Agrès pour faire des exercices de gymnastique. *La* ***barre*** *fixe, les* ***barres*** *parallèles.* **3** Levier qui commande le gouvernail d'un bateau. *Anna est fière de tenir la* ***barre*** *du voilier.* **4** Trait droit. *N'oublie pas la* ***barre*** *du « t » !* **5** Emplacement d'un tribunal réservé aux témoins qui viennent déposer devant les juges. *Le témoin est appelé à la* ***barre.*** **6** Zone de hautes vagues. *Le bateau a eu du mal à franchir la* ***barre.*** • **Avoir un coup de barre** : dans la langue familière, être brusquement très fatigué. • **Coup de barre** : prix excessif, exagéré.
★ Famille du mot : **barreau, barrer, barreur.**

barreau, eaux (nom masculin) **1** Petite barre. *Fais attention, il manque un* ***barreau*** *à l'échelle.* **2** Ensemble des avocats d'un tribunal. *Un avocat du* ***barreau*** *de Paris.* • **Être derrière les barreaux** : être en prison.

barrer (verbe) (conj. 3) **1** Mettre un obstacle pour empêcher de passer. *La route* ***est barrée*** *à cause des inondations.* (Syn. **boucher, couper, obstruer.**) **2** Tirer un trait sur un mot ou sur une ligne. *Dans cet exercice, il faut* ***barrer*** *les verbes à l'infinitif.* (Syn. **rayer.**) **3** Diriger un bateau en tenant la barre. *C'est difficile de* ***barrer,*** *le vent est trop violent.*

barrette (nom féminin) Petite pince pour retenir les cheveux.

barreur, euse (nom) Personne qui barre un bateau.

barricade (nom féminin) Entassement d'objets divers pour barrer une rue. *Les insurgés ont construit une* ***barricade.***

barricader (verbe) (conj. 3) **1** Fermer solidement. *Avant l'arrivée du cyclone, il faut **barricader** portes et fenêtres.* **2** **Se barricader** : s'enfermer avec soin.

barrière (nom féminin) **1** Assemblage de morceaux de bois ou de métal formant une clôture ou un barrage. *Les **barrières** du passage à niveau sont abaissées.* **2** Obstacle séparant des personnes ou des choses. *Les Pyrénées forment une **barrière** naturelle entre la France et l'Espagne.*

barrique (nom féminin) Gros tonneau. *Les **barriques** de vin sont alignées dans la cave du vigneron.*

barrir (verbe) (conj. 11) Pousser des barrissements.

barrissement (nom masculin) Cri de l'éléphant ou du rhinocéros.

barycentre (nom masculin) Centre de gravité.

baryton (nom masculin) Chanteur dont la voix se situe entre celle du ténor et celle de la basse.

baryum (nom masculin) Métal blanc et mou, qui fond à 714 °C. *On rencontre le **baryum** sous forme de minerai.*
▶ Prononciation [baʀjɔm].

① **bas, basse** (adjectif) **1** Qui a peu de hauteur. *Faites attention de ne pas vous cogner, le plafond de cette grotte est très **bas**.* (Contr. **haut.**) **2** Qui a un faible niveau. *Les températures sont **basses** pour la saison.* (Contr. **élevé.**) **3** Qui donne un son grave. *Elle n'arrive pas à chanter les notes trop **basses**.* (Contr. **aigu.**) **4** Qui est de qualité médiocre. *Papa achète des **bas** morceaux de viande pour le chien.* **5** Qui est vil, méprisable. *Je ne le croyais pas capable de sentiments aussi **bas**.* • **Au bas mot** : au minimum, au moins. • **Avoir la vue basse** : avoir une mauvaise vue. • **En bas âge** : très jeune. • **Faire main basse sur quelque chose** : le voler.
▪ **bas** (nom masculin) Partie inférieure de quelque chose. *Le **bas** de ta jupe est décousu.*
▪ **basse** (nom féminin) **1** La plus grave des voix d'homme. **2** Sons les plus graves d'un instrument de musique. **3** Guitare à quatre cordes qui produit des sons graves.
▪ **bas** (adverbe) **1** À faible hauteur. *L'avion volait trop **bas** quand il a percuté la montagne.* **2** En baissant la voix. *Parle plus **bas**, le bébé dort !* • **À bas !** : cri d'hostilité, de révolte. *À **bas** la dictature !* (Contr. **vive !**) • **Mettre bas** : mettre un petit au monde, quand il s'agit des animaux. • **Tomber bien bas** : commettre des bassesses.
★ Famille du mot : bas**sement**, bas**sesse**, basset, bas**siste**, basson.

② **bas** (nom masculin) Vêtement féminin qui couvre le pied et la jambe. *Une paire de **bas** de soie.*

basalte (nom masculin) Roche volcanique noire. *Quand le **basalte** sort du volcan, c'est un magma liquide.*

basané, ée (adjectif) De couleur brune. *Zoé est revenue de vacances avec un joli teint **basané**.*

bas-côté (nom masculin) Bord d'une route. *L'automobiliste s'est garé sur le **bas-côté** pour changer la roue.*
▶ Pluriel : des **bas-côtés**.

bascule (nom féminin) Appareil servant à peser des objets très lourds. • **À bascule** : muni d'un système qui permet de se balancer.

basculer (verbe) (conj. 3) Tomber ou se renverser en perdant l'équilibre. *Gaëlle a le vertige, elle a peur de **basculer** dans le vide.*

base (nom féminin) **1** Partie inférieure d'une chose. *La **base** d'une tour.* **2** Côté d'un triangle opposé à l'angle pris comme sommet. **3** Principal ingrédient d'un mélange. *Un gâteau à **base** de chocolat.* **4** Ensemble d'installations militaires. *Une **base** aérienne.* **5** Ensemble des membres d'un syndicat ou d'un parti politique. **6** Ce qu'il est important de connaître dans une matière. *Avoir de bonnes **bases** en mathématiques.* **7** Solution chimique dont le pH est supérieur à 7. (Contr. **acide.**)
★ Famille du mot : base**r**, bas**ique**.

base-ball (nom masculin) Jeu de balle opposant deux équipes de neuf joueurs. *Le **base-ball** se pratique avec une balle dure.*
▶ **Base-ball** est un mot anglais : on prononce [bɛzbol].
▶ On écrit aussi : **baseball**.

base-jump (nom masculin) Parachutisme pratiqué à partir d'une falaise ou d'un pont.
▶ **Base-jump** est un mot anglais : on prononce [bɛzdʒœmp].

baser (verbe) (conj. 3) **1** Établir une base militaire. *Ces marins **sont basés** à Cherbourg.* **2** Prendre pour base, pour principe. *Il faut **se baser** sur des faits précis.* (Syn. **se fonder.**)

bas-fond (nom masculin) Endroit où l'eau est peu profonde mais où on peut naviguer.
▶ Pluriel : des **bas-fonds**.

basilic (nom masculin) Plante aromatique, qu'on utilise comme condiment.

basilique (nom féminin) Grande église. *La **basilique** Saint-Pierre de Rome.*

① **basique** (adjectif) Qui peut fixer les protons contenus dans les acides. *Le pH indique l'état **basique** d'une solution.* • **Roche basique** : roche issue du magma, contenant peu de silice.

② **basique** (adjectif) Très simple. *C'est une chambre **basique** seulement équipée d'un lit, d'une table et d'une chaise.* (Syn. **rudimentaire.**)

① **basket** (nom masculin) Jeu de ballon entre deux équipes de cinq joueurs. *Au **basket**, chaque équipe tente de faire passer le ballon dans le panier de l'équipe adverse.*
▶ Prononciation [baskɛt].
▶ On dit aussi **basket-ball**.
★ En anglais, **basket** signifie « panier ».

a b c d e f g h i j k l m n o p q r s t u v w x y z

② **basket** (nom féminin) Chaussure de sport couvrant la cheville. *Une paire de **baskets**.*
▶ Prononciation [basket].

basketteur, euse (nom) Personne qui joue au basket.

basmati (nom masculin) Variété de riz parfumé, à grains longs et fins, cultivé dans le nord de l'Inde.

basque → tableau p. 6 / 7.

basques (nom féminin pluriel) Parties d'un vêtement qui partent de la taille. *Le cocher porte une redingote à longues **basques**.* • **Être pendu aux basques de quelqu'un** : importuner quelqu'un sans cesse, dans la langue familière.

bas-relief (nom masculin) Sculpture effectuée sur un bloc et dont le relief est peu marqué. *Ce temple est orné de **bas-reliefs**.*
▶ Pluriel : des **bas-reliefs**.

basse-cour (nom féminin) Partie de la ferme réservée à l'élevage des volailles et des lapins.
▶ Pluriel : des **basses-cours**.
▶ On écrit aussi : **bassecour**.

bassement (adverbe) D'une manière basse, méprisable. *Se venger **bassement**.*

bassesse (nom féminin) Acte bas, méprisable. *Il a osé tricher alors que nous lui faisions confiance, quelle **bassesse** !* (Contr. **grandeur d'âme, noblesse**.)

basset (nom masculin) Chien très bas sur pattes.

bassin (nom masculin) **1** Construction servant à recevoir de l'eau. *Au fond du jardin, il y a un **bassin** avec des poissons rouges.* **2** Partie d'un port où se trouvent les bateaux. **3** Gisement de houille ou de minerai. **4** Région arrosée par un fleuve et ses affluents. *Le **bassin** de la Loire.* **5** Grande plaine en forme de cuvette. *Le **Bassin** parisien.* **6** Ensemble des os de la base du tronc, sur lesquels s'articulent les os des cuisses.
★ Famille du mot : bassine, bassiner.

bassine (nom féminin) Grande cuvette à anses. *Une **bassine** à confitures.*

bassiner (verbe) (conj. 3) **1** Arroser légèrement. *La fleuriste **bassine** les orchidées avec un vaporisateur.* (Syn. **humecter**.) **2** Synonyme familier de ennuyer. *Lâche-moi un peu, tu me **bassines** avec tes histoires !* (Syn. **importuner**.)

bassiste (nom) Guitariste qui joue de la basse. *Le **bassiste** d'un groupe de rock.*

basson (nom masculin) Instrument de musique à vent, au son grave.

bastide (nom féminin) **1** Ville fortifiée du Moyen Âge. *Les **bastides** ont été construites pendant une longue période de conflits.* **2** Maison de campagne, en Provence. *Pour les vacances, nous louons une **bastide** du côté d'Avignon.*
★ **Bastide** vient du mot provençal *bastida* qui signifie « bâtie ».

bastingage (nom masculin) Barrière qui borde le pont d'un navire. *S'accouder au **bastingage**.*

bastion (nom masculin) Construction en saillie, dans une fortification.

bastonnade (nom féminin) Coups de bâton. *Dans l'Antiquité, le centurion infligeait la **bastonnade** aux soldats avec un cep de vigne.*

bas-ventre (nom masculin) Partie inférieure du ventre.
▶ Pluriel : des **bas-ventres**.

bât (nom masculin) Sorte de selle que l'on place sur le dos des ânes ou des chevaux pour le transport des charges. • **C'est là que le bât blesse** : c'est le point sensible.

bataille (nom féminin) **1** Combat entre des armées ennemies. *En 1916, la **bataille** de Verdun a fait énormément de morts.* **2** Lutte entre des personnes. *Xavier et Julie ont livré une **bataille** de boules de neige.* • **Avoir les cheveux en bataille** : en désordre.
★ Famille du mot : batai**ller**, batai**lleur**, batai**llon**.

batailler (verbe) (conj. 3) Discuter avec acharnement pour convaincre. *Il a longuement **bataillé** pour obtenir ce qu'il voulait.*

batailleur, euse (adjectif) Qui est toujours prêt à se battre. (Syn. **bagarreur**.)

bataillon (nom masculin) Unité militaire constituée de plusieurs compagnies et dirigée par un commandant.

bâtard, arde (adjectif et nom) Qui est issu d'un croisement entre deux races différentes. *Un chien **bâtard**.*
▪ **bâtard** (nom masculin) Pain court.

batavia (nom féminin) Variété de laitue, aux feuilles croquantes.

bateau, eaux (nom masculin) **1** Véhicule qui sert à se déplacer sur l'eau. *Les barques, les paquebots, les yachts, les canots, les voiliers sont des **bateaux**.* **2** Abaissement de la bordure d'un trottoir devant une sortie de voiture. *Le long d'un **bateau**, le stationnement est interdit.*
▪ **bateau** (adjectif) Synonyme familier de banal. *Tes plaisanteries **bateau** ne me font plus rire.*
▶ Pluriel : des sujets **bateau**.

bateau-mouche (nom masculin) Bateau de promenade sur la Seine, à Paris.
▶ Pluriel : des **bateaux-mouches**.

bateleur, euse (nom) Personne qui, sur une place publique ou dans les foires, amusait le public avec des tours d'adresse ou des pitreries.

batelier (nom masculin) Synonyme de marinier.

batellerie (nom féminin) Ensemble des bateaux assurant le transport sur rivières. *Rouen est un port de **batellerie**.*

bathyscaphe (nom masculin) Sous-marin qui permet d'explorer les grandes profondeurs.

bâti, ie (adjectif) • **Bien bâti** : se dit d'une personne robuste.

batifoler (verbe) (conj. 3) Jouer gaiement. *Les chatons **batifolent** dans l'herbe.*

bâtiment (nom masculin) **1** Construction ou édifice, en général de grandes dimensions. *Cet hôpital comporte plusieurs **bâtiments**.* **2** Ensemble des métiers qui travaillent pour la construction. *Les maçons, les peintres, les couvreurs sont des ouvriers du **bâtiment**.* **3** Grand navire. *La flotte ennemie comprenait de nombreux **bâtiments**.*

bâtir (verbe) (conj. 11) Construire des maisons, des monuments. ***Bâtir** un immeuble, une école.*

bâtisse (nom féminin) Grand bâtiment.

bâtisseur, euse (nom) Personne qui fait construire de nombreux bâtiments. *Louis XIV fut un grand **bâtisseur**.*

bâton (nom masculin) **1** Morceau de bois long et mince. *Yann taille une branche pour en faire un **bâton**.* **2** Objet long et mince. *Un **bâton** de colle.* • **Mettre des bâtons dans les roues de quelqu'un** : s'opposer à ses projets. • **Parler à bâtons rompus** : en passant d'un sujet à un autre.
★ Famille du mot : bâton**net**, bâton**nier**, baston**nade**.

bâtonnet (nom masculin) Petit bâton. *On se sert d'un **bâtonnet** entouré de coton pour se nettoyer les oreilles.*

bâtonnier, ère (nom) Chef des avocats d'un barreau, élu chaque année par ses confrères. *Le **bâtonnier** préside le conseil de l'ordre des avocats.*

batracien (nom masculin) Synonyme ancien d'amphibien.

battage (nom masculin) **1** Action de battre des céréales. *Le **battage** du blé permet de séparer les grains de l'épi.* **2** Dans la langue familière, publicité tapageuse. *La presse a fait un énorme **battage** autour du mariage de la princesse.*

battant, ante (adjectif) • **Le cœur battant** : avec le cœur qui bat très fort. • **Pluie battante** : pluie violente.
■ **battant, ante** (nom) Personne énergique, combative. *Hélène est une **battante**, elle ne renonce jamais.*
■ **battant** (nom masculin) **1** Barre de métal suspendue à l'intérieur d'une cloche et qui en frappe la paroi. **2** Partie mobile d'une porte ou d'une fenêtre. *Benjamin ouvre les deux **battants** de porte.*

batte (nom féminin) Bâton renflé à un bout, utilisé au base-ball.

battement (nom masculin) **1** Mouvements de ce qui bat. *Les **battements** du cœur.* **2** Bruit produit par ce qui bat. *Un **battement** d'ailes.* **3** Intervalle de temps. *On a dix minutes de **battement** à la gare pour changer de train.*

batterie (nom féminin) **1** Ensemble de pièces d'artillerie. **2** Ensemble d'ustensiles de cuisine. *Acheter une **batterie** de casseroles.* **3** Ensemble d'instruments de musique à percussion. *Cette **batterie** comporte deux tambours, des cymbales et une grosse caisse.* **4** Appareil qui emmagasine l'électricité nécessaire à un véhicule.

batteur (nom masculin) **1** Appareil électrique servant à mélanger les aliments. *Maman se sert du **batteur** pour faire la mousse au chocolat.* **2** Personne qui joue de la batterie dans un orchestre.

battre (verbe) (conj. 31) **1** Donner des coups. *Arrêtez de vous **battre** !* (Syn. **frapper, taper.**) **2** Remporter une victoire sur quelqu'un. *Laura **a battu** son adversaire au tennis.* **3** Taper sur quelque chose. ***Battre** les tapis. **Battre** le blé.* **4** Mélanger énergiquement. ***Battre** des œufs pour faire une omelette. **Battre** les cartes.* **5** Taper de façon répétée. *Le cœur **bat** plus vite quand on a peur. La porte **bat** car elle est mal fermée.* **6** Parcourir dans tous les sens. *La police **a battu** la forêt pour retrouver l'enfant disparu.* (Syn. **fouiller.**) **7 Se battre** : combattre, lutter. ***Se battre** contre l'injustice.* • **Battre des mains** : les frapper l'une contre l'autre. • **Battre en retraite** : reculer ou céder. • **Battre la mesure** : indiquer le rythme d'un morceau de musique. • **Battre la semelle** : frapper le sol avec chaque pied alternativement pour se réchauffer.
★ Famille du mot : batt**age**, batt**ant**, batte, batt**erie**, batt**ement**, batt**eur**, battu, batt**ue**, **im**batt**able**.

battu, ue (adjectif) • **Terre battue** : sol tassé. • **Yeux battus** : yeux cernés à cause de la fatigue.

battue (nom féminin) Action de parcourir la campagne pour faire sortir le gibier ou rechercher une personne.

baud (nom masculin) Unité de mesure de la vitesse de transmission des signaux, dans les techniques de communication à distance. *Mon ordinateur est équipé d'un modem qui fonctionne à une vitesse de 34 400 **bauds** par seconde.*

baudet (nom masculin) Âne. *Clément est chargé comme un **baudet**.*

baudrier (nom masculin) **1** Courroie que l'on porte en bandoulière et qui soutient une arme. **2** Harnais d'alpiniste ou de spéléologue.

baudroie (nom féminin) Synonyme de lotte.

baudruche (nom féminin) Mince pellicule de caoutchouc dont on fait des ballons gonflables.

bauge (nom féminin) **1** Gîte boueux du sanglier. *La **bauge** est souvent recouverte de branchages.* **2** Au sens figuré, habitation sale et mal tenue.
★ **Bauge** vient du mot gaulois *balcos* qui signifie « fort ».

baume (nom masculin) Pommade qui calme la douleur. *L'infirmière a massé ma cheville foulée avec un **baume**.* • **Mettre du baume au cœur** : apaiser le chagrin ou la douleur.

bauxite (nom féminin) Minerai d'aluminium, de couleur rouge.
★ **Bauxite** vient du nom des *Baux-de-Provence*, village du midi de la France.

bavard, arde (adjectif et nom) Qui parle beaucoup. *Un élève **bavard**. Quelle **bavarde**, cette Anna !*
★ Famille du mot : bavard**age**, bavard**er**.

a b c d e f g h i j k l m n o p q r s t u v w x y z

bavardage (nom masculin) Fait de bavarder.

bavarder (verbe) (conj. 3) Parler de choses sans importance. (Syn. **causer.**)

bavarois (nom masculin) Gâteau froid à base de crème anglaise et de gélatine, parfumé aux fruits. *Pour son anniversaire nous avons préparé un **bavarois** à la framboise.*
► On dit aussi une **bavaroise**.

bave (nom féminin) **1** Salive qui s'écoule de la bouche. **2** Liquide gluant que produisent certains mollusques. *La **bave** de l'escargot.*
★ Famille du mot : baver, bavette, baveux, bavoir, bavure.

baver (verbe) (conj. 3) **1** Laisser couler de la bave. *Ce chien **bave** tout le temps !* **2** Déborder en se mélangeant à d'autres couleurs. *Recommence ton dessin, la couleur **a bavé** partout !*

bavette (nom féminin) **1** Partie supérieure d'un tablier. *Le jardinier garde son sécateur dans la poche de sa **bavette**.* **2** Pièce de viande de bœuf, d'une grande saveur. *Le chef cuisine une **bavette** à l'échalote.* • **Tailler une bavette** : synonyme familier de bavarder.

baveux, euse (adjectif) • **Omelette baveuse** : omelette pas très cuite, avec une partie liquide.

bavoir (nom masculin) Pièce de tissu que l'on attache autour du cou des bébés.

bavure (nom féminin) **1** Trace d'encre ou de couleur qui a bavé. *Il faut recommencer ce devoir plein de taches et de **bavures**.* **2** Au sens figuré, abus ou erreur regrettable. *Une **bavure** policière.* • **Sans bavure** : de façon parfaite, impeccable.

bayadère (nom féminin) **1** Danseuse sacrée indienne. *Une **bayadère** danse et chante dans les cérémonies religieuses.* **2** Tissu à raies multicolores. *Le style **bayadère** est à la mode.*

bayer (verbe) (conj. 3) • **Bayer aux corneilles** : regarder en l'air en rêvassant.

bazar (nom masculin) **1** Magasin où l'on vend toutes sortes de choses. **2** Dans la langue familière, endroit en désordre. *Tu as vu le **bazar** qu'il y a sur ton bureau !*

bazarder (verbe) (conj. 3) Synonyme familier de jeter. *Mes jouets ne me plaisaient plus, je les ai tous **bazardés**.*

bazooka (nom masculin) Arme portative qui lance des roquettes contre les véhicules blindés. *Les soldats parcourent la jungle armés de leur **bazooka**.*
► Prononciation [bazuka].

BCBG (adjectif) Synonyme familier de élégant. *Cette dame a une allure très **BCBG** avec son grand chapeau et ses gants de soie.* (Syn. **élégant, distingué.**)
★ BCBG est le sigle de *bon chic bon genre*.
► Pluriel : des filles **BCBG**.

BCG (nom masculin) Vaccin contre la tuberculose.
★ BCG est l'abréviation de *bacille de Calmette et Guérin*, médecins qui ont inventé ce vaccin.

BD (nom féminin) Bande dessinée. *La **BD** préférée d'Ibrahim, c'est Gaston Lagaffe.*
► Pluriel : des **BD**.

beagle (nom masculin) Chien basset à pattes droites. *Le **beagle** est un chien d'origine anglaise.*
► Prononciation [bigl].

béant, ante (adjectif) Qui est grand ouvert. *La bombe a fait un trou **béant** dans le mur.*

béarnaise (nom féminin) Sauce relevée à base de vinaigre, d'estragon, de beurre et d'œufs. *Laura aime manger la fondue bourguignonne avec de la mayonnaise et de la **béarnaise**.*

béat, ate (adjectif) Qui exprime une satisfaction niaise. *Elle est **béate** d'admiration pour ses enfants.*
★ Famille du mot : béatifier, béatitude.

béatifier (verbe) (conj. 10) Reconnaître la perfection chrétienne d'une personne décédée, par un acte solennel du pape. *Jean-Paul II **a béatifié** le pape Jean XXIII.*

béatitude (nom féminin) État de grand bonheur. *Depuis qu'il est marié et qu'il a des enfants, il vit dans la **béatitude**.* (Contr. **peine, malheur.**)

beau, bel, belle, beaux (adjectif) **1** Qui est agréable à regarder ou à écouter. *Un **beau** paysage, un **bel** homme, une **belle** chanson.* (Syn. **joli.** Contr. **laid.**) **2** Qui est réussi, digne d'admiration. *Le peintre a vraiment fait du **beau** travail.* **3** Qui est convenable moralement. *Ce n'est pas **beau** de copier sur ton voisin !* **4** Qui est important. *Tu vas attraper une **belle** grippe si tu ne te couvres pas.* • **De plus belle** : de nouveau et de plus en plus. • **Un beau jour, un beau matin** : un jour, un matin, alors que ce n'était pas prévu.
▪ **beau** (nom masculin) • **C'est du beau !** : ce n'est vraiment pas bien ! • **Faire le beau** : en parlant d'un chien, se tenir sur les pattes de derrière.
▪ **belle** (nom féminin) Troisième partie pour départager des joueurs à égalité. *Après la revanche, on fait la **belle**.* • **En faire de belles** : faire des bêtises.
► Au masculin, on emploie **bel** devant une voyelle ou un h muet : *un bel été, un bel homme.*
▪ **beau** (adverbe) • **Avoir beau dire** *ou* **beau faire** : le dire, le faire en vain. ***J'ai eu beau** insister, il n'a pas voulu venir.* • **Il fait beau** : le temps est agréable, le soleil brille.
★ Famille du mot : beauté, bellâtre, embellir.

beaucoup (adverbe) **1** En grande quantité. *On a pêché **beaucoup** de poissons.* **2** Avec une grande intensité. *Kevin a **beaucoup** aimé ce film.* (Syn. **énormément.** Contr. **peu.**) • **De beaucoup** : avec une grande différence. *Élodie est **de beaucoup** la meilleure élève de la classe.* (Syn. **de loin.** Contr. **de peu.**)

beau-fils (nom masculin) **1** Mari de la fille. (Syn. **gendre.**) **2** Fils que le mari ou la femme a eu d'un premier mariage.
► Pluriel : des **beaux-fils**.

beau-frère (nom masculin) **1** Frère du mari ou de l'épouse. **2** Mari de la sœur.
► Pluriel : des **beaux-frères**.

beaujolais (nom masculin) Vin de la région du Beaujolais. *Chaque année, on fête le **beaujolais** nouveau le troisième jeudi de novembre.*

beau-père (nom masculin) **1** Père du mari ou de l'épouse. **2** Pour un enfant, deuxième mari de sa mère.
▶ Pluriel : des **beaux-pères**.

beaupré (nom masculin) Mât incliné ou horizontal, à l'avant d'un navire.

beauté (nom féminin) **1** Qualité de ce qui est beau. *La **beauté** d'un visage, d'un paysage.* **2** Générosité d'une action ou d'un sentiment. *J'espère que tu apprécies la **beauté** de son geste.*

beaux-arts (nom masculin pluriel) Ensemble des arts plastiques, c'est-à-dire le dessin, la peinture, la sculpture, la gravure et l'architecture.

beaux-parents (nom masculin pluriel) Le beau-père et la belle-mère.

bébé (nom masculin) **1** Tout petit enfant. *Fatima regarde le **bébé** qui tète sa maman.* (Syn. **nourrisson, poupon.**) **2** Petit d'un animal. *Un **bébé** phoque.*

bébé-éprouvette (nom masculin) Enfant issu d'une fécondation in vitro. *Le premier **bébé-éprouvette** est né en 1982.*
▶ Pluriel : des **bébés-éprouvette** ou **bébés-éprouvettes**.

bec (nom masculin) **1** Les deux parties dures et pointues qui servent de bouche aux oiseaux. **2** Objet en forme de bec. *Le **bec** de la théière est cassé.* • **Bec Bunsen** : brûleur à gaz utilisé dans les laboratoires. • **Prise de bec** : violente dispute. • **Tomber sur un bec** : rencontrer une difficulté imprévue.
★ Famille du mot : becquée, becqueter.

bécane (nom féminin) Synonyme familier de bicyclette ou de cyclomoteur.

bécarre (nom masculin) Signe de notation musicale (♮) que l'on place devant une note et qui annule l'effet d'un dièse ou d'un bémol.
★ **Bécarre** vient de l'italien *b quadro* qui signifie « b carré ».

bécasse (nom féminin) Oiseau migrateur à long bec.

bécassine (nom féminin) Sorte de petite bécasse.

bec-de-lièvre (nom masculin) Malformation de la lèvre supérieure d'une personne.
▶ Pluriel : des **becs-de-lièvre**.

béchamel (nom féminin) Sauce blanche faite avec de la farine, du beurre et du lait.
★ **Béchamel** vient du nom de *Louis de Béchamel*, financier du XVIIe siècle.

bêche (nom féminin) Outil de jardinage en forme de pelle plate et qui sert à retourner la terre.

bêcher (verbe) (conj. 3) Retourner la terre avec une bêche. *Il faut **bêcher** la terre avant de semer.*

becquée (nom féminin) Nourriture qu'un oiseau donne à ses petits avec son bec. *Dans leur nid, l'hirondelle donne la **becquée** à ses petits.*

becquerel (nom masculin) Unité de mesure de l'activité radioactive. *Le **becquerel** a remplacé le curie.*
▶ **Becquerel** s'abrège *Bq*.

becqueter (verbe) (conj. 8 ou 9) **1** Piquer à coups de bec pour se nourrir. *Les oiseaux **ont becqueté** les cerises.* **2** Synonyme familier de manger. *Viens on va manger dehors, il n'y a plus rien à **becqueter** ici !* (Syn. **bouffer.**)
▶ On écrit aussi **béqueter** ou **becter**.

bedaine (nom féminin) Gros ventre, dans la langue familière. *Il n'arrive plus à fermer son pantalon à cause de sa grosse **bedaine**.* (Syn. **bide, bedon.**)
★ **Bedaine** vient l'ancien français *boudine* qui signifie « nombril ».

bedeau (nom masculin) Laïque employé au service d'une église. *Le **bedeau** travaille dans la sacristie.*

bedon (nom masculin) Synonyme familier de ventre. *J'ai bien mangé, mon **bedon** est bien rempli.* (Syn. **bide, bedaine.**)

bedonnant, ante (adjectif) Qui a un gros ventre.

bédouin, ine (adjectif) Qui concerne les populations nomades des régions désertiques d'Afrique du Nord et du Moyen-Orient.

bée (adjectif féminin) • **Bouche bée** : la bouche ouverte d'étonnement ou d'admiration.

beffroi (nom masculin) Tour dont la cloche sonnait en cas de danger.

bégaiement (nom masculin) Fait de bégayer.
▶ Prononciation [begɛmɑ̃].

bégayer (verbe) (conj. 7) Parler avec difficulté, en répétant certaines syllabes.

bégonia (nom masculin) Plante à fleurs de couleurs vives.
★ **Bégonia** vient du nom de *Michel Bégon*, qui ramena cette plante de Saint-Domingue à l'époque de Louis XIV.

bègue (adjectif et nom) Qui bégaie.
★ Famille du mot : bégaiement, bégayer.

béguin (nom masculin) **1** Passion passagère. *Sarah a le **béguin** pour son voisin de classe.* **2** Bonnet pour bébés, que l'on nouait sous le menton. *J'ai retrouvé un **béguin** en dentelles dans le grenier.*

beige (adjectif) D'une couleur brun très clair. ▪ **beige** (nom masculin) Couleur beige. *Myriam porte souvent du **beige**.*

beignet (nom masculin) Boule de pâte cuite dans l'huile bouillante. *Pierre adore les **beignets** aux pommes.*

bel Voir ***beau***.

bel canto (nom masculin) Technique du chant dans la tradition lyrique italienne.
▶ Prononciation [bɛlkɑ̃to].
★ **Bel canto** est une expression italienne qui signifie « beau chant ».

a b c d e f g h i j k l m n o p q r s t u v w x y z

a b c d e f g h i j k l m n o p q r s t u v w x y z

bêlement (nom masculin) Cri du mouton ou de la chèvre.

bêler (verbe) (conj. 3) Pousser des bêlements.

belette (nom féminin) Petit mammifère carnivore au poil fauve et au corps allongé.

belge → tableau p. 6 / 7.

bélier (nom masculin) **1** Mouton mâle. *Le **bélier** porte des cornes recourbées.* **2** Machine de guerre du Moyen Âge, qui servait à enfoncer les portes des châteaux assiégés.

belladone (nom féminin) Plante à fleurs pourpres et à baies noires très toxiques.

bellâtre (nom masculin) Homme d'une beauté fade et prétentieuse. *Ce **bellâtre** s'imagine irrésistible, mais il est ridicule.*

belle Voir ***beau***.

belle-famille (nom féminin) Famille du mari ou de l'épouse.
► Pluriel : des **belles-familles**.

belle-fille (nom féminin) **1** Fille que le mari ou la femme a eue d'un premier mariage. **2** Synonyme de bru.
► Pluriel : des **belles-filles**.

belle-mère (nom féminin) **1** Mère du mari ou de l'épouse. **2** Pour un enfant, deuxième femme de son père.
► Pluriel : des **belles-mères**.

belle-sœur (nom féminin) **1** Sœur du mari ou de l'épouse. **2** Femme du frère.
► Pluriel : des **belles-sœurs**.

belligérant (nom masculin) Pays qui est en guerre contre un autre.

belliqueux, euse (adjectif) Qui cherche la bagarre. *Un homme agressif et **belliqueux**.* (Contr. **pacifique**.)

belote (nom féminin) Jeu de cartes qui se joue avec 32 cartes.

béluga (nom masculin) Caviar d'esturgeon à gros grains de couleur grise, très apprécié. *Le **béluga** est le caviar le plus rare et le plus cher.*
► Prononciation [beluga].
★ **Béluga** vient du mot russe *bielyi* qui signifie « blanc ».
► On écrit aussi **bélouga**.

belvédère (nom masculin) Construction aménagée sur une hauteur, d'où on peut contempler le paysage.

bémol (nom masculin) En musique, signe qui, placé devant une note, l'abaisse d'un demi-ton.

bénédictin, ine (nom et adjectif) Religieux de l'ordre de saint Benoît de Nursie. *Les **bénédictins** forment l'ordre le plus ancien en Occident.* • **Travail de bénédictin** : travail long, exigeant une application minutieuse.

bénédiction (nom féminin) **1** Cérémonie par laquelle un religieux bénit quelqu'un ou quelque chose. *Recevoir la **bénédiction** du pape.* **2** Évènement heureux. *Cette pluie est une **bénédiction** pour le jardin.* (Contr. **malédiction**.)

bénéfice (nom masculin) Somme d'argent que l'on gagne quand on revend plus cher ce que l'on a acheté ou ce que l'on a produit. *Cette entreprise est prospère car elle fait de gros **bénéfices**.* (Syn. **gain, profit**. Contr. **perte**.) • **Au bénéfice de quelqu'un** : à son profit. *Les élèves ont fait une collecte **au bénéfice des** enfants hospitalisés.*

bénéficiaire (adjectif) Qui bénéficie de quelque chose. *Grand-mère est **bénéficiaire** d'une pension.*

bénéficier (verbe) (conj. 10) Tirer avantage ou profit de quelque chose. *Quentin **a bénéficié** d'une place gratuite pour aller au théâtre.* (Syn. **profiter**.)

bénéfique (adjectif) Qui fait du bien. *Son séjour à la montagne lui a été très **bénéfique**.* (Syn. **profitable**.)

benêt (nom masculin) Garçon naïf et un peu bête. *Quel **benêt**, ce Romain, il n'a rien compris !* (Syn. **niais, nigaud**. Contr. **malin**.)

bénévolat (nom masculin) Travail fait par une personne bénévole.

bénévole (adjectif) Qui fait quelque chose gratuitement et sans y être obligé. *On demande des personnes **bénévoles** pour aider les enfants en difficulté à faire leurs devoirs.*
★ Famille du mot : bénévol**at**, bénévole**ment**.

bénévolement (adverbe) De façon bénévole. *Travailler **bénévolement** pour une association.*

① **bengali, ie** → tableau p. 6 / 7.

② **bengali** (nom masculin) Petit oiseau au plumage coloré, originaire d'Asie ou d'Afrique tropicale.

bénin, bénigne (adjectif) Qui est sans gravité. *Le rhume est une maladie **bénigne**.* (Contr. **grave, malin**.)

béninois, oise → tableau p. 6 / 7.

bénir (verbe) (conj. 11) **1** Demander à Dieu de protéger une personne ou une chose. *Le pape **a béni** la foule des fidèles.* **2** Être très content et reconnaissant pour quelque chose. *Je **bénis** ce hasard qui vous a mis sur ma route.* (Syn. **louer**. Contr. **maudire**.)
★ Famille du mot : béni**t**, béni**tier**.

bénit, ite (adjectif) Rendu sacré par une cérémonie religieuse. *De l'eau **bénite**.*

bénitier (nom masculin) Dans une église, petit bassin contenant de l'eau bénite.

benjamin, ine (nom) Personne la plus jeune d'une famille ou d'un groupe. *Noémie est la cadette, c'est Odile qui est la **benjamine**.* (Contr. **aîné**.)
★ Dans la Bible, **Benjamin** était le dernier des douze fils de Jacob.

benne (nom féminin) Grande caisse qui se trouve à l'arrière d'un camion et qui peut basculer. *La **benne** bascule pour décharger le gravier.*

benoît, oîte (adjectif) Qui fait semblant d'être doux. *Ne te fie pas à son allure **benoîte**, c'est un hypocrite.*
▶ On écrit aussi **benoit, oite**.

benzène (nom masculin) Liquide inflammable et incolore qu'on extrait du goudron de charbon. *Le **benzène**, présent dans les gaz d'échappement, contribue beaucoup à la pollution urbaine.*
▶ Prononciation [bɛ̃zɛn].
★ **Benzène** vient du latin *benzoe* qui signifie « benjoin ».

benzol (nom masculin) Carburant à base de benzène. *Certains moteurs fonctionnent avec un mélange de **benzol** et d'essence.*

béotien, enne (adjectif et nom) Personne ignorante qui manque de finesse.
▶ Prononciation [beɔsjɛ̃, ɛn].

BEP (nom masculin) Diplôme obtenu après deux années d'études dans un lycée professionnel. *Ursula a réussi son **BEP** de coiffure.*
★ BEP est le sigle de *brevet d'études professionnelles*.

BEPC (nom masculin) Diplôme attribué à la fin de la classe de troisième, au collège, sur la base des notes obtenues à un examen et des résultats acquis en classe. *L'épreuve de français du **BEPC** dure trois heures.*
▶ On dit aussi **brevet des collèges**.
★ BEPC est le sigle de *brevet d'études du premier cycle*.

béqueter Voir ***becqueter***.

béquille (nom féminin) **1** Grande canne sur laquelle on appuie l'aisselle pour s'aider à marcher. **2** Support qui maintient debout à l'arrêt une bicyclette ou une moto.

berbère (adjectif et nom) Relatif aux peuples qui habitent l'Afrique du Nord depuis la préhistoire. *Les tribus **berbères** sont réparties surtout au Maroc et en Algérie.*
▪ **berbère** (nom masculin) Langue parlée par les peuples d'Afrique du Nord, comprenant de nombreux dialectes. *Le **berbère** est une langue de tradition orale.*

bercail (nom masculin singulier) Dans la langue familière, maison familiale. *La chatte est revenue au **bercail**.*
★ Le sens ancien de **bercail** était « bergerie ».

berceau, eaux (nom masculin) Petit lit de bébé, que l'on peut balancer.

bercement (nom masculin) Action de bercer. *Au doux **bercement** de la musique, elle s'endormit.*

bercer (verbe) (conj. 4) Balancer doucement et régulièrement. *Le mouvement des vagues la **berçait**.*
★ Famille du mot : berc**eau**, berc**ement**, berc**euse**.

berceuse (nom féminin) Chanson douce et lente que l'on chante pour endormir un bébé.

béret (nom masculin) Coiffure en étoffe, ronde et plate. *Certains militaires portent un **béret**.*

bérézina (nom féminin) Synonyme familier de catastrophe. *Je n'ai rien compris au devoir de maths, c'est la **bérézina** !* (Syn. **désastre**.)

bergamote (nom féminin) **1** Variété de poire fondante. *La chair de la **bergamote** est très sucrée.* **2** Agrume dont on tire une essence utilisée en parfumerie et en confiserie. *Un thé à la **bergamote**.*
★ **Bergamote** vient du mot italien, d'origine turque, *bergamotta*.

berge (nom féminin) Bord d'un cours d'eau. *Sarah promène son chien sur la **berge** du canal.*

berger, ère (nom) Personne qui garde les moutons. *Le **berger** passe l'été dans la montagne avec son troupeau.* • **L'étoile du berger** : la planète Vénus.
▪ **berger** (nom masculin) Race de chiens. *Un **berger** allemand.*

bergère (nom féminin) Fauteuil large et profond.

bergerie (nom féminin) Bâtiment où l'on abrite les moutons.

bergeronnette (nom féminin) Petit passereau à longue queue vivant au bord de l'eau.
★ On l'appelle aussi un *hochequeue* parce que sa longue queue remue sans arrêt.

béribéri (nom masculin) Maladie due à une carence en vitamine B1. *Le **béribéri** entraîne des troubles moteurs et sensitifs.*

berk ! (interjection) Exprime le dégoût. ***Berk !** Je n'aime ni les huîtres ni les escargots.*
▶ On écrit aussi **beurk**.

berline (nom féminin) Modèle d'automobile à quatre portes.

berlingot (nom masculin) Bonbon en forme de pyramide. *Des **berlingots** de Carpentras.*

berlue (nom féminin singulier) • **Avoir la berlue** : dans la langue familière, voir autre chose que ce qui est. *C'est bien lui ? Je n'**ai** pas **la berlue** ?*
★ **Berlue** vient de l'ancien français *belluer* qui signifie « éblouir », et que l'on retrouve dans *éberlué*.

bermuda (nom masculin) Short qui descend jusqu'aux genoux.

bernard-l'ermite (nom masculin) Crustacé qui se loge dans les coquilles vides.
▶ Pluriel : des **bernard-l'ermite**.

berne (nom féminin) • **Drapeau en berne** : drapeau baissé ou roulé, en signe de deuil. *À l'annonce de la mort du Président, on a mis les **drapeaux en berne**.*

berner (verbe) (conj. 3) Tromper quelqu'un en le ridiculisant. *Dans la fable de La Fontaine, avec ses compliments, le rusé renard **a berné** le corbeau.* (Syn. **duper**.)

bernique (nom féminin) Coquillage comestible commun sur les côtes françaises. *La **bernique** vit accrochée à la roche.* (Syn. **patelle**.)
▶ On dit aussi **bernicle**.

berrichon, onne → tableau p. 6 / 7.

béryl (nom masculin) Pierre précieuse de couleur variable. *L'aigue-marine est un **béryl** bleu ciel.*

a b c d e f g h i j k l m n o p q r s t u v w x y z

a b c d e f g h i j k l m n o p q r s t u v w x y z

besace (nom féminin) Sac formé de deux poches, que l'on porte sur l'épaule.

bésef (adverbe) • **Pas bésef** : synonyme familier de peu.
▶ On écrit aussi **bézef**.

bésicles (nom féminin pluriel) Synonyme vieilli de lunettes. *Ses **bésicles** rondes lui donnent un air d'institutrice.*

besogne (nom féminin) Travail qu'on est obligé de faire. *Ranger sa chambre, c'est une rude **besogne** pour Thomas !* (Syn. **tâche.**)

besogneux, euse (adjectif et nom) **1** Personne qui vit dans le besoin. *L'association de quartier organise une collecte de vêtements pour les **besogneux**.* (Syn. **miséreux, nécessiteux.** Contr. **opulent, nanti.**) **2** Qui fait un travail rebutant et mal payé. *Le balayeur **besogneux** travaille dans le bruit et la pollution.*

besoin (nom masculin) **1** Chose indispensable. *J'ai **besoin** de ton aide.* **2** Manque de tout ce qui est nécessaire pour vivre. *Ces gens sont dans le **besoin**.* (Syn. **gêne, misère.**) • **Au besoin** : si c'est nécessaire.
▪ **besoins** (nom masculin pluriel) • **Faire ses besoins** : évacuer ses excréments. *Le chat **fait ses besoins** dans son bac rempli de litière.*

bestiaire (nom masculin) Livre sur les animaux, généralement illustré. *Le **Bestiaire** de Guillaume Apollinaire.*

bestial, ale, aux (adjectif) Qui fait penser à une bête. *Il a une allure de brute et un air **bestial**.*

bestiaux (nom masculin pluriel) Gros animaux de la ferme (vaches, porcs, chevaux). *Un marchand de **bestiaux**.* (Syn. **bétail.**)

bestiole (nom féminin) Petite bête ou insecte. *Aïe ! Sale **bestiole** ! Elle m'a piqué !*

best-seller (nom masculin) Livre qui a un énorme succès.
▶ Prononciation [bɛstsɛlɛʀ].
★ En anglais, **best-seller** signifie « qui se vend très bien ».
▶ Pluriel : des **best-sellers**.
▶ On écrit aussi : **bestseller**.

bêta (nom masculin et adjectif) Deuxième lettre (B ; β, initial ; ϐ) de l'alphabet grec qui correspond au « b » de l'alphabet latin. • **Rayons bêta** : rayonnement d'électrons émis par les corps radioactifs.

bétail (nom masculin singulier) Ensemble des bestiaux. *Cet éleveur a au moins cent têtes de **bétail** !*

bétaillère (nom féminin) Camion utilisé pour transporter le bétail. *La **bétaillère** pleine de cochons dégage une odeur nauséabonde.*

① **bête** (adjectif) Qui manque d'intelligence. *Il est **bête** comme ses pieds.* (Syn. **idiot, sot, stupide.** Contr. **intelligent.**) • **Bête comme chou** : très facile.
★ Famille du mot : **abêtir, bêtement, bêtise, bêtisier.**

② **bête** (nom féminin) Synonyme d'animal. *Victor aime les **bêtes**. Le tigre, la panthère sont des **bêtes** féroces.* • **Bête à bon Dieu** : coccinelle. • **La bête noire de quelqu'un** : chose ou personne dont il a horreur. • **Chercher la petite bête** : chercher les petits détails, être tatillon.
★ Famille du mot : bestiaire, bestiole, bestial, bestiaux, bétail, bétaillère.

bêtement (adverbe) D'une manière bête ou étourdie. *Il a **bêtement** oublié ses clés.* • **Tout bêtement** : tout simplement.

bêtise (nom féminin) **1** Manque d'intelligence. *Il est d'une **bêtise** rare.* (Syn. **sottise, stupidité.** Contr. **intelligence.**) **2** Action ou parole bêtes. *Cesse donc de dire des **bêtises** !* (Syn. **ânerie, sottise.**)

bêtisier (nom masculin) Compilation amusante de bêtises, sous forme de livre ou d'enregistrement. *Le générique du film est un extrait du **bêtisier** réalisé pendant le tournage.*

béton (nom masculin) Matériau de construction fait d'un mélange de sable, de graviers et de ciment.

bétonner (verbe) (conj. 3) **1** Construire ou recouvrir avec du béton. *Nous allons **bétonner** une terrasse et y installer une table et des chaises pour cet été.* **2** Au sens figuré, dans la langue familière, rendre inattaquable. *Vous **avez bétonné** le dossier de notre client, il sera bien défendu.*

bétonnière (nom féminin) Machine qui sert à préparer le béton.
▶ On dit aussi **bétonneuse**.

bette (nom féminin) Plante potagère dont on mange les feuilles et les tiges blanches.
▶ On dit aussi **blette**.

betterave (nom féminin) Plante cultivée pour sa grosse racine. *Des **betteraves** rouges en salade. Des **betteraves** à sucre.*

beuglement (nom masculin) Cri des bovins. *On entendait le **beuglement** des vaches dans l'étable.* (Syn. **meuglement, mugissement.**)

beugler (verbe) (conj. 3) Pousser des beuglements. *Le taureau se mit à **beugler**.* (Syn. **meugler, mugir.**)

beur (nom) Personne jeune née en France de parents maghrébins immigrés.
★ **Beur** vient de *arabe* en verlan.

beurk Voir ***berk***.

beurre (nom masculin) Matière grasse obtenue en battant la crème du lait.
★ Famille du mot : **beurrer, beurrier.**

beurrer (verbe) (conj. 3) Étaler du beurre sur quelque chose. *Ursula **beurre** un moule à gâteaux.*

beurrier (nom masculin) Récipient servant à mettre le beurre.

bévue (nom féminin) Erreur due à la maladresse. *William s'est trompé, il a encore commis une **bévue**.*

bézef Voir ***bésef***.

bi(s)- Élément tiré du mot latin *bis,* qui signifie « deux fois, double » (exemples : *bicolore* ; *biscuits*).

biais (nom masculin) Moyen habile et détourné. *La question le gênait, il a cherché un **biais** pour y répondre.* • **De biais, en biais :** en diagonale, en oblique.

biaiser (verbe) (conj. 3) User de moyens détournés pour atteindre un but et gagner du temps. *Je veux que tu répondes sans **biaiser**.*

bibelot (nom masculin) Petit objet décoratif. *Le buffet de grand-mère est couvert de petits **bibelots**.*

biberon (nom masculin) Petite bouteille munie d'une tétine, avec laquelle on fait boire les bébés.

bibi (pronom) Synonyme familier de moi. *Et l'addition, c'est pour **bibi** !*

bible (nom féminin) **1** Livre saint des chrétiens qui comprend l'Ancien et le Nouveau Testament. *Pour les juifs, la **Bible** ne comprend que l'Ancien Testament.* **2** Au sens figuré, livre où l'on trouve tout ce que l'on cherche. *Ce livre sur les oiseaux, c'est une vraie **bible** !*
▶ Au sens 1, ce mot commence par une majuscule.

biblio- Élément tiré du mot grec *biblion* qui signifie « livre » (exemple : *bibliographie*).

bibliobus (nom masculin) Camionnette qui sert de bibliothèque ambulante.

bibliographie (nom féminin) Liste des textes écrits par un auteur ou se rapportant à un sujet. *Dans son exposé sur Flaubert, Fatima a donné la **bibliographie** de l'écrivain.*

bibliophile (nom) Personne qui aime les livres précieux et rares. *Le **bibliophile** prête difficilement ses livres, car il craint qu'on les abîme.*

bibliothécaire (nom) Personne qui s'occupe d'une bibliothèque.

bibliothèque (nom féminin) **1** Meuble servant à ranger des livres. *Les rayons de la **bibliothèque**.* **2** Établissement où l'on peut lire et emprunter des livres. *Zoé fréquente la **bibliothèque** municipale.*

biblique (adjectif) De la Bible. *Salomon et la reine de Saba sont des personnages **bibliques**.*

bic (nom masculin) Stylo à bille. *Le professeur utilise un **bic** rouge pour corriger les copies.*
★ Bic est le nom d'une marque.

bicarbonate (nom masculin) Sel formé par l'acide carbonique. *Le **bicarbonate** de soude soulage les acidités gastriques.*

bicentenaire (adjectif) Âgé de deux cents ans. *Dans le parc, il y a un chêne **bicentenaire**.*
▪ **bicentenaire** (nom masculin) Deuxième centenaire. *En 1989, nous avons fêté le **bicentenaire** de la Révolution française.*

bicéphale (adjectif) Qui possède deux têtes. *Un dragon **bicéphale**.*

biceps (nom masculin) Muscle du bras. *Xavier gonfle ses **biceps** pour montrer sa force.*

biche (nom féminin) Femelle du cerf.

bichette (nom féminin) Terme d'affection. *Viens dans mes bras ma **bichette**, et ne pleure plus.*

bichonner (verbe) (conj. 3) Traiter avec de grands soins, dans la langue familière. *Elle le **bichonne**, son petit mari !* (Syn. **chouchouter, choyer.**)

bichromate (nom masculin) Sel dérivé de l'acide chromatique. *Le **bichromate** de potassium est utilisé en photographie.*

bicolore (adjectif) Qui est de deux couleurs. *Le drapeau de l'Autriche est **bicolore** : rouge et blanc.*

bicoque (nom féminin) Petite maison peu solide.

bicorne (nom masculin) Chapeau à deux pointes. *Napoléon Ier portait un **bicorne**.*

bicyclette (nom féminin) Véhicule à deux roues dont la roue arrière tourne quand on pédale.
★ La **bicyclette** est faite de deux (*bi-*)*cycles,* mot grec qui veut dire « cercle ».

bidasse (nom masculin) Synonyme familier de soldat. *Un **bidasse** est de corvée de patates.*

bide (nom masculin) **1** Synonyme familier de ventre. *La quarantaine approchant, il prend du **bide**.* **2** Échec complet, dans la langue familière. *Avec son tour de chant, elle a fait un **bide**.* (Syn. **fiasco.**)

bidet (nom masculin) Petit cheval. *« À cheval sur mon **bidet**... ».*

bidimensionnel, elle (adjectif) Qui a deux dimensions dans l'espace. *Un triangle tracé sur une feuille de papier est **bidimensionnel**.*

bidirectionnel, elle (adjectif) Qui fonctionne dans deux directions. *Un lecteur de cassettes **bidirectionnel** peut lire une bande de gauche à droite et de droite à gauche.* (Contr. **unidirectionnel.**)

bidon (nom masculin) Récipient en métal, fermé par un bouchon et servant à transporter un liquide. *Un **bidon** de lait, un **bidon** d'essence.*
▪ **bidon** (adjectif) Dans la langue familière, inventé de toutes pièces. *C'est complètement **bidon**, ton histoire, elle ne comporte rien de vrai !*
▶ Pluriel : des histoires **bidon**.

se **bidonner** (verbe) (conj. 3) Synonyme familier de rire. *Le film était très marrant, je me suis **bidonné** !* (Syn. **rigoler, se marrer, se poiler.**)

bidonville (nom masculin) Quartier très pauvre où les maisons sont faites avec des matériaux de récupération (tôles, planches, cartons, bidons).

bidouiller (verbe) (conj. 3) Synonyme familier de bricoler. *Arrête de **bidouiller** ton ordinateur.*

bidule (nom masculin) Dans la langue familière, petit objet. *Qu'est-ce que c'est donc que ce **bidule** ?* (Syn. **machin, truc.**)

bief (nom masculin) Espace entre deux écluses, sur une rivière ou sur un canal.
▶ Prononciation [bjɛf].

bielle (nom féminin) Tige de métal, articulée aux deux bouts, qui transmet le mouvement.

a b c d e f g h i j k l m n o p q r s t u v w x y z

biélorusse → tableau p. 6 / 7.

bien (adjectif) **1** Qui a beaucoup de qualités. *C'est* ***bien*** *ce que tu as fait en math !* (Contr. **mauvais.**) **2** Qui est conforme à la morale, qui est juste et honnête. *C'est une femme très* ***bien****, très courageuse.* **3** Qui est à l'aise et content. *On est* ***bien****, chez nous !* **4** Qui est en bonne santé. *Anna est vraiment* ***bien*** *en ce moment.* • **Être bien avec quelqu'un :** s'entendre avec lui.
▶ Pluriel : des gens **bien**.
▪ **bien** (nom masculin) **1** Ce qui est bien, conforme à la morale. *Il faut apprendre à distinguer le* ***bien*** *du mal.* (Contr. **mal.**) **2** Ce qui est agréable ou bon pour quelqu'un. *Le séjour à la mer lui a fait le plus grand* ***bien****.* **3** Ce que l'on possède. *Avoir du* ***bien****. Il a dû vendre tous ses* ***biens****.* (Syn. **fortune, richesse.**) • **Mener quelque chose à bien :** réussir à le terminer.
▪ **bien** (adverbe) **1** D'une manière satisfaisante, correcte. *Yann écrit très* ***bien****.* (Contr. **mal.**) **2** Très ou beaucoup. *On s'est* ***bien*** *amusés !* **3** Vraiment. *Mais oui, c'est* ***bien*** *lui !* **4** Au moins. *Cela fait* ***bien*** *un an que je ne l'ai vu.* **5** Nécessairement, obligatoirement. *Il va* ***bien*** *falloir s'habituer.* • **Bien du (de la, des) :** beaucoup. *Je te souhaite* ***bien du*** *plaisir.* • **Bien fait ! :** bien mérité ! • **Tant bien que mal :** comme on a pu.
▪ **bien !** (interjection) Indique qu'on a fini quelque chose. • **Eh bien ! :** marque la surprise ou la résignation. ***Eh bien !*** *tant pis pour toi !*

bien-aimé, ée (adjectif et nom) Qu'on aime tendrement. *Avant le départ, Élodie embrasse son père* ***bien-aimé****. Mon grand frère écrit à sa* ***bien-aimée****.*
▶ Pluriel : des **bien-aimés**, des **bien-aimées**.

bien-être (nom masculin) **1** Fait de se sentir bien. *Auprès du feu, Fatima éprouve une sensation de* ***bien-être****.* (Contr. **malaise.**) **2** Aisance financière qui permet de vivre confortablement. *Cette famille vit dans le* ***bien-être****.* (Contr. **besoin, gêne.**)

bienfaisance (nom féminin) Action de faire du bien en aidant les autres. *On a donné des vêtements à une œuvre de* ***bienfaisance****.*
▶ Prononciation [bjɛ̃fəzɑ̃s].

bienfaisant, ante (adjectif) Qui fait du bien. *L'exercice est* ***bienfaisant*** *pour la santé.* (Syn. **bénéfique.** Contr. **néfaste, nocif.**)
▶ Prononciation [bjɛ̃fəzɑ̃].

bienfait (nom masculin) Effet bénéfique. *Les* ***bienfaits*** *de la médecine.* (Contr. **méfait.**)
★ Famille du mot : bienfais**ance**, bienfais**ant**, bienfai**teur**.

bienfaiteur, trice (nom) Personne qui fait du bien aux autres. *Pasteur a été un* ***bienfaiteur*** *de l'humanité.*

bien-fondé (nom masculin) Caractère d'une action qui est conforme à la justice ou à la raison. *On a examiné le* ***bien-fondé*** *de leurs revendications.*

bienheureux, euse (adjectif et nom) Qui est très heureux. *Voilà un* ***bienheureux*** *concours de circonstances.*

biennal, ale, aux (adjectif) **1** Qui dure deux ans. *La fonction de président du club est* ***biennale****.* **2** Qui a lieu tous les deux ans. *La Coupe du monde de football est une manifestation sportive* ***biennale****.*
▪ **biennale** (nom féminin) Manifestation culturelle qui a lieu tous les deux ans.

bien-pensant, ante (adjectif et nom) Fidèle aux valeurs traditionnelles. *Les scandales qui éclatent dans le monde politique choquent les électeurs* ***bien-pensants****.*
▶ Pluriel : des **bien-pensants**.

bien que (conjonction) Indique une opposition. *Gaëlle adore nager* ***bien que*** *ce soit fatigant.* (Syn. **quoique.**)
▶ **Bien que** est suivi du subjonctif.

bienséance (nom féminin) Ce qu'il convient de dire et de faire en société. *C'est une règle de* ***bienséance****, de penser à remercier quand on reçoit un cadeau.*

bien sûr (adverbe) Naturellement, cela va de soi. *Tu en veux ?* ***Bien sûr*** *!* (Syn. **évidemment, oui.**)

bientôt (adverbe) Dans peu de temps. *Je reviens* ***bientôt****. À* ***bientôt****, j'espère.* (Syn. **prochainement.**)

bienveillance (nom féminin) Attitude compréhensive à l'égard des autres. *Le directeur écoute les parents d'élèves avec* ***bienveillance****.* (Contr. **malveillance.**)

bienveillant, ante (adjectif) Qui fait preuve de bienveillance. *Pourvu que la maîtresse soit* ***bienveillante*** *en corrigeant mon devoir !* (Contr. **malveillant.**)

bienvenu, ue (adjectif) Qu'on est content de voir arriver. *Après cette chaleur étouffante, la pluie est* ***bienvenue*** *!*
▪ **bienvenue** (nom féminin) • **Souhaiter la bienvenue :** accueillir par des paroles aimables.

bière (nom féminin) **1** Boisson gazeuse et alcoolisée. *Le houblon sert à parfumer la* ***bière****.* **2** Synonyme de cercueil. *L'employé des pompes funèbres a procédé à la mise en* ***bière****.*

biergol (nom masculin) Carburant constitué de deux ergols. *Le* ***biergol*** *est stocké dans le réservoir de la fusée.*
▶ On dit aussi **diergol**.

biface (nom masculin) Outil de la préhistoire, obtenu à partir d'une pierre taillée sur les deux faces. *Le* ***biface****, en forme d'amande, servait à couper et à creuser.*

biffer (verbe) (conj. 3) Barrer ce qui est écrit. *Je* ***biffe*** *les articles de ma liste de courses au fur et à mesure que je les mets dans le chariot.* (Syn. **rayer, raturer.**)
★ **Biffer** vient de l'ancien français *biffe* qui signifie « étoffe rayée ».

bifidus (nom masculin) Bactérie qui entre dans la préparation de certains produits laitiers. *Le* ***bifidus*** *favorise la progression des aliments dans l'intestin.*
▶ Prononciation [bifidys].

bifocal, ale, aux (adjectif) Qui a deux distances focales différentes. *Un verre **bifocal** est un verre à double foyer.*

bifteck (nom masculin) Tranche de viande de bœuf. *Tu le veux comment, ton **bifteck** : saignant, bleu ou à point ?* (Syn. **steak.**)
★ **Bifteck** vient de l'anglais *beefsteak* qui signifie « tranche de bœuf ».

bifurcation (nom féminin) Endroit où la route bifurque. *À la **bifurcation**, vous prendrez à droite.* (Syn. **embranchement.**)

bifurquer (verbe) (conj. 3) **1** Se séparer en deux branches. *On ne sait par où passer car le chemin **bifurque** !* **2** Changer de direction. *Au carrefour, la voiture **a** soudain **bifurqué**.*

bigame (adjectif et nom) Qui est marié à deux personnes en même temps.

bigamie (nom féminin) Situation d'une personne bigame. *En France, la **bigamie** est interdite.*

bigarré, ée (adjectif) Qui a des couleurs vives et variées. *Le clown porte un costume **bigarré**.* (Syn. **bariolé.**)

bigarreau, eaux (nom masculin) Grosse cerise rouge et blanche.

big-bang (nom masculin) Évènement originel qui serait le point de départ de la formation de l'Univers, il y a environ 15 milliards d'années. *Les chercheurs supposent que **big-bang** était une gigantesque explosion.*
▶ Pluriel : des **big-bangs**.
▶ On écrit aussi **bigbang**.
▶ Prononciation [bigbɑ̃g].

bigleux, euse (adjectif et nom) **1** Qui louche. **2** Qui ne voit pas bien, dans la langue familière. *T'es **bigleux** toi, il est sous ta chaise, ton sac.*

bigorneau, eaux (nom masculin) Coquillage marin qui ressemble à un petit escargot noir.

bigot, ote (nom) Personne qui pratique sa religion de façon bornée et sans générosité.

bigoudi (nom masculin) Petit rouleau autour duquel on enroule les mèches de cheveux pour les faire boucler.

bigre ! (interjection) Marque l'étonnement. ***Bigre !** Il fait bien froid ce matin !*

bijection (nom féminin) Application à la fois surjective et injective, qui associe, à chaque élément d'un ensemble de départ, un et un seul élément dans l'ensemble d'arrivée. *La **bijection** d'un ensemble E sur un ensemble F a toujours une application réciproque de l'ensemble F sur l'ensemble E.*

bijou, oux (nom masculin) **1** Petit objet de parure. *Les boucles d'oreilles, les bagues, les bracelets sont des **bijoux**.* **2** Chose très bien faite, belle et raffinée. *Leur maison, c'est un vrai petit **bijou** !*
★ Famille du mot : bijout**erie**, bijout**ier**.

bijouterie (nom féminin) Magasin du bijoutier.

bijoutier, ère (nom) Personne qui fabrique ou qui vend des bijoux.

bikini (nom masculin) Maillot de bain pour femme, composé d'un slip échancré et d'un soutien-gorge de dimensions réduites. *Les femmes en **bikini** bronzent sur la plage.*
★ **Bikini** est le nom d'une marque.

bilan (nom masculin) **1** Comptes détaillés d'une année, dans lesquels on fait le total des dépenses et des recettes. *Le comptable de l'entreprise a fait le **bilan**.* **2** Résultat final. *Je n'ai pas fait grand chose aujourd'hui, le **bilan** est plutôt mince !* • **Déposer son bilan** : faire faillite.

bilatéral, ale, aux (adjectif) Qui a deux côtés. *Dans ma rue, le stationnement est **bilatéral**.*

bilboquet (nom masculin) Jeu d'adresse qui consiste à envoyer en l'air une boule percée d'un trou et à la rattraper sur un manche pointu avant qu'elle ne retombe.

bile (nom féminin) Liquide amer et jaunâtre produit par le foie. • **Se faire de la bile** : synonyme familier de s'inquiéter.
★ Famille du mot : atrabil**aire**, bili**aire**.

bilharziose (nom féminin) Maladie parasitaire provoquée par des vers, qui pénètrent à travers la peau, fréquente en Afrique et en Asie tropicales. *La **bilharziose** s'attrape lors d'un contact avec de l'eau douce et de l'eau croupie.*

biliaire (adjectif) Qui se rapporte à la bile.

bilingue (adjectif) Qui parle deux langues. *On demande une secrétaire **bilingue**, parlant le français et l'anglais.*

billard (nom masculin) **1** Jeu dans lequel on pousse des boules avec l'extrémité d'un bâton, sur une table spéciale couverte d'un tapis. **2** Dans la langue familière, table d'opération chirurgicale. *Il passe sur le **billard** pour se faire enlever l'appendice.*

bille (nom féminin) **1** Petite boule en verre, en terre ou en acier. *J'ai gagné un calot en jouant aux **billes** !* **2** Tronc d'arbre sans branches prêt à être découpé. *Le camion transporte des **billes** de chêne.*

billet (nom masculin) **1** Monnaie de papier. *Un **billet** de 10 euros.* **2** Rectangle de papier ou de carton prouvant qu'on a payé sa place. *Un **billet** de cinéma.* (Syn. **ticket.**)

billetterie (nom féminin) **1** Endroit où on vend des billets. **2** Distributeur automatique de billets de banque.

billion (nom masculin) Mille milliards (10^{12}). *Il y a des **billions** d'étoiles dans le ciel.*
▶ Prononciation [biljɔ̃].

billot (nom masculin) Gros bloc de bois dont le dessus est plat. *Un **billot** pour couper du bois.*

bilobé, ée (adjectif) Qui a deux parties arrondies. *Le thymus est un organe **bilobé**.*

bimensuel, elle (adjectif) Qui paraît deux fois par mois. *Un magazine **bimensuel**.*

bimestriel, elle (adjectif) Qui paraît tous les deux mois. *Une revue **bimestrielle**.*

bimoteur (nom masculin) Avion à deux moteurs.

binaire (adjectif et nom) **1** Composé de deux éléments. *L'eau est un corps **binaire**, constitué d'hydrogène et d'oxygène.* **2** Un peu trop simple. *Votre raisonnement est **binaire**, la situation est bien plus compliquée que ça.* (Contr. **complexe**.) • Rythme binaire : rythme à deux temps.
▪ **binaire** (nom masculin) Numération à base deux, utilisant uniquement les chiffres 0 et 1. *En **binaire**, 3 s'écrit 10 et ne se lit pas « dix » mais « un zéro ».*

biner (verbe) (conj. 3) Remuer la terre à l'aide d'une binette. ***Biner** des salades.*

binette (nom féminin) Outil de jardinage qui sert à biner.

bingo (nom masculin) Jeu de hasard. *Le **bingo** est une sorte de loto.*
▪ **bingo !** (interjection) Indique qu'on a réussi quelque chose ou qu'on a fait un gain important. ***Bingo** ! J'ai mis la flèche en plein dans le mille.*
▶ Prononciation [biŋgo].

biniou (nom masculin) Instrument de musique breton qui ressemble à une cornemuse.

binocles (nom masculin pluriel) Synonyme familier de lunettes.

binôme (nom masculin) **1** Expression algébrique composée de la somme ou de la différence de deux expressions ne comportant elles-mêmes aucun signe d'addition ou de soustraction. *« ax + by » est un **binôme**.* **2** Ensemble de deux personnes ou de deux éléments. *Pour certaines matières, les étudiants doivent travailler en **binôme**.*
★ **Binôme** vient du latin *binomium* qui signifie « qui a deux noms ».

bio- Élément tiré du mot grec *bios* qui signifie « vie » (exemple : *biorythme*).

bio (adjectif) Qui ne contient aucun pesticide ni engrais chimique. *Je n'achète que des légumes **bio** au marché.* (Syn. **biologique**.)
▶ Pluriel : des produits **bio**.

biocarburant (nom masculin) Carburant d'origine végétale. *L'alcool extrait de la canne à sucre est un **biocarburant**.*

biochimie (nom féminin) Science qui étudie les propriétés chimiques des êtres vivants.

biodégradable (adjectif) Qui se détruit naturellement. *Les emballages **biodégradables** ne nuisent pas à l'environnement.*

bioéthique (adjectif et nom féminin) Ensemble des règles de morale qui doivent être respectées lors de pratiques médicales et biologiques sur l'être humain. *La **bioéthique** interdit la conception de clones humains en France.*

biographie (nom féminin) Histoire de la vie d'une personne. *Benjamin a lu une **biographie** de Léonard de Vinci.*

biologie (nom féminin) Science qui étudie les êtres vivants.

biologique (adjectif) Qui est obtenu sans produit chimique. *Un commerçant du marché vend des légumes **biologiques**.*

biologiste (nom) Spécialiste de biologie.

biopsie (nom féminin) Prélèvement d'un fragment de tissu sur un être vivant, pour en faire l'analyse. *L'amniocentèse est une **biopsie**.*

biorythme (nom masculin) Rythme biologique d'un animal ou d'un végétal, influencé par les conditions naturelles. *Le **biorythme** d'un individu varie en fonction de son état de santé, du climat et de son environnement.*

biosphère (nom féminin) Partie du globe terrestre où il existe une vie animale et végétale. *Les espèces terrestres, marines et de la basse atmosphère évoluent dans la **biosphère**.*

biotope (nom masculin) Milieu naturel où des facteurs écologiques relativement constants permettent à une espèce de se développer. *Un **biotope** forme, avec les organismes qui y vivent, un écosystème.*

bip (nom masculin) **1** Signal sonore, bref et répété, émis par certains appareils. *On entend un **bip** quand la batterie du téléphone est déchargée.* **2** Appareil qui émet un signal. *Le médecin de garde laisse son **bip** allumé pour être joint à tout moment.*
★ **Bip** est une onomatopée.
▶ On dit aussi **bip-bip**.

bipartisme (nom masculin) Régime politique où deux partis gouvernent, ensemble ou tour à tour.

bipède (nom masculin) Être vivant qui a deux pieds. *Le pingouin, l'homme sont des **bipèdes**.*

biplace (adjectif et nom masculin) Qui possède deux places. *Zoé a passé son brevet de pilote à bord d'un avion **biplace**.*

bipolaire (adjectif) Qui a deux pôles. *Un aimant **bipolaire** a un côté qui attire les métaux, et l'autre qui les repousse.*

bique (nom féminin) Synonyme familier de chèvre.

biquet, ette (nom) Synonyme familier de chevreau.

biréacteur (nom masculin) Avion muni de deux réacteurs.

birman, ane → tableau p. 6 / 7.

① **bis, bise** (adjectif) D'une couleur entre le gris et le brun. *Un drap de toile **bise**. Le pain **bis** contient du son.*
▶ Prononciation [bi], [biz].

② **bis** (adverbe) Indique la répétition. *Hélène habite au 1, et moi au 1 **bis**.*
▪ **bis !** (interjection) Cri par lequel le public demande à un artiste de rejouer ou de chanter une seconde fois.
▶ Prononciation [bis].

bisaïeul, eule, eux (nom) Synonyme littéraire d'arrière-grand-père, d'arrière-grand-mère et d'arrière-grands-parents.

bisbille (nom féminin) Petite querelle pour des motifs futiles, dans la langue familière. *Je suis en* ***bisbille*** *avec mon voisin parce qu'il laisse toujours ses poubelles sur le palier.* (Syn. **désaccord.**)
▶ Prononciation [bizbij].
★ **Bisbille** vient du mot italien *bisbiglio* qui signifie « murmure ».

biscornu, ue (adjectif) Bizarre et compliqué. *Quelle idée* ***biscornue*** *! Tu ne peux pas trouver plus simple ?* (Syn. **bizarre, saugrenu.**)

biscotte (nom féminin) Tranche de pain de mie séchée au four.

biscuit (nom masculin) Gâteau sec. *Maman entoure la charlotte de* ***biscuits****.*

bise (nom féminin) **1** Vent du nord, froid et sec, qui souffle en hiver. **2** Dans la langue familière, synonyme de baiser. *Tu ne m'as pas fait la* ***bise*** *!*

biseau, eaux (nom masculin) • **En biseau** : en oblique. *Tailler un morceau de bois* ***en biseau****.*

biseauté, ée (adjectif) Dont les bords sont taillés en biseau. *L'armoire de ma chambre a une glace* ***biseautée****.*

bisexué, ée (adjectif) Qui possède des organes sexuels mâles et femelles. *Les êtres* ***bisexués*** *peuvent se féconder eux-mêmes.* (Syn. **hermaphrodite.**)

bismuth (nom masculin) Métal dur qui fond à 271 °C et qu'on utilise en médecine comme calmant gastrique. *On fabrique des alliages avec du* ***bismuth****.*
▶ Prononciation [bismyt].

bison (nom masculin) Grand bœuf sauvage qui a une bosse sur le cou et une épaisse crinière. *Le* ***bison*** *constituait la nourriture essentielle des Indiens d'Amérique du Nord.*

bisou (nom masculin) Synonyme familier de baiser. *Mille* ***bisous*** *à toute ta famille.*

bisque (nom féminin) Potage fait d'un coulis de crustacés ou de volaille. *On nous sert une* ***bisque*** *d'écrevisses en entrée.*

bissectrice (nom féminin) Droite qui divise un angle en deux angles égaux.

bissextile (adjectif féminin) • **Année bissextile** : qui a 366 jours (au lieu de 365) et dont le mois de février a 29 jours (au lieu de 28). *1996, 2000, 2004 sont des années* ***bissextiles****.*

bistouri (nom masculin) Instrument coupant utilisé par les chirurgiens pour inciser.

bistre (adjectif) De couleur brun foncé. *Un teint* ***bistre****.*

bistro (nom masculin) Synonyme familier de café. *Ils sont attablés au* ***bistro*** *du coin.* (Syn. **bar.**)
▶ On écrit aussi **bistrot**.

bit (nom masculin) Unité de la numération binaire, notée 0 ou 1. *Une chaîne de huit* ***bits*** *forme un octet.*
▶ Prononciation [bit].
★ **Bit** vient de l'expression anglaise *binary digit*, qui signifie « chiffre binaire ».

bitume (nom masculin) Synonyme d'asphalte. *On recouvre les rues et les trottoirs de* ***bitume****.*

bivalve (adjectif et nom masculin) Mollusque dont la coquille est constituée de deux valves jointes par un ligament. *L'huître et la moule sont des* ***bivalves****.*

bivouac (nom masculin) Campement provisoire. *Les randonneurs installent leur* ***bivouac*** *dans une clairière.*

bivouaquer (verbe) (conj. 3) Camper dans un bivouac. *Nous* ***bivouaquerons*** *dans cette grotte ce soir.*

bizarre (adjectif) Curieux ou anormal. *Un bruit* ***bizarre****.* (Syn. **étrange, insolite.** Contr. **banal, ordinaire.**)
★ Famille du mot : bizarr**ement**, bizarr**erie**.

bizarrement (adverbe) De façon bizarre. *Il se mit à zigzaguer* ***bizarrement****.*

bizarrerie (nom féminin) Chose bizarre. *Le mot « chausse-trape » est une* ***bizarrerie*** *orthographique, car on écrit « une trappe ».*

bizness (nom masculin) Activité commerciale ou financière. *Il se lance dans le* ***bizness*** *et crée sa propre entreprise.* (Syn. **affaires.**)
▶ Prononciation [biznɛs].
▶ On écrit aussi **business**.

bizuter (verbe) (conj. 3) Faire subir des épreuves humiliantes à un élève de première année. *Pour* ***bizuter*** *les nouveaux, les anciens les obligent à marcher à genoux avec les mains sur la tête.*

blafard, arde (adjectif) Qui est pâle et décoloré. *La lanterne éclairait la grotte d'une lueur* ***blafarde****.*

blague (nom féminin) **1** Chose dite ou faite pour plaisanter. *C'était pour rire, c'est une* ***blague*** *!* (Syn. **farce, plaisanterie.**) **2** Erreur fâcheuse. *Il me semble que vous avez fait des* ***blagues*** *en réparant la machine.* (Syn. **bêtise, sottise.**) **3** Petit sac dans lequel on met le tabac. *Le marin sortit sa* ***blague*** *à tabac et bourra sa pipe.*

blaguer (verbe) (conj. 3) Dire des blagues. *Ne n'inquiète pas, il* ***blague*** *!* (Syn. **plaisanter.**)

blaireau, eaux (nom masculin) **1** Mammifère sauvage au poil noir et blanc. *Le* ***blaireau*** *attaque les vipères.* **2** Sorte de pinceau à manche court servant à savonner la barbe avant de la couper.

blâmable (adjectif) Qui doit être blâmé. *Mentir est une action* ***blâmable****.* (Syn. **condamnable.**)

blâme (nom masculin) Réprimande que l'on fait à quelqu'un qui a commis une faute grave. *Cette grave négligence mérite un* ***blâme*** *sévère.*
★ Famille du mot : blâm**able**, blâm**er**.

blâmer (verbe) (conj. 3) Donner un blâme à quelqu'un. *La pauvre, elle est plus à plaindre qu'à* ***blâmer*** *!* (Syn. **condamner, désapprouver.** Contr. **féliciter.**)

a b c d e f g h i j k l m n o p q r s t u v w x y z

blanc, blanche (adjectif) **1** Qui a la couleur du lait ou de la neige. *Mamie a des cheveux tout **blancs**.* **2** Qui est de couleur claire. *Du raisin **blanc**. Un homme **blanc**.* **3** Où rien n'est écrit. *Je ne savais rien, j'ai rendu une feuille **blanche**.* **4** Qui sert de répétition mais qui ne compte pas. *Le grand frère de Clément a passé un bac **blanc**.* • **Blanc comme neige** : innocent de ce dont on l'accuse. • **Blanc comme un linge** : livide, sous le coup d'une émotion. • **Donner carte blanche à quelqu'un** : lui donner une entière liberté pour faire quelque chose. • **Nuit blanche** : sans sommeil.
▪ **Blanc, Blanche** (nom) Être humain dont la peau est de couleur claire. *Les Noirs et les **Blancs**.*
▪ **blanc** (nom masculin) **1** Couleur blanche. *Le **blanc** est le mélange des sept couleurs du prisme.* **2** Peinture de couleur blanche. *Un tube de **blanc**.* **3** Linge de maison blanc ou clair. *Au rayon du **blanc**, on trouve des draps, des nappes, des torchons.* **4** Espace non écrit, dans une page. *Laissez un **blanc** entre les deux paragraphes, ce sera plus lisible.* **5** Vin blanc. *Vous désirez du **blanc** ou du rouge ?* **6** Chair sans os de la volaille. *Tu veux du **blanc** ou une cuisse ?* **7** Albumine de l'œuf. *Maman bat des **blancs** en neige.* • **À blanc** : avec des cartouches sans balles, donc inoffensives.
▪ **blanche** (nom féminin) Note de musique qui vaut deux noires.
★ Famille du mot : blanc-bec, blanch**âtre**, blanch**eur**, blanch**ir**, blanch**isserie**.

blanc-bec (nom masculin) Jeune homme sans expérience, qui croit tout savoir.
► Pluriel : des **blancs-becs**.

blanchâtre (adjectif) D'un blanc pas très net. *La nuit est remplacée par une lueur **blanchâtre**.*

blancheur (nom féminin) Couleur blanche. *La **blancheur** de la neige.*

blanchir (verbe) (conj. 11) **1** Rendre blanc. *En Grèce, on **blanchit** les maisons à la chaux.* **2** Devenir blanc. *Ses cheveux **ont blanchi** d'un coup.* **3** Dire que quelqu'un est innocent. *Il **a été blanchi** de l'accusation portée contre lui.*

blanchisserie (nom féminin) Magasin où on lave le linge et où on le repasse. *Mon oncle donne ses chemises à laver à la **blanchisserie**.*

blanquette (nom féminin) Ragoût de veau ou de volaille à la sauce blanche.

blasé, ée (adjectif) Qui ne s'intéresse plus à rien. *Il a tant voyagé qu'il est **blasé**.*

blason (nom masculin) Dessin qui est l'emblème d'une famille ou d'une ville. *Au XIIe siècle, la fleur de lis est devenue le **blason** des rois de France.*
★ Dans les tournois du Moyen Âge, l'armure des chevaliers empêchait qu'on les reconnaisse, c'est pourquoi ils adoptaient des signes distinctifs : c'est l'origine du **blason**.

blasphème (nom masculin) Parole qui insulte la religion.

blasphémer (verbe) (conj. 8) Dire des blasphèmes.

blatérer (verbe) (conj. 8) Crier, en parlant du chameau ou du dromadaire. *Le silence du désert est rompu par les chameaux qui **blatèrent**.*

blatte (nom féminin) Synonyme de cafard.

blazer (nom masculin) Veste de laine, souvent bleu marine.
► **Blazer** est un mot anglais : on prononce [blazɛʀ].

blé (nom masculin) Céréale dont le grain sert à faire de la farine. *On moissonne le **blé** au début de l'été.*

blême (adjectif) Très pâle. *Mal rasé, le teint **blême**, il avait l'air malade.* (Syn. **blafard, livide.**)

blêmir (verbe) (conj. 11) Devenir blême. *En entendant le verdict, l'accusé **a blêmi**.*

blessant, ante (adjectif) Qui blesse, fait de la peine. *Elle a fait des allusions **blessantes** à propos du père de Julie.* (Syn. **désobligeant, vexant.**)

blessé, ée (nom) Personne qui a été blessée. *L'attentat a fait une dizaine de **blessés**.*

blesser (verbe) (conj. 3) **1** Occasionner une plaie ou une fracture. *Le boxeur **a** sérieusement **blessé** son adversaire pendant le match.* **2** Au sens figuré, faire de la peine. *En parlant de son poids, tu l'**as blessé** au vif !* (Syn. **froisser, offenser, vexer.**)
★ Famille du mot : bless**ant**, blessé, bless**ure**.

blessure (nom féminin) **1** Dommage corporel causé par un choc, une arme, etc. *Les coupures, les plaies, les éraflures, les entorses, les brûlures sont des **blessures**.* **2** Chagrin ou humiliation. *Une **blessure** d'amour-propre.*

blet, blette (adjectif) Trop mûr. *Une pomme **blette**.*

blette Voir ***bette***.

bleu, bleue (adjectif) **1** Qui a la couleur du ciel par beau temps. *Laura a des yeux **bleus**.* **2** Se dit d'un bifteck qui est à peine cuit. • **Peur bleue** : très grande peur.
▪ **bleu** (nom masculin) **1** Couleur bleue. *Le **bleu** du ciel.* **2** Marque sur la peau, causée par un coup. *Je me suis cogné au coin du mur, j'ai un **bleu** !* (Syn. **ecchymose, hématome.**) **3** Vêtement de travail en toile bleue. *L'ouvrier a mis son **bleu** de travail.* **4** Fromage dont on laisse moisir la pâte, qui devient bleue par endroits. *Un **bleu** de Bresse, un **bleu** d'Auvergne.*
★ Famille du mot : bleu**âtre**, bleu**et**, bleu**ir**, bleu**té**.

bleuâtre (adjectif) Presque bleu. *Une fumée **bleuâtre** montait du cendrier.*

bleuet (nom masculin) Fleur de couleur bleue, qui pousse dans les champs de blé. *Pour le 14 Juillet, David a cueilli des **bleuets**, des marguerites et des coquelicots.*

bleuir (verbe) (conj. 11) Devenir bleu. *À l'horizon, le ciel **bleuissait**.*

bleuté, ée (adjectif) Légèrement bleu. *Myriam a des cheveux très noirs avec des reflets **bleutés**.*

blindage (nom masculin) Protection métallique très épaisse. *Grâce au **blindage** de la carrosserie, les balles n'ont pas atteint les passagers.*

blindé (nom masculin) Véhicule militaire recouvert d'un blindage. *Un régiment de **blindés** a surpris l'armée ennemie.*

blinder (verbe) (conj. 3) Renforcer avec un blindage. *Il a fait **blinder** sa porte pour se protéger des cambrioleurs.*
★ Famille du mot : blind**age**, blind**é**.

blini (nom masculin) Petite crêpe épaisse. *Des **blinis** recouverts de caviar.*

blister (nom masculin) Film plastique transparent collé sur un carton, servant d'emballage. *Vous pouvez vous faire rembourser vos CD au magasin, seulement s'ils sont encore sous **blister**.*
► Prononciation [blistɛʀ].

blizzard (nom masculin) Vent glacé du grand Nord, très violent et chargé de neige. *Au Québec, en hiver, le **blizzard** souffle.*

bloc (nom masculin) **1** Gros morceau d'une matière dure. *Un **bloc** de glace.* **2** Ensemble de feuilles de papier détachables. *Un **bloc** de papier à lettres.* **3** Groupe de gens très unis. *Si on touche à l'un d'eux, tous le défendent : ils font **bloc**.* • **À bloc** : au maximum. *Le frein est serré **à bloc**.* • **En bloc** : dans sa totalité, sans faire de détail. *Il a tout refusé **en bloc**.*

blocage (nom masculin) Action de bloquer. *Le **blocage** de la serrure est dû à la rouille.*

blockhaus (nom masculin) Réduit fortifié et dissimulé, à but défensif. *On peut encore voir des **blockhaus** datant de la Première Guerre mondiale dans les dunes ou dans les champs.*
► Prononciation [blɔkos].
★ **Blockhaus** vient des mots allemands *Block* qui signifie « poutre », et *Haus* qui signifie « maison ».

bloc-notes (nom masculin) Petit bloc de feuilles détachables servant à prendre des notes.
► Pluriel : des **blocs-notes**.

blocus (nom masculin) Action d'isoler un pays des autres pays. *Le **blocus** empêche le pays de s'approvisionner en vivres.*

blond, blonde (adjectif et nom) D'une couleur claire et dorée. *Noémie est **blonde** comme les blés. Odile préfère les **blonds**.*

blondir (verbe) (conj. 11) Devenir blond. *Mes cheveux **blondissent** au soleil.* • **Faire blondir** : faire revenir (des aliments) jusqu'à coloration.

bloquer (verbe) (conj. 3) **1** Serrer un mécanisme pour l'empêcher de bouger. *Ne serre pas trop cette vis, tu vas la **bloquer** !* **2** Empêcher la circulation. *C'est le camion des poubelles qui **bloque** la rue.* (Syn. **boucher, obstruer**.) **3** Empêcher le fonctionnement. *Une articulation **bloquée** par un rhumatisme.* **4** Arrêter quelque chose dans son mouvement. *Ibrahim **a bloqué** la balle.*
★ Famille du mot : bloc**age**, bloc**us**, **dé**bloquer.

se **blottir** (verbe) (conj. 11) Se serrer ou se mettre en boule. (Syn. **se pelotonner**.)

blouse (nom féminin) **1** Vêtement de travail que l'on met par-dessus les autres vêtements pour les protéger. *Autrefois, les écoliers portaient des **blouses**.* **2** Synonyme de corsage. *Hélène a mis sa **blouse** à fleurs.*

blouson (nom masculin) Veste courte et serrée à la taille. *Un **blouson** d'aviateur.*

blue-jean (nom masculin) Pantalon en toile épaisse de couleur bleue. (Syn. **jean**.)
► **Blue-jean** est un mot anglais : on prononce [bludʒin].
► Pluriel : des **blue-jeans**.
► On écrit aussi **bluejean**.
★ **Blue-jean** est la déformation de *bleu de Gênes*, car les Américains importaient de la toile de Gênes, port d'Italie, pour faire les pantalons des cow-boys.

blues (nom masculin) Chant lent et triste des Noirs d'Amérique du Nord.
► **Blues** est un mot anglais : on prononce [bluz].
★ En anglais, ce mot signifie « idées sombres ».

bluff (nom masculin) Attitude de celui qui exagère pour impressionner les gens. *Sarah prétend qu'elle ne lit qu'une fois ses leçons pour les apprendre, mais c'est du **bluff**.*
► **Bluff** est un mot anglais : on prononce [blœf].
★ En Amérique, **bluff** était le nom du jeu de poker où l'on doit mentir pour impressionner ses adversaires.

bluffer (verbe) (conj. 3) Essayer de tromper par un bluff. *Quand Kevin dit que ses parents le laissent sortir seul le soir, il **bluffe** !* (Syn. **se vanter**.)
► Prononciation [blœfe].

boa (nom masculin) Grand serpent non venimeux d'Amérique du Sud. *Le **boa** étouffe ses proies dans ses anneaux avant de les avaler.*

boat people (nom) Réfugié qui quitte son pays clandestinement sur un bateau de fortune. *Des milliers de **boat people** ont quitté le Vietnam pendant la guerre.*
► Prononciation [botpipœl].
★ **Boat people** est une expression anglaise qui signifie « gens des bateaux ».
► Pluriel : des **boat people**.

bob (nom masculin) Petit chapeau de toile rond en forme de cloche.

bobard (nom masculin) Synonyme familier de boniment. *Raconter des **bobards**.*

bobine (nom féminin) Petit cylindre sur lequel on enroule du fil, un film, etc.
★ Famille du mot : **em**bobiner, **rem**bobiner.

bobo (nom masculin) Dans le langage des enfants, petite blessure sans gravité.

bobsleigh (nom masculin) Traîneau à plusieurs places.
► **Bobsleigh** est un mot anglais : on prononce [bɔbslɛg].

bocage (nom masculin) Région où les prés sont entourés par des haies. *La Vendée, le Poitou sont des régions de **bocage**.*

bocal, aux (nom masculin) **1** Récipient de verre à large ouverture, servant à conserver les aliments. *Des conserves en **bocaux**.* **2** Aquarium de forme sphérique.

bochiman Voir ***boschiman***.

body-building (nom masculin) Musculation intensive pratiquée dans un but esthétique. *Cet acteur américain a fait du **body-building** pour pouvoir jouer un rôle de champion de boxe.* (Syn. **culturisme**.)
▶ Prononciation [bɔdibɥildiŋ].
★ **Body-building** est un mot anglais qui signifie « construction du corps ».
▶ On écrit aussi **bodybuilding**.

boer (adjectif) Relatif aux paysans hollandais qui, en migrant vers l'Afrique du Sud, ont formé les Afrikanders.

bœuf (nom masculin) **1** Taureau châtré. *Une paire de **bœufs** attelés par un joug.* **2** Viande de bœuf ou de vache. *Je voudrais du **bœuf** pour faire un pot-au-feu.*
▶ Prononciation [bœf], pluriel [bø].

bof ! (interjection) Exprime l'indifférence ou le manque d'enthousiasme. *Préfères-tu aller au cirque ou au cinéma ? – **Bof** !*

① **bogue** (nom masculin) Erreur dans un programme informatique entraînant des anomalies de fonctionnement. *Un **bogue** a gravement endommagé le système.*
★ **Bogue** vient du mot anglais *bug* qui signifie « punaise ».
▶ On dit aussi **bug** [bœg].

② **bogue** (nom féminin) Enveloppe de la châtaigne, hérissée de piquants.

bohème (adjectif et nom) Se dit d'une personne qui vit sans souci du lendemain. *Elle menait une vie de **bohème** avec des artistes à Montmartre.*

bohémien, enne (nom) Nomade qui vit en roulotte ou en caravane. *On appelle aussi les **bohémiens** tsiganes, gitans ou romanichels.*

boire (verbe) (conj. 39) **1** Avaler un liquide. *Il **boit** de l'eau.* **2** Absorber beaucoup d'alcool. *Ce pauvre homme s'est mis à **boire** après la mort de sa femme.* **3** Absorber un liquide. *Il faisait tellement sec que la terre **a bu** toute l'eau.* • **Boire les paroles de quelqu'un** : les écouter avec admiration.

bois (nom masculin) **1** Matière dont les arbres sont constitués. *En quel **bois** est cette table ? – En chêne.* **2** Petite forêt. *Un **bois** de châtaigniers.* • **Touchons du bois** : formule que l'on dit pour éloigner la malchance.
▪ **bois** (nom masculin pluriel) Cornes ramifiées des cervidés.
★ Famille du mot : **boisé**, **boiser**, **boiserie**, **déboisement**, **déboiser**, **reboisement**, **reboiser**, sous-bois.

boisé, ée (adjectif) Couvert d'arbres. *Le Morvan est une région **boisée**.*

boiser (verbe) (conj. 3) **1** Planter d'arbres. *Le maire s'engage à **boiser** la commune et à créer des espaces verts.* (Contr. **déboiser**.) **2** Garnir d'une boiserie. *Dans notre chalet de montagne, les murs **sont boisés** de lambris.*

boiserie (nom féminin) Panneau de bois qui recouvre les murs d'une pièce. *Le salon du château a de magnifiques **boiseries**.*

boisson (nom féminin) Tout liquide qui se boit. *Voulez-vous une **boisson** chaude ou une **boisson** froide ?*

boîte (nom féminin) Récipient que l'on peut fermer. *Une **boîte** à thé, une **boîte** de conserve, une **boîte** à outils.* • **Boîte aux lettres** : boîte dans laquelle on dépose le courrier. • **Boîte de nuit** : cabaret ouvert la nuit, où l'on peut boire et danser. • **Boîte de vitesses** : partie du moteur d'une automobile qui permet de changer de vitesse. • **Mettre en boîte** : synonyme familier de taquiner.
▶ On écrit aussi **boite**.

boiter (verbe) (conj. 3) Marcher en penchant le corps d'un côté. *Depuis son accident de moto, elle **boite**.*
★ Famille du mot : **boiteux**, **boitiller**.

boiteux, euse (adjectif et nom) Qui boite. *Il est **boiteux** depuis sa naissance.*
▪ **boiteux, euse** (adjectif) Qui n'est pas stable. *Une chaise **boiteuse**.* (Syn. **bancal**.)

boîtier (nom masculin) Sorte de boîte qui renferme un mécanisme, une recharge, etc. *Le **boîtier** d'une montre, d'un appareil photo.*
▶ On écrit aussi **boitier**.

boitiller (verbe) (conj. 3) Boiter légèrement.

bol (nom masculin) **1** Récipient rond destiné à contenir une boisson. *Il y a mon prénom sur mon **bol**.* **2** Contenu d'un bol. *Zoé avale un **bol** de lait brûlant.* • **Prendre un bol d'air** : aller s'aérer à la campagne.

bolchévique (nom) Membre du groupe majoritaire dirigé par Lénine à partir de 1903. *Les **bolchéviques** formèrent le parti communiste.*
▶ Prononciation [bɔlʃevik].
★ **Bolchevik** vient du mot russe *bolchetsvo* qui signifie « majorité ».
▶ On écrit aussi **bolchevik**.

bolée (nom féminin) Contenu d'un bol. *La crêperie propose un menu composé d'une crêpe salée, d'une crêpe sucrée et d'une **bolée** de cidre.*

boléro (nom masculin) Petite veste sans manches.

bolet (nom masculin) Variété de champignon. *Le cèpe est un **bolet** comestible très apprécié.*

bolide (nom masculin) Véhicule très rapide. *Après la classe, Pierre a filé comme un **bolide**.*
★ **Bolide** était autrefois le nom donné aux météorites.

bolivien, enne → tableau p. 6 / 7.

bombance (nom féminin) • **Faire bombance** : manger et boire d'excellentes choses, et en grande quantité.

bombardement (nom masculin) Action de bombarder. *Les* ***bombardements*** *s'intensifient sur le nord du pays.*

bombarder (verbe) (conj. 3) Lancer des bombes ou des obus sur un objectif. *L'aviation ennemie* ***a bombardé*** *les voies de chemin de fer.*
★ Famille du mot : bombard**ement**, bombard**ier**.

bombardier (nom masculin) Avion servant à bombarder.

bombe (nom féminin) **1** Projectile qui explose. *La* ***bombe*** *n'a pas explosé car elle a été désamorcée.* **2** Bouteille métallique contenant un liquide sous pression, destiné à être pulvérisé. *On a peint un tag à la* ***bombe*** *sur le mur.* **3** Casquette bombée des cavaliers. *Le port de la* ***bombe*** *est obligatoire dans le club d'équitation.* • **Faire l'effet d'une bombe** : causer une énorme surprise.

bombé, ée (adjectif) Arrondi vers l'extérieur. *Le couvercle de la boîte est* ***bombé***.

bomber (verbe) (conj. 3) **1** Rendre ou devenir convexe. *Le bois* ***bombe*** *avec l'humidité.* (Contr. **creuser.**) **2** Dessiner avec une peinture en bombe. *Les tagueurs* ***ont bombé*** *la façade à peine repeinte.* • **Bomber le torse** : prendre un air avantageux.

bombyx (nom masculin) Papillon de nuit. *La chenille du* ***bombyx*** *du mûrier est le ver à soie.*

bôme (nom féminin) Barre horizontale au bas de la grand-voile d'un bateau. *La* ***bôme*** *pivote autour du mât.*

bon, bonne (adjectif) **1** Qui a un goût agréable. *Mmm ! C'est* ***bon****, cette mousse au chocolat !* (Contr. **mauvais.**) **2** Qui est agréable et qui plaît beaucoup. *Je prendrais bien une* ***bonne*** *douche !* **3** Qui est satisfaisant. *Pour être aviateur, il faut avoir une très* ***bonne*** *vue.* **4** Qui est de qualité. *Bravo ! C'est du* ***bon*** *travail !* **5** Qui fait bien ce qu'il a à faire. *Il est* ***bon*** *père et* ***bon*** *médecin.* **6** Qui est conforme à la morale. *Une* ***bonne*** *action.* (Contr. **mauvais.**) **7** Qui aime faire le bien, qui veut du bien aux autres. *C'est un homme* ***bon****.* (Syn. **généreux.** Contr. **méchant.**) **8** Sert à insister sur certains mots. *De* ***bon*** *matin. Il y a un* ***bon*** *moment qu'elle est partie.* • **À quoi bon ?** : à quoi cela servira-t-il ? • **Bon pour** : qui est approprié, adapté à. *Avale ! C'est* ***bon pour*** *ce que tu as !*
■ **bon** (nom masculin) **1** Ce qui est bon, avantageux. *Les vacances, ça a du* ***bon*** *!* **2** Ticket contre lequel on reçoit un objet ou de l'argent. *Un* ***bon*** *d'essence, un* ***bon*** *d'achat.*
■ **bon** (adverbe) • **Il fait bon** : le temps est agréable. • **Pour de bon** : réellement. *Cette fois, on part* ***pour de bon*** *!* • **Sentir bon** : avoir une bonne odeur. • **Tenir bon** : synonyme de résister.
■ **bon** (interjection) Exprime l'approbation. ***Bon*** *! C'est bien !* • **Ah bon !** : exprime la surprise. *Elle est partie. –* ***Ah bon*** *!*
★ Famille du mot : bonn**ement**, bon**té**.

bonbon (nom masculin) Petite friandise sucrée. *Des* ***bonbons*** *acidulés.*
★ Un **bonbon**, c'est deux fois *bon* : c'est pourquoi il y a un *n* devant le *b*.

bonbonne (nom féminin) Grosse bouteille. *Une* ***bonbonne*** *de gaz.*

bonbonnière (nom féminin) Boîte à bonbons.

bond (nom masculin) Saut brusque et rapide. *D'un* ***bond****, Zoé franchit le ruisseau.* • **Faire faux bond à quelqu'un** : ne pas faire ce que l'on avait promis. *Le plombier devait venir ce matin, mais il nous* ***a fait faux bond****.*
★ Famille du mot : bond**ir**, **re**bond, **re**bond**i**, **re**bond**ir**, **re**bond**issement**.

bonde (nom féminin) Bouchon qui sert à fermer l'orifice d'un réservoir ou d'un tonneau. *Il faut tirer la* ***bonde*** *pour vider la baignoire.*

bondé, ée (adjectif) Complètement plein. *La salle d'attente est* ***bondée****.* (Syn. **comble.**)

bondir (verbe) (conj. 11) Faire des bonds. *Le tigre* ***bondit*** *sur sa proie.* (Syn. **s'élancer, sauter.**)

bonheur (nom masculin) État d'une personne heureuse. *Pour Quentin, c'est un* ***bonheur*** *que d'aller à la pêche.* (Syn. **joie.** Contr. **malheur.**) • **Au petit bonheur** : au hasard. • **Par bonheur** : heureusement. • **Porter bonheur** : provoquer la chance. *On dit que les trèfles à quatre feuilles* ***portent bonheur****.*

bonhomie (nom féminin) Comportement d'une personne simple et bienveillante.
▶ On écrit aussi **bonhommie**.

bonhomme (nom masculin) Synonyme familier d'homme. *Romain est un drôle de petit* ***bonhomme****.*
▶ Prononciation [bɔnɔm].
▶ Pluriel : des **bonshommes** [bɔ̃zɔm].

bonifier (verbe) (conj. 10) Rendre meilleur. *Le vin se* ***bonifie*** *en vieillissant.* (Syn. **améliorer.**)

boniment (nom masculin) Mensonge fait pour séduire. *Anna m'a raconté des* ***boniments****.* (Syn. **baratin, bobard.**)

bonjour (nom masculin) Mot de salutation adressé à une personne qu'on rencontre. *Lui as-tu dit* ***bonjour*** *? –* ***Bonjour****, madame !*

bon marché (adjectif) Qui ne coûte pas cher. *J'ai trouvé des livres d'occasion très* ***bon marché****.*
▶ Pluriel : des livres **bon marché**.

bonne (nom féminin) Domestique chargée des travaux ménagers.
★ On dit aujourd'hui *employée de maison*.

bonne femme (nom féminin) Synonyme familier de femme. *Élodie est une petite* ***bonne femme*** *pas plus haute que trois pommes.*

bonnement (adverbe) • **Tout bonnement** : tout simplement. *Cela ne veut* ***tout bonnement*** *rien dire !*

bonnet (nom masculin) Coiffure souple et sans bord. *On met un* ***bonnet*** *de caoutchouc à la piscine.*

bonneterie (nom féminin) Industrie qui fabrique les chaussettes, les sous-vêtements. *Les gants, les slips, les maillots sont des articles de* ***bonneterie****.*
► Prononciation [bonɛtʀi].
► On écrit aussi : **bonnèterie**.

bonsaï Voir ***bonzaï****.*

bon sens (nom masculin) Capacité à juger raisonnablement et sagement. *Thomas a beaucoup de* ***bon sens****.*

bonsoir (nom masculin) Mot de salutation adressé le soir à une personne que l'on rencontre ou que l'on quitte. *Soyez sages, les enfants, je vais venir vous dire* ***bonsoir****.*

bonté (nom féminin) Qualité d'une personne qui est bonne et généreuse. *Cette femme-là, c'est la* ***bonté*** *même.* (Contr. **méchanceté.**) • **Avoir la bonté de faire quelque chose** : être assez aimable pour le faire. ***Auriez-vous la bonté de*** *me dire l'heure ?*

bonus (nom masculin) Réduction sur le prix de l'assurance d'un véhicule accordée aux conducteurs qui n'ont pas d'accidents.
► Prononciation [bɔnys].

bon vivant (nom masculin) Personne qui aime bien boire, manger et s'amuser.
► Pluriel : des **bons vivants**.

bonzaï (nom masculin) Arbre qu'on taille pour qu'il reste nain. *La technique du* ***bonsaï*** *vient du Japon.*
► Prononciation [bonzaj].
► On écrit aussi **bonsaï**.

bonze (nom masculin) Moine bouddhiste.

boogie-woogie (nom masculin) Danse sur un rythme très rapide et saccadé tirée du blues. *Le pas de base du* ***boogie-woogie*** *se décompose en six temps.*
► Pluriel : des **boogie-woogies**.
► Prononciation [bugiwugi].

booléen, enne (adjectif) Qui ne peut prendre que deux valeurs, soit 0 ou 1, soit vrai ou faux. *Les opérateurs* ***booléens*** *permettent d'effectuer des opérations sur des valeurs binaires.*

boomerang (nom masculin) Arme des indigènes australiens, faite d'un morceau de bois recourbé, qui revient vers celui qui l'a lancé, si la cible est manquée.
► **Boomerang** est un mot anglais : on prononce [bumʀɑ̃g].

boots (nom féminin pluriel) Bottes courtes qui arrivent au niveau de la cheville. *Hélène porte des* ***boots*** *quand l'hiver arrive.*
► Prononciation [buts].

borborygme (nom masculin) Gargouillement produit par les gaz et les liquides du tube digestif. *Le ventre émet des* ***borborygmes*** *pendant la digestion, mais aussi quand on a faim.*
▪ **borborygmes** (nom masculin pluriel) Paroles mal articulées et incompréhensibles.

bord (nom masculin) Limite d'une surface. *Le* ***bord*** *d'une feuille. Le* ***bord*** *de la mer.* • **À bord** : sur un bateau ou dans un avion. • **À ras bord** : jusqu'en haut. *Le verre est rempli* ***à ras bord****.* • **Au bord de** : tout près de. *Il est* ***au bord des*** *larmes.*
★ Famille du mot : bord**er**, bord**ure**, **dé**bord**ement**, **dé**border, **re**bord.

bordeaux (nom masculin) Sorte de vin. *Pour son repas d'anniversaire, papa a débouché une bouteille de vieux* ***bordeaux****.*
★ **Bordeaux** est une ville de France au centre d'une importante région de vignes.

border (verbe) (conj. 3) **1** Occuper le bord d'un lieu. *Des noisetiers* ***bordent*** *le sentier.* **2** Rentrer le bord des draps et des couvertures sous le matelas. *Maman vient me* ***border*** *le soir dans mon lit.*

bordereau (nom masculin) Document qui résume certaines informations concernant une opération. *Le montant de la facture est inscrit sur le* ***bordereau****.* (Syn. **formulaire.**)

bordure (nom féminin) Ce qui est au bord de quelque chose. *La* ***bordure*** *du trottoir. Notre maison est en* ***bordure*** *de l'étang.*

boréal, ale, aux (adjectif) Qui est au Nord. *L'hémisphère* ***boréal****.* (Contr. **austral.**)

borgne (adjectif et nom) Qui ne voit que d'un œil.

borne (nom féminin) Bloc de pierre qui sert à indiquer les limites d'un terrain ou une distance. *Une* ***borne*** *kilométrique.*
▪ **bornes** (nom féminin pluriel) Limites qu'il ne faut pas dépasser. *Sa prétention n'a pas de* ***bornes****.*

borné, ée (adjectif) Qui a l'esprit étroit. *On ne peut pas discuter avec lui, il est trop* ***borné****.* (Contr. **intelligent, ouvert.**)

se **borner** (verbe) (conj. 3) Ne faire que ce qui est nécessaire, sans plus. *Elle n'a pas tout dit, elle* ***s'est bornée*** *à l'essentiel.* (Syn. **se limiter.**)

bosniaque → tableau p. 6 / 7.

bosquet (nom masculin) Petit groupe d'arbres ou d'arbustes.

boss (nom masculin) Synonyme familier de chef d'entreprise. *Le* ***boss*** *est de mauvaise humeur ce matin.* (Syn. **patron.**)

bosse (nom féminin) **1** Enflure qui apparaît après un choc. *Fatima s'est fait une belle* ***bosse*** *!* **2** Grosseur anormale dans le dos. *Sa* ***bosse*** *est due à une malformation de la colonne vertébrale.* **3** Grosseur naturelle sur le dos de certains animaux. *Le dromadaire, le zébu, le bison ont une* ***bosse****.* **4** Endroit bombé d'une surface. *Le terrain est plein de creux et de* ***bosses****.* • **Avoir la bosse de quelque chose** : dans la langue familière, être doué pour cela.

bosser (verbe) (conj. 3) Synonyme familier de travailler. *Il faut bien* ***bosser*** *pour gagner sa vie.* (Syn. **boulonner.**)
★ **Bosser** vient de l'expression dialectale *bosser du dos* qui signifie « être courbé ».

bosseur, euse (nom) Synonyme familier de travailleur. *Il va réussir, c'est un **bosseur**.*

bossu, ue (nom) Personne qui a une bosse dans le dos.

bot (adjectif) • **Pied bot** : pied mal formé.

botanique (nom féminin) Science qui étudie les plantes.
▪ **botanique** (adjectif) • **Jardin botanique** : jardin où l'on étudie des plantes rares.

botaniste (nom) Spécialiste de la botanique.

botte (nom féminin) **1** Chaussure qui enferme le pied et une partie de la jambe. **2** En escrime, coup donné avec la pointe de l'épée. **3** Assemblage de végétaux liés ensemble. *Une **botte** d'oignons, une **botte** de paille.*
★ Famille du mot : botté, bottillon, bottine.

botté, ée (adjectif) Qui porte des bottes.

bottillon (nom masculin) Botte courte.

bottin (nom masculin) Annuaire téléphonique. *Hélène cherche dans le **bottin** le numéro de téléphone d'Ibrahim.*

bottine (nom féminin) Chaussure montante serrée à la cheville.

botulisme (nom masculin) Intoxication alimentaire due à une bactérie contenue dans certaines conserves et charcuteries périmées. *Le **botulisme** entraîne des vomissements.*
★ **Botulisme** vient du latin *botulus* qui signifie « boudin ».

boubou (nom masculin) Tunique longue et ample que portent les Africains.

bouc (nom masculin) **1** Mâle de la chèvre. **2** Barbiche sur la pointe du menton. *Napoléon III mit à la mode le port du **bouc** et de la moustache.* • **Bouc émissaire** : personne sur laquelle on fait retomber les fautes de tout un groupe.

boucan (nom masculin) Synonyme familier de tapage.

bouche (nom féminin) **1** Chez l'être humain, ouverture dans le bas du visage, qui communique avec l'appareil digestif et les voies respiratoires. *On ne parle pas la **bouche** pleine !* **2** Entrée ou ouverture de quelque chose. *Une **bouche** d'égout.* • **De bouche à oreille** : en se répétant d'une personne à l'autre. • **Faire la fine bouche** : faire le difficile, le dégoûté. • **Faire venir l'eau à la bouche** : donner envie.
★ Famille du mot : bouche-à-bouche, bouche-à-oreille, bouchée.

bouché, ée (adjectif) Synonyme familier de stupide.

bouche-à-bouche (nom masculin) Méthode de réanimation qui consiste à envoyer de l'air par sa propre bouche dans la bouche d'une personne noyée ou asphyxiée.

bouche-à-oreille (nom masculin) Propagation d'une nouvelle d'une personne à l'autre. *C'est par le **bouche-à-oreille** que ce restaurant s'est fait une bonne réputation.*
► Pluriel : des **bouche-à-oreille**.

bouchée (nom féminin) **1** Quantité d'aliments que l'on peut mettre en une fois dans la bouche. *Une **bouchée** pour maman...* **2** Bonbon fourré au chocolat. *Une **bouchée** pralinée.* • **Mettre les bouchées doubles** : travailler deux fois plus vite. • **Ne faire qu'une bouchée de quelqu'un** : le vaincre facilement. • **Pour une bouchée de pain** : très peu cher.

① **boucher** (verbe) (conj. 3) **1** Fermer avec un bouchon. *Le tube **était** mal **bouché**, la colle est sèche.* **2** Fermer un trou, un passage. *Le trou **a été bouché** avec du papier. La rue **est** complètement **bouchée**.* (Syn. **obstruer.**)
★ Famille du mot : bouché, bouche-trou, bouchon, bouchonner, débouché, déboucher, reboucher.

② **boucher, ère** (nom) Personne qui vend de la viande.

boucherie (nom féminin) **1** Magasin du boucher. *La **boucherie** est fermée le lundi.* **2** Massacre sanglant. *La bataille fut une véritable **boucherie**.* (Syn. **carnage.**)

bouche-trou (nom masculin) Personne ou chose qui occupe momentanément une place vide. *J'en ai assez de servir de **bouche-trou** !*
► Pluriel : des **bouche-trous**.

bouchon (nom masculin) **1** Ce qui sert à fermer une bouteille, un tube, etc. *Un **bouchon** de champagne.* **2** Synonyme d'embouteillage. *Il y a un **bouchon** de 20 km sur l'autoroute.*

bouchonner (verbe) (conj. 3) **1** Frotter un cheval avec une poignée de paille pour le sécher. (Syn. **frictionner.**) **2** Former un embouteillage. *Ça **bouchonne** au carrefour.*

boucle (nom féminin) **1** Accessoire qui permet de fermer une ceinture. **2** Mèche de cheveux en spirale. *Odile a de belles **boucles** blondes.* **3** Ce qui a la forme d'une ligne recourbée sur elle-même. *Les **boucles** d'un lacet.* • **Boucle d'oreille** : bijou qui se porte à l'oreille.
★ Famille du mot : boucler, bouclette.

boucler (verbe) (conj. 3) **1** Fermer en attachant avec une boucle. ***Boucler** son sac à dos.* **2** Fermer un espace en bouchant les issues. *La police **a bouclé** le quartier.* (Syn. **cerner, encercler.**) **3** Faire des boucles. *Gaëlle **boucle** naturellement, elle a les cheveux **bouclés**.* (Syn. **friser.**)

bouclette (nom féminin) Petite boucle.

bouclier (nom masculin) Épaisse plaque que l'on porte à un bras pour se protéger des coups.

bouddhisme (nom masculin) Religion d'Asie, fondée au VIe siècle avant Jésus-Christ par un sage indien nommé Bouddha.

bouddhiste (nom) Adepte du bouddhisme.

bouder (verbe) (conj. 3) Faire une mine renfrognée et se taire pour bien montrer qu'on est fâché.
★ Famille du mot : boud**erie**, boud**eur**.

bouderie (nom féminin) Attitude de quelqu'un qui boude.

boudeur, euse (adjectif) Qui boude. *Victor a pris un air **boudeur**.* (Syn. **renfrogné**.)

boudin (nom masculin) Boyau rempli de sang et de graisse de porc, qui se mange cuit. *On achète le **boudin** à la charcuterie.*

boudiné, ée (adjectif) Qui est serré dans un vêtement trop étroit.

boudoir (nom masculin) **1** Petit biscuit léger de forme allongée, saupoudré de sucre. *On sert le champagne avec des **boudoirs**.* **2** Petit salon intime d'une habitation. *Elles se sont confié leurs secrets dans le **boudoir**.*

boue (nom féminin) Terre très mouillée. *Vous mettez de la **boue** partout avec vos chaussures !*

bouée (nom féminin) **1** Anneau gonflable qu'on met autour de la taille pour flotter. *Une **bouée** de sauvetage.* **2** Objet flottant qui sert de repère. *L'entrée du port est balisée par des **bouées**.*

boueux, euse (adjectif) Couvert de boue. *Une route **boueuse**. Des bottes **boueuses**.*

bouffant, ante (adjectif) Très ample et qui semble gonflé d'air. *Des pantalons **bouffants**.*

bouffée (nom féminin) **1** Quantité de fumée que l'on aspire d'un coup. *Grand-père fume son cigare par petites **bouffées**.* **2** Souffle d'air. *Le parfum des mimosas entre par **bouffées** dans la chambre.*

bouffi, ie (adjectif) Enflé et boursouflé. *Des yeux **bouffis** de larmes, de fatigue, de sommeil.*

bouffon (nom masculin) Homme dont le rôle était de divertir le roi et sa cour.
▪**bouffon, onne** (adjectif) Drôle et un peu grotesque. *Le clown joue une scène **bouffonne**.*

bougainvillée (nom féminin) Plante grimpante ornementale, originaire d'Amérique du Sud, acclimatée dans les régions méditerranéennes. *Les fleurs de la **bougainvillée** sont entourées de petites feuilles rouges ou violettes.*
★ **Bougainvillée** vient du nom du navigateur *Bougainville*.
► On dit aussi un **bougainvillier**.

bougeoir (nom masculin) Support pour une bougie. *Des **bougeoirs** en argent ornent la cheminée.*

bougeotte (nom féminin) • **Avoir la bougeotte** : dans la langue familière, être incapable de rester sans bouger. *Le voilà reparti à l'autre bout du monde ! Il a vraiment **la bougeotte** !*

bouger (verbe) (conj. 5) Faire un mouvement ou changer de place. *Hélène n'**a** pas **bougé** depuis une heure. Les feuilles **bougeaient** au gré du vent.*

bougie (nom féminin) **1** Petit bâton de cire ou de paraffine, qui brûle grâce à une mèche. *On a allumé des **bougies** pendant la panne de courant.* **2** Dans un moteur, pièce qui produit une étincelle destinée à enflammer l'essence.

bougon, onne (adjectif) Qui bougonne souvent. *William est vraiment **bougon** depuis ce matin ; il a sans doute mal dormi.* (Syn. **grognon**.)

bougonner (verbe) (conj. 3) Synonyme de grommeler. *Quand Xavier est contrarié, il passe son temps à **bougonner**.*

bougre, esse (nom) Synonyme familier de gaillard. *Cet homme est un bon **bougre**, il ne ferait pas de mal à une mouche.* (Syn. **gars**, **type**.)
▪**bougre** (nom masculin) Renforce une injure. *Avance, **bougre** d'âne !*
★ **Bougre** vient du bas latin *Bulgarus* qui signifie « Bulgare », puis « hérétique » d'une manière péjorative.

bouillabaisse (nom féminin) Plat provençal fait de poissons servis dans une soupe épicée. *Ce restaurant marseillais est réputé pour sa **bouillabaisse**.*
★ **Bouillabaisse** vient de mots provençaux qui signifient « ça bout, abaisse (le feu) ».

bouillant, ante (adjectif) **1** Qui est en train de bouillir. *L'eau est **bouillante** : tu peux y verser les pâtes !* **2** Très chaud. *Il s'est brûlé la langue en buvant un chocolat **bouillant**.* **3** Plein d'ardeur et de fougue. *Être **bouillant** d'impatience, de colère, d'indignation.*

bouille (nom féminin) Synonyme familier de visage. *Julie a une bonne petite **bouille**.*

bouillie (nom féminin) Aliment constitué de farine cuite dans du lait ou de l'eau. *Yann fait manger une assiette de **bouillie** au bébé.* • **En bouillie** : complètement écrasé. *On a retrouvé les fruits **en bouillie** au fond du panier.*

bouillir (verbe) (conj. 15) **1** S'agiter et former des bulles sous l'action de la chaleur. *L'eau **bout** à 100 degrés. Maman prépare un biberon avec du lait en poudre et de l'eau **bouillie**.* **2** Cuire dans un liquide bouillant. *Faire **bouillir** des pommes de terre.* **3** Au sens figuré, être dans un état de grande excitation. ***Bouillir** de rage, d'indignation.*
★ Famille du mot : bouill**ant**, bouill**oire**, bouill**on**, bouill**onnement**, bouill**onner**, bouill**otte**, court-bouillon, ébouill**anter**.

bouilloire (nom féminin) Récipient à bec verseur, dans lequel on fait bouillir de l'eau.

bouillon (nom masculin) Potage obtenu en faisant bouillir des aliments dans de l'eau. *Un **bouillon** de légumes. Un **bouillon** de pot-au-feu.* • **À gros bouillons** : en formant de grosses bulles. *Éteins le feu, l'eau bout **à gros bouillons**.*

bouillonnement (nom masculin) État de ce qui bouillonne. *Surveille le **bouillonnement** du lait dans la casserole.*

bouillonner (verbe) (conj. 3) Faire de grosses bulles. *La lave **bouillonne** dans le cratère du volcan.*

bouillotte (nom féminin) Récipient contenant de l'eau très chaude et servant à chauffer un lit. *Une **bouillotte** en caoutchouc.*

boulanger, ère (nom) Personne qui fait et vend du pain. *Benjamin est passé chez la **boulangère** pour acheter du pain et des croissants.*

boulangerie (nom féminin) Magasin du boulanger. *Une odeur appétissante vient de la **boulangerie**.*

boule (nom féminin) Objet en forme de sphère. *Une **boule** de neige. Une **boule** de billard.*
★ Famille du mot : boul**et**, boul**ette**, boul**ier**.

bouleau, eaux (nom masculin) Arbre à écorce blanche. *Les Indiens du Canada utilisent le bois des **bouleaux** pour fabriquer leurs canoës.*

bouledogue (nom masculin) Chien au museau aplati et aux pattes courtes.
★ En anglais, **bouledogue** signifie « chien-taureau ».

boulet (nom masculin) **1** Boule de métal que tiraient autrefois les canons. *Un **boulet** a troué la coque du bateau des pirates.* **2** Boule de métal très lourde, que l'on attachait autrefois à la cheville de certains condamnés.

boulette (nom féminin) Petite boule. *Une **boulette** de papier. Une **boulette** de viande.*

boulevard (nom masculin) Dans une ville, voie très large, souvent bordée d'arbres.
▶ **Boulevard** s'abrège *bd.*

bouleversant, ante (adjectif) Très émouvant. *C'est l'histoire **bouleversante** d'une orpheline.*

bouleversement (nom masculin) Changement profond et brutal. *La guerre a entraîné des **bouleversements** dans le pays.*

bouleverser (verbe) (conj. 3) **1** Mettre dans un grand désordre. *Les cambrioleurs **ont bouleversé** l'appartement pour trouver des objets de valeur.* **2** Changer brusquement et complètement. *L'informatique **a bouleversé** les habitudes de travail.* **3** Causer une émotion profonde. *L'accident de Laura nous **a** tous **bouleversés**.*
★ Famille du mot : boulevers**ant**, bouleverse**ment**.

boulgour (nom masculin) Blé concassé que l'on consomme cuit à l'eau. *Le **boulgour** est à la base de nombreux plats dans la cuisine libanaise.*

boulier (nom masculin) Cadre comportant des boules qui glissent sur des tringles, et avec lequel on peut faire des calculs.

boulimie (nom féminin) Besoin anormal de manger en grande quantité. *Il n'arrive pas à calmer sa faim, c'est de la **boulimie**.*

boulon (nom masculin) Vis sur laquelle s'adapte un écrou. *La roue est en train de se dévisser, il faut resserrer les **boulons**.*

boulonner (verbe) (conj. 3) **1** Fixer avec des boulons. *Je **boulonne** la plaque de cuisson sur le meuble.* **2** Synonyme familier de travailler beaucoup. *Qu'est-ce qu'on **boulonne** à l'approche des fêtes !* (Syn. **bosser.**)

① **boulot, otte** (adjectif) Petit et gros. *Notre voisine est une femme **boulotte** et sympathique.*

② **boulot** (nom masculin) Synonyme familier de travail. *C'est l'heure d'aller au **boulot**.*

① **boum !** (interjection) Onomatopée qui sert à exprimer le bruit d'une explosion. ***Boum** ! Ça doit être un pétard !*

② **boum** (nom féminin) Dans la langue familière, fête entre amis, où l'on danse. *Clément a organisé une **boum** pour son anniversaire.*

bouquet (nom masculin) **1** Assemblage de fleurs coupées. *David a offert un **bouquet** de fleurs à Myriam.* **2** Dernière partie d'un feu d'artifice où on tire les plus belles fusées. **3** Parfum d'un vin. *Ce vin manque de **bouquet**.* **4** Grosse crevette rose. • **Bouquet d'arbres** : groupe d'arbres. • **C'est le bouquet !** : cela dépasse les limites, c'est le comble.

bouquetin (nom masculin) Chèvre sauvage à longues cornes qui vit dans certaines montagnes.

bouquin (nom masculin) Synonyme familier de livre. *Prête-moi tes **bouquins** de science-fiction.*
★ Famille du mot : bouquin**er**, bouquin**iste**.

bouquiner (verbe) (conj. 3) Synonyme familier de lire. *Ibrahim aime bien **bouquiner** tranquillement dans sa chambre, le soir après le dîner.*

bouquiniste (nom) Marchand de livres d'occasion. *Kevin et Noémie sont allés fouiller les étals des **bouquinistes** du bord de la Seine.*

bourbeux, euse (adjectif) Couvert de boue. *À chaque pas, leurs bottes s'enfonçaient dans le sol **bourbeux** du marais.*

bourbier (nom masculin) Endroit couvert de boue. *Quand il pleut, ce chemin se transforme en un véritable **bourbier**.*
★ Famille du mot : bourb**eux**, s'**em**bourb**er**.

bourde (nom féminin) Maladresse commise à l'encontre de quelqu'un, dans la langue familière. *Je crois que j'ai fait une **bourde** en disant à Romain que Laura ne veut plus le voir.* (Syn. **bévue.**)
★ **Bourde** vient de l'ancien français *bihurder* qui signifie « plaisanter ».

bourdon (nom masculin) Gros insecte, couvert de poils, qui ressemble à une abeille. • **Faux bourdon** : mâle de l'abeille.
★ Famille du mot : bourdon**nement**, bourdon**ner**.

bourdonnement (nom masculin) Son grave et continu. *Le **bourdonnement** d'une abeille, d'un moteur d'avion.* • **Bourdonnements d'oreille** : impression de bruit sourd et continu due à des troubles de l'oreille.

bourdonner (verbe) (conj. 3) Produire un bourdonnement. *Quand je reste trop longtemps sous l'eau, j'ai les oreilles qui **bourdonnent**.*

bourg (nom masculin) Gros village. *La ferme n'est pas loin du **bourg**.*
▶ Prononciation [buʀ].

a b c d e f g h i j k l m n o p q r s t u v w x y z

bourgade (nom féminin) Petit bourg. *Il passe ses vacances dans une **bourgade** de Savoie.* (Syn. **village**.)

bourgeois, oise (nom) **1** Au Moyen Âge, personne riche qui habitait un bourg ou une ville, par opposition aux paysans et aux seigneurs. **2** Personne qui n'exerce pas un travail manuel et qui a un niveau de vie assez élevé. *C'est un quartier riche surtout habité par des **bourgeois**.*
■ **bourgeois, oise** (adjectif) Qui concerne les bourgeois, leur mode de vie. *Son oncle est plutôt conformiste et mène une vie **bourgeoise**.*

bourgeoisie (nom féminin) Ensemble des bourgeois. *Les familles les plus riches du pays constituent la grande **bourgeoisie**.*

bourgeon (nom masculin) Petite pousse d'une plante qui donnera une feuille ou une fleur. *Les cerisiers du jardin sont couverts de **bourgeons** qui vont s'ouvrir.*

bourgeonner (verbe) (conj. 3) Se charger de bourgeons. *Les arbres commencent à **bourgeonner**.*

bourgmestre (nom masculin) Maire de certaines villes de Belgique, des Pays-Bas, d'Allemagne, de Suisse. *En Belgique, le **bourgmestre** est chargé de l'exécution des lois et de la surveillance des agents de police.*
▶ Prononciation [buʀgmɛstʀ].

bourgogne (nom masculin) Sorte de vin. *Il y a des **bourgognes** rouges et des **bourgognes** blancs.*
★ La **Bourgogne** est une province française réputée pour ses vins.

bourguignon, onne → tableau p. 6 / 7.

bourlinguer (verbe) (conj. 3) **1** Mener une vie aventureuse, dans le langage familier. *Ça fait maintenant trois ans qu'il **bourlingue** à travers le monde.* **2** Tanguer et rouler violemment. *Le bateau **bourlingue** dans la tempête.*
★ **Bourlinguer** vient du mot *bourlingue* qui signifie « petite voile au sommet du mât ».

bourrade (nom féminin) Coup de poing, de coude ou d'épaule. *Il m'a repoussé d'une légère **bourrade**.*

bourrage (nom masculin) • **Bourrage de crâne** : dans la langue familière, action de bourrer le crâne, abrutissement.

bourrasque (nom féminin) Coup de vent violent et brusque. *Une **bourrasque** a cassé une branche du sapin.*

bourratif, ive (adjectif) Qui bourre l'estomac. *Odile n'arrive pas à finir ce gâteau trop **bourratif**.*

bourreau, eaux (nom masculin) **1** Personne chargée d'exécuter les condamnés à mort. **2** Personne qui martyrise d'autres personnes. *La police a arrêté un **bourreau** d'enfants.*

bourrée (nom féminin) Danse folklorique d'origine auvergnate.

bourrelet (nom masculin) **1** Bande que l'on met autour des portes ou des fenêtres pour empêcher l'air froid de passer. *On a calfeutré le bas des portes avec des **bourrelets** de mousse.* **2** Pli de graisse sur le corps d'une personne. *Le bébé a plein de petits **bourrelets** autour du cou.*

bourrer (verbe) (conj. 3) **1** Remplir complètement en tassant. *Sarah **a** tellement **bourré** sa valise qu'elle n'arrive pas à la fermer. À cinq heures, le métro **est bourré**.* **2** Faire manger en trop grande quantité. *Grand-mère nous **a bourrés** de gâteau au chocolat.* (Syn. **gaver**.) • **Bourrer le crâne** : dans la langue familière, abrutir en répétant quelque chose avec insistance.

bourriche (nom féminin) Grand panier sans anse. *Une **bourriche** d'huîtres.*

bourricot (nom masculin) Âne de petite taille.

bourru, ue (adjectif) Peu aimable. *Romain est très sensible malgré son air **bourru**.*

① **bourse** (nom féminin) **1** Petit sac qui servait autrefois à contenir de l'argent, des pièces de monnaie. **2** Somme d'argent versée par l'État à un étudiant ou à un chercheur pour l'aider à payer ses études ou ses recherches.
★ **Bourse** vient du latin *bursa* qui signifie « petit sac de cuir ».

② **Bourse** (nom féminin) Bâtiment où l'on peut vendre et acheter des actions, des valeurs.
★ **Bourse** vient du nom d'une famille de banquiers de Bruges, les *Van der Burse*.

① **boursier, ère** (adjectif) Qui concerne la Bourse. *Cet homme d'affaires gagne de l'argent en faisant des opérations **boursières**.*

② **boursier, ère** (nom) Personne qui bénéficie d'une bourse pour faire ses études.

boursouflé, ée (adjectif) Qui est enflé par endroits. *Thomas a tant pleuré qu'il a le visage tout **boursouflé**.*
▶ On écrit aussi **boursoufflé, ée**.

boursouflure (nom féminin) Partie du corps boursouflée. *Les bras d'Ursula sont couverts de **boursouflures** dues à des piqûres de moustiques.*
▶ On écrit aussi **boursoufflure**.

bousculade (nom féminin) Mouvement de foule au cours duquel tout le monde se bouscule. *Au moment des soldes, c'est la **bousculade** dans les magasins.*

bousculer (verbe) (conj. 3) **1** Pousser brutalement. *Ne vous **bousculez** pas pour entrer : il y a de la place pour tout le monde.* **2** Obliger quelqu'un à se dépêcher. *Inutile de **bousculer** les enfants, nous avons le temps.*

bouse (nom féminin) Excrément des ruminants.

bousier (nom masculin) Coléoptère qui fait des boulettes de bouse, dans lesquelles il pond ses œufs.

bousiller (verbe) (conj. 3) Synonyme familier de abîmer. *Ce travail lui **bousille** la santé.* (Syn. **démolir**, **détruire**.)

boussole (nom féminin) Instrument comportant un cadran sur lequel une aiguille aimantée indique le nord. *L'invention de la **boussole** a révolutionné la navigation.*

bout (nom masculin) **1** Extrémité d'une chose, d'un endroit. *Victor a le **bout** des doigts gelés. Vous trouverez la rivière au **bout** du chemin.* **2** Petite partie de quelque chose. *Un **bout** de pain, un **bout** de ficelle, un **bout** de chemin.* (Syn. **morceau**.) **3** Fin de quelque chose. *Zoé a regardé le film jusqu'au **bout**.* • **Être à bout** : être épuisé ou excédé. • **Pousser quelqu'un à bout** : l'exaspérer. • **Venir à bout** : arriver à finir. *J'ai l'impression qu'ils ne **viendront** jamais **à bout** de ces travaux.*

boutade (nom féminin) Chose que l'on dit pour plaisanter. *Ne te vexe pas, ce n'était qu'une simple **boutade** !*

boute-en-train (nom masculin) Personne gaie et pleine d'entrain. *La fête était très réussie grâce à ce **boute-en-train** de Julie !*
▶ Pluriel : des **boute-en-train**.
▶ On écrit aussi **boutentrain**.
★ Dans **boute-en-train**, les mots ont des sens d'autrefois : *bouter* signifiait « mettre » et *train* signifiait « mouvement ».

bouteille (nom féminin) **1** Récipient à goulot étroit, qui sert à contenir un liquide. *Cette **bouteille** contient un litre.* **2** Contenu d'une bouteille. *Les enfants ont bu toute la **bouteille** de lait au petit déjeuner.* **3** Récipient en métal contenant du gaz liquide. *Les plongeurs sont équipés de **bouteilles** d'oxygène.*

boutique (nom féminin) Petit magasin. *Il y a une **boutique** de produits italiens à côté de la poste.*

boutoir (nom masculin) Groin et canines des porcins. *Le sanglier creuse la terre avec son **boutoir**.* • **Coup de boutoir** : coup violent.

bouton (nom masculin) **1** Petit objet, souvent rond, qui sert à fermer un vêtement. *Anna a perdu un **bouton** de sa veste.* **2** Bourgeon d'une plante. *Les rosiers sont couverts de **boutons** qui commencent à s'ouvrir.* **3** Petit élément d'un mécanisme ou d'un appareil, qui sert à le faire fonctionner. *Appuie sur le **bouton** de la télécommande pour augmenter le son !* **4** Petite grosseur qui se forme à la surface de la peau. *Le bébé a les joues couvertes de **boutons**.*
★ Famille du mot : bouton-d'or, bouton**ner**, bouton**neux**, bouton**nière**, **dé**bouton**ner**.

bouton-d'or (nom masculin) Fleur des champs de couleur jaune vif.
▶ Pluriel : des **boutons-d'or**.

boutonner (verbe) (conj. 3) Fermer à l'aide de boutons. ***Boutonnez** vos manteaux avant de sortir !*

boutonneux, euse (adjectif) Qui a des boutons sur la peau. *Il a le visage tout **boutonneux**.*

boutonnière (nom féminin) Petite fente d'un vêtement, dans laquelle on passe un bouton. *Ce bouton est trop gros : il ne passera jamais dans la **boutonnière**.*

bouture (nom féminin) Partie coupée d'une plante, qu'on met en terre pour qu'elle forme des racines. *Des **boutures** de bégonias.*

bouvier, ère (nom) Personne qui garde les bœufs. *La **bouvière** conduit les bœufs au pâturage.* ▪ **bouvier** (nom masculin) Nom donné à diverses races de chiens de berger. *La robustesse du **bouvier** des Flandres en fait un bon chien de garde.*

bouvreuil (nom masculin) Petit oiseau au plumage gris et noir et à la poitrine rouge.

bovidé (nom masculin) Mammifère ruminant. *Les bœufs, les chèvres, les moutons, les antilopes, les chamois sont des **bovidés**.*

bovin, ine (adjectif) Qui se rapporte aux bovins. *La Normandie est une région d'élevage **bovin**.* ▪ **bovin** (nom masculin) Sorte de mammifère ruminant. *Les bœufs, les buffles, les bisons sont des **bovins**.*

bowling (nom masculin) **1** Jeu qui consiste à renverser des quilles placées au bout d'une piste en lançant de grosses boules. **2** Salle où l'on pratique ce jeu. *On a passé l'après-midi au **bowling**.*
▶ **Bowling** est un mot anglais : on prononce [buliŋ].

bow-window (nom masculin) Balcon vitré qui avance sur une façade. *Tous nos appartements sont équipés de **bow-windows** avec vue sur la mer.*
▶ Prononciation [bowindo].
★ **Bow-window** vient des mots anglais *bow* qui signifie « arc », et *window* qui signifie « fenêtre ».
▶ Pluriel : des **bow-windows**.
▶ On écrit aussi **bowwindow**.

box (nom masculin) **1** Compartiment réservé à un seul cheval dans une écurie. **2** Compartiment séparé, réservé à une voiture dans un garage. *Papa a loué un **box** au premier sous-sol du parking de l'immeuble.* **3** Partie de la salle d'un tribunal où se trouve l'accusé. *L'assassin était assis dans le **box** des accusés, encadré par deux gendarmes.*
★ **Box** est un mot anglais qui signifie « boîte ».

boxe (nom féminin) Sport qui oppose deux adversaires qui se battent à coups de poing. *Les différentes parties d'un combat de **boxe** s'appellent des rounds et le match se déroule sur un ring.*
★ Famille du mot : box**er**, box**eur**.

① **boxer** (verbe) (conj. 3) Pratiquer la boxe. *Le frère de Xavier a appris à **boxer** dans un club.*

② **boxer** (nom masculin) Chien de garde de grande taille, au museau plat et au poil ras. *Les **boxers** font partie de la famille des dogues.*
▶ Prononciation [bɔksɛʀ].

boxeur (nom masculin) Personne qui fait de la boxe. *Le frère de Yann est un **boxeur** amateur.*

box-office (nom masculin) Échelle de popularité d'un acteur ou d'un spectacle. *Ce film est tellement mauvais qu'il ne figure pas au **box-office**.*
▶ Pluriel : des **box-offices**.
▶ Prononciation [bɔksɔfis].

boyau, aux (nom masculin) **1** Intestin d'un animal. *Les* ***boyaux*** *de certains animaux servent à fabriquer les cordes des instruments de musique.* **2** Pneu fin et léger d'un vélo de course. **3** Passage très étroit. *Cette rue se termine en* ***boyau****.*

boycott (nom masculin) Action de boycotter. *Tous les membres de l'association ont décidé le* ***boycott*** *de la réunion.*
▶ **Boycott** est un mot anglais : on prononce [bɔjkɔt].
▶ On dit aussi **boycottage**.
★ **Boycott** était le nom d'un propriétaire irlandais qui voulait louer ses terres trop cher et qui fut mis en quarantaine par les paysans mécontents.

boycotter (verbe) (conj. 3) Refuser de participer à quelque chose ou d'acheter certains produits pour montrer son désaccord. *Ce parti politique a décidé de* ***boycotter*** *les élections.*
▶ Prononciation [bɔjkɔte].

boy-scout (nom masculin) Synonyme de scout. *Des* ***boy-scouts*** *partent en randonnée.*
▶ Prononciation [bɔjskut].
★ **Boy-scout** est un mot anglais qui signifie « garçon éclaireur ».
▶ On écrit aussi **boyscout**.

bracelet (nom masculin) **1** Bijou que l'on porte autour du poignet. *Des* ***bracelets*** *en plastique multicolores.* **2** Attache en cuir, en métal ou en caoutchouc qui sert à fixer une montre au poignet.

braconnage (nom masculin) Action de braconner. *Il a été arrêté pour* ***braconnage****.*

braconner (verbe) (conj. 3) Pêcher ou chasser dans des conditions interdites par la loi. *Un garde forestier l'a surpris pendant qu'il* ***braconnait****.*
★ Famille du mot : bracon**nage**, bracon**nier**.

braconnier (nom masculin) Personne qui pratique le braconnage. *Des* ***braconniers*** *ont posé des pièges dans le bois.*

brader (verbe) (conj. 3) Vendre à bas prix. *À la fin du marché, ce commerçant* ***brade*** *les fruits qui lui restent.*

braderie (nom féminin) Vente d'articles bradés. *Les jours de* ***braderie****, les commerçants de la ville installent des étals dans les rues.*

braguette (nom féminin) Ouverture verticale sur le devant d'un pantalon ou d'un short.

brahmane (nom masculin) Membre de la caste supérieure hindoue. *Le* ***brahmane*** *est considéré comme un être pur.*
★ **Brahmane** est un mot qui vient du sanskrit.

braies (nom féminin pluriel) Pantalon ample porté par les Gaulois et les Germains. *En général, les* ***braies*** *étaient en lin.*

braillard, arde (adjectif et nom) Qui braille. *Taisez-vous, bande de* ***braillards*** *!*

braille (nom masculin) Système de lecture et d'écriture pour les aveugles, qui utilise des points en relief.
★ C'est *Louis Braille*, organiste aveugle, qui inventa cette méthode au XIXe siècle.

brailler (verbe) (conj. 3) Parler ou chanter très fort. *Le bébé se met à* ***brailler*** *dès qu'on veut le coucher.*

braiment (nom masculin) Cri de l'âne.

braire (verbe) (conj. 40) Pousser des braiments. *L'âne* ***brait*** *quand il a faim.*

braise (nom féminin) Morceau de bois ou de charbon qui brûle sans flamme. *Élodie fait griller des steaks au-dessus de la* ***braise****.*

braisé, ée (adjectif) Cuit à feu doux dans un récipient fermé. *Des pommes de terre* ***braisées****.*

bramer (verbe) (conj. 3) Faire entendre son cri, quand il s'agit du cerf ou du daim.

brancard (nom masculin) **1** Chacune des deux longues pièces de bois entre lesquelles on attelle une bête de trait. *Les* ***brancards*** *d'une carriole, d'une charrette.* **2** Synonyme de civière. *On a emporté les blessés sur des* ***brancards****.*

brancardier (nom masculin) Personne qui transporte quelqu'un sur un brancard.

branchages (nom masculin pluriel) Branches coupées. *Les enfants ramassent des* ***branchages*** *pour construire une cabane.*

branche (nom féminin) **1** Ramification d'un arbre, qui pousse sur le tronc et porte les feuilles. *Benjamin est assis à califourchon sur la plus grosse* ***branche*** *du pommier.* **2** Partie allongée et articulée d'un objet. *Les* ***branches*** *d'un compas, d'une pince.* **3** Partie d'une chose qui se divise. *Poésie, théâtre et roman sont des* ***branches*** *de la littérature.*
★ Famille du mot : branch**ages**, **em**branch**ement**.

branchement (nom masculin) Action de brancher quelque chose. *Le* ***branchement*** *d'une canalisation d'eau.*

brancher (verbe) (conj. 3) Relier à un circuit principal. ***Brancher*** *l'eau, le gaz.*
★ Famille du mot : branch**ement**, **dé**brancher.

branchie (nom féminin) Organe respiratoire des animaux aquatiques. *Les poissons captent l'oxygène dissous dans l'eau grâce à leurs* ***branchies****.*

brandade (nom féminin) Morue hachée avec de l'ail et mélangée à de la purée de pommes de terre.
★ En provençal, ce mot veut dire *remuer* : il faut bien mélanger les ingrédients pour que ce plat soit réussi.

brandir (verbe) (conj. 11) Agiter quelque chose à bout de bras. *Le guerrier* ***brandit*** *sa lance et se rua à l'assaut.*

branlant, ante (adjectif) Qui n'est pas stable. *Un vieil escalier aux marches* ***branlantes****.*

branle (nom masculin) • **Se mettre en branle** : se mettre en mouvement. *Le défilé* ***s'est mis en branle*** *à l'heure prévue.* (Syn. **s'ébranler.**)

branle-bas (nom masculin) Agitation qui précède une action. *La pièce va commencer, c'est le **branle-bas** général dans les coulisses.*
► On écrit aussi : **branlebas**.

branler (verbe) (conj. 3) Bouger par manque de stabilité. *Il faudrait caler le pied de la chaise pour qu'elle ne **branle** pas.*
★ Famille du mot : bran**lant**, branle, branle-bas, **é**branler, **iné**branl**able**.

braquer (verbe) (conj. 3) **1** Diriger vers un point précis. *Le chasseur **braque** sa carabine sur le fauve qui le menace.* **2** Tourner le volant d'un véhicule pour le faire changer de direction. *L'automobiliste **a braqué** à gauche pour éviter le fossé.* **3 Se braquer :** s'opposer avec obstination. *Au moindre reproche, Fatima **se braque**.*

bras (nom masculin) **1** Membre supérieur de l'homme, entre l'épaule et la main. *Lève les **bras** pour enfiler ton pull !* **2** Côté d'un siège, qui sert à poser le bras. *Les **bras** d'un fauteuil.* • **À bras ouverts :** de manière très chaleureuse. • **À bras raccourcis :** en frappant avec violence. • **À tour de bras :** avec force ou avec excès. • **Avoir le bras long :** avoir de l'influence. • **Baisser les bras :** renoncer. • **Bras de fer :** épreuve de force dans laquelle chacun des deux adversaires essaie de faire plier le bras de l'autre jusqu'à lui faire toucher la table. • **Bras de mer :** étroite étendue de mer entre les terres. • **Le bras droit de quelqu'un :** son principal collaborateur. • **Les bras m'en tombent :** je suis stupéfait.
★ Famille du mot : avant-bras, bras**sard**, bras**sée**, bras**sière**, **em**bras**ser**.

braséro (nom masculin) Récipient de métal, sur pieds, destiné à recevoir des braises, utilisé surtout pour le chauffage.
► On écrit aussi **brasero**.

brasier (nom masculin) Violent incendie. *L'immeuble s'était rapidement transformé en un immense **brasier**.*

à **bras-le-corps** (adverbe) En serrant très fort avec ses deux bras. *Le pompier saisit l'enfant **à bras-le-corps** et le souleva hors du brasier.*

brassage (nom masculin) **1** Action de brasser la bière. **2** Fait de se mélanger. *La vie dans les grandes villes favorise le **brassage** des populations.*

brassard (nom masculin) Bande de tissu qu'on porte autour du bras. *Le capitaine de l'équipe de football porte un **brassard** pendant le match.*

brasse (nom féminin) Nage sur le ventre dans laquelle les mouvements des bras et des jambes sont symétriques.

brassée (nom féminin) Quantité de choses qu'on peut tenir entre ses bras. *Une **brassée** de fleurs, de bois.*

brasser (verbe) (conj. 3) Remuer pour mélanger. ***Brassez** bien les cartes avant de rejouer !* • **Brasser des affaires, de l'argent :** faire beaucoup d'affaires. • **Brasser la bière :** la fabriquer.
★ Famille du mot : brass**age**, brass**erie**.

brasserie (nom féminin) **1** Usine où l'on fabrique la bière. **2** Grand café où l'on peut prendre des repas. *Si tu es pressé, allons manger le plat du jour dans cette **brasserie**.*

brassière (nom féminin) Vêtement de bébé qui s'enfile par les manches et s'attache dans le dos.
★ Au Québec, la **brassière** est le nom du soutien-gorge.

bravade (nom féminin) Action de braver, de défier. *Par **bravade**, Clément provoque toujours ceux qui sont plus forts que lui.*

brave (adjectif) **1** Synonyme de courageux. *Il s'est montré **brave** face à ses ennemis.* (Contr. **lâche**.) **2** Honnête et bon. *Vous pouvez leur faire confiance, ce sont de **braves** gens.*
► **Brave** se place après le nom dans le sens 1 et avant le nom dans le sens 2.
★ Famille du mot : brave**ment**, brave**r**, brav**oure**.

bravement (adverbe) Avec bravoure. *Le chevalier combattit **bravement** jusqu'à son dernier souffle.*

braver (verbe) (conj. 3) **1** Affronter avec courage. ***Braver** un danger, une tempête.* **2** Tenir tête à quelqu'un. *Gaëlle n'a pas hésité à **braver** son père.* (Syn. **défier, provoquer.**)

bravo ! (interjection) Mot que l'on dit pour exprimer son admiration. *« **Bravo** ! Tu as été très courageux ! ».*
■ **bravo** (nom masculin) Applaudissements. *Les vainqueurs défilent sous les **bravos** des spectateurs.*

bravoure (nom féminin) Qualité d'une personne brave, courageuse. *Les sauveteurs ont fait preuve d'une **bravoure** inouïe pour secourir les naufragés.*

break (nom masculin) Longue voiture dont l'arrière s'ouvre grâce à un hayon. *On a chargé tout le matériel de camping à l'arrière du **break**.*
► **Break** est un mot anglais : on prononce [bʀɛk].

brebis (nom féminin) Mouton femelle. *Le roquefort est fabriqué avec du lait de **brebis**.*

brèche (nom féminin) Ouverture dans un mur, un obstacle. *Une **brèche** s'est ouverte dans la digue sous la poussée violente des vagues.*

bréchet (nom masculin) Os saillant qui se trouve sur la poitrine des oiseaux.

bredouille (adjectif) • **Revenir bredouille :** sans avoir rien pris à la chasse ou à la pêche.

bredouillement (nom masculin) Fait de bredouiller. *David a murmuré un vague **bredouillement** pour s'excuser de son retard.*

bredouiller (verbe) (conj. 3) Parler d'une manière confuse et précipitée. *Hélène a réussi à **bredouiller** quelques mots malgré sa timidité.* (Syn. **bafouiller.**)

bref, brève (adjectif) Qui ne dure pas longtemps. *Nous avons fait un **bref** séjour à la montagne.* (Syn. **court.**)

brelan (nom masculin) Réunion de trois cartes à jouer de même valeur. *Le **brelan** est une combinaison moins forte que le carré, qui réunit quatre cartes de la même valeur.*
★ **Brelan** vient de l'ancien haut allemand *bretling* qui signifie « tablette ».

breloque (nom féminin) Petit bijou accroché à une chaîne ou à un bracelet.

brésilien, enne → tableau p. 6 / 7.

bretelle (nom féminin) **1** Courroie que l'on passe sur l'épaule pour porter un objet. *La **bretelle** d'un fusil. Les **bretelles** d'un sac à dos.* **2** Portion de route qui relie une voie à une autoroute. *La **bretelle** d'accès à l'autoroute est signalée par un panneau.*
■ **bretelles** (nom féminin pluriel) Bandes de tissu passées sur chaque épaule pour retenir un vêtement. *Benjamin porte des **bretelles** assorties à sa chemise.*

breton, onne → tableau p. 6 / 7.

bretzel (nom) Biscuit sec salé en forme de lorgnon. *Le marché de Noël sent bon le **bretzel** chaud.*
★ **Bretzel** est un mot alsacien.

breuvage (nom masculin) Boisson spécialement préparée pour produire certains effets. *Il prétendait qu'un **breuvage** mystérieux lui donnait des pouvoirs surnaturels.*

brève Voir ***bref***.

brevet (nom masculin) **1** Diplôme que l'on reçoit après avoir réussi à un examen ou après avoir gagné une compétition. *Elle a obtenu son **brevet** de pilotage.* **2** Papier officiel remis à un inventeur pour certifier que l'invention est bien la sienne.

breveter (verbe) (conj. 8 ou 9) Protéger une invention par un brevet.

bréviaire (nom masculin) Livre de prières que les prêtres lisent chaque jour. *Le **bréviaire** contient des offices et des textes bibliques.*
★ **Bréviaire** vient du mot latin *breviarium* qui signifie « abrégé ».

briard, arde (nom) Grand chien de berger à poil long. *Le **briard** est un bon chien de garde.*

bribe (nom féminin) Fragment d'un tout. *La musique lui parvenait par **bribes**.* (Syn. **fragment**.)

bric-à-brac (nom masculin) Amas de vieux objets. *Notre cave est devenue un vrai **bric-à-brac**.*
► Pluriel : des **bric-à-brac**.

de **bric et de broc** (adverbe) En rassemblant des choses prises ici et là. *C'est une bicoque meublée **de bric et de broc**.*

bricolage (nom masculin) Action de bricoler. *Papa passe ses dimanches à faire du **bricolage**.*

bricole (nom féminin) **1** Petit objet de peu de valeur. *Ça n'est pas un beau cadeau, c'est juste une petite **bricole**.* (Syn. **babiole**.) **2** Chose sans importance. *Julie s'est fâchée pour une **bricole** qui n'en valait pas la peine.*

bricoler (verbe) (conj. 3) **1** Faire de petits travaux dans la maison. *Laura adore **bricoler** pendant ses heures de loisir.* **2** Réparer quelque chose avec ce que l'on a sous la main. *Kevin **a bricolé** un bateau avec une boîte à œufs et des bouchons.*
★ Famille du mot : bricol**age**, bricole, bricol**eur**.

bricoleur, euse (nom) Personne qui aime bricoler. *Ibrahim est capable de réparer n'importe quoi : c'est un bon **bricoleur**.*

bride (nom féminin) **1** Courroie reliée au mors, et qui sert à diriger un cheval. *Le cavalier a retenu son cheval en tirant sur la **bride**.* **2** Petit anneau de tissu qui sert à attacher ou à suspendre. *Accroche le torchon par la **bride** !* • **À bride abattue** : à toute vitesse. • **Laisser la bride sur le cou à quelqu'un** : le laisser libre d'agir comme il veut.
★ Famille du mot : brid**é**, brid**er**, **dé**bridé.

bridé, ée (adjectif) • **Yeux bridés** : yeux dont les paupières forment une fente étroite.

brider (verbe) (conj. 3) Mettre la bride à un cheval.

bridge (nom masculin) **1** Jeu de cartes qui oppose deux équipes de deux personnes. *Le **bridge** se joue avec 52 cartes.* **2** Appareil dentaire qui remplace une dent manquante en prenant appui sur les autres dents.

brie (nom masculin) Fromage de vache, à pâte molle fermentée.
★ La **Brie** est une province française, du Bassin parisien, où ce fromage est fabriqué.

brièvement (adverbe) De façon brève. *Il a **brièvement** raconté son voyage, sans détail inutile.* (Contr. **longuement**.)

brigade (nom féminin) Groupe de policiers ou de sapeurs-pompiers. *La **brigade** des stupéfiants.*

brigadier (nom masculin) Chef d'une brigade. *Un **brigadier** de gendarmerie.*

brigand (nom masculin) Malfaiteur qui pratiquait le vol, le pillage. *Au Moyen Âge, les **brigands** attaquaient les voyageurs.* (Syn. **bandit**.)

brigandage (nom masculin) Actes commis par des brigands.

briguer (verbe) (conj. 3) Tâcher d'obtenir quelque chose par une manœuvre secrète et détournée. *Elle **brigue** une promotion, alors elle se montre zélée devant son patron.*

brillamment (adverbe) De manière brillante. *Myriam a **brillamment** réussi toutes les épreuves du concours.*

brillant, ante (adjectif) **1** Qui brille. *Un sol **brillant** de propreté. Des yeux **brillants** de joie.* **2** Qui est remarquable, exceptionnel. *Pierre a fait des études **brillantes**.*
■ **brillant** (nom masculin) Diamant taillé. *Une bague ornée d'un **brillant**.*

brillantine (nom féminin) Huile parfumée qui fait briller les cheveux. *La **brillantine** était très en vogue dans les années 50.*

briller (verbe) (conj. 3) **1** Produire une lumière vive. *Le Soleil, les étoiles **brillent**.* **2** Provoquer l'admiration ou attirer l'attention. *Face à de redoutables adversaires, il **a brillé** par son courage.*
★ Famille du mot : brill**amment**, brill**ant**, brillantine.

brimade (nom féminin) Épreuve humiliante que l'on fait subir à quelqu'un. *Ils ont été punis pour avoir fait subir des **brimades** stupides à un nouvel élève.*

brimer (verbe) (conj. 3) Faire subir des brimades.

brin (nom masculin) **1** Tige mince d'une plante. *Un **brin** d'herbe, un **brin** de persil.* **2** Morceau de fil. *Un **brin** de laine.* **3** Petite quantité. *Il n'a pas un **brin** d'humour.*

brindille (nom féminin) Petite branche sèche. *L'oiseau construit son nid avec des **brindilles**.*

brinquebaler (verbe) (conj. 3) Pencher d'un côté et de l'autre en cahotant. *La vieille carriole **brinquebalait** sur les pavés inégaux de la rue.*
► On dit aussi **bringuebaler**.

brio (nom masculin) Virtuosité et talent. *Le pianiste a interprété avec **brio** un concerto de Mozart.*

brioche (nom féminin) Pâtisserie à pâte légère.

brique (nom féminin) **1** Bloc rectangulaire de terre cuite, utilisé comme matériau de construction. **2** Emballage cartonné qui a la forme d'une brique. *Du jus de fruits en **brique**.*

briquer (verbe) (conj. 3) Nettoyer à fond. *Papa a passé une journée entière à **briquer** la voiture.*

briquet (nom masculin) Petit appareil qui produit du feu. *Un **briquet** jetable. Un **briquet** rechargeable.*

bris (nom masculin) Synonyme de rupture. *Ma voiture est assurée contre le **bris** de glace.*

brisant (nom masculin) Écueil sur lequel la mer déferle et écume. *Les mouettes se posent sur les **brisants** au ras de l'eau.* (Syn. **récif.**)

brise (nom féminin) Vent doux et régulier. *Une **brise** légère rafraîchissait l'air.*

brisé, ée (adjectif) • **Ligne brisée** : ligne composée de segments de droite consécutifs formant des angles.

brise-glace (nom masculin) Navire dont la coque est renforcée à l'avant et qui peut briser la glace. *Le **brise-glace** ouvre un passage à travers la banquise pour les autres navires.*
► Pluriel : des **brise-glaces**.

briser (verbe) (conj. 3) **1** Synonyme de casser. ***Briser** des vitres. Ces verres de cristal se **brisent** au moindre choc.* **2** Au sens figuré, détruire ou faire échouer. *Cet accident **a brisé** sa carrière.* **3 Se briser** : éclater sous forme d'écume à cause d'un obstacle ou du vent. *Les vagues **se brisaient** contre la falaise.*
• **Être brisé de fatigue** : être très fatigué.
★ Famille du mot : bris, bris**ant**, bris**é**, brise-glace.

bristol (nom masculin) Carton mince et lisse qu'on utilise surtout pour faire des cartes de visite.

britannique → tableau p. 6 / 7.

broc (nom masculin) Récipient à anse muni d'un bec verseur.
► Prononciation [bro].

brocante (nom féminin) Foire où l'on vend de vieux objets. *Tous les dimanches, il y a une **brocante** sur la place du marché.*

brocanteur, euse (nom) Commerçant qui achète et vend des objets d'occasion. *En fouillant chez un **brocanteur**, ma tante a trouvé un très joli vase ancien.*

broche (nom féminin) **1** Bijou muni d'un fermoir, qui s'épingle sur un vêtement. *Noémie porte une **broche** en argent au revers de son manteau.* **2** Tige pointue qui sert à faire rôtir un morceau de viande. *Un agneau cuit à la **broche**, c'est un méchoui.*
★ Famille du mot : broch**ette**, **em**brocher.

brocher (verbe) (conj. 3) Assembler les feuilles d'un livre en les collant à l'intérieur d'une couverture souple. *Cette collection ne propose que des livres **brochés**.*

brochet (nom masculin) Poisson d'eau douce très vorace. *Le **brochet** a une mâchoire garnie de dents acérées.*

brochette (nom féminin) **1** Petite broche sur laquelle on enfile des morceaux de viande. *Pose les **brochettes** sur le barbecue sans te brûler !* **2** Petits morceaux de viande cuits ainsi. *Papa fait cuire des merguez et des **brochettes**.*

brochure (nom féminin) Petit livre broché. *Maman a pris quelques **brochures** sur l'Espagne à l'agence de voyages.*

brocoli (nom masculin) Variété de chou-fleur vert.

brodequin (nom masculin) Chaussure montante, pour la marche.

broder (verbe) (conj. 3) **1** Coudre des dessins sur une étoffe pour l'orner. *Odile **a brodé** de petites fleurs sur le col de son chemisier.* **2** Au sens figuré, embellir un récit en ajoutant des détails inventés. *Je crois que Quentin **brode** un peu quand il raconte ses exploits.*

broderie (nom féminin) Ornement brodé sur un tissu. *Une écharpe de soie ornée de **broderies**.*

bromure (nom masculin) Liquide rouge d'odeur suffocante, associé à un corps simple pour former un composé. *Certains **bromures** sont utilisés comme sédatifs.* • **Bromure d'argent** : sel utilisé en photographie, qui noircit sous l'action de la lumière.

bronche (nom féminin) Chacun des deux conduits qui amènent l'air aux poumons.
★ Famille du mot : bronch**er**, bronch**ite**, bronchiolite, bronchopneumonie.

a b c d e f g h i j k l m n o p q r s t u v w x y z

broncher (verbe) (conj. 3) Manifester son impatience ou son désaccord. *Romain a accepté sa punition sans **broncher**.*

bronchiolite (nom féminin) Infection virale des plus petites ramifications des bronches. *La **bronchiolite** du nourrisson se soigne par des exercices de kinésithérapie respiratoire.*
► Prononciation [bʀɔ̃kiolit].

bronchite (nom féminin) Maladie des bronches. *Ursula tousse beaucoup à cause de sa **bronchite**.*

bronchopneumonie (nom féminin) Inflammation des bronches et des poumons. *La **bronchopneumonie** s'installe chez une personne déjà atteinte d'une maladie générale.*
► Prononciation [bʀɔ̃kopnømoni].

brontosaure (nom masculin) Grand dinosaure qui mesurait plus de 20 mètres de long.

bronzage (nom masculin) Couleur que prend la peau quand on bronze. *Avec un tel **bronzage**, on voit que tu rentres de vacances !*

bronze (nom masculin) Métal constitué d'un alliage de cuivre et d'étain. *Des cloches en **bronze**.*

bronzer (verbe) (conj. 3) Brunir au soleil. *Zoé **a bronzé** pendant son séjour au bord de la mer.*

brossage (nom masculin) Action de brosser.

brosse (nom féminin) Ustensile de nettoyage constitué de poils ou de fibres assemblés sur un support. *Une **brosse** à dents, à habits, à chaussures.* • **Cheveux en brosse** : courts et droits sur la tête.
★ Famille du mot : brossa**ge**, bross**er**.

brosser (verbe) (conj. 3) **1** Frotter avec une brosse. ***Brosser** ses cheveux. Se **brosser** les dents.* **2** Au sens figuré, faire une description rapide. *Le professeur nous **a brossé** un tableau de la situation politique de l'Europe.*

brou (nom masculin) • **Brou de noix** : teinture brune que l'on retire de l'écorce des noix.

brouette (nom féminin) Petit véhicule à une roue, que l'on pousse devant soi. *Thomas pousse avec peine une **brouette** remplie de terre.*

brouhaha (nom masculin) Bruit confus que font des gens qui parlent en même temps. *Le **brouhaha** a cessé dans la salle quand le spectacle a commencé.*

brouillard (nom masculin) Nuage formé par de minuscules gouttes d'eau en suspension dans l'air. *Les voitures roulent au ralenti à cause du **brouillard**.*

brouille (nom féminin) Fait de se brouiller. *Ils ont fini par se réconcilier après une **brouille** de plusieurs mois.*

brouiller (verbe) (conj. 3) **1** Mélanger des choses. *Victor **a brouillé** tous mes dossiers en fouillant dans mon bureau.* **2** Rendre difficile à comprendre. *Un violent orage **a brouillé** les émissions de radio.* **3 Se brouiller** : se fâcher avec quelqu'un à la suite d'un désaccord. *Après de nombreuses disputes, ils **se sont brouillés** définitivement.* • **Œufs brouillés** : dont on mélange le jaune et le blanc durant la cuisson.

brouillon, onne (adjectif) Qui manque d'ordre, de méthode. *Tu es trop **brouillon** pour que je te prête mes affaires.* (Syn. **désordonné.** Contr. **ordonné.**)
■**brouillon** (nom masculin) Ce que l'on écrit d'abord, avant de le recopier. *Fais d'abord tes exercices sur ton cahier de **brouillon** !*

broussaille (nom féminin) Végétation composée de mauvaises herbes, de ronces emmêlées. *Les enfants sont sortis des **broussailles** couverts d'égratignures.* • **Cheveux en broussaille** : emmêlés et mal peignés.
★ Famille du mot : broussaill**eux**, **dé**broussaill**er**.

broussailleux, euse (adjectif) Plein de broussailles. *Un sentier **broussailleux**.*

brousse (nom féminin) Dans les pays tropicaux, étendue couverte de buissons et d'arbustes.

brouter (verbe) (conj. 3) Manger de l'herbe en l'arrachant avec les dents. *Des chèvres **broutent** en bordure du chemin.*

broutille (nom féminin) Chose sans importance. *Ils se disputent encore pour des **broutilles**.*

broyer (verbe) (conj. 6) Réduire en pâte ou en poudre en écrasant. *On **broie** des grains de blé pour faire de la farine.* • **Broyer du noir** : avoir le cafard.

broyeur (nom masculin) Appareil servant à broyer.

bru (nom féminin) Femme du fils. *La femme de mon grand frère est la **bru** de mes parents.* (Syn. **belle-fille.**)

brucellose (nom féminin) Maladie infectieuse d'origine bactérienne qui touche les animaux d'élevage. *La **brucellose** est transmissible à l'homme.*

brugnon (nom masculin) Sorte de pêche à peau lisse.

bruine (nom féminin) Pluie très fine.

bruiner (verbe) (conj. 3) Pleuvoir sous forme de bruine. *En novembre, il **a bruiné** sans arrêt.*
► **Bruiner** ne s'emploie qu'à la troisième personne du singulier.

bruire (verbe) (conj. 11) Produire un bruit léger et continu. *Les feuilles d'arbres **bruissent** dans la brise.*
★ **Bruire** vient du latin *bragere* qui signifie « bramer ».
► **Bruire** ne s'emploie qu'à la 3e personne. Malgré son infinitif en *-re*, il se conjugue comme les verbes du 2e groupe en *-ir*.

bruissement (nom masculin) Bruit léger et continu. *Le **bruissement** léger des feuilles agitées par la brise.*

bruit (nom masculin) **1** Son perçu par l'oreille. *La perceuse fait un **bruit** insupportable.* **2** Au sens figuré, nouvelle qui circule, qu'on raconte partout. *D'après certains **bruits**, la police aurait retrouvé la piste du criminel.* (Syn. **rumeur.**) • **Faire du**

bruit : provoquer beaucoup d'intérêt, d'émotion. *La démission du Premier ministre **a fait** beaucoup **de bruit**.*
★ Famille du mot : bruit**age**, bruy**amment**, bruy**ant**, **é**bruit**er**.

bruitage (nom masculin) Reconstitution artificielle des bruits qui accompagnent une scène d'un film.

brûlant, ante (adjectif) Très chaud. *La soupe est **brûlante**.*
► On écrit aussi **brulant**.

brûlé (nom masculin) Ce qui a brûlé. *Ça sent le **brûlé** dans la cuisine. La viande a un goût de **brûlé**.*
► On écrit aussi **brulé**.

brûle-parfum (nom masculin) Petit récipient dans lequel on brûle des parfums. *Je mets de l'huile parfumée au cèdre dans le **brûle-parfum** pour masquer l'odeur du tabac.*
► Pluriel : des **brûle-parfums**.
► On écrit aussi **brule-parfum**.

à **brûle-pourpoint** (adverbe) Brusquement et sans prévenir. *Il a été incapable de répondre quand on l'a interrogé **à brûle-pourpoint**.*
► On écrit aussi **à brule-pourpoint**.

brûler (verbe) (conj. 3) **1** Se consumer sous l'action des flammes. *Des bûches **brûlent** dans la cheminée. La forêt **a** entièrement **brûlé** dans l'incendie.* (Syn. **flamber**.) **2** Subir une cuisson trop forte. *Éteins le four, le gâteau est en train de **brûler**.* **3** Détruire par le feu. ***Brûler** des mauvaises herbes.* **4** Causer une brûlure. *Il **s'est brûlé** avec de l'eau bouillante.* **5** Ne pas s'arrêter à un signal. ***Brûler** un feu rouge, un stop.* (Syn. **griller**.) **6** Désirer avec force, avec ardeur. *Il **brûlait** de voyager à travers le monde.* **7** Être sur le point de trouver la solution. *C'est presque la bonne réponse, tu **brûles** !*
★ Famille du mot : brûl**ant**, brûlé, brûle-parfum, brûl**erie**, brûl**eur**, brûl**ure**.
► On écrit aussi **bruler**.

brûlerie (nom féminin) **1** Lieu où l'on distille du vin pour obtenir de l'eau-de-vie. **2** Lieu où l'on torréfie le café. *La **brûlerie** dégage une odeur de café fraîchement moulu.*
► On écrit aussi **brulerie**.

brûleur (nom masculin) Partie d'un appareil dans laquelle brûle le combustible. *Cette cuisinière à gaz comporte quatre **brûleurs**.*
► On écrit aussi **bruleur**.

brûlure (nom féminin) Blessure ou dégât causé par le feu. *Il s'est fait une **brûlure** au bras. Le tapis est abîmé par une **brûlure** de cigarette.*
► On écrit aussi **brulure**.

brumaire (nom masculin) Deuxième mois du calendrier républicain, du 22-24 octobre au 20-22 novembre.

brume (nom féminin) Brouillard léger. *Le soleil a fini par dissiper la **brume** matinale.*

brumeux, euse (adjectif) Couvert de brume. *Un ciel **brumeux**.*

brumisateur (nom masculin) Appareil qui pulvérise un liquide en très fines gouttelettes. *J'emmène un **brumisateur** à la plage pour me rafraîchir quand il fait trop chaud.* (Syn. **vaporisateur, atomiseur**.)
★ **Brumisateur** est le nom d'une marque.

brun, brune (adjectif) D'une couleur marron sombre qui tire sur le noir. *Des cheveux **bruns**. De la bière **brune**.*
■ **brun, brune** (adjectif et nom) Qui a les cheveux bruns. *Ils sont **bruns** tous les deux mais leur bébé est blond.*
★ Famille du mot : brun**âtre**, brun**ir**.

brunâtre (adjectif) D'une couleur qui se rapproche du brun.

brunch (nom masculin) Petit déjeuner copieux, servant également de déjeuner, pris au milieu de la matinée. *Le dimanche matin, on se lève tard et on prend un **brunch** vers onze heures.*
► Prononciation [bʀœnʃ].
★ **Brunch** vient des mots anglais *breakfast* qui signifie « petit déjeuner », et *lunch* qui signifie « déjeuner ».

brunir (verbe) (conj. 11) Devenir brun. *William **a** beaucoup **bruni** pendant ses vacances à la mer.* (Syn. **bronzer**.)

brushing (nom masculin) Manière de coiffer les cheveux mouillés à l'aide d'un séchoir et d'une brosse. *Le **brushing** se fait en travaillant les mèches de cheveux une à une.*
► Prononciation [bʀœʃiŋ].

brusque (adjectif) **1** Soudain et imprévu. *Anna s'est retournée d'un mouvement **brusque**. Une **brusque** montée de température.* **2** Qui est fait sans douceur. *Il m'a repoussé d'un geste **brusque**.*
★ Famille du mot : brusque**ment**, brusqu**er**, brusqu**erie**.

brusquement (adverbe) De façon brusque. *Il s'est **brusquement** mis à pleuvoir.* (Syn. **brutalement**.)

brusquer (verbe) (conj. 3) **1** Traiter quelqu'un sans douceur. *Inutile de **brusquer** cet enfant, il obéira si tu lui parles calmement.* (Syn. **bousculer**.) **2** Faire quelque chose plus vite que prévu. *Nous avons dû **brusquer** nos adieux car le train allait partir.* (Syn. **précipiter**.)

brusquerie (nom féminin) Manière brusque d'agir. *Élodie nous a dit avec **brusquerie** qu'elle ne voulait pas jouer avec nous.* (Syn. **rudesse**.)

brut, brute (adjectif) Qui est encore dans son état naturel, sans avoir été transformé par l'homme. *Pour faire de l'essence, on raffine le pétrole **brut**.* • **Champagne brut** : très sec. • **Poids brut** : qui comprend le poids de la marchandise et celui de l'emballage. (Contr. **net**.)
► Prononciation [bʀyt].
★ Famille du mot : brut**al**, brutal**ement**, brutal**iser**, brutal**ité**, brute.

brutal, ale, aux (adjectif) **1** Qui est dur et violent. *Je ne joue plus avec lui : il est trop **brutal**.* **2** Qui est imprévu et soudain. *Une chute **brutale** des cours de la Bourse.*

brutalement (adverbe) De façon brutale. *Fatima m'a **brutalement** poussé contre le mur. La situation a **brutalement** changé.*

brutaliser (verbe) (conj. 3) Traiter avec brutalité. *Le gangster **a brutalisé** sa victime avant de la voler.* (Syn. **maltraiter**.)

brutalité (nom féminin) Comportement brutal. *Je ne supporte pas sa **brutalité** envers son chien.*

brute (nom féminin) Personne violente et grossière. *Cette **brute** a bousculé tout le monde.*

bruyamment (adverbe) De façon bruyante. *L'équipe gagnante a **bruyamment** fêté sa victoire.*

bruyant, ante (adjectif) **1** Qui fait beaucoup de bruit. *Des voisins **bruyants**.* **2** Où il y a beaucoup de bruit. *La cantine est très **bruyante** à l'heure des repas.*

bruyère (nom féminin) Plante sauvage à petites fleurs mauves. *Les **bruyères** poussent sur les landes et dans les terrains sableux.*

BSR (nom masculin) Diplôme exigé depuis novembre 1997 pour conduire un cyclomoteur ou un scooter de 50 cm^3. *Pour obtenir le **BSR**, il faut être capable d'analyser les dangers de la route et suivre une formation de trois heures en circulation.*
★ BSR est le sigle de *brevet de sécurité routière*.

BTS (nom masculin) Diplôme qui se prépare dans un lycée en deux ans après le bac. *Pour certaines spécialités artistiques, le **BTS** se prépare en trois ans.*
★ BTS est le sigle de *brevet de technicien supérieur*.

buanderie (nom féminin) Lieu où l'on fait la lessive. *Il y a des lave-linge et des sèche-linge dans la **buanderie**.*

bubon (nom masculin) Gonflement et inflammation des ganglions. *Le **bubon** est un symptôme caractéristique de la peste.*

buccal, ale, aux (adjectif) Qui concerne la bouche. *Ce médicament se prend par voie **buccale**.*

buccin (nom masculin) **1** Trompette romaine droite ou recourbée. *On sonnait le **buccin** pour annoncer la relève de la garde.* **2** Mollusque à coquille en forme d'hélice, dont une espèce est comestible. *Le **buccin** vit le long des côtes de l'océan Atlantique.* (Syn. **bulot**.)
► Prononciation [byksɛ̃].

bûche (nom féminin) Morceau de bois de chauffage. *Les **bûches** qui flambent dans la cheminée réchauffent toute la pièce.* • **Bûche de Noël** : pâtisserie en forme de bûche que l'on mange à Noël.
► On écrit aussi **buche**.

bûcher (nom masculin) Amas de bois sur lequel on fait brûler une personne. *Jeanne d'Arc fut brûlée vive sur un **bûcher** à Rouen.*
► On écrit aussi **bucher**.

bûcheron, onne (nom) Personne qui abat des arbres.
► On écrit aussi **bucheron**.

bucolique (adjectif) Qui évoque la campagne. *Les faubourgs de la ville gardent un charme **bucolique**.*

budget (nom masculin) Ensemble des dépenses et des recettes prévues. *Cet appartement est trop cher pour le **budget** familial.*

budgétaire (adjectif) Qui concerne le budget. *Les prévisions **budgétaires** de nos vacances sont calculées au plus juste.*

buée (nom féminin) Vapeur d'eau qui se condense sur une surface froide. *Je ne vois plus rien, il y a de la **buée** sur mes lunettes.*

buffet (nom masculin) **1** Meuble servant à ranger la vaisselle, les couverts. **2** Table où sont présentés les aliments et les boissons lors d'une réception. *Les invités se pressaient autour du **buffet**.* **3** Restaurant installé dans une gare.

buffle (nom masculin) Bovidé de la même taille que le bœuf.

bug Voir ***bogue***.

building (nom masculin) Grand immeuble comportant de nombreux étages. *On a rasé ce vieux quartier pour y construire des **buildings** et y installer des bureaux.*
► **Building** est un mot anglais : on prononce [bildiŋ].

buis (nom masculin) Arbuste dont le feuillage est toujours vert et dont le bois est très dur.

buisson (nom masculin) Groupe d'arbustes entremêlés. *Le lièvre a disparu soudain dans un **buisson**.* (Syn. **fourré**.)

buissonnière (adjectif féminin) • **Faire l'école buissonnière** : aller se promener au lieu d'aller à l'école.

bulbe (nom masculin) Partie renflée de certaines plantes qui reste sous terre. *On a acheté des **bulbes** de jacinthes pour les planter dans le jardin.*

bulgare → tableau p. 6 / 7.

bull-dog (nom masculin) Chien anglais à poil ras, de taille moyenne, trapu et musclé. *La démarche du **bull-dog** est lourde et ses pas rapides.*
► Prononciation [buldɔg].
★ **Bull-dog** vient des mots anglais *bull* qui signifie « taureau », et *dog* qui signifie « chien ».
► Pluriel : des **bull-dogs**.
► On écrit aussi **bulldog**.

bulldozer (nom masculin) Gros engin qui sert à creuser et à niveler le sol.
► **Bulldozer** est un mot anglais : on prononce [byldɔzɛʀ].

bulle (nom féminin) **1** Sphère remplie d'air qui se forme dans un liquide. *Des **bulles** de savon, des **bulles** d'eau gazeuse.* **2** Dans une bande dessinée, espace entouré d'un trait, qui est réservé au texte des paroles prononcées par les personnages.

bulletin (nom masculin) **1** Document sur lequel sont inscrites les notes et les observations méritées par un élève. *Vous recevrez vos **bulletins** à la fin du trimestre.* **2** Papier servant à voter. *Pour voter, on met dans l'urne le **bulletin** du candidat que l'on a choisi.* **3** Émission d'informations à la radio ou à la télévision. *C'est l'heure du **bulletin** météorologique.*

bulot (nom masculin) Synonyme de buccin. *Le **bulot** se nourrit de cadavres de crabes et de vers.*

bungalow (nom masculin) Petite maison de vacances, sans étage, faite de matériaux légers. *Nous avons loué un **bungalow** dans un club de vacances au bord de la mer.*
▶ **Bungalow** est un mot anglais : on prononce [bœ̃galo].
★ À l'origine, un **bungalow** était une maison du *Bengale*, région de l'Inde.

bunker (nom masculin) **1** Abri protégé contre les attaques aériennes. *L'ennemi ne peut pas repérer les **bunkers** enterrés.* (Syn. **blockhaus.**) **2** Fosse remplie de sable, aménagée sur un parcours de golf. *Le joueur de golf a envoyé sa balle dans un **bunker**.*
▶ Prononciation [bunkɛʀ].

buraliste (nom) Personne qui tient un bureau de tabac.

bure (nom féminin) Grosse étoffe de laine, généralement brune. *Les moines portaient des robes de **bure**.*

bureau, eaux (nom masculin) **1** Meuble, parfois muni de tiroirs, sur lequel on écrit, on travaille. *Yann a rangé ses cahiers dans le premier tiroir de son **bureau**.* **2** Pièce spécialement aménagée pour travailler. *Le directeur reçoit les parents d'élèves dans son **bureau** .* **3** Lieu de travail des employés d'une entreprise. *Papa prend le métro pour aller au **bureau**.* **4** Lieu où sont installés des services ouverts au public. *Un **bureau** de tabac. Un **bureau** de poste. Le **bureau** d'aide sociale.*

bureaucrate (nom) Fonctionnaire ou employé de bureau qui se contente d'appliquer le règlement, sans prendre aucune initiative.

bureautique (nom féminin et adjectif) Ensemble des techniques qui visent à automatiser les activités de bureau. *Le logiciel de reconnaissance vocale est un élément de **bureautique** qui permet d'enregistrer la parole et de la restituer sous forme de texte.*
★ **Bureautique** est le nom d'une marque.

burette (nom féminin) Petit récipient terminé par un tube effilé et qui contient de l'huile pour graisser des pièces mécaniques.

burin (nom masculin) Outil en acier, taillé en biseau, qui sert à entailler le métal, le bois ou la pierre. *Sculpter une statue au **burin**.*

buriné, ée (adjectif) Marqué de rides profondes. *Les coureurs du Tour de France terminent la course avec un visage **buriné** de fatigue.*

burlat (nom féminin) Variété de cerise à chair rouge vif ou foncé. *La **burlat** est juteuse, ferme et sucrée et se récolte aux mois de mai et juin.*

burlesque (adjectif) D'un comique extravagant. *Dans ses films, Charlie Chaplin se trouve souvent dans des situations **burlesques**.*

burnous (nom masculin) **1** Grand manteau de laine à capuchon, que portent les Arabes. **2** Manteau à capuchon pour les bébés.

bus (nom masculin) Synonyme d'autobus.

buse (nom féminin) Oiseau de proie qui ressemble au faucon.

business Voir ***bizness***.

busqué, ée (adjectif) • **Nez busqué** : nez recourbé. *Napoléon Ier avait le **nez busqué**.*

buste (nom masculin) **1** Partie supérieure du corps humain, au-dessus de la taille. (Syn. **torse.**) **2** Sculpture qui représente la tête et le haut de la poitrine d'un personnage. *Le **buste** de Marianne est dans le préau de l'école.*

bustier (nom masculin) Sous-vêtement féminin qui couvre partiellement le buste et qui soutient la poitrine. *Ce **bustier** en dentelle s'agrafe dans le dos.*

but (nom masculin) **1** Point que l'on vise, que l'on cherche à atteindre. *La flèche a atteint son **but**.* **2** Ce que l'on cherche à accomplir. *Le **but** de Benjamin est de devenir musicien.* **3** Dans certains jeux, espace dans lequel on doit faire pénétrer le ballon. *Le gardien de **but** a dévié la trajectoire du ballon.* **4** Point marqué quand le ballon atteint l'intérieur du but. *Clément a marqué un **but**.* • **De but en blanc** : brusquement, sans préparation.
▶ Prononciation [by] ou [byt].

butane (nom masculin) Gaz utilisé comme combustible. *Une bouteille de **butane**.*

buté, ée (adjectif) Qui s'entête dans ses opinions. *Gaëlle est trop **butée** pour écouter tes conseils.*

butée (nom féminin) Pièce qui empêche ou limite le mouvement d'un objet. *La **butée** arrête la porte pour que la poignée n'abîme pas le mur.*

buter (verbe) (conj. 3) **1** Heurter avec le pied. *David **a buté** contre une pierre et s'est tordu la cheville.* **2** Essayer de résoudre une difficulté sans y parvenir. *Hélène **a buté** sur le dernier exercice de français.* **3** **Se buter** : s'entêter. *Kevin **se bute** dès qu'on essaie de lui expliquer quelque chose.*
★ Famille du mot : **buté**, **butée**, **butoir**.

butin (nom masculin) Ce que l'on prend à un ennemi ou ce que l'on vole à quelqu'un. *Les pirates se sont partagé le **butin**.*

butiner (verbe) (conj. 3) Récolter le pollen et le nectar des fleurs. *Des abeilles **butinent** les roses.*

butoir (nom masculin) **1** Obstacle destiné à arrêter les locomotives ou les wagons. *La locomotive a heurté le **butoir** à l'extrémité de la voie ferrée.* **2** Pièce qui empêche une porte de heurter le mur.

butte (nom féminin) Petite élévation de terrain. *Le soleil s'est couché derrière la **butte**.* (Syn. **colline, monticule.**) • **Être en butte à quelque chose** : être pris comme cible par quelqu'un. *Elle **est en butte aux** mauvaises plaisanteries de certains élèves.*

buvable (adjectif) Que l'on peut boire. *Ce café est à peine **buvable** tellement il est fort.*

buvard (nom masculin) Papier spécial qui sert à absorber l'encre. *Avant de refermer ton cahier, sèche ce que tu viens d'écrire avec un **buvard**.*

buvette (nom féminin) Endroit où l'on vend des boissons. *Pour la kermesse de l'école, les parents d'élèves ont installé une **buvette**.*

buveur, euse (nom) Personne qui consomme une boisson en grande quantité. *Papa est un grand **buveur** de café.*

byzantin, ine (adjectif) Qui présente une subtilité excessive et inutile. *Ils se complaisent dans des querelles **byzantines**.*

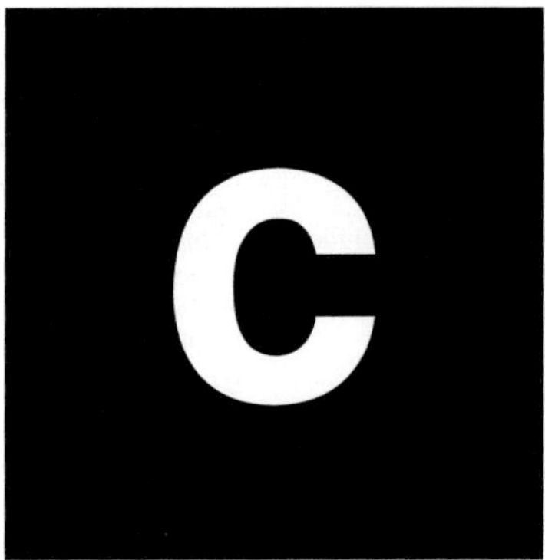

c (nom masculin) Troisième lettre de l'alphabet. *Le **C** est une consonne.*

c' Voir ***ce 2***.

ça (pronom) Synonyme familier de cela ou de ceci. *Qui t'a dit **ça** ? Ne mange pas **ça** !*

çà (adverbe) • **Çà et là** : un peu partout, sans ordre. *Des coquelicots poussent **çà et là**, de chaque côté du chemin.*

cabale (nom féminin) Intrigues menées contre quelqu'un ou quelque chose pour lui nuire. *Ils ont monté une **cabale** contre lui.* (Syn. **complot, machination.**)

cabalistique (adjectif) Qui est très difficile à comprendre. *Le sorcier murmure des formules **cabalistiques**.* (Syn. **mystérieux.**)

caban (nom masculin) Manteau court en tissu épais, comme celui des marins.

cabane (nom féminin) Petite maison de bois qui peut servir d'abri. *Le berger dort dans sa **cabane**.*

cabanon (nom masculin) Petite cabane. *Papa range ses outils dans un **cabanon** au fond du jardin.*

cabaret (nom masculin) Endroit où l'on peut voir un spectacle, danser, manger et boire.

cabas (nom masculin) Grand sac utilisé pour faire les courses.

cabestan (nom masculin) Appareil autour duquel s'enroule un câble pour tirer de lourdes charges. *Les pêcheurs du chalutier remontent leurs filets grâce au **cabestan**.*

cabillaud (nom masculin) Morue fraîche non salée.

cabine (nom féminin) **1** Petite construction servant à un usage particulier. ***Cabine** de bain, **cabine** téléphonique.* **2** Chambre, dans un bateau. **3** Synonyme de cockpit. *La **cabine** de pilotage.* **4** Partie d'un ascenseur, d'un avion ou d'un téléphérique où se tiennent les gens. *La **cabine** de l'ascenseur ne peut contenir plus de quatre personnes.*

cabinet (nom masculin) **1** Bureau d'un médecin, d'un dentiste ou d'un avocat. *Le **cabinet** médical ouvre à 9 heures.* **2** Ensemble des personnes qui travaillent avec un ministre ou un préfet. • **Cabinet de toilette** : petite pièce équipée d'un lavabo où l'on peut faire sa toilette.
■ **cabinets** (nom masculin pluriel) Synonyme de W.-C.

câble (nom masculin) **1** Grosse corde. *Les cabines du téléphérique sont suspendues à un **câble**.* **2** Gros fil de métal qui transporte l'électricité. **3** Ensemble des programmes de télévision qui sont diffusés par un système de câbles.

câblé, ée (adjectif et nom) Qui peut recevoir la télévision par câble. *Depuis que la tempête a arraché les antennes sur le toit, tout l'immeuble est **câblé**.*

câbler (verbe) (conj. 3) Installer le câble qui diffuse les programmes de télévision. *Les programmes sont plus variés depuis que notre quartier **est câblé**.*

cabochard, arde (adjectif) Synonyme familier de têtu. *Ce chien **cabochard** refuse d'avancer.*

caboche (nom féminin) Synonyme familier de tête. *Je ne veux plus te voir dehors par un temps pareil, et que ça rentre bien dans ta **caboche** !*

cabosse (nom féminin) Fruit du cacaoyer. *Les graines de la **cabosse** sont les fèves qui servent à fabriquer le cacao.*

cabosser (verbe) (conj. 3) Déformer par des bosses. *La bouilloire est tombée, elle **est** toute **cabossée**.*

cabotage (nom masculin) Navigation près des côtes. *Ces petits bateaux de pêche font du **cabotage**.*

cabotin, ine (adjectif et nom) Se dit de quelqu'un qui aime attirer l'attention sur lui. *Anna est très **cabotine**, elle manque de naturel.*

se **cabrer** (verbe) (conj. 3) Se dresser sur ses pattes de derrière. *En arrivant sur l'obstacle, le cheval **s'est cabré**.*

cabri (nom masculin) Synonyme de chevreau.

cabriole (nom féminin) Petit saut. *Yann fait des **cabrioles** dans l'herbe.* (Syn. **culbute, galipette, pirouette.**)

cabriolet (nom masculin) Voiture décapotable.

caca (nom masculin) Synonyme familier d'excréments. *Le chien a fait **caca** sur le tapis.*

cacahouète (nom féminin) Graine d'arachide que l'on mange grillée.
▶ Prononciation [kakawɛt].
▶ On écrit aussi **cacahuète**.

cacao (nom masculin) **1** Poudre obtenue avec les graines du cacaoyer. *Le **cacao** sert à fabriquer le chocolat.* **2** Boisson faite avec du cacao en poudre. *Au petit déjeuner, Élodie boit un **cacao**.* (Syn. **chocolat.**)

cacaoyer (nom masculin) Arbuste tropical dont la graine fournit le cacao.

cacatoès (nom masculin) Perroquet d'Australie, à plumage blanc, qui porte une huppe jaune.

cachalot (nom masculin) Très gros mammifère marin carnivore. *Le **cachalot** fait partie des cétacés.*

cache (nom masculin) Papier ou carton utilisé pour cacher une partie d'une surface. *La maîtresse met un **cache** pour masquer la partie d'un texte qu'elle ne veut pas photocopier.*

cache-cache (nom masculin) Jeu où un joueur doit trouver les autres qui se sont cachés. *Viens, nous allons faire une partie de **cache-cache**.*
▶ Pluriel : des **cache-cache**.

cachemire (nom masculin) Tissu très doux fait avec du poil de chèvre. *Un pull en **cachemire** est très chaud.*
★ **Cachemire** est le nom de la région de l'Inde où l'on fabrique ce tissu.

cache-nez (nom masculin) Longue écharpe qui entoure le cou.
▶ Pluriel : des **cache-nez**.

cache-pot (nom masculin) Vase dissimulant un pot de fleurs.
▶ Pluriel : des **cache-pots**.

cache-prise (nom masculin) Dispositif destiné à boucher une prise électrique pour éviter les risques d'électrocution.
▶ Pluriel : des **cache-prises**.

cacher (verbe) (conj. 3) **1** Mettre quelqu'un ou quelque chose dans un endroit difficile à découvrir. *Pour lui faire une farce, Ibrahim **a caché** les lunettes de sa sœur. Le chat **s'est caché** derrière l'armoire.* (Syn. **dissimuler.**) **2** Empêcher de voir. *Le brouillard **cache** le fond de la vallée.* **3** Ne pas laisser paraître. *Kevin a eu du mal à **cacher** son émotion.* (Contr. **dévoiler, exprimer.**)
★ Famille du mot : cache, cache-cache, cache-nez, cache-pot, cache-prise, cach**ette**, cach**otterie**, cach**ottier**.

cachère Voir ***casher***.

cachet (nom masculin) **1** Marque imprimée avec un tampon. *Le **cachet** de la poste indique la date de l'envoi d'une lettre.* **2** Charme particulier d'un endroit. *Ce petit village a beaucoup de **cachet**.* **3** Salaire d'un musicien ou d'un acteur. *Être payé au **cachet**.* **4** Synonyme de comprimé. *Un **cachet** d'aspirine.*

cache-tampon (nom masculin) Jeu d'enfant où l'un des joueurs cache un objet que les autres doivent découvrir. *Au **cache-tampon**, celui qui a caché l'objet dit « tiède » quand les autres se rapprochent de la cachette.*
▶ Pluriel : des **cache-tampons** ou des **cache-tampon**.

cacheter (verbe) (conj. 8 ou 9) Fermer une enveloppe en la collant. (Contr. **décacheter.**)

cachette (nom féminin) Endroit pour se cacher ou pour cacher quelque chose. *Ce buisson est une très bonne **cachette** pour le chat.* • **En cachette** : sans se faire voir, en secret.

cachot (nom masculin) Cellule de prison, petite et sombre.

cachotterie (nom féminin) Petit secret, pour cacher quelque chose sans importance. *Arrête de faire des **cachotteries** !*
▶ On écrit aussi **cachoterie**.

cachottier, ère (adjectif) Qui fait des cachotteries. *Fatima est très **cachottière**, c'est difficile de savoir ce qu'elle pense.*
▶ On écrit aussi **cachotier, ière**.

cachou (nom masculin) Petite pastille noire, au goût très fort.

cacophonie (nom féminin) Ensemble de sons discordants.

cactus (nom masculin) Plante grasse épineuse des pays chauds.
▶ Prononciation [kaktys].

c.-à-d. Voir ***c'est-à-dire***.

cadastre (nom masculin) Registre contenant les plans de tous les terrains et bâtiments d'une commune ainsi que le nom des propriétaires. *On peut consulter le **cadastre** à la mairie.*

cadavérique (adjectif) Qui est d'une maigreur ou d'une pâleur semblable à celle d'un cadavre. *David est malade, il a une mine **cadavérique**.*

cadavre (nom masculin) Corps d'une personne morte ou d'un animal mort. *Les policiers ont repêché un **cadavre** dans le canal.*

caddie (nom masculin) Chariot qui sert à transporter les achats dans les supermarchés ou les bagages dans une gare, un aéroport.
★ **Caddie** est le nom d'une marque.

cadeau, eaux (nom masculin) Ce que l'on offre à quelqu'un. *Comme **cadeaux** de Noël, Romain a eu un vélo et des livres.* • **Ne pas faire de cadeau à quelqu'un** : être très sévère avec lui.

cadenas (nom masculin) Objet servant à fermer une porte, une boîte, etc. *Gaëlle a perdu la clé du **cadenas** du portail.*

cadenasser (verbe) (conj. 3) Fermer avec un cadenas. *La porte de la cave **est cadenassée**.*

cadence (nom féminin) **1** Rythme régulier de sons ou de mouvements. *Le chef d'orchestre indique la **cadence** aux musiciens.* **2** Vitesse d'une action. *Si tu veux finir ton travail à temps, il va falloir accélérer la **cadence** !*

cadencé, ée (adjectif) Qui se fait en cadence. *Marchons ensemble au pas **cadencé** : une, deux, une deux !*

cadet, ette (adjectif et nom) Qui est né après l'aîné. *Hélène a un an de moins que son frère Quentin : c'est sa sœur **cadette**. Quentin est l'aîné et Hélène la **cadette**.*
▪ **cadet, ette** (nom) **1** Personne plus jeune qu'une autre. *Elle est sa **cadette** de cinq ans.* **2** Jeune sportif qui a entre 15 et 17 ans.

cadmium (nom masculin) Métal blanc et mou, utilisé dans les alliages, aux propriétés voisines de celles du zinc. *L'oxyde de **cadmium** est employé pour la décoration des porcelaines.*

cadrage (nom masculin) Action de cadrer une photo.

cadran (nom masculin) Surface marquée de divisions sur laquelle se déplace l'aiguille d'un appareil de mesure. *Laura a un réveil à **cadran** lumineux.* • **Cadran solaire** : système qui indique l'heure grâce à l'ombre d'une tige sur une surface.

cadre (nom masculin) **1** Bordure entourant un tableau, une photo, un miroir, etc. *Myriam a acheté des **cadres** pour encadrer ses photos.* **2** Ce qui constitue l'environnement de quelque chose. *Cet hôtel est situé dans un **cadre** verdoyant, à l'écart de la ville.* (Syn. **décor.**) **3** Ce qui constitue les limites d'un domaine d'activités. *Il doit le faire, c'est dans le **cadre** de ses fonctions.* **4** Ensemble des parties assemblées qui constituent une armature. *Le **cadre** d'un vélo.* **5** Personne qui assure une fonction d'encadrement ou de direction. *Les **cadres** sont mieux payés que les employés.*
★ Famille du mot : cadr**age**, cadr**er**, cadr**eur**, **en**cadre**ment**, **en**cadr**er**.

cadrer (verbe) (conj. 3) **1** Orienter son appareil photo de façon à centrer l'image. *Essaie de bien **cadrer** ta photo !* **2** Au sens figuré, être en accord avec quelque chose. *Sa colère ne **cadre** pas avec son calme habituel.* (Syn. **correspondre.**)

cadreur (nom masculin) Technicien chargé des prises de vues d'un film. (Syn. **cameraman.**)

caduc, caduque (adjectif) **1** Qui tombe chaque automne. *Le chêne, le marronnier, le hêtre sont des arbres à feuilles **caduques**.* (Contr. **persistant.**) **2** Qui n'est plus valable. *Cette façon de voir les choses est **caduque**.* (Syn. **périmé.**)

caducée (nom masculin) Emblème des médecins représentant un serpent enroulé autour d'une baguette.
▶ Malgré la terminaison en -ée, **caducée** est un nom masculin.

cafard (nom masculin) Petit insecte noir ou marron. (Syn. **blatte.**) • **Avoir le cafard** : être triste, démoralisé ou mélancolique.

cafarder (verbe) (conj. 3) **1** Synonyme familier de dénoncer. *Tu peux me raconter tes secrets, c'est pas mon genre de **cafarder**.* (Syn. **rapporter.**) **2** Synonyme familier de déprimer. *Il s'est mis à **cafarder** quand il a perdu son travail.*

cafardeux, euse (adjectif) Qui a le cafard. *Ce temps gris nous rend **cafardeux**.* (Syn. **triste.**)

café (nom masculin) **1** Graine du caféier, avec laquelle on fait une boisson. *Le **café** est grillé et moulu avant son utilisation.* **2** Boisson chaude faite avec ces graines. *Maman boit un **café** au lait au petit déjeuner.* **3** Établissement où l'on peut consommer des boissons. *Nous nous sommes installés à la terrasse du **café**.*
★ Famille du mot : caf**éier**, caf**éine**, **déc**af**éiné**.

caféier (nom masculin) Arbuste des régions tropicales qui produit le café.

caféine (nom féminin) Substance contenue dans le café. *La **caféine** est un stimulant.*

cafétéria (nom féminin) Lieu où l'on sert des boissons, des sandwichs et des repas légers.

café-théâtre (nom masculin) Petit théâtre où l'on peut assister à un spectacle en prenant une consommation. *Nous sommes allés au **café-théâtre** voir un spectacle comique.*
▶ Pluriel : des **cafés-théâtres**.

cafetière (nom féminin) Récipient servant à faire ou à servir le café.

cafouillage (nom masculin) Fait de cafouiller.

cafouiller (verbe) (conj. 3) Synonyme familier de s'embrouiller. *Noémie **a** complètement **cafouillé** en faisant ses calculs.*
★ Famille du mot : cafouill**age**, cafouill**is**.

cafouillis (nom masculin) Mauvais fonctionnement. *Les contribuables ont reçu l'avis d'imposition de leurs voisins à cause d'un **cafouillis** administratif.* (Syn. **cafouillage.**)

cafter (verbe) (conj. 3) Synonyme familier de rapporter. *Il paraît que c'est Quentin qui **a cafté**.* (Syn. **moucharder.**)

cage (nom féminin) Abri fermé par des barreaux ou un grillage. *Au cirque, les lions sont présentés dans une **cage**.* • **Cage d'escalier** : espace qu'occupe un escalier dans un immeuble ou une maison.

cageot (nom masculin) Caisse en bois léger servant à transporter des fruits ou des légumes. *Un **cageot** de pêches.*

cagette (nom féminin) Petit cageot. *J'achète une **cagette** de clémentines au supermarché.*

cagibi (nom masculin) Petite pièce qui sert de débarras. *Un **cagibi** à balais.*

a b c d e f g h i j k l m n o p q r s t u v w x y z

cagneux, euse (adjectif) Qui a les genoux tournés vers l'intérieur. *La jument **cagneuse** n'a pas gagné la course.*
★ **Cagneux** vient de l'ancien français *cagne* qui signifie « chienne ».

cagnotte (nom féminin) Argent mis en commun par les membres d'un groupe. *Les élèves font une **cagnotte** pour le voyage de fin d'année.*

cagoule (nom féminin) **1** Sorte de capuchon percé à l'endroit de chaque œil. *Le cambrioleur portait une **cagoule** pour ne pas être reconnu.* **2** Synonyme de passe-montagne. *L'hiver, Clément met une écharpe et une **cagoule**.*

cahier (nom masculin) Ensemble de feuilles de papier réunies entre elles et servant à écrire, à dessiner. *Odile a un **cahier** pour chaque matière qu'elle étudie.*
★ **Cahier** vient d'un mot latin qui signifie « par quatre », et désignait autrefois une feuille de papier pliée en quatre pages.

cahin-caha (adverbe) Tant bien que mal, péniblement. *Les affaires marchent **cahin-caha**.*

cahot (nom masculin) Secousse d'une voiture sur une route pleine de trous et de bosses. *Cette voiture a une très bonne suspension, on ne sent pas les **cahots**.*
★ Famille du mot : cahot**ant**, cahot**er**, cahot**eux**.

cahotant, ante (adjectif) Qui est secoué par des cahots. *Une roulotte **cahotante**.*

cahoter (verbe) (conj. 3) Être secoué par des cahots. *La voiture **cahote** sur le chemin de terre.*

cahoteux, euse (adjectif) Qui provoque des cahots. *Rouler sur une piste **cahoteuse**.*

cahute (nom féminin) Petite hutte. *Les enfants ont construit une **cahute**.*
► On écrit aussi **cahutte**.

caïd (nom masculin) Synonyme familier de chef. *La police vient d'arrêter le **caïd** d'une bande de trafiquants de drogue.*

caillasse (nom féminin) Accumulation de cailloux. *C'est difficile de marcher dans cette **caillasse**.*

caille (nom féminin) Oiseau qui ressemble à une petite perdrix.

caillebotis (nom masculin) Assemblage de lattes de bois croisées, laissant passer l'eau. *Les **caillebotis** à la sortie des douches empêchent de glisser sur le sol mouillé.*

cailler (verbe) (conj. 3) Devenir épais, presque solide. *Le lait **a caillé** à cause de la chaleur.* (Syn. **coaguler**.)

caillot (nom masculin) Petite masse de sang qui a caillé.

caillou, oux (nom masculin) Petite pierre. *Un tas de **cailloux**.*

caillouteux, euse (adjectif) Qui est plein de cailloux. *Un sentier **caillouteux**.*

caïman (nom masculin) Crocodile d'Amérique.
► Prononciation [kaimɑ̃].

cairn (nom masculin) **1** Monticule de terre et de pierres élevé par les Celtes. *Les **cairns** pouvaient abriter des petits caveaux.* (Syn. **tumulus**.) **2** Monticule de pierres ou de glaçons servant à baliser un itinéraire en montagne. *L'alpiniste a planté un drapeau au milieu du **cairn**.*

caisse (nom féminin) **1** Grande boîte servant à emballer des marchandises. *Papa a commandé deux **caisses** de champagne.* **2** Tiroir où un commerçant range l'argent de sa recette. **3** Guichet d'une banque où se font les paiements. **4** Endroit d'un magasin où l'on paye ses achats. *À toutes les **caisses** il y a la queue !* • **Grosse caisse** : gros tambour.
★ Famille du mot : caiss**ette**, caiss**ier**, caiss**on**, **en**caiss**er**.

caissette (nom féminin) Petite caisse.

caissier, ère (nom) Personne qui tient une caisse dans un magasin ou une banque.

caisson (nom masculin) **1** Compartiment creux, orné de moulures, qui décore un plafond ou une voûte. *Les **caissons** dorés forment de belles arabesques.* **2** Grande caisse étanche qui contient de l'air et permet de travailler sous l'eau. *Le **caisson** permet descendre en profondeur sans subir la forte pression de l'eau.* • **Maladie des caissons** : lésion survenant chez des personnes ayant été soumises à une forte pression ou à une décompression trop rapide lors d'une plongée ou d'un vol en altitude.

cajoler (verbe) (conj. 3) Synonyme de câliner. *Sarah **cajole** son petit frère.*

cajou (nom masculin) Fruit dont l'amande ressemble à une grosse cacahouète. *À l'apéritif, on a mangé des noix de **cajou** et des raisins secs.*

cajun (adjectif) Qui a trait aux habitants francophones de la Louisiane. *La musique **cajun** vient du Mississippi.*
► Prononciation [kaʒœ̃].

cake (nom masculin) Gâteau garni de raisins secs et de fruits confits.
► Prononciation [kɛk].
★ En anglais, **cake** signifie « gâteau ».

calamar Voir ***calmar***.

calamine (nom féminin) **1** Minerai de zinc. *La **calamine** forme des amas terreux gris et jaunes.* **2** Résidu qui encrasse la chambre de combustion d'un moteur à explosion. *La **calamine** laisse un dépôt de carbone.*

calamité (nom féminin) Grand malheur qui frappe beaucoup de gens. *Les guerres, la famine, les inondations sont des **calamités**.* (Syn. **désastre, fléau**.)

calandre (nom féminin) Élément de décoration et de protection situé à l'avant de certaines voitures.

calanque (nom féminin) Petite baie rocheuse, dans le sud de la France. *Les **calanques** de Cassis.*

calcaire (nom masculin) Roche sédimentaire souvent blanchâtre. *Le marbre, la craie sont du **calcaire**.*
▪ **calcaire** (adjectif) Qui contient du calcaire dissous. *Dans cette région l'eau est très **calcaire**.*

calcifier (verbe) (conj. 10) Former du tissu osseux. *Au cours de la croissance, le cartilage se **calcifie**.*

calciner (verbe) (conj. 3) Synonyme de carboniser. *La charpente **a été calcinée** dans l'incendie.*

calcium (nom masculin) Substance très abondante dans la nature et dans les organismes vivants. *Le lait et le fromage contiennent du **calcium**.*
▶ Prononciation [kalsjɔm].

calcul (nom masculin) **1** Synonyme d'arithmétique. *Pierre est meilleur en français qu'en **calcul**.* **2** Opération faite en combinant des nombres. *Refais tes **calculs**, je crois qu'ils sont faux.* **3** Au sens figuré, action de prévoir quelque chose. *C'était un mauvais **calcul** de prendre l'autoroute à cette heure-ci.* **4** Petit amas de matière organique ou minérale qui aurait dû se dissoudre dans l'organisme et qui bouche un canal. *Son grand-père souffre de **calculs** dans les reins.*
★ Famille du mot : calcul**ateur**, calcul**er**, calcul**ette**, **in**calcul**able**.
★ **Calcul** vient du latin *calculus* qui signifie « petit caillou » car on a compté d'abord avec des cailloux.

calculateur, trice (adjectif) Qui agit en essayant de prévoir ce qui va se passer pour en tirer un profit.
▪ **calculatrice** (nom féminin) Machine électronique servant à faire des calculs.

calculer (verbe) (conj. 3) **1** Chercher un résultat en faisant des calculs. *Cette pièce fait 4 mètres sur 5 : **calcule** sa surface.* **2** Au sens figuré, combiner quelque chose. *William **a** mal **calculé** son coup.*

calculette (nom féminin) Calculatrice de poche.

cale (nom féminin) **1** Petite pièce que l'on glisse sous un objet pour le rendre d'aplomb ou l'empêcher de rouler. *La table est bancale, il faut mettre une **cale** sous un de ses pieds.* **2** Partie d'un bateau où l'on entrepose les marchandises. *Un passager clandestin s'était caché au fond de la **cale**.* • **Cale sèche** : bassin que l'on peut vider pour réparer la coque d'un bateau.
★ Famille du mot : cale-pied, caler.

calé, ée (adjectif) Dans la langue familière, qui est bon dans une matière ou une activité. *Ursula est très **calée** en informatique.* (Syn. **compétent.**)

calebasse (nom féminin) Courge qui, vidée et séchée, sert de récipient.

calèche (nom féminin) Voiture à cheval à quatre roues et à capote repliable. *Autrefois, on se déplaçait en **calèche**.*

caleçon (nom masculin) **1** Sous-vêtement d'homme en forme de culotte. *Papa met des **caleçons** à fleurs.* **2** Pantalon de femme, très moulant.

calembour (nom masculin) Jeu de mots. *« Si tu es gai, ris donc ! » (guéridon) est un **calembour**.*

calendaire (adjectif) Relatif au calendrier. *Une année **calendaire** s'étend du 1er janvier au 31 décembre.*

calendes (nom féminin pluriel) Premier jour de chaque mois chez les Romains. • **Renvoyer quelque chose aux calendes grecques** : remettre quelque chose à une époque qui n'arrivera jamais (les Grecs avaient un calendrier sans calendes).

calendrier (nom masculin) Tableau où sont inscrits les mois, les jours, les fêtes d'une année. *Regarde sur le **calendrier** quel jour est Noël cette année.*

cale-pied (nom masculin) Accessoire fixé sur les pédales d'un vélo pour maintenir le pied bien en place.
▶ Pluriel : des **cale-pieds**.

calepin (nom masculin) Petit carnet sur lequel on prend des notes. *Anna écrit ses rendez-vous sur un **calepin**.*

caler (verbe) (conj. 3) **1** Immobiliser un objet en mettant une cale à l'endroit qui convient. *Il faudrait **caler** cette armoire : les portes ferment mal.* **2** S'arrêter brusquement. *La voiture **a calé** dans la côte.*

calfeutrer (verbe) (conj. 3) **1** Boucher les fentes autour des portes ou des fenêtres pour empêcher l'air froid d'entrer. **2 Se calfeutrer** : s'enfermer. *Elle **se calfeutre** chez elle et ne voit personne.*

calibre (nom masculin) **1** Diamètre intérieur du canon d'une arme à feu. *Un pistolet à gros **calibre**.* **2** Taille ou grosseur de quelque chose. *Trier des fruits selon leur **calibre**.*

calibrer (verbe) (conj. 3) Trier selon le calibre. ***Calibrer** des œufs.*

calice (nom masculin) **1** Vase en métal précieux qui sert à célébrer la messe. *Le prêtre boit le vin de messe qu'il a versé dans le **calice**.* **2** Enveloppe d'une fleur qui s'épanouit lors de la floraison.

calicot (nom masculin) **1** Épaisse toile de coton. *La toile du parasol est en **calicot**.* **2** Bande de tissu qui porte une inscription représentant une marque. *Des **calicots** publicitaires sont accrochés à l'entrée du supermarché.* (Syn. **banderole.**)

calife (nom masculin) Autrefois, chef suprême des musulmans.
▶ On écrit aussi **khalife**.

à **califourchon** (adverbe) Assis avec une jambe de chaque côté. *Élodie est assise **à califourchon** sur la balançoire.* (Syn. **à cheval.**)

câlin, ine (adjectif) Qui aime donner des baisers, des caresses, et en recevoir. *Benjamin est très **câlin** quand il est sur les genoux de sa grand-mère.*
▪ **câlin** (nom masculin) Geste de tendresse. *Fatima fait des **câlins** à son petit frère.*

câliner (verbe) (conj. 3) Faire des câlins. *Gaëlle **câline** son chaton.* (Syn. **cajoler.**)

a b c d e f g h i j k l m n o p q r s t u v w x y z

calisson (nom masculin) Friandise provençale en forme de losange, à la pâte d'amande et dont le dessus est glacé. *Les **calissons** d'Aix-en-Provence sont réputés à travers le monde entier.*

calleux, euse (adjectif) Qui a des callosités. *Myriam râpe ses talons **calleux** avec une pierre ponce.* • **Corps calleux** : bande de substance blanche qui réunit les deux hémisphères du cerveau.

calligramme (nom masculin) Poème dont la disposition forme un dessin. *Guillaume Apollinaire a composé des **calligrammes** célèbres.*

calligraphie (nom féminin) Art de bien tracer les caractères de l'écriture.

callosité (nom féminin) Endroit du corps où la peau s'épaissit à cause de frottements répétés.

calmant (nom masculin) Médicament qui calme la douleur ou l'angoisse.

calmar (nom masculin) Mollusque marin muni de tentacules. *Certains **calmars** géants atteignent 20 mètres de long.* (Syn. **encornet.**)
► On dit aussi **calamar**.

calme (adjectif) **1** Où il n'y a pas d'agitation, pas de bruit. *Nous habitons un quartier très **calme**, il n'y passe que peu de voitures.* (Contr. **bruyant.**) **2** Qui est tranquille, paisible. *Cette classe est agréable, les élèves sont très **calmes**.* (Contr. **agité, nerveux, turbulent.**) ■ **calme** (nom masculin) **1** État calme. *Thomas apprécie le **calme** de la forêt.* **2** Humeur paisible. *Essayez de garder votre **calme** !* (Syn. **sang-froid.**) • **Calme plat** : absence totale de vent sur la mer.
★ Famille du mot : ac**calm**ie, **calm**ant, **calm**ement, **calm**er.

calmement (adverbe) De façon calme. *Parle **calmement**, sans t'énerver.*

calmer (verbe) (conj. 3) **1** Rendre plus calme. *La berceuse **a calmé** le bébé.* (Syn. **apaiser.**) **2** Rendre moins vif, moins violent. *L'aspirine est un médicament qui **calme** la douleur.*

calomnie (nom féminin) Accusation mensongère contre quelqu'un. *Si on m'accuse d'avoir triché, c'est une **calomnie** !* (Syn. **médisance.**)

calomnier (verbe) (conj. 10) Dire des calomnies. *Ce candidat aux élections estime **avoir été calomnié** par son adversaire.* (Syn. **diffamer.**)

calomnieux, euse (adjectif) Synonyme de injurieux. *Elle a reçu un blâme pour avoir tenu des propos **calomnieux**.*

calori- Élément tiré du mot latin *calor* qui signifie « chaleur » (exemples : *calorie, calorifique*).

calorie (nom féminin) Unité employée pour mesurer l'énergie fournie à notre organisme par les aliments. *Les graisses sont riches en **calories**.*
★ Famille du mot : calori**fique**, calori**fuge**, calor**ique**.

calorifique (adjectif) Qui produit de la chaleur. *La combustion fournit de l'énergie **calorifique**.*

calorifuge (adjectif et nom masculin) Qui perd peu de chaleur. *Les **calorifuges** constituent de bons isolants thermiques.*

calorique (adjectif) Qui contient beaucoup de calories. *Les plats riches en sucre et en graisse sont très **caloriques**.* (Syn. **énergétique.**)

calot (nom masculin) Grosse bille. *David a échangé un **calot** contre cinq billes.*

calotte (nom féminin) Petit bonnet rond qui ne couvre que le sommet de la tête. • **Calotte glaciaire** : masse de glace qui recouvre les pôles.

calque (nom masculin) Copie d'un dessin à l'aide d'un papier transparent placé dessus. • **Papier calque** : papier transparent qui sert à faire des calques.

calumet (nom masculin) Pipe au tuyau très long des Indiens d'Amérique du Nord.

calvaire (nom masculin) **1** Croix qui rappelle la mort du Christ. **2** Au sens figuré, longue suite de souffrances. *Sa longue maladie a été un véritable **calvaire**.* (Syn. **martyre.**)

calvinisme (nom masculin) Doctrine religieuse du réformateur Jean Calvin qui introduisit le protestantisme en France. *Les adeptes du **calvinisme** pensent que seuls seront sauvés ceux que Dieu a désignés à l'avance.*

calvitie (nom féminin) État d'une personne chauve.
► Prononciation [kalvisi].

camaïeu (nom masculin) Ensemble de tons variés d'une même couleur. *Hélène est habillée dans un **camaïeu** de verts.*
► Prononciation [kamajø].

camarade (nom) Personne qu'on voit souvent, avec qui on pratique une activité. *Yann a invité tous ses **camarades** de classe pour son anniversaire.* (Syn. **copain, copine.**)

camaraderie (nom féminin) Bonne entente qui existe entre des camarades. *Il y a un bon esprit de **camaraderie** dans cette classe.*

cambiste (nom) Personne qui s'occupe d'opérations de change. *Le **cambiste** change les dollars en euros.*

cambodgien, enne → tableau p. 6 / 7.

cambouis (nom masculin) Graisse noire. *Le garagiste a les mains pleines de **cambouis**.*
► Prononciation [kɑ̃bwi].

cambrer (verbe) (conj. 3) Redresser une partie du corps en la creusant en arrière. *La gymnaste **cambre** fièrement le dos à la fin de son exercice.*

cambrien, enne (nom masculin et adjectif) Première période de l'ère primaire. *Les gastéropodes sont apparus au **cambrien**.*
★ **Cambrien** vient du mot *Cambria* qui signifie « pays de Galles ».

cambriolage (nom masculin) Action de cambrioler. *Il y a eu un **cambriolage**, cette nuit, à la bijouterie.*

cambrioler (verbe) (conj. 3) Commettre un vol après être entré de force dans un lieu fermé. *Leur maison de campagne* ***a déjà été cambriolée*** *plusieurs fois.* (Syn. **dévaliser.**)
★ Famille du mot : cambrio**lage**, cambrio**leur**.

cambrioleur, euse (nom) Personne qui fait un cambriolage. *Les* ***cambrioleurs*** *se sont fait prendre dans la bijouterie.*

cambrousse (nom féminin) Synonyme familier de campagne. *Il habite loin d'ici, au fin fond de la* ***cambrousse*** *!*

cambrure (nom féminin) Partie cambrée de quelque chose. *La* ***cambrure*** *du pied.*

cambuse (nom féminin) **1** Magasin à vivres d'un navire. *Les rats ont détruit tout le stock de la* ***cambuse.*** **2** Habitation pauvre et mal tenue, dans la langue familière. *Sa* ***cambuse*** *n'est pas chauffée et les ordures traînent devant sa porte.* (Syn. **taudis.**)

camée (nom masculin) Pierre fine formée de couches de différentes couleurs et sculptée en relief. *Grand-mère porte un* ***camée*** *en pendentif.*

caméléon (nom masculin) Petit reptile qui peut changer de couleur en fonction du milieu où il se trouve.

camélia (nom masculin) Arbuste qui donne de belles fleurs.

camelot (nom masculin) Marchand ambulant qui vend des objets bon marché. *Les* ***camelots*** *attirent les badauds par leurs boniments.*

camelote (nom féminin) Dans la langue familière, marchandise de mauvaise qualité. *Ce réveil s'arrête tout le temps, c'est vraiment de la* ***camelote*** *!*

camembert (nom masculin) Fromage rond à pâte molle, fait avec du lait de vache. *Le vrai* ***camembert*** *est fabriqué en Normandie.*
★ **Camembert** est le nom d'un village de Normandie.

caméra (nom féminin) Appareil qui sert à faire des films.

cameraman (nom masculin) Synonyme de cadreur.
▶ **Cameraman** est un mot anglais : on prononce [kameʀaman].

camerounais, aise → tableau p. 6 / 7.

caméscope (nom masculin) Caméra portative servant à filmer en vidéo. *Nous avons filmé nos souvenirs de vacances avec un* ***caméscope.***
★ **Caméscope** est le nom d'une marque.

camion (nom masculin) Gros véhicule servant à transporter des marchandises. *Un* ***camion*** *de déménagement.* (Syn. **poids lourd.**)
★ Famille du mot : camion**nette**, camion-citerne, camion**neur**.

camion-citerne (nom masculin) Camion qui sert à transporter des liquides. *Le* ***camion-citerne*** *livre de l'essence à la station-service.*
▶ Pluriel : des **camions-citernes**.

camionnette (nom féminin) Petit camion.

camionneur (nom masculin) Personne qui conduit un camion. (Syn. **routier.**)

camisole (nom féminin) Sous-vêtement sans manches ou à manches courtes qui couvre le torse. *Anna porte une* ***camisole*** *qui se boutonne sur le devant.* • **Camisole de force** : combinaison à manches fermées employée autrefois pour paralyser les mouvements de certains malades mentaux.

camomille (nom féminin) Plante dont les fleurs servent à faire de la tisane.

camouflage (nom masculin) Action de camoufler. *Les soldats se sont mis en tenue de* ***camouflage.***

camoufler (verbe) (conj. 3) Rendre difficile à reconnaître. *Pour le combat de nuit, les soldats* ***camouflent*** *leur visage avec de la suie.*

camp (nom masculin) **1** Terrain où une armée installe ses tentes ou ses baraquements. **2** Endroit où sont rassemblés des gens. *Un* ***camp*** *de prisonniers. Un* ***camp*** *de réfugiés.* **3** Chacun des partis ou des groupes qui s'opposent. *Il ne sait pas quel* ***camp*** *choisir.* • **Ficher le camp** : dans la langue familière, s'en aller.
★ Famille du mot : camp**ement**, camp**er**, camp**eur**, camping, camping-car.

campagnard, arde (adjectif) De la campagne. *Un mobilier* ***campagnard.***
▪ **campagnard, arde** (nom) Personne qui vit à la campagne.

campagne (nom féminin) **1** Étendue de terre couverte de champs, de bois, de prés. *Nous sommes tombés en panne d'essence dans la* ***campagne.*** **2** Expédition militaire. *Les* ***campagnes*** *de Napoléon Ier sont célèbres.* • **Campagne électorale** : ensemble des actions menées par un candidat pour se faire élire. • **Campagne publicitaire** : opération destinée à faire connaître et apprécier un produit. • **En rase campagne** : loin de toute habitation.

campagnol (nom masculin) Rat des champs. *Le* ***campagnol*** *fait des ravages dans les récoltes de blé.*

campanile (nom masculin) Tour destinée à recevoir des cloches.

campanule (nom féminin) Plante à fleurs en forme de clochettes.

campement (nom masculin) Endroit où on campe. *Les scouts ont installé leur* ***campement*** *au bord de la rivière.*

camper (verbe) (conj. 3) **1** Faire du camping. *Clément et Julie sont partis* ***camper*** *à la montagne.* **2 Se camper** : se tenir quelque part sans bouger, dans une attitude provocante. *Xavier* ***s'est campé*** *devant la porte et ne laisse entrer personne.* (Syn. se **planter.**)

campeur, euse (nom) Personne qui fait du camping.

camphre (nom masculin) Substance végétale à l'odeur âcre, utilisée en pharmacie.

a b c d e f g h i j k l m n o p q r s t u v w x y z

camping (nom masculin) **1** Fait de loger sous une tente ou dans une caravane. *Faire du **camping**.* **2** Terrain aménagé pour les campeurs. *Ce **camping** est très proche de la plage.*
▶ Prononciation [kɑ̃piŋ].

camping-car (nom masculin) Sorte de camionnette aménagée pour le camping.
▶ Pluriel : des **camping-cars**.
▶ On écrit aussi **campingcar**.

campus (nom masculin) Université dont les divers bâtiments sont séparés et entourés de vastes terrains. *Sur le **campus**, on trouve les chambres des étudiants, le restaurant universitaire et la bibliothèque.*
▶ Prononciation [kɑ̃pys].

canadair (nom masculin) Avion équipé de réservoirs à eau, utilisé pour lutter contre les incendies de forêt.
★ **Canadair** est le nom d'une marque.

canadien, enne → tableau p. 6 / 7.

canadienne (nom féminin) Veste doublée de fourrure.
★ À l'origine, ce vêtement était porté par les *Canadiens* pour se protéger du froid.

canaille (nom féminin) Personne malhonnête qui trompe tout le monde. *Cet homme est une vraie **canaille**.* (Syn. **crapule, fripouille, gredin.**)

canal, aux (nom masculin) **1** Cours d'eau artificiel servant à la navigation. *Le **canal** de Panama traverse l'Amérique centrale.* **2** Conduite servant à amener de l'eau pour l'arrosage. *Dans cette région sèche, l'irrigation des cultures se fait grâce à des **canaux**.*
★ Famille du mot : cana**lisation**, canal**iser**.

canalisation (nom féminin) **1** Action de canaliser. *Les travaux de **canalisation** d'un fleuve.* **2** Tuyau dans lequel passe un liquide ou un gaz. *Le gel a endommagé des **canalisations** d'eau au garage.* (Syn. **conduite.**)

canaliser (verbe) (conj. 3) **1** Rendre navigable. ***Canaliser** un cours d'eau.* **2** Au sens figuré, diriger dans une certaine direction. *La police essaie de **canaliser** la manifestation.*

canapé (nom masculin) **1** Long siège à dossier. *Laura s'allonge sur le **canapé** pour lire sa BD.* **2** Petite tranche de pain garnie. *Maman prépare des **canapés** au saumon pour l'apéritif.*

canaque (adjectif) Qui se rapporte aux indigènes de Nouvelle-Calédonie.
▶ On écrit aussi **kanak**.

canard (nom masculin) Oiseau aux pattes palmées, qui sait nager et voler. *Près de la ferme, il y a une mare avec des **canards**.*

canarder (verbe) (conj. 3) Dans la langue familière, tirer sur quelque chose. *La monitrice de ski **a été canardée** de boules de neige par tous les enfants de la colonie.*

canari (nom masculin) Petit oiseau jaune au chant mélodieux. *Ibrahim a acheté une grande cage pour ses **canaris**.*
★ **Canari** vient du nom des *îles Canaries*, d'où est originaire cet oiseau.

canasson (nom masculin) Mauvais cheval, dans la langue familière. *Je vais vendre ce **canasson** qui ne veut plus tirer sa carriole.* (Syn. **rosse.**)

cancan (nom masculin) Synonyme familier de commérage. *Arrête d'écouter ces **cancans** !*

cancer (nom masculin) Maladie très grave. *Fumer peut provoquer le **cancer** du poumon.*
▶ Prononciation [kɑ̃sɛʀ].
★ Famille du mot : cancé**reux**, cancé**rigène**, cancé**rologue**.

cancéreux, euse (adjectif) Qui est dû au cancer. *Une tumeur **cancéreuse**.*
■ **cancéreux, euse** (nom) Personne qui a un cancer.

cancérigène (adjectif) Qui provoque le cancer. *On a découvert que l'amiante était **cancérigène**.*

cancérologue (nom) Médecin spécialiste du cancer.

cancoillotte (nom féminin) Fromage à base de lait de vache écrémé et caillé, égoutté puis fondu avec du beurre et de l'eau. *La **cancoillotte** est fabriquée en Franche-Comté.*
▶ Prononciation [kɑ̃kwajɔt].
★ **Cancoillotte** vient du mot franc-comtois *coillotte.*

cancre (nom masculin) Très mauvais élève.

cancrelat (nom masculin) Synonyme de cafard. *La cuisine de ce restaurant est pleine de **cancrelats**.* (Syn. **blatte.**)

candélabre (nom masculin) Chandelier à plusieurs branches.

candeur (nom féminin) Grande naïveté.

candi (adjectif masculin) • **Sucre candi** : sucre qui se présente en gros morceaux irréguliers.

candidat, ate (nom) Personne qui se présente à un examen, à un jeu ou à une élection. *Sa mère est **candidate** aux élections municipales.*

candidature (nom féminin) Fait d'être candidat. *On peut poser sa **candidature** en répondant à cette petite annonce.*

candide (adjectif) Qui manifeste de la candeur. *Un air **candide**.* (Syn. **naïf.**)

cane (nom féminin) Femelle du canard.

caneton (nom masculin) Petit de la cane.

canette (nom féminin) **1** Petite bouteille ou petite boîte contenant une boisson. **2** Bobine de fil sur une machine à coudre. **3** Petite cane.

canevas (nom masculin) **1** Grosse toile aux fils très espacés qui sert de support pour les ouvrages de tapisserie. **2** Plan d'un ouvrage. *Victor a fait le **canevas** de son exposé.*

caniche (nom masculin) Chien à poil frisé.

caniculaire (adjectif) Très chaud. *Au mois d'août, il a fait un temps **caniculaire** : une température de plus de 30 degrés.*

canicule (nom féminin) Période où il fait très chaud.

canidé (nom masculin) Mammifère carnivore au museau allongé, qui marche sur ses doigts. *Le chien, le loup et le renard appartiennent à la famille des **canidés**.*
★ **Canidé** vient du mot latin *canis* qui signifie « chien ».

canif (nom masculin) Petit couteau de poche dont la lame se replie dans le manche.

canin, ine (adjectif) Qui concerne les chiens. *Un élevage **canin**.*

canine (nom féminin) Dent pointue située entre les incisives et les molaires.
★ On disait autrefois *dent canine*, cette dent étant pointue comme celles du chien.

caniveau, eaux (nom masculin) Rigole qui longe le trottoir et permet l'écoulement des eaux.

cannabis (nom masculin) Drogue dérivée du chanvre indien, qui agit sur le psychisme et provoque une dépendance. *Le haschisch et la marijuana sont issus du **cannabis**.*
► Prononciation [kanabis].

canne (nom féminin) Bâton sur lequel on s'appuie pour marcher. *Grand-père ne peut plus marcher sans sa **canne**.* • **Canne à pêche** : bâton flexible auquel on accroche le fil et l'hameçon, pour pêcher. • **Canne à sucre** : plante tropicale à hautes tiges dont on extrait du sucre.

cannelle (nom féminin) Poudre brune parfumée faite avec l'écorce séchée d'un arbre tropical. *Maman met de la **cannelle** sur la tarte aux pommes.*

cannelloni (nom masculin) Pâte alimentaire de forme cylindrique, remplie de farce. *J'ai choisi des **cannellonis** à la pizzéria.*

cannelure (nom féminin) Sillon de forme allongée qui orne certains objets. *Ce meuble est décoré de **cannelures** finement ciselées.*

cannibale (adjectif et nom) Qui mange ses semblables. *Les Indiens des Caraïbes étaient autrefois **cannibales**.*

canoë (nom masculin) Barque étroite et légère que l'on fait avancer à la pagaie. *Le dimanche, Myriam va faire du **canoë** sur la rivière.*
► Prononciation [kanɔe].

canoë-kayak (nom masculin) Discipline sportive qui regroupe des épreuves sur canoë et sur kayak. *La descente en eau vive est une discipline du **canoë-kayak**.*

canon (nom masculin) **1** Arme à feu constituée d'un long tube de métal servant à lancer des obus. *Les **canons** ont bombardé la ville.* **2** Tube d'une arme à feu portative, au bout duquel sort la balle. *Le cow-boy nettoie le **canon** de son revolver.* **3** Chant à deux ou plusieurs voix dans lequel on entonne successivement la même mélodie de façon décalée.
★ Famille du mot : canon**nade**, canon**ner**.
★ **Canon** vient du latin *canna* qui signifie « tuyau ».

cañon Voir ***canyon***.

canonique (adjectif) Conforme aux lois de l'Église. *Les psaumes sont des écrits **canoniques**.* • **Âge canonique** : âge exigé par le droit pour remplir certaines fonctions.

canoniser (verbe) (conj. 3) Admettre quelqu'un parmi les saints de l'Église catholique.

canonnade (nom féminin) Action de canonner. *La **canonnade** s'est enfin arrêtée.*

canonner (verbe) (conj. 3) Bombarder avec des canons. *L'artillerie ennemie **a canonné** toute la région.*

canot (nom masculin) Petit bateau à rames ou à moteur. *Sur les gros bateaux, les **canots** de sauvetage sont obligatoires.*
★ Famille du mot : canot**age**, canot**er**.

canotage (nom masculin) Action de canoter. *Faire du **canotage**.*

canoter (verbe) (conj. 3) Se promener en canot.

canotier (nom masculin) Chapeau de paille à bords et à fond plats. *Le **canotier** pour femme était souvent paré de fleurs et de rubans.*

cantal (nom masculin) Fromage au lait de vache fabriqué en Auvergne.
★ Les monts du **Cantal**, en Auvergne, sont une région d'élevage.

cantate (nom féminin) Morceau de musique pour un orchestre et des chœurs. *Les **cantates** de Bach.*

cantatrice (nom féminin) Chanteuse d'opéra.

cantilène (nom féminin) Récit lyrique et épique du Moyen-Âge, qui décrit un évènement malheureux, la vie d'un martyr.

cantine (nom féminin) **1** Local d'une école ou d'une entreprise où l'on sert à déjeuner. *La **cantine** de l'école est devenue un self-service.* **2** Coffre de voyage. *Maman a acheté plusieurs **cantines** pour le déménagement.*

cantique (nom masculin) Chant religieux. *À la messe, on chante des **cantiques**.*

canton (nom masculin) Division administrative d'un arrondissement. *La ville principale d'un **canton** est le chef-lieu de **canton**.*

cantonade (nom féminin) • **À la cantonade** : en s'adressant à tout le monde en même temps. *Il est monté sur une chaise et s'est mis à parler **à la cantonade**.*

cantonais (adjectif masculin) • **Riz cantonais** : plat chinois composé de riz mêlé à des petits pois, de l'œuf et du jambon.
★ **Cantonais** vient de *Canton*, nom d'une ville de Chine.

cantonal, ale, aux (adjectif) Du canton. *Aux élections* ***cantonales****, on élit les représentants du canton au conseil général du département.*

cantonnement (nom masculin) Logement provisoire pour des soldats.

cantonner (verbe) (conj. 3) **1** Mettre des soldats dans un cantonnement. **2 Se cantonner** : se borner à faire quelque chose. ***Cantonnez-vous*** *à répondre à la question !*

cantonnier (nom masculin) Ouvrier qui entretient les routes.

canular (nom masculin) Histoire inventée pour mystifier quelqu'un.

canyon (nom masculin) Vallée très profonde et étroite. *Ce western a été tourné dans le* ***canyon*** *du Colorado.*
► Prononciation [kanjɔn].
► On écrit aussi **cañon**, comme en espagnol.

canyoning (nom masculin) Descente sportive des canyons, à pied et à la nage. *Le* ***canyoning*** *se pratique sur des torrents.*
► Prononciation [kanjoniŋ].

CAO (nom féminin) Conception de nouveaux produits au moyen de techniques informatiques. *Les logiciels de* ***CAO*** *permettent de visualiser un objet avant de l'avoir fabriqué.*
★ CAO est le sigle de *conception assistée par ordinateur.*

caoutchouc (nom masculin) Matière élastique et imperméable faite avec le latex de l'hévéa ou produite par l'industrie chimique. *Avec le* ***caoutchouc****, on fabrique des pneus.*
► Prononciation [kautʃu].

caoutchouteux, euse (adjectif) Qui a la consistance du caoutchouc. *Je n'aime pas ce gâteau* ***caoutchouteux****.*

① **cap** (nom masculin) **1** Bande de terre qui s'avance dans la mer. (Syn. **pointe.**) **2** Direction suivie par un bateau ou un avion. *Le voilier a mis le* ***cap*** *sur le port.*

② **CAP** (nom masculin) Certificat d'aptitude professionnelle. *Le frère de Benjamin a un* ***CAP*** *d'électricien.*

capable (adjectif) **1** Qui peut faire quelque chose. *Es-tu* ***capable*** *de soulever cette caisse de livres ?* (Contr. **incapable.**) **2** Qui a les qualités qui conviennent. *C'est un cuisinier très* ***capable****.* (Syn. **compétent.**)

capacité (nom féminin) **1** Compétence de quelqu'un. *Ce travail est au-dessus de ses* ***capacités****, il n'y arrivera pas.* (Syn. **aptitude.**) **2** Ce que contient un récipient. *Quelle est la* ***capacité*** *de cette bouteille ?* (Syn. **contenance.**)

caparaçon (nom masculin) Harnais de protection ou d'ornement d'un cheval. *Pour la corrida, le cheval porte un* ***caparaçon****.*

cape (nom féminin) Grand manteau sans manches, que l'on porte sur les épaules. • **Rire sous cape** : se moquer discrètement, en cachette.

CAPES (nom masculin) Certificat, obtenu sur concours, qui permet d'enseigner les matières générales dans un collège ou un lycée. *Le* ***CAPES*** *est obligatoire pour devenir professeur titulaire.*
★ CAPES est l'acronyme de *certificat d'aptitude professionnelle à l'enseignement secondaire.*

CAPET (nom masculin) Certificat, obtenu sur concours, qui permet d'enseigner les matières techniques dans un collège ou un lycée.
★ CAPET est l'acronyme de *certificat d'aptitude professionnelle à l'enseignement technique.*

capharnaüm (nom masculin) Grand désordre. *Va ranger ta chambre, c'est un vrai* ***capharnaüm*** *!*
► Prononciation [kafaʀnaɔm].

capillaire (adjectif) Qui concerne les cheveux. *Papa se sert d'une lotion* ***capillaire****.* • **Vaisseaux capillaires** : vaisseaux sanguins extrêmement fins.

capilotade (nom féminin) Ragoût fait de restes de viandes coupés en petits morceaux. *La* ***capilotade*** *mijote avec des petits légumes.* • **En capilotade** : en piteux état.

capitaine (nom masculin) **1** Officier de grade intermédiaire entre celui de commandant et celui de lieutenant. **2** Personne ou officier qui commande un navire de commerce. **3** Chef d'une équipe sportive.

capitainerie (nom féminin) Bureau et services du capitaine d'un port. *La gestion et la police du port sont assurées par la* ***capitainerie****.*

① **capital, ale, aux** (adjectif) Qui est très important. *Ce témoignage sera* ***capital*** *pour l'avocat.* (Syn. **décisif, essentiel, fondamental.** Contr. **secondaire.**) • **Peine capitale** : peine de mort.

② **capital, aux** (nom masculin) **1** Somme d'argent que l'on place et qui rapporte des intérêts. **2** Ensemble des biens que possède une personne. (Syn. **fortune, patrimoine.**)
★ Famille du mot : capital**iser**, capital**isme**, capital**iste**.

capitale (nom féminin) **1** Ville où se trouve le gouvernement d'un État. *Athènes est la* ***capitale*** *de la Grèce.* **2** Lettre majuscule. *Pour remplir ce formulaire, vous devez écrire votre nom en* ***capitales*** *d'imprimerie.*

capitaliser (verbe) (conj. 3) **1** Accumuler de l'argent pour constituer un capital. *Mes parents* ***capitalisent*** *pour leurs vieux jours.* (Syn. **économiser.**) **2** Augmenter un capital grâce aux intérêts qu'il rapporte. *Les placements permettent de* ***capitaliser*** *les revenus.*

capitalisme (nom masculin) Système économique dans lequel les terres et les entreprises appartiennent à des particuliers et non à l'État.

capitaliste (adjectif) Qui a un rapport avec le capitalisme. *Les États-Unis sont le plus grand pays* ***capitaliste*** *du monde.*
▪ **capitaliste** (nom) Personne qui possède de gros capitaux.

capiteux, euse (adjectif) Qui monte à la tête, qui enivre. *Le parfum **capiteux** du jasmin.*

capitonné, ée (adjectif) Qui est rembourré avec de la laine ou avec une autre matière souple. *Ce fauteuil **capitonné** est très confortable.*

capitulation (nom féminin) Fait de capituler. *La **capitulation** de l'Allemagne en 1945.*

capituler (verbe) (conj. 3) Cesser le combat et s'avouer vaincu. *Faute de combattants, l'armée a dû **capituler**.* (Syn. se **rendre**.)

caporal, aux (nom masculin) Grade militaire le plus bas, dans l'infanterie et l'aviation.

capot (nom masculin) Partie de la carrosserie qui protège le moteur d'une voiture. *Le garagiste soulève le **capot** pour remettre de l'huile dans le moteur.*

capote (nom féminin) **1** Toit pliant d'une voiture décapotable. **2** Grand manteau de soldat.

capoter (verbe) (conj. 3) **1** Se retourner par accident. *La voiture roulait trop vite et **a capoté** dans un virage.* **2** Au sens figuré, échouer. *Notre projet **a capoté**.*

cappuccino (nom masculin) Café au lait à la crème chantilly. *C'est en Italie qu'on fait les meilleurs **cappuccinos**.*
▶ Prononciation [kaputʃino].

câpre (nom féminin) Fleur du câprier, que l'on conserve en bouton dans du vinaigre et qui sert de condiment. *On met des **câpres** dans le steak tartare.*

caprice (nom masculin) Envie soudaine d'obtenir quelque chose. *Il n'est pas question de céder à tes **caprices** !* (Syn. **fantaisie**, **lubie**.)

capricieux, euse (adjectif) Qui fait beaucoup de caprices. *Il est beaucoup trop **capricieux**.*

capricorne (nom masculin) Coléoptère aux antennes très longues. *Le **capricorne** ronge le bois.*
★ **Capricorne** vient des mots latins *caper* qui signifie « bouc », et *cornu* qui signifie « corne ».

câprier (nom masculin) Arbuste méditerranéen qui fournit les câpres.

caprin, ine (adjectif) Qui se rapporte à la chèvre. *La race **caprine** a été touchée par la brucellose.*
■ **caprin** (nom masculin) Animal de la famille de la chèvre. *L'éleveur de **caprins** protège son bétail des loups.*
★ **Caprin** vient du mot latin *capra* qui signifie « chèvre ».

capsule (nom féminin) Sorte de bouchon plat qui recouvre le goulot d'une bouteille. • **Capsule spatiale** : partie habitable d'une fusée ou d'un satellite.
★ Famille du mot : **décapsuler**, **décapsuleur**.

capter (verbe) (conj. 3) **1** Recueillir en canalisant. ***Capter** l'eau d'une source.* **2** Recevoir une émission. *Dans ce village encaissé, on ne peut **capter** qu'une chaîne de télévision.* • **Capter l'attention de quelqu'un** : la retenir.

capteur (nom masculin) • **Capteur solaire** : appareil qui transforme l'énergie du soleil en électricité.

captieux, euse (adjectif) Qui trompe et surprend par de fausses apparences, dans la langue littéraire. *Le représentant utilisait un discours **captieux** pour duper ses clients.* (Syn. **insidieux**, **perfide**, **sournois**.)
▶ Prononciation [kapsjø, øz].

captif, ive (adjectif et nom) Qui est prisonnier. *Un animal **captif**. Les **captifs** ont été relâchés.*

captivant, ante (adjectif) Qui captive. *Grand-mère m'a raconté une histoire **captivante**.* (Syn. **passionnant**.)

captiver (verbe) (conj. 3) Intéresser énormément. *William **est** tellement **captivé** par son livre qu'il a oublié de déjeuner.* (Syn. **passionner**.)

captivité (nom féminin) Fait d'être captif. *Pendant la guerre, grand-père a vécu deux ans en **captivité**.*

capture (nom féminin) Fait de capturer. *La **capture** d'un lion.*

capturer (verbe) (conj. 3) Attraper vivant. *Les policiers ont bouclé tout le quartier pour **capturer** les gangsters.*

capuche (nom féminin) Synonyme de capuchon. *Il pleut, mets ta **capuche** !*

capuchon (nom masculin) **1** Bonnet fixé à un vêtement. (Syn. **capuche**.) **2** Partie qui couvre un stylo.

capucin, ine (nom) Religieux, religieuse d'une branche de l'ordre de saint François. *Les **capucins** portent une robe marron et des sandales.*
★ **Capucin** vient du mot italien *cappuccino* qui signifie « porteur de capuce (capuchon pointu) ».

capucine (nom féminin) Plante ornementale à feuilles rondes et à fleurs jaunes, orangées ou rouges vif.

caquelon (nom masculin) Poêlon profond en terre ou en fonte. *On frotte l'intérieur du **caquelon** avec de l'ail pour y préparer la fondue savoyarde.*

caquet (nom masculin) • **Rabaisser** *ou* **rabattre le caquet de quelqu'un** : le forcer à être plus modeste.

caqueter (verbe) (conj. 8 ou 9) Pousser des petits cris, quand il s'agit de la poule. *Les poules **caquettent** quand elles pondent.*

① **car** (conjonction) Indique la cause. *Couvre-toi, **car** il fait froid.*

② **car** (nom masculin) Synonyme d'autocar. *Un **car** de ramassage scolaire.*

carabin (nom masculin) Étudiant en médecine, dans la langue familière. *Aucun **carabin** de première année ne peut éviter de se faire bizuter.*

carabine (nom féminin) Fusil léger. *À la fête foraine, c'est le tir à la **carabine** que Kevin préfère.*

carabiné, ée (adjectif) Dans la langue familière, qui est fort et violent. *Noémie a un rhume **carabiné**.*

a b c d e f g h i j k l m n o p q r s t u v w x y z

carabinier (nom masculin) **1** Soldat armé d'une carabine. *Le **carabinier** monte la garde devant le palais.* **2** Sportif spécialiste du tir à la carabine. *Le **carabinier** a remporté une médaille.*

caraco (nom masculin) Sous-vêtement féminin qui couvre le buste.

caracoler (verbe) (conj. 3) Faire des petits sauts, quand il s'agit d'un cheval.

caractère (nom masculin) **1** Signe d'imprimerie. *Les livres pour enfants sont écrits en gros **caractères**.* **2** Marque distinctive, particulière. *Ces symptômes présentent tous les **caractères** de la grippe.* **3** Manière d'être, de se comporter. *Pierre a un bon **caractère**, il est toujours de bonne humeur.* • **Avoir du caractère** : être énergique ou avoir une forte personnalité.
★ Famille du mot : caractér**iel**, caractér**iser**, caractér**istique**.

caractériel, elle (adjectif) Qui présente des troubles du caractère. *Cet élève agressif est un peu **caractériel**.*

caractériser (verbe) (conj. 3) Être le caractère qui distingue une chose d'une autre. *La rougeole se **caractérise** par de la fièvre et des boutons.*

caractéristique (adjectif) Qui est particulier, distinctif. *L'odeur **caractéristique** de chaque plante aromatique.* (Syn. **typique**.)
▪ **caractéristique** (nom féminin) Principale particularité qui caractérise quelque chose. *Les promenades en gondole sont une **caractéristique** des voyages à Venise.*

carafe (nom féminin) Large bouteille en verre à goulot étroit. *Apporte une **carafe** d'eau sur la table !*

carambolage (nom masculin) Accident dans lequel plusieurs voitures se heurtent à la suite.

caramel (nom masculin) **1** Sucre fondu qui a pris une couleur brune et une consistance épaisse. *Romain aime beaucoup la crème au **caramel**.* **2** Bonbon fait avec du caramel. *Des **caramels** mous.*

caraméliser (verbe) (conj. 3) **1** Enduire de caramel. *Un gâteau **caramélisé**.* **2** Transformer en caramel. *Odile fait **caraméliser** du sucre.*

carapace (nom féminin) Enveloppe très dure qui protège le corps de certains animaux. *La tortue rentre dans sa **carapace** quand elle a peur.*

se **carapater** (verbe) (conj. 3) Synonyme familier de s'enfuir. *Il a chipé une pomme et **s'est carapaté** sans payer.*

carat (nom masculin) **1** Quantité d'or fin contenue dans un objet en or. **2** Unité de poids valant 0,2 gramme, utilisée pour les pierres précieuses.

caravane (nom féminin) **1** Groupe de personnes qui se déplacent ensemble pour traverser des zones peu sûres. *Une **caravane** de nomades traverse le désert avec des chameaux.* **2** Roulotte de camping tirée par une voiture.

caravaning (nom masculin) Camping avec une caravane. *On a fait du **caravaning** au bord d'un lac.*

caravansérail, ails (nom masculin) Hébergement pour les caravanes et les voyageurs, en Orient.

caravelle (nom féminin) Bateau à voiles utilisé aux XVe et XVIe siècles. *Les navires de Christophe Colomb étaient des **caravelles**.*

carb(o)- Élément tiré du mot latin *carbo* qui signifie « charbon » (exemples : *carbonique*, *carboniser*).

carbonate (nom masculin) Sel ou ester de l'acide carbonique. *Les **carbonates** sont très abondants dans la nature.*

carbone (nom masculin) Substance chimique, principal constituant du charbon. • **Carbone 14** : isotope du carbone qui permet de dater les vestiges historiques ou préhistoriques.
★ Famille du mot : carbon**ate**, carbon**ique**, carbon**iser**.

carbonique (adjectif) • **Gaz carbonique** : mélange de carbone et d'oxygène.

carboniser (verbe) (conj. 3) Brûler complètement. *Le rôti est immangeable, il **est carbonisé** !* (Syn. **calciner**.)

carburant (nom masculin) Combustible utilisé pour faire fonctionner un moteur. *L'essence et le kérosène sont des **carburants**.*

carburateur (nom masculin) Partie du moteur où le carburant se mélange à l'air.

carburer (verbe) (conj. 3) **1** Mélanger de l'air et du carburant, dans un moteur à explosion. *Le moteur de ma voiture **carbure** bien.* **2** Synonyme familier de fonctionner. *Alors ça **carbure** aujourd'hui ?* (Syn. **marcher**.)

carcan (nom masculin) **1** Collier de fer qui servait à attacher un condamné pour l'exposer au public. **2** Au sens figuré, ce qui empêche d'agir. *Le **carcan** des règlements.*

carcasse (nom féminin) Ensemble des os d'un animal mort. *Une **carcasse** de poulet.* (Syn. **squelette**.)

carcéral, ale, aux (adjectif) Qui concerne la prison. *Les conditions de vie **carcérale** restent très dures dans certaines prisons.*

cardamine (nom féminin) Plante des lieux humides. *La **cardamine** appartient à la famille des crucifères.*

cardan (nom masculin) Système de suspension. *Le **cardan** est utilisé dans les mécanismes de direction des voitures.*

carder (verbe) (conj. 3) Peigner des fibres textiles à l'aide d'un peigne en métal pour les démêler et les nettoyer. *Il faut **carder** la laine avant d'en faire des pelotes.*

cardi(o)- Élément tiré du mot grec *kardia* qui signifie « cœur » (exemples : *cardiologue*, *cardiogramme*).

cardiaque (adjectif) Qui concerne le cœur. *Une maladie **cardiaque**.*
■ **cardiaque** (adjectif et nom) Qui a une maladie du cœur. *Un médicament pour les **cardiaques**.*

cardigan (nom masculin) Veste de laine, à manches longues, qui se boutonne devant.
★ **Cardigan** vient du nom du *comte de Cardigan* qui mit ce vêtement à la mode.

① **cardinal, ale, aux** (adjectif) Se dit d'un adjectif numéral qui indique une quantité. *Deux et trois sont des nombres **cardinaux**.* • **Points cardinaux :** qui servent de repère pour se situer. *Les quatre **points cardinaux** sont le nord, le sud, l'est et l'ouest.*

② **cardinal, aux** (nom masculin) **1** Dans l'Église catholique, évêque de rang élevé. *Le pape est élu par les **cardinaux**.* **2** Oiseau au plumage rouge vif.

cardiogramme (nom masculin) Tracé obtenu avec un appareil qui enregistre les pulsations du cœur. *Le cardiologue analyse le **cardiogramme** de son patient.*

cardiologue (nom) Médecin spécialiste du cœur.

cardiovasculaire (adjectif) Qui concerne le cœur et les vaisseaux. *Les maladies **cardiovasculaires** constituent la première cause de mortalité dans les pays industrialisés.*

carême (nom masculin) Pour les catholiques, période de pénitence entre Mardi gras et Pâques. *Le **carême** est une période de jeûne.*

carénage (nom masculin) **1** Entretien de la partie immergée de la coque d'un navire. *Le **carénage** s'effectue en cale sèche.* **2** Carrosserie aérodynamique. *Le **carénage** d'une moto est le plus souvent en fibre de carbone.*

carence (nom féminin) Insuffisance de ce qui est nécessaire. *Pour éviter la **carence** en vitamines, il faut manger des fruits.*

caresse (nom féminin) Geste tendre et affectueux. *Ce chat est sauvage, il n'aime pas les **caresses**.*

caresser (verbe) (conj. 3) Faire des caresses. *Sarah **caresse** la peau douce du bébé.*

cargaison (nom féminin) Ensemble de marchandises transportées. *Les pêcheurs rapportent une belle **cargaison** de poissons.*

cargo (nom masculin) Navire spécialisé dans le transport de marchandises.

cari (nom masculin) **1** Poudre jaune faite d'un mélange d'épices. *Du riz au **cari**.* **2** Plat préparé avec cette poudre. *Ce **cari** de légumes est trop piquant.*
► On écrit aussi **cary**, ou **curry**, comme en anglais.

cariatide (nom féminin) Colonne en forme de statue de femme.

caribou (nom masculin) Renne du Canada.

caricature (nom féminin) Dessin satirique où les traits caractéristiques d'une personne sont exagérés. *Les caricatures des hommes politiques dans les journaux.*
★ Famille du mot : caricatur**er**, caricatur**iste**.

caricaturer (verbe) (conj. 3) Faire la caricature de quelqu'un. *Cet homme politique **est** souvent **caricaturé** dans les journaux.*

caricaturiste (nom) Artiste qui fait des caricatures.

carie (nom féminin) Maladie de la dent aboutissant à une cavité dans l'ivoire. *Brosse-toi les dents après les repas pour éviter les **caries** !*

carié, ée (adjectif) Qui a une carie. *Cette dent est **cariée**, tu dois aller chez le dentiste.*

carillon (nom masculin) **1** Ensemble de cloches qui sonnent avec un son différent. **2** Sonnerie d'une horloge qui se déclenche à intervalles réguliers.

carillonner (verbe) (conj. 3) Sonner longuement. *Les cloches **carillonnent** pour annoncer un mariage.*

caritatif, ive (adjectif) Qui se consacre à l'aide des plus démunis. *Les associations **caritatives** réunissent des fonds pour loger les sans-abris.*

carlingue (nom féminin) Partie d'un avion où se trouvent l'équipage et les passagers.

carmagnole (nom féminin) Veste courte et étroite portée par les révolutionnaires français de 1792 à 1795. *La **carmagnole** était garnie de plusieurs rangées de boutons.*

carmélite (nom féminin) Religieuse de l'ordre du Carmel. *Les **carmélites** vivent dans la pauvreté et la prière.*

carmin (adjectif) De couleur rouge vif.
► Pluriel : des étoffes **carmin**.

carnage (nom masculin) Massacre d'hommes ou d'animaux en grand nombre. *La guerre de 1914-1918 a été un véritable **carnage**.* (Syn. **tuerie**.)

carnassier (nom masculin) Animal qui se nourrit de chair. *Les fauves sont des **carnassiers**.*

carnaval, als (nom masculin) Fête du Mardi gras avec des défilés et des bals costumés. *Le **carnaval** de Venise.*

carne (nom féminin) **1** Viande dure et de mauvaise qualité, dans le langage familier. *On nous sert toujours de la **carne** à la cantine.* **2** Synonyme familier de cheval. *Cette vieille **carne** va finir à l'abattoir !* (Syn. **canasson**.)
★ **Carne** est un mot italien qui signifie « viande ».

carnet (nom masculin) **1** Petit cahier. *Chaque année, maman recopie son **carnet** d'adresses.* (Syn. **calepin**.) **2** Série de tickets, de timbres ou de chèques.

carnivore (adjectif et nom) Qui se nourrit de viande. *Les tigres et les lions sont **carnivores**.*

carotène (nom masculin) Pigment orangé présent dans certains végétaux et chez certains animaux. *La carotte et les tomates contiennent du **carotène**.*

carotide (nom féminin) Artère du cou qui conduit le sang du cœur à la tête.

carottage (nom masculin) **1** Synonyme familier de escroquerie. *Il s'est fait pincer pour **carottage**.* **2** Prélèvement d'un échantillon de terrain par sondage. *Le **carottage** permet d'étudier la nature et les propriétés des roches.*

carotte (nom féminin) Plante potagère dont on mange la racine rouge orangé. *Des **carottes** râpées.*

carpaccio (nom masculin) Mets cru présenté en tranches fines. *Le **carpaccio** de bœuf se déguste arrosé d'huile d'olive et de jus de citron.*
► **Carpaccio** est un mot italien : on prononce [kaʀpatʃjo].

carpe (nom féminin) Gros poisson d'eau douce.

carpette (nom féminin) Petit tapis.

carquois (nom masculin) Étui servant à mettre des flèches. *Les tireurs à l'arc portent un **carquois**.*

carre (nom féminin) Baguette de métal qui est fixée sur les bords inférieurs des skis. *Ursula a fait une faute de **carre** et est tombée.*

carré, ée (adjectif) Qui a la forme d'un carré. *Cette pièce est **carrée** : elle fait 3 mètres sur 3.* • **Mètre carré** : mesure de surface, qui correspond à la surface d'un carré d'un mètre de côté.
■ **carré** (nom masculin) **1** Figure géométrique qui a quatre côtés égaux et quatre angles droits. **2** Nombre multiplié par lui-même. *25 est le **carré** de 5 ($5 \times 5 = 5^2$).*

carreau, eaux (nom masculin) **1** Petite plaque qui sert à recouvrir le sol ou les murs. *Le maçon a posé des **carreaux** blancs autour de la baignoire.* **2** Dessin en forme de carré. *Zoé porte une jupe à **carreaux**.* **3** Vitre d'une fenêtre. *Les gamins ont cassé un **carreau** en jouant au ballon.* **4** L'une des quatre couleurs des jeux de cartes, en forme de losange rouge. *Un as de **carreau**.*
★ Famille du mot : carr**elage**, carr**eler**.

carrefour (nom masculin) Endroit où se croisent deux ou plusieurs routes. *Attention, ce **carrefour** est très dangereux !* (Syn. **croisement**.)

carrelage (nom masculin) Sol recouvert de carreaux assemblés. *Il faudra remplacer le parquet par du **carrelage**.*

carreler (verbe) (conj. 8 ou 9) Recouvrir avec des carreaux. *Le maçon a **carrelé** la salle de bains.*

carreleur, euse (nom) Ouvrier qui pose le carrelage. *Le **carreleur** pose un joint entre les carreaux.*

carrément (adverbe) Franchement et nettement. *Dis-moi **carrément** ce que tu penses de mon dessin !*

carrière (nom féminin) **1** Endroit d'où l'on extrait des matériaux de construction. *Une **carrière** de sable, de pierres, de marbre.* **2** Profession dans laquelle on progresse. *Quentin ne sait pas quelle **carrière** il choisira plus tard.*

carriole (nom féminin) Petite charrette couverte.

carrossable (adjectif) Où l'on peut rouler sans difficulté. *Après la pluie, ce chemin n'est plus **carrossable**.* (Syn. **praticable**.)

carrosse (nom masculin) Autrefois, voiture luxueuse tirée par des chevaux. *La reine d'Angleterre se déplace en **carrosse** les jours de cérémonie.*

carrosserie (nom féminin) Partie extérieure d'une voiture. *Les ailes d'une voiture font partie de la **carrosserie**.*

carrossier (nom masculin) Personne qui répare des carrosseries d'automobiles.

carrousel (nom masculin) **1** Manège de chevaux de bois. *À la foire, les adultes aussi montent sur le **carrousel**.* **2** Parade de cavaliers à cheval. *Les cavaliers du Cadre noir de Saumur présentent un **carrousel** chaque année pour fêter le 14 Juillet.*

carrure (nom féminin) Largeur du dos entre les épaules. *David a vraiment une **carrure** d'athlète !*

cartable (nom masculin) Sac dans lequel les écoliers mettent leurs affaires de classe. *Anna porte son **cartable** sur le dos.*

carte (nom féminin) **1** Petit carton qui porte des figures et des dessins sur une face, qui fait partie d'un jeu. *Benjamin fait une partie de **cartes** avec son grand-père.* **2** Liste des plats et des boissons, dans un restaurant. *Choisir un plat à la **carte**.* **3** Dessin qui représente un pays, une région. *Regarde sur la **carte** si nous sommes sur la bonne route.* • **Carte de crédit** : carte servant à payer des achats ou à retirer de l'argent dans des distributeurs. • **Carte d'électeur** : document permettant de voter lors des élections. • **Carte grise** : document où sont inscrits des renseignements sur une voiture. • **Carte d'identité** : document sur lequel sont indiqués le nom, les prénoms, la date et le lieu de naissance et l'adresse d'une personne. • **Carte postale** : carton illustré dont le verso sert à la correspondance. • **Carte de visite** : petit carton portant le nom et parfois l'adresse de quelqu'un.
★ Famille du mot : carte-réponse, cartographie, cartomancie, cartomancien.

cartel (nom masculin) **1** Groupement de sociétés qui s'accordent entre elles pour s'assurer la domination du marché et éliminer la concurrence. *Le **cartel** est une coalition illégale.* **2** Entente entre trafiquants de drogue. *Les autorités ont démantelé un **cartel** colombien.*
★ **Cartel** vient du mot allemand *Kartel* qui signifie « défi ».

carter (nom masculin) Enveloppe de métal rigide et étanche destinée à protéger un mécanisme. *Le **carter** isole des poussières l'engrenage et ses lubrifiants.*
► Prononciation [kaʀtɛʀ].

carte-réponse (nom féminin) Document imprimé joint à un questionnaire pour envoyer sa réponse. *Le T sur la **carte-réponse** indique qu'il n'est pas nécessaire de timbrer ce courrier.*
► Pluriel : des **cartes-réponse**.

cartésien, enne (adjectif) Synonyme de rigoureux. *Son esprit **cartésien** lui est très utile dans la gestion de ses affaires.* (Syn. **méthodique, rationnel.**) • **Coordonnées cartésiennes** : système de coordonnées dans lequel un point est défini par ses distances à trois axes.

cartilage (nom masculin) Sorte d'os souple et élastique de certaines parties du corps et des articulations. *Les oreilles sont faites de **cartilage**.*

cartilagineux, euse (adjectif) Qui est fait de cartilage. *Le squelette des requins est **cartilagineux**.*

cartographie (nom féminin) Technique de fabrication des cartes et des plans. *La **cartographie** s'appuie sur les photographies aériennes et l'utilisation des satellites.*

cartomancie (nom féminin) Fait de deviner l'avenir avec un jeu de cartes. *La voyante fait de la **cartomancie**.*

cartomancien, enne (nom) Personne qui prétend lire l'avenir dans les cartes à jouer.

carton (nom masculin) **1** Papier épais et rigide. *Clément a fabriqué un masque avec du **carton**.* **2** Boîte en carton. *Le déménageur a emballé la vaisselle dans des **cartons**.*

cartonné, ée (adjectif) Fait de carton. *Un emballage **cartonné**.*

carton-pâte (nom masculin) Carton fabriqué à partir de chiffons, de vieux cartons et de colle. *Un masque en **carton-pâte**.*
▶ Pluriel : des **cartons-pâte**.

cartoon (nom) Synonyme de dessin animé. *Les **cartoons** de Tex Avery.*
▶ **Cartoon** est un mot anglais : on prononce [kaʀtun].

cartouche (nom féminin) **1** Petit tube contenant de la poudre et un projectile, et qui se charge dans une arme à feu. *Le chasseur prend son fusil et ses **cartouches**.* **2** Petit étui contenant de l'encre, du gaz. *Mon stylo est vide, prête-moi une **cartouche** d'encre bleue.* (Syn. **recharge.**)

cartouchière (nom féminin) Ceinture ou baudrier servant à transporter des cartouches.

cary Voir ***cari***.

caryotype (nom masculin) Ensemble des chromosomes contenus dans les cellules d'un individu. *Le **caryotype** de l'homme est réalisé à partir de ses globules blancs.*

cas (nom masculin) **1** Ce qui arrive ou est arrivé. *Aujourd'hui il est en retard, mais ça n'est pas souvent le **cas**.* **2** Apparition d'une maladie. *Il y a eu plusieurs **cas** de grippe dans notre classe.* • **En cas de** *ou* **au cas où** : si telle chose se produit. ***En cas d'**incendie, il faut appeler les pompiers. Préviens-moi **au cas où** tu changerais d'avis.* • **En tout cas** : quoi qu'il arrive. • **Faire cas de quelque chose** : y attacher de l'importance. *Élodie n'**a fait** aucun **cas de** mon avis.*

casanier, ère (adjectif) Qui aime rester chez soi. *Il n'aime pas voyager : il est très casanier.*

casaque (nom féminin) Veste de jockey.

casbah (nom féminin) Palais du souverain et quartier qui l'entoure, en Afrique du Nord. *Le guide emmène les touristes visiter la **casbah**.*
▶ Prononciation [kazba].

cascade (nom féminin) **1** Chute d'eau. *L'eau tombait en **cascade**, sur plusieurs mètres de hauteur.* **2** Numéro dangereux d'un acrobate. *La vedette du film est doublée pour les **cascades** en voiture.*

cascadeur, euse (nom) Comédien spécialiste des cascades. *Pour les scènes dangereuses du film, un **cascadeur** remplace l'acteur principal.*

case (nom féminin) **1** Habitation traditionnelle en matériaux légers, dans certains pays chauds. (Syn. **hutte, paillote.**) **2** Compartiment d'une boîte, d'un meuble. *Range les jetons de ton jeu dans une **case** et les dés dans une autre.* **3** Chacune des divisions tracées sur une surface. *Les **cases** d'un échiquier. Mettez une croix dans la **case** qui correspond à votre réponse.*

casemate (nom féminin) Abri qui sert de protection contre les tirs d'artillerie et les attaques aériennes. *La **casemate** abrite les munitions.*
★ **Casemate** vient du mot italien *casamatta* qui signifie « maison folle ».

caser (verbe) (conj. 3) Trouver la place pour ranger quelque chose. *Impossible de **caser** mon duvet dans la valise !*

caserne (nom féminin) Bâtiment où vivent des soldats, des pompiers ou des gendarmes.

cash (adverbe) • **Payer cash** : synonyme familier de payer comptant.
▶ **Cash** est un mot anglais : on prononce [kaʃ].

casher (adjectif) Qui est préparé selon les prescriptions du judaïsme. *Ce boucher vend de la viande **casher**.*
▶ Prononciation [kaʃɛʀ].
▶ On écrit aussi **kasher**.
▶ Pluriel : des boucheries **casher**.

casier (nom masculin) Meuble de rangement qui comporte des cases. *Un **casier** à bouteilles.* • **Casier judiciaire** : liste des condamnations prononcées contre quelqu'un.

casino (nom masculin) Établissement où l'on joue de l'argent. *L'entrée du **casino** est interdite aux enfants.*

casoar (nom masculin) Grand oiseau coureur d'Australie.

casque (nom masculin) **1** Coiffure rigide qui protège la tête. **2** Appareil muni de deux écouteurs. *Ce **casque** peut s'adapter sur un baladeur, une radio ou une télévision.*

casqué, ée (adjectif) Qui est coiffé d'un casque. *Ces motards **casqués** appartiennent à la police.*

casquette (nom féminin) Coiffure plate garnie d'une visière. *Une **casquette** de base-ball.*

cassant, ante (adjectif) **1** Qui se casse facilement. *La pâte à tarte a durci et elle est devenue **cassante**.* **2** Au sens figuré, qui est autoritaire et dur. *Il lui a dit, d'un ton **cassant**, qu'il avait tort.*

cassation (nom féminin) Annulation d'une décision de justice par une juridiction supérieure. *L'avocat demande la **cassation** du jugement pour son client.*

casse (nom féminin) Objets cassés. *Quand ce maladroit fait la vaisselle, il y a souvent de la **casse**.*

casse-cou (nom masculin) Personne qui aime prendre des risques sans se soucier du danger. *Sur son VTT, Myriam est un vrai **casse-cou**.*
▶ Pluriel : des **casse-cous**.

casse-croûte (nom masculin) Dans la langue familière, repas léger. *Si la randonnée dure toute la journée, il faudra prévoir des **casse-croûtes**.*
▶ Pluriel : des **casse-croûtes**.
▶ On écrit aussi **casse-croute**.

casse-noisette (nom masculin) Pince qui sert à casser la coque des noisettes.
▶ Pluriel : des **casse-noisettes**.

casse-noix (nom masculin) Petit instrument qui sert à casser les coques de noix, de noisettes, d'amandes.
▶ Pluriel : des **casse-noix**.

casse-pied (adjectif et nom) Dans la langue familière, qui dérange, énerve. *Elle me téléphone sans arrêt pour des bêtises, quelle **casse-pieds** !*
▶ Pluriel : des **casse-pieds**.
▶ On écrit aussi un **casse-pieds**.

casser (verbe) (conj. 3) **1** Mettre en plusieurs morceaux. *Fatima **a cassé** une pile d'assiettes en débarrassant la table. Kevin s'**est cassé** le bras en faisant du skateboard.* (Syn. **briser, rompre.**) **2** Mettre hors d'usage. *Ne tire pas sur le fil du téléphone, tu vas le **casser**.* • **Casser la croûte** : synonyme familier de manger. • **Casser les oreilles** : dans la langue familière, faire trop de bruit.
★ Famille du mot : cass**ant**, cass**ation**, casse, casse-cou, casse-croûte, casse-noisette, casse-noix, casse-pied, casse-tête, cass**eur**, cass**ure**, **in**cass**able**.

casserole (nom féminin) Ustensile de cuisine muni d'un manche, dans lequel on fait cuire les aliments.

casse-tête (nom masculin) Ce qui est très compliqué à faire ou à résoudre. *Cette devinette est un vrai **casse-tête**.*
▶ Pluriel : des **casse-têtes** ou des **casse-tête**.

cassette (nom féminin) **1** Coffret dont on se sert pour ranger des bijoux, de l'argent. **2** Étui contenant une bande magnétique utilisable dans un magnétophone ou un magnétoscope.

casseur, euse (nom) Personne qui profite d'une manifestation pour dégrader la voie publique et les bâtiments. *Les **casseurs** ont saccagé les boutiques.*

① **cassis** (nom masculin) Petite baie noire comestible. *Du sirop, de la confiture de **cassis**.*
▶ Prononciation [kasis].

② **cassis** (nom masculin) Creux en travers d'une route. *Il faut ralentir : un panneau de signalisation indique un **cassis** à 100 mètres.*
▶ Prononciation [kasi] ou [kasis].

cassolette (nom féminin) **1** Petit réchaud à couvercle percé de trous, servant à brûler des parfums. *L'encensoir est une **cassolette** suspendue à des chaînes.* **2** Petit récipient cylindrique qui va au four, et qu'on sert directement à table. *J'ai commandé une **cassolette** de fruits de mer gratinée.*

cassonade (nom féminin) Sucre brut de canne. *William mange de crêpes à la **cassonade**.*

cassoulet (nom masculin) Ragoût de haricots blancs et de diverses viandes. *Le **cassoulet** est une spécialité du sud-ouest de la France.*

cassure (nom féminin) Endroit où un objet a été cassé. *L'assiette a été recollée : on voit encore la **cassure**.*

castagne (nom féminin) Synonyme familier de bagarre. *La partie de billes s'est finie en **castagne**.*
★ **Castagne** vient du mot espagnol *castaña* qui signifie « châtaigne ».

castagnettes (nom féminin pluriel) Petit instrument de musique fait de deux morceaux de bois que l'on fait claquer l'un contre l'autre dans la paume de la main.

caste (nom féminin) Groupe de gens qui se distinguent d'autres groupes, dont ils s'estiment être supérieurs ou différents.

castelet (nom masculin) Petit théâtre de marionnettes. *Chaque samedi il y a un spectacle au **castelet** du parc.*

casting (nom masculin) Choix des acteurs pour un spectacle. *Le **casting** de ce film est excellent, il n'y a que de bons acteurs.*
▶ Prononciation [kastiŋ].

castor (nom masculin) Rongeur à large queue plate et aux pattes palmées. *Les **castors** construisent des digues sur la rivière.*

castrat (nom masculin) Chanteur castré avant la puberté pour qu'il garde une voix aiguë. *Les **castrats** ont des voix de sopranos.*

castrer (verbe) (conj. 3) Priver un mâle de ses organes génitaux. *Un bœuf est un taureau qui **a été castré**.* (Syn. **châtrer.**)

CAT (nom masculin) Centre d'insertion des handicapés par le biais d'une activité professionnelle.
★ **CAT** est l'acronyme de *centre d'aide par le travail*.

cata- Élément tiré du mot grec *kata* qui signifie « en dessous, en arrière » (exemple : *catacombes*).

cataclysme (nom masculin) Catastrophe naturelle qui entraîne de grands bouleversements. *Les raz de marée, les tremblements de terre, les cyclones sont des **cataclysmes**.*

catacombes (nom féminin pluriel) Souterrains qui servaient de cimetière. *Les premiers chrétiens enterraient leurs morts dans des **catacombes**.*

catadioptre (nom masculin) Dispositif optique qui réfléchit la lumière, et rend visible la nuit l'obstacle qui le porte. *Le **catadioptre** forme un petit carré rouge ou orange à l'arrière de la bicyclette.*

catafalque (nom masculin) Estrade décorée où l'on place un cercueil.

catalan, ane → tableau p. 6 / 7.

catalepsie (nom féminin) Perte provisoire de la faculté du mouvement volontaire. *Une personne hypnotisée se retrouve dans un état de **catalepsie**.*

catalogue (nom masculin) Brochure qui propose des objets à vendre. *Anna commande ses vêtements dans un **catalogue** de vente par correspondance.*

cataloguer (verbe) (conj. 3) **1** Enregistrer et classer dans un catalogue. *La bibliothécaire **catalogue** les nouveaux ouvrages.* **2** Classer dans une catégorie d'une manière affirmative et injuste. *Tu **es cataloguée** maintenant qu'on t'a aperçue avec un homme plus vieux que toi.*

catalyse (nom féminin) Modification de la vitesse d'une réaction chimique due à la présence d'une substance qui elle-même ne participe pas à la réaction. *Les enzymes permettent la **catalyse** de la digestion.* • **Four à catalyse** : four autonettoyant dont les parois brûlent, lors de la cuisson, les graisses projetées.
★ **Catalyse** vient du mot grec *katalusis* qui signifie « dissolution ».

catalyseur (nom masculin) Substance qui modifie la vitesse d'une réaction chimique. *Le **catalyseur** reste intact à la fin de la réaction.*

catamaran (nom masculin) Voilier à deux coques. *Les **catamarans** sont des embarcations très rapides.*

cataplasme (nom masculin) Préparation médicinale que l'on applique, entre deux linges, sur une partie enflammée du corps. *Autrefois, ma grand-mère soignait les maux de dos avec un **cataplasme**.*

catapulte (nom féminin) Autrefois, machine de guerre qui servait à lancer de grosses pierres.

cataracte (nom féminin) **1** Grande chute d'eau. *Les **cataractes** les plus célèbres dans le monde sont les chutes du Niagara.* **2** Maladie qui rend opaque le cristallin de l'œil. *La **cataracte** peut causer la perte de la vue.*

catastrophe (nom féminin) Évènement dramatique. *Plus de cent personnes ont été tuées dans cette **catastrophe** aérienne.* • **En catastrophe** : à toute vitesse et sans préparation.

catastrophique (adjectif) Qui a des conséquences dramatiques. *Cette sécheresse est **catastrophique** pour les agriculteurs.* (Syn. **désastreux.**)

catch (nom masculin) Sorte de lutte où presque tous les coups sont permis.
★ **Catch** vient de l'anglais *catch as you can* qui signifie « attrape comme tu peux ».

catcheur, euse (nom) Lutteur qui pratique le catch.

catéchèse (nom féminin) Enseignement de la doctrine chrétienne. *Les élèves de l'école Sainte-Marie suivent la **catéchèse** chaque vendredi.*

catéchisme (nom masculin) Enseignement de la religion chrétienne. *Pierre va au **catéchisme** chaque semaine.*

catégorie (nom féminin) Ensemble de personnes, d'animaux ou de choses appartenant à la même espèce, au même genre. *Ce boxeur est dans la **catégorie** des poids moyens.*

catégorique (adjectif) Qui est clair, net et sans réplique. *Inutile d'insister, ma réponse est un non **catégorique**.* (Contr. **confus, évasif, hésitant.**)

caténaire (nom féminin) Câble qui fournit le courant aux locomotives électriques.

cathare (nom masculin) Membre d'une secte hérétique du Moyen Âge, répandue surtout dans le sud-ouest de la France. *Les **cathares** se disaient purs et voulaient accéder au bien en menant une vie austère et rigide.*

cathédrale (nom féminin) Grande église qui est sous l'autorité d'un évêque. *Notre-Dame de Paris est une **cathédrale** gothique.*

cathode (nom féminin) Électrode reliée à l'extrémité négative d'une génératrice électrique qui entraîne une réaction de réduction. *La **cathode** émet des électrons.* (Contr. **anode.**)
★ **Cathode** vient des mots grecs *kata* qui signifie « en bas », et *hodos* qui signifie « chemin ».

cathodique (adjectif) **1** Qui provient d'une cathode. *Les rayons **cathodiques** sont émis par la cathode d'un tube électronique.* **2** Qui concerne la télévision. *La sortie de ce nouvel album a fait l'objet d'un grand battage **cathodique**.*

catholicisme (nom masculin) Religion des catholiques.

catholique (nom) Chrétien qui obéit au pape. *Les **catholiques** vont à l'église pour prier.*
▪ **catholique** (adjectif) Qui a rapport au catholicisme. *La messe est une cérémonie **catholique**.*

en **catimini** (adverbe) En cachette. *Il s'est glissé dans la cuisine **en catimini** pour finir le gâteau.*

cation (nom masculin) Ion qui possède une certaine quantité d'électricité positive. *Un ion qui gagne des électrons devient un **cation**.* (Contr. **anion.**)
► Prononciation [katjɔ̃].

catogan (nom masculin) Coiffure formée par un nœud attachant les cheveux sur la nuque. *Il a un charme fou avec ses cheveux bruns en **catogan**.*

cauchemar (nom masculin) Rêve effrayant. *Il s'est réveillé en pleurant parce qu'il avait fait un **cauchemar**.*

caulerpe (nom féminin) Algue tropicale verte, très envahissante, qui ressemble à une fougère. *La **caulerpe** est présente dans la mer Méditerranée.*

causant, ante (adjectif) Synonyme familier de bavard. *Le petit n'est pas très **causant** aujourd'hui, il couve sans doute quelque chose.* (Syn. **volubile.**)

cause (nom féminin) **1** Ce qui est à l'origine d'un évènement, d'un fait. *On ne sait rien des **causes** de l'incendie.* **2** Idée ou principe que l'on défend. *Cette association soutient la **cause** des gens mal logés.* • **À cause de** : en raison de. *Le vol a été annulé **à cause du** mauvais temps.* • **Mettre en cause** : accuser. • **Remettre en cause** : examiner de nouveau en faisant des critiques.

causer (verbe) (conj. 3) **1** Être la cause de quelque chose. *Ces pluies torrentielles **ont causé** des inondations.* (Syn. **provoquer.**) **2** Synonyme de bavarder. *Elle **a causé** un instant avec sa voisine de palier.*

causette (nom féminin) • **Faire la causette** : synonyme familier de bavarder. *Elles **font** un brin de **causette** sur le pas de la porte.*

causse (nom masculin) Plateau calcaire dans le centre et le sud de la France. *Les **causses** reposent sur de l'argile et de la marne.*

caustique (adjectif) **1** Qui attaque et brûle la peau. *La soude est un produit **caustique**.* **2** Au sens figuré, qui blesse par des moqueries méchantes. *Son humour **caustique** a éloigné tous ses amis.* (Syn. **acerbe, mordant.**)

cautère (nom masculin) Instrument porté à très haute température ou substance chimique, utilisés pour brûler des tissus malades. *Le nitrate d'argent est un **cautère** chimique.* • **Un cautère sur une jambe de bois** : un remède inutile.

cautériser (verbe) (conj. 3) Appliquer un cautère sur une plaie. *Le dermatologue **cautérise** les verrues des mains et des pieds.*

caution (nom féminin) Somme d'argent qu'on laisse en dépôt pour servir de garantie quand on loue quelque chose. *La **caution** versée pour ces vélos vous sera remboursée à la fin de la location.*

cautionner (verbe) (conj. 3) Donner son appui. *Le maire a promis de **cautionner** le projet de construction d'une piscine dans notre quartier.*

cavalcade (nom féminin) Course bruyante et désordonnée. *Le maître ne veut pas de **cavalcade** dans les couloirs.*

cavalerie (nom féminin) Autrefois, troupe de soldats qui combattaient à cheval. • **Cavalerie lourde** : aujourd'hui, ensemble des unités militaires motorisées et des blindés.

① **cavalier, ère** (adjectif) Qui agit sans se soucier de la gêne qu'il peut causer. *C'est un peu **cavalier** de sa part d'arriver avec une heure de retard !*

② **cavalier, ère** (nom) **1** Personne qui monte à cheval. **2** Partenaire avec qui on forme un couple. *La danse va commencer, choisissez vos **cavalières**.* • **Faire cavalier seul** : agir tout seul, de son côté.

cavalièrement (adverbe) De manière cavalière. *Julie traite trop **cavalièrement** les personnes plus âgées qu'elle.* (Contr. **respectueusement.**)

cave (nom féminin) Local situé dans le sous-sol d'une maison. *Grand-père fait vieillir du vin dans sa **cave**.*

caveau, eaux (nom masculin) Construction souterraine qui sert de tombeau. *Plusieurs membres de sa famille sont enterrés dans ce **caveau**.*

caverne (nom féminin) Synonyme de grotte. *Les ours hibernent dans des **cavernes**.* • **Hommes des cavernes** : hommes de la préhistoire.

caverneux, euse (adjectif) • **Voix caverneuse** : voix grave et basse.

caviar (nom masculin) Œufs d'esturgeon noirs ou gris, qui sont un mets très apprécié.

cavité (nom féminin) Partie creuse de quelque chose. *Des poissons vivent dans les **cavités** des roches sous-marines.* (Syn. **creux, trou.**)

CB (nom féminin) Appareil émetteur-récepteur qui permet de communiquer sur des ondes radio ouvertes aux messages personnels. *Les routiers ont la **CB** dans leur camion.*
▶ Prononciation [sibi].
★ **CB** est le sigle de *citizen **band***.

CD (nom masculin) Disque où sont enregistrés des sons lus par un laser. (Syn. **compact-disque, disque compact.**)

CDD (nom masculin) Contrat de travail qui a une durée limitée dans le temps. *Le **CDD** est un emploi précaire.*
▶ Prononciation [sedede].
★ **CDD** est le sigle de *contrat à **durée déterminée***.

CDI (nom masculin) Contrat de travail qui n'a pas de durée limitée dans le temps. *Le **CDI** est un engagement ferme de l'employeur et du salarié.*
▶ Prononciation [sedei].
★ **CDI** est le sigle de *contrat à **durée indéterminée***.

cd-rom (nom masculin) Disque compact qui contient des sons, des images et des textes. *Gaëlle a une encyclopédie sur **cd-rom**.*
▶ Pluriel : des **cd-rom**.
▶ On écrit aussi **cédérom**.
★ **Cd-rom** est l'abréviation de plusieurs mots anglais qui se traduisent en français par « disque compact dont on peut lire la mémoire ».

a b c d e f g h i j k l m n o p q r s t u v w x y z

① **ce, cet, cette, ces** (déterminant) Adjectif démonstratif qui sert à désigner la personne ou la chose dont on parle. *Ce film est ennuyeux.* ***Cet*** *hiver est très froid. Je n'ai jamais vu* ***cette*** *femme.* ***Ces*** *vêtements sont en solde.*
▶ **Ce** devient **cet** devant un nom masculin qui commence par une voyelle ou un h muet. **Ce, cet, cette, ces** peuvent être renforcés par les éléments **-ci** et **-là** placés après le nom : cet homme-là, ces arbres-ci.

② **ce** (pronom) Pronom démonstratif qui s'emploie seulement devant le verbe être. ***C'****est le cahier de Yann.* ***Ce*** *sont des amis.*
▶ **Ce** devient **c'** devant les formes du verbe *être* qui commencent par une voyelle.

③ **CE** (nom masculin) **1** Deuxième et troisième années de l'école primaire. **2** Comité élu par les salariés pour améliorer les conditions de travail du personnel et gérer les œuvres sociales de l'entreprise. *Le* ***CE*** *organise une fête de Noël pour les enfants des employés.*
▶ Prononciation [seə].
★ CE est le sigle de *cours élémentaire* et de *comité d'entreprise.*

ceci (pronom) Pronom démonstratif qui désigne la chose la plus proche. *Lisez d'abord* ***ceci****, nous lirons les pages suivantes plus tard.*

cécité (nom féminin) État d'une personne aveugle. *En vieillissant, il a été atteint de* ***cécité****.*

céder (verbe) (conj. 8) **1** Laisser ou donner ce que l'on a. *Le bus est bondé,* ***cède*** *ta place à cette vieille dame.* **2** Ne pas s'opposer. *Elle* ***cède*** *à tous les caprices de sa fille.* (Contr. **résister.**) **3** S'effondrer ou se rompre. *La branche* ***a cédé*** *sous le poids de Romain.*

cédérom Voir ***cd-rom***.

cedex (nom masculin) Mention ajoutée au code postal pour le courrier des administrations et des entreprises.
▶ Prononciation [sedɛks].
★ **Cedex** est l'acronyme de *courrier d' entreprise à distribution exceptionnelle.*
▶ On écrit aussi **cédex**.

cédille (nom féminin) Signe que l'on place sous un c quand il est suivi de a, o, u pour indiquer qu'on doit le prononcer [s]. *Le c s'écrit avec une* ***cédille*** *(ç) dans des mots comme : ça, maçon, reçu.*
★ **Cédille** vient de l'espagnol *cedilla* qui signifie « petit c ».

cédrat (nom masculin) Fruit semblable à un gros citron que l'on consomme confit. *On utilise le* ***cédrat*** *en parfumerie et en pâtisserie.*

cèdre (nom masculin) Grand conifère. *Le bois du* ***cèdre*** *est dur et très odorant.*

ceindre (verbe) (conj. 35) Synonyme de entourer. *Une jupe serrée lui* ***ceignait*** *les reins.*

ceinture (nom féminin) **1** Bande de tissu ou de cuir qui sert à maintenir un vêtement autour de la taille. *Serre bien la* ***ceinture*** *de ton pantalon !* **2** Milieu du corps. *N'allez pas plus loin, vous avez déjà de l'eau jusqu'à la* ***ceinture*** *!* (Syn. **taille.**) **3** Bande de tissu dont la couleur indique un niveau dans les arts martiaux. *Gaëlle est* ***ceinture*** *orange de judo.* • **Ceinture de sécurité** : courroie qui permet, dans les avions et les autos, de s'attacher à son siège pour être retenu en cas de choc. • **Se serrer la ceinture** : dans la langue familière, réduire ses dépenses.
★ Famille du mot : ceintur**er**, ceintur**on**.

ceinturer (verbe) (conj. 3) Attraper quelqu'un au niveau de la ceinture. *Le policier a réussi à* ***ceinturer*** *le voleur avant de le plaquer au sol.*

ceinturon (nom masculin) Ceinture large. *La crosse d'un pistolet dépassait de l'étui accroché à son* ***ceinturon****.*

cela (pronom) Pronom démonstratif qui désigne la chose la plus éloignée. *Laisse la vaisselle, nous ferons* ***cela*** *plus tard.*

céladon (nom masculin et adjectif) Vert pâle légèrement grisé. *Parfois la mer prend des teintes* ***céladon****.* • **Porcelaine céladon** : porcelaine d'Asie, recouverte d'émail de couleur vert tendre.

célébration (nom féminin) Action de célébrer. *La* ***célébration*** *du mariage se déroulera samedi.*

célèbre (adjectif) Très connu. *D'Artagnan est un* ***célèbre*** *mousquetaire.*

célébrer (verbe) (conj. 8) Fêter un évènement avec éclat. *Le 8 mai, on* ***célèbre*** *l'anniversaire de la fin de la Seconde Guerre mondiale.*

célébrité (nom féminin) **1** Grande renommée. *Ce savant a acquis la* ***célébrité*** *grâce à ses découvertes.* (Syn. **notoriété.**) **2** Personne célèbre. *Ce pianiste est une* ***célébrité*** *internationale.*

cèleri (nom masculin) Légume dont on mange la racine ou les tiges. *Une salade de* ***cèleri****. Une purée de* ***cèleri****.*
▶ On écrit aussi **céleri**.

célérité (nom féminin) Synonyme littéraire de rapidité. *Ces travaux ont été menés avec* ***célérité****.*

céleste (adjectif) Du ciel. *Cette nuit-là, des milliers d'étoiles illuminaient la voûte* ***céleste****.*

célibat (nom masculin) État d'une personne célibataire. *Dans la religion catholique, les prêtres s'engagent à vivre dans le* ***célibat****.*

célibataire (adjectif et nom) Qui n'est pas marié. *Mon grand frère est encore* ***célibataire****.*

celle, celles Voir ***celui***.

cellier (nom masculin) Pièce où l'on conserve le vin et les provisions. *Pour aménager un* ***cellier****, il faut un endroit sec et frais.*

cellophane (nom féminin) Plastique transparent qu'on utilise pour l'emballage. *Le bouquet de fleurs était enveloppé d'une grande feuille de* ***cellophane****.*
★ **Cellophane** est le nom d'une marque.

cellulaire (adjectif) **1** Qui concerne les cellules. *Les muscles sont composés de tissu* ***cellulaire****.* **2** Relatif aux cellules des prisonniers. *Le fourgon* ***cellulaire*** *emmène les détenus au tribunal.* **3** Qui fonctionne grâce à un réseau de relais couvrant chacun une zone de quelques kilomètres carrés. *Mon téléphone* ***cellulaire*** *ne capte pas ici, nous sommes trop loin du réseau.*

cellule (nom féminin) **1** Élément très petit qui constitue les organismes vivants. *Une* ***cellule*** *est composée d'une membrane et d'un noyau.* **2** Petite pièce fermée. *Le prisonnier a scié les barreaux de sa* ***cellule*** *pour s'échapper de la prison.*
★ Famille du mot : cellul**aire**, cellul**ite**, cellul**ose**.

cellulite (nom féminin) Couche anormale de graisse, située sous la peau.

celluloïd (nom masculin) Matière plastique très inflammable. *Le musée de la Poupée expose des baigneurs en* ***celluloïd****, datant des années 20.*
★ **Celluloïd** est le nom d'une marque.

cellulose (nom féminin) Matière dont sont constituées les plantes. *On fabrique du papier à partir de la* ***cellulose*** *du bois.*

celte (nom masculin et adjectif) Groupe de langues anciennes, d'origine indo-européenne, encore vivantes en Irlande, en Écosse, au pays de Galles et en Bretagne. *Le breton est une langue* ***celte****.*
▶ On dit aussi **celtique**.

celtique (adjectif) Qui se rapporte à l'ensemble des peuples de langue celte.

celui, celle, ceux, celles (pronom) Pronom démonstratif qui représente la personne ou la chose dont on parle. *Ce n'est pas mon blouson, c'est* ***celui*** *de Laura. Je n'aime pas cette robe noire, je préfère* ***celle*** *à fleurs. Les cheveux de Pierre sont plus longs que* ***ceux*** *de Victor.*
▶ **Celui, celle, ceux** et **celles** peuvent être accompagnés des éléments **-ci** et **-là** : *celui-ci* indique ce qui est le plus proche et *celui-là*, ce qui est le plus éloigné.

cément (nom masculin) Couche osseuse recouvrant la racine des dents.

cénacle (nom masculin) **1** Salle où eut lieu la Cène. *Le Christ célébra l'eucharistie au* ***cénacle****.* **2** Cercle restreint de gens partageant les mêmes goûts. *Ils ont formé un* ***cénacle*** *de poètes.*

cendre (nom féminin) Ce qui reste d'une matière qui a brûlé. *Le feu s'est éteint et il ne reste que des* ***cendres*** *dans la cheminée.*

cendré, ée (adjectif) Qui est couleur de cendre, tirant sur le gris. *Yann a des cheveux blond* ***cendré****.*
■ **cendré** (nom masculin) Fromage affiné dans la cendre.

cendrier (nom masculin) Récipient destiné à recueillir les cendres et les mégots de cigarettes.

cène (nom féminin) • **La Cène** : dernier repas que Jésus-Christ prit avec ses apôtres et au cours duquel il institua l'eucharistie. • **La sainte cène** : la communion dans le culte protestant.
★ **Cène** vient du latin *cena* qui signifie « repas du soir ».

cens (nom masculin) **1** Recensement des citoyens romains et évaluation de leur fortune, effectués tous les cinq ans. *Le* ***cens*** *était l'occasion de recruter des citoyens pour l'armée.* **2** Redevance en argent payée annuellement au seigneur. *Le paysan payait un* ***cens*** *pour la terre qu'il exploitait.*
▶ Prononciation [sɑ̃s].

censé, ée (adjectif) • **Être censé faire quelque chose** : tout le monde pense que cette chose sera faite. *Elle* ***était censée*** *nous rejoindre devant le cinéma.*

censeur (nom masculin) **1** Personne chargée de l'organisation des études et de la discipline dans un lycée. **2** Personne chargée de la censure des films et des livres.

censure (nom féminin) Contrôle exercé sur les films ou les livres avant d'autoriser ou d'interdire leur parution. *Ce film a été interdit aux moins de 18 ans par la* ***censure****.*
★ Famille du mot : cens**eur**, cens**urer**.

censurer (verbe) (conj. 3) Interdire quelque chose par la censure. *Les scènes les plus violentes de ce film* ***ont été censurées****.*

cent (déterminant) Dix fois dix (100). *Il y avait au moins* ***cent*** *personnes dans la salle.* • **Pour cent** : en pourcentage par rapport à cent. *La proportion des élèves absents est d'au moins trente* ***pour cent*** *(30 %).*
▶ Au pluriel, **cent** ne prend pas de *s* quand il est suivi d'un autre nombre : cinq cent**s** (500), mais cinq cent dix (510).
★ Famille du mot : cent**aine**, cent**enaire**, cent**ième**, centigrade, centigramme, centilitre, centime, centimètre, cen**tuple**.

centaine (nom féminin) **1** Nombre de cent unités. *Dans 600, 6 est le chiffre des* ***centaines****.* **2** Ensemble d'environ cent. *Il y a une* ***centaine*** *de places assises dans cette salle.*

centaure (nom masculin) Monstre de la mythologie grecque, moitié homme, moitié cheval.

centenaire (adjectif et nom) Qui a cent ans ou plus. *Un chêne* ***centenaire*** *se dresse sur la place du village. Il y a plusieurs* ***centenaires*** *dans sa famille.*
■ **centenaire** (nom masculin) Centième anniversaire. *On va bientôt fêter le* ***centenaire*** *de mon arrière-grand-père.*

centésimal, ale, aux (adjectif) Divisé en cent parties égales. *Le millimètre est la division* ***centésimale*** *du centimètre.* • **Échelle centésimale** : échelle graduée en cent parties égales.

centi- Élément tiré du mot latin *centum* qui signifie « cent » et qui divise par cent l'unité devant laquelle il est placé (exemple : *centilitre*).

centième (adjectif et nom) Qui occupe le rang numéro 100. *Le* ***centième*** *concurrent vient de passer la ligne d'arrivée.*
■ **centième** (nom masculin) Ce qui est contenu 100 fois dans un tout. *5 est le* ***centième*** *de 500.*

centigrade (nom masculin) Centième partie du grade. *Les angles se mesurent en **centigrades** ou en degrés.*

centigramme (nom masculin) Centième partie d'un gramme.
▶ **Centigramme** s'abrège *cg.*

centilitre (nom masculin) Centième partie d'un litre.
▶ **Centilitre** s'abrège *cl.*

centime (nom masculin) **1** Centième partie d'un franc. **2** Centième partie d'un euro. *Une pièce de cinq centimes.*
▶ Dans le sens 2, on dit aussi « centime d'euro ».

centimètre (nom masculin) **1** Centième partie d'un mètre. **2** Ruban divisé en centimètres, qui sert à prendre des mesures.
▶ **Centimètre** s'abrège *cm.*

centr(o)- Élément tiré du mot latin *centrum* qui signifie « centre », (exemples : *centrifuge, centriste*).

central, ale, aux (adjectif) Qui se trouve au centre. *La poste est dans le quartier **central** de la ville.*

centrale (nom féminin) Usine qui produit de l'électricité. *On distingue les **centrales** nucléaires, les **centrales** thermiques et les **centrales** hydroélectriques.*

centraliser (verbe) (conj. 3) Regrouper en un seul endroit. *La mémoire d'un ordinateur peut **centraliser** des millions d'informations.*

centre (nom masculin) **1** Point situé à égale distance des bords d'une surface, d'un espace. *Le **centre** d'une piste de danse.* (Syn. **milieu.**) **2** Lieu qui a une certaine importance. *Cette région est un **centre** touristique très fréquenté.* **3** Tendance politique qui se situe entre la gauche et la droite. *En général, les députés du **centre** défendent des opinions modérées.* • **Centre commercial** : endroit regroupant de nombreux magasins. • **Centre d'intérêt** : ce qui intéresse quelqu'un.
★ Famille du mot : centr**al**, centr**ale**, centr**aliser**, centr**er**, centre-ville, centr**ifuge**, centripète, centr**iste**, **dé**centr**aliser**, **ex**centr**ique**.

centrer (verbe) (conj. 3) Placer au centre. *Colle cette image sur la feuille et fais attention de bien la **centrer**.*

centre-ville (nom masculin) Quartier central d'une ville. *La cathédrale est située dans le **centre-ville**.*
▶ Pluriel : des **centres-villes**.

centrifugation (nom féminin) Séparation, sous l'action de la force centrifuge, de substances de densités différentes. *La **centrifugation** du sang isole les globules du plasma.*

centrifuge (adjectif) Se dit d'une force qui repousse vers l'extérieur. *Le motard s'incline dans le virage, pour lutter contre la force **centrifuge**.*
★ Famille du mot : centrifug**ation**, centrifug**eur**.

centrifugeur (nom masculin) Appareil utilisé pour la centrifugation. *Les corps les plus légers restent au centre du **centrifugeur**, alors que les plus lourds se plaquent aux parois.*
■ **centrifugeuse** (nom féminin) Appareil qui extrait le jus de la chair des fruits ou des légumes. *Je prépare des cocktails avec la **centrifugeuse**.*

centripète (adjectif) Qui attire vers le centre, en parlant d'une force. (Contr. **centrifuge.**)

centriste (adjectif et nom) Qui appartient au centre, en politique. *Un député **centriste**.*

centuple (nom masculin) Nombre qui est cent fois plus grand. *Trois cents est le **centuple** de trois.* • **Au centuple** : en quantité beaucoup plus grande.

centurion (nom masculin) Dans l'Antiquité, officier de l'armée romaine qui commandait cent soldats.

cep (nom masculin) Pied de vigne.
▶ Prononciation [sɛp].

cépage (nom masculin) Variété de vigne. *Les **cépages** des bordeaux sont différents des **cépages** des bourgognes.*

cèpe (nom masculin) Champignon comestible à chapeau brun. *Une omelette aux **cèpes**.* (Syn. **bolet.**)

cependant (conjonction) Indique une opposition. *Hélène refuse de porter des lunettes et **cependant** elle en a besoin.* (Syn. **pourtant, toutefois.**)

céramique (nom féminin) **1** Art de fabriquer des objets en terre cuite, en faïence, en porcelaine, en grès. **2** Matière que l'on fait cuire à très haute température pour fabriquer des objets. *Des vases, des carreaux en **céramique**.*
★ **Céramique** vient du grec *keramon* qui signifie « argile ».

cerbère (nom masculin) Gardien intraitable. *Même s'il nous voit tous les jours, ce **cerbère** ne nous laisse pas entrer sans badge.*
★ **Cerbère** vient du nom du chien *Cerbère*, gardien des enfers dans la mythologie grecque.

cerceau, eaux (nom masculin) Ancien jouet constitué d'un cercle de bois que les enfants faisaient rouler à l'aide d'un bâton.

cercle (nom masculin) **1** Ligne courbe fermée sur elle-même et dont tous les points sont à égale distance du centre. *En maths, on apprend à calculer la circonférence du **cercle**.* **2** Ensemble de personnes ou de choses disposées en rond. *Un **cercle** de badauds s'était formé autour de l'accordéoniste.* **3** Endroit où des gens se réunissent pour jouer ou discuter. *Un **cercle** politique.* • **Cercle vicieux** : situation dont on n'arrive pas à sortir.
★ Famille du mot : **en**cercl**ement**, **en**cercl**er**.

cercopithèque (nom masculin) Singe d'Afrique à longue queue. *Les doigts du **cercopithèque** sont réunis par une membrane.*

cercueil (nom masculin) Caisse dans laquelle on place le corps d'une personne morte avant de l'enterrer. (Syn. **bière.**)

céréale (nom féminin) Plante que l'on cultive pour ses graines qui servent à nourrir les hommes et les animaux. *Le blé, le riz, le maïs, l'orge, l'avoine sont des **céréales**.*
■ **céréales** (nom féminin pluriel) Flocons d'avoine, de riz, de maïs que l'on mange au petit déjeuner dans du lait.
★ **Céréale** vient de *Cérès*, déesse romaine des moissons.

céréalier, ère (adjectif) De céréales. *La France pratique la culture **céréalière**.*
■ **céréalier** (nom masculin) Producteur de céréales. *Les **céréaliers** ont manifesté contre la baisse des prix.*

cérébral, ale, aux (adjectif) Du cerveau. *La boîte crânienne protège les deux lobes **cérébraux**.*

cérémonial, als (nom masculin) Ensemble des règles que l'on doit respecter au cours d'une cérémonie. *Les personnes invitées par la reine doivent se conformer au **cérémonial** de la cour.*

cérémonie (nom féminin) Célébration solennelle d'un évènement. *Il y a eu une **cérémonie** à l'Élysée pour l'installation du nouveau président de la République.* • **Sans cérémonie :** avec simplicité et sans politesse exagérée.
★ Famille du mot : cérémoni**al**, cérémoni**eux**.

cérémonieux, euse (adjectif) Qui montre un respect exagéré. *Ne sois pas si **cérémonieux**, nous sommes entre amis.* (Contr. **naturel, simple.**)

cerf (nom masculin) Mammifère ruminant mâle portant des cornes appelées bois. *Le **cerf** brame.*
▶ Prononciation [sɛʀ].

cerfeuil (nom masculin) Plante aromatique, qui ressemble au persil.

cerf-volant (nom masculin) Appareil fait de toile ou de papier disposés sur une armature, que l'on fait voler dans le vent en le manœuvrant avec une ficelle.
▶ Prononciation [sɛʀvɔlɑ̃].
▶ Pluriel : des **cerfs-volants**.

cerise (nom féminin) Petit fruit rond et à noyau du cerisier, le plus souvent rouge.

cerisier (nom masculin) Arbre fruitier qui donne les cerises.

cerne (nom masculin) Marque bleuâtre qui apparaît sous les yeux quand on est malade ou fatigué.

cerné, ée (adjectif) • **Yeux cernés :** marqués par des cernes.

cerneau, eaux (nom masculin) Partie comestible de la noix.

cerner (verbe) (conj. 3) Synonyme d'encercler. *Le voleur est pris au piège, les policiers **ont cerné** sa cachette.*

certain, aine (adjectif) **1** Qui est convaincu de quelque chose. *Elle est **certaine** de réussir.* **2** Qui doit se produire. *Avec une telle avance, la victoire de notre équipe est **certaine**.* (Syn. **assuré, sûr.** Contr. **douteux, incertain.**) **3** Indique une quantité vague. *Il habite ici depuis un **certain** temps.* **4** S'emploie pour désigner quelqu'un qu'on ne connaît pas. *Une **certaine** madame Martin a laissé un message pour vous.*
■ **certains, aines** (pronom) Quelques personnes. *Ce film est si ennuyeux que **certains** ont préféré partir avant la fin.*
★ Famille du mot : certain**ement**, **in**certain.

certainement (adverbe) De façon certaine. *Papa sera **certainement** heureux de votre visite.* (Syn. **assurément, évidemment, sûrement.**)

certes (adverbe) Bien sûr. *Xavier est **certes** content de partir mais il regrette de quitter ses amis.* (Syn. **évidemment.**)

certificat (nom masculin) Document officiel qui certifie quelque chose. *Le médecin m'a fait un **certificat** médical pour que je puisse reprendre l'école.*

certifier (verbe) (conj. 10) Affirmer que quelque chose est certain. *Le témoin **a certifié** que le cambrioleur n'était pas armé.* (Syn. **garantir.**)

certitude (nom féminin) **1** Chose certaine, sûre. *Il n'est pas coupable, c'est maintenant une **certitude**.* **2** Fait d'être certain de quelque chose. *J'ai la **certitude** de vous avoir déjà rencontré quelque part.*

céruléen, enne (adjectif) De couleur bleu azur, dans la langue littéraire. *Son regard **céruléen** habite mes rêves.*

cérumen (nom masculin) Matière épaisse et jaunâtre qui se forme dans les oreilles.
▶ Prononciation [seʀymɛn].

cerveau, eaux (nom masculin) Organe qui se trouve dans le crâne, qui commande les nerfs et permet à l'homme de penser et de parler.

cervelas (nom masculin) Grosse saucisse cuite, courte, assaisonnée d'ail et d'épices.

cervelet (nom masculin) Organe situé à l'arrière du cerveau. *Le **cervelet** assure l'équilibre et la coordination des mouvements de notre corps.*

cervelle (nom féminin) Cerveau d'un animal, que l'on peut manger. *Des **cervelles** d'agneau, de veau.*

cervical, ale, aux (adjectif) Qui concerne le cou. *Les vertèbres **cervicales**.*

cervidé (nom masculin) Animal de la même famille que le cerf.

cervoise (nom féminin) Bière fabriquée autrefois.

① **ces** Voir ***ce 1***

② **CES** (nom masculin) Emploi précaire créé pour lutter contre le chômage. *Un **CES** dure au maximum un an.*
★ **CES** est l'abréviation de *contrat- emploi- solidarité.*

césarienne (nom féminin) Opération chirurgicale visant à sortir l'enfant du ventre de sa mère quand la naissance ne peut se faire normalement.

césium (nom masculin) Métal alcalin de couleur jaune et malléable. *Le **césium** est utilisé dans les piles et dans les horloges atomiques.*
▶ Prononciation [sezjɔm].
▶ Le **césium** a pour symbole *Cs*.

cessation (nom féminin) Fait de cesser. *Un traité de paix a été signé après la **cessation** des hostilités.* (Syn. **arrêt**.)

cesse Voir ***sans cesse***.

cesser (verbe) (conj. 3) Ne pas continuer ou ne pas durer. ***Cessez** de bavarder ! L'orage **a cessé**, nous pouvons repartir.* (Syn. **s'arrêter**.)
★ Famille du mot : cess**ation**, cessez-le-feu, **in**cess**ant**, sans cesse.

cessez-le-feu (nom masculin) Arrêt des combats. *La guerre est enfin terminée, les troupes ennemies ont signé un **cessez-le-feu**.*
▶ Pluriel : des **cessez-le-feu**.

cession (nom féminin) Action de céder un bien ou un droit. *L'auteur signe un accord pour la **cession** de ses droits.*

c'est-à-dire (conjonction) Annonce une explication ou une précision. *Il arrivera à 11 heures 50, **c'est-à-dire** un peu avant midi.* (Syn. **soit**.)
▶ **C'est-à-dire** s'abrège **c.-à-d.**

césure (nom féminin) **1** Repos qui divise le vers après une syllabe accentuée. *Un alexandrin coupé par une **césure** forme deux hémistiches.* **2** Coupe d'un mot en fin de ligne. *Pour gagner de la place, les journaux pratiquent des **césures** dans les articles.*

cet Voir ***ce***.

cétacé (nom masculin) Mammifère marin. *Les baleines, les cachalots, les dauphins sont des **cétacés**.*

cétone (nom féminin) Nom générique des composés, dérivés d'un alcool, qui présentent une double liaison entre le carbone et l'oxygène. *Les **cétones** sont utilisées comme solvants.*

cette Voir ***ce 1***.

ceux Voir ***celui***.

CFC (nom masculin) Gaz utilisé dans les bombes aérosols. *Le **CFC** provoque la destruction de la couche d'ozone.*
★ CFC est le sigle de *chloro fluoro carbone*.

chacal, als (nom masculin) Sorte de chien sauvage d'Asie ou d'Afrique. *Les **chacals** se nourrissent de charognes.*

chacun, chacune (pronom) Pronom indéfini singulier représentant chaque personne ou chaque chose d'un ensemble. *Pour le pique-nique, **chacun** amènera ses sandwichs et ses boissons.*

chagrin (nom masculin) Grande peine. *Yann a eu beaucoup de **chagrin** quand son meilleur ami a quitté l'école.*

chagriner (verbe) (conj. 3) Causer du chagrin. *Tes reproches m'**ont** beaucoup **chagriné**.* (Syn. **attrister**, **peiner**.)

chah Voir ***schah***.

chahut (nom masculin) Agitation bruyante. *Le maître nous a interdit de faire du **chahut** dans la classe.* (Syn. **tapage**.)
★ Au XIXe siècle, le **chahut** était une danse à la mode, qui était jugée indécente.

chahuter (verbe) (conj. 3) Faire du chahut. *Les élèves qui **chahutaient** ont été grondés par le maître.*
★ Famille du mot : chahut, chahut**eur**.

chahuteur, euse (adjectif) Qui aime chahuter. *Sarah est une élève un peu **chahuteuse**.*

chaîne (nom féminin) **1** Suite d'anneaux accrochés les uns aux autres. *Odile a cassé plusieurs maillons de sa **chaîne** en or. Une **chaîne** de vélo.* **2** Ensemble de montagnes. *La **chaîne** des Pyrénées.* **3** Ensemble d'appareils connectés entre eux, qui sert à écouter de la musique. *Une **chaîne** stéréo.* **4** Réseau de télévision. *C'est l'heure des dessins animés sur la troisième **chaîne**.* **5** Dans une usine, installation où chaque ouvrier fait toujours le même geste. *Une **chaîne** de montage d'appareils ménagers.* • **En chaîne** : en série, l'un à la suite de l'autre. *Le départ du directeur a provoqué des réactions **en chaîne**.*
★ Famille du mot : chaîn**ette**, chaîn**on**, **en**chaîn**ement**, **en**chaîn**er**.
▶ On écrit aussi **chaine**.

chaînette (nom féminin) Petite chaîne. *La **chaînette** d'un porte-clés.*
▶ On écrit aussi **chainette**.

chaînon (nom masculin) Synonyme de maillon.
▶ On écrit aussi **chainon**.

chair (nom féminin) **1** Matière qui constitue les muscles du corps d'un homme ou d'un animal. *La **chair** recouvre les os et elle est protégée par la peau.* **2** Partie tendre et comestible d'un fruit. *Les moineaux ont picoré la **chair** des cerises et ils ont laissé les noyaux.* (Syn. **pulpe**.) • **Avoir la chair de poule** : avoir les poils qui se hérissent à cause du froid ou de la peur. • **En chair et en os** : en personne. *Elle a vu son chanteur préféré **en chair et en os**.*

chaire (nom féminin) Dans une église, tribune élevée où le prêtre faisait les sermons.

chaise (nom féminin) Siège individuel avec un dossier et sans bras. • **Chaise longue** : siège pliant et inclinable sur lequel on peut s'allonger.

chaland (nom masculin) Bateau à fond plat, utilisé pour le transport des marchandises.

châle (nom masculin) Grande pièce de tissu dont on se couvre les épaules. *Zoé portait un **châle** de soie sur une robe décolletée.*

chalet (nom masculin) Maison de bois. *Nous habitons dans un **chalet** quand nous allons au ski.*

chaleur (nom féminin) **1** Température élevée. *Cet été, il a fait une **chaleur** étouffante.* (Contr. **froid**.) **2** Au

a b c d e f g h i j k l m n o p q r s t u v w x y z

sens figuré, manière d'agir amicale et enthousiaste. *Les supporters encouragent leur équipe avec **chaleur**.* (Contr. **froideur.**)
★ Famille du mot : chaleur**eusement**, chaleur**eux**.

chaleureusement (adverbe) D'une manière chaleureuse. *Il a été **chaleureusement** applaudi par ses amis.* (Syn. **chaudement.** Contr. **froidement.**)

chaleureux, euse (adjectif) Plein de chaleur, d'enthousiasme. *Les spectateurs ont réservé un accueil **chaleureux** au navigateur vainqueur de la course en solitaire.* (Contr. **froid.**)

challenge (nom masculin) Épreuve sportive dans laquelle un titre est mis en jeu.

challenger (nom masculin) Sportif qui dispute à un autre le titre de champion. *Le champion est tranquille : son **challenger** manque d'entraînement.*
► **Challenger** est un mot anglais : on prononce [ʃalɛndʒæʀ].

chaloupe (nom féminin) Grand canot. *En cas de naufrage, les passagers d'un navire sont évacués dans des **chaloupes** de sauvetage.*

chalumeau, eaux (nom masculin) Appareil qui projette un gaz enflammé. *Le plongeur découpe les tôles du bateau à l'aide d'un **chalumeau**.*

chalut (nom masculin) Grand filet de pêche. *Le **chalut** est traîné par un ou deux bateaux.*

chalutier (nom masculin) Bateau équipé pour la pêche au chalut.

chamade (nom féminin) • **Cœur qui bat la chamade :** cœur dont les battements s'accélèrent sous l'effet de l'émotion.
★ **Chamade** vient de l'italien *chiamare* qui signifie « appeler ».

se **chamailler** (verbe) (conj. 3) Synonyme familier de se disputer. *Arrêtez de **vous chamailler** pour un oui ou pour un non !*

chamarré, ée (adjectif) Décoré d'ornements de couleurs vives. *La décoration **chamarrée** des chars du carnaval.*

chambarder (verbe) (conj. 3) Synonyme familier de bouleverser. *Il **a chambardé** toute sa chambre pour retrouver son cahier.* (Syn. **chambouler, déranger.**)

chambellan (nom masculin) Gentilhomme de la cour chargé du service de la chambre du souverain.

chambouler (verbe) (conj. 3) Synonyme familier de déranger. *Romain **a chamboulé** tous les placards pour retrouver sa raquette de ping-pong.*

chambranle (nom masculin) Encadrement d'une porte ou d'une fenêtre, fixé au mur.

chambre (nom féminin) **1** Pièce où l'on dort. *Thomas aimerait bien avoir une **chambre** pour lui tout seul.* **2** Ensemble de gens qui se réunissent. *En France, la **Chambre** des députés vote les lois.* • **Chambre à air :** tuyau de caoutchouc rempli d'air qui se trouve à l'intérieur du pneu. • **Chambre froide :** pièce spécialement aménagée pour conserver de la viande à une température très basse.

chambrée (nom féminin) Ensemble des occupants d'une même chambre. *Nous étions camarades de **chambrée** en pension.*

chameau, eaux (nom masculin) Grand mammifère ruminant d'Asie qui a deux bosses sur le dos. *Les **chameaux** sont adaptés à la vie dans les déserts.*

chamelier (nom masculin) Homme chargé de conduire des chameaux ou des dromadaires.

chamelon (nom masculin) Jeune chameau. *Le **chamelon** tête encore sa mère.*

chamois (nom masculin) Mammifère ruminant des montagnes d'Europe, à cornes recourbées, très agile. • **Peau de chamois :** peau spécialement traitée pour le nettoyage.

champ (nom masculin) **1** Terrain cultivé. *Un **champ** de blé, de maïs, de tournesols.* **2** Terrain qui sert à certaines activités. *Un **champ** de foire. Un **champ** de courses.* **3** Domaine d'activité. *Avec ces nouvelles découvertes, le **champ** de la science s'agrandit.* • **À tout bout de champ :** à chaque instant ou à tout propos. • **Au champ d'honneur :** à la guerre. • **Champ de bataille :** lieu où se déroulent des combats.

champagne (nom masculin) Vin mousseux, blanc ou rosé, fabriqué en Champagne.

champenois, oise → tableau p. 6 / 7.

champêtre (adjectif) Qui se rapporte aux champs, à la campagne. *Quentin s'ennuie en ville et rêve d'une vie **champêtre**.*

champignon (nom masculin) **1** Plante sans chlorophylle formée d'un pied et d'un chapeau. *Le cèpe est un **champignon** comestible, certaines amanites sont des **champignons** vénéneux.* **2** Parasite qui peut se développer sur les plantes, les animaux ou les hommes.

champion, onne (nom) **1** Meilleur sportif dans sa catégorie. *Il a été **champion** du monde de natation.* **2** Personne d'une grande valeur. *Benjamin est un **champion** en calcul mental.* (Syn. **as.**)

championnat (nom masculin) Épreuve sportive dans laquelle le vainqueur reçoit le titre de champion. ***Championnat** d'escrime, de football.*

chance (nom féminin) **1** Hasard heureux qui favorise quelqu'un. *Ibrahim a gagné le gros lot, il a eu beaucoup de **chance**. C'est un coup de **chance** d'avoir pu voyager ensemble.* (Contr. **malchance.**) **2** Probabilité pour qu'une chose se produise. *Il a une **chance** sur mille de gagner.*
★ Famille du mot : chance**ux**, **mal**chance, **mal**chance**ux**.

chancelant, ante (adjectif) Qui chancelle. *Laura avance d'un pas **chancelant** à cause de sa blessure.* (Syn. **vacillant.**)

chanceler (verbe) (conj. 8 ou 9) Ne pas être ferme sur ses pieds. *Touché par une balle, l'animal **chancela** et s'effondra.* (Syn. **tituber, vaciller.**)

chancelier (nom masculin) **1** Personne à qui est confiée la garde des sceaux de l'État, en France. *Le ministre de la Justice était appelé le **chancelier**.* **2** Premier ministre, en Allemagne et en Autriche. *Le **chancelier** allemand est reçu par son homologue français.*
★ **Chancelier** vient du mot latin *cancellarius* qui signifie « huissier de l'empereur ».

chancellerie (nom féminin) **1** Fonction d'un chancelier. *L'homme d'État a été élu à la **chancellerie**.* **2** Administration centrale du ministère de la Justice. *Les officiers ministériels sont nommés par la **chancellerie**.*

chanceux, euse (adjectif) Qui a de la chance.

chancre (nom masculin) **1** Formation d'un petit ulcère qui marque le début de certaines infections. *La syphilis se manifeste par un **chancre** génital.* **2** Maladie des arbres, provoquée par un champignon, qui détruit l'écorce et réduit le bois en pourriture. *Le **chancre** est la maladie principale du châtaignier.* (Syn. **ulcère**.) • **Manger comme un chancre** : manger vite et rapidement.

chandail (nom masculin) Gros tricot en laine, pull-over.
★ À l'origine, le **chandail** était porté par les *marchands d'ail.*

Chandeleur (nom féminin) Fête de la présentation de Jésus au Temple et de la purification de la Vierge, célébrée le 2 février.
★ **Chandeleur** vient des mots du latin populaire *(festa) candelorum,* qui signifie « (fête) des chandelles ».

chandelier (nom masculin) Sorte de gros bougeoir à pied. *Des **chandeliers** d'argent ornent le dessus de la cheminée.*

chandelle (nom féminin) Sorte de bougie. *Les **chandelles** servaient autrefois à s'éclairer.* • **Devoir une fière chandelle à quelqu'un** : avoir une grande reconnaissance envers lui. • **Le jeu n'en vaut pas la chandelle** : ce qu'on veut obtenir ne vaut pas le mal que l'on se donne.

① **chanfrein** (nom masculin) Partie antérieure de la tête d'un mammifère, du front aux naseaux. *Le dresseur caresse le **chanfrein** du cheval.*

② **chanfrein** (nom masculin) Surface obtenue en taillant en biseau l'arête d'une pièce.
★ **Chanfrein** vient de l'ancien verbe *chanfreindre* qui signifie « tailler en biseau ».

change (nom masculin) Action de changer une monnaie contre une autre. *Il y a un bureau de **change** à la frontière.* • **Perdre au change** : être désavantagé par un échange ou un changement.

changeant, ante (adjectif) Qui change souvent. *Un temps **changeant**. Pierre est d'humeur **changeante**.*

changement (nom masculin) Fait de changer. *Élodie a trouvé de nombreux **changements** en revenant dans son ancien quartier.* (Syn. **modification, transformation**.) • **Changement de vitesse** : mécanisme qui permet de changer de vitesse en voiture.

changer (verbe) (conj. 5) **1** Rendre différent. *Le magicien **changea** le foulard en lapin. Il **a changé** tous ses projets.* (Syn. **modifier, transformer**.) **2** Devenir différent. *Gaëlle **a** beaucoup **changé** en grandissant.* **3** Remplacer une chose par une autre. ***Changer** de tenue, de chaussures. Thomas **a changé** le mobilier de sa chambre.* **4** Quitter un endroit pour un autre. ***Changer** de quartier.* **5** Échanger une chose contre une autre. *Zoé **a changé** ses francs contre des euros avant le 17 février 2002.* **6** Mettre une couche propre à un bébé. **7 Se changer** : changer de vêtements. *Va **te changer**, tu es tout mouillé.*
★ Famille du mot : change, change**ant**, change**ment**, **é**change, **é**changer, **inter**change**able**, **re**change.

chanoine (nom masculin) Dignitaire ecclésiastique rattaché à une cathédrale. *Les **chanoines** constituent le conseil de l'évêque.*

chanson (nom féminin) Texte qu'on a mis en musique. *Depuis hier, cette **chanson** me trotte dans la tête.*
★ Famille du mot : chanson**nette**, chanson**nier**.

chansonnette (nom féminin) Petite chanson.

chansonnier, ère (nom) Auteur de sketches ou de chansons satiriques sur l'actualité. *Le **chansonnier** chante dans les cabarets.*

chant (nom masculin) **1** Art de chanter. *Anna prend des cours de **chant** dans une chorale.* **2** Chanson. *Des **chants** de guerre, des **chants** religieux, des **chants** folkloriques.* **3** Sons produits par les oiseaux. *Le **chant** du rossignol.*

chantage (nom masculin) Fait d'exiger quelque chose de quelqu'un en le menaçant. *Je ne céderai pas : arrête tes **chantages** !*

chanter (verbe) (conj. 3) Émettre des sons musicaux. *Fatima **chante** dans une chorale. On entendait **chanter** des oiseaux au lever du soleil.* • **Faire chanter quelqu'un** : lui faire un chantage.
★ Famille du mot : chant, chant**age**, chant**eur**, chant**onner**, maître chanteur.

chanterelle (nom féminin) Champignon comestible dont le chapeau est évasé en forme de pavillon de trompette. *Une omelette aux **chanterelles**.*

chanteur, euse (nom) Personne qui chante. *Une **chanteuse** de blues. Un **chanteur** d'opéra.*

chantier (nom masculin) **1** Endroit où l'on effectue des travaux de construction. *Le port du casque est obligatoire sur le **chantier**.* **2** Dans la langue familière, endroit où règne le désordre. *On ne peut plus mettre un pied dans ta chambre, c'est un véritable **chantier** !*

chantilly (nom féminin) Crème fraîche fouettée et sucrée. *Je voudrais une glace avec de la **chantilly**.*
★ Ce mot vient du nom du château de **Chantilly** dont un cuisinier inventa cette préparation.

chantonner (verbe) (conj. 3) Chanter à mi-voix. *Hélène **chantonnait** en berçant le bébé dans ses bras.* (Syn. **fredonner**.)

chantre (nom masculin) **1** Personne dont la fonction est de chanter aux offices, dans une église. *Le **chantre** donne le ton aux fidèles.* **2** Au sens figuré, personne qui encense quelque chose. *Ce poète s'est fait le **chantre** des exclus.*

chanvre (nom masculin) Plante dont on utilise les fibres pour fabriquer de la toile et des cordes.

chaos (nom masculin) Désordre généralisé. *De nombreuses révoltes ont plongé le pays dans le **chaos**.*
► Prononciation [kao].

chaotique (adjectif) Qui évoque un chaos. *Après le tremblement de terre, les maisons ne formaient plus qu'un entassement **chaotique**.*
► Prononciation [kaɔtik].

chapardage (nom masculin) Action de chaparder. (Syn. **larcin.**)

chaparder (verbe) (conj. 3) Voler des choses de peu de valeur. *Le chat a profité de notre absence pour **chaparder** des côtelettes dans la cuisine.*

chape (nom féminin) Couche de ciment. *Le maçon est en train de refaire la **chape** qui recouvre le sol du garage.*

chapeau, eaux (nom masculin) **1** Coiffure rigide que l'on porte surtout à l'extérieur. *Un **chapeau** de paille, de feutre.* **2** Partie supérieure des champignons. • **Sur les chapeaux de roues :** dans la langue familière, à très grande vitesse. • **Tirer son chapeau à quelqu'un :** dans la langue familière, lui témoigner de l'admiration.

chapeauter (verbe) (conj. 3) **1** Coiffer d'un chapeau. *Autrefois les dames sortaient toujours **chapeautées**.* **2** Avoir sous sa responsabilité. *Le père de Victor **chapeaute** le service comptabilité de l'entreprise.* (Syn. **contrôler.**)

chapelet (nom masculin) Objet de piété formé de grains enfilés que l'on fait glisser l'un après l'autre entre les doigts pour compter des prières.

chapelier, ère (nom) Personne qui fait ou qui vend des chapeaux.

chapelle (nom féminin) **1** Petite église. **2** Partie d'une église où il y a un autel. *Cette **chapelle** est consacrée à saint Jean.*

chapelure (nom féminin) Miettes de pain sec ou de biscottes écrasées. *Les escalopes panées sont recouvertes de **chapelure** avant la cuisson.*

chaperon (nom masculin) **1** Personne plus âgée qui accompagne une personne plus jeune quand elle sort, pour la surveiller. *Dans les pays musulmans, une jeune femme célibataire ne sort pas sans son **chaperon**.* **2** Coiffe de cuir dont on couvre la tête des oiseaux de proie. *Le **chaperon** aveugle l'animal et lui fait perdre toute agressivité.*

chapiteau, eaux (nom masculin) **1** Grande tente. *Le cirque a dressé son **chapiteau** sur la place.* **2** Partie supérieure d'une colonne. *Des **chapiteaux** sculptés surmontent les piliers du temple.*

chapitre (nom masculin) **1** Chacune des parties d'un livre. *Dès le premier **chapitre**, ce livre est passionnant.* **2** Sujet dont on parle. *Je ne suis pas d'accord avec vous sur ce **chapitre**.* • **Avoir voix au chapitre :** avoir le droit d'intervenir dans une discussion.

chapka (nom féminin) Coiffure en fourrure à rabats pour la nuque et les oreilles.
★ **Chapka** est un mot polonais.

chapon (nom masculin) Jeune coq châtré que l'on a engraissé pour le manger. *Des **chapons** rôtis.*

chaque (déterminant) Adjectif indéfini singulier qui désigne une personne ou une chose en particulier. *Remettez **chaque** livre à sa place !*

char (nom masculin) **1** Voiture à deux roues tirée par des chevaux. *Dans l'Antiquité, les **chars** étaient utilisés pour la guerre et la course.* **2** Voiture décorée transportant des personnes déguisées. *Le défilé des **chars** du carnaval.* **3** Véhicule blindé, monté sur des chenilles et armé d'un canon. (Syn. **tank.**)
★ Au Canada, un **char** c'est une auto.

charabia (nom masculin) Langage incorrect et confus. *Ce que tu dis est incompréhensible, c'est du **charabia** !*

charade (nom féminin) Sorte de devinette. *Voici un exemple de **charade** : Mon premier est un animal (rat). Mon second est une boisson alcoolisée (vin). Mon tout est un précipice. Réponse : ravin.*

charançon (nom masculin) Insecte coléoptère très nuisible, qui ronge les graines et les légumes.

charbon (nom masculin) Matière noire combustible qu'on extrait du sol et qui produit de l'énergie. *Autrefois, les locomotives à vapeur fonctionnaient au **charbon**.* (Syn. **houille.**) • **Charbon de bois :** bois à moitié brûlé, servant de combustible. • **Être sur des charbons ardents** : être très impatient ou très anxieux.

charbonnier (nom masculin) Marchand de charbon.

charcuter (verbe) (conj. 3) **1** Opérer maladroitement un patient, dans le langage familier. **2** Dénaturer un texte en le remaniant, dans le langage familier. *Le traducteur **a charcuté** ce roman.*

charcuterie (nom féminin) **1** Magasin du charcutier. **2** Produits préparés par un charcutier. *En entrée, il y a une assiette de **charcuterie** avec du saucisson, du jambon et du pâté.*
★ En ancien français, ce mot signifie « chair cuite ».

charcutier, ère (nom) Commerçant qui fait et qui vend des produits à base de viande de porc.

chardon (nom masculin) Plante sauvage à feuilles épineuses.

chardonneret (nom masculin) Petit oiseau chanteur. *Le chardonneret a un plumage coloré.*
★ Le **chardonneret** se nomme ainsi car il se nourrit de graines de chardon.

charge (nom féminin) **1** Ce que porte une personne, un animal ou un véhicule. *Cette énorme valise est une **charge** trop lourde pour un enfant.*

(Syn. **fardeau.**) **2** Travail à faire ou mission à accomplir. *Les grands auront la **charge** de surveiller les plus petits.* (Syn. **responsabilité.**) **3** Attaque brusque et violente. *Une **charge** de cavalerie.* **4** Quantité d'explosif ou de poudre. *Une **charge** de dynamite.* • **À charge de revanche** : à condition de rendre un service identique dans l'avenir. • **Être à la charge de quelqu'un** : dépendre entièrement de lui. • **Prendre en charge** : s'occuper entièrement de quelqu'un ou de quelque chose. • **Revenir à la charge** : insister.

■ **charges** (nom féminin pluriel) **1** Frais d'entretien d'un immeuble. *En hiver, les **charges** sont plus élevées à cause du chauffage.* **2** Indices de la culpabilité d'un accusé. *Malgré les **charges** accumulées contre lui, il clame son innocence.*

chargement (nom masculin) **1** Marchandises chargées pour être transportées. *Quand le camion s'est renversé, son **chargement** de légumes s'est répandu sur la route.* **2** Action de charger. *L'avion pourra décoller quand le **chargement** des bagages sera terminé.* (Contr. **déchargement.**)

charger (verbe) (conj. 5) **1** Mettre une charge sur une personne, un animal ou dans un véhicule. *Des employés **chargent** les bagages dans les soutes de l'avion.* (Contr. **décharger.**) **2** Introduire dans un appareil ou une arme ce qui est nécessaire à son fonctionnement. ***Charger** un fusil. **Charger** un appareil photo.* **3** Confier une mission ou une responsabilité à quelqu'un. *Papa m'**a chargé** de surveiller mon frère. Myriam se **charge** de retenir les places pour le spectacle.* **4** Foncer sur quelqu'un pour l'attaquer. *Affolés par les bruits, les éléphants **ont chargé** les chasseurs.*

★ Famille du mot : charge, charge**ment**, charg**eur**, **dé**charge, **dé**charge**ment**, **dé**charger, **re**charge, **re**charg**eable**, **re**charger, **sur**charge, **sur**charger.

chargeur (nom masculin) Pièce d'une arme à feu qui contient les cartouches. *Il avait tiré sa dernière balle, le **chargeur** de son pistolet était vide.*

chariot (nom masculin) Voiture à quatre roues qui sert à transporter des objets lourds ou encombrants. *Un **chariot** à bagages.*

▶ On écrit aussi **charriot**..

charismatique (adjectif) Qui exerce une certaine influence sur les autres.

▶ Prononciation [karismatik].

charitable (adjectif) Qui fait preuve de charité. *Des gens **charitables** ont pris soin de ce pauvre homme.* (Contr. **égoïste.**)

charité (nom féminin) Bonté et générosité envers les autres. • **Faire la charité à quelqu'un** : lui donner un peu d'argent.

charivari (nom masculin) Bruit assourdissant. *C'est impossible de dormir avec un tel **charivari** !* (Syn. **tapage, vacarme.**)

charlatan (nom masculin) Personne qui trompe les gens en abusant de leur confiance. *Ce **charlatan** vend très cher tous ces remèdes soi-disant miraculeux.*

charleston (nom masculin) Danse d'origine américaine, qui était à la mode vers 1925.

▶ Prononciation [ʃaʀlɛstɔn].

★ **Charleston** est le nom d'une ville du sud des États-Unis, d'où est originaire cette danse.

charlot (nom masculin) Homme qui manque de sérieux ou de compétence et sur qui on ne peut pas compter, dans le langage familier. *Ce **charlot** a monté l'armoire à l'envers.*

charlotte (nom féminin) Entremets fait de crème ou de fruits, et de biscuits imbibés de sirop.

charmant, ante (adjectif) Qui charme. *La princesse a trouvé son prince **charmant**.*

① **charme** (nom masculin) **1** Attrait exercé par une personne. *Son sourire lui donne un **charme** irrésistible.* (Syn. **séduction.**) **2** Enchantement magique. *La princesse endormie était victime d'un **charme** que lui avait jeté un magicien.* • **Se porter comme un charme** : être en très bonne santé.

★ Famille du mot : charm**ant**, charm**er**, charm**eur**.

② **charme** (nom masculin) Arbre d'Europe à bois blanc et dur.

charmer (verbe) (conj. 3) Séduire par son charme. *Son humour et sa gaieté **charment** les gens les plus grincheux.*

charmeur, euse (adjectif) Qui cherche à charmer. *Un sourire **charmeur**. Une voix **charmeuse**.*

charnel, elle (adjectif) Qui concerne les sensations physiques et l'instinct sexuel. (Contr. **spirituel.**)

charnier (nom masculin) Endroit où l'on entasse des cadavres.

charnière (nom féminin) Assemblage de deux pièces qui pivotent autour d'une tige. *Le couvercle du coffre s'ouvre grâce aux **charnières**.*

charnu, ue (adjectif) Qui a beaucoup de chair. *La pêche est un fruit **charnu**.*

charognard (nom masculin) Animal qui se nourrit de charognes. *Les vautours sont des **charognards**.*

charogne (nom féminin) Cadavre d'animal en train de pourrir. *Les hyènes, les chacals, les vautours se nourrissent de **charognes**.*

charpente (nom féminin) Assemblage de pièces de bois ou de métal qui soutient le toit. *La **charpente** de la maison est recouverte d'un toit de tuiles.*

charpenté, ée (adjectif) Synonyme familier de robuste. (Syn. **fort.** Contr. **faible.**)

charpentier (nom masculin) Artisan qui pose des charpentes.

charpie (nom féminin) • **Mettre en charpie** : déchirer en petits morceaux. *Le chat **a mis** le mouchoir **en charpie**.* (Syn. **déchiqueter.**)

★ Autrefois, la **charpie** était des morceaux de tissu qui servaient à faire des pansements.

charretier (nom masculin) Conducteur de charrette.

charrette (nom féminin) Voiture à deux roues tirée par un animal. *Le paysan attelait son âne à une **charrette** chargée de bois.*

charrier (verbe) (conj. 10) Entraîner le long du courant. *La rivière en crue **charriait** des masses de boue.*

charriot Voir ***chariot***.

charrue (nom féminin) Machine agricole qui sert à labourer. *Autrefois, la **charrue** était tirée par des bœufs ou des chevaux, aujourd'hui on se sert de tracteurs.* • **Mettre la charrue avant les bœufs** : commencer par où l'on devrait finir.

charte (nom féminin) Document qui contient le règlement d'une organisation. *La **charte** de l'Organisation des Nations unies date de 1945.*

charter (nom masculin) Avion qui circule en plus des vols réguliers et dont les places sont vendues à tarif réduit.
► **Charter** est un mot anglais : on prononce [ʃaʀtɛʀ].

chartreuse (nom féminin) **1** Petite maison de campagne retirée. *La **chartreuse** est entourée de champs à perte de vue.* **2** Liqueur jaune ou verte à base de plantes aromatiques, fabriquée par les religieux de l'ordre de saint Bruno.

chas (nom masculin) Trou d'une aiguille. *Ce fil est trop épais, il ne passe pas par le **chas** de l'aiguille.*

chasse (nom féminin) **1** Action de chasser. *La **chasse** sous-marine se pratique avec un harpon.* **2** Action de poursuivre quelqu'un ou de rechercher quelque chose. *La police fait la **chasse** aux trafiquants de drogue.* • **Chasse d'eau** : système qui envoie une grande quantité d'eau pour nettoyer la cuvette des toilettes.

chassé-croisé (nom masculin) Mouvement de deux personnes qui essaient de se rencontrer sans jamais y arriver. *Il est arrivé juste au moment où je venais de partir : c'est un véritable **chassé-croisé** !*
► Pluriel : des **chassés-croisés**.

chasse-neige (nom masculin) Véhicule qui sert à déblayer la neige. *La route sera dégagée après le passage du **chasse-neige**.*
► Pluriel : des **chasse-neiges** ou des **chasse-neige**.

chasser (verbe) (conj. 3) **1** Poursuivre des animaux pour les tuer. *Il part **chasser** avec son chien dans les champs.* **2** Faire partir ou éloigner. *Il **a été chassé** de son pays. Le vent **chasse** les nuages.*
★ Famille du mot : chasse, chasse-neige, chass**eur**.

chasseur (nom masculin) **1** Personne qui chasse. *Les **chasseurs** sont à l'affût dans les marais.* **2** Avion de guerre, très rapide.

châssis (nom masculin) Armature qui soutient un ensemble. *Le **châssis** d'une voiture.*

chaste (adjectif) Qui pratique la chasteté.

chasteté (nom féminin) Fait de s'abstenir de relations sexuelles. *Les moines s'engagent à vivre dans la **chasteté**.*

chasuble (nom féminin) Sorte de manteau sans manches, que le prêtre porte pour célébrer la messe.

chat (nom masculin) Petit mammifère domestique au poil doux. *Le **chat** miaule pour attirer l'attention et ronronne quand on le caresse.* • **Donner sa langue au chat** : renoncer à trouver la solution d'une devinette. • **Il n'y a pas un chat** : se dit familièrement quand il n'y a personne dans un lieu.

châtaigne (nom féminin) Fruit comestible du châtaignier, qui ressemble au marron.
★ Famille du mot : châtaign**eraie**, châtaign**ier**.

châtaigneraie (nom féminin) Lieu planté de châtaigniers.

châtaignier (nom masculin) Arbre qui donne les châtaignes.

châtain (adjectif) Se dit de cheveux brun clair. *Son frère est blond mais elle est **châtain**.*

château, eaux (nom masculin) Grande et belle habitation où vivaient autrefois les rois et les seigneurs. *Cet été, nous avons visité les **châteaux** de la Loire.* • **Château d'eau** : grand réservoir qui alimente en eau les habitations d'un lieu. • **Château fort** : château fortifié du Moyen Âge.

châtelain, aine (nom) Personne qui possède un château.

chat-huant (nom masculin) Grand rapace nocturne. *Les **chats-huants** ont des touffes de poils qui ressemblent à des oreilles de chat.* (Syn. **hulotte**.)
► Pluriel : des **chats-huants**.

châtier (verbe) (conj. 10) Synonyme littéraire de punir. *« Qui aime bien, **châtie** bien ! », dit un proverbe.*

chatière (nom féminin) Petite ouverture au bas d'une porte pour laisser passer un chat. *La chatte peut sortir quand elle veut par la **chatière**.*

châtiment (nom masculin) Punition très sévère.

chaton (nom masculin) **1** Petit du chat. **2** Grappe de fleurs de certains arbres, en forme d'épi. *Les saules, les noyers, les noisetiers ont des **chatons**.*

chatouille (nom féminin) Action de chatouiller. *Le bébé rit aux éclats quand sa maman lui fait des **chatouilles**.*

chatouiller (verbe) (conj. 3) Effleurer certaines parties du corps de façon à provoquer le rire. *Kevin craint qu'on le **chatouille** dans le cou.*
★ Famille du mot : chatouille, chatouill**eux**.

chatouilleux, euse (adjectif) Qui est sensible aux chatouilles.

chatoyant, ante (adjectif) Qui chatoie. *Le soleil couchant donnait des couleurs **chatoyantes** à la rivière.*

chatoyer (verbe) (conj. 6) Avoir des reflets changeants. *Sa robe de soie **chatoyait** au soleil.*

châtrer (verbe) (conj. 3) Synonyme de castrer.

chatte (nom féminin) Femelle du chat. *La **chatte** d'Anna attend des petits.*

chaud, chaude (adjectif) **1** Dont la température est élevée. *La soupe n'est plus assez **chaude** : il faut la réchauffer.* (Contr. **froid**.) **2** Qui protège du froid. *Mets un blouson **chaud** si tu veux sortir !* **3** Au sens figuré, qui est animé et passionné. *Nous avons gagné, mais la lutte a été **chaude**.* (Syn. **ardent**.)
■ **chaud** (nom masculin) • **Au chaud** : dans un endroit chaud. *Restez **au chaud** près de la cheminée !* • **Avoir chaud** : éprouver une sensation de chaleur. • **Avoir eu chaud** : avoir échappé de justesse à un danger.
■ **chaud** (adverbe) • **Il fait chaud** : la température est élevée.

chaudement (adverbe) **1** De façon à avoir chaud. *Le bébé est **chaudement** enveloppé dans une couverture.* **2** Au sens figuré, avec enthousiasme. *On m'a **chaudement** recommandé ce film.* (Syn. **chaleureusement**.) (Contr. **froidement**.)

chaudière (nom féminin) Appareil qui produit de la chaleur. *La **chaudière** à gaz alimente le chauffage central de la maison.*

chaudron (nom masculin) Récipient en métal muni d'une anse, qu'on suspendait autrefois au-dessus d'un feu. *La sorcière fait bouillir des herbes dans son **chaudron**.*

chaudronnerie (nom féminin) Industrie spécialisée dans la fabrication d'objets en métal. *Les marmites en cuivre sont issues de la **chaudronnerie**.*

chauffage (nom masculin) Installation qui fournit de la chaleur. *On étouffe ici, tu devrais baisser le **chauffage**.* • **Chauffage central** : installation qui permet de chauffer toutes les pièces d'un immeuble à partir d'une seule chaudière.

chauffagiste (nom) Spécialiste de l'installation et de l'entretien du chauffage central. *Le **chauffagiste** a réparé le thermostat de la chaudière.*

chauffard (nom masculin) Mauvais conducteur. *Le **chauffard** a causé un accident après avoir brûlé un feu rouge.*

chauffe-biberon (nom masculin) Appareil électrique qui chauffe les biberons au bain-marie.
▶ Pluriel : des **chauffe-biberons**.

chauffe-eau (nom masculin) Appareil qui fournit de l'eau chaude. *Un **chauffe-eau** électrique.*
▶ Pluriel : des **chauffe-eaux** ou des **chauffe-eau**.

chauffe-plat (nom masculin) Appareil chauffant qu'on pose sur la table pour garder un plat au chaud.
▶ Pluriel : des **chauffe-plats**.

chauffer (verbe) (conj. 3) **1** Rendre chaud. *Ce radiateur n'est pas suffisant pour **chauffer** toute la pièce.* **2** Devenir chaud. *Le lait est en train de **chauffer**.* **3** **Se chauffer** : s'exposer à la chaleur. *Il **se chauffe** les mains au-dessus du feu de bois.*
★ Famille du mot : chauff**age**, chauffe-biberon, chauffe-eau, chauffe-plat, chauff**erie**, chauff**euse**, s'**é**chauffer, **pré**chauffer, **ré**chauffer, **sur**chauffé.

chaufferie (nom féminin) Local de la chaudière. *La **chaufferie** de l'immeuble est au sous-sol.*

chauffeur (nom masculin) Personne qui conduit un véhicule. *Un **chauffeur** d'autobus, de taxi, de camion.*

chauffeuse (nom féminin) Siège bas à dossier pour s'asseoir auprès du feu. *Papa s'installe dans la **chauffeuse** pour lire son journal.*

chauler (verbe) (conj. 3) **1** Fertiliser un sol en y incorporant de la chaux. *L'agriculteur **chaule** ses champs.* **2** Enduire de chaux. *On **chaule** les plantes pour détruire les champignons nuisibles.*

chaume (nom masculin) **1** Partie inférieure de la tige des céréales. *Après la moisson, on brûle souvent les **chaumes** qui restent dans les champs.* **2** Paille servant à couvrir les maisons. *En Normandie, on voit encore des maisons au toit de **chaume**.*

chaumière (nom féminin) Petite maison au toit de chaume.

chaussée (nom féminin) Partie d'une rue ou d'une route où circulent les voitures. *Restez sur le trottoir et ne marchez pas sur la **chaussée** !*

chausse-pied (nom masculin) Instrument en forme de lame incurvée servant à se chausser facilement.
▶ Pluriel : des **chausse-pieds**.

chausser (verbe) (conj. 3) **1** Mettre des chaussures. *Habillez-vous et **chaussez-vous**, nous allons sortir.* **2** Porter des chaussures de telle pointure. *Son frère **chausse** du 43.*
★ Famille du mot : chausse-pied, chauss**ette**, chauss**on**, chauss**ure**, se **dé**chausser.

chausse-trappe (nom féminin) Piège ou difficulté. *Méfiez-vous, cette dictée est pleine de **chausse-trappes** !*
▶ Pluriel : des **chausse-trappes**.
▶ On écrit aussi **chaussetrappe**.
★ On a longtemps écrit **chausse-trape** avec un seul *p*.

chaussette (nom féminin) Vêtement qui couvre le pied. *Des **chaussettes** en laine, en coton.*

chausson (nom masculin) **1** Synonyme de pantoufle. *Quand elle est à la maison, elle reste en **chaussons**.* **2** Pâtisserie qui contient de la compote de fruits. *Un **chausson** aux pommes.*

chaussure (nom féminin) Partie de l'habillement qui couvre et protège le pied. *Il a fait réparer les semelles de ses **chaussures**.* (Syn. **soulier**.)

chauve (adjectif) Qui n'a pas de cheveux. *Mon grand-père est devenu **chauve** en vieillissant.* (Contr. **chevelu**.)

chauve-souris (nom féminin) Mammifère nocturne dont le corps ressemble à celui de la souris, avec des ailes.
▶ Pluriel : des **chauves-souris**.
▶ On écrit aussi **chauvesouris**.

a b c d e f g h i j k l m n o p q r s t u v w x y z

chauvin, ine (adjectif) Qui manifeste une admiration exagérée pour son pays, sa ville ou sa région. *Quentin est tellement **chauvin** qu'il accuse l'arbitre de la défaite de l'équipe française.*

chauvinisme (nom masculin) Patriotisme exagéré. *Le **chauvinisme** des supporters est parfois agressif.*

chaux (nom féminin) Matière blanche qui provient du calcaire. *Une maison aux murs blanchis à la **chaux**.*

chavirer (verbe) (conj. 3) Se renverser ou se retourner complètement. *Une grosse vague a fait **chavirer** notre bateau pneumatique.*

check-up (nom masculin) Bilan de santé.
▶ **Check-up** est un mot anglais : on prononce [tʃɛkœp] ou [ʃɛkœp].
▶ Pluriel : des **check-up**.
▶ On écrit aussi un **checkup**, des **checkups**.

cheeseburger (nom masculin) Hamburger avec une tranche de fromage.
▶ **Cheeseburger** est un mot anglais : on prononce [tʃizbœʀgœʀ] ou [ʃizbœʀgœʀ].

chef (nom masculin) Personne qui dirige un groupe. *Un **chef** d'État. Un **chef** de bande. Un **chef** d'entreprise.*

chef-d'œuvre (nom masculin) Œuvre la plus belle réalisée par un artiste. *Ce coffret de CD rassemble quelques-uns des **chefs-d'œuvre** de Mozart.*
▶ Prononciation [ʃɛdœvʀ].
▶ Pluriel : des **chefs-d'œuvre**.

chef-lieu (nom masculin) Ville principale d'un département ou d'un canton. *Strasbourg est le **chef-lieu** du département du Bas-Rhin.*
▶ Pluriel : des **chefs-lieux**.

cheftaine (nom féminin) Jeune femme responsable d'un groupe de scouts.

cheik (nom masculin) Chef de tribu chez les Arabes ou maître spirituel chez les musulmans. *Le titre de **cheik** est transmis de père en fils.*
★ **Cheik** vient du mot arabe *chaikh* qui signifie « vieillard ».
▶ Prononciation [ʃɛk].
▶ On écrit aussi **cheikh** ou **scheikh**.

chelem (nom masculin) Série complète de victoires, dans un ensemble de compétitions. *L'équipe de rugby a réalisé un grand **chelem** : elle a remporté tous les matchs.*
▶ Prononciation [ʃlɛm].
▶ On écrit aussi **schelem**.

chemin (nom masculin) **1** Petite route de terre, à la campagne. *Nous avons suivi un **chemin** qui traverse le bois.* **2** Trajet ou distance. *Le **chemin** était long et difficile pour venir vous voir !* (Syn. **parcours**.) **3** Direction que l'on doit prendre. *Pourriez-vous m'indiquer le **chemin** pour aller au plus proche village ?* • **Faire son chemin** : réussir dans sa carrière. • **Ne pas y aller par quatre chemins** : aller droit au but, agir ou parler franchement.

chemin de fer (nom masculin) Moyen de transport qui utilise la voie ferrée. *Voyager en **chemin de fer**.* (Syn. **train**.)

cheminée (nom féminin) **1** Endroit où l'on fait du feu dans une maison. *Et si l'on faisait une flambée dans la **cheminée** ?* **2** Extrémité du conduit par lequel passe la fumée. *Sur les toits, les **cheminées** fument.*

cheminer (verbe) (conj. 3) **1** Aller à pied. *Ils **cheminaient** à travers bois.* **2** Au sens figuré, évoluer, dans une démarche intellectuelle. *L'idée de révolte **chemine** dans son esprit.*

cheminot (nom masculin) Employé des chemins de fer.

chemise (nom féminin) **1** Vêtement en tissu léger qui couvre le torse et se boutonne devant. *Une **chemise** à manches longues.* **2** Feuille de carton pliée en deux dans laquelle on range des documents. • **Chemise de nuit** : longue chemise que l'on met pour dormir.
★ Famille du mot : chemis**ette**, chemis**ier**.

chemisette (nom féminin) Chemise à manches courtes.

chemisier (nom masculin) Synonyme de corsage. *Un **chemisier** de soie.*

chênaie (nom féminin) Lieu planté de chênes.

chenal, aux (nom masculin) Passage assez profond où les bateaux peuvent naviguer. *Il y avait de la vase dans le **chenal**, on a dû le draguer.*

chenapan (nom masculin) Enfant qui se conduit mal. *Attends un peu que je t'attrape, petit **chenapan** !* (Syn. **galopin**, **garnement**.)

chêne (nom masculin) Grand arbre de la forêt au bois très dur. *Les fruits du **chêne** sont les glands.*

chêne-liège (nom masculin) Chêne toujours vert dont l'écorce donne le liège.
▶ Pluriel : des **chênes-lièges**.

chenet (nom masculin) Chacun des deux supports en métal sur lesquels on pose les bûches dans la cheminée.

chenil (nom masculin) Endroit où l'on garde les chiens, où on les élève, où on les dresse.

chenille (nom féminin) **1** Larve du papillon. *La **chenille** tisse son cocon.* **2** Large bande métallique articulée, entraînée par des roues. *Les tanks, les bulldozers ont des **chenilles**.*

cheptel (nom masculin) Ensemble des bestiaux. *Le **cheptel** bovin.*

chèque (nom masculin) Document sur lequel on indique à sa banque la somme à payer à quelqu'un. *Vous avez oublié de signer votre **chèque** !*

chéquier (nom masculin) Carnet de chèques.

cher, chère (adjectif) **1** Qu'on aime beaucoup. *C'est un vieil ami, qui m'est très **cher**.* **2** S'emploie dans des formules de politesse. ***Chère** madame,* *comment allez-vous ?* **3** Qui coûte beaucoup d'argent. *Cette jupe est belle, mais trop **chère**.* (Contr. **bon marché**.)

▪ **cher** (adverbe) À un prix élevé. *Ce magasin vend vraiment trop **cher**.*

chercher (verbe) (conj. 3) **1** Essayer de trouver. *Voilà une heure que je te **cherche** dans tout le magasin !* (Syn. **rechercher**.) **2** S'efforcer de faire quelque chose. *Je **cherche** à comprendre pourquoi il a fait ça.* (Syn. **essayer**.)
★ Famille du mot : cherch**eur**, **re**cherche, **re**chercher.

chercheur, euse (nom) Personne qui fait des recherches scientifiques. *Ma tante est **chercheuse** dans un laboratoire.* • Chercheur d'or : personne qui cherche de l'or.

chère (nom féminin) • Bonne chère : nourriture copieuse et savoureuse. *Faire **bonne chère**.*

chéri, ie (adjectif et nom) Qu'on aime tendrement. *Bonjour, mon **chéri** !*

chérir (verbe) (conj. 11) Aimer tendrement. *Il **chérit** sa femme et ses enfants.* (Contr. **détester, haïr**.)

cherté (nom féminin) Fait d'être cher. *La **cherté** de la vie causait autrefois des émeutes.*

chérubin (nom masculin) Petit enfant particulièrement mignon.

chétif, ive (adjectif) Qui est de santé fragile. *Victor est un enfant **chétif**.* (Syn. **malingre**. Contr. **robuste, vigoureux**.)
★ **Chétif** vient d'un mot latin qui signifie « captif » : en prison, on ne mangeait pas souvent à sa faim.

chevaine Voir ***chevesne***.

cheval, aux (nom masculin) **1** Mammifère herbivore de grande taille, utilisé comme monture et pour tirer des charges. *La femelle du **cheval** est la jument, et ses petits sont la pouliche et le poulain. Le **cheval** hennit.* **2** Équitation. *Elle fait du **cheval** depuis deux ans.* **3** Unité servant à mesurer la puissance d'une voiture. *Une cinq **chevaux**.* • À cheval : synonyme d'à califourchon. *Romain est assis **à cheval** sur une branche.* • Chevaux de bois : manège de fête foraine. • Fièvre de cheval : très forte fièvre. • Monter sur ses grands chevaux : se mettre en colère avec indignation. • Remède de cheval : remède brutal mais très efficace.
★ Famille du mot : cheval**in**, chevauchée, chevaucher.

chevaleresque (adjectif) Qui est noble et généreux, digne de la chevalerie. *Il est toujours très **chevaleresque** avec les dames.*

chevalerie (nom féminin) Ordre des chevaliers, au Moyen Âge. *Le jeune noble était admis dans la **chevalerie** après avoir été page puis écuyer.*
★ Famille du mot : chevaler**esque**, cheval**ier**.

chevalet (nom masculin) Support de bois, sur pieds. *Les peintres posent leur toile sur un **chevalet**.*

chevalier (nom masculin) Seigneur du Moyen Âge, qui combattait à cheval. *Le **chevalier** devait protéger les faibles.*

chevalière (nom féminin) Grosse bague au dessus plat portant souvent des initiales gravées.

chevalin, ine (adjectif) Qui concerne le cheval. *L'espèce **chevaline**.*

cheval-vapeur Unité de puissance des véhicules automobiles.
▶ Pluriel : des **chevaux-vapeur**.
▶ **Cheval-vapeur** s'abrège couramment *CV* : *une voiture de 7 CV.*

chevauchée (nom féminin) Longue course à cheval.

chevaucher (verbe) (conj. 3) **1** Voyager à cheval. *Les mousquetaires **chevauchèrent** jusqu'à la frontière de l'Espagne.* **2** Se chevaucher : se recouvrir en partie. *Je n'arrive pas à lire ce texte, les lettres **se chevauchent**.*

chevêche (nom féminin) Chouette de petite taille, commune en Europe occidentale, reconnaissable à son plumage brun tacheté de blanc. *Les **chevêches** ne portent pas d'aigrette sur la tête.*

chevelu, ue (adjectif) Qui a les cheveux épais et longs. *Un homme hirsute et **chevelu** faisait des signes sur son radeau.*

chevelure (nom féminin) Ensemble des cheveux. *Tous les matins, Julie brosse sa longue **chevelure**.*

chevesne (nom masculin) Poisson d'eau douce à tête large et museau arrondi, très vorace.
★ **Chevesne** vient du latin populaire *capitinem* qui signifie « grosse tête ».
▶ Prononciation [ʃəvɛn].
▶ On écrit aussi **chevaine**.

chevet (nom masculin) **1** Partie du lit où on pose la tête. *Pour lire dans mon lit, j'ai une lampe de **chevet** sur ma table de **chevet**.* **2** Partie arrondie d'une église, située derrière le chœur. • Livre de chevet : livre favori, qu'on relit souvent. • Rester au chevet de quelqu'un : rester auprès de lui pour le soigner quand il est malade.

cheveu, eux (nom masculin) Poil qui pousse sur la tête. *Des **cheveux** blonds.* • Couper les cheveux en quatre : entrer dans des détails inutiles. • Tiré par les cheveux : compliqué et peu vraisemblable.
★ Famille du mot : chevel**u**, chevel**ure**, échevel**é**.

cheville (nom féminin) **1** Articulation qui relie la jambe et le pied. *Sa robe lui arrive aux **chevilles**.* **2** Petit morceau de bois ou de plastique qui sert à assembler des pièces de bois ou à fixer une vis dans un trou.

cheviller (verbe) (conj. 3) Assembler avec des chevilles. • Avoir l'âme chevillée au corps : être indestructible.

chevillère (nom féminin) Bandage élastique qui maintient et protège la cheville. *Le judoka porte une **chevillère** depuis sa mauvaise chute.*

chèvre (nom féminin) Mammifère ruminant domestique qui a des cornes recourbées et de longs poils. *Du fromage de **chèvre**.*

a b c d e f g h i j k l m n o p q r s t u v w x y z

chevreau, eaux (nom masculin) Petit de la chèvre. *Gambader comme un **chevreau**.* (Syn. **cabri**.)

chèvrefeuille (nom masculin) Plante grimpante aux fleurs jaunes et blanches très parfumées.

chevreuil (nom masculin) Mammifère sauvage, ruminant, voisin du cerf. *Dimanche, on a aperçu un **chevreuil** dans les bois.*

chevron (nom masculin) **1** Barre de bois qui, dans une charpente, s'appuie sur les poutres. **2** Signe en forme de V retourné. *Ce militaire porte deux galons en **chevron** sur chaque manche.*

chevronné, ée (adjectif) Qui a beaucoup d'expérience. *C'est un pêcheur **chevronné**, il ne rentre jamais bredouille.* (Syn. **expérimenté**.)

chevrotant, ante (adjectif) • **Voix chevrotante** : qui tremble comme celle de la chèvre quand elle bêle.

chevrotine (nom féminin) Gros plomb utilisé dans les cartouches de chasse pour tirer le gros gibier. *Une décharge de **chevrotine**.*

chewing-gum (nom masculin) Pâte parfumée que l'on mâche.
▶ **Chewing-gum** est un mot anglais : on prononce [ʃwiŋgɔm].
▶ Pluriel : des **chewing-gums**.

chez (préposition) Sert à introduire des compléments de lieu. *Je vais **chez** le coiffeur. **Chez** les Lapons, on se salue en se frottant le nez.*
▶ On va *chez* le pâtissier et *à* la pâtisserie, car après *chez*, on a un nom de personne, et après *à*, un nom de lieu.

chialer (verbe) (conj. 3) Synonyme familier de pleurer. *Arrête de **chialer** pour un rien !*

chiasme (nom masculin) Figure de style qui inverse les mots de deux propositions opposées. *« Manger pour vivre et vivre pour manger » est un **chiasme**.*
▶ Prononciation [kjasm].
★ **Chiasme** vient du grec *khiasma* qui signigie « croisement ».

chic (adjectif) **1** Élégant et raffiné. *Odile est très **chic** avec ses belles toilettes.* **2** Très gentil. *William est un **chic** type.*
▶ Pluriel : des toilettes **chic**.
▪ **chic** (nom masculin) • **Avoir le chic pour** : avoir un talent particulier pour. *Il **a le chic pour** réussir les omelettes baveuses.*
▪ **chic !** (interjection) Exprime la satisfaction. ***Chic !** On va au cinéma !* (Syn. **chouette**.)

chicane (nom féminin) Passage en zigzag installé sur une route. *Cette **chicane** oblige les voitures à ralentir.*

chicaner (verbe) (conj. 3) Critiquer à propos de choses sans importance. *On ne va pas **chicaner** pour si peu !* (Syn. **ergoter**.)

chiche (adjectif) **1** Qui ne donne qu'à regret. *Être **chiche** de paroles.* (Syn. **avare**. Contr. **prodigue**.) **2** Qui est capable de faire quelque chose. *Tu n'es pas **chiche** de grimper à cet arbre !* • **Pois chiche** : gros pois sec de couleur beige.
▪ **chiche !** (interjection) Exprime le défi. *Tu veux faire la course ? – **Chiche !***

chichis (nom masculin pluriel) • **Faire des chichis** : faire des manières. *Ne **fais** pas **de chichis** : sers-toi !*

chicorée (nom féminin) **1** Plante dont on mange les feuilles en salade. *La scarole est une **chicorée**.* **2** Boisson faite avec la racine torréfiée de cette plante. *Autrefois, on buvait souvent de la **chicorée** en guise de café.*

chicot (nom masculin) **1** Reste dressé d'un tronc d'arbre. *Les arbres frappés par la foudre ne sont plus que des **chicots**.* **2** Reste d'une dent cariée ou cassée, dans la langue familière. *Le vieillard n'a plus que quelques **chicots** tout noirs accrochés à sa mâchoire.*

chien (nom masculin) Mammifère carnivore domestique. *Le **chien** aboie quand le facteur passe devant la maison.* • **Avoir un mal de chien** : avoir beaucoup de mal. • **De chien** : très mauvais ou très difficile. *Une humeur **de chien**. Un temps **de chien**.* • **En chien de fusil** : les jambes repliées sur la poitrine. • **Entre chien et loup** : à la tombée de la nuit. • **Être comme chien et chat** : se disputer continuellement. • **Se regarder en chiens de faïence** : sans rien dire et avec antipathie.
★ Famille du mot : chien-assis, chien-loup, chi**enne**, chi**ot**.

chien-assis (nom masculin) Lucarne en charpente dans un toit, munie d'une fenêtre verticale. *Le **chien-assis** permet d'aérer les combles.*
▶ Pluriel : des **chiens-assis**.

chiendent (nom masculin) Mauvaise herbe envahissante. *On utilise les longues racines du **chiendent** pour faire des brosses très dures.*

chien-loup (nom masculin) Chien qui ressemble au loup. (Syn. **berger allemand**.)
▶ Pluriel : des **chiens-loups**.

chienne (nom féminin) Femelle du chien.

chiffe (nom féminin) • **Chiffe molle** : personne sans énergie.

chiffon (nom masculin) Morceau de vieux tissu. *Thomas se sert d'un **chiffon** pour nettoyer son vélo.*
★ Famille du mot : chiffon**ner**, chiffon**nier**.

chiffonner (verbe) (conj. 3) Faire prendre de mauvais plis à un tissu ou à un papier. *La nappe **est** toute **chiffonnée**, il faut la repasser.* (Syn. **friper**, **froisser**.)

chiffonnier, ère (nom) Personne qui récupère les vieux chiffons et les vieux papiers pour les revendre. • **Se battre comme des chiffonniers** : avec acharnement.

chiffre (nom masculin) **1** Chacun des signes qui permettent d'écrire les nombres. *Neuf s'écrit 9 en **chiffres** arabes et IX en **chiffres** romains.* **2** Total

d'une somme. *Le **chiffre** des dépenses est élevé.* (Syn. **montant.**) **3** Code qui permet de comprendre un message secret.
★ Famille du mot : chiffré, chiffrer, déchiffrer, indéchiffrable.

chiffré, ée (adjectif) Écrit dans un langage secret. *« La girafe a un long cou » est le message **chiffré** qui annonça le débarquement des Alliés du 6 juin 1944 à la radio.*

chiffrer (verbe) (conj. 3) Évaluer le montant d'une somme. *Ses dettes se **chiffrent** en milliers d'euros.*

chignon (nom masculin) Coiffure consistant à nouer les cheveux en boule derrière la tête.

chilien, enne → tableau p. 6 / 7.

chimère (nom féminin) Rêve irréalisable. *Tes projets, ce sont des **chimères** !* (Syn. **illusion.**)
★ Dans la mythologie grecque une **chimère** était un monstre à corps de chèvre, à tête de lion et à queue de serpent, qui crachait des flammes.

chimérique (adjectif) Qui n'est qu'une chimère. *Zoé fait des projets **chimériques** qu'elle ne pourra pas réaliser.*

chimie (nom féminin) Science qui étudie les propriétés de la matière. *La **chimie** organique étudie les corps présents dans les tissus vivants.*
★ Famille du mot : chimique, chimiste.

chimiothérapie (nom féminin) Traitement des maladies par des substances chimiques. *La **chimiothérapie** est très souvent utilisée dans le traitement des cancers.*

chimique (adjectif) **1** Qui a rapport avec la chimie. *H_2O est la formule **chimique** de l'eau.* **2** Fabriqué grâce à la chimie. *Le dentifrice est un produit **chimique**.*

chimiste (nom) Spécialiste de la chimie.

chimpanzé (nom masculin) Grand singe d'Afrique. *Le **chimpanzé** vit dans les arbres.*

chinchilla (nom masculin) Petit rongeur de la cordillère des Andes, à fine fourrure grise très recherchée. *Ce manteau en **chinchilla** est chaud et soyeux.*
▶ Prononciation [ʃɛ̃ʃila].
★ **Chinchilla** vient du mot espagnol *chinche* qui signifie « punaise ».

chiné, ée (adjectif) Dont le fil est de plusieurs couleurs. *Xavier porte un pull en laine **chinée**.*

chiner (verbe) (conj. 3) Rechercher des objets d'occasion, anciens ou rares. *Anna aime **chiner** dans les brocantes pour trouver de vieilles lanternes.*

chineur, euse (nom) Personne qui chine. *Les **chineurs** se promènent au marché aux puces.*

chinois, oise → tableau p. 6 / 7.

chinoiseries (nom féminin pluriel) Complications inutiles. *Son père se plaint souvent des **chinoiseries** de son voisin.*

chiot (nom masculin) Petit du chien et de la chienne.

chiper (verbe) (conj. 3) Voler un objet sans grande valeur, dans le langage familier. *Le chat **a chipé** un morceau de poulet.* (Syn. **piquer, voler.**)

chipie (nom féminin) Fille désagréable. *Quelle petite **chipie** ! Elle accuse toujours les autres.*

chipolata (nom féminin) Saucisse de porc mince et longue. *Je fais griller des **chipolatas** au barbecue.*
★ **Chipolata** vient du mot italien *cipolla* qui signifie « oignon ».

chipoter (verbe) (conj. 3) **1** Manger peu et sans appétit. *Quentin **chipote** devant son assiette d'épinards.* **2** Contester pour des broutilles. *Elle **chipote** à la moindre dépense.*

chips (nom féminin) Rondelle de pomme de terre frite.

chique (nom féminin) **1** Boulette de tabac que l'on mâche. *La **chique** jaunit les dents.* **2** Puce des régions tropicales dont la femelle pénètre sous la peau et occasionne des infections. *La **chique** se nourrit de sang.* • **Avaler sa chique** : synonyme familier de mourir. • **Couper la chique à quelqu'un** : faire taire subitement quelqu'un.
★ **Chique** vient du mot allemand *schicken* qui signifie « envoyer ».

chiqué (nom masculin) • **C'est du chiqué !** : dans la langue familière, c'est faux, c'est simulé. *Les prises de catch, ça ne m'impressionne pas du tout, **c'est du chiqué !***

chiquenaude (nom féminin) Coup donné avec un doigt replié contre le pouce puis brusquement détendu. *D'une **chiquenaude**, Sarah fit s'envoler la coccinelle.* (Syn. **pichenette.**)

chiromancie (nom féminin) Fait de lire l'avenir dans les lignes de la main. *La bohémienne fait de la **chiromancie**.*
▶ Prononciation [kirɔmɑ̃si].

chirurgical, ale, aux (adjectif) De la chirurgie. *Il est en salle d'opération pour subir une intervention **chirurgicale**.*

chirurgie (nom féminin) Partie de la médecine qui s'occupe des opérations. *Sutures, amputations, greffes sont des opérations de **chirurgie**.*
★ Famille du mot : chirurgical, chirurgien.

chirurgien, enne (nom) Médecin spécialiste de chirurgie.

chistéra (nom féminin) Accessoire en osier, recourbé et creux, dans la pelote basque.
★ **Chistéra** vient du mot latin *cistella* qui signifie « petite corbeille ».
▶ On écrit aussi **chistera**.

chlor(o)- Élément tiré du mot grec *khlôros* qui signifie « vert » (exemples : *chlorophylle , chloroplaste).*
▶ Prononciation [klɔʀo].

chlorate (nom masculin) Produit chimique qui contient du chlore. *Les **chlorates** servent à la fabrication des explosifs.*

a b c d e f g h i j k l m n o p q r s t u v w x y z

chlore (nom masculin) Substance chimique ayant un pouvoir désinfectant. *L'eau du robinet a parfois un goût de* ***chlore****.*
▶ Prononciation [klɔʀ].
★ Famille du mot : chlor**ate**, chlorhydrique, chlor**ure**.

chlorhydrique (adjectif) • **Acide chlorhydrique** : produit chimique dangereux, à base de chlore.
▶ Prononciation [klɔʀidʀik].

chlorofluorocarbone (nom masculin) Gaz qui contient du carbone, du chlore et du fluor, utilisé notamment dans les bombes aérosol. *L'utilisation du* ***chlorofluorocarbone*** *a été interdite dans plusieurs pays.*
▶ On dit aussi **chlorofluorocarbure** ou **CFC**.

chloroforme (nom masculin) Liquide qui endort lorsqu'on le respire.
▶ Prononciation [klɔʀɔfɔʀm].

chlorophylle (nom féminin) Substance verte qui donne aux plantes leur couleur. *La* ***chlorophylle*** *ne peut se former que s'il y a de la lumière.*
▶ Prononciation [klɔʀɔfil].
★ **Chlorophylle** vient du grec *khlôros* qui signifie « vert » et *phullon* qui signifie « feuille ».

chlorophyllien, enne (adjectif) Qui contient de la chlorophylle. *Les fougères sont des végétaux* ***chlorophylliens****.*

chloroplaste (nom masculin) Élément de la cellule végétale qui contient la chlorophylle. *La photosynthèse s'effectue dans les* ***chloroplastes****.*

chlorure (nom masculin) Dérivé contenant du chlore. *L'eau de Javel contient du* ***chlorure****.* • **Chlorure de sodium** : sel de mer.

choc (nom masculin) **1** Rencontre violente entre des choses. *Le* ***choc*** *entre les deux voitures a été extrêmement violent.* (Syn. **heurt**.) **2** Au sens figuré, émotion violente. *Ça m'a fait un* ***choc*** *de le voir dans cet état.* (Syn. **coup**.)
★ Famille du mot : choqu**ant**, choquer, s'**entre**choquer, pare-chocs.

chocolat (nom masculin) **1** Aliment à base de cacao et de sucre. *Du* ***chocolat*** *au lait.* **2** Synonyme de cacao. *On a pris un* ***chocolat*** *dans un salon de thé.*

chocolatier, ère (nom et adjectif) Personne qui prépare et qui vend du chocolat. *Le* ***chocolatier*** *a décoré sa vitrine avec des œufs de Pâques.*
▪ **chocolatière** (nom féminin) Récipient, à couvercle et bec verseur, pour servir le chocolat.

chocottes (nom féminin pluriel) • **Avoir les chocottes** : avoir peur, dans le langage familier.

chœur (nom masculin) **1** Groupe de personnes qui chantent ensemble. *Les enfants se mirent à chanter en* ***chœur****.* **2** Partie d'une église où se trouve l'autel. • **Enfant de chœur** : jeune garçon qui assiste le prêtre lors des offices religieux.
▶ Prononciation [kœʀ].

choir (verbe) Synonyme littéraire de tomber. *Elle se laissa* ***choir*** *sur le lit.*
★ **Choir** ne s'emploie plus qu'à l'infinitif.

choisi, ie (adjectif) Recherché et peu courant. *Anna utilise toujours un vocabulaire bien* ***choisi****.* (Contr. **banal**, **vulgaire**.)

choisir (verbe) (conj. 11) Adopter de préférence telle ou telle solution. *Tu restes ou tu viens ? Tu dois* ***choisir*** *!*

choix (nom masculin) **1** Action de choisir. *Entre la mer et la montagne, le* ***choix*** *est difficile.* **2** Possibilité de choisir. *Ce ne sont pas les jeux qui manquent, tu as le* ***choix*** *!* **3** Ensemble de choses parmi lesquelles on peut choisir. *Vous avez un grand* ***choix*** *de livres d'aventures au rayon jeunesse.* • **Au choix** : avec la liberté de choisir. *Dans le menu, vous avez fromage ou dessert,* ***au choix****.* • **De choix** : de grande qualité. *C'est une viande* ***de*** *premier* ***choix****.*
★ Famille du mot : choisi, choisir.

choléra (nom masculin) Grave maladie des intestins, très contagieuse et parfois mortelle.
▶ Prononciation [kɔleʀa].

cholestérol (nom masculin) Graisse qui se trouve dans le sang. *Avoir trop de* ***cholestérol*** *peut provoquer des maladies du cœur et des artères.*
▶ Prononciation [kɔlɛsteʀɔl].

chômage (nom masculin) État d'une personne qui n'a pas de travail. *Monsieur Durand est au* ***chômage*** *depuis un an et ne retrouve pas d'emploi.*

chômé, ée (adjectif) Se dit d'un jour où l'on ne travaille pas et qui est payé. *Le 1*[er] *mai est un jour* ***chômé****.* (Contr. **ouvré**.)

chômer (verbe) (conj. 3) • **Ne pas chômer** : travailler beaucoup.
★ Famille du mot : chôm**age**, chômé, chôm**eur**.
★ En ancien français, **chômer** signifie « se reposer pendant les fortes chaleurs ».

chômeur, euse (nom) Personne qui est au chômage.

chondrite (nom féminin) Inflammation du cartilage. *La* ***chondrite*** *est souvent accompagnée d'une inflammation des os.*
▶ Prononciation [kɔ̃dʀit].

chope (nom féminin) Grand verre à anse. *Une* ***chope*** *de bière.*

choper (verbe) (conj. 3) **1** Synonyme familier de voler. *On m'****a chopé*** *mon portefeuille.* (Syn. **dérober**, **piquer**.) **2** Synonyme familier de arrêter. *Les flics l'****ont chopée*** *à la sortie du magasin.* (Contr. **libérer**.) **3** Synonyme familier de contracter. *Ils* ***ont chopé*** *la rougeole à l'école.* (Syn. **attraper**.)

choquant, ante (adjectif) Qui choque. *Il est désagréable, avec ses plaisanteries* ***choquantes*** *!*

choquer (verbe) (conj. 3) Gêner par une attitude ou des paroles contraires à ce que l'on trouve bien. *Gaëlle aime provoquer et* ***choquer*** *son entourage.* (Syn. **heurter**.)

choral, ale, als (adjectif) Qui concerne la musique de chœur.
▶ On rencontre parfois aussi le pluriel **choraux**.
▶ Prononciation [kɔRal].

chorale (nom féminin) Personnes qui se réunissent pour chanter en chœur. *Yann fait partie de la **chorale** de l'école.*
▶ Prononciation [kɔRal].

chorégraphe (nom) Personne qui crée des chorégraphies.
▶ Prononciation [kɔRegRaf].

chorégraphie (nom féminin) Ensemble des pas et des mouvements que font les danseurs au cours d'un ballet.
▶ Prononciation [kɔRegRafi].

choriste (nom) Personne qui chante dans une chorale ou dans un chœur.
▶ Prononciation [kɔRist].

chorizo (nom masculin) Saucisson d'origine espagnole, plus ou moins pimenté. *On met du **chorizo** dans la paella.*
▶ Prononciation [ʃɔRizo] ou [tʃɔRizo].

chorus (nom masculin) • **Faire chorus** : se mettre à plusieurs pour approuver ou pour protester. *Quand il a voulu annuler la promenade, tout le monde **a fait chorus**.*
▶ Prononciation [kɔRys].

chose (nom féminin) **1** Tout objet que l'on peut voir ou toucher. *Myriam a beaucoup trop de **choses** dans son sac !* **2** Fait ou évènement. *J'ai plein de **choses** à te raconter !*

chou, choux (nom masculin) **1** Légume dont on mange les feuilles. *J'aime tous les **choux**, le **chou** blanc, le **chou** vert, le **chou** rouge, et même les **choux** de Bruxelles.* **2** Petit gâteau dont la pâte est soufflée. *Des **choux** à la crème.*

chouan (nom masculin) Pendant la Révolution, partisan du roi de France qui se battait dans l'ouest de la France.
★ **Chouan** était le surnom d'un royaliste qui avait adopté le cri du chat-huant comme signe de ralliement.

choucas (nom masculin) Petit oiseau à plumage noir et à nuque grise, qui vit en bandes dans les falaises et les vieux bâtiments. *Le **choucas** est omnivore.*
▶ Prononciation [ʃuka].

chouchou, chouchoute (nom) Synonyme familier de favori. *Ursula est la **chouchoute** de la maîtresse !*

chouchouter (verbe) (conj. 3) Synonyme familier de choyer. *C'est leur seul enfant, il **est** donc très **chouchouté**.*

choucroute (nom féminin) **1** Chou fermenté, salé et coupé en fines lamelles. **2** Plat composé de ce chou, de pommes de terre, de charcuterie et de viande de porc.

① **chouette** (adjectif) Synonyme familier de bien. *Elle est **chouette**, ta casquette !*

▪ **chouette !** (interjection) Exprime le contentement. *On va au restaurant. – **Chouette !*** (Syn. **chic**.)

② **chouette** (nom féminin) Rapace nocturne aux gros yeux ronds.

chou-fleur (nom masculin) Variété de chou dont les fleurs forment une grosse boule blanche.
▶ Pluriel : des **choux-fleurs**.

chouïa (nom masculin) • **Un chouïa** : synonyme familier de un peu. *Je reprendrais bien un **chouïa** de café.*

chouquette (nom féminin) Petit gâteau en pâte à chou, non fourré, recouvert de grains de sucre.

chow-chow (nom masculin) Chien à long poil fauve, affectueux, originaire de Chine. *Le **chow-chow** a la queue rabattue sur le dos.*
▶ Pluriel : des **chows-chows**.
▶ On écrit aussi un **chowchow**, des **chowchows**.
▶ Prononciation [ʃoʃo].

choyer (verbe) (conj. 6) Entourer de tendresse. *Benjamin aime **choyer** sa petite sœur.* (Syn. **chouchouter**.)

chrétien, enne (adjectif) Du christianisme. *Noël, Pâques et la Pentecôte sont les principales fêtes **chrétiennes**.*
▪ **chrétien, enne** (nom) Personne qui croit que Jésus-Christ est le fils de Dieu. *Les protestants, les catholiques, les orthodoxes sont des **chrétiens**.*

chrétienté (nom féminin) Ensemble de tous les chrétiens.

christianiser (verbe) (conj. 3) Convertir quelqu'un à la foi chrétienne. *Les missionnaires **christianisaient** les non-croyants.*

christianisme (nom masculin) Religion des chrétiens.

chroma- Élément tiré du mot grec *khrôma* qui signifie « couleur » (exemples : *chromatique*, *polychrome*, *trichromie*).

chromatide (nom féminin) Filament fin et long d'un chromosome, contenant l'ADN. *La **chromatide** prend une forme de spirale au moment de la division cellulaire.*

chromatique (adjectif) **1** Qui se rapporte aux couleurs. *La vision **chromatique** n'est pas la même chez l'homme et l'animal.* **2** Relatif aux chromosomes. *La réduction **chromatique** est la méiose.*

chrome (nom masculin) Métal blanc et brillant. *Recouvert de **chrome**, l'acier est inoxydable.*
▶ Prononciation [kRom].

chromé, ée (adjectif) Recouvert de chrome. *Autrefois, les voitures avaient des pare-chocs **chromés**.*

chromosome (nom masculin) Bâtonnet microscopique du noyau de la cellule, contenant l'ADN et porteur des gènes, présent en nombre spécifique à chaque espèce. *L'homme possède 23 paires de **chromosomes**.*

a b c d e f g h i j k l m n o p q r s t u v w x y z

chromosomique (adjectif) Qui se rapporte aux chromosomes. *Les maladies **chromosomiques** du fœtus sont à l'origine de la plupart des avortements spontanés.* • **Aberration chromosomique** : anomalie d'un chromosome qui manque, qui est en trop ou dont la structure est anormale.

chron(o)- Élément tiré du mot grec *khrônos* qui signifie « temps » (exemples : *chronologie*, *chronomètre*, *synchrone*).

① **chronique** (adjectif) Qui dure longtemps en se manifestant périodiquement. *Les rhumatismes, l'asthme sont des maladies **chroniques**.* (Contr. **aigu.**)
► Prononciation [kʀɔnik].

② **chronique** (nom féminin) Article ou émission portant sur un sujet particulier. *La **chronique** des livres pour enfants à la télévision.*
► Prononciation [kʀɔnik].
★ Les **chroniques** étaient autrefois des livres qui racontaient les faits historiques en respectant l'ordre *chronologique*.

chroniqueur, euse (nom) Journaliste chargé d'une chronique. *Un **chroniqueur** sportif.*

chronologie (nom féminin) Ordre dans lequel les évènements se déroulent. *Nous avons établi en classe une **chronologie** des évènements de la Révolution.*
► Prononciation [kʀɔnɔlɔʒi].

chronologique (adjectif) • **Ordre chronologique** : ordre qui suit la chronologie. *Dans cet exercice, il fallait retrouver l'**ordre chronologique** de différentes inventions.*

chronomètre (nom masculin) Montre de précision qui mesure les dixièmes, les centièmes et parfois les millièmes de seconde.
► Prononciation [kʀɔnɔmɛtʀ].
★ Dans **chronomètre**, il y a le mot grec *khrônos* qui signifie « temps » et *metron* qui signifie « mesure ».

chronométrer (verbe) (conj. 8) Mesurer le temps avec un chronomètre. *Je vais te **chronométrer** sur 100 mètres.*

chrysalide (nom féminin) Chenille dans son cocon, avant qu'elle se transforme en papillon. *Le papillon est sorti de sa **chrysalide**.*
► Prononciation [kʀisalid].

chrysanthème (nom masculin) Fleur d'automne aux belles couleurs.
► Prononciation [kʀizɑ̃tɛm].
★ En grec, **chrysanthème** veut dire « fleur d'or ».

CHU (nom masculin) Hôpital auquel est rattachée une école de médecine.
► Prononciation [ʃy] ou [seaʃy].
★ **CHU** est le sigle de *centre hospitalo-universitaire*.

chuchotement (nom masculin) Bruit produit par une voix qui chuchote. *Arrêtez vos **chuchotements** au fond de la classe !*

chuchoter (verbe) (conj. 3) Parler à voix basse. *David m'**a chuchoté** quelques mots à l'oreille.* (Syn. **murmurer.**)

chuintement (nom masculin) Bruit sourd qui ressemble à un sifflement. *Le **chuintement** de la bouilloire nous prévient que l'eau est chaude.*

chut ! (interjection) S'emploie pour demander le silence. ***Chut** ! Taisez-vous !*

chute (nom féminin) **1** Fait de tomber. *Il a fait une **chute** dans l'escalier et s'est cassé le bras.* **2** Eau d'une rivière qui tombe d'une grande hauteur. *Les **chutes** Victoria sur le Zambèze ont une hauteur de 108 m.* **3** Fin brutale. *La **chute** de l'Empire romain.* (Syn. **effondrement.**)

chuter (verbe) (conj. 3) Baisser beaucoup et brusquement. *La température **a chuté** de 10 degrés en une nuit.*

ci (adverbe) **1** Après un nom ou un pronom démonstratif, désigne celui qui est le plus proche dans le temps ou dans l'espace. *Élodie vient ces jours-**ci**. Tu veux ceux-**ci** ou ceux-là ?* **2** Devant quelques adverbes ou adjectifs, synonyme d'ici. ***Ci**-joint la notice de montage.*

ciao (interjection) Salut ! ***Ciao**, bonne soirée et à demain !*
► **Ciao** est un mot italien : on prononce [tʃao].
► On écrit aussi **tchao**.

cible (nom féminin) Objet visé avec un projectile. *Hélène a mis la flèche au milieu de la **cible**.*

cibler (verbe) (conj. 3) Définir en tant que clientèle ou cible d'une action. *Cette publicité **cible** la ménagère au foyer.* (Syn. **viser.**)

ciboire (nom masculin) Vase sacré où l'on conserve les hosties consacrées. *Le prêtre sort le **ciboire** du tabernacle au moment de la communion.*
★ **Ciboire** vient du mot grec *kibôrion* qui signifie « fruit du nénuphar ».

ciboulette (nom féminin) Plante potagère aromatique qui fait partie des fines herbes. *Une omelette à la **ciboulette**.*

cicatrice (nom féminin) Trace restant sur la peau après la guérison d'une plaie. *C'est juste une écorchure, ça ne laissera même pas de **cicatrice**.*

cicatriser (verbe) (conj. 3) Guérir en se refermant. *La plaie est superficielle, elle se **cicatrisera** très vite.*

ciclosporine (nom féminin) Médicament utilisé pour réduire les cas d'allergie sévère ou les réactions immunitaires. *La **ciclosporine** est utilisée pour éviter les rejets après une greffe.*
► On écrit aussi **cyclosporine**.

ci-contre (adverbe) Tout à côté. *Le tableau **ci-contre** illustre le texte.*

ci-dessous Voir ***dessous***.

ci-dessus Voir ***dessus***.

cidre (nom masculin) Boisson alcoolisée faite de jus de pomme fermenté.

ciel (nom masculin) **1** L'espace au-dessus de nos têtes. *Un beau **ciel** bleu. Les **ciels** de Bretagne sont changeants. Clément est allé vivre sous d'autres*

cieux. **2** Royaume de Dieu dans la religion chrétienne. *L'ange est reparti dans les* ***cieux***. • **À ciel ouvert** : à l'air libre. *Une mine d'or* ***à ciel ouvert***.
▶ Au sens 1, le pluriel est **ciels** ou **cieux** ; au sens 2, le pluriel est toujours **cieux**.

cierge (nom masculin) Grande bougie que l'on fait brûler dans une église.

cigale (nom féminin) Insecte abondant dans la région méditerranéenne et dont le mâle chante quand il fait très chaud. *On entend le chant strident des* ***cigales*** *dans la garrigue.*

cigare (nom masculin) Rouleau de feuilles de tabac destiné à être fumé.

cigarette (nom féminin) Petit rouleau de tabac haché, enveloppé dans une fine feuille de papier.

cigarillo (nom masculin) Petit cigare. *Nos voisins nous ont apporté des* ***cigarillos*** *de Cuba.*

ci-gît (adverbe) Formule gravée sur certaines tombes, et qui veut dire « ici repose ».
▶ Voir **gésir**.
▶ On écrit aussi **ci-git**.

cigogne (nom féminin) Grand oiseau migrateur au plumage noir et blanc, au bec long et pointu et aux longues pattes rouges. *Une* ***cigogne*** *a fait son nid en haut de la cheminée.*

ciguë (nom féminin) Plante vénéneuse qui ressemble au persil. *Avec la* ***ciguë****, les Grecs faisaient un poison.*
▶ Prononciation [sigy].
▶ On écrit aussi **cigüe**.

ci-joint, e (adjectif et adverbe) Joint à ceci. *Veuillez vous référer à la notice* ***ci-jointe****. Vous trouverez* ***ci-joint*** *la copie de mon bulletin de salaire.*

cil (nom masculin) Chacun des poils qui bordent les paupières.

cilice (nom masculin) Chemise de crin autrefois portée sur la peau pour se punir soi-même et racheter ses péchés.
★ **Cilice** vient du mot latin *cilicium* qui signifie « étoffe en poil de chèvre de Cilicie ».

cime (nom féminin) Sommet d'un arbre ou d'une montagne. *Les nuages masquent la* ***cime*** *des montagnes.*

ciment (nom masculin) Poudre grise très fine, que l'on mélange avec de l'eau, et qui durcit en séchant. *Le maçon a apporté les sacs de* ***ciment*** *pour refaire le mur du garage.*
★ Famille du mot : cimen**ter**, cimen**terie**.

cimenter (verbe) (conj. 3) Faire tenir ou recouvrir avec du ciment. *On* ***a cimenté*** *le sol.*

cimenterie (nom féminin) Fabrique de ciment.

cimeterre (nom masculin) Sabre oriental large et à lame recourbée.

cimetière (nom masculin) Lieu où les morts sont enterrés. *Le* ***cimetière*** *est derrière l'église.*

ciné- Élément tiré du mot grec *kinêma* qui signifie « mouvement » (exemples : *cinétique, cinématographique*).

cinéaste (nom) Personne qui réalise des films.

ciné-club (nom masculin) Groupe de personnes qui se réunissent pour voir des films et ensuite en discuter.
▶ Pluriel : des **ciné-clubs**.
▶ On écrit aussi **cinéclub**.

cinéma (nom masculin) **1** Art de réaliser des films. *Créé en 1895 par les frères Lumière, le* ***cinéma*** *est devenu parlant en 1927.* **2** Salle où l'on peut voir des films. *Aller au* ***cinéma***. **3** Synonyme familier de bluff. *Elle a fait tout un* ***cinéma*** *mais on ne l'a pas crue !*
★ Famille du mot : cinéaste, ciné-club, cinémathèque, cinématographique, cinéphile.

cinémathèque (nom féminin) Organisme chargé de la conservation et de la projection publique des films de cinéma. *La* ***cinémathèque*** *organise un festival du film en noir et blanc.*

cinématographique (adjectif) Du cinéma. *L'industrie* ***cinématographique***.

cinéphile (nom) Personne qui aime le cinéma.

cinétique (adjectif) Qui concerne les mouvements. • **Énergie cinétique** : énergie produite par un corps en mouvement.
■ **cinétique** (nom féminin) Étude des phénomènes liés au mouvement.

cinglant, ante (adjectif) **1** Vif et blessant. *Une réplique* ***cinglante***. (Syn. **mordant**.) **2** Qui fouette. *Un vent* ***cinglant***.

cinglé, ée (adjectif et nom) Synonyme familier de fou. *Il est complètement* ***cinglé*** *d'avoir fait ça !*

cingler (verbe) (conj. 3) **1** Frapper avec un objet flexible. *Ibrahim lui* ***cingla*** *les jambes d'un coup de baguette.* **2** Dans la langue littéraire, naviguer rapidement à la voile vers un lieu. *Les trois galions* ***cinglaient*** *vers le large.*

cinq (déterminant) Quatre plus un (5). *Une étoile à* ***cinq*** *branches.*
■ **cinq** (nom masculin) Chiffre ou nombre cinq. *Noémie arrive le* ***cinq*** *du mois prochain.*

cinquantaine (nom féminin) Nombre d'environ cinquante. *Une* ***cinquantaine*** *de personnes. La grand-mère d'Odile a la* ***cinquantaine***.

cinquante (déterminant) Cinq fois dix (50). ***Cinquante*** *ans font un demi-siècle.*
★ Famille du mot : cinquant**aine**, cinquant**enaire**, cinquant**ième**.

cinquantenaire (nom masculin) Cinquantième anniversaire. *En 1995, on a célébré le* ***cinquantenaire*** *de la fin de la Seconde Guerre mondiale.*

cinquantième (adjectif et nom) Qui occupe le rang numéro 50. *Ils en étaient au* ***cinquantième*** *jour de navigation.*

■ **cinquantième** (nom masculin) Ce qui est contenu cinquante fois dans un tout. *Deux est le **cinquantième** de cent.*

cinquième (adjectif et nom) Qui occupe le rang numéro 5. *Fatima habite au **cinquième** étage.*
■ **cinquième** (nom masculin) Ce qui est contenu cinq fois dans un tout. *Vingt est le **cinquième** de cent.*
■ **cinquième** (nom féminin) Deuxième année de l'enseignement secondaire.

cintre (nom masculin) Support qui a la forme des épaules, utilisé pour suspendre les vêtements. *Mets ton costume sur un **cintre** dans l'armoire.*

cintré, ée (adjectif) Qui est resserré à la taille. *Une veste **cintrée**.*

cirage (nom masculin) Produit avec lequel on entretient et on fait briller le cuir.

circoncision (nom féminin) Petite opération consistant à couper le morceau de peau qui recouvre le bout du pénis. *La **circoncision** est un rite pratiqué par les juifs et les musulmans.*

circonférence (nom féminin) Périmètre d'un cercle.

circonflexe (adjectif) • **Accent circonflexe** : accent qui se met sur certaines voyelles. *Fête, hôpital, âme s'écrivent avec un **accent circonflexe**.*

circonscription (nom féminin) Partie d'un territoire. *Les départements, les cantons, les communes sont des **circonscriptions** administratives.*

circonscrire (verbe) (conj. 47) Retenir dans certaines limites. *Les pompiers tentent de **circonscrire** le feu.*

circonspect, ecte (adjectif) Prudent et réfléchi. *C'est un homme très **circonspect**, il réfléchit avant de parler.*
► Prononciation [siʀkɔ̃spɛ].
★ **Circonspect** vient du latin *circumspectus* signifiant « qui regarde tout autour ».

circonspection (nom féminin) Fait d'être circonspect. *Cette accusation est grave, il faut agir avec **circonspection**.*
► Prononciation [siʀkɔ̃spɛksiɔ̃].

circonstance (nom féminin) Condition dans laquelle s'est passé un évènement. *L'inspecteur tente de reconstituer les **circonstances** de l'explosion de l'usine.*

circonstanciel, elle (adjectif) • **Complément circonstanciel** : qui indique dans quelles circonstances se passe une action (lieu, temps, manière, cause, etc.).

circonvolution (nom féminin) **1** Tour complet autour d'un centre. *Un avion décrit des **circonvolutions** dans le ciel.* **2** Ensemble de replis sinueux séparés par des sillons. *La surface du cerveau est marquée par des **circonvolutions**.*
★ **Circonvolution** vient du mot latin *circumvolutus* qui signifie « roulé autour ».

circuit (nom masculin) **1** Parcours qui ramène au point de départ. *Cette année, nous ferons le **circuit** des glaciers.* **2** Suite de fils électriques où passe le courant. *Couper le **circuit**.*

① **circulaire** (adjectif) Qui a la forme d'un cercle, ou qui décrit un cercle. *Du haut de la tour, Pierre a jeté un coup d'œil **circulaire** sur le paysage. Une scie **circulaire**.*

② **circulaire** (nom féminin) Lettre en plusieurs exemplaires qui sont expédiés aux personnes concernées. *La présidente de l'association a envoyé une **circulaire** aux adhérents.*

circulation (nom féminin) **1** Va-et-vient des personnes et des véhicules. *La **circulation** est fluide sur l'autoroute.* **2** Mouvement du sang dans les artères. *William Harvey a découvert la **circulation** sanguine en 1628.*

circulatoire (adjectif) • **Appareil circulatoire** : ensemble des organes de la circulation. *Le cœur, les artères, les veines, les vaisseaux constituent l'**appareil circulatoire**.*

circuler (verbe) (conj. 3) Se déplacer dans un conduit ou sur une voie de communication. *L'air **circule** dans nos poumons. L'eau **circule** dans les caniveaux.*
★ Famille du mot : circul**ation**, circul**atoire**.

cire (nom féminin) Matière molle et jaunâtre produite par les abeilles. *Avec la **cire**, on fait des bougies et de l'encaustique.*
★ Famille du mot : cir**age**, ciré, cir**er**, cir**eur**, cir**eux**.

ciré, ée (adjectif) • **Toile cirée** : toile recouverte d'un produit qui la rend imperméable.
■ **ciré** (nom masculin) Imperméable en toile cirée. *Les pêcheurs portent des **cirés** jaunes.*

cirer (verbe) (conj. 3) Frotter avec de la cire ou du cirage. *Tes chaussures brillent, elles **sont** bien **cirées**.*

cireur (nom masculin) Personne qui cire les chaussures, généralement dans la rue.

cireux, euse (adjectif) • **Teint cireux** : blanc jaunâtre comme la cire.

cirque (nom masculin) **1** Piste ronde entourée de gradins où des clowns, des acrobates, des dompteurs présentent des numéros. *Le **cirque** a dressé son chapiteau sur la place.* **2** Espace en forme de demi-cercle entouré de montagnes. *Le **cirque** de Gavarnie.*
★ Chez les Romains, les jeux du **cirque** étaient ceux qui se déroulaient dans les arènes (combats, courses de chars, etc.).

cirrhose (nom féminin) Très grave maladie du foie. *L'alcoolisme provoque des **cirrhoses**.*

cirrus (nom masculin) Nuage mince et allongé.
► Prononciation [siʀys].

cisailler (verbe) (conj. 3) Couper avec des cisailles. *Le prisonnier **a cisaillé** les barbelés pour s'échapper.*

cisailles (nom féminin pluriel) Gros ciseaux servant à couper les métaux ou de petites branches.

ciseau, eaux (nom masculin) Instrument d'acier, tranchant et taillé en biseau à l'une de ses extrémités. *On travaille le bois, le fer, la pierre au* ***ciseau****.*
■ **ciseaux** (nom masculin pluriel) Instrument à deux lames dont on se sert pour couper. *Une paire de* ***ciseaux*** *à ongles.*

ciseler (verbe) (conj. 8) Sculpter avec un ciseau. *L'orfèvre* ***cisèle*** *un bracelet.*

citadelle (nom féminin) Forteresse qui domine une ville.

citadin, ine (nom) Personne qui habite dans une ville. *Les* ***citadins*** *sont très nombreux en Île-de-France.*

citation (nom féminin) Phrase que l'on cite, extraite d'un livre ou d'un discours.

cité (nom féminin) **1** Synonyme littéraire de ville. **2** Groupe d'immeubles. *Les gamins de la* ***cité*** *jouent au foot sur le parking.*

cité-dortoir (nom féminin) Ensemble urbain situé à la périphérie d'une grande ville, et dont les résidents travaillent ailleurs. *Chaque soir les banlieusards prennent le train pour rentrer dans leur* ***cité-dortoir****.*
► Pluriel : des **cités-dortoirs**.

citer (verbe) (conj. 3) **1** Donner le nom de quelqu'un ou de quelque chose. *Quentin* ***a cité*** *plusieurs personnes qu'il a rencontrées.* **2** Répéter exactement ce que quelqu'un a dit ou écrit. *Julie* ***cite*** *souvent ces paroles du Petit Prince : « On ne voit bien qu'avec le cœur... ».*

citerne (nom féminin) Grand réservoir pour les liquides. *On recueille l'eau de pluie dans les* ***citernes****.*

cithare (nom féminin) Instrument de musique à cordes, utilisé dans l'Antiquité.

citoyen, enne (nom) Personne qui habite un État et en a la nationalité. *Voter est l'un des devoirs du* ***citoyen****.*

citoyenneté (nom féminin) Qualité de citoyen. *Djamal est né en France, il a la* ***citoyenneté*** *française.*

citron (nom masculin) Agrume jaune et acide. *Du thé au* ***citron****.*
★ Famille du mot : citronn**ade**, citronn**elle**, citronn**ier**.

citronnade (nom féminin) Boisson faite avec du jus ou du sirop de citron.

citronnelle (nom féminin) Plante aromatique à odeur de citron. *Du poulet à la* ***citronnelle****.*

citronnier (nom masculin) Petit arbre des régions chaudes, qui produit les citrons. *Le bois du* ***citronnier*** *est utilisé en ébénisterie.*

citrouille (nom féminin) Grosse courge ronde. *À la Toussaint, les petits Américains creusent des* ***citrouilles*** *et allument une bougie à l'intérieur.*

civelle (nom féminin) Jeune anguille. *La larve d'anguille se transforme en* ***civelle*** *au bout de trois ans.*

civet (nom masculin) Ragoût de gibier cuit avec du vin rouge et des oignons. *Un* ***civet*** *de lièvre.*

civette (nom féminin) Synonyme de ciboulette.

civière (nom féminin) Sorte de lit servant à transporter les blessés ou les malades. *On l'a emmené sur une* ***civière*** *dans l'ambulance.* (Syn. **brancard.**)

civil, ile (adjectif) **1** Qui concerne le citoyen. *Une fiche d'état* ***civil****.* **2** Qui n'est pas militaire. *Il préfère la vie* ***civile*** *à la vie militaire.* **3** Qui n'est pas religieux. *Le mariage* ***civil*** *est célébré à la mairie.*
■ **civil** (nom masculin) Personne qui n'appartient pas à l'armée. *Les* ***civils*** *ne peuvent pas entrer dans la caserne.* • **En civil** : sans uniforme. *Un policier* ***en civil****.*

civilisation (nom féminin) **1** Manière de vivre et de penser d'un peuple. *La* ***civilisation*** *romaine.* **2** Ensemble des progrès apportés par les sciences et les techniques. *Le téléphone est un bienfait de la* ***civilisation****.*

civiliser (verbe) (conj. 3) Apporter sa civilisation à un autre peuple. *Les Grecs* ***ont civilisé*** *les Romains.*

civique (adjectif) Du citoyen. *Le vote est un droit et un devoir* ***civiques****.*

civisme (nom masculin) Attitude responsable d'un citoyen. *Prévenir les pompiers quand on assiste à un accident, c'est faire preuve de* ***civisme****.*

clafoutis (nom masculin) Sorte de flan garni de fruits.

clair, claire (adjectif) **1** Qui est bien éclairé. *Le salon est une pièce très* ***claire****.* (Syn. **lumineux.** Contr. **obscur, sombre.**) **2** Qui est peu coloré. *Un pantalon de toile* ***claire****.* (Contr. **foncé.**) **3** Qui est pur et transparent. *L'eau* ***claire*** *d'une source.* (Syn. **limpide.** Contr. **trouble.**) **4** Qui est net et bien timbré. *Une voix* ***claire****.* (Contr. **sourd.**) **5** Qui est facile à comprendre. *Une idée simple et* ***claire****.* (Contr. **confus.**)
■ **clair** (nom masculin) • **Clair de lune** : lumière de la lune. • **Tirer au clair** : éclaircir, élucider.
■ **clair** (adverbe) • **Il fait clair** : il fait jour. • **Voir clair** : bien voir et, au sens figuré, comprendre. *Quel temps ! On n'y* ***voit*** *plus* ***clair****. Je* ***vois clair*** *dans ton jeu.*
★ Famille du mot : clair**ement**, clar**ifier**, éclair**age**, éclair**cie**, éclair**cir**, éclairc**issement**, éclair**er**.

clairement (adverbe) De façon claire. *Sarah m'a tout expliqué très* ***clairement****.*

claire-voie (nom féminin) • **À claire-voie** : qui présente des vides, des jours entre chaque élément. *Un cageot est une caissette* ***à claire-voie****.*

clairière (nom féminin) Endroit sans arbres dans un bois, une forêt. *Nous avons vu un cerf traverser la* ***clairière****.*

clair-obscur (nom masculin) Lumière douce et tamisée. *Le* ***clair-obscur*** *d'un sous-bois.* (Syn. **pénombre.**)
► Pluriel : des **clairs-obscurs**.

a b **c** d e f g h i j k l m n o p q r s t u v w x y z

clairon (nom masculin) Instrument de musique à vent, surtout utilisé dans l'armée.

claironner (verbe) (conj. 3) Dire très fort et à tout le monde. *Romain est allé* ***claironner*** *partout qu'il avait gagné la course.* (Syn. **proclamer.**)

clairsemé, ée (adjectif) Qui est très peu serré. *Il n'y a pas grand monde, la foule est* ***clairsemée.*** (Contr. **dense.**)

clairvoyant, ante (adjectif) Qui a un jugement lucide. *Il a été* ***clairvoyant*** *en partant avant la formation des embouteillages.* (Syn. **avisé, perspicace.**)

clamer (verbe) (conj. 3) Synonyme de proclamer. *Le journaliste* ***clame*** *son indignation.*

clameur (nom féminin) Cris qui expriment la joie ou la colère. *Les* ***clameurs*** *de la foule en colère.*

clan (nom masculin) Groupe qui n'admet aucune personne extérieure. *Il y a un mauvais esprit dans la classe, il y a des* ***clans.***

clandestin, ine (adjectif) Qui agit en cachette et de manière illégale. *Le capitaine a découvert un passager* ***clandestin.***
★ Famille du mot : clandestin**ement**, clandestin**ité**.

clandestinement (adverbe) De manière clandestine. *Il est entré* ***clandestinement*** *en France.*

clandestinité (nom féminin) Situation d'une personne clandestine. *Les opposants à la dictature doivent vivre dans la* ***clandestinité.***

clapet (nom masculin) **1** Soupape qui ne laisse passer des éléments que dans un sens. *Le sac à poussière de l'aspirateur est muni d'un* ***clapet.*** **2** Synonyme familier de bouche. *Ferme ton* ***clapet*** *!*

clapier (nom masculin) Cabane à lapins.

clapoter (verbe) (conj. 3) Produire le bruit léger et répété des vagues. *L'eau* ***clapotait*** *contre la barque.*

clapotis (nom masculin) Bruit de l'eau qui clapote. *On entend le* ***clapotis*** *du lac dans la nuit d'été.*
► On dit aussi **clapotement**.

claquage (nom masculin) Déchirure musculaire. *Zoé s'est fait un* ***claquage*** *au tennis.*

claque (nom féminin) Coup donné avec le plat de la main. *Si tu continues tes bêtises, tu vas avoir une paire de* ***claques*** *!* (Syn. **gifle.**)

claquement (nom masculin) Bruit produit par ce qui claque. *On entendit le* ***claquement*** *d'une portière, et la voiture démarra.*

claquemurer (verbe) (conj. 3) **1** Enfermer dans un endroit étroit. *Les bagnards* ***sont claquemurés*** *dans de minuscules cellules.* **2** **Se claquemurer** : s'enfermer chez soi.

claquer (verbe) (conj. 3) **1** Produire un bruit sec. *Un coup de feu* ***claqua.*** **2** Refermer brutalement. *Laura est partie furieuse en* ***claquant*** *la porte.* **3** **Se claquer quelque chose** : se faire un claquage. *Il n'était pas échauffé, il* ***s'est claqué*** *un muscle.* • **Claquer des dents** : grelotter de froid, de fièvre ou de peur.
★ Famille du mot : claqu**age**, claque, claqu**ement**, claquettes.

claquettes (nom féminin pluriel) Manière de danser en marquant le rythme grâce à des chaussures dont les semelles sont munies de lames de métal.

clarifier (verbe) (conj. 10) Rendre plus clair, plus compréhensible. *Votre exposé* ***a clarifié*** *la question.* (Syn. **éclaircir.** Contr. **embrouiller.**)

clarinette (nom féminin) Instrument de musique à vent.

clarinettiste (nom) Musicien qui joue de la clarinette.

clarté (nom féminin) **1** Lumière. *La* ***clarté*** *du jour.* **2** Qualité de ce qui est clair et compréhensible. *Myriam s'exprime avec* ***clarté.*** (Syn. **netteté.** Contr. **confusion.**)

clash (nom masculin) Rupture ou heurt violent. *Il y a eu un* ***clash*** *entre eux et depuis ils ne se parlent plus.*

classe (nom féminin) **1** Catégorie de personnes qui ont à peu près les mêmes revenus, un genre de vie commun. *Les* ***classes*** *sociales.* **2** Catégorie de place dans un moyen de transport. *Un billet de première* ***classe.*** **3** Groupe d'élèves suivant les mêmes cours. *Toute la* ***classe*** *est partie en excursion.* **4** Salle où ont lieu les cours. *On n'entendait pas un bruit dans la* ***classe.*** • **En classe** : à l'école. • **Faire la classe** : enseigner.

classement (nom masculin) **1** Action de classer. *Le* ***classement*** *des photos dans un album.* **2** Place obtenue lors d'une épreuve. *Ce coureur a gagné dix places au* ***classement*** *général.*

classer (verbe) (conj. 3) **1** Ranger selon un certain ordre. *J'ai* ***classé*** *mes livres par ordre alphabétique.* (Contr. **déclasser.**) **2** **Se classer** : obtenir un certain rang dans un classement. *Thomas* ***s'est classé*** *premier à l'épreuve de ski de fond.*
★ Famille du mot : classe, classe**ment**, classe**ur**, **dé**classer, **re**classer.

classeur (nom masculin) Chemise servant à classer des papiers. *Victor achète des feuilles de* ***classeur,*** *à deux trous.*

classicisme (nom masculin) Caractère de ce qui est classique. *Le* ***classicisme*** *des goûts d'Ursula s'oppose aux idées excentriques de son cousin.*

classification (nom féminin) Répartition méthodique par catégories. *La* ***classification*** *des angiospermes se répartit entre les dicotylédones et les monocotylédones.* • **Classification périodique des éléments** : tableau dans lequel tous les éléments connus sont rangés par numéro atomique croissant.

classique (adjectif) **1** Que l'on étudie en classe et que l'on considère comme des modèles. *Racine, Goethe, Shakespeare sont des écrivains* ***classiques.*** **2** Traditionnel et sans fantaisie. *Fatima est très*

classique *dans son habillement.* • Musique classique : musique des grands compositeurs occidentaux des siècles passés.

claudiquer (verbe) (conj. 3) Synonyme littéraire de boiter.

clause (nom féminin) Article d'un contrat ou d'une loi qui précise ce que chaque signataire s'engage à respecter.

claustrophobe (adjectif) Qui est atteint de claustrophobie. *Anna ne prend jamais l'ascenseur, elle est **claustrophobe**.*

claustrophobie (nom féminin) Angoisse éprouvée par certains quand ils se trouvent dans un lieu fermé.

clavecin (nom masculin) Instrument de musique à cordes pincées, qui ressemble au piano.

clavicule (nom féminin) Os de l'épaule.

clavier (nom masculin) Ensemble des touches d'un piano, d'un accordéon, d'un ordinateur, etc.

claviste (nom) Personne qui saisit des textes avec un clavier d'ordinateur. *Les **clavistes** sont payés à la page.*
► On dit aussi **opérateur de saisie**.

clé (nom féminin) **1** Instrument qui sert à ouvrir ou à fermer une serrure, à mettre le contact, etc. *L'armoire est fermée à **clé**. Où as-tu mis les **clés** de la voiture ?* **2** Outil qui permet de serrer ou de desserrer les écrous et les boulons. **3** Au sens figuré, ce qui rend les choses explicables. *Julie a découvert la **clé** du mystère.* **4** Signe placé au début d'une portée de musique et qui permet de lire les notes. *La ligne qui commence par la **clé** de sol est la ligne du sol.* • Prendre la clé des champs : s'évader.
► On écrit aussi **clef**.

clématite (nom féminin) Plante grimpante à fleurs blanches, roses ou violettes.

clémence (nom féminin) Attitude indulgente envers les coupables. *Le roi fit preuve de **clémence** et laissa la vie au prisonnier.*

clément, ente (adjectif) **1** Qui fait preuve de clémence. *Les vainqueurs se montrèrent **cléments** vis-à-vis des vaincus.* (Syn. **indulgent.** Contr. **sévère.**) **2** Qui n'est pas froid. *La Provence jouit d'un hiver **clément**.* (Syn. **doux.** Contr. **rigoureux.**)

clémentine (nom féminin) Agrume sans pépins qui ressemble à une petite orange.

clenche (nom féminin) Pièce principale d'un loquet de porte. *Il faut appuyer sur la **clenche** pour ouvrir la porte.*

clepsydre (nom féminin) Horloge à eau de l'Antiquité.

cleptomane (nom) Personne qui ne peut s'empêcher de commettre des vols.
► On écrit aussi **kleptomane**.

clerc (nom masculin) Employé d'un notaire ou d'un huissier.
► Prononciation [klɛʀ].

clergé (nom masculin) Dans la religion chrétienne, ensemble des hommes au service de Dieu. *Dans le **clergé** catholique, il y a des prêtres, des abbés, des évêques, des cardinaux.*

clérical, ale, aux (adjectif) Qui concerne le clergé.

clic-clac (nom masculin) Canapé-lit dont le dossier peut se rabattre. *Les invités dorment dans le **clic-clac**.*
★ Clic-clac est le nom d'une marque et une onomatopée.

cliché (nom masculin) **1** Synonyme de photo. *Le photographe a pris plusieurs **clichés** du mariage.* **2** Synonyme de lieu commun. *« Les feuillages d'or de l'automne » est un **cliché**.*

client, ente (nom) Personne qui achète quelque chose ou qui paie pour un service. *Il y a la queue, les **clients** s'impatientent.*

clientèle (nom féminin) Ensemble des clients. *Ce restaurant a une nombreuse **clientèle**.*

cligner (verbe) (conj. 3) Ouvrir et fermer rapidement les paupières. *Le soleil sur la neige me fait **cligner** les yeux.*

clignotant (nom masculin) Lumière rouge qui clignote pour signaler un changement de direction de la voiture. *Il a mis son **clignotant** à gauche pour dépasser.*

clignoter (verbe) (conj. 3) S'allumer et s'éteindre à intervalles courts et réguliers. *Ses feux de détresse **clignotent**.*

climat (nom masculin) Temps qu'il fait dans une région. *Le **climat** de la Bretagne est doux et humide.*
★ Famille du mot : acclimat**ation**, acclimat**er**, climat**ique**, climat**isation**, climat**iser**, climatologie.

climatique (adjectif) Du climat. *La Côte d'Azur jouit de conditions **climatiques** exceptionnelles.*

climatisation (nom féminin) Ensemble d'appareils qui permettent de climatiser un local. *Il fait 40 degrés à l'ombre et la **climatisation** est en panne !*

climatiser (verbe) (conj. 3) Maintenir toujours la même température dans un lieu clos au moyen d'appareils. *Le taxi **est climatisé**, c'est bien agréable par cette chaleur.*

climatologie (nom féminin) Étude des éléments du climat. • Climatologie médicale : étude de l'action des différents climats sur l'organisme.

clin d'œil (nom masculin) Signe que l'on fait en clignant un œil. *Je t'ai vu faire un **clin d'œil** à Hélène !* • En un clin d'œil : très vite.

clinique (nom féminin) Établissement médical privé. *Yann a été opéré dans une **clinique**.*

clinquant, ante (adjectif) Qui brille d'un grand éclat, mais qui est sans valeur. *Ce mobilier **clinquant** n'est pas du meilleur goût !*

clip (nom masculin) Film court qui illustre une chanson ou une publicité.

clique (nom féminin) **1** Ensemble des tambours et des clairons d'un régiment. **2** Groupe de personnes qui se mettent ensemble pour manigancer. *Ils font tous partie de la même **clique**, méfie-toi !*

cliquer (verbe) (conj. 3) Appuyer sur la souris d'un ordinateur pour effectuer une opération.

cliques (nom féminin pluriel) • **Prendre ses cliques et ses claques** : partir soudainement en emportant ce que l'on possède, dans le langage familier.
★ **Cliques** est un mot régional qui signifie « jambes ».

cliquetis (nom masculin) Bruit léger d'objets qui s'entrechoquent. *On entendit le **cliquetis** des clés du gardien.*

clitoris (nom masculin) Petit organe érectile situé à la partie antérieure de la vulve.
▶ Prononciation [klitɔris].

clivage (nom masculin) Division d'un groupe. *La décentralisation de l'Administration a atténué les **clivages** entre la capitale et la province.*

cloaque (nom masculin) **1** Lieu qui sert au dépôt des ordures. *Les Romains ont créé des **cloaques** qui ont formé les premiers égouts.* **2** Orifice qui sert de débouché commun aux voies intestinales, urinaires et génitales, chez certains animaux. *Les oiseaux et les reptiles ont un **cloaque**.*

clochard, arde (nom) Personne qui n'a ni domicile ni travail.

clochardiser (verbe) (conj. 3) Amener une personne à des conditions de vie misérables. *Le chômage et l'alcoolisme l'**ont clochardisé**.*

cloche (nom féminin) **1** Instrument sonore en métal, pourvu d'un battant. *En 1918, les **cloches** sonnèrent l'armistice à toute volée.* **2** Ustensile en forme de cloche. *Pour les faire mûrir, on met les salades et les melons sous **cloche**.*
★ Famille du mot : clocher, clocheton, clochette.

à **cloche-pied** (adverbe) En sautant sur un seul pied. *On joue à la marelle **à cloche-pied**.*
▶ On écrit aussi **à clochepied**.

clocher (nom masculin) Haute tour d'une église, où sont suspendues les cloches.

clocheton (nom masculin) Petit clocher.

clochette (nom féminin) **1** Petite cloche. *On entend tinter les **clochettes** des moutons.* **2** Petite fleur en forme de cloche. *Les **clochettes** du muguet.*

cloison (nom féminin) Mur intérieur peu épais. *On l'entend ronfler à travers la **cloison**.*

cloisonner (verbe) (conj. 3) Diviser par une cloison. *On **a cloisonné** cette grande pièce pour en faire deux chambres.*

cloître (nom masculin) Dans un couvent, galerie couverte qui entoure une cour ou un jardin.
▶ On écrit aussi **cloitre**.

cloîtrer (verbe) (conj. 3) Mettre à l'écart des autres. *Depuis la mort de sa femme, il vit **cloîtré** chez lui.* (Syn. **enfermer**.)
▶ On écrit aussi **cloitrer**.

clone (nom masculin) Copie exacte d'un être vivant. *Dans ce roman de science-fiction, un savant fou fabrique des **clones** d'hommes et de femmes.*

cloner (verbe) (conj. 3) Fabriquer un clone. *Des scientifiques **ont cloné** des moutons.*

clope (nom masculin et nom féminin) Synonyme familier de cigarette.

clopin-clopant (adverbe) En boitant un peu. *Les éclopés de la course arrivèrent **clopin-clopant**.*

clopinettes (nom féminin pluriel) • **Des clopinettes** : synonyme familier de rien. *J'en ai marre de travailler pour **des clopinettes**.*

cloporte (nom masculin) Petit animal qui vit dans les endroits obscurs et humides. *Quand William a renversé la souche, une armée de **cloportes** a détalé.*

cloque (nom féminin) **1** Poche remplie de liquide qui apparaît sous la peau. *Mes chaussures neuves m'ont fait des **cloques** au talon.* (Syn. **ampoule**.) **2** Boursouflure. *Le papier peint fait des **cloques** : il a été mal posé.*

clore (verbe) (conj. 55) Synonyme littéraire de fermer ou de terminer. *Tu vas maintenant **clore** les paupières et dormir. Les inscriptions **sont closes** depuis fin septembre.*
★ Famille du mot : clôture, clôturer, enclos.

clôture (nom féminin) **1** Ce qui ferme un terrain. *Une haie, un grillage, une palissade sont des **clôtures**.* **2** Ce qui termine quelque chose. *Le président a prononcé le discours de **clôture**.*

clôturer (verbe) (conj. 3) **1** Entourer d'une clôture. *L'éleveur **a clôturé** son pré.* **2** Mettre fin à quelque chose. *Un vin d'honneur **a clôturé** la cérémonie.* (Syn. **achever, finir**.)

clou (nom masculin) **1** Petite tige métallique pointue, qui sert à fixer quelque chose. *Xavier ne sait pas planter un **clou** sans se taper sur les doigts.* (Syn. **pointe**.) **2** Moment le plus réussi d'un spectacle. *Le numéro de l'équilibriste a été le **clou** de la soirée.* • **Maigre comme un clou** : très maigre.
★ Famille du mot : clouer, clouté, déclouer.

clouer (verbe) (conj. 3) Fixer avec des clous. • **Clouer le bec à quelqu'un** : dans la langue familière, faire une réponse qui l'oblige à se taire.

clouté, ée (adjectif) Garni de clous. *Des pneus **cloutés** pour la neige.* • **Passage clouté** : passage protégé où les piétons peuvent traverser la rue.

clown (nom masculin) Artiste de cirque qui fait des numéros comiques.
▶ **Clown** est un mot anglais : on prononce [klun].

clownerie (nom féminin) Farce ou grimace du clown. *Ses **clowneries** amusent toute la classe.* (Syn. **pitrerie**.)
▶ Prononciation [klunʀi].

club (nom masculin) **1** Groupe de personnes qui se réunissent régulièrement pour une activité. ***Un club** sportif, un **club** de philatélistes.* **2** Canne de golf qui sert à frapper la balle.
▶ **Club** est un mot anglais : on prononce [klœb].

cluse (nom féminin) Coupure transversale d'un anticlinal, typique du relief jurassien. *La **cluse** relie les vallées situées de part et d'autre de l'anticlinal.*

clystère (nom masculin) Injection par l'anus d'un liquide destiné à purger l'intestin ou à le rendre opaque en vue d'un examen. *On pratique un **clystère** avant de prendre des clichés radiographiques.*

CM (nom masculin) Quatrième et cinquième années de l'école primaire. *Le **CM** fait partie du cycle 3.*
★ **CM** est le sigle de *cours moyen*.

cnidaire (nom masculin) Invertébré aquatique couvert de cellules qui donnent de l'urticaire. *La méduse et le corail sont des **cnidaires**.* (Syn. **cœlentéré**.)
★ **Cnidaire** vient du mot grec *knidê* qui signifie « ortie ».

co- Préfixe tiré du latin *cum*, qui signifie « avec », et exprime le concours, l'union, la simultanéité (exemples : *cohabiter*, *coordonner*, *copropriété*).
► On écrit **col-** lorsque le radical commence par *l* (exemple : *collatéral*), **com-** lorsqu'il commence par *m*, *b* ou *p* (exemple : *compère*).

coach (nom masculin) **1** Voiture à deux portes et quatre glaces latérales, qui peut accueillir quatre à cinq passagers. *Il faut baisser les sièges avant pour accéder aux sièges arrière dans un **coach**.* **2** Entraîneur d'une équipe ou d'un athlète de haut niveau.
► Prononciation [kotʃ].
★ **Coach** vient du mot anglais qui signifie « *diligence* ».

coagulation (nom féminin) Fait de coaguler. *La chaleur provoque la **coagulation** du blanc d'œuf.*

coaguler (verbe) (conj. 3) Devenir solide. *Quand le lait tourne, il **coagule**.* (Syn. **cailler, figer**.)

se **coaliser** (verbe) (conj. 3) Faire une coalition. *Vous **vous coalisez** tous contre moi !* (Syn. **s'allier, se liguer**.)

coalition (nom féminin) Alliance contre un ennemi commun. *Durant la Seconde Guerre mondiale, les Alliés ont formé une **coalition** contre Hitler.*

coassement (nom masculin) Cri des grenouilles et des crapauds.

coasser (verbe) (conj. 3) Pousser des coassements. *Les grenouilles **coassent** et les corbeaux croassent.*

cobalt (nom masculin) **1** Métal blanc, magnétique, qui entre dans la composition des alliages. *Certains aciers contiennent du **cobalt**.* **2** Couleur bleue. *J'ai un tube de peinture **cobalt**.* • **Bombe au cobalt** : appareil qui produit des rayons radioactifs au cobalt et que l'on utilise dans le traitement des cancers.
► Prononciation [kɔbalt].

cobaye (nom masculin) Petit rongeur que l'on utilise pour faire des expériences scientifiques. (Syn. **cochon d'Inde**.)
► Prononciation [kɔbaj].

cobra (nom masculin) Serpent venimeux d'Afrique ou d'Asie. *Le **cobra** indien est appelé serpent à lunettes.* (Syn. **naja**.)

coca (nom masculin) **1** Arbuste d'Amérique du Sud, dont les feuilles renferment des alcaloïdes. *On extrait la cocaïne du **coca**.* **2** Boisson gazeuse à base de coca, d'origine américaine.
► On dit aussi **coca-cola**.
▪ **coca** (nom féminin) Substance stimulante extraite des feuilles de coca.

cocagne (nom féminin) • **Mât de cocagne** : mât glissant, au sommet duquel sont accrochés des lots qui sont gagnés par ceux qui parviennent à les attraper. • **Pays de cocagne** : pays imaginaire où l'on a tout ce que l'on veut.

cocaïne (nom féminin) Poudre blanche extraite des feuilles d'un arbuste d'Amérique du Sud. *La **cocaïne** est une drogue dangereuse.*

cocarde (nom féminin) Insigne rond aux couleurs du drapeau d'un pays. *Les avions de combat français portent une **cocarde** tricolore.*

cocasse (adjectif) Étonnant et comique à la fois. *Cette histoire **cocasse** nous a bien fait rire.*

coccinelle (nom féminin) Coléoptère rouge ou orangé à points noirs. *Les **coccinelles** se nourrissent de pucerons.* (Syn. **bête à bon Dieu**.)

coccolithe (nom masculin ou nom féminin) Plaquette calcaire microscopique couvrant certaines algues du plancton. *L'accumulation de **coccolithe** fossile a donné la craie.*
► On écrit aussi **coccolite**.

coccyx (nom masculin) Bas de la colonne vertébrale. *Benjamin s'est fêlé le **coccyx** en tombant sur le derrière.*
► Prononciation [kɔksis].

cochenille (nom féminin) **1** Insecte de très petite taille, parasite de divers végétaux, dont seul le mâle a des ailes. *La **cochenille** détruit les arbres en aspirant leur sève.* **2** Teinture rouge extraite des cochenilles femelles. *La **cochenille** est utilisée dans les encres ou comme colorant alimentaire.*

① **cocher** (verbe) (conj. 3) Marquer d'un signe un mot ou une case dans une liste. *Sur le programme, j'**ai coché** tous les films que je vais regarder cette semaine.*

② **cocher** (nom masculin) Personne qui conduisait les voitures à cheval. *Le **cocher** fouetta le cheval, et le fiacre partit à vive allure.*

cochère (adjectif féminin) • **Porte cochère** : grande porte à deux battants.

cochon (nom masculin) Mammifère domestique élevé pour sa chair. *Les **cochons** grognent dans la porcherie.* (Syn. **porc**.) • **Cochon de lait** : petit cochon qui tète encore sa mère. • **Cochon d'Inde** : cobaye. • **Temps de cochon** : très mauvais temps. • **Tête de cochon** : mauvais caractère. • **Tour de cochon** : méchanceté.
▪ **cochon, onne** (nom) Personne sale.
★ Famille du mot : cochonn**aille**, cochonn**erie**, cochon**net**.

cochonnaille (nom féminin) Synonyme familier de charcuterie.

cochonnerie (nom féminin) **1** Synonyme familier de saleté. *Le chien a fait des **cochonneries** sur la moquette.* **2** Objet de mauvaise qualité. *Tu peux jeter ces **cochonneries** à la poubelle !*

cochonnet (nom masculin) Petite boule qui sert de but à la pétanque.

cocker (nom masculin) Chien de chasse aux oreilles pendantes. *Le **cocker** est une variété d'épagneul.*
▶ **Cocker** est un mot anglais : on prononce [kɔkɛʀ].

cockpit (nom masculin) Poste de pilotage d'un avion. (Syn. **cabine.**)
▶ **Cockpit** est un mot anglais : on prononce [kɔkpit].

cocktail (nom masculin) **1** Boisson obtenue en mélangeant des alcools et des sirops. **2** Réception, avec buffet, en fin d'après-midi.
▶ **Cocktail** est un mot anglais : on prononce [kɔktɛl].

coco (nom masculin) • **Noix de coco** : fruit du cocotier.

cocon (nom masculin) Enveloppe de fils de soie que certaines chenilles tissent pour se transformer en chrysalide.

cocorico (interjection) Mot qui imite le cri du coq.

cocotier (nom masculin) Grand palmier des régions tropicales, dont le fruit est la noix de coco.

cocotte (nom féminin) **1** Synonyme familier de poule. *Élodie s'amuse à faire des **cocottes** en papier.* **2** Marmite en fonte. *On fait cuire le ragoût dans la **cocotte**.*

cocotte-minute (nom féminin) Synonyme de autocuiseur. *Je cuis des pommes de terre dans la **cocotte-minute**.*
▶ Pluriel : des **cocottes-minutes.**
★ **Cocotte-minute** est le nom d'une marque.

cocu, ue (adjectif et nom) Qui est trompé par son conjoint, dans le langage familier. • **Avoir une veine de cocu** : avoir une chance peu ordinaire.
★ **Cocu** est une variante de *coucou,* dont la femelle pond ses œufs dans des nids étrangers.

code (nom masculin) **1** Ensemble des lois et des règlements à respecter concernant des domaines précis. *Le **code** pénal, le **code** de la route.* **2** Feux de croisement d'une automobile. *Il faut se mettre en **codes** quand on croise une voiture.* **3** Langage secret compris par le destinataire du message seulement. *Le **code** convenu, c'est deux coups de sifflet longs, puis un bref.* **4** Combinaison secrète de chiffres. *Tapez votre **code**, s'il vous plaît.* • **Code postal** : numéro attribué à chaque ville, qu'il faut inscrire sur les lettres et les colis postaux.
★ Famille du mot : code-barres, **coder**, **codeur**, **décoder**, **décodeur**, **encoder**.

code-barres (nom masculin) Ensemble de barres verticales imprimées sur un emballage et qui correspondent à des renseignements sur le produit.
▶ Pluriel : des **codes-barres.**

codéine (nom féminin) Dérivé de la morphine utilisé contre la douleur et la toux. *Myriam prend du sirop à la **codéine**.*

coder (verbe) (conj. 3) Rédiger un message en code. *Les espions correspondent par messages **codés**.*

codeur (nom masculin) Appareil qui applique un code à un ensemble de données. (Contr. **décodeur.**)

codex (nom masculin) **1** Recueil officiel des médicaments autorisés. **2** Ancêtre du livre, constitué de feuilles pliées, assemblées et reliées. *Le **codex** remplaça les rouleaux au IVe siècle.*

codifier (verbe) (conj. 10) Établir le règlement d'une activité. *Quand les voitures ont commencé de rouler sur les routes, on **a codifié** la circulation.*

coefficient (nom masculin) Nombre par lequel on doit multiplier un autre nombre. *Il a eu 5 points au-dessus de la moyenne en français ; avec un **coefficient** 3, cela lui fait 15 points d'avance pour son examen.*

cœlacanthe (nom masculin) Poisson osseux dont la plupart des espèces ont disparu à la fin de l'ère secondaire. *Une espèce de **cœlacanthe** subsiste au large des Comores.*
▶ Prononciation [selakɑ̃t].

cœlioscopie (nom féminin) Examen de l'abdomen et du bassin par introduction d'un endoscope dans le ventre. *La **cœlioscopie** permet de voir nettement les ovaires de la femme.*
▶ Prononciation [seljɔskɔpi].

coéquipier, ère (nom) Joueur qui fait partie de la même équipe qu'un autre. *Au tennis, Zoé est ma **coéquipière**.*

coercitif, ive (adjectif) Qui peut contraindre. *La mise en détention est un pouvoir **coercitif** qui appartient au juge.*

cœur (nom masculin) **1** Muscle qui fait circuler le sang dans les vaisseaux. **2** Endroit où sont supposés naître les sentiments (bonté, amour, affection). *David a bon **cœur**. Je vous embrasse de tout mon **cœur**.* **3** Partie centrale de quelque chose. *Un **cœur** de salade. Le **cœur** du problème.* **4** L'une des quatre couleurs du jeu de cartes. *Dix de **cœur**, roi de **cœur** et as de **cœur** !* • **Avoir le cœur gros, serré** : avoir du chagrin. • **Avoir mal au cœur** : avoir la nausée. • **De bon cœur** : volontiers. • **En avoir le cœur net** : vérifier si une chose est vraie ou non. • **Faire mal au cœur** : faire de la peine. • **Par cœur** : de mémoire. • **S'en donner à cœur joie** : s'amuser autant qu'on peut.
★ Famille du mot : à contrecœur, **écœurant**, **écœurer**.

coexistence (nom féminin) Fait de coexister. *La **coexistence** de plusieurs tendances dans un parti.*

coexister (verbe) (conj. 3) Exister en même temps qu'autre chose. *Brutalité et gentillesse peuvent **coexister** chez une même personne.*

coffre (nom masculin) **1** Grande caisse munie d'un couvercle. *Un **coffre** à jouets, un **coffre** à linge.* **2** Endroit prévu pour mettre les bagages dans une voiture.
★ Famille du mot : coffre-fort, coffr**er**, coffr**et**.

coffre-fort (nom masculin) Armoire métallique où l'on garde de l'argent et des objets précieux.
▶ Pluriel : des **coffres-forts**.

coffrer (verbe) (conj. 3) **1** Synonyme familier de emprisonner. *Les policiers **ont coffré** un truand.* **2** Donner une forme à du béton frais au moyen d'un moule en bois ou en métal. *Les ouvriers **coffrent** un pilier.*

coffret (nom masculin) **1** Petit coffre où l'on range des bijoux. *Un **coffret** en bois de santal.* **2** Boîtier contenant plusieurs objets. *Un **coffret** de livres.*

cofondateur, trice (nom) Personne qui fonde quelque chose avec d'autres personnes. *Laura et Sarah sont les **cofondatrices** d'une entreprise de cosmétiques.*

cogiter (verbe) (conj. 3) Synonyme familier de réfléchir. *Ses soucis le font **cogiter**.*

cognac (nom masculin) Eau-de-vie de raisin que l'on produit à Cognac, dans les Charentes.

cognassier (nom masculin) Arbre fruitier qui donne les coings.

cognée (nom féminin) Grosse hache à long manche utilisée pour abattre les arbres.

se **cogner** (verbe) (conj. 3) Se heurter contre quelque chose. *Laura s'est fait une bosse en **se cognant** contre le mur.*

cohabitation (nom féminin) Fait de cohabiter. *Ils ne s'entendent pas : leur **cohabitation** est difficile.*

cohabiter (verbe) (conj. 3) Habiter ensemble. *Aux sports d'hiver, ces deux familles **cohabitent** dans le même chalet.*

cohérence (nom féminin) Qualité de ce qui est cohérent. *Le scénario du film manque de **cohérence**.* (Contr. **incohérence.**)

cohérent, ente (adjectif) Dont les idées s'enchaînent logiquement. *Son raisonnement se tient, il est **cohérent**.* (Syn. **logique.** Contr. **incohérent.**)
★ Famille du mot : cohéren**ce**, **in**cohérence, **in**cohérent.

cohésion (nom féminin) Caractère d'un groupe dont les membres s'entendent bien. *Il y a une bonne **cohésion** dans l'équipe.*

cohorte (nom féminin) Troupe de gens. *Des **cohortes** de réfugiés affluent aux frontières.*

cohue (nom féminin) Foule de gens qui se bousculent. *Quelle **cohue** dans les magasins à l'approche de Noël !* (Syn. **bousculade.**)

coi, coite (adjectif) • **Rester coi** : rester silencieux.

coiffe (nom féminin) Bonnet en tissu ou en dentelle, que les femmes portaient autrefois à la campagne.

coiffer (verbe) (conj. 3) **1** Peigner les cheveux de quelqu'un. *Aude se **coiffe** avant de sortir.* **2** Couvrir la tête de quelqu'un. *Clément entra, **coiffé** de son béret.*
★ Famille du mot : coiffe, coiff**eur**, coiff**ure**, **dé**coiffer, **re**coiffer.

coiffeur, euse (nom) Personne dont le métier est de couper et de peigner les cheveux. *Tes cheveux sont trop longs, va chez le **coiffeur** !*

coiffure (nom féminin) **1** Manière dont les cheveux sont arrangés. *Cette **coiffure** te rajeunit.* **2** Ce qui sert à couvrir la tête. *La couronne, la toque, le turban sont des **coiffures**.*

coin (nom masculin) **1** Angle formé par deux choses, deux rues, deux murs. *Le **coin** de la table. Les quatre **coins** d'une pièce.* **2** Petit espace ou portion d'espace. *Kevin lit dans son **coin**. On a passé les vacances dans un **coin** magnifique.* (Syn. **endroit.**)

coincer (verbe) (conj. 4) Empêcher de bouger ou de fonctionner. *La clé **est coincée** dans la serrure, impossible d'ouvrir.* (Syn. **bloquer.**)

coïncidence (nom féminin) Faits qui se produisent ensemble par hasard. *Ibrahim et Odile se sont retrouvés dans le même train : quelle **coïncidence** !*
▶ Prononciation [kɔɛ̃sidɑ̃s].

coïncider (verbe) (conj. 3) **1** Avoir lieu au même moment. *Chic ! Nos dates de vacances **coïncident**, nous pourrons partir ensemble.* **2** Correspondre parfaitement. *Tous les témoignages **coïncident**.* (Syn. **concorder.**)
▶ Prononciation [kɔɛ̃side].

coing (nom masculin) Fruit jaune du cognassier, en forme de poire. *Maman a fait de la gelée de **coings**.*
▶ Prononciation [kwɛ̃].

coït (nom masculin) Synonyme de accouplement. *La fécondation se produit à la suite d'un **coït**.*
▶ Prononciation [kɔit].
★ **Coït** vient du latin *coire* qui signifie « aller ensemble ».

coke (nom masculin) Combustible obtenu en élevant de la houille à très haute température. *Il faut une tonne houille pour fabriquer 750 kg de **coke**.*

col (nom masculin) **1** Partie d'un vêtement qui entoure le cou. *Un pull à **col** roulé.* **2** Passage entre deux montagnes. *Roland trouva la mort au **col** de Roncevaux.* • **Col du fémur** : partie où l'os du fémur se rétrécit.
★ En ancien français, le **col** c'était le *cou*.

colchique (nom masculin) Petite fleur mauve vénéneuse qui fleurit en automne.
★ **Colchique** vient du nom d'une région de Grèce, la *Colchide*, où vivait la magicienne et empoisonneuse Médée.

coléoptère (nom masculin) Insecte dont les ailes sont protégées par des élytres. *Les scarabées, les coccinelles, les cigales sont des **coléoptères**.*

colère (nom féminin) Réaction violente de mécontentement. *Il s'est mis dans une **colère** folle, il a tout cassé.* (Syn. **fureur, rage.**)

coléreux, euse (adjectif) Qui se met souvent en colère. (Syn. **irascible.**)

colibacille (nom masculin) Bacille qui vit normalement dans l'intestin mais qui peut provoquer des infections urinaires et intestinales.
▶ Prononciation [kɔlibasil].

colibri (nom masculin) Tout petit oiseau d'Amérique, très coloré, appelé aussi oiseau-mouche.

colifichet (nom masculin) Petit bijou sans grande valeur.

colimaçon (nom masculin) • **Escalier en colimaçon :** en spirale.
★ **Colimaçon** est le nom ancien de l'escargot : les escaliers en colimaçon ressemblent à l'intérieur d'une coquille d'escargot.

colin (nom masculin) Poisson de mer à la chair appréciée.

colin-maillard (nom masculin) Jeu où l'un des joueurs, les yeux bandés, cherche à attraper les autres à tâtons et à les reconnaître.
▶ Pluriel : des **colin-maillards.**

colique (nom féminin) Synonyme de diarrhée. *Si tu manges toutes ces prunes vertes, tu vas avoir la **colique** !*

colis (nom masculin) Paquet envoyé à quelqu'un. *Poster un **colis**.*

colistier, ère (nom) Candidat inscrit sur la même liste électorale que d'autres candidats. *Les **colistiers** préparent leur campagne.*

collaborateur, trice (nom) Personne qui travaille avec d'autres personnes. *Le directeur du journal a réuni tous ses **collaborateurs**.*

collaboration (nom féminin) Action de collaborer. *Pour préparer la fête de l'école, la maîtresse demande la **collaboration** de tous les élèves.* (Syn. **aide, participation.**)

collaborer (verbe) (conj. 3) Synonyme de coopérer. *Plusieurs auteurs **ont collaboré** à ce livre.*
★ Famille du mot : collabor**ateur**, collabor**ation**.

collage (nom masculin) Action de coller. *Ce tableau est réalisé à partir de **collages** de papiers colorés.*

collant, ante (adjectif) **1** Qui colle. *Tu as les mains toutes **collantes**, va les laver.* **2** Qui moule le corps. *Anna ne se sent pas à l'aise dans des vêtements trop **collants**.* (Syn. **serré.** Contr. **ample, bouffant.**)
▪ **collant** (nom masculin) Sous-vêtement qui couvre le bas du corps, de la taille aux pieds. *Sous son pantalon de ski, Ibrahim porte un **collant** de laine.*

collargol (nom masculin) Solution colloïdale d'argent. *Le **collargol** est utilisé comme antiseptique.*
★ **Collargol** est le nom d'une marque.

collatéral, ale, aux (adjectif et nom) Personne hors de la ligne directe de parenté. *Les frères et sœurs, les oncles et tantes sont des **collatéraux**.*

collation (nom féminin) Repas léger. *Kevin prend une **collation** à quatre heures avant d'aller au club.*

colle (nom féminin) **1** Matière utilisée pour faire adhérer deux surfaces. *Il faut de la **colle** forte pour recoller ce jouet cassé.* **2** Question difficile, dans la langue familière. *Là, tu me poses une **colle**, je ne sais pas répondre !*

collecte (nom féminin) Action de rassembler de l'argent ou des objets. *Organiser une **collecte** pour aider les sans-abris. La **collecte** des ordures ménagères a lieu une fois par semaine.*
★ Famille du mot : collect**er**, collect**eur**.

collecter (verbe) (conj. 3) Faire une collecte. ***Collecter** des vêtements pour les enfants défavorisés.*

collecteur, trice (nom) Personne chargée de recueillir de l'argent. *Le **collecteur** d'impôts travaille au Trésor public.*
▪ **collecteur, trice** (adjectif) Qui recueille. *Les ouvriers creusent un égout **collecteur** d'eau de pluie.*

collectif, ive (adjectif) Qui concerne plusieurs personnes en même temps. *Le football est un sport **collectif**.* (Contr. **individuel.**)
★ Famille du mot : collectiv**ement**, collectiv**isme**, collectiv**ité**.

collection (nom féminin) **1** Ensemble d'objets qu'on a réunis et qu'on garde pour le plaisir. *Mon grand frère a une belle **collection** de jouets anciens.* **2** Ensemble de vêtements créés par un couturier. *Des mannequins présentent les modèles de la **collection** d'hiver.*
★ Famille du mot : collection**ner**, collection**neur**.

collectionner (verbe) (conj. 3) Réunir en collection. *Élodie **collectionne** les timbres.*

collectionneur, euse (nom) Personne qui fait une collection. *Une **collectionneuse** de cartes postales.*

collectivement (adverbe) De façon collective. *Les manifestants ont exprimé **collectivement** leur mécontentement.* (Contr. **individuellement.**)

collectivisme (nom masculin) Système économique et social dont les moyens de production et d'échange appartiennent à l'État. *Le **collectivisme** fixe le niveau de production et le prix de vente des produits.*

collectivité (nom féminin) Ensemble des gens qui composent un groupe. *Pierre est un solitaire, il n'aime pas la vie en **collectivité**.*

collège (nom masculin) Établissement d'enseignement secondaire qui comprend les classes allant de la sixième à la troisième.

collégial, ale, aux (adjectif) Assuré par un ensemble de personnes. *Cette décision a été prise par la direction **collégiale** de l'établissement.* (Contr. **individuel.**)
▪ **collégiale** (nom féminin) Église plus petite qu'une cathédrale.

collégien, enne (nom) Élève d'un collège.

collègue (nom) Personne avec qui on travaille dans la même entreprise. *Maman déjeune souvent avec ses **collègues** de travail.*

collembole (nom masculin) Insecte sauteur sans ailes, long de 1 à 4 mm, qui vit dans des endroits sombres et frais.

coller (verbe) (conj. 3) **1** Faire tenir avec de la colle. *Coller du papier peint sur les murs.* (Contr. **décoller**.) **2** Appliquer contre une surface. *Quentin **a collé** son visage à la vitre.* **3** Dans la langue familière, refuser à un examen. *Mon grand frère **a été collé** au bac.*
★ Famille du mot : autocollant, col**lage**, col**lant**, colle, col**leur**, **dé**coller, encoller, **pré**encollé, **re**coller.

collerette (nom féminin) **1** Col fixé à l'encolure ou au décolleté d'un vêtement. *Victor loue un costume de Pierrot avec une veste à **collerette**.* **2** Anneau qui entoure le haut du pied de certains champignons. *L'agaric est un champignon à **collerette**.* **3** Col formé par une fourrure ou des plumes plus abondantes autour du cou, chez les animaux. *Le chat persan porte une magnifique **collerette**.*

collet (nom masculin) Piège comportant un lacet à nœud coulant pour prendre le gibier. *Un lièvre a été pris au **collet**.* • **Être collet monté** : être guindé, austère. *Ces gens **sont** très **collet monté**.* • **Saisir quelqu'un au collet** : l'attraper violemment par le col, ou procéder à son arrestation.
★ Être **collet monté** vient d'un ancien sens du mot **collet**, qui désignait un vêtement que l'on portait autour du cou.

colleur, euse (nom) • **Colleur d'affiches** : personne qui colle des affiches sur des murs ou des panneaux.

colley (nom masculin) Chien de berger écossais à poil long. *Le **colley** est doux avec les enfants.*
▶ Prononciation [kɔlɛ].

collier (nom masculin) **1** Bijou qui se porte autour du cou. **2** Courroie qu'on attache au cou de certains animaux. *Les chiens perdus sans **collier** sont emmenés à la fourrière.* • **Donner un coup de collier** : fournir un gros effort.

collimateur (nom masculin) Appareil qui permet de viser. *Le **collimateur** d'un avion de combat.* • **Avoir quelqu'un dans le collimateur** : le surveiller pour être prêt à l'attaquer.

colline (nom féminin) Élévation de terrain de faible hauteur, au sommet arrondi.

collision (nom féminin) Choc brutal entre deux corps en mouvement. *La **collision** entre les deux trains n'a heureusement fait aucun blessé.*

colloïdal, ale, aux (adjectif) Qui contient un corps dispersé sous forme de molécules agrégées entre elles. *Les gels sont des substances **colloïdales**.*

colloque (nom masculin) Débat entre spécialistes d'une discipline. *Un **colloque** d'astronomie.*

collusion (nom féminin) Entente secrète pour porter préjudice à quelqu'un. *Les forces armées ont été accusées de **collusion** avec l'ennemi.* (Syn. **complicité**.)
★ **Collusion** vient du latin *colludere* qui signifie « jouer ensemble ».
▶ Il ne faut pas confondre **collusion** et **collision**.

collyre (nom masculin) Médicament liquide qu'on met dans les yeux pour les soigner.

colmater (verbe) (conj. 3) Boucher de façon hermétique. *La brèche dans la digue **a été colmatée**.*

colombage (nom masculin) Ensemble des poutres de bois sur les murs de certaines maisons. *En Normandie, on peut voir des maisons à **colombages**.*

colombe (nom féminin) Pigeon blanc ou gris. *La **colombe** portant dans son bec un rameau d'olivier est le symbole de la paix.*

colombien, enne → tableau p. 6 / 7.

colombin (nom masculin) **1** Pigeon sauvage au plumage gris-bleu. **2** Long boudin de pâte, utilisé pour fabriquer des poteries sans tour. *Le sculpteur travaille un **colombin** d'argile.*

colon (nom masculin) Personne qui habite une colonie.
★ Famille du mot : colon**ial**, colonial**isme**, colonie, colo**nisation**, coloni**ser**.

côlon (nom masculin) Partie de l'intestin, appelée aussi gros intestin.

colonel (nom masculin) Officier d'un grade élevé, juste inférieur au général. *Le **colonel** commande un régiment.*

colonial, ale, aux (adjectif) Qui concerne une colonie. *Autrefois, la France et l'Angleterre avaient des empires **coloniaux**.*

colonialisme (nom masculin) Politique d'un pays qui cherche à exploiter des colonies.

colonie (nom féminin) **1** Territoire dépendant d'un autre pays qui l'occupe et l'administre. *Le Sénégal a été une **colonie** française jusqu'en 1960.* **2** Groupe d'animaux qui vivent ensemble. *Une **colonie** de fourmis.* • **Colonie de vacances** : organisation qui rassemble des enfants pour les vacances.

colonisation (nom féminin) Action de coloniser un pays.

coloniser (verbe) (conj. 3) Transformer un pays en colonie. *Le Mali **a été colonisé** par la France au XIXe siècle.*

colonnade (nom féminin) Alignement de colonnes. *Les **colonnades** des temples grecs.*

colonne (nom féminin) **1** Support vertical d'un bâtiment, de forme cylindrique. *Les **colonnes** du Parthénon à Athènes ont été restaurées.* (Syn. **pilier**.) **2** Chacune des divisions verticales des pages d'un livre ou d'un journal. *Ce dictionnaire est imprimé sur deux **colonnes**.* **3** Suite d'individus ou de véhicules en marche. *Une **colonne** de blindés a traversé la ville.* (Syn. **file**.) • **Colonne vertébrale** : ensemble des vertèbres. (Syn. **épine dorsale**.)

colophane (nom féminin) Résine obtenue par distillation de la térébenthine, et utilisée comme colle ou dans la fabrication de vernis. *Les archets sont enduits de **colophane** pour accrocher les cordes des instruments de musique.*

coloquinte (nom féminin) Cucurbitacée grimpante qui donne un gros fruit, jaune à maturité, à la pulpe amère et souvent toxique. *Les **coloquintes** se conservent séchées pour la décoration.*

colorant (nom masculin) Produit qui sert à colorer certaines matières ou certains aliments. *Les bonbons sont souvent pleins de **colorants**.*

coloration (nom féminin) Fait de se colorer. *Admirez la **coloration** du ciel au coucher du soleil !*

colorer (verbe) (conj. 3) Donner une certaine couleur. *La grenadine **colore** l'eau en rouge. Pour cacher ses cheveux blancs, grand-mère se **colore** les cheveux en châtain.* (Syn. **teinter**.)
★ Famille du mot : colorant, coloration.

coloriage (nom masculin) Action de colorier un dessin. *Ma petite sœur adore faire des **coloriages** avec ses feutres.*

colorier (verbe) (conj. 10) Ajouter des couleurs à un dessin. *Un album d'images à **colorier**.*

coloris (nom masculin) Couleur ou nuance de couleur. *Romain a choisi un **coloris** clair pour les murs de sa chambre.*

coloriser (verbe) (conj. 3) Colorier un film noir et blanc, par des procédés informatiques.

colossal, ale, aux (adjectif) Qui est très grand, gigantesque. *La tour Eiffel est un édifice **colossal**.*

colosse (nom masculin) Homme très grand et très fort.

colporter (verbe) (conj. 3) Répandre partout une nouvelle ou une rumeur. *Arrête de **colporter** ces ragots !*

colporteur (nom masculin) Autrefois, marchand ambulant qui vendait des marchandises à domicile.
★ Les **colporteurs** n'avaient pas de cheval : ils devaient porter leurs marchandises sur leur *col*, c'est-à-dire sur leur dos.

colt (nom masculin) Sorte de revolver. *Dans les westerns, les cow-boys portent un **colt** à la ceinture.*
★ Ce mot vient du nom de l'inventeur américain de cette arme, *Samuel Colt*.

coltiner (verbe) (conj. 3) Porter un fardeau pesant. *Le voyageur **coltine** son gros sac à dos.* • **Se coltiner** : faire une chose pénible, dans la langue familière.

colvert (nom masculin) Canard sauvage commun, à tête verte aux reflets métalliques, au collier blanc, aux ailes et au corps gris.

colza (nom masculin) Plante à fleurs jaunes. *Avec les graines de **colza**, on fait de l'huile et de la nourriture pour les animaux.*

coma (nom masculin) État dans lequel on ne sent plus rien, dans lequel on n'est plus conscient. *Le malade est toujours dans le **coma**.*

comateux, euse (adjectif) Qui concerne le coma. *Le blessé est dans un état **comateux** depuis trois jours.*

combat (nom masculin) **1** Bataille entre troupes ennemies. *Les **combats** font rage dans cette région.* (Syn. **affrontement**.) **2** Lutte entre deux adversaires. *Un **combat** de boxe.*

combatif, ive (adjectif) Qui est plein d'ardeur pour gagner un combat, une lutte. *Ce joueur de tennis est très **combatif**.*
► On écrit aussi **combattif**.

combattant, ante (nom) Personne qui participe à un combat. *Il y a eu des blessés parmi les **combattants**.*

combattre (verbe) (conj. 33) **1** Se battre contre quelqu'un. ***Combattre** jusqu'à la victoire.* **2** Lutter contre quelque chose. *Ce sirop **combat** la toux. **Combattre** l'injustice.*
★ Famille du mot : combat, combatif, combattant.

combe (nom féminin) Vallée ou vallon formés dans l'axe d'un anticlinal. *Les **combes** sont creusées par l'érosion.*

combien (adverbe) Mot qui sert à demander une quantité, un prix, un poids. ***Combien** y a-t-il de fleurs dans ce bouquet ? **Combien** as-tu payé ton vélo ?*

combinaison (nom féminin) **1** Façon de combiner des choses. *Pour ouvrir ce coffre-fort, il faut en connaître la **combinaison**.* (Syn. **arrangement, disposition**.) **2** Vêtement qui réunit en une seule pièce une veste et un pantalon. *Une **combinaison** de ski, de plongée.*

combinatoire (adjectif) • **Analyse combinatoire** : partie des mathématiques qui étudie les différentes manières de combiner les éléments d'un ensemble.
▪ **combinatoire** (nom féminin) Combinaison d'éléments qui agissent les uns sur les autres.

combine (nom féminin) Dans la langue familière, moyen astucieux, parfois peu honnête. *Thomas a toujours des **combines** pour payer ses disques moins cher.*

combiné (nom masculin) Partie d'un téléphone qui permet de parler et d'écouter. *À la fin de votre appel, n'oubliez pas de raccrocher le **combiné** !*

combiner (verbe) (conj. 3) **1** Arranger différents éléments dans un certain ordre. *On peut **combiner** les chiffres à l'infini.* **2** Préparer quelque chose ou l'organiser. *Fatima essaie de **combiner** avec son frère une surprise pour l'anniversaire de leur mère.*

① **comble** (adjectif) Synonyme de bondé. *Ce bus est **comble**, attendons le suivant.*

② **comble** (nom masculin) Le plus haut degré. *Pour Victor, le **comble** du bonheur serait de gagner le match.* • **De fond en comble** : de haut en bas, partout.
▪ **combles** (nom masculin pluriel) Partie d'un bâtiment qui se trouve au dernier étage, juste sous le toit. *Elle habite une chambre sous les **combles**.*

combler (verbe) (conj. 3) **1** Boucher un creux, remplir un vide. *Le peintre **a comblé** les fissures avec* *du plâtre.* **2** Satisfaire totalement. *Ton cadeau m'**a comblé**.* **3** Donner énormément de choses. *Mon grand-père m'**a comblé** de cadeaux.*

comburant, ante (nom masculin et adjectif) Substance capable d'entretenir la combustion d'un combustible. *L'oxygène de l'air est le **comburant** le plus utilisé.*

combustible (adjectif) Qui peut brûler. *Le pétrole est **combustible**.* (Contr. **incombustible.**)
▪ **combustible** (nom masculin) Matière que l'on brûle pour produire de la chaleur ou de l'énergie. *Le bois, le charbon, le pétrole sont des **combustibles**.*

combustion (nom féminin) Fait de brûler. *La **combustion** du charbon.*

comédie (nom féminin) **1** Pièce de théâtre amusante. *Gaëlle adore les **comédies** de Molière.* **2** Action de faire semblant. *William prétend qu'il est malade, mais c'est de la **comédie** pour ne pas aller à l'école.*

comédien, enne (nom) Acteur qui joue au théâtre ou au cinéma. *Cette excellente **comédienne** a eu le prix d'interprétation.*
▪ **comédien, enne** (adjectif) Qui fait souvent semblant. *Il est très **comédien**, il ne faut pas toujours le croire quand il se plaint.*

comédon (nom masculin) Petit bouton sur la peau qui se termine par un point noir. *Julie utilise une lotion qui nettoie les **comédons**.*
★ **Comédon** vient du mot latin *comedere* qui signifie « manger ».

comestible (adjectif) Qui peut être mangé. *La girolle est un champignon **comestible**.*

comète (nom féminin) Astre qui passe dans le ciel suivi d'une traînée lumineuse. • **Tirer des plans sur la comète** : faire des projets chimériques.
★ **Comète** vient du grec *komêtês* qui signifie « astre chevelu ».

comice (nom féminin) Variété de poire fondante et sucrée.

comices (nom masculin pluriel) Assemblée du peuple romain pour élire des magistrats ou voter des lois. *Les **comices** étaient formés de trente curies.*

comique (adjectif) Qui fait rire. *Ce spectacle **comique** nous a beaucoup amusés.* (Syn. **amusant, drôle.**)
▪ **comique** (nom) Comédien qui joue des personnages comiques. *Charlie Chaplin était un grand **comique**.*

comité (nom masculin) Groupe de personnes chargées d'organiser quelque chose. *Maman fait partie d'un **comité** de défense de l'environnement.*

comma (nom masculin) Plus petite division du ton perceptible à l'oreille. *Le ton se divise en neuf **commas**.*

commandant (nom masculin) Officier qui commande un bataillon ou, dans la marine, un navire. • **Commandant de bord** : pilote d'un avion.

commande (nom féminin) **1** Action de commander une marchandise. *Maman a téléphoné au boucher pour lui passer une **commande**.* **2** Appareil qui fait fonctionner une machine. *Dans les avions, beaucoup de **commandes** sont automatiques.*

commandement (nom masculin) Action de commander. *Le général a pris le **commandement** des opérations.*

commander (verbe) (conj. 3) **1** Donner l'ordre de faire quelque chose. *On nous **a commandé** de sortir quand le signal d'alarme a retenti.* (Syn. **ordonner.**) **2** Être le chef. *Le chef **commande** et les autres obéissent.* (Syn. **diriger.**) **3** Faire une demande pour acheter quelque chose à un commerçant. ***J'ai commandé** un livre à la librairie.* **4** Faire fonctionner un mécanisme. *C'est ce bouton qui **commande** l'ouverture de la porte.*
★ Famille du mot : command**ant**, commande, comman**dement**, **dé**commander, **télé**commande.

commanditaire (nom masculin) **1** Bailleur de fonds dans une société. *Le **commanditaire** ne prend pas part à la gestion de l'entreprise.* **2** Synonyme de sponsor. *Une grande marque de boisson est le **commanditaire** de cette course de voiliers.*

commanditer (verbe) (conj. 3) **1** Verser des fonds dans une société. *Une banque européenne **commandite** notre entreprise.* **2** Synonyme de financer. *C'est un mécène qui **commandite** cette troupe théâtrale.*

commando (nom masculin) Petit groupe de soldats spécialement entraînés pour exécuter des opérations surprises.

comme (conjonction) **1** Sert à indiquer la comparaison. *Xavier est blond **comme** les blés.* **2** Sert à indiquer la cause. ***Comme** il pleut, on va rester à la maison.* (Syn. **puisque.**) **3** Sert à indiquer la manière. *Je ferai **comme** tu voudras.* (Syn. **ainsi que.**) **4** Sert à indiquer la simultanéité. *Il est sorti **comme** j'arrivais.* (Syn. **au moment où.**) **5** Sert à indiquer la qualité. *Elle a été embauchée **comme** secrétaire de direction.* (Syn. **en tant que.**)
▪ **comme** (adverbe) Indique l'exclamation. ***Comme** tu as grandi !* (Syn. **que.**)

commedia dell'arte (nom féminin) Genre théâtral dont les acteurs masqués improvisaient le dialogue sur un scénario donné. *La pantomime s'est inspirée de la **commedia dell'arte**.*
► **Commedia dell'arte** vient de l'italien : on prononce [kɔmedjadɛllaʀte].

commémoratif, ive (adjectif) Qui commémore un évènement. *Un monument **commémoratif** indique le lieu de la bataille.*

commémoration (nom féminin) Fait de commémorer. *Le 8 mai, on fête la **commémoration** de la fin de la Seconde Guerre mondiale.*

commémorer (verbe) (conj. 3) Rappeler le souvenir d'un évènement. *Le 14 juillet, on **commémore** la prise de la Bastille.*
★ Famille du mot : commémor**atif**, commémor**ation**.

a b **c** d e f g h i j k l m n o p q r s t u v w x y z

commencement (nom masculin) Fait de commencer. *Je suis loin d'avoir fini mon livre, j'en suis juste au* ***commencement***. (Syn. **début**. Contr. **fin**.)

commencer (verbe) (conj. 4) **1** Faire la première partie, le début de quelque chose. *Hélène* ***a commencé*** *ses devoirs.* (Contr. **finir, terminer**.) **2** Être à son début. *Le film* ***commence*** *à 20 heures précises.* (Syn. **débuter**.) **3** Se mettre à faire quelque chose. *Mon petit frère* ***commence*** *déjà à parler.*
★ Famille du mot : commenc**ement**, **re**commencer.

commensal, ale, aux (nom) Personne qui mange à la même table que d'autres, dans la langue littéraire.
▪ **commensal, ale, aux** (adjectif) Qui se nourrit des restes des êtres vivants sans leur nuire, à la différence des parasites. *Les petits crabes qui vivent dans les moules sont des* ***commensaux***.
★ **Commensal** vient du mot latin *mensa* qui signifie « table ».

comment (adverbe) **1** Sert à indiquer la manière ou le moyen. *Sais-tu* ***comment*** *ça marche ?* ***Comment*** *voyagerez-vous, en train ou en avion ?* **2** Sert à indiquer l'étonnement, la surprise ou la colère. ***Comment !*** *tu n'es pas encore prêt ?*

commentaire (nom masculin) Remarque sur un évènement ou un texte que l'on commente. *À la radio, on a entendu de nombreux* ***commentaires*** *sur le changement de Premier ministre.*

commentateur, trice (nom) Journaliste qui commente l'actualité. *Un* ***commentateur*** *sportif.*

commenter (verbe) (conj. 3) Donner des explications ou faire des remarques sur un texte, un évènement. *Son père est journaliste, il* ***commente*** *tous les jours l'actualité à la radio.*
★ Famille du mot : comment**aire**, comment**ateur**.

commérage (nom masculin) Histoire racontée par une commère, généralement malveillante. *N'écoutez pas ses* ***commérages***. (Syn. **cancan, potins, racontar, ragot**.)

commerçant, ante (nom) Personne qui fait du commerce ou qui tient un commerce. *La plupart des* ***commerçants*** *de mon quartier ferment le lundi.*
▪ **commerçant, ante** (adjectif) Où il y a beaucoup de magasins. *Cette rue est très* ***commerçante***.

commerce (nom masculin) **1** Fait d'acheter et de vendre des marchandises. *Le* ***commerce*** *international.* **2** Boutique ou magasin. *Ses parents tiennent un* ***commerce*** *dans le centre-ville.*
★ Famille du mot : commer**çant**, commerc**ial**, commerc**ialiser**.

commercial, ale, aux (adjectif) Qui a un rapport avec le commerce. *Cette entreprise recherche des personnes qui ont fait des études* ***commerciales***.

commercialiser (verbe) (conj. 3) Rendre disponible dans le commerce. *Cette voiture est un prototype, elle n'****est*** *pas encore* ***commercialisée***.

commère (nom féminin) Femme curieuse et bavarde. *La voisine est une vraie* ***commère***, *elle colporte tous les potins de l'immeuble.*

commettre (verbe) (conj. 33) Faire un acte répréhensible. ***Commettre*** *une erreur.* ***Commettre*** *un crime.*

commis (nom masculin) Jeune employé. *Le* ***commis****-boucher prépare la viande.*

commisération (nom féminin) Synonyme littéraire de pitié. *Cette religieuse est pleine de* ***commisération*** *pour les pauvres.* (Syn. **compassion**.)

commissaire (nom) Fonctionnaire de police qui a les inspecteurs et les agents d'un quartier sous ses ordres.

commissaire-priseur (nom masculin) Personne chargée du déroulement des ventes aux enchères.
▶ Pluriel : des **commissaires-priseurs**.

commissariat (nom masculin) Bureaux d'un commissaire. *Après le cambriolage, papa a déposé plainte au* ***commissariat*** *de police.*

commission (nom féminin) **1** Message confié à une personne qui est chargée de le transmettre à une autre. *Yann m'a chargé d'une* ***commission*** *pour toi.* **2** Somme d'argent proportionnelle au prix de vente de quelque chose. *Sur chacune de leurs ventes, les vendeurs touchent une* ***commission***. **3** Groupe de personnes qui se réunissent pour étudier une affaire et prendre des décisions. *Une* ***commission*** *d'enquête vient d'être nommée.*
▪ **commissions** (nom féminin pluriel) Courses ou achats. *Je descends faire les* ***commissions***.

commissure (nom féminin) Coin de la bouche. *La* ***commissure*** *des lèvres.*

① **commode** (adjectif) **1** Qui est pratique à utiliser. *Ce thermos est très* ***commode*** *pour boire chaud pendant le voyage.* **2** Qui est simple, facile à faire. *Ce serait plus* ***commode*** *de faire tous ces calculs avec une calculette.* (Contr. **compliqué**.) **3** Qui est agréable, a bon caractère. *Il est de mauvaise humeur et n'a pas l'air* ***commode*** *ce matin !*

② **commode** (nom féminin) Meuble bas à tiroirs. *Maman a une jolie* ***commode*** *en merisier dans sa chambre.*

commodité (nom féminin) Qualité de ce qui est commode. *Par* ***commodité***, *on se servira d'assiettes en carton.*
▪ **commodités** (nom féminin pluriel) Éléments de confort. *Notre hôtel n'est pas cher, mais il a toutes les* ***commodités***.

commotion (nom féminin) Choc nerveux ou émotion très forte.

commotionné, ée (adjectif) Qui est frappé d'une commotion. *Il est sorti tout* ***commotionné*** *de sa voiture accidentée.*

commuer (verbe) (conj. 3) Transformer une peine en une peine moindre, en droit. *Le président* ***a commué*** *la peine capitale en prison à perpétuité.*

commun, une (adjectif) **1** Qui sert à plusieurs personnes ou qui est partagé avec d'autres. *À la piscine, les douches sont **communes**.* (Contr. **individuel, particulier.**) **2** Qui est très répandu. *Les kangourous sont des animaux très **communs** en Australie.* (Syn. **courant.** Contr. **rare.**) • **En commun** : à plusieurs, ensemble. *Dans la coopérative de la classe, les élèves mettent leur argent **en commun**. Le train, le métro, l'autobus sont des transports **en commun**.*

communal, ale, aux (adjectif) De la commune. *L'école **communale** est à côté de la mairie.*

communard, arde (nom et adjectif) Membre et partisan de la Commune de Paris en 1871. *Le mouvement des **communards** a été suivi dans quelques grandes villes de province.*

communautaire (adjectif) Qui se fait en communauté. *Les moines mènent une vie **communautaire** dans leur monastère.*

communauté (nom féminin) Groupe de personnes qui vivent ensemble et mettent tout en commun. *Une **communauté** religieuse est établie dans cette abbaye.*

commune (nom féminin) Petite ville ou village dirigé par un maire et un conseil municipal. *Ils habitent une petite **commune** de quelques centaines d'habitants.*

communément (adverbe) De manière ordinaire. *Il est **communément** admis que les chiens ne rentrent pas dans les magasins.* (Syn. **généralement, habituellement, ordinairement.**)

communiant, ante (nom) Personne qui communie.

communicatif, ive (adjectif) **1** Qui se communique facilement. *Son rire est **communicatif** : toute la classe s'est mise à rire.* **2** Qui se confie et parle facilement. *C'est un enfant très **communicatif** qui dit tout ce qu'il pense.* (Syn. **expansif, ouvert.** Contr. **renfermé, taciturne.**)

communication (nom féminin) **1** Action de communiquer une information. *Le ministre a fait une **communication** à la télévision.* **2** Conversation téléphonique. *Le prix des **communications** a baissé.* **3** Fait de communiquer d'un endroit à un autre. *Il y a une porte de **communication** entre la salle à manger et la cuisine.* • **Voies de communication** : routes, canaux, autoroutes, lignes de chemins de fer.

communier (verbe) (conj. 10) Recevoir la communion.
★ Famille du mot : communi**ant**, communi**on**.

communion (nom féminin) Sacrement de l'eucharistie, dans l'Église catholique.

communiqué (nom masculin) Message officiel transmis au public par la presse, la radio, la télévision.

communiquer (verbe) (conj. 3) **1** Faire connaître. *La nouvelle **a été communiquée** très tôt ce matin.* (Syn. **transmettre.**) **2** Échanger des informations. *Internet permet de **communiquer** dans le monde entier.* **3** Faire partager un sentiment ou transmettre une maladie. *Elle a réussi à nous **communiquer** son angoisse. Le virus de la grippe se **communique** facilement.* **4** Permettre de passer directement d'un lieu à un autre. *Ces deux pièces **communiquent** par une porte vitrée.*
★ Famille du mot : communic**atif**, communic**ation**, communiqu**é**.

communisme (nom masculin) Système dans lequel les usines et les terres d'un pays appartiennent à l'État.

communiste (adjectif) Qui a un rapport avec le communisme. *Un régime **communiste**.*
■ **communiste** (nom) Partisan du communisme.

commutateur (nom masculin) Appareil qui permet d'échanger entre elles des portions d'un circuit électrique ou d'en modifier les connexions. *Le **commutateur** téléphonique permet d'établir une communication entre deux correspondants.*

commutatif, ive (adjectif) Dont le résultat est le même quel que soit l'ordre des termes ou des facteurs, en parlant d'une opération. *La multiplication est **commutative**.*

comorien, enne → tableau p. 6 / 7.

compact, acte (adjectif) **1** Qui est très épais ou très dense. *Une foule **compacte** se pressait le jour du concert.* **2** Qui est peu encombrant. *Une chaîne stéréo **compacte**.*
★ Famille du mot : compact**er**, compact**eur**.

compact-disque (nom masculin) Synonyme de CD.
► Pluriel : des **compacts-disques**.

compacter (verbe) (conj. 3) Comprimer le plus possible des éléments. *Je **compacte** mes fichiers, ils prendront moins de place dans l'ordinateur.*

compacteur (nom masculin) Machine servant à compacter. *Un **compacteur** de déchets.*

compagne (nom féminin) Celle qui partage les activités et la vie de quelqu'un.

compagnie (nom féminin) **1** Présence auprès de quelqu'un. *J'apprécie toujours beaucoup sa **compagnie**.* **2** Société commerciale. *Son père travaille dans une **compagnie** d'assurances.* **3** Troupe de soldats ou de policiers. *Une **compagnie** est commandée par un capitaine.* **4** Troupe de théâtre ou de danse.

compagnon (nom masculin) Celui qui partage les activités et la vie de quelqu'un. *Ce chien est un fidèle **compagnon**.*
★ Voir **copain**.

comparable (adjectif) Qui est à peu près égal à autre chose. *Thomas et Romain sont deux élèves d'un niveau **comparable**.*

comparaison (nom féminin) Fait de comparer des personnes ou des choses. *Si on fait la **comparaison** entre les prix, c'est ce magasin qui est le moins cher.*

comparaître (verbe) (conj. 37) Se présenter devant un tribunal.
▶ On écrit aussi **comparaitre.**

comparatif, ive (adjectif) Qui sert à comparer. *Papa a fait une étude* ***comparative*** *des différents devis pour la réparation de la toiture.*
▪ **comparatif** (nom masculin) Emploi de l'adjectif ou de l'adverbe dans une comparaison. *On distingue les* ***comparatifs*** *de supériorité (plus beau), d'égalité (aussi beau) et d'infériorité (moins beau).*

comparer (verbe) (conj. 3) **1** Examiner les ressemblances et les différences entre des personnes ou des choses. *Il faut* ***comparer*** *les prix avant d'acheter.* **2** Dire que quelque chose ou quelqu'un ressemble à quelque chose ou quelqu'un d'autre. *L'eau de ce lac est si transparente qu'on la* ***compare*** *à un miroir.*
★ Famille du mot : compar**able**, compar**aison**, compar**atif**, in**compar**able.

comparse (nom) Synonyme de complice. *Le cambrioleur et ses* ***comparses*** *ont réussi à s'enfuir.*

compartiment (nom masculin) **1** Division dans un meuble, une boîte. (Syn. **case.**) **2** Chacune des parties d'un wagon où prennent place les voyageurs. *Il a choisi un* ***compartiment*** *non-fumeurs.*

compartimenter (verbe) (conj. 3) Diviser en compartiments. *Certains animaux* ***compartimentent*** *leur habitat.*

comparution (nom féminin) Fait de comparaître en justice. *La* ***comparution*** *des témoins est prévue pour demain.*

compas (nom masculin) **1** Petit instrument formé de deux tiges articulées, qui sert à tracer des cercles. **2** Sorte de boussole dont se servent les marins et les aviateurs. *Le* ***compas*** *indique le cap.*

compassion (nom féminin) Sentiment de pitié pour quelqu'un qui souffre. *Benjamin éprouve de la* ***compassion*** *pour ce chien abandonné.*

compatible (adjectif) Qui peut s'adapter ou s'accorder à quelque chose. *Ce logiciel n'est pas* ***compatible*** *avec ton ordinateur.* (Contr. **incompatible.**)

compatir (verbe) (conj. 11) Éprouver de la compassion. *Nous* ***compatissons*** *à votre chagrin.*

compatissant, ante (adjectif) Qui éprouve de la pitié face aux malheurs des autres.

compatriote (nom) Personne originaire de la même patrie qu'une autre. *Le chef de l'État s'est adressé à ses* ***compatriotes.***

compendieux, euse (adjectif) Synonyme littéraire de bref. *Son discours fut* ***compendieux*** *mais efficace.* (Syn. **court, concis, succinct.** Contr. **détaillé.**)

compendium (nom masculin) Synonyme de abrégé. *Le juriste consulte ses* ***compendiums*** *de droit.*
▶ Prononciation [kɔ̃pɛ̃djɔm].

compensateur, trice (adjectif) Qui apporte une compensation. *Le juge exige le versement d'une indemnité* ***compensatrice.***
▶ On dit aussi **compensatoire.**
▪ **compensateur** (nom masculin) Appareil destiné à compenser les effets d'un phénomène. *Le pilote actionne le* ***compensateur*** *pour contrôler l'équilibre de l'avion.*

compensation (nom féminin) • **En compensation :** pour compenser autre chose. *Les agriculteurs ont reçu une subvention* ***en compensation*** *des récoltes perdues à cause du gel.* (Syn. **en contrepartie.**)

compenser (verbe) (conj. 3) Rétablir un équilibre avec autre chose. *Ce qu'elle gagne est loin de* ***compenser*** *ce qu'elle dépense.*

compère (nom masculin) Camarade ou complice. *Le prestidigitateur avait des* ***compères*** *dans la salle.* (Syn. **comparse.**)

compétence (nom féminin) **1** Qualité d'une personne compétente. *Tout le monde apprécie sa* ***compétence.*** (Contr. **incompétence.**) **2** Aptitude légale d'une autorité à faire quelque chose. *Cette demande de grâce relève de la* ***compétence*** *du président de la République.*

compétent, ente (adjectif) Qui connaît bien son métier ou son domaine. *Ce plombier est très* ***compétent,*** *on peut lui faire confiance.* (Syn. **capable.**)
★ Famille du mot : compét**ence**, **in**compét**ence**, **in**compétent.

compétitif, ive (adjectif) Qui peut entrer en compétition avec autre chose. *Il a eu un billet d'avion à un prix très* ***compétitif.***

compétition (nom féminin) Épreuve sportive. *Julie doit participer à une* ***compétition*** *de natation.*

compilation (nom féminin) **1** Ouvrage fait avec un choix d'extraits d'œuvres diverses. **2** Disque fait avec un choix de succès musicaux.

compiler (verbe) (conj. 3) **1** Rassembler des extraits de divers auteurs ou des documents pour composer un ouvrage. *Je* ***compile*** *toutes mes lettres pour en faire un livre.* **2** Traduire un programme informatique dans un langage utilisable par l'ordinateur. *Une fois que l'informaticien a écrit son programme, il le* ***compile*** *au moyen d'un logiciel.*
★ **Compiler** vient des mots latins *cum* qui signifie « avec » et *pilare* qui signifie « piller ».

complainte (nom féminin) Chanson populaire plaintive et tragique. *La* ***complainte*** *des pauvres gens.*

se **complaire** (verbe) (conj. 41) Prendre plaisir à faire quelque chose. *On dirait qu'elle* ***se complaît*** *à bouder.*

complaisance (nom féminin) Qualité d'une personne complaisante. *Auriez-vous la* ***complaisance*** *de me raccompagner ?*

complaisant, ante (adjectif) Synonyme de serviable. *Notre voisin est très* ***complaisant,*** *il nous rend de nombreux services.*

complément (nom masculin) **1** Ce qu'on ajoute pour compléter quelque chose. *Maman a touché la moitié de son salaire et aura le **complément** à la fin du mois.* **2** Mot ou groupe de mots qui complètent le sens d'un autre mot. *« Pomme » est le **complément** du verbe « manger » dans la phrase « Laura mange une pomme ».*

complémentaire (adjectif) Qui apporte un complément. *Pour avoir des informations **complémentaires**, il faut s'adresser à l'accueil.*

① **complet, ète** (adjectif) **1** Auquel il ne manque rien. *Il y a 52 cartes, le jeu est **complet**.* (Contr. **incomplet**.) **2** Qui est total, absolu. *Dormir dans l'obscurité **complète**.* **3** Qui ne peut contenir davantage. *Ce bus est **complet**, il n'y a plus de place.* (Syn. **comble, plein**.)
★ Famille du mot : complètement, compléter, incomplet.

② **complet** (nom masculin) Costume d'homme. *Pour la cérémonie, il a mis un **complet** gris.*

complètement (adverbe) De façon complète. *Ce quartier a été **complètement** rasé, il ne reste plus rien.* (Syn. **entièrement, totalement**. Contr. **partiellement**.)

compléter (verbe) (conj. 8) Rendre plus complet. *Clément a acheté de nouveaux timbres pour **compléter** sa collection.*

① **complexe** (adjectif) Synonyme de compliqué. *C'est une histoire trop **complexe**, je n'y comprends rien.*

② **complexe** (nom masculin) • **Avoir des complexes** : se sentir inférieur aux autres, être timide, être mal à l'aise.

complexé, ée (adjectif) Qui a des complexes. *Myriam est **complexée** à cause de son poids.*

complexité (nom féminin) Caractère complexe de quelque chose. *Ces calculs sont d'une grande **complexité**, je vais prendre une calculette.*

complication (nom féminin) **1** Ce qui complique ou aggrave une situation ou le fonctionnement de quelque chose. *Notre randonnée s'est déroulée sans aucune **complication**.* **2** Élément nouveau qui aggrave une maladie. *Depuis l'opération, il redoute des **complications**.*

complice (nom) Personne qui aide une autre personne à faire quelque chose de mal. *Le malfaiteur et ses **complices** se sont enfuis.* (Syn. **comparse**.)
■ **complice** (adjectif) Qui prouve une complicité. *Il m'a regardé d'un air **complice** et m'a souri.*

complicité (nom féminin) Fait d'être le complice de quelqu'un.

compliment (nom masculin) Paroles élogieuses pour féliciter quelqu'un. *Tous mes **compliments** pour ton succès !* (Syn. **félicitations**.)

complimenter (verbe) (conj. 3) Faire des compliments. *Tous les invités **ont complimenté** la cuisinière pour le repas.*

compliqué, ée (adjectif) Qui est difficile à comprendre ou à faire. *Ce problème de mathématiques est très **compliqué**.* (Syn. **complexe**. Contr. **simple**.)

compliquer (verbe) (conj. 3) Rendre plus compliqué. *La situation se **complique**. Ne **te complique** pas la vie inutilement !*
★ Famille du mot : complication, compliqué.

complot (nom masculin) Projet secret préparé par plusieurs personnes et dirigé contre quelqu'un.

comploter (verbe) (conj. 3) Préparer un complot. *Je crois qu'ils **complotent** un mauvais coup !*

comportement (nom masculin) Façon de se comporter. *Il a un **comportement** bizarre ces temps-ci.* (Syn. **attitude, conduite**.)

comporter (verbe) (conj. 3) **1** Se composer de. *Cet immeuble **comporte** dix étages.* (Syn. **comprendre**.) **2** **Se comporter** : synonyme de se conduire. *Pour une fois, David **s'est** bien **comporté** à table.*

composant (nom masculin) Chacun des éléments qui composent une chose. *L'azote et l'oxygène sont des **composants** de l'air.*

composé, ée (adjectif) Constitué de plusieurs éléments. *Une salade **composée**.* • **Mot composé** : mot formé de plusieurs mots, unis ou non par un trait d'union. *Porte-clé est un **mot composé**.* • **Temps composé** : temps formé avec un verbe auxiliaire et le participe passé du verbe conjugué. *Dans la phrase « Il a bu tout son lait », le verbe boire est au passé **composé**.*

composer (verbe) (conj. 3) **1** Faire quelque chose en assemblant différents éléments. *Noémie apprend à **composer** des bouquets.* **2** Taper l'un après l'autre les chiffres d'un numéro de téléphone ou d'un code. *Pour appeler les pompiers, il faut **composer** le 18.* **3** Produire une œuvre musicale ou littéraire. ***Composer** une opérette, un poème.* **4** **Se composer** : être formé, constitué de plusieurs éléments. *Cet appartement **se compose** de trois pièces, d'une entrée, d'une salle de bains et d'une cuisine.* (Syn. **comporter, comprendre**.)
★ Famille du mot : composant, composé, compositeur, composition.

composite (adjectif) Composé d'éléments très différents. *Il n'y a pas de style particulier chez lui, il a un mobilier **composite**.* • **Matériau composite** : matériau très résistant, constitué de fibres collées entre elles.

compositeur (nom masculin) Personne qui compose de la musique.

composition (nom féminin) **1** Action ou façon de composer. *Il y a beaucoup de colorants dans la **composition** de ces bonbons.* **2** Devoir fait en classe pour établir un classement entre les élèves.

compost (nom masculin) Engrais produit à partir de déchets végétaux qui ont fermenté.

composter (verbe) (conj. 3) Introduire un ticket dans un appareil qui le perfore ou y imprime une marque. *Sarah a eu une amende dans le train car elle n'**avait** pas **composté** son ticket.*

composteur (nom masculin) Appareil qui sert à composter.

a b c d e f g h i j k l m n o p q r s t u v w x y z

compote (nom féminin) Dessert composé de fruits cuits avec du sucre. *Une **compote** de pommes.*

compotier (nom masculin) Plat creux en forme de coupe.

compréhensible (adjectif) Que l'on peut comprendre facilement. *Mon petit frère a fait des progrès : son langage devient tout à fait **compréhensible**.* (Contr. **incompréhensible**.)

compréhensif, ive (adjectif) Qui comprend et admet facilement le point de vue des autres. *Les enfants reprochent souvent à leurs parents de ne pas être assez **compréhensifs**.* (Syn. **bienveillant, indulgent**.)

compréhension (nom féminin) **1** Fait de comprendre. *Sans la ponctuation, la **compréhension** d'un texte est difficile.* **2** Fait d'être compréhensif. *La maîtresse fait preuve de beaucoup de **compréhension** envers les élèves qui ont des difficultés.*
★ Famille du mot : compréhen**sible**, compréhen**sif**, **in**compréhen**sible**, **in**compréhension.

comprendre (verbe) (conj. 32) **1** Avoir une idée claire du sens de quelque chose. *Je n'**ai** rien **compris** à ce film.* (Syn. **saisir**.) **2** Se montrer compréhensif envers quelqu'un. *Les parents font beaucoup d'efforts pour essayer de **comprendre** leurs enfants.* **3** Être composé de plusieurs choses. *Le mois de janvier **comprend** 31 jours.* (Syn. **comporter**.)

compresse (nom féminin) Morceau de tissu fin que l'on met sur une plaie.

compresser (verbe) (conj. 3) Serrer ou presser. *En **compressant** une plaie, on empêche le sang de couler.* (Syn. **comprimer**.)
★ Famille du mot : compress**ible**, compress**ion**, **dé**compresser, **dé**compress**ion**, **in**compress**ible**.

compresseur (adjectif masculin) • **Rouleau compresseur** : cylindre qui sert à comprimer la route.
▪ **compresseur** (nom masculin) Appareil servant à comprimer un gaz. *Les avions à réaction sont équipés de **compresseurs** d'air.*

compressible (adjectif) Que l'on peut comprimer. *L'air est **compressible**.* (Contr. **incompressible**.)

compression (nom féminin) **1** Fait de comprimer. *La **compression** d'un gaz.* **2** Au sens figuré, réduction d'un effectif. *On prévoit une **compression** du personnel dans cette entreprise.*

comprimé (nom masculin) Médicament en forme de pastille. *Si tu as mal à la tête, prends un **comprimé** d'aspirine.* (Syn. **cachet**.)

comprimer (verbe) (conj. 3) Diminuer le volume d'un corps en serrant fortement. *L'air **comprimé** est utilisé dans l'industrie.* (Contr. **dilater**.)

compris, ise (adjectif) Qui est compté, inclus dans un prix. *Le service est **compris**, mais tu peux laisser un pourboire.* • **Y compris** : en incluant. *Dans le car, il y a 25 personnes, **y compris** la maîtresse et le chauffeur.*

compromettant, ante (adjectif) Qui nuit à la réputation et cause un préjudice. *La presse a publié un article **compromettant** pour le député : il aurait détourné de l'argent.*

compromettre (verbe) (conj. 33) **1** Risquer de faire échouer quelque chose. *Tes mauvaises notes vont **compromettre** ton entrée au collège.* **2** Faire perdre sa réputation à quelqu'un. *Cet homme politique **est compromis** dans une vilaine affaire.*

compromis (nom masculin) Arrangement intermédiaire entre deux solutions. *Ils ont fini par trouver un **compromis** : ils paieront chacun la moitié de la somme.*

compromission (nom féminin) Action peu honorable qu'on fait par intérêt. *Il est prêt à toutes les **compromissions** pour arriver à ce qu'il désire.*

comptabiliser (verbe) (conj. 3) **1** Inscrire dans une comptabilité. *Toutes les dépenses et les recettes **ont été comptabilisées**.* **2** Synonyme de compter. *Tu ne peux pas **comptabiliser** toutes les fois où tu lui as rendu service.* (Syn. **dénombrer, recenser**.)

comptabilité (nom féminin) Compte des recettes et des dépenses. *C'est le père d'Ibrahim qui fait la **comptabilité** de l'entreprise.*

comptable (nom) Personne qui s'occupe de la comptabilité d'une entreprise ou d'une société.
★ Famille du mot : comptabil**iser**, comptabil**ité**.

comptant (adverbe) • **Payer comptant** : entièrement et immédiatement. (Contr. **à crédit**.)

compte (nom masculin) Action de compter. *Kevin fait le **compte** de son argent de poche.* (Syn. **calcul**.) • **À bon compte** : à bon marché. • **Compte à rebours** : énumération de nombres en ordre décroissant. • **Compte bancaire** *ou* **postal** : somme d'argent déposée à la banque ou à la poste. • **En fin de compte, tout compte fait** : finalement. • **Être loin du compte** : se tromper sur le résultat. • **Pour le compte de quelqu'un** : en étant payé par lui. • **Rendre compte de quelque chose** : le raconter. *Ursula nous **a rendu compte de** son voyage.* • **Se rendre compte de quelque chose** : le comprendre, s'en apercevoir. *Pierre ne **se rend pas compte de** sa méchanceté.* • **Tenir compte de quelque chose** : y attacher de l'importance.
► Prononciation [kɔ̃t].

compte-goutte (nom masculin) Instrument permettant de compter les gouttes d'un liquide. • **Au compte-goutte** : avec parcimonie.
► Prononciation [kɔ̃tgut].
► Pluriel : des **compte-gouttes**.
► On écrit aussi un **compte-gouttes**.

compte-minute (nom masculin) Appareil qui émet un signal sonore lorsque le temps programmé est écoulé. *Le four à micro-ondes est muni d'un **compte-minute**.* (Syn. **minuteur**.)
► Pluriel : des **compte-minutes**.

compter (verbe) (conj. 3) **1** Réciter les nombres les uns après les autres. *Je **compte** jusqu'à trois : un, deux, trois.* **2** Calculer le nombre, la quantité. *Quentin **compte** son argent.* **3** Inclure un prix dans

une somme. *Le service **est compté** dans la facture.* **4** Avoir de l'importance. *Ses amis **comptent** beaucoup pour elle.* **5** Avoir l'intention de faire quelque chose. *Je **compte** partir demain matin.* **6** Avoir confiance en quelqu'un. *Je **compte** absolument sur toi pour m'aider.*
▶ Prononciation [kɔ̃te].
★ Famille du mot : compt**abilité**, compt**able**, compt**ant**, compte, compte-gouttes, compte rendu, compt**eur**, **dé**compter.

compte rendu (nom masculin) Récit qui rend compte de quelque chose. *Il nous a fait un bref **compte rendu** de la réunion.* (Syn. **rapport.**)
▶ Prononciation [kɔ̃tʀɑ̃dy].
▶ Pluriel : des **comptes rendus**.
▶ On écrit aussi **compte-rendu**.

compte-tour (nom masculin) Appareil qui compte le nombre de tours effectués par une pièce en rotation dans un temps donné. *Le **compte-tour** d'un tableau de bord de voiture.*
▶ Pluriel : des **compte-tours**.

compteur (nom masculin) Appareil qui sert à mesurer certaines grandeurs. *Le **compteur** électrique indique la consommation d'électricité.*
▶ Prononciation [kɔ̃tœʀ].

comptine (nom féminin) Petit texte récité ou chanté. *À la maternelle, on apprend des **comptines** : « Une poule sur un mur, qui picore du pain dur... ».*
▶ Prononciation [kɔ̃tin].

comptoir (nom masculin) **1** Table longue et étroite sur laquelle un commerçant étale sa marchandise. **2** Dans un café, sorte de table haute sur laquelle sont servies les consommations. *Manger un sandwich debout au **comptoir**.* (Syn. **bar.**)
▶ Prononciation [kɔ̃twaʀ].

compulser (verbe) (conj. 3) Consulter un ouvrage ou un document. *Si tu ne connais pas le sens d'un mot, **compulse** ton dictionnaire.*

comte, comtesse (nom) Titre de noblesse inférieur à celui de marquis et supérieur à celui de vicomte.

① **comté** (nom masculin) Ensemble des terres qui appartenaient à un comte.
★ Encore aujourd'hui, les circonscriptions administratives du Québec s'appellent des **comtés**.

② **comté** (nom masculin) Fromage à pâte cuite, qui ressemble au gruyère.
★ Ce mot vient du nom de la région où est fabriqué ce fromage, la *Franche-Comté*.

comtesse Voir ***comte***.

con, conne (nom et adjectif) Synonyme très familier de idiot. (Syn. **imbécile.**) • **À la con** : sans valeur, stupide, dans la langue familière.

concasser (verbe) (conj. 3) Réduire en petits morceaux. ***Concasser** du poivre.* (Syn. **broyer.**)

concaténation (nom féminin) Enchaînement de plusieurs éléments. *La parole de synthèse est obtenue par la **concaténation** de phrases enregistrées à l'avance.*
★ **Concaténation** vient du mot latin *catena* qui signifie « chaîne ».

concave (adjectif) Dont la surface est en creux. *Un miroir **concave**.* (Contr. **convexe.**)

concéder (verbe) (conj. 8) Synonyme de reconnaître. *Je **concède** que j'ai eu tort.* (Syn. **admettre.**)

concentration (nom féminin) Fait de se concentrer. *Cet exercice demande beaucoup de **concentration**.* (Syn. **attention.**) • **Camp de concentration** : lieu où des prisonniers sont rassemblés et vivent dans des conditions effroyables.

concentré, ée (adjectif) Se dit d'un produit alimentaire auquel on a enlevé une partie de son eau. ■ **concentré** (nom masculin) Substance concentrée. *Du **concentré** de tomates.*

concentrer (verbe) (conj. 3) **1** Regrouper dans un même lieu. *La population **s'est concentrée** sur la place du village.* (Contr. **disperser.**) **2 Se concentrer** : fixer son attention. *Il y a trop de bruit, Zoé a beaucoup de mal à **se concentrer**.*
★ Famille du mot : concentr**ation**, concentr**é**, **dé**concentrer.

concentrique (adjectif) Qui ont le même centre et des diamètres différents. *Si on jette un caillou dans l'eau, il se forme des cercles **concentriques**.*

concept (nom masculin) Représentation abstraite de quelque chose que l'on forme dans son esprit.

conception (nom féminin) Façon de concevoir une idée. *Leurs **conceptions** de la situation sont très différentes.* (Syn. **jugement, opinion, vue.**)

conceptuel, elle (adjectif) Qui se rattache au concept. *L'individu est un élément **conceptuel** et matériel.* • **Art conceptuel** : attitude artistique, née dans les années 60, qui privilégie l'idée sur l'apparence de l'œuvre d'art.

concerner (verbe) (conj. 3) Avoir un rapport direct avec quelqu'un ou quelque chose. *Je ne **suis** vraiment pas **concernée** par vos histoires !*

concert (nom masculin) Exécution en public d'une œuvre musicale. *Un **concert** de jazz, de musique classique.*

concertation (nom féminin) Fait de se concerter. *Sans **concertation**, le projet échouera.*

se **concerter** (verbe) (conj. 3) Discuter pour se mettre d'accord avant d'agir. *Les élèves **se sont concertés** pour faire une surprise à leur professeur.*

concertino (nom masculin) Petit concerto.

concertiste (nom) Instrumentiste qui se produit en concert. *Les **concertistes** sont en répétition.*

concerto (nom masculin) Morceau de musique dans lequel l'orchestre joue en alternance avec un ou plusieurs instruments.

concession (nom féminin) Fait de renoncer à certaines de ses exigences pour parvenir à un accord. *Pour que la paix soit possible, il faut que les deux pays fassent des* ***concessions****.*

concessionnaire (nom) Représentant officiel d'une marque dans une région. *Ce garagiste est un* ***concessionnaire*** *Renault.*

concevable (adjectif) Qu'on peut comprendre. *Une telle attitude n'est pas* ***concevable*** *de votre part.* (Syn. **acceptable.** Contr. **inconcevable.**)

concevoir (verbe) (conj. 21) Former une idée dans son esprit. *C'est un architecte célèbre qui* ***a conçu*** *ce grand ensemble.* (Syn. **imaginer.**)
★ Famille du mot : concev**able**, **in**concev**able**.

conchoïde (adjectif et nom féminin) Qui présente une surface courbe, lisse ou parcourue de stries concentriques. *Les silex présentent des fractures* ***conchoïdes****.*
► Prononciation [kɔ̃kɔid].
► On dit aussi **conchoïdal, ale, aux.**
★ **Conchoïde** vient du mot latin *concha* qui signifie « coquille ».

conchyliculture (nom féminin) Élevage de coquillages comestibles. *L'ostréiculture est l'un des domaines de la* ***conchyliculture****.*
► Prononciation [kɔ̃kilikyltyʀ].

concierge (nom) Gardien ou gardienne d'un immeuble. *Le* ***concierge*** *vient d'ouvrir les portes.*

conciergerie (nom féminin) Logement de concierge. *Le facteur dépose toujours le courrier à la* ***conciergerie****.*

concile (nom masculin) Assemblée d'évêques convoqués par le pape.

conciliable (adjectif) Qu'on peut concilier avec d'autres choses. *Les horaires de bureaux ne sont pas toujours* ***conciliables*** *avec les heures d'ouverture de la crèche.* (Syn. **compatible.** Contr. **incompatible.**)

conciliabule (nom masculin) Conversation à voix basse et secrète. *Je n'apprécie pas beaucoup vos* ***conciliabules****, qu'est-ce que vous me cachez ?*

conciliant, ante (adjectif) Qui est toujours prêt à trouver un accord. *Il s'est montré très* ***conciliant*** *et nous avons rapidement conclu un arrangement.* (Syn. **accommodant, arrangeant.**)

conciliateur, trice (nom) Personne qui tente de régler à l'amiable des conflits privés. *Le* ***conciliateur*** *propose un compromis avant le procès.*

conciliation (nom féminin) Accord entre des personnes. *Nous allons tenter de parvenir à une* ***conciliation****.* (Syn. **arrangement.**)

concilier (verbe) (conj. 10) Faire aller ensemble des choses qui semblent incompatibles. *Romain essaie de* ***concilier*** *ses études et les loisirs.*
★ Famille du mot : concili**able**, concili**ant**, concili**ateur**, concili**ation**, **ré**concili**ation**, **ré**concilier.

concis, ise (adjectif) Qui dit l'essentiel en peu de mots. *Soyez très* ***concis****, et résumez-moi la situation.* (Syn. **bref.**)

concision (nom féminin) Caractère concis. *Son récit est d'une remarquable* ***concision****.*

concitoyen, enne (nom) Personne qui habite la même ville ou le même pays. *Le maire s'est adressé à tous ses* ***concitoyens****.*

conclave (nom masculin) Réunion de cardinaux pour l'élection du pape. *Pendant toute la durée du* ***conclave****, les cardinaux n'ont aucun contact avec l'extérieur.*
★ **Conclave** vient d'un mot latin qui signifie « chambre fermée à clef ».

concluant, ante (adjectif) Qui permet de juger du résultat de quelque chose. *Cet essai n'a pas été* ***concluant****, il va falloir en faire un autre.*

conclure (verbe) (conj. 51) **1** Terminer un discours ou un écrit. *Il a dit pour* ***conclure*** *qu'il fallait rester optimiste.* **2** Arriver à un accord. *Ces deux pays ont fini par* ***conclure*** *un traité de paix.* (Syn. **signer.**) **3** Aboutir à un jugement, après avoir réfléchi. *S'il n'est pas encore arrivé, j'en* ***conclus*** *qu'il n'a pas pu venir.* (Syn. **déduire.**)
★ Famille du mot : conclu**ant**, conclu**sion**.

conclusion (nom féminin) **1** Ce qui conclut un discours ou un texte. *Ton devoir est bon, mais il manque une* ***conclusion****.* **2** Fait de conclure un accord. *Les deux pays sont parvenus à la* ***conclusion*** *d'un traité de paix.* **3** Conséquence qu'on tire d'un raisonnement. *Quelles* ***conclusions*** *peut-on tirer de cette histoire ?*

concocter (verbe) (conj. 3) **1** Préparer en pensée. *Il* ***a concocté*** *un plan infaillible.* **2** Élaborer avec soin. *Maman nous* ***a concocté*** *un bon petit plat.*

concombre (nom masculin) Fruit allongé de couleur verte qui se mange en salade.

concomitant, ante (adjectif) Qui se produit en même temps. *La fièvre est* ***concomitante*** *à la grippe.* (Syn. **simultané.**)
★ **Concomitant** vient du mot latin *concomitari* qui signifie « accompagner ».

concordance (nom féminin) Fait de s'accorder avec une autre chose. *Les enquêteurs vérifient la* ***concordance*** *entre les récits des témoins.* (Syn. **conformité.**) • **Concordance des temps** : règle de grammaire qui établit le temps du verbe de la proposition complétive en fonction du temps de la proposition principale.

concordant, ante (adjectif) Qui concorde. *Leurs avis sont* ***concordants*** *: sur ce point au moins ils sont d'accord.* (Contr. **discordant.**)

concordat (nom masculin) **1** Accord entre le pape et un gouvernement à propos des affaires religieuses. *La loi qui sépare l'Église et l'État a mis fin au* ***concordat*** *en France.* **2** Accord entre une entreprise en cessation de paiement et ses créanciers. *Le* ***concordat*** *laisse un sursis à l'entreprise pour le paiement de ses dettes.*

concorde (nom féminin) Bonne entente. *J'apprécie beaucoup la* ***concorde*** *qui règne dans cette classe.* (Syn. **harmonie.** Contr. **discorde.**)

concorder (verbe) (conj. 3) Être en accord, en harmonie. *Leurs témoignages* ***concordent*** *parfaitement.* (Syn. **coïncider.**)
★ Famille du mot : concord**ance**, concord**ant**, concorde.

concourant, ante (adjectif) Qui aboutit au même résultat. *L'action* ***concourante*** *des habitants et des pompiers a permis de venir à bout des inondations.* (Contr. **divergent.**) • **Droites concourantes :** droites qui passent par un même point.

concourir (verbe) (conj. 16) **1** Participer à un concours ou à une compétition. *Ce cheval n'****a*** *pas* ***concouru*** *car il était blessé.* **2** Travailler ensemble à une action. *Tous les élèves* ***ont concouru*** *au succès de la fête de l'école.* (Syn. **contribuer à.**)
★ **Concourir** vient du latin *concurrere* qui signifie « courir ensemble ».

concours (nom masculin) **1** Épreuve où le nombre de candidats reçus est fixé d'avance. *Ce n'est pas un examen, c'est un* ***concours.*** **2** Fait de concourir à une action. *C'est grâce à ton* ***concours*** *que nous avons réussi.* (Syn. **aide, contribution.**) • **Concours de circonstances :** suite de hasards. *Cet accident est dû à un* ***concours de circonstances*** *défavorables.*

concret, ète (adjectif) Qui désigne une chose que l'on peut voir et toucher. *Crayon, chaise, cahier sont des noms* ***concrets.*** (Contr. **abstrait.**)
★ Famille du mot : concr**ètement**, se concr**étiser**.

concrètement (adverbe) Pratiquement, réellement. *Qu'est-ce que je peux faire* ***concrètement*** *pour t'aider ?*

concrétion (nom féminin) **1** Amas minéral cristallisé formé le long des cours d'eau souterrains. *Les stalactites sont des* ***concrétions*** *calcaires.* **2** Corps étranger solide qui se forme parfois dans les tissus ou les organes. *Les calculs de la vésicule biliaire sont des* ***concrétions.***

se **concrétiser** (verbe) (conj. 3) Synonyme de se matérialiser. *Elle aimerait bien que ses rêves* ***se concrétisent.***

concubin, ine (nom) Personne qui vit avec une autre sans être mariée.

concubinage (nom masculin) Situation des concubins. *Vivre en* ***concubinage.***

concupiscent, ente (adjectif) Qui exprime un vif intérêt pour les plaisirs sensuels, dans la langue littéraire. *Il pose un regard* ***concupiscent*** *sur les femmes qu'il croise.*

concurrence (nom féminin) Rivalité d'intérêts. *Les supermarchés font de la* ***concurrence*** *aux petits commerçants.*

concurrencer (verbe) (conj. 4) Faire concurrence à. *Notre épicier a baissé ses prix pour* ***concurrencer*** *le supermarché et attirer la clientèle.*

concurrent, ente (nom) **1** Personne qui participe à une compétition ou à un concours. *Tous les* ***concurrents*** *de la course portent un dossard.* **2** Entreprise ou commerçant qui vend les mêmes produits qu'un autre. *Maman n'est pas contente de son plombier, la prochaine fois elle s'adressera à un* ***concurrent.***
★ Famille du mot : concurrence, concurren**cer**, concurren**tiel**.

concurrentiel, elle (adjectif) Qui peut entrer en concurrence avec autre chose. *Ce magasin pratique des prix* ***concurrentiels.*** (Syn. **compétitif.**)

condamnable (adjectif) Qui mérite d'être condamné. *Son attitude est tout à fait* ***condamnable.*** (Contr. **louable.**)

condamnation (nom féminin) Fait d'être condamné. *La* ***condamnation*** *de ce suspect n'a surpris personne.*

condamné, ée (nom) Personne qui a été condamnée. *Un* ***condamné*** *à mort.*

condamner (verbe) (conj. 3) **1** Déclarer quelqu'un coupable et le punir. *Il* ***a été*** *seulement* ***condamné*** *à une amende.* (Contr. **acquitter.**) **2** Fermer définitivement une ouverture. *Pour pouvoir mettre ce meuble, il va falloir* ***condamner*** *la porte.* **3** Désapprouver totalement. *L'opposition* ***condamne*** *les décisions du ministre.*
► Prononciation [kɔ̃dane].
★ Famille du mot : condamn**able**, condamn**ation**, condamn**é**.

condensateur (nom masculin) Appareil capable d'emmagasiner une charge électrique. *Les* ***condensateurs*** *sont soudés sur un circuit électrique.*

condensation (nom féminin) Transformation de la vapeur d'eau en gouttelettes.

condensé (nom masculin) Bref résumé. *Ce livre n'est pas le texte intégral, c'est un* ***condensé.***

condenser (verbe) (conj. 3) **1** Rendre plus concis, plus court. *L'exercice consiste à* ***condenser*** *l'histoire en trois lignes.* (Syn. **résumer.**) **2 Se condenser :** passer de l'état gazeux à l'état liquide. *La vapeur d'eau* ***se condense*** *en buée sur les vitres.*
★ Famille du mot : condens**ateur**, condens**ation**, condens**é**.
★ À l'origine, **condenser** c'est « rendre plus dense ».

condescendant, ante (adjectif) Qui manifeste une supériorité bienveillante mêlée de mépris.

condiment (nom masculin) Produit qui donne plus de goût aux aliments. *Le poivre, la moutarde, la cannelle sont des* ***condiments.***

condisciple (nom masculin) Compagnon d'études. *Ils étaient* ***condisciples*** *au lycée et maintenant ils s'affrontent en politique.*

condition (nom féminin) **1** Ce qui est nécessaire pour qu'une chose arrive. *Vous pouvez jouer au ballon à* ***condition*** *d'aller dehors.* **2** Chose qu'on exige. *Les* ***conditions*** *sont très dures pour obtenir ce poste.* **3** Situation sociale. *Ses parents sont de* ***condition*** *très modeste.* **4** Forme physique. *Thomas est en excellente* ***condition*** *pour la compétition.*

a b c d e f g h i j k l m n o p q r s t u v w x y z

■ **conditions** (nom féminin pluriel) Ensemble d'éléments ou de circonstances. *Les **conditions** de travail sont assez pénibles dans cette usine.*
★ Famille du mot : conditionnel, inconditionnel.

conditionné, ée (adjectif) • Air conditionné : système d'appareils qui maintient l'air à une température régulière, prévue à l'avance.

conditionnel (nom masculin) Mode du verbe qui indique que l'action dépend d'une condition. *Dans la phrase « Si Victor avait assez d'argent, il achèterait un vélo », le verbe acheter est au **conditionnel**.*

conditionnement (nom masculin) Synonyme d'emballage. *Le **conditionnement** de ce lait est très pratique.*

conditionner (verbe) (conj. 3) **1** Procéder à l'emballage d'un produit. **2** Constituer la condition de quelque chose. *Votre habileté **conditionnera** votre réussite.* **3** Préparer psychologiquement. *Le cancre **conditionne** ses parents en leur disant qu'il a sans doute raté son devoir.*

condoléances (nom féminin pluriel) Formule de compassion qu'on dit à quelqu'un, après un décès. *Je vous présente toutes mes **condoléances**.*

condom (nom masculin) Préservatif masculin.
▶ Prononciation [kɔ̃dɔm].

condor (nom masculin) Grand vautour qui vit en Amérique du Sud. *Les **condors** se nourrissent de charognes.*

conducteur, trice (nom) Personne qui conduit un véhicule. *Un **conducteur** de camion s'appelle un routier.* (Syn. **chauffeur.**)
■ **conducteur** (nom masculin) Matière qui transmet la chaleur ou l'électricité. *Le cuivre est un bon **conducteur**.*

conductible (adjectif) Capable de transmettre la chaleur ou l'électricité. *Le cuivre est un métal très **conductible**.*

conductivité (nom féminin) Capacité d'un corps à conduire la chaleur ou l'électricité. *La **conductivité** du polystyrène est nulle.*

conduire (verbe) (conj. 43) **1** Accompagner une personne quelque part. *Je vais vous **conduire** à la gare.* **2** Diriger et manœuvrer un véhicule. *Maman **conduit** très bien, elle n'a jamais eu d'accident.* **3** Mener quelque part. *Plusieurs chemins **conduisent** à la plage.* (Syn. **aller.**) **4** Se conduire : avoir une bonne ou une mauvaise conduite. *Les enfants **se sont** très bien **conduits** pendant la cérémonie.* (Syn. **se comporter, se tenir.**)
★ Famille du mot : conducteur, conduit, conduite, reconduire.

conduit (nom masculin) Tuyau dans lequel passe quelque chose. *Le ramoneur a nettoyé le **conduit** de la cheminée.*

conduite (nom féminin) **1** Action de conduire un véhicule. *La **conduite** est très difficile sur le verglas.* **2** Manière d'agir, de se conduire. *Sa **conduite** a été jugée irresponsable.* (Syn. **comportement.**) **3** Synonyme de canalisation. *Le plombier est venu réparer la **conduite** d'eau qui fuyait.*

cône (nom masculin) Solide dont la base est un cercle et le sommet une pointe. *Le clown porte un chapeau en forme de **cône**.*

confection (nom féminin) **1** Action de confectionner. *La **confection** de ce dessert est très longue.* (Syn. **préparation.**) **2** Industrie du vêtement. *Un atelier de **confection**.*

confectionner (verbe) (conj. 3) Préparer ou faire quelque chose. *Anna **a confectionné** une très jolie boîte pour la fête des mères.* (Syn. **fabriquer.**)

confédération (nom féminin) Groupement de plusieurs associations ou de plusieurs États. *La Suisse est une **confédération** composée de cantons.*

confer Dans un texte, mention qui indique au lecteur de se reporter à un autre passage. *Pour plus d'explications, **cf.** note en bas de la page.*
▶ Prononciation [kɔ̃fɛʀ].
▶ L'abréviation de **confer** s'écrit *cf.*

conférence (nom féminin) Réunion où une personne fait un exposé. *Cet historien a fait une **conférence** sur Louis XIV.* • Conférence de presse : réunion organisée pour informer les journalistes.

conférencier, ère (nom) Personne qui fait une conférence.

conférer (verbe) (conj. 8) Synonyme de attribuer. *En vertu des pouvoirs qui me **sont conférés**, je vous déclare mari et femme.*
★ Conférer vient du mot latin *conferre* qui signifie « rassembler ».

confesser (verbe) (conj. 3) **1** Avouer ses torts. *J'ai très mal réagi, je le **confesse**.* **2** Se confesser : dans la religion catholique, avouer ses péchés à un prêtre.
★ Famille du mot : confesseur, confession, confessionnal.

confesseur (nom masculin) Prêtre qui entend quelqu'un en confession. *Le **confesseur** absout les péchés des fidèles.*

confession (nom féminin) **1** Ce que dit une personne qui se confesse ou qui avoue. **2** Appartenance à une religion. *Notre famille est de **confession** protestante.*

confessionnal, aux (nom masculin) Dans une église, sorte de cabine où l'on se confesse.

confetti (nom masculin) Petite rondelle de papier de couleur. *Après le carnaval, la rue est pleine de **confettis**.*
★ Confetti vient d'un mot italien qui désignait autrefois des bonbons.

confiance (nom féminin) Sentiment qu'on éprouve quand on sait que quelqu'un est honnête, qu'on peut se fier à lui. *Tu peux lui faire **confiance**, il fera ce qu'il a promis.* (Contr. **défiance, méfiance.**) • Confiance en soi : sentiment de quelqu'un qui est sûr de lui, qui est plein d'assurance. *Elle manque encore de **confiance en elle**.*

confiant, ante (adjectif) Qui fait confiance. *Il est **confiant** en l'avenir.* (Contr. **méfiant.**)

confidence (nom féminin) Secret qu'on confie à quelqu'un. *J'aimerais te faire une **confidence**, mais j'ai peur que tu la répètes.*
★ Famille du mot : confident, confidentiel.

confident, ente (nom) Personne à qui on fait des confidences. *Zoé est ma **confidente** : je lui dis tous mes secrets.*

confidentiel, elle (adjectif) Qui doit rester tout à fait secret, comme une confidence. *Une information **confidentielle**.*

confier (verbe) (conj. 10) **1** Laisser à la garde de quelqu'un. *Quand Fatima part en vacances, elle **confie** son chat à sa grand-mère.* **2** Dire en confidence. *Je vais te **confier** un secret !* **3** Se confier : faire des confidences. *C'est à sa mère qu'elle **se confie** le plus facilement.*

configuration (nom féminin) Forme de quelque chose. *La **configuration** d'un paysage.*

configurer (verbe) (conj. 3) Déterminer le mode de fonctionnement d'un système. *On **a configuré** l'imprimante pour que l'ensemble du réseau puisse l'utiliser.*

confiné, ée (adjectif) • Air confiné : air contenu dans un local fermé.

confiner (verbe) (conj. 3) **1** Toucher aux limites d'une région ou d'un pays. *La France **confine** à l'Italie.* **2** Se confiner : synonyme de s'enfermer. **3** Se confiner : se limiter à quelque chose.

confins (nom masculin pluriel) Limites d'une région ou d'un pays. *Un village situé aux **confins** du désert.*

confirmation (nom féminin) Action de confirmer. *La **confirmation** du vol doit se faire 48 heures avant le départ de l'avion.*

confirmer (verbe) (conj. 3) Affirmer que quelque chose est exact ou certain. *La nouvelle est sûre, elle vient d'**être confirmée** à la radio.*

confiscation (nom féminin) Action de confisquer. *Le maître a exigé la **confiscation** du canif.*

confiserie (nom féminin) **1** Magasin où on vend des bonbons, des sucreries. **2** Ensemble des sucreries. *Les caramels, les fruits confits, les bonbons acidulés sont des **confiseries**.*

confiseur, euse (nom) Personne qui fabrique et vend des confiseries.

confisquer (verbe) (conj. 3) Prendre provisoirement un objet à quelqu'un. *William a cassé un carreau avec son ballon, la maîtresse le lui **a confisqué**.*

confit, ite (adjectif) Conservé dans du vinaigre, du sucre ou de la graisse. *Des fruits **confits**.*
▪ **confit** (nom masculin) Viande cuite et conservée dans sa graisse. *Du **confit** de canard.*

confiture (nom féminin) Fruits que l'on a fait cuire avec du sucre pour les conserver. *Des **confitures** de cerises.*

confiturier, ère (nom) Personne ou entreprise qui fabrique des confitures. *Les **confituriers** se sont lancés dans la production de confiture à la tomate.*
▪ **confiturier** (nom masculin) Pot dans lequel on sert les confitures.

conflagration (nom féminin) Conflit très important. *Les prophètes prédisent une **conflagration** universelle qui amènera à la fin du monde.* (Syn. **bouleversement.**)

conflictuel, elle (adjectif) Qui provoque un conflit. *Des relations **conflictuelles** entre collègues.*

conflit (nom masculin) Grave désaccord qui oppose des personnes ou des pays. *C'est un vieux **conflit** entre eux !*

confluent (nom masculin) Endroit où deux cours d'eau se rencontrent. *Lyon est au **confluent** du Rhône et de la Saône.*

confondant, ante (adjectif) Qui surprend et trouble. *Ces mannequins de cire sont d'une réalité **confondante**.* (Syn. **déconcertant.**)

confondre (verbe) (conj. 31) Prendre une personne ou une chose pour une autre. *Les deux sœurs se ressemblent tellement que je les **confonds** toujours. Ne **confonds** pas les mots « mer » et « mère ».* (Contr. **distinguer.**)

conformation (nom féminin) Manière dont un corps et ses parties sont disposées naturellement. *Au fil de son évolution, l'homme a développé une **conformation** propre à la marche.* • Vice de conformation : malformation congénitale.

conforme (adjectif) Qui est en accord avec un modèle ou un règlement. *Cette nouvelle installation électrique est **conforme** aux normes actuelles.*
★ Famille du mot : conform**ément**, se conformer, conform**isme**, conform**iste**, conform**ité**.

conformément (adverbe) En conformité avec. *Il fait beau aujourd'hui, **conformément** aux prévisions météorologiques.* (Contr. **contrairement.**)

se **conformer** (verbe) (conj. 3) Agir en conformité avec quelque chose. *Il faut **se conformer** aux habitudes du pays que l'on visite.* (Syn. **s'adapter.**)

conformisme (nom masculin) Attitude de ceux qui pensent et agissent comme tout le monde, sans originalité.

conformiste (adjectif et nom) Qui fait preuve de conformisme.

conformité (nom féminin) • En conformité avec : en accord avec. *Essayer d'agir **en conformité avec** ses idées.*

confort (nom masculin) Tout ce qui rend la vie quotidienne plus facile et plus agréable. *Cette maison a tout le **confort** désirable : eau, électricité et chauffage.*
★ Famille du mot : confort**able**, confort**ablement**, **in**confort, **in**confort**able**.

confortable (adjectif) Qui donne une sensation de confort. *Ce lit est très **confortable**, j'y ai très bien dormi.*

confortablement (adverbe) De façon confortable. *Installez-vous **confortablement** pour travailler.*

conforter (verbe) (conj. 3) Synonyme de renforcer. *Cela me **conforte** dans mon opinion.*
★ **Conforter** vient du mot latin *fortis* qui signifie « courageux ».

confraternel, elle (adjectif) Qui se rapporte aux relations entre confrères. *On doit cette grande découverte à l'alliance **confraternelle** des chimistes.*

confrère (nom masculin) Personne qui exerce la même profession qu'une autre. *Mon médecin est en vacances, je vais consulter un de ses **confrères**.*

confrérie (nom féminin) Groupe de personnes ayant une même activité. (Syn. **corporation.**)

confrontation (nom féminin) Fait de confronter. *La police procède à la **confrontation** des témoins.*

confronter (verbe) (conj. 3) Mettre des personnes en présence pour comparer ce qu'elles affirment. ***Confronter** des témoins, des points de vue.* • **Être confronté à une difficulté** : devoir y faire face.

confucianisme (nom masculin) Doctrine et enseignement de Confucius. *Le **confucianisme** et le bouddhisme sont très répandus en Asie.*

confus, use (adjectif) **1** Qui est difficile à comprendre. *Il a fait un discours très **confus** qu'on a eu du mal à suivre.* (Syn. **embrouillé.** Contr. **clair.**) **2** Qui éprouve un sentiment de confusion. *Je suis **confuse** de vous avoir fait attendre.* (Syn. **honteux.**)

confusion (nom féminin) **1** Fait de confondre. *Faire une **confusion** entre deux personnes.* **2** Caractère confus, embrouillé. *Quelle **confusion** dans ses paroles !* (Contr. **clarté.**) **3** Sentiment de gêne ou de honte. *Rougir de **confusion**.*

congé (nom masculin) Période pendant laquelle on ne travaille pas. *Papa a pris quelques jours de **congé** pour nous conduire à la montagne.* (Syn. **vacances.**) • **Donner congé à quelqu'un** : le congédier. • **Prendre congé de quelqu'un** : lui dire au revoir.

congédier (verbe) (conj. 10) Renvoyer quelqu'un de son travail. *Son patron l'**a congédié** pour faute grave.* (Syn. **licencier.**)

congélateur (nom masculin) Appareil dans lequel on congèle les aliments pour les conserver.

congélation (nom féminin) Action de congeler.

congeler (verbe) (conj. 8) Soumettre un aliment à une très basse température. *Maman vide les poissons avant de les **congeler**.*
★ Famille du mot : congél**ateur**, congél**ation**, **décongélation**, **dé**congeler.

congénère (nom) Personne ou animal de la même espèce. *Lui et ses **congénères** sont très antipathiques.*

congénital, ale, aux (adjectif) Qui existe dès la naissance. *Il a une malformation **congénitale**.*

congère (nom féminin) Gros tas de neige durcie par le vent. *Des **congères** ont bloqué la circulation.*

congestion (nom féminin) Maladie due à du sang accumulé dans une partie du corps. *Il est mort d'une **congestion** cérébrale.*
★ Famille du mot : congestion**né**, **dé**congestion**ner**.

congestionné, ée (adjectif) Qui est rouge à cause de l'afflux de sang. *Il a couru si vite qu'il a le visage tout **congestionné**.*

conglomérat (nom masculin) **1** Roche formée de fragments liés par un ciment naturel. *On a trouvé des diamants dans des **conglomérats**.* **2** Ensemble d'entreprises ayant des activités variées et réunies dans un même groupe financier.

congolais, aise → tableau p. 6 / 7.

congratulations (nom féminin pluriel) Synonyme littéraire de félicitations. *Les comédiens primés ont échangé des **congratulations**.*

congratuler (verbe) (conj. 3) Féliciter chaudement. *Les joueurs se **congratulent** après avoir marqué un but.*

congre (nom masculin) Poisson de mer carnivore, allongé comme une anguille.

congrégation (nom féminin) **1** Réunion de religieux qui ne prononcent pas de vœu solennel. *La formulation des vœux différencie un ordre religieux d'une **congrégation**.* **2** Organisation ecclésiastique protestante.
★ **Congrégation** vient du mot latin *grex* qui signifie « troupeau ».

congrès (nom masculin) Réunion de personnes rassemblées pour échanger des idées sur leurs intérêts communs. *Un **congrès** de médecins.*

congressiste (nom) Personne qui participe à un congrès.

congru, ue (adjectif) • **Portion congrue** : revenus insuffisants.
★ **Congru** vient du mot latin *congruus* qui signifie « convenable ».

conifère (nom masculin) Arbre qui porte des aiguilles. *Les **conifères** gardent leurs aiguilles en hiver et restent verts.*
★ **Conifère** vient de mots latins qui signifient « qui porte des fruits en forme de cône ».

conique (adjectif) Qui a la forme d'un cône.

■ **conique** (nom féminin) Courbe plane du second degré. *Les ellipses, les paraboles et les hyperboles sont des **coniques**.*

conjecture (nom féminin) Opinion fondée sur des suppositions. *Comme on ne sait rien de précis, on se perd en **conjectures**.*

conjoint, ointe (nom) Personne avec laquelle on est marié. *Votre **conjointe** est-elle avec vous ?* (Syn. **époux.**)

conjonctif, ive (adjectif) Qui réunit deux parties. *Le tissu **conjonctif** est un constituant essentiel de la structure osseuse.* • **Proposition conjonctive** : proposition subordonnée introduite par une conjonction de subordination ou une locution conjonctive.

■ **conjonctive** (nom féminin) Membrane de l'œil et de la partie interne des paupières. *Les larmes humidifient la **conjonctive** en permanence.*

conjonction (nom féminin) Mot invariable qui sert à unir deux mots ou deux groupes de mots. *Il existe des **conjonctions** de coordination (mais, et...) et des **conjonctions** de subordination (que, comme, quand...).*

conjonctivite (nom féminin) Inflammation de l'œil. *Ce collyre soignera votre **conjonctivite**.*

conjoncture (nom féminin) Situation de l'économie ou de la société. *Les affaires marchent mal : la **conjoncture** est mauvaise.*

conjoncturel, elle (adjectif) Qui se rapporte à la conjoncture. *Le chômage dépend des variations **conjoncturelles**.*

conjugaison (nom féminin) Ensemble des formes d'un verbe en fonction de la voix, du mode, du temps, de la personne et du nombre.

conjugal, ale, aux (adjectif) Qui concerne le mari et la femme, les époux. *Il s'est mis dans son tort en quittant le domicile **conjugal**.*

conjuguer (verbe) (conj. 3) Réciter ou écrire la conjugaison d'un verbe. ***Conjugue** le verbe « prendre » à l'imparfait.* • **Conjuguer ses efforts** : les unir.

conjuration (nom féminin) Synonyme de conspiration. *Ses ennemis avaient fomenté une **conjuration** contre l'empereur.*

conjurer (verbe) (conj. 3) **1** Éloigner quelque chose de mauvais. *Le sorcier prononce des formules magiques pour **conjurer** les mauvais esprits.* **2** Supplier avec insistance. *Restez calmes, je vous en **conjure** !*

connaissance (nom féminin) **1** Fait de connaître. *Pour ce poste, la **connaissance** de plusieurs langues est indispensable.* **2** Personne que l'on connaît. *C'est une vieille **connaissance**, nous étions ensemble à la maternelle.* • **En connaissance de cause** : en sachant bien ce qu'on fait, consciemment. • **Faire connaissance** : rencontrer quelqu'un pour la première fois. • **Perdre connaissance** : s'évanouir.

■ **connaissances** (nom féminin pluriel) Choses qu'on a apprises et que l'on sait. *Gaëlle a déjà des **connaissances** solides en anglais.*

connaisseur, euse (nom) Personne qui s'y connaît dans un domaine. *Cet expert est un grand **connaisseur** en art contemporain.*

connaître (verbe) (conj. 37) **1** Savoir après avoir appris. *Papa **connaît** bien l'anglais, il le parle couramment.* (Contr. **ignorer.**) **2** Avoir déjà rencontré quelqu'un ou vu quelque chose et savoir de qui ou de quoi il s'agit. *Ils se **connaissent** depuis longtemps. Tu **connais** cette plante ?* **3** Être déjà allé quelque part. *Hélène **connaît** bien la Grèce, elle y va souvent.* **4** Avoir. *On ne pensait pas que ce film **connaîtrait** un tel succès.* • **S'y connaître** : être compétent dans un domaine.

★ Famille du mot : connaiss**ance**, connaiss**eur**, conn**u**, **in**connu, **mé**connaiss**able**, **mé**connaiss**ance**, **mé**connaître, **mé**connu.

► On écrit aussi **connaitre**.

connecter (verbe) (conj. 3) Relier un appareil à un circuit. *Cet ordinateur **est connecté** à un réseau.*

★ Famille du mot : connect**eur**, connect**ique**, connex**ion**, **dé**connecter.

connecteur (nom masculin) **1** Dispositif qui permet de relier des appareils électriques entre eux. *Les **connecteurs** assurent le transport des données.* **2** Mot grammatical qui relie des propositions simples pour en faire une proposition complexe. *« Donc » est un **connecteur**.*

connectique (nom féminin) Technologie des connecteurs électriques et électroniques. *La **connectique** est un secteur lié à l'informatique.*

connétable (nom masculin) Au Moyen Âge, chef des armées du royaume.

connexe (adjectif) Qui est étroitement lié avec autre chose. *La météorologie et la climatologie sont des sciences **connexes**.* • **Affaires connexes** : affaires qui sont jugées par un même tribunal.

connexion (nom féminin) Fait de connecter. *Établir une **connexion** à l'aide d'un câble.*

connivence (nom féminin) Accord secret entre des personnes. *Il y a une grande **connivence** entre le frère et la sœur.* (Syn. **complicité.**)

★ **Connivence** vient d'un verbe latin qui signifie « fermer les yeux », c'est-à-dire « être d'accord ».

connotation (nom féminin) Sens particulier que prend un mot ou un énoncé dans une situation donnée. *Le mot « provincial » prend souvent une **connotation** péjorative.*

connu, ue (adjectif) Qui est célèbre. *Charlie Chaplin est très **connu**.* (Contr. **inconnu.**)

conque (nom féminin) **1** Mollusque marin enfermé dans une coquille en forme de spirale. *Certaines **conques** sont comestibles.* **2** Cavité du cartilage de l'oreille. *La **conque** aide les sons à entrer dans l'oreille.*

★ **Conque** vient du mot grec *konkhê* qui signifie « coquille ».

a b c d e f g h i j k l m n o p q r s t u v w x y z

conquérant, ante (nom) Personne qui fait des conquêtes militaires. *Jules César a été un grand **conquérant**.*

conquérir (verbe) (conj. 18) Occuper par la force. *Les troupes rebelles ont fini par **conquérir** toute cette région.* (Syn. **envahir, soumettre.**)
★ Famille du mot : conqu**érant**, conqu**ête**, **re**conquérir, **re**conquête.

conquête (nom féminin) **1** Action de conquérir un pays. *La **conquête** de la Gaule par les Romains.* **2** Pays conquis. *Les **conquêtes** de Napoléon.*

conquistador (nom masculin) Conquérant espagnol qui partait en Amérique au XVIe siècle.

consacrer (verbe) (conj. 3) **1** Donner un caractère sacré, religieux à un lieu. *Ce temple **est consacré** à Zeus.* **2** Employer son temps à une activité. *Julie **consacre** le mercredi au sport, tandis que ce jour-là Xavier se **consacre** au piano.*

consanguin, ine (adjectif) Qui est parent du côté paternel. • **Mariage consanguin** : mariage entre proches parents.

consciemment (adverbe) En ayant conscience de ce qu'on fait. *C'est tout à fait **consciemment** qu'elle a agi ainsi.*
► Prononciation [kɔ̃sjamɑ̃].

conscience (nom féminin) Ce qui permet à chacun de juger ce qui est bien et ce qui est mal. *Il a un problème de **conscience**, il ne sait pas s'il doit accepter ou non.* • **Avec conscience** : consciencieusement. • **Avoir conscience de quelque chose** : s'en rendre compte. ***As-tu conscience du** danger qui existe à plonger de si haut ?* • **Avoir quelque chose sur la conscience, ne pas avoir la conscience tranquille** : savoir qu'on a fait quelque chose de mal. • **Perdre conscience** : s'évanouir.
★ Famille du mot : consci**emment**, consciencieuse**ment**, conscienc**ieux**, conscient, **in**consci**emment**, **in**conscience, **in**conscient.

consciencieusement (adverbe) De façon consciencieuse. *Laura a fait **consciencieusement** tous ses devoirs.*

consciencieux, euse (adjectif) Qui fait son travail de façon sérieuse et appliquée. *Le professeur apprécie beaucoup les élèves **consciencieux**.*

conscient, ente (adjectif) Qui a la conscience de quelque chose. *Es-tu **conscient** des risques que tu prends en roulant aussi vite ?* (Contr. **inconscient.**)

conscription (nom féminin) Inscription annuelle obligatoire des jeunes gens qui ont atteint l'âge du service militaire. *L'armée de **conscription** a été remplacée par une armée de volontaires.*

conscrit (nom masculin) Jeune homme inscrit sur les listes de recrutement du service militaire. *Les **conscrits** ne sont pas des militaires de carrière.*

consécration (nom féminin) Fait d'être reconnu publiquement. *Ce prix d'interprétation est pour elle la **consécration** de sa carrière d'actrice.*

consécutif, ive (adjectif) Qui vient à la suite d'autre chose. *On a marché neuf heures **consécutives** pour parvenir au sommet.*

conseil (nom masculin) **1** Avis que l'on donne à quelqu'un sur ce qu'il doit faire. *J'ai besoin de tes **conseils** avant de prendre une décision.* **2** Réunion ou assemblée au cours desquelles des gens discutent et donnent leur avis. *Le **Conseil** des ministres, le **conseil** municipal.*
★ Famille du mot : conseill**er**, **dé**conseill**er**.

① **conseiller** (verbe) (conj. 3) Donner comme conseil. *Le ciel est noir, je te **conseille** de prendre ton parapluie si tu ne veux pas rentrer trempé.* (Syn. **recommander.** Contr. **déconseiller.**)

② **conseiller, ère** (nom) **1** Personne qui donne des conseils. *Une **conseillère** d'orientation.* **2** Personne qui fait partie d'un conseil. *Il a été élu **conseiller** municipal de sa commune.*

consensuel, elle (adjectif) Qui est formé par le seul accord des parties. *Le gouvernement et l'opposition mènent une politique **consensuelle**.*

consensus (nom masculin) Accord entre des personnes. *Après des heures de discussion, le patronat et les syndicats sont parvenus à un **consensus**.*
► Prononciation [kɔ̃sɛ̃sys].

consentant, ante (adjectif) Qui est d'accord. *Le mariage se fait entre personnes **consentantes**.*

consentement (nom masculin) Fait de consentir. *Yann a besoin du **consentement** de ses parents pour partir en classe de neige.* (Syn. **accord, approbation.** Contr. **interdiction.**)

consentir (verbe) (conj. 15) Être d'accord pour que quelque chose se fasse. *Ses parents ne **consentiront** jamais à la laisser partir toute seule à l'étranger.* (Syn. **accepter, autoriser.** Contr. **interdire.**)

conséquence (nom féminin) Résultat d'une action ou d'un évènement. *Ce grave accident est une **conséquence** du verglas.* (Syn. **suite.**)

conséquent, ente (adjectif) Qui est logique, en accord avec soi-même. *On ne peut pas à la fois aimer la ville et vouloir le calme, il faut être **conséquent**.* • **Par conséquent** : comme conséquence. *Les postiers sont en grève, **par conséquent** il n'y a pas de courrier.* (Syn. **donc.**)

conservateur, trice (adjectif) Qui est hostile aux changements politiques, à l'évolution des habitudes sociales, des idées. *Un parti politique **conservateur**.*
▪ **conservateur, trice** (nom) **1** Personne conservatrice. *Les **conservateurs** et les progressistes.* **2** Personne qui s'occupe d'un musée ou d'une bibliothèque.
▪ **conservateur** (nom masculin) Produit chimique que l'on ajoute à un aliment pour qu'il se conserve plus longtemps.

conservation (nom féminin) Fait de se conserver en bon état. *On a découvert une momie en parfait état de **conservation**.*

conservatoire (nom masculin) Établissement d'enseignement artistique. *Un **conservatoire** de danse, de musique.*

conserve (nom féminin) Aliment conservé longtemps dans des boîtes métalliques ou des bocaux. *Grand-mère fait des **conserves** de tomates. Une boîte de sardines en **conserve**.*

conserver (verbe) (conj. 3) **1** Ne pas perdre ou ne pas jeter. *Elle **conserve** dans son portefeuille une photo de son grand-père.* **2** Continuer d'avoir. *Elle **avait conservé**, malgré les années, un charme mystérieux.* (Syn. **garder.** Contr. **perdre.**) **3** Maintenir en bon état. *Pour garder son arôme au café, **conservez**-le au réfrigérateur.*
★ Famille du mot : conserv**ateur**, conserv**ation**, conserv**atoire**, conserve, conserv**erie**.

conserverie (nom féminin) Usine de conserves alimentaires. *Ça sent toujours la cuisine quand on passe à côté de la **conserverie**.*

considérable (adjectif) Qui est très important. *Il a perdu au jeu des sommes **considérables**.*

considérablement (adverbe) D'une façon considérable. *En cent ans, la vie quotidienne a **considérablement** changé.* (Syn. **énormément.**)

considération (nom féminin) **1** Réflexion faite sur un sujet. *Benjamin se perd en **considérations** inutiles.* **2** Respect qu'on porte à une personne. *Elle jouit de la **considération** générale.* (Syn. **estime.** Contr. **mépris.**) • **Prendre quelque chose en considération** : en tenir compte.

considérer (verbe) (conj. 8) **1** Examiner avec attention. *Elle **considérait** la nouvelle venue avec intérêt.* (Syn. **observer.**) **2** Apprécier les qualités de quelqu'un. *Il **est** très bien **considéré** dans son travail.* (Contr. **déconsidérer, mépriser.**) **3** Penser ou estimer. *Je **considère** qu'il a eu tort. On le **considère** comme un très bon chirurgien.*
★ Famille du mot : considér**ation**, se **dé**considérer.

consigne (nom féminin) **1** Instruction qu'on doit respecter exactement. *La **consigne** est formelle : personne ne doit entrer ici.* **2** Endroit où les bagages sont gardés. *J'ai mis mes valises à la **consigne**.* **3** Privation de sortie pour un élève ou un soldat. **4** Somme rendue en échange d'un emballage, d'une bouteille vide.

consigner (verbe) (conj. 3) **1** Faire payer une somme pour un emballage qui est remboursé si on le rapporte. *Est-ce que la bouteille **est consignée** ?* **2** Priver de sortie par une consigne. **3** Noter par écrit. *Elle **consignait** dans son journal toutes les visites faites durant son voyage.*

consistance (nom féminin) État plus ou moins solide d'une matière. *La lave qui sortait du cratère avait une **consistance** visqueuse.*

consistant, ante (adjectif) Épais, presque solide. *Une soupe **consistante**.*
★ Famille du mot : consist**ance**, **in**consistant.

consister (verbe) (conj. 3) **1** Avoir pour objet principal. *Votre travail **consistera** à vendre.* **2** Être composé de telle ou telle chose. *Leur logement **consiste** en une chambre, une salle de bains et une cuisine.*

consistoire (nom masculin) **1** Réunion de cardinaux sur convocation du pape. *Les cardinaux sont nommés au cours d'un **consistoire**.* **2** Direction administrative de certaines communautés religieuses. *Il existe des **consistoires** protestants et israélites.*

consœur (nom féminin) Féminin de confrère. *L'avocat a demandé l'avis de sa **consœur**.*

consolateur, trice (adjectif) Qui console. *Il a su trouver des paroles **consolatrices** qui m'ont fait du bien.*

consolation (nom féminin) Ce qui console. *En guise de **consolation**, ses amis lui ont apporté de quoi décorer son plâtre.* (Syn. **réconfort.**)

console (nom féminin) Appareil de jeux électroniques composé d'un écran et d'une manette. *Une **console** portable.*

consoler (verbe) (conj. 3) Essayer de calmer un chagrin. *Clément prend sa petite sœur dans ses bras pour la **consoler**.*
★ Famille du mot : consol**ateur**, consol**ation**, **in**consola**ble**.

consolidation (nom féminin) Action de consolider. *On a dû mettre des étais pour assurer la **consolidation** du mur.*

consolider (verbe) (conj. 3) Rendre plus solide. *Le menuisier **a consolidé** la charpente en remplaçant des poutres.*

consommateur, trice (nom) **1** Personne qui achète et utilise les produits du commerce. *Le guide du **consommateur**.* **2** Personne qui prend une consommation. *Quelques **consommateurs** se trouvaient au bar.*

consommation (nom féminin) **1** Quantité consommée. *Elle s'efforce de réduire sa **consommation** de cigarettes et d'arrêter de fumer.* **2** Ce que l'on boit ou mange dans un café. *Le tarif des **consommations** est affiché.*

consommé, ée (adjectif) Parvenu au plus haut degré. *Ibrahim est un musicien **consommé**.* (Syn. **accompli, parfait.**)
■ **consommé** (nom masculin) Bouillon de viande.

consommer (verbe) (conj. 3) **1** Utiliser pour se nourrir. *Les Français **consomment** moins de pain qu'autrefois. Les enfants **consomment** généralement trop de sucreries.* **2** Utiliser pour fonctionner. *Cette petite voiture **consomme** 4 litres d'essence aux 100 kilomètres.*
★ Famille du mot : consomm**ateur**, consomm**ation**, consommé.

consonance (nom féminin) **1** Ressemblance de sons dans la terminaison de deux ou plusieurs mots. *Pour faire des rimes, on utilise des mots de* *même **consonance**.* **2** Accord musical agréable et harmonieux. *On apprécie la **consonance** d'une mélodie.* (Contr. **dissonance.**)

consonne (nom féminin) Son du langage qui ne peut se prononcer qu'accompagné d'une voyelle. *Dans le mot « vivre », il y a trois **consonnes** (v, v, r) et deux voyelles (i, e).*

consort (nom masculin pluriel et adjectif masculin) • **Et consorts** : et ceux qui sont du même genre. • **Prince consort** : prince marié à une reine, mais qui ne gouverne pas.
▶ Prononciation [kɔ̃sɔʀ].
★ **Consort** vient du mot latin *consors* qui signifie « qui partage le sort ».

consortium (nom masculin) Association d'entreprises. *Plusieurs sociétés françaises ont formé un **consortium** pour conquérir le marché japonais.*
▶ Prononciation [kɔ̃sɔʀsjɔm].
★ **Consortium** est un mot latin qui signifie « association ».

conspirateur, trice (nom) Personne qui conspire. *Les **conspirateurs** prêtèrent serment en croisant leurs épées.*

conspiration (nom féminin) Entente secrète entre gens qui conspirent. *Grâce à sa police secrète, Richelieu déjoua plusieurs **conspirations**.* (Syn. **complot, conjuration.**)

conspirer (verbe) (conj. 3) S'entendre en secret pour renverser ceux qui gouvernent un État. *Sire ! Certains de vos proches **conspirent** contre vous !* (Syn. **comploter.**)
★ Famille du mot : conspir**ateur**, conspir**ation**.

conspuer (verbe) (conj. 3) Synonyme littéraire de huer. *Les députés de l'opposition **ont conspué** l'orateur.* (Contr. **acclamer, applaudir.**)
★ **Conspuer** vient du latin *conspuere* qui signifie « couvrir de crachats ».

constamment (adverbe) De façon constante. *Il répète **constamment** la même chose.* (Syn. **sans cesse.**)

constance (nom féminin) Persévérance dans la manière d'agir. *Voilà trois jours que tu t'acharnes sur ce puzzle, quelle **constance** !*
★ Famille du mot : constant, **in**constant.

constant, ante (adjectif) Qui reste toujours semblable. *La climatisation entretient dans la pièce une température **constante**.*

constat (nom masculin) Indication par écrit de ce qui a été constaté. *L'assureur a fait un **constat** des dégâts causés par la fuite d'eau.*

constatation (nom féminin) Ce qui a été constaté. *Ce n'est pas une critique, c'est une simple **constatation**.* (Syn. **observation.**)

constater (verbe) (conj. 3) S'apercevoir d'un fait. *Nous **avons constaté** que ce magasin était très cher.* (Syn. **noter, observer, remarquer.**)
★ Famille du mot : constat, constat**ation**.

constellation (nom féminin) Groupe d'étoiles. *On a donné des noms aux **constellations** du ciel.*

constellé, ée (adjectif) Couvert d'une multitude d'éléments éparpillés, comme les étoiles. *Un cahier **constellé** de taches.* (Syn. **parsemé.**)

consternant, ante (adjectif) Qui consterne. *Les nouvelles qui viennent de ce pays sont **consternantes**.* (Syn. **désolant.**)

consternation (nom féminin) État d'une personne consternée. *Quand le pays apprit la mort du champion, la **consternation** fut générale.*

consterner (verbe) (conj. 3) Plonger dans la tristesse. *Qu'il ait si peu d'amis me **consterne**.* (Syn. **attrister, désoler.**)
★ Famille du mot : constern**ant**, constern**ation**.

constipation (nom féminin) Indisposition qui rend difficile l'évacuation des excréments. *C'est un enfant qui a une tendance à la **constipation**.* (Contr. **diarrhée.**)

constipé, ée (adjectif) Qui souffre de constipation. *Elle est souvent **constipée**.*

constituant, ante (adjectif) Qui entre dans la constitution de quelque chose. *L'oxygène est un élément **constituant** de l'air.* • **Assemblée constituante** : députés chargés de préparer et de voter la Constitution d'un pays.

constituer (verbe) (conj. 3) **1** Former un tout. *Tous ces bijoux **constituent** un véritable trésor.* **2** Mettre sur pied. *Les insurgés **ont constitué** un gouvernement provisoire.* (Syn. **organiser.**) • **Se constituer prisonnier** : se rendre aux autorités.
★ Famille du mot : constitu**ant**, constit**ution**, constitu**tionnel**, **re**constituer, reconstit**ution**.

constitution (nom féminin) **1** Manière dont une chose est constituée. *La chimie étudie la **constitution** de la matière.* (Syn. **composition.**) **2** Nature physique d'une personne. *Myriam fait du sport régulièrement, elle a une robuste **constitution**.* **3** Action de constituer. *La **constitution** de l'équipe a été décidée par l'entraîneur.* **4** Ensemble des lois fondamentales d'un État.
▶ Au sens 4, ce mot commence par une majuscule : la **Constitution** de la France.

constitutionnel, elle (adjectif) Qui est en accord avec la Constitution d'un pays. *L'opposition prétend que cette loi n'est pas **constitutionnelle**.*

constricteur (adjectif masculin et nom masculin) • **Boa constricteur** : serpent qui s'enroule autour de ses proies pour les étouffer.
▶ On dit aussi **boa constrictor**. • **Muscle constricteur** : muscle qui referme l'orifice d'un organe.

constriction (nom féminin) Contraction par pression circulaire. *Les sphincters exercent une **constriction**.*

constructeur, trice (nom) Personne qui construit des bâtiments ou des machines. *Un **constructeur** d'avions.*

constructible (adjectif) Où l'on peut construire. *Les géomètres certifient que ce terrain est **constructible**.*

constructif, ive (adjectif) Capable d'imaginer de nouvelles solutions. *Un esprit **constructif**.*

construction (nom féminin) **1** Action de construire. *Un immeuble en **construction**.* (Contr. **démolition.**) **2** Ce qui est construit. *Les maisons, les ponts sont des **constructions**.* **3** Arrangement des mots dans la phrase. *La **construction** de cette phrase est simple : un sujet et un verbe.*

construire (verbe) (conj. 43) **1** Fabriquer en assemblant des matériaux. *Monsieur Adam s'est fait **construire** une maison.* (Syn. **bâtir, édifier.** Contr. **démolir, détruire.**) **2** Organiser les mots d'une phrase suivant les règles de la grammaire. *Cette phrase **est** mal **construite**.*
★ Famille du mot : constructeur, constructible, constructif, construction, reconstruction, reconstruire.

consul (nom masculin) Diplomate qui s'occupe des intérêts de ses compatriotes dans un pays étranger. *Elle est **consul** de France à Lahore.*

consulaire (adjectif) Qui se rapporte à un consulat. *Les services **consulaires** délivrent des visas.*

consulat (nom masculin) Bureau du consul. *On s'adresse au **consulat** pour avoir un visa.*

consultant, ante (nom et adjectif) Personne qui donne son avis et conseille une entreprise ou un particulier.

consultatif, ive (adjectif) Qui donne son avis sans avoir le pouvoir de décider. *On a soumis ce projet à un comité **consultatif**.*

consultation (nom féminin) Examen d'un malade par un médecin. *Mariette a emmené sa fille en **consultation** chez un pédiatre.*

consulter (verbe) (conj. 3) **1** Demander l'avis ou le conseil de quelqu'un. *Il est allé **consulter** un spécialiste.* **2** Regarder quelque chose pour trouver un renseignement. *David **consulte** son dictionnaire.*

se **consumer** (verbe) (conj. 3) Être détruit par le feu. *Les bûches **se consument** dans la cheminée.*

consumérisme (nom masculin) Action menée par des organisations de consommateurs pour défendre leurs intérêts.
★ **Consumérisme** vient du mot anglais *consumer* qui signifie « consommateur ».

contact (nom masculin) **1** Fait de toucher. *Au **contact** du feu, Noémie retira vite sa main.* **2** Lien qui s'établit entre des personnes. *Je suis resté en **contact** avec lui. Avez-vous pris **contact** avec le maire ?* **3** Liaison entre deux fils électriques qui se touchent, permettant au courant de passer. *Il mit le **contact** et démarra en trombe.* • **Lentille** *ou* **verre de contact** : lentille qui corrige la vue et que l'on met directement sur l'œil.

contacter (verbe) (conj. 3) Prendre contact avec une personne. *Elle **a contacté** un avocat.*

contagieux, euse (adjectif) **1** Qui se transmet facilement. *La grippe est une maladie **contagieuse**.* **2** Qui peut communiquer sa maladie. *Les tuberculeux sont **contagieux**.*

contagion (nom féminin) Transmission d'un microbe d'une personne à une autre. *Pour éviter la **contagion**, il faut désinfecter la maison du malade.*

container (nom masculin) Synonyme de conteneur.
▶ **Container** est un mot anglais : on prononce [kɔ̃tɛnɛʀ].

contamination (nom féminin) Fait d'être contaminé. *La **contamination** de l'eau provient des déchets d'une usine.*

contaminer (verbe) (conj. 3) Communiquer un microbe, un virus ou des substances polluantes. *La bête malade **a contaminé** le troupeau.*

conte (nom masculin) Récit d'aventures merveilleuses. *« La Petite Sirène » est un **conte** d'Andersen.*
★ Famille du mot : conter, conteur.

contemplation (nom féminin) Action de contempler. *Elle était en **contemplation** devant la façade de la cathédrale.*

contempler (verbe) (conj. 3) Regarder quelque chose longuement en l'admirant. *Elle **contemplait** la mer au soleil couchant.*

contemporain, aine (adjectif) **1** Qui vit à la même époque qu'une autre personne. *Victor Hugo était **contemporain** de Napoléon III.* **2** Qui appartient à l'époque dans laquelle nous vivons. *Un spectacle de danse **contemporaine**.* (Syn. **moderne.**)

contenance (nom féminin) **1** Quantité que peut contenir un récipient. *La baignoire a une **contenance** de 100 litres.* (Syn. **capacité.**) **2** Façon de se comporter dans une situation particulière. *Ibrahim a perdu **contenance** devant ces gens qu'il trouvait si intimidants.*

contenant (nom masculin) Tout objet pouvant contenir quelque chose. *Une bouteille, une caisse, un portefeuille sont des **contenants**.*

conteneur (nom masculin) Très grande caisse qui sert pour le transport de marchandises, le recyclage des déchets, etc. (Syn. **container.**)

contenir (verbe) (conj. 19) **1** Avoir à l'intérieur. *Ce coffret **contient** de vieilles lettres.* (Syn. **renfermer.**) **2** Pouvoir recevoir telle quantité. *Cette salle **contient** mille personnes.* **3** Empêcher quelqu'un d'avancer. *Les policiers ne pouvaient **contenir** la foule.* (Syn. **retenir.**) **4 Se contenir** : se maîtriser. *Devant tant de mauvaise foi, elle ne put **se contenir** plus longtemps.* (Syn. **se retenir.**)
★ Famille du mot : contenance, contenant, conteneur, contenu, décontenancer.

content, ente (adjectif) Qui est joyeux, satisfait. *Kevin est **content**, il va apprendre à faire du surf.* (Syn. **heureux.**)
★ Famille du mot : contentement, contenter, mécontent, mécontentement, mécontenter.
★ Le sens ancien de **content** était « qui n'a pas besoin d'autre chose ».

contentement (nom masculin) État d'une personne qui est contente. *Le vainqueur acclamé ne pouvait cacher son **contentement**.* (Syn. **satisfaction.** Contr. **mécontentement.**)

contenter (verbe) (conj. 3) **1** Donner satisfaction à quelqu'un. *Pierre n'est pas difficile à **contenter**, il suffit de lui donner des pâtes ou des frites.* (Syn. **satisfaire.** Contr. **mécontenter.**) **2 Se contenter :** n'avoir besoin de rien de plus. *Tu **te contentes** de peu !*

contentieux (nom masculin) Affaire discutable qui pourrait être portée devant un tribunal. *Un **contentieux** commercial entre deux entreprises.* (Syn. **désaccord, différend.**)
► Prononciation [kɔ̃tɑ̃sjø].
★ **Contentieux** vient du mot latin *contentiosus* qui signifie « querelleur ».

contention (nom féminin) Maintien ferme d'un muscle ou d'un organe dans un but thérapeutique. *La vieille dame porte des bas de **contention** pour soulager ses varices.*
★ **Contentieux** vient du mot latin *contendere* qui signifie « lutter ».

contenu (nom masculin) **1** Ce qu'il y a dans quelque chose. *Peu importe le contenant pourvu que le **contenu** soit bon !* **2** Idées exprimées dans un texte, une œuvre. *Le **contenu** de ce roman n'est pas très intéressant.*

conter (verbe) (conj. 3) Synonyme littéraire de raconter. *Tante Lucie nous **a conté** une histoire de château hanté.*

contestable (adjectif) Que l'on peut contester. *Votre point de vue me paraît **contestable**.* (Syn. **discutable.** Contr. **incontestable.**)

contestataire (adjectif) Qui conteste et exprime son désaccord. *Des étudiants **contestataires** ont envahi la salle.*

contestation (nom féminin) Le fait de contester. *Il y a eu des **contestations** à propos du déroulement du vote.* (Syn. **discussion.**)

sans **conteste** (adverbe) Sans aucun doute. *Tu es, **sans conteste**, le meilleur de tous les cuisiniers.* (Syn. **assurément, certainement.**)

contester (verbe) (conj. 3) Refuser d'admettre que quelque chose soit exact ou justifié. *Certains journaux **contestent** les décisions du ministre.* (Contr. **approuver.**)
★ Famille du mot : contest**able**, contest**ataire**, contesta**tion**, **in**contest**able**, **in**contest**é**.

conteur, euse (nom) Personne qui sait raconter des histoires. *Ma grand-mère avait un vrai talent de **conteuse**.*

contexte (nom masculin) **1** Texte qui entoure un mot ou une phrase. *Selon le **contexte**, le mot « cher » peut avoir des sens très différents.* **2** Circonstances d'un évènement. *Dans le **contexte** politique actuel, cette décision sera mal acceptée par l'opinion.*

contextualiser (verbe) (conj. 3) Replacer quelque chose dans son contexte.

contextuel, elle (adjectif) Qui se rapporte à un contexte. *Il faut connaître les éléments **contextuels** d'un mot pour en comprendre le sens.*

contigu, uë (adjectif) Qui est situé à côté d'une autre chose. *Nos deux maisons sont **contiguës**, elles se touchent.* (Syn. **attenant.**)
► Prononciation [kɔ̃tigy].
► On écrit aussi **contigüe** au féminin.

continent (nom masculin) Chacune des six grandes étendues de terre du globe terrestre, par opposition aux océans. *L'Europe, l'Asie, l'Afrique, l'Amérique, l'Australie, l'Antarctique sont les six **continents**.*
★ **Continent** vient du latin *continens terra* qui signifie « terre d'un seul tenant ».

continental, ale, aux (adjectif) Qui concerne l'intérieur des continents. *Le climat **continental** est froid et sec en hiver et chaud en été.*

contingences (nom féminin pluriel) Petits évènements imprévisibles. *Il ne tient pas compte des **contingences** de la vie quotidienne.*

contingent, ente (adjectif) Qui peut arriver ou non. (Contr. **nécessaire.**)
▪ **contingent** (nom masculin) Ensemble des militaires qui effectuent leur service en même temps. *Le **contingent** a été envoyé au combat.*
★ **Contingent** vient du mot latin *contingere* qui signifie « arriver par hasard ».

continu, ue (adjectif) Qui n'est pas interrompu. *Le bruit **continu** du moteur.* (Contr. **discontinu.**)

continuation (nom féminin) Le fait de continuer. *La pluie a empêché la **continuation** des travaux.* (Syn. **poursuite.**)

continuel, elle (adjectif) Qui continue ou se répète sans arrêt. *Cessez donc ces bavardages **continuels** !* (Syn. **incessant.**)

continuellement (adverbe) De façon continuelle. *Sa moto tombe **continuellement** en panne.* (Syn. **constamment, sans cesse.**)

continuer (verbe) (conj. 3) **1** Poursuivre ce qui est commencé. *Elle a décidé de **continuer** ses études.* (Contr. **arrêter, cesser.**) **2** Ne pas s'arrêter. *L'histoire n'est pas finie, elle **continue**.* (Syn. **se poursuivre.**)
★ Famille du mot : continu, continu**ation**, continu**el**, continu**ellement**, continu**ité**, **dis**continu, **dis**continuer.

continuité (nom féminin) Caractère de ce qui est continu. *Ce succès a récompensé la **continuité** de ses efforts.*

contondant, ante (adjectif) Qui peut provoquer des contusions. *Une matraque est une arme **contondante**.*

contorsion (nom féminin) Mouvement exagéré qui tord le corps. *Les **contorsions** du saltimbanque faisaient rire les badauds.*

contorsionniste (nom) Artiste dont la spécialité est de réaliser toutes sortes de contorsions spectaculaires.

contour (nom masculin) Ligne qui marque la limite de quelque chose. *L'artiste commence par dessiner le **contour** du visage.*

contourner (verbe) (conj. 3) Passer autour de quelque chose sans le traverser. *C'est tout près, mais on est obligé de **contourner** ce pâté de maisons à cause des sens interdits.*

contra- Élément qui vient du latin et signifie « contre, en sens contraire » (exemple : *contradiction*).

contraceptif (nom masculin) Moyen de contraception. *La pilule est un **contraceptif** efficace.*

contraception (nom féminin) Fait d'empêcher la grossesse.

contracter (verbe) (conj. 3) **1** Raidir un muscle. *Tous les muscles de l'athlète se **contractent** lorsqu'il soulève les haltères.* (Syn. **durcir, tendre.**) **2** S'engager par contrat. ***Contracter** une assurance contre l'incendie.* **3** Être atteint par une maladie. ***Contracter** la rougeole, la scarlatine.*
★ Famille du mot : contract**ile**, contrac**tion**, contrac**ture**, se **dé**contracter, **dé**contraction.

contractile (adjectif) Qui peut diminuer de volume ou de longueur. *Un muscle **contractile**.*

contraction (nom féminin) Le fait de se contracter. *Les **contractions** de son visage indiquent une grande souffrance.*

contractuel, elle (nom) **1** Personne chargée de mettre des contraventions aux voitures mal garées. **2** Personne qui travaille pour une administration sans être titulaire.

contracture (nom féminin) Contraction involontaire et douloureuse d'un ou de plusieurs muscles. *Le sportif souffre d'une **contracture** musculaire.*

contradiction (nom féminin) **1** Fait de contredire quelqu'un ou de se contredire. *Il prend toujours le contre-pied de ce que l'on dit, il a l'esprit de **contradiction**.* **2** Affirmation qui en contredit une autre. *Le juge a relevé des **contradictions** dans les témoignages.*

contradictoire (adjectif) Qui contredit ce qui a été dit. *Les récits des témoins ne concordent pas, ils sont même **contradictoires**.* (Syn. **incompatible, opposé.**)

contraignant, ante (adjectif) Que l'on est obligé de respecter malgré la gêne provoquée. *David se plaint d'avoir des horaires **contraignants**.* (Syn. **astreignant.**)

contraindre (verbe) (conj. 35) Forcer à faire ce qu'on ne veut pas faire. *La maladie l'**a contraint** à cesser son travail.* (Syn. **obliger.**)

contrainte (nom féminin) **1** Usage de la force ou de la menace pour obliger quelqu'un à faire quelque chose. *Sous la **contrainte** du pistolet, il a dû jeter son arme.* **2** Obligation à laquelle on ne peut échapper. *Les **contraintes** de la vie en société.*

contraire (adjectif) Qui va dans le sens opposé. *Les deux voitures se dirigent en sens **contraire**. C'est **contraire** au règlement.*
■ **contraire** (nom masculin) **1** L'inverse, l'opposé de quelque chose. *Il suffit qu'on lui demande quelque chose pour qu'il fasse le **contraire** !* **2** Mot de sens opposé. *« Froid » est le **contraire** de « chaud ».* (Contr. **synonyme.**)

contrairement (adverbe) À l'opposé, à l'inverse de. ***Contrairement** à ce qui était annoncé, le train part à l'heure.*

contralto (nom masculin) Femme qui chante la plus grave des voix de femme. *Le chœur a besoin de deux **contraltos**.*
★ **Contralto** est un mot italien.

contrariant, ante (adjectif) Qui contrarie. *J'ai oublié mes lunettes, c'est très **contrariant**.* (Syn. **ennuyeux, fâcheux.**)

contrarier (verbe) (conj. 10) **1** Faire obstacle à quelque chose. *Un accident **a contrarié** ses projets.* (Contr. **aider, favoriser.**) **2** Causer du mécontentement. *Ce que tu lui as dit l'**a** beaucoup **contrarié**.* (Syn. **mécontenter.** Contr. **réjouir.**)
★ Famille du mot : contrari**ant**, contrari**été**.

contrariété (nom féminin) Sentiment d'une personne contrariée. *La **contrariété** se lisait sur son visage.* (Syn. **irritation, mécontentement.** Contr. **satisfaction.**)

contraste (nom masculin) **1** Différence ou opposition entre deux choses. *Quel **contraste** entre l'aridité du désert et la fraîcheur de cette oasis !* **2** Différence de lumière entre les parties claires et les parties sombres d'une image. *Il n'y a pas de **contrastes** sur cette photo toute sombre.*

contraster (verbe) (conj. 3) Être en contraste. *Son allure d'ours **contrastait** avec sa délicatesse d'esprit.* (Syn. **s'opposer.**)

contrat (nom masculin) Accord écrit fixant les droits et les obligations de chacun. *Elle a signé un **contrat** d'assurance pour sa maison et sa voiture.*

contravention (nom féminin) Condamnation à payer une amende.

contre- Élément qui vient du latin et qui exprime l'opposition, la proximité, la défense (exemple : *contre-offensive*).

contre (préposition) **1** Sert à indiquer le contact. *Le maçon appuie une échelle **contre** le mur.* **2** Sert à indiquer l'opposition. *L'équipe de France joue **contre** l'équipe d'Allemagne.* **3** Sert à indiquer l'échange. *Je te donne un autocollant **contre** un caramel.* • **Par contre** : indique une opposition. *Elle est très jolie et très intelligente, **par contre** elle a très mauvais caractère.*
■ **contre** (nom masculin) • **Le pour et le contre** : les avantages et les inconvénients de quelque chose.

contre-allée (nom féminin) Allée parallèle à une voie plus importante. *Les voitures sont garées dans la **contre-allée** de l'avenue.*
▶ Pluriel : des **contre-allées**.
▶ On écrit aussi **contrallée**.

contre-attaque (nom féminin) Attaque qui répond à celle de l'ennemi. *Le général passa à son tour à l'offensive en lançant une **contre-attaque**.*
▶ Pluriel : des **contre-attaques**.
▶ On écrit aussi **contrattaque**.

contre-attaquer (verbe) (conj. 3) Faire une contre-attaque. *Et voici l'équipe française de rugby qui **contre-attaque** !*
▶ On écrit aussi **contrattaquer**.

contrebalancer (verbe) (conj. 4) Rétablir l'équilibre. *Les gains **contrebalancent** les pertes.* (Syn. **compenser.**)

contrebande (nom féminin) Passage en fraude de marchandises d'un pays à l'autre. *Les deux hommes faisaient de la **contrebande** de cigarettes.*

contrebandier, ère (nom) Personne qui fait de la contrebande. *Les **contrebandiers** prennent des petits chemins pour éviter les douaniers.*

en **contrebas** (adverbe) À un niveau plus bas. *Notre villa est **en contrebas** de la route.*

contrebasse (nom féminin) Grand instrument de musique, de la famille des violons, à quatre cordes, qui produit des sons très graves.

contrebassiste (nom) Musicien qui joue de la contrebasse. *Dans un orchestre, les **contrebassistes** sont placés à côté des violoncellistes.*

contrecarrer (verbe) (conj. 3) Mettre des obstacles aux projets de quelqu'un. *Ses remarques **ont contrecarré** la décision que nous avions prise.*

à **contrecœur** (adverbe) Avec réticence. *Elle a accepté de jouer **à contrecœur**.* (Contr. **volontiers.**)

contrecoup (nom masculin) Conséquence indirecte d'un évènement. *Elle est très fatiguée, c'est le **contrecoup** de sa dernière maladie.*

contre-courant (nom masculin) • **À contre-courant** : dans le sens inverse du courant.
▶ On écrit aussi à **contrecourant**.

contredire (verbe) (conj. 46) Affirmer le contraire. *Pourquoi me **contredisez**-vous sans arrêt ? L'accusé ne cesse de se **contredire** au cours de l'interrogatoire.*
▶ **Contredire** se conjugue comme *dire*, sauf à la 2e personne du pluriel : *vous contredisez*.

contrée (nom féminin) Synonyme littéraire de région. *L'histoire se déroulait dans une lointaine **contrée**.*

contre-espionnage (nom masculin) Ensemble des activités secrètes qui visent à faire échouer les manœuvres des espions d'un État étranger. *Les services du **contre-espionnage**.*
▶ Pluriel : des **contre-espionnages**.
▶ On écrit aussi **contrespionnage**.

contre-exemple (nom masculin) Exemple qui contredit une règle ou une affirmation.
▶ Pluriel : des **contre-exemples**.
▶ On écrit aussi **contrexemple**.

contre-expertise (nom féminin) Nouvelle expertise pratiquée pour contrôler la précédente. *Le juge a demandé une **contre-expertise**.*
▶ Pluriel : des **contre-expertises**.
▶ On écrit aussi **contrexpertise**.

contrefaçon (nom féminin) Imitation malhonnête. *Cette montre est très bien imitée, mais c'est une **contrefaçon**.*

contrefaire (verbe) (conj. 42) Faire une contrefaçon. *Il a reconnu qu'il **avait contrefait** la signature du directeur.*

se **contreficher** (verbe) (conj. 3) Ne pas se soucier de. *Je me **contrefiche** de ce que tu penses.*
▶ On dit aussi **se contrefiche**.

contrefort (nom masculin) **1** Pilier ou gros mur qui renforce et soutient une construction. *Les **contreforts** du château.* **2** Premiers sommets peu élevés d'un massif montagneux.

contre-indication (nom féminin) Cas où la prescription d'un médicament devient dangereuse. *La notice accompagnant les médicaments signale les **contre-indications**.*
▶ Pluriel : des **contre-indications**.
▶ On écrit aussi **contrindication**.

contre-jour (nom masculin) Lumière qui éclaire un objet par-derrière. *Je ne vois pas son visage, il est à **contre-jour**.*
▶ Pluriel : des **contre-jours** ou des **contre-jour**.
▶ On écrit aussi **contrejour**.

contre-la-montre (nom masculin) Course cycliste chronométrée, avec départs séparés des coureurs.
▶ Pluriel : des **contre-la-montre**.

contremaître (nom masculin) Personne qui dirige une équipe d'ouvriers.
▶ On écrit aussi **contremaitre**.

contremarche (nom féminin) Face verticale d'une marche d'escalier. *Quelle est la hauteur de la **contremarche** ?*

contremarque (nom féminin) Billet distribué aux spectateurs sortant pendant l'entracte, et qui leur permet de revenir dans la salle.

contre-offensive (nom féminin) Attaque qui répond à une attaque ennemie. *Le maréchal Joffre a lancé une **contre-offensive** au cours de la bataille de la Marne.* (Syn. **contre-attaque.**)
▶ Pluriel : des **contre-offensives**.
▶ On écrit aussi **controffensive**.

contrepartie (nom féminin) • **En contrepartie** : synonyme de en compensation. *Elle est logée, **en contrepartie** elle s'occupe des enfants après l'école.*

contre-performance (nom féminin) Échec d'une personne dont on attendait la victoire. *Il est arrivé dernier, c'est une terrible **contre-performance** pour un champion comme lui !*
▶ Pluriel : des **contre-performances**.
▶ On écrit aussi **contreperformance**.

contrepèterie (nom féminin) Jeu de mots consistant à intervertir des lettres ou des syllabes dans une phrase ou un groupe de mots, pour obtenir un sens amusant. *« Les pièces du fond » est une **contrepèterie** pour « les fesses du pion ».*

contre-pied (nom masculin) • **Prendre le contre-pied** : dire systématiquement le contraire.
▶ On écrit aussi **contrepied**.

contreplaqué (nom masculin) Matériau formé de lamelles de bois collées les unes sur les autres. *Une étagère en **contreplaqué**.*

contrepoids (nom masculin) Poids qui équilibre un autre poids. *Assieds-toi au bout du banc pour faire **contrepoids**, sinon je vais tomber.*

contrepoison (nom masculin) Synonyme d'antidote.

contre-pouvoir (nom masculin) Pouvoir s'opposant ou faisant équilibre à une autorité établie.
▶ Pluriel : des **contre-pouvoirs**.
▶ On écrit aussi **contrepouvoir**.

contrer (verbe) (conj. 3) S'opposer efficacement à une attaque. *L'équipe de handball a réussi à **contrer** ses adversaires et a gagné.*

contreseing (nom masculin) Deuxième signature qui garantit la signature principale. *Le texte de loi signé par le Premier ministre est revêtu du **contreseing** du ministre.*
▶ Prononciation [kɔ̃tʀəsɛ̃].

contresens (nom masculin) Erreur sur le sens d'un mot que l'on traduit d'une langue étrangère. • **À contresens** : en sens inverse du sens normal. *Il roulait **à contresens** dans une rue à sens unique.*

contrespionnage Voir ***contre-espionnage***.

contretemps (nom masculin) Ennui ou incident qui retarde quelqu'un. *Ce **contretemps** lui a fait manquer le début du film.*

contre-ténor (nom masculin) Ténor dont la voix s'étend dans l'aigu. *Les **contre-ténors** chantent souvent les parties d'alto dans la musique ancienne.* (Syn. **haute-contre**.)
▶ Pluriel : des **contre-ténors**.
▶ On écrit aussi **contreténor**.

contrevenant, ante (nom) Personne qui n'obéit pas ou agit contrairement à un règlement. *Les **contrevenants** seront punis.*

contrexemple Voir ***contre-exemple***.

contrexpertise Voir ***contre-expertise***.

contribuable (nom) Personne qui paie des impôts.

contribuer (verbe) (conj. 3) Aider à la réalisation de quelque chose. *Ce séjour à la campagne **a contribué** à le remettre sur pied.*

contribution (nom féminin) **1** Fait de contribuer à quelque chose. *Quentin a beaucoup d'idées, sa **contribution** à la fête a été très utile.* (Syn. **aide**, **participation**.) **2** Synonyme d'impôt. *Les **contributions** directes et indirectes.*
★ Famille du mot : contribu**able**, contribu**er**.

contrindication Voir ***contre-indication***.

contrit, ite (adjectif) Synonyme littéraire de penaud. *Après s'être relevé de sa chute, il avait une mine **contrite**.*

contrition (nom féminin) Repentir sincère d'avoir péché. *La coupable a fait preuve de **contrition**.* • **Acte de contrition** : prière récitée en confession.

controffensive Voir ***contre-offensive***.

contrôle (nom masculin) **1** Action de contrôler. *Il y a eu un **contrôle** des billets dans le train.* (Syn. **vérification**.) **2** Travail fait en classe pour vérifier les connaissances. *Demain, on a un **contrôle** de calcul.* **3** Maîtrise que l'on a sur quelque chose. *À cause du verglas, le conducteur a perdu le **contrôle** de sa voiture.*
★ En ancien français, un « rôle » était un registre, et un **contrôle** était un registre en deux exemplaires, l'un permettant de contrôler l'autre.

contrôler (verbe) (conj. 3) **1** Vérifier si tout est en règle ou en état de marche. *La police **contrôle** les papiers d'identité. Le mécanicien **contrôle** le niveau d'huile.* **2** **Se contrôler** : rester maître de soi. *Personne ne sait que Sarah est inquiète, elle **se contrôle** très bien.* (Syn. **se maîtriser**.)
★ Famille du mot : contrôle, contrôl**eur**, **in**contrôl**able**.

contrôleur, euse (nom) Personne chargée de contrôler. *Le **contrôleur** a infligé une amende au fraudeur.*

contrordre (nom masculin) Ordre qui annule un ordre antérieur. *Sauf **contrordre**, la réunion aura lieu samedi.*

controverse (nom féminin) Synonyme de polémique. *Le singe est-il notre ancêtre ? Cette question a soulevé de vives **controverses**.*

controversé, ée (adjectif) Qui est mis en doute et contesté par certains. *L'existence des extraterrestres est très **controversée**.*

contus, use (adjectif) Qui s'accompagne d'une contusion. *L'infirmier soigne la plaie **contuse** du genou d'Élodie.*

contusion (nom féminin) Blessure causée par un coup, sans plaie ni fracture. *L'accident n'est pas trop grave, Ursula n'a que des **contusions**.*

conurbation (nom féminin) Agglomération formée de plusieurs villes proches dont les banlieues se touchent.

convaincant, ante (adjectif) Qui convainc. *L'avocat a su trouver des arguments **convaincants**.*

convaincre (verbe) (conj. 36) Parvenir à faire partager son point de vue. *J'ai réussi à **convaincre** maman de venir au cinéma avec nous.* (Syn. **persuader**.)

convalescence (nom féminin) Période de repos après une maladie. *La fracture est remise, le plâtre a été enlevé, mais un mois de* ***convalescence*** *est nécessaire.*

convalescent, ente (adjectif et nom) Qui est en convalescence. *Elle n'est pas complètement guérie, elle est encore* ***convalescente****.*

convecteur (nom masculin) Appareil de chauffage électrique offrant une grande surface chauffante. *La chambre est équipée d'un* ***convecteur****.*

convenable (adjectif) **1** Qui respecte les règles de la politesse, les convenances. *Tu pourrais avoir une tenue plus* ***convenable****.* (Syn. **correct.** Contr. **inconvenant, incorrect.**) **2** Qui est acceptable, sans plus. *Dans ce restaurant, la nourriture est tout juste* ***convenable****.* (Syn. **correct.**)

convenablement (adverbe) De façon convenable, comme il faut. *Tiens-toi* ***convenablement****, s'il te plaît !* (Syn. **correctement.**)

convenance (nom féminin) • À sa convenance : à son goût. *Zoé a enfin trouvé des chaussures* ***à sa convenance****.*
▪ **convenances** (nom féminin pluriel) Règles de la politesse. *Respecter les* ***convenances****.*

convenir (verbe) (conj. 19) **1** Être bien adapté. *Cette couleur te* ***convient*** *particulièrement bien.* **2** Satisfaire quelqu'un. *On se retrouve samedi, cela te* ***convient*** *?* (Syn. **aller.**) **3** Reconnaître quelque chose. *Je me suis trompé, j'en* ***conviens****.* (Syn. **admettre.**) **4** Se mettre d'accord sur quelque chose. *Nous* ***avons convenu*** *d'aller au judo ensemble.* • Comme convenu : comme on l'a décidé.
★ Famille du mot : conven**able**, conven**ablement**, conve**nance**, **in**conven**ant**.

convention (nom féminin) **1** Accord entre des personnes. *Le patronat et les syndicats ont signé une* ***convention****.* **2** Ce qu'il convient de faire ou de dire en public. *Elle se moque des* ***conventions****.*

conventionné, ée (adjectif) Lié à la Sécurité sociale par un accord de tarifs. *Kevin a été hospitalisé dans une clinique* ***conventionnée****.*

conventionnel, elle (adjectif) Qui est le résultat d'une convention, d'un accord. *La flèche est un signe* ***conventionnel*** *indiquant la direction à suivre.*

convergence (nom féminin) Fait de converger. *La* ***convergence*** *de leurs opinions les a rapprochés.* (Contr. **divergence.**)

convergent, ente (adjectif) Qui converge. *Les deux hommes ont des points de vue* ***convergents****.* (Contr. **divergent.**)

converger (verbe) (conj. 5) **1** Aboutir au même endroit. *Place de l'Étoile, à Paris, toutes les rues* ***convergent*** *vers l'Arc de triomphe.* **2** Parvenir au même résultat. *Sur ce point, les théories scientifiques* ***convergent****.* (Contr. **diverger.**)
★ Famille du mot : converg**ence**, converg**ent**.

conversation (nom féminin) Échange de paroles entre des personnes. *À table, la* ***conversation*** *était très animée.*

converser (verbe) (conj. 3) Avoir une conversation avec quelqu'un. *Ils* ***ont conversé*** *tard dans la nuit.*

conversion (nom féminin) **1** Action de se convertir. *Les soldats de Louis XIV obtinrent beaucoup de* ***conversions*** *de protestants par la terreur.* **2** Passage d'une unité de mesure à une autre. *Pour savoir le prix d'un objet aux États-Unis, il faut faire la* ***conversion*** *des dollars en euros.*

convertible (adjectif) • Canapé convertible : canapé qui peut se transformer en lit.

convertir (verbe) (conj. 11) **1** Transformer une unité de mesure en une autre. ***Convertissez*** *500 centimètres en mètres.* **2** Se convertir : changer de religion.
★ **Convertir** vient du latin *convertere* qui signifie « se tourner » : quand quelqu'un se convertit, il se tourne vers une autre direction.

convertisseur (nom masculin) Calculette qui convertit une monnaie en une autre. *Le* ***convertisseur*** *aide à passer du franc à l'euro.*

convexe (adjectif) Dont la surface est arrondie vers l'extérieur. *Un verre de lunettes* ***convexe****.* (Syn. **bombé.** Contr. **concave.**)

conviction (nom féminin) **1** Ce dont on est convaincu. *J'ai la* ***conviction*** *de l'avoir déjà rencontré.* (Syn. **certitude.**) **2** Ce à quoi l'on croit. *Mes parents ont des* ***convictions*** *religieuses que je ne partage pas.* (Syn. **opinion.**)

convier (verbe) (conj. 10) Inviter quelqu'un à faire quelque chose. *Vous* ***êtes*** *tous* ***conviés*** *à mon anniversaire.*

convive (nom) Participant à un repas. *À ce banquet, il y aura cent* ***convives****.*

convivial, ale, aux (adjectif) Qui est gai et chaleureux. *J'aime l'atmosphère* ***conviviale*** *de ce petit restaurant.*

convocation (nom féminin) Document par lequel on convoque quelqu'un. *David a reçu une* ***convocation*** *pour son examen.*

convoi (nom masculin) Groupe de personnes ou de véhicules qui suivent ensemble la même route. *Les roulottes du cirque roulent en* ***convoi****.*

convoiter (verbe) (conj. 3) Avoir très envie de quelque chose. *Les cow-boys* ***convoitaient*** *les terres des Indiens.*

convoitise (nom féminin) Fait de convoiter quelque chose. *Anna regardait avec* ***convoitise*** *les médailles gagnées par sa sœur.*

convoler (verbe) (conj. 3) • Convoler en justes noces : se marier ou se remarier.
★ **Convoler** vient du latin *convolare* qui signifie « voler avec ».

convoquer (verbe) (conj. 3) **1** Faire venir quelqu'un auprès de soi. *Ibrahim **est convoqué** chez le directeur.* **2** Faire se réunir des gens. *Le syndicat **a convoqué** le personnel à une réunion.*

convoyer (verbe) (conj. 6) Accompagner un convoi pour le protéger. *Des militaires **convoient** les réfugiés vers leur pays d'accueil.* (Syn. **escorter.**)
★ **Convoyer** vient du latin *conviare* qui signifie « faire route avec ».

convoyeur, euse (nom) Personne qui accompagne un transport pour surveiller et assurer sa protection. *Les **convoyeurs** de fonds sont armés.*
▪ **convoyeur** (nom masculin) Dispositif animé d'un mouvement continu pour le transport d'objets. *Les voyageurs récupèrent leurs bagages sur le **convoyeur**.*

convulsif, ive (adjectif) **1** Caractérisé par des convulsions. *Le malade a été pris de tremblements **convulsifs**.* **2** Qui ressemble à des convulsions. *Hélène a éclaté en sanglots **convulsifs**.* (Syn. **nerveux, saccadé.**)

convulsion (nom féminin) Contraction saccadée et involontaire des muscles. *Quand elle était bébé, Élodie a eu des **convulsions**.*

cookie (nom masculin) **1** Petit gâteau sec et rond, à l'intérieur moelleux, contenant des éclats de fruits secs ou de chocolat. **2** Programme enregistrant automatiquement des informations sur les visiteurs de certains sites sur Internet.
► **Cookie** est un mot américain : on prononce [kuki]. Au pluriel, on prononce souvent [kukiz].

coopérant, ante (nom) Personne qui remplit ses obligations militaires à l'étranger dans le cadre de la coopération.

coopératif, ive (adjectif) Qui coopère facilement. *Pour ce qui est des travaux ménagers, il n'est guère **coopératif** !*

coopération (nom féminin) **1** Action de coopérer. *Pour décorer les chars du carnaval, on a besoin de la **coopération** de tous.* (Syn. **aide, collaboration.**) **2** Aide aux pays en voie de développement.

coopérative (nom féminin) Association de gens qui se mettent ensemble pour produire, acheter ou vendre. *Une **coopérative** agricole. Une **coopérative** scolaire.*

coopérer (verbe) (conj. 8) Travailler ensemble à la réalisation de quelque chose. *Plusieurs équipes de chercheurs **ont coopéré** à la mise au point de ce vaccin.* (Syn. **collaborer, participer.**)
★ Famille du mot : coopér**ant**, coopér**atif**, coopér**ation**, coopér**ative**.

coordination (nom féminin) **1** Action de coordonner. *La bonne **coordination** des équipes de secours a permis de retrouver l'enfant.* **2** Liaison entre deux mots ou deux groupes de mots qui ont la même fonction. *« Mais, ou, et, donc, or, ni, car » sont les conjonctions de **coordination**.*

coordonnées (nom féminin pluriel) **1** Éléments qui permettent de repérer un point sur un plan. *L'abscisse et l'ordonnée sont les **coordonnées** d'un point.* **2** Adresse et numéro de téléphone. *Je n'ai pas pu te joindre, je n'avais pas tes **coordonnées**.*

coordonner (verbe) (conj. 3) Mettre ensemble divers éléments pour être plus efficace. *Les équipes de secours **ont coordonné** leurs efforts pour retrouver les survivants.*

copain, copine (nom) Synonyme familier d'ami. *Un **copain** d'enfance. Fatima est allée à la piscine avec ses **copines**.*
★ Comme le compagnon, le **copain** était celui avec lequel on partageait son pain.

copeau, eaux (nom masculin) Fine lamelle de matière enlevée par le tranchant d'un outil. *Le menuisier a fait un tas de **copeaux** avec son rabot.*

copépode (nom masculin) Petit crustacé marin ou d'eau douce. *Les **copépodes** sont très nombreux dans le plancton marin.*

copie (nom féminin) **1** Texte qui en reproduit un autre exactement. *J'ai gardé une **copie** de ma lettre.* (Syn. **double.**) **2** Reproduction plus ou moins exacte d'une œuvre d'art. *Ce tableau n'est pas un original, c'est une **copie**.* **3** Feuille double sur laquelle les élèves font leurs devoirs. *Le maître ramasse les **copies**.*
★ Famille du mot : copi**er**, **re**copier.

copier (verbe) (conj. 10) **1** Reproduire fidèlement un texte ou un dessin. *Gaëlle **a copié** un poème dans son cahier.* **2** Reproduire frauduleusement le travail de son voisin de classe. *La maîtresse a surpris Hélène en train de **copier** sur Kevin.*

copieusement (adverbe) D'une manière copieuse. *Pierre s'est fait **copieusement** gronder !* (Syn. **abondamment.**)

copieux, euse (adjectif) Qui comporte beaucoup de choses. *Un petit déjeuner **copieux**.* (Syn. **abondant.** Contr. **maigre.**)

copilote (nom) Personne qui aide le pilote d'un avion, d'une automobile.

copine Voir ***copain***.

copiner (verbe) (conj. 3) Être, devenir copain. *Benjamin **copine** avec Ibrahim.*

coprah (nom masculin) Albumen de coco mûr dont on extrait diverses matières grasses.
► On écrit aussi **copra**.

coproduction (nom féminin) Production d'un film ou d'un spectacle assurée par plusieurs participants. *Le film a été réalisé en **coproduction**.*

copropriétaire (nom) Personne qui possède une maison ou un appartement en copropriété. *L'assemblée des **copropriétaires** a voté la construction d'un ascenseur.*

copropriété (nom féminin) Fait d'appartenir en commun à plusieurs propriétaires. *Un immeuble en **copropriété**.*

a b **c** d e f g h i j k l m n o p q r s t u v w x y z

copte (nom masculin) Langue issue de l'égyptien ancien. *Le **copte** est utilisé aujourd'hui comme langue liturgique.*

copuler (verbe) (conj. 3) S'accoupler, en parlant des animaux. *Le lion et la lionne **copulent**.*

copyright (nom masculin) Droit d'exploiter une œuvre littéraire ou artistique pendant une durée déterminée.
▶ **Copyright** est un mot anglais : on prononce [kɔpiʀajt].
▶ **Copyright** a pour symbole ©.

coq (nom masculin) Mâle de la poule. • **Être comme un coq en pâte** : être dorloté, ne manquer de rien. • **Passer du coq à l'âne** : passer, sans raison, d'un sujet à un autre.

coque (nom féminin) **1** Enveloppe dure de certains fruits. *Julie casse les **coques** des noix avec une pierre.* (Syn. **coquille**.) **2** Sorte de coquillage arrondi. *À marée basse, les enfants cherchent des **coques** dans le sable mouillé.* **3** Partie d'un bateau qui est dans l'eau. • **Œuf à la coque** : cuit avec sa coquille dans l'eau bouillante.

coquelet (nom masculin) Jeune coq. *Au déjeuner, nous avons mangé du **coquelet** rôti.*

coquelicot (nom masculin) Fleur des champs rouge vif. *Le **coquelicot** est une variété de pavot.*
★ **Coquelicot** est une déformation de *cocorico*, car la couleur de cette fleur évoque la crête du coq.

coqueluche (nom féminin) **1** Maladie contagieuse qui fait tousser. *La **coqueluche** atteint surtout les enfants.* **2** Personne que tous admirent. *Laura est la **coqueluche** de l'équipe.*

coquet, ette (adjectif) Qui prend soin de son aspect pour plaire aux autres. *Grand-maman est restée très **coquette**.*

coquetier (nom masculin) Accessoire pour poser un œuf à la coque.

coquetterie (nom féminin) Attitude d'une personne coquette. *Par **coquetterie**, Quentin a voulu changer la monture de ses lunettes.*

coquillage (nom masculin) Mollusque marin ayant une coquille. *Les huîtres, les moules, les coques, les palourdes sont des **coquillages**.*

coquille (nom féminin) **1** Enveloppe dure qui recouvre et protège le corps de la plupart des mollusques. *Une **coquille** d'huître, d'escargot.* **2** Enveloppe dure de certains fruits. *Une **coquille** de noix.* (Syn. **coque**.) **3** Enveloppe des œufs des reptiles et des oiseaux. • **Rentrer dans sa coquille** : se refermer sur soi-même.

coquillette (nom féminin) Pâte alimentaire en forme de petite coquille.

coquin, ine (adjectif et nom) Qui est farceur, malin et espiègle. *Des yeux **coquins**. Tu es un petit **coquin** !*

cor (nom masculin) **1** Durcissement de la peau sur un orteil. *Ses chaussures étroites lui ont provoqué des **cors**.* **2** Instrument de musique à vent en cuivre. *Un **cor** de chasse.* • **À cor et à cri** : en insistant bruyamment.

corail, aux (nom masculin) **1** Petit animal marin à squelette calcaire rouge orangé. *Les **coraux** vivent dans les mers chaudes.* **2** Matière très dure provenant du squelette de ces animaux. *Myriam a un bracelet de **corail**.*

corallien, enne (adjectif) Formé par des coraux. *Les atolls **coralliens** d'Océanie.*

Coran (nom masculin) Livre sacré de la religion musulmane.
★ **Coran** est un mot arabe qui signifie « la lecture ».

coranique (adjectif) Du Coran. *Dans les écoles **coraniques**, les enfants apprennent le Coran par cœur.*

corbeau, eaux (nom masculin) Oiseau à plumage noir ou gris. *Les **corbeaux** croassent.*

corbeille (nom féminin) Panier léger, sans anse. *Une **corbeille** à fruits.*

corbillard (nom masculin) Voiture qui transporte les morts au cimetière. (Syn. **fourgon mortuaire**.)
★ **Corbillard** vient du nom des bateaux qui faisaient le service entre *Corbeil* et Paris : lors d'une épidémie, on les utilisa pour transporter les morts.

cordage (nom masculin) Grosse corde utilisée sur les bateaux. *Le pêcheur arrime son bateau avec des **cordages**.*

corde (nom féminin) **1** Assemblage de fils tressés, très résistant. *Une **corde** à linge. La **corde** d'un arc.* **2** Fil tendu sur un instrument de musique. *La guitare, le violon, le violoncelle, la contrebasse sont des instruments à **cordes**.* • **Avoir plus d'une corde à son arc** : avoir plusieurs moyens pour parvenir à un but. • **Cordes vocales** : membranes de la gorge qui produisent les sons. • **Être sur la corde raide** : être dans une situation délicate.
★ Famille du mot : cord**age**, cord**ée**, cord**elette**, cord**on**, s'**en**cord**er**.

cordée (nom féminin) Petit groupe d'alpinistes reliés entre eux par une corde, pour se retenir en cas de chute.

cordelette (nom féminin) Corde fine. *Une **cordelette** de nylon.*

cordial, ale, aux (adjectif) Qui est amical et chaleureux. *Il nous a accueillis par des paroles **cordiales**.* (Contr. **froid, hostile**.)
★ Famille du mot : cordial**ement**, cordial**ité**.
★ **Cordial** vient du latin *cordis* qui signifie « cœur ».

cordialement (adverbe) De manière cordiale. *Il lui serra **cordialement** la main.* (Contr. **froidement**.)

cordialité (nom féminin) Qualité d'une personne cordiale. *Elle nous a reçus avec une grande **cordialité**.*

cordillère (nom féminin) Chaîne de montagnes élevées. *La **cordillère** des Andes est située en Amérique du Sud.*

cordon (nom masculin) **1** Petite corde. *Noémie a perdu le* ***cordon*** *de sa capuche.* **2** Rangée de personnes. *Un* ***cordon*** *de policiers barre l'accès du stade.* • **Tenir les cordons de la bourse** : veiller de près aux dépenses d'une famille.

cordon-bleu (nom masculin) Personne qui fait très bien la cuisine. *Tante Marie invente des recettes, c'est un fin* ***cordon-bleu****.*
▶ Pluriel : des **cordons-bleus**.

cordonnerie (nom féminin) Boutique tenue par un cordonnier.

cordonnier (nom masculin) Artisan qui répare les chaussures.
★ Un **cordonnier** était autrefois celui qui faisait des souliers de luxe en cuir de *Cordoue*, ville d'Espagne réputée pour le travail du cuir.

coréen, enne → tableau p. 6 / 7.

corégence (nom féminin) Régence exercée par plusieurs personnes. *Ils gouvernent en* ***corégence****.*

coresponsable (adjectif) Qui partage une responsabilité avec une ou plusieurs autres personnes. *Nous sommes* ***coresponsables*** *du projet.*

coriace (adjectif) **1** Dur comme du cuir. *Un bifteck* ***coriace****.* (Contr. **tendre**.) **2** Au sens figuré, qui est difficile à vaincre. *Un adversaire* ***coriace****.*

coriandre (nom féminin) Plante aromatique utilisée comme condiment.

corinthien, enne (adjectif) Qui présente deux rangées de feuilles d'acanthe sculptées. *Les colonnes* ***corinthiennes*** *sont caractéristiques de l'architecture de la Grèce antique.*

cormoran (nom masculin) Oiseau de mer au plumage sombre et au bec crochu. *Le* ***cormoran*** *plonge dans l'eau pour attraper des poissons.*

cornac (nom masculin) Homme qui soigne un éléphant et le conduit.

cornaquer (verbe) (conj. 3) Servir de guide à une personne, un groupe. *La guide nous a* ***cornaqués*** *toute la journée dans la ville.* (Syn. **guider**.)

corne (nom féminin) **1** Chacune des pointes dures qui poussent sur la tête de la plupart des ruminants. *Les vaches, les chèvres, les béliers ont des* ***cornes****.* **2** Chacun des quatre organes rétractiles sur la tête de l'escargot. **3** Matière dure des cornes, des sabots, etc. *Un peigne en* ***corne****.*
★ Famille du mot : cornemuse, corn**er**, corn**et**, corn**ette**, corn**u**, é**corner**, en**corner**.

cornée (nom féminin) Partie transparente du globe de l'œil, située devant l'iris.

corneille (nom féminin) Oiseau noir qui ressemble à un petit corbeau.

cornélien, enne (adjectif) Caractérisé par l'obligation de faire un choix difficile entre la passion et le devoir. *Nous sommes dans une situation* ***cornélienne****.* • **Héros cornélien** : héros qui fait passer le devoir avant tout.
★ **Cornélien** vient du nom de Pierre Corneille, auteur de tragédies présentant de tels dilemmes.

cornemuse (nom féminin) Instrument de musique formé de plusieurs tuyaux et d'une poche de cuir que l'on gonfle en soufflant.

corner (nom masculin) Faute de jeu d'un footballeur qui envoie le ballon derrière la ligne de but de son équipe.
▶ Prononciation [kɔʀnɛʀ].
★ Cette faute donne droit à l'équipe adverse de tirer un coup depuis un **corner**, mot anglais désignant le coin du terrain.

cornet (nom masculin) **1** Morceau de papier enroulé sur lui-même pour servir de récipient. *Un* ***cornet*** *de frites.* **2** Cône de pâte. *Une glace en* ***cornet****.* • **Cornet à pistons** : instrument de musique ressemblant à une trompette.

cornette (nom féminin) Coiffure à deux pointes de certaines religieuses. *La sœur porte une* ***cornette*** *blanche.*

cornflakes (nom masculin pluriel) Flocons de maïs grillés qu'on mange au petit déjeuner.
▶ **Cornflakes** est un mot anglais : on prononce [kɔʀnflɛks].

corniaud (nom masculin) **1** Chien qui n'est pas de race pure. (Syn. **bâtard**.) **2** Garçon ou homme un peu sot, dans la langue familière. *Quel* ***corniaud*** *celui-là !* (Syn. **imbécile**.)

corniche (nom féminin) **1** Élément décoratif situé en haut d'un meuble ou d'un bâtiment. *La* ***corniche*** *d'une armoire.* **2** Route à flanc de montagne. *La* ***corniche*** *des Cévennes.*

cornichon (nom masculin) Petit concombre que l'on confit dans du vinaigre. *J'ai mangé du rôti de porc froid avec des* ***cornichons****.*

corniste (nom) Musicien qui joue du cor. *Romain est* ***corniste*** *dans un orchestre de cuivres.*

cornouiller (nom masculin) Petit arbre commun en France. *Le terrain est fermé par une haie de* ***cornouillers****.*

cornu, ue (adjectif) Qui porte des cornes. *Un animal* ***cornu****.*

cornue (nom féminin) Récipient à col allongé et recourbé, utilisé par les chimistes pour faire chauffer des liquides.

corollaire (nom masculin) Conséquence évidente et naturelle. *Les progrès de l'hygiène ont pour* ***corollaire*** *une baisse du taux de mortalité.*

corolle (nom féminin) Ensemble des pétales d'une fleur. *Certaines fleurs ouvrent leur* ***corolle*** *le matin et la ferment le soir.*
▶ On écrit aussi **corole**.

coron (nom masculin) Quartier de mineurs dans le nord de la France.

coronaire (nom féminin) Artère qui assure la circulation du sang dans le cœur.

coronarien, enne (adjectif) Qui se rapporte aux artères coronaires. *Le malade souffre de spasmes **coronariens**.*

coroner (nom masculin) Officier de justice chargé d'enquêter sur les cas de mort non naturelle, dans les pays anglo-saxons.
► **Coroner** est un mot anglais : on prononce [kɔʀɔnɛʀ].

corporatif, ive (adjectif) De la corporation. *Ils se sont regroupés pour défendre leurs intérêts **corporatifs**.*

corporation (nom féminin) Ensemble de personnes exerçant le même métier. *Il fait partie de la **corporation** des avocats.*
★ Famille du mot : corporat**if**, corporat**isme**.

corporatisme (nom masculin) Défense exclusive des intérêts de sa corporation.

corporel, elle (adjectif) Du corps humain. *Odile suit des cours d'expression **corporelle**.*

corps (nom masculin) **1** Partie physique de l'homme et des animaux. *Le **corps** humain est composé de la tête, du tronc et des membres.* **2** Cadavre. *Le médecin examine le **corps** rejeté par la mer.* **3** Tout objet matériel. *La pierre est un **corps** solide. Les astres sont des **corps** célestes.* **4** Partie principale de quelque chose. *Le **corps** d'une lampe.* **5** Ensemble de personnes qui appartiennent à une même profession. *Le **corps** médical.* **6** Grande unité militaire. *Des **corps** de troupe ont été envoyés en renfort.* • **À corps perdu :** avec toute son énergie. • **Prendre corps :** commencer à se réaliser.
★ Famille du mot : corpor**atif**, corpor**ation**, corpor**el**, corps-à-corps, corpul**ence**, corpul**ent**, corp**uscule**, **incor**porer.

corps-à-corps (nom masculin) Combat où les adversaires luttent en contact direct les uns contre les autres.

corpulence (nom féminin) Grandeur et grosseur du corps humain. *Un homme de forte **corpulence**.*

corpulent, ente (adjectif) Grand et gros. *Les lanceurs de poids sont généralement des athlètes **corpulents**.*

corpus (nom masculin) Ensemble de textes réunis en vue d'une étude du langage. *Le linguiste a réuni un important **corpus** grammatical.*
► Prononciation [kɔʀpys].
★ **Corpus** est un mot latin.

corpuscule (nom masculin) Minuscule partie de matière.

correct, ecte (adjectif) **1** Conforme aux règles. *Son orthographe est très **correcte**.* (Contr. **inexact.**) **2** Qui respecte les règles, les usages. *Une tenue **correcte** est exigée dans l'établissement.* (Syn. **convenable.**) **3** Qui est acceptable, sans plus. *Une nourriture tout juste **correcte**.* (Syn. **convenable.**)
★ Famille du mot : correct**ement**, correct**eur**, correct**ion**, **in**correct, **in**correct**ion**.

correctement (adverbe) **1** De manière correcte, sans faute. *John prononce **correctement** le français.* (Syn. **bien.**) **2** Comme il faut. *Tiens-toi **correctement** !* (Syn. **bien, convenablement.**)

correcteur, trice (adjectif) Qui corrige un défaut, une faute. *Romain porte des verres **correcteurs**.*
■ **correcteur, trice** (nom) Personne qui corrige des copies d'examen ou des textes à imprimer.

correction (nom féminin) **1** Action de corriger. *Nous allons faire la **correction** de l'exercice.* **2** Faute corrigée. *Le maître a mis des **corrections** au stylo rouge.* **3** Coups pour punir quelqu'un. *Il a reçu une **correction** parce qu'il avait volé.* **4** Qualité de ce qui est correct. *Son attitude est d'une parfaite **correction**.* (Contr. **incorrection.**)

correctionnel, elle (adjectif) Se dit d'un tribunal où sont jugés les vols et autres délits.

corrélation (nom féminin) Relation entre deux faits. *L'inspecteur pense qu'il y a une **corrélation** entre ces deux crimes.* (Syn. **lien.**)

correspondance (nom féminin) **1** Fait de correspondre, de se ressembler. *Il y a une certaine **correspondance** entre les deux écritures.* **2** Liaison entre deux moyens de transport. *Il ne faut pas manquer la **correspondance** avec le train de 9 heures.* **3** Échange de lettres. *Les deux amis ont une **correspondance** suivie.* **4** Lettres reçues. *Elle a une **correspondance** de ministre !* (Syn. **courrier.**)

correspondant, ante (nom) Personne avec qui on est en relation par lettres ou par téléphone. *Le **correspondant** anglais de Thomas lui a écrit pour l'inviter.*

correspondre (verbe) (conj. 31) **1** Être en rapport ou en accord. *Ta clé **correspond** bien à cette serrure.* **2** Être en communication directe. *Les deux pièces **correspondent** par un petit couloir.* (Syn. **communiquer.**) **3** Échanger régulièrement des lettres. *Depuis que Victor a déménagé, il **correspond** avec Sarah.*
★ Famille du mot : correspond**ance**, correspond**ant**.

corrida (nom féminin) Spectacle au cours duquel un torero affronte un taureau dans une arène.
★ **Corrida** est un mot espagnol qui signifie « course ».

corridor (nom masculin) Synonyme de couloir. *On accède à l'escalier de la cave par un **corridor** haut et sombre.*

corrigé (nom masculin) Solution d'un exercice ou modèle de devoir. *Un **corrigé** de dictée.*

corriger (verbe) (conj. 5) **1** Supprimer les erreurs éventuelles et les remplacer par la forme exacte. *Nous allons **corriger** la dictée. La maîtresse **corrige** les cahiers.* **2** Donner une correction. *Le chat s'est fait **corriger** parce qu'il mangeait dans mon assiette.*

corroborer (verbe) (conj. 3) Confirmer et renforcer quelque chose. *Ce fait **corrobore** les premiers témoignages.*

corroder (verbe) (conj. 3) Ronger et détruire lentement par une action chimique. *L'acide **a corrodé** le métal.*
★ Famille du mot : corro**sif**, corro**sion**.

corrompre (verbe) (conj. 34) Pousser quelqu'un à faire des choses malhonnêtes en lui offrant de l'argent. *L'accusé a tenté de **corrompre** des témoins.*

corrosif, ive (adjectif) Qui ronge et brûle les tissus, les métaux. *L'acide est **corrosif**.*

corrosion (nom féminin) Fait d'être rongé, détruit lentement. *La rouille provoque la **corrosion** du fer.*

corruption (nom féminin) Action de corrompre. *La **corruption** de fonctionnaires est punie par la loi.*

corsage (nom masculin) Vêtement féminin qui couvre le buste. (Syn. **blouse, chemisier.**)

corsaire (nom masculin) Autrefois, marin qui attaquait les navires marchands des pays ennemis. *L'illustre **corsaire** Surcouf est né à Saint-Malo.*

corse → tableau p. 6 / 7.

corsé, ée (adjectif) Qui a beaucoup de goût. *Un café **corsé**.*

corser (verbe) (conj. 3) Rendre quelque chose plus difficile mais aussi plus intéressant. *Le témoin a été enlevé. – Oh ! l'affaire se **corse** !*

corset (nom masculin) Sous-vêtement rigide destiné à maintenir le ventre. *Autrefois, les femmes portaient des **corsets** pour avoir une taille fine.*

corso (nom masculin) Défilé de chars décorés, lors de certaines fêtes. *Les promeneurs applaudissent le **corso** du carnaval.* • **Corso fleuri** : défilé de chars fleuris.
★ **Corso** est un mot italien qui signifie « cours ».

cortège (nom masculin) Groupe de personnes qui défilent. *Les manifestants forment un long **cortège**.*

cortex (nom masculin) Enveloppe externe de certains organes. *Le **cortex** cérébral enveloppe le cerveau.*
★ **Cortex** est un mot latin qui signifie « écorce ».

corticoïde (nom masculin) Hormone employée comme médicament contre l'inflammation. ***Les corticoïdes** permettent d'éviter les crises d'asthme.*

cortisone (nom féminin) Hormone utilisée comme médicament contre l'inflammation ou les allergies. *Le médecin a prescrit de la **cortisone**.*

corvéable (adjectif) • **Taillable et corvéable à merci** : obligé de fournir un travail gratuit au seigneur.
★ **Corvéable** vient du mot *corvée*.

corvée (nom féminin) **1** Travail pénible ou désagréable que l'on est obligé de faire. *Descendre la poubelle tous les soirs, quelle **corvée** !* (Contr. **plaisir.**) **2** Autrefois, travail gratuit effectué pour le seigneur ou pour le roi. *Les **corvées** ont été supprimées à la Révolution.*

corvidé (nom masculin) Grand oiseau à fort bec droit, aux pattes robustes, tel que le corbeau, la corneille, le geai, la pie.

corymbe (nom masculin) Disposition particulière des fleurs sur la tige d'une plante, qui les fait se trouver toutes sur un même plan. *Le pommier a des fleurs en **corymbe**.*

coryza (nom masculin) Inflammation de la muqueuse des fosses nasales. (Syn. **rhume de cerveau.**)

cosaque (nom masculin) Autrefois, cavalier de l'armée russe.

cosigner (verbe) (conj. 3) Signer un document ou une œuvre avec une ou plusieurs autres personnes. *Le frère et la sœur ont **cosigné** leur livre.*

cosinus (nom masculin) Sinus du complément d'un angle. • **Cosinus d'un angle aigu d'un triangle rectangle** : rapport du côté adjacent à l'hypoténuse.
► Prononciation [kɔsinys].

cosmétique (nom masculin) Produit de beauté pour la peau ou les cheveux.

cosmique (adjectif) Qui concerne l'espace interplanétaire. *Un voyage **cosmique** à travers la galaxie.* (Syn. **spatial.**)

cosmo- Élément tiré du grec qui signifie « univers » (exemple : *cosmonaute*).

cosmogonie (nom féminin) Science de la formation des planètes, des étoiles, des galaxies, des nébuleuses.

cosmologie (nom féminin) Partie de l'astronomie qui étudie la structure et l'évolution de l'univers considéré comme un tout.

cosmonaute (nom) Synonyme d'astronaute. *Andrée Deshays a été la première **cosmonaute** française.*

cosmopolite (adjectif) Où l'on rencontre des personnes du monde entier. *Paris, Genève, Londres sont des villes **cosmopolites**.*
★ **Cosmopolite** vient du grec *kosmos* qui signifie « monde » et *politês* qui signifie « citoyen ».

cosmos (nom masculin) Espace qui se trouve au-delà de l'atmosphère terrestre.
► Prononciation [kɔsmos].
★ Famille du mot : cosm**ique**, cosmonaute, cosmopolite.

cosse (nom féminin) Enveloppe qui recouvre les graines des petits pois, des haricots, des fèves. (Syn. **gousse.**)

cossu, ue (adjectif) Qui indique la richesse. *Un immeuble **cossu**.*

a b c d e f g h i j k l m n o p q r s t u v w x y z

a b c d e f g h i j k l m n o p q r s t u v w x y z

costaud (adjectif et nom) Synonyme familier de fort. *Il faudrait quatre gars **costauds** pour bouger le piano.*
★ **Costaud** voulait dire « celui qui a des côtes », c'est-à-dire un thorax bien développé.

costume (nom masculin) **1** Manière de s'habiller qui change selon les époques, les régions, etc. *J'ai visité un musée du **costume**.* **2** Vêtement qu'on porte sur scène ou pour se déguiser. **3** Vêtement d'homme fait d'une veste et d'un pantalon assortis. *Il s'est acheté un nouveau **costume** pour le mariage.* (Syn. **complet.**)

costumé, ée (adjectif) • **Bal costumé** : où les gens sont déguisés.

costumier, ère (nom) Personne qui confectionne, qui vend ou loue des costumes de théâtre, de cinéma, de bal costumé. *Les comédiens ont fait les essayages avec la **costumière**.*

cotangente (nom féminin) Inverse de la tangente d'un angle.
► **Cotangente** a pour symbole *cotan*.

cote (nom féminin) **1** Estimation de la valeur d'un objet ou d'une personne. *La **cote** d'un tableau. La **cote** du Président a baissé.* **2** Indication d'une dimension ou d'un niveau. *Le dessin industriel donne les **cotes** de l'objet représenté.*

côte (nom féminin) **1** Chacun des os longs et courbes de la cage thoracique. *Un homme a douze paires de **côtes**.* **2** Pente d'une route. *Le cycliste grimpe la **côte**.* **3** Rivage de la mer. *Cette **côte** est sablonneuse.* • **Côte à côte** : l'un à côté de l'autre.
★ Famille du mot : côt**elette**, côt**ier**, **entre**côte.

coté, ée (adjectif) **1** Qui est estimé, renommé. *Ce champagne est très **coté**.* **2** Sur lequel les dimensions sont représentées par des cotes. *L'ingénieur se sert d'un croquis **coté**.*

côté (nom masculin) **1** Partie droite ou gauche du corps. *Je dors toujours sur le **côté**, jamais sur le dos.* **2** Partie droite ou gauche de quelque chose. *Le vélo roule sur le **côté** de la route.* **3** Partie d'un lieu opposée à une autre. *J'habite de l'autre **côté** de la place.* **4** Chaque face d'un objet. *L'adresse est écrite sur l'un des **côtés** du colis.* **5** Chaque segment de droite qui forme le contour d'une figure géométrique. *Un quadrilatère a quatre **côtés**.* **6** Aspect différent de quelque chose ou de quelqu'un. *Voyons plutôt le bon **côté** de la chose ! William a de très bons **côtés** même s'il a mauvais caractère.* **7** Parti, camp auquel on appartient. *Tu es de leur **côté**, maintenant ?* • **À côté de, aux côtés de** : près de. *J'habite **à côté de** la mairie. L'infirmière reste **aux côtés du** malade.* • **Du côté de** : en direction de ou aux environs de. *Il est parti **du côté de** l'église.* • **Laisser de côté quelque chose** *ou* **quelqu'un** : ne plus s'en occuper. • **Mettre de côté** : en réserve. *Il a mis de l'argent **de côté**.*

coteau, eaux (nom masculin) Versant d'une colline. *Les vins des **coteaux** de la Loire sont réputés.*

côtelette (nom féminin) Côte d'un animal de boucherie, découpée avec la viande qui y est attachée. *Des **côtelettes** d'agneau.*

coter (verbe) (conj. 3) **1** Fixer officiellement la valeur d'une marchandise, d'une action. ***Coter** une valeur en Bourse.* **2** Inscrire les dimensions sur un schéma, un croquis. *L'architecte **cote** son plan.*

coterie (nom féminin) Groupe de personnes qui défendent ensemble leurs intérêts. *Les machinations secrètes d'une **coterie**.*

côtier, ère (adjectif) Qui se trouve au bord de la mer. *Les régions **côtières** sont venteuses.*

cotillon (nom masculin) Jupon que portaient autrefois les femmes du peuple.
■ **cotillons** (nom masculin pluriel) Serpentins, confettis, chapeaux en papier utilisés lors des fêtes. *Zoé a acheté des **cotillons** pour le carnaval.*

cotisation (nom féminin) Somme que chacun doit verser régulièrement pour être membre d'une association ou d'un organisme. *La **cotisation** au ciné-club est de 10 euros.*

cotiser (verbe) (conj. 3) **1** Verser une cotisation. *Mon père **cotise** à une mutuelle.* **2 Se cotiser** : donner chacun de l'argent pour réunir une somme. *Ils **se sont cotisés** pour aider les sinistrés de l'incendie.*

coton (nom masculin) **1** Matière textile qui provient du cotonnier. *Des chaussettes en **coton**.* **2** Morceau d'ouate. *Elle a nettoyé la plaie avec du **coton** hydrophile.*
★ Famille du mot : coton**nade**, coton**nier**.

cotonnade (nom féminin) Étoffe de coton. *Une jupe de **cotonnade**.*

cotonnier (nom masculin) Arbuste des régions tropicales qui fournit le coton.

coton-tige (nom masculin) Bâtonnet souple dont les extrémités sont entourées de coton, pour nettoyer les oreilles ou le nez. *Odile a acheté une boîte de **cotons-tiges** à la pharmacie.*
► Pluriel : des **cotons-tiges**.
★ **Coton-tige** est un nom de marque.

côtoyer (verbe) (conj. 6) Avoir des relations avec quelqu'un. *Cette journaliste **côtoie** les plus grands comédiens.* (Syn. **fréquenter, rencontrer.**)

cottage (nom masculin) Petite maison à la campagne. *Les **cottages** sont coquets et rustiques.*
► **Cottage** est un mot anglais : on prononce [kɔtaʒ] ou [kɔtɛdʒ].

cotte (nom féminin) • **Cotte de mailles** : armure souple, en forme de tunique, faite de fils de métal, portée par les soldats du Moyen Âge. (Syn. **haubert.**)

cotylédon (nom masculin) Partie de la graine qui sert de réserve de nourriture à la plante.

cou (nom masculin) Partie du corps qui relie la tête au tronc.

couac (nom masculin) Son faux et discordant. *Le joueur de hautbois a fait plusieurs **couacs** pendant le concert.*

couard, arde (adjectif) Synonyme littéraire de peureux.
★ En ancien français, **couard** signifie « qui a la queue basse ».

couchage (nom masculin) • Sac de couchage : synonyme de duvet.

couchant (adjectif masculin) • Soleil couchant : soleil qui est en train de se coucher.
▪ **couchant** (nom masculin) Endroit du ciel, à l'ouest, où l'on voit le soleil se coucher. *Le **couchant** est sans nuage, il fera beau demain.*

couche (nom féminin) **1** Épaisseur de matière déposée sur une surface. *Une **couche** de peinture.* **2** Protection absorbante. *Le bébé a sali sa **couche**, il faut le changer.*

① **coucher** (verbe) (conj. 3) **1** Mettre au lit. *Ursula se **couche** tous les soirs à 9 heures. Maman **a couché** les enfants.* (Contr. **lever.**) **2** Passer la nuit. *Xavier aime bien **coucher** sous la tente.* (Syn. **dormir.**) **3** Incliner presque au ras du sol. *La pluie **a couché** les blés.* **4** Se coucher : disparaître à l'horizon. *À partir de janvier, le soleil **se couche** plus tard.* (Contr. **se lever.**)
★ Famille du mot : couch**age**, couch**ant**, couche, coucher, couch**ette**, **re**coucher.

② **coucher** (nom masculin) • Coucher de soleil : passage du soleil en dessous de l'horizon. *J'ai fait une photo du **coucher de soleil.*** (Contr. **lever.**)

couchette (nom féminin) Lit étroit dans un train ou sur un bateau.

coucou (nom masculin) **1** Petit oiseau que l'on appelle ainsi à cause de son chant et qui pond ses œufs dans le nid d'autres oiseaux. **2** Pendule dont la sonnerie imite le chant du coucou. **3** Plante sauvage à fleurs jaunes. *Les **coucous** poussent au début du printemps.*
▪ **coucou** (interjection) Annonce l'arrivée de quelqu'un. ***Coucou**, me voilà !*

coude (nom masculin) **1** Articulation du bras et de l'avant-bras. *Yann m'a donné un coup de **coude**.* **2** Partie de la manche qui recouvre le coude. *Mon pull est percé au **coude**.* **3** Courbe très accentuée. *Le chemin fait un **coude**.* • Coude à coude : très proches les uns des autres. *L'arrivée s'est faite au **coude à coude**.* • Se serrer les coudes : être solidaires, s'entraider.
★ Famille du mot : s'accou**der**, accou**doir**, coud**é**, coud**ée**, coud**ière**, coud**oyer**.

coudé, ée (adjectif) Qui forme un coude. *Une barre **coudée**.*

coudée (nom féminin) • Avoir les coudées franches : être libre d'agir comme on veut.
★ La **coudée** était une mesure de longueur égale à la distance entre la pointe du coude et le bout du majeur, soit environ 50 centimètres.

cou-de-pied (nom masculin) Partie bombée sur le dessus du pied, entre les orteils et la cheville.
▶ Pluriel : des **cous-de-pied**.

coudière (nom féminin) Protection que l'on attache au coude pour amortir les chocs. *Laura a mis ses **coudières** et ses genouillères pour faire du ski.*

coudoyer (verbe) (conj. 6) Être à côté ou proche de. *Dans certaines villes, la pauvreté **coudoie** la richesse.* (Syn. **côtoyer.**)

coudre (verbe) (conj. 53) Joindre en se servant d'un fil et d'une aiguille. *Benjamin **a cousu** un bouton à sa veste. Je **couds** une robe pour ma poupée.*
★ Famille du mot : **dé**coudre, **dé**cousu, **re**coudre.

coudrier (nom masculin) Noisetier. *Le sourcier cherche de l'eau à l'aide d'une baguette de **coudrier**.*

couenne (nom féminin) Peau du porc. *Elle enlève la **couenne** du jambon.*
▶ Prononciation [kwan].

① **couette** (nom féminin) Mince édredon servant de couverture.
★ **Couette** vient du latin *culcita* qui signifie « oreiller ».

② **couette** (nom féminin) Touffe de cheveux attachés de chaque côté de la tête. *Zoé s'est fait des **couettes**.*
★ **Couette** vient de l'ancien français *coue* qui signifie « queue ».

couffin (nom masculin) **1** Panier souple à anses. **2** Grand panier à anses qui sert de berceau portatif.

couguar (nom masculin) Puma. *Le **couguar** a un pelage fauve.*
▶ Prononciation [kugaʀ].
▶ On écrit aussi **cougouar**.

couiner (verbe) (conj. 3) **1** Pousser un petit cri. *Le lapin **couine**.* **2** Faire un bruit grinçant. *La roue de la brouette **couine**, il faut la graisser.*

coulant, ante (adjectif) • Nœud coulant : dont la boucle glisse et se resserre quand on tire. *Le lasso des cow-boys est terminé par un **nœud coulant**.*

coulée (nom féminin) Masse de matière liquide ou pâteuse qui coule et se répand. *Une **coulée** de boue. Une **coulée** de lave.*

coulemelle (nom féminin) Champignon à chapeau comestible et à pied coriace. *Nous avons acheté des **coulemelles** au marché.*

couler (verbe) (conj. 3) **1** Se déplacer en suivant la pente du terrain. *La Garonne **coule** dans le Bassin aquitain.* **2** Laisser échapper un liquide. *Le robinet **coule**.* **3** Verser à l'état liquide. *Le fondeur de cloches **coule** le bronze dans un moule.* **4** S'enfoncer dans l'eau. *Cette bouée t'empêchera de **couler**.* (Syn. **sombrer.** Contr. **flotter.**) **5** Faire sombrer une embarcation. *Un boulet de canon **coula** la frégate.* **6** Se couler : se glisser sans bruit. *Le chat **s'est coulé** sous le lit.*
★ Famille du mot : coul**ant**, coul**ée**, coul**is**.

couleur (nom féminin) **1** Impression produite par la lumière sur l'œil. *Les sept **couleurs** de l'arc-en-ciel sont le rouge, l'orange, le jaune, le vert, le bleu, l'indigo et le violet.* **2** Ce qui n'est ni noir ni blanc. *C'est un film assez ancien, est-il en noir et blanc ou*

*en **couleurs** ?* **3** Chacun des symboles d'un jeu de cartes. *Pique, cœur, trèfle et carreau sont les quatre **couleurs**.*
■ **couleurs** (nom féminin pluriel) **1** Bonne mine de quelqu'un. *Anna a pris des **couleurs** aux sports d'hiver.* **2** Drapeau d'un pays. *Le défilé a commencé par le salut aux **couleurs**.* • **En voir de toutes les couleurs** : avoir toutes sortes d'ennuis.

couleuvre (nom féminin) Serpent à tête arrondie, non venimeux, très répandu en Europe.

coulis (nom masculin) Purée liquide de légumes ou de fruits cuits ou crus et passés au tamis. *Victor nappe sa glace d'un **coulis** de fraises.*
■ **coulis** (adjectif) • **Vent coulis** : vent qui se glisse par les fentes.

coulissant, ante (adjectif) Qui coulisse. *L'entrée du supermarché est équipée de portes **coulissantes**.*

coulisse (nom féminin) **1** Rainure le long de laquelle glisse une porte ou une fenêtre. *Le placard de l'entrée se ferme par une porte à **coulisse**.* (Syn. **glissière**.) **2** Partie d'un théâtre située derrière les décors et invisible pour les spectateurs. *Dans les **coulisses**, les acteurs attendent le moment d'entrer en scène.*
★ Famille du mot : couliss**ant**, coulisse**r**.

coulisser (verbe) (conj. 3) Glisser le long d'une coulisse. *Ces deux salles sont séparées par une porte qui **coulisse**.*

couloir (nom masculin) Passage long et étroit entre les pièces d'une maison. *La cuisine est au bout du **couloir**.* (Syn. **corridor**.) • **Couloir aérien** : partie du ciel réservée à un avion afin qu'il évite les collisions avec les autres avions. • **Couloir d'autobus** : passage réservé à la circulation des autobus.

coulomb (nom masculin) Unité de quantité d'électricité transportée en une seconde par un courant de 1 ampère.
► Le symbole du **coulomb** est **C**.
► Prononciation [kulɔ̃].
★ **Coulomb** vient du nom du physicien français *Coulomb*.

coulpe (nom féminin) • **Battre sa coulpe** : s'avouer coupable.

coup (nom masculin) **1** Mouvement ou geste destiné à frapper. *Un **coup** de poing. Un **coup** de bâton.* **2** Émotion violente. *Cette défaite a été un **coup** terrible pour notre équipe.* **3** Décharge d'une arme à feu. *Les chasseurs ont tiré plusieurs **coups** de fusil.* **4** Bruit provoqué par un choc ou un contact. *Des **coups** de marteau. Un **coup** de sonnette.* **5** Geste ou mouvement brusque. *Jeter un **coup** d'œil. Se donner un **coup** de peigne. Donner un **coup** de balai, un **coup** de frein, un **coup** de volant.* **6** Manifestation soudaine et brutale d'une force. *Un **coup** de vent a arraché les tuiles du toit.* **7** Chaque essai pour faire quelque chose. *Élodie a réussi du premier **coup**. Tu gagneras au prochain **coup**.* • **Après coup** : après ou trop tard. *Il a réalisé **après coup** que la piscine était fermée le dimanche.* • **Coup d'État** : révolution. • **Coup de soleil** : insolation. • **Coup de téléphone** *ou* **coup de fil** : appel téléphonique. • **Coup franc** : coup accordé à une équipe pour compenser une faute commise par l'équipe adverse. • **Coup sur coup** : à la suite. *Notre équipe a remporté plusieurs victoires **coup sur coup**.* • **Sur le coup** : immédiatement.
★ Famille du mot : **à**-coup, **contre**coup.

coupable (adjectif et nom) Qui a commis une faute ou un délit. *Je me sens **coupable** de t'avoir menti. La **coupable** est en prison.* (Contr. **innocent**.)

coupant, ante (adjectif) Qui coupe. *Attention ! le bord de cette boîte est très **coupant**.*

coupe (nom féminin) **1** Manière de couper ou de tailler. *J'aime beaucoup ta nouvelle **coupe** de cheveux. La **coupe** de ce costume est démodée.* **2** Dessin qui représente un objet comme s'il était coupé en deux. *Une maison vue en **coupe**.* **3** Verre ou récipient à pied, large et peu profond. *Une **coupe** à fruits. Une **coupe** à glace. Une **coupe** à champagne.* **4** Compétition dont la récompense est une coupe de métal précieux. *L'équipe gagnante participera à la **coupe** du monde de football.*

coupé (nom masculin) Automobile à deux portes et à deux ou quatre places, qui ressemble à une voiture de sport. *La star est arrivée dans un élégant **coupé**.*

coupe-circuit (nom masculin) Dispositif qui arrête le passage d'un courant électrique dans un circuit.
► Pluriel : des **coupe-circuits**.

coupe-coupe (nom masculin) Sorte de sabre servant à tailler les branches pour se faire un chemin à travers la forêt. (Syn. **machette**.)
► Pluriel : des **coupe-coupe**.
► On écrit aussi un **coupecoupe**, des **coupecoupes**.

coupe-feu (nom masculin) Porte ou cloison empêchant un incendie de se propager dans un bâtiment.
► Pluriel : des **coupe-feux**.

coupe-gorge (nom masculin) Endroit isolé et peu éclairé où l'on craint de se faire attaquer. *Ne te promène pas seul le soir dans cette ruelle : c'est un vrai **coupe-gorge**.*
► Pluriel : des **coupe-gorges**.

coupelle (nom féminin) Petite coupe. *Elle a servi les glaces dans des **coupelles** de verre.*

coupe-ongle (nom masculin) Petite pince servant à se couper les ongles.
► Pluriel : des **coupe-ongles**.

coupe-papier (nom masculin) Lame servant à couper du papier plié, à ouvrir une enveloppe.
► Pluriel : des **coupe-papiers** ou des **coupe-papier**.

couper (verbe) (conj. 3) **1** Diviser à l'aide d'un instrument tranchant. ***Couper** du pain, du bois. Ce canif **coupe** mal.* **2** Entailler ou blesser. *Elle s'**est coupée** avec un morceau de verre.* **3** Diminuer ou raccourcir à l'aide d'un instrument. *Prends une*

*pince pour te **couper** les ongles.* **4** Traverser un lieu ou passer au milieu. *Un petit chemin **coupe** la route près du moulin. Plusieurs routes se **coupent** à ce carrefour.* **5** Interrompre le passage ou le fonctionnement. *On **a coupé** l'eau pendant les travaux. **Couper** la parole à quelqu'un.* **6** Aux cartes, jouer un atout quand on n'a pas la couleur demandée. ***Couper** à pique.* • **Couper l'herbe sous le pied de quelqu'un** : devancer quelqu'un, agir avant lui.
★ Famille du mot : coup**ant**, coupe, coupe-circuit, coupe-coupe, coupe-feu, coupe-ongle, coupe-papier, couper**et**, coupe-vent, coup**ure**, **dé**coup**age**, **dé**couper, **entre**couper, **re**coupe**ment**, **re**couper.

couperet (nom masculin) **1** Couteau large et lourd pour trancher la viande. *Le boucher débite la viande avec un **couperet**.* **2** Lame de la guillotine. *Le **couperet** trancha la tête du condamné.*

couperose (nom féminin) Rougeur du visage due à une dilatation des vaisseaux sanguins.

coupe-vent (nom masculin) Vêtement qui protège du vent. *Emportez vos **coupe-vent** si vous allez faire du bateau.*
► Pluriel : des **coupe-vents** ou des **coupe-vent**.

couple (nom masculin) **1** Une femme et un homme. *Monsieur et Madame Dubois forment un **couple** très sympathique.* **2** Un mâle et une femelle. *Un **couple** de perruches.*

couplet (nom masculin) Strophe d'une chanson. *Entre chaque **couplet**, nous reprendrons le refrain ensemble.*

coupole (nom féminin) Toit en forme de demi-sphère. *On aperçoit au loin la **coupole** de la basilique du Sacré-Cœur.* (Syn. **dôme**.)

coupon (nom masculin) **1** Reste d'une pièce de tissu. *Elle a trouvé des **coupons** en solde pour se faire des robes d'été.* **2** Billet de transport à la semaine ou au mois. *Un **coupon** de carte orange.*

coupon-réponse (nom masculin) Partie détachable d'une annonce publicitaire, à renvoyer par le lecteur. *N'oubliez pas de joindre votre **coupon-réponse**.*
► Pluriel : des **coupons-réponse**.

coupure (nom féminin) **1** Blessure faite par un objet coupant. *Je vais mettre un pansement sur cette **coupure**.* (Syn. **entaille**.) **2** Interruption momentanée. *Une **coupure** d'électricité, de gaz, d'eau.* **3** Billet de banque. *Il a payé en **coupures** de 100 euros.* **4** **Coupure de journal** : article découpé dans un journal.

cour (nom féminin) **1** Espace entouré de murs ou de bâtiments. *La **cour** de l'école. La **cour** d'un immeuble.* **2** Ensemble de personnes qui vivent auprès du roi. *Quand le roi changeait de château, toute la **cour** le suivait.* **3** Nom de certains tribunaux. *Ce criminel doit passer en jugement devant la **cour** d'assises.* • **Faire la cour à quelqu'un** : chercher à lui plaire, à le séduire.

courage (nom masculin) **1** Force morale qui permet de faire face aux dangers ou aux difficultés. *Il a vaincu tous ses adversaires grâce à son **courage**.* (Syn. **bravoure**. Contr. **lâcheté**.) **2** Ardeur à faire quelque chose. *Elle n'a même pas eu le **courage** de ranger ses affaires avant de se coucher.* (Syn. **énergie**. Contr. **indolence, mollesse**.)
★ Famille du mot : courag**eusement**, courag**eux**, **dé**courag**eant**, **dé**courage**ment**, **dé**courager, **en**courag**eant**, **en**courage**ment**, **en**courager.

courageusement (adverbe) Avec courage. *Il s'est **courageusement** jeté à l'eau pour sauver cet enfant de la noyade.*

courageux, euse (adjectif) Qui a du courage, de l'énergie. *Elle est très **courageuse** de continuer à travailler malgré sa maladie.* (Syn. **brave**. Contr. **lâche**.)

couramment (adverbe) **1** De manière courante, habituelle. *C'est une expression qui s'emploie **couramment**.* (Syn. **habituellement, souvent**. Contr. **rarement**.) **2** Bien, avec aisance. *Elle parle **couramment** plusieurs langues.*

① **courant, ante** (adjectif) Que l'on rencontre ou que l'on fait fréquemment. *Cette espèce d'oiseaux est très **courante** en Europe.* (Syn. **commun, ordinaire, répandu**. Contr. **rare**.) • **Eau courante** : eau qui circule dans des tuyaux et qui coule d'un robinet.

② **courant** (nom masculin) **1** Mouvement de l'eau. *Les feuilles mortes sont emportées par le **courant**.* **2** Électricité qui passe dans les fils. *Une prise de **courant**. Une coupure de **courant**.* • **Au courant** : informé de quelque chose. *Nous ne sommes pas **au courant** de son départ.* • **Courant d'air** : air en mouvement dans un espace resserré. • **Dans le courant de** : pendant une période. *Clément viendra certainement **dans le courant de** la semaine prochaine.*

courbature (nom féminin) Douleur musculaire. *Le lendemain du match, il était plein de **courbatures**.*

courbaturé, ée (adjectif) Qui ressent des courbatures. *Après un après-midi de vélo, elle est rentrée toute **courbaturée**.*

courbe (adjectif) Qui a une forme arrondie. *L'arc-en-ciel dessine une ligne **courbe** dans le ciel.*
▪ **courbe** (nom féminin) **1** Ligne courbe. *Le sentier faisait de larges **courbes** à travers le bois.* **2** Ligne d'un graphique représentant une évolution. *Une **courbe** de température.*
★ Famille du mot : courb**er**, courb**ette**, courb**ure**, **re**courbé.

courber (verbe) (conj. 3) **1** Donner une forme courbe à ce qui était droit. *Le poids de la neige **courbait** les branches.* **2** Incliner une partie du corps. *Son dos se **courbe** sous le poids de son sac. Il s'**est courbé** devant le roi.*

courbette (nom féminin) • **Faire des courbettes** : être d'une politesse exagérée. *C'est un hypocrite qui **fait des courbettes** à tout le monde.*

courbure (nom féminin) Forme ou état d'une chose courbe. *La **courbure** des pieds d'un fauteuil.* (Syn. **galbe**.)

coureur, euse (nom) Personne qui participe à une course. *Un **coureur** à pied. Un **coureur** cycliste.*

a b c d e f g h i j k l m n o p q r s t u v w x y z

courge (nom féminin) Plante à fruits comestibles, comme le potiron ou la citrouille.

courgette (nom féminin) Variété de petite courge.

courir (verbe) (conj. 16) **1** Se déplacer avec rapidité. *Elle **a couru** pour nous rattraper.* **2** Participer à une course. ***Courir** un 100 mètres, un marathon.* **3** Se propager. *Le bruit **court** que cet homme n'est qu'un escroc.* **4** Aller un peu partout à la recherche de quelque chose. *Elle a passé sa journée à **courir** les libraires, à la recherche d'un livre introuvable.* **5** Tenter ou affronter quelque chose. ***Courir** sa chance. **Courir** un danger.*
★ Famille du mot : accourir, cou**reur**, course, coursier.

courlis (nom masculin) Oiseau échassier, à long bec, migrateur, qui vit près de l'eau.

couronne (nom féminin) **1** Cercle de métal qui se porte sur la tête comme symbole de pouvoir. *Pour la cérémonie, le souverain apparut coiffé de la **couronne** royale.* **2** Cercle de fleurs ou de feuilles tressées. *Une **couronne** de lauriers.* **3** Morceau de métal ou de céramique qui entoure une dent abîmée. *Il va chez le dentiste pour se faire poser une **couronne**.*
★ Famille du mot : couronne**ment**, couronn**er**.

couronnement (nom masculin) **1** Cérémonie au cours de laquelle un souverain est couronné. *Le **couronnement** d'un roi, d'un empereur.* **2** Ce qui récompense de longs efforts. *Cette victoire a été le **couronnement** de sa carrière de sportif.*

couronner (verbe) (conj. 3) **1** Donner le titre de souverain à quelqu'un en lui remettant solennellement une couronne. *Charlemagne **a été couronné** empereur en l'an 800.* **2** Décerner une récompense ou un prix. *Ce film **a été couronné** au festival de Cannes.*

courre (verbe) • **Chasse à courre** : chasse qui se pratique à cheval avec une meute de chiens pour traquer le gibier.

courriel (nom masculin) Courrier électronique. (Syn. **e-mail**.)
★ **Courriel** est l'abréviation de *courrier électronique*.

courrier (nom masculin) Tout ce qui est transmis par l'intermédiaire de la poste. *Est-ce que le **courrier** est arrivé ? – Oui, il y a deux lettres et un paquet.* • **Courrier des lecteurs** : lettres de lecteurs publiées dans certaines pages d'un journal.

courroie (nom féminin) Bande souple qui sert à lier. *Fixe bien la **courroie** de ta ceinture de sécurité.*

courroucer (verbe) (conj. 4) Mettre en colère, irriter, dans la langue littéraire. *Votre insolence me **courrouce** fort !*
★ **Courroucer** vient du latin *corrumpere* qui signifie « aigrir ».

courroux (nom masculin) Synonyme littéraire de colère. *Les serviteurs craignaient le **courroux** de leur maître.*

cours (nom masculin) **1** Mouvement de l'eau qui coule. *Des bateaux remontaient lentement le **cours** du fleuve.* **2** Ce qui se déroule dans le temps. *Les ouvriers ont dû interrompre le **cours** des travaux.* **3** Séance de travail. *Ce matin, on a un **cours** de musique.* **4** Chaque niveau de classe dans une école primaire. *David est au **cours** élémentaire, l'an prochain il sera au **cours** moyen.* **5** Prix d'une marchandise qui varie suivant les jours. *Le **cours** du café a baissé aujourd'hui.* • **Au cours de** : pendant. *Il y aura une éclipse de lune **au cours de** la nuit prochaine.* • **Cours d'eau** : fleuve, rivière, ruisseau, torrent. • **En cours** : en train de se produire. *Les travaux sont **en cours** de réalisation.*

course (nom féminin) **1** Action de courir. *Après une **course** à travers champs, le lièvre a échappé au chasseur.* **2** Épreuve sportive de vitesse. ***Course** à pied. **Course** cycliste. **Course** automobile.* **3** Achats ou commissions. *Elle est allée faire des **courses** au supermarché.*

coursier, ère (nom) Personne chargée de transporter des colis, de transmettre des lettres. *Un **coursier** est venu nous livrer des pizzas.*

coursive (nom féminin) **1** Long couloir étroit à bord d'un navire. *Les **coursives** sont aménagées dans le sens de la longueur du bateau.* **2** Long couloir desservant plusieurs logements ou plusieurs bureaux.

① **court, courte** (adjectif) **1** Qui est de faible longueur. *Je préfère avoir les cheveux **courts**.* **2** Qui ne dure pas longtemps. *Nous avons passé de **courtes** vacances à la montagne.* (Syn. **bref**. Contr. **long**.) • **Avoir la mémoire courte** : oublier un peu trop facilement une promesse faite ou un service qu'on vous a rendu.
■ **court** (adverbe) De manière courte. *Tes cheveux sont coupés trop **court**.* • **Couper court à quelque chose** : l'arrêter immédiatement. • **Être à court de quelque chose** : en manquer. *Il s'est trouvé **à court** **d'argent**.* • **Prendre quelqu'un de court** : le surprendre sans lui laisser le temps de réagir.

② **court** (nom masculin) Terrain de tennis.

court-bouillon (nom masculin) Bouillon épicé dans lequel on fait cuire du poisson.
► Pluriel : des **courts-bouillons**.

court-circuit (nom masculin) Coupure de courant due à un mauvais contact entre deux fils électriques. *Tout l'immeuble est privé d'électricité à cause d'un **court-circuit**.*
► Pluriel : des **courts-circuits**.

court-circuiter (verbe) (conj. 3) **1** Mettre en court-circuit. **2** Ne pas tenir compte d'un ou plusieurs échelons d'une voie hiérarchique ou d'un intermédiaire habituel pour atteindre son but plus rapidement ou pour nuire. *Le secrétaire **a court-circuité** son chef en s'adressant directement à la direction.*

courtier, ère (nom) Personne qui sert d'intermédiaire dans des opérations commerciales, financières. *Le **courtier** d'assurances nous a proposé plusieurs contrats.*

courtine (nom féminin) Mur réunissant deux tours d'un château fort.

courtisan (nom masculin) Homme qui vivait à la cour du roi. *Les **courtisans** cherchaient par tous les moyens à obtenir les faveurs du roi.*

courtiser (verbe) (conj. 3) Faire la cour à quelqu'un. *Il s'est marié avec la jeune fille qu'il **courtisait** depuis un an.*

court-métrage (nom masculin) Film qui dure moins d'une demi-heure.
▶ Pluriel : des **courts-métrages**.

courtois, oise (adjectif) Qui est très poli. (Contr. **grossier.**)

courtoisie (nom féminin) Qualité d'une personne courtoise. *Nous avons été reçus avec beaucoup de **courtoisie**.*

couscous (nom masculin) Plat fait avec de la semoule, des légumes, de la viande, et une sauce épicée. *Ce restaurant marocain est réputé pour son **couscous**.*
▶ Prononciation [kuskus].

couscoussier (nom masculin) Ustensile de cuisine conçu pour la cuisson du couscous à la vapeur.

① **cousin, ine** (nom) Enfant de l'oncle et de la tante de quelqu'un. *Ton père est mon oncle, donc nous sommes **cousins** !*

② **cousin** (nom masculin) Gros moustique aux longues pattes. *Le **cousin** est un moustique inoffensif très commun en France.*

coussin (nom masculin) Petit sac rembourré qui sert à s'appuyer ou à s'asseoir. *Des **coussins** de cuir, de velours.* • **Coussin d'air** : couche d'air qui maintient un véhicule à la surface de l'eau. *Les aéroglisseurs se déplacent sur **coussin d'air**.*

coussinet (nom masculin) **1** Petit coussin. *Zoé a placé un **coussinet** sous sa nuque.* **2** Couche de corne souple située à la face inférieure de la patte de certains animaux. *Le chat avance silencieusement sur ses **coussinets**.*

coût (nom masculin) Prix de quelque chose. *L'expert a évalué le **coût** des réparations.* • **Coût de la vie** : montant des dépenses nécessaires à la vie de tous les jours.
▶ On écrit aussi **cout**.

coûtant (adjectif masculin) • **Prix coûtant** : prix réel d'une marchandise sans compter le bénéfice du vendeur.
▶ On écrit aussi **coutant**.

couteau, eaux (nom masculin) **1** Instrument formé d'une lame tranchante et d'un manche. *Un **couteau** à fromage. Un **couteau** de cuisine.* **2** Coquillage long et étroit qui vit dans le sable. • **Être à couteaux tirés avec quelqu'un** : s'entendre très mal avec lui. • **Mettre le couteau sous la gorge de quelqu'un** : l'obliger à faire quelque chose en utilisant la menace.

coutelas (nom masculin) Grand couteau à lame large, utilisé en boucherie et en cuisine.

coutellerie (nom féminin) Fabrique ou magasin de couteaux, d'instruments tranchants.

coûter (verbe) (conj. 3) **1** Valoir tel prix. *Ce blouson **coûte** 100 euros.* **2** Occasionner des frais, des dépenses. *L'aménagement de la maison nous **a coûté** cher.* **3** Avoir des conséquences malheureuses. *Cette imprudence aurait pu lui **coûter** la vie.* **4** Causer des désagréments. *Ce travail lui **aura coûté** bien des efforts.* • **Coûte que coûte** : à n'importe quelle condition. *Je finirai ce travail **coûte que coûte** !*
★ Famille du mot : coût, coût**ant**, coût**eux**.
▶ On écrit aussi **couter**.

coûteux, euse (adjectif) Qui coûte cher. *Les réparations de cette moto risquent d'être **coûteuses**.* (Syn. **onéreux.**)
▶ On écrit aussi **couteux**.

coutil (nom masculin) Toile très serrée et lissée. *Le chasseur porte un solide pantalon en **coutil** de coton.*
▶ Prononciation [kuti].

coutume (nom féminin) Habitude ou tradition. *En France, c'est la **coutume** d'offrir du muguet le 1er mai.*

coutumier, ère (adjectif) Que l'on fait de façon régulière. *Romain vaque à ses occupations **coutumières**.* (Syn. **habituel, ordinaire.**) • **Droit coutumier** : ensemble de lois non écrites établies par la tradition. • **Être coutumier du fait** : commettre habituellement telle action.

couture (nom féminin) **1** Action de coudre. *Pour apprendre la **couture**, il faut savoir manier le fil et l'aiguille.* **2** Suite de points cousus à la main ou à la machine. *Il a déchiré les **coutures** de son pantalon.* • **Sous toutes les coutures** : très attentivement.
★ Famille du mot : coutur**ier**, coutur**ière**.

couturier (nom masculin) Personne qui crée des modèles de vêtements. *Les défilés de mode des grands **couturiers**.*

couturière (nom féminin) Femme qui confectionne des vêtements.

couvée (nom féminin) Ensemble d'oisillons couvés en même temps. *Ces deux poussins sont de la même **couvée**.*

couvent (nom masculin) Maison où vivent en communauté des moines ou des religieuses. (Syn. **monastère.**)

couver (verbe) (conj. 3) **1** Couvrir de son corps les œufs d'une couvée jusqu'à ce qu'ils éclosent. *Les oiseaux **couvent** leurs œufs.* **2** Au sens figuré, protéger de façon exagérée. *C'est un enfant très fragile qui **a été couvé** par sa mère.* **3** Porter les microbes d'une maladie avant qu'elle ne se déclare. *Ibrahim **couve** une grippe.*
★ Famille du mot : couv**ée**, couv**euse**.

couvercle (nom masculin) Ustensile qui sert à couvrir un récipient. *Un* ***couvercle*** *de casserole, de boîte, de bocal.*

① **couvert, erte** (adjectif) **1** Habillé chaudement. *Tu vas t'enrhumer si tu n'es pas assez* ***couvert.*** **2** Qui est abrité par un toit. *Une piscine* ***couverte.*** • **À couvert** : à l'abri. *Mettons-nous* ***à couvert****, il commence à pleuvoir.* • **Ciel couvert** : nuageux.

② **couvert** (nom masculin) La cuillère, la fourchette et le couteau. *Des* ***couverts*** *en argent.* • **Mettre le couvert** : mettre la table.

couverture (nom féminin) **1** Pièce de tissu épais qui sert à tenir chaud. *La chatte s'est pelotonnée sous la* ***couverture.*** **2** Ce qui couvre, protège un livre ou un cahier. *La* ***couverture*** *de mon livre s'est abîmée.* **3** Ce qui couvre une maison. *Cette ferme a une* ***couverture*** *de tuiles.* (Syn. **toiture**.)

couveuse (nom féminin) **1** Appareil qui garde les œufs au chaud pour les faire éclore. *Ces poussins sont nés en* ***couveuse.*** **2** Appareil où on met les nouveau-nés fragiles. *En* ***couveuse****, les bébés sont protégés du froid et des microbes.*

couvre-chef (nom masculin) Chapeau, coiffure d'homme. *Quel étonnant* ***couvre-chef*** *!*
▶ Pluriel : des **couvre-chefs**.

couvre-feu (nom masculin) Interdiction de sortir après une certaine heure. *Pendant les émeutes, le gouvernement a décrété le* ***couvre-feu*** *à partir de 19 heures.*
▶ Pluriel : des **couvre-feux**.

couvre-lit (nom masculin) Pièce d'étoffe qui recouvre un lit. *Un* ***couvre-lit*** *à fleurs.* (Syn. **dessus-de-lit**.)
▶ Pluriel : des **couvre-lits**.

couvreur (nom masculin) Ouvrier qui pose et répare les toitures. *Le* ***couvreur*** *a remplacé les tuiles du toit arrachées par le vent.*

couvrir (verbe) (conj. 12) **1** Placer par-dessus pour protéger. *Il* ***a couvert*** *le bébé avec un drap.* ***Couvrir*** *un livre de classe.* **2** Mettre un couvercle. ***Couvre*** *le plat pour que la viande ne refroidisse pas !* **3** Être répandu sur une surface. *Des papiers* ***couvraient*** *son bureau.* **4** Disposer des choses en grande quantité. *Elle* ***a couvert*** *tout un pan de mur avec des photos.* **5** Parcourir une distance. *Il* ***a couvert*** *plus de 1 000 kilomètres à moto.* **6** Masquer un son. *Les applaudissements* ***ont couvert*** *sa voix.* **7** Protéger quelqu'un pour lui éviter des ennuis. *C'est lui le fautif, mais ses complices le* ***couvrent.*** **8 Se couvrir** : s'habiller chaudement. *S'il pleut,* ***couvre-toi*** *bien !* **9 Se couvrir** : s'obscurcir. *Le ciel* ***s'est couvert*** *de nuages.*
★ Famille du mot : couv**ert**, couverture, couvre-chef, couvre-feu, couvre-lit, couvr**eur**, **dé**couvrir, **re**couvrir.

covalence (nom féminin) Liaison entre deux atomes par la mise en commun d'électrons. *Le gain d'un électron peut se faire par ionisation ou par* ***covalence.***

cow-boy (nom masculin) Gardien de troupeaux dans l'ouest des États-Unis. *Kevin aime bien lire les aventures de Lucky Luke, le* ***cow-boy*** *solitaire.*
▶ **Cow-boy** est un mot anglais : on prononce [kobɔj].
▶ Pluriel : des **cow-boys**.
▶ On écrit aussi **cowboy**.

coyote (nom masculin) Animal sauvage d'Amérique du Nord, proche du renard. *Les* ***coyotes*** *se nourrissent de charognes.*

CP (nom masculin) Classe de cours préparatoire dans l'enseignement primaire. *Yann est en* ***CP.***
▶ Prononciation [sepe].
★ CP est le sigle de *cours préparatoire.*

cqfd Ce qu'il fallait prouver par démonstration. *Elle a trouvé la raison de la panne de courant.* ***cqfd.***
▶ Prononciation [sekyɛfde].
★ Cqfd est l'abréviation de « *ce qu'il fallait démontrer* ».
▶ On écrit aussi **CQFD**.

crabe (nom masculin) Crustacé qui a quatre paires de pattes et une paire de pinces.

crac (interjection) Mot qui exprime le bruit sec d'une chose qui se casse ou se déchire. *Et* ***crac*** *! le pantalon s'est déchiré.*

crachat (nom masculin) Salive que l'on crache.

cracher (verbe) (conj. 3) **1** Rejeter de la salive hors de sa bouche. *Jure et* ***crache*** *par terre !* **2** Projeter quelque chose hors de sa bouche. *Ils s'amusent à* ***cracher*** *des noyaux de cerises le plus loin possible.*

cracheur, euse (nom masculin) • **Cracheur de feu** : bateleur qui emplit sa bouche d'un liquide inflammable et le rejette en l'enflammant.

crachin (nom masculin) Pluie fine et serrée.

crachoir (nom masculin) Récipient dans lequel on crache. • **Tenir le crachoir** : parler sans arrêt. • **Tenir le crachoir à quelqu'un** : l'écouter parler sans pouvoir parler soi-même.

crack (nom masculin) Dans la langue familière, personne très douée dans un domaine particulier. *Un* ***crack*** *au golf.*
★ En anglais, *to crack* signifie « se vanter ».

cracker (nom masculin) Petit biscuit salé. *Elle a acheté des* ***crackers*** *pour l'apéritif.*
▶ Prononciation [kʀakœʀ].
★ Cracker vient d'un verbe anglais qui signifie « craquer sous la dent ».

craie (nom féminin) **1** Roche calcaire, blanche et tendre. *En Normandie, certaines falaises sont en* ***craie.*** **2** Bâtonnet de craie qui sert à écrire. *Fatima a acheté une ardoise et des* ***craies.***

craindre (verbe) (conj. 35) **1** Avoir peur de quelque chose. *Depuis qu'il s'est fait mordre, il* ***craint*** *les chiens.* (Syn. **appréhender, redouter**.) **2** Supporter difficilement. *Mets-toi à l'ombre si tu* ***crains*** *le soleil.*
★ Famille du mot : crainte, craintif.

crainte (nom féminin) Sentiment de peur ou d'inquiétude. *N'ayez* ***crainte****, nous serons à l'heure.*

craintif, ive (adjectif) Qui a peur de tout. *C'est un chat très **craintif**.* (Syn. **peureux.** Contr. **audacieux, hardi.**)

cramer (verbe) (conj. 3) Synonyme familier de brûler. *La baraque **a** complètement **cramé**.*

cramoisi, ie (adjectif) Rouge foncé. *Pris d'un accès de colère, il est devenu **cramoisi**.*

crampe (nom féminin) Contraction douloureuse mais passagère d'un muscle. *Il a été pris d'une **crampe** au mollet pendant qu'il nageait.*

crampon (nom masculin) Pointe fixée sous une chaussure pour éviter de glisser.

se **cramponner** (verbe) (conj. 3) S'accrocher fermement pour ne pas tomber. *Ma petite sœur **se cramponne** à la rampe quand elle descend l'escalier.* (Syn. **s'agripper.**)

cran (nom masculin) **1** Entaille faite pour accrocher ou retenir quelque chose de mobile. *L'étagère est trop haute, descends-la d'un **cran**. Un couteau à **cran** d'arrêt.* **2** Trou dans une courroie, une ceinture. *Ton pantalon tombe, resserre ta ceinture d'un **cran** !* **3** Synonyme familier de courage. *Il lui a fallu du **cran** pour sortir les blessés de la voiture en flammes.*

crâne (nom masculin) Partie osseuse de la tête qui contient le cerveau. *On vient de trouver dans cette grotte le **crâne** d'un homme préhistorique.*

crâner (verbe) (conj. 3) Dans la langue familière, se montrer prétentieux. *Il n'arrête pas de **crâner** depuis qu'il a gagné la course.*

crâneur, euse (nom) Dans la langue familière, personne qui crâne. *Elle se croit toujours la plus forte, quelle **crâneuse** !* (Syn. **fanfaron, prétentieux.**)

crânien, enne (adjectif) Du crâne. *La boîte **crânienne** contient le cerveau.*

cranter (verbe) (conj. 3) Faire des ondulations à la chevelure. *Ursula s'est fait **cranter** les cheveux.*

crapahuter (verbe) (conj. 3) Marcher en terrain difficile, dans la langue familière. *J'en ai marre de **crapahuter** sur ces cailloux !*

crapaud (nom masculin) Batracien à la peau rugueuse, et qui ressemble à une grenouille. *Les **crapauds** coassent.*

crapette (nom féminin) Jeu de cartes qui se joue à deux et qui consiste à étaler ses cartes sur la table dans un certain ordre.

crapule (nom féminin) Synonyme de canaille. *Cet homme est une **crapule** qui mérite la prison.*

crapuleux, euse (adjectif) Qui est digne d'une crapule. *Je n'aime pas les manières **crapuleuses** de cet homme.* • **Crime crapuleux** : crime commis pour voler.

craquage (nom masculin) Procédé de raffinage du pétrole destiné à obtenir des hydrocarbures plus légers. *Les carburants sont obtenus par **craquage**.*

craquelé, ée (adjectif) Qui a des craquelures. *Le cuir de ce vieux sac est sec et **craquelé**.*

craqueler (verbe) (conj. 8 ou 9) **1** Faire des crevasses à. *Le gel **a craquelé** le sol.* (Syn. **fissurer.**) **2** Fendiller finement la surface d'un objet. *Le potier **craquelle** une porcelaine.* (Contr. **lisser.**)

craquelure (nom féminin) Petite fente ou fissure sur une surface. *Le vernis de ce vieux bureau est couvert de **craquelures**.*

craquement (nom masculin) Bruit sec produit par quelque chose qui se brise. *On entendait les **craquements** du vieux parquet sous nos pas.*

craquer (verbe) (conj. 3) **1** Faire entendre des craquements. *Les bûches **craquaient** dans la cheminée.* **2** Se briser ou céder en produisant un craquement. *L'étagère **a craqué** sous le poids des livres.* **3** S'effondrer à cause de la fatigue ou de l'énervement. *Il n'en peut plus, il est sur le point de **craquer**.* • **Plein à craquer** : trop plein. *La salle était **pleine à craquer**.*

crash (nom masculin) Écrasement au sol d'un avion. *Les deux **crashs** ont eu lieu à quelques minutes d'intervalle.*
► **Crash** est un mot anglais : on prononce [kʀaʃ].

crasse (nom féminin) Saleté qui s'accumule. *Une couche de **crasse** recouvrait les meubles de la maison abandonnée.*
★ Famille du mot : crass**eux**, **dé**crasser, **en**crasser.

crasseux, euse (adjectif) Couvert de crasse. *Tu devrais changer de pantalon, il est **crasseux**.*

cratère (nom masculin) **1** Orifice d'un volcan. *Des fumées s'échappent du **cratère**.* **2** Grand trou dans le sol.
★ Dans l'Antiquité, un **cratère** était un grand vase dans lequel on mélangeait l'eau et le vin.

cravache (nom féminin) Baguette flexible dont se servent les cavaliers. *D'un petit coup de **cravache**, le jockey a mis son cheval au galop.*

cravacher (verbe) (conj. 3) Frapper avec une cravache. *Le jockey **a cravaché** son cheval.*

cravate (nom féminin) Bande d'étoffe qui passe sous le col de la chemise et que l'on noue par-devant. *Mettre une **cravate**. Nouer sa **cravate**.*
★ **Cravate** vient du mot « croate » : les cavaliers croates portaient autour du cou une bande de tissu.

crawl (nom masculin) Nage sur le ventre dans laquelle on lance les bras en avant l'un après l'autre tout en battant des pieds. *Le **crawl** est une nage plus rapide que la brasse.*
► Prononciation [kʀol].
★ **Crawl** est un mot anglais qui signifie « ramper ».

crayeux, euse (adjectif) Qui contient de la craie. *Ces falaises blanches sont **crayeuses**.*

crayon (nom masculin) Baguette qui contient une mine et qui sert à écrire. *Un **crayon** noir. Une boîte de **crayons** de couleur.*

crayonner (verbe) (conj. 3) Dessiner ou écrire avec un crayon. *Il **a crayonné** un plan de sa maison sur un bout de papier.*

a b d e f g h i j k l m n o p q r s t u v w x y z

créance (nom féminin) Droit que le créancier a d'exiger du débiteur le paiement d'une dette. *Le débiteur conteste sa **créance**.* • **Abandon de créance :** effacement d'une dette, sans contrepartie. • **Lettre de créance :** acte servant à donner l'autorité nécessaire au représentant d'un pays auprès du gouvernement d'un autre pays.

créancier, ère (nom) Personne à qui l'on doit de l'argent. *Il risque la prison s'il ne rembourse pas tous ses **créanciers**.* (Contr. **débiteur.**)

créateur, trice (nom) Personne qui crée ou invente quelque chose. *Un **créateur** d'entreprise.* • **Le Créateur :** Dieu.

créatif, ive (adjectif) Qui a un don pour créer, inventer des choses. *C'est une fille originale et **créative**.* (Syn. **inventif.**)

créatinine (nom féminin) Substance contenue dans les muscles et dans le sang. *La **créatinine** joue un rôle dans la contraction musculaire.*

création (nom féminin) **1** Action de créer. *Nous prévoyons la **création** d'une association caritative.* **2** Chose créée. *L'artiste a exposé ses dernières **créations**.*

créativité (nom féminin) Qualité d'une personne créative. *Ne dessinez pas tous la même chose, faites preuve de **créativité** !*

créature (nom féminin) Être vivant. *Certains croient à l'existence de **créatures** extra-terrestres.*

crécelle (nom féminin) Petit instrument en bois que l'on fait tourner et qui fait du bruit. • **Voix de crécelle :** voix aiguë.

crécerelle (nom féminin) Petit rapace diurne, à plumage roussâtre très commun en Europe. *La **crécerelle** a fondu sur sa proie.*

crèche (nom féminin) **1** Représentation reconstituant la naissance de Jésus dans une étable. *Dans notre famille, c'est une tradition de préparer la **crèche** de Noël.* **2** Établissement où on garde les très jeunes enfants pendant la journée. *En rentrant, elle est passée chercher son bébé à la **crèche**.*
★ En ancien français, une **crèche** était une mangeoire à bestiaux comme celle dans laquelle est né Jésus.

crédibilité (nom féminin) Ce qui fait qu'une chose ou une personne peut être crue. *Le témoin manque de **crédibilité**.*

crédible (adjectif) Que l'on peut croire. *Je pense qu'il ne se vante pas, toutes ses aventures sont **crédibles**.* (Syn. **plausible, vraisemblable.**)

crédit (nom masculin) **1** Prêt d'argent accordé pour un achat. *Il a eu un **crédit** pour acheter sa voiture, maintenant il doit le rembourser et payer des intérêts.* **2** Possibilité de payer plus tard ou en plusieurs fois. *Ils ont acheté leur maison à **crédit**.* **3** Somme d'argent disponible sur un compte en banque. (Contr. **débit.**) **4** Somme d'argent prévue pour certaines dépenses particulières. *Dans le budget de l'école, des **crédits** sont destinés à l'achat d'ordinateurs.* **5** Confiance que l'on a en quelqu'un. *Ces électeurs accordent beaucoup de **crédit** aux promesses du maire.*

créditer (verbe) (conj. 3) Verser de l'argent sur un compte. *Son compte **a été crédité** de 500 euros.* (Contr. **débiter.**)

credo (nom masculin) **1** (Avec une majuscule.) Formule de déclaration des principes fondamentaux de la foi catholique. *Les fidèles chantent le **Credo**.* **2** Ensemble de principes sur lesquels repose une opinion. *Le président a exposé son **credo** politique.*
► Prononciation [kʀedo].
★ **Credo** est un mot latin qui signifie « je crois ».

crédule (adjectif) Qui croit tout ce qu'on lui dit. (Syn. **naïf.**)

crédulité (nom féminin) Défaut d'une personne crédule. *Quentin compte sur ta **crédulité** pour te faire croire n'importe quoi.* (Syn. **naïveté.**)

créer (verbe) (conj. 3) **1** Faire exister quelque chose qui n'existait pas avant. ***Créer** un parfum, une machine.* (Syn. **concevoir.**) **2** Être la cause de quelque chose. *L'arrivée du nouveau directeur va **créer** des changements dans l'école.* (Syn. **causer, provoquer.**)
★ Famille du mot : cré**ateur**, cré**atif**, cré**ation**, cré**ativité**, cré**ature**, **pro**cré**ation**.

crémaillère (nom féminin) Tige de fer avec des crans pour suspendre une marmite dans la cheminée. • **Pendre la crémaillère :** fêter son installation dans un nouveau logement.

crémation (nom féminin) Action de brûler les corps des morts. *De son vivant, Papi avait dit préférer la **crémation** à l'enterrement.* (Syn. **incinération.**)
★ Famille du mot : crémat**oire**, crémat**orium**.

crématoire (adjectif) • **Four crématoire :** four dans lequel on brûle les corps des morts.

crématorium (nom masculin) Lieu où l'on incinère les morts.
► Prononciation [kʀematɔʀjɔm].

crème (nom féminin) **1** Matière grasse du lait avec laquelle on fait le beurre. *Gaëlle ajoute un peu de **crème** fraîche dans la sauce.* **2** Dessert fait avec du lait et des œufs. *Voulez-vous de la **crème** au chocolat ?* **3** Produit onctueux utilisé pour les soins de la peau. *Une **crème** pour les mains, pour le visage. Une **crème** solaire.* • **Café crème :** café additionné de lait ou de crème.
■ **crème** (adjectif) D'une couleur blanche à peine teintée de jaune. *Un jaune **crème**.*
► Pluriel : des chaussettes **crème**.
★ Famille du mot : crém**erie**, crém**eux**, crém**ier**, **é**crém**er**.

crèmerie (nom féminin) Magasin où l'on vend des produits laitiers et des œufs.
► On écrit aussi **crémerie**.

crémeux, euse (adjectif) Qui a la consistance de la crème. *Je voudrais un chocolat au lait bien **crémeux**.*

crémier, ère (nom) Commerçant qui tient une crèmerie.

crémone (nom féminin) Dispositif servant à fermer les fenêtres, composé d'une tige mobile que l'on hausse ou abaisse en tournant une poignée.

créneau, eaux (nom masculin) **1** Ouverture rectangulaire faite en haut d'une muraille. *Dans les châteaux forts, les **créneaux** servaient à observer l'ennemi et à lancer des projectiles.* **2** Manœuvre que l'on fait pour garer sa voiture entre deux autres voitures.

créneler (verbe) (conj. 8 ou 9) Munir de créneaux, de crans. *Le bâtisseur **a crénelé** la muraille.*
▶ On écrit aussi **crèneler**.

créodonte (nom masculin) Mammifère carnivore fossile de l'ère tertiaire. *Le **créodonte** est l'ancêtre des carnivores actuels.*

créole (nom) Personne de race blanche née aux Antilles ou à la Réunion.
■ **créole** (nom masculin) Langue parlée aux Antilles et à La Réunion.

créosote (nom féminin) Mélange huileux extrait par distillation de divers goudrons, utilisé pour protéger le bois des parasites.

① **crêpe** (nom masculin) **1** Tissu léger, en soie ou en laine, d'aspect ondulé. **2** Caoutchouc spécial qui ne glisse pas. *Des chaussures à semelles de **crêpe**.*

② **crêpe** (nom féminin) Fine galette faite avec de la farine, des œufs et du lait. *Faire sauter des **crêpes** dans une poêle.*
★ Famille du mot : **crêperie**, **crêpière**.

crêperie (nom féminin) Établissement où l'on mange des crêpes.

crépi (nom masculin) Couche de ciment ou de plâtre qu'on applique sur un mur. *La façade de notre maison est recouverte d'un **crépi** blanc.*

crêpière (nom féminin) Poêle plate pour faire cuire des crêpes.

crépir (verbe) (conj. 11) Enduire avec du crépi. *On **a crépi** les murs du garage plutôt que de les peindre.*

crépitement (nom masculin) Bruit sec et continu. *On entend le **crépitement** du feu dans la cheminée.*

crépiter (verbe) (conj. 3) Produire des crépitements. *Il entendait la grêle **crépiter** sur les fenêtres.*

crépon (nom masculin) • **Papier crépon** : papier gaufré et ondulé. *Les enfants ont fait des déguisements en **papier crépon**.*

crépu, ue (adjectif) Qui frise en boucles très serrées. *Avoir les cheveux **crépus**.*

crépuscule (nom masculin) Moment de la journée entre le coucher du soleil et la nuit noire. *Nous risquons de nous perdre dans le bois si nous rentrons après le **crépuscule**.*

crescendo (adverbe) De plus en plus fort. *Ce morceau de musique doit se jouer **crescendo**.*
▶ Prononciation [kʀeʃɛ̃do].

cresson (nom masculin) Plante comestible qui pousse dans l'eau douce. *Une salade de **cresson**.*

crêt (nom masculin) Crête rocheuse qui domine un ravin. *Les **crêts** du Jura.*
▶ Prononciation [kʀɛ].

crétacé, ée (adjectif et nom masculin) De la période de la fin du secondaire caractérisée par la formation de la craie. *Un géologue a trouvé un reptile fossile dans un terrain **crétacé**.*
★ Crétacé vient du latin *creta* qui signifie « craie ».

crête (nom féminin) **1** Excroissance de chair rouge et dentelée qui se dresse sur la tête de certains oiseaux. *La **crête** d'un coq, d'une poule, d'un dindon.* **2** Partie la plus haute. *La **crête** d'une vague, d'une montagne, d'un toit.* (Syn. **sommet**.)

crétin, ine (nom) Imbécile. *Bande de **crétins** !* (Syn. **idiot**.)

crétois, oise → tableau p. 6 / 7.

creuser (verbe) (conj. 3) **1** Faire un trou, un creux. *Le chien **creuse** la terre pour enterrer son os.* **2** Rendre creux. *Hélène **a creusé** un roseau pour en faire un sifflet.* • **Se creuser la tête** : réfléchir longuement et intensément pour trouver des idées ou la solution d'un problème.

creuset (nom masculin) Récipient qui sert à faire fondre certains matériaux.

creux, creuse (adjectif) **1** Qui est vide à l'intérieur. *Des briques **creuses**. Le tronc **creux** d'un vieil arbre.* (Contr. **plein**.) **2** Qui présente une partie concave. *Elle verse du bouillon dans une assiette **creuse**.* (Contr. **plat**.)
■ **creux** (nom masculin) Partie creuse de quelque chose. *Après l'orage, il restait de l'eau dans les **creux** du chemin.* (Syn. **trou**.) • **Avoir un creux à l'estomac** : synonyme familier d'avoir faim. • **Le creux de la main** : la paume repliée en forme de coupe.

crevaison (nom féminin) Fait de crever. *Il a eu un accident à la suite de la **crevaison** d'un pneu.*

crevant, ante (adjectif) Dans la langue familière, très fatigant. *Ce long voyage était **crevant** !*

crevasse (nom féminin) **1** Fente profonde sur une surface. *Des **crevasses** s'étaient formées le long de la vieille façade.* (Syn. **lézarde**.) **2** Cassure profonde dans un glacier. *Des alpinistes ont été retrouvés au fond d'une **crevasse**.* **3** Petite fente qui se forme à la surface de la peau. *Ses mains sont abîmées par des **crevasses** causées par le froid.* (Syn. **gerçure**.)

crever (verbe) (conj. 8) **1** S'ouvrir en éclatant. *Un des pneus de sa voiture **a crevé**.* **2** Percer, faire éclater. ***Crever** un ballon.* **3** Synonyme familier de mourir. *Ces plantes **ont crevé** à cause du gel.* **4** Synonyme familier d'épuiser. *Après ce match*

*terrible, les joueurs **étaient crevés**.* • **Crever de faim, de soif, de froid** : avoir très faim, très soif, très froid. • **Crever les yeux** : être évident.
★ Famille du mot : crev**aison**, crev**ant**, **in**crev**able**.

crevette (nom féminin) Petit crustacé marin comestible, à dix pattes, au corps allongé. *Les **crevettes** se déplacent par petits bonds.*

cri (nom masculin) **1** Son perçant émis par la voix. *Pousser des **cris** de joie, de surprise, de frayeur.* **2** Son caractéristique émis par un animal. *Le hululement est le **cri** de la chouette.* • **Pousser les hauts cris** : protester avec force.
★ Famille du mot : cri**ant**, cri**ard**, cri**ée**, cri**er**, **s'é**cri**er**, se **ré**cri**er**.

criailler (verbe) (conj. 3) **1** Pousser sans cesse des cris aigus désagréables à entendre. *Des petits enfants **criaillent** dans la cour.* **2** Crier, en parlant du faisan, de l'oie, de la perdrix, de la pintade et du paon.
▶ Prononciation [kriaje].

criant, ante (adjectif) **1** Que l'on ne peut nier. *Une ressemblance **criante**.* (Syn. **évident**.) **2** Qui provoque l'indignation. *Une injustice **criante**.* (Syn. **révoltant, scandaleux**.)

criard, arde (adjectif) **1** Qui émet des sons perçants et désagréables. *Une voix **criarde**.* (Contr. **doux**.) **2** Qui choque la vue. *Il porte toujours d'horribles cravates aux couleurs **criardes**.*

crible (nom masculin) Instrument percé de trous utilisé pour trier des matériaux de grosseurs différentes. *Un **crible** à sable.* (Syn. **tamis**.) • **Passer au crible** : examiner attentivement pour distinguer le faux du vrai.

cribler (verbe) (conj. 3) Percer de trous. *La cible **était criblée** de balles.* • **Être criblé de dettes** : avoir beaucoup de dettes.

cric (nom masculin) Appareil à levier servant à soulever des charges très lourdes. *Pour changer la roue de la voiture, il a fallu se servir du **cric**.*

cricket (nom masculin) Sport anglais qui se joue avec des battes de bois et une balle en cuir. *Les matchs de **cricket** se disputent sur gazon.*
▶ Prononciation [kʀikɛt].
★ **Cricket** est un mot anglais qui signifie « bâton ».

criée (nom féminin) Vente publique aux enchères. *Quand ils rentrent au port, les pêcheurs vendent leurs poissons à la **criée**.*

crier (verbe) (conj. 10) **1** Pousser des cris. ***Crier** de joie, de colère. **Crier** de toutes ses forces.* **2** Parler d'une voix forte. *Répondez à mes questions, mais sans **crier**.*

crime (nom masculin) **1** Faute très grave punie par la loi. *Les auteurs de l'enlèvement seront jugés pour leur **crime**.* **2** Synonyme d'assassinat. *On a retrouvé l'arme du **crime** à côté du cadavre.*
★ Famille du mot : crimin**alité**, crimin**el**, crimin**ologie**.

criminalité (nom féminin) Ensemble de faits criminels. *Depuis un an, la **criminalité** a baissé dans cette ville.*

criminel, elle (nom) Personne coupable d'une faute grave. *La police a arrêté un **criminel** qui avait commis plusieurs agressions.*
■ **criminel, elle** (adjectif) Qui est causé par un criminel. *La mort de cet homme n'est pas accidentelle, c'est un acte **criminel**.*

criminologie (nom féminin) Étude scientifique de la criminalité.

crin (nom masculin) Poil long et rêche qui pousse sur le cou et sur la queue du cheval.
★ **Crin** vient du latin *crinis* qui signifie « cheveu ».

crinière (nom féminin) Ensemble des crins qui garnissent le cou de certains animaux. *La **crinière** d'un cheval.*

crinoline (nom féminin) Jupon garni de baleines et de cerceaux d'acier souple que les femmes portaient pour maintenir les jupes gonflées. *La reine portait une robe à **crinoline**.*

crique (nom féminin) Partie du littoral qui s'enfonce dans la terre en formant un abri. *Le voilier a jeté l'ancre dans une petite **crique**.*

criquet (nom masculin) Insecte herbivore qui ressemble à une sauterelle. *Des nuées de **criquets** venant du désert ont ravagé les cultures.*

crise (nom féminin) **1** Aggravation brusque d'une maladie. ***Crise** d'asthme. **Crise** cardiaque. **Crise** d'urticaire.* **2** Réaction brusque due à une émotion. ***Crise** de colère. **Crise** de larmes. **Crise** de nerfs.* **3** Période difficile. *Le chômage est une des conséquences de la **crise** économique.*

crispant, ante (adjectif) Qui agace. *Gaëlle est **crispante** avec ses plaintes continuelles.* (Syn. **agaçant, énervant**.)

crisper (verbe) (conj. 3) **1** Provoquer la contraction des muscles. *Son visage se **crispait** de douleur.* **2** Au sens figuré, exaspérer quelqu'un. *Il me **crispe** quand il commence à se vanter.*

crissement (nom masculin) Action de crisser. *Elle ne peut pas supporter le **crissement** de la cuillère sur la casserole.*

crisser (verbe) (conj. 3) Produire un bruit aigu, grinçant. *Le coup de frein a fait **crisser** les pneus de la voiture.*

cristal, aux (nom masculin) **1** Variété de verre très pur, qui résonne quand on le heurte. *Un verre en **cristal**.* **2** Élément minéral de forme géométrique. *Des **cristaux** de neige, de sel.*
★ Famille du mot : cristal**lerie**, cristal**lin**, cristal**lisation**, cristal**lisé**, cristal**loïde**.

cristallerie (nom féminin) **1** Art de fabriquer des objets en cristal. *La taille et le polissage sont des opérations de **cristallerie**.* **2** Ensemble d'objets en cristal. *L'argenterie et la **cristallerie** d'un grand restaurant.*

① **cristallin, ine** (adjectif) Pur et clair comme du cristal. *Un lac à l'eau **cristalline**. Chanter d'une voix **cristalline**.*

② **cristallin** (nom masculin) Partie de l'œil en forme de lentille transparente, qui se trouve derrière la pupille.

cristallisé, ée (adjectif) Qui est formé de petits cristaux. *Du sucre **cristallisé**.*

cristalliser (verbe) (conj. 3) **1** Faire passer un matériau à l'état de cristaux, de façon naturelle ou artificielle. *La neige est formée d'eau qui s'**est cristallisée**.* **2** Transformer en un ensemble cohérent des éléments dispersés. *Le parti a réussi à **cristalliser** les aspirations des citoyens.*

cristalloïde (nom masculin) Corps dissous qui peut subir la dialyse. *Les **cristalloïdes** sont capables de traverser une membrane poreuse.*
▪ **cristalloïde** (nom féminin) Fine membrane qui enveloppe le cristallin.

critère (nom masculin) Raison qui justifie un choix. *Quand il va au restaurant, il n'a qu'un seul **critère** : le prix.*

critérium (nom masculin) Épreuve sportive destinée à faire un classement des concurrents en vue d'une autre épreuve.
▶ Prononciation [kʀiteʀjɔm].

① **critique** (adjectif) Qui risque d'entraîner des changements graves ou importants. *Un malade dans un état **critique**.* (Syn. **alarmant, dangereux, grave.**)

② **critique** (nom féminin) **1** Action de critiquer. *J'en ai assez de vos **critiques**.* (Syn. **reproche.** Contr. **éloge, louange.**) **2** Jugement que l'on porte sur une œuvre d'art, sur un livre. *Ce journaliste fait des **critiques** littéraires dans un hebdomadaire.*
▪ **critique** (nom)) Personne qui a pour profession d'écrire des critiques. *Il est **critique** littéraire dans un magazine.*

critiquer (verbe) (conj. 3) Donner un jugement en faisant remarquer les défauts. *Elle passe son temps à **critiquer** ses voisins.* (Syn. **blâmer.** Contr. **louer.**)

croassement (nom masculin) Cri du corbeau et de la corneille.

croasser (verbe) (conj. 3) Pousser des croassements. *Le corbeau **croasse** et la grenouille coasse.*

croate → tableau p. 6 / 7.

croc (nom masculin) Canine de certains carnivores. *Les **crocs** d'un chien, d'un lion, d'un tigre.*
▶ Prononciation [kʀo].

croc-en-jambe (nom masculin) Action de mettre le pied devant la jambe de quelqu'un pour le faire trébucher. *Romain a été puni pour avoir fait un **croc-en-jambe** à Zoé.*
▶ Pluriel : des **crocs-en-jambe**.
▶ Prononciation [kʀɔkɑ̃ʒɑ̃b].

croche (nom féminin) Note de musique qui vaut la moitié d'une noire.

croche-pied (nom masculin) Mouvement destiné à faire tomber quelqu'un en plaçant le pied devant sa jambe. (Syn. **croc-en-jambe.**)
▶ Pluriel : des **croche-pieds**.
▶ On écrit aussi **crochepied**.

crochet (nom masculin) **1** Pièce de métal recourbée utilisée pour suspendre ou accrocher des objets. *Elle suspend le torchon à un **crochet**.* **2** Grosse aiguille à pointe recourbée. *Elle fait des napperons de dentelle au **crochet**.* **3** Détour que l'on fait au cours d'un trajet. *En rentrant de Paris, il a fait un **crochet** par Nevers pour voir ses cousins.* **4** Signe qui ressemble à une parenthèse. *La prononciation d'un mot se met entre **crochets**.* **5** Coup de poing donné en arc de cercle. *Un **crochet** du droit.* **6** Dent des serpents venimeux. *Les **crochets** venimeux de la vipère.* • **Vivre aux crochets de quelqu'un** : vivre à ses frais.

crocheter (verbe) (conj. 8) Ouvrir à l'aide d'un crochet. *Les cambrioleurs **ont crocheté** la serrure de la porte d'entrée.*

crochu, ue (adjectif) Recourbé en forme de crochet. *L'aigle emporte sa proie entre ses serres **crochues**.*

crocodile (nom masculin) **1** Grand reptile carnivore des pays chauds, à pattes courtes, aux longues mâchoires. **2** Peau de cet animal utilisée en maroquinerie. *Un portefeuille en **crocodile**.* • **Larmes de crocodile** : larmes hypocrites pour essayer d'apitoyer quelqu'un.

crocus (nom masculin) Plante à bulbe qui fleurit au début du printemps. *Les fleurs de **crocus** peuvent être blanches, violettes ou jaunes.*
▶ Prononciation [kʀɔkys].

croire (verbe) (conj. 38) **1** Penser que quelque chose est vrai, qu'une personne est sincère. *Je le **crois** quand il dit qu'il n'est pas coupable.* **2** Supposer sans être vraiment sûr. *Je **crois** qu'il sera d'accord avec nous.* (Syn. **estimer, penser.**) **3** Être convaincu de l'existence de quelqu'un ou de quelque chose. *Je ne comprends pas que tu **croies** aux fantômes.*
★ Famille du mot : croy**able**, croy**ance**, croy**ant**, **in**croya**ble**, **in**croy**ant**.

croisade (nom féminin) **1** Au Moyen Âge, expédition guerrière menée par des chrétiens pour délivrer les lieux saints de la Palestine de l'occupation musulmane. *La première **croisade** débuta en 1096.* **2** Lutte destinée à défendre une cause. *Cette association mène une **croisade** pour la paix.*

croisé (nom masculin) Homme qui prenait part à une croisade.

croisée (nom féminin) Synonyme de fenêtre. *Il observait la rue, debout derrière la **croisée**.* • **Croisée des chemins** : endroit où deux chemins se coupent.

croisement (nom masculin) **1** Endroit où deux routes se croisent. *En arrivant au **croisement**, tournez à gauche.* (Syn. **carrefour.**) **2** Reproduction d'animaux ou de plantes d'espèces proches. *Le mulet résulte d'un **croisement** entre un âne et une jument.*

croiser (verbe) (conj. 3) **1** Placer en croix l'un sur l'autre. *Croiser les bras.* **2** Passer au travers d'une route, d'un chemin. *Un sentier **croise** la route juste avant le lac.* **3** Passer à côté de quelqu'un qui va dans la direction opposée. *Elle **a croisé** sa voisine en sortant. Ils se **sont croisés** devant la mairie.* **4** Aller et venir dans une même zone maritime. *Des navires de guerre **croisaient** au large de la côte.*
• **Se croiser les bras** : refuser de travailler.
★ Famille du mot : croisée, croisement, croisière, entrecroiser.

croisière (nom féminin) Voyage d'agrément en bateau. *Ils ont fait une **croisière** de plusieurs mois en Méditerranée.*

croissance (nom féminin) **1** Fait de grandir, de se développer. *Julie est en pleine **croissance**.* **2** Fait d'augmenter, de progresser. *La **croissance** du tourisme procure du travail aux commerçants de notre région.* (Syn. **accroissement.** Contr. **diminution.**)

① **croissant, ante** (adjectif) Qui va en s'accroissant. *C'est difficile de circuler à cause du nombre **croissant** des voitures.* (Contr. **décroissant.**)

② **croissant** (nom masculin) **1** Forme de la lune à son premier et son dernier quartier. **2** Pâtisserie feuilletée en forme d'arc de cercle.

croître (verbe) (conj. 37) **1** Devenir plus grand. *Le peuplier est un arbre qui **croît** très vite.* (Syn. **se développer.**) **2** Devenir plus important. *Notre production de fruits **croît** régulièrement.* (Syn. **s'accroître, augmenter, grandir.** Contr. **décroître, diminuer.**)
▶ **Croître** garde son accent circonflexe aux formes homonymes du verbe *croire* : je croîs, il croît, je crûs.
★ Famille du mot : accroissement, accroître, croissance, croissant, décroître, surcroît.

croix (nom féminin) **1** Figure ou signe formés de deux traits qui se croisent. *Mettez une **croix** dans la case de votre choix.* **2** Dans l'Antiquité, instrument de supplice fait de deux pièces de bois croisées. *Jésus-Christ est mort sur la **croix**.* **3** Décoration en forme de croix. *La **croix** de guerre.*

croquant, ante (adjectif) Qui croque sous la dent. *Des cornichons bien **croquants**.*

croque-madame (nom masculin) Croque-monsieur sur lequel on a placé un œuf au plat. *Noémie a commandé un **croque-madame** avec des frites.*
▶ Pluriel : des **croque-madames** ou des **croque-madame**.
▶ On écrit aussi **croquemadame**.

croque-mitaine (nom masculin) **1** Être imaginaire et terrible évoqué pour faire obéir les enfants en les effrayant. *Si tu ne manges pas ta soupe le **croque-mitaine** va venir te chercher !* **2** Personne qui se fait redouter par son apparence sévère. *Quel **croque-mitaine**, ce bonhomme !*
▶ Pluriel : des **croque-mitaines**.
▶ On écrit aussi **croquemitaine**.

croque-monsieur (nom masculin) Sandwich chaud fait avec du pain de mie grillé, garni de jambon et de fromage.
▶ Pluriel : des **croque-monsieurs** ou des **croque-monsieur**.
▶ On écrit aussi **croquemonsieur**.

croque-mort (nom masculin) Dans la langue familière, employé des pompes funèbres. *Les **croque-morts** déposent le cercueil dans la tombe.*
▶ Pluriel : des **croque-morts**.
▶ On écrit aussi **croquemort**.

croquer (verbe) (conj. 3) **1** Faire un bruit sec sous la dent. *Les gâteaux secs **croquaient** sous la dent.* **2** Manger en broyant avec les dents. *Le chien **croque** un os.*

croquet (nom masculin) Jeu dans lequel on pousse des boules sous des arceaux à l'aide d'un maillet.

croquette (nom féminin) **1** Boulette frite. *Des **croquettes** de pommes de terre, de viande hachée.* **2** Aliment sous forme de boulette croquante pour les chats ou les chiens.

croquis (nom masculin) Dessin rapide et simplifié. *En vacances, elle fait des **croquis** de paysages.* (Syn. **esquisse.**)

cross (nom masculin) Course à pied sur un parcours tout-terrain. *Le maître va organiser un **cross** dans les bois.*
★ Famille du mot : cyclocross, motocross.

crosse (nom féminin) **1** Partie d'une arme à feu que l'on tient pour tirer ou que l'on appuie contre l'épaule. *La **crosse** d'un fusil, d'un pistolet.* **2** Bâton recourbé au sommet. *La **crosse** d'un évêque.* **3** Canne à bout recourbé pour pousser une balle. *Une **crosse** de hockey.*

crotale (nom masculin) Serpent très venimeux d'Amérique. *Le **crotale** s'appelle aussi serpent à sonnette à cause du bruit de crécelle que fait sa queue.*
★ Dans la Grèce antique, les **crotales** étaient des castagnettes.

crotte (nom féminin) Excrément de certains animaux. *Des **crottes** de chien, de lapin, de chèvre.*
• **Crotte en chocolat** : petit bonbon fourré, enrobé de chocolat.
★ Famille du mot : crotté, crottin.

crotté, ée (adjectif) Couvert de boue. *Il est rentré du jardin avec des bottes **crottées**.*

crottin (nom masculin) **1** Excrément du cheval. *On utilise le **crottin** pour enrichir la terre des jardins.* **2** Petit fromage de chèvre, rond. *Une salade servie avec des **crottins** chauds.*

crouler (verbe) (conj. 3) **1** Tomber en ruine. *Les murs de cette masure **croulent** de plus en plus.* (Syn. **s'écrouler.**) **2** Être surchargé. *Les branches du sapin **croulaient** sous les guirlandes.*

croupe (nom féminin) Partie postérieure du corps du cheval.

croupier, ère (nom) Personne employée dans une maison de jeu pour diriger les parties, payer et encaisser. *Le père de Romain est **croupier** au casino de la ville.*

croupion (nom masculin) Partie postérieure du corps d'un oiseau, qui porte les plumes de la queue.

croupir (verbe) (conj. 11) **1** Stagner et devenir mauvais à boire. *De l'eau verdâtre, mêlée de vase, **croupit** au fond du fossé.* **2** Au sens figuré, vivre dans un état misérable. ***Croupir** en prison.*
★ En ancien français, **croupir** signifie « rester accroupi ».

croustade (nom féminin) Croûte feuilletée remplie de garnitures diverses et mise à dorer au four. *Clément a mangé une **croustade** aux fruits de mer.*

croustillant, ante (adjectif) Qui croustille. *Un pain à la croûte dorée et **croustillante**.*

croustiller (verbe) (conj. 3) Croquer sous la dent. *Des frites bien dorées, qui **croustillent**.*
★ **Croustiller** vient d'un verbe français ancien qui signifie « manger la croûte ».

croûte (nom féminin) **1** Partie extérieure plus dure de certains aliments. *Des **croûtes** de pain. La **croûte** d'un fromage.* **2** Plaque dure qui se forme en séchant. *Ta blessure s'est cicatrisée, il ne reste plus que la **croûte**.* • **Croûte terrestre** : synonyme d'écorce terrestre.
▶ On écrit aussi **croute**.

croûton (nom masculin) **1** Extrémité d'un pain, formée surtout de croûte. *Je n'aime pas le **croûton**, je préfère la mie.* **2** Petit morceau de pain frit. *Sa spécialité, c'est la soupe aux **croûtons**.*
▶ On écrit aussi **crouton**.

croyable (adjectif) Que l'on peut croire. *Cette aventure est à peine **croyable**.* (Contr. **incroyable**.)

croyance (nom féminin) Ce que l'on croit en matière de religion. *Je ne suis pas d'accord avec lui, mais je respecte ses **croyances**.* (Syn. **conviction**.)

croyant, ante (adjectif) Qui croit en Dieu. *Elle est très **croyante** et va à l'église chaque dimanche.* (Contr. **athée, incroyant**.)

① **cru, crue** (adjectif) **1** Qui n'a pas été cuit. *Noémie préfère manger les tomates **crues**, en salade.* **2** Qui est violent, vif. *On était aveuglé par la lumière **crue** des spots.* (Contr. **tamisé**.) **3** Qui est grossier et vulgaire. *Personne n'apprécie ses plaisanteries **crues**.*

② **cru** (nom masculin) Vignoble produisant un vin particulier. *Ce vin vient d'un **cru** de Bourgogne.*

cruauté (nom féminin) Fait d'être cruel. *Ces guerriers se montraient d'une grande **cruauté** envers leurs ennemis.* (Syn. **férocité**.)

cruche (nom féminin) **1** Pot muni d'une anse et d'un bec verseur. *Elle remplissait une **cruche** d'eau fraîche à la fontaine.* **2** Synonyme familier d'imbécile. *C'est une vraie **cruche** !*

crucial, ale, aux (adjectif) Très important. *Réfléchis bien, la décision que tu vas prendre est **cruciale** pour ton avenir.* (Syn. **capital, essentiel**.)

crucifère (nom féminin) Plante dont les fleurs ont quatre pétales en forme de croix. *La giroflée est une **crucifère**.*
▪ **crucifère** (adjectif) Qui est orné d'une croix. *Une colonne **crucifère**.*
★ **Crucifère** vient du latin *crux* qui signifie « croix ».

crucifier (verbe) (conj. 10) Fixer quelqu'un sur une croix pour le faire mourir. *Dans l'Antiquité romaine, les esclaves révoltés **étaient crucifiés**.*

crucifix (nom masculin) Objet qui représente Jésus crucifié. *Un **crucifix** en argent.*
▶ Prononciation [kRysifi].

crucifixion (nom féminin) Action de crucifier. *La **crucifixion** du Christ a été représentée par de nombreux artistes.*
▶ On dit aussi **crucifiement**.
★ **Crucifixion** vient du latin *crux* qui signifie « croix ».

cruciforme (adjectif) En forme de croix. • **Tournevis cruciforme** : tournevis dont l'extrémité est en forme de croix.
★ **Cruciforme** vient du latin *crux* qui signifie « croix ».

cruciverbiste (nom) Amateur de mots croisés.

crudités (nom féminin pluriel) Légumes crus souvent préparés en salade.

crue (nom féminin) Élévation du niveau d'un cours d'eau pouvant provoquer son débordement. *À la fonte des neiges, le torrent est en **crue**.*

cruel, elle (adjectif) **1** Qui prend plaisir à faire souffrir. *C'était un maître **cruel** envers ses serviteurs.* (Syn. **féroce, inhumain**.) **2** Qui provoque une grande souffrance. *Une **cruelle** maladie.*
★ **Cruel** vient d'un mot latin qui signifie « qui aime le sang ».

cruellement (adverbe) **1** De manière cruelle. *Les prisonniers ont été **cruellement** fouettés.* **2** De manière très douloureuse. *Sa blessure le fait **cruellement** souffrir.*

crument (adverbe) D'une manière crue, brutale. *Fatima a dit **crument** ce qu'elle pensait de Xavier.*
▶ On écrit aussi **crûment**.

crustacé (nom masculin) Animal aquatique recouvert d'une carapace. *Les crabes, les crevettes, les homards, les écrevisses sont des **crustacés**.*

cryo- Élément tiré du grec qui signifie « froid » (exemple : *cryogène*).

cryogène (adjectif) Qui produit du froid. *Le mélange de neige carbonique et d'acétone est **cryogène**.*

cryologie (nom féminin) Science des très basses températures.

crypt- Élément tiré du grec qui signifie « code » (exemple : *crypter*).

a b c d e f g h i j k l m n o p q r s t u v w x y z

crypte (nom féminin) Partie souterraine d'une église. *La **crypte** de cette cathédrale abrite le tombeau d'un roi.*

crypter (verbe) (conj. 3) **1** Coder une transmission afin qu'elle ne soit intelligible qu'à ceux qui ont un décodeur. *Les émissions de Canal + sont **cryptées**.* **2** Transformer un message de manière qu'il ne soit compris que par les possesseurs du code utilisé. *Le service d'espionnage **a crypté** ces informations confidentielles.*

cryptogame (nom masculin) Végétal dont les organes reproducteurs sont peu apparents. *Les algues sont des **cryptogames**.*

cryptologie (nom féminin) Science des systèmes codés.

CSG (nom féminin) Prélèvement fiscal destiné à équilibrer les finances de la Sécurité sociale.
► Prononciation [seɛsʒe].
★ **CSG** est le sigle de « **c**ontribution **s**ociale **g**énéralisée ».

cubage (nom masculin) Mesure d'un volume. *Les déménageurs calculent le **cubage** nécessaire au transport de mes meubles.*

cubain, aine → tableau p. 6 / 7.

cube (nom masculin) **1** Objet à six faces formant des carrés égaux. *Mon petit frère joue aux **cubes**.* **2** Nombre multiplié deux fois par lui-même. *Le **cube** de deux est huit ($2^3 = 2 \times 2 \times 2 = 8$).* • **Mètre cube** : mesure de volume, qui correspond au volume d'un cube d'un mètre de côté. *Il y a 1 000 litres dans un **mètre cube**.*
★ **Cube** vient du grec *kubos* qui signifie « dé à jouer ».

cubique (adjectif) Qui a la forme d'un cube. *Un vase **cubique**.*

cubisme (nom) Mouvement artistique qui, entre 1910 et 1930, représentait le sujet décomposé en plans géométriques simples dans un espace de peu de profondeur. *Picasso et Braque étaient des peintres du **cubisme**.*

cubitainer (nom masculin) Récipient cubique en plastique, utilisé pour transporter des liquides. *Un **cubitainer** de vin.*
► Prononciation [kybitenɛʀ].
★ **Cubitainer** est le nom d'une marque.

cubitus (nom masculin) Un des deux os de l'avant-bras. *L'avant-bras est formé du radius et du **cubitus**.*

cucurbitacée (nom féminin) Plante à tige rampante et à gros fruits comme le melon, la citrouille, la courgette.

cueillette (nom féminin) Action de cueillir. *La **cueillette** des cerises.*
► Prononciation [kœjɛt].

cueillir (verbe) (conj. 13) Détacher une fleur, un fruit de sa tige ou de sa branche. *Laura **a cueilli** des coquelicots dans les champs et des pommes dans le verger.*
► Prononciation [kœjiʀ].

cuillère (nom féminin) Ustensile formé d'une partie creuse prolongée par un manche. *Une **cuillère** à soupe, à dessert, à café.*
► Prononciation [kɥijɛʀ].
► On écrit aussi **cuiller**.

cuillerée (nom féminin) Contenu d'une cuillère. *Ajoute une **cuillerée** à soupe de farine pour épaissir la pâte.*

cuir (nom masculin) Peau d'un animal, spécialement préparée pour fabriquer certains objets. *Un blouson de **cuir**.* • **Cuir chevelu** : peau du crâne sur laquelle poussent les cheveux.

cuirasse (nom féminin) **1** Partie d'une armure qui protégeait le torse. **2** Blindage épais qui protège la coque d'un navire de guerre.

cuirassé (nom masculin) Grand navire de guerre blindé.

cuirassier (nom masculin) Soldat d'un régiment de cavalerie lourde.

cuire (verbe) (conj. 43) **1** Soumettre un aliment à l'action de la chaleur. *Le cuisinier fait **cuire** un gâteau dans le four.* **2** Faire durcir au feu. ***Cuire** des poteries.* **3** Donner une sensation de brûlure. *Le soleil nous **cuit** le visage.*
★ Famille du mot : cui**sant**, cui**sson**, cuit.

cuisant, ante (adjectif) Qui vexe profondément. *C'est une défaite **cuisante** pour toute notre équipe.*

cuisine (nom féminin) **1** Pièce où l'on prépare les repas. *Les bonnes odeurs viennent de la **cuisine**.* **2** Manière de préparer les aliments. *Myriam aimerait apprendre à faire la **cuisine**.*
★ Famille du mot : cuisin**er**, cuisin**ier**, cuisin**ière**, cuisi**niste**.

cuisiner (verbe) (conj. 3) Faire la cuisine. *Anna sait déjà **cuisiner**.*

cuisinier, ère (nom) Personne qui fait la cuisine. *Ce restaurant est tenu par un **cuisinier** très réputé.*

cuisinière (nom féminin) Appareil qui sert à faire cuire les aliments. *On a remplacé notre **cuisinière** à gaz par une **cuisinière** électrique.*

cuisiniste (nom masculin) Concepteur et installateur de cuisines. *Un **cuisiniste** a refait entièrement notre cuisine.*

cuissarde (nom féminin) Botte qui monte jusqu'en haut des cuisses. *Il porte des **cuissardes** pour pêcher la truite.*

cuisse (nom féminin) Partie de la jambe entre le genou et la hanche. *Il s'est enlisé jusqu'aux **cuisses** dans la boue du marécage.*

cuisson (nom féminin) Action de cuire. *La **cuisson** de ce gigot ne doit pas dépasser une heure.*

cuissot (nom masculin) Cuisse de gibier de grande taille. *Le cuisinier prépare un **cuissot** de sanglier.*
► On écrit aussi **cuisseau**.

cuistot (nom masculin) Synonyme familier de cuisinier. *Pas terrible le **cuistot** de la cantine !*

cuistre (nom masculin) Homme pédant et vaniteux de son savoir. *Ce n'est pas ce* ***cuistre*** *qui va m'apprendre mon métier !*

cuit, cuite (adjectif) Qui a subi une cuisson. *Les pâtes sont trop* ***cuites****.* (Contr. **cru**.)

cuivre (nom masculin) Métal de couleur rougeâtre. *Du fil de* ***cuivre****. Des casseroles en* ***cuivre****.*
■ **cuivres** (nom masculin pluriel) Instruments de musique à vent en alliage de cuivre. *Le saxophone, la trompette, le trombone, le clairon sont des* ***cuivres****.*

cuivré, ée (adjectif) Qui a la couleur du cuivre. *Des cheveux aux reflets* ***cuivrés****.*

cul (nom masculin) **1** Synonyme familier et grossier de fesses. *Il a reçu un coup de pied au* ***cul****.* (Syn. **derrière**.) **2** Fond d'une bouteille.
► Prononciation [ky].

culasse (nom féminin) **1** Pièce mobile qui ferme la partie arrière du canon d'une arme à feu. **2** Partie supérieure d'un moteur à combustion ou à explosion dans laquelle les gaz sont comprimés. *Un joint de* ***culasse****.*

culbute (nom féminin) **1** Saut qui consiste à rouler sur soi-même, les jambes passant par-dessus la tête. (Syn. **galipette, roulade**.) **2** Chute à la renverse.

culbuter (verbe) (conj. 3) Faire une culbute ou tomber à la renverse. *Il a* ***culbuté*** *dans l'escalier.*

cul-de-jatte (nom) Personne qui est privée de ses deux jambes.
► Pluriel : des **culs-de-jatte**.

cul-de-sac (nom masculin) Synonyme d'impasse. *Notre route a malheureusement abouti dans un* ***cul-de-sac****.*
► Prononciation [kydsak].
► Pluriel : des **culs-de-sac**.

culinaire (adjectif) Qui concerne la cuisine. *Romain apprécie beaucoup les talents* ***culinaires*** *de sa grand-mère.*

culminant, ante (adjectif) • **Point culminant** : point le plus élevé. *Le mont Everest est le* ***point culminant*** *de la Terre.*

culminer (verbe) (conj. 3) Atteindre son point le plus haut. *Le Massif central* ***culmine*** *au puy de Sancy, à 1 886 mètres d'altitude.*

culot (nom masculin) **1** Partie inférieure métallique de certains objets. *Le* ***culot*** *d'une ampoule, d'une cartouche de fusil.* **2** Dans la langue familière, assurance exagérée. *Tu as du* ***culot*** *de me répondre sur ce ton !* (Syn. **toupet**.)

culotte (nom féminin) **1** Pantalon d'homme qui s'arrête au-dessus des genoux. *Les joueurs de notre équipe portent une* ***culotte*** *noire et un maillot bleu.* **2** Sous-vêtement de femme qui couvre les fesses et le ventre.

culotté, ée (adjectif) Dans la langue familière, qui a du culot. *Elle est vraiment* ***culottée*** *de venir ici sans être invitée.* (Syn. **effronté**.)

culpabiliser (verbe) (conj. 3) Se sentir coupable. *Arrête de* ***culpabiliser****, tu n'es pas responsable de ce lui arrive.*

culpabilité (nom féminin) Fait d'être coupable. *L'enquête de la police a prouvé la* ***culpabilité*** *de l'accusé.* (Contr. **innocence**.)

culte (nom masculin) **1** Amour et respect que l'on manifeste à un dieu ou à un saint. *Les Romains rendaient un* ***culte*** *à Jupiter.* **2** Ensemble des cérémonies particulières à une religion. *Les* ***cultes*** *catholique, musulman, orthodoxe et israélite.* **3** Cérémonie religieuse des protestants. **4** Admiration passionnée. *Ce chanteur disparu est l'objet d'un véritable* ***culte****.*

cultivable (adjectif) Qui peut être cultivé. *Ces terrains sont* ***cultivables****.* (Contr. **inculte**.)

cultivateur, trice (nom) Personne qui cultive et exploite une terre. (Syn. **agriculteur, paysan**.)

cultivé, ée (adjectif) Qui a de la culture, des connaissances. *Il est très intelligent, et, de plus, il est très* ***cultivé****.* (Contr. **inculte**.)

cultiver (verbe) (conj. 3) **1** Travailler la terre pour qu'elle produise des plantes. *Les paysans* ***cultivent*** *leurs champs.* **2** Faire pousser des plantes. *Elle* ***cultive*** *des fleurs dans son jardin.* **3** **Se cultiver** : s'instruire pour enrichir et former son esprit. *La lecture l'a aidé à* ***se cultiver****.*
★ Famille du mot : cultiv**able**, cultiv**ateur**, cultiv**é**.

culture (nom féminin) **1** Action de cultiver la terre. *Pratiquer la* ***culture*** *des céréales, de la vigne, des légumes.* **2** Champ cultivé ou plantes cultivées. *Le paysan a perdu une partie de ses* ***cultures*** *à cause de la sécheresse.* **3** Ensemble des connaissances acquises par une personne. *Thomas a une très bonne* ***culture*** *musicale.* **4** Ensemble des connaissances propres à un pays, à une civilisation. *Noémie s'intéresse beaucoup à la* ***culture*** *africaine.*
• **Culture physique** : synonyme de gymnastique.

culturel, elle (adjectif) Qui concerne la culture intellectuelle. *Le centre* ***culturel*** *organise une exposition de peinture.*

culturisme (nom masculin) Gymnastique visant à développer les muscles.

cumin (nom masculin) Plante dont les graines sont utilisées comme condiment.

cumul (nom masculin) Action de cumuler.

cumuler (verbe) (conj. 3) Exercer plusieurs activités à la fois. *Il* ***cumule*** *son emploi de coursier et ses cours à l'université.*

cumulonimbus (nom masculin) Grande masse nuageuse à base sombre et dont le sommet plus clair s'étale en forme d'enclume. *Les* ***cumulonimbus*** *déclenchent les orages.*
► Prononciation [kymylɔnɛ̃bys].

cumulostratus (nom masculin) Couche nuageuse grise, mince et d'épaisseur régulière. (Syn. **stratocumulus**.)
► Prononciation [kymylɔstʀatys].

a b **c** d e f g h i j k l m n o p q r s t u v w x y z

cumulus (nom masculin) Gros nuage blanc et arrondi.
▶ Prononciation [kymylys].

cunéiforme (adjectif) En forme de coin. • **Écriture cunéiforme** : écriture des Perses, des Mèdes, des Assyriens, combinant des signes en forme de coin et de fer de lance. • **Os cunéiformes** : les trois os qui occupent la rangée antérieure du tarse.

cupide (adjectif) Qui aime l'argent de façon exagérée. (Syn. **avide.** Contr. **désintéressé, généreux.**)

cupidité (nom féminin) Défaut d'une personne cupide.

curare (nom masculin) Poison violent d'origine végétale. *Certains Indiens d'Amérique du Sud enduisaient leurs flèches de **curare**.*

cure (nom féminin) Traitement destiné à améliorer sa santé. *Il fait une **cure** dans une station thermale pour soigner son asthme.*
★ Famille du mot : **curiste, incurable.**

curé (nom masculin) Prêtre catholique chargé d'une paroisse.

cure-dent (nom masculin) Bâtonnet pointu servant à se curer les dents.
▶ Pluriel : des **cure-dents.**

curée (nom féminin) Moment d'une chasse à courre où les chasseurs laissent les chiens dépecer les restes d'une proie.

curer (verbe) (conj. 3) Nettoyer en grattant. *Il faudrait **curer** l'égout, il sent mauvais.*

curie (nom féminin) **1** Lieu de réunion du sénat romain, dans l'Antiquité. **2** Gouvernement central de l'Église catholique.

curieusement (adverbe) D'une manière bizarre. *Victor est **curieusement** habillé ce matin : du rouge, du vert, du jaune....*

curieux, euse (adjectif) **1** Qui montre de la curiosité, de l'intérêt pour quelque chose. *Il est **curieux** de tout ce qui concerne les animaux.* **2** Qui est indiscret. *Je ne te dirai rien, tu es trop **curieuse**.* **3** Qui étonne. *Il lui est arrivé une histoire **curieuse**.* (Syn. **bizarre, étrange.**)
■ **curieux, euse** (nom) Personne curieuse. *La police a demandé aux **curieux** de s'éloigner du lieu de l'accident.*

curiosité (nom féminin) **1** Désir de connaître, de savoir. *Cette énigme avait éveillé la **curiosité** du détective.* **2** Défaut d'une personne indiscrète. *Je vais vous punir de votre **curiosité**.* **3** Chose étonnante ou intéressante. *Les plantes carnivores sont des **curiosités** de la nature.*

curiste (nom) Personne qui fait une cure thermale.

curriculum vitae (nom masculin) Ensemble des renseignements concernant l'état civil, la formation, les diplômes et les activités d'une personne. *Le père de Noémie a joint des **curriculum vitae** à ses demandes d'emploi.*
▶ Pluriel : des **curriculum vitae.**
▶ On dit aussi **curriculum** ou **CV.**
▶ Prononciation [kyʀikylɔmvite].
★ **Curriculum vitae** est une expression latine qui signifie « cours de la vie ».

curry Voir ***cari.***

curseur (nom masculin) Repère mobile sur un appareil. *Il règle le son de son baladeur avec le **curseur** du volume.*

cursif, ive (adjectif) • **Écriture cursive** : écriture tracée à la main en caractères courants. *Recopiez ce texte en **écriture cursive** et non en caractères d'imprimerie.*

cursus (nom masculin) Ensemble des phases successives d'une carrière professionnelle, d'un cycle d'études. *Quel est votre **cursus** universitaire ?*
▶ Prononciation [kyʀsys].

curviligne (adjectif) Formé de lignes courbes. *Le parc offre des allées droites et des chemins **curvilignes**.* (Contr. **droit, rectiligne.**)
★ **Curviligne** vient du latin *curvus* qui signifie « courbe ».

custom (nom masculin) Appareil dont l'aspect a été modifié selon les besoins de l'utilisateur.
▶ **Custom** est un mot anglais : on pronone [kœstɔm].

cutané, ée (adjectif) Qui se rapporte à la peau. *Une piqûre sous-**cutanée**.*

cuti (nom féminin) Test médical qui permet de savoir si l'on est immunisé contre la tuberculose.
★ **Cuti** est l'abréviation de *cuti-réaction*.

cuticule (nom féminin) **1** Membrane très mince qui recouvre une structure anatomique. *La **cuticule** des ongles.* **2** Pellicule protectrice luisante qui recouvre la tige et les feuilles de certaines plantes. *La **cuticule** des feuilles de chêne.*

cutter (nom masculin) Lame très coupante qui coulisse dans un manche. *On se sert d'un **cutter** pour découper la moquette.*
▶ **Cutter** est un mot anglais : on prononce [kœtœʀ] ou [kytɛʀ].

cuve (nom féminin) Grand récipient qui sert à conserver des produits liquides. *Une **cuve** à mazout.*
★ Famille du mot : **cuvée, cuvette.**

cuvée (nom féminin) Vin produit par une vigne en une année. *Ces bouteilles contiennent du vin de la même **cuvée**.*

cuvette (nom féminin) Récipient large et peu profond. *Une **cuvette** en plastique.*

① **CV** Voir ***cheval-vapeur.***

② **CV** Voir ***curriculum vitae.***

cyan (nom masculin) Couleur bleu-vert qui absorbe le rouge, en photographie et en imprimerie.
▶ Prononciation [sjɑ̃].
★ Famille du mot : Famille du mot : cyan**ose**, cyan**ure**.

cyanose (nom féminin) Coloration bleue de la peau due à une mauvaise oxygénation du sang. *Le nouveau-né présente une **cyanose**.*

cyanure (nom masculin) Poison très violent.

cybercafé (nom masculin) Établissement associant un débit de boissons et un équipement en micro-ordinateurs connectés avec Internet.

cybernaute (nom) Personne qui utilise régulièrement le réseau Internet. *Ce site est le rendez-vous de nombreux **cybernautes**.* (Syn. **internaute**.)

cyborg (nom masculin) Robot, dans les œuvres de science-fiction.

cyclable (adjectif) • **Piste cyclable** : partie d'une route réservée aux cyclistes.

cyclamen (nom masculin) Plante à fleurs roses, mauves ou blanches, et à tiges recourbées.
▶ Prononciation [siklamɛn].

cycle (nom masculin) **1** Ensemble d'évènements qui se passent toujours dans le même ordre. *Le **cycle** des saisons. Le **cycle** lunaire.* **2** Synonyme de deux-roues. *Ce magasin est spécialisé dans la vente des **cycles** : vélomoteurs, bicyclettes.*
★ Famille du mot : cycl**able**, cycl**ique**, cycl**isme**, cycl**iste**, cyclocross, cyclomoteur.

cyclique (adjectif) Qui se reproduit suivant un certain cycle. *Ce volcan entre en activité de manière **cyclique**.*

cyclisme (nom masculin) Sport de bicyclette. *Le **cyclisme** sur route, le **cyclisme** sur piste.*

cycliste (nom) Personne qui fait de la bicyclette. *La voiture a failli renverser un **cycliste**.*
▪ **cycliste** (adjectif) Qui a rapport au cyclisme. *Des coureurs **cyclistes**.*

cyclo- Élément venant du grec *kuklos* qui signifie « cercle » (exemple : *cyclomoteur*).

cyclocross (nom masculin) Épreuve cycliste qui se pratique sur un terrain accidenté.

cyclomoteur (nom masculin) Bicyclette munie d'un moteur de faible puissance.

cyclone (nom masculin) Tempête très violente formant un tourbillon. *Les **cyclones** sont fréquents dans les régions tropicales.* (Syn. **typhon**.) • **Œil du cyclone** : zone de calme située au centre d'un cyclone.
★ **Cyclone** vient du grec *kuklos* qui signifie « cercle » à cause du mouvement en tourbillon d'un cyclone.

cyclope (nom masculin) Dans la mythologie grecque, géant qui n'avait qu'un œil, au milieu du front.

cyclosporine Voir ***ciclosporine***.

cyclotron (nom masculin) Accélérateur circulaire de particules constitué de deux électrodes creuses entre lesquelles on établit un champ électrique alternatif.

cygne (nom masculin) Grand oiseau blanc au long cou et aux pattes palmées. *Des **cygnes** se déplaçaient majestueusement sur le lac.*

cylindre (nom masculin) **1** Objet en forme de rouleau. *Le tambour a la forme d'un **cylindre**.* **2** Partie du moteur dans laquelle glissent des pistons.

cylindrée (nom féminin) Volume utile total de l'ensemble des cylindres d'un moteur exprimé en centimètres cubes ou en litres. *La prime d'assurance varie en fonction de la **cylindrée** de la voiture.*
• **Grosse cylindrée** : automobile ou moto de grande puissance.

cylindrique (adjectif) Qui a la forme d'un cylindre. *Ma pompe à vélo a une forme **cylindrique**.*

cymbale (nom féminin) Instrument de musique à percussion, composé de deux disques que l'on frappe l'un contre l'autre.

cymbalum (nom masculin) Instrument en forme de trapèze et à cordes tendues que l'on frappe avec de petits maillets. *Les **cymbalums** sont surtout utilisés dans la musique populaire hongroise.*
▶ Prononciation [sɛ̃balɔm] ou [tʃimbalɔm].

cynique (adjectif) Qui se moque des règles morales et sociales. *C'est un escroc **cynique** qui aime se vanter de ses mauvaises actions.*

cynisme (nom masculin) Attitude d'une personne cynique.

cynorhodon (nom masculin) Fruit rouge de l'églantier.

cyphose (nom féminin) Déviation de la colonne vertébrale à courbure sortante. *Les personnes atteintes de **cyphose** ont une bosse dans le dos.*
★ **Cyphose** vient du mot grec *kuphôsis* qui signifie « courbure ».

cyprès (nom masculin) Arbre au tronc droit et élancé, aux feuilles persistantes vert sombre. *Les allées du cimetière sont bordées de **cyprès**.*

cyrillique (adjectif) Propre à l'alphabet slave. *Le russe s'écrit en caractères **cyrilliques**.*

cytise (nom masculin) Arbuste à fleurs jaunes en grappes.

cytologie (nom féminin) Partie de la biologie qui étudie la cellule vivante.

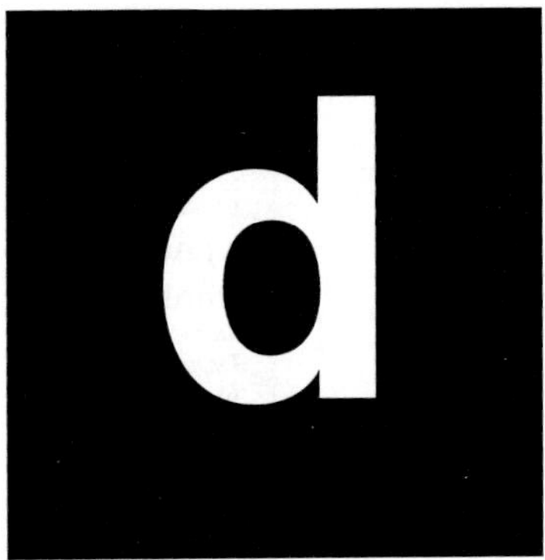

d (nom masculin) Quatrième lettre de l'alphabet. *Le D est une consonne.*

d' Voir ***de***.

DAB (nom masculin) Appareil servant à distribuer automatiquement les billets de banque aux personnes munies d'une carte bancaire. *Je vais au **DAB** prendre de l'argent.*
▶ Prononciation [dab].
★ **DAB** est le sigle de ***d**istributeur **a**utomatique de **b**illets.*

d'abord (adverbe) En premier, avant de faire autre chose. *Tu iras jouer plus tard, je veux **d'abord** que tu finisses tes devoirs.* (Contr. **après, ensuite.**)

d'accord (adverbe) Indique l'approbation. *Tu viens avec nous ? – **D'accord !*** • **Être d'accord** : être du même avis ou vouloir bien. *Ursula **est d'accord** pour venir avec nous.*

dactylo (nom) Personne dont le métier est de taper à la machine à écrire.
★ **Dactylo** vient du grec *daktulos* qui signifie « doigt ».

dactylographier (verbe) (conj. 10) Taper un texte à la machine.

dada (nom masculin) Synonyme familier de marotte. *La lecture a toujours été son **dada**.* (Syn. **hobby.**)

dadais (nom masculin) • **Grand dadais** : garçon à l'air bête et maladroit.

dadaïsme (nom masculin) Mouvement artistique révolutionnaire occidental né en 1916, exprimant la volonté de se libérer des idées reçues. *Louis Aragon était un adepte du **dadaïsme**.*

dague (nom féminin) Courte épée à lame large.

daguerréotype (nom masculin) Procédé photographique qui permettait de fixer l'image sur une plaque métallique.
★ **Daguerréotype** vient du nom de *Daguerre*, inventeur du procédé.

daguet (nom masculin) Jeune cerf ou jeune daim dont les bois sont courts et sans ramifications.

dahlia (nom masculin) Plante à grosses fleurs rondes et très colorées.
★ **Dahlia** vient du nom du botaniste suédois *A. Dahl*, qui ramena cette fleur du Mexique.

dahu (nom masculin) Animal imaginaire de montagne à la chasse duquel on envoie les gens naïfs. *On ferait peur aux **dahus** la nuit en tapant sur des casseroles.*
▶ Prononciation [day].

daigner (verbe) (conj. 3) Vouloir bien faire quelque chose, malgré un certain dédain. *Cet orgueilleux **a** quand même **daigné** nous saluer.*

d'ailleurs (adverbe) En plus. *Romain ne peut pas venir avec nous, **d'ailleurs** il a ses devoirs à finir.* (Syn. **du reste.**)

daim (nom masculin) **1** Mammifère sauvage de la famille du cerf. *Le pelage du **daim** est brun tacheté de blanc.* **2** Cuir très fin ressemblant à la peau de cet animal. *Une veste en **daim**.*
▶ Prononciation [dɛ̃].

dais (nom masculin) **1** Décoration de bois ou de tissu qui forme plafond au-dessus d'un trône, d'un lit, d'une chaire. *Un **dais** surmonte le trône.* **2** Voûte naturelle, dans la langue poétique. *Nous nous promenions sous un **dais** de feuillage.*

dalaï-lama (nom masculin) Chef suprême, temporel et spirituel, des bouddhistes tibétains.
▶ Pluriel : des **dalaï-lamas**.
▶ Prononciation [dalailama].
★ **Dalaï-lama** est un mot mongol.

dallage (nom masculin) Ensemble de dalles. *Le bord de la piscine est fait d'un **dallage** en pierres.*

dalle (nom féminin) Plaque dure servant à recouvrir un sol. *La cave est recouverte d'une **dalle** de ciment.*
★ Famille du mot : dall**age**, dall**é**.

dallé, ée (adjectif) Recouvert de dalles. *Une cour **dallée**.*

dalmatien (nom masculin) Chien blanc au pelage taché de noir.

a b c d e f g h i j k l m n o p q r s t u v w x y z

daltonien, enne (nom) Qui est atteint d'une anomalie de la vision des couleurs. *Les* ***daltoniens*** *ne peuvent faire la différence entre le rouge et le vert.*

dam (nom masculin) • **Au grand dam de quelqu'un** : à son détriment ; à son grand regret.
▶ Prononciation [dam].

damas (nom masculin) Tissu de soie qui présente des dessins d'une seule couleur et satinés sur fond mat à l'endroit, mats sur fond satiné à l'envers. *Le tapissier a utilisé un très beau* ***damas*** *pour recouvrir le lit.*
▶ Prononciation [dama] ou [damas].
★ **Damas** vient du nom de la ville de Damas en Syrie.

damassé, ée (adjectif) Tissé à la façon du damas. *Un dessus-de-lit* ***damassé.***

dame (nom féminin) **1** Synonyme de femme. *Notre voisine est une* ***dame*** *très gentille.* **2** Carte à jouer qui représente une reine. *La* ***dame*** *de trèfle.*
■ **dames** (nom féminin pluriel) Jeu qui se joue à deux avec des pions noirs et blancs qu'on déplace sur un damier.

damer (verbe) (conj. 3) Tasser la neige. *Cette piste de ski est interdite car elle n'****a*** *pas encore* ***été damée.***

damier (nom masculin) Plateau carré divisé en cases noires et blanches, sur lequel on joue aux dames.

damnation (nom féminin) Condamnation à aller en enfer après la mort. *Elle est athée et ne croit pas à la* ***damnation.***
▶ Prononciation [danasjɔ̃].

damner (verbe) (conj. 3) Condamner quelqu'un à la damnation.
▶ Prononciation [dane].

damoiseau (nom masculin) Au Moyen Âge, jeune gentilhomme, pas encore chevalier.
★ **Damoiseau** vient du mot latin *dominus* qui signifie « seigneur ».

damoiselle (nom féminin) Au Moyen Âge, titre donné aux jeunes filles nobles.

dan (nom masculin) Chacun des degrés dans la hiérarchie des ceintures noires de judo ou de karaté.
▶ Prononciation [dan].
★ **Dan** est un mot japonais qui signifie « rang ».

dancing (nom masculin) Établissement public de danse. *Pierre et Ursula se sont connus au* ***dancing.*** (Syn. **discothèque.**)
▶ **Dancing** est un mot anglais : on prononce [dɑ̃siŋ].

se **dandiner** (verbe) (conj. 3) Balancer son corps d'un mouvement régulier. *Arrête de* ***te dandiner*** *sur ta chaise, ça m'agace !*

dandy (nom masculin) Homme qui se veut raffiné, très élégant et plein d'esprit. *Ce restaurant est fréquenté par des* ***dandys.***
★ **Dandy** est un mot anglais.

danger (nom masculin) Ce qui constitue un risque grave. *Ce jouet est conforme aux normes et ne présente aucun* ***danger*** *pour les enfants.*
★ Famille du mot : dangereuse**ment**, danger**eux**.

dangereusement (adverbe) De façon dangereuse. *C'est un aventurier, il aime vivre* ***dangereusement.***

dangereux, euse (adjectif) Qui fait courir un danger. *Cette petite route de montagne est très* ***dangereuse*** *: il faut rouler très lentement.*

danois, oise → tableau p. 6 / 7.

dans (préposition) **1** Indique le lieu. *L'oiseau est* ***dans*** *la cage.* (Contr. **hors de.**) **2** Indique le temps. ***Dans*** *un mois, ce sera les vacances.* **3** Indique la manière. *Il agit* ***dans*** *l'espoir de réussir.* **4** Indique l'approximation. *J'ai payé mon billet d'avion* ***dans*** *les 120 euros.*

danse (nom féminin) Art ou manière de danser. *Zoé prend des cours de* ***danse*** *classique.*

danser (verbe) (conj. 3) Exécuter une suite de mouvements en suivant le rythme d'une musique. *Grand-mère* ***danse*** *très bien la valse et le tango.* • **Ne pas savoir sur quel pied danser** : ne pas savoir ce qu'on doit faire.
★ Famille du mot : danse, dans**eur**.

danseur, euse (nom) **1** Personne qui danse pour s'amuser. *Thomas est un excellent* ***danseur*** *de rock.* **2** Artiste dont le métier est de danser. *Elle aimerait devenir* ***danseuse*** *à l'Opéra.* • **En danseuse** : en pédalant debout sur les pédales.

daphnie (nom féminin) Petit crustacé d'eau douce qui se déplace par saccades. *On nourrit les poissons d'aquarium avec des* ***daphnies*** *séchées.*

d'après (préposition) Indique le point de vue. ***D'après*** *la météo, il va faire beau demain.* (Syn. **selon.**)

dard (nom masculin) Organe creux et pointu de certains animaux leur servant à piquer. *Les guêpes, les scorpions ont un* ***dard.*** (Syn. **aiguillon.**)
▶ Prononciation [daʀ].

darder (verbe) (conj. 3) Synonyme littéraire de lancer. ***Darder*** *un regard méchant sur quelqu'un.*

dare-dare (adverbe) Synonyme familier de rapidement. *Anna est partie* ***dare-dare*** *à l'école.*

darne (nom féminin) Tranche épaisse de poisson taillée dans la largeur. *Nous avons fait griller des darnes de saumon.*

dartre (nom féminin) Plaque rouge sur la peau, qui donne des démangeaisons.

darwinisme (nom masculin) Théorie selon laquelle l'évolution des êtres vivants résulterait de la sélection naturelle. *Le* ***darwinisme*** *affirme que l'homme descend du singe.*
▶ Prononciation [daʀwinism].
★ **Darwinisme** vient du nom du naturaliste anglais *Darwin,* auteur de cette théorie.

datation (nom féminin) Action d'attribuer une date à un évènement passé ou à une chose ancienne. *On utilise le carbone 14 pour la* ***datation*** *des fossiles.*

datcha (nom féminin) Maison de campagne russe près d'une grande ville.

date (nom féminin) Indication du jour, du mois et de l'année. *Connais-tu la **date** de naissance de ta sœur ?* • **De longue date** : depuis longtemps.

dater (verbe) (conj. 3) **1** Inscrire la date sur un document. *S'il n'**est** pas **daté**, un chèque n'est pas valable.* **2** Exister depuis une certaine date. *Cette église **date** du XIIe siècle.* (Syn. **remonter.**) **3** Déterminer la date de quelque chose. *Les historiens ont réussi à **dater** le manuscrit.*

datif (nom masculin) Cas de déclinaison marquant l'attribution. *En allemand, le complément d'objet indirect est le plus souvent au **datif**.*

datte (nom féminin) Petit fruit allongé, très sucré, produit par certains palmiers.

dattier (nom masculin) Variété de palmier qui donne les dattes.

daube (nom féminin) Plat de viande mijoté avec du vin rouge et des aromates dans un récipient fermé. *Le cuisinier nous a servi un bœuf en **daube**.*

① **dauphin** (nom masculin) Mammifère marin, vivant généralement en groupe. *Les **dauphins** sont des cétacés.*

② **Dauphin** (nom) Autrefois, fils aîné du roi de France.
★ Ce mot vient du nom de l'ancienne province du *Dauphiné*, qui avait le **Dauphin** pour seigneur.

daurade (nom féminin) Poisson de mer aux reflets dorés. *Il existe des **daurades** grises et des **daurades** roses.*
▶ On écrit aussi **dorade**.

davantage (adverbe) **1** En plus grande quantité. *Anna est jalouse car sa sœur a eu **davantage** de cadeaux qu'elle.* (Syn. **plus.** Contr. **moins.**) **2** Plus longtemps. *Je ne peux pas rester **davantage**.*

DDT (nom masculin) Insecticide puissant. *L'emploi des **DDT** en agriculture est règlementé.*
▶ Prononciation [dedete].
★ DDT est le sigle de *dichloro- diphényl- trichloréthane*.

dé- Élément venant du latin *dis-* qui marque l'éloignement, la séparation (exemple : *découvrir*).
▶ On écrit aussi **des-, dés-** (exemples : *dessécher, désordonné*).

① **de** (déterminant) S'emploie devant les noms de choses que l'on ne peut pas compter. *Boire **de** l'eau. Acheter **du** pain. Avoir assez **d'**argent. Faire **de** la natation. Acheter **des** pâtes.*
▶ **De** devient **d'** devant une voyelle ou un h muet ; il devient **du** devant *le*, et **des** devant *les*.

② **de** (préposition) Sert à indiquer de nombreux types de compléments. *Arriver **des** Antilles (lieu). Ne pas dormir **de** la nuit (temps). Faire **de** son mieux (manière). Taper **du** poing (moyen). Se ronger **d'**inquiétude (cause). Être aimé **de** ses parents (agent). Le livre **d'**Hélène (complément du nom), etc.*
▶ Voir **de** 1.

dé (nom masculin) **1** Petit cube dont chaque face est marquée de points allant de 1 à 6 et dont on se sert dans certains jeux de hasard. **2** Petit étui en métal qui protège le doigt quand on coud.

① **dealer** (verbe) (conj. 3) Vendre de la drogue.
▶ Prononciation [dile].

② **dealer** (nom) Revendeur de drogue. *Le **dealer** a été arrêté par la police qu'il transportait de l'héroïne.*
▶ **Dealer** est un mot anglais : on prononce [dilœʀ].
▶ On écrit aussi **dealeur, euse**.

déambuler (verbe) (conj. 3) Se promener sans but précis. *Élodie adore **déambuler** dans les rues de la ville.*

débâcle (nom féminin) Débandade d'une armée. (Syn. **déroute.**)

déballage (nom masculin) Action de déballer. *Le **déballage** des cartons après le déménagement.*

déballer (verbe) (conj. 3) Sortir quelque chose de son emballage. *Les enfants **déballent** leurs cadeaux de Noël.*

débandade (nom féminin) Fuite en désordre. *Quelle **débandade** dans l'immeuble quand le feu s'est déclaré !*

débaptiser (verbe) (conj. 3) Changer le nom de quelque chose. ***Débaptiser** une rue, un navire.*
▶ Prononciation [debatize].

se **débarbouiller** (verbe) (conj. 3) Se laver le visage. *Va **te débarbouiller**, tu as du chocolat autour de la bouche !*

débarcadère (nom masculin) Endroit aménagé pour débarquer ou embarquer les personnes et les marchandises. (Syn. **embarcadère.**)

débarder (verbe) (conj. 3) Transporter des arbres abattus du lieu de la coupe à un autre lieu. *Aujourd'hui on utilise à nouveau les chevaux de trait pour **débarder** le bois.*

débardeur (nom masculin) Maillot de corps décolleté et sans manches.

débarquement (nom masculin) Action de débarquer. *Une péniche de **débarquement**.*

débarquer (verbe) (conj. 3) **1** Descendre d'un bateau ou d'un avion. *Après la traversée de l'Atlantique, nous **avons débarqué** à New York.* (Contr. **embarquer.**) **2** Faire sortir des objets ou des personnes d'un bateau ou d'un avion. *Les dockers **ont débarqué** les caisses.*
★ Famille du mot : débarcadère, débarqu**ement**.

débarras (nom masculin) Endroit où l'on met les objets encombrants. *Le grenier sert de **débarras**.*
• **Bon débarras !** : on est soulagé de son départ.

débarrasser (verbe) (conj. 3) **1** Enlever ce qui encombre. *Quel fouillis : **débarrasse** un peu ton bureau !* **2** **Se débarrasser** : jeter quelque chose ou éloigner quelqu'un. *Elle a donné tous ses vieux vêtements pour **s'en débarrasser**.*

débat (nom masculin) Discussion entre des personnes. *Les **débats** du jury ont duré plusieurs heures.*

débattre (verbe) (conj. 31) **1** Discuter de quelque chose. *Les deux candidats vont **débattre** à la télévision de la politique étrangère de la France.* **2 Se débattre** : s'agiter en faisant des efforts pour se libérer. *On a essayé de l'attaquer, mais il a réussi à **se débattre** et à fuir.* (Syn. **se démener.**)

débauche (nom féminin) Comportement d'une personne qui se livre à des excès, à des vices.

débaucher (verbe) (conj. 3) Synonyme de licencier. *Cette entreprise **a débauché** vingt employés.* (Contr. **embaucher.**)

débile (nom) • **Débile mental** : personne dont l'intelligence ne s'est pas développée normalement.
▪ **débile** (adjectif) Synonyme familier de stupide. *Cette émission est **débile**, éteins la télévision !*

débilité (nom féminin) Grande bêtise. *N'allons pas voir ce film car il est d'une **débilité** rare.* • **Débilité mentale** : insuffisance du développement de l'intelligence.

se **débiner** (verbe) (conj. 3) Synonyme familier de se sauver. *Les voyous ont eu peur et **se sont débinés**.*

débit (nom masculin) **1** Magasin où l'on vend du tabac ou des boissons à consommer sur place. **2** Quantité d'eau, d'électricité qui s'écoule en un temps donné. *À la fonte des neiges, le **débit** de ce torrent est impressionnant.* **3** Manière de parler. *Ton **débit** est trop rapide, parle plus lentement !* **4** Compte des sommes que l'on doit ou qui ont été débitées. (Contr. **crédit.**)
★ Famille du mot : débit**er**, débit**eur**.

débiter (verbe) (conj. 3) **1** Vendre au détail. *La fermière **débite** ses volailles sur les marchés.* **2** Laisser s'écouler un liquide. *Sais-tu combien ce fleuve **débite** de mètres cubes à l'heure ?* **3** Réciter d'un ton monotone. *Il **a débité** bêtement sa récitation.* **4** Couper en morceaux. *Le boucher **a débité** un quartier de bœuf.* **5** Retirer une somme d'un compte. *Votre compte **sera débité** après-demain.* (Contr. **créditer.**)

débiteur, trice (nom) Personne qui doit de l'argent. *Je ne vous ai pas encore remboursé : je suis votre **débiteur**.* (Contr. **créancier.**)

déblai (nom masculin) Action de déblayer. *Le **déblai** est terminé.*
▪ **déblais** (nom masculin pluriel) Terres, décombres enlevés d'un terrain. *Après les travaux, les **déblais** encombrent le chemin.*

déblatérer (verbe) (conj. 8) Dire du mal. *Il n'arrête pas de **déblatérer** contre son entraîneur.*

déblayer (verbe) (conj. 7) Débarrasser un lieu de ce qui l'encombre. *Après le marché, la place **est** rapidement **déblayée**.*

débloquer (verbe) (conj. 3) **1** Remettre en état de marche ce qui était bloqué. *La serrure est rouillée, on n'arrive pas à la **débloquer**.* **2** Supprimer les obstacles. *Il faut **débloquer** la situation.*

déboguer (verbe) (conj. 3) Supprimer les bogues, les anomalies dans un programme informatique.

déboires (nom masculin pluriel) Évènement qui déçoit. *Ils ont des **déboires** avec leur nouvelle voiture.* (Syn. **ennuis.**)

déboisement (nom masculin) Action de déboiser. (Contr. **reboisement.**)

déboiser (verbe) (conj. 3) Dégarnir un lieu de ses bois, de ses arbres. *Depuis que cette région **a été déboisée**, il y a des inondations.* (Contr. **reboiser.**)

déboîter (verbe) (conj. 3) **1** Changer de file de voitures. *Il faut mettre son clignotant avant de **déboîter**.* **2 Se déboîter** : faire sortir un os de son articulation. *Fatima **s'est déboîté** le genou en jouant au tennis.* (Syn. **se démettre, se luxer.**)
► On écrit aussi **déboiter**.

débonnaire (adjectif) Qui est doux et bienveillant. *Un professeur **débonnaire**.* (Contr. **sévère.**)

débordement (nom masculin) Fait de déborder. *Le **débordement** d'une rivière. Un **débordement** de joie.*

déborder (verbe) (conj. 3) **1** Passer par-dessus le bord. *Avec tous ces orages, le torrent risque de **déborder**.* **2** Être plein de. *Cet enfant **déborde** d'énergie.* • **Être débordé** : être surchargé de travail.

débotté (nom masculin) • **Au débotté** : à l'improviste, sans préparation.
► On écrit aussi **au débotter**.

débouché (nom masculin) **1** Endroit ou marché pour vendre un produit. *Cette entreprise cherche des **débouchés** à l'étranger.* **2** Profession possible. *Ce diplôme n'offre pas beaucoup de **débouchés**.*

① **déboucher** (verbe) (conj. 3) **1** Enlever le bouchon. *Pas besoin de tire-bouchon pour **déboucher** le champagne !* (Contr. **boucher.**) **2** Retirer ce qui bouche. *Pour **déboucher** l'évier, il a fallu appeler le plombier.*

② **déboucher** (verbe) (conj. 3) **1** Aboutir à un endroit. *Ce chemin **débouche** sur la plage.* **2** Offrir comme débouché. *Ce diplôme **débouche** sur un emploi.*

débouler (verbe) (conj. 3) Descendre ou arriver très vite, dans la langue familière. *Le conducteur a eu peur quand l'enfant **a déboulé** sur la chaussée.*

déboulonner (verbe) (conj. 3) **1** Démonter ce qui tenait par des boulons. **2** Faire perdre son prestige, son poste à quelqu'un. *Les attaques répétées ont **déboulonné** le président.*

débourrer (verbe) (conj. 3) **1** Dégarnir de ce qui bourre. *Le tapissier **débourre** les sièges abîmés.* **3** Commencer à dresser un poulain. *Le dresseur **débourre** un jeune cheval.*

débours (nom masculin) Somme déboursée. *Les **débours** vous seront remboursés.*

débourser (verbe) (conj. 3) Dépenser une certaine somme d'argent. *Ce voyage vous est offert, vous n'aurez rien à **débourser**.* (Syn. **payer.**)

débousoler (verbe) (conj. 3) Faire perdre la tête à quelqu'un. *La nouvelle de l'accident nous a **déboussolés**.*

debout (adverbe) Dans la position verticale. *Ne restez pas **debout**, asseyez-vous !* • **Dormir debout** : être très fatigué. • **Être debout** : être levé. *Le matin à cinq heures, grand-mère **est** déjà **debout**.* • **Tenir debout** : être vraisemblable. *Cette histoire ne **tient** pas **debout**.*

débouter (verbe) (conj. 3) Rejeter la demande en justice de quelqu'un. *Le plaignant a été **débouté**.*

déboutonner (verbe) (conj. 3) Défaire les boutons d'un vêtement. ***Déboutonne** ta veste si tu as trop chaud !* (Contr. **boutonner.**)

débraillé, ée (adjectif) Qui a une tenue négligée, en désordre. *Remets ta chemise dans ton pantalon, tu es tout **débraillé** !*

débrancher (verbe) (conj. 3) Enlever un appareil d'un branchement. *Pour être tranquille, maman **a débranché** le téléphone.* (Contr. **brancher.**)

débrayage (nom masculin) **1** Action de débrayer. *Dans une voiture, la pédale de **débrayage** est située à gauche.* **2** Arrêt du travail. *Les ouvriers ont décidé un **débrayage** d'une heure.*

débrayer (verbe) (conj. 7) **1** Faire cesser la liaison entre le moteur et les roues d'un véhicule. *Sur les voitures automatiques, on n'a plus besoin de **débrayer**.* (Contr. **embrayer.**) **2** Cesser le travail en faisant grève. *Certains ateliers de cette usine ont décidé de **débrayer**.*

débridé, ée (adjectif) Qui est sans limites. *Benjamin a une imagination **débridée**.*

débris (nom masculin) Morceau d'un objet qui a été cassé. *Si c'est toi qui as cassé le verre, ramasse donc les **débris** !*

débrouillard, arde (adjectif) Qui est capable de se débrouiller. *Il est assez **débrouillard** pour s'en sortir tout seul.*

débrouillardise (nom féminin) Qualité d'une personne débrouillarde.

débrouiller (verbe) (conj. 3) **1** Éclaircir quelque chose d'embrouillé. *Pas facile de **débrouiller** cette affaire !* (Syn. **démêler.**) **2 Se débrouiller** : se tirer d'affaire habilement. *Ce n'est pas la peine de l'aider, il sait **se débrouiller** tout seul.*
★ Famille du mot : débrouill**ard**, débrouillard**ise**.

débroussailler (verbe) (conj. 3) Enlever les broussailles. *Pour arriver à la maison abandonnée, il a fallu **débroussailler** le chemin.*

débusquer (verbe) (conj. 3) Faire sortir de son refuge. *Les chasseurs **ont débusqué** un sanglier.*

début (nom masculin) Synonyme de commencement. *La rentrée scolaire a lieu au **début** du mois de septembre.* (Contr. **fin.**) • **Faire ses débuts** : faire ses premiers pas dans un domaine.

débutant, ante (nom) Personne qui débute dans une activité. *Sois indulgent, ce conducteur est un **débutant**.* (Syn. **apprenti, novice.**)

débuter (verbe) (conj. 3) **1** Synonyme de commencer. *Le match doit **débuter** à 16 heures.* (Contr. **finir, se terminer.**) **2** Commencer à apprendre ou à faire quelque chose. *Gaëlle n'a pris que trois cours de piano, on peut dire qu'elle **débute**.*
★ Famille du mot : début, début**ant**.

déca- Élément venant du grec *deka* qui signifie « dix » (exemples : *décalitre*, *décamètre*).

en **deçà de** (préposition) De ce côté-ci. *Nous sommes restés **en deçà de** la frontière, nous ne l'avons pas franchie.* (Contr. **au-delà de.**)

décacheter (verbe) (conj. 8 ou 9) Ouvrir une enveloppe en la décollant. (Contr. **cacheter.**)

décadaire (adjectif) Qui a lieu, qui paraît tous les dix jours. *Un bulletin **décadaire** vous tiendra régulièrement informé de nos activités.*

décade (nom féminin) Période de dix jours.

décadence (nom féminin) Période de déclin ou d'affaiblissement. *Ce pays autrefois très riche est tombé en pleine **décadence**.*

décadent, ente (adjectif) Qui est en décadence. *Une société **décadente**.*

décaèdre (adjectif et nom masculin) Volume géométrique qui a dix faces.

décaféiné, ée (adjectif) Sans caféine. *Le soir, maman boit un café **décaféiné**.*

décagone (nom masculin) Polygone à dix angles et dix côtés. *Un **décagone** régulier.*

décaissement (nom masculin) Sortie d'argent d'une caisse. (Contr. **encaissement.**)

décalage (nom masculin) Écart ou différence entre deux choses. *Entre Paris et New York, il y a six heures de **décalage** horaire.*

décalcification (nom féminin) Diminution du taux de calcium dans l'organisme. *La **décalcification** peut être cause de fracture osseuse.*

décalcomanie (nom féminin) Procédé qui permet de reporter des dessins sur un objet à décorer. *J'ai décoré mon cartable avec des **décalcomanies**.*

décaler (verbe) (conj. 3) Déplacer, dans le temps ou dans l'espace. ***Décaler** un rendez-vous d'une heure.*

décalitre (nom masculin) Unité de capacité qui vaut dix litres.
▶ **Décalitre** s'abrège *dal*.

décalquer (verbe) (conj. 3) Reproduire une image après l'avoir tracée sur un papier transparent.

décamètre (nom masculin) Unité de longueur qui vaut dix mètres.
▶ **Décamètre** s'abrège *dam*.

décamper (verbe) (conj. 3) Synonyme familier de s'enfuir. *L'averse a fait **décamper** tout le monde.*

a b c d e f g h i j k l m n o p q r s t u v w x y z

décan (nom masculin) Chaque dizaine de degrés de chacun des signes du zodiaque. *Le troisième **décan** du Verseau.*

décantation (nom féminin) Action de décanter.

décanter (verbe) (conj. 3) Laisser se déposer les matières solides contenues dans un liquide. *Laisser **décanter** du cidre avant de le servir.*

décapant, ante (adjectif) Qui sort de l'ordinaire et bouscule les habitudes dans ses propos. *Sarah a un humour **décapant**.*
▪**décapant** (nom masculin et adjectif) Produit chimique qui décape. *Clément ôte la peinture des volets avec un **décapant**.*

décaper (verbe) (conj. 3) Gratter la rouille ou la peinture qui recouvre une surface. *Il faut **décaper** la table du jardin avant de la repeindre.*

décapiter (verbe) (conj. 3) Trancher la tête. *Il **a été décapité** par l'explosion.*
★ **Décapiter** vient du latin *caput* qui signifie « tête ».

décapode (nom masculin) **1** Mollusque à tête entourée de dix tentacules. *La seiche et le calmar sont des **décapodes**.* **2** Crustacé pourvu de cinq paires de pattes locomotrices. *Le crabe et la langouste sont des **décapodes**.*

décapotable (adjectif) Qui est équipé d'un toit ou d'une capote que l'on peut enlever ou replier. *Une voiture **décapotable**.*
▪**décapotable** (nom féminin) Voiture décapotable. *Il frime avec sa **décapotable** !*

décapsuler (verbe) (conj. 3) Enlever la capsule qui bouche une bouteille.

décapsuleur (nom masculin) Ustensile pour décapsuler les bouteilles. (Syn. **ouvre-bouteille**.)

se **décarcasser** (verbe) (conj. 3) Se donner beaucoup de mal. *Benjamin **s'est décarcassé** pour trouver une pièce de rechange.*

décasyllabe (adjectif et nom masculin) Qui a dix syllabes. *Ce poème est écrit en vers **décasyllabes**.*
▶ On dit aussi **décasyllabique**.

décathlon (nom masculin) Compétition d'athlétisme qui comprend quatre épreuves de course, trois épreuves de saut et trois lancers.
▶ Prononciation [dekatlɔ̃].

décati, ie (adjectif) Qui a perdu sa fraîcheur et sa jeunesse. *Malgré son âge, son grand-père est n'a rien d'un vieillard **décati**.*

décéder (verbe) (conj. 8) Synonyme de mourir, pour une personne. *Il **est décédé** à la suite d'une longue maladie.*
▶ **Décéder** se conjugue avec l'auxiliaire *être*.

déceler (verbe) (conj. 8) Trouver quelque chose qui était peu apparent. ***Déceler** l'origine d'une fuite, d'une panne.* (Syn. **détecter**.)

décélérer (verbe) (conj. 8) Diminuer la vitesse d'un véhicule. *Il faut **décélérer** à l'approche d'un carrefour.* (Contr. **accélérer**.)

décembre (nom masculin) Douzième et dernier mois de l'année, qui compte 31 jours.
★ **Décembre** vient du latin *decem* qui signifie « dix » : c'était le dixième mois du calendrier romain, l'année commençant en mars.

décemment (adverbe) D'une manière décente. *S'habiller **décemment** pour une cérémonie.*
▶ Prononciation [desamɑ̃].

décemvir (nom masculin) Membre d'un groupe de dix magistrats, dans l'Antiquité romaine.
▶ Prononciation [desɛmviʀ].

décence (nom féminin) Caractère décent. *Vous exagérez : ayez donc la **décence** de vous taire !*

décennal, ale, aux (adjectif) **1** Qui dure dix ans. *L'entrepreneur propose une garantie **décennale** pour les travaux qu'il effectue.* **2** Qui revient tous les dix ans.

décennie (nom féminin) Période de dix ans. *Les ordinateurs se sont multipliés durant la dernière **décennie**.*

décent, ente (adjectif) Qui est convenable, correct. *Le directeur exige des élèves une tenue **décente**.*
★ Famille du mot : décem**ment**, décence, **in**décent.

décentralisation (nom féminin) Action de décentraliser. *La **décentralisation** a créé des emplois dans cette région.*

décentraliser (verbe) (conj. 3) Transférer dans différentes régions d'un pays des entreprises ou des bureaux centralisés dans la capitale. *Certaines grandes écoles **ont été décentralisées**.*

déception (nom féminin) Sentiment que l'on éprouve quand quelque chose que l'on espérait ne se produit pas. *Il a échoué à son examen, quelle **déception** !* (Syn. **désappointement**, **désillusion**.)

décerner (verbe) (conj. 3) Donner une récompense à quelqu'un. *Julie a été la meilleure : on lui **a décerné** le premier prix.* (Syn. **attribuer**.)

décès (nom masculin) Fait de décéder. *Elle est bien triste depuis le **décès** de son mari.* (Syn. **mort**.)

décevant, ante (adjectif) Qui déçoit. *Malgré tous nos efforts, le résultat était bien **décevant** !*

décevoir (verbe) (conj. 21) Causer une déception parce qu'un espoir ne s'est pas réalisé. *Je **serais** très **déçu** si vous ne veniez pas. Tes notes me **déçoivent**, je m'attendais à mieux.*
★ Famille du mot : décep**tion**, déce**vant**.

déchaîné, ée (adjectif) Qui est très excité. *Les élèves sont **déchaînés** à l'approche des vacances.*
▶ On écrit aussi **déchainé, ée**.

déchaîner (verbe) (conj. 3) **1** Provoquer une réaction intense. *Une scène comique du film **a déchaîné** les rires des spectateurs.* **2** Se déchaîner : devenir très violent. *La tempête **s'est déchaînée** et a causé plusieurs naufrages.*
▶ On écrit aussi **déchainer**.

déchanter (verbe) (conj. 3) Perdre ses illusions. *On espérait du soleil, mais on **a** vite **déchanté** : il n'a pas cessé de pleuvoir !*

décharge (nom féminin) **1** Endroit où l'on peut déposer les ordures. *Dans cette **décharge**, on trie les déchets pour les recycler.* **2** Coup tiré avec une arme à feu. *Il a été tué d'une **décharge** en plein cœur.* **3** Choc produit par le passage du courant électrique. *Les cache-prises servent à protéger les enfants des **décharges** électriques.*

déchargement (nom masculin) Action de décharger. *Les passagers attendent le **déchargement** des bagages.* (Contr. **chargement.**)

décharger (verbe) (conj. 5) **1** Débarrasser de son chargement. *Aide-moi à **décharger** la voiture.* (Contr. **charger.**) **2** Vider une arme à feu en tirant toutes les balles. *Un fou **a déchargé** son arme sur les passants.* **3** Débarrasser de sa charge électrique. *La voiture ne démarre pas car la batterie **est déchargée**.* **4** Faire une partie d'un travail à la place de quelqu'un. *Je **décharge** un peu ma mère en gardant ma petite sœur.*

décharné, ée (adjectif) Très maigre. *Ces enfants sont **décharnés** à cause de la famine.*

se **déchausser** (verbe) (conj. 3) Enlever ses chaussures. ***Déchaussez-vous** avant d'entrer.* (Contr. **se chausser.**)

déchéance (nom féminin) Décadence physique, morale ou sociale. *Pauvre homme, quelle **déchéance** depuis qu'il s'est mis à boire !*

déchet (nom masculin) Reste qu'on ne peut pas utiliser. *Les écologistes demandent que les gens trient leurs **déchets**, comme le papier et le verre.*

déchetterie (nom féminin) Lieu public où l'on dépose les déchets pouvant être recyclés.

déchiffrer (verbe) (conj. 3) Arriver à lire ce qui est mal écrit ou difficile à comprendre. *Applique-toi, je n'arrive pas à **déchiffrer** ton écriture. C'est Champollion qui, le premier, **a déchiffré** les hiéroglyphes.*

déchiqueter (verbe) (conj. 8 ou 9) Mettre en morceaux, en lambeaux. *Le lion **a déchiqueté** sa proie.*

déchirant, ante (adjectif) Qui émeut beaucoup. *Le convoi de réfugiés offrait un spectacle **déchirant**.*

déchirement (nom masculin) Grande douleur morale. *Son décès a été un **déchirement** pour nous.*

déchirer (verbe) (conj. 3) **1** Mettre en morceaux. *Laura **déchire** sa lettre et la recommence.* **2** Faire un accroc. *En montant à l'arbre, Clément **a déchiré** son pantalon.* • **Déchirer le cœur** : causer un grand chagrin.
★ Famille du mot : déchir**ant**, déchir**ement**, déchir**ure**.

déchirure (nom féminin) Endroit où quelque chose s'est déchiré. *Myriam est rentrée avec une **déchirure** à sa robe. Une **déchirure** musculaire.*

déchoir (verbe) (conj. 23) S'abaisser en perdant sa dignité. *Ce n'est pas **déchoir** que de reconnaître s'être trompé !*

déchu, ue (adjectif) Qui a perdu son autorité, son prestige. *Accusé de corruption, il a été **déchu** de sa fonction.*

déci- Élément venant du latin *decimus* qui signifie « dixième partie » (exemples : *décilitre, décimètre*).

décibel (nom masculin) Unité de puissance d'un son.

décidé, ée (adjectif) **1** Qui n'hésite pas. *Où vas-tu d'un pas si **décidé** ?* (Syn. **résolu.** Contr. **indécis.**) **2** Qui est fixé, réglé. *La date du départ n'est pas encore **décidée**.*

décidément (adverbe) Vraiment. ***Décidément**, il n'a pas de chance !*

décider (verbe) (conj. 3) **1** Choisir de faire quelque chose. *Mes parents **ont décidé** d'aller passer leur week-end à Londres. David s'**est** enfin **décidé** à apprendre à nager.* **2** Convaincre quelqu'un de faire quelque chose. *Essaie de le **décider** à venir avec nous à la campagne.* (Syn. **persuader.**)
★ Famille du mot : décidé, décid**ément**, décis**if**, décis**ion**, **in**décis, **in**décis**ion**.

décideur, euse (nom) Personne qui a le pouvoir de prendre des décisions. *Les **décideurs** devront se prononcer sur les actions à engager dans l'entreprise.*

décigramme (nom masculin) Dixième partie du gramme.
▶ **Décigramme** s'abrège *dg*.

décilitre (nom masculin) Dixième partie du litre.
▶ **Décilitre** s'abrège *dl*.

déciller Voir ***dessiller***.

décimal, ale, aux (adjectif) • **Nombre décimal** : nombre qui a des chiffres après la virgule. • **Système décimal** : manière de compter qui a pour base le nombre dix.
▪ **décimale** (nom féminin) Chacun des chiffres placés après la virgule. *4,75 a deux **décimales** : 7 et 5.*

décimer (verbe) (conj. 3) Faire mourir beaucoup de gens ou d'animaux. *Une épidémie de choléra **a décimé** le pays.*
★ **Décimer** vient du latin *decem* qui signifie « dix », car les Romains infligeaient la peine de mort à un soldat sur dix, lorsque les troupes avaient reculé.

décimètre (nom masculin) **1** Dixième partie du mètre. **2** Règle graduée. *Un double **décimètre** mesure 20 centimètres.*
▶ **Décimètre** s'abrège *dm*.

décisif, ive (adjectif) Qui décide du résultat définitif. *Tes prochaines notes seront **décisives** pour ton passage en sixième.* (Syn. **capital, déterminant.**)

décision (nom féminin) **1** Ce que l'on a décidé de faire. *Mes parents n'ont encore pris aucune **décision** pour les vacances, je ne sais donc pas où nous irons.* **2** Qualité d'une personne ferme et résolue. *Il agit toujours avec **décision**, sans vaines hésitations.* (Contr. **indécision.**)

a b c d e f g h i j k l m n o p q r s t u v w x y z

déclamation (nom féminin) Art de déclamer. *La comédienne prend des leçons de **déclamation** avec un professeur.*

déclamer (verbe) (conj. 3) Réciter à haute voix, d'un ton solennel. ***Déclamer** un discours.*

déclaratif, ive (adjectif) Qui sert à déclarer quelque chose. *Les verbes « affirmer », « dire », « raconter » sont des verbes **déclaratifs**.*

déclaration (nom féminin) Ce que l'on dit pour déclarer quelque chose. *Le président de la République doit faire une **déclaration** ce soir à la télévision.* • **Déclaration d'impôts** : formulaire que l'on remplit chaque année pour déclarer ses revenus.

déclarer (verbe) (conj. 3) **1** Faire savoir ou annoncer quelque chose. *Anna nous **a déclaré** qu'elle n'était pas d'accord.* **2** Faire connaître officiellement. ***Déclarer** à la mairie la naissance d'un enfant.* **3 Se déclarer** : commencer à se manifester. *Le feu **s'est** d'abord **déclaré** dans le garage.*
★ Famille du mot : déclar**atif**, déclar**ation**.

déclasser (verbe) (conj. 3) **1** Déranger l'ordre, le classement. *Qui **a déclassé** tous les dossiers qui étaient rangés ?* (Contr. **classer**.) **2** Classer à un moins bon rang. *Le coureur **a été déclassé** car il n'a pas respecté le règlement.* (Syn. **rétrograder**.)

déclenchement (nom masculin) Fait de se déclencher. *Le **déclenchement** de l'alarme a alerté le propriétaire de la voiture.*

déclencher (verbe) (conj. 3) **1** Faire fonctionner un mécanisme. *Ce bouton **déclenche** automatiquement la fermeture des volets.* **2** Provoquer une réaction. *Ce qu'elle a dit **a déclenché** un éclat de rire général.*

déclencheur, euse (adjectif) Qui déclenche un processus. *Quel a été le facteur **déclencheur** de votre succès ?*
▪ **déclencheur** (nom masculin) Dispositif qui déclenche un mécanisme. *L'appareil photographique est muni d'un **déclencheur** de l'obturateur.*

déclic (nom masculin) Bruit sec provoqué par un mécanisme qui déclenche quelque chose. *Le **déclic** de cet appareil photo s'entend à peine.*

déclin (nom masculin) Fait de décliner. *Le **déclin** du jour. Le **déclin** de l'Empire romain.*

déclinaison (nom féminin) **1** Ensemble des diverses formes prises par les noms, les adjectifs et les pronoms suivant les rapports grammaticaux, dans certaines langues. *Laura apprend les **déclinaisons** latines.* **2** Action de présenter un produit sous différentes formes. **3** Hauteur d'un astre au-dessus du plan équatorial. • **Déclinaison magnétique** : angle qui sépare la direction du nord magnétique de celle du nord géographique.

décliner (verbe) (conj. 3) **1** Perdre de sa force, de sa puissance. *Sa vue **a décliné**, il ne peut plus conduire sans lunettes.* (Syn. **baisser, diminuer**.) **2** Refuser quelque chose. *Odile **a décliné** mon offre de l'aider.*

déclivité (nom féminin) État de ce qui est en pente. *Cette piste de ski est dangereuse car elle présente une forte **déclivité**.*

décloisonner (verbe) (conj. 3) **1** Ôter les cloisons d'une pièce. *Nous avons **décloisonné** la pièce pour faire un grand salon.* **2** Supprimer ce qui fait obstacle à la communication. *Dans cette école, les élèves des différentes classes travaillent régulièrement en ateliers **décloisonnés**.*

déclouer (verbe) (conj. 3) Arracher les clous qui tenaient des choses assemblées. *Cette planche ne tient plus, elle **est déclouée**.* (Contr. **clouer**.)

décocher (verbe) (conj. 3) • **Décocher une flèche** : la lancer avec un arc ou une arbalète.

décoction (nom féminin) Boisson obtenue en faisant tremper dans un liquide bouillant une plante aromatique ou médicinale. *Victor boit une **décoction** de queues de cerises.*

décoder (verbe) (conj. 3) Traduire les signes d'un message codé en langage clair. *Autrefois, les marins devaient **décoder** le morse.*

décodeur (nom masculin) Appareil qui permet de décoder des signaux. *Pour avoir accès à ce programme de télévision, il faut un **décodeur**.*

décoffrer (verbe) (conj. 3) Ôter les coffrages d'un ouvrage de maçonnerie lorsque le béton a suffisamment durci.

décoiffer (verbe) (conj. 3) Synonyme de dépeigner. *En ôtant son bonnet, Sarah **s'est décoiffée**.*

décolérer (verbe) (conj. 8) • **Ne pas décolérer** : ne pas cesser d'être en colère.

décollage (nom masculin) Fait de décoller. *Le **décollage** de l'avion est prévu pour 15 heures 10.* (Contr. **atterrissage**.)

décollé, ée (adjectif) Séparé du reste. *Ibrahim a les oreilles **décollées**, on va bientôt l'opérer.*

décollement (nom masculin) **1** Action de décoller. **2** Séparation d'un tissu, d'un organe, de la partie à laquelle il adhérait. *Les **décollements** de rétine sont soignés au rayon laser.*

décoller (verbe) (conj. 3) **1** Détacher ce qui était collé. *Quel beau timbre ! Je vais le **décoller** de l'enveloppe.* (Contr. **coller**.) **2** Quitter le sol. *Avant que l'avion **décolle**, les passagers attachent leur ceinture.* (Contr. **atterrir**.)

décolleté, ée (adjectif) Qui laisse voir le cou, les épaules et le haut de la poitrine. *Quand elle est bronzée, elle porte toujours des robes **décolletées**.*
▪ **décolleté** (nom masculin) Endroit où un vêtement est décolleté.

décolleuse (nom féminin) Machine à décoller les revêtements muraux ou de sol. *Fatima a enlevé le papier peint à l'aide d'une **décolleuse**.*

décolorer (verbe) (conj. 3) Faire perdre sa couleur initiale. *Cette chemise s'**est décolorée** au lavage.*

décombres (nom masculin pluriel) Ruines et débris laissés par une destruction. *Les gendarmes fouillent les **décombres**, à la recherche des disparus.*

décommander (verbe) (conj. 3) Annuler une commande, une invitation ou un rendez-vous. *Si trop de gens **se décommandent**, le spectacle sera annulé.*

décomposé, ée (adjectif) Qui a l'air bouleversé. *Il a eu soudain le visage **décomposé** en apprenant la nouvelle.*

décomposer (verbe) (conj. 3) **1** Séparer les parties qui composent quelque chose. *Kevin **a décomposé** le nombre 1 683 : 1 000 + 600 + 80 + 3 = 1 683.* **2** Se décomposer : synonyme de pourrir. *Avec la chaleur, le poisson **s'est** vite **décomposé**, il est immangeable.*

décomposition (nom féminin) Fait de se décomposer. *Des cadavres en **décomposition**.*

décompresser (verbe) (conj. 3) Dans la langue familière, relâcher la tension nerveuse. *Viens avec nous à la campagne ce week-end pour **décompresser** un peu.*

décompression (nom féminin) Affaiblissement de la pression. *Les scaphandriers ont souffert de la **décompression** en remontant à la surface.* (Contr. **compression.**)

décompte (nom masculin) **1** Déduction à faire sur une somme. *Le garagiste fera un **décompte** de 50 euros sur votre facture.* **2** Compte détaillé d'une somme due. *La comptable fait le **décompte** de toutes les factures.*
▶ Prononciation [dekɔ̃t].

décompter (verbe) (conj. 3) Soustraire une partie d'une somme que l'on doit payer. ***J'ai décompté** ce que tu m'as déjà remboursé.* (Syn. **déduire.**)

déconcentrer (verbe) (conj. 3) Disperser l'attention de quelqu'un. *Les cris du public **ont déconcentré** l'athlète qui a raté son saut.*

déconcertant, ante (adjectif) Qui déconcerte. *Cette question est vraiment **déconcertante**, je ne sais que répondre.* (Syn. **déroutant, surprenant.**)

déconcerter (verbe) (conj. 3) Surprendre quelqu'un et le troubler. *Ta réponse me **déconcerte**, je ne m'y attendais pas.* (Syn. **décontenancer, dérouter, désarçonner, désorienter.**)

déconfit, ite (adjectif) Qui est déçu et abattu. *Clément est tout **déconfit** par son échec.*

déconfiture (nom féminin) Échec complet. *Les troupes ennemies en pleine **déconfiture** ont fini par capituler.*

décongélation (nom féminin) Action de décongeler. (Contr. **congélation.**)

décongeler (verbe) (conj. 8) Ramener un aliment congelé à une température normale. *Maman a sorti le gigot du congélateur pour le **décongeler**.*

décongestionner (verbe) (conj. 3) **1** Atténuer ou faire disparaître la congestion de la peau, d'un organe. *L'eucalyptus **décongestionne** les voies respiratoires.* **2** Atténuer, faire cesser l'encombrement d'une voie de circulation, d'un service. *Le nouveau contournement **décongestionnera** le centre de la ville.*

déconnecter (verbe) (conj. 3) Débrancher un appareil. ***J'ai déconnecté** la télévision à cause de l'orage.*

déconnexion (nom féminin) Interruption d'une connexion. *Ibrahim a programmé l'ordinateur pour avoir une **déconnexion** automatique.* (Contr. **connexion.**)

déconseiller (verbe) (conj. 3) Conseiller de ne pas faire quelque chose. *La sécurité routière **déconseille** aux automobilistes de partir après 16 heures, pour éviter les embouteillages.* (Contr. **conseiller.**)

se **déconsidérer** (verbe) (conj. 8) Perdre l'estime ou le respect dont on jouissait. *En agissant si bêtement, il **s'est déconsidéré**.* (Syn. **se discréditer.**)

décontenancer (verbe) (conj. 4) Synonyme de déconcerter. *Cette question inattendue l'**a décontenancée**, elle n'a pas su quoi répondre.*

se **décontracter** (verbe) (conj. 3) **1** Détendre son corps. *Tu es crispé, **décontracte-toi** un peu !* (Syn. **se relaxer.**) **2** Avoir l'esprit tranquille, insouciant. *C'est un enfant très **décontracté**, qui ne se fait guère de soucis inutiles.*

décontraction (nom féminin) Fait d'être décontracté, détendu.

déconvenue (nom féminin) Synonyme littéraire de déception.

décor (nom masculin) **1** Ensemble d'accessoires utilisés pour représenter un lieu, au théâtre ou au cinéma. *Ce film a été tourné en **décors** naturels.* **2** Synonyme d'environnement. *Ils habitent en haut de la montagne, dans un **décor** de rêve.* (Syn. **cadre.**)

décorateur, trice (nom) Personne qui décore des appartements ou qui crée des décors de théâtre ou de cinéma.

décoratif, ive (adjectif) Qui décore agréablement. *Ces jolis bouquets sont très **décoratifs**.*

décoration (nom féminin) **1** Façon de décorer un lieu. *Maman envisage de changer toute la **décoration** de l'appartement.* **2** Insigne pour honorer ou récompenser quelqu'un. *Ce militaire est couvert de **décorations**.* (Syn. **médaille.**)

décorer (verbe) (conj. 3) **1** Garnir un lieu d'accessoires pour le rendre plus beau. *Le salon **est décoré** avec de jolis tableaux.* (Syn. **orner.**) **2** Remettre une décoration à quelqu'un. *On l'**a décoré** de la Légion d'honneur.*
★ Famille du mot : décor, déco**rateur**, déco**ratif**, décora**tion**.

décortiquer (verbe) (conj. 3) Enlever l'enveloppe dure ou la coquille d'un aliment. ***Décortiquer** des langoustines.*
★ **Décortiquer** vient du latin *cortex* qui signifie « écorce ».

décorum (nom masculin) Ensemble des règles de bienséance à observer dans la bonne société.
► Prononciation [dekɔʀɔm].

décote (nom féminin) **1** Évaluation inférieure de la valeur d'un titre ou d'une monnaie par rapport à leur cours officiel. *Une monnaie faible peut subir une **décote**.* **2** Réduction consentie sur un impôt.

découcher (verbe) (conj. 3) Ne pas rentrer dormir chez soi. *Notre voisine est inquiète car son mari a **découché**.*

découdre (verbe) (conj. 53) Défaire ce qui était cousu. *J'ai un bouton de ma veste qui **est décousu**, je vais le recoudre.* • **Être décousu** : au sens figuré, qui n'a pas de suite logique. *Ses propos **étaient** très **décousus**, on n'a rien compris.* (Syn. **incohérent.**)

découler (verbe) (conj. 3) Être la conséquence logique de quelque chose. *Cette défaite **découle** de notre manque d'entraînement.* (Syn. **provenir, résulter.**)

découpage (nom masculin) **1** Action de découper. *Le **découpage** d'une volaille.* **2** Image à découper. *Au centre de ce cahier de vacances, il y a une planche de **découpages**.*

découpe (nom féminin) **1** Ce qui a été découpé. *Le boucher place ses **découpes** de viande sur le présentoir.* **2** Morceau de tissu ajouté à un vêtement, dans un but esthétique. *Les **découpes** soulignent la silhouette.*

découper (verbe) (conj. 3) **1** Couper en morceaux ou en tranches. *Qui sait **découper** le gigot ?* **2** Couper une image avec des ciseaux, en suivant les contours. *Il **a découpé** cette petite annonce dans le journal.* **3 Se découper** : apparaître nettement. *La cathédrale **se découpe** sur l'horizon.* (Syn. **se détacher.**)

décourageant, ante (adjectif) Qui décourage. *Plus je répare cette voiture et plus elle tombe en panne : c'est vraiment très **décourageant** !* (Contr. **encourageant.**)

découragement (nom masculin) Fait d'être découragé. *Je n'y arrive vraiment pas, le **découragement** me gagne.*

décourager (verbe) (conj. 5) Faire perdre le courage. *La pluie l'**a découragé** d'aller se promener.* (Syn. **démoraliser.** Contr. **encourager.**)

décousu Voir ***découdre***.

découverte (nom féminin) Fait de découvrir des choses inconnues. *C'est Pasteur qui a fait la **découverte** des microbes.*

découvreur, euse (nom) Personne qui fait ou a fait des découvertes. *Un **découvreur** de génie.*

découvrir (verbe) (conj. 12) **1** Trouver quelque chose qui était caché ou inconnu. ***Découvrir** un trésor. Christophe Colomb **a découvert** l'Amérique en 1492.* **2** Apercevoir quelque chose. *En arrivant au col, on **a découvert** le paysage.* **3 Se découvrir** : enlever un vêtement ou une partie de ses vêtements. *Le proverbe dit : « En avril ne **te découvre** pas d'un fil ».* **4 Se découvrir** : retirer son chapeau. *Il **se découvre** toujours pour saluer les dames.* **5 Se découvrir** : s'éclaircir, en parlant du temps, du ciel. (Syn. **se dégager.** Contr. **se couvrir.**)

décrasser (verbe) (conj. 3) Débarrasser de la crasse. *Il faut **décrasser** le conduit de la cheminée avant de faire du feu.* (Syn. **nettoyer.** Contr. **encrasser.**)

décrépit, ite (adjectif) Très abîmé par la vieillesse. *Cette vieille femme **décrépite** fait peine à voir.* (Syn. **usé.**)

decrescendo (adverbe) En allant du plus fort au moins fort dans l'intensité du son. *Ce passage musical se joue **decrescendo**.*
▪ **decrescendo** (nom masculin) Phrase musicale jouée decrescendo. *La partition comprend de nombreux **decrescendos**.*
► Pluriel : des **decrescendos**.
► On écrit aussi **décrescendo**.
★ **Decrescendo** est un mot italien qui signifie « en décroissant ».

décret (nom masculin) Décision prise par le gouvernement. *Un **décret** municipal limite la vitesse dans cette rue à 35 km/h.*

décréter (verbe) (conj. 8) **1** Ordonner par décret. *Le préfet **a décrété** la fermeture de cette décharge.* **2** Décider fermement, avec autorité. *Cet athlète **a décrété** qu'il arrêtait la compétition.*

décrier (verbe) (conj. 10) Synonyme de dénigrer. *Je ne comprends pas pourquoi ce film **a été** autant **décrié** car il m'a beaucoup plu.*

décrire (verbe) (conj. 47) **1** Faire la description de quelque chose ou de quelqu'un. *Je vais vous **décrire** la situation en quelques mots.* (Syn. **dépeindre.**) **2** Suivre une trajectoire courbe. *La patineuse **décrit** une large boucle sur la glace.*

décrocher (verbe) (conj. 3) **1** Défaire ce qui était accroché. *Avant de repeindre la pièce, il a fallu **décrocher** tous les tableaux.* (Contr. **accrocher.**) **2** Soulever le téléphone de son support. *Le téléphone sonne, tu ne veux pas **décrocher** ?* (Contr. **raccrocher.**) **3** Synonyme familier d'obtenir. *Ursula espère bien **décrocher** le gros lot.*

décroissant, ante (adjectif) Qui est dans un ordre allant du plus grand au plus petit. *Dans un compte à rebours, on compte dans l'ordre **décroissant** : 5, 4, 3, 2, 1, 0.* (Contr. **croissant.**)

décroître (verbe) (conj. 37) Diminuer peu à peu. *Les jours commencent à **décroître** dès le début de l'été.* (Contr. **croître.**)
► On écrit aussi **décroitre**.

décrotter (verbe) (conj. 3) **1** Ôter la boue. ***Décrotte** tes bottes avant d'entrer !* **2** Au sens figuré, dépouiller quelqu'un de ses mauvaises manières. *Il va être difficile de **décrotter** ce lourdaud.*

décrue (nom féminin) Baisse du niveau des eaux après une crue. *Bonne nouvelle, la rivière a amorcé sa **décrue** !*

décrypter (verbe) (conj. 3) Découvrir le sens d'un système d'écriture. *Zoé apprend à **décrypter** les chiffres romains.* (Syn. **déchiffrer.**)

déculpabiliser (verbe) (conj. 3) Libérer quelqu'un d'un sentiment de culpabilité.

décuple (adjectif) Qui vaut dix fois. *1 000 est la valeur **décuple** de 100.*
■ **décuple** (nom masculin) Quantité qui vaut dix fois une autre quantité. *1 000 est le **décuple** de 100.*
★ **Décuple** vient du latin *decem* qui signifie « dix ».

décupler (verbe) (conj. 3) **1** Multiplier par dix. **2** Au sens figuré, augmenter énormément. *L'approche de la victoire **décuple** ses forces.*

dédaigner (verbe) (conj. 3) Traiter avec dédain. *Il a toujours **dédaigné** les honneurs et refusé toute décoration.* (Syn. **mépriser.**)

dédaigneux, euse (adjectif) Qui est hautain et méprisant. *Ce garçon m'a vexé en me parlant d'un ton **dédaigneux**.*

dédain (nom masculin) Mépris ou arrogance envers autrui. *Elle nous a regardés avec **dédain**.*

dédale (nom masculin) Synonyme de labyrinthe. *Cet immense souterrain est un véritable **dédale**.*
★ **Dédale** était l'architecte légendaire qui construisit le labyrinthe de Crète dans l'Antiquité.

dedans (adverbe) À l'intérieur. *Ouvre la boîte et regarde ce qu'il y a **dedans**.* (Contr. **dehors.**) • **Là-dedans** : dans cet endroit.
■ **dedans** (nom masculin) Intérieur de quelque chose. *Ce fruit avait l'air bon, mais le **dedans** est tout pourri !*

dédicace (nom féminin) Phrase écrite pour quelqu'un sur un livre, par son auteur. *« À Benjamin, avec toute mon affection » est une gentille **dédicace**.*

dédicacer (verbe) (conj. 4) Écrire une dédicace. *Élodie a fait **dédicacer** son livre par l'auteur.*

dédier (verbe) (conj. 10) **1** Offrir en hommage par une inscription. *Cet auteur **a dédié** son livre à ses parents.* **2** Consacrer un lieu à un dieu ou à un saint. *Ce temple grec **était dédié** à Aphrodite, déesse de l'Amour.*

se **dédire** (verbe) (conj. 46) Revenir sur ce qu'on avait dit ou promis. *Le témoin **s'est** tout à coup **dédit**.*
▶ **Dédire** se conjugue comme *dire*, sauf à la 2e personne du pluriel du présent : vous vous dédisez.

dédit (nom masculin) Indemnité prévue dans un contrat contre celui qui a rompu un accord. *Votre **dédit** est de 150 euros.*
▶ Prononciation [dedi].

dédommagement (nom masculin) Indemnité accordée en compensation d'un dommage. *L'assurance a versé des **dédommagements** aux victimes.*

dédommager (verbe) (conj. 5) Accorder un dédommagement à quelqu'un. *C'est toi qui as cassé mon vélo, c'est à toi de me **dédommager**.* (Syn. **indemniser.**)

dédouaner (verbe) (conj. 3) **1** Payer les droits de douane. *Vous devez obligatoirement **dédouaner** votre véhicule.* **2** Au sens figuré, rétablir une personne dans la confiance et le respect qu'elle a perdus. *Le ministre a **dédouané** son chef de cabinet.* (Syn. **réhabiliter.**)

dédoubler (verbe) (conj. 3) Partager une chose en deux. *L'année prochaine, la directrice souhaite **dédoubler** la classe du cours préparatoire.*

dédramatiser (verbe) (conj. 3) Rendre moins dramatique. *Ce conflit n'est pas grave, il faut le **dédramatiser**.* (Contr. **dramatiser.**)

déductible (adjectif) Qui peut être déduit, soustrait. *Les frais professionnels sont **déductibles** des impôts.*

déduction (nom féminin) **1** Action de déduire une somme. *Avez-vous fait la **déduction** de ce que j'ai déjà versé ?* **2** Raisonnement qui permet de déduire logiquement. *Pierre est plus grand que Fatima : la **déduction** que l'on peut faire, c'est que Fatima est plus petite que Pierre.*

déduire (verbe) (conj. 43) **1** Enlever une somme d'un total. *Sur les vingt francs que je te dois, je **déduis** les dix francs que tu me dois : je ne te dois donc plus que dix francs.* (Syn. **décompter, soustraire.**) **2** Tirer la conséquence logique de quelque chose. *Il n'est pas encore arrivé : j'en **déduis** qu'il a été retardé par les embouteillages.* (Syn. **conclure.**)
★ Famille du mot : déduc**tion**, déduc**tible**.

déesse (nom féminin) Divinité féminine. *Cérès était la **déesse** romaine des moissons.*

défaillance (nom féminin) **1** Moment de faiblesse. *Cet athlète a été victime d'une **défaillance** dans la dernière ligne droite.* **2** Arrêt du fonctionnement normal d'une machine. *C'est la **défaillance** du système de sécurité du musée qui a permis le vol des tableaux.*

défaillant, ante (adjectif) **1** Qui a une défaillance. *Sa mémoire est **défaillante**, il ne se souvient de rien.* **2** Qui ne vient pas là où on l'attendait. *Dix candidats étaient **défaillants** le jour de l'examen.*

défaillir (verbe) (conj. 14) Synonyme de s'évanouir. *Il a tellement faim qu'il est sur le point de **défaillir**.*
★ Famille du mot : défaill**ance**, défaill**ant**.

défaire (verbe) (conj. 42) **1** Faire à l'inverse de ce qui avait été fait avant. *En arrivant à l'hôtel, elle **a défait** sa valise.* **2** Détacher ou dénouer quelque chose. *Fais attention, tes lacets **sont défaits**.* **3** **Se défaire** : se débarrasser de quelque chose. ***Se défaire** de ses bagages dès l'arrivée à l'aéroport.*

défaite (nom féminin) Fait de perdre une bataille ou une compétition. *La **défaite** de l'équipe de rugby a consterné les supporters.* (Contr. **victoire.**)

défaitiste (adjectif) Qui n'a pas l'espoir de gagner. *Ne sois pas si **défaitiste**, je suis sûr que tu vas réussir.* (Syn. **pessimiste.**)

défalquer (verbe) (conj. 3) Déduire une somme d'un compte. ***Défalquer** les frais du bénéfice brut.*
★ **Défalquer** vient du latin *defalcare* qui signifie « couper avec la faux ».

se **défausser** (verbe) (conj. 3) **1** Se débarrasser d'une carte inutile ou gênante, au jeu de cartes. *Zoé **s'est défaussée** du valet de pique.* **2** Se débarrasser d'une corvée, se dégager d'une responsabilité. *Vous ne pouvez **vous défausser** de tout sur moi !*

défaut (nom masculin) **1** Ce qui n'est pas bien dans le caractère d'une personne. *C'est un orgueilleux et un menteur, et ce ne sont pas ses seuls **défauts** !* (Contr. **qualité**.) **2** Partie mal faite. *Cette robe était soldée car elle a un **défaut** au col.* (Syn. **imperfection**.) • **À défaut de** : en l'absence de. ***À défaut de** soda, il a bu de l'eau.* (Syn. **faute de**.) • **Faire défaut** : manquer. *Sa mémoire lui **a fait défaut**.*

défavorable (adjectif) Qui n'est pas favorable. *Le vent **défavorable** empêche le voilier de rentrer dans le port.* (Contr. **favorable**, **propice**.)

défavoriser (verbe) (conj. 3) Donner à quelqu'un moins d'avantages qu'aux autres. *Romain a eu moins de cadeaux que ses frères et s'estime **défavorisé**.* (Syn. **désavantager**. Contr. **favoriser**.)

défectif, ive (adjectif et nom masculin) Se dit d'un verbe qui n'a pas, dans l'usage, tous les temps, modes ou personnes du type de conjugaison dont il fait partie. *« Choir », « clore » et « faillir » sont des verbes **défectifs**.*
★ **Défectif** vient du latin *deficere* qui signifie « faire défaut ».

défection (nom féminin) Fait de ne pas venir là où l'on était attendu. *Il a annoncé sa **défection** à notre réunion au dernier moment.*

défectueux, euse (adjectif) Qui a un défaut empêchant le bon fonctionnement. *Comme cette machine neuve est **défectueuse**, le magasin va nous la changer.*

défendre (verbe) (conj. 31) **1** Interdire à quelqu'un de faire quelque chose. *Maman nous **défend** de jouer avec les allumettes.* (Contr. **autoriser**, **permettre**.) **2** Aider, soutenir ou protéger quelqu'un qui est attaqué. *Anna est prête à se battre pour **défendre** ses amis.* • **À son corps défendant** : à contrecœur.
★ Famille du mot : autodéfense, défense, défenseur, défensif.

défenestrer (verbe) (conj. 3) **1** Jeter quelqu'un par la fenêtre. *L'assassin a **défenestré** sa victime.* **2 Se défenestrer** : se précipiter dans le vide par la fenêtre.

défense (nom féminin) **1** Action de défendre quelque chose à quelqu'un. *Sur ce mur est écrit : « **Défense** d'afficher ».* (Syn. **interdiction**.) **2** Action de défendre quelqu'un qui est attaqué. *L'avocat assure la **défense** de l'accusé. Il prend toujours la **défense** de son petit frère.* **3** Très longue dent recourbée de certains mammifères. *Les éléphants, les morses, les sangliers ont des **défenses**.*

défenseur (nom masculin) Personne qui défend quelqu'un ou quelque chose. *Dans le film, le shérif était le seul **défenseur** de la loi.*

défensif, ive (adjectif) Qui sert à défendre. *Autrefois, les boucliers servaient d'armes **défensives**.* (Contr. **offensif**.)
■ **défensive** (nom féminin) Attitude de défense pour contenir une attaque ennemie. *Le pays a choisi la **défensive** plutôt que l'attaque.* • **Être sur la défensive** : être prêt à se défendre.

déféquer (verbe) (conj. 8) Évacuer ses matières fécales. *Une personne constipée a des difficultés à **déféquer**.*
★ **Déféquer** vient du latin *defæcare* qui signifie « débarrasser de la lie ».

déférence (nom féminin) Politesse respectueuse. *David traite les personnes âgées avec **déférence**.*

déférer (verbe) (conj. 8) **1** Traduire un accusé en justice ; présenter une affaire en justice. *L'inculpé **a été déféré** devant le juge.* (Syn. **traduire**.) **2** Céder par respect. *Léo **a déféré** au désir de sa grand-mère.* (Contr. **résister**.)

déferlement (nom masculin) Fait de déferler. *Écouter le **déferlement** des vagues.*

déferler (verbe) (conj. 3) **1** Retomber en roulant et se briser. *Les vagues forment de l'écume en **déferlant** sur les galets.* **2** Au sens figuré, se précipiter quelque part. *La cavalerie **a déferlé** sur les troupes ennemies.*

défi (nom masculin) Provocation qu'on lance à quelqu'un pour voir s'il est capable de faire quelque chose. *Je te mets au **défi** d'énumérer les sept merveilles du monde.*

défiance (nom féminin) Synonyme de méfiance. *J'éprouve de la **défiance** envers les propositions de ce vendeur.*

déficience (nom féminin) Insuffisance physique ou intellectuelle.

déficient, ente (adjectif) Qui présente une déficience. *La santé de ce vieillard est **déficiente**.*

déficit (nom masculin) Somme d'argent qui manque pour que les recettes équilibrent les dépenses. *Comme ils avaient un gros **déficit** à la banque, on les a privés de chéquier.* (Contr. **bénéfice**.)
► Prononciation [defisit].

déficitaire (adjectif) Qui présente un déficit. *Cette compagnie de charters a fermé car elle était trop **déficitaire**.* (Contr. **bénéficiaire**.)

défier (verbe) (conj. 10) **1** Proposer un défi à quelqu'un. *Thomas **m'a défié** aux échecs.* **2 Se défier** : synonyme littéraire de se méfier.
★ Famille du mot : défi, défiance.

défigurer (verbe) (conj. 3) Abîmer ou déformer un visage. *Le passager **a été** complètement **défiguré** dans l'accident.*

défilé (nom masculin) **1** Passage très étroit entre deux montagnes. *Le* ***défilé*** *de Ronceveaux.* **2** Marche de personnes qui défilent. *Le* ***défilé*** *des majorettes.* **3** File de personnes. *Un* ***défilé*** *de mode.*

défiler (verbe) (conj. 3) **1** Marcher en file, en rangs. *Les manifestants* ***ont défilé*** *en chantant des slogans.* **2** Se suivre sans interruption. *Les clients* ***défilent*** *sans cesse dans cette boulangerie.*

défini, ie (adjectif) **1** Qui est précis. *On lui a donné à faire un travail bien* ***défini***. (Contr. **imprécis, vague.**) **2** Se dit d'un article qui sert à désigner des choses, des animaux ou des gens précis. *Le, la, les sont les articles* ***définis***. (Contr. **indéfini.**)

définir (verbe) (conj. 11) Expliquer avec précision, donner la définition. ***Définir*** *une expression, un mot.*
★ Famille du mot : défini, défini**tion**, **in**défini.

définitif, ive (adjectif) Qu'on ne peut plus changer. *On attend le résultat* ***définitif*** *des élections.* (Contr. **provisoire.**) • **En définitive** : en fin de compte. ***En définitive****, c'est lui qui avait raison.*

définition (nom féminin) Explication du sens d'un mot. *Le dictionnaire donne la* ***définition*** *des mots.*

définitivement (adverbe) De façon définitive, pour toujours. *Il s'est installé* ***définitivement*** *à l'étranger.*

défiscaliser (verbe) (conj. 3) Libérer de tout impôt. *Le ministère des finances* ***défiscalise*** *certains revenus.* (Syn. **exonérer.**)

déflagration (nom féminin) Explosion violente. *Quand la citerne a explosé, la* ***déflagration*** *a été entendue à des kilomètres à la ronde.*

déflation (nom féminin) Ralentissement durable de l'inflation par des mesures monétaires. *Le pays vit une période de* ***déflation***.

défoliant, ante (adjectif et nom masculin) Qui produit la destruction de la végétation. *L'armée a utilisé des produits chimiques* ***défoliants***.

défoncé, ée (adjectif) Abîmé par des creux et des bosses. *La voiture roule lentement sur la route* ***défoncée***.

défoncer (verbe) (conj. 4) Casser en enfonçant. *En reculant, le camion* ***a défoncé*** *une voiture.*

déforestation (nom féminin) Destruction de la forêt. *La* ***déforestation*** *de l'Amazonie représente un grave danger pour la planète.*

déformant, ante (adjectif) Qui déforme. *Un miroir* ***déformant***.

déformation (nom féminin) Fait de se déformer. *La scoliose est une* ***déformation*** *de la colonne vertébrale.*

déformer (verbe) (conj. 3) Changer la forme de quelque chose. *Les rhumatismes lui* ***déforment*** *les mains. Mon pull* ***s'est*** *complètement* ***déformé*** *au lavage.*

défoulement (nom masculin) Fait de se défouler. *Cette crise de rire a été un bon* ***défoulement***.

se **défouler** (verbe) (conj. 3) Se libérer en faisant ce qu'on a envie de faire. *Les enfants* ***se défoulent*** *en jouant au ballon.*

défraîchi, ie (adjectif) Qui a perdu son éclat, ses couleurs. *Pour bricoler, Victor a enfilé un vieux pantalon* ***défraîchi***.
► On écrit aussi **défraichi, ie**.

défrayer (verbe) (conj. 7) Rembourser quelqu'un de ses frais. *La société le* ***défraie*** *de ses frais de déplacement.* • **Défrayer la chronique** : faire beaucoup parler de soi.

défricher (verbe) (conj. 3) Détruire les herbes et les plantes qui encombrent un terrain. *Les ronces ont envahi le jardin, il faut tout* ***défricher***.

défroqué, ée (adjectif et nom) Qui n'est plus prêtre ou moine. *Un prêtre* ***défroqué*** *travaille en usine.*

défunt, unte (nom) Personne morte. *Selon la volonté du* ***défunt****, l'enterrement aura lieu dans l'intimité.*

dégagé, ée (adjectif) Qui montre de l'aisance. *Malgré sa peur, elle parlait d'un ton* ***dégagé***. (Contr. **embarrassé.**)

dégagement (nom masculin) Action de dégager, ou fait de se dégager.

dégager (verbe) (conj. 5) **1** Débarrasser quelque chose de ce qui l'encombre. *Il va falloir* ***dégager*** *le couloir pour faire passer le piano.* **2** Laisser échapper quelque chose. *Le jasmin* ***dégage*** *un parfum délicieux.* (Syn. **répandre.**) **3** Envoyer le ballon très loin. *Le goal* ***a dégagé*** *en touche.* **4 Se dégager** : apparaître quelque part. *Une épaisse fumée* ***se dégage*** *du bâtiment en feu.* **5 Se dégager** : s'éclaircir. *Le ciel* ***se dégage****, il va faire beau.*
★ Famille du mot : dégagé, dégage**ment**.

dégaine (nom féminin) Synonyme familier d'allure. *Tu as une drôle de* ***dégaine*** *avec ces vêtements trop grands !*

dégainer (verbe) (conj. 3) Sortir une arme de son étui. ***Dégainer*** *un pistolet, une épée.*

dégarnir (verbe) (conj. 11) **1** Vider un lieu de ce qui le garnit. *Depuis la grève des routiers, les rayons du supermarché* ***sont*** *complètement* ***dégarnis***. **2 Se dégarnir** : perdre ses cheveux.

dégât (nom masculin) Destruction causée par une catastrophe, un accident. *La tempête a fait de gros* ***dégâts*** *dans le port.* (Syn. **dégradation, dommage.**)

dégauchir (verbe) (conj. 11) Rendre plane la surface d'une pièce de menuiserie ou d'une pierre. *Le menuisier* ***dégauchit*** *une planche au rabot.*

dégazer (verbe) (conj. 3) **1** Éliminer les gaz de. ***Dégazer*** *une eau.* **2** Éliminer les gaz et les résidus contenus dans les cuves des navires pour nettoyer. *Malgré l'interdiction, le pétrolier a* ***dégazé*** *en haute mer.*

dégel (nom masculin) Période de fonte des neiges ou des glaces. *C'est le début du* ***dégel****, il faut se méfier des avalanches en montagne.*

a b c d e f g h i j k l m n o p q r s t u v w x y z

dégeler (verbe) (conj. 8) Faire fondre ce qui était gelé. *La température remonte, les rivières commencent à **dégeler**.* (Contr. **geler**.)

dégénérer (verbe) (conj. 8) Se transformer en quelque chose de pire. *Une grippe qui **dégénère** en pneumonie.*

dégingandé, ée (adjectif) Qui a l'air disloqué dans sa démarche. *Il est tout **dégingandé** et ressemble à un pantin quand il marche.*
▶ Prononciation [deʒɛ̃gɑ̃de].

dégivrage (nom masculin) Action de dégivrer. *Le **dégivrage** du frigidaire est automatique.*

dégivrer (verbe) (conj. 3) Enlever le givre. *Il essaie de **dégivrer** la serrure avec son briquet.*

déglinguer (verbe) (conj. 3) Synonyme familier de disloquer. *L'accident a complètement **déglingué** sa voiture.*

déglutir (verbe) (conj. 11) Avaler sa salive, un aliment. *Le malade **déglutit** difficilement.*

déglutition (nom féminin) Action de déglutir. *La **déglutition** permet le passage des aliments dans l'œsophage.*

dégoiser (verbe) (conj. 3) Parler beaucoup et rapidement, dans la langue familière. *Le patron est capable de **dégoiser** pendant des heures !*

dégonfler (verbe) (conj. 3) **1** Laisser s'échapper l'air qui gonflait quelque chose. ***Dégonfler** un ballon. La roue de secours **est dégonflée**, elle aussi !* (Contr. **gonfler**.) **2 Se dégonfler** : dans la langue familière, ne pas oser faire quelque chose.

dégorger (verbe) (conj. 5) **1** Rendre son liquide. *Le cuisinier fait **dégorger** le concombre.* **2** Expulser, évacuer un liquide. *L'oléoduc crevé **dégorge** du pétrole.* (Syn. **déverser**.) **3 Se dégorger** : s'épancher, se vider. *L'étang **se dégorge** dans des canaux.* (Syn. **se vider**.)

dégouliner (verbe) (conj. 3) Couler lentement. *La gouttière doit être bouchée, il y a de l'eau qui **dégouline** le long du mur.*

dégoupiller (verbe) (conj. 3) Enlever la goupille de. *Le soldat a **dégoupillé** une grenade.*

dégourdi, ie (adjectif) Qui est malin et débrouillard. *William est déjà très **dégourdi** pour son âge.*

dégourdir (verbe) (conj. 11) Faire cesser l'engourdissement. *Marchons un peu, ça va nous **dégourdir** les jambes !*

dégoût (nom masculin) Impression désagréable qu'on a devant quelque chose d'écœurant. *Julie a poussé un cri de **dégoût** en voyant le rat sortir de l'égout.* (Syn. **répulsion**.)
▶ On écrit aussi **dégout**.

dégoûtant, ante (adjectif) **1** Qui est très sale. *Tes mains sont **dégoûtantes**, va les laver avant de dîner.* (Syn. **répugnant**.) **2** Qui est ignoble, honteux. *Ils se sont conduits de façon **dégoûtante**.*
▶ On écrit aussi **dégoutant**.

dégoûter (verbe) (conj. 3) Inspirer du dégoût. *Ce gâteau à la crème me **dégoûte**, je n'en veux pas. Élodie **est dégoûtée** par les matchs de boxe.* (Syn. **écœurer**.)
★ Famille du mot : dégoût, dégoût**ant**.
▶ On écrit aussi **dégouter**.

dégradation (nom féminin) Fait de se dégrader. *L'humidité a provoqué des **dégradations** sur les murs.* (Syn. **dégât, détérioration**.)

dégradé (nom masculin) Diminution progressive de l'éclat d'une couleur. *Je te trouve très chic dans ce **dégradé** de beige.*

dégrader (verbe) (conj. 3) **1** Abîmer ou endommager une chose. *Cette maison vide se **dégrade** car elle n'est plus entretenue.* (Syn. **détériorer**.) **2** Faire perdre sa dignité à quelqu'un. *Le chômage et l'alcoolisme l'**ont dégradé**.* **3** Enlever à quelqu'un son grade. ***Dégrader** un militaire.* **4** Diminuer peu à peu les couleurs. *Le peintre **a** bien **dégradé** les bleus du ciel.*
★ Famille du mot : dégrad**ation**, dégrad**é**.

dégrafer (verbe) (conj. 3) Détacher ce qui est agrafé. ***Dégrafer** sa ceinture.*

dégraisser (verbe) (conj. 3) Enlever la graisse ou les taches de graisse. *Aurais-tu un produit pour **dégraisser** ce plat ?*

degré (nom masculin) **1** Unité qui sert à mesurer la température. *Il fait très chaud : 40 **degrés** (40 °) à l'ombre.* **2** Unité qui sert à mesurer les angles. *Un angle inférieur à 90 **degrés** (ou 90 °) est un angle aigu.* **3** Unité qui sert à mesurer la teneur en alcool. *Cette liqueur est très forte, elle dépasse 45 **degrés** (45 °) !* **4** Niveau ou rang d'une chose. *Quel est ton **degré** de parenté avec Xavier ?*

dégressif, ive (adjectif) Qui va en diminuant par degrés. *À partir de dix photocopies, le tarif est **dégressif**.*

dégrèvement (nom masculin) Diminution de la charge fiscale de. *Vous avez droit à un **dégrèvement** d'impôt.*

dégriffé, ée (adjectif) Auquel on a enlevé le carré de tissu portant le nom ou la marque du couturier. *Les articles **dégriffés** sont vendus moins cher.*

dégringolade (nom féminin) Synonyme familier de chute.

dégringoler (verbe) (conj. 3) **1** Synonyme familier de tomber. *En cueillant des cerises, Thomas **a dégringolé** de l'échelle.* **2** Synonyme familier de dévaler. *Marie **a dégringolé** l'escalier pour accueillir son amie.*

dégriser (verbe) (conj. 3) Faire disparaître l'ivresse. *Une bonne douche froide va le **dégriser**.*

dégrossir (verbe) (conj. 11) Tailler une matière grossièrement pour commencer à lui donner une forme. ***Dégrossir** un bloc de marbre.*

dégrouper (verbe) (conj. 3) Diviser en groupes des personnes ou des choses. *L'instituteur **a dégroupé** sa classe pour les activités artistiques.*

déguenillé, ée (adjectif) Qui est en guenilles. *Un clochard **déguenillé**.*

déguerpir (verbe) (conj. 11) Synonyme familier de s'enfuir. *Les souris **ont déguerpi** à l'arrivée du chat.*

déguisement (nom masculin) Costume servant à se déguiser. *Yann a choisi un **déguisement** de clown.*

déguiser (verbe) (conj. 3) **1** Transformer pour tromper. *Pour ne pas être reconnue, Fatima **a déguisé** sa voix en se pinçant le nez.* **2 Se déguiser :** porter un costume inhabituel et amusant. *Pour **se déguiser** en panthère noire, Benjamin s'est fait des moustaches avec un feutre noir.*

dégurgiter (verbe) (conj. 3) Rendre ce qu'on avait ingurgité. *Le goinfre a **dégurgité** son dîner.*

dégustation (nom féminin) Action de déguster. *Une **dégustation** de produits régionaux.*

déguster (verbe) (conj. 3) Manger ou boire lentement pour apprécier le goût. *On **a dégusté** un plateau de fruits de mer sur le port.* (Syn. **savourer.**)

se **déhancher** (verbe) (conj. 3) Se déplacer en balançant les hanches. *Marcher en **se déhanchant**.*

dehors (adverbe) À l'extérieur. *Allez jouer **dehors** avec ce ballon.* (Contr. **dedans.**) • **Mettre quelqu'un dehors :** le chasser. (Syn. **renvoyer.**)
■ **dehors** (nom masculin) **1** L'extérieur. *Les bruits qui viennent du **dehors** sont insupportables.* **2** Première impression donnée par quelqu'un. *Sous ses **dehors** aimables, c'est un vrai tyran.* (Syn. **apparence.**)

déisme (nom masculin) Croyance en l'existence d'une divinité mais avec refus de la religion.

déjà (adverbe) **1** Dès maintenant, dès à présent. *J'ai **déjà** fini de dîner.* **2** Auparavant, avant le moment présent. *Arthur a **déjà** pris l'avion tout seul, sans ses parents.*

déjection (nom féminin) • **Cône de déjection :** cône constitué de boue, de terre, de limon, de graviers, déposé par un torrent.
■ **déjections** (nom féminin pluriel) **1** Matières fécales évacuées. *Le chat recouvre ses **déjections**.* (Syn. **excréments.**) **2** Matières rejetées par un volcan. (Syn. **projections.**)

déjeuner (verbe) (conj. 3) Prendre le déjeuner ou le petit déjeuner. *Clément **déjeune** à la cantine. Ce matin, Gaëlle est partie à l'école sans **déjeuner** car elle s'est levée trop tard.*
■ **déjeuner** (nom masculin) Repas de midi. *On a pris le **déjeuner** sur la terrasse.*
★ **Déjeuner** c'était, à l'origine, « interrompre le jeûne ».

déjouer (verbe) (conj. 3) Faire échouer un projet. *Le général **a déjoué** à temps les plans des ennemis.*

delà Voir ***au-delà***.

délabré, ée (adjectif) Qui est en mauvais état. *La cabane était tellement **délabrée** qu'elle s'est effondrée.*

délabrement (nom masculin) État de ce qui est délabré. *Le **délabrement** de sa santé lui cause de gros soucis.*

délacer (verbe) (conj. 4) Défaire ce qui est lacé. *Tu vois bien qu'il est trop petit pour **délacer** tout seul ses chaussures.* (Syn. **dénouer.** Contr. **lacer.**)

délai (nom masculin) Durée à ne pas dépasser pour faire quelque chose. *À la bibliothèque, le **délai** est de quinze jours pour rapporter les livres que l'on a empruntés.*

délaisser (verbe) (conj. 3) Ne plus s'intéresser à quelque chose ou à quelqu'un. *Grand-mère se sent un peu **délaissée** par ses petits-enfants.* (Syn. **négliger.**)

délassement (nom masculin) Action ou façon de se délasser. *Les mots croisés sont souvent un bon **délassement**.*

délasser (verbe) (conj. 3) Faire disparaître la lassitude. *Il prend un bain chaud tous les soirs pour **se délasser**.* (Syn. **détendre.**)

délateur, trice (nom) Personne qui dénonce pour des raisons méprisables. *Vous n'êtes qu'un ignoble **délateur**.* (Syn. **dénonciateur.**)

délation (nom féminin) Fait de dénoncer quelqu'un par méchanceté.

délavé, ée (adjectif) Qui est décoloré par les lavages. *Ce pantalon a déteint, il est maintenant complètement **délavé**.*

délayage (nom masculin) Action de délayer.

délayer (verbe) (conj. 7) **1** Mélanger à un liquide. *Hélène a préparé la pâte à crêpes en **délayant** la farine et les œufs avec du lait.* **2** Au sens figuré, exprimer avec trop de mots. *Il **a** tellement **délayé** son discours que nous sommes partis avant la fin.*

délectable (adjectif) Synonyme de délicieux. *Merci pour ce dîner **délectable**.*

délectation (nom féminin) Fait de se délecter. *Déguster un foie gras avec **délectation**.*

se **délecter** (verbe) (conj. 3) Prendre un très grand plaisir à faire quelque chose. *Je **me suis délectée** à la lecture de ce livre.* (Syn. **se régaler.**)
★ Famille du mot : délect**able**, délect**ation**.

délégation (nom féminin) Groupe de délégués. *Le ministre a reçu une **délégation** d'agriculteurs.*

délégué, ée (nom) Personne déléguée. *Mon grand frère est le **délégué** de sa classe au collège.*

déléguer (verbe) (conj. 8) Envoyer quelqu'un pour représenter un groupe. *Les grévistes **ont délégué** deux représentants auprès du patron de l'usine.*
★ Famille du mot : délég**ation**, délégu**é**.

délester (verbe) (conj. 3) Enlever du lest pour alléger. ***Délester** une montgolfière.* (Contr. **lester.**)

délétère (adjectif) **1** Dangereux pour la santé, la vie. *Les malheureux ont respiré des gaz **délétères**.* (Syn. **toxique.**) **2** Au sens figuré, nuisible moralement ou intellectuellement. *L'orateur a prononcé un discours **délétère**.*

délibération (nom féminin) Action de délibérer. *Le jury est encore en pleine **délibération**.* (Syn. **débat, discussion.**)

délibéré, ée (adjectif) Qui est fait volontairement, en connaissance de cause. *Il l'a agressé avec l'intention **délibérée** de lui faire du mal.*

délibérément (adverbe) De façon délibérée. *David a menti **délibérément**.*

délibérer (verbe) (conj. 8) Réfléchir et discuter ensemble avant de prendre une décision. *Les sénateurs **délibèrent** sur un projet de loi.*
★ Famille du mot : délibér**ation**, délibér**é**, délibér**ément**.

délicat, ate (adjectif) **1** Qui est agréable et fin. *J'aime beaucoup l'odeur **délicate** de ces roses.* (Syn. **raffiné, subtil.** Contr. **violent.**) **2** Qui est sensible, fragile. *Elle a une santé très **délicate**.* (Contr. **résistant, robuste.**) **3** Qui est compliqué, embarrassant. *Le chômage est un sujet **délicat** à aborder.* (Contr. **facile, simple.**) **4** Qui est discret, bien élevé, attentionné. *Ibrahim est un garçon très **délicat**, il offre souvent des fleurs à sa mère.* (Contr. **grossier.**)
★ Famille du mot : délicate**ment**, délicat**esse**, **in**délicat.

délicatement (adverbe) Doucement, avec précaution. *Ces tasses sont extrêmement fragiles, essuie-les **délicatement**.*

délicatesse (nom féminin) Caractère délicat d'une chose ou d'une personne. *C'est vraiment manquer de **délicatesse** que d'écouter aux portes !*

délice (nom masculin) Chose délicieuse. *Cette blanquette est un pur **délice**.* (Syn. **régal.**)

délicieux, euse (adjectif) **1** Qui est très bon. *Le gâteau au chocolat était **délicieux**.* (Syn. **délectable, exquis.** Contr. **infect.**) **2** Qui est très agréable. *Julie est une fillette **délicieuse**.* (Syn. **charmant.**)

délictueux, euse (adjectif) Qui présente les caractères d'un délit. *Les faits **délictueux** sont punis par la loi.*
► On dit aussi **délictuel, elle.**

délier (verbe) (conj. 10) Dénouer un lien. *Une fois dans la cellule, le gardien **a délié** les poignets du prisonnier.* (Contr. **lier.**)

délimiter (verbe) (conj. 3) Fixer les limites de quelque chose. *Cette ligne blanche **délimite** le terrain de football.*

délinquance (nom féminin) Ensemble des actes commis par les délinquants. *Il y a beaucoup de **délinquance** dans ce quartier.*

délinquant, ante (nom) Personne qui commet un délit. *Ces deux **délinquants** ont volé une voiture.*

déliquescent, ente (adjectif) **1** Qui possède la propriété de se dissoudre en absorbant l'humidité de l'air. *Un sel **déliquescent**.* **2** Au sens figuré, sans fermeté, sans rigueur. *Je n'aime pas cet écrivain **déliquescent**.*
★ **Déliquescent** vient du latin *deliquescere* qui signifie « se liquéfier ».

délirant, ante (adjectif) Qui est très vif, excessif. *Le vainqueur a reçu un accueil **délirant**.*

délire (nom masculin) **1** Sorte de folie causée parfois par la fièvre. *Le malade a eu une crise de **délire**.* **2** Très grand enthousiasme. *Pendant tout le concert de rock, la foule était en **délire**.*
★ Famille du mot : délir**ant**, délir**er**.

délirer (verbe) (conj. 3) Avoir une crise de délire. *Il a tellement de fièvre qu'il **délire**.* (Syn. **divaguer.**)

délirium trémens (nom masculin) Grave délire dû à une trop grande absorption d'alcool.
► Pluriel : des **délirium trémens.**
► On écrit aussi **delirium tremens.**
► Prononciation [deliʀjɔmtʀemɛ̃s].
★ Ces mots latins signifient « délire tremblant ».

délit (nom masculin) Faute punie par la loi. *C'est un récidiviste, il a déjà commis de nombreux **délits**.*

se **déliter** (verbe) (conj. 3) **1 Se déliter** : se désagréger sous l'action de l'eau absorbée. *La chaux **s'est délitée**.* **2 Se déliter** : se modifier en mal. *Leurs relations **se sont délitées** progressivement.*

délitescent, ente (adjectif) Qui a la propriété de se déliter. *La chaux est **délitescente**.*

délivrance (nom féminin) Soulagement ou apaisement. *Mes maux de dents ont cessé : c'est une vraie **délivrance** !*

délivrer (verbe) (conj. 3) **1** Rendre la liberté à une personne ou à un animal. *Les otages **ont** enfin **été délivrés**.* (Syn. **libérer.**) **2** Remettre, donner un document à quelqu'un. *C'est la préfecture qui **délivre** les permis de conduire.* **3 Se délivrer** : se débarrasser de quelque chose. *Il a réussi à **se délivrer** de sa timidité.* (Syn. **se libérer.**)

délocaliser (verbe) (conj. 3) Déplacer une administration, une activité industrielle en un autre lieu. (Syn. **décentraliser.**)

déloger (verbe) (conj. 5) Faire partir une personne ou un animal de l'endroit qu'il occupait. *Les chiens ont réussi à **déloger** le lapin de son terrier.*

déloyal, ale, aux (adjectif) Qui est malhonnête et de mauvaise foi. *C'est vraiment **déloyal** d'avoir copié sur ton voisin.* (Contr. **droit, honnête, loyal.**)

delphinidé (nom masculin) Cétacé pourvu en général d'un aileron sur le dos et de dents. *Le dauphin et l'orque sont des **delphinidés**.*
★ **Delphinidé** vient du mot latin *delphinus* qui signifie « dauphin ».

delta (nom masculin) **1** Quatrième lettre (Δ, δ) de l'alphabet grec qui correspond au *d* de l'alphabet latin. **2** Embouchure d'un fleuve à plusieurs bras. *Le **delta** du Rhône forme la région de la Camargue.*

deltaplane (nom masculin) Planeur très léger, dont la voilure est en forme de delta.

déluge (nom masculin) **1** Très forte pluie. *Cette région est inondée après le **déluge** qui est tombé hier.* **2** Au sens figuré, grande quantité. *Kevin a reçu un **déluge** de compliments pour son succès.*
★ Dans la Bible, le **Déluge** est une inondation qui recouvrit la Terre pendant 40 jours.

déluré, ée (adjectif) Qui est dégourdi, vif, malin. *Laura est très **délurée**, elle se débrouille bien toute seule.*

démagogie (nom féminin) Attitude de quelqu'un qui veut plaire à tout le monde dans un but intéressé. *Certains politiciens sont parfois capables de **démagogie**.*
★ Famille du mot : démagogi**que**, démagogue.

démagogique (adjectif) Empreint de démagogie. *Les propos de ce candidat ont été très **démagogiques** durant la campagne électorale.*

démagogue (adjectif et nom) Qui agit par démagogie. *Ce politicien est un insupportable **démagogue**.*
► On dit aussi familièrement **démago**.

demain (adverbe) Le jour qui suit aujourd'hui. *Nous sommes lundi, **demain** nous serons mardi.*

demande (nom féminin) Action de demander. *Fais ta **demande** par écrit.*

demander (verbe) (conj. 3) **1** Dire qu'on souhaite obtenir quelque chose. *Myriam **a demandé** des CD pour Noël.* **2** Poser une question pour savoir quelque chose. ***Demander** à un passant où se trouve l'arrêt d'autobus. Je me **demande** quelle heure il peut bien être.* **3** Avoir besoin de. *Ce travail **demande** beaucoup d'attention et de patience.* (Syn. **nécessiter.**)
★ Famille du mot : demande, demand**eur**.

demandeur, euse (nom) • Demandeur d'emploi : synonyme de chômeur.

démangeaison (nom féminin) Picotement de la peau, qui démange. *Elle a été piquée par des orties et a des **démangeaisons** partout.*

démanger (verbe) (conj. 5) Donner envie de se gratter. *Un moustique m'a piqué, ça me **démange** !*

démanteler (verbe) (conj. 8) Détruire un ensemble. *La police **a démantelé** un réseau de trafiquants de drogue.*

démantibuler (verbe) (conj. 3) Synonyme familier de démolir. *Noémie pleure car son petit frère **a** complètement **démantibulé** sa poupée.*

démaquillant, ante (adjectif) Qui sert à enlever le maquillage tout en nettoyant la peau. *Julie utilise une lotion **démaquillante**.*
▪ **démaquillant** (nom masculin) Produit destiné à enlever le maquillage. *Fatima a acheté un **démaquillant** pour les yeux.*

démaquiller (verbe) (conj. 3) Enlever son maquillage. *Après le spectacle, les comédiens se **démaquillent** dans leur loge.*

démarcation (nom féminin) Frontière entre deux territoires.

démarche (nom féminin) **1** Façon de marcher. *Sa **démarche** est très gracieuse.* **2** Demande faite pour obtenir quelque chose. *Ils font des **démarches** à la mairie pour avoir un logement social.*

démarcher (verbe) (conj. 3) Visiter à domicile dans le but de vendre des marchandises, des services. *Le représentant **démarche** sa clientèle.*

démarquer (verbe) (conj. 3) Enlever l'étiquette qui porte la marque d'une marchandise. *Ce commerçant **a démarqué** des vêtements pour les solder.*

démarrage (nom masculin) Action de démarrer. *Cette voiture a des problèmes de **démarrage** en hiver.*

démarrer (verbe) (conj. 3) **1** Se mettre en marche. *Ce moteur **démarre** au quart de tour !* **2** En être à ses débuts. *Les travaux devraient **démarrer** demain.*
★ Famille du mot : démarr**age**, démarr**eur**.

démarreur (nom masculin) Mécanisme qui met un moteur en marche.

démasquer (verbe) (conj. 3) Identifier quelqu'un. *L'auteur des lettres anonymes a fini par **être démasqué**.*

démâter (verbe) (conj. 3) Perdre son mât. *Le voilier **a démâté** dans la tempête.*

démêlant, ante (adjectif) Qui démêle les cheveux après le shampoing.

démêlé (nom masculin) Ennui résultant d'un conflit. *Cet homme a déjà eu des **démêlés** avec la police.*

démêler (verbe) (conj. 3) **1** Défaire ce qui est emmêlé. *Odile cherche un peigne pour **démêler** ses cheveux.* (Contr. **emmêler.**) **2** Rendre plus clair, plus compréhensible. ***Démêler** une affaire, une situation.* (Syn. **débrouiller.**)

démembrement (nom masculin) Fait de démembrer.

démembrer (verbe) (conj. 3) Diviser en plusieurs parties. ***Démembrer** un grand terrain en plusieurs lots.* (Syn. **morceler.**)

déménagement (nom masculin) Action de déménager. *Avant le **déménagement**, il faut trouver des grands cartons pour ranger la vaisselle.*

déménager (verbe) (conj. 5) **1** Changer d'habitation. *Mes parents aimeraient bien **déménager** pour un appartement plus grand.* (Contr. **emménager.**) **2** Transporter un objet ailleurs. *J'ai aidé Pierre à **déménager** l'armoire dans la cave.*
★ Famille du mot : déménag**ement**, déménag**eur**.

déménageur (nom masculin) Homme qui fait des déménagements. *Les **déménageurs** ont fini d'emballer la vaisselle.*

démence (nom féminin) Synonyme de folie. *Dans une crise de **démence**, il s'est barricadé chez lui.*
★ Famille du mot : dément, démen**tiel**.

se **démener** (verbe) (conj. 8) **1** Synonyme de se débattre. *Le chat **se démène** quand on veut l'attraper.* **2** Au sens figuré, se donner beaucoup de mal. *Il **se démène** pour trouver un emploi.*

dément, ente (nom) Synonyme de fou. *Un **dément** s'est jeté du toit de l'immeuble.*

a b c d e f g h i j k l m n o p q r s t u v w x y z

démenti (nom masculin) Déclaration destinée à démentir quelque chose. *Si cette information est fausse, le journal doit publier un **démenti**.*

démentiel, elle (adjectif) Synonyme de fou. *Ce projet **démentiel** ne se réalisera jamais.*

démentir (verbe) (conj. 15) Déclarer qu'une information est fausse. *Le journal **a démenti** la nouvelle.* (Contr. **confirmer.**)

démériter (verbe) (conj. 3) Agir de façon telle que l'on perd l'estime des autres.

démesure (nom féminin) Manque de mesure. *La **démesure** du projet le rend irréalisable.* (Syn. **excès.**)

démesuré, ée (adjectif) Qui dépasse la mesure normale. *Il a une ambition **démesurée**.* (Syn. **exagéré, excessif.**)

démettre (verbe) (conj. 33) **1** Renvoyer quelqu'un de son emploi. *Il **a été démis** de ses fonctions pour faute grave.* **2 Se démettre** : se déplacer l'articulation d'un os. *Quentin **s'est démis** l'épaule en tombant dans l'escalier.* (Syn. **se déboîter.**)

au **demeurant** (adverbe) Du reste, en fin de compte. *Ce cartable est cher, mais très solide **au demeurant**.*

demeure (nom féminin) Grande maison. *Elle habite une belle **demeure** à la campagne.* • **À demeure** : de façon durable, permanente. • **Mettre quelqu'un en demeure** : lui donner l'ordre de faire quelque chose immédiatement.

demeuré, ée (adjectif) Synonyme familier d'idiot. *Il faut être un peu **demeuré** pour ne pas comprendre cela.*

demeurer (verbe) (conj. 3) **1** Synonyme d'habiter. *Grand-mère **a demeuré** toute sa vie dans cette maison.* **2** Rester à la même place ou dans le même état. *Sarah **est demeurée** silencieuse toute la soirée.*
▶ Au sens 1, **demeurer** se conjugue avec l'auxiliaire *avoir* ; au sens 2, il se conjugue avec l'auxiliaire *être*.

demi- Élément indiquant la division par deux ou le caractère incomplet (exemples : *demi-heure*, *demi-mesure*).

demi, ie (adjectif) Qui représente la moitié de quelque chose. *Un **demi**-litre de lait. Un mètre et **demi**. Il est quatre heures et **demie**.*
▶ Quand l'adjectif **demi** est placé après le nom, il s'accorde avec lui ; quand il est placé devant le nom, il s'y rattache par un trait d'union et il est invariable.
▪ à **demi** (adverbe) À moitié. *Mon travail est **à demi** fini.*
▪ **demi, ie** (nom) Moitié d'une unité. *Veux-tu une orange ? – Non, seulement une **demie**.*
▪ **demi** (nom masculin) **1** Verre de bière qui contient un quart de litre. **2** Joueur de football ou de rugby qui assure la liaison entre les avants et les arrières.
▪ **demie** (nom féminin) Moitié d'une heure. *L'horloge vient de sonner la **demie**.*

demi-cercle (nom masculin) Moitié d'un cercle.
▶ Pluriel : des **demi-cercles**.

demi-dieu (nom masculin) Héros mythologique né des amours d'un dieu et d'une femme, d'une déesse et d'un homme, ou divinisé pour ses exploits.
▶ Pluriel : des **demi-dieux**.

demi-douzaine (nom féminin) Moitié d'une douzaine. *Il a mangé une **demi-douzaine** d'huîtres, c'est-à-dire six.*
▶ Pluriel : des **demi-douzaines**.

demi-droite (nom féminin) Segment de droite dont une extrémité est rejetée à l'infini.
▶ Pluriel : des **demi-droites**.

demi-finale (nom féminin) Épreuve d'une compétition, qui précède la finale. *Quatre pays vont disputer les **demi-finales** de la coupe du monde.*
▶ Pluriel : des **demi-finales**.

demi-fond (nom masculin) Épreuve de course à pied de moyenne distance (entre 800 et 3 000 m).

demi-frère (nom masculin) Frère par le père ou par la mère seulement.
▶ Pluriel : des **demi-frères**.

demi-heure (nom féminin) Moitié d'une heure. *Une **demi-heure** représente trente minutes.*
▶ Pluriel : des **demi-heures**.

démilitariser (verbe) (conj. 3) Supprimer toute activité militaire dans une région déterminée. *La zone a été **démilitarisée**.*

demi-mesure (nom féminin) Mesure insuffisante et peu efficace. *Pour régler ces problèmes de fond, les **demi-mesures** ne suffiront pas.*
▶ Pluriel : des **demi-mesures**.

à **demi-mot** (adverbe) Sans qu'il soit nécessaire de tout dire. *Je lui ai fait comprendre **à demi-mot** qu'Ursula avait des problèmes.*

déminer (verbe) (conj. 3) Débarrasser un terrain des mines qu'on y a déposées. *Après la guerre, on a dû **déminer** des régions entières.*

demi-pension (nom féminin) **1** Prix de pension qui ne comprend qu'un repas. *On est en **demi-pension** à l'hôtel quand on n'y prend que le petit déjeuner et un repas par jour.* **2** Condition des demi-pensionnaires. *Anna est en **demi-pension** au collège : elle déjeune à la cantine.*
▶ Pluriel : des **demi-pensions**.

demi-pensionnaire (nom) Élève qui reste déjeuner à l'école.
▶ Pluriel : des **demi-pensionnaires**.

demi-sel (adjectif) Légèrement salé. *Hélène mange ses huîtres avec des tartines de beurre **demi-sel**.*
▪ **demi-sel** (nom masculin) Fromage blanc frais, légèrement salé.
▶ Pluriel : des **demi-sel** ou **demi-sels**.

demi-sœur (nom féminin) Sœur par le père ou par la mère seulement.
▶ Pluriel : des **demi-sœurs**.

démission (nom féminin) Action de quitter volontairement et définitivement son travail ou sa fonction. *Mon oncle va donner sa **démission** car on lui propose un autre poste, à l'étranger.*

démissionner (verbe) (conj. 3) Donner sa démission. *Elle **a démissionné** de ses fonctions de trésorière, cela lui donnait trop de travail.*

demi-tarif (nom masculin) Tarif égal à la moitié du tarif normal. *Dans les avions, les enfants payent **demi-tarif** jusqu'à douze ans.*
▶ Pluriel : des **demi-tarifs**.

demi-tour (nom masculin) Moitié d'un tour sur soi-même. *Faites **demi-tour** et revenez sur vos pas : la rue que vous cherchez est à 200 mètres.*
▶ Pluriel : des **demi-tours**.

démiurge (nom masculin) Créateur ou animateur d'une œuvre, généralement de grande envergure.
★ **Démiurge** vient du mot grec *dêmiourgos* qui signifie « artisan ».

démo- Élément venant du grec *dêmos* qui signifie « peuple » (exemple : *démocratie*).

démobiliser (verbe) (conj. 3) Renvoyer un soldat dans son foyer. *La guerre étant finie, les soldats **ont été démobilisés**.*

démocrate (nom) Partisan de la démocratie. *Les **démocrates** veulent que toutes les tendances politiques puissent s'exprimer.*
★ Famille du mot : démocrat**ie**, démocrat**ique**, démocra**tiser**.

démocratie (nom féminin) **1** Régime politique dans lequel le pouvoir est exercé par les représentants élus du peuple. (Contr. **dictature**.) **2** État ainsi gouverné. *Les pays qui veulent entrer dans l'Union européenne doivent être des **démocraties**.*
▶ Prononciation [demɔkʀasi].

démocratique (adjectif) Qui applique les règles de la démocratie. *Dans un régime **démocratique**, les citoyens élisent leurs représentants.*

démocratiser (verbe) (conj. 3) Rendre accessible à tous. *La IIIe République **a démocratisé** l'école en France.*

se **démoder** (verbe) (conj. 3) Ne plus être à la mode, passer de mode. *Certains prénoms, comme Pierre ou Hélène, ne **se démodent** pas. Le col de cette veste **est** tout à fait **démodé**.*

démographie (nom féminin) Science qui étudie les populations. *La **démographie** s'intéresse au nombre de naissances et de morts, aux migrations.*

demoiselle (nom féminin) Jeune fille non mariée. • **Demoiselle d'honneur** : petite fille ou jeune fille qui accompagne la mariée pendant la cérémonie.

démolir (verbe) (conj. 11) Détruire complètement. *Les bulldozers vont **démolir** cet immeuble délabré.* (Contr. **bâtir, construire**.)
★ Famille du mot : démolis**seur**, démoli**tion**.

démolisseur (nom masculin) Ouvrier chargé de démolir.

démolition (nom féminin) Action de démolir. *Une entreprise de **démolition**.* (Contr. **construction**.)

démon (nom masculin) **1** Synonyme de diable. **2** Enfant insupportable et turbulent. *Mon jeune frère est un véritable petit **démon**.*

démoniaque (adjectif) Digne du démon. *Kevin avait imaginé une ruse **démoniaque**.* (Syn. **diabolique**.)

démonstrateur, trice (nom) Personne chargée de présenter un appareil pour le vendre. *Un **démonstrateur** va vous expliquer le fonctionnement de ce robot.*

démonstratif, ive (adjectif) Qui extériorise beaucoup ses sentiments. *Pierre est un peu renfermé, sa sœur est beaucoup plus **démonstrative**.* (Syn. **expansif**.) • **Adjectif, pronom démonstratif** : mots servant à montrer ce dont on parle. *« Ce, cette, ces » sont des **adjectifs démonstratifs**, « celle, cela, celui-ci » sont des **pronoms démonstratifs**.*

démonstration (nom féminin) **1** Raisonnement qui montre comment on arrive au résultat. *Une **démonstration** mathématique.* **2** Explication pratique de la manière dont quelque chose doit se faire ou doit être utilisé. *Le vendeur fait la **démonstration** d'une perceuse.* **3** Témoignage d'amitié. *Le chien aboie, saute, lèche son maître et lui fait toutes sortes de **démonstrations**.*
★ Famille du mot : démonstr**ateur**, démonstr**atif**.

démontable (adjectif) Que l'on peut démonter facilement. *L'armoire est entièrement **démontable**.*

démontage (nom masculin) Action de démonter. *Le **démontage** de la piste des autos tamponneuses a pris une journée entière aux forains.*

démonté, ée (adjectif) Très agité. *La mer est **démontée**, vous ne pouvez pas sortir du port.* (Contr. **calme**.)

démonte-pneu (nom masculin) Levier qui sert à retirer un pneu de la jante. *Romain place des **démonte-pneus** autour de la jante pour réparer la roue crevée de son vélo.*
▶ Pluriel : des **démonte-pneus**.

démonter (verbe) (conj. 3) **1** Séparer les différentes parties d'un objet. *Laura **a** entièrement **démonté** et remonté son stylo à bille.* **2 Se démonter** : être troublé par une situation. *En voyant la porte fermée, Zoé ne **s'est** pas **démontée**, elle est allée chez la voisine.*

démontrer (verbe) (conj. 3) Donner la preuve d'une vérité. *Il m'**a démontré** qu'il pouvait partir à moins dix et être à l'heure à l'école.* (Syn. **prouver**.)

démoraliser (verbe) (conj. 3) Décourager, rendre triste. *Quand je vois tout ce qui me reste à faire, ça me **démoralise** complètement !* (Syn. **déprimer**.)

démordre (verbe) (conj. 31) • **Ne pas en démordre** : s'entêter, ne pas vouloir renoncer à son opinion.

démotiver (verbe) (conj. 3) Retirer toute motivation à quelqu'un. *Son échec a **démotivé** Pierre.*

démouler (verbe) (conj. 3) Retirer du moule. *Maman **a démoulé** le cake et l'a mis sur un plat.*

démultiplier (verbe) (conj. 10) Réduire la vitesse transmise par un moteur.

démunir (verbe) (conj. 11) Priver de ce qui est nécessaire. *Les réfugiés **sont démunis** de tout.*

démystifier (verbe) (conj. 10) Faire voir clair à une ou des personnes que l'on a mystifiées.

démythifier (verbe) (conj. 10) Ôter son caractère mythique à. *Ce film amusant **démythifie** les héros.*

dénaturer (verbe) (conj. 3) Changer complètement la nature de quelque chose. *Les journaux **ont dénaturé** les faits.* (Syn. **déformer.**)

dendrite (nom féminin) **1** Figure formée de fins cristaux en forme de petites branches à la surface de diverses roches. **2** Prolongement en forme d'arbre du neurone vers l'intérieur de la cellule nerveuse.

dénicher (verbe) (conj. 3) **1** Enlever du nid. *Romain sait qu'il ne faut pas **dénicher** des œufs de merle.* **2** Trouver à force de chercher. *Elle **a déniché** une robe en dentelle dans le grenier de sa grand-mère.*

denier (nom masculin) Synonyme littéraire d'argent. *On l'a accusé d'avoir pillé les **deniers** de l'État.*
★ Le **denier** était une monnaie romaine en argent.

dénier (verbe) (conj. 10) **1** Refuser d'accorder quelque chose à quelqu'un. *Je vous **dénie** ce droit.* **2** Refuser d'admettre quelque chose. *Le suspect **dénie** toute responsabilité.*
★ **Dénier** vient du latin *negare* qui signifie « nier ».

dénigrer (verbe) (conj. 3) Parler avec malveillance d'une personne ou d'une chose. *Il éprouve un malin plaisir à **dénigrer** tout ce que font les autres.* (Syn. **décrier, déprécier.**)
★ **Dénigrer** vient du latin *denigrare* qui signifie « peindre en noir ».

dénivellation (nom féminin) Différence d'altitude entre deux points. *Il y a une **dénivellation** de trois cents mètres entre notre chalet et la vallée.*

dénombrable (adjectif) Qu'on peut compter. *Les étoiles sont non **dénombrables**.* (Contr. **innombrable.**) • **Ensemble dénombrable** : en correspondance biunivoque avec une partie de l'ensemble des entiers positifs.

dénombrement (nom masculin) Action de dénombrer. *Le **dénombrement** des victimes de la catastrophe n'est pas achevé.*

dénombrer (verbe) (conj. 3) Évaluer le nombre. *Le recensement permet de **dénombrer** avec précision la population d'un pays.* (Syn. **compter.**)

dénominateur (nom masculin) Terme d'une fraction placé au-dessous de la barre et qui indique en combien de parties égales l'unité a été divisée. • **Dénominateur commun** : ce que des personnes ou des choses ont en commun. *Leur **dénominateur commun** est de se passionner pour les oiseaux.*

dénomination (nom féminin) Fait de dénommer. *Champagne est la **dénomination** d'un vin pétillant connu du monde entier.* (Syn. **appellation.**)

dénommé, ée (nom) Qui a pour nom. *Un **dénommé** André Gris vous attend à la réception.*

dénommer (verbe) (conj. 3) Donner un nom. *Comment **dénommez**-vous cette plante dans votre région ?* (Syn. **appeler, nommer.**)

dénoncer (verbe) (conj. 4) **1** Donner le nom de quelqu'un comme coupable. *Cet escroc **a été dénoncé** par sa victime.* **2** Faire connaître au public. *Le scandale **a été dénoncé** par un journaliste.*

dénonciation (nom féminin) Action de dénoncer. *Le voleur a été arrêté après une **dénonciation**.*

dénoter (verbe) (conj. 3) Être le signe de quelque chose. *Ce dessin d'Anna **dénote** un talent artistique certain.* (Syn. **indiquer, témoigner.**)

dénouement (nom masculin) Manière dont une histoire ou un évènement se termine. *La prise d'otages eut un heureux **dénouement** : ils ont tous été libérés.*

dénouer (verbe) (conj. 3) **1** Défaire un nœud. *Thomas **dénoue** les lacets de ses baskets.* **2 Se dénouer** : trouver une solution, se résoudre. *La crise entre les deux pays **s'est dénouée** grâce aux efforts considérables des ambassadeurs.*

dénoyauter (verbe) (conj. 3) Enlever le noyau d'un fruit. *Pour préparer la pizza, Victor **dénoyaute** des olives noires.*

denrée (nom féminin) Produit alimentaire. *Les légumes verts, les fromages sont des **denrées** périssables.* • **Denrée rare** : chose difficile à trouver. *Dans cette famille, l'humour est une **denrée rare** !*

dense (adjectif) Dont la densité est élevée. *La circulation est **dense** sur l'autoroute. Le marbre est plus **dense** que la craie.*
★ Famille du mot : densimètre, densité.

densimètre (nom masculin) Appareil servant à mesurer la densité des liquides.

densité (nom féminin) **1** Caractère épais et compact de quelque chose. *La **densité** de la végétation de la forêt équatoriale.* **2** Rapport entre le poids et le volume. *Le plomb a une très forte **densité**.* **3** Rapport entre le nombre d'habitants et la surface qu'ils occupent. *La **densité** de la population française est de 105 habitants au kilomètre carré.*

dent (nom féminin) **1** Organe dur et blanc, implanté dans la bouche, et qui sert à broyer les aliments. *Les enfants ont vingt **dents** jusqu'à six ans, tandis que les adultes en ont trente-deux.* **2** Chacune des pointes de certains instruments. *Les **dents** d'un râteau.* • **Avoir la dent dure** : critiquer sévèrement les gens ou les choses. • **Avoir une dent contre quelqu'un** : lui en vouloir, avoir de la rancune contre lui. • **Être armé jusqu'aux dents** : être très bien armé. • **Être sur les dents** : être très nerveux ou débordé de travail. • **Se casser les dents** : ne pas réussir à surmonter une difficulté. *Il **s'est cassé les dents** sur ce problème.* (Syn. **échouer.**)
★ Famille du mot : dentaire, denté, dentelé, dentier, dentifrice, dentiste, dentition, denture, édenté.

dentaire (adjectif) Qui concerne les dents. *Un appareil **dentaire**.*

denté, ée (adjectif) • **Roue dentée** : dont le bord est garni de dents qui peuvent s'emboîter dans celles d'une autre roue dentée.

dentelé, ée (adjectif) Découpé en forme de dents. *Une vignette aux bords **dentelés**.*

dentelle (nom féminin) Tissu ajouré en fils tissés très lâches et formant des dessins. *Une nappe bordée de **dentelle**.*

dentellière (nom féminin) Personne qui fait de la dentelle. *Les **dentellières** de la ville du Puy.*
► On écrit aussi **dentelière**.

dentier (nom masculin) Appareil dentaire garni de fausses dents.

dentifrice (nom masculin) Produit utilisé pour nettoyer les dents.

dentiste (nom) Personne qui soigne les dents. *Il ne faut pas attendre d'avoir mal aux dents pour aller chez le **dentiste**.*

dentition (nom féminin) Ensemble des dents. *Le dentiste n'a pas posé d'appareil à Élodie, elle a une **dentition** parfaite.*

denture (nom féminin) **1** Ensemble des dents. *La **denture** de l'homme adulte comprend 32 dents.* (Syn. **dentition.**) **2** Ensemble des dents d'une scie, d'un pignon.

dénuder (verbe) (conj. 3) **1** Mettre à nu. *L'électricien **a dénudé** les fils en enlevant la gaine de plastique avec sa pince.* **2 Se dénuder** : devenir nu ou se mettre nu. *Les arbres **se sont dénudés** d'un coup, avec ce vent d'automne.*

dénué, ée (adjectif) Qui manque de quelque chose. *Ce feuilleton est **dénué** d'intérêt.* (Syn. **dépourvu.**)

dénuement (nom masculin) Manque de ce qui est nécessaire pour vivre. *La famille du Petit Poucet vivait dans le plus grand **dénuement**.* (Syn. **misère.**)

déodorant (nom masculin) Produit qui supprime les odeurs corporelles.

déontologie (nom féminin) Ensemble des devoirs et des droits à respecter dans l'exercice d'une profession. *Le secret professionnel fait partie de la **déontologie** médicale.*
★ **Déontologie** vient du grec *deon* qui signifie « devoir ».

dépannage (nom masculin) Action de dépanner. *Le garagiste est venu nous remorquer avec une voiture de **dépannage**.*

dépanner (verbe) (conj. 3) Remettre en marche une machine qui était en panne. *Le réparateur est venu **dépanner** la machine à laver.* (Syn. **réparer.**)

dépanneur (nom masculin) **1** Personne dont le métier est de dépanner les véhicules ou les machines. *Il est **dépanneur** de postes de télévision.* **2** Au Québec, magasin d'alimentation qui reste ouvert très tard le soir.

dépanneuse (nom féminin) Voiture qui remorque les voitures en panne.

dépaqueter (verbe) (conj. 8 ou 9) Défaire un paquet. *Fatima **dépaquette** le baladeur qu'elle vient de recevoir.* (Contr. **empaqueter.**)

dépareillé, ée (adjectif) Qui n'appartient pas au même ensemble. *Ces deux chaussettes sont **dépareillées**, elles n'appartiennent pas à la même paire.*

déparer (verbe) (conj. 3) Rendre moins beau. *Ces énormes poteaux électriques **déparent** le paysage.* (Syn. **enlaidir.**)

départ (nom masculin) **1** Action de partir. *William s'est levé : c'était le signal du **départ**.* (Contr. **arrivée.**) **2** Commencement de quelque chose. *Au **départ**, j'étais un peu intimidé. Dès le **départ**, je l'ai trouvé sympathique.* (Syn. **début.**)

départager (verbe) (conj. 5) Trouver un moyen pour que des gagnants ne soient plus à égalité. *Et voici la question subsidiaire pour **départager** les candidats ex aequo.*

département (nom masculin) Partie du territoire français administrée par un préfet et un conseil général. *Il y a 96 **départements** en France métropolitaine et 4 **départements** d'outre-mer.*

départemental, ale, aux (adjectif) Du département. *L'été, nous empruntons souvent les routes **départementales**.*

se **départir** (verbe) (conj. 15) Abandonner une attitude. *Malgré la tension générale, on ne l'a jamais vu **se départir** de sa bonne humeur.*

dépassé, ée (adjectif) Qui date d'un autre temps. *La machine à écrire, c'est **dépassé** !* (Syn. **périmé.**)

dépassement (nom masculin) Action de dépasser. *Par temps de brouillard, le **dépassement** est très dangereux.*

dépasser (verbe) (conj. 3) **1** Passer devant un autre véhicule. *Il est interdit de **dépasser** en arrivant au sommet d'une côte.* (Syn. **doubler.**) **2** Aller au-delà d'une limite. *Le train **a dépassé** Lyon. J'**ai dépassé** mon budget.* **3** Synonyme familier de déconcerter. *Cette dispute me **dépasse**, je ne comprends pas.* **4** Être trop long. *Il faudra faire un ourlet à ta robe, elle **dépasse** de ton manteau.* **5 Se dépasser** : réussir mieux que d'habitude. *Cette mousse est un régal, la cuisinière **s'est dépassée** !* (Syn. **se surpasser.**)
★ Famille du mot : dépassé, dépassement.

se **dépatouiller** (verbe) (conj. 3) Se sortir d'une situation difficile, embarrassante, dans la langue familière. ***Dépatouille-toi** toute seule !* (Syn. **se débrouiller.**)

dépaysant, ante (adjectif) Qui dépayse. *Notre voyage à l'étranger a été très **dépaysant**.*

dépaysement (nom masculin) Fait d'être dépaysé. *Bien des gens ne voyagent que pour le plaisir du **dépaysement**.*

a b c d e f g h i j k l m n o p q r s t u v w x y z

dépayser (verbe) (conj. 3) Désorienter une personne par un changement de pays, de milieu, d'habitudes. *La chaleur et la végétation de ce pays nous **ont** complètement **dépaysés**.*

dépecer (verbe) (conj. 4 et 8) Couper en morceaux. ***Dépecer** un poulet.*

dépêche (nom féminin) Message transmis rapidement. *Nous recevons à l'instant une **dépêche** de notre envoyé spécial à Jérusalem.*

se **dépêcher** (verbe) (conj. 3) Agir avec rapidité. ***Dépêche-toi**, sinon tu vas manquer le début du film !* (Syn. **se hâter, se presser.**)

dépeigner (verbe) (conj. 3) Mettre les cheveux en désordre. *Tu **es** toute **dépeignée**, attends que je te recoiffe !* (Syn. **décoiffer.**)

dépeindre (verbe) (conj. 35) Synonyme de décrire. *L'écrivain **a dépeint** la société de son temps.*

dépenaillé, ée (adjectif) Débraillé et en loques. *Un clochard **dépenaillé** était assis sur le banc.*
★ En ancien français, une *penaille*, c'est un vêtement en loques.

dépendance (nom féminin) État d'une personne dépendante. *Les paysans étaient autrefois sous la **dépendance** des seigneurs.*
▪ **dépendances** (nom féminin pluriel) Bâtiments qui dépendent d'un bâtiment principal. *Les **dépendances** du château.*

dépendant, ante (adjectif) Qui est soumis à l'autorité de quelqu'un ou à l'influence de quelque chose. *Les jeunes oursons sont **dépendants** de leur mère.*

dépendre (verbe) (conj. 31) **1** Décrocher ce qui est suspendu. *Il faut **dépendre** le lustre pour le nettoyer.* **2** Être dépendant. *Elle gagne sa vie, elle ne **dépend** de personne.* **3** Faire partie d'un ensemble. *Cette forêt **dépend** du château.* **4** Ne pouvoir se faire sans l'action de quelqu'un ou de quelque chose. *Le succès de la fête **dépend** du temps. Tu viendras demain ? – Ça **dépend**.*
★ Famille du mot : dépend**ance**, dépend**ant**, **in**dépen**damment**, **in**dépend**ance**, **in**dépend**ant**, **in**dépendant**iste**.

dépens (nom masculin pluriel) • **Aux dépens de quelqu'un** : à ses frais ou à son détriment. *Il a toujours vécu **aux dépens de** sa famille. On a ri **à ses dépens**.*

dépense (nom féminin) Ce que l'on dépense. *Ils ont fait une grosse **dépense** en achetant une voiture neuve. L'État s'efforce de réduire les **dépenses** d'énergie.* (Contr. **économie.**)

dépenser (verbe) (conj. 3) **1** Employer de l'argent. ***J'ai dépensé** tout mon argent de poche.* **2** Consommer de l'énergie. *Nous **avons dépensé** trop de gaz ce mois-ci.* **3** **Se dépenser** : utiliser ses forces, se remuer. *Après la classe, les enfants ont besoin de **se dépenser**.*
★ Famille du mot : dépense, dépens**ier**.

dépensier, ère (adjectif) Qui aime dépenser son argent sans compter. *Il est trop **dépensier** pour faire des économies.* (Contr. **économe.**)

déperdition (nom féminin) Diminution ou perte de quelque chose. *Avec ces fenêtres qui ferment mal, il y a une grande **déperdition** de chaleur.*

dépérir (verbe) (conj. 11) Perdre ses forces progressivement. *Le malade **dépérissait** de jour en jour.*

se **dépêtrer** (verbe) (conj. 3) Se dégager de quelque chose qui gêne. *L'abeille avait du mal à **se dépêtrer** de la toile d'araignée.*

dépeuplement (nom masculin) Fait de se dépeupler. *Le **dépeuplement** des campagnes s'est accentué ces dernières décennies.*

dépeupler (verbe) (conj. 3) Vider de ses habitants ou les faire partir. *Les vacances **ont dépeuplé** la ville.* (Contr. **repeupler.**)

déphasé, ée (adjectif) Qui a perdu le contact avec la réalité. *Comme je travaille la nuit, je me sens **déphasé**.* (Syn. **décaler.**)

dépiauter (verbe) (conj. 3) **1** Enlever la peau d'un animal, l'enveloppe de quelque chose. *Le fermier **a dépiauté** le lapin.* (Syn. **dépouiller.**) **2** Analyser minutieusement, dans la langue familière. *J'ai encore tout mon courrier à **dépiauter**.* (Syn. **éplucher.**)
★ **Dépiauter** vient du français régional *piau* qui signifie « peau ».

dépistage (nom masculin) Examen fait pour dépister une maladie.

dépister (verbe) (conj. 3) **1** Découvrir en suivant la trace. *Les chasseurs **ont dépisté** un chevreuil dans la forêt.* **2** Reconnaître quelque chose d'après certains signes. *Le médecin a su **dépister** la surdité chez ce bébé.* (Syn. **déceler.**)

dépit (nom masculin) Sentiment où il y a du chagrin, de la colère et de la déception. *Anna a éprouvé bien du **dépit** en s'apercevant que son dessert était raté.* • **En dépit de** : synonyme de malgré. ***En dépit de** ce petit incident, la fête a été un succès.*

dépité, ée (adjectif) Qui éprouve du dépit. *Xavier faisait peine à voir, avec sa mine toute **dépitée**.* (Syn. **déçu.**)

déplacé, ée (adjectif) Qui ne devrait pas être fait ou dit. *Yann n'est pas très délicat, sa remarque était tout à fait **déplacée**.* (Syn. **choquant, incorrect.**)

déplacement (nom masculin) Fait de se déplacer. *Le réparateur a pris trente euros pour son **déplacement**.*

déplacer (verbe) (conj. 4) Changer de place ou de poste. *Le piano est trop près de la fenêtre, il faudrait le **déplacer**. Maman se **déplace** souvent pour ses affaires.*

déplaire (verbe) (conj. 41) Ne pas plaire à quelqu'un. *Hélène me **déplaît**, je la trouve antipathique. Quentin se **déplaît** à la campagne, il s'y ennuie.* (Contr. **plaire.**)

déplaisant, ante (adjectif) Qui déplaît. *Benjamin nous a parlé sur un ton très **déplaisant**.* (Syn. **désagréable.** Contr. **agréable.**)

déplìant (nom masculin) Document imprimé et replié. *Au syndicat d'initiative, on nous a donné des **dépliants** touristiques.*

déplier (verbe) (conj. 10) Étendre ou ouvrir ce qui était plié. *Clément **a déplié** la carte pour trouver la bonne route.* (Contr. **plier, replier.**)

déploiement (nom masculin) Action de déployer. *Cinq mille policiers dans la capitale : un vrai **déploiement** de forces.*

déplorable (adjectif) Très mauvais. *Son attitude et ses résultats sont **déplorables**.* (Syn. **désolant.**)

déplorer (verbe) (conj. 3) Avoir la tristesse de constater un fait. *Nous n'avons aucune perte à **déplorer** parmi nos compatriotes.*

déployer (verbe) (conj. 6) **1** Étendre complètement. *Le paon **déploie** sa queue en éventail.* (Syn. **déplier.**) **2** Disposer pour le combat. *Le général **a déployé** ses troupes le long de la rivière.* **3** Montrer, manifester. *Depuis quelque temps, il **déploie** une grande activité au bureau.*

déplumer (verbe) (conj. 3) **1** Ôter ses plumes à un oiseau. *Le chasseur **déplume** une perdrix.* **2 Se déplumer** : perdre ses cheveux, dans la langue familière. *Le père de Quentin **se déplume** !*

dépoli, ie (adjectif) • **Verre dépoli** : verre qui laisse passer la lumière, mais qui n'est pas transparent.

déportation (nom féminin) Internement dans un camp de concentration éloigné. *Les nazis ont fait périr des millions de juifs en **déportation**.*

déporté, ée (nom) Personne qui a été envoyée en déportation.

déporter (verbe) (conj. 3) **1** Envoyer une personne en déportation. **2** Faire dévier de sa route. *Une bourrasque **a déporté** le cycliste dans le fossé.*
★ Famille du mot : déport**ation**, déporté.

déposer (verbe) (conj. 3) **1** Poser une chose quelque part. *Quelqu'un **a déposé** un paquet pour toi chez la gardienne.* **2** Conduire quelqu'un en voiture à un endroit. *Je passe devant l'école, je te **dépose** si tu veux.* **3** Mettre de l'argent en dépôt. *Le commerçant va **déposer** des chèques à la banque.* **4** Faire une déposition. *Un témoin **a déposé** en faveur de l'accusé.* (Syn. **témoigner.**) **5** Enlever sa fonction, son autorité à quelqu'un. *Les rebelles **ont déposé** le Président.* (Syn. **destituer.**) **6 Se déposer** : tomber petit à petit en formant une couche. *Le marc de café **s'est déposé** au fond de la tasse.* • **Déposer les armes** : cesser le combat.
★ Famille du mot : dépos**itaire**, dépos**ition**, dépôt.

dépositaire (nom) Personne à qui l'on a confié une chose très importante. *Julie est **dépositaire** d'un secret.*

déposition (nom féminin) Déclaration à la police ou au tribunal. *Le juge a demandé au témoin de faire sa **déposition**.*

déposséder (verbe) (conj. 8) Priver quelqu'un de ce qu'il possédait. *À la Révolution, les nobles **ont été dépossédés** de leurs privilèges.*

dépôt (nom masculin) **1** Action de déposer. *Un **dépôt** d'ordures.* **2** Endroit où on entrepose du matériel et où on le met à l'abri. *Un **dépôt** de munitions. Le chauffeur a conduit le car au **dépôt**.* **3** Action de déposer quelque chose dans une banque. *Tante Lucie a mis ses bijoux en **dépôt** dans un coffre de la banque.* **4** Matière qui se dépose. *Il y a un **dépôt** au fond de la bouteille de vin.*

dépoter (verbe) (conj. 3) Ôter d'un pot. *Laura **a dépoté** ses jacinthes pour les mettre en pleine terre.*

dépotoir (nom masculin) Endroit où l'on dépose de vieux objets.

dépôt-vente (nom masculin) Magasin où les particuliers déposent ce qu'ils veulent vendre. *J'ai trouvé cette vieille commode au **dépôt-vente**.*
► Pluriel : des **dépôts-ventes**.

dépouille (nom féminin) Synonyme littéraire de cadavre. *Les chefs d'État étrangers sont venus s'incliner devant la **dépouille** du Président.*

dépouillement (nom masculin) Action de compter et de classer les bulletins de vote après un scrutin. *S'ils le souhaitent, tous les citoyens peuvent participer au **dépouillement**.*

dépouiller (verbe) (conj. 3) **1** Enlever la peau d'un animal. *La fermière **dépouille** un lapin.* **2** Prendre de force à quelqu'un ce qu'il a. *Il s'est fait **dépouiller** de son blouson en sortant de la discothèque.* **3** Examiner attentivement. *Papa **dépouille** le courrier en buvant son café.*
★ Famille du mot : dépouille, dépouill**ement**.

dépourvu, ue (adjectif) Synonyme de dénué. *Ses romans m'ennuient, ils sont totalement **dépourvus** d'intérêt.*
■ **dépourvu** (nom masculin) • **Prendre quelqu'un au dépourvu** : alors qu'il ne s'y est pas préparé. *Je ne peux pas vous répondre, vous me **prenez au dépourvu**.*

dépoussiérer (verbe) (conj. 8) Enlever la poussière. *David **dépoussière** le lecteur de CD.*

dépravation (nom féminin) Absence de sens moral et de sensibilité. (Syn. **débauche.**)

dépravé, ée (adjectif et nom) Corrompu moralement. *Ne fréquente pas ces gens **dépravés**.*

dépréciation (nom féminin) Diminution de la valeur de quelque chose. *La **dépréciation** de la monnaie d'un pays.* (Contr. **hausse.**)

déprécier (verbe) (conj. 10) Rabaisser la valeur de quelqu'un ou de quelque chose. *Le dollar **se déprécie**.* (Syn. **dévaloriser.**)

déprédation (nom féminin) Dégâts matériels. *Des inconnus ont commis des **déprédations** sur les voitures en stationnement dans la rue.*

dépressif, ive (adjectif) Qui a tendance à être déprimé. *Ma tante est **dépressive** et n'a plus de goût à rien.*

dépression (nom féminin) **1** État de découragement, de profonde tristesse et d'angoisse. *À la*

a b c d e f g h i j k l m n o p q r s t u v w x y z

*mort de sa femme, il a fait une **dépression**.* **2** Endroit où le terrain forme une cuvette. *De la neige gelée est restée dans une **dépression** du terrain.*

déprimant, ante (adjectif) Qui déprime, qui démoralise. *Ce temps maussade est vraiment **déprimant** !* (Syn. **triste**.)

déprime (nom féminin) État de tristesse et d'abattement. *Fatima a eu un petit coup de **déprime**.* (Syn. **cafard**.)
★ Famille du mot : déprim**ant**, déprim**er**.

déprimer (verbe) (conj. 3) Enlever tout son courage à quelqu'un. *Myriam **est** tout à fait **déprimée** à l'idée que sa meilleure amie quitte l'école.* (Syn. **démoraliser**.)

depuis (adverbe) À partir de ce moment-là. *Mercredi, nous sommes allés au cinéma ensemble, je ne l'ai pas vu **depuis**.*
■ **depuis** (préposition) Indique le point de départ. *Le film est commencé **depuis** cinq minutes.*

député (nom masculin) Représentant élu pour faire partie de l'Assemblée nationale. *Les **députés** sont élus pour cinq ans.*

der (nom) Dernier verre. *Tu viens boire le **der** ?* • **Dix de der** : les dix points attribués à celui qui fait le dernier pli à la belote. • **La der des ders** : la dernière de toutes les guerres (s'est dit de la guerre 1914-1918).

déraciner (verbe) (conj. 3) Arracher avec les racines. *La tempête **a déraciné** le plus beau chêne du parc.*

déraillement (nom masculin) Fait de dérailler. *Les départs pour Brest sont retardés à cause du **déraillement** d'un train de marchandises.*

dérailler (verbe) (conj. 3) **1** Sortir de ses rails. *À un passage à niveau, le train a heurté un poids lourd et **a déraillé**.* **2** Synonyme familier de déraisonner. *En disant cela, tu **déroilles** complètement.*

dérailleur (nom masculin) Mécanisme qui fait passer une chaîne de bicyclette d'un pignon sur un autre.

déraisonnable (adjectif) Qui n'est pas raisonnable. *Sortir sans manteau par ce froid, c'est tout à fait **déraisonnable** !*

déraisonner (verbe) (conj. 3) Perdre la raison, dire et faire des choses qui n'ont aucun sens. *Avec l'âge, son oncle s'est mis à **déraisonner**.* (Syn. **dérailler**, **divaguer**.)

dérangé, ée (adjectif) **1** Qui a un peu mal au ventre. *Ibrahim est un peu **dérangé**, il a mangé trop de pommes vertes.* **2** Synonyme familier de fou.

dérangement (nom masculin) Action de déranger. *Excusez-moi de vous causer tout ce **dérangement** !* (Syn. **gêne**.) • **En dérangement** : en panne. *Le téléphone est **en dérangement**.*

déranger (verbe) (conj. 5) **1** Mettre en désordre ce qui était rangé. *Quelqu'un **a dérangé** mes affaires, je ne retrouve plus rien.* **2** Gêner dans ce que l'on est en train de faire. *Bonjour ! Dites-moi si je vous **dérange**.* (Syn. **importuner**.) **3 Se déranger** : quitter l'endroit où l'on se trouve. *Noémie **s'est dérangée** pour venir me voir à l'hôpital.*

dérapage (nom masculin) Action de déraper. *Kevin a fait un **dérapage** en vélo sur le gravier, sa jambe est tout écorchée.*

déraper (verbe) (conj. 3) Glisser sur le sol. *La moto **a dérapé** sur une plaque d'huile.*

dératé, ée (nom) • **Courir comme un dératé** : courir très vite.
★ On croyait autrefois que les animaux sans rate couraient plus vite que les autres.

dératisation (nom féminin) Action de dératiser. *Le service de **dératisation** vient demain déposer des appâts dans les caves.*

dératiser (verbe) (conj. 3) Débarrasser un local des rats. *Une fois par an, le service sanitaire **dératise** l'immeuble.*

derechef (adverbe) De nouveau. *Folle de joie, Julie embrassa sa mère **derechef**.*

dérégler (verbe) (conj. 8) Perturber la marche normale d'un appareil. *Le radioréveil **est déréglé**, il sonne mais la radio ne se met plus en marche.*

dérider (verbe) (conj. 3) Rendre moins sérieux, faire sourire. *Nos plaisanteries ne l'**ont** pas **déridé**.* (Syn. **égayer**.)

dérision (nom féminin) Moquerie méprisante. *Cet orgueilleux parle souvent de moi avec **dérision**.* • **Tourner en dérision** : tourner en ridicule, se moquer.
★ En ancien français, *dérire* signifie « se moquer ».

dérisoire (adjectif) Insignifiant au point d'en paraître ridicule. *Pour ce travail si fatigant, ils touchent un salaire **dérisoire**.*

dérivatif (nom masculin) Moyen pour détourner l'esprit vers d'autres pensées. *Quand on a des soucis, le travail peut être un **dérivatif**.*

dérivation (nom féminin) Action de dériver un cours d'eau. *Les cantonniers ont entrepris la **dérivation** du ruisseau.*

dérive (nom féminin) Sorte de quille amovible qui aide à gouverner le bateau sans dériver. • **À la dérive** : au gré des flots, du courant et du vent ; au sens figuré, à l'abandon, en se désorganisant. *Ses affaires vont **à la dérive**.*

dérivé (nom masculin) **1** Mot qui dérive d'un autre. *« Bonté » est un **dérivé** de « bon ».* **2** Produit obtenu à partir d'un autre. *L'essence est un **dérivé** du pétrole.*

dérivée (nom féminin) Limite du rapport entre l'accroissement d'une fonction continue, résultant de l'accroissement de la variable, et l'accroissement de la variable lorsque ce dernier tend vers zéro.

dériver (verbe) (conj. 3) **1** Être emporté et s'écarter de la route. *Le chalutier en panne de moteur **a dérivé** toute la nuit.* **2** Détourner un cours d'eau. *On a pu*

*construire le barrage en **dérivant** le fleuve.* **3** Venir d'un autre mot. *Le nom « richesse » **dérive** de l'adjectif « riche ».*
★ Famille du mot : dériv**atif**, dériv**ation**, dérive, dérivé, dérivé**e**, dériv**eur**.

dériveur (nom masculin) Voilier léger muni d'une dérive. *Le Vaurien est un **dériveur** connu des amateurs de voile.*

dermatite (nom féminin) Inflammation de la peau.
▶ On dit aussi **dermite**.

dermatologue (nom) Médecin spécialiste des maladies de la peau. *Le **dermatologue** lui a prescrit une pommade contre les boutons.*

dermatose (nom féminin) Maladie de peau. *Dans cet établissement thermal, on soigne les **dermatoses**.*

derme (nom masculin) Partie de la peau qui se trouve sous l'épiderme.

dernier, ère (adjectif) **1** Qui vient après tous les autres. *En avril, le 30 est le **dernier** jour du mois.* **2** Qui est le plus récent. *C'est le **dernier** film de Walt Disney.* (Contr. **premier.**) **3** Très grand, extrême. *Il s'est battu avec la **dernière** énergie.* • **Avoir le dernier mot** : l'emporter dans une discussion, avoir raison. • **Mettre la dernière main à quelque chose** : achever de le préparer.
▪ **dernier, ère** (nom) Personne qui vient après toutes les autres. *C'est la petite **dernière** de la famille.*
★ Famille du mot : avant-dernier, dernière**ment**, dernier-né.

dernièrement (adverbe) Il y a peu de temps. *Elle est arrivée dans l'immeuble tout **dernièrement**.* (Syn. **récemment.**)

dernier-né, dernière-née (nom) Enfant né le dernier. *Notre **dernier-né** a six mois.*
▶ Pluriel : des **derniers-nés**, des **dernières-nées**.

dérobade (nom féminin) **1** Action de se dérober, en parlant du cheval. *Le jument a fait une **dérobade**.* **2** Moyen par lequel on évite d'agir ou de se prononcer. *Répondez sans **dérobade** !*

dérobé, ée (adjectif) • **Escalier dérobé, porte dérobée** : par où on peut passer sans être vu.
▪ à la **dérobée** (adverbe) Discrètement, sans en avoir l'air.

dérober (verbe) (conj. 3) **1** Synonyme littéraire de voler. *On lui **a dérobé** un diamant.* **2** **Se dérober** : s'affaisser. *Odile sentit le sol **se dérober** sous ses pas.* **3** **Se dérober à quelque chose** : éviter de l'affronter. *Pierre cherche à **se dérober** à ses devoirs.* (Syn. **se soustraire.**)
★ Famille du mot : dérob**ade**, dérob**é**.

dérogation (nom féminin) Autorisation spéciale de ne pas suivre un règlement. *Ses parents ont demandé à la mairie une **dérogation** pour qu'il aille dans une autre école.*

déroger (verbe) (conj. 5) **1** Ne pas suivre une loi, une règle. *Vous serez puni pour avoir **dérogé** à la loi.* (Syn. **enfreindre.**) **2** Faire une chose indigne de. *Ne **dérogez** jamais à votre rang.*

dérouiller (verbe) (conj. 3) **1** Synonyme familier de dégourdir. *Une promenade nous **dérouillera** les jambes.* **2** Synonyme familier de souffrir. *Ce que j'ai pu **dérouiller** quand on m'a arraché une dent !*

déroulement (nom masculin) Manière dont quelque chose se déroule. *Voici quel sera le **déroulement** de la journée.*

dérouler (verbe) (conj. 3) **1** Étendre quelque chose qui était enroulé. *On **a déroulé** une toile cirée sur la table de jardin.* **2** **Se dérouler** : se passer. *Toute son enfance **s'est déroulée** dans un petit village de Bourgogne.*

dérouleur (nom masculin) Appareil servant à dérouler des produits livrés en rouleau. *Le papier aluminium est vendu avec son **dérouleur**.*

déroutant, ante (adjectif) Qui déroute. *Ce tableau abstrait me paraît bien **déroutant**.* (Syn. **déconcertant, surprenant.**)

déroute (nom féminin) Fuite en désordre d'une troupe vaincue. *Les corsaires mirent la flotte anglaise en **déroute**.*

dérouter (verbe) (conj. 3) **1** Faire changer de route. *L'avion **a été dérouté** sur l'Italie en raison du mauvais temps.* **2** Au sens figuré, synonyme de déconcerter. *Ma question naïve l'**a dérouté**, il ne savait pas quoi répondre !*

derrick (nom masculin) Sorte de tour métallique qui se dresse au-dessus d'un puits de pétrole.

derrière (adverbe) À l'arrière ou en arrière. *Elle est restée **derrière**, à bavarder avec ses amis.* (Contr. **devant.**)
▪ **derrière** (préposition) **1** De l'autre côté. *Le jardin est **derrière** la maison.* **2** À la suite de. *Regarde **derrière** toi qui vient.*
▪ **derrière** (nom masculin) **1** Partie située à l'arrière. *Le chien a mal à sa patte de **derrière**.* **2** Les fesses. *Tomber sur le **derrière**.*

derviche (nom masculin) Religieux musulman faisant partie d'une confrérie. • **Derviche tourneur** : religieux musulman qui effectue des danses rituelles tourbillonnantes.
★ **Derviche** vient du mot persan *darwich* qui signifie « pauvre ».

dés- Élément venant du latin *dis-* qui exprime la privation, la cessation (exemples : *désavantage, désordonné*).

des Voir ***de*** et ***un***.

dès (préposition et conjonction) Sert à indiquer le temps ou le lieu. *Vous pouvez venir **dès** aujourd'hui. Les voitures doivent ralentir **dès** l'entrée du village. Je suis venue **dès que** je l'ai su.* (Syn. **aussitôt que.**)

désabusé, ée (adjectif) Synonyme de désenchanté. *Il parlait de ses vacances ratées d'un ton **désabusé**.*

a b c **d** e f g h i j k l m n o p q r s t u v w x y z

désaccord (nom masculin) Fait de ne pas être d'accord. *Il y a un **désaccord** entre eux au sujet de la date des vacances.*

désaccordé, ée (adjectif) Qui n'est plus accordé. *Il faudra faire venir l'accordeur, ce piano est **désaccordé**.*

désaccoutumer (verbe) (conj. 3) Faire perdre une habitude, une accoutumance à une substance. *La mère de Laura a réussi à se **désaccoutumer** du tabac.*

désactiver (verbe) (conj. 3) **1** Faire cesser le fonctionnement de quelque chose. *Pierre a **désactivé** la fonction enregistrement de son magnétoscope.* **2** Débarrasser une substance de sa radioactivité.

désaffecté, ée (adjectif) Qui n'est plus utilisé pour ce qui était prévu. *L'exposition a eu lieu dans un hangar **désaffecté**.*

désagréable (adjectif) **1** Qui est gênant ou mauvais. *Cesse de faire grincer ta chaise, c'est **désagréable** !* **2** Qui est déplaisant et antipathique. *En ce moment, Quentin est **désagréable** avec tout le monde !* (Contr. **agréable.**)

désagréablement (adverbe) De façon désagréable. *Cette information nous a tous **désagréablement** surpris.*

se **désagréger** (verbe) (conj. 5) Se décomposer en perdant l'unité de ses éléments. *Avec l'humidité, le plâtre **se désagrège**.* (Syn. **s'effriter.**)

désagrément (nom masculin) Chose désagréable, qui contrarie. *Ce déménagement ne lui a apporté que du **désagrément**.* (Syn. **ennui.**)

désaltérant, ante (adjectif) Qui désaltère. *En été, le thé froid est très **désaltérant**.*

désaltérer (verbe) (conj. 8) Calmer la soif. *Les randonneurs ont trouvé une fontaine où ils ont pu se **désaltérer**.*

désamorcer (verbe) (conj. 4) Retirer l'amorce destinée à provoquer l'explosion. *L'attentat a échoué parce qu'on a réussi à **désamorcer** la bombe.*

désappointé, ée (adjectif) Qui éprouve du désappointement. *Sarah a l'air tout à fait **désappointée** de ne pas pouvoir venir.* (Syn. **déçu.**)

désappointement (nom masculin) Sentiment de déception. *À l'annonce des résultats de la tombola, Romain n'a pu cacher son **désappointement**.* (Syn. **déconvenue, désillusion.**)

désapprobateur, trice (adjectif) Qui montre sa désapprobation. *Papa nous a lancé un coup d'œil **désapprobateur** quand nous avons fait trop de bruit.* (Contr. **approbateur.**)

désapprobation (nom féminin) Action de désapprouver. *Le public manifeste sa **désapprobation** en sifflant.* (Contr. **approbation.**)

désapprouver (verbe) (conj. 3) Ne pas approuver quelqu'un ou quelque chose. *Ce projet est mauvais : je le **désapprouve**.* (Syn. **blâmer, critiquer.**)

désarçonner (verbe) (conj. 3) **1** Faire tomber de la selle. *Dans les rodéos, les concurrents essaient de ne pas se faire **désarçonner**.* **2** Au sens figuré, synonyme de déconcerter. *Le candidat s'est laissé **désarçonner** par la première question.*

désargenté, ée (adjectif) Qui a perdu tout son argent. *C'est un achat que je ferais bien, si je n'étais pas si **désargenté**.*

désarmant, ante (adjectif) Qui désarme. *Sa bonne foi et sa sincérité sont totalement **désarmantes** !* (Syn. **touchant.**)

désarmement (nom masculin) Action de diminuer ou de supprimer la fabrication de certaines armes. *Il y a eu un débat sur le **désarmement** nucléaire.*

désarmer (verbe) (conj. 3) **1** Enlever les armes. *Un passant est parvenu à **désarmer** le malfaiteur.* **2** Au sens figuré, enlever toute envie de se fâcher. *Son regard candide **désarme** la maîtresse.*

désarroi (nom masculin) État de grand trouble qui empêche de savoir ce qu'il faut faire. *La disparition subite du père a plongé toute la famille dans le **désarroi**.*

désarticulé, ée (adjectif) Qui est disloqué ou déboîté. *Le pauvre homme marchait comme un pantin **désarticulé**.*

désastre (nom masculin) Grand malheur. *Le tremblement de terre a été un véritable **désastre**.* (Syn. **calamité, catastrophe.**)

désastreux, euse (adjectif) Qui a le caractère d'un désastre. *Ce match a été **désastreux** pour l'équipe française.* (Syn. **catastrophique.**)

désavantage (nom masculin) Ce qui ne donne pas les mêmes chances à tous. *Être petit est un **désavantage** pour jouer au basket.* (Syn. **handicap.** Contr. **avantage.**)

désavantager (verbe) (conj. 5) Être un désavantage pour quelqu'un. *Le brouillard **a désavantagé** certains concurrents.* (Syn. **défavoriser.** Contr. **avantager.**)

désavantageux, euse (adjectif) Qui désavantage. *Ce partage est **désavantageux** pour Thomas, qui proteste.* (Syn. **défavorable.** Contr. **avantageux.**)

désaveu (nom masculin) **1** Déclaration par laquelle on se rétracte. *Le maire a fait le **désaveu** public des opinions de sa jeunesse.* **2** Fait de désavouer quelqu'un. *Notre collègue a subi le **désaveu** de ses supérieurs.*

désavouer (verbe) (conj. 3) Dire qu'on n'approuve pas quelqu'un. *Le gouvernement **a désavoué** les propos de l'ambassadeur.* (Contr. **approuver.**)

desceller (verbe) (conj. 3) Détacher ce qui était scellé dans la pierre. *On **a descellé** la grille pour en mettre une neuve.*

descendance (nom féminin) Les enfants, les petits-enfants, les arrière-petits-enfants. *Ce couple âgé a une nombreuse **descendance**.*

descendant, ante (adjectif) Qui descend. *La marée **descendante** découvre complètement les rochers.* (Contr. **ascendant.**)
▪**descendant, ante** (nom) Personne qui fait partie de la descendance de quelqu'un. *C'est une **descendante** de Victor Hugo.* (Contr. **ascendant.**)

descendre (verbe) (conj. 31) **1** Aller du haut vers le bas. *L'avion **descend** vers la piste. Il **descend** les escaliers quatre à quatre.* (Contr. **monter.**) **2** Mettre ou porter plus bas. *Victor **a descendu** un vieux meuble du grenier.* **3** Synonyme familier d'abattre. *Le pilote **a descendu** un avion ennemi.* **4** S'éloigner du rivage. *La mer **descend** depuis une heure.* (Syn. **se retirer.** Contr. **monter.**) **5** Baisser. *Le baromètre **descend**, il va pleuvoir.* **6** Mettre pied à terre. *Tous les voyageurs **descendent** de la voiture.* **7** S'arrêter pour coucher quelque part. *Ils **descendent** toujours à l'auberge du Chapeau rouge.* **8** Avoir pour ancêtre. *L'homme **descend** du singe.*
★ Famille du mot : descend**ance**, descend**ant**, descente, **re**descendre.

descente (nom féminin) **1** Action de descendre. *Les alpinistes quittent le sommet et entament la **descente**.* **2** Pente d'un chemin, d'une route. *La **descente** est en lacets.* (Contr. **côte, montée.**) • **Descente de lit** : petit tapis posé le long d'un lit.

descriptif, ive (adjectif) Qui a pour objet de décrire. *Le roman que lit Ibrahim comporte beaucoup de passages **descriptifs**.*
▪**descriptif** (nom masculin) Document qui décrit précisément un objet, un processus. *L'agence fournit des **descriptifs** détaillés des voyages qu'elle propose.* • **Géométrie descriptive** : représentation de figures projetées sur un plan ou sur plusieurs plans.

description (nom féminin) Texte ou paroles qui décrivent. *Je n'ai jamais vu le Parthénon, peux-tu m'en faire une **description** ?*
★ Famille du mot : descript**if**, **in**descript**ible**.

désemparé, ée (adjectif) Qui est perdu, un peu affolé et ne sait pas quoi faire. *Ce chien **désemparé** ne trouve plus ses maîtres.*

désemparer (verbe) • **Sans désemparer** : sans s'arrêter. *Les amis ont discuté toute la soirée **sans désemparer**.*

désemplir (verbe) (conj. 11) • **Ne pas désemplir** : être toujours plein, ne pas cesser d'être fréquenté. *Ce restaurant réputé ne **désemplit** pas.*

désenchanté, ée (adjectif) Qui est déçu et a perdu son enthousiasme, ses illusions. *Elle est revenue de son voyage un peu **désenchantée**.* (Syn. **désabusé.**)

désenclaver (verbe) (conj. 3) Faire cesser l'isolement d'une région ou d'un lieu. *La nouvelle route **désenclave** le village.*

se **désendetter** (verbe) (conj. 3) Réduire ou liquider ses dettes. *Les services sociaux aident les familles à **se désendetter**.*

désenfler (verbe) (conj. 3) Devenir moins enflé. *Sa cheville **a** bien **désenflé**, ça va mieux.*

déséquilibre (nom masculin) Absence d'équilibre, causant une position instable. *La pile d'assiettes est en **déséquilibre**, elle va tomber !*

déséquilibré, ée (nom) Synonyme de fou. *Ce crime affreux est l'œuvre d'un **déséquilibré**.*

déséquilibrer (verbe) (conj. 3) Faire perdre l'équilibre. *C'est un véliplanchiste débutant, un coup de vent l'**a déséquilibré**.*

désert, erte (adjectif) **1** Sans aucun habitant. *Le bateau échoua sur une île **déserte**.* **2** Où il n'y a personne pour le moment. *À la fin des vacances, le village est **désert**.* (Syn. **dépeuplé.**)
▪**désert** (nom masculin) Région très sèche, sans végétation et sans habitants. *Le Sahara est le plus grand **désert** du globe.*

déserter (verbe) (conj. 3) **1** Ne plus fréquenter un endroit. *Les touristes **ont déserté** la plage pendant l'averse.* (Syn. **abandonner.**) **2** Quitter l'armée sans y être autorisé. *Les soldats ne voulaient pas se battre, ils **ont déserté**.*
★ Famille du mot : déser**teur**, déser**tion**.

déserteur (nom masculin) Soldat qui déserte.

désertion (nom féminin) Action de déserter. *Pour un militaire, la **désertion** est punie de prison.*

désertique (adjectif) Du désert. *Les régions polaires sont **désertiques**.*

désespérant, ante (adjectif) Qui désespère. *Les derniers jours avant les vacances passent avec une lenteur **désespérante**.*

désespéré, ée (adjectif) **1** Qui ne laisse pas d'espoir. *Sa maladie est très grave et son cas est **désespéré**.* **2** Très grand, extrême. *Le naufragé faisait des efforts **désespérés** pour se maintenir à la surface de l'eau.*

désespérément (adverbe) De façon désespérée. *Les assiégés se sont battus **désespérément**, jusqu'au bout.*

désespérer (verbe) (conj. 8) **1** Perdre tout espoir. *Les médecins **désespèrent** de le sauver.* **2** Conduire au désespoir. *Sa lenteur me **désespère** !* (Syn. **décourager, désoler.**)

désespoir (nom masculin) Très grande tristesse de celui qui a perdu l'espoir. *À la mort de sa femme, il a sombré dans le **désespoir**.* • **En désespoir de cause** : parce qu'il n'y a pas de meilleure solution.

déshabillé (nom masculin) Léger vêtement d'intérieur féminin. *Elle est sortie de la salle de bains en **déshabillé** vaporeux.*

déshabiller (verbe) (conj. 3) Enlever des habits. *Dépêchez-vous de vous **déshabiller**, les autres sont déjà dans l'eau !* (Contr. **habiller.**)

se **déshabituer** (verbe) (conj. 3) Perdre l'habitude. *Au bord de la mer, il a réussi à **se déshabituer** de fumer.* (Contr. **s'habituer.**)

désherbant (nom masculin) Produit chimique qui sert à désherber. *On a mis du **désherbant** dans les allées du jardin.*

désherber (verbe) (conj. 3) Détruire les mauvaises herbes. *Il faudrait **désherber** les plates-bandes.*

déshérité, ée (adjectif et nom) Qui est pauvre et sans ressources. *Une région **déshéritée** où les habitants survivent comme ils peuvent. Porter secours aux **déshérités**.*

déshériter (verbe) (conj. 3) Priver une personne de son héritage.

déshonneur (nom masculin) Perte de l'honneur. *Il n'y a aucun **déshonneur** à avouer qu'on s'est trompé.*

déshonorant, ante (adjectif) Qui déshonore. *Ses résultats scolaires n'ont rien de **déshonorant** !* (Syn. **infamant.**)

déshonorer (verbe) (conj. 3) Faire perdre son honneur, sa bonne réputation. *Cette faute le **déshonore** aux yeux de toute la profession.* (Syn. **discréditer, salir.**)

déshydrater (verbe) (conj. 3) Faire perdre toute son eau. *Ursula emporte dans son sac à dos des légumes **déshydratés**. Les bébés et les vieillards peuvent se **déshydrater** très vite.* (Contr. **hydrater.**)

désidérata (nom masculin) Ce que l'on souhaite, dans le domaine administratif. *Quels sont vos **désidératas** principaux ?*
► Prononciation [dezideʀata].
★ **Désidérata** vient du verbe latin *desiderare* qui signifie « regretter l'absence de ».
► On écrit aussi **desiderata**.

design (nom masculin) Conception moderne et esthétique adaptée aux objets fonctionnels industriels. *Marie a choisi le **design** pour décorer son appartement.*
■ **design** (adjectif) D'un style épuré et moderne, inspiré du design.
► Pluriel : des meubles **design**.
► **Design** est un mot anglais : on prononce [dizajn].

désignation (nom féminin) Action de désigner une personne. *La **désignation** d'un nouvel entraîneur est urgente.* (Syn. **nomination.**)

designer (nom) Spécialiste du design. *Un **designer** a meublé notre appartement.*
► Prononciation [dizajnœr].
► On écrit aussi **designeur, euse**.

désigner (verbe) (conj. 3) **1** Montrer parmi d'autres. *D'un geste, il **désigna** un siège à son visiteur.* **2** Nommer ou représenter quelque chose. *Le mot « chalet » **désigne** une sorte de maison.* **3** Nommer quelqu'un pour faire quelque chose. *On **a désigné** deux personnes pour faire la vaisselle.* (Syn. **choisir.**)

désillusion (nom féminin) Grande déception. *Quelle **désillusion** d'apprendre que mes cousines passaient leur temps à dire du mal de moi !* (Syn. **désappointement.**)

désinence (nom féminin) Élément variable qui s'ajoute au radical d'un mot et qui sert à marquer chacune des formes des verbes et des noms. *Dans « partons », « ons » est la **désinence**.*
★ **Désinence** vient du verbe latin *desinere* qui signife « finir ».

désinfectant (nom masculin) Produit qui désinfecte. *L'eau oxygénée est un **désinfectant** pour les plaies.*

désinfecter (verbe) (conj. 3) Nettoyer pour détruire les microbes. *L'infirmière **a désinfecté** la plaie.* (Syn. **aseptiser.**)

désinfection (nom féminin) Action de désinfecter. *En cas de maladie contagieuse, la **désinfection** du local et des vêtements est obligatoire.*

désinflation (nom féminin) Réduction de l'inflation.

désinformation (nom féminin) Présentation trompeuse de faits, à la radio, à la télévision ou dans la presse. *Les services de propagande se livrent à la **désinformation**.*

désinstaller (verbe) (conj. 3) Supprimer un logiciel d'un disque dur.

désintégration (nom féminin) Fait de se désintégrer. *Ces querelles ont entraîné la **désintégration** du groupe.* (Syn. **dissolution.**)

se **désintégrer** (verbe) (conj. 3) Éclater en petits éléments. *Le satellite **s'est désintégré** dans l'espace.*

désintéressé, ée (adjectif) Qui n'agit pas par intérêt. *Elle lui enseigne gratuitement la musique, c'est une personne **désintéressée**.* (Contr. **intéressé.**)

désintéressement (nom masculin) Comportement d'une personne désintéressée. *Il prête sa maison à des amis en difficulté, c'est un homme d'un parfait **désintéressement**.*

se **désintéresser** (verbe) (conj. 3) Cesser de s'intéresser. *Zoé **se désintéresse** de ses poupées depuis que ses parents lui ont offert un ordinateur.* (Syn. **négliger.** Contr. **s'intéresser.**)

désintérêt (nom masculin) Fait de se désintéresser. *Anna ne devrait pas montrer de **désintérêt** pour la géographie.*

désintoxiquer (verbe) (conj. 3) Se guérir de son besoin de tabac, d'alcool ou de drogue.

désinvolte (adjectif) Qui fait preuve de trop d'insouciance. *Il a répondu d'un ton **désinvolte** qu'il finirait son travail quand il aurait le temps.*

désinvolture (nom féminin) Comportement désinvolte. *Elle a dit avec **désinvolture** qu'elle réussirait son examen.*

désir (nom masculin) Envie très forte de quelque chose. *Le plus grand **désir** de William serait d'avoir des rollers avec tout l'équipement.* (Syn. **souhait.**)

désirable (adjectif) Que l'on désire. *Cette maison a tout le confort **désirable**.* (Syn. **souhaitable.**)

désirer (verbe) (conj. 3) Avoir le désir de quelque chose. *Je **désirerais** changer notre rendez-vous. Il **désire** que tu viennes.* (Syn. **souhaiter, vouloir.**) • **Laisser à désirer** : ne pas être satisfaisant. *Ce devoir **laisse à désirer**.*
★ Famille du mot : désir, désir**able**, désir**eux**, **in**désir**able**.

désireux, euse (adjectif) Qui désire quelque chose. *Elle est **désireuse** de vous rencontrer.*

désistement (nom masculin) Fait de se désister. *Pour l'instant, il n'y a plus de places, mais il peut y avoir des **désistements** : patientez un peu.*

se **désister** (verbe) (conj. 3) Retirer sa candidature à une élection, en faveur d'un autre candidat.

désobéir (verbe) (conj. 11) Ne pas obéir. *En ouvrant la porte au loup, les sept biquets **ont désobéi** à leur maman.*

désobéissance (nom féminin) Fait de désobéir. *Le nouveau commandant ne supporte pas la moindre **désobéissance**.* (Syn. **indiscipline.** Contr. **obéissance.**)

désobéissant, ante (adjectif) Qui désobéit. *Ces enfants sont trop **désobéissants**.* (Contr. **obéissant.**)

désobligeant, ante (adjectif) Peu aimable et vexant. *Les élèves n'ont pas cessé de faire des commentaires **désobligeants** pendant toute la visite.* (Syn. **blessant.**)

désodorisant (nom masculin) Produit servant à combattre les mauvaises odeurs d'un local.

désœuvré, ée (adjectif) Qui se trouve sans occupation. *Les premiers jours de vacances, Élodie se sent **désœuvrée**.* (Syn. **inactif, oisif.**)
★ Œuvre voulait dire autrefois « travail ».

désœuvrement (nom masculin) État d'une personne désœuvrée. *Ce **désœuvrement** forcé lui a beaucoup pesé durant sa très longue maladie.* (Syn. **inactivité, oisiveté.**)

désolant, ante (adjectif) Qui désole. *Nos voisins ne s'entendent pas, c'est **désolant** !* (Syn. **affligeant, attristant.**)

désolation (nom féminin) Grande tristesse. *Après l'incendie, il ne restait plus qu'un paysage de **désolation**.* (Syn. **consternation.**)

désoler (verbe) (conj. 3) Faire beaucoup de peine. *Je ne sais pas pourquoi ils sont fâchés, mais ça me **désole**.* (Syn. **attrister, consterner.**)
★ Famille du mot : désol**ant**, désol**ation**.

se **désolidariser** (verbe) (conj. 3) Montrer son désaccord avec des personnes dont on était jusque-là solidaire. *Xavier **s'est désolidarisé** de ses camarades qui voulaient taguer le mur de l'école.*

désopilant, ante (adjectif) Très drôle. *Quand il raconte sa mésaventure, il est **désopilant** !*

désordonné, ée (adjectif) **1** Qui manque d'ordre. *Elle perd tout, elle est très **désordonnée**.* (Syn. **brouillon.** Contr. **ordonné.**) **2** Qui se fait sans ordre. *Quand la police arriva, ce fut une fuite **désordonnée** de la part des gangsters.*

désordre (nom masculin) **1** Absence d'ordre. *On ne peut rien retrouver dans ce **désordre** !* (Syn. **pagaille.** Contr. **ordre.**) **2** Agitation qui trouble l'ordre. *Cet élève sème le **désordre** dans la classe.*

désorganisation (nom féminin) Action de désorganiser. *Certains employés critiquent la **désorganisation** du service.*

désorganiser (verbe) (conj. 3) Bouleverser l'organisation. *Les chutes de neige **ont désorganisé** les transports routiers.* (Contr. **organiser.**)

désorienter (verbe) (conj. 3) **1** Faire perdre son orientation à quelqu'un. *Yann ne reconnaît plus la rue, il **est** tout **désorienté**.* **2** Au sens figuré, synonyme de déconcerter. *Fatima a tout oublié, cette question l'**a désorientée**.*

désormais (adverbe) À partir de maintenant, à l'avenir. ***Désormais**, Gaëlle et Benjamin prendront le bus tout seuls.* (Syn. **dorénavant.**)

désosser (verbe) (conj. 3) Enlever les os. *On **a désossé** le lapin pour faire un pâté.*

despérado (nom masculin) Homme vivant en marge de la loi et prêt à toutes les violences.
► Prononciation [dɛspeʀado].
★ Ce mot vient de l'espagnol *desperado* « désespéré ».
► On écrit aussi **desperado**.

despote (nom masculin) Souverain tyrannique. *Un **despote** cruel régnait sur le pays.*
★ Famille du mot : despot**ique**, despot**isme**.

despotique (adjectif) Qui se conduit en despote. *Monsieur Michel est **despotique** avec sa famille.*

despotisme (nom masculin) Pouvoir exercé par un despote.

desquels, desquelles Voir ***lequel***.

se **dessaisir** (verbe) (conj. 11) Se séparer de quelque chose. *Faites très attention, ne **vous désaisissez** pas de vos bagages.*

dessaler (verbe) (conj. 3) **1** Enlever le sel. *Le cuisinier **a dessalé** les anchois dans l'eau froide avant de faire la pizza.* **2** Chavirer, en parlant d'un petit voilier.

dessèchement (nom masculin) État de ce qui est desséché.

dessécher (verbe) (conj. 8) Rendre sec. *Voilà un mois qu'il n'a pas plu, l'herbe **est desséchée**.*

dessein (nom masculin) Synonyme littéraire de projet. *Les conspirateurs nourrissaient de noirs **desseins** contre le gouvernement.* • **À dessein** : exprès, dans un but précis. *C'est **à dessein** que je suis venu très tôt.*

desseller (verbe) (conj. 3) Ôter la selle. *Après la course, le lad **a dessellé** le cheval.* (Contr. **seller.**)

desserrer (verbe) (conj. 3) Relâcher ce qui est serré. *Si tu as mal aux pieds, **desserre** tes lacets de chaussures.* • **Ne pas desserrer les dents** : ne rien dire.

dessert (nom masculin) Plat, souvent sucré, servi à la fin du repas, après le fromage.

desserte (nom féminin) Fait de relier des localités, des lieux, par un moyen de transports. *Une navette assure la **desserte** des villages.*

desservir (verbe) (conj. 15) **1** Débarrasser la table. *Les enfants, soyez gentils de **desservir** et d'emporter la vaisselle dans la cuisine.* **2** Assurer régulièrement la communication entre des lieux. *Ce train **dessert** toutes les gares de Marseille à Nice.* **3** Rendre un mauvais service à quelqu'un. *Son air bourru le **dessert**.* (Syn. **nuire.** Contr. **servir.**)

dessiller (verbe) (conj. 3) Ouvrir les paupières. • **Dessiller les yeux à quelqu'un, de quelqu'un :** lui faire voir les choses sous leur vrai jour.
▶ Prononciation [desije].
★ **Dessiller** vient de l'ancien français *ciller* qui signifiait « coudre les paupières d'un oiseau de proie ».
▶ On écrit aussi **déciller**.

dessin (nom masculin) **1** Représentation d'une chose par un ensemble de traits, au crayon ou à la plume. *Le **dessin** d'Hélène représente des bateaux sur la mer.* **2** Art de dessiner. *Mon grand frère suit des cours de **dessin**.* • **Dessin animé :** film fait d'une suite de dessins dont chacun représente une partie du mouvement.

dessinateur, trice (nom) Artiste qui dessine. *Elle est **dessinatrice**, elle illustre des livres pour enfants.*

dessiner (verbe) (conj. 3) **1** Représenter par un dessin. *Clément **dessine** tout ce qu'il voit.* **2 Se dessiner :** apparaître. *Les toits des maisons et le clocher **se dessinaient** en noir sur l'horizon.*
★ Famille du mot : dessin, dessin**ateur**.

dessous (adverbe) Sous quelque chose. *Tu verras un paillasson devant la porte, la clé est **dessous**.* (Contr. **dessus.**) • **Au-dessous :** plus bas. • **Ci-dessous :** un peu plus bas, plus loin dans le texte. *Vous trouverez **ci-dessous** la liste des participants.* • **En-dessous, là-dessous, par-dessous :** sous autre chose. *La bille a roulé **là-dessous**.*
▪ **dessous** (préposition) • **Au-dessous de, par-dessous :** sous. *Les hirondelles ont fait leur nid **au-dessous du** toit. Il porte un tee-shirt **par-dessous** son pull.*
▪ **dessous** (nom masculin) La partie inférieure. *Victor nettoie le **dessous** de ses chaussures.* • **Avoir le dessous :** être battu.
▪ **dessous** (nom masculin pluriel) Sous-vêtements féminins.

dessous-de-plat (nom masculin) Support pour les plats chauds.
▶ Pluriel : des **dessous-de-plat**.

dessous-de-table (nom masculin) Somme donnée clandestinement par un acheteur en plus du prix régulièrement fixé. *L'entrepreneur a donné des **dessous-de-table** pour obtenir la responsabilité des travaux.*
▶ Pluriel : des **dessous-de-table**.

dessus (adverbe) Sur quelque chose. *Le ballon a roulé dans la rue, un camion est passé **dessus**.* (Contr. **dessous.**) • **Au-dessus :** plus haut. *Ils habitent **au-dessus**.* • **Ci-dessus :** plus haut dans le texte. *Le tableau **ci-dessus** indique les dates.* • **Là-dessus : 1** Sur. *Je l'ai posé **là-dessus**.* **2** Juste après cela. ***Là-dessus**, elle est partie.* • **Par-dessus :** sur, au-delà. *Il a sauté **par-dessus**.*
▪ **dessus** (préposition) • **Au-dessus de :** dans le haut de. ***Au-dessus de** la porte, il y a un numéro.* • **Par-dessus :** sur la partie supérieure de. *Elle est passée **par-dessus** le mur.*
▪ **dessus** (nom masculin) La partie supérieure. *Le **dessus** de la boîte est décoré.* • **Avoir le dessus :** être le plus fort.

dessus-de-lit (nom masculin) Synonyme de couvre-lit.
▶ Pluriel : des **dessus-de-lit**.

déstabiliser (verbe) (conj. 3) Rendre moins stable. *Des troubles sociaux **ont déstabilisé** le pouvoir en place.* (Syn. **ébranler.**)

destin (nom masculin) **1** Puissance qui semble régler la vie de chacun. *Elle ne croit pas au **destin**.* **2** Ce qui constitue l'existence d'un individu et que certains pensent fixé d'avance. *Jeanne d'Arc eut un **destin** exceptionnel.* (Syn. **destinée, sort.**)

destinataire (nom) Personne à qui est destiné un envoi. *Le **destinataire** de cette lettre est inconnu à cette adresse.* (Contr. **envoyeur, expéditeur.**)

destination (nom féminin) Endroit où l'on va. *Où est le TGV à **destination** de Rennes ?*

destinée (nom féminin) Synonyme littéraire de destin.

destiner (verbe) (conj. 3) **1** Adresser quelque chose à quelqu'un. *C'est bien à vous que cette remarque **est destinée**.* **2** Réserver d'avance pour un usage. *L'argent collecté **est destiné** aux réfugiés.* **3 Se destiner :** avoir choisi de faire tel métier. *Elle **se destine** à l'archéologie.*
★ Famille du mot : destin**ataire**, destin**ation**.

destituer (verbe) (conj. 3) Priver quelqu'un de ses fonctions. *Le magistrat condamné pour escroquerie **a été destitué**.* (Syn. **révoquer.**)

destrier (nom masculin) Au Moyen Âge, cheval de bataille du chevalier.
★ **Destrier** vient de l'ancien français *destre* « main droite », car l'écuyer tenait la monture du chevalier de la main droite, et la sienne de la main gauche.

destructeur, trice (adjectif) Qui détruit. *Des guerres **destructrices** ont ravagé la contrée.*

destruction (nom féminin) **1** Action de détruire. *La **destruction** de la forêt par un incendie.* **2** Ce qui a été détruit. *L'explosion a causé des **destructions** importantes.*

désuet, ète (adjectif) Qui est un peu vieillot et démodé. *Avec ses dentelles, la vieille dame avait une élégance **désuète**.*

désuétude (nom féminin) • **Tomber en désuétude** : ne plus être utilisé. *Cette coutume **est tombée en désuétude**.*

désunion (nom féminin) Fait d'être désuni. *Il dit qu'il y a de la **désunion** dans sa famille.* (Syn. **discorde, mésentente.** Contr. **union.**)

désunir (verbe) (conj. 11) Séparer des personnes qui jusque-là s'entendaient bien. *Des problèmes d'héritage **ont désuni** la famille.* (Syn. **diviser.** Contr. **unir.**)

détachant (nom masculin) Produit qui enlève les taches. *Il existe des **détachants** pour les graisses, des **détachants** pour les jus de fruits, etc.*

détaché, ée (adjectif) Qui semble indifférent. *William a pris un ton **détaché** pour dire qu'il ne rentrerait pas avant minuit.* • **Pièces détachées** : pièces de rechange pour une machine ou un appareil.

détachement (nom masculin) **1** Comportement d'une personne détachée. *Il parlait de ces faits tragiques avec **détachement**.* (Syn. **indifférence.**) **2** Groupe de soldats envoyés en mission. *On a envoyé un **détachement** en renfort.*

① **détacher** (verbe) (conj. 3) **1** Défaire ce qui est attaché. *Le prisonnier s'**est détaché**. Nous informons les passagers qu'ils peuvent **détacher** leurs ceintures.* (Contr. **attacher.**) **2** Envoyer quelqu'un en mission temporaire. *Ce fonctionnaire **a été détaché** à l'étranger.* **3 Se détacher de quelqu'un** : cesser de lui être attaché. *Anna **s'est détachée** petit à petit de ses anciens camarades de classe.* (Contr. **s'attacher.**) **4 Se détacher** : apparaître nettement en se distinguant du reste. *La girouette noire **se détache** sur le ciel.*
★ Famille du mot : détach**é**, détach**ement**.

② **détacher** (verbe) (conj. 3) Faire disparaître les taches. *Tu as mis du jus de fraise sur ton tee-shirt, ce ne sera pas facile à **détacher**.*

détail (nom masculin) Chaque petite chose d'un ensemble. *Dans sa lettre, Élodie a raconté son voyage sans oublier le moindre **détail**.* • **Au détail** : par petites quantités. *Ce commerçant fait de la vente **au détail**.* (Contr. **en gros.**) • **En détail** : en examinant tout. *Xavier peut expliquer **en détail** le fonctionnement de sa voiture téléguidée.* (Contr. **en gros.**)
★ Famille du mot : détail**lant**, détail**lé**, détail**ler**.

détaillant (nom masculin) Commerçant qui vend au détail. *Un **détaillant** en fruits et légumes.* (Contr. **grossiste.**)

détaillé, ée (adjectif) Qui comporte tous les détails. *Un mode d'emploi bien **détaillé**.*

détailler (verbe) (conj. 3) **1** Examiner très attentivement. *Quel indiscret ! Il nous **a détaillés** de la tête aux pieds !* **2** Vendre par petites quantités, par portions. *Dans cette rôtisserie, ils **détaillent** les poulets : tu peux n'acheter qu'une cuisse.*

détaler (verbe) (conj. 3) Synonyme familier de s'enfuir. *En voyant arriver la police, les vendeurs à la sauvette **ont détalé** comme des lapins.*

détartrer (verbe) (conj. 3) Enlever le tartre. *Fatima va tous les ans chez le dentiste se faire **détartrer** les dents.*

détaxer (verbe) (conj. 3) Diminuer ou supprimer les taxes. *Papa a acheté du parfum **détaxé** à l'aéroport pour maman.* (Contr. **taxer.**)

détecter (verbe) (conj. 3) Synonyme de déceler. *Grâce à son radar, le pilote **a détecté** tous les avions ennemis.*
★ Famille du mot : détec**teur**, détec**tion**.

détecteur (nom masculin) Appareil servant à détecter. *Les mineurs sont équipés de **détecteurs** de grisou.* • **Détecteur de mensonge** : appareil censé détecter l'émotion du sujet en train de mentir.

détection (nom féminin) Action de détecter. *La radiographie permet la **détection** de certaines maladies.*

détective (nom masculin) Personne qui fait des enquêtes policières. *Puisque des papiers confidentiels ont disparu, le directeur a chargé un **détective** de l'enquête.*

déteindre (verbe) (conj. 35) Perdre sa couleur au lavage, en tachant parfois ce qui est autour. *Il faut laver ces rideaux à part, ils **déteignent**.*

dételer (verbe) (conj. 8 ou 9) Détacher un animal de la voiture à laquelle il était attelé. *Le lad **dételle** le cheval.*

détendeur (nom masculin) Appareil servant à équilibrer la pression d'un gaz comprimé, par rapport à la pression subie. *Le plongeur met l'embout du **détendeur** de sa bouteille d'air comprimé dans sa bouche.*

détendre (verbe) (conj. 31) **1** Diminuer la fatigue ou l'inquiétude de quelqu'un. *Ses vacances l'**ont** bien **détendue**.* (Syn. **délasser.**) **2 Se détendre** : devenir moins tendu. *Le ressort **s'est détendu** d'un coup.* (Contr. **se tendre.**)

détenir (verbe) (conj. 19) **1** Avoir quelque chose en sa possession. *Gaëlle **détient** le record de saut en hauteur de son école.* **2** Retenir prisonnier. *Les terroristes **détiennent** plusieurs otages.*
★ Famille du mot : déten**teur**, déten**tion**, déten**u**.

détente (nom féminin) **1** Repos qui détend. *Tout le monde a besoin de **détente**, je vous emmène vous baigner.* **2** Relâchement de la tension. *Il y a une nette **détente** dans les relations internationales.* **3** Pièce qui fait partir le coup d'une arme à feu. *Le chasseur a pressé sur la **détente** de son fusil.*

détenteur, trice (nom) Personne qui détient quelque chose. *Elle est la **détentrice** du titre de championne du monde de fleuret.*

détention (nom féminin) Synonyme d'emprisonnement. *Il est sorti de prison après quatre mois de **détention**.*

détenu, ue (nom) Personne qui est en détention. *Les **détenus** regagnent leurs cellules.* (Syn. **prisonnier.**)

détergent (nom masculin) Produit qui nettoie. *Le savon, la lessive sont des **détergents**.*

détérioration (nom féminin) Fait de se détériorer. *Le gel de cet hiver a provoqué la **détérioration** des canalisations.*

détériorer (verbe) (conj. 3) Mettre en mauvais état. *Des vandales **ont détérioré** tous les abribus du quartier.*

déterminant, ante (adjectif) Qui détermine. *L'influence de son père a été **déterminante** dans le choix de sa profession.* (Syn. **décisif.**)
■ **déterminant** (nom masculin) Mot placé devant un nom, qui s'accorde avec lui et le détermine. *Les articles, les adjectifs possessifs, démonstratifs et indéfinis sont les **déterminants** du nom.*

détermination (nom féminin) Comportement d'une personne déterminée. *Elle a agi avec **détermination** et courage, et elle a fini par gagner.*

déterminé, ée (adjectif) Qui montre de l'esprit de décision. *Yann m'a dit d'un ton **déterminé** qu'il ne viendrait pas avec moi.* (Syn. **résolu.** Contr. **indécis.**)

déterminer (verbe) (conj. 3) **1** Amener quelqu'un à faire quelque chose. *Cet évènement l'**a déterminé** à partir.* (Syn. **décider.**) **2** Connaître quelque chose avec précision. *Le détective a essayé de **déterminer** le mobile du vol.* (Syn. **définir, établir.**) **3** Préciser le sens et la valeur d'un mot. *Dans le groupe « sa clé », l'adjectif possessif **détermine** le nom « clé » en genre et en nombre.*
★ Famille du mot : détermin**ant**, détermin**ation**, déter**miné**, **in**déterminé.

déterminisme (nom masculin) Doctrine selon laquelle tout dans l'univers est déterminé par les évènements antérieurs, y compris les conduites humaines.

déterrer (verbe) (conj. 3) Sortir de terre quelque chose qui y était enfoui. *En faisant des travaux, les ouvriers **ont déterré** une statue gallo-romaine.* (Syn. **exhumer.** Contr. **enterrer.**)

détestable (adjectif) Qui mérite d'être détesté. *Un tyran **détestable**.* (Syn. **exécrable.**)

détester (verbe) (conj. 3) Ne pas aimer du tout quelque chose ou quelqu'un. *Hélène **déteste** les endives cuites.* (Syn. **haïr.** Contr. **adorer, aimer.**)

détonant, ante (adjectif) Destiné à exploser avec un bruit violent. *La charge **détonante** a fait beaucoup de dégâts.* • **Mélange détonant** : au sens figuré, rapprochement de personnes pouvant entraîner des réactions violentes.

détonateur (nom masculin) Ce qui sert à déclencher une explosion. *Le sergent a appuyé sur le **détonateur** de la charge explosive.*

détonation (nom féminin) Bruit d'une explosion, d'un coup de feu.
★ Famille du mot : déton**ant**, déton**ateur**.

détonner (verbe) (conj. 3) Contraster désagréablement avec autre chose. *La couleur de ton pull et celle de ta jupe **détonnent**.*
★ **Détonner** vient de *ton,* au sens musical.

détour (nom masculin) Trajet plus long que le chemin normal. *Benjamin a fait un **détour** par la boulangerie pour acheter un gâteau.* • **Sans détour** : directement, franchement.

détournement (nom masculin) Action de détourner par la force ou par la ruse. *La radio vient d'annoncer un **détournement** d'avion.*

détourner (verbe) (conj. 3) **1** Faire changer de direction. *On **a détourné** la circulation pour laisser passer la manifestation. Il a réussi à **détourner** l'attention de son gardien et à s'enfuir.* **2** Tourner d'un autre côté. *Elle **s'est détournée** pour rire.* **3** Prendre pour soi quelque chose qui ne vous est pas destiné. *Le caissier du casino est accusé d'**avoir détourné** un million de francs.*
★ Famille du mot : détour, détourne**ment**.

détracteur (nom masculin) Personne qui dénigre. *Cet homme politique a de nombreux **détracteurs**.*

détraquer (verbe) (conj. 3) Abîmer le mécanisme d'une machine. *Le réveil sonne n'importe quand, il **est** complètement **détraqué**.*

détremper (verbe) (conj. 3) Mouiller quelque chose abondamment. *Le match n'aura pas lieu car le terrain **est détrempé** par la pluie.*

détresse (nom féminin) Sentiment de grande angoisse face à une situation tragique. *La **détresse** se lisait dans le regard des réfugiés.* • **En détresse** : en perdition. *On a entendu les appels radio d'un avion **en détresse**.*

détriment (nom masculin) • **Au détriment de quelqu'un** : à ses dépens ou à son désavantage. *Clément fait du sport, mais c'est parfois **au détriment de** ses études.* (Syn. **aux dépens de.**)

détritivore (adjectif et nom masculin) Qui se nourrit de détritus. *Un insecte **détritivore**.*

détritus (nom masculin pluriel) Petits débris de toutes sortes. *Les jardiniers ramassent les **détritus** abandonnés par les touristes dans le square.* (Syn. **déchets, ordures.**)

détroit (nom masculin) Passage qui fait communiquer deux mers entre elles. *Le **détroit** de Magellan relie l'Atlantique au Pacifique.*

détromper (verbe) (conj. 3) Dire ou montrer à quelqu'un qu'il se trompe. *Tu crois que Julie est moins forte que toi à la course ? Alors, là, **détrompe-toi** !*

détrôner (verbe) (conj. 3) **1** Déposséder un roi de son trône. *Louis-Philippe **a été détrôné** par la révolution de 1848.* **2** Faire passer une chose de mode en la remplaçant. *L'avion **a détrôné** très rapidement le ballon dirigeable.*

détrousser (verbe) (conj. 3) Synonyme littéraire de dévaliser. *Des bandits **ont** attaqué la diligence et **détroussé** les voyageurs.*

détruire (verbe) (conj. 43) **1** Mettre en ruines. *La cathédrale **a été détruite** par un tremblement de terre.* (Syn. **démolir.**) **2** Tuer en grand nombre. *Les* *hélicoptères ont déversé des insecticides pour **détruire** les moustiques.* **3** Faire cesser d'exister. *Cette jalousie **a détruit** leur amitié.* (Syn. **anéantir.**)

dette (nom féminin) Somme d'argent que l'on doit. *« Qui paie ses **dettes** s'enrichit » dit le proverbe.*
★ Famille du mot : **dés**endetter, **en**dettement, s'**en**detter.

deuil (nom masculin) **1** Mort d'une personne. *Elle a eu un **deuil** dans sa famille.* (Syn. **décès.**) **2** Grand chagrin éprouvé à la mort d'une personne. *La famille est en **deuil**, le grand-père est mort.* • **Faire son deuil de quelque chose** : renoncer à l'espérer. *Il ne te rendra jamais ton baladeur, tu peux **en faire ton deuil**.*

deux (déterminant) **1** Un plus un (2). *J'ai **deux** yeux et **deux** oreilles.* **2** Petit nombre indéterminé. *L'école est à **deux** pas de chez moi.*
▪ **deux** (nom masculin) Chiffre ou nombre deux. *Le **deux**, c'est mon anniversaire.*

deuxième (adjectif et nom) Qui occupe le rang numéro 2. *C'est la **deuxième** fois que je viens ici. Il est le **deuxième** de la liste.* (Syn. **second.**)

deux-roues (nom masculin) Véhicule à deux roues. *Les VTT, les scooters, les cyclomoteurs sont des **deux-roues**.* (Syn. **cycle.**)
▶ Pluriel : des **deux-roues**.

dévaler (verbe) (conj. 3) Descendre très rapidement. *Laura est en retard, elle **dévale** quatre à quatre les escaliers.* (Syn. **dégringoler.**)

dévaliser (verbe) (conj. 3) Dépouiller quelqu'un de ce qu'il possède. *Les pirates de l'autoroute **ont dévalisé** des voyageurs.*

dévaloriser (verbe) (conj. 3) Diminuer la valeur d'une personne ou d'une chose. *Cette monnaie **s'est** beaucoup **dévalorisée**.*

dévaluation (nom féminin) Diminution de la valeur d'une monnaie par rapport aux autres. *Le gouvernement a décidé une **dévaluation**.*

dévaluer (verbe) (conj. 3) Faire une dévaluation. *Le franc **a été dévalué** en 1961.*

devancer (verbe) (conj. 4) **1** Arriver avant les autres. *Dans l'épreuve de natation, Myriam **a devancé** tous les concurrents.* **2** Faire quelque chose avant quelqu'un. *Je voulais l'appeler au téléphone, mais il m'**a devancé**.* (Syn. **précéder.**)

devancier, ère (nom) Personne qui en a précédé une autre. *L'inspecteur poursuit l'enquête de ses **devanciers**.* (Contr. **successeur.**)

devant (adverbe) À l'avant, en avant. *Va **devant**, tu leur diras qu'on arrive !*
▪ **devant** (préposition) **1** En avant de. *Les plus petits se mettent **devant** les plus grands.* **2** En face de. *La voiture est garée **devant** la maison.* **3** En présence de. *Cela s'est passé **devant** moi.* • **Au-devant de** : à la rencontre de.
▪ **devant** (nom masculin) Partie qui se situe à l'avant. *Le **devant** de la voiture est complètement enfoncé.* (Contr. **arrière, derrière.**) • **Prendre les devants** : agir le premier.

devanture (nom féminin) Synonyme de vitrine. *À la **devanture** du confiseur, on peut admirer un magnifique château en chocolat.*

dévastateur, trice (adjectif) Qui fait des ravages. *L'inondation fut **dévastatrice**.* (Syn. **destructeur.**)

dévaster (verbe) (conj. 3) Détruire tout sur son passage. *Le cyclone **a dévasté** la moitié de l'île.* (Syn. **ravager, saccager.**)

déveine (nom féminin) Synonyme familier de malchance. *Il n'a rien gagné à la loterie, quelle **déveine** !* (Contr. **chance, veine.**)

développement (nom masculin) **1** Fait de se développer. *La vie quotidienne est facilitée par le **développement** des techniques.* **2** Partie d'un texte qui développe une idée. *Romain a fait l'introduction et la conclusion de sa rédaction, mais pas le **développement**.*

développer (verbe) (conj. 3) **1** Faire croître. *Faire de la musique **a développé** ses capacités de concentration. Le pin **s'est** bien **développé** depuis qu'on l'a planté.* **2** Expliquer en donnant des détails. *L'auteur **a développé** cette théorie dans son dernier livre.* **3** Faire apparaître l'image d'un cliché par un traitement spécial. *J'ai donné mes photos à **développer**.*
★ Famille du mot : développe**ment**, sous-développé, sous-développe**ment**.

devenir (verbe) (conj. 19) **1** Commencer à être. *Il **est devenu** très riche grâce à cette invention.* **2** Avoir tel ou tel sort, tel ou tel résultat. *Je me demande bien ce qu'elle **est devenue**.*

dévergondé, ée (nom) Personne qui manque de pudeur sur le plan de la conduite sexuelle. *Un peu de tenue, petite **dévergondée** !*

se **dévergonder** (verbe) (conj. 3) Abandonner toute retenue, toute pudeur, notamment sur le plan de la conduite sexuelle. *Leur fils **s'est** brusquement **dévergondé**.*
★ **Dévergonder** vient de l'ancien français *vergonde* qui signifie « vergogne ».

déverrouiller (verbe) (conj. 3) **1** Ouvrir en tirant le verrou de. *Les cambrioleurs ont réussi à **déverrouiller** la porte d'entrée.* **2** Libérer un mécanisme préalablement immobilisé. *Le pilote **déverrouille** le train d'atterrissage de l'avion.*

devers (préposition) • **Par-devers** : en la possession de. *Elle garde les dossiers **par-devers** elle.*

déverser (verbe) (conj. 3) **1** Répandre quelque chose en grande quantité. *Pour protester, les paysans **ont déversé** du purin dans la cour de la préfecture.* **2** **Se déverser** : s'écouler. *L'eau du caniveau **se déverse** dans l'égout.*

déversoir (nom masculin) Ouverture par laquelle s'évacue l'excès d'eau. *L'architecte vérifie le bon état du **déversoir** du barrage.*

dévêtir (verbe) (conj. 15) Synonyme littéraire de déshabiller. *Le médecin a demandé au patient de se **dévêtir**.*

a b c **d** e f g h i j k l m n o p q r s t u v w x y z

déviation (nom féminin) Route vers laquelle la circulation est déviée. *La route est barrée, il faut prendre la **déviation**.*

dévider (verbe) (conj. 3) Dérouler peu à peu un fil. *L'électricien **dévide** son câble.* (Contr. **enrouler.**)

dévidoir (nom masculin) Appareil équipé d'un tambour sur lequel on enroule une corde, un tuyau. *Le jardinier déroule le tuyau d'arrosage du **dévidoir**.*

dévier (verbe) (conj. 3) **1** Détourner de sa direction normale. *La circulation **a été déviée** à cause de la manifestation.* **2** Changer de direction. *Heureusement pour lui, la balle **a dévié**.*

devin, devineresse (nom) Personne qui prétend qu'elle peut prédire l'avenir. *Dans l'Antiquité, on ne prenait jamais une décision sans consulter un **devin**.*

deviner (verbe) (conj. 3) Découvrir par intuition ce que l'on ignore. *Il y a une surprise... – J'**ai deviné** !*
★ Famille du mot : devin, devin**ette**.

devinette (nom féminin) Question amusante dont il faut deviner la réponse.

devis (nom masculin) Document indiquant le prix prévu pour des travaux. *Papa a demandé un **devis** au plombier pour refaire la salle de bains.*

dévisager (verbe) (conj. 5) Regarder quelqu'un avec une insistance indiscrète. *Mon petit frère ne cesse de **dévisager** les gens dans le métro.*

devise (nom féminin) **1** Phrase choisie pour exprimer un idéal. *« Ni Dieu, ni maître » est la **devise** des partisans de l'anarchie.* **2** Monnaie étrangère. *Le yen, la lire, le dollar sont des **devises**.*

deviser (verbe) (conj. 3) Discuter familièrement. *Gaëlle et Hélène **devisent** gaiement.*

dévisser (verbe) (conj. 3) **1** Desserrer ce qui est vissé. *Je n'arrive pas à **dévisser** le bouchon du tube de colle.* **2** Tomber d'une paroi qu'on escaladait. *L'alpiniste **a dévissé**, mais il a été retenu par la corde.*

dévitaliser (verbe) (conj. 3) Retirer la pulpe et le nerf d'une dent.

dévoiement (nom masculin) **1** Changement de direction d'un conduit. *L'architecte vérifie le **dévoiement** du tuyau de cheminée.* **2** Au sens figuré, action de détourner quelqu'un du droit chemin. *L'accusé s'est rendu coupable de **dévoiement**.*
► Prononciation [devwamɑ̃].

dévoiler (verbe) (conj. 3) **1** Enlever le voile qui recouvre une personne ou une chose. *Le maire **a dévoilé** la plaque.* **2** Révéler ce qui était tenu secret. *Il est encore trop tôt pour **dévoiler** nos plans.* (Syn. **divulguer.** Contr. **cacher.**)

① **devoir** (verbe) (conj. 21) **1** Être obligé de faire quelque chose. *Je **dois** partir maintenant.* **2** Avoir le projet de faire quelque chose. *Nous **devons** visiter les îles, si le temps le permet.* **3** Être très probable. *Elle **doit** avoir dans les cinquante ans.* **4** Avoir à payer ou à rembourser une somme. *Vous me direz combien je vous **dois**. Noémie **doit** cinq francs à David.* • **Comme il se doit** : comme il le faut ou comme prévu.
► **Devoir** se conjugue comme *recevoir*, mais il prend un accent circonflexe sur le *u* du participe passé masculin singulier : **dû**.

② **devoir** (nom masculin) **1** Ce que l'on doit faire pour suivre la morale. *Le maître nous apprend quels sont les droits et les **devoirs** du citoyen.* **2** Exercice écrit donné à faire aux élèves. *J'ai trop de **devoirs** aujourd'hui, je ne peux pas jouer.*

dévolu (nom masculin) • **Jeter son dévolu** : avoir fait son choix. *Odile **a jeté son dévolu** sur une paire de rollers.*

dévolution (nom féminin) Transmission d'un bien, d'un droit d'une personne à une autre en vertu de la loi.

dévorer (verbe) (conj. 3) **1** Manger beaucoup ou avec gloutonnerie. *Mes enfants ne mangent pas, ils **dévorent** !* **2** Faire souffrir ou tourmenter. *Dans ce camping, nous **avons été dévorés** par les moustiques.* • **Dévorer des yeux** : regarder avidement. • **Dévorer un livre** : le lire d'une traite.

dévot, ote (adjectif et nom) Attaché aux pratiques religieuses. *Les personnes **dévotes** fréquentent beaucoup les églises.* (Syn. **pieux.**)
■ **dévot, ote** (adjectif) Fait avec dévotion. *Les fidèles chuchotent une prière **dévote**.*

dévotion (nom féminin) **1** Vif attachement à la religion et aux pratiques religieuses. (Syn. **piété.**) **2** Culte particulier envers un saint, un objet sacré. *La **dévotion** à la Vierge.* **3** Grand respect où se mêlent admiration et affection. *Les enfants écoutaient leur grand-mère avec **dévotion**.* **4** Passion envers quelque chose. *Ursula a pour la musique une véritable **dévotion**.*

dévouement (nom masculin) Qualité d'une personne qui se dévoue. *Le **dévouement** du personnel de cet hôpital est extraordinaire.*

se **dévouer** (verbe) (conj. 3) S'oublier soi-même et dépenser toute son énergie pour être utile aux autres. *Ce prêtre **s'est dévoué** toute sa vie pour ceux que la société rejette. C'est un homme **dévoué**.*

dévoyer (verbe) (conj. 6) Détourner, faire sortir du droit chemin. *Les mauvaises fréquentations l'ont **dévoyé**.* (Syn. **pervertir.**)

dextérité (nom féminin) Adresse et rapidité dans la façon de faire. *Il a réalisé ce château de cartes avec une grande **dextérité**.* (Contr. **gaucherie.**)
★ **Dextérité** vient d'un mot latin qui signifie « droite » : avoir de la dextérité, c'est savoir se servir habilement de sa main droite.

dextre (nom féminin) Main droite. *Serrons-nous la **dextre** !*
■ **dextre** (adjectif) Qui s'enroule en spirale dans le sens des aiguilles d'une montre. *La coquille **dextre** de l'escargot.* (Contr. **senestre.**)

di- Élément venant du grec *dis* qui signifie « deux fois » (exemple : *dialcool*).

dia- Préfixe venant du grec *dia-* qui exprime la division (exemple : *diamètre*), ou qui signifie « à travers » (exemple : *diagonale*).

diabète (nom masculin) Maladie caractérisée par la présence de sucre dans le sang.

diabétique (adjectif et nom) Atteint de diabète. *Les **diabétiques** suivent un régime alimentaire.* ▪ **diabétique** (adjectif) Qui se rapporte au diabète. *Le malade est tombé dans un coma **diabétique**.*

diable (nom masculin) **1** Esprit qui représente le mal. (Syn. **démon.**) *L'Enfer est, dit-on, le royaume du **diable**.* **2** Enfant désobéissant et turbulent. *Sarah est un vrai petit **diable**.* **3** Petit chariot à deux roues qui sert à transporter des sacs, des caisses, etc. • **Au diable** : très loin. • **Bon diable** : brave homme. • **Pauvre diable** : homme malheureux, qui fait pitié. • **Tirer le diable par la queue** : avoir du mal à vivre parce qu'on n'a pas assez d'argent. ▪ **diable** (interjection) Exprime une surprise désagréable. ***Diable**, que c'est compliqué !*
★ Famille du mot : diablo**tin**, diabo**lique**, **en**diablé.

diablotin (nom masculin) Petit diable d'aspect sympathique.

diabolique (adjectif) Digne du diable. *Ses adversaires ont imaginé un piège **diabolique**.* (Syn. **démoniaque, infernal.**)

diabolo (nom masculin) **1** Jouet composé de deux baguettes reliées par une cordelette sur laquelle on fait rouler une bobine creuse que l'on lance en l'air et que l'on rattrape sur la cordelette. **2** Limonade au sirop. *Fatima a bu un **diabolo** grenadine.*
★ **Diabolo** vient de l'italien *diavolo* qui signifie « diable ».

diaconat (nom masculin) Fonction de diacre.

diacre (nom masculin) **1** Ministre des cultes catholique et orthodoxe qui a reçu l'ordre qui précède la prêtrise. **2** Dans les Églises protestantes, laïc qui se charge bénévolement de diverses œuvres de charité.
★ **Diacre** vient du grec *diakonos* qui signifie « serviteur ».

diadème (nom masculin) Bijou en forme de bandeau que l'on porte sur la tête.

diagnostic (nom masculin) Fait d'identifier une maladie d'après certains signes. *Le médecin a fait le **diagnostic** tout de suite : c'est une appendicite.*
▶ Prononciation [djagnɔstik].

diagnostiquer (verbe) (conj. 3) Faire un diagnostic. *À l'hôpital, on **a diagnostiqué** une fracture du poignet.*
▶ Prononciation [djagnɔstike].

diagonale (nom féminin) Ligne droite qui joint les sommets opposés d'un quadrilatère. *Les **diagonales** d'un carré sont égales.* • **En diagonale** : en biais, obliquement. • **Lire en diagonale** : parcourir très rapidement un livre, un journal.

diagramme (nom masculin) Courbe représentant les variations d'une grandeur. *Une courbe de températures est un **diagramme**.* (Syn. **graphique.**)

dialcool (nom masculin) Composé possédant deux fonctions alcool. (Syn. **glycol.**)
▶ Prononciation [dialkɔl].

dialecte (nom masculin) Forme particulière que prend une langue selon la région. *L'alsacien est un **dialecte** d'origine germanique.*

dialogue (nom masculin) Conversation entre deux ou plusieurs personnes. *Les **dialogues** de ce film sont complètement stupides et sans intérêt.*

dialoguer (verbe) (conj. 3) Avoir un dialogue avec quelqu'un. *Les deux chefs d'État **ont dialogué** pendant une heure.*

dialyse (nom féminin) Procédé thérapeutique d'épuration du sang lors de l'insuffisance rénale.

diamant (nom masculin) **1** Pierre précieuse très brillante et très dure. *Le **diamant** est le plus dur des corps connus.* **2** Instrument muni d'un éclat de diamant qui sert à découper le verre.

diamétralement (adverbe) • **Diamétralement opposé** : complètement opposé. *Le père et le fils ont des avis **diamétralement opposés** sur la politique.*

diamètre (nom masculin) Ligne qui partage un cercle en deux parties égales et qui passe par son centre.

diantre ! (interjection) Juron ancien, synonyme de diable ! ***Diantre**, cachez-vous, le voilà !*

diapason (nom masculin) Petit instrument qui donne la note « la ». *Le chef de chœur fait vibrer son **diapason** pour donner la note aux choristes.*

diaphane (adjectif) Qui est pâle et délicat au point de paraître transparent. *La convalescente avait un teint **diaphane**.*

diaphragme (nom masculin) Muscle large et mince qui sépare la poitrine de l'abdomen.

diaporama (nom masculin) **1** Projection sonorisée de diapositives. **2** Séquences d'images fixes d'un cd-rom.

diapositive (nom féminin) Photographie transparente que l'on projette sur un écran.

diarrhée (nom féminin) Dérangement intestinal qui rend les excréments liquides. (Syn. **colique.**)

diaspora (nom féminin) **1** Situation des Juifs exilés, au cours des siècles, à travers le monde. **2** Dispersion d'une ethnie quelconque. *La **diaspora** tsigane.*
★ **Diaspora** est un mot grec qui signifie « dispersion ».

diastole (nom féminin) Phase de dilatation du cœur pendant laquelle les ventricules se remplissent de sang. *La **diastole** alterne avec la systole.*
★ **Diastole** vient du grec *diastelê* qui signifie « dilatation ».

diatribe (nom féminin) Critique amère et virulente. *Le député a prononcé une violente **diatribe** contre le ministre.*
★ **Diatribe** vient du grec *diatribê* qui signifie « discussion d'école ».

a b c **d** e f g h i j k l m n o p q r s t u v w x y z

dichotomie (nom féminin) **1** Phase de la Lune où seule la moitié de son disque est éclairée par le Soleil. **2** Mode de ramification par bifurcations successives, donnant deux ramifications de même taille. *Le gui présente une* ***dichotomie****.*
▶ Prononciation [dikɔtɔmi].

dicotylédone (adjectif et nom féminin) Se dit d'une plante dont la graine renferme un embryon à deux cotylédons. *Les fleurs des* ***dicotylédones*** *portent quatre à cinq pétales.*

dictat Voir ***diktat***.

dictateur (nom masculin) Chef d'une dictature.
★ Famille du mot : dictat**orial**, dicta**ture**.

dictatorial, ale, aux (adjectif) D'un dictateur ou d'une dictature. *Trop de pays dans le monde ont encore un régime* ***dictatorial****.* (Contr. **démocratique**.)

dictature (nom féminin) Régime politique dans lequel un seul homme ou un seul groupe a tous les pouvoirs. *Dans une* ***dictature****, le dictateur gouverne sans aucun contrôle.*

dictée (nom féminin) Exercice scolaire d'orthographe qui est dicté aux élèves.

dicter (verbe) (conj. 3) **1** Dire un texte à haute voix et lentement pour que quelqu'un puisse l'écrire. *Vous pourriez* ***dicter*** *moins vite, s'il vous plaît ?* **2** Dire à quelqu'un ce qu'il doit faire. *Mon grand frère ne veut plus que mes parents lui* ***dictent*** *sa conduite.* (Syn. **imposer**.)

diction (nom féminin) Façon de prononcer. *La plupart des orateurs prennent des cours de* ***diction****.*

dictionnaire (nom masculin) Ouvrage qui présente les mots en ordre alphabétique et donne des renseignements sur leur orthographe, leur sens, etc.

dicton (nom masculin) Proverbe d'origine ancienne. *« Prévenir vaut mieux que guérir » est un* ***dicton****.*

didactique (adjectif) **1** Propre à instruire, destiné à l'enseignement. *Ce livre est* ***didactique****.* **2** Qui appartient au vocabulaire savant. *« Démythifier » est un terme* ***didactique****.*
▪ **didactique** (nom féminin) Théorie et technique de l'enseignement.

didascalie (nom féminin) Indication scénique donnée par l'auteur, accompagnant le texte d'une œuvre théâtrale. *L'indication entre parenthèses « elle se lève et va vers la porte » est une* ***didascalie****.*

dièdre (nom masculin) **1** Figure formée par deux demi-plans issus de la même droite. *Dans le* ***dièdre****, on appelle « arête » la droite commune et « faces » les demi-plans.* **2** Angle formé par les deux ailes d'un avion, d'un planeur.

diergol Voir ***biergol***.

dièse (nom masculin) En musique, signe qui hausse d'un demi-ton la note devant laquelle il est placé.

diesel (nom masculin) Moteur spécial qui fonctionne au gazole. *Les* ***diesels*** *sont des moteurs polluants.*
▶ Prononciation [djezɛl].
★ **Diesel** vient du nom de l'ingénieur allemand *R. Diesel* qui a inventé ce moteur.
▶ On écrit aussi **diésel**.

diète (nom féminin) Régime alimentaire qui consiste à manger peu. *Le médecin l'a mis à la* ***diète*** *pour soigner son indigestion.*
★ Famille du mot : diététi**cien**, diététi**que**.

diététicien, enne (nom) Spécialiste de la diététique. *Le père d'Ibrahim va voir un* ***diététicien*** *pour faire un régime amaigrissant.*

diététique (nom féminin) Étude de ce que chacun doit manger pour rester en bonne santé.

Dieu (nom masculin) Être tout-puissant et éternel qui, pour les chrétiens, les juifs et les musulmans, est le créateur du monde. ***Dieu*** *s'appelle Yahwé chez les juifs et Allah chez les musulmans.*
▪ **dieu, dieux** (nom masculin) Dans les autres religions, chacun des êtres supérieurs aux hommes, qui règlent leur destin. *Neptune était le* ***dieu*** *romain de la mer.*

diffamation (nom féminin) Action de diffamer. *Le ministre a dit que cet article de presse était de la* ***diffamation****.*

diffamatoire (adjectif) Qui est mensonger et porte atteinte à l'honneur de quelqu'un. *Vos propos sont* ***diffamatoires*** *!*

diffamer (verbe) (conj. 3) Salir la réputation de quelqu'un. ***Diffamer*** *une personne peut être puni par les tribunaux.* (Syn. **calomnier**.)
★ Famille du mot : diffam**ation**, diffam**atoire**.

différé (nom masculin) • **En différé** : qui est diffusé après avoir été enregistré. *Le concert sera retransmis à la radio* ***en différé*** *dimanche.* (Contr. **en direct**.)

différemment (adverbe) D'une façon différente. *Le diesel et le moteur à essence fonctionnent* ***différemment****.*
▶ Prononciation [difeʀamɑ̃].

différence (nom féminin) **1** Ce qui distingue une personne ou une chose d'une autre. *Le jeu des erreurs consiste à trouver la* ***différence*** *entre deux dessins.* (Contr. **ressemblance**.) **2** Résultat d'une soustraction ou écart entre deux nombres. *Benjamin a dix ans et Julie huit ans : ils ont deux ans de* ***différence****.* • **Faire des différences** : ne pas traiter les gens de la même manière.

différencier (verbe) (conj. 10) Savoir reconnaître grâce aux différences. *Laura a du mal à* ***différencier*** *un marron d'une châtaigne.*

différend (nom masculin) Désaccord dû à des opinions différentes. *Le propriétaire et ses locataires ont eu un* ***différend*** *à propos du montant du loyer.*

différent, ente (adjectif) Qui présente certaines différences. *Ce sont des frères et pourtant ils ont des caractères très* ***différents****.* (Contr. **identique, semblable**.)

■ **différents, entes** (déterminant) Plusieurs. *Pour le même prix, nous avons le choix entre **différents** modèles de téléviseurs.* (Syn. **divers.**)

différentiel, elle (adjectif) Se dit d'appareils servant à mesurer des différences. *Un compteur **différentiel**.* • **Calcul différentiel** : dont l'objet est l'étude des variations infinitésimales des fonctions. • **Équation différentielle** : qui lie une fonction à sa dérivée. • **Tarif différentiel** : variable.

différer (verbe) (conj. 8) **1** Être différent. *Je préfère la mer et toi la campagne, sur ce point nos goûts **diffèrent**.* (Syn. **diverger, s'opposer.**) **2** Remettre à plus tard. *La compagnie d'aviation **a différé** notre vol à cause du brouillard.* (Syn. **reculer, retarder.**)
★ Famille du mot : différe**mment**, différe**nce**, différen**cier**, différend, différ**ent**, différent**iel**, **in**différe**mment**, **in**différe**nce**, **in**différ**ent**.

difficile (adjectif) **1** Qui demande des efforts, de la peine. *Cet exercice de calcul était très **difficile**.* (Syn. **dur.** Contr. **facile.**) **2** Qui n'est pas facile à satisfaire. *Tu n'as goûté à rien, tu es vraiment **difficile** !*
★ Famille du mot : difficile**ment**, difficulté.

difficilement (adverbe) Avec difficulté. *Il écrit **difficilement** à cause de sa blessure au poignet.* (Contr. **facilement.**)

difficulté (nom féminin) **1** Caractère de ce qui est difficile. *L'entraîneur nous a prévenus de la **difficulté** des épreuves.* **2** Chose difficile. *Son courage lui a permis de surmonter les **difficultés** de la vie.* (Syn. **ennui, obstacle, problème, tracas.**)

difforme (adjectif) Qui n'a pas une forme normale. *À force de grossir, il est devenu **difforme**.*

difformité (nom féminin) Déformation physique grave. *L'enfant a été opéré pour une **difformité** de la colonne vertébrale.* (Syn. **malformation.**)

diffracter (verbe) (conj. 3) Produire la déviation d'une onde par un obstacle ou par son passage dans une ouverture. ***Diffracter** des rayons lumineux.*

diffus, use (adjectif) Qui s'est diffusé. *Une lumière **diffuse**. Une chaleur **diffuse**.*

diffuser (verbe) (conj. 3) **1** Répandre dans toutes les directions. *Cet appareil **diffuse** de la chaleur dans tout l'appartement.* **2** Faire connaître au public par l'intermédiaire de la télévision, de la radio ou de la presse. *Tous les journaux **ont diffusé** le résultat des élections.*

diffusion (nom féminin) Action de diffuser. *C'est l'heure de la **diffusion** des informations.*

digérer (verbe) (conj. 8) **1** Transformer les aliments que l'on mange pour que le corps les assimile. *Ne mange pas trop, tu vas avoir du mal à **digérer**.* **2** Synonyme familier de supporter. *Elle **a** très mal **digéré** les réflexions désagréables de son directeur.*

digeste (adjectif) Facile à digérer. *Cette sauce trop grasse n'est pas très **digeste**.* (Contr. **indigeste.**)
★ Famille du mot : digest**if**, digest**ion**, **in**digeste, **in**digest**ion**.

digestif, ive (adjectif) Qui sert à digérer. *L'estomac fait partie de l'appareil **digestif**.*
■ **digestif** (nom masculin) Liqueur que l'on sert en fin de repas. *Après le café, ils ont pris un **digestif**.*

digestion (nom féminin) Transformation des aliments dans l'appareil digestif. *La **digestion** permet d'assimiler les aliments.*

digicode (nom masculin) Appareil à clavier, qui permet d'ouvrir une porte quand on connaît le code.

digital, ale, aux (adjectif) • **Empreintes digitales** : lignes sur la peau du bout des doigts, différentes pour chaque personne.

digitale (nom féminin) Plante dont les fleurs ressemblent aux doigts d'un gant.

digitigrade (adjectif et nom masculin) Dont l'appui sur le sol se fait par les doigts et non par la plante du pied, pendant la marche. *Le chien est **digitigrade**. Les **digitigrades** et les plantigrades.*

digne (adjectif) Qui inspire le respect par son sérieux, sa gravité. *Il est resté **digne** sous les insultes de ses adversaires.* • **Être digne de quelqu'un** : avoir les mêmes qualités que lui. *C'est un excellent joueur, **digne de** ses équipiers.* • **Être digne de quelque chose** : la mériter. *Tu peux tout lui raconter, il **est digne de** confiance.* (Contr. **indigne de.**)
★ Famille du mot : digne**ment**, dign**itaire**, dign**ité**, **indi**gne.

dignement (adverbe) De façon digne. *Après sa défaite, il est parti **dignement**.*

dignitaire (nom masculin) Personne qui a une haute fonction dans une organisation. *Le Président était entouré des plus hauts **dignitaires** de l'État.*

dignité (nom féminin) **1** Attitude d'une personne digne. *Elle vit dans une terrible pauvreté, mais elle a gardé toute sa **dignité**.* **2** Distinction importante accordée à quelqu'un. *Il a été élevé à la **dignité** de grand officier de la Légion d'honneur.*

digression (nom féminin) Développement qui s'éloigne du sujet principal. *Nous ne saurons jamais la fin de l'histoire si tu fais sans cesse des **digressions**.*

digue (nom féminin) Construction destinée à empêcher le passage ou le débordement de l'eau. *Une tempête a brisé les **digues** et la mer a submergé les cultures.*

diktat (nom masculin) **1** Traité imposé par la force. **2** Au sens figuré, décision imposée. *Les syndicats se sont opposés aux **diktats** de la direction.*
► Prononciation [diktat].
★ **Diktat** est un mot allemand qui signifie « chose dictée ».
► On écrit aussi **dictat**.

dilapider (verbe) (conj. 3) Gaspiller de l'argent. *Il **a dilapidé** son héritage en quelques mois.*

a b c d e f g h i j k l m n o p q r s t u v w x y z

a b c d e f g h i j k l m n o p q r s t u v w x y z

dilatateur, trice (adjectif et nom masculin) Qui dilate. *Les muscles **dilatateurs**.*

dilatation (nom féminin) Fait de se dilater. *Une **dilatation** du métal s'est produite sous l'effet de la chaleur.*

dilater (verbe) (conj. 3) Faire augmenter de volume. *Les pupilles des chats se **dilatent** dans le noir.* (Contr. **comprimer.**)

dilemme (nom masculin) Choix difficile entre deux solutions. *Il voudrait partir en classe de mer et en même temps ne pas quitter ses parents : c'est un véritable **dilemme** !*

dilettante (nom) Personne qui exerce une activité pour son plaisir. *Il fait du théâtre en **dilettante**.*

diligence (nom féminin) **1** Synonyme littéraire de rapidité. *Faire son travail avec **diligence**.* **2** Voiture à chevaux qui servait autrefois au transport des voyageurs. *Les **diligences** ont été remplacées par les trains.*

diluant (nom masculin) Produit que l'on ajoute à de la peinture ou à du vernis pour délayer. *Le **diluant** permet d'appliquer beaucoup plus facilement la peinture.*

diluer (verbe) (conj. 3) Mélanger à un liquide. *Il faut **diluer** ce médicament dans un peu d'eau avant de le prendre.* (Syn. **délayer.**)

dilution (nom féminin) Action de délayer une substance dans un liquide. *Le garçon de laboratoire procède à la **dilution** d'un sel dans de l'eau.*

diluvien, enne (adjectif) • **Pluie diluvienne** : très abondante.
★ **Diluvien** vient du latin *diluvium* qui signifie « déluge ».

dimanche (nom masculin) Dernier jour de la semaine entre le samedi et le lundi. *Le **dimanche** matin, je me lève plus tard.*

dîme (nom féminin) Impôt sur les récoltes, que les paysans payaient autrefois à l'Église. *La **dîme** a été supprimée en 1789.*
▶ On écrit aussi **dime**.

dimension (nom féminin) Taille d'un objet ou d'un espace. *Il faut prendre les **dimensions** de ce réfrigérateur avant de l'acheter : sa hauteur, sa largeur et sa profondeur.* • **La quatrième dimension** : le temps, en particulier dans la science-fiction.

diminuer (verbe) (conj. 3) **1** Devenir moins grand, moins long ou moins intense. *Vers 19 heures, la lumière commence à **diminuer**.* (Contr. **augmenter, grandir.**) **2** Rendre moins important. *Le gouvernement a décidé de **diminuer** les impôts.* (Syn. **réduire.** Contr. **augmenter.**)
★ Famille du mot : diminu**tif**, diminu**tion**.

diminutif (nom masculin) **1** Mot formé sur un autre mot pour désigner une chose plus petite. *Fillette est le **diminutif** de fille.* **2** Transformation familière d'un prénom. *Pierrot est le **diminutif** de Pierre.*

diminution (nom féminin) Fait de diminuer. *Les ouvriers se sont mis en grève pour protester contre la **diminution** des primes de fin d'année.* (Syn. **baisse, réduction.** Contr. **augmentation.**)

dinar (nom masculin) Unité monétaire de divers pays arabes, de la Bosnie-Herzégovine et de la Croatie. *Le **dinar** est la monnaie d'Algérie.*
★ **Dinar** est un mot arabe.

dinde (nom féminin) Femelle du dindon. *Pour le réveillon de Noël, on prépare souvent une **dinde** aux marrons.*
★ Famille du mot : dind**on**, dind**onneau**.
★ **Dinde** vient de « poule d'Inde », c'est-à-dire du Mexique, autrefois appelé Indes occidentales.

dindon (nom masculin) Grosse volaille dont la tête et le cou sont rouge violet. • **Être le dindon de la farce** : être la victime d'une farce, d'une plaisanterie.

dindonneau, eaux (nom masculin) Petit de la dinde. *Du rôti de **dindonneau**.*

dîner (verbe) (conj. 3) Prendre le repas du soir. *Myriam est invitée à **dîner** chez ses cousins.*
■ **dîner** (nom masculin) Repas du soir. *En général, nous prenons notre **dîner** à la cuisine.*
★ Autrefois, le **dîner**, c'était le repas de midi ; c'est encore le cas au Canada, en Belgique et en Suisse.
▶ On écrit aussi **diner**.

dînette (nom féminin) **1** Petit repas que les enfants font semblant de prendre pour s'amuser. *Clément et Noémie jouent à la **dînette**.* **2** Service de table miniature pour jouer. *La petite sœur d'Odile a eu une **dînette** comme cadeau d'anniversaire.*
▶ On écrit aussi **dinette**.

dingo (nom masculin) Chien d'Australie retourné à la vie sauvage. *Les **dingos** chassent en meute.*
★ **Dingo** vient d'un parler australien.

dingue (adjectif et nom) Synonyme familier de fou. *Il est complètement **dingue** de rouler aussi vite.*

dinosaure (nom masculin) Animal préhistorique d'aspect très varié. *Les **dinosaures** ont disparu il y a plus de 60 millions d'années.*
★ **Dinosaure** vient de deux mots grecs, *deinos* qui signifie « terrifiant » et *sauros* qui signifie « lézard » et que l'on retrouve dans *saurien*.

diocèse (nom masculin) Territoire sous le contrôle religieux d'un évêque. *Tous les prêtres d'un **diocèse** dépendent d'un même évêque.*

diode (nom féminin) **1** Composant à deux électrodes qui redresse le courant alternatif. **2** Dispositif qui émet des radiations lumineuses, utilisé pour la signalisation, l'affichage des données. *On utilise la **diode** pour l'affichage électronique de l'heure.*

dioptrie (nom féminin) Unité de convergence ou de divergence d'un système optique. *On évalue la myopie en **dioptries**.*
▶ **Dioptrie** s'abrège δ.

dioxine (nom féminin) Produit très toxique issu de la fabrication d'un dérivé chloré du phénol. *La **dioxine** pollue l'atmosphère.*

dioxyde (nom masculin) Oxyde contenant deux atomes d'oxygène. *Le gaz carbonique est aussi appelé **dioxyde** de carbone.* (Syn. **bioxyde.**)

dipétale (adjectif) Qui a deux pétales. *Une fleur **dipétale**.*

diphasé, ée (adjectif) Se dit de deux courants électriques qui présentent une différence de phase.

diphtérie (nom féminin) Grave maladie contagieuse qui peut causer la mort par étouffement.

diphtongue (nom féminin) Voyelle unique dont le timbre se modifie lorsqu'on la prononce à l'intérieur d'une syllabe. *Il existe des **diphtongues** en anglais mais pas en français.*
★ **Diphtongue** vient du grec *diphtongos* qui signifie « double son ».

diplodocus (nom masculin) Très grand dinosaure herbivore.

diploïde (adjectif) Se dit de la cellule qui a un nombre pair de chromosomes semblables typiques de l'espèce. *Le noyau cellulaire **diploïde**.*

diplomate (nom masculin) Personne chargée de représenter son pays à l'étranger. *Le gouvernement a nommé ce **diplomate** ambassadeur de France au Japon.*
■ **diplomate** (adjectif) Qui agit avec tact et habileté. *Elle obtient ce qu'elle veut sans brusquer les gens car elle est très **diplomate**.*
★ Famille du mot : diploma**tie**, diploma**tique**.

diplomatie (nom féminin) **1** Ensemble des relations entre les États. *Ce ministre veut faire évoluer la **diplomatie** française en Amérique.* **2** Habileté et tact. *Pour éviter une dispute, il a détourné la conversation avec **diplomatie**.*
▶ Prononciation [diplɔmasi].

diplomatique (adjectif) Qui concerne la diplomatie. *Ces deux pays sont en conflit, ils ont rompu leurs relations **diplomatiques**.*

diplôme (nom masculin) Document officiel qui prouve la réussite à un examen ou l'obtention d'un titre. *Elle possède son **diplôme** d'infirmière.*

diptère (nom masculin) Insecte à deux ailes capable de piquer ou de sucer. *Les mouches et les moustiques sont des **diptères**.*
★ **Diptère** vient du grec *dipteros* qui signifie « à deux ailes ».

dire (verbe) (conj. 46) **1** Prononcer des paroles. ***Il a dit** une phrase que je n'ai pas comprise.* **2** Faire connaître quelque chose à quelqu'un par la parole. *Sarah **a dit** qu'elle allait partir. **Dites**-moi votre nom.* **3** Demander ou ordonner. *Je lui **ai dit** d'arrêter de crier.* **4 Se dire** : penser en soi-même. *Je **me suis dit** que tu aimerais sortir avec nous.* **5 Se dire** : s'exprimer par tels mots. *En anglais, bonjour **se dit** « good morning ».* • **Dire que** : mots qui servent à exprimer la déception ou l'étonnement. ***Dire que** les vacances sont déjà finies !* • **On dirait** : il semble, on croirait. *Arrête de pleurer, **on dirait** un bébé.* • **Vouloir dire** : signifier. *Cette phrase ne **veut** rien **dire**.*

direct, directe (adjectif) **1** Qui ne fait pas de détours. *Prenez cette route, elle est **directe** jusqu'au village.* **2** Qui se fait sans intermédiaire. *Les astronautes sont en contact **direct** avec la Terre.* **3** Qui est franc et sans détours. *La directrice n'a pas caché son mécontentement, c'est une femme très **directe**.* • **Complément direct** : qui n'est pas précédé d'une préposition. (Contr. **indirect.**)
■ **direct** (nom masculin) Coup de poing qui part tout droit. *Il l'a assommé d'un **direct** du droit.* • **En direct** : qui est diffusé au moment même où se passe l'action. *C'est un reportage **en direct**.* (Contr. **en différé.**)
★ Famille du mot : direct**ement**, **in**direct, **in**direct**ement**.

directement (adverbe) **1** Tout droit, sans faire de détours. *Ursula va **directement** de la maison à l'école.* **2** Sans passer par une autre personne. *Si vous avez un problème, adressez-vous **directement** au chef de service.*

directeur, trice (nom) Personne qui dirige. *Un **directeur** d'école. Un **directeur** commercial.*

direction (nom féminin) **1** Action de diriger. *Elle assure la **direction** d'un grand hôtel.* **2** Ensemble de ceux qui dirigent. *Si vous n'êtes pas content, adressez-vous à la **direction**.* **3** Sens dans lequel on se dirige. *Fais demi-tour, nous avons pris la mauvaise **direction**.* **4** Ensemble des mécanismes qui permettent de diriger un véhicule. *L'accident a faussé la **direction** de la voiture.*

directive (nom féminin) Indication donnée par quelqu'un qui dirige. *Suivez bien les **directives** de votre entraîneur !*

dirham (nom masculin) Unité monétaire du Maroc et des Émirats arabes unis. *J'ai changé 100 euros en **dirhams**.*

dirigeable (nom masculin) Ballon muni d'un moteur et d'une nacelle servant à transporter des passagers.

dirigeant, ante (nom) Personne qui dirige. *Tous les **dirigeants** de la fédération de football assistaient au match.*

diriger (verbe) (conj. 5) **1** Être le chef, le responsable d'une organisation. *Elle **dirige** le club de natation depuis plusieurs années.* **2** Faire aller dans une certaine direction. *Le commandant **dirige** son navire vers le large. Les spectateurs se **dirigent** vers la sortie.* (Syn. **orienter.**) **3** Donner une certaine orientation. *Il **dirigea** son regard vers la scène.*
★ Famille du mot : dirige**able**, dirige**ant**.

dis- Élément venant du latin *dis*, qui exprime la séparation, l'absence, l'opposition (exemples : *disgrâce, disjoindre*).

discernement (nom masculin) Capacité de juger les personnes ou les choses avec bon sens. *Elle choisit ses amis avec **discernement**.*

discerner (verbe) (conj. 3) **1** Distinguer plus ou moins bien par la vue. *On **discernait** vaguement une lueur au bout du chemin.* (Syn. **apercevoir.**) **2** Faire la différence entre deux possibilités. *Je n'arrive pas à **discerner** s'il est sincère ou pas.*

a b c d e f g h i j k l m n o p q r s t u v w x y z

disciple (nom masculin) Personne qui reçoit l'enseignement d'un maître. *Après sa mort, ses **disciples** ont continué ses recherches.*

disciplinaire (adjectif) Qui a rapport à la discipline. *Le directeur a pris des mesures **disciplinaires**.*

discipline (nom féminin) **1** Ensemble des règles à respecter pour permettre la vie en groupe. *Il est indispensable que tous les élèves respectent la **discipline** de l'école.* (Contr. **indiscipline.**) **2** Matière enseignée à l'école. *La technologie est une **discipline** scientifique.*
★ Famille du mot : discipl**inaire**, discipl**iné**, **in**discipline, **in**discipliné.

discipliné, ée (adjectif) Qui respecte la discipline. (Contr. **indiscipliné.**)

disc-jockey (nom masculin) Animateur de radio ou de discothèque qui choisit les morceaux de musique à diffuser.
▶ Pluriel : des **disc-jockeys**.
▶ On écrit aussi **disque-jockey**.

disco (nom masculin et adjectif) Musique de variétés fortement rythmée et saccadée. *Matthias aime beaucoup danser sur la musique **disco**.*
★ **Disco** est l'abréviation de *discothèque*.

discobole (nom masculin) Athlète qui lançait le disque, le palet, dans l'Antiquité. *Une statue célèbre représente un **discobole**.*

discographie (nom féminin) Répertoire méthodique de disques enregistrés. *Le père de Romain a une importante **discographie** de jazz.*

discontinu, ue (adjectif) Qui comprend des interruptions. *On peut franchir une ligne blanche **discontinue** pour doubler.* (Contr. **continu.**)

discontinuer (verbe) • **Sans discontinuer** : sans s'arrêter. *La pluie tombe **sans discontinuer** depuis deux jours.*

discordant, ante (adjectif) Qui n'est pas en accord avec les autres. *Des sons **discordants**, des opinions **discordantes**.*

discorde (nom féminin) Désaccord grave. *Ses mensonges ont semé la **discorde** dans la classe.* (Contr. **concorde.**)

discothèque (nom féminin) **1** Collection de disques. *Il possède des disques de jazz très rares dans sa **discothèque**.* **2** Endroit où l'on va écouter des disques et danser.

discount (nom masculin) Vente de produits à prix réduits. *Ce magasin fait du **discount** sur les meubles.* (Syn. **ristourne.**)
▶ Prononciation [diskunt] ou [diskawnt].
★ **Discount** est un mot anglais qui vient lui-même de l'ancien français *descompte* qui signifie « décompte ».

discourir (verbe) (conj. 16) Parler longuement sur un sujet. *Tu ferais mieux d'agir au lieu de **discourir**.*

discours (nom masculin) Paroles que l'on adresse à un public. *Le ministre a fait un long **discours** pour expliquer sa politique.* (Syn. **allocution.**)

discréditer (verbe) (conj. 3) Porter atteinte à la réputation de quelqu'un. *La malhonnêteté de ce commerçant l'**a discrédité** auprès de tous ses clients.*

discret, ète (adjectif) **1** Qui sait garder un secret. *Je peux tout lui raconter, c'est une amie **discrète**.* **2** Qui ne s'occupe pas des affaires des autres. *Je ne veux pas que tu lises mon courrier, tu n'es vraiment pas **discret** !* (Contr. **indiscret, sans-gêne.**) **3** Qui n'attire pas l'attention. *Zoé préfère des vêtements **discrets**.* (Contr. **voyant.**)
★ Famille du mot : discrète**ment**, discré**tion**, **in**discret, **in**discrète**ment**, **in**discré**tion**.

discrètement (adverbe) De manière discrète. *Ils sont sortis **discrètement** avant la fin de la soirée.*

discrétion (nom féminin) Qualité d'une personne discrète. *Tu peux te fier à sa **discrétion** et lui confier ton secret.* • **À discrétion** : autant que l'on veut.

discrimination (nom féminin) Fait de traiter les gens de façon différente, selon leur origine. *Tous les enfants sont traités de la même façon à l'école, sans aucune **discrimination**.*

disculper (verbe) (conj. 3) Prouver l'innocence de quelqu'un. *Le témoignage des passants **a disculpé** l'automobiliste accusé de l'accident.*

discussion (nom féminin) **1** Conversation au cours de laquelle on discute. *Nous avons eu une **discussion** animée à propos de politique.* **2** Fait de discuter un ordre. *Faites ce que je vous dis sans **discussion** !*

discutable (adjectif) Que l'on peut discuter. *Ce témoignage est bourré de contradictions, il semble très **discutable**.* (Syn. **contestable.** Contr. **indiscutable.**)

discuter (verbe) (conj. 3) **1** Parler et échanger des idées. *On **a discuté** des vacances pendant la récréation.* **2** Opposer des objections. *Arrête de **discuter** chaque fois que je te demande quelque chose !* (Syn. **contester.**)

disert, erte (adjectif) Qui parle avec facilité et élégance. *L'oratrice, fort **diserte**, passionna son auditoire.* (Syn. **éloquent.**)

disette (nom féminin) Manque de produits alimentaires. *Les **disettes** étaient causées par de mauvaises récoltes.* (Syn. **famine, pénurie.** Contr. **abondance.**)

diseur, euse (nom) Personne qui dit habituellement telle ou telle chose. • **Diseuse de bonne aventure** : femme qui prédit l'avenir. • **Fin diseur, fine diseuse** : personne qui récite, qui raconte avec art.

disgrâce (nom féminin) Perte des faveurs accordées par une personne puissante. *Quand un courtisan avait déplu au roi, il tombait en **disgrâce**.*

disgracier (verbe) (conj. 10) Priver de sa faveur, de ses bonnes grâces. *Le roi a **disgracié** son ministre.* (Contr. **favoriser.**)

disgracieux, euse (adjectif) Qui n'a pas de grâce, ni d'élégance. *Ses lourdes bottes lui donnaient une démarche **disgracieuse**.* (Contr. **gracieux.**)

disjoindre (verbe) (conj. 35) Séparer ou écarter ce qui était joint. *L'humidité **a disjoint** les lames du parquet.*

disjoncter (verbe) (conj. 3) **1** Se mettre en position de coupure de courant, pour un disjoncteur. *Dès qu'on met le lave-vaisselle et le four en marche, de compteur **disjoncte** !* **2** Au sens figuré et dans la langue familière, perdre le sens des réalités. *Tu **disjonctes** complètement, ma parole !*
★ **Disjoncter** vient du mot latin *disjungere* qui signifie « disjoindre ».

disjoncteur (nom masculin) Interrupteur qui coupe automatiquement le courant, en cas de danger.

disloquer (verbe) (conj. 3) Disjoindre complètement les parties d'un tout. *Le cortège **s'est disloqué** à la fin de la manifestation.*

disparaître (verbe) (conj. 37) **1** Cesser d'être visible. *Le bateau **a disparu** à l'horizon.* (Contr. **apparaître.**) **2** Être introuvable. *Mon stylo **a** encore **disparu** !* **3** Cesser d'exister. *Au cours du XXe siècle, de nombreuses espèces animales **ont disparu**.*
▶ On écrit aussi **disparaitre**.

disparate (adjectif) Qui manque d'harmonie. *Ce vieux blouson avec ta jupe en soie forment un ensemble **disparate**.* (Syn. **hétéroclite.**)

disparité (nom féminin) Grande différence entre deux choses que l'on compare. *Il existe une grande **disparité** d'âge entre cette femme et son mari.*

disparition (nom féminin) **1** Fait de disparaître. *La police a été avertie de la **disparition** d'un enfant.* **2** Fait de mourir. *Les journaux ont annoncé la **disparition** de ce célèbre acteur.* (Syn. **mort.**)

disparu, ue (nom) Personne morte ou considérée comme morte. *Après les inondations, on a compté de nombreux **disparus**.*

dispatcher (verbe) (conj. 3) Synonyme déconseillé de répartir. ***Dispatchez** ces photocopies dans toutes les classes.*
★ **Dispatcher** est un mot anglais.

dispendieux, euse (adjectif) Qui occasionne ou nécessite de grandes dépenses. *Sarah a des goûts vraiment trop **dispendieux** !* (Syn. **coûteux.**)

dispensaire (nom masculin) Établissement où l'on dispense des soins. *Pour une piqûre ou un pansement, vous pouvez aller au **dispensaire**.*

dispense (nom féminin) Fait d'être dispensé. *Il a une **dispense** de gymnastique à cause de son asthme.*

dispenser (verbe) (conj. 3) **1** Accorder l'autorisation de ne pas faire quelque chose d'obligatoire. *David **est dispensé** de gymnastique à cause d'une blessure au genou.* (Syn. **exempter.**) **2** Accorder ou donner. *L'infirmière **dispense** des soins aux blessés.*
★ Famille du mot : dispens**aire**, dispense, **in**dispens**able**.

disperser (verbe) (conj. 3) **1** Faire aller dans plusieurs directions. *Les vagues **ont dispersé** les débris du bateau. Les manifestants se **sont dispersés** en fin de journée.* (Syn. **disséminer.**) **2 Se disperser :** manquer de concentration. *À force de **se disperser**, Benjamin n'arrive jamais à finir ce qu'il a commencé.* (Contr. **se concentrer.**)

dispersion (nom féminin) Fait de se disperser. *La **dispersion** de la manifestation s'est effectuée dans le calme.*

disponible (adjectif) Que l'on peut utiliser. *Il reste des places **disponibles** au fond de la salle.* (Syn. **inoccupé, libre.** Contr. **occupé.**)

dispos, dispose (adjectif) • **Être frais et dispos :** être tout à fait en forme. *Après une bonne nuit de repos, elle **est fraîche et dispose**.*

disposer (verbe) (conj. 3) **1** Placer d'une certaine manière. *Anna **a disposé** les couverts sur la table.* (Syn. **arranger.**) **2** Se servir de quelque chose. *Vous pouvez **disposer** de ma voiture pour sortir ce soir.* **3 Se disposer à :** être sur le point de. *Il **se disposait à** partir quand l'orage a éclaté.* (Syn. **s'apprêter.**) • **Être bien** *ou* **mal disposé :** être de bonne ou de mauvaise humeur. • **Être disposé à :** être prêt. *Je pourrais t'aider à ranger si tu **es disposé à** commencer.*
★ Famille du mot : dispos**ition**, **in**disposer, **in**dispos**ition**, **pré**disposer.

dispositif (nom masculin) Mécanisme prévu pour un usage précis. *Si on essaie d'ouvrir la voiture, le **dispositif** d'alarme se déclenche.*

disposition (nom féminin) Manière dont les choses sont disposées. *La maîtresse a changé la **disposition** des tables.* • **À la disposition de quelqu'un :** à son service. *Il a laissé ces cassettes **à notre disposition** pour quelques jours.*
■ **dispositions** (nom féminin pluriel) **1** Préparatifs ou précautions. *Nous avons pris les **dispositions** nécessaires pour notre déménagement.* **2** Dons ou aptitudes. *Il a des **dispositions** pour le dessin.* **3** Manière d'être. *Attendons qu'elle soit dans de meilleures **dispositions** pour lui demander son aide.*

disproportion (nom féminin) Différence trop importante entre deux choses. *C'est un match inintéressant à cause de la **disproportion** des forces en présence.*

disproportionné, ée (adjectif) Qui présente une disproportion. *Le bonhomme que tu as dessiné a une tête **disproportionnée** par rapport à son corps.*

dispute (nom féminin) Discussion violente. *Leur conversation passionnée s'est terminée par une **dispute**.* (Syn. **querelle.**)

disputer (verbe) (conj. 3) **1** Participer à une compétition. *Dimanche, Élodie **disputera** la finale du tournoi de tennis.* **2 Se disputer :** se dire des choses désagréables. *Ibrahim et son frère n'arrêtent pas de **se disputer**.* (Syn. **se quereller.**)

disquaire (nom) Personne qui vend des disques. *J'achète tous mes disques chez la **disquaire** de mon quartier.*

disqualification (nom féminin) Exclusion d'un concurrent. *Le joueur qui a injurié l'arbitre mérite une **disqualification**.*

disqualifier (verbe) (conj. 10) Prononcer une disqualification. *Ce concurrent **a été disqualifié** pour dopage.*

disque (nom masculin) **1** Plaque ronde qui sert à l'enregistrement des sons. *Écouter un **disque**. Enregistrer un **disque**.* **2** Palet rond que lancent les athlètes. *Le lancer du **disque** est une discipline olympique.* • **Disque compact** : synonyme de CD. • **Disque dur** : partie d'un ordinateur qui contient les logiciels et les fichiers.

disque-jockey Voir ***disc-jockey***.

disquette (nom féminin) Plaquette utilisée en informatique pour contenir des informations. *Ibrahim a sauvegardé son texte sur une **disquette**.*

dissection (nom féminin) Action de disséquer. *La **dissection** d'une grenouille.*

dissemblable (adjectif) Qui n'est pas semblable. *Bien que **dissemblables**, les deux frères s'entendent parfaitement.* (Syn. **différent.** Contr. **semblable.**)

dissémination (nom féminin) Fait d'être disséminé. *La **dissémination** des graines par le vent permet la reproduction des plantes.*

disséminer (verbe) (conj. 3) Synonyme de disperser. *Un coup de vent **a disséminé** mes papiers dans le square.*

dissension (nom féminin) Désaccord grave. *Il existe des **dissensions** entre les membres de ce parti politique.*

disséquer (verbe) (conj. 8) Découper un corps pour en étudier les différents organes. ***Disséquer** un rat.*

dissertation (nom féminin) Exercice scolaire consistant en une composition écrite sur un sujet littéraire ou philosophique. *Noémie a une **dissertation** à faire pour lundi prochain.*
► On emploie aussi familièrement l'abréviation **dissert**.

disserter (verbe) (conj. 3) Développer longuement un sujet d'une manière ennuyeuse ou pédante. *Le maire va encore **disserter** pendant des heures !* (Syn. **discourir.**)

dissidence (nom féminin) État de celui qui refuse d'obéir à une autorité. *Un groupe de soldats en **dissidence** refuse de combattre.*

dissident, ente (nom) Personne qui est en dissidence. *Des **dissidents** politiques ont été arrêtés.*

dissimulation (nom féminin) **1** Action de dissimuler. *La **dissimulation** d'objets volés.* **2** Caractère d'une personne hypocrite. *Ne te fie pas à son sourire, c'est de la **dissimulation**.* (Contr. **franchise.**)

dissimuler (verbe) (conj. 3) Synonyme de cacher. *Un masque **dissimulait** son visage. Le chat s'**était dissimulé** sous les couvertures.*

dissipation (nom féminin) **1** Fait de se dissiper. *Le temps sera beau après la **dissipation** du brouillard matinal.* **2** Conduite d'une personne dissipée. *La **dissipation** de certains élèves empêche les autres de travailler.* (Syn. **indiscipline.**)

dissipé, ée (adjectif) Distrait et indiscipliné. *C'est une élève sympathique mais elle est trop **dissipée**.* (Contr. **discipliné, studieux.**)

dissiper (verbe) (conj. 3) **1** Faire disparaître. *Nous allons **dissiper** ce malentendu.* **2** Entraîner quelqu'un à s'amuser. *La maîtresse l'a mis au fond parce qu'il **dissipe** ses camarades.*

dissocier (verbe) (conj. 10) Examiner séparément. *Pour comprendre ce problème, il faut **dissocier** ses différentes parties.* (Contr. **associer.**)

dissolu, ue (adjectif) De débauche. *Ce jeune homme mène une vie **dissolue**.* (Contr. **vertueux.**)

dissolution (nom féminin) **1** Fait de se dissoudre. *Prenez votre médicament après sa **dissolution** complète dans l'eau.* **2** Action de dissoudre quelque chose. *Après la **dissolution** de l'Assemblée nationale, il faut élire de nouveaux députés.*

dissolvant (nom masculin) Produit utilisé pour dissoudre certaines substances. *Un **dissolvant** pour vernis à ongles.* (Syn. **solvant.**)

dissonance (nom féminin) **1** Ce qui n'est pas en harmonie dans un ensemble. *On constate une **dissonance** de couleurs dans ce tableau.* **2** Association de sons qui sont ou semblent incompatibles entre eux.

dissoudre (verbe) (conj. 52) **1** Faire fondre un produit dans un liquide. *Le sel se **dissout** dans l'eau.* **2** Mettre fin à quelque chose. *Ils ont **dissous** l'association.*
★ Famille du mot : dissolu**tion**, dissolv**ant**.
► Le participe passé masculin s'écrit aussi **dissout**.

dissuader (verbe) (conj. 3) Convaincre une personne de ne pas faire quelque chose. *Il voulait se promener sous l'orage, mais ses amis l'en **ont dissuadé**.* (Contr. **persuader.**)

dissuasion (nom féminin) Action de dissuader. • **Force de dissuasion** : armes nucléaires dont la puissance devrait dissuader l'adversaire d'attaquer.

dissymétrie (nom féminin) Absence de symétrie ; défaut de symétrie. *Les tours du château présentent une **dissymétrie** intéressante.* (Syn. **asymétrie.**)

dissymétrique (adjectif) Qui présente une dissymétrie. *Un visage **dissymétrique**.* (Syn. **asymétrique.** Contr. **symétrique.**)

distance (nom féminin) Espace qui sépare deux endroits ou deux moments. *La **distance** entre les deux villages est d'environ 20 kilomètres. Les deux guerres mondiales ont éclaté à 25 ans de **distance**.*

distancer (verbe) (conj. 4) Mettre une certaine distance entre soi et ses adversaires. *Fatima **a** nettement **distancé** les autres nageuses.* (Syn. **devancer.**)

distant, ante (adjectif) **1** Qui se trouve séparé par une certaine distance. *Ces deux villes sont **distantes** d'à peu près 100 kilomètres.* **2** Qui a une attitude froide, réservée. *Elle est très **distante** avec les gens qu'elle ne connaît pas bien.*
★ Famille du mot : distance, distancer.

distendre (verbe) (conj. 31) Déformer en étirant trop. *Mon pull-over **est** complètement **distendu**.*

distension (nom féminin) **1** Augmentation sous l'effet d'une tension du volume d'une chose. *Le malade souffre d'une **distension** de l'estomac.* **2** Relâchement d'un lien par suite de son allongement. *La **distension** d'un ressort.*

distillat (nom masculin) Produit d'une distillation.
▶ Prononciation [distila].

distillation (nom féminin) Action de distiller. *La **distillation** des fleurs permet d'obtenir des essences de parfums.*
▶ Prononciation [distilasjɔ̃].

distiller (verbe) (conj. 3) Chauffer un liquide pour séparer les divers éléments qui le constituent. *On **distille** le jus de la betterave pour obtenir de l'alcool.*
▶ Prononciation [distile].
★ Famille du mot : distill**at**, distill**ation**, distill**erie**.

distillerie (nom féminin) Usine où l'on fabrique certains produits par distillation. *Une **distillerie** de parfums.*
▶ Prononciation [distilʀi].

distinct, distincte (adjectif) **1** Qui ne peut pas être confondu avec autre chose. *La nectarine et le brugnon sont deux fruits **distincts**.* **2** Qui se perçoit nettement. *Le sanglier a laissé des marques bien **distinctes** de son passage.*
★ Famille du mot : distincte**ment**, distinct**if**, distinct**ion**, distingué, distingu**er**, distinguo, **in**distinct.

distinctement (adverbe) De manière distincte. *Parle plus **distinctement**, je ne comprends rien !*

distinctif, ive (adjectif) Qui permet de distinguer quelqu'un ou quelque chose. *Le noir est la couleur **distinctive** des arbitres de football.*

distinction (nom féminin) **1** Action de distinguer. *Pierre est encore incapable de faire la **distinction** entre une abeille et une guêpe.* (Syn. **différence**.) **2** Élégance et finesse dans les gestes et les paroles. *Sa **distinction** s'ajoute à son élégance.* (Contr. **vulgarité**.)

distingué, ée (adjectif) Élégant et raffiné. *Elle n'est pas très jolie, mais elle est très **distinguée**.* (Contr. **vulgaire**.)

distinguer (verbe) (conj. 3) **1** Faire la différence entre des personnes ou des choses. *Elle est incapable de **distinguer** un concombre d'une courgette !* (Syn. **différencier**. Contr. **confondre**.) **2** Percevoir ou reconnaître. *À travers le brouillard, on **distingue** à peine la lueur des phares.* **3 Se distinguer** : se faire remarquer. *Durant le combat, il **s'est distingué** par sa bravoure.*

distinguo (nom masculin) Distinction subtile et compliquée. *Nous ne comprenons rien à tous ces **distinguos** !*
▶ Prononciation [distɛ̃go].
★ **Distinguo** est un mot latin qui signifie « je distingue ».

distique (nom masculin) Réunion de deux vers formant un ensemble complet par le sens.

distorsion (nom féminin) **1** Déformation. **2** Altération dans un récit. *Il y a une **distorsion** des faits dans le récit du témoin.*

distraction (nom féminin) **1** Fait d'être distrait. *Elle a mis ses clés dans le réfrigérateur par **distraction**.* (Syn. **étourderie**. Contr. **attention**.) **2** Ce qu'on fait pour se distraire. *Il aime pêcher à la ligne, c'est sa **distraction** préférée.* (Syn. **passe-temps**.)

distraire (verbe) (conj. 40) **1** Détourner l'attention de quelqu'un. *Vos bavardages le **distraient** de son travail.* **2** Faire passer agréablement le temps. *Cette promenade va **distraire** les enfants. Quentin aime écouter de la musique pour se **distraire**.* (Syn. **amuser**, **divertir**.)
★ Famille du mot : distrac**tion**, distrait.

distrait, aite (adjectif) Qui manque d'attention. *Je n'ai pas entendu ta question, j'étais **distraite**.* (Syn. **étourdi**. Contr. **attentif**.)

distribuer (verbe) (conj. 3) Répartir entre plusieurs personnes. *C'est à Romain de **distribuer** les cartes.*
★ Famille du mot : distribu**teur**, distribut**if**, distribu**tion**, distributi**vité**.

distributeur (nom masculin) Appareil qui sert à distribuer des objets. *Un **distributeur** de boissons, de billets de banque.*

distributif, ive (adjectif) **1** Qui distribue. **2** Qui exprime une idée de répartition, en grammaire. *« Chacun » est un adjectif distributif, « foule » est un terme collectif.* **3 Loi distributive par rapport à une autre loi** : telle que a × (b + c) = (a × b) + (a × c). *La multiplication est **distributive par rapport à** l'addition.*

distribution (nom féminin) **1** Action de distribuer. *Les enfants sont réunis autour du sapin pour la **distribution** des jouets.* **2** Ensemble des acteurs d'une pièce de théâtre ou d'un film.

distributivité (nom féminin) Caractère des lois distributives, en mathématiques.

district (nom masculin) **1** Sous la Révolution, chacune des divisions d'un département. *Les **districts** sont devenus les arrondissements.* **2** Subdivision du canton. • **District fédéral** : dans divers États fédéraux, territoire englobant la capitale fédérale. • **District urbain** : regroupement administratif de communes formant une même agglomération.

dithyrambique (adjectif) Qui est très élogieux. *Les commentaires **dithyrambiques** du journaliste après la victoire de l'équipe de France.*

diurétique (adjectif et nom masculin) Qui stimule la l'évacuation de l'urine.

diurne (adjectif) Qui se montre le jour. *Le faucon est un rapace **diurne**.* (Contr. **nocturne**.)
★ **Diurne** vient du latin *dies* qui signifie « jour ».

diva (nom féminin) Cantatrice talentueuse et célèbre. *La **diva** a été longuement applaudie.*
★ **Diva** est un mot italien qui signifie « déesse ».

divagations (nom féminin pluriel) Propos incohérents de quelqu'un qui divague. *Je n'écoute pas ses **divagations**, cet homme est complètement fou.*

divaguer (verbe) (conj. 3) Synonyme de déraisonner. *Il **divague** sous l'effet de la fièvre.*

divan (nom masculin) Long siège sans bras ni dossier, qui peut servir de lit. *La chatte aime se blottir au milieu des coussins du **divan**.*

divergence (nom féminin) Fait de diverger. *Ils ont fini par se fâcher à cause de leurs **divergences** politiques.* (Syn. **désaccord.**)

divergent, ente (adjectif) **1** Qui diverge. *À partir d'ici, nos routes sont **divergentes**.* (Contr. **convergent.**) **2** Au sens figuré, qui diffère. *Ces deux partis politiques ont des positions **divergentes** sur le problème du chômage.*

diverger (verbe) (conj. 5) **1** Aller en s'écartant l'un de l'autre. *Les fils électriques **divergent** à la sortie du compteur.* (Contr. **converger.**) **2** Au sens figuré, être en désaccord. *Sur certains sujets, les avis **divergent**.*
★ Famille du mot : diverg**ence**, diverg**ent**.

divers, diverse (adjectif) **1** Qui présente des différences. *Le dictionnaire permet de connaître les **divers** sens d'un mot.* **2** Plusieurs. *Vous avez le choix entre **divers** restaurants.*
★ Famille du mot : divers**ifier**, divers**ité**.

diversifier (verbe) (conj. 10) Rendre divers. *Pour **diversifier** ses menus, ce restaurateur propose des plats exotiques.*

diversion (nom féminin) • **Faire diversion** : détourner l'attention. *Ils étaient sur le point de se disputer, mais notre arrivée **a fait diversion**.*

diversité (nom féminin) Caractère de ce qui présente des aspects divers. *Ce magasin vend des bagages d'une grande **diversité**.* (Syn. **variété.**)

divertir (verbe) (conj. 11) Faire passer agréablement le temps. *Tu travailles trop, tu devrais te **divertir** un peu.* (Syn. **amuser, distraire.**)

divertissement (nom masculin) Ce qui divertit. *Le cirque est le **divertissement** préféré de Gaëlle.* (Syn. **distraction.**)

dividende (nom masculin) Nombre que l'on divise par un autre dans une division. *Si on divise 138 par 2, 138 est le **dividende** et 2 le diviseur.*

divin, ine (adjectif) **1** Qui concerne Dieu ou les dieux. *La puissance **divine**.* **2** Qui a des qualités remarquables, merveilleuses. *Le parfum de cette rose est **divin**.* (Syn. **excellent, exquis.**)

divinité (nom féminin) Dieu ou déesse. *Les Grecs et les Romains adoraient de nombreuses **divinités**.*

diviser (verbe) (conj. 3) **1** Partager en plusieurs parties. *Hélène **divise** le gâteau en huit parts égales. À son sommet, le tronc de l'arbre se **divise** en plusieurs branches.* **2** Faire une division. *Si tu **divises** 45 par 5, tu obtiens 9.* **3** Créer un désaccord entre les gens. *La politique du gouvernement **divise** l'opinion.* (Syn. **désunir.**)
★ Famille du mot : divis**eur**, divis**ible**, divis**ion**, **indi**vis**ible**, **in**division, **sub**diviser, **sub**division.

diviseur (nom masculin) Nombre qui divise un autre nombre quand on fait une division. *Si tu divises 400 par 4, 4 est le **diviseur** et 400 le dividende.*

divisible (adjectif) Qui peut être divisé exactement. *24 est **divisible** par 6.*

division (nom féminin) **1** Opération arithmétique qui consiste à calculer combien de fois un nombre est contenu dans un autre. *Julie ne sait pas encore faire de **divisions** à trois chiffres.* **2** Partie d'un ensemble limitée par un trait ou une marque. *Les **divisions** d'un thermomètre indiquent les degrés de température.* **3** Désaccord entre des personnes. *Ces racontars ont semé la **division** dans ce groupe d'amis.* (Syn. **désunion, discorde.**) **4** Ensemble de régiments ou d'équipes sportives. *Une **division** aérienne.*

divorce (nom masculin) Rupture légale d'un mariage. *Elle vit seule avec ses enfants depuis son **divorce**.*

divorcer (verbe) (conj. 4) Se séparer par un divorce. *Les parents de mon cousin ne s'entendent plus, ils ont décidé de **divorcer**.*

divulguer (verbe) (conj. 3) Révéler au public une chose secrète. *Des journalistes **ont divulgué** les escroqueries de certains hommes politiques.* (Syn. **dévoiler.**)

dix (déterminant) Neuf plus un (10). *Thomas vient d'avoir **dix** ans.*
■ **dix** (nom masculin) Nombre dix. *Nous partons en vacances le **dix** de ce mois.*
► On prononce [dis] quand **dix** est employé seul, [di] devant une consonne ou un h aspiré, [diz] devant une voyelle ou un h muet.
★ Famille du mot : dix**ième**, diz**aine**.

dixième (adjectif et nom) Qui occupe le rang numéro 10. *Laura habite au **dixième** étage.*
■ **dixième** (nom masculin) Ce qui est contenu dix fois dans un tout. *Il a déjà remboursé le **dixième** de sa dette.*
► Prononciation [diziɛm].

dizaine (nom féminin) **1** Ensemble de dix unités. *Dans 526 et 28, le chiffre des **dizaines** est 2.* **2** Quantité d'environ dix. *Nous serons de retour dans une **dizaine** de jours.*

dizygote (adjectif) Se dit de jumeaux qui proviennent de deux œufs différents. *Les jumeaux **dizygotes** sont aussi appelés faux jumeaux.* (Contr. **monozygote.**)

djebel (nom masculin) Montagne, en Afrique du Nord.
★ **Djebel** est un mot arabe.
► On écrit aussi **djébel**.

djellaba (nom féminin) Robe longue à manches et à capuchon que les gens portent en Afrique du Nord.

djembé (nom masculin) Tambour d'Afrique que l'on tient sous le bras ou entre les cuisses. *La troupe de chanteurs berbères chantait au son du **djembé**.*
▶ Prononciation [dʒɛmbe].

djihad (nom masculin) Guerre sainte menée pour libérer ou propager l'islam. *Le **djihad** a été déclaré.*
▶ Prononciation [dʒiad].
★ **Djihad** est un mot arabe qui signifie « effort suprême ».
▶ On écrit aussi **jihad**.

djinn (nom masculin) Génie, lutin, esprit de l'air, chez les Arabes. *Le conteur nous ravissait avec des histoires de **djinns** et de génies.*
▶ **Djinn** est un mot arabe : on prononce [dʒin].

do (nom masculin) Note de musique qui commence la gamme.

doberman (nom masculin) Chien au poil ras, très musclé.
▶ Prononciation [dɔbɛʀman].

docile (adjectif) Qui obéit facilement. *Un chien **docile**.*

docilité (nom féminin) Caractère docile. *Le moniteur d'équitation a choisi des chevaux d'une grande **docilité** pour les débutants.*

dock (nom masculin) Grand hangar dans un port. *Les marchandises sont stockées dans des **docks**.*

docker (nom masculin) Ouvrier qui charge et décharge les bateaux.
▶ Prononciation [dɔkɛʀ].

docte (adjectif) Qui témoigne d'une certaine érudition. *Il prit, pour nous parler, un ton **docte** assez insupportable.* (Syn. **érudit, savant.**)

docteur (nom masculin) **1** Synonyme de médecin. *Si tu es malade, je vais prendre un rendez-vous chez le **docteur**.* **2** Titre universitaire. *Elle est **docteur** en géologie.*

doctorat (nom masculin) Diplôme qui donne droit au titre de docteur. *Sa sœur prépare un **doctorat** en droit.*

doctrine (nom féminin) Ensemble des idées ou des opinions que l'on défend. *La **doctrine** d'un parti politique.*

document (nom masculin) Écrit ou illustration qui sert à renseigner. *Ces articles sont des **documents** passionnants sur la vie des insectes.*
★ Famille du mot : documen**taire**, documenta**liste**, documen**tation**, se documen**ter**.

documentaire (adjectif) Qui a le caractère d'un document. *Victor préfère les émissions **documentaires** aux films de fiction.*
■ **documentaire** (nom masculin) Film qui montre des faits réels. *Il a regardé un **documentaire** sur les dauphins.*

documentaliste (nom) Personne qui rassemble et classe les documents. *Pour trouver ce livre, renseigne-toi auprès de la **documentaliste**.*

documentation (nom féminin) Ensemble de documents. *William et Noémie ont rassemblé une **documentation** sur les champignons.*

se **documenter** (verbe) (conj. 3) Chercher ou consulter des documents. *Les élèves doivent **se documenter** sur les Indiens d'Amérique du Nord pour faire un exposé.*

dodécaèdre (nom masculin) Solide à douze faces. *Le **dodécaèdre** régulier a des faces égales.*

dodécagone (nom masculin) Polygone qui a douze côtés.

dodécaphonique (adjectif) Composé sur une série de douze sons, dans la musique occidentale.

dodécasyllabe (adjectif et nom masculin) Qui a douze syllabes, en poésie. *Les alexandrins sont **dodécasyllabes**.*

dodeliner (verbe) (conj. 3) • **Dodeliner de la tête** : la balancer doucement.

dodo (nom masculin) • **Aller au dodo** : dans le langage enfantin, aller se coucher. • **Faire dodo** : dormir.

dodu, ue (adjectif) Gras, potelé. *Un poulet bien **dodu**.*

doge (nom masculin) Premier magistrat des anciennes républiques de Venise et de Gênes.

dogmatique (adjectif) **1** Qui concerne le dogme. *Des querelles **dogmatiques** agitent le monde religieux.* **2** Qui affirme certaines vérités. *Un philosophe **dogmatique**.* **3** Qui exprime ses opinions avec autorité. *Cette femme est ignorante et pourtant **dogmatique**.*

dogme (nom masculin) Idée ou opinion considérée comme une vérité indiscutable.

dogue (nom masculin) Chien au museau aplati.
★ **Dogue** vient de l'anglais *dog* qui signifie « chien ».

doigt (nom masculin) **1** Chaque partie articulée et mobile qui termine la main. *Les cinq **doigts** de la main sont le pouce, l'index, le majeur, l'annulaire et l'auriculaire.* **2** Très petite quantité. *Je boirais bien un **doigt** de liqueur.* • **Doigt de pied** : orteil. • **Être à deux doigts** : être tout près. *Elle **était à deux doigts** de gagner.* • **Sur le bout des doigts** : parfaitement. *Xavier sait sa leçon **sur le bout des doigts**.*

doigté (nom masculin) Tact et finesse. *Il faudra du **doigté** pour les réconcilier.* (Syn. **diplomatie.**)

dolby (nom masculin) Système de réduction du bruit de fond des enregistrements magnétiques. *L'enregistrement est en **dolby** stéréo.*
★ **Dolby** est le nom d'une marque.

doléances (nom féminin pluriel) Plaintes ou réclamations. *Le directeur a refusé d'écouter les **doléances** de ses employés.*

a b c d e f g h i j k l m n o p q r s t u v w x y z

dolent, ente (adjectif) Triste et plaintif. *Quentin a déclaré d'une voix **dolente** qu'il se sentait malade.* (Contr. **gai**, **joyeux**.)
★ Famille du mot : **in**dolent, **in**dolence.

dollar (nom masculin) Monnaie utilisée aux États-Unis, au Canada, en Australie, etc.

dolmen (nom masculin) Monument préhistorique composé d'une dalle de pierre posée sur deux pierres verticales.
► Prononciation [dɔlmɛn].
★ **Dolmen** est formé des mots bretons *tol* qui signifie « table » et *men* qui signifie « pierre » et que l'on retrouve dans *menhir*.

dom (nom masculin) **1** Titre d'honneur donné aux religieux de certains ordres. **2** Titre donné aux nobles, en Espagne et au Portugal. *Camille et Pierre sont allés voir « **Dom** Juan » de Molière.*
► Prononciation [dɔ̃].
► On écrit aussi **don**.

domaine (nom masculin) **1** Grande propriété à la campagne. *Sa famille possède un **domaine** de plusieurs hectares.* **2** Ensemble de connaissances. *À notre époque, les progrès sont immenses dans le **domaine** scientifique.*

dôme (nom masculin) Toit de forme arrondie. *Le **dôme** du Vatican.*

domestique (adjectif) **1** Qui concerne l'entretien d'une maison. *Yann aide sa mère pour les travaux **domestiques**.* (Syn. **ménager**.) **2** Qui vit auprès de l'homme. *Le chien et le chat sont des animaux **domestiques**.* (Contr. **sauvage**.)
▪**domestique** (nom) Personne employée dans une maison pour servir une famille. *Autrefois, les **domestiques** vivaient dans la maison de leur maître.*
★ Aujourd'hui, on n'emploie plus ce terme, on dit « employé de maison ».

domestiquer (verbe) (conj. 3) Rendre domestique un animal sauvage. *Il n'est pas possible de **domestiquer** les chats sauvages.* (Syn. **apprivoiser**.)

domicile (nom masculin) Lieu où l'on habite. *Je vais vous donner le numéro de téléphone de mon **domicile**.*
★ Famille du mot : domicili**ation**, domicili**er**.

domicilier (verbe) (conj. 10) Avoir pour domicile officiel. *Les parents de Victor sont **domiciliés** à Paris.*

dominant, ante (adjectif) Qui domine, qui est le plus important. *L'un des traits **dominants** de son caractère est la franchise.* (Syn. **principal**.)

dominante (nom féminin) Élément principal et caractéristique. *L'humour est la **dominante** de ce film.*

dominateur, trice (adjectif) Qui aime dominer. *En grandissant, il s'est révolté contre son père trop **dominateur**.*

domination (nom féminin) Fait de dominer. *Les Gaulois ont vécu sous la **domination** des Romains après la défaite d'Alésia.*

dominer (verbe) (conj. 3) **1** Tenir en son pouvoir ou sous son autorité. *Ce peuple de guerriers voulait **dominer** les peuples voisins.* **2** Contrôler ses sentiments. *Elle n'arrivait pas à **dominer** sa peur. Il a réussi à se **dominer** malgré sa colère.* (Syn. **maîtriser**.) **3** Être situé au-dessus. *Du haut des remparts, nous **dominons** toute la ville.* (Syn. **surplomber**.) **4** Être supérieur en quantité ou en intensité. *Dans ce plat, c'est le goût du cari qui **domine**.* (Syn. **prédominer**.)
★ Famille du mot : domin**ant**, domin**ateur**, domin**ation**, **pré**domin**ant**, **pré**domin**er**.

dominical, ale, aux (adjectif) Du dimanche. *Chez grand-mère, le gigot est le plat **dominical**.*

domino (nom masculin) Petite plaque rectangulaire, marquée de points noirs qui vont de zéro à six points.

dommage (nom masculin) Dégât matériel. *Le tremblement de terre a causé des **dommages** considérables.* • **C'est dommage, quel dommage** : c'est regrettable. ***Quel dommage** que les vacances soient déjà finies !*

dompter (verbe) (conj. 3) Forcer un animal sauvage à obéir. ***Dompter** un fauve.* (Syn. **dresser**.)
► Prononciation [dɔ̃te] ou [dɔ̃pte].

dompteur, euse (nom) Personne qui dompte un animal sauvage. *Le **dompteur** fait sauter les tigres à travers un cercle de feu.*
► Prononciation [dɔ̃tœʀ] ou [dɔ̃ptœʀ].

① **don** (nom masculin) **1** Action de donner ou chose donnée. *Cette association reçoit de nombreux **dons** d'argent pour les victimes de la faim.* (Syn. **cadeau**.) **2** Talent naturel. *Yann a un **don** pour la musique.*

② **don** Voir ***dom***

donation (nom féminin) Action par laquelle une personne donne de son vivant une partie de ses biens à une autre personne qui accepte. *Les parents de Thomas ont fait une **donation** à leurs enfants.*

donc (conjonction) **1** Sert à indiquer une conséquence. *Tu n'as pas son adresse, tu ne peux **donc** pas lui écrire.* (Syn. **par conséquent**.) **2** Sert à renforcer une affirmation, un ordre, une question. *Tu es tout pâle, qu'as-tu **donc** ?*

donjon (nom masculin) Tour la plus haute d'un château fort. *Le **donjon** était le dernier refuge des assiégés.*

donne (nom féminin) **1** Action de distribuer les cartes à jouer. *C'est au tour de Fatima de faire la donne.* **2** Répartition du pouvoir entre des adversaires, des groupes antagonistes. *Les élections ont changé la **donne**.* • **Fausse donne** : erreur dans la distribution des cartes à jouer.

donné, ée (adjectif) Fixé ou limité à l'avance. *Les concurrents doivent faire le tour du stade en un temps **donné**.* • **Étant donné que** : puisque.
▪**donnée** (nom féminin) Ce qui sert de base à un raisonnement. *Le détective a étudié toutes les **données** de l'affaire.*

donner (verbe) (conj. 3) **1** Remettre en cadeau. *Ce n'est pas la peine de me rendre ce stylo, je te le **donne**.* (Syn. **offrir**. Contr. **recevoir**.) **2** Confier quelque chose à quelqu'un. *Il **a donné** sa voiture à réviser.* **3** Produire. *Cette année, les rosiers **ont donné** beaucoup de fleurs.* **4** Causer. *Ces travaux m'**ont donné** beaucoup de peine. La chaleur nous **a donné** soif.* **5** Indiquer. ***Donner** une adresse, des nouvelles. **Donner** l'heure.* **6** Être situé de tel côté. *Cette fenêtre **donne** sur la rue.* • **Donnant donnant** : à condition d'avoir quelque chose en échange de ce que l'on donne.
★ Famille du mot : don, don**ation**, donne, donn**é**, don**neur**, **re**donner.

donneur, euse (nom) • **Donneur de sang** : personne qui donne son sang pour qu'il serve à faire des transfusions aux malades et aux blessés.

dont (pronom) Pronom relatif qui remplace un nom précédé de « de ». *C'est une photo **dont** il est très fier. (Il est très fier de cette photo.)*

dopage (nom masculin) Fait de se doper. *Le **dopage** est interdit dans les compétitions sportives.*

dopant, ante (adjectif et nom masculin) Qui augmente les forces en diminuant la fatigue. *Il est dangereux pour la santé d'user de produits **dopants**.*

doper (verbe) (conj. 3) Donner à une personne ou à un animal une drogue qui augmente ses capacités physiques. *Ce joueur a été exclu du championnat parce qu'il s'**était dopé**.*
★ Famille du mot : antidop**age**, dop**age**, dop**ant**.

dorade Voir ***daurade***.

dorénavant (adverbe) Synonyme de désormais. ***Dorénavant**, nous voyagerons en train plutôt qu'en voiture.*

dorer (verbe) (conj. 3) **1** Recouvrir d'une mince couche d'or. ***Dorer** un cadre.* **2** Donner une couleur jaune comme l'or. *Il adore se faire **dorer** au soleil.*

d'ores et déjà Voir ***ores et déjà***.

dorique (adjectif et nom masculin) Se dit du plus simple et du plus ancien des trois ordres d'architecture de la Grèce antique. • **Colonne dorique** : colonne légèrement conique, cannelée et sans base.

dorloter (verbe) (conj. 3) Donner à quelqu'un beaucoup de soins et de tendresse. *Elle aime bien se faire **dorloter** par sa grand-mère.* (Syn. **chouchouter**, **choyer**.)

dormance (nom féminin) État de végétaux qui vivent momentanément au ralenti pour se protéger. *De mauvaises conditions climatiques entraînent la **dormance**.*

dormant, ante (adjectif) • **Eau dormante** : qui ne s'écoule pas. *Les **eaux dormantes** d'un étang.* (Syn. **stagnant**.)

dormeur, euse (nom) Personne qui dort. *Le bruit d'une sonnerie a réveillé brutalement les **dormeurs**.*

dormir (verbe) (conj. 15) Être plongé dans le sommeil. *Ne fais pas de bruit, ton frère **dort** profondément.* • **Histoire à dormir debout** : incroyable.
★ Famille du mot : dorm**ant**, dorm**eur**, **en**dormir.

dorsal, ale, aux (adjectif) Du dos. *Des douleurs **dorsales**.*
■ **dorsale** (nom féminin) Grande ligne continue de montagnes sous-marines. *La puissante **dorsale** océanique.*

dortoir (nom masculin) Grande salle où dorment des personnes. *Les **dortoirs** d'une caserne.*

dorure (nom féminin) Couche d'or. *La **dorure** d'un miroir.*

doryphore (nom masculin) Insecte jaune et noir dont les larves dévorent les feuilles de pommes de terre.

dos (nom masculin) **1** Partie arrière du corps de l'homme et des animaux entre les épaules et les fesses. *Elle porte son cartable sur le **dos**.* **2** Côté bombé d'une chose. *Le **dos** de la main.* **3** Envers d'un objet. *Écrivez votre nom au **dos** de l'enveloppe.* • **De dos** : vu du côté du dos. (Contr. **de face**.) • **Renvoyer dos à dos** : ne pas prendre parti entre deux personnes. • **Se mettre quelqu'un à dos** : s'en faire un ennemi.
★ Famille du mot : s'**a**dosser, dos-d'âne, doss**ard**, doss**ier**, **en**dosser.

dosage (nom masculin) Action de doser un mélange. *Pour réussir ce plat, fais attention au **dosage** des épices.*

dos-d'âne (nom masculin) Bosse sur la chaussée.
▶ Pluriel : des **dos-d'âne**.

dose (nom féminin) Quantité à prendre en une fois. *Ce médicament peut être dangereux si vous ne respectez pas la **dose** prescrite.*
★ Famille du mot : dos**age**, dos**er**, dos**ette**, dos**eur**.

doser (verbe) (conj. 3) Déterminer la bonne dose pour un mélange. *La cuisinière **dose** soigneusement la farine et le lait pour réussir sa pâte.*

dosette (nom féminin) **1** Conditionnement d'un produit qui contient une seule dose. *Cet insecticide liquide est vendu en **dosettes**.* **2** Petit récipient doseur fourni avec un produit ; quantité de produit contenue dans ce récipient. *Déposez une **dosette** de lessive dans le tambour de la machine à laver.*

doseur, euse (adjectif et nom masculin) Se dit d'un appareil servant à effectuer un dosage. *Mesurez 10 cl d'eau à l'aide du verre **doseur**.* • **Bouchon doseur** : bouchon de flacon qui sert à mesurer une dose.

dossard (nom masculin) Carré de tissu fixé au dos du maillot d'un sportif. *Le gagnant du marathon porte le **dossard** numéro 3.*

dosseret (nom masculin) Pilier ou saillie qui sert à maintenir un mur.

dossier (nom masculin) **1** Partie d'un siège sur laquelle on appuie son dos. *Cette voiture a des siè-*

*ges à **dossier** inclinable.* **2** Ensemble de documents sur un sujet. *Nous avons préparé un **dossier** sur les glaciers des Alpes.*

dot (nom féminin) Ensemble des biens et de l'argent qu'une jeune fille apportait autrefois au moment de son mariage.
▶ Prononciation [dɔt].
★ Famille du mot : dot**ation**, dot**er**.

dotation (nom féminin) Ensemble des dons attribués à un établissement d'utilité publique. *Les **dotations** des établissement hospitaliers.*

doter (verbe) (conj. 3) **1** Donner une dot. *Autrefois, les parents devaient **doter** leur fille.* **2** Équiper de certains éléments. *L'école **est dotée** d'un gymnase.*

douairière (nom féminin) Vieille femme de la haute société, d'allure hautaine. *La **douairière** reçoit dans son salon.*

douane (nom féminin) Administration chargée de contrôler le passage d'un pays à un autre. *La cargaison des routiers est vérifiée à la **douane**.*
★ Famille du mot : **dé**douan**er**, douan**ier**.

douanier, ère (adjectif) De la douane. *Des contrebandiers ont été arrêtés au cours d'un contrôle **douanier**.*
■ **douanier** (nom masculin) Employé de la douane. *La voiture a été arrêtée à la frontière et fouillée par les **douaniers**.*

douar (nom masculin) Campement de nomades, en Afrique du Nord. *Les voyageurs furent reçus dans une des tentes du **douar**.*

doublage (nom masculin) Action de doubler. *C'est un film italien avec un **doublage** en français.*

double (adjectif) **1** Qui est égal à deux fois la même chose. *Une **double** dose de médicament.* **2** Qui est répété deux fois. *Un **double** nœud. Un livre en **double** exemplaire.*
■ **double** (nom masculin) **1** Quantité multipliée par deux. *Vingt est le **double** de dix.* **2** Copie exacte. *Donnez-moi cette facture et gardez le **double**.* **3** Partie de tennis opposant deux équipes de deux joueurs.

double-clic (nom masculin) Action de cliquer rapidement deux fois sur la touche d'une souris de micro-ordinateur. *Le **double-clic** sur un mot permet de sélectionner ce mot.*
▶ Pluriel : des **doubles-clics**.

double-cliquer (verbe) (conj. 3) Effectuer deux clics rapprochés sur un point de l'écran pour activer un logiciel, ouvrir une fenêtre, etc.

double-croche (nom féminin) Valeur de note valant la moitié d'une croche. *Les **doubles-croches** traduisent un rythme rapide.*
▶ Pluriel : des **doubles-croches**.

doublement (adverbe) De deux façons. *Ce plat est **doublement** raté : il est brûlé et trop salé.*

doubler (verbe) (conj. 3) **1** Multiplier par deux. *La population du village **double** durant l'été.* **2** Dépasser un véhicule. *À la fin de la ligne continue, tu pourras **doubler**.* **3** Garnir l'intérieur d'un vêtement avec une doublure. *Elle porte un manteau de velours **doublé** de soie.* **4** Remplacer un acteur par un autre. *Un cascadeur **double** la vedette du film pendant la poursuite en voiture.* **5** Remplacer les dialogues d'un film par leur traduction dans une autre langue. *C'est un film américain **doublé** en français.*

doublon (nom masculin) Répétition fautive d'un ou de plusieurs mots, d'un paragraphe, dans un texte imprimé.

doublure (nom féminin) **1** Tissu qui garnit l'intérieur d'un vêtement. *Elle a déchiré la **doublure** de son blouson.* **2** Acteur qui double un autre acteur. *La vedette du film est remplacée par sa **doublure**.*

en **douce** (adverbe) Dans la langue familière, sans se faire remarquer. *Le chat s'est faufilé **en douce** dans la cuisine.*

douceâtre (adjectif) Qui est d'une douceur fade. *Je n'aime pas le goût **douceâtre** de ce soda.*
▶ On écrit aussi **douçâtre**.

doucement (adverbe) **1** De manière douce. *Prends ce vase et pose-le **doucement** sur la table.* (Contr. **brusquement**, **bruyamment**, **violemment**.) **2** Synonyme de lentement. *Attention au virage, roule plus **doucement** !*

doucereux, euse (adjectif) Qui est d'une douceur hypocrite. *Sa voix **doucereuse** ne m'inspire pas confiance.* (Syn. **mielleux**.)

douceur (nom féminin) **1** Qualité de ce qui est doux. *Ses joues ont la **douceur** du velours. La **douceur** du climat au bord de la mer.* **2** Qualité d'une personne douce. *C'est un enfant timide, parlez-lui avec **douceur**.* (Contr. **brutalité**, **violence**.) • **En douceur** : doucement, sans brutalité.

douche (nom féminin) Jet d'eau que l'on projette sur le corps pour se laver. *En rentrant du stade, Clément a pris une **douche**.*
★ Famille du mot : se douch**er**, douch**ette**.

se **doucher** (verbe) (conj. 3) Prendre une douche.

douchette (nom féminin) **1** Petit pommeau mobile de douche. *Cette **douchette** de massage est bien agréable.* **2** Lecteur de codes-barres. *Le caissier passe la **douchette** sur les marchandises.*

doudoune (nom féminin) Veste rembourrée de duvet.

doué, ée (adjectif) Qui a des dons naturels dans un certain domaine. *Odile est **douée** pour le chant, elle a une jolie voix.*

douille (nom féminin) **1** Pièce de métal creuse d'une lampe dans laquelle on fixe l'ampoule. **2** Cylindre creux contenant la poudre d'une cartouche.

douillet, ette (adjectif) **1** Qui ne supporte pas la moindre douleur. *C'est une enfant **douillette** qui pleure à la moindre écorchure.* **2** Doux et confortable. *Dormir dans un lit **douillet**.*

douleur (nom féminin) **1** Sensation physique pénible causée par ce qui fait mal. *Grand-mère souffre de **douleurs** dans le dos.* **2** Grand chagrin. *Il a éprouvé une **douleur** immense en apprenant la mort de son ami.* (Syn. **peine, souffrance.**)

douloureux, euse (adjectif) **1** Qui cause une douleur. *Il souffre d'une blessure très **douloureuse** au genou.* **2** Qui cause du chagrin. *Cette défaite nous a laissé un souvenir **douloureux**.*

douma (nom féminin) Assemblée législative russe.
★ **Douma** est un mot russe.

doute (nom masculin) Manque de certitude sur la vérité ou la réalité de quelque chose. *Nous avons un **doute** sur son innocence.* • **Cela ne fait aucun doute** : c'est certain. • **Sans doute** : probablement. *Il viendra **sans doute** demain.*
★ Famille du mot : dout**er**, dout**eux**.

douter (verbe) (conj. 3) Avoir des doutes, ne pas être sûr. *Le juge **doute** de l'innocence de l'accusé.* • **Ne douter de rien** : être très audacieux, être sûr de réussir. • **Se douter de quelque chose** : penser qu'elle est probable. *Je **me doutais** bien que tu n'oublierais pas notre rendez-vous.*

douteux, euse (adjectif) **1** Qui est peu probable. *La victoire de notre équipe me paraît **douteuse**.* (Contr. **certain, évident, sûr.**) **2** Qui n'est pas vraiment propre. *Il porte une chemise d'un blanc **douteux**.*

douve (nom féminin) Fossé rempli d'eau qui entoure les remparts d'un château. *Le pont-levis permettait de franchir les **douves**.*

doux, douce (adjectif) **1** Agréable à toucher. *Elle a la peau **douce** comme de la soie.* (Contr. **rêche, rugueux.**) **2** Qui n'est ni trop chaud ni trop froid. *Un temps **doux**. Faire cuire un plat à feu **doux**.* (Syn. **modéré.**) **3** Qui fait preuve de gentillesse, de patience. *Cette infirmière est très **douce** avec ses malades.* (Contr. **brutal, dur, sévère.**) **4** Qui a un goût sucré agréable. *Ces bonbons au miel sont très **doux**.* (Contr. **acide, amer.**) • **Eau douce** : eau qui n'est pas salée, contrairement à l'eau de mer. *Le goujon est un poisson d'**eau douce**.* • **Filer doux** : dans la langue familière, obéir sans discuter.
★ Famille du mot : a**dou**cir, a**dou**cissant, a**dou**cissement, dou**ceâtre**, douce**ment**, douc**ereux**, dou**ceur**, se ra**doucir**, radouciss**ement**.

douzaine (nom féminin) **1** Ensemble de douze unités. *Une **douzaine** d'huîtres, d'œufs.* **2** Quantité d'environ douze. *Il y aura bien une **douzaine** de personnes pour mon anniversaire.*

douze (déterminant) Dix plus deux (12). *De minuit à midi, il y a **douze** heures.*
▪**douze** (nom masculin) Nombre douze. *Sarah habite au **douze**.*
★ Famille du mot : douz**aine**, douz**ième**.

douzième (adjectif et nom) Qui est au rang marqué par le numéro 12. *L'horloge sonnait le **douzième** coup de minuit.*
▪**douzième** (nom masculin) Ce qui est contenu douze fois dans un tout. *Cela représente le **douzième** de son salaire.*

doxologie (nom féminin) Prière pour glorifier Dieu, chez les catholiques.

doyen, enne (nom) Personne la plus âgée d'un groupe. *La **doyenne** du village va fêter ses 102 ans.*

doyenné (nom masculin) **1** Circonscription sous l'autorité d'un doyen. **2** Demeure du doyen.
▪**doyenné** (nom féminin) Poire très fondante.

drachme (nom féminin) Unité monétaire grecque, avant l'euro.
▶ Prononciation [dʀakm].

draconien, enne (adjectif) Très sévère. *Le colonel a pris des décisions **draconiennes** en ce qui concerne la discipline.*
★ **Draconien** vient de *Dracon*, nom d'un magistrat très sévère de l'Antiquité grecque.

dragée (nom féminin) Bonbon fait d'une amande recouverte de sucre. *Les mariés ont offert un cornet de **dragées** à chaque invité.*

dragon (nom masculin) Animal imaginaire que l'on représente avec des ailes, des griffes et une queue de serpent.

dragonne (nom féminin) Courroie d'un bâton de ski qu'on passe autour du poignet.

dragster (nom masculin) Véhicule de sport à deux ou quatre roues, très puissant, aux démarrages foudroyants.
▶ **Dragster** est un mot anglais : on prononce [dragstɛʀ].

drague (nom féminin) **1** Engin utilisé pour approfondir un chenal, extraire ce qui est au fond de l'eau. **2** Attitude d'une personne qui cherche à séduire en vue d'une relation amoureuse. *Celui-là, il n'y a que la **drague** qui l'intéresse.*
★ **Drague** vient de l'anglais *to drag* qui signifie « tirer ».

draguer (verbe) (conj. 3) Racler le fond de l'eau pour enlever la boue ou le sable. ***Draguer** un canal, un étang.*

drain (nom masculin) **1** Conduit souterrain qui sert à récupérer l'eau des sols trop humides. *Pour lutter contre l'humidité, les parents de Zoé ont posé un **drain** autour de la maison.* **2** Tube placé dans une plaie ou dans un organe pour assurer l'élimination d'un liquide pathologique. *Du pus s'écoule par le **drain**.*
★ Famille du mot : drain**age**, drain**er**.

drainage (nom masculin) Action de drainer. *Ce sous-sol était toujours humide : il a fallu faire un **drainage**.*

drainer (verbe) (conj. 3) Évacuer l'eau d'un terrain trop humide. *Si on **draine** ces terrains marécageux, on pourra y faire des cultures.*

draisienne (nom féminin) Ancêtre de la bicyclette. *La **draisienne** n'avait pas de pédale.*

drakkar (nom masculin) Bateau à voile carrée et à rames, utilisé autrefois par les Vikings.
★ **Drakkar** est un mot suédois qui signifie « dragon », car la proue de ces bateaux était ornée d'une tête de dragon.

dramatique (adjectif) **1** Très grave. *Les alpinistes perdus dans la tempête sont dans une situation **dramatique**.* (Syn. **tragique**.) **2** Qui concerne les pièces de théâtre. *Un auteur **dramatique**.*

dramatiser (verbe) (conj. 3) Exagérer la gravité d'un fait ou d'un évènement. *Sa blessure est superficielle, il est inutile de **dramatiser** !*

dramaturge (nom) Auteur de pièces de théâtre. *Shakespeare est un grand **dramaturge**.*

drame (nom masculin) **1** Évènement très grave. *S'il perd son emploi, ce sera un **drame** pour sa famille.* (Syn. **catastrophe, tragédie**.) **2** Pièce de théâtre qui met en scène une histoire tragique.
★ Famille du mot : **dédramatiser**, dramati**que**, dramati**ser**, drama**turge**.

drap (nom masculin) Chacune des deux grandes pièces de toile qu'on place sur un lit et entre lesquelles on dort. *Ursula a pris une paire de **draps** propres pour faire son lit.* • **Être dans de beaux draps** : être dans une situation très embarrassante.
★ Famille du mot : drap**eau**, se drap**er**, drap**erie**, drap-housse.

drapeau, eaux (nom masculin) Pièce de tissu qui sert d'emblème à un pays. *Le **drapeau** européen comporte douze étoiles.*

se **draper** (verbe) (conj. 3) S'enrouler dans un vêtement ou dans un tissu. *Zoé **s'est drapée** dans un châle de soie pour jouer le rôle de la princesse.*

draperie (nom féminin) Grande pièce d'étoffe formant de larges plis. *Des **draperies** encadrent les fenêtres du château.*

drap-housse (nom masculin) Drap qui s'adapte au matelas grâce à ses coins munis d'élastique.
► Pluriel : des **draps-housses**.

drastique (adjectif) Rigoureux, radical. *S'il le faut, nous emploierons des moyens **drastiques**.* (Syn. **draconien**.)
★ **Drastique** vient du grec *drastikos* qui signifie « qui agit ».

dressage (nom masculin) Action de dresser un animal. *Le **dressage** des chevaux de cirque est long.*

dresser (verbe) (conj. 3) **1** Lever ou tenir droit. ***Dresser** la tête.* (Contr. **baisser**.) **2** Faire tenir droit. *Des ouvriers **dressent** un échafaudage.* (Syn. **installer**.) **3** Établir avec soin. *L'entraîneur **a dressé** la liste des joueurs.* **4** Apprendre l'obéissance à un animal. ***Dresser** un chien.* **5 Se dresser** : s'élever tout droit. *Un pic **se dresse** à l'horizon.* • **Dresser l'oreille** : se mettre à écouter attentivement.

DRH (nom masculin) Chef du personnel dans une entreprise. *J'ai pris rendez-vous avec le **DRH**.*
▪ **DRH** (nom féminin) Service responsable du personnel dans une entreprise. *La **DRH** est au quatrième étage.*
► Prononciation [deɛʀaʃ].
► **DRH** est le sigle de *directeur* (ou *direction*) *des ressources humaines*.

dribble (nom masculin) Action de dribbler.
★ **Dribble** est un mot anglais.

dribbler (verbe) (conj. 3) Faire avancer le ballon devant soi en le contrôlant. *Il a traversé tout le terrain de basket en **dribblant**.*

drille (nom masculin) • **Joyeux drille** : personne joyeuse, gaie. (Syn. **gai luron**.)

drisse (nom féminin) Cordage servant à hisser une voile, un pavillon.

driver (nom masculin) Programme de gestion automatique des échanges entre un ordinateur et ses périphériques.
► **Driver** est un mot anglais : on prononce [dʀajvœʀ].
► On écrit aussi **driveur**.

drogue (nom féminin) Produit toxique qui rend euphorique, mais provoque des troubles graves. *La loi prévoit des peines très sévères pour les trafiquants de **drogue**.* (Syn. **stupéfiant**.)
★ Famille du mot : drog**ué**, drog**uer**, drog**uerie**, drog**uiste**.

drogué, ée (nom) Personne qui consomme régulièrement de la drogue et ne peut plus s'en passer. *Un centre d'accueil a été créé pour les **drogués**.* (Syn. **toxicomane**.)

droguer (verbe) (conj. 3) Faire prendre des drogues. *Le vétérinaire a dû **droguer** l'animal pour le calmer.*

droguerie (nom féminin) Magasin où l'on vend des produits d'entretien et de toilette, ainsi que de la quincaillerie.
★ Autrefois dans les **drogueries**, on vendait des drogues, c'est-à-dire des médicaments.

droguiste (nom) Commerçant qui tient une droguerie.

① **droit, droite** (adjectif) **1** Qui ne tourne pas. *Une ligne **droite**. Une route **droite**.* (Syn. **rectiligne**. Contr. **courbe**.) **2** Qui est vertical. *Tiens-toi **droit**. Redresse ce tableau, il n'est pas **droit**.* **3** Qui agit avec droiture, honnêteté. *Faites-lui confiance, c'est une femme très **droite**.* (Contr. **déloyal, faux**.) **4** Qui est situé du côté opposé à celui du cœur. *David écrit de la main **droite**.* (Contr. **gauche**.) • **Angle droit** : angle de 90°.
▪ **droite** (nom féminin) **1** Ligne droite. *Prenez vos règles et tracez une **droite** passant par les points A et B.* **2** Côté droit. *Notre maison est la première de la rue sur la **droite**.* (Contr. **gauche**.) **3** Ensemble des partis politiques qui ont des opinions conservatrices. *À l'Assemblée nationale, il y a des députés de **droite**, de gauche et du centre.*
▪ **droit** (adverbe) En ligne droite. *Aller **droit** devant soi.*
★ Famille du mot : droit**ier**, droit**ure**.

② **droit** (nom masculin) **1** Ce qui est autorisé par la loi. *À partir de 18 ans, un citoyen français a le **droit** de vote.* **2** Ce qui est permis. *Tu as parfaitement le **droit** de dire ce que tu penses.* **3** Ensemble des lois.

*Si tu veux devenir avocat, il faudra que tu étudies le **droit** à l'université.* **4** Somme d'argent que l'on doit payer. *Payer un **droit** d'entrée.*

droitier, ère (adjectif) Qui se sert habituellement de la main droite. (Contr. **gaucher.**)

droiture (nom féminin) Comportement d'une personne droite, loyale. *Il est incapable de tromper quelqu'un, tout le monde connaît sa **droiture**.* (Syn. **honnêteté, loyauté.**)

drôle (adjectif) **1** Qui amuse, fait rire. *Une histoire **drôle**.* (Syn. **comique.**) **2** Qui semble étrange ou anormal. *Il y a une **drôle** d'odeur dans la cuisine.* (Syn. **bizarre, curieux.**)
★ Famille du mot : drôle**ment**, drôle**rie**.

drôlement (adverbe) **1** D'une manière drôle. *Il est **drôlement** coiffé ce matin !* **2** Synonyme familier d'extrêmement. *Je suis **drôlement** ennuyé d'avoir perdu mes clés.*

drôlerie (nom féminin) Caractère de ce qui est drôle. *Ce film est d'une **drôlerie** incroyable.*

dromadaire (nom masculin) Mammifère ruminant qui ressemble au chameau, mais n'a qu'une seule bosse. *Les **dromadaires** vivent dans les déserts.*

drone (nom masculin) Petit avion sans pilote, télécommandé ou programmé, utilisé pour l'observation. *Un **drone** surveille les lieux du combat.*
★ **Drone** est un mot anglais.

dru, drue (adjectif) Épais et serré. *De l'herbe **drue**. Une barbe **drue**.* (Syn. **touffu.** Contr. **clairsemé.**)

drugstore (nom masculin) En France, centre commercial de luxe qui propose des magasins divers, un restaurant, un bar, parfois un cinéma. *Les **drugstores** restent ouverts tard dans la nuit.*
▶ Prononciation [dʀœgstɔʀ].
★ **Drugstore** est un mot anglais qui signifie « magasin de médicaments ».

druide (nom masculin) Prêtre gaulois. *Les **druides** cueillaient le gui sacré sur les chênes.*

drupe (nom féminin) Fruit charnu à noyau contenant une amande. *La pêche est une **drupe**.*

druze → tableau p. 6 / 7.

du Voir ***de***.

dû, due, dus, dues (adjectif) **1** Que l'on doit. *Vous devez régler la somme **due** avant la fin du mois.* **2** Qui est causé par quelqu'un ou quelque chose. *Son retard est **dû** aux embouteillages.*
■ **dû** (nom masculin) Ce qui est dû à quelqu'un. *Il veut qu'on lui rende son **dû**.*

dualité (nom féminin) Caractère de ce qui est double. *L'âme et le corps fondent la **dualité** humaine.*

dubitatif, ive (adjectif) Qui exprime le doute. *Elle avait un air **dubitatif** quand il racontait ses exploits.*

duc, duchesse (nom) Titre de noblesse le plus élevé après celui de prince, de princesse.

duché (nom masculin) Territoire gouverné autrefois par un duc ou une duchesse. *Le **duché** de Bretagne.*

duchesse Voir ***duc***.

duel (nom masculin) Combat entre deux personnes à la suite d'une offense. ***Duel** à l'épée, au pistolet.*

duettiste (nom) Personne qui chante ou joue en duo avec une autre.

dulcinée (nom féminin) Femme dont on est épris de façon romanesque. *Oh ma **dulcinée**, où es-tu ?*
★ **Dulcinée** vient du nom *Dulcinée de Toboso*, nom de la femme aimée de Don Quichotte.

dumper (nom masculin) Engin de terrassement à benne basculante.
▶ **Dumper** est un mot anglais : on prononce [dœmpœʀ].
▶ On écrit aussi **dumpeur**.

dumping (nom masculin) Pratique consistant à vendre des marchandises sur un marché étranger à des prix beaucoup plus bas que ceux pratiqués sur le marché intérieur. *Les droits de douane permettent de lutter contre le **dumping**.*
▶ Prononciation [dœmpiŋ].
★ **Dumping** vient de l'anglais *to dump* qui signifie « entasser ».

dune (nom féminin) Colline de sable formée par le vent.

dunette (nom féminin) Partie surélevée sur le pont arrière d'un navire. *Le commandant monta sur la **dunette** pour scruter l'horizon.*

duo (nom masculin) Air de musique pour deux instruments ou deux voix. *Chanter en **duo**.*

duodénum (nom masculin) Première portion de l'intestin grêle. *Le **duodénum** est situé juste après l'estomac.*
▶ Prononciation [dɥɔdenɔm].

dupe (adjectif) • **Être dupe :** se laisser facilement tromper. *Nous ne **sommes** pas du tout **dupes** de son boniment.*

duper (verbe) (conj. 3) Tromper quelqu'un en se servant de sa naïveté. *Un escroc l'**a dupé** en lui vendant de faux tableaux.* (Syn. **berner.**)

duplex (nom masculin) Appartement sur deux étages, qui communiquent par un escalier intérieur.

duplicata (nom masculin) Copie exacte d'un document officiel. (Syn. **double.** Contr. **original.**)
▶ Pluriel : des **duplicatas** ou des **duplicata**.

dupliquer (verbe) (conj. 3) Faire une copie d'un document. ***Dupliquez** cette note d'information en plusieurs exemplaires, s'il vous plaît. Quentin a **dupliqué** la cassette de son chanteur favori.*

duquel Voir ***lequel***.

dur, dure (adjectif) **1** Qui résiste et qu'on ne peut pas entamer facilement. *Le diamant est une pierre très **dure**.* (Syn. **résistant.** Contr. **mou, tendre.**) **2** Difficile à faire. *Cet exercice de calcul est **dur**.* (Syn. **ardu.**) **3** Qui est pénible à supporter. *Il est mineur de fond,*

*c'est un métier très **dur**.* **4** Qui ne montre aucune indulgence, aucune sensibilité. *Ce chef d'entreprise est **dur** avec ses employés.* (Contr. **indulgent.**)
▪ **dur** (adverbe) Beaucoup. *Travailler **dur**. Il gèle **dur**.*
▪ **dur, dure** (nom) Personne qui n'a peur de rien. *Elle a l'air timide, mais en réalité, c'est une **dure** !*
★ Famille du mot : durc**ir**, durciss**ement**, dur**ement**, dur**eté**, **en**durc**ir**.

durable (adjectif) Qui va durer longtemps. *Élodie et Myriam espèrent que leur amitié sera **durable**.*

durant (préposition) Synonyme de pendant. *Ils ont fait connaissance **durant** un voyage en train.*

durcir (verbe) (conj. 11) **1** Devenir dur. *La pâte à tarte a commencé à **durcir**.* (Contr. **ramollir.**) **2** Faire paraître plus dur. *Sa voix se **durcit** quand elle est en colère.* (Contr. **adoucir.**)

durcissement (nom masculin) Fait de durcir. *Le **durcissement** du mastic.*

durée (nom féminin) Temps compris entre le début et la fin de quelque chose. *Il a fermé son magasin pendant la **durée** des travaux.*

durement (adverbe) D'une manière dure, sévère. *Il traite trop **durement** ses enfants.*

dure-mère (nom féminin) La plus externe des trois enveloppes qui forment les méninges. *La **dure-mère** est très résistante.*
► Pluriel : des **dures-mères**.

durer (verbe) (conj. 3) **1** Se dérouler pendant un certain temps. *La séance **a duré** deux heures.* **2** Rester en bon état. *C'est un meuble de bonne qualité qui **durera** des années.*
★ Famille du mot : dur**able**, dur**ée**.

dureté (nom féminin) **1** Caractère de ce qui est dur. *Le tronc de ce vieux chêne a la **dureté** de la pierre.* **2** Manque de bonté, de douceur. *Les vainqueurs ont traité leurs prisonniers avec une grande **dureté**.* (Contr. **indulgence.**)

durillon (nom masculin) Endroit où la peau a durci à cause des frottements. *À force de manier la scie, le charpentier a des **durillons** aux mains.*

durit (nom féminin) Tube de caoutchouc qui raccorde les canalisations des moteurs à explosion. *Le garagiste a dû changer la **durit**.*
★ **Durit** est le nom d'une marque.
► On écrit aussi **durite**.

DUT (nom masculin) Diplôme sanctionnant les études en institut universitaire de technologie.
► Prononciation [deyte].
★ **DUT** est le sigle de ***d**iplôme **u**niversitaire de **t**echnologie.*

duvet (nom masculin) **1** Petites plumes douces et légères. *Le corps des oisillons est couvert de **duvet**.* **2** Grand sac garni de duvet ou d'une matière synthétique. *La campeuse dormait bien au chaud dans son **duvet**.* (Syn. **sac de couchage.**) **3** Poils très fins. *La peau des pêches est recouverte de **duvet**.*

duveté, ée (adjectif) Qui est doux comme du duvet. *Ce bébé a une peau **duvetée**.*
► On dit aussi **duveteux, euse**.

DVD-Rom (nom masculin) Disque optique numérique permettant de stocker des images vidéo. *Le film vient de sortir en **DVD**.*
► Prononciation [devedeRɔm].
★ **DVD-Rom** est l'abréviation de plusieurs mots anglais qui se traduisent par « disque compact à lecture optique dont on peut lire la mémoire ».
► On dit aussi **DVD**.

dynamique (adjectif) Qui fait preuve de dynamisme. *C'est un homme **dynamique** qui réussit très bien tout ce qu'il entreprend.* (Syn. **actif, énergique, entreprenant.** Contr. **indolent, mou.**)

dynamisme (nom masculin) Énergie avec laquelle une personne accomplit une action. *Nous avons gagné plusieurs matchs grâce au **dynamisme** de notre entraîneur.*

dynamite (nom féminin) Explosif très puissant. *Les ouvriers ont fait sauter le rocher à la **dynamite**.*

dynamiter (verbe) (conj. 3) Faire sauter à la dynamite. ***Dynamiter** un pont, un train.*

dynamo (nom féminin) Appareil qui produit du courant électrique.

dynamomètre (nom masculin) Appareil servant à la mesure des forces. *Un **dynamomètre** à ressort.*

dynastie (nom féminin) Famille de rois qui règnent les uns à la suite des autres. *Pépin le Bref fut le fondateur de la **dynastie** des Carolingiens.*

dys- Élément venant du grec *dus* qui exprime une notion de « difficulté », de « mauvais état » (exemple : *dyslexie*).

dysenterie (nom féminin) Maladie qui provoque des maux de ventre et des diarrhées.
► Prononciation [disɑ̃tRi].

dysfonctionnement (nom masculin) Trouble dans le fonctionnement. *On observe de nombreux **dysfonctionnements** dans le déroulement de l'enquête.* (Syn. **anomalie.**)
► On dit aussi **dysfonction**.

dyslexie (nom féminin) Ensemble de difficultés rencontrées dans l'apprentissage de la lecture.

dyslexique (adjectif) Qui souffre de dyslexie.

dysplasie (nom féminin) Anomalie dans le développement biologique d'un tissu ou d'un organe. *La **dysplasie** est responsable de malformations.*

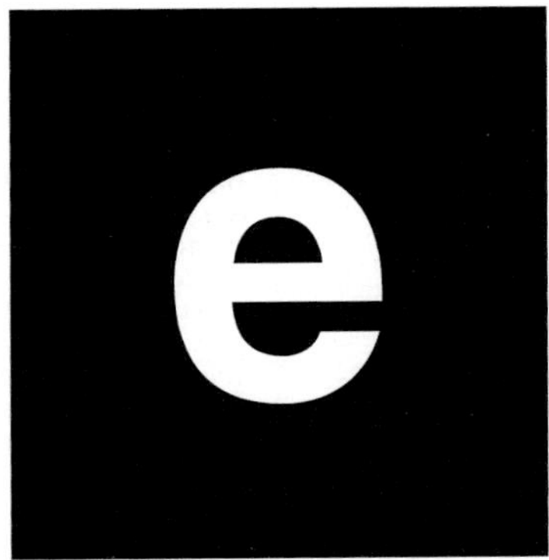

e (nom masculin) Cinquième lettre de l'alphabet. *Le E est une voyelle.*

eau, eaux (nom féminin) **1** Liquide incolore, inodore et sans saveur quand il est pur. *L'**eau** de source est douce, l'**eau** de mer est salée.* **2** Étendue plus ou moins importante de ce liquide. *Benjamin et Anna se promènent au bord de l'**eau**.* **3** Préparation liquide. *Élodie se parfume à l'**eau** de toilette. L'**eau** oxygénée est un désinfectant.* • **Mettre de l'eau dans son vin** : devenir moins intransigeant. • **Tomber à l'eau** : ne pas avoir lieu. *On devait faire une fête, mais c'**est tombé à l'eau**.*

eau-de-vie (nom féminin) Boisson alcoolisée très forte faite à partir de fruits ou de grains. *Le rhum est une **eau-de-vie** de canne à sucre.*
▶ Pluriel : des **eaux-de-vie**.

eau-forte (nom féminin) **1** Acide nitrique additionné d'eau dont se servent les graveurs pour attaquer le cuivre. **2** Gravure obtenue en faisant mordre le cuivre par l'acide nitrique. *Ce collectionneur possède de très belles **eaux-fortes**.*
▶ Pluriel : des **eaux-fortes**.

ébahir (verbe) (conj. 11) Étonner fortement. *Clément nous **ébahit** avec des tours de magie.* (Syn. **stupéfier.**)
★ **Ébahir** vient du même mot de l'ancien français que *bâiller* qui signifie « laisser la bouche ouverte de surprise ».

ébarber (verbe) (conj. 3) Enlever les irrégularités, les aspérités de. *Le forgeron **ébarbe** le fer à cheval qu'il vient de forger.* (Syn. **limer.**)

ébats (nom masculin pluriel) Mouvements de quelqu'un qui s'ébat. *De la plage, les parents surveillent les **ébats** des enfants dans l'eau.*

s'**ébattre** (verbe) (conj. 31) Courir, sauter, remuer pour s'amuser. *Trois jeunes faons **s'ébattent** dans la clairière.*

ébauche (nom féminin) **1** Synonyme d'esquisse. *Voici une première **ébauche** du tableau.* **2** Début de quelque chose. *L'**ébauche** d'un sourire.* (Syn. **amorce.**)

ébaucher (verbe) (conj. 3) Faire l'ébauche de quelque chose. *Le conférencier a commencé par **ébaucher** les grandes lignes de son discours.* (Syn. **esquisser.** Contr. **achever.**)

ébène (nom féminin) Bois noir et très dur. *Les touches noires du piano sont en **ébène**.*
★ Famille du mot : ébé**niste**, ébénis**terie**.

ébéniste (nom masculin) Artisan qui fabrique ou répare de beaux meubles. *L'**ébéniste** restaure une commode Louis XV.*

ébénisterie (nom féminin) Travail de l'ébéniste. *Le ciseau à bois est un outil d'**ébénisterie**.*

éberlué, ée (adjectif) Très étonné. *« Tous ces cadeaux sont pour moi ? » demanda Fatima, **éberluée**.* (Syn. **sidéré, stupéfait.**)
★ Ce mot signifie en ancien français « qui a la berlue ».

e-bizness (nom masculin) Synonyme de e-commerce.
▶ **e-bizness** vient de l'anglais : on prononce [ibiznɛs].
▶ On écrit aussi **e-business**.

éblouir (verbe) (conj. 11) **1** Troubler la vue par un éclat trop vif. *Les skieurs mettent des lunettes parce que la neige les **éblouit**.* (Syn. **aveugler.**) **2** Au sens figuré, causer de l'admiration. *Gaëlle **a ébloui** ses amis par ses talents de comédienne.*
★ Famille du mot : éblouiss**ant**, éblouisse**ment**.

éblouissant, ante (adjectif) **1** Qui éblouit. *La mer, au soleil, était **éblouissante**.* (Syn. **aveuglant.**) **2** Au sens figuré, qui émerveille. *Il trouvait cette femme **éblouissante** de beauté.*

éblouissement (nom masculin) Fait d'être ébloui. *Quand il a vu l'éclair, il a eu un **éblouissement**.*

ébonite (nom féminin) Caoutchouc durci utilisé comme isolant électrique. *L'**ébonite** a été remplacée par des matières plastiques.*

éborgner (verbe) (conj. 3) Rendre borgne. *Tu vas finir par **éborgner** quelqu'un, avec tes flèches !*

éboueur (nom masculin) Ouvrier chargé de ramasser les ordures ménagères.

ébouillanter (verbe) (conj. 3) **1** Plonger dans l'eau bouillante. *On fait cuire les homards en les **ébouillantant**.* **2** S'ébouillanter : se brûler avec un liquide bouillant. *Elle **s'est ébouillanté** la main avec une casserole d'eau bouillante.*

éboulement (nom masculin) Fait de s'ébouler. *Il y a eu un **éboulement**, la route est bloquée par des pierres.*

s'**ébouler** (verbe) (conj. 3) Tomber par morceaux et s'écrouler. *L'ouragan a fait **s'ébouler** un pan de montagne.* (Syn. **s'effondrer**.)
★ Famille du mot : éboul**ement**, éboul**is**.

éboulis (nom masculin) Amas de pierres et de terre provenant d'un éboulement. *Le pied de la falaise est plein d'**éboulis**.*

ébouriffé, ée (adjectif) Qui a les cheveux en désordre. *Hélène et Ibrahim sont revenus de la plage tout **ébouriffés**.* (Syn. **échevelé**.)

ébrancher (verbe) (conj. 3) Dépouiller un arbre d'une partie ou de la totalité de ses branches.

ébranler (verbe) (conj. 3) **1** Faire trembler, vibrer. *Une secousse sismique **a ébranlé** toute la région.* **2** Rendre moins solide. *Tous ces malheurs ont fini par **ébranler** la raison du pauvre homme.* **3** S'ébranler : se mettre en mouvement. *Enfin le cortège **s'ébranla**.* (Syn. **se mettre en branle**.)

ébrécher (verbe) (conj. 8) Abîmer un objet en cassant le bord. *Toutes les assiettes **sont ébréchées** !*

ébriété (nom féminin) Synonyme d'ivresse. *On lui a retiré son permis pour conduite en état d'**ébriété**.*

s'**ébrouer** (verbe) (conj. 3) Se secouer pour se nettoyer ou se sécher. *En sortant de l'eau, le chien **s'ébroue** sur la plage.*

ébruiter (verbe) (conj. 3) Rendre une nouvelle publique. *Il ne faut surtout pas que cette histoire **s'ébruite**.* (Syn. **divulguer, répandre**.)

ébullition (nom féminin) État d'un liquide qui bout. *Pour faire du caramel, il faut porter l'eau et le sucre à **ébullition**.* • En ébullition : en grande agitation. *L'évasion du tigre a mis toute la région **en ébullition**.* (Syn. **effervescence**.)

écaille (nom féminin) **1** Chacune des petites plaques dures qui recouvrent le corps des poissons et des reptiles.. **2** Corne provenant de la carapace des tortues. *Une monture de lunettes en **écaille**.*

écailler (verbe) (conj. 3) **1** Enlever les écailles. *Le poissonnier **a écaillé** la dorade.* **2** S'écailler : se détacher par petites plaques. *Le vernis **s'écaille** par endroits.*

écale (nom féminin) Enveloppe de certains fruits. *L'**écale** des noix, des amandes.*

écaler (verbe) (conj. 3) Enlever l'écale, la coquille de. *Zoé **écale** des noix.*

écarlate (adjectif) Rouge vif. *Kevin est devenu **écarlate** quand le directeur a convoqué ses parents.*

écarquiller (verbe) (conj. 3) Ouvrir tout grands les yeux. *Les enfants **écarquillent** les yeux en apercevant le Père Noël.*

écart (nom masculin) **1** Action de s'écarter de sa direction. *Le chauffeur s'est assoupi, son camion a fait un **écart**.* **2** Différence sensible entre deux grandeurs. *Il y avait un **écart** d'une seconde entre les deux coureurs.* • À l'écart : en dehors ou à une certaine distance. *Il ne joue pas avec les autres, il reste toujours **à l'écart**. La maison est **à l'écart** de la route.* • Faire le grand écart : écarter les deux jambes tendues jusqu'à ce qu'elles touchent le sol sur toute leur longueur.
★ Famille du mot : écart**ement**, écart**er**.

écarteler (verbe) (conj. 8 ou 9) Obliger quelqu'un à choisir entre plusieurs solutions. *Il **est écartelé** entre ce qu'il doit faire et ce qu'il aurait envie de faire.* (Syn. **partager, tirailler**.)
★ Écarteler un condamné à mort, c'était autrefois le « mettre en quartiers, en morceaux » en attachant ses quatre membres à quatre chevaux.

écartement (nom masculin) Espace qui sépare des choses. *L'**écartement** des yeux varie d'une personne à l'autre.*

écarter (verbe) (conj. 3) **1** Éloigner des choses habituellement rapprochées. *Julie **écarte** les bras pour m'empêcher de passer.* (Contr. **rapprocher**.) **2** Repousser quelque chose ou quelqu'un qui barre la route. *Pierre se faufile à travers la haie en **écartant** les branches.* **3** Mettre à l'écart. *Elle voulait obtenir ce travail, mais sa candidature **a été écartée**.* (Syn. **éliminer**.)

ecchymose (nom féminin) Synonyme de bleu. *La voiture est très abîmée, mais le conducteur n'a que des **ecchymoses**.*
► Prononciation [ekimoz].

ecclésiastique (nom masculin) Membre du clergé. *Les prêtres sont des **ecclésiastiques**.*

écervelé, ée (nom) Personne très étourdie, qui agit sans réfléchir. *Cet **écervelé** a encore oublié son cartable !*
★ Écerveler signifie en ancien français « casser la tête et faire jaillir la cervelle ».

échafaud (nom masculin) Estrade sur laquelle on exécutait les condamnés à mort. *Louis XVI mourut sur l'**échafaud**.*

échafaudage (nom masculin) Construction provisoire sur laquelle on peut monter. *Les maçons ont dressé un **échafaudage** pour ravaler la façade.*

échafauder (verbe) (conj. 3) Combiner quelque chose dans son imagination. *Yann **a** déjà **échafaudé** tout son plan de bataille.*

échalas (nom masculin) Pieu servant à soutenir un arbuste ou une plante grimpante.

échalote (nom féminin) Plante à bulbe, proche de l'oignon.

échancré, ée (adjectif) Largement ouvert. *Un pull au col **échancré**.*

échancrure (nom féminin) Partie échancrée d'un vêtement. *On apercevait un pendentif dans l'**échancrure** de son corsage.*

échange (nom masculin) Action d'échanger des choses. *Thomas et Laura ont fait un **échange** de BD.*

échanger (verbe) (conj. 5) **1** Donner une chose contre une autre. *J'ai **échangé** ma pomme contre une orange.* **2** Se donner mutuellement quelque chose. *Ils **ont échangé** leurs impressions.*

échangeur (nom masculin) Ouvrage servant à raccorder des routes ou des autoroutes sans que celles-ci se croisent.

échanson (nom masculin) Officier dont la fonction était de servir à boire au roi, au prince auquel il était attaché. *Le grand **échanson** était debout derrière le roi.*

échantillon (nom masculin) Petite quantité d'un produit destinée à le faire apprécier. *La vendeuse a donné à Myriam des **échantillons** de parfum.*

échantillonner (verbe) (conj. 3) **1** Prélever une petite quantité de quelque chose. ***Échantillonner** de l'eau en vue de l'analyser.* **2** Choisir un échantillon dans une population. *L'institut de sondages a **échantillonné** 1 000 personnes.*

échappatoire (nom féminin) Moyen habile de se tirer d'embarras. *Victor a trouvé une **échappatoire** pour ne pas faire la vaisselle.*

échappée (nom féminin) Action de distancer ses concurrents. *L'un des coureurs du peloton a réussi une **échappée**.*

échappement (nom masculin) • **Tuyau d'échappement** : tuyau par lequel sortent les gaz de combustion d'un moteur.

échapper (verbe) (conj. 3) **1** Ne pas se laisser prendre. *Il **a échappé** de justesse à ses poursuivants.* **2** Éviter de justesse une situation désagréable. *J'**ai échappé** à la grippe. La voiture t'a frôlé, tu l'**as échappé** belle !* **3** Glisser des mains. *Le vase de cristal lui **a échappé**.* **4** Sortir de l'esprit. *Son nom m'**échappe**.* **5** **S'échapper** : se sauver de l'endroit où l'on était. *Un singe **s'est échappé** du zoo.* (Syn. **s'enfuir, se sauver.**)
★ Famille du mot : échapp**atoire**, échapp**ée**, échappe**ment**, réchapper.

écharde (nom féminin) Petit éclat pointu qui est rentré sous la peau. *Elle s'est mis une **écharde** sous l'ongle en cassant un morceau de bois.*

écharpe (nom féminin) Long morceau d'étoffe ou de tricot que l'on porte autour du cou. *Une **écharpe** de laine.* (Syn. **cache-nez.**) • **Avoir le bras en écharpe** : retenu par une bande de tissu qui passe autour du cou.

écharper (verbe) (conj. 3) Tailler en pièces, massacrer. *Le chauffard a failli se faire **écharper** par les témoins.*

échasse (nom féminin) Chacun des deux longs bâtons munis d'un support pour le pied, permettant de marcher à une certaine hauteur du sol.

échassier (nom masculin) Oiseau à longues pattes. *La cigogne, le héron, la grue sont des **échassiers**.*

échauder (verbe) (conj. 3) Subir une mésaventure qui sert de leçon. *C'est très cher ici, je me suis fait **échauder** une fois, ça suffit !*

échauffement (nom masculin) Action de s'échauffer. *Avant l'épreuve, les athlètes font des exercices d'**échauffement**.*

s'**échauffer** (verbe) (conj. 3) Faire des mouvements pour assouplir ses muscles. *Les coureurs **s'échauffent** dans le stade.*

échauffourée (nom féminin) Échange de coups. *Il y a eu quelques **échauffourées** entre les manifestants et les forces de l'ordre.* (Syn. **bagarre.**)

échauguette (nom féminin) Petite tour aux angles d'un château fort.

échéance (nom féminin) Date à laquelle on est obligé de payer quelque chose. *La date d'**échéance** est marquée sur la facture de téléphone.* • **À brève échéance** : d'ici peu. • **À longue échéance** : pour dans longtemps. *Il fait des projets **à longue échéance**.*

échéancier (nom masculin) **1** Livre où sont inscrits par ordre d'échéance les sommes à payer ou à recevoir. **2** Plan des délais à respecter. *La secrétaire consulte l'**échéancier** de son patron.* (Syn. **calendrier, planning.**)

échéant (adjectif masculin) • **Le cas échéant** : si le cas se présente. *Je viendrai peut-être ; je te préviendrai **le cas échéant**.* (Syn. **éventuellement.**)

échec (nom masculin) Fait d'échouer. *L'**échec** à cet examen l'a beaucoup marqué.* (Contr. **succès.**)
▪ **échecs** (nom masculin pluriel) Jeu qui se joue à deux avec des pièces que l'on déplace sur un échiquier.

échelle (nom féminin) **1** Appareil constitué de deux montants réunis par des barreaux, et qui permet de monter ou de descendre. *L'**échelle** n'est pas assez haute pour qu'on puisse monter sur le toit.* **2** Série de niveaux, de degrés. *Monsieur Durand était ouvrier, il est devenu patron, il a gravi petit à petit toute l'**échelle** sociale.* (Syn. **hiérarchie.**) **3** Rapport entre une dimension et sa représentation sur un plan. *Si 1 centimètre sur la carte représente 100 mètres, les dimensions réelles sont 10 000 fois plus grandes, et l'**échelle** de la carte est 1/10 000.* • **Faire la courte échelle** : aider quelqu'un à grimper en lui présentant ses mains comme point d'appui.
★ Famille du mot : échel**on**, échel**onner**.

échelon (nom masculin) **1** Barreau d'une échelle. **2** Chacun des niveaux de quelque chose. *C'est une décision qui doit se prendre à l'**échelon** communal.*

échelonner (verbe) (conj. 3) Répartir régulièrement dans l'espace ou dans le temps. *Ces travaux vont s'**échelonner** sur deux ans.*

écheveau, eaux (nom masculin) **1** Assemblage de fil roulé ou replié sur lui-même et retenu par un fil. *Ma grand-mère mettait en pelote ses **éche-***

a b c d e f g h i j k l m n o p q r s t u v w x y z

veaux de laine. **2** Ensemble compliqué, embrouillé. *Comment débrouiller cet **écheveau** d'intrigues ?*
★ **Écheveau** vient du nom latin *scabellum* qui signifie « dévidoir ».

échevelé, ée (adjectif) Synonyme d'ébouriffé. *Tu ne peux pas sortir comme ça, tout **échevelée** !*

échidné (nom masculin) Mammifère insectivore d'Australie et de Nouvelle-Guinée, dont le corps est couvert de piquants. *L'**échidné** ressemble au hérisson.*
► Prononciation [ekidne].

échine (nom féminin) **1** Synonyme de colonne vertébrale. **2** Viande du dos du porc. *Un rôti dans l'**échine**.* • **Courber l'échine** : se soumettre peureusement, sans rien dire.

s'**échiner** (verbe) (conj. 3) Se donner beaucoup de mal. *Je **me suis échiné** à lui expliquer, mais il n'a rien compris.*

échinocoque (nom masculin) Ver parasite de l'intestin du chien et des herbivores. *La larve de l'**échinocoque** peut parasiter l'homme.*

échinoderme (nom masculin) Animal marin qui possède un squelette calcaire fréquemment garni de piquants. *L'oursin est un **échinoderme**.*

échiquier (nom masculin) Plateau carré divisé en 64 cases noires ou blanches, servant à jouer aux échecs.

écho (nom masculin) Répétition du son renvoyé par une paroi. *En montagne, il y a souvent de l'**écho**.* • **Avoir des échos** : être mis plus ou moins au courant. *J'**ai eu des échos** de vos mésaventures en Italie.*
► Prononciation [eko].

échographie (nom féminin) Examen médical qui utilise l'écho des ultrasons pour voir l'intérieur du corps sur un écran.

échoir (verbe) (conj. 23) **1** Être attribué par le sort à. *Des terres lui **échoient** en partage.* **2** Arriver à échéance. *Les délais sont **échus** : il faut tout payer maintenant.*
★ Famille du mot : éché**ance**, échéan**cier**, éché**ant**.
► **Échoir** se conjugue avec l'auxiliaire *être* aux temps composés.

échoppe (nom féminin) Petite boutique. *L'**échoppe** du marchand de sandwichs.*

échouer (verbe) (conj. 3) **1** Ne pas réussir. *Il **a échoué** dans sa tentative de battre le record du monde.* **2** Toucher le fond et ne plus pouvoir se dégager. *Un bateau s'**est échoué** sur les rochers.*

écimer (verbe) (conj. 3) Couper la cime d'un végétal pour en favoriser le développement. *Les bûcherons **éciment** certains arbres.*

éclabousser (verbe) (conj. 3) Faire rejaillir un liquide sur quelqu'un. *Le camion a roulé dans la flaque en **éclaboussant** les passants.*

éclaboussure (nom féminin) Tache laissée par ce qui éclabousse. *Le bas de ta robe est couvert d'**éclaboussures**.*

éclair (nom masculin) **1** Lumière brève et intense provoquée par une décharge électrique. *Le ciel était zébré par les **éclairs**. Quand l'actrice apparut, il y eut de nombreux **éclairs** de flash.* **2** Expression vive dans le regard de quelqu'un. *Un **éclair** de joie passa dans ses yeux.* **3** Gâteau allongé fourré de crème. • **En un éclair** : très rapidement.

éclairage (nom masculin) Ce qui sert à éclairer. *L'**éclairage** de cette rue est insuffisant.*

éclairagiste (nom) Technicien responsable des éclairages d'un spectacle ou d'un tournage de film. *Les **éclairagistes** règlent les lumières sur le visage de l'actrice.*

éclaircie (nom féminin) Court moment où le ciel s'éclaircit entre deux averses. *La météo a annoncé de belles **éclaircies** pour l'après-midi.*

éclaircir (verbe) (conj. 11) **1** Rendre plus clair. *Cette crème **éclaircit** la peau. Le ciel s'**éclaircit**, il va faire beau.* (Contr. **assombrir.**) **2** Dans un sens figuré, rendre plus compréhensible. *Il faudrait **éclaircir** ce mystère.* (Syn. **clarifier.** Contr. **embrouiller.**)

éclaircissement (nom masculin) Ce qui éclaircit une chose difficile à comprendre. *Votre lettre ne dit pas tout, j'aurais besoin de quelques **éclaircissements**.* (Syn. **explication.**)

éclairement (nom masculin) **1** Manière dont une surface est éclairée. *L'**éclairement** de son plan de travail est insuffisant.* **2** Rapport entre le flux lumineux éclairant une surface et l'aire de cette surface.

éclairer (verbe) (conj. 3) **1** Donner de la lumière. *Cette ampoule n'est pas assez forte, elle **éclaire** à peine. Dans l'Antiquité, on s'**éclairait** avec des lampes à huile.* **2** Rendre clair et compréhensible. *Yann nous **a éclairés** sur la marche à suivre. Tout s'**éclaire**, à présent !* (Contr. **embrouiller.**) **3** **S'éclairer** : devenir plus gai. *Quand le docteur lui a dit qu'elle était guérie, son visage **s'est éclairé**.* (Contr. **s'assombrir.**)
★ Famille du mot : éclair**age**, éclairag**iste**, éclaire**ment**, éclair**eur**.

éclaireur, euse (nom) **1** Soldat envoyé devant pour reconnaître le terrain. **2** Membre d'une organisation de scoutisme laïque.

éclat (nom masculin) **1** Petit morceau de ce qui éclate. *Le pare-brise a volé en **éclats**, il y a du verre partout sur la chaussée.* **2** Bruit fait par une personne qui se met à parler plus fort ou à rire. *Des **éclats** de voix parvenaient du café voisin.* **3** Lumière vive et brillante. *L'**éclat** de la neige au soleil fait mal aux yeux.* **4** Splendeur d'une personne ou d'une chose. *Elle était alors dans tout l'**éclat** de sa jeunesse.*

éclatant, ante (adjectif) **1** Qui a beaucoup d'éclat, qui est très vif. *Les maisons des îles grecques sont d'un blanc **éclatant**.* (Contr. **sombre, terne.**) **2** Dans un sens figuré, remarquable ou incontestable. *L'équipe de France a remporté une **éclatante** victoire.*

éclatement (nom masculin) Action d'éclater. *L'**éclatement** d'un pneu est à l'origine de l'accident.*

éclater (verbe) (conj. 3) **1** Se briser avec violence en projetant des fragments. *Benjamin a soufflé trop fort et le ballon **a éclaté**.* (Syn. **exploser**.) **2** Faire entendre un bruit soudain et violent. *Un coup de tonnerre **a éclaté**.* **3** Commencer brusquement. *Une guerre **a éclaté** en Afrique.* • **Éclater de rire, éclater en sanglots** : se mettre soudain à rire, à pleurer.
★ Famille du mot : éclat, éclat**ant**, éclat**ement**.

éclectique (adjectif) Qui a des goûts très variés. *Clément aime le rock et Mozart, l'ornithologie et l'informatique, il a des goûts très **éclectiques**.*

éclipse (nom féminin) Disparition momentanée d'un astre. *Il y a **éclipse** de Soleil quand la Lune passe entre le Soleil et la Terre.*
★ Famille du mot : éclips**er**, éclipt**ique**.

éclipser (verbe) (conj. 3) **1** Faire oublier tous les autres. *Ce nouveau génie des échecs **a éclipsé** tous les autres joueurs.* **2 S'éclipser** : partir discrètement sans se faire remarquer. *Noémie **s'est éclipsée** à l'entracte.*

écliptique (nom masculin) Plan de l'orbite de la Terre et des autres planètes autour du Soleil.

éclisse (nom féminin) **1** Côté d'un instrument de musique à cordes, reliant le fond et la table d'harmonie. *Les **éclisses** du violon, de la contrebasse.* **2** Lame ou plaque servant à maintenir en place un membre fracturé. (Syn. **attelle**.)

éclopé, ée (nom) Personne légèrement blessée. *L'étape a été longue, il y a quelques **éclopés** parmi les randonneurs.*

éclore (verbe) (conj. 55) **1** Sortir de l'œuf. *Les oisillons viennent tout juste d'**éclore**.* **2** S'ouvrir, sortir du bouton. *Les bourgeons du marronnier vont bientôt **éclore**.* (Syn. **s'épanouir**.)

éclosion (nom féminin) Fait d'éclore. *Les oiseaux couvent leurs œufs jusqu'à l'**éclosion**. L'**éclosion** des bourgeons.*

écluse (nom féminin) Bassin, muni de portes, où l'on peut faire monter ou descendre le niveau de l'eau. *Les **écluses** permettent aux bateaux de naviguer sur des canaux qui ont des dénivellations sur leur parcours.*

éclusier, ère (nom) Personne préposée à la garde et à la manœuvre d'une écluse.

éco- Élément venant du grec *oikos* qui signifie « maison » (exemples : *écologie*, *économie*).

écobilan (nom masculin) Inventaire des conséquences que la fabrication d'un produit industriel a sur l'environnement.

écobuer (verbe) (conj. 3) Arracher par plaques la végétation sauvage d'une terre, la sécher, la brûler et utiliser les cendres comme engrais.

écœurant, ante (adjectif) Qui écœure. *Un goût **écœurant**. Il faut toujours qu'il méprise les autres, c'en est **écœurant** !*

écœurer (verbe) (conj. 3) **1** Donner envie de vomir. *Manger tant de mayonnaise l'**a écœuré** pour un bon moment.* **2** Révolter ou démoraliser quelqu'un. *C'est toujours elle qui gagne, ça m'**écœure** !* (Syn. **dégoûter**.)

école (nom féminin) **1** Établissement où l'on donne aux enfants une instruction élémentaire. *En fin de CM2, on quitte l'**école** pour aller au collège.* **2** Établissement où l'on apprend une technique. *Une **école** de coiffure.*

écolier, ère (nom) Enfant qui va à l'école primaire. *Elle a gardé ses cahiers d'**écolière**.* • **Le chemin des écoliers** : celui qui est le plus long, mais le plus agréable.

écologie (nom féminin) Science qui étudie les rapports des êtres vivants avec leur milieu naturel.
★ Famille du mot : écolog**ique**, écolog**iste**.

écologique (adjectif) De l'écologie. *La pollution atmosphérique est un grave problème **écologique**.*

écologiste (nom) Partisan de la protection de la nature.

e-commerce (nom masculin) Commerce pratiqué grâce au réseau Internet. (Syn. **e-bizness**.)
▶ Prononciation [ikɔmɛʀs].

écomusée (nom masculin) Musée présentant une collectivité humaine dans son contexte. *Victor et Yann ont visité l'**écomusée** de leur région.*

éconduire (verbe) (conj. 43) Renvoyer quelqu'un en refusant ce qu'il demande. *Elle **a** fermement **éconduit** ce représentant.*

économe (adjectif) Qui ne gaspille pas son argent. *Il est **économe** et même un peu avare.*
▪ **économe** (nom) Personne qui s'occupe des finances d'un collège, d'un hôpital, etc.

économétrie (nom féminin) Application des méthodes mathématiques aux sciences économiques.

économie (nom féminin) **1** Ce que l'on a économisé. *Sarah fait des **économies** sur son argent de poche pour faire un cadeau d'anniversaire à Ibrahim. En isolant le grenier, on a fait des **économies** d'énergie.* **2** Organisation de la production et de la consommation des produits d'un pays. *L'**économie** de ce pays est en crise.*
★ Famille du mot : économe, économétrie, économ**ique**, économ**iser**, économis**eur**, économ**iste**.

économique (adjectif) **1** Qui fait faire des économies. *Le vélo est un moyen de transport **économique**.* (Syn. **avantageux**.) **2** Qui concerne l'économie. *L'Europe a de grandes ressources **économiques**.*

économiser (verbe) (conj. 3) **1** Ne pas dépenser de l'argent et le mettre de côté. *Kevin **économise** 1 euro par semaine pour s'acheter un baladeur.* (Syn. **épargner**.) **2** Éviter de gaspiller. *Du fait de la sécheresse, le maire a demandé d'**économiser** l'eau.*

économiseur (nom masculin) Dispositif permettant de dépenser un produit avec mesure. *Les parents de Benjamin ont fait installer un **économiseur** d'eau.* • Économiseur d'écran : logiciel mettant en veille l'écran de l'ordinateur lorsqu'il n'est pas utilisé.

économiste (nom) Spécialiste en économie.

écoper (verbe) (conj. 3) **1** Vider l'eau d'un bateau avec une pelle spéciale. *Le voilier a embarqué de l'eau, il faut **écoper**.* **2** Synonyme familier d'être puni. *Il **a écopé** d'une amende parce qu'il était en stationnement interdit.*

écorce (nom féminin) **1** Enveloppe épaisse qui recouvre le tronc et les branches des arbres. **2** Peau épaisse de certains fruits. *Une **écorce** d'orange.* • Écorce terrestre : enveloppe solide de la Terre. (Syn. **croûte terrestre**.)

écorché (nom masculin) **1** Dessin, gravure ou statue représentant un homme ou un animal dépouillé de sa peau. *Les étudiants des beaux-arts étudient un **écorché**.* **2** Dessin de l'intérieur d'un mécanisme, d'une installation. *Le dessinateur industriel travaille sur l'**écorché** d'une voiture.* ■ **écorché, ée** (nom) Personne dont la sensibilité est trop grande. *Sarah est une **écorchée** vive.*

écorcher (verbe) (conj. 3) **1** Déchirer superficiellement la peau. *Je me **suis écorché** aux ronces.* (Syn. **égratigner, érafler**.) **2** Déformer un mot en le prononçant de travers. *La maîtresse **a écorché** mon nom.*
★ Famille du mot : écorché, écorch**ure**.

écorchure (nom féminin) Blessure superficielle. *Papa s'est fait une **écorchure** en se rasant.* (Syn. **égratignure, éraflure**.)

écorner (verbe) (conj. 3) **1** Casser, déchirer l'angle, le coin d'un objet. *Attention de ne pas **écorner** mon livre !* **2** Diminuer, réduire par une atteinte, un dommage. *L'achat de la maison a sérieusement **écorné** notre capital.* (Syn. **entamer**.)

① **écossais, aise** → tableau p. 6 / 7.

② **écossais, aise** (adjectif) Dont les rayures se croisent en formant des carreaux. *Un joli tissu **écossais**.*

écosser (verbe) (conj. 3) Enlever la cosse des graines. ***Écosser** des petits pois frais.*

écosystème (nom masculin) Ensemble constitué par un milieu naturel et les êtres vivants qui s'y trouvent.

écot (nom masculin) Participation due par un convive pour un repas. *L'**écot** de chacun se monte à 13 euros.* • Payer son écot : contribuer à une dépense collective.

écotourisme (nom masculin) Voyage touristique dans des régions écologiquement préservées.

écotype (nom masculin) Espèce animale ou végétale adaptée génétiquement à son milieu par sélection naturelle.

écoulement (nom masculin) Fait de s'écouler. *Les feuilles accumulées dans la gouttière gênent l'**écoulement** des eaux.* (Syn. **évacuation**.)

écouler (verbe) (conj. 3) **1** Vendre entièrement sa marchandise. *Grâce à la canicule, le magasin **a écoulé** tout son stock de ventilateurs.* **2** S'écouler : s'évacuer en coulant. *L'eau de la fontaine **s'écoule** dans le caniveau.* **3** S'écouler : se passer. *Plusieurs années **s'écoulèrent**.*

écourter (verbe) (conj. 3) Rendre plus court. *L'averse nous a obligé à **écourter** notre promenade.* (Syn. **abréger, raccourcir**. Contr. **prolonger**.)

écoute (nom féminin) **1** Action d'écouter. *Il va passer à la télé à une heure de grande **écoute**.* **2** Cordage qui sert à tendre une voile.

écouter (verbe) (conj. 3) **1** Prêter attention pour entendre. *Si tu **écoutais** quand on te parle !* **2** Faire attention aux conseils donnés. *Ah ! S'il m'**avait écouté**, il serait riche à présent !*
★ Famille du mot : écoute, écout**eur**.

écouteur (nom masculin) Appareil qui sert à écouter la radio, le téléphone, etc. *Le pilote de l'avion a mis ses **écouteurs**.*

écoutille (nom féminin) Ouverture qui fait communiquer le pont d'un bateau avec l'intérieur.

écouvillon (nom masculin) **1** Brosse fixée à une longue tige pour nettoyer l'intérieur de récipients étroits. *Le père de Léa nettoie le biberon à l'aide d'un **écouvillon**.* (Syn. **goupillon**.) **2** Petite brosse servant à faire des prélèvements dans les cavités naturelles ou à les nettoyer. *Le chirurgien passe l'**écouvillon** dans le nez du patient.*
★ **Écouvillon** vient du latin *scopa* qui signifie « balai ».

écrabouiller (verbe) (conj. 3) Synonyme familier d'écraser. *En s'asseyant sur le sac, il **a écrabouillé** une douzaine d'œufs.*

écran (nom masculin) **1** Surface sur laquelle apparaissent des images ou un texte. *Je n'aime pas être trop prêt de l'**écran**. Ton **écran** d'ordinateur est trop petit.* **2** Ce qui empêche de voir ou qui protège. *Elle faisait un **écran** avec sa main pour protéger ses yeux du soleil.* • Le petit écran : la télévision.

écrasant, ante (adjectif) Qui écrase, accable. *Il fait une chaleur **écrasante**.*

écraser (verbe) (conj. 3) **1** Aplatir ou mettre en miettes. *On **a écrasé** mes lunettes en marchant dessus.* **2** Tuer en passant sur le corps. *Il **a écrasé** un lièvre avec sa voiture.* **3** Faire supporter une trop grande charge à quelqu'un. *Elle **est écrasée** de travail.* (Syn. **accabler, surcharger**.) **4** Faire subir une défaite totale. *L'armée de Napoléon **fut écrasée** à Waterloo.* (Syn. **anéantir, vaincre**.)

écrémer (verbe) (conj. 8) **1** Enlever la crème du lait. *Le lait **écrémé** est moins riche en calories.* **2** Éliminer certains éléments pour ne garder que les meilleurs. *La sélection dans cette grande école est très rude : la direction n'hésite pas à **écrémer**.*

écrêter (verbe) (conj. 3) **1** Diminuer la hauteur de. *Écrêter les pics d'une courbe.* **2** Supprimer ce qui dépasse la moyenne. *Le ministère des finances souhaite écrêter les hauts revenus.*

écrevisse (nom féminin) Petit crustacé d'eau douce. *L'écrevisse possède de fortes pinces.* • **Rouge comme une écrevisse** : très rouge, comme une écrevisse cuite.

s'**écrier** (verbe) (conj. 10) Dire très fort, en criant. *« Te voilà enfin ! » s'écria-t-elle.* (Syn. **s'exclamer.**)

écrin (nom masculin) Boîte dans laquelle on range des objets précieux. *Veux-tu ranger les petites cuillères en argent dans leur écrin ?*

écrire (verbe) (conj. 47) **1** Tracer les lettres. *À l'école, on apprend à écrire à partir de cinq ou six ans.* **2** Envoyer une lettre. *Quentin a écrit à sa grand-mère.* **3** Être l'auteur d'un livre ou d'une œuvre musicale. *Zoé écrit des poèmes.*
★ Famille du mot : écrit, écriteau, écritoire, écriture, écrivain, récrire, réécrire.

écrit (nom masculin) **1** Épreuve écrite d'un examen. *Il a eu 18 sur 20 à l'écrit de français.* **2** Texte écrit. *On a trouvé dans ce château de vieux écrits du Moyen Âge.* • **Par écrit** : en écrivant. *Notez vos observations par écrit.* (Contr. **oralement.**)

écriteau, eaux (nom masculin) Panneau portant une inscription destinée au public. *À l'entrée du bois, il y a un écriteau indiquant « chasse gardée ».*

écritoire (nom féminin) Coffret renfermant tout ce qui est nécessaire pour écrire. *Le papier à lettres est dans l'écritoire de Julie.*

écriture (nom féminin) Façon de noter par des signes le langage parlé. *Les traces les plus anciennes d'écriture datent d'environ 3 300 ans avant J.-C.*

écrivain (nom masculin) Personne qui compose des œuvres littéraires. *Jules Verne, Marcel Pagnol, Molière sont des écrivains célèbres.* (Syn. **auteur.**)

écrou (nom masculin) Pièce percée d'un trou, qui se visse sur un boulon.

écrouer (verbe) (conj. 3) Mettre en prison. *Le pickpocket a fini par être arrêté et écroué.* (Syn. **emprisonner, incarcérer.**)

écroulement (nom masculin) Fait de s'écrouler. *L'écroulement de la tribune a fait de nombreuses victimes.* (Syn. **effondrement.**)

s'**écrouler** (verbe) (conj. 3) **1** Tomber par terre en se disloquant. *Si le toit s'écroule, bientôt la maison ne sera plus qu'une ruine.* (Syn. **s'effondrer.**) **2** Avoir une défaillance brutale. *Il s'est écroulé à quelques mètres de la ligne d'arrivée.*

écru, ue (adjectif) Beige très clair. *Une laine naturelle est écrue parce qu'elle n'a pas été teinte.*

ecstasy (nom féminin) Drogue à effet euphorisant et stimulant. *Le malaise du jeune garçon est dû à une prise d'ecstasy.*
► Prononciation [ɛkstazi].
★ **Ecstasy** est un mot anglais qui signifie « extase ».

ectopie (nom féminin) Emplacement anormal d'un organe. *Votre fils présente une ectopie du testicule gauche.*

ectoplasme (nom masculin) **1** Forme visible qui se dégagerait du corps de certains médiums. *L'ectoplasme flottait dans la pièce.* **2** Couche superficielle transparente de la cellule animale. *L'ectoplasme visible des amibes.* **3** Au sens figuré, personne qui semble vidée de sa substance. *Depuis la perte de sa femme, il est comme un ectoplasme.*

écu (nom masculin) **1** Ancienne monnaie d'or ou d'argent. **2** Bouclier des chevaliers du Moyen Âge.
★ La monnaie et le bouclier avaient un **écu** sur une face, c'est-à-dire des armoiries ; pour la monnaie, c'était l'écu des rois de France.

écueil (nom masculin) **1** Rocher à fleur d'eau. *Des bouées signalent les écueils de la côte.* (Syn. **récif.**) **2** Au sens figuré, difficulté qui peut faire échouer. *Elle a réussi à éviter tous les écueils et à mener à bien son projet.* (Syn. **obstacle, piège.**)

écuelle (nom féminin) Assiette très creuse et ronde. *L'écuelle du chien.*

éculé, ée (adjectif) Très usé. *Des souliers éculés.*

écume (nom féminin) Mousse blanchâtre. *La mer était blanche d'écume. Le taureau avait le mufle plein d'écume.*

écumer (verbe) (conj. 3) Enlever l'écume d'un liquide lors de la cuisson. *Grand-mère écume la confiture de groseilles.* • **Écumer de rage** : être très en colère.

écumoire (nom féminin) Grande cuillère percée de trous, qui sert à écumer.

écureuil (nom masculin) Petit rongeur roux, à la queue touffue.

écurie (nom féminin) Bâtiment pour loger les chevaux. • **Écurie de courses** : ensemble des chevaux de course d'un propriétaire.

écusson (nom masculin) Insigne indiquant l'appartenance à un groupe. *Romain a cousu sur son sac à dos les écussons des villes où il est passé.*

écuyer (nom masculin) Au Moyen Âge, jeune noble qui était au service d'un chevalier.
▪ **écuyer, ère** (nom) Artiste de cirque qui fait des acrobaties sur un cheval.
► Prononciation [ekɥije].

eczéma (nom masculin) Maladie de peau caractérisée par des plaques rouges qui démangent.
► Prononciation [egzema].
► On écrit aussi **exéma**.

édam (nom masculin) Fromage de Hollande au lait de vache, à pâte cuite recouverte de paraffine rouge. *L'édam se présente sous la forme d'une boule.*
► Prononciation [edam].
★ **Édam** vient du nom de la ville hollandaise *Édam*.

édelweiss (nom masculin) Fleur blanche qui pousse en montagne.
▶ Prononciation [edɛlvɛs].
▶ On écrit aussi **edelweiss**.

éden (nom masculin) Endroit qui fait penser au paradis. *Ce camp de vacances était un véritable **éden**.*
▶ Prononciation [edɛn].
★ **Éden** était le nom hébreu du paradis dans la Bible.

édenté, ée (adjectif) Qui n'a plus de dents. *Une bouche **édentée**.*

édicter (verbe) (conj. 3) Prescrire sous forme de loi, de règlement. (Syn. **décréter.**)

édicule (nom masculin) Petite construction utilitaire élevée sur la voie publique. *Les kiosques sont des **édicules**.*

édifiant, ante (adjectif) Qui montre le bon exemple. *Cette histoire **édifiante** montre bien que la paresse est toujours punie.* (Syn. **exemplaire.** Contr. **scandaleux.**)

édifice (nom masculin) Bâtiment d'une certaine importance. *L'hôtel de ville est un **édifice** du XVIIIe siècle.*

édifier (verbe) (conj. 10) Construire un bâtiment. *Vauban **a édifié** les fortifications de plusieurs villes.* (Syn. **élever.**)
★ Famille du mot : édifi**ant**, édifi**ce**.

édile (nom masculin) **1** Magistrat romain qui était préposé aux édifices, aux jeux, à l'approvisionnement des villes. **2** Magistrat municipal. *Les **édiles** de notre cité.*

édit (nom masculin) Loi qui était proclamée par un roi. *L'**édit** de Nantes, rendu par Henri IV, permet aux protestants de pratiquer leur religion.*

éditer (verbe) (conj. 3) Fabriquer un livre, le faire imprimer et le mettre en vente. *On va **éditer** un roman écrit par la tante d'Anna.* (Syn. **faire paraître, publier.**)
★ Famille du mot : édit**eur**, édit**ion**, **in**édit, **ré**éditer.

éditeur, trice (nom) Personne qui édite des livres. *Les **éditeurs** reçoivent des manuscrits d'auteurs qui voudraient être publiés.*

édition (nom féminin) Série d'exemplaires de livres ou de journaux. *C'est un succès ! On va faire une deuxième **édition** de ce livre !* • **Maison d'édition** : entreprise qui édite des livres.

éditorial, aux (nom masculin) Article d'un journal, souvent écrit par le directeur. *L'**éditorial** donne la position du journal sur un problème ou un évènement importants.*

éditorialiste (nom) Personne qui écrit l'éditorial dans un journal. *Le père de Quentin est **éditorialiste** politique.*

édredon (nom masculin) Couette remplie de duvet. *Les **édredons** sont chauds et légers.*
★ Les **édredons** étaient garnis de duvet d'*eider*.

éducateur, trice (nom) Personne chargée de l'éducation. *Les professeurs d'école, de lycée, d'université sont des **éducateurs**.* (Syn. **pédagogue.**)

éducatif, ive (adjectif) Qui est destiné à éduquer. *Un jeu **éducatif** sur l'astronomie, avec une carte du ciel.* (Syn. **pédagogique.**)

éducation (nom féminin) **1** Formation et développement du corps et de l'esprit des enfants. *Il veille sur l'**éducation** de ses enfants.* **2** Apprentissage des bonnes manières. *Ces gens n'ont aucune **éducation** !* (Syn. **savoir-vivre.**) • **Éducation nationale** : ministère qui s'occupe de l'instruction des enfants et des jeunes gens.

édulcorant, ante (adjectif) Se dit d'une substance donnant une saveur douce. *Le médicament est enrobé d'une couche **édulcorante**.*
▪ **édulcorant** (nom masculin) Produit pauvre en calories, qui remplace le sucre. *La mère de Myriam met de l'**édulcorant** dans son café.*

édulcorer (verbe) (conj. 3) Atténuer quelque chose pour le rendre moins choquant. *Ce film est une version très **édulcorée** de ce roman.*

éduquer (verbe) (conj. 3) Faire l'éducation de quelqu'un. *Ces enfants **sont** bien **éduqués**. Faire du théâtre **a éduqué** sa mémoire.*
★ Famille du mot : éduc**ateur**, éduc**atif**, éduc**ation**, **ré**éducation, **ré**éduquer.

éfendi Voir ***effendi***.

effacé, ée (adjectif) Qui reste à l'écart sans se faire remarquer. *Une fillette timide et **effacée**.*

effacer (verbe) (conj. 4) **1** Faire disparaître ce qui était écrit ou dessiné. *La mer **a effacé** les pas sur le sable.* **2** Faire oublier quelque chose. *Le temps **a effacé** les mauvais souvenirs.* (Syn. **estomper.**) **3 S'effacer** : se mettre sur le côté pour laisser passer quelqu'un. *Il **s'effaça** pour laisser entrer la jeune femme.*
★ Famille du mot : effac**é**, effac**eur**.

effaceur (nom masculin) Ustensile en forme de crayon servant à effacer l'encre.

effarant, ante (adjectif) Qui effare. *Pendant les vacances, le temps passe à une vitesse **effarante**.* (Syn. **affolant, effrayant.**)

effarement (nom masculin) État d'une personne effarée. *Quand Thomas a raconté qu'il avait fait du parapente, ses parents l'ont regardé avec **effarement**.* (Syn. **stupeur.**)

effarer (verbe) (conj. 3) Provoquer une surprise mêlée d'inquiétude. *Fatima a regardé le lutteur de sumo d'un air **effaré**.* (Syn. **affoler.**)
★ Famille du mot : effar**ant**, effare**ment**.

effaroucher (verbe) (conj. 3) Faire fuir en effrayant. *Attention ! C'est une mésange, tu vas l'**effaroucher**.*

① **effectif, ive** (adjectif) Qui existe réellement. *Ce nouvel horaire sera **effectif** à partir de demain.*

② **effectif** (nom masculin) Nombre de personnes d'un groupe. *L'**effectif** des élèves déjeunant à la cantine ne cesse d'augmenter.*

effectivement (adverbe) En effet, c'est vrai. *Effectivement, c'est bien un trèfle à quatre feuilles.*

effectuer (verbe) (conj. 3) Réaliser un travail. *Le plombier **a effectué** la réparation en un temps record.* (Syn. **accomplir, exécuter.**)

efféminé, ée (adjectif) Qui a quelque chose de féminin dans sa manière d'être. *Ce déguisement lui donne une allure **efféminée**.* (Contr. **viril.**)

effendi (nom masculin) Titre donné autrefois aux notables, chez les Turcs.
▶ Prononciation [efɛndi].
★ **Effendi** est un mot turc qui signifie « maître ».
▶ On écrit aussi **éfendi**.

effervescence (nom féminin) **1** Bouillonnement d'un liquide. **2** Au sens figuré, grande agitation. *Toute l'école est en **effervescence** parce que c'est bientôt la fête de fin d'année.*

effervescent, ente (adjectif) Qui est en effervescence. *Un comprimé **effervescent**.*

effet (nom masculin) **1** Ce que fait quelque chose. *L'**effet** produit n'est pas tout à fait celui qu'on souhaitait.* (Syn. **résultat.**) **2** Impression que l'on ressent. *Quel **effet** ça t'a fait de prendre l'avion, la première fois ?*
■ en **effet** (adverbe) Sert à expliquer. *William sera absent aujourd'hui ; **en effet**, il est malade.* (Syn. **car.**)
■ **effets** (nom masculin pluriel) Vêtements et affaires d'une personne. *Il a rangé dans l'armoire ses **effets** personnels.*

effeuiller (verbe) (conj. 3) Arracher les feuilles ou les pétales. *« Il m'aime... un peu... beaucoup... », dit-elle en **effeuillant** une marguerite.*

efficace (adjectif) Qui donne de bons résultats. *Ce médicament est très **efficace** contre le mal de tête.* (Syn. **actif.** Contr. **inefficace.**)
★ Famille du mot : efficac**ement**, efficac**ité**, **in**efficace, **in**efficacité.

efficacement (adverbe) D'une manière efficace. *Les médecins sont intervenus rapidement et **efficacement** auprès des blessés.*

efficacité (nom féminin) Qualité de ce qui est efficace. *L'**efficacité** du traitement a été immédiate.* (Contr. **inefficacité.**)

efficient, ente (adjectif) Qui a de l'efficacité, du dynamisme. *L'entreprise a une équipe de jeunes cadres **efficients**.*

effigie (nom féminin) Portrait gravé. *Sur cette pièce, il y a l'**effigie** du général de Gaulle.*

effilé, ée (adjectif) Mince et allongé. *Ce taureau a de dangereuses cornes très **effilées**.*

s'**effilocher** (verbe) (conj. 3) Se défaire fil à fil. *Le bord du tapis **s'effiloche**.*

efflanqué, ée (adjectif) Très maigre. *Don Quichotte cheminait sur son cheval **efflanqué**.*

effleurer (verbe) (conj. 3) **1** Toucher très légèrement. *Je sursaute quand le chat **effleure** ma jambe avec ses moustaches.* (Syn. **frôler.**) **2** Traverser l'esprit. *L'idée que je pouvais être en danger ne m'**a** même pas **effleuré**.*

efflorescence (nom féminin) Développement épanoui de quelque chose. *On s'émerveille de l'**efflorescence** de jeunes talents.*

effluent, ente (adjectif) Qui s'écoule d'une source, d'un lac, d'un glacier. *Un torrent **effluent**.*
■ **effluent** (nom masculin) Liquide qui s'écoule hors de qqch. *Les **effluents** radioactifs d'un réacteur nucléaire.* • **Effluents urbains** : l'ensemble des eaux usées.

effluve (nom masculin) Synonyme littéraire d'odeur. *Des **effluves** de terre mouillée.*

effondrement (nom masculin) Fait de s'effondrer. *La défaite de Waterloo marque l'**effondrement** de l'empire de Napoléon.* (Syn. **écroulement.**)

s'**effondrer** (verbe) (conj. 3) **1** Synonyme de s'écrouler. *Le plancher vermoulu a fini par **s'effondrer**.* **2** Être anéanti. *En entendant la nouvelle, il **s'est effondré**.*

s'**efforcer** (verbe) (conj. 4) Faire tous ses efforts. *Xavier **s'est efforcé** d'être patient.* (Syn. **essayer, tâcher.**)

effort (nom masculin) Ce qu'on fait pour réussir quelque chose. *Encore un **effort**, et nous arriverons au sommet.*

effraction (nom féminin) Action de casser une serrure ou une porte. *Le cambrioleur est entré dans l'appartement par **effraction**.*

effraie (nom féminin) Sorte de chouette aux yeux entourés de plumes blanches.
★ Voir **orfraie**.

effrayant, ante (adjectif) Qui effraie. *On entendait des bruits **effrayants** la nuit dans le château.*

effrayer (verbe) (conj. 7) Causer de la frayeur. *L'orage **effraie** les chevaux.* (Syn. **épouvanter, terrifier, terroriser.**)

effréné, ée (adjectif) Impossible à freiner. *Ils se sont lancés dans une poursuite **effrénée**.*

s'**effriter** (verbe) (conj. 3) Tomber en petits morceaux. *Mes petits gâteaux **se sont effrités** dans mon sac.*

effroi (nom masculin) Grande peur. *L'enfant regardait la scène d'horreur les yeux remplis d'**effroi**.* (Syn. **épouvante, terreur.**)

effronté, ée (adjectif) Qui est insolent et n'a peur de rien. *La petite le regardait d'un air **effronté**.* (Contr. **effacé, timide.**)

effrontément (adverbe) De manière effrontée. *Il ment **effrontément**.*

effronterie (nom féminin) Hardiesse excessive et impertinente. *Laura a parlé avec **effronterie** à son professeur.* (Syn. **insolence.**)

effroyable (adjectif) Très effrayant. *Yann a fait un cauchemar **effroyable**.* (Syn. **épouvantable, terrible.**)

effroyablement (adverbe) Excessivement. *Cette histoire est **effroyablement** compliquée.* (Syn. **terriblement**.)

effusion (nom féminin) Manifestation débordante d'un sentiment. *Il a remercié ses hôtes avec **effusion**.* • **Effusion de sang** : sang versé dans un conflit. *Les westerns se terminent rarement sans **effusion de sang**.*

s'**égailler** (verbe) (conj. 3) Se disperser de tous les côtés. *Dès l'arrêt du car, les touristes **se sont égaillés** dans la nature.* (Syn. **s'éparpiller**.)

égal, ale, aux (adjectif) **1** Qui est semblable en quantité, en qualité, en nature. *Ton partage de la tarte n'est pas très **égal** !* (Contr. **inégal**.) **2** Qui a les mêmes droits. *Dans une démocratie, les citoyens sont **égaux** devant la loi. La femme est l'**égale** de l'homme.* **3** Qui est régulier et ne change pas. *Quoi qu'il se passe, elle garde une humeur **égale**.* • **Cela m'est égal** : cela m'est indifférent.
★ Famille du mot : égale**ment**, égal**er**, égal**isation**, égal**iser**, égali**tarisme**, égali**té**, **in**égal, inégal**able**, inégali**té**.

également (adverbe) **1** De façon égale. *J'ai essayé de répartir le poids aussi **également** que possible dans les sacs.* **2** Aussi, de même. *Ah ! Tu as ce livre ? Je l'ai **également**.*

égaler (verbe) (conj. 3) **1** Être égal en quantité ou en valeur. *Dix divisé par cinq **égale** deux (10 : 5 = 2).* **2** Avoir le même niveau. *Benjamin **égale** Hélène en calcul, mais pas en français.*

égalisation (nom féminin) Action d'égaliser. *Les mouvements féministes se battent pour l'**égalisation** des salaires entre les hommes et les femmes.*

égaliser (verbe) (conj. 3) **1** Rendre égal. *Le jardinier **a** bien **égalisé** la plate-bande avec son râteau.* **2** Totaliser le même nombre de points. *Avec ce but, l'équipe adverse **a égalisé** 2 à 2.*

égalitarisme (nom masculin) Doctrine de l'égalité absolue entre tous les hommes.

égalité (nom féminin) **1** Qualité de ce qui est égal. *L'**égalité** entre deux grandeurs est marquée par le signe =.* **2** Fait d'avoir les mêmes droits. *Chacun voudrait l'**égalité** des chances pour les enfants.* **3** Fait d'avoir le même nombre de points. *Les deux joueurs de ping-pong sont à **égalité** : 16 à 16.*

égard (nom masculin) • **À l'égard de quelqu'un** : envers lui. *Elle a beaucoup de patience **à l'égard des** enfants.*
■ **égards** (nom masculin pluriel) Marques de respect. *Le souverain a été reçu avec tous les **égards** dus à son rang.*

égarement (nom masculin) Synonyme littéraire de folie. *Dans un moment d'**égarement**, il lui a dit qu'il l'aimait.*

égarer (verbe) (conj. 3) **1** Perdre momentanément. *J'ai **égaré** mes lunettes.* **2** **S'égarer** : perdre son chemin. *Ils devraient être là maintenant, ils ont dû **s'égarer** dans la forêt.*

égayer (verbe) (conj. 7) Rendre gai. *David a réussi à **égayer** Julie avec ses grimaces. Ces guirlandes **égaient** la salle.*

égérie (nom féminin) Personne qui inspire un artiste, un poète, un homme politique.
★ **Égérie** vient du nom d'une nymphe.

égide (nom féminin) **1** Protection, sauvegarde. *Romain s'est placé sous l'**égide** de son frère aîné.* **2** Bouclier de Zeus et d'Athéna.

églantier (nom masculin) Rosier sauvage. *Avec le fruit de l'**églantier**, on peut faire de la confiture.*

églantine (nom féminin) Fleur de l'églantier.

églefin (nom masculin) Poisson voisin de la morue.
► On écrit aussi **aiglefin**.

église (nom féminin) **1** Bâtiment dans lequel les catholiques se réunissent pour prier. *Dans notre ville, il y a plusieurs **églises**, un temple, une synagogue et une mosquée.* **2** Ensemble des chrétiens. *L'**Église** catholique, l'**Église** réformée, l'**Église** orthodoxe.*
► Au sens 2, ce mot commence par une majuscule.

ego (nom masculin) **1** Partie du psychisme qui permet à la personne de se défendre contre la réalité. **2** Ce qui constitue la personnalité d'une personne. *David a un **ego** très fort.*
★ **Ego** est un mot latin qui signifie « je ».

égocentrique (nom et adjectif) Personne qui centre tout sur elle-même. *S'il était moins **égocentrique**, il écouterait davantage son entourage.* (Syn. **égoïste**.)

égoïne (nom féminin) Scie à main munie d'une poignée.

égoïsme (nom masculin) Tendance d'une personne à ne penser qu'à elle-même. *Son **égoïsme** ne lui attire pas la sympathie.* (Contr. **générosité**.)
★ **Égoïsme** vient du latin *ego* qui signifie « je ».

égoïste (adjectif) Qui fait preuve d'égoïsme. *Ibrahim est un garçon **égoïste**, il ne veut rien prêter.* (Contr. **généreux**.)

égorger (verbe) (conj. 5) Tuer en coupant la gorge. ***Égorger** un mouton.*

s'**égosiller** (verbe) (conj. 3) Crier très fort et longtemps. *Voilà une heure que je **m'égosille** à vous appeler !*

égotisme (nom) Tendance marquée à s'analyser et à parler de soi.

égout (nom masculin) Canalisation souterraine qui évacue les eaux sales d'une ville. *Kevin et Laura ont visité les **égouts** de Paris.*
★ Famille du mot : égout**ier**, **tout-à-l'**égout.

égoutier (nom masculin) Ouvrier qui entretient les égouts.

égoutter (verbe) (conj. 3) Laisser l'eau s'écouler goutte à goutte. *Veux-tu **égoutter** la salade, s'il te plaît ?*

égouttoir (nom masculin) Ustensile servant à égoutter la vaisselle.

égrapper (verbe) (conj. 3) Détacher les grains de la grappe. *Les enfants **égrappent** les groseilles pour faire de la confiture.*

égratigner (verbe) (conj. 3) Synonyme d'écorcher. *Zoé s'**est égratignée** aux ronces en se promenant dans les bois.*

égratignure (nom féminin) Synonyme d'écorchure. *Il est sorti de l'accident sans une **égratignure**.*

égrener (verbe) (conj. 8) Détacher les grains un par un. *Le paysan **égrène** un épi de blé pour voir s'il est mûr.* • **Égrener un chapelet** : réciter des prières en retenant pour chacune un grain du chapelet entre ses doigts.

égrillard, arde (adjectif) D'une gaieté empreinte de grivoiserie. *À la fin du repas, les invités entonnèrent une chanson **égrillarde**.* (Syn. **grivois, osé**.)

égyptien, enne → tableau p. 6 / 7.

égyptologue (nom) Spécialiste de l'Égypte ancienne.

eh ! (interjection) Sert à appeler, à attirer l'attention. ***Eh !** arrête, tu vas me faire tomber !*

éhonté, ée (adjectif) Qui devrait faire honte. *C'est un mensonge **éhonté** !* (Syn. **honteux**.)

eider (nom masculin) Oiseau de Scandinavie, voisin du canard, et dont le duvet est très recherché.

éjaculer (verbe) (conj. 3) Émettre du sperme lors de l'orgasme.

éjectable (adjectif) • **Siège éjectable** : siège muni d'un parachute, qui peut être éjecté de l'avion en cas d'accident.

éjecter (verbe) (conj. 3) Projeter au dehors. *Un passager de la voiture, qui n'avait pas bouclé sa ceinture, **a été éjecté**.*

élaboration (nom féminin) Action d'élaborer. *L'**élaboration** de son roman lui a pris plusieurs années.*

élaborer (verbe) (conj. 3) Préparer et mettre au point soigneusement. *Nous venons d'**élaborer** notre plan de travail.*
★ Dans **élaborer**, comme dans **laborieux**, on trouve le mot latin *labor* qui signifie « travail ».

élaguer (verbe) (conj. 3) **1** Couper les branches inutiles d'un arbre. *Tous les deux ans, à l'automne, on **élague** les tilleuls de ma rue.* (Syn. **émonder**.) **2** Au sens figuré, enlever les parties inutiles d'un texte.

① **élan** (nom masculin) **1** Mouvement rapide d'un être qui s'élance. *Quentin a pris son **élan**, et d'un bond, il a franchi la barrière.* **2** Mouvement impulsif. *Dans un **élan** de générosité, elle a donné tout son argent au clochard.*

② **élan** (nom masculin) Grand animal des pays froids, voisin du cerf.

élancé, ée (adjectif) Grand et mince. *Romain est devenu un bel adolescent **élancé**.* (Syn. **svelte**.)

s'**élancer** (verbe) (conj. 4) Se jeter en avant de toutes ses forces. *Noémie **s'est élancée** à la rencontre de son amie.* (Syn. **se précipiter**.)

élargir (verbe) (conj. 11) Rendre plus large. *On **a élargi** la chaussée pour faire une route à quatre voies.* (Contr. **rétrécir**.)

élargissement (nom masculin) Fait de s'élargir. *L'**élargissement** du boyau permet à présent aux spéléologues de passer facilement.* (Contr. **rétrécissement**.)

élasticité (nom féminin) Qualité de ce qui est élastique. *L'**élasticité** d'un ressort.*

élastique (adjectif) Qui peut s'étirer puis reprendre sa forme. *Elle porte une ceinture faite dans une matière **élastique**.* (Syn. **extensible**.)
■ **élastique** (nom masculin) Bande circulaire de caoutchouc. *Pour ranger son mikado, Yann rassemble les baguettes avec un **élastique**.*
★ Famille du mot : élasticité, élastomère.

élastomère (nom masculin) Caoutchouc de nature synthétique.

eldorado (nom masculin) Pays de rêve plein de richesses.

électeur, trice (nom) Personne ayant le droit de voter. *Les **électeurs** doivent s'inscrire sur les listes électorales.*

élection (nom féminin) Action d'élire quelqu'un. *En France, l'**élection** présidentielle se fait au suffrage universel.*
★ Famille du mot : élec**teur**, élect**oral**, élect**orat**.

électoral, ale, aux (adjectif) Qui concerne les élections. *Pendant la campagne **électorale**, les candidats exposent leur programme aux électeurs.*

électorat (nom masculin) Ensemble des électeurs. *Une partie de l'**électorat** s'est abstenue de voter.*

électricien, enne (nom) Personne qui s'occupe des installations et des réparations d'un système électrique.

électricité (nom féminin) Forme d'énergie qui permet de s'éclairer, de se chauffer, de faire marcher des appareils et des moteurs.
★ Famille du mot : électr**icien**, électr**ifier**, électr**ique**, élec**triser**, électroménager.

électrifier (verbe) (conj. 10) Faire fonctionner à l'électricité. *Le réseau ferroviaire **est électrifié**.*

électrique (adjectif) **1** Qui produit ou conduit l'électricité. *Une centrale **électrique**. Une prise **électrique**.* **2** Qui fonctionne à l'électricité. *Un chauffage **électrique**.*
★ **Électrique** vient du latin *electrum* qui signifie « ambre », car les Anciens avaient remarqué que l'ambre frotté attirait les corps légers.

électriser (verbe) (conj. 3) Communiquer un vif enthousiasme. *Le candidat a réussi à **électriser** son auditoire.*

électroacoustique (nom féminin et adjectif) Science et technique des applications de l'électricité à la production, à l'enregistrement et à la reproduction des sons. *Ursula s'intéresse à l'**électroacoustique**. Musique **électroacoustique**.*

électroaimant (nom masculin) Appareil constitué d'un noyau en fer et d'un bobinage dans lequel on fait passer un courant électrique. *L'**électroaimant** a les mêmes propriétés que l'aimant.*

électrocardiogramme (nom masculin) Tracé de l'activité électrique du cœur. *L'**électrocardiogramme** a permis de déceler une faiblesse du cœur.*

électrochoc (nom masculin) **1** Procédé de traitement de certaines maladies mentales qui consiste à faire passer un courant électrique à travers la boîte crânienne. **2** Au sens figuré, évènement brutal qui provoque un choc psychologique susceptible de débloquer une situation. *Le retour de son fils après dix ans d'absence a été un **électrochoc**.*

s'**électrocuter** (verbe) (conj. 3) Être blessé ou tué par électrocution. *Il **s'est électrocuté** en réparant le poste de télévision.*

électrocution (nom féminin) Mort causée par le courant électrique.

électrode (nom féminin) **1** Pièce conductrice permettant l'arrivée du courant électrique au point d'utilisation. **2** Conducteur appliqué sur une partie du corps pour recueillir l'activité électrique de l'organisme. *Les **électrodes** se placent sur le cuir chevelu pour faire un électroencéphalogramme.*

électroencéphalogramme (nom masculin) Tracé de l'activité électrique du cerveau. *Le médecin interprète l'**électroencéphalogramme** de son patient.* • Électroencéphalogramme plat : qui ne recueille aucune activité électrique, signe de la mort clinique.

électrogène (adjectif) Qui produit de l'électricité. • Groupe électrogène : dispositif muni d'un moteur permettant de créer de l'électricité.

électroluminescent, ente (adjectif) Qui a la propriété de devenir lumineux sous l'effet d'un champ électrique.

électrolyse (nom féminin) Décomposition chimique de certaines substances sous l'effet d'un courant électrique. *On prépare l'aluminium par **électrolyse**.*

électroménager, ère (adjectif) Se dit d'un appareil ménager qui fonctionne à l'électricité. *Le lave-vaisselle, le grille-pain, le réfrigérateur sont des appareils **électroménagers**.*

électromoteur, trice (adjectif) Qui produit, mécaniquement ou chimiquement, de l'énergie électrique. *Les dynamos, les piles sont des appareils **électromoteurs**.* • Force électromotrice : force caractéristique d'un générateur traduisant son aptitude à maintenir une différence de potentiel entre deux points d'un circuit ouvert, ou à entretenir un courant électrique dans un circuit fermé.

électron (nom masculin) Toute petite partie de l'atome, qui contient de l'électricité.

électronicien, enne (nom) Spécialiste en électronique.

électronique (adjectif) Qui fonctionne en utilisant les propriétés des électrons. *Un ordinateur est un appareil **électronique**.*
■ **électronique** (nom féminin) Science qui étudie les électrons et leurs applications.

électrophone (nom masculin) Appareil électrique qui permet de reproduire des enregistrements sonores sur disques vinyles. *Odile met un disque 45 tours sur l'**électrophone** de ses grands-parents.*

électrostatique (nom féminin et adjectif) Partie de la physique qui étudie les propriétés des corps porteurs de charges électriques en équilibre.

électrotechnique (nom féminin et adjectif) Se dit de l'ensemble des applications industrielles de l'électricité.

élégamment (adverbe) D'une manière élégante. *Pour aller au théâtre, Pierre était **élégamment** vêtu.*

élégance (nom féminin) Qualité de ce qui est élégant. *Sa tante est toujours d'une grande **élégance**.*

élégant, ante (adjectif) **1** Qui fait preuve de goût. *C'est un homme **élégant** qui achète ses costumes en Angleterre.* (Syn. **chic, distingué.**) **2** Qui fait preuve de délicatesse. *Elle a trouvé un moyen **élégant** de s'en aller.* (Syn. **poli.** Contr. **grossier.**)

élégie (nom féminin) Poème lyrique mélancolique. *Les **élégies** de Lamartine.*

élément (nom masculin) **1** Chacune des différentes parties qui constituent un tout. *J'ai acheté un meuble en kit, mais il me manque un **élément**.* (Syn. **pièce.**) **2** Personne qui appartient à un groupe. *La chorale veut recruter de nouveaux **éléments**.* **3** Milieu dans lequel on est à l'aise pour vivre. *En ville, il ne se sent pas dans son **élément**.*
■ **éléments** (nom masculin pluriel) Notions les plus simples d'une discipline. *Victor a appris quelques **éléments** d'informatique.*

élémentaire (adjectif) Très simple. *Il ignore les notions les plus **élémentaires** de la politesse.* (Contr. **compliqué.**) • Cours élémentaire : classe qui se situe entre le cours préparatoire et le cours moyen.

éléphant (nom masculin) Gros mammifère herbivore d'Afrique ou d'Asie, muni d'une trompe et de deux défenses en ivoire. *Seul l'**éléphant** d'Asie est domestiqué. L'**éléphant** barrit.*
★ Famille du mot : éléphanteau, éléphantesque.

éléphanteau, eaux (nom masculin) Petit de l'éléphant. *L'**éléphanteau** tète sa mère.*

éléphantesque (adjectif) D'une grosseur qui dépasse la mesure. *Le garde du corps était un homme **éléphantesque**.*

élevage (nom masculin) Action d'élever des animaux. *En Floride, on fait l'**élevage** des crocodiles.*

élévateur (adjectif et nom masculin) **1** Se dit des muscles qui élèvent certaines parties du corps. *Le muscle **élévateur** de la lèvre supérieure.* **2** Se dit des appareils de manutention destinés à lever des charges. *Le chariot **élévateur** hausse les caisses jusqu'à la plateforme du camion.*

élévation (nom féminin) Fait de s'élever. *La météo annonce une **élévation** sensible des températures.* (Syn. **augmentation, hausse.** Contr. **baisse.**)

élève (nom) Celui ou celle qui suit des cours dans un établissement scolaire. *Les écoliers, les collégiens, les lycéens sont tous des **élèves**.*

élevé, ée (adjectif) Synonyme de haut. *Le mont Everest est le sommet le plus **élevé** du globe. Le montant du devis est beaucoup trop **élevé**.* (Contr. **bas.**) • **Bien** *ou* **mal élevé** : qui a reçu une bonne ou une mauvaise éducation.

élever (verbe) (conj. 8) **1** Construire en hauteur. *On **a élevé** un monument à la mémoire des combattants. Le château **s'élève** au-dessus de la vallée.* (Syn. **dresser.**) **2** Faire monter à un niveau supérieur. *Les crues **ont élevé** le niveau du fleuve.* **3** S'occuper d'un enfant, le nourrir et l'éduquer. *C'est sa tante qui l'**a élevé**.* **4** Nourrir et soigner des animaux. *Ses grands-parents **élèvent** des poules et des lapins.* **5** **S'élever** : aller vers le haut. *Le parapente **s'élève** lentement.* (Syn. **monter.**) **6** **S'élever** : atteindre une certaine somme. *Les frais **s'élèvent** à cent euros.* (Syn. **se monter.**) • **Élever la voix, le ton** : commencer à se mettre en colère.
★ Famille du mot : élev**age**, élévat**eur**, élév**ation**, élevé, élev**eur**, **sur**élever.

éleveur, euse (nom) Personne qui fait de l'élevage. *Un **éleveur** de moutons.*

elfe (nom masculin) Petit génie de l'air des contes nordiques.

élider (verbe) (conj. 3) Effectuer l'effacement d'une voyelle. *On **élide** la voyelle de l'article défini devant les mots commençant par une voyelle ou un h muet (exemple : l'ami).*

éligible (adjectif) Qui peut être élu. *Il faut être majeur pour être **éligible**.*

élimé, ée (adjectif) Usé par le frottement. *Il portait une chemise **élimée** aux poignets.* (Syn. **râpé.**)

élimination (nom féminin) Action d'éliminer. *Cette défaite des joueurs entraîne leur **élimination** de la coupe.*

éliminatoire (adjectif) Qui sert à éliminer des candidats trop nombreux. *Les sportifs doivent réussir les épreuves **éliminatoires** pour se qualifier.*

éliminer (verbe) (conj. 3) **1** Écarter en faisant un choix. *Le candidat **a été éliminé** au premier tour.* **2** Rejeter hors de l'organisme. *Boire beaucoup d'eau permet d'**éliminer**.*
★ Famille du mot : élimin**ation**, élimin**atoire**.

élire (verbe) (conj. 45) Choisir par un vote. *Les électeurs sont appelés aux urnes pour **élire** un nouveau Président.*
★ Famille du mot : éli**gible**, élu, **in**éli**gible**, **ré**élire.

élision (nom féminin) Suppression d'une voyelle qu'on remplace par une apostrophe. *Dans « il n'a que cinq ans », il y a **élision** du e de « ne » devant a.*

élite (nom féminin) Ensemble des personnes les plus remarquables d'un groupe. *Il fait partie de l'**élite** des joueurs de tennis.* • **D'élite** : excellent. *La police a posté des tireurs **d'élite** sur les toits.*

élixir (nom masculin) Potion magique. *La sorcière fit boire un **élixir** à la princesse.*

elle, elles Voir ***il***.

ellébore (nom masculin) Plante vivace, toxique, qui passait autrefois pour guérir la folie. *La racine de l'**ellébore** a des propriétés vermifuges.*
▶ On écrit aussi **hellébore**.

ellipse (nom féminin) **1** Mot d'une phrase qui n'est pas répété. *Quand on dit « j'ai 10 ans et lui 7 », on fait l'**ellipse** de « il a » et de « ans ».* **2** Figure géométrique de forme ovale. *Le mouvement que la Terre fait autour du Soleil est une **ellipse**.*

ellipsoïdal, ale, aux (adjectif) Dont toutes les sections planes sont des ellipses.

elliptique (adjectif) **1** Qui comporte une ellipse. *« J'habite au 12 » est une phrase **elliptique**.* **2** Qui a la forme d'une ellipse. *La Terre décrit une courbe **elliptique** autour du Soleil.*

élocution (nom féminin) Manière d'articuler les mots. *Cet avocat a une bonne **élocution**.*

éloge (nom masculin) Paroles de louange. *Le maire a fait l'**éloge** du disparu.*

élogieux, euse (adjectif) Plein d'éloges. *Un discours **élogieux**.*

éloigné, ée (adjectif) Loin dans l'espace ou dans le temps. *Leur maison est assez **éloignée** du village.* (Contr. **proche.**)

éloignement (nom masculin) Fait d'être éloigné. *Il souffre de l'**éloignement** de son lieu de travail.*

éloigner (verbe) (conj. 3) **1** Mettre plus loin. *Le feu crépitait dans la cheminée, elle dut **éloigner** sa chaise.* (Syn. **écarter.** Contr. **rapprocher.**) **2** **S'éloigner** : aller plus loin. ***Éloignez-vous** de la bordure du quai, s'il vous plaît !* (Contr. **s'approcher.**)
★ Famille du mot : éloigné, éloigne**ment**.

élongation (nom féminin) Allongement douloureux d'un muscle ou d'un tendon.

éloquence (nom féminin) Qualité de quelqu'un qui parle bien. *L'avocat parla avec une telle **éloquence** que son client fut acquitté.*

éloquent, ente (adjectif) **1** Qui manifeste de l'éloquence. *Elle a décrit leur situation en termes **éloquents**.* **2** Qui exprime bien ce qu'il veut dire. *Il garda un silence **éloquent**.*

a b c d e f g h i j k l m n o p q r s t u v w x y z

élu, ue (nom) Personne désignée par un vote. *Les députés sont les **élus** de la nation.*

élucider (verbe) (conj. 3) Tirer au clair. *Nous allons tâcher d'**élucider** ce mystère.* (Syn. **éclaircir.**)

élucubration (nom féminin) Idée compliquée, bizarre et sans intérêt. *Cette secte s'appuyait sur les **élucubrations** d'un savant fou.*

éluder (verbe) (conj. 3) Éviter adroitement de répondre. *Le conférencier **a éludé** une question qui l'embarrassait.* (Syn. **esquiver.**)

élytre (nom masculin) Aile supérieure très dure de certains insectes. *Les scarabées, les coccinelles, les hannetons ont des **élytres**.*
★ **Élytre** vient du grec *elutron* qui signifie « étui », car les élytres ne servent pas à voler mais à protéger les ailes transparentes de ces insectes.

émacié, ée (adjectif) Qui est très amaigri. *La gravure représentait le visage **émacié** d'un ermite.*

e-mail (nom masculin) Courrier électronique ; adresse électronique. *Élodie a reçu un **e-mail** de Clément.*
► **E-mail** est un mot anglais : on prononce [imɛl].
► Pluriel : des **e-mails**.

émail, aux (nom masculin) **1** Vernis brillant qui sert à protéger des objets de céramique ou de métal. *Le lavabo et la baignoire sont recouverts d'**émail**.* **2** Couche blanche dure qui protège l'ivoire des dents.
▪ **émaux** (nom masculin pluriel) Bijoux émaillés. *Au club, j'ai appris à faire des **émaux** sur cuivre.*

émailler (verbe) (conj. 3) Recouvrir d'une couche d'émail. *La cuisinière est en tôle **émaillée**.*

émanation (nom féminin) Odeur qui se dégage. *Des **émanations** d'égout empestent la rue.*

émancipation (nom féminin) Action d'émanciper quelqu'un. *Les Noirs d'Afrique du Sud ont dû se battre longtemps pour obtenir leur **émancipation**.* (Syn. **libération.**)

émanciper (verbe) (conj. 3) Rendre indépendant. *En un siècle, les femmes se **sont** beaucoup **émancipées**.* (Syn. **libérer.** Contr. **asservir.**)

émaner (verbe) (conj. 3) Provenir de tel endroit. *C'est un ordre qui **émane** de la direction.*

emballage (nom masculin) Action d'emballer des objets. *Pour le déménagement, il nous faudra des cartons et du papier d'**emballage**.*

emballer (verbe) (conj. 3) **1** Envelopper des objets dans du papier, du carton, etc. *J'**ai emballé** la vaisselle dans du papier journal, j'espère que ça ne se cassera pas.* (Syn. **empaqueter.** Contr. **déballer.**) **2** Remplir d'enthousiasme. *Ce projet de voyage en Afrique les **a emballés**, ils veulent venir.* (Syn. **enthousiasmer.**) **3 S'emballer** : partir à toute allure. *Le cheval a eu peur de l'orage, il **s'est emballé**.*
★ Famille du mot : emball**age**, **re**mballer.

embarcadère (nom masculin) Synonyme de débarcadère. *Lors de la régate, l'**embarcadère** était noir de monde.*

embarcation (nom féminin) Petit bateau. *Les canots, les hors-bords sont des **embarcations**.*

embardée (nom féminin) Écart brusque et dangereux d'un véhicule. *La voiture a fait une **embardée** puis s'est redressée : on a eu peur !*

embargo (nom masculin) Interdiction officielle de faire le commerce d'un produit. *Mettre l'**embargo** sur les armes.*

embarquement (nom masculin) Action d'embarquer. *Vol à destination d'Athènes : **embarquement** immédiat, porte 8.*

embarquer (verbe) (conj. 3) **1** Monter à bord d'un bateau ou d'un avion. *Les matelots **ont embarqué** à bord du porte-avions.* (Contr. **débarquer.**) **2** Prendre à bord d'un véhicule. *On **a embarqué** cent litres d'eau douce sur le voilier.* (Syn. **charger.**) **3** Entraîner quelqu'un. *Xavier **s'est embarqué** dans une drôle d'histoire.* (Syn. **engager.**)
★ Famille du mot : embarqu**ement**, **r**embarquer.

embarras (nom masculin) Malaise de quelqu'un qui ne sait pas quoi faire. *Sarah essayait de cacher son **embarras**.* (Syn. **gêne, trouble.**) • **N'avoir que l'embarras du choix** : n'avoir qu'une seule difficulté, celle de choisir.

embarrassant, ante (adjectif) Qui embarrasse. *Cette visite imprévue est bien **embarrassante**.* (Syn. **gênant.**)

embarrasser (verbe) (conj. 3) **1** Empêcher de passer ou de bouger. *À qui sont ces valises qui **embarrassent** le couloir ?* (Syn. **encombrer.**) **2** Causer de l'embarras. *Tu m'**embarrasses**, je ne sais pas quoi te dire.* (Syn. **déconcerter, gêner, troubler.**)
★ Famille du mot : embarras, embarrass**ant**.

embauche (nom féminin) Action d'embaucher. *En ce moment, il y a de l'**embauche** à l'usine.*

embaucher (verbe) (conj. 3) Engager comme salarié. *Il s'est fait **embaucher** comme coursier dans un journal.* (Contr. **débaucher, licencier.**)

embauchoir (nom masculin) Instrument qui sert à élargir les chaussures ou à éviter qu'elles ne se déforment. *Le cordonnier a placé des **embauchoirs** dans les chaussures neuves de Myriam.*

embaumer (verbe) (conj. 3) **1** Remplir d'une odeur agréable. *Le jasmin **embaumait** tout le jardin.* (Contr. **empester.**) **2** Remplir un cadavre de certaines substances pour le conserver.

embellie (nom féminin) **1** Calme passager du temps, de la mer. *Nous avons profité d'une **embellie** pour nous promener.* (Syn. **accalmie.**) **2** Au sens figuré, amélioration passagère d'une situation. *Il n'y aura pas eu un seul jour d'**embellie** pendant cette période difficile.*

embellir (verbe) (conj. 11) **1** Rendre plus beau. *Yann ne peut s'empêcher d'**embellir** son histoire en la racontant.* **2** Devenir plus beau. *Les enfants sont revenus bronzés des sports d'hiver, ils **ont embelli**.* (Contr. **enlaidir.**)

s'**emberlificoter** (verbe) (conj. 3) Synonyme familier de s'empêtrer. *Ursula* ***s'est*** *tellement* ***emberlificotée*** *dans ses explications que personne ne l'a crue.*

embêtant, ante (adjectif) Qui embête. *Je ne retrouve plus mon stylo, c'est bien* ***embêtant*** *!* (Syn. **contrariant, ennuyeux.**)

embêtement (nom masculin) Ce qui embête. *Je n'ai eu que des* ***embêtements*** *durant tout le voyage.* (Syn. **ennui, problème.**)

embêter (verbe) (conj. 3) **1** Synonyme familier d'ennuyer. *Zoé ne sait pas quoi faire, elle s'****embête****.* **2** Synonyme familier de contrarier. *Je* ***suis*** *bien* ***embêtée****, j'ai perdu mes clés.*
★ Famille du mot : embêt**ant**, embête**ment**.

d'**emblée** (adverbe) Du premier coup, tout de suite. ***D'emblée****, Anna lui a été sympathique.*

emblématique (adjectif) **1** Qui sert d'emblème ; relatif à un emblème. *Le soleil était la figure* ***emblématique*** *de Louis XIV.* **2** Très représentatif, qui sert de référence. *Cette mesure restera* ***emblématique*** *de la lutte contre le chômage.*

emblème (nom masculin) Objet qui représente une idée. *Le coq est l'****emblème*** *de la France.* (Syn. **symbole.**)

embobiner (verbe) (conj. 3) **1** Enrouler sur une bobine. **2** Synonyme familier de duper. *Clément m'****a embobiné*** *avec de belles promesses.*

emboîter (verbe) (conj. 3) Faire entrer une chose dans une autre. *Les deux pièces de bois s'****emboîtent*** *exactement.* (Syn. **ajuster.**) • **Emboîter le pas à quelqu'un :** se mettre à marcher juste derrière lui.
▶ On écrit aussi **emboiter**.

embolie (nom féminin) État d'un vaisseau bouché par un caillot, des cellules malades ou des bulles de gaz. *Le malade a fait une* ***embolie*** *pulmonaire.*

embonpoint (nom masculin) État d'une personne un peu grasse. *Il a pris un léger* ***embonpoint*** *en vieillissant.*
★ *En bon point* signifie en ancien français « en bonne santé ».

embouché, ée (adjectif) • **Mal embouché :** qui parle ou agit avec grossièreté, dans la langue familière. *Quel individu* ***mal embouché****, je ne lui parlerai plus !*

embouchure (nom féminin) **1** Endroit où un fleuve se jette dans la mer. *Une* ***embouchure*** *peut prendre la forme d'un estuaire ou d'un delta.* **2** Partie d'un instrument que l'on porte à sa bouche. *L'****embouchure*** *d'une clarinette.*

s'**embourber** (verbe) (conj. 3) S'enfoncer dans la boue. *La jeep* ***s'est embourbée*** *en traversant le gué.*

embourgeoiser (verbe) (conj. 3) **1** Donner un caractère bourgeois à. *Ces lourdes tentures* ***embourgeoisent*** *leur appartement.* **2 S'embourgeoiser :** prendre le caractère, les habitudes, les modes de vie et de pensée bourgeois. *On* ***s'embourgeoise*** *avec l'âge !*

embout (nom masculin) Accessoire placé au bout d'un objet de forme allongée. *Les pieds de la chaise ont des* ***embouts*** *en caoutchouc.*

embouteillage (nom masculin) Encombrement qui bloque la circulation. *La neige tombée pendant la nuit a provoqué de monstrueux* ***embouteillages*** *sur l'autoroute.* (Syn. **bouchon.**)

embouteiller (verbe) (conj. 3) Provoquer un embouteillage. *Le camion des poubelles* ***a embouteillé*** *la rue.*

emboutir (verbe) (conj. 11) Heurter violemment un véhicule. *La voiture* ***a été emboutie*** *au stop.*

embranchement (nom masculin) Endroit où une route se divise en plusieurs voies. *Vous trouverez l'autoroute au prochain* ***embranchement****.* (Syn. **bifurcation, croisement.**)

s'**embraser** (verbe) (conj. 3) Prendre feu. *Le chalet* ***s'est embrasé*** *d'un coup, comme une torche.*

embrassade (nom féminin) Action de s'embrasser. *Leurs retrouvailles furent l'occasion d'****embrassades*** *à n'en plus finir.*

embrassé, ée (adjectif) • **Rimes embrassées :** groupées par quatre (deux masculines, deux féminines), la première rimant avec la quatrième, la deuxième avec la troisième.

embrasser (verbe) (conj. 3) **1** Donner un baiser. *Elle* ***embrasse*** *tendrement ses enfants.* **2** Voir dans toute son étendue. *De là-haut, on* ***embrasse*** *la vallée d'un seul coup d'œil.* **3** Synonyme littéraire de choisir. *Il* ***a embrassé*** *la carrière des armes.*
★ Autrefois, **embrasser** quelqu'un, c'était le serrer dans ses bras.

embrasure (nom féminin) Ouverture dans un mur correspondant à une porte ou une fenêtre. *Ils causaient dans l'****embrasure*** *de la fenêtre.*

embrayage (nom masculin) Mécanisme qui permet au moteur d'une voiture ou d'une moto d'entraîner les roues. *Pour changer de vitesse en voiture, il faut appuyer sur la pédale d'****embrayage****.*

embrayer (verbe) (conj. 7) Actionner l'embrayage. ***Embraie*** *doucement, sinon le moteur va caler.* (Contr. **débrayer.**)

embrigader (verbe) (conj. 3) Faire entrer des gens dans un mouvement dont la discipline réduit la liberté individuelle. *Il faut refuser de se laisser* ***embrigader****.*

embrocher (verbe) (conj. 3) **1** Enfiler quelque chose sur une broche pour le faire cuire. *Plusieurs volailles* ***sont embrochées*** *dans la rôtissoire.* **2** Synonyme familier de transpercer. *D'un coup d'épée, il* ***embrocha*** *son adversaire.*

embrouillamini (nom masculin) Situation très confuse, dans la langue familière. *Quel* ***embrouillamini****, je n'y comprends plus rien !* (Syn. **imbroglio.**)

embrouiller (verbe) (conj. 3) **1** Mettre en désordre. *David essaie de démêler des mètres de rallonge électrique qui se* ***sont embrouillés****.* (Syn. **emmêler.**) **2** Rendre difficile à comprendre. *Ses explications*

a b c d e f g h i j k l m n o p q r s t u v w x y z

*ne faisaient qu'**embrouiller** un peu plus son histoire.* (Contr. **débrouiller, démêler.**) **3** S'embrouiller : perdre le fil de ce que l'on dit. *Il **s'est embrouillé** dans ses mensonges.*

embruns (nom masculin pluriel) Gouttelettes d'eau de mer transportées par le vent. *Ibrahim a mis son ciré pour se protéger des **embruns**.*

embryogenèse (nom féminin) Développement de l'embryon animal ou végétal jusqu'à l'éclosion ou la naissance.
► On dit aussi **embryogénie**.

embryologie (nom féminin) Partie de la biologie qui étudie l'embryogenèse.

embryon (nom masculin) Être vivant au début de son développement. *Les **embryons** grandissent dans un œuf ou dans le ventre d'une femelle.*
★ Famille du mot : embryogenèse, embryologie.

embryonnaire (adjectif) Qui est tout juste à ses débuts. *En 1950, l'informatique en était à l'état **embryonnaire**.*

embûches (nom féminin pluriel) Difficultés, pièges. *La traversée des marais était semée d'**embûches**.* (Syn. **obstacle.**)
► On écrit aussi **embuche**.

embuscade (nom féminin) Fait de se cacher pour attaquer par surprise. *La patrouille est tombée dans une **embuscade**.* (Syn. **guet-apens.**)

s'**embusquer** (verbe) (conj. 3) Se mettre en embuscade. *Le chasseur **s'est embusqué** dans un fourré.*

éméché, ée (adjectif) Un peu ivre. *Des consommateurs **éméchés** se mirent à chanter dans le café.*

émeraude (nom féminin) Pierre précieuse translucide de couleur verte. *Sa bague est ornée d'une **émeraude**.*

émergence (nom féminin) **1** Sortie d'un liquide, d'un fluide, d'un rayonnement d'un lieu. *Des promeneurs ont assisté à l'**émergence** d'un geyser.* **2** Manifestation, apparition soudaine. *L'**émergence** d'une nouvelle idée a complètement modifié le projet.* • **Point d'émergence** : endroit où a lieu l'émergence.

émerger (verbe) (conj. 5) Apparaître au-dessus du niveau de l'eau. *Cette partie de l'île n'**émerge** qu'à marée basse.*
★ Famille du mot : émergence, émersion.

émeri (nom masculin) • **Toile émeri** : papier rugueux qui sert à gratter et à poncer les métaux.

émérite (adjectif) **1** Qui est à la retraite et jouit des honneurs de son titre. *La grand-mère de Romain est professeur **émérite**.* **2** Extrêmement compétent. *L'entreprise a besoin de techniciens **émérites**.* (Syn. **expérimenté.**)
★ Émérite vient du latin *emeritus* qui signifie « vétéran ».

émersion (nom féminin) **1** Action, fait d'apparaître à la surface d'un liquide. *Du navire, l'équipage assista à l'**émersion** du sous-marin.* **2** Réapparition d'un astre après une éclipse ou une occultation.

émerveillement (nom masculin) État d'une personne émerveillée. *Ils regardaient le ciel étoilé avec **émerveillement**.* (Syn. **admiration.**)

émerveiller (verbe) (conj. 3) Remplir d'admiration et d'étonnement. *Son voyage en Chine **l'a émerveillé**.*

émetteur, trice (adjectif) Qui émet des ondes radio ou des images. *Une station **émettrice**.*
■ **émetteur** (nom masculin) Appareil émetteur. *Un **émetteur** de télévision.*

émettre (verbe) (conj. 33) **1** Envoyer des images, des sons par les ondes. *Les espoirs de retrouver le navigateur s'amenuisent : sa radio n'**émet** plus.* **2** Envoyer vers l'extérieur. *Le violoncelle **émet** un son grave.* (Syn. **produire, répandre.**) **3** Mettre une monnaie en circulation. *C'est la Banque de France qui **émet** les pièces et les billets.* **4** Exprimer une opinion. *Les savants **ont émis** une nouvelle hypothèse sur la disparition des dinosaures.*
★ Famille du mot : émetteur, émission.

émeu (nom masculin) Très grand oiseau d'Australie qui ressemble à l'autruche. *L'**émeu** est incapable de voler.*

émeute (nom féminin) Soulèvement populaire. *La manifestation a tourné à l'**émeute**.*

émeutier, ère (nom) Personne qui participe à une émeute. *Les **émeutiers** ont dressé des barricades partout.*

émietter (verbe) (conj. 3) Réduire en miettes. *Maman **émiette** la croûte du pain pour faire de la chapelure.*

émigrant, ante (nom) Personne qui émigre. *Au XIXe siècle, des **émigrants** pleins d'espoir s'embarquèrent pour le Nouveau Monde.*

émigration (nom féminin) Action d'émigrer. *La révocation de l'Édit de Nantes provoqua l'**émigration** de nombreux protestants.*

émigré, ée (nom) Personne qui a émigré. *Il descend d'une famille d'**émigrés** italiens.*

émigrer (verbe) (conj. 3) Quitter son pays pour aller s'installer dans un autre pays. *La Révolution française poussa une partie de la noblesse à **émigrer**.* (Syn. **s'expatrier.** Contr. **immigrer.**)

émincer (verbe) (conj. 4) Couper en tranches très minces. ***Émincer** des oignons et des carottes.*

éminemment (adverbe) Excellemment, au plus haut degré. *Ce savant est **éminemment** compétent.* (Syn. **supérieurement.**)
► Prononciation [eminamɑ̃].

éminence (nom féminin) **1** Élévation de terrain. *De cette **éminence**, vous découvrirez l'ensemble de la forêt.* (Syn. **butte, colline, hauteur.**) **2** Titre donné aux cardinaux. *Son **Éminence**, le cardinal Mazarin.*

éminent, ente (adjectif) Très important. *Gaëlle a joué un rôle **éminent** dans l'organisation de la fête.* (Syn. **remarquable.**)
★ Famille du mot : éminemment, éminence.

émir (nom masculin) Titre donné à certains princes ou chefs d'État musulmans. *L'**émir** du Koweït.*
★ Voir **amiral**.

émirat (nom masculin) Pays gouverné par un émir.

émissaire (nom masculin) Envoyé officiel chargé d'une mission. *Les États-Unis ont envoyé un **émissaire** pour amorcer des négociations.*

émission (nom féminin) Programme de télévision ou de radio. *Kevin ne manque jamais une **émission** sur la mer et les bateaux.*

emmagasiner (verbe) (conj. 3) **1** Mettre en réserve. *Les murs **ont emmagasiné** de la chaleur dans la journée, et le soir, ils restent tièdes.* **2** Au sens figuré, garder en mémoire. *Hélène **a emmagasiné** beaucoup de connaissances nouvelles cette année.* (Syn. **accumuler.**)

emmancher (verbe) (conj. 3) Fixer à un manche. *Le jardinier **a emmanché** sa binette avec un nouveau manche.*

emmanchure (nom féminin) Endroit où la manche est cousue au vêtement. *Une veste aux larges **emmanchures**.*

emmêler (verbe) (conj. 3) Mêler des choses les unes aux autres. *Mes cheveux **sont** tout **emmêlés** à cause du vent.* (Contr. **démêler.**)

emménagement (nom masculin) Action d'emménager. *Nos nouveaux voisins ont tout juste fini leur **emménagement**.* (Contr. **déménagement.**)

emménager (verbe) (conj. 5) S'installer dans un nouveau logement. *Nous **avons emménagé** dans une maison au bord du canal.* (Contr. **déménager.**)

emmener (verbe) (conj. 8) Amener quelqu'un avec soi. *Maman nous **emmène** à la plage, elle veut que nous emportions le goûter.*
▶ On *emmène* une personne et on *emporte* un objet.

emmenthal (nom masculin) Variété de gruyère à gros trous.
▶ Prononciation [emɛ̃tal].
★ En allemand, ce mot signifie « vallée de l'Emme », lieu de Suisse d'où ce fromage est originaire.

s'**emmitoufler** (verbe) (conj. 3) S'envelopper chaudement. *Pierre **s'emmitoufle** pour affronter la neige.*

emmurer (verbe) (conj. 3) Enfermer derrière un mur ou des rochers. *Un éboulement a failli **emmurer** les jeunes gens dans le souterrain.*

émoi (nom masculin) Émotion due à l'inquiétude. *Ces vols de voitures ont mis tout le quartier en **émoi**.* (Syn. **agitation, effervescence.**)

émollient, ente (adjectif et nom masculin) Qui a un effet calmant sur les tissus en état inflammatoire. *Le médecin a prescrit un remède **émollient**.*

émoluments (nom masculin pluriel) Rémunération de certaines catégories professionnelles. *Les **émoluments** des fonctionnaires.*
★ **Émolument** vient du latin *emolumentum* qui signfie « profit ».

émonder (verbe) (conj. 3) Synonyme d'élaguer. *Les cantonniers **ont émondé** les platanes.*

émoticon (nom masculin) Combinaison de caractères utilisée dans les messages électroniques pour représenter l'expression d'un visage. *:-) est un **émoticon**.* (Syn. **frimousse, smiley.**)
▶ On écrit aussi une **émoticône**.

émotif, ive (adjectif) Qui est sensible et se trouble facilement. *C'est un garçon très **émotif** qui rougit pour un rien et bégaye dès qu'il doit parler en public.* (Syn. **impressionnable.**)

émotion (nom féminin) Trouble très fort, agréable ou désagréable. *La joie, la colère, le chagrin, la peur, la surprise sont des **émotions**.*
★ Famille du mot : émotif, émotionnel, émotivité.

émotionnel, elle (adjectif) Qui a le caractère de l'émotion. *La crise de larmes de Sarah est due à un choc **émotionnel**.*

émotivité (nom féminin) Caractère d'une personne qui réagit par des émotions. *Kevin est d'une grande **émotivité**.* (Syn. **sensibilité.**)

émousser (verbe) (conj. 3) **1** Rendre moins coupant ou moins pointu. *La lame de ce couteau **est émoussée** : il ne coupe plus.* **2** Rendre moins vif, moins fort. *Leur amitié **s'est émoussée** avec les années.* (Syn. **affaiblir, atténuer.**)

émoustiller (verbe) (conj. 3) Donner une excitation légère, qui met de bonne humeur. *Le vin **a émoustillé** les convives qui se sont mis à chanter.*
★ En ancien français, la *moustille*, c'est le vin nouveau : **être émoustillé**, c'est être sous l'effet du vin nouveau.

émouvant, ante (adjectif) Qui fait éprouver des émotions. *La cérémonie d'adieux a été très **émouvante**.*

émouvoir (verbe) (conj. 24) Causer une émotion. *Il **était** si **ému** qu'il ne pouvait articuler une parole.* (Syn. **bouleverser, impressionner.**)

empailler (verbe) (conj. 3) Remplir de paille la peau d'un animal mort pour conserver ses formes. *Le pavillon de chasse était plein d'animaux **empaillés**.* (Syn. **naturaliser.**)

empaler (verbe) (conj. 3) **1** Infliger le supplice du pal à quelqu'un. *Les condamnés furent **empalés**.* **2** S'empaler : être transpercé par un objet pointu en tombant. *Le malheureux **s'est empalé** sur un pieu.*

empan (nom masculin) Ancienne mesure de longueur à peu près égale à la distance entre l'extrémité du pouce et celle du petit doigt de la main écartée. *La table a sept **empans** de longueur.*

empaqueter (verbe) (conj. 8 ou 9) Synonyme d'emballer. *La vendeuse **empaquette** soigneusement les verres.* (Contr. **dépaqueter.**)

s'**emparer** (verbe) (conj. 3) **1** Prendre de force ou rapidement. *Quentin **s'est emparé** de la BD de Julie et refuse de la lui rendre.* (Syn. **se saisir.**) **2** Envahir l'esprit de quelqu'un. *La peur **s'est emparée** de lui.* (Syn. **se saisir.**)

s'**empâter** (verbe) (conj. 3) Prendre du poids. *Lui qui était un garçon si mince, le voilà qui **s'empâte**.*

empattement (nom masculin) **1** Trait horizontal ou motif triangulaire qui souligne le haut et le bas des parties verticales d'une lettre. *Les **empattements** des lettres m, n et u.* **2** Distance entre les essieux d'un véhicule.

empêchement (nom masculin) Circonstance qui empêche de faire ce qui était prévu. *Je n'ai pas pu être au rendez-vous, j'ai eu un **empêchement**.*

empêcher (verbe) (conj. 3) **1** Rendre quelque chose impossible. *Le mauvais temps nous **a empêchés** de sortir.* (Contr. **permettre.**) **2** S'empêcher : se retenir de faire quelque chose. *Je n'ai pu **m'empêcher** de rire en le voyant.*

empêcheur, euse (nom) • Empêcheur de danser, de tourner en rond : personne qui cherche à troubler la gaieté, le plaisir des autres. (Syn. **rabat-joie, trouble-fête.**)

empereur (nom masculin) Titre donné à certains souverains. *L'**empereur** Napoléon III épousa l'impératrice Eugénie.*

empeser (verbe) (conj. 8) Imprégner le linge d'amidon. *Le père de Camille aime faire **empeser** ses chemises.* (Syn. **amidonner.**)

empester (verbe) (conj. 3) Sentir très mauvais. *Il faut changer la litière du chat : elle **empeste** !* (Contr. **embaumer.**)

s'**empêtrer** (verbe) (conj. 3) **1** Se prendre dans quelque chose. *Le marin **s'est empêtré** les pieds dans les cordages.* **2** S'embrouiller dans ce qu'on dit. *Romain **s'empêtrait** de plus en plus dans ses explications.* (Contr. **se dépêtrer.**)

emphase (nom féminin) Façon pompeuse et prétentieuse de s'exprimer. *Le maire parle avec **emphase**.* (Contr. **naturel, simplicité.**)

emphatique (adjectif) Qui est plein d'emphase. *Le député a fait un discours sur un ton **emphatique**.* (Syn. **solennel.** Contr. **simple.**)

emphysème (nom masculin) Gonflement provoqué par l'infiltration d'air dans le tissu cellulaire. • Emphysème pulmonaire : affection pulmonaire caractérisée par la dilatation des alvéoles.

empierrer (verbe) (conj. 3) Recouvrir de pierres. *Avant de goudronner un chemin, il faut l'**empierrer**.*

empiéter (verbe) (conj. 8) Aller au-delà de la limite du terrain possédé. *Votre clôture **empiète** sur mon jardin !* (Syn. **déborder.**)

s'**empiffrer** (verbe) (conj. 3) Synonyme familier de se gaver. *Les invités **s'empiffraient** de petits fours.*

empiler (verbe) (conj. 3) Mettre en pile. *Les vieilles revues **s'empilent** dans la salle d'attente du dentiste.* (Syn. **s'amonceler, s'entasser.**)

empire (nom masculin) État gouverné par un empereur. *L'**empire** de Napoléon Ier a compté jusqu'à 130 départements.* • Pas pour un empire : pour rien au monde. • Sous l'empire de quelque chose : sous son influence. *Il y a des gens qui disent n'importe quoi **sous l'empire de** la colère.*

empirer (verbe) (conj. 3) Devenir pire. *L'état du malade **a empiré**.* (Syn. **s'aggraver.** Contr. **s'améliorer.**)

empirique (adjectif) Qui utilise seulement l'observation et l'expérience. *Un remède **empirique** soulage sans que l'on sache très bien pourquoi.* (Contr. **scientifique, théorique.**)

emplacement (nom masculin) Endroit occupé par quelque chose. *J'ai trouvé un **emplacement** pour garer la voiture.* (Syn. **place.**)

emplâtre (nom masculin) Pommade épaisse à effet calmant.

emplette (nom féminin) Achat de marchandises courantes. *Thomas fait quelques **emplettes** pour dépenser son reste d'argent de poche avant de partir.*

emplir (verbe) (conj. 11) Synonyme littéraire de remplir. *Ses yeux se **sont emplis** de larmes.*

emploi (nom masculin) **1** Façon dont on emploie quelque chose ou usage qu'on en fait. *Lis donc le mode d'**emploi** avant de mettre la machine en marche.* **2** Travail avec lequel on gagne sa vie. *Elle a trouvé un **emploi** dans une papeterie.* (Syn. **place, situation.**) • Emploi du temps : ce que l'on a à faire selon les heures et les jours.
★ Famille du mot : employé, employer, employeur.

emploi-jeunes (nom masculin) Emploi réservé aux jeunes chômeurs dans un plan de lutte contre le chômage.
▶ Pluriel : des **emplois-jeunes**.

employé, ée (nom) Personne qui a un emploi dans un magasin ou un bureau. *Il est **employé** de banque.*

employer (verbe) (conj. 6) **1** Faire usage de quelque chose. *Victor **a employé** une colle spéciale pour recoller son album.* (Syn. **se servir, utiliser.**) **2** Faire travailler en échange d'un salaire. *Ce salon de coiffure **emploie** sept personnes.* **3** S'employer à faire quelque chose : s'y efforcer. *Laura **s'emploie à** résoudre ce problème.* (Syn. **se consacrer.**)

employeur, euse (nom) Personne qui emploie quelqu'un à son service. *Mon **employeur** me verse un salaire mensuel.* (Syn. **patron.**)

empocher (verbe) (conj. 3) Toucher de l'argent. *Il **a empoché** une belle somme pour faire ce travail.*

empoignade (nom féminin) Discussion violente. *Une **empoignade** entre deux automobilistes.*

empoigne (nom féminin) • Foire d'empoigne : affrontement tumultueux entre des personnes se disputant des biens ou des avantages, dans la langue familière.

empoigner (verbe) (conj. 3) **1** Saisir en serrant dans sa main. *Elle **empoigne** un bâton pour chasser la souris.* **2** S'empoigner : se battre ou se disputer violemment. *Les deux catcheurs **se sont empoignés**.*

empois (nom masculin) Produit à base d'amidon utilisé pour empeser le linge. *La lingère met de l'**empois** sur le col de la chemise.*

empoisonnement (nom masculin) Action d'empoisonner quelqu'un. *Ils ont été victimes d'un **empoisonnement** par des champignons.*

empoisonner (verbe) (conj. 3) **1** Tuer avec du poison. *Pour ne pas mourir **empoisonné**, le roi Mithridate absorbait chaque jour un peu de poison.* **2** Rendre désagréable. *Cette dette lui **empoisonne** l'existence.*

emportement (nom masculin) Action de s'emporter. *Myriam s'est laissée aller à l'**emportement**.* (Syn. **colère**.)

emporte-pièce (nom masculin) Instrument servant à découper des pièces de cuir, de carton, de métal d'une forme déterminée. *Le cordonnier utilise un **emporte-pièce**.* • À l'emporte-pièce : sans nuances. *Je ne peux plus supporter vos jugements **à l'emporte-pièce** !*
▶ Pluriel : des **emporte-pièces**.

emporter (verbe) (conj. 3) **1** Prendre avec soi. *N'oublie pas d'**emporter** ton cartable.* (Contr. **apporter**.) **2** S'emporter : se mettre en colère. *Elle **s'est emportée** contre sa bruyante voisine.* • L'emporter sur quelqu'un : être victorieux, gagner.
★ Famille du mot : emportement, remporter.

empoté, ée (adjectif) Synonyme familier de maladroit. *Elle est trop **empotée** pour se servir du magnétoscope.*

empourprer (verbe) (conj. 3) Colorer de pourpre, de rouge. *La honte **empourpra** le visage de Pierre.*

empreint, einte (adjectif) Qui exprime tel ou tel sentiment. *Son visage était **empreint** d'une grande mélancolie.*

empreinte (nom féminin) Trace laissée sur une surface par un animal ou une personne. *William essaie de deviner quel oiseau a laissé ses **empreintes** sur le sable.*

empressé, ée (adjectif) Qui est plein d'empressement. *Elle est très **empressée** auprès de ses invités.*

empressement (nom masculin) Fait de s'empresser. *Xavier répond toujours avec **empressement** aux lettres de sa grand-mère.* (Syn. **ardeur, zèle**.)

s'**empresser** (verbe) (conj. 3) Faire quelque chose en se dépêchant ou en montrant beaucoup de zèle. *Odile **s'est s'empressée** d'aller ouvrir la porte.*

emprise (nom féminin) Influence exercée sur quelqu'un. *La télévision a souvent une grande **emprise** sur les jeunes enfants.*

emprisonnement (nom masculin) Fait d'être emprisonné. *Être condamné à un an d'**emprisonnement**.* (Syn. **détention, réclusion**.)

emprisonner (verbe) (conj. 3) Mettre en prison. *L'assassin **a été emprisonné**.* (Syn. **écrouer**.)

emprunt (nom masculin) Somme d'argent ou chose empruntée. *Pour acheter une nouvelle voiture, papa a fait un **emprunt** à la banque.* • Nom d'emprunt : synonyme de pseudonyme. *Il a choisi un **nom d'emprunt** pour signer son roman.*

emprunté, ée (adjectif) Qui manque de naturel ou qui est mal à l'aise. *Mon oncle avait l'air **emprunté** dans son costume de marié.* (Syn. **gauche**. Contr. **naturel**.)

emprunter (verbe) (conj. 3) **1** Recevoir une chose en prêt. *Sarah **a emprunté** deux euros à son frère pour acheter un journal, il les lui a prêtés volontiers.* **2** Utiliser une voie pour circuler. *Pour arriver sur l'autre quai, il faut **emprunter** le passage souterrain.*
★ Famille du mot : emprunt, emprunté.

empyrée (nom masculin) Séjour des dieux de la mythologie.
★ **Empyrée** vient du grec *empurios* qui signifie « en feu ».
▶ Malgré la terminaison en *-ée*, **empyrée** est un nom masculin.

ému Voir ***émouvoir***.

émulation (nom féminin) Sentiment qui pousse à faire mieux que les autres. *Il y a une grande **émulation** entre les élèves de cette classe.*

émule (nom) Personne qui cherche à en égaler une autre en mérite ou en savoir. *Ce vieux savant a beaucoup d'**émules**.*

émulsifiant, ante (adjectif) Qui favorise l'émulsion d'un mélange.

émulsion (nom féminin) Dispersion dans un liquide de fines gouttelettes qui ne se mélangent pas à lui. *La mayonnaise est une **émulsion** d'huile et de jaune d'œuf.*

① **en** (préposition) Sert à indiquer de nombreux types de compléments. *Aller **en** Espagne (lieu). Un vase **en** cristal (matière). **En** hiver, il fait froid (temps). Être **en** colère (état). Ursula va à l'école **en** vélo (moyen). **En** marchant vite, il faut une heure (manière).*

② **en** (pronom) **1** Sert à indiquer le lieu d'où l'on vient. *Tu vas au marché ? – Non, j'**en** viens.* **2** Remplace un complément introduit par « de ». *Tu aimes les olives ? Prends-**en** !*

s'**enamourer** (verbe) (conj. 3) Tomber amoureux. *Anna **s'est enamourée** de Victor l'année dernière.* (Syn. **s'amouracher**.)
▶ Prononciation [ɑ̃namuʀe].
▶ On dit aussi **s'énamourer** [enamoure].

encablure (nom féminin) Ancienne unité d'environ 180 mètres utilisée dans la marine pour évaluer les courtes distances.

encadrement (nom masculin) **1** Ce qui encadre quelque chose. *Pour cette photo, on a choisi un **encadrement** en bois clair.* **2** Personnes qui encadrent un groupe. *Cinq animateurs forment l'**encadrement** du centre de vacances.*

a b c d e f g h i j k l m n o p q r s t u v w x y z

encadrer (verbe) (conj. 3) **1** Mettre dans un cadre. *Maman a acheté un tableau qu'elle a fait* ***encadrer****.* **2** Avoir la charge et la responsabilité de personnes. *Dans cette colonie de vacances, les enfants* ***sont*** *très bien* ***encadrés****.*

encaissé, ée (adjectif) Qui est resserré entre des parois escarpées. *Cette route* ***encaissée*** *est très étroite.*

encaisser (verbe) (conj. 3) Recevoir de l'argent en paiement. *Le plombier n'****a*** *pas encore* ***encaissé*** *le chèque des travaux.*

encan (nom masculin) • **À l'encan** : aux enchères publiques. *Elle dut vendre ses meubles à l'****encan****.*
★ **Encan** vient du latin *in quantum* qui signifie « pour combien ».

encapuchonner (verbe) (conj. 3) Couvrir d'un capuchon. *Il pleut,* ***encapuchonne*** *le bébé.*

encart (nom masculin) Feuille volante que l'on intercale dans un livre, une revue. *Un* ***encart*** *publicitaire.*

encas (nom masculin) Repas léger préparé en cas de besoin. *Maman a préparé un petit* ***encas*** *avant notre départ en randonnée.*
▶ On écrit aussi **en-cas**.

encastrable (adjectif) Qui peut être encastré. *Ce lave-vaisselle est* ***encastrable*** *sous l'évier.*

encastrer (verbe) (conj. 3) Insérer quelque chose dans un espace creux. *Comme ma chambre est petite, maman a choisi un lit qui s'****encastre*** *dans un placard.*

encaustique (nom féminin) Produit qui sert à cirer le bois.

① **enceinte** (adjectif féminin) Qui attend un bébé. *Elle est* ***enceinte*** *de huit mois et doit accoucher le mois prochain.*

② **enceinte** (nom féminin) **1** Muraille fortifiée qui entoure une ville et la protège. *Les* ***enceintes*** *de la vieille ville.* **2** Synonyme de baffle. *Une des* ***enceintes*** *de la chaîne ne fonctionne plus.*

encens (nom masculin) Substance résineuse qui brûle en dégageant un parfum agréable.
▶ Prononciation [ɑ̃sɑ̃].

encenser (verbe) (conj. 3) Couvrir quelqu'un d'éloges exagérés. *Ce cuisinier* ***a été encensé*** *par tous les critiques gastronomiques.*
★ **Encenser** vient de *encens*, car on brûlait de l'encens pour plaire aux dieux.

encensoir (nom masculin) Cassolette suspendue à des chaînes dans laquelle on brûle l'encens, dans les cérémonies religieuses. *Une petite fumée s'échappait de l'****encensoir****.*

encéphale (nom masculin) Ensemble contenu dans la boîte crânienne, comprenant le cerveau, le cervelet et le tronc cérébral.
★ Famille du mot : encéphal**ite**, encéphalogramme, électroencéphalogramme.

encéphalite (nom féminin) Inflammation de l'encéphale qui se manifeste par des troubles de la conscience, des paralysies. • **Encéphalite spongiforme bovine** : maladie de la vache folle.

encéphalogramme (nom masculin) Synonyme de électroencéphalogramme.

encerclement (nom masculin) Action d'encercler. *L'****encerclement*** *de la forteresse par l'ennemi.*

encercler (verbe) (conj. 3) Entourer de toutes parts. *Tout le quartier* ***est encerclé*** *par la police.* (Syn. **cerner.**)

enchaînement (nom masculin) Fait de s'enchaîner. *Un* ***enchaînement*** *de circonstances nous a empêchés de partir comme prévu.* (Syn. **succession, suite.**)
▶ On écrit aussi **enchainement**.

enchaîner (verbe) (conj. 3) **1** Attacher avec une chaîne. *On* ***enchaînait*** *les bagnards pour qu'ils ne s'enfuient pas.* **2** **S'enchaîner** : se succéder logiquement. *Les évènements* ***se sont enchaînés*** *à une très grande vitesse.*
▶ On écrit aussi **enchainer**.

enchanté, ée (adjectif) **1** Qui est très content. *Nous sommes* ***enchantés*** *de nos vacances.* **2** Qui produit un effet magique. *Dans ce conte, il est question d'une rivière* ***enchantée****.*

enchantement (nom masculin) Ce qui enchante. *Cette promenade en bateau a été un* ***enchantement****.* • **Comme par enchantement** : comme par magie. *La tempête s'est arrêtée brusquement,* ***comme par enchantement****.*

enchanter (verbe) (conj. 3) Plaire énormément. *Leur voyage au Maroc les* ***a enchantés****.* (Syn. **charmer, ravir.**)
★ Famille du mot : **dés**enchanté, enchant**é**, enchante**ment**, enchant**eur**.

enchanteur, eresse (adjectif) Qui enchante. *Un paysage* ***enchanteur****.*
■ **enchanteur, eresse** (nom) Synonyme de magicien. *Merlin, l'****enchanteur****.*

enchâsser (verbe) (conj. 3) Fixer une pierre précieuse sur une monture. *Un collier* ***enchâssé*** *de trois diamants.*

enchère (nom féminin) • **Vente aux enchères** : vente publique dans laquelle les objets sont vendus au plus offrant.

enchérir (verbe) (conj. 11) **1** Faire une enchère supérieure, dans une vente au plus offrant. ***Enchérir*** *sur le prix que quelqu'un a proposé.* **2** Au sens figuré, surpasser ce que quelqu'un a déjà fait, proposé. *Fatima essaie toujours d'****enchérir*** *sur son frère.* (Syn. **renchérir.**)

enchevêtrement (nom masculin) Amas de choses enchevêtrées. *Un* ***enchevêtrement*** *de vieilles ferrailles.*

s'**enchevêtrer** (verbe) (conj. 3) S'emmêler de façon inextricable. *Les fils de la pelote de laine* ***se sont enchevêtrés****.*

enclave (nom féminin) Territoire ou terrain enfermé dans un autre. *Le Vatican forme une* ***enclave*** *dans la ville de Rome, en Italie.*
★ **Enclave** vient du latin *clavis* qui signifie « clé » : une enclave est comme enfermée dans autre chose.

enclaver (verbe) (conj. 3) Entourer complètement un lieu, un terrain par un autre. *Les champs* ***enclavent*** *la ferme.*

enclencher (verbe) (conj. 3) Mettre un mécanisme en état de fonctionner. *Pour reculer, il faut* ***enclencher*** *la marche arrière.*

enclin, ine (adjectif) Qui a une tendance naturelle pour quelque chose. *Anna est parfois* ***encline*** *à la mélancolie.*

enclos (nom masculin) Terrain entouré d'une clôture. *Dans la ferme, il y a un* ***enclos*** *pour le bétail.*

enclume (nom féminin) Bloc métallique sur lequel on forge les métaux. *Le forgeron tape sur son* ***enclume*** *avec un marteau.*

encoche (nom féminin) Petite entaille. *Yann se sert d'un canif pour faire des* ***encoches*** *dans un bâton.*

encoder (verbe) (conj. 3) Coder un message, une information.

encoignure (nom féminin) Angle intérieur formé par deux murs. *Élodie s'est cachée dans une* ***encoignure*** *de sa chambre.* (Syn. **coin.**)
► Prononciation [ɑ̃kɔɲyʀ] ou [ɑ̃kwaɲyʀ].

encoller (verbe) (conj. 3) Enduire du tissu, du papier de colle, d'apprêt ou de gomme. *Les parents de William* ***encollent*** *le papier peint avant de le poser.*

encolure (nom féminin) **1** Partie d'un vêtement qui entoure le cou. *L'****encolure*** *de cette chemise est beaucoup trop serrée.* **2** Partie du corps d'un cheval qui va de la tête au poitrail.

encombrant, ante (adjectif) Qui encombre. *Ce meuble est trop* ***encombrant*** *dans cette petite chambre.*

sans **encombre** (adverbe) Sans ennui. *Nous sommes arrivés* ***sans encombre*** *à l'aéroport.*

encombrement (nom masculin) Synonyme d'embouteillage. *On signale des* ***encombrements*** *aux abords de la ville.*

encombrer (verbe) (conj. 3) Gêner en prenant trop de place. *Ton vélo* ***encombre*** *le couloir. Les routes risquent d'****être*** *très* ***encombrées*** *ce week-end.*
★ Famille du mot : encombr**ant**, sans encombre, encombr**ement**.
★ **Encombrer** vient de l'ancien français *combre* qui signifie « barrage sur une rivière ».

à l'**encontre** de (préposition) Contraire à quelque chose. *Cette maladie vient* ***à l'encontre de*** *mes projets.*

encorbellement (nom masculin) Construction en saillie par rapport à la base d'un mur. *Un balcon en* ***encorbellement.***

s'**encorder** (verbe) (conj. 3) S'attacher avec une corde pour former une cordée. *Avant de commencer leur ascension, les alpinistes* ***se sont encordés.***

encore (adverbe) **1** Indique que quelque chose continue. *Chut ! Les enfants dorment* ***encore*** *!* (Syn. **toujours.**) **2** Marque la répétition. *Benjamin a* ***encore*** *oublié son cartable.* (Syn. **de nouveau.**) **3** Indique une plus grande quantité. *Fatima a très soif, elle veut* ***encore*** *du jus d'orange.* (Syn. **davantage.**) **4** Sert à renforcer un adjectif au comparatif. *Il est* ***encore*** *plus gros qu'hier !*

encorner (verbe) (conj. 3) Frapper, percer à coups de corne. *Le taureau a* ***encorné*** *le torero.*

encornet (nom masculin) Autre nom du calmar.

encourageant, ante (adjectif) Qui encourage. *Ses bons résultats sont très* ***encourageants.***

encouragement (nom masculin) Paroles qui encouragent. *Le coureur grimpe la pente sous les* ***encouragements*** *de la foule.*

encourager (verbe) (conj. 5) **1** Donner du courage à quelqu'un pour qu'il fasse quelque chose. *Ses parents l'****encouragent*** *beaucoup à bien travailler.* (Contr. **décourager.**) **2** Favoriser le développement de quelque chose. *Cette région* ***encourage*** *l'agriculture et l'élevage.*

encourir (verbe) (conj. 16) S'exposer à tomber sous le coup de quelque chose de fâcheux. *Les faussaires* ***encourent*** *des peines sévères.*
★ **Encourir** vient du latin *incurrere* qui signifie « courir contre ».

encrasser (verbe) (conj. 3) Recouvrir de crasse qui empêche le bon fonctionnement. *Les bougies de la voiture* ***sont encrassées*** *: impossible de démarrer.* (Contr. **décrasser.**)

encre (nom féminin) Liquide coloré qui sert à écrire. *Hélène a acheté des cartouches d'****encre*** *pour son stylo.*

encrer (verbe) (conj. 3) Enduire d'encre.

encrier (nom masculin) Petit récipient qui contient de l'encre.

encroûter (verbe) (conj. 3) **1** Recouvrir d'une croûte. **2 S'encroûter** : se laisser envahir par les habitudes, les opinions figées, dans la langue familière. *À force de rester chez lui sans jamais sortir, il finit par* ***s'encroûter.***
► On écrit aussi **encrouter**.

encyclique (nom féminin) Lettre adressée par le pape aux évêques à propos d'un problème de doctrine ou d'actualité.
★ **Encyclique** vient du mot grec *egkuklios* qui signifie « circulaire ».

encyclopédie (nom féminin) Ouvrage qui traite de l'ensemble des connaissances humaines. *Yann a emprunté à la bibliothèque une* ***encyclopédie*** *sur les animaux.*
★ **Encyclopédie** vient de mots grecs qui signifient « le cercle de toutes les connaissances ».

a b c d e f g h i j k l m n o p q r s t u v w x y z

encyclopédique (adjectif) **1** Qui a le caractère d'une encyclopédie. *Un dictionnaire **encyclopédique**.* **2** Qui a des connaissances étendues sur des sujets très variés. *Ce professeur possède un savoir **encyclopédique**.*

endémie (nom féminin) Persistance d'une maladie dans une région.

endémique (adjectif) **1** Qui a le caractère de l'endémie. *La peste fut longtemps **endémique** en Europe.* **2** Au sens figuré, qui sévit avec persistance. *Le chômage est à l'état **endémique**.*

endettement (nom masculin) Fait de s'endetter.

s'**endetter** (verbe) (conj. 3) Faire des dettes. *Elle **s'est** tellement **endettée** qu'elle n'arrive plus à rembourser ce qu'elle doit.* (Syn. **emprunter.**)

endeuiller (verbe) (conj. 3) Plonger dans le deuil. *Cette mort tragique **a endeuillé** toute la famille.*

endiablé, ée (adjectif) Qui est très rapide. *Elle a dansé toute la nuit sur des rythmes **endiablés**.*

endiguer (verbe) (conj. 3) **1** Retenir par une digue. *Ce fleuve **a été endigué** à certains endroits.* **2** Canaliser ou contenir quelque chose. *La police essaie d'**endiguer** le flot des manifestants.*

endimanché, ée (adjectif) Qui a mis ses beaux vêtements. *Pour la noce, les enfants étaient tous **endimanchés**.*

s'**endimancher** (verbe) (conj. 3) Mettre ses plus beaux habits, ses habits du dimanche. *La famille **s'est endimanchée** pour aller au mariage.* • Avoir l'air endimanché : paraître mal à l'aise dans de beaux habits rarement portés.

endive (nom féminin) Plante potagère à feuilles blanches, qui pousse dans l'obscurité. *Julie adore la salade d'**endives** avec des noix.*

endoblaste (nom masculin) Ébauche, chez l'embryon, des appareils digestif et respiratoire.

endocarpe (nom masculin) Partie la plus interne du fruit, au contact de la graine. *L'**endocarpe** constitue le noyau de la cerise.*

endocrine (adjectif) • Glandes endocrines : glandes à sécrétion interne qui produisent des hormones et les déversent dans le sang. *La thyroïde est une glande **endocrine**.* (Contr. **exocrine.**)
★ **Endocrine** vient du grec *krinein* qui signifie « sécréter ».

endocrinien, enne (adjectif) Qui concerne les glandes endocrines. *La malade souffre de troubles **endocriniens**.*

endoctriner (verbe) (conj. 3) Entraîner quelqu'un à adhérer à une doctrine. *Les sectes sont dangereuses car elles essaient d'**endoctriner** les jeunes.*

endogène (adjectif) **1** Qui provient de l'intérieur. *La faiblesse de la croissance économique a des causes **endogènes**.* **2** Qui est dû à une cause interne. *L'intoxication de ces malades est **endogène**.* (Contr. **exogène.**)

endolori, ie (adjectif) Qui fait mal. *David s'est cogné, il a le bras tout **endolori**.* (Syn. **douloureux.**)

endommager (verbe) (conj. 5) Causer des dommages, des dégâts. *La tempête **a endommagé** la toiture, beaucoup de tuiles se sont envolées.* (Syn. **abîmer, détériorer.**)

endormir (verbe) (conj. 15) **1** Faire dormir quelqu'un. *Laura **endort** le bébé en le berçant doucement.* **2** S'endormir : commencer à dormir. *Après sa journée de marche, Clément n'a pas eu de mal à **s'endormir**.*

endoscope (nom masculin) Instrument muni d'un système lumineux, destiné à explorer certaines cavités du corps. *Le chirurgien a introduit l'**endoscope** dans l'estomac du patient.*

endosser (verbe) (conj. 3) **1** Mettre un vêtement sur son dos. *Ibrahim **a endossé** son manteau avant de sortir.* **2** Au sens figuré, accepter les conséquences de quelque chose. *Kevin n'a pas voulu **endosser** la responsabilité d'organiser seul cette fête.*

endothermique (adjectif) Qui s'accompagne d'absorption de la chaleur. *Une réaction chimique **endothermique**.* (Contr. **exothermique.**)

endroit (nom masculin) **1** Lieu où se trouve une personne ou une chose. *Myriam ne sait plus à quel **endroit** elle a rangé ses lunettes.* **2** Côté sous lequel se présente habituellement quelque chose. *Mets ton cardigan à l'**endroit** et tu pourras le boutonner.* (Contr. **envers.**)

enduire (verbe) (conj. 43) Couvrir une surface d'un enduit ou d'un produit. ***Enduire** un mur de plâtre. Noémie **s'est enduit** le visage de crème pour se protéger du soleil.*

enduit (nom masculin) Matière pâteuse que l'on applique sur une surface. *Avant de peindre le mur, le peintre bouche les trous avec de l'**enduit**.*

endurance (nom féminin) Aptitude à résister à la fatigue ou à la douleur. *Il faut beaucoup d'**endurance** pour courir le marathon.*

endurant, ante (adjectif) Qui montre de l'endurance. *Il faut être **endurant** pour arriver jusqu'au sommet.*

endurcir (verbe) (conj. 11) Rendre quelqu'un plus fort, plus résistant. *Les épreuves qu'il a dû affronter l'**ont endurci**.* (Syn. **aguerrir.** Contr. **ramollir.**)

endurer (verbe) (conj. 3) Supporter une chose pénible. *Ce peuple **a enduré** de grandes souffrances pendant la guerre.* (Syn. **subir.**)
★ Famille du mot : endur**ance**, endur**ant**.

en effet Voir ***effet***.

énergétique (adjectif) Qui apporte de l'énergie. *Les sportifs ont besoin d'aliments **énergétiques**.*

énergie (nom féminin) **1** Force qui pousse à agir. *Cet enfant déborde d'**énergie**.* (Syn. **dynamisme, vigueur.** Contr. **mollesse.**) **2** Force capable de faire fonctionner

des machines ou de produire de la chaleur. *Le pétrole, le charbon, le soleil, le vent sont des sources d'**énergie**.*
★ Famille du mot : énergét**ique**, énerg**ique**, énergique**ment**, énergis**ant**.

énergique (adjectif) Qui a beaucoup d'énergie. *C'est une femme très **énergique**, toujours en train de s'activer.* (Syn. **actif, dynamique.** Contr. **mou.**)

énergiquement (adverbe) De façon énergique. *Les habitants du village protestent **énergiquement** contre la construction d'une autoroute.* (Syn. **vigoureusement.**)

énergisant, ante (adjectif et nom masculin) Qui donne de l'énergie ou qui stimule le tonus psychique. *Avant les examens, Laura a pris des médicaments **énergisants**.*

énergumène (nom) Personne bizarre et agitée. *Qui est cet **énergumène** qui interpelle les passants ?*
★ **Énergumène** vient du latin *energumenus* qui signifie « possédé du démon ».

énervant, ante (adjectif) Qui énerve. *Le bruit du robinet qui goutte est **énervant**.* (Syn. **agaçant.**)

énervement (nom masculin) État d'une personne énervée. *Restez calmes, pas d'**énervement** !* (Syn. **irritation, nervosité.**)

énerver (verbe) (conj. 3) **1** Rendre nerveux. *Les élèves **sont** très **énervés** à l'approche des vacances.* **2** Agacer ou irriter quelqu'un. *Tu m'**énerves** avec cette musique !* (Syn. **excéder.**)
★ **Énerver** vient du latin *enervare* qui a le sens contraire du sens actuel et signifie « affaiblir en coupant les nerfs ».

enfance (nom féminin) Période de la vie où on est un enfant. *Grand-mère aime bien nous parler de son **enfance** et du temps jadis.*

enfant (nom) **1** Petit garçon ou petite fille avant l'adolescence. *Les **enfants** du village prennent le car de ramassage pour aller à l'école.* **2** Fils ou fille. *La famille de Pierre est une famille nombreuse : sa mère a eu six **enfants**, deux garçons et quatre filles.*
★ Famille du mot : enfance, enfant**er**, enfantill**age**, enfant**in**.
★ **Enfant** vient du latin *infans* qui signifie « qui ne parle pas ».

enfanter (verbe) (conj. 3) **1** Synonyme littéraire de accoucher. **2** Au sens figuré, produire, créer, faire naître. *L'équipe a **enfanté** de nombreux projets.*

enfantillage (nom masculin) Action ou parole peu sérieuse, puérile. *Tu as dépassé l'âge de ces **enfantillages**.*

enfantin, ine (adjectif) **1** Qui est fait pour les enfants. *À la bibliothèque, il y a un rayon de littérature **enfantine**.* **2** Qui est très facile, à la portée d'un enfant. *Le maître m'a posé un problème d'une simplicité **enfantine**.* (Syn. **élémentaire.**)

enfer (nom masculin) **1** Dans la religion chrétienne, lieu de souffrance éternelle pour les méchants après leur mort. (Contr. **paradis.**) **2** Au sens figuré, chose très pénible. *C'est un **enfer** d'habiter si près de l'aéroport !*

enfermer (verbe) (conj. 3) Mettre dans un endroit fermé. *Papa s'**est enfermé** dans son bureau pour ne pas être dérangé.*

enferrer (verbe) (conj. 3) **1** Percer avec une épée, une pique. *Le chevalier **enferra** son ennemi jusqu'à la garde.* **2 S'enferrer** : se nuire à soi-même ; tomber dans son propre piège. *Thomas **s'enferre** dans ses mensonges.*

enfilade (nom féminin) Suite de choses disposées en file. *Les pièces de cette maison sont en **enfilade**.*

enfiler (verbe) (conj. 3) **1** Passer un fil dans le chas d'une aiguille. **2** Mettre un vêtement. ***Enfile** ton pyjama et va te coucher !*

enfin (adverbe) **1** Indique qu'une chose a fini par arriver. *Après avoir longtemps pleuré, le bébé s'est **enfin** endormi.* (Syn. **finalement.**) **2** Indique une conclusion. *Pour faire cette confiture, il faut laver les fruits, les éplucher, les couper et **enfin** les faire cuire avec le sucre.* **3** Marque l'impatience ou la résignation. *Mais **enfin**, arrêtez de vous battre !*
★ **Enfin**, comme **ensuite**, s'est d'abord écrit en deux mots : *en fin, en suite.*

s'**enflammer** (verbe) (conj. 3) **1** Prendre feu. *Le bois bien sec **s'enflamme** très vite.* **2** Au sens figuré, s'animer d'une vive ardeur. *Son amoureux lui envoie des lettres **enflammées**.* **3** Se transformer en inflammation. *Il faut désinfecter cette plaie avant qu'elle ne **s'enflamme**.* (Syn. **s'infecter.**)

enfler (verbe) (conj. 3) Augmenter de volume. *Ursula a été piquée par une guêpe, sa main **a** tout de suite **enflé**.* (Syn. **gonfler, grossir.**)

enflure (nom féminin) État d'une partie du corps qui a enflé. *Cette crème devrait faire disparaître l'**enflure**.*

enfoncer (verbe) (conj. 4) **1** Faire pénétrer profondément quelque chose. *Il faut prendre un marteau pour **enfoncer** ces clous.* **2** Aller vers le fond. *On s'**enfonce** si on marche dans cette vase.* **3** Briser en poussant. *L'avant de cette voiture **est** tout **enfoncé**.* (Syn. **défoncer.**) • **Enfoncer une porte ouverte** : découvrir une chose évidente, que tout le monde connaît.

enfouir (verbe) (conj. 11) Mettre quelque chose sous la terre. *Le chien **avait enfoui** son os dans le jardin.* (Syn. **ensevelir, enterrer.**)

enfourcher (verbe) (conj. 3) Monter à califourchon sur quelque chose. *Zoé **enfourche** son vélo pour aller acheter le pain.*

enfourner (verbe) (conj. 3) Mettre dans un four. *Le boulanger **enfourne** le pain pour le faire cuire.*

enfreindre (verbe) (conj. 35) Ne pas respecter une loi ou un règlement. *Romain a été puni car il **a enfreint** le règlement du collège.* (Syn. **violer.** Contr. **observer, respecter.**)

a b c d e f g h i j k l m n o p q r s t u v w x y z

s'enfuir (verbe) (conj. 20) Se sauver en vitesse. *Les cambrioleurs **se sont enfuis** quand l'alarme a retenti.* (Syn. **décamper, déguerpir, détaler, filer.**)

enfumer (verbe) (conj. 3) Remplir de fumée. *Le cigare de mon oncle **a enfumé** toute la maison.*

engageant, ante (adjectif) Qui inspire la sympathie ou la confiance. *Cette rue sombre n'est pas très **engageante**.* (Syn. **attirant.**)

engagement (nom masculin) Ce que l'on s'est engagé à faire. *Il faut toujours respecter ses **engagements**.* (Syn. **promesse.**)

engager (verbe) (conj. 5) **1** Prendre une personne à son service. *La municipalité vient d'**engager** un nouveau jardinier.* (Syn. **embaucher, recruter.**) **2** Donner envie de faire quelque chose. *Ce soleil **engage** à la baignade. Je vous **engage** à me suivre.* (Syn. **encourager, inciter, inviter.**) **3** Introduire quelque chose dans un endroit étroit. *Zoé m'a ouvert la porte au moment où j'**engageais** la clé dans la serrure.* **4** Commencer une action. *Les syndicats **ont engagé** un dialogue avec la direction.* **5** S'engager à faire quelque chose : promettre de le faire. *Ce magasin **s'engage à** échanger le matériel défectueux.* **6** S'engager : pénétrer dans une voie. *Le camion a allumé ses phares avant de **s'engager** dans le tunnel.* **7** S'engager : se faire recruter. *Son oncle **s'est engagé** dans la marine.* (Syn. **s'enrôler.**)
★ Famille du mot : engag**eant**, engag**ement**.

engeance (nom féminin) Catégorie de personnes méprisables. *Ces voisins, quelle **engeance** !*

engelure (nom féminin) Boursouflure douloureuse de la peau, due au froid. *Thomas n'avait pas mis ses gants, il a attrapé des **engelures**.*

engendrer (verbe) (conj. 3) Faire naître. *Ce mauvais temps **engendre** la mélancolie.* (Syn. **causer, produire, provoquer.**)

engin (nom masculin) Appareil, instrument ou machine. *Le bulldozer est un **engin** de terrassement.*
★ **Engin** a la même origine qu'*ingénieux* : un engin était, à l'origine, un objet plein d'ingéniosité.

englober (verbe) (conj. 3) Réunir en un tout différents éléments. *Une région **englobe** plusieurs départements.* (Syn. **comprendre.**)

engloutir (verbe) (conj. 11) **1** Avaler très vite. *Victor **a englouti** son repas en cinq minutes.* (Syn. **engouffrer.**) **2** Faire disparaître. *Anna **a englouti** ses économies dans l'achat d'un jeu électronique. On a découvert une cité **engloutie** par la mer.*
★ **Engloutir** vient du latin *gluttus* qui signifie « gosier », que l'on retrouve dans *glouton*.

engoncer (verbe) (conj. 4) Donner l'air d'avoir le cou enfoncé dans les épaules. *Élodie n'est pas à l'aise, **engoncée** dans un manteau trop serré.*

engorgement (nom masculin) Fait d'être engorgé. *L'**engorgement** de l'autoroute commence dès 17 heures.*

engorger (verbe) (conj. 5) Boucher un passage, un conduit. *La vigne vierge a envahi le toit et **engorge** les gouttières.* (Syn. **obstruer.**)

engouement (nom masculin) Enthousiasme soudain et exagéré. *Je partage ton **engouement** pour ce chanteur.*

engouffrer (verbe) (conj. 3) **1** Avaler de façon gloutonne, dans la langue familière. *William **a engouffré** toute la pizza.* (Syn. **engloutir.**) **2** S'engouffrer : pénétrer précipitamment dans un endroit. *Les gens **s'engouffrent** dans le métro.*
★ **Engouffrer** vient de *gouffre* et signifiait d'abord « entraîner dans un gouffre ».

engoulevent (nom masculin) Oiseau au plumage roussâtre. *L'**engoulevent** ressemble au martinet.*
★ **Engoulevent** vient de l'ancien français *goule*, variante de *gueule*, et de *vent*, avec la signification « qui avale le vent ».

engourdir (verbe) (conj. 11) Rendre raide et insensible une partie du corps. *Fatima **est** tout **engourdie** par ce long voyage en voiture.*

engourdissement (nom masculin) Fait d'être engourdi. *Les alpinistes égarés font un feu pour lutter contre l'**engourdissement**.*

engrais (nom masculin) Produit qui fertilise la terre. *Cet agriculteur utilise des **engrais** pour améliorer sa production.*

engraisser (verbe) (conj. 3) **1** Rendre gras. *Dans cette ferme, on **engraisse** les oies pour produire du foie gras.* **2** Devenir plus gras. *Il **a engraissé** depuis qu'il ne fait plus de sport.* (Syn. **grossir.**)

engranger (verbe) (conj. 5) **1** Mettre dans une grange. ***Engranger** le foin pour les bêtes.* **2** Au sens figuré, accumuler des choses. *Pour préparer son exposé, Gaëlle **a engrangé** de la documentation.*

engrenage (nom masculin) Dispositif formé de deux roues dentées qui s'emboîtent pour se transmettre un mouvement de rotation.

enguirlander (verbe) (conj. 3) **1** Synonyme familier de réprimander. *Clément s'est fait **enguirlander** par son père.* (Syn. **gronder.**) **2** Garnir de guirlandes. *Les enfants **enguirlandent** l'arbre de Noël.*

enhardir (verbe) (conj. 11) Rendre plus hardi. *Ce succès l'**a enhardi**.*
► Prononciation [ɑ̃aʀdiʀ].

énième (adjectif) Qui est à un rang indéterminé. *Je te le dis pour la **énième** fois, range ta chambre !*
► On écrit aussi **nième**.
★ **Énième** vient de *n*, lettre qui désigne un nombre indéterminé.

énigmatique (adjectif) Qui a le caractère d'une énigme. *Pour moi, sa réponse est très **énigmatique**.* (Syn. **mystérieux, obscur, sibyllin.** Contr. **clair.**)

énigme (nom féminin) Chose difficile à comprendre. *Cette disparition est une **énigme** pour les enquêteurs.* (Syn. **mystère.**)

enivrant, ante (adjectif) Qui enivre. *Un parfum **enivrant**.*
▶ Prononciation [ɑ̃nivʀɑ̃].

enivrer (verbe) (conj. 3) **1** Rendre ivre. *Deux verres de champagne ont suffi pour l'**enivrer**.* (Syn. **soûler.**) **2** Au sens figuré, remplir quelqu'un d'excitation au point de lui tourner la tête. *Il s'est laissé **enivrer** par le succès.* (Syn. **griser.**)
▶ Prononciation [ɑ̃nivʀe].

enjambée (nom féminin) Grand pas. *Il est pressé et marche à grandes **enjambées**.*

enjambement (nom masculin) Rejet au vers suivant d'un ou plusieurs mots qui complètent le sens du premier vers. *« Du palais d'un jeune lapin, / Dame belette, un beau matin, / S'empara... » sont des vers de La Fontaine qui présentent un **enjambement**.*

enjamber (verbe) (conj. 3) Passer par-dessus un obstacle en faisant une enjambée. *Il faut prendre son élan pour **enjamber** le ruisseau.*

enjeu, eux (nom masculin) **1** Argent que l'on mise dans un jeu. *C'est au gagnant que reviennent les **enjeux**.* **2** Ce qu'on peut gagner ou perdre quand on entreprend quelque chose. *Je ne comprends pas l'**enjeu** de ce conflit.*

enjoindre (verbe) (conj. 35) Synonyme littéraire d'ordonner. *Le roi les **a enjoints** de quitter le royaume.*

enjôler (verbe) (conj. 3) Séduire par des manières ou des paroles flatteuses. *Il essaie de nous **enjôler** avec ses sourires.*
★ **Enjôler** vient du mot *geôle* et signifiait autrefois « emprisonner ».

enjoliver (verbe) (conj. 3) **1** Rendre plus joli, orner. *Des fleurs **enjolivent** la chambre de Clara.* **2** Ajouter à un récit des détails plus ou moins exacts pour l'embellir, l'agrémenter. *L'auteur a **enjolivé** son roman de descriptions de paysages imaginaires.*

enjoliveur (nom masculin) Disque de métal qui recouvre le centre d'une roue de voiture.

enjoué, ée (adjectif) Qui est gai et aimable. *Il m'a répondu d'un ton **enjoué**.* (Contr. **maussade, triste.**)

enlacer (verbe) (conj. 4) Serrer dans ses bras. *Des amoureux **enlacés** s'embrassent sur un banc.*

enlaidir (verbe) (conj. 11) Rendre laid. *Ces pylônes **enlaidissent** le paysage.* (Contr. **embellir.**)

enlèvement (nom masculin) Action d'enlever. *L'**enlèvement** d'une voiture en stationnement interdit. L'**enlèvement** d'un enfant par des gangsters.*

enlever (verbe) (conj. 8) **1** Retirer ou changer de place. ***Enlève** tes bottes avant d'entrer.* (Syn. **ôter.**) **2** Faire disparaître. *Impossible d'**enlever** cette tache de graisse.* **3** Emmener quelqu'un de force. *La police recherche l'homme qui **a enlevé** l'enfant.* (Syn. **kidnapper, ravir.**)

s'**enliser** (verbe) (conj. 3) S'enfoncer peu à peu. *La voiture **s'est enlisée** dans le sable.*
★ **S'enliser** vient d'un ancien mot français de Normandie, *lise*, qui signifie « sable mouvant ».

enluminure (nom féminin) Lettre ou dessin finement ornés des anciens manuscrits.

enneigé, ée (adjectif) Qui est couvert de neige. *Les sommets **enneigés** des montagnes brillent au soleil.*

enneigement (nom masculin) Épaisseur de la couche de neige. *L'**enneigement** est suffisant pour skier.*

ennemi, ie (nom) **1** Pays ou personne contre lesquels on est en guerre. *Pendant la Seconde Guerre mondiale, la France et l'Allemagne étaient des **ennemis**.* (Syn. **adversaire.**) **2** Personne qui veut du mal à une autre. *Je ne lui connais aucun **ennemi**.* (Contr. **ami.**) **3** Personne ou chose opposée à quelque chose. *Le tabac est l'**ennemi** de la santé.* (Contr. **partisan.**)
■ **ennemi, ie** (adjectif) De l'ennemi. *Les chars **ennemis** sont entrés dans la ville.* (Contr. **allié, ami.**)

ennui (nom masculin) **1** Fait de s'ennuyer. *Ce livre est à mourir d'**ennui**, je ne le finirai pas.* **2** Événement fâcheux qui cause du souci, du tracas. *Hélène a des **ennuis** de santé.* (Syn. **problème.**)

ennuyer (verbe) (conj. 6) **1** Ne pas intéresser ni amuser quelqu'un. *Ce film nous **a** profondément **ennuyés**. Le naufragé s'**ennuyait**, tout seul sur son île.* (Syn. **embêter.** Contr. **amuser, distraire.**) **2** Causer du souci à quelqu'un. *Cela m'**ennuie** de te savoir malade.* (Syn. **contrarier.**) **3** Regretter l'absence de quelqu'un. *Julie **s'ennuie** de son frère qui est parti depuis deux semaines en classe verte.*
★ Famille du mot : ennui, ennuy**eux**.

ennuyeux, euse (adjectif) **1** Peu intéressant. *Laura a trouvé le film tellement **ennuyeux** qu'elle a zappé avant la fin.* **2** Qui cause du souci. *Xavier a perdu tous ses papiers, c'est très **ennuyeux**.* (Syn. **embêtant, fâcheux.**)

énoncé (nom masculin) Texte qui présente un problème à résoudre. *Avant de commencer tes calculs, lis bien l'**énoncé**.*

énoncer (verbe) (conj. 4) Dire quelque chose. *Essaie donc d'**énoncer** clairement ta demande.* (Syn. **exprimer.**)
★ Famille du mot : énonc**é**, énonci**ation**.

énonciation (adjectif) Action d'énoncer. *L'**énonciation** des faits éclairera les jurés.*

s'**enorgueillir** (verbe) (conj. 11) Être fier de quelque chose. *Anna **s'enorgueillit** de son succès.*
▶ Prononciation [sɑ̃nɔʀgœjiʀ].

énorme (adjectif) **1** Qui est très grand et très gros. *La baleine bleue est un animal **énorme**.* (Syn. **gigantesque.** Contr. **minuscule.**) **2** Qui est très important ou très grave. *Une **énorme** déception. Myriam a fait quelques fautes **énormes** dans ses calculs.*
★ Famille du mot : énorm**ément**, énorm**ité**.
★ **Énorme** vient du latin *enormis* qui signifie « en dehors de la norme ».

a b c d e f g h i j k l m n o p q r s t u v w x y z

énormément (adverbe) Vraiment beaucoup. *Yann a **énormément** de travail.*

énormité (nom féminin) **1** Caractère énorme de quelque chose. *L'**énormité** des travaux à faire leur demande réflexion.* **2** Parole ou action stupide. *Dire des **énormités**.*

s'**enquérir** (verbe) (conj. 18) Chercher à savoir quelque chose. *Benjamin est passé à la gare pour **s'enquérir** des horaires des trains.* (Syn. **se renseigner**.)

enquête (nom féminin) **1** Recherche pour découvrir la vérité sur une affaire. *C'est la gendarmerie qui est chargée de l'**enquête**.* **2** Étude qui s'appuie sur des témoignages ou sur l'avis des gens. *Les élèves font une **enquête** sur les commerçants du quartier.*
★ Famille du mot : enquêt**er**, enquêt**eur**.

enquêter (verbe) (conj. 3) Faire une enquête. *Depuis plusieurs jours, la police **enquête** sur la disparition de l'enfant.*

enquêteur, trice (nom) Personne qui fait une enquête.

enquiquiner (verbe) (conj. 3) Gêner par ses paroles, par son comportement, dans la langue familière. *Arrête, tu m'**enquiquines** !* (Syn. **agacer, ennuyer**.)
★ **Enquiquiner** vient de l'argot *quiqui* qui signifie « gorge, cou ».

s'**enraciner** (verbe) (conj. 3) **1** Développer ses racines dans le sol. *Il faut bien arroser les rosiers pour qu'ils **s'enracinent**.* **2** Au sens figuré, se fixer profondément dans l'esprit. *Cette idée **est** bien **enracinée** dans sa tête.*

enragé, ée (adjectif) Qui est malade de la rage. *Les chasseurs ont abattu un renard **enragé**.*
■ **enragé, ée** (adjectif et nom) Qui est passionné par quelque chose. *Pierre est un supporter **enragé** de l'équipe de football. Noémie est une **enragée** de planche à voile.*

enrager (verbe) (conj. 5) Être en rage, en colère. *Clément **enrage** d'avoir perdu le match.* (Syn. **rager**.)

enrayer (verbe) (conj. 7) **1** Arrêter ou freiner la progression de quelque chose. *Les médecins essaient d'**enrayer** l'épidémie en distribuant des médicaments.* **2** S'enrayer : se bloquer. *Au moment de tirer, le pistolet **s'est enrayé**.*

enregistrement (nom masculin) Action d'enregistrer. *L'**enregistrement** d'une émission de télévision ou de radio.*

enregistrer (verbe) (conj. 3) **1** Inscrire sur un registre. *Les naissances doivent **être enregistrées** à la mairie.* **2** Confier ses bagages à une compagnie de transport. *Il a fait **enregistrer** sa valise dès son arrivée à l'aéroport.* **3** Fixer des sons ou des images sur une bande magnétique ou un disque pour pouvoir les reproduire. *Ce chanteur vient d'**enregistrer** un nouveau disque.* **4** Fixer dans sa mémoire. *Tu **as** bien **enregistré** l'horaire du train ?*

s'**enrhumer** (verbe) (conj. 3) Attraper un rhume. *Tu vas **t'enrhumer** si tu ne te couvres pas.*

enrichir (verbe) (conj. 11) Rendre riche. *La découverte de gisements d'uranium **a** beaucoup **enrichi** cette région. C'est en jouant à la Bourse que son oncle **s'est enrichi**.* (Contr. **appauvrir**.)

enrichissement (nom masculin) Action d'enrichir ou de s'enrichir. *On lui reproche un **enrichissement** frauduleux.*

enrober (verbe) (conj. 3) Recouvrir de quelque chose qui protège ou améliore le goût. *Le cuisinier **enrobe** le poisson dans une feuille d'aluminium.*

enrôler (verbe) (conj. 3) Recruter quelqu'un dans un groupe. *Quand il sera grand, David souhaite **s'enrôler** dans l'armée de l'air.*

enroué, ée (adjectif) Qui a une voix rauque, moins nette. *À force d'avoir crié, Odile est **enrouée**.*

enrouler (verbe) (conj. 3) **1** Rouler une chose sur elle-même ou autour d'une autre chose. *Il vaut mieux **enrouler** l'affiche pour la transporter.* (Contr. **dérouler**.) **2** S'enrouler : mettre une chose autour de soi pour s'envelopper. *Sarah **s'est enroulée** dans une couverture pour se réchauffer.* (Syn. **se rouler**.)

enrouleur (nom masculin) Dispositif servant à enrouler. *L'**enrouleur** de la ceinture de sécurité s'est bloqué.*

enrubanné, ée (adjectif) Orné de rubans. *Un cadeau **enrubanné**.*

s'**ensabler** (verbe) (conj. 3) **1** Se remplir de sable. *Ces canaux ne sont plus navigables depuis qu'ils **se sont ensablés**.* **2** S'enfoncer dans le sable. *La voiture **s'est ensablée** dans les dunes et ne pouvait plus avancer.*

ensanglanté, ée (adjectif) Couvert de sang. *Le blessé est sorti de la voiture accidentée, le visage **ensanglanté**.*

enseignant, ante (nom) Personne qui enseigne. *Les professeurs d'école, de collège et de lycée sont des **enseignants**.*

enseigne (nom féminin) Panneau qui signale un magasin. *L'**enseigne** du serrurier représente une clé.* • Être logé à la même enseigne que quelqu'un : rencontrer les mêmes difficultés que lui.

enseignement (nom masculin) **1** Action ou façon d'enseigner. *Dans cette école, l'**enseignement** de l'anglais commence dès le cours élémentaire.* **2** Métier d'enseignant. *Plusieurs personnes de sa famille sont dans l'**enseignement**.* **3** Leçon donnée par l'expérience ou l'exemple. *Ibrahim devrait tirer les **enseignements** de sa mésaventure.*

enseigner (verbe) (conj. 3) **1** Transmettre un savoir à des élèves. *La mère d'Ursula **enseigne** le français et le latin au collège.* **2** Apprendre par expérience. *Son échec lui **a enseigné** la modestie.*
★ Famille du mot : enseign**ant**, enseign**ement**.

① **ensemble** (adverbe) **1** Les uns avec les autres. *Les enfants de l'immeuble jouent **ensemble** dans la cour.* (Contr. **séparément**.) **2** En même temps. *Ces deux coureurs sont arrivés **ensemble** sur la ligne* *d'arrivée : ils sont ex aequo.* • **Aller ensemble** : être bien assorti. *Ce pantalon et ce pull **vont** très bien **ensemble**.*

② **ensemble** (nom masculin) **1** Groupe d'éléments qui forment un tout. *L'**ensemble** des élèves prépare un spectacle de fin d'année.* **2** Costume de femme composé d'une veste et d'une jupe assorties. *Pour le mariage de sa sœur, Zoé portait un **ensemble** en lin blanc.* • **Dans l'ensemble** : en général, la plupart du temps. • **Grand ensemble** : groupe d'immeubles d'habitation qui abrite beaucoup de gens.

ensemencer (verbe) (conj. 4) Semer des graines dans la terre. *Après avoir labouré, les agriculteurs **ensemencent** leurs champs.*

enserrer (verbe) (conj. 3) Entourer en serrant. *Une ceinture **enserre** la taille fine de Fatima.*

ensevelir (verbe) (conj. 11) **1** Synonyme littéraire d'enterrer. **2** Recouvrir entièrement. *La ville **a été ensevelie** sous la lave du volcan.*

ensiler (verbe) (conj. 3) Mettre en silo. *L'agriculteur a **ensilé** le fourrage.*

ensoleillé, ée (adjectif) Où il y a beaucoup de soleil. *J'ai planté ces fleurs dans un endroit **ensoleillé**.*

ensoleillement (nom masculin) Fait d'être ensoleillé. *Cette maison jouit d'un bon **ensoleillement**, car la façade est au sud.*

ensommeillé, ée (adjectif) Qui est mal réveillé. *Kevin était encore **ensommeillé** après son petit déjeuner.*

ensorceler (verbe) (conj. 8 ou 9) **1** Jeter un sort en exerçant une influence magique. *Anna lit un conte dans lequel une sorcière **ensorcelle** les gens.* (Syn. **envoûter.**) **2** Au sens figuré, charmer de façon irrésistible. *Pierre **a été ensorcelé** par ce superbe film sur les animaux.*

ensuite (adverbe) **1** Après, dans le temps. *Va te laver les mains et **ensuite** viens à table.* (Contr. **d'abord.**) **2** Après, dans l'espace. *Les mariés entrent les premiers dans la mairie, la famille et les invités **ensuite**.* (Syn. **derrière.**)
★ Voir **enfin**.

s'**ensuivre** (verbe) (conj. 49) Venir en conséquence normale, logique. *Quand la guerre éclate, les privations **s'ensuivent**.* (Syn. **découler, résulter.**)
► **S'ensuivre** ne s'emploie qu'à la 3e personne du singulier et du pluriel, et à l'infinitif.

entacher (verbe) (conj. 3) **1** Nuire moralement à. *Cette trahison **entachera** définitivement votre honneur.* (Syn. **souiller, flétrir.**) **2** Diminuer la valeur de. *Des lourdeurs de style **entachent** son roman.* • **Acte entaché de nullité** : contenant un vice de forme ou établi par une personne légalement incapable.

entaille (nom féminin) Coupure profonde. *En marchant sur un coquillage, Élodie s'est fait une **entaille** au pied.*

entailler (verbe) (conj. 3) Faire une entaille. *Tu dois faire attention à ne pas t'**entailler** la main avec ce couteau !*

entame (nom féminin) Premier morceau coupé d'un pain, d'un jambon ou d'un rôti.

entamer (verbe) (conj. 3) **1** Couper ou manger le premier morceau d'un aliment. *Qui **a entamé** la baguette ?* **2** Commencer à faire quelque chose. *Ils vont bientôt **entamer** la construction du nouveau pont.* **3** Commencer à détruire une matière. *Il va falloir repeindre la grille du jardin car elle **est entamée** par la rouille.*

entartrer (verbe) (conj. 3) Couvrir d'une couche de tartre. *Les canalisations **sont entartrées** par le calcaire, l'eau ne coule plus.* (Contr. **détartrer.**)

entassement (nom masculin) Amas de choses entassées. *Un **entassement** de feuilles mortes jonche le sol.* (Syn. **amoncellement, tas.**)

entasser (verbe) (conj. 3) **1** Mettre des choses en tas. *Les maçons **ont entassé** les sacs de ciment sur le chantier.* (Syn. **amonceler, empiler.**) **2** **S'entasser** : se serrer les uns contre les autres dans un espace trop étroit. *Aux heures de pointe, les gens **s'entassent** dans l'autobus.*

ente (nom féminin) Jeune branche prise sur un arbre et greffée sur un autre arbre. (Syn. **greffon.**)

entendement (nom masculin) **1** Intelligence, compréhension. *Voilà qui dépasse mon **entendement**.* **2** Faculté de concevoir et de comprendre. *L'**entendement** est distinct de la sensibilité et de la raison.* (Syn. **compréhension.**)

entendre (verbe) (conj. 31) **1** Percevoir les sons grâce aux oreilles. ***Entends**-tu les oiseaux qui chantent ?* **2** Écouter avec attention. *Romain **a bien entendu** ce que je viens de lui dire.* **3** Vouloir absolument. *J'**entends** bien que vous m'obéissiez immédiatement.* **4** Synonyme de comprendre. *Grand-mère n'**entend** rien à l'informatique.* **5** **S'entendre** : être amis ou être d'accord. *Les frères et sœurs **s'entendent** bien. Il faut qu'on **s'entende** sur la date de départ.* (Syn. **s'accorder.**) • **Faire entendre raison** : faire comprendre ce qui est raisonnable. • **S'y entendre** : être compétent, s'y connaître. *David **s'y entend** en informatique.*
★ Famille du mot : entend**ement**, entend**u**, entente, **més**entente.

entendu, ue (adjectif) **1** Qu'on a décidé après accord. *Tu viens avec moi ? – C'est **entendu** !* **2** Qui est complice. *Il nous a regardés d'un air **entendu**.*
• **Bien entendu** : bien sûr, évidemment.

entente (nom féminin) Accord entre des gens qui s'entendent bien. *Il y a une très bonne **entente** dans cette classe.* (Contr. **mésentente.**)

entéralgie (nom féminin) Douleur intestinale.

entériner (verbe) (conj. 3) **1** Admettre juridiquement. *L'expertise **a été entérinée**.* (Syn. **approuver.**) **2** Admettre comme valable. *La direction **a entériné** le projet.*

a b c d e f g h i j k l m n o p q r s t u v w x y z

entérite (nom féminin) Inflammation de la muqueuse intestinale. *L'**entérite** s'accompagne de coliques.*

enterrement (nom masculin) Cérémonie pendant laquelle on enterre quelqu'un. (Syn. **inhumation, obsèques.**)

enterrer (verbe) (conj. 3) **1** Mettre le corps d'un mort dans la terre. *Il **a été enterré** dans son village natal.* (Syn. **ensevelir, inhumer.** Contr. **exhumer.**) **2** Cacher quelque chose dans la terre. *La tortue **a enterré** ses œufs sur la plage.* (Syn. **enfouir.** Contr. **déterrer.**)

entête (nom masculin) Indication d'un nom, d'une adresse en haut d'une feuille de papier. *Écrire sur du papier à **entête**.*
▶ On écrit aussi un **en-tête**, des **en-têtes**.

entêtement (nom masculin) Obstination à faire quelque chose. *Pourquoi refusez-vous avec un tel **entêtement** ?*

s'**entêter** (verbe) (conj. 3) Ne pas vouloir céder ou renoncer. *Thomas **s'entête** à vouloir faire du ski alors qu'il est encore malade.* (Syn. **s'obstiner.**)

enthousiasmant, ante (adjectif) Qui enthousiasme. *J'ai vu un film **enthousiasmant**.*

enthousiasme (nom masculin) Grande joie qui soulève l'excitation, l'admiration. *Les Romains assistaient avec **enthousiasme** aux jeux du cirque.*
★ Famille du mot : enthousiasm**ant**, enthousiasm**er**, enthousiaste.

enthousiasmer (verbe) (conj. 3) Remplir d'enthousiasme. *Cette balade en mer nous **a enthousiasmés**.* (Syn. **passionner.**)

enthousiaste (adjectif) Qui est plein d'enthousiasme. *Le public très **enthousiaste** a applaudi les comédiens.*

s'**enticher** (verbe) (conj. 3) Se prendre d'affection ou d'un intérêt très vif et irraisonné pour. *Comment as-tu pu **t'enticher** ainsi d'un parfait inconnu ?*

entier, ère (adjectif) **1** Qui n'a pas été entamé ou cassé. *La boîte de chocolats est encore **entière**, vous n'êtes pas gourmands !* (Syn. **complet, intact.**) **2** Qui est considéré dans son ensemble. *Victor part un mois **entier** en vacances.* (Syn. **complet.**) **3** Qui est obstiné et sans souplesse. *Il a un caractère **entier**.* **4** Qui ne contient aucune décimale. *58 est un nombre **entier**.* • **En entier** : complètement, dans sa totalité.

entièrement (adverbe) Complètement, totalement. *Je suis **entièrement** d'accord avec vous.*

entoiler (verbe) (conj. 3) **1** Fixer sur une toile. *On **entoile** les cartes de géographie murales pour les rendre plus résistantes.* **2** Garnir de toile. *La couverture du livret est **entoilée**.*

entomologie (nom féminin) Science qui étudie les insectes.

entomologiste (nom) Spécialiste dans le domaine de l'entomologie.

entonner (verbe) (conj. 3) Commencer à chanter. *La cantatrice **entonne** un air d'opéra.*

entonnoir (nom masculin) Petit ustensile conique terminé par un tube. *Pour verser de l'huile dans le moteur, le mécanicien se sert d'un **entonnoir**.*

entorse (nom féminin) Déchirure des ligaments d'une articulation. *Julie s'est fait une **entorse** au genou et marche avec des béquilles.*

entortiller (verbe) (conj. 3) Envelopper dans quelque chose que l'on tortille. ***Entortiller** des bonbons dans du papier.*

entourage (nom masculin) Personnes qui vivent habituellement avec quelqu'un. *Son **entourage** le dit très malade.*

entourer (verbe) (conj. 3) **1** Être placé tout autour. *Un grand mur **entoure** le parc du château.* **2** Mettre autour. *Le boucher **entoure** le rôti avec une barde de lard.* **3** Former l'entourage de quelqu'un. *Elle a toujours vécu **entourée** de chiens et de chats.* **4** S'occuper de quelqu'un avec soin et gentillesse. *Grand-père **a été** très **entouré** après son opération.* (Contr. **abandonner.**)

entourlouper (verbe) (conj. 3) Synonyme familier de tromper. *Ce marchand a la mauvaise habitude d'**entourlouper** ses clients.*

entourloupette (nom féminin) Synonyme familier de mauvais tour. *Et pas d'**entourloupette**, s'il te plaît, je te fais confiance !* (Syn. **tromperie.**)
▶ On dit aussi **entourloupe**.

entournure (nom féminin) Emmanchure. *Cette veste est trop étroite aux **entournures**.* • **Être gêné aux entournures** : ne pouvoir agir à sa guise ; avoir des difficultés financières.

entr(e)- Préfixe venant du latin *inter* et qui sert à donner l'idée de « à l'intérieur de deux » (exemple : *entracte*), de « réciprocité » (exemple : *s'entraider*) ou pour exprimer qu'une chose se fait à demi (exemple : *entrouvrir*).

entracte (nom masculin) Intervalle qui sépare les parties d'un spectacle. *Laura s'est acheté un esquimau à l'**entracte**.*

entraide (nom féminin) Action de s'entraider. *Il faudrait développer l'**entraide** dans ces quartiers défavorisés.* (Syn. **solidarité.**)

s'**entraider** (verbe) (conj. 3) S'aider les uns les autres. *Xavier pense qu'il est naturel de **s'entraider** entre amis.*

entrailles (nom féminin pluriel) Ensemble des viscères qui se trouvent dans le ventre. *Le boucher a vidé le poulet en enlevant ses **entrailles**.*

entrain (nom masculin) Attitude pleine de gaieté et d'ardeur. *Yann montre plus d'**entrain** pour aller jouer que pour travailler !*

entraînant, ante (adjectif) Qui entraîne, incite à bouger. *Une musique **entraînante**.*
▶ On écrit aussi **entrainant**.

entraînement (nom masculin) Fait de s'entraîner en vue d'une compétition. *Myriam fait tous les jours deux heures d'**entraînement** à la piscine.*
▶ On écrit aussi **entrainement**.

entraîner (verbe) (conj. 3) **1** Pousser et emmener au loin. *Le courant **entraîne** l'embarcation vers le large.* **2** Décider quelqu'un à faire quelque chose. *C'est Noémie qui m'**a entraînée** au cinéma.* **3** Faire tourner un mécanisme. *C'est un petit moteur qui **entraîne** cette machine.* **4** Provoquer quelque chose. *La tempête **a entraîné** de gros dégâts.* (Syn. **causer.**) **5** Préparer un sportif à une compétition en lui faisant faire des exercices. ***Entraîner** une équipe de rugby.*
★ Famille du mot : entrain, entraîn**ant**, entraîn**ement**, entraîn**eur**.
► On écrit aussi **entrainer**.

entraîneur, euse (nom) Personne qui entraîne des sportifs. *L'**entraîneur** est fier de la victoire de son équipe.*
► On écrit aussi **entraineur**.

entrapercevoir (verbe) (conj. 21) Apercevoir à peine, fugitivement. *Ibrahim n'a fait qu'**entrapercevoir** Thomas qui courait.*

entrave (nom féminin) Ce qui gêne ou embarrasse. *Ce règlement est une **entrave** à la liberté de chacun.* (Syn. **obstacle.**)

entraver (verbe) (conj. 3) Empêcher quelque chose de se réaliser. *Beaucoup de problèmes **entravent** une possible négociation entre les deux pays.*

entre (préposition) Sert à introduire divers compléments. *Il y a environ 80 kilomètres **entre** Paris et Chartres (lieu). Je t'attendrai **entre** midi et une heure (temps). Odile hésite **entre** une jupe et un pantalon (choix). Il y a une grande différence de taille **entre** les deux sœurs (comparaison).*

entrebâillement (nom masculin) Ouverture entrebâillée.

entrebâiller (verbe) (conj. 3) Ouvrir un petit peu. *On **a entrebâillé** le toit ouvrant pour avoir un peu d'air.* (Syn. **entrouvrir.**)

s'**entrechoquer** (verbe) (conj. 3) Se cogner l'un contre l'autre. *Gaëlle et sa mère ont froid, leurs dents **s'entrechoquent**.*

entrecôte (nom féminin) Morceau de viande de bœuf qui se trouve le long des côtes. *Sarah a commandé une **entrecôte** grillée.*

entrecouper (verbe) (conj. 3) Interrompre par moments. *Son discours devant la foule **a été entrecoupé** d'applaudissements.*

entrecroiser (verbe) (conj. 3) Croiser ensemble plusieurs fois. *Benjamin **entrecroise** les guirlandes sur le sapin de Noël.* (Syn. **entrelacer.**)

s'**entredéchirer** (verbe) (conj. 3) **1** Se déchirer, se blesser mutuellement. *Les loups affamés **s'entredéchirèrent**.* **2** Au sens figuré, se faire souffrir l'un l'autre. *Les amoureux jaloux **s'entredéchirent**.*

entre-deux-guerres (nom masculin) Période comprise entre les deux guerres mondiales (1918-1939). *Le grand-père d'Odile appartient à la génération de l'**entre-deux-guerres**.*

entrée (nom féminin) **1** Moment où l'on entre dans un lieu. *La vedette a fait une **entrée** très remarquée.* (Syn. **arrivée.** Contr. **sortie.**) **2** Endroit par où l'on entre. *Je t'attendrai à l'**entrée** du théâtre.* (Syn. **hall, vestibule.**) **3** Droit d'entrer quelque part. *L'**entrée** de ce parc est payante.* (Syn. **accès.**) **4** Plat servi au début du repas. *En **entrée,** Ursula a pris des crudités.*

entrefaites (nom féminin pluriel) • **Sur ces entrefaites** : à ce moment-là. *Et **sur ces entrefaites**, il est arrivé.*

entrefilet (nom masculin) Article très court dans un journal. *Un **entrefilet** a annoncé son accident.*

s'**entrégorger** (verbe) (conj. 5) S'égorger mutuellement. *Les combattants **s'entrégorgèrent**.*

entrejambe (nom masculin) Partie de la culotte ou du pantalon qui se trouve entre les jambes. *Des collants à **entrejambe** renforcé.*
► On écrit aussi **entre-jambes**.

entrelacer (verbe) (conj. 4) Synonyme d'entrecroiser. *Les branches de cet arbre commencent à s'**entrelacer**.*

entrelacs (nom masculin) Ornement constitué de motifs entrelacés.
► Prononciation [ɑ̃tʀəla].

entremêler (verbe) (conj. 3) Mélanger des choses. *Ma grand-mère ne se souvient plus très bien de cette époque, car tous ses souvenirs s'**entremêlent**.*

entremets (nom masculin) Plat sucré que l'on mange au dessert. *La mousse au chocolat, les glaces et les sorbets sont des **entremets**.*

s'**entremettre** (verbe) (conj. 33) Intervenir dans une affaire intéressant d'autres personnes que soi en vue de faciliter leur rapprochement. *Ne **vous entremettez** pas dans cette affaire, c'est trop délicat.* (Syn. **s'immiscer.**)

entremise (nom féminin) • **Par l'entremise de quelqu'un** : par son intermédiaire, grâce à lui. *Il a obtenu un logement **par l'entremise de** la mairie.*

entreposer (verbe) (conj. 3) Mettre momentanément des choses dans un endroit. *En attendant que la maison de campagne soit prête, on **a entreposé** tous les meubles chez les voisins.*

entrepôt (nom masculin) Dépôt de marchandises. *Ce hangar sert d'**entrepôt** pour le matériel agricole.*

entreprenant, ante (adjectif) Qui aime entreprendre. *Il faut quelqu'un d'**entreprenant** pour diriger cette usine.* (Syn. **actif, dynamique.**)

entreprendre (verbe) (conj. 32) Commencer à faire quelque chose. *Il vaut mieux attendre la fin de l'hiver pour **entreprendre** les travaux de la toiture.*
★ Famille du mot : entrepren**ant**, entrepren**eur**, entreprise.

entrepreneur (nom masculin) Chef d'entreprise qui exécute des travaux qu'on lui a commandés. *On a demandé des devis à plusieurs **entrepreneurs**.*

entreprise (nom féminin) **1** Ce que l'on entreprend. *En voulant réparer son vélo, Zoé s'est lancée*

a b c d e f g h i j k l m n o p q r s t u v w x y z

*dans une **entreprise** trop difficile pour elle.* **2** Société commerciale ou industrielle. *L'oncle de David dirige une **entreprise** de peinture.*

entrer (verbe) (conj. 3) **1** Passer du dehors au dedans d'un lieu. *Kevin a oublié sa clé, il a dû **entrer** par la fenêtre.* (Syn. **pénétrer.** Contr. **sortir.**) **2** Commencer à être dans une situation. *L'année prochaine, Anna **entrera** en sixième.* **3** Faire partie de quelque chose. *La semoule **entre** dans la composition du couscous.*
▶ **Entrer** se conjugue avec l'auxiliaire *être*.

entresol (nom masculin) Étage à plafond bas, situé parfois entre le rez-de-chaussée et le premier étage.

entre-temps (adverbe) Pendant ce temps-là. *Je pars faire les courses ; **entre-temps** peux-tu mettre la table ?*

entretenir (verbe) (conj. 19) **1** Prendre soin de quelque chose pour le garder en bon état. *C'est du travail d'**entretenir** une si grande maison.* **2** Faire vivre quelqu'un. *Depuis qu'il est au chômage, il a du mal à **entretenir** sa famille.* **3 S'entretenir :** parler à quelqu'un de choses importantes. *Il **s'est entretenu** avec son patron au sujet de ses horaires.* (Syn. **discuter.**)

entretien (nom masculin) **1** Action d'entretenir quelque chose. *L'**entretien** de cette voiture coûte de plus en plus cher.* **2** Fait de s'entretenir avec quelqu'un. *Son père souhaite avoir un **entretien** avec la directrice.* (Syn. **entrevue.**)

entretoise (nom féminin) Pièce d'une charpente, d'un meuble qui relie deux autres pièces dans un écart fixe.

s'**entretuer** (verbe) (conj. 3) Se tuer les uns les autres. *Il faut les séparer sinon ils vont **s'entretuer** !*

entrevoir (verbe) (conj. 22) **1** Voir très rapidement. ***J'ai entrevu** Élodie au marché, mais elle ne m'a pas vu.* (Syn. **apercevoir.**) **2** Commencer à voir. *On commence à **entrevoir** un espoir de paix entre ces deux pays.*

entrevue (nom féminin) Rencontre préparée à l'avance entre des personnes. *Une **entrevue** entre les deux chefs d'État est prévue prochainement.* (Syn. **entretien.**)

entrouvrir (verbe) (conj. 12) Ouvrir un peu. *Laisse la porte **entrouverte**, pour qu'on ait un peu d'air.* (Syn. **entrebâiller.**)

énucléer (verbe) (conj. 3) **1** Pratiquer l'ablation totale de l'œil. *Le chirurgien a dû **énucléer** l'accidenté de la route.* **2** Extirper une tumeur, un organe.
★ **Énucléer** vient du latin *enucleare* qui signifie « ôter le noyau ».

énumération (nom féminin) Fait d'énumérer.

énumérer (verbe) (conj. 8) Dire les uns après les autres les éléments d'un ensemble. *Ibrahim nous **a énuméré** tous les cadeaux qu'il a reçus pour Noël.*

énurésie (nom féminin) Incontinence d'urine. *L'**énurésie** est le plus souvent nocturne.*

envahir (verbe) (conj. 11) **1** Entrer par la force dans un pays. *Au début de la Seconde Guerre mondiale, l'armée allemande **a envahi** le nord de la France.* (Syn. **occuper.**) **2** Remplir entièrement un lieu. *L'été, cette région **est envahie** par les touristes.* **3** S'emparer de l'esprit de quelqu'un. *La peur **a** soudain **envahi** la foule quand le feu s'est déclaré.*
★ Famille du mot : envahiss**ant**, envahisse**ment**, envahiss**eur**.

envahissant, ante (adjectif) **1** Qui se répand partout. *Ce lierre est trop **envahissant**, il faut le tailler.* **2** Qui manque de discrétion. *Kevin vient tous les jours à la maison, il est vraiment **envahissant**.*

envahissement (nom masculin) Action d'envahir un pays. *L'**envahissement** de la Gaule par les Francs a commencé au Ve siècle.* (Syn. **invasion.**)

envahisseur (nom masculin) Ennemi qui envahit un territoire.

s'**envaser** (verbe) (conj. 3) Se remplir de vase. *L'estuaire de ce fleuve **s'envase** peu à peu.*

enveloppe (nom féminin) **1** Pochette en papier dans laquelle on met une lettre. *Sur l'**enveloppe**, on écrit l'adresse du destinataire.* **2** Ce qui entoure et protège quelque chose. *La coquille sert d'**enveloppe** à l'œuf.*

envelopper (verbe) (conj. 3) Entourer complètement quelque chose pour le protéger. *Elle **a enveloppé** son sandwich dans du papier d'aluminium.*

s'**envenimer** (verbe) (conj. 3) **1** Synonyme de s'infecter. *Il faut désinfecter cette plaie avant qu'elle ne **s'envenime**.* **2** Au sens figuré, devenir plus violent. *La discussion **s'est** vite **envenimée**.* (Syn. **s'aggraver, se détériorer.** Contr. **s'apaiser.**)

envergure (nom féminin) **1** Distance entre les extrémités des ailes déployées d'un oiseau ou celles d'un avion. **2** Au sens figuré, capacité ou valeur de quelqu'un. *Ce député a tout à fait l'**envergure** d'un ministre.*
★ **Envergure** désignait d'abord l'état d'une voile tendue entre les *vergues*.

① **envers** (préposition) En ce qui concerne quelqu'un. *Il a toujours été très honnête **envers** nous.* (Syn. **à l'égard de.**) • **Envers et contre tous :** malgré l'opposition des gens.

② **envers** (nom masculin) Côté d'une chose qu'on ne voit pas d'habitude. *On voit les coutures, la nappe est mise à l'**envers**.* (Contr. **endroit.**)

à l'**envi** (adverbe) À qui mieux mieux. *Les filles se sont chamaillées **à l'envi**.*
★ Cet adverbe vient de l'ancien français *envier* qui signifie « défier ».

enviable (adjectif) Qui fait envie. *S'il vient d'être embauché, son sort est bien **enviable**.*

envie (nom féminin) Synonyme de jalousie. *Pierre découvre les cadeaux de sa sœur avec **envie**.* • **Avoir envie de** : avoir le désir ou le besoin de faire ou d'avoir quelque chose. *J'ai **envie de** goûter ces framboises.* • **Faire envie** : tenter quelqu'un. *Ces pâtisseries me **font** bien **envie**.*
★ Famille du mot : envi**able**, envi**er**, envi**eux**.

envier (verbe) (conj. 10) Souhaiter être à la place de quelqu'un ou avoir ce qu'il a. *Quentin **envie** ses copains qui ont un ordinateur.*

envieux, euse (adjectif et nom) Qui est jaloux des autres. • **Faire des envieux** : rendre les autres jaloux. *Sa fortune **a fait** bien **des envieux**.*

environ (adverbe) À peu près. *Il y a **environ** un quart d'heure de marche jusqu'à la gare.* (Syn. **approximativement.** Contr. **exactement.**)
★ Famille du mot : environn**ant**, environn**ement**, environn**er**, environ**s**.

environnant, ante (adjectif) Qui est tout autour. *Les forêts **environnantes** sont remplies de champignons à l'automne.*

environnement (nom masculin) Milieu dans lequel nous vivons. *Nous devons lutter pour la protection de l'**environnement**.*

environner (verbe) (conj. 3) Être dans le voisinage d'un lieu. *Des champs de blé **environnent** la ferme.* (Syn. **entourer.**)

environs (nom masculin pluriel) Lieux qui se trouvent dans le voisinage. *N'allez pas trop loin, restez dans les **environs**.* (Syn. **alentours, parages.**)

envisageable (adjectif) Qui peut être envisagé. *Une telle dépense n'est pas **envisageable**.*

envisager (verbe) (conj. 5) **1** Avoir le projet de faire quelque chose. *Nous **envisageons** d'aller en vacances à la montagne cette année.* (Syn. **penser.**) **2** Examiner plusieurs possibilités. *Avant de prendre une décision, il faut **envisager** les avantages et les inconvénients.*

envoi (nom masculin) Lettre ou colis envoyés. *Il vaudrait mieux faire cet **envoi** en recommandé.* (Syn. **expédition.**) • **Coup d'envoi** : au football, premier coup de pied dans le ballon, qui marque le début d'une partie.

envol (nom masculin) Action de s'envoler. *Dès le début de l'automne, les hirondelles prennent leur **envol** pour les pays chauds.*

envolée (nom féminin) **1** Envol. *L'arrivée du chat a provoqué l'**envolée** des moineaux.* **2** Mouvement lyrique ou oratoire plein d'élan. *Cet avocat est célèbre pour ses **envolées**.* **3** Montée brutale d'une monnaie, d'une valeur. *On assiste à l'**envolée** du dollar.*

s'**envoler** (verbe) (conj. 3) **1** Partir en volant. *Les moineaux **s'envolent** au moindre bruit.* **2** Partir en avion. *On doit **s'envoler** pour Marseille à dix heures.* (Syn. **décoller.**) **3** Être emporté par le vent. *Il y a eu un courant d'air et les papiers **se sont envolés**.*

envoûtant, ante (adjectif) Qui envoûte. *Un prestidigitateur **envoûtant**.*
▶ On écrit aussi **envoutant**.

envoûtement (nom masculin) Action d'envoûter. *Le malade se croyait victime d'un **envoûtement**.*
▶ On écrit aussi **envoutement**.

envoûter (verbe) (conj. 3) **1** Influencer quelqu'un ou lui faire du mal en pratiquant sur lui la magie. *Cette femme prétend **avoir été envoûtée**.* **2** Au sens figuré, fasciner et charmer quelqu'un. *Cet orateur **a envoûté** son public.* (Syn. **subjuguer.**)
★ Famille du mot : envoût**ant**, envoût**ement**.
▶ On écrit aussi **envouter**.

envoyé, ée (nom) Personne envoyée pour remplir une mission. *Le directeur a reçu l'**envoyé** des parents d'élèves.* • **Envoyé spécial** : journaliste qui accomplit une mission spéciale.

envoyer (verbe) (conj. 6) **1** Faire aller quelqu'un quelque part. *Maman **a envoyé** Romain acheter le pain.* **2** Expédier par la poste. *Gaëlle **a envoyé** une lettre et des fleurs à sa grand-mère pour son anniversaire.* (Syn. **adresser.** Contr. **recevoir.**) **3** Lancer quelque chose. *Qui **a envoyé** une pierre dans le carreau ?*
★ Famille du mot : envoi, envoyé, envoy**eur**.
▶ **Envoyer** se conjugue comme les autres verbes en *-oyer,* sauf au futur où il change de radical : il **enverra**.

envoyeur, euse (nom) Synonyme d'expéditeur. *L'adresse n'était pas bonne, la lettre est revenue à l'**envoyeur**.*

enzyme (nom féminin) Substance organique qui active la réaction chimique des constituants de la matière vivante. *Les **enzymes** digestives.*

éocène (nom masculin et adjectif) Se dit de la période du début de l'ère tertiaire où apparurent divers mammifères. *La faune et la flore de l'**éocène**.*
★ **Éocène** vient du grec *êôs* qui signifie « aurore ».

éolien, enne (adjectif) **1** Qui concerne le vent. *L'écologie s'intéresse à l'énergie **éolienne**.* **2** Actionné par le vent. *Une pompe **éolienne** assure l'arrosage du champ.* • **Harpe éolienne** : instrument de musique à cordes tendues vibrant au vent.
▪ **éolienne** (nom féminin) Machine à pales montée sur pylône qui capte la force du vent. *Une **éolienne** permet d'alimenter la maison en électricité.*
★ **Éolien** vient du nom propre *Éole,* dieu du vent dans la mythologie grecque.

éon (nom masculin) **1** Chez les philosophes, puissance éternelle émanant de Dieu et servant d'intermédiaire entre celui-ci et le monde. **2** Très grande division des temps géologiques qui regroupe plusieurs ères.
★ **Éon** vient du grec *aiôn* qui signifie « éternité ».

éosine (nom féminin) Matière colorante rouge utilisée en pharmacie.

épagneul (nom masculin) Chien de chasse au poil long et aux oreilles pendantes.
★ **Épagneul** vient d'*espagnol,* ce chien étant originaire d'Espagne.

épais, aisse (adjectif) **1** Qui a une certaine épaisseur. *Cette planche est **épaisse** de cinq centimètres.* **2** Qui a une grande épaisseur. *Une **épaisse** couche de neige a recouvert la région.* (Syn. **gros.** Contr. **fin, mince.**) **3** Qui est très consistant. *Cette pâte à crêpes est trop **épaisse**, il faut y ajouter du lait.* (Contr. **fluide, liquide.**) **4** Qui est dense ou abondant. *Le brouillard était si **épais** qu'on ne voyait pas à deux mètres.*
★ Famille du mot : épaiss**eur**, épaiss**ir**, épaiss**issant**.

épaisseur (nom féminin) **1** Dimension d'un corps qui n'est ni la longueur ni la largeur. *Il faut des planches d'une grande **épaisseur** pour supporter tous ces livres.* **2** Qualité de ce qui est épais. *L'**épaisseur** des nuages cache le soleil.*

épaissir (verbe) (conj. 11) **1** Rendre plus épais. *Il faut **épaissir** cette sauce en ajoutant de la farine.* **2** Devenir plus épais, plus dense. *Si la brume **épaissit**, nous resterons au port.* **3** Devenir plus gros. *Il **a épaissi** depuis qu'il ne fait plus de sport.* (Syn. **s'empâter, grossir.** Contr. **maigrir.**)

épaississant, ante (adjectif et nom masculin) Qui sert à rendre un fluide plus épais. *La farine est un **épaississant**.*

épanchement (nom masculin) Fait de s'épancher. (Syn. **confidence, effusion.**)

s'**épancher** (verbe) (conj. 3) Parler à quelqu'un en lui confiant ses sentiments. *Hélène a eu besoin de sa mère pour **s'épancher**.* (Syn. **se confier.**)

épandage (nom masculin) Action d'épandre les engrais, le fumier. • **Champs d'épandage** : terrains sur lesquels les eaux d'égout s'épurent par filtrage tout en fertilisant le sol. • **Nappe d'épandage** : zone où se déposent et s'étalent des sédiments.

épandre (verbe) (conj. 31) Jeter çà et là, éparpiller. *Le fermier **épand** le fumier.*

s'**épanouir** (verbe) (conj. 11) **1** S'ouvrir en déployant ses pétales. *Dès qu'elles ont été dans l'eau, les fleurs **se sont épanouies**.* **2** Devenir joyeux, souriant. *En entendant la bonne nouvelle, son visage **s'est épanoui**.* **3** Se développer complètement. *Cet enfant **s'est épanoui** depuis qu'il vit à la campagne.*

épanouissement (nom masculin) Fait de s'épanouir. *L'épanouissement d'un jeune enfant.*

épargnant, ante (nom) Personne qui a épargné de l'argent.

épargne (nom féminin) Argent économisé. *Il va utiliser son **épargne** pour s'acheter un ordinateur.*

épargner (verbe) (conj. 3) **1** Synonyme d'économiser. *Laura **épargne** un peu d'argent de poche en le mettant dans une tirelire.* (Contr. **dépenser, gaspiller.**) **2** Permettre à quelqu'un d'éviter une chose désagréable. *Pour vous **épargner** le déplacement, on peut vous livrer à domicile.* **3** Ne pas abîmer quelque chose. *Heureusement, le gel **a épargné** les vignobles.* **4** Laisser quelqu'un en vie. *Les passagers **ont été épargnés** dans l'accident.*
★ Famille du mot : épargn**ant**, épargne.

éparpillement (nom masculin) Action d'éparpiller. *Un courant d'air a causé l'**éparpillement** de ses timbres dans toute la pièce.*

éparpiller (verbe) (conj. 3) **1** Disperser çà et là. *Les enfants **ont éparpillé** leurs jouets partout dans la maison. Restez groupés, ne vous **éparpillez** pas dans la forêt.* (Syn. **disséminer.** Contr. **rassembler, réunir.**) **2 S'éparpiller** : se laisser distraire par trop de choses différentes. (Contr. **se concentrer.**)

épars, arse (adjectif) Qui est dispersé, en désordre. *Des papiers **épars** jonchaient le sol.*

épatant, ante (adjectif) Qui est très agréable. *On a passé une soirée **épatante** chez nos amis.*

épaté, ée (adjectif) Se dit d'un nez aplati, large et court.

épater (verbe) (conj. 3) Dans la langue familière, chercher à étonner quelqu'un. *Il nous **a épatés** quand il s'est mis à parler chinois !*

épaulard (nom masculin) Synonyme d'orque.

épaule (nom féminin) **1** Articulation du haut du bras. *Porter un enfant sur ses **épaules**.* **2** Haut de la patte avant des animaux. • **Avoir la tête sur les épaules** : avoir du bon sens.
★ Famille du mot : épaul**er**, épaul**ette**.

épaulé, ée (adjectif) Se dit d'un vêtement dont les épaules sont soulignées par des épaulettes. *Il cachait ses maigres épaules sous une veste trop **épaulée**.*
■ **épaulé** (nom masculin) Mouvement dans lequel l'haltère est amené, en un seul temps, du sol à la hauteur des épaules.

épauler (verbe) (conj. 3) **1** Appuyer la crosse d'une arme contre son épaule. *Le chasseur **épaule** son fusil.* **2** Aider quelqu'un. *Le voisin est venu nous **épauler** pour déplacer le buffet.*

épaulette (nom féminin) **1** Bande de tissu boutonnée sur l'épaule. *Certains uniformes militaires ont des **épaulettes**.* **2** Rembourrage aux épaules d'un vêtement. *Maman a décousu les **épaulettes** qui élargissaient sa veste.*

épave (nom féminin) **1** Restes d'un bateau naufragé ou abandonné. *Des plongeurs ont repéré une **épave** au fond de l'eau.* **2** Voiture hors d'usage. **3** Au sens figuré, personne misérable. *Cet homme est devenu une **épave** depuis qu'il se drogue.*

épeautre (nom masculin) Blé à petit grain.

épée (nom féminin) Arme constituée d'une longue lame et d'une poignée. *Le mousquetaire dégaine son **épée**.*

épeire (nom féminin) Araignée commune au gros abdomen, qui tisse de grandes toiles verticales dans les jardins et les bois. *L'**épeire** diadème a le dos marqué d'une croix blanche.*

épeler (verbe) (conj. 8 ou 9) Dire chaque lettre d'un mot, l'une après l'autre. *Julie **épelle** son prénom : JULIE.*

épépiner (verbe) (conj. 3) Ôter les pépins d'un fruit. *Pelez les tomates et **épépinez**-les.*

éperdu, ue (adjectif) Qui éprouve un sentiment très vif. *Les enfants étaient **éperdus** de joie.*

éperdument (adverbe) D'une manière éperdue. *Elle est **éperdument** amoureuse de lui.*

éperlan (nom masculin) Petit poisson comestible des mers européennes qui pond à l'embouchure des fleuves. *Élodie adore la friture d'**éperlans**.*

éperon (nom masculin) Pièce de métal fixée au talon des cavaliers. *Les **éperons** servent à exciter le cheval.*

éperonner (verbe) (conj. 3) **1** Piquer un cheval avec ses éperons pour le faire avancer plus vite. **2** Heurter un bateau avec la proue. *Le cargo **a éperonné** un pétrolier.*

épervier (nom masculin) Oiseau de proie voisin du faucon, mais plus petit.

éphèbe (nom masculin) Jeune Grec de16 à 20 ans soumis à certains devoirs, dans l'Antiquité. *Au musée, nous avons admiré une statuette d'**éphèbe**.*

éphélide (nom féminin) Tache de rousseur. *Le visage de Victor est couvert d'**éphélides**.*

éphémère (adjectif) Qui dure très peu de temps. *Leur joie a été **éphémère**.* (Syn. **passager.** Contr. **durable.**)
★ **Éphémère** vient du grec *ephêmeros* qui signifie « qui dure un seul jour ».

éphéméride (nom féminin) Calendrier dont on enlève une feuille chaque jour.

épi (nom masculin) **1** Ensemble de grains serrés qui se trouve au bout de la tige des céréales. *Des **épis** de blé, d'avoine, d'orge, de maïs.* **2** Mèche de cheveux impossible à coiffer.

épicarpe (nom masculin) Peau du fruit. *L'**épicarpe** de la pomme.*

épice (nom féminin) Produit végétal servant à relever le goût des aliments. *Le poivre, le piment, le safran sont des **épices**.*
★ Famille du mot : épicé, épicerie, épicier.

épicé, ée (adjectif) Qui est relevé par des épices. *Ce plat très **épicé** m'a donné soif.* (Contr. **fade.**)

épicéa (nom masculin) Grand conifère qui ressemble au sapin et pousse en montagne.

épicène (adjectif) **1** Se dit d'un nom masculin ou féminin qui désigne indifféremment l'un ou l'autre sexe d'une espèce animale. *« Souris » et « aigle » sont des noms **épicènes**.* **2** Dont la forme ne varie pas au masculin et au féminin. *« Secrétaire » et « je » sont des mots **épicènes**.*

épicentre (nom masculin) Point de la surface terrestre où un séisme est le plus fort.

épicer (verbe) (conj. 4) **1** Assaisonner, relever avec des épices. *Ma mère **épice** toujours la sauce du couscous.* **2** Au sens figuré, relever d'expressions, d'idées piquantes. *L'auteur **épice** son récit de détails pleins d'humour.* (Syn. **pimenter.**)

épicerie (nom féminin) Magasin d'alimentation. *Myriam est partie à l'**épicerie** acheter de la farine et de l'huile.*

épicier, ère (nom) Commerçant qui tient une épicerie.

épicrâne (nom masculin) Ensemble des tissus situés entre la peau et les os du crâne.

épicurisme (nom masculin) **1** Système philosophique d'Épicure et de ses disciples. *L'**épicurisme** relie raison et plaisir des sens.* **2** Attitude de ceux qui recherchent les plaisirs.

épidémie (nom féminin) Développement rapide d'une maladie contagieuse dans une population. *Une **épidémie** de choléra a fait de nombreux morts dans cette région.*

épidémiologie (nom féminin) Étude des maladies dans leur contexte social particulier.

épidémique (adjectif) Qui a le caractère d'une épidémie. *La grippe est une maladie **épidémique**.* (Syn. **contagieux.**)

épiderme (nom masculin) Couche superficielle de la peau, en contact avec l'extérieur.

épidermique (adjectif) **1** De l'épiderme. *Les malades présentent des lésions **épidermiques**.* (Syn. **cutané.**) **2** Au sens figuré, de façon vive et immédiatement visible ou ressentie. *Je ne peux pas le supporter, c'est **épidermique**.*

épidural, ale, aux (adjectif) Qui se trouve ou a lieu à l'extérieur de la dure-mère.

épier (verbe) (conj. 10) Surveiller attentivement et en se cachant. *Caché sous le buisson, le chat **épie** les oiseaux.* (Syn. **guetter.**)
★ **Épier** a la même origine que le mot *espion*.

épieu, ieux (nom masculin) Gros bâton à pointe de métal. *Autrefois, les **épieux** servaient pour la chasse.*

épiglotte (nom féminin) Languette triangulaire située à la partie supérieure du larynx. *L'**épiglotte** ferme le larynx au moment de la déglutition.*
★ **Épiglotte** vient du grec *glotta* qui signifie « langue ».

épigone (nom masculin) Imitateur, successeur, dans la langue littéraire. *Cet écrivain n'est qu'un **épigone**.*
★ **Épigone** vient du mot grec *epigonos* qui signifie « descendant ».

① **épigramme** (nom masculin) Tranche de poitrine d'agneau. *Elle a fait griller des **épigrammes**.*

② **épigramme** (nom féminin) Petit poème, le plus souvent terminé par une critique spirituelle. *Le poète a fait une **épigramme** amusante.*
★ **Épigramme** vient du grec *graphein* qui signifie « écrire ».

épigraphe (nom féminin) **1** Inscription placée sur un édifice pour donner certaines indications le concernant. *Une **épigraphe** porte la date de réali-*

sation du monument. **2** Court texte ou courte citation placés en tête d'un livre, d'un chapitre, pour en indiquer l'esprit ou l'objet.

épilation (nom féminin) Action d'épiler ou de s'épiler. *Maman a voulu essayer une nouvelle méthode d'**épilation**.*

épilepsie (nom féminin) Maladie qui provoque des convulsions.

épileptique (adjectif et nom) Qui est atteint d'épilepsie.

épiler (verbe) (conj. 3) Arracher les poils d'une partie du corps. *Maman s'**épile** les jambes.*

épillet (nom masculin) Chacun des petits épis secondaires qui, groupés, forment l'épi principal.

épilogue (nom masculin) Conclusion d'un récit, d'un évènement. *Cette histoire a connu un bien triste **épilogue**.* (Syn. **dénouement, fin.** Contr. **prologue.**)

épiloguer (verbe) (conj. 3) Commenter longuement quelque chose. *Ça ne servira à rien d'**épiloguer** là-dessus.*

épinard (nom masculin) Plante potagère verte dont on mange les feuilles. *Comme légumes, Noémie a mangé des **épinards** à la crème.*

épine (nom féminin) Piquant sur la tige de certaines plantes. *Les rosiers ont des **épines**.* • **Enlever à quelqu'un une épine du pied** : le tirer d'une difficulté. • **Épine dorsale** : synonyme de colonne vertébrale.

épineux, euse (adjectif) **1** Qui est garni d'épines. *La ronce est une plante **épineuse**.* **2** Au sens figuré, qui présente des difficultés. *C'est un problème **épineux**.* (Syn. **délicat, embarrassant.**)

épingle (nom féminin) Petite tige métallique pointue à une extrémité. *Avant de coudre l'ourlet, la couturière met des **épingles**.* • **Épingle à cheveux** : tige de fer recourbée qui sert à tenir les cheveux. • **Épingle de nourrice** *ou* **épingle de sûreté** : épingle recourbée et à fermoir. • **Être tiré à quatre épingles** : être habillé de façon impeccable. • **Monter quelque chose en épingle** : lui donner trop d'importance. • **Tirer son épingle du jeu** : se sortir habilement d'une affaire embarrassante. • **Virage en épingle à cheveux** : en forme de U.

épingler (verbe) (conj. 3) Attacher par une épingle.

épinière Voir ***moelle***.

épiphyse (nom féminin) **1** Extrémité renflée d'un os long. **2** Glande située entre les hémisphères cérébraux et qui joue un rôle essentiel dans les rythmes biologiques. *L'**épiphyse** sécrète des hormones.* (Syn. **glande pinéale.**)

épique (adjectif) Qui rappelle une épopée. *Il a toujours des aventures **épiques** à nous raconter quand il rentre de voyage.*

épiscopal, ale, aux (adjectif) Qui se rapporte à un évêque. *Des jardins entourent le palais **épiscopal**.* • **Église épiscopale** : église anglicane des États-Unis.

épisiotomie (nom féminin) Incision pratiquée entre l'anus et la vulve pour éviter les déchirures lors du passage de l'enfant pendant l'accouchement.

épisode (nom masculin) **1** Partie d'une histoire. *Ce feuilleton comporte dix **épisodes**.* **2** Moment particulier d'une longue histoire. *Yann nous a raconté quelques **épisodes** de son voyage en bateau.*

épisodique (adjectif) Qui a lieu de temps en temps. *Nous nous voyons de manière très **épisodique**, une ou deux fois par an.*

épisodiquement (adverbe) De façon épisodique. *Il passe nous voir **épisodiquement**.*

épissure (nom féminin) **1** Réunion de deux cordages par l'extrémité de leurs gros fils tordus ensemble. **2** Jonction de deux câbles électriques.

épistolaire (adjectif) Qui concerne un échange de lettres. *Pendant les vacances, Benjamin et Odile ont des relations **épistolaires**.*

épitaphe (nom féminin) Inscription sur un tombeau.

épithélium (nom masculin) Membrane ou tissu formé de couches de cellules. *L'**épithélium** protège la surface des muqueuses.*
► Prononciation [epiteljɔm].

épithète (adjectif) Se dit d'un adjectif placé à côté du nom auquel il se rapporte. *« Vert » est **épithète** de « plante » dans « une plante verte ».*
■ **épithète** (nom féminin) Mot qui qualifie quelqu'un. *Intelligent et brillant sont des **épithètes** qui lui vont bien.*

épître (nom féminin) **1** Synonyme littéraire de lettre. *J'ai reçu une longue **épître** de mes parents.* **2** Pièce de vers adressée à quelqu'un en personne, comme une lettre. **3** Passage d'une lettre du Nouveau Testament lu à la messe. *Les **épîtres** de saint Paul.*
► On écrit aussi **épitre**.

épizootie (nom féminin) Épidémie qui frappe une espèce animale. *Une **épizootie** a ravagé des troupeaux entiers de moutons.*
► Prononciation [epizɔɔti].

éploré, ée (adjectif) Qui est en pleurs. *La fillette **éplorée** cherchait ses parents dans le square.*

épluchage (nom masculin) Action d'éplucher. *Les enfants veulent participer à l'**épluchage** des pommes.*

épluche-légume (nom masculin) Petit couteau dont la lame comporte deux fentes tranchantes, pour l'épluchage des légumes. *L'**épluche-légume** en main, le père de Zoé pèle les pommes de terre.*
► Pluriel : des **épluche-légumes**.

éplucher (verbe) (conj. 3) Enlever la peau et les parties qui ne se mangent pas d'un fruit ou d'un légume. *Tu veux bien m'**éplucher** une orange ?*
★ Famille du mot : éplucha**ge**, épluch**ure**.

épluchure (nom féminin) Partie que l'on enlève en épluchant. *Un bon jardinier garde toujours les **épluchures** pour faire du compost.*

époisses (nom masculin) Fromage bourguignon, au lait de vache et à croûte lavée.

éponge (nom féminin) **1** Animal marin qui vit fixé au fond de l'eau. **2** Objet fait d'une matière souple, et qui retient l'eau. *Sarah prend une **éponge** pour essuyer la table.* • **Passer l'éponge** : pardonner.

éponger (verbe) (conj. 5) Essuyer avec une éponge ou un chiffon. *La baignoire a débordé, prends la serpillière pour **éponger** par terre.*

éponyme (adjectif) Qui donne son nom à. *Britannicus est le héros **éponyme** de la tragédie de Racine.*

épopée (nom féminin) Long poème qui raconte des aventures héroïques. *« L'Odyssée » est une **épopée** qui raconte le retour d'Ulysse dans son pays.*

époque (nom féminin) Période particulière de l'histoire. *À cette **époque**, les maisons n'avaient ni l'eau ni l'électricité.*

épouiller (verbe) (conj. 3) Ôter ses poux à. *J'ai dû **épouiller** mon fils quand il est rentré de l'école !*
★ **Épouiller** vient de *pouil*, ancienne forme de *pou*.

s'**époumoner** (verbe) (conj. 3) Crier de toutes ses forces jusqu'à s'essouffler. *Ce n'est pas la peine de **t'époumoner**, il n'entend rien !*

épouse Voir **époux**.

épouser (verbe) (conj. 3) Se marier avec quelqu'un. *En quelle année ton père **a**-t-il **épousé** ta mère ?*

épousseter (verbe) (conj. 8 ou 9) Enlever la poussière. *Quel travail ce doit être d'**épousseter** tous les meubles de ce château !*

époustouflant, ante (adjectif) Qui époustoufle. *Ce nouveau record de vitesse est **époustouflant**.* (Syn. **extraordinaire, prodigieux.**)

époustoufler (verbe) (conj. 3) Causer une très grande surprise. *Ce numéro de trapèze volant nous **a époustouflés**.*

épouvantable (adjectif) **1** Qui fait très peur. *Certaines scènes de ce film d'horreur sont **épouvantables**.* (Syn. **effrayant, horrible, terrifiant.**) **2** Qui est très pénible, très désagréable. *Il a fait un temps **épouvantable** toute la semaine.* (Syn. **abominable, exécrable.**)

épouvantail (nom masculin) Mannequin que l'on place dans les champs pour épouvanter les oiseaux.

épouvante (nom féminin) Peur très grande. *Ils ont poussé un cri d'**épouvante** en découvrant le cadavre.*

épouvanter (verbe) (conj. 3) Remplir d'épouvante. *Ce reportage sur les massacres nous **a épouvantés**.* (Syn. **effrayer, terroriser.**)
★ Famille du mot : épouvant**able**, épouvant**ail**, épouvante.

époux, épouse (nom) Personne mariée. *Michel est l'**époux** de Marthe.* (Syn. **mari.**) *Marthe est l'**épouse** de Michel.* (Syn. **femme.**)

époxy (adjectif) Se dit d'une résine qui contient un composé formé d'un atome d'oxygène reliant deux atomes de carbone. *La résine **époxy** est une matière plastique utilisée comme vernis ou comme colle.*

s'**éprendre** (verbe) (conj. 32) Tomber amoureux de quelqu'un. *Ursula **s'est éprise** de son voisin.*

épreuve (nom féminin) **1** Partie d'un examen ou d'une compétition. *Passer les **épreuves** du bac.* **2** Souffrance ou grave difficulté subie par quelqu'un. *Sa longue maladie a été une **épreuve** pour toute sa famille.* • **À toute épreuve** : très solide. • **Mettre à l'épreuve** : essayer de mesurer la valeur d'une personne ou d'une chose.

éprouvant, ante (adjectif) Qui est difficile à supporter. *Cette chaleur est **éprouvante** pour les coureurs.* (Syn. **pénible.**)

éprouver (verbe) (conj. 3) **1** Ressentir un sentiment ou une sensation. ***Éprouver** de la peine, de la joie. Zoé **éprouve** une vive douleur dans le cou, elle a un torticolis.* **2** Faire de la peine ou faire souffrir. *Clément **est** très **éprouvé** par la mort de son chien.*
★ Famille du mot : épreuve, éprouv**ant**, éprouv**ette**.

éprouvette (nom féminin) Tube de verre qui sert à faire des expériences de chimie.

epsilon (nom masculin) **1** Cinquième lettre [ε, E] de l'alphabet grec. **2** Symbole d'une quantité très petite, en mathématiques.
► Prononciation [ɛpsilɔn].

épuisant, ante (adjectif) Qui fatigue beaucoup. *Une marche très **épuisante** à travers le désert.* (Syn. **exténuant.**)

épuisement (nom masculin) **1** Fait de se sentir épuisé. *Quel **épuisement** après cette course effrénée !* **2** Fait d'utiliser jusqu'au bout. *Les soldes dureront jusqu'à l'**épuisement** du stock.*

épuiser (verbe) (conj. 3) **1** Fatiguer énormément. *À l'arrivée du marathon, certains coureurs **étaient épuisés**.* **2** Utiliser quelque chose jusqu'à ce qu'il n'en reste plus. *Nos provisions **sont épuisées**, il va falloir aller faire des courses.* **3** Vendre tous les exemplaires d'un livre. *Ce roman est introuvable, il **est épuisé**.*
★ Famille du mot : épuis**ant**, épuise**ment**, in**é**puis**able**.

épuisette (nom féminin) Petit filet de pêche fixé à un manche. *David part pêcher les crevettes avec son **épuisette**.*

épuration (nom féminin) Action d'épurer. *La commune a construit une usine d'**épuration** des eaux.*

épurer (verbe) (conj. 3) Rendre pur. *Il faut **épurer** l'eau pour qu'elle soit potable.* (Syn. **purifier.**)

équarrissage (nom masculin) **1** Action de tailler une pierre ou une pièce de bois de façon à lui donner une section carrée ou rectangulaire. *L'**équar-***

a b c d e f g h i j k l m n o p q r s t u v w x y z

rissage de la poutre est terminé. **2** Découpe d'un animal mort en quartiers. *Le boucher procède à l'**équarrissage** d'un bœuf.*

équateur (nom masculin) Grand cercle imaginaire qui fait le tour de la Terre à égale distance des deux pôles.
▶ Prononciation [ekwatœʀ].

équation (nom féminin) **1** Égalité qui n'est vérifiée que pour certaines valeurs attribuées aux inconnues. *« 5x + 3 = 18 » est une **équation** à une inconnue.* **2** Au sens figuré, problème difficile. *Une **équation** financière quasi insoluble.* • **Équation du temps :** différence entre le temps solaire moyen et le temps solaire vrai. • **Équation linéaire homogène :** dont le second membre est nul.
▶ Prononciation [ekwasjɔ̃].

équatorial, ale, aux (adjectif) Qui concerne les régions proches de l'équateur. *Le climat **équatorial** se caractérise par la chaleur et l'humidité.*
▶ Prononciation [ekwatɔʀjal].

équerre (nom féminin) Instrument qui sert à tracer des angles droits, des perpendiculaires.

équestre (adjectif) Qui concerne l'équitation. *Un centre **équestre**.* • **Statue équestre :** statue qui représente une personne à cheval.

équeuter (verbe) (conj. 3) Ôter la queue d'un fruit. *William **équeute** les cerises avant de les dénoyauter.*

équi- Élément, venant du latin *æquus* qui signifie « égal » (exemple : *équilatéral*).
▶ Prononciation [eki] ou [ekɥi].

équidé (nom masculin) Mammifère herbivore à un seul doigt par patte. *Le cheval et le zèbre sont des **équidés**.*
▶ Prononciation [ekide].

équidistance (nom féminin) Qualité de ce qui est situé à une distance égale d'un point ou de points déterminés.
▶ Prononciation [ekɥidistɑ̃s].

équidistant, ante (adjectif) Qui est situé à la même distance. *Tous les points d'un cercle sont **équidistants** du centre.*
▶ Prononciation [ekɥidistɑ̃].

équilatéral, ale, aux (adjectif) Dont tous les côtés sont égaux. *Un triangle **équilatéral**.*
▶ Prononciation [ekɥilateʀal].

équilibre (nom masculin) **1** Position stable, qui permet de ne pas tomber. *Anna monte à cheval pour la première fois et a bien du mal à garder son **équilibre**.* **2** Position d'une balance quand les deux plateaux sont à la même hauteur. **3** Qualité d'une personne équilibrée. *Il faut avoir un bon **équilibre** pour supporter cette situation.*
★ Famille du mot : équilibré, équilibrer, équilibriste, déséquilibre, déséquilibré, déséquilibrer.

équilibré, ée (adjectif) Qui est calme et raisonnable. *Ibrahim est un enfant très **équilibré**.* (Contr. **déséquilibré, instable.**)

équilibrer (verbe) (conj. 3) **1** Mettre en équilibre. ***Équilibrer** les deux plateaux d'une balance.* **2 S'équilibrer :** être équivalent. *J'hésite car les avantages et les inconvénients **s'équilibrent**.*

équilibriste (nom) Artiste de cirque qui fait des exercices d'équilibre.

équin, ine (adjectif) Qui concerne le cheval. *Les services vétérinaires ont réussi à limiter l'épidémie de variole **équine**.* • **Pied équin :** variété de pied-bot.
▶ Prononciation [ekɛ̃, in].

équinoxe (nom masculin) Chacun des deux moments de l'année où la durée du jour et celle de la nuit sont égales. *Les **équinoxes** ont lieu le premier jour du printemps et le premier jour de l'automne. Marée d'**équinoxe**.*
★ **Équinoxe** est formé de deux mots latins qui signifient « nuit égale ».

équipage (nom masculin) Ensemble du personnel d'un bateau ou d'un avion. *Le commandant et l'**équipage** vous souhaitent la bienvenue à bord.*

équipe (nom féminin) **1** Groupe de personnes qui travaillent ensemble. *À l'hôpital, l'**équipe** de jour arrive à six heures du matin.* **2** Groupe de sportifs qui jouent ensemble. *Kevin fait partie d'une **équipe** de rugby.*
★ Famille du mot : équipage, équipier.

équipée (nom féminin) Entreprise aventureuse. *Leur **équipée** en montagne s'est heureusement bien terminée.*

équipement (nom masculin) Ensemble du matériel nécessaire à une activité. *Les alpinistes préparent leur **équipement** : cordes, piolets, pitons et sacs à dos.*

équiper (verbe) (conj. 3) Munir de ce qui est nécessaire. *Cette voiture **est équipée** d'un toit ouvrant et d'une radio.*

équipier, ère (nom) Membre d'une équipe sportive.

équitable (adjectif) Qui est conforme à la justice et à l'équité. *Ce partage est **équitable** puisque tout le monde a eu la même chose.*

équitablement (adverbe) De façon équitable. *Maman a partagé **équitablement** les abricots : chacun en a eu deux.*

équitation (nom féminin) Sport qui consiste à monter à cheval. *Tous les week-ends, Élodie fait de l'**équitation** dans un club.*

équité (nom féminin) Vertu qui consiste à être juste envers chacun. *Il a jugé l'affaire avec **équité**.* (Syn. **impartialité.**)
★ Famille du mot : équitable, équitablement.

équivalence (nom féminin) Caractère équivalent. *Il y a une **équivalence** de prix entre ces deux voitures.*

équivalent, ente (adjectif) Qui est de même valeur ou de même importance. *Leurs salaires sont à peu près **équivalents**.*

■ équivalent (nom masculin) Chose équivalente. *10 000 m^2 sont l'**équivalent** d'un hectare.*

équivaloir (verbe) (conj. 25) Avoir la même valeur ou le même effet. *Une livre **équivaut** à 500 grammes. Rouler aussi vite **équivaut** à un suicide.*
★ Famille du mot : équivale**nce**, équivale**nt**.

équivoque (adjectif) Qui peut être compris de diverses façons. *Son attitude est **équivoque** : que va-t-il faire ?* (Syn. **ambigu.** Contr. **clair, net.**)
■ équivoque (nom féminin) Chose équivoque. *Elle a parlé sans aucune **équivoque** : elle refuse.* (Syn. **ambiguïté.**)

érable (nom masculin) Grand arbre de la forêt. *La feuille d'**érable** figure sur le drapeau canadien.*

éradiquer (verbe) (conj. 3) Supprimer totalement. *L'épidémie est enfin **éradiquée**.*
★ **Éradiquer** vient du latin *eradicatio* qui signifie « action de déraciner ».

érafler (verbe) (conj. 3) **1** Écorcher légèrement. *Il a les bras tout **éraflés** par les ronces.* (Syn. **égratigner.**) **2** Rayer une surface. *Qui a **éraflé** la portière de la voiture ?*

éraflure (nom féminin) Légère écorchure ou légère rayure. *Benjamin sort de cet accident avec quelques **éraflures**.*

éraillé, ée (adjectif) Qui est enroué, rauque. *Il a tellement hurlé qu'il a la voix **éraillée**.*

ère (nom féminin) Longue période qui commence par un évènement à partir duquel on compte les années. *1792 marque le début de l'**ère** républicaine.*

érectile (adjectif) **1** Capable de se gonfler, de durcir par afflux de sang et de se dresser. *Le pénis est **érectile**.* **2** Qui peut se dresser sous l'effet d'un frisson. *Le froid rend les poils **érectiles**.*

érection (nom féminin) **1** Action d'élever, de construire. *La mairie a voté l'**érection** d'un monument aux morts.* **2** État d'un organe, d'un tissu mou, qui se dresse et devient dur et raide par suite de l'afflux de sang. *L'**érection** du pénis.*

éreinter (verbe) (conj. 3) Fatiguer beaucoup. *Toutes ces courses dans les grands magasins m'**ont éreintée**.* (Syn. **épuiser, exténuer.**)

érémiste Voir ***Rmiste***.

erg (nom masculin) Région couverte de dunes dans un désert. *Les voyageurs admirent la beauté des **ergs** du Sahara.*
★ **Erg** est un mot arabe.

ergol (nom masculin) Substance entrant dans la composition de produits fournisseurs d'énergie pour la propulsion des fusées.

ergonomie (nom féminin) **1** Étude des conditions de travail dans l'entreprise. *L'**ergonomie** cherche à améliorer les conditions de travail pour accroître la productivité.* **2** Recherche d'une meilleure adaptation entre matériel et utilisateur.

ergonomique (adjectif) **1** Qui concerne l'ergonomie. **2** Se dit d'un objet spécialement adapté aux conditions du travail auquel il est destiné. *Les dessinateurs ont des sièges **ergonomiques**.*

ergot (nom masculin) Sorte de griffe qui se trouve derrière la patte du coq et de certains animaux.

ergoter (verbe) (conj. 3) Discuter sur des détails. *Tu ne vas pas **ergoter** pour si peu !* (Syn. **chicaner.**)

ergothérapie (nom féminin) Rééducation par le travail manuel de personnes atteintes de certaines affections mentales. *Cet hôpital a un service d'**ergothérapie** depuis l'année dernière.*

ériger (verbe) (conj. 5) Élever un monument. ***Ériger** une statue à la mémoire de quelqu'un.*

ermitage (nom masculin) **1** Lieu où vit un ermite. **2** Au sens figuré, lieu écarté et solitaire. *Il cherche un **ermitage** pour y cacher son chagrin.*

ermite (nom masculin) Moine qui vit retiré dans un lieu désert.
★ **Ermite** vient du grec *erêmos* qui signifie « désert », car les premiers ermites partaient vivre dans le désert d'Égypte.

éroder (verbe) (conj. 3) Ronger par une action lente. *L'eau **érode** la roche.*

érosion (nom féminin) Usure du relief due au vent, à l'eau, au gel, etc.

érotique (adjectif) Qui évoque l'amour et le plaisir sexuel. *Ce film **érotique** est interdit aux enfants.*

érotisme (nom masculin) **1** Caractère de ce qui évoque l'amour physique. *L'**érotisme** de la photo publicitaire a choqué le public.* **2** Caractère érotique de quelque chose. *Ce roman est porteur d'un **érotisme** puissant.*

errant, ante (adjectif) Qui erre. *Il y a beaucoup de chats **errants** dans ce terrain vague.*

errata (nom masculin) Liste des erreurs contenues dans un texte et décelées après son impression. *Un **errata** est imprimé sur une feuille volante et inséré dans chaque ouvrage publié.*
► Pluriel : des **erratas** ou des **errata**.
★ **Errata** est le pluriel du nom latin *erratum* qui signifie « erreur ».

erratique (adjectif) Qui n'est pas fixe. *Le malade se plaint d'une douleur **erratique**.* • **Bloc erratique** : bloc rocheux qui a été transporté et déposé loin de son site d'origine par un ancien glacier. • **Fièvre erratique** : irrégulière.
★ **Erratique** vient du latin *erraticus* qui signifie « errant, vagabond ».

erratum (nom masculin) Faute d'impression. *Le correcteur a découvert un **erratum**.*
► Prononciation [ɛʀatɔm].

erre (nom féminin) Vitesse d'un navire due à l'inertie lorsque le système de propulsion n'agit plus. *Le bâtiment courait sur son **erre**.* (Syn. **lancée.**)
★ **Erre** vient du latin *iterare* qui signifie « voyager ».

errements (nom masculin pluriel) Manière habituelle et néfaste d'agir, de se conduire. *Le dépressif est retombé dans ses **errements** alcooliques.* (Syn. **erreur, faute.**)

errer (verbe) (conj. 3) Marcher longuement et au hasard. *Nous **avons** longtemps **erré** dans les rues avant de trouver notre hôtel.*
★ Famille du mot : err**ant**, erre, erre**ments**.

erreur (nom féminin) **1** Fait de se tromper. *Il y a une **erreur** dans tes calculs.* (Syn. **faute, inexactitude.**) **2** Action maladroite et regrettable. *Tu as fait une **erreur** en lui parlant ainsi, tu l'as vexé.*

erroné, ée (adjectif) Qui contient des erreurs. *L'adresse étant **erronée**, la lettre est revenue à l'expéditeur.* (Syn. **faux.** Contr. **juste.**)

ersatz (nom masculin) Produit utilisé en remplacement d'un autre produit. *L'orge grillé peut être utilisé comme **ersatz** de café.* (Syn. **succédané.**)
▶ Prononciation [ɛʀzats].
★ **Ersatz** est un mot allemand qui signifie « remplacement ».

éructer (verbe) (conj. 3) **1** Rejeter avec bruit par la bouche les gaz venant de l'estomac. (Syn. **roter.**) **2** Dire de manière grossière et à voix forte. *Le bonhomme **éructait** ses injures à tous les passants.* (Syn. **lancer.**)
★ **Éructer** vient du latin *eructare* qui signifie « vomir ».

érudit, ite (nom) Personne qui a de l'érudition. *Cet historien est un **érudit**, spécialiste du Moyen Âge.*

érudition (nom féminin) Grand savoir dans un domaine précis. *Il écrit des ouvrages d'une grande **érudition**.*

éruption (nom féminin) **1** Jaillissement de lave, de blocs, de gaz et de cendres hors du cratère d'un volcan. *Ce volcan qui semblait éteint vient d'entrer en **éruption**.* **2** Apparition de boutons sur la peau. *Cette **éruption** de boutons peut être le signe d'une varicelle.*

érythème (nom masculin) Rougeur de la peau. *Le pédiatre a donné un traitement pour l'**érythème** fessier du bébé.*

érythropoïèse (nom féminin) Formation des globules rouges.

ès (préposition) En matière de. *Le père de Sarah est docteur **ès** sciences.*
★ **Ès** est la contraction de *en les*.

ESB (nom féminin) Maladie de la vache folle. *Le troupeau est atteint d'**ESB**.*
★ **ESB** est l'abréviation de *encéphalopathie spongiforme bovine*.

esbroufe (nom féminin) • **Faire de l'esbroufe** : prendre de grands airs pour impressionner les autres.

escabeau, eaux (nom masculin) Petite échelle pliante. *Monte sur cet **escabeau** pour ranger les valises en haut du placard.*

escabèche (nom féminin) Marinade aromatisée de petits poissons auxquels on a coupé la tête. *Nous avons mangé des sardines en **escabèche**.*
★ **Escabèche** vient du provençal *cabassa* qui signifie « tête ».

escadre (nom féminin) Groupe de navires de guerre.
★ Famille du mot : escadr**ille**, escadr**on**.

escadrille (nom féminin) Groupe d'avions de combat.

escadron (nom masculin) Groupe de soldats d'un régiment de cavalerie, de blindés ou de gendarmerie, commandé par un capitaine.

escalade (nom féminin) **1** Action d'escalader. *Les alpinistes ont entrepris l'**escalade** de la paroi.* (Syn. **ascension, montée.**) **2** Au sens figuré, augmentation de plus en plus rapide de quelque chose. *L'**escalade** des prix, de la violence.* (Syn. **montée.**)

escalader (verbe) (conj. 3) Franchir un obstacle en passant par-dessus, en grimpant. ***Escalader** une montagne, une clôture, un mur.* (Syn. **gravir, grimper.**)

escalator (nom masculin) Escalier mécanique. *L'**escalator** est en panne, montons par l'escalier !*
★ **Escalator** est le nom d'une marque.

escale (nom féminin) Arrêt au cours d'un voyage pour se ravitailler, embarquer ou débarquer des passagers. *Nous avons fait le vol de Paris à Pékin sans **escale**.*

escalier (nom masculin) Suite de marches pour monter ou descendre. • **Escalier mécanique** *ou* **roulant** : escalier dont les marches sont entraînées par un mécanisme. (Syn. **escalator.**)

escalope (nom féminin) Mince tranche de viande blanche ou de poisson. *Une **escalope** de veau, de saumon.*

escamotable (adjectif) Qui se replie de manière à ne plus être visible. *Les rallonges de cette table sont **escamotables**.*

escamoter (verbe) (conj. 3) **1** Faire disparaître quelque chose habilement. *Le prestidigitateur **a escamoté** le lapin dans un chapeau. Il lui **a escamoté** son portefeuille.* **2** Faire comme si une chose ennuyeuse ou gênante n'existait pas. ***Escamoter** une difficulté, un problème.* (Syn. **esquiver.**)

escampette (nom féminin) • **Prendre la poudre d'escampette** : synonyme familier de s'enfuir.

escapade (nom féminin) Sortie inhabituelle que l'on fait pour se distraire. *Pour une fois, oublie tes soucis et allons faire une petite **escapade** à la mer.*

escarcelle (nom féminin) Grande bourse que l'on suspendait à la ceinture. *La duchesse puisa dans son **escarcelle** quelques sous pour les pauvres.* • **Tomber dans l'escarcelle de** : tomber entre les mains de quelqu'un, d'un groupe.
★ **Escarcelle** vient de l'italien *scarsella* qui signifie « petite avare ».

escargot (nom masculin) Petit mollusque muni d'une coquille en spirale.

escarmouche (nom féminin) Combat court entre des petits groupes de soldats. *Le conflit entre ces deux pays a commencé par quelques simples **escarmouches** à la frontière.*

escarpé, ée (adjectif) Qui est en pente raide. *Un sentier **escarpé** mène au sommet de la colline.* (Syn. **abrupt.**)

escarpement (nom masculin) Pente raide. *La vallée passe entre des **escarpements** rocheux.*

escarpin (nom masculin) Chaussure découverte, à talon. *Fatima est très élégante avec ses **escarpins** noirs.*

escarpolette (nom féminin) Siège suspendu par des cordes, servant de balançoire. *Allez, pousse l'**escarpolette** !*

escarre (nom féminin) Affection de la peau avec formation d'une croûte noirâtre. *Les malades longtemps alités souffrent souvent d'**escarres**.*
★ **Escarre** vient du grec *eskhara* qui signifie « croûte ».

escient (nom masculin) • **À bon escient** : avec raison. *Dans cette discussion, il est intervenu **à bon escient**.* (Contr. **à tort.**)

s'**esclaffer** (verbe) (conj. 3) Éclater de rire bruyamment. *À la moindre grimace du comédien, le public **s'esclaffait**.*

esclandre (nom masculin) Fait de manifester bruyamment son mécontentement. *Un client a fait un **esclandre** dans le restaurant parce que le service était trop lent.*

esclavage (nom masculin) État d'une personne esclave. *En France, l'abolition de l'**esclavage** date de 1848.*

esclavagisme (nom masculin) Doctrine des partisans de l'esclavage.

esclave (nom) **1** Personne privée de liberté et qui appartient à un maître. *Dans l'Antiquité, les **esclaves** étaient achetés et vendus comme du bétail.* **2** Personne qui est sous la domination de quelqu'un ou de quelque chose. *Elle est l'**esclave** de son mari.*
★ **Esclave** vient de *slave*, car, dans l'Antiquité, de nombreux Slaves avaient été réduits en esclavage.
★ Famille du mot : esclav**age**, esclava**gisme**.

escogriffe (nom masculin) • **Grand escogriffe** : dans la langue familière, homme grand et maigre.

escompte (nom masculin) Réduction de prix accordée à certaines conditions. *Ce magasin accorde 5 % d'**escompte** sur l'achat d'un téléviseur aux clients qui paient comptant.*

escompter (verbe) (conj. 3) Compter à l'avance sur un évènement favorable. *Ce commerçant **escompte** une bonne recette grâce à ses nouveaux produits.*

escorte (nom féminin) Groupe de personnes qui accompagnent quelqu'un. *Le Président se déplaçait entouré d'une **escorte** de motards de la police.*

escorter (verbe) (conj. 3) Accompagner en escorte. *Les mousquetaires **escortaient** le carrosse royal.*

escouade (nom féminin) Petit groupe de quelques personnes. *Une **escouade** de gendarmes.*

escourgeon (nom masculin) Orge commune que l'on sème en automne. *L'**escourgeon** est aussi appelé « orge d'hiver ».*

escrime (nom féminin) Sport qui se pratique avec l'épée, le fleuret ou le sabre.

s'**escrimer** (verbe) (conj. 3) Faire beaucoup d'efforts. *Je **m'escrime** à t'expliquer ces exercices mais tu ne m'écoutes pas.* (Syn. **s'évertuer.**)

escroc (nom masculin) Personne malhonnête coupable d'escroquerie.
▶ Prononciation [ɛskʀo].
★ Famille du mot : escroq**uer**, escroq**uerie**.

escroquer (verbe) (conj. 3) Obtenir de l'argent ou une faveur de quelqu'un en le trompant. *Ce bijoutier **a escroqué** ses clients en leur vendant de faux diamants.*

escroquerie (nom féminin) Délit qui consiste à escroquer quelqu'un. *Ce vendeur de faux tableaux a été arrêté pour **escroquerie**.*

escudo (nom masculin) Ancienne unité monétaire portugaise avant le passage à l'euro. *Le Portugal a changé ses **escudos** en euros.*
▶ Prononciation [ɛskydo].

eskimo Voir ***esquimau***.

ésotérique (adjectif) Difficile à comprendre. *Cet alchimiste a noté ses formules **ésotériques** sur un parchemin.*

espace (nom masculin) **1** Étendue infinie qui constitue l'univers, hors de l'atmosphère. *Une sonde spatiale a été envoyée dans l'**espace**.* **2** Surface ou volume occupés par quelque chose. *Il n'y a pas assez d'**espace** dans cette pièce pour mettre un bureau.* (Syn. **place.**) **3** Intervalle entre deux choses. *Il y a le même **espace** entre chaque arbre de l'allée.* (Syn. **distance, espacement.**) **4** Intervalle de temps. *Quentin s'est habillé en l'**espace** de 5 minutes.*
• **Espace vert** : surface réservée aux parcs et aux jardins, dans une ville.
★ Famille du mot : espac**ement**, espac**er**.
★ **Espace** vient du mot latin *spatium* qui est aussi à l'origine de « spacieux » et de « spatial ».

espacement (nom masculin) Espace entre deux choses. *Par temps de brouillard, il faut augmenter l'**espacement** entre les véhicules.*

espacer (verbe) (conj. 4) **1** Séparer deux choses par un espace. *Nous sommes trop serrés, il faudrait **espacer** nos sièges.* **2** Séparer par un intervalle de temps. *Même si tu n'as plus mal aux dents, tu ne dois pas **espacer** tes rendez-vous chez le dentiste.*

a b c d e f g h i j k l m n o p q r s t u v w x y z

espadon (nom masculin) Grand poisson de mer dont la mâchoire supérieure est allongée en forme d'épée.
★ **Espadon** vient de l'italien *spadone* qui signifie « grande épée ».

espadrille (nom féminin) Chaussure en toile à semelle de corde.

espagnol, ole → tableau p. 6 / 7.

espagnolette (nom féminin) Poignée servant à actionner une tige métallique pour l'ouverture et la fermeture d'une fenêtre. • **Fermer à l'espagnolette :** en laissant entrouvert, la poignée maintenant les châssis.
★ **Espagnolette** vient de *espagnol,* d'après l'origine du dispositif.

espalier (nom masculin) • **En espalier :** en rangées de manière à pousser le long d'un mur ou d'un treillage. *Des pêchers plantés **en espalier**.*

espèce (nom féminin) **1** Ensemble d'êtres vivants qui se ressemblent et peuvent se reproduire entre eux. *Le chien et le chat appartiennent à deux **espèces** animales différentes.* **2** Catégorie de gens ou de choses que l'on classe ensemble par ressemblance. *Elle portait une **espèce** de tunique en soie.* (Syn. **genre, sorte.**)
■ **espèces** (nom féminin pluriel) Billets ou pièces de monnaie. *J'ai oublié ma carte bancaire, je vais vous payer en **espèces**.*

espérance (nom féminin) Attente confiante de quelqu'un qui espère. *Il a toujours gardé l'**espérance** de revenir au pays.* (Syn. **espoir.**)

espéranto (nom masculin) Langue internationale dont le vocabulaire a été formé à partir des racines communes des langues occidentales les plus répandues. *L'**espéranto** a été créé par un Polonais au XIXe siècle.*
★ **Espéranto**, dans cette langue, signifie « celui qui espère ».

espérer (verbe) (conj. 8) Souhaiter la réalisation d'un désir. *Gaëlle **espère** qu'il fera beau demain.*
★ Famille du mot : **dés**espér**ant**, **dés**espér**é**, **dés**espér**ément**, **dés**espérer, **dés**espoir, espér**ance**, espoir, **in**espér**é**.

esperluette (nom féminin) Signe typographique (&), représentant le mot « et ».

espiègle (adjectif) Qui se moque sans méchanceté. *Hélène est une enfant **espiègle** qui fait souvent sourire ses parents.* (Syn. **malicieux.**)
★ **Espiègle** vient de *Till Eulenspiegel,* héros d'un roman allemand du XVIe siècle.

espièglerie (nom féminin) Chose espiègle. *On ne peut pas s'empêcher de rire de ses **espiègleries**.* (Syn. **farce.**)

espion, onne (nom) Personne chargée d'espionner. *Un **espion** a réussi à poser des micros dans le bureau de l'ambassadeur.* (Syn. **agent secret.**)
★ Famille du mot : espionn**age**, espionn**er**.

espionnage (nom masculin) Action d'espionner. *Cet ingénieur se livrait à de l'**espionnage** industriel.*

espionner (verbe) (conj. 3) Surveiller quelqu'un en cachette pour lui nuire ou par curiosité malveillante. *J'ai l'impression qu'elle passe son temps à **espionner** les passants.* (Syn. **épier.**)

esplanade (nom féminin) Grand espace plat situé devant un bâtiment. *Nous avons rendez-vous sur l'**esplanade** de la cathédrale.*

espoir (nom masculin) **1** Sentiment d'une personne qui espère. *Notre équipe a le ferme **espoir** de remporter la victoire.* **2** Personne ou chose qui permet d'espérer. *Ce traitement est un nouvel **espoir** pour les malades.* **3** Personne capable d'atteindre un haut niveau dans son domaine. *Un **espoir** de la boxe, de la chanson.*

esprit (nom masculin) **1** Partie immatérielle de l'être humain. *Notre corps est visible mais notre **esprit** est invisible.* **2** Être sans corps qui, d'après certaines croyances, existe parmi les vivants. *Des légendes racontent que ce vieux château est hanté par des **esprits**.* (Syn. **fantôme, revenant.**) **3** La pensée, la mémoire, l'imagination, l'intelligence humaines. *Quand tu réfléchis, tu fais travailler ton **esprit**.* **4** Finesse et sens de l'humour. *Il raconte ses mésaventures avec beaucoup d'**esprit**.* • **Avoir bon** *ou* **mauvais esprit :** être bienveillant ou malveillant. • **Esprit d'équipe :** fait d'être solidaire des autres. • **Présence d'esprit :** rapidité et efficacité dans l'action. • **Reprendre ses esprits :** reprendre conscience après s'être évanoui.

esquif (nom masculin) Petit bateau. *Le frêle **esquif** était ballotté par les vagues.*

① **esquimau, aude** (adjectif et nom) Se dit des habitants des régions voisines du pôle Nord. *Un village **esquimau**. Les **Esquimaux** construisaient des igloos.* (Syn. **inuit.**)
▶ On écrit aussi : **eskimo.**
▶ **Esquimau**, nom désignant une personne, commence par une majuscule.

② **esquimau, aux** (nom masculin) Sucette glacée enrobée de chocolat.
★ **Esquimau** est le nom d'une marque.

esquinter (verbe) (conj. 3) Synonyme familier de abîmer. *En tombant, Julie **a** complètement **esquinté** son vélo.*

esquisse (nom féminin) Dessin rapide. *Ce portrait est très ressemblant et pourtant ce n'est qu'une **esquisse**.* (Syn. **ébauche.**)

esquisser (verbe) (conj. 3) **1** Tracer une esquisse. *En deux coups de crayon, il **a esquissé** les personnages de l'histoire.* (Syn. **ébaucher.**) **2** Commencer à faire quelque chose sans l'achever. *Il **a esquissé** un sourire de remerciement.*

esquive (nom féminin) Mouvement du corps pour éviter un coup, dans les sports de combat. *À l'entraînement, le boxeur travaille son **esquive**.*

esquiver (verbe) (conj. 3) **1** Éviter avec habileté. *Il **a esquivé** le poing de son adversaire en baissant la tête.* **2** **S'esquiver :** s'en aller discrètement. *Il **s'est esquivé** au moment de payer l'addition !*

essai (nom masculin) **1** Fait d'essayer quelque chose pour connaître ses défauts et ses qualités. *Je vous conseille de faire un **essai** avant d'acheter cette voiture.* **2** Fait d'essayer de réaliser quelque chose. *Il a battu le record du monde de javelot à son troisème **essai**.* (Syn. **tentative.**) **3** Livre qui traite d'un sujet sans entrer dans tous les détails. *Ce savant a écrit un **essai** sur la disparition des dinosaures.* **4** Au rugby, action de placer le ballon derrière la ligne adverse.

essaim (nom masculin) Groupe d'insectes qui se déplacent en grand nombre. *Un **essaim** d'abeilles, de mouches.*

essaimer (verbe) (conj. 3) Former un essaim. *Au printemps, des abeilles **essaiment** pour former une nouvelle ruche.*

essayage (nom masculin) Action d'essayer un vêtement. *Les cabines d'**essayage** sont près du rayon des vêtements.*

essayer (verbe) (conj. 7) **1** Faire l'essai d'une chose pour voir si elle convient. ***Essayer** un vêtement, une voiture, une recette de cuisine.* (Syn. **tester.**) **2** Faire des efforts pour parvenir à un résultat. *Laura **essaie** d'apprendre à jouer de la guitare. Pierre **essaie** de comprendre le mode d'emploi.* (Syn. **tâcher, tenter.**)
★ Famille du mot : essai, essay**age**.

esse (nom féminin) **1** Crochet en forme de S. *Le boucher accroche un quartier de viande à l'**esse**.* **2** Ouverture en S sur le dessus d'un violon et des instruments de la même famille. (Syn. **ouïe.**)
★ **Esse** vient de la lettre *S*.

essence (nom féminin) **1** Carburant tiré du pétrole. *Arrêtons-nous à la pompe à **essence** pour faire le plein.* **2** Liquide concentré extrait d'une plante. *Ce parfum est fabriqué à partir d'**essence** de rose.* **3** Espèce d'arbre. *Cette forêt est composée de diverses **essences** : chênes, hêtres, châtaigniers.*

essentiel, elle (adjectif) Dont on ne peut pas se passer. *L'eau est **essentielle** à la vie.* (Syn. **indispensable, nécessaire.** Contr. **secondaire.**)
▪ **essentiel** (nom masculin) Ce qui est essentiel. *Quand il part pour deux jours, il n'emporte que l'**essentiel**.* (Syn. **principal.**)

essentiellement (adverbe) Principalement ou surtout. *Cette région produit **essentiellement** du blé.*

esseulé, ée (adjectif) Abandonné sans compagnie. *Anna se plaint d'être **esseulée**.* (Syn. **délaissé, isolé.**)

essieu, ieux (nom masculin) Longue barre qui relie deux à deux les roues d'un véhicule.

essor (nom masculin) **1** Action de s'envoler. *L'aigle a pris son **essor**.* **2** Au sens figuré, développement ou progrès rapide. *L'informatique est en plein **essor**.* (Syn. **extension.**)

essorage (nom masculin) Action d'essorer. *Ce lave-linge est programmé pour le lavage, le rinçage, l'**essorage** et le séchage du linge.*

essorer (verbe) (conj. 3) Débarrasser quelque chose de son eau. ***Essore** bien ton tee-shirt, il séchera plus vite. **Essorer** la salade.*
★ Famille du mot : essor**age**, essor**euse**.

essoreuse (nom féminin) Machine à essorer. *Victor aime bien se servir de l'**essoreuse** à salade.*

essoufflement (nom masculin) Fait d'être essoufflé. *Le coureur a ralenti à cause de son **essoufflement**.*

essouffler (verbe) (conj. 3) Faire perdre le souffle. *Cette longue course nous **a essoufflés**. Elle m'inquiète : elle s'**essouffle** vite quand elle monte les escaliers.*

essuie-glace (nom masculin) Appareil muni de balais de caoutchouc servant à essuyer le pare-brise. *Il est impossible de rouler sous la pluie avec des **essuie-glaces** en panne.*
▶ Pluriel : des **essuie-glaces**.

essuie-main (nom masculin) Linge qui sert à s'essuyer les mains.
▶ Pluriel : des **essuie-mains**.

essuie-tout (nom masculin) Papier absorbant présenté en rouleau.
▶ Pluriel : des **essuie-tout**.

essuyer (verbe) (conj. 6) **1** Sécher ou nettoyer en frottant. ***Essuyez** vos chaussures sur le paillasson !* **2** Subir une chose désagréable. *Le navire **a essuyé** un orage terrible.*
★ Famille du mot : essuie-glace, essuie-mains, essuie-tout.

est (nom masculin) **1** Un des quatre points cardinaux qui désigne la direction où le soleil se lève. **2** Partie qui se situe à l'est d'un pays, d'une région. *Myriam passe ses vacances dans l'**est** de la France, près de Strasbourg.*
▪ **est** (adjectif) Qui est situé à l'est. *Thomas habite dans la banlieue **est** de Paris.*
▶ Pluriel : les régions **est**.

establishment (nom masculin) Ensemble de ceux qui détiennent le pouvoir, l'autorité dans la société et qui ont intérêt au maintien de l'ordre établi.
▶ **Establishment** est un mot anglais : on prononce [establiʃmənt].

estafette (nom féminin) Soldat chargé de transmettre un message. *Une **estafette** motocycliste.*

estafilade (nom féminin) Coupure longue et étroite. *D'un coup de sabre, il lui fit une **estafilade** au visage.*

estaminet (nom masculin) Petit café populaire. *Nous avons bu une bière dans un sympathique **estaminet**.* (Syn. **bistro.**)

estampe (nom féminin) Image imprimée au moyen d'une plaque gravée. *Des **estampes** ornent ce manuscrit ancien.*

a b c d e f g h i j k l m n o p q r s t u v w x y z

estampille (nom féminin) Marque qui indique que quelque chose est authentique ou en règle. *Ces quartiers de viande portent l'**estampille** bleue du contrôle sanitaire.*

est-ce que ? (adverbe) Sert à poser une question. ***Est-ce que** tu as sommeil ? Quand **est-ce que** tu pars ?*

ester (nom masculin) Composé résultant de l'action d'un acide sur un alcool avec élimination d'eau. *Les **esters** sont utilisés comme solvants.*
▶ Prononciation [ɛstɛʀ].
★ Ester est un mot allemand qui vient de *éther*.

esthète (nom et adjectif) **1** Personne qui goûte la beauté, l'art. *Le spectacle a attiré un public d'**esthètes**.* **2** Personne qui affecte de placer le beau au-dessus de tout. *Ce sont des snobs aux goûts d'**esthète**.*
★ Famille du mot : esthéti**cien**, esthéti**que**.

esthéticien, enne (nom) Spécialiste des soins de beauté. *L'**esthéticienne** lui a donné des conseils pour se maquiller.*

esthétique (adjectif) Qui est beau et décoratif. *La nouvelle coiffure de Gaëlle est très **esthétique**.*
■ **esthétique** (nom féminin) Caractère esthétique. *Cette nouvelle voiture a une **esthétique** parfaite.*

estimable (adjectif) Qui est digne d'estime. *C'est un homme très **estimable** par les services qu'il a rendus à tous.* (Syn. **respectable.**)

estimation (nom féminin) Synonyme d'évaluation. *Après l'incendie, l'assurance a effectué une **estimation** des dégâts.*

estime (nom féminin) Bonne opinion que l'on a d'une personne. *Victor est un garçon travailleur et honnête, j'ai beaucoup d'**estime** pour lui.*

estimer (verbe) (conj. 3) **1** Avoir de l'estime pour quelqu'un. *Noémie est une amie sincère et fidèle que j'**estime** beaucoup.* (Syn. **apprécier, respecter.**) **2** Synonyme d'évaluer. *L'expert **a estimé** le prix du tableau à plusieurs millions.* **3** Avoir un jugement ou une idée sur quelque chose. ***J'estime** que tu es trop jeune pour sortir seule le soir. Il peut **s'estimer** satisfait d'avoir des enfants aussi bien élevés.* (Syn. **considérer, penser.**)
★ Famille du mot : esti**mable**, estim**ation**, estime, **ines**ti**mable**, **mésestimer**, **sous**-estimer, **sur**estimer.

estival, ale, aux (adjectif) D'été. *C'est l'automne, mais nous avons encore un temps **estival**.*

estivant, ante (nom) Personne qui passe ses vacances d'été dans un lieu. *Dès la fin du mois de juin, les **estivants** affluent dans le Midi.*

estocade (nom féminin) **1** Coup donné avec la pointe de l'épée. *Le chevalier porta l'**estocade**.* **2** Au sens figuré, attaque verbale décisive. *L'**estocade** réussit là où les médisances avaient échoué.*

estomac (nom masculin) Partie du tube digestif en forme de poche, située entre l'œsophage et l'intestin. *Il digère mal, il a mal à l'**estomac**.* • **Avoir l'estomac dans les talons** : dans la langue familière, avoir très faim.

estomaquer (verbe) (conj. 3) Frapper d'étonnement, dans la langue familière. *La nouvelle **a estomaqué** Ibrahim.*

s'estomper (verbe) (conj. 3) Devenir de plus en plus flou. *Les contours de la montagne **s'estompent** dans le brouillard.* (Contr. **se détacher.**)

estonien, enne → tableau p. 6/7.

estourbir (verbe) (conj. 11) Frapper quelqu'un de manière à l'étourdir. *Un coup sur la tête a **estourbi** le malfaiteur.* (Syn. **assommer.**)

estrade (nom féminin) Plancher surélevé par rapport au niveau du sol. *On a installé une **estrade** sur la place pour le concert de ce soir.*

estragon (nom masculin) Plante aromatique. *Maman met une branche d'**estragon** dans la bouteille de vinaigre.*

s'estropier (verbe) (conj. 10) Se blesser très gravement. *Odile a failli **s'estropier** en tombant d'un rocher.*

estuaire (nom masculin) Embouchure large et profonde d'un fleuve. *La Seine rejoint la Manche par un vaste **estuaire** sur lequel se trouve le port du Havre.*

esturgeon (nom masculin) Gros poisson de mer qui remonte les fleuves pour y pondre ses œufs. *Avec les œufs d'**esturgeon**, on prépare le caviar.*

et (conjonction) Sert à relier deux mots ou deux groupes de mots. *Je voudrais du pain **et** du chocolat. Il a joué **et** il a perdu.*

êta (nom masculin) Septième lettre (η, H) de l'alphabet grec.

étable (nom féminin) Bâtiment où l'on abrite les vaches.

établi (nom masculin) Table de travail de certains artisans. *L'**établi** d'un menuisier, d'un serrurier.*

établir (verbe) (conj. 11) **1** Installer quelque chose, le mettre en place. *Les randonneurs **ont établi** leur bivouac près de la source.* **2** Mettre au point l'organisation de quelque chose. ***Établir** une liste, un programme.* **3** Faire la preuve de quelque chose. *C'est une vérité bien **établie**.* (Syn. **démontrer, prouver.**) **4 S'établir** : s'installer dans un endroit pour y vivre. *Nos cousins sont partis **s'établir** en province.*

établissement (nom masculin) **1** Action d'établir ou de s'établir. *On a prévu l'**établissement** d'un passage souterrain pour les piétons.* (Syn. **installation.**) **2** Bâtiment destiné à certaines activités. *Le collège est un **établissement** d'enseignement.*

étage (nom masculin) **1** Chaque niveau d'un bâtiment au-dessus du rez-de-chaussée. *William* *habite au cinquième **étage** de l'immeuble.* **2** Chaque élément superposé d'un ensemble. *Ariane 4 est une fusée à trois **étages**.*

s'**étager** (verbe) (conj. 5) Être disposé en étages, les uns au-dessus des autres. *Les terrasses couvertes d'oliviers **s'étagent** au flanc de la colline.*

étagère (nom féminin) Planche horizontale fixée au mur. *Elle a verni les **étagères** de la bibliothèque.*

étai (nom masculin) Poutre en bois ou en métal qui sert à étayer. *Ce vieux mur est soutenu par un **étai**.*

étain (nom masculin) Métal grisâtre et malléable. *Autrefois, on se servait de vaisselle en **étain**.*

étal, als (nom masculin) **1** Table servant à débiter la viande, dans une boucherie. *Le quartier de bœuf est sur l'**étal**.* **2** Table servant à exposer des marchandises dans un marché. *Les promeneurs admirent les **étals** chargés de fruits, de légumes, de viandes et poissons.*

étalage (nom masculin) Ensemble de marchandises exposées pour être vendues. *Les passants s'arrêtent devant l'**étalage** du brocanteur.*

étalagiste (nom) Personne qui dispose les marchandises dans les vitrines des magasins.

étalement (nom masculin) Fait d'étaler dans le temps. *L'**étalement** des travaux se fera sur deux ans.*

étaler (verbe) (conj. 3) **1** Disposer des choses à plat sur une surface. *Xavier **a étalé** ses photos sur la table pour les montrer à Sarah.* **2** Étendre en couche fine. *Ursula **étale** du beurre sur sa tartine.* **3** Répartir sur une certaine période. *Vous pouvez **étaler** le paiement de ce téléviseur sur six mois.* **4** Montrer avec insistance pour se faire remarquer. *Elle **étale** sa richesse même devant les plus pauvres.* (Syn. **exhiber**.) **5** S'étaler : synonyme familier de tomber. *David **s'est étalé** sur le trottoir en glissant sur le verglas.*
★ Famille du mot : étal, étal**age**, étal**agiste**, étal**ement**.

étalon (nom masculin) **1** Cheval mâle que l'on élève pour la reproduction. **2** Modèle qui sert d'unité de mesure. *Ce manche à balai nous servira d'**étalon** pour mesurer la cour.*

étalonner (verbe) (conj. 3) **1** Vérifier une mesure par rapport à celle d'un modèle. ***Étalonner** une balance.* **2** Graduer un instrument conformément à une référence légale.

étamine (nom féminin) Organe mâle d'une fleur, où se forme le pollen. *L'abeille se pose au cœur d'une fleur et se couvre du pollen des **étamines**.*

étanche (adjectif) Qui ne laisse passer ni l'eau ni l'air. *Sa montre de plongée est totalement **étanche**.*

étanchéité (nom féminin) Caractère de ce qui est étanche. *Il faudrait vérifier l'**étanchéité** de la barque avant de la mettre à l'eau.*

étancher (verbe) (conj. 3) Arrêter l'écoulement d'un liquide. *Les marins ont réussi à **étancher** la voie d'eau dans la cale du bateau.* • Étancher sa soif : boire jusqu'à être complètement désaltéré.
★ Famille du mot : étanche, étanch**éité**.

étang (nom masculin) Étendue d'eau plus petite qu'un lac. *On a asséché l'**étang** pour le nettoyer.*

étape (nom féminin) **1** Lieu où l'on s'arrête au cours d'un voyage. *Durant le voyage, nous ferons une **étape** pour déjeuner.* (Syn. **halte**.) **2** Distance entre deux arrêts. *La dernière **étape** du Tour de France se termine sur les Champs-Élysées, à Paris.* **3** Période de temps. *Nous réaliserons ces travaux en plusieurs **étapes**.* • Brûler les étapes : progresser très vite ou trop vite.

① **état** (nom masculin) **1** Situation dans laquelle se trouve une personne. *L'**état** de ce malade s'améliore.* **2** Situation ou aspect d'une chose. *Il porte des vêtements en mauvais **état**. Quand la température monte, la glace passe de l'**état** solide à l'**état** liquide.* • État civil : nom, prénom, date et lieu de naissance d'une personne.

② **État** (nom masculin) Territoire qui rassemble toute une population sous un même gouvernement. *La France est un **État** de l'Europe de l'Ouest.* (Syn. **nation, pays**.) • Coup d'État : action violente pour s'emparer du pouvoir.

étatiser (verbe) (conj. 3) Placer sous l'administration de l'État. *Certains secteurs industriels ont été **étatisés**.*

état-major (nom masculin) Groupe d'officiers qui conseillent un chef militaire. *Le général a convoqué son **état-major**.*
► Pluriel : des **états-majors**.

étau, aux (nom masculin) Instrument composé de deux mâchoires qui se resserrent sur un objet. *Pour limer la clé, le serrurier la bloque dans un **étau**.*

étayer (verbe) (conj. 7) Soutenir à l'aide d'étais. ***Étayer** un plafond qui s'effondre.*

etc. (adverbe) Et tout le reste. *Sa valise était bourrée de pantalons, de chemises, de chaussettes, **etc**.*
► Prononciation [ɛtseteʀa].
★ etc. vient du latin *et cetera* qui signifie « et les autres choses ».

été (nom masculin) Saison la plus chaude de l'année, entre le printemps et l'automne.

éteindre (verbe) (conj. 35) **1** Faire cesser de brûler. ***Éteindre** un incendie, un feu. Le feu commence à **s'éteindre**.* **2** Arrêter ce qui fonctionne à l'électricité. ***Éteindre** la lumière. **Éteindre** une lampe.* (Contr. **allumer**.) **3** S'éteindre : au sens figuré, mourir. *Le jeune homme blessé **s'est éteint** pendant son transport à l'hôpital.*

éteint, éteinte (adjectif) Qui a perdu sa force ou son éclat. *Un regard **éteint**. Parler d'une voix **éteinte**.*

étendard (nom masculin) Sorte de drapeau.

étendre (verbe) (conj. 31) **1** Déplier sur toute sa surface. *Maman **étend** les serviettes pour les faire sécher.* **2** Allonger une personne. *Les sauveteurs **ont étendu** les blessés sur des brancards.* **3** Agrandir ou augmenter quelque chose. *Il **a étendu** son domaine en achetant le champ de son voisin.*

a b c d e f g h i j k l m n o p q r s t u v w x y z

4 Diminuer la concentration d'un liquide. *Elle boit du vin* ***étendu*** *d'eau.* **5 S'étendre** : occuper un espace. *Un village* ***s'étend*** *au pied de la colline.* **6 S'étendre** : se développer ou devenir plus important. *L'épidémie de grippe* ***s'étendit*** *dans tout le pays.* (Syn. **se propager, se répandre.**)
★ Famille du mot : étend**u**, étend**ue**.

étendu, ue (adjectif) Qui couvre une grande surface. *Le désert représente une partie* ***étendue*** *de ce pays.*

étendue (nom féminin) **1** Surface occupée par quelque chose. *Toute l'****étendue*** *du domaine est couverte par la forêt.* **2** Importance de quelque chose. *On n'a pas encore mesuré l'****étendue*** *des dégâts.*

éternel, elle (adjectif) **1** Qui n'a ni commencement ni fin. *Dans la religion chrétienne, Dieu est* ***éternel.*** **2** Qui se répète sans cesse. *Elle m'énerve avec ses* ***éternels*** *reproches.* (Syn. **continuel, perpétuel.**) • **Neiges éternelles** : neiges des hauts sommets qui ne fondent jamais.
★ Famille du mot : éternelle**ment**, s'éterni**ser**, éterni**té**.

éternellement (adverbe) De façon éternelle. *Il raconte* ***éternellement*** *les mêmes histoires depuis 20 ans.* (Syn. **continuellement, perpétuellement.**)

s'**éterniser** (verbe) (conj. 3) Durer trop longtemps. *Cette réunion* ***s'éternise.***

éternité (nom féminin) **1** Ce qui est éternel. *L'****éternité*** *de Dieu.* **2** Durée qui semble très longue. *Il ne m'a pas téléphoné depuis une* ***éternité.***

éternuement (nom masculin) Fait d'éternuer. *Benjamin a une allergie au pollen qui provoque des crises d'****éternuement.***

éternuer (verbe) (conj. 3) Expulser brusquement et bruyamment de l'air par le nez et la bouche. *Anna a un rhume, elle n'arrête pas d'****éternuer.***

étêter (verbe) (conj. 3) **1** Couper la cime d'un arbre. (Syn. **écimer.**) **2** Couper la tête de. *J'ai demandé au poissonnier d'****étêter*** *le poisson.*

éthane (nom masculin) Gaz combustible. *Le gaz naturel contient de l'****éthane.***

éther (nom masculin) Liquide désinfectant à l'odeur très forte.

éthéré, ée (adjectif) **1** De la nature de l'éther. *Dans le couloir de l'hôpital flottait une odeur* ***éthérée.*** **2** Au sens figuré, très pur. *Le poète chante les sentiments* ***éthérés.***

éthiopien, enne → tableau p. 6 / 7.

éthique (nom féminin) **1** Science des mœurs et de la morale. **2** Règles de morale. *Je refuse toujours les dessous-de-table, c'est une question d'****éthique.*** • **Éthique médicale** : étude des problèmes moraux que pose la recherche médicale, génétique.
▪ **éthique** (adjectif) Qui concerne la morale. *Le respect des principes* ***éthiques.***

ethnie (nom féminin) Groupe d'êtres humains parlant la même langue et ayant la même culture.
★ Famille du mot : ethnologie, ethnologue.

ethnique (adjectif) Qui se rapporte à une ethnie. *L'étude des caractères* ***ethniques.*** • **Purification ou nettoyage ethnique** : fait de déplacer les populations d'origine différente de celle des autochtones et installées de façon plus récente sur le territoire.

ethno- Élément venant du grec *ethnos* qui signifie « peuple » (exemple : *ethnologie*).

ethnologie (nom féminin) Science qui étudie les peuples, leur mode de vie, leur culture.

ethnologue (nom) Spécialiste d'ethnologie.

éthylène (nom masculin) Gaz incolore, peu odorant, composé de carbone et d'hydrogène. *On fabrique des matières plastiques, des textiles synthétiques avec des dérivés de l'****éthylène.***

éthylique (adjectif) Provoqué par une trop grande consommation d'alcool. *Le malade est décédé à la suite d'un coma* ***éthylique.*** • **Alcool éthylique** : alcool ordinaire.
▪ **éthylique** (nom) Personne alcoolique.

éthylomètre (nom masculin) Appareil permettant de relever le taux d'alcoolémie dans le sang. (Syn. **alcootest.**)

étiage (nom masculin) Niveau moyen le plus bas d'un cours d'eau. *La rivière est tombée au-dessous de l'****étiage.***

étincelant, ante (adjectif) Qui étincelle. *La neige* ***étincelante*** *de blancheur nous fait mal aux yeux.* (Syn. **scintillant.**)

étinceler (verbe) (conj. 8 ou 9) Briller d'un éclat très vif. *Les lames des épées* ***étincelaient*** *au soleil.* (Syn. **scintiller.**)

étincelle (nom féminin) **1** Petite parcelle incandescente. *Le soudeur porte des lunettes spéciales pour protéger ses yeux des* ***étincelles.*** **2** Petit éclair. *Quand les deux fils électriques se sont touchés, j'ai vu une* ***étincelle.*** • **Faire des étincelles** : se montrer brillant dans son action.
★ Famille du mot : étincel**ant**, étincel**er**.

s'**étioler** (verbe) (conj. 3) S'affaiblir et se rabougrir. *Privées d'eau, les plantes* ***s'étiolent.***

étiologie (nom féminin) **1** Recherche des causes des maladies. *Le laboratoire d'****étiologie*** *d'un hôpital.* **2** Ensemble de ces causes. *L'****étiologie*** *de cette maladie est mal connue.*

étique (adjectif) Extrêmement maigre. *Sur les routes marchent des malheureux que la famine a rendus* ***étiques.*** (Syn. **décharné.** Contr. **gras.**)

étiqueter (verbe) (conj. 8 ou 9) Mettre une étiquette sur un objet. *Le cuisinier* ***a étiqueté*** *les bocaux de confit d'oie.*

étiquette (nom féminin) **1** Petite fiche que l'on fixe sur un objet. *Le prix du blouson est indiqué sur l'****étiquette.*** **2** Ensemble de règles à respecter pendant une cérémonie officielle. (Syn. **protocole.**)

étirer (verbe) (conj. 3) **1** Allonger en tirant. *La cuisinière pétrit la pâte et l'**étire** pour garnir le moule.* **2** **S'étirer** : se détendre en allongeant les bras et les jambes. *La chatte **s'étire** en bâillant.*

étoffe (nom féminin) Synonyme de tissu. *Zoé a acheté une **étoffe** à petites fleurs pour faire des rideaux.* • **Avoir de l'étoffe** : avoir un grand talent, beaucoup de personnalité.

étoffer (verbe) (conj. 3) Développer pour améliorer. *Tu devrais **étoffer** ton histoire en donnant plus de détails.*

étoile (nom féminin) **1** Astre qui brille la nuit dans le ciel. *À la nuit tombée, on voyait scintiller les premières **étoiles**.* **2** Dessin géométrique à plusieurs pointes. *Chacune des **étoiles** du drapeau américain représente un État de ce pays.* **3** Artiste célèbre. *Le festival de Cannes rassemble les **étoiles** du cinéma mondial.* (Syn. **star, vedette.**) • **Dormir à la belle étoile** : en plein air. • **Étoile de mer** : animal marin qui a la forme d'une étoile à cinq branches. • **Étoile filante** : synonyme de météore.

étoilé, ée (adjectif) Parsemé d'étoiles. *Ils ont dormi sous un ciel **étoilé**.*

étole (nom féminin) **1** Large bande ornée de croix portée par le prêtre et l'évêque dans certaines circonstances. **2** Large écharpe de fourrure. *La jeune femme portait sur ses épaules une magnifique **étole** de vison.*
★ **Étole** vient du grec *stolê* qui signifie « longue robe ».

étonnamment (adverbe) De façon étonnante. *Il paraît **étonnamment** jeune pour son âge.*

étonnant, ante (adjectif) Qui étonne. *Ce savant a fait des découvertes **étonnantes**.* (Syn. **surprenant.**)

étonnement (nom masculin) Fait d'être étonné. *À mon grand **étonnement**, j'ai appris qu'elle avait déménagé.* (Syn. **surprise.**)

étonner (verbe) (conj. 3) **1** Causer de la surprise. *Son brusque départ nous **a étonnés**.* (Syn. **surprendre.**) **2** **S'étonner** : trouver bizarre, surprenant. *Je **m'étonne** de le voir si calme.*
★ Famille du mot : étonn**amment**, étonn**ant**, étonne**ment**.
★ **Étonner** vient du latin *attonare* qui signifie « frapper par la foudre ».

étouffant, ante (adjectif) Qui provoque une sensation d'étouffement. *Il fait une chaleur **étouffante**.* (Syn. **suffocant.**)

étouffe-chrétien (nom masculin) Mets difficile à avaler à cause de sa consistance farineuse, épaisse. *Son gâteau raté est un véritable **étouffe-chrétien** !*
► Pluriel : des **étouffe-chrétiens**.

à l'**étouffée** (adverbe) Dans un récipient fermé. *Des légumes cuits **à l'étouffée**.* (Syn. **à l'étuvée.**)

étouffement (nom masculin) Fait d'étouffer. *Cet **étouffement** est dû à une crise d'asthme.* (Syn. **asphyxie.**)

étouffer (verbe) (conj. 3) **1** Avoir du mal à respirer. *On **étouffe** dans cette pièce enfumée !* **2** Faire mourir en privant d'air. *Le python **étouffe** ses proies avant de les avaler.* **3** Rendre moins fort, moins sonore. *Un tapis épais **étouffait** le bruit de nos pas.* (Syn. **atténuer.**) **4** Empêcher le développement de quelque chose. *Les mauvaises herbes **ont étouffé** les salades.*
★ Famille du mot : étouff**ant**, étouffe**ment**.

étoupe (nom féminin) Partie la plus grossière de la filasse de chanvre ou de lin. *Des tampons d'**étoupe** bouchaient les fissures de la vieille maison.*

étourderie (nom féminin) Inattention ou manque de réflexion. *Yann fait beaucoup de fautes par **étourderie**.* (Syn. **distraction.**)

étourdi, ie (adjectif et nom) Qui agit avec étourderie. *Élodie est **étourdie** au point d'oublier tous ses rendez-vous. Cet **étourdi** a oublié de poster ma lettre.*
★ Famille du mot : étourd**erie**, étourdi**ment**.

étourdiment (adverbe) De façon étourdie. *Clément a répondu **étourdiment**.*

étourdir (verbe) (conj. 11) **1** Faire presque perdre connaissance à quelqu'un. *Il **a étourdi** sa victime d'un coup sur la tête.* (Syn. **assommer.**) **2** Donner une sensation d'étourdissement. *Son bavardage continuel nous **étourdit**.*
★ Famille du mot : étourdiss**ant**, étourdisse**ment**.

étourdissant, ante (adjectif) Qui étourdit. *Dans cette rue, le bruit des camions est **étourdissant**.*

étourdissement (nom masculin) Malaise passager qui donne l'impression de s'évanouir. *Il a eu un **étourdissement** dû à la fatigue.* (Syn. **vertige.**)

étourneau, eaux (nom masculin) Oiseau au plumage brun tacheté de blanc.

étrange (adjectif) Qui intrigue par son caractère mystérieux ou inhabituel. *Un inconnu nous a croisés en nous jetant un regard **étrange**.* (Syn. **bizarre, curieux.** Contr. **ordinaire.**)

étrangement (adverbe) De manière étrange. *David est **étrangement** calme aujourd'hui, j'espère qu'il n'est pas malade.* (Syn. **bizarrement.**)

étranger, ère (adjectif) **1** Qui est d'un autre pays. *Des touristes **étrangers**. Parler une langue **étrangère**.* **2** Qui n'est pas concerné par quelque chose. *Je tiens à rester **étranger** à votre dispute.*
▪ **étranger, ère** (nom) Personne d'un autre pays, d'une autre nationalité. *Beaucoup d'**étrangers** viennent passer leurs vacances en France.*
▪ **étranger** (nom masculin) Pays étranger. *Ils ont décidé d'aller vivre à l'**étranger**.*

étranglement (nom masculin) **1** Action d'étrangler quelqu'un. *La victime est morte par **étranglement**.* **2** Endroit resserré. *La circulation est ralentie à cause d'un **étranglement** de la route.*

étrangler (verbe) (conj. 3) **1** Tuer quelqu'un en lui serrant le cou. *Arrête de me serrer le cou, tu vas*

a b c d e f g h i j k l m n o p q r s t u v w x y z

m'étrangler ! **2** **S'étrangler** : perdre momentanément la respiration. *Il a failli **s'étrangler** en avalant de travers.*

étrave (nom féminin) Partie avant de la coque d'un bateau. *L'**étrave** du navire fendait les flots.*

① **être** (verbe) (conj. 2) **1** Se trouver dans un certain endroit. *Ibrahim **est** dans la cour. Mon stylo **est** dans ma poche.* **2** Se trouver dans un certain état ou avoir telle qualité. *Mon petit frère **est** brun. Cette robe **est** rouge. Mon voisin **est** mécanicien.* **3** Appartenir à quelqu'un. *Cette maison **est** à ma grand-mère.*

▶ **Être** est également employé comme auxiliaire pour conjuguer les verbes aux temps composés et au passif (exemples : *Il est venu. Il a été récompensé*).

② **être** (nom masculin) Tout ce qui est vivant. *Les hommes, les femmes, les enfants sont des **êtres** humains. Les animaux sont des **êtres** vivants.*

étreindre (verbe) (conj. 35) Serrer très fort. *Elle **a étreint** son enfant en le retrouvant.*

étreinte (nom féminin) Action d'étreindre. *Le serpent resserrait son **étreinte** pour étouffer sa proie.*

étrenner (verbe) (conj. 3) Se servir d'une chose pour la première fois. ***Étrenner** un vêtement neuf.*

étrennes (nom féminin pluriel) Cadeau offert pour le jour de l'an.

étrier (nom masculin) Anneau qui pend de chaque côté de la selle pour caler les pieds du cavalier.

étrille (nom féminin) **1** Brosse formée de lames dentelées, servant à nettoyer la robe des chevaux. *Les enfants pansent les poneys avec des **étrilles**.* **2** Petit crabe brun comestible aux pattes postérieures aplaties. *Nous avons mangé une délicieuse soupe d'**étrilles**.*

étriper (verbe) (conj. 3) **1** Ôter les tripes à. *Le boucher **a étripé** un veau.* (Syn. **vider**.) **2** **S'étriper** : s'agresser violemment par la parole ou par les gestes. *Les deux députés **se sont** littéralement **étripés** sur les bancs de l'assemblée.*

étriqué, ée (adjectif) Qui est trop étroit ou trop serré. *Kevin porte des vêtements **étriqués**.* (Contr. **ample**.)

étroit, étroite (adjectif) **1** Qui est de faible largeur. *Il vaut mieux avancer en file indienne dans ce passage **étroit**.* (Contr. **large**.) **2** Qui manque de tolérance. *Il a l'esprit trop **étroit** pour accepter les idées des autres.* (Syn. **borné, sectaire**. Contr. **large**.) **3** Qui unit fortement des personnes. *Il a gardé des relations **étroites** avec ses cousins.* • **À l'étroit** : dans un espace trop petit. *Être **à l'étroit** dans ses chaussures.*

★ Famille du mot : étroit**ement**, étroit**esse**.

étroitement (adverbe) De très près. *L'aérogare est toujours **étroitement** surveillée par des caméras.* (Syn. **strictement**.)

étroitesse (nom féminin) Caractère de ce qui est étroit. *Il est impossible de doubler à cause de l'**étroitesse** de la route.* (Contr. **largeur**.) • **Étroitesse d'esprit** : caractère borné, mesquin.

étude (nom féminin) **1** Activité visant à apprendre, à connaître. *L'**étude** du solfège lui prend beaucoup de temps.* **2** Ouvrage sur un sujet. *Ce scientifique prépare une **étude** sur les allergies.* (Syn. **essai**.) **3** Temps passé à l'école en dehors des heures de classe, pour apprendre ses leçons. *Rester à l'**étude**.* **4** Lieu de travail d'un notaire.

▪ **études** (nom féminin pluriel) Enseignement que l'on suit pour obtenir un diplôme. *Son frère fait des **études** d'histoire à l'université.*

étudiant, ante (nom) Personne qui fait des études à l'université. *La cousine de Fatima est **étudiante** en droit.*

étudier (verbe) (conj. 10) **1** Chercher à acquérir certaines connaissances. ***Étudier** l'histoire, le piano.* **2** Réfléchir ou observer pour comprendre. *Des médecins **étudient** cette maladie pour tenter de la guérir.*

★ Famille du mot : étude, étudi**ant**.

étui (nom masculin) Contenant d'une forme adaptée à l'objet qu'il protège. *Un **étui** à lunettes.*

étuve (nom féminin) Pièce où il fait très chaud. *L'hiver on gèle dans cette pièce, mais l'été c'est une **étuve**.*

à l'**étuvée** (adverbe) Synonyme de à l'étouffée.

étymologie (nom féminin) Origine d'un mot. *L'**étymologie** du mot « espace » est le mot latin « spatium » qui signifie « champ de courses ».*

eu, eue Voir ***avoir***.

eucalyptus (nom masculin) Grand arbre originaire d'Australie, aux feuilles odorantes. *Le koala se nourrit de feuilles d'**eucalyptus**.*

▶ Prononciation [økaliptys].

eucaryote (adjectif et nom masculin) Qualifie les êtres vivants dont les cellules possèdent un noyau structuré.

eucharistie (nom féminin) Sacrement qui, pour les chrétiens, rappelle le sacrifice de Jésus-Christ.

▶ Prononciation [økaʀisti].

euclidien, enne (adjectif) D'Euclide et de sa méthode. *La géométrie **euclidienne**.*

eugénisme (nom masculin) **1** Discipline qui étudie les méthodes visant à améliorer le capital génétique de l'espèce humaine. **2** Attitude philosophique qui accorde une valeur essentielle à l'amélioration génétique de l'espèce humaine et entend s'en donner les moyens quels qu'ils soient. *L'**eugénisme** se heurte à des obstacles d'ordre moral, religieux et social.*

euh ! (interjection) Sert à marquer l'hésitation. *Tu n'as rien oublié ? – **Euh** ! Je ne pense pas.*

eunuque (nom masculin) Homme castré auquel était confiée la garde des femmes dans les harems. *Les **eunuques** et le sultan étaient les seuls hommes à pénétrer dans le harem.*

★ **Eunuque** vient du grec *eunoukhos* qui signifie « qui garde le lit des femmes ».

euphémisme (nom masculin) Façon de parler qui adoucit ce que l'on veut dire. *Dire « il nous a quittés » au lieu de « il est mort » est un* ***euphémisme****.*

euphonique (adjectif) **1** Qui concerne l'harmonie des sons musicaux. **2** Qui concerne l'harmonie des sons dans le mot ou d'un mot à l'autre. *Dans « a-t-elle dormi ? » le « t » est* ***euphonique****.*

euphorie (nom féminin) Sentiment de bien-être complet. *Dans l'****euphorie*** *de la victoire, il pleurait et riait à la fois.* (Contr. **angoisse.**)

euphorique (adjectif) Qui est dans un état d'euphorie. *Il est* ***euphorique*** *à l'idée de partir en voyage sur un voilier.*

euphorisant, ante (adjectif) Qui provoque l'euphorie. *Nous avons vu un spectacle* ***euphorisant****.* ■ **euphorisant** (nom masculin) Substance qui donne une impression de bien-être et d'allégresse. *Elle a abusé des* ***euphorisants****.*

eurasien, enne (adjectif et nom) Se dit d'un métis dont l'un des parents est européen et l'autre asiatique.

eurêka (interjection) Exprime que l'on vient de trouver subitement une solution, que l'on a une inspiration soudaine. ***Eurêka*** *! j'ai tout compris !*
★ **Eurêka** est un mot grec qui signifie « j'ai trouvé », attribué au physicien Archimède lorsqu'il découvrit, au bain, la loi de la poussée des fluides.

euro (nom masculin) Unité monétaire de l'Union européenne.

eurodéputé, ée (nom) Membre du parlement européen.

① **européen, enne** → tableau p. 6 / 7.

② **européen** (nom masculin) Race de chat très commun, appelé aussi « chat de gouttière ».

euthanasie (nom féminin) Mort provoquée pour abréger les souffrances d'un malade incurable. *La pratique de l'****euthanasie*** *est illégale en France.*

eux (pronom) Pronom personnel de la troisième personne, pluriel de *lui*. ***Eux****, ils sont contents. C'est à* ***eux*** *de jouer.*

évacuation (nom féminin) Action d'évacuer. *L'****évacuation*** *des blessés s'est faite par hélicoptère.*

évacuer (verbe) (conj. 3) **1** Quitter un endroit. *Les clients* ***ont évacué*** *le magasin à cause d'une alerte à la bombe.* **2** Faire sortir ou faire partir. *On* ***a évacué*** *la population civile hors de la zone des combats.*

s'**évader** (verbe) (conj. 3) S'enfuir d'un endroit où on est retenu prisonnier. *Plusieurs otages ont réussi à* ***s'évader****.* (Syn. **s'échapper, se sauver.**)

évaluation (nom féminin) Action d'évaluer. *Le garagiste a donné une* ***évaluation*** *du prix des réparations.* (Syn. **estimation.**)

évaluer (verbe) (conj. 3) Déterminer la valeur de quelque chose. *On* ***évalue*** *les dégâts des inondations à plusieurs millions d'euros.* (Syn. **estimer.**)

évanescent, ente (nom féminin) **1** Qui disparaît, s'efface petit à petit. *Une sensation* ***évanescente****.* (Contr. **durable.**) **2** Qui apparaît fugitivement et de façon imprécise. *Nous crûmes apercevoir une forme* ***évanescente****.*
★ **Évanescent** vient du latin *evanescere* qui signifie « s'évanouir ».

évangélique (adjectif) **1** Qui concerne l'Évangile ou est conforme à l'Évangile. *Le respect de la morale* ***évangélique****.* **2** De religion protestante. *L'Église* ***évangélique****.*

évangéliser (verbe) (conj. 3) Enseigner l'Évangile. *Des missionnaires* ***ont évangélisé*** *cette région.*

évangéliste (nom masculin) **1** Apôtre auteur d'un des Évangiles. *Les quatre* ***évangélistes****.* **2** Membre de l'église protestante.

Évangile (nom masculin) **1** Doctrine de Jésus-Christ. *Au catéchisme, le prêtre apprend l'****Évangile*** *aux enfants.* **2** Texte de la Bible qui contient cette doctrine.
★ Famille du mot : évangél**ique**, évangél**iser**, évangél**iste**.

s'**évanouir** (verbe) (conj. 11) **1** Perdre connaissance. *Épuisé et affamé, il* ***s'est évanoui****.* **2** Se dissiper et disparaître. *À la vue des sauveteurs, leurs craintes* ***se sont évanouies****.*

évanouissement (nom masculin) Fait de s'évanouir. *Son* ***évanouissement*** *n'a duré que quelques secondes.*

évaporation (nom féminin) Fait de s'évaporer. *La formation des nuages se fait par* ***évaporation*** *de l'eau.*

s'**évaporer** (verbe) (conj. 3) Se transformer en vapeur. *L'éther* ***s'évapore*** *à basse température.* (Syn. **se volatiliser.**)

évasé, ée (adjectif) Qui va en s'élargissant. *Les manches de cette veste sont* ***évasées*** *aux poignets.*

évasif, ive (adjectif) Qui reste dans le vague. *Je lui avais demandé une réponse précise mais il est resté très* ***évasif****.* (Contr. **catégorique, net, précis.**)

évasion (nom féminin) Action de s'évader. *Les malfaiteurs ont organisé l'****évasion*** *de leur complice.*

évêché (nom masculin) Résidence d'un évêque.

éveil (nom masculin) • **Donner l'éveil :** mettre en garde. *Des bruits suspects nous* ***ont donné l'éveil****.* • **En éveil :** attentif, sur ses gardes.

éveillé, ée (adjectif) Qui a l'esprit vif. *C'est un bébé très* ***éveillé*** *pour son âge.*

éveiller (verbe) (conj. 3) **1** Synonyme de réveiller. *Il* ***s'éveille*** *au moindre bruit.* **2** Provoquer un sentiment, une attitude. *Tout ce remue-ménage* ***a éveillé*** *notre attention.*
★ Famille du mot : éveil, éveill**é**.

évènement (nom masculin) Ce qui se produit et qui a une certaine importance. *Des* ***évènements*** *inattendus ont perturbé nos vacances.*
► On écrit aussi **événement**.

éventail (nom masculin) Objet pliant que l'on agite près du visage pour s'éventer.

éventaire (nom masculin) Étalage de marchandises à l'extérieur d'un magasin. *Le 1er mai, des vendeurs de muguet installent leurs **éventaires** dans la rue.*

s'**éventer** (verbe) (conj. 3) **1** Agiter l'air pour se rafraîchir. *Dans le car, les voyageurs **s'éventaient** avec leur journal.* **2** Perdre son goût au contact de l'air. *Si le flacon n'est pas bouché, ton parfum va **s'éventer**.*

éventrer (verbe) (conj. 3) Ouvrir en déchirant. *En **éventrant** un matelas, les policiers ont découvert les bijoux volés.*

éventualité (nom féminin) Ce qui peut arriver. *Il parle de partir vivre à l'étranger, mais ce n'est encore qu'une **éventualité**.* (Syn. **possibilité**.)

éventuel, elle (adjectif) Qui est possible mais pas certain. *On a fait analyser cette eau pour détecter la présence **éventuelle** de bactéries.*

éventuellement (adverbe) De façon éventuelle. *Je vais peut-être partir quelques jours. Pourrais-tu **éventuellement** garder mon cochon d'Inde ?* (Syn. **peut-être**.)

évêque (nom masculin) Prêtre qui dirige un diocèse. *Le pape est l'**évêque** de Rome.*

s'**évertuer** (verbe) (conj. 3) Synonyme de s'escrimer. *Elle **s'évertue** à lui apprendre les bonnes manières.*

éviction (nom féminin) **1** Action de chasser quelqu'un de sa place. *Le groupe complote pour l'**éviction** de son chef.* **2** Dépossession d'une chose au bénéfice d'un tiers qui avait des droits antérieurs.

évidemment (adverbe) De façon évidente. *Viendras-tu à mon anniversaire ? – **Évidemment** !* (Syn. **bien sûr, certainement**.)

évidence (nom féminin) Chose évidente. *Cet arbre est mort, c'est une **évidence**.* • **En évidence** : d'une manière très visible. *Je laisse les clés **en évidence** sur ton bureau.* • **Se rendre à l'évidence** : admettre ce qui est évident.

évident, ente (adjectif) Qui ne fait aucun doute. *La supériorité de cette équipe est **évidente**.* (Syn. **certain, flagrant, incontestable, indiscutable, sûr**.)
★ Famille du mot : évid**emment**, évid**ence**.

évider (verbe) (conj. 3) Creuser l'intérieur d'une chose. ***Évider** des tomates pour les farcir.*

évier (nom masculin) Dans une cuisine, bassin alimenté en eau et pourvu d'un trou pour l'évacuation des eaux usées.

évincer (verbe) (conj. 4) Écarter quelqu'un d'un poste pour prendre sa place. *Il a réussi à **évincer** son principal concurrent.* (Syn. **éliminer**.)

éviscérer (verbe) (conj. 8) Enlever les viscères. *J'ai demandé au volailler d'**éviscérer** le poulet.*

éviter (verbe) (conj. 3) **1** Ne pas heurter quelqu'un ou quelque chose. *Le chien a traversé devant ma voiture mais j'ai réussi à l'**éviter**.* **2** Faire en sorte de ne pas rencontrer quelqu'un. *Il est tellement ennuyeux que j'essaie de l'**éviter**.* **3** Ne pas faire volontairement quelque chose. ***Évitez** de parler pendant le spectacle !* (Syn. **s'abstenir**.) **4** Épargner à quelqu'un une corvée, un ennui. *Je peux monter votre courrier, cela vous **évitera** un dérangement.*

évocateur, trice (adjectif) Qui évoque une image, une idée. *L'odeur **évocatrice** du chocolat chaud me rappelle mes vacances chez ma grand-mère.*

évocation (nom féminin) Fait d'évoquer un évènement. *Ces vieux amis ont beaucoup ri à l'**évocation** de leurs souvenirs.*

évolué, ée (adjectif) Qui a atteint un certain niveau. *Une civilisation **évoluée**.*

évoluer (verbe) (conj. 3) **1** Se transformer peu à peu. *L'homme **a** beaucoup **évolué** au cours des siècles.* (Syn. **se modifier, progresser**.) **2** Se déplacer en formant diverses figures. *Les voiliers **évoluent** dans la baie.*

évolution (nom féminin) **1** Fait d'évoluer. *L'**évolution** des moyens de transport a raccourci les voyages.* (Syn. **progrès**.) **2** Mouvements d'ensemble. *La foule admire les **évolutions** des avions dans le ciel.*

évolutionnisme (nom masculin) Ensemble des théories de l'évolution des espèces au cours des âges. *Le darwinisme fait partie de l'**évolutionnisme**.*

évoquer (verbe) (conj. 3) Rendre présent à l'esprit. *L'odeur des huîtres **évoque** pour moi la mer.*
★ Famille du mot : évoc**ateur**, évoc**ation**.

ex- Préfixe indiquant une situation qui existait avant. *L'**ex-**Président accueille le nouveau Président à l'Élysée.*

exacerber (verbe) (conj. 3) Rendre plus vif. *Ce long retard **a exacerbé** la colère des voyageurs.* (Contr. **apaiser, atténuer, calmer**.)

exact, exacte (adjectif) **1** Qui est conforme à la réalité ou à la vérité. *Le récit de ce témoin est **exact**.* (Contr. **approximatif**.) **2** Qui ne comporte pas d'erreur. *Ton addition est **exacte**.* (Syn. **correct, juste**. Contr. **faux, inexact**.) **3** Qui arrive à l'heure fixée. *Rendez-vous devant l'hôtel de ville à huit heures, soyez **exacts** !* (Syn. **ponctuel**.)
★ Famille du mot : exact**ement**, exact**itude**, **in**exact, **in**exact**itude**.

exactement (adverbe) De façon exacte. *L'avion a **exactement** dix minutes de retard.*

exaction (nom féminin) Action d'exiger plus qu'il n'est dû. *Le fonctionnaire est accusé d'**exaction** et d'abus de pouvoir.*
▪ **exactions** (nom féminin pluriel) Sévices, violences exercées sur quelqu'un. *Les **exactions** commises par une dictature.*

exactitude (nom féminin) **1** Qualité d'une chose exacte. *Les prévisions de la météo étaient d'une par-*

faite ***exactitude*** *: il neige !* **2** Qualité d'une personne exacte. *Hélène arrivera à l'heure, je connais son* ***exactitude****.* (Syn. **ponctualité.**)

ex æquo (adverbe) À égalité, pour des concurrents. *Et voici la question subsidiaire pour départager nos deux candidats classés* ***ex æquo****.*
▶ Prononciation [ɛgzeko].

exagération (nom féminin) Fait d'exagérer. *Il y a toujours une grande part d'****exagération*** *dans ce que raconte ce vantard.*

exagérément (adverbe) De façon exagérée. *Gaëlle s'est* ***exagérément*** *parfumée.* (Syn. **excessivement, trop.**)

exagérer (verbe) (conj. 8) **1** Présenter les choses comme plus importantes qu'elles ne le sont. *Il me semble que tu* ***exagères*** *la difficulté de ce problème.* (Syn. **grossir.**) **2** Dépasser les limites de ce qui est convenable. *Il a encore oublié notre rendez-vous, je trouve qu'il* ***exagère*** *!* (Syn. **abuser.**)
★ Famille du mot : exagé**ration**, exagéré**ment**.

exaltant, ante (adjectif) Qui exalte. *Les astronautes vivent des moments extrêmement* ***exaltants****.* (Syn. **enthousiasmant.**)

exaltation (nom féminin) État d'une personne exaltée. *Les spectateurs ont accueilli le chanteur avec* ***exaltation****.*

exalter (verbe) (conj. 3) Exciter l'enthousiasme de quelqu'un. *Les paroles de cet homme politique* ***ont exalté*** *ses partisans.*

examen (nom masculin) **1** Épreuve qui est destinée à contrôler les connaissances de quelqu'un. *Préparer un* ***examen****. Passer un* ***examen****.* **2** Action d'examiner. *Le médecin procède à l'****examen*** *du malade.* (Syn. **contrôle, vérification.**)
★ Famille du mot : examina**teur**, examin**er**.

examinateur, trice (nom) Personne qui fait passer un examen. *L'****examinateur*** *interroge le premier candidat.*

examiner (verbe) (conj. 3) Observer ou étudier soigneusement. *Un expert doit* ***examiner*** *ce tableau pour vérifier s'il est authentique.*

exanthème (nom masculin) Rougeur sur la peau observée dans des maladies infectieuses. *Des* ***exanthèmes*** *accompagnent la rougeole.*

exaspération (nom féminin) État de grande irritation. *Après une heure d'attente, il était au comble de l'****exaspération****.* (Syn. **fureur.**)

exaspérer (verbe) (conj. 8) Provoquer l'exaspération de quelqu'un. *Le bruit des travaux m'****exaspère****.* (Syn. **excéder, horripiler.**)

exaucer (verbe) (conj. 4) Satisfaire une prière ou une demande. *Je suis prêt à* ***exaucer*** *tous vos désirs.*

excavation (nom féminin) Trou dans le sol. *L'explosion a creusé une profonde* ***excavation****.*

excavatrice (nom féminin) Machine qui sert à creuser le sol.

excédent (nom masculin) Quantité qui dépasse ce qui est prévu ou normal. *Vous avez un léger* ***excédent*** *de poids, un petit régime s'impose.*

excédentaire (adjectif) Qui est en excédent. *La production de céréales est* ***excédentaire*** *cette année.* (Contr. **déficitaire.**)

excéder (verbe) (conj. 8) **1** Dépasser en quantité ou en prix. *La durée du voyage* ***a excédé*** *de deux heures la durée prévue.* **2** Énerver quelqu'un au plus haut point. *Tu finis par m'****excéder*** *avec tes reproches continuels.* (Syn. **exaspérer.**)
★ Famille du mot : excéd**ent**, excédent**aire**.

excellence (nom féminin) **1** Haut niveau de perfection. *Nous avons félicité le cuisinier pour l'****excellence*** *de son repas.* **2** Titre honorifique. *Son* ***Excellence****, l'ambassadeur d'Italie.*
▶ Au sens 2, ce mot commence par une majuscule.

excellent, ente (adjectif) Qui est très bon. *Julie est* ***excellente*** *en maths et en physique.* (Syn. **remarquable.** Contr. **exécrable.**)

exceller (verbe) (conj. 3) Montrer des qualités supérieures dans un domaine. *Ce peintre* ***excelle*** *dans l'art de l'aquarelle.*
★ Famille du mot : excell**ence**, excell**ent**.

excentricité (nom féminin) Attitude excentrique. *Il se fait toujours remarquer par l'****excentricité*** *de ses cravates.* (Syn. **extravagance.**)

excentrique (adjectif) **1** Qui sort de l'ordinaire. *La tante de Myriam est une dame un peu* ***excentrique*** *qui adore élever des araignées.* **2** Qui est éloigné du centre. *Thomas habite un quartier* ***excentrique*** *loin de l'école.*

excepté (préposition) À l'exception de. *Laura aime tous les légumes* ***excepté*** *les haricots verts.* (Syn. **hormis, sauf.**)
★ Famille du mot : except**ion**, exception**nel**, exception**nellement**.

exception (nom féminin) Cas rare ou cas particulier. *Dans cette famille, tout le monde porte des lunettes, sauf Romain qui est l'****exception****.*

exceptionnel, elle (adjectif) Qui est très rare. *Il fait un froid* ***exceptionnel*** *en ce début d'été.* (Syn. **inhabituel.**)

exceptionnellement (adverbe) De façon exceptionnelle. *Aujourd'hui, on sort* ***exceptionnellement*** *de l'école à trois heures.*

excès (nom masculin) Ce qui est excessif. *Un* ***excès*** *de vitesse. Tu peux manger des chocolats, mais sans* ***excès****.*
■ **excès** (nom masculin pluriel) Action de trop manger ou de trop boire. *Aujourd'hui, j'ai fait quelques* ***excès****, mais demain je reprends mon régime.*
★ Famille du mot : excess**if**, excessive**ment**.

excessif, ive (adjectif) Qui dépasse la mesure ou les limites autorisées. *Il a payé un prix* ***excessif*** *pour ce vieux meuble.* (Syn. **abusif.** Contr. **modéré, normal.**)

a b c d e f g h i j k l m n o p q r s t u v w x y z

excessivement (adverbe) De façon excessive. *Ce restaurant est **excessivement** cher.* (Syn. **exagérément, extrêmement.**)

excipient (nom masculin) Substance à laquelle on incorpore un médicament pour qu'il soit plus facile à absorber.

exciser (verbe) (conj. 3) **1** Ôter en coupant une petite partie d'organe, une petite tumeur. *Le pédicure m'a **excisé** un cor au pied.* **2** Pratiquer l'ablation rituelle du clitoris et, parfois, des petites lèvres. *On **excise** encore les petites filles dans certaines sociétés.*
★ **Exciser** vient du latin *excidere* qui signifie « couper ».

excision (nom féminin) **1** Ablation chirurgicale d'une petite partie d'organe ou d'une petite tumeur. **2** Ablation rituelle du clitoris et parfois des petites lèvres. *On a pratiqué l'**excision** sur une petite fille.*

excitant, ante (adjectif) Qui excite, passionne. *Il a vécu mille aventures **excitantes**.*
▪ **excitant** (nom masculin) Produit qui excite, qui rend nerveux. *Le café et le thé sont des **excitants**.* (Contr. **calmant.**)

excitation (nom féminin) État de grande agitation. *L'**excitation** des enfants grandit à l'approche du départ.*

exciter (verbe) (conj. 3) **1** Faire naître ou stimuler un sentiment. *Cet exploit **a excité** l'enthousiasme de la foule.* (Syn. **éveiller, provoquer, susciter.**) **2** Rendre nerveux ou agité. *Cesse d'**exciter** le chat, il va te griffer !* (Contr. **calmer.**)
★ Famille du mot : excit**ant**, excit**ation**, **sur**excité.

exclamatif, ive (adjectif) Qui marque l'exclamation. *« Quelle chance ! » et « Quel dommage ! » sont des phrases **exclamatives**.*

exclamation (nom féminin) Paroles ou cris exprimant un sentiment très fort. *Une **exclamation** de joie, de surprise, de colère.* • **Point d'exclamation :** signe de ponctuation qui indique qu'une phrase est exclamative.

s'**exclamer** (verbe) (conj. 3) Pousser une exclamation. *« Bravo, tu as gagné ! » **s'exclama**-t-elle.* (Syn. **s'écrier.**)

exclu, ue (adjectif) Qui ne fait pas partie de la totalité, de l'ensemble. *Voici le prix du voyage, taxes d'aéroport **exclues**.* (Contr. **inclus.**)

exclure (verbe) (conj. 51) **1** Renvoyer quelqu'un d'un groupe. *L'arbitre **a exclu** un joueur pour brutalité.* **2** Ne pas admettre quelque chose. *Nous **avons exclu** la possibilité d'un voyage en avion qui coûterait trop cher.*
★ Famille du mot : exclu, exclu**sif**, exclu**sion**, exclusive**ment**, exclusiv**ité**.

exclusif, ive (adjectif) Qui appartient à quelqu'un et à lui seul. *Le président de la République a le pouvoir **exclusif** de nommer le Premier ministre.*

exclusion (nom féminin) Fait d'exclure quelqu'un. *À cause d'une bagarre, cet élève risque l'**exclusion** du lycée.* (Syn. **renvoi.**) • **À l'exclusion de :** excepté, sauf. *Ils sont tous venus, **à l'exclusion de** Romain qui était malade.*

exclusivement (adverbe) De manière exclusive. *Il a arrêté ses études pour se consacrer **exclusivement** à la musique.* (Syn. **uniquement.**)

exclusivité (nom féminin) Droit exclusif de vendre un produit, de passer un film ou de publier un texte. *Ce journal a l'**exclusivité** de ce reportage.*

excommunier (verbe) (conj. 10) **1** Infliger, de la part de l'autorité ecclésiastique, une sanction à un catholique en le séparant de la communauté des fidèles. **2** Au sens figuré, rejeter quelqu'un d'une société, d'un groupe. (Syn. **bannir.**)

excréments (nom masculin pluriel) Matières que les animaux ou les hommes rejettent par l'anus après la digestion. *Les crottes de lapin, la bouse de vache sont des **excréments**.*

excréter (verbe) (conj. 8) Évacuer les déchets hors de l'organisme. *Le malade **excrète** beaucoup de mucosités nasales.* (Syn. **éliminer, évacuer.**)

excroissance (nom féminin) Petit gonflement sur la peau. *Ces petites **excroissances** sur le dos de ta main sont sans doute des verrues.*

excursion (nom féminin) Longue promenade touristique. *Pour découvrir les curiosités de notre région, nous organisons quelques **excursions**.*

excursionniste (nom) Personne qui fait une excursion. (Syn. **randonneur.**)

excuse (nom féminin) **1** Raison qui explique et justifie la conduite de quelqu'un. *Tu ne seras pas puni pour ton retard puisque tu as une **excuse** valable.* **2** Regret exprimé envers quelqu'un pour une faute. *Je vous prie d'accepter toutes mes **excuses** pour cet oubli.*

excuser (verbe) (conj. 3) **1** Défendre ou justifier quelqu'un qui est accusé. *Elle est toujours prête à **excuser** ses enfants.* **2** Servir d'excuse. *Son manque d'expérience **excuse** ses erreurs.* **3 S'excuser :** présenter des excuses. *Il **s'est excusé** de son insolence.*
★ Famille du mot : excuse, **in**excus**able**.

exécrable (adjectif) Très mauvais. *Nous avons passé des vacances **exécrables** à cause du mauvais temps.* (Syn. **abominable, détestable.** Contr. **excellent.**)

exécrer (verbe) (conj. 8) Détester profondément, dans la langue littéraire. *Son frère **exècre** l'injustice.* (Syn. **haïr.**)
★ **Exécrer** vient du latin *execrari* qui signifie « maudire ».

exécutant, ante (nom) **1** Personne qui exécute un travail sous les ordres de quelqu'un. *Il n'est pas responsable de ce projet, ce n'est qu'un **exécutant**.* **2** Musicien qui exécute une œuvre. *Le chef d'orchestre dirige une trentaine d'**exécutants**.*

exécuter (verbe) (conj. 3) **1** Réaliser quelque chose suivant un plan. *L'équipage du bateau **a exécuté** des manœuvres difficiles pour entrer dans le*

port. (Syn. **effectuer.**) **2** Jouer une œuvre musicale. ***Exécuter** un concerto, une sonate.* (Syn. **interpréter.**) **3** Mettre à mort. *Certains pays **exécutent** encore des condamnés.* **4 S'exécuter** : faire ce qui est commandé. *Victor n'avait pas envie de se coucher, mais il a fini par **s'exécuter**.*
★ Famille du mot : exécut**ant**, exécut**if**, exécu**tion**.

exécutif, ive (adjectif) • **Pouvoir exécutif** : pouvoir chargé de faire exécuter les lois, qui appartient au président de la République et au gouvernement.

exécution (nom féminin) **1** Action d'exécuter quelque chose. *L'**exécution** d'un projet, d'un ordre.* (Syn. **réalisation.**) **2** Mise à mort d'un condamné.

exégèse (nom féminin) **1** Interprétation d'un texte religieux. *L'**exégèse** de la Bible.* **2** Analyse détaillée d'un texte. *Les journalistes ont fait l'**exégèse** de la déclaration présidentielle.*

exégète (nom masculin) Personne spécialiste de l'exégèse.

exéma Voir ***eczéma***.

① **exemplaire** (adjectif) Qui peut servir d'exemple. *Pendant l'incendie, il a montré un courage **exemplaire**.* (Syn. **remarquable.**)

② **exemplaire** (nom masculin) Chaque objet d'une série reproduisant le même modèle. *Cette voiture a déjà été fabriquée à plus d'un million d'**exemplaires**.*

exemple (nom masculin) **1** Personne ou action digne d'être imitée. *William a donné un bel **exemple** de générosité.* **2** Cas particulier qui sert à prouver ou à illustrer ce que l'on dit. *Pour que tu comprennes ce mot, je vais te donner un **exemple**.* • **Par exemple** : sert à illustrer ce que l'on vient de dire. *Certains mammifères vivent dans l'eau, **par exemple** les baleines.* (Syn. **notamment.**)
★ **Exemple** vient du latin *exemplum* qui signifie « échantillon », c'est-à-dire une petite partie qui sert d'exemple.

exempt, exempte (adjectif) Dispensé d'une chose règlementaire. *Les très bas salaires sont **exempts** d'impôt.*
▶ Prononciation [ɛgzɑ̃], [ɛgzɑ̃t].
★ Famille du mot : exemp**ter**, exemp**tion**.

exempter (verbe) (conj. 3) Dispenser quelqu'un d'une obligation. *Tu n'**es** pas **exempté** de faire le ménage dans ta chambre.*
▶ Prononciation [ɛgzɑ̃te].

exemption (nom féminin) Dispense d'une obligation. *Cette année, nous avons bénéficié d'une **exemption** d'impôts.*

exercer (verbe) (conj. 4) **1** Faire travailler certaines aptitudes pour les développer. *Yann **exerce** sa mémoire en faisant du calcul mental. Noémie **s'exerce** à sauter à la corde.* (Syn. **entraîner.**) **2** Pratiquer un métier. *Ce médecin **exerce** en province.* **3** Produire un effet. *Le vent **exerce** une poussée sur les voiles.*

exercice (nom masculin) **1** Devoir donné à un élève. *Des **exercices** de grammaire, de géométrie.* **2** Mouvement destiné à développer ses muscles. *Allons courir, j'ai besoin d'un peu d'**exercice**.* **3** Pratique d'un métier. *Ce charlatan s'est fait arrêter pour **exercice** illégal de la médecine.*

exergue (nom masculin) Avertissement, citation qui éclaire le sens de quelque chose. (Syn. **épigraphe.**) • **Mettre en exergue** : mettre en évidence, en relief.

exfoliation (nom féminin) Élimination sous forme de petites lamelles des parties mortes et superficielles de la peau. *La peau se régénère par **exfoliation**.*

exhaler (verbe) (conj. 3) Répandre une odeur. *Le jasmin **exhale** un parfum délicieux.*

exhaustif, tive (adjectif) Qui ne laisse rien de côté. *Clément a fait une liste **exhaustive** des élèves de la classe.*

exhiber (verbe) (conj. 3) Montrer à tout le monde. *Il est tout fier d'**exhiber** sa nouvelle moto.*

exhibitionniste (adjectif et nom) Qui prend plaisir à montrer ses organes génitaux à des inconnus. *La police a arrêté un homme **exhibitionniste**.*

exhortation (nom féminin) Action d'exhorter. *Ce discours est une **exhortation** à la violence !*

exhorter (verbe) (conj. 3) Conseiller ou encourager vivement une personne. *L'entraîneur **a exhorté** ses joueurs pendant la mi-temps.* (Syn. **inciter.**)

exhumer (verbe) (conj. 3) Synonyme de déterrer. *Une équipe de chercheurs **a exhumé** les restes d'une cité disparue.*
★ Voir **inhumer**.

exigeant, ante (adjectif) Qui exige des autres beaucoup d'efforts. *C'est un patron très **exigeant** envers ses employés, mais il les paie bien.*

exigence (nom féminin) **1** Caractère d'une personne exigeante. *Elle est d'une telle **exigence** que rien ne peut la satisfaire.* **2** Ce qui est exigé par quelqu'un. *Ce commerçant essaie de satisfaire les **exigences** de ses clients.*

exiger (verbe) (conj. 5) **1** Réclamer de manière impérative. *J'**exige** que vous vous taisiez !* (Syn. **ordonner.**) **2** Avoir besoin de quelque chose de manière indispensable. *C'est une plante délicate qui **exige** beaucoup de soins.* (Syn. **nécessiter.**)
★ Famille du mot : exige**ant**, exig**ence**, exig**ible**.

exigible (adjectif) Que l'on peut exiger. *Ce paiement est **exigible** au 1er janvier.*

exigu, uë (adjectif) Trop petit. *Le couloir est trop **exigu** pour y faire passer cette armoire.*
▶ On écrit aussi **exigüe** au féminin.

exil (nom masculin) État d'une personne obligée de s'exiler. *Ce réfugié politique a passé plusieurs années d'**exil** en France.*
★ Famille du mot : exil**é**, exil**er**.

exilé, ée (nom) Personne qui vit en exil. *Certains pays accueillent les **exilés** politiques.*

exiler (verbe) (conj. 3) **1** Chasser quelqu'un hors de son pays. *Ce dictateur **a exilé** tous ses opposants.*

2 S'exiler : quitter volontairement son pays pour aller vivre ailleurs. *Il a dû **s'exiler** pour trouver du travail.* (Syn. **émigrer, s'expatrier.**)

existence (nom féminin) **1** Fait d'exister. *Des recherches ont confirmé l'**existence** d'une source dans le sous-sol.* **2** Vie ou manière de vivre. *Il a mené une **existence** aventureuse.*

existentialisme (nom masculin) Doctrine philosophique moderne qui centre sa réflexion sur la condition de l'homme saisie dans l'existence vécue. *Dans l'**existentialisme**, l'homme est libre et maître de son existence.*

existentiel, elle (adjectif) Qui concerne l'existence en tant que réalité vécue. *Le grand frère de Laura a des problèmes **existentiels**.* • **Quantificateur existentiel** : symbole, noté ∃, qui signifie « il existe au moins un objet tel que... ».

exister (verbe) (conj. 3) **1** Avoir une réalité. *Le héros de ce roman **a** vraiment **existé**.* **2** Avoir de l'importance. *Pour elle, rien n'**existe** en dehors de ses enfants.*
★ Famille du mot : exist**ence**, existenti**alisme**, existen**tiel**, **in**exist**ant**.

exit (verbe) **1** Dans le texte d'une pièce de théâtre, indication scénique signifiant « il sort ». ***Exit** le visiteur.* **2** Indique ironiquement qu'une idée, qu'une action ne verra pas le jour. ***Exit** la baisse des impôts promise.*
► Prononciation [egzit].
★ **Exit** est une forme latine du verbe *exire* qui signifie « sortir ».

ex-libris (nom masculin) Vignette collée à l'intérieur d'un livre, portant le nom du propriétaire.
► Prononciation [ɛkslibʀis].
★ **Ex-libris** est une expression latine qui signifie « (parmi) les livres (de) ».
► On écrit aussi **exlibris**.

exocet (nom masculin) **1** Poisson des mers chaudes capable de faire de grands sauts hors de l'eau. (Syn. **poisson volant.**) **2** Missile automatique de fabrication française.
► On prononce [ɛgzɔsɛ] au sens 1, [ɛgzɔsɛt] au sens 2.
★ **Exocet** vient du grec *exôkoitos* qui signifie « qui sort de sa maison ». Au sens 2, **exocet** est le nom d'une marque.

exode (nom masculin) Fuite ou départ d'une population. *L'**exode** rural a vidé certaines campagnes de leur population.*

exogène (adjectif) Qui provient de l'extérieur. *Le ministère étudie les facteurs **exogènes** de la crise économique.* (Contr. **endogène.**)

exonération (nom féminin) Fait d'être exonéré. *Une **exonération** d'impôt.*

exonérer (verbe) (conj. 8) Dispenser une personne de l'obligation de payer. *Son âge lui permet d'**être exonéré** de la redevance de télévision.*

exorbitant, ante (adjectif) Qui coûte beaucoup trop cher. *Il paye un loyer **exorbitant**.* (Syn. **prohibitif.**)

exorbité, ée (adjectif) Se dit des yeux grands ouverts au point qu'ils semblent sortir de leurs orbites.

exorciser (verbe) (conj. 3) **1** Chasser les démons par des prières, par des rites. *Le prêtre **exorcisait** les esprits mauvais.* (Syn. **conjurer.**) **2** Délivrer un possédé des démons qui l'habitent. *Des villageois déclarèrent la jeune fille dominée par le diable et le prêtre se rendit auprès d'elle pour l'**exorciser**.* **3** Au sens figuré, vaincre un sentiment mauvais ou pénible. *Pierre essaie d'**exorciser** sa peur des araignées.* (Syn. **chasser.**)
★ **Exorciser** vient du mot grec *horkos* qui signifie « conjuration ».

exotique (adjectif) Qui provient de pays lointains. *L'ananas, la mangue, la banane sont des fruits **exotiques**.*

exotisme (nom masculin) Caractère de ce qui est exotique. *Ils apprécient l'**exotisme** de la cuisine chinoise.*

expansif, ive (adjectif) Qui aime exprimer ses sentiments. *Je sais tout d'elle car elle est très **expansive**.* (Syn. **communicatif, démonstratif.** Contr. **réservé, taciturne, timide.**)

expansion (nom féminin) Fait de se développer ou d'augmenter. *La région a été équipée et le tourisme est en pleine **expansion**.* (Syn. **développement, essor.** Contr. **régression.**)

s'**expatrier** (verbe) (conj. 10) Synonyme de s'exiler. *Il **s'est expatrié** pour travailler mais il regrette son pays.*

expectative (nom féminin) **1** Attente fondée sur des probabilités, des promesses. *Je suis dans l'**expectative** de son retour.* (Syn. **espérance.**) **2** Attitude qui consiste à attendre prudemment qu'une solution se dessine avant d'agir. *Nous ne pouvons pas rester ainsi dans l'**expectative**, agissons !*
★ **Expectative** vient du latin *exspectare* qui signifie « attendre ».

expectorer (verbe) (conj. 3) Expulser par la bouche les substances qui encombrent les voies respiratoires. *Le malade tousse et **expectore**.*

expédient (nom masculin) Moyen qui permet de se tirer d'embarras provisoirement. *En attendant de trouver du travail, il vit d'**expédients**.*

expédier (verbe) (conj. 10) **1** Envoyer vers telle destination. ***Expédier** du courrier, un colis.* **2** Faire quelque chose rapidement pour s'en débarrasser. *Nous allons **expédier** la vaisselle pour aller au cinéma.* (Syn. **bâcler.**)
★ Famille du mot : expédit**eur**, expédit**ion**, **ré**expédier.

expéditeur, trice (nom) Personne qui expédie un message ou un colis. *Si le destinataire a déménagé, le colis sera retourné à l'**expéditeur**.* (Syn. **envoyeur.** Contr. **destinataire.**)

expéditif, ive (adjectif) Qui est rapide et efficace. *Il a été très **expéditif** et je n'ai rien pu lui dire.*

expédition (nom féminin) **1** Action d'expédier quelque chose. *L'**expédition** de votre commande se fera la semaine prochaine.* (Syn. **envoi.**) **2** Voyage d'exploration. *Des scientifiques ont organisé une **expédition** en Antarctique.*

expérience (nom féminin) **1** Essai réalisé pour étudier quelque chose. *Des **expériences** ont permis à ces chercheurs de découvrir un nouveau vaccin.* **2** Connaissance qui vient d'une longue pratique ou d'une grande habitude. *Ce vieux médecin a beaucoup d'**expérience**.*

expérimental, ale, aux (adverbe) **1** Fondé sur l'expérience scientifique. **2** Qui sert d'expérience pour vérifier, améliorer une technique, un appareil. *Les vols **expérimentaux** des avions prototypes.* • **Sciences expérimentales** : sciences telles que la physique, la chimie, les sciences naturelles, fondées sur l'expérimentation. *Les sciences **expérimentales** sont opposées aux sciences exactes.*

expérimenté, ée (adjectif) Qui a de l'expérience dans un domaine. *C'est un navigateur **expérimenté**.* (Syn. **expert.** Contr. **débutant, inexpérimenté.**)

expérimenter (verbe) (conj. 3) Soumettre quelque chose à des expériences. *Le laboratoire **a expérimenté** un nouveau médicament sur des souris.* (Syn. **essayer, tester.**)
★ Famille du mot : expériment**al**, expériment**é**, **in**expérimenté.

expert, erte (adjectif) Qui est très compétent grâce à une grande expérience. *Un ouvrier **expert** en mécanique.*
▪ **expert** (nom masculin) Spécialiste chargé de vérifications. *Plusieurs **experts** ont examiné ce tableau pour vérifier son authenticité.*
★ Famille du mot : expert**ise**, expert**iser**.

expert-comptable (nom) Personne dont la profession consiste à établir et à vérifier les comptabilités et qui agit en engageant sa responsabilité.
▶ Pluriel : des **experts-comptables**.
▶ On emploie le féminin une *experte-comptable* au Canada.

expertise (nom féminin) Examen effectué par un expert. *Une **expertise** a révélé que les bijoux étaient faux.*

expertiser (verbe) (conj. 3) Faire une expertise. *Le père d'Odile a fait **expertiser** sa voiture avant de la vendre.*

expier (verbe) (conj. 10) Réparer une faute en subissant un châtiment. *Il est allé en prison pour **expier** son crime.*

expiration (nom féminin) **1** Fait d'expirer de l'air. (Contr. **inspiration.**) **2** Fin d'un délai fixé à l'avance. *Votre abonnement est arrivé à **expiration** ; voulez-vous le renouveler ?* (Syn. **terme.**)

expirer (verbe) (conj. 3) **1** Rejeter à l'extérieur l'air inspiré. *Commence par inspirer profondément puis **expire** lentement.* **2** Synonyme littéraire de mourir. *Le blessé **a expiré** pendant son transport à l'hôpital.* **3** Arriver à la fin d'un délai. *Son contrat **expire** à la fin du mois.*

explétif, ive (adjectif et nom masculin) Se dit des mots qui entrent dans une phrase sans être nécessaires pour le sens. *Dans « il a peur que je ne parte », « ne » est **explétif**.*
★ **Explétif** vient du mot latin *explerere* qui signifie « compléter ».

explicatif, ive (adjectif) Qui sert à expliquer un fonctionnement. *Il a lu attentivement la notice **explicative** de son ordinateur.*

explication (nom féminin) **1** Ce qui sert à expliquer. *Les touristes sont attentifs aux **explications** du guide.* **2** Raison ou motif d'un fait. *J'aimerais avoir l'**explication** de ce retard.* **3** Discussion destinée à s'expliquer. *Ils se sont réconciliés après une longue **explication**.*

explicite (adjectif) Qui est très clair, sans équivoque. *J'ai lu un article de journal très **explicite** sur cette question.* (Contr. **implicite.**)

expliciter (verbe) (conj. 3) **1** Énoncer clairement, formellement. ***Expliciter** la clause d'un contrat.* (Syn. **formuler.**) **2** Rendre clair et net. *Nous vous comprenons mal, **explicitez** votre pensée.*

expliquer (verbe) (conj. 3) **1** Faire comprendre quelque chose à quelqu'un. *Je vais t'**expliquer** le fonctionnement de cet appareil photo.* **2** Être la raison, l'explication d'un fait. *Le brouillard **explique** le retard de l'avion.* **3 S'expliquer** : se justifier ou faire comprendre son comportement. *Ma réaction doit vous paraître bizarre, mais je vais essayer de **m'expliquer**.*
★ Famille du mot : explic**atif**, explic**ation**, **in**explic**able**.

exploit (nom masculin) Action remarquable. *Ce livre raconte les **exploits** des premiers aviateurs.* (Syn. **prouesse.**)

exploitant, ante (nom) Personne qui dirige une exploitation. *Un **exploitant** agricole.*

exploitation (nom féminin) **1** Entreprise ou terrain que l'on exploite. *L'**exploitation** d'une mine de charbon, d'un champ de pétrole.* **2** Fait d'exploiter quelqu'un. *L'**exploitation** des enfants dans certains pays.*

exploiter (verbe) (conj. 3) **1** Mettre quelque chose en valeur pour en tirer profit. *Il **exploite** ce domaine forestier pour faire le commerce du bois.* **2** Profiter d'un avantage. *Il a su **exploiter** ses qualités pour réussir dans son métier.* **3** Profiter du travail des autres pour s'enrichir. ***Exploiter** ses employés.*
★ Famille du mot : exploit**ant**, exploit**ation**, exploit**eur**.

exploiteur, euse (nom) Personne qui exploite les autres. *Les grévistes accusent leur patron d'être un **exploiteur**.*

explorateur, trice (nom) Personne qui explore des contrées inconnues. *Christophe Colomb fut un grand **explorateur**.*

a b c d e f g h i j k l m n o p q r s t u v w x y z

exploration (nom féminin) Action d'explorer un lieu. *L'**exploration** des fonds sous-marins.*

explorer (verbe) (conj. 3) Parcourir des lieux inconnus pour les étudier. *Jacques Cartier **explora**, en 1535, la région du Saint-Laurent au Canada.*
★ Famille du mot : explor**ateur**, explor**ation**.

exploser (verbe) (conj. 3) **1** Éclater avec violence. *Une grenade **a explosé,** faisant plusieurs blessés.* **2** Au sens figuré, manifester ses sentiments avec violence. *Il ne disait rien et brusquement, il **a explosé**.*
★ Famille du mot : explos**if**, explos**ion**.

explosif, ive (adjectif) **1** Qui peut exploser. *Ces cartouches sont remplies de poudre **explosive**.* **2** Au sens figuré, qui peut provoquer un conflit. *La situation entre la police et les manifestants est devenue **explosive**.*
▪ **explosif** (nom masculin) Produit explosif. *La dynamite est un **explosif**.*

explosion (nom féminin) **1** Fait d'exploser. *L'**explosion** n'a causé que des dégâts matériels.* **2** Au sens figuré, manifestation soudaine et brutale. *Une **explosion** de violence, de colère, de joie.*

exponentiel, elle (adjectif) **1** Où la variable figure en exposant. *L'équation **exponentielle** $e^x = a$ correspond à $x = \mathrm{Log}\,a$.* • **Fonction exponentielle** *ou* **une exponentielle** : inverse de la fonction logarithme. **2** Qui croît ou décroît rapidement et de façon continue. *Croissance démographique **exponentielle**.*

exportateur, trice (adjectif) Qui exporte des marchandises. *La Côte d'Ivoire est un pays **exportateur** de cacao.* (Contr. **importateur.**)

exportation (nom féminin) Action d'exporter des marchandises. *La France fait l'**exportation** de parfums dans le monde entier.* (Contr. **importation.**)

exporter (verbe) (conj. 3) Vendre des produits à des pays étrangers. ***Exporter** des voitures, du pétrole, des matières premières.* (Contr. **importer.**)
★ Famille du mot : export**ateur**, export**ation**.

exposant, ante (nom) Personne qui expose des produits pour les vendre. *La Foire de Paris reçoit des **exposants** de toutes les régions françaises.*
▪ **exposant** (nom masculin) Indice que l'on porte en haut à droite d'un nombre pour indiquer à quelle puissance il est élevé.

exposé (nom masculin) Petite conférence. *Ibrahim a préparé un **exposé** sur les paysans au Moyen Âge.*

exposer (verbe) (conj. 3) **1** Présenter au public. *Ce bijoutier **expose** dans sa vitrine de nombreux modèles de montres.* **2** Faire connaître quelque chose à quelqu'un. *Avant d'agir, je vais vous **exposer** mon plan.* (Syn. **expliquer, présenter.**) **3** Orienter dans un certain sens. *Ce jardin **est exposé** à l'ouest.* (Syn. **orienter.**) **4** Soumettre à une action. *Attention de ne pas t'**exposer** trop longtemps au soleil.* **5** **S'exposer** : prendre un risque. *En refusant d'obéir, tu t'**exposes** à une punition.*
★ Famille du mot : expos**ant**, expos**é**, expos**ition**.

exposition (nom féminin) **1** Présentation au public. *Une **exposition** de peintures.* **2** Orientation d'un lieu, d'un bâtiment. *Cette chambre est ensoleillée grâce à son **exposition** au sud.* **3** Fait d'exposer quelque chose à une action. *Si ta peau est fragile, il faut éviter les **expositions** au soleil.*

① **exprès** (adverbe) Avec une intention précise. *J'ai acheté ce livre **exprès** pour toi. Il m'a bousculé sans faire **exprès**.* (Syn. **volontairement.**)
► Prononciation [ɛkspʀɛ].

② **exprès** (adjectif) • **Lettre exprès, colis exprès** : qui est distribué très vite à son destinataire.
► Prononciation [ɛkspʀɛs].

③ **exprès, expresse** (adjectif) Qui est exprimé de manière catégorique. *Interdiction **expresse** de fumer.* (Syn. **absolu, impératif.**)
► Prononciation [ɛkspʀɛs].

express (adjectif) • **Train express** : qui s'arrête seulement dans les gares principales. • **Voie express** : voie routière à circulation rapide.
▪ **express** (nom masculin) **1** Train express. *L'**express** pour La Rochelle part à 8 heures 25.* **2** Café concentré fait à la vapeur sous pression.

expressément (adverbe) De façon expresse. *Il est **expressément** interdit de fumer dans cette salle.*

expressif, ive (adjectif) Qui exprime bien ses sentiments. *Le visage **expressif** du clown nous a fait rire.* (Contr. **inexpressif.**)

expression (nom féminin) **1** Aspect du visage ou du regard qui manifeste certains sentiments. *En me voyant, David a eu une **expression** de surprise.* (Syn. **air.**) **2** Groupe de mots ayant un sens particulier. *« Rapide comme l'éclair » est une **expression**.* **3** Fait de s'exprimer. *Le chant, le dessin, la danse sont des moyens d'**expression**.*

expressionnisme (nom masculin) Forme d'art qui s'efforce de donner à une œuvre le maximum d'intensité expressive.

expresso (nom masculin) Café express. *Et deux **expressos** au comptoir !*

exprimer (verbe) (conj. 3) **1** Faire connaître ce que l'on ressent ou ce que l'on pense. *Son sourire **exprimait** sa satisfaction.* (Syn. **manifester, montrer.** Contr. **cacher.**) **2** **S'exprimer** : faire connaître sa pensée par la parole ou par des gestes. *Elle ne **s'exprime** pas très bien en anglais.*

exproprier (verbe) (conj. 10) Prendre un terrain ou une maison à son propriétaire en échange d'une indemnité. *On **a exproprié** les habitants de ce village pour construire un aéroport.*

expulser (verbe) (conj. 3) Chasser d'un lieu. *On ne peut **expulser** un locataire durant l'hiver.* (Syn. **renvoyer.**)

expulsion (nom féminin) Action d'expulser quelqu'un. *Ce joueur a été menacé d'**expulsion** pour injures à l'arbitre.*

expurger (verbe) (conj. 5) Supprimer des passages considérés comme choquants. ***Expurger** un roman.* (Syn. **censurer.**)

exquis, ise (adjectif) Qui est délicieux. *Ces fraises du jardin sont **exquises**.*

exsangue (adjectif) Qui est extrêmement pâle. *Il est très affaibli, son visage est **exsangue**.*
▶ Prononciation [ɛgzɑ̃g] ou [ɛksɑ̃g].

extase (nom féminin) • **En extase** : qui s'extasie. *Hélène est tombée **en extase** devant ce tableau.*
★ Famille du mot : s'extas**ier**, extat**ique**.

s'**extasier** (verbe) (conj. 10) Montrer son émerveillement, son enthousiasme. *Les invités **se sont extasiés** devant le gâteau d'anniversaire.*

extatique (adjectif) Qui tient de l'extase. *Le poète était dans une contemplation **extatique**.*

extenseur (adjectif masculin et nom masculin) Se dit d'un muscle qui assure l'extension. *Les muscles **extenseurs** et les muscles fléchisseurs.*
■ **extenseur** (nom masculin) **1** Appareil de gymnastique utilisé pour développer les muscles. **2** Corde élastique servant à maintenir des valises sur un porte-bagage.

extensible (adjectif) Qui peut s'étirer. *Le bracelet de ma montre est **extensible**.* (Syn. **élastique.**)

extensif, ive (adjectif) Qui permet l'extension. *Force **extensive**.* • **Culture extensive** : effectuée sur des grandes surfaces, sans apport d'engrais, avec mise au repos régulier de la terre et dont le rendement est assez faible. (Contr. **culture intensive.**)

extension (nom féminin) **1** Action d'étendre un membre. *Kevin fait des mouvements d'**extension** pour rééduquer son genou blessé.* (Contr. **flexion.**) **2** Augmentation ou développement de quelque chose. *La famine se répand dans ce pays à cause de l'**extension** du désert.*
★ Famille du mot : exten**seur**, exten**sible**, exten**sif**.

exténuant, ante (adjectif) Qui exténue. *Ce long voyage était **exténuant**.* (Syn. **épuisant, harassant.**)

exténuer (verbe) (conj. 3) Causer une très grande fatigue. *Ce travail nous **a exténués**.* (Syn. **épuiser.**)

extérieur, eure (adjectif) **1** Qui est au-dehors. *On a repeint la façade **extérieure** de l'immeuble.* (Contr. **intérieur.**) **2** Qui concerne les pays étrangers. *C'est un spécialiste du commerce **extérieur** de la France.*
■ **extérieur** (nom masculin) Ce qui est extérieur. *Le château est fermé, je n'ai pu voir que l'**extérieur**.*
★ Famille du mot : extérieure**ment**, extério**riser**.

extérieurement (adverbe) À l'extérieur. ***Extérieurement**, cette maison paraît inhabitée.*

extérioriser (verbe) (conj. 3) Manifester un sentiment de façon visible. *Il a tendance à **extérioriser** son enthousiasme de façon un peu bruyante.*

extermination (nom féminin) Action d'exterminer des êtres vivants. *Cette association défend les espèces animales menacées d'**extermination**.*

exterminer (verbe) (conj. 3) Tuer jusqu'au dernier. *Les loups **ont été exterminés** en France.* (Syn. **anéantir.**)

externaliser (verbe) (conj. 3) Transférer à l'extérieur certaines activités de l'entreprise.

externat (nom masculin) **1** Condition d'un élève qui ne prend pas ses repas dans son établissement scolaire. *William est en **externat**.* **2** Fonction d'externe dans les hôpitaux. (Contr. **internat.**)

① **externe** (adjectif) Situé vers l'extérieur. *Les verres de contact s'appliquent sur la paroi **externe** de l'œil.* (Contr. **interne.**)

② **externe** (nom) **1** Élève qui ne prend pas ses repas à la cantine. *Pierre est **externe**, mais Sarah est demi-pensionnaire.* **2** Étudiant en médecine travaillant en hôpital.

extincteur (nom masculin) Appareil qui sert à éteindre un feu.

extinction (nom féminin) **1** Action d'éteindre un feu ou une lumière. **2** Disparition totale. *Certaines espèces animales sont en voie d'**extinction**.* • **Extinction de voix** : impossibilité momentanée de parler.

extirper (verbe) (conj. 3) **1** Arracher complètement. *Le jardinier a eu du mal à **extirper** les orties.* **2** Faire sortir d'un endroit. *On a réussi à **extirper** le chat de sa cachette.*

extorquer (verbe) (conj. 3) Obtenir quelque chose par la violence ou par la ruse. *Cet escroc **a extorqué** plusieurs millions à ses victimes.*

extorsion (nom féminin) Action d'obtenir quelque chose de quelqu'un par la force, par la menace. *Cet homme a acquis sa fortune par **extorsion**. Il y a eu **extorsion** de fonds.*

① **extra** (adjectif) Synonyme familier d'excellent. *Cette sauce aux morilles est vraiment **extra**.*
▶ Pluriel : des bonbons **extra**.

② **extra** (nom masculin) Ce que l'on fait ou que l'on achète en plus de l'ordinaire. *Hier on a fait un **extra**, on a dîné dans un grand restaurant.*
▶ Pluriel : des **extra**.

extraction (nom féminin) Action d'extraire quelque chose. *L'**extraction** d'un minerai, d'une dent.*

extradition (nom féminin) Procédure qui permet à un État de se faire livrer une personne recherchée ou condamnée qui se trouve sur le territoire d'un autre État. *Le criminel est sous le coup d'une demande d'**extradition**.*

extrafin, ine (adjectif) **1** De petit calibre. *J'ai acheté une boîte de petits pois **extrafins**.* **2** De qualité supérieure. *Du chocolat **extrafin**.*
▶ On écrit aussi **extra-fin, fine**, pluriel : **extra-fins, extra-fines**.

extraire (verbe) (conj. 40) **1** Tirer du sol. *Les mineurs **extraient** du charbon de la mine.* **2** Retirer hors de quelque chose. *Il a fallu **extraire** la balle de la jambe du blessé. Le pilote a réussi à s'**extraire** de sa voiture en flammes.* **3** Séparer une substance

a b c d e f g h i j k l m n o p q r s t u v w x y z

d'une autre. *On **extrait** de l'huile des arachides.* **4** Tirer un passage d'un livre. *Ces phrases **sont extraites** d'un roman de Jules Verne.*

extrait (nom masculin) **1** Produit tiré d'une substance. *De l'**extrait** de lavande, de jasmin, de café.* **2** Passage choisi dans un livre. *Je n'ai pas lu « Le Livre de la jungle » en entier, seulement des **extraits**.* **3** Copie d'une partie d'un document officiel. *Un **extrait** d'acte de naissance.*

extralucide (adjectif) Qui se dit capable de prédire l'avenir. *Une voyante **extralucide**.*

extraordinaire (adjectif) **1** Qui sort de l'ordinaire. *Cet enfant est d'une intelligence **extraordinaire**.* (Syn. **exceptionnel.**) **2** Qui étonne par sa bizarrerie. *Il m'est arrivé une aventure **extraordinaire**.* (Contr. **courant, ordinaire.**)

extraordinairement (adverbe) De façon extraordinaire. *Cet ordinateur est **extraordinairement** rapide.* (Syn. **extrêmement.**)

extrapoler (verbe) (conj. 3) **1** Étendre les connaissances que l'on a d'une chose à un autre domaine. (Syn. **généraliser.**) **2** Tirer une conclusion générale à partir d'éléments incomplets. *Attention, tu **extrapoles** !* **3** Calculer les valeurs d'une fonction en dehors de l'intervalle à l'intérieur duquel ces valeurs sont connues.

extraterrestre (nom) Créature d'une autre planète. *Ce roman de science-fiction raconte l'arrivée d'**extraterrestres** sur la Terre.*

extra-utérin, ine (adjectif) • **Grossesse extra-utérine** : grossesse anormale en raison de la fixation et du développement de l'œuf fécondé en dehors de l'utérus.

extravagance (nom féminin) Chose extravagante. *Ses **extravagances** amusent tout le monde.*

extravagant, ante (adjectif) Qui surprend par son côté bizarre ou excentrique. *Le clown porte un costume **extravagant**.*

extraverti, ie (adjectif et nom) Qui extériorise facilement ses sentiments et se tourne volontiers vers les autres. *Camille est très **extravertie**.*

extrême (adjectif) **1** Qui est à la fin, le dernier. *Ursula est à l'**extrême** limite de la patience.* **2** Qui atteint le degré le plus haut. *Une joie, une fatigue **extrême**.* **3** Qui dépasse la mesure. *Ce parti politique défend des idées **extrêmes**.* (Contr. **modéré.**)
■ **extrême** (nom masculin) Point de vue extrême. *Quentin passe toujours d'un **extrême** à l'autre.*
★ Famille du mot : extrême**ment**, extrême-onction, extré**miste**, extrém**ité**.

extrêmement (adverbe) De manière extrême. *C'est une enfant **extrêmement** sensible.* (Syn. **très.**)

extrême-onction (nom féminin) Sacrement que l'Église catholique donne aux mourants.
► Pluriel : des **extrêmes-onctions**.

extrémiste (adjectif et nom) Qui a des opinions politiques extrêmes. *Ce parti **extrémiste** incite les gens à la violence.* (Contr. **modéré.**)

extrémité (nom féminin) Partie extrême d'une chose. *Ce bâton est pointu à son **extrémité**.* (Syn. **bout.**)

exubérance (nom féminin) Attitude exubérante. *Il fait de grands gestes et parle avec **exubérance**.*

exubérant, ante (adjectif) **1** Qui exprime ses sentiments avec agitation. *C'est une femme très **exubérante**.* (Syn. **démonstratif.** Contr. **renfermé, réservé.**) **2** Qui est très abondant. *La végétation **exubérante** de la forêt équatoriale.* (Syn. **luxuriant.**)

exulter (verbe) (conj. 3) Exprimer une grande joie. *Le champion **a exulté** à l'annonce de sa victoire.*

exutoire (nom masculin) Dérivatif à un sentiment violent. *Florent a besoin de trouver un **exutoire** à sa colère.*
★ **Exutoire** vient du mot latin *exuere* qui signifie « dépouiller ».

ex-voto (nom masculin) Plaquette qui porte une inscription en remerciement d'un vœu exaucé par un saint. *Des **ex-votos** entourent la statue du saint.*
► Pluriel : des **ex-votos**.
► On écrit aussi **exvoto**.

eye-liner (nom masculin) Cosmétique fluide destiné à souligner d'un trait le bord de la paupière.
► Pluriel : des **eye-liners**.
► **Eye-liner** est un mot américain : on prononce [ajlajnœʀ].

f (nom masculin) Sixième lettre de l'alphabet. *Le **F** est une consonne.*

fa (nom masculin) Quatrième note de la gamme.

fable (nom féminin) Court récit en vers qui se termine par une morale. *« Le Loup et l'Agneau » est une **fable** de La Fontaine.*

fabliau, aux (nom masculin) Conte en vers divertissant ou édifiant du Moyen Âge. *Noémie a un recueil de **fabliaux**.*

fabricant, ante (nom) Personne qui dirige une fabrique. *Des **fabricants** de pianos.*

fabrication (nom féminin) Action de fabriquer. *Tous ces produits sont de **fabrication** artisanale.*

fabrique (nom féminin) Usine où l'on fabrique des produits de consommation. *Il travaille dans une **fabrique** de chaussures.* (Syn. **manufacture**.)

fabriquer (verbe) (conj. 3) **1** Faire un objet en transformant une matière. *Cet artisan **fabrique** des poteries.* **2** Synonyme familier de faire. *Mais qu'est-ce qu'il **fabrique** donc ?*
★ Famille du mot : fabric**ant**, fabric**ation**, fabrique, **pré**fabriqu**é**.

fabuler (verbe) (conj. 3) Raconter des histoires inventées comme si elles étaient vraies.

fabuleusement (adverbe) De manière fabuleuse. *Ces décors sont **fabuleusement** réalisés.* (Syn. **prodigieusement**.)

fabuleux, euse (adjectif) **1** Qui n'existe que dans les légendes. *Les lutins, les fées, les farfadets sont des êtres **fabuleux**.* (Syn. **légendaire**.) **2** Qu'on a du mal à croire tellement c'est extraordinaire. *Elle a une chance **fabuleuse**.* (Syn. **prodigieux**.)

fac Voir ***faculté***.

façade (nom féminin) **1** Côté d'un bâtiment où se trouve l'entrée. *La **façade** de la maison est couverte de lierre.* **2** Apparence extérieure, souvent trompeuse. *Sa politesse n'est qu'une **façade**.*

face (nom féminin) **1** Devant de la tête de l'homme. *Il est plus beau de **face** que de profil.* **2** Côté d'une pièce ou d'une médaille qui porte une figure. ***Face**, c'est toi qui y vas, pile, c'est moi !* **3** Chacune des surfaces d'un objet. *Un dé a six **faces**. On connaît depuis peu la **face** cachée de la Lune.* • **En face** : franchement et avec courage. *Regarder le danger **en face**.* • **En face de quelque chose** : devant ou vis-à-vis. • **Face à face** : l'un en face de l'autre. • **Faire face** : affronter une situation. • **Faire face à quelque chose** : être tourné vers elle. *L'école **fait face à** la mairie.*
★ Famille du mot : face-à-face, fac**ette**, fac**ial**.

face-à-face (nom masculin) Discussion publique entre deux personnes. *Cette émission est un **face-à-face** entre deux hommes politiques.*
▶ Pluriel : des **face-à-face**.

facétie (nom féminin) Plaisanterie ou farce. *Benjamin aime se livrer à des **facéties** pour faire rire.*
▶ Prononciation [fasesi].

facétieux, euse (adjectif) Qui aime faire des facéties. *Anna a un caractère **facétieux**.* (Syn. **farceur**.)

facette (nom féminin) Petite face d'un objet. *Le bouchon en cristal de la carafe a des **facettes**.*

fâcher (verbe) (conj. 3) **1** Mettre en colère. *Ne dis pas cela, tu vas le **fâcher**. Si vous continuez, je vais me **fâcher** !* **2** **Se fâcher** : se brouiller avec quelqu'un. *Ils **se sont fâchés** pour une bêtise.* (Contr. **se réconcilier**.)

fâcheux, euse (adjectif) Qui est regrettable. *Clément ne peut pas venir, et c'est bien **fâcheux**.* (Syn. **ennuyeux**.)

facial, ale, aux (adjectif) Qui a rapport à la face, au visage. *Une paralysie **faciale**.*

faciès (nom masculin) Aspect particulier du visage. *Cet acteur a un **faciès** inquiétant.*
▶ Prononciation [fasjɛs].

facile (adjectif) **1** Qui ne demande aucun effort. *La dictée était très **facile**.* (Syn. **simple**. Contr. **compliqué, difficile**.) **2** Qui est agréable et conciliant. *David est très **facile** à vivre.* (Contr. **difficile**.)
★ Famille du mot : facil**ement**, facil**ité**, facil**iter**.

a b c d e **f** g h i j k l m n o p q r s t u v w x y z

facilement (adverbe) Sans difficulté. *Ibrahim a **facilement** triomphé de son adversaire.* (Syn. **aisément.** Contr. **difficilement.**)

facilité (nom féminin) Aptitude d'une personne à faire quelque chose sans effort. *Fatima a beaucoup de **facilité** pour apprendre.* (Contr. **difficulté.**) • **Facilités de paiement** : délais ou conditions de paiement avantageux.

faciliter (verbe) (conj. 3) Rendre facile. *Le lave-vaisselle **facilite** la vie.* (Contr. **compliquer.**)

façon (nom féminin) Manière particulière d'agir. *C'est la **façon** la plus simple de résoudre le problème.* • **De façon à** : exprime le but. *Je suis venu en avance **de façon à** te voir.* • **De toute façon** : quoi qu'il arrive. • **Sans façon** : simplement.
▪ **façons** (nom féminin pluriel) Manière de se comporter. *Je n'aime pas beaucoup ses **façons** brutales de s'adresser aux autres.*

façonner (verbe) (conj. 3) Faire un objet en travaillant la matière. *Il **a façonné** une clé dans un vieux bout de ferraille.*

fac-similé (nom masculin) Reproduction exacte d'un document écrit ou d'un dessin. *Il possède le **fac-similé** du journal du jour de sa naissance.*
► Pluriel : des **fac-similés**.
★ *Fac simile* est une expression latine qui signifie « fais une chose semblable ».

① **facteur, trice** (nom) **1** Personne qui distribue le courrier. *La **factrice** apporte une lettre recommandée.* (Syn. **préposé.**) **2** Personne qui fabrique certains instruments de musique. *Un **facteur** de pianos, d'orgues.*

② **facteur** (nom masculin) **1** Élément qui joue un rôle dans une action. *L'intelligence et l'imagination sont des **facteurs** de succès.* **2** Chacun des termes d'une multiplication. *Dans $2 \times 3 = 6$, 2 et 3 sont des **facteurs**.*
★ Famille du mot : factor**iel**, factor**iser**.

factice (adjectif) Qui est faux, imité ou forcé. *Des bijoux **factices**. Un sourire **factice**.* (Contr. **naturel, vrai.**)

faction (nom féminin) • **Être en faction** : monter la garde. *Deux gardes **sont en faction** devant la porte du palais présidentiel.*

factoriel, elle (adjectif) Relatif aux divers éléments qui permettent d'obtenir un résultat. *Une analyse **factorielle**.*
▪ **factorielle** (nom féminin) Produit des *n* premiers nombres entiers, noté *n !* *La **factorielle** de 4 se note : « $4! = 1 \times 2 \times 3 \times 4 = 24$ ».*

factoriser (verbe) (conj. 3) Écrire une somme sous forme de produit de facteurs.

factuel, elle (adjectif) Relevant d'un fait, de faits. *Les enquêteurs ont besoin de preuves **factuelles**.*

facture (nom féminin) Document indiquant la somme à payer. *Nous avons reçu la **facture** de téléphone au courrier.*

facturer (verbe) (conj. 3) Faire payer. *En prime, je ne vous **facturerai** pas la livraison.* (Syn. **compter.**)

facultatif, ive (adjectif) Que l'on peut faire ou non, à son gré. *Le pourboire est **facultatif**.* (Contr. **obligatoire.**)

faculté (nom féminin) **1** Aptitude à faire quelque chose. *Cet athlète a une étonnante **faculté** de récupération.* **2** Partie d'une université. *Cette université comporte une **faculté** de lettres et une **faculté** de droit.*
► Au sens 2, **faculté** s'abrège familièrement *fac*.

fadaises (nom féminin pluriel) **1** Niaiseries. *Arrête, tu ne débites que des **fadaises**.* **2** Choses inutiles et frivoles. *Il ne s'intéresse qu'à des **fadaises**.*

fade (adjectif) Qui manque de goût. *Ce plat est **fade**, il faudrait l'assaisonner.* (Contr. **savoureux.**)
★ Famille du mot : a**fad**ir, fad**eur**.

fadeur (nom féminin) Caractère de ce qui est fade. *La **fadeur** du pain sans sel.*

fado (nom masculin) Chant populaire portugais évoquant les tourments de l'amour.
★ **Fado** est un mot portugais qui signifie « destin ».

fagot (nom masculin) Paquet de petites branches attachées ensemble.

fagoté, ée (adjectif) Synonyme familier de mal habillé. *Comment peut-on être **fagoté** ainsi ?*

faible (adjectif) **1** Qui manque de forces. *Gaëlle est encore **faible** après son opération.* (Contr. **fort, robuste, vigoureux.**) **2** Qui a des connaissances et un niveau insuffisants. *Il est plutôt **faible** en géographie.* (Contr. **bon, doué, fort.**) **3** Qui manque de fermeté. *Elle est trop **faible** avec ses enfants, elle leur passe tout.* (Contr. **ferme, sévère.**) **4** Qui a peu d'intensité. *Le son est très **faible**, il faut changer les piles du poste.* (Contr. **fort, violent.**)
▪ **faible** (nom masculin) Goût particulier pour une chose ou une personne. *J'ai un petit **faible** pour le chocolat.*
★ Famille du mot : **affaiblir**, **affaiblissement**, faible**ment**, faibl**esse**, faibl**ir**.

faiblement (adverbe) De manière faible. *La pièce est **faiblement** éclairée par une petite lampe.*

faiblesse (nom féminin) **1** État d'une personne faible. *La malade était d'une extrême **faiblesse**.* (Contr. **force.**) **2** Caractère d'une personne faible. *Il est d'une **faiblesse** désolante avec sa fille, elle fait ce qu'elle veut.*

faiblir (verbe) (conj. 11) Devenir faible. *Continue, ne **faiblis** pas ! Le vent **faiblit**.* (Syn. **s'affaiblir.**)

faïence (nom féminin) Terre cuite recouverte d'émail ou de vernis. *Le magasin vend des cruches en **faïence**.*
★ Faïence vient du nom de *Faenza*, ville d'Italie célèbre pour ses fabriques de faïence.

faïencerie (nom féminin) **1** Fabrique de faïence. *Sa sœur travaille dans une **faïencerie**.* **2** Poteries de faïence. *Nous avons acheté de la **faïencerie**.*

faignant Voir ***feignant***.

faille (nom féminin) **1** Cassure de l'écorce terrestre. **2** Point faible. *Il y a une **faille** dans ton raisonnement.*

failli, ie (adjectif et nom) Qui a fait faillite. *Le magasin du **failli** est à vendre.*

faillir (verbe) (conj. 14) **1** Être sur le point de faire quelque chose. *J'ai bien **failli** tomber !* (Syn. **manquer.**) **2** Ne pas faire ce qu'on doit faire. *Kevin s'en veut d'**avoir failli** à sa parole.*

faillite (nom féminin) Situation d'un commerçant qui ne peut plus payer ses dettes. *Le magasin de porcelaine a fait **faillite** faute de clients.*

faim (nom féminin) Sensation provoquée par le besoin de manger. *Ce gourmand a toujours **faim** !*

faine (nom féminin) Fruit du hêtre. *Les faines contiennent une amande comestible.*

fainéant, ante (adjectif et nom) Qui ne veut rien faire. *Cette **fainéante** n'est pas encore levée !* (Syn. **paresseux.** Contr. **travailleur.**)

fainéantise (nom féminin) Comportement paresseux. *Cette chaleur nous invite à la **fainéantise**.* (Syn. **paresse.**)

faire (verbe) (conj. 42) **1** Fabriquer, réaliser quelque chose. *Pierre **a fait** un gâteau.* **2** Effectuer quelque chose. *Hélène **fait** ses devoirs.* **3** Pratiquer une activité. *Quentin **fait** de la spéléologie. Julie **fait** du tricot.* **4** Remettre en ordre ou en état. *Chaque matin, Laura **fait** sa toilette, puis elle **fait** son lit.* **5** Produire tel résultat. *Je l' **ai fait** tomber. Elle me **fait** rire.* **6** Agir de telle manière. *Dis-moi comment tu **as fait**.* **7** Produire tel total. *Cela **fait** vingt euros.* **8** Charger quelqu'un de faire quelque chose pour soi. *Il **a fait** réparer sa voiture.* **9** Chercher à paraître de telle façon. *Elle **fait** la difficile. Il **s'est fait** beau.* **10** Avoir l'air. *La mère de Myriam **fait** très jeune.* **11** **Se faire** : commencer à être. *Il **se fait** vieux. Il **se fait** tard.* **12** **Se faire à quelque chose** : s'habituer à cette chose. *Tu **te feras** vite **au** quartier.* • **Cela ne fait rien** : cela n'a pas d'importance. • **Cela ne se fait pas** : ce n'est pas convenable. • **Il fait** : indique un état. ***Il fait** beau mais **il fait** froid.* • **S'en faire** : se faire du souci. *Ne **t'en fais** pas, ça ira !*
★ Famille du mot : **dé**faire, faire-part, faire-valoir, faisa**ble**, faiseur, fait, **in**faisa**ble**, **re**faire.

faire-part (nom masculin) Lettre envoyée pour annoncer une naissance, un mariage ou un décès.
▶ Pluriel : des **faire-part**.

faire-valoir (nom masculin) **1** Personne qui met en valeur une autre personne. *Clément se plaint de n'être que le **faire-valoir** de Thomas.* **2** Exploitation d'un domaine agricole.
▶ Pluriel : des **faire-valoir**.

fair-play (adjectif) Qui respecte les règles du jeu. *Très **fair-play**, il a félicité son adversaire.*
▶ Prononciation [fɛʀplɛ].
▶ Pluriel : des joueurs **fair-play**.
▶ On écrit aussi **fairplay**.
★ **Fair-play** est une expression anglaise qui signifie « jeu loyal ».

faisable (adjectif) Qu'il est possible de réaliser. *L'exercice est **faisable**, même pour les débutants.* (Contr. **impossible, infaisable.**)

faisan (nom masculin) Oiseau dont le mâle a un plumage coloré et une longue queue.
▶ Prononciation [fəzɑ̃].

faisandé, ée (adjectif) Se dit d'une viande qui commence à pourrir. *On fait **faisander** le gibier avant de le cuisiner.*
▶ Prononciation [fəzɑ̃de].

faisander (verbe) (conj. 3) Donner un fumet spécial à un gibier en le laissant se décomposer un certain temps. *Le cuisinier **faisande** une perdrix.*

faisceau, eaux (nom masculin) **1** Assemblage d'objets longs et fins liés ensemble. *On lie les asperges en **faisceau** pour faire une botte.* **2** Ensemble de rayons lumineux. *Les **faisceaux** des projecteurs balayent le ciel.*

faiseur, euse (nom) **1** Personne qui fabrique quelque chose. *Cet homme fut un grand **faiseur** de cathédrales.* (Syn. **bâtisseur.**) **2** Personne qui fait habituellement telle ou telle chose. *Cette fille n'est qu'une **faiseuse** d'ennuis.*
■ **faiseur** (nom masculin) Homme qui fait l'important. *Quel **faiseur**, celui-là !*

faisselle (nom féminin) Ustensile pour faire égoutter les fromages frais.
★ **Faisselle** vient du latin *fiscu* qui signifie « corbeille ».

① **fait, faite** (adjectif) Qui est à maturité. *Ce fromage n'est pas assez **fait**.* • **C'est bien fait** : c'est bien mérité. • **Être fait** : ne plus pouvoir s'échapper.

② **fait** (nom masculin) **1** Ce qui existe ou ce qui s'est réellement passé. *Voici les **faits**.* **2** Ce que l'on a fait. *Un mensonge, c'est le **fait** de mentir.* • **Au fait !** : à propos. ***Au fait !** Quand viendras-tu me voir ?* • **De fait, en fait** : en réalité. • **Du fait de quelque chose** : à cause de cela. ***Du fait de** l'accident, la circulation est détournée.* • **Prendre quelqu'un sur le fait** : le surprendre en train de commettre une faute.
▶ Prononciation [fɛ] ou [fɛt].

faîtage (nom masculin) **1** Poutre horizontale formant l'arête supérieure d'un comble. *Les chevrons reposent sur le **faîtage**.* (Syn. **faîte.**) **2** Toiture d'un bâtiment. *La colline domine le village et ses **faîtages** de tuiles.*
▶ On écrit aussi **faitage**.

fait divers (nom masculin) Vol, crime ou accident raconté dans un journal.
▶ Pluriel : des **faits divers**.

faîte (nom masculin) Endroit le plus élevé. *On a installé un émetteur de télévision au **faîte** de la tour Eiffel.* (Syn. **sommet.**)
▶ On écrit aussi **faite**.

fait-tout (nom masculin) Récipient à deux anses muni d'un couvercle, servant à faire cuire les aliments.
▶ Pluriel : des **fait-tout**.
▶ On écrit aussi un **faitout**, des **faitouts**.

a b c d e f g h i j k l m n o p q r s t u v w x y z

faix (nom masculin) Charge, fardeau pesant, dans la langue littéraire. *La vieille femme pliait sous le **faix**.*

fakir (nom masculin) Homme qui fait des tours de magie. *À la fête foraine, j'ai vu un **fakir** coiffé d'un turban.*

falaise (nom féminin) Rivage abrupt et très élevé. *À marée haute, les vagues frappent la **falaise**.*

fallacieux, euse (adjectif) Qui est fait pour tromper. *Cet homme politique fait des promesses **fallacieuses**.*

falloir (verbe) (conj. 25) Être nécessaire. *Il **faut** que tu termines ce travail. Il me **faudrait** un nouveau stylo.* • **Comme il faut** : convenablement. • **Il s'en faut de quelque chose** : c'est presque cela. *Il **s'en est fallu de** peu que tu échoues.*
▶ **Falloir** ne s'emploie qu'à l'infinitif et à la troisième personne du singulier.

falot, ote (adjectif) Qui est terne et effacé. *Dans le film, le mari de l'héroïne est assez **falot**.*

falsification (nom féminin) Action de falsifier. *La **falsification** d'une signature.*

falsifier (verbe) (conj. 10) Modifier exprès dans l'intention de tromper. *Ces documents **ont été falsifiés**.*

falun (nom masculin) Sable très riche en coquilles fossiles du tertiaire.
▶ Prononciation [falœ̃].
★ **Falun** est un mot provençal.

famé, ée (adjectif) • **Mal famé ou malfamé** : se dit d'un lieu qui a mauvaise réputation. *La police a fait irruption dans un bar **mal famé**.*

famélique (adjectif) Qui est amaigri parce qu'il ne mange pas assez. *Un chien **famélique** accompagne le vagabond.*

fameux, euse (adjectif) **1** Qui a une grande réputation. *Ce **fameux** musée renferme des œuvres d'art admirables.* **2** Très bon. *Le dessert est **fameux** !* (Syn. **délicieux, excellent.**)

familial, ale, aux (adjectif) De la famille. *La maison **familiale**.*

se **familiariser** (verbe) (conj. 3) S'habituer petit à petit à quelque chose ou à quelqu'un. *Romain commence à **se familiariser** avec l'anglais.*

familiarité (nom féminin) **1** Manière simple, familière de se comporter. *Les amis s'entretenaient avec **familiarité**.* **2** Bonne connaissance d'une technique, d'un sujet. *Ce travail nécessite une certaine **familiarité** avec les nouvelles technologies.*
▪**familiarités** (nom féminin pluriel) Manières trop familières. *Je ne vous permets pas ces **familiarités**.*

familier, ère (adjectif) **1** Que l'on connaît bien. *Ce nom m'est **familier**.* (Contr. **étranger, inconnu.**) **2** Qui se montre trop libre avec les gens. *Cet enfant est trop **familier** avec les grandes personnes.* (Contr. **respectueux.**) **3** Qui se dit couramment mais qu'on évite d'écrire. *« Bouquin » est un synonyme **familier** de « livre ».*

▪**familier** (nom masculin) Personne considérée comme de la famille. *Noémie fait partie des **familiers** de la maison.*

familièrement (adverbe) D'une manière familière. *Je te prie de ne pas parler si **familièrement** au voisin.*

famille (nom féminin) **1** Le père, la mère et les enfants. *Odile va rejoindre sa **famille** au bord de la mer.* **2** Ensemble de personnes qui ont un lien de parenté. *Pour mon anniversaire, toute la **famille** était invitée.* **3** Groupe d'animaux ou de plantes qui ont des caractères communs. *Le pommier et le poirier sont de la même **famille**.* **4** Ensemble des mots formés à partir d'un même mot. *« Coucher, couchette, recoucher » sont de la même **famille** de mots.*

famine (nom féminin) Manque de nourriture qui cause la mort de beaucoup de gens. *Un pays ravagé par la **famine**.*

fan (nom et adjectif) Admirateur enthousiaste. *Le chanteur est entouré de ses **fans**.* (Syn. **groupie.**)
▶ Prononciation [fan].
★ **Fan** vient du mot anglais *fanatic*.

fanal, aux (nom masculin) Grosse lanterne servant à signaler la présence d'un navire. *On aperçoit à l'horizon les **fanaux** des bateaux de pêche.*

fanatique (adjectif et nom) **1** Qui s'excite de façon aveugle pour quelque chose ou pour quelqu'un. *Il y a eu des bagarres entre des supporters **fanatiques**.* **2** Qui est passionné par quelque chose. *C'est une **fanatique** de BD.*
▶ **Fanatique** s'abrège familièrement **fan**.

fanatisme (nom masculin) Comportement des fanatiques. *Le **fanatisme** est dangereux pour la liberté.* (Contr. **tolérance.**)

fan-club (nom masculin) Association des fans d'une vedette.
▶ Pluriel : des **fan-clubs**.
▶ Prononciation [fanklœb].

fane (nom féminin) Feuille de certaines plantes. *Des **fanes** de radis, de carottes.*

se **faner** (verbe) (conj. 3) Perdre sa fraîcheur et se dessécher. *Le lilas **s'est fané** dans le vase.* (Syn. **se flétrir.**)

fanfare (nom féminin) Orchestre composé d'instruments en cuivre et de tambours. *La **fanfare** municipale participera au défilé du 14 Juillet.*

fanfaron, onne (nom) Personne qui se vante d'un courage qu'elle n'a pas. *Thomas fait le **fanfaron**, et pourtant il a eu très peur.* (Syn. **crâneur.**)

fanfreluche (nom féminin) Petit ornement de peu de valeur. *Les pompons, les dentelles et les rubans sont des **fanfreluches**.*

fange (nom féminin) Synonyme littéraire de boue. • **Traîner quelqu'un dans la fange** : salir sa réputation en répandant des calomnies sur son compte.

fanion (nom masculin) Petit drapeau. *Les spectateurs agitent des **fanions** au passage du cortège.*

fanon (nom masculin) Chacune des lames de corne garnissant la bouche de la baleine. *Avec ses* ***fanons****, la baleine retient le plancton pour le manger.*

fantaisie (nom féminin) **1** Originalité plaisante. *Sarah est toujours drôle et pleine de* ***fantaisie****.* **2** Envie subite et passagère. *Il lui a pris la* ***fantaisie*** *de passer nous voir.* • **Bijou fantaisie** : bijou original mais sans valeur.

fantaisiste (adjectif) Qui est plein de fantaisie. *On ne sait jamais ce qu'Ursula va inventer, elle est très* ***fantaisiste****.*

fantasmagorique (adjectif) Qui semble irréel, fantastique. *L'étang dans le brouillard a quelque chose de* ***fantasmagorique****.*

fantasme (nom masculin) Illusion traduisant les désirs plus ou moins conscients d'une personne. *Ursula a des* ***fantasmes*** *de gloire et de richesse.*
★ **Fantasme** vient du grec *phantasma* « vision ».
▶ On écrit aussi **phantasme**.

fantasque (adjectif) Qui est capricieux et imprévisible. *On ne peut faire aucun projet avec lui, il est trop* ***fantasque*** *!*

fantassin (nom masculin) Soldat de l'infanterie. *Les* ***fantassins*** *vont à pied avec leur sac sur le dos.*

fantastique (adjectif) **1** Qui est né de l'imagination. *Les sirènes sont des créatures* ***fantastiques****.* **2** Synonyme familier d'extraordinaire. *C'est une occasion* ***fantastique****, à ne manquer sous aucun prétexte !* (Syn. **formidable.**)

fantoche (nom masculin) **1** Personne sans personnalité qui se laisse manœuvrer et qu'on ne peut pas prendre au sérieux. *Sa déception a été grande de découvrir que son mari n'était qu'un* ***fantoche****.* (Syn. **pantin.**) **2** Marionnette articulée. (Syn. **pantin.**) • **Gouvernement fantoche** : gouvernement qui n'a pas de réel pouvoir.
★ **Fantoche** vient de l'italien *fantuccio* qui signifie « marionnette ».

fantomatique (adjectif) Qui a un air irréel et un peu inquiétant. *La Lune donne un aspect* ***fantomatique*** *au paysage nocturne.*

fantôme (nom masculin) Apparition surnaturelle d'un mort. *Victor fait croire à Zoé qu'il y a un* ***fantôme*** *dans le grenier.* (Syn. **revenant, spectre.**)

fanzine (nom masculin) Magazine à faible tirage édité par des amateurs et consacré à un thème précis. *Un* ***fanzine*** *de bandes dessinées.*
★ **fanzine** vient de l'américain et est construit sur *fan,* et *magazine.*

faon (nom masculin) Petit de la biche et du cerf, ou des autres cervidés (chevreuil, daim, etc.).
▶ Prononciation [fɑ̃].

far (nom masculin) Sorte de flan aux pruneaux, spécialité du Finistère. *Nous avons mangé un excellent* ***far*** *breton.*
★ **Far** vient du latin *far* qui signifie « blé ».

faraday (nom masculin) Unité électrique, d'une valeur de 96 490 coulombs.
▶ Prononciation [faʀadɛ].
★ **Faraday** vient du nom du physicien *Faraday.*

faramineux, euse (adjectif) Synonyme familier d'exorbitant. *Ce magasin de luxe affiche des prix* ***faramineux****.*
★ **Faramineux** vient d'un mot latin qui signifie « bête sauvage » : la *bête faramine* était un animal fantastique et effrayant des légendes populaires.

farandole (nom féminin) Danse dans laquelle les danseurs se donnent la main en formant une longue file. *Faire une* ***farandole*** *dans les rues du village.*

farce (nom féminin) **1** Tour qu'on joue à quelqu'un. *Pour lui faire une* ***farce****, les enfants ont mis son lit en portefeuille.* (Syn. **blague, plaisanterie.**) **2** Mélange d'épices et d'aliments hachés. *La* ***farce*** *de ces tomates est délicieuse.*
★ Famille du mot : **farceur, farcir.**

farceur, euse (nom) Personne qui aime faire des farces. *C'est un petit* ***farceur****.* (Syn. **plaisantin.**)

farcir (verbe) (conj. 11) Remplir de farce. *Des tomates* ***farcies****.*

fard (nom masculin) Produit de maquillage. *Elle a mis du* ***fard*** *sur ses joues.*

fardeau, eaux (nom masculin) Lourde charge. *La pauvre bête plie sous son* ***fardeau****.*

se **farder** (verbe) (conj. 3) Mettre du fard. *Le mime* ***se farde*** *dans sa loge.* (Syn. se **maquiller.**)

farfadet (nom masculin) Petit lutin. *Les fées, les elfes et les* ***farfadets*** *sont des êtres fantastiques.*

farfelu, ue (adjectif) Qui est bizarre, extravagant. *Quelle idée* ***farfelue*** *de manger de la moutarde sur du chocolat !*

farfouiller (verbe) (conj. 3) Dans la langue familière, fouiller en bouleversant tout. *William* ***farfouille*** *dans son cartable, à la recherche de son stylo.*

fariboles (nom féminin pluriel) Propos, choses frivoles. *Tout ce que tu me dis n'est que sornettes et* ***fariboles*** *!* (Syn. **balivernes.**)

farine (nom féminin) Poudre obtenue en écrasant des grains de céréales. *On fait le pain avec de la* ***farine****, du sel et de l'eau.*

farineux, euse (adjectif) Qui donne l'impression d'avoir de la farine dans la bouche. *Cette pomme n'est pas bonne, elle est* ***farineuse****.*

farniente (nom masculin) Fait de passer agréablement son temps à ne rien faire. *Elle aime le* ***farniente*** *au soleil.*
▶ Prononciation [faʀnjɛnte].
★ **Farniente** vient de l'italien *far* qui signifie « faire » et *niente* qui signifie « rien ».

farouche (adjectif) **1** Qui se sauve quand on l'approche. *La chatte est un peu* ***farouche****.* **2** Qui est violent et acharné. *Les derniers combattants ont opposé une résistance* ***farouche****.*

farouchement (adverbe) De façon farouche. *Anna est **farouchement** opposée à ton départ.*

fart (nom masculin) Matière dont on enduit la semelle des skis pour adapter leur glisse à la qualité de la neige.
★ **Fart** est un mot norvégien.

fascicule (nom masculin) Petit livre broché qui fait partie d'une collection. *Tous les mois, maman reçoit un **fascicule** de son encyclopédie.*

fascinant, ante (adjectif) Qui fascine. *Xavier trouve cette actrice **fascinante**.* (Syn. **envoûtant.**)

fascination (nom féminin) Action de fasciner. *Ce chanteur exerce une véritable **fascination** sur le public.* (Syn. **envoûtement.**)

fasciner (verbe) (conj. 3) Exercer une attirance irrésistible sur quelqu'un. *Certaines personnes **sont fascinées** par l'argent.*
★ Famille du mot : fascin**ant**, fascin**ation**.
★ **Fasciner** vient du latin *fascinum* qui signifie « maléfice ».

fascisme (nom masculin) Régime dictatorial et nationaliste. *Le **fascisme** s'appuie sur un parti et un chef uniques.*
► Prononciation [faʃism].
★ **Fascisme** vient de l'italien *fascio* qui signifie « faisceau », parce que les fascistes italiens de Mussolini avaient un faisceau comme emblème.

fasciste (adjectif et nom) Qui concerne le fascisme.
► Prononciation [faʃist].

① **faste** (adjectif) • **Jour faste :** qui porte chance. *Il croit que les vendredis 13 sont des jours **fastes**.* (Contr. **néfaste.**)

② **faste** (nom masculin) Étalage de luxe. *Le souverain étranger a été reçu avec **faste**.* (Contr. **simplicité.**)

fast-food (nom masculin) Restaurant qui sert rapidement des repas bon marché.
► Prononciation [fastfud].
► Pluriel : des **fast-foods**.
► On écrit aussi **fastfood**.
★ **Fast-food** vient de l'anglais *fast* qui signifie « vite » et *food* qui signifie « nourriture ».

fastidieux, euse (adjectif) Qui est répétitif et monotone. *Pour Élodie, écosser des petits pois est un travail **fastidieux**.* (Syn. **lassant.**)

fastueux, euse (adjectif) Plein de faste. *Le roi menait une vie **fastueuse** dans son palais de marbre.*

fatal, ale, als (adjectif) **1** Qui doit forcément arriver. *Les freins ont lâché, l'accident était **fatal**.* (Syn. **inévitable.**) **2** Qui conduit à des résultats désastreux ou à la mort. *Cet accident lui a été **fatal**.* (Syn. **funeste.**)
★ Famille du mot : fatal**ement**, fatal**iste**, fatal**ité**.

fatalement (adverbe) De façon fatale. *Cela arrivera **fatalement** un jour ou l'autre.* (Syn. **forcément, inévitablement.**)

fataliste (nom) Personne résignée qui pense que ce qui se passe est inévitable et fixé par la fatalité. *Réagis donc et ne sois pas si **fataliste** !*

fatalité (nom féminin) Destin ou hasard malheureux. *Voilà trois fois que je perds mes clés, c'est une **fatalité** !*

fatidique (adjectif) Qui semble provoqué par le destin. *La date **fatidique** du départ approche.*

fatigant, ante (adjectif) **1** Qui fatigue. *Une longue marche **fatigante**.* (Contr. **reposant.**) **2** Qui est difficile à supporter. *Que tu es **fatigant** à toujours te plaindre !* (Syn. **embêtant, lassant.**)

fatigue (nom féminin) Impression de lassitude causée par un effort ou un travail. *Je suis mort de **fatigue** après cette dure journée !*

fatiguer (verbe) (conj. 3) **1** Causer de la fatigue. *Cette longue baignade les **a fatigués**.* (Contr. **reposer.**) **2** Être difficile à supporter. *Cessez de vous chamailler, ça me **fatigue** !* **3 Se fatiguer de quelque chose :** en avoir assez. *Yann **s'est** vite **fatigué du** piano.*
★ Famille du mot : fatig**ant**, fatigue, **in**fatig**able**.

fatras (nom masculin) Amas confus et désordonné. *Il y a un **fatras** de vieilles lettres dans le tiroir.*

fatwa (nom féminin) **1** Jugement rendu par une autorité musulmane sur un cas douteux ou nouveau. **2** Condamnation arbitraire. *Une **fatwa** a été prononcée contre un écrivain.*
► Prononciation [fɑtwɑ].
★ **Fatwa** est un mot arabe.

faubourg (nom masculin) Quartier d'une ville qui est loin du centre. *Les **faubourgs** de cette ville sont très étendus.*

faucher (verbe) (conj. 3) **1** Couper avec une faux. ***Faucher** les orties dans le fossé.* **2** Faire tomber brutalement comme avec une faux. *La mitrailleuse **a fauché** les attaquants.* **3** Synonyme familier de voler. *Qui m'**a fauché** mon stylo ?*
★ Famille du mot : fauch**eur**, fauch**eux**.

faucheur, euse (nom) Personne qui fauche le foin, les blés à l'aide d'une faux.
■ **faucheuse** (nom féminin) **1** Synonyme littéraire de la mort. **2** Machine agricole servant à faucher.

faucheux (nom masculin) Araignée aux longues pattes très fines.

faucille (nom féminin) Outil dont la lame forme un demi-cercle et qui sert à couper l'herbe. *Autrefois, on moissonnait à la **faucille**.*

faucon (nom masculin) Rapace diurne au vol rapide. *Le **faucon** fond sur sa proie.*

fauconnerie (nom féminin) **1** Art de dresser pour la chasse les faucons, les rapaces. *Le père de François se passionne pour la **fauconnerie**.* **2** Lieu où on élève les rapaces pour la chasse. *La **fauconnerie** est équipée de perchoirs.*

faufiler (verbe) (conj. 3) **1** Coudre provisoirement à grands points. *Fatima **faufile** l'ourlet avant de le coudre.* **2 Se faufiler :** se glisser sans se faire remarquer. *Le chat **s'est** encore **faufilé** sous le lit.*

faune (nom féminin) Ensemble des animaux d'une région. *Le python appartient à la **faune** équatoriale.*

faussaire (nom) Personne qui fabrique des faux, des imitations. *Les faux-monnayeurs sont des **faussaires**.*

fausse Voir ***faux***.

fausse couche (nom féminin) Avortement qui se déclenche spontanément.
▶ Pluriel : des **fausses couches**.
▶ On écrit aussi **fausse-couche**.

faussement (adverbe) De façon fausse. *Inutile de prendre un air **faussement** étonné !* (Contr. **réellement, véritablement.**)

fausser (verbe) (conj. 3) **1** Rendre faux. *L'opposition prétend qu'on **a faussé** les sondages.* **2** Déformer en tordant ou en forçant. *J'**ai faussé** mon guidon en tombant avec mon vélo.* • **Fausser compagnie à quelqu'un** : le quitter brusquement, sans prévenir.

fausset (nom masculin) • **Voix de fausset** : voix très aiguë.

fausseté (nom féminin) Caractère de ce qui est faux. *La **fausseté** de cette déclaration a été prouvée.*

faute (nom féminin) **1** Ce qui est faux. *Tu as fait des **fautes** d'orthographe dans ta lettre.* (Syn. **erreur.**) **2** Ce qui est mal ou ce qui est défendu. *Il a commis une **faute** en ne disant pas tout de suite la vérité.* **3** Ce dont on est responsable. *À qui la **faute** ?* • **Faute de quelque chose** : par manque de cela. *Je n'ai pas fini, **faute de** temps.* • **Sans faute** : à coup sûr. *Viens demain, **sans faute** !*

fauteuil (nom masculin) Siège qui a des bras et un dossier, pour une seule personne.

fauteur, trice (nom) Personne qui fait en sorte de provoquer des actes blâmables ou dangereux. • **Fauteur de troubles, de guerre** : personne qui fait naître les troubles, la guerre.

fautif, ive (adjectif et nom) Qui est responsable d'une faute. *C'est elle, la **fautive**, dans cette histoire.* (Syn. **coupable.**)

fauve (adjectif) D'une couleur jaune-roux. *Il aime les couleurs **fauves** de l'automne.* • **Bête fauve** : grand félin sauvage.
▪ **fauve** (nom masculin) Bête fauve. *Le dompteur est entré dans la cage aux **fauves**.*

fauvette (nom féminin) Petit oiseau chanteur au plumage fauve.

fauvisme (nom masculin) Art des peintres dits Fauves, né vers 1900. *Le **fauvisme** utilisait des couleurs violentes.*

① **faux, fausse** (adjectif) **1** Qui contient une erreur. *Refais ton addition, elle est **fausse** !* (Syn. **inexact.** Contr. **exact, juste.**) **2** Qui constitue un mensonge. *C'est **faux**, il ment !* (Contr. **vrai.**) **3** Qui a l'air vrai, mais qui est imité. *Cette pièce de monnaie est **fausse**.* (Contr. **vrai.**) **4** Qui n'est pas ce qu'il cherche à paraître. *C'est une personne **fausse**, ne la crois pas !* (Syn. **hypocrite.** Contr. **droit, franc.**) **5** Qui n'a pas le ton juste. *Benjamin fait des **fausses** notes à la clarinette.*

▪ **faux** (adverbe) De façon fausse. *Arrête, tu chantes **faux** !* (Contr. **juste.**)
▪ **faux** (nom masculin) **1** Ce qui est faux. *J'essaie de démêler le vrai du **faux**.* **2** Copie d'un objet faite pour tromper. *Cette statuette grecque est un **faux**.*
★ Famille du mot : dé**fausser**, **faussaire**, **fausse**ment, **fausser**, **fausseté**.

② **faux** (nom féminin) Outil fait d'une grande lame courbe, fixée à un long manche, et qui sert à couper l'herbe.

faux-filet (nom masculin) Morceau de viande de bœuf que l'on mange grillée.
▶ Pluriel : des **faux-filets**.

faux-fuyant (nom masculin) Moyen qu'on trouve pour éviter de répondre. *Elle trouve toujours des **faux-fuyants** pour ne pas prendre parti.*
▶ Pluriel : des **faux-fuyants**.

faux-monnayeur (nom masculin) Personne qui fabrique de la fausse monnaie.
▶ Pluriel : des **faux-monnayeurs**.

faux-semblant (nom masculin) Apparence trompeuse. *Sa pitié n'est qu'un **faux-semblant**.*
▶ Pluriel : des **faux-semblants**.

faux-sens (nom masculin) Erreur d'interprétation du sens d'un mot dans un texte. *Pierre a fait un **faux-sens** dans sa version latine.*
▶ Pluriel : des **faux-sens**.

favela (nom féminin) Agglomération d'habitations rudimentaires et dépourvues de tout confort, au Brésil. *Les pauvres de Rio vivent dans les **favelas**.*
▶ Prononciation [favela].
▶ On écrit aussi **favéla**.
★ **Favela** est un mot portugais du Brésil.

faveur (nom féminin) **1** Avantage particulier qu'on accorde à quelqu'un. *Le vendeur a fait une **faveur** à Gaëlle, il lui a donné un ballon.* **2** Considération que l'on a acquise auprès de quelqu'un. *Ce député a gardé la **faveur** des électeurs.* • **En faveur de quelqu'un** : à son profit. *Clément est intervenu dans la discussion **en faveur d'**Hélène.*

favorable (adjectif) **1** Qui favorise la réalisation de quelque chose. *Profitons de ce temps **favorable** pour sortir !* (Syn. **propice.** Contr. **défavorable.**) **2** Qui est en faveur de quelqu'un ou de quelque chose. *Je suis **favorable** à cette bonne idée.* (Contr. **hostile.**)
★ Famille du mot : dé**favorable**, **favorable**ment.

favorablement (adverbe) De manière favorable. *La proposition a été accueillie **favorablement**.*

favori, ite (adjectif et nom) Que l'on préfère aux autres. *Le bleu est ma couleur **favorite**. David est mon compagnon de jeu **favori**.*
▪ **favori** (nom masculin) Cheval de course qui a les meilleures chances de gagner.
▪ **favoris** (nom masculin pluriel) Touffes de barbe de chaque côté du visage.
★ Famille du mot : dé**favori**ser, **favori**ser, **favori**tisme.

favoriser (verbe) (conj. 3) Donner un avantage à quelqu'un. *Un arbitre ne doit **favoriser** personne.* (Syn. **avantager.** Contr. **défavoriser.**)

a b c d e f g h i j k l m n o p q r s t u v w x y z

favoritisme (nom masculin) Tendance à favoriser quelqu'un aux dépens des autres. *C'est toujours elle qui est choisie, c'est du **favoritisme** !*

fax (nom masculin) **1** Appareil qui permet d'envoyer des messages écrits ou des images par téléphone. *Papa lui a envoyé le trajet à suivre par **fax**.* (Syn. **télécopieur.**) **2** Message envoyé grâce à cet appareil. *Julie nous a envoyé un **fax** pour nous annoncer son arrivée.* (Syn. **télécopie.**)

faxer (verbe) (conj. 3) Envoyer un fax, une télécopie. *Fatima a **faxé** un document à Kevin.* (Syn. **télécopier.**)

fayot (nom masculin) **1** Haricot sec, dans la langue familière. *À la cantine, on a mangé des **fayots**.* **2** Personne, élève qui cherche à se faire bien voir de ses supérieurs, de ses professeurs, dans la langue familière. *Ce **fayot** est toujours le premier à lever le doigt !*
★ **Fayot** vient du latin *fasiolus* qui signifie « sorte de fève ».

féal, ale, aux (adjectif) Fidèle, loyal. *Les **féaux** serviteurs du roi.*

fébrile (adjectif) **1** Qui a de la fièvre. *Laura se sent **fébrile**, peut-être a-t-elle la grippe ?* (Syn. **fiévreux.**) **2** Qui montre de l'agitation ou de l'excitation. *À midi, une agitation **fébrile** règne dans les cuisines de ce restaurant.*

fébrilement (adverbe) De manière fébrile, agitée. *Myriam cherche **fébrilement** son porte-monnaie dans son sac.*

fébrilité (nom féminin) État d'extrême agitation. *Dans la **fébrilité** du départ, on a oublié une valise.*

fécal, ale, aux (adjectif) Qui concerne les excréments. *Les matières **fécales**.*

fécond, onde (adjectif) **1** Capable d'avoir des petits. *Les lapines sont très **fécondes**.* (Contr. **stérile.**) **2** Dans un sens figuré, qui est très productif. *La traversée a été très **féconde** en évènements.* (Syn. **fertile, riche.**)
★ Famille du mot : fécond**ation**, féconde**r**, fécond**ité**, **in**fécond**ité**.

fécondation (nom féminin) Action de féconder.

féconder (verbe) (conj. 3) Pour un mâle, faire un petit à une femelle. *Le chien **féconde** la chienne.*

fécondité (nom féminin) Qualité de ce qui est fécond. *Noémie donne la pilule à sa chienne pour stopper sa **fécondité**.*

fécule (nom féminin) Sorte de farine contenue dans certaines plantes. *Les pommes de terre, les lentilles, les haricots, les châtaignes contiennent de la **fécule**.*

féculent (nom masculin) Légume qui contient de la fécule. *Les lentilles sont des **féculents**.*

fedayin (nom masculin) Résistant palestinien engagé dans la lutte armée pour récupérer les territoires occupés par Israël et défendre la cause d'un État palestinien. *La guérilla des **fedayins**.*
▶ Prononciation [fedajin].
★ **Fedayin** est un mot arabe qui signifie « rédempteur ».

fédéral, ale, aux (adjectif) Qui concerne une fédération d'États. *La Suisse est gouvernée par une assemblée **fédérale**.*

fédérateur, trice (adjectif et nom) **1** Qui a pour but de réunir plusieurs États en un seul. *Des négociation **fédératrices** sont en cours.* **2** Qui favorise une convergence d'idées, d'intérêts. *Le projet est **fédérateur**.*

fédération (nom féminin) **1** Association de plusieurs États en un seul. *L'Allemagne, le Canada, les États-Unis sont des **fédérations**.* **2** Regroupement de clubs ou de syndicats. *La **Fédération** française de football.*

fédéré, ée (adjectif) Qui fait partie d'une fédération. *Les cantons **fédérés** suisses.*

fédérer (verbe) (conj. 8) **1** Grouper en fédération. **2** Rassembler, réunir. *L'institut de recherche cherche à **fédérer** les compétences.*
★ Famille du mot : **con**fédér**ation**, fédér**al**, fédér**ateur**, fédér**ation**, fédér**é**.

fée (nom féminin) Créature des contes, qui a des pouvoirs magiques. *Chaque samedi, la **fée** Mélusine se transformait en serpent.*
★ Famille du mot : fée**rie**, fée**rique**.
★ **Fée** vient du latin *fatum* qui signifie « destin », car on pensait que les fées se réunissaient à la naissance de quelqu'un pour fixer son destin.

feed-back (nom masculin) Synonyme de rétroaction.
▶ Prononciation [fidbak].
★ **Feed-back** est un mot anglais, de *to feed* « nourrir », et *back* « en retour ».
▶ Pluriel : des **feed-back**.
▶ On écrit aussi un **feedback**, des **feedbacks**.

féerie (nom féminin) Spectacle merveilleusement beau. *Le feu d'artifice sur l'eau est une véritable **féerie**.* (Syn. **enchantement.**)
▶ On écrit aussi **féérie**.

féerique (adjectif) D'une beauté merveilleuse, digne d'un conte de fées. *Le spectacle du soleil couchant sur la mer est **féerique**.*
▶ On écrit aussi **féérique**.

feignant, ante (adjectif et nom) Synonyme familier de fainéant.
▶ On écrit aussi **faignant**.

feindre (verbe) (conj. 35) Faire semblant. *Ibrahim **feignait** la surprise, mais il était déjà au courant.* (Syn. **affecter, simuler.**)

feinte (nom féminin) Action destinée à tromper. *Ce départ est une **feinte**, il va revenir.* (Syn. **ruse.**)

feldspath (nom masculin) Minéral qui entre dans la composition de roches cristallines. *Le **feldspath** est employé dans l'industrie du verre.*
▶ Prononciation [fɛldspat].
★ **Feldspath** est un mot allemand.

fêler (verbe) (conj. 3) Fendre quelque chose sans le casser. *Des verres **ont été fêlés** durant le transport. Il s'**est fêlé** une côte en tombant.*

félibrige (nom masculin) Mouvement littéraire fondé en Provence en 1854 pour faire renaître la littérature de langue d'oc.

félicitations (nom féminin pluriel) Paroles dites pour féliciter. *Toutes mes **félicitations** aux jeunes mariés !* (Syn. **compliments.**)

félicité (nom féminin) Bonheur suprême. *À l'approche de Noël, les enfants sont au comble de la **félicité**.* (Syn. **béatitude.**)

féliciter (verbe) (conj. 3) **1** Dire à quelqu'un sa joie ou son admiration. *On **félicite** le vainqueur.* (Syn. **complimenter.** Contr. **blâmer, critiquer.**) **2 Se féliciter :** s'approuver d'avoir agi comme on l'a fait. *Je **me félicite** de t'avoir écouté.*

félidé (nom masculin) Synonyme de félin.

félin (nom masculin) Mammifère carnivore de la même famille que le chat. *Les lions, les pumas, les léopards, les tigres sont des **félins**.* (Syn. **félidé.**)

fellah (nom masculin) Petit agriculteur maghrébin ou paysan égyptien. *Les **fellahs** travaillent dur.*
★ Le mot **fellah** vient de l'arabe.

félon, onne (adjectif) Synonyme littéraire de traître. *Le chevalier **félon** a été banni du royaume.*

felouque (nom féminin) Petit navire à une ou deux voiles, long et étroit, utilisé en Méditerranée orientale et en Égypte. *Les **felouques** remontaient le Nil.*
★ **Felouque** vient de l'arabe *foulk* qui signifie « navire ».

fêlure (nom féminin) Fente d'une chose fêlée. *Il y a une **fêlure** dans le pare-brise.*

femelle (nom féminin) Animal de sexe féminin. *La chatte, la chienne, la truie, la jument, la brebis sont des **femelles**.*
■ **femelle** (adjectif) Qui est du sexe féminin. *Un cygne **femelle**.*

féminin, ine (adjectif) **1** De la femme. *Le corps **féminin** diffère du corps masculin.* **2** Se dit des noms pouvant être précédés des déterminants « la » ou « une ». *« La chatte », « une clé », « la gloire » sont des noms **féminins**.*
■ **féminin** (nom masculin) Genre féminin. *Le **féminin** de l'adjectif « beau » est « belle ».* (Contr. **masculin.**)
★ Famille du mot : fémin**iser**, fémin**isme**, fémin**iste**, fémin**ité**.

féminiser (verbe) (conj. 3) **1** Donner un aspect plus féminin à. *Ce maquillage **féminisera** votre visage.* (Contr. **masculiniser.**) **2** Faire accéder un plus grand nombre de femmes à. *Il faut **féminiser** les partis politiques.* **3** Attribuer un genre féminin à. *L'usage actuel tend à **féminiser** les noms de métier.*

féminisme (nom masculin) Mouvement militant favorable à la défense des intérêts des femmes et à l'extension de leurs droits dans la société. *Le **féminisme** se développe lentement mais régulièrement dans les pays occidentaux.*

féministe (nom) Partisan de l'égalité des droits entre les femmes et les hommes. *Les **féministes** veulent pour les femmes des salaires égaux à ceux des hommes.*

féminité (nom féminin) Ensemble des qualités attribuées à la femme.

femme (nom féminin) **1** Personne adulte du sexe féminin. *Cette **femme** est présidente du club.* (Contr. **homme.**) **2** Personne avec laquelle un homme est marié. *Ils sont mari et **femme** depuis dix ans.* (Syn. **épouse.**) • **Femme de chambre :** femme employée pour entretenir les chambres d'un hôtel. • **Femme de ménage :** femme employée pour faire le ménage.

femmelette (nom féminin) **1** Femme sans énergie ni caractère. *Anna n'aime pas qu'on la prenne pour une **femmelette**.* **2** Homme faible et sans courage. *Il s'est fait traiter de **femmelette**.*

fémoral, ale, aux (adjectif) De la cuisse. *Le blessé a l'artère **fémorale** sectionnée.*

fémur (nom masculin) Os de la cuisse.

fenaison (nom féminin) Récolte du foin.

se **fendiller** (verbe) (conj. 3) Se craqueler en formant de petites fentes. *Sur la flaque gelée, la glace **se fendille**.*

fendre (verbe) (conj. 31) Couper dans le sens de la longueur. ***Fendre** du bois à la hache. Odile **s'est fendu** la lèvre en tombant.* • **Fendre le cœur :** faire beaucoup de peine.

fenêtre (nom féminin) Ouverture dans un mur destinée à donner de la lumière et de l'air. • **Jeter l'argent par les fenêtres :** le gaspiller.

feng shui (nom masculin) Selon la tradition chinoise, organisation de l'environnement se conformant à la circulation des énergies naturelles.
▶ Prononciation [fɛngʃyi].

fennec (nom masculin) Petit renard du Sahara à grandes oreilles pointues, appelé aussi *renard des sables*.

fenouil (nom masculin) Plante aromatique qui a un goût d'anis.

fente (nom féminin) Ouverture très étroite et allongée. *Kevin observe la rue par une **fente** du volet.*

féodal, ale, aux (adjectif) Qui concerne la féodalité. *Les seigneurs **féodaux** avaient un fief et des vassaux.*

féodalité (nom féminin) Organisation politique du Moyen Âge dans laquelle il y avait des seigneurs protégeant des vassaux qui leur obéissaient.

fer (nom masculin) Métal gris, lourd et résistant. *Le **fer** conduit bien la chaleur.* • **De fer :** résistant ou dur comme le fer. *Elle a une santé **de fer**.* • **Fer à cheval :** objet de fer en forme de U qu'on cloue sous les sabots du cheval pour les protéger. • **Fer à repasser :** appareil électrique qui sert à repasser. • **Fer à souder :** appareil électrique avec lequel on soude le métal. • **Tomber les quatre fers en l'air :** tomber sur le dos.
★ Famille du mot : en**ferrer**, fer-blanc, ferr**aille**, ferrailler, ferr**ailleur**, ferré, ferrer, ferr**eux**, ferroutage, ferr**ure**.

fer-blanc (nom masculin) Tôle mince recouverte d'étain. *Une boîte de conserve en **fer-blanc**.*

a b c d e f g h i j k l m n o p q r s t u v w x y z

féria (nom féminin) Grande fête annuelle comportant des courses de taureaux, en Espagne et dans le sud de la France. *Nous avons assisté à une **féria**.*
▶ **Feria** est un mot espagnol : on prononce [feʀja].
▶ On écrit aussi **feria**.

férié, ée (adjectif) • **Jour férié** : jour où l'on ne travaille pas. *Les dimanches sont des **jours fériés**.* (Contr. **ouvrable**.)

fermage (nom masculin) Mode d'exploitation agricole dans lequel un propriétaire abandonne à une personne la jouissance de son domaine agricole en échange d'une redevance.

① **ferme** (adjectif) **1** Qui est assez consistant. *Une mousse au chocolat réussie est bien **ferme**.* (Contr. **mou**.) **2** Qui est solide et ne tremble pas. *Le vieillard marche encore d'un pas **ferme**.* (Syn. **assuré**. Contr. **hésitant**.) **3** Qui agit énergiquement sans hésiter ni céder. *Il s'est montré très **ferme** dans la discussion.* (Syn. **déterminé**. Contr. **faible**.) • **De pied ferme** : sans bouger et résolument. *Je l'attends **de pied ferme**.*
▪**ferme** (adverbe) Avec ardeur. *Ils discutent **ferme** !*
★ Famille du mot : ferm**ement**, fermet**é**.

② **ferme** (nom féminin) Maison, bâtiments et terres d'un agriculteur. *Pierre et Sarah vont chercher des œufs à la **ferme**.*
★ Famille du mot : ferm**ette**, ferm**ier**, ferm**age**.

fermement (adverbe) De façon ferme. *Ursula est **fermement** décidée à partir.*

ferment (nom masculin) Microbe qui provoque la fermentation. *Pour faire des yaourts, on met du **ferment** dans le lait.*
★ Famille du mot : ferment**ation**, ferment**er**.

fermentation (nom féminin) Transformation chimique d'une substance par un ferment. *Le vin provient de la **fermentation** du jus de raisin.*

fermenter (verbe) (conj. 3) Être en fermentation. *Le cidre est fait de jus de pomme qui **a fermenté**.*

fermer (verbe) (conj. 3) **1** Boucher une ouverture. *Quentin est entré et il **a fermé** la porte.* **2** Rapprocher les parties d'une ouverture. *Zoé **ferme** son sac. Romain **ferme** les yeux.* **3** Isoler de l'extérieur. *Les frontières **sont fermées**, on ne peut plus entrer dans ce pays.* **4** Ne plus recevoir le public. *Le magasin **ferme** à 19 heures.* **5** Arrêter la circulation ou le fonctionnement de quelque chose. *Veux-tu **fermer** la radio ?* (Contr. **ouvrir**.) • **Fermer la marche** : marcher le dernier dans un groupe.
★ Famille du mot : **en**fermer, ferm**eture**, ferm**oir**, **re**fermer.

fermeté (nom féminin) Qualité de ce qui est ferme. *J'aime la **fermeté** de sa poignée de main.*

fermette (nom féminin) Petite ferme aménagée pour servir de résidence secondaire. *Élodie et ses parents partent en week-end dans leur **fermette**.*

fermeture (nom féminin) **1** Système qui sert à fermer. *La **fermeture** du garage est électronique.* **2** Moment où un établissement ferme. *Maman est arrivée juste avant la **fermeture** de l'agence.* (Contr. **ouverture**.)

fermier, ère (nom) Agriculteur qui exploite une ferme. *Le **fermier** et la **fermière** traient leurs vaches.*

fermoir (nom masculin) Attache qui sert à fermer. *Ce vieux coffret à bijoux a un très joli **fermoir**.*

féroce (adjectif) Sauvage et cruel. *Le requin blanc est un animal **féroce**.*
★ Famille du mot : féroc**ement**, féroc**ité**.

férocement (adverbe) De manière féroce. *Le lion a rugi **férocement**.*

férocité (nom féminin) Caractère féroce. *Les panthères sont réputées pour leur **férocité**.* (Syn. **cruauté**.)

ferraille (nom féminin) Objets en fer hors d'usage. *Ce vieux vélo est bon à mettre à la **ferraille**.*

ferrailler (verbe) (conj. 3) **1** Se battre au sabre ou à l'épée. **2** Au sens figuré, batailler contre quelque chose ou pour obtenir quelque chose. *Il va falloir **ferrailler** dur pour éviter les licenciements.*

ferrailleur (nom masculin) Marchand de ferraille.

ferré, ée (adjectif) Qui est garni de fer. *Anna a un bâton **ferré** pour marcher en montagne.* • **Voie ferrée** : voie garnie de rails où roulent les trains.

ferrer (verbe) (conj. 3) Mettre des fers à un cheval. *C'est le maréchal-ferrant qui **ferre** les chevaux.*

ferreux, euse (adjectif) Qui contient du fer. *Le cuivre est un métal non **ferreux**.*

ferronnerie (nom féminin) **1** Ensemble des éléments métalliques d'un édifice. *La bâtisse est ornée d'une **ferronnerie** très travaillée.* **2** Art du fer forgé. *Benjamin s'intéresse à la **ferronnerie**.*
★ **Ferronnerie** vient de l'ancien français *ferron* qui signifie « marchand de fer ».

ferroutage (nom masculin) Transport de marchandises se faisant par des remorques routières acheminées sur des wagons de chemin de fer.

ferroviaire (adjectif) Qui concerne les chemins de fer. *Le trafic **ferroviaire** est perturbé par la neige.*

ferrugineux, euse (adjectif) Qui contient du fer. *Les roches **ferrugineuses** ont la couleur de la rouille.*

ferrure (nom féminin) Garniture en fer. *On mettait des **ferrures** aux meubles pour les enjoliver.*

ferry-boat (nom masculin) Navire aménagé pour transporter des trains et des voitures, mais aussi des personnes.
▶ **Ferry-boat** est un mot anglais : on prononce [feʀibot].
▶ Pluriel : des **ferry-boats**.

fertile (adjectif) **1** Qui fournit des récoltes abondantes. *Une vallée **fertile**.* (Contr. **stérile**.) **2** Dans un sens figuré, synonyme de fécond. *La journée a été **fertile** en évènements.* (Syn. **riche**.)
★ Famille du mot : fertil**iser**, fertil**ité**.

fertiliser (verbe) (conj. 3) Rendre fertile. *Les alluvions du fleuve **fertilisent** la vallée.*

fertilité (nom féminin) Qualité de ce qui est fertile. *On améliore la **fertilité** d'un sol avec des engrais.*

féru, ue (adjectif) Synonyme littéraire de passionné. *Élodie est **férue** de botanique.*

férule (nom féminin) Palette de bois ou de cuir dont on se servait pour frapper les écoliers afin de les punir. *Le maître sortit la **férule** de son tiroir.* • **Être sous la férule de quelqu'un** : sous son autorité.

fervent, ente (adjectif et nom) Synonyme de passionné. *Fatima est une **fervente** de cuisine asiatique.*

ferveur (nom féminin) Foi passionnée. *Une prière pleine de **ferveur**.* (Syn. **ardeur**.)

fesse (nom féminin) Chacune des deux parties charnues du derrière.
★ Famille du mot : fess**ée**, fess**ier**.

fessée (nom féminin) Claque sur les fesses. *Si tu continues, tu vas recevoir une **fessée** !*

fessier, ère (adjectif) Des fesses. *Ma mère fait de la gymnastique pour raffermir ses muscles **fessiers**.* ■ **fessier** (nom masculin) Les deux fesses, le derrière.

festif, ive (adjectif) Qui a le caractère de la fête. *La remise des médailles s'est déroulée dans une ambiance **festive**.*

festin (nom masculin) Repas de fête très copieux.

festival, als (nom masculin) Manifestation artistique organisée à époque fixe. *En été, il y a beaucoup de **festivals** de musique.*

festivités (nom féminin pluriel) Réjouissances publiques. *Quel est le programme des **festivités** ?*

fest-noz (nom masculin) Fête de nuit bretonne. *Les **fest-noz** s'accompagnent de musique et de danses régionales.*
► Pluriel : des **fest-noz**.
► Prononciation [fɛstnɔz].
★ Fest-noz vient du celte.

feston (nom masculin) Ornement en forme de dents arrondies. *La nappe est bordée d'un point de **feston**.*

festoyer (verbe) (conj. 6) Faire un festin. *Les convives **ont festoyé** jusqu'à l'aube.*

féta (nom féminin) Fromage grec à base de lait de brebis. *J'ai mis de petits cubes de **féta** dans la salade.*
► On écrit aussi **feta**.
★ Feta est un mot grec.

fêtard, arde (nom) Personne qui aime à faire la fête. *Une bande de **fêtards** nous a réveillés en pleine nuit.* (Syn. **noceur**.)

fête (nom féminin) **1** Jour où l'on se réjouit en souvenir d'un fait religieux ou historique. *Le 14 Juillet, c'est la **fête** nationale.* **2** Réunion organisée pour se voir et s'amuser. • **Faire fête à quelqu'un** : manifester sa joie de le revoir. *Le chien me **fait fête** quand je rentre le soir.* • **Se faire une fête de quelque chose** : se réjouir beaucoup en y pensant.
★ Famille du mot : fest**if**, fest**in**, fest**oyer**, fêt**ard**, fêt**er**.

fêter (verbe) (conj. 3) **1** Célébrer une fête. *On **fête** les Rois au début du mois de janvier.* **2** Faire fête à quelqu'un. *On **a fêté** son retour.*

fétiche (nom masculin) Objet considéré comme portant chance. *Ce trèfle à quatre feuilles est le **fétiche** de Gaëlle.*

fétichisme (nom masculin) **1** Culte des fétiches. **2** Attachement, admiration excessifs à l'égard de. *Ce militaire avait le **fétichisme** des médailles.*

fétide (adjectif) Qui sent très mauvais. *Une odeur **fétide** se dégage des poubelles.*

fétu (nom masculin) Brin de paille.

feu, feux (nom masculin) **1** Flamme et chaleur dégagée par ce qui brûle. *Baisse un peu le **feu** sous la casserole de lait !* **2** Ce qui sert à allumer. *Il n'a pas de **feu** sur lui.* **3** Synonyme d'incendie. *Les pompiers luttent contre des **feux** de forêt.* **4** Signal lumineux. *Les voitures attendent le **feu** vert pour passer.* • **Arme à feu** : arme qui utilise l'explosion de la poudre pour lancer des balles. • **Coup de feu** : coup tiré par une arme à feu. • **Faire feu** : tirer avec une arme à feu. • **Feu !** : ordre de tirer. • **Feu d'artifice** : spectacle nocturne constitué de tirs de fusées lumineuses et colorées.

feuillage (nom masculin) Ensemble des feuilles d'un arbre. *Thomas s'abrite sous le **feuillage** épais d'un chêne.*

feuille (nom féminin) **1** Partie d'une plante, verte et mince, qui pousse sur une branche. *Les **feuilles** naissent des bourgeons.* **2** Rectangle de papier. *Hélène veut une **feuille** pour dessiner.* **3** Plaque très mince. *Une **feuille** d'aluminium.*
★ Famille du mot : **ef**feuill**er**, feuill**age**, feuill**et**, feuill**eté**, feuill**eter**, feuill**eton**, feuill**u**.

feuillet (nom masculin) Feuille d'un livre ou d'un cahier.

feuilleté, ée (adjectif) • **Pâte feuilletée** : pâte constituée de feuilles très fines. *La **pâte feuilletée** des millefeuilles est garnie de crème.*

feuilleter (verbe) (conj. 8 ou 9) Tourner les pages d'un livre en les regardant rapidement. *Julie **feuillette** un illustré.*

feuilleton (nom masculin) Histoire racontée en plusieurs épisodes, dans un journal, à la radio, à la télévision. *Nous avons regardé tous les épisodes du **feuilleton**.*

feuillu (nom masculin) Arbre qui a des feuilles. *Les chênes et les tilleuls sont des **feuillus**, mais pas les pins ni les sapins qui ont des aiguilles.*

feulement (nom masculin) Cri du tigre ou du chat.

feuler (verbe) (conj. 3) Produire un feulement. *Ne t'approche pas du chat quand il **feule** !*

a b c d e **f** g h i j k l m n o p q r s t u v w x y z

feutre (nom masculin) **1** Étoffe non tissée, faite de laine ou de poils agglutinés. *Victor a des chaussons à semelles de **feutre**.* **2** Stylo à pointe de feutre ou de nylon. *La maîtresse corrige les cahiers au **feutre** rouge.*
★ Famille du mot : feutr**é**, feutr**ine**.

feutré, ée (adjectif) **1** Qui a pris l'aspect du feutre. *Le pull de Laura est **feutré**.* **2** Peu sonore, presque silencieux. *Il s'approche du cerf à pas **feutrés**.*

feutrine (nom féminin) Tissu léger en feutre. *Xavier et Noémie jouent aux cartes sur un tapis de **feutrine** verte.*

fève (nom féminin) **1** Graine qui ressemble à un gros haricot. *Yann mange des **fèves** avec du beurre et du sel.* **2** Figurine cachée dans la galette des Rois. *Tu as la **fève**, choisis ton roi !*

février (nom masculin) Deuxième mois de l'année, qui compte 28 jours, et 29 les années bissextiles.

fez (nom masculin) Coiffure en forme de tronc de cône portée par les hommes dans certains pays musulmans.
▶ Prononciation [fɛz].
★ Fez vient du nom de la ville marocaine de *Fez*.

fi ! (interjection) Exprime le dégoût, le mépris. ***Fi** ! le goujat !* • **Faire fi de** : mépriser, dédaigner.

fiabilité (nom féminin) Caractère de ce qui est fiable. *Ils ont choisi cette voiture pour sa **fiabilité**.*

fiable (adjectif) Auquel on peut se fier. *C'est un ami sûr et très **fiable**.*

fiacre (nom masculin) Voiture à cheval qu'on louait pour se déplacer en ville. *Le **fiacre** est l'ancêtre du taxi.*

fiançailles (nom féminin pluriel) Promesse solennelle de mariage. *Sa bague de **fiançailles** a plusieurs diamants.*

fiancé, ée (nom) Personne qui est fiancée. *Il nous a présenté sa **fiancée**.*

se **fiancer** (verbe) (conj. 4) Faire la cérémonie des fiançailles. *Mon frère **s'est fiancé** à une jeune Anglaise.*
★ Famille du mot : fian**çailles**, fianc**é**.

fiasco (nom masculin) Échec complet. *Cette fête en plein air a été un **fiasco** à cause de la pluie.*

fibre (nom féminin) Filament de matière organique ou synthétique. *Les **fibres** musculaires.*

fibreux, euse (adjectif) Qui est formé de fibres. *La tige de l'artichaut est très **fibreuse**.*

fibrome (adjectif) Tumeur sans danger formée de tissu fibreux. *La malade s'est fait opérer d'un **fibrome**.*

fibule (nom féminin) Dans l'Antiquité, agrafe, boucle ou broche servant à fixer les extrémités d'un vêtement.

ficeler (verbe) (conj. 8 ou 9) Attacher avec une ficelle. *Le boucher **ficelle** un rôti.*

ficelle (nom féminin) Corde très mince. *Coupe la **ficelle** et ouvre ce colis !*

fiche (nom féminin) Morceau de carton mince servant à noter des renseignements. *La bibliothécaire classe les **fiches** des livres prêtés.*

ficher (verbe) (conj. 3) **1** Synonyme familier de mettre. *Il **a été fichu** à la porte du lycée.* **2** Synonyme familier de faire. *Elle ne **fiche** rien.* **3** **Se ficher** : synonyme familier de se moquer. *J'ai perdu la partie, mais je **m'en fiche** !* • **Ficher la paix** : laisser tranquille. • **Ficher le camp** : s'en aller.
▶ **Ficher** se conjugue comme *aimer*, sauf au participe passé : *fichu*.

fichier (nom masculin) **1** Boîte servant à ranger des fiches. **2** Ensemble d'informations enregistrées par un ordinateur.

fichtre ! (interjection) Marque l'admiration, l'étonnement ou le mécontentement. ***Fichtre** ! Quel beau cadeau !*

① **fichu, ue** (adjectif) **1** Dans la langue familière, qui est cassé et inutilisable. *Ma montre est tombée dans l'eau, elle est **fichue**.* **2** Synonyme familier de détestable. *Benjamin a un **fichu** caractère !* • **Mal fichu** : un peu malade. *Odile est **mal fichue** depuis hier.*

② **fichu** (nom masculin) Morceau de tissu triangulaire que les femmes mettent sur leur tête ou sur leurs épaules.

fictif, ive (adjectif) Qui est inventé, créé par l'imagination. *Tous les personnages de cette histoire sont **fictifs**.* (Syn. **imaginaire**. Contr. **réel**.)

fiction (nom féminin) Histoire qui raconte des choses fictives. *Les contes, les romans, les nouvelles sont des œuvres de **fiction**.*

ficus (nom masculin) Plante grasse d'appartement d'origine tropicale.
▶ Prononciation [fikys].
★ **Ficus** est un mot latin qui signifie « figuier ».

fidèle (adjectif) **1** Qui est attaché à quelqu'un de façon loyale et constante. *C'est bon d'avoir des amis **fidèles**.* (Contr. **inconstant, infidèle**.) **2** Qui est exact, conforme à la vérité. *Un compte rendu **fidèle** des évènements.*
▪ **fidèle** (nom) Personne qui pratique une religion. *Les **fidèles** se rendent à l'office religieux.*
★ Famille du mot : fidè**lement**, fidé**lité**, **in**fidèle, **in**fidélité.

fidèlement (adverbe) De façon fidèle. *Maman va **fidèlement** chez le même coiffeur.*

fidéliser (verbe) (conj. 3) Rendre fidèle une clientèle, un auditoire. *Le centre commercial cherche à **fidéliser** ses clients en multipliant les promotions.*

fidélité (nom féminin) Caractère fidèle de quelqu'un ou de quelque chose. *La **fidélité** des vassaux envers leur seigneur. Une chaîne haute **fidélité** reproduit exactement la musique.*

fiduciaire (adjectif) **1** Se dit de valeurs fondées sur la confiance que le public accorde à l'organisme émetteur. *Le billet de banque est une monnaie* ***fiduciaire****.* **2** Se dit d'une société s'occupant de la comptabilité pour le compte de personnes morales ou physiques.
★ **Fiduciaire** vient du mot latin *fiducia* qui signifie « confiance ».

fief (nom masculin) Au Moyen Âge, domaine que le seigneur donnait à son vassal en échange de sa fidélité.

fieffé, ée (adjectif) Qui a un défaut au plus haut degré. *Méfie-toi, c'est une* ***fieffée*** *menteuse !*
★ **Fieffé** a d'abord caractérisé quelqu'un qui était pourvu d'un *fief*, donc d'un droit et d'une force.

fiel (nom masculin) **1** Bile des animaux. *Le boucher vide le poulet et retire le* ***fiel*** *qui est très amer.* **2** Au sens figuré, synonyme de méchanceté. *Ses reproches étaient pleins de* ***fiel****.*

fiente (nom féminin) Excrément des oiseaux. *La terrasse est couverte de* ***fientes*** *de pigeons.*

① **se fier** (verbe) (conj. 10) Avoir confiance en quelqu'un. *Ursula est trop étourdie, on ne peut* ***se fier*** *à elle.*
▶ Prononciation [səfje].

② **fier, fière** (adjectif) **1** Qui se croit supérieur aux autres. *Cet homme est trop* ***fier*** *pour nous saluer.* (Syn. **hautain, orgueilleux.**) **2** Qui est très satisfait de lui-même. *Clément est très* ***fier*** *de sa maquette de bateau.* (Contr. **honteux.**)
▶ Prononciation [fjɛʀ].
★ Famille du mot : fière**ment**, fier**té**.
★ **Fier** vient du latin *ferus* qui signifie « sauvage ».

fier-à-bras (nom masculin) Fanfaron. *Quel* ***fier-à-bras****, celui-là !* (Syn. **matamore.**)
▶ Pluriel : des **fiers-à-bras**.
▶ Prononciation au singulier et au pluriel : [fjɛʀabʀa].

fièrement (adverbe) De façon fière. *David nous a annoncé* ***fièrement*** *sa réussite.*

fierté (nom féminin) **1** Synonyme d'amour-propre. *Par* ***fierté****, Zoé refuse qu'on l'aide.* **2** Grande satisfaction. *Il tire une grande* ***fierté*** *de sa nouvelle voiture.* (Contr. **honte.**)

fiesta (nom féminin) Synonyme familier de fête. *Les voisins ont fait la* ***fiesta*** *toute la nuit !*
★ **Fiesta** est un mot espagnol.

fièvre (nom féminin) **1** Température du corps quand elle est trop élevée. *Anna se sent malade ce matin, elle doit avoir de la* ***fièvre****.* **2** Au sens figuré, grande agitation. *Dans la* ***fièvre*** *du départ, papa a oublié les papiers de la voiture.* (Syn. **fébrilité.**)
★ Famille du mot : fiévr**eusement**, fiévr**eux**.

fiévreusement (adverbe) De façon fiévreuse, agitée. *Il prépare* ***fiévreusement*** *son examen.*

fiévreux, euse (adjectif) Qui a de la fièvre. *Tu devrais prendre ta température, tu as l'air* ***fiévreux****.* (Syn. **fébrile.**)

fifre (nom masculin) Petite flûte en bois au son aigu.

figer (verbe) (conj. 5) **1** Devenir épais, presque solide. *La sauce a refroidi et* ***a figé*** *dans l'assiette.* **2** Au sens figuré, ne plus bouger, sous l'effet d'une émotion. *La peur les* ***a figés*** *sur place.* (Syn. **immobiliser, paralyser.**)

fignoler (verbe) (conj. 3) Faire quelque chose avec beaucoup de soin. *Élodie veut* ***fignoler*** *son dessin avant de le rendre à la maîtresse.* (Contr. **bâcler.**)

figue (nom féminin) Fruit dont la chair rouge est pleine de petits pépins. *Fatima préfère les* ***figues*** *fraîches aux* ***figues*** *séchées.* • **Figue de Barbarie** : fruit recouvert d'épines du figuier de Barbarie.

figuier (nom masculin) Arbre qui donne les figues. • **Figuier de Barbarie** : sorte de cactus.

figurant, ante (nom) Acteur, le plus souvent muet. *Ce cinéaste recherche des* ***figurants*** *pour son prochain film.*

figuratif, ive (adjectif) **1** Qui représente la forme réelle de quelque chose. *Un plan* ***figuratif****.* **2** Se dit de l'art qui représente les formes des êtres et des objets. *Un tableau* ***figuratif****.* (Contr. **abstrait.**)

figuration (nom féminin) **1** Rôle de figurant, au théâtre, au cinéma, dans un spectacle. *Quentin fait une* ***figuration*** *dans un film.* **2** Ensemble des figurants. *Le metteur en scène règle les déplacements de la* ***figuration****.*

figure (nom féminin) **1** Synonyme de visage. *Prends ce gant de toilette et va te laver la* ***figure*** *!* **2** Dessin qui représente une forme géométrique. *Kevin a tracé trois* ***figures*** *au tableau : un cercle, un rectangle et un triangle.* **3** Ensemble des mouvements ou des pas d'un danseur ou d'un patineur. *Dans ce concours de patinage, certaines* ***figures*** *sont imposées.* • **Figure de style** : procédé de langage destiné à rendre la pensée plus frappante.
★ Famille du mot : **dé**figur**er**, figur**ant**, figur**atif**, figur**ation**, figur**é**, figur**er**, figur**ine**.

figuré, ée (adjectif) • **Sens figuré** : sens d'un mot détourné de son sens premier pour exprimer une comparaison. *Dans l'expression « brûler d'impatience », « brûler » est employé au* ***sens figuré****.* (Contr. **sens propre.**)

figurer (verbe) (conj. 3) **1** Représenter quelque chose ou quelqu'un. *Une balance peut* ***figurer*** *la justice.* **2** Apparaître quelque part. *Son nom ne* ***figure*** *pas sur la liste des passagers.* **3** **Se figurer** : s'imaginer quelque chose. *Tu ne* ***te figures*** *quand même pas que je vais faire ça à ta place !* (Syn. **croire.**)

figurine (nom féminin) Synonyme de statuette.

fil (nom masculin) **1** Brin mince et long, fait d'une matière textile, qui sert à coudre. *Gaëlle n'arrive pas à enfiler le* ***fil*** *dans le chas de l'aiguille.* **2** Long brin de métal qui sert à différents usages. *Acheter du* ***fil*** *électrique pour faire une rallonge. Une clôture en* ***fil*** *de fer.* **3** Enchaînement de choses. *Je ne sais plus ce que je voulais dire, j'ai perdu le* ***fil*** *de mes idées.* **4** Partie tranchante d'une lame. *Le* ***fil*** *d'une épée, le* ***fil*** *d'un rasoir.* • **Être cousu de fil blanc** : être évident. • **Fil à plomb** : ficelle au bout de laquelle

a b c d e f g h i j k l m n o p q r s t u v w x y z

est attaché un poids et qui indique la verticale. • **Ne tenir qu'à un fil** : dépendre de très peu de chose.

filament (nom masculin) Fil très mince. *Si le **filament** a fondu, l'ampoule n'éclaire plus !*

filandreux, euse (adjectif) **1** Qui est rempli de fibres. *Pierre n'aime pas la viande **filandreuse**.* **2** Au sens figuré, qui est interminable et confus. *Quel discours **filandreux** !*

filature (nom féminin) **1** Usine où l'on fabrique du fil. *Plusieurs **filatures** ont fermé dans cette région.* **2** Action de filer quelqu'un pour le surveiller. *Le suspect a été pris en **filature** par des policiers.*

file (nom féminin) Personnes ou choses qui se suivent. *Prenez la **file** d'attente ! Une **file** de voitures attend au péage de l'autoroute.*

filer (verbe) (conj. 3) **1** Transformer une matière textile en fil. ***Filer** la laine.* **2** Suivre quelqu'un sans qu'il s'en aperçoive, pour le surveiller. *Les policiers **ont filé** les malfaiteurs et les ont pris en flagrant délit.* **3** Aller vite. *Le TGV **file** à travers la campagne.* **4** Synonyme familier de s'enfuir. *Les gamins **ont filé** dès qu'ils ont vu le gardien.* (Syn. **détaler.**)

filet (nom masculin) **1** Objet fait de fils entrelacés qui forment des mailles. *Un **filet** à papillons. Au tennis, la balle doit passer au-dessus du **filet**.* **2** Morceau de viande pris sur le dos de certains animaux. *Un rôti de bœuf dans le **filet**, c'est tendre comme du beurre !* **3** Morceau de chair situé de chaque côté de l'arête d'un poisson. *Hélène adore les **filets** de sole.* **4** Petite quantité d'eau qui coule d'une façon régulière. *C'est la sécheresse, il n'y a plus qu'un **filet** d'eau dans la rivière.*

filetage (nom masculin) Sillon en hélice d'une vis, d'une tige. *Je ne peux pas fixer la vis car son **filetage** est écrasé.*

filial, ale, aux (adjectif) Qui concerne l'attitude d'un enfant envers ses parents. *L'amour **filial**.*

filiale (nom féminin) Société commerciale qui dépend d'une autre plus importante. *Cette entreprise française a plusieurs **filiales** en Europe.*

filiation (nom féminin) **1** Lien de parenté qui unit l'enfant à ses parents. *La **filiation** paternelle, maternelle.* **2** Lien de descendance de générations successives. *Martin a établi la **filiation** du côté de sa mère.* **3** Au sens figuré, liaison de choses qui découlent d'autres. *L'enquête établira la **filiation** des évènements.* (Syn. **enchaînement.**)

filière (nom féminin) Série d'étapes par lesquelles il faut passer. *Quentin se renseigne sur la **filière** à suivre pour devenir pilote d'avion.*

filiforme (adjectif) Qui est mince comme un fil. *Elle est toute menue et a des jambes **filiformes**.*

filigrane (nom masculin) Dessin imprimé dans l'épaisseur du papier et qui se voit par transparence. *Quel personnage voit-on en **filigrane** sur ce billet de banque ?*

filin (nom masculin) Cordage utilisé sur les bateaux.

fille (nom féminin) **1** Personne de sexe féminin considérée par rapport à ses parents. *Nos voisins ont trois enfants, deux fils et une **fille**, qui s'appelle Julie.* **2** Jeune personne de sexe féminin. *Dans la classe, il y a plus de **filles** que de garçons.*

fillette (nom féminin) Petite fille. *Laura a sept ans, c'est encore une **fillette**.*

filleul, eule (nom) Celui ou celle dont on est le parrain ou la marraine. *Ma sœur est la marraine de Myriam, Myriam est donc sa **filleule**.*

film (nom masculin) **1** Synonyme de pellicule. *Il faut donner ce **film** à développer chez le photographe.* **2** Œuvre de cinéma. *Noémie est allée voir un très beau **film** sur les animaux.*
★ Famille du mot : film**er**, film**ographie**.

filmer (verbe) (conj. 3) Enregistrer des images avec une caméra ou un caméscope. *Maman s'est amusée à nous **filmer** à la piscine.*

filmographie (nom féminin) Ensemble des films réalisés par un cinéaste ou interprétés par un acteur. *La **filmographie** de cette actrice est impressionnante.*

filon (nom masculin) Couche de minerai située dans le sol. *On a découvert des **filons** de cuivre dans cette région.*

filou (nom masculin) Homme malhonnête et rusé. *Ces **filous** ont réussi à entrer au cinéma sans payer !*

fils (nom masculin) Personne de sexe masculin considérée par rapport à ses parents. *Leur **fils** s'appelle Romain et leur fille Odile.*
▶ Prononciation [fis].

filtrat (nom masculin) Liquide filtré. *Il ne subsiste pas de particules en suspension dans le **filtrat**.*

filtre (nom masculin) **1** Instrument qui laisse passer un liquide et retient les particules solides. *Des **filtres** à café.* **2** Bout d'une cigarette qui retient en partie la nicotine et le goudron du tabac.
★ Famille du mot : filtr**at**, filtr**er**, **infiltration**, **infiltrer**.

filtrer (verbe) (conj. 3) **1** Faire passer à travers un filtre. *Sarah **filtre** la sauce du rôti.* **2** Soumettre à un contrôle. *Les entrées du musée **ont été** soigneusement **filtrées** par le service de sécurité.*

① **fin, fine** (adjectif) **1** Qui est formé d'éléments très petits. *Une belle plage de sable **fin**.* **2** Qui a peu d'épaisseur. *Ursula a la taille **fine**.* (Syn. **mince.** Contr. **épais.**) **3** Qui est délicat, élégant. *Les traits de son visage sont très **fins**.* **4** Qui est d'une qualité supérieure. *Ce confiseur fait d'excellents chocolats **fins**.* **5** Qui est très sensible. *Thomas a l'ouïe **fine**.* **6** Qui est subtil, intelligent. *On ne peut pas dire que tes plaisanteries soient très **fines** !*
★ Famille du mot : **affiner**, fin**aud**, fin**ement**, fin**esse**.

② **fin** (nom féminin) Moment où une chose se termine. *On est le 31 décembre, c'est la* ***fin*** *de l'année.* (Contr. **commencement, début.**) • **Arriver à ses fins** : atteindre le but que l'on s'était fixé. • **Mettre fin à quelque chose** : le faire cesser. • **Prendre fin** : se terminer.
★ Famille du mot : fin**al**, fin**ale**, final**ement**, final**iser**, final**iste**, fin**i**, fin**ir**, fin**ition**.

final, ale (adjectif) Qui se trouve à la fin. *Victor met le point* ***final*** *à son devoir.*
► **Final** a deux pluriels : on peut dire des points **finals** ou des points **finaux**.
▪**finale** (nom féminin) Dernière épreuve d'une compétition. *Le vainqueur de la* ***finale*** *du tournoi a gagné une coupe.*

finalement (adverbe) À la fin, en fin de compte. ***Finalement****, c'est bien toi qui avais raison.*

finaliser (verbe) (conj. 3) **1** Orienter vers un but précis. ***Finaliser*** *une recherche.* **2** Donner son aspect définitif à. *L'équipe* ***finalise*** *son projet.*

finaliste (nom) Sportif ou équipe qui arrive en finale.

finance (nom féminin) Ensemble des professions qui s'occupent des affaires d'argent. *Son père travaille dans la* ***finance****.*
▪**finances** (nom féminin pluriel) Argent dont quelqu'un dispose et qu'il doit gérer. *Les* ***finances*** *d'une entreprise, de l'État.*
★ Famille du mot : financ**ement**, financ**er**, financ**ier**.
★ **Finance** vient de l'ancien français *finer* qui signifie « payer ».

financement (nom masculin) Action de financer. *La municipalité a assuré le* ***financement*** *du nouveau stade.*

financer (verbe) (conj. 4) Procurer l'argent nécessaire à quelque chose. *Le ministère de la culture* ***a financé*** *le festival de musique.*

financier, ère (adjectif) Qui concerne les finances. *Elle a de graves problèmes* ***financiers****.*
▪**financier, ère** (nom) Personne qui travaille dans la finance.

finaud, aude (adjectif et nom) Qui est malin, rusé. *Ce petit* ***finaud*** *s'en est très bien sorti !*

finement (adverbe) D'une façon fine, délicate. *Cette nappe est* ***finement*** *brodée.*

finesse (nom féminin) Caractère de ce qui est fin. *La* ***finesse*** *d'un tissu. Un esprit d'une grande* ***finesse****.*

fini, ie (adjectif) Dont les finitions ont été soignées. *Ce vêtement est très bien* ***fini****, les coutures et les boutonnières sont impeccables.*

finir (verbe) (conj. 11) **1** Faire quelque chose jusqu'à la fin. *Tu iras jouer quand tu* ***auras fini*** *tes devoirs.* (Syn. **achever, terminer.**) **2** Ne rien laisser comme nourriture ou comme boisson. *Le bébé* ***a fini*** *son biberon.* **3** En être à la fin. *L'émission* ***finit*** *à 22 heures.* (Syn. **se terminer.** Contr. **commencer, débuter.**) **4** Arriver à un résultat. *Tu vas* ***finir*** *par te blesser avec ce couteau.* • **En finir avec quelque chose** : le faire cesser.

finish (nom masculin) Fin d'épreuve sportive où se fournit le dernier effort. *Le boxeur favori l'a emporté au* ***finish****.* • **Au finish** : à l'usure.
★ **Finish** est un mot anglais.

finition (nom féminin) Dernière opération dans la fabrication d'un objet. *L'immeuble est presque terminé, les ouvriers font les travaux de* ***finition****.*

finlandais, aise → tableau p 6 / 7.

fiole (nom féminin) Petit flacon. *Zoé collectionne les* ***fioles*** *de parfum.*

fiord Voir ***fjord***.

fioritures (nom féminin pluriel) Ornements ajoutés et compliqués. *Ce dessin avec toutes ces* ***fioritures*** *est trop tarabiscoté.*

fioul (nom masculin) Synonyme de mazout. *Cette chaudière marche au* ***fioul****.*
★ **Fioul** est la forme francisée de l'anglais *fuel*.

firmament (nom masculin) Synonyme littéraire de ciel.

firme (nom féminin) Entreprise industrielle ou commerciale. *Une* ***firme*** *automobile.*

fisc (nom masculin) Administration qui s'occupe des impôts.
★ Famille du mot : fisc**al**, fisc**alité**.
★ **Fisc** vient du mot latin *fiscus* qui signifie « panier pour ramasser de l'argent ».

fiscal, ale, aux (adjectif) Qui concerne les impôts. *La fraude* ***fiscale*** *est sévèrement punie.*

fiscalité (nom féminin) Ensemble des impôts.

fissa (adverbe) Synonyme familier de vite. *Nous sommes en retard, il faut faire* ***fissa****.*

fissible (adjectif) Susceptible de subir la fission nucléaire. (Syn. **fissile.**)

fissile (adjectif) **1** Qui a tendance à se diviser en feuillets. *L'ardoise est un matériau* ***fissile****.* **2** Synonyme de fissible.

fission (nom féminin) Division d'un noyau atomique lourd en noyaux plus légers. *La* ***fission*** *libère une grande quantité d'énergie.*
★ **Fission** est un mot anglais issu du latin *fissus* qui signifie « fendu ».

fissipède (adjectif et nom masculin) Se dit des mammifères carnivores aux doigts libres. *L'ours est un* ***fissipède****.*

fissure (nom féminin) Petite fente. *Il y a une* ***fissure*** *dans le plafond.* (Syn. **lézarde.**)

fissurer (verbe) (conj. 3) Provoquer des fissures. *Lors du tremblement de terre, la plupart des maisons* ***se sont fissurées****.* (Syn. se **lézarder.**)

a b c d e f g h i j k l m n o p q r s t u v w x y z

fiston (nom masculin) **1** Synonyme familier de fils. *Salut mon **fiston** !* **2** Jeune garçon. *Dis donc, **fiston**, arrête de bousculer les gens.*

fistule (nom féminin) Canal anormal laissant le passage à un liquide physiologique ou pathologique. *Du pus s'écoule par la **fistule**.*

fivète (nom féminin) Méthode de procréation artificielle. *La **fivète** combine la fécondation in vitro et le transfert de l'embryon dans l'utérus de la femme.*
▶ Prononciation [fivɛt].
▶ On écrit aussi **fivete**.
★ **Fivete** est le sigle de *fécondation in vitro et transfert d'embryon*.

fixateur (nom masculin) Produit qui a la propriété de fixer. *Sarah emploie un **fixateur** pour empêcher son vernis à ongles de s'écailler.*

fixation (nom féminin) Système qui sert à fixer. *Papa vérifie la **fixation** des vélos sur le toit de la voiture.*

fixe (adjectif) **1** Qu'on ne peut pas déplacer. *Dans les transports en commun, tous les sièges sont **fixes**.* (Contr. **mobile.**) **2** Qui est immobile. *Anna a horreur du regard **fixe** des serpents.* **3** Qui ne change pas. *Ils déjeunent toujours à heure **fixe**.* (Syn. **invariable, régulier.**) • **Beau fixe** : beau temps durable. • **Idée fixe** : obsession.

fixement (adverbe) D'une manière fixe. *Qu'est-ce que tu regardes si **fixement** ?*

fixer (verbe) (conj. 3) **1** Faire tenir quelque chose solidement. *Il va falloir un gros crochet pour **fixer** ce miroir au mur.* **2** Regarder sans bouger les yeux. *Arrête de **fixer** les gens comme ça !* **3** Décider de quelque chose de façon précise. ***Fixer** un prix. **Fixer** une date.*
★ Famille du mot : fix**ateur**, fix**ation**, fixe, fix**ement**.

fjord (nom masculin) En Norvège, golfe profond et étroit.
▶ Prononciation [fjɔʀd].
▶ On écrit aussi **fiord**.

flacon (nom masculin) Petite bouteille. *Un **flacon** d'eau oxygénée.*

flagada (adjectif) Sans vigueur, sans force, dans la langue famillière. *Pierre est rentré de l'école complètement **flagada**.*

flagelle (nom masculin) Filament mobile et long qui assure la locomotion de divers organismes unicellulaires. *Le **flagelle** du spermatozoïde.*
★ **Flagelle** vient du latin *flagellum* qui signifie « fouet ».

flageller (verbe) (conj. 3) **1** Donner des coups de fouet à quelqu'un. **2** Frapper comme un fouet. *Une pluie violente **flagellait** le visage de Romain.* (Syn. **fouetter, cingler.**) **3** Attaquer très vivement. *Les critiques **ont flagellé** le cinéaste.* (Syn. **fustiger.**)

flageoler (verbe) (conj. 3) Trembler de faiblesse ou d'émotion. *À l'arrivée du marathon, il avait les jambes qui **flageolaient**.*

① **flageolet** (nom masculin) **1** Instrument à vent, proche de la flûte à bec. *Il joue du **flageolet** dans un groupe de musique traditionnelle.* **2** Le plus aigu des jeux d'orgue.
★ **Flageolet** vient du latin *flabeolum* qui signifie « souffle ».

② **flageolet** (nom masculin) Variété de petits haricots dont on cuisine les grains. *Nous avons mangé un gigot accompagné de **flageolets**.*
★ **Flageolet** vient du latin *faba*, « fève », et de *phaseolus*, « haricot ».

flagorneur, euse (adjectif) Personne qui flatte pour obtenir ce qu'elle veut. *Vous n'êtes qu'un vil **flagorneur**.*

flagrant, ante (adjectif) Qui est évident, que personne ne peut nier. *La ressemblance entre ces deux jumeaux est **flagrante**.* • **Flagrant délit** : délit commis sous les yeux de la personne qui le constate.

flair (nom masculin) **1** Odorat très fin de certains animaux, comme le chien. **2** Au sens figuré, capacité à deviner quelque chose. *Il a manqué de **flair** dans cette affaire.*

flairer (verbe) (conj. 3) **1** Sentir pour reconnaître une odeur. *Un bon chien de chasse sait **flairer** de loin le gibier.* **2** Au sens figuré, pressentir quelque chose. *Ils **avaient flairé** le danger.* (Syn. **deviner, soupçonner.**)

flamand, ande → tableau p 6 / 7.

flamant (nom masculin) Grand échassier blanc ou rose à long cou.
★ **Flamant** vient du latin *flamma* qui signifie « flamme », à cause de son plumage éclatant.

flambant, ante (adjectif) Qui a l'éclat du feu. *Les yeux de Quentin étaient **flambants** de colère.* • **Flambant neuf, neuve** : tout neuf.
▶ Au féminin, on peut faire l'accord de *neuf* ou non : une auto **flambant neuve** ou **flambant neuf**.

flambeau, eaux (nom masculin) Torche enduite de cire ou de résine. *On allume des **flambeaux** le soir de la fête du village.*

flambée (nom féminin) **1** Feu vif et de courte durée. *On a fait une **flambée** dans la cheminée.* **2** Au sens figuré, augmentation brusque et importante. *Le mauvais temps a causé une **flambée** des prix des fruits.*

flamber (verbe) (conj. 3) Brûler avec de grandes flammes. *Ce bois sec va **flamber** facilement.*
★ Famille du mot : flamb**ant**, flamb**eau**, flamb**ée**, flamb**eur**, flamb**oyer**.

flambeur, euse (nom) Personne qui dilapide son argent au jeu. *Ce joueur est connu pour être un **flambeur**.*

flamboyant, ante (adjectif) **1** Qui a l'éclat du feu. *Ursula a une magnifique chevelure **flamboyante**.* **2** Remarquable par son éclat, son brio.

Le comédien est ***flamboyant*** *dans cette scène.* • **Style gothique flamboyant :** style gothique du XVe siècle, aux ornements en forme de flamme.
▪**flamboyant** (nom masculin) Arbre tropical à fleurs rouges.

flamboyer (verbe) (conj. 6) Briller vivement, comme le feu. *Les nuages* ***flamboient*** *dans le soleil couchant.*

flamenco (nom masculin) Musique populaire originaire d'Andalousie, qui combine généralement le chant et la danse sur un accompagnement de guitare. *Pedro est un guitariste de* ***flamenco****.*
▪**flamenco** (adjectif) Qui se rapporte au flamenco. *Les danseurs* ***flamencos*** *frappent dans leurs mains.*
▶ Prononciation [flamɛnko].
★ **Flamenco** est un mot espagnol qui signifie « flamand », désignant les gitans originaires des Flandres.

flamme (nom féminin) **1** Forme lumineuse produite par le feu. *Le vent a éteint les* ***flammes*** *des bougies.* **2** Au sens figuré, enthousiasme et passion. *Il a fait un discours plein de* ***flamme****.* (Syn. **exaltation, fougue.**)
★ Famille du mot : s'**enflammer**, flammèche, **inflammable**, **inflammation**.

flammèche (nom féminin) Parcelle de matière enflammée qui s'envole. *Le pare-feu devant la cheminée protège des* ***flammèches****.*

flan (nom masculin) Entremets cuit au four. *Il y a un* ***flan*** *aux raisins pour le dessert.*

flanc (nom masculin) **1** Chaque côté du corps. *Le cheval blessé s'est couché sur le* ***flanc****.* **2** Côté de certaines choses. *On aperçoit un village sur le* ***flanc*** *de la montagne.*

flancher (verbe) (conj. 3) Synonyme familier de faiblir. *Le coureur* ***a flanché*** *dans la dernière ligne droite.*

flandrien, enne (adjectif et nom masculin) Se dit du dernier débordement marin sur les terres continentales, qui se termina vers 6000 avant Jésus-Christ.

flanelle (nom féminin) Tissu de laine souple et doux. *Ce pantalon de* ***flanelle*** *est bien chaud pour l'hiver.*

flâner (verbe) (conj. 3) Se promener sans se presser. *Quand Élodie a du temps, elle aime aller* ***flâner*** *avec son chien sur les bords de la rivière.* (Syn. **se balader, musarder.**)
★ Famille du mot : flân**erie**, flân**eur**.

flânerie (nom féminin) Action de flâner.

flâneur, euse (nom) Personne qui flâne. *De nombreux* ***flâneurs*** *s'attardent devant les vitrines.* (Syn. **promeneur.**)

flanquer (verbe) (conj. 3) **1** Être disposé de part et d'autre. *La façade du château* ***est flanquée*** *de deux tours.* **2** Dans la langue familière, lancer brutalement. ***Flanquer*** *une paire de claques.*

flapi, ie (adjectif) Synonyme familier de fatigué. *Quelle terrible journée, je suis complètement* ***flapi*** *!* (Syn. **épuisé, éreinté.**)
★ **Flapi** vient du vieux mot *flapir* qui signifie « amollir ».

flaque (nom féminin) Petite mare qui se forme sur le sol après la pluie. *Les enfants pataugent dans les* ***flaques*** *d'eau avec leurs bottes.*

flash (nom masculin) **1** Appareil qui produit un éclair de lumière très vive pour faire des photos dans les endroits sombres. *La photo est trop sombre car le* ***flash*** *n'a pas marché.* **2** Court bulletin d'information à la radio ou à la télévision. *Sur notre station, les* ***flashs*** *d'information vous sont donnés toutes les demi-heures.*
▶ **Flash** est un mot anglais : on prononce [flaʃ].
★ Famille du mot : flash-back, flash**er**.

flash-back (nom masculin) Retour en arrière, dans un film.
▶ **Flash-back** est un mot anglais : on prononce [flaʃbak].
▶ Pluriel : des **flash-back**.
▶ On écrit aussi un **flashback,** des **flashbacks**.

flasher (verbe) (conj. 3) **1** Produire un effet brutal. *Le journal d'aujourd'hui a un titre qui* ***flashe****.* **2** Avoir un coup de cœur pour. *Matthias a* ***flashé*** *sur une voiture de sport.*
▶ Prononciation [flaʃe].

flasque (adjectif) Qui manque de fermeté ou d'élasticité. *Ton ventre devient* ***flasque****, tu devrais faire de la musculation !* (Syn. **mou.** Contr. **ferme.**)

flatter (verbe) (conj. 3) **1** Faire des compliments exagérés. *Il* ***flatte*** *son patron en espérant une augmentation !* **2** Faire paraître quelqu'un plus beau qu'en réalité. *Ce peintre a fait de lui un portrait qui le* ***flatte*** *beaucoup.* (Syn. **avantager.**) **3** Causer de la fierté à quelqu'un. *Nous* ***avons été flattés*** *de sa visite.* (Syn. **honorer.**) **4 Se flatter de quelque chose :** s'en vanter. *Il* ***se flatte*** *de courir le 100 mètres en 15 secondes !*
★ Famille du mot : flatt**erie**, flatt**eur**.

flatterie (nom féminin) Compliment destiné à flatter quelqu'un. *Ces* ***flatteries*** *sont intéressées.*

flatteur, euse (nom) Personne qui dit des flatteries. *Il faut se méfier des* ***flatteurs****.*
▪**flatteur, euse** (adjectif) Qui flatte. *Le professeur a eu des mots* ***flatteurs*** *à l'égard de William.*

flatulence (nom féminin) Accumulation de gaz dans les intestins, provoquant un ballonnement du ventre et l'émission de gaz.
★ **Flatulence** vient du latin *flatus* qui signifie « vent ».

fléau, fléaux (nom masculin) **1** Instrument agricole qui servait à battre les céréales. **2** Barre horizontale qui supporte les plateaux d'une balance. **3** Catastrophe qui s'abat sur une population. *Au Moyen Âge, la peste a été un grand* ***fléau****.* (Syn. **calamité, désastre.**)

flèche (nom féminin) **1** Tige fine et pointue que l'on tire à l'aide d'un arc. *Les Indiens chassaient avec des* ***flèches****.* **2** Dessin en forme de flèche pour indi-

quer une direction. *Des **flèches** signalent la direction de la fête.* **3** Sommet pointu d'un clocher. *La cathédrale de Strasbourg ne comporte qu'une **flèche**.* • Monter en flèche : augmenter très rapidement. *Le prix de l'essence **est monté en flèche**.*
★ Famille du mot : flécher, fléchette.

flécher (verbe) (conj. 8) Marquer par des flèches. *Le rallye suit un parcours **fléché**.*

fléchette (nom féminin) Petite flèche qu'on lance à la main sur une cible. *Jouer aux **fléchettes**.*

fléchir (verbe) (conj. 11) **1** Plier une partie du corps. *Fatima s'est cassé le coude et ne peut plus **fléchir** l'avant-bras.* **2** Se courber sous une charge. *Les rayons de la bibliothèque **fléchissent** sous le poids des livres.* **3** Faire céder quelqu'un, le convaincre. *Il ne veut pas que tu ailles au cinéma, tu ne le **fléchiras** pas.* **4** Baisser, diminuer. *L'allure des coureurs **a** nettement **fléchi** dans la montée.*
★ Famille du mot : fléchissement, fléchisseur.

fléchissement (nom masculin) Fait de fléchir. *Le **fléchissement** d'une branche sous le poids des fruits.*

fléchisseur (nom masculin et adjectif masculin) Qui permet la flexion d'un membre. *Les muscles **fléchisseurs** et les muscles extenseurs.*

flegmatique (adjectif) Qui a du flegme. *Xavier est un élève **flegmatique** et maître de lui.* (Syn. **calme.**)

flegme (nom masculin) Caractère de quelqu'un qui reste toujours calme. *Dans la panique générale, Gaëlle a su garder son **flegme**.* (Syn. **calme, sang-froid.**)

flemmard, arde (adjectif) Synonyme familier de paresseux.

flemme (nom féminin) Synonyme familier de paresse.

flétan (nom masculin) Grand poisson plat fréquent dans les mers froides, à la chair blanche estimée. *Le foie du **flétan** fournit une huile riche en vitamines A et D.*

se **flétrir** (verbe) (conj. 11) **1** Synonyme de se faner. *Si tu ne les arroses pas régulièrement, ces fleurs vont **se flétrir**.* **2** Faire perdre à quelqu'un sa beauté. *Elle est si vieille qu'elle a le visage tout **flétri**.*

flétrissure (nom féminin) Atteinte à l'éclat, à la fraîcheur, à la beauté de la peau. *Le temps a marqué le visage de ma grand-mère d'une **flétrissure**.*

fleur (nom féminin) Partie souvent colorée d'une plante, qui porte les organes de reproduction. *Maman cherche un vase pour y mettre les **fleurs** qu'on vient de lui offrir.* • À fleur de quelque chose : qui est presque au même niveau. *Les bateaux évitent les rochers **à fleur d'eau**.* • Faire une fleur à quelqu'un : dans la langue familière, lui faire une faveur. • La fine fleur de quelque chose : la meilleure partie, l'élite.
★ Famille du mot : affleurer, fleurir, fleuriste, refleurir.

fleuret (nom masculin) Sorte d'épée à lame très fine sans tranchant, avec laquelle on fait de l'escrime. *La pointe du **fleuret** est protégée par un bouton.*

fleurir (verbe) (conj. 11) **1** Produire des fleurs. *Les arbres fruitiers **fleurissent** au printemps.* **2** Décorer un endroit avec des fleurs. *Maman veille à ce que la maison **soit** toujours **fleurie**.*

fleuriste (nom) Marchand de fleurs et de plantes.

fleuron (nom masculin) Ce qu'il y a de meilleur, de plus remarquable. *Ce cuisinier est un des **fleurons** de la gastronomie française.*

fleuve (nom masculin) Cours d'eau qui se jette dans la mer. *La Loire est le plus long **fleuve** de France.*

flexibilité (nom féminin) **1** Caractère de ce qui ploie facilement. *La **flexibilité** de l'osier permet de le travailler pour faire des paniers.* (Syn. **souplesse.**) **2** Système souple, qui s'adapte aux circonstances. *L'entreprise a adopté la **flexibilité** des horaires de travail.*

flexible (adjectif) Qui se plie facilement sans casser. *Les tiges de l'osier sont **flexibles**, il est facile de les tresser.* (Syn. **souple.**)

flexion (nom féminin) Action de fléchir un membre. *Au cours de ski, le moniteur nous fait faire des **flexions**.* (Contr. **extension.**)

flibustier (nom masculin) Pirate des mers américaines aux XVIIe et XVIIIe siècles.

flinguer (verbe) (conj. 3) **1** Tirer sur quelqu'un avec une arme à feu, dans la langue familière. *Un type s'est fait **flinguer** dans la rue.* **2** Abîmer, détruire, dans la langue familière. *Il a **flingué** sa voiture dans l'accident.*

flipper (nom masculin) Sorte de billard électrique.
► **Flipper** est un mot anglais : on prononce [flipœʀ].

flirt (nom masculin) Relation sentimentale passagère.
► Prononciation [flœʀt].
★ **Flirt** est un mot anglais issu du français *fleureter* qui signifie « courtiser une femme, lui conter fleurette ».

flirter (verbe) (conj. 3) Avoir un flirt avec quelqu'un.
► Prononciation [flœʀte].

flocage (nom masculin) Application d'un motif sur un tissu.
★ **Flocage** vient de l'anglais *flock* qui signifie « flocon ».

flocon (nom masculin) **1** Petite masse de neige. *Il neige à gros **flocons** sur les montagnes.* **2** Lamelle de graine de céréale. *À son petit déjeuner, Yann mange des **flocons** de maïs avec du yaourt.*

floculation (nom féminin) Rassemblement en masses floconneuses de substances en suspension dans un milieu. *Les eaux usées sont épurées par **floculation**.*

flonflons (nom masculin pluriel) Musique bruyante. *On a entendu les **flonflons** du bal jusqu'à deux heures du matin.*

flop (interjection) Onomatopée imitant le bruit de la chute d'un corps mou.

▪**flop** (nom masculin) Échec d'un spectacle, d'un livre. *Le film a fait un **flop**.*
★ **Flop** vient de l'anglais *to flop,* « se laisser tomber ».

flopée (nom féminin) Grande quantité, dans la langue familière. *Une **flopée** de gamins a envahi la piscine.* (Syn. **multitude.**)

floraison (nom féminin) Époque où les fleurs s'épanouissent. *Les cerisiers sont en pleine **floraison** au mois de mai.*

floral, ale, aux (adjectif) Qui concerne les fleurs. *Nous avons visité une exposition **florale**.*

floralies (nom féminin pluriel) Grande exposition florale.

flore (nom féminin) Ensemble des plantes d'une région précise. *Les élèves partent en classe de nature dans les Alpes pour en étudier la **flore**.*
★ Famille du mot : eff**lore**scence, **flor**aison, **flor**al.

floréal (nom masculin) Huitième mois du calendrier républicain, du 20/21 avril au 19/20 mai.
★ **Floréal** vient du latin *floreus* qui signifie « fleuri ».

florès (nom masculin) • **Faire florès :** avoir de grands succès, réussir brillamment. *Cet auteur dramatique a fait **florès**.*
► Prononciation [flɔʀɛs].

florilège (nom masculin) **1** Recueil de pièces choisies. *Un florilège poétique.* **2** Au sens figuré, choix de choses remarquables.

florin (nom masculin) **1** Ancienne monnaie des Pays-Bas avant le passage à l'euro. **2** Monnaie du Surinam et des Antilles néerlandaises.
★ **Florin** vient de l'italien *fiore* qui signifie « fleur ».

florissant, ante (adjectif) Qui est riche, prospère. *Autour de la cathédrale, le commerce des souvenirs est **florissant**.*

flot (nom masculin) Grand nombre ou grande quantité. *L'été, des **flots** de touristes débarquent en car pour visiter le château.* • **À flot :** sur l'eau, pour flotter. *Remettre un bateau **à flot**.*
▪**flots** (nom masculin pluriel) Synonyme littéraire de mer. *Le navire vogue sur les **flots**.*

flottaison (nom féminin) Intersection de la surface extérieure d'un navire droit et immobile avec la surface d'une eau tranquille dans laquelle il flotte.

flotte (nom féminin) Ensemble des bateaux d'un pays.

flottement (nom masculin) Moment d'hésitation. *Après un temps de **flottement**, il a fini par répondre.*

flotter (verbe) (conj. 3) **1** Rester à la surface d'un liquide. *Benjamin ne sait pas encore nager, il porte une bouée pour **flotter**.* (Contr. **couler.**) **2** Bouger dans l'air. *Le drapeau vert **flotte** sur la plage : la baignade est autorisée.* **3** Porter un vêtement trop grand. *Depuis qu'elle a maigri, Hélène **flotte** dans tous ses vêtements.* (Syn. **nager.**)
★ Famille du mot : flott**aison**, flotte, flott**ement**, flott**eur**, flottille.

flotteur (nom masculin) Accessoire qui flotte et empêche un objet de couler. *Une forte vague a endommagé un **flotteur** du trimaran.*

flottille (nom féminin) Ensemble de petits bateaux.

flou, floue (adjectif) Qui n'a pas de formes nettes. *Ces photos sont ratées, elles sont toutes **floues**.*

flouer (verbe) (conj. 3) Tromper quelqu'un pour le voler.

fluate (nom masculin) Silicate de fluor. *Le **fluate** calcaire raye le carbonate calcaire.*

fluctuant, ante (adjectif) Qui est variable, changeant. *Selon la saison, le prix des fruits et des légumes est très **fluctuant**.*

fluctuation (nom féminin) Changement continuel. *Clément ne comprend rien aux **fluctuations** de la Bourse.*

fluet, fluette (adjectif) **1** Qui est mince et d'apparence délicate. *Cette jeune Chinoise est toute **fluette** mais elle est championne de gymnastique.* **2** Qui manque de force. *Une petite voix **fluette**.*

fluide (adjectif) Qui coule facilement. *La sauce est trop **fluide**. La circulation est **fluide** sur l'autoroute.*
▪**fluide** (nom masculin) Matière qui n'a pas de forme propre. *Les liquides et les gaz sont des **fluides**.* (Contr. **solide.**)
★ Famille du mot : fluid**ifier**, fluid**ité**.

fluidifier (verbe) (conj. 10) Transformer en fluide ; rendre plus liquide. *L'ouverture de la chaussée à quatre voies permettra de **fluidifier** le trafic.*

fluidité (nom féminin) Caractère de ce qui est fluide. *La **fluidité** de la circulation est bonne, ce soir.*

fluo (adjectif) Fluorescent. *Une tenue de ski **fluo**.*

fluor (nom masculin) Substance chimique, ajoutée dans les dentifrices pour prévenir les caries.

fluoré, ée (adjectif) Qui contient du fluor. *Un dentifrice à pâte **fluorée**.*

fluorescent, ente (adjectif) Qui émet de la lumière dans l'obscurité. *Quand ils travaillent de nuit sur les routes, les ouvriers portent des vêtements **fluorescents**.*

fluorure (nom masculin) Composé renfermant du fluor.

flûte (nom féminin) **1** Instrument à vent constitué d'un tuyau percé de trous. **2** Verre haut et étroit utilisé pour boire le champagne. *Fais attention en essuyant ces **flûtes**, elles sont fragiles.*
► On écrit aussi **flute**.

flûtiste (nom) Joueur de flûte.
► On écrit aussi **flutiste**.

fluvial, ale, aux (adjecif) Qui a rapport aux fleuves, aux cours d'eau. *Le transport **fluvial** est plus économique que le transport routier.*

a b c d e f g h i j k l m n o p q r s t u v w x y z

flux (nom masculin) **1** Marée montante. (Contr. **reflux.**) **2** Au sens figuré, grande abondance de choses ou de personnes. *Matin et soir, un **flux** de voyageurs s'engouffre dans la gare.*
▶ Prononciation [fly].

FM (nom féminin) Technique de transmission des signaux de radio consistant à agir sur la fréquence de l'onde porteuse.
★ **FM** est le sigle de l'anglais *Frequency Modulation* qui signifie « modulation de fréquence ».

foc (nom masculin) Voile triangulaire à l'avant des voiliers.

focal, ale, aux (adjectif) Qui se rapporte à un ou plusieurs foyers d'un système optique. • **Distance focale** : distance qui sépare les deux foyers d'une ellipse.

focaliser (verbe) (conj. 3) **1** Concentrer, rassembler. *Sarah **a focalisé** l'attention de toute la classe lorsqu'elle a raconté son voyage en Afrique.* **2** Concentrer un rayonnement sur une très petite surface.

fœhn (nom masculin) Vent chaud et sec qui souffle des sommets des Alpes suisses et autrichiennes. *Le **fœhn** souffle au printemps et en automne.*
▶ Prononciation [føn].
▶ On écrit aussi **föhn**.

fœtus (nom masculin) Enfant qui se forme peu à peu dans le ventre de sa mère.
▶ Prononciation [fetys].

foi (nom féminin) Fait de croire en l'existence de Dieu. *Grand-mère a la **foi**, elle va à la messe tous les dimanches.* • **Digne de foi** : que l'on peut croire sur parole. • **Être de bonne foi** : être sincère, honnête. • **Faire foi** : être une preuve. *Le cachet de la Poste **fait foi** du jour de départ d'une lettre.*

foie (nom masculin) Organe de la partie droite de l'abdomen, qui joue un grand rôle dans la digestion. *Une tranche de **foie** de veau.*

foin (nom masculin) Herbe fauchée et séchée, destinée à nourrir le bétail.

foire (nom féminin) **1** Grand marché agricole. *Dans ce village, la **foire** aux bestiaux a lieu une fois par an.* **2** Exposition commerciale. *Une **foire** aux vins.* **3** Fête foraine. *Ce que David préfère à la **foire**, ce sont les autos tamponneuses.*

fois (nom féminin) **1** Moment où un évènement se produit. *Tu te souviens de la **fois** où Julie s'est cassé la jambe en tombant ?* **2** Indique la multiplication. *Cinq **fois** dix égalent cinquante.* • **Il était une fois** : un jour, il y a longtemps.

à **foison** (adverbe) En abondance. *On a trouvé des châtaignes **à foison** dans les bois.*
★ Famille du mot : foison**nement**, foison**ner**.

foisonnement (nom masculin) Fait de foisonner.

foisonner (verbe) (conj. 3) Exister à foison. *Les ronces **foisonnent** dans ce jardin abandonné.* (Syn. **abonder.**)

folâtrer (verbe) (conj. 3) S'ébattre gaiement. *Les chiens **folâtrent** dans le jardin.*

foliacé, ée (adjectif) Qui a l'aspect d'une feuille végétale.

folichon, onne (adjectif) Synonyme familier de amusant, gai. *La vie de cette pauvre femme n'a rien de **folichon**.*
▶ Le mot **folichon** s'emploie généralement dans des phrases négatives.

folie (nom féminin) **1** Maladie mentale d'une personne qui ne sait plus ce qu'elle fait. *Sa **folie** ne fait qu'empirer de jour en jour.* (Syn. **démence.**) **2** Conduite déraisonnable, imprudente. *C'est de la **folie** de sortir sous cet orage !* (Syn. **inconscience.**) **3** Dépense trop importante. *Ibrahim a fait une **folie** en achetant ce cadeau.*

folio (nom masculin) **1** Feuillet numéroté qui comprend un recto et un verso. *Chaque élève doit sortir le **folio** numéro 3 de sa pochette pour faire l'exercice de français.* **2** Numéro de chaque page d'un livre, d'un manuscrit. *Dans ce dictionnaire, le **folio** se trouve en bas de page.*

foliole (nom féminin) Chacune des petites feuilles qui constituent une feuille composée. *La feuille du trèfle est composée de trois **folioles**, parfois quatre.*

folique (adjectif) • **Acide folique** : vitamine du groupe B contenue dans le foie, les épinards et divers autres aliments.

folk (nom masculin) Musique chantée qui s'inspire du folklore nord-américain. *Les chanteurs de **folk** s'accompagnent à la guitare.*
■ **folk** (adjectif) Qui pratique ou aime cette musique.
▶ Pluriel : des chanteuses **folks**.

folklore (nom masculin) Ensemble des légendes, des chants, des danses populaires d'une région.
★ **Folklore** vient de l'anglais *folk* qui signifie « peuple » et *lore* qui signifie « connaissance ».

folklorique (adjectif) Qui vient du folklore. *Laura adore les chants **folkloriques** corses.*

folle Voir ***fou***.

follement (adverbe) D'une manière folle, excessive. *Aimer **follement** quelqu'un.*

follicule (nom masculin) Petit organe en forme de sac. *La base d'un poil est contenue dans un **follicule** situé dans l'épaisseur de la peau.* • **Follicule ovarien** : cavité située à l'intérieur de l'ovaire, dans laquelle se développe l'ovule et dont la rupture correspond à la ponte ovulaire.
★ **Follicule** vient du mot latin *folliculus* qui signifie « petit sac ».

fomenter (verbe) (conj. 3) Provoquer une action hostile. *Les rebelles **ont fomenté** des émeutes dans la ville.*

foncé, ée (adjectif) De couleur sombre. *Ce gris **foncé** est presque noir.* (Contr. **clair.**)

① **foncer** (verbe) (conj. 4) Devenir plus sombre. *En séchant, la peinture va **foncer** un peu.* (Contr. **éclaircir.**)

② **foncer** (verbe) (conj. 4) **1** Se précipiter sur quelqu'un. *Quelle panique quand la voiture **a foncé** sur la foule !* **2** Dans la langue familière, aller très vite. *Il va falloir **foncer** pour arriver à l'heure !*

foncier, ère (adjectif) **1** Qui est profondément dans la nature de quelqu'un. *Kevin est d'une bonté **foncière**.* **2** Qui concerne la propriété de terres ou de maisons. *Les propriétaires doivent payer chaque année un impôt **foncier**.*

foncièrement (adverbe) Par nature. *Myriam est **foncièrement** honnête.* (Syn. **profondément.**)

fonction (nom féminin) **1** Travail dont quelqu'un est chargé. *C'est à Noémie que le maître a confié la **fonction** d'essuyer le tableau.* **2** Travail, charge ou métier. *Le père de Pierre exerce la **fonction** de maire.* **3** Rôle joué par quelque chose. *L'estomac a une **fonction** importante dans la digestion.* **4** Relation grammaticale d'un mot avec les autres. *La **fonction** sujet, la **fonction** complément.* • **En fonction de quelque chose** : par rapport à cette chose. *La lumière change **en fonction de** l'heure.* (Syn. **selon, suivant.**)
★ Famille du mot : fonctionn**aire**, fonctionn**alité**, fonctionn**el**, fonctionn**ement**, fonctionn**er**.

fonctionnaire (nom) Personne employée par l'État. *Le père de Quentin est professeur de lycée, c'est un **fonctionnaire**.*

fonctionnalité (nom féminin) Caractère de ce qui est fonctionnel, de ce qui répond à une fonction donnée. *La **fonctionnalité** d'une montre est de donner l'heure.*
▪ **fonctionnalités** (nom féminin pluriel) Possibilités de traitement offertes par un ordinateur, un logiciel ou un système électronique. *Les **fonctionnalités** du nouvel ordinateur d'Ibrahim sont très évoluées.*

fonctionnel, elle (adjectif) Qui est bien adapté à sa fonction. *Cet appartement est petit mais très **fonctionnel**.*

fonctionnement (nom masculin) Manière de fonctionner. *Le **fonctionnement** de ce caméscope est très simple.*

fonctionner (verbe) (conj. 3) Être en état de marche. *Le lave-vaisselle ne **fonctionne** plus, il faut le faire réparer.* (Syn. **marcher.**)

fond (nom masculin) **1** Partie la plus basse ou la plus profonde de quelque chose. *Il y a un dépôt au **fond** de la bouteille.* **2** Endroit le plus éloigné de l'entrée. *La voiture est garée au **fond** du parking.* **3** Ce qui se trouve à l'arrière d'un dessin, d'une image. *Romain a fait un gros plan d'Odile, sur **fond** de verdure.* **4** Ce qui est essentiel, fondamental. *Le **fond** du problème.* • **À fond** : complètement, le plus possible. *Il connaît la question **à fond**.* • **Au fond** : en réfléchissant bien. • **Course de fond** : course qui se dispute sur une longue distance.

fondamental, ale, aux (adjectif) Extrêmement important. *Pour conduire, il faut une bonne vue, c'est **fondamental**.* (Syn. **essentiel.** Contr. **secondaire.**)

fondamentalisme (nom masculin) Tendance religieuse conservatrice, souvent sectaire. *Le **fondamentalisme** de certains courants religieux est source de nombreux conflits.*

fondant, ante (adjectif) **1** Qui est en train de fondre. *La glace est **fondante**, pas question de faire du patin à glace.* **2** Qui fond dans la bouche. *Sarah adore les chocolats **fondants**.*

fondateur, trice (nom) Personne qui a fondé quelque chose. *Le **fondateur** de cette grosse entreprise est l'arrière-grand-père de Thomas.*

fondation (nom féminin) Action de fonder quelque chose. *La **fondation** de ce musée date du siècle dernier.* (Syn. **création.**)
▪ **fondations** (nom féminin pluriel) Parties d'un bâtiment qui soutiennent les murs. *Les ouvriers doivent creuser pour commencer les **fondations** de l'immeuble.*

fondé, ée (adjectif) Qui a un fondement, une justification. *Le reproche qu'on t'a fait était **fondé**.*

fondement (nom masculin) Principe sur lequel quelque chose est fondé. *La tolérance est un **fondement** de la vie en société.* (Syn. **base.**)

fonder (verbe) (conj. 3) **1** Synonyme de créer. *Les parents d'élèves **ont fondé** une association.* **2** S'appuyer sur des arguments. *Ursula **a fondé** son opinion sur son expérience.*
★ Famille du mot : co**fondateur**, fond**ateur**, fond**ation**, fond**é**, fond**ement**.

fonderie (nom féminin) Usine dans laquelle on fond des métaux.

fondre (verbe) (conj. 31) **1** Devenir liquide sous l'effet de la chaleur. *Le beurre commence à **fondre** dans la poêle.* **2** Se dissoudre dans un liquide. *Le gros sel **fond** dans l'eau de cuisson.* **3** Chauffer un métal pour le rendre liquide avant de le verser dans des moules. ***Fondre** du bronze pour faire une statue.* **4** Se jeter brusquement sur quelqu'un ou quelque chose. *Le vautour **a fondu** sur sa proie.* • **Fondre en larmes** : se mettre à pleurer très fort.
★ Famille du mot : fond**ant**, fond**erie**, fond**u**, fond**ue**, fonte.

fondrière (nom féminin) Trou dans le sol. *Ce vieux chemin est plein de **fondrières**.*

fonds (nom masculin) Valeur d'une terre ou d'un magasin. *Ce **fonds** de commerce est à vendre.*
▪ **fonds** (nom masculin pluriel) Somme d'argent. *Nous n'avons pas les **fonds** suffisants pour acheter cette voiture.* (Syn. **capital.**)

① **fondu** (nom masculin) **1** Ensemble des couleurs qui se sont mêlées les unes aux autres par des nuances graduées. *Le **fondu** d'un tableau.* **2** Apparition ou disparition progressive d'une image dans un film. • **Fondu enchaîné** : passage progressif d'une image à une autre.

② **fondu, ue** (adjectif et nom) Synonyme familier de passionné. *Les **fondus** du monoski.*

a b c d e **f** g h i j k l m n o p q r s t u v w x y z

fondue (nom féminin) Plat régional que l'on cuit directement sur la table. *La **fondue** savoyarde est à base de fromage, la **fondue** bourguignonne à base de viande de bœuf.*

fongicide (nom masculin et adjectif) Pesticide qui détruit les champignons porteurs de maladies.

fongiforme (adjectif) Qui a la forme d'un champignon. *Malgré son apparence **fongiforme**, ce parasite n'est pas un champignon.*

fongique (adjectif) Relatif aux champignons, provoqué par un champignon. *La moisissure qui apparaît sur les feuilles de cette plante est causée par de minuscules champignons : elle est **fongique**.*

fontaine (nom féminin) Petite construction où coule de l'eau. *Avant de partir en randonnée, nous avons rempli nos gourdes à la **fontaine**.*

fontanelle (nom féminin) Membrane souple située entre les os du crâne du nouveau-né, qui se durcit et se transforme progressivement en matière osseuse au cours de la croissance.

fonte (nom féminin) **1** Moment où quelque chose fond. *La **fonte** des neiges, la **fonte** des glaces.* **2** Alliage de fer et de carbone. *Un radiateur en **fonte**.*

fonts (nom masculin pluriel) • **Fonts baptismaux** : dans une église, bassin contenant l'eau du baptême.

football (nom masculin) Jeu opposant deux équipes de onze joueurs qui essaient d'envoyer un ballon rond dans les buts de l'adversaire sans se servir des mains. *Un terrain de **football** mesure au moins 90 mètres de long.*
► Prononciation [futbol].
► Ce mot s'abrège familièrement *foot*.
★ **Football** vient de l'anglais *foot* qui signifie « pied » et de *ball* qui signifie « balle ».

footballeur, euse (nom) Personne qui joue au football.
► Prononciation [futbolœʀ].

footing (nom masculin) Promenade sportive, à pied. *Elle fait un petit **footing** tous les matins.*
► **Footing** est un mot anglais : on prononce [futiŋ].

for (nom masculin) • **Dans mon for intérieur** : au fond de moi-même. ***Dans son for intérieur**, Zoé regrette d'avoir menti.*
★ **For** vient du latin *forum* qui signifie « tribunal ».

forage (nom masculin) Action de forer. *Le **forage** des puits de pétrole peut se faire sur terre ou sur mer.*

forain, aine (adjectif et nom) Qui travaille sur les foires ou les marchés. *Certains **forains** vivent dans des roulottes.*
■ **forain, aine** (adjectif) • **Fête foraine** : fête avec des attractions et des boutiques de forains. (Syn. **foire.**)
★ **Forain** vient du latin *foranus* qui signifie « étranger ».

forban (nom masculin) **1** Pirate qui naviguait sans autorisation en se livrant à des expéditions armées pour son propre compte. **2** Individu sans scrupules. (Syn. **bandit, brigand.**)

forçat (nom masculin) Synonyme de bagnard.

force (nom féminin) **1** Puissance physique de quelqu'un. *Il faut beaucoup de **force** pour déplacer le piano !* (Contr. **faiblesse.**) **2** Niveau de compétences. *Victor et Anna sont à peu près de la même **force** aux échecs.* **3** Puissance d'un phénomène physique. *Le bateau a été pris dans la tempête avec un vent de **force** 10.* **4** Usage de la violence. *Pour maîtriser le malfaiteur, la police a dû employer la **force**.* (Contr. **douceur.**) • **À force de** : grâce à beaucoup d'efforts. • **Par la force des choses** : sans pouvoir faire autrement. • **Tour de force** : réussite éclatante, exploit.
■ **forces** (nom féminin pluriel) **1** Énergie physique. *Mange un peu pour reprendre des **forces** !* **2** Capacités intellectuelles. *Ce casse-tête est au-dessus de mes **forces**.* • **Les forces de l'ordre** : la police.

forcé, ée (adjectif) **1** Qu'on ne peut pas éviter. *Cette panne de voiture a entraîné un arrêt **forcé**.* (Syn. **inévitable.**) **2** Qui n'est pas naturel. *Un sourire **forcé**.* • **Travaux forcés** : peine de prison dans un bagne. *Autrefois, les condamnés aux **travaux forcés** étaient envoyés en Guyane.*

forcément (adverbe) De façon forcée, inévitable. *Élodie est la meilleure de la classe, elle va **forcément** entrer en sixième.* (Syn. **évidemment.**)

forcené, ée (nom) Fou furieux. *Le **forcené** s'est barricadé chez lui.*
★ **Forcené** vient d'un ancien mot français, *forsener*, qui signifie « être hors de son bon sens ».

forceps (nom masculin) Instrument formé de deux branches séparables servant à saisir la tête de l'enfant, en cas d'accouchement difficile. • **Au forceps** : difficilement, péniblement.
► Prononciation [fɔʀsɛps].

forcer (verbe) (conj. 4) **1** Obliger quelqu'un à faire quelque chose. *La pluie nous **a forcés** à faire demi-tour.* (Syn. **contraindre.**) **2** Ouvrir en employant la force. *Les cambrioleurs **ont forcé** la serrure.* **3** Faire de trop grands efforts. *Il a dû **forcer** pour pédaler jusqu'au sommet de la colline.*

forcing (nom masculin) Augmentation de l'intensité de l'effort au cours d'une épreuve sportive. • **Faire le forcing** : accentuer ses efforts pour l'emporter rapidement sur un adversaire, pour terminer un travail ou pour obtenir quelque chose. *Élodie a fait le **forcing** pour avoir la permission de sortir ce soir.*
► **Forcing** est un mot anglais : on prononce [fɔʀsiŋ].

forcir (verbe) (conj. 11) Prendre de l'embonpoint. *Il a beaucoup **forci** depuis qu'il s'est arrêté de faire du sport.* (Syn. **grossir.**)

forer (verbe) (conj. 3) Creuser avec une machine. ***Forer** un tunnel, un puits.*
★ Famille du mot : forage, foret.

forestier, ère (adjectif) Qui concerne les forêts. *Le long du chemin **forestier**, on a trouvé des pissenlits.*

foret (nom masculin) Outil qui, en tournant sur lui-même, sert à percer des trous.

forêt (nom féminin) Grande étendue de terrain couverte d'arbres. *Une **forêt** de sapins.*
★ Famille du mot : **déforestation**, **forestier**.

forêt-noire (nom féminin) Gâteau au chocolat fourré de cerises.
▶ Pluriel : des **forêts-noires**.

forfait (nom masculin) **1** Synonyme littéraire de crime. *Ce criminel a été condamné pour ses **forfaits**.* **2** Prix fixé à l'avance. *Pour louer une voiture, on paie un **forfait** à la journée.* • **Déclarer forfait** : renoncer à participer à une compétition.

forfaitaire (adjectif) Qui est fixé par un forfait. *Pour s'inscrire au club, il faut payer une somme **forfaitaire** de 10 euros.*

forfaiture (nom féminin) Injure grave commise par un vassal envers son suzerain. (Syn. **trahison**.)

forge (nom féminin) Atelier où l'on travaille les métaux au marteau sur une enclume.
★ Famille du mot : **forger**, **forgeron**.

forger (verbe) (conj. 5) **1** Chauffer une pièce métallique puis la façonner à coups de marteau. **2** Au sens figuré, synonyme d'inventer. *William nous a raconté une histoire **forgée** de toutes pièces.*

forgeron (nom masculin) Ouvrier qui travaille dans une forge.

forint (nom masculin) Monnaie de la Hongrie.
▶ Prononciation [fɔʀint].

se **formaliser** (verbe) (conj. 3) Être choqué par quelque chose. *Tu ne vas pas **te formaliser** parce qu'il n'a pas encore répondu à ta lettre !* (Syn. **se vexer**.)

formalité (nom féminin) Démarche administrative obligatoire. *Il y a des **formalités** à accomplir pour obtenir un passeport.*

format (nom masculin) **1** Dimensions d'un objet. *Avant d'acheter le cadre, il faut connaître le **format** de la photo.* **2** Modèle qui définit la présentation des informations au sein d'un ordinateur. *Dans quel **format** faut-il que j'enregistre mon fichier ?*

formater (verbe) (conj. 3) Soumettre un support informatique au modèle qui définit la présentation des données. *C'est une disquette pour PC : il faut la **formater** si tu veux l'utiliser sur un Mac.*

formation (nom féminin) **1** Action de former ou fait de se former. *La **formation** d'un nouveau gouvernement. La **formation** de givre sur les vitres montre qu'il fait très froid.* **2** Fait de former quelqu'un à un métier. *Le grand frère de Xavier suit une **formation** en informatique.* **3** Groupe de personnes. *Une **formation** politique.*

forme (nom féminin) **1** Ensemble des contours d'une chose. *Je n'aime pas du tout la **forme** de cette voiture.* **2** Aspect qu'une chose peut prendre. *Yann s'intéresse à toutes les **formes** de musique.* **3** État de santé. *Fatima n'est pas très en **forme**, elle se sent fatiguée.* **4** Façon dont se présente une phrase ou un groupe de mots. *Fais une phrase à la **forme** négative.* • **Dans les formes** : selon les règles. • **Pour la forme** : en respectant les usages. • **Prendre forme** : commencer à se préciser.
★ Famille du mot : **déformant**, **déformation**, **déformer**, **difforme**, **difformité**, **format**, **formation**, **formater**, **formel**, **formellement**, **former**, **informel**.

formel, elle (adjectif) **1** Qu'on ne peut pas discuter. *Interdiction **formelle** de fumer à l'hôpital.* (Syn. **catégorique**.) **2** Qui est seulement pour la forme, l'apparence. *Sa politesse n'est que **formelle**.*

formellement (adverbe) De façon formelle. *Le règlement de l'école interdit **formellement** de faire du roller dans la cour.* (Syn. **absolument**, **rigoureusement**, **totalement**.)

former (verbe) (conj. 3) **1** Donner une forme. *Benjamin s'applique à **former** les chiffres de son opération.* **2** Créer un groupe. *Les enfants de la classe **ont formé** une chorale.* (Syn. **constituer**.) **3** Apprendre un métier à quelqu'un. *Cet artisan continue à **former** des jeunes.* **4** **Se former** : apparaître sous une certaine forme. *Le brouillard **s'est formé** très vite et a surpris les automobilistes.*

formica (nom masculin) Matériau stratifié recouvert de résine artificielle. *Tous les meubles de sa cuisine sont en **formica**.*
★ **Formica** est le nom d'une marque.

formidable (adjectif) Qui est admirable, extraordinaire. *Ce livre est **formidable**, je te conseille de le lire.*

formol (nom masculin) Désinfectant liquide et transparent. *Ce lézard est conservé dans un bocal de **formol**.*

formulaire (nom masculin) Questionnaire administratif. *Avant d'ouvrir un compte à la banque, il a dû remplir un **formulaire**.*

formulation (nom féminin) Manière dont quelque chose est formulé. *La **formulation** de cette phrase est maladroite.*

formule (nom féminin) **1** Expression toute faite qu'on emploie dans certaines circonstances. *N'oublie pas la **formule** de politesse à la fin de ta lettre !* **2** Suite de lettres et de chiffres représentant la composition d'un élément chimique. *H_2O est la **formule** chimique de l'eau.* **3** Façon de faire. *Pour aller au travail, maman trouve que le bus est la meilleure **formule**.* (Syn. **solution**.)
★ Famille du mot : **formulaire**, **formulation**, **formuler**.

formuler (verbe) (conj. 3) Exprimer de façon précise. *Essaie de mieux **formuler** ta question, tu es trop confus.*

forniquer (verbe) (conj. 3) **1** Dans la religion, fait d'avoir des relations sexuelles sans être marié. **2** Avoir des relations sexuelles, dans la langue familière. (Syn. **copuler**.)

fors (préposition) Excepté, hormis, sauf, dans la langue littéraire. *« Tout est perdu, **fors** l'honneur », aurait dit François Ier après le désastre de Pavie.*
▶ Prononciation [fɔʀ].

a b c d e f g h i j k l m n o p q r s t u v w x y z

forsythia (nom masculin) Arbuste dont les fleurs jaunes apparaissent avant les feuilles, à la fin de l'hiver.
► Prononciation [fɔRsisja].
★ **Forsythia** vient de *G. Forsyth*, botaniste anglais.

① **fort, forte** (adjectif) **1** Qui a de la force physique. *Tu n'es pas assez **forte** pour porter cette valise.* (Syn. **robuste, vigoureux.** Contr. **faible.**) **2** Qui a des capacités dans un domaine. *Gaëlle est **forte** en géographie.* (Syn. **doué.** Contr. **faible.**) **3** Qui est très intense, violent. *La météo prévoit de **fortes** tempêtes pour demain.* **4** Qui a de la puissance. *Baisse le son de la radio, il est trop **fort**.* **5** Qui est plutôt gros. *C'est une femme grande et un peu **forte**.* (Syn. **corpulent.**) **6** Qui est concentré, qui a beaucoup de goût. *Cette sauce au piment est très **forte**.* (Contr. **léger.**) • **C'est plus fort que moi :** je ne peux m'en empêcher. • **C'est un peu fort ! :** c'est exagéré, difficile à accepter.
■ **fort** (adverbe) **1** Avec force, puissance. *Parlez plus **fort**, il est un peu sourd ! Le vent souffle **fort**.* **2** Très, beaucoup. *C'est une discussion **fort** intéressante.*
■ **fort** (nom masculin) Ce qu'une personne sait très bien faire. *La pâtisserie, ça n'est vraiment pas mon **fort** !*

② **fort** (nom masculin) Bâtiment militaire fortifié. *Des soldats ennemis encerclent le **fort**.*

fortement (adverbe) Avec force. *Il m'a **fortement** encouragé à accepter cet emploi.* (Syn. **vigoureusement, vivement.**)

forteresse (nom féminin) Lieu fortifié qui protège une ville. *Nous nous sommes promenés sur les remparts de la **forteresse**.* (Syn. **citadelle.**)

fortifiant (nom masculin) Médicament qui donne des forces. *Mange de tout et tu n'auras pas besoin de **fortifiant**.*

fortification (nom féminin) Construction fortifiée qui protège un lieu. *Les assiégeants montaient à l'assaut des **fortifications**.*

fortifier (verbe) (conj. 10) **1** Rendre plus fort. *Ce séjour à la mer va te **fortifier**.* **2** Entourer un endroit de remparts et de fossés pour le protéger. *Le camp **fortifié** des légions romaines.*
★ Famille du mot : forti**fiant**, fortifi**cation**.

fortin (nom masculin) Petit fort appartenant à une fortification. *Les attaquants ont réussi à prendre un premier **fortin**.*

fortissimo (adverbe) En jouant ou en chantant très fort. (Contr. **pianissimo.**)
■ **fortissimo** (nom masculin) Passage de musique joué fortissimo. *Ce morceau évoquant la tempête contient de nombreux **fortissimos**.*

fortuit, uite (adjectif) Qui arrive par hasard. *Nous n'avions pas rendez-vous, c'était une rencontre **fortuite**.* (Syn. **imprévu, inattendu.**)

fortuitement (adverbe) De façon fortuite. *Je l'ai appris **fortuitement**, par un ami de passage.*

fortune (nom féminin) Grande richesse. *Il rêvait d'être chercheur d'or pour faire **fortune**.* • **De fortune :** que l'on a improvisé en attendant mieux. *On a installé les blessés sur des lits **de fortune**.*
★ Dans la mythologie romaine, la **Fortune** était la déesse du hasard, de la chance.

fortuné, ée (adjectif) Qui possède de la fortune. *C'est une famille **fortunée** qui habite ce château.*

forum (nom masculin) Réunion publique où l'on échange des idées. *Au lycée, on a organisé un **forum** sur les métiers d'aujourd'hui.*
► Prononciation [fɔRɔm].
★ Dans l'Antiquité, le **forum** était la place de Rome où le peuple se rassemblait pour discuter.

fosse (nom féminin) **1** Trou profond dans la terre. *Le cultivateur a creusé une grande **fosse** pour stocker les betteraves.* **2** Cavité très profonde dans les fonds sous-marins. • **Fosses nasales :** creux des narines.
★ Famille du mot : foss**é**, foss**ette**, foss**oyeur**.

fossé (nom masculin) **1** Cavité creusée en long dans le sol. *Il est tombé dans le **fossé** en faisant du vélo.* **2** Au sens figuré, chose qui sépare profondément. *Il y a un **fossé** entre ce qu'il raconte et la réalité !*

fossette (nom féminin) Petit creux sur les joues ou le menton. *On voit bien les **fossettes** du bébé quand il rit.*

fossile (nom masculin) Restes ou empreintes d'animaux ou de plantes incrustés dans la pierre. *Des **fossiles** de fougères, de coquillages.*

fossoyeur (nom masculin) Personne qui creuse les fosses où sont enterrés les morts.

fou, folle (adjectif et nom) Qui n'a plus sa raison, est atteint de folie. *Après ce terrible choc, il a failli devenir **fou**. Un **fou** a pris plusieurs personnes en otage.* (Syn. **dément.**)
■ **fou, folle** (adjectif) **1** Qui agit de façon déraisonnable, imprudente. *Tu es **folle** d'aller si haut !* **2** Qui n'est pas dans son état normal à cause d'une émotion violente. *Être **fou** de joie, de colère, d'angoisse.* **3** Qui aime passionnément quelque chose. *Clément est **fou** de jeux vidéo.* **4** Énorme, démesuré ou très important. *J'ai un travail **fou** en ce moment.* (Syn. **démentiel.**)
■ **fou** (nom masculin) **1** Homme qui était chargé de distraire le roi. (Syn. **bouffon.**) **2** Pièce du jeu d'échecs que l'on déplace en diagonale. • **Fou de Bassan :** grand oiseau marin qui plonge de très haut pour capturer des poissons.

fouace Voir ***fougasse***.

foudre (nom féminin) Décharge électrique accompagnée d'un éclair et de tonnerre, qui se produit pendant un orage. *Un paratonnerre protège la maison de la **foudre**.* • **Coup de foudre :** amour subit et foudroyant. *Hélène a eu le **coup de foudre** pour cette robe.*
★ Famille du mot : foud**royant**, foud**royer**.

foudroyant, ante (adjectif) Qui frappe de manière rapide et brutale. *Au tennis, il a un revers **foudroyant**.*

foudroyer (verbe) (conj. 6) **1** Frapper par la foudre. *Le pommier **a été foudroyé** pendant l'orage.* **2** Tuer ou frapper brusquement. *Cette terrible nouvelle l'**a foudroyée** et elle s'est évanouie.* (Syn. **terrasser**.)

fouet (nom masculin) **1** Instrument constitué d'une corde ou de lanières de cuir fixées à un manche. *Le dompteur se sert d'un **fouet** pour faire obéir les fauves.* **2** Ustensile de cuisine qui sert à battre les œufs ou les sauces. *David se sert d'un **fouet** pour faire la mayonnaise.* • **De plein fouet** : directement et avec violence. *Les deux joueurs se sont heurtés **de plein fouet** en courant vers la balle.* • **Donner un coup de fouet** : stimuler, redonner des forces rapidement.

fouettard (adjectif masculin) • **Père fouettard** : personnage imaginaire, compagnon de saint Nicolas, armé d'un fouet, dont on menaçait les enfants.

fouetter (verbe) (conj. 3) Donner des coups de fouet. *Le cow-boy **fouette** son cheval pour le faire galoper.*

fougasse (nom féminin) **1** Galette de froment cuite au four. **2** Brioche ou génoise à la fleur d'oranger.
► On dit aussi **fouace**.

fougère (nom féminin) Plante sans fleurs, à feuilles vertes très découpées. *Les **fougères** poussent dans les sous-bois.*

fougue (nom féminin) Ardeur et vivacité dans l'action. *Il défend ses idées avec **fougue**.*

fougueux, euse (adjectif) Qui est plein de fougue. *Le champion s'est fait battre par un adversaire jeune et **fougueux**.* (Syn. **impétueux**.)

fouille (nom féminin) Fait de fouiller un endroit. *Les policiers ont procédé à la **fouille** de la voiture pour trouver la drogue.*
■ **fouilles** (nom féminin pluriel) Recherches faites en fouillant le sol. *Des archéologues font des **fouilles** en Égypte.*

fouiller (verbe) (conj. 3) Rechercher minutieusement quelque chose, en regardant partout. *La police **a fouillé** l'appartement pour trouver des indices.*

fouillis (nom masculin) Grand désordre. *Je ne retrouve rien dans tout ce **fouillis** !*

fouine (nom féminin) Petit mammifère sauvage, au corps allongé et au museau fin et pointu.

fouiner (verbe) (conj. 3) Synonyme familier de fureter. *Je n'aime pas beaucoup que tu **fouines** dans mes affaires.*

foulard (nom masculin) Écharpe en tissu léger. *Julie a mis son **foulard** rouge à son cou.*

foule (nom féminin) **1** Grand nombre de gens assemblés. *Laura n'a pas pu retrouver Ibrahim dans la **foule** à la sortie du cinéma.* **2** Grande quantité de choses. *J'ai une **foule** de choses à faire avant de partir.* (Syn. **multitude**.)

foulée (nom féminin) Enjambée d'un coureur. *Faites le tour du stade à petites **foulées** !* • **Dans la foulée** : dans la suite de l'action. *Il a tondu le gazon et il a taillé la haie **dans la foulée**.*

se **fouler** (verbe) (conj. 3) Se faire une foulure. *Kevin **s'est foulé** le genou en tombant dans l'escalier.*

foulque (nom féminin) Gros oiseau au plumage sombre et au bec blanc qui vit dans des eaux douces et calmes.

foulure (nom féminin) Petite entorse. *Une **foulure** de la cheville.*

four (nom masculin) **1** Appareil fermé dans lequel on fait cuire les aliments. *Maman a mis le poulet au **four**.* **2** Appareil qui chauffe à très haute température certains matériaux. *Un **four** de potier.*

fourbe (adjectif et nom) Qui trompe les gens de manière sournoise. *C'était un seigneur cruel et **fourbe**.* (Syn. **hypocrite**. Contr. **loyal**.)

fourberie (nom féminin) Acte commis par une personne fourbe. *Il faut se méfier de ses **fourberies** !* (Syn. **perfidie**.)

fourbi (nom masculin) **1** Ensemble des affaires qui appartiennent à quelqu'un, dans la langue familière. *Julie a débarqué chez moi avec tout son **fourbi**.* (Syn. **attirail, barda**.) **2** Amas de choses désordonnées, dans la langue familière. *Notre cave contient un véritable **fourbi**.* (Syn. **fouillis, fatras**.)

fourbir (verbe) (conj. 11) • **Fourbir ses armes** : se préparer à un combat, à la guerre.

fourbu, ue (adjectif) Très fatigué. *Nous sommes rentrés **fourbus** de cette longue randonnée.* (Syn. **épuisé, exténué**.)

fourche (nom féminin) **1** Instrument agricole à long manche terminé par des dents. *Le fermier soulève la botte de foin d'un coup de **fourche**.* **2** Endroit d'une chose qui se divise en plusieurs parties. *Lorsque vous arrivez à la **fourche**, prenez la route de gauche.* (Syn. **bifurcation**.)
★ Famille du mot : fourchette, fourchu.

fourchette (nom féminin) Ustensile de table terminé par des dents, qui sert à piquer les aliments. *C'est un bébé, il ne sait pas encore manger avec une **fourchette**.*

fourchu, ue (adjectif) Qui est divisé en deux parties. *La vipère a une longue langue **fourchue**.*

fourgon (nom masculin) Wagon servant au transport des marchandises. • **Fourgon mortuaire** : synonyme de corbillard.

fourgonnette (nom féminin) Synonyme de camionnette. *Le fleuriste livre tous ses bouquets en **fourgonnette**.*

a b c d e f g h i j k l m n o p q r s t u v w x y z

fourguer (verbe) (conj. 3) Vendre à bas prix une marchandise en mauvais état, dans la langue familière. *Ce marchand m'**a fourgué** une télévision qui ne marche même pas.*
★ **Fourguer** vient du latin *furicare* qui signifie « voler ».

fourmi (nom féminin) Petit insecte vivant en société organisée dans une fourmilière. • **Avoir des fourmis dans les doigts, dans les jambes** : éprouver une sensation de picotements.
★ Famille du mot : fourmi**lier**, fourmi**lière**, fourmille**ment**, fourmi**ller**.

fourmilier (nom masculin) Mammifère sans dents qui se nourrit de fourmis grâce à sa langue visqueuse. *Le tamanoir est un **fourmilier**.*

fourmilière (nom féminin) Nid de fourmis. ***Les fourmilières** sont formées de nombreuses galeries.*

fourmillement (nom masculin) **1** Synonyme de picotement. **2** Fait de fourmiller. *Un **fourmillement** d'insectes.* (Syn. **grouillement.**)

fourmiller (verbe) (conj. 3) **1** S'agiter en grand nombre. *Le soir, les moucherons **fourmillent** autour des lampes.* (Syn. **grouiller, pulluler.**) **2** Dans un sens figuré, contenir en grand nombre. *Ton devoir **fourmille** d'erreurs.*

fournaise (nom féminin) Lieu où il fait très chaud. *En été, l'appartement devient une vraie **fournaise**.*

fourneau, eaux (nom masculin) Appareil muni d'un four, qui sert à la cuisson des aliments. *Un **fourneau** à gaz, à charbon.*

fournée (nom féminin) Quantité de pain cuite en une seule fois dans un four. *Le boulanger prépare une **fournée**.*

fournil (nom masculin) Lieu où le boulanger pétrit la pâte et cuit son pain.

fournir (verbe) (conj. 11) **1** Donner ce qu'il faut. *Pour les cours d'escrime, c'est le club qui **fournit** les fleurets.* (Syn. **procurer.**) **2 Se fournir** : s'approvisionner, faire ses achats. *Maman **se fournit** toujours chez ce boucher.* • **Fournir un effort** : l'accomplir, le faire.
★ Famille du mot : fourni**sseur**, fourni**ture**.

fournisseur (nom masculin) Commerçant chez lequel on se fournit. *Papa achète son vin chez le même **fournisseur** depuis des années.*

fourniture (nom féminin) Action de fournir quelque chose. *Le garagiste s'occupe de la **fourniture** des pièces détachées.*
■ **fournitures** (nom féminin pluriel) Objets dont on se sert pour son travail. *Le jour de la rentrée, la maîtresse nous a donné la liste des **fournitures** scolaires à mettre dans le cartable.*

fourrage (nom masculin) Plantes destinées à nourrir le bétail.

fourragère (adjectif féminin) • **Plantes fourragères** : plantes qui fournissent le fourrage. *Le trèfle, la luzerne, les betteraves sont des plantes **fourragères**.*

① **fourré, ée** (adjectif) **1** Doublé de fourrure. *Des gants **fourrés**.* **2** Dont l'intérieur est garni. *Des pains **fourrés** au chocolat.* • **Coup fourré** : dans la langue familière, acte de traîtrise. (Syn. **piège.**)
★ Famille du mot : fourr**eur**, fourr**ure**.

② **fourré** (nom masculin) Endroit d'un bois où les arbustes et les broussailles forment une masse touffue. *Se perdre dans les **fourrés**.*

fourreau, eaux (nom masculin) Étui allongé. *Il remit son épée au **fourreau**.*

fourrer (verbe) (conj. 3) Synonyme familier de mettre. *Il **a fourré** quelques vêtements pêle-mêle dans sa valise. Où le chat est-il allé se **fourrer** ?*

fourre-tout (nom masculin) Endroit où on entasse, sans ordre, toutes sortes de choses. *Ce placard est devenu un vrai **fourre-tout** !*
► Pluriel : des **fourre-tout**.
► On écrit aussi un **fourretout**, des **fourretouts**.

fourreur (nom masculin) Personne qui fait ou vend des vêtements de fourrure.

fourrière (nom féminin) **1** Endroit où sont placés les animaux trouvés dans la rue. *Les chiens perdus ou abandonnés sont emmenés à la **fourrière**.* **2** Endroit où sont transportés les véhicules mal garés.

fourrure (nom féminin) Peau d'un animal à poil touffu. *Le chien de Pierre a une épaisse **fourrure** frisée. Une veste en **fourrure**.*

se **fourvoyer** (verbe) (conj. 6) **1** Se tromper de chemin. *Nous sommes dans une impasse, nous **nous sommes fourvoyés**.* (Syn. **s'égarer, se perdre.**) **2** Faire une grosse erreur. *Je le croyais sincère, mais je **me suis fourvoyé**.*

foutaise (nom féminin) Chose sans valeur, sans intérêt, dans la langue familière. *Myriam et Noémie se disputent pour des **foutaises**.* (Syn. **futilité, broutille.**)

foutoir (nom masculin) Lieu où règne un grand désordre, dans la langue familière. *Range ta chambre : c'est un véritable **foutoir** !*

foutu, ue (adjectif) **1** Synonyme familier de détérioré. *Ce vieux tacot est tout **foutu**.* **2** Synonyme familier de mauvais. *Quel **foutu** temps !* • **Mal foutu** : synonyme familier de souffrant. *Julie est **mal foutue** depuis quelques jours.*

fox-terrier (nom masculin) Chien de petite taille à poil ras.
► Pluriel : des **fox-terriers**.
► On dit aussi un **fox**.
★ **Fox-terrier** est formé du mot anglais *fox* qui signifie « renard », car ce chien était utilisé pour chasser le renard.

foyer (nom masculin) **1** Partie d'une cheminée ou d'une chaudière dans laquelle brûle le feu. **2** Endroit à partir duquel le feu se propage. *Les pompiers ont repéré en hélicoptère le **foyer** de l'incendie.* **3** Endroit où vit une famille. *Il a quitté le **foyer** familial quand il a trouvé du travail.* **4** Établissement qui accueille certaines personnes. *Un **foyer** d'étudiants.* **5** Point de convergence des rayons lumineux après réflexion sur un miroir ou après passage à travers une lentille. • **Foyer d'une conique** : point tel que le rapport des distances d'un point de la conique à ce foyer, d'une part, et à une droite fixe, d'autre part, soit constant.

frac (nom masculin) Habit de cérémonie pour les hommes, noir et à basques. *Le chef d'orchestre portait un **frac**.*

fracas (nom masculin) Bruit violent. *Tout à coup, on a entendu le **fracas** d'une explosion.*

fracassant, ante (adjectif) **1** Qui provoque un bruit violent. *Un choc **fracassant**.* **2** Qui fait beaucoup d'effet. *L'agent secret a fait des révélations **fracassantes**.* (Syn. **retentissant**.)

fracasser (verbe) (conj. 3) Briser violemment. *Le saladier s'**est fracassé** en tombant sur le carrelage.*

fractale (nom féminin) Ensemble géométrique ou objet naturel dont les parties ont la même structure que le tout, mais à des échelles différentes. *La structure du flocon de neige est une **fractale**.*
★ **Fractal** vient du mot latin *fractus* qui signifie « brisé ».

fraction (nom féminin) **1** Expression mathématique qui permet de représenter la division d'un nombre par un autre. *Dans la **fraction** 1/2, le dénominateur est 2 et le numérateur est 1.* **2** Partie d'un tout, d'un ensemble. *Ce parti politique ne représente qu'une **fraction** des électeurs.* • **Une fraction de seconde** : un temps extrêmement court.

fractionner (verbe) (conj. 3) Diviser en plusieurs parties. *Le commandant **a fractionné** la patrouille en deux groupes.*

fracture (nom féminin) Cassure d'un os. *Quentin souffre d'une **fracture** de la cheville due à une chute.*

fracturer (verbe) (conj. 3) **1** Causer une fracture. *Il s'**est fracturé** le bras en tombant de cheval.* **2** Casser pour ouvrir. *Les cambrioleurs **ont fracturé** le coffre de la banque et ils ont emporté tous les bijoux.*

fragile (adjectif) **1** Qui se casse facilement. *Cette porcelaine est très **fragile**.* (Contr. **solide**.) **2** Qui tombe souvent malade. *Une enfant **fragile**.* (Syn. **délicat**. Contr. **robuste**.)
★ Famille du mot : fragil**iser**, fragil**ité**.

fragiliser (verbe) (conj. 3) Rendre fragile. *L'âge **a fragilisé** son organisme. Les cheveux **se fragilisent** au contact de la pollution et du soleil.*

fragilité (nom féminin) Caractère de ce qui est fragile. *La **fragilité** du cristal. Julie doit surveiller sa santé car elle est d'une grande **fragilité**.* (Contr. **résistance, solidité**.)

fragment (nom masculin) **1** Morceau d'un objet brisé. *Attention de ne pas vous blesser avec ces **fragments** de verre !* **2** Passage d'un texte ou d'un discours. *Je n'ai entendu que quelques **fragments** de la conversation.*
★ Famille du mot : fragment**aire**, fragment**er**.

fragmentaire (adjectif) Dont il ne reste que des fragments. *Ce journaliste n'a obtenu que des informations **fragmentaires**.* (Syn. **incomplet**.)

fragmenter (verbe) (conj. 3) Diviser en fragments. *On **a fragmenté** l'histoire en plusieurs épisodes télévisés.* (Syn. **morceler**.)

fragrance (nom féminin) Synonyme littéraire de parfum. *Les jardins de printemps nous offrent de douces **fragrances**.*

fraîchement (adverbe) **1** Avec froideur, impolitesse. *Il a reçu **fraîchement** les retardataires.* **2** Récemment, depuis peu. *Ce banc a été **fraîchement** repeint.*
▶ On écrit aussi **fraichement**.

fraîcheur (nom féminin) **1** Température fraîche. *Ils attendaient impatiemment la **fraîcheur** de la nuit.* **2** État d'un produit frais. *Ce commerçant vend toujours des fruits de première **fraîcheur**.*
▶ On écrit aussi **fraicheur**.

fraîchir (verbe) (conj. 11) Devenir plus frais. *Depuis quelques jours, la température **a fraîchi**.*
▶ On écrit aussi **fraichir**.

① **frais, fraîche** (adjectif) **1** Qui est légèrement froid. *Un verre d'eau **fraîche**.* **2** Qui vient d'être fait, récolté ou produit. *Du pain **frais**. Du poisson **frais**. Des œufs **frais**.* **3** Qui n'est pas encore sec. *Ne touche pas les murs, la peinture est encore **fraîche**.* **4** Qui existe depuis peu. *Nous vous donnerons des nouvelles **fraîches** dès notre retour.* (Syn. **récent**.) **5** Qui a gardé son éclat, sa force. *Un teint **frais**.*
■ **frais** (nom masculin) Température fraîche. *Mets la glace au **frais**, sinon elle va fondre.*
■ **frais** (adverbe) Légèrement froid. *Il fait **frais** à cause du vent.*
▶ On écrit aussi **fraiche** au féminin.
★ Famille du mot : **dé**fraîchi, fraîch**ement**, fraîch**eur**, fraîch**ir**, **ra**fraîch**ir**, **ra**fraîch**issant**, **ra**fraîch**issement**.

② **frais** (nom masculin pluriel) Dépenses que l'on doit faire. *Les travaux de la maison ont entraîné de très gros **frais**.* • **En être pour ses frais** : avoir dépensé de l'argent ou s'être donné du mal pour rien. • **Faire les frais de quelque chose** : en subir les conséquences.

fraise (nom féminin) **1** Petit fruit rouge du fraisier. *Une tarte aux **fraises**.* **2** Outil de métal qui tourne sur lui-même et sert à creuser. *Le dentiste se sert d'une **fraise** pour soigner les dents cariées.*

fraisier (nom masculin) Petite plante qui produit les fraises.

framboise (nom féminin) Petit fruit rouge et velouté du framboisier. *De la gelée de **framboises**.*

framboisier (nom masculin) Arbuste qui produit les framboises.

① **franc, franche** (adjectif) Qui ne cache pas la vérité. *Elle est **franche**, je la crois. Un regard **franc**.* (Syn. **loyal, sincère**. Contr. **déloyal, hypocrite**.)
★ Famille du mot : franch**ement**, franch**ise**, franc-parler.

a b c d e f g h i j k l m n o p q r s t u v w x y z

② **franc** (nom masculin) **1** Ancienne monnaie utilisée en France, en Belgique et au Luxembourg avant le passage à l'euro. **2** Monnaie utilisée dans certains pays. *Les **francs** suisses.*
★ **Franc** vient des mots latins *Francorum rex*, « roi des Francs », qui figuraient sur les premières pièces de ce nom (1360).

français, aise → tableau p. 6 / 7.
★ Famille du mot : franc**iser**, franco**phone**, franco**phonie**.

franc-bourgeois (nom masculin) Citadin du Moyen Âge exempt de charges municipales.
▶ Pluriel : des **francs-bourgeois**.

franc-comtois, oise → tableau p.6 / 7.

franchement (adverbe) **1** Avec franchise. *Parle-moi **franchement** de tes problèmes.* (Syn. **sincèrement.**) **2** Vraiment, très. *Ce linge n'est pas **franchement** propre.*

franchir (verbe) (conj. 11) **1** Passer un obstacle. *Le cavalier **a franchi** la haie.* **2** Passer au-delà ou parcourir d'un bout à l'autre. ***Franchir** un pont, une rivière, une frontière.*

franchise (nom féminin) Qualité d'une personne franche. *Il a reconnu sa faute avec beaucoup de **franchise**.* (Syn. **sincérité.**)

franchisé, ée (adjectif et nom) Lié par contrat à une société dont on vend les produits. *L'oncle de Benjamin tient une boutique **franchisée** pour le compte d'une marque très connue.*

franchouillard, arde (adjectif) Qui a les défauts traditionnellement attribués au Français moyen, dans la langue familière. *Mon oncle adore ce petit bistrot **franchouillard**.*

francilien, enne → tableau p. 6 / 7.

franciscain, aine (nom et adjectif) Qui se rapporte à l'ordre de saint François d'Assise. *Les **franciscains** comptent trois ordres.*

franciser (verbe) (conj. 3) Donner une orthographe et une prononciation françaises à un mot étranger. *Le mot anglais « gas-oil » **a été francisé** en « gazole ».*

francisque (nom féminin) **1** Hache de guerre à double lame des Germains et des Francs. **2** Emblème du gouvernement de Vichy (1940-1944).

franc-maçonnerie (nom féminin) Association, autrefois secrète, de personnes unies par un idéal de fraternité et de solidarité, et qui pratiquent un certain nombre de rites symboliques.
▶ Pluriel : des **franc-maçonneries**.

franco (adverbe) • **Franco de port** : aux frais de l'expéditeur. *Vous recevrez votre livraison **franco de port**.*

francophile (adjectif et nom) Qui éprouve ou marque de l'amitié pour la France et les Français. *Beaucoup de Tunisiens sont **francophiles**.*

francophone (adjectif et nom) Qui parle français. *Les habitants du Québec sont **francophones**.*

francophonie (nom féminin) Ensemble des pays francophones. *Le Sénégal, la Guinée et le Togo font partie de la **francophonie**.*

franc-parler (nom masculin) Façon de parler très franche ou trop franche. *Il pourrait modérer un peu son **franc-parler**.*

franc-tireur (nom masculin) Combattant qui n'appartient pas à une armée régulière. *Des **francs-tireurs** ont entamé une guérilla.*
▶ Pluriel : des **francs-tireurs**.

frange (nom féminin) **1** Bordure de fils ou de lanières qui orne un tissu. *Les **franges** d'un costume de trappeur.* **2** Cheveux ou poils qui retombent sur le front. *La **frange** du chien lui couvre les yeux.*

frangin, ine (nom) Synonyme familier de frère, sœur.

frangipane (nom féminin) Crème aux amandes. *Une galette des Rois à la **frangipane**.*

franglais (nom masculin) Français mêlé d'anglicismes. *Quand Julie dit qu'elle va faire du « shopping », elle parle le **franglais** sans le savoir.*

franquette (nom féminin) • **À la bonne franquette** : sans façon, très simplement. *Nous dînerons dans la cuisine, **à la bonne franquette**.* (Syn. **sans cérémonie.**)

frappant, ante (adjectif) Qui produit une forte impression. *Ces jumeaux se ressemblent de façon **frappante**.* (Syn. **impressionnant, saisissant.**)

frappe (nom féminin) Action de dactylographier un texte. *Une bonne secrétaire ne fait pas de fautes de **frappe**.*

frapper (verbe) (conj. 3) **1** Donner un ou plusieurs coups. *Je t'interdis de **frapper** ton petit frère. Quelqu'un **a frappé** à la porte.* **2** Imprimer en relief. ***Frapper** une nouvelle pièce de monnaie.* **3** Atteindre d'un mal. *La famine **a frappé** tout le pays.* **4** Impressionner vivement. *Ce film nous **a frappés** d'horreur.*
★ Famille du mot : frapp**ant**, frappe.

frasques (nom féminin pluriel) Comportement en dehors des règles de la morale. *Ses **frasques** de jeunesse ont causé bien des soucis à sa pauvre mère.* (Syn. **fredaines.**)

fraternel, elle (adjectif) Qui existe entre des frères et des sœurs. *Une affection **fraternelle** les unit.*

fraterniser (verbe) (conj. 3) Avoir une attitude fraternelle envers les autres. *Ils **ont** tout de suite **fraternisé**.*

fraternité (nom féminin) Solidarité fraternelle entre les hommes. *« Liberté, égalité, **fraternité** » est la devise de la République française.*

fratricide (nom) Personne qui a tué son frère ou sa sœur.
▪ **fratricide** (adjectif) Qui oppose des gens proches. *Une guerre **fratricide** déchirait le pays.*

fratrie (nom féminin) Groupe formé par les frères et les sœurs d'une même famille. *L'aîné est le plus âgé d'une **fratrie**.*
★ Fratrie vient du mot latin *frater* qui signifie « frère ».

fraude (nom féminin) Action illégale, punie par la loi. *Les douaniers ont saisi des marchandises passées en **fraude** à la frontière.*
★ Famille du mot : frauder, fraudeur, frauduleux.

frauder (verbe) (conj. 3) Commettre une fraude. *Il a **fraudé** en faisant une fausse déclaration d'impôts.*

fraudeur, euse (nom) Personne qui fraude.

frauduleux, euse (adjectif) Qui constitue une fraude. *Un trafic **frauduleux**.*

frayer (verbe) (conj. 7) Passer en écartant ce qui gêne. *Le chien **s'est frayé** un passage à travers la haie.*

frayeur (nom féminin) Peur très vive. *Il tremblait de **frayeur** dans l'obscurité.* (Syn. **effroi, épouvante, terreur.**)

fredaine (nom féminin) Écart de conduite sans gravité. *Les **fredaines** du poète François Villon.*

fredonner (verbe) (conj. 3) Chanter à mi-voix. *Romain **fredonne** sous la douche.* (Syn. **chantonner.**)

free-lance (adjectif) Qui travaille de façon indépendante, sans employeur. *Des journalistes **free-lance**.* (Syn. **indépendant.**)
▪ **free-lance** (nom masculin) Ce type de travail. *La mère d'Anna travaille en **free-lance**.* (Syn. **libéral.**)
▶ **Free-lance** est un mot anglais : on prononce [fʀilɑ̃s].
▶ Pluriel : des **free-lances**.
▶ On écrit aussi **freelance**.

free-style (nom masculin) Pratique acrobatique d'un sport. *Le **free-style** se pratique beaucoup dans les sports de glisse.*
▶ **Free-style** est un mot anglais : on prononce [fʀistajl].

freezer (nom masculin) Compartiment à glace dans un réfrigérateur. *Il y a des glaçons dans le **freezer**.*
▶ **Freezer** est un mot anglais : on prononce [fʀizœʀ].

frégate (nom féminin) **1** Bateau de guerre rapide. **2** Grand oiseau des mers tropicales, au long bec crochu.

frein (nom masculin) Mécanisme qui permet de ralentir ou d'arrêter un véhicule ou une machine. *L'automobiliste a donné un brusque coup de **frein**.*
• **Mettre un frein à quelque chose** : chercher à l'arrêter. *Cette désillusion **a mis un frein à** mon enthousiasme.*
★ Famille du mot : freinage, freiner.

freinage (nom masculin) Action de freiner. *La voiture a laissé des traces de **freinage** sur la chaussée.*

freiner (verbe) (conj. 3) **1** Ralentir ou arrêter un véhicule en se servant des freins. *Elle **a freiné** pour ne pas heurter un passant.* (Contr. **accélérer.**) **2** Ralentir la progression de quelque chose. *Chercher à **freiner** l'augmentation des loyers.*

frelaté, ée (adjectif) Qui est altéré par un mélange. *Un alcool **frelaté**.*

frêle (adjectif) Qui manque de force. *La **frêle** tige du roseau.* (Syn. **délicat, fragile.** Contr. **robuste.**)

frelon (nom masculin) Sorte de grosse guêpe. *La piqûre du **frelon** est très douloureuse.*

freluquet (nom masculin) Petit jeune homme vaniteux. *Ce **freluquet** n'a même pas salué les invités.*

frémir (verbe) (conj. 11) **1** Remuer légèrement. *La brise faisait **frémir** les champs de blé.* **2** Trembler d'émotion. *Le hurlement des loups les fit **frémir**.*

frémissant, ante (adjectif) Qui frémit. *Une voix **frémissante** d'émotion.*

frémissement (nom masculin) Fait de frémir. *Le **frémissement** de la mer. Un **frémissement** de colère.*

frêne (nom masculin) Grand arbre donnant un bois clair, très solide.

frénésie (nom féminin) Excitation violente. *Ils dansaient avec **frénésie**.*

frénétique (adjectif) Qui exprime de la frénésie. *Des applaudissements **frénétiques**.*

fréon (nom masculin) Composé qui dérive du méthane et de l'éthane et qu'on utilise comme fluide refroidissant ou gaz propulseur. *Zoé fait attention à ne pas acheter d'aérosols qui contiennent du **fréon** car ce dernier peut détruire la couche d'ozone.*
★ Fréon est le nom d'une marque.

fréquemment (adverbe) De manière fréquente. *Il se déplace **fréquemment** à l'étranger.* (Syn. **souvent.**)

fréquence (nom féminin) Caractère de ce qui est fréquent. *On note une diminution de la **fréquence** des accidents à ce carrefour.*

fréquent, ente (adjectif) Qui se produit souvent. *Ils ont eu de **fréquentes** averses durant le mois de mars.* (Contr. **rare.**)
★ Famille du mot : fréquemment, fréquence, fréquentation, fréquenter.

fréquentation (nom féminin) Fait de fréquenter certaines personnes ou certains endroits. *La **fréquentation** des bords de mer augmente pendant les vacances d'été.*
▪ **fréquentations** (nom féminin pluriel) Personnes qu'on a l'habitude de fréquenter. *Avoir de mauvaises **fréquentations**.*

fréquenter (verbe) (conj. 3) **1** Voir quelqu'un de façon régulière. *Ils sont fâchés et ne **se fréquentent** plus.* **2** Aller souvent dans un endroit. *L'été, au bordde l'eau, les touristes **fréquentent** les guinguettes.*

frère (nom masculin) Garçon né du même père et de la même mère qu'un autre enfant. *Myriam a un petit **frère** et deux sœurs.*

fresque (nom féminin) Peinture exécutée directement sur un mur. *Les parois de la grotte sont couvertes de **fresques** préhistoriques.*

a b c d e f g h i j k l m n o p q r s t u v w x y z

fret (nom masculin) **1** Prix d'un transport de marchandises par mer, par air ou par route. **2** Cargaison transportée. *Des dockers chargent le **fret** dans les cales du bateau.*
▶ Prononciation [fʀɛ] ou [fʀɛt].

fréter (verbe) (conj. 8) Donner ou prendre un navire en location. *Cet armateur français **a frété** son navire à des Polonais.*

frétiller (verbe) (conj. 3) S'agiter avec de petits mouvements vifs. *Quand il est content, mon chien a la queue qui **frétille**.*

fretin (nom masculin) • **Menu fretin** : personne de peu d'intérêt. *Le chef de la bande s'est échappé, les policiers n'ont arrêté que du **menu fretin**.*

freux (nom masculin) Corbeau, long de 45 cm et dont la base du bec est dénuée de plumes. *Les **freux** vivent en Europe.*

friable (adjectif) Qui s'effrite. *Ces biscottes sont trop **friables**.*

friand, ande (adjectif) Qui aime spécialement un aliment. *Mon chat est **friand** de poisson.*

friandise (nom féminin) Sucrerie ou pâtisserie. *Le nougat est la **friandise** préférée de Noémie.*

fric (nom masculin) Synonyme familier d'argent. *Je n'ai pas assez de **fric** pour acheter ce blouson.*

fricandeau, eaux (nom masculin) Veau bardé cuit en cocotte au four. *Le **fricandeau** se mange accompagné d'un plat d'oseille.*

fricassée (nom féminin) Ragoût de morceaux de viande cuits dans une sauce. *Une **fricassée** de lapin.*

friche (nom féminin) Terrain qui n'est pas cultivé. *Ces terres abandonnées sont en **friche** depuis dix ans.*

fricoter (verbe) (conj. 3) Manigancer, tramer quelque chose, dans la langue familière. *Julie se demande ce que Yann et son frère sont en train de **fricoter**.*

friction (nom féminin) Action de frictionner ou de se frictionner. *Le coiffeur lui a fait une **friction** du cuir chevelu.*

frictionner (verbe) (conj. 3) Frotter vigoureusement une partie du corps. *Le masseur **frictionne** les mollets du sprinter.*

frigidaire (nom masculin) Réfrigérateur.
▶ On abrège parfois ce mot : un **frigo**.
★ **Frigidaire** est le nom d'une marque.

frigide (adjectif) Qui ne peut éprouver du plaisir sexuel. *Une femme **frigide**.*
★ **Frigide** vient du mot latin *frigidus* qui signifie « froid ».

frigorifié, ée (adjectif) Dans la langue familière, qui a très froid. *Rentre vite, tu vas être **frigorifié** !*

frigorifique (adjectif) Qui produit du froid. *Un camion **frigorifique**.*

frileux, euse (adjectif) Qui craint le froid. *Odile n'aime pas les vacances à la neige car elle est **frileuse**.*

frimaire (nom masculin) Troisième mois du calendrier républicain, du 21/23 novembre au 20/22 décembre.

frimas (nom masculin) Brouillard épais qui se transforme en givre. *Les premiers **frimas** de l'hiver.*

frimer (verbe) (conj. 3) Dans la langue familière, chercher à épater, à attirer l'attention. *Kévin **frime** avec son nouveau blouson.* (Syn. **crâner**.)

frimousse (nom féminin) **1** Visage d'un enfant. *Sarah a une jolie petite **frimousse** couverte de taches de rousseur.* **2** Synonyme de smiley.

fringale (nom féminin) Synonyme familier de faim. *À quatre heures, j'ai toujours une grosse **fringale** !*

fringant, ante (adjectif) Très vif. *Le poulain est tout **fringant** dans le pré.*
★ **Fringant** vient d'un ancien verbe français *fringuer* qui signifie « gambader ».

fringues (nom féminin pluriel) Synonyme familier de vêtements. *Cette boutique vend des **fringues** bon marché.*

friper (verbe) (conj. 3) Synonyme de chiffonner. *Ta jupe s'**est fripée** pendant le voyage.*

fripon, onne (adjectif) Qui exprime l'espièglerie, la malice. *Un sourire **fripon**.*
▪**fripon, onne** (nom) Enfant malicieux. *Tu es un vrai petit **fripon** !* (Syn. **coquin, polisson**.)
★ **Fripon** vient de l'ancien verbe *friponner* qui signifie « voler ».

fripouille (nom féminin) Synonyme familier de canaille. *Quand il joue aux cartes, Victor devient une vraie **fripouille**.*

frire (verbe) (conj. 44) Cuire dans une matière grasse bouillante. *Faire **frire** des beignets dans de l'huile.*
★ Famille du mot : frit, frite, fri**teuse**, fri**ture**.
▶ **Frire** s'emploie le plus souvent à l'infinitif et au participe passé.

frisbee (nom masculin) Disque concave en matière plastique que les joueurs se lancent en le faisant tourner sur lui-même. *Les enfants jouent au **frisbee** sur la plage.*
▶ Prononciation [fʀizbi].
★ **Frisbee** est le nom d'une marque.

frise (nom féminin) Bordure qui porte des motifs décoratifs. *Une **frise** orne le plafond du château.*

frisé, ée (adjectif) Qui forme des boucles serrées. *Le caniche a des poils **frisés**.*

frisée (nom féminin) Variété de salade à feuilles finement dentelées. *Une **frisée** aux lardons.*

friser (verbe) (conj. 3) **1** Devenir frisé. *Ses cheveux **frisaient** sous la pluie.* **2** Approcher de très près. *Ses remarques **frisent** l'insolence.*
★ Famille du mot : fris**é**, fris**ée**, fris**ette**, fris**otter**.

frisette (nom féminin) Petite boucle de cheveux.

frisotter (verbe) (conj. 3) Friser par petites boucles. *Lorsqu'il pleut, les cheveux d'Élodie **frisottent**.*
▶ On écrit aussi **frisoter**.

frisquet, ette (adjectif) Dans la langue familière, qui est un peu froid. *Ce vent du nord est **frisquet**.*

frisson (nom masculin) Tremblement qui traverse le corps. *Un **frisson** de fièvre, de froid, de peur.*

frissonner (verbe) (conj. 3) Avoir des frissons. *Ursula **frissonne** de froid.*

frit, frite (adjectif) Que l'on a fait frire. *Du poisson **frit**. Des boulettes de viande **frites**.*
▪ **frite** (nom féminin) Bâtonnet frit de pomme de terre. *Un hamburger avec des **frites**.*

friteuse (nom féminin) Ustensile servant à faire frire des aliments.

friture (nom féminin) **1** Matière grasse bouillante où on fait frire les aliments. *Elle cuit les beignets dans la **friture**.* **2** Aliments frits. *Une **friture** de sardines.*

frivole (adjectif) Qui manque de sérieux. *Des bavardages **frivoles**.* (Syn. **futile.** Contr. **austère.**)

frivolité (nom féminin) Caractère de ce qui est frivole. *Il perd son temps en **frivolités**.* (Syn. **futilité.**)

froid, froide (adjectif) **1** Qui est à une température basse. *Cet hiver a été très **froid**. William prend ses céréales avec du lait **froid**.* (Contr. **chaud.**) **2** Qui manque d'amabilité. *Il nous a dit bonjour d'un ton **froid**.* (Contr. **chaleureux.**) **3** Qui reste indifférent, qui n'est pas touché. *Toutes vos critiques me laissent **froid** !* • **Garder la tête froide** : rester calme, ne pas s'énerver.
▪ **froid** (nom masculin) Température froide. *J'ai horreur du **froid**. Une période de **froid**.* (Contr. **chaleur.**)
• **Être en froid avec quelqu'un** : être fâché avec lui.
• **Jeter un froid** : provoquer un malaise, une gêne.
• **N'avoir pas froid aux yeux** : avoir de l'assurance ou du courage. • **Prendre, attraper froid** : s'enrhumer.
▪ **froid** (adverbe) • **Il fait froid** : la température est basse.
★ Famille du mot : froid**ement**, froid**eur**, **re**froid**ir**.

froidement (adverbe) **1** De manière froide, peu aimable. *Il a **froidement** refusé mon offre.* (Contr. **chaleureusement, cordialement.**) **2** Sans passion, sans pitié. *Le terroriste a **froidement** menacé de tuer ses otages.*

froideur (nom féminin) Fait d'être froid, insensible. *La **froideur** de son accueil nous a mis mal à l'aise.* (Contr. **chaleur, cordialité.**)

froissement (nom masculin) Bruit de quelque chose que l'on froisse.

froisser (verbe) (conj. 3) **1** Synonyme de chiffonner. *Xavier **froisse** sa lettre et la recommence.* **2** Choquer ou vexer quelqu'un. *Vos critiques l'**ont** beaucoup **froissé**.*

frôlement (nom masculin) Action de frôler. *Zoé sentit le **frôlement** d'un chat le long de sa jambe.*

frôler (verbe) (conj. 3) **1** Toucher légèrement en passant. *La balle **a frôlé** le filet.* **2** Éviter un mal de justesse. *Il **a frôlé** l'accident.*

fromage (nom masculin) Aliment fabriqué à partir de lait caillé. *On peut faire du **fromage** avec du lait de vache, de chèvre ou de brebis.*
★ Famille du mot : fromag**er**, fromag**erie**.
★ **Fromage** vient du latin *formaticum* qui signifie « qui est fait dans un moule ».

fromager, ère (nom) Personne qui fabrique ou qui vend du fromage.

fromagerie (nom féminin) Endroit où l'on fabrique du fromage.

froment (nom masculin) Grains de blé. *On fait du pain et des crêpes avec la farine de **froment**.*

fronce (nom féminin) Petit pli d'un tissu. *Les **fronces** des rideaux.*
★ Famille du mot : fronc**ement**, fronc**er**.

froncement (nom masculin) Fait de froncer les sourcils. *On devine qu'il est en colère au **froncement** de ses sourcils.*

froncer (verbe) (conj. 4) Resserrer un tissu en faisant des fronces. ***Froncer** des rideaux.* • **Froncer les sourcils** : plisser le front en rapprochant les sourcils. *Yann **fronce les sourcils** quand il réfléchit.*

frondaison (nom féminin) **1** Apparition du feuillage sur les arbres. *Au printemps, la forêt est en pleine **frondaison**.* **2** Synonyme littéraire de feuillage. *La **frondaisons** majestueuse du chêne.*

fronde (nom féminin) Arme servant à lancer des pierres.

frondeur, euse (nom et adjectif) Qui a tendance à critiquer l'autorité, quelle qu'elle soit. *Laura ne veut pas travailler, elle est d'humeur **frondeuse**.*

front (nom masculin) **1** Partie du visage comprise entre les sourcils et les cheveux. *Une frange de cheveux blonds couvre son **front**.* **2** Zone de combat qui se trouve face à l'ennemi. *Les soldats montent au **front**.* • **De front** : côte à côte ou en même temps. *Les deux coureurs roulaient **de front**. Il mène **de front** ses études et son travail.* • **Faire front** : faire face aux difficultés ou à un ennemi. • **Front de mer** : bande de terrain en bordure de mer.

frontal, ale, aux (adjectif) **1** Du front. *L'os **frontal** est situé à l'avant du crâne.* **2** Qui se produit de front, de face. *Lors de son accident de voiture, la tante de Victor a subi un choc **frontal**.*

frontalier, ère (adjectif) Qui est proche d'une frontière. *Strasbourg est une ville **frontalière**.*
▪ **frontalier, ère** (nom) Personne qui habite une région frontalière. *Ces **frontaliers** vont chaque jour travailler en Suisse.*

frontière (nom féminin) Limite séparant deux États. *Le Rhin est une **frontière** naturelle entre la France et l'Allemagne.*

frontispice (nom masculin) Façade principale d'un monument. *Des sculptures ornent le **frontispice** du musée.*

fronton (nom masculin) **1** Ornement triangulaire qui surmonte la façade d'un bâtiment. **2** Mur contre lequel on joue à la pelote basque.

a b c d e f g h i j k l m n o p q r s t u v w x y z

frottement (nom masculin) Action de frotter deux choses l'une contre l'autre. *Une allumette s'enflamme par **frottement**.*

frotter (verbe) (conj. 3) **1** Appuyer une chose sur une autre en faisant des mouvements de va-et-vient. *Benjamin **frotte** le buffet avec un chiffon pour l'astiquer.* **2** Accrocher et racler contre quelque chose. *Ce tiroir **frotte** quand on le ferme.* **3 Se frotter à quelqu'un** : l'attaquer ou le provoquer. *C'est un chien dangereux, il vaut mieux ne pas **s'y frotter**.*

froussard, arde (adjectif et nom) Synonyme familier de peureux.

frousse (nom féminin) Synonyme familier de peur.

fructidor (nom masculin) Douzième et dernier mois du calendrier républicain, du 18/19 août au 21/23 septembre.

fructifère (adjectif) Qui produira ou qui porte des fruits. *Les branches du cerisier sont **fructifères**.*

fructifier (verbe) (conj. 10) Produire des bénéfices. *Cet homme d'affaires sait faire **fructifier** son argent.*

fructose (nom masculin) Sucre d'origine végétale. *Le miel contient du **fructose**.*

fructueux, euse (adjectif) Qui donne de bons résultats. *Tes efforts ont été **fructueux** puisque tu as réussi à ton examen.* (Contr. **infructueux.**)

frugal, ale, aux (adjectif) Se dit d'un repas simple et léger. *Nous avons vite pris un dîner **frugal** avant de partir.* (Contr. **abondant, copieux.**)

frugivore (adjectif et nom masculin) Qui se nourrit de fruits. *Le toucan est un oiseau **frugivore**.*

fruit (nom masculin) **1** Produit d'une plante, qui apparaît après la fleur et contient des graines. *Les pommes, les fraises, les olives sont des **fruits**.* **2** Bénéfice ou résultat obtenu. *Cette découverte est le **fruit** de longues recherches.* • **Fruits de mer** : crustacés et coquillages comestibles. • **Porter ses fruits** : être utile, profitable.
★ Famille du mot : fruité, fruitier.

fruité, ée (adjectif) Qui a gardé le goût du fruit. *Cette eau de toilette a une odeur très **fruitée**.*

fruitier, ère (adjectif) Qui produit des fruits comestibles. *Les cerisiers, les pommiers, les pêchers sont des arbres **fruitiers**.*

frusques (nom féminin pluriel) Habits en plus ou moins bon état, dans la langue familière. *Cette fille est toujours vêtue de vielles **frusques**.* (Syn. **fringues, nippes.**)

fruste (adjectif) Qui manque de raffinement. *Les bergers mènent une vie **fruste** dans la montagne.* (Syn. **grossier, rude.**)

frustration (nom féminin) Sentiment pénible de celui qui est frustré. *Clément a ressenti une **frustration** quand ses amis sont partis en vacances sans lui.*

frustrer (verbe) (conj. 3) Priver quelqu'un d'une chose sur laquelle il comptait. *Anna **est frustrée** parce qu'elle est la seule à n'avoir rien gagné à la tombola.*

fuchsia (nom masculin) Arbrisseau à fleurs rouges ou roses en forme de clochettes.
▶ Prononciation [fyʃja].
★ **Fuchsia** vient de *Leonhart Fuchs*, nom d'un botaniste allemand du XVIe siècle.

fucus (nom masculin) Algue marine de couleur brune. *Le **fucus** est un des constituants du goémon.*
▶ Prononciation [fykys].

fuel Voir ***fioul***.

fugace (adjectif) Qui ne dure pas. *Il ressent parfois une douleur **fugace** dans le genou.* (Syn. **fugitif, passager.** Contr. **durable.**)

fugitif, ive (adjectif) Synonyme de fugace. *Des pensées **fugitives** lui traversaient l'esprit.*
▪**fugitif, ive** (nom) Personne qui a pris la fuite. *Les chiens suivent la trace du **fugitif**.* (Syn. **fuyard.**)

fugue (nom féminin) Fait de s'enfuir de chez soi. *Cette jeune fille a fait une **fugue** à la suite d'une dispute avec ses parents.*

fuguer (verbe) (conj. 3) Faire une fugue. *Le chat **a fugué** pendant deux jours et il est revenu.*
★ Famille du mot : fugue, fugueur.

fugueur, euse (adjectif et nom) Qui fait des fugues. *On a retrouvé le jeune **fugueur** sain et sauf.*

fuir (verbe) (conj. 20) **1** S'éloigner très vite pour échapper à un danger. *La population **fuyait** l'éruption du volcan.* **2** Chercher à éviter quelqu'un ou quelque chose. *Élodie cherche à **fuir** ses responsabilités.* **3** Laisser s'échapper, s'écouler. *La gourde **a fui** dans mon sac à dos.*
★ Famille du mot : fuite, fuyant, fuyard.

fuite (nom féminin) **1** Action de fuir. *Les antilopes ont pris la **fuite** en voyant le lion.* **2** Écoulement d'un liquide ou d'un gaz qui fuit. *L'explosion est due à une **fuite** de gaz.* **3** Révélation d'un secret. *Les plans de l'ennemi ont été connus par des **fuites**.* (Syn. **indiscrétion.**)

fulgurant, ante (adjectif) Bref et intense. *Une douleur **fulgurante** dans la cuisse a stoppé net sa course.*

fulminate (nom masculin) • **Fulminate de mercure** : produit détonant sous l'effet d'une friction, d'un choc ou d'une flamme. *Le **fulminate** de mercure est utilisé dans les détonateurs des armes à feu.*

fulminer (verbe) (conj. 3) S'emporter violemment en proférant des menaces. *Ce moraliste **fulmine** contre les mœurs du siècle. Le procureur **a fulminé** de terribles accusations envers cet homme.*
★ **Fulminer** vient du mot latin *fulminare* qui signifie « lancer la poudre ».

fumé, ée (adjectif) **1** Qui est séché à la fumée pour être conservé. *Du saumon **fumé**.* **2** Qui est de couleur foncée pour protéger de la lumière. *Des verres **fumés**.*

fumée (nom féminin) Nuage de gaz qui se dégage de ce qui brûle. *Des volutes de **fumée** blanche sortaient de la cheminée.*

fumer (verbe) (conj. 3) **1** Dégager de la fumée. *L'incendie est éteint, mais les restes de la maison **fument** encore.* **2** Aspirer par la bouche la fumée du tabac. *Ici, il est défendu de **fumer**.* **3** Sécher un aliment en l'exposant à la fumée pour le conserver. ***Fumer** du jambon, des harengs.*
★ Famille du mot : fumé, fumée, fumet, fumerolle, fumeur, fumeux, fumigène, fumiste, fumoir, enfumer.

fumerolle (adjectif) Gaz qui sort à haute température des crevasses du sol, dans les régions volcaniques.
▶ On écrit aussi **fumerole**.

fumet (nom masculin) Odeur agréable d'une viande en train de cuire. *Le **fumet** de la dinde rôtie embaumait la cuisine.*

fumeur, euse (nom) Personne qui a l'habitude de fumer du tabac. *Ce restaurant a une salle pour **fumeurs**.*

fumeux, euse (adjectif) Qui manque de clarté. *Je ne comprends rien à tes explications **fumeuses**.* (Syn. **confus.**)

fumier (nom masculin) Mélange de paille et d'excréments d'animaux, utilisé comme engrais. *Le jardinier préfère utiliser du **fumier** plutôt que des engrais chimiques.*

fumigène (adjectif et nom masculin) Qui produit de la fumée. *Les soldats ont utilisé un **fumigène** pour se dérober à la vue de l'ennemi.*

fumiste (nom masculin) Personne qui entretient les cheminées et les appareils de chauffage.

fumoir (nom masculin) **1** Lieu où l'on fume les viandes, les poissons. **2** Local destiné aux fumeurs.

fun (adjectif) Plaisant, amusant. *Les ados surfent sur les sites **funs**.*
▶ **Fun** est un mot anglais : on prononce [fœn].
▶ **Fun** ne change pas au féminin : une revue **fun**.

funambule (nom) Acrobate qui marche sur une corde tendue en l'air. *Le **funambule** se sert d'un balancier pour assurer son équilibre.*
★ **Funambule** vient du latin *funis* qui signifie « corde » et *ambulare* qui signifie « marcher », et qu'on retrouve dans *somnambule*.

funèbre (adjectif) Qui concerne les enterrements. *La fanfare exécute une marche **funèbre**.*

funérailles (nom féminin pluriel) Cérémonie qui accompagne un enterrement. *La princesse a eu des **funérailles** nationales.* (Syn. **obsèques.**)

funéraire (adjectif) Qui concerne les funérailles. *Le cercueil était couvert de couronnes **funéraires**.*

funérarium (nom masculin) Endroit où peuvent se réunir ceux qui vont assister à des obsèques.
▶ Prononciation [fyneRaRjɔm].

funeste (adjectif) Qui provoque la mort ou le malheur. *La guerre civile a eu des conséquences **funestes** pour ce pays.* (Syn. **tragique.**)

funiculaire (nom masculin) Véhicule sur rails, tiré par un câble, qui sert à gravir des pentes très abruptes. *Les touristes prenaient un **funiculaire** qui menait au sommet de la colline.*

funky (nom masculin) Style de musique des Noirs américains qui mélange du rock et du jazz très rythmique. *Le **funky** est une musique très dansante.*
■ **funky** (adjectif) Qui pratique ou aime cette musique.
▶ Pluriel : des musiciens **funky**.
▶ Prononciation [fœnki].

furax (adjectif) Synonyme familier de furieux. *Anna est **furax** parce que Pierre s'est moqué d'elle.*

furet (nom masculin) Petit mammifère carnivore au pelage blanc jaunâtre et aux yeux rouges.
★ **Furet** vient du latin *furittus* qui signifie « voleur ».

au **fur et à mesure** (adverbe) Peu à peu, progressivement. *Ajoute le lait **au fur et à mesure**, tout en tournant la pâte.*

fureter (verbe) (conj. 8) Fouiller partout, parfois de manière indiscrète. *Il adore **fureter** chez les bouquinistes pour trouver des livres anciens.* (Syn. **fouiner.**)

fureur (nom féminin) Colère très violente. *Il a été pris de **fureur** quand il a su que je lui avais perdu ses clés.* • **Faire fureur** : avoir un très grand succès. *C'est une danse qui va **faire fureur** cet été.*

furibond, onde (adjectif) Qui manifeste de la fureur. *Il m'a jeté un regard **furibond**.*

furie (nom féminin) **1** Colère violente. *Son retard l'a mis en **furie**.* (Syn. **fureur, rage.**) **2** Femme très violente. *C'est une vraie **furie** quand on la contrarie.*

furieux, euse (adjectif) Qui est très en colère. *Fatima est **furieuse** que j'aie lu son journal intime.*

furoncle (nom masculin) Gros bouton qui contient du pus.

furtif, ive (adjectif) Que l'on fait discrètement. *David lance des regards **furtifs** sur la feuille de son voisin.*

fusain (nom masculin) **1** Arbuste à feuilles brillantes et à fruits rouges. **2** Crayon fait avec le charbon de bois de cet arbuste. *Gaëlle fait de très beaux croquis au **fusain**.*

fuseau, eaux (nom masculin) **1** Petit instrument aux extrémités pointues pour filer la laine ou faire de la dentelle. **2** Pantalon en tissu élastique qui se resserre vers le bas. • **Fuseau horaire** : chaque zone qui divise la Terre d'un pôle à l'autre et à l'intérieur de laquelle l'heure est la même. *Il y a 24 **fuseaux** horaires.*

fusée (nom féminin) **1** Engin spatial propulsé par des moteurs très puissants. *Après avoir quitté la Terre, la **fusée** ira mettre un satellite en orbite.*

2 Tube rempli de poudre qui explose en l'air en produisant des étincelles. *Les spectateurs suivaient du regard les **fusées** du feu d'artifice.*

fuselage (nom masculin) Partie principale d'un avion, sur laquelle sont fixées les ailes. *Le **fuselage** contient le poste de pilotage, la partie réservée aux passagers et la soute à bagages.*

fuselé, ée (adjectif) En forme de fuseau. *Les cétacés ont un corps **fuselé**.*

fuser (verbe) (conj. 3) Jaillir avec force. *L'eau **a fusé** du tuyau.*

fusible (nom masculin) Dispositif en métal spécial qui sert de sécurité dans un circuit électrique. *Quand le circuit électrique s'échauffe, le **fusible** fond.*

fusil (nom masculin) Arme à feu portative à long canon. • **Changer son fusil d'épaule** : changer sa manière d'agir, changer ses projets.
▶ Prononciation [fyzi].
★ Famille du mot : fusil**lade**, fusil**ler**.

fusillade (nom féminin) Série ou échange de coups de feu. *La **fusillade** a éclaté entre la police et les guérilleros.*

fusiller (verbe) (conj. 3) Tuer à coups de fusil. *Ce soldat **a été fusillé** pour trahison.*

fusion (nom féminin) **1** Passage d'une substance de l'état solide à l'état liquide sous l'action de la chaleur. *Du métal en **fusion**.* **2** Réunion de plusieurs éléments en un tout. *Notre club de tennis est le résultat de la **fusion** de trois petits clubs.*

fusionner (verbe) (conj. 3) Se regrouper par fusion. *Ces deux banques **ont fusionné**.*

fustiger (verbe) (conj. 5) Critiquer vivement en blâmant. *Le député **fustigea** les opposants à la réforme.*
★ **Fustiger** vient du mot latin *fustis* qui signifie « bâton ».

fût (nom masculin) **1** Tronc d'arbre. **2** Synonyme de tonneau. *C'est du très bon vin vieilli en **fût**.*
▶ On écrit aussi **fut**.

futaie (nom féminin) Forêt de grands arbres.

futé, ée (adjectif) Synonyme familier de malin. *Elle est drôlement **futée** ! Un sourire **futé**.*
★ **Futé** vient de l'ancien verbe français *se futer* qui signifie « échapper au chasseur ».

futile (adjectif) Synonyme de frivole. *Cette discussion **futile** ne m'intéresse pas.*

futilité (nom féminin) Chose futile. *Il ne parle que de **futilités**.* (Syn. **frivolité**.)

futon (nom masculin) Matelas japonais.

futur, future (adjectif) Qui arrivera dans l'avenir. *Les écrivains de science-fiction imaginent la vie dans les temps **futurs**.* (Contr. **passé**.)
■ **futur** (nom masculin) **1** Temps futur. *Il croit que cette voyante va lui dévoiler le **futur**.* (Syn. **avenir**. Contr. **passé**.) **2** Temps du verbe qui indique un état ou une action à venir. *Dans la proposition « il partira demain », le verbe partir est au **futur**.*

futuriste (adjectif) Qui évoque les temps futurs. *Ce nouveau modèle de voiture a une allure **futuriste**.*

fuyant, ante (adjectif) • **Regard fuyant** : qui n'est pas franc, qui évite le regard des autres.

fuyard, arde (nom) Synonyme de fugitif. *L'armée ennemie poursuivait les **fuyards**.*

g (nom masculin) Septième lettre de l'alphabet. *Le **G** est une consonne.*

gabardine (nom féminin) **1** Tissu de laine imperméable. **2** Manteau fait dans ce tissu.

gabarit (nom masculin) Dimensions d'un objet ou d'un véhicule. *Étant donné son **gabarit**, l'armoire ne passera pas dans ce couloir.*

gabegie (nom féminin) Gaspillage dû à une gestion désordonnée. *Votre négligence aboutit à une véritable **gabegie** dans la maison.*

gabelle (nom féminin) Ancien impôt sur le sel. ***La gabelle** a été supprimée en 1790.*

gabonais, aise → tableau p. 6 / 7.

gâcher (verbe) (conj. 3) **1** Faire perdre bêtement quelque chose. *Ne **gâchez** pas vos économies avec des achats stupides.* (Syn. **gaspiller.**) **2** Enlever le plaisir de quelqu'un. *Cette dispute **a gâché** ma journée.* (Syn. **gâter.**) **3** Délayer du plâtre dans de l'eau. *Les plâtriers **gâchent** le plâtre.*

gâchette (nom féminin) Mécanisme d'une arme à feu qui sert à faire partir la balle. *Le doigt sur la **gâchette**, le chasseur attend l'envol du faisan.*

gâchis (nom masculin) Choses gâchées. *On ne va pas jeter ça, ce serait du **gâchis** !* (Syn. **gaspillage.**)

gadget (nom masculin) Objet nouveau et ingénieux mais pas toujours très utile. *C'est le dernier **gadget** pour ouvrir les bocaux.*
▶ **Gadget** est un mot anglais : on prononce [gadʒɛt].

gadgétiser (verbe) (conj. 3) Équiper de gadgets. *Le père de Benjamin a **gadgétisé** sa voiture.*

gadidé (nom masculin) Poisson vertébré au squelette totalement ossifié ayant une nageoire dans le prolongement de sa queue. *Le merlan et le lieu sont des **gadidés**.*

gadin (nom masculin) • **Prendre, ramasser un gadin** : synonyme familier de tomber. *Romain a pris un **gadin**, il était furax !*

gadoue (nom féminin) Synonyme familier de boue. *On a pataugé dans la **gadoue** d'un petit chemin de campagne.*

gaélique (nom masculin) Groupe de dialectes celtiques d'Écosse et d'Irlande.

gaffe (nom féminin) **1** Perche munie d'un crochet. *Benjamin a ramené la barque près de la rive avec une **gaffe**.* **2** Dans la langue familière, parole ou acte qui peut vexer. *Il a fait une de ces **gaffes** !*

gaffeur, euse (adjectif et nom) Qui fait souvent des gaffes. *Anna dit souvent ce qu'il ne faut pas dire, elle est très **gaffeuse**.*

gag (nom masculin) Péripétie drôle et inattendue. *Cette BD est pleine de **gags** hilarants !*
★ **Gag** est un mot anglais qui signifie « blague ».

gage (nom masculin) **1** Petite punition infligée au perdant. *À la troisième erreur, tu auras un **gage**.* **2** Objet qu'on laisse comme garantie. *Il a dû laisser sa montre en **gage** parce qu'il avait oublié son portefeuille.*
■ **gages** (nom masculin pluriel) • **Tueur à gages** : Personne payée pour tuer quelqu'un.
★ Famille du mot : gager, gageure.

gager (verbe) (conj. 5) **1** Parier, dans la langue littéraire. *Je **gage** que vous avez tort.* **2** Garantir par un gage. *Il **a gagé** ses meubles pour garantir le paiement de sa dette.*

gageure (nom féminin) Pari impossible. *Ranger le désordre de cette chambre en une après-midi, c'est une **gageure** !*
▶ Prononciation [gaʒyʀ].
▶ On écrit aussi : **gageüre**.

gagnant, ante (adjectif et nom) Qui gagne. *Elle a un billet **gagnant**. Le **gagnant** de la loterie recevra un téléviseur.* (Contr. **perdant.**)

gagne-pain (nom masculin) Ce qui permet de gagner sa vie. *Ce petit boulot est son seul **gagne-pain**.*
▶ Pluriel : des **gagne-pains** ou des **gagne-pain**.

a b c d e f g h i j k l m n o p q r s t u v w x y z

gagner (verbe) (conj. 3) **1** Recevoir de l'argent ou un objet pour son travail, ou grâce à la chance. *Elle* ***a gagné*** *à la loterie.* **2** Éviter de gaspiller. *En s'organisant, on* ***gagne*** *du temps.* (Contr. **perdre.**) **3** Être vainqueur dans une compétition ou un conflit. *Le public chante : on* ***a gagné*** *!* (Contr. **perdre.**) **4** Se diriger vers un lieu. *Les passagers* ***gagnent*** *la salle d'embarquement.* **5** Se propager ou s'étendre. *Peu à peu, la mer* ***gagne*** *sur le rivage.*
★ Famille du mot : gagn**ant**, gagne-pain, **re**gagn**er**.

gai, gaie (adjectif) **1** Qui est d'humeur joyeuse. *David est* ***gai*** *comme un pinson.* (Contr. **triste.**) **2** Qui rend l'humeur joyeuse. *Ce jaune vif est très* ***gai.*** (Contr. **sombre, triste.**)
★ Famille du mot : **é**gay**er**, gai**ement**, gai**eté**.

gaiement (adverbe) Avec gaieté. *Ibrahim prépare* ***gaiement*** *sa valise pour partir en vacances.* (Syn. **joyeusement.** Contr. **tristement.**)

gaieté (nom féminin) Bonne humeur. *Il y a beaucoup de* ***gaieté*** *dans cette maison pleine d'enfants.*

gaillard, arde (adjectif) Plein de force et de santé. *Le malade va mieux, il a l'air tout à fait* ***gaillard*** *ce matin.*
▪**gaillard, arde** (nom) Personne solide et robuste. *Kevin est un* ***gaillard*** *de quinze ans.*

gaillardise (nom féminin) Propos, geste, comportement grivois, un peu osé. *Lorsqu'il a un peu bu, mon oncle a tendance à dire des* ***gaillardises.***

gain (nom masculin) **1** Ce que l'on gagne. *Les* ***gains*** *de cet ouvrier ne sont pas très élevés.* **2** Économie de place ou de temps. *Les TGV font réaliser un* ***gain*** *de temps appréciable.* (Contr. **perte.**)

gaine (nom féminin) Étui ayant la forme de l'objet qu'il contient. *Elle a remis le parapluie dans sa* ***gaine.***

gainer (verbe) (conj. 3) **1** Mettre une gaine à. *Le technicien* ***gaine*** *les fils électriques.* **2** Mouler étroitement. *Cette robe lui* ***gaine*** *le corps.*

gala (nom masculin) Grande fête ou réception officielle. *Un dîner de* ***gala****, une soirée de* ***gala.***
★ **Gala**, comme **galant**, vient de l'ancien français *galer* qui signifie « s'amuser ».

galactique (adjectif) Qui se rapporte à une galaxie. *Une nébuleuse* ***galactique.***

galamment (adverbe) De façon galante. *Pierre a* ***galamment*** *offert à Élodie de la raccompagner.*

galant, ante (adjectif) Prévenant et poli avec les femmes. *Quentin aide Fatima à porter son sac, il est très* ***galant.***
★ Famille du mot : galam**ment**, galant**erie**.

galanterie (nom féminin) Qualité d'une personne galante. *Il a proposé avec beaucoup de* ***galanterie*** *de porter la valise de la dame.*

galantine (nom féminin) Charcuterie composée de viandes désossées et coupées, servies froides dans de la gelée. *Le buffet froid était composé de délicieuses* ***galantines.***

galaxie (nom féminin) Immense groupement d'étoiles. *Dans une* ***galaxie****, il y a des milliards d'étoiles.*
★ **Galaxie** vient mot du grec *gala* qui signifie « lait », car notre galaxie apparaît comme une traînée blanchâtre : la *Voie lactée.*

galbe (nom masculin) Contour arrondi et harmonieux. *Le* ***galbe*** *d'une épaule, d'un fauteuil.*

galbé, ée (adjectif) En forme de galbe. *Une table aux pieds* ***galbés.***

gale (nom féminin) Maladie de peau contagieuse. *La* ***gale*** *cause des démangeaisons.*

galère (nom féminin) Navire à rames muni de voiles. *Les* ***galères*** *étaient des navires de guerre.*
★ Famille du mot : galér**ien**, galér**er**.

galérer (verbe) (conj. 8) Éprouver de graves difficultés personnelles ou professionnelles, dans la langue familière. *Cette jeune fille* ***a galéré*** *pour s'en sortir.*

galerie (nom féminin) **1** Passage souterrain. *Une taupe a creusé une* ***galerie*** *sous la pelouse.* **2** Passage couvert. *Une* ***galerie*** *marchande.* **3** Magasin de tableaux ou d'objets d'art. *Elle expose ses photos dans une* ***galerie.*** **4** Porte-bagages fixé sur le toit d'une voiture. *Papa a fixé nos bagages sur la* ***galerie.*** • **Pour amuser la galerie :** pour faire rire ceux qui écoutent.

galérien (nom masculin) Autrefois, homme condamné à ramer sur les galères.

galeriste (nom) Personne qui tient une galerie d'art.

galet (nom masculin) Caillou lisse et arrondi. *Une plage de* ***galets.***

galette (nom féminin) Gâteau rond et plat. *Maman a acheté une* ***galette*** *des Rois chez le pâtissier.*

galeux, euse (adjectif) Qui a la gale. *Un chien* ***galeux.***

galimatias (nom masculin) Discours embrouillé. *Ce que tu dis est un vrai* ***galimatias****, je ne comprends rien.* (Syn. **charabia.**)

galion (nom masculin) Grand vaisseau espagnol qui rapportait autrefois l'or et l'argent des colonies d'Amérique.

galipette (nom féminin) Synonyme familier de culbute. *Romain et Gaëlle font des* ***galipettes*** *dans l'herbe.*

gallicanisme (nom masculin) Doctrine politique et religieuse qui reconnaît le pape mais conteste sa toute-puissance. *Au XVII*[e] *siècle, Bossuet était un partisan du* ***gallicanisme.***

gallicisme (nom masculin) Expression particulière à la langue française. *« Être dans de beaux draps » est un* ***gallicisme.***

gallinacé (nom masculin) Oiseau aux ailes courtes, aux pattes et au bec puissants, qui vit au sol et se nourrit de grains, tel que le coq, la poule ou le dindon.
► On dit aussi **galliforme**.

gallois → tableau p. 6 / 7.

gallo-romain, aine (adjectif et nom) De la Gaule romaine. *Les arènes de Nîmes sont un monument **gallo-romain**.*

galoche (nom féminin) Chaussure à semelle de bois. • **Menton en galoche** : pointu et relevé vers l'avant.

galon (nom masculin) **1** Bande de tissu servant à orner. *Maman a décoré le bord du rideau avec du **galon**.* **2** Petit ruban qui indique le grade d'un militaire. *Le capitaine porte trois **galons** sur chaque épaulette.*

galop (nom masculin) Allure la plus rapide de la course du cheval et de quelques animaux. *Les antilopes se sont enfuies au **galop**.*
★ Famille du mot : galop**ade**, galop**er**, galop**in**.

galopade (nom féminin) Course précipitée. *On entend des **galopades** dans les couloirs de l'école.*

galoper (verbe) (conj. 3) Aller au galop ou courir très vite. *Les cow-boys **galopent** dans la prairie.*

galopin (nom masculin) Synonyme de garnement. *Tu vas voir si je t'attrape, petit **galopin** !*

galvaniser (verbe) (conj. 3) **1** Recouvrir de zinc. *On **galvanise** le fer pour qu'il ne rouille pas.* **2** Remplir d'ardeur et d'enthousiasme. *Le discours du capitaine **a galvanisé** les troupes.*
★ **Galvaniser** vient du nom du physicien italien *Galvani* qui est à l'origine du procédé (XVIIIe s.).

galvanomètre (nom masculin) Appareil qui mesure l'intensité des courants faibles.

galvauder (verbe) (conj. 3) Enlever de la valeur à quelque chose par un mauvais usage. *Le sens du mot « extraordinaire » **est** aujourd'hui très **galvaudé**.*

gambade (nom féminin) Synonyme de cabriole. *Le faon fait des **gambades** dans la clairière.*

gambader (verbe) (conj. 3) Faire des gambades. *Hélène et Thomas **gambadent** de joie car ils partent à la mer.*

gamba (nom féminin) Grosse crevette appréciée pour sa chair fine. *Noémie a pris une assiette de **gambas** grillées en plat principal.*
► **Gambas** s'emploie le plus souvent au pluriel.
► Prononciation [gɑ̃bas].

gambe (nom féminin) • **Viole de gambe** : instrument à cordes frottées, ancêtre du violoncelle en usage jusqu'au milieu du XVIIIe siècle.
★ **Gambe** vient de l'italien *gamba* qui signifie « jambe ».

gamberger (verbe) (conj. 5) Synonyme familier de réfléchir. *David **a gambergé** pendant des heures avant de trouver la solution du problème de maths.*

gambette (nom féminin) Synonyme familier de jambe.

gamelle (nom féminin) Récipient à couvercle, dans lequel on transporte son repas. *Les soldats et les campeurs utilisent des **gamelles**.*

gamète (nom masculin) Cellule reproductrice mâle ou femelle. *Chez les animaux, les **gamètes** sont le spermatozoïde et l'ovule.*

gamin, ine (nom) Synonyme familier d'enfant. *Des **gamins** jouent dans la cour de l'école.* (Syn. **gosse**, **môme**.)

gaminerie (nom féminin) Synonyme familier d'enfantillage. *Cesse donc ces **gamineries**, tu as passé l'âge !*

gamma (nom masculin) Troisième lettre de l'alphabet grec (Γ, γ). *En physique, γ est le symbole de l'accélération.* • **Rayons gamma** : rayons très pénétrants émis lors de la désintégration des corps radioactifs.

gammaglobuline (nom féminin) Sérum sanguin qui contient de nombreux anticorps. *On utilise les **gammaglobulines** dans le traitement de maladies telles que la coqueluche.*

gammare (nom masculin) Crustacé vivant en eau douce, appelé aussi crevette d'eau douce.

gamme (nom féminin) **1** Suite des sept notes de musique. *Pour jouer de la musique, on doit s'exercer à faire des **gammes**.* **2** Couleurs ou objets légèrement différents, à l'intérieur d'une même série. *Le fabricant de voitures a présenté sa nouvelle **gamme**.*

gammée (adjectif féminin) • **Croix gammée** : croix à branches coudées qui était l'emblème de l'Allemagne nazie.

gamopétale (adjectif) Dont les pétales sont soudés entre eux. *La primevère est **gamopétale**.*

gamosépale (adjectif) Dont les sépales sont soudés entre eux. *Cette fleur présente un calice **gamosépale**.*

gang (nom masculin) Groupe de bandits. *Le **gang** est sous les verrous.*
► Prononciation [gɑ̃g].
★ **Gang** est un mot anglais qui signifie « équipe ».

ganglion (nom masculin) Petite boule sous la peau. *Julie a des **ganglions** enflés, le médecin a dit que c'est à cause d'une angine.*

gangrène (nom féminin) Maladie très grave qui fait pourrir la chair. *On peut être obligé d'amputer un membre atteint de **gangrène**.*

gangster (nom masculin) Bandit membre d'un gang. *Les **gangsters** ont emporté la recette du casino.*
► **Gangster** est un mot anglais : on prononce [gɑ̃gstɛʀ].

gangue (nom féminin) Enveloppe rocheuse des minerais. *Pour tailler un diamant, il faut d'abord le débarrasser de sa **gangue**.*

ganse (nom féminin) Cordonnet ou ruban qui sert d'ornement. *Xavier a de jolies **ganses** cousues à sa veste.*

gant (nom masculin) Objet en cuir, en caoutchouc ou en tissu qui couvre la main. *Une paire de **gants**. Des **gants** de boxe. Laura se lave avec un **gant** de toilette.* • Aller comme un gant : convenir très bien. *Ce pantalon te **va comme un gant** !* • Prendre des gants : prendre des précautions pour ne pas blesser ou vexer.

gantelet (nom masculin) Gant d'une armure. *Le **gantelet** était recouvert de lamelle d'acier.*

garage (nom masculin) **1** Local pour garer les véhicules et les mettre à l'abri. *Il a rentré sa moto au **garage**.* **2** Atelier d'entretien et de réparation des véhicules. *La voiture est tombée en panne, on l'a confiée au **garage**.*

garagiste (nom) Personne qui tient un garage. *Le **garagiste** a fait la révision de la voiture.*

garance (nom féminin) Colorant rouge vif tiré des racines d'une plante.
▪ **garance** (adjectif) De couleur rouge vif.
► Pluriel : des robes **garance**.

garant, ante (adjectif) • Se porter garant de quelqu'un : garantir qu'on peut avoir confiance en lui.

garantie (nom féminin) Contrat qui garantit une marchandise. *Ce lave-linge est sous **garantie** pendant un an.*

garantir (verbe) (conj. 11) **1** Mettre à l'abri. *Ces murs épais **garantissent** la maison de la chaleur.* (Syn. **préserver**.) **2** Synonyme d'affirmer. *Je te **garantis** que c'est vrai !* (Syn. **assurer**, **certifier**.) **3** Promettre de réparer gratuitement un appareil pendant un certain temps après son achat. *Ce réveil **est garanti** un an.*

garce (nom féminin) Fille ou femme sans moralité ou méchante, dans la langue familière. *Je lui en veux, à cette **garce** !*

garçon (nom masculin) **1** Enfant de sexe masculin. *Victor est un **garçon**, Myriam est une fille.* **2** Employé d'un artisan ou d'un commerçant. *Il est **garçon** boucher.* **3** Serveur dans un café ou un restaurant. ***Garçon** ! l'addition, s'il vous plaît.* • Vieux garçon : homme qui est resté célibataire.

garçonnet (nom masculin) Petit garçon. *Un **garçonnet** de sept ans.*

① **garde** (nom masculin) Synonyme de gardien. *Le président est entouré de ses **gardes** du corps.*

② **garde** (nom féminin) **1** Action de garder quelque chose ou quelqu'un. *Tu as la **garde** de la maison, ce soir. La sentinelle monte la **garde**.* **2** Groupe d'hommes chargés de la sécurité. *La **garde** présidentielle.* **3** Position d'attente ou de défense dans un sport de combat. *L'escrimeur s'est mis en **garde**.* **4** Partie d'une arme blanche qui protège la main. *La **garde** d'une épée se trouve entre la lame et la poignée.* • Être sur ses gardes : se méfier. • Mettre quelqu'un en garde : le prévenir des risques qu'il court. • Prendre garde : faire attention.

garde-à-vous (nom masculin) Position immobile, bras le long du corps et talons joints. *Les soldats se mettent au **garde-à-vous** devant un supérieur.* (Contr. **repos**.)
► Pluriel : des **garde-à-vous**.

garde-barrière (nom) Personne qui ferme ou ouvre la barrière d'un passage à niveau non automatisé.
► Pluriel : des **garde-barrières** ou des **gardes-barrières**.

garde-boue (nom masculin) Pièce de métal qui se trouve au-dessus d'une roue et qui protège des éclaboussures.
► Pluriel : des **garde-boues** ou des **garde-boue**.

garde champêtre (nom masculin) Agent municipal chargé de surveiller le village, les forêts et les champs.
► Pluriel : des **gardes champêtres**.

garde-chasse (nom masculin) Homme qui surveille le gibier d'un domaine.
► Pluriel : des **garde-chasses** ou des **gardes-chasses**.

garde-fou (nom masculin) Balustrade qui empêche les gens de tomber dans le vide. *Noémie franchit la passerelle en se cramponnant au **garde-fou**.*
► Pluriel : des **garde-fous**.

garde-malade (nom) Personne qui s'occupe des malades. *La **garde-malade** aide la vieille dame à faire sa toilette et à s'habiller.*
► Pluriel : des **garde-malades** ou des **gardes-malades**.

garde-manger (nom masculin) Petit meuble grillagé où l'on conserve les aliments. *Mets le fromage dans le **garde-manger** !*
► Pluriel : des **garde-mangers** ou des **garde-manger**.

garde-meuble (nom masculin) Lieu où l'on peut laisser et faire garder des meubles.
► Pluriel : des **garde-meubles**.

gardénal (nom masculin) Médicament utilisé comme somnifère ou pour calmer les convulsions. *Lorsque l'on prend du **gardénal**, il ne faut pas conduire.*
★ **Gardénal** est le nom d'une marque.

garder (verbe) (conj. 3) **1** Veiller sur une personne, un animal ou un lieu. *Ce soir, William **garde** les enfants de la voisine. Le berger **garde** ses chèvres.* **2** Surveiller pour empêcher de fuir. *Deux hommes **gardent** le prisonnier.* **3** Ne pas se séparer de quelque chose. ***Gardez** votre ticket pendant tout le trajet ! **Garder** son calme.* **4** Conserver pour soi. *Tu peux **garder** ce livre, je te le donne !* **5** Conserver en bon état. *Les pêches ne se **gardent** pas longtemps.* **6** Mettre de côté ou réserver. *Je t'**ai gardé** une place à côté de moi.* **7** Se garder de quelque chose : l'éviter

soigneusement. *Tu t'es bien **gardé de** me le dire !* (Syn. **s'abstenir.**) • **Garder le lit** : rester au lit parce qu'on est malade. • **Garder le silence** : se taire.
★ Famille du mot : arrière-garde, avant-garde, garde, garde-à-vous, garde-barrière, garde-boue, garde champêtre, garde-chasse, garde-fou, garde-malade, garde-manger, garde-meuble, gard**erie**, garde-robe, gard**ien**.

garderie (nom féminin) Établissement où l'on garde les jeunes enfants dont les parents travaillent. *Odile reste à la **garderie** du soir, après la classe.*

garde-robe (nom féminin) Ensemble des vêtements d'une personne. *Elle profite des soldes pour renouveler sa **garde-robe**.*
► Pluriel : des **garde-robes**.

gardian (nom masculin) Gardien de taureaux ou de chevaux, en Camargue.

gardien, ienne (nom) Personne chargée de garder quelqu'un, un bâtiment ou un lieu. *Il est **gardien** de prison. La **gardienne** vient de monter le courrier.* • **Gardien de but** : joueur chargé d'empêcher les adversaires de marquer des points. (Syn. **goal.**) • **Gardien de la paix** : agent de police.

gardon (nom masculin) Petit poisson d'eau douce comestible. • **Frais comme un gardon** : en pleine forme.

① **gare !** (interjection) Incite à faire attention. ***Gare** à toi si je t'attrape !* • **Sans crier gare** : sans prévenir.

② **gare** (nom féminin) Installations et bâtiments destinés au trafic des trains. *Xavier va chercher ses grands-parents à la **gare**.* • **Gare routière** : endroit d'où partent et où arrivent les cars ou les camions.

garenne (nom féminin) Lande boisée où les lapins sauvages creusent leur terrier.

garer (verbe) (conj. 3) Ranger un véhicule dans un endroit. *On a **garé** la voiture au parking.*

gargantuesque (adjectif) Qui est très important par l'abondance ou par la taille. *Ce repas de mariage est **gargantuesque**.*
★ **Gargantuesque** vient du nom du géant *Gargantua*, créé par Rabelais.

se **gargariser** (verbe) (conj. 3) Se rincer la gorge avec un gargarisme.

gargarisme (nom masculin) Médicament liquide pour se gargariser. *Le pharmacien a conseillé un **gargarisme** à Yann pour soigner son angine.*

gargote (nom féminin) Petit restaurant pas cher.

gargouille (nom féminin) Gouttière en pierre dépassant du toit des églises, souvent en forme d'animal fantastique. *Les **gargouilles** de la cathédrale représentent des diables.*

gargouillement (nom masculin) Bruit semblable à celui d'un liquide qui s'écoule irrégulièrement. *Des **gargouillements** intestinaux.*
► On dit aussi **gargouillis**.

gargouiller (verbe) (conj. 3) Faire entendre un gargouillement. *J'ai faim, mon ventre **gargouille**.*

garnement (nom masculin) Garçon turbulent. *Ces **garnements** sont encore venus tirer la sonnette !* (Syn. **chenapan, galopin.**)

garnir (verbe) (conj. 11) **1** Munir de ce qu'il faut pour protéger ou renforcer. *Le pull de Benjamin **est garni** de cuir aux coudes.* **2** Remplir de choses ou de gens. *Sa bourse **est** bien **garnie**. Les tribunes se **garnissent** de spectateurs.* (Contr. **dégarnir, vider.**) **3** Ajouter des éléments de décoration. *Son chapeau **est garni** de plumes.*
★ Famille du mot : **dé**garnir, garni**ture**, **re**garnir.

garnison (nom féminin) Régiment installé dans une caserne. *Toute la **garnison** a été mise en alerte.*

garniture (nom féminin) **1** Ce qui garnit. *Les **garnitures** des sièges de la voiture sont en tissu.* **2** Légumes qui accompagnent un plat. *Il y a des frites ou des haricots verts en **garniture** du poulet.*

garrigue (nom féminin) Terre calcaire aride où poussent des chênes verts, des plantes aromatiques et des broussailles.

garrot (nom masculin) **1** Début de l'encolure d'un cheval ou d'un bœuf, juste au-dessus des épaules. **2** Bande élastique qui sert à comprimer une artère pour l'empêcher de saigner. *L'infirmière a posé un **garrot** avant de faire une prise de sang.*

gars (nom masculin) Synonyme familier de garçon.
► Prononciation [gɑ].

gascon, onne → tableau p. 6 / 7.

gasoil Voir ***gazole***.

gaspacho (nom masculin) Potage à base de concombres, tomates, piments et ail, servi froid. *Le **gaspacho** est une spécialité espagnole.*
► **Gaspacho** est un mot espagnol : on prononce [gaspatʃo].

gaspillage (nom masculin) Action de gaspiller. *Quel **gaspillage** de temps et d'argent !* (Syn. **gâchis.** Contr. **économie.**)

gaspiller (verbe) (conj. 3) Dépenser ou consommer inutilement. *L'eau est précieuse, ne la **gaspillez** pas !* (Contr. **économiser, épargner.**)

gastéropode (nom masculin) Mollusque qui se déplace en rampant. *L'escargot et la limace sont des **gastéropodes**.*
★ **Gastéropode** vient du grec *gasteros* qui signifie « estomac » et *podos* qui signifie « pied ».

gastrique (adjectif) De l'estomac. *L'ulcère à l'estomac donne des douleurs **gastriques**.*

gastrite (nom féminin) Inflammation de la paroi de l'estomac.

gastr(o)- Élément tiré du grec qui signifie « estomac » (exemple : *gastrite*).

gastroentérite (nom féminin) Inflammation aiguë des parois de l'estomac et de l'intestin. *William a vomi toute la nuit : il a une **gastroentérite**.*

gastronome (nom) Synonyme de gourmet. *Un fin **gastronome** nous a recommandé ce restaurant.*
★ Famille du mot : gastronom**ie**, gastronom**ique**.

a b c d e f g h i j k l m n o p q r s t u v w x y z

gastronomie (nom féminin) Art de bien manger. *La **gastronomie**, c'est savoir apprécier la bonne nourriture.*
★ **Gastronomie** vient de deux mots grecs qui signifient « l'art de régler l'estomac ».

gastronomique (adjectif) Qui concerne la gastronomie. *As-tu goûté les spécialités **gastronomiques** de la région ?*

gastrula (nom féminin) Stade de l'embryon animal dont le développement produit l'intestin et la vésicule ombilicale.

gâteau, eaux (nom masculin) Pâtisserie sucrée faite avec de la farine, du beurre et des œufs. *Les tartes, les éclairs, les millefeuilles sont des **gâteaux**.*

gâter (verbe) (conj. 3) **1** Traiter quelqu'un avec trop d'indulgence. *Sarah **a été** très **gâtée** pour son anniversaire.* **2** Synonyme de gâcher. *Cette dispute **a gâté** leur plaisir.* **3 Se gâter** : devenir mauvais. *Le temps **se gâte**.* **4 Se gâter** : synonyme de s'abîmer. *Il ne faut pas attendre que les dents **se gâtent** pour aller chez le dentiste.*
★ Famille du mot : gât**erie**, gât**eux**.

gâterie (nom féminin) Petit cadeau ou friandise. *Les vieillards et les enfants aiment bien les **gâteries**.*

gâteux, euse (adjectif) Se dit d'une personne qui perd un peu la tête du fait de la vieillesse.

gauche (adjectif) **1** Qui est situé du côté du cœur. *Ursula écrit de la main **gauche**.* (Contr. **droit.**) **2** Qui manque d'aisance ou d'adresse. *Clément est très **gauche** quand il s'agit de danser.* (Contr. **adroit.**) • **Se lever du pied gauche** : se lever de mauvaise humeur. ▪ **gauche** (nom féminin) **1** Côté gauche. *La chambre de Zoé est la dernière du couloir, sur la **gauche**.* **2** Ensemble des partis qui ont des opinions réformistes ou révolutionnaires. *Le Parti socialiste est un parti de **gauche**.* (Contr. **droite.**)
★ Famille du mot : gauch**er**, gauch**erie**, gauch**iste**.

gaucher, ère (adjectif et nom) Qui se sert plutôt de sa main gauche pour manger, travailler, écrire. (Contr. **droitier.**)

gaucherie (nom féminin) Maladresse d'une personne gauche. *Il y a encore beaucoup de **gaucherie** dans les gestes du bébé.*

gauchiste (adjectif et nom) Qui a des opinions révolutionnaires, très à gauche.

gaudriole (nom féminin) Propos amusant et osé. *Elle débite des **gaudrioles**.*

gaufre (nom féminin) Gâteau de pâte légère. *Un moule à **gaufres**.*
★ Famille du mot : gaufr**é**, gaufr**ette**, gaufr**ier**.

gaufré, ée (adjectif) • **Papier gaufré** : décoré de lignes en relief qui s'entrecroisent.

gaufrette (nom féminin) Gâteau sec et léger, souvent fourré.

gaufrier (nom masculin) Moule composé de deux plaques quadrillées entre lesquelles on fait cuire les gaufres.

gaule (nom féminin) **1** Grande perche. *Il fait tomber les châtaignes avec une **gaule**.* **2** Canne à pêche.

gauler (verbe) (conj. 3) Frapper les branches d'un arbre avec une gaule pour faire tomber les fruits. *On **gaule** les noix, les prunes, les olives.*

gaulois, oise → tableau p. 6 / 7.

se **gausser** (verbe) (conj. 3) Synonyme littéraire de se moquer. *Il **se gausse** de ses camarades.* (Syn. **railler.**)

gave (nom masculin) Torrent des Pyrénées. *Le **gave** de Pau.*

gaver (verbe) (conj. 3) **1** Faire manger de force des volailles pour les engraisser. *On **gave** les oies et les canards pour faire du foie gras.* **2 Se gaver** : manger trop. *Ils se **sont gavés** de gâteaux.* (Syn. **s'empiffrer.**)

gavial (nom masculin) Crocodile de l'Inde au museau étroit.

gavotte (nom féminin) Ancienne danse française à deux temps.

gavroche (nom masculin) Gamin de Paris débrouillard, spirituel et généreux.
★ **Gavroche** est le nom d'un personnage de Victor Hugo dans *les Misérables*.

gay (nom masculin et adjectif) Qui se rapporte aux hommes homosexuels. *La communauté **gay**. Les **gays**.*
▶ **Gay** est un mot américain : on prononce [gɛ].

gaz (nom masculin) **1** Substance qui n'est ni liquide ni solide. *L'azote et l'oxygène sont des **gaz**.* **2** Gaz combustible utilisé pour le chauffage et pour la cuisson des aliments. *Un chauffe-eau à **gaz**.* • **À pleins gaz** : à pleine puissance.
★ Famille du mot : gaz**er**, gaz**éifier**, gaz**eux**, gaz**inière**, gazoduc.

gaze (nom féminin) Tissu léger et transparent. *L'infirmière met une compresse de **gaze** sur la blessure.*

gazéifier (verbe) (conj. 10) Dissoudre du dioxyde de carbone dans un liquide pour le rendre pétillant. *Cette eau est **gazéifiée**.*

gazelle (nom féminin) Petite antilope des zones désertiques d'Afrique ou d'Asie.

gazer (verbe) (conj. 3) Tuer par intoxication au gaz. *Pendant la Première Guerre mondiale, des soldats **ont été gazés** dans les tranchées.*

gazette (nom féminin) Synonyme vieilli de journal. *C'est la **gazette** locale.*
★ **Gazette** vient du nom d'un journal imprimé à Venise au XVIe siècle et qui coûtait une *gazeta*, nom d'une monnaie de cette époque.

gazeux, euse (adjectif) **1** À l'état de gaz. *L'eau se trouve à l'état **gazeux** de vapeur d'eau dans l'atmosphère.* **2** Qui pétille à cause de la présence de gaz carbonique. *De l'eau **gazeuse**.*

gazinière (nom féminin) Cuisinière qui fonctionne au gaz. *Nous avons remplacé notre vieille **gazinière** par une plaque électrique.*

gazoduc (nom masculin) Canalisation servant au transport du gaz naturel. (Syn. **pipeline.**)

gazole (nom masculin) Carburant spécial pour les diesels. *Les tracteurs roulent au **gazole**.*
★ **Gazole** est la forme francisée de l'anglais **gas-oil**.

gazon (nom masculin) Herbe courte et menue. *Tondre le **gazon** de la pelouse.*

gazouiller (verbe) (conj. 3) Faire entendre un petit bruit doux et agréable. *Les oiseaux commencent à **gazouiller** avant le lever du soleil.*

gazouillis (nom masculin) Bruit léger et doux de ce qui gazouille. *Écoute le **gazouillis** du ruisseau.*
► On dit aussi **gazouillement**.

geai (nom masculin) Oiseau au plumage beige tacheté de bleu, de noir et de blanc.
► Prononciation [ʒɛ].

géant, ante (nom) **1** Être colossal des contes et des légendes. *Le petit tailleur tua les deux **géants** et épousa la fille du roi.* **2** Être vivant très grand. *Dans l'équipe de basket, il y a un **géant**.* (Contr. **nain.**)
■ **géant, ante** (adjectif) De très grande taille. *Le séquoia est un arbre **géant**.* (Syn. **colossal, gigantesque.**)
★ Dans la mythologie grecque, les **Géants** étaient d'énormes monstres, fils du Ciel et de la Terre.

gecko (nom masculin) Lézard des régions chaudes, aux doigts munis de lamelles adhésives.

geignard, arde (adjectif et nom) Qui se plaint sans cesse et sans raison. *Plus personne ne supporte les plaintes de ce **geignard**.* (Syn. **pleurnicheur.**)
► Prononciation [ʒɛɲaʀ, aʀd].

geindre (verbe) (conj. 35) Gémir faiblement. *Le chien **geint** derrière la porte.*

gel (nom masculin) Froid vif qui transforme l'eau en glace. *Cette pierre s'est fendue sous l'effet du **gel**.*

gélatine (nom féminin) Matière molle et translucide obtenue en faisant bouillir des os ou des algues. *La **gélatine** sert à fabriquer de la colle.*

gélatineux, euse (adjectif) Qui a l'aspect ou la consistance de la gélatine. *Une sauce **gélatineuse**.*

gelée (nom féminin) **1** Baisse de la température qui fait geler l'eau. *Les **gelées** ont détruit les fleurs des cerisiers.* **2** Sorte de confiture faite avec du jus de fruits. **3** Bouillon de viande devenu gélatineux en refroidissant.

geler (verbe) (conj. 8) **1** Se transformer en glace. *L'eau du bassin **a gelé** cette nuit.* **2** Abîmer par le froid. *Les rosiers **ont gelé** cet hiver.* **3** Avoir très froid. *Le chauffage est en panne : on **gèle** !* • **Il gèle :** il fait assez froid pour que l'eau se transforme en glace.
★ Famille du mot : antigel, **dé**gel, **dé**geler, **en**gel**ure**, gel, gel**ée**, **sur**gelé, **sur**geler.

gélinotte (nom féminin) Oiseau d'Europe et d'Asie qui ressemble à la perdrix.
★ **Gelinotte** vient du mot d'ancien français *géline* qui signifie « poule ».
► On écrit aussi **gelinotte**.

gélule (nom féminin) Petite capsule en gélatine contenant un médicament en poudre. *Absorbe ta **gélule** avec un verre d'eau !*

gémellaire (adjectif) Qui a est relatif aux jumeaux. *Une grossesse **gémellaire**.*

gémir (verbe) (conj. 11) Pousser des gémissements. *Le blessé **a gémi** quand on l'a mis sur le brancard.*

gémissement (nom masculin) Cri faible et plaintif. *Ibrahim n'a pu retenir un **gémissement** de douleur.*

gemme (nom féminin) Pierre précieuse ou pierre fine transparente.
■ **gemme** (adjectif) • **Sel gemme :** sel de terre, chlorure de sodium cristallisé qui se trouve dans le sous-sol.
► Prononciation [ʒɛm].

gémonies (nom féminin pluriel) • **Vouer quelqu'un aux gémonies :** l'accabler de mépris.

gênant, ante (adjectif) Qui gêne. *Le panneau indique : « stationnement **gênant** ».*

gencive (nom féminin) Chair qui recouvre la base des dents. *Élodie a les **gencives** qui saignent facilement.*

gendarme (nom masculin) Militaire chargé de veiller à la sécurité des gens et de faire respecter la loi. *Les **gendarmes** ont installé un radar sur la route, à l'entrée du village.*

gendarmerie (nom féminin) **1** Ensemble des gendarmes. **2** Bâtiment où vivent les gendarmes.

gendre (nom masculin) Synonyme de beau-fils.

gène (nom masculin) Partie du noyau d'une cellule qui transmet les caractères héréditaires.

gêne (nom féminin) **1** Malaise physique. *Son asthme lui fait éprouver de la **gêne** à respirer.* **2** Fait de gêner. *Cela ne me cause aucune **gêne**, au contraire.* (Syn. **dérangement.**) • **Être dans la gêne :** manquer d'argent. (Syn. **être dans le besoin.**)
★ Famille du mot : gên**ant**, gên**er**, gên**eur**, sans-gêne.
★ **Gêne** vient d'un ancien mot français qui signifiait « torture ».

généalogie (nom féminin) Succession de génération en génération des membres d'une famille.

généalogique (adjectif) De la généalogie. *Un arbre **généalogique** montre tous les ancêtres d'une personne.*

gêner (verbe) (conj. 3) **1** Empêcher le déroulement normal d'une action. *Va jouer plus loin, tu me **gênes** !* (Syn. **déranger, encombrer.**) **2** Mettre mal à l'aise. *La lumière me **gêne**, je suis ébloui. Ça me **gêne** de lui demander ce service.*

① **général, ale, aux** (adjectif) **1** Qui s'applique à un grand nombre de cas. *D'une manière **générale**, je préfère la viande au poisson.* **2** Qui concerne la totalité d'un ensemble. *C'est une vue **générale** de Paris.* • **En général :** synonyme de généralement.
★ Famille du mot : général**ement**, général**iser**, général**iste**, général**ité**.

a b c d e f g h i j k l m n o p q r s t u v w x y z

② **général, aux** (nom masculin) Officier qui a le grade le plus élevé dans l'armée.

généralement (adverbe) Le plus souvent. ***Généralement**, Gaëlle boit du chocolat le matin.* (Syn. **en général, habituellement.** Contr. **exceptionnellement.**)

généraliser (verbe) (conj. 3) **1** Rendre général. *L'usage du téléphone portable **se généralise**.* (Syn. **répandre.**) **2** Étendre à tous les cas ce qui est vrai pour un. *Ce n'est pas parce que cet employé est désagréable qu'ils le sont tous : il faut éviter de **généraliser**.*

généraliste (nom) Médecin qui n'est pas spécialiste d'un domaine particulier. *Mon **généraliste** a très bien soigné mon angine.*

généralité (nom féminin) Indications trop générales et qui n'apprennent rien. *Le conférencier n'a dit que des **généralités**.* (Syn. **banalité.**)

génération (nom féminin) Groupe de personnes qui ont à peu près le même âge. *Il y a quatre **générations** dans la famille de Kevin : enfants, parents, grands-parents et arrière-grands-parents.*

génératrice (nom féminin) Machine qui produit du courant électrique.
► On dit aussi un **générateur**.

générer (verbe) (conj. 8) Faire naître. *Sa présence **génère** des conflits.* (Syn. **produire, engendrer, entraîner.**)

généreusement (adverbe) D'une manière généreuse. *Pierre a **généreusement** offert son aide.*

généreux, euse (adjectif) Qui a du cœur et donne volontiers. *C'est une femme **généreuse** qui aide souvent les gens en difficulté.* (Syn. **bon, désintéressé.** Contr. **égoïste, mesquin.**)
★ Famille du mot : généreus**ement**, généros**ité**.

générique (nom masculin) Liste des personnes qui ont participé à la réalisation d'un film ou d'une émission.

générosité (nom féminin) Qualité d'une personne généreuse. *Grâce à la **générosité** du public, ces enfants vont pouvoir être soignés.*

genèse (nom féminin) Manière dont quelque chose a commencé d'exister. *La **genèse** d'une œuvre.* (Syn. **élaboration, formation.**)
★ Genèse vient du grec *genesis* qui signifie « naissance » : dans la Bible, la **Genèse** raconte comment Dieu créa le monde.

genêt (nom masculin) Arbrisseau à fleurs jaunes. *Les **genêts** poussent sur les landes et les garrigues.*

généticien, enne (nom) Spécialiste de la génétique. *Les **généticiens** étudient les maladies héréditaires.*

génétique (nom féminin) Science qui étudie les gènes et l'hérédité.
▪ **génétique** (adjectif) Qui concerne les gènes. *Une maladie **génétique**.*

gêneur, euse (nom) Personne qui gêne, dérange les autres. *Ce bavard est un **gêneur** qui nous empêche de travailler.*

genévrier (nom masculin) Conifère épineux qui donne le genièvre.

génial, ale, aux (adjectif) **1** Qui a du génie. *Un **génial** inventeur.* **2** Synonyme familier de formidable. *Hélène vient avec nous, c'est **génial** !*

génie (nom masculin) **1** Être surnaturel qui a des pouvoirs magiques. *Dans les contes nordiques, les elfes sont les **génies** des airs.* **2** Imagination et intelligence exceptionnelles qui permettent de créer et d'inventer. *Le **génie** de Léonard de Vinci lui a fait imaginer l'hélicoptère dès le XVe siècle.* **3** Personne exceptionnellement douée. *De l'avis de ses confrères, ce savant est un **génie**.* **4** Services chargés de construire les ponts, les routes, les barrages.

genièvre (nom masculin) Petite baie bleu-noir du genévrier, au goût très prononcé. *On met du **genièvre** dans la choucroute.*

génique (adjectif) Qui se rapporte aux gènes.

génisse (nom féminin) Jeune vache qui n'a pas encore eu de veau.

génital, ale, aux (adjectif) De la reproduction des hommes et des animaux. *Les organes **génitaux**.* (Syn. **sexuel.**)

géniteur, trice (nom) Personne qui a donné naissance à quelqu'un. *Elle connaît ses parents adoptifs mais ignore l'identité des ses **géniteurs**.*
▪ **géniteur** (nom masculin) Animal mâle destiné à la reproduction.

génitif (nom masculin) Cas des langues à déclinaison qui exprime l'appartenance ou la dépendance. *Dans cet exercice de latin, il faut mettre certains mots au **génitif** singulier.*

génocide (nom masculin) Extermination systématique de tout un peuple. *Les Indiens d'Amérique ont été victimes d'un véritable **génocide**.*

génome (nom masculin) Ensemble des gènes et des chromosomes d'un individu ou d'une espèce. *Ce scientifique étudie le **génome** humain.*

génotype (nom masculin) Ensemble des gènes portés par les chromosomes d'une cellule vivante. *Le **génotype** constitue le patrimoine génétique, héréditaire, des individus.*

genou, oux (nom masculin) Articulation unissant la jambe et la cuisse. *La jupe de Julie lui arrive au-dessous du **genou**.* • **À genoux** : les genoux posés à terre. *Le prêtre est **à genoux** devant l'autel.*
★ Famille du mot : s'agenou**iller**, genouill**ère**.

genouillère (nom féminin) Accessoire servant à protéger le genou. *Laura a mis des **genouillères** pour faire du roller.*

genre (nom masculin) **1** Ensemble d'êtres ou de choses ayant des caractères communs. *Le **genre** humain. C'est ce **genre** de choses qui lui plaît.* (Syn. **type.**) **2** Manière dont quelqu'un se comporte. *Il a un **genre** qui ne me plaît pas.* **3** Catégorie grammaticale de certains mots. *En français, il y a deux **genres**, le féminin et le masculin.*

gens (nom masculin pluriel) Ensemble de personnes. *J'ai vu une foule de **gens**. Des jeunes **gens** dansent sur la place.*
▶ L'adjectif qui précède **gens** se met au féminin : des gens heureux, mais d'heureuses gens.

gent (nom féminin) Synonyme littéraire de espèce. *La Fontaine appelait plaisamment les souris « la **gent** trotte-menu ».*
▶ Prononciation [ʒɑ̃].

gentiane (nom féminin) Plante de montagne à fleurs bleues, jaunes ou violettes.

gentil, ille (adjectif) **1** Qui est aimable et serviable. *Nos voisins sont très **gentils**.* (Contr. **désagréable, méchant.**) **2** Qui est sage et obéissant. *Allons, sois **gentil** !* **3** Qui est charmant et gracieux. *Elle a un **gentil** sourire.* (Syn. **mignon.**)
▶ Prononciation [ʒɑ̃ti], [ʒɑ̃tij].
★ Famille du mot : gentil**lesse**, genti**ment**.
★ **Gentil** signifiait « noble de naissance », au Moyen Âge.

gentilhomme (nom masculin) Autrefois, homme noble. *Deux **gentilshommes** se battaient en duel.*
▶ Prononciation [ʒɑ̃tijɔm].
▶ Pluriel : des **gentilshommes** [ʒɑ̃tizɔm].

gentilhommière (nom féminin) Petit château à la campagne. (Syn. **manoir.**)

gentillesse (nom féminin) Qualité ou attitude de quelqu'un de gentil. *Auriez-vous la **gentillesse** de m'aider ?* (Syn. **amabilité.** Contr. **méchanceté.**)

gentiment (adverbe) De façon gentille. *Natacha nous a accueillis très **gentiment**.* (Syn. **aimablement.** Contr. **méchamment.**)

gentleman (nom masculin) Homme très bien élevé. *Il s'est conduit en **gentleman**.*
▶ Prononciation [dʒɛntləman].
▶ Pluriel : des **gentlemans** ou des **gentlemen** [dʒɛntləmɛn].
★ **Gentleman** signifie « gentilhomme » en anglais.

génuflexion (nom féminin) Action de fléchir les genoux en signe d'adoration ou de respect.

géo- Élément tiré du grec *gê* indiquant un rapport à la terre (exemple : *géographie*, *géologie*).

géode (nom féminin) Construction sphérique. *Quentin a visité la **géode** du parc de la Villette.*

géodésique (nom féminin) Courbe représentant le chemin le plus court entre deux points situés sur une surface courbe.

géographe (nom) Spécialiste de géographie.

géographie (nom féminin) Science qui étudie la Terre et ses habitants. *L'étude des reliefs fait partie de la **géographie**.*
★ Famille du mot : géographe, géographi**que**.

géographique (adjectif) De la géographie. *Un atlas **géographique**.*

geôle (nom féminin) Synonyme littéraire de prison.

geôlier, ère (nom) Synonyme littéraire de gardien. *Le prisonnier ne voyait que son **geôlier**.*

géologie (nom féminin) Science qui étudie le sous-sol de la Terre.
★ Famille du mot : géologi**que**, géologue.
★ L'élément *géo-* vient du mot grec qui signifie « terre ». Chez les Grecs, *Gaia*, la Terre, était la mère des dieux.

géologique (adjectif) De la géologie. *Avant de construire le barrage, il a fallu faire une étude **géologique** du terrain.*

géologue (nom) Spécialiste de géologie.

géomètre (nom) Technicien qui mesure des terrains pour en faire le plan. *Un **géomètre** a placé les bornes des parcelles à vendre.*

géométrie (nom féminin) Branche des mathématiques qui étudie les figures, les surfaces et les volumes.
★ Famille du mot : géomètre, géométri**que**.

géométrique (adjectif) **1** De la géométrie. *Le cercle, le trapèze, le cône, le cube sont des figures **géométriques**.* **2** De forme simple et régulière. *Les tissus écossais sont ornés de motifs **géométriques**.*

géophile (nom masculin) Mille-pattes vivant principalement dans les sols riches en humus.

géophysique (nom féminin et adjectif) Étude des phénomènes physiques naturels qui affectent le globe terrestre et son atmosphère.

géopolitique (nom féminin et adjectif) Étude de l'influence des facteurs géographiques sur la politique internationale. *On peut étudier la **géopolitique** à l'université. Une théorie **géopolitique**.*

géostationnaire (adjectif) Se dit d'un satellite artificiel dont la position par rapport à la Terre ne varie pas. *Les satellites **géostationnaires** sont utilisés par les services de météorologie.*

gérance (nom féminin) Fonction de gérant. *Quand un magasin est en **gérance**, le propriétaire en a confié la direction à un gérant.*

géranium (nom masculin) Plante à fleurs rouges, roses ou blanches. *Myriam a planté des **géraniums** sur le balcon.*
▶ Prononciation [ʒeʀanjɔm].

gérant, ante (nom) Personne qui gère un commerce ou un immeuble à la place du propriétaire.

gerbe (nom féminin) Tiges de céréales ou fleurs attachées ensemble. *Une **gerbe** de blé. Une **gerbe** de roses.*

gerboise (nom féminin) Petit rongeur des déserts d'Afrique et d'Asie, qui se déplace en sautant.

gercer (verbe) (conj. 4) Se couvrir de gerçures. *Noémie a les lèvres qui **gercent** en hiver.*

gerçure (nom féminin) Petite crevasse sur la peau, due au froid. *Cette crème protégera tes mains des **gerçures**.*

gérer (verbe) (conj. 8) Diriger une entreprise pour son compte ou pour celui de quelqu'un d'autre. *La mère d'Anna **gère** un commerce.* (Syn. **administrer.**)
★ Famille du mot : gér**ance**, gér**ant**.

a b c d e f g h i j k l m n o p q r s t u v w x y z

gerfaut (nom masculin) Grand faucon au plumage clair. *Les **gerfauts** vivent dans les rochers de Norvège et d'Islande.*

gériatrie (nom féminin) Branche de la médecine qui s'occupe des maladies des personnes âgées.
★ **Gériatrie** vient du grec *gerôn* qui signifie « vieillard ».

germain, aine (adjectif) • **Cousin germain :** enfant d'un oncle ou d'une tante.

germanique (adjectif) De l'Allemagne. *Le drapeau **germanique** est noir, rouge et jaune.*

germanophone (adjectif et nom) Qui parle l'allemand. *Beaucoup de Suisses sont **germanophones**.*

germe (nom masculin) **1** Première pousse qui sort d'une graine. *Des **germes** de blé, de soja.* **2** Microbe pouvant causer une maladie contagieuse. *Le **germe** de la tuberculose.*
★ Famille du mot : germ**er**, germ**ination**, germ**inal**.

germer (verbe) (conj. 3) **1** Commencer à pousser. *Thomas attend que son marron **germe** pour le planter.* **2** Dans un sens figuré, se former et se développer. *Je ne sais pas comment cette idée **a germé** dans son esprit.*

germicide (adjectif et nom masculin) Qui tue les microbes.

germinal (nom masculin) Septième mois du calendrier républicain, du 21/22 mars au 19/20 avril.

germination (nom féminin) Période pendant laquelle la graine germe. *La chaleur et l'humidité favorisent la **germination**.*

gérondif (nom masculin) Mode du verbe, en français, qui sert à exprimer des compléments circonstanciels. *Le gérondif se forme avec la terminaison « -ant » et la préposition « en » (par exemple : « en **lisant** ».*

géronte (nom masculin) Vieillard plus ou moins ridicule.

gérontologie (nom féminin) Étude de la vieillesse et des phénomènes liés au vieillissement.

gésier (nom masculin) Partie de l'estomac des oiseaux. *Les grains et les aliments sont broyés dans le **gésier**.*

gésir (verbe) Synonyme ancien d'être couché. *Le malade **gisait** sur le côté et gémissait.*
▶ **Gésir** ne s'emploie plus qu'au présent (je **gis**, il **gît** ou il **git**, nous **gisons**), à l'imparfait (je **gisais**, etc.) et au participe présent (**gisant**).
★ Famille du mot : ci-gît, gisant.

gestation (nom féminin) Période pendant laquelle la femelle porte son petit. *Chez les éléphants, la **gestation** dure environ 21 mois.*
★ **Gestation** vient du latin *gestatio* qui signifie « action de porter ».

① **geste** (nom masculin) Mouvement des bras, des mains ou de la tête. *Victor fait de grands **gestes** mais Odile ne comprend pas ce qu'il veut.* • **Avoir** *ou* **faire** *un* **geste :** accomplir un acte généreux.

② **geste** (nom féminin) • **Chanson de geste :** poème du Moyen Âge, qui raconte les exploits d'un héros. *La « Chanson de Roland » est une **chanson de geste**.*

gesticuler (verbe) (conj. 3) Faire de grands gestes dans tous les sens. *Cesse donc de **gesticuler**, tu me fatigues !*

gestion (nom féminin) Action de gérer. *Il assure la **gestion** du club.* (Syn. **administration, direction.**)

gestionnaire (nom) Personne qui gère une entreprise.

geyser (nom masculin) Source d'eau chaude qui jaillit du sol par intermittence. *Il n'y a des **geysers** que dans les pays volcaniques.*
▶ Prononciation [ʒɛzɛʀ].

ghetto (nom masculin) Quartier réservé à une minorité. *Harlem est le **ghetto** noir de New York.*
▶ Prononciation [gɛto].
★ **Ghetto** était le nom d'une île de Venise où les Juifs furent obligés d'habiter au XVIe siècle.

GI (nom masculin) Soldat américain.
▶ Prononciation [dʒiɑj].
★ **GI** est le sigle de l'anglais *Government Issue* qui signifie « fourniture du gouvernement ».
▶ Pluriel : des **GI** ou des **GI's**.

gibbon (nom masculin) Singe d'Asie, sans queue. *Grâce à ses bras très longs, le **gibbon** est très agile dans les arbres.*

gibecière (nom féminin) Sacoche dans laquelle les chasseurs mettent le gibier.

gibet (nom masculin) Synonyme littéraire de potence. *Le bandit a été pendu au **gibet**.*

gibier (nom masculin) Animal qu'on chasse pour le manger. *Le cerf et le sanglier sont du gros **gibier**.*

giboulée (nom féminin) Averse soudaine et brève, souvent mêlée de grêle. *Les **giboulées** de mars.*

giboyeux, euse (adjectif) Où il y a beaucoup de gibier. *Les forêts de Sologne sont très **giboyeuses**.*
▶ Prononciation [ʒibwajø].

giclée (nom féminin) Jet d'un liquide qui gicle. *Sarah a reçu une **giclée** de savon liquide dans l'œil.*

gicler (verbe) (conj. 3) Jaillir en éclaboussant. *William s'est coupé et du sang **a giclé** sur son tee-shirt.*

gifle (nom féminin) Coup sur la joue avec le plat de la main. *Tu vas recevoir une paire de **gifles**, si tu continues tes méchancetés.* (Syn. **claque.**)

gifler (verbe) (conj. 3) Donner une gifle. *Elle l'**a giflé** devant tout le monde !*

giga- Élément tiré du grec qui, placé devant une unité, la multiplie par un milliard (exemple : *gigaoctet*).

gigantesque (adjectif) D'une taille qui dépasse de beaucoup la moyenne. *Les pétroliers sont des navires **gigantesques**.* (Syn. **énorme, géant.**)

gigaoctet (nom masculin) Capacité de mémoire d'ordinateur équivalent à 1024 (2^{10}) mégaoctets, soit 2^{30} octets.

gigogne (adjectif) Se dit d'objets qui s'emboîtent les uns dans les autres. *Les poupées russes en bois sont des poupées **gigognes**.*

gigot (nom masculin) Cuisse de mouton, d'agneau ou de chevreuil. *Une tranche de **gigot**.*

gigoter (verbe) (conj. 3) Dans la langue familière, remuer en tous sens. *Le bébé **gigote** dans le bain.*

gigue (nom féminin) Cuisse de chevreuil. (Syn. **gigot**.) • **Grande gigue** : fille grande et maigre, dans la langue familière.

gilet (nom masculin) **1** Tricot boutonné sur le devant. *Un **gilet** de laine.* **2** Petite veste d'homme courte et sans manches, portée parfois sous le veston. *Les garçons de café portent des **gilets**.* • **Gilet de sauvetage** : sorte de veste sans manches qui sert de bouée en cas de naufrage.

gingembre (nom masculin) Plante dont la racine est utilisée comme condiment. *La cuisine orientale utilise beaucoup le **gingembre**.*

gingival, ale, aux (adjectif) Qui se rapporte aux gencives.

girafe (nom féminin) Mammifère ruminant des savanes d'Afrique, au cou très long.

giratoire (adjectif) • **Sens giratoire** : sens que les véhicules doivent suivre pour faire le tour d'un rond-point.

girofle (nom masculin) • **Clou de girofle** : bouton séché de la fleur d'un arbre tropical, servant de condiment.

giroflée (nom féminin) Plante cultivée pour ses fleurs très odorantes jaunes, orange ou brunes. *Les **giroflées** poussent au printemps.*

girolle (nom féminin) Champignon comestible jaune orangé. *Une omelette aux **girolles**.*
▶ On écrit aussi : **girole**.

giron (nom masculin) Dans la langue littéraire, partie du corps allant de la ceinture aux genoux. *L'enfant se blottit dans le **giron** de sa mère.*

girouette (nom féminin) **1** Plaque de métal mobile autour d'un axe, servant à indiquer la direction du vent. *La **girouette** du clocher représente un coq.* **2** Dans un sens figuré, personne qui change tout le temps d'avis.

gisant (nom masculin) Statue représentant un mort couché sur son tombeau.

gisement (nom masculin) Amas de charbon, d'or, de pétrole, etc... dans le sous-sol. *En prospectant le désert, on a découvert un nouveau **gisement** de pétrole.*

gitan, ane (nom) Bohémien d'Espagne et du sud de la France.

① **gîte** (nom masculin) **1** Endroit où l'on peut dormir. *On leur a offert un **gîte** pour la nuit.* **2** Creux du sol où s'abritent certains animaux. *Les chasseurs ont surpris le lièvre au **gîte**.*
▶ On écrit aussi : **gite**.

② **gîte** (nom féminin) • **Donner** *ou* **prendre de la gîte** : pencher sur le côté, pour un bateau.
▶ On écrit aussi : **gite**.

givre (nom masculin) Fine couche de glace. *Le brouillard et la rosée deviennent du **givre** en gelant.*
★ Famille du mot : **dégivrage**, **dégivrer**, **givré**, **givrer**.

givré, ée (adjectif) Couvert de givre. *Les arbres sont tout **givrés** ce matin.*

givrer (verbe) (conj. 3) Couvrir de givre. *C'était le début de l'hiver et les pare-brise des voitures commençaient à se **givrer**.*

glabre (adjectif) Sans barbe ni moustache. *Un homme au visage **glabre**.* (Syn. **imberbe**.)

glace (nom féminin) **1** Eau gelée. *L'étang est couvert de **glace**.* **2** Crème aromatisée servie gelée. *Une **glace** à la pistache.* **3** Synonyme de miroir. *Xavier se coiffe devant la **glace**.* **4** Synonyme de vitre. *Remonte la **glace**, il y a trop d'air.* • **Briser la glace** : faire cesser la gêne. *Il a suffi d'une blague pour **briser la glace**.* • **Rester de glace** : rester impassible, comme si l'on ne ressentait rien.
★ Famille du mot : **glacé**, **glacer**, **glaciaire**, **glacial**, **glaciation**, **glacier**, **glacière**, **glaçon**.

glacé, ée (adjectif) Très froid. *Un vent **glacé** soufflait sur le sommet.* (Contr. **brûlant**.) • **Crème glacée** : glace. • **Marrons glacés** : marrons cuits et imprégnés de sucre fondu et durci. • **Papier glacé** : papier lisse et brillant.

glacer (verbe) (conj. 4) **1** Refroidir comme avec de la glace. *Une pluie fine **glaçait** les promeneurs.* **2** Dans un sens figuré, décourager par sa froideur. *Il a un regard qui vous **glace** !* (Syn. **pétrifier**.)

glaciaire (adjectif) Des glaciers. *La période **glaciaire** est celle où se sont formés les glaciers.*

glacial, ale (adjectif) **1** Très froid. *Il fait un temps **glacial**.* **2** Au sens figuré, d'une froideur paralysante. *Le ton de sa lettre est **glacial**.* (Contr. **chaleureux**.)
▶ Pluriel : des hivers **glacials** ou **glaciaux**.

glaciation (nom féminin) Autrefois, période pendant laquelle les glaciers ont recouvert une région.

glacier (nom masculin) **1** Vaste amas de glace en altitude. *Les **glaciers** se forment par tassement de la neige et se déplacent très lentement vers les vallées.* **2** Marchand ou fabricant de glaces.

glacière (nom féminin) Boîte isolante servant à conserver des aliments au froid. *Les boissons du pique-nique sont dans la **glacière**.*

glaçon (nom masculin) Petit morceau de glace. *Ursula met des **glaçons** dans la carafe d'eau.*

gladiateur (nom masculin) Homme qui combattait dans les jeux du cirque à Rome. *Dans l'arène, le **gladiateur** affrontait un autre homme ou un fauve.*

a b c d e f **g** h i j k l m n o p q r s t u v w x y z

glaïeul (nom masculin) Plante ornementale aux feuilles longues et pointues dont les fleurs sont toutes d'un seul côté de l'épi.
► Prononciation [glajœl].
★ **Glaïeul** vient du latin *gladiolus* qui signifie « petite épée » à cause de la forme des feuilles.

glaire (nom féminin) **1** Blanc d'œuf cru. **2** Sécrétion incolore et visqueuse de certaines muqueuses de l'organisme. *Les **glaires** intestinales.*

glaise (nom féminin) Synonyme d'argile. *La **glaise** permet de fabriquer de la poterie, des briques, des tuiles.*

glaive (nom masculin) Courte épée à deux tranchants. *Le **glaive** était l'arme des légionnaires romains.*

gland (nom masculin) Fruit du chêne. *Les écureuils mangent des **glands**.*

glande (nom féminin) Organe du corps qui fabrique une substance particulière. *Les **glandes** salivaires produisent la salive.*

glander (verbe) (conj. 3) Perdre son temps à ne rien faire, dans la langue familière. *Au lieu de faire ses devoirs, il **glande**.*

glaner (verbe) (conj. 3) **1** Ramasser après la moisson les épis de blé oubliés dans les champs. *Autrefois, les pauvres avaient le droit de **glaner** après la moisson.* **2** Recueillir çà et là. *Voici les renseignements que j'ai réussi à **glaner**.*

glapir (verbe) (conj. 11) Pousser de petits cris aigus. *Le renard, le lapin, l'épervier, la grue **glapissent**.*

glapissement (nom masculin) Cri aigu des animaux qui glapissent.

glas (nom masculin) Tintement lent des cloches d'une église pour annoncer un enterrement. *La cloche sonne le **glas**.*

glaucome (nom masculin) Maladie des yeux qui peut entraîner la cécité.

glauque (adjectif) Vert tirant sur le bleu. *L'eau des mares est souvent **glauque**.*

glèbe (nom féminin) Propriété terrienne à laquelle étaient attachés les serfs. *Les serfs devaient cultiver la **glèbe**.*

glissade (nom féminin) Action de glisser. *Les enfants font des **glissades** sur le trottoir enneigé.*

glissant, ante (adjectif) Où l'on glisse facilement. *Le verglas a rendu la chaussée **glissante**.*

glisse (nom féminin) Fait de glisser. *Le ski, la planche à voile, le surf sont des sports de **glisse**.*

glissement (nom masculin) • **Glissement de terrain** : déplacement d'un terrain qui glisse le long d'une pente. *Les pluies de ces jours-ci ont provoqué des **glissements de terrain** : la route est coupée.*

glisser (verbe) (conj. 3) **1** Se déplacer d'un mouvement continu sur une surface. *Les skieurs **glissent** sur la neige.* **2** Être glissant. *Le parquet est ciré, ça **glisse** !* **3** Perdre l'équilibre. *Il **a glissé** sur le verglas.* **4** Introduire habilement ou discrètement. *On **a glissé** un mot sous sa porte.* **5 Se glisser** : se faufiler. *Yann **s'est glissé** au premier rang.* • **Glisser des mains** : échapper. *Le verre m'**a glissé des mains**.* • **Glisser sur un sujet** : passer sans insister.
★ Famille du mot : gliss**ade**, gliss**ant**, gliss**e**, gliss**ement**, gliss**ière**.

glissière (nom féminin) Rainure qui guide quelque chose qui glisse. *Ce placard a des portes à **glissière**.* • **Glissière de sécurité** : bandes de métal disposées sur le bord d'une route pour retenir les voitures en cas d'accident.

global, ale, aux (adjectif) Pris dans son ensemble et non dans les détails. *Le montant **global** des recettes.*

globalement (adverbe) De façon globale. ***Globalement**, la récolte a été bonne.* (Syn. **dans l'ensemble, en gros.**)

globe (nom masculin) **1** Ce qui a la forme d'une sphère. *Le **globe** de l'œil.* **2** Boule creuse en verre. *Le **globe** de la lampe.* **3** La Terre. *Le skipper a fait le tour du **globe** à la voile.*

globe-trotter (nom) Voyageur qui parcourt le monde. *Zoé est une véritable **globe-trotter**, elle est toujours sur la route.*
► Prononciation [glɔbtʀɔtɛʀ] ou [glɔbtʀɔtœʀ].
★ **Globe-trotter** est un mot anglais.
► On écrit aussi **globetrotteur, euse**.
► Pluriel : des **globe-trotters**.

globulaire (adjectif) **1** Qui a la forme d'un globe. **2** Relatif aux globules du sang. • **Amas globulaire** : amas d'étoiles d'aspect sphérique. • **Numération globulaire** : compte des globules dans le sang par mm^3.

globule (nom masculin) Cellule du sang. *Le sang contient des **globules** blancs et des **globules** rouges.*

globuleux, euse (adjectif) • **Yeux globuleux** : yeux ronds qui sortent un peu de leur orbite. *Le caméléon a des yeux **globuleux**.*

globuline (nom féminin) Protéine contenue dans le sang.

gloire (nom féminin) Grande renommée acquise par ses actions. *Cette découverte a apporté la **gloire** au savant.* (Syn. **célébrité**.) • **À la gloire de quelqu'un** : en son honneur. *Une statue **à la gloire de** l'empereur.*
★ Famille du mot : glor**ieusement**, glor**ieux**, se glor**ifier**, glor**iole**.

glorieusement (adverbe) De façon glorieuse. *Les libérateurs ont été **glorieusement** accueillis par la population.*

glorieux, euse (adjectif) Qui apporte la gloire. *Les footballeurs ont remporté une **glorieuse** victoire : 7 buts à 0 !* (Syn. **illustre, mémorable**.)

se **glorifier** (verbe) (conj. 10) Essayer de tirer de la gloire de quelque chose. *Cet exploit était difficile à réaliser : il peut **se glorifier** de l'avoir réussi !* (Syn. **se vanter**.)

gloriole (nom féminin) Vanité qu'on tire de petits exploits. *Il a agi par **gloriole**, pour qu'on parle de lui.*

glose (nom féminin) Note explicative destinée à éclaircir le sens d'un passage dans un texte ou à expliquer un mot. *Vous pourrez comprendre la signification des mots anciens de ce texte en lisant les **gloses**.*

glossaire (nom masculin) Répertoire de mots difficiles d'un texte avec leur explication.

glotte (nom féminin) Orifice du larynx qui sert à émettre les sons de la voix.

glouglouter (verbe) (conj. 3) **1** S'écouler, pour un liquide, dans un récipient ou un tuyau en faisant du bruit. *La baignoire **glougloute** en se vidant.* **2** Pousser son cri, en parlant de la dinde, du dindon.

gloussement (nom masculin) Action de glousser.

glousser (verbe) (conj. 3) **1** Pousser de petits cris. *La poule **glousse**, elle appelle ses poussins.* **2** Rire en poussant de petits cris.

glouton, onne (adjectif et nom) Qui mange avec avidité. *Ce chien est un vrai **glouton** !* (Syn. **goinfre, goulu.**)
★ **Glouton** vient du latin *gluttus* qui signifie « gosier » : le glouton *engloutit* les aliments dans son gosier.

gloutonnerie (nom féminin) Avidité d'une personne gloutonne. *Il mange avec **gloutonnerie**, il va s'étouffer !* (Syn. **goinfrerie.**)

glu (nom féminin) Matière végétale collante. *La **glu** est extraite du gui ou du houx.*

gluant, ante (adjectif) Qui est collant et visqueux. *La bave de l'escargot est **gluante**.*

glucide (nom masculin) Nom savant donné au sucre.

glucose (nom masculin) Sucre présent dans certains fruits. *Les glucides contenus dans le **glucose** sont une source d'énergie pour l'organisme.*

glutamate (nom masculin) Sel de l'acide aminé. *Le **glutamate** de sodium est utilisé comme condiment, notamment dans la cuisine asiatique.*

gluten (nom masculin) Protéine végétale présente dans les graines de céréales.
▶ Prononciation [glytɛn].

glycémie (nom féminin) Taux de glucose dans le sang. *La **glycémie** se mesure sur une personne à jeun.*
★ Famille du mot : hyperglycémie, hypoglycémie.

glycérine (nom féminin) Liquide épais et incolore, de saveur sucrée, produit par des corps gras. *La **glycérine** est utilisée dans certaines peintures.*

glycine (nom féminin) Arbuste grimpant aux longues grappes de fleurs odorantes, mauves ou blanches. *Une **glycine** orne le haut du vieux mur.*

glycogène (nom masculin) Composé de glucides qui constitue une réserve de glucose dans le foie et les muscles.

GMT (nom masculin) Mesure astronomique effectuée au méridien de Greenwich qui, calculée sur midi, est la référence des différents fuseaux horaires.
★ **GMT** est le sigle de l'anglais *Greenwich mean time* qui signifie « temps moyen de Greenwich ».

gnocchi (nom masculin) Petite quenelle à base de purée de pommes de terre, de pâte à choux ou de semoule. *Hier soir maman a cuisiné des **gnocchis**.*
▶ Prononciation [ɲɔki].
★ **Gnocchi** vient du mot italien *gnocco* qui signifie « petit pain ».

gnome (nom masculin) Nain des légendes, laid et difforme. *Les **gnomes** gardaient un trésor enfoui sous la terre.* (Syn. **farfadet, lutin.**)
▶ Prononciation [gnom].

gnou (nom masculin) Antilope d'Afrique du Sud.
▶ Prononciation [gnu].

goal (nom masculin) Gardien de but.
▶ **Goal** est un mot anglais : on prononce [gol].

gobelet (nom masculin) Récipient en forme de verre, en métal, en carton ou en plastique.

gober (verbe) (conj. 3) **1** Avaler d'un coup en aspirant. *Le caméléon **gobe** les insectes.* **2** Synonyme familier de croire. *On lui ferait **gober** n'importe quoi !*

godasse (nom féminin) Synonyme familier de chaussure.

godet (nom masculin) Petit récipient sans pied ni anse. *Le peintre délaye les couleurs dans un **godet**.*

godille (nom féminin) Enchaînement de petits virages où l'on garde ses skis parallèles.

godillot (nom masculin) Dans la langue familière, grosse chaussure.
★ **Godillot** vient du nom d'*Alexis Godillot*, qui fabriqua ces brodequins pour les soldats de la guerre de 1870.

goéland (nom masculin) Grand oiseau de mer blanc et gris.

goélette (nom féminin) Voilier à deux mâts.

goémon (nom masculin) Algue rejetée par la mer. *On se sert du **goémon** comme engrais.* (Syn. **varech.**)

goguenard, arde (adjectif) Synonyme de narquois. *Elle a fait cette méchante remarque d'un ton **goguenard**.*

goguette (nom féminin) • **En goguette** : de bonne humeur, un peu ivre.

goinfre (nom) Personne qui mange trop et sans égards pour l'entourage. *Ce **goinfre** a tout mangé, sans nous attendre.* (Syn. **glouton, goulu.**)

se **goinfrer** (verbe) (conj. 3) Manger comme un goinfre. *Ils **se sont goinfrés** de gâteau au chocolat.* (Syn. **s'empiffrer.**)

goinfrerie (nom féminin) Comportement du goinfre. (Syn. **gloutonnerie, voracité.**)

goitre (nom masculin) Grosseur qui déforme le cou. *Le **goitre** vient d'un mauvais fonctionnement de la thyroïde.*

golden (nom féminin) Variété de pomme jaune.
▶ Prononciation [gɔldɛn].
★ **Golden** est un mot anglais qui signifie « doré ».

golf (nom masculin) Sport qui consiste à placer une petite balle dans une série de trous répartis sur un parcours accidenté en la frappant avec une sorte de canne, appelée club.

golfe (nom masculin) Endroit de la côte où la mer avance dans l'intérieur des terres. *Le port de Sète est situé sur le **golfe** du Lion.*

gomina (nom féminin) Pommade pour les cheveux. (Syn. **brillantine.**)
★ **Gomina** est le nom d'une marque.

gomme (nom féminin) **1** Petit bloc de caoutchouc ou de plastique qui sert à effacer. **2** Substance visqueuse et translucide qui s'écoule de certains arbres. *On voit souvent de la **gomme** suinter des branches de cerisier.*
★ Famille du mot : **gommé, gommer, gommette.**

gommé, ée (adjectif) • **Papier gommé** : papier dont on mouille une face pour qu'il colle.

gommer (verbe) (conj. 3) Effacer en utilisant une gomme.

gommette (nom féminin) Petit morceau de papier gommé. *Zoé a réalisé une décoration sur son cahier avec des **gommettes**.*

gonade (nom féminin) Glande des organes génitaux. *Le testicule est la **gonade** mâle, l'ovaire la **gonade** femelle.*

gond (nom masculin) Pièce métallique autour de laquelle tourne une porte ou une fenêtre. • **Sortir de ses gonds** : se mettre en colère.

gondole (nom féminin) Longue barque plate, à un seul aviron, relevée aux deux extrémités. *À Venise, on circule en **gondole** sur les canaux.*

se **gondoler** (verbe) (conj. 3) Se déformer en se bombant. *Le carton a reçu la pluie, il **s'est gondolé**.*

gondolier (nom masculin) Homme qui conduit une gondole.

gonflage (nom masculin) Action de gonfler. *Le garagiste contrôle le **gonflage** des pneus.*

gonflement (nom masculin) Fait d'être gonflé. *Le **gonflement** de ses paupières montre qu'il a pleuré.* (Syn. **enflure.**)

gonfler (verbe) (conj. 3) **1** Remplir d'air. *Benjamin **gonfle** le matelas pneumatique.* (Contr. **dégonfler.**) **2** Augmenter de volume. *C'est une entorse, la cheville **est** toute **gonflée**.*
★ Famille du mot : **dégonfler, gonflage, gonflement, gonfleur, regonfler.**

gonfleur (nom masculin) Appareil servant à gonfler. *Clément gonfle le canot pneumatique avec un **gonfleur**.*

gong (nom masculin) Plateau de métal suspendu sur lequel on frappe avec un maillet. *Dans un combat de boxe, un **gong** annonce le début et la fin de chaque reprise.*

gordien (adjectif masculin) • **Trancher le nœud gordien** : mettre fin à une situation de crise par une décision brutale.

goret (nom masculin) Synonyme de porcelet. *À la ferme, Anna a vu une truie et ses **gorets**.*

gorge (nom féminin) **1** Fond de la bouche. *Zoé a mal à la **gorge**.* **2** Partie avant du cou. *La cravate de David lui serre la **gorge**.* **3** Vallée étroite et encaissée. *Le torrent a creusé une **gorge** profonde dans le calcaire.* (Syn. **canyon, défilé.**) • **Avoir la gorge sèche** : être angoissé. • **Mettre à quelqu'un le couteau sur** *ou* **sous la gorge** : l'obliger par des menaces à agir. • **Prendre à la gorge** : piquer, en parlant d'une odeur. • **Rire à gorge déployée** : très fort.
★ Famille du mot : **égorger, gorgé, gorgée.**

gorgé, ée (adjectif) Complètement imprégné. *Après l'averse, la terre est **gorgée** d'eau.* (Syn. **saturé.**)

gorgée (nom féminin) Quantité de liquide avalée en une seule fois. *Fatima déguste son thé à petites **gorgées**.*

gorgonzola (nom masculin) Fromage de vache italien, sorte de bleu crémeux.
★ **Gorgonzola** est le nom d'une ville italienne.

gorille (nom masculin) Singe d'Afrique, le plus grand et le plus puissant des singes. *Le **gorille** peut atteindre 2 mètres de haut et peser 200 kilos.*

gosier (nom masculin) Fond de la gorge. *Les enfants chantent à plein **gosier**.*

gospel (nom masculin) Chant religieux des Noirs d'Amérique du Nord.
★ **Gospel** vient de l'américain *gospel song* qui signifie « chanson de l'Évangile ».

gosse (nom) Synonyme familier d'enfant. *Il a trois **gosses**.* (Syn. **gamin, môme.**)

gothique (adjectif) Se dit du style d'architecture qui s'est répandu en Europe du XIIe au XVIe siècle. *La cathédrale de Chartres est de style **gothique**.*

gouache (nom féminin) Peinture à l'eau, plus épaisse que l'aquarelle. *Gaëlle a acheté des tubes de **gouache** pour le cours de dessin.*

gouailleur, euse (adjectif) Qui est moqueur et un peu vulgaire. *Cette chanteuse populaire chante d'un ton **gouailleur**.*
▶ Prononciation [gwajœʀ].

gouda (nom masculin) Fromage de Hollande au lait de vache, à pâte plus ou moins cuite.
★ **Gouda** est le nom d'une ville de Hollande.

goudron (nom masculin) Substance noire que l'on tire du charbon ou du pétrole, et que l'on utilise pour recouvrir les routes. (Syn. **asphalte, bitume.**)

goudronner (verbe) (conj. 3) Recouvrir de goudron. *Ce chemin vient d'**être goudronné**.*

gouffre (nom masculin) **1** Grand trou très profond. *Ce **gouffre** est souvent exploré par des spéléologues.* **2** Au sens figuré, ce qui entraîne de grosses dépenses. *Cette maison est un **gouffre** financier, il y a toujours des travaux à y faire.*

goujat (nom masculin) Personnage grossier. *Ce **goujat** ne m'a même pas remercié.* (Syn. **mufle, rustre.**)

goujon (nom masculin) Petit poisson d'eau douce. *Une friture de **goujons**.*

goulache (nom masculin ou nom féminin) Plat hongrois, à base de bœuf mijoté avec des oignons et du paprika.
▶ Prononciation [gulaʃ].
★ Goulache est un mot hongrois.
▶ On écrit aussi **goulasch**.

goulag (nom masculin) Camp de travail forcé, dans l'URSS sous Staline. *Dans les **goulags**, les conditions de vie étaient extrêmement pénibles.*

goulet (nom masculin) Passage étroit. *Le bateau doit franchir un **goulet** pour parvenir au port.* (Syn. **chenal.**)

goulot (nom masculin) Partie la plus étroite d'une bouteille ou d'un vase. *Ne bois pas au **goulot** de la bouteille, prends un verre !*

goulu, ue (adjectif) Qui mange avec avidité. *Ne sois pas si **goulu**, mange plus lentement !* (Syn. **glouton, goinfre, vorace.**)

goulûment (adverbe) De façon goulue. *Il mange **goulûment**, comme un goinfre.*
▶ On écrit aussi : **goulument**.

goupil (nom masculin) Synonyme littéraire de renard.
▶ Prononciation [gupi(l)].

goupille (nom féminin) Tige métallique qui sert à immobiliser une pièce. *Toutes les grenades sont équipées de **goupilles**.*

goupiller (verbe) (conj. 3) **1** Fixer avec une goupille. (Contr. **dégoupiller.**) **2** Synonyme familier de manigancer, combiner. *C'est lui qui **a goupillé** tout ça.*

goupillon (nom masculin) **1** Brosse longue et cylindrique. *Un **goupillon** sert à nettoyer les bouteilles et les biberons.* **2** Instrument qui sert à asperger d'eau bénite. *Le prêtre bénit la foule avec son **goupillon**.*

gourbi (nom masculin) Synonyme familier de taudis. *Range ta chambre : c'est un vrai **gourbi** !*

gourd, gourde (adjectif) Qui est raidi par le froid. *En arrivant en haut du glacier, Hélène avait les mains **gourdes**.*
★ Famille du mot : **dégourdi**, **dégourdir**, **engourdir**, **engourdissement**.

gourde (nom féminin) **1** Récipient qui sert à transporter de la boisson. *On a prévu plusieurs **gourdes** d'eau pour la randonnée.* **2** Dans la langue familière, personne niaise, maladroite ou stupide. *Ibrahim s'est encore trompé de chemin, quelle **gourde** !* (Syn. **idiot.**)
★ **Gourde** a la même origine latine que *courge* : ce fruit, vidé et séché, servait de récipient.

gourdin (nom masculin) Gros bâton. *Il nous a menacés de son **gourdin**.*

se **gourer** (verbe) (conj. 3) Synonyme familier de se tromper. *Il **se goure** toujours de route pour venir chez moi !*

gourmand, ande (adjectif et nom) Qui aime manger de bonnes choses. *Les enfants ont été si **gourmands** qu'ils ont fini tous les gâteaux !*

gourmandise (nom féminin) Caractère d'une personne gourmande. *Julie n'a plus faim, c'est par **gourmandise** qu'elle mange une glace.*

gourmet (nom masculin) Personne qui sait apprécier le bon vin, la bonne cuisine. *Il savoure son repas, c'est un fin **gourmet**.* (Syn. **gastronome.**)

gourmette (nom féminin) Bracelet formé d'anneaux plats. *Sur sa **gourmette**, Laura a son prénom gravé.*

gourou (nom masculin) Maître spirituel vénéré par les membres d'une secte.

gousse (nom féminin) Synonyme de cosse. *Pour éplucher les petits pois, il faut ouvrir la **gousse** qui les enveloppe.* • Gousse d'ail : chacune des parties d'une tête d'ail.

gousset (nom masculin) Petite poche du gilet. *Autrefois, les hommes portaient leur montre dans leur **gousset**.*

goût (nom masculin) **1** Celui des cinq sens qui sert à reconnaître ce que l'on mange. *L'organe du **goût** est la langue.* **2** Saveur d'un aliment. *Ces tomates ont bon **goût**.* **3** Plaisir qu'on a à faire quelque chose. *Kevin et Myriam n'ont vraiment pas les mêmes **goûts** : elle aime le football, lui la lecture.* **4** Faculté d'apprécier ce qui est beau. *Noémie a du **goût**, sa chambre est bien décorée.*
★ Famille du mot : arrière-goût, avant-goût, goûter.
▶ On écrit aussi : **gout**.

① **goûter** (verbe) (conj. 3) **1** Manger un peu d'un aliment pour connaître son goût. ***Goûte** ce gâteau au chocolat, il est délicieux.* **2** Prendre son goûter. *Les enfants **goûtent** dans le jardin après l'école.*
▶ On écrit aussi : **gouter**.

② **goûter** (nom masculin) Repas léger que prennent les enfants dans l'après-midi. *Pour son **goûter**, Odile s'est acheté un pain au chocolat.*
▶ On écrit aussi : **gouter**.

goutte (nom féminin) **1** Très petite quantité de liquide, qui a une forme arrondie. *Il pleut à grosses **gouttes**.* **2** Petite quantité de liquide. *Pierre a bu une **goutte** de champagne le jour de son anniversaire.* • Goutte à goutte : une goutte après l'autre. • Se ressembler comme deux gouttes d'eau : être exactement pareils.

▪ **goutes** (nom féminin pluriel) Médicament liquide qu'on prend sous forme de gouttes. *Se mettre des **gouttes** dans le nez.*
★ Famille du mot : égoutt**er**, égoutt**oir**, goutte-à-goutte, goutt**elette**, goutt**er**, goutt**ière**.

goutte-à-goutte (nom masculin) Appareil qui sert à faire une perfusion. *Dès qu'il ira mieux, on lui retirera le **goutte-à-goutte**.*
▶ Pluriel : des **goutte-à-goutte**.

gouttelette (nom féminin) Petite goutte. *On n'a pas eu de pluie, juste quelques **gouttelettes**.*

goutter (verbe) (conj. 3) Couler goutte à goutte. *Le plombier doit réparer le robinet qui **goutte** sans arrêt.*

gouttière (nom féminin) Conduit creux qui borde les toits et qui sert à recueillir les eaux de pluie. *Cette **gouttière** est en zinc.*

gouvernail (nom masculin) Dispositif mobile situé à l'arrière d'un bateau ou d'un avion et qui permet de le diriger. *C'est la barre qui commande le **gouvernail**.*

gouvernant, ante (nom) Personne qui participe au gouvernement d'un pays.
▪ **gouvernante** (nom féminin) Femme chargée de garder et d'éduquer des enfants. *Autrefois, il y avait des **gouvernantes** dans les familles riches.*

gouvernement (nom masculin) Ensemble des personnes qui gouvernent un pays. *Après les élections, le Président a nommé un nouveau chef du **gouvernement**.*

gouvernemental, ale, aux (adjectif) Du gouvernement. *L'opposition critique la politique **gouvernementale**.*

gouverner (verbe) (conj. 3) Diriger un pays. *En France, le Premier ministre **gouverne** avec tous ses ministres.*
★ Famille du mot : gouvern**ail**, gouvern**ant**, gouverne**ment**, gouverne**mental**, gouvern**eur**.

gouverneur (nom masculin) Personne qui gouverne un territoire.

goyave (nom féminin) Fruit tropical très sucré et parfumé.

GPL (nom masculin) Carburant à base de gaz liquéfié. *Le **GPL** pollue moins que l'essence.*
★ GPL est le sigle de *gaz de pétrole liquéfié.*

GR (nom masculin) Sentier de grande randonnée. *Pour faire ce **GR**, il faut de bonnes chaussures de marche.*
★ GR est le sigle de *grande randonnée.*
▶ Prononciation [ʒeɛʀ].

grabat (nom masculin) Lit misérable. *Le vieillard gisait sur un **grabat**.*

grabataire (adjectif et nom) Se dit d'un malade qui ne peut plus quitter son lit. *Sa santé a empiré, il est maintenant totalement **grabataire**.*

grabuge (nom masculin) Synonyme familier de dispute. *Il y a eu du **grabuge** après le match.*

① **grâce à** (préposition) Avec l'aide de quelqu'un ou de quelque chose. ***Grâce à** toi, j'ai gagné. **Grâce au** soleil, le verglas a fondu.*

② **grâce** (nom féminin) **1** Beauté, élégance et charme dans les mouvements d'une personne. *La princesse salue la cour avec beaucoup de **grâce**.* **2** Pardon accordé à un condamné. *Il espérait une **grâce** présidentielle, mais il ne l'a pas obtenue.* • **De bonne grâce** : volontiers. • **De mauvaise grâce** : à contrecœur. • **Être dans les bonnes grâces de quelqu'un** : être protégé par lui.
▶ Les dérivés du mot **grâce** n'ont pas d'accent circonflexe sur le « a », sauf *disgrâce.*
★ Famille du mot : **dis**grâce, **dis**gracieux, graci**er**, gracieu**sement**, graci**eux**.

gracier (verbe) (conj. 10) Accorder la grâce à un condamné. *Cet homme **a été gracié** par le président de la République.*

gracieusement (adverbe) **1** Avec grâce. *Sarah danse très **gracieusement**.* **2** Synonyme de gratuitement. *Cet échantillon vous est **gracieusement** offert.*

gracieux, euse (adjectif) Qui a beaucoup de grâce. *Cette danseuse est très **gracieuse**.* (Contr. **disgracieux**.) • **À titre gracieux** : gratuitement.

gracile (adjectif) Qui est mince et élancé. *Une adolescente **gracile**.*

gradation (nom féminin) Passage par degrés d'un état à un autre. *Ce tableau présente une **gradation** de couleurs du jaune au rouge.*

grade (nom masculin) **1** Degré dans une hiérarchie. *Le plus haut **grade** dans l'armée est celui de général.* **2** Unité de mesure d'un angle. • **En prendre pour son grade** : dans la langue familière, se faire sévèrement réprimander. • **Monter en grade** : avoir de l'avancement.

gradé, ée (nom) Militaire qui a un grade dans l'armée.

gradin (nom masculin) Bancs disposés comme des marches d'escalier. *Les spectateurs regardent le match depuis les **gradins** du stade.*
★ **Gradin** vient de l'italien *gradino* qui signifie « petite marche d'escalier ».

graduation (nom féminin) Petit trait qui indique une division d'un instrument de mesure. *Les **graduations** d'un thermomètre.*

graduel, elle (adjectif) Qui se fait par degrés. *On constate une amélioration **graduelle** de son état de santé.* (Syn. **progressif**.)

graduellement (adverbe) De façon graduelle. *La température remonte **graduellement**.*

graduer (verbe) (conj. 3) **1** Diviser un instrument de mesure au moyen de graduations. *Cette règle **est graduée** en millimètres et en centimètres.* **2** Augmenter peu à peu la difficulté. *Ces exercices **sont gradués** en fonction de l'âge des élèves.*
★ Famille du mot : gradu**ation**, gradu**el**, gradu**ellement**.

graffiti (nom masculin) Inscription ou dessin griffonnés sur un mur. *Il y a beaucoup de **graffitis** dans ce couloir.*

graillon (nom masculin) Odeur désagréable de graisse frite. *Cette gargote empeste le **graillon**.*

grain (nom masculin) **1** Graine ou petit fruit de certaines plantes. *Avec les **grains** de blé, on fait de la farine, avec les **grains** de raisin, on fait du vin.* **2** Particule d'une matière. *Quentin a des **grains** de sable dans ses chaussures.* **3** Aspect plus ou moins rugueux d'une surface. *Le **grain** d'un papier, d'un cuir.* **4** Bref coup de vent accompagné d'averses. *Attendons que ce **grain** soit passé pour sortir.* • **Avoir un grain** : dans la langue familière, être un peu fou. • **Grain de beauté** : petite tache brune sur la peau. • **Mettre son grain de sel** : se mêler de quelque chose de façon indiscrète. • **Veiller au grain** : être sur ses gardes.
★ Famille du mot : graine, grainer, grainetier.

graine (nom féminin) Partie d'une plante qui germe pour donner une nouvelle plante. *Maman a semé des **graines** de persil.* • **En prendre de la graine** : dans la langue familière, prendre en exemple. *Ursula, elle, fait du sport : tu devrais **en prendre de la graine** !*

grainer (verbe) (conj. 3) Produire des graines. *La ciboulette fleurit puis **graine**.*

grainetier, ère (nom) Marchand de graines et de bulbes.

graissage (nom masculin) Action de graisser un moteur ou un mécanisme. *Victor a fait le **graissage** de sa chaîne de vélo.*

graisse (nom féminin) **1** Partie grasse du corps d'une personne ou d'un animal. *Zoé n'aime pas la **graisse** des côtes d'agneau.* **2** Produit gras qu'on utilise en mécanique. *Le mécanicien a les mains pleines de **graisse**.*
★ Famille du mot : dégraisser, engrais, engraisser, graissage, graisser.

graisser (verbe) (conj. 3) Enduire de graisse. *L'ouvrier **a graissé** sa machine pour éviter qu'elle rouille.* (Syn. **huiler**.)

graminée (nom féminin) Plante dont les fleurs sont groupées en épis. *Les céréales, le bambou, la canne à sucre sont des **graminées**.*

grammaire (nom féminin) Ensemble des règles qu'il faut suivre pour parler et écrire correctement une langue.

grammatical, ale, aux (adjectif) De la grammaire. *Le verbe s'accorde avec le sujet, c'est une règle **grammaticale**.*

gramme (nom masculin) **1** Unité de poids. *Dans une livre, il y a 500 grammes.* **2** Au sens figuré, très petite quantité. *Il n'a pas un **gramme** de bon sens.*

grand, grande (adjectif) **1** Qui est de haute taille. *Anna est plus **grande** que sa sœur jumelle.* (Contr. **petit**.) **2** Qui est plus âgé. *Le **grand** frère de William vient de passer son bac.* (Contr. **petit**.) **3** Qui est vaste, étendu. *Le château est entouré d'un **grand** parc.* (Contr. **petit**.) **4** Qui est important. *TGV signifie : train à **grande** vitesse.* (Contr. **faible**.) **5** Qui est célèbre, éminent. *Rodin est un **grand** sculpteur français.*
■ **grand, grande** (nom) Enfant plus âgé qu'un autre. *La classe des **grands**.*
■ **grand** (adverbe) • **Voir grand** : avoir des projets grandioses.
★ Famille du mot : agrandir, agrandissement, agrandisseur, grandement, grandeur, grandiose, grandir.

grand-angle (nom masculin) Objectif à courte distance focale, qui couvre un angle très important. *Pour prendre la photographie d'un paysage, il est préférable d'avoir un objectif **grand-angle**.*
▶ Pluriel : des **grands-angles**.
▶ On dit aussi **grand-angulaire**.

pas **grand-chose** (pronom) Presque rien. *Dans le brouhaha, il n'a **pas** entendu **grand-chose** du discours.*

grandement (adverbe) Beaucoup, tout à fait. *Il est **grandement** temps que tu ailles te faire couper les cheveux.*

grandeur (nom fémimin) **1** Caractère de ce qui est grand. *La **grandeur** d'un édifice.* **2** Quantité mesurable. *La température est une **grandeur** physique.* • **Folie des grandeurs** : ambition excessive. • **Grandeur d'âme** : noblesse des sentiments. (Contr. **bassesse**.)

grandiloquent, ente (adjectif) Qui est plein d'emphase. *Il s'est adressé au public d'un ton **grandiloquent**.* (Syn. **emphatique, pompeux**.)

grandiose (adjectif) Qui est imposant, majestueux. *Le spectacle s'est déroulé dans le cadre **grandiose** du château.*

grandir (verbe) (conj. 11) **1** Devenir plus grand. *Mes pieds ont dû **grandir** car mes chaussures me serrent.* (Contr. **rapetisser**.) **2** Devenir plus fort. *Leur amitié **grandit** de jour en jour.* (Syn. **augmenter**.)

grand-mère (nom féminin) Mère du père ou de la mère de quelqu'un. *La **grand-mère** paternelle d'Élodie habite en province.*
▶ Pluriel : des **grands-mères**.

grand-oncle (nom masculin) Frère du grand-père ou de la grand-mère.
▶ Pluriel : des **grands-oncles**.
▶ Prononciation [gʀɑ̃tɔ̃kl].

à **grand-peine** (adverbe) Avec beaucoup de peine, très difficilement. *Xavier a une ampoule au talon, il marche **à grand-peine**.*

grand-père (nom masculin) Père du père ou de la mère de quelqu'un. *Le **grand-père** maternel de Yann vient souvent le chercher à l'école.*
▶ Pluriel : des **grands-pères**.

grands-parents (nom masculin pluriel) Parents du père ou de la mère de quelqu'un. *Fatima a fêté les 40 ans de mariage de ses **grands-parents**.*

a b c d e f g h i j k l m n o p q r s t u v w x y z

grand-tante (nom féminin) Sœur du grand-père ou de la grand-mère.
▶ Pluriel : des **grands-tantes**.

grand-voile (nom féminin) Voile principale du grand mât d'un voilier. *Après avoir hissé la **grand-voile**, il est parti vers le large.*
▶ Pluriel : des **grands-voiles**.

grange (nom féminin) Bâtiment d'une ferme où l'on abrite les récoltes. *La paille et le foin sont entreposés dans la **grange**.*

granit (nom masculin) Roche très dure. *En Bretagne, beaucoup de maisons sont en **granit**.*
▶ Prononciation [gʀanit].
▶ On écrit aussi **granite**.

granitique (adjectif) Qui est composé de granit. *Un terrain **granitique**.*

granulat (nom masculin) Ensemble des matériaux qui composent un mortier, un béton. *C'est principalement avec du sable et du gravier que l'on fait du **granulat**.*

granule (nom masculin) Petite pilule. *Les médicaments homéopathiques sont généralement administrés en **granules**.*

granulé (nom masculin) Petit grain. *Il nourrit son cochon d'Inde avec des **granulés**.*

granuleux, euse (adjectif) Formé de petits grains. *Le crépi présente une surface **granuleuse**.* (Contr. **lisse**.)

graph(o)- Élément tiré du grec *graphein* qui signifie « écrire » (exemples : *autographe, calligraphie, graphologie*).

graphe (nom masculin) En mathématiques, représentation graphique des solutions vérifiant la relation définie entre les éléments de deux ensembles.

graphie (nom féminin) Manière d'écrire un mot. *Le mot « cacahuète » a deux **graphies** car on peut aussi écrire « cacahouète ».*

graphique (adjectif) Qui est représenté par l'écriture. *Les lettres de l'alphabet sont des signes **graphiques**.*
▪ **graphique** (nom masculin) Ligne représentant les variations d'une grandeur. *Le **graphique** de la température des malades est accroché au pied de chaque lit.*

graphisme (nom masculin) Façon d'écrire ou de dessiner.

graphiste (nom) Dessinateur spécialisé dans les arts graphiques. *Cette **graphiste** a beaucoup de talent pour dessiner des logos accrocheurs.*

graphite (nom masculin) Carbone naturel cristallisé, de couleur noire, utilisé pour faire les mines de certains crayons.

graphologie (nom féminin) Étude de l'écriture de quelqu'un pour découvrir son caractère.

grappe (nom féminin) Ensemble de fleurs ou de fruits portés sur une tige commune. *Le raisin et les groseilles se présentent en **grappes**.*

grappiller (verbe) (conj. 3) Cueillir çà et là, par petites quantités. *Les enfants sont montés dans le cerisier pour **grappiller** des cerises.*

grappin (nom masculin) Petite ancre à crochets recourbés.

gras, grasse (adjectif) **1** Qui est composé de graisse. *Le beurre, le saindoux, l'huile sont des matières **grasses**.* **2** Qui a beaucoup de graisse. *Ce chat est trop **gras**, tu le nourris trop !* (Syn. **gros**. Contr. **maigre**.) **3** Qui est sali par la graisse. *Tu as les mains **grasses**, va les laver !* • **Caractères gras** : caractères d'imprimerie plus épais que les autres. • **Faire la grasse matinée** : se lever tard. • **Plante grasse** : plante verte aux feuilles épaisses.
▪ **gras** (nom masculin) Partie grasse d'un aliment. *Ce jambon est si savoureux que Benjamin en mange même le **gras**.*
★ Famille du mot : gras**sement**, gras**souillet**.

grassement (adverbe) • **Payer grassement** : largement, avec générosité. *Il est **grassement** payé pour ce qu'il fait.*

grassouillet, ette (adjectif) Qui est un peu gras. *Il est **grassouillet** comme un petit cochon.* (Syn. **dodu**. Contr. **maigrichon**.)

gratification (nom féminin) Somme d'argent accordée à quelqu'un en plus du salaire. *Le gardien de l'immeuble a eu droit à une **gratification**.* (Syn. **prime**.)

gratifier (verbe) (conj. 10) Accorder un don ou une faveur à quelqu'un. *On **a gratifié** le livreur d'un bon pourboire.* (Syn. **récompenser**.)

gratin (nom masculin) Plat saupoudré de fromage râpé ou de chapelure, que l'on fait dorer au four. *Gaëlle adore le **gratin** d'aubergines.*
★ **Gratin** désignait la partie d'un mets qui attache et qu'il faut *gratter* pour la détacher.

gratiner (verbe) (conj. 3) Accommoder au gratin. *Maman fait **gratiner** les macaronis, ça sent bon !*

gratis (adverbe) Synonyme familier de gratuitement. *Clément a pu entrer **gratis** au concert.*
▶ Prononciation [gʀatis].

gratitude (nom féminin) Reconnaissance pour un service rendu. *Je lui ai exprimé toute ma **gratitude** pour son aide.* (Contr. **ingratitude**.)

gratte-ciel (nom masculin) Immeuble très haut. *Ce **gratte-ciel** a plus de cent étages !*
▶ Pluriel : des **gratte-ciels** ou des **gratte-ciel**.

gratter (verbe) (conj. 3) **1** Frotter ou racler une surface avec quelque chose de dur ou avec les ongles. *Le peintre **a** d'abord **gratté** la rouille de la grille. Hélène a été piquée par des moustiques, elle n'arrête pas de se **gratter**.* **2** Causer des démangeaisons. *Si ce pull te **gratte**, mets un tee-shirt en-dessous.*
★ Famille du mot : gratte-ciel, gratt**oir**.

grattoir (nom masculin) Ustensile servant à gratter.

gratuit, uite (adjectif) **1** Qu'on peut obtenir sans payer. *Julie a eu des échantillons **gratuits** de savon.* **2** Qui n'a pas de raison ou de preuve. *Sa méchanceté est vraiment **gratuite**.* (Contr. **fondé**.)
★ Famille du mot : gratuité, gratuitement.

gratuité (nom féminin) Caractère de ce qui est gratuit. *La **gratuité** de l'enseignement public.*

gratuitement (adverbe) Sans payer. *Les très jeunes enfants voyagent **gratuitement** en avion.*

gravats (nom masculin pluriel) Débris de différents matériaux qui proviennent d'une démolition. *Le camion emporte les **gravats** vers la décharge.*

grave (adjectif) **1** Qui peut être dangereux ou inquiétant. *Le cancer est une maladie **grave**.* (Contr. **bénin**.) **2** Qui est sérieux, ne plaisante pas. *Il nous a annoncé la nouvelle d'un ton **grave**.* **3** Qui est important. *Ce n'est pas **grave** si tu ne viens pas.* **4** Se dit d'un son ou d'une voix qui sont très bas. *Ce chanteur a une voix très **grave**.* (Contr. **aigu**.)
★ Famille du mot : aggravation, aggraver, gravement, gravité.

graveleux, euse (adjectif) **1** Mêlé de gravier. *Cette terre n'est pas idéale pour planter des arbres fruitiers, elle est trop **graveleuse**.* **2** Vulgaire, grossier. *Cette fille est mal élevée, elle a toujours des propos **graveleux**.*

gravement (adverbe) **1** De façon grave. *Il a été **gravement** blessé aux jambes.* (Contr. **légèrement**.) **2** Avec gravité. *La maîtresse a abordé **gravement** le problème du tiers-monde.* (Syn. **sérieusement**.)

graver (verbe) (conj. 3) Écrire ou dessiner en creux avec un objet pointu sur une surface dure. *Maman a fait **graver** le prénom de Laura sur sa gourmette.*
★ Famille du mot : graveur, gravure.

graveur, euse (nom) Artiste qui exécute des gravures.

gravier (nom masculin) Très petits cailloux. *Marcher pieds nus sur le **gravier** est douloureux.*
★ Gravier est un dérivé de *grève*, au sens de « plage, rivage ».

gravillon (nom masculin) Gravier très fin. *Un panneau indique qu'il faut ralentir car il y a des **gravillons** sur la chaussée.*

gravir (verbe) (conj. 11) Monter avec effort une pente difficile. *Pour **gravir** cette montagne, il faut un bon équipement.* (Syn. **escalader**.)

gravitation (nom féminin) Attraction universelle qui s'exerce entre les corps. *C'est Newton qui a découvert la loi de la **gravitation**.*

gravité (nom féminin) **1** Caractère de ce qui est grave. *Heureusement, c'est une blessure sans **gravité**. Parler avec **gravité** d'un sujet d'actualité.* **2** Force de la pesanteur exercée par la Terre sur les objets. *Les fusées permettent d'échapper à la **gravité** et d'envoyer des objets dans l'espace.*

graviter (verbe) (conj. 3) Tourner autour d'un corps céleste qui exerce une attraction. *Les planètes **gravitent** autour du Soleil.*

gravure (nom féminin) **1** Art de graver. *Cet artiste fait de la **gravure** sur pierre.* **2** Reproduction d'un dessin à l'aide d'une plaque gravée. *Cette **gravure** mérite d'être encadrée.*

gré (nom masculin) • **Au gré de quelqu'un** : à son goût. *Ce repas est-il à ton **gré** ?* • **Bon gré, mal gré** : avec résignation et à contrecœur. • **Contre le gré de quelqu'un** : contre sa volonté. *Il est parti **contre son gré**.* • **De gré ou de force** : volontairement ou sous la contrainte. • **Savoir gré à quelqu'un de quelque chose** : lui en être reconnaissant.
★ Gré vient du latin *gratum* qui signifie « agréable ».

grèbe (nom masculin) Oiseau au plumage gris clair, très bon nageur, qui se nourrit de poissons. *Les **grèbes** construisent des nids flottants.*

grec, grecque → tableau p. 6 / 7.

gredin (nom masculin) Individu malhonnête. *Ce **gredin** a déjà volé plusieurs personnes.* (Syn. **canaille**.)

gréement (nom masculin) Ensemble des voiles, des mâts, des cordages, des poulies d'un bateau. *Avant de quitter le port, on vérifie le **gréement**.*

gréer (verbe) (conj. 3) Équiper un bateau de son gréement. *Myriam a appris à **gréer** un voilier lors de son stage de voile.*

① **greffe** (nom masculin) Bureau d'un tribunal où sont établis et conservés les textes des jugements.

② **greffe** (nom féminin) **1** Méthode utilisée pour fixer une partie d'une plante sur une autre plante. *On fait des **greffes** sur les arbres fruitiers pour obtenir de nouvelles variétés de fruits.* **2** Opération chirurgicale qui consiste à remplacer un organe malade. *Il s'est bien rétabli après avoir subi une **greffe** du cœur.* (Syn. **transplantation**.)
★ Famille du mot : greffer, greffon.

greffer (verbe) (conj. 3) **1** Faire une greffe à une plante. ***Greffer** un rosier.* **2** Faire une greffe d'organe. ***Greffer** un rein.* **3 Se greffer** : s'ajouter à quelque chose. *De nouveaux soucis sont venus **se greffer** sur ceux qu'il avait déjà.*

greffier, ère (nom) Personne chargée du greffe d'un tribunal.

greffon (nom masculin) **1** Partie d'une plante destinée à être greffée sur une autre pour créer une nouvelle espèce. **2** Tissu, organe greffé ou destiné à être greffé. *Les **greffons** sont conservés au froid.*

grégaire (adjectif) Qui pousse certains animaux à vivre en groupe. *L'instinct **grégaire** des moutons.*

grège (adjectif) D'une couleur beige clair. *Une chemise **grège**.*

grégorien, enne (adjectif) Se dit des réformes religieuses introduites au VIe s. par Grégoire Ier. • **Calendrier grégorien** : calendrier romain réformé par le pape Grégoire XIII en 1582. • **Chant grégorien** : chant de l'Église romaine au Moyen Âge. *Ces chants **grégoriens** sont envoûtants.*

a b c d e f g h i j k l m n o p q r s t u v w x y z

① **grêle** (adjectif) **1** Qui est long et menu. *Les flamants roses ont des pattes **grêles**.* **2** Qui est faible et aigu. *Noémie parle d'une voix **grêle**.* • **Intestin grêle** : partie longue et mince de l'intestin.

② **grêle** (nom féminin) Pluie qui tombe sous forme de grêlons. *Certains vignobles ont été endommagés par la **grêle**.*
★ Famille du mot : grê**ler**, grê**lon**.

grêler (verbe) (conj. 3) Tomber sous forme de grêle.

grêlon (nom masculin) Goutte de pluie gelée. *Les **grêlons** sont de petits grains de glace.*

grelot (nom masculin) Clochette en forme de boule. *On entend tinter le **grelot** des chèvres.*

grelotter (verbe) (conj. 3) Trembler de froid. *Je vois bien que tu as froid : tu **grelottes** !*
► On écrit aussi **greloter**.

grenade (nom féminin) **1** Fruit du grenadier. *Les **grenades** poussent dans les pays chauds.* **2** Projectile explosif lancé à la main ou avec un fusil. *La police a lancé des **grenades** lacrymogènes pour disperser les manifestants.*
★ Famille du mot : grenad**ier**, grenad**ine**.

grenadier (nom masculin) **1** Arbre fruitier qui produit des grenades. *Les **grenadiers** sont légèrement épineux.* **2** Autrefois, soldat d'élite. *Les **grenadiers** de Napoléon.*

grenadine (nom féminin) Sirop de couleur rouge à base de jus de grenade. *Pierre préfère le jus d'orange à la **grenadine**.*

grenaille (nom féminin) Métal réduit en petits grains. *On utilise de la **grenaille** pour faire les cartouches de certains fusils.*

grenat (adjectif) Qui est de couleur rouge sombre. *Maman a mis une nappe **grenat** sur la table.*
► Pluriel : des tissus **grenat**.
★ **Grenat** vient de l'ancien mot *grenate*, qui signifie « de la couleur de la grenade ».

grenier (nom masculin) Étage d'une maison situé sous les toits. *Aude a mis ses vieux livres au **grenier**.*
★ **Grenier** vient du latin *granum* qui signifie « grain ».

grenouille (nom féminin) Petit animal amphibie qui vit au bord de l'eau. *Les **grenouilles** coassent.*

grenouillère (nom féminin) Combinaison pour bébé, couvrant aussi les pieds.

grenu, ue (adjectif) **1** Se dit de roches à cristaux visibles. *Le granite est un minéral **grenu**.* **2** Marqué de grains, d'aspérités. *Ce cuir paraît lisse, mais au toucher il est **grenu**.* (Contr. **lisse**.)

grès (nom masculin) **1** Roche formée de grains de sable agglomérés. **2** Terre glaise mélangée de sable avec laquelle on fait des poteries. *Un vase en **grès**.*

grésil (nom masculin) Pluie de tout petits grains de glace.
► Prononciation [gʀezil].

grésiller (verbe) (conj. 3) Faire de petits bruits secs. *Il faut attendre que l'huile **grésille** pour y mettre les petits poissons à frire.*

① **grève** (nom féminin) Arrêt du travail pour protester contre quelque chose ou obtenir des avantages. *Il n'y a pas de courrier car les facteurs sont en **grève**.*
★ **Grève** vient de l'ancien nom de la *place de Grève*, située devant l'hôtel de ville de Paris, qui descendait alors jusqu'aux berges de la Seine, et où les ouvriers se réunissaient pour essayer de trouver du travail.

② **grève** (nom féminin) Synonyme littéraire de plage. *Un bateau s'est échoué sur la **grève**.* (Syn. **rivage**.)

grever (verbe) (conj. 8) Soumettre à des charges financières, à des servitudes. *Ces remboursements mensuels **grèvent** son budget.* (Syn. **alourdir**, **charger**, **surcharger**. Contr. **dégrever**.)
★ **Grever** vient d'un mot latin qui signifie « accabler ».

gréviste (nom) Personne qui fait la grève. *Les **grévistes** occupent l'usine.*

gribouillage (nom masculin) Écriture ou dessin gribouillés. *Ces **gribouillages** sont illisibles.*
► On dit aussi **gribouillis**.

gribouiller (verbe) (conj. 3) Écrire ou dessiner n'importe comment ou de façon informe. *Arrête de **gribouiller** sur ce livre !*

grief (nom masculin) Chose qu'on reproche à quelqu'un. *On lui a fait **grief** de son absence.*

grièvement (adverbe) Synonyme de gravement. *Plusieurs personnes ont été **grièvement** brûlées dans l'incendie.*

griffe (nom féminin) **1** Ongle pointu et recourbé de certains animaux. *Les **griffes** du tigre sont redoutables.* **2** Marque commerciale. *Ce manteau porte la **griffe** d'un grand couturier.*
★ Famille du mot : griff**er**, griff**ure**.

griffer (verbe) (conj. 3) Égratigner d'un coup de griffe ou avec les ongles. *Fais attention au chat, car parfois il **griffe** !*

griffon (nom masculin) **1** Chien à poil long et frisé. **2** Animal fabuleux avec un corps de lion, une tête et des ailes d'aigle.

griffonner (verbe) (conj. 3) Écrire vite et mal. *Romain **a griffonné** son adresse sur un petit bout de papier.*

griffure (nom féminin) Marque d'un coup de griffe.

grignoter (verbe) (conj. 3) **1** Manger en rongeant. *La souris **grignote** un morceau de fromage.* **2** Manger lentement et par petites quantités. *Arrête de **grignoter**, tu n'auras plus faim pour dîner !*

grigri (nom masculin) Petit objet porte-bonheur. *Odile ne se rend jamais à un examen sans ce vieux morceau de tissu qui lui sert de gri-gri.*

gril (nom masculin) Ustensile sur lequel on fait griller des aliments. *Avant de poser le* ***gril****, David attend que les braises soient rouges.*

grill (nom masculin) Restaurant spécialisé dans les grillades. *Julie adore les grillades, elle a déjà mangé dans tous les* ***grills*** *de la région.*
▶ Prononciation [gʀil].
★ Grill vient de l'anglais *grill-room*.

grillade (nom féminin) Viande grillée. *S'il fait beau, on fera des* ***grillades*** *sur le barbecue.*

grillage (nom masculin) Clôture en fils de métal qui se croisent. *Les deux jardins sont séparés par un* ***grillage****.*

grillager (verbe) (conj. 5) Garnir d'un grillage. *Maman a fait* ***grillager*** *les fenêtres pour éviter les accidents.*

grille (nom féminin) **1** Clôture constituée de barreaux métalliques. *Il faut repeindre la* ***grille*** *du jardin.* **2** Tableau quadrillé. *C'est la première fois qu'il remplit une* ***grille*** *de loto.*
★ Famille du mot : grill**age**, grill**ager**.

grille-pain (nom masculin) Appareil électrique qui sert à griller des tranches de pain.
▶ Pluriel : des **grille-pains**.

griller (verbe) (conj. 3) **1** Cuire sur un gril. *On a fait* ***griller*** *des steaks dans le jardin.* **2** Abîmer en desséchant. *Les gelées* ***ont grillé*** *la végétation.* • Griller un feu rouge : dans la langue familière, le dépasser sans s'arrêter.
★ Famille du mot : gril, grill**ade**, grille-pain.

grillon (nom masculin) Insecte noir qui saute et fait du bruit en frottant ses élytres l'un contre l'autre.

grimace (nom féminin) Mouvement qui déforme le visage. *Thomas fait des* ***grimaces*** *en se tordant la bouche et le nez.* • Faire la grimace : manifester son mécontentement ou son dégoût.

grimacer (verbe) (conj. 4) Faire des grimaces. *Le blessé* ***grimaçait*** *de douleur.*

grimer (verbe) (conj. 3) Maquiller un acteur. *Ce comédien* ***est grimé*** *pour paraître vingt ans de plus.*

grimoire (nom masculin) Livre de sorcellerie. *Dans les contes de sorcellerie, les recettes de potions magiques sont toujours dans de vieux* ***grimoires****.*

grimpant, ante (adjectif) Se dit d'une plante qui pousse en s'accrochant à un support. *Le lierre et la vigne vierge sont des plantes* ***grimpantes****.*

grimper (verbe) (conj. 3) **1** Monter en s'aidant des pieds et des mains. *Odile* ***grimpe*** *dans le cerisier pour cueillir des cerises.* **2** Suivre une pente raide. *Ce chemin* ***grimpe*** *trop pour que Victor le monte à vélo.*
★ Famille du mot : grimp**ant**, grimp**eur**.

grimpeur, euse (nom) Alpiniste ou cycliste qui grimpe bien les côtes. *Il faut être un bon* ***grimpeur*** *pour escalader cette paroi abrupte.*

grinçant, ante (adjectif) Qui est désagréable ou sarcastique. *Il nous a parlé d'un ton* ***grinçant****.*

grincement (nom masculin) Bruit que fait quelque chose qui grince.

grincer (verbe) (conj. 4) Faire un bruit aigu et désagréable. *C'est agaçant, cette porte qui* ***grince*** *!* • Grincer des dents : faire du bruit en serrant ses mâchoires l'une contre l'autre.
★ Famille du mot : grinç**ant**, grince**ment**.

grincheux, euse (adjectif) Synonyme de grognon. *Le mauvais temps le rend* ***grincheux****.*

gringalet (nom masculin) Homme petit et chétif.

griot (nom masculin) En Afrique, poète et musicien qui raconte les histoires du temps passé.

griotte (nom féminin) Petite cerise acide.

grippe (nom féminin) Maladie contagieuse transmise par un virus. *Sarah a la* ***grippe*** *et beaucoup de fièvre, elle doit rester au lit.* • Prendre en grippe : avoir de l'antipathie.

grippé, ée (adjectif) Qui a la grippe.

se **gripper** (verbe) (conj. 3) Se bloquer ou se coincer. *Le mécanisme* ***s'est grippé****, l'horloge ne marche plus.*

grippe-sou (nom masculin) Synonyme familier d'avare.
▶ Pluriel : des **grippe-sous**.

gris, grise (adjectif) **1** Qui est d'une couleur entre le noir et le blanc. *Un costume* ***gris*** *foncé.* **2** Qui est couvert de nuages. *Le ciel est* ***gris****, il va pleuvoir.* **3** Qui est un peu ivre. *Il est un peu* ***gris*** *après avoir bu un verre de champagne.* • Faire grise mine : avoir l'air fâché. • Matière grise : synonyme familier d'intelligence.
■ **gris** (nom masculin) Couleur grise.
★ Famille du mot : **dé**gris**er**, gris**aille**, gris**ant**, gris**âtre**, gris**er**, gris**erie**, gris**onner**.

grisaille (nom féminin) Temps gris et brumeux. *Après plusieurs jours de* ***grisaille****, le beau temps est revenu.*

grisant, ante (adjectif) Qui grise. *Une victoire* ***grisante****.*

grisâtre (adjectif) Qui est un peu gris.

griser (verbe) (conj. 3) **1** Enivrer légèrement. *Cet apéritif a suffi à le* ***griser****.* **2** Exciter au point de faire perdre la raison. *Il s'est laissé* ***griser*** *par le succès.*

griserie (nom féminin) Sentiment d'excitation. *Il s'est laissé entraîner par la* ***griserie*** *de la vitesse.*

grisonner (verbe) (conj. 3) Commencer à devenir gris. *Il a déjà les cheveux qui* ***grisonnent****.*

grisou (nom masculin) Gaz qui se forme dans les mines de charbon et qui peut exploser.

grive (nom féminin) Oiseau migrateur au plumage brun et gris. *Les* ***grives*** *picorent les raisins dans les vignes.*

grivelé, ée (adjectif) Tacheté de noir et de blanc, comme le plumage de la grive. *Cet oiseau a un plumage* ***grivelé****.*

grivois, oise (adjectif) Qui est drôle, mais un peu osé. *Une histoire **grivoise**, une chanson **grivoise**.*

grizzli (nom masculin) Grand ours brun. *Les **grizzlis** vivent dans les montagnes de l'Amérique du Nord.*

grog (nom masculin) Boisson chaude composée de rhum, d'eau chaude sucrée et de citron. *Pour se réchauffer, les alpinistes ont bu un **grog** en arrivant au refuge.*
★ **Old Grog** était le surnom d'un amiral anglais qui avait voulu obliger les marins à boire leur rhum mélangé à de l'eau.

grogne (nom féminin) Synonyme familier de mécontentement. *Les grévistes ont manifesté leur **grogne** en défilant dans les rues.*

grognement (nom masculin) Fait de grogner.

grogner (verbe) (conj. 3) **1** Pousser son cri, en parlant de l'ours, du cochon ou du sanglier. **2** Faire un bruit sourd. *Le chien **grogne** chaque fois qu'on l'approche.* (Syn. **gronder**.) **3** Montrer qu'on n'est pas content en protestant à voix basse. *Ursula range sa chambre en **grognant**.* (Syn. **bougonner, grommeler, ronchonner**.)
★ Famille du mot : grogne, grogn**ement**, grogn**on**.

grognon, onne (adjectif) Qui grogne, est de mauvaise humeur. *Le bébé est **grognon** car il n'a pas fait sa sieste.* (Syn. **bougon, grincheux**.)

groin (nom masculin) Museau du porc ou du sanglier.

grommeler (verbe) (conj. 8 ou 9) Manifester son mécontentement en grognant. *Il est parti furieux en **grommelant**.* (Syn. **bougonner, maugréer, ronchonner**.)

grondement (nom masculin) Bruit sourd et prolongé de quelque chose qui gronde. *On a entendu le **grondement** de l'avalanche jusque dans la vallée.*

gronder (verbe) (conj. 3) **1** Faire entendre un bruit sourd. *Entends-tu le tonnerre qui **gronde** ? Il va y avoir de l'orage.* **2** Faire des reproches à un enfant. *William s'est fait **gronder** par le maître.* (Syn. **attraper, réprimander**.)

grondin (nom masculin) Poisson de mer gris ou rose, à tête volumineuse, qui vit près des côtes. *Xavier aime pêcher le **grondin** car il est friand de sa chair.*
★ **Grondin** vient du mot *gronder*, à cause du grondement que ce poisson émet.

groom (nom masculin) Jeune employé d'un hôtel. *Un **groom** en uniforme ouvre la porte aux clients.*
► **Groom** est un mot anglais : on prononce [gʀum].

gros, grosse (adjectif) **1** Qui prend beaucoup de place. *Si tu ne pars que deux jours, tu n'as pas besoin de prendre une si **grosse** valise !* (Syn. **volumineux**. Contr. **petit**.) **2** Qui dépasse le poids normal. *Cet enfant est trop **gros**, il doit suivre un régime.* (Syn. **gras**. Contr. **maigre**.) **3** Qui est très fort, intense. *Une **grosse** grippe. Un **gros** orage.* **4** Qui est important et peut être grave. *C'est une **grosse** faute de brûler un feu rouge.* • **Avoir le cœur gros** : avoir du chagrin.

■ **gros, grosse** (nom) Personne grosse.

■ **gros** (adverbe) **1** Synonyme de beaucoup. *Il a perdu **gros** en jouant au tiercé.* **2** En grands caractères. *Écrire **gros**.* • **En avoir gros sur le cœur** : avoir beaucoup de chagrin et de dépit. • **En gros** : synonyme de grosso modo. *Dis-moi **en gros** de quoi il s'agit.* (Contr. **en détail**.) • **En gros** : par grandes quantités. *Les commerçants achètent **en gros** chez les grossistes les marchandises qu'ils revendent au détail à leurs clients.* (Contr. **au détail**.)

■ **gros** (nom masculin) **1** La partie la plus importante de quelque chose. *Le **gros** des élèves est arrivé.* **2** Vente par grandes quantités. *C'est une boutique de **gros** réservée aux commerçants.*
★ Famille du mot : dé**gros**sir, gros**sesse**, gros**seur**, gros**sir**, gross**iste**.

groseille (nom féminin) Petite baie rouge ou blanche au goût acide, qui pousse en grappes. *Zoé adore la confiture de **groseilles**.*

groseillier (nom masculin) Arbuste qui donne les groseilles.
► On écrit aussi : **groseiller**.

Gros-Jean (nom masculin) • **Être Gros-Jean comme devant** : ne pas être plus avancé qu'auparavant. *On parcourt le monde pour trouver un idéal, mais à la fin du voyage on est bien souvent Gros-Jean comme devant.* (Syn. **déçu, désappointé**.)

grossesse (nom féminin) État d'une femme enceinte, qui dure environ neuf mois. *Sa **grossesse** s'est très bien passée, et elle a hâte d'accoucher !*

grosseur (nom féminin) **1** Volume de quelque chose. *Les fruits sont calibrés selon leur **grosseur**.* **2** Enflure sous la peau. *Papa s'inquiète car il a une **grosseur** sous le bras.*

grossier, ère (adjectif) **1** Qui est mal élevé et impoli. *Benjamin n'a même pas salué ses voisins, il a été vraiment **grossier**.* **2** Qui est rudimentaire, de mauvaise qualité, sans finesse. *Avec ce tissu **grossier**, maman a fait des torchons.* • **Erreur grossière** : erreur très visible, choquante.
★ Famille du mot : grossière**ment**, grossière**té**.

grossièrement (adverbe) **1** Avec grossièreté. *Ce chauffard nous a parlé **grossièrement**.* **2** De façon sommaire. *Raconte-nous **grossièrement** ce qui s'est passé.* (Syn. **en gros, grosso modo**.)

grossièreté (nom féminin) **1** Comportement d'une personne grossière. *Quelle **grossièreté** d'avoir refusé d'aider cette vieille dame !* **2** Mot grossier. *Arrête de dire des **grossièretés** !* (Syn. **gros mot**.)

grossir (verbe) (conj. 11) **1** Devenir plus gros. *Ne mange pas tant de sucreries, ça fait **grossir**.* (Contr. **maigrir**.) **2** Faire paraître plus gros. *Le microscope **grossit** les objets qu'on observe.*

grossiste (nom) Commerçant qui vend en gros. *Les détaillants achètent leurs marchandises chez les **grossistes**.*

grosso modo (adverbe) Rapidement, sans entrer dans les détails. *Dis-moi **grosso modo** ce que tu en penses.* (Syn. **en gros, grossièrement.**)
★ **Grosso modo** est une expression latine qui signifie « d'une manière grossière ».

grotesque (adjectif) Qui est bizarre et ridicule. *Quelle tenue **grotesque** !*

grotte (nom féminin) Grand trou naturel dans la roche. *Les enfants ont découvert une **grotte** dans les rochers et s'y sont cachés.* (Syn. **caverne.**)

grouillement (nom masculin) Mouvement de ce qui grouille. *Le **grouillement** de la foule.*

grouiller (verbe) (conj. 3) **1** S'agiter dans tous les sens et en grand nombre. *Les abeilles **grouillent** dans leur ruche.* **2** Synonyme de fourmiller. *Allons ailleurs, tu vois bien que cette plage **grouille** de monde.* **3 Se grouiller** : synonyme familier de se dépêcher.

groupe (nom masculin) Ensemble de personnes ou de choses réunies dans un même endroit. *Anna déteste voyager en **groupe**. Cette banlieue est surtout composée de **groupes** d'immeubles.* • **Groupe scolaire** : bâtiments d'une école.
★ Famille du mot : group**ement**, group**er**, group**uscule**, **re**grouper.

groupement (nom masculin) Groupe de personnes ayant un intérêt commun. *Je n'ai jamais adhéré à aucun **groupement** politique.* (Syn. **organisation.**)

grouper (verbe) (conj. 3) Mettre ensemble. ***Groupe** sur ton lit tous les vêtements que tu veux emporter. Tous les élèves et le maître **se groupent** pour la photo de classe.* (Syn. **rassembler, réunir.** Contr. **disperser.**)

groupie (nom) Personne qui admire fanatiquement un chanteur, un groupe de musique ou une personne connue. *Ce chanteur de charme a des milliers de **groupies** qui l'épient et le suivent partout.*
★ **Groupie** vient du mot anglais *group* qui signifie « groupe ». (Syn. **fan.**)

groupuscule (nom masculin) Petit groupement politique qui a peu d'adhérents. *Ce **groupuscule** a des idées très particulières.*

GRS (nom féminin) Gymnastique avec cerceau, ruban ou ballon qui se fait sur une musique.
★ **GRS** est le sigle de *gymnastique rythmique et sportive.*

gruau (nom masculin) Grain de céréale broyé et débarrassé de son enveloppe. *On utilise la farine de **gruau** pour faire du pain.*

grue (nom féminin) **1** Grand oiseau échassier, à longues pattes. *Les **grues** sont des oiseaux migrateurs.* **2** Engin de chantier très haut, qui sert à soulever et à déplacer des poids très lourds. *Deux **grues** déchargent le cargo.*

gruger (verbe) (conj. 5) Synonyme littéraire de tromper. *Il **a été grugé** par le vendeur.*

grumeau, eaux (nom masculin) Petite boule d'une matière qui ne s'est pas bien mélangée à un liquide. *Ta pâte à crêpes est pleine de **grumeaux**.*

grutier (nom masculin) Conducteur de grue. *Le **grutier** dirige la grue à partir d'une cabine.*

gruyère (nom masculin) Fromage à pâte cuite fait avec du lait de vache. *Mon petit frère appelle le **gruyère** le fromage à trous.*
► Prononciation [gʀyjɛʀ].
★ **Gruyère** vient du nom de la région suisse d'où est originaire ce fromage, la *Gruyère.*

GSM (nom masculin) Norme européenne de radiotéléphonie numérique, commercialisée en 1992 pour le téléphone mobile.
★ **GSM** est le sigle de *groupes systèmes mobiles.*

guacamole (nom masculin) Purée d'avocats, d'oignons et de piments assaisonnée au citron. *Le **guacamole** est une spécialité mexicaine.*
► Prononciation [gwakamɔl].

guadeloupéen, enne → tableau p. 6 / 7.

guano (nom masculin) **1** Engrais constitué par les excréments d'oiseaux marins. **2** Engrais d'origine animale. ***Guano** de poisson, de viande.*
► Prononciation [gwano].

guatémaltèque → tableau p. 6 / 7.

gué (nom masculin) Endroit d'une rivière ou d'un torrent où l'on peut traverser à pied. *À cet endroit, l'eau est peu profonde et on peut traverser à **gué**.*

guelfe (nom masculin) Partisan des papes dans l'Italie du XIIIe au XVe siècle.
★ **Guelfe** vient de *Welfe*, nom d'une famille allemande qui défendit les papes.

guenilles (nom féminin pluriel) Vêtements usés et déchirés. *Tous ces réfugiés en **guenilles** font pitié.*

guenon (nom féminin) Femelle du singe.

guépard (nom masculin) Gros félin au pelage tacheté. *Le **guépard** est l'animal le plus rapide à la course.*

guêpe (nom féminin) Insecte au corps rayé jaune et noir dont la femelle a un aiguillon venimeux. *Les piqûres de **guêpe** sont très douloureuses.*

guêpier (nom masculin) **1** Nid de guêpes. *Les pompiers ont détruit le **guêpier** qui se trouvait dans l'arbre.* **2** Au sens figuré, situation dangereuse. *Il aura du mal à se tirer de ce **guêpier**.*

guère (adverbe) • **Ne... guère** : pas beaucoup. *Les arbres fruitiers **n'ont guère** donné de fruits cette année.*

guéridon (nom masculin) Petite table ronde avec un seul pied.

guérilla (nom féminin) Guerre faite de petites attaques pour harceler les troupes ennemies.

guérillero (nom masculin) Combattant qui mène une guérilla.

guérir (verbe) (conj. 11) **1** Être de nouveau en bonne santé. *Grâce aux antibiotiques, Xavier **a guéri** très*

a b c d e f g h i j k l m n o p q r s t u v w x y z

vite. (Syn. **se rétablir.**) **2** Débarrasser quelqu'un d'une maladie. *Il existe de nouveaux traitements pour **guérir** le cancer.*
★ Famille du mot : guéris**on**, guériss**eur**.

guérison (nom féminin) Fait de guérir. *Heureusement, sa **guérison** a été rapide.* (Syn. **rétablissement.**)

guérisseur, euse (nom) Personne qui prétend pouvoir guérir les gens par d'autres moyens que la médecine habituelle.

guérite (nom féminin) Petite baraque qui sert d'abri à une sentinelle.

guerre (nom féminin) Conflit armé entre des pays ou des groupes de personnes. *Son grand-père a été tué à la **guerre**.* (Contr. **paix.**) • **Faire la guerre à quelque chose** : lutter contre elle. *Il faut **faire la guerre à** la drogue.*
★ Famille du mot : guerr**ier**, guerr**oyer**.

guerrier, ère (adjectif) Qui aime faire la guerre. *Un peuple **guerrier**.*
■ **guerrier** (nom masculin) Synonyme littéraire de soldat.

guerroyer (verbe) (conj. 6) Dans la langue littéraire, faire la guerre.

guet (nom masculin) • **Faire le guet** : guetter. *La sentinelle **fait le guet** en haut de la colline.*

guet-apens (nom masculin) Synonyme d'embuscade. *Ils sont tombés dans un **guet-apens**.*
► Prononciation [gɛtapɑ̃].
► Pluriel : des **guets-apens**.

guêtre (nom féminin) Bande de cuir ou de tissu qui protège le bas de la jambe. *Certains danseurs portent des **guêtres** de laine.*

guetter (verbe) (conj. 3) **1** Surveiller avec attention. *L'aigle **guette** sa proie.* (Syn. **épier.**) **2** Attendre avec impatience l'arrivée de quelqu'un. *Élodie **guette** le facteur qui doit lui apporter un colis.*

gueule (nom féminin) Bouche de certains animaux. *Le lion tient sa proie dans sa **gueule**.*

gueule-de-loup (nom féminin) Plante à fleurs violettes qui ressemble au mufle d'un animal (d'où son autre nom de muflier).
► Pluriel : des **gueules-de-loup**.

gueuler (verbe) (conj. 3) Crier très fort, dans la langue très familière. *Arrête de **gueuler** comme ça, tu vas réveiller ton frangin !* (Syn. **hurler.**)

gueux, gueuse (nom) Synonyme littéraire de mendiant.

gui (nom masculin) Plante parasite à fruits blancs et aux feuilles toujours vertes, qui pousse sur certains arbres. *Fatima est montée sur le pommier pour cueillir du **gui**.*

guibole (nom féminin) Synonyme familier de jambe.
► On écrit aussi **guibolle**.

guichet (nom masculin) Sorte de comptoir vitré dans une poste, une gare, une banque. *Gaëlle attend pour prendre son billet car il y a la queue au **guichet**.*

guide (nom) Personne qui accompagne quelqu'un pour lui montrer le chemin ou lui faire visiter un lieu. *Pour cette excursion, il faut prendre un **guide**.*
■ **guide** (nom masculin) Livre qui donne des renseignements pratiques sur un pays ou une région. *Avant de partir en voyage, nous avons acheté plusieurs **guides**.*
■ **guides** (nom féminin pluriel) Synonyme de rênes.

guider (verbe) (conj. 3) **1** Accompagner quelqu'un pour lui montrer le chemin. *Yann connaît bien l'itinéraire, il vous **guidera** jusqu'à la maison.* **2 Se guider** : se diriger grâce à un point de repère. *Les explorateurs **se guident** sur l'étoile polaire.*

guidon (nom masculin) Barre qui sert à diriger la roue avant d'une bicyclette ou d'une moto. *Hélène a voulu lâcher le **guidon**, et elle est tombée.*

guigne (nom féminin) Synonyme familier de malchance.

guigner (verbe) (conj. 3) Regarder avec envie. *Le chien **guigne** l'os du gigot.* (Syn. **convoiter, lorgner.**)

guignol (nom masculin) Théâtre de marionnettes.
• **Faire le guignol** : dans la langue familière, faire le clown, le pitre.
★ **Guignol** est le nom d'un personnage du théâtre de marionnettes créé à Lyon au début du XIXe s.

guilde (nom féminin) Au Moyen Âge, association entre artisans, commerçants ou bourgeois. *Les membres d'une **guilde** s'entraidaient.*

guilledou (nom masculin) • **Courir le guilledou** : Aller à la recherche d'aventures amoureuses, dans la langue familière.
★ **Guilledou** vient du mot d'ancien français *guiller* qui signifie « séduire ».

guillemet (nom masculin) Signe graphique (« » ou " ") que l'on utilise par paire pour encadrer un dialogue ou mettre un mot en valeur.
★ **Guillemet** est le diminutif de *Guillaume*, nom de l'imprimeur qui inventa ce signe.

guilleret, ette (adjectif) Qui est vif et gai. *Julie est toute **guillerette** : elle vient d'apprendre qu'elle ira à la mer aux prochaines vacances.*

guillotine (nom féminin) Instrument qui servait à couper la tête des condamnés à mort.
★ **Guillotine** vient du nom du docteur *Guillotin*, qui fit accepter l'usage de la guillotine pour abréger la souffrance des condamnés.

guillotiner (verbe) (conj. 3) Décapiter au moyen de la guillotine. *Le roi Louis XVI **a été guillotiné** en 1793.*

guimauve (nom féminin) Confiserie molle et très sucrée. *À la boulangerie, il y a des **guimauves** de toutes les couleurs.*

guimbarde (nom féminin) **1** Instrument de musique composé d'une branche de fer recourbée que l'on met dans la bouche et d'une languette d'acier que l'on fait vibrer avec l'index. **2** Dans la langue familière, vieille voiture en mauvais état. *C'est normal que Pierre tombe toujours en panne avec une telle **guimbarde** !* (Syn. **tacot.**)

guindé, ée (adjectif) Qui manque de naturel. *À cette soirée, tout le monde était si **guindé** qu'on s'est beaucoup ennuyé.*

guinéen, enne → tableau p. 6 / 7.

de **guingois** (adverbe) Synonyme familier de « de travers ». *Cette armoire est toute **de guingois**, il va falloir la caler.*

guinguette (nom féminin) Café ou restaurant populaire où l'on peut danser. *Une **guinguette** au bord de l'eau.*

guirlande (nom féminin) Long cordon garni de papier découpé, de fleurs ou de petites ampoules. *On a décoré la classe avec des **guirlandes**.*

guise (nom féminin) • **À sa guise** : comme il veut. *Chacun se servira **à sa guise**.* • **En guise de** : à la place de. *Victor a mangé un sandwich **en guise de** repas.*

guitare (nom féminin) Instrument de musique à cordes. *Laura apprend à accorder sa **guitare**.*

guitariste (nom) Artiste qui joue de la guitare.

guru Voir ***gourou***.

gus (nom masculin) Synonyme familier de garçon. *C'est un drôle de **gus** !* (Syn. **gars, type.**)
▶ Prononciation [gys].

gustatif, ive (adjectif) Qui concerne le goût. *C'est grâce aux papilles **gustatives** que l'on sent le goût des aliments.*

guttural, ale, aux (adjectif) Qui vient du fond de la gorge. *Une voix **gutturale**.* (Syn. **rauque.**)

guyanais, aise → tableau p. 6 / 7.

guyot (nom féminin) Variété de poire. *Julie adore les **guyots** car elles sont très sucrées.*

gymnase (nom masculin) Grande salle équipée pour la pratique du sport. *William va deux fois par semaine s'entraîner au **gymnase**.*

gymnaste (nom) Sportif qui pratique la gymnastique. *Ces **gymnastes** s'entraînent à la barre fixe.*

gymnastique (nom féminin) Ensemble d'exercices physiques qui rendent le corps plus souple et plus musclé. *Myriam fait de la **gymnastique** pour rester en forme.*

gymnosperme (nom féminin et adjectif) Plante dont les graines ne sont pas enfermées dans un fruit. *Le pin est une **gymnosperme**.*

gynécée (nom masculin) Appartement réservé aux femmes, dans les maisons de l'Antiquité grecque et romaine. *C'est dans le **gynécée** que les femmes se retrouvaient pour coudre et discuter.*
▶ Malgré la terminaison en *-ée*, **gynécée** est un nom masculin.

gynécologue (nom) Médecin spécialiste des organes génitaux féminins.

gypaète (nom masculin) Grand rapace de haute montagne.

gypse (nom masculin) Roche calcaire avec laquelle on fabrique le plâtre.

gyre (nom masculin) Tourbillon océanique qui entraîne la remontée d'eaux froides de profondeur.

gyrophare (nom masculin) Phare rotatif sur le toit de certaines voitures. *Les pompiers et les ambulanciers allument leur **gyrophare** en cas d'urgence.*

gyroscope (nom masculin) Appareil constitué d'un volant dont l'axe de rotation se maintient toujours dans la même direction. *On utilise des **gyroscopes** en navigation aérienne.*

gyrostat (nom masculin) Solide animé d'un mouvement de rotation ayant les mêmes propriétés de stabilité de direction que celles du gyroscope.

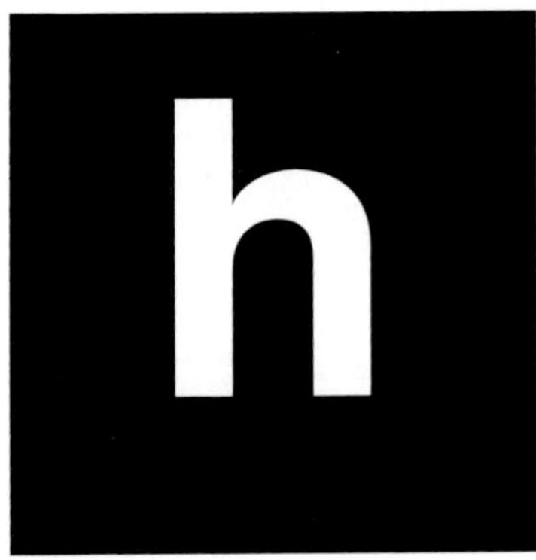

h (nom masculin) Huitième lettre de l'alphabet. *Le **H** est une consonne.* • **Bombe H** : bombe atomique à hydrogène. • **L'heure H** : heure fixée à l'avance pour déclencher quelque chose. *La fusée a décollé à l'heure **H**.*

ha ! (interjection) Exprime la surprise ou le rire. ***Ha ! ha !** vous voilà !*

habanéra (nom féminin) Danse d'origine espagnole ou cubaine. *L'air de « l'amour est enfant de bohème » dans l'opéra « Carmen » est une **habanéra**.*
▶ **Habanera** est un mot espagnol : on prononce [abaneʀa].
▶ On écrit aussi **habanera**.

habile (adjectif) Qui est adroit, capable ou compétent dans une activité ou un métier. *Sa mère est une couturière très **habile**.* (Contr. **malhabile.**)
★ Famille du mot : habile**ment**, habile**té**, **mal**habile.

habilement (adverbe) De façon habile. *Il s'est **habilement** tiré d'affaire.*

habileté (nom féminin) Caractère habile. *J'admire son **habileté** à jongler avec les balles.* (Syn. **adresse.**)

habiliter (verbe) (conj. 3) Donner officiellement à quelqu'un le droit de faire quelque chose. *Avec une procuration, elle **est habilitée** à voter pour son père.*

habillé, ée (adjectif) Qui est chic, élégant. *Pour cette cérémonie, il te faudra une tenue **habillée**.*

habillement (nom masculin) Ensemble de vêtements que l'on porte en même temps.

habiller (verbe) (conj. 3) **1** Mettre des habits. *Un enfant de quatre ans peut s'**habiller** tout seul.* (Contr. **déshabiller.**) **2 S'habiller** : acheter ses vêtements. *Elle s'**habille** dans les grands magasins.*
★ Famille du mot : **dés**habiller, habill**é**, habille**ment**, habill**euse**, **r**habiller.

habilleuse (nom féminin) Femme qui aide les acteurs ou les mannequins à s'habiller.

habit (nom masculin) Costume noir de cérémonie. *Pour cette soirée, les hommes doivent être en **habit**.*

■ **habits** (nom masculin pluriel) Ensemble de vêtements. *Clément a grandi : ses **habits** sont trop petits.*

habitable (adjectif) Où l'on peut habiter. *Il faut faire de gros travaux pour que cet appartement soit **habitable**.*

habitacle (nom masculin) Partie d'un avion ou d'un vaisseau spatial où se trouve l'équipage.

habitant, ante (nom) Personne qui habite dans un endroit. *Les **habitants** de cette grande ville souffrent de la pollution de l'air.*

habitat (nom masculin) **1** Manière de se loger. *L'**habitat** urbain et l'**habitat** rural.* **2** Milieu dans lequel vit habituellement une espèce animale. *La savane est l'**habitat** naturel des lions.*

habitation (nom féminin) Logement où l'on habite. *Ces **habitations** neuves sont très confortables.*

habiter (verbe) (conj. 3) Vivre habituellement dans un endroit. *Anna **habite** Paris, mais avant elle **habitait** dans le Midi.* (Syn. **demeurer, loger, résider.**)
★ Famille du mot : habit**able**, habit**acle**, habit**ant**, habit**at**, habit**ation**, **in**habit**able**, **in**habit**é**.

habitude (nom féminin) **1** Chose que l'on fait de façon régulière. *Élodie a pris l'**habitude** de se laver les dents après chaque repas.* **2** Coutume ou tradition. *C'est une **habitude** dans cette région de fêter la fin des vendanges.* (Syn. **tradition.**) • **D'habitude** : habituellement. ***D'habitude**, le facteur passe vers 8 heures.* (Syn. **d'ordinaire.**)

habituel, elle (adjectif) Qui est régulier, normal. *Maman s'inquiète car David n'est pas rentré de l'école à l'heure **habituelle**.* (Contr. **inhabituel.**)

habituellement (adverbe) De façon habituelle. ***Habituellement**, Fatima va chez sa grand-mère le mercredi.* (Syn. **d'habitude, d'ordinaire.**)

habituer (verbe) (conj. 3) **1** Faire prendre une habitude. *Ibrahim **a habitué** son chien à ne pas aboyer*

pour un rien. **2** S'habituer : prendre l'habitude de quelque chose. *Ces gens du Nord ont du mal à **s'habituer** à une telle chaleur.* (Syn. **s'accoutumer, s'adapter.**)
★ Famille du mot : se **dés**habituer, habitude, habitu**el**, habitu**ellement**, **in**habitu**el**.

hâbleur, euse (adjectif et nom) Qui a l'habitude de parler beaucoup, avec vantardise. *Son petit ami se vante continuellement d'être le meilleur en tout, il est beaucoup trop **hâbleur**.* (Syn. **vantard.**)
▶ Prononciation [ɑblœʀ, øz].
★ **Hableur** vient du mot espagnol *hablar* qui signifie « parler ».

hache (nom féminin) Outil tranchant à lame courte fixée à un long manche. *Il fend le bois à coups de **hache** pour faire des bûches.*
★ Famille du mot : hache-légume, hach**er**, hach**ette**, hache-viande, hach**is**, hach**oir**, hach**ure**, hach**urer**.

hache-légume (nom masculin) Instrument qui sert à hacher les légumes.
▶ Pluriel : des **hache-légumes**.

hacher (verbe) (conj. 3) Couper en petits morceaux. *Gaëlle préfère le bifteck **haché**.*

hachette (nom féminin) Petite hache.

hache-viande (nom masculin) Instrument qui sert à hacher la viande.
▶ Pluriel : des **hache-viandes**.

hachis (nom masculin) Plat de viande ou de légumes hachés. *Hélène prépare un **hachis** d'oignons et de persil.*

hachisch Voir ***haschisch***.

hachoir (nom masculin) Appareil qui sert à hacher les aliments. *Le boucher se sert d'un **hachoir** électrique.*

hachure (nom féminin) Chacun des petits traits parallèles qui servent à marquer les ombres sur un dessin.

hachurer (verbe) (conj. 3) Tracer des hachures sur un dessin.

hacienda (nom féminin) Grande exploitation agricole, en Amérique du Sud.
▶ Prononciation [asjɛnda].

haddock (nom masculin) Églefin fumé. *On cuit le **haddock** dans un mélange d'eau et de lait.*

hagard, arde (adjectif) Qui semble hébété, effaré. *Il est sorti de sa voiture accidentée avec l'air **hagard**.*

haïdouk (nom masculin) Soldat de l'infanterie hongroise qui faisait partie d'une milice.
▶ Prononciation [ajduk].

haie (nom féminin) **1** Rangée d'arbustes qui forme une clôture. *Les deux jardins sont séparés par une **haie** de cyprès.* **2** Rangée de personnes. *Une **haie** de supporters entoure la ligne d'arrivée.* **3** Obstacle à franchir, disposé pour certaines courses.

haillons (nom masculin pluriel) Synonyme de guenilles. *Une femme en **haillons** mendiait dans la rue.*

haine (nom féminin) Sentiment violent qui pousse à vouloir faire du mal à quelqu'un qu'on déteste. *Pourquoi tant de **haine** entre vous ?* (Contr. **affection, amitié, amour.**)

haineux, euse (adjectif) Qui est plein de haine. *Cet homme tient des discours **haineux**.* (Syn. **hostile.** Contr. **amical.**)

haïr (verbe) (conj. 11) Éprouver de la haine. *Julie **hait** les gens hypocrites.* (Syn. **détester.** Contr. **aimer.**)
▶ **Haïr** prend un tréma dans toute sa conjugaison, sauf aux trois personnes du singulier du présent de l'indicatif : je **hais**, tu **hais**, il **hait**.

haïtien, enne → tableau p. 6 / 7.

halage (nom masculin) • Chemin de halage : chemin qui suit un cours d'eau et d'où on peut haler les péniches.

hâle (nom masculin) Teinte brune de la peau sous l'effet du soleil.

hâlé, ée (adjectif) Qui est bruni par le soleil. *Laura est rentrée toute **hâlée** de la montagne.*

haleine (nom féminin) Air que l'on rejette quand on expire. *Je sens à ton **haleine** que tu as mangé de l'ail.* • De longue haleine : qui demande beaucoup de temps et d'effort. *C'est un travail **de longue haleine**.* • Être hors d'haleine : être très essoufflé. • Reprendre haleine : reprendre son souffle. • Tenir quelqu'un en haleine : retenir son attention jusqu'au bout.

haler (verbe) (conj. 3) Tirer un bateau au moyen d'un cordage. *Les pêcheurs **ont halé** leur barque sur la plage.*

haletant, ante (adjectif) Qui halète. *Il est arrivé en sueur, tout **haletant**.*

haleter (verbe) (conj. 8) Respirer très vite et bruyamment après un effort. *Le chien a trop couru : il **halète** et tire la langue.*

hall (nom masculin) Vaste salle qui se trouve à l'entrée d'un bâtiment. *On a rendez-vous dans le **hall** de la gare, sous la grande horloge.*
▶ **Hall** est un mot anglais : on prononce [ol].

halle (nom féminin) Bâtiment couvert où se tient un marché. *Une **halle** aux vins, aux poissons.*
■ **halles** (nom féminin pluriel) Ensemble de bâtiments où les commerçants font leurs achats en gros.

hallebarde (nom féminin) Sorte de lance à longue hampe que certains soldats portaient autrefois.

hallucinant, ante (adjectif) Qui est très étonnant. *Ce portrait ressemble au modèle d'une façon **hallucinante**.* (Syn. **extraordinaire, incroyable.**)

hallucination (nom féminin) Sensation de voir ou d'entendre des choses qui n'existent pas. *Tu as dû être victime d'une **hallucination** : il n'y a pas de loup dans cette forêt.*

halluciner (verbe) (conj. 3) **1** Avoir une hallucination. *Elle prend des drogues qui font **halluciner**.*

2 Être extrêmement étonné, dans la langue familière. *Quand Laura a entendu qu'elle avait la meilleure note, elle **a halluciné**.*
★ Famille du mot : hallucin**ant**, hallucin**ation**, hallucino**gène**.

hallucinogène (adjectif et nom masculin) Qui provoque des hallucinations. *Le haschisch est une substance **hallucinogène**.*

halo (nom masculin) Cercle légèrement lumineux qui entoure une source lumineuse. *Cette nuit, la lune est entourée d'un **halo**.*

halogène (nom masculin) Lampe qui donne un éclairage très lumineux. *Il y a trop de lumière, baisse un peu l'**halogène** !*

halte (nom féminin) Moment d'arrêt. *Après trois heures de marche, les randonneurs ont fait une **halte** près d'une fontaine.*

halte-garderie (nom féminin) Crèche qui admet les enfants pour un temps court. *Il y a une **halte-garderie** dans le centre commercial.*
► Pluriel : des **haltes-garderies**.

haltère (nom masculin) Instrument de culture physique constitué de deux masses métalliques réunies par une barre permettant de le soulever. *Il fait des **haltères** dans un club sportif.*
★ Famille du mot : haltérophile, haltérophilie.

haltérophile (nom) Personne qui pratique l'haltérophilie.

haltérophilie (nom féminin) Sport qui consiste à soulever des haltères.

hamac (nom masculin) Morceau de toile ou de filet suspendu à chacune de ses extrémités, qui sert de lit. *Kevin se balance dans un **hamac** suspendu entre deux arbres.*

hamburger (nom masculin) Steak haché qui se mange dans un petit pain rond. *Myriam a mangé un **hamburger** avec des frites dans un fast-food.*
► **Hamburger** est un mot anglais : on prononce [ɑ̃buʀgœʀ].

hameau, eaux (nom masculin) Petit groupe de maisons isolées, situé à l'écart d'un village. *Les enfants du **hameau** attendent le car de ramassage scolaire.*

hameçon (nom masculin) Petit crochet fixé au bout d'une ligne. *Le pêcheur accroche un appât à son **hameçon**.*

hammam (nom masculin) Établissement où l'on prend des bains de vapeur.

hampe (nom féminin) Longue tige de bois qui sert de support à un drapeau ou au fer d'une lance.

hamster (nom masculin) Petit mammifère rongeur. *Pierre aimerait avoir un **hamster** comme animal familier.*
► Prononciation [amstɛʀ].

hanche (nom féminin) Partie latérale du corps, entre la taille et le haut de la cuisse. *Cette jupe est trop serrée sur les **hanches**.*

handball (nom masculin) Sport d'équipe qui consiste à mettre un ballon dans le but adverse en se servant uniquement des mains. *Le **handball** oppose deux équipes de sept joueurs.*
► Prononciation [ɑ̃dbal].

handballeur, euse (nom) Joueur de handball.

handicap (nom masculin) Infirmité ou désavantage qui limite les possibilités de quelqu'un. *Pour faire du basket, sa petite taille est un **handicap**.*
★ Famille du mot : handicap**é**, handicap**er**.

handicapé, ée (nom) Personne atteinte d'une infirmité physique ou mentale. *La télévision a retransmis les compétitions d'athlétisme réservées aux **handicapés** physiques.*

handicaper (verbe) (conj. 3) Mettre en position d'infériorité. *Son asthme le **handicape** beaucoup quand il fait du sport.* (Syn. **désavantager**.)

handisport (adjectif et nom masculin) Qui concerne les sports pratiqués par les handicapés physiques. *Il était vraiment temps d'organiser des jeux Olympiques **handisports**.*

hangar (nom masculin) Bâtiment qui sert à entreposer des véhicules, des machines ou des marchandises. *Le tracteur est dans le **hangar** de la ferme.*

hanneton (nom masculin) Gros insecte brun, très commun en Europe. *Les **hannetons** sont très nuisibles pour les cultures.*

hanter (verbe) (conj. 3) **1** Apparaître dans un endroit, en parlant de fantômes, d'esprits. *Une légende raconte que les fantômes des marins morts en mer **hantent** le vieux port.* **2** Au sens figuré, rester sans cesse présent à l'esprit de quelqu'un. *Des images de la guerre le **hantent** jour et nuit.* (Syn. **obséder**.)

hantise (nom féminin) Inquiétude continuelle. *Il vit dans la **hantise** du chômage.* (Syn. **obsession**.)

happer (verbe) (conj. 3) Saisir brusquement avec sa gueule ou son bec. *Le chat **a happé** la souris et l'a croquée.*

happy end (nom masculin ou féminin) Fin heureuse d'une œuvre littéraire ou cinématographique.
► Pluriel : des **happy ends**.
► Prononciation [apiɛnd].
★ **Happy end** est un mot anglais qui signifie « heureuse fin ».

haptonomie (nom féminin) Méthode qui consiste à toucher le fœtus en posant ses mains sur le ventre de la mère et qui permettrait ainsi de construire une relation affective entre les parents et l'enfant dès le début de la grossesse.

hara-kiri (nom masculin) Manière de se suicider pratiquée au Japon, en s'ouvrant le ventre avec un sabre. *Les samouraïs faisaient **hara-kiri**.*
★ **Hara-kiri** est un mot japonais qui signifie « ouverture du ventre ».
► On écrit aussi **harakiri**.

a b c d e f g h i j k l m n o p q r s t u v w x y z

harangue (nom féminin) Discours solennel prononcé devant une assemblée. *Le député a prononcé une violente **harangue**.*

haranguer (verbe) (conj. 3) Adresser une harangue. *L'orateur **haranguait** la foule pour la pousser à la révolte.*

haras (nom masculin) Établissement où l'on élève des chevaux.

harassant, ante (adjectif) Qui harasse. *Il se couche tôt après une journée de travail **harassant**.* (Syn. **épuisant.**)

harasser (verbe) (conj. 3) Causer une extrême fatigue. *Ce long voyage nous **a harassés**.* (Syn. **épuiser, exténuer.**)

harcèlement (nom masculin) Action de harceler. *Les maquisards font du **harcèlement** contre les convois ennemis.*

harceler (verbe) (conj. 8) **1** Mener de petites attaques répétées. *Les soldats **harcelaient** l'ennemi chaque nuit.* **2** Tourmenter ou importuner sans arrêt. *La police **harcelait** le suspect de questions.*

hardes (nom féminin pluriel) Vieux vêtements, dans la langue littéraire.

hardi, ie (adjectif) Qui n'hésite pas à prendre des risques. *Autrefois, de **hardis** navigateurs partaient à la découverte de terres inconnues.* (Syn. **audacieux, intrépide.** Contr. **peureux, timoré.**)
★ Famille du mot : en**hardir**, **hardi**esse, **hardi**ment.

hardiesse (nom féminin) Caractère d'une personne hardie. *Seul contre cinq, il combattit avec **hardiesse**.* (Syn. **audace, intrépidité.** Contr. **lâcheté.**)

hardiment (adverbe) D'une manière hardie. *Au lieu de reculer, il affronta **hardiment** son agresseur.* (Syn. **bravement, courageusement.**)

harem (nom masculin) Appartement réservé aux femmes chez les musulmans. *Seul le sultan pouvait pénétrer dans le **harem** où vivaient ses épouses.*

hareng (nom masculin) Poisson de mer au dos bleu-vert et au ventre argenté. *Les **harengs** se déplacent en bancs.*

hargne (nom féminin) Mauvaise humeur et comportement agressif. *Quentin a refusé avec **hargne** de céder sa place au premier rang.*

hargneux, euse (adjectif) Qui est plein de hargne. *Méfie-toi de ce chien, il est souvent **hargneux** !*

haricot (nom masculin) Plante potagère dont les gousses et les graines sont comestibles. *Les gousses des **haricots** sont des **haricots** verts et les graines sont des **haricots** secs ou blancs.*

harissa (nom féminin) Sauce très pimentée d'origine nord-africaine. *On assaisonne la sauce du couscous avec de la **harissa**.*
★ **Harissa** vient d'un mot arabe qui signifie « piler », car la harissa est faite à partir de poudre de piment.

harki (nom masculin) Algérien engagé dans l'armée française pendant la guerre d'Algérie.

harmonica (nom masculin) Petit instrument de musique composé d'un boîtier contenant des pièces de métal qui vibrent quand on souffle dedans.

harmonie (nom féminin) **1** Accord équilibré et agréable entre les éléments d'un ensemble. *Des voix, des teintes en **harmonie**.* **2** Bonne entente entre des personnes. *C'est un couple heureux qui vit en **harmonie**.*
★ Famille du mot : harmoni**eusement**, harmoni**eux**, harmon**iser**.

harmonieusement (adverbe) D'une façon harmonieuse.

harmonieux, euse (adjectif) **1** Qui est agréable à l'oreille. *Le chant **harmonieux** du rossignol.* (Syn. **mélodieux.**) **2** Qui est composé de parties en harmonie. *Un bâtiment aux proportions **harmonieuses**.* (Syn. **équilibré, proportionné.**)

harmoniser (verbe) (conj. 3) Mettre en harmonie. *Cette coupe de cheveux s'**harmonise** avec la forme de son visage.*

harmonium (nom masculin) Instrument de musique qui comporte un clavier et des pièces de métal qui vibrent à l'aide d'une soufflerie. *L'**harmonium** produit un son qui ressemble à celui de l'orgue.*
► Prononciation [aʀmɔnjɔm].

harnachement (nom masculin) **1** Ensemble des harnais d'un cheval. **2** Équipement lourd et incommode. *Tu n'as pas besoin d'un tel **harnachement** pour la promenade !*

harnacher (verbe) (conj. 3) **1** Mettre un harnais à un cheval. **2** Porter un harnachement encombrant ou ridicule. *Le motard **était harnaché** d'un énorme casque et de lourdes bottes.*

harnais (nom masculin) **1** Équipement d'un cheval ou d'un animal de trait, qui sert à le monter ou à l'atteler. *Le collier, le mors, les rênes, la selle sont différents éléments du **harnais**.* **2** Ensemble de sangles qui entourent le corps, dans la pratique de certains sports. *Le **harnais** d'un parachutiste, d'un alpiniste.*

haro (interjection et nom masculin) • **Crier haro sur quelqu'un, quelque chose** : se dresser avec indignation contre quelqu'un ou quelque chose. *Ce philosophe **crie haro sur** l'intolérance.*
► Prononciation [aʀo].
★ **Haro** était un cri d'appel à l'aide pour arrêter un coupable sur les lieux du crime.

harpagon (nom masculin) Individu extrêmement avare. *Cet homme n'a jamais donné un centime à sa famille, ce n'est qu'un vieil **harpagon** !*

harpe (nom féminin) Grand instrument de musique formé d'un cadre triangulaire sur lequel sont tendues les cordes qui vibrent quand on les pince.

harpie (nom féminin) Femme acariâtre. *Il est marié avec une véritable **harpie** !*

harpiste (nom) Musicien qui joue de la harpe.

harpon (nom masculin) Grande flèche métallique dont on se sert pour prendre de gros poissons. *Autrefois, les Esquimaux chassaient les phoques au* ***harpon****.*

harponner (verbe) (conj. 3) Attraper au harpon. *Des plongeurs sous-marins* ***ont harponné*** *un requin.*

hasard (nom masculin) **1** Ce qui n'est pas prévisible et qui échappe à la volonté de l'homme. *C'est le* ***hasard*** *qui nous a réunis.* (Syn. **chance, destin.**) **2** Événement imprévu et inexplicable. *Cette découverte est due à un heureux* ***hasard****.* • **À tout hasard** : en prévision de ce qui pourrait se produire. *J'emporte un parapluie* ***à tout hasard****.* • **Au hasard** : sans but ou sans réflexion. *Partir* ***au hasard****. Choisir* ***au hasard****.* • **Jeu de hasard** : jeu où l'on gagne grâce à la chance et non grâce à la réflexion. *La loterie est un* ***jeu de hasard****.* • **Par hasard** : accidentellement, sans l'avoir voulu.
★ Famille du mot : hasard**er**, hasard**eux**.
★ **Hasard** vient d'un mot arabe qui signifie « dé à jouer ».

hasarder (verbe) (conj. 3) **1** Exprimer une idée en prenant le risque de se tromper. ***Hasarder*** *une explication, une hypothèse.* **2 Se hasarder** : s'exposer à un risque. *Je n'ai aucune envie de* ***me hasarder*** *sur cette vieille passerelle.*

hasardeux, euse (adjectif) Qui comporte des risques. *L'escalade de cette falaise est une entreprise* ***hasardeuse****.* (Syn. **dangereux, risqué.**)

haschisch (nom masculin) Drogue tirée d'une plante de la famille du chanvre. *Fumer du* ***haschisch*** *peut provoquer des hallucinations.*
▶ On écrit aussi **hachisch** ou **hachich**.
★ En arabe, **haschisch** signifie « herbe ».

hase (nom féminin) Femelle du lièvre.

hâte (nom féminin) Grande rapidité dans l'action. *Dans la* ***hâte*** *du départ, nous nous sommes trompés de train.* • **À la hâte** : avec précipitation et sans soin. • **Avoir hâte** : être impatient. *J'ai* ***hâte*** *de partir.* • **En toute hâte** : de toute urgence ou en se dépêchant.
★ Famille du mot : hât**er**, hât**if**, hât**ivement**.

hâter (verbe) (conj. 3) **1** Faire quelque chose plus vite ou plus tôt que prévu. *Nous devons* ***hâter*** *la réalisation des travaux.* **2 Se hâter** : synonyme de se dépêcher. *Il* ***se hâte*** *de terminer ses devoirs pour pouvoir s'amuser.* • **Hâter le pas** : marcher plus vite.

hâtif, ive (adjectif) **1** Qui est fait à la hâte, trop vite. *Ce devoir médiocre est le résultat d'un travail* ***hâtif****.* **2** Qui est en avance par rapport à ce qui est normal, qui a mûri trop tôt. *Ces fruits* ***hâtifs*** *manquent de saveur.* (Syn. **précoce.** Contr. **tardif.**)

hâtivement (adverbe) De façon hâtive. *Nous nous sommes* ***hâtivement*** *mis à l'abri de l'orage.*

hauban (nom masculin) Chacun des cordages ou des câbles qui maintiennent les mâts d'un bateau.

haubert (nom masculin) Cotte de mailles. *Au Moyen Âge, les chevaliers portaient des* ***hauberts****.*

hausse (nom féminin) Augmentation en valeur, en degré. ***Hausse*** *des prix. Le baromètre est en* ***hausse****.*

hausser (verbe) (conj. 3) Augmenter quelque chose en valeur ou en intensité. ***Hausser*** *les salaires.* (Syn. **augmenter.**) • **Hausser la voix, le ton** : parler plus fort pour se faire entendre ou se faire obéir. • **Hausser les épaules** : soulever les épaules pour marquer son mépris ou son indifférence. • **Se hausser sur la pointe des pieds** : se dresser sur la pointe des pieds.

haut, haute (adjectif) **1** Qui a une certaine taille dans le sens vertical. *Une tour* ***haute*** *de trente mètres.* **2** Qui est grand dans le sens vertical. *Une* ***haute*** *montagne.* (Syn. **élevé.** Contr. **bas.**) **3** Qui atteint une intensité élevée. *Parler à voix* ***haute****. Chauffer un métal à* ***haute*** *température.* **4** Qui est supérieur, excellent. *Un appareil de* ***haute*** *précision.*
■ **haut** (nom masculin) Partie supérieure ou sommet. *Le* ***haut*** *du sapin est décoré d'une étoile.* • **De haut** : de telle hauteur. *Un immeuble de 80 mètres* ***de haut****.* • **Des hauts et des bas** : des moments où les choses se passent bien et des moments où les choses ne vont pas. • **Tomber de haut** : être très surpris ou très déçu.
■ **haut** (adverbe) À un degré ou à un niveau élevé. *Parlez moins* ***haut*** *! La fusée s'éleva très* ***haut*** *dans le ciel.*
★ Famille du mot : haut**ain**, haut-de-forme, haute-fidélité, haut**eur**, haut-fourneau, haut-le-cœur, haut-parleur.

hautain, aine (adjectif) Qui a une attitude fière et méprisante. *Le seigneur regarda le manant d'un air* ***hautain****.* (Syn. **arrogant, dédaigneux.**)

hautbois (nom masculin) Instrument de musique à vent formé d'un tuyau de bois percé de trous.

hautboïste (nom) Personne qui joue du hautbois.
▶ Prononciation [obɔist].

haut-de-chausses (nom masculin) Autrefois, partie d'un vêtement d'homme qui allait de la ceinture aux genoux.
▶ Pluriel : des **hauts-de-chausses**.
▶ Prononciation [odʃos].

haut-de-forme (nom masculin) Haut chapeau cylindrique à bord étroit, généralement noir, que les hommes portaient pour les cérémonies.
▶ Pluriel : des **hauts-de-forme**.

haute-contre (nom masculin) Chanteur qui possède la plus aiguë des voix de ténor. *Les* ***hautes-contre*** *peuvent chanter les parties d'alto.*
▶ Pluriel : des **hautes-contre**.
▶ On écrit aussi **hautecontre**.

haute-fidélité (nom féminin) • **Chaîne haute-fidélité** : appareil dont la qualité technique permet d'obtenir une très bonne reproduction des sons.
▶ On abrège parfois ce mot : **hi-fi**.

hauteur (nom féminin) **1** Dimension dans le sens vertical. *Je vais mesurer la* ***hauteur*** *de ce mur.* **2** Niveau par rapport au sol. *Ces deux lits sont à la même* ***hauteur****.* **3** Lieu élevé. *Ce village a été construit sur une* ***hauteur****.* • **Être à la hauteur** : être capable d'accomplir correctement un acte ou de faire face à une situation.

haut-fourneau (nom masculin) Four dans lequel on fait fondre le minerai de fer pour fabriquer de la fonte.
▶ Pluriel : des **hauts-fourneaux**.
▶ On écrit aussi **haut fourneau**.

haut-le-cœur (nom masculin) Envie subite de vomir. *Cette odeur de friture me donne des **haut-le-cœur**.* (Syn. **nausée.**)
▶ Pluriel : des **haut-le-cœur**.

haut-parleur (nom masculin) Appareil qui transforme le courant électrique en ondes sonores. *Les **haut-parleurs** d'une chaîne stéréo.*
▶ Pluriel : des **haut-parleurs**.
▶ On écrit aussi **hautparleur**.

havane (nom masculin) Cigare fait avec du tabac de La Havane. *Après un bon repas, le grand-père de Kévin se retire toujours dans le salon pour fumer un **havane**.*
▪**havane** (adjectif) De la couleur brun-roux du tabac cubain.
▶ Pluriel : des robes **havane**.
▶ Prononciation [avan].

hâve (adjectif) Pâli et amaigri par la faim, la souffrance. *Elle avait les joues si **hâves** que l'on comprit vite qu'elle n'avait rien mangé depuis des jours.* (Syn. **émacié.**)
▶ Prononciation [ɑv].

havre (nom masculin) Synonyme littéraire de refuge. *Cette petite île est un **havre** de paix.*
★ Autrefois, un **havre** était un petit port abrité.

hawaïen, enne → tableau p. 6 / 7.

hayon (nom masculin) Porte arrière de certains véhicules, qui s'ouvre de bas en haut.

HCFC (nom masculin) Produit de remplacement des chlorofluorocarbones, qui sont trop dangereux pour l'environnement.
★ HCFC est le sigle de **h**ydro**c**hloro**f**luoro**c**arbone.

hé ! (interjection) Sert à appeler quelqu'un, à l'interpeller. ***Hé !** toi ! Viens par ici !*

heaume (nom masculin) Au Moyen Âge, casque porté par les soldats qui recouvrait la tête et le visage.

hebdomadaire (adjectif) Qui se produit une fois par semaine. *Le mercredi est le jour de fermeture **hebdomadaire** de la boulangerie.*
▪**hebdomadaire** (nom masculin) Revue ou journal qui paraît chaque semaine. *Ce magazine de sport est un **hebdomadaire**.*

hébergement (nom masculin) Action d'héberger quelqu'un. *Avant de partir là-bas, renseignez-vous sur les conditions d'**hébergement**.*

héberger (verbe) (conj. 5) Recevoir ou loger quelqu'un chez soi. *Nous avons suffisamment de place pour vous **héberger** quelques jours.*
★ Famille du mot : héberge**ment**, héberge**ur**.

hébergeur (nom masculin) Personne ou société qui héberge un site Internet. *L'**hébergeur** vous permet de mettre en ligne votre page personnelle.*

hébété, ée (adjectif) Qui semble devenu stupide sous l'effet d'un choc. *Après sa chute, le cavalier se releva complètement **hébété**.*

hébraïque (adjectif) Qui concerne les Hébreux. *La religion **hébraïque**.*

hébreu, eux (adjectif masculin) Qui concerne les Hébreux, le peuple juif. *L'État **hébreu**.*
▪**hébreu** (nom masculin) Langue officielle de l'État d'Israël.
▶ L'adjectif **hébreu** n'a pas de féminin : on emploie **hébraïque**.

hécatombe (nom féminin) Massacre d'êtres humains ou d'animaux. *La marée noire a causé une **hécatombe** parmi les oiseaux de mer.*
★ Dans l'Antiquité, une **hécatombe** était un sacrifice de 100 bœufs pour honorer les dieux.

hect(o)- Élément tiré du grec *hekaton* qui signifie « cent » et qui, placé devant une unité, la multiplie par cent (exemples : *hectolitre*, *hectare*).

hectare (nom masculin) Unité de superficie qui vaut cent ares ou dix mille mètres carrés.
▶ **Hectare** s'abrège *ha*.

hectogramme (nom masculin) Unité de poids qui vaut cent grammes.
▶ **Hectogramme** s'abrège *hg*.

hectolitre (nom masculin) Unité de capacité qui vaut cent litres.
▶ **Hectolitre** s'abrège *hl*.

hectomètre (nom masculin) Unité de longueur qui vaut cent mètres.
▶ **Hectomètre** s'abrège *hm*.

hectopascal, als (nom masculin) Unité de mesure de pression qui vaut cent pascals. *Le symbole de l'**hectopascal** est « hPa ».*

hédonisme (nom masculin) Doctrine qui place la recherche du plaisir au premier rang des valeurs morales. *Ce philosophe grec prône **l'hédonisme**.*
★ **Hédonisme** vient du mot grec *hêdonê* qui signifie « plaisir ».

hégémonie (nom féminin) Domination par le pouvoir. ***L'hégémonie** des grandes puissances sur les pays pauvres.* (Syn. **suprématie.**)

hégire (nom féminin) Ère des musulmans, qui commence en 622 de l'ère chrétienne, date du départ de Mahomet de La Mecque pour Médine.
★ **Hégire** vient du mot arabe *hedjra* qui signifie « exode ».

hein (interjection) Dans la langue familière, mot qui sert à indiquer la surprise, l'impatience. ***Hein** ? Qu'est-ce que tu dis ?*

hélas ! (interjection) Sert à indiquer la tristesse, le regret. ***Hélas** ! Nous devons nous séparer !*

héler (verbe) (conj. 8) Appeler de loin. *Il **héla** un taxi qui passait sur l'avenue.*

hélice (nom féminin) Appareil constitué de plusieurs pales tournant autour d'un axe, qui sert à propulser un avion ou un bateau. *Des avions à **hélices** et des avions à réaction.*

hélicoïdal, ale, aux (adjectif) En forme d'hélice. • Mouvement hélicoïdal : mouvement d'un solide qui tourne autour d'un axe avec une vitesse angulaire constante, tout en étant animé d'un mouvement de translation uniforme parallèlement à cet axe.

hélicon (nom masculin) Volumineux instrument à vent de la famille des cuivres, constitué d'un tube conique enroulé en spirale. *L'**hélicon** a un son plus grave que celui du tuba.*

hélicoptère (nom masculin) Appareil d'aviation qui se déplace dans l'air au moyen d'hélices. *Un **hélicoptère** décolle et atterrit verticalement.*

héliogravure (nom féminin) Procédé d'impression utilisant des plaques ou des cylindres gravés en creux.

héliotrope (nom féminin) Plante à fleurs odorantes qui pousse principalement dans les régions chaudes et tempérées.

héliport (nom masculin) Terrain de décollage et d'atterrissage des hélicoptères.

héliporté, ée (adjectif) Transporté par hélicoptère. *Des troupes **héliportées**.*

hélium (nom masculin) Gaz plus léger que l'air.
► Prononciation [eljɔm].

hellébore Voir ***ellébore***.

hellénique (adjectif) Relatif à la Grèce. *L'histoire **hellénique** est passionnante à étudier.*

hello ! (interjection) Mot qui sert à appeler, à saluer.
► Prononciation [ɛlo].
★ Hello est un mot anglais qui signifie « bonjour ».

helvétique (adjectif) Relatif à la Suisse. *La Confédération **helvétique** est l'autre nom de la Suisse.*

hem ! (interjection) Sert à attirer l'attention ou à exprimer le doute. ***Hem !** Je me demande si ton idée est vraiment bonne !*

héma- Élément tiré du grec *haima* qui signifie « sang » (exemples : *hématome*, *hémophile*).

hématie (nom féminin) Globule rouge du sang dont la fonction essentielle est d'assurer le transport de l'oxygène.
► Prononciation [emasi].

hématologie (nom féminin) Étude des maladies du sang. *Les analyses de sang ont été faites au service d'**hématologie** de l'hôpital.*

hématome (nom masculin) Synonyme de bleu. *Yann a les jambes couvertes d'**hématomes** à cause d'une chute à vélo.*

hémi- Élément tiré du grec qui signifie « à moitié » (exemple : *hémicycle*, *hémisphère*).

hémicycle (nom masculin) Salle en forme de demi-cercle, disposée en gradins. *La Chambre des députés est un **hémicycle**.*

hémione (nom masculin) Équidé asiatique sauvage qui ressemble à la fois au cheval et à l'âne.
★ Hémione vient du mot grec *hêmionos* qui signifie « demi-âne ».

hémiplégique (adjectif et nom) Caractérisé par la paralysie d'une moitié latérale du corps. *Suite à un terrible accident de voiture, elle est devenue **hémiplégique**.*

hémisphère (nom masculin) Chaque moitié du globe terrestre, située de part et d'autre de l'équateur. *La France est située dans l'**hémisphère** Nord.*

hémistiche (nom masculin) Chacune des deux moitiés d'un vers coupé par une césure. *Les deux **hémistiches** d'un alexandrin ont chacun six syllabes.*

hémoglobine (nom féminin) Substance contenue dans le sang, qui lui donne sa couleur rouge.

hémophile (adjectif et nom) Se dit d'une personne atteinte d'hémophilie.

hémophilie (nom féminin) Maladie héréditaire dans laquelle une blessure, même légère, peut entraîner une grave hémorragie.

hémorragie (nom féminin) Écoulement de sang hors des vaisseaux. *Le médecin a fait un pansement au blessé pour stopper l'**hémorragie**.*

hémorroïde (nom féminin) Varice formée par la dilatation des veines de l'anus ou du rectum.

henné (nom masculin) Poudre jaune ou rouge qui sert de teinture pour les cheveux.

hennin (nom masculin) Au Moyen Âge, coiffure de femme formée d'un haut cône garni d'un voile.

hennir (verbe) (conj. 11) Pousser son cri, en parlant du cheval.

hennissement (nom masculin) Cri du cheval.

hep ! (interjection) Sert à appeler, à héler. ***Hep !** Vous, là-bas, venez par ici !*

hépatique (adjectif) Qui concerne le foie. *La jaunisse est une maladie **hépatique**.*

hépatite (nom féminin) Maladie du foie. *Certaines **hépatites** sont dues à des virus.*

hepta- Élément tiré du grec qui signifie « sept » (exemple : *heptane*).

heptane (nom masculin) Hydrocarbure qui possède sept atomes de carbone.

héraldique (nom féminin et adjectif) Science qui étudie les blasons et les emblèmes. *Ce passionné d'**héraldique** collectionne les blasons des villes de France .*

héraut (nom masculin) Au Moyen Âge, personne chargée d'annoncer officiellement et solennellement certaines nouvelles.

herbacé, ée (adjectif) • Plante herbacée : petite plante à tige souple, qui ressemble à de l'herbe.

a b c d e f g h i j k l m n o p q r s t u v w x y z

herbage (nom masculin) Prairie destinée au pâturage des troupeaux.

herbe (nom féminin) Plante fine et verte, à tige souple, qui pousse naturellement. *Le bétail broute de l'**herbe** dans les prés pour se nourrir. Nous avons pique-niqué sur l'**herbe**.* • **Couper l'herbe sous le pied de quelqu'un** : faire quelque chose avant lui et à sa place. • **En herbe** : se dit du blé qui n'est pas encore mûr ; au sens figuré, se dit de quelqu'un qui est doué pour l'activité qu'il exercera plus tard. *Une violoniste **en herbe**.* • **Fines herbes** : plantes utilisées pour parfumer les plats. *Le persil, la ciboulette, le basilic, la coriandre sont des **fines herbes**.* • **Mauvaise herbe** : plante qui gêne le développement des plantes cultivées.
★ Famille du mot : **dés**herb**ant**, **dés**herb**er**, herb**age**, herbicide, herb**ier**, herbivore, herbor**iser**, herbor**iste**.

herbicide (nom masculin) Produit qui détruit les mauvaises herbes.

herbier (nom masculin) Collection de plantes séchées que l'on conserve entre des feuilles de papier.

herbivore (adjectif et nom) Qui se nourrit d'herbe. *Les mammifères ruminants comme la vache, le cerf, le chameau sont des **herbivores**.*

herboriser (verbe) (conj. 3) Cueillir des plantes sauvages pour les étudier ou pour les utiliser en cuisine ou en médecine.

herboriste (nom) Personne qui vend des préparations à base de plantes médicinales.

hercule (nom masculin) Homme d'une force exceptionnelle. *Cet athlète est un véritable **hercule**.* (Syn. **colosse**.)
★ **Hercule** était un héros de la mythologie latine, célèbre pour sa force colossale.

herculéen, enne (adjectif) Digne d'un hercule. *Il faudrait une force **herculéenne** pour soulever ce rocher.* (Syn. **colossal**.)

hercynien, enne (adjectif) Se dit des plissements géologiques de la fin de l'ère primaire, qui constituent aujourd'hui une chaîne érodée et dont les vestiges forment les massifs anciens.

hère (nom masculin) • **Un pauvre hère** : un pauvre homme misérable. *Il avait du succès et était admiré de tous lorsqu'il était jeune, maintenant ce n'est qu'**un pauvre hère**.*
▶ Prononciation [ɛʀ].

héréditaire (adjectif) Qui se transmet des parents aux enfants. *Certains caractères physiques comme la couleur des yeux sont **héréditaires**.*

hérédité (nom féminin) Transmission de certains caractères d'une personne à ses descendants. *L'hémophilie est une maladie qui se transmet par **hérédité**.*

hérésie (nom féminin) Doctrine contraire aux principes établis officiellement dans une religion.

hérétique (adjectif et nom) Qui soutient une hérésie. *Autrefois, l'Église catholique considérait les protestants comme des **hérétiques**.*

hérisser (verbe) (conj. 3) **1** Dresser ses poils, ses plumes. *Mon chat **hérisse** le poil dès qu'un chien s'approche de lui.* **2** Au sens figuré, horripiler. *Sa vulgarité me **hérisse**.* • **Être hérissé** : être recouvert de piquants, de pointes. *Ces ronces **sont hérissées** d'épines.*

hérisson (nom masculin) Petit mammifère au corps hérissé de piquants. *Pour se protéger, le **hérisson** se met en boule.*

héritage (nom masculin) Ensemble de biens transmis par une personne qui vient de mourir. *Cette vieille dame a laissé un gros **héritage** à sa famille.*

hériter (verbe) (conj. 3) **1** Devenir propriétaire par héritage. *Il **a hérité** d'une immense fortune à la mort de son oncle.* **2** Recevoir par hérédité. *Noémie **a hérité** des yeux bleus de son père.*
★ Famille du mot : **dés**hériter, hérit**age**, hérit**ier**.

héritier, ère (nom) Personne qui hérite. *Elle a rédigé un testament pour désigner ses **héritiers**.*

hermaphrodite (adjectif) Qui possède les caractères des deux sexes, mâle et femelle. *Les escargots sont **hermaphrodites**.*

hermétique (adjectif) **1** Qui est parfaitement étanche. *Ce médicament est conservé dans un flacon **hermétique**.* **2** Qui est difficile à comprendre. *Ce roman m'a paru très **hermétique**.*

hermine (nom féminin) Petit carnivore dont le poil, fauve en été, devient blanc l'hiver. *La blancheur de l'**hermine** symbolise la pureté.*

hernie (nom féminin) Grosseur qui se forme dans le corps quand un organe s'est déplacé. *Un effort violent peut provoquer une **hernie**.*

① **héroïne** (nom féminin) Drogue très dangereuse fabriquée à partir de la morphine. *Ce jeune drogué a failli mourir d'une overdose d'**héroïne**.*

② **héroïne** Voir ***héros***.

héroïnomane (nom et adjectif) Toxicomane qui utilise l'héroïne.

héroïque (adjectif) Qui est digne d'un héros. *Des sauveteurs **héroïques**. Un acte **héroïque**.* (Syn. **brave**. Contr. **lâche**, **peureux**.)

héroïquement (adverbe) De façon héroïque. *Les assiégés se sont comportés **héroïquement**.*

héroïsme (nom masculin) Courage exceptionnel. *Ce pompier a reçu une médaille pour son **héroïsme** pendant l'incendie.*

héron (nom masculin) Grand oiseau échassier au long cou et au long bec. *Les **hérons** se nourrissent de poissons et de grenouilles.*

héros, héroïne (nom) **1** Personne qui se distingue par son héroïsme. *Il s'est conduit en **héros** en sauvant plusieurs personnes de la noyade. Jeanne*

*d'Arc, **héroïne** de l'histoire de France.* **2** Personnage principal d'une histoire. *D'Artagnan est le **héros** du roman « les Trois Mousquetaires ».*
★ Famille du mot : héro**ïque**, héro**ïquement**, héro**ïsme**.

herpès (nom masculin) Maladie de la peau, due à un virus et provoquant des démangeaisons.
▶ Prononciation [ɛʀpɛs].

herse (nom féminin) **1** Instrument agricole muni de dents métalliques, servant à briser les mottes de terre. **2** Grille hérissée de pointes qui s'abaisse pour défendre l'entrée des forteresses.

hertz (nom masculin) Unité de mesure de fréquence. *Pour l'oreille humaine, une fréquence de moins de 15 **hertz** est inaudible.*
▶ **Hertz** s'abrège *Hz*.

hertzien, enne (adjectif) Relatif aux ondes utilisées dans les télécommunications. *Les ondes **hertziennes** permettent aux radios de diffuser leurs programmes.*

hésitant, ante (adjectif) Qui hésite. *Odile reste **hésitante** devant un tel choix.* (Syn. **indécis.** Contr. **décidé, résolu.**)

hésitation (nom féminin) Fait d'hésiter. *Thomas a choisi son nouveau jeu vidéo après un long moment d'**hésitation**.*

hésiter (verbe) (conj. 3) **1** Avoir du mal à prendre une décision. *Papa **hésite** à partir en voiture à cause du brouillard.* **2** Montrer son indécision en s'arrêtant au cours d'une action. *Sarah lit lentement en **hésitant** à chaque mot.*
★ Famille du mot : hésit**ant**, hésit**ation**.

hétér(o)- Préfixe tiré du grec qui signifie « autre » (exemple : *hétéroclite, hétérogène*).

hétéroclite (adjectif) Qui forme un mélange bizarre de choses qui ne vont pas ensemble. *Le grenier est rempli d'un entassement **hétéroclite** de vieux jouets.*

hétérogène (adjectif) Qui est composé d'éléments de nature différente. *Ces gens venus des quatre coins du monde forment un groupe **hétérogène**.* (Contr. **homogène.**)

hétérosexuel, elle (adjectif et nom) Qui éprouve une attirance sexuelle pour des personnes du sexe opposé au sien.

hétérotrophe (adjectif) Qui ne peut se nourrir que d'aliments organiques déjà synthétisés par d'autres organismes. *Tous les animaux et tous les végétaux non chlorophylliens sont **hétérotrophes**.*

hétérozygote (nom masculin et adjectif) Se dit d'un être vivant dont un caractère héréditaire au moins présente deux allèles différents. (Contr. **homozygote.**)

hêtraie (nom féminin) Lieu planté de hêtres.

hêtre (nom masculin) Grand arbre à tronc droit, à écorce lisse et à bois blanc utilisé en menuiserie.

heu ! (interjection) Sert à exprimer l'hésitation, le doute, la gêne. *Rends-moi mon stylo ! – **Heu !**.. Je crois que je l'ai perdu.*
▶ On écrit aussi **euh !**

heur (nom masculin) • **Avoir l'heur de** : avoir la chance de. *Il n'a pas eu l'**heur** de lui plaire.*

heure (nom féminin) **1** Période de temps qui correspond à la vingt-quatrième partie d'une journée. *Une **heure** est divisée en 60 minutes. Nous avons rendez-vous dans une **heure**.* **2** Moment déterminé de la journée. *Quelle **heure** est-il ? – Il est 11 **heures** du matin.* • **À la bonne heure !** : c'est bien, c'est satisfaisant. • **À l'heure** : au moment prévu ou à l'heure exacte. *Il est arrivé juste **à l'heure**.* • **À l'heure qu'il est** : en ce moment. • **De bonne heure** : tôt. • **Tout à l'heure** : il y a quelques instants ou un peu plus tard. *Il a téléphoné **tout à l'heure**. Je vous rejoins **tout à l'heure**.*

heureusement (adverbe) Par bonheur. *Il a fait une chute mais, **heureusement**, il n'est pas blessé.* (Contr. **malheureusement.**)

heureux, euse (adjectif) **1** Qui est plein de joie, de bonheur. *Vivre des moments **heureux**. C'est une famille **heureuse**.* (Contr. **malheureux.**) **2** Qui est très satisfait. *Nous sommes très **heureux** de vous revoir.* (Syn. **content.**) **3** Qui est favorisé par la chance. *Après cette chute, il peut s'estimer **heureux** d'être encore en vie !*

heurt (nom masculin) Fait de se heurter. *Des **heurts** se sont produits entre les manifestants et les forces de l'ordre.*
▶ Prononciation [œʀ].

heurter (verbe) (conj. 3) **1** Toucher violemment. *La voiture **a heurté** un arbre. En courant, Victor **s'est heurté** à un passant.* (Syn. **se cogner, percuter.**) **2** Au sens figuré, contrarier quelqu'un. *Ses mauvaises manières me **heurtent**.* (Syn. **choquer.**) **3** **Se heurter à quelque chose** : se trouver en face. *Les alpinistes **se sont heurtés à** une difficulté imprévue.*

hévéa (nom masculin) Arbre des pays chauds dont on tire le latex servant à fabriquer le caoutchouc.

hexa- Élément tiré du grec qui signifie « six » (exemple : *hexachlorure, hexagone*).

hexachlorure (nom masculin) Chlorure dont la molécule contient six atomes de chlore.

hexadécimal, ale, aux (adjectif) Se dit d'un système de numération qui utilise six lettres (de A à F) et dix chiffres (de 0 à 9) pour former des autres nombres.

hexaèdre (adjectif) Qui a six faces planes. *La pierre précieuse de cette bague est **hexaèdre**.*
■ **hexaèdre** (nom masculin) Polyèdre à six faces. *Les parallélépipèdes sont des **hexaèdres**.*

hexafluorure (nom masculin) Fluorure dont la molécule contient six atomes de fluor.

hexagonal, ale, aux (adjectif) **1** Qui a la forme d'un hexagone. *Sur la carte, la France est **hexagonale**.* **2** Qui concerne la France métropolitaine,

a b c d e f g h i j k l m n o p q r s t u v w x y z

surnommée l'Hexagone. *Le système de taxation **hexagonal** est parfois différent de celui des territoires français d'outre-mer.*

hexagone (nom masculin) Figure géométrique qui comporte six côtés et six angles. *On appelle la France l'**Hexagone** à cause de sa forme.*

hexamètre (nom masculin et adjectif) Vers de six syllabes ou de six mesures.

hiatus (nom masculin) Suite de deux voyelles appartenant à deux syllabes différentes d'un mot ou de deux mots. *« Aérien » et « il a été » sont des exemples d'**hiatus**.*

hibernation (nom féminin) État proche du sommeil, dans lequel certains animaux vivent l'hiver.

hiberner (verbe) (conj. 3) Passer l'hiver en hibernation. *Les ours, les marmottes, les loirs, les chauves-souris **hibernent**.*

hibiscus (nom masculin) Arbre tropical à grandes fleurs.

hibou, oux (nom masculin) Rapace nocturne qui porte des aigrettes sur la tête. *Le **hibou** hulule.*

hic (nom masculin) • **Le hic** : dans la langue familière, annonce une difficulté, un problème. *William aimerait faire de la plongée sous-marine, mais le **hic** est qu'il ne sait pas nager !*

hidalgo (nom masculin) Noble espagnol.
▶ Prononciation [idalgo].

hideux, euse (adjectif) Qui est d'une laideur effrayante. *Benjamin a fait un cauchemar peuplé de monstres **hideux**.* (Syn. **affreux, horrible.**)

hier (adverbe) Jour qui précède aujourd'hui. *Je l'ai rencontré mercredi, c'est-à-dire **hier** puisque nous sommes jeudi.* • **Ne pas dater d'hier** : être très ancien. *Ces photos jaunies **ne datent pas d'hier**.*

hiérarchie (nom féminin) Organisation d'un groupe de personnes selon leur importance ou leur pouvoir. *Le directeur a le poste le plus élevé dans la **hiérarchie** de l'entreprise.*
★ Famille du mot : hiérarch**ique**, hiérarch**iser**.

hiérarchique (adjectif) Qui fait partie d'une hiérarchie. *Un soldat doit obéir à son supérieur **hiérarchique**.*

hiérarchiser (verbe) (conj. 3) Organiser selon les principes d'une hiérarchie. *Il faut savoir **hiérarchiser** les informations que l'on donne dans un exposé.*
▶ Prononciation [jeʀaʀʃize].

hiératique (adjectif) **1** Qui concerne les choses sacrées, la liturgie. *Les gestes **hiératiques** du pape bénissant ses fidèles.* **2** Majestueux, d'une raideur figée, comme réglé par une tradition sacrée. (Syn. **solennel.**)
▶ Prononciation [jeʀatik].

hiéroglyphe (nom masculin) Signe d'écriture des anciens Égyptiens. *Les **hiéroglyphes** sont de petits dessins qui symbolisent des mots ou des idées.*

hi-fi Voir ***haute-fidélité***.

high-tech (nom masculin et adjectif) Se dit de tout ce qui relève d'une technologie de pointe. *Ta cuisine nouvelle cuisine est vraiment très **high-tech** !*
▶ Pluriel : des cuisines **high-tech**.
▶ Prononciation [ajtɛk].
★ **High-tech** est l'abréviation de l'expression anglaise *high technology* qui signifie « haute technologie ».

hilarant, ante (adjectif) Qui fait rire. *Le numéro des clowns était vraiment **hilarant**.* (Syn. **désopilant.**)

hilare (adjectif) Qui a l'air très content. *Les spectateurs, **hilares**, applaudissaient aux mimiques de l'acteur.* (Syn. **réjoui.**)
★ Famille du mot : hilar**ant**, hilar**ité**.

hilarité (nom féminin) Brusque accès de rire. *Sa réponse étourdie a déclenché l'**hilarité** générale dans la classe.*

hindou, oue (adjectif et nom) Qui concerne ou qui pratique l'hindouisme. *Les **hindous** croient à la réincarnation après la mort.*

hindouisme (nom masculin) Religion très répandue en Inde. *Les adeptes de l'**hindouisme** vénèrent de nombreux dieux.*

hip-hop (nom masculin et adjectif) Mouvement culturel qui s'exprime par la musique rap, la danse sur cette musique, les tags et une tenue vestimentaire sportive : casquette, basquets, survêtement. *C'est dans la jeunesse des banlieues que le mouvement **hip-hop** a pris son essor en France dans les années 1990.*

hipp(o)- Élément tiré du grec qui indique un rapport au « cheval » (exemple : *hippodrome*).

hippie (nom et adjectif) Membre d'un mouvement non violent apparu vers les années 1970 qui prônait la liberté des mœurs. *Les **hippies** refusaient la société de consommation et son conformisme.*
▶ Prononciation [ipi].
★ **Hippie** vient de l'américain *hip* qui signifie « initié ».
▶ On écrit aussi **hippy**.

hippique (adjectif) Qui concerne les chevaux ou l'équitation. *Un concours **hippique**.*

hippocampe (nom masculin) Petit poisson marin dont la tête rappelle celle d'un cheval. *L'**hippocampe** nage à la verticale.*

hippodrome (nom masculin) Terrain destiné aux courses de chevaux. *L'**hippodrome** de Vincennes.*

hippologie (nom féminin) Étude du cheval.

hippopotame (nom masculin) Gros mammifère herbivore qui vit dans les fleuves d'Afrique. *Certains **hippopotames** peuvent atteindre quatre tonnes.*
★ **Hippopotame** vient du grec *hippos* qui signifie « cheval » et *potamos* qui signifie « fleuve ».

hirondelle (nom féminin) Petit oiseau migrateur noir et blanc dont la queue est fourchue. *Les **hirondelles** reviennent des pays chauds aux premiers jours du printemps.*

hirsute (adjectif) Qui est tout ébouriffé, mal coiffé. *Il vient de sortir de son lit, tout **hirsute**.*

hispanique (adjectif) Qui concerne l'Espagne ou les pays d'Amérique du Sud où l'on parle l'espagnol.

hispanophone (adjectif et nom) Qui parle l'espagnol. *Les **hispanophones** sont nombreux en Amérique du Sud.*

hisser (verbe) (conj. 3) **1** Faire monter quelque chose en se servant de cordes. ***Hisser** les voiles d'un navire.* **2** **Se hisser** : grimper ou s'élever en faisant de gros efforts. ***Se hisser** sur un mur, sur un toit.*

histoire (nom féminin) **1** Récit rapportant des faits réels ou imaginaires. *Pour endormir son petit frère, Ursula lui raconte une **histoire**.* **2** Ensemble des évènements qui se sont déroulés dans le passé. *Étudier l'**histoire** de France.* **3** Chose fausse que l'on raconte pour tromper quelqu'un. *Arrête de me raconter des **histoires** !* (Syn. **mensonge.**) **4** Incident fâcheux, désagréable. *Faire un voyage sans **histoire**. Ces mensonges vont t'attirer des **histoires**.* (Syn. **difficulté, ennui.**) • **En faire toute une histoire** : exagérer l'importance de quelque chose. • **Faire des histoires** : créer des complications.
★ Famille du mot : histor**ien**, histor**ique**, **pré**histoire, **pré**histor**ique**.

histologie (nom féminin) Étude des tissus de l'organisme qui vise à identifier leur structure, leur forme et leur rôle.

historien, enne (nom) Spécialiste des études d'histoire.

historique (adjectif) **1** Qui concerne l'histoire, les événements du passé. *Il rassemble des documents **historiques** sur la vie au Moyen Âge.* **2** Qui a réellement existé dans le passé. *Charlemagne est un personnage **historique**.* **3** Qui a laissé des traces importantes dans l'histoire. *Le jour de la prise de la Bastille (14 juillet 1789) est une date **historique**.*
■ **historique** (nom masculin) Récit qui expose tous les faits depuis le début. *Faire l'**historique** d'une enquête.*

histrion (nom masculin) Mauvais comédien. *Cet **histrion** serait ridicule s'il jouait du Shakespeare.*

hit-parade (nom masculin) Classement de chansons ou de films par ordre de succès. *Un disque premier au **hit-parade**.*
▶ Pluriel : des **hit-parades**.

HIV Voir ***VIH***.

hiver (nom masculin) Saison la plus froide de l'année, qui suit l'automne et précède le printemps.
★ Famille du mot : hiver**nal**, hiver**ner**.

hivernal, ale, aux (adjectif) De l'hiver. *Nous ne sommes qu'en automne, mais il fait déjà un froid **hivernal**.*

hiverner (verbe) (conj. 3) Passer l'hiver à l'abri. *Les moutons **hivernent** dans la bergerie.*

HLM (nom féminin ou masculin) Immeuble dont les appartements ont des loyers peu élevés.
▶ Prononciation [aʃɛlɛm].
★ HLM est le sigle d' *habitation à loyer modéré*.

ho ! (interjection) Sert à appeler, marque la surprise ou l'indignation. ***Ho !** la vilaine menteuse !*

hobby (nom masculin) Passe-temps favori. *Xavier collectionne des vieilles cartes postales, c'est son **hobby***. (Syn. **dada, marotte.**)
▶ Pluriel : des **hobbys** ou des **hobbies**.
★ **Hobby** est un mot anglais qui signifie « petit cheval », « dada ».

hochement (nom masculin) • **Hochement de tête** : fait de hocher la tête. *Il a approuvé d'un **hochement de tête**.*

hocher (verbe) (conj. 3) • **Hocher la tête** : remuer la tête de haut en bas en signe d'accord ou de droite à gauche en signe de désaccord.

hochet (nom masculin) Jouet de bébé qui fait du bruit quand on le secoue.

hockey (nom masculin) Sport d'équipe qui consiste à pousser une balle ou un palet dans le but adverse à l'aide d'une crosse. *Le **hockey** peut se pratiquer sur gazon ou sur glace.*

holà ! (interjection) Sert à arrêter, à modérer quelqu'un. ***Holà** ! faites moins de bruit !*
■ **holà** (nom masculin) • **Mettre le holà à quelque chose** : mettre fin à quelque chose de fâcheux. *J'ai décidé de **mettre le holà à** tout ce gaspillage.*

holding (nom masculin ou féminin) Société qui regroupe plusieurs entreprises. *La **holding** a choisi de fusionner ses deux filiales.*
▶ Prononciation [ɔldiŋ].
★ **Holding** est un mot anglais qui vient du verbe *to hold*, qui signifie « posséder ».

hold-up (nom masculin) Attaque à main armée dans le but de voler. *La police a arrêté les auteurs du **hold-up**.*
▶ Prononciation [ɔldœp].
▶ Pluriel : des **hold-up**.
▶ On écrit aussi : un **holdup**, des **holdups**.
★ **Hold-up** vient de l'anglais *to hold up one's hands* qui signifie « tenir les mains en l'air ».

hollandais, aise → tableau p. 6 / 7.

Holocauste (nom masculin) Extermination des Juifs par les nazis. *L'**Holocauste** s'est produit pendant la Seconde Guerre mondiale.*
★ Dans l'Antiquité hébraïque, un **holocauste** était l'offrande à Dieu d'un animal que l'on faisait brûler.

holocène (nom masculin et adjectif) Époque la plus récente de l'ère quaternaire, qui succède au paléolithique supérieur. *L'holocène s'étend de 8 000 av. J.-C. à nos jours.*

hologramme (nom masculin) Photo qui donne l'impression du relief quand on la regarde sous un certain angle.

homard (nom masculin) Crustacé marin aux pattes armées de grosses pinces et dont la carapace bleue ou verte devient rouge à la cuisson.

homélie (nom féminin) Explication d'un texte religieux. *À la messe, l'**homélie** suit la lecture de l'Évangile.* (Syn. **sermon.**)

homéo- Élément tiré du grec qui signifie « semblable » (exemple : *homéopathie*).

homéopathie (nom féminin) Traitement des maladies qui consiste à absorber des doses très faibles de produits qui, à doses fortes, provoqueraient la maladie que l'on veut soigner.

homéopathique (adjectif) Qui concerne l'homéopathie. *Il soigne son asthme par traitement **homéopathique**.*

homérique (adjectif) Qui est extraordinaire, phénoménal. *Une bataille **homérique**.*
★ **Homérique** vient du nom d'*Homère*, poète grec qui raconta la guerre de Troie (l'*Iliade*) et les aventures d'Ulysse (l'*Odyssée*).

homicide (nom masculin) Fait de tuer un être humain.

hominidé (nom masculin) Primate dont la lignée s'étend des hommes fossiles aux hommes actuels.

hominien (nom masculin) Primate dont la lignée comprend l'homme actuel, ses cousins et ses ancêtres fossiles.

hommage (nom masculin) Acte qui marque le respect ou l'admiration. *On a rendu **hommage** à l'héroïsme des sauveteurs.*
■ **hommages** (nom masculin pluriel) Salutations qu'un homme adresse à une femme. *Il a présenté ses **hommages** à la maîtresse de maison.*

homme (nom masculin) **1** Être humain adulte de sexe masculin. *Ce magasin vend des vêtements pour **hommes**.* **2** Être humain en général. *De même que le langage, le rire est le propre de l'**homme**.* • **Comme un seul homme** : tous ensemble et en même temps. *Ils ont répondu **comme un seul homme**.* • **Homme d'affaires** : personne qui s'occupe d'entreprises commerciales. • **Homme de loi** : avocat ou magistrat. • **Homme politique** : ministre ou député.

homme-grenouille (nom masculin) Plongeur sous-marin équipé de bouteilles à oxygène. *Des **hommes-grenouilles** réparent la coque du bateau.*
► Pluriel : des **hommes-grenouilles**.

homme-orchestre (nom masculin) **1** Musicien qui joue de plusieurs instruments en même temps. **2** Au sens figuré, homme qui cumule plusieurs fonctions ou qui a des talents variés. *Le père de Laura assure à la fois la comptabilité, le secrétariat, l'accueil des clients et la gestion des stocks de son magasin : c'est un véritable **homme-orchestre**.*
► Pluriel : des **hommes-orchestres**.

homme-sandwich (nom masculin) Homme qui parcourt les rues en portant deux panneaux publicitaires, l'un sur la poitrine, l'autre sur le dos.
► Pluriel : des **hommes-sandwichs**.

homo- Élément tiré du grec qui signifie « semblable, le même » (exemple : *homogène*).

homocentre (nom masculin) Centre commun à plusieurs cercles concentriques. *Lorsque l'on jette un caillou dans l'eau, l'**homocentre** des ondes circulaires produites est l'endroit de l'impact du caillou.*

homogène (adjectif) Qui est formé d'éléments qui vont bien ensemble. *Pour gagner ce match, il faut une équipe **homogène**.* (Contr. **hétérogène**.)

homogénéiser (verbe) (conj. 3) **1** Rendre homogène. *Il faut **homogénéiser** le décor de cette pièce, il y a beaucoup trop de meubles d'époques différentes.* **2** Réduire la grosseur des globules gras, pour allonger la conservation. *Un lait **homogénéisé** se conserve plus longtemps qu'un lait qui ne l'est pas.*
► On dit aussi **homogénéifier** (conj. 10).

homographe (adjectif et nom masculin) Mot qui a la même orthographe qu'un autre mot. *Deux **homographes** peuvent se prononcer différemment.*

homologue (nom) Personne qui remplit la même fonction qu'une autre. *Le ministre français de l'Agriculture a rencontré son **homologue** anglais.*

homologuer (verbe) (conj. 3) Reconnaître officiellement la validité de quelque chose. ***Homologuer** un record.*

homonyme (nom masculin) Mot qui se prononce de la même façon qu'un autre mais qui n'a pas la même signification. *Les mots « saut », « seau » et « sot » sont des **homonymes**.*
★ **Homonyme** vient du grec *homos* qui signifie « le même » et *onoma* qui signifie « nom ».

homophone (adjectif et nom masculin) Mot qui se prononce de la même façon qu'un autre mot mais qui a une orthographe différente. *« Compte », « comte » et « conte » sont des **homophones**.*

homosexuel, elle (adjectif et nom) Personne qui éprouve une attirance sexuelle pour des personnes du même sexe qu'elle.

homothétie (nom féminin) Transformation géométrique qui à tout point M associe le point M' tel que $\overrightarrow{OM'} = k\overrightarrow{OM}$, O étant le centre d'homothétie et k le rapport d'homothétie.
► Prononciation [omotesi].

homozygote (nom masculin et adjectif) **1** Se dit d'un individu ou d'une cellule dont chaque chromosome d'une même paire possède deux gènes allèles identiques. **2** Se dit de jumeaux provenant du même œuf et ayant donc rigoureusement les mêmes gènes. (Contr. **hétérozygote**.)

hongre (adjectif et nom masculin) Cheval châtré. (Contr. **étalon**.)
► Prononciation [ɔ̃gʀ].

hongrois, oise → tableau p. 6 / 7.

honnête (adjectif) **1** Qui ne cherche pas à tromper ou à voler. *Yann est bien trop **honnête** pour tricher.* (Syn. **intègre, loyal**. Contr. **déloyal, malhonnête**.) **2** Qui

est d'un niveau moyen, acceptable. *Gaëlle a des notes **honnêtes**, mais elle pourrait faire mieux.* (Syn. **acceptable, honorable, passable.**)
★ Famille du mot : honnête**ment**, honnête**té**, **mal**honnête, **mal**honnête**ment**, **mal**honnête**té**.

honnêtement (adverbe) De façon honnête. *Il gagne sa vie **honnêtement**.* (Contr. **malhonnêtement.**)

honnêteté (nom féminin) Qualité d'une personne honnête. *C'est un commerçant d'une scrupuleuse **honnêteté**.*

honneur (nom masculin) **1** Sentiment d'être digne du respect d'autrui. *Accusé, il est prêt à se battre pour défendre son **honneur**.* **2** Marque d'estime envers quelqu'un que l'on respecte. *Le Premier ministre sera accueilli avec les **honneurs** qui lui sont dus.* • **Cour d'honneur :** cour principale d'un château. • **En l'honneur de :** pour honorer quelqu'un. • **Faire honneur à quelqu'un :** se conduire bien, de manière à le rendre fier. • **Faire honneur à un repas :** manger copieusement avec grand plaisir. *Il **a fait honneur à** notre civet de lièvre.*

honnir (verbe) (conj. 11) Couvrir publiquement de honte. *Ce scélérat est **honni** par tout le monde.* • **Honni soit qui mal y pense ! :** honte à celui qui y voit du mal.
★ **Honni soit qui mal y pense** est la devise de l'ordre de la Jarretière, en Angleterre.
► Prononciation [ɔniʀ].

honorable (adjectif) **1** Qui mérite l'estime ou le respect des autres. *Un homme **honorable**.* (Syn. **respectable.**) **2** Qui est suffisant mais pas excellent. *Il a eu une moyenne **honorable** à son examen.* (Syn. **honnête, moyen, passable.**)

honoraires (nom masculin pluriel) Somme d'argent que l'on paie à quelqu'un qui exerce une profession libérale. *Un avocat, un médecin reçoivent des **honoraires**, un employé reçoit un salaire.*

honorer (verbe) (conj. 3) Manifester son respect à quelqu'un. *Une cérémonie aura lieu pour **honorer** la mémoire de ce grand écrivain.*
★ Famille du mot : **dés**honor**ant**, **dés**honorer, honor**able**, honor**ifique**.

honorifique (adjectif) Qui est destiné à honorer quelqu'un. *Il a été nommé président d'honneur, à titre **honorifique**.*

honte (nom féminin) **1** Sentiment de culpabilité ou d'humiliation. *Il a **honte** de ses mensonges.* **2** Chose odieuse ou action déshonorante. *C'est une **honte** de trahir un ami.*

honteux, euse (adjectif) **1** Qui éprouve de la honte. *Zoé est **honteuse** d'avoir été méchante.* (Syn. **confus.**) **2** Qui est déshonorant, scandaleux. *C'est **honteux** d'attaquer quelqu'un de plus faible que soi !* (Syn. **ignoble.**)

hooligan Voir ***houligan***.

hop ! (interjection) Mot qui invite à aller plus vite. *Allez **hop** ! Tout le monde debout !*

hôpital, aux (nom masculin) Établissement dans lequel on soigne et on opère les malades et les blessés. *L'ambulance a transporté la victime de l'accident à l'**hôpital**.*

hoquet (nom masculin) Contraction qui provoque des secousses et des bruits involontaires dans la gorge.

hoqueter (verbe) (conj. 8 ou 9) Avoir le hoquet. *Il pleurait en **hoquetant** bruyamment.*

horaire (adjectif) Qui correspond à une durée d'une heure. *La vitesse **horaire** d'une voiture est le nombre de kilomètres qu'elle parcourt en une heure.* ■ **horaire** (nom masculin) **1** Tableau qui indique les heures d'arrivée et de départ d'un moyen de transport. *Des **horaires** de train.* **2** Emploi du temps. *Les **horaires** d'ouverture sont affichés sur la porte du magasin.*

horde (nom féminin) Groupe d'hommes ou d'animaux errants. *Une **horde** de voyous désœuvrés a envahi le quartier.*

horizon (nom masculin) **1** Ligne qui semble séparer le ciel et la terre. *Le soleil disparaît sous l'**horizon**.* **2** Au sens figuré, domaine d'action ou de réflexion. *L'invention du laser a ouvert de nouveaux **horizons** pour la médecine.*
★ Famille du mot : horizont**al**, horizont**alement**.

horizontal, ale, aux (adjectif) Qui est parallèle à la ligne d'horizon. *La surface d'un liquide est toujours **horizontale**.* (Contr. **vertical.**)

horizontalement (adverbe) En position horizontale. *Écartez les bras **horizontalement** pour prendre vos distances.* (Contr. **verticalement.**)

horloge (nom féminin) Instrument qui indique l'heure. *On entend le tic-tac de l'**horloge** du salon.*
★ Famille du mot : horlog**er**, horlog**erie**.

horloger, ère (nom) Personne qui fabrique, répare ou vend des montres, des horloges.

horlogerie (nom féminin) **1** Fabrication ou commerce des instruments qui indiquent l'heure. *L'**horlogerie** suisse est très réputée.* **2** Magasin de l'horloger.

hormis (préposition) Synonyme littéraire de sauf. *Tous les enfants étaient présents, **hormis** Anna.*

hormone (nom féminin) Substance produite par certaines glandes, transportée par le sang et qui agit sur les organes du corps.

horodateur (nom masculin) Appareil qui sert à imprimer la date et l'heure. *L'**horodateur** d'un parcmètre.*

horoscope (nom masculin) Prédiction de l'avenir de quelqu'un d'après la position des planètes à sa naissance.
★ **Horoscope** vient de mots grecs qui signifient « qui observe l'heure de la naissance ».

horreur (nom féminin) **1** Réaction d'effroi ou de dégoût provoquée par quelque chose d'affreux. *La vue d'une araignée remplit Élodie d'**horreur**.* **2** Ce qui est terrifiant ou très laid. *N'achète pas*

*cette casquette, c'est une **horreur** !* • Avoir horreur de quelque chose : le détester. *Benjamin **a horreur du** poisson bouilli.*
▪ **horreurs** (nom féminin pluriel) Actes ou paroles horribles. *Ce pays a connu les **horreurs** de la guerre.*

horrible (adjectif) **1** Qui inspire de l'horreur. *Il a commis un crime **horrible**.* **2** Qui est très laid ou très pénible à supporter. *Un **horrible** mal de dents.*

horriblement (adverbe) **1** De façon horrible. *Il a été **horriblement** blessé.* (Syn. **affreusement**.) **2** Très. *Je suis **horriblement** en retard.*

horrifier (verbe) (conj. 10) Provoquer de l'horreur. *Le spectacle de l'accident les **a horrifiés**.*

horripilant, ante (adjectif) Qui horripile. *Ce bruit de marteau-piqueur est **horripilant** !*

horripiler (verbe) (conj. 3) Irriter au plus haut point. *Arrête de pleurnicher ainsi, tu m'**horripiles** !* (Syn. **exaspérer**.)

hors de (préposition) À l'extérieur d'un lieu. *L'aéroport est situé **hors de** la ville.* • Hors de danger : à l'abri du danger ou sauvé d'un danger. • Hors de prix : trop cher. • Hors de soi : dans une violente colère. *Tes mensonges me mettent **hors de moi**.* • Hors d'usage : trop vieux ou trop abîmé. *Des vêtements **hors d'usage**.*

hors-bord (nom masculin) Canot rapide dont le moteur se trouve à l'arrière et à l'extérieur de la coque.
► Pluriel : des **hors-bords**.

hors-concours (nom masculin et adjectif) Personne qui ne peut concourir parce qu'elle fait partie du jury ou parce qu'elle est manifestement très supérieure à ses concurrents. *Romain a une ceinture noire alors que cette compétition de judo est pour les ceintures bleues : il est **hors concours**.*
► Lorsqu'il est adjectif, **hors concours** s'écrit sans trait d'union.

hors-d'œuvre (nom masculin) Plat froid que l'on sert au début du repas. *Une salade de tomates en **hors-d'œuvre**.*
► Pluriel : des **hors-d'œuvre**.

hors-jeu (nom masculin) Faute d'un joueur de football ou de rugby qui occupe une position irrégulière sur le terrain.
► Pluriel : des **hors-jeux**.

hors-la-loi (nom masculin) Personne qui vit en dehors des lois de la société à cause de ses crimes. *Le shérif poursuivait une bande de **hors-la-loi**.*
► Pluriel : des **hors-la-loi**.

hors-piste (nom masculin) Ski pratiqué en dehors des pistes balisées. *Le **hors-piste** est dangereux à cause des risques d'avalanche.*
► Pluriel : des **hors-pistes**.

hors-service (adjectif) Qui ne fonctionne plus. *Ce distributeur de boissons est **hors-service**.*
► **Hors-service** s'abrège souvent *HS* [aʃɛs].

hors-texte (nom masculin) Gravure intercalée dans un livre et qui ne porte pas de numéro de folio. *La pagination de ce livre va jusqu'à cinq cent mais, si on numérotait aussi les **hors-texte**, elle irait jusqu'à mille !*
► Pluriel : des **hors-textes**.

hortensia (nom masculin) Arbuste à fleurs bleues, roses ou blanches groupées en forme de grosses boules.

horticole (adjectif) Qui concerne l'horticulture. *Nous avons vu des fleurs exotiques à l'exposition **horticole**.*

horticulteur, trice (nom) Personne qui fait de l'horticulture.

horticulture (nom féminin) Culture des légumes, des fruits et des fleurs.

hospice (nom masculin) Établissement accueillant les personnes âgées, les handicapés.

hospitalier, ère (adjectif) **1** De l'hôpital. *Les médecins, les infirmières font partie du personnel **hospitalier**.* **2** Qui pratique l'hospitalité. *Ces gens **hospitaliers** savent bien accueillir les touristes.* (Contr. **inhospitalier**.)

hospitaliser (verbe) (conj. 3) Faire entrer quelqu'un à l'hôpital. *On va **hospitaliser** Clément pour l'opérer de l'appendicite.*

hospitalité (nom féminin) Fait d'accueillir ou de loger des gens chez soi. *Il a offert l'**hospitalité** à ses voisins inondés.*

hostie (nom féminin) Rondelle de pain azyme que le prêtre distribue au moment de la communion.

hostile (adjectif) **1** Qui a l'attitude d'un ennemi. *Il a tenu des propos **hostiles** à mon égard.* (Syn. **agressif**. Contr. **amical**, **bienveillant**.) **2** Qui est opposé à quelque chose. *Les villageois sont **hostiles** à la construction d'une centrale nucléaire.*

hostilité (nom féminin) Attitude d'une personne hostile. *Il regardait l'inconnu avec **hostilité**.* (Syn. **malveillance**.)
▪ **hostilités** (nom féminin pluriel) Actes de guerre. *Le traité de paix a mis fin aux **hostilités**.*

hot-dog (nom masculin) Sandwich composé d'un petit pain garni d'une saucisse chaude.
► **Hot-dog** est un mot anglais : on prononce [ɔtdɔg].
► Pluriel : des **hot-dogs**.
► On écrit aussi **hotdog**.

hôte, hôtesse (nom) Personne qui donne l'hospitalité à quelqu'un. *Les invités ont été très bien accueillis par leur **hôtesse**.*
▪ **hôte** (nom masculin) Personne qui est reçue chez quelqu'un. *Fatima est l'**hôte** de son amie Anna.* (Syn. **invité**.)
▪ **hôtesse** (nom féminin) Femme chargée de l'accueil des visiteurs. *Des **hôtesses** nous ont renseignés à l'entrée.* • Hôtesse de l'air : femme qui s'occupe des passagers d'un avion.

hôtel (nom masculin) Établissement dans lequel on peut louer une chambre pour une ou plusieurs nuits. *Nous avons passé une semaine de vacances à l'**hôtel**.* • **Hôtel particulier** : maison ancienne, dans une ville. • **Hôtel de ville** : mairie. • **Maître d'hôtel** : personne qui dirige le service dans un restaurant.
★ Famille du mot : hôte**lier**, hôtel**lerie**.

hôtelier, ère (nom) Personne qui dirige un hôtel.
■ **hôtelier, ère** (adjectif) Qui concerne l'hôtellerie. *Une école **hôtelière**.*

hôtellerie (nom féminin) Ensemble des activités qui concernent les hôtels et les restaurants.

hôtesse Voir ***hôte***.

hotte (nom féminin) **1** Grand panier, muni de bretelles, que l'on porte sur le dos. *La **hotte** du père Noël débordait de jouets.* **2** Partie d'une cheminée située au-dessus du foyer. **3** Appareil électrique fixé au-dessus d'une cuisinière pour aspirer les odeurs et la fumée.

hou ! (interjection) Mot que l'on utilise pour faire peur à quelqu'un ou pour se moquer de lui. ***Hou !** le peureux !*

houblon (nom masculin) Plante grimpante dont les fleurs servent à parfumer la bière.

houe (nom féminin) Pioche dont la lame large et recourbée sert à retourner la terre.

houille (nom féminin) Synonyme de charbon. • **Houille blanche** : énergie électrique fournie par les barrages.

houiller, ère (adjectif) De la houille. *Un gisement **houiller**.*

houle (nom féminin) Mouvement qui agite la mer en ondulations. *Il n'y a pas de vagues ce matin, seulement une légère **houle**.*

houlette (nom féminin) • **Sous la houlette de quelqu'un** : sous sa conduite ou sous son autorité. *La randonnée se fera **sous la houlette d'**un guide.*
★ La **houlette** était autrefois un long bâton dont se servaient les bergers.

houleux, euse (adjectif) **1** Qui est agité par la houle. *Une mer **houleuse**.* **2** Au sens figuré, qui est agité, mouvementé. *La réunion s'est terminée dans une ambiance **houleuse**.* (Contr. **calme**, **paisible**.)

houligan (nom masculin) Personne qui se livre à des actes de violence et de vandalisme lors des compétitions sportives. *Les tribunes de ce stade sont malheureusement remplies de **houligans**.*
▶ **Houligan** est un mot anglais : on prononce [uligan].
▶ On écrit aussi **hooligan**.

houppe (nom féminin) Touffe de cheveux. *Le bébé a une petite **houppe** sur le sommet de la tête.*

houppelande (nom féminin) Vêtement de dessus ouvert par-devant, long et ample. (Syn. **cape**.)
▶ Prononciation [uplɑ̃d].

hourd (nom masculin) Construction en bois des fortifications du Moyen Âge, élevée au sommet d'une tour ou d'un mur.
▶ Prononciation [uʀ].

hourra ! (interjection) Sert à exprimer l'enthousiasme, la joie. ***Hourra !** vive la mariée !*
■ **hourra** (nom masculin) Cri d'enthousiasme. *Les spectateurs poussaient des **hourras** au passage des coureurs.*

houspiller (verbe) (conj. 3) Harceler de reproches et de critiques. *Elle n'arrête pas de **houspiller** son petit frère.*

housse (nom féminin) Enveloppe souple dont on recouvre un objet pour le protéger.

houx (nom masculin) Arbuste à feuilles persistantes, luisantes et piquantes, à petits fruits rouges.

hovercraft (nom masculin) Synonyme déconseillé de aéroglisseur.
▶ Prononciation [ɔvœʀkʀaft].
★ **Hovercraft** est un mot anglais qui vient de *to hover* qui signifie « planer » et de *craft* qui signifie « embarcation ».

html (nom masculin) Langage de programmation utilisé pour créer des documents multimédias accessibles par Internet.
★ **Html** est le sigle de ***h**yper **t**ext **m**ark-up **l**anguage*.

hublot (nom masculin) Petite fenêtre étanche sur un bateau ou dans un avion.

huche (nom féminin) Coffre de bois à couvercle plat où l'on rangeait le pain.

hue ! (interjection) Cri que l'on pousse pour faire avancer un cheval. ***Hue** cocotte !*

huées (nom féminin pluriel) Cris d'hostilité. *Le discours a été interrompu par les **huées** du public.*

huer (verbe) (conj. 3) Manifester son mécontentement par des huées. *Les joueurs se sont fait **huer** par les spectateurs.* (Syn. **conspuer**. Contr. **acclamer**, **applaudir**.)

huguenot, ote (nom et adjectif) Surnom donné par les catholiques aux protestants calvinistes, en France, aux XVIe et XVIIe s. *Une **huguenote** qui tombait amoureuse d'un catholique allait au-devant de graves ennuis.*
▶ Prononciation [ygno, ɔt].

huile (nom féminin) **1** Liquide gras tiré de certains végétaux, que l'on utilise pour la cuisine. ***Huile** d'olive, de tournesol, de colza, d'arachide, de noix.* **2** Liquide gras utilisé pour le graissage des machines et des moteurs. • **Faire tache d'huile** : s'étendre rapidement, se propager. *La révolte **a fait tache d'huile**.* • **Huile solaire** : liquide gras que l'on met sur la peau pour bronzer. • **Jeter de l'huile sur le feu** : envenimer une dispute. • **Mer d'huile** : mer très calme et lisse.
★ Famille du mot : huil**er**, huil**eux**.

huiler (verbe) (conj. 3) Synonyme de graisser. *Les rouages de cette machine grincent, il faudrait les **huiler**.*

a b c d e f g h i j k l m n o p q r s t u v w x y z

huileux, euse (adjectif) Qui est imbibé d'huile. *Il reste des traces **huileuses** sur la cuisinière.* (Syn. **gras**. Contr. **sec**.)

à **huis clos** (adverbe) En dehors de la présence du public. *Ce procès aura lieu **à huis clos**.*
★ En ancien français, l'**huis** était la porte de la maison.

huisserie (nom féminin) Cadre qui forme l'encadrement d'une porte, d'une fenêtre.

huissier (nom masculin) **1** Personne chargée d'accueillir et d'annoncer les visiteurs. *L'**huissier** va vous introduire dans le bureau de l'ambassadeur.* **2** Personne qui fait exécuter les décisions de la justice.

huit (déterminant) Sept plus un (8). *Gaëlle a **huit** ans.*
▪ **huit** (nom masculin) Chiffre ou nombre huit. *Il est payé le **huit** du mois.* • **En huit** : dans une semaine à partir d'aujourd'hui. *Votre rendez-vous est fixé à mardi **en huit**.*
★ Famille du mot : huit**aine**, huit**ième**.

huitaine (nom féminin) Ensemble d'environ huit. *Il viendra dans une **huitaine** de jours.*

huitième (adjectif et nom) Qui occupe le rang numéro 8. *David habite au **huitième**. Hélène est la **huitième** de la liste.*
▪ **huitième** (nom masculin) Ce qui est contenu huit fois dans un tout. *Il a reçu un **huitième** de l'héritage de son oncle.*

huître (nom féminin) Mollusque marin à grande coquille, dont la chair est très estimée. *L'élevage des **huîtres** s'appelle l'ostréiculture.*
► On écrit aussi **huitre**.

hulotte (nom féminin) Synonyme de chat-huant.

hululement (nom masculin) Cri des rapaces nocturnes. *Le **hululement** du hibou, de la chouette.*
► On écrit aussi **ululement**.

hululer (verbe) (conj. 3) Pousser des hululements.
► On écrit aussi **ululer**.

hum ! (interjection) Sert à exprimer l'hésitation. ***Hum** ! je me demande si tout cela est bien vrai...*

humain, aine (adjectif) **1** De l'homme. *Le corps **humain**.* **2** Qui est bon, généreux avec les autres. *Ce magistrat se montre à la fois juste et **humain** dans ses jugements.* (Contr. **inhumain**.)
▪ **humain** (nom masculin) Être humain. *Cet ermite vit seul, à l'écart de tous les **humains**.*
★ Famille du mot : humaine**ment**, s'human**iser**, huma**nisme**, human**iste**, human**itaire**, human**ité**, human**oïde**, **in**humain, **sur**humain.

humainement (adverbe) Avec humanité. *Les vainqueurs traitèrent **humainement** les prisonniers.*

s'**humaniser** (verbe) (conj. 3) Devenir plus humain. *Ce magistrat était intraitable, mais il a fini par **s'humaniser**.*

humanisme (nom masculin) Doctrine qui affirme la valeur de la personne humaine.

humaniste (adjectif et nom) Adepte de l'humanisme.

humanitaire (adjectif) Qui vise à améliorer le sort des êtres humains. *Cette organisation **humanitaire** lutte contre la faim dans le monde.*

humanité (nom féminin) **1** Ensemble des êtres humains. *L'histoire de l'**humanité**.* **2** Sentiment de générosité à l'égard des autres. *Traiter quelqu'un avec **humanité**.*

humanoïde (nom) Dans la science-fiction, robot à forme humaine.

humble (adjectif) Qui fait preuve de modestie et de simplicité. *Cet artiste admiré de tous a quand même su rester **humble**.* (Syn. **modeste**. Contr. **orgueilleux**.)

humblement (adverbe) De façon humble. *Il a reconnu **humblement** ses erreurs.*

humecter (verbe) (conj. 3) Mouiller légèrement. ***Humecter** du papier peint avant de l'arracher.*

humer (verbe) (conj. 3) Aspirer pour sentir quelque chose. *Ibrahim **hume** l'odeur du poulet rôti.*

humérus (nom masculin) Os du bras qui va de l'épaule au coude.

humeur (nom féminin) Tendance habituelle ou passagère du caractère d'une personne. *C'est un homme d'**humeur** agréable. Aujourd'hui, Kevin est de bonne **humeur**.*
★ Dans l'ancienne médecine, les **humeurs** étaient les liquides intérieurs du corps (sang, bile, etc.).

humide (adjectif) **1** Qui est imprégné d'eau ou de vapeur d'eau. *Une cave aux murs **humides**.* (Contr. **sec**.) **2** Où il pleut souvent. *Cet automne a été très **humide**.*
★ Famille du mot : humid**ifier**, humid**ité**.

humidifier (verbe) (conj. 10) Rendre humide. *Les pluies **ont humidifié** la terre.*

humidité (nom féminin) État de ce qui est humide. *Pierre ne supporte pas l'**humidité** de l'air marin.* (Contr. **sécheresse**.)

humiliant, ante (adjectif) Qui cause de l'humiliation. *Notre équipe a subi une défaite **humiliante**.*

humiliation (nom féminin) Sentiment d'être humilié. *Il a pâli d'**humiliation** quand ses camarades se sont moqués de lui.*

humilier (verbe) (conj. 10) Blesser quelqu'un en lui faisant honte. *Il m'**a humilié** en me traitant de menteur devant tout le monde.*
★ Famille du mot : humili**ant**, humili**ation**.

humilité (nom féminin) Fait de se conduire de façon humble. *Il a fait preuve d'**humilité** en reconnaissant son erreur.* (Syn. **modestie**. Contr. **orgueil**.)

humoral, ale, aux (adjectif) Relatif aux liquides organiques. *L'immunité **humorale** est causée par la production d'anticorps spécifiques.*

humoriste (nom) Personne qui écrit, dessine ou raconte les choses avec humour. *Cet **humoriste** est l'auteur de sketches très amusants.*

humoristique (adjectif) Qui montre les choses avec humour. *Un dessin **humoristique**.*

humour (nom masculin) Forme d'esprit qui consiste à faire rire de la réalité même quand elle est triste ou désagréable. *Il nous raconte ses malheurs avec beaucoup d'**humour**.* • **Humoir noir** : humour portant sur des sujets macabres.

humus (nom masculin) Terre noire formée de débris végétaux en décomposition.
► Prononciation [ymys].

huppe (nom féminin) Touffe de plumes qui orne la tête de certains oiseaux. *La **huppe** d'un cacatoès.*

huppé, ée (adjectif) Riche et distingué. *Il est devenu prétentieux depuis qu'il fréquente des gens **huppés**.*

hure (nom féminin) Tête du sanglier.

hurlement (nom masculin) Cri violent. *Un **hurlement** de douleur.*

hurler (verbe) (conj. 3) **1** Pousser des hurlements. *Il **a hurlé** de joie en apprenant la victoire de son équipe.* **2** Parler ou chanter très fort. *Inutile de **hurler**, je ne suis pas sourd !*

hurluberlu (nom masculin) Personne fantasque, extravagante. *Son oncle est un surprenant **hurluberlu**.* (Syn. **farfelu, original**.)

husky (nom masculin) Chien de traîneau.
► Pluriel : des **huskys** ou des **huskies**.

hussard (nom masculin) Soldat de cavalerie dans certaines armées.

hutte (nom féminin) Petite cabane faite de matériaux légers. *Romain et ses amis ont construit une **hutte** en roseaux près du lac.*

hybride (nom masculin) Animal ou plante qui résulte du croisement de deux espèces différentes. *Le mulet est un **hybride** de l'âne et de la jument.*

hydr(o)- Élément tiré du grec qui signifie « eau » (exemples : *hydraulique*, *hydrocution*).

hydratant, ante (adjectif) Qui sert à hydrater. *Julie passe une lotion **hydratante** sur son visage.*

hydratation (nom féminin) Fait d'hydrater un organisme.

hydrate (nom masculin) Composé qui contient une ou plusieurs molécules d'eau. • **Hydrate de carbone** : Ancien synonyme de glucide.

hydrater (verbe) (conj. 3) Fournir l'eau nécessaire à un organisme pour éviter qu'il ne se dessèche. *Il faut boire beaucoup l'été pour **s'hydrater**.* (Contr. **déshydrater**.)

hydraulique (adjectif) Qui fonctionne grâce à la force de l'eau. *Une pompe **hydraulique**.*

hydravion (nom masculin) Avion qui décolle et se pose sur l'eau.

hydre (nom féminin) Serpent fabuleux dont les sept têtes repoussaient quand on les coupait.

hydrocarbure (nom masculin) Corps composé de carbone et d'hydrogène. *Le pétrole, le gaz naturel sont des **hydrocarbures**.*

hydrocution (nom féminin) Syncope qui peut se produire quand on entre dans une eau trop froide.

hydroélectricité (nom féminin) Électricité fournie par les rivières, les chutes d'eau.

hydroélectrique (adjectif) Qui fournit de l'hydroélectricité. *On construit une centrale **hydroélectrique** près de ce barrage.*

hydrogène (nom masculin) Gaz incolore très léger. *L'eau est formée d'oxygène et d'**hydrogène**.*

hydroglisseur (nom masculin) Bateau à fond plat propulsé par une hélice d'avion.

hydrographie (nom féminin) Ensemble des cours d'eau et des lacs d'une région.

hydrolyse (nom féminin) Décomposition d'un corps par une fixation d'ions provoquée par la dissociation de l'eau. *Certains sirops sont obtenus par **hydrolyse**.*

hydromel (nom masculin) Boisson faite d'un mélange d'eau et de miel. *Les Gaulois buvaient de l'**hydromel**.*

hydrophile (adjectif) Qui absorbe l'eau, les liquides. *Du coton **hydrophile**.*

hydrosphère (nom féminin) Ensemble des milieux aquatiques du globe terrestre tels que les océans, les mers, les fleuves, etc. *L'**hydrosphère** est un objet d'étude fondamental en géographie et en géologie.*

hydroxyde (nom masculin) Composé métallique de formule générale $M(OH)_n$, où M est un métal.

hyène (nom féminin) Mammifère carnivore d'Asie et d'Afrique qui se nourrit de charognes. *L'**hyène** hurle.*

hygiaphone (nom masculin) Guichet transparent qui laisse passer les sons tout en protégeant l'employé qui est derrière de la contamination microbienne du public.
★ Hygiaphone est le nom d'une marque.

hygiène (nom féminin) Ensemble des soins du corps nécessaires pour se maintenir en bonne santé. *Avoir de l'**hygiène** consiste à se laver avec soin et à se nourrir de façon saine.*

hygiénique (adjectif) Qui concerne l'hygiène. *Le sport est une activité **hygiénique**.*

hygro- Élément tiré du grec qui signifie « humide » (exemple : *hygromètre*).

hygromètre (nom masculin) Appareil qui sert à mesurer le degré d'humidité de l'air.

hymne (nom masculin) Chant national à la gloire d'un pays. *La Marseillaise est l'**hymne** national français.*

hypallage (nom féminin) Figure de style par laquelle on attribue à un mot d'une phrase ce qui convient à un autre. *« Descendant noble d'une famille » pour « descendant d'une famille noble » est une* ***hypallage****.*
▶ Malgré la terminaison en *-age*, **hypallage** est un nom féminin.

hyper- Élément tiré du grec qui signifie « au-dessus, au-delà » et indique l'excès (exemples : *hyperglycémie*, *hypertrophie*).

hyperbole (nom féminin) **1** Figure de style qui consiste à employer une expression exagérée pour frapper l'esprit. *« Verser des torrents de larmes » est une* ***hyperbole****.* **2** Courbe à deux branches et deux asymptotes, formée par des points dont la différence des distances à deux points fixes est constante.

hyperglycémie (nom féminin) Excès de glucose dans le sang. *Élodie est diabétique, elle fait de* ***l'hyperglycémie****.* • **Hyperglycémie provoquée** : examen qui sert à dépister le diabète. (Contr. **hypoglycémie**.)

hypermarché (nom masculin) Magasin en libre-service, de très grandes dimensions.

hypermétrope (adjectif et nom) Qui a une vision trouble des objets très proches de lui. *Thomas est* ***hypermétrope*** *alors que sa sœur est myope.*

hypertexte (nom masculin et adjectif) Système constitué d'un ensemble d'informations auxquelles on peut accéder en cliquant sur des liens textuels. *Grâce à ce lien* ***hypertexte****, on peut directement afficher la page d'accueil de ce site Internet.*

hypertrophie (nom féminin) Augmentation excessive du volume d'un organe ou d'un corps. *Le gavage des oies entraîne une* ***hypertrophie*** *de leur foie.* (Contr. **atrophie**, **hypotrophie**.)

hypnose (nom féminin) État qui ressemble au sommeil, provoqué par certains médicaments ou sous l'influence d'une personne.
★ Famille du mot : hypno**tique**, hypno**tiser**.

hypnotique (adjectif et nom masculin) Qui provoque le sommeil. *Ce médicament est un* ***hypnotique****, il t'aidera à lutter contre l'insomnie.* (Syn. **somnifère**, **narcotique**.)
▪ **hypnotique** (adjectif) Relatif à l'hypnose. *Certains procédés* ***hypnotiques*** *sont dangereux pour les patients.*

hypnotiser (verbe) (conj. 3) **1** Mettre quelqu'un en état d'hypnose. *Ce médecin dit qu'il peut guérir certains malades en les* ***hypnotisant****.* **2** Attirer l'attention de quelqu'un de façon irrésistible. *Ce spectacle féerique nous* ***avait hypnotisés****.* (Syn. **fasciner**.)

hypo- Élément tiré du grec qui exprime un état inférieur, une insuffisance, un manque, une très petite quantité (exemples : *hypoallergique*, *hypocalorique*).

hypoallergique (adjectif) Peu susceptible de provoquer une allergie. *Il est conseillé d'acheter du lait* ***hypoallergique*** *pour les jeunes enfants.*
▶ On dit aussi **hypoallergénique**.

hypocalorique (adjectif) Qui fournit peu de calories. *Elle suit un régime* ***hypocalorique*** *pour maigrir.*

hypocondriaque (nom et adjectif) Personne qui a toujours peur d'être malade, qui s'invente des maladies. *Lundi tu pensais avoir la grippe, mardi les oreillons et aujourd'hui la rubéole : ne serais-tu pas* ***hypocondriaque*** *?*

hypocrisie (nom féminin) Défaut d'une personne hypocrite. *Il fait semblant d'être d'accord avec toi, mais c'est de l'****hypocrisie****.*
★ **Hypocrisie** vient du grec *hupokrisis* qui signifie « action d'interpréter un rôle ».

hypocrite (adjectif et nom) Qui cache ses vrais sentiments et fait semblant d'être bon, sincère. *Elle m'a souri d'un air* ***hypocrite****, mais je sais qu'elle me déteste. Je n'ai aucune confiance en lui, c'est un* ***hypocrite****.* (Syn. **sournois**.)

hypogée (nom masculin) Chambre souterraine. *Les anciens Égyptiens déposaient les morts dans des* ***hypogées****.*
▶ Malgré la terminaison en *-ée*, **hypogée** est un nom masculin.

hypoglycémie (nom féminin) Diminution ou insuffisance du taux de glucose dans le sang. *Clément fait parfois de* ***l'hypoglycémie*** *et il doit vite absorber quelque chose de sucré pour ne pas s'évanouir.* (Contr. **hyperglycémie**.)

hypophyse (nom féminin) Glande qui joue un rôle majeur dans la fabrication des hormones. *L'****hypophyse*** *se situe sous l'hypothalamus.*
★ **Hypophyse** vient du grec *hupophusis* qui signifie « croissance en dessous ».

hypoténuse (nom féminin) Côté opposé à l'angle droit d'un triangle rectangle. *Le théorème de Pythagore démontre que le carré de l'****hypoténuse*** *est égal à la somme des carrés des deux autres côtés.*

hypothalamus (nom masculin) Partie du cerveau située sous le thalamus. *L'****hypothalamus*** *joue un rôle fondamental dans les mécanismes du sommeil et la régulation de la température interne du corps.*
▶ Prononciation [ipotalamys].

hypothèque (nom féminin) **1** Droit consenti à un créancier sur les biens d'un débiteur pour garantir un prêt, une dette, etc., sans que le propriétaire ne soit dépossédé des biens mis en gage. *Pour pouvoir emprunter de l'argent à cette banque, elle a dû faire une* ***hypothèque*** *sur sa maison.* **2** Au sens figuré, ce qui empêche le développement de quelque chose. *C'est une situation de crise qui fait peser une lourde* ***hypothèque*** *sur l'expansion économique.* (Syn. **entrave**.)

hypothermie (nom féminin) Abaissement de la température du corps au-dessous de la normale. *Lorsque qu'ils furent retrouvés après l'avalanche, ces deux alpinistes étaient en **hypothermie**.*

hypothèse (nom féminin) Ce que l'on suppose comme possible pour expliquer un fait. *On pense que l'accident est dû au brouillard, mais ce n'est qu'une **hypothèse**.* (Syn. **supposition.**)

hypothétique (adjectif) Qui est fondé sur une hypothèse. *Les causes de la disparition des dinosaures sont **hypothétiques**.* (Syn. **incertain.** Contr. **certain, sûr.**)

hypotrophie (nom féminin) Développement insuffisant du corps ou d'un organe. ***L'hypotrophie** de ses poumons l'empêche de respirer correctement.* (Syn. **atrophie.** Contr. **hypertrophie.**)

hystérie (nom féminin) Comportement d'une personne incapable de contrôler son excitation. *La victoire écrasante de leur équipe a déchaîné l'**hystérie** des supporteurs.*

hystérique (adjectif) Qui exprime l'hystérie. *Des hurlements **hystériques**.* (Syn. **surexcité.**)

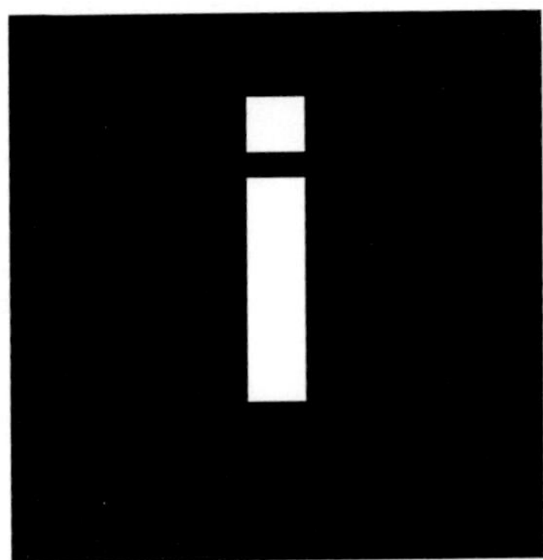

i (nom masculin) Neuvième lettre de l'alphabet. *Le I est une voyelle.*

iambe (nom masculin) En versification, pied composé de deux syllabes, la première brève et la seconde longue.
▶ Prononciation [jɑ̃b].

ibérique (adjectif) Relatif à l'Espagne et au Portugal. *La péninsule **ibérique**.*
▶ On dit aussi **ibère**.

ibidem (adverbe) Dans un ouvrage déjà cité ou dans le même passage d'un ouvrage déjà cité.
▶ Prononciation [ibidɛm].
★ **Ibidem** est un mot latin qui signifie « ici même ».
▶ **Ibidem** s'abrège *ibid.*

ibis (nom masculin) Oiseau échassier des pays chauds, blanc, à tête et à queue noires et à long bec courbé.
▶ Prononciation [ibis].

iceberg (nom masculin) Bloc de glace détaché des glaciers polaires et flottant dans la mer.
▶ Prononciation [ajsbɛʀg] ou [isbɛʀg].
★ **Iceberg** est un mot anglais qui signifie « montagne de glace ».

ichtyologie (nom féminin) Partie de la zoologie qui traite des poissons.

ichtyosaure (nom masculin) Grand reptile marin de la préhistoire à allure de poisson.

ici (adverbe) Dans le lieu où se trouve la personne qui parle. ***Ici**, on s'amuse bien. D'**ici** à l'école, il y a cent mètres.* • **D'ici là** : de maintenant à cette date. • **D'ici peu** : dans peu de temps. (Syn. **bientôt**.)

ici-bas (adverbe) Sur terre. *Les choses d'**ici-bas**.*

icône (nom féminin) **1** Image sainte des chrétiens orthodoxes peinte sur bois. **2** Symbole qui apparaît sur l'écran de l'ordinateur et sur lequel on clique pour appeler un programme.
★ **Icône** vient d'un mot grec qui signifie « image ».

iconoclaste (nom et adjectif) Personne qui détruit les images saintes ou les œuvres d'art. *Les empereurs byzantins **iconoclastes** déclenchèrent la querelle des images saintes.* (Syn. **vandal**.)

ictère (nom masculin) Coloration jaune de la peau provoquée par une accumulation anormale de pigments biliaires dans ces tissus. (Syn. **jaunisse**.)

idéal, ale, als ou aux (adjectif) Qui a toutes les qualités souhaitables. *C'est une maison de vacances **idéale**.* (Syn. **parfait**.)
■ **idéal** (nom masculin) **1** Solution idéale. *L'**idéal** serait de travailler le matin et de faire du sport l'après-midi.* **2** Projet auquel on tient le plus. *Ils se sont battus pour défendre leur **idéal** : la liberté.*
▶ Pluriel : des **idéals** ou des **idéaux**.

idéaliser (verbe) (conj. 3) Présenter d'une manière idéale. *Benjamin **idéalise** le village où il va en vacances.* (Syn. **embellir**.)

idéaliste (adjectif et nom) **1** Qui a un idéal élevé et tente de le mettre en pratique. **2** Qui ne tient pas compte des réalités. *Trop **idéaliste**, il a souvent été déçu.*

idée (nom féminin) **1** Représentation que l'on se fait des choses dans son esprit. *Il n'a pas les **idées** très claires, on ne comprend pas bien ce qu'il veut dire.* (Syn. **pensée**.) **2** Vague notion. *Avez-vous une **idée** de ce que cela va coûter ?* **3** Manière de voir les choses. *Clément a son **idée** sur la question.* (Syn. **conception, opinion**.) **4** Ce que l'on a l'intention de faire. *Anna devait venir, mais elle a changé d'**idée**.* • **Se changer les idées** : se distraire. • **Se faire des idées** : s'imaginer des choses fausses.

idem (adverbe) De même. *Elle a eu 10 à son exercice, et moi **idem**.*
★ **Idem** est un mot latin qui signifie « la même chose ».
▶ **Idem** s'abrège *id.*

identification (nom féminin) Action d'identifier. *Le travail des chercheurs a permis l'**identification** du virus.*

a b c d e f g h i j k l m n o p q r s t u v w x y z

identifier (verbe) (conj. 10) **1** Découvrir l'identité de quelqu'un ou la nature de quelque chose. *La police **a identifié** le coupable. Élodie cherche à **identifier** ce bruit.* **2** S'identifier : se croire identique à quelqu'un. *David **s'identifie** au héros du film.*

identique (adjectif) Absolument semblable. *Ces fauteuils sont **identiques**.* (Syn. **pareil.** Contr. **différent.**)

identité (nom féminin) **1** Nom, date de naissance, signes physiques particuliers permettant de reconnaître une personne. *La police vérifie l'**identité** d'un suspect.* **2** Caractère identique. *Les deux chefs d'État ont constaté l'**identité** de leurs points de vue.* (Syn. **similitude.**)

idéo- Élément tiré du grec qui signifie « idée » (exemples : *idéogramme*, *idéologie*).

idéogramme (nom masculin) Signe graphique notant le sens et non les sons d'un mot. *Les Chinois et les Japonais écrivent avec des **idéogrammes**.*

idéologie (nom féminin) Ensemble des idées qui guident les actes d'un groupe. *Ce parti a une **idéologie** pacifiste.*

idio- Élément tiré du grec qui signifie « qui appartient en propre à quelqu'un ou à quelque chose » (exemple : *idiome*).

idiome (nom masculin) Langue propre à une nation, une province. ***Idiome** germanique.*

idiot, idiote (adjectif et nom) Synonyme de bête. *C'est une question **idiote**. Arrête de faire l'**idiot** !* (Syn. **imbécile, stupide.** Contr. **intelligent.**)
★ **Idiot** vient du grec *idiotês* qui signifie « ignorant ».

idiotie (nom féminin) Chose idiote. *Il n'y a que des **idioties** à la télévision, ce soir !* (Syn. **absurdité, bêtise.**)

idoine (adjectif) Qui convient parfaitement à la situation. *Trouver le mot **idoine**. L'endroit **idoine**.* (Syn. **adéquat, approprié.**)

idolâtrer (verbe) (conj. 3) Aimer avec excès, adorer. *Les adeptes de cette secte **idolâtrent** leur gourou.*

idole (nom féminin) **1** Image ou statue représentant une divinité. *Les païens adoraient des **idoles**.* **2** Star que le public adore. *On l'appelle l'**idole** des jeunes.*

idylle (nom féminin) Petite histoire d'amour. *Il y a une **idylle** entre elle et lui.* (Syn. **amourette.**)

idyllique (adjectif) Aussi merveilleux qu'un rêve. *Il fait toujours un tableau **idyllique** de son enfance à la mer.*

if (nom masculin) Conifère aux feuilles vert sombre et aux baies rouges. *Une haie d'**ifs** borde le parc.*

igloo (nom masculin) Abri arrondi fait de blocs de neige durcie. *Les Esquimaux dormaient dans des **igloos** pendant la période de chasse.*
▶ Prononciation [iglu].
★ **Igloo** est un mot esquimau qui signifie « habitation ».
▶ On écrit aussi **iglou**.

igname (nom féminin) Plante tropicale cultivée pour ses tubercules comestibles, à chair farineuse.
▶ Prononciation [iŋam] ou [ignam].

ignare (adjectif et nom) Qui est extrêmement ignorant, inculte.

igni- Élément tiré du latin qui signifie « feu » (exemple : *ignifuger*).
▶ Prononciation [iŋi] ou [igni].

ignifuger (verbe) (conj. 5) Rendre ininflammable ou très peu inflammable. *Les matériaux des tenues des pompiers sont **ignifugés**.*

ignoble (adjectif) **1** Qui révolte par sa méchanceté. *Cet **ignoble** individu bat sa femme !* (Syn. **infâme, odieux.**) **2** Qui provoque le dégoût. *Cet **ignoble** taudis va être détruit.* (Syn. **infect, répugnant.**)
★ **Ignoble** vient du latin *ignobilis* qui signifie « qui n'est pas noble ».

ignominie (nom féminin) Action ignoble. *Ils ont commis les pires **ignominies** pendant cette guerre.*

ignorance (nom féminin) État d'une personne ignorante. *Il est d'une **ignorance** totale en histoire.*

ignorant, ante (adjectif et nom) Qui ne sait rien, n'a aucune instruction. *Cet **ignorant** n'a pu répondre à aucune question !*

ignorer (verbe) (conj. 3) **1** Ne pas savoir. *J'**ignore** ce qu'il est devenu.* **2** Faire semblant de ne pas reconnaître quelqu'un que l'on connaît. *Depuis qu'Ibrahim a refusé de jouer avec elle, Julie l'**ignore**.*
★ Famille du mot : ignor**ance**, ignor**ant**.

iguane (nom masculin) Grand lézard d'Amérique tropicale. *Les **iguanes** peuvent atteindre deux mètres de long.*
▶ Prononciation [igwan].

iguanodon (nom masculin) Reptile dinosaurien, herbivore, long d'une dizaine de mètres, qui vécut au crétacé. *L'**iguanodon** est un bipède aux pieds courts munis de trois doigts et aux membres postérieurs très développés.*
▶ Prononciation [igwanɔdɔ̃].

il, ils, elle, elles (pronom) Pronom personnel de la troisième personne, employé comme sujet. ***Il** court. **Elles** jouent.*

île (nom féminin) Terre entourée d'eau. *L'Irlande est une **île**.*
▶ On écrit aussi **ile**.
★ Famille du mot : îl**ot**, îl**otier**, presqu'île.

iliaque (adjectif) Qui à rapport aux flancs du corps. • **Os iliaque** : Chacun des deux os qui forment le bassin.

illégal, ale, aux (adjectif) Contraire à la loi. *Conduire sans permis est **illégal**.* (Syn. **interdit.** Contr. **légal.**)

illégalement (adverbe) De manière illégale. *Ces marchandises ont été introduites **illégalement** sur le territoire.*

illégalité (nom féminin) Situation ou acte illégaux. *Ce trafic se fait dans la plus complète **illégalité**.*

illégitime (adjectif) Qui n'est pas légitime. *Il pense que cette sanction est **illégitime**.*

illettré, ée (adjectif et nom) Qui ne sait ni lire, ni écrire. *Beaucoup d'enfants sont **illettrés** dans le monde, car ils n'ont pas d'école.* (Syn. **analphabète**.)

illettrisme (nom masculin) Perte de l'usage habituel de la lecture et de l'écriture chez une personne qui a été scolarisée.

illicite (adjectif) Contraire à la loi ou à la morale. *Le trafic d'armes est un commerce **illicite**.* (Syn. **illégal, interdit**.)

illico (adverbe) Synonyme familier de immédiatement. *Va ranger ta chambre **illico** avant que je ne me fâche !*

illimité, ée (adjectif) Sans limites. *Kevin a une confiance **illimitée** en son père.* (Syn. **absolu, infini, total**.)

illisible (adjectif) **1** Qu'on ne peut pas lire. *Cette ordonnance est **illisible**.* (Syn. **indéchiffrable**. Contr. **lisible**.) **2** Trop difficile ou trop ennuyeux pour être lu. *Cette revue scientifique est **illisible** pour moi.*

illogique (adjectif) Qui manque de logique. *Je ne la comprends pas, son comportement est **illogique**.* (Syn. **absurde, incohérent**. Contr. **logique**.)

illumination (nom féminin) Lumière subite qui se fait dans l'esprit de quelqu'un. *Le détective a eu soudain une **illumination**.*
■ **illuminations** (nom féminin pluriel) Lumières qui décorent une ville. *Les **illuminations** de Noël sont réussies.*

illuminer (verbe) (conj. 3) Éclairer d'une vive lumière. *Pendant les fêtes, tous les monuments **sont illuminés**.*

illusion (nom féminin) Idée fausse. *Tu crois que c'est facile, mais tu te fais des **illusions**.* • Illusion d'optique : perception fausse de la réalité due à un phénomène naturel. *Un mirage est une **illusion d'optique** due à la chaleur.*
★ Famille du mot : **dés**illusion, s'illusionn**er**, illusion**niste**, illus**oire**.

s'**illusionner** (verbe) (conj. 3) Se faire des illusions. *Les chances de gagner à la loterie sont minimes, il ne faut pas **t'illusionner**.* (Syn. **se tromper**.)

illusionniste (nom) Personne qui donne l'illusion de faire apparaître et disparaître des objets comme il veut. *L'**illusionniste** a fait sortir un lapin de son chapeau.* (Syn. **prestidigitateur**.)

illusoire (adjectif) Qui n'est qu'une illusion. *Vous croyez être à l'abri, mais c'est complètement **illusoire**.* (Syn. **trompeur**.)

illustrateur, trice (nom) Artiste qui illustre des textes. *La sœur de Zoé est **illustratrice** chez un grand éditeur de livres pour enfants.* (Syn. **dessinateur**.)

illustration (nom féminin) Image illustrant un texte. *Ce livre sur les volcans contient de magnifiques **illustrations**.*

illustre (adjectif) Synonyme littéraire de célèbre. *Elle a connu les artistes les plus **illustres** de son temps.*

illustré (nom masculin) Journal contenant des histoires accompagnées de dessins. *Pierre a lu un **illustré** dans la salle d'attente du dentiste.*

illustrer (verbe) (conj. 3) **1** Décorer avec des illustrations. *Ce livre **est illustré** avec des dessins de l'auteur.* **2** S'illustrer : synonyme littéraire de se distinguer. *Le chevalier **s'illustra** par quelques hauts faits.*
★ Famille du mot : illustrat**eur**, illustr**ation**, illustre, illustré.

îlot (nom masculin) Petite île. *Un **îlot** rocheux.*
▶ On écrit aussi **ilot**.

îlotier, ère (nom) Agent de police chargé de la surveillance d'un îlot de maisons. *Depuis que les **îlotiers** sillonnent le quartier, la violence diminue.*
▶ On écrit aussi **ilotier**.

image (nom féminin) **1** Dessin ou photographie. *Quentin ne lit pas le livre, il regarde seulement les **images**.* (Syn. **illustration**.) **2** Ce que renvoie le miroir. *Gaëlle regarde son **image** dans la glace.* (Syn. **reflet**.) **3** Ce que l'on voit sur un écran de cinéma ou de télévision. *L'**image** n'est pas très nette.* **4** Représentation de quelque chose. *Ce livre donne une fausse **image** de la vie à la campagne.* **5** Représentation ressemblante de quelqu'un. *C'est l'**image** de son père au même âge.* (Syn. **portrait, réplique**.) **6** Façon de parler qui utilise des comparaisons. *Dans l'expression : « Quelle porcherie, cette chambre ! », le mot « porcherie » est employé comme **image** de la saleté.*

imagé, ée (adjectif) Qui contient des images, des comparaisons. *Traiter une personne très grande de girafe est une manière de parler **imagée**.*

imagier, ère (nom) Sculpteur, peintre du Moyen Âge. *Les **imagiers** des cathédrales.*
■ **imagier** (nom masculin) Livre d'images.
★ **Imagier** est le nom d'une marque.

imaginable (adjectif) Qui peut être imaginé. *On a cherché tous les moyens **imaginables** pour le décider à venir.*

imaginaire (adjectif) Qui n'existe que dans l'imagination. *Les fantômes sont des êtres **imaginaires**.* (Syn. **fictif, irréel**. Contr. **réel, vrai**.)

imaginatif, ive (adjectif) Qui a beaucoup d'imagination. *Hélène invente des histoires pour son petit frère, elle est très **imaginative**.*

imagination (nom féminin) Faculté d'imaginer. *Il faut beaucoup d'**imagination** pour écrire des romans de science-fiction.*

imaginer (verbe) (conj. 3) **1** Se représenter des choses ou des gens dans son esprit. *Julie essaie d'**imaginer** comment était sa mère à son âge.* **2** Inventer ou créer quelque chose qui n'existait pas. *On **a imaginé** des robots capables d'explorer les planètes.* **3** Penser ou supposer quelque chose. *J'**imagine** que tu as eu une bonne note ?* **4** S'imaginer : croire à tort. *Il **s'imagine** qu'il est le seul à savoir faire ça !* (Syn. **se figurer**.)
★ Famille du mot : imagin**able**, imagin**aire**, imagin**atif**, imagin**ation**, **in**imagin**able**.

imam (nom masculin) Chef religieux musulman.

imbattable (adjectif) Qu'on ne peut pas battre. *Laura est **imbattable** aux échecs.* (Syn. **invincible.**)

imbécile (adjectif et nom) Qui n'est pas malin. *Quel **imbécile** ! Tu ne pouvais pas faire attention ?* (Syn. **bête, idiot, stupide.** Contr. **intelligent.**)
★ **Imbécile** vient du latin *imbecillus* qui signifie « faible » : l'imbécile est un *faible d'esprit*.

imbécillité (nom féminin) Caractère ou chose imbécile. *Cessez donc ces **imbécillités** !* (Syn. **ânerie, bêtise, idiotie.**)
▶ On écrit aussi **imbécilité**.

imberbe (adjectif) Sans barbe. *Un adolescent **imberbe**.* (Contr. **barbu.**)

imbiber (verbe) (conj. 3) Imprégner d'un liquide. *Après les fortes pluies, le sol **est imbibé** d'eau.*

s'**imbriquer** (verbe) (conj. 3) **1** Se chevaucher ou s'emboîter. *Les pièces du puzzle **s'imbriquent** les unes dans les autres.* **2** Se mêler de manière inextricable. *Tous les problèmes évoqués **sont** étroitement **imbriqués**.*

imbroglio (nom masculin) Situation très embrouillée. *C'est un véritable **imbroglio** dont nous ne sortirons pas !*
▶ Prononciation [ɛ̃bʀɔglijo] ou [ɛ̃bʀɔljo].

imbu, ue (adjectif) • **Imbu de soi-même** : pénétré de son importance. *Il est si **imbu de lui-même** qu'il en est agaçant.* (Syn. **vaniteux.**)

imbuvable (adjectif) **1** Qui n'est pas buvable. *Ce médicament est **imbuvable** tellement il est amer !* (Contr. **buvable.**) **2** Dans la langue familière, se dit d'une personne très désagréable. *Son orgueil la rend **imbuvable** !*

imitateur, trice (nom) Artiste qui imite des personnes célèbres. *Les hommes politiques sont les sujets favoris des **imitateurs**.*

imitation (nom féminin) **1** Action d'imiter. *Myriam nous a bien fait rire avec son **imitation** du maître.* **2** Objet qui imite un modèle original. *Ce n'est pas sa signature, c'est une **imitation**.* (Syn. **copie.**)

imiter (verbe) (conj. 3) **1** Reproduire ce qu'on a vu ou entendu. *Noémie sait bien **imiter** le cri de la chouette.* **2** Prendre pour modèle. *Romain essaie d'**imiter** les grandes personnes.* **3** Reproduire l'aspect de quelque chose. *C'est une peinture qui **imite** le marbre.* (Syn. **copier.**)
★ Famille du mot : imit**ateur**, imit**ation**, **in**imit**able**.

immaculé, ée (adjectif) D'une propreté ou d'une blancheur parfaite. *Thomas a mis une chemise d'une blancheur **immaculée**.*
★ **Immaculé** vient du latin *macula* qui signifie « tache ».

immanent, ente (adjectif) Qui existe, agit à l'intérieur d'un être et ne résulte pas d'une action extérieure. (Contr. **transcendant.**) • **Justice immanente** : justice qui est inscrite dans l'ordre naturel des choses, et qui fait que le coupable est puni par les conséquences mêmes de sa faute.
★ **Immanent** vient du mot latin *immanere* qui signifie « résider dans ».

immangeable (adjectif) Qui n'est pas mangeable. *Tu as trop salé les pâtes : c'est **immangeable**.* (Contr. **mangeable.**)
▶ Prononciation [ɛ̃mɑ̃ʒabl].

immanquable (adjectif) Qui ne peut manquer d'arriver. *À cette vitesse, l'accident était **immanquable**.* (Syn. **fatal, inévitable.**)
▶ Prononciation [ɛ̃mɑ̃kabl].

immatériel, elle (adjectif) **1** Qui n'est pas constitué de matière. *Pour certains philosophes, l'âme est **immatérielle**.* (Contr. **matériel.**) **2** Qui ne concerne pas le corps, les sens. *Les plaisirs **immatériels**.* (Syn. **abstrait, spirituel.**)

immatriculation (nom féminin) Fait d'être immatriculé. *Les plaques d'**immatriculation** d'une voiture.*

immatriculer (verbe) (conj. 3) Inscrire sur un registre officiel avec un numéro. *Il est interdit de circuler à bord d'un véhicule non **immatriculé**.*

immature (adjectif) Qui manque de maturité. *Elle est encore très **immature** pour ses seize ans.*

immédiat, ate (adjectif) Qui a lieu tout de suite. *Sa réaction a été **immédiate**.* (Syn. **instantané.**)
■ **immédiat** (nom masculin) • **Dans l'immédiat** : pour le moment. ***Dans l'immédiat**, Victor est trop occupé pour sortir.*

immédiatement (adverbe) De façon immédiate. *Les pompiers sont arrivés **immédiatement**.* (Syn. **aussitôt, sur-le-champ.**)

immémorial, ale, aux (adjectif) Qui date d'une époque très lointaine et dont on ne se souvient presque plus. *Les temps **immémoriaux** où l'homme vivait en paix.*

immense (adjectif) Très grand. *La Russie est un pays **immense**. Ils ont amassé une **immense** fortune.* (Syn. **colossal, énorme, gigantesque.**)
★ Famille du mot : immens**ément**, immens**ité**.

immensément (adverbe) D'une manière immense. *C'est un homme **immensément** riche.* (Syn. **extrêmement.**)

immensité (nom féminin) Qualité de ce qui est immense. *La sonde spatiale s'est perdue dans l'**immensité** de l'espace.*

immerger (verbe) (conj. 5) Plonger dans l'eau. *La partie **immergée** d'un iceberg est beaucoup plus importante que la partie émergée.*

immersion (nom féminin) Action d'immerger. *La mise en service du barrage a entraîné l'**immersion** de la vallée.*

immeuble (nom masculin) Bâtiment à plusieurs étages. *Dans ce quartier, il y a des **immeubles** de bureaux et des **immeubles** d'habitation.*

immigration (nom féminin) Action d'immigrer. *La grande pauvreté conduit certaines populations à l'**immigration**.*

immigré, ée (adjectif et nom) Se dit d'une personne qui a immigré. *Il habite actuellement un foyer pour **immigrés**.*

immigrer (verbe) (conj. 3) Entrer dans un pays autre que le sien pour s'y établir. *Beaucoup d'Européens **ont immigré** en Amérique pour tenter de faire fortune.*

imminence (nom féminin) Caractère imminent. *L'**imminence** de l'éruption volcanique a fait fuir les populations.*

imminent, ente (adjectif) Qui est sur le point de se produire. *La fermeture des portes est **imminente**, attention au départ !*

s'**immiscer** (verbe) (conj. 4) Intervenir indiscrètement dans les affaires des autres. *Ce journaliste est accusé de **s'être immiscé** dans la vie privée de l'actrice.*

immobile (adjectif) Qui ne bouge pas. ***Immobile** dans sa cachette, Odile retient son souffle.*

immobilier, ère (adjectif) Qui concerne la location, la vente ou la construction d'immeubles. *Cette agence **immobilière** propose plusieurs appartements à louer.*

immobilisation (nom féminin) État de ce qui est immobilisé. *Il faut attendre l'**immobilisation** complète du train avant de descendre sur le quai.* (Syn. **arrêt.**)

immobiliser (verbe) (conj. 3) **1** Empêcher de bouger. *Le frein à main permet d'**immobiliser** la voiture.* **2** S'immobiliser : s'arrêter brusquement. *Le cheval **s'est immobilisé** au milieu de l'allée.*

immobilisme (nom) Attitude passive de celui qui refuse systématiquement toute transformation de l'état présent, toute innovation. *Notre **immobilisme** conduira à la disparition de cette espèce.*

immobilité (nom féminin) État de ce qui est immobile. *Le jaguar guette sa proie dans une totale **immobilité**.*

immodéré, ée (adjectif) Qui est excessif et sans mesure. *Il a un goût **immodéré** pour les pâtisseries.* (Contr. **modéré.**)

immoler (verbe) (conj. 3) Tuer en sacrifice à un dieu. ***Immoler** un mouton.* (Syn. **sacrifier.**)
★ **Immoler** vient du latin *mola* qui signifie « farine » car les Romains mettaient de la farine sur la tête des animaux sacrifiés.

immonde (adjectif) **1** Très sale. *Il faut laver ce jean, il est **immonde** !* (Syn. **dégoûtant, répugnant.**) **2** Synonyme d'infâme. *Un **immonde** tyran.*

immondices (nom féminin pluriel) Synonyme d'ordures. *Les touristes ont laissé des tas d'**immondices** sur les pelouses.*

immoral, ale, aux (adjectif) Qui est contraire à la morale. *Dans ce film, les bons sont punis et les méchants gagnent : c'est tout à fait **immoral** !* (Contr. **moral.**)

immortaliser (verbe) (conj. 3) Rendre immortel dans le souvenir. *La photographie **a immortalisé** cet instant.*

immortalité (nom féminin) Caractère immortel. *Les catholiques croient à l'**immortalité** de l'âme.*

immortel, elle (adjectif) **1** Qui ne meurt pas. *Seuls les dieux sont **immortels**.* (Contr. **mortel.**) **2** Dont le souvenir durera toujours. *Les histoires que raconte la mythologie sont **immortelles**.* (Syn. **éternel.**)
■ **immortelle** (nom féminin) Fleur qui se dessèche en conservant ses couleurs.

immuable (adjectif) Qui ne change jamais. *L'ordre des saisons est **immuable**.* (Syn. **constant, invariable.**)

immuniser (verbe) (conj. 3) Protéger contre une maladie. *Le vaccin du BCG **immunise** contre la tuberculose.* (Syn. **préserver.**)

immunitaire (adjectif) Qui concerne l'immunité. *L'organisme a des réactions **immunitaires** pour combattre les microbes.*

immunité (nom féminin) État d'un organisme immunisé. *Le fait d'avoir eu les oreillons entraîne une certaine **immunité** contre cette maladie.*
★ Famille du mot : immuni**ser**, immuni**taire**.

immunodéficience (nom féminin) Impossibilité de l'organisme à lutter contre une maladie par manque de réaction immunitaire. *Le syndrome d'**immunodéficience** acquise est une maladie transmissible par le sang.*

immunoglobuline (nom féminin) Protéine globulaire contenue dans le sérum du plasma, qui joue le rôle d'anticorps.

immunologie (nom féminin) Partie de la médecine et de la biologie qui étudie l'immunité, les réactions immunitaires.

impact (nom masculin) Effet produit sur l'opinion par quelque chose. *Cette campagne de propagande n'a eu aucun **impact**.* • Point d'impact : point où un projectile vient frapper.

① **impair, aire** (adjectif) Qui ne peut être divisé en deux nombres entiers. *7 est un nombre **impair**.* (Contr. **pair.**)

② **impair** (nom masculin) Parole ou attitude maladroite. *William a commis un **impair** en oubliant de remercier.* (Syn. **gaffe.**)

imparable (adjectif) Impossible à parer, à éviter. *Elle a trouvé un argument **imparable** pour ne pas venir.*

impardonnable (adjectif) Qui ne peut être pardonné. *C'est une erreur **impardonnable**.* (Syn. **inexcusable.** Contr. **pardonnable.**)

① **imparfait, aite** (adjectif) Qui n'est pas parfait. *Faute de temps, ce travail est encore **imparfait**.*

a b c d e f g h i j k l m n o p q r s t u v w x y z

② **imparfait** (nom masculin) Temps du passé qui indique une action qui a duré un certain temps ou qui était habituelle. *Dans la phrase : « Tous les jours, il venait me voir », « venait » est à l'**imparfait**.*

impartial, ale, aux (adjectif) Qui n'a pas de parti pris. *Un arbitrage **impartial**.* (Syn. **juste, objectif.** Contr. **partial.**)

impartialité (nom féminin) Qualité de ce qui est impartial. *Un juge doit faire preuve d'**impartialité**.* (Syn. **équité, objectivité.** Contr. **partialité.**)

impartir (verbe) (conj. 11) Accorder, attribuer. *On leur a **imparti** un délai très court.*

impasse (nom féminin) **1** Petite rue sans issue. (Syn. **cul-de-sac.**) **2** Au sens figuré, situation qui semble sans issue. *Les négociations sont dans l'**impasse**.*

impassibilité (nom féminin) État d'une personne impassible. *Malgré sa surprise, son visage a gardé toute son **impassibilité**.* (Syn. **calme, flegme.**)

impassible (adjectif) Qui ne laisse paraître ni trouble ni émotion. *Quand on lui a fait son vaccin, Xavier est resté **impassible**.* (Syn. **imperturbable.**)

impatiemment (adverbe) De façon impatiente. *Les candidats attendent **impatiemment** les résultats.* (Contr. **patiemment.**)

impatience (nom féminin) État d'une personne impatiente. *Sarah attend le départ avec **impatience**.* (Contr. **patience.**)

impatient, ente (adjectif) Qui manque de patience. *Yann est **impatient** de revoir ses amis.*

s'**impatienter** (verbe) (conj. 3) Perdre patience. *Ursula n'est pas rentrée, et sa mère **s'impatiente**.*

impayé, ée (adjectif et nom masculin) Qui n'a pas été payé. *L'oncle de Thomas accumule les **impayés**, il va devoir vendre sa maison pour couvrir ses dettes.*

impeccable (adjectif) Qui est parfaitement propre et net. *Son costume est **impeccable**.*

impédance (nom féminin) Rapport entre la tension appliquée aux bornes d'un circuit et le courant alternatif qui le traverse. *Avant de commercialiser ce circuit électrique, il faudrait calculer son **impédance**.*

impénétrable (adjectif) **1** Qu'on ne peut pénétrer. *Une jungle **impénétrable**.* **2** Dont on ne peut deviner les sentiments. *C'est un être secret et **impénétrable**.* (Syn. **énigmatique, mystérieux.**)

impénitent, ente (adjectif) **1** Qui ne se repent pas. *Ce pécheur **impénitent** ne se rend pas compte de la gravité des ses péchés.* **2** Qui persiste dans ses habitudes, dans son vice. *Il ne s'arrêtera jamais de boire, c'est un ivrogne **impénitent**.* (Syn. **incorrigible, invétéré.**)

impensable (adjectif) Qu'on ne peut envisager. *Aller sur la Lune était **impensable** au siècle dernier.* (Syn. **inconcevable, inimaginable.**)

impératif, ive (adjectif) **1** À quoi il faut absolument obéir. *Le maître nous a dit d'un ton **impératif** de sortir.* (Syn. **impérieux.**) **2** Qui est absolument indispensable. *Il est **impératif** que vous soyez à l'heure !*

■ **impératif** (nom masculin) Forme du verbe qui exprime l'ordre. *« Viens ! » est l'**impératif** du verbe « venir ».*

impérativement (adverbe) De façon impérative. *Il faut **impérativement** que cette lettre parte ce soir.*

impératrice (nom féminin) Épouse d'un empereur ou femme qui dirige un empire. *Catherine II était **impératrice** de Russie au XVIIIe siècle.*

imperceptible (adjectif) À peine perceptible. *À un bruit **imperceptible**, Zoé a deviné la présence de Benjamin.* (Syn. **insensible.** Contr. **perceptible.**)

imperceptiblement (adverbe) De façon imperceptible. *À marée montante, l'eau monte **imperceptiblement**.*

imperfection (nom féminin) Petit défaut qui empêche d'être parfait. *Malgré quelques **imperfections**, ce devoir est excellent.*

impérial, ale, aux (adjectif) D'un empereur ou d'un empire. *La famille **impériale**.*

impérialisme (nom masculin) Domination politique ou économique d'un État sur d'autres pays.

impérialiste (adjectif) Qui fait preuve d'impérialisme. *La politique **impérialiste** de Napoléon Ier.*

impérieux, euse (adjectif) **1** Qui est très autoritaire. *Elle parle souvent d'une voix **impérieuse**.* **2** Auquel on ne peut résister. *Clément a été pris d'un **impérieux** besoin de dormir.* (Syn. **irrésistible.**)

impérissable (adjectif) Qui semble ne jamais devoir finir. *Anna garde un souvenir **impérissable** de sa visite de la tour Eiffel.* (Syn. **inoubliable.**)

imperméabiliser (verbe) (conj. 3) Rendre imperméable. *La vendeuse a proposé un produit pour **imperméabiliser** les chaussures.*

imperméabilité (nom féminin) Qualité de ce qui est imperméable. *L'**imperméabilité** de ce sol le rend impropre à la culture.*

imperméable (adjectif) Qui ne se laisse pas traverser par l'eau ni par aucun liquide. *Le caoutchouc est une matière **imperméable**.* (Contr. **perméable.**)

■ **imperméable** (nom masculin) Manteau de pluie.

impersonnel, elle (adjectif) Qui n'a rien de personnel. *Le ton de sa lettre est tout à fait **impersonnel**.* (Syn. **neutre.**) • Verbe impersonnel : verbe qui ne se conjugue qu'à la troisième personne du singulier. *« Neiger », « pleuvoir », « grêler » sont des **verbes impersonnels**.*

impertinence (nom féminin) Attitude impertinente. *Elle a été grondée pour son **impertinence**.* (Syn. **insolence.**)

impertinent, ente (adjectif) Qui est trop familier et manque de politesse. *David a été très **impertinent** avec la maîtresse.* (Syn. **effronté, impoli, insolent.**)

imperturbable (adjectif) Que rien ne perturbe. *Ses parents ne se sont pas mis en colère et sont restés **imperturbables**.*

imperturbablement (adverbe) De manière imperturbable. *Kevin a continué **imperturbablement** de réciter sa leçon, malgré les rires de la classe.*

impétigo (nom masculin) Affection contagieuse de la peau, fréquente chez l'enfant, caractérisée par des boutons formant des croûtes purulentes.

impétueux, euse (adjectif) Qui est vif et a du mal à se contenir. *Le chevalier D'Artagnan avait un caractère **impétueux**.* (Syn. **bouillant, fougueux.**)
★ **Impétueux** vient du mot latin *impetus* qui signifie « attaque ».

impétuosité (nom féminin) Enthousiasme spontané et violent. *Ils ont agi avec l'**impétuosité** de la jeunesse.* (Syn. **fougue.**)

impie (adjectif) Qui manifeste du mépris pour la religion. *Il a proféré des paroles **impies**.*

impitoyable (adjectif) Sans pitié. *Une guerre **impitoyable**.* (Syn. **implacable, inflexible.**)

implacable (adjectif) **1** Que rien ne peut apaiser. *Il a poursuivi son ennemi d'une haine **implacable**.* (Syn. **impitoyable, inflexible.**) **2** À quoi on ne peut échapper. *Une maladie **implacable**.* (Syn. **inexorable.**)

implant (nom masculin) Substance que l'on place sous la peau ou dans un autre tissu dans un but thérapeutique. • **Implant dentaire** : dispositif enraciné dans la mâchoire et sur lequel on fixe une prothèse.

implantation (nom féminin) Action d'implanter. *On a décidé l'**implantation** d'une nouvelle station d'épuration dans la région.*

implanter (verbe) (conj. 3) Installer ou introduire de façon durable. *Au XVIIe siècle, beaucoup de protestants français se **sont implantés** en Hollande.* (Syn. **établir.**)

implicite (adjectif) Qui se comprend sans être dit clairement. *Son sourire m'a remercié de façon **implicite**.* (Contr. **explicite.**)

impliquer (verbe) (conj. 3) **1** Avoir comme condition. *S'il veut progresser, cela **implique** qu'il se mette à travailler sérieusement.* (Syn. **nécessiter, supposer.**) **2** Mêler à un trafic malhonnête. *Il **est impliqué** dans une affaire d'escroquerie.* (Syn. **compromettre.**)

implorer (verbe) (conj. 3) Supplier humblement. *Il **a imploré** le pardon de son père.*
★ **Implorer** vient du latin *implorare* qui signifie « demander en pleurant ».

imploser (verbe) (conj. 3) Éclater pour un corps creux sous l'action d'une pression plus forte à l'intérieur qu'à l'extérieur. *Le téléviseur de Victor **a implosé**.*

impoli, ie (adjectif et nom) Qui n'est pas poli. *Il serait très **impoli** de partir sans le saluer.* (Syn. **grossier, incorrect.** Contr. **courtois, poli.**)

impoliment (adverbe) De manière impolie. *Elle a refusé son invitation très **impoliment**.* (Syn. **grossièrement.** Contr. **poliment.**)

impolitesse (nom féminin) Fait d'être impoli. *Il a été d'une **impolitesse** rare.* (Contr. **politesse.**)

impondérables (nom masculin pluriel) Circonstances imprévisibles. *En principe, nous aurons fini à temps, mais il faut toujours tenir compte des **impondérables**.*

impopulaire (adjectif) Qui n'est pas populaire. *L'augmentation des impôts est une mesure extrêmement **impopulaire**.*

importance (nom féminin) Caractère de ce qui est important. *Il attache trop d'**importance** à cette affaire.* (Syn. **intérêt.**)

important, ante (adjectif) **1** Qui peut avoir de grandes conséquences. *C'est un évènement très **important**.* (Syn. **considérable.** Contr. **secondaire.**) **2** Qui est considérable. *Une foule **importante** a assisté à la cérémonie.* (Contr. **insignifiant.**) **3** Qui a de l'influence. *Les gens **importants** de la ville ont apporté leur soutien à cette manifestation.*

importateur, trice (adjectif et nom) Qui fait le commerce d'importation. *La France est un pays **importateur** de pétrole.* (Contr. **exportateur.**)

importation (nom féminin) Action d'importer des marchandises. *En France, le thé et le café sont des articles d'**importation**.* (Contr. **exportation.**)

① **importer** (verbe) (conj. 3) Avoir de l'importance ou de l'intérêt. *Ce qui lui **importe**, c'est de comprendre.* (Syn. **compter.**) • **Il importe que** : il faut que. • **Peu importe !** *ou* **Qu'importe !** : cela n'a pas d'importance !
► Voir aussi **n'importe** (adverbe).
★ Famille du mot : import**ance**, import**ant**.

② **importer** (verbe) (conj. 3) Introduire dans un pays des marchandises de l'étranger. *La France **importe** du coton, du pétrole, des ordinateurs.* (Contr. **exporter.**)
★ Famille du mot : import**ateur**, import**ation**.

import-export (nom masculin) Commerce des importations et des exportations. *Cette société est spécialisée dans l'**import-export**.*
► Pluriel : des **imports-exports**.

importun, une (adjectif et nom) Qui importune. *Son père s'est débarrassé d'un visiteur **importun**. Des **importuns** sont venus le déranger pendant ses vacances.*

importuner (verbe) (conj. 3) Déranger, de façon insistante. *Je ne vous **importunerai** pas davantage, je m'en vais.*

imposable (adjectif) Qui doit payer des impôts. *Il faut un minimum de revenus pour être **imposable**.*

imposant, ante (adjectif) Qui en impose par sa grandeur, sa force ou son nombre. *Un **imposant** service d'ordre encadre le cortège. Une allure **imposante**.* (Syn. **impressionnant.**)

a b c d e f g h i j k l m n o p q r s t u v w x y z

imposer (verbe) (conj. 3) **1** Obliger quelqu'un à subir quelque chose. *Yann nous **a imposé** sa musique toute la soirée.* **2** Faire payer des impôts. *L'État **impose** les citoyens.* (Syn. **taxer.**) **3** S'imposer : se faire accepter par la force ou par sa valeur. *Ce tout jeune coureur **s'est imposé** dans le Tour de France.* **4** S'imposer : être indispensable. *La prudence **s'impose**.*
• En imposer : susciter le respect.
★ Famille du mot : impos**able**, impos**ant**, impos**ition**, impôt.

imposition (nom féminin) **1** Impôt, contribution. *Chaque fois que papa reçoit son avis d'**imposition**, il est de mauvaise humeur pour la semaine !* **2** Imposition des mains : action de poser ses mains sur quelque chose ou quelqu'un pour donner un sacrément. *L'**imposition** des mains du prêtre sur la tête de l'enfant lorsqu'il le bénit.*

impossibilité (nom féminin) Fait d'être impossible. *Sa jambe plâtrée le met dans l'**impossibilité** de se déplacer.* (Syn. **incapacité.**)

impossible (adjectif) **1** Qui ne peut pas se faire. *Partir est **impossible** pour l'instant.* (Contr. **faisable, possible.**) **2** Qui est insupportable. *Sa jalousie le rend **impossible** à vivre !*
▪ **impossible** (nom masculin) Ce qui est impossible. *Je ne vous demande pourtant pas l'**impossible** !*

imposteur (nom masculin) Homme qui trompe les autres en se faisant passer pour ce qu'il n'est pas. *Ce médecin était un **imposteur**.* (Syn. **charlatan.**)

imposture (nom féminin) Tromperie faite par un imposteur. *Un journal a révélé l'**imposture**.* (Syn. **mystification.**)

impôt (nom masculin) Contribution exigée par l'État pour payer les dépenses du pays. *Les **impôts** directs sont calculés en fonction des revenus ; les **impôts** indirects sont des taxes comprises dans le prix des marchandises.*
★ **Impôt** vient du latin *impositum* qui signifie « ce qui est imposé » : les impôts sont obligatoires.

impotent, ente (adjectif et nom) Qui ne peut marcher ou bouger qu'avec difficulté. *Son voisin est devenu **impotent** à la suite d'un accident.* (Syn. **infirme, invalide.**)

impraticable (adjectif) Où l'on ne peut plus passer. *Les ronces ont rendu le chemin **impraticable**.* (Contr. **praticable.**)

imprécations (nom féminin pluriel) Paroles prononcées pour maudire quelqu'un. *La sorcière lançait des **imprécations**.*

imprécis, ise (adjectif) Qui manque de précision. *Mes souvenirs de cette époque sont assez **imprécis**.* (Syn. **flou, vague.** Contr. **précis.**)

imprécision (nom féminin) Fait d'être imprécis. *L'**imprécision** de ce plan le rend inutilisable.* (Contr. **clarté, précision.**)

imprégner (verbe) (conj. 8) Pénétrer complètement. *L'humidité **imprègne** les draps.*

imprenable (adjectif) Qui ne peut être pris. *La villa a une vue **imprenable** sur la baie.*

imprésario (nom masculin) Personne qui s'occupe de trouver des engagements pour un artiste.
★ **Impresario** signifie « entrepreneur » en italien.

imprescriptible (adjectif) Qui n'est pas susceptible d'être enlevé, repris par un délai. *Les crimes contre l'humanité sont **imprescriptibles**.*

impression (nom féminin) **1** Effet produit sur quelqu'un. *Ton ami nous a fait une bonne **impression**.* **2** Opinion que l'on forme après un premier contact. *Pierre a l'**impression** qu'on ne le comprend pas.* **3** Action d'imprimer. *L'**impression** des journaux se fait souvent de nuit.*
★ Famille du mot : impressionn**able**, impressionn**ant**, impressionn**er**.

impressionnable (adjectif) Qui se laisse facilement impressionner. *Ce film est déconseillé aux personnes **impressionnables**.* (Syn. **émotif, sensible.**)

impressionnant, ante (adjectif) Qui impressionne. *Les voitures de course roulent à une vitesse **impressionnante**.*

impressionner (verbe) (conj. 3) Faire une forte impression. *Sa visite à l'hôpital l'**a** beaucoup **impressionné**.*

impressionnisme (nom masculin) **1** Mouvement artistique qui se développa dans le dernier quart du XIXe siècle en réaction contre les conceptions traditionnelles de l'art. *Le peintre Paul Cézanne a subi l'influence de l'**impressionnisme**.* **2** Tendance artistique qui privilégie les impressions ressenties.

imprévisible (adjectif) Qu'on ne peut pas prévoir. *Ses colères sont tout à fait **imprévisibles**.* (Contr. **prévisible.**)

imprévoyance (nom féminin) Fait d'être imprévoyant. *En partant sans imperméable en Angleterre, Fatima a fait preuve d'**imprévoyance**.*

imprévoyant, ante (adjectif) Qui n'est pas prévoyant. *Tu as été bien **imprévoyant** de ne pas mettre d'antivol à ton vélo.* (Contr. **prévoyant.**)

imprévu, ue (adjectif) Qui arrive sans qu'on l'ait prévu. *Une rencontre **imprévue** m'a retardée.* (Syn. **fortuit, inattendu.**)
▪ **imprévu** (nom masculin) Ce qui n'est pas prévu. *Les **imprévus** d'un voyage.*

imprimante (nom féminin) Appareil servant à imprimer un texte en mémoire dans un ordinateur. ***Imprimante** laser.*

imprimé (nom masculin) Texte imprimé. *Les prospectus, les brochures, les journaux, les livres sont des **imprimés**.*

imprimer (verbe) (conj. 3) Reproduire sur du papier ou du tissu un texte ou des dessins au moyen de l'imprimerie. *Ce roman* ***a été imprimé*** *à 3 000 exemplaires.*
★ Famille du mot : imprim**ante**, imprim**é**, imprim**erie**, imprim**eur**.
★ **Imprimer** vient du latin *imprimere* qui signifie « appuyer sur ».

imprimerie (nom féminin) **1** Technique permettant de reproduire un texte en de nombreux exemplaires. *L'****imprimerie*** *a commencé en Europe en 1455, date à laquelle Gutenberg a imprimé la Bible.* **2** Établissement où l'on imprime des livres ou des journaux. *Il est typographe dans une* ***imprimerie****.*

imprimeur (nom masculin) Personne qui dirige une imprimerie ou qui y travaille.

improbable (adjectif) Qui est peu probable. *Il est tout à fait* ***improbable*** *qu'ils arrivent avant ce soir.*

impromptu, ue (adjectif) Qui n'a pas été prévu à l'avance. *Son arrivée* ***impromptue*** *nous a agréablement surpris.*

imprononçable (adjectif) Impossible à prononcer. *Son nom de famille est* ***imprononçable****.*

impropre (adjectif) Qui ne convient pas. *Cette eau est* ***impropre*** *à la consommation.* (Contr. **propre.**)

improvisation (nom féminin) Ce qui est improvisé. *Les comédiens ont monté cette pièce à partir d'****improvisations****.*

improviser (verbe) (conj. 3) Faire quelque chose sans l'avoir préparé et en inventant au fur et à mesure. *Elle* ***a improvisé*** *un discours pour remercier tout le monde.*

à l'**improviste** (adverbe) D'une façon imprévue. *Il est arrivé* ***à l'improviste****, on ne l'attendait pas du tout.*

imprudemment (adverbe) De façon imprudente. *Gaëlle a traversé la rue tout à coup, très* ***imprudemment****.* (Contr. **prudemment.**)

imprudence (nom féminin) Action imprudente. *La fatigue lui a fait commettre plusieurs* ***imprudences*** *au volant.*

imprudent, ente (adjectif) Qui manque de prudence. *Un alpiniste* ***imprudent*** *s'est perdu dans le brouillard.* (Contr. **prudent.**)

impudent, ente (adjectif et nom) Qui se comporte avec effronterie. *Nous ne supportons plus le manque de respect de cet* ***impudent****.* (Syn. **impertinent, insolent.**)

impudeur (nom féminin) Manque de pudeur, de décence. *Il baillait avec une telle* ***impudeur*** *que ma mère en fut choquée.* (Contr. **pudeur, réserve.**)

impuissance (nom féminin) État d'une personne impuissante. *Les pompiers constatent leur* ***impuissance*** *à arrêter rapidement ce gigantesque incendie.*

impuissant, ante (adjectif) Qui n'a pas les moyens suffisants pour faire quelque chose. *On se sent* ***impuissant*** *devant tant de misère.*

impulsif, ive (adjectif) Qui agit sans réfléchir en suivant ses impulsions. *Son caractère* ***impulsif*** *lui joue des tours.* (Contr. **pondéré, réfléchi.**)

impulsion (nom féminin) **1** Brusque envie d'agir. *Cédant à une* ***impulsion*** *soudaine, Quentin a tiré la natte d'Hélène.* **2** Poussée qui met quelque chose en mouvement. *D'une détente de son index, Julie a donné une* ***impulsion*** *à la bille.*

impunément (adverbe) Sans être puni. *Nous ne pouvons quand même pas nous laisser insulter* ***impunément !***

impuni, ie (adjectif) Non puni. *Ce crime ne restera pas* ***impuni****.*

impunité (nom féminin) Fait d'être impuni. *Il croyait pouvoir dépasser la vitesse autorisée en toute* ***impunité****, mais un gendarme était là.*

impur, ure (adjectif) Qui n'est pas pur. *L'air de cette zone industrielle est* ***impur****.*

impureté (nom féminin) Ce qui rend impur. *Le filtre arrête les* ***impuretés*** *de l'essence.* (Syn. **saleté.**)

imputable (adjectif) Susceptible d'être imputé. *L'absence de William à cet examen ne lui est pas* ***imputable****, il est souffrant.*

imputer (verbe) (conj. 3) Rendre responsable de quelque chose. *On peut* ***imputer*** *son échec à la paresse.*

imputrescible (adjectif) Qui ne pourrit pas. *Le teck, le châtaignier sont des bois* ***imputrescibles****.*

in- Élément tiré du latin qui indique la négation, la privation (exemples : *inadéquat, illégal, impatient, irrégulier*).
▶ Devant « l », **in** devient **il**- ; devant « b, m, p », **im**- ; devant « r », **ir**-.

inabordable (adjectif) D'un prix excessif. *Hors saison, les fraises et les cerises sont* ***inabordables****.* (Contr. **abordable.**)

inacceptable (adjectif) Qu'on ne peut accepter. *Ce travail bâclé est* ***inacceptable****.* (Contr. **acceptable, correct.**)

inaccessible (adjectif) Qui n'est pas accessible. *Le château est* ***inaccessible*** *par la route, continuons à pied.*

inaccoutumé, ée (adjectif) Synonyme d'inhabituel. *Aujourd'hui, le facteur est passé à une heure* ***inaccoutumée****.*

inachevé, ée (adjectif) Qui n'a pas été achevé. *La romancière a laissé son œuvre* ***inachevée****.*

inactif, ive (adjectif) Qui n'est pas actif. *Sa maladie l'a rendue* ***inactive*** *quelques jours.* (Syn. **désœuvré, inoccupé, oisif.** Contr. **actif.**)

inaction (nom féminin) État d'une personne sans activité. *L'****inaction*** *pèse beaucoup aux prisonniers.* (Syn. **désœuvrement, inactivité.** Contr. **action.**)

inactivité (nom féminin) Manque d'activité. *Cette* ***inactivité*** *forcée rendait les enfants nerveux.* (Contr. **activité.**)

a b c d e f g h **i** j k l m n o p q r s t u v w x y z

inadapté, ée (adjectif) Qui n'est pas adapté. *Ces chaussures sont **inadaptées** à la randonnée.*

inadéquat, ate (adjectif) Qui n'est pas adéquat, qui ne convient pas. *C'est une solution **inadéquate** : elle ne résoudra en rien le problème.* (Syn. **incorrect, impropre.** Contr. **adéquat.**)
▶ Prononciation [inadekwa, at].

inadmissible (adjectif) Qui n'est pas admissible. *Vos retards répétés sont proprement **inadmissibles**.* (Syn. **inacceptable.**)

inadvertance (nom féminin) • **Par inadvertance** : par manque d'attention, par mégarde. (Contr. **exprès, volontairement.**)

inaliénable (adjectif) Qui ne peut être ni cédé ni vendu. *Le palais de l'Élysée est un bien **inaliénable** de la République française.*

inaltérable (adjectif) Qui ne peut s'altérer. *L'or est un métal **inaltérable**.*

inamical, ale, aux (adjectif) Qui n'est pas amical. *Son attitude **inamicale** me chagrine.* (Syn. **hostile.** Contr. **amical.**)

inamovible (adjectif) Qu'on ne peut ni révoquer ni déplacer. *Certains magistrats sont **inamovibles**.*

inanimé, ée (adjectif) Qui a perdu connaissance et semble sans vie. *Un homme **inanimé** gisait sur la chaussée.* (Syn. **inerte.**)
★ **Inanimé** vient du latin *anima* qui signifie « souffle vital ».

inanité (nom féminin) Caractère de ce qui est inutile, vain. *L'**inanité** de sa remarque montre qu'il n'a pas compris la situation !* (Syn. **futilité, inutilité.**)

inanition (nom féminin) Épuisement dû au manque de nourriture. *Il est mort d'**inanition**.*

inaperçu, ue (adjectif) • **Passer inaperçu** : ne pas être remarqué. *L'absence de Romain et de son frère **est passée inaperçue**.*

inappétence (nom féminin) Manque d'appétit ou de désir. *L'**inappétence** résulte souvent des excès.* (Contr. **appétence.**)

inapplicable (adjectif) Qui ne peut être appliqué. *Les mesures prises sont **inapplicables**.* (Contr. **applicable.**)

inappréciable (adjectif) Si important qu'on ne peut pas vraiment en apprécier la valeur. *Tu m'as rendu un service **inappréciable**.* (Syn. **inestimable.**)

inapte (adjectif) Qui n'est pas apte. *Son accident l'a rendu **inapte** au travail.* (Contr. **apte.**)

inaptitude (nom féminin) Manque d'aptitude. *On lui reproche son **inaptitude** à la vie en groupe.* (Syn. **incapacité.**)

inattaquable (adjectif) Qui ne peut être attaqué. *La réputation de ce politicien est **inattaquable**.* (Syn. **irréprochable.**)

inattendu, ue (adjectif) Qui se produit alors qu'on ne s'y attendait pas. *C'est **inattendu** de te voir ici.* (Syn. **imprévu, surprenant.** Contr. **normal.**)

inattentif, ive (adjectif) Qui n'est pas attentif. *Les élèves sont **inattentifs** aujourd'hui.* (Syn. **distrait.**)

inattention (nom féminin) Fait d'être inattentif. *Il suffit parfois d'une seconde d'**inattention** pour avoir un accident.* (Syn. **distraction, étourderie.** Contr. **attention.**)

inaudible (adjectif) Qui est peu audible. *L'enregistrement est **inaudible**.*

inaugural, ale, aux (adjectif) Qui est relatif à une inauguration. *Les journalistes se bousculent à la soirée **inaugurale** du festival pour photographier les vedettes.*

inauguration (nom féminin) Action d'inaugurer. *L'**inauguration** du gymnase aura lieu dimanche.*

inaugurer (verbe) (conj. 3) Marquer par une cérémonie officielle l'ouverture de quelque chose. *Le ministre **a inauguré** la nouvelle ligne de TGV.*

inavouable (adjectif) Qu'on n'ose pas avouer parce qu'on en a honte. *Le enfants ont souvent des sentiments qu'ils croient **inavouables**.*

incalculable (adjectif) Qu'on ne peut calculer ou évaluer. *Les pertes sont **incalculables**.*

incandescence (nom féminin) État d'une matière incandescente. *Pour forger le fer, il faut le porter à **incandescence**.*

incandescent, ente (adjectif) Qui est chauffé au rouge. *Les braises **incandescentes** du barbecue.*

incantation (nom féminin) Récitation d'une formule magique. *La sorcière a envoûté la princesse avec ses **incantations**.*

incapable (adjectif) Qui n'est pas capable. *Anna est si émue qu'elle est **incapable** de parler.* (Contr. **capable.**)
▪ **incapable** (nom) Personne qui n'a aucune compétence. *Ce travail déplorable a été réalisé par un **incapable**.*

incapacité (nom féminin) **1** État d'une personne incapable de faire quelque chose. *La fièvre la met dans l'**incapacité** de travailler.* (Syn. **impossibilité.**) **2** Manque de capacité, de compétence. *Le gouvernement a encore montré son **incapacité** à résoudre ce conflit.* (Syn. **inaptitude.**)

incarcération (nom féminin) Action d'incarcérer. *Le juge a ordonné l'**incarcération** de l'accusé.* (Syn. **emprisonnement.**)

incarcérer (verbe) (conj. 8) Mettre en prison. *On **a incarcéré** l'escroc.* (Syn. **écrouer, emprisonner.**)

incarner (verbe) (conj. 3) Interpréter un personnage. *C'est l'acteur qui **a incarné** Robin des Bois au cinéma.*

incartade (nom féminin) Écart de conduite sans gravité. *Ses **incartades** inquiètent parfois sa mère.*

incasique (adjectif) Relatifs aux Incas. *Les forteresses et les palais **incasiques** témoignent d'une grande maîtrise des Incas dans l'art de construire.*

incassable (adjectif) Qu'on ne peut casser. *Des verres **incassables**.*

incendiaire (adjectif) Destiné à déclencher des incendies. *Les bombes **incendiaires** ont détruit la ville.*
▪**incendiaire** (nom) Auteur volontaire d'un incendie. *L'**incendiaire** est sous les verrous.*

incendie (nom masculin) Grand feu qui se propage en faisant des dégâts. *Un **incendie** a détruit tout le bâtiment.*
★ Famille du mot : incend**iaire**, incend**ier**.

incendier (verbe) (conj. 10) Détruire par un incendie. *Des milliers d'hectares de forêt **ont été incendiés** cette année.*

incertain, aine (adjectif) **1** Qui n'est pas certain. *Son avenir est **incertain**.* (Syn. **douteux, hypothétique.** Contr. **assuré, sûr.**) **2** Qui peut changer. *Prends ton parapluie, le temps est **incertain**.*

incertitude (nom féminin) État de ce qui est incertain. *Nous sommes dans l'**incertitude** sur le sort des passagers.*

incessamment (adverbe) D'un moment à l'autre. *Thomas et son père doivent arriver **incessamment**.* (Syn. **sous peu.**)

incessant, ante (adjectif) Qui ne cesse jamais. *Le bruit **incessant** des vagues. Un va-et-vient **incessant**.* (Syn. **continuel, ininterrompu.**)

inceste (nom masculin) Relations sexuelles entre membres très proches d'une même famille. *L'**inceste** est puni par la loi.*

inch Allah ! (interjection) Advienne que pourra !
▶ Prononciation [inʃala].
★ **Inch Allah** est un mot arabe qui signifie « si Dieu le veut ».

incidemment (adverbe) Par hasard. *J'ai appris cela **incidemment**.*

incidence (nom féminin) **1** Influence, répercussion. *L'**incidence** de la déforestation sur la disparition de certaines espèces animales.* **2** Direction suivant laquelle un rayon, un corps arrive sur une surface. • **Angle d'incidence** : angle du rayon et de la perpendiculaire à la surface au point de rencontre.

incident (nom masculin) Petit évènement fâcheux mais sans gravité. *La manifestation s'est déroulée sans **incident**.*

incinérateur (nom masculin) Appareil qui sert à brûler les déchets et les ordures.

incinération (nom féminin) Action d'incinérer. *Une usine d'**incinération** des déchets.*

incinérer (verbe) (conj. 8) Réduire en cendres. *Les hindous ont coutume d'**incinérer** leurs morts.*

incise (nom féminin et adjectif féminin) Proposition très courte intercalée dans une autre proposition, pour signaler qu'on rapporte les paroles de quelqu'un. *La proposition « dit-il » est souvent employée en **incise**.*

inciser (verbe) (conj. 3) Faire une fente avec un instrument tranchant. *Le médecin **a incisé** l'abcès.*
★ Famille du mot : incis**if**, incis**ion**, incis**ive**.

incisif, ive (adjectif) Synonyme de mordant. *L'officier a lancé des ordres sur un ton **incisif**.*

incision (nom féminin) Coupure faite en incisant. *Le jardinier a fait une **incision** dans l'écorce de l'arbre pour le greffer.* (Syn. **entaille.**)

incisive (nom féminin) Chacune des huit dents de devant. *Les **incisives** servent à couper les aliments.*

incitation (nom féminin) Action d'inciter. *Ce beau livre est une véritable **incitation** à la lecture.*

inciter (verbe) (conj. 3) Pousser quelqu'un à faire quelque chose. *Ce beau temps n'**incite** guère au travail !* (Syn. **encourager.**)

inclinable (adjectif) Qui peut s'incliner. *Les sièges avant de la voiture sont **inclinables**.*

inclinaison (nom féminin) Position inclinée. *L'**inclinaison** du bateau rend Victor malade.*

inclination (nom féminin) Synonyme de penchant. *William a une **inclination** pour la musique.*

incliner (verbe) (conj. 3) **1** Mettre dans une position oblique. *L'acteur **incline** la tête pour saluer le public.* (Contr. **redresser.**) **2 S'incliner** : s'avouer vaincu. *Vous avez gagné, je **m'incline** !*
★ Famille du mot : inclin**able**, inclin**aison**, inclin**ation**.

inclure (verbe) (conj. 51) Mettre dedans. *Le prix de la consommation **inclut** le prix du service.* (Syn. **comprendre.** Contr. **exclure.**)
★ Famille du mot : inclus, inclus**if**, inclus**ion**.

inclus, use (adjectif) Qui est contenu dans un ensemble. *Lisez le livre jusqu'à la page 20 **incluse**.* (Syn. **compris.** Contr. **exclu.**)

inclusif, ive (adjectif) Qui renferme quelque chose, comprend quelque chose en soi. *Cette clause devrait être **inclusive** et tenir compte des besoins du plus grand nombre.* (Contr. **exclusif.**)

inclusion (nom féminin) **1** Action d'inclure ou son résultat. *L'**inclusion** d'un paragraphe qui n'était pas prévu dans le texte initial.* **2** En mathématiques, propriété d'un ensemble ou d'un élément inclus dans un autre ensemble. *L'**inclusion** d'un ensemble X dans un ensemble Y.* (Contr. **exclusion.**)

incoercible (adjectif) Qu'on ne peut contenir, contrôler. *Elle aimerait arrêter de rire pour ne pas se faire remarquer, mais son fou rire est **incoercible**.*
▶ Prononciation [ɛ̃kɔɛʀsibl].

incognito (adverbe) Sans se faire reconnaître. *Cet acteur rêve de voyager **incognito**.*
▪**incognito** (nom masculin) Situation de quelqu'un qui ne veut pas qu'on sache qui il est. *Le gagnant du loto a souhaité garder l'**incognito**.* (Syn. **anonymat.**)

incohérence (nom féminin) Chose qui manque de cohérence. *Ce récit ne tient pas debout, il est bourré d'**incohérences**.* (Syn. **contradiction.**)

incohérent, ente (adjectif) Dont les idées ne s'enchaînent pas logiquement. *Il a tenu des propos **incohérents** pendant son sommeil.* (Syn. **décousu.** Contr. **cohérent.**)

incollable (adjectif) Dans la langue familière, qui sait répondre à n'importe quelle question. *Myriam est **incollable** sur les dinosaures.*

incolore (adjectif) Sans couleur. *L'eau est **incolore**. Verre **incolore**.*

incomber (verbe) (conj. 3) Être à la charge de quelqu'un. *C'est à Xavier que l'entretien du tableau **incombe** aujourd'hui.*

incombustible (adjectif) Qui n'est pas combustible. *L'amiante est un matériau **incombustible**.* (Syn. **ininflammable.** Contr. **combustible.**)

incommensurable (adjectif) Sans mesure. *Elles sont d'une prétention **incommensurable**.* (Syn. **extrême, immense.**)

incommodant, ante (adjectif) Qui gène physiquement, qui incommode. *L'odeur des pots d'échappement est si **incommodante** qu'on devrait interdire aux voitures de circuler en ville.*

incommoder (verbe) (conj. 3) Causer une gêne physique. *Benjamin **est incommodé** par l'odeur de l'essence.*

incomparable (adjectif) Tellement supérieur que rien ne peut lui être comparé. *Cette femme est d'une élégance **incomparable**.*

incompatible (adjectif) Qui n'est pas compatible. *Ce voyage est **incompatible** avec les dates de tes vacances.* (Syn. **contradictoire, inconciliable.**)

incompétence (nom féminin) Fait d'être incompétent. *Pour entretenir le jardin, ils ont embauché une personne d'une totale **incompétence**.* (Contr. **compétence.**)

incompétent, ente (adjectif) Qui n'est pas compétent. *Cet homme est tout à fait **incompétent** en médecine.*

incomplet, ète (adjectif) Auquel il manque quelque chose. *Ce livre est **incomplet**, il lui manque les dernières pages.* (Contr. **complet.**)

incompréhensible (adjectif) Impossible à comprendre. *Le blessé bafouillait des mots **incompréhensibles**.* (Contr. **compréhensible.**)

incompréhension (nom féminin) Manque de compréhension. *Il y a trop d'**incompréhension** entre eux pour qu'ils puissent s'entendre.*

incompressible (adjectif) Que l'on ne peut pas réduire. *Pour certains, le loyer fait partie des frais **incompressibles**.*

incompris, ise (adjectif) Dont personne ne comprend la valeur réelle. *Les artistes sont parfois **incompris** de leurs contemporains.* (Syn. **méconnu.**)

inconcevable (adjectif) Qui n'est pas concevable. *Vivre avec quelqu'un sans être marié était **inconcevable** autrefois.* (Syn. **inimaginable.**)

inconciliable (adjectif) Qu'on ne peut concilier avec un autre. *Leurs deux points de vue sont **inconciliables**.* (Syn. **incompatible.**)

inconditionnel, elle (adjectif) Sans condition sans réserve. *J'apprécie sa fidélité **inconditionnelle**.* (Syn. **absolu.**)

inconfort (nom masculin) Manque de confort. *En camping, on supporte l'**inconfort**.*

inconfortable (adjectif) Qui n'est pas confortable. *Ce véhicule tout-terrain est très **inconfortable**.*

incongru, ue (adjectif) Contraire au bon sens ou à l'usage. *Par rapport aux gens qui étaient là, sa remarque était tout à fait **incongrue**.* (Syn. **déplacé.**)

incongruité (nom féminin) Parole ou action incongrue.

inconnu, ue (adjectif) Qui n'est pas connu. *Le metteur en scène a choisi des acteurs **inconnus**.*
■ **inconnu, ue** (nom) Personne que l'on ne connaît pas. *On ne suit pas un **inconnu** !*

inconsciemment (adverbe) De façon inconsciente. ***Inconsciemment**, Noémie a remis son argent dans sa poche au lieu de payer.* (Contr. **consciemment.**)

inconscience (nom féminin) État d'une personne inconsciente. *Sortir en mer par ce temps, c'est de l'**inconscience** !* (Syn. **folie.**)

inconscient, ente (adjectif) **1** Qui a perdu conscience. *Le blessé est encore **inconscient**.* (Syn. **inanimé.** Contr. **conscient.**) **2** Dont on n'a pas conscience. *La respiration est un réflexe **inconscient**.*
■ **inconscient, ente** (nom) Qui n'a pas conscience de ce qu'il fait. *Ce n'est pas un homme courageux, c'est un **inconscient** !*

inconséquent, ente (adjectif) Qui agit sans réfléchir aux conséquences de ses actes. *En dépensant toutes ses économies, son fils s'est montré très **inconséquent**.*

inconsidéré, ée (adjectif) Qui dénote un manque de réflexion. *Sa façon d'agir est **inconsidérée**, il faut qu'elle pense aux conséquences négatives de ses actes.* (Syn. **irréfléchi.**)

inconsistant, ante (adjectif) Qui manque de force et de cohérence. *La mise en scène du film est **inconsistante**.*

inconsolable (adjectif) Qu'on ne peut consoler. *Il est resté **inconsolable** de la mort de sa femme.*

inconstant, ante (adjectif) Qui manque de constance dans ses sentiments. *N'accorde pas ton amitié à cette fille **inconstante**.* (Syn. **infidèle, volage.** Contr. **constant, fidèle.**)

inconstructible (adjectif) Où l'on n'a pas le droit de construire. *Ce terrain risque d'être inondé, il est **inconstructible**.* (Contr. **constructible.**)

incontestable (adjectif) Qui ne peut être contesté. *Odile a beaucoup changé, c'est **incontestable**.* (Syn. **certain, indéniable, indiscutable.** Contr. **contestable.**)

incontesté, ée (adjectif) Que personne ne conteste. *C'est le chef de file **incontesté** de notre équipe.*

incontinence (nom féminin) **1** Tendance incontrôlée à parler trop. *Son **incontinence** me fatigue, je finis toujours par faire semblant de l'écouter.* **2** Émission incontrôlée d'urine.

incontournable (adjectif) Qu'on ne peut éviter de connaître, qu'on ne peut contourner. *Ce musée est **incontournable**, tu dois le visiter !*

incontrôlable (adjectif) Qu'on ne peut pas contrôler ni vérifier. *Des rumeurs **incontrôlables** circulent sur l'origine de sa fortune.*

inconvenant, ante (adjectif) Qui est contraire aux convenances. *Il a tenu des propos **inconvenants** devant les enfants.* (Syn. **choquant, déplacé.**)

inconvénient (nom masculin) Aspect négatif de quelque chose. *Quels sont les avantages et les **inconvénients** de cette profession ?* (Syn. **défaut, désavantage.** Contr. **avantage.**)

incorporer (verbe) (conj. 3) **1** Mélanger quelque chose à un tout. ***Incorporez** petit à petit les œufs battus au chocolat fondu.* **2** Intégrer dans un corps d'armée. *Il **a été incorporé** dans un régiment de parachutistes.*

incorrect, ecte (adjectif) **1** Qui n'est pas correct. *Son anglais est **incorrect** mais compréhensible.* **2** Qui ne respecte pas les règles de politesse. *Benjamin a été très **incorrect** avec Sarah.* (Syn. **grossier.**)

incorrection (nom féminin) **1** Attitude incorrecte. *Ne pas respecter son tour dans une file d'attente est d'une grande **incorrection**.* (Syn. **grossièreté, impolitesse.**) **2** Expression incorrecte. *« Un ami de moi » est une **incorrection**.*

incorrigible (adjectif) Qu'on ne peut corriger. *Tu es vraiment **incorrigible**, quand cesseras-tu de laisser traîner tes affaires ?*

incorruptible (adjectif) Qu'on ne peut corrompre. *Ce fonctionnaire **incorruptible** jouit d'une bonne réputation.*

incrédule (adjectif) Qui ne croit pas ce qui est dit. *En entendant l'histoire de Clément, Ursula a eu un sourire **incrédule**.* (Syn. **sceptique.** Contr. **crédule.**)

incrémenter (verbe) (conj. 3) Augmenter d'une quantité donnée. *Si on **incrémente** la valeur 0,1 à une variable égale à 1, le résultat sera égal à 1,1.*

increvable (adjectif) **1** Qui ne peut pas crever. *Un pneu **increvable**.* **2** Synonyme familier d'infatigable.

incriminer (verbe) (conj. 3) Mettre en cause. *Le journaliste l'**a incriminé** à tort.* (Syn. **accuser.**)

incroyable (adjectif) **1** Difficile ou impossible à croire. *Je viens d'apprendre une nouvelle **incroyable**.* (Syn. **invraisemblable.**) **2** Peu ordinaire. *Elle est d'une énergie **incroyable**, pour ses quatre-vingts ans !* (Syn. **étonnant, extraordinaire.**)

incroyant, ante (nom) Personne qui ne croit pas en Dieu. (Syn. **athée.** Contr. **croyant.**)

incrustation (nom féminin) Ornement incrusté. *C'est un meuble avec des **incrustations** de nacre.*

incruster (verbe) (conj. 3) **1** Décorer un objet en insérant des morceaux d'une autre matière. *Le plateau est en ébène **incrusté** d'écaille.* **2** **S'incruster** : dans la langue familière, s'installer en parasite chez quelqu'un. *Il **s'est incrusté** chez nous depuis un mois.*

incubateur, trice (adjectif) Qui sert à incuber les œufs. *Une poche **incubatrice**.*
■ **incubateur** (nom masculin) Couveuse artificielle qui permet le développement des enfants prématurés dans un milieu protégé.

incubation (nom féminin) **1** Période pendant laquelle les oiseaux couvent leurs œufs. *Le poussin sort de l'œuf après trois semaines d'**incubation**.* **2** Temps qui s'écoule entre la pénétration du microbe dans le corps et le début de la maladie. *L'**incubation** de la scarlatine est de 4 à 7 jours.*

inculpation (nom féminin) Fait d'inculper quelqu'un, de lui imputer un crime. *Son **inculpation** était injustifiée et le procès a permis de l'innocenter.*

inculper (verbe) (conj. 3) Accuser officiellement. *Il **est inculpé** d'escroquerie.*
★ **Inculper** vient du latin *culpa* qui signifie « faute » et qu'on retrouve dans *coupable*.

inculquer (verbe) (conj. 3) Faire entrer dans la mémoire. *On lui **a inculqué** la politesse dès son plus jeune âge.*
★ **Inculquer** vient du latin *inculcare* qui signifie « faire pénétrer en tassant avec le talon ».

inculte (adjectif) **1** Qui n'est pas cultivé. *Les terres **incultes** des landes.* **2** Dont l'esprit n'est pas cultivé. *Lire est bon moyen pour ne pas rester **inculte**.* (Syn. **ignorant.** Contr. **cultivé.**)

incunable (adjectif) Se dit d'une édition qui date du début de l'imprimerie.
■ **incunable** (nom masculin) Ouvrage imprimé à l'époque de la découverte de l'imprimerie.

incurable (adjectif) Qu'on ne peut guérir. *La tuberculose a été longtemps une maladie **incurable**.*

incurie (nom féminin) Défaut de soin, négligence. *L'**incurie** administrative ralentit le système.* (Syn. **insouciance, laisser-aller.**)

incursion (nom féminin) Entrée soudaine et brève dans un lieu. *Des avions de guerre ont fait une **incursion** en territoire ennemi.*

incurver (verbe) (conj. 3) Donner une forme courbe. *L'étagère **s'est incurvée** sous le poids des livres.*

indécelable (adjectif) Impossible à déceler. *Cette maladie était **indécelable** à la naissance.* (Syn. **indétectable.**)

indécent, ente (adjectif) Qui n'est pas convenable. *Cette robe transparente est tout à fait **indécente**.* (Contr. **décent.**)

indéchiffrable (adjectif) Qui ne peut être déchiffré. *Avant Champollion, les hiéroglyphes égyptiens paraissaient **indéchiffrables**.*

indécis, ise (adjectif) Qui a du mal à se décider. *Que faire aujourd'hui ? David est **indécis**.* (Syn. **hésitant.** Contr. **décidé.**)

indécision (nom féminin) État d'une personne indécise. *Cette **indécision** ne peut plus durer, il faut choisir.* (Syn. **hésitation.**)

indéfendable (adjectif) Qu'on ne peut défendre. *Il a commis des actes **indéfendables**.*

indéfini, ie (adjectif) **1** Impossible à préciser. *Il portait de vieux vêtements délavés, d'une couleur **indéfinie**.* (Syn. **indéterminé.** Contr. **précis.**) **2** Se dit d'un pronom ou d'un article désignant des choses ou des gens de manière vague. *« On » est un pronom **indéfini**. « Un » est un article **indéfini**.* (Contr. **défini.**)

indéfiniment (adverbe) De manière indéfinie. *Ces discussions peuvent durer **indéfiniment**.* (Syn. **éternellement.**)

indéhiscent, ente (adjectif) Qui ne s'ouvre pas spontanément à maturité. *La tomate et la myrtille sont des fruits **indéhiscents**.*
▶ Prononciation [ɛ̃deisɑ̃, ɑ̃t].

indélébile (adjectif) Qui ne peut être effacé. *Un tatouage est un dessin **indélébile**.*

indélicat, ate (adjectif) **1** Qui manque de délicatesse dans les sentiments, le comportement. *Ce garçon se comporte grossièrement avec les filles, il est vraiment **indélicat**.* (Contr. **délicat, galant.**) **2** Malhonnête. *Une comptable **indélicate**.* (Contr. **loyal.**)

indemne (adjectif) Qui n'a pas été blessé dans un accident. *Ils sont sortis **indemnes** de la maison en feu.* (Syn. **sain et sauf.**)

indemnisation (nom féminin) Action d'indemniser, de dédommager quelqu'un de ses frais. *L'**indemnisation** versée par l'État a couvert la totalité des frais engendrés par l'inondation.*

indemniser (verbe) (conj. 3) Verser une indemnité. *La compagnie d'aviation **a indemnisé** les familles des victimes.* (Syn. **dédommager.**)

indemnité (nom féminin) Somme d'argent destinée à dédommager ou à rembourser des frais. *Après l'inondation, l'État a versé une **indemnité** aux agriculteurs.*
★ Famille du mot : indemn**iser**, indemn**isation**.

indéniable (adjectif) Que personne ne peut nier. *Sa bonne volonté est **indéniable**.* (Syn. **incontestable, indiscutable.**)

indépendamment de (préposition) En plus de. ***Indépendamment de** son prix, elle trouve que cet appartement est trop petit.*

indépendance (nom féminin) Situation d'une personne ou d'un État indépendants. *Ses parents lui laissent une grande **indépendance**. L'Algérie a acquis son **indépendance** en 1962.* (Contr. **dépendance.**)

indépendant, ante (adjectif) **1** Qui ne dépend de personne. *C'est un journal **indépendant**.* (Syn. **libre.** Contr. **dépendant.**) **2** Qui aime l'indépendance. *Petite, Zoé était déjà très **indépendante**.* (Contr. **soumis.**) **3** Qui n'a pas de rapport avec autr chose. *Les WC sont **indépendants** de la salle d bains.*

indépendantiste (nom et adjectif) Partisan d l'indépendance. *Les **indépendantistes** corses lutten toujours pour l'autonomie politique.* (Syn. **autonomiste séparatiste.**)

indescriptible (adjectif) Qui ne peut être décrit *Les étudiants ont fait un chahut **indescriptible**.*

indésirable (adjectif) Dont la présence n'est pa désirée. *On a refusé l'entrée de la maison à ce visi teur **indésirable**.*

indestructible (adjectif) Qui ne peut êtr détruit. *Leur fidèle amitié semble **indestructible**.*

indéterminé, ée (adjectif) Synonyme d'indé fini. *À partir d'aujourd'hui, le magasin sera ferm pour une durée **indéterminée**.*

index (nom masculin) **1** Deuxième doigt de la main le plus proche du pouce. *On se sert de l'**index** pou montrer quelque chose.* **2** Liste alphabétique de noms cités, placée à la fin d'un livre. *Regarde dans l'**index** des rues de Paris où se trouvent les Champs Élysées.*
★ **Index** est un mot latin qui signifie « celui qui montre indique, dénonce ».

indexer (verbe) (conj. 3) **1** Lier l'évolution d'un valeur aux variations d'une autre valeur ou d'un indice pris comme référence. ***Indexer** un loyer su l'indice des prix.* **2** Mettre un élément à son ordre dans un index.

indicateur, trice (adjectif) Qui sert à indiquer *Au prochain carrefour, il y aura peut-être un poteau **indicateur**.*
■ **indicateur, trice** (nom) Personne qui renseigne la police en échange de certains avantages.
■ **indicateur** (nom masculin) Brochure qui contient des renseignements. *L'**indicateur** des chemins de fer.*

① **indicatif, ive** (adjectif) • **À titre indicatif** : pour donner une idée. ***À titre indicatif**, voici la température moyenne en juillet dans cette région.*

② **indicatif** (nom masculin) **1** Air de musique qui indique le début d'une émission. *Voilà l'**indicatif** de ton feuilleton !* **2** Mode du verbe qui indique une action qui a lieu effectivement. *« J'irai » est une forme du verbe « aller » au futur de l'**indicatif**.*

indication (nom féminin) Ce qui est indiqué et sert à expliquer. *J'ai trouvé sans peine grâce à tes **indications**.* (Syn. **renseignement.**)

indice (nom masculin) Signe qui indique l'existence de quelque chose. *Les empreintes laissées dans le sol sont des **indices** permettant de suivre la piste.*

indicible (adjectif) Qui ne peut être dit ou exprimé. *Sa joie d'avoir réussi est **indicible**.* (Syn. **inexprimable.**)

indien, enne → tableau p. 6 / 7.

indifféremment (adverbe) Sans faire de différence. *Avec son mari, elle parle **indifféremment** français ou arabe.*

indifférence (nom féminin) Attitude d'une personne indifférente. *La nouvelle est tombée dans l'**indifférence** générale.* (Contr. **intérêt.**)

indifférent, ente (adjectif) **1** Qui n'a aucune importance pour quelqu'un. *Que tu partes ou que tu restes, cela m'est **indifférent**.* **2** Qui n'est touché, ému par rien. *Nul ne peut être **indifférent** à la misère des autres.* (Syn. **insensible.** Contr. **sensible.**)
★ Famille du mot : indiffér**emment**, indiffér**ence**, indifférer.

indifférer (verbe) (conj. 8) Ne pas intéresser, laisser insensible. *Cela m'**indiffère** prodigieusement.*

indigène (adjectif et nom) Qui est né dans le pays où il habite. (Syn. **autochtone.**)

indigent, ente (adjectif et nom) Très pauvre. *Les organismes humanitaires s'occupent des **indigents**.* (Syn. **nécessiteux.**)

indigeste (adjectif) Difficile à digérer. *Les oignons crus sont **indigestes**.* (Contr. **digeste.**)

indigestion (nom féminin) Indisposition due à une digestion difficile. *À Noël, Ibrahim a eu une **indigestion** due à un excès de chocolat.*

indignation (nom féminin) Colère devant une action révoltante. *Ce crime odieux a soulevé l'**indignation** de toute la ville.*

indigne (adjectif) **1** Qui n'est pas digne de quelque chose. *Ils ont triché, ils sont **indignes** de gagner cette course !* **2** Qui provoque l'indignation. *Son comportement est **indigne**.* (Syn. **déshonorant, méprisable.** Contr. **digne.**)

indigner (verbe) (conj. 3) Remplir d'indignation. *Le massacre des baleines **indigne** Anna.* (Syn. **révolter.**)

indigo (adjectif) Bleu foncé, proche du violet. *Certaines étoffes africaines sont bleu **indigo**.*
► Pluriel : des étoffes **indigo**.

indiqué, ée (adjectif) Qui est recommandé dans telle situation. *Fatigué comme vous l'êtes, ce séjour à la mer est tout **indiqué**.*

indiquer (verbe) (conj. 3) **1** Montrer ou désigner de façon précise. *Sur la boussole, l'aiguille bleue **indique** le Nord.* (Syn. **signaler.**) **2** Renseigner quelqu'un sur quelque chose. *Pouvez-vous m'**indiquer** les toilettes ?* (Syn. **montrer.**)
★ Famille du mot : indic**ateur**, indic**atif**, indic**ation**, indiqué.

indirect, ecte (adjectif) Qui n'est pas direct. *Une critique **indirecte**. Un parcours **indirect**.* (Syn. **détourné.**) • **Complément d'objet indirect** : complément relié au verbe par une préposition.

indirectement (adverbe) De façon indirecte. *Sa tante va se marier, je l'ai su **indirectement**.* (Contr. **directement.**)

indiscernable (adjectif) Qu'on ne peut discerner. *Des traces **indiscernables** à l'œil nu.* (Syn. **imperceptible.** Contr. **distinct.**)

indiscipline (nom féminin) Manque de discipline. *Le maître ne tolère pas l'**indiscipline**.* (Contr. **discipline.**)

indiscipliné, ée (adjectif) Qui n'est pas discipliné. *Il est trop **indiscipliné** pour travailler correctement.* (Syn. **désobéissant.** Contr. **discipliné.**)

indiscret, ète (adjectif) Qui est trop curieux ou trop bavard. *C'est très **indiscret** de ta part de lire une lettre qui ne t'est pas destinée !* (Contr. **discret.**)

indiscrètement (adverbe) De façon indiscrète. *Très **indiscrètement**, Kevin a regardé par le trou de la serrure.* (Contr. **discrètement.**)

indiscrétion (nom féminin) **1** Manque de discrétion. *Elle ne cesse d'épier ses voisins, elle est d'une **indiscrétion** !* (Syn. **curiosité.** Contr. **discrétion.**) **2** Révélation d'un secret. *J'ai appris son départ par une **indiscrétion**.*

indiscutable (adjectif) Qui ne se discute pas. *Son habileté manuelle est **indiscutable**.* (Syn. **certain, évident, incontestable, indéniable.**)

indispensable (adjectif) Dont on ne peut se dispenser. *Il est **indispensable** de se laver les dents chaque jour.* (Syn. **nécessaire.** Contr. **inutile, superflu.**)

indisponible (adjectif) Qui n'est pas disponible. *Le médecin est **indisponible** pour le moment.* (Syn. **occupé.**)

indisposer (verbe) (conj. 3) **1** Irriter par son attitude. *Son sans-gêne **indispose** tout le monde.* (Syn. **ennuyer, gêner.**) **2** Rendre un peu malade. *L'odeur d'éther l'**indispose**.* (Syn. **gêner, incommoder.**)

indisposition (nom féminin) État d'une personne indisposée. *C'est une **indisposition** passagère, il sera vite remis.* (Syn. **malaise.**)

indissociable (adjectif) Qu'on ne peut pas dissocier, séparer. *Ces deux problèmes sont **indissociables**. Une équipe **indissociable**.*

indissoluble (adjectif) Qui ne peut être dissous, délié. *L'Église catholique considère le mariage comme **indissoluble**.*

indistinct, incte (adjectif) Que l'on distingue mal. *On aperçoit une forme **indistincte** dans le brouillard.* (Syn. **confus, imprécis.** Contr. **distinct.**)

individu (nom masculin) **1** Chacun des êtres humains d'un groupe, d'une collectivité. *Chaque **individu** est différent des autres.* (Syn. **personne.**) **2** Homme quelconque, qui paraît louche ou qu'on méprise. *Élodie a peur car il y a un drôle d'**individu** qui la suit.*
★ Famille du mot : individu**aliser**, individu**alité**, individu**aliste**, individu**el**, individu**ellement**.
★ **Individu** vient du mot latin *individuum* qui signifie « indivisible ».

a b c d e f g h i j k l m n o p q r s t u v w x y z

individualiser (verbe) (conj. 3) Adapter aux caractères propres à chaque individu. *Les cours particuliers sont **individualisés** et répondent aux besoins spécifiques de l'élève.* (Syn. **personnaliser.**)

individualiste (adjectif) Qui fait preuve d'indépendance et veut se débrouiller seul. *Pierre est trop **individualiste** pour voyager en groupe.*

individualité (nom féminin) **1** Ce qui caractérise un être en tant qu'individu. *Il faut considérer un homme dans son **individualité** pour comprendre qui il est vraiment.* **2** Originalité propre d'une personne, d'une chose. *Sa poésie est d'une grande **individualité**.*

individuel, elle (adjectif) Qui est fait pour une seule personne. *Fatima rêve d'avoir sa chambre **individuelle**.* (Syn. **particulier.** Contr. **collectif, commun.**)

individuellement (adverbe) De façon individuelle. *Cet exercice doit être fait **individuellement**.* (Syn. **séparément.** Contr. **collectivement, ensemble.**)

indivisible (adjectif) Qui ne peut être divisé. *Dans la plupart des religions, Dieu est considéré comme un être absolu et **indivisible**.*

indivision (nom féminin) État de ce qui est indivisible. *Cette maison reçue en héritage est en **indivision**, ces trois frères ne peuvent légalement s'en approprier une partie spécifique.*

indo-européen, enne (nom masculin et adjectif) **1** Langue reconstituée par la linguistique, qui serait à l'origine de nombreuses langues européennes et asiatiques. *Le sanskrit, le grec, le latin et les langues slaves sont issues de l'**indo-européen**.* **2** Se dit des langues issues de l'indo-européen.
► Pluriel : des langues **indo-européennes**.

indolence (nom féminin) Caractère indolent de quelqu'un. *Quentin s'est allongé avec **indolence** dans le hamac.* (Syn. **mollesse, nonchalance.** Contr. **ardeur, vivacité.**)

indolent, ente (adjectif) Qui est sans énergie. *La grosse chaleur rend les gens **indolents**.* (Syn. **mou, nonchalant.** Contr. **actif, énergique, vif.**)

indolore (adjectif) Qui ne fait pas souffrir. *Si tu restes tranquille, cette piqûre sera **indolore**.* (Contr. **douloureux.**)

indomptable (adjectif) Que l'on ne peut pas dompter. *Certains animaux sauvages sont **indomptables**. Courage **indomptable**.*

indonésien, enne → tableau p. 6 / 7.

indu, ue (adjectif) • **Heure indue** : heure trop tardive. *Qui peut bien téléphoner à cette **heure indue** ?*

indubitable (adjectif) Qu'on ne peut pas mettre en doute. *Ce film a un succès **indubitable**.* (Syn. **certain, incontestable.**)

indubitablement (adverbe) Sans aucun doute. *En français, elle est **indubitablement** la meilleure de sa classe.*

inductance (nom féminin) Coefficient qui caractérise pour un circuit, sa propriété de produire un flux à travers lui-même. *Un circuit qui a un bon coefficient d'**inductance** n'a pas besoin d'une source d'énergie extérieure.*

induction (nom féminin) **1** Raisonnement qui consiste à rattacher des faits particuliers aux lois qui les régissent. (Contr. **déduction.**) **2** Déclenchement d'un phénomène électrique, électrostatique ou électromagnétique par l'action d'un aimant ou d'un courant. • **Table de cuisson à induction** : table de cuisson qui permet de chauffer un récipient sans flamme ni surface brûlante.

induire (verbe) (conj. 43) • **Induire quelqu'un en erreur** : lui faire faire une erreur. *Ses renseignements n'étaient pas bons et nous **ont induits en erreur**.*

indulgence (nom féminin) Caractère d'une personne indulgente. *Ses grands-parents font toujours preuve de beaucoup d'**indulgence** envers Kevin.* (Syn. **bienveillance, compréhension.** Contr. **sévérité.**)

indulgent, ente (adjectif) Qui pardonne facilement. *Gaëlle est très **indulgente** avec son petit frère quand il fait des bêtises.* (Syn. **compréhensif.** Contr. **dur, sévère.**)

indûment (adverbe) Synonyme littéraire d'injustement. *Il a été **indûment** accusé d'un vol.*
► On écrit aussi **indument**.

industrialisation (nom féminin) Fait de s'industrialiser. *L'**industrialisation** de cette région a créé beaucoup d'emplois.*

s'**industrialiser** (verbe) (conj. 3) S'équiper en industries, en usines. *Ce pays commence à peine à **s'industrialiser**.*

industrie (nom féminin) Ensemble des entreprises transformant des matières premières en produits fabriqués. *Le père de Romain travaille dans l'**industrie** pharmaceutique.*
★ Famille du mot : industri**alisation**, industri**aliser**, industri**el**.

industriel, elle (adjectif) Qui concerne l'industrie. *La zone **industrielle** est située en dehors de la ville.*
▪ **industriel** (nom masculin) Personne qui possède ou dirige une usine. *Cet homme est un **industriel** de la chaussure.*

inébranlable (adjectif) Que l'on ne peut pas ébranler, faire changer. *Sa décision est **inébranlable**, il ne changera pas d'avis.* (Syn. **inflexible.**)

inédit, ite (adjectif) **1** Qui n'a pas encore été édité ou publié. *Son livre est resté **inédit**.* **2** Qui est nouveau et original. *Voilà une façon **inédite** de faire cuire les œufs.* (Syn. **original.**)

ineffable (adjectif) Synonyme littéraire d'inexprimable. *Ressentir une joie **ineffable**.*

inefficace (adjectif) Qui n'a aucun effet. *Si ton rhume ne fait qu'empirer, c'est que ton traitement est **inefficace**.* (Contr. **efficace.**)

inefficacité (nom féminin) Caractère inefficace. *Les conseils n'ont servi à rien, ils ont été d'une totale* ***inefficacité***. (Contr. **efficacité**.)

inégal, ale, aux (adjectif) **1** Qui n'est pas égal en dimension, en quantité, en valeur ou en durée. *La croissance de ces deux arbres est* ***inégale***. **2** Qui n'est pas uni. *Une chaussée* ***inégale****, pleine de trous.* (Contr. **lisse, plat.**) **3** Qui manque de régularité. *Ses résultats scolaires sont très* ***inégaux***. (Syn. **irrégulier.**)

inégalable (adjectif) Qui ne peut pas être égalé. *Ce record semble* ***inégalable*** *dans l'immédiat.* (Syn. **incomparable.**)

inégalité (nom féminin) **1** Absence d'égalité. *Lutter contre l'****inégalité*** *des salaires entre les hommes et les femmes.* **2** Élément inégal, irrégulier. *Les* ***inégalités*** *du terrain nous obligent à rouler lentement.*

inéligible (adjectif) Qui n'est pas éligible. *Une personne qui a été condamnée est* ***inéligible***.

inéluctable (adjectif) Synonyme d'inévitable. *Il n'a pas suffisamment travaillé pour son bac, son échec était* ***inéluctable***.

inénarrable (adjectif) Qui est extraordinaire et cocasse à la fois. *Il leur est arrivé une aventure* ***inénarrable***. *Des mimiques* ***inénarrables***.

inepte (adjectif) Qui n'a aucun sens. *Cette remarque est totalement* ***inepte***. (Syn. **absurde, stupide.**)

ineptie (nom féminin) Action ou parole inepte. *Arrête de dire de telles* ***inepties*** *!* (Syn. **bêtise, stupidité.**)
► Prononciation [inɛpsi].

inépuisable (adjectif) **1** Qu'on ne peut épuiser. *Elle est d'une patience* ***inépuisable*** *avec les enfants.* **2** Synonyme d'intarissable. *Quand il commence à parler de cinéma, Thomas est* ***inépuisable***.

inéquation (nom féminin) Inégalité qui contient des variables et qui n'est généralement satisfaite que pour certaines valeurs de ces variables. *L'exercice de calcul consistait à résoudre plusieurs* ***inéquations***.

inéquitable (adjectif) Qui manque d'équité. *Ce partage est* ***inéquitable****, la plus grande partie des biens est attribuée à un seul des trois frères.*

inerte (adjectif) Synonyme d'inanimé. *Après l'accident, on a retrouvé plusieurs corps* ***inertes*** *dans la voiture.*

inertie (nom féminin) Manque d'énergie. *Il est resté d'une désespérante* ***inertie*** *dans cette affaire.* (Syn. **inaction, indolence, passivité.**)
► Prononciation [inɛʀsi].

inespéré, ée (adjectif) Que l'on espérait pas ou plus. *Le joueur a marqué un but* ***inespéré****, dans la dernière minute de la partie.* (Syn. **imprévu, inattendu.**)

inesthétique (adjectif) Qui n'est pas esthétique. *Cette tour métallique est* ***inesthétique***. (Syn. **laid.**)

inestimable (adjectif) Qui est si précieux qu'on ne peut même pas l'estimer. *Ce chef-d'œuvre est* ***inestimable***.

inévitable (adjectif) Qu'on ne peut pas éviter. *Il y avait une nappe d'huile sur la route, le motard a fait une chute* ***inévitable***. (Syn. **fatal, forcé, inéluctable.**)

inévitablement (adverbe) De façon inévitable. *En prenant la route un 15 août, vous allez* ***inévitablement*** *tomber dans des bouchons.*

inexact, acte (adjectif) **1** Qui contient des erreurs. *Ton calcul est* ***inexact***. (Syn. **erroné, faux.** Contr. **exact, juste.**) **2** Qui manque de ponctualité. *Aujourd'hui encore, elle a été* ***inexacte*** *à son rendez-vous chez le dentiste.* (Contr. **ponctuel.**)

inexactitude (nom féminin) **1** Chose inexacte. *Il y a plusieurs* ***inexactitudes*** *dans ton devoir, essaie de les trouver toi-même.* (Syn. **erreur, faute.**) **2** Manque de ponctualité. (Contr. **exactitude.**)

inexcusable (adjectif) Qu'on ne peut pas excuser. *Les retards répétés de certains élèves sont* ***inexcusables***. (Syn. **impardonnable.**)

inexistant, ante (adjectif) Qui n'existe pas ou très peu. *L'aide à ce pays sous-développé est pratiquement* ***inexistante***. (Syn. **négligeable.**)

inexorable (adjectif) Qu'on ne peut pas faire céder ou fléchir. *Le maître s'est montré* ***inexorable*** *avec Victor, il a maintenu sa punition.* (Syn. **impitoyable, implacable, inflexible.**)

inexorablement (adverbe) De façon inexorable. *La vie finit* ***inexorablement*** *par la mort.*

inexpérience (nom féminin) Manque d'expérience, de connaissances.

inexpérimenté, ée (adjectif) Qui n'a pas l'expérience de quelque chose. *Le frère de William vient juste d'avoir son permis moto, c'est encore un motard* ***inexpérimenté***. (Syn. **débutant, novice.** Contr. **expérimenté.**)

inexplicable (adjectif) Qui ne peut pas être expliqué. *La cause de l'accident est* ***inexplicable***. (Syn. **incompréhensible, mystérieux.** Contr. **clair, évident.**)

inexploitable (adjectif) Qu'on ne peut exploiter. *Ces documents trouvés sur Internet ne sont pas fiables, ils sont* ***inexploitables***. (Syn. **inutilisable.**)

inexploré, ée (adjectif) Qui n'a pas été exploré. *Il reste peu de régions* ***inexplorées*** *sur la Terre.*

inexpressif, ive (adjectif) Qui ne manifeste aucun sentiment. *Son visage est* ***inexpressif****, il est impossible de savoir ce qu'il pense.* (Contr. **expressif.**)

inexprimable (adjectif) Qui est si intense qu'on ne peut pas l'exprimer. *Cette nouvelle l'a remplie d'un bonheur* ***inexprimable***. (Syn. **indescriptible, indicible.**)

inextensible (adjectif) Qui n'est pas extensible. *Les fibres de ce tissu sont* ***inextensibles***. (Contr. **élastique, extensible.**)

in extenso (adjectif et adverbe) Complètement, intégral, en parlant d'un texte. *Les publications* ***in extenso*** *des discours des députés.*
► Prononciation [inekstɛ̃so].

inextinguible (adjectif) **1** Qu'on ne peut éteindre. *Un feu **inextinguible**.* **2** Au sens figuré, qu'on ne peut apaiser, arrêter. *Élodie est prise d'un fou rire **inextinguible**.*

in extrémis (adverbe) Au dernier moment. *Les habitants de l'immeuble en feu ont été sauvés **in extremis**.*
▶ Prononciation [inɛkstʀemis].
▶ On écrit aussi **in extremis**.

inextricable (adjectif) Qui est très embrouillé. *Cet embouteillage paraît **inextricable**.*

infaillible (adjectif) **1** Qui donnera sûrement un bon résultat. *Ces pastilles sont **infaillibles** contre le mal de gorge.* (Syn. **radical**.) **2** Qui ne peut pas se tromper. *Personne n'est **infaillible**.*

infaisable (adjectif) Qu'il est impossible de faire. *Cet exercice est difficile mais pas **infaisable**.*
▶ Prononciation [ɛ̃fəzabl].

infamant, ante (adjectif) Synonyme de déshonorant. *Je suis vexé par son **infamante** allusion.*

infâme (adjectif) **1** Qui est horrible et odieux. *Un meurtre **infâme**.* (Syn. **ignoble, immonde**.) **2** Qui est très mauvais ou très sale. *Un **infâme** taudis.* (Syn. **infect**.)
★ Famille du mot : infam**ant**, infam**ie**.
★ **Infâme** vient du latin *fama* qui signifie « réputation » : un homme infâme n'a pas bonne réputation.

infamie (nom féminin) Action infâme.

infant, ante (nom) Titre donné aux enfants cadets des rois d'Espagne et du Portugal.

infanterie (nom féminin) Ensemble des troupes qui combattent à pied. *Son grand-père a fait la guerre dans l'**infanterie**.*

infanticide (nom masculin) Meurtre d'un enfant, spécialement d'un enfant nouveau-né.
▪ **infanticide** (adjectif et nom) Qui commet un meurtre d'enfant. *Des parents **infanticides**.*

infantile (adjectif) **1** Qui a un rapport avec l'enfance. *Laura est vaccinée contre plusieurs maladies **infantiles**.* **2** Synonyme de puéril. *Ce comportement **infantile** n'est plus de ton âge !* (Syn. **enfantin**.)

infantiliser (verbe) (conj. 3) Donner une mentalité d'enfant, rendre infantile. *Elle **infantilise** tellement son fils que je ne serais pas surprise s'il recommençait à marcher à quatre pattes !*

infantilisme (nom masculin) Comportement infantile. *Sucer ton pouce, à ton âge, c'est de l'**infantilisme** !*

infarctus (nom masculin) Accident de santé dû au fait qu'une artère s'est bouchée. *Il a le cœur fragile depuis qu'il a eu un **infarctus**.*
▶ Prononciation [ɛ̃faʀktys].

infatigable (adjectif) Que rien ne peut fatiguer. *Myriam est une bonne marcheuse, elle est **infatigable**.* (Syn. **inlassable**.)

infatué, ée (adjectif) Qui a un sentiment de satisfaction de soi démesuré. *Un personnage arrogant et **infatué**.*

infécondité (nom féminin) État de ce qui n'e[st] pas fécond. *L'**infécondité** du sol explique le fait q[ue] cet endroit soit désertique.* (Syn. **stérilité**. Contr. **fécondi[té]**, **fertilité**.)

infect, infecte (adjectif) **1** Qui est très mauvai[s]. *Ce poisson n'est pas frais, il est **infect**.* (Contr. **délicieu[x]**, **exquis**.) **2** Qui suscite le dégoût moral. *Cet homm[e] est **infect** avec sa famille.* (Syn. **ignoble**.)

s'**infecter** (verbe) (conj. 3) Être contaminé par le[s] microbes. *Il faut tout de suite soigner une plaie ava[nt] qu'elle ne **s'infecte**.* (Syn. **contaminer**.)
★ Famille du mot : **dés**infect**ant**, **dés**infecter, **dés**infe[c]tion, infecti**eux**, infect**ion**.

infectieux, euse (adjectif) Qui est dû à un[e] infection. *Un état **infectieux** donne généralement d[e] la fièvre.*

infection (nom féminin) **1** Fait de s'infecter. *Un[e] **infection** pulmonaire doit être soignée rapidemen[t].* **2** Très mauvaise odeur, dans la langue familière. *Ce poisson pourri est une **infection**.* (Syn. **puanteur**.)

inféoder (verbe) (conj. 3) **1** Au Moyen Âge, don[]ner une terre à un vassal en échange de certain[s] services. *Lorsqu'un seigneur **inféodait** sa terre à u[n] vassal, il lui permettait seulement de la cultiver et d[e] jouir d'une partie de la production.* **2** S'inféoder : s'at[]tacher par un lien étroit, se soumettre à. *S'**inféode[r]** à une secte.*

inférer (verbe) (conj. 8) Tirer une conséquenc[e] d'une proposition, d'un fait. (Syn. **déduire, conclure**.)
★ **Inférer** vient du mot latin *inferre* qui signifie « être l[a] cause de ».

inférieur, eure (adjectif) **1** Qui est placé en des[]sous. *Tu trouveras tes chaussettes dans le tiroir **infé[]rieur** de la commode.* (Contr. **supérieur**.) **2** Qui est plu[s] petit. *En quittant l'autoroute, nous avons trouvé d[e] l'essence à un prix **inférieur**.*
▪ **inférieur, eure** (nom) Personne qui est au[-]dessous d'une autre dans une hiérarchie. (Syn. **subal[]terne, subordonné**.)

infériorité (nom féminin) Caractère de ce qui es[t] inférieur. *Il se sentait en position d'**infériorité***. (Contr. **supériorité**.)

infernal, ale, aux (adjectif) Synonyme d'insup[]portable. *Ce marteau-piqueur fait un bruit **infernal***.

infertilité (nom féminin) Caractère de ce qui es[t] infertile. *L'**infertilité** de cette terre nous empêch[e] d'y planter des légumes.* (Syn. **infécondité**.)

infester (verbe) (conj. 3) Envahir en grand nom[]bre. *Dommage que cette belle plage soit **infestée** d[e] moustiques !*

infidèle (adjectif) **1** Qui n'est pas fidèle en amitié ou en amour. *Cet homme est **infidèle** à sa femme.* **2** Qui n'est pas exact ni conforme à la réalité. *To[n] récit est **infidèle**, ce n'est pas comme ça que les choses se sont passées.*

infidélité (nom féminin) Manque de fidélité.

infiltration (nom féminin) Action de s'infiltrer. *Le plombier recherche l'origine des **infiltrations** d'eau dans le plafond.*

s'**infiltrer** (verbe) (conj. 3) Pénétrer lentement à travers un corps solide. *À cause de l'orage, de l'eau **s'est infiltrée** dans la cave.*

infime (adjectif) Qui est très petit et insignifiant. *Il n'a qu'une chance **infime** de gagner.* (Syn. **minime.** Contr. **énorme.**)

in fine (adverbe) **1** À la fin d'un chapitre, d'un livre. *Se reporter chapitre X, **in fine**.* **2** En fin de compte. ***In fine**, elle ne viendra pas.*
▶ Prononciation [infine].

infini, ie (adjectif) Qui est sans fin. *La suite des nombres est **infinie**.* (Syn. **illimité.**)
▪ **infini** (nom masculin) • **À l'infini** : sans fin. *La plaine s'étend **à l'infini**.*
★ Famille du mot : infini**ment**, infini**té**.

infiniment (adverbe) Synonyme d'énormément. *Je te suis **infiniment** reconnaissant de m'avoir aidé.*

infinité (nom féminin) Quantité considérable. *Après avoir parcouru une **infinité** de kilomètres, la sonde spatiale a quitté le système solaire.*

infinitésimal, ale, aux (adjectif) Très petit. *Ce médicament agit à des doses **infinitésimales**.*

infinitif (nom masculin) Mode du verbe quand il n'est pas conjugué. *« Jouer », « avoir », « partir », « être », « attendre » sont des verbes à l'**infinitif**.*

infirme (adjectif et nom) Qui ne peut plus utiliser une partie de son corps. *Des soldats sont rentrés **infirmes** de la guerre. Un fauteuil roulant pour un **infirme**.* (Syn. **handicapé, impotent, invalide.**)

infirmer (verbe) (conj. 3) Remettre en question. *Le jugement **a été infirmé** par le tribunal. **Infirmer** une déclaration.* (Contr. **confirmer.**)

infirmerie (nom féminin) Local où l'on reçoit et soigne les malades ou les blessés. *Dans chaque collège, il y a une **infirmerie**.*

infirmier, ère (nom) Personne qui donne des soins aux malades. *Une **infirmière** vient chaque jour pour lui faire une piqûre.*

infirmité (nom féminin) Fait d'être infirme. *La cécité est une grave **infirmité**.*

inflammable (adjectif) Qui prend feu facilement. *Il ne faut jamais laisser de produits **inflammables** à la portée des enfants.* (Contr. **ininflammable.**)

inflammation (nom féminin) Gonflement douloureux d'une partie du corps. *L'**inflammation** des oreilles s'appelle une otite.*

inflation (nom féminin) Hausse des prix. *Le gouvernement a pris des mesures contre l'**inflation**.*
★ **Inflation** vient du mot latin *inflatio* qui signifie « gonflement ».

infléchir (verbe) (conj. 11) Modifier l'orientation de. *Il faut **infléchir** ta ligne de conduite, si tu veux continuer à participer à ce concours.*

inflexible (adjectif) Que rien ne peut faire changer d'avis. *Malgré nos marchandages, il est resté **inflexible** sur le prix.* (Syn. **inébranlable, intransigeant.**)

inflexion (nom féminin) Changement de ton, d'accent dans la voix. *Sa voix prenait des **inflexions** touchantes au fur et à mesure qu'elle nous racontait sa vie.*

infliger (verbe) (conj. 5) Obliger quelqu'un à subir quelque chose de pénible. ***Infliger** un blâme.*

inflorescence (nom féminin) **1** Manière dont sont groupées les fleurs d'une plante. *L'**inflorescence** du raisin est la grappe, celle du blé est l'épi.* **2** L'ensemble de ces fleurs. *La grappe et l'épi sont des **inflorescences**.*

influençable (adjectif) Qui est facile à influencer. *Les adolescents sont souvent **influençables**.*

influence (nom féminin) Action qu'une chose ou une personne exerce sur une autre et qui entraîne un changement. *L'**influence** de la Lune sur les marées. Son grand frère a une forte **influence** sur Noémie.*
★ Famille du mot : influença**ble**, influenc**er**, influ**ent**, influ**er**.

influencer (verbe) (conj. 4) Exercer une influence sur quelqu'un. *Xavier se laisse **influencer** par ses copains.*

influent, ente (adjectif) Qui a de l'influence, de l'autorité. *Ce ministre est très **influent**.*

influer (verbe) (conj. 3) Exercer une action. *On dit que le climat **influe** sur le caractère des gens.* (Syn. **agir.**)

influx (nom masculin) • **Influx nerveux** : courant électrique qui, en se propageant le long des fibres nerveuses, transmet les commandes de mouvement ou les messages sensitifs.
▶ Prononciation [ɛ̃fly].

infographie (nom féminin) Création de graphiques et d'images à l'ordinateur.
★ **Infographie** est le nom d'une marque.

informaticien, enne (nom) Spécialiste de l'informatique.

information (nom féminin) Renseignement ou nouvelle que l'on communique à quelqu'un. *Si tu as besoin d'une **information**, demande à l'accueil.*
▪ **informations** (nom féminin pluriel) Nouvelles qui informent à la radio et à la télévision. *Maman écoute les **informations** à la radio pour savoir ce qui se passe dans le monde.*

informatique (nom féminin) Science et technique qui permettent de rassembler des données dans des mémoires d'ordinateurs et de les organiser automatiquement. *À l'école, Odile apprend l'**informatique**.*
▪ **informatique** (adjectif) De l'informatique. *Le matériel **informatique** évolue très vite.*
★ Famille du mot : informat**icien**, informat**isation**, informat**iser**.

informatisation (nom féminin) Action d'informatiser. *L'**informatisation** des cabinets médicaux est devenue obligatoire.*

informatiser (verbe) (conj. 3) Équiper d'ordinateurs. *Ce service **est** entièrement **informatisé**.*

informe (adjectif) Qui n'a pas vraiment de forme précise. *Que représente ce croquis **informe** ?*

informel, elle (adjectif) Qui n'est pas organisé avec rigueur, qui n'est pas soumis à des règles strictes. *Cette réunion est **informelle**, vous ne recevrez pas de convocations.*

informer (verbe) (conj. 3) Donner une information. *On vous **a** mal **informé**, Yann n'habite pas ici. C'est Sarah qui est chargée de s'**informer** sur les horaires de train.* (Syn. **renseigner.**)
★ Famille du mot : inform**ation**, **dés**inform**ation**.

infortune (nom féminin) Malheur, revers de fortune. *Et pour comble d'**infortune**, il se mit à pleuvoir !* (Syn. **adversité, malchance.** Contr. **chance, félicité.**)

infra- Élément tiré du latin qui signifie « au-dessous » (exemples : *infrason*, *infrastructure*).

infraction (nom féminin) Acte contraire au règlement ou à la loi. *Passer au feu rouge est une **infraction** grave.* (Syn. **délit, faute, fraude.**)

infranchissable (adjectif) Qu'on ne peut franchir. *Ces difficultés lui paraissent **infranchissables**.*

infrarouge (adjectif) Se dit de rayons invisibles utilisés pour le chauffage, la cuisson, la photographie, etc.

infrason (adjectif) Vibration sonore de faible fréquence, non perçue par l'oreille humaine. *Les **infrasons** ont une fréquence comprise entre 2 et 16 Hertz.*

infrastructure (nom féminin) Ensemble de constructions et d'équipements. *L'**infrastructure** médicale est insuffisante depuis que l'hôpital a fermé.*

infructueux, euse (adjectif) Qui n'a pas porté ses fruits. *Les recherches sont restées **infructueuses**, aucun rescapé n'a été retrouvé.* (Syn. **inefficace, vain.** Contr. **fructueux.**)

infuser (verbe) (conj. 3) Tremper des feuilles de thé ou de tisane dans l'eau bouillante pour qu'elles dégagent leur goût. *Maman laisse le tilleul **infuser** dix minutes.*

infusion (nom féminin) Boisson faite avec des plantes infusées. *Une **infusion** de verveine.* (Syn. **tisane.**)

ingambe (adjectif) Qui garde toute sa vitalité. *Ce vieillard est encore **ingambe**.* (Syn. **alerte.**)

s'**ingénier** (verbe) (conj. 10) Faire tous ses efforts pour arriver à un résultat. *Mon petit frère est malade et maman **s'ingénie** à le distraire.*

ingénierie (nom féminin) Ensemble des activités ayant pour objet la conception de projets industriels et leur réalisation.
► Prononciation [ɛ̃ʒeniʀi].

ingénieur (nom masculin) Personne qui participe à des recherches ou qui dirige des travaux. *Elle est **ingénieur** en informatique.*
★ **Ingénieur** vient de *engin* qui signifiait autrefois « machine de guerre » : à l'origine, l'ingénieur était un inventeur d'engins de guerre.

ingénieux, euse (adjectif) Qui est plein d'astuce et d'esprit d'invention. *Benjamin a trouvé un procédé **ingénieux** pour réparer son vélo.*

ingéniosité (nom féminin) Caractère ingénieux. *C'est grâce à son **ingéniosité** que Benjamin est sorti du labyrinthe.*

ingénu, ue (adjectif et nom) Qui est d'une franchise naïve et candide. *Ursula a pris un air **ingénu** pour répondre.*

ingérence (nom féminin) Fait de s'ingérer. *Refuser toute **ingérence** dans ses affaires.*

s'**ingérer** (verbe) (conj. 8) Se mêler de quelque chose sans en avoir le droit. *Tu n'as pas à **t'ingérer** dans les affaires des autres.* (Syn. **s'immiscer.**)

ingrat, ate (adjectif et nom) Qui n'a aucune reconnaissance pour les bienfaits reçus. *Un fils **ingrat**. C'est un **ingrat**, il ne nous a même pas remerciés.*
▪**ingrat, ate** (adjectif) **1** Qui ne donne aucune satisfaction. *Faire le ménage est un travail **ingrat** mais nécessaire.* **2** Qui manque de charme ou de grâce. *Avoir un physique **ingrat**.* (Syn. **disgracieux.**)

ingratitude (adjectif) Caractère d'une personne ingrate. *Quelle **ingratitude** de ne même pas nous remercier !* (Contr. **gratitude, reconnaissance.**)

ingrédient (nom masculin) Élément qui entre dans la composition d'un mélange. *Zoé rassemble les **ingrédients** de la pâte à crêpes : la farine, les œufs et le lait.*

ingurgiter (verbe) (conj. 3) Manger ou boire avec avidité. *David **a ingurgité** son petit déjeuner en cinq minutes.*

inhabitable (adjectif) Où il est impossible d'habiter. *Leur maison a brûlé, elle est **inhabitable**.*

inhabité, ée (adjectif) Où il n'y a pas d'habitants. *Ce château est **inhabité** depuis longtemps.*

inhabituel, elle (adjectif) Qui n'est pas habituel. *Il fait une chaleur **inhabituelle** pour la saison.* (Syn. **inaccoutumé.** Contr. **fréquent.**)

inhalateur (nom masculin) Appareil qui sert pour les inhalations. *William utilise un **inhalateur** pour soigner son rhume.*

inhalation (nom féminin) Traitement qui consiste à inhaler la vapeur d'une eau très chaude mélangée à un médicament.

inhaler (verbe) (conj. 3) Aspirer par le nez ou la bouche. *Dans les villes polluées, on **inhale** des gaz toxiques.*
★ Famille du mot : inhal**ation**, inhal**er**.

inhérent, ente (adjectif) Qui est inséparable de quelque chose. *Les responsabilités sont **inhérentes** à la fonction de cadre.*

inhibé, ée (adjectif) Qui est incapable d'agir ou de réagir. *Yann est très **inhibé**, il reste renfermé sur lui-même.*

inhibition (nom féminin) **1** Suspension temporaire ou définitive de l'activité d'un organe, d'un tissu ou d'une cellule. **2** Blocage des fonctions intellectuelles ou de certains désirs. *Avec l'aide de son psychanalyste, elle tente de vaincre ses **inhibitions**.*

inhospitalier, ère (adjectif) Qui n'est pas hospitalier, pas accueillant. *Cette région aride et inhabitée est **inhospitalière**.*

inhumain, aine (adjectif) Qui n'est pas digne de l'homme. *La peine de mort est une pratique **inhumaine**.* (Syn. **barbare, cruel.**)

inhumation (nom féminin) Synonyme d'enterrement. *L'**inhumation** aura lieu lundi au cimetière.*

inhumer (verbe) (conj. 3) Synonyme d'enterrer. *Elle **a été inhumée** dans l'intimité.* (Contr. **exhumer.**)
★ **Inhumer** vient du latin *humus* qui signifie « terre ».

inimaginable (adjectif) Qu'on peut difficilement imaginer. *Anna a fait des progrès **inimaginables** très rapidement.* (Syn. **impensable, incroyable.**)

inimitable (adjectif) Que l'on ne peut pas imiter. *Elle a un rire **inimitable**.*

inimitié (nom féminin) Hostilité, aversion. *Anna a de l'**inimitié** pour ses voisins.* (Contr. **affection, amitié.**)

ininflammable (adjectif) Qui ne peut pas s'enflammer. *Une protection en matière **ininflammable**.* (Contr. **inflammable.**)

inintelligible (adjectif) Que l'on ne peut pas comprendre. *Un message **inintelligible**.* (Syn. **incompréhensible.** Contr. **intelligible.**)

inintéressant, ante (adjectif) Qui n'est pas intéressant. *Éteins la télévision, cette émission est vraiment **inintéressante** !*

ininterrompu, ue (adjectif) Qui ne s'interrompt pas. *Sur ce boulevard, le bruit de la circulation est **ininterrompu**.* (Syn. **continu, continuel.**)

inique (adjectif) Extrêmement injuste. *Ce juge a été **inique** avec l'accusé.*

iniquité (nom féminin) Absence d'équité, grave injustice. *L'**iniquité** de cette décision de justice est révoltante.*

initial, ale, aux (adjectif) Qui marque le début de quelque chose. *Cet architecte a dû modifier son projet **initial**.* (Contr. **final.**)
■ **initiale** (nom féminin) Première lettre d'un mot. *Élodie Martin signe avec ses **initiales** : E. M.*
► Prononciation [inisjal].

initialement (adverbe) À l'origine. ***Initialement**, nous devions aller en vacances à la mer et finalement nous sommes allés à la montagne.*

initialiser (verbe) (conj. 3) Remplacer par des valeurs nulles les valeurs de certaines variables.

initiateur, trice (nom) **1** Personne qui initie, enseigne quelque chose pour la première fois à quelqu'un. *Il fut mon **initiateur** en yoga.* **2** Personne qui propose quelque chose de nouveau. *L'**initiateur** d'un mouvement artistique.* (Syn. **précurseur.**)

initiation (nom féminin) Action d'initier. *À l'école, nous avons des cours d'**initiation** à l'anglais.*

initiatique (adjectif) Relatif à l'initiation. *Les rites **initiatiques** de la franc-maçonnerie.*

initiative (nom féminin) **1** Action de quelqu'un qui entreprend le premier quelque chose. *C'est Fatima qui a pris l'**initiative** de décorer la classe pour Noël.* **2** Qualité de quelqu'un qui prend de bonnes décisions. *Cet indécis n'a jamais eu l'esprit d'**initiative**.*

initié, ée (nom) Personne qui a des connaissances dans un domaine. (Contr. **profane.**)

initier (verbe) (conj. 10) Faire acquérir à quelqu'un ses premières connaissances dans un domaine. *C'est son père qui **a initié** Anna au jeu d'échecs.*
★ Famille du mot : initi**ation**, initi**é**.
★ **Initier** vient du mot latin *initium* qui signifie « commencement ».

injecter (verbe) (conj. 3) Faire pénétrer un liquide dans le corps à l'aide d'une seringue. ***Injecter** un vaccin contre le tétanos.*

injecteur (nom masculin) Organe qui pulvérise un carburant à l'intérieur d'une chambre de combustion.

injectif, ive (adjectif) • **Application injective** : application d'un ensemble dans un autre, telle que tout élément de l'ensemble d'arrivée est l'image d'un élément, et d'un seul, de l'ensemble de départ, ou d'aucun des éléments de cet ensemble.

injection (nom féminin) Synonyme de piqûre. *Pour empêcher le malade de souffrir, on lui fait des **injections** de morphine.*

injoignable (adjectif) Impossible ou très difficile à joindre, à contacter. *Depuis ce matin, j'essaie de prévenir Fatima mais elle est **injoignable**.*

injonctif, ive (adjectif) Qui comporte une injonction, un ordre. *Les phrases **injonctives** peuvent être à l'impératif.*

injonction (nom féminin) Ordre qu'on donne à quelqu'un. *Le boxeur a été disqualifié car il n'a pas obéi aux **injonctions** de l'arbitre.*

injure (nom féminin) Parole offensante et blessante. *« Crétin », « minable » sont des **injures**.* (Syn. **insulte.**)
★ Famille du mot : injur**ier**, injur**ieux**.
★ **Injure** vient du latin *injuria* qui signifie « injustice ».

injurier (verbe) (conj. 10) Lancer des injures à quelqu'un. *Ce grossier personnage s'est mis à nous **injurier**.* (Syn. **insulter.**)

injurieux, euse (adjectif) Qui est offensant, vexant. *Ses propos **injurieux** m'ont vraiment offensé.* (Syn. **insultant.**)

injuste (adjectif) Qui n'est pas juste. *Hélène a eu un cadeau et pas moi, c'est **injuste** !* (Contr. **équitable.**)

injustement (adverbe) D'une manière injuste. *Cet homme a été* ***injustement*** *accusé puisqu'il est innocent.*

injustice (nom féminin) Acte injuste. *Être victime d'une* ***injustice****.*

injustifié, ée (adjectif) Qui n'est pas justifié. *Vos critiques sont* ***injustifiées****, je n'ai rien fait de mal.*

inlandsis (nom masculin) Épaisse couche de glace qui recouvre les terres polaires.
► Prononciation [inlɑ̃dsis].

inlassable (adjectif) Synonyme d'infatigable. *Cet alpiniste est un grimpeur* ***inlassable****.*

inlassablement (adverbe) Sans se lasser. *Ibrahim joue* ***inlassablement*** *le même air au piano.*

inné, ée (adjectif) Que l'on a dès la naissance. *Julie a un don* ***inné*** *pour la musique.* (Syn. **naturel.**)

innerver (verbe) (conj. 3) Se distribuer dans un organe, dans un tissu, en parlant de fibres nerveuses. *Les nerfs maxillaires* ***innervent*** *la peau du visage.*

innocemment (adverbe) De façon innocente, naïve. *Dire quelque chose* ***innocemment****.*

innocence (nom féminin) Fait d'être innocent. *Elle a dû prouver son* ***innocence****.* (Contr. **culpabilité.**)

innocent, ente (adjectif et nom) **1** Qui n'a rien fait de mal. *Ce n'est pas Pierre qui a cassé le carreau, il est* ***innocent****. Un* ***innocent*** *a été arrêté par erreur.* (Contr. **coupable.**) **2** Qui est crédule et naïf. *Laura et son frère ont répondu d'un ton* ***innocent****, ils ont fait les* ***innocents****.*
▪**innocent, ente** (adjectif) Qui n'est pas dangereux ni condamnable. *Ces jeux sont bien* ***innocents****, vous pouvez continuer.*
★ Famille du mot : innoc**emment**, innoc**ence**, innoc**enter**.

innocenter (verbe) (conj. 3) Prouver que quelqu'un est innocent. *Les témoins ont permis d'****innocenter*** *le suspect.* (Syn. **disculper.** Contr. **condamner.**)

innocuité (nom féminin) Qualité de ce qui n'est pas nuisible. *L'****innocuité*** *de ce vaccin est prouvée depuis longtemps.* (Contr. **nocivité.**)

innombrable (adjectif) Très nombreux. *Une foule* ***innombrable*** *a manifesté dans les rues.*

innommable (adjectif) Synonyme d'inqualifiable. *Les locataires sont partis en laissant l'appartement dans un état* ***innommable****.*

innovateur, trice (adjectif et nom) Personne ou création qui innove. *Ce nouveau logiciel est très* ***innovateur****.*

innovation (nom féminin) Fait d'innover. *Cette nouvelle voiture est pleine d'****innovations*** *techniques.*

innover (verbe) (conj. 3) Faire quelque chose de nouveau en créant un changement. *Il faut toujours* ***innover*** *pour ne pas être dépassé.*
★ Famille du mot : innov**ateur**, innov**ation**.

inoccupé, ée (adjectif) **1** Qui n'est occupé par personne. *L'avion n'était pas plein, il y avait plusieurs sièges* ***inoccupés****.* (Syn. **libre, vacant.**) **2** Qui ne fait rien. *Quentin a toujours besoin de faire quelque chose, il déteste rester* ***inoccupé****.* (Syn. **désœuvré, inactif.** Contr. **occupé.**)

inoculer (verbe) (conj. 3) Introduire une substance dans l'organisme. ***Inoculer*** *un vaccin, un poison.*

inodore (adjectif) Qui n'a pas d'odeur. *Ces roses sont belles mais totalement* ***inodores****.* (Contr. **odorant.**)

inoffensif, ive (adjectif) Qui est sans danger. *Cette petite bête ne pique pas, elle est* ***inoffensive****.*

inondation (nom féminin) Grande quantité d'eau qui submerge un endroit. *La pluie incessante a provoqué des* ***inondations****.*

inonder (verbe) (conj. 3) Recouvrir par une inondation. *La baignoire a débordé et la salle de bains* ***est inondée****.*

inopiné, ée (adjectif) Qui est inattendu, imprévu. *L'arrivée* ***inopinée*** *de nos amis nous a surpris.*

inopportun, une (adjectif) Qui n'est pas opportun. *Arriver à un moment* ***inopportun*** *et déranger tout le monde.*

inorganique (adjectif) **1** Qui n'a pas l'organisation d'un être vivant. **2** Dont l'origine n'est ni animale ni végétale. *Les minéraux sont des substances* ***inorganiques****.*

inoubliable (adjectif) Que l'on ne peut pas oublier. *Pour Romain, ces vacances resteront sans doute* ***inoubliables****.*

inouï, inouïe (adjectif) Qui est extraordinaire. *Il y a eu un orage d'une violence* ***inouïe****, et les dégâts sont nombreux.* (Syn. **incroyable.**)

inox (nom masculin) Acier inoxydable. *Des fourchettes en* ***inox****.*
► Prononciation [inoks].

inoxydable (adjectif) Qui ne s'oxyde pas. *L'acier* ***inoxydable*** *ne rouille pas.*

inqualifiable (adjectif) Qui est tellement scandaleux qu'on a du mal à le qualifier. *On a utilisé un procédé* ***inqualifiable*** *pour renvoyer cet employé.* (Syn. **innommable.**)

inquiet, ète (adjectif) Qui a peur que quelque chose se passe mal. *Myriam est* ***inquiète****, son chat a l'air malade.* (Syn. **anxieux, soucieux.**)
★ Famille du mot : inquié**tant**, inquié**ter**, inquiét**ude**.

inquiétant, ante (adjectif) Qui inquiète. *Le moteur de la voiture fait un bruit* ***inquiétant****.* (Syn. **alarmant.** Contr. **rassurant.**)

inquiéter (verbe) (conj. 8) Rendre inquiet. *Thomas a de la fièvre, cela nous* ***inquiète****. Ne t'****inquiète*** *pas, tout va bien se passer.* (Syn. **préoccuper, tracasser.**)

inquiétude (nom féminin) État d'une personne inquiète. *Un cyclone est annoncé et l'****inquiétude*** *est grande chez les habitants.* (Syn. **anxiété, appréhension.**)

inquisiteur (nom masculin) Juge de l'Inquisition.

▪**inquisiteur, trice** (adjectif) Qui cherche en regardant avec indiscrétion. *Il doutait de mon innocence et me jetait des regards **inquisiteurs**.*
★ **Inquisiteur** vient du mot latin *inquirere* qui signifie « rechercher ».

inquisition (nom féminin) Enquête arbitraire menée de manière désobligeante. *Anna est rentrée dans ma chambre et a fouillé dans mes armoires, ce fut une véritable **inquisition**.* (Syn. **perquisition.**)

insaisissable (adjectif) Que l'on n'arrive pas à saisir. *On a beau mettre du fromage et des pièges, la souris reste **insaisissable** !*

insalubre (adjectif) Qui n'est pas salubre. *Les immeubles **insalubres** ont été démolis.* (Syn. **malsain.**)

insalubrité (nom féminin) Caractère de ce qui est insalubre.

insanité (nom féminin) Action ou parole absurde ou insensée. *Tu ferais mieux de te taire plutôt que de dire de telles **insanités** !* (Syn. **absurdité, ineptie.**)

insatiable (adjectif) Qui n'est jamais rassasié. *Son désir de connaissances est **insatiable**.*
► Prononciation [ɛ̃sasjabl].

insatisfaction (nom féminin) Absence de satisfaction, déplaisir. *L'**insatisfaction** des professeurs est grandissante, ils demandent plus de moyens.*

insatisfait, aite (adjectif) Qui n'est pas satisfait. *Ses parents sont **insatisfaits** de ses résultats scolaires.* (Syn. **mécontent.** Contr. **content.**)

inscription (nom féminin) **1** Mots inscrits sur une surface. *Sur l'obélisque, les **inscriptions** sont des hiéroglyphes.* **2** Action d'inscrire sur une liste. *L'**inscription** des enfants au collège se fait bien avant la rentrée.*

inscrire (verbe) (conj. 47) **1** Écrire quelque chose pour s'en souvenir. *Noémie **inscrit** sur son cahier de texte les devoirs à faire.* **2** Écrire le nom de quelqu'un sur une liste pour qu'il fasse partie d'un groupe. *Victor **s'est inscrit** au club de voile.*

insécable (adjectif) Qui ne peut être partagé en plusieurs éléments. *La matière est composée d'éléments **insécables** ou divisibles à l'infini.*

insecte (nom masculin) Petit animal qui a trois paires de pattes et souvent deux paires d'ailes. *L'abeille est un **insecte** utile.*
★ Famille du mot : insecticide, insectivore.

insecticide (nom masculin) Produit utilisé pour détruire les insectes. *Il faudrait acheter un **insecticide** pour tuer les moustiques.*

insectivore (nom masculin) Animal qui se nourrit d'insectes. *Le caméléon est un **insectivore**.*

insécurité (nom féminin) Manque de sécurité. *Les habitants du quartier se plaignent de l'**insécurité**.*

inséminateur, trice (adjectif) Qui permet l'insémination.
▪**inséminateur** (nom) Spécialiste de l'insémination artificielle.

insémination (nom féminin) • **Insémination artificielle** : technique visant à provoquer de façon artificielle une grossesse, sans accouplement.

inséminer (verbe) (conj. 3) Féconder au moyen d'une insémination artificielle.
★ Famille du mot : insémin**ateur**, insémin**ation**.

insensé, ée (adjectif) Qui est contraire à la raison et au bon sens. *C'est **insensé** de rouler si vite en ville.* (Contr. **raisonnable, sensé.**)

insensibiliser (verbe) (conj. 3) Rendre insensible à la douleur. *Le dentiste fait une piqûre pour **insensibiliser** le nerf.*

insensibilité (nom féminin) Absence de sensibilité physique ou morale. *L'**insensibilité** au froid.*

insensible (adjectif) **1** Qui ne se laisse pas attendrir par quelque chose. *Cet égoïste est **insensible** aux malheurs des autres.* (Syn. **indifférent.**) **2** Qui a perdu la sensibilité physique. *Depuis qu'il est paralysé, une partie de son corps est devenue **insensible**.* **3** Qu'on a de la peine à percevoir. *Il y a des différences **insensibles** entre ces deux écritures.* (Syn. **imperceptible.**)

insensiblement (adverbe) De façon insensible. *Au mois de juillet, les jours raccourcissent déjà **insensiblement**.*

inséparable (adjectif) Qu'on ne peut pas séparer. *Odile et William sont des amis **inséparables**, ils sont toujours ensemble.*

insérer (verbe) (conj. 8) **1** Ajouter quelque chose en l'introduisant dans un ensemble. ***Insérer** une page de publicité dans un journal.* **2 S'insérer** : s'intégrer dans un groupe. *Il **s'est** bien **inséré** dans sa nouvelle école.*

insert (nom masculin) **1** Brève séquence introduite dans une émission de radio, de télévision. *Les courts reportages qui passent après chaque question de cette interview en directe sont des **inserts**.* **2** Dispositif de chauffage inséré dans l'âtre d'une cheminée. *L'**insert** permet à la chaleur de mieux se répandre dans la pièce.*
► Prononciation [ɛ̃sɛʀ].

insertion (nom féminin) **1** Action d'insérer quelque chose. *L'**insertion** d'une petite annonce dans un journal.* **2** Fait de s'insérer. *L'**insertion** des jeunes dans le monde du travail.* (Syn. **intégration.**)
► Prononciation [ɛ̃sɛʀsjɔ̃].

insidieux, euse (adjectif) Qui constitue un piège. *Méfie-toi de leurs questions **insidieuses**.* (Syn. **perfide, sournois.**)

insigne (nom masculin) Petit objet porté par tous les membres d'un même groupe. *Les shérifs portent une étoile, c'est leur **insigne**.*

insignifiant, ante (adjectif) **1** Qui manque de personnalité. *Des personnages **insignifiants**.* (Syn. **banal, quelconque, terne.**) **2** Qui est sans importance. *Un détail, un fait **insignifiant**.* (Syn. **dérisoire, négligeable.**)

insinuation (nom féminin) Chose que l'on insinue. *Ce sont des **insinuations** totalement mensongères.* (Syn. **sous-entendu.**)

insinuer (verbe) (conj. 3) **1** Faire comprendre quelque chose sans le dire vraiment. *Sarah **a insinué**, à tort, que c'était Xavier le coupable.* **2 S'insinuer :** s'introduire d'une manière habile. *Cela fait longtemps que Yann cherche à **s'insinuer** dans notre groupe.*

insipide (adjectif) **1** Qui n'a aucun goût, aucune saveur. *Ce café est **insipide**.* **2** Qui est sans intérêt. *Ce film est vraiment **insipide**.*

insistance (nom féminin) Action d'insister. *Ursula réclame avec **insistance** de l'argent à sa mère.*

insister (verbe) (conj. 3) **1** Réclamer plusieurs fois quelque chose. *Zoé a beau **insister**, sa mère ne veut pas qu'elle sorte le soir.* **2** Attirer l'attention sur quelque chose. *La maîtresse **insiste** sur la présentation des cahiers.*

in situ (adverbe) Dans son milieu naturel. *Ce botaniste étudie les plantes **in situ**.*
▶ Prononciation [insity].
★ **In situ** est une expression latine qui signifie « en place ».

insociable (adjectif) Qui n'est pas sociable. *Son caractère **insociable** l'empêche de s'intégrer dans un groupe.*

insolation (nom féminin) Malaise dû à un coup de soleil. *Mets-toi à l'ombre sinon tu vas attraper une **insolation** !*

insolence (nom féminin) Action ou parole insolente. *Romain a claqué la porte en partant : quelle **insolence** !*

insolent, ente (adjectif et nom) Qui manque de respect envers quelqu'un. *Benjamin a été puni pour avoir été **insolent** avec la maîtresse. Petite **insolente** !* (Syn. **effronté, impertinent.**)

insolite (adjectif) Qui surprend par son caractère étrange ou inhabituel. *C'est **insolite** de voir des vaches en plein Paris !* (Syn. **bizarre.**)

insoluble (adjectif) **1** Qui ne peut pas se dissoudre dans un liquide. *La résine est une substance **insoluble** dans l'eau.* (Contr. **soluble.**) **2** Qu'on ne peut pas résoudre. *Cette difficulté n'est pas **insoluble**, on va trouver une solution.*

insolvable (adjectif) Se dit d'une personne qui n'a pas de quoi payer ce qu'elle doit. *Débiteur **insolvable**.* (Contr. **solvable.**)

insomniaque (adjectif) Qui souffre d'insomnie. *Il est **insomniaque**, on l'entend marcher la nuit !*

insomnie (nom féminin) Difficulté à dormir la nuit. *Pour éviter les **insomnies**, maman prend une tisane chaque soir.*

insondable (adjectif) Dont on ne peut mesurer la profondeur. *Un puits **insondable**.*

insonore (adjectif) Qui amortit les sons. *Le caoutchouc est une substance **insonore**.*

insonorisation (nom féminin) Action d'insonoriser. ***Insonorisation** d'un studio d'enregistrement.*

insonoriser (verbe) (conj. 3) Équiper un local pour atténuer les bruits. *Les salles de classe devraient **être** mieux **insonorisées**.*

insouciance (nom féminin) Caractère d'une personne insouciante. *Il n'a pas senti le danger, quelle **insouciance** !*

insouciant, ante (adjectif) Qui ne s'inquiète de rien. *C'est une gamine heureuse et **insouciante**.*

insoumis, ise (adjectif) Qui refuse de se soumettre. *Ces peuplades **insoumises** menaient une résistance active.*
■ **insoumis** (nom masculin) Se dit d'un soldat qui n'a pas rejoint son unité dans le délai prescrit par l'autorité militaire. *Les déserteurs et les **insoumis**.*

insoupçonnable (adjectif) Au-dessus de tout soupçon. *David est **insoupçonnable**, il n'était même pas là le jour du délit.*

insoutenable (adjectif) Qu'on ne peut pas supporter. *L'odeur de cette décharge est **insoutenable**.*

inspecter (verbe) (conj. 3) Examiner attentivement pour surveiller ou contrôler. *Le garagiste **a** soigneusement **inspecté** tout le moteur.*
★ Famille du mot : inspect**eur**, inspect**ion**.

inspecteur, trice (nom) Personne chargée d'inspecter. *Le père de Clément est **inspecteur** des impôts.*

inspection (nom féminin) Action d'inspecter. *Les douaniers font une **inspection** rapide des bagages.*

inspiration (nom féminin) **1** Fait d'inspirer de l'air. *L'**inspiration** est suivie de l'expiration.* **2** Idée qui vient soudain à l'esprit. *Pour une fois, Anna manque d'**inspiration** pour sa rédaction.*

inspirer (verbe) (conj. 3) **1** Faire entrer de l'air dans les poumons. ***Inspirez** profondément, puis expirez !* **2** Faire naître une idée ou un sentiment dans l'esprit de quelqu'un. *Ce spectacle désolant **inspire** la pitié.* **3 S'inspirer de quelque chose :** y prendre des idées. *Ce cinéaste a fait son film en **s'inspirant de** ses souvenirs d'enfance.*

instabilité (nom féminin) Caractère instable. *Le ciel sera demain d'une grande **instabilité**.*

instable (adjectif) **1** Qui ne tient pas bien en équilibre. *La table est **instable** car elle a un pied cassé.* (Syn. **branlant.** Contr. **stable.**) **2** Qui change souvent. *Le temps est **instable** : tantôt il fait beau, tantôt il pleut.* (Syn. **changeant, variable.**) **3** Qui change souvent d'humeur ou d'idée. *Un enfant **instable**.* (Contr. **équilibré.**)

installateur, trice (nom) Personne qui installe des appareils.

installation (nom féminin) **1** Action d'installer ou fait de s'installer. *Leur **installation** à Paris remonte à deux ans.* **2** Ensemble des appareils installés. *L'**installation** électrique n'est plus conforme aux normes.*

installer (verbe) (conj. 3) **1** Mettre en place. *Il fait beau, on va pouvoir **installer** les chaises longues dans le jardin.* **2** **S'installer** : aller dans un endroit pour y vivre. *Ils ont déménagé pour **s'installer** en province.* (Syn. **s'établir.**) **3** **S'installer** : se mettre à l'aise dans un endroit. *Grand-père **s'est installé** dans son fauteuil pour lire le journal.*
★ Famille du mot : **dés**installer, install**ateur**, install**ation**.

instamment (adverbe) De façon pressante, avec insistance. *Vous êtes **instamment** prié de déplacer votre voiture.*

instance (nom féminin) **1** Demande pressante. *Sur les **instances** de ses parents, elle a changé de tenue vestimentaire.* **2** Ensemble des actes de procédure nécessaires pour intenter, instruire et juger un procès. *Tribunal d'**instance**.* • **Affaire en instance** : affaire non réglée.

instant (nom masculin) Moment très court. *Attends-moi, je reviens dans un **instant**.* • **À l'instant** : il y a très peu de temps. • **Dès l'instant que** : puisque. ***Dès l'instant que** tu me le dis, je te crois.* • **Pour l'instant** : jusqu'à présent, pour le moment.
★ Famille du mot : instantan**é**, instantan**ément**.

instantané, ée (adjectif) Qui ne demande qu'un instant. *Bien pratique, ce potage **instantané** !*

instantanément (adverbe) De façon instantanée. *David a **instantanément** proposé de m'aider.* (Syn. **immédiatement.**)

à l'instar de (préposition) À l'exemple de, de même que. ***À l'instar de** son frère, elle commence malheureusement à fumer.*

instaurer (verbe) (conj. 3) Établir un régime, un usage ou un système. *La Ve République **a été instaurée** en 1958.* (Syn. **instituer.**)

instigateur, trice (nom) Personne qui est à l'origine de quelque chose. *Un groupe extrémiste est l'**instigateur** de la révolte.*

instillation (nom féminin) Action de verser goutte à goutte. ***Instillations** de gouttes dans les yeux.*

instinct (nom masculin) Force innée qui pousse à faire certaines choses sans avoir besoin de les apprendre. *L'**instinct** pousse les jeunes mammifères à téter leur mère.* • **D'instinct** : par intuition. ***D'instinct**, j'ai su qu'il allait gagner.*
► Prononciation [ɛ̃stɛ̃].

instinctif, ive (adjectif) Que l'on fait par instinct. *Il a fait un geste **instinctif** pour se défendre.* (Syn. **machinal.**)

instituer (verbe) (conj. 3) Synonyme d'instaurer. *Le gouvernement **a institué** un nouvel impôt.*

institut (nom masculin) Nom donné à certains établissements de recherche scientifique ou d'enseignement. • **Institut de beauté** : endroit où l'on donne des soins de beauté.

instituteur, trice (nom) Enseignant dans une école maternelle ou primaire. (Syn. **maître, maîtresse, professeur d'école.**)

institution (nom féminin) **1** Chose instituée. *L'Union européenne a décidé l'**institution** d'une monnaie unique : l'euro.* **2** Établissement d'enseignement privé. *Elle est interne dans une **institution** de jeunes filles.*
■ **institutions** (nom féminin pluriel) Ensemble des lois qui règlent la vie politique d'un pays. *Les **institutions** de la Ve République.*
★ Famille du mot : institutionn**aliser**, institutionn**el**.

institutionnaliser (verbe) (conj. 3) Élever au rang d'institution. *La fête des mères fut **institutionnalisée** sous Pétain.*

institutionnel, elle (adjectif) Qui est en rapport avec une institution. *Définir les normes **institutionnelles**.*

instructeur, trice (nom) Personne qui instruit. *L'instructeur assure deux jours de formation.*

instructif, ive (adjectif) Qui permet de s'instruire. *Élodie regarde une émission très **instructive** sur les animaux.*

instruction (nom féminin) Fait de s'instruire ou d'être instruit. *Il a reçu une bonne **instruction** dans cette école.* (Syn. **connaissances.**)
■ **instructions** (nom féminin pluriel) Indications sur la manière de faire les choses. *Le pilote attend les **instructions** de la tour de contrôle.* (Syn. **directives, ordres.**)

instruire (verbe) (conj. 43) **1** Apporter des connaissances à quelqu'un. *Les maîtres et les professeurs sont chargés d'**instruire** les élèves.* **2** **S'instruire** : apprendre des choses. *Fatima lit beaucoup pour **s'instruire**.* (Syn. **se cultiver.**)
★ Famille du mot : instruct**if**, instruct**ion**.

instrument (nom masculin) Objet qui sert à faire quelque chose. *Le thermomètre est un **instrument** de mesure de la température. La guitare est un **instrument** de musique.*
★ Famille du mot : instrument**al**, instrument**ation**, instrument**iste**.

instrumental, ale, aux (adjectif) Qui est exécuté par des instruments de musique. *Un concert de musique **instrumentale**.*

instrumentation (nom féminin) **1** Art d'utiliser les possibilités de chaque instrument dans l'élaboration d'une œuvre musicale. **2** Ensemble d'instruments, d'appareils destinés à des opérations spécifiques. *L'**instrumentation** médicale.*

instrumentiste (nom) Personne qui joue d'un instrument de musique. *Un orchestre de soixante **instrumentistes**.*

à l'insu de (préposition) Sans que la chose soit sue par quelqu'un. *Il nous a photographiés **à notre insu**.*

insubmersible (adjectif) Qui ne peut pas couler. *Ce radeau pneumatique est **insubmersible**.*

insuffisamment (adverbe) De manière insuffisante. (Contr. **suffisamment.**)

insuffisance (nom féminin) **1** Caractère d'une chose insuffisante. *L'**insuffisance** des ressources*

a b c d e f g h i j k l m n o p q r s t u v w x y z

en eau pose des problèmes aux agriculteurs. **2** Manque de connaissances. *Pour rattraper ses **insuffisances** en maths, Pierre prend des cours particuliers.*

insuffisant, ante (adjectif) Qui ne suffit pas. *Les syndicats trouvent **insuffisantes** les augmentations de salaire.*

insuffler (verbe) (conj. 3) **1** Inspirer, transmettre. ***Insuffler** du courage.* **3** Introduire de l'air dans l'organisme à des fins thérapeutiques.

insulaire (adjectif et nom) Qui habite une île. *Ce peuple **insulaire** vit surtout de la pêche. Les Corses sont des **insulaires**.*
★ **Insulaire** vient du latin *insula* qui signifie « île ».

insuline (nom féminin) Hormone sécrétée par certaines cellules du pancréas. *Pour soigner son diabète, elle s'injecte de l'**insuline**.*

insultant, ante (adjectif) Synonyme d'injurieux. *Il s'est excusé pour ses paroles **insultantes**.*

insulte (nom féminin) Synonyme d'injure. *Les deux automobilistes en colère se lançaient des **insultes**.*

insulter (verbe) (conj. 3) Synonyme d'injurier. *Il m'**a insulté** en me traitant d'imbécile.*

insupportable (adjectif) Qui est très dur à supporter. *Il fait une chaleur **insupportable**. Les enfants ont été **insupportables**.* (Syn. **infernal, intolérable.**)

insupporter (verbe) (conj. 3) Exaspérer, irriter. *Ces bruits de portes qui claquent m'**insupportent**.*

s'**insurger** (verbe) (conj. 5) **1** Se révolter contre une autorité. *En 1789, les révolutionnaires **se sont insurgés** contre le roi.* **2** S'opposer vivement à quelque chose. *Les habitants de la région **s'insurgent** contre le projet d'autoroute.*

insurmontable (adjectif) Que l'on ne peut pas surmonter. *Sa phobie des araignées est **insurmontable**.* (Syn. **invincible.**)

insurrection (nom féminin) Soulèvement contre le pouvoir en place. (Syn. **révolte.**)

intact, acte (adjectif) Qui est resté en bon état. *Gaëlle a fait tomber ses lunettes, heureusement elles sont **intactes**.*
★ **Intact** vient du latin *tactus* qui signifie « touché » : une chose intacte n'a été touchée par personne.

intangible (adjectif) Que l'on ne doit pas toucher, modifier, altérer. *Cette loi est **intangible**.* (Syn. **inviolable.**)

intarissable (adjectif) Qui ne peut pas s'arrêter de parler. *Sur la question des revendications, elle est **intarissable**.* (Syn. **inépuisable.**)

intégral, ale, aux (adjectif) Qui est entier, total. *On nous a remboursé le prix **intégral** du billet d'avion que nous n'avions pas utilisé.* (Contr. **partiel.**)
★ Famille du mot : intégral**ement**, intégral**ité**.

intégralement (adverbe) De façon intégrale. *Ibrahim a lu **intégralement** ce gros roman d'aventures.* (Syn. **complètement, entièrement.**)

intégralité (nom féminin) État de ce qui est intégral. *Hélène a dépensé l'**intégralité** de son argent de poche pour s'acheter une console de jeu.* (Syn. **totalité.**)

intégration (nom féminin) Fait de s'intégrer. *L'**intégration** des jeunes en difficulté dans la société.* (Syn. **insertion.**)

intègre (adjectif) Qui est d'une honnêteté parfaite. *On peut se fier à elle, c'est une femme **intègre**.*

intégrer (verbe) (conj. 8) **1** Faire entrer dans un tout. *Dans ce livre de géographie, un atlas **a été intégré**.* (Syn. **incorporer, insérer.**) **2** **S'intégrer** : faire partie d'un groupe et s'y sentir à l'aise. *Julie n'a eu aucun mal à **s'intégrer** dans l'équipe.* (Syn. **s'insérer.**)

intégrisme (nom masculin) Attitude de ceux qui refusent toute évolution de leur religion par respect de la tradition.

intégriste (nom) Partisan de l'intégrisme.

intégrité (nom féminin) Qualité d'une personne intègre. *Je ne mets pas en doute son **intégrité**.* (Syn. **honnêteté.**)

intellect (nom masculin) Faculté de comprendre, de connaître. *Ce philosophe prône que c'est l'**intellect** et non les sens qui nous permet de connaître le monde.* (Syn. **esprit, intelligence.**)
► Prononciation [ɛ̃telɛkt].
★ Famille du mot : intellect**ualiser**, intellect**uel**, intellect**uellement**.

intellectualiser (verbe) (conj. 3) **1** Revêtir d'un caractère intellectuel. *Elle **intellectualise** toutes ses œuvres et affirme que chacune de ses peintures est la réponse à une grande question sur la vie.* **2** Transformer, élaborer grâce à l'intellect. *C'est en **intellectualisant** les problèmes qu'on en trouve parfois la solution.*

intellectuel, elle (adjectif) Qui fait appel à l'intelligence. *S'agit-il d'un travail **intellectuel** ou d'un travail manuel ?*
▪ **intellectuel, elle** (nom) Personne qui se consacre au travail intellectuel. *Les écrivains, les historiens sont des **intellectuels**.*

intellectuellement (adverbe) Sur le plan intellectuel. *Cette femme est très âgée, mais encore très vive **intellectuellement**.*

intelligemment (adverbe) De façon intelligente. *Réagir **intelligemment**.* (Contr. **bêtement.**)
► Prononciation [ɛ̃teliʒamɑ̃].

intelligence (nom féminin) Ensemble des qualités de l'esprit qui permettent de comprendre vite et de réfléchir. *Cet élève est d'une **intelligence** étonnante.* (Contr. **bêtise.**) • **Être *ou* vivre en bonne intelligence avec quelqu'un :** s'entendre bien avec lui.
★ Famille du mot : intellig**emment**, intellig**ent**.

intelligent, ente (adjectif) Qui a ou dénote de l'intelligence. *Kevin a tout de suite compris car il est très **intelligent**.* (Contr. **bête, stupide.**)

intelligentsia (nom féminin) Ensemble des intellectuels d'un pays. *L'**intelligentsia** russe.*
► Prononciation [ɛ̃teliʒɛntsja].

intelligible (adjectif) Qu'on peut comprendre. *Vous devez dire votre poésie à haute et **intelligible** voix.* (Syn. **compréhensible.** Contr. **inintelligible.**)

intempérance (nom féminin) Manque de modération, de sobriété dans les plaisirs de la table et de la chair. *Son **intempérance** le conduira à l'infarctus.* • Intempérance de langage : Manque de retenue, de modération dans l'expression.

intempéries (nom féminin pluriel) Mauvais temps. *Les **intempéries** ont provoqué beaucoup de dégâts dans les champs.*

intempestif, ive (adjectif) Qui ne se fait pas au moment convenable. *Un fou rire **intempestif** l'a pris au beau milieu de la réunion.* (Syn. **inopportun.**)

intemporel, elle (adjectif) Qui est étranger au temps, en dehors de la durée. *La vérité est **intemporelle.***
▪ **intemporel** (nom masculin) Domaine des choses intemporelles. (Syn. **éternel.**)

intenable (adjectif) Synonyme d'insupportable. *L'odeur de ce fromage est **intenable** dans la cuisine.*

intendance (nom féminin) Service chargé d'acheter le matériel, la nourriture et de gérer les dépenses d'une collectivité.

intendant, ante (nom) Personne chargée de l'intendance. *La mère de Laura est **intendante** dans un lycée.*

intense (adjectif) Qui est très fort ou très vif. *Un bonheur **intense**. Dans les régions polaires, le froid est toujours **intense**.*
★ Famille du mot : intensément, intensif, intensification, intensifier, intensité.

intensément (adverbe) De façon intense. *Myriam désire **intensément** revoir ses amis.*

intensif, ive (adjectif) Qui fait l'objet d'un effort intense. *Les athlètes s'entraînent de façon **intensive** avant les jeux Olympiques.*

intensification (nom féminin) Action de s'intensifier. *L'**intensification** des combats dans cette région fait fuir les habitants.*

intensifier (verbe) (conj. 10) Rendre plus intense. *La circulation s'**intensifie** aux approches de la ville.* (Syn. **accentuer.**)

intensité (nom féminin) Caractère intense. *Ces stores diminuent l'**intensité** de la lumière.* (Syn. **force.**)

intenter (verbe) (conj. 3) Engager contre quelqu'un une action en justice. *Après son licenciement, son père **a intenté** un procès à son employeur.*

intention (nom féminin) Ce que l'on a décidé de faire. *Noémie a l'**intention** d'aller au cinéma ce soir.* (Syn. **dessein, projet.**) • À l'intention de quelqu'un : spécialement pour lui. *Voilà un cadeau, **à l'intention** de Romain.*
★ Famille du mot : intentionné, intentionnel, intentionnellement.

intentionné, ée (adjectif) • Être bien *ou* mal intentionné : avoir de bonnes ou de mauvaises intentions. *Son geste **était bien intentionné.***

intentionnel, elle (adjectif) Qui est fait volontairement. *Odile n'a pas pris son maillot de bain, c'est un oubli **intentionnel** car elle ne veut pas se baigner.* (Contr. **involontaire.**)

intentionnellement (adverbe) De façon intentionnelle. *Il m'a **intentionnellement** fermé la porte au nez.* (Syn. **exprès.**)

inter- Élément tiré du latin qui marque la séparation, l'espacement ou la réciprocité (exemples : *interchangeable, intermédiaire, interposer*).

interactif, ive (adjectif) Qui permet une interaction. *Un jeu vidéo **interactif**.*

interaction (nom féminin) Action réciproque de deux ou plusieurs phénomènes. *L'**interaction** de la pluie et du soleil provoque les arcs-en-ciel.*

interactivité (nom féminin) Dialogue, échange entre l'utilisateur d'un ordinateur et un programme informatique par l'intermédiaire de l'écran.

interbancaire (adjectif) Qui concerne les relations entre banques. *Un virement **interbancaire**.*

intercalaire (nom masculin) Feuille qu'on intercale dans un classeur. *Thomas inscrit le nom de chaque matière sur des **intercalaires** de couleur.*

intercaler (verbe) (conj. 3) Placer entre deux choses ou dans un ensemble. ***Intercaler** les titres des paragraphes dans un article.*

intercéder (verbe) (conj. 8) Intervenir en faveur de quelqu'un. *J'**intercèderai** en votre faveur pour que le directeur vous reçoive.*

intercepter (verbe) (conj. 3) Arrêter quelque chose au passage. *Le gardien de but a réussi à **intercepter** le ballon.*

interception (nom féminin) Action d'intercepter. *Son **interception** de la balle a été spectaculaire.*

interchangeable (adjectif) Se dit de choses ou de personnes qui peuvent être mises à la place l'une de l'autre. *Certaines pièces de ce puzzle sont **interchangeables**.*

interclasse (nom masculin) Courte pause entre deux séances de classe.

intercostal, ale, aux (adjectif) Situé entre deux côtes. *Un nerf **intercostal**.*

interdépendance (nom féminin) Dépendance réciproque. *L'**interdépendance** des organes du corps.*

interdiction (nom féminin) Action d'interdire quelque chose. ***Interdiction** de fumer dans les lieux publics.* (Syn. **défense.** Contr. **autorisation, permission.**)

interdire (verbe) (conj. 46) Commander à quelqu'un de ne pas faire quelque chose. *La police **interdit** l'accès de la rue car il y a un incendie.* (Syn. **défendre.** Contr. **autoriser, permettre.**)
▶ **Interdire** se conjugue comme le verbe *dire*, sauf à la 2e personne du pluriel du présent : *vous interdisez.*
★ Famille du mot : interdic**tion**, interdi**t**.

interdisciplinaire (nom féminin) Qui concerne plusieurs disciplines. *Le directeur a présenté un projet d'école **interdisciplinaire**.*

interdit, ite (adjectif) **1** Qui n'est pas autorisé. *Papa n'avait pas vu qu'il y avait un sens **interdit**.* **2** Qui est ébahi, stupéfait. *Une telle prouesse a laissé le public **interdit**.*

intéressant, ante (adjectif) **1** Qui provoque l'intérêt des gens. *Ce documentaire était tellement **intéressant** que Sarah s'en est servi pour son exposé.* **2** Synonyme d'avantageux. *Au moment des soldes, les prix sont **intéressants**.*
▪ **intéressant, ante** (nom) • **Faire l'intéressant :** essayer de se faire remarquer.

intéressé, ée (adjectif) **1** Qui n'a en vue que son intérêt personnel. *C'est une personne très **intéressée**, qui agit toujours par calcul.* (Contr. **désintéressé, généreux.**) **2** Qui est concerné par quelque chose. *Les personnes **intéressées** sont convoquées demain à la réunion.*

intéressement (nom masculin) Attribution d'une partie des profits de l'entreprise aux salariés.

intéresser (verbe) (conj. 3) **1** Provoquer l'intérêt de quelqu'un pour quelque chose. *La visite du musée **a** beaucoup **intéressé** les élèves.* (Contr. **ennuyer.**) **2** Avoir de l'importance pour quelqu'un. *Cette loi **intéresse** tous les locataires.* (Syn. **concerner.**) **3** Faire participer aux profits. *Ce vendeur **est intéressé** au montant des ventes.* **4 S'intéresser à :** avoir de l'intérêt pour quelque chose. *Ursula **s'intéresse** beaucoup **à** la peinture.* (Contr. **se désintéresser.**)
★ Famille du mot : **dés**intéressé, **dés**intéresse**ment**, se **dés**intéresser, **dés**intérêt, **in**intéress**ant**, intéress**ant**, intéressé, intérêt.

intérêt (nom masculin) **1** Attention particulière que l'on porte à quelque chose. *Zoé lit avec beaucoup d'**intérêt** un livre sur l'Univers.* (Contr. **indifférence.**) **2** Ce qui est intéressant dans quelque chose. *Cette découverte est d'un grand **intérêt** pour les chercheurs.* **3** Recherche de ce qui est avantageux pour soi. *Victor sait que c'est son **intérêt** de bien travailler à l'école.* **4** Somme d'argent qu'il faut rembourser en plus de la somme qu'on a empruntée. *Le montant des **intérêts** varie selon les banques.*

interface (nom féminin) Dispositif grâce auquel s'effectuent les échanges d'informations entre deux éléments d'un système informatique. • **Interface graphique :** affichage dynamique, sous forme d'icônes, de menus, de boutons, des commandes accessibles à l'utilisateur d'un ordinateur.

interférence (nom féminin) **1** Phénomène qui résulte de la superposition de deux vibrations de fréquence et d'amplitude voisines. **2** Fait d'interférer. *Il y a **interférence** entre le politique et le social.*

interférer (verbe) (conj. 8) **1** Produire des interférences. **2** Se mêler en se contrariant ou en se renforçant. *Son intervention a **interféré** avec celle de son collègue.*

intergalactique (adjectif) Situé entre des galaxies. *L'espace **intergalactique**.*

intérieur, eure (adjectif) **1** Qui est situé au-dedans. *Dans la cour **intérieure** de l'hôtel, il y a une fontaine.* (Contr. **extérieur.**) **2** Qui concerne le pays où l'on est. *La politique **intérieure** de ce pays.* (Contr. **étranger, international.**)
▪ **intérieur** (nom masculin) **1** Partie d'un endroit ou d'une chose qui est dedans. *Qu'y a-t-il à l'**intérieur** de la boîte ?* (Syn. **dedans.** Contr. **extérieur.**) **2** Logement où l'on habite. *Leur **intérieur** est confortable et bien tenu.*
★ Famille du mot : intérieure**ment**, intérior**ité**.

intérieurement (adverbe) **1** À l'intérieur d'un lieu, dedans. *La façade du château est belle, mais **intérieurement** il est en mauvais état.* (Contr. **extérieurement.**) **2** En soi-même. *Il a accepté de venir, alors qu'**intérieurement** il ne le souhaitait pas.*

intérim (nom masculin) Remplacement provisoire d'une personne titulaire. *Assurer l'**intérim** d'une personne en congé.*

intérimaire (adjectif et nom) Qui fait un intérim. *Du personnel **intérimaire**. Embaucher des **intérimaires**. Travail **intérimaire**.*

intérioriser (verbe) (conj. 3) Se refuser à exprimer une émotion, un sentiment. ***Intérioriser** un conflit.*

intériorité (nom féminin) Ce qui est intérieur à une personne.

interjectif, ive (adjectif) Qui exprime une interjection. *« Oh ! », « hélas ! » et « zut ! » sont des exclamations **interjectives**.*

interjection (nom féminin) Mot invariable qui s'emploie seul pour exprimer un sentiment. *« Ah ! », « Ouf ! », « Aïe ! » sont des **interjections**.*

interligne (nom masculin) Espace compris entre deux lignes écrites. *Pour écrire un nouveau paragraphe, Anna a mis un double **interligne**.*

interlocuteur, trice (nom) Personne à qui l'on parle. *Il n'a pas reconnu la voix de son **interlocuteur** au téléphone.*

interloquer (verbe) (conj. 3) Étonner quelqu'un au plus haut point. *Cette nouvelle l'**a interloqué**.* (Syn. **déconcerter.**)
★ **Interloquer** vient du mot latin *interloqui* qui signifie « couper la parole ».

interlude (nom masculin) **1** Petite pièce musicale jouée entre deux morceaux plus importants. **2** À la radio, à la télévision, divertissement qui comble une attente entre deux émissions ou une coupure imprévue.

intermède (nom masculin) Interruption dans une activité. *Ces petites vacances constituent un bon* ***intermède*** *dans l'année scolaire.*

intermédiaire (adjectif) Qui se trouve entre deux choses. *Le gris est une couleur* ***intermédiaire*** *entre le blanc et le noir.*
■ **intermédiaire** (nom) Personne qui intervient entre deux personnes ou deux groupes pour établir un lien ou vendre un produit. *Élodie a servi d'****intermédiaire*** *pour essayer de les réconcilier.*
■ **intermédiaire** (nom masculin) • **Par l'intermédiaire de quelqu'un :** avec son aide. *Vendre une maison* ***par l'intermédiaire d'*** *une agence.* (Syn. **par l'entremise de, grâce à.**)

intermezzo (nom masculin) Composition musicale jouée entre les actes d'une pièce de théâtre.
▶ **Intermezzo** est un mot italien : on prononce [ɛ̃tɛʀmedzo].

interminable (adjectif) Qui semble sans fin. *Fatima a trouvé le film ennuyeux et* ***interminable.*** (Contr. **bref, court.**)

intermittence (nom féminin) • **Par intermittence :** de façon intermittente. *À l'entrée du port, le phare s'allume* ***par intermittence.***

intermittent, ente (adjectif) Qui s'arrête puis recommence. *Des chutes de neige* ***intermittentes.*** (Syn. **discontinu.**)

internat (nom masculin) **1** Établissement scolaire qui accueille des internes. *L'été, l'****internat*** *est fermé.* **2** Concours pour devenir interne des hôpitaux. *Le grand frère de Gaëlle prépare l'****internat*** *de chirurgie.*

international, ale, aux (adjectif) Qui a lieu entre les différents pays du monde. *Le commerce* ***international.*** (Syn. **extérieur.** Contr. **intérieur, national.**)

internationaliser (verbe) (conj. 3) Rendre international. *Cette zone maritime a été* ***internationalisée*** *récemment afin que les bateaux de tous les pays puissent y naviguer sans autorisation.*

internaute (nom) Personne qui utilise couramment le réseau Internet. (Syn. **cybernaute.**)

① **interne** (adjectif) Qui est situé à l'intérieur. *Les poumons, le cœur, le foie, les reins sont des organes* ***internes.*** (Contr. **externe.**)

② **interne** (nom) **1** Élève qui mange et dort dans l'établissement scolaire qu'il fréquente. *Certains* ***internes*** *rentrent chez eux le week-end.* (Syn. **pensionnaire.** Contr. **externe.**) **2** Étudiant en médecine qui a réussi l'internat et travaille dans un hôpital.

interner (verbe) (conj. 3) Enfermer dans un hôpital psychiatrique ou dans un camp.

interpeller (verbe) (conj. 3) **1** Adresser la parole à quelqu'un d'une façon brusque. *Hélène* ***a interpellé*** *une dame dans la rue pour lui signaler que son sac était ouvert.* (Syn. **apostropher.**) **2** Vérifier l'identité de quelqu'un ou l'arrêter. *Plusieurs suspects* ***ont été interpellés*** *par la police.*
▶ Prononciation [ɛ̃tɛʀpəle].
▶ On écrit aussi **interpeler** (conj. 9).

interphone (nom masculin) Sorte de téléphone à l'entrée d'un immeuble. *William appuie sur l'****interphone*** *pour nous annoncer son arrivée.*
★ **Interphone** est le nom d'une marque.

interplanétaire (adjectif) Qui est situé entre les planètes. *L'exploration des espaces* ***interplanétaires.*** *Voyages* ***interplanétaires.***

S'**interposer** (verbe) (conj. 3) Intervenir entre deux personnes comme médiateur. *Le maître* ***s'est interposé*** *pour séparer les élèves qui se battaient.*

interposition (nom féminin) Action de s'interposer. *Les Nations unies ont installé une force* ***d'interposition*** *à la frontière.*

interprétation (nom féminin) **1** Manière de comprendre quelque chose. *On peut donner plusieurs* ***interprétations*** *de cet évènement.* **2** Façon de jouer une œuvre dramatique ou musicale. *J'ai beaucoup aimé l'****interprétation*** *de cette comédienne.*

interprète (nom) **1** Personne qui traduit dans une autre langue les paroles de quelqu'un. *Julie est bilingue, plus tard elle aimerait devenir* ***interprète.*** **2** Personne qui interprète une œuvre dramatique, cinématographique ou musicale. *Connais-tu le nom des principaux* ***interprètes*** *de ce film ?*

interpréter (verbe) (conj. 8) **1** Donner une signification à quelque chose. *Xavier* ***a mal interprété*** *ce que je lui ai dit.* (Syn. **comprendre.**) **2** Jouer un rôle au cinéma ou au théâtre, ou exécuter un morceau de musique. *Ce pianiste* ***interprète*** *Schubert avec brio.*
★ Famille du mot : interprét**ation**, interprète.

interrègne (nom masculin) Intervalle de temps entre deux règnes, deux prises de pouvoir.

interrogateur, trice (adjectif) Qui interroge. *Le professeur m'a regardé d'un air* ***interrogateur,*** *sans comprendre.*

interrogatif, ive (adjectif) Qui sert à interroger, à poser une question. *Dans la phrase* ***interrogative*** *« Qui veut jouer avec moi ? », « qui » est un pronom* ***interrogatif.***

interrogation (nom féminin) **1** Ce qu'on dit pour interroger. *« Pourquoi ris-tu ? » est une* ***interrogation.*** **2** Ensemble de questions posées à un élève sur ses connaissances. *Une* ***interrogation*** *écrite de géographie.* • **Point d'interrogation :** signe de ponctuation qui indique que la phrase est interrogative.

interrogatoire (nom masculin) Ensemble des questions posées à une personne par un policier ou un juge.

interrogeable (adjectif) Que l'on peut interroger. *Ce répondeur est* ***interrogeable*** *à distance.*

a b c d e f g h i j k l m n o p q r s t u v w x y z

interroger (verbe) (conj. 5) Poser des questions à quelqu'un. *Pour trouver le bon chemin, on a dû **interroger** les gens du village.* (Syn. **questionner.**)
★ Famille du mot : interrog**ateur**, interrog**atif**, interroga**tion**, interrog**atoire**, interroge**able**.

interrompre (verbe) (conj. 34) **1** Faire cesser quelque chose. *Cette triste nouvelle **a interrompu** nos vacances.* **2** Couper la parole à quelqu'un. *Laisse-moi finir ce que j'ai à dire et arrête de m'**interrompre** tout le temps.* **3 S'interrompre** : cesser de faire quelque chose, en particulier de parler.
★ Famille du mot : **in**interrompu, interrup**teur**, interrup**tion**.

interrupteur (nom masculin) Appareil qui sert à allumer ou à éteindre la lumière.

interruption (nom féminin) Fait d'interrompre quelque chose ou quelqu'un. *L'orage a entraîné une **interruption** du courant.*

intersaison (nom féminin) Période qui sépare deux saisons. *L'**intersaison** est une période très calme pour les hôteliers du sud de la france.*

intersection (nom féminin) Endroit où deux lignes, deux routes se croisent. *À l'**intersection** des deux rues, il y a un panneau stop.*

intersidéral, ale, aux (adjectif) Qui est situé entre les astres. *La fusée vient de commencer son vol **intersidéral**.*

interstellaire (adjectif) Qui est situé entre les étoiles. *Ce roman raconte un voyage **interstellaire**.*

interstice (nom masculin) Petit espace vide entre les éléments d'un tout. *Laura aperçoit le paysage à travers les **interstices** des volets fermés.*

interstitiel, elle (adjectif) Situé dans les interstices. • **Tissu interstitiel** : tissu qui entoure les éléments différenciés d'un organe.
► Prononciation [ɛ̃tɛʀstisjɛl].

intertitre (nom masculin) Titre situé à l'intérieur d'un paragraphe ou d'un article de journal.

intervalle (nom masculin) **1** Distance séparant un lieu ou un élément d'un autre. *Le jardinier a planté des arbres à **intervalles** réguliers.* **2** Espace de temps qui sépare deux faits. *Elles sont nées à deux ans d'**intervalle**.*

intervenant, ante (adjectif et nom) Personne qui intervient dans un procès, un débat, etc. *Les **intervenants** de ce débat ont pris la parole chacun à leur tour.*

intervenir (verbe) (conj. 19) **1** Prendre part à ce qui se passe. *Le maître **est intervenu** pour rétablir le calme.* **2** Se produire, avoir lieu. *Une trêve **est intervenue** entre les belligérants.*
► **Intervenir** se conjugue avec l'auxiliaire *être*.
★ Famille du mot : interven**ant**, interven**tion**, intervention**nisme**.

intervention (nom féminin) **1** Action d'intervenir. *L'**intervention** des forces de l'ordre.* **2** Opération chirurgicale. *Une petite **intervention** chirurgicale lui a rendu l'usage de sa main gauche.*

interventionnisme (nom masculin) Doctrine qui préconise l'intervention soit de l'État dans les affaires privées, soit d'une nation dans un conflit entre d'autres pays.

interversion (nom féminin) Fait d'intervertir deux choses. *Le verlan procède par **interversion** des syllabes des mots.*

intervertir (verbe) (conj. 11) Mettre une chose à la place d'une autre. *Si l'on **intervertit** deux lettres du mot « signe », on obtient le mot « singe ».*

interview (nom féminin) Entretien qu'une personne accorde à un journaliste.
► Prononciation [ɛ̃tɛʀvju].
★ Le mot anglais **interview** est emprunté au français *entrevue*.

interviewer (verbe) (conj. 3) Soumettre quelqu'un à une interview. ***Interviewer** un comédien à la radio.*
► Prononciation [ɛ̃tɛʀvjuve].

intestin (nom masculin) Organe situé dans le ventre, qui a la forme d'un long tuyau. *Les aliments passent d'abord dans l'estomac, puis dans l'**intestin**.*

intestinal, ale, aux (adjectif) De l'intestin. *Myriam a des troubles **intestinaux** car elle a mangé trop de prunes.*

intime (adjectif) **1** Avec qui on est lié par un sentiment profond. *Depuis la maternelle, Noémie et Yann sont des amis **intimes**.* **2** Qui se passe entre des personnes qui se connaissent bien. *Un dîner **intime**.* **3** Qui est au plus profond de soi. *L'**intime** conviction des jurés.*
★ Famille du mot : intime**ment**, intim**ité**.

intimement (adverbe) De façon intime. *Je suis **intimement** persuadée du contraire.*

intimer (verbe) (conj. 3) Donner un ordre à quelqu'un avec autorité. *Le gendarme **intime** à l'automobiliste l'ordre de se ranger sur le bas-côté.*

intimidation (nom féminin) Action d'intimider. *Agir par **intimidation**.*

intimider (verbe) (conj. 3) Rendre quelqu'un timide. *Odile **est intimidée** de jouer du piano devant tant de monde.*

intimité (nom féminin) Relation étroite entre des personnes. *Il y a entre eux une **intimité** complice.* • **Dans l'intimité** : en présence seulement des parents et des amis proches. *La cérémonie a eu lieu dans la plus stricte **intimité**.*

intitulé (nom masculin) Titre d'un livre ou d'un chapitre.

intituler (verbe) (conj. 3) Donner comme titre. *La Fontaine **a intitulé** l'une de ses fables « la Cigale et la Fourmi ».*

intolérable (adjectif) Synonyme d'insupportable. *La chaleur est **intolérable** dans cette région.*

intolérance (nom féminin) Défaut d'une personne intolérante. *L'**intolérance** a été la cause de nombreuses guerres.* (Contr. **tolérance.**)

intolérant, ante (adjectif) Qui ne veut ni comprendre ni admettre les idées des autres. *Sarah n'aime pas les gens **intolérants**.* (Contr. **tolérant.**)

intonation (nom féminin) Ton qu'on prend quand on parle.

intouchable (adjectif) Qui ne peut être l'objet d'aucune sanction, d'aucune condamnation. *Politicien **intouchable** grâce à ses appuis.*
■ **intouchable** (nom) Individu qui appartient à la classe des parias, en Inde.

intoxication (nom féminin) Maladie causée par du poison ou par un aliment avarié. *C'est une bactérie qui a provoqué ces **intoxications** alimentaires.*

intoxiquer (verbe) (conj. 3) Causer une intoxication. *Des champignons vénéneux **ont intoxiqué** toute la famille.*
★ **Intoxiquer** vient du latin *toxicum* qui signifie « poison ».

intra- Élément tiré du latin qui signifie « à l'intérieur de » (exemples : *intra-muros*, *intranet*).

intracommunautaire (adjectif) Qui est intérieur à une communauté, spécialement à la Communauté européenne.

intradermique (adjectif) Qui est situé, pratiqué dans l'épaisseur de la peau. *Une injection **intradermique**.*

intraduisible (adjectif) Qui est impossible à traduire. *Cette charade anglaise est **intraduisible** en français.*

intraitable (adjectif) Synonyme d'intransigeant. *La maîtresse est **intraitable** en ce qui concerne la politesse.*

intra-muros (adverbe) En dedans des murs de la ville ou dans les limites administratives de la ville. *David recherche une location dans Paris **intra-muros**.*
▶ Prononciation [ɛ̃tʀamyʀos].

intramusculaire (adjectif) Se dit d'une piqûre qui se fait dans l'épaisseur du muscle.

intranet (nom masculin) Réseau électronique de services interne d'une entreprise, fonctionnant avec les mêmes outils qu'Internet.

intransigeance (nom féminin) Caractère d'une personne intransigeante. *Il fait preuve de trop d'**intransigeance** envers ses enfants.*

intransigeant, ante (adjectif) Qui n'accepte aucun arrangement, aucun compromis. *Le directeur se montrait **intransigeant** sur l'exactitude.* (Syn. **inflexible, intraitable.** Contr. **accommodant, conciliant.**)

intransitif, ive (adjectif) Se dit d'un verbe qui ne peut pas être suivi d'un complément d'objet. *« Agir » est un verbe **intransitif**, alors que « dire » est un verbe transitif.*

intransitivité (nom féminin) Caractéristique du verbe intransitif.

intra-utérin, ine (adjectif) Qui se passe à l'intérieur de l'utérus. *La formation du système nerveux débute vers le douzième jour de la vie **intra-utérine**.*
▶ Pluriel : des examens **intra-utérins**, des grossesses **intra-utérines**.

intraveineux, euse (adjectif) Se dit d'une piqûre qui se fait à l'intérieur d'une veine.

intrépide (adjectif) Qui ne craint pas le danger. *Des sauveteurs **intrépides** sont allés dans la tempête au secours des naufragés.* (Syn. **audacieux, hardi.**)
★ **Intrépide** vient du latin *trepidus* qui signifie « tremblant » : l'homme intrépide ne tremble pas.

intrépidité (nom féminin) Caractère d'une personne intrépide. *L'incendie a été maîtrisé grâce à l'**intrépidité** du pilote du canadair.*

intrigant, ante (nom) Personne qui intrigue pour obtenir ce qu'elle veut. *Méfiez-vous de cette femme, c'est une **intrigante** !* (Syn. **arriviste.**)

intrigue (nom féminin) **1** Déroulement des évènements racontés dans une histoire. *L'**intrigue** d'un roman, d'un film.* **2** Manœuvres secrètes et compliquées. *Il a tout fait pour déjouer les **intrigues** de ses ennemis.* (Syn. **machination.**)
★ Famille du mot : intrig**ant**, intrig**uer**.

intriguer (verbe) (conj. 3) **1** Exciter la curiosité. *Le chat **est intrigué** par un petit bruit.* **2** Mener des intrigues. *Elle **a intrigué** pour se faire élire présidente de notre club.* (Syn. **comploter.**)
★ **Intriguer** vient du latin *intricare* qui signifie « embrouiller ».

intrinsèque (adjectif) Qui appartient en propre à ce dont on parle. *Les qualités **intrinsèques** de l'homme.* (Syn. **inhérent.**)
★ **Intrinsèque** vient du mot latin *intrinsecus* qui signifie « au-dedans ».

intro- Élément tiré du latin qui signifie « dedans » (exemples : *introspection*, *introverti*).

introduction (nom féminin) **1** Fait d'introduire quelqu'un ou quelque chose dans un endroit. *Un huissier s'occupe de l'**introduction** des visiteurs dans le bureau du ministre. L'**introduction** de certains médicaments est interdite en France.* **2** Texte de présentation d'un livre ou d'un autre texte. *Pour mieux comprendre ce roman, lis d'abord l'**introduction** de l'auteur.*

introduire (verbe) (conj. 43) **1** Faire pénétrer une chose à l'intérieur d'une autre. ***Introduire** une clé dans une serrure.* **2** Faire entrer dans un lieu. *Des voleurs ont réussi à s'**introduire** dans la boutique.* (Syn. **pénétrer.**)

introniser (verbe) (conj. 3) **1** Placer solennellement sur le trône. ***Introniser** un roi.* **2** Introduire suivant le cérémonial d'usage quelqu'un dans une association, une confrérie. ***Introniser** quelqu'un dans l'ordre des francs-maçons.*

introspection (nom féminin) Étude, observation de la conscience par elle-même.
★ **Introspection** vient du mot latin *introspicere* qui signifie « regarder à l'intérieur ».

introuvable (adjectif) Que l'on n'arrive pas à trouver. *Benjamin a fouillé partout mais son stylo reste* ***introuvable****.*

introverti, ie (nom et adjectif) Individu centré sur son monde intérieur. *William ne parle à personne, il aime la solitude, c'est un* ***introverti****.* (Contr. **extraverti.**)

intrus, use (nom) Personne qui s'est introduite quelque part sans y être invitée. *Des* ***intrus*** *ont perturbé la fête et se sont fait expulser.*

intrusion (nom féminin) Fait d'entrer quelque part sans y être invité. *L'****intrusion*** *d'un chien sur le terrain a fait rire les spectateurs du match.*

intuber (verbe) (conj. 3) Introduire une sonde pour libérer les voies respiratoires. *On* ***intube*** *un malade au cours d'une opération chirurgicale.*

intuitif, ive (adjectif) Qui est doué d'intuition. *Elle a tout de suite compris qu'il mentait car elle est très* ***intuitive****.*

intuition (nom féminin) Impression de comprendre quelque chose sans avoir eu besoin de réfléchir. *Mon* ***intuition*** *me dit qu'on peut lui faire entièrement confiance.*

inusable (adjectif) Qui ne s'use pas ou qui met très longtemps à s'user. *Ces jeans sont vraiment* ***inusables****.*

inusité, ée (adjectif) Qui n'est pas ou presque pas utilisé. *Certains mots de ce gros dictionnaire sont* ***inusités****.* (Contr. **usité.**)

inutile (adjectif) Qui n'a aucune utilité. *Il s'encombre toujours de bagages* ***inutiles****.* (Contr. **utile.**)

inutilement (adverbe) De façon inutile. *Nous nous sommes déplacés* ***inutilement****, le magasin était fermé.*

inutilisable (adjectif) Qui ne peut pas être utilisé. *Ton cartable tout déchiré est* ***inutilisable****.*

inutilité (nom féminin) Fait d'être inutile. *J'aimerais que tu comprennes l'****inutilité*** *de ces dépenses.*

invaincu, ue (adjectif) Qui n'a jamais été vaincu. *Ce club est* ***invaincu*** *depuis le début du championnat.*

invalide (adjectif et nom) Qui est incapable de mener une vie active normale à cause d'une infirmité ou d'une maladie. *Il est* ***invalide*** *depuis son accident de la route. Un* ***invalide*** *de guerre.* (Syn. **impotent, infirme.** Contr. **valide.**)

invalider (verbe) (conj. 3) Déclarer invalide, rendre nul. *La fraude électorale a* ***invalidé*** *la victoire du candidat.*

invalidité (nom féminin) État d'une personne invalide. *Il reçoit une pension d'****invalidité*** *depuis qu'une grave maladie l'empêche de travailler.*

invariable (adjectif) Qui ne varie pas. *Les prépositions et les adverbes sont des mots* ***invariables****.*

invariant, ante (adjectif) Se dit d'une grandeur ou d'une loi qui se conserve après une transformation.

▪ **invariant** (nom masculin) Grandeur, élément, propriété qui restent constants.

invasion (nom féminin) **1** Envahissement d'un pays par des troupes armées. *L'****invasion*** *de la Gaule par les Francs a commencé en 481.* **2** Arrivée en masse qui cause une gêne ou un danger. *Une* ***invasion*** *de sauterelles a ravagé les cultures.*

invective (nom féminin) Parole violente et injurieuse. *Il a poursuivi son discours, sous les* ***invectives*** *de l'opposition.* (Syn. **injure, insulte.**)

invectiver (verbe) (conj. 3) Lancer des invectives. *Il s'est mis à* ***invectiver*** *les policiers qui tentaient de l'arrêter.* (Syn. **injurier, insulter.**)

invendable (adjectif) Qu'on ne peut pas vendre. *Cette maison à moitié en ruines est* ***invendable****.*

invendu, ue (adjectif et nom masculin) Se dit d'une marchandise qui n'a pas été vendue. *Le libraire retourne les livres* ***invendus*** *à l'éditeur.*

inventaire (nom masculin) Liste détaillée d'un ensemble d'objets, de marchandises. *Chaque année, les commerçants font l'****inventaire*** *de leur stock.*

inventer (verbe) (conj. 3) **1** Trouver, créer ou réaliser quelque chose de nouveau. *Les frères Lumière* ***ont inventé*** *le cinéma.* **2** Créer des histoires ou des personnages imaginaires. *C'est le dessinateur Hergé qui* ***a inventé*** *Tintin et Milou.* (Syn. **imaginer.**)
★ Famille du mot : inven**teur**, inven**tif**, inven**tion**, inven**tivité**.

inventeur, trice (nom) Personne qui invente quelque chose. *L'Américain Benjamin Franklin est l'****inventeur*** *du paratonnerre.*

inventif, ive (adjectif) Qui a le don d'inventer des choses nouvelles et ingénieuses. *Avoir l'esprit* ***inventif****.*

invention (nom féminin) **1** Chose qui a été inventée. *L'****invention*** *de l'imprimerie est due à Gutenberg.* **2** Histoire mensongère. *Comment veux-tu que je croie une pareille* ***invention*** *!*

inventivité (nom féminin) Faculté d'inventer, d'innover. *L'****inventivité*** *de ce jeune cinéaste est surprenante.*

inventorier (verbe) (conj. 10) Faire l'inventaire de. ***Inventorier*** *les marchandises d'un magasin.*

inverse (adjectif) Qui est exactement contraire ou opposé à autre chose. *Écris les chiffres de 0 à 10, puis lis-les dans le sens* ***inverse****, de 10 à 0.*
▪ **inverse** (nom masculin) Le contraire. *Tu fais toujours l'****inverse*** *de ce qu'on te demande.*
★ Famille du mot : inverse**ment**, invers**er**, inver**sion**.

inversement (adverbe) De façon inverse. *Clément est le frère de Pierre, et* ***inversement****.* (Syn. **vice versa.**)

inverser (verbe) (conj. 3) Mettre dans l'ordre inverse. *D'abord Ursula sera la maîtresse et Zoé l'élève et après vous* ***inverserez*** *les rôles.*

inversion (nom féminin) Dans une phrase, déplacement d'un mot par rapport à sa place habituelle. *Dans la phrase « Que fait David ? », il y a **inversion** du sujet « David ».*

invertébré (nom masculin) Animal qui n'a pas de colonne vertébrale. *Les insectes, les vers, les mollusques sont des **invertébrés**.* (Contr. **vertébré**.)

investigation (nom féminin) Recherche approfondie. *Après de longues **investigations**, les policiers ont retrouvé l'arme du crime.*

investir (verbe) (conj. 11) **1** Placer de l'argent dans une affaire pour en retirer un profit. *Il **a investi** des millions dans la création de ce parc d'attractions.* **2** Donner à quelqu'un un pouvoir ou le charger d'une mission. *Le gouvernement **a été investi** de tous les pouvoirs pour lutter contre l'insurrection.* **3** Synonyme d'assiéger. *Les rebelles **ont investi** plusieurs villes du pays.*
★ Famille du mot : investiss**ement**, investiss**eur**.

investissement (nom masculin) Action d'investir de l'argent. *L'achat de ces immeubles est un bon **investissement**.* (Syn. **placement**.)

investisseur, euse (nom et adjectif) Organisme ou une personne qui investit des capitaux. ***Les investisseurs** espèrent tirer profit de leur placement.*

investiture (nom féminin) **1** Mise en possession d'un fief ou d'un bien ecclésiastique. **2** Désignation officielle par un parti d'un candidat à des élections. *L'**investiture** de ce jeune candidat était inattendue.*

invétéré, ée (adjectif) Qui a pris une mauvaise habitude et ne peut plus y renoncer. *C'est un tricheur **invétéré**.*

invincible (adjectif) **1** Qu'on ne peut pas vaincre. *Ce grand champion paraît **invincible**.* (Syn. **imbattable**.) **2** Qu'on ne peut pas dominer. *Anna et sa sœur ont une **invincible** répulsion pour les araignées.* (Syn. **insurmontable**.)

inviolable (adjectif) Qu'on est obligé de respecter. *Une loi **inviolable**, un droit **inviolable**.*

invisible (adjectif) Qui ne peut pas être vu. *Le sommet de la montagne était **invisible** à cause du brouillard.* (Contr. **visible**.)

invitation (nom féminin) Action d'inviter quelqu'un. *Une **invitation** à dîner.*

invité, ée (nom) Personne qui a reçu une invitation. *La maîtresse de maison accueille ses **invités**.*

inviter (verbe) (conj. 3) Demander à quelqu'un de venir chez soi ou d'aller quelque part avec lui. *Je vous **invite** à mon anniversaire.*
★ Famille du mot : invit**ation**, invit**é**.

in vitro (adverbe) En laboratoire, par des moyens artificiels. (Contr. **in vivo**.) • **Fécondation in vitro** : fécondation hors de l'organisme maternel.
▶ Prononciation [invitʀo].
★ **In vitro** est une expression latine qui signifie « dans le verre ».

invivable (adjectif) Impossible à supporter. *Il lui fait mener une existence **invivable**.*

in vivo (adverbe) Dans l'organisme vivant. (Contr. **in vitro**.)
▶ Prononciation [invivo].
★ **In vivo** est une expression latine qui signifie « dans le vivant ».

invocation (nom féminin) Action d'invoquer une divinité. *Les Grecs adressaient des **invocations** aux dieux pour obtenir leur protection.*

involontaire (adjectif) Que l'on fait sans le vouloir. *Il a fait tomber son petit frère, mais c'était **involontaire**.* (Contr. **intentionnel, volontaire**.)

involontairement (adverbe) Sans le vouloir. *Pardonne-moi si je t'ai **involontairement** fait de la peine.* (Contr. **intentionnellement, volontairement**.)

invoquer (verbe) (conj. 3) **1** Prier une divinité pour lui demander son aide. *Le sorcier **a invoqué** les esprits des ancêtres.* **2** Prendre quelque chose comme prétexte ou comme excuse. *Elle **a invoqué** un brusque mal de tête pour ne pas travailler.*

invraisemblable (adjectif) Qui est difficile à croire parce que cela ne semble pas vrai. *Toute cette histoire me paraît **invraisemblable** !* (Syn. **incroyable**. Contr. **plausible, vraisemblable**.)

invraisemblance (nom féminin) Chose invraisemblable. *Nous avons remarqué de nombreuses **invraisemblances** dans son récit.* (Contr. **vraisemblance**.)

invulnérable (adjectif) Qui ne peut pas être tué ni blessé. *Le héros de l'histoire est un être **invulnérable** qui échappe à tous les dangers.*

iode (nom féminin) Corps chimique présent dans l'eau de mer et dans les algues. • **Teinture d'iode** : produit pharmaceutique liquide qui contient de l'iode et sert de désinfectant.
★ **Iode** vient du grec *iôdês* qui signifie « violet » car l'iode dégage des vapeurs violettes.

iodé, ée (adjectif) Qui contient de l'iode. *L'eau de mer est **iodée**.*

iodler (verbe) (conj. 3) Faire des vocalises en passant rapidement du grave à l'aigu. *Les Tyroliens **iodlent**.*
▶ Prononciation [jɔdle].
▶ On écrit aussi **jodler**.

ion (nom masculin) Atome ou molécule qui a perdu ou gagné un ou plusieurs électrons. *Les **ions** positifs sont les cations et les **ions** négatifs sont les anions.*
★ Famille du mot : Famille du mot : ion**ique**, ionis**ation**.

① **ionique** (adjectif et nom masculin) Se dit de l'un des trois ordres de l'architecture grecque, caractérisé par une colonne surmontée d'un chapiteau à volutes.

② **ionique** (adjectif) Relatif aux ions. *Une molécule **ionique**.*

ionisation (nom féminin) Formation d'ions. *L'**ionisation** d'un gaz.*

iota (nom masculin) **1** Neuvième lettre de l'alphabet grec (Ι, ι) correspondant à « i » dans l'alphabet latin. **2** Très petit détail. *Elle a reproduit le texte de cet auteur sans changer un **iota**.*

ipso facto (adverbe) Par le fait même, par là même. *L'homme s'est enfui, prouvant **ipso facto** sa culpabilité.*

irakien, enne → tableau p. 6 / 7.

iranien, enne → tableau p. 6 / 7.

iraquien, enne → tableau p. 6 / 7.

irascible (adjectif) Synonyme de coléreux. *Son mal de dent le rend très **irascible**.*
★ **Irascible** vient du latin *ira* qui signifie « colère ».

ire (nom féminin) Synonyme littéraire de colère. *Les Grecs craignaient l'**ire** des dieux.*

iris (nom masculin) **1** Plante à grandes fleurs bleues, violettes ou blanches et à longues feuilles pointues. **2** Cercle coloré de l'œil. *La pupille est au centre de l'**iris**.*

irisé, ée (adjectif) Qui a les couleurs de l'arc-en-ciel. *Le lac prend des reflets **irisés** à la lumière du soleil.*

irlandais, aise → tableau p. 6 / 7.

IRM (nom féminin) Radiographie utilisant la résonance magnétique nucléaire. *Le médecin prescrit une **IRM**.*
★ **IRM** est le sigle de *imagerie par résonance magnétique*.

ironie (nom féminin) Manière de se moquer qui consiste à dire le contraire de ce que l'on veut faire comprendre. *Il lui a dit avec **ironie** qu'il était content de ne pas être invité.*
★ Famille du mot : iron**ique**, ironique**ment**, iron**iser**.

ironique (adjectif) Qui montre de l'ironie. *Un ton **ironique**, un regard **ironique**.* (Syn. **moqueur, narquois.**)

ironiquement (adverbe) De manière ironique. *Elle m'a demandé **ironiquement** si j'étais satisfait d'être puni.*

ironiser (verbe) (conj. 3) Parler avec ironie de quelque chose. *Romain s'est permis d'**ironiser** sur notre retard.*

irradier (verbe) (conj. 10) Exposer un organisme à l'action de rayons radioactifs. *Les habitants de la région **ont été irradiés** à la suite d'un accident nucléaire.*

irraisonné, ée (adjectif) Qui n'est pas contrôlé par la raison. *Elle a une peur **irraisonnée** de l'eau, cela l'empêche d'apprendre à nager.*

irrationnel, elle (adjectif) Qui est contraire à la raison. *La colère ou la peur nous poussent parfois à agir de façon **irrationnelle**.* (Syn. **illogique.** Contr. **logique, rationnel.**)

irréalisable (adjectif) Qui est impossible à réaliser. *Un souhait **irréalisable**.*

irréaliste (adjectif) Qui n'est pas réaliste. *Ton projet est **irréaliste**, personne ne voudra t'aider à le financer.*

irrécusable (adjectif) Qui ne peut être récusé. *La preuve de son innocence est **irrécusable**.* (Syn. **irréfutable.** Contr. **contestable, récusable.**)

irréductible (adjectif) Qu'il est impossible de vaincre ou de contraindre. *C'est un **irréductible** défenseur de l'environnement.* (Syn. **indomptable.**)

irréel, elle (adjectif) Qui n'appartient pas au monde réel. *Les personnages de contes de fées sont des êtres **irréels**.* (Contr. **réel.**)

irréfléchi, ie (adjectif) Qui ne réfléchit pas ou est fait sans réflexion. *Il ne faut tenir compte de ces propos **irréfléchis**.*

irréfutable (adjectif) Qu'il est impossible de réfuter. *Les empreintes du voleur sur le coffre-fort sont une preuve **irréfutable** de sa culpabilité.* (Contr. **contestable.**)

irrégularité (nom féminin) **1** Fait d'être irrégulier. *Il a de mauvais résultats à cause de l'**irrégularité** de son travail.* **2** Chose ou action contraire à la règle ou à la loi. *Les élections ont été annulées à cause de certaines **irrégularités**.*

irrégulier, ère (adjectif) **1** Qui n'est pas régulier dans sa forme, dans ses dimensions ou dans son rythme. *Une écriture **irrégulière**. Un travail **irrégulier**.* **2** Qui ne suit pas les règles habituelles. *La conjugaison du verbe « aller » est **irrégulière**.* **3** Qui est contraire à la loi. *Ce passager clandestin est en situation **irrégulière**.* (Contr. **régulier.**)

irrégulièrement (adverbe) De façon irrégulière. *Il aime bien le sport mais il en fait très **irrégulièrement**.* (Contr. **régulièrement.**)

irrémédiable (adjectif) Qu'on ne peut pas réparer. *La sécheresse a causé des dégâts **irrémédiables** dans les cultures.* (Syn. **irréparable.**)

irrémissible (adjectif) Pour lequel il n'y a pas de rémission, de pardon. *Un crime **irrémissible**. Un jugement **irrémissible**.*

irremplaçable (adjectif) Qu'on ne peut pas remplacer. *C'est une secrétaire parfaite, elle est vraiment **irremplaçable**.*

irréparable (adjectif) **1** Qu'on ne peut pas réparer. *Votre voiture est malheureusement **irréparable**.* **2** Synonyme d'irrémédiable. *La destruction de ce monument est une perte **irréparable**.*

irrépressible (adjectif) Qu'on ne peut réprimer. *Un désir **irrépressible**.* (Syn. **irrésistible.**)

irréprochable (adjectif) À qui on ne peut faire aucun reproche. *Dans ce restaurant, le service est **irréprochable**.*

irrésistible (adjectif) **1** À quoi l'on ne peut pas résister. *Ibrahim a été saisi d'une **irrésistible** envie de dormir.* **2** Qui donne envie de rire. *Les grimaces de ce clown sont vraiment **irrésistibles**.*

irrésolu, ue (adjectif) Qui n'arrive pas à se déterminer. *Un caractère **irrésolu**.* (Syn. **indécis.**)

irrespirable (adjectif) Qui est pénible ou dangereux à respirer. *Avec une telle pollution, l'air devient **irrespirable**.*

irresponsable (adjectif et nom) Qui agit de manière irréfléchie, sans penser aux conséquences. *Il faut être **irresponsable** pour conduire quand on a bu de l'alcool !*

irrévérencieux, euse (adjectif) Qui manque de respect. *Ces propos **irrévérencieux** sont blessants.* (Syn. **impertinent, impoli.** Contr. **respectueux.**)

irréversible (adjectif) Qui ne peut se produire que dans un seul sens sans possibilité de retour en arrière. *Tous les hommes vieillissent, ceci est **irréversible**.*

irrévocable (adjectif) Qui est définitif et ne peut plus être modifié. *Je ne changerai pas d'avis, ma décision est **irrévocable**.*

irrigation (nom féminin) Action d'irriguer la terre. *L'**irrigation** permet de cultiver les sols des régions arides.*

irriguer (verbe) (conj. 3) Arroser la terre en faisant circuler l'eau au moyen de tuyaux, de canaux ou de rigoles. *Les régions sèches ont constamment besoin d'**être irriguées**.*

irritable (adjectif) Qui a tendance à se mettre en colère. *Quand Kevin est fatigué, il devient **irritable**.*

irritant, ante (adjectif) Qui irrite. *Cette longue attente est très **irritante**. Un gaz **irritant**.*

irritation (nom féminin) **1** Fait d'être irrité. *Le retard du train a provoqué l'**irritation** des voyageurs.* (Syn. **énervement.**) **2** Légère inflammation. *Une **irritation** de la gorge, des gencives.*

irriter (verbe) (conj. 3) **1** Provoquer la colère de quelqu'un. *Son insolence **a irrité** la maîtresse.* (Syn. **énerver, exaspérer.**) **2** Provoquer une irritation. *À la piscine, le chlore nous **irrite** les yeux.*
★ Famille du mot : irrit**able**, irrit**ant**, irrit**ation**.

irruption (nom féminin) Entrée brusque et inattendue. *La police a fait **irruption** dans le repaire des malfaiteurs.*

isard (nom masculin) Chamois des Pyrénées.

isba (nom féminin) Petite maison en bois des paysans russes.

ISBN (nom masculin) Numéro international d'identification attribué à toute publication. *Pour passer une commande à son fournisseur, le libraire ne donne pas les titres mais les numéros **ISBN** des ouvrages.*
★ **ISBN** est le sigle de l'anglais *international standard book number*.

islam (nom masculin) Religion des musulmans. *Le fondateur de l'**islam** est le prophète Mahomet.*

islamique (adjectif) Qui se rapporte à l'islam. *Le Coran est le livre sacré de la religion **islamique**.*

islandais, aise → tableau p. 6 / 7.

iso- Élément tiré du grec qui signifie « égal » (exemples : *isobare, isomorphe*).

isobare (nom féminin) Ligne qui relie, sur une carte météorologique, les points de même pression atmosphérique, à un moment précis.

isocèle (adjectif) Se dit d'un triangle qui a deux côtés égaux.

isolant, ante (adjectif) Qui est destiné à isoler du son, de l'électricité, de la chaleur ou du froid. *Ce fil électrique est entouré d'une gaine **isolante** en plastique.*
■ **isolant** (nom masculin) Matière isolante. *La laine de verre est un bon **isolant**.*

isolation (nom féminin) Action d'isoler un local. *Dans cette région froide, les maisons ont besoin d'une bonne **isolation** thermique.*

isolé, ée (adjectif) Qui est à l'écart, séparé des autres. *Ils vivent dans un chalet **isolé**, au flanc de la montagne.*
★ **Isolé** vient de l'italien *isola* qui signifie « île ».

isolement (nom masculin) État d'une personne ou d'un endroit isolés. *Il souffre d'**isolement** depuis qu'il vit loin de sa famille.* (Syn. **solitude.**)

isolément (adverbe) De manière isolée. *Nous allons étudier **isolément** chaque paragraphe.* (Syn. **séparément.**)

isoler (verbe) (conj. 3) **1** Séparer quelqu'un des autres personnes ou de son environnement habituel. *Ibrahim a la rougeole, il va falloir l'**isoler**. Élodie aime bien s'**isoler** pour pouvoir lire tranquillement.* **2** Équiper un endroit pour le protéger des désagréments extérieurs. ***Isoler** un appartement du bruit, du froid ou de la chaleur.* **3** Entourer un fil électrique d'une gaine protectrice pour éviter l'électrocution.
★ Famille du mot : isol**ant**, isol**ation**, isol**é**, isol**ement**, isol**ément**, isol**oir**.

isoloir (nom masculin) Cabine où un électeur s'isole pour mettre son bulletin de vote dans une enveloppe. *L'**isoloir** préserve le secret du vote.*

isomère (adjectif et nom masculin) Se dit de corps ayant la même formule brute, mais une formule développée différente dans l'espace, et donc des propriétés différentes.

isométrie (nom féminin) Bijection d'un espace métrique E sur un espace E'.

isomorphe (adjectif) **1** Se dit de corps de constitution chimique semblable qui ont une forme cristalline similaire. **2** Qualifie deux ensembles E et E' reliés par isométrie.

isopet Voir ***ysopet***.

isoprène (nom masculin) Produit élastique obtenu par polymérisation. *On utilise l'**isoprène** dans la fabrication des résines et des matières plastiques.*

isotherme (adjectif) Qui garde quelque chose à la même température. *Les sacs **isothermes** servent à transporter des produits surgelés.*

a b c d e f g h i j k l m n o p q r s t u v w x y z

isotope (nom masculin et adjectif) Éléments dont les noyaux ont le même nombre de protons mais un nombre différent de neutrons. *Deux **isotopes** ont le même numéro atomique mais un nombre de masse différent.*

israélien, enne → tableau p. 6 / 7.

israélite (adjectif et nom) Qui appartient à la religion juive. *Les **israélites** prient dans une synagogue.*

issu, ue (adjectif) Qui a telle origine par sa naissance. *Les parents de Gaëlle sont **issus** d'une famille d'ouvriers.*

issue (nom féminin) **1** Passage par lequel on peut sortir. *En cas d'incendie, prenez les **issues** de secours.* **2** Au sens figuré, moyen de se tirer d'affaire, de surmonter une difficulté. *La situation est difficile, je ne vois aucune **issue**.*

isthme (nom masculin) Étroite bande de terre entre deux mers. *Un canal traverse l'**isthme** de Panama.*
► Prononciation [ism].

italien, enne → tableau p. 6 / 7.

italique (nom masculin) Lettre inclinée vers la droite. *Les exemples cités dans ce dictionnaire sont en **italique**.*
★ On appelle ce type de lettres **italique**, car il a été inventé par un imprimeur italien, Alde Manuce.

item (nom masculin) **1** Élément, objet considéré à part. *Dans cette liste de choix, on ne peut sélectionner que trois **items**.* **2** Question, dans un test ou dans un questionnaire d'enquête.
► Prononciation [itɛm].

itinéraire (nom masculin) Trajet que l'on suit pour aller d'un endroit à un autre. *Pourriez-vous m'indiquer l'**itinéraire** le plus court pour l'aéroport ?*

itinérant, ante (adjectif) Qui se déplace d'un endroit à un autre pour exercer son métier. *Les marchands forains sont des commerçants **itinérants**.*

IUFM (nom masculin) Structure universitaire assurant la formation des enseignants du primaire, du secondaire et du technique.
★ **IUFM** est le sigle de *Institut universitaire de formation des maîtres.*

iule (nom masculin) Mille-pattes qui vit sous les pierres ou dans la mousse et qui s'enroule en spirale en cas de danger.

IUT (nom masculin) Établissement d'enseignement qui assure la formation de techniciens supérieurs.
★ **IUT** est le sigle de *Institut universitaire de technologie.*

IVG (nom féminin) Avortement.
★ **IVG** est le sigle de *interruption volontaire de grossesse.*

ivoire (nom masculin) **1** Matière blanche et dure des défenses d'éléphant, autrefois utilisée pour fabriquer des objets, des bijoux. *Le commerce de l'**ivoire** mettait en danger la survie des éléphants.* **2** Matière dure, recouverte d'émail, qui constitue les dents.

ivoirien, enne → tableau p. 6 / 7.

ivraie (nom féminin) Plante des régions tempérées, dont les graines, toxiques, provoquent une sorte d'ivresse. • **Séparer le bon grain de l'ivraie** : séparer les bons des méchants, le bien du mal.

ivre (adjectif) **1** Qui a bu trop d'alcool. *Après une coupe de champagne, il se sentait déjà un peu **ivre**.* (Syn. **soûl**.) **2** Qui est dans un grand état d'excitation. *Être **ivre** de joie, d'orgueil, de colère.*

ivresse (nom féminin) **1** État d'une personne ivre. *Les gendarmes l'ont arrêté pour conduite en état d'**ivresse**.* (Syn. **ébriété**.) **2** État d'euphorie ou d'exaltation. *Il sautait et criait dans l'**ivresse** de la victoire.*

ivrogne (nom) Personne qui a l'habitude de s'enivrer. *Une bagarre a éclaté entre deux **ivrognes** à la sortie d'un bar.*

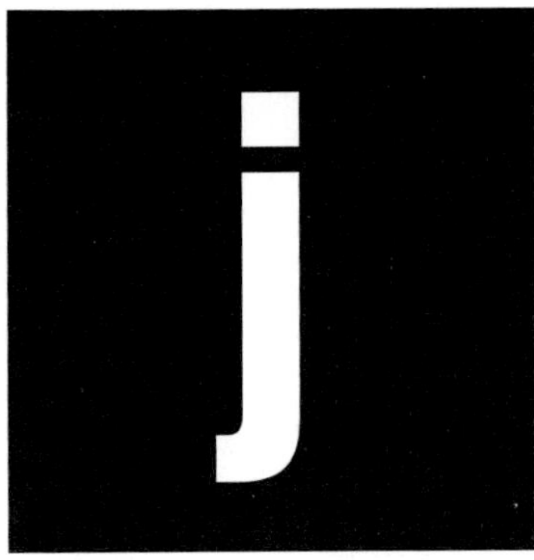

j (nom masculin) Dixième lettre de l'alphabet. *Le **J** est une consonne.* • **Le jour J** : le jour prévu pour déclencher quelque chose d'important.

j' Voir ***je***.

jabot (nom masculin) Poche située au bas du cou des oiseaux où les aliments restent en réserve avant d'aller dans l'estomac.

jacana (nom masculin) Oiseau des marais tropicaux qui peut marcher sur les nénuphars grâce à ses doigts très allongés.

jacasser (verbe) (conj. 3) **1** Pousser leur cri, quand il s'agit de certains oiseaux. *La pie et le geai **jacassent**.* (Syn. **jaser**.) **2** Dans la langue familière, bavarder sans arrêt. *Elles n'arrêtent pas de **jacasser** au lieu de faire leur travail.*

jachère (nom féminin) État d'une terre que l'on ne cultive pas pendant un certain temps pour la laisser reposer. *Mettre un champ en **jachère**.*

jacinthe (nom féminin) Plante à bulbe dont les fleurs bleues ou roses forment des grappes. *Un oignon de **jacinthe**.*

jackpot (nom masculin) **1** Combinaison gagnante qui libère l'argent accumulé dans une machine à sous. **2** Profit important, dans la langue familière. *En vendant sa maison, elle a touché le **jackpot** !*
▶ **Jackpot** est un mot anglais : on prononce [ʒakpɔt].

jacquard (nom masculin) Tricot avec motifs.
★ **Jacquard** vient du nom *Joseph Jacquard,* inventeur d'un métier à tisser.

jacquerie (nom féminin) Révolte de paysans au Moyen Âge. *La **jacquerie** de 1358.*

jacter (verbe) (conj. 3) Synonyme familier de bavarder. *À chaque fois qu'elles se croisent, elles **jactent** pendant des heures.*

jacuzzi (nom masculin) Grande baignoire dans laquelle l'eau est agitée de remous.
▶ Prononciation [ʒakuzi].
★ **Jacuzzi** est le nom d'une marque.

jade (nom masculin) Pierre précieuse très dure, de couleur verte. *Une statuette chinoise en **jade**.*

jadis (adverbe) Il y a très longtemps. ***Jadis** on construisait des châteaux forts.* (Syn. **autrefois**.)
▶ Prononciation [ʒadis].

jaguar (nom masculin) Grand félin d'Amazonie au pelage fauve tacheté de noir.
▶ Prononciation [ʒagwaʀ].

jaillir (verbe) (conj. 11) Sortir avec force. *L'eau a **jailli** du tuyau.*

jaillissement (nom masculin) Fait de jaillir. *Un **jaillissement** d'étincelles.*

jais (nom masculin) Pierre noire et brillante, qu'on utilise pour faire des bijoux.

jalon (nom masculin) Piquet planté en terre pour servir de repère. *Des **jalons** alignés indiquaient les limites de la propriété.* • **Poser des jalons** : faire les premières démarches en vue d'une action.

jalonner (verbe) (conj. 3) **1** Être disposé de place en place. *Des poteaux télégraphiques **jalonnent** la route.* **2** Se succéder dans le temps. *De nombreuses victoires **jalonnent** sa carrière de champion.*

jalousement (adverbe) Avec beaucoup de soin. *Ces plans secrets sont **jalousement** gardés dans un coffre.*

jalouser (verbe) (conj. 3) Être jaloux de quelqu'un ou de quelque chose. ***Jalouser** la réussite de quelqu'un. Elle **jalousait** ses sœurs.*

jalousie (nom féminin) **1** Sentiment mauvais d'une personne qui envie les autres et voudrait avoir pour elle ce qu'ils possèdent. *La richesse de cet homme provoque la **jalousie** de ses voisins.* (Syn. **envie**.) **2** Sentiment de quelqu'un qui craint l'infidélité de la personne qu'il aime. *Il a fait une scène de **jalousie** à sa femme.*

jaloux, ouse (adjectif) Qui éprouve de la jalousie. *Elle est **jalouse** des succès de sa cousine. Un mari **jaloux**.*
★ Famille du mot : jalouse**ment**, jalous**er**, jalous**ie**.

a b c d e f g h i j k l m n o p q r s t u v w x y z

jamaïcain, aine → tableau p. 6 / 7.

jamais (adverbe) **1** À aucun moment ou en aucun cas. *Je ne bois **jamais** d'alcool. Êtes-vous déjà allé à l'opéra ? – Non, **jamais** !* **2** À un moment quelconque. *Si **jamais** il téléphone, dis-lui que je voudrais le voir.* • **À tout jamais** : pour toujours. *Il nous a quittés **à tout jamais**.*

jambage (nom masculin) Trait vertical dans l'écriture d'une lettre. *Les lettres « u » et « n » ont deux **jambages**.*

jambe (nom féminin) **1** Membre inférieur de l'homme. *Un athlète aux **jambes** musclées. Anna a mal aux **jambes**.* **2** Partie d'un vêtement qui couvre la jambe. *Benjamin a déchiré la **jambe** droite de son pantalon.* • **À toutes jambes** : le plus vite possible. *S'enfuir **à toutes jambes**.* • **Cela lui fait une belle jambe !** : cela ne présente aucun intérêt pour lui, dans la langue familière. • **Être dans les jambes de quelqu'un** : le gêner en restant trop près de lui. • **Prendre ses jambes à son cou** : s'enfuir en courant.
★ Famille du mot : **enjambée**, **enjamber**, jamb**age**, jam**bière**, jamb**on**, jamb**onneau**, **unijambiste**.

jambière (nom féminin) Pièce de vêtement ou d'armure qui entoure la jambe pour la couvrir ou la protéger.

jambon (nom masculin) Cuisse ou épaule de porc spécialement préparée pour être conservée. *Un sandwich au **jambon**.*

jambonneau, eaux (nom masculin) Petit jambon fait avec le jarret du cochon.

jam-session (nom féminin) Réunion de joueurs de jazz qui improvisent librement.
▶ Pluriel : des **jam-sessions**.
▶ Prononciation [dʒamsɛsjɔ̃].
★ **Jam-session** est un mot américain qui vient de *jam* qui signifie « foule » et de *session* qui signifie « assemblée ».

janissaire (nom masculin) Soldat turc chargé de la garde du sultan du XIVe au XIXe siècle.

jansénisme (nom masculin) Doctrine religieuse de Jansénius qui traite essentiellement de la volonté de Dieu et de la liberté humaine. *Blaise Pascal était un partisan du **jansénisme**.*

jante (nom féminin) Partie métallique de la roue sur laquelle on fixe le pneu. *Attention, ton pneu est à plat, tu es en train de rouler sur la **jante**.*

janvier (nom masculin) Premier mois de l'année, qui compte 31 jours.

japonais, aise → tableau p. 6 / 7.

jappement (nom masculin) Aboiement court et aigu du chien.

japper (verbe) (conj. 3) Pousser des jappements. *Mon petit chien **jappe** quand il a faim.*

jaquemart (nom masculin) Figure de métal qui représente un homme frappant les heures avec un marteau sur la cloche d'une horloge.
▶ On écrit aussi **jacquemart**.

jaquette (nom féminin) **1** Veste de cérémonie pour homme. *Dans le dos, une **jaquette** se termine par de longs pans ouverts.* **2** Couverture de papier qui recouvre un livre et qui est souvent illustrée.

jardin (nom masculin) Terrain clos où on cultive des fruits, des légumes, des arbres. *Elle habite une maison avec un **jardin**.* • **Jardin d'enfants** : école qui accueille des tout petits enfants. • **Jardin public** : espace vert ouvert au public.
★ Famille du mot : jardin**age**, jardin**er**, jardin**erie**, jardi**nier**, jardin**ière**.

jardinage (nom masculin) Culture des jardins. *Grand-mère aime faire du **jardinage**.*

jardiner (verbe) (conj. 3) Faire du jardinage. *Dès le matin, il va **jardiner** dans son potager.*

jardinerie (nom féminin) Magasin qui vend des plantes et des articles pour le jardinage.

jardinier, ère (nom) Personne qui cultive un jardin. *Le **jardinier** a taillé les arbres fruitiers et arrosé les rosiers.*

jardinière (nom féminin) Bac dans lequel on cultive des fleurs. *La place du village est ornée de **jardinières** de bégonias.* • **Jardinière de légumes** : plat de légumes cuits, coupés en petits morceaux.

jargon (nom masculin) **1** Langage incompréhensible. *Ils parlent entre eux un **jargon** qu'ils sont vraiment les seuls à comprendre.* (Syn. **charabia**.) **2** Langage particulier à un métier. *Le **jargon** des informaticiens.*

jargonner (verbe) (conj. 3) Parler un jargon, s'exprimer de manière peu compréhensible. *Il est difficile de comprendre ces spécialistes qui **jargonnent**.*

jarre (nom féminin) Grand vase de terre cuite qui sert à conserver l'eau, l'huile ou des aliments.

jarret (nom masculin) **1** Partie de la jambe située derrière le genou. **2** Morceau de viande situé sous l'épaule ou la cuisse du veau ou du porc.

jarretelle (nom féminin) Ruban élastique muni d'une pince, servant à maintenir en place les bas des femmes.

jarretière (nom féminin) Ruban élastique qui fixe le bas sur la jambe.

jars (nom masculin) Mâle de l'oie.
▶ Prononciation [ʒaʀ].

jaser (verbe) (conj. 3) **1** Raconter des médisances, faire des critiques, des indiscrétions. *Ses manières bizarres font **jaser** les voisins.* **2** Synonyme de jacasser.

jasmin (nom masculin) Arbuste à fleurs blanches ou jaunes très odorantes.

jaspe (nom masculin) Quartz coloré par bandes ou par taches utilisé en joaillerie.

jatte (nom féminin) Plat rond et évasé, sans rebord. *Il y a de grandes **jattes** pleines de crème fraîche et de fromage blanc à l'étal du crémier.*

jauge (nom féminin) **1** Règle graduée qui sert à mesurer le niveau de liquide dans un réservoir. **2** Volume de marchandises qu'un bateau peut contenir. (Syn. **tonnage.**)

jauger (verbe) (conj. 5) **1** Mesurer à l'aide d'une jauge. *Le garagiste **a jaugé** le niveau d'huile.* **2** Au sens figuré, juger la valeur ou les capacités de quelqu'un. *Il t'a posé ces questions pour te **jauger**.*

jaunâtre (adjectif) D'un jaune terne. *Ce malade a le teint **jaunâtre**.*

jaune (adjectif) De la couleur du citron ou de l'or. *Les jonquilles sont des fleurs **jaunes**.*
■ **jaune** (nom masculin) Couleur jaune. *Élodie colorie le soleil en **jaune** vif.* • **Jaune d'œuf** : partie ronde et jaune qui est au centre d'un œuf.
★ Famille du mot : jaun**âtre**, jaun**ir**, jaun**isse**.

jaunir (verbe) (conj. 11) **1** Rendre jaune. *La sécheresse **a jauni** l'herbe.* **2** Devenir jaune. *Les pages de ce vieux livre **ont jauni** avec le temps.*

jaunisse (nom féminin) Maladie du foie qui donne le teint jaune. (Syn. **ictère.**) • **En faire une jaunisse** : dans la langue familière, être mécontent ou dépité au point de se sentir malade.

① **java** (nom masculin) Langage de programmation utilisé sur Internet.
★ **Java** est le nom d'une marque.

② **java** (nom féminin) Danse de bal populaire, à trois temps, de cadence rapide. • **Faire la java** : faire la fête, dans la langue familière.

① **javanais** → tableau p. 6 / 7.

② **javanais** (nom masculin) Façon de s'exprimer incompréhensible, dans la langue familière. (Syn. **chinois.**)
★ **Javanais** est le nom d'un jargon qui consiste à intercaler les syllabes *va* ou *av* dans les mots.

javel (nom féminin) Liquide utilisé comme décolorant et désinfectant. *Ces taches disparaîtront facilement avec de la **javel**.*
★ On dit aussi **eau de Javel**, du nom d'un quartier de Paris où ce produit était autrefois fabriqué.

javelot (nom masculin) Sorte de lance utilisée en athlétisme. *L'athlète a envoyé le **javelot** à 85 mètres, tout près du record du monde.*

jazz (nom masculin) Musique très rythmée, créée par des musiciens noirs américains au début du XXe siècle. *Louis Armstrong est un célèbre trompettiste de **jazz**.*
▶ **Jazz** est un mot anglais : on prononce [dʒaz].
★ Famille du mot : jazzman, jazzy.

jazzman (nom masculin) Musicien de jazz.
▶ Pluriel : des **jazzmans** ou des **jazzmen**.
▶ **Jazzman** est un mot anglais : on prononce [dʒazman].

jazzy (adjectif) Qui évoque le jazz.
▶ Pluriel : des musiciens **jazzy**.
▶ Prononciation [dʒazi].

je (pronom) Pronom personnel de la première personne du singulier employé comme sujet. ***Je** vais au cinéma.*
▶ **Je** devient **j'** devant une voyelle ou un « h » muet : *J'ai soif. J'hésite.*

jean (nom masculin) **1** Toile épaisse et résistante, généralement de couleur bleue. *Un blouson en **jean**.* **2** Synonyme de blue-jean. *Clément s'habille souvent d'un **jean** et d'un tee-shirt.*
▶ **Jean** est un mot anglais : on prononce [dʒin].
★ Voir **blue-jean**.

jeep (nom féminin) Voiture tout terrain. *À l'origine, la **jeep** était une voiture de l'armée américaine.*
▶ **Jeep** est un mot anglais : on prononce [dʒip].
★ **Jeep** est le nom d'une marque.

je-ne-sais-quoi (nom masculin) Chose indéfinissable. *Son charme tient à un **je-ne-sais-quoi**.*
▶ Pluriel : des **je-ne-sais-quoi**.

jérémiades (nom féminin pluriel) Plaintes continuelles. *Elle nous énerve, avec ses **jérémiades**.*

jerk (nom masculin) Danse, née dans les années 1960, qui consiste à agiter le corps et les membres de secousses rythmiques.
▶ Prononciation [dʒɛʀk].

jerricane (nom masculin) Bidon rectangulaire muni d'une poignée. *Un **jerrican** d'essence.*
▶ **Jerrican** est un mot anglais : on prononce [ʒeʀikan].
▶ On écrit aussi **jerrycan** ou **jerrican**.

jersey (nom masculin) Tissu tricoté très souple. *Un pull en **jersey**.*
▶ Prononciation [ʒɛʀzɛ].
★ **Jersey** vient du nom de l'île de *Jersey* où cette étoffe était fabriquée à l'origine.

jésuite (nom masculin et adjectif) Qui appartient à l'ordre de la Compagnie de Jésus. *Les **jésuites** ont joué un rôle important dans l'enseignement.*

① **jet** (nom masculin) **1** Action de jeter. *Le lanceur de javelot a réussi son meilleur **jet** au dernier essai.* **2** Jaillissement d'un liquide ou d'un gaz sous pression. *Un **jet** de vapeur. Un bassin avec des **jets** d'eau.* • **D'un seul jet** : en une seule fois. *Il a écrit ce poème **d'un seul jet**.* • **Premier jet** : première esquisse d'une œuvre.

② **jet** (nom masculin) Avion à réaction.
▶ **Jet** est un mot anglais : on prononce [dʒɛt].

jetable (adjectif) Que l'on jette après l'avoir utilisé. *Un briquet **jetable**.*

jetée (nom féminin) Sorte de mur qui s'avance dans la mer pour protéger un port des vagues. *Nous sommes allés jusqu'au phare au bout de la **jetée**.*

jeter (verbe) (conj. 9) **1** Lancer à une certaine distance. ***Jeter** des cailloux dans l'eau.* **2** Se débarrasser de choses inutiles. *Fatima **jette** les épluchures à la poubelle.* **3 Se jeter** : se précipiter vers quelqu'un ou quelque chose. *À peine arrivé sur la plage, David **s'est jeté** à l'eau. Le boxeur **se jeta** sur son adversaire.* **4 Se jeter** : déverser ses eaux dans un

cours d'eau ou dans la mer. *La Seine **se jette** dans la Manche.* • **Jeter l'argent par les fenêtres** : le gaspiller. • **Jeter l'éponge** : abandonner le combat, en parlant d'un boxeur. • **Jeter un coup d'œil** : lancer un regard rapide.
★ Famille du mot : jet, jet**able**.

jeton (nom masculin) Pièce plate et ronde qui représente une certaine valeur. *Au casino, on se sert de **jetons** pour faire une mise.* • **Faux jeton** : synonyme familier d'hypocrite.

jeu, jeux (nom masculin) **1** Ce que l'on fait pour s'amuser. *Ibrahim et Gaëlle ont inventé un nouveau **jeu**. Hélène n'aime pas les **jeux** violents.* **2** Ce que l'on utilise pour jouer. *Un **jeu** de dames, de cartes, d'échecs. Un **jeu** vidéo.* **3** Ensemble des cartes qu'un joueur a en main. *Je risque de perdre, je n'ai pas un très bon **jeu**.* **4** Divertissement où l'on risque de l'argent. *Il a beaucoup de chance au **jeu**.* **5** Façon de jouer un rôle ou d'interpréter un morceau de musique. *Un bon acteur doit savoir changer son **jeu** suivant les personnages qu'il interprète.* **6** Assortiment d'objets ou d'outils de même nature. *Un **jeu** de clés.* **7** Espace nécessaire entre les pièces d'un mécanisme pour qu'il puisse fonctionner. *Desserre ton pédalier, il n'a pas assez de **jeu**.* • **Cacher son jeu** : cacher ses intentions. • **Mettre en jeu** : exposer à un risque. *Il **a mis** son honneur **en jeu** dans cette affaire.*
★ Famille du mot : **en**jeu, hors-jeu.

jeudi (nom masculin) Jour de la semaine entre le mercredi et le vendredi. *Le cours de musique a lieu tous les **jeudis** matin.*
★ En latin, **jeudi** était le jour (*dies*) consacré à *Jupiter*, maître de tous les dieux.

à **jeun** (adverbe) Sans avoir mangé. *Ce médicament doit être pris **à jeun**.*
► Prononciation [aʒœ̃].

jeune (adjectif) **1** Qui n'est pas avancé en âge. *Les parents de Kevin sont très **jeunes**. La cousine de Julie n'est plus une enfant, c'est déjà une **jeune** fille.* (Contr. **âgé, vieux.**) **2** Qui est d'un âge moins avancé que quelqu'un d'autre. *Pierre a une sœur plus **jeune** que lui.* **3** Qui a l'aspect ou les caractéristiques de la jeunesse. *Ma grand-mère est restée très **jeune** d'esprit.* • **Jeune fille, jeune homme, jeunes gens** : personnes entre l'enfance et l'âge adulte.
▪**jeune** (nom) Personne jeune. *C'est un chanteur qui plaît beaucoup aux **jeunes**.*
★ Famille du mot : jeun**esse**, **ra**jeun**ir**, **ra**jeun**issement**.

jeûne (nom masculin) Fait de jeûner. *À cause de sa maladie, il a dû faire quelques jours de **jeûne**.*
► Prononciation [ʒøn].

jeûner (verbe) (conj. 3) Se priver de nourriture. *Pendant le ramadan, les musulmans **jeûnent** du lever au coucher du soleil.*
► On écrit aussi **jeuner**.

jeunesse (nom féminin) **1** Période de la vie entre l'enfance et l'âge adulte. *Il a passé toute sa **jeunesse** à la campagne.* **2** Ensemble des personnes jeunes. *Cette librairie est spécialisée dans les livres destinés à la **jeunesse**.*

jihad Voir ***djihad***.

jingle (nom masculin) Courte phrase musicale associée à un slogan publicitaire.
► **Jingle** est un mot anglais : on prononce [dʒiŋgəl].

jiu-jitsu Voir ***jujitsu***.

joaillerie (nom féminin) **1** Art du joaillier. *Travailler dans la **joaillerie**.* **2** Magasin du joaillier. *Cette bague vient d'une **joaillerie** très réputée.*
► Prononciation [ʒɔajʀi].

joaillier, ère (nom) Personne qui fabrique des bijoux. *Elle s'est fait faire un collier de diamants par un **joaillier** célèbre.*
► Prononciation [ʒɔaje].
► On écrit aussi **joailler, ère**.

job (nom masculin) Synonyme familier de travail. *L'étudiant cherche un **job** pour l'été.*
► Prononciation [dʒɔb].
★ **Job** est un mot anglais qui signifie « travail ».

jockey (nom masculin) Cavalier professionnel qui monte les chevaux de course. *Le **jockey** est tombé dès la première haie.*

jodhpurs (nom masculin pluriel) Pantalon de cheval, serré au-dessous du genou.
► **Jodhpurs** est un mot anglais : on prononce [ʒɔdpyʀ].

jodler Voir ***iodler***.

joggeur, euse (nom) Personne qui pratique le jogging.
► Prononciation [dʒɔgœʀ, øz].

jogging (nom masculin) **1** Course à pied que l'on pratique pour se maintenir en forme. *Il fait du **jogging** chaque week-end, à la campagne.* **2** Survêtement de sport.
► **Jogging** est un mot anglais : on prononce [dʒɔgiŋ].

joie (nom féminin) Sentiment que l'on éprouve quand on est très heureux. *Il a ressenti une grande **joie** en retrouvant sa famille.* (Syn. **plaisir.** Contr. **tristesse.**) • **S'en donner à cœur joie** : profiter au maximum d'un moment agréable. *La fête est très réussie, tout le monde **s'en donne à cœur joie**.*

joindre (verbe) (conj. 35) **1** Réunir ou rapprocher des choses l'une contre l'autre. ***Joignez** bien vos pieds avant de plonger.* **2** Mettre une chose avec une autre. *Il **a joint** un chèque à son bulletin d'inscription.* (Syn. **ajouter.**) **3** Entrer en contact avec quelqu'un. *Il est parti en voyage, vous aurez du mal à le **joindre**.* (Syn. **contacter.**) **4** **Se joindre à quelqu'un** : aller avec lui. *Mes cousins **se joindront à** nous pour cette excursion.*
★ Famille du mot : **dis**joindre, joint, joint**ure**, **re**joindre.

joint, jointe (adjectif) **1** Ajouté à autre chose. *Une lettre **jointe** à un paquet.* **2** Rapproché ou mis l'un contre l'autre. *Prier les mains **jointes**. Sauter à pieds **joints**.*
▪**joint** (nom masculin) Rondelle intercalée entre deux parties jointes pour que l'ensemble soit étanche. *Le robinet fuit, le **joint** est peut-être abîmé.*

jointure (nom féminin) Endroit où deux os se joignent. *Faire craquer les **jointures** de ses doigts.* (Syn. **articulation.**)

jojo (nom masculin) Enfant turbulent, insupportable, dans la langue familière. *Ce sont d'affreux **jojos**.* (Syn. **garnement.**)
■**jojo** (adjectif) Synonyme familier de joli.
▶ Pluriel : des habits pas **jojo**.

joker (nom masculin) Carte à jouer qui peut remplacer n'importe quelle autre carte.
▶ Prononciation [ʒɔkɛʀ].
★ **Joker** est un mot anglais qui signifie « farceur ».

joli, ie (adjectif) **1** Qui est agréable à regarder ou à entendre. *Un **joli** visage. De **jolies** fleurs. Une **jolie** voix.* (Contr. **laid, vilain.**) **2** Dans la langue familière, qui est assez important. *Le gagnant de la loterie a remporté une **jolie** somme.* • **C'est du joli !** : c'est très mal ! (Syn. **c'est du beau !**)
★ Famille du mot : en**joli**veur, **joli**ment.

joliment (adverbe) D'une manière jolie. *Cette maison est **joliment** décorée.*

jonc (nom masculin) Plante à longue tige droite et flexible, qui pousse dans les endroits humides.
▶ Prononciation [ʒɔ̃].

joncher (verbe) (conj. 3) Recouvrir le sol. *Après le carnaval, les rues **sont jonchées** de confettis.*

jonction (nom féminin) Endroit où deux choses se joignent. *Un chêne se dresse à la **jonction** des deux chemins.*

jongler (verbe) (conj. 3) Lancer en l'air des objets que l'on rattrape et que l'on relance sans arrêt. *À la fête foraine, des saltimbanques **jonglent** avec des balles et des anneaux.*

jongleur, euse (nom) Artiste qui jongle. *Sur la piste du cirque, **jongleurs** et acrobates faisaient leur numéro.*

jonque (nom féminin) Bateau à voile à fond plat d'Extrême-Orient.

jonquille (nom féminin) Fleur jaune qui pousse dans les prés au printemps.

jordanien, enne → tableau p. 6 / 7.

jota (nom féminin) **1** Danse populaire espagnole à trois temps. **2** Consonne de l'espagnol, notée dans cette langue par la lettre *j*.
▶ Prononciation [xɔta].

joual (nom masculin) Français populaire parlé au Québec. *Le **joual** est considéré comme incorrect.*

joue (nom féminin) Chaque côté du visage entre le nez et l'oreille. *Elle s'est mis un peu de poudre sur les **joues**.*

jouer (verbe) (conj. 3) **1** Se distraire en faisant des jeux. *Laura et Quentin **jouent** dans la cour. **Jouer** aux billes, aux dés, au ballon.* **2** Se servir d'un instrument de musique. *Romain **joue** du violon. Il **joue** un concerto de Mozart.* **3** Risquer de l'argent à des jeux de hasard. *Au casino, on peut **jouer** à la roulette.* **4** Interpréter un rôle. *Ce comédien **joue** surtout dans des films d'action.* **5** Donner des représentations devant un public. *Dis-moi ce qu'on **joue** en ce moment au cinéma.* **6** Risquer quelque chose d'important. *Ce pompier **a joué** sa vie pour sauver un enfant.* **7** Se déformer ou se déboîter. *L'humidité a fait **jouer** le bois des marches de l'escalier.* • **Jouer avec le feu** : prendre de très grands risques. • **Jouer de malheur, de malchance** : ne pas avoir de chance, accumuler les ennuis. • **Jouer la comédie** : faire semblant. • **Jouer le jeu** : faire quelque chose en acceptant de respecter les règles convenues.
★ Famille du mot : **jou**et, **jou**eur.

jouet (nom masculin) Objet avec lequel on joue. *Tous les **jouets** étaient disposés au pied du sapin de Noël.*

joueur, euse (nom) Personne qui joue à un jeu ou qui pratique un sport. *Des **joueurs** de boules. Un **joueur** de basket.* • **Être beau joueur** : accepter de perdre sans se fâcher. • **Être mauvais joueur** : refuser d'accepter la défaite.
■**joueur, euse** (adjectif) Qui aime bien jouer. *Ce chaton est très **joueur**.*

joufflu, ue (adjectif) Qui a de grosses joues. *Un bébé **joufflu**.*

joug (nom masculin) Pièce de bois que l'on fixe sur l'encolure des bœufs pour pouvoir les atteler.
▶ Prononciation [ʒu].

jouir (verbe) (conj. 11) **1** Avoir la possession ou le profit de quelque chose. *À 80 ans, mon grand-père **jouit** encore d'une bonne santé.* **2** Avoir un grand plaisir, apprécier. *Nous **avons joui** de quelques jours de vacances à la mer.*

jouissance (nom féminin) Droit d'utiliser quelque chose. *Tous les locataires ont la **jouissance** des jardins qui entourent la résidence.*

joujou, oux (nom masculin) Jouet, dans le langage des petits enfants.

joule (nom masculin) Unité de mesure de l'énergie. *Un watt a une puissance d'énergie de 1 **joule** par seconde.*
▶ **Joule** a pour symbole *J*.

jour (nom masculin) **1** Espace de temps qui dure 24 heures. *Il y a sept **jours** dans une semaine.* **2** Espace de temps entre le lever et le coucher du soleil. *Nous partirons au lever du **jour**.* **3** Lumière du soleil. *Ouvre les volets, il n'y a pas assez de **jour** dans cette pièce.* • **À jour** : qui est en règle, qui n'est pas en retard. *Il n'est pas **à jour** dans son travail.* • **Au grand jour** : à la vue de tout le monde. • **De nos jours** : à l'époque actuelle. • **D'un jour à l'autre** : à tout moment. *Elle peut accoucher **d'un jour à l'autre**.* • **Les vieux jours** : la période de la vie où l'on est vieux. • **Vivre au jour le jour** : sans souci du lendemain.

journal, aux (nom masculin) **1** Publication imprimée qui paraît chaque jour pour donner des informations. *J'ai lu cette nouvelle dans le **journal** d'hier.* **2** Bulletin d'informations à la radio ou à la télévision. *Grand-père regarde toujours le **journal** de*

vingt heures. **3** Cahier où l'on écrit régulièrement ses pensées ou les évènements de sa vie. *Myriam ne montre son* ***journal*** *à personne.*
★ Famille du mot : journal**isme**, journal**iste**.

journalier, ère (adjectif) Qui se fait chaque jour. *Faire la vaisselle est une tâche* ***journalière***. (Syn. **quotidien.**)

journalisme (nom masculin) Profession, travail de journaliste.

journaliste (nom) Personne qui informe le public à la radio, à la télévision ou en écrivant dans un journal. *Un* ***journaliste*** *sportif.*

journée (nom féminin) Espace de temps compris entre le lever et le coucher du soleil. *Il a passé sa* ***journée*** *à travailler.*

journellement (adverbe) Chaque jour. *Il lui rend visite* ***journellement***. (Syn. **quotidiennement.**)

joute (nom féminin) Au Moyen Âge, combat à la lance entre deux hommes à cheval.

jouvence (nom féminin) • **Bain de jouvence** : bain de jeunesse, de vitalité. • **Fontaine de Jouvence** : fontaine légendaire dont les eaux rendent la jeunesse.

jouvenceau, elle (nom) Synonyme littéraire de jeune homme, jeune fille.

jouxter (verbe) (conj. 3) Se trouver près de. *Le jardin qui* ***jouxte*** *la maison.*
▶ Prononciation [ʒukste].

jovial, ale (adjectif) Qui est d'une gaieté franche et communicative. *J'aime l'atmosphère* ***joviale*** *de ce petit restaurant.* (Syn. **enjoué.** Contr. **maussade.**)
▶ Pluriel : des enfants **jovials** ou **joviaux**.

joyau, aux (nom masculin) Bijou très précieux. *La reine portait de magnifiques* ***joyaux***.

joyeusement (adverbe) De façon joyeuse. *Notre équipe a* ***joyeusement*** *fêté sa victoire ce soir.* (Syn. **gaiement.** Contr. **tristement.**)

joyeux, euse (adjectif) Qui ressent ou qui exprime de la joie. *Thomas était tout* ***joyeux*** *de nous revoir.* (Syn. **gai.** Contr. **triste.**)

JT (nom masculin) Sigle de **j**ournal **t**élévisé.
▶ Prononciation [ʒite].

jubé (nom masculin) Galerie qui sépare le chœur de la nef dans certaines églises gothiques. *Les* ***jubés*** *sont le plus souvent en bois ou en pierre.*

jubilation (nom féminin) Joie intense. *Quelle* ***jubilation*** *d'avoir gagné !*

jubilé (nom masculin) Fête en l'honneur d'une personne qui exerce une activité depuis cinquante ans.

jubiler (verbe) (conj. 3) Éprouver de la jubilation. *Noémie* ***jubile*** *à l'idée de partir bientôt en vacances.*

jucher (verbe) (conj. 3) Placer en hauteur. *Il* ***a juché*** *les valises sur le haut de l'armoire. Un oiseau s'****est juché*** *sur le cerisier.*

judaïsme (nom masculin) Religion pratiquée par les juifs. *La Bible est le livre sacré du judaïsme.*

judas (nom masculin) Petite ouverture dans une porte, qui permet de voir sans être vu.

judiciaire (adjectif) Qui concerne la justice. *Cet innocent a été victime d'une erreur* ***judiciaire***.

judicieusement (adverbe) De façon judicieuse. *Cette robe te va très bien, tu l'as* ***judicieusement*** *choisie.* (Syn. **intelligemment.**)

judicieux, euse (adjectif) Qui est plein de bon sens. *Une remarque, un choix* ***judicieux***. (Syn. **pertinent, sensé.**)

judo (nom masculin) Sport de combat à main nue, d'origine japonaise, dans lequel on cherche à déséquilibrer son adversaire pour le faire tomber ou l'immobiliser. *Une prise de* ***judo***. *Il est ceinture noire de* ***judo***.

judoka (nom) Personne qui pratique le judo.

juge (nom masculin) **1** Magistrat chargé de rendre la justice. *L'accusé a été amené devant le* ***juge***. **2** Personne chargée de donner son avis. *Si tu hésites entre ces deux livres, demande conseil au libraire, il sera bon* ***juge***. **3** Dans certains sports, personne chargée de faire respecter les règles dans une compétition.

jugement (nom masculin) **1** Décision prise par un tribunal au cours d'un procès. *La cour va faire connaître son* ***jugement***. (Syn. **sentence, verdict.**) **2** Qualité d'une personne qui apprécie les gens ou les choses à leur juste valeur. *Il a manqué de* ***jugement*** *en faisant confiance à un inconnu.* **3** Avis que l'on a sur quelqu'un ou quelque chose. *Nous n'avons pas le même* ***jugement*** *en ce qui concerne ce film.*

jugeote (nom féminin) Synonyme familier de bon sens. *Sortir en tee-shirt sous la pluie, tu manques vraiment de* ***jugeote*** *!*

juger (verbe) (conj. 5) **1** Prononcer un jugement. *Le tribunal* ***a jugé*** *l'accusé coupable et l'a condamné à trois ans de prison.* **2** Donner une note ou une appréciation. *C'est à l'examinateur de* ***juger*** *les candidats.* **3** Avoir tel avis sur quelqu'un ou quelque chose. *Elle* ***juge*** *ce voyage trop dangereux.* (Syn. **estimer.**)
★ Famille du mot : **ad**juger, juge, juge**ment**, juge**ote**, **pré**jugé, **pré**juger.

jugulaire (nom féminin) **1** Veine de la gorge. **2** Courroie qui, passée sous le menton, sert à retenir un képi, un casque.

juguler (verbe) (conj. 3) Empêcher de se développer. ***Juguler*** *une épidémie.* (Syn. **arrêter, enrayer.**)

juif, juive (nom) Personne qui est adepte de la plus ancienne religion monothéiste, fondée sur les Dix Commandements donnés par Dieu à Moïse. *Les* ***juifs*** *descendent d'un ancien peuple de Palestine, le peuple hébreu.*
▪ **juif, juive** (adjectif) Qui appartient au judaïsme. *Les cérémonies religieuses* ***juives*** *se déroulent dans une synagogue.*

juillet (nom masculin) Septième mois de l'année, qui compte 31 jours.

juin (nom masculin) Sixième mois de l'année, qui compte 30 jours.

jujitsu (nom masculin) Art de combat dans l'ancien Japon, qui a donné naissance au judo.
▶ Prononciation [ʒyʒitsy].
▶ On dit aussi **jiu-jitsu**.

jujube (nom masculin) Fruit exotique dont on extrait un suc pour soigner la toux.

juke-box (nom masculin) Électrophone automatique contenant une réserve de disques, qui fait entendre le morceau choisi lorsqu'on y glisse une pièce de monnaie.
▶ On écrit aussi **jukebox**.
▶ **Juke-box** est un mot anglais : on prononce [dʒukbɔks].

julienne (nom féminin) Potage ou garniture que l'on prépare avec plusieurs sortes de légumes coupés en menus morceaux.

jumeau, eaux, jumelle (adjectif et nom) Qui est né au même moment, de la même mère. *Victor a une sœur* ***jumelle****. Ces* ***jumeaux*** *se ressemblent tellement que tout le monde les confond.*
▪**jumeau, eaux, jumelle** (adjectif) Se dit d'objets totalement semblables et placés l'un à côté de l'autre.

jumelage (nom masculin) Action de jumeler deux villes.

jumeler (verbe) (conj. 8 ou 9) Associer deux villes pour organiser des rencontres et des échanges. *Notre ville* ***est jumelée*** *avec une ville anglaise.*

jumelle Voir ***jumeau***.

jumelles (nom féminin pluriel) Instrument d'optique formé de deux lunettes, qui sert à voir au loin. *William observe les oiseaux avec des* ***jumelles****.*

jument (nom féminin) Femelle du cheval. *La* ***jument*** *est suivie de son poulain.*

jumping (nom masculin) Épreuve de saut d'obstacles à cheval.
▶ **Jumping** est un mot anglais : on prononce [dʒœmpiŋ].

jungle (nom féminin) En Asie tropicale, épaisse forêt, où vivent les grands fauves. • **La loi de la jungle** : la loi du plus fort.

junior (nom) Sportif entre 16 et 21 ans. *Il fait du rugby dans l'équipe des* ***juniors****.*
▪**junior** (adjectif et nom) Qui concerne les adolescents. *Un magazine pour les* ***juniors****. La mode* ***junior****.*

junte (nom féminin) Gouvernement issu d'un coup d'État. *La* ***junte*** *militaire a pris le pouvoir.*
▶ Prononciation [ʒœ̃t].

jupe (nom féminin) Vêtement féminin qui part de la taille et couvre une partie des jambes. *Une* ***jupe*** *plissée. Une* ***jupe*** *droite.*

jupe-culotte (nom féminin) Culotte aux jambes très amples qui ressemble à une jupe.
▶ Pluriel : des **jupes-culottes**.

jupon (nom masculin) Sous-vêtement en tissu léger que l'on porte sous une jupe. *Un* ***jupon*** *à volants.*

① **jurassien, enne** → tableau p. 6 / 7.

② **jurassien, enne** (adjectif) Se dit d'un relief qui se développe dans une zone montagneuse sédimentaire plissée. *Le ruz est caractéristique du relief* ***jurassien****.*

jurassique (nom masculin) Période de la préhistoire, caractérisée par l'apogée des dinosaures et l'apparition des oiseaux. *Le* ***jurassique*** *se situe entre -205 et -135 millions d'années.*

juré (nom masculin) Membre d'un jury. *Après avoir délibéré, les* ***jurés*** *ont déclaré l'accusé coupable.*

jurer (verbe) (conj. 3) **1** Promettre par serment. *Il* ***a juré*** *de dire la vérité devant le tribunal.* **2** Assurer formellement et avec solennité. *Je te* ***jure*** *que je ne recommencerai pas une pareille bêtise.* **3** Dire des jurons. *Même si tu es furieux, ce n'est pas une raison pour* ***jurer*** *!* **4** Être mal assorti avec autre chose. *Le rouge de sa jupe* ***jure*** *avec son chemisier orange.*

juridiction (nom féminin) Pouvoir d'un juge, d'un tribunal. ***Juridiction*** *civile.*

juridique (adjectif) Qui concerne les lois. *Pour devenir avocat, il faut faire des études* ***juridiques****.*

jurisconsulte (nom) Spécialiste du droit qui donne des consultations juridiques.

jurisprudence (nom féminin) Ensemble des décisions rendues par les tribunaux dans des cas semblables et permettant de déduire des principes de droit. *Jugement qui fait* ***jurisprudence****.*

juriste (nom) Spécialiste du droit. *C'est le* ***juriste*** *de l'entreprise qui a établi le contrat.*

juron (nom masculin) Mot grossier qui marque la colère. *Pousser des* ***jurons****.*

jury (nom masculin) **1** Ensemble de personnes chargées de juger si un accusé est coupable ou innocent d'un crime. *Le verdict du* ***jury*** *est : non coupable !* **2** Groupe de personnes chargées de juger des candidats ou des œuvres. *Le* ***jury*** *décernera un prix au meilleur film du festival.*

jus (nom masculin) **1** Liquide contenu dans les fruits ou les légumes. *Du* ***jus*** *de pomme. Du* ***jus*** *de tomate.* **2** Liquide qui vient de la cuisson d'une viande. *Il arrose les pommes de terre avec le* ***jus*** *du rôti.*

jusqu'au-boutisme (nom masculin) Position extrémiste de ceux qui veulent à tout prix mener une action, quelle qu'elle soit, jusqu'au bout. *Si sa cause est juste, son* ***jusqu'au-boutisme*** *le conduit parfois à transgresser la loi.*

jusque (préposition) Sert à indiquer une limite de lieu ou de temps. *Je vous ramène* ***jusque*** *chez vous. Il s'est promené* ***jusqu'****au bout de la jetée. Odile a veillé* ***jusqu'****à minuit.*
▪**jusqu'à ce que** (conjonction) Jusqu'au moment où. *Ils se sont promenés* ***jusqu'à ce que*** *la nuit tombe.*

a b c d e f g h i **j** k l m n o p q r s t u v w x y z

justaucorps (nom masculin) Maillot collant utilisé pour la danse ou le sport.
★ **Justaucorps** désigne aussi un vêtement ancien qui était très serré à la taille : *juste au corps.*

juste (adjectif) **1** Qui est conforme à la réalité ou à la vérité. *Votre calcul est **juste**.* (Syn. **correct, exact.** Contr. **faux.**) **2** Qui est conforme à la justice. *Tout le monde a eu des fraises sauf Sarah, ce n'est pas **juste** !* (Syn. **équitable.** Contr. **injuste.**) **3** Qui est trop étroit, trop serré. *Ce pantalon est trop **juste**, essaie la taille au-dessus.* **4** Qui est à peine suffisant. *Un seul poulet pour six personnes, ce sera un peu **juste**.*
■**juste** (adverbe) **1** Avec exactitude, précision. *Ursula chante **juste**.* (Contr. **faux.**) **2** Précisément ou exactement. *Nous sommes partis à 8 heures **juste**.* **3** Seulement. *Comme dessert, je prendrai **juste** un fruit.* **4** En quantité insuffisante. *Il va manquer du jus de fruits, tu as vu trop **juste**.* • **Au juste** : exactement, précisément. *Qu'est-ce qu'il voulait **au juste** ?* • **Au plus juste** : en comptant le minimum possible. • **Comme de juste** : comme prévu. ***Comme de juste**, il est encore en retard.*
★ Famille du mot : **ajustage, ajusté, ajuster, ajusteur, injuste, injustement, justement, justesse, rajustement, rajuster.**

justement (adverbe) Sans aucun doute. *C'est **justement** ce que j'allais dire.* (Syn. **précisément.**)

justesse (nom féminin) Qualité de ce qui est juste. *Je suis frappé de la **justesse** de vos remarques. La **justesse** d'une voix.* • **De justesse** : de très peu. *Il a été sauvé **de justesse**.*

justice (nom féminin) **1** Principe moral qui consiste à reconnaître et à respecter les droits de chacun. *Il traite ses élèves avec **justice**.* (Syn. **équité.** Contr. **injustice.**) **2** Pouvoir exercé par les juges et les tribunaux pour assurer le respect de la loi. *Exercer, rendre la **justice**.* **3** Ensemble des personnes et des institutions qui sont chargées de ce pouvoir. *L'accusé a le droit de se défendre devant la **justice**.*
★ Famille du mot : **injustice, justicier.**

justicier, ère (nom) Personne qui fait la justice toute seule, sans tenir compte des lois.

justificatif (nom masculin) Document qui justifie quelque chose. *Pour échanger ce que vous avez acheté, gardez le ticket de caisse comme **justificatif**.*

justification (nom féminin) Ce qui permet de justifier quelque chose ou de se justifier. *Il a quitté brusquement la réunion sans donner de **justification** à son départ.*

justifier (verbe) (conj. 10) **1** Donner des excuses valables à ce que l'on fait. *Je me demande comment il va **justifier** sa mauvaise conduite !* **2** Faire admettre comme vrai ou comme juste. *Un tel mensonge **justifie** la colère de ses parents.* **3** **Se justifier** : prouver son innocence. *Il essaie de **se justifier** mais personne ne le croit.*
★ Famille du mot : **injustifié, justificatif, justification.**

jute (nom masculin) Fibre textile tirée d'une plante cultivée en Inde. *Un sac en toile de **jute**.*

juteux, euse (adjectif) Qui contient beaucoup de jus. *L'orange est un fruit **juteux**.*

juvénile (adjectif) Qui a l'aspect ou les qualités de la jeunesse. *Malgré son âge, elle a gardé un sourire **juvénile**.*

juxtaposer (verbe) (conj. 3) Mettre l'un à côté de l'autre. *Il ne suffit pas de **juxtaposer** des couleurs sur une toile pour faire un tableau.*

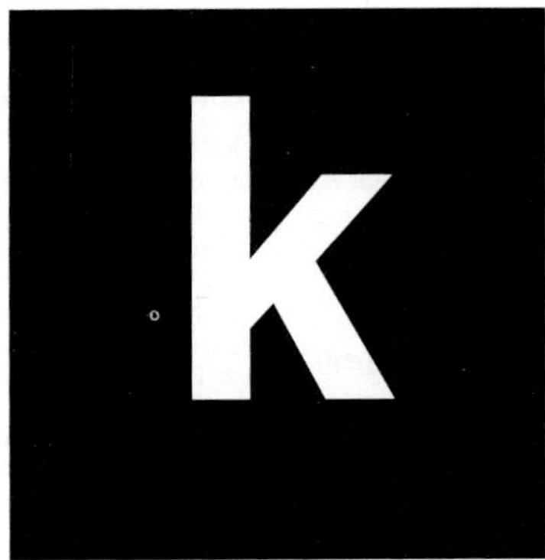

k (nom masculin) Onzième lettre de l'alphabet. *Le **K** est une consonne.*

kabyle → tableau p. 6 / 7.

① **kaki** (adjectif) D'une couleur jaunâtre tirant sur le brun. *Les vêtements militaires sont souvent **kaki**.*
▶ Pluriel : des vestes **kaki**.
★ **Kaki** vient d'un mot indien qui signifie « couleur de poussière ».

② **kaki** (nom masculin) Fruit jaune orangé, au goût sucré, qui ressemble à une tomate. *Le **kaki** est originaire d'Asie.*

kalachnikov (nom féminin ou masculin) Fusil d'assaut soviétique, automatique à chargeur circulaire.
▶ Prononciation [kalaʃnikof].
★ **Kalachnikov** est le nom d'une marque.

kaléidoscope (nom masculin) Tube creux dans lequel sont disposés des petits miroirs qui forment des images, aux dessins changeants.

kamikaze (nom masculin) **1** Avion japonais transportant des explosifs, que son pilote faisait volontairement s'écraser sur les navires ennemis entre 1944 et 1945. **2** Au sens figuré, personne qui se sacrifie pour une cause.
★ **Kamikaze** est un mot japonais qui signifie « vent divin ».

kangourou (nom masculin) Mammifère herbivore d'Australie qui se déplace par bonds. *Après sa naissance, le petit du **kangourou** vit quelques mois dans une poche sur le ventre de sa mère.*

kaolin (nom masculin) Argile blanche utilisée pour la fabrication de la porcelaine.

kappa (nom masculin) Dixième lettre de l'alphabet grec (Κ, κ), qui correspond au son [k].

karaoké (nom masculin) Activité qui consiste à chanter le texte d'une chanson apparaissant sur un écran vidéo.

karaté (nom masculin) Sport de combat à main nue, d'origine japonaise, dans lequel on porte des coups avec les mains et les pieds.

karatéka (nom) Personne qui pratique le karaté.

karité (nom masculin) Arbre d'Afrique occidentale, dont les graines sont utilisées dans l'alimentation et dans les produits de beauté.
★ **Karité** est un mot soudanais.

karst (nom masculin) Relief typique des régions où les calcaires prédominent. *Le **karst** de Bonifacio.*
▶ Prononciation [kaʀst].

kart (nom masculin) Petite voiture très basse et très rapide, sans carrosserie. *Faire des courses de **kart**.*
▶ **Kart** est un mot anglais : on prononce [kaʀt].

karting (nom masculin) Sport qui consiste à faire des courses en kart. *Une piste de **karting**.*
▶ Prononciation [kaʀtiŋ].

kascher Voir ***casher***.

kasher Voir ***casher***.

kayak (nom masculin) Canot léger en toile imperméable que l'on fait avancer à l'aide d'une pagaie double. *Descendre une rivière en **kayak**.*
★ **Kayak** est un mot esquimau, ce qui montre l'origine de ce canot.

kazakh, akhe → tableau p. 6 / 7.

kebab (nom masculin) Sandwich à base de dés de viande de mouton ou de bœuf rôtis en brochette. *Une assiette de **kebab**.*

kelvin (nom masculin) Unité légale de température absolue.
★ **Kelvin** est le nom d'un physicien anglais.
▶ **Kelvin** s'abrège *K*.

kendo (nom masculin) Art martial japonais, qui se pratique avec des sabres de bambou.

kenyan, ane → tableau p. 6 / 7.

képi (nom masculin) Coiffure cylindrique à visière qui fait partie de certains uniformes. *Le **képi** d'un gendarme.*

kératine (nom féminin) Principal constituant de la corne. *La **kératine** est une protéine.*

kermesse (nom féminin) Fête de charité en plein air avec des stands et des jeux. *À la fin de l'année, on organise une* ***kermesse*** *à l'école.*

kérosène (nom masculin) Carburant liquide tiré du pétrole. *Les avions à réaction fonctionnent au* ***kérosène****.*

ketchup (nom masculin) Sauce épaisse, à base de tomates et d'épices, et qui est légèrement sucrée. *Zoé aime les frites avec du* ***ketchup****.*
▶ **Ketchup** est un mot anglais : on prononce [kɛtʃœp].

khalifat Voir ***califat***.

khalife Voir ***calife***.

khan (nom masculin) Titre que prenaient les souverains mongols, et que prirent ensuite les chefs de l'Inde musulmane, de Perse, de Turquie.
▶ Prononciation [kɑ̃].

khi (nom masculin) Vingt-deuxième lettre de l'alphabet grec (X, χ), qui correspond à *ch* dans l'alphabet latin.

kibboutz (nom masculin) Exploitation agricole collective, en Israël.

kidnapper (verbe) (conj. 3) Enlever quelqu'un pour obtenir une rançon. *Des inconnus* ***ont kidnappé*** *une riche héritière.*
★ Famille du mot : kidnapp**eur**, kidnapp**ing**.
★ **Kidnapper** vient des mots anglais *to nap* qui signifie « enlever » et *kid* qui signifie « enfant ».

kidnappeur, euse (nom) Personne qui fait un kidnapping. (Syn. **ravisseur.**)

kidnapping (nom masculin) Enlèvement d'une personne. (Syn. **rapt.**)
▶ **Kidnapping** est un mot anglais : on prononce [kidnapiŋ].

kif-kif (adjectif) Synonyme familier de pareil. *Que ce soit toi qui y ailles ou moi, c'est* ***kif-kif*** *!*
★ **Kif-kif** est un mot arabe qui signifie « comme comme ».
▶ On écrit aussi **kifkif**.

kilo- Élément tiré du grec qui signifie « mille » et qui multiplie par mille l'unité qu'il précède (exemple : *kilohertz*).

kilo (nom masculin) Abréviation de kilogramme. *Je voudrais deux* ***kilos*** *de cerises.*

kiloeuro (nom masculin) Unité de compte valant 1 000 euros.
▶ **Kiloeuro** s'abrège *k€*.

kilofranc (nom masculin) Unité de compte valant 1 000 francs.
▶ **Kilofranc** s'abrège *kF*.

kilogramme (nom masculin) Unité de poids qui équivaut à 1 000 grammes.
▶ **Kilogramme** s'abrège *kg*.

kilohertz (nom masculin) Unité de mesure de fréquence des ondes radioélectriques valant 1 000 hertz.
▶ **Kilohertz** s'abrège *kHz*.

kilométrage (nom masculin) Nombre de kilomètres parcourus. *Le compteur kilométrique d'une voiture indique son* ***kilométrage****.*

kilomètre (nom masculin) Unité de distance qui équivaut à 1 000 mètres. • **Kilomètre-heure :** unité de mesure servant à calculer la vitesse moyenne d'une voiture. *Sur cette route, la vitesse est limitée à 60 kilomètres-heure.*
▶ **Kilomètre** s'abrège *km*. **Kilomètre-heure** s'abrège *km/h*.
★ Famille du mot : kilométr**age**, kilométr**ique**.

kilométrique (adjectif) Qui indique les kilomètres. *Des bornes* ***kilométriques****.*

kilo-octet (nom masculin) Unité de mesure de quantité d'information utilisée aussi pour évaluer la capacité de mémoire des ordinateurs.
▶ **Kilo-octet** s'abrège *Ko*.
▶ Pluriel : des **kilo-octets**.

kilowatt (nom masculin) Unité servant à mesurer une puissance. *On compte la consommation d'électricité en* ***kilowatts****.*
▶ **Kilowatt** s'abrège *kW*.

kilowattheure (nom masculin) Unité de travail ou d'énergie fournie par une machine d'une puissance de 1 kilowatt pendant 1 heure.
▶ **Kilowattheure** s'abrège *kWh*.

kilt (nom masculin) Jupe traditionnelle des Écossais.

kimono (nom masculin) **1** Longue tunique japonaise, à manches larges, qui se ferme avec une ceinture. **2** Tenue des judokas et des karatékas composée d'une veste en toile épaisse et d'un pantalon large.

kinésithérapeute (nom) Personne qui soigne les gens en rééduquant leurs muscles par des massages et des mouvements de gymnastique. *Il va régulièrement chez un* ***kinésithérapeute*** *pour corriger sa scoliose.*

kinésithérapie (nom féminin) Activité du kinésithérapeute. *Il suit des séances de* ***kinésithérapie****.*
★ **Kinésithérapie** vient du grec *kinêsis* qui signifie « mouvement » et *therapeia* qui signifie « soin ».

kiosque (nom masculin) **1** Pavillon ouvert dans un jardin. *Un* ***kiosque*** *à musique.* **2** Petite boutique installée sur la voie publique. *Un* ***kiosque*** *à journaux.*

kippa (nom féminin) Petite calotte portée par les juifs pratiquants.

kir (nom masculin) Mélange de vin blanc et de liqueur de cassis.
★ **Kir** est le nom d'une marque.

kirsch (nom masculin) Eau-de-vie de cerises. *Des ananas au* ***kirsch****.*
★ **Kirsch** vient de l'allemand *Kirsch* qui signifie « cerise ».

kit (nom masculin) Ensemble d'éléments vendus en pièces détachées qu'il faut assembler soi-même. *Des étagères vendues en* ***kit****.*
★ **Kit** est un mot anglais qui signifie « boîte à outils ».

kitchenette (nom féminin) Petite cuisine. *Ils ont loué un deux-pièces avec salle de bains et **kitchenette**.*
★ **Kitchenette** vient du mot anglais *kitchen* qui signifie « cuisine ».

kiwi (nom masculin) **1** Oiseau de Nouvelle-Zélande, dépourvu d'ailes, ayant un long bec. **2** Fruit d'origine exotique, à peau marron duveteuse, à chair verte et acidulée.

klaxon (nom masculin) Avertisseur sonore d'une voiture. *Il a donné un grand coup de **klaxon** avant de doubler.*
▶ **Klaxon** est un mot anglais : on prononce [klaksɔn].
★ **Klaxon** est le nom d'une marque.

klaxonner (verbe) (conj. 3) Utiliser un klaxon. *Ça ne sert à rien de **klaxonner** quand on est bloqué dans les embouteillages.*

kleenex (nom masculin) Mouchoir jetable en papier.
▶ **Kleenex** est un mot anglais : on prononce [klinɛks].
★ **Kleenex** est le nom d'une marque.

kleptomane (nom) Personne qui ne peut s'empêcher de commettre des vols.

knock-out (nom masculin) État du boxeur resté plus de dix secondes à terre et qui se trouve de ce fait mis hors de combat.
■ **knock-out** (adjectif) Au sens figuré, très fatigué. (Syn. **assomé**.)
▶ Prononciation [nɔkawt].
★ **Knock-out** est un mot anglais qui vient de *to knock* qui signifie « frapper » et de *out* qui signifie « dehors ».
▶ On écrit aussi **knockout**.
▶ **Knock-out** s'abrège *K-O*.

K-O Voir ***knock-out***.

koala (nom masculin) Petit mammifère d'Australie. *Le **koala** vit dans les arbres et se nourrit de feuilles d'eucalyptus.*

kolkhoze (nom masculin) Exploitation agricole de type coopératif en URSS.
▶ On écrit aussi **kolkhoz**.
▶ **Kolkhoze** est un mot russe : on prononce [kɔlkoz].

kopeck (nom masculin) Monnaie russe qui vaut le centième du rouble. • **Ça ne vaut pas un kopeck** : c'est sans aucune valeur, dans la langue familière.

korrigan, ane (nom) Génie malfaisant, dans les légendes bretonnes.

kosovar, are → tableau p. 6 / 7.

kouglof (nom masculin) Brioche alsacienne aux raisins secs.
▶ Prononciation [kuglɔf].
▶ On écrit aussi **kugelhof**.

krach (nom masculin) Chute brutale des cours des valeurs financières ou boursières. *Le **krach** boursier de 1929.*
▶ Prononciation [kʀak].
★ **Krach** est un mot allemand qui signifie « écroulement ».

kraft (adjectif) • **Papier kraft** : papier d'emballage très résistant, de couleur marron.
★ **Kraft** est un mot allemand qui signifie « force ».

krypton (nom masculin) Gaz inerte de l'air, qui se liquéfie à -152,3 °C et se solidifie à -156,6 °C. *On utilise le **krypton** dans certaines lampes à incandescence.*
▶ **Krypton** a pour symbole *Kr*.

ksi (nom masculin) Quatorzième lettre de l'alphabet grec (Χ, χ) qui correspond au *x* dans l'alphabet latin.

kugelhof Voir ***kouglof***.

kumquat (nom masculin) Tout petit agrume que l'on mange avec son écorce.
▶ Prononciation [kumkwat].

kung-fu (nom masculin) Art martial d'origine chinoise, voisin du karaté.
▶ Prononciation [kuŋfu].

kurde → tableau p. 6 / 7.

k-way (nom masculin) Coupe-vent imperméable très léger.
▶ Prononciation [kawe].
▶ Pluriel : des **k-way**.
★ **K-way** est le nom d'une marque.

kyrielle (nom féminin) Grande quantité. *Il a essayé une **kyrielle** de casquettes avant de faire son choix.*

kyste (nom masculin) Petite grosseur qui se forme sous la peau ou à l'intérieur du corps. *Il a été opéré d'un **kyste** à la gorge.*

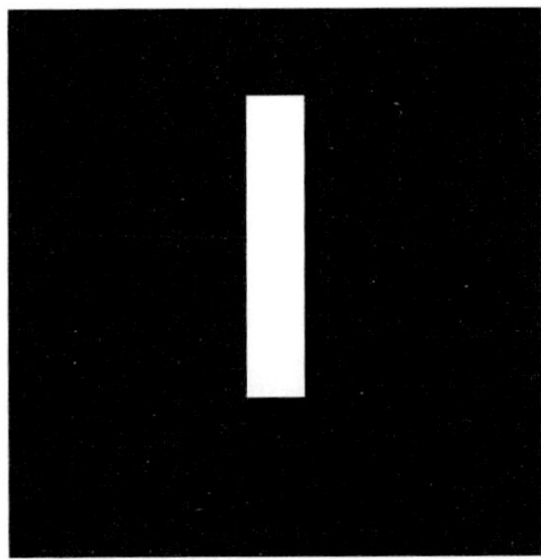

l (nom masculin) Douzième lettre de l'alphabet. *Le L est une consonne.*

l' Voir ***le***.

① **la** (déterminant) Féminin de *le*.

② **la** (nom masculin) Sixième note de la gamme.

là (adverbe) **1** Dans ce lieu. *Tu te mets **là** et moi ici. Elle est **là** !* **2** Avec un trait d'union, sert à renforcer l'adjectif démonstratif. *Ce garçon-**là** est très gentil.* • **Là-bas** : au loin. • **Là-haut** : dans cet endroit plus élevé.

label (nom masculin) Étiquette garantissant la bonne qualité d'un produit et sa provenance.

labeur (nom masculin) Dans la langue littéraire, travail long et pénible. *Un dur **labeur** vous attend.*

labile (nom féminin) Sujet à se transformer, à tomber, à disparaître. *Sa mémoire devient **labile**.* • **Composé labile** : composé chimique peu stable. (Syn. **instable.** Contr. **fixe, permanent.**)

laborantin, ine (nom) Assistant, aide, dans un laboratoire.

laboratoire (nom masculin) Local aménagé pour faire des recherches scientifiques, des analyses médicales ou des travaux photographiques.

laborieux, euse (adjectif) Qui est le résultat de beaucoup d'efforts. *Ce vaccin est le fruit de patientes et **laborieuses** recherches.*

labour (nom masculin) Travail consistant à labourer. *On élevait autrefois des chevaux de **labour**.*

labourage (nom masculin) Action de labourer. *Le **labourage** se fait à l'aide de tracteurs.*

labourer (verbe) (conj. 3) Retourner la terre avec une charrue, une bêche ou une houe. *Il faut **labourer** avant de semer.*
★ Famille du mot : labour, labour**age**, labour**eur**.
★ **Labourer** vient du latin *laborare* qui signifie « travailler » et que l'on retrouve dans *labeur* et dans *laborieux*.

laboureur (nom masculin) Synonyme littéraire de cultivateur.

labrador (nom masculin) Grand chien au poil ras, noir ou fauve.

labyrinthe (nom masculin) Réseau compliqué de rues ou de couloirs, où l'on ne retrouve pas facilement son chemin. *Le quartier de la vieille ville est un vrai **labyrinthe**.* (Syn. **dédale.**)
★ Le **labyrinthe** avait été construit en Crète par l'architecte Dédale pour enfermer le Minotaure. Ayant tué ce monstre, Thésée put retrouver la sortie grâce au fil qui le reliait à Ariane.

lac (nom masculin) Grande étendue d'eau douce. *Le **lac** de Genève fait 72 km de long.*

lacer (verbe) (conj. 4) Attacher avec des lacets. *Les tout petits ne savent pas encore **lacer** leurs chaussures.* (Contr. **délacer.**)
★ Famille du mot : **dé**lacer, **en**lacer, lacet.

lacérer (verbe) (conj. 8) Couper et mettre en lambeaux. *Des voyous **ont lacéré** les banquettes du bus.*

lacet (nom masculin) **1** Cordon que l'on passe dans des trous pour attacher des chaussures. *Tes **lacets** sont défaits.* **2** Virage serré d'une route en zigzag. *On arrive au sommet par un chemin en **lacet**.*

lâche (adjectif) Qui n'est pas serré ou pas tendu. *La ficelle est trop **lâche**, le paquet ne tiendra pas.* ■ **lâche** (adjectif et nom) Qui est sans courage. *C'est **lâche** de s'attaquer à un plus petit que soi ! Quel **lâche** !* (Contr. **brave, courageux.**)
★ Famille du mot : lâche**ment**, lâchet**é**.

lâchement (adverbe) Avec lâcheté. ***Lâchement**, ils ont laissé punir Benjamin qui n'avait rien fait.* (Contr. **bravement.**)

lâcher (verbe) (conj. 3) **1** Cesser de tenir. *Anna **a lâché** la main de sa maman.* **2** Ne plus résister. *Le nœud **a lâché**.* (Syn. **céder.**) **3** Dans la langue familière, abandonner quelqu'un. *Tu nous **lâches** juste au moment de faire la vaisselle ?*

lâcheté (nom féminin) **1** Caractère d'une personne lâche. *Sa **lâcheté** l'a poussé à s'enfuir.* (Contr. **courage.**) **2** Acte lâche. *En laissant accuser Élodie, Clément a commis une **lâcheté**.*

lâcheur, euse (nom) Dans la langue familière, personne qui abandonne ses amis. *Ce **lâcheur** a refusé de m'aider.*

lacis (nom masculin) Réseau compliqué de choses qui s'entrelacent. *C'est un village médiéval, avec un **lacis** de ruelles étroites.*

laconique (adjectif) Exprimé en peu de mots. *Un communiqué **laconique** dans la presse a annoncé la nouvelle.*
★ **Laconique** vient de *Laconie*, région de Grèce, dont les habitants, les Spartiates, avaient la réputation d'être peu bavards.

lacrymal, ale, aux (adjectif) Qui concerne les larmes. *Les glandes **lacrymales** sécrètent les larmes.*
★ **Lacrymal** vient du mot latin *lacrima* qui signifie « larme ».

lacrymogène (adjectif) Qui provoque des larmes. *Une bombe **lacrymogène**.*

lacs (nom masculin) Nœud coulant qui sert à prendre du gibier. *Le chasseur tend des **lacs** dans le bois.*
► Prononciation [lɑ].

lact(o)- Élément tiré du latin qui signifie « lait » (exemples : *lactarium*, *lactose*).

lactaire (nom masculin) Champignon qui laisse écouler un liquide laiteux quand on le coupe. *Certains **lactaires** sont comestibles.*

lactarium (nom masculin) Centre où l'on collecte et distribue du lait maternel.
► Prononciation [laktaʀjɔm].

lacté, ée (adjectif) Qui contient du lait. *Les yaourts, le fromage sont des produits **lactés**.* • **Voie lactée** : immense traînée d'étoiles, qui traverse le ciel. *Le système solaire fait partie de la **Voie lactée**.*
★ Voir **galaxie**.

lactose (nom masculin) Sucre contenu en grande quantité dans le lait.

lacune (nom féminin) Ce qui manque pour que quelque chose soit complet. *David a des **lacunes** en histoire.*

lacustre (adjectif) • **Cité lacustre** : cité préhistorique bâtie sur pilotis au bord d'un lac.

lad (nom masculin) Garçon d'écurie chargé de s'occuper des chevaux de course.

là-dedans Voir ***dedans***.

là-dessous Voir ***dessous***.

là-dessus Voir ***dessus***.

ladre (adjectif) Se dit d'un animal dont certains tissus, notamment la langue, sont contaminés par des larves de ténia. *Porc, bœuf **ladre**.*
■ **ladre** (nom) Synonyme littéraire de avare. (Syn. **pingre**.)
★ **Ladre** vient du nom hébreu *Lazarus*, nom du pauvre couvert d'ulcères, dans la parabole de saint Luc.

lady (nom féminin) Titre donné en Grande-Bretagne aux femmes nobles et aux épouses des lords et chevaliers.
► Pluriel : des **ladys** ou **ladies**.
► Prononciation [ledi, iz].

lagon (nom masculin) Étendue d'eau séparée de la pleine mer par un récif de corail. *Les **lagons** du Pacifique.*

lagune (nom féminin) Étendue d'eau de mer séparée du large par une étroite bande de sable. *La **lagune** de Venise.*

là-haut Voir ***là***.

lai (nom masculin) Petit poème médiéval narratif ou lyrique. *Les **lais** de Marie de France.*

laïc Voir ***laïque***.

laïcité (nom féminin) Caractère de ce qui est laïque. *La IIIe République a institué la **laïcité** de l'école publique française.*

laid, laide (adjectif) Qui n'est pas agréable à regarder. *Il est **laid** sur cette photo !* (Syn. **affreux**. Contr. **beau**, **joli**.)
★ Famille du mot : en**laid**ir, **laid**eur.

laideron (nom masculin) Jeune femme laide, dans la langue familière.
► On dit aussi une **laideronne**.

laideur (nom féminin) Caractère de ce qui est laid. *La fée le transforma en un monstre d'une **laideur** repoussante.* (Contr. **beauté**.)

laie (nom féminin) Femelle du sanglier.

lainage (nom masculin) Vêtement de laine tricotée. *Les soirées sont fraîches, il faut un **lainage**.* (Syn. **tricot**.)

laine (nom féminin) Poil doux et souple de la toison du mouton et de certains animaux. *Fatima a acheté des pelotes de **laine** pour se tricoter un pull.*
★ Famille du mot : **lain**age, **lain**eux.

laineux, euse (adjectif) Qui a l'aspect ou la douceur de la laine. *Ce caniche a un poil **laineux**.*

laïque (adjectif) Qui est sans appartenance religieuse. *En France, l'école publique est **laïque**.*
■ **laïque** (nom) Chrétien qui n'est ni prêtre ni religieux. *Un **laïque** dit la messe avec le prêtre aujourd'hui. Conseil des **laïques**.*
► On écrit aussi un **laïc**.

laisse (nom féminin) Lanière servant à retenir un chien. *Les chiens, même tenus en **laisse**, sont interdits dans le square.*

laissé-pour-compte, laissée-pour-compte (nom) Chose ou personne dont personne ne veut ou n'a pas voulu. *Les **laissés-pour-compte** sont toujours plus nombreux dans nos sociétés.*
► Pluriel : des **laissé(e)s-pour-compte**.

laisser (verbe) (conj. 3) **1** Ne pas prendre avec soi. *Gaëlle **a laissé** son sac à l'école.* **2** Quitter ou ne pas emmener avec soi. *Ibrahim **a laissé** son chien à la maison.* **3** Confier une chose à quelqu'un en partant. *Je te **laisse** mes clés.* **4** Ne pas manger quel-

que chose. *Elle **a** mangé la viande et **laissé** les légumes.* **5** Autoriser à faire quelque chose. *On ne l'**a** pas **laissé** entrer.* **6** Céder à un prix peu élevé. *Le brocanteur lui **a laissé** ces verres de cristal pour 10 euros !* **7** Léguer quelque chose. *Elle **a laissé** une fortune à ses enfants.* **8** Ne pas faire changer d'état ou de lieu. *J'**ai laissé** le poulet au chaud dans le four.* • **Se laisser aller** : ne plus faire d'effort par manque d'énergie. • **Se laisser faire** : faire sans résister ce que les autres veulent.
★ Famille du mot : **dé**laisser, laisser-aller, laissé-pour-compte, laissez-passer.

laisser-aller (nom masculin) Manque d'effort dans le comportement ou le travail. *Il y a du **laisser-aller** dans ton travail, tes mauvaises notes le prouvent.* (Syn. **relâchement.**)

laissez-passer (nom masculin) Autorisation officielle écrite. *Pour entrer à l'Élysée, il faut un **laissez-passer**.*
▶ Pluriel : des **laissez-passer**.

lait (nom masculin) Liquide blanc et opaque sécrété parles mamelles des mammifères pour nourrir leurs petits. *Le chevreau tète le **lait** de la chèvre.*
★ Famille du mot : **allaitement, allaiter,** lait**age**, lait**erie**, lait**eux**, lait**ier**, petit-lait.

laitage (nom masculin) Aliment à base de lait. *Les flans, les yaourts, les petits-suisses sont des **laitages**.*

laiterie (nom féminin) Usine où l'on traite le lait pour produire des laitages.

laiteux, euse (adjectif) Qui a l'aspect du lait. *Des nuages d'un blanc **laiteux**.*

laitier, ère (adjectif) Qui a rapport avec le lait. *Le beurre, le fromage, les yaourts sont des produits **laitiers**. Des vaches **laitières**.*

laiton (nom masculin) Alliage de cuivre et de zinc. *Du fil de **laiton**.*

laitue (nom féminin) Plante potagère que l'on consomme en salade.

laïus (nom masculin) Dans la langue familière, discours, exposé généralement long et sans grand intérêt. *Son **laïus** fut interminable.*
▶ Prononciation [lajys].
★ **Laïus** vient du nom de *Laïos,* père d'Œdipe.

lama (nom masculin) **1** Mammifère ruminant de la cordillère des Andes. *Le **lama** sert de bête de somme, il donne de la laine et du lait.* **2** Moine bouddhiste du Tibet.

lamantin (nom masculin) Gros mammifère aquatique qui vit dans les embouchures de certains fleuves tropicaux.

lambada (nom féminin) Danse à la mode à la fin des années 1980, qui est inspirée de rythmes latino-américains. *La **lambada** est une danse sensuelle.*

lambda (nom masculin) Onzième lettre de l'alphabet grec (Λ, λ) équivalant au « l » de l'alphabet latin.

▪**lambda** (adjectif) Dans la langue familière, quelconque, moyen. *Un individu **lambda**.*
▶ Pluriel : des individus **lambda**.

lambeau, eaux (nom masculin) Morceau déchiré de tissu ou de papier. *Jette donc ce vieux mouchoir, il tombe en **lambeaux** !*

lambin, ine (adjectif et nom) Qui lambine, dans la langue familière. *Tu n'es pas encore prêt ? Quel **lambin** !*

lambiner (verbe) (conj. 3) Dans la langue familière, agir sans se presser, comme en flânant. *Yann va lentement, il rêve, il **lambine**.* (Syn. **traîner.**)

lambris (nom masculin) Panneau décoratif en bois. *Les murs du salon sont recouverts de **lambris**.*

lambrissé, ée (adjectif) Recouvert de lambris. *La bibliothèque a des murs **lambrissés**.*

lame (nom féminin) **1** Partie tranchante d'un outil ou d'une arme. *Une **lame** de couteau, une **lame** de rasoir.* **2** Plaque mince et allongée. *Kevin a mis une algue entre deux **lames** de verre pour l'observer au microscope.* **3** Grosse vague. *Une **lame** a fait chavirer le bateau.*

lamellaire (adjectif) Qui, par sa structure, peut se diviser en lames, en lamelles. *Le diamant a une structure **lamellaire**.*

lamelle (nom féminin) Petite lame ou tranche très mince. *Couper un concombre en **lamelles**.*

lamellibranche (nom masculin) Mollusque aquatique à coquille tel que l'huître, la moule ou la coque. *La plupart des **lamellibranches** sont comestibles.*

lamentable (adjectif) **1** Qui mérite que l'on se lamente. *Ce musicien a eu une fin **lamentable**.* (Syn. **déplorable, navrant, pitoyable.** Contr. **joyeux.**) **2** Très mauvais. *Ses résultats scolaires sont **lamentables**.* (Contr. **excellent.**)

lamentablement (adverbe) De façon lamentable. *Leur épopée a fini **lamentablement**.*

lamentation (nom féminin) Plaintes répétées d'une personne qui se lamente. *Ces **lamentations** continuelles ne changeront rien à la situation.*

se **lamenter** (verbe) (conj. 3) Se plaindre longuement. *Cesse de **te lamenter** et réfléchis où tu as pu oublier ton appareil !* (Syn. **gémir.** Contr. **se réjouir.**)
★ Famille du mot : lament**ablement**, lament**ation**.

laminer (verbe) (conj. 3) Amincir par un passage dans un laminoir. *On **lamine** le métal pour en faire des feuilles, des plaques, des barres, etc.*

laminoir (nom masculin) Machine composée de cylindres tournant en sens inverse pour aplatir le métal.

lampadaire (nom masculin) Lampe fixée sur un grand pied. *La rue est éclairée par des **lampadaires**.*

lampe (nom féminin) Appareil d'éclairage. *Les **lampes** à pétrole ont été remplacées par des **lampes** électriques.*

lampée (nom féminin) Dans la langue familière, grande gorgée avalée d'un seul coup. *Le pirate a bu une **lampée** de rhum.*

lampion (nom masculin) Petite lanterne de papier. *On a accroché des **lampions** entre les arbres de la place.*

lamproie (nom féminin) Animal aquatique allongé comme une anguille.

lampyre (nom masculin) Coléoptère dont la femelle, dépourvue d'ailes, est le ver luisant.

lance (nom féminin) **1** Arme ancienne formée d'un manche terminé par un fer pointu. *Les soldats romains étaient armés de **lances**.* **2** Bout métallique fixé à un tuyau souple pour diriger le jet d'eau. *Les pompiers ont mis les **lances** à incendie en action.*

lancée (nom féminin) • **Sur sa lancée** : en profitant de son élan.

lance-flamme (nom masculin) Arme portative servant à projeter un liquide enflammé.
► Pluriel : des **lance-flammes**.

lancement (nom masculin) **1** Action de lancer. *Des journalistes du monde entier sont venus assister au **lancement** de la fusée.* **2** Action publicitaire servant à faire connaître un produit. *Le **lancement** d'une marque de yaourt.*

lance-pierre (nom masculin) Objet à deux branches reliées par un élastique, servant à lancer des pierres. (Syn. **fronde**.)
► Pluriel : des **lance-pierres**.

lancer (verbe) (conj. 4) **1** Jeter avec force loin de soi. *Pierre **lance** des cailloux dans l'eau.* (Syn. **envoyer**.) **2** Faire partir. *Une fusée **a été lancée** hier.* **3** Faire démarrer. ***Lancer** une mode. **Lancer** une idée.* **4** Émettre avec force. *Le chimpanzé peut **lancer** des cris stridents.* **5** Faire connaître du public. *On **a lancé** une nouvelle marque de lessive.* **6 Se lancer** : se jeter avec énergie dans quelque chose. *Julie **s'est lancée** dans la bagarre.*
▪**lancer** (nom masculin) Épreuve sportive dans laquelle il faut lancer un poids, un disque ou un javelot le plus loin possible.
★ Famille du mot : lancée, lance-flammes, lanc**ement**, lance-pierres, lanc**eur**, **re**lance, **re**lancer.
★ **Lancer** vient du latin *lanceare* qui signifie « manier la lance ».

lanceur, euse (nom) Athlète spécialiste du lancer. *Une **lanceuse** de disque.*
▪**lanceur** (nom masculin) Fusée capable d'envoyer un satellite dans l'espace.

lancinant, ante (adjectif) Caractérisé par une douleur aiguë qui s'atténue puis revient. *Sa blessure lui provoque des douleurs **lancinantes**.*

land (nom masculin) Province d'Allemagne. *La Bavière est un land du sud.*
► **Land** est un mot allemand : on prononce [lɑ̃t].

landau (nom masculin) Voiture d'enfant à grandes roues munie d'une capote.
★ **Landau** vient du nom de la ville allemande de *Landau*, où l'on a d'abord fabriqué ces objets.

lande (nom féminin) Terre inculte et peu fertile. *Sur les **landes** poussent surtout des genêts, des bruyères, des ajoncs et des fougères.*

langage (nom masculin) **1** Moyen qu'ont les hommes de communiquer par la parole. **2** Tout système organisé servant à s'exprimer. *L'abbé de L'Épée a inventé le **langage** des signes pour les sourds-muets.* **3** Façon de parler d'une personne ou d'un groupe. *Le verlan est un **langage** des jeunes de banlieue.*

lange (nom masculin) Carré d'étoffe dans lequel on enveloppait autrefois la taille et les jambes d'un bébé.

langer (verbe) (conj. 5) Envelopper de langes.

langoureux, euse (adjectif) Plein de langueur. *Elle le regarde avec des yeux **langoureux**.*

langouste (nom féminin) Gros crustacé marin proche du homard et dont la chair est appréciée. *La **langouste** a des antennes mais pas de pinces.*
★ **Langouste** vient du mot latin *locusta* qui signifie « sauterelle ».

langoustine (nom féminin) Petit crustacé marin aux pinces longues et étroites.

langue (nom féminin) **1** Organe charnu et mobile situé dans la bouche, et qui permet de goûter les aliments et de parler. *Laura m'a tiré la **langue** !* **2** Système de mots qui permet à un groupe de communiquer. *Il y a environ 5 000 **langues** parlées sur la Terre. Le latin est une **langue** morte, le français et l'anglais sont des **langues** vivantes.* **3** Langage employé par un groupe particulier ou par une personne. *L'argot était la **langue** des truands.* • **Avoir la langue bien pendue** : être bavard. • **Donner sa langue au chat** : renoncer à trouver la réponse d'une devinette. • **Mauvaise langue** *ou* **langue de vipère** : personne médisante. • **Tenir sa langue** : garder un secret.

languedocien, enne → tableau p. 6 / 7.

languette (nom féminin) Ce qui a la forme d'une petite langue. *Les chaussures de montagne ont une **languette** de cuir sous les lacets.*

langueur (nom féminin) État d'âme tendre et rêveur. *La musique a plongé le public dans une douce **langueur**.*

languir (verbe) (conj. 11) **1** Attendre dans l'ennui ou avec impatience. *Dis-moi vite qui a gagné le match, ne me fais pas **languir** !* **2** Traîner en longueur. *La conversation **languissait**.*
★ Famille du mot : **a**languir, langour**eux**, langu**eur**.

lanière (nom féminin) Bande de cuir ou de tissu, longue et étroite. *La **lanière** d'un fouet.*

lansquenet (nom masculin) Fantassin mercenaire allemand du XVe et XVIe siècle.
★ **Lansquenet** vient du mot allemand *Landsknecht* qui signifie « serviteur du pays ».

lanterne (nom féminin) Appareil d'éclairage qui a la forme d'une boîte aux parois transparentes. *La **lanterne** est l'ancêtre de la lampe de poche.* • **Lanterne rouge** : dernier d'un classement.

lanterner (verbe) (conj. 3) Perdre son temps à des riens. (Syn. **traîner**.) • **Faire lanterner quelqu'un** : le faire attendre.

laotien, enne → tableau p. 6 / 7.

lapalissade (nom féminin) Vérité si évidente qu'elle fait rire. *« Un quart d'heure avant sa mort, il était encore en vie » est la toute première **lapalissade**.*
★ Cette **lapalissade** est due aux soldats du seigneur de *La Palice*, tué devant Pavie en 1525.

laper (verbe) (conj. 3) Boire un liquide à coups de langue. *Le chat **lape** le lait.*

lapereau, eaux (nom masculin) Jeune lapin.

lapidaire (adjectif) **1** Relatif aux pierres, aux pierres précieuses. **2** Très concis. *Ses formules sont **lapidaires** et très explicites.* • **Musée lapidaire** : musée où l'on conserve des pierres gravées ou sculptées.

lapider (verbe) (conj. 3) Tuer à coups de pierres lancées.

lapin, ine (nom) Petit mammifère herbivore élevé pour sa chair et sa fourrure. *Le **lapin** glapit.* • **Lapin de garenne** : lapin qui vit à l'état sauvage.

lapis-lazuli (nom masculin) Pierre précieuse opaque, d'un bleu intense.
► Pluriel : des **lapis-lazuli**.

lapon, one → tableau p. 6 / 7.

laps (nom masculin) • **Laps de temps** : espace de temps, moment.
► Prononciation [laps].

lapsus (nom masculin) Erreur involontaire qui fait dire ou écrire un mot pour un autre. *Elle a dit « bonsoir » pour « bonjour », c'est un **lapsus** révélateur de sa fatigue.*
► Prononciation [lapsys].

laquais (nom masculin) Autrefois, valet qui portait une livrée.

laque (nom féminin) **1** Vernis brillant qui provient de la résine de certains arbres d'Asie. **2** Peinture qui a un aspect brillant. **3** Produit qu'on vaporise sur les cheveux pour les fixer.

laquelle Voir ***lequel***.

laquer (verbe) (conj. 3) **1** Passer des couches de laque. *Les meubles chinois **sont laqués**.* **2** Vaporiser de la laque. *La coiffeuse lui **a laqué** les cheveux.* • **Canard laqué** : canard enduit d'une sauce aigre-douce qui brille après cuisson. *Le **canard laqué** est une recette chinoise.*

larbin (nom masculin) **1** Synonyme familier de domestique. *Il faut arrêter de la prendre pour ton **larbin** !* **2** Homme servile. (Syn. **laquais, valet**.)

larcin (nom masculin) Vol peu important. *L'enfant cachait ses menus **larcins** dans sa cabane.*

lard (nom masculin) Couche de graisse située sous la peau du porc. *Une omelette au **lard**.*
★ Famille du mot : lard**er**, lard**on**.

larder (verbe) (conj. 3) Piquer des petits morceaux de lard dans la viande. *Le cuisinier **a lardé** le rôti.*

lardon (nom masculin) Petit morceau de lard. *Maman a mis des **lardons** dans la salade de pissenlits.*

lare (nom masculin et adjectif) Divinité romaine protectrice du foyer. *Les dieux **lares**.*

largage (nom masculin) Action de larguer. *L'avion a procédé au **largage** d'une unité de parachutistes.*

large (adjectif) **1** Dont la largeur est importante. *Quentin habite une **large** avenue.* (Contr. **étroit**.) **2** Qui a telle largeur. *L'étagère est **large** de 30 centimètres.* **3** Qui est ample. *Ce jean est trop **large** pour toi.* **4** Qui est grand ou important. *Pour une **large** part, tu avais vu juste.* **5** Qui est généreux. *Il a toujours été très **large** avec le personnel.* **6** Qui est tolérant. *C'est une personne très **large** d'esprit.* (Contr. **borné, étroit**.)
▪**large** (nom masculin) **1** Largeur. *Le couloir a 2 mètres de **large**.* **2** Pleine mer. *On voit un pétrolier au **large**.* • **Être au large** : avoir beaucoup de place. • **Prendre le large** : s'enfuir, dans la langue familière.
★ Famille du mot : **élargir**, **élargissement**, large**ment**, **largesses**, larg**eur**.

largement (adverbe) **1** De façon large. *La fenêtre est **largement** ouverte.* **2** De façon suffisante. *Tu as eu **largement** ta part !* (Contr. **à peine, juste**.)

largesses (nom féminin pluriel) Dons généreux. *Il profite des **largesses** d'une de ses tantes pour faire bâtir sa maison.*

largeur (nom féminin) La plus petite dimension d'une surface. *La table a une **largeur** d'un mètre sur une longueur de deux mètres.* • **Largeur d'esprit** : qualité de quelqu'un qui est large d'esprit, tolérant.

larguer (verbe) (conj. 3) **1** Détacher et lâcher. *« **Larguez** les voiles ! » crie le capitaine.* **2** Lâcher en cours de vol. *L'avion **a largué** les colis.*

larme (nom féminin) **1** Goutte de liquide qui coule des yeux. *Une **larme** a roulé sur la joue de Myriam.* **2** Très petite quantité de boisson. *Les enfants ont eu droit à une **larme** de champagne.* (Syn. **goutte**.)
★ Famille du mot : larmo**yant**, larmo**yer**.

larmoyant, ante (adjectif) Propre à faire verser des larmes. *Les comédies **larmoyantes** en vogue au XVIIIe siècle.*

larmoyer (verbe) (conj. 6) Être plein de larmes. *Mes yeux **larmoient** à cause de la bise glaciale.*

larron (nom masculin) Brigand, voleur. • **Le troisième larron** : celui qui profite du désaccord de deux autres personnes. • **S'entendre comme larrons en foire** : très bien s'entendre.

larsen (nom masculin) • **Effet Larsen** *ou* **larsen** : sifflement intense, qui se produit lorsque le microphone et le haut-parleur d'un même ensemble électroacoustique sont rapprochés.
▶ Prononciation [laʀsɛn].

larve (nom féminin) Forme prise par certains animaux avant de devenir adultes. *La chenille est la* ***larve*** *du papillon, le têtard celle de la grenouille.*

laryngite (nom féminin) Inflammation du larynx.

larynx (nom masculin) Tube situé dans la gorge et qui contient les cordes vocales. *Le* ***larynx*** *permet d'émettre les sons.*

las, lasse (adjectif) **1** Qui est fatigué et sans énergie. *Après cette harassante journée de travail, il se sent* ***las****.* **2** Qui en a assez. *Nous sommes* ***lasses*** *de vous attendre !*
★ Famille du mot : **délassement**, **délasser**, **inlassable**, **inlassablement**, **lassant**, **lasser**, **lassitude**.

lasagne (nom féminin) Pâte alimentaire en large ruban.
▶ **Lasagne** s'emploie le plus souvent au pluriel.

lascar (nom masculin) Dans la langue familière, individu hardi et débrouillard. *C'est un drôle de* ***lascar*** *!*

laser (nom masculin) Appareil qui produit un rayon lumineux concentré. *La caissière lit le code-barres avec un lecteur* ***laser****.*
▶ **Laser** est un mot anglais : on prononce [lazɛʀ].

lassant, ante (adjectif) Qui lasse. *C'est* ***lassant*** *de répéter cent fois la même chose !* (Syn. **fatigant**.)

lasser (verbe) (conj. 3) Ennuyer à force de répétitions. *On ne se* ***lasse*** *pas de l'entendre raconter des histoires.*

lassitude (nom féminin) État d'une personne lasse, physiquement ou moralement. *Le vieillard a poussé un soupir de* ***lassitude****.* (Syn. **fatigue**.)

lasso (nom masculin) Longue corde terminée par un nœud coulant. *Les cow-boys capturaient les chevaux sauvages au* ***lasso****.*

lasure (nom féminin) Produit qui protège le bois. *Nous avons passé tous nos volets à la* ***lasure****.*

latent, ente (adjectif) Qui existe mais ne se manifeste pas. *On sent un mécontentement* ***latent*** *chez les employés.*

latér(o)- Élément tiré du latin qui signifient « côté » (exemple : *latéral*).

latéral, ale, aux (adjectif) Qui se trouve sur le côté. *Il y a deux allées* ***latérales*** *dans l'église.*
★ Famille du mot : **bilatéral**, **collatéral**, **équilatéral**, **latéralisation**, **unilatéral**.

latéralisation (nom féminin) Établissement progressif de la prédominance d'un hémisphère cérébral sur l'autre, selon que l'on est gaucher ou droitier. *La* ***latéralisation*** *se fait au cours de la petite enfance.*

latex (nom masculin) Sécrétion laiteuse de divers végétaux. *La laitue, le pissenlit, l'hévéa produisent du* ***latex****.*

latin (nom masculin) Langue des Romains de l'Antiquité. *L'italien, l'espagnol, le portugais, le français, le roumain viennent du* ***latin****.*
▪ **latin, ine** (adjectif) Qui concerne le latin. *En Amérique* ***latine****, on parle l'espagnol et le portugais qui sont des langues* ***latines****.*

latiniste (nom) Personne qui étudie le latin.

latino-américain, aine → tableau p. 6 / 7.

latitude (nom féminin) **1** Distance d'un point de la Terre à l'équateur. *Paris est situé à 48° de* ***latitude*** *nord.* **2** Liberté d'agir. *Tu as toute* ***latitude*** *pour organiser ton travail.*

latrines (nom féminin pluriel) Toilettes rudimentaires sans installation sanitaire. *Les* ***latrines*** *sont propices à la prolifération des microbes.*

latte (nom féminin) Pièce de bois longue, plate et étroite. *Le couvreur installe les tuiles sur les* ***lattes*** *de la charpente.*

laudatif, ive (adjectif) Qui loue, qui contient un éloge. *« Trésor » employé au sens figuré a une valeur* ***laudative****.* (Contr. **péjoratif**.)

laudes (nom féminin pluriel) Seconde partie de l'office catholique divin que l'on chante le matin.

lauréat, ate (nom) Personne qui a remporté un prix dans un concours. *On applaudit la* ***lauréate****.*
★ **Lauréat** vient du latin *laureatus* qui signifie « couronné de laurier » car, dans l'Antiquité, on couronnait les vainqueurs avec du laurier.

laurier (nom masculin) Arbuste dont une variété donne des feuilles utilisées comme condiment. *La sauce a été aromatisée avec du thym et du* ***laurier****.*
• **S'endormir sur ses lauriers** : ne pas persévérer après un succès.

lavable (adjectif) Qui peut être lavé sans être abîmé. *Cette robe est* ***lavable*** *en machine.*

lavabo (nom masculin) Sorte de cuvette fixée au mur, munie d'un robinet et d'un tuyau d'écoulement, servant à la toilette.

lavage (nom masculin) Action de laver. *Mon tricot a feutré au* ***lavage****.*

lavallière (nom féminin) Cravate à large nœud flottant.

lavande (nom féminin) Plante à petites fleurs bleues utilisée en parfumerie. *On met de la* ***lavande*** *dans les armoires pour parfumer le linge.*

lavandière (nom féminin) **1** Femme qui lave le linge à la main. **2** Bergeronnette grise.

lave (nom féminin) Roche en fusion qui sort d'un volcan en éruption. *Sur les pentes du volcan, les coulées de **lave** se sont solidifiées.*

lave-linge (nom masculin) Machine à laver le linge.
▶ Pluriel : des **lave-linges** ou des **lave-linge**.

laver (verbe) (conj. 3) **1** Nettoyer avec de l'eau. *Je vais **laver** la vaisselle.* **2 Se laver** : faire sa toilette. *Les enfants, allez **vous laver** ! Noémie **s'est lavé** les mains.* • **Se laver les mains de quelque chose** : ne pas s'en sentir responsable.
★ Famille du mot : lav**able**, lav**age**, lave-linge, lav**erie**, lav**eur**, lave-vaisselle, lav**oir**, **pré**lavage.

laverie (nom féminin) Établissement où on lave soi-même son linge à la machine.

laveur, euse (nom) Personne qui lave. *Un **laveur** de carreaux.*

lave-vaisselle (nom masculin) Machine à laver la vaisselle.
▶ Pluriel : des **lave-vaisselles** ou des **lave-vaisselle**.

lavoir (nom masculin) Bassin aménagé pour laver le linge. *Autrefois, les femmes allaient laver leur linge au **lavoir**.*

laxatif (nom masculin) Médicament contre la constipation. (Syn. **purgatif**.)

laxisme (nom masculin) Tolérance excessive. *Il n'y a aucune discipline, c'est du **laxisme** !*

laxiste (adjectif) Qui fait preuve de laxisme. *Il a un comportement trop **laxiste** avec les enfants.*

layette (nom féminin) Ensemble des vêtements d'un bébé. *Bébé va bientôt naître et sa **layette** est déjà prête.*

lazzi (nom masculin) Plaisanterie moqueuse, bouffonnerie lancée à quelqu'un. *Clément ne supporte plus les **lazzis** de ses camarades de classe.*
▶ Prononciation [ladzi].
▶ **Lazzi** s'emploie surtout au pluriel.

① **le, la, les** (déterminant) Articles définis masculin, féminin, pluriel. ***Le** bol et **les** assiettes sont sur **la** table.*
▶ **Le** et **la** deviennent **l'** devant une voyelle ou un « h » muet : *l'arbre, l'homme.*

② **le, la, les** (pronom) Pronom personnel de la troisième personne, complément d'objet direct du verbe. *Dans « Ton sac ? Je **l'**ai ! », **l'** est mis pour « sac », et il est complément de « ai ».*
▶ Voir **le** 1.

leader (nom masculin) **1** Chef d'une organisation ou d'un parti. *Le **leader** de l'opposition.* **2** Sportif ou équipe en tête. *Le **leader** du championnat.*
▶ **Leader** est un mot anglais : on prononce [lidœʀ].
▶ On écrit aussi **leadeur**.

leadership (nom masculin) Fonction de leader. *Le **leadership** des États-Unis dans l'Alliance atlantique.*
▶ **Leadership** est un mot anglais : on prononce [lidœʀʃip].

lèche-botte (nom) Individu flatteur et servile, dans la langue familière. *Depuis qu'elle est riche et célèbre, elle est entourée de **lèche-bottes**.*
▶ Pluriel : des **lèche-bottes**.

lèchefrite (nom féminin) Ustensile de cuisine placé sous la broche ou la grille du four pour recueillir la graisse et le jus d'une viande qui rôtit.

lécher (verbe) (conj. 8) Passer sa langue sur quelque chose. *Le chat **lèche** sa patte.*

lèche-vitrine (nom masculin) • **Faire du lèche-vitrine** : dans la langue familière, regarder les magasins en flânant.

leçon (nom féminin) **1** Ce qu'un élève doit apprendre. *Romain récite ses **leçons**.* **2** Séance d'enseignement d'un professeur dans une matière quelconque. *Odile prend des **leçons** d'escrime.* (Syn. **cours**.) **3** Enseignement qu'on peut tirer d'une expérience. *Cet échec m'a servi de **leçon**.*

lecteur, trice (nom) Personne qui lit. *Ce concours est réservé aux **lecteurs** du journal.*
▪ **lecteur** (nom masculin) Appareil capable de reproduire des sons ou de lire des informations. *Un **lecteur** de CD ou de DVD. Le **lecteur** de disquettes de l'ordinateur.*

lecture (nom féminin) **1** Action de lire. *Les enfants apprennent la **lecture** à partir de six ans. Thomas aime la **lecture**.* **2** Texte à lire. *Sarah a emporté de la **lecture** pour ses vacances.*

légal, ale, aux (adjectif) Conforme à la loi. *Chasser sans permis n'est pas **légal**.* (Syn. **réglementaire**.)
★ Famille du mot : **il**légal, **il**légale**ment**, **il**légal**ité**, légale**ment**, légal**iser**, légal**ité**.

légalement (adverbe) De façon légale. ***Légalement**, les enfants ne peuvent pas travailler en France avant l'âge de 16 ans.*

légaliser (verbe) (conj. 3) Rendre légal. *Le divorce **a été légalisé** en France en 1792.*

légalité (nom féminin) Ce qui est légal. *On est dans la **légalité** quand on respecte les lois.* (Contr. **illégalité**.)

légataire (nom) Personne à qui on lègue des biens. *C'est sa nièce qui est sa **légataire**.* (Syn. **héritier**.)

legato (adverbe) En soutenant chaque note de musique jusqu'à la suivante. *David apprend à chanter **legato**.* (Contr. **staccato**.)
▶ Prononciation [legato].
▶ On écrit aussi **légato**.

légendaire (adjectif) **1** Qui appartient à la légende. *En Bretagne se trouve la **légendaire** forêt de Brocéliande.* **2** Bien connu de tous. *Tous les élèves ont entendu parler de sa **légendaire** distraction.*

légende (nom féminin) **1** Récit populaire merveilleux. *Selon la **légende**, on peut voir un fantôme parcourir ce château.* **2** Texte écrit sous une image et qui décrit ce qu'elle représente.

léger, ère (adjectif) **1** D'un poids faible. *Pour une fois, ton sac n'est pas rempli, il est **léger**.* (Contr. **lourd**.) **2** Peu épais. *Elle porte une **légère** robe de soie.* **3** Peu abondant. *Dans ce TGV, vous trouverez un*

service de restauration ***légère***. (Syn. **frugal**. Contr. **copieux**.) **4** Peu intense. *Le chat a un sommeil* ***léger***. (Contr. **lourd, profond**.) **5** Qui n'est pas fort. *Une brise* ***légère*** *s'est levée.* **6** Qui est gracieux et semble ne pas avoir de poids. *Victor a une démarche* ***légère***. (Contr. **lourd, pesant**.) **7** Sans gravité. *Le cycliste n'a que de* ***légères*** *égratignures.* **8** Peu réfléchi. *C'est une tête* ***légère****, incapable de penser à l'avenir.* (Syn. **frivole, insouciant, superficiel**. Contr. **sérieux**.) • **À la légère** : étourdiment et sans réfléchir.
★ Famille du mot : allég**é**, allèg**ement**, allég**er**, légère**ment**, légèr**eté**.

légèrement (adverbe) **1** De façon légère. *Il fait chaud, habille-toi* ***légèrement***. *On dînera* ***légèrement*** *avant de partir.* **2** Un peu ou à peine. *William est* ***légèrement*** *plus grand que moi, d'un centimètre à peine.* **3** Sans réfléchir. *Tu t'es engagé bien* ***légèrement*** *!* (Syn. **à la légère**.)

légèreté (nom féminin) **1** Caractère de ce qui est léger. *On utilise des alliages d'une grande* ***légèreté*** *pour faire les vélos de course.* **2** Caractère de ce qui est superficiel. *Cette décision a été prise avec un peu de* ***légèreté***. (Syn. **frivolité, insouciance**.)

légiférer (verbe) (conj. 8) Faire des lois. *En France, c'est le pouvoir législatif qui* ***légifère***.

légion (nom féminin) Dans l'Antiquité, corps de troupe des armées romaines. *Chaque* ***légion*** *comprenait plus de 4 000 fantassins et environ 300 cavaliers.* • **Légion d'honneur** : décoration, récompensant les services rendus à la patrie. • **Légion étrangère** : formation militaire française constituée de volontaires, pour la plupart étrangers.

légionellose (nom féminin) Pneumonie due à une bactérie qui se développe principalement dans les eaux chaudes.
★ La **légionellose** est ainsi nommée car la première épidémie se manifesta lors d'un congrès d'anciens légionnaires américains.

légionnaire (nom masculin) **1** Soldat d'une légion romaine. **2** Soldat de la Légion étrangère.

législateur, trice (adjectif et nom) Personne qui établit des lois. *Dans la plupart des dictatures, les* ***législateurs*** *font des lois qui profitent aux dirigeants et non au peuple.*

législatif, ive (adjectif) Qui fait les lois. *Les députés et les sénateurs exercent le pouvoir* ***législatif***. • **Élections législatives** : par lesquelles on élit les députés.

législation (nom féminin) Ensemble des lois.
★ Famille du mot : législ**ateur**, législ**atif**.

légiste (nom et adjectif) **1** Personne qui connaît ou étudie les lois. (Syn. **juriste**.) **2** Conseiller juridique du roi de France, sous l'Ancien Régime.
▪ **légiste** (adjectif) • **Médecin légiste** : médecin chargé des expertises en rapport avec la justice.
★ **Légiste** vient du latin *lex, legis* qui signifie « loi ».

légitime (adjectif) **1** Qui est compréhensible et justifié. *Il est* ***légitime****, à son âge, de vouloir être indépendant.* **2** Qui est fixé ou reconnu par la loi. *Un enfant* ***légitime***. *Être en état de* ***légitime*** *défense.*
★ Famille du mot : légitime**ment**, légitim**ité**.

légitimement (adverbe) De façon légitime. *On peut* ***légitimement*** *comprendre sa révolte face à cette injustice.*

légitimité (nom féminin) **1** Caractère de qui est légitime, conforme au droit. *La* ***légitimité*** *d'un enfant.* **2** Caractère de ce qui est justifié, raisonnable. *Le principal a reconnu la* ***légitimité*** *des demandes des collégiens.*

legs (nom masculin) **1** Bien cédé à quelqu'un par testament. *La grand-mère de Romain lui a fait un* ***legs***. (Syn. **héritage**.) **2** Au sens figuré, héritage du passé. *Ce trésor de sagesse,* ***legs*** *des anciens Grecs.*
• **Legs universel** : legs qui porte sur la totalité des biens.
▶ Prononciation [lɛg].

léguer (verbe) (conj. 8) Donner par testament. *Sa grand-mère* ***a légué*** *toute sa fortune à une organisation humanitaire.*

légume (nom masculin) Plante potagère. *Les salades, les épinards sont des* ***légumes*** *verts, les lentilles, les pois chiches, des* ***légumes*** *secs.*

légumineuse (nom féminin) Plante dont la famille comprend les herbes et les arbres qui ont pour fruits des gousses. *L'arachide, la lentille et le pois sont des* ***légumineuses***.

leitmotiv (nom masculin) Idée qui revient sans cesse dans les propos de quelqu'un. *« C'est mauvais pour la santé » est un* ***leitmotiv*** *chez lui.*
▶ Prononciation [lajtmɔtif] ou [lɛtmɔtiv].
★ **Leitmotiv** est un mot allemand qui signifie « motif conducteur » (dans un morceau de musique).

lemming (nom masculin) Petit mammifère rongeur des régions arctiques, à queue courte, à petites oreilles, vivant en bandes.

lémurien (nom masculin) Mammifère primate vivant à Madagascar. *Les* ***lémuriens*** *vivent dans les arbres et se nourrissent de fruits.*

lendemain (nom masculin) Jour qui suit celui dont on parle. *L'école finit mardi et on part en vacances le* ***lendemain***. • **Du jour au lendemain** : en très peu de temps.

lénifier (verbe) (conj. 10) **1** Soulager au moyen d'un produit adoucissant. **2** Au sens figuré, adoucir, calmer. *Ses tendres paroles* ***lénifient*** *toujours mes angoisses.*

lent, lente (adjectif) Qui n'est pas rapide dans ses mouvements ou dans ce qu'il fait. *Les personnes très âgées marchent à pas* ***lents***. *Il travaille bien mais il est un peu* ***lent***. (Contr. **rapide**.)
★ Famille du mot : lente**ment**, lent**eur**, ralent**i**, ralent**ir**, ralentisse**ment**, ralentiss**eur**.

lente (nom féminin) Œuf de pou. *Pour se débarrasser des poux, il faut aussi enlever les* ***lentes***.

lentement (adverbe) Avec lenteur. *Le soleil disparaît **lentement** à l'horizon.* (Syn. **doucement.** Contr. **rapidement, vite.**)

lenteur (nom féminin) Caractère de ce qui est lent. *La **lenteur** des escargots.* (Contr. **rapidité.**)

lentille (nom féminin) **1** Plante qui produit des petites graines comestibles rondes, brunes ou vertes. *Les **lentilles** sont des légumes secs.* **2** Disque de verre qui permet de voir plus ou moins gros. *Il y a des **lentilles** concaves et convexes dans un appareil photo.* **3** Verre servant à corriger la vue. *Les **lentilles** se posent directement sur les yeux.* (Syn. **verre de contact.**)

lentivirus (nom masculin) Virus à action lente.

léonin, ine (adjectif) Qui rappelle le lion. *Une chevelure **léonine**.* • **Contrat léonin** : contrat par lequel une des parties s'attribue la part la plus avantageuse.

léopard (nom masculin) Mammifère carnassier des pays tropicaux, au pelage jaune tacheté de noir. (Syn. **panthère.**)

lépidoptère (nom masculin) Insecte à deux paires d'ailes couvertes d'écailles colorées, à trompe enroulée en spirale qui aspire le nectar des fleurs. (Syn. **papillon.**)

lèpre (nom féminin) Maladie très grave et contagieuse qui déforme et ronge les chairs.
★ Famille du mot : lépr**eux**, lépro**serie**.

lépreux, euse (adjectif et nom) Qui est atteint de la lèpre. *Au Moyen Âge, les **lépreux** portaient une clochette et vivaient à l'écart des villes.*

léproserie (nom féminin) Hôpital où les lépreux sont isolés et soignés. *Les dernières **léproseries** ont fermé leurs portes en France au XVIIe siècle.*

lequel, laquelle (pronom) **1** S'emploie comme pronom relatif après une préposition. *Le stylo avec **lequel** j'écris est noir. Les personnes **auxquelles** tu penses ne sont pas là aujourd'hui.* **2** S'emploie comme pronom interrogatif pour exprimer un choix. ***Lequel** as-tu pris ?*
▶ Au pluriel, on écrit **lesquels, lesquelles.** Avec les prépositions *à* et *de*, **lequel** et **laquelle** se contractent en *auquel, auxquels, auxquelles, duquel, desquels, desquelles.*

lérot (nom masculin) Petit mammifère rongeur au pelage taché de noir et à très forte odeur.
▶ Prononciation [lero].

les (déterminant) Pluriel de *le* et de *la*.

lesbien, enne (adjectif) Qui concerne l'homosexualité féminine.
■ **lesbienne** (nom féminin) Femme homosexuelle.

lèse-majesté (nom féminin) • **Crime de lèse-majesté** : grave manque de respect à l'égard du roi, ou à l'égard d'une personne qui se prend très au sérieux.

léser (verbe) (conj. 8) Désavantager quelqu'un par rapport aux autres. *Tu **as été lésé** dans ce partage.* (Contr. **avantager, favoriser.**)

lésiner (verbe) (conj. 3) Dépenser le moins possible. *Quelle avarice ! Ils **lésinent** sur tout !*

lésion (nom féminin) Blessure due à un accident ou à une maladie. *Son accident de voiture a entraîné une **lésion** du foie.*

lessivable (adjectif) Qui peut être lessivé sans altération. *Il est plus prudent de poser du papier peint **lessivable** dans les chambres d'enfants.*

lessive (nom féminin) **1** Produit pour laver le linge. *J'ai acheté un baril de **lessive** de 5 kg.* **2** Lavage du linge. *J'ai fait trois **lessives** aujourd'hui.* **3** Linge lavé. *Xavier étend la **lessive**.*
★ Famille du mot : lessiv**able**, lessiv**er**, lessiv**euse**.

lessiver (verbe) (conj. 3) Nettoyer avec de la lessive. *Tous les ans, je **lessive** les murs de la cuisine.*

lessiveuse (nom féminin) Grand récipient métallique où l'on faisait bouillir le linge blanc pour le laver. *Le lave-linge a rendu la **lessiveuse** inutile.*

lest (nom masculin) Poids servant à rendre plus stable ou plus lourd un ballon ou un bateau. *Le **lest** des ballons dirigeables est fait de sacs de sable qu'on vide pour s'élever.* • **Lâcher du lest** : faire des concessions pour arranger les choses.
★ Famille du mot : **dé**lester, lest**er**.

leste (adjectif) Qui a des mouvements souples et agiles. *Ursula grimpe aux arbres, elle est **leste** comme un chat.* (Syn. **alerte.**)

lester (verbe) (conj. 3) Charger de lest. *On **leste** les scaphandres de plomb pour que les plongeurs puissent rester sans effort au fond de l'eau.* (Contr. **délester.**)

létal, ale, aux (adjectif) Qui entraîne la mort. *À haute dose, cette substance est **létale**.* (Syn. **mortel.**)

léthargie (nom féminin) État de torpeur ou d'abattement. *Après ce bon repas, une douce **léthargie** nous gagne.* (Syn. **engourdissement.**)

léthargique (adjectif) Qui tient de la léthargie. *Un comportement trop **léthargique**.*

lettre (nom féminin) **1** Signe de l'alphabet qui sert à écrire les mots. *L'alphabet français a 26 lettres.* **2** Écrit que l'on adresse à quelqu'un. *Yann a reçu une **lettre** de Zoé.* • **À la lettre** *ou* **au pied de la lettre** : exactement. *On a respecté tes instructions **à la lettre**.* • **En toutes lettres** : sans utiliser d'abréviations.
■ **lettres** (nom féminin pluriel) Matières comprenant la littérature, la philosophie, l'histoire, les langues. *Le grand frère d'Anna est étudiant en **lettres**.*

lettré, ée (adjectif et nom) Qui a des lettres, du savoir, de la culture. (Syn. **cultivé.** Contr. **illettré.**)

lettrine (nom féminin) Lettre majuscule, parfois ornée, au début d'un chapitre, d'un paragraphe.

leucémie (nom féminin) Très grave maladie du sang.
★ **Leucémie** vient du grec *leukos* qui signifie « blanc » : quand on a une leucémie, on a trop de globules blancs.

a b c d e f g h i j k l m n o p q r s t u v w x y z

a b c d e f g h i j k l m n o p q r s t u v w x y z

leucocyte (nom masculin) Globule blanc qui concourt à la défense de l'organisme contre les agents infectieux ou étrangers. *Les **leucocytes** peuvent avoir un ou plusieurs noyaux.*

① **leur** (pronom) Pronom personnel de la troisième personne, complément d'objet indirect, pluriel de *lui* et de *elle*. *On **leur** a dit de se taire.*

② **leur, leurs** (déterminant) Déterminant possessif de la troisième personne du pluriel. *Benjamin a **leur** adresse. **Leurs** filles sont très sympathiques.*
■ le **leur**, la **leur**, les **leurs** (pronom) Pronom possessif de la troisième personne du pluriel. *C'est mon billet, voici **les leurs.** C'est ma maison, voici **la leur**.*

leurre (nom masculin) Faux espoir. *Vous croyez qu'il reviendra, mais c'est un **leurre**.* (Syn. **illusion.**)

se **leurrer** (verbe) (conj. 3) Se faire des illusions. *Apprendre une langue étrangère n'est pas facile, il ne faut pas **se leurrer**.* (Syn. **s'illusionner, se tromper.**)

levain (nom masculin) Pâte contenant de la levure. *Du pain au **levain**.*

levant (adjectif masculin) • **Soleil levant** : soleil qui se lève.
■ **levant** (nom masculin) Endroit de l'horizon où le soleil se lève. (Syn. **est, orient.** Contr. **couchant.**)

levée (nom féminin) **1** Ramassage par le facteur des lettres mises à la boîte. *La dernière **levée** du courrier est à 18 heures.* **2** Ensemble des cartes ramassées en une fois. *C'est Élodie qui a fait la première **levée**.* (Syn. **pli.**)

① **lever** (verbe) (conj. 8) **1** Déplacer de bas en haut. *Il **a levé** la tête vers le plafond. Je **lève** mon verre à la santé de nos hôtes.* (Contr. **baisser.**) **2** Mettre fin à quelque chose. *La séance **est levée**. Le couvre-feu **est levé**.* **3** Mettre du gibier en fuite. *Le chien **a levé** un faisan.* **4** Enrôler des soldats. *Napoléon **a levé** des troupes dans toute l'Europe.* **5** Sortir de terre. *Les semis commencent à **lever**, on aura bientôt des radis.* (Syn. **pousser.**) **6** Gonfler sous l'effet de la fermentation. *On doit laisser **lever** la pâte avant de faire cuire le pain.* **7 Se lever** : se mettre debout. *Les spectateurs **se sont levés** pour applaudir les comédiens.* **8 Se lever** : sortir du lit. *Les enfants **se sont levés** à 7 heures.* (Contr. **se coucher.**) **9 Se lever** : apparaître au-dessus de l'horizon. *Le soleil **se lève** à l'est.* (Contr. **se coucher.**) **10 Se lever** : commencer à souffler. *Un ouragan **s'est levé**.* **11 Se lever** : se dissiper. *Le brouillard **se lève**.*
★ Famille du mot : lev**ain**, lev**ant**, lev**ée**, lev**ure**.

② **lever** (nom masculin) **1** Moment où le soleil se lève. *Il se met au travail dès le **lever** du jour.* **2** Moment où on se lève. *Prendre deux comprimés au **lever**.* (Contr. **coucher.**) **3** Moment où le rideau se lève au théâtre. *Les portes du théâtre sont fermées au **lever** du rideau.*

levier (nom masculin) **1** Barre rigide qui sert à remuer ou à soulever des objets lourds. *Ibrahim a pris un bâton comme **levier** pour soulever la pierre.* **2** Tige qui commande un mécanisme. *Le **levier** du frein à main se trouve à droite du conducteur.*

lévitation (nom féminin) Élévation, sans appui ni intervention extérieure, d'une personne ou d'un objet au-dessus du sol. *Ce tour de magie est surprenant, on croit vraiment que le corps de cet illusionniste est en **lévitation**.*
★ **Lévitation** vient du latin *levitas* qui signifie « légèreté ».

levraut (nom masculin) Jeune lièvre.

lèvre (nom féminin) Chacune des parties charnues qui forment le rebord de la bouche. *Gaëlle a mis du rouge à **lèvres**.* • **Du bout des lèvres** : à peine, sans enthousiasme. *Kevin mange de la cervelle **du bout des lèvres**.*

lévrier (nom masculin) Chien au corps très fin et aux longues pattes.
★ **Lévrier** vient de *lièvre* parce qu'on chassait le lièvre avec ce chien très rapide.

levure (nom féminin) Produit utilisé pour faire lever la pâte. *On met de la **levure** dans la pâte des brioches.*

lexical, ale, aux (adjectif) Qui est relatif au vocabulaire, au lexique. *Le champ **lexical** de la nature est très vaste.*

lexicographe (nom) Auteur d'un dictionnaire de langue. *Ces **lexicographes** sont les auteurs d'un dictionnaire scolaire spécialement adapté aux besoins des élèves.*

lexique (nom masculin) **1** Petit dictionnaire. *À la fin du manuel d'allemand, il y a un **lexique** allemand-français.* **2** Ensemble des mots d'une langue. *Le **lexique** du français.* (Syn. **vocabulaire.**)

lézard (nom masculin) Petit reptile à quatre pattes et à longue queue effilée. *Un **lézard** gris se chauffe au soleil sur le mur.*

lézarde (nom féminin) Fissure dans un mur. *Il y a souvent des **lézardes** sur les vieilles maisons.*

① **lézarder** (verbe) (conj. 3) Dans la langue familière, paresser au soleil comme un lézard. *Hélène aime beaucoup **lézarder** sur la plage.*

② se **lézarder** (verbe) (conj. 3) Avoir des lézardes. *La voûte de la chapelle commence à **se lézarder**.* (Syn. **se fissurer.**)

liaison (nom féminin) **1** Ce qui relie deux choses. *Il manque une **liaison** entre ces deux paragraphes.* (Syn. **enchaînement, lien.**) **2** Communication entre des personnes. *Le skipper cherche à établir une **liaison** radio avec la terre.* **3** Communication entre deux lieux. *Un avion régulier assure la **liaison** entre les deux pays.* **4** Prononciation de la consonne finale d'un mot quand le mot suivant commence par une voyelle ou un h muet. *Dans « un avion », on fait la **liaison** entre « un » et « avion » :* [ɛ̃navjɔ̃].

liane (nom féminin) Plante dont la longue tige flexible s'enroule aux arbres. *Dans la forêt équatoriale, les arbres sont couverts de **lianes**.*

liant, liante (adjectif) Qui se lie facilement. *Pierre a beaucoup d'amis parce qu'il est très **liant**.*

liasse (nom féminin) Papiers ou journaux liés ensemble. *Une **liasse** de billets de 100 euros.*

libanais, aise → tableau p. 6 / 7.

libations (nom féminin pluriel) • **Faire de copieuses libations** : boire beaucoup de vin ou d'alcool.

libellé (nom masculin) Texte d'un document, manière dont il est rédigé. *Le **libellé** d'une lettre administrative.*

libeller (verbe) (conj. 3) Rédiger selon les règles établies. ***Libellez** votre chèque à l'ordre de M. Dupond.*

libellule (nom féminin) Gros insecte au corps allongé et aux ailes transparentes. *Les **libellules** volent souvent au-dessus des rivières et des étangs.*

libéral, ale, aux (adjectif) Qui est tolérant et peu autoritaire. *Leurs parents leur ont donné une éducation **libérale**.* • **Profession libérale** : profession dans laquelle on n'a pas de patron. *Les avocats et les médecins exercent une **profession libérale**.*

libéralisme (nom masculin) **1** Doctrine de ceux qui s'attachent à la défense de la démocratie politique et des libertés individuelles des citoyens. (Contr. **totalitarisme**.) **2** Doctrine hostile à l'intervention de l'État dans la vie économique. (Contr. **étatisme**.) **3** Attitude qui respecte la liberté d'autrui en matière d'opinion, de conduite. (Syn. **tolérance**.)

libérateur, trice (adjectif et nom) Qui libère d'autres personnes ou un pays. *L'armée **libératrice** défile dans les rues de la ville. La population a acclamé les **libérateurs**.*

libération (nom féminin) Action de libérer une personne ou un pays. *La radio a annoncé la **libération** des otages.*

libérer (verbe) (conj. 8) **1** Mettre en liberté. *Tous les prisonniers **ont été libérés**.* (Syn. **relâcher**.) **2** Délivrer de la présence d'un occupant ennemi. *La Résistance et les Alliés **ont libéré** la France en 1945.* **3 Se libérer** : se rendre libre. *Papa va essayer de **se libérer** pour venir avec nous au cinéma.*
★ Famille du mot : libér**ateur**, libér**ation**.

libertaire (adjectif et nom) Partisan d'une liberté politique et sociale sans limitation. *Les **libertaires** pensent que le seul rôle de l'État est d'assurer la sécurité des citoyens sans nuire à leur liberté.* (Syn. **anarchiste**.)

liberté (nom féminin) Fait d'être libre. *Nos ancêtres se sont battus pour la **liberté** de pensée. J'ai rendu sa **liberté** à l'oiseau.*

libertin, ine (adjectif et nom) **1** Personne qui ne suit pas les règles, en particulier les règles religieuses. (Syn. **impie**. Contr. **pieux, dévot**.) **2** Personne qui s'adonne au libertinage, aux plaisirs charnels. (Syn. **dévergondé**. Contr. **vertueux**.)
★ **Libertin** vient du mot latin *libertinus* qui signifie « affranchi ».

libertinage (nom masculin) Liberté excessive des mœurs. *Sa vie est dissolue, vouée au **libertinage**.* (Syn. **débauche**.)

libido (nom féminin) Instinct, désir sexuel.
★ **Libido** est un mot latin qui signifie « désir ».

libraire (nom) Commerçant qui tient une librairie. *Le **libraire** conseille Quentin sur le choix d'un livre.*

librairie (nom féminin) Magasin où l'on vend des livres. *Julie regarde les BD dans la **librairie** de son quartier.*

libre (adjectif) **1** Qui peut faire, penser et dire ce qu'il veut. *Pendant les vacances, les parents de Romain le laissent tout à fait **libre**.* **2** Qui n'est pas enfermé. *Le tribunal l'a acquitté, il est **libre**.* (Contr. **captif, détenu, prisonnier**.) **3** Qui n'est pas occupé. *La place est **libre** ! Es-tu **libre** demain ?* (Syn. **disponible**. Contr. **occupé**.) **4** Qui n'est pas gouverné par un dictateur ou dominé par un autre État. *La France est un pays **libre**.* • **École libre** : école qui n'est pas organisée par l'État. (Syn. **privé**. Contr. **public**.) • **Entrée libre** : entrée gratuite ou sans obligation d'achat.

libre arbitre (nom masculin) Pouvoir qu'a l'homme de se déterminer librement. *La question du **libre arbitre** s'oppose à celle de la prédestination.*

libre-échange (nom masculin) Système qui préconise la suppression des droits de douane et de toute entrave au commerce international. *Cette zone de **libre-échange** va faciliter la circulation des marchandises entre ces deux États.*
▶ Pluriel : des **libres-échanges**.

librement (adverbe) **1** En étant libre. *On peut circuler **librement** dans le pays.* **2** Avec franchise. *Vous pouvez parler **librement**.*

libre penseur, euse (nom et adjectif) Personne qui pense en toute liberté sans se plier aux idées établies par la religion. *Il tient des propos **libres penseurs**.*
▶ Pluriel : des **libres penseurs, seuses**.

libre-service (nom masculin) Magasin où les clients se servent eux-mêmes.
▶ Pluriel : des **libres-services**.

librettiste (nom) Personne qui compose la musique d'un opéra sur un livret.

libyen, enne → tableau p. 6 / 7.

lice (nom féminin) **1** Palissade de bois qui entoure un château fort. **2** Enclos, champ où se déroulaient les courses, les joutes, les tournois. • **Entrer en lice** : se jeter dans la lutte, entrer en compétition.

licence (nom féminin) **1** Autorisation pour exercer un sport ou un commerce. *L'entraîneur lui a signé sa **licence**.* **2** Diplôme universitaire. *Elle fait une **licence** de biologie.*

licencié, ée (nom) **1** Personne qui a une licence. *Le père de Yann est un **licencié** en lettres.* **2** Sportif qui a une licence. **3** Salarié faisant l'objet d'un licenciement.

licenciement (nom masculin) Action de licencier. *Comme l'entreprise ferme, il y aura deux cents **licenciements**.*

a b c d e f g h i j k l m n o p q r s t u v w x y z

licencier (verbe) (conj. 10) Cesser d'employer quelqu'un. *On va **licencier** une partie du personnel de l'usine.* (Contr. **embaucher.**)
★ Famille du mot : licencié, licenciement.

licencieux, euse (adjectif) Qui est contraire aux bonnes mœurs, qui offense la pudeur. *Ses propos **licencieux** choquent son entourage.* (Syn. **grivois.**)

lichen (nom masculin) Plante qui a l'aspect d'une mousse sèche et qui pousse sur les arbres, les pierres. *Le **lichen** permet de trouver la direction du nord car il pousse toujours de ce côté des troncs.*
► Prononciation [likɛn].

licite (adjectif) Permis par la loi ou le règlement. *Je me demande si sa fortune est due à des activités **licites**.* (Contr. **illicite.**)

licol (nom masculin) Lien passé autour du cou des chevaux, des ânes, pour les attacher, les conduire. *Romain retire le **licol** du cheval et le lâche dans le pré.*
► On dit aussi **licou**.

licorne (nom féminin) Animal légendaire ayant un corps de cheval et une longue corne au milieu du front.

lie (nom féminin) Dépôt laissé par le vin ou le vinaigre. *Le tonneau est vide, il n'y a plus que de la **lie**.*

lied (nom masculin) Poème allemand mis en musique et chanté par un soliste. *Les **lieds** de Schubert.*
► Pluriel : des **lieds** ou des **lieder**.
► **Lied** est un mot allemand : on prononce [lid].

lie-de-vin (adjectif) Rouge violacé. *Il a une tache **lie-de-vin** sur le front depuis sa naissance.*
► Pluriel : des robes **lie-de-vin**.

liège (nom masculin) Matière légère et imperméable fournie par l'écorce du chêne-liège. *Les bouchons, les flotteurs sont en **liège**.*

① **liégeois, oise** → tableau p. 6 / 7.

② **liégeois, oise** (adjectif) • **Café, chocolat liégeois** : glace au café, au chocolat, nappée de crème chantilly.

lien (nom masculin) **1** Ce qui sert à lier. *Une corde, une lanière, une courroie, un ruban sont des **liens**.* **2** Relation entre deux personnes. *Ils ont le même nom, mais ils n'ont aucun **lien** de parenté. Travailler ensemble crée des **liens**.* **3** Rapport entre deux éléments. *Je n'ai pas fait le **lien** entre ces deux histoires.* (Syn. **rapprochement.**)

lier (verbe) (conj. 10) **1** Attacher avec un lien. *On lui a **lié** les mains derrière le dos.* (Syn. **attacher.** Contr. **délier.**) **2** Rapprocher par des sentiments d'amitié. *Victor et Laura **sont** très **liés**.* (Syn. **unir.**) **3** Mettre deux choses en rapport. *L'inspecteur **a lié** les deux affaires.*
★ Famille du mot : délier, liaison, lien.

lierre (nom masculin) Plante aux feuilles toujours vertes, qui s'accroche à un support. *La maison en ruines est couverte de **lierre**.*

liesse (nom féminin) Dans la langue littéraire, joie générale. *Le mariage du prince et de la princesse fut un jour de **liesse**.*

① **lieu, lieux** (nom masculin) Endroit de l'espace où il se passe quelque chose. *Ce carrefour est un important **lieu** de passage. Je suis arrivé sur les **lieux** peu après l'accident.* • **Au lieu de** : plutôt que de. *Tu ferais mieux de nous aider **au lieu de** pleurer !* • **Avoir lieu** : se produire. *Cet accident **a eu lieu** la semaine dernière.* • **Il y a lieu** : il faut. ***Il y a lieu** d'être satisfait.* • **Lieu commun** : idée banale que tout le monde répète sans réfléchir. *« Il faut bien mourir de quelque chose » est un **lieu commun**.* (Syn. **cliché.**) • **Tenir lieu de** : remplacer. *Sa sœur aînée lui **a tenu lieu de** mère.*

② **lieu, lieus** (nom masculin) Poisson de mer, appelé aussi colin.

lieu-dit (nom masculin) Lieu dans la campagne qui porte un nom particulier, sans constituer une commune. *« Allume-Pipe » est un **lieu-dit** de l'Ardèche.*
► Pluriel : des **lieux-dits**.
► On écrit aussi un **lieudit**, des **lieudits**.

lieue (nom féminin) Mesure de distance qui valait environ 4 km. • **Être à cent lieues de** : très loin de. *J'**étais à cent lieues de** me douter de cela !*

lieutenant (nom masculin) Officier de grade inférieur à celui de capitaine.

lieutenant-colonel (nom masculin) Officier de grade inférieur à celui de colonel.
► Pluriel : des **lieutenants-colonels**.

lièvre (nom masculin) Mammifère sauvage ressemblant au lapin, très rapide à la course. *La femelle du **lièvre** est la hase, son petit est le levraut.* • **Courir deux lièvres à la fois** : entreprendre deux choses en même temps.

liftier, ère (nom) Personne chargée de faire fonctionner un ascenseur dans un hôtel.

lifting (nom masculin) Opération de chirurgie esthétique qui consiste à tendre la peau du visage pour supprimer les rides.
► **Lifting** est un mot anglais : on prononce [liftiŋ].

ligament (nom masculin) Ensemble de fibres qui relient entre eux les os d'une articulation.

ligature (nom féminin) Fil servant à ligaturer. *Un rameau greffé est maintenu par une **ligature**.*

ligaturer (verbe) (conj. 3) Serrer ou assembler par un lien. *Le jardinier **ligature** la branche greffée.*

lige (adjectif) Se disait du vassal lié au seigneur par une promesse de fidélité et de dévouement absolu. • **Homme lige** : homme qui est tout dévoué à une personne, à un parti, à un groupe.

light (adjectif) Se dit d'un aliment qui contient peu ou pas de graisse ou de sucre, ou bien d'un tabac faible en nicotine. *Un soda **light**.*
► Prononciation [lajt].
► Pluriel : des **fromages light**.
★ **Light** est un mot anglais qui signifie « léger ».

ligne (nom féminin) **1** Trait continu. *Myriam trace une **ligne** avec son crayon. William écrit en suivant les **lignes** de son cahier.* **2** Limite qui sépare deux espaces. *Le chauffard a franchi la **ligne** blanche.* **3** Suite de mots écrits d'un côté à l'autre d'une page. *Un texte de trente **lignes**.* **4** Itinéraire d'un bus, d'un métro ou d'un train. *Le trafic est interrompu sur la **ligne** 2.* **5** Suite de personnes ou de choses. *Mettez-vous sur une seule **ligne** !* (Syn. **rangée**.) **6** Fil d'une canne à pêche. *Le pêcheur a accroché un ver au bout de sa **ligne**.* **7** Câble qui transporte l'électricité ou les communications téléphoniques. *L'orage a coupé la **ligne**.* **8** Élégance de la silhouette. *Papa fait du sport pour garder la **ligne**.* • **Ligne de conduite** : principe qui guide l'action. • **Sur toute la ligne** : complètement.
★ Famille du mot : **alignement**, **aligner**, **lignée**.

lignée (nom féminin) Ensemble des descendants d'une personne. *Louis XVI était de la **lignée** des Bourbons.*

lignite (nom masculin) Charbon brunâtre, combustible, qui provient de la décomposition incomplète de divers végétaux.

ligoter (verbe) (conj. 3) Attacher solidement les bras et les jambes d'une personne. *Il **a ligoté** sa sœur pour jouer aux Indiens.*

ligue (nom féminin) Association fondée dans un but précis. *La **ligue** antialcoolique s'efforce de lutter contre l'alcoolisme.*

se **liguer** (verbe) (conj. 3) S'unir contre quelqu'un. *C'est à croire que vous **vous êtes** tous **ligués** contre moi !*

ligule (nom féminin) Membrane en forme de languette, située à la jonction de la base de la feuille et de la tige de certaines plantes.

lilas (nom masculin) Arbuste à fleurs en grappes très odorantes, blanches ou mauves.

lilliputien, enne (adjectif et nom) Très petit. *Myriam déteste qu'on la traite de **lilliputienne**.*
► Prononciation [lilipysjɛ̃, ɛn].
★ **Lilliputien** vient de *Lilliput*, nom du pays des « Voyages de Gulliver ».

limace (nom féminin) Mollusque sans coquille, allongé et rampant, nuisible pour les jardins. *Les **limaces** ont mangé la salade.*

limaille (nom féminin) Poudre de métal constituée de fines particules détachées par le frottement de la lime. *La **limaille** de fer s'aimante lorsqu'elle est placée à proximité d'un aimant.*

limande (nom féminin) Poisson de mer plat.

limbe (nom masculin) **1** Bord gradué d'un instrument de mesure circulaire. *Le **limbe** d'un rapporteur.* **2** Partie aplatie de la feuille d'un végétal. *Le **limbe** de la feuille de marronnier est divisé.*

limbes (nom masculin pluriel) Séjour des âmes des enfants morts avant le baptême. • **Être dans les limbes** : n'être pas encore réalisé, fini.

lime (nom féminin) Outil qui sert à user ou à polir. *Une **lime** à bois, une **lime** à ongles.*
★ Famille du mot : **limaille**, **limer**.

limer (verbe) (conj. 3) User ou façonner. *Le serrurier **lime** une clé.*

limier (nom masculin) **1** Grand chien de chasse utilisé pour dépister le gibier. **2** Personne habile à suivre une piste. *On a lancé sur ses traces les meilleurs **limiers** de Scotland Yard.*

liminaire (adjectif) Qui est placé au début d'un livre, d'un écrit, d'un discours. *La préface et le prologue sont des explications **liminaires**.*

limitation (nom féminin) État de ce qui est limité. *Dans les agglomérations, la **limitation** de vitesse est de 50 km/h.*

limite (nom féminin) **1** Ce qui sépare deux territoires. *On marque les **limites** des champs et des terrains avec des bornes.* **2** Fin d'une période. *Noémie attend toujours la dernière **limite** pour faire ses devoirs.* **3** Point extrême qu'on ne peut dépasser. *Ma patience a des **limites** !*
★ Famille du mot : **délimiter**, **illimité**, **limitation**, **limiter**, **limitrophe**.

limiter (verbe) (conj. 3) Fixer les limites de quelque chose. *L'accès à l'ascenseur **est limité** à cinq personnes seulement.*

limitrophe (adjectif) Qui est à la limite d'un pays ou d'une région. *L'Algérie et le Maroc sont des pays **limitrophes**.*

limnée (nom féminin) Mollusque gastéropode, à coquille conique et allongée, très répandu dans les eaux douces stagnantes.
► On écrit aussi **lymnée**.

limoger (verbe) (conj. 5) Priver de ses responsabilités, de son poste une personne haut placée.
★ **Limoger** vient du nom de *Limoges*, ville où le maréchal Joffre muta une centaine de généraux jugés incapables au début la Première Guerre mondiale.

limon (nom masculin) Terre légère et fertile, faite d'argile et de sable déposés par les cours d'eau.

limonade (nom féminin) Boisson gazeuse, sucrée et acidulée.

limousin, ine → tableau p. 6 / 7.

limousine (nom féminin) Automobile luxueuse, très longue à trois glaces latérales et quatre portes. *Hélène rêve de faire un tour en **limousine**.*

limpide (adjectif) **1** Parfaitement clair et transparent. *L'eau **limpide** d'un torrent.* (Contr. **trouble**.) **2** Facile à comprendre. *Une explication **limpide**.* (Contr. **obscur**.)

limpidité (nom féminin) Qualité de ce qui est limpide. *On l'a félicité pour la **limpidité** de son exposé.* (Syn. **clarté**.)

lin (nom masculin) Plante à fleurs bleues dont on utilise la fibre pour faire de la toile et la graine pour faire de l'huile. *Une nappe en fil de **lin**.*

linceul (nom masculin) Pièce de toile dans laquelle on ensevelit un mort. (Syn. **suaire.**)

linéaire (adjectif) Qui se fait par des lignes. *Dans un dessin **linéaire**, on ne représente que les contours.*

linge (nom masculin) Ensemble des pièces de tissu qu'on utilise dans une maison. *Les nappes et les serviettes sont le **linge** de table, les sous-vêtements sont le **linge** de corps.*

lingère (nom féminin) Femme chargée de l'entretien, de la distribution du linge dans une communauté, un hôtel, une maison.

lingerie (nom féminin) Ensemble constitué de sous-vêtements et des vêtements de nuit féminins. *Odile a acheté une chemise de nuit au rayon **lingerie**.*

lingot (nom masculin) Bloc de métal qui a été coulé dans un moule. *Les **lingots** d'or sont entreposés dans le coffre de la banque.*

linguistique (nom féminin) Science qui étudie le langage et les langues parlées dans le monde.
▶ Prononciation [lɛ̃gɥistik].

linoléum (nom masculin) Revêtement de sol imperméable et lisse. *Les couloirs de l'hôpital sont recouverts de **linoléum**.*
▶ Prononciation [linoleɔm].
▶ Ce mot s'abrège souvent **lino**.
★ **Linoléum** a été formé à partir de deux mots latins qui signifient « lin » et « huile », car ce matériau était enduit d'huile de lin.

linotte (nom féminin) Petit oiseau chanteur. • **Tête de linotte** : personne très étourdie.
★ **Linotte** vient du mot *lin*, car cet oiseau aime particulièrement les graines de lin.

linteau, eaux (nom masculin) Pièce horizontale de pierre, de bois ou de métal placée en haut d'une ouverture pour soutenir la maçonnerie. *Il y a une date sur le **linteau** de la porte.*

lion (nom masculin) Grand félin d'Afrique. *Le **lion** rugit.* • **La part du lion** : la part la plus grosse prise par le plus fort.

lionceau, eaux (nom masculin) Petit du lion et de la lionne.

lionne (nom féminin) Femelle du lion. *Les **lionnes** n'ont pas de crinière, contrairement aux mâles.*

lipide (nom masculin) Corps gras. *L'huile, le beurre sont des **lipides**.*

lippu, ue (adjectif) Qui a de grosses lèvres. *Sa bouche **lippue** lui donne un charme particulier.*

liquéfaction (nom féminin) Passage d'un corps gazeux ou d'un solide à l'état liquide. *La **liquéfaction** des gaz en facilite le transport et le stockage.* (Contr. **solidification.**)

liquéfiable (adjectif) Qui peut être transformé à l'état liquide. *Les gaz sont **liquéfiables**.*

liquéfier (verbe) (conj. 10) Rendre liquide. *La crème glacée s'**est liquéfiée** hors du réfrigérateur.*

liquette (nom féminin) Synonyme familier de chemise.

liqueur (nom féminin) Boisson alcoolisée aromatisée et sucrée. *De la **liqueur** de framboise.*

liquidation (nom féminin) Action de liquider. *Le magasin annonce une **liquidation** avant la fermeture définitive.*

liquide (adjectif) **1** Qui coule ou a tendance à couler. *La cire devient **liquide** quand on la chauffe.* **2** Se dit de l'argent qui se présente sous forme de pièces et de billets. *Vous préférez un chèque ou de l'argent **liquide** ?*
▪ **liquide** (nom masculin) **1** Substance liquide. *La glace est un solide, l'eau est un **liquide**.* **2** Argent liquide. *Voici 500 euros en **liquide**.* (Syn. **espèces.**)
★ Famille du mot : liquéfi**able**, liquéfi**er**, liquid**er**, liquid**ité**.

liquider (verbe) (conj. 3) **1** Vendre des marchandises au rabais. *La libraire **liquide** son stock parce qu'elle part en retraite.* (Syn. **brader, solder.**) **2** Synonyme familier de tuer. *Les bandits **ont liquidé** le dernier témoin.*

liquidité (nom féminin) **1** État de ce qui est plus ou moins liquide. *La **liquidité** d'une sauce.* **2** État d'un bien dont la valeur est exactement déterminée. *La **liquidité** d'une dette, d'un remboursement.*
▪ **liquidités** (nom féminin pluriel) Somme d'argent disponible immédiatement. *Les **liquidités** d'une entreprise.*

liquoreux, euse (adjectif) Se dit de certains vins sucrés et riches en alcool. *Le porto est un vin **liquoreux**.*

① **lire** (verbe) (conj. 45) **1** Reconnaître et comprendre les signes écrits. *Maintenant, Sarah sait **lire** et écrire.* **2** Prendre connaissance d'un texte écrit. *Xavier **lit** une histoire passionnante.* **3** Dire à haute voix un texte écrit. *Pendant les vacances, maman nous **a lu** « Les Trois Mousquetaires ».* **4** Deviner grâce à certains signes. *Je **lis** dans tes yeux que tu es inquiète.*
★ Famille du mot : **il**lisi**ble**, lisi**ble**, lisible**ment**, **re**lire.

② **lire** (nom féminin) Ancienne monnaie italienne, avant le passage à l'euro.

lis (nom masculin) Plante à grandes fleurs très parfumées. • **Fleur de lis** : autrefois, emblème des rois de France.
▶ Prononciation [lis].
▶ On écrit aussi **lys**.

liseré (nom masculin) Ruban étroit dont on borde un vêtement. *Le col de son corsage est orné d'un **liseré** vert.*
▶ On écrit aussi **lisére** [lizeʀe].

liseron (nom masculin) Plante grimpante, à fleurs en forme d'entonnoir.

lisible (adjectif) Facile à lire. *Écris plus gros, ce sera plus **lisible** !* (Contr. **illisible.**)

lisiblement (adverbe) De façon lisible. *Il faut écrire l'adresse **lisiblement**.*

lisier (nom masculin) Mélange de déjections animales et de déchets de fourrages, plus ou moins liquide. (Syn. **purin.**)

lisière (nom féminin) **1** Limite d'un endroit. *Nous voilà à la **lisière** de la forêt.* **2** Bord d'une étoffe ou d'un tricot. *Il n'y a pas d'ourlet à faire, c'est la lisière du tissu.*

lisse (adjectif) Qui est doux et uni au toucher. *La paroi de la baignoire est **lisse**.* (Contr. **granuleux, rugueux.**)

lisser (verbe) (conj. 3) Rendre lisse. *Le chat **lisse** ses poils avec sa langue.*

liste (nom féminin) Ensemble de mots inscrits les uns à la suite des autres. *Fais la **liste** de ce que tu dois acheter avant de partir.*

listériose (nom féminin) Maladie infectieuse fréquente chez les animaux de ferme et transmissible à l'homme. *Chez l'homme, la **listériose** peut se manifester sous forme de méningite.*

listing (nom masculin) Liste obtenue avec des moyens informatiques. *Ce **listing** donne les noms de tous les candidats.*
▶ **Listing** est un mot anglais : on prononce [listiŋ].

lit (nom masculin) **1** Meuble sur lequel on se couche pour dormir. *Il est temps d'aller au **lit** !* **2** Creux fait par un fleuve, où il coule habituellement. *Le torrent est sorti de son **lit** et a inondé le village.*
★ Famille du mot : s'**aliter**, **literie**.

litanie (nom féminin) Énumération longue et monotone. *Madame Dupond a entamé la **litanie** de ses griefs.*
★ **Litanie** vient d'un mot grec qui signifie « prière » : les litanies de la Vierge sont des prières à la Vierge Marie.

litchi (nom masculin) Petit fruit exotique très sucré, à gros noyau.
▶ On écrit aussi **lychee**.

literie (nom féminin) Garniture d'un lit. *Le sommier, le matelas, le traversin, les oreillers, les draps et les couvertures constituent la **literie**.*

lithium (nom masculin) Métal alcalin, utilisé pour l'élaboration d'alliages résistant au frottement. • **Sels de lithium** : ce sont des sels utilisés dans le traitement thérapeutique de certaines dépressions psychologiques.
▶ Prononciation [litjɔm].

lithobie (nom masculin) Mille-pattes carnassier, de couleur brun-roux, fréquent sous les pierres et dans l'humus.

lithographie (nom féminin) Reproduction d'un dessin. *Cette **lithographie** est signée d'un grand artiste.*
▶ Ce mot s'abrège **litho**.
★ **Lithographie** vient de deux mots grecs qui signifient « écriture sur pierre », car ce procédé de reproduction utilise des pierres calcaires.

lithosphère (nom féminin) Partie rigide de la sphère terrestre constituée de la croûte et du manteau supérieur. *Les plaques de la **lithosphère**.*

litière (nom féminin) **1** Paille sur laquelle se couchent les animaux dans une écurie. **2** Matière absorbante dans laquelle les chats d'appartement font leurs besoins.

litige (nom masculin) Désaccord entre deux personnes. *Un **litige** se règle à l'amiable ou en justice.* (Syn. **différend.**)

litote (nom féminin) Figure de rhétorique qui consiste à dire moins que ce que l'on pense tout en suggérant plus. *« Va, je ne te hais point », dans « le Cid », est une **litote** qu'utilise Chimène pour dire à Rodrigue qu'elle l'aime.*

litre (nom masculin) **1** Unité de mesure de capacité employée surtout pour les liquides. *La cuve à mazout contient 1 000 **litres**.* **2** Récipient d'un litre et son contenu. *Achète-moi un **litre** de lait.*
▶ **Litre** s'abrège *l* ou *L*.

littéraire (adjectif) Qui concerne la littérature et les écrivains. *On étudie les grandes œuvres **littéraires** françaises au collège et au lycée.*

littéralement (adverbe) Complètement, totalement. *Il a **littéralement** disparu dans le brouillard.*

littérature (nom féminin) Ensemble des œuvres écrites par des écrivains. *La poésie, le théâtre, les contes et les romans appartiennent à la **littérature**.*

littoral, aux (nom masculin) Bord de mer. *Le **littoral** breton est très découpé.* (Syn. **côte, rivage.**)

littorine (nom féminin) Mollusque gastéropode, à coquille noirâtre, comestible. *Le bigorneau appartient à la famille des **littorines**.*

liturgie (nom féminin) Déroulement du culte d'une religion. *Il y a beaucoup de chants dans la **liturgie** orthodoxe.*

livide (adjectif) Extrêmement pâle. *À la descente du bateau, après la tempête, Yann était **livide**.* (Syn. **blême.**)

livraison (nom féminin) Action de livrer à domicile ce qui a été acheté. *Devant l'épicerie, il y a une place prévue pour les véhicules de **livraison**.*

① **livre** (nom masculin) Texte imprimé sur des feuilles réunies sous une couverture. *Ursula a pris un **livre** à la bibliothèque. Benjamin veut apprendre à relier les **livres**.* • **Livre de comptes** : registre où l'on inscrit les dépenses et les recettes. • **Livre d'or** : cahier que l'on fait signer par les visiteurs.

② **livre** (nom féminin) **1** Unité de poids valant 500 grammes. *Une **livre** de framboises, c'est un demi-kilo.* **2** Monnaie anglaise. *Le correspondant de Clément a échangé ses **livres** contre des euros.*

livrée (nom féminin) Habit que portaient les domestiques des nobles.

livrer (verbe) (conj. 3) **1** Remettre à un acheteur la marchandise commandée. *On vient de nous **livrer** le lit.* **2** Remettre au pouvoir de quelqu'un. *Le meurtrier s'**est livré** à la police.* **3** **Se livrer** : parler de

soi. *C'est quelqu'un de timide qui ne **se livre** pas beaucoup.* (Syn. se **confier.**) • **Livrer bataille** : se battre. • **Livrer un secret** : révéler le secret.
★ Famille du mot : livr**aison**, livr**eur**.

livret (nom masculin) Petit livre où l'on enregistre certains renseignements. *Le **livret** scolaire contient les notes et les appréciations des professeurs.*

livreur, euse (nom) Personne qui livre les commandes. *Le **livreur** a apporté le poste de télévision.*

lobby (nom masculin) Groupe de pression sur les pouvoirs publics, sur l'État. *Le **lobby** féministe dénonce l'inégalité des salaires entre les hommes et les femmes.*
▶ Pluriel : des **lobbys** ou des **lobbies**.
▶ **Lobby** est un mot anglais : on prononce [lɔbi].

lobe (nom masculin) Partie arrondie du bas de l'oreille.

lobotomie (nom féminin) Opération qui consiste à sectionner certaines fibres nerveuses du lobe frontal du cerveau.

local, ale, aux (adjectif) Qui concerne un endroit ou une région. *La météo **locale** a annoncé des chutes de neige. Le dentiste lui a fait une anesthésie **locale**.*
▪ **local, aux** (nom masculin) Bâtiment ou salle pouvant servir à tel ou tel usage. *Ils ont trouvé un **local** pour se réunir.*
★ Famille du mot : locale**ment**, locali**sation**, locali**ser**, locali**té**.

localement (adverbe) Dans certains endroits. *Des orages sont annoncés **localement**.*

localisation (nom féminin) Action de localiser. *Le radar a permis au skipper une **localisation** précise de l'iceberg.*

localiser (verbe) (conj. 3) Déterminer le lieu où se trouve quelque chose ou quelqu'un. *Les équipes de secours **ont localisé** les alpinistes.*

localité (nom féminin) Petite agglomération ou village. *Ils campent dans une **localité** de l'Aveyron.*

locataire (nom) Personne qui loue un logement. *Le **locataire** paye un loyer au propriétaire.*

location (nom féminin) **1** Action de louer. *Les parents de David ont pris une villa en **location** pour les vacances.* **2** Réservation de places de spectacle. *La **location** s'arrête à 18 heures.*

loco- Élément tiré du latin qui signifie « lieu » (exemples : *locomotion, locomotive*).

locomoteur, trice (adjectif) Qui sert à la locomotion, au déplacement. *Les organes **locomoteurs** de l'insecte sont reliés à son thorax.*
▪ **locomotrice** (nom féminin) Locomotive de puissance moyenne.

locomotion (nom féminin) Transport d'un lieu à un autre. *Le vélo, l'automobile, le train, l'avion sont des moyens de **locomotion**.*

locomotive (nom féminin) Machine qui tire les trains. *Une **locomotive** électrique.*

locuteur, trice (nom) Sujet, personne qui parle. *Le **locuteur** émet un message qui sera décodé par l'auditeur.*

locution (nom féminin) Groupe de mots toujours employés ensemble avec un sens particulier. *« Mettre la puce à l'oreille » est une **locution** qui signifie « éveiller les soupçons ».* (Syn. **expression.**)

logarithme (nom masculin) Puissance affectée à un nombre pour obtenir autre un nombre. *2 est le **logarithme** de 100 dans le système à base 10 car $10^2 = 100$.*

loge (nom féminin) **1** Petit logement du gardien. *La **loge** est à droite dans le hall de l'immeuble.* **2** Petite pièce dans les coulisses d'une salle de spectacle où les artistes se changent et se maquillent. • **Être aux premières loges** : être très bien placé pour voir quelque chose.

logement (nom masculin) Local où l'on peut loger. *Il y a un **logement** libre au-dessus de chez nous.*

loger (verbe) (conj. 5) **1** Habiter quelque part. *Quand elle va à Paris, elle **loge** à l'hôtel.* (Syn. **demeurer, résider, vivre.**) **2** Donner un logement à quelqu'un. *Ils **ont logé** un ami pendant 6 mois.* (Syn. **héberger.**) **3** Faire entrer quelque part. *Le coffre de la voiture est plein, on ne peut rien y **loger** de plus.* (Syn. **mettre.**) **4 Se loger** : s'installer dans un logement. *Ils ont trouvé à **se loger** en banlieue.*
★ Famille du mot : **dé**loger, loge**ment**, loge**ur**, log**is**, **re**loger.

logeur, euse (nom) Personne qui loue des chambres meublées. *Il a payé son loyer à la **logeuse**.*

loggia (nom féminin) Balcon couvert. *En été, ils dînent dans la **loggia**.*
▶ Prononciation [lɔdʒja].

logiciel (nom masculin) Programme pour un ordinateur. *Ibrahim a acheté un nouveau **logiciel** de jeu.*

-logie Élément tiré du grec qui signifie « parole, discours, étude » (exemples : *écologie, géologie*).

logique (adjectif) Qui est en accord avec la raison ou qui est cohérent. *Tu n'as plus faim, tu t'arrêtes de manger ; c'est **logique**.* (Contr. **absurde, illogique.**)
▪ **logique** (nom féminin) Suite et cohérence dans le raisonnement. *Ce n'est pas étonnant qu'il soit bon en maths, il est la **logique** même !*
★ Famille du mot : **il**logique, logique**ment**.

logiquement (adverbe) De façon logique. ***Logiquement**, les enfants ne devraient pas tarder à rentrer.* (Syn. **normalement.**)

logis (nom masculin) Endroit où on loge. *Après des années d'absence, son voisin est de retour au **logis**.* (Syn. **maison.**)

logistique (nom féminin) Organisation matérielle d'une collectivité, d'une entreprise. *La fête du collège nécessite une certaine **logistique**.*

ogo (nom masculin) Dessin qui sert d'emblème à ne marque.

oi (nom féminin) **1** Ensemble des règles imposées à ous les individus d'une société, et fixant les droits t les devoirs de chacun. *Dans une démocratie, 'est le Parlement qui vote les **lois**.* **2** Règle qui xplique un phénomène naturel. *Newton a découert les **lois** de la pesanteur.*

oin (adverbe) **1** À une grande distance. *Au **loin**, on oit un bateau. De **loin**, on dirait un oiseau. Elle abite **loin** du centre.* (Contr. **près**.) **2** À une époque loignée. *Il est déjà **loin** le temps où tu as appris à 're.* • **Aller loin** : réussir dans la vie. • **Aller trop loin** : xagérer. • **Loin de là** : bien au contraire. • **Revenir e loin** : avoir échappé à un grand danger. • **Voir loin** : tre prévoyant.

ointain, aine (adjectif) Qui est éloigné dans le emps ou dans l'espace. *Le vieil homme nous a onté des souvenirs de sa **lointaine** jeunesse.* Contr. **proche**.)
lointain (nom masculin) • **Dans le lointain** : au loin. *On distingue une voile **dans le lointain**.*

oir (nom masculin) Petit rongeur à la queue longue t touffue. *Les **loirs** dorment pendant tout l'hiver.*

oisirs (nom masculin pluriel) **1** Moments libres pour e distraire. *Depuis qu'il est retraité, il a beaucoup lus de **loisirs**.* **2** Distractions avec lesquelles on ccupe son temps libre. *La lecture et la piscine sont es **loisirs** favoris.*

okoum Voir ***loukoum***.

ombago (nom masculin) Douleur dans le bas du os. *En jouant au ping-pong, j'ai attrapé un **ombago**.*
► Prononciation [lɔ̃bago] ou [lœ̃bago].
► On écrit aussi **lumbago**.

ombaire (adjectif) Qui se situe en bas du dos. *Les vertèbres **lombaires**.*

ombalgie (nom féminin) Douleur dans la région asse de la colonne vertébrale. *Le père d'Anna doit ester allongé à cause d'une **lombalgie**.*

ombes (nom féminin pluriel) Synonyme de reins.

ombric (nom masculin) Nom scientifique du ver le terre.

ompe Voir ***lump***.

ondonien, enne → tableau p. 6 / 7.

ong, longue (adjectif) **1** Dont la longueur est mportante. *Cette rue est **longue**.* (Contr. **court**.) **2** Qui a telle longueur. *L'étagère est **longue** de deux mètres.* **3** Qui dure longtemps ou depuis longemps. *La **longue** traversée de Christophe Colomb.* Contr. **bref, court**.) **4** Qui met du temps à faire quelque chose. *Elle est bien **longue** à revenir !*
▪ **long** (adverbe) Beaucoup. *Son regard en dit **long** sur sa peine.*
▪ **long** (nom masculin) Longueur. *Le couloir a 10 mètres de **long**.* • **De long en large** : en refaisant sans cesse le même trajet dans les deux sens. *Il a parcouru la plage **de long en large**.* • **De tout son long** : en étant entièrement étendu par terre. • **En long et en large** : sans faire grâce d'aucun détail. *Il nous a raconté son voyage **en long et en large**.* • **Le long de** : en suivant le bord.
▪ **longue** (nom féminin) • **À la longue** : avec le temps.
★ Famille du mot : **allongé**, **allongement**, **allonger**, long-courrier, long-métrage, longue**ment**, longu**eur**, longue-vue, **rallonge**, **rallonger**.

long-courrier (nom masculin) Navire ou avion qui effectue de longs trajets.
► Pluriel : des **long-courriers**.

longe (nom féminin) Longue courroie pour conduire ou attacher un cheval. *La cavalière tient son cheval par la **longe**.*

longer (verbe) (conj. 5) Se déplacer ou être le long de quelque chose. *La péniche **longe** le quai. La route **longe** la mer.*

longeron (nom masculin) Chacune des pièces longitudinales qui forme l'ossature principale d'un châssis. *Les **longerons** de sa voiture sont tout rouillés : il ne doit plus rouler avec.*

longévité (nom féminin) Longue durée de la vie. *Mourir à 122 ans, voilà une très belle **longévité**.*

longiligne (adjectif) Mince et élancé. *Sa silhouette **longiligne** se reconnaît de loin.*

longitude (nom féminin) Distance qui sépare un point de la Terre du méridien de Greenwich en Angleterre. *Paris est à 2° 20' de **longitude** est.*

longitudinal, ale, aux (adjectif) Dans le sens de la longueur. *Voici une coupe **longitudinale** de cette plante.* (Contr. **transversal**.)

long-métrage (nom masculin) Film cinématographique de plus de 70 minutes. *Après avoir tourné plusieurs documentaires, ce cinéaste vient de réaliser sont premier **long-métrage**.*
► Pluriel : des **longs-métrages**.

longtemps (adverbe) Pendant un long espace de temps. *Ça fait **longtemps** qu'on ne t'a pas vu.*

longue Voir ***long***.

longuement (adverbe) D'une façon longue, et parfois trop longue. *Il nous a **longuement** raconté son voyage.* (Contr. **brièvement**.)

longueur (nom féminin) **1** La plus grande dimension d'une surface. *La table a une **longueur** de deux mètres.* (Contr. **largeur**.) **2** Trop longue durée. *Elle trouve ce séjour d'une **longueur** interminable.* • **À longueur de** : pendant tout le temps de. *Il se plaint de tout, **à longueur de** journée.* • **Traîner en longueur** : durer trop longtemps.

longue-vue (nom féminin) Lunette qui grossit les objets éloignés. *Le capitaine a pris sa **longue-vue** pour observer la baleine qui s'éloignait.*
► Pluriel : des **longues-vues**.

look (nom masculin) Dans la langue familière, aspect physique. *En se coupant les cheveux, Zoé a changé radicalement de **look** !*
▶ **Look** est un mot anglais : on prononce [luk].

looping (nom masculin) Acrobatie d'un avion qui consiste à faire une boucle dans le ciel.
▶ **Looping** est un mot anglais : on prononce [lupiŋ].

lopin (nom masculin) Petit morceau de terrain. *Il cultive un **lopin** de terre près de sa maison.*

loquace (adjectif) Qui parle beaucoup. *Tu n'es guère **loquace** ce soir, es-tu fatigué ?* (Syn. **bavard.** Contr. **taciturne.**)

loque (nom féminin) Morceau de tissu usé ou déchiré. *Ton jean tombe en **loques** !* (Syn. **lambeau.**)

loquet (nom masculin) Petite barre de métal mobile qui sert de fermeture. *En soulevant le **loquet**, on ouvre la porte.*

loqueteux, euse (adjectif) En loques. *Des vêtements **loqueteux**.*
▪**loqueteux, euse** (nom) Personne vêtue de loques.

lord (nom masculin) Titre de noblesse anglais.

lordose (nom féminin) Déformation de la colonne vertébrale.

lorgner (verbe) (conj. 3) Regarder du coin de l'œil, avec envie. *Attention, le chat **lorgne** ton poisson !* (Syn. **guigner, loucher sur.**)
★ **Lorgner** vient de l'ancien français *lorgne* qui signifie « qui louche ».

lorgnette (nom féminin) Petite lunette utilisée pour mieux voir au théâtre. • **Regarder par le petit bout de la lorgnette** : ne s'intéresser qu'aux détails secondaires.

lorgnon (nom masculin) Paire de lunettes sans branches qui tenait sur le nez grâce à un ressort. *Le **lorgnon** était à la mode en 1900.*

loriot (nom masculin) Passereau jaune et noir au chant sonore.

lorrain, aine → tableau p. 6 / 7.

lors (adverbe) • **Depuis lors** : depuis ce moment. • **Lors de** : au moment de. *Pierre et Anna se sont rencontrés **lors d'**un mariage.*

lorsque (conjonction) Au moment où. *On ne doit pas téléphoner **lorsqu'**il y a de l'orage.* (Syn. **quand.**)

losange (nom masculin) Parallélogramme dont les quatre côtés sont égaux mais dont les angles ne sont pas droits.

lot (nom masculin) **1** Ce que l'on gagne à la loterie. *Que ferais-tu si tu gagnais le gros **lot** ?* **2** Ce qui est attribué à chacun dans un partage. *Le domaine a été partagé en plusieurs **lots** entre les héritiers.* **3** Articles de même nature, vendus en un seul bloc. *Sur le marché, un camelot vendait des **lots** de torchons.*
★ Famille du mot : **loterie, loti, lotissement.**

loterie (nom féminin) Jeu de hasard où l'on tire a sort les numéros gagnants. *Le n° 12 623 a gagn le gros lot de notre **loterie**.*

loti, ie (adjectif) • **Être bien loti** *ou* **mal loti** : être favo risé ou défavorisé par le sort.

lotion (nom féminin) Liquide spécialement prépar pour les soins de la toilette. *Son père utilise un **lotion** pour ses cheveux.*

lotir (verbe) (conj. 11) Partager en lots. ***Lotir** un ter rain.*

lotissement (nom masculin) Terrain à bâtir par tagé en lots. *Ils font construire un pavillon dans l nouveau **lotissement**.*

loto (nom masculin) **1** Jeu où l'on doit placer sur de cartons à cases numérotées les jetons correspon dants tirés au hasard. *Romain et Élodie font une par tie de **loto**.* **2** Loterie nationale française où le numéros gagnants rapportent de l'argent.

lotte (nom féminin) Poisson de mer à la tête énorm et à la peau épaisse. (Syn. **baudroie.**)

lotus (nom masculin) Variété de nénuphar à gran des fleurs. *En Inde, les **lotus** sont des fleurs sacrées*
▶ Prononciation [lɔtys].

louable (adjectif) Digne d'être loué. *Les élèves on fait de **louables** efforts ce trimestre.* (Contr. **blâmable condamnable.**)

louanges (nom féminin pluriel) Paroles qui louen quelqu'un. *L'acteur a été couvert de **louanges** pa toute la presse.* (Syn. **compliments, éloges, félicitations.**)

① **louche** (adjectif) Qui paraît suspect et éveill la méfiance. *Cette affaire est **louche**, ne nous e mêlons pas !*

② **louche** (nom féminin) Cuillère large et pro fonde à long manche. *Apporte-moi la soupière et l **louche**.*

loucher (verbe) (conj. 3) Avoir les deux yeux n regardant pas dans la même direction. *On fait por ter des lunettes spéciales aux enfants qui **louchen** pour corriger leur vue.* • **Loucher sur quelque chose** synonyme familier de convoiter. *Victor **louche su** le gâteau au chocolat.*

① **louer** (verbe) (conj. 3) **1** Prêter un local ou un machine à quelqu'un contre de l'argent. *Le pro priétaire **loue** ce studio 300 euros par mois.* **2** Avoi un local ou une machine pour un temps limité, e payant. *Le père de Fatima **loue** une voiture chaqu été.* **3** Réserver une place en payant d'avance *Nous **avons loué** des places pour le concert de rock* (Syn. **retenir.**)

② **louer** (verbe) (conj. 3) **1** Dire son admiration. *L maire **a loué** les pompiers pour leur dévouement* **2** **Se louer de** : s'estimer très satisfait. *Je n'ai qu'à **me louer de** mes nouveaux amis.* (Syn. **se féliciter.**)
★ Famille du mot : **louable, louanges.**

loufoque (adjectif) Qui est bizarre et extravagant *C'est une histoire complètement **loufoque**.*

louis (nom masculin) Ancienne pièce d'or française.
★ Les **louis** ont été frappés pour la première fois sous Louis XIII, à son effigie. Sous les rois suivants, on a changé le portrait.

loukoum (nom masculin) Confiserie orientale faite d'une pâte sucrée et parfumée. *Les **loukoums** préparés par la mère d'Ibrahim sont délicieux.*
▶ On écrit aussi **lokoum**.

loup (nom masculin) **1** Mammifère carnivore à l'allure de grand chien. *Au début du siècle, il y avait beaucoup de **loups** en France. Le **loup** et la louve hurlent.* **2** Synonyme de bar, poisson de mer. **3** Petit masque noir qui se met sur les yeux. *Pour le bal masqué, Gaëlle a mis un **loup**.* • **Marcher à pas de loup** : sans bruit. • **Vieux loup de mer** : marin très expérimenté.

loupe (nom féminin) Lentille de verre qui donne une image agrandie des objets. *Le photographe regarde ses clichés à la **loupe** pour vérifier les détails.*

louper (verbe) (conj. 3) Synonyme familier de rater. *William **a** encore **loupé** le train !*

loup-garou (nom masculin) Homme qui, selon la légende, se métamorphose la nuit en loup.
▶ Pluriel : des **loups-garous**.

lourd, lourde (adjectif) **1** Qui pèse un poids important. *Le sac est **lourd**, on va le porter ensemble.* (Syn. **pesant**. Contr. **léger**.) **2** Qui est lent, sans élégance ni souplesse. *Le vieil homme marche d'un pas **lourd**.* (Syn. **pesant**.) **3** Qui manque de finesse. *Ses blagues sont toujours assez **lourdes**.* (Syn. **grossier**. Contr. **fin**.) **4** Qui est oppressant. *Comme le temps est **lourd** !* (Syn. **orageux**.) **5** Qui est pénible. *Entretenir cette maison est une **lourde** tâche.* (Syn. **accablant, écrasant**.) **6** Difficile à interrompre. *Tu n'as pas entendu l'orage ? Tu as le sommeil **lourd** !* (Syn. **profond**.) **7** Difficile à digérer. *Ce boudin aux oignons est un peu **lourd**.* (Syn. **indigeste**.)
▪ **lourd** (adverbe) Beaucoup. *Ça pèse **lourd**. Il n'en sait pas **lourd**.* • **Il fait lourd** : orageux.
★ Famille du mot : alour**dir**, lourd**aud**, lourde**ment**, lour**deur**.

lourdaud, aude (adjectif) Personne lourde de corps ou d'esprit. (Syn. **balourd**.)

lourdement (adverbe) **1** D'une manière lourde. *Elle est tombée **lourdement**.* (Syn. **pesamment**.) **2** De façon importante. *Vous vous trompez **lourdement** !* (Syn. **énormément**.)

lourdeur (nom féminin) Caractère de ce qui est lourd. *Il fait toujours des plaisanteries d'une énorme **lourdeur** !* (Contr. **finesse**.)

loustic (nom masculin) Individu farceur et peu sérieux. *C'est un drôle de **loustic** !* (Syn. **lascar, type**.)
★ **Loustic** vient de l'allemand *lustig* qui signifie « drôle » : le loustic était un soldat qui était chargé de faire rire ses camarades.

loutre (nom féminin) Petit mammifère aux pattes palmées et au pelage brun que l'on chasse pour sa fourrure. *La **loutre** se nourrit de poissons.*

louve (nom féminin) Femelle du loup. *La **louve** allaite ses louveteaux dans sa tanière.*

louveteau, eaux (nom masculin) **1** Petit du loup et de la louve. **2** Jeune scout de 8 à 12 ans.

louvoyer (verbe) (conj. 6) Naviguer en zigzag. *Quand un voilier **louvoie**, il utilise le vent qui vient de face pour avancer.*

se **lover** (verbe) (conj. 3) S'enrouler sur soi-même. *Le serpent dort au soleil, **lové** dans l'herbe haute.*

loyal, ale, aux (adjectif) Qui est fidèle à sa parole et ne triche pas. *C'est un adversaire **loyal**.* (Syn. **honnête**. Contr. **déloyal, perfide**.)
★ Famille du mot : **dé**loyal, loyale**ment**, loyau**té**.

loyalement (adverbe) D'une manière loyale. *Son ami l'a aidé **loyalement**.* (Syn. **honnêtement**. Contr. **perfidement**.)

loyauté (nom féminin) Qualité de ce qui est loyal. *La **loyauté** du chevalier Bayard était exemplaire.* (Syn. **droiture, honnêteté**. Contr. **perfidie, traîtrise**.)

loyer (nom masculin) Somme d'argent qu'un locataire paye régulièrement au propriétaire pour lui louer un appartement. *En général, on paye le **loyer** au début du mois.*

LSD (nom masculin) Hallucinogène puissant.
★ **LSD** est le sigle de l'allemand *Lysergsäurediäthylamid* qui signifie « acide lysergique diéthylamide ».

lubie (nom féminin) Fantaisie subite et un peu folle. *Xavier ne veut plus quitter ses rollers pour manger, c'est sa dernière **lubie**.* (Syn. **caprice**.)

lubrifiant (nom masculin) Produit qui lubrifie. *L'huile de paraffine est un **lubrifiant**.*

lubrifier (verbe) (conj. 10) Graisser pour rendre glissant. *Yann **lubrifie** la chaîne de son vélo.*

lubrique (adjectif) Qui manifeste un goût les plaisirs charnels. *Le regard **lubrique** de cet homme la gêne énormément.* (Syn. **concupiscent**.)

lucarne (nom féminin) Petite fenêtre percée dans le toit qui donne de la lumière dans le grenier.

lucide (adjectif) **1** Qui voit les choses telles qu'elles sont. *Benjamin voit bien les difficultés qui l'attendent, il est **lucide**.* (Syn. **clairvoyant, perspicace**.) **2** Qui a toute sa conscience. *Elle est très âgée mais parfaitement **lucide**.*
★ Famille du mot : lucide**ment**, luci**dité**.

lucidement (adverbe) De manière lucide. *Hélène a réagi **lucidement** et calmement.*

lucidité (nom féminin) Fait d'être lucide. *Malgré la maladie, il reste de bonne humeur et garde toute sa **lucidité**.* (Syn. **perspicacité, raison**.)

luciole (nom féminin) Petit insecte au corps lumineux. *Dans la nuit d'été, on voit voleter les **lucioles**.*
★ **Luciole**, comme le prénom **Lucie**, vient de l'italien *lucciola* qui signifie « petite lumière ».

lucratif, ive (adjectif) Qui rapporte de l'argent. *C'est un commerce **lucratif** qui l'enrichira très vite.*

lucre (nom masculin) Gain, profit qu'on recherche avec avidité. *Ce spéculateur n'agit que par esprit de **lucre**.*

ludique (adjectif) Qui concerne le jeu, qui est de la nature du jeu. *Les exercices scolaires **ludiques** sont très appréciés des élèves.*

ludothèque (nom féminin) Établissement où les enfants peuvent emprunter des jeux et des jouets. *Yann a rendu la mallette de jeux à la **ludothèque**.*

luette (nom féminin) Petit appendice au fond du palais. *Quand on avale, la **luette** bouche l'entrée du nez et permet qu'on ne s'étouffe pas.*

lueur (nom féminin) **1** Lumière faible ou passagère. *Ils ont monté leur tente à la **lueur** d'une lampe de poche.* **2** Expression passagère du regard. *Une **lueur** de jalousie est passée dans ses yeux.* • **Une lueur de quelque chose** : un peu. *Il reste **une lueur d'**espoir.*

luge (nom féminin) Petit traîneau. *Julie et Clément glissent sur la neige, assis sur leur **luge**.*

lugubre (adjectif) Qui est d'une tristesse affligeante. *Vous pourriez allumer la lumière, c'est **lugubre** ici !* (Syn. **sinistre.** Contr. **gai.**)
★ **Lugubre** vient du latin *lugubris* qui signifie « qui est en deuil ».

lui (pronom) Pronom personnel de la troisième personne du singulier, sujet ou complément d'objet indirect. ***Lui**, il aime le jazz. **Lui** as-tu dit ce que tu m'as raconté ?*

luire (verbe) (conj. 43) Produire ou refléter de la lumière. *Le soleil **luit** sur le lac.* (Syn. **briller.**)
★ Famille du mot : **luisant, reluire.**

luisant, ante (adjectif) Qui luit. *Son front est **luisant** de sueur.* • **Ver luisant** : coléoptère dont le corps de la femelle émet de la lumière.

lumbago Voir ***lombago***.

lumière (nom féminin) **1** Ce qui permet d'éclairer et de voir. *C'est la **lumière** du jour qui a réveillé Laura.* (Syn. **clarté.** Contr. **obscurité.**) **2** Ce qui sert à éclairer. *Allume la **lumière**, on n'y voit plus clair !* • **Faire la lumière sur une chose** : la révéler au grand jour et l'expliquer.

lumignon (nom masculin) Petite bougie. *Des **lumignons** ornent notre cheminée le soir de Noël.*

luminaire (nom masculin) Appareil d'éclairage. *Dans un magasin de **luminaires**, on trouve des lampes de chevet, des lustres, des lampadaires, des appliques.*

luminescence (nom féminin) Propriété des corps qui émettent de la lumière quand ils sont soumis à l'action d'un rayonnement. *La **luminescence** du phosphore.*
► Prononciation [lyminesɑ̃s].

lumineux, euse (adjectif) **1** Qui émet de la lumière. *Le phare de l'île est très **lumineux**, il se voit du continent.* **2** Au sens figuré, qui est très facile à comprendre. *L'exposé du conférencier était **lumineux**.* (Syn. **clair.**)

luminosité (nom féminin) Qualité de ce qui est lumineux. *Le ciel est d'une grande **luminosité**, on voit la Voie lactée.*

lump (nom masculin) Poisson marin dont les œufs sont préparés à la façon du caviar.
► Prononciation [lœ̃p].
► On écrit aussi **lompe** [lɔ̃p].

lunaire (adjectif) De la Lune. *La clarté **lunaire**.*

lunatique (adjectif) Qui change d'humeur ou d'avis très souvent et de façon imprévisible. *On ne peut pas se fier à David, il est très **lunatique**.* (Syn. **fantasque.**)
★ On pensait autrefois que l'influence de la Lune changeait l'humeur des gens.

lunch (nom masculin) Repas froid. *Pour les fiançailles de la sœur de Myriam, il y aura un **lunch**.*
► Prononciation [lœnʃ] ou [lœ̃ʃ].
► Pluriel : des **lunchs** ou des **lunches**.
★ **Lunch** est un mot anglais qui désigne le repas de midi.

lundi (nom masculin) Premier jour de la semaine. *L'école recommence chaque **lundi**.*
★ En latin, **lundi** était le jour (*dies*) consacré à la Lune.

lune (nom féminin) Astre satellite de la Terre. *C'est parce que la **Lune** renvoie les rayons du Soleil qu'elle éclaire la Terre pendant la nuit. Noémie aime se promener au clair de **lune**.* • **Demander** *ou* **promettre la lune** : quelque chose d'impossible. • **Être dans la lune** : être distrait. • **Nouvelle lune** : période où la Lune est invisible. • **Pleine lune** : période où la Lune est toute ronde.
★ Famille du mot : **alunir, alunissage, lunaire.**

luné, ée (adjectif) • **Être bien luné** *ou* **mal luné** : dans la langue familière, être de bonne ou de mauvaise humeur.

lunette (nom féminin) Instrument en forme de tube servant à observer les objets éloignés. *Odile a regardé les étoiles avec une **lunette** astronomique.* • **Lunette arrière** : vitre arrière d'une voiture.
▪ **lunettes** (nom féminin pluriel) Paire de verres fixés sur une monture, servant à corriger la vue ou à protéger les yeux. *Ibrahim est myope et a besoin de ses **lunettes** pour voir au tableau.*

lunule (nom féminin) Tache blanchâtre en forme de croissant, située à la base de l'ongle. *Si elle le pouvait, elle se rongerait les ongles jusqu'à la **lunule** !*

lupin (nom masculin) Plante aux fleurs en forme d'épi.

lurette (nom féminin) • **Il y a belle lurette** : dans la langue familière, il y a bien longtemps.
★ **Lurette** vient d'un ancien mot français *heurette*, qui signifiait « petite heure ».

luron, onne (nom) • **Joyeux** *ou* **gai luron** : personne gaie, insouciante.

lustre (nom masculin) Appareil d'éclairage à plusieurs lampes suspendu au plafond. *Il y a un **lustre** en cristal dans le hall de l'hôtel.*

lustré, ée (adjectif) Devenu brillant à cause de l'usure. *Le col et les poignets de ta veste sont **lustrés**.*

luth (nom masculin) Instrument de musique à cordes, au manche recourbé.

luthier (nom masculin) Artisan qui fabrique et répare les violons, les guitares, les violoncelles, les contrebasses.

lutin (nom masculin) Petit être légendaire, farceur et malicieux. *On disait autrefois que, pendant la nuit, les **lutins** changeaient tous les objets de place.* (Syn. **farfadet.**)

lutrin (nom masculin) Pupitre sur lequel on pose les livres dans une église.

lutte (nom féminin) **1** Sport de combat où chaque adversaire s'efforce d'immobiliser l'autre au sol. **2** Bataille entre deux adversaires. *Les deux bandes rivales se livrent une **lutte** sans merci.* (Syn. **combat.**) **3** Action menée pour vaincre un fléau. *Dans le monde entier on mène la **lutte** contre le sida.*
★ Famille du mot : lutter, lutteur.

lutter (verbe) (conj. 3) **1** Mener la lutte contre un adversaire. *Les deux cerfs **ont lutté** jusqu'à l'aube.* (Syn. **se battre, combattre.**) **2** Résister contre quelque chose. *Kevin **lutte** contre le sommeil.*

lutteur, euse (nom) **1** Sportif qui pratique la lutte. **2** Personne qui aime se battre et surmonter les obstacles. *Tout le monde n'a pas un tempérament de **lutteur**.*

lux (nom masculin) Unité d'éclairement lumineux.
► Prononciation [lyks].

luxation (nom féminin) Déplacement d'un os hors de son articulation. *Le footballeur s'est fait une **luxation** du genou.*

luxe (nom masculin) **1** Abondance d'objets chers, raffinés et pas indispensables. *Ils ont toujours vécu dans le **luxe**.* **2** Chose superflue et chère. *Manger du caviar, c'est du **luxe** !*
★ Famille du mot : luxueusement, luxueux.

luxembourgeois, oise → tableau p. 6 / 7.

se **luxer** (verbe) (conj. 3) Se faire une luxation. *Pierre **s'est luxé** le coude en tombant de sa planche à roulettes.* (Syn. **se déboîter, se démettre.**)

luxmètre (nom masculin) Appareil qui sert à mesurer l'éclairement lumineux.

luxueusement (adverbe) De manière luxueuse. *Avec sa piscine, sa voiture de sport et sa villa, il vit **luxueusement**.*

luxueux, euse (adjectif) Qui est caractérisé par le luxe. *Ils sont descendus dans un hôtel **luxueux**.* (Syn. **fastueux, somptueux.** Contr. **modeste, simple.**)

luxure (nom féminin) Pratique immodérée des plaisirs sexuels. (Syn. **débauche.** Contr. **chasteté.**)

luxuriant, ante (adjectif) Qui pousse en abondance et vigoureusement. *Une végétation **luxuriante** a envahi le jardin à l'abandon.* (Syn. **exubérant, surabondant.** Contr. **maigre, rare.**)

luzerne (nom féminin) Plante à petites fleurs violettes. *La **luzerne** sert de fourrage aux animaux de la ferme.*

lycaon (nom masculin) Mammifère canidé d'Afrique, au pelage fauve bigarré de noir et de blanc.

lycée (nom masculin) Établissement d'enseignement secondaire. *Les élèves quittent le collège en troisième et entrent au **lycée** en seconde.*
★ À Athènes, le **lycée** était un gymnase dans lequel le philosophe Aristote enseignait.

lycéen, éenne (nom) Élève d'un lycée.

lychee Voir ***litchi***.

lycra (nom masculin) Fibre textile artificielle très élastique. *Sarah ne veut pas mettre ce pantalon en **lycra** car elle le trouve trop moulant.*
★ Lycra est le nom d'une marque.

lymnée Voir ***limnée***.

lymphatique (adjectif) Qui est mou et sans énergie. *C'est une personne au tempérament **lymphatique**.* (Syn. **indolent.** Contr. **actif, nerveux.**)

lymphe (nom féminin) Liquide qui se trouve à l'intérieur de notre corps.

lymphocyte (nom masculin) Cellule sanguine présente dans le thymus, le sang, la moelle osseuse, ayant un rôle fondamental dans le développement les réactions immunitaires. *La moelle osseuse contient des **lymphocytes**.*

lyncher (verbe) (conj. 3) Tuer quelqu'un que l'on pense coupable sans le juger. *Le chauffard a failli **être lynché** par les témoins de l'accident.*
★ **Lyncher** vient du nom d'un américain, *Lynch*, qui aurait eu l'initiative de cette justice sommaire et illégale.

lynx (nom masculin) Mammifère carnivore sauvage qui ressemble à un grand chat. • **Yeux de lynx** : vue très perçante.

lyophiliser (verbe) (conj. 3) Déshydrater quelque chose par l'action d'une congélation brutale. *Clément déteste les potages **lyophilisés**.*

lyre (nom féminin) Instrument de musique à cordes utilisé dans l'Antiquité.

lyrique (adjectif) Plein d'émotion, de passion et d'enthousiasme. *Le père de Sarah devient **lyrique** quand il parle de son village natal.* • **Artiste lyrique** : qui chante l'opéra et l'opérette. • **Théâtre lyrique** : l'opéra et l'opérette.

lyrisme (nom masculin) **1** Genre poétique où les sentiments sont exprimés de manière passionnée. **2** Expression lyrique des sentiments. *Il lui a déclaré sa flamme avec tant de **lyrisme** qu'elle en avait les larmes aux yeux.*

lys Voir ***lis***.

lysine (nom féminin) Acide aminé basique indispensable à la croissance, fourni à l'organisme par l'alimentation.

m (nom masculin) Treizième lettre de l'alphabet. *Le M est une consonne.*

m' Voir *me*.

ma (déterminant) Féminin de *mon*.

macabre (adjectif) Qui évoque la mort. *Une vision **macabre** : un corps flottait dans l'eau du lac.*

macadam (nom masculin) Revêtement routier fait de petites pierres et de sable tassés au rouleau compresseur. *Les ouvriers recouvrent le **macadam** de goudron.*
★ **Macadam** vient du nom de l'inventeur *Mc Adam*, un ingénieur écossais du début du XIXe siècle.

macaque (nom masculin) Singe d'Asie au corps trapu. *Les **macaques** vivent en groupe.*

macareux (nom masculin) Oiseau de mer noir et blanc, au bec multicolore.

macaron (nom masculin) **1** Petit gâteau rond à la pâte d'amandes. **2** Insigne de forme arrondie. *Cette voiture porte le **macaron** tricolore des véhicules officiels.*

macaroni (nom masculin) Pâte alimentaire en forme de petit tube.

macchabée (nom masculin) Synonyme familier de cadavre.
▶ Malgré la terminaison en *-ée*, **macchabée** est un nom masculin.

macédoine (nom féminin) Mélange de légumes ou de fruits coupés en morceaux.
★ **Macédoine** vient du nom de l'immense empire d'Alexandre le Grand, composé de pays très divers.

macérer (verbe) (conj. 8) Tremper longtemps dans un liquide. *Cornichons **macérés** dans le vinaigre.*

mach (nom masculin) • **Nombre de Mach** : rapport entre la vitesse d'un mobile et la vitesse du son qui se propage dans le même milieu. ***Mach** 1 représente la limite entre le vol inférieur à la vitesse du son et le vol supersonique.*
▶ Prononciation [mak].

mâche (nom féminin) Sorte de salade à petites feuilles.

mâchefer (nom masculin) Résidu qui provient de la combustion de certains charbons. *Le **mâchefer** est utilisé pour stabiliser les sols.*
▶ Prononciation [mɑʃfɛʀ].

mâcher (verbe) (conj. 3) Broyer un aliment entre ses mâchoires. *Cesse de **mâcher** ton chewing-gum !* (Syn. **mastiquer**.) • **Mâcher le travail à quelqu'un** : le lui préparer pour qu'il puisse l'achever facilement. • **Ne pas mâcher ses mots** : exprimer son opinion sans ménagement.
★ Famille du mot : mâch**oire**, mâch**onner**, mâch**ouiller**.

machette (nom féminin) Long couteau à lame épaisse. *Les ouvriers coupent les cannes à sucre à grands coups de **machette**.*

machiavélique (adjectif) Rusé, perfide et calculateur. *Les malfaiteurs avaient tendu un piège **machiavélique** à leurs victimes.*
▶ Prononciation [makiavelik].
★ **Machiavélique** vient de *Machiavel*, philosophe italien du XVIe siècle, qui pensait que l'on pouvait employer n'importe quel moyen pour garder le pouvoir.

machiavélisme (nom masculin) Caractère des personnes machiavéliques.

mâchicoulis (nom masculin) Ouverture en surplomb en haut d'une muraille, qui servait à faire tomber des projectiles sur les assaillants.

machin (nom masculin) Dans la langue familière, objet ou personne dont on ignore le nom. *Comment appelle-t-on ce **machin** ?* (Syn. **bidule, truc**.)

machinal, ale, aux (adjectif) Que l'on fait sans réfléchir, comme une machine. *Benjamin a arrêté la sonnerie de son réveil d'un geste **machinal**.* (Syn. **automatique, mécanique**.)

machinalement (adverbe) De façon machinale. *Anna se gratte la tête **machinalement** quand elle réfléchit.*

a b c d e f g h i j k l m n o p q r s t u v w x y z

machination (nom féminin) Ensemble d'actions préparées en secret pour nuire à quelqu'un. *On m'accuse à tort, je suis victime d'une* ***machination***. (Syn. **manœuvre**.)

machine (nom féminin) Appareil conçu pour effectuer plus facilement certains travaux. ***Une machine*** *à laver, à coudre, à calculer.*
★ Famille du mot : machinal, machinalement, machine-outil, machinerie, machinisme, machiniste.

machine-outil (nom féminin) Machine qui sert à façonner un matériau. *La* ***machine-outil*** *peut modifier la forme ou les dimensions d'une pièce.*
▶ Pluriel : des **machines-outils**.

machinerie (nom féminin) Ensemble de machines. *Il fait très chaud dans la* ***machinerie*** *du navire.*

machinisme (nom masculin) Utilisation des machines dans l'industrie. *Le* ***machinisme*** *s'est développé au XIXe siècle.*

machiniste (nom) **1** Personne chargée des décors au théâtre, au cinéma ou à la télévision. **2** Conducteur de tramway ou d'autobus.

machiste (nom et adjectif) Qui se comporte en macho. *Ses propos* ***machistes*** *ne plaisent pas aux féministes.*

macho (nom masculin) Homme qui affiche une attitude désagréable de supériorité envers les femmes. *Elle a su remettre ce macho à sa place.*
▶ Prononciation [matʃo].

mâchoire (nom féminin) Chacun des deux os de la bouche dans lesquels les dents sont plantées. *Seule la* ***mâchoire*** *inférieure est mobile.*

mâchonner (verbe) (conj. 3) Mordre lentement ou machinalement. *Élodie* ***mâchonne*** *un brin d'herbe.*

mâchouiller (verbe) (conj. 3) Mâcher, mordiller sans avaler. *Cesse de* ***mâchouiller*** *ton crayon !*

maçon (nom masculin) Ouvrier qui construit des maisons. *Le fil à plomb et la truelle sont des outils de* ***maçon***.

maçonnerie (nom féminin) Ouvrage en pierres, en briques ou en béton destiné à la construction d'une maison. *La* ***maçonnerie*** *est terminée, on va pouvoir poser le toit.*

maçonnique (adjectif) Relatif à la franc-maçonnerie. *Les rituels* ***maçonniques***.

macramé (nom masculin) Ouvrage fait de cordelettes entrelacées et nouées qui forment des motifs décoratifs. *Des rideaux en* ***macramé***.

macro- Élément tiré du grec qui signifie « long, grand » (exemple : *macrofaune*).

macrofaune (nom féminin) Ensemble des organismes animaux dont la taille est comprise entre 4 et 80 mm.

macromolécule (nom féminin) Molécule géante formée de molécules identiques. *Certaines* ***macromolécules*** *sont obtenues par polymérisation.*

maculé, ée (adjectif) Synonyme littéraire de taché. *Sa cravate est* ***maculée*** *de sauce tomate.*

madame (nom féminin) Nom donné à une femme mariée ou qui n'est plus une jeune fille. *Notre voisine s'appelle* ***madame*** *Guyard.*
▶ Pluriel : **mesdames**.
▶ **Madame, Mesdames** s'abrègent *Mme, Mmes.*

made in (adjectif) Indique l'endroit où un objet a été fabriqué.
▶ **Made in** est une expression anglaise : on prononce [mɛdin].

madeleine (nom féminin) Petit gâteau à pâte moelleuse en forme de coquille.

mademoiselle (nom féminin) Nom donné aux jeunes filles et aux femmes non mariées.
▶ Pluriel : **mesdemoiselles**.
▶ **Mademoiselle, Mesdemoiselles** s'abrègent *Mlle, Mlles.*

madère (nom masculin) Vin liquoreux de Madère. *Une sauce au* ***madère***.

madone (nom féminin) Peinture ou sculpture représentant la Vierge Marie, mère de Jésus-Christ, appelée aussi *la Madone*.
★ **Madone** vient de l'italien *madonna* qui signifie « madame ».

madras (nom masculin) Étoffe à carreaux de couleurs vives. *Les danseuses antillaises portaient une robe en* ***madras***.
▶ Prononciation [madʀas].
★ **Madras** est une ville de l'Inde où l'on fabriquait ces étoffes.

madrier (nom masculin) Pièce de bois d'une certaine épaisseur. *Des* ***madriers*** *soutiennent le plancher du grenier.*

madrigal, aux (nom masculin) Poème chanté exprimant des sentiments amoureux.

madrilène → tableau p. 6 / 7.

maelström (nom masculin) **1** Violent tourbillon marin. **2** Au sens figuré, grande agitation. *Il a été emporté dans le* ***maelström*** *de la Révolution.*
▶ Prononciation [malstʀøm].
▶ On écrit aussi **malstrom**.

maestria (nom féminin) Manière de faire quelque chose de façon parfaite. *Papa a réussi la mayonnaise avec* ***maestria***.

maestro (nom masculin) Titre donné à un compositeur de musique, à un chef d'orchestre célèbre.

mafia (nom féminin) Vaste organisation de malfaiteurs. *Le trafic de faux billets est contrôlé par une* ***mafia***.
▶ On écrit aussi **maffia**.
★ La **Mafia** est une organisation secrète originaire de Sicile, en Italie.

mafieux, euse (nom masculin et adjectif) De la mafia, qui évoque la mafia. *À ta place, j'éviterais de fréquenter ce* ***mafieux***.
▶ On écrit aussi **maffieux**.

magasin (nom masculin) **1** Établissement où l'on vend des marchandises. *Les plus beaux **magasins** de la ville se trouvent sur le grand boulevard.* (Syn. **boutique.**) **2** Endroit où l'on entrepose des marchandises. *Les pièces de rechange sont rangées dans le **magasin** derrière le garage.* (Syn. **entrepôt.**)
★ Famille du mot : em**magasin**er, magasin**ier**.

magasinier (nom masculin) Personne chargée de ranger et de garder les marchandises entreposées dans un magasin.

magazine (nom masculin) **1** Publication périodique illustrée. *Ce **magazine** paraît tous les mercredis.* (Syn. **revue.**) **2** À la radio ou à la télévision, émission régulière sur un sujet particulier. *Le **magazine** sportif du dimanche donne tous les résultats.*

mage (nom masculin) Personne qui pratique la magie. *Ce **mage** prétend guérir toutes les maladies.*

magenta (nom masculin et adjectif) Rouge cramoisi très vif. *Une robe magenta.*
▶ Pluriel : des peintures **magenta**.

maghrébin, ine → tableau p. 6 / 7.

magicien, enne (nom) Personne qui fait des tours de magie. *Le **magicien** a fait apparaître une colombe.*

magie (nom féminin) Art supposé de faire des choses qui semblent merveilleuses en s'aidant de mots et de gestes mystérieux. *Il est apparu devant nous comme par **magie**.*
★ Famille du mot : mage, mag**icien**, mag**ique**.

magique (adjectif) Qui a un pouvoir extraordinaire dû à la magie. *La sorcière a fabriqué une poudre **magique** pour retrouver la jeunesse.*

magistral, ale, aux (adjectif) Digne d'un maître. *D'un coup de pied **magistral**, Clément a marqué un but.* (Syn. **extraordinaire, formidable.**)

magistralement (adverbe) De façon magistrale. *Fatima a **magistralement** réussi son examen.*

magistrat (nom masculin) **1** Fonctionnaire chargé de rendre la justice. *Les juges, les procureurs sont des **magistrats**.* **2** Personne qui a une autorité politique ou administrative. *Les maires, les préfets, le président de la République sont des **magistrats**.*

magistrature (nom féminin) **1** Ensemble des magistrats. **2** Fonction de magistrat. *Le père de David est dans la **magistrature**.*

magma (nom masculin) Mélange pâteux de roches en fusion, qui se forme à l'intérieur de la Terre. *La lave des volcans est constituée de **magma**.*

magmatique (adjectif) Qui provient du magma. *Des roches **magmatiques**.*

magnanime (adjectif) Généreux et indulgent. *Sois **magnanime**, pardonne-lui !*

magnat (nom masculin) **1** Titre usité autrefois en Pologne et en Hongrie pour désigner un membre de la haute noblesse. **2** Personnage très puissant par les gros intérêts financiers qu'il représente. *Les **magnats** de la finance.*
▶ Prononciation [maɲa].

magnésie (nom féminin) Poudre blanche d'oxyde de magnésium utilisée en médecine pour ses vertus laxatives.

magnésium (nom masculin) Métal gris-blanc très abondant dans la nature. *La chlorophylle des plantes contient du **magnésium**.*
▶ Prononciation [maɲezjɔm].
▶ Le symbole du **magnésium** est *Mg*.

magnétique (adjectif) **1** Qui attire les objets en fer, comme le font les aimants. *Certains minerais de fer sont **magnétiques**.* **2** Au sens figuré, qui exerce une influence mystérieuse. *Cet acteur a un regard **magnétique**.*
★ Famille du mot : magnét**iser**, magnét**isme**, magnétophone, magnétoscope.

magnétiser (verbe) (conj. 3) Rendre magnétique. *On peut **magnétiser** le fer grâce à l'électricité.*

magnétisme (nom masculin) **1** Ensemble des propriétés des aimants. *Ibrahim adore jouer avec des aimants, le **magnétisme** le passionne.* **2** Au sens figuré, influence magnétique d'une personne. *Son regard plein de **magnétisme** me fascine.*

magnéto- Élément du tiré grec qui exprime un rapport au magnétisme (exemples : *magnétophone*, *magnétoscope*).

magnétophone (nom masculin) Appareil permettant d'enregistrer des sons sur bande magnétique et de les reproduire.

magnétoscope (nom masculin) Appareil permettant d'enregistrer une émission de télévision sur une bande magnétique et de la regarder plus tard.

magnificence (nom féminin) Caractère de ce qui est magnifique. *La cérémonie du couronnement était pleine de **magnificence**.*

magnifique (adjectif) Très beau. *Du haut de cette tour, on a une vue **magnifique** sur la mer.* (Syn. **splendide, superbe.** Contr. **affreux, horrible.**)

magnifiquement (adverbe) De façon magnifique. *La fête s'est **magnifiquement** terminée par un feu d'artifice.*

magnolia (nom masculin) Arbre ornemental aux grandes fleurs très odorantes.

magnum (nom masculin) Grosse bouteille qui contient un litre et demi. *Pour son anniversaire, grand-père a ouvert un **magnum** de champagne.*
▶ Prononciation [magnɔm].

magot (nom masculin) Grosse somme d'argent accumulée et cachée. *Le **magot** n'était plus dans le coffre-fort !*

magouille (nom féminin) Dans la langue familière, manière d'agir peu honnête. *Il est très honnête : il a horreur des **magouilles** !* (Syn. **combine.**)

magret (nom masculin) Morceau de viande qui se trouve sur la poitrine du canard.

maharadjah (nom masculin) Titre des anciens princes de l'Inde. *Les **maharadjahs** étaient connus pour leur faste.*

mahatma (nom masculin) Nom attribué dans l'Inde moderne à certains chefs spirituels. *Le **mahatma** Gandhi.*
▶ Prononciation [maatma].
★ **Mahatma** est un mot hindi qui signifie « grande âme ».

mah-jong (nom masculin) Jeu chinois voisin des dominos.
▶ Prononciation [maʒɔ̃g].
▶ Pluriel : des **mah-jongs**.
▶ On écrit aussi **majong**.
★ **Mah-jong** est un mot chinois qui signifie « je gagne ».

mai (nom masculin) Cinquième mois de l'année, qui compte 31 jours. *La Seconde Guerre mondiale s'est terminée en Europe le 8 **mai** 1945.*

maie (nom féminin) Meuble doté d'une auge en bois dans laquelle on pétrissait le pain.

maigre (adjectif) **1** Plus mince que la moyenne. *Ce chien est si **maigre** qu'il fait pitié.* (Contr. **corpulent, gras, gros.**) **2** Qui contient peu de matière grasse. *Un yaourt **maigre**. Une viande **maigre**.* **3** Au sens figuré, qui n'est pas important ou suffisant. *L'enquête n'a donné que de **maigres** résultats.* (Syn. **médiocre, mince.**)
★ Famille du mot : **amaigrir**, **amaigrissant**, **amaigrissement**, **maigrelet**, **maigreur**, **maigrichon**, **maigrir**.

maigrelet, ette (adjectif et nom) Un peu trop maigre. *Tu es **maigrelette**, tu devrais manger plus.* (Syn. **maigrichon.**)

maigreur (nom féminin) Fait d'être maigre. *Cet enfant est d'une **maigreur** inquiétante : il doit être malade.*

maigrichon, onne (adjectif) Un peu maigre. *Gaëlle va mieux, mais elle est encore un peu **maigrichonne**.* (Contr. **grassouillet.**)

maigrir (verbe) (conj. 11) Devenir plus maigre. *Papa suit un régime sévère pour **maigrir** un peu.* (Contr. **grossir.**)

mail Voir ***e-mail***.

mailing (nom masculin) Synonyme déconseillé de publipostage.
▶ **Mailing** est un mot anglais : on prononce [mɛliŋ].

maille (nom féminin) **1** Chacune des petites boucles de fil ou de laine dont l'ensemble constitue un tricot. *Ta bague a accroché une **maille** de mon pull.* **2** Chacun des trous formés par ces boucles. *Le poisson est passé à travers les **mailles** du filet.* • **Avoir maille à partir avec quelqu'un** : se disputer avec lui.
★ Dans la locution **avoir maille à partir**, les mots ont des sens d'autrefois : *partir* signifiait « partager » et la *maille* était une petite pièce de monnaie.

maillet (nom masculin) Gros marteau en bois. *Le géomètre enfonce le piquet dans la terre à coups de **maillet**.*

maillon (nom masculin) Anneau d'une chaîne. (Syn. **chaînon.**)

maillot (nom masculin) Vêtement qui couvre le haut du corps. *Sous sa chemise, Kevin porte un **maillot** de corps.* • **Maillot de bain** : vêtement spécial pour se baigner, à la mer ou à la piscine.

main (nom féminin) Partie du corps qui termine le bras, constituée de la paume et des cinq doigts. *On se serre la **main** pour se dire bonjour.* • **Avoir la main** : aux cartes, être le premier à jouer. • **Avoir la main heureuse** : être chanceux quand on choisit. • **Avoir le cœur sur la main** : être très bon. • **Avoir quelque chose sous la main** *ou* **à portée de main** : l'avoir près de soi et pouvoir le saisir sans se déplacer. • **De la main à la main** : directement, sans intermédiaire. • **Donner un coup de main à quelqu'un** : l'aider. • **En mains propres** : à celui qui doit recevoir une chose, et seulement à lui. • **En mettre sa main au feu** : être sûr que c'est vrai, prêt à le parier. • **En venir aux mains** : se battre. • **Être en bonnes mains** : être avec quelqu'un en qui on peut avoir confiance. • **Faire des pieds et des mains** : se donner du mal pour arriver à son but. • **Faire main basse sur une chose** : s'en emparer de façon irrégulière. • **Gagner haut la main** : très facilement. • **Mettre la dernière main à un travail** : l'achever dans ses moindres détails. • **Mettre la main à la pâte** : travailler avec les autres. • **Ne pas y aller de main morte** : agir très fermement.

mainate (nom masculin) Oiseau noir, à bec jaune, capable d'imiter la voix humaine.

main-d'œuvre (nom féminin) **1** Ensemble d'ouvriers. *Cette usine emploie surtout de la **main-d'œuvre** féminine.* **2** Travail d'un ouvrier. *Pour réparer le four, il a fallu deux heures de **main-d'œuvre**.*

main-forte (nom féminin) • **Prêter main-forte à quelqu'un** : l'aider pour exécuter quelque chose.
▶ On écrit aussi **mainforte**.

mainmise (nom féminin) Action de s'emparer de quelque chose. *Au XVIe siècle, les Espagnols avaient la **mainmise** sur le commerce des épices.*

maint, mainte (déterminant) Synonyme littéraire de plusieurs. *J'ai **maintes** fois fait ce chemin.*

maintenance (nom féminin) Maintien d'un matériel en bon état de fonctionnement. *Ce magasin assure pendant cinq ans la **maintenance** des appareils qu'il a vendus.*

maintenant (adverbe) **1** Tout de suite. *Tu as suffisamment attendu : c'est **maintenant** que tu dois te décider.* **2** Actuellement, à présent. *Il a beaucoup plu, mais **maintenant** il fait beau.*

maintenir (verbe) (conj. 19) **1** Tenir dans la même position. ***Maintiens** ta petite sœur pendant que je lui nettoie les oreilles.* (Syn. **retenir.**) **2** Faire durer ou conserver quelque chose. *Le radiateur **maintient** une bonne température dans la pièce.* (Syn. **garder.**) **3** Continuer à affirmer. *Je **maintiens** que j'ai dit la vérité.* **4** **Se maintenir** : rester dans le même état. *Pierre fait du sport pour **se maintenir** en forme.*

maintien (nom masculin) **1** Action de maintenir dans le même état. *Il faut changer, je suis contre le **maintien** de cette habitude.* (Contr. **abandon.**) **2** Manière de se tenir. *Elle veut devenir mannequin et prend des cours de **maintien**.* (Syn. **tenue.**)

maire (nom masculin) Personne élue pour diriger une commune. *Le **maire** a mis son écharpe tricolore pour célébrer le mariage.*

mairie (nom féminin) Bâtiment où se trouvent le bureau du maire et l'administration municipale.

mais (conjonction) Annonce une opposition ou une restriction. *Je voulais partir, **mais** il m'a retenu. Le maître est sévère **mais** juste.*

maïs (nom masculin) Céréale aux gros épis à grains jaunes. *Ces poulets sont nourris au **maïs**.*

maison (nom féminin) **1** Bâtiment qui sert d'habitation. *La nuit tombait, Quentin est rentré très vite à la **maison**.* **2** Bâtiment qui sert à un usage particulier. ***Maison** de retraite. **Maison** des jeunes.* **3** Entreprise où l'on travaille. *Il est caissier dans la même **maison** depuis trente ans.* (Syn. **firme, société.**)
▪ **maison** (adjectif) Fait à la maison. *Maman réussit toujours à merveille sa tarte **maison**.*
► Pluriel : des gâteaux **maison**.
★ Famille du mot : maisonnée, maisonnette.

maisonnée (nom féminin) Ensemble des habitants d'une maison. *Toute la **maisonnée** se prépare à fêter Noël.* (Syn. **famille.**)

maisonnette (nom féminin) Petite maison. *Une **maisonnette** de poupée.*

maître, maîtresse (nom) **1** Personne qui commande. *Le commandant du navire est le seul **maître** à bord.* **2** Propriétaire d'un animal domestique. *Ce chien ne quitte jamais son **maître**.* **3** Instituteur, institutrice ou professeur. *Sa **maîtresse** d'école s'appelle madame Dubois.*
▪ **maître** (nom masculin) **1** Artiste, écrivain, savant très réputé et qui sert de modèle. *Le musée présente des tableaux de **maîtres**.* **2** Titre donné à un notaire ou à un avocat, même quand il s'agit d'une femme. ***Maître** Dupont a mis sa robe d'avocate.* • **Coup de maître** : action qui montre qu'on est très habile. • **Trouver son maître** : trouver quelqu'un de plus fort ou de plus habile que soi.
▪ **maîtresse** (nom féminin) Femme qui a une relation amoureuse avec un homme qui n'est pas son mari. *La marquise de Pompadour était la **maîtresse** du roi Louis XV.*
▪ **maître, maîtresse** (adjectif) **1** Qui a le pouvoir de faire ou de contrôler quelque chose. *Romain sait rester **maître** de ses nerfs.* **2** Qui est le plus important. *Aux échecs, la reine est une pièce **maîtresse**.* • **Être maître de soi** : savoir garder son sang-froid.
► On écrit aussi **maitre, maitresse**.

maître chanteur (nom masculin) Escroc qui fait du chantage.
► Pluriel : des **maîtres chanteurs**.
► On écrit aussi **maitre chanteur**.

maître nageur (nom masculin) Personne qui apprend aux autres à nager.
► Pluriel : des **maîtres nageurs**.
► On écrit aussi **maitre nageur**.

maîtrise (nom féminin) **1** Domination ou contrôle de quelque chose. *Les pirates avaient la **maîtrise** de la mer des Antilles.* **2** Fait de maîtriser quelque chose. *Hélène a une parfaite **maîtrise** de l'anglais.* **3** Ensemble de ceux qui surveillent et dirigent le travail des ouvriers. *Mon oncle est agent de **maîtrise** dans une entreprise.* **4** Chœur d'enfants. *Myriam chante à la **maîtrise** du collège.* • **Maîtrise de soi** : contrôle de soi-même, sang-froid.

maîtriser (verbe) (conj. 3) **1** Soumettre en employant la force. *Le cavalier a réussi à **maîtriser** son cheval qui s'était emballé.* **2** Réussir à dominer une difficulté ou un danger. *Il a fallu trois heures d'efforts pour **maîtriser** l'incendie.* **3** Dominer ou contrôler. *Julie s'énerve vite, elle ne parvient pas à se **maîtriser**.*
► On écrit aussi **maitriser**.

maïzena (nom féminin) Farine de maïs, qui sert à faire des bouillies, des sauces ou des gâteaux.
► Prononciation [maizena].
★ **Maïzena** est le nom d'une marque.

majesté (nom féminin) **1** Titre que l'on donnait aux rois, aux reines, aux empereurs. *Sa **Majesté** le roi d'Espagne.* **2** Air de noblesse, de grandeur. *Laura est impressionnée par la **majesté** du château de Versailles.*
► Au sens 1, **Majesté** s'écrit avec une majuscule.

majestueux, euse (adjectif) Qui est plein de majesté. *La longue robe de la mariée lui donne une allure **majestueuse**.* (Syn. **noble, solennel.**)

majeur, eure (adjectif) **1** Qui est le plus important. *Il passe la **majeure** partie de sa journée à travailler.* **2** Qui a atteint l'âge de la majorité. *À 18 ans, on a le droit de voter car on est **majeur**.* (Contr. **mineur.**)
▪ **majeur** (nom masculin) Le plus grand doigt de la main. (Syn. **médius.**)

majong Voir ***mah-jong***.

major (adjectif et nom) **1** Officier supérieur chargé de l'administration d'un corps de troupes. *Un **major** très sévère.* **2** Supérieur par le rang, le grade. *Une infirmière-**major**.* **3** Premier au concours d'une grande école. *Odile a été reçue **major** de sa promotion.*

majoration (nom féminin) Action de majorer. *Papa est indigné par la **majoration** du prix de l'essence.* (Syn. **augmentation, hausse.** Contr. **baisse, diminution.**)

majordome (nom masculin) Chef des domestiques dans une maison de gens très riches.

majorer (verbe) (conj. 3) Augmenter un prix, un tarif. *Le prix du repas de cantine **a été majoré** de 10 pour 100.* (Syn. **baisser, diminuer.**)

majorette (nom féminin) Jeune fille en uniforme qui défile dans une parade en jonglant avec un bâton.

a b c d e f g h i j k l **m** n o p q r s t u v w x y z

a b c d e f g h i j k l m n o p q r s t u v w x y z

majoritaire (adjectif) Qui est en plus grand nombre. *Cette opinion est **majoritaire** dans le pays.* (Contr. **minoritaire.**)

majorité (nom féminin) **1** Le plus grand nombre. *Une grande **majorité** des élèves de la classe mange à la cantine.* **2** Le plus grand nombre de voix obtenues lors d'un vote. *Aux élections, il faut avoir la **majorité** pour être élu.* **3** Les partis qui sont d'accord avec le gouvernement. (Contr. **opposition.**) **4** Âge fixé par la loi pour avoir les droits et les devoirs des adultes. *En France, la **majorité** est fixée à 18 ans.* (Contr. **minorité.**)

majuscule (nom féminin) Grande lettre d'une forme particulière. *On met une **majuscule** au début des phrases et des noms propres.* (Contr. **minuscule.**)

maki (nom masculin) Mammifère lémurien de Madagascar, à très longue queue. *Le **maki** se nourrit de fruits et vit dans les arbres.*
★ **Maki** est un mot malgache.

mal, maux (nom masculin) **1** Ce qui est contraire à la morale, au bien. *Essaie toujours de lutter contre le **mal**.* **2** Malheur ou calamité. *La famine est un des **maux** dont souffre l'humanité.* **3** Chose mauvaise, désagréable. *Ne dis jamais du **mal** des autres !* **4** Douleur physique. *Je m'arrête de marcher car j'ai **mal** aux pieds.* **5** Malaise ou nausée. *La mer était agitée, tout le monde a eu le **mal** de mer. Thomas a **mal** au cœur en voiture.* **6** Difficulté à faire quelque chose. *Myriam s'est couchée trop tard et, ce matin, elle a eu du **mal** à se lever.* • **Prendre mal** : tomber malade. • **Se donner du mal** : faire des efforts.
▪ **mal** (adverbe) De façon mauvaise. *Ça tombe **mal** que tu ne puisses pas venir aujourd'hui.* (Contr. **bien.**) • **Être au plus mal** : être près de mourir. • **Mal prendre quelque chose** : ne pas l'accepter et se vexer. • **Pas mal** : synonyme familier de beaucoup. *Il y avait **pas mal** de monde à la réunion.* • **Se trouver mal** : s'évanouir.
▪ **mal** (adjectif) Contraire à la morale. *C'est **mal** de te moquer de lui.* (Contr. **bien.**) • **Pas mal** : assez bien. *Ce film n'est **pas mal**.*
▶ Pluriel : des chaussures pas **mal**.

malade (adjectif et nom) Qui est en mauvaise santé. *Tu es **malade** parce que tu as pris froid. Le **malade** est au lit, il attend le médecin.*
★ Famille du mot : **maladie**, **maladif**.

maladie (nom féminin) Fait d'être malade. *Les vaccins permettent d'éviter certaines **maladies**.* • **En faire une maladie** : protester violemment.

maladif, ive (adjectif) **1** Qui est souvent malade. *C'est une enfant **maladive** qui manque souvent l'école.* **2** Qui est anormal, comme les maladies. *Il a une peur **maladive** des serpents.*

maladresse (nom féminin) **1** Défaut d'une personne maladroite. *Mon petit frère montre encore beaucoup de **maladresse** quand il noue ses lacets.* (Syn. **gaucherie.** Contr. **adresse.**) **2** Action ou parole maladroite. *Tu as commis une **maladresse** en oubliant de lui dire merci.* (Syn. **erreur, gaffe.**)

maladroit, oite (adjectif et nom) **1** Qui manque d'adresse, d'habileté. *Pose ce vase, tu es trop **maladroit** !* **2** Qui manque de tact, de délicatesse. *Victor a eu des mots **maladroits** et sa sœur s'est vexée.*

maladroitement (adverbe) De façon maladroite. *William a **maladroitement** envoyé le ballon dans la gouttière.* (Contr. **adroitement.**)

mal-aimé, ée (adjectif et nom) Se dit d'une personne qui n'est pas aimée et en souffre. *Anna se considère comme la **mal-aimée** de la famille.*
▶ Pluriel : des **mal-aimés**, des **mal-aimées**.

malais, aise → tableau p. 6 / 7.

malaise (nom masculin) **1** Léger trouble de la santé. *Il faisait chaud et une dame a eu un **malaise** dans l'autobus.* **2** État d'inquiétude, de gêne. *Noémie éprouve un **malaise** à descendre toute seule à la cave.*

malaisé, ée (adjectif) Synonyme littéraire de difficile. *Le sentier comporte un passage **malaisé** le long de la falaise.* (Contr. **aisé, facile.**)

malandrin (nom masculin) Vagabond dangereux, voleur. (Syn. **brigand.**)

malappris, ise (nom) Qui ignore les bonnes manières. *Il ne m'a pas dit bonjour : quel **malappris** !* (Syn. **malpoli.**)

malaria (nom féminin) Synonyme de paludisme.
★ **Malaria** est formé de deux mots italiens qui signifient « mauvais air », car on croyait que cette maladie était due à l'air vicié des marécages.

malaxer (verbe) (conj. 3) Pétrir une matière pour l'amollir. *Il faut bien **malaxer** cette pâte pour qu'il n'y ait pas de grumeaux.*

malchance (nom féminin) Manque de chance. *Quelle **malchance** ! Le train vient juste de partir.*

malchanceux, euse (adjectif) Qui a de la malchance. *C'est un joueur **malchanceux**.* (Contr. **chanceux.**)

maldonne (nom féminin) Action de faire une erreur dans la distribution des cartes à jouer.

mâle (nom masculin) Animal de sexe masculin. *Le bélier est le **mâle** de la brebis.* (Contr. **femelle.**)

malédiction (nom féminin) Malheur qui semble causé par un mauvais sort. *Une **malédiction** pèse sur cette maison qui a déjà brûlé trois fois.* (Contr. **bénédiction.**)

maléfice (nom masculin) Opération magique qui vise à nuire. *Les sorcières étaient redoutées pour leurs **maléfices**.* (Syn. **sortilège.**)

maléfique (adjectif) Qui exerce une influence surnaturelle visant à nuire. *Une formule **maléfique** a transformé le prince en corbeau.*

malencontreux, euse (adjectif) Qui survient à un mauvais moment. *Un **malencontreux** coup de volant a conduit brusquement la voiture dans le fossé.* (Syn. **ennuyeux, fâcheux.**)

mal-en-point (adjectif) Malade ou blessé. *Après son accident, elle était plutôt **mal-en-point**.*
▶ Pluriel : des gens **mal-en-point**.
▶ On écrit aussi sans traits d'union : **mal en point**.

malentendant, ante (nom) Personne qui entend très mal, qui est presque sourde.

malentendu (nom masculin) Fait de mal se comprendre, ce qui cause un désaccord. *C'est un **malentendu**, nous n'avions pas voulu dire cela !* (Syn. **méprise**.)

mal-être (nom masculin) Sentiment de profond malaise. *Zoé a parfois du mal à exprimer son **mal-être**.* (Contr. **bien-être**.)
▶ Pluriel : des **mal-être**.

malfaçon (nom féminin) Défaut de fabrication d'un ouvrage.

malfaisant, ante (adjectif) Qui fait du mal. *Ce dictateur est un individu **malfaisant** pour son pays.* (Syn. **néfaste, nuisible**. Contr. **bienfaisant**.)
▶ Prononciation [malfəzɑ̃].

malfaiteur (nom masculin) Personne qui commet des crimes, des délits. *Les voleurs, les gangsters, les faussaires sont des **malfaiteurs**.*

malfamé, ée (adjectif) Se dit d'un endroit qui a mauvaise réputation. *Ne traverse pas seul ce quartier **malfamé** !*

malformation (nom féminin) Défaut d'un organe qui s'est mal formé avant la naissance. *On l'a opéré d'une **malformation** du bassin.*

malfrat (nom masculin) Synonyme de malfaiteur. *Ces deux **malfrats** braquent souvent les banques.*

malgache → tableau p. 6 / 7.

malgré (préposition) Indique une opposition. *Nous nous sommes bien amusés **malgré** la pluie.* (Syn. **en dépit de**.)

malhabile (adjectif) Synonyme de maladroit. *Ma petite sœur commence à marcher, mais elle est encore **malhabile** sur ses jambes.* (Contr. **adroit, habile**.)

malheur (nom masculin) **1** Évènement triste, douloureux. *La guerre est un grand **malheur**.* **2** Synonyme de malchance. *La voiture est tombée en panne et, par **malheur**, il s'est mis à neiger.* (Contr. **bonheur**.)
★ **Malheur** vient du vieux mot français *heur*, qui signifiait « chance » et que l'on retrouve dans *bonheur* et dans *heureux*.
★ Famille du mot : malheur**eusement**, malheur**eux**.

malheureusement (adverbe) De façon malheureuse. ***Malheureusement**, j'ai manqué mon train !* (Contr. **heureusement**.)

malheureux, euse (adjectif et nom) Qui est dans une situation pénible. *Xavier est **malheureux** car Odile va déménager et il ne la verra plus. J'ai donné une pièce à un **malheureux** qui tendait la main.*
▪ **malheureux, euse** (adjectif) **1** Qui a des conséquences regrettables. *Une passe **malheureuse** nous a fait perdre le match.* (Syn. **fâcheux, funeste**.) **2** Qui est insignifiant, sans aucune importance. *Tu ne vas pas pleurer pour un **malheureux** bobo !*

malhonnête (adjectif) Qui est contraire à l'honnêteté. *Il est **malhonnête** de mentir.*

malhonnêtement (adverbe) De façon malhonnête. *Il m'a **malhonnêtement** fait payer trop cher.*

malhonnêteté (nom féminin) **1** Défaut d'une personne malhonnête. *Ta **malhonnêteté** te fera perdre tous tes amis.* (Contr. **honnêteté**.) **2** Acte malhonnête. *Le caissier a commis une **malhonnêteté**.*

malice (nom féminin) Tendance à taquiner sans méchanceté. *Quelle **malice** dans le regard de ce petit coquin !*

malicieux, euse (adjectif) Qui montre de la malice. *Sarah m'a adressé un sourire **malicieux**.* (Syn. **coquin**.)

malien, enne → tableau p. 6 / 7.

malin, maligne (adjectif et nom) Qui sait se débrouiller en toutes circonstances. *Cet enfant est **malin** comme un singe. Lui, c'est un petit **malin** !* (Syn. **débrouillard**. Contr. **naïf, nigaud**.)
▪ **malin, maligne** (adjectif) **1** Qui montre de la méchanceté. *Yann éprouve un **malin** plaisir à me contrarier.* **2** Se dit d'une maladie grave. *Cette tumeur **maligne** doit être soignée très vite.* • **C'est malin !** : dans la langue familière, s'emploie pour dire qu'on a fait quelque chose d'idiot, de stupide.

malingre (adjectif) Qui semble fragile, chétif. *Benjamin est grand et fort, et pourtant c'était un bébé **malingre**.* (Syn. **fort, robuste**.)

malintentionné, ée (adjectif) Qui a l'intention de nuire. *Quelqu'un de **malintentionné** a détaché l'amarre du bateau.*

malle (nom féminin) Grand coffre où on met ses affaires quand on voyage.

malléable (adjectif) **1** Qui est facile à modeler. *Maman ajoute du lait à la pâte pour la rendre plus **malléable**.* **2** Au sens figuré, qui se laisse facilement influencer. *Clément est très **malléable**, il croit tout ce qu'on lui dit.*

mallette (nom féminin) Petite valise. *L'argent de la rançon a été retrouvé dans une **mallette**.*

malmener (verbe) (conj. 8) Être brutal avec quelqu'un. *Les bandits **ont malmené** leur otage.* (Syn. **brutaliser, maltraiter**.)

malnutrition (nom féminin) Alimentation insuffisante ou déséquilibrée. *Cet enfant chétif souffre de **malnutrition**.*

malodorant, ante (adjectif) Qui sent mauvais. *Une décharge **malodorante**.* (Syn. **nauséabond**.)

malotru, ue (nom) Personne grossière. *Cesse de dire des gros mots, petit **malotru** !*

malpoli, ie (adjectif et nom) Synonyme familier d'impoli. *Cet enfant **malpoli** a insulté la gardienne. Tu pourrais dire merci, petit **malpoli** !*

malpropre (adjectif) Synonyme de sale. *Cet homme **malpropre** ne se lave jamais les mains.* (Contr. **propre**.)

malpropreté (nom féminin) Synonyme de saleté. *Je n'ai jamais vu une maison d'une telle **malpropreté** !* (Contr. **propreté.**)

malsain, aine (adjectif) Mauvais pour la santé. *Cette région humide a un climat **malsain**.* (Syn. **insalubre.** Contr. **sain.**)

malt (nom masculin) Orge que l'on a fait germer puis sécher. *Le **malt** sert à fabriquer la bière et le whisky.*

maltraiter (verbe) (conj. 3) Traiter brutalement une personne ou un animal. *Cette brute n'arrête pas de **maltraiter** son chien.* (Syn. **brutaliser, malmener.**)

malus (nom masculin) Augmentation du montant de la prime d'assurance d'un véhicule, en cas d'accident dans lequel le conducteur a une part de resposabilité. (Contr. **bonus.**)
▶ Prononciation [malys].

malveillance (nom féminin) Caractère d'une personne malveillante. *Sa **malveillance** lui a fait perdre tous ses camarades.* (Contr. **bienveillance.**)

malveillant, ante (adjectif) Qui veut faire du mal aux autres. *La carrosserie a été rayée par des gens **malveillants**.* (Syn. **hostile, méchant.** Contr. **amical, bienveillant.**)

malvenu, ue (adjectif) Qui n'a pas lieu d'être. *Tu lui dois tout, je trouve que tes reproches sont **malvenus**.* (Syn. **déplacé.** Contr. **bienvenu.**)

malversation (nom féminin) Malhonnêteté commise par quelqu'un qui profite de sa situation pour s'enrichir. *Le trésorier du club a commis une **malversation**.*

malvoyant, ante (nom) Personne qui voit très mal, qui est presque aveugle.

maman (nom féminin) Nom affectueux que les enfants donnent à leur mère.

mamelle (nom féminin) Organe des femelles des mammifères, qui donne du lait. *Le chevreau tète les **mamelles** de sa mère.*

mamelon (nom masculin) **1** Pointe du sein. **2** Petite colline au sommet arrondi. *Un petit bois couvre le sommet du **mamelon**.*

mamie (nom féminin) Synonyme de grand-mère, dans le langage enfantin. *Kévin adore sa mamie.*

mammaire (adjectif) Relatif aux mamelles, aux seins. *Les glandes **mammaires** sécrètent le lait.*

mammifère (nom masculin) Animal vertébré dont la femelle a des mamelles pour allaiter ses petits. *Le lapin, le cheval, le gorille sont des **mammifères**, ainsi que l'homme.*

mammouth (nom masculin) Énorme éléphant de l'époque préhistorique. *Les hommes préhistoriques chassaient le **mammouth**.*
▶ Prononciation [mamut].

manade (nom féminin) En Provence, troupeau de chevaux, de taureaux conduit par un gardian. *Les **manades** de la Camargue.*

manager (nom masculin) Personne qui dirige des artistes ou des sportifs.
▶ **Manager** est un mot anglais : on prononce [manadʒœʀ].
▶ On écrit aussi **manageur** et on emploie le féminin une **manageuse**.

manant (nom masculin) **1** Au Moyen Âge, personne qui vivait dans un bourg ou un village, sans être noble. *Des **manants** assujettis à la justice seigneuriale.* **2** Synonyme de paysan.

① **manche** (nom masculin) Partie qui sert à tenir un objet. *Le bûcheron tient le **manche** de sa hache à deux mains.* • **Manche à balai** : levier de commande d'un avion.

② **manche** (nom féminin) **1** Partie du vêtement qui couvre le bras. *Les chemisettes ont des **manches** courtes.* **2** Chacune des parties d'un jeu ou d'un match. *La deuxième **manche** s'appelle la revanche et la troisième la belle.* • **Manche à air** : cylindre de tissu qui s'emplit d'air et indique le sens du vent.

manchette (nom féminin) **1** Poignet de certaines chemises à bouton amovible. *Pour Noël, papa a eu des boutons de **manchette**.* **2** Titre en grosses lettres en première page d'un journal. *Une énorme **manchette** annonçait la mort du Président.*

manchon (nom masculin) Étui de fourrure qui servait à protéger les mains du froid.

① **manchot, ote** (adjectif et nom) Se dit de quelqu'un qui a perdu un bras ou les deux bras.

② **manchot** (nom masculin) Oiseau de mer qui vit aux environs du pôle Sud. *Les **manchots** ressemblent à des pingouins, mais ils ne peuvent pas voler.*

mandarin (nom masculin) Haut fonctionnaire de l'ancien empire de Chine. *Les **mandarins** devaient faire de très longues études.*

mandarine (nom féminin) Agrume qui ressemble à une petite orange.

mandat (nom masculin) **1** Fonction confiée à une personne élue. *Le **mandat** de député dure cinq ans.* **2** Formulaire qui permet d'envoyer de l'argent par la poste. *David a reçu un **mandat** de son grand-père.* • **Mandat d'arrêt** : document signé par un juge permettant d'arrêter quelqu'un.
★ Famille du mot : mandat**aire**, mandat**er**.

mandataire (nom) Personne chargée d'agir au nom d'une personne, d'un groupe, pour défendre ses intérêts. *Il sera mon **mandataire** lors du vote.*

mandater (verbe) (conj. 3) Confier un mandat à quelqu'un. *Les électeurs **mandatent** leur député pour défendre leurs intérêts.*

mandibule (nom féminin) Partie de la bouche de certains animaux (crustacés, myriapodes, insectes) qui leur sert à broyer la nourriture.

mandoline (nom féminin) Sorte de guitare à dos bombé.

mandragore (nom féminin) Plante dont la racine, qui évoque une silhouette humaine, possède des propriétés médicinales.

mandrill (nom masculin) Singe d'Afrique, au museau rouge et bleu.

mandrin (nom masculin) Appareil qui sert à fixer une pièce rotative sur une machine. *Le **mandrin** de la perceuse sert à fixer la mèche.*

manécanterie (nom féminin) Chœur d'enfants rattaché à une église. *Yann chante à la **manécanterie** de Saint-Joseph.*

manège (nom masculin) **1** Piste où l'on dresse des chevaux et où l'on apprend à monter à cheval. *Ursula a commencé l'équitation en faisant du **manège**.* **2** Attraction constituée de chevaux de bois ou de véhicules qui tournent autour d'un axe. *Faire un tour de **manège**.* **3** Manière habile de se comporter pour parvenir à quelque chose. *On a vite compris son **manège**.* (Syn. **manœuvre**.)

mânes (nom masculin pluriel) Âmes des morts. *Dans l'Antiquité romaine, les **mânes** étaient considérés comme des divinités.*

manette (nom féminin) Petit levier qu'on manœuvre à la main pour actionner un mécanisme.

manga (nom masculin) Bande dessinée japonaise.

manganèse (nom masculin) Métal gris clair, quasiment inoxydable à température ordinaire. *Le **manganèse** est utilisé dans la composition d'alliages très résistants.*
▶ Le **manganèse** a pour symbole *Mn*.

mangeable (adjectif) Que l'on peut manger. *Ce bifteck est à peine **mangeable**.* (Contr. **immangeable**.)

mangeoire (nom féminin) Récipient dans lequel on donne à manger aux animaux. *Ibrahim a installé une **mangeoire** pour les oiseaux dans un arbre.*

manger (verbe) (conj. 5) **1** Mâcher et avaler un aliment. *Kevin **mange** une pomme.* **2** Prendre ses repas. *Zoé n'aime pas **manger** à la cantine.*
★ Famille du mot : im**mangeable**, mange**able**, mange**oire**, mange**ur**.

mangeur, euse (nom) • **Gros mangeur** : personne qui mange beaucoup.

mangouste (nom féminin) Petit mammifère carnivore d'Afrique et d'Asie, qui ressemble à la belette. *Les **mangoustes** tuent les serpents.*

mangue (nom féminin) Fruit exotique à la chair jaune et très parfumée.

maniable (adjectif) Qui est facile à manier, à utiliser ou à manœuvrer. *Cette grosse voiture n'est pas très **maniable** en ville.*

maniaque (adjectif et nom) Qui a des manies. *Elle est **maniaque** et nettoie ses vitres tous les jours. C'est aussi une **maniaque** du rangement.*
■ **maniaque** (nom) Malade mental qui a des idées fixes. *Un **maniaque** a agressé une fillette à la sortie de l'école.*

manie (nom féminin) Habitude bizarre et souvent ridicule. *Le rangement est une vraie **manie** chez elle.*
★ **Manie** vient du grec *mania* qui signifie « folie ».

maniement (nom masculin) Action ou façon de manier quelque chose. *Je vais t'apprendre le **maniement** de l'appareil photo.* (Syn. **manipulation**.)

manier (verbe) (conj. 10) **1** Prendre une chose dans ses mains pour la déplacer. *Le manutentionnaire **manie** avec précaution les cartons de livraison.* (Syn. **manipuler**.) **2** Se servir de quelque chose. *Les militaires savent **manier** les armes.*

manière (nom féminin) Moyen qu'on utilise pour faire quelque chose. *Anna ne sait pas de quelle **manière** on cuit ce poisson.* (Syn. **façon**.) • **De manière à** : afin de, pour. *Ne traîne pas en route, **de manière à** arriver à l'heure.* • **De toute manière** : de toute façon, quoi qu'il arrive.
■ **manières** (nom féminin pluriel) Façon de se comporter en société. *Pierre mange avec ses doigts, en voilà des **manières** !* • **Faire des manières** : se faire prier.

maniéré, ée (adjectif) Qui manque de simplicité et de naturel. *Élodie n'est pas à l'aise avec les gens **maniérés**.*

manifestant, ante (nom) Personne qui prend part à une manifestation.

manifestation (nom féminin) **1** Fait de manifester ou de se manifester. *Des **manifestations** de joie.* (Syn. **démonstration**.) **2** Groupe de personnes qui défilent pour exprimer leurs opinions. *Les grévistes préparent leurs banderoles pour la **manifestation**.*

① **manifeste** (adjectif) Dont on ne peut pas douter. *Le bonheur de ce jeune couple est **manifeste**.* (Syn. **évident, indéniable**.)

② **manifeste** (nom masculin) Déclaration publique qui expose une doctrine ou un programme.

manifestement (adverbe) De façon manifeste. *Les volets sont fermés : **manifestement** il n'y a personne.* (Syn. **visiblement**.)

manifester (verbe) (conj. 3) **1** Faire connaître un sentiment en l'exprimant clairement. *Quentin **manifeste** sa joie en applaudissant.* (Syn. **exprimer, montrer**.) **2** Participer à une manifestation. *Les agriculteurs **ont manifesté** contre les importations de fruits.* **3 Se manifester** : apparaître sous telle forme. *Cette maladie **se manifeste** par des boutons sur tout le corps.*
★ Famille du mot : manifest**ant**, manifest**ation**.

manigance (nom féminin) Manœuvre secrète. *Je n'aime pas beaucoup ses **manigances** destinées à obtenir les faveurs du maître.*

manigancer (verbe) (conj. 4) Préparer quelque chose par des manigances. *Qu'est-ce que tu **manigances** dans mon dos ?*

manioc (nom masculin) Plante tropicale. *Avec les racines de **manioc**, on fait le tapioca.*

manipulation (nom féminin) Action de manipuler. *La **manipulation** de ce produit toxique est dangereuse.* (Syn. **maniement**.)

manipuler (verbe) (conj. 3) Synonyme de manier. *Les déménageurs **manipulent** la vaisselle avec précaution.*

manitou (nom masculin) **1** Principe du bien ou du mal, dans les croyances de certains Indiens d'Amérique du Nord. **2** Au sens figuré, personnage puissant, haut placé. *Les **manitous** de la haute finance.*

manivelle (nom féminin) Levier qui sert à faire tourner un mécanisme. *Papa cherche la **manivelle** du cric pour changer le pneu crevé.*

manne (nom féminin) **1** Nourriture miraculeuse qui, d'après la Bible, tomba du ciel pour nourrir les Hébreux dans le désert. **2** Avantage que l'on n'espérait pas. *Cet argent est une **manne** tombée du ciel.* (Syn. **aubaine.**)

mannequin (nom masculin) **1** Sorte de statue qui sert à la présentation de vêtements dans un magasin. *La vendeuse refait sa vitrine en changeant les vêtements des **mannequins**.* **2** Personne qui présente au public les créations des couturiers. *Un défilé de **mannequins**.*

① **manœuvre** (nom masculin) Ouvrier qui n'est pas qualifié.

② **manœuvre** (nom féminin) **1** Action de manœuvrer un appareil ou un véhicule. **2** Exercice d'entraînement des militaires. *Les soldats font des **manœuvres** dans cette forêt.* **3** Moyen plus ou moins honnête, utilisé pour atteindre un but. *Je ne suis pas dupe de ses **manœuvres** pour réussir.* (Syn. **manège, manigance.**)

manœuvrer (verbe) (conj. 3) **1** Agir sur un appareil ou un véhicule pour le diriger ou le faire fonctionner. *Le chauffeur a du mal à **manœuvrer** son poids lourd.* **2** Employer des moyens adroits pour parvenir à ses fins. *Fatima **a** si bien **manœuvré** qu'elle a obtenu ce qu'elle voulait.*

manoir (nom masculin) Petit château campagnard.

manomètre (nom masculin) Appareil servant à mesurer la pression d'un gaz ou d'un liquide.

manquant, ante (adjectif) Qui manque. *Trois élèves sont **manquants** ce matin.* (Syn. **absent.**)

manque (nom masculin) Absence ou insuffisance de quelque chose. *Par **manque** d'argent, ils n'ont pas pris de vacances.* (Syn. **pénurie.** Contr. **abondance.**)

manquement (nom masculin) Fait de manquer à un engagement, à un devoir. *Son **manquement** à la discipline est de plus en plus inquiétant.*

manquer (verbe) (conj. 3) **1** Ne pas exister en quantité suffisante. *L'eau **manque** dans cette région.* (Syn. **faire défaut.** Contr. **abonder.**) **2** Être absent. *Plusieurs élèves de la classe **manquent** à cause d'une épidémie de grippe.* **3** Causer des regrets par son absence. *Depuis que Romain est pensionnaire, ses parents lui **manquent**.* **4** Ne pas être là où il faut. *Il **manque** trois livres sur l'étagère : qui les a pris ?* **5** Synonyme de rater. *Nous **avons manqué** le car, attendons le suivant.* **6** Synonyme de faillir. *Il **a manqué** de tomber.* • **Je n'y manquerai pas :** je le ferai sans faute.
★ Famille du mot : **im**manqu**able**, manqu**ant**, manque, manque**ment**.

mansarde (nom féminin) Petite pièce située sous un toit et dont un mur est incliné.
★ **Mansarde** vient du nom d'un architecte français du XVIIe siècle, *François Mansart.*

mansardé, ée (adjectif) Disposé en mansarde. *Un grenier **mansardé**.*

mansuétude (nom féminin) Qualité d'une personne qui pardonne facilement. *La **mansuétude** d'un juge.* (Syn. **indulgence.**)

mante (nom féminin) • **Mante religieuse :** insecte au corps allongé et aux puissantes pattes antérieures.

manteau, eaux (nom masculin) **1** Vêtement qui se porte par-dessus les autres habits. *Il fait froid, mets ton **manteau**.* **2** Partie d'une cheminée construite en saillie au-dessus du foyer.

mantille (nom féminin) Écharpe de dentelle que les Espagnoles portaient sur la tête et les épaules.

manucure (nom) Personne qui donne des soins de beauté aux mains et aux ongles.
★ **Manucure** vient du latin *manus* qui signifie « main » et *curare* qui signifie « soigner ».

① **manuel, elle** (adjectif) Qui se fait en se servant de ses mains. *Les artisans font un travail **manuel**.*

② **manuel** (nom masculin) Livre de classe. *Ouvrez votre **manuel** à la page 10.*

manuellement (adverbe) De façon manuelle. *Cette écluse fonctionne encore **manuellement**.*

manufacture (nom féminin) Synonyme de fabrique. *Une **manufacture** de jouets.*

manufacturé, ée (adjectif) Qui est transformé, de façon industrielle, en produit destiné à la vente.

manu militari (adverbe) En utilisant la force armée, la contrainte physique. *Les forces de l'ordre ont fait sortir les grévistes **manu militari**.*
▶ Prononciation [manymilitaʀi].

manuscrit, ite (adjectif) Qui est écrit à la main et non tapé à la machine ou imprimé. *Il faut que tu envoies une lettre **manuscrite**.*
▪ **manuscrit** (nom masculin) **1** Livre écrit à la main, avant l'invention de l'imprimerie. *Cette bibliothèque conserve des **manuscrits** du Moyen Âge.* **2** Original d'un texte avant son impression. *Quel éditeur a publié votre **manuscrit** ?*
★ **Manuscrit** vient du latin *manus* qui signifie « main » et *scriptus* qui signifie « écrit ».

manutention (nom féminin) Travail qui consiste à manier, ranger, charger et décharger des marchandises.

manutentionnaire (nom) Personne qui fait des travaux de manutention.

mappemonde (nom féminin) Carte du globe terrestre sur laquelle les deux hémisphères sont représentés côte à côte.

maquereau, eaux (nom masculin) Poisson de mer au dos bleu-vert rayé de noir.

maquette (nom féminin) Modèle réduit. *Thomas a fait des **maquettes** d'avions et de voitures de course.*

maquettiste (nom) **1** Réalisateur de maquettes ou de modèles réduits. **2** Technicien spécialisé dans la réalisation de maquettes pour l'imprimerie, l'édition.

maquignon (nom masculin) **1** Marchand de chevaux, de bétail. **2** Personne peu scrupuleuse en affaires, qui use de procédés malhonnêtes.

maquillage (nom masculin) Action de se maquiller ou de maquiller quelqu'un. *Le **maquillage** des comédiens se fait dans leur loge.*

maquiller (verbe) (conj. 3) **1** Mettre des produits colorés sur le visage pour se déguiser ou pour s'embellir. *Gaëlle ne s'**est** jamais **maquillée**.* (Syn. **se farder**.) **2** Modifier l'aspect de quelque chose pour tromper. ***Maquiller** une voiture volée.*
★ Famille du mot : dé**maquiller**, maquill**age**, maquill**eur**.

maquilleur, euse (nom) Personne dont le métier est de maquiller. *Les **maquilleuses** de cet institut de beauté sont très accueillantes.*

maquis (nom masculin) **1** Dans les régions méditerranéennes, terrain recouvert d'arbustes épineux et de buissons touffus. **2** Endroit secret où se regroupaient les résistants pendant la Seconde Guerre mondiale. *Beaucoup de gens de ce village ont pris le **maquis**.*

maquisard (nom masculin) Personne qui a pris le maquis. (Syn. **partisan, résistant**.)

marabout (nom masculin) **1** En Afrique, devin et guérisseur. **2** Grand échassier, au plumage gris et blanc et au bec énorme.

maracas (nom masculin pluriel) Paire de boules creuses munies chacune d'un manche et remplies de petits corps durs, que l'on agite pour marquer le rythme. *Xavier apprend à faire des percussions avec une paire de **maracas**.*
▶ **Maracas** est un mot espagnol : on prononce [maʀakas].

maraîcher, ère (adjectif) Qui concerne la culture des légumes. *Il y a des cultures **maraîchères** dans cette région.*
■ **maraîcher, ère** (nom)) Personne qui cultive des légumes pour les vendre. *Les salades de ce **maraîcher** sont toujours très fraîches.*
★ **Maraîcher** vient de *marais,* région humide et donc propice à la culture des légumes.
▶ On écrit aussi **maraicher**.

marais (nom masculin) Étendue d'eau stagnante peu profonde. *Les **marais** sont souvent envahis de moustiques.* (Syn. **marécage**.)

marasme (nom masculin) Activité très ralentie. *Ce pays subit un **marasme** économique, il s'appauvrit.*

marathon (nom masculin) **1** Épreuve de course à pied de plus de 42 kilomètres. **2** Au sens figuré, séance ou négociation longue et éprouvante.
★ **Marathon** est le nom d'un village grec où, dans l'Antiquité, les Grecs vainquirent les Perses : un soldat courut porter la bonne nouvelle à Athènes et mourut d'épuisement en y arrivant.

marathonien, enne (nom) Personne qui court un marathon.

marâtre (nom féminin) Mauvaise mère.

maraude (nom féminin) Vol des produits de la terre avant leur récolte. (Syn. **chapardage**.) • **Taxi en maraude** : taxi qui roule lentement à la recherche de clients.

marauder (verbe) (conj. 3) Voler des fruits ou des légumes avant leur récolte.

maraudeur, euse (nom) À la campagne, personne qui maraude.

marbre (nom masculin) **1** Pierre calcaire très dure qui a parfois des taches et des lignes de couleurs variées. *Ce sculpteur polit le **marbre**.* **2** Objet de marbre. *Le **marbre** de la cheminée est cassé.*
★ Famille du mot : marbr**é**, marbr**ure**.

marbré, ée (adjectif) Qui présente des marbrures. *Un gâteau **marbré** de chocolat.*

marbrure (nom féminin) Tache ou dessin semblables à ceux du marbre.

marc (nom masculin) **1** Ce qui reste des fruits que l'on a pressés pour en extraire le jus. **2** Eau-de-vie obtenue quand on distille le marc de raisin. • **Marc de café** : poudre de café imbibée d'eau, qui reste quand on a fait le café.
▶ Prononciation [maʀ].
★ **Marc** vient du verbe *marcher,* car on piétinait le raisin pour faire sortir le jus.

marcassin (nom masculin) Petit du sanglier et de la laie.

marchand, ande (nom) Personne dont le métier est d'acheter des choses et de les revendre. *Va chez le **marchand** de journaux m'acheter une revue.* (Syn. **commerçant**.)
■ **marchand, ande** (adjectif) Qui concerne le commerce. *Il y a une grande galerie **marchande** dans l'aéroport.*
★ Famille du mot : marchand**age**, marchand**er**, marchan**dise**.

marchandage (nom masculin) Action de marchander.

marchander (verbe) (conj. 3) Débattre avec le vendeur le prix de quelque chose pour l'obtenir moins cher. *Maman adore **marchander** quand elle achète une robe.*

marchandise (nom féminin) Produit qui se vend ou s'achète. *Le bateau décharge les **marchandises** sur le port.*

marche (nom féminin) **1** Action de marcher. *Nous avons fait une grande **marche** dans la forêt.* **2** Partie plate d'un escalier, sur laquelle on pose les pieds.

*Hélène monte les 240 **marches** du phare.* **3** Fonctionnement d'un mécanisme. *Julie a mis la machine à laver en **marche**.* • Faire marche arrière : reculer. • Marche à suivre : façon de procéder pour obtenir ce qu'on désire.

marché (nom masculin) **1** Endroit où les commerçants installent leur étalage pour vendre leurs marchandises. *Ce **marché** a lieu le mardi et le samedi.* **2** Ensemble des achats et des ventes d'un produit. *Le **marché** de l'automobile, de l'immobilier.* **3** Arrangement entre deux personnes. *Victor a conclu un **marché** avec Laura : lui met la table, elle la débarrassera.* • Faire son marché : faire ses courses. • Marché noir : commerce illégal et clandestin de marchandises rares vendues à un prix trop élevé. • Par-dessus le marché : synonyme familier de en plus.

marchepied (nom masculin) Marche ou série de marches permettant de monter dans un véhicule.

marcher (verbe) (conj. 3) **1** Se déplacer en faisant des pas. *William a commencé à **marcher** à un an.* **2** Être en état de marche. *La voiture **marche** bien depuis que le garagiste l'a réparée.* (Syn. **fonctionner.**)
• Faire marcher quelqu'un : dans la langue familière, lui faire croire des choses fausses.
★ Famille du mot : marche, marchepied, march**eur**.

marcheur, euse (nom) Personne qui marche beaucoup. *Pour faire cette randonnée en forêt, il faut être un bon **marcheur**.*

mardi (nom masculin) Deuxième jour de la semaine, entre lundi et mercredi. • Mardi gras : veille du premier jour de carême, où l'on fête le carnaval.
★ En latin, **mardi** était le jour (*dies*) consacré à *Mars*, dieu de la guerre.

mare (nom féminin) Petite étendue d'eau stagnante. *Près de la ferme, il y a une **mare** où nagent des canards.*

marécage (nom masculin) Synonyme de marais.

marécageux, euse (adjectif) Où il y a des marécages. *C'est une région **marécageuse**, on s'y enfonce facilement.*

maréchal, aux (nom masculin) Titre honorifique donné à certains généraux.

maréchal-ferrant (nom masculin) Artisan qui ferre les chevaux.
► Pluriel : des **maréchaux-ferrants**.

maréchaussée (nom féminin) Ancien nom de la gendarmerie.

marée (nom féminin) Mouvement de la mer qui monte et descend à des intervalles réguliers. *À **marée** basse, la plage est très grande et il faut aller loin pour se baigner.* • Contre vents et marées : malgré tous les obstacles. • Marée noire : pétrole répandu accidentellement sur la mer.

marelle (nom féminin) Jeu d'enfants où l'on pousse un palet dans des cases en sautant à cloche-pied. *Myriam a tracé une **marelle** sur le sol avec une craie.*

marémoteur, trice (adjectif) Se dit d'une centrale électrique qui utilise la force des marées.

mareyeur, euse (nom) Personne qui approvisionne les poissonniers en poissons et fruits de mer.

margarine (nom féminin) Matière grasse faite avec des plantes. *Maman remplace parfois le beurre par de la **margarine** pour cuisiner.*

marge (nom féminin) **1** Espace blanc laissé au bord d'une page écrite. *Le maître corrige nos cahiers et met des notes dans la **marge**.* **2** Intervalle de temps dont on dispose. *Nous avons 10 minutes de **marge** pour changer de train et prendre la correspondance.*
• En marge : à l'écart d'un groupe.

margelle (nom féminin) Rebord d'un puits ou d'une fontaine.

marginal, ale, aux (nom) Personne qui vit en marge de la société. *Loin du village, des **marginaux** élèvent des chèvres.*

marginaliser (verbe) (conj. 3) Rendre marginal une personne ou un groupe. *La ségrégation raciale **marginalise** certaines communautés.*

margrave (nom masculin) Titre de certains princes souverains d'Allemagne.

marguerite (nom féminin) Fleur qui a le cœur jaune et des pétales blancs.

mari (nom masculin) Homme avec lequel une femme est mariée. *Sa mère s'est mariée deux fois, elle a eu deux **maris**.* (Syn. **conjoint, époux.**)

mariage (nom masculin) Cérémonie par laquelle on devient mari et femme. *Le soir du **mariage**, il est prévu un banquet.* (Syn. **noce.**)

marié, ée (nom) Personne qui est unie à une autre par le mariage. *Vive la **mariée** !*

marier (verbe) (conj. 10) **1** Célébrer le mariage de deux personnes. *C'est l'adjoint au maire qui les **a mariés**.* **2** Se marier : s'unir par le mariage. *Sa cousine **s'est mariée** avec son ami d'enfance.*
★ Famille du mot : mari, mari**age**, mari**é**, marital, se remarier.

marigot (nom masculin) Étendue d'eau stagnante des pays tropicaux.

marijuana (nom féminin) Stupéfiant préparé à partir du chanvre indien. *Un trafic de **marijuana**.*
► **Marijuana** est un mot espagnol : on prononce [maʀiʀwana].
► On écrit aussi **marihuana**.

marin, ine (adjectif) Qui vit dans la mer, ou qui vient de la mer. *La daurade est un poisson **marin**. Du sel **marin**.*
■ **marin** (nom masculin) Personne qui travaille sur un bateau. *Plusieurs **marins** ont disparu dans le naufrage.* (Syn. **matelot.**)

marinade (nom féminin) Mélange aromatisé dans lequel on laisse tremper des viandes ou des poissons. *Une **marinade** à base de vin.*

marine (nom féminin) Ensemble des navires et des équipages d'un pays. *Ce sous-marin appartient à la **marine** nationale.*
■ **marine** (adjectif) • **Bleu marine** : bleu foncé.
▶ Pluriel : des pulls bleu **marine**.

mariner (verbe) (conj. 3) Tremper dans une marinade. *Le gibier est meilleur quand il **a mariné**.* (Syn. **macérer**.)

marinier, ère (nom) Personne qui conduit une péniche sur les fleuves ou les canaux. (Syn. **batelier**.)
■ **marinière** (nom féminin) **1** Manière de nager sur le côté. **2** Vêtement, blouse ample, que l'on enfile par la tête. • **Moules marinière** *ou* **à la marinière** : moules cuites dans leur jus, avec du vin blanc, des échalotes et du persil.

marionnette (nom féminin) Sorte de poupée qu'on fait bouger avec la main ou en tirant sur des ficelles. *Les **marionnettes** imitant les hommes politiques ont un grand succès à la télévision.*
★ **Marionnette** vient de *Marion*, diminutif de Marie, et désignait à l'origine une petite statue de la Vierge.

marionnettiste (nom) Personne qui manipule des marionnettes.

marital, ale, aux (adjectif) Du mari. *Vous donnerez votre nom **marital** et votre nom de jeune fille.*

maritime (adjectif) **1** Qui est au bord de la mer. *Marseille est un grand port **maritime**.* **2** Qui se fait par mer. *Les transports **maritimes**.*

marivaudage (nom masculin) Galanterie raffinée dans l'expression des sentiments amoureux. *Leur relation n'est qu'un aimable **marivaudage**.*

marjolaine (nom féminin) Plante aromatique.

mark (nom masculin) Ancienne monnaie allemande avant le passage à l'euro.

marketing (nom masculin) Technique qui sert à favoriser la vente d'un produit. *Cette entreprise recherche un responsable du **marketing**.*
▶ Prononciation [maʀkətiŋ].
▶ On dit aussi **markéting** [maʀketiŋ].
★ **Marketing** vient du mot anglais *market* qui signifie « marché ».

marmaille (nom féminin) Dans la langue familière, groupe de jeunes enfants bruyants. *À chaque vague, toute la **marmaille** poussait des cris.*

marmelade (nom féminin) Sorte de confiture faite de fruits écrasés. *De la **marmelade** d'oranges.*

marmite (nom féminin) Récipient muni d'un couvercle et de poignées dans lequel on fait cuire des aliments.

marmiton (nom masculin) Jeune apprenti cuisinier, dans un restaurant.

marmonner (verbe) (conj. 3) Dire quelque chose à voix basse entre ses dents. *Que **marmonnes**-tu ?*

marmot (nom masculin) Dans la langue familière, petit enfant.

marmotte (nom féminin) Petit mammifère rongeur qui vit dans les montagnes. *L'hiver, les **marmottes** hibernent dans leur terrier.*

marmouset (nom masculin) **1** Figurine grotesque. *Chaque chenet de la cheminée était orné d'un **marmouset**.* **2** Garçon, homme petit.

marne (nom féminin) Roche sédimentaire argileuse très riche en calcaire, utilisée pour améliorer la qualité des sols acides et pour fabriquer le ciment.

marocain, aine → tableau p. 6 / 7.

maroquin (nom masculin) Cuir de chèvre ou de mouton tanné et teint du côté du poil. *Un portefeuille en **maroquin**.*

maroquinerie (nom féminin) Fabrication ou commerce des objets en cuir.
★ **Maroquinerie** vient du nom du *Maroc*, pays autrefois réputé pour le travail du cuir.

maroquinier (nom masculin) Fabricant ou commerçant d'objets en cuir.

marotte (nom féminin) Sujet ou activité préférés de quelqu'un. *La nouvelle **marotte** de Xavier, c'est le tennis.* (Syn. **dada, hobby**.)

maroufler (verbe) (conj. 3) Coller avec de la colle forte sur une surface. *Bien **maroufler** les bords des panneaux de papier peint.*

marquant, ante (adjectif) Qui laisse un souvenir durable. *La révolution de 1789 est un fait **marquant** de l'histoire de France.* (Syn. **mémorable**.)

marque (nom féminin) **1** Signe qui permet de reconnaître quelque chose. *Tous les moutons du troupeau portent une **marque**.* **2** Trace qui reste sur quelque chose. *Il y a des **marques** de doigts sur les carreaux.* **3** Ce qui sert à montrer un sentiment. *Cette **marque** de tendresse l'a comblée.* **4** Nom donné à un produit par son fabricant. *Une **marque** de voiture, de lessive.* **5** Décompte des points dans un jeu ou un sport. *À la fin du match, la **marque** était de 2 à 2.* (Syn. **résultat, score**.)

marque-page (nom masculin) Repère inséré dans un livre, qui permet de retrouver une page. *Odile a perdu son **marque-page** et ne sait plus où elle doit reprendre sa lecture.*
▶ Pluriel : des **marque-pages**.

marquer (verbe) (conj. 3) **1** Mettre une marque sur quelque chose. ***Marquer** du linge.* **2** Faire ou laisser une trace. *La maladie **marque** profondément ses traits.* **3** Inscrire quelque chose. ***Marquer** une adresse sur son agenda.* (Syn. **écrire, noter**.) **4** Laisser un souvenir ou une impression durables et forts. *Ce film **a marqué** toute une génération.* **5** Réussir un but dans un sport collectif de balle. **6** Au football et au rugby, surveiller de près un adversaire.
★ Famille du mot : **dé**marquer, marqu**ant**, marque, marque-page, marqu**eur**.

a b c d e f g h i j k l m n o p q r s t u v w x y z

marqueterie (nom féminin) Placage de bois, de marbre ou d'ivoire qui forme un motif décoratif sur un meuble.
▶ Prononciation [maʀkɛtʀi].
▶ On écrit aussi **marquèterie**.

marqueur (nom masculin) Gros feutre à pointe épaisse.

marquis, ise (nom) Noble dont le rang se situe entre celui de duc et celui de comte.

marraine (nom féminin) Femme chargée de porter un enfant sur les fonts baptismaux le jour de son baptême, et qui fait la promesse de s'occuper de lui. *Marie est ma **marraine**, je suis sa filleule.*

marrant, ante (adjectif) Synonyme familier de drôle. *Yann est **marrant** avec ce chapeau !* (Syn. **amusant.**)

marre (adverbe) • **En avoir marre** : dans la langue familière, en avoir assez.

se **marrer** (verbe) (conj. 3) Synonyme familier de rire. *On **s'est** bien **marrés** hier soir !*

marri, ie (adjectif) Synonyme littéraire de penaud. *Je suis bien **marrie** de vous avoir chagriné !* (Syn. **attristé.**)

marron (nom masculin) **1** Synonyme de châtaigne. *Maman fait griller des **marrons** dans la poêle.* **2** Fruit du marronnier. *Le **marron**, appelé aussi **marron** d'Inde, n'est pas comestible.* **3** Couleur marron. *Choisir du **marron** pour repeindre les volets.*
■ **marron** (adjectif) De la couleur brune du marron.
▶ Pluriel : des chaussures **marron**.

marronnier (nom masculin) Grand arbre qui fait des grappes de fleurs blanches ou roses et qui donne les marrons d'Inde.

mars (nom masculin) Troisième mois de l'année, qui a 31 jours.
★ Chez les Romains, ce mois était consacré à *Mars*, dieu de la guerre.

marsouin (nom masculin) Mammifère marin proche du dauphin. *Les **marsouins** sont des cétacés.*

marsupial, aux (nom masculin) Mammifère dont les petits finissent de se développer dans une poche située sur le ventre de leur mère. *Les koalas et les kangourous sont des **marsupiaux**.*

marteau, eaux (nom masculin) **1** Outil formé d'un bloc de métal au bout d'un manche en bois. *Il faut un **marteau** pour enfoncer ces crochets dans le mur.* **2** Boule de métal reliée à un câble qu'un athlète doit lancer le plus loin possible.
★ Famille du mot : marteau-piqueur, mart**èlement**, mart**eler**.

marteau-piqueur (nom masculin) Outil qui fonctionne à l'air comprimé et sert à défoncer le sol. *Les ouvriers creusent une tranchée avec des **marteaux-piqueurs**.*
▶ Pluriel : des **marteaux-piqueurs**.

martèlement (nom masculin) Action de marteler. *On entend le **martèlement** des pas des soldats.*

marteler (verbe) (conj. 8) **1** Frapper à coups de marteau. *Le forgeron **martèle** le fer pour fabriquer un outil.* **2** Frapper fort et à coups répétés. *Le boxeur **a martelé** le visage de son adversaire.*

martial, ale, aux (adjectif) Qui est décidé et combatif. *Le régiment de parachutistes défile d'un pas **martial**.* • **Arts martiaux** : sports de combat d'origine japonaise. *Le judo et le karaté sont des **arts martiaux**.* • **Cour martiale** : tribunal militaire. • **Loi martiale** : loi qui autorise l'emploi de la force armée pour le maintien de l'ordre.
★ **Martial** vient de *Mars*, qui était le dieu de la guerre chez les Romains.

martien, enne (nom) Habitant fictif de la planète Mars.

martinet (nom masculin) **1** Oiseau migrateur qui ressemble à l'hirondelle. *Les **martinets** volent très vite.* **2** Fouet à plusieurs lanières de corde ou de cuir.

martingale (nom féminin) **1** Courroie qui relie la sangle, sous le ventre du cheval, à la bride. **2** Demi-ceinture qui, placée horizontalement dans le dos d'un vêtement à hauteur de la taille, sert à le cintrer. **3** Méthode de jeu plus ou moins fiable qu'on applique systématiquement pour gagner. *Pour gagner au poker, William a élaboré une **martingale** fondée sur un calcul de probabilités.*

martiniquais, aise → tableau p. 6 / 7.

martin-pêcheur (nom masculin) Oiseau aux couleurs vives qui vit au bord des lacs et des rivières. *Le **martin-pêcheur** se nourrit de poissons.*
▶ Pluriel : des **martins-pêcheurs**.

martre (nom féminin) Petit mammifère carnivore à la queue touffue et au pelage brun.

martyr, martyre (nom) Personne qui souffre ou qui meurt pour défendre sa foi ou son idéal.
■ **martyr, martyre** (adjectif) Que l'on maltraite. *Des enfants **martyrs**.*
★ Famille du mot : martyre, martyr**iser**.

martyre (nom masculin) **1** Souffrance ou mort endurée par un martyr. **2** Très grande souffrance. *Sa longue maladie a été un vrai **martyre**.*

martyriser (verbe) (conj. 3) Faire souffrir durement une personne ou un animal. *Ces parents ont été condamnés pour **avoir martyrisé** leur enfant.* (Syn. **torturer.**)

marxisme (nom masculin) Doctrine philosophique, politique et économique établie par Karl Marx et Friedrich Engels.

mas (nom masculin) Dans le sud de la France, ferme ou grande maison. *Le **mas** est entouré de cyprès.*
▶ Prononciation [ma] ou [mas].

mascara (nom masculin) Produit de maquillage utilisé pour colorer et épaissir les cils.
★ **Mascara** vient du mot italien *maschera* qui signifie « masque ».

mascarade (nom féminin) Mise en scène hypocrite et trompeuse. *La peine qu'il affichait n'était qu'une* ***mascarade****.*

mascotte (nom féminin) Animal ou objet considéré comme porte-bonheur. *Certains ont pour* ***mascotte*** *un trèfle à quatre feuilles.* (Syn. **fétiche**.)

masculin, ine (adjectif) **1** De l'homme ou du mâle. *Benjamin est un prénom* ***masculin****.* **2** Se dit des noms pouvant être précédés des déterminants « le » ou « un ». *« Le chat », « un bateau » sont des noms* ***masculins****.* (Contr. **féminin**.)
▪ **masculin** (nom masculin) Genre masculin. *L'adjectif « fou » est au* ***masculin****.*

masochiste (adjectif et nom) Qui prend du plaisir à souffrir. *Noémie trouve qu'il faut être* ***masochiste*** *pour se baigner par ce froid.*
★ **Masochiste** vient du nom de *Sacher-Masoch*, écrivain autrichien du XIXe siècle.

masque (nom masculin) Objet qu'on applique sur le visage pour se déguiser ou se protéger. *Pour le carnaval, on a fabriqué des* ***masques****. Un* ***masque*** *de plongée. Un* ***masque*** *à gaz.*
★ Famille du mot : dé**masquer**, **masqué**, **masquer**.

masqué, ée (adjectif) Qui porte un masque. *Des cambrioleurs* ***masqués****.* • **Bal masqué** : bal où l'on porte un masque ou un déguisement.

masquer (verbe) (conj. 3) Empêcher de voir quelque chose. *Dommage que cet immeuble* ***masque*** *la vue sur la mer !* (Syn. **cacher**.)

massacrant, ante (adjectif) • **Humeur massacrante** : très mauvaise humeur.

massacre (nom masculin) Action de massacrer. *Cette guerre a été un* ***massacre****.* (Syn. **carnage**, **hécatombe**, **tuerie**.) • **Jeu de massacre** : jeu de fête foraine qui consiste à faire tomber des poupées ou des boîtes à l'aide de balles.
★ Famille du mot : **massacrant**, **massacrer**.

massacrer (verbe) (conj. 3) Tuer sauvagement et en grand nombre des êtres vivants sans défense. *Des braconniers* ***ont massacré*** *plusieurs éléphants.*

massage (nom masculin) Action de masser. *Le kinésithérapeute fait des* ***massages*** *pour soulager les douleurs.*

masse (nom féminin) **1** Quantité importante de matière qui forme un ensemble compact. *Ce sculpteur taille le marbre dans la* ***masse****.* **2** Quantité de matière que contient un objet. *Le kilogramme est une unité de* ***masse****.* **3** Grand nombre de choses ou de personnes. *La* ***masse*** *des réfugiés est regroupée dans un camp.* **4** Gros marteau de fer. *Ils ont cassé la porte à coups de* ***masse****.*
▪ **masses** (nom féminin pluriel) Majorité des gens du peuple. *Cet homme politique plaît aux* ***masses****.*
★ Famille du mot : se **masser**, **massif**, **massivement**.

massepain (nom masculin) Pâtisserie à base d'amandes pilées et de sucre.

① **masser** (verbe) (conj. 3) Pétrir certaines parties du corps pour rendre les muscles plus souples.
★ Famille du mot : **massage**, **masseur**.
★ **Masser** vient d'un mot arabe qui signifie « palper », l'art du massage venant de Turquie.

② **se masser** (verbe) (conj. 3) Se rassembler en masse. *Les manifestants* ***se massent*** *sur la place.*

masseur, euse (nom) Personne qui pratique des massages.

massicot (nom masculin) Machine à couper le papier.

massif, ive (adjectif) **1** D'aspect lourd, trapu ou épais. *Le rhinocéros a une silhouette* ***massive****.* **2** Qui se produit en masse. *Des départs en vacances* ***massifs****.* **3** Qui forme une masse compacte. *Une bague en or* ***massif****. Un meuble en bois* ***massif****.*
▪ **massif** (nom masculin) **1** Ensemble de montagnes. *Le* ***massif*** *des Alpes.* **2** Assemblage de fleurs ou d'arbustes. *Ces* ***massifs*** *de roses sont splendides !*

massivement (adverbe) En très grand nombre. *Se déplacer* ***massivement*** *pour voter.*

mass média Voir ***média***.

massue (nom féminin) Gros bâton à l'extrémité épaisse, qui peut servir d'arme.

mastic (nom masculin) Pâte collante qui durcit en séchant. *Pour remplacer le carreau cassé, il faut du* ***mastic****.*

mastication (nom féminin) Action de mastiquer un aliment.

mastiquer (verbe) (conj. 3) Synonyme de mâcher. *Pour éviter les problèmes de digestion, il faut bien* ***mastiquer*** *les aliments avant de les avaler.*

mastodonte (nom masculin) **1** Énorme mammifère préhistorique qui ressemblait à l'éléphant. **2** Personne, animal ou chose d'une taille énorme. *Ce catcheur est un vrai* ***mastodonte****.*

masturber (verbe) (conj. 3) **1** Se livrer à des attouchements sur les parties génitales de quelqu'un afin de provoquer le plaisir sexuel. **2 Se masturber** : pratiquer ces attouchement sur soi-même.

m'as-tu-vu (nom) Individu vaniteux. *Ce n'est qu'une* ***m'as-tu-vu*** *avec sa voiture de course !*
▶ Pluriel : des **m'as-tu-vu**.

masure (nom féminin) Maison misérable et délabrée. *Ces pauvres gens habitent dans une* ***masure****.*

① **mat, mate** (adjectif) **1** Qui ne brille pas. *Odile a fait tirer ses photos sur du papier* ***mat****.* (Contr. **brillant**.) **2** Qui est un peu foncé. *Clément bronze vite car il a la peau* ***mate****.* (Contr. **clair**.) **3** Qui ne résonne pas. *Ce petit bruit* ***mat****, c'est le chat qui vient de sauter de la chaise.* (Syn. **sourd**.)
▶ Prononciation [mat].

② **mat** (nom masculin) Aux échecs, position du roi qui ne peut plus bouger sans être pris.
▶ Prononciation [mat].

a b c d e f g h i j k l **m** n o p q r s t u v w x y z

mât (nom masculin) **1** Sur un bateau, grand poteau qui porte les voiles. *Ce grand voilier a trois* ***mâts****.* **2** Poteau qui soutient une tente ou qui porte un drapeau.
▶ Prononciation [mɑ].

matador (nom masculin) Torero qui met à mort le taureau dans une corrida.

matamore (nom masculin) Fanfaron qui n'est courageux qu'en paroles.

match (nom masculin) Compétition sportive entre deux équipes ou deux adversaires. *Dimanche, David va voir un* ***match*** *de rugby.*
▶ Pluriel : des **matchs** ou des **matches**.

matelas (nom masculin) Grand coussin rembourré, sur lequel on se couche. *Sarah n'aime pas les* ***matelas*** *trop mous.*

matelassé, ée (adjectif) Qui est rembourré à la manière d'un matelas. *Cette veste* ***matelassée*** *est très confortable.*

matelot (nom masculin) Synonyme de marin. *Il s'est engagé comme* ***matelot*** *sur un cargo.*

mater (verbe) (conj. 3) Rendre docile et obéissant. *La révolte* ***a été matée*** *par l'armée.*

se **matérialiser** (verbe) (conj. 3) Devenir réel et concret. *Ses rêves* ***se sont*** *enfin* ***matérialisés****.* (Syn. **se concrétiser, se réaliser.**)

matérialisme (nom) Doctrine philosophique qui affirme que la seule réalité fondamentale est la matière. (Contr. **idéalisme, spiritualisme.**)

matérialiste (nom et adjectif) Partisan du matérialisme. *Des philosophes* ***matérialistes****.*
▪ **matérialiste** (adjectif) Qui recherche uniquement des satisfactions et des biens et matériels. *Des préoccupations uniquement* ***matérialistes****.*

matériau, aux (nom masculin) Matière utilisée pour fabriquer ou construire. *La pierre, la brique, le bois sont des* ***matériaux*** *de construction.*

matériel, elle (adjectif) **1** Qui est fait d'éléments qu'on peut voir et toucher. *La police recherche la preuve* ***matérielle*** *du crime.* (Syn. **concret.**) **2** Qui concerne les choses et non les personnes. *Il n'y a aucun blessé dans l'accident, seulement des dégâts* ***matériels****.* **3** Qui concerne l'argent et les moyens d'existence. *Il a su résoudre ses problèmes* ***matériels****.* (Syn. **financier.**)
▪ **matériel** (nom masculin) Ensemble des outils ou des objets nécessaires à une activité.

matériellement (adverbe) Réellement, concrètement. *Il est* ***matériellement*** *impossible de faire ce trajet en une heure.*

maternel, elle (adjectif) Qui vient de la mère. *Le lait* ***maternel*** *est meilleur pour les bébés que le lait en poudre.* • **École maternelle** : école qui reçoit les enfants de 3 à 6 ans. • **Langue maternelle** : langue qu'on apprend en premier quand on est enfant.
▪ **maternelle** (nom féminin) École maternelle. *Je vais chercher mon petit frère à la* ***maternelle****.*

materner (verbe) (conj. 3) Avoir une attitude maternelle à l'égard de quelqu'un, protéger excessivement. *Si elle continue à trop le* ***materner****, elle va le rendre incapable de se débrouiller seul.*

maternité (nom féminin) **1** Fait d'être mère. *La* ***maternité*** *lui apporte beaucoup de joies.* **2** Établissement où les femmes accouchent. *Ursula a hâte d'aller voir sa mère à la* ***maternité*** *pour découvrir son petit frère qui vient de naître.*

mathématicien, enne (nom) Spécialiste de mathématiques.

mathématique (adjectif) **1** Qui concerne les mathématiques. **2** Qui est précis et rigoureux. *Avoir l'esprit* ***mathématique****.*
▪ **mathématiques** (nom féminin pluriel) Science qui étudie les nombres, les grandeurs, les figures géométriques. *Zoé a beaucoup de mal en* ***mathématiques****, elle réussit mieux en français.*

maths (nom féminin pluriel) Abréviation familière de mathématiques. *Ibrahim est bon en* ***maths****.*

mathusalem (nom masculin) Grande bouteille de vin équivalant à 8 bouteilles, soit 6 litres.

matière (nom féminin) **1** Substance qui constitue les objets et les corps. *La* ***matière*** *est composée d'atomes.* **2** Ce en quoi une chose est faite. *Le coton, la laine, la soie sont des* ***matières*** *textiles.* **3** Sujet ou discipline. *Kevin est plutôt littéraire, il n'aime pas beaucoup les* ***matières*** *scientifiques.* • **En matière de quelque chose** : en ce qui concerne cette chose. ***En matière de*** *mécanique, il n'y connaît rien.* • **Entrée en matière** : manière d'aborder une question. • **Matière première** : produit à l'état brut que l'on transforme pour fabriquer des objets. • **Table des matières** : liste des chapitres d'un livre.

matin (nom masculin) Première partie de la journée. *Le* ***matin****, Anna prend son petit déjeuner avant d'aller à l'école.*
★ En Belgique, en Suisse et au Québec, le **matin** s'appelle l'*avant-midi*, par opposition à l'après-midi.
★ Famille du mot : matin**al**, matin**ée**.

matinal, ale, aux (adjectif) **1** Du matin. *Pierre fait sa toilette* ***matinale****.* **2** Qui se lève tôt. *Élodie se lève tous les jours à 6 heures : elle est très* ***matinale*** *!*

mâtiné, ée (adjectif) **1** De race croisée, en parlant d'un chien. **2** Mélangé. *L'oncle de David s'exprime dans un français* ***mâtiné*** *de patois.*

matinée (nom féminin) **1** Période de la journée entre le lever du soleil et midi. *Passe me voir dans la* ***matinée****, avant déjeuner.* **2** Spectacle qui a lieu l'après-midi. *Aller au concert en* ***matinée****.*

matines (nom féminin pluriel) Première partie de l'office divin, que l'on récite la nuit ou à l'aube. *Chanter les* ***matines****.*

matou (nom masculin) Chat mâle. *Le gros* ***matou*** *s'étire au soleil.*

matraquage (nom masculin) • **Matraquage publicitaire** : répétition très fréquente d'une publicité.

matraque (nom féminin) Arme pour frapper, en forme de bâton court. *Il a été assommé par un coup de* ***matraque****.*

matraquer (verbe) (conj. 3) Donner des coups de matraque à quelqu'un. *Il s'est fait* ***matraquer*** *par ses agresseurs.*

matriarcat (nom masculin) Régime social dans lequel la mère, la femme joue un rôle prépondérant ou exerce une grande autorité. (Contr. **patriarcat.**)

matrice (nom féminin) **1** Synonyme d'utérus. **2** Moule, généralement métallique, qui présente une empreinte destinée à donner une forme à une pièce. *La* ***matrice*** *d'un médaillon.* **3** Tableau de nombres qui permet d'effectuer des opérations diverses.

matricule (nom masculin) Numéro d'inscription sur un registre. *Chaque prisonnier est identifié par un* ***matricule****.*

matrimonial, ale, aux (adjectif) • **Agence matrimoniale** : entreprise qui organise des rencontres entre des personnes qui veulent se marier.

matrone (nom féminin) Femme d'un certain âge, corpulente et vulgaire.

maturation (nom féminin) Fait de mûrir. *Ce beau temps va hâter la* ***maturation*** *des fruits.*

mature (adjectif) Qui manifeste de la maturité d'esprit. *Xavier n'est pas encore assez* ***mature*** *pour quitter le domicile familial.* (Syn. **mûr.** Contr. **immature.**)
★ **Mature** vient du latin *maturus* qui signifie « mûr ».
★ Famille du mot : im**mature**, **matur**ation, **matur**ité.

maturité (nom féminin) **1** État de ce qui est mûr. *Les abricots sont arrivés à* ***maturité****, tu peux les cueillir.* **2** État d'une personne mûre. *Elle manque de* ***maturité*** *dans ses jugements.*

maudire (verbe) (conj. 11) Proclamer qu'on déteste quelqu'un ou quelque chose. *Les paysans* ***maudissent*** *la grêle qui a détruit les cultures.* (Contr. **bénir.**)
► **Maudire** se conjugue comme *finir* sauf au participe passé : maud**it**, maud**ite**.

maudit, ite (adjectif) Qui est détestable, haïssable. *Cette* ***maudite*** *serrure est encore coincée.*

maugréer (verbe) (conj. 3) Synonyme de grommeler. *Arrête de* ***maugréer*** *entre tes dents !*

maure (adjectif) Qui concerne les Maures. *Les tribus* ***maures****.*

mauresque (adjectif) Qui concerne l'art des Maures. *L'art* ***mauresque*** *a produit des chefs-d'œuvre en Andalousie.*

mauricien, enne → tableau p. 6 / 7.

mauritanien, enne → tableau p. 6 / 7.

mausolée (nom masculin) Grand monument funéraire.
► Malgré sa terminaison en -ée, **mausolée** est un nom masculin.

maussade (adjectif) **1** Qui manifeste de la mauvaise humeur. *Qu'est-ce qui t'arrive ? Tu as l'air* ***maussade*** *ce matin !* (Syn. **grognon, morose.**) **2** Se dit d'un temps gris et triste. *Si le temps est* ***maussade****, on restera à la maison.*

mauvais, aise (adjectif) **1** Qui n'est pas bon au goût. *Cette poire est* ***mauvaise****, ne la mange pas.* **2** Qui ne fait pas plaisir. *Malheureusement, les nouvelles sont* ***mauvaises****.* (Syn. **déplaisant.**) **3** Synonyme de méchant. *Méfie-toi, il est* ***mauvais*** *quand il se met en colère.* (Contr. **gentil.**) **4** Qui est faible dans une matière ou une activité. *Fatima est* ***mauvaise*** *en course de fond.* (Contr. **bon, fort.**)
▪ **mauvais** (adverbe) • **Il fait mauvais** : le temps est désagréable. (Contr. **beau.**) • **Sentir mauvais** : avoir une odeur désagréable. (Contr. **bon.**)

mauve (adjectif) De couleur violet pâle.

mauviette (nom féminin) Dans la langue familière, personne malingre et sans courage. *Tu as fui comme une* ***mauviette*** *!*

maxi- Élément tiré du latin qui signifie « grand » (exemples : *maximum*, *maximal*).

maxi (adjectif et adverbe) Abréviation familière de maximum. *Ça coûte dix euros* ***maxi****.*

maxillaire (nom masculin) Chacun des deux os qui forment la mâchoire.

maxima Voir ***maximum***.

maximal, ale, aux (adjectif) Qui atteint un maximum. *La vitesse* ***maximale*** *autorisée en ville est 50 km/h.* (Syn. **maximum.**)

maximaliser (verbe) (conj. 3) Donner la plus haute valeur à. *Il faut* ***maximaliser*** *tes chances de réussite.* (Contr. **minimiser.**)
► On dit aussi **maximiser**.

maxime (nom féminin) Phrase courte qui résume une règle de conduite. *« Aide-toi et le ciel t'aidera » est une* ***maxime****.* (Syn. **dicton, proverbe.**)

maximum (nom masculin) Le plus possible. *Quentin fait le* ***maximum*** *pour réussir.* (Contr. **minimum.**)
▪ **maximum** (adjectif) Synonyme de maximal. *On a payé le tarif* ***maximum*** *car il n'y avait plus de places à tarif réduit.*
► Prononciation [maksimɔm].
► Pluriel : des **maximums** ou des **maxima**.

mayonnaise (nom féminin) Sauce froide et épaisse à base de moutarde, de jaune d'œuf et d'huile. *Gaëlle mange de la viande froide avec de la* ***mayonnaise****.*

mazarinade (nom féminin) Chanson à l'encontre de Mazarin, pendant la Fronde.

mazout (nom masculin) Combustible liquide tiré du pétrole. *Un chauffage au* ***mazout****.* (Syn. **fioul.**)
► Prononciation [mazut].

mazouter (verbe) (conj. 3) **1** Faire le plein de mazout. **2** Polluer par le mazout. *Des oiseaux* ***mazoutés****.*

mazurka (nom féminin) Danse d'origine polonaise à trois temps.

mé(s)- Préfixe péjoratif (exemples : *mépriser, mésestimer*).

me (pronom) Pronom personnel de la première personne du singulier, en fonction de complément. *Je **me** vois dans la glace. Qui **m'**a téléphoné ?*
▶ **Me** devient **m'** devant une voyelle ou un h muet.

mea-culpa (nom masculin) Aveu, repentir d'une faute commise.
▶ Prononciation [meakulpa].
▶ Pluriel : des **mea-culpa**.
★ **Mea culpa** est une expression latine qui signifie « c'est ma faute ».

méandre (nom masculin) Boucle que fait un cours d'eau. *La Seine fait de nombreux **méandres**.*
★ **Méandre** vient du nom ancien d'un fleuve de Turquie, au cours très sinueux.

méat (nom masculin) Conduit ou orifice d'un conduit de l'organisme. *Le **méat** urinaire.*
▶ Prononciation [mea].

mec (nom masculin) Synonyme familier d'homme. (Syn. **gars, type.**)

mécanicien, enne (nom) Spécialiste de l'entretien et de la réparation des machines et des moteurs. *Quand on tombe en panne un dimanche, c'est difficile de trouver un **mécanicien**.*

mécanique (adjectif) **1** Qui fonctionne grâce à un mécanisme. *Cette boîte à musique est **mécanique**.* **2** Qui est fait à la machine et non pas à la main. *Dans cette usine, l'emballage des produits se fait de façon **mécanique**.* **3** Qui concerne un moteur. *Une panne **mécanique**.* **4** Synonyme de machinal. *Un geste **mécanique**.*
■ **mécanique** (nom féminin) Science de la construction et du fonctionnement des machines et des moteurs.
★ Famille du mot : mécani**cien**, mécani**quement**, méca**nisation**, mécani**sé**, mécani**sme**.

mécaniquement (adverbe) De façon mécanique. *Quand on éternue, on ferme **mécaniquement** les yeux.*

mécanisation (nom féminin) Introduction de la machine dans une activité. *La **mécanisation** des vendanges.*

mécanisé, ée (adjectif) Qui s'effectue avec des machines. *L'agriculture est peu **mécanisée** dans ce pays.*

mécanisme (nom masculin) Ensemble des pièces qui permettent à une machine de fonctionner. *La pendule ne marche plus, son **mécanisme** est cassé.*

mécénat (nom masculin) Soutien financier et matériel d'un mécène. *Cette exposition a eu lieu grâce au **mécénat** d'un gros industriel.*

mécène (nom masculin) Personne ou entreprise qui donne de l'argent pour aider les arts et les artistes.
★ **Mécène** était le nom d'un ministre de l'empereur Auguste, qui protégeait les artistes et les écrivains.

méchamment (adverbe) Avec méchanceté. *Pourquoi as-tu poussé **méchamment** ta petite sœur ?* (Contr. **gentiment.**)

méchanceté (nom féminin) **1** Défaut d'une personne méchante. *Ce n'est pas par **méchanceté** que Romain a caché les lunettes d'Hélène, c'était pour rire.* (Syn. **cruauté.** Contr. **bonté, gentillesse.**) **2** Action ou parole méchante. *Elles n'arrêtent pas de se dire des **méchancetés**.*

méchant, ante (adjectif) Qui fait exprès de faire du mal. *Pourquoi es-tu **méchant** avec lui, il ne t'a rien fait ! Attention, chien **méchant** !* (Syn. **cruel, mauvais.** Contr. **bon, gentil.**)
★ Famille du mot : méchamm**ent**, méchan**ceté**.

mèche (nom féminin) **1** Petite touffe de cheveux. *Cette joueuse de tennis met un serre-tête pour ne pas avoir de **mèches** dans les yeux.* **2** Petit cordon au milieu d'une bougie, qui permet de l'allumer. **3** Tige métallique qui s'adapte à une perceuse. *Papa a cassé plusieurs **mèches** avant d'arriver à faire un trou dans le béton.* • **Être de mèche avec quelqu'un** : dans la langue familière, être son complice. • **Vendre la mèche** : trahir un secret.

méchoui (nom masculin) Mouton qu'on fait rôtir à la broche.

méconnaissable (adjectif) Qu'on a du mal à reconnaître. *Avec sa nouvelle coupe de cheveux, Julie est **méconnaissable**.* (Contr. **reconnaissable.**)

méconnaissance (nom féminin) Fait de méconnaître ou d'ignorer quelque chose. *À Londres, sa **méconnaissance** de l'anglais l'empêchait de demander son chemin.*

méconnaître (verbe) (conj. 37) Ne pas apprécier à sa juste valeur. *On **méconnaît** l'œuvre de cet écrivain, qui est pourtant très intéressante.*
▶ On écrit aussi **méconnaitre**.

méconnu, ue (adjectif) Qu'on n'apprécie pas à sa juste valeur. *Dommage que ce cinéaste soit **méconnu**, car ses films sont vraiment excellents.* (Syn. **incompris.**)

mécontent, ente (adjectif et nom) Qui n'est pas content. *Maman est **mécontente** de sa nouvelle voiture.* (Contr. **content, satisfait.**) *Les **mécontents** se sont plaints et ont été remboursés.*

mécontentement (nom masculin) Fait d'être mécontent. *En lançant un ordre de grève, les syndicats ont exprimé leur **mécontentement**.* (Syn. **contrariété, insatisfaction.**)

mécontenter (verbe) (conj. 3) Rendre quelqu'un mécontent. *Arrête ce bruit, tu vas **mécontenter** les voisins !* (Syn. **contrarier, fâcher.** Contr. **contenter.**)

mécréant, ante (nom) Personne qui n'a aucune religion. (Syn. **athée, incroyant.** Contr. **croyant.**)

médaille (nom féminin) **1** Petit bijou rond et plat. *Laura porte une **médaille** autour du cou.* **2** Décora-

tion qui récompense un militaire, un sportif. *Il a été décoré de la **médaille** militaire. Cet athlète a eu la **médaille** d'or aux jeux Olympiques.*
★ Famille du mot : médaill**é**, médaill**on**.

médaillé, ée (adjectif et nom) Qui a gagné une médaille à la guerre ou dans une compétition sportive. *Un **médaillé** olympique.*

médaillon (nom masculin) Bijou en forme de petite boîte qui peut contenir une photo ou une mèche de cheveux.

médecin (nom masculin) Personne qui exerce la médecine. *Myriam a de la fièvre, sa mère a appelé le **médecin**.* (Syn. **docteur.**)

médecine (nom féminin) Science qui étudie les maladies afin de les soigner. *Les études de **médecine** sont longues.*

média (nom masculin) Moyen de diffusion de l'information destinée au grand public. *La presse, la radio et la télévision sont les principaux **médias**.*
► On dit aussi **mass média**.
★ Famille du mot : média**thèque**, média**tique**, médiati**sation**, média**tiser**.

médian, ane (adjectif) Qui est placé au milieu. *Le ballon est posé sur la ligne **médiane** du terrain.*
▪ **médiane** (nom féminin) Droite qui passe par l'un des sommets d'un triangle et le milieu du côté opposé.

médiateur, trice (nom) Personne chargée d'essayer de trouver un accord entre deux adversaires.
▪ **médiatrice** (nom féminin) Droite perpendiculaire à un segment de droite en son milieu. *Les trois **médiatrices** d'un triangle se coupent un point situé à égale distance des trois sommets.*

médiathèque (nom féminin) Collection de documents divers venant de différents médias (films, livres, journaux, disques, etc.).

médiation (nom féminin) Intervention dans un conflit comme médiateur. *La **médiation** de l'ONU a empêché la guerre d'éclater.*

médiatique (adjectif) Qui est transmis par les médias. *Ce record a connu un grand retentissement **médiatique**.*

médiatisation (nom féminin) Action de médiatiser. *La **médiatisation** du football par la télévision.*

médiatiser (verbe) (conj. 3) Faire connaître par les médias. *Ce scandale **a été** largement **médiatisé**.*

médiator (nom masculin) Lamelle avec laquelle on fait vibrer les cordes de certains instruments de musique. *La mandoline et le banjo se jouent avec un **médiator**.*

médical, ale, aux (adjectif) Qui concerne la médecine et la santé. *Grand-père doit subir des examens **médicaux**.*

médicaliser (verbe) (conj. 3) Doter d'équipements médicaux, de personnel médical. *Cette maison de retraite vient d'être **médicalisée**.*

médicament (nom masculin) Substance employée pour lutter contre les maladies. *Les **médicaments** s'achètent dans les pharmacies.* (Syn. **remède.**)

médicinal, ale, aux (adjectif) Qu'on peut utiliser comme médicament. *Elle se soigne avec des plantes **médicinales**.*

médiéval, ale, aux (adjectif) Qui a un rapport avec le Moyen Âge. *Ce château **médiéval** est entouré de remparts.*

médiocre (adjectif) **1** Qui n'est pas suffisant. *Thomas a eu une note **médiocre** en français : 3 sur 10.* **2** Qui n'a pas beaucoup de talent ou de capacités. *Ce pianiste est très **médiocre**.*
★ Famille du mot : médiocr**ement**, médiocr**ité**.

médiocrement (adverbe) De façon médiocre. *Il débute et gagne encore **médiocrement** sa vie.*

médiocrité (nom féminin) Caractère médiocre. *La **médiocrité** des récoltes est inquiétante.*

médire (verbe) (conj. 46) Dire du mal de quelqu'un. *Ce n'est pas bien de **médire** de ses voisins.*
► **Médire** se conjugue comme *dire* sauf à la 2e personne du pluriel au présent : vous **médisez**.
★ Famille du mot : méd**isance**, méd**isant**.

médisance (nom féminin) Parole malveillante. *Noémie se moque des **médisances**.* (Syn. **cancan, potins, racontar, ragot.**)

médisant, ante (adjectif) Qui se plaît à médire. *Odile n'aime pas ce garçon, il est trop **médisant**.*

méditatif, ive (adjectif) Qui est rêveur, songeur. *À quoi penses-tu ? Tu as l'air bien **méditatif** !*

méditation (nom féminin) Action de méditer. *Les moines sont en pleine **méditation**.*

méditer (verbe) (conj. 3) Réfléchir longuement et profondément. *Il **avait médité** son plan depuis fort longtemps.*
★ Famille du mot : médit**ation**, médit**atif**.

méditerranéen, enne → tableau p. 6 / 7.

médium (nom) Personne qui prétend communiquer avec l'esprit des morts.
► Prononciation [medjɔm].

médius (nom masculin) Synonyme de majeur. *Le **médius** est le doigt le plus long.*
► Prononciation [medjys].

médullaire (adjectif) Qui a rapport à la moelle osseuse ou à la moelle épinière. *Le canal **médullaire** est la partie des os qui contient la moelle.*

méduse (nom féminin) Animal marin, translucide et gélatineux. *Sarah ne veut plus se baigner car elle a peur de se faire piquer par les **méduses**.*
★ **Méduse** est le nom d'un monstre de la mythologie grecque, dont la tête était hérissée de serpents.

médusé, ée (adjectif) Qui est très étonné. *Je suis resté **médusé** par sa réponse, je ne m'y attendais pas.* (Syn. **stupéfait.**)

a b c d e f g h i j k l m n o p q r s t u v w x y z

meeting (nom masculin) Réunion publique, politique ou sportive. *Ce **meeting** a rassemblé beaucoup de monde.*
▶ **Meeting** est un mot anglais : on prononce [mitiŋ].

méfait (nom masculin) **1** Mauvaise action. *Cet homme a déjà été condamné pour de nombreux **méfaits**.* **2** Conséquence néfaste de quelque chose. *Les **méfaits** de la pollution sont considérables dans cette région.* (Contr. **bienfait**.)

méfiance (nom féminin) État d'une personne qui se méfie. *Ta **méfiance** envers lui n'est pas justifiée car il est très honnête.* (Syn. **défiance**. Contr. **confiance**.)

méfiant, ante (adjectif) Qui se méfie. *Depuis qu'ils ont été cambriolés, ils sont devenus **méfiants**.* (Contr. **confiant**.)

se **méfier** (verbe) (conj. 10) Ne pas se fier à quelqu'un ou à quelque chose. *Il faut **se méfier** de lui, il n'est pas toujours sincère.*
★ Famille du mot : méfi**ance**, méfi**ant**.

méga- 1 Élément tiré du grec qui signifie « grand » (exemples : *mégalomanie*, *mégalopole*). **2** Préfixe qui, placé devant une unité, la multiplie par un million (exemple : *mégahertz*).

mégahertz (nom masculin) Unité de fréquence valant 1 million de hertz.
▶ Prononciation [megaɛʀtz].
▶ Le symbole du **mégahertz** est *MHz*.

mégalithe (nom masculin) Monument formé de gros blocs de pierre. *Les menhirs et les dolmens sont des **mégalithes**.*

mégalomane (adjectif et nom) Qui est d'une prétention excessive.

mégalomanie (nom féminin) Désir immodéré de puissance, goût des réalisations grandioses. *Il veut construire une immense statue à son effigie, quelle **mégalomanie** !*

mégalopole (nom féminin) Grande agglomération urbaine.
▶ On dit aussi **mégalopolis** ou **mégapole**.

mégaoctet (nom masculin) Unité de mesure valant un million d'octets.
▶ Le symbole du **mégaoctet** est *Mo*.

mégaphone (nom masculin) Appareil qui sert à amplifier les sons. *Les manifestants scandent leur slogan dans le **mégaphone**.* (Syn. **porte-voix**.)

mégapole Voir ***mégalopole***.

par **mégarde** (adverbe) Sans le faire exprès. *Victor a pris le manteau de Fabien **par mégarde**.* (Syn. **par inadvertance**. Contr. **exprès**.)

mégère (nom féminin) Femme hargneuse et souvent méchante.

mégot (nom masculin) Reste d'une cigarette ou d'un cigare qui ont été fumés. *Ces vieux **mégots** empestent !*

mégoter (verbe) (conj. 3) Chercher de petites économies, dans la langue familière. (Syn. **lésiner**.)

méhari (nom masculin) Dromadaire d'Afrique du Nord, rapide et endurant, dressé pour être monté.

meilleur, eure (adjectif et nom) Mot qui sert de comparatif et de superlatif à bon. *Ce fromage est bon, mais celui-ci est encore **meilleur**. Cette boulangerie est la **meilleure** de la région.* (Contr. **pire**.)

méiose (nom féminin) Mode de division cellulaire conduisant à une réduction de moitié du nombre de chromosomes de chaque cellule. *La **méiose** conduit à la formation des gamètes dans les organes génitaux.*

méiotique (adjectif) Qui se rapporte à la méiose. *La réduction **méiotique**.*

méjuger (verbe) (conj. 5) **1** Ne pas apprécier à sa juste valeur. *Ce pâtissier **méjuge** des qualités de son apprenti.* (Syn. **méconnaître**.) **2** Juger mal. *David a toujours **méjugé** son frère.* (Syn. **déprécier, mésestimer**.)

mélaminé, ée (adjectif et nom masculin) Recouvert d'une résine synthétique. *Les meubles de sa cuisine sont en **mélaminé**.*

mélancolie (nom féminin) Tristesse vague. *William parle avec **mélancolie** de ses dernières vacances en Grèce.*
★ **Mélancolie** vient du grec *melankholia* qui signifie « humeur noire ».

mélancolique (adjectif) Qui inspire de la mélancolie. *Cette histoire **mélancolique** me donne envie de pleurer.*

mélanésien, enne → tableau p. 6 / 7.

mélange (nom masculin) Ensemble de choses mélangées. *La confiture est un **mélange** de fruits et de sucre.*

mélanger (verbe) (conj. 5) **1** Mettre ensemble plusieurs choses différentes. *Pour faire la pâte à crêpes, Ursula **mélange** la farine, les œufs et le lait.* (Syn. **mêler**. Contr. **séparer**.) **2** Mettre en désordre. *Maman avait rangé les photos, mais Zoé **a** tout **mélangé**.*
★ Famille du mot : mélange, mélang**eur**.

mélangeur (nom masculin) Robinet qui mélange directement l'eau chaude et l'eau froide.

mélanine (nom féminin) Pigment foncé de la peau, de l'iris et des cheveux. *Les peaux noires sont riches en **mélanine**.*

mélasse (nom féminin) Sirop de sucre. • **Être dans la mélasse** : dans la langue familière, être dans une situation pénible.

mêlée (nom féminin) **1** Combat désordonné entre plusieurs personnes. *Dans la **mêlée**, Xavier a perdu ses lunettes.* **2** Moment où les joueurs de rugby s'arc-boutent en se tenant par les épaules pour récupérer le ballon.

mêler (verbe) (conj. 3) **1** Synonyme de mélanger. *Le peintre **mêle** les couleurs sur sa palette.* **2 Se mêler** : se joindre à un groupe. *De nombreuses personnes **se sont mêlées** à la manifestation.* • **Se mêler de quelque chose** : s'occuper des affaires des autres. *Ne **te mêle** pas **de** cette histoire, ça ne te concerne pas.*

mélèze (nom masculin) Conifère de haute montagne, qui ressemble à un sapin. *Les aiguilles du **mélèze** sont caduques.*

méli-mélo (nom masculin) Mélange confus de choses diverses.
▶ Pluriel : des **mélis-mélos**.
▶ On écrit aussi : un **mélimélo**, des **mélimélos**.

mélisse (nom féminin) Plante aromatique qui produit un nectar récolté par les abeilles. • **Eau de mélisse** : médicament préparé avec des feuilles de mélisse fraîches.
★ **Mélisse** vient du mot *melissophullon* qui signifie « feuilles à abeilles ».

mélodie (nom féminin) Air d'une chanson. *Cette **mélodie** me trotte dans la tête depuis ce matin.*

mélodieux, euse (adjectif) Qui est agréable à entendre. *Anna a une voix très **mélodieuse**.*

mélodramatique (adjectif) Qui est digne d'un mélodrame.

mélodrame (nom masculin) Pièce de théâtre ou film dans lesquels les caractères exagérés et les situations peu vraisemblables visent à émouvoir.

mélomane (nom) Personne qui aime la musique avec passion.

melon (nom masculin) Fruit à pépins dont la chair est juteuse et sucrée. • **Chapeau melon** : chapeau d'homme en feutre, rond et bombé.

mélopée (nom féminin) Chant ou air monotone.

melting-pot (nom masculin) Mélange de peuples, d'éléments ethniques d'origines très diverses. *Le **melting-pot** des quartiers de banlieue.*
▶ Pluriel : des **melting-pots**.
▶ **Melting-pot** est un mot anglais : on prononce [mɛltiŋpɔt].

membrane (nom féminin) Peau mince et souple qui enveloppe un organe.

membre (nom masculin) **1** Partie articulée du corps qui permet le mouvement. *L'homme a quatre **membres** : deux bras et deux jambes.* **2** Personne qui fait partie d'un groupe. *Yann est **membre** d'un club de judo.*

même (adjectif) **1** Qui n'est pas différent. *Benjamin et Élodie ont le **même** blouson, de la **même** couleur, souvent ils les confondent !* (Syn. **identique, semblable.** Contr. **autre.**) **2** Après un nom ou un pronom, sert à insister sur la personne ou la chose. *Cette femme est la bonté **même**. Clément a repeint lui-**même** sa chambre.*
▪ **même** (pronom) Chose identique à une autre. *J'aime bien ta veste, j'aimerais m'acheter la **même**.* (Contr. **autre.**) • **Cela revient au même** : c'est pareil, c'est la même chose.
▪ **même** (adverbe) Et aussi. *Tout le monde a fait silence, **même** les enfants.* (Syn. **y compris.**) • **De même** : de la même manière. • **Quand même, tout de même** : malgré tout, cependant, néanmoins.
▶ Lorsque **même** renforce un pronom personnel, il y a un trait d'union entre le pronom et **même** : moi-même, lui-même, eux-mêmes.

mémento (nom masculin) **1** Synonyme d'agenda. **2** Livre qui résume des notions essentielles. *Un **mémento** de grammaire.*
▶ Prononciation [memɛ̃to].
★ **Memento** est un mot latin, qui signifie « souviens-toi ».

① **mémoire** (nom masculin) Texte écrit sur un sujet précis. *Fatima doit rédiger un petit **mémoire** sur la découverte de l'Amérique par Christophe Colomb.*
▪ **mémoires** (nom masculin pluriel) Livre dans lequel un écrivain raconte sa vie et ses souvenirs. *Il est en train d'écrire ses **mémoires**.*

② **mémoire** (nom féminin) **1** Ce qui permet à notre cerveau de se souvenir. *Gaëlle apprend très vite, car elle a une excellente **mémoire**.* **2** Dans un ordinateur, endroit où on enregistre et où on conserve les informations. • **À la mémoire de quelqu'un** : en souvenir ou en l'honneur de quelqu'un. • **Avoir un trou de mémoire** : ne plus se rappeler quelque chose. • **De mémoire** : par cœur.

mémorable (adjectif) Qu'on gardera longtemps dans sa mémoire. *Le 14 juillet 1789 est une date **mémorable** de l'histoire de France.* (Syn. **inoubliable.**)

mémorandum (nom masculin) Note destinée à rappeler quelque chose.
▶ On dit aussi un **mémo**.
▶ Prononciation [memɔʀɑ̃dɔm].

mémorial, aux (nom masculin) Monument dressé en mémoire d'un évènement. *Des **mémoriaux** dressés en l'honneur de soldats morts pour la France.*

mémorisation (nom féminin) Action de mémoriser. *La **mémorisation** des tables de multiplication pose des problèmes à certains élèves.*

mémoriser (verbe) (conj. 3) Enregistrer des connaissances dans sa mémoire. *Anna n'arrive pas à **mémoriser** le code de la porte d'entrée.*

menaçant, ante (adjectif) Qui menace ou exprime une menace. *Le ton de sa voix est **menaçant**.* (Contr. **rassurant.**)

menace (nom féminin) **1** Parole ou geste hostiles visant à intimider. *Les ravisseurs emploient les **menaces** et le chantage.* **2** Signes annonçant un danger. *Il y a des **menaces** d'éruption du volcan.*

menacer (verbe) (conj. 4) **1** Faire des menaces. *Il les **menaçait** avec un fusil. Elle le **menace** de tout dire au directeur.* **2** Sembler sur le point de se produire. *La pluie **menace**, rentrons !*
★ Famille du mot : menaç**ant**, menace.

ménade (nom féminin) Femme de la Grèce antique qui vouait un culte à Dionysos et s'adonnait à des transes rituelles.

a b c d e f g h i j k l **m** n o p q r s t u v w x y z

ménage (nom masculin) **1** Travaux de nettoyage d'une maison. *Il ne fait pas souvent le **ménage**, il y a de la poussière.* **2** Couple de personnes vivant ensemble. *Ce jeune **ménage** vient de s'installer.* • Faire bon *ou* mauvais ménage : s'entendre bien ou mal.
★ Famille du mot : ménag**er** 2, ménag**ère**.

ménagement (nom masculin) Précautions que l'on prend avec quelqu'un pour ne pas le brusquer. *On lui a annoncé la mauvaise nouvelle avec **ménagement**.*

① **ménager** (verbe) (conj. 5) **1** Utiliser en dépensant le moins possible. *Pour arriver au sommet, les alpinistes **ménagent** leurs forces.* (Syn. **épargner.** Contr. **gaspiller.**) **2** Traiter quelqu'un avec précaution et sans le brusquer. *Elle est âgée, il faut la **ménager**.* **3** Arranger à l'avance. *Un diplomate **a ménagé** une entrevue entre les dirigeants des pays en guerre.* **4** Se ménager : éviter de trop se fatiguer. *Il est cardiaque, il doit **se ménager**.*

② **ménager, ère** (adjectif) Qui concerne le ménage. *Le ramassage des ordures **ménagères** a lieu chaque jour.*

ménagère (nom féminin) Femme qui s'occupe de sa maison. *La **ménagère** va faire son marché.*

ménagerie (nom féminin) Lieu où sont réunis des animaux exotiques pour être montrés au public.

mendiant, ante (nom) Personne qui mendie. *« À votre bon cœur », dit le **mendiant**.*

mendicité (nom féminin) Action de mendier. *Le chômage l'a conduit à la **mendicité**.*

mendier (verbe) (conj. 10) Demander l'aumône, la charité. *Il a dû **mendier** pour s'acheter un peu de pain.*
★ Famille du mot : mendi**ant**, mendi**cité**.

meneau (nom masculin) Montant ou traverse qui partage l'ouverture d'une fenêtre en plusieurs compartiments. *Les baies à **meneaux** sont caractéristiques du style Renaissance.*

mener (verbe) (conj. 8) **1** Aboutir quelque part. *C'est le chemin qui **mène** à la plage.* (Syn. **conduire.**) **2** Diriger à son gré. *Il **mène** sa vie comme il l'entend.* **3** Être en tête. *Ils **mènent** par deux buts à zéro.* • Mener à bien une affaire : la faire réussir. • Mener loin : avoir des conséquences graves.

ménestrel (nom masculin) Musicien et chanteur du Moyen Âge. *Les **ménestrels** jouaient de la musique dans les châteaux.*

ménétrier (nom masculin) Musicien du Moyen Âge qui, dans les fêtes villageoises, faisait danser au son du violon.

meneur, euse (nom) Personne qui mène et entraîne les autres. *On a arrêté les **meneurs** de la mutinerie.*

menhir (nom masculin) Grande pierre dressée verticalement par des hommes de la préhistoire.
► Prononciation [mɛniʀ].
★ **Menhir** est formé des mots bretons *hir* qui signifie « long » et *men* qui signifie « pierre », et que l'on retrouve dans *dolmen*.

méninge (nom féminin) Chacune des membranes qui enveloppent le cerveau et la moelle épinière. • Se creuser les méninges : synonyme familier de réfléchir.

méningite (nom féminin) Grave maladie qui provoque l'inflammation des méninges.

ménisque (nom masculin) Cartilage de certaines articulations. *On l'a opéré du genou, on lui a enlevé une partie du **ménisque**.*

ménopause (nom féminin) Arrêt de la production d'ovules et des règles chez la femme. *La **ménopause** se produit entre 45 et 55 ans environ.*

menottes (nom féminin pluriel) Bracelets de métal reliés par une chaîne. *Le policier lui a mis les **menottes**.*

mensonge (nom masculin) Affirmation fausse, destinée à tromper. *Tu dis des **mensonges**, je ne te crois pas.* (Contr. **vérité.**)

mensonger, ère (adjectif) Qui contient un mensonge. *Je sais que son témoignage était **mensonger**.* (Syn. **faux.** Contr. **vrai.**)

menstruation (nom féminin) Écoulement de sang en provenance de l'utérus, se produisant périodiquement chez la femme non enceinte, de la puberté à la ménopause. (Syn. **règles.**)

mensualité (nom féminin) Somme payée chaque mois. *Il rembourse son crédit par **mensualités**.*

mensuel, elle (adjectif) Qui se produit chaque mois. *Un salaire **mensuel**.*
■ **mensuel** (nom masculin) Revue qui paraît chaque mois.
★ Famille du mot : **bi**mensuel, menstruation, mensual**ité**, mensuel**lement**.

mensuellement (adverbe) Chaque mois. *Les salariés sont généralement payés **mensuellement**.*

mensurations (nom féminin pluriel) Mesures principales du corps humain. *Cette robe t'ira sans doute très bien, car elle correspond parfaitement à tes **mensurations**.*

mental, ale, aux (adjectif) Qui concerne le fonctionnement de l'esprit. *Il n'a plus toutes ses facultés **mentales**.* (Syn. **psychique.**) • Calcul mental : opération que l'on fait de tête, sans l'écrire.
★ Famille du mot : mental**ement**, mental**ité**.

mentalement (adverbe) Par la pensée. *Le père d'Élodie refait **mentalement** l'addition du garçon de café.*

mentalité (nom féminin) Façon de penser. *Les **mentalités** ont beaucoup évolué au XXe siècle.*

menteur, euse (nom) Personne qui ment ou qui a l'habitude de mentir. ***Menteur** ! Ce n'est pas vrai !*

menthe (nom féminin) Plante très odorante dont on fait des tisanes, des bonbons et des sirops. *Fatima a commandé une **menthe** à l'eau et Benjamin un thé à la **menthe**.*

menthol (nom masculin) Alcool extrait de l'essence d'une espèce de menthe. *Le **menthol** a des propriétés antiseptiques.*

mention (nom féminin) **1** Indication écrite donnant une information. *Prière de rayer les **mentions** inutiles.* **2** Appréciation favorable d'un jury. *Elle a eu son baccalauréat avec **mention** « très bien ».* • **Faire mention de quelque chose :** le mentionner.

mentionner (verbe) (conj. 3) Signaler ou rapporter quelque chose. *Clément **a mentionné** une anecdote qui lui est arrivée à la rentrée des classes.*

mentir (verbe) (conj. 15) Dire des mensonges. *Ne le croyez pas, il **ment** effrontément.*

menton (nom masculin) Partie du visage au-dessous de la bouche. *Il a un double **menton**.*

mentonnière (nom féminin) **1** Bande passant sous le menton et servant à attacher une coiffure, un casque, un chapeau. (Syn. **jugulaire.**) **2** Petite plaque fixée sur le violon et sur laquelle le violoniste appuie son menton.

mentor (nom masculin) Personne qui en conseille une autre de façon avisée. *William considère son grand frère comme son **mentor**.* (Syn. **conseiller.**)

① **menu, ue** (adjectif) **1** Dont le corps et les membres sont minces et frêles. *Gaëlle est encore très **menue**.* (Syn. **fluet.** Contr. **corpulent.**) **2** Qui est petit. *Hélène coupe la viande du chat en **menus** morceaux.* **3** De peu d'importance. *David a de l'argent de poche pour ses **menues** dépenses.* (Contr. **gros, important.**)

② **menu** (nom masculin) **1** Liste des plats d'un repas. *Au **menu** figurent une entrée, un plat et un dessert.* **2** Liste des opérations qu'un logiciel peut faire et qui s'affiche sur l'écran de l'ordinateur.

menuet (nom masculin) Ancienne danse de cour.
★ Le **menuet** se dansait à pas *menus*, c'est-à-dire à petits pas.

menuiserie (nom féminin) Travail du menuisier. *Il est très bricoleur, il a fait lui-même la **menuiserie** de la maison.*

menuisier (nom masculin) Artisan qui travaille le bois. *Le **menuisier** fabrique les portes, les placards, les fenêtres.*

se **méprendre** (verbe) (conj. 32) Synonyme littéraire de se tromper. *Cet enfant **s'est mépris** sur le sens de mes paroles.*
★ **Méprendre** est formé du verbe *prendre* et du préfixe *mé-* qui signifie « mal ».

mépris (nom masculin) Attitude montrant qu'on n'a aucune estime pour quelqu'un. *Il n'a que du **mépris** pour ses subordonnés.* (Contr. **respect.**) • **Au mépris de quelque chose :** sans en tenir compte.

méprisable (adjectif) Qui mérite le mépris. *Son attitude est **méprisable**.* (Contr. **respectable.**)

méprisant, ante (adjectif) Qui témoigne du mépris. *Elle lui a lancé un regard **méprisant**.* (Syn. **dédaigneux, hautain.**)

méprise (nom féminin) Fait de se méprendre. *Ibrahim s'est trompé de train et quand il s'est aperçu de sa **méprise**, il était trop tard.* (Syn. **erreur.**)

mépriser (verbe) (conj. 3) **1** Avoir du mépris. *Elle **méprise** les gens qui ne sont pas de son milieu.* (Contr. **estimer, respecter.**) **2** Ne faire aucun cas de quelque chose. *Elle **méprise** l'argent.* (Syn. **dédaigner.**)
★ Famille du mot : mépris, mépris**able**, mépris**ant**.

mer (nom féminin) **1** Vaste étendue d'eau salée qui recouvre une grande partie de la Terre. *Le bateau a pris la **mer**. Julie passe ses vacances au bord de la **mer**.* **2** Étendue délimitée d'eau salée, plus petite qu'un océan. *Sur l'atlas, Kevin a pu montrer la **mer** Baltique, la **mer** Noire et la **mer** Rouge.*

mercantile (adjectif) Qui ne pense qu'à gagner de l'argent. *Il a l'esprit **mercantile**.*

mercantilisme (nom masculin) **1** Doctrine économique des XVIe et XVIIe siècles, fondée sur le principe de la supériorité des métaux tels l'or et l'argent comme source d'enrichissement pour l'État. **2** Esprit mercantile.

mercenaire (nom masculin) Soldat payé pour combattre dans une armée étrangère. *La garde du roi de France se composait de **mercenaires** suisses.*
★ **Mercenaire** vient du latin *merces* qui signifie « salaire ».

mercerie (nom féminin) **1** Ensemble des articles qui servent pour la couture et la confection. **2** Commerce de ces articles. *Julie a trouvé de jolis boutons pour sa veste à la **mercerie**.*

① **merci** (nom masculin) Formule de remerciement. ***Merci** beaucoup ! Dites-lui un grand **merci** de ma part.*
★ Famille du mot : **remerciement, remercier**.

② **merci** (nom féminin) • **Être à la merci de quelque chose *ou* de quelqu'un :** en dépendre entièrement sans rien pouvoir faire. • **Sans merci :** sans aucune pitié. *Une guerre **sans merci**.*

mercredi (nom masculin) Troisième jour de la semaine, entre mardi et jeudi. *Le **mercredi**, Laura va au judo et Pierre fait de la musique.*
★ En latin, **mercredi** était le jour *(dies)* consacré à *Mercure*, dieu du commerce et messager de Jupiter.

mercure (nom masculin) Métal liquide très lourd et brillant. *Un thermomètre à **mercure**.*

mercuriale (nom féminin) **1** Discours annuel prononcé à la rentrée des cours ou des tribunaux. **2** Synonyme littéraire de réprimande.

mercurochrome (nom masculin) Composé rouge contenant du mercure que l'on applique sur une plaie pour la désinfecter.
★ **Mercurochrome** est le nom d'une marque.

a b c d e f g h i j k l **m** n o p q r s t u v w x y z

merde (nom féminin) **1** Synonyme grossier d'excrément. **2** Exclamation grossière exprimant la colère ou la surprise. *Oh ! **merde** ! J'ai tout renversé sur mon pantalon !*

mère (nom féminin) **1** Femme qui a un ou plusieurs enfants. *Myriam ressemble beaucoup à sa **mère**.* (Syn. **maman.**) **2** Femelle qui a eu des petits. *Le chevreau tète sa **mère**.*

merguez (nom féminin) Petite saucisse pimentée. *Noémie a pris un couscous avec des **merguez**.*

méridien (nom masculin) Grand cercle imaginaire passant par les deux pôles de la Terre. *On calcule la longitude et l'heure à partir du **méridien** de l'observatoire de Greenwich, en Angleterre.*

méridional, ale, aux (adjectif) Du sud. *L'Espagne **méridionale** est très chaude en été.*
■ **méridional, ale, aux** (adjectif et nom) Du sud de la France. *L'accent **méridional** est chantant. Les Provençaux sont des **Méridionaux**.*

meringue (nom féminin) Pâtisserie légère faite de blancs d'œufs et de sucre. *Quentin monte des blancs en neige pour faire des **meringues**.*

mérinos (nom masculin) Laine de mouton longue et fine. *Un gilet de **mérinos**.*
▶ Prononciation [meʀinos].

merise (nom féminin) Fruit du merisier.

merisier (nom masculin) Cerisier sauvage. *On fait des meubles avec le bois rouge du **merisier**.*

mérite (nom masculin) Ce qui rend digne d'estime. *Odile nous vante les **mérites** de sa maîtresse.*

mériter (verbe) (conj. 3) **1** Avoir droit à quelque chose grâce à ses efforts. *Je t'emmène au cinéma, tu l'**as** bien **mérité** !* **2** Valoir la peine qu'on fasse un effort. *Ce projet **mérite** qu'on y réfléchisse.*
★ Famille du mot : **dé**mériter, mérite, mérit**oire**.

méritoire (adjectif) Où le mérite est grand. *Romain a fait des efforts **méritoires** pour vaincre sa timidité.* (Syn. **louable.**)

merlan (nom masculin) Poisson marin vivant en bancs.

merle (nom masculin) Oiseau à bec jaune, dont le mâle est noir et la femelle brune. *Le **merle** siffle du début du printemps à la fin de l'été.*

merlin (nom masculin) **1** Hache pour fendre le bois. **2** Grosse masse qui sert à abattre les bœufs destinés à la boucherie.

merlu (nom masculin) Autre nom du colin.

mérou (nom masculin) Gros poisson des mers chaudes. *Les **mérous** peuvent peser plus de 100 kg.*

merveille (nom féminin) Chose admirable, très belle. *Ce bouquet de roses est une **merveille**.* • **À merveille** : très bien. *Thomas et Sarah s'entendent **à merveille**.* (Syn. **merveilleusement.**) • **Faire merveille** : donner d'excellents résultats.
★ Famille du mot : **é**merveille**ment**, **é**merveill**er**, merveil**leusement**, merveill**eux**.

merveilleusement (adverbe) À merveille. *Tout s'est **merveilleusement** bien passé.* (Syn. **admirablement, magnifiquement.**)

merveilleux, euse (adjectif) Qui provoque un étonnement admiratif. *J'ai fait un rêve **merveilleux**.* (Syn. **extraordinaire, magnifique, splendide.**)

mes (déterminant) Pluriel de *mon* et de *ma*.

mésalliance (nom féminin) Mariage avec une personne de condition sociale inférieure. *Son mariage avec ce roturier est une **mésalliance**.*

mésange (nom féminin) Petit oiseau au plumage coloré. *Victor observe une **mésange** bleue avec ses jumelles.*

mésaventure (nom féminin) Aventure désagréable. *Ils ne se sont pas vantés de leur **mésaventure**.*

mesclun (nom masculin) Mélange de feuilles de salades diverses. *Un chèvre chaud servi sur du **mesclun**.*
▶ Prononciation [mɛsklœ̃].

mesdames Voir ***madame***.

mesdemoiselles Voir ***mademoiselle***.

mésentente (nom féminin) Mauvaise entente entre des personnes. *La **mésentente** qui règne entre Yann et sa sœur désole leurs parents.* (Syn. **désaccord, discorde.**)

mésentère (nom masculin) Partie de la membrane qui unit l'intestin grêle à la paroi abdominale postérieure.

mésestimer (verbe) (conj. 3) Synonyme littéraire de sous-estimer. *On **avait** d'abord **mésestimé** l'importance des recherches de ce savant.*

mésoblaste Voir ***mésoderme***.

mésoderme (nom masculin) Couche cellulaire de l'embryon qui donne naissance aux muscles, au sang, au squelette, à l'appareil urinaire, génital et cardiovasculaire.
▶ On dit aussi **mésoblaste**.

mésolithique (adjectif et nom masculin) Période préhistorique intermédiaire entre le paléolithique et le néolithique. *Les populations nomades se sont sédentarisées au cours du **mésolithique**.*

méson (nom masculin) Particule instable caractérisée par une force attractive envers les particules qui ont la même nature qu'elle.

mésosphère (nom féminin) Couche de l'atmosphère située au-delà de la stratosphère. *L'altitude de la **mésosphère** est comprise entre 40 et 80 kilomètres environ.*

mesquin, ine (adjectif) Qui manque de générosité et a l'esprit étroit. *Il oblige toute la famille à se doucher à l'eau froide, qui coûte moins cher : il est incroyablement **mesquin**.*

mesquinerie (nom féminin) Attitude ou action mesquine. *Quand on lui doit de l'argent, elle ne fait jamais cadeau d'un centime, elle est d'une **mesquinerie** !*

mess (nom masculin) Salle réservée aux repas des officiers et sous-officiers.
★ **Mess** est un mot anglais issu de l'ancien mot français *mes*, qui signifiait « mets ».

message (nom masculin) Information transmise à quelqu'un. *Il n'est pas là pour l'instant, mais vous pouvez lui laisser un **message**.*
★ Famille du mot : messag**er**, messag**erie**.

messager, ère (nom) Personne chargée d'un message. *Le roi envoya un **messager** pour annoncer son arrivée.*

messagerie (nom féminin) • **Messagerie électronique** : service de télécommunication permettant d'envoyer des messages par ordinateur.
▪ **messageries** (nom féminin pluriel) Service de transport de marchandises.

messe (nom féminin) Cérémonie du culte catholique. *Il va à la **messe** chaque dimanche.*

messeoir (verbe) (conj. 29) N'être pas convenable, dans la langue littéraire. *Cet accoutrement **messied** à votre âge.*
► Prononciation [meswaʀ].
► On écrit aussi **messoir**.
► **Messeoir** ne s'emploie qu'à la troisième personne du singulier : (il) **messied**, et au participe présent : **messéant**.

messidor (nom masculin) Dixième mois du calendrier républicain, du 19/20 juin au 19/20 juillet.

Messie (nom masculin) Selon la Bible, envoyé de Dieu. *Les chrétiens considèrent que le Christ est le **Messie**.* • **Attendre quelqu'un comme le Messie** : avec beaucoup d'impatience et d'espoir.

messieurs Voir ***monsieur***.

messire (nom masculin) Titre honorifique réservé autrefois aux grands seigneurs.

mesure (nom féminin) **1** Évaluation d'une grandeur. *Le menuisier a sorti son mètre pour prendre les **mesures** de la porte. Le mètre, le gramme, le litre, le degré sont des unités de **mesure**.* **2** Division de la durée en parties égales. *Le chef d'orchestre bat la **mesure**.* **3** Modération dans sa manière de parler et d'agir. *Xavier n'a pas toujours le sens de la **mesure**.* **4** Moyen que l'on se donne pour obtenir quelque chose. *Des **mesures** d'urgence ont été prises pour secourir les victimes du séisme.* • **Dans la mesure du possible** : autant qu'il sera possible. • **Dépasser la mesure** : synonyme d'exagérer. • **Être en mesure de faire quelque chose** : en être capable.

mesuré, ée (adjectif) Qui agit avec mesure, modération. *Le nouveau directeur a l'air d'un homme **mesuré**.* (Contr. **excessif.**)

mesurer (verbe) (conj. 3) **1** Évaluer les dimensions, la quantité ou l'importance de quelque chose. *Le chronomètre **mesure** le temps. Yann **a** bien **mesuré** la faveur qu'on lui faisait.* **2** Avoir telle taille, telle dimension. *Benjamin **mesure** déjà 1,50 mètre.* • **Se mesurer avec quelqu'un** : essayer ses forces contre lui en se battant.
★ Famille du mot : **dé**mesuré, demi-mesure, mesure, mesur**é**.

méta- Élément tiré du grec qui signifie « après, au-delà de » et qui indique le changement, la postériorité, la supériorité, le dépassement (exemples : *métabolisme, métaphysique*).

métabolisme (nom masculin) Ensemble des réactions chimiques et biologiques qui se produisent au sein de l'organisme vivant. *Certaines maladies sont causées par un trouble du **métabolisme**.*
★ **Métabolisme** vient du grec *metabolê* qui signifie « changement ».

métacarpe (nom masculin) Partie du squelette de la main située entre le poignet et les doigts. *Les cinq os du **métacarpe**.*

métairie (nom féminin) Exploitation agricole tenue par un métayer qui partage sa récolte avec le propriétaire.

métal, aux (nom masculin) Matière brillante qui conduit bien la chaleur et l'électricité. *Le cuivre, le fer et l'argent sont des **métaux**.*
★ Famille du mot : métal**lique**, métal**lisé**, métal**loïde**, métal**lurgie**, métal**lurgique**, métal**lurgiste**.

métallique (adjectif) **1** En métal. *Un boîtier **métallique**.* **2** Qui rappelle le métal. *Il a une voix sèche, un peu **métallique**.*

métallisé, ée (adjectif) Qui a un aspect brillant comme le métal. *Une voiture gris **métallisé**.*

métalloïde (nom masculin) Corps simple qui possède certaines propriétés du métal mais en possède aussi qui sont lui sont opposées. *Les **métalloïdes** sont généralement de mauvais conducteurs de courant.*

métallurgie (nom féminin) Industrie consistant à extraire les métaux des minerais. *La **métallurgie** fabrique de la fonte à partir du minerai de fer.*

métallurgique (adjectif) De la métallurgie. *Cette ville est un centre **métallurgique**.*

métallurgiste (nom masculin et adjectif) Personne qui travaille dans la métallurgie. *Un ingénieur **métallurgiste**.*

métamorphose (nom féminin) **1** Changements de forme subis par certains animaux au cours de leur vie. *Le hanneton résulte de la **métamorphose** du ver blanc.* **2** Changement complet d'apparence. *Il est devenu fin et distingué : quelle **métamorphose** !*

métamorphoser (verbe) (conj. 3) **1** Faire subir une métamorphose. *La chenille se **métamorphose** en papillon.* **2** Modifier complètement l'apparence. *Depuis son mariage, elle **est métamorphosée**.* (Syn. **transformer.**)

métaphore (nom féminin) Procédé qui consiste à utiliser un mot dans un sens figuré. *Quand on parle du « printemps de la vie » pour désigner la jeunesse, on emploie une **métaphore**.*

a b c d e f g h i j k l m n o p q r s t u v w x y z

métaphysique (nom féminin) **1** Recherche rationnelle de la connaissance des choses en elles-mêmes par la raison. *La **métaphysique** considère les choses au-delà de leur apparence.* **2** Théorie ou réflexion trop générale, trop abstraite. *Je ne comprends rien à toute cette **métaphysique**.*
■ **métaphysique** (adjectif) Qui concerne la métaphysique. *Se poser des questions **métaphysiques**.*

métastase (nom féminin) Développement d'une tumeur cancéreuse qui se propage en différents endroits de l'organisme.
★ **Métastase** vient du mot grec *metastasis* qui signifie « déplacement ».

métatarse (nom masculin) Partie du squelette du pied située entre le talon et les orteils. *Les cinq os du **métatarse**.*

métayer, ère (nom) Paysan qui exploite une métairie. *Le **métayer** donne une partie de sa récolte au propriétaire.*

métazoaire (nom masculin) Animal dont l'organisme est composé de nombreuses cellules. *Les méduses sont des **métazoaires**.* (Contr. **protozoaire.**)

météo Voir ***météorologie, météorologique.***

météore (nom masculin) Traînée lumineuse d'une météorite dans le ciel. (Syn. **étoile filante.**)

météorite (nom féminin) Fragment rocheux ou métallique provenant de l'espace et qui traverse l'atmosphère.

météorologie (nom féminin) Science qui étudie les phénomènes atmosphériques et permet de prévoir le temps. *La **météorologie** étudie le climat, les vents, la température, les pressions.*
► **Météorologie** s'abrège **météo**.

météorologique (adjectif) De la météorologie. *Voici le bulletin **météorologique**.*
► **Météorologique** s'abrège **météo** : des prévisions **météo**.

météorologue (nom) Spécialiste qui étudie la météorologie.
► On dit aussi **météorologiste**.

métèque (nom masculin) Synonyme familier de étranger, en particulier d'étranger au teint basané.
★ **Métèque** vient du grec *metoikos* qui signifie « qui change de maison ».

méthadone (nom féminin) Substance de synthèse utilisée comme produit de substitution à l'héroïne.

méthane (nom masculin) Hydrocarbure gazeux. *La décomposition de certains végétaux produit du **méthane**.*

méthanol (nom masculin) Alcool utilisé dans la fabrication du formol, comme solvant et comme combustible.

méthode (nom féminin) **1** Moyen employé pour arriver à un résultat. *Clément a une **méthode** très personnelle pour faire des crêpes.* (Syn. **procédé.**) **2** Ouvrage où l'on enseigne les principes de base de quelque chose. *C'est une **méthode** de lecture rapide.* **3** Qualité d'esprit qui consiste à agir en suivant un ordre logique. *Quand on travaille avec **méthode**, on va plus vite.*
★ Famille du mot : méthod**ique**, méthod**iquement**, méthodologie.

méthodique (adjectif) Qui a de la méthode. *Ursula est rapide parce qu'elle est très **méthodique**.* (Contr. **brouillon, désordonné.**)

méthodiquement (adverbe) De façon méthodique. *Ses livres sont classés **méthodiquement** par ordre alphabétique.*

méthodologie (nom féminin) **1** Étude des méthodes appliquées à un domaine particulier de la science, de la recherche. ***Méthodologie** de la pédagogie.* **2** Méthode. *Nous allons étudier la **méthodologie** de l'argumentation.*

méthylène (nom masculin) Dérivé du méthane. • **Chlorure de méthylène** : liquide utilisé comme solvant. • **Bleu de méthylène** : liquide colorant utilisé comme antiseptique.

méticuleusement (adverbe) De façon méticuleuse. *Il range **méticuleusement** les timbres de sa collection.*

méticuleux, euse (adjectif) Qui est très soigneux et fait attention aux petits détails. *Il est **méticuleux**, ce travail d'horloger lui convient parfaitement.* (Syn. **minutieux.** Contr. **négligent.**)

métier (nom masculin) Occupation qui permet de gagner sa vie. *Il est boulanger de son **métier**.* • **Métier à tisser** : machine servant à fabriquer des tissus.

métis, isse (adjectif et nom) Dont les parents n'ont pas la même couleur de peau. *Sa mère est anglaise, son père est indien, elle est **métisse**.*

métissage (nom masculin) Croisement de population, d'ethnies. *La population de la Réunion est issue du **métissage** des populations indiennes, blanches et noires.*

métonymie (nom féminin) Figure de style par laquelle on utilise un mot pour un autre, les deux mots étant liés par une relation de contenant à contenu ou de cause à effet. *Dans la phrase « La salle applaudit », « la salle » désigne par **métonymie** « les spectateurs ».*

métrage (nom masculin) Longueur en mètres. *Le **métrage** d'un tissu.*

mètre (nom masculin) **1** Unité de mesure de longueur. *Zoé mesure un **mètre** vingt (1,20 m).* **2** Règle ou ruban gradués, d'un mètre de long. *Le menuisier a un **mètre** métallique.*
► **Mètre** s'abrège *m*. Voir aussi *carré* et *cube*.

métrer (verbe) (conj. 8) Mesurer à l'aide d'un mètre. *Le maçon **mètre** le terrain sur lequel il doit construire la maison.*

métrique (adjectif) • **Système métrique** : système de poids et mesures qui a pour étalon le mètre.

métro (nom masculin) Chemin de fer électrique, en grande partie souterrain, des grandes villes. *Le premier **métro** a été construit à Londres en 1863, celui de Paris date de 1900.*
★ Métro est l'abréviation de *chemin de fer métropolitain*.

métrologie (nom féminin) Science des mesures. *La **métrologie** étudie les dimensions et les quantités et leur expression en unités conventionnelles.*

métronome (nom masculin) Instrument qui marque le rythme quand on étudie un morceau de musique.

métropole (nom féminin) **1** Très grande ville. *Calcutta, Bangkok, Singapour sont des **métropoles** d'Asie.* **2** État dont dépendent des territoires extérieurs. *Les Martiniquais viennent souvent faire leurs études en **métropole**.*

métropolitain, aine (adjectif) De la métropole. *La France **métropolitaine** et les départements d'outre-mer.*

mets (nom masculin) Aliment servi à table. *Le cassoulet est un **mets** du Sud-Ouest.* (Syn. **plat**.)

mettable (adjectif) Qui peut être mis. *Ce jean est complètement troué, il n'est plus **mettable**.*

metteur (nom masculin) • **Metteur en scène** : personne qui met en scène une pièce de théâtre ou un film.

mettre (verbe) (conj. 33) **1** Placer quelque chose ou quelqu'un dans un lieu. *Maman **met** des fleurs dans le vase. Ils l'**ont mise** en pension.* (Contr. **enlever**.) **2** Placer sur son corps. *Elle **met** ses chaussures. David **a mis** un tee-shirt.* **3** Ajouter pour mélanger. *Papa **met** du sucre dans son café.* **4** Faire passer dans un autre état. *Anna **met** l'ordinateur en marche. Cette remarque l'**a mise** en colère.* **5** Employer de l'argent ou du temps pour quelque chose. *Il **a mis** 100 euros dans une paire de jumelles. Élodie **met** 10 minutes pour aller à l'école.* **6 Se mettre** : se placer dans un lieu ou dans un état. *Elle **s'est mise** près de la fenêtre. Il **s'est mis** à quatre pattes.* **7 Se mettre** : commencer à faire quelque chose. *Il **s'est mis** à ranger.* **8 Se mettre** : s'habiller. *Elle **s'est mise** en tenue de soirée.* • **Mettre en scène** : diriger le jeu des acteurs, les répétitions, veiller aux décors d'une pièce de théâtre ou d'un film. • **Ne plus savoir où se mettre** : être très gêné.
★ Famille du mot : **dé**mettre, mett**able**, mett**eur**, mise, mis**er**, **re**mettre, **re**mise.

① **meuble** (adjectif) Facile à labourer. *On plante les légumes dans une terre **meuble**.*

② **meuble** (nom masculin) Objet servant à aménager une maison. *Les fauteuils, les chaises, les tables, les lits, les buffets sont des **meubles**.*
★ Famille du mot : **a**meuble**ment**, meubl**er**.

meublé, ée (adjectif et nom masculin) Chambre, appartement, maison qui sont loués avec des meubles. *Quand ils sont arrivés à Toulouse, les parents de Quentin ont loué un appartement **meublé**.*

meubler (verbe) (conj. 3) **1** Garnir de meubles. *Cette maison **est meublée** à l'ancienne.* **2** Au sens figuré, occuper un temps libre. *Elle **meuble** la conversation en parlant des derniers films.*

meuf (nom féminin) Synonyme familier de femme, fille. *Ibrahim a rencontré une super **meuf** dans son collège.*
★ **Meuf** est la forme irrégulière de *femme* en verlan.

meuglement (nom masculin) Cri des bovins. (Syn. **beuglement, mugissement**.)

meugler (verbe) (conj. 3) Faire entendre des meuglements. *Les vaches, les bœufs et les taureaux **meuglent**.* (Syn. **beugler, mugir**.)

meule (nom féminin) **1** Gros cylindre de pierre servant à broyer et à moudre. *Les **meules** du moulin moulent le grain.* **2** Roue de pierre dure ou d'une matière abrasive qui sert à aiguiser et à polir. *Ibrahim affûte son couteau à la **meule**.* **3** Gros tas de foin ou de paille. *Les paysans ont fauché l'herbe et fait des **meules** de foin.*

meuler (verbe) (conj. 3) Passer à la meule abrasive. *Victor **meule** son couteau pour l'aiguiser.*

meulière (nom féminin) Sorte de calcaire très dur utilisé en construction. *Une villa en **meulière**.*

meunerie (nom féminin) Industrie de la farine.

meunier, ère (nom) Personne qui exploite un moulin et fabrique de la farine.

meurtre (nom masculin) Crime qui consiste à tuer volontairement quelqu'un. *Les accusés de **meurtre** sont jugés par les cours d'assises.* (Syn. **assassinat**.)

meurtrier, ère (adjectif) Qui cause la mort. *Ce virage est particulièrement **meurtrier**.*
■ **meurtrier, ère** (nom) Personne qui a commis un meurtre. *Le **meurtrier** s'est rendu à la police.* (Syn. **assassin**.)

meurtrière (nom féminin) Étroite ouverture dans un mur de fortification. *Les archers tiraient des flèches par les **meurtrières** des châteaux forts.*

meurtrir (verbe) (conj. 11) Faire une meurtrissure. *Les cordes **meurtrissent** les poignets du prisonnier.*

meurtrissure (nom féminin) Trace laissée sur la peau par un coup ou un choc. *Après le match, le visage du boxeur était couvert de **meurtrissures**.*

meute (nom féminin) **1** Troupe de chiens dressés pour la chasse à courre. *Le cerf est encerclé par la **meute**.* **2** Troupe de personnes acharnées autour de quelqu'un. *La chanteuse était poursuivie par la **meute** de ses admirateurs.*

mévente (nom féminin) Forte baisse des ventes. *La surproduction laitière a entraîné la **mévente** du lait.*

mexicain, aine → tableau p. 6 / 7.

mezzanine (nom féminin) Niveau intermédiaire aménagé dans une pièce haute de plafond. *Fatima aime beaucoup dormir sur la **mezzanine**.*
► Prononciation [medzanin].

mezzo-soprano (nom masculin) Voix de femme intermédiaire entre l'aigu et le grave. *Le rôle de Carmen est écrit pour une voix de **mezzo-soprano**.*
▶ Pluriel : des **mezzo-sopranos**.
▶ **Mezzo-soprano** est un mot italien : on prononce [medzosɔpʀano].

mi- Préfixe tiré du latin signifiant « qui est au milieu » (exemple : *mi-temps*).

mi (nom masculin) Troisième note de la gamme.

miasme (nom masculin) Odeur nauséabonde provenant de substances en décomposition. *Il se dégage de la décharge des **miasmes** insoutenables.*
★ **Miasme** vient du grec *miasma* qui signifie « souillure ».
▶ **Miasmes** est le plus souvent employé au pluriel.

miaulement (nom masculin) Cri du chat.

miauler (verbe) (conj. 3) Émettre un miaulement. *Le chat **miaule** à la porte.*

mica (nom masculin) Minéral brillant, transparent et ininflammable, qui s'effrite facilement en lamelles. *On utilisait le **mica** comme vitre pour les portes de poêles.*
★ **Mica** est un mot latin qui signifie « miette ».

mi-carême (nom féminin) Jeudi situé entre Mardi gras et Pâques, qui est le vingt-troisième jour de carême. *À la **mi-carême**, les enfants se déguisent.*

miche (nom féminin) Gros pain rond.

micheline (nom féminin) Locomotive munie d'un moteur diesel. *En descendant du TGV, David est monté dans la **micheline** qui va jusqu'au village de sa grand-mère.*
★ **Micheline** vient du nom des frères *Michelin*, parce que les premières michelines avaient des pneus.

à **mi-chemin** (adverbe) À la moitié du chemin. *On s'est aperçu à **mi-chemin** qu'on avait oublié le pique-nique.*

mi-clos, mi-close (adjectif) À moitié clos. *Le chien dort les yeux **mi-clos**.*

micmac (nom masculin) Dans la langue familière, manigances embrouillées. *Qu'est-ce que c'est encore que ces **micmacs** ?*

micocoulier (nom masculin) Arbre ornemental à fruits comestibles poussant essentiellement dans les régions méditerranéennes.
★ **Micocoulier** est un mot provençal.

mi-course (nom féminin) Lieu, moment situé à la moitié d'une course. *Ibrahim, trop essoufflé pour continuer le marathon, a dû s'arrêter à **mi-course**.*

micro- Élément, préfixe tiré du grec marquant l'idée de petitesse (exemple : *microcircuit*).

micro (nom masculin) **1** Appareil servant à amplifier ou à enregistrer le son. *Sa voix est assez puissante pour qu'il se passe de **micro**.* **2** Synonyme familier de micro-ordinateur.
★ Au sens 1, **micro** est l'abréviation de **microphone**.

microbe (nom masculin) Micro-organisme qui peut être à l'origine de maladies contagieuses. *Les **microbes** ne sont visibles qu'au microscope.*

microbien, enne (adjectif) Qui est dû à un microbe. *Les antibiotiques sont efficaces contre les maladies **microbiennes**.*

microchirurgie (nom féminin) Chirurgie pratiquée à l'aide d'un microscope pour opérer les parties du corps les plus petites. *Grâce à la **microchirurgie**, les médecins ont réussi à recoudre les nerfs qui étaient déchirés.*

microcircuit (nom masculin) Circuit électronique miniaturisé. *Des **microcircuits** électroniques sont gravés sur la puce des cartes de téléphone.*

microclimat (nom masculin) Climat propre à une zone de très faible étendue. *Sur la côte bretonne, le mimosa pousse grâce à un **microclimat**.*

microcosme (nom masculin) **1** Monde en réduction, par opposition à l'univers. *L'étude de l'homme par rapport au monde qui l'entoure est celle d'un **microcosme**.* **2** Milieu social replié sur lui-même, en particulier celui des hommes politiques. *Ces débats n'intéressent que le **microcosme** de l'Assemblée nationale !*

microfaune (nom féminin) Ensemble des organismes animaux dont la taille est inférieure à 0,2 mm. *Beaucoup d'acariens ne se voient pas à l'œil nu et font partie de la **microfaune**.*

microfilm (nom masculin) Film composé de photos de très petit format. *On met certains documents sur **microfilm** pour pouvoir les consulter ensuite sans les abîmer.*

micro-informatique (nom féminin) Domaine concernant l'utilisation des des micro-ordinateurs. *Le père de Yann s'est familiarisé avec la **micro-informatique** pour retrouver un emploi.*

micromètre (nom masculin) Millionième de mètre. *Une bactérie mesure moins d'un **micromètre**.*

micron (nom masculin) Ancien nom du micromètre.

micro-onde (nom féminin) • **Four à micro-ondes :** four qui permet de cuire, de réchauffer ou de décongeler rapidement des aliments.
▶ On écrit aussi **microonde**.

micro-ordinateur (nom masculin) Petit ordinateur. (Syn. **micro**, **PC**.)
▶ Pluriel : des **micro-ordinateurs**.
▶ On écrit aussi **microordinateur**.

micro-organisme (nom masculin) Être vivant microscopique. *Les bactéries et les microbes sont des **micro-organismes**.*
▶ Pluriel : des **micro-organismes**.
▶ On écrit aussi **microorganisme**.

microphone Voir ***micro***.

microprocesseur (nom masculin) Partie d'un micro-ordinateur qui effectue les calculs nécessaires à son fonctionnement.

microscope (nom masculin) Instrument d'optique permettant d'observer des objets très petits. *Kevin a vu des globules blancs au **microscope**.*

microscopique (adjectif) **1** Qui n'est visible qu'au microscope. *Le plancton est composé d'organismes **microscopiques**.* **2** Qui est minuscule. *Son écriture **microscopique** est illisible.*

microsillon (nom masculin) Disque gravé de sillons de profondeur et de largeur particulièrement faibles. *Aujourd'hui, les **microsillons** s'achètent dans des brocantes.*

micro-trottoir (nom masculin) Interview rapide, filmée ou enregistrée, pour sonder l'opinion dans la rue. *Les résultats de ce sondage sont issus d'un **micro-trottoir**.*
▶ Pluriel : des **micros-trottoirs**.

midi (nom masculin) **1** Milieu du jour correspondant à la douzième heure. *Les douze coups de **midi** ont sonné au clocher du village.* **2** Sud de la France. *Elle a l'accent du **Midi**.*
▶ Au sens 2, **Midi** est un nom propre : il commence donc par une majuscule.

mie (nom féminin) Partie molle du pain. *Pierre mange la **mie** et laisse la croûte.* • **Pain de mie :** pain sans croûte utilisé pour les tartines grillées et les sandwichs.

miel (nom masculin) Produit sucré fabriqué par les abeilles. *On se sert du **miel** pour faire le pain d'épices, des gâteaux, des bonbons.*

mielleux, euse (adjectif) D'une douceur hypocrite. *Quentin ne supporte pas le ton **mielleux** de ce garçon.*

le **mien**, la **mienne** (pronom) Pronom possessif de la première personne du singulier. *À qui est cette casquette ? C'est **la mienne** !*
▪ les **miens** (nom masculin pluriel) Ceux de ma famille. *Je vais retrouver **les miens**.*

miette (nom féminin) **1** Petite parcelle de pain ou de gâteau qui se détache. *Gaëlle jette des **miettes** de pain aux moineaux.* **2** Petit morceau de quelque chose. *Le verre s'est cassé en mille **miettes**.*
★ À l'origine, une **miette** était un petit morceau de *mie*.

mieux (adjectif et nom) Mot qui sert de comparatif et de superlatif à « bien ». *Cette chemise est **mieux** que l'autre, c'est même la **mieux** de toutes.*
▪ **mieux** (nom masculin) **1** Ce qui est le meilleur. *C'est le **mieux** qu'on puisse faire.* **2** Amélioration dans une situation. *Il y a un léger **mieux** dans son état de santé.* (Contr. **aggravation.**) • **Au mieux :** dans le meilleur des cas. • **Être au mieux avec quelqu'un :** être en très bons termes avec lui. • **Faire de son mieux :** aussi bien que l'on peut.
▪ **mieux** (adverbe) D'une meilleure façon. *Romain peut **mieux** faire.* • **Aller mieux :** être en meilleure santé. • **Valoir mieux :** être préférable. *Il **vaut mieux** faire demi-tour.*

mieux-être (nom masculin) Bien-être accru, fait d'être mieux. *En créant cette salle polyvalente, la mairie a permis aux habitants du quartier de ressentir un réel **mieux-être**.*

mieux-offrant (nom masculin) Celui qui fait la meilleure offre dans une enchère, un marché. *Les parents de Sarah attendent un peu pour vendre leur appartement au **mieux-offrant**.*
▶ Pluriel : des **mieux-offrants**.

mièvre (adjectif) Qui a un charme un peu fade. *C'est un roman sentimental un peu **mièvre**.*

mièvrerie (nom féminin) Charme, grâce fade, mièvre. *Odile n'aime pas Kevin, elle trouve que ses propos sont des **mièvreries** puériles.*

mignardise (nom féminin) Délicatesse, gentillesse affectée. *Sa gentillesse est parfois empreinte de **mignardise**.* • **Œillet mignardise :** petit œillet très parfumé.

mignon, onne (adjectif) Gentil et charmant. *Qu'il est **mignon**, ce chaton !*

mignonnette (nom féminin) **1** Petit gravillon. *Le père de Pierre a nettoyé la **mignonette** de la cour avec un jet d'eau puissant.* **2** Petite bouteille échantillon que distribuent les producteurs de spiritueux. *Il y avait des **mignonettes** de whisky et de vodka dans le minibar de l'hôtel.*

migraine (nom féminin) Mal de tête. *Elle s'est retirée dans sa chambre parce qu'elle a la **migraine**.*

migrateur, trice (adjectif) Qui fait des migrations. *Les cigognes sont des oiseaux **migrateurs**.*

migration (nom féminin) **1** Déplacement de certains animaux en groupes et à certaines saisons. *La **migration** des oies sauvages vers le sud annonce l'hiver.* **2** Déplacement d'une population d'une région à une autre pour s'y établir. *Depuis la découverte de l'Amérique, il y a eu des **migrations** successives vers ce continent.*
★ Famille du mot : é**migrant**, é**migration**, é**migré**, é**migrer**, im**migration**, im**migré**, im**migrer**, **migrateur**, **migrer**.

migratoire (adjectif) Qui effectue une migration d'un endroit à un autre. *Le flux **migratoire** est la différence entre l'émigration et l'immigration.*

migrer (verbe) (conj. 3) Effectuer une migration. *À l'automne, les passereaux **migrent** vers l'Afrique.*

mijaurée (nom féminin) Fille, femme aux manières prétentieuses, affectées. *Ursula n'arrête pas de faire sa **mijaurée**.*
★ **Mijaurée** vient de l'ancien français *mijot* qui signifie « lieu où l'on fait mûrir les fruits ».

mijoter (verbe) (conj. 3) **1** Cuire à petit feu. *La ratatouille **mijote** sur le coin de la cuisinière.* **2** Dans la langue familière, préparer quelque chose en secret. *Vous, vous **mijotez** une mauvaise farce !*

mikado (nom masculin) Jeu d'adresse fait de fines baguettes de bois qu'il faut ramasser une à une sans faire bouger les autres.

mil (nom masculin) Céréale à petits grains cultivée dans les pays tropicaux. *Piler le **mil** pour faire de la farine.*

milan (nom masculin) Oiseau de proie proche du faucon, aux longues ailes qui peuvent atteindre jusqu'à 1,50 m d'envergure. *Les **milans** vivent essentiellement dans les régions chaudes.*

mildiou (nom masculin) Maladie de certaines plantes (vigne, pomme de terre, etc.) due à des moisissures.

mile (nom masculin) Unité de mesure de longueur anglaise valant 1 609 mètres.
► **Mile** est un mot anglais : on prononce [majl].

milice (nom féminin) Troupe de volontaires qui remplacent ou aident la police ou l'armée.

milicien, enne (nom) Personne qui fait partie d'une milice.

milieu, eux (nom masculin) **1** Point situé à égale distance des extrémités, des bords. *Thomas a mis la fléchette au beau **milieu** de la cible.* (Syn. **centre**.) **2** Période située à égale distance du début et de la fin. *Hélène s'est réveillée au **milieu** de la nuit.* **3** Entourage d'une personne. *Dans le train, on rencontre des gens de tous les **milieux**.* **4** Environnement dans lequel vit un être vivant. *Le **milieu** naturel des orchidées est la forêt équatoriale.*

militaire (adjectif) De l'armée. *Dans cette ville, il y a une école **militaire**.*
▪ **militaire** (nom) Membre de l'armée. *L'oncle de Victor est un **militaire** de métier.*

militant, ante (nom) Personne qui milite. *La mère de Julie est une **militante** pacifiste.*

militantisme (nom masculin) Activité des militants d'une organisation. *Après son licenciement, son père s'est orienté vers le **militantisme** syndical.*

militariser (verbe) (conj. 3) Pourvoir d'une force armée. *Les frontières du pays ont été fortement **militarisées** ces dernières années.*

militer (verbe) (conj. 3) Lutter activement pour une cause ou un parti. *Il **a milité** toute sa vie dans un syndicat.*

milk-shake (nom masculin) Boisson à base de lait frappé et battu avec de la pulpe de fruits. *Benjamin adore les **milk-shakes** à la fraise que lui prépare son correspondant américain.*
► **Milk-shake** est un mot américain : on prononce [milkʃɛk].
► Pluriel : des **milk-shakes**.
► On écrit aussi **milkshake**.

① **mille** (déterminant) **1** Dix fois cent (1 000). *Du nord au sud, la France mesure environ **mille** kilomètres.* **2** Un très grand nombre. *Je t'ai dit **mille** fois de ne pas te balancer sur ta chaise !*
► Attention, **mille** ne prend jamais de s : deux mille.
★ Famille du mot : **millénaire**, **millième**, **millier**, milligramme, millilitre, millimètre, millimétré.

② **mille** (nom masculin) Unité de mesure de distance employée par les marins et par les aviateurs. *Le **mille** vaut 1 852 mètres.*

millefeuille (nom masculin) Gâteau de pâte feuilletée garni de crème.

millénaire (adjectif) Qui existe depuis au moins mille ans. *Fêter le nouvel an est une tradition **millénaire**.*
▪ **millénaire** (nom masculin) Période de mille ans. *Les hommes ont inventé l'écriture depuis plus de cinq **millénaires**.*

millénariste (nom et adjectif) Partisan d'une théorie qui annonce la fin du monde pour une fin de millénaire. *Les sectes **millénaristes** avaient prédit la fin du monde en l'an 2000.*

mille-pattes (nom masculin) Petit animal invertébré au corps composé d'anneaux. *Les **mille-pattes** ont au minimum 21 paires de pattes.*
► Pluriel : des **mille-pattes**.
► On écrit aussi : un **millepatte**, des **millepattes**.

millepertuis (nom masculin) Plante à fleurs jaunes. *Le **millepertuis** est aussi appelé « herbe de Saint-Jean » ou « herbe à trous ».*

millésime (nom masculin) Indication de l'année pour un vin ou une monnaie. *Le **millésime** inscrit sur la bouteille indique que ce vin a été récolté en 1993.*

millésimé, ée (adjectif) Qui a reçu un millésime. *Ce vin est un grand cru **millésimé**.*

millet (nom masculin) Céréale aux graines petites et nombreuses, cultivée en Afrique et en Asie. *William a acheté du **millet** pour ses perruches.*
► Prononciation [mijɛ].

milli- Préfixe tiré du mot latin *mille* qui marque la division par mille de l'unité (exemple : *millibar*).

milliampère (nom masculin) Millième d'ampère. *L'ampèremètre de la salle de physique peut mesurer les **milliampères**.*
► Le symbole de **milliampère** est *mA*.

milliard (nom masculin) Mille millions (1 000 000 000). *Il y a environ six **milliards** d'êtres humains sur la planète.*

milliardaire (nom) Personne extrêmement riche. *Ce **milliardaire** possède plusieurs yachts.*

milliardième (adjectif) Dont le rang est marqué par le nombre un milliard. *Xavier est le **milliardième** visiteur de ce site Internet.*

millibar (nom masculin) Unité de pression atmosphérique valant cent pascals. *En 1986, on a décidé d'abandonner le terme **millibar** pour le remplacer par le terme hectopascal.*

millième (adjectif et nom) Dont le rang est marqué par le nombre mille. *Le **millième** abonné aura droit à un cadeau.*
▪ **millième** (nom masculin) Ce qui est contenu mille fois dans un tout. *Cet appareil prend des photos au **millième** de seconde.*

millier (nom masculin) Nombre d'environ mille. *Il y avait au moins un **millier** de spectateurs.*

milligramme (nom masculin) Millième partie du gramme.
▶ **Milligramme** s'abrège *mg.*

millilitre (nom masculin) Millième partie du litre.
▶ **Millilitre** s'abrège *ml.*

millimètre (nom masculin) Millième partie du mètre.
▶ **Millimètre** s'abrège *mm.*

millimétré, ée (adjectif) • **Papier millimétré** : papier quadrillé dont les lignes sont espacées d'un millimètre.
▶ On dit aussi **millimétrique**.

million (nom masculin) Mille fois mille (1 000 000). *Elle a gagné un **million** d'euros en jouant au loto.*

millionième (adjectif) Dont le rang est marqué par le nombre un million. *Laura est la **millionième** personne à répondre à ce concours.*

millionnaire (nom) Personne très riche. *Le château a été racheté par un **millionnaire**.*

milord (nom masculin) Homme très riche et élégant. *L'oncle de Zoé est un vrai **milord**, il vient toujours la chercher dans une belle voiture anglaise.*
★ **Milord** vient de l'anglais *my lord* qui signifie « mon seigneur ».

mime (nom masculin) Comédien qui s'exprime uniquement par des mimiques, sans parler. *Le **mime** a fardé son visage en blanc.*
★ Famille du mot : **mimer**, **mimétisme**, **mimique**.

mimer (verbe) (conj. 3) Exprimer ou imiter seulement par des gestes, des attitudes et des expressions du visage. *Laura a fait rire toute la classe en **mimant** le maître.*

mimétisme (nom masculin) **1** Imitation inconsciente du comportement d'autrui. *Myriam reproduit le ton de voix de sa mère par **mimétisme**.* **2** Aptitude de certains animaux à prendre la couleur de leur environnement. *Le **mimétisme** du caméléon le protège de ses ennemis.*

mimique (nom féminin) Geste ou expression du visage représentant un sentiment. *Xavier a raconté son aventure avec des **mimiques** irrésistibles.*

mimolette (nom féminin) Fromage de Hollande orangé, en forme de boule.

mimosa (nom masculin) Arbuste à fleurs jaunes en forme de boules, très parfumées. *Le **mimosa** pousse dans les régions au climat doux.*

minable (adjectif) Synonyme familier de médiocre. *On a déjeuné dans un restaurant assez **minable**.*

minage (nom masculin) Action de miner un terrain. *Le **minage** des ports est une pratique militaire courante en temps de guerre.* (Contr. **déminage**.)

minaret (nom masculin) Haute tour d'une mosquée. *Du haut du **minaret**, le muezzin appelle les fidèles à la prière cinq fois par jour.*

minauder (verbe) (conj. 3) Faire des manières en parlant. *Quand il y a des garçons, Noémie ne peut s'empêcher de **minauder**.*

mince (adjectif) **1** De peu d'épaisseur. *Coupe cette pomme en tranches aussi **minces** que possible.* (Syn. **fin.** Contr. **épais.**) **2** Qui n'est pas gros. *Odile est **mince** mais pas maigre.* (Contr. **gros.**) **3** Peu important. *Les renseignements que nous avons trouvés sont plutôt **minces**.* (Syn. **maigre.**)
★ Famille du mot : **amincir**, **amincissant**, **mincir**.

mincir (verbe) (conj. 11) S'amincir. *Laura a fait un petit régime pour **mincir** de deux kilos et retrouver sa taille de guêpe.*

① **mine** (nom féminin) **1** Aspect du visage. *Tu es toute bronzée, tu as une **mine** resplendissante !* **2** Aspect extérieur de quelqu'un ou de quelque chose. *Un homme à la **mine** patibulaire est entré dans le bar.* • **Faire mine** : faire semblant. • **Mine de rien** : sans en avoir l'air. • **Ne pas payer de mine** : ne pas avoir belle apparence.

② **mine** (nom féminin) **1** Endroit du sol où l'on creuse des galeries pour extraire du charbon ou des minerais. *Une **mine** de diamants. Une **mine** de nickel.* **2** Fin cylindre gris ou coloré d'un crayon. *La **mine** de mon crayon est cassée.* **3** Engin explosif. *La jeep a sauté sur une **mine**.*
★ Famille du mot : **déminer**, **miner**, **mineur**, **minier**.

miner (verbe) (conj. 3) **1** Enterrer des mines quelque part. *Longtemps après la guerre, certains terrains sont restés **minés**.* **2** Détruire en rongeant de l'intérieur. *Il est mort quelques mois après sa femme, **miné** par le chagrin.*

minerai (nom masculin) Roche d'où l'on peut extraire un métal. *Le sous-sol de cette région est riche en **minerai** de fer.*

minéral, ale, aux (adjectif) Dont la matière n'est pas vivante, ni animale, ni végétale. *Le granit et le sable sont des matières **minérales**.* • **Eau minérale** : qui contient des minéraux.
■ **minéral, aux** (nom masculin) Matière sans vie qui entre dans la composition des roches. *Le calcaire, le mica sont des **minéraux**.*

minéraliser (verbe) (conj. 3) **1** Transformer un métal en minerai. *Les métaux peuvent au cours des siècles être **minéralisés**.* **2** Ajouter des substances minérales à de l'eau. *Thomas préfère l'eau faiblement **minéralisée**, qui est riche en oligoéléments.*

minéralogie (nom féminin) Science qui étudie les minéraux.

minéralogique (adjectif) • **Plaque minéralogique** : plaque qui porte le numéro d'immatriculation d'une automobile.

minerve (nom féminin) Dispositif rigide qui se porte autour du cou et qui maintient la tête droite.
★ **Minerve** vient du nom de la déesse romaine *Minerve.*

minestrone (nom masculin) Soupe italienne épaissie de légumes et de pâtes ou de riz. *La grand-mère italienne d'Anna prépare un* ***minestrone*** *chaque dimanche.*
★ **Minestrone** est un mot italien.

minet, ette (nom) Synonyme familier de chat.

① **mineur** (nom masculin) Ouvrier qui travaille dans une mine. *Les* ***mineurs*** *descendent au fond de la mine.*

② **mineur, eure** (adjectif) Qui a peu d'importance. *Ces informations sont d'un intérêt* ***mineur****.* (Contr. **majeur.**)
▪**mineur, eure** (adjectif et nom) Qui n'a pas encore dix-huit ans, l'âge de la majorité. ***Les mineurs*** *n'ont pas le droit de voter.*

mini- Élément tiré du latin qui signifie « moins » et indique la petitesse (exemple : *minibus*).

miniature (adjectif et nom féminin) **1** Reproduction d'un objet en format très réduit. *Elle fait collection d'autos* ***miniatures****.* **2** Tableau de très petites dimensions. *Son médaillon contient une* ***miniature*** *peinte à la main.*

miniaturiser (verbe) (conj. 3) Réduire le plus possible les dimensions de quelque chose. *L'espion avait une caméra* ***miniaturisée*** *dans la monture de ses lunettes.*

minibar (nom masculin) Dans une chambre d'hôtel, petit réfrigérateur contenant des boissons. *Les consommations prises au* ***minibar*** *seront à régler en même temps que la chambre.*

minibus (nom masculin) Petit autobus. *Le club de foot a loué un* ***minibus*** *pour emmener les joueurs au match.*

minichaîne (nom féminin) Chaîne stéréo compacte dont les éléments sont de petite taille. *J'ai acheté une* ***minichaîne*** *pour l'emporter avec moi en vacances.*

minier, ère (adjectif) Qui concerne les mines. *C'est un pays* ***minier****, très riche en charbon.*

minigolf (nom masculin) Golf miniature.

minijupe (nom féminin) Jupe très courte.

minima Voir ***minimum.***

minimal, ale, aux (adjectif) Qui atteint un minimum. *Les températures* ***minimales*** *sont supérieures à la moyenne saisonnière.* (Syn. **minimum.**)

minime (adjectif) Très petit. *Il y a une différence* ***minime*** *entre l'original et la copie du tableau.* (Syn. **infime.** Contr. **considérable, énorme.**)
▪**minime** (nom) Sportif qui est âgé de 13 à 15 ans.

minimiser (verbe) (conj. 3) Réduire l'importance de quelque chose. *On a cherché à* ***minimiser*** *cette affaire.*

minimum (nom masculin) Le moins possible. *Il travaille peu, on peut dire qu'il en fait le* ***minimum****.* (Contr. **maximum.**)
▪**minimum** (adjectif) Synonyme de minimal. *Yann a payé le tarif* ***minimum*** *pour le spectacle.*
▶ Prononciation [minimɔm].
▶ Pluriel : des **minimums** ou des **minima**.

ministère (nom masculin) **1** Charge de ministre. *On lui a confié le* ***ministère*** *des Affaires sociales.* **2** Bâtiment où travaillent un ministre et son équipe. *Les manifestants se sont rassemblés devant le* ***ministère*** *des Affaires étrangères.* **3** Ensemble des ministres composant le gouvernement. *Après les élections, il a fallu former un nouveau* ***ministère****.*

ministériel, elle (adjectif) Du ministre ou du ministère. *Les professeurs ont reçu une circulaire* ***ministérielle****.*

ministre (nom) Membre du gouvernement, qui dirige un ensemble de services publics. *En France, c'est le Premier* ***ministre****, désigné par le président de la République, qui choisit les autres* ***ministres****.*
★ Famille du mot : ministère, ministériel.

minitel (nom masculin) Petit terminal d'ordinateur relié au téléphone, qui permet de consulter l'annuaire téléphonique et de contacter divers services.
★ **Minitel** est le nom d'une marque.

minium (nom masculin) Peinture spéciale qui protège les métaux de la rouille.
▶ Prononciation [minjɔm].

minivague (nom féminin) Coiffure ondulée gonflante et souple. *Myriam veut se faire une* ***minivague*** *car elle trouve que ses cheveux sont trop raides.*

minnesang (nom masculin) Poésie courtoise de l'Allemagne médiévale. *Le* ***minnesang*** *était chanté par les poètes qui s'accompagnaient à la harpe.*
▶ Prononciation [minəzɑ̃g].
★ **Minnesang** est un mot allemand composé de *Minne* qui signifie « amour » et de *Sang* qui signifie « chanson ».

minois (nom masculin) Visage frais et agréable d'un enfant ou d'une jeune fille. *Cette fillette a un charmant* ***minois****.*

minorer (verbe) (conj. 3) Réduire la valeur, l'importance de quelque chose. *Les autorités ont cherché à* ***minorer*** *le nombre des manifestants.*

minoritaire (adjectif) Qui appartient à la minorité. *Seize garçons et onze filles : les filles sont* ***minoritaires*** *dans la classe.*

minorité (nom féminin) **1** Le plus petit nombre. *Dans la famille de Sarah, il y a une* ***minorité*** *de garçons.* **2** Période pendant laquelle une personne est mineure. *En France, la* ***minorité*** *va jusqu'à dix-huit ans.* (Contr. **majorité.**)

minoterie (nom féminin) Grand moulin industriel. *Les* ***minoteries*** *moulent la farine en grande quantité.*

minou (nom masculin) **1** Chat, dans le langage enfantin. (Syn. **minet.**) **2** Terme affectueux. *David n'aime pas que sa tante l'appelle « mon* ***minou*** *».*

minuit (nom masculin) Instant où un jour finit et où le suivant commence. ***Minuit*** *est la fin de la vingt-quatrième heure (24 heures ou 0 heure).*

minus (nom masculin) Dans la langue familière, personne que l'on considère comme incapable.
▶ Prononciation [minys].
★ **Minus** est un mot latin qui signifie « moins ».

minuscule (adjectif) Très petit. *Dans le ciel, les étoiles paraissent **minuscules**.* (Syn. **microscopique**. Contr. **énorme, gigantesque**.)
▪ **minuscule** (nom féminin) Petite lettre. *En français, les noms communs commencent par une **minuscule**.* (Contr. **majuscule**.)

minutage (nom masculin) Décompte précis des minutes nécessaires à une action, un évènement. *On doit répéter le **minutage** de la cérémonie aujourd'hui pour que tout se passe bien samedi.*

minute (nom féminin) **1** Unité de mesure du temps. *Une **minute** vaut 60 secondes, il y a 60 minutes **dans une heure**.* **2** Temps très court. *J'en ai pour une **minute**.*
▶ **Minute** s'abrège *min.*
★ Famille du mot : minut**er**, minut**erie**, minut**eur**.

minuter (verbe) (conj. 3) Organiser un horaire à la minute près. *Ne le retarde pas, son emploi du temps **est minuté**.*

minuterie (nom féminin) Dispositif qui éteint automatiquement l'électricité après quelques minutes. *On a installé une **minuterie** dans l'escalier pour faire des économies d'électricité.*

minuteur (nom masculin) Appareil ménager déclenchant une sonnerie au bout d'un temps donné. *Mets le **minuteur** en marche, je plonge les œufs dans l'eau bouillante.*

minutie (nom féminin) Grand soin et grande précision dans les plus petits détails. *Le métier de chirurgien exige de la **minutie**.*
▶ Prononciation [minysi].
★ Famille du mot : minuti**eusement**, minuti**eux**.

minutieusement (adverbe) De façon minutieuse. *Benjamin monte ses maquettes très **minutieusement**.* (Syn. **soigneusement**.)

minutieux, euse (adjectif) Qui fait preuve de minutie. *La plupart des travaux manuels demandent d'être très **minutieux**.* (Syn. **méticuleux, soigneux**.)
▶ Prononciation [minysjø].

miocène (nom masculin) Quatrième époque de l'ère tertiaire précédant le pliocène, qui a commencé il y a 24 millions d'années et s'est terminé il y a 5 millions d'années. *Le mastodonte est apparu au **miocène**.*
★ **Miocène** vient du grec *meion* et *kainos* qui signifient « moins » et « récent ».

mioche (nom) Synonyme familier de enfant.
★ **Mioche** vient de l'ancien français, « mie de pain ».

mirabelle (nom féminin) Petite prune jaune et parfumée. *De la confiture de **mirabelles**.*

miracle (nom masculin) **1** Phénomène extraordinaire attribué à une intervention de Dieu. *Pour les chrétiens, le Christ pouvait faire des **miracles**, comme marcher sur l'eau.* **2** Fait à peine croyable tellement il est inattendu. *Par **miracle**, la voiture ne l'a pas renversé.*

miraculé, ée (adjectif et nom) Qui a été l'objet d'un miracle religieux ou non. *C'est un **miraculé** de la route, il s'est sorti sans une égratignure d'un très grave accident.*

miraculeux, euse (adjectif) **1** Qui est dû à un miracle. *La résurrection **miraculeuse** de Lazare est racontée dans les Évangiles.* **2** Qui est tout à fait extraordinaire. *C'est **miraculeux** qu'il ait guéri si vite !* (Contr. **naturel**.)

mirador (nom masculin) Poste d'observation élevé destiné à surveiller un camp de prisonniers. *La sentinelle guette du haut du **mirador**.*
★ **Mirador** vient du verbe espagnol *mirar* qui signifie « regarder ».

mirage (nom masculin) Phénomène optique des pays chauds désertiques, causé par la chaleur de l'air. *Les **mirages** donnent parfois l'illusion de voir une nappe d'eau lointaine où se reflète le paysage.*

mire (nom féminin) • **Être le point de mire** : être l'objet de tous les regards et le centre d'intérêt. • **Ligne de mire** : ligne qui va de l'œil du tireur au point visé.

se **mirer** (verbe) (conj. 3) Synonyme littéraire de se refléter. *Les lumières **se miraient** dans la mer.*

mirifique (adjectif) Synonyme de mirobolant. *Il nous a raconté ses projets, tous plus **mirifiques** les uns que les autres.*

mirliton (nom masculin) Instrument de musique formé d'un tube percé de deux trous, bouché aux deux extrémités par une membrane. *Les enfants adorent confectionner des **mirlitons** avec des roseaux et du papier fin.*

miro (adjectif) Synonyme familier de myope. *Thomas est complètement **miro**, il ne voit pas ce qui est sous son nez !* (Syn. **bigleux**.)

mirobolant, ante (adjectif) Extraordinaire au point d'en être incroyable. *Il a gagné une somme **mirobolante** au loto.* (Syn. **mirifique**.)

miroir (nom masculin) Surface polie qui reflète les images. *Le **miroir** me renvoie mon image.* (Syn. **glace**.)

miroitement (nom masculin) Éclat d'une surface qui miroite. *Ursula contemple le **miroitement** de la mer au soleil couchant.*

miroiter (verbe) (conj. 3) Réfléchir la lumière du soleil avec des reflets changeants. *Le lac **miroite** au soleil.* • **Faire miroiter** : faire entrevoir un avantage possible.

miroiterie (nom féminin) Commerce, industrie des miroirs, de la vitrerie.

miroitier (nom masculin) Artisan qui vend ou répare des miroirs.

miroton (nom masculin) Viande de bœuf bouillie, coupée en tranches très fines et accommodée aux oignons.
▶ On écrit aussi **mironton**.

a b c d e f g h i j k l m n o p q r s t u v w x y z

mis(o)- Élément tiré du grec qui signifie « haïr » et qui exprime le fait de ne pas aimer quelque chose (exemple : *misanthrope*).

misaine (nom féminin) • **Mât de misaine :** mât vertical à l'avant d'un bateau à voiles.

misandre (adjectif et nom) Qui méprise les hommes, le sexe masculin. *Laura n'est pas féministe mais **misandre**.*

misanthrope (adjectif et nom) Qui déteste les gens, est peu sociable. *Ses malheurs l'ont rendu **misanthrope**.* (Contr. **philanthrope.**)

miscible (adjectif) Qui peut se mélanger de manière homogène avec un autre corps. *L'eau et le sirop sont des liquides **miscibles**.*
★ **Miscible** vient du mot latin *miscere* qui signifie « mêler ».

mise (nom féminin) **1** Action de mettre. *La **mise** à feu de la fusée aura lieu à 17 heures.* **2** Manière de s'habiller. *Sa **mise** est fort négligée.* (Syn. **toilette.**) **3** Argent ou jetons que l'on joue. *Zoé a récupéré toute sa **mise**.*

miser (verbe) (conj. 3) Mettre une mise. *Notre voisin **a misé** sur le cheval gagnant.*

misérabilisme (nom masculin) Description complaisante de la misère dans la littérature ou dans d'autres formes d'art. *Le **misérabilisme** systématique des films de ce réalisateur est énervant.*

misérable (adjectif) **1** Qui est très pauvre et pitoyable. *Ils habitent un quartier **misérable**.* **2** Qui est insignifiant et sans valeur. *Allez-vous vous fâcher pour une **misérable** histoire d'argent ?*

misérablement (adverbe) De façon misérable. *C'était un pauvre homme qui vivait **misérablement**.*

misère (nom féminin) **1** État d'extrême pauvreté. *Ce grand musicien est mort dans la **misère**.* (Syn. **dénuement.** Contr. **richesse.**) **2** Évènement malheureux dont on souffre. *Anna raconte ses petites **misères** à sa maman.*
★ Famille du mot : misér**able**, misér**ablement**, misér**eux**.

miséreux, euse (nom) Personne qui vit dans la misère. *Des **miséreux** dorment dans la rue alors qu'il gèle.*

miséricorde (nom féminin) Compassion pour autrui qui pousse à pardonner. *Le pécheur implore la **miséricorde** divine.*
★ **Miséricorde** vient du latin *misericors* qui signifie « qui a le cœur sensible à la misère ».

misogyne (adjectif et nom) Qui méprise les femmes. *Ce **misogyne** ne prend jamais en compte les soucis de sa femme.*

miss (nom féminin) Titre donné aux lauréates des concours de beauté. *Fatima a reçu un prix de beauté, elle est maintenant « **Miss** Provence ».*
★ **Miss** est un mot anglais qui signifie « mademoiselle ».

missel (nom masculin) Livre contenant les prières et les chants de la messe.

missile (nom masculin) Fusée qui transporte une bombe. *L'avion a été abattu par un **missile**.*

mission (nom féminin) **1** Charge confiée à quelqu'un de faire quelque chose. *On m'a confié la **mission** de prévenir tous les amis.* **2** Groupe de personnes auxquelles une charge est confiée. *Elle participe à une **mission** archéologique au Moyen Orient.* **3** Groupe de missionnaires. *Des **missions** se sont installées en Amérique du Sud dès le XVIe siècle pour convertir les Indiens au christianisme.*

missionnaire (nom) Religieux envoyé pour propager l'Évangile en diverses contrées de la Terre. *Ce moine a longtemps été **missionnaire** en Afrique.*

missive (nom féminin) Synonyme littéraire de lettre. *Elle n'arrivait pas à finir de lire cette interminable **missive**.*

mistigri (nom masculin) **1** Chat. *Voici le **mistigri**, un chat blanc qui cherche les souris.* **2** Valet de trèfle, dans certains jeux. *Si tu veux gagner, il faut te débarrasser vite du **mistigri**.*
★ **Mistigri** vient de l'ancien nom du chat, *miste,* et de *gris.*

mistral (nom masculin) Vent violent et sec soufflant du nord dans la vallée du Rhône et en Provence. *Les gens du Midi plantent des haies de cyprès pour se protéger du **mistral**.*
★ **Mistral** est un mot provençal qui signifie « le vent qui souffle en maître ».

mitaine (nom féminin) Gant qui ne couvre pas le bout des doigts. *Les pilotes de voitures de course portaient souvent des **mitaines** de cuir.*

mite (nom féminin) Insecte dont les chenilles attaquent la laine, la soie et les fourrures. *Ce costume est mangé aux **mites**.*

mité, ée (adjectif) Mangé par les mites. *Cette vieille couverture est toute **mitée**.*

mi-temps (nom féminin) **1** Temps de repos entre les deux parties d'un match. *À la **mi-temps**, le score était de 3 à 0.* **2** Chacune des deux parties d'un match. *Notre équipe de rugby a fait une remontée fulgurante pendant la deuxième **mi-temps**.* • **À mi-temps :** pendant la moitié du temps normal. *Travailler **à mi-temps**.*
▶ Pluriel : des **mi-temps**.

miteux, euse (adjectif) D'aspect misérable. *Il habite un immeuble assez **miteux** de la vieille ville.* (Syn. **minable.** Contr. **chic, luxueux.**)

mitigé, ée (adjectif) Qui est mêlé de réserves. *La critique a fait un accueil **mitigé** au nouveau film.*

mitigeur (nom masculin) Appareil qui sert à mélanger l'eau chaude et l'eau froide qui arrivent au robinet d'un évier ou d'un lavabo.

mitochondrie (nom féminin) Petit corps ovale mesurant de 1 à 3 micromètres, présent dans toutes les cellules. *Les **mitochondries** jouent un rôle essentiel dans les phénomènes d'oxydation, de respiration et de stockage de l'énergie des cellules.*
▶ Prononciation [mitɔkɔ̃dʀi].

mitonner (verbe) (conj. 3) Préparer longtemps et avec soin. *Il adore **mitonner** de bons petits plats pour ses amis.*

mitose (nom féminin) Ensemble des phénomènes de transformation et de division des cellules mères qui aboutit à la formation de deux cellules filles ayant le même nombre de chromosomes. *La **mitose** se déroule pratiquement de la même manière chez les animaux et les végétaux.*
★ **Mitose** vient du grec *mitos* qui signifie « filament ».

mitoyen, enne (adjectif) Qui sépare deux choses et leur est commun. *Ces deux maisons ont un mur **mitoyen** : chacun devra repeindre son côté.*

mitraille (nom féminin) Décharge de projectiles d'armes à feu. *Les soldats montaient à l'assaut sous la **mitraille**.*

mitrailler (verbe) (conj. 3) **1** Tirer des rafales de projectiles. *L'aviation ennemie **mitraille** les colonnes de réfugiés.* **2** Dans la langue familière, photographier sous tous les angles. *Les photographes **ont mitraillé** la princesse.*
★ Famille du mot : mitraille, mitrai**llette**, mitraill**eur**, mitraill**euse**.

mitraillette (nom féminin) Arme automatique portative qui tire par rafales. *Des soldats armés de **mitraillettes** arpentent l'aérogare.*

mitrailleur (adjectif masculin) Se dit d'un fusil ou d'un pistolet qui tire par rafales. *Un pistolet **mitrailleur**.*

mitrailleuse (nom féminin) Arme automatique à tir en rafales, que l'on pose sur le sol ou que l'on fixe sur un véhicule.

mitre (nom féminin) Haute coiffure triangulaire. *Les évêques et les archevêques portent une **mitre** lors des grandes cérémonies.*

mitron (nom masculin) Apprenti boulanger ou pâtissier.
★ **Mitron** vient de *mitre* à cause de la forme de la coiffure de ces apprentis.

à **mi-voix** (adverbe) En baissant la voix. *Élodie fredonne une chanson **à mi-voix**.*

mixer (verbe) (conj. 3) Passer un aliment au mixeur. *Fatima **mixe** des légumes pour faire un potage.*

mixeur (nom masculin) Appareil électrique servant à broyer et à mélanger les aliments. *Maman passe les fruits au **mixeur** pour faire un sorbet.*
► On écrit aussi **mixer**.

mixité (nom féminin) Caractère de ce qui est mixte. *En France, la **mixité** dans écoles s'est généralisée dans les années 1970.*

mixte (adjectif) **1** Qui comprend des personnes des deux sexes. *La chorale de l'école est **mixte** : filles et garçons peuvent y chanter.* **2** Qui est fait de deux ou plusieurs éléments de nature différente. *Ce soir, on a mangé une salade **mixte**, composée de scarole, de tomates et de gruyère.*

mixtion (nom féminin) Action de mélanger plusieurs substances et produit ainsi obtenu. *Pour composer un médicament, le laborantin fait une **mixtion** de plusieurs drogues.*
► Prononciation [miksjɔ̃].

mixture (nom féminin) Mélange peu appétissant. *On leur a servi une affreuse **mixture** en guise de café.*

MJC (nom féminin) Établissement visant à offrir aux jeunes un lieu d'activités socioculturelles. *Quentin s'est inscrit à la **MJC** de son quartier pour suivre des cours de théâtre.*
★ MJC est le sigle de ***m**aison des **j**eunes et de la **c**ulture*.

mnémotechnique (adjectif) Qui aide la mémoire par des procédés d'association mentale. *David a trouvé de bons moyens **mnémotechniques** pour retenir sa leçon.*
★ **Mnémotechnique** vient du grec *mnêmê* qui signifie « mémoire ».

Mo Voir ***mégaoctet***.

mobile (adjectif) **1** Qui peut bouger ou être déplacé. *L'équipe **mobile** de dépannage se déplace dans toute la région.* (Contr. **fixe, immobile.**) **2** Qui peut changer de valeur ou de date. *Noël est une fête fixe (le 25 décembre), Pâques est une fête **mobile** (la date change chaque année).*
■ **mobile** (nom masculin) **1** Ce qui pousse à agir. *L'inspecteur s'interroge sur le **mobile** du crime.* (Syn. **motif, raison.**) **2** Objet décoratif suspendu par des fils et que les courants d'air font bouger. **3** Téléphone portable.
★ Famille du mot : **im**mobile, **im**mobil**isation**, **im**mobili**ser**, **im**mobili**té**, mobili**er**, mobili**té**.

mobilier (nom masculin) Ensemble des meubles d'un logement. *Elle a acheté son **mobilier** chez des brocanteurs.* (Syn. **ameublement.**)
■ **mobilier, ère** (adjectif) • **Biens mobiliers :** biens qui peuvent se transporter, comme les meubles, les habits, etc.

mobilisation (nom féminin) Action de mobiliser. *L'État a décrété la **mobilisation** générale.*

mobiliser (verbe) (conj. 3) **1** Appeler les hommes à l'armée pour faire la guerre. *En cas de guerre, l'État **mobilise** tous les hommes aptes au service militaire pour protéger le territoire.* (Contr. **démobiliser.**) **2** Appeler à l'action et à la participation. *Le syndicat **mobilise** ses militants pour la grève.*
★ Famille du mot : **dé**mobiliser, mobilis**ation**.

mobilité (nom féminin) Possibilité de bouger ou de se déplacer. *Il a un regard d'une surprenante **mobilité**.*

mobylette (nom féminin) Cyclomoteur. *La loi interdit de conduire une **mobylette** avant 14 ans.*
★ **Mobylette** est le nom d'une marque.

mocassin (nom masculin) Chaussure basse sans lacet.

moche (adjectif) Synonyme familier de laid. *Cette coiffure est vraiment **moche**.* (Contr. **beau, joli.**)

modal, ale, aux (adjectif et nom féminin) **1** Qui concerne le mode. *En musique, les notes **modales** déterminent le mode majeur ou mineur.* **2** Qui concerne une modalité. *Il faut se référer aux clauses **modales**.*

modalité (nom féminin) Manière dont quelque chose doit se faire. *Les **modalités** de paiement sont expliquées au dos de la facture.*

① **mode** (nom masculin) **1** Manière de faire. *Consulte le **mode** d'emploi de l'appareil !* **2** Chacune des six manières dont le verbe peut exprimer l'action. *L'indicatif, le subjonctif, le conditionnel, l'impératif, l'infinitif et le participe sont les **modes** du verbe en français. « Écoute-moi » est une phrase au **mode** impératif.*

② **mode** (nom féminin) Manière changeante de penser, de se vêtir, particulière à une époque. *Ce genre de pantalon n'est plus à la **mode** cette année.*

modelage (nom masculin) Action de modeler. *Gaëlle a appris à faire du **modelage** au jardin d'enfants.*

modèle (nom masculin) **1** Ce que l'on donne à imiter. *Ce portrait ne ressemble guère au **modèle**.* **2** Ce qui mérite d'être imité. *Clément est un **modèle** de ponctualité.* (Syn. **exemple.**) **3** Objet reproduit à de nombreux exemplaires. *Ce **modèle** de voiture s'est vendu à un million d'exemplaires.* • **Modèle réduit :** reproduction d'un objet en petit.
★ Famille du mot : modél**isme**, modél**iste**.

modeler (verbe) (conj. 8) Façonner une matière molle pour faire un objet. *De la pâte à **modeler**.*

modélisme (nom masculin) Fabrication de modèles réduits. *David fait du **modélisme** avec son père ; ils ont déjà construit plusieurs avions.*

modéliste (nom) Personne qui dessine des modèles pour la mode. *Il est **modéliste** dans le prêt-à-porter.*

modem (nom masculin) Système électronique servant à connecter un ordinateur à une ligne de télécommunication. *Grâce à son **modem**, Gaëlle se connecte à un site Internet.*
► Prononciation [mɔdɛm].
★ **Modem** est l'acronyme de ***mo**dulateur-**dém**odulateur*.

modérateur, trice (adjectif) Qui a tendance à modérer les excès des autres. *Dans la classe, Benjamin joue un rôle **modérateur** par son calme et sa gentillesse.*

modération (nom féminin) Comportement modéré. *Les grévistes ont fait preuve de **modération** dans leurs revendications.* (Syn. **mesure.** Contr. **abus, excès.**)

modérato (adverbe) D'un mouvement au tempo modéré. *Il faut jouer ce morceau **modérato** et non pas allégro.*
★ **Moderato** est un mot italien.
► On écrit aussi **moderato**.

modéré, ée (adjectif) Qui reste dans une juste mesure. *Hélène est très **modérée** dans ses paroles, elle ne choque jamais personne.* (Syn. **raisonnable.** Contr. **excessif.**)
■ **modéré, ée** (adjectif et nom) Dont les opinions politiques sont éloignées des extrêmes. (Contr. **extrémiste.**)

modérément (adverbe) D'une façon modérée. *Les boissons alcoolisées doivent être consommées **modérément**.* (Syn. **raisonnablement.** Contr. **trop.**)

modérer (verbe) (conj. 8) Réduire l'intensité ou l'excès de quelque chose. ***Modérez** votre enthousiasme, on ne s'entend plus !* (Syn. **réfréner, tempérer.**)
★ Famille du mot : **im**modéré, modér**ateur**, modér**ation**, modér**é**, modéré**ment**.

moderne (adjectif) De notre époque ou d'une époque récente. *La maison de Fabien est équipée de façon très **moderne**.* (Syn. **contemporain.** Contr. **archaïque, rétrograde.**)
★ Famille du mot : modern**isation**, modern**iser**.

modernisation (nom féminin) Action de moderniser. *La **modernisation** de l'agriculture est actuellement très rapide.*

moderniser (verbe) (conj. 3) Rendre plus moderne et adapté à l'époque actuelle. *Le dentiste a **modernisé** son cabinet.*

modeste (adjectif) **1** Qui ne se vante pas de ses succès. *Savoir beaucoup de choses rend **modeste**.* (Contr. **prétentieux, vaniteux.**) **2** Peu important ou sans grande valeur. *Il occupe un logement **modeste**.*
★ Famille du mot : modeste**ment**, modest**ie**.

modestement (adverbe) De façon modeste. *Malgré sa célébrité, ce musicien vit **modestement**.*

modestie (nom féminin) Qualité d'une personne modeste. *Sa **modestie** le rend très sympathique.* (Syn. **humilité.** Contr. **orgueil, prétention, vanité.**)

modicité (nom féminin) Caractère de ce qui est modique, petit. *Les cheminots font grève pour dénoncer la **modicité** de leurs salaires.*

modification (nom féminin) Action de modifier quelque chose. *L'architecte a fait de nombreuses **modifications** sur le plan d'origine.* (Syn. **changement, transformation.**)

modifier (verbe) (conj. 10) Changer une chose sans la transformer complètement. *Ces changements n'**ont** pas **modifié** les habitudes de monsieur Dubois.*

modique (adjectif) De peu de valeur. *Pour la **modique** somme de 10 euros, vous pouvez emporter tout ce lot !*

modiste (nom féminin) Personne qui confectionne ou qui vend des chapeaux. *La **modiste** a confectionné une très belle collection de chapeaux pour le théâtre.*

modulation (nom féminin) Inflexion harmonieuse de la voix ou du chant. *Les **modulations** du chant du merle.*

module (nom masculin) Élément qui se combine avec d'autres pour constituer un ensemble. *Assembler les différents **modules** d'un meuble en kit.*

moduler (verbe) (conj. 3) Émettre un son en faisant des modulations. *La cantatrice **module** un chant plaintif.*

modus vivendi (nom masculin) Accord conclu entre deux parties en conflit. *Les voisins, qui étaient en litige, ont fini par signer un **modus vivendi**.*
► Prononciation [mɔdysvivɛ̃di].
★ **Modus vivendi** est une expression latine qui signifie « manière de vivre ».

moelle (nom féminin) **1** Substance molle et grasse qui se trouve à l'intérieur des os. *Kevin aime beaucoup les os à **moelle**.* **2** Substance blanche et légère qui est au centre de la tige de certains végétaux. *Julie enlève la **moelle** d'un brin de sureau pour faire un sifflet.* • Moelle épinière : partie du système nerveux contenue dans la colonne vertébrale.
► Prononciation [mwal].

moelleux, euse (adjectif) Qui est mou et doux au toucher. *Elle adore s'enfoncer dans un canapé **moelleux**.* (Syn. **souple.** Contr. **dur, raide.**)
► Prononciation [mwalø].

moellon (nom masculin) Pierre de petites dimensions. *Un mur en **moellons** clôt le jardin.*
► Prononciation [mwalɔ̃].

mœurs (nom féminin pluriel) Mode de vie et habitudes d'une personne, d'une société ou d'une espèce animale. *Cet ethnologue a étudié les **mœurs** des Esquimaux.*
► Prononciation [mœʀ] ou [mœʀs].

mohair (nom masculin) Laine soyeuse faite avec du poil de chèvre angora. *Une veste en **mohair**.*

moi (pronom) Pronom personnel de la première personne du singulier qui s'emploie pour renforcer le sujet « je » ou comme complément après une préposition. *C'est **moi** qui viendrai vous chercher. Je vous propose de venir chez **moi**.*

moignon (nom masculin) Partie qui reste d'un membre amputé. *Après son accident, on a dû lui couper la main, il n'a plus qu'un **moignon**.*
► Prononciation [mwaɲɔ̃].

moindre (adjectif) Plus petit. *Il ne supporte pas la **moindre** critique.*

moine (nom masculin) Religieux qui vit en communauté, à l'écart du monde.
★ **Moine** vient du grec *monos* qui signifie « seul », car les premiers moines furent des ermites.

moineau, eaux (nom masculin) Petit oiseau brun et beige, très courant dans les villes et les campagnes. *Des **moineaux** pépient dans les arbres du square.*

moins (adverbe) Sert à exprimer une quantité ou un degré inférieurs. *Il pèse **moins** de 30 kilos. Mon cartable est **moins** lourd que le tien.* (Contr. **plus.**) • À moins de ou à moins que : sauf dans tel cas. *Nous allons rater le début du film, **à moins de** nous dépêcher.* • Au moins : au minimum. *Le trajet dure **au moins** deux heures.* (Contr. **au plus.**) • Du moins : en tout cas, de toute façon. *Nous nous verrons demain, **du moins** je l'espère.* • Le moins : sert à désigner le minimum, le degré le plus bas. *Quand elle a des devoirs, le calcul, c'est ce qu'elle aime **le moins**.*
■ **moins** (préposition) **1** Sert à exprimer une soustraction. *Dix **moins** huit égale deux (10 – 8 = 2).* **2** Sert à désigner un nombre en dessous de zéro degré. *La météo annonce que la température descendra jusqu'à **moins** cinq degrés (– 5°).*

moiré, ée (adjectif) Qui a des reflets changeants. *Des nénuphars flottent sur les eaux **moirées** de l'étang.*

mois (nom masculin) **1** Chacune des douze parties de l'année. *Le **mois** de janvier est le premier **mois** de l'année.* **2** Durée d'environ 30 jours. *Ces travaux dureront plusieurs **mois**.* **3** Prix payé pour un mois de travail. *Votre **mois** vous sera réglé par chèque.* (Syn. **salaire.**)

moisi, ie (adjectif) Qui est couvert de moisissures. *Ne mange pas ce pain, il est **moisi**.*
■ **moisi** (nom masculin) Ce qui est moisi. *Cette pièce est très humide, elle sent le **moisi**.*

moisir (verbe) (conj. 11) **1** Se couvrir de moisissures. *Tout **a moisi** dans la cave, à cause de l'humidité.* **2** Dans la langue familière, rester longtemps à attendre. *Inutile de **moisir** ici, il ne viendra pas !*
★ Famille du mot : moisi, moisissure.

moisissure (nom féminin) Tache blanchâtre ou verdâtre provenant de minuscules champignons qui poussent sur des matières humides ou en décomposition. *Ces fruits avariés sont couverts de **moisissures**.*

moisson (nom féminin) **1** Récolte des céréales. *Quand les blés sont mûrs, les agriculteurs font la **moisson**.* **2** Au sens figuré, grande quantité de choses que l'on réunit. *Au retour de la plage, les enfants examinent leur **moisson** de coquillages.*
★ Famille du mot : moissonner, moissonneur, moissonneuse-batteuse.

moissonner (verbe) (conj. 3) Faire la moisson. *Ici, on **moissonne** le blé au mois de juillet.*

moissonneur, euse (nom) Personne qui fait la moisson. *Les **moissonneurs** sont partis aux champs dès le lever du jour.*

moissonneuse-batteuse (nom féminin) Machine agricole qui sert à récolter les céréales, à les battre et à trier les grains.
► Pluriel : des **moissonneuses-batteuses**.

moite (adjectif) Légèrement humide. *Quand Benjamin est ému, il a les mains **moites**.* (Contr. **sec.**)

moiteur (nom féminin) Caractère de ce qui est moite. *La **moiteur** de l'atmosphère annonce l'approche de l'orage.*

moitié (nom féminin) **1** Chacune des deux parties égales d'un tout. *Clément et Anna auront chacun une **moitié** du gâteau. Quatre est la **moitié** de huit.* **2** Milieu d'un espace. *Nous sommes à la **moitié** du* *trajet.* • **À moitié** : à demi ou en partie. *Un bol **à moitié** rempli de lait. Il hésitait car il n'était qu'**à moitié** d'accord.*

moka (nom masculin) Gâteau garni d'une crème au beurre aromatisée au café.
★ **Moka** est un port du Yémen d'où le café d'Arabie était exporté.

mol Voir ***mou***.

molaire (nom féminin) Grosse dent qui sert à broyer les aliments. *Les **molaires** sont situées au fond de la bouche.*
★ **Molaire** vient du latin *mola* qui veut dire « meule ».

mole (nom féminin) Unité de quantité de matière en physique. *Une **mole** d'hydrogène a une masse de 2 g.*
► Le symbole de **mole** est *mol.*

môle (nom masculin) Construction à l'entrée d'un port, qui sert à le protéger des vagues. (Syn. **digue, jetée.**)

moléculaire (adjectif) Qui concerne les molécules. *En biologie, nous étudions les caractéristiques moléculaires des êtres vivants.* • **Masse moléculaire** : somme des poids des atomes qui constituent une molécule.

molécule (nom féminin) Ensemble d'atomes liés entre eux et qui forment la plus petite partie d'une matière. *Une **molécule** d'eau est formée de deux atomes d'hydrogène et d'un atome d'oxygène.*

molester (verbe) (conj. 3) Maltraiter ou brutaliser quelqu'un. *Un inconnu **a molesté** un passant avant de le voler.*

molette (nom féminin) Roulette dentée qui actionne un mécanisme. *La **molette** d'un briquet fait jaillir une étincelle.* • **Clé à molette** : outil dont les deux mâchoires se rapprochent ou s'écartent. *Le mécanicien s'est servi d'une **clé à molette** pour resserrer les boulons de la roue.*

mollah (nom masculin) Docteur en droit musulman qui exerce des fonctions religieuses, juridiques ou pédagogiques. *En Iran, les **mollahs** ont beaucoup d'influence sur la vie politique.*
► Prononciation [mɔla].
★ **Mollah** vient d'un mot arabe qui signifie « maître, seigneur ».

molle Voir ***mou***.

mollement (adverbe) Avec mollesse. *À mon avis il est fautif car il s'est **mollement** défendu.*

mollesse (nom féminin) **1** Caractère de ce qui est mou. *Cette tarte n'est pas très bonne à cause de la **mollesse** de la pâte.* (Contr. **dureté.**) **2** Manque de vitalité, d'énergie dans le caractère ou dans la conduite. *La maîtresse lui a reproché de travailler avec **mollesse**.* (Syn. **indolence.** Contr. **vivacité.**)

① **mollet** (adjectif masculin) • **Œuf mollet** : œuf cuit dans sa coquille de façon à ce que le jaune reste onctueux. *Les **œufs mollets** doivent cuire moins longtemps que les œufs durs mais plus longtemps que les œufs à la coque.*

② **mollet** (nom masculin) Partie charnue située à l'arrière de la jambe, entre la cheville et le genou. *Ce coureur a les **mollets** très musclés.*

molletière (nom féminin) Protection du mollet.

molleton (nom masculin) Étoffe moelleuse de laine ou de coton gratté. *Il faut mettre un **molleton** sous la nappe pour protéger la table.*

molletonné, ée (adjectif) Doublé d'un tissu moelleux et épais. *Une veste **molletonnée**.*

mollir (verbe) (conj. 11) **1** Devenir mou. *La terre **a molli** à cause de la pluie.* (Contr. **durcir.**) **2** Perdre de sa force, de sa vigueur. *Le vent **mollit**. À la fin du match, son énergie commençait à **mollir**.* (Syn. **diminuer, faiblir.**)

mollusque (nom masculin) Animal au corps mou, parfois protégé par une coquille. *La moule, l'escargot, le calmar sont des **mollusques**.*

molosse (nom masculin) Gros chien de garde d'aspect féroce. *Ce **molosse** terrifie les passants.*

môme (nom) Synonyme familier d'enfant. (Syn. **gamin, gosse.**)

moment (nom masculin) **1** Espace de temps. *Je vous rejoins dans un **moment**.* (Syn. **instant.**) **2** Instant précis pour faire quelque chose. *Ne partez pas maintenant, ce n'est pas le **moment**.* • **À tout moment** : continuellement ou n'importe quand. *Il peut arriver **à tout moment**.* • **Au moment où** : à l'instant précis où un évènement se déroule. *Il est arrivé **au moment où** le film commençait.* • **Du moment que** : puisque. ***Du moment que** tu es content, moi aussi.* • **D'un moment à l'autre** : d'ici très peu de temps. • **Par moments** : de temps en temps. • **Pour le moment** : en ce qui concerne la période présente. ***Pour le moment**, tout va bien.*
★ Famille du mot : momentan**é**, momentan**ément**.

momentané, ée (adjectif) Qui ne dure qu'un moment. *Des travaux ont entraîné la fermeture **momentanée** de l'autoroute.* (Syn. **provisoire, temporaire.** Contr. **définitif.**)

momentanément (adverbe) De façon momentanée. *La route est **momentanément** coupée à cause des inondations.* (Syn. **provisoirement, temporairement.** Contr. **définitivement.**)

momie (nom féminin) Cadavre embaumé pour pouvoir être conservé. *Les **momies** des anciens Égyptiens étaient entourées de bandelettes et placées dans des sarcophages.*

momifier (verbe) (conj. 10) **1** Transformer en momie. *En Égypte antique, on **momifiait** les morts en les embaumant et en les entourant de bandelettes de tissus.* **2** Au sens figuré, figer dans l'immobilisme. *Cet organisme public n'est plus adapté à la réalité, il s'est **momifié** au cours des années.*

mon(o)- Élément tiré du grec *monos* qui signifie « seul » (exemple : *monologue*).

mon, ma, mes (déterminant) Adjectif possessif de la première personne du singulier. *J'habite ici, c'est **ma** maison. Il me tarde de retrouver **mes** parents et **mes** amies. Je te prête **mon** stylo.*
▶ Devant un nom féminin commençant par une voyelle ou un h muet, on emploie **mon** au lieu de **ma** : mon opinion, mon histoire.

monacal, ale, aux (adjectif) Qui concerne le genre de vie des moines. *La vie **monacale** est soumise à de nombreuses règles communautaires.*

monarchie (nom féminin) État gouverné par un roi. *La Suède, la Belgique, les Pays-Bas sont des **monarchies**.*
★ Famille du mot : monarch**ique**, monarch**iste**, monarque.

monarchique (adjectif) Qui se rapporte à la monarchie. *L'Espagne est un État **monarchique**.*

monarchiste (adjectif et nom) Qui est partisan de la monarchie. *Des idées **monarchistes**.*

monarque (nom masculin) Personne qui détient le pouvoir dans une monarchie. *En France, jusqu'à la Révolution, les rois gouvernaient en **monarques** absolus.*

monastère (nom masculin) Ensemble de bâtiments où vivent des moines ou des religieuses. *Le cloître du **monastère**.* (Syn. **couvent**.)

monastique (adjectif) Qui concerne les moines. *L'oncle de Pierre est attiré par la vie **monastique**, il a décidé de rentrer dans les ordres.*

monceau, eaux (nom masculin) Gros tas d'objets accumulés. *Il y a un **monceau** de cahiers et de livres sur mon bureau.*
★ Famille du mot : amonce**ler**, amoncel**lement**.

mondain, aine (adjectif) Qui aime fréquenter la haute société. *Des femmes élégantes et très **mondaines** assistaient à cette grande réception.*

mondanité (nom féminin) Goût pour les évènements, les faits mondains. *Beaucoup de célébrités adorent les **mondanités**.*

monde (nom masculin) **1** Ensemble de tout ce qui existe. *De nombreux scientifiques essaient de découvrir le mystère de l'origine du **monde**.* (Syn. **univers**.) **2** La Terre entière. *Faire le tour du **monde**.* **3** Ensemble des habitants de la Terre, le genre humain. *Le premier voyage sur la Lune a passionné le **monde** entier.* **4** Ensemble des personnes appartenant à un même groupe social. *Cette découverte a passionné le **monde** scientifique.* (Syn. **milieu**.) **5** Grand nombre de personnes. *Au moment de Noël, les magasins sont pleins de **monde**.* • **Au bout du monde** : très loin. • **C'est le monde à l'envers** : c'est le contraire de ce qui devrait se produire. • **Mettre un enfant au monde** : lui donner naissance. • **Se faire tout un monde de quelque chose** : donner trop d'importance à quelque chose. • **Tout le monde** : tous les gens. *Ce pique-nique a plu à **tout le monde**.* • **Venir au monde** : naître.
★ Famille du mot : mond**ain**, mond**ialiser**, mond**ial**, mond**ialement**, mond**anité**.

mondial, ale, aux (adjectif) Qui concerne le monde entier. *Une guerre **mondiale**. La population **mondiale**.*

mondialement (adverbe) Dans le monde entier. *Ce musicien est **mondialement** connu.* (Syn. **universellement**.)

mondialiser (verbe) (conj. 3) Rendre mondial. *Le problème des réfugiés politiques se **mondialise**.*

monégasque → tableau p. 6 / 7.

monétaire (adjectif) Qui concerne la monnaie. *L'euro est l'unité **monétaire** européenne.*

monétique (nom féminin et adjectif) Ensemble des moyens informatiques et électroniques utilisés comme mode de paiement.

mongol, ole → tableau p. 6 / 7.

mongolien, enne (adjectif et nom) Qui est atteint d'une maladie grave causant une malformation physique et un retard mental. *Un enfant **mongolien**.* (Syn. **trisomique**.).

moniteur, trice (nom) Personne chargée d'enseigner certains sports ou certaines techniques. *Il est **moniteur** dans une école de voile.*

monitorage (nom masculin) Système de surveillance électronique dans les domaines de la médecine, de l'informatique ou de l'audiovisuel. *Le **monitorage** permet de surveiller les battements du cœur du bébé dans le ventre de sa mère.*
▶ On dit aussi **monitoring**.

monitorat (nom masculin) Formation, fonction de moniteur.

monitoring Voir ***monitorage***.

monnaie (nom féminin) **1** Ensemble de pièces et de billets qui servent à payer. *La **monnaie** américaine s'appelle le dollar.* **2** Argent rendu quand on achète quelque chose qui coûte moins cher que l'argent qu'on a donné. *La boulangère m'a rendu la **monnaie**.* **3** Ensemble de pièces de petite valeur. *Donne-moi de la **monnaie** pour acheter un soda au distributeur automatique.* • **Rendre à quelqu'un la monnaie de sa pièce** : se venger de lui.
★ Famille du mot : faux-monnayeur, monnay**er**, porte-monnaie.

monnayer (verbe) (conj. 7) Tirer de l'argent ou un profit de quelque chose. *Cet agent secret **a monnayé** des renseignements confidentiels.* (Syn. **vendre**.)

monochrome (adjectif et nom masculin) D'une seule couleur. *Les peintures de cet artiste sont toutes **monochromes**.* (Contr. **polychrome**.)
▶ Prononciation [monokʀom].

monocle (nom masculin) Verre de lunette que l'on faisait tenir en le coinçant sous le sourcil. *Sur cette vieille photo, on voit un officier en uniforme qui porte un **monocle**.*
★ **Monocle** vient du latin *monoculus* qui signifie « qui n'a qu'un œil ».

monocoque (nom masculin) Voilier qui a une seule coque.

monocorde (adjectif) Qui ne varie pas dans le ton, dans le rythme. *Ce mauvais acteur récite son texte d'une voix **monocorde**.* (Syn. **monotone.**)

monocotylédone (adjectif et nom féminin) Plante angiosperme dont l'embryon ne possède qu'un cotylédon. *Les céréales, les lis, les palmiers sont des plantes **monocotylédones**.* (Contr. **bicotylédone.**)

monoculture (nom féminin) Culture d'une seule plante. *La **monoculture** du riz prédomine dans cette région.* (Contr. **polyculture.**)

monogamie (nom féminin) **1** Pratique selon laquelle une personne ne peut avoir légalement qu'un seul conjoint. *La plupart des pays prônent la **monogamie**.* **2** Pratique des animaux qui forment des couples stables. *La **monogamie** des castors est très fréquente.*

monographie (nom féminin) Ouvrage traitant d'un sujet précis de manière exhaustive. *Le musée a édité une **monographie** sur l'œuvre de Léonard de Vinci.*

monoï (nom masculin) Huile parfumée utilisée dans certains produits de beauté.
► Prononciation [mɔnɔj].

monolithe (nom masculin) Monument fait d'une seule grosse pierre. *Un menhir est un **monolithe**.*

monologue (nom masculin) Dans une pièce de théâtre, texte dit par un acteur seul sur scène.

monologuer (verbe) (conj. 3) Parler tout seul.

monôme (nom masculin) **1** Expression algébrique ne renfermant aucun signe d'addition ou de soustraction. *$5a^2b$ est un **monôme** égal à $5 \times a \times a \times b$.* **2** Cortège d'étudiants se tenant par les épaules et défilant sur la voie publique. *Pour célébrer la fin de l'année, les étudiants ont formé un **monôme**.*

mononucléose (nom féminin) Augmentation du nombre des globules blancs dans le sang.

monoparental, ale, aux (adjectif) Qui concerne les familles ne comportant qu'un seul parent. *Le nombre de divorces augmentant, les familles **monoparentales** sont plus nombreuses.*

monophasé, ée (adjectif) Qui ne présente qu'une seule phase. *Un courant alternatif qui n'a qu'une seule phase est un courant **monophasé**.*

monoplace (adjectif) Qui ne comporte qu'une seule place. *Un avion **monoplace**.*

monoplan (nom masculin) Avion qui n'a qu'une seule surface portante. *Louis Blériot est le premier aviateur à avoir traversé la Manche en **monoplan** en 1909.*

monopole (nom masculin) Droit pour l'État ou pour une société d'être le seul à vendre un produit. *En France, l'EDF a le **monopole** de la distribution d'électricité.*

monopoliser (verbe) (conj. 3) Garder quelque chose pour soi, sans s'occuper des autres. *J'en ai assez que tu **monopolises** la console de jeux vidéo !* (Syn. **accaparer.**)

monorail (nom masculin et adjectif) Qui n'a qu'un seul rail. *Un **monorail** relie Tokyo à Kawasaki.*

monoski (nom masculin) Sport qui se pratique avec un ski unique sur lequel on pose les deux pieds.

monospace (nom masculin) Automobile spacieuse dont la carrosserie est faite d'un seul corps. *La parents d'Ursula ont acheté un **monospace** pour partir en vacances avec leurs cinq enfants.*

monosyllabe (nom masculin) Mot d'une seule syllabe. *« Mer », « car » sont des **monosyllabes**.*

monothéisme (nom masculin) Croyance en un seul dieu. *Le judaïsme, le christianisme et l'islam sont des religions fondées sur le **monothéisme**.* (Contr. **polythéisme.**)

monothéiste (adjectif et nom) Qui se rapporte au monothéisme. *Les chrétiens, les musulmans, les juifs sont **monothéistes**.* (Contr. **polythéiste.**)

monotone (adjectif) Qui ne varie pas. *Il voudrait voyager au lieu de mener cette existence **monotone**.*

monotonie (nom féminin) Caractère de ce qui est monotone. *Ce paysage de plaine est d'une grande **monotonie**.* (Syn. **uniformité.** Contr. **diversité, variété.**)

monoxyde (nom masculin) Oxyde contenant un seul atome d'oxygène. *Le **monoxyde** d'azote est composé d'un atome d'azote et d'un atome d'oxygène.* • **Monoxyde de carbone :** gaz incolore toxique produit dans les combustions incomplètes.

monozygote (adjectif) Se dit de jumeaux issus d'un même œuf. *Zoé et Julie sont de vraies jumelles, elles sont **monozygotes**.* (Contr. **dizygote.**)

monseigneur (nom masculin) Titre honorifique donné aux évêques ou aux princes.

monsieur (nom masculin) **1** Mot servant à s'adresser à un homme. *Entrez **monsieur** ! Au revoir **messieurs** ! J'ai rencontré **monsieur** Martin dans l'ascenseur.* **2** Homme. *Notre voisin est un vieux **monsieur** très sympathique.*
► Prononciation [məsjø].
► Pluriel : des **messieurs** [mesjø].
► **Monsieur, Messieurs** s'abrègent *M., MM.*

monstre (nom masculin) **1** Animal imaginaire. *Dans la région, on racontait autrefois qu'un **monstre** vivait au fond du lac.* **2** Être vivant atteint d'une difformité. *Un animal à deux têtes est un **monstre**.* **3** Personne extrêmement laide ou très cruelle. *Ces terroristes sont des **monstres**.*
▪ **monstre** (adjectif) Synonyme familier d'énorme. *On a décidé d'organiser une fête **monstre** !* (Syn. **colossal, extraordinaire.**)
★ Famille du mot : monstrueux, monstruosité.

monstrueux, euse (adjectif) **1** Qui évoque un monstre. *Cet homme a commis des actes **monstrueux** pendant la guerre.* (Syn. **abominable, effroyable.**) **2** Qui a des dimensions énormes. *Les pêcheurs ont aperçu une baleine d'une taille **monstrueuse**.*

monstruosité (nom féminin) Action monstrueuse. *Les nazis ont commis des **monstruosités** dans les camps de concentration.* (Syn. **atrocité, horreur.**)

mont (nom masculin) Élévation de terrain. *Le **mont** Everest s'élève à 8 850 mètres d'altitude.* • **Promettre monts et merveilles** : promettre des choses extraordinaires sans pouvoir les réaliser.

montage (nom masculin) Action d'assembler plusieurs parties pour en faire un tout. *Il y a une notice pour réaliser le **montage** de ces étagères.*

montagnard, arde (nom) Personne qui vit à la montagne.

montagne (nom féminin) Relief du sol qui s'élève à une grande hauteur. *Les nuages cachent le sommet de la **montagne**.* • **Montagnes russes** : sorte de manège formé de petits véhicules qui montent et descendent en se déplaçant sur des rails.
★ Famille du mot : montagn**ard**, montagn**eux**.

montagneux, euse (adjectif) Où il y a des montagnes. *Les stations de ski se trouvent dans des régions **montagneuses**.*

montant, ante (adjectif) **1** Qui monte. *Méfiez-vous de la marée **montante** !* (Contr. **descendant.**) **2** Qui couvre le haut du cou ou des chevilles. *Une robe à col **montant**. Des chaussures **montantes**.*
■ **montant** (nom masculin) **1** Total d'un compte. *Le **montant** de la facture s'élève à 500 euros.* **2** Barre verticale. *Le ballon a heurté le **montant** du but.*

mont-de-piété (nom masculin) Crédit municipal. *Autrefois, les **monts-de-piété** étaient des institutions charitables qui prêtaient de l'argent.*
▶ Pluriel : des **monts-de-piété**.

monté, ée (adjectif) • **Coup monté** : action malveillante organisée en secret. • **Pièce montée** : grand gâteau très décoré, servi pour un mariage.

monte-charge (nom masculin) Appareil qui sert à faire monter ou descendre des objets lourds ou encombrants. *Ce magasin utilise un **monte-charge** pour acheminer dans les étages les marchandises stockées au sous-sol.*
▶ Pluriel : des **monte-charges**.

montée (nom féminin) **1** Action de se déplacer vers un lieu en hauteur. *Pour atteindre le sommet de la colline, il faut prévoir une heure de **montée**.* (Syn. **ascension.** Contr. **descente.**) **2** Route qui va vers le haut. *Le camion ralentit dans la **montée**.* (Syn. **côte.**) **3** Augmentation de quelque chose. *Les locataires de l'immeuble craignent une **montée** des loyers.* (Contr. **baisse.**)

monter (verbe) (conj. 3) **1** Aller du bas vers le haut. *Le sentier **monte** le long de la colline. Élodie **monte** les escaliers en courant.* (Contr. **descendre.**) **2** Apporter quelque chose vers le haut. *N'oublie pas de **monter** le courrier en rentrant.* **3** Utiliser un véhicule ou un animal pour se déplacer. ***Monter** à bicyclette. **Monter** à cheval.* **4** S'installer dans un véhicule. ***Monter** dans un train, un avion.* **5** Augmenter en intensité ou en valeur. *La chaleur **a monté** de plusieurs degrés.* (Contr. **baisser, descendre, diminuer.**) **6** Augmenter de niveau. *Le niveau de la rivière **est monté** d'un mètre.* **7** Assembler différents éléments pour faire un tout. *Nous allons **monter** notre tente au bord de la rivière.* **8** Fixer une pierre précieuse sur une monture. *Le joaillier **a monté** des rubis sur ce bracelet en or.* **9** Créer et organiser quelque chose. *Il **a monté** un magasin d'articles de sport.* **10** **Se monter** : s'élever à telle somme. *Les réparations de la voiture **se montent** à 500 euros.*
• **Monter la tête à quelqu'un** : l'exciter, le pousser à se fâcher.
★ Famille du mot : **dé**mont**able**, **dé**mont**age**, **dé**mont**é**, **dé**mont**er**, mont**age**, mont**ant**, mont**é**, monte-charge, mont**ée**, mont**ure**, **re**mont**ant**, **re**mont**ée**, remonte-pente, **re**monter.

montgolfière (nom féminin) Ballon gonflé à l'air chaud, pouvant s'élever dans l'air.
★ **Montgolfière** vient du nom des frères *Montgolfier*, inventeurs français du XVIIIe siècle.

monticule (nom masculin) Petite élévation de terrain. *Les enfants s'amusent à faire de petits **monticules** de sable au bord de l'eau.*

montre (nom féminin) Petit instrument portatif, qui sert à indiquer l'heure. *Une **montre** à quartz.*

montrer (verbe) (conj. 3) **1** Faire voir. *Fatima **montre** sa chambre à sa cousine.* **2** Indiquer par un geste ou un signe. *Je vais vous **montrer** la route la plus courte pour aller à la gare.* (Syn. **désigner.**) **3** Laisser voir sa pensée, ses sentiments. *Il **a montré** beaucoup de générosité. Elle s'**est montrée** très gentille avec moi.* **4** Démontrer ou enseigner quelque chose. *Cette histoire nous **montre** qu'il faut se méfier des gens trop bavards.* **5** Apprendre en donnant une explication. *Je vais te **montrer** comment faire marcher cet appareil photo.*

monture (nom féminin) **1** Animal que l'on monte pour se déplacer. *Le cavalier fait aller sa **monture** au grand galop.* **2** Support qui maintient les verres des lunettes. *J'ai cassé la **monture** de mes lunettes.*

monument (nom masculin) Édifice remarquable pour sa valeur historique ou ses qualités esthétiques. *L'Arc de triomphe est un **monument** de Paris.*
• **Monument aux morts** : construction ou statue édifiée en souvenir des morts d'une guerre.

monumental, ale, aux (adjectif) Imposant par sa grandeur. *Un buffet **monumental** orne la grande salle du château.*

se **moquer** (verbe) (conj. 3) **1** Rire ou plaisanter à propos de quelqu'un, de quelque chose. *Gaëlle **s'est moquée** de ma nouvelle coiffure.* (Syn. **railler, ridiculiser.**) **2** Ne pas tenir compte de quelque chose. *David **se moque** complètement de ce que tu racontes.* **3** Prendre les autres personnes pour des naïfs. *Cette histoire de fantôme est invraisemblable, il **se moque** de toi !*
★ Famille du mot : moqu**erie**, moqu**eur**.

moquerie (nom féminin) Action ou parole moqueuse. *Ses **moqueries** m'ont beaucoup vexé.* (Syn. **raillerie.**)

a b c d e f g h i j k l **m** n o p q r s t u v w x y z

moquette (nom féminin) Tapis collé ou cloué qui recouvre entièrement le sol d'une pièce. *La **moquette** de ta chambre a besoin d'être nettoyée.*

moqueur, euse (adjectif) Qui exprime de la moquerie. *Un sourire **moqueur**.* (Syn. **malicieux, narquois, railleur.**)

moraine (nom féminin) Amas de débris de terre et de rochers transportés par un glacier.

moral, ale, aux (adjectif) **1** Qui concerne la morale, les règles à suivre pour respecter ce qui est juste. *C'est un homme injuste, qui n'a aucun sens **moral**.* **2** Qui concerne l'état d'esprit de quelqu'un. *Il est incapable d'affronter les difficultés, il manque de force **morale**.*
▪ **moral** (nom masculin) État d'esprit, optimiste ou pessimiste, d'une personne. *Depuis qu'il est au chômage, il n'a pas le **moral**.*
▪ **morale** (nom féminin) **1** Ensemble de règles que l'on doit suivre pour bien se conduire. *La **morale** nous enseigne à faire la différence entre le bien et le mal.* **2** Leçon que l'on peut tirer d'une histoire. *Dans une fable de La Fontaine, il y a toujours une **morale**.* • **Faire la morale à quelqu'un** : lui demander de mieux se conduire.
★ Famille du mot : démoraliser, immoral, moralement, moralisateur, moralité.

moralement (adverbe) **1** En suivant les règles de la morale. *En mentant ainsi, Ibrahim n'agit pas **moralement**.* **2** En ce qui concerne l'esprit, le moral. *Hélène est guérie de sa maladie, mais **moralement** elle ne va pas très bien.* (Contr. **physiquement.**)

moralisateur, trice (adjectif) Qui fait la morale. *Il nous a fait un discours **moralisateur** au sujet de nos bavardages et de notre paresse.*

moralité (nom féminin) **1** Conduite d'une personne qui respecte les règles de la morale. *C'est un homme respectable, d'une grande **moralité**.* **2** Enseignement moral qui conclut une histoire. *La **moralité** de cette histoire, c'est qu'il ne faut pas se croire plus fort que les autres.*

moratoire (nom masculin et adjectif) Qui accorde un délai. *Les députés ont signé un **moratoire** pour ajourner le vote.* • **Intérêts moratoires** : intérêts dus, par décision de justice, à compter du jour où un paiement est exigé.
★ Moratoire vient du latin *morari* qui signifie « retarder ».

morbide (adjectif) Qui n'est pas sain moralement. *Je n'aime pas son goût **morbide** pour les histoires sanglantes.*

morbier (nom masculin) Fromage du Jura, au lait de vache, à pâte pressée. *Le **morbier** est traversé en son milieu par une raie bleue.*

morbleu ! (interjection) Juron vieilli. *« **Morbleu !** » est le juron préféré de mon grand-oncle.*

morceau, eaux (nom masculin) **1** Partie séparée d'un tout. *Le verre s'est brisé en mille **morceaux**. Donne-moi un **morceau** de pain.* **2** Passage d'une musique. *Un **morceau** de violon.*
★ Famille du mot : morceler, morcellement.

morceler (verbe) (conj. 8 ou 9) Diviser en plusieurs morceaux. *On a dû **morceler** cette propriété pour en donner une part à chaque héritier.*

morcellement (nom masculin) Action de morceler un terrain. *Le **morcellement** du domaine a eu lieu à la mort de son propriétaire.* (Syn. **division.**)
▶ On écrit aussi **morcèlement**.

mordant, ante (adjectif) Qui est agressif et blessant. *Ce livre **mordant** critique l'attitude des hommes politiques.* (Syn. **incisif.**)

mordiller (verbe) (conj. 3) Mordre légèrement. *Le bébé a mal aux dents, il **mordille** son doigt.*

mordoré, ée (adjectif) Brun à reflets dorés. *La galette des Rois avait des reflets **mordorés**.*

mordre (verbe) (conj. 31) **1** Blesser en serrant entre ses dents. *Kevin s'est fait **mordre** par le chien du voisin.* **2** Entamer avec les dents. *Julie **a mordu** dans une poire juteuse.* **3** Entamer quelque chose en rongeant, en creusant. *La lime **mord** le bois.* **4** Saisir l'appât et se faire prendre. *Un brochet **a mordu** à l'hameçon.* **5** Dépasser un peu les limites. *En doublant un camion, la voiture **a mordu** sur la ligne continue.*
★ Famille du mot : mordant, mordiller, mordu, morsure.

mordu, ue (adjectif et nom) Synonyme familier de passionné. *Romain est un vrai **mordu** de rugby, il ne rate pas un match.*

se **morfondre** (verbe) (conj. 31) S'ennuyer à attendre. *Je **me suis morfondu** pendant deux heures à les attendre à l'aéroport.*

morgue (nom féminin) **1** Comportement hautain et méprisant. *Un homme froid et plein de **morgue**.* **2** Endroit où l'on dépose provisoirement les corps des personnes qui sont mortes.

moribond, onde (adjectif et nom) Qui est sur le point de mourir. *Les médecins n'espèrent plus le sauver, il est **moribond**.* (Syn. **mourant.**)

morigéner (verbe) (conj. 8) Synonyme littéraire de gronder. *Le professeur a promis de **morigéner** le coupable.*

morille (nom féminin) Champignon comestible dont le chapeau, de couleur brunâtre, ressemble à une petite éponge conique.

mormon, one (nom) Membre d'un mouvement religieux dont la doctrine repose essentiellement sur l'Ancien Testament. *L'Église des **mormons** a été fondée aux États-Unis vers 1830.*
★ **Mormon** est le nom d'un prophète mythique.

morne (adjectif) Qui est triste, ennuyeux. *Par ce mauvais temps, nous avons passé une **morne** journée à la campagne.*

morose (adjectif) Qui est d'humeur maussade, triste. *Est-ce que tu as des ennuis ? Tu parais **morose** ce matin.* (Contr. **joyeux.**)

morosité (nom féminin) Caractère ou humeur morose. *Aucune plaisanterie n'a pu le sortir de sa **morosité**.* (Contr. **entrain, gaieté.**)

morph(o)- Élément tiré du grec qui signifie « forme » (exemple : *isomorphe*).

morphine (nom féminin) Médicament calmant, très puissant. *La **morphine** est tirée de l'opium.*
★ **Morphine** vient du nom de *Morphée*, le dieu du sommeil dans la mythologie grecque.

morphologie (nom féminin) **1** Forme du corps. *Elle a la **morphologie** idéale pour faire de l'athlétisme.* **2** Partie de la grammaire qui étudie la forme des mots.

morpion (nom masculin) **1** Synonyme familier de enfant. **2** Jeu dont l'un des deux joueurs doit tenter de placer en ligne droite cinq de ses marques (croix, points, etc.).

mors (nom masculin) Petite barre métallique qu'on place dans la bouche d'un cheval pour le diriger.
▶ Prononciation [mɔʀ].

① **morse** (nom masculin) Grand mammifère marin des régions polaires, muni de deux défenses.

② **morse** (nom masculin) Système de signaux qui servait à envoyer des messages télégraphiques. *En morse, SOS s'écrivait : . . . - - - . . .*
★ **Morse** vient du nom de l'Américain *Samuel Morse* qui inventa ce système vers 1830.

morsure (nom féminin) Blessure faite en mordant. *Le chien lui a fait une légère **morsure** au mollet.*

mort (nom féminin) **1** Fin de la vie. *La **mort** de son oncle lui a causé beaucoup de chagrin.* (Syn. **décès**.) **2** Fin ou disparition de quelque chose. *S'il n'y a plus de touristes, ce sera la **mort** de cette région.* • **À la vie à la mort** : pour toujours. *Ils se sont juré d'être amis **à la vie à la mort**.* • **La mort dans l'âme** : avec une grande tristesse. *Ils se sont séparés **la mort dans l'âme**.*

■ **mort, morte** (adjectif) **1** Qui a cessé de vivre. *Pierre a trouvé une souris **morte** dans la cave.* (Contr. **vivant**.) **2** Qui est sans animation. *À part le centre-ville, les autres quartiers sont **morts** le soir.* (Contr. **animé**.) • **Être mort de froid, de faim, de soif** : avoir très froid, très faim, très soif. • **Langue morte** : langue qu'on ne parle plus. *Le latin est une langue **morte**.*

■ **mort, morte** (nom) Personne morte. *Les inondations ont fait plusieurs **morts**.*
★ Famille du mot : **immortaliser**, **immortalité**, **immortel**, **mortalité**, mort-aux-rats, **mortel**, **mortellement**, mort-né, **mortuaire**, mourir.

mortadelle (nom féminin) Gros saucisson d'Italie fait avec du bœuf, du porc et du gras. *On ajoute souvent des pistaches dans la **mortadelle**.*
★ **Mortadelle** vient du mot latin *murtatum* qui signifie « farce au myrte ».

mortaise (nom féminin) Entaille pratiquée dans une pièce afin que s'y emboîte le tenon d'une autre pièce. *Les montants du tiroir sont assemblés avec des tenons et des **mortaises**.*

mortalité (nom féminin) Nombre de personnes qui meurent. *Dans certains pays d'Afrique, la **mortalité** augmente à cause de la famine.*

mort-aux-rats (nom féminin) Poison servant à détruire les souris et les rats.
▶ Prononciation [mɔʀoʀa].

mortel, elle (adjectif) **1** Qui doit mourir un jour. *Tous les êtres humains sont **mortels**.* (Contr. **immortel**.) **2** Qui cause la mort. *Une maladie **mortelle**.* **3** Qui est difficile à supporter. *Ce film est d'un ennui **mortel**.* **4** Qui déteste quelqu'un au point de souhaiter sa mort. *Il faisait face à son ennemi **mortel**.*

mortellement (adverbe) **1** De façon à causer la mort. *Dans l'accident, il a été **mortellement** blessé.* **2** Énormément, extrêmement. *Elle est **mortellement** inquiète de n'avoir aucune nouvelle de lui.*

mortier (nom masculin) **1** Mélange de ciment, de sable et d'eau utilisé en maçonnerie. **2** Gros bol dans lequel on broie des substances à l'aide d'un pilon. **3** Sorte de petit canon à tir courbe.

mortifier (verbe) (conj. 10) Blesser moralement. *Les reproches de son père **ont mortifié** Benjamin.* (Syn. **humilier**.)

mort-né, mort-née (adjectif) Qui est mort à la naissance. *Un animal **mort-né**.*
▶ Pluriel : des chatons **mort-nés**.

mortuaire (adjectif) Qui concerne la mort ou les enterrements. *Le cercueil est couvert de couronnes **mortuaires**.*

morue (nom féminin) Poisson des mers froides. *La **morue** se mange fraîche ou séchée.* (Syn. **cabillaud**.)

morula (nom féminin) Première phase de développement de l'embryon, qui ressemble à une petite sphère pleine. *Au 4e jour de la fécondation, la **morula** comporte 8 à 12 cellules.*
★ **Morula** vient du mot latin *morum* qui signifie « mûre ».

morve (nom féminin) Liquide visqueux qui s'écoule du nez. *Prends un mouchoir pour essuyer ta **morve**.*

morveux, euse (adjectif) Qui a de la morve au nez. *Un bébé **morveux**.*

mosaïque (nom féminin) Décoration composée de petits morceaux de pierre ou de céramique multicolores que l'on assemble pour former un dessin. *Des sols en **mosaïque**.*

moscovite → tableau p. 6 / 7.

mosquée (nom féminin) Bâtiment dans lequel prient les musulmans. *Avant d'entrer dans une **mosquée**, on retire ses chaussures.*

mot (nom masculin) **1** Groupe de lettres qui a un sens. *La phrase « Quentin est à la maison » est composée de cinq **mots**.* **2** Court message. *Il m'a envoyé un **mot** pour me remercier.* • **Avoir le dernier mot** : avoir raison dans une discussion. • **Avoir son mot à dire** : avoir le droit de donner son avis. • **Bon mot** : plaisanterie. • **Gros mot** : mot grossier. • **Mot à mot** : sans changer un seul mot. *Je lui ai répété **mot à mot** notre conversation.* • **Mot de passe** : mot secret qu'il faut dire pour entrer quelque part. • **Prendre quel-**

qu'un au mot : considérer ce qu'il propose comme sérieux. • Se donner le mot : se mettre d'accord à l'avance.

motard, arde (nom) Synonyme familier de motocycliste.
▪ **motard** (nom masculin) Motocycliste de la police. *Des **motards** de la garde escortaient la voiture du Président.*

mot-clé (nom masculin) Mot qui résout un problème ou en donne l'explication. *Hélène doit trouver le **mot-clé** qui résout l'énigme.*
▶ Pluriel : des **mots-clés**.
▶ On écrit aussi **mot-clef**.

motel (nom masculin) Hôtel aménagé près des autoroutes pour loger les automobilistes.

motet (nom masculin) Chant d'église à une ou plusieurs voix. *Le chœur a chanté des **motets** de Lully.*
★ **Motet** est un dérivé de *mot*.

moteur, trice (adjectif) Qui produit un mouvement. *Les roues **motrices** d'une voiture. Le voilier avance grâce à la force **motrice** du vent.*
▪ **moteur** (nom masculin) Appareil qui transforme l'énergie pour produire un mouvement. *Ce ventilateur est muni d'un petit **moteur** électrique.*
▪ **motrice** (nom féminin) Véhicule à moteur qui tire des rames de train, des convois. *Le TGV est équipé de **motrices** électriques.*

motif (nom masculin) **1** Raison qui explique un acte. *Il a refusé mon invitation mais sa maladie était un **motif** valable.* **2** Sujet d'un tableau. *Le **motif** de cette peinture est un déjeuner sur l'herbe.* **3** Dessin ou ornement répété plusieurs fois. *Un tissu à **motifs** géométriques.*
★ Famille du mot : motiv**ation**, motiv**er**.

motion (nom féminin) Proposition faite dans une assemblée pour être votée. *Ils ont présenté une **motion** concernant la protection de l'environnement.*

motivation (nom féminin) Ce qui motive, pousse à agir de telle façon. *Il agit de façon bizarre, j'ai du mal à comprendre ses **motivations**.*

motiver (verbe) (conj. 3) **1** Être le motif d'une action. *C'est son insolence qui **a motivé** son renvoi.* **2** Pousser quelqu'un à agir. *L'entraîneur sait **motiver** les membres de son équipe.* (Syn. **stimuler**.)

moto- Élément tiré de *moteur* (exemples : *motoculteur, motocyclette*).

moto (nom féminin) Véhicule à deux roues et à moteur puissant.
★ Famille du mot : motard, motocross, motocyclette, motocycliste.
★ **Moto** est l'abréviation de *motocyclette*.

motocross (nom masculin) Course de moto sur un circuit accidenté. *Des concurrents du **motocross** se sont embourbés.*

motoculteur (nom masculin) Engin à moteur utilisé pour travailler la terre. *Le jardinier retourne la terre avec un **motoculteur**.*

motocyclette Voir ***moto***.

motocycliste (nom) Personne qui conduit une moto.

motoneige (nom féminin) Petit véhicule sur chenilles, muni d'un guidon et de skis à l'avant, dont on se sert pour se déplacer sur la neige. *Pour rejoindre le refuge d'altitude, le sauveteur a pris sa **motoneige**.* (Syn. **scooter des neiges**.)

motorisé, ée (adjectif) Qui est équipé d'un moteur. *La mobylette est un véhicule **motorisé**.*

motrice Voir ***moteur***.

mots croisés (nom masculin pluriel) Jeu qui consiste à trouver des mots à partir de leur définition et à les inscrire sur une grille dans le sens horizontal ou dans le sens vertical.

motte (nom féminin) **1** Petit bloc de terre compacte. *En binant, le jardinier émiette les **mottes** de terre.* **2** Gros morceau de beurre. *Le crémier a une grosse **motte** de beurre qu'il vend au détail.*

motus ! (interjection) Dans la langue familière, sert à demander à quelqu'un de se taire. *Cette histoire doit rester secrète, alors **motus** !*
▶ Prononciation [mɔtys].

mot-valise (nom masculin) Mot formé d'éléments d'autres mots. ***Franglais** est un mot valise formé à partir de « français » et « anglais ».*
▶ Pluriel : des **mots-valises**.

① **mou, molle** (adjectif) **1** Qui se déforme facilement. *Ce matelas est trop **mou**.* **2** Qui manque d'énergie, de dynamisme. *On se sent tout **mou** quand il fait trop chaud.*
★ Famille du mot : s'a**mollir**, molle**ment**, moll**esse**, mollet, mollir, ra**mollir**.

② **mou** (nom masculin) Morceau de poumon d'un animal de boucherie. *Notre boucher vend du **mou** pour les chats.*

mouchard, arde (nom) Personne qui dénonce les autres. *Nous avons été dénoncés, il y a un **mouchard** parmi nous.*

moucharder (verbe) (conj. 3) Synonyme familier de dénoncer. *La maîtresse nous a interdit de **moucharder**.*

mouche (nom féminin) **1** Petit insecte ailé noir, très répandu. *Des **mouches** bourdonnent autour de nous, attirées par nos tartines de confiture.* **2** Appât utilisé pour la pêche à la ligne. • Faire mouche : atteindre le centre d'une cible. • Fine mouche : personne astucieuse et vive. • Pattes de mouche : écriture petite et serrée, difficilement lisible. • Prendre la mouche : se fâcher brusquement. • Quelle mouche le pique ? : pourquoi se fâche-t-il soudain ?

se **moucher** (verbe) (conj. 3) Débarrasser le nez des mucosités qui l'encombrent. *Au lieu de renifler, tu ferais mieux de **te moucher**.*

moucheron (nom masculin) Très petit insecte volant, d'une espèce proche de la mouche.

moucheté, ée (adjectif) Marqué de petites taches de couleur. *Mon chat a un pelage blanc **moucheté** de noir.* (Syn. **tacheté**.)

mouchoir (nom masculin) Morceau de tissu ou de papier qui sert à se moucher. *Un paquet de **mouchoirs** jetables.*

moudjahid (nom masculin) Combattant engagé dans un mouvement de libération islamique. *Les **moudjahids** du peuple combattaient en Iran pour la révolution islamique.*
▶ Pluriel : des **moudjahids** ou des **moudjahidin**.
▶ Prononciation [mudʒaid].
★ **Moudjahid** vient du mot arabe *djihad* qui signifie « guerre sainte ».

moudre (verbe) (conj. 54) Écraser des grains pour les réduire en poudre. ***Moudre** du poivre. Du café **moulu**.*

moue (nom féminin) Grimace que l'on fait en avançant et en resserrant les lèvres. *Quand on la contrarie, elle boude et fait la **moue**.*

mouette (nom féminin) Oiseau de mer aux pattes palmées et au plumage blanc et gris.

moufle (nom féminin) Gros gant sans séparation pour les doigts, sauf pour le pouce.

mouflon (nom masculin) Mammifère ruminant qui vit à l'état sauvage dans les montagnes. *Les grosses cornes du **mouflon** mâle sont recourbées vers l'arrière.*

mouillage (nom masculin) Endroit abrité où un bateau peut jeter l'ancre. *Le bateau est resté au **mouillage** durant la tempête.*

mouiller (verbe) (conj. 3) **1** Rendre humide. *Romain **a mouillé** son pantalon en marchant dans l'eau. Il s'**est mouillé** en jouant au bord du bassin.* **2** Jeter l'ancre. *Des voiliers **ont mouillé** dans le port.*
★ Famille du mot : mouill**age**, mouill**ette**.

mouillette (nom féminin) Morceau de pain long et mince que l'on trempe dans un œuf à la coque.

mouise (nom féminin) Synonyme familier de misère, pauvreté. *Avec toutes leurs dettes, ils sont vraiment dans la **mouise** !*
★ **Mouise** vient de *Mues*, mot d'un dialecte allemand qui signifie « bouillie ».

moujik (nom masculin) Paysan russe. *Avant la Révolution de 1917, les paysans russes s'appelaient des **moujiks**.*
★ **Moujik** est un mot russe.

moulage (nom masculin) Reproduction d'un objet qu'on fabrique en coulant une matière dans un moule.

moulant, ante (adjectif) Qui moule le corps. *Une robe **moulante**.* (Contr. **ample**.)

① **moule** (nom masculin) Objet creux d'une forme précise, dans lequel on verse une matière pour qu'elle prenne cette forme. *Un **moule** à gaufre.*

② **moule** (nom féminin) Petit mollusque marin comestible. *La coquille de la **moule** est noire et allongée.*

mouler (verbe) (conj. 3) **1** Reproduire au moyen d'un moule. *Pour **mouler** cette statuette, Thomas verse du plâtre dans une forme en plastique.* **2** Coller au corps en suivant exactement sa forme. *La danseuse porte un justaucorps qui la **moule**.*
★ Famille du mot : **dé**mouler, moul**age**, moul**ant**, moule, moul**ure**.

moulin (nom masculin) **1** Petit appareil ménager qui sert à moudre. *Un **moulin** à café électrique.* **2** Bâtiment dans lequel on moud le grain. *Autrefois, les meuniers fabriquaient la farine de blé dans des **moulins** à vent ou à eau.*

moulinet (nom masculin) **1** Petite bobine actionnée par une manivelle. *Le pêcheur peut enrouler ou dérouler sa ligne en se servant du **moulinet**.* **2** Mouvement effectué en faisant tournoyer une épée ou un bâton. *Pour éloigner son adversaire, il faisait des **moulinets** avec son épée.*

moult (adjectif) Synonyme littéraire de nombreux, beaucoup. *Le chevalier a encore rencontré **moult** obstacles sur son chemin.* (Syn. **maint**.)
▶ Prononciation [mult].

moulu, ue Voir ***moudre***.

moulure (nom féminin) Ornement en creux ou en relief. *Des **moulures** en plâtre blanc ornent les plafonds de ce vieil appartement.*

moumoute (nom féminin) Veste en peau de mouton. *Anna a une **moumoute** bien chaude pour l'hiver.*

mourant, ante (adjectif et nom) Qui est en train de mourir. *Un malade **mourant**. Les dernières volontés du **mourant** seront respectées.* (Syn. **moribond**.)

mourir (verbe) (conj. 17) **1** Cesser de vivre. *Son vieil oncle **est mort** d'une crise cardiaque. Les plantes **meurent** si on ne les arrose pas.* **2** Disparaître peu à peu. *Remets une bûche dans la cheminée sinon le feu va **mourir**.* • **Mourir de faim, de soif, de sommeil** : avoir très faim, très soif, très sommeil. • **Mourir de rire** : rire énormément.

mouron (nom masculin) Herbe des prés à petites fleurs blanches. *Les oiseaux picorent du **mouron**.*

mousquet (nom masculin) Ancienne arme à feu portative, qui a été remplacée par le fusil.

mousquetaire (nom masculin) Gentilhomme armé d'un mousquet qui faisait partie de la garde du roi. *As-tu lu le roman d'Alexandre Dumas « les Trois **Mousquetaires** » ?*

mousqueton (nom masculin) Boucle métallique à ressort. *Ses clés sont accrochées à sa ceinture par un **mousqueton**.*

moussaillon (nom masculin) Petit mousse à bord d'un bateau. *En avant **moussaillon**, on lève l'ancre !*

moussaka (nom féminin) Plat d'origine turque cuit au four et constitué d'un gratin d'aubergines à la viande hachée et à la sauce tomate, souvent recouvert d'une béchamel. *La **moussaka** est une des spécialités culinaires des Balkans.*

moussant, ante (adjectif) Qui produit de la mousse. *Noémie utilise un gel **moussant** pour la douche.*

a b c d e f g h i j k l m n o p q r s t u v w x y z

① **mousse** (nom masculin) Jeune garçon qui fait l'apprentissage du métier de marin.

② **mousse** (nom féminin) **1** Amas de petites bulles serrées. *De la **mousse** de shampooing. La **mousse** de la bière.* **2** Crème légère faite avec des blancs d'œufs battus en neige. *On a eu de la **mousse** au chocolat au dessert.* **3** Matière légère faite avec du caoutchouc ou du plastique renfermant de petites bulles d'air. *Des coussins en **mousse**.* **4** Produit qui mousse. ***Mousse** à raser.* **5** Plante à courtes tiges, aux feuilles très serrées, qui pousse dans les lieux humides. *Les parois du puits étaient couvertes de **mousse**.*

mousseline (nom féminin) Tissu de coton, de soie ou de laine, très léger et transparent.
★ **Mousseline** vient de *Mossoul*, ville d'Irak où on fabriquait ce tissu.

mousser (verbe) (conj. 3) Produire de la mousse. *Odile aime les savons qui **moussent** beaucoup.*
★ Famille du mot : mouss**ant**, mousse, mouss**eux**.

mousseron (nom masculin) Petit champignon comestible. *Les **mousserons** poussent en cercle dans les prés.*

mousseux, euse (adjectif) Qui fait de la mousse. *Elle a battu le lait jusqu'à ce qu'il devienne **mousseux**. Une crème légère et **mousseuse**.*
■ **mousseux** (nom masculin) Vin qui mousse, qui pétille. *Une bouteille de **mousseux**.*

mousson (nom féminin) En Inde, vent qui souffle de la terre vers la mer en hiver et de la mer vers la terre en été. *La **mousson** d'été apporte la pluie.*

moussu, ue (adjectif) Couvert de mousse végétale. *Un vieux chêne au tronc **moussu**.*

moustache (nom féminin) Poils qui poussent au-dessus de la lèvre supérieure. *Le père de Victor se laisse pousser la **moustache**.*
■ **moustaches** (nom féminin pluriel) Longs poils raides du museau de certains animaux. *Les **moustaches** des chats sont très sensibles.*

moustachu, ue (adjectif) Qui porte une moustache. *Notre voisin est un gros homme **moustachu**.*

moustiquaire (nom féminin) Rideau très fin et léger qui protège des moustiques. *On a mis une **moustiquaire** au-dessus du lit du bébé.*

moustique (nom masculin) Petit insecte ailé des lieux humides, qui pique les hommes et les animaux pour sucer leur sang. *Les piqûres de **moustique** causent des démangeaisons douloureuses.*
★ **Moustique** vient de l'espagnol *mosquito* qui signifie « petite mouche ».

moût (nom masculin) Jus de raisin ou de pomme qui sort du pressoir et qui n'a pas encore fermenté.
▶ On écrit aussi **mout**.

moutarde (nom féminin) **1** Plante à fleurs jaunes, qui donne des graines. **2** Condiment fait à base de ces graines. *Sarah aime le goût piquant de la **moutarde**.* • **La moutarde lui monte au nez** : dans la langue familière, il est sur le point de se mettre en colère.

mouton (nom masculin) **1** Mammifère ruminant domestique au poil épais et frisé. *On élève les **moutons** pour leur viande, leur laine et leur lait.* **2** Viande du mouton. *Des côtelettes de **mouton**.*
■ **moutons** (nom masculin pluriel) **1** Petites vagues couvertes d'écume blanche. **2** Petits nuages blancs et floconneux. **3** Petits flocons de poussière. *Il faudrait balayer les **moutons** qui sont sous l'armoire.*

mouture (nom féminin) Poudre obtenue quand on moud des grains. *Pour faire du café très fort, il faut que sa **mouture** soit très fine.*

mouvance (nom féminin) • **Dans la mouvance de** : Sous l'influence de.

mouvant, ante (adjectif) • **Sables mouvants** : sables humides dans lesquels on peut s'enliser. *N'allez pas dans ces marais, il y a de dangereux **sables mouvants** !*

mouvement (nom masculin) **1** Changement de place ou de position. *Le **mouvement** des vagues. Le **mouvement** des astres.* **2** Action de mouvoir son corps. *Ursula fait des **mouvements** de gymnastique.* **3** Action ou réaction sous le coup d'une émotion. *Dans un **mouvement** de colère, il a poussé brutalement son camarade.* **4** Circulation de personnes ou de véhicules. *Des patrouilles surveillaient les **mouvements** de l'armée ennemie.* **5** Groupe ou association qui poursuit un but. *Il fait partie d'un **mouvement** pour la protection de l'environnement.* (Syn. **organisation**.) **6** Ensemble des mécanismes qui font fonctionner une machine ou un instrument. *Le **mouvement** d'une horloge.* **7** Partie d'un morceau de musique. *La salle a applaudi longuement au dernier **mouvement** de la sonate.*

mouvementé, ée (adjectif) Qui est plein d'agitation, d'aventures. *Nous avons eu un voyage très **mouvementé**.* (Contr. **calme**.)

mouvoir (verbe) (conj. 24) **1** Mettre en mouvement ou faire fonctionner. *Cette machine **est mue** par un moteur électrique.* (Syn. **actionner**.) **2 Se mouvoir** : faire des mouvements. *Avec sa jambe cassée, il a du mal **à se mouvoir**.*
▶ **Mouvoir** se conjugue comme *émouvoir* sauf au participe passé : *mû*.
★ Famille du mot : mouv**ance**, mouv**ant**, mouve**ment**, mouve**menté**.

① **moyen, enne** (adjectif) **1** Qui correspond à une valeur, à une quantité ou à une position intermédiaire entre les extrêmes. *Être d'une taille **moyenne**.* **2** Qui est dans la moyenne ordinaire, ni bon, ni mauvais. *William a des notes **moyennes** en maths.* **3** Qui est calculé en faisant la moyenne de deux quantités. *Nous avons fait le trajet à la vitesse **moyenne** de 50 kilomètres à l'heure.* • **Cours moyen** : les deux dernières classes de l'école primaire, qui suivent le cours élémentaire : le CM1 et le CM2.
★ Famille du mot : moyenne, moyenne**ment**.

② **moyen** (nom masculin) Ce que l'on fait ou ce que l'on utilise pour parvenir à son but. *Il faut absolument trouver un **moyen** de le faire changer d'avis. Le train, le bateau sont des **moyens** de transport.* • Au moyen de quelque chose : en s'en servant. *Il a réussi à ouvrir la porte **au moyen d'**un crochet.* (Syn. **grâce à**.)
■ **moyens** (nom masculin pluriel) **1** Quantité d'argent que l'on a pour vivre. *Il n'a pas les **moyens** d'acheter une nouvelle voiture.* **2** Capacités intellectuelles ou physiques d'une personne. *Au moment de l'examen, il a perdu tous ses **moyens**.*

Moyen Âge (nom masculin) Période de l'histoire qui se situe entre la fin de l'Empire romain et la Renaissance, du Ve au XVe siècle.

moyenâgeux, euse (adjectif) Qui fait penser au Moyen Âge. *Il s'est fait construire une grande demeure dans un style un peu **moyenâgeux**.*

moyen-courrier (nom masculin et adjectif masculin) Avion de transport dont l'autonomie ne dépasse pas 4 000 km. *Ursula est hôtesse de l'air sur des vols **moyen-courriers** qui relient Paris à la Corse.*
▶ Pluriel : des **moyen-courriers**.

moyennant (préposition) En échange de. *Il a réussi à avoir un billet d'entrée **moyennant** une longue attente au guichet.*

moyenne (nom féminin) **1** Note équivalant à la moitié de la note maximale. *Xavier a eu 10 sur 20 en calcul, il a la **moyenne**.* **2** Opération qui consiste à faire le total de plusieurs quantités, puis à diviser ce total par le nombre de quantités additionnées. *La **moyenne** des trois nombres 10, 8 et 3 est égale à 7, puisque 10 + 8 + 3 = 21 et 21 : 3 = 7.* **3** Vitesse calculée en divisant la distance parcourue par le temps mis à la parcourir. *210 kilomètres en deux heures, cela représente une **moyenne** de 105 km/h.*

moyennement (adverbe) De façon moyenne, assez peu. *Ce film nous a **moyennement** intéressés.*

moyeu, eux (nom masculin) Partie centrale de la roue, qui tourne autour de l'essieu. *Les rayons de la roue d'un vélo sont fixés au **moyeu**.*

mozambicain, aine → tableau p. 6 / 7.

mozzarelle (nom féminin) Fromage de vache, d'origine italienne. *Une salade de tomates avec de la **mozzarelle**.*
▶ Prononciation [mɔdzaʀɛl].

mu (nom masculin) Douzième lettre de l'alphabet grec, qui s'écrit μ et qui correspond au « m » de l'alphabet latin.

mucilage (nom masculin) Substance végétale sécrétée par les cellules de certaines plantes qui, en présence d'eau, gonfle et forme une gelée. *Le **mucilage** est utilisé en pharmacie comme émollient et laxatif.*

mucosité (nom féminin) Liquide épais et visqueux produit par les muqueuses. *Tu devrais te moucher pour débarrasser ton nez de toutes ces **mucosités**.*

mucoviscidose (nom féminin) Maladie congénitale qui épaissit les mucosités des bronches et provoque des troubles respiratoires très graves.

mucus (nom masculin) Liquide visqueux qui protège les muqueuses. *Les **mucus** sont notamment sécrétés par les cellules des muqueuses digestives et respiratoires.*
▶ Prononciation [mykys].
★ **Mucus** est un mot latin qui signifie « morve ».

mue (nom féminin) Fait de muer. *Au moment de la **mue**, le serpent abandonne son ancienne peau.*

muer (verbe) (conj. 3) **1** Changer de pelage ou de plumage. *Les serpents, les oiseaux, les crustacés **muent**.* **2** Changer de timbre de voix. *Les garçons **muent** au moment de l'adolescence.*

muesli Voir ***musli***.

muet, muette (adjectif et nom) Qui n'a pas l'usage de la parole. *Il est **muet** de naissance.*
■ **muet, muette** (adjectif) **1** Qui se tait, est incapable de parler. *Il est resté **muet** de surprise.* **2** Qui n'est pas prononcé. *Dans le mot poule, le « e » final est **muet**, dans le mot homme, le « h » est **muet**.* **3** Se dit d'un film sans paroles. *À la télévision, on a regardé un film **muet** de Charlie Chaplin.*

muezzin (nom masculin) Musulman chargé d'appeler les fidèles à la prière du haut du minaret d'une mosquée.
▶ Prononciation [mɥɛdzin].
▶ On écrit aussi **muézin**.

mufle (nom masculin) **1** Bout du museau de certains mammifères. *Les vaches broutent, le **mufle** enfoui dans l'herbe.* **2** Personne grossière, mal élevée. *Je l'invite à dîner et il part sans même dire merci : quel **mufle** !*

muflerie (nom féminin) Caractère ou attitude de celui qui agit comme un mufle. (Syn. **grossièreté**.)

muflier (nom masculin) Synonyme de gueule-de-loup.

mugir (verbe) (conj. 11) **1** Pousser des mugissements. *Les vaches **mugissent** en rentrant à l'étable.* (Syn. **beugler**, **meugler**.) **2** Produire un mugissement. *Pendant la tempête, on entendait le vent **mugir**.*

mugissement (nom masculin) **1** Cri du bœuf, de la vache. (Syn. **beuglement**, **meuglement**.) **2** Son long et sourd qui rappelle le cri des bovins. *Le **mugissement** d'une sirène.*

muguet (nom masculin) Petite fleur des bois, blanche et parfumée, en forme de clochette. *C'est la coutume d'offrir un brin de **muguet** le 1er mai.*

mulâtre (nom) Personne née d'un parent blanc et d'un parent noir.

① **mule** (nom féminin) Pantoufle qui ne couvre pas le talon.

② **mule** (nom féminin) Animal femelle hybride de l'âne et de la jument.

a b c d e f g h i j k l m n o p q r s t u v w x y z

① **mulet** (nom masculin) Animal mâle hybride de l'âne et de la jument. *Le **mulet** est un animal très résistant.*
★ Famille du mot : mule, muletier.

② **mulet** (nom masculin) Poisson marin comestible, au corps allongé, qui vit près des côtes.

muletier (adjectif masculin) • **Chemin muletier** : chemin étroit et escarpé à flanc de montagne.

mulot (nom masculin) Rat des champs et des bois. *Le **mulot** est nuisible aux cultures.*

multi- Élément tiré du mot latin *multus* qui signifie « nombreux » (exemple : *multimédia*).

multicellulaire (adjectif et nom masculin) Synonyme de pluricellulaire.

multicolore (adjectif) Qui a plusieurs couleurs. *Pour la kermesse, la salle était décorée de guirlandes **multicolores**.* (Syn. **bariolé**.)

multicoque (nom masculin) Voilier qui comporte plusieurs coques. *Un catamaran, un trimaran sont des **multicoques**.*

multilingue (adjectif) Qui concerne plusieurs langues. *Ce dictionnaire **multilingue** donne les traductions en anglais, en allemand, en espagnol et en italien.*

multimédia (nom masculin et adjectif) Technique qui permet d'utiliser simultanément et de manière interactive plusieurs moyens audiovisuels, tels que textes, sons, images fixes et animées. *L'oncle de Sarah a acheté pour Noël un ordinateur **multimédia**.*

multimètre (nom masculin) Appareil de mesure électrique. *Un **multimètre** peut mesurer l'intensité d'un courant électrique.*

multinational, ale, aux (adjectif) Qui concerne plusieurs nations. *Le parlement européen prend des décisions politiques **multinationales**.*
▪ **multinationale** (nom féminin) grande société dont les activités s'exercent dans plusieurs États. *Le père de Myriam a été embauché dans une **multinationale** dont le siège est à Londres.*

multipartisme (nom masculin) Système politique acceptant l'existence de plusieurs partis.

multiple (adjectif) Qui existe en grand nombre. *Ce champion a remporté de **multiples** trophées.* (Syn. **nombreux**.)
▪ **multiple** (nom masculin) Nombre qui contient plusieurs fois un autre nombre. *6 est un **multiple** de 2 et de 3 puisque 2 × 3 = 6.*
★ Famille du mot : multiplicande, multiplicateur, multiplicatif, multiplication, multiplier.

multiplex (nom masculin) Dispositif permettant de transmettre plusieurs communications avec une seule ligne ou un seul canal. *La discussion entre les ministres des pays européens s'est faite en **multiplex**.*

multiplicande (nom masculin) Nombre que l'on doit multiplier, dans une multiplication. *Quand on multiplie 25 par 5 (25 × 5), 25 est le **multiplicande**.*

multiplicateur (nom masculin) Nombre qui sert à multiplier un autre, dans une multiplication. *Quand on multiplie 20 par 4 (20 × 4), 4 est le **multiplicateur**.*

multiplicatif, ive (adjectif) Qui multiplie, en mathématiques. × *est un signe **multiplicatif**.*

multiplication (nom féminin) Opération d'arithmétique qui consiste à ajouter plusieurs fois un nombre à lui-même. *6 × 4 = 6 + 6 + 6 + 6 = 24.*

multiplier (verbe) (conj. 10) **1** Faire une multiplication. *Si tu **multiplies** six par deux, tu obtiens douze (6 × 2 = 12).* **2** Faire quelque chose un grand nombre de fois. *Au cours de cette partie de cartes, Yann **a multiplié** les erreurs.*

multipolaire (adjectif) Qui a plusieurs pôles. *Un interrupteur triphasé est **multipolaire**.*

multiprise (nom féminin) Prise de courant qui permet de brancher plusieurs prises de différents appareils.

multitude (nom féminin) Très grand nombre. *Le spectacle avait attiré une **multitude** de gens.*

muni, ie (adjectif) Qui est équipé d'un élément supplémentaire. *Cette voiture est **munie** d'un toit panoramique.*

municipal, ale, aux (adjectif) Qui concerne la municipalité, la commune. *Notre équipe s'entraîne au stade **municipal**.*

municipalité (nom féminin) Ensemble des représentants élus d'une commune. *La **municipalité** comprend le maire, ses adjoints et les conseillers municipaux.*

se **munir** (verbe) (conj. 11) Prendre quelque chose avec soi. *Pour la randonnée, **munissez-vous** d'un sac de couchage.*

munitions (nom féminin pluriel) Ce qui sert à charger une arme à feu. *Il venait de tirer sa dernière balle, il n'avait plus de **munitions**.*

munster (nom masculin) Fromage de lait de vache fabriqué dans les Vosges.
► Prononciation [mœ̃stɛʀ].

muqueuse (nom féminin) Membrane qui recouvre un organe et sécrète des mucosités. *À cause de son rhume, Benjamin a les **muqueuses** du nez très irritées.*

mur (nom masculin) **1** Construction qui sert de soutien dans un bâtiment ou qui ferme un espace. *Les **murs** de la maison sont recouverts de lierre.* **2** Séparation entre les pièces d'un bâtiment. *Clément a mis des posters sur les **murs** de sa chambre.* (Syn. **cloison**.) • **Mettre quelqu'un au pied du mur** : l'obliger à prendre immédiatement une décision. • **Mur du son** : vitesse du son, pour un avion.
★ Famille du mot : emmurer, muraille, mural, murer, muret.

mûr, mûre (adjectif) **1** Qui est arrivé à son développement complet. *Ne mange pas ces pommes, elles ne sont pas encore **mûres** !* **2** Qui a fini de se développer, est devenu adulte. *À quarante ans,*

c'est une femme ***mûre***. **3** Qui a un jugement raisonnable, réfléchi. *Il n'a que quinze ans, mais je le trouve déjà très* ***mûr*** *pour son âge.*
★ Famille du mot : mûr**ement**, mûr**ir**.
▶ On écrit aussi **mure** au féminin.

muraille (nom féminin) Mur haut et épais. *Autrefois, les villes étaient entourées de* ***murailles*** *qui les protégeaient.* (Syn. **fortification, rempart.**)

mural, ale, aux (adjectif) Qui se fixe au mur. *Zoé range ses livres sur des étagères* ***murales***.

mûre (nom féminin) Petit fruit noir qui pousse sur des ronces.
▶ On écrit aussi **mure**.

mûrement (adverbe) Très longuement et avec soin. *David a* ***mûrement*** *réfléchi avant d'acheter son VTT.*
▶ On écrit aussi **murement**.

murène (nom féminin) Poisson au corps dépourvu d'écailles, à la mâchoire puissante, armée de dents pointues. *La* ***murène*** *s'abrite dans les trous des rochers, à l'affût de ses proies.*

murer (verbe) (conj. 3) Fermer complètement un lieu par un mur. *On* ***a muré*** *les fenêtres de cet immeuble inhabité.*

muret (nom masculin) Petit mur.

mûrier (nom masculin) Arbre cultivé en France dans le Midi, dont les feuilles sont utilisées pour nourrir les vers à soie.
▶ On écrit aussi **murier**.

mûrir (verbe) (conj. 11) **1** Devenir mûr. *Les cerises deviennent rouges en* ***mûrissant***. **2** Devenir plus raisonnable, plus réfléchi. *Il* ***a*** *beaucoup* ***mûri*** *en grandissant.* **3** Mettre soigneusement au point, après avoir réfléchi. *L'alpiniste* ***a*** *longuement* ***mûri*** *l'organisation de son expédition.*
▶ On écrit aussi **murir**.

murmure (nom masculin) Bruit de voix léger et confus. *Quand la scène s'est éclairée, les* ***murmures*** *se sont tus dans la salle.*

murmurer (verbe) (conj. 3) **1** Parler à voix basse. *Il* ***a murmuré*** *quelques mots à l'oreille de son ami.* (Syn. **chuchoter.**) **2** Se plaindre ou protester à voix basse. *Les spectateurs mécontents commençaient à* ***murmurer*** *dans la salle.*

musaraigne (nom féminin) Petit mammifère au museau allongé, voisin de la souris, qui se nourrit de vers et d'insectes.

musarder (verbe) (conj. 3) Flâner ou perdre son temps à des choses peu importantes. *Les touristes* ***musardaient*** *dans les rues ensoleillées du village.*

musc (nom masculin) Liquide à odeur très forte, produit par certains animaux. *Le* ***musc*** *est utilisé dans la fabrication de parfums.*

muscade (nom féminin) Graine d'un arbre tropical utilisée comme épice. *Elle a saupoudré la béchamel avec de la* ***muscade*** *râpée.*
▶ On dit aussi **noix (de) muscade**.

muscat (nom masculin) **1** Variété de raisin sucré et parfumé. **2** Vin fait avec ce raisin. *Les invités ont bu un petit verre de* ***muscat*** *à l'apéritif.*

muscle (nom masculin) Organe qui se contracte pour produire des mouvements. *Ibrahim fait de la gymnastique pour développer ses* ***muscles***.
★ Famille du mot : **intra**muscul**aire**, muscl**er**, muscul**aire**, muscul**ation**, muscul**ature**.

muscler (verbe) (conj. 3) Développer les muscles. *Kevin se* ***muscle*** *en faisant régulièrement du sport.*

musculaire (adjectif) Qui concerne les muscles. *À la fin du match de tennis, Pierre avait des douleurs* ***musculaires*** *dans l'épaule et dans le bras.*

musculation (nom féminin) Ensemble d'exercices qui développent la musculature. *Quentin fait de la* ***musculation*** *dans un club.*

musculature (nom féminin) Ensemble des muscles du corps. *La* ***musculature*** *puissante de cet athlète est impressionnante !*

Muse (nom féminin) Chacune des neuf déesses grecques de l'Antiquité qui inspiraient et protégeaient les artistes et les poètes.

museau, eaux (nom masculin) Partie avant de la tête de certains animaux. *Le* ***museau*** *du chien, de la souris, du renard.*

musée (nom masculin) Lieu public où sont rassemblés des objets qui ont un intérêt artistique, historique ou scientifique. *« La Joconde » est un tableau célèbre exposé au* ***musée*** *du Louvre, à Paris.*

museler (verbe) (conj. 8 ou 9) Mettre une muselière à un animal. *Ce chien ne peut pas te mordre, son maître l'****a muselé***.

muselière (nom féminin) Appareil que l'on fixe autour du museau d'un animal pour l'empêcher de mordre. *Ce gros chien ne doit pas sortir sans* ***muselière***.

muser (verbe) (conj. 3) Perdre son temps à des riens, flâner, dans le langage littéraire. *William* ***muse*** *toujours de-ci de-là sans se faire de souci.* (Syn. **flâner.**)
★ **Muser** vient de l'ancien français *mus* qui signifie « museau ».

musette (nom féminin) Sac de toile que l'on porte en bandoulière. *Quand il va à la chasse, mon oncle emporte des sandwichs et des boissons dans sa* ***musette***. • **Bal musette** : bal populaire où l'on danse au son de l'accordéon.

muséum (nom masculin) Musée consacré aux sciences naturelles. *Romain aimerait aller au* ***muséum*** *pour voir des squelettes de dinosaures.*
▶ Prononciation [myzeɔm].

musical, ale, aux (adjectif) **1** Qui concerne la musique. *Le concert sera retransmis à la radio au cours d'une émission* ***musicale***. **2** Qui est harmonieux comme de la musique. *Une voix* ***musicale***.

musicalité (nom féminin) Qualité de ce qui est musical. *Zoé se laisse bercer par la* ***musicalité*** *des vers de Verlaine.*

music-hall (nom masculin) Établissement où l'on présente des spectacles de variétés. *Au* ***music-hall****, ils ont vu des chanteurs, des prestidigitateurs, des numéros d'acrobatie.*
▶ **Music-hall** est un mot anglais : on prononce [myzikol].
▶ Pluriel : des **music-halls**.

musicien, enne (nom) Personne qui compose ou qui joue de la musique. *Les* ***musiciens*** *accordent leurs instruments avant le concert.*

musicologie (nom féminin) Science de la musique, de son histoire. *Le grand frère de Clément aime beaucoup la musique : il s'est inscrit en faculté de* ***musicologie****.*

musique (nom féminin) Art de combiner harmonieusement les sons suivant certaines règles. *Anna prend des cours de* ***musique****. Thomas aimerait apprendre à jouer d'un instrument de* ***musique****.*
★ Famille du mot : music**al**, music**alité**, music**ien**, musi**cologie**.

musli (nom masculin) Mélange de céréales et de fruits secs sur lequel on verse du lait. *Thomas mange du* ***musli*** *au petit-déjeuner.*
★ **Muesli** est un mot suisse-allemand.
▶ On écrit aussi **muesli**.

mussif (adjectif masculin) • **Or mussif** : bisulfure d'étain, rappelant l'or par sa couleur et utilisé en dorure. *Ce cadre ancien est recouvert d'****or mussif****.*
★ **Mussif** vient de l'adjectif latin *musivus* qui signifie « de mosaïque ».

mustang (nom masculin) Cheval sauvage vivant dans l'ouest des États-Unis. *Autrefois, les cow-boys capturaient les* ***mustangs*** *au lasso pour les dresser.*
▶ Prononciation [mystɑ̃g].
★ **Mustang** vient du mot espagnol *mestengo* qui signifie « vagabond, sans maître ».

musulman, ane (adjectif) Qui concerne l'islam. *La religion* ***musulmane*** *est fondée sur un livre sacré appelé le Coran.*
▪ **musulman, ane** (nom) Personne qui pratique la religion musulmane. *Le lieu de prière des* ***musulmans*** *s'appelle la mosquée.*

mutant, ante (nom) **1** Animal ou végétal qui a subi une mutation. *Les transformations subies par les* ***mutants*** *se transmettent à leurs descendants.* **2** Personnage imaginaire de la science-fiction qui apparaîtrait à la suite de mutations subies par l'espèce humaine.

mutation (nom féminin) **1** Modification des caractères biologiques d'un être vivant. *La couleur d'une race d'animaux peut changer à cause d'une* ***mutation****.* **2** Changement de lieu de travail. *Il a demandé sa* ***mutation*** *pour la province.* **3** Grand changement. *Avec l'informatique, les méthodes d'enseignement à l'école peuvent subir une* ***mutation****.*

muter (verbe) (conj. 3) Changer le lieu de travail de quelqu'un. *Mon oncle voudrait* ***être muté*** *à l'étranger.*

mutilation (nom féminin) **1** Perte accidentelle ou amputation d'un membre, d'une partie du corps. *La* ***mutilation*** *de son pouce est due à un accident de travail.* **2** Au sens figuré, suppression fâcheuse d'un passage d'un ouvrage. *Une telle* ***mutilation*** *dénature complètement l'œuvre de l'auteur.*

mutilé, ée (nom) Personne qui a perdu un membre. *Un* ***mutilé*** *de guerre.*

mutiler (verbe) (conj. 3) Rendre infirme par l'amputation d'un membre. *Son accident de voiture* ***l'a mutilé*** *des deux jambes.*

mutin (nom masculin) Personne qui participe à une mutinerie. *Les* ***mutins*** *se sont emparés du navire et ont fait prisonnier leur capitaine.* (Syn. **rebelle, révolté**.)
★ Famille du mot : se mutin**er**, mutin**erie**.

se **mutiner** (verbe) (conj. 3) Se révolter, en groupe, contre l'autorité. *Des soldats* ***se sont mutinés*** *contre leurs officiers.*

mutinerie (nom féminin) Révolte collective et armée. *Au cours d'une* ***mutinerie****, des gardiens ont été pris en otages par des prisonniers.*

mutisme (nom masculin) Refus de parler. *L'accusé ne répond à aucune question, il s'est enfermé dans le* ***mutisme****.*
★ **Mutisme** vient du latin *mutus* qui signifie « muet ».

mutualiste (adjectif) Qui est fondé sur les principes de la mutualité. *Les syndicats prônent des sociétés* ***mutualistes****.*
▪ **mutualiste** (nom) Membre d'une mutuelle.

mutualité (nom féminin) Système fondé sur l'entraide mutuelle des membres cotisants. *L'assurance vieillesse des agriculteurs est gérée par une* ***mutualité*** *sociale agricole.*

mutuel, elle (adjectif) Qui s'échange de l'un à l'autre. *Ce couple est uni par un amour* ***mutuel****.* (Syn. **réciproque**.)
▪ **mutuelle** (nom féminin) Association dans laquelle les adhérents paient une cotisation pour se garantir un système d'assurance. *Mes parents cotisent à une* ***mutuelle*** *d'assurance scolaire.*

mutuellement (adverbe) De façon mutuelle. *Pour faire leurs devoirs, Victor et Fatima se sont aidés* ***mutuellement****.* (Syn. **réciproquement**.)

myc(o)-, -myce, -mycète Éléments tiré du mot grec *mukê* qui signifie « champignon » (exemple : *mycélien*).

mycélien, enne (adjectif) Qui concerne le mycélium. *Les filaments* ***mycéliens*** *des champignons participent à la décomposition du sol.*

mycélium (nom masculin) Ensemble de filaments servant de racines aux champignons.
▶ Prononciation [miseljɔm].

mycène (nom masculin) Champignon à chapeau conique dont le pied est très long et très fin. *Le* ***mycène*** *n'est pas toxique, mais sa chair n'est pas très appréciée.*

mycologie (nom féminin) Branche de la botanique qui étudie les champignons.

mycose (nom féminin) Maladie de la peau due à des champignons parasites.

myéline (nom féminin) Substance constituée principalement de lipides qui entoure les fibres nerveuses. *Au cours de la maladie de la sclérose en plaques, la* ***myéline*** *du système nerveux est peu à peu détruite.*

mygale (nom féminin) Grosse araignée tropicale. *La piqûre de la* ***mygale*** *est très dangereuse pour l'homme.*

myocarde (nom masculin) Muscle du cœur, constitué de fibres musculaires striées. *Le* ***myocarde*** *constitue la plus grande partie de la paroi cardiaque.*

myopathe (adjectif et nom) Qui est atteint de myopathie.

myopathie (nom féminin) Grave maladie qui affaiblit les muscles et les empêche de fonctionner. *Son petit frère est atteint de* ***myopathie****.*

myope (adjectif et nom) Qui est atteint de myopie. *De loin, elle ne reconnaît personne parce qu'elle est* ***myope****.*

myopie (nom féminin) Trouble de la vue qui empêche de voir nettement ce qui est éloigné. *Sa* ***myopie*** *l'oblige à porter des lunettes.*

myosotis (nom masculin) Plante à petites fleurs bleues, qui pousse dans les endroits humides.
► Prononciation [mjɔzɔtis].

myriade (nom féminin) Quantité innombrable. *Les* ***myriades*** *d'étoiles des nuits d'été.*

myriapode (nom masculin) Petit animal invertébré terrestre dont le corps est formé de plusieurs anneaux portant chacun une ou deux paires de pattes. *Les iules appartiennent à la classe des* ***myriapodes****.* (Syn. **mille-pattes.**)

myrrhe (nom féminin) Résine provenant d'un arbre d'Arabie. *La* ***myrrhe*** *et l'encens dégagent un parfum quand on les fait brûler.*

myrte (nom masculin) Arbuste ornemental méditerranéen à feuilles persistantes, à fleurs blanches odorantes et à baies bleu-noir comestibles. *Le* ***myrte*** *était utilisé dans l'Antiquité comme astringent et comme antiseptique.*

myrtille (nom féminin) Petit fruit noir, qui pousse sur un arbuste des montagnes. *De la confiture de* ***myrtilles****.*

mystère (nom masculin) **1** Chose incompréhensible. *La disparition des dinosaures reste un* ***mystère*** *pour les scientifiques.* **2** Chose gardée secrète. *Je ne sais pas ce que je vais avoir comme cadeau, c'est un* ***mystère*** *!*
★ Famille du mot : mystér**ieusement**, mystér**ieux**.

mystérieusement (adverbe) De façon mystérieuse. *Des documents secrets ont* ***mystérieusement*** *disparu.*

mystérieux, euse (adjectif) **1** Qui constitue un mystère. *Qui peut expliquer la* ***mystérieuse*** *disparition du fils de Louis XVI ?* (Syn. **inexplicable.**) **2** Qui cache un secret. *Un sourire* ***mystérieux****.*

mysticisme (nom masculin) Attitude d'une personne qui essaie de vivre en union profonde avec Dieu.

mystification (nom féminin) Action de mystifier quelqu'un. *Tu n'aurais pas dû croire à son histoire de fantômes : ce n'était qu'une* ***mystification*** *!* (Syn. **supercherie.**)

mystifier (verbe) (conj. 10) Tromper quelqu'un en profitant de sa naïveté. *Cet escroc* ***a mystifié*** *ses victimes en se faisant passer pour un banquier.*

mystique (adjectif et nom) Qui a une conduite inspirée par le mysticisme.

mythe (nom masculin) Récit légendaire qui raconte les exploits d'êtres imaginaires. *L'histoire des douze travaux d'Hercule est un* ***mythe*** *grec.*
★ Famille du mot : myth**ifier**, myth**ique**, myth**ologie**, myth**ologique**.

mythifier (verbe) (conj. 10) Transformer en mythe. *Attila, le roi des Huns, a été* ***mythifié*** *par l'histoire.*

mythique (adjectif) Qui concerne les mythes. *Atlas est un personnage* ***mythique*** *condamné par Zeus à porter la Terre sur ses épaules.*

mythologie (nom féminin) Ensemble de mythes et de légendes. *Athéna est une déesse de la* ***mythologie*** *grecque.*

mythologique (adjectif) Qui se rapporte à la mythologie. *Neptune est le dieu des mers dans les légendes* ***mythologiques*** *latines.*

mythomane (adjectif et nom) Qui ne peut pas s'empêcher d'inventer des histoires. *C'est un* ***mythomane*** *qui raconte qu'il communique avec des extraterrestres.*

myxomatose (nom féminin) Maladie virale du lapin. *La* ***myxomatose*** *est un fléau pour les lapins car elle est très contagieuse et mortelle.*

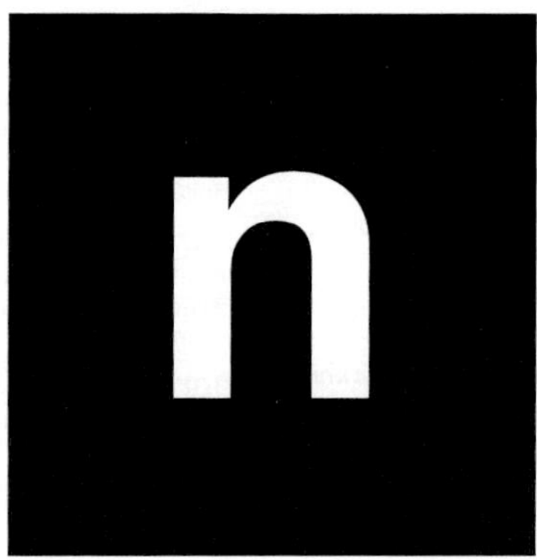

n (nom masculin) Quatorzième lettre de l'alphabet. *Le N est une consonne.*

n' Voir ***ne***.

nabab (nom masculin) Homme très riche. *Le **nabab** se prélasse sur son yacht.*
★ **Nabab** vient d'une langue indienne : autrefois, un nabab était un Européen ayant fait fortune en Inde.

nabi (nom masculin) Artiste membre d'un groupe de peintres qui s'est constitué en 1888. *Les **nabis** voulaient rompre avec la peinture académique.*
★ **Nabi** est un mot hébreu qui signifie « prophète ».

nabot, ote (nom et adjectif) Synonyme familier de nain. *Ce n'est pas ce **nabot** qui va me faire peur !* (Syn. **avorton.**)

nabuchodonosor (nom masculin) Grande bouteille d'une contenance de 15 litres. *Pour fêter leur 20 ans de mariage, ils ont ouvert un **nabuchodonosor** de champagne.*
▶ Prononciation [nabykɔdɔnɔzɔʀ].
★ **Nabuchodonosor** était le nom d'un roi de Babylone.

nacelle (nom féminin) Panier suspendu à une montgolfière, où se tiennent les passagers.

nacre (nom féminin) Substance brillante qui recouvre l'intérieur de la coquille de certains mollusques. *Avec la **nacre**, on fait des boutons.*

nacré, ée (adjectif) Qui brille comme de la nacre.

nævus (nom masculin) Petite malformation de la peau qui prend souvent la forme d'une tache colorée. *Les **nævus** sont généralement d'origine congénitale mais ne sont visibles que tardivement.* (Syn. **grain de beauté.**)
▶ Prononciation [nevys].
★ **Nævus** est un mot latin qui signifie « tache ».
▶ Pluriel : des **nævus** ou des **nævi**.
▶ On écrit aussi **névus**.

nage (nom féminin) Manière ou action de nager. *La **nage** préférée d'Anna est le crawl.* • **Être en nage** : être couvert de sueur.

nageoire (nom féminin) Organe qui permet aux poissons de nager.

nager (verbe) (conj. 5) **1** Faire des mouvements dans l'eau pour avancer. *Benjamin apprend à **nager** la brasse.* **2** Porter un vêtement trop grand. *Comme elle a maigri, elle **nage** maintenant dans tous ses vêtements.* (Syn. **flotter.**)
★ Famille du mot : nage, nag**eoire**, nag**eur**.
★ **Nager** vient du latin *navigare* qui signifie « naviguer ».

nageur, euse (nom) Personne qui nage. *Élodie est une bonne **nageuse**.*

naguère (adverbe) Dans le passé. *Ils se sont **naguère** rencontrés.*
★ Le sens d'origine de **naguère** est « récemment » *(il n'y a guère)*, mais on l'emploie couramment comme synonyme d'autrefois.

naïade (nom féminin) Divinité des rivières et des fontaines. *Très belles et toujours jeunes, les **naïades** de la mythologie grecque avaient des pouvoir de guérison et de prophétie.*

naïf, naïve (adjectif et nom) Qui croit facilement tout ce qu'on lui dit. (Syn. **crédule.**)
★ Famille du mot : naïv**ement**, naïv**eté**.

nain, naine (nom) Personne de petite taille. *Fatima raconte à son petit frère l'histoire de Blanche-Neige et des sept **nains**.* (Contr. **géant.**)
▪ **nain, naine** (adjectif) D'une espèce particulièrement petite. *Un lapin **nain**.*

naissance (nom féminin) **1** Fait de naître. *Gaëlle attend avec impatience la **naissance** de son petit frère.* **2** Moment où quelque chose commence. *La **naissance** du jour, d'un projet.*

naissant, ante (adjectif) Qui commence à se former. *Il est en pleine adolescence et a une moustache **naissante**.*

naître (verbe) (conj. 37) **1** Venir au monde, sortir du ventre de sa mère. *Hélène **est née** à Paris le*

18 janvier 1992. (Contr. **mourir.**) **2** Commencer à exister. *Une profonde amitié **est née** entre Clément et Julie. La Ve République **est née** en 1958.*
▶ On écrit aussi **naitre**.
▶ **Naître** se conjugue comme *connaître*, sauf au passé simple : je *naquis*, et au participe passé : *né*.
★ Famille du mot : naiss**ance**, naiss**ant**, né, nouveau-né, **re**naiss**ance**, **re**naître.

naïve Voir ***naïf***.

naïvement (adverbe) De façon naïve. *Il a cru **naïvement** ce qu'on lui racontait.*

naïveté (nom féminin) Caractère d'une personne naïve. *Par **naïveté**, il a accepté sans se méfier.*

naja (nom masculin) Synonyme de cobra.

nanisme (nom masculin) Petitesse de la taille par rapport à la moyenne. *Chez les hommes, le **nanisme** est dû à un retard de croissance.*

nano- Élément tiré du mot grec *nanos* qui signifie « petit » et qui est utilisé comme préfixe pour diviser par 1 milliard l'unité de mesure devant laquelle il est placé (exemple : *nanomètre*).

nanomètre (nom masculin) Milliardième partie du mètre. *La plupart des virus ne mesurent que quelques **nanomètres**.*

nanti, ie (adjectif et nom) Qui est riche et privilégié. *Ces beaux quartiers sont réservés aux **nantis**.*

napalm (nom masculin) Essence utilisée pour fabriquer des bombes incendiaires. *Les bombes au **napalm** ont dévasté cette région.*

naphtaline (nom féminin) Produit utilisé contre les mites.

napoléon (nom masculin) Pièce d'or de 20 francs, à l'effigie de Napoléon Ier ou de Napoléon III. *Les **napoléons** étaient en circulation jusqu'à la Première Guerre mondiale.*

napolitain, aine (adjectif et nom) De Naples. *Le Caravage est un peintre de l'École **napolitaine**.*
• **Tranche napolitaine** : glace composée de trois couches aux parfums différents servie en tranche.

nappe (nom féminin) **1** Linge qui recouvre une table et la protège. *Dans ce restaurant, toutes les tables étaient recouvertes de **nappes** blanches.* **2** Couche de liquide ou de gaz. *Une **nappe** de pétrole. Faites attention aux **nappes** de brouillard sur la route.*
★ Famille du mot : napp**er**, napp**eron**.

napper (verbe) (conj. 3) Recouvrir un plat d'une sauce ou d'une crème. *Le pâtissier **nappe** le gâteau de caramel.*

napperon (nom masculin) Petite nappe décorative. *Un **napperon** de dentelle ornait le centre de la table.*

narcisse (nom masculin) Plante à bulbe, à fleurs jaunes ou blanches.
★ **Narcisse** vient du nom d'un jeune homme de la mythologie grecque, qui était tellement beau qu'il était tombé amoureux de lui-même ; il fut puni par les dieux et transformé en fleur.

narcissisme (nom masculin) Admiration plus ou moins exclusive de sa propre personne. *Élodie se regarde toujours dans son miroir, son **narcissisme** est agaçant.*

narco- Élément tiré du grec *narkê* qui signifie « engourdissement » (exemple : *narcotique*).

narcodollars (nom masculin pluriel) Argent issu du commerce de la drogue. *Les trafiquants de drogue blanchissent leurs **narcodollars** dans cette banque peu scrupuleuse.*

narcotique (nom masculin) Médicament qui endort. *La morphine est un **narcotique**.*

narguer (verbe) (conj. 3) Provoquer avec insolence. *Cesse de le **narguer**, il va se mettre en colère.*

narguilé (nom masculin) Grande pipe orientale à tuyaux souples dont la fumée est aspirée à travers un réservoir d'eau aromatisée. *Les amateurs de **narguilé** aiment fumer à plusieurs.*
★ **Narguilé** vient du mot persan *narguileh* qui signifie « noix de coco ».
▶ On écrit aussi **narghilé**.

narine (nom féminin) Chacun des deux orifices du nez.

narquois, oise (adjectif) Qui est moqueur et malicieux. *David m'a répondu d'un ton **narquois**.* (Syn. **goguenard**, **ironique**, **railleur**.)

narrateur, trice (nom) Personne qui raconte une histoire. *N'interrompez pas le **narrateur** !*

narratif, ive (adjectif) Qui est propre au récit, à la narration. *Le fil **narratif** de l'histoire est entrecoupé de dialogues.*

narration (nom féminin) Récit d'un évènement. *Il nous a fait une longue **narration** de ses vacances.*

narrer (verbe) (conj. 3) Synonyme littéraire de raconter. *Laura nous **a narré** ses aventures.*
★ Famille du mot : narr**ateur**, narr**atif**, narr**ation**.

narval (nom masculin) Mammifère marin qui porte une longue défense sur le devant de la tête. *Le **narval** est un cétacé.*

nasal, ale, aux (adjectif) Qui concerne le nez. *Les fosses **nasales** sont le siège de l'odorat.*

naseau, eaux (nom masculin) Narine du cheval, du bœuf et d'autres grands mammifères.

nasillard, arde (adjectif) Qui parle du nez. *Cette voix **nasillarde** est déplaisante.*

nasse (nom féminin) Panier allongé qui sert à prendredes poissons ou des crustacés.

natal, ale, als (adjectif) Où on est né. *Myriam est née à Paris, Paris est donc sa ville **natale**.*

natalité (nom féminin) Nombre des personnes qui naissent. *La **natalité** est très forte dans certains pays africains.*

natation (nom féminin) Sport pratiqué en nageant. *Noémie participe à une compétition de **natation** à la piscine.*

natif, ive (adjectif) Synonyme d'originaire. *Kevin est normand, il est **natif** de Normandie.*

nation (nom féminin) Les hommes et le territoire d'un pays. *Toutes les grandes **nations** étaient représentées à ce congrès.*
★ Famille du mot : **inter**national, nation**al**, nation**alisation**, nation**aliser**, nation**alisme**, nation**aliste**, nation**alité**, national-socialisme.

national, ale, aux (adjectif) Qui concerne une nation. *La Marseillaise est l'hymne **national** français.* • **Route nationale** : route importante, entretenue par l'État.

nationalisation (nom féminin) Action de nationaliser une entreprise.

nationaliser (verbe) (conj. 3) Placer sous la direction de l'État ce qui appartenait à des propriétaires privés. *Ce pays vient de **nationaliser** ses puits de pétrole.* (Contr. **privatiser.**)

nationalisme (nom masculin) Doctrine politique des nationalistes.

nationaliste (adjectif et nom) Qui considère que sa nation est supérieure aux autres. *Je n'aime pas beaucoup ses idées **nationalistes**.*

nationalité (nom féminin) Appartenance de quelqu'un à une nation déterminée. *Odile est née et vit en France, elle est de **nationalité** française.*

national-socialisme Voir ***nazisme***.

nativité (nom féminin) Œuvre représentant la naissance de Jésus. *Les retables représentent souvent le thème de la **nativité**.*

natte (nom féminin) **1** Tapis de paille tressée. *Ibrahim déplie une **natte** pour s'allonger sur la plage.* **2** Tresse de cheveux. *Sarah laisse pousser ses cheveux pour se faire une **natte**.*

naturalisation (nom féminin) **1** Fait d'être naturalisé. *Boris attend sa **naturalisation**.* **2** Action de naturaliser un animal ou une plante.

naturaliser (verbe) (conj. 3) **1** Donner à un étranger la nationalité du pays où il a choisi de vivre. *Ces réfugiés souhaitent se faire **naturaliser** français.* **2** Préparer un animal mort ou une plante coupée pour lui conserver l'aspect vivant.

naturalisme (nom masculin) **1** Doctrine prônant les données naturelles et scientifiques, refusant le surnaturel. *En philosophie, le **naturalisme** reconnaît l'homme tel que la nature l'a créé.* **2** Courant suivant lequel l'art, la littérature se doivent de dépeindre la nature et ses réalités et non de la rêver ou de l'interpréter. *L'écrivain Émile Zola a contribué à définir les théories du **naturalisme**.*

naturaliste (nom) **1** Spécialiste de sciences naturelles. **2** Synonyme de taxidermiste.

nature (nom féminin) **1** Tout ce qui existe sur la Terre et qui n'est pas fabriqué par les hommes. *Quelle est la place de l'homme dans la **nature** ?* **2** La campagne, les prés et les bois. *Ursula n'aime pas les villes, elle préfère la **nature**.* **3** Ce qui caractérise une chose. *Les géologues étudient la **nature** des roches.* **4** Caractère d'une personne. *Pierre est généreux de **nature**.* (Syn. **naturel, tempérament.**) • **Grandeur nature** : en dimensions réelles. • **Nature humaine** : ensemble des caractères communs à tous les hommes. • **Nature morte** : tableau qui représente des objets ou des plantes. • **Payer en nature** : payer en marchandises et non pas en argent.
★ Famille du mot : **dé**nature**r**, natural**isme**, natural**iste**, nature**l**, nature**llement**, nature-morte, natur**isme**, natu**riste**, **sur**naturel.

naturel, elle (adjectif) **1** Qui fait partie de la nature. *Les tremblements de terre sont des phénomènes **naturels**.* (Contr. **artificiel.**) **2** Qui est normal, conforme à ce qu'on attend. *Zoé trouve tout **naturel** d'aider les personnes âgées.* **3** Qui est simple et spontané. *Un sourire **naturel**.* (Contr. **affecté, forcé.**)
■ **naturel** (nom masculin) **1** Caractère d'une personne. *Quentin est d'un **naturel** assez pessimiste.* (Syn. **nature, tempérament.**) **2** Spontanéité avec laquelle quelqu'un se comporte. *Cette comédienne joue avec beaucoup de **naturel**.* (Contr. **affectation.**)

naturellement (adverbe) **1** De façon naturelle. *Aurélie frise **naturellement**.* (Contr. **artificiellement.**) **2** Évidemment, forcément. ***Naturellement**, tu es encore en retard ce matin.* (Syn. **bien sûr.**)

nature-morte (nom féminin) Tableau représentant des fruits, des objets ou des êtres inanimés tels que des animaux morts. *Fantin-Latour était célèbre pour ses **natures-mortes** et ses portraits.*
▶ Pluriel : des **natures-mortes**.
▶ On écrit aussi **nature morte**.

naturisme (nom masculin) Synonyme de nudisme.

naturiste (adjectif et nom) Adepte du naturisme. (Syn. **nudiste.**)

naufrage (nom masculin) Disparition d'un navire qui a coulé ou s'est échoué. *On déplore plusieurs **naufrages** pendant la terrible tempête.*

naufragé, ée (nom) Passager d'un bateau qui a fait naufrage. *Un canot de sauvetage a recueilli les **naufragés**.*

nauséabond, onde (adjectif) Qui sent mauvais au point de donner la nausée. *Ce poisson pourri dégage une odeur **nauséabonde**.* (Syn. **dégoûtant, écœurant.**)

nausée (nom féminin) Envie de vomir. *Les mouvements du bateau me donnent la **nausée**.*

nautile (nom masculin) Mollusque des mers chaudes, à la coquille spiralée.

a b c d e f g h i j k l m n o p q r s t u v w x y z

nautique (adjectif) Qui concerne les sports pratiqués sur l'eau. *Thomas pratique plusieurs sports **nautiques** : la voile, le surf, le ski **nautique**.*

naval, ale, als (adjectif) Qui concerne les navires et la navigation. *Un architecte **naval** construit des bateaux.*

navet (nom masculin) **1** Plante potagère à racine comestible. *Un canard aux **navets**.* **2** Dans la langue familière, mauvais film. *Ce cinéma ne passe que des **navets** !*

navette (nom féminin) **1** Instrument d'un métier à tisser qui sert à entrecroiser les fils. **2** Véhicule qui fait des allers et retours réguliers entre deux endroits. *Il y a une **navette** entre la gare et le village.* • **Navette spatiale** : véhicule qu'on lance dans l'espace et qui revient sur Terre.
★ **Navette** vient du latin *navis* qui signifie « bateau ».

navigable (adjectif) Où l'on peut naviguer. *Ce bras de mer n'est pas **navigable** à cause du courant.*

navigant, ante (adjectif) Qui fait partie de l'équipage d'un avion. *Les hôtesses et les stewards font partie du personnel **navigant**.*

navigateur, trice (nom) **1** Personne qui navigue. *Ce **navigateur** solitaire vient de faire le tour du monde sur son voilier.* **2** Personne qui seconde le pilote d'un avion en déterminant la route à suivre.

navigation (nom féminin) **1** Action de naviguer. *La tempête rend la **navigation** difficile.* **2** Circulation des avions. *La **navigation** aérienne est très réglementée.*

naviguer (verbe) (conj. 3) Voyager en bateau. *Cet été, ses parents partent **naviguer** en Méditerranée.*
★ Famille du mot : navig**able**, navig**ant**, navig**ateur**, navig**ation**.

navire (nom masculin) Grand bateau conçu pour la navigation en haute mer. *Un cargo est un **navire** qui transporte des marchandises.*

navrant, ante (adjectif) Qui cause du souci, de la tristesse. *C'est un contretemps **navrant**.* (Syn. **affligeant, désolant**.)

navrer (verbe) (conj. 3) Causer une grande peine à quelqu'un ou quelque chose. *L'annonce de sa mort m'a **navré**.* (Syn. **affliger**.) • **Être navré** : être désolé. *Noémie est **navrée** de son retard, mais elle a attendu longtemps le bus.*
★ **Navrer** vient d'un ancien mot nordique *nafra* qui signifie « percer ».

nazi, ie (nom) Membre du parti du dictateur allemand Hitler.
▪ **nazi, ie** (adjectif) Qui concerne les nazis. *La doctrine **nazie** a fait des millions de victimes.*

nazisme (nom masculin) Doctrine nationaliste, raciste et guerrière de Hitler et des nazis.
▶ On dit aussi **national-socialisme**.

NB Voir ***nota bene***.

ne (adverbe) Placé devant un verbe, souvent accompagné de « pas, plus, rien, jamais », indique la négation. *Il **ne** pleure jamais. Elle **ne** sait pas lire. Je **n'**en veux plus. Il **n'**a rien dit.*
▶ **Ne** devient **n'** devant une voyelle ou un h muet.

né, née (adjectif) **1** Qui est venu au monde dans telles circonstances. ***Née** d'un père français et d'une mère grecque, Élodie est parfaitement bilingue.* **2** Qui a un don inné pour quelque chose. *Victor est un comédien **né**.*
▶ Au sens 2, **né** est souvent précédé d'un trait d'union : un orateur-**né**.

néanmoins (adverbe) Indique une opposition. *Fatima est malade, elle va **néanmoins** à l'école.* (Syn. **cependant, pourtant**.)

néant (nom masculin) Ce qui n'existe pas. • **Réduire à néant** : détruire complètement. *La ville **a été réduite à néant** par les bombardements intensifs.* (Syn. **anéantir**.)

nébuleux, euse (adjectif) **1** Qui est obscurci par les nuages. *Un ciel **nébuleux**.* **2** Au sens figuré, qui est difficile à comprendre. *Des explications **nébuleuses**.* (Syn. **flou, vague**. Contr. **clair, net**.)
▪ **nébuleuse** (nom féminin) Grand nuage interstellaire de gaz et de poussières qui présente un aspect vaporeux.
★ **Nébuleux** vient du mot latin *nebula* qui signifie « brouillard ».

nécessaire (adjectif) Dont on a absolument besoin. *L'eau est **nécessaire** à la vie.* (Syn. **essentiel, indispensable**. Contr. **inutile, superflu**.)
▪ **nécessaire** (nom masculin) **1** Ce qui est indispensable. *Cette femme manque du **nécessaire** pour élever ses enfants.* (Contr. **superflu**.) **2** Boîte qui contient des objets destinés à un usage particulier. *Un **nécessaire** de toilette.* • **Faire le nécessaire** : faire ce qu'il faut pour que quelque chose ait lieu.
★ Famille du mot : nécessair**ement**, nécessi**té**, nécessi**ter**, nécessi**teux**.

nécessairement (adverbe) De façon nécessaire. *Pour aller de France en Angleterre, il faut **nécessairement** traverser la Manche.* (Syn. **forcément**.)

nécessité (nom féminin) Chose nécessaire. *Manger est une **nécessité** pour l'organisme.*

nécessiter (verbe) (conj. 3) Rendre nécessaire. *Ce travail délicat **nécessite** beaucoup d'attention.* (Syn. **demander, exiger, requérir**.)

nécessiteux, euse (adjectif et nom) Qui manque du nécessaire pour vivre. *Cette association prend en charge les **nécessiteux**.* (Syn. **indigent**.)

nec plus ultra (nom masculin) Ce qu'il y a de mieux. *Ce restaurant sert le **nec plus ultra** de la cuisine japonaise.*
▶ Prononciation [nɛkplysyltʀa].
★ **Nec plus ultra** est une expression latine qui signifie « pas au-delà ».
▶ Pluriel : des **nec plus ultra**.

nécro- Élément tiré du grec *nekros* qui signifie « mort » (exemple : *nécrologie*).

nécrologie (nom féminin) Article de presse consacré à une personne qui vient de mourir.

nécrologique (adjectif) De la nécrologie. *Il y a eu de nombreux articles **nécrologiques** dans les journaux après la mort du Président.*

nécrophage (adjectif et nom) Qui se nourrit de cadavres. *Les homards sont nécrophages.*

nécropole (nom féminin) Vaste cimetière dans l'Antiquité.
★ **Nécropole** vient du grec *nekros* qui signifie « mort » et *polis* qui signifie « ville » et qu'on retrouve dans *métropole*.

nécrose (nom féminin) Mort d'un tissu cellulaire. *La gangrène est une **nécrose** des tissus d'un organe.*

nectar (nom masculin) **1** Liquide sucré produit par les fleurs. *Les abeilles butinent le **nectar** des fleurs pour fabriquer le miel.* **2** Boisson délicieuse. *Cette liqueur est un véritable **nectar**.*
★ Dans la mythologie grecque, le **nectar** était une boisson réservée aux dieux.

nectarine (nom féminin) Fruit qui ressemble à la pêche. *Les **nectarines** ont la peau très lisse.*

néerlandais, aise → tableau p. 6 / 7.

nef (nom féminin) **1** Partie d'une église qui va du portail au chœur. *La **nef** de cette cathédrale est très haute.* **2** Synonyme littéraire de navire.

néfaste (adjectif) Qui a des conséquences désastreuses. *L'alcool et le tabac sont **néfastes** pour la santé.* (Syn. **mauvais, nuisible.**)

nèfle (nom féminin) Petit fruit du néflier, qui se mange très mûr.

néflier (nom masculin) Arbuste épineux qui produit les nèfles.

négatif, ive (adjectif) **1** Qui exprime une négation ou un refus. *Gaëlle est déçue car la réponse qu'elle attendait est **négative**.* (Contr. **affirmatif, positif.**) **2** Qui refuse tout ce qu'on lui propose. *Elle critique toujours tout, son attitude est très **négative**.* (Contr. **positif.**) **3** Dont la valeur est inférieure à zéro. *« – 20 » est un nombre **négatif**.* (Contr. **positif.**)
▪ **négatif** (nom masculin) Pellicule développée où les parties claires et sombres sont inversées. *Prête-moi le **négatif**, je vais refaire cette photo.*
▪ **négative** (nom féminin) • **Par la négative** : par un refus. *Répondre **par la négative**.*

négation (nom féminin) Fait de nier. *Le mot « non » exprime une **négation**.*
★ Famille du mot : négat**if**, négation**nisme**.

négationnisme (nom masculin) Position de ceux qui nient ou minimisent les crimes contre l'humanité, notamment le génocide des juifs par les nazis et l'existence des chambres à gaz. *Le **négationnisme** repose souvent sur des théories racistes et antisémites.* (Syn. **révisionnisme.**)

négligé (nom masculin) Absence de soin dans la tenue. *Le maître reproche à William son **négligé**.*

négligeable (adjectif) Qui est très peu important. *La différence de taille entre ces deux enfants est **négligeable** : un demi-centimètre.* (Syn. **insignifiant.**)

négligemment (adverbe) Avec négligence. *Xavier a jeté **négligemment** son manteau sur son lit.* (Contr. **soigneusement.**)

négligence (nom féminin) Manque de soin, d'application ou d'attention. *Ses livres et ses cahiers sont éparpillés par terre, quelle **négligence** !*

négligent, ente (adjectif) Qui fait preuve de négligence. *Hélène est très **négligente**, elle n'a pas encore répondu à la lettre de sa grand-mère.* (Contr. **consciencieux.**)

négliger (verbe) (conj. 5) **1** Ne pas prendre soin de quelque chose ou de quelqu'un. *Tu as tort de **négliger** ton travail. **Négliger** ses amis.* **2** **Se négliger** : ne pas prendre soin de soi. *Depuis qu'il est tout seul, il **se néglige**.*
★ Famille du mot : négligé, néglige**able**, néglig**emment**, néglig**ence**, néglig**ent**.

négoce (nom masculin) Synonyme littéraire de commerce. *Autrefois, ces bateaux faisaient le **négoce** des épices.*
★ **Négoce** vient du latin *negotium* qui signifie « occupation, affaire ».

négociant, ante (nom) Personne qui fait du commerce en gros. *Son père est **négociant** en vins.*

négociateur, trice (nom) Personne qui a pour mission de mener des négociations. *Les **négociateurs** sont parvenus à un accord.*

négociation (nom féminin) Action de négocier. *Les **négociations** entre syndicats et patronat n'ont pas abouti.*

négocier (verbe) (conj. 10) Discuter pour arriver à un accord. *Les syndicats essaient de **négocier** une diminution du temps de travail.*
★ Famille du mot : négoce, négoci**ant**, négoci**ateur**, négoc**iation**.

nègre, négresse (nom) Terme raciste pour désigner un homme ou une femme de peau noire.
▪ **nègre** (adjectif) Qui concerne les Noirs. *L'art **nègre**.*

négrier (nom masculin) Autrefois, personne qui achetait et vendait des esclaves noirs.

neige (nom féminin) Eau congelée qui tombe en flocons blancs et légers. *Les skieurs sont contents car la **neige** est bonne.* • **Classe de neige** : enseignement effectué en montagne, avec des cours de ski. • **Œufs en neige** : blancs d'œufs battus qui forment une mousse compacte.

neiger (verbe) (conj. 5) Tomber sous forme de neige. *Les montagnes sont toutes blanches car il **neige** depuis plusieurs jours.*
★ Famille du mot : chasse-neige, **en**neig**é**, **en**neige**ment**, neige, neig**eux**.

neigeux, euse (adjectif) Qui est couvert de neige. *Dévaler à ski les pentes **neigeuses**.*

a b c d e f g h i j k l m n o p q r s t u v w x y z

nem (nom masculin) Crêpe de riz asiatique, très fine, fourrée et frite. *En Thaïlande, Hélène a mangé des **nems**.*
▶ Prononciation [nɛm].
★ **Nem** est un mot vietnamien.

nénette (nom féminin) Synonyme familier de fille, femme. *C'est une belle **nénette** que voilà !* • **Se casser la nénette** : se démener pour résoudre une difficulté, dans la langue familière.

nenni (adverbe) Synonyme littéraire de non.

nénuphar (nom masculin) Plante à grandes feuilles rondes et à fleurs qui pousse dans l'eau. *Cet étang est couvert de **nénuphars**.*
▶ On écrit aussi **nénufar**.

néo- Préfixe tiré de l'adjectif grec *neos* qui signifie « nouveau » (exemple : *néonatal*).

néo-calédonien, enne → tableau p. 6 / 7.

néoclassique (adjectif) Qui appartient au mouvement artistique du milieu du XVIIIe siècle qui prônait un retour aux formes classiques de l'Antiquité. *Le Panthéon est un monument **néoclassique** de l'architecte Jacques Germain Soufflot.*

néocortex (nom masculin) Enveloppe externe du cerveau. *Le **néocortex** des mammifères présente de nombreuses circonvolutions.*

néolithique (nom masculin) Dernière période de la préhistoire.

néologisme (nom masculin) Mot nouveau ou sens nouveau qui apparaît dans la langue. *« CD-Rom » est un **néologisme**.*

néon (nom masculin) Gaz utilisé pour l'éclairage par tubes. *Cette lumière au **néon** est désagréable.*

néonatal, ale, aux (adjectif) Qui concerne le nouveau-né. *Après sa naissance, le nourrisson a été transféré dans un service de médecine **néonatale**.*

néophyte (nom) Personne qui pratique depuis peu une discipline, une doctrine ou une religion.
★ **Néophyte** vient du grec *neophutos* qui signifie « nouvellement planté ».

néoprène (nom masculin) Caoutchouc synthétique incombustible, résistant au froid. *Le **néoprène** est employé dans la fabrication des semelles de chaussures.*
★ **Néoprène** est un nom de marque.

néo-zélandais, aise → tableau p. 6 / 7.

néphrétique (adjectif) Qui concerne les reins. *Quand le rein semble malade, il faut diagnostiquer les symptômes **néphrétiques**.* • **Colique néphrétique** : crise douloureuse provoquée par un calcul qui bouche le canal qui conduit l'urine du rein à la vessie.

néphrologie (nom féminin) Partie de la médecine qui traite de la physiologie et de la pathologie des reins. *Les dialyses se pratiquent dans le service de **néphrologie**.*

nerf (nom masculin) Filament qui conduit les ordres du cerveau ou de la moelle épinière à l'ensemble du corps et inversement. *Les **nerfs** transmettent le mouvement et la sensibilité.* • **Avoir du nerf** : être énergique, dynamique. • **Être à bout de nerfs** : être très excité. • **Taper sur les nerfs de quelqu'un** : l'agacer profondément.
▶ Prononciation [nɛʀ].
★ Famille du mot : éner**vant**, éner**vement**, éner**ver**, ner**veusement**, nerveux, nerv**osité**.

nerveusement (adverbe) Avec nervosité. *Il se rongeait les ongles **nerveusement**.* (Contr. **calmement**.)

nerveux, euse (adjectif) **1** Qui s'énerve facilement. *Calme-toi, tu es trop **nerveux**.* (Syn. **énervé**. Contr. **calme**.) **2** Qui accélère vite. *Cette voiture est très **nerveuse**.* • **Système nerveux** : ensemble formé par les nerfs, le cerveau et la moelle épinière.

nervosité (nom féminin) Caractère d'une personne nerveuse. *La veille de l'examen, Julie était d'une grande **nervosité**.* (Contr. **calme**.)

nervure (nom féminin) Ligne en relief à la surface des feuilles.

n'est-ce pas ? (adverbe) Expression qui sert à demander un avis. *Je peux compter sur toi, **n'est-ce pas ?***

net, nette (adjectif) **1** Synonyme de propre. *Tes mains ne sont pas très **nettes**, va les laver avant de passer à table.* (Contr. **sale**.) **2** Qui est indiscutable et évident. *Cet hiver, Yann a fait de **nets** progrès à ski.* **3** Dont on distingue de façon précise et claire les contours ou les détails. *Tu as dû bouger en prenant cette photo car elle n'est pas **nette**.* (Contr. **flou**.) **4** Qui est calculé après certaines déductions. *Salaire **net**.* (Contr. **brut**.) • **En avoir le cœur net** : ne plus avoir de doute sur quelque chose. • **Faire place nette** : nettoyer un endroit. • **Poids net** : qui comprend le poids de la marchandise, sans l'emballage. (Contr. **brut**.)
■ **net** (adverbe) Tout d'un coup, brusquement. *En voyant les enfants traverser, l'automobiliste s'est arrêté **net**.*
▶ Prononciation [nɛt].
★ Famille du mot : nett**ement**, nett**eté**.

netéconomie (nom féminin) Économie pratiquée grâce au réseau Internet. *La **netéconomie** a créé beaucoup d'emplois à la fin des années 1990.*

nettement (adverbe) **1** D'une manière nette, claire et précise. *La silhouette de la cathédrale se dessine **nettement** à l'horizon.* (Syn. **distinctement**.) **2** Beaucoup, vraiment. *Cette couleur est **nettement** trop sombre pour la chambre.*

netteté (nom féminin) Caractère de ce qui est net, précis. *La **netteté** d'une photo. Il s'est exprimé avec **netteté**.*

nettoyage (nom masculin) Action de nettoyer. *Acheter un produit pour le **nettoyage** des vitres.*

nettoyant, ante (adjectif et nom masculin) Qui nettoie. *Ce **nettoyant** ménager est idéal pour faire partir les taches de graisse.*

nettoyer (verbe) (conj. 6) Rendre propre. *Après ton bain, n'oublie pas de **nettoyer** la baignoire.*

① **neuf** (déterminant) Huit plus un (9). *Laura a **neuf** ans, elle est au CM1.*
▪ **neuf** (nom masculin) Chiffre ou nombre neuf. *Benjamin habite au **neuf** avenue Victor Hugo.*
▶ **Neuf** se prononce parfois [nœv] devant une voyelle ou un h muet : neuf ans [nœvɑ̃], neuf heures [nœvœʀ].

② **neuf, neuve** (adjectif) Qui n'a pas encore servi. *Pour la rentrée, Myriam a acheté un cartable **neuf**.* (Contr. **d'occasion, usagé.**)
▪ **neuf** (nom masculin) Ce qui est neuf. *Il est entièrement vêtu de **neuf**. Maman a refait ma chambre à **neuf**.*

neur(o)- Élément tiré du grec *neuron* qui signifie « nerf » (exemple : *neurone*).

neurasthénique (adjectif et nom) Qui est triste et déprimé. *La solitude le rend **neurasthénique**.*

neurochirurgie (nom) Chirurgie du système nerveux. *Les greffes du cerveau sont des opérations de **neurochirurgie**.*

neuroleptique (nom masculin et adjectif) Médicament qui exerce une action sédative sur le système nerveux. *Les **neuroleptiques** sont utilisés dans le traitement de certains troubles psychiatriques.*

neurologie (nom féminin) Branche de la médecine qui soigne les maladies du système nerveux.

neurologue (nom) Médecin spécialiste de neurologie. *Clément a eu des convulsions, il doit voir un **neurologue**.*

neurone (nom masculin) Cellule du cerveau ou de la moelle épinière.

neutraliser (verbe) (conj. 3) Empêcher quelqu'un ou quelque chose d'agir. *La police a réussi à **neutraliser** le forcené.*

neutralité (nom féminin) État d'une personne ou d'un pays qui reste neutre.

neutre (adjectif) **1** Qui ne prend pas parti. *Il est difficile de rester **neutre** devant de tels évènements.* (Syn. **impartial.** Contr. **partisan.**) **2** Qui ne prend pas part à un conflit. *La Suisse est restée **neutre** durant la Seconde Guerre mondiale.* **3** Qui a peu d'éclat. *Le beige est une couleur **neutre**.*
★ Famille du mot : neutr**aliser**, neutr**alité**, neutr**on**.

neutron (nom masculin) Constituant du noyau atomique. *Les **neutrons** ont une charge électrique nulle.* • **Bombe à neutrons** : bombe thermonucléaire dont l'explosion s'accompagne d'un flux de neutrons qui détruit toute vie, en ne provoquant que peu de dégâts matériels.

neuvième (adjectif et nom) Qui occupe le rang numéro 9. *Ils viennent de s'installer au **neuvième** étage. David est le **neuvième** de la liste.*
▪ **neuvième** (nom masculin) Ce qui est contenu neuf fois dans un tout. *Onze est le **neuvième** de quatre-vingt-dix-neuf.*

névé (nom masculin) Amas de neige qui est en train de se transformer en glace.

neveu, eux (nom masculin) Fils du frère ou de la sœur de quelqu'un. *Mon frère a deux fils : ce sont mes **neveux**.*

névralgie (nom féminin) Douleur sur le trajet d'un nerf.

névrose (nom féminin) Maladie mentale qui se manifeste par des angoisses et des obsessions.

névrosé, ée (adjectif et nom) Qui est affecté par des troubles nerveux comme l'angoisse, l'obsession, l'hystérie. *Les **névrosés** sont soignés en hôpital psychiatrique.*

névrotique Qui caractérise la névrose. *Ce maniaque a un comportement **névrotique**.*

névus Voir ***nævus***.

newsgroup (nom masculin) Groupe de discussion sur Internet. *Ibrahim s'est inscrit à un newsgroup de musique pour échanger avec d'autres internautes.* (Syn. **forum.**)
▶ Prononciation [njuzgʀup].
★ **Newsgroup** est un mot anglais.

newton (nom masculin) Unité de force. *Une force de 1 **newton** peut communiquer à une masse de 1 kg une accélération de 1 m/s^2.*
▶ Prononciation [njutɔn].
★ **Newton** vient du nom du mathématicien et physicien *Isaac Newton.*
▶ **Newton** s'abrège en *N*.

nez (nom masculin) Organe situé au milieu du visage, qui sert à respirer et à sentir les odeurs. *Noémie est enrhumée, elle a le **nez** qui coule.* • **Au nez de quelqu'un** : en sa présence. • **Avoir du nez** *ou* **avoir le nez fin** : savoir prévoir les événements. • **Fourrer** *ou* **mettre son nez partout** : être très curieux. • **Mener quelqu'un par le bout du nez** : lui faire faire ce qu'on veut. • **Ne pas voir plus loin que le bout de son nez** : être incapable d'apprécier les situations ou de prévoir les événements. • **Se trouver nez à nez avec quelqu'un** : se trouver face à face avec lui.

ni (conjonction) Sert à réunir des propositions négatives ou des groupes de mots dans une proposition négative. *Tu veux manger ou boire quelque chose ? – Non, je n'ai **ni** faim **ni** soif.*

niais, niaise (adjectif et nom) Qui est sot et ignorant. *Il est assez **niais** pour croire ces balivernes.*

niaiserie (nom féminin) Action ou parole niaise. *Il ne raconte que des **niaiseries**.* (Syn. **bêtise, idiotie.**)

niche (nom féminin) **1** Petite cabane qui sert d'abri à un chien. *Le chien dort dans sa **niche**.* **2** Creux pratiqué dans l'épaisseur d'un mur. *Julie range ses poupées dans une **niche** vitrée.* • **Faire des niches à quelqu'un** : dans la langue familière, lui jouer des tours.

nichée (nom féminin) Petits oiseaux d'une même couvée qui sont encore au nid.

a b c d e f g h i j k l m n o p q r s t u v w x y z

nicher (verbe) (conj. 3) **1** Faire son nid quelque part. *Beaucoup d'oiseaux **nichent** dans ce gros arbre.* **2** Se nicher : se mettre quelque part. *Le chat est allé **se nicher** sur l'armoire.*
★ Famille du mot : **dénicher**, **nichée**.

nickel (nom masculin) Métal brillant, inoxydable et très résistant.

nickeler (verbe) (conj. 8 ou 9) Recouvrir d'une couche de nickel.

nicotine (nom féminin) Substance contenue dans le tabac et qui est dangereuse pour la santé.
★ **Nicotine** vient du nom de *Jean Nicot*, diplomate français qui introduisit le tabac en France au XVIe siècle.

nid (nom masculin) **1** Abri que les oiseaux construisent pour pondre, couver leurs œufs et élever leurs petits. *Kevin a ramassé un **nid** abandonné au pied d'un arbre.* **2** Habitation de certains animaux. *Fais attention, il y a un **nid** de guêpes.*

nidation (nom féminin) Implantation de l'œuf fécondé des mammifères sur la muqueuse utérine, au début de la gestation. *La **nidation** est le moment où l'œuf fécondé vient se nicher dans la muqueuse de l'utérus.*

nièce (nom féminin) Fille du frère ou de la sœur de quelqu'un. *Odile est ma **nièce**, c'est la fille de ma sœur.*

nième Voir ***énième***.

nier (verbe) (conj. 10) Dire qu'une chose n'est pas vraie. *On a accusé Pierre d'avoir cassé le vase, mais il **nie**.*

niet (adverbe) Synonyme familier de non. *Aux propositions de l'entreprise, les employés ont répondu unanimement « **niet** ».*
▶ Prononciation [njɛt].
★ **Niet** est le mot russe qui signifie « non ».

nigaud, aude (adjectif et nom) Qui est un peu bête ou naïf. *Quel grand **nigaud** ce garçon !* (Syn. **niais**, **sot**. Contr. **malin**.)

nigérian, ane → tableau p. 6 / 7.

nigérien, enne → tableau p. 6 / 7.

night-club (nom masculin) Synonyme de boîte de nuit. *Quand ils étaient jeunes, les grands-parents d'Anna allaient au **night-club** tous les samedis soir.*
▶ Pluriel : des **night-clubs**.
▶ Prononciation [najtklœb].
★ **Night-club** est un mot anglais.

nihilisme (nom masculin) État d'esprit de ceux qui ne croient à rien, qui refusent tout absolu religieux, moral ou politique. *Le **nihilisme** n'admet aucune contrainte de la société sur l'individu.*
★ **Nihilisme** est formé sur le mot latin *nihil* qui signifie « rien ».

nimbostratus (nom masculin) Nuage bas très développé verticalement et très étendu, sombre, porteur de pluie ou de neige. *Le **nimbostratus** se forme à partir d'un altostratus qui s'épaissit et s'abaisse progressivement.*
▶ Prononciation [nɛ̃bostʀatys].

nimbus (nom masculin) Gros nuage qui annonce la pluie.
▶ Prononciation [nɛ̃bys].

n'importe (adverbe) De façon indifférente, sans préférence. *Ne dis pas **n'importe** quoi. Sarah s'est habillée **n'importe** comment.*

nippes (nom féminin pluriel) Synonyme familier de vêtements. *Ce clochard est vêtu de vieilles **nippes**.*

nirvana (nom masculin) Dans le bouddhisme, extinction du désir humain, permettant de s'affranchir du cycle de la vie et de la mort. *Le **nirvana** correspond à un état de béatitude absolue.*
★ **Nirvana** est un mot sanskrit qui signifie « extinction ».

nitrate (nom masculin) Sel ou ester de l'acide nitrique. *Certains **nitrates** sont utilisés comme engrais.*

nitrique (adjectif) • Acide nitrique : acide liquide incolore, visqueux, corrosif qui fume à l'air et bout à 83 °C. *L'**acide nitrique** est utilisé dans l'industrie chimique pour fabriquer des explosifs et des vernis.*

nitroglycérine (nom féminin) Liquide jaunâtre et huileux qui détone violemment sous l'effet d'un choc. *En 1867, le Suédois Alfred Nobel utilisa la **nitroglycérine** pour inventer la dynamite.*

niveau, eaux (nom masculin) **1** Hauteur d'une chose par rapport à une surface qui sert de référence. *L'Everest culmine à 8 850 mètres au-dessus du **niveau** de la mer. Le garagiste vérifie le **niveau** d'huile.* **2** Instrument qui sert à vérifier qu'une surface est plane. *Le maçon utilise un **niveau** pour poser le carrelage.* **3** Degré de connaissances ou d'intelligence. *Le **niveau** des élèves de cette classe est très inégal.* **4** Étage d'un bâtiment. *Cet immeuble a trois **niveaux**.* • Niveau de vie : conditions d'existence et revenu de quelqu'un.

niveler (verbe) (conj. 8 ou 9) Rendre une surface horizontale et plane. *Le bulldozer **nivelle** la route.* (Syn. **aplanir**, **égaliser**.)

nivellement (nom masculin) Fait de niveler, de mettre au même niveau.
▶ On écrit aussi **nivèlement**.

nivôse (nom masculin) Quatrième mois du calendrier républicain, du 21/23 décembre au 19/21 janvier.
★ **Nivôse** vient de l'adjectif latin *nivosus* qui signifie « neigeux ».

nobiliaire (adjectif) Qui est propre à la noblesse. *Baron, marquis, comte sont des titres **nobiliaires**.*

noble (adjectif et nom) Qui fait partie de la noblesse. *Certains **nobles** vivaient à la cour du roi.*
■ **noble** (adjectif) Qui est généreux et digne d'admiration. *Ce geste **noble** vous honore.*
★ Famille du mot : **anoblir**, **nobiliaire**, **noblesse**, **nobliau**.

noblesse (nom féminin) **1** Classe sociale dont les membres jouissaient de privilèges. *Avant la révolution de 1789, la **noblesse** était très puissante.*

(Syn. **aristocratie.**) **2** Grandeur d'âme et générosité. *En lui pardonnant, il a fait preuve d'une grande* ***noblesse****.* (Contr. **bassesse.**)

nobliau (nom masculin) Personne de petite noblesse ou dont la noblesse est douteuse. *Ce soi-disant vicomte n'est qu'un* ***nobliau*** *!*

noce (nom féminin) Fête organisée pour un mariage. *La* ***noce*** *aura lieu à la campagne.* • **Faire la noce** : dans la langue familière, faire la fête.

nocif, ive (adjectif) Qui est dangereux pour la santé. *Fumer est très* ***nocif*** *pour les poumons.* (Syn. **nuisible.** Contr. **inoffensif.**)

nocivité (nom féminin) Caractère nocif. *La* ***nocivité*** *des émanations radioactives.*

noctambule (nom) Personne qui aime sortir et s'amuser la nuit. *Ce quartier de* ***noctambules*** *est très bruyant.*

nocturne (adjectif) **1** Qui se passe pendant la nuit. *On a subi le tapage* ***nocturne*** *des voisins, impossible de dormir !* **2** Dont la vie active a lieu la nuit. *Le hibou et la chouette sont des animaux* ***nocturnes****.* (Contr. **diurne.**)

■ **nocturne** (nom féminin) **1** Compétition sportive qui a lieu en soirée. **2** Ouverture d'un magasin tard le soir. *Ce magasin reste ouvert en* ***nocturne*** *le jeudi.*

nodule (nom masculin) Petit corps plus ou moins sphérique. *Des* ***nodules*** *sur les cordes vocales gênent Zoé pour parler.*

Noël (nom masculin) Fête chrétienne qui célèbre l'anniversaire de la naissance de Jésus-Christ. ***Noël*** *a lieu le 25 décembre.* • **Arbre de Noël** : sapin décoré de guirlandes et de lumières à l'occasion des fêtes de Noël. • **Père Noël** : personnage légendaire qui apporte des cadeaux aux enfants la nuit de Noël.

★ Noël vient du mot latin *natalis* qui signifie « relatif à la naissance ».

nœud (nom masculin) **1** Boucle servant à attacher, qu'on fait en croisant et en serrant une corde, une ficelle, un lacet. *Quentin n'aime pas les chaussures à lacets car il n'arrive pas à faire les* ***nœuds****.* **2** Partie ronde et dure à l'intérieur du bois d'un arbre. *Ces planches sont pleines de* ***nœuds****.* **3** Endroit où se croisent des voies de communication. *Un* ***nœud*** *routier. Un* ***nœud*** *ferroviaire.* **4** Point le plus important. *Nous sommes au* ***nœud*** *du problème.* **5** Unité de vitesse d'un bateau qui équivaut à 1 mille par heure, soit 1 852 mètres par heure. *Le voilier file à 10* ***nœuds****.*

▶ Prononciation [nø].

noir, noire (adjectif) **1** De la couleur la plus sombre. *Le charbon est de couleur* ***noire****.* **2** Qui a la peau très foncée. *Les populations* ***noires*** *d'Afrique.* **3** Au sens figuré, qui est triste et pessimiste. *Avoir des idées* ***noires****.* • **La bête noire de quelqu'un** : la chose ou la personne qu'il déteste le plus.

■ **noir** (nom masculin) **1** Couleur noire. *Le* ***noir*** *peut être un signe de deuil.* **2** Synonyme d'obscurité. *Le bébé pleure car il a peur du* ***noir****.* • **Broyer du noir** : être triste et déprimé. • **Travailler au noir** : travailler de façon clandestine.

■ **Noir, Noire** (nom) Personne à la peau noire. *Les* ***Noirs*** *américains ont inventé le jazz.*

■ **noire** (nom féminin) Note de musique qui vaut un quart de la ronde ou la moitié d'une blanche. *La* ***noire*** *vaut deux croches.*

★ Famille du mot : **noirâtre**, **noirceur**, **noircir**.

noirâtre (adjectif) Qui est presque noir. *Après avoir rangé la cave, Romain a les mains* ***noirâtres****.*

noirceur (nom féminin) Couleur noire. *Il s'enfonce dans la* ***noirceur*** *du souterrain.*

noircir (verbe) (conj. 11) **1** Donner une couleur noire. *Thomas a réparé la chaîne de son vélo, il a les mains* ***noircies*** *de cambouis.* **2** Présenter de façon noire, pessimiste. *Inutile de* ***noircir*** *davantage la situation.*

noise (nom féminin) • **Chercher noise à quelqu'un** : lui chercher querelle en le provoquant.

noisetier (nom masculin) Arbuste qui produit les noisettes.

noisette (nom féminin) Petit fruit du noisetier, recouvert d'une coquille dure. *Les écureuils ont mangé toutes les* ***noisettes****.*

noix (nom féminin) Fruit du noyer, recouvert d'une coquille dure. *La coquille des* ***noix*** *est trop dure, n'essaie pas de la casser avec tes dents !*

nom (nom masculin) **1** Mot qui sert à désigner une chose ou un être vivant. *Je ne connais pas le* ***nom*** *de cette plante.* **2** Ensemble du prénom et du nom de famille, qui sert à identifier une personne. *Ursula Genest est le* ***nom*** *de la meilleure élève de la classe.* • **Au nom de quelqu'un** : à sa place. *Victor parle* ***au nom des*** *autres élèves.* • **Nom commun** : mot qui sert à désigner des choses concrètes ou abstraites. *Les mots « chat, cartable, gentillesse » sont des* ***noms communs****, ils s'écrivent avec une minuscule.* • **Nom de famille** : nom propre des personnes d'une même famille. *Genest est le* ***nom de famille*** *d'Ursula.* • **Nom propre** : mot qui désigne une chose ou une personne particulière. *Les mots « La Fontaine, Paris, William, Japon » sont des* ***noms propres****, ils s'écrivent avec une majuscule.*

★ Famille du mot : **dénomination**, **dénommé**, **dénommer**, **innommable**, **nominal**, **nominatif**, **nomination**, **nominer**, **nommément**, **nommer**, **prénom**, **renom**, **renommé**, **renommée**, **surnom**, **surnommer**.

nomade (nom) Personne qui n'a pas d'habitation fixe. *Dans le désert, les* ***nomades*** *se déplacent avec leurs chameaux et dorment sous la tente.* (Contr. **sédentaire.**)

nombre (nom masculin) **1** Chiffre ou ensemble de chiffres représentant des unités que l'on peut compter. *7 140 est un* ***nombre*** *de quatre chiffres.* **2** Quantité de personnes ou de choses. *Connais-tu le* ***nombre*** *des habitants de la ville où tu habites ? Anna a visité la Grèce un certain* ***nombre*** *de fois.*

a b c d e f g h i j k l m **n** o p q r s t u v w x y z

3 Forme que prend un mot pour exprimer le singulier ou le pluriel. *L'adjectif s'accorde en genre et en **nombre** avec le nom auquel il se rapporte.*
★ Famille du mot : dénombr**ement**, dénombr**er**, **in**nombr**able**, nombr**eux**, **sur**nombre.

nombreux, euse (adjectif) Qui contient un grand nombre de personnes ou de choses. *Une foule très **nombreuse** s'est rassemblée. La tempête a provoqué de **nombreux** dégâts.*

nombril (nom masculin) Petite cicatrice ronde au milieu du ventre, qui est la trace de la chute du cordon ombilical.
► Prononciation [nɔ̃bʀi] ou [nɔ̃bʀil].

nombrilisme (nom masculin) Attitude d'une personne obsédée par ses propres problèmes.

nomenclature (nom féminin) Ensemble de mots définis dans un dictionnaire. *Ce dictionnaire a une **nomenclature** d'environ 25 000 mots.*

nominal, ale, aux (adjectif) Qui concerne le nom des personnes. *La maîtresse a fait l'appel **nominal** des élèves.*

nominatif, ive (adjectif) Qui contient des noms. *On a dressé la liste **nominative** des invités.*
■ **nominatif, ive** (nom masculin) Cas de déclinaison qui correspond à la fonction sujet.

nomination (nom féminin) Fait de nommer ou d'être nommé à un emploi. *Ce professeur n'a pas encore reçu sa **nomination**.*

nominer (verbe) (conj. 3) Sélectionner un créateur, une œuvre pour l'attribution d'un prix. *Ce film a été **nominé** pour le prix de la meilleure première œuvre.*
★ **Nominer** vient du mot anglais *nominee* qui signifie « désigné ».

nommément (adverbe) En disant le nom. *On l'a **nommément** accusé.*

nommer (verbe) (conj. 3) **1** Désigner quelqu'un ou quelque chose par son nom. *Saurais-tu **nommer** les pays qui forment l'Union européenne ?* **2** Désigner quelqu'un pour remplir une fonction. *Son père **a été nommé** ambassadeur de France en Chine.* **3 Se nommer** : synonyme de s'appeler. *Cet enfant **se nomme** Pierre Legrand.*

non (adverbe) Mot qui sert à exprimer la négation ou le refus. *Tu viens avec moi ? – Non, **je ne peux pas**.* (Contr. **oui.**) • **Non sans** : synonyme d'avec. *Il est parti, **non sans** regret.*

nonagénaire (adjectif et nom) Qui a entre quatre-vingt-dix et cent ans. *Ce **nonagénaire** a connu les deux guerres mondiales.*

non-aligné, ée (adjectif et nom) Qui ne s'est pas aligné sur quelque chose. *Ces pays sont les trois seuls États **non-alignés** sur la convention internationale.*
► Pluriel : des **non-alignés**, des **non-alignées**.

nonante (adjectif) Quatre-vingt-dix, dans certaines régions belges et suisses. *Mon arrière-grand-père a **nonante** et un ans.*

non-assistance (nom féminin) Délit qui consiste à s'abstenir volontairement de porter secours à quelqu'un. *Il est accusé de **non-assistance** à personne en danger.*
► Pluriel : des **non-assistances**.

non-belligérant, ante (adjectif et nom) Qui s'engage à ne pas entrer dans un conflit. *Dans cette guerre la France a décidé d'être **non-belligérante**.* (Contr. **belligérant**.)
► Pluriel : des **non-belligérant(e)s**.

nonce (nom masculin) Représentant diplomatique de l'État du Vatican. *Le **nonce** est un ambassadeur du Saint-Siège.*
★ **Nonce** vient du latin *nuntius* qui signifie « messager ».

nonchalance (nom féminin) Manque d'ardeur et d'énergie. *Élodie et son chien flânent avec **nonchalance** sur les berges du canal.* (Syn. **indolence**.)

nonchalant, ante (adjectif) Qui montre de la nonchalance. *Xavier marche d'un pas **nonchalant** sous la chaleur.* (Syn. **indolent, paresseux.** Contr. **énergique**.)

non-conformité (nom féminin) Fait de ne pas être en conformité avec une norme. *La **non-conformité** à la norme bloque la commercialisation de certains jouets.*
► Pluriel : des **non-conformités**.

non-croyant, ante (nom et adjectif) Qui ne croit en aucun dieu. *Les athées sont des **non-croyants**.* (Contr. **croyant**.)
► Pluriel : des **non-croyants**, des **non-croyantes**.

non-dit (nom masculin) Ce qui n'est pas dit, qui est caché. *À cause des tabous, il y a trop de **non-dits**.*
► Pluriel : des **non-dits**.

non-fumeur (adjectif) Où l'on n'a pas le droit de fumer. *Où est le coin **non-fumeur** dans ce bar ?*

non-lieu (nom masculin) Décision par laquelle la justice déclare qu'il n'y a pas lieu de poursuivre en justice une personne. *Pour l'accusation de meurtre, l'avocat a plaidé un **non-lieu**.*
► Pluriel : des **non-lieux**.

nonne (nom féminin) Synonyme de religieuse. *Ces **nonnes** n'avaient pas le droit de sortir de leur couvent.* (Syn. **sœur**.)

nonobstant (préposition) Synonyme littéraire de malgré. ***Nonobstant** l'ordre du professeur, il décida de quitter la classe.*
► Prononciation [nɔnɔpstɑ̃].
★ **Nonobstant** vient du mot latin *obstare* qui signifie « faire obstacle ».

non-respect (nom masculin) Fait de ne pas respecter une règle, une loi, une personne. *Le **non-respect** de la liberté d'autrui est une entorse à la Déclaration des droits de l'homme et du citoyen.*
► Pluriel : des **non-respects**.

non-sens (nom masculin) Ce qui est dépourvu de sens. *C'est un **non-sens** que de vouloir vivre seul sur une île déserte.* (Syn. **absurdité**.)
► Prononciation [nɔ̃sɑ̃s].
► Pluriel : des **non-sens**.

non-stop (adjectif et nom masculin) Qui se fait sans interruption. *Il a exposé son travail en **non-stop** pendant 4 heures.* (Syn. **continu.**)
▶ Pluriel : des **non-stops** ou des **non-stop**.
▶ Prononciation [nɔnstɔp].
★ **Non-stop** vient de l'anglais.

non-violence (nom féminin) Doctrine de ceux qui refusent d'utiliser la violence.

non-violent, ente (adjectif et nom) Qui est partisan de la non-violence. *Une manifestation **non-violente** pour la paix dans le monde.*
▶ Pluriel : des **non-violents**, des **non-violentes**.

non-voyant, ante (nom) Synonyme d'aveugle.
▶ Pluriel : des **non-voyants**, des **non-voyantes**.

nopal (nom masculin) Cactus des régions méditerranéennes à tiges aplaties en forme de raquette. *Le fruit du nopal s'appelle « figue de Barbarie ».* (Syn. **figuier de Barbarie.**)
★ **Nopal** est un mot aztèque.

nord (nom masculin) **1** Un des quatre points cardinaux, auquel on fait face quand on a l'ouest à sa gauche et l'est à sa droite. *L'aiguille d'une boussole indique le **nord**.* **2** Partie qui se situe au nord d'un pays ou d'une région. *Fatima ne connaît pas du tout le **nord** de la France.* • **Perdre le nord** : être complètement désorienté.
▪ **nord** (adjectif) Qui est situé au nord. *Les quartiers **nord** de Marseille.*
▶ Pluriel : les régions **nord**.

nord-africain, aine → tableau p. 6 / 7.

nord-américain, aine → tableau p. 6 / 7.

nordique (adjectif et nom) Qui concerne les pays de l'Europe du Nord. *La Suède est un pays **nordique**. Les Finlandais sont des **Nordiques**.*

nordiste (nom et adjectif) Partisan ou soldat des États du nord des États-Unis, dans la guerre de Sécession qui dura de 1861 à 1865. *Les **nordistes** prônaient l'abolition de l'esclavage.* (Contr. **sudiste.**)

noria (nom féminin) Machine constituée principalement d'une roue ou d'une chaîne sans fin à laquelle sont fixés des récipients servant à puiser de l'eau. *Les **norias** d'une région semi-aride.*
★ **Noria** vient de l'arabe *nâ'oûra* qui signifie « gronder » .

normal, ale, aux (adjectif) Qui est ordinaire ou habituel. *Il fait très chaud, mais c'est une température **normale** pour un mois d'août. Tu n'as rien mangé ce matin, il est **normal** que tu aies faim.* (Syn. **naturel.** Contr. **anormal, exceptionnel.**)
▪ **normale** (nom féminin) Ce qui est normal, habituel, conforme à la règle commune. *Une intelligence supérieure à la **normale**.*
★ Famille du mot : anormal, anormal**ement**, normale**ment**, normal**iser**.

normalement (adverbe) De manière normale, habituelle. ***Normalement**, ils dînent vers 20 heures.* (Syn. **d'habitude, ordinairement.**)

normaliser (verbe) (conj. 3) **1** Rendre conforme à une norme. *Les appareils de contrôle sont **normalisés**.* (Syn. **standardiser.**) **2** Rendre normal, conforme aux usages généralement en vigueur ce qui ne l'était pas ou plus. *Il faut **normaliser** les relations diplomatiques entre ces deux États qui étaient en désaccord.*

normand, ande → tableau p. 6 / 7.

norme (nom féminin) **1** Règle ou principe auxquels on doit se conformer. *Pour fabriquer des jouets, il faut respecter les **normes** de sécurité.* **2** État habituel qui correspond à la majorité des cas. *La **norme** est de 45 minutes de pause déjeuner dans la plupart des entreprises.*
★ **Norme** vient du latin *norma* qui signifie « équerre ».

norvégien, enne → tableau p. 6 / 7.

nos Voir ***notre***.

nostalgie (nom féminin) Sentiment de tristesse causé par le regret de quelque chose. *Il parle avec **nostalgie** de son enfance à Tahiti.*
★ **Nostalgie** vient du grec *nostos* qui signifie « retour » et *algos* qui signifie « douleur ».

nostalgique (adjectif) Qui est rempli de nostalgie. *Ce chant d'adieu rend Gaëlle **nostalgique**.* (Syn. **mélancolique.**)

nota bene (nom masculin) Remarque placée à la fin d'un texte pour attirer l'attention du lecteur.
▶ Prononciation [nɔtabene].
▶ Pluriel : des **nota bene**.
▶ **Nota bene** s'abrège *NB*.
★ **Nota bene** est une expression latine qui signifie « notez bien ».

notable (adjectif) Qui mérite d'être remarqué. *Hélène a fait des progrès **notables** en mathématiques.* (Syn. **appréciable, sensible.**)
▪ **notable** (nom) Personne importante par sa situation sociale. *Le maire, le médecin, le notaire font partie des **notables** du village.* (Syn. **personnalité.**)

notablement (adverbe) D'une manière notable. *Son orthographe s'est **notablement** améliorée depuis l'année dernière.* (Syn. **beaucoup, sensiblement.**)

notaire (nom masculin) Personne qui établit et garantit la validité légale des actes de vente et des contrats. *Les bureaux d'un **notaire** s'appellent une étude.*

notamment (adverbe) Particulièrement, surtout. *Julie adore les fruits, et **notamment** les agrumes.*

notation (nom féminin) **1** Manière de noter un devoir. *Selon les classes, la **notation** se fait sur 10 ou sur 20.* **2** Représentation des sons par des signes écrits. ***Notation** musicale, **notation** phonétique.*

note (nom féminin) **1** Chacun des signes qui représentent les sons musicaux. *Les sept **notes** de la gamme sont do, ré, mi, fa, sol, la, si.* **2** Chiffre qui indique l'appréciation d'un devoir. *Yann a eu la meilleure **note** en calcul : 10 sur 10.* **3** Bref commentaire ou brève explication sur un texte. *Dans*

a b c d e f g h i j k l m n o p q r s t u v w x y z

*cet ouvrage, il y a des **notes** en bas de page qui expliquent les mots difficiles.* **4** Petit texte qu'on écrit pour s'en souvenir. *Au musée, Laura prend des **notes** sur ce que dit le guide.* **5** Papier qui indique le prix à payer. *Maman demande la **note** au garçon de café pour payer les boissons.* (Syn. **addition.**)
★ Famille du mot : not**ation**, not**er**.

noter (verbe) (conj. 3) **1** Écrire un renseignement. ***Note** mon adresse et mon numéro de téléphone sur ton carnet, sinon tu vas les oublier.* (Syn. **inscrire.**) **2** Mettre une note à un devoir. *Myriam trouve que la maîtresse l'**a notée** très sévèrement.* **3** Synonyme de remarquer. *On **note** une amélioration de l'état du malade.*

notice (nom féminin) Petit texte qui explique comment utiliser une chose. *Avant de monter le meuble, lisez attentivement la **notice** !* (Syn. **mode d'emploi.**)

notifier (verbe) (conj. 10) Faire connaître de manière officielle. *Une lettre recommandée lui **a notifié** une convocation à la mairie.*

notion (nom féminin) **1** Connaissance élémentaire d'une science, d'une langue. *Noémie a quelques **notions** d'espagnol.* (Syn. **rudiments.**) **2** Idée que l'on se fait de quelque chose. *Les petits enfants n'ont aucune **notion** du danger.*

notoire (adjectif) Qui est connu d'un grand nombre de personnes. *C'est un tricheur **notoire**.*

notonecte (nom masculin ou féminin) Punaise aquatique qui nage sur le dos à l'aide de pattes postérieures en forme de rames. *La piqûre d'un **notonecte** est très douloureuse.*
★ **Notonecte** vient des mots grec *nôtos* et *nêktos* qui signifient « dos » et « nageur ».

notoriété (nom féminin) Synonyme de renom. *Ce restaurant jouit d'une grande **notoriété**.*

notre, nos (déterminant) Adjectif possessif de la première personne du pluriel. *Mon frère et moi, nous avons chacun **notre** chambre et **nos** meubles.*

le **nôtre**, la **nôtre** (pronom) Pronom possessif de la première personne du pluriel. *Ce n'est pas notre chat, **le nôtre** est gris !*
■ les **nôtres** (nom masculin pluriel) Nos parents ou ceux qui nous sont proches. *J'espère que vous serez **des nôtres** pour la fête.*

nouer (verbe) (conj. 3) Faire un nœud à quelque chose. *À cinq ans, Odile sait **nouer** ses lacets toute seule.* (Syn. **attacher.** Contr. **dénouer.**) • Avoir la gorge nouée : être ému au point de ne pouvoir parler.

noueux, euse (adjectif) **1** Où il y a beaucoup de nœuds. *Un tronc d'arbre **noueux**.* **2** Qui a les articulations enflées. *Il a les mains **noueuses** à cause des rhumatismes.*

nougat (nom masculin) Confiserie à base d'amandes, de sucre et de miel.
★ **Nougat** vient du provençal *nugo* qui signifie « noix ».

nougatine (nom féminin) Confiserie faite de caramel et d'amandes.

nouille (nom féminin) Pâte alimentaire en forme de lamelle. *À la cantine, on a mangé des **nouilles** au gratin.*

noumène (nom masculin) Chose en soi, réalité absolue que nous ne pouvons pas connaître selon le philosophe Kant. *Le **noumène** s'oppose aux apparences.*
★ **Noumène** vient du grec *noein* qui signifie « penser ».

nourrice (nom féminin) Femme qui garde des enfants en bas âge. *Comme la crèche est trop éloignée, elle emmène tous les jours son bébé chez une **nourrice**.*
★ Autrefois, la **nourrice** *nourrissait* de son lait le bébé qui lui était confié.

nourricier, ère (adjectif) Qui élève un enfant sans être le vrai parent. *Des parents **nourriciers**.* (Syn. **adoptif.**)

nourrir (verbe) (conj. 11) **1** Synonyme d'allaiter. *Elle **a nourri** son bébé plusieurs mois.* **2** Donner à manger. *Sarah **nourrit** son cochon d'Inde avec des graines et de la salade.* **3** Donner de quoi subsister, de quoi vivre. *Ils ont une famille nombreuse à **nourrir**.* (Syn. **élever, entretenir.**) **4** Se nourrir : manger tel aliment. *Les lions sont carnivores, ils **se nourrissent** de viande.*
★ Famille du mot : nourrice, nourr**icier**, nourr**issant**, nourr**isson**, nourr**iture**.

nourrissant, ante (adjectif) Qui nourrit beaucoup. *Le cassoulet est un plat très **nourrissant**.* (Syn. **nutritif.**)

nourrisson (nom masculin) Petit bébé qui ne se nourrit que de lait.

nourriture (nom féminin) Aliments avec lesquels on se nourrit. *Julie essaie d'avoir une **nourriture** équilibrée.*

nous (pronom) Pronom personnel de la première personne du pluriel. ***Nous** est sujet dans la phrase « **nous** travaillons bien », et complément dans la phrase « Benjamin **nous** a téléphoné ».*

nouveau, eaux, nouvelle (adjectif) **1** Qui existe ou qu'on a depuis peu de temps. *Ce disque est tout **nouveau**. Il s'est acheté une **nouvelle** voiture.* (Contr. **ancien, vieux.**) **2** Qui vient d'arriver quelque part. *Nous avons de **nouveaux** voisins.* **3** Qui est neuf et original. *Elle cherche des idées **nouvelles** pour s'habiller.*
► Au masculin, **nouveau** devient **nouvel** devant une voyelle ou un h muet : un *nouvel* ami, un *nouvel* hôpital.
■ **nouveau, eaux, nouvelle** (nom) Personne qui vient d'entrer dans un groupe. *Il y a deux **nouveaux** dans l'équipe.*
■ **nouveau** (nom masculin) Chose ou évènement nouveaux. *Il n'y a rien de **nouveau** depuis hier.* • À nouveau *ou* de nouveau : une fois de plus. *Zoé est **de nouveau** malade.*
■ **nouvelle** (nom féminin) **1** Annonce d'un évènement qui vient d'arriver. *La **nouvelle** de cette nais-*

sance nous a fait grand plaisir. **2** Récit plus court qu'un roman. *Maupassant écrivit près de trois cents* ***nouvelles****.*
■ **nouvelles** (nom féminin pluriel) **1** Renseignements récents sur quelqu'un. *On a reçu des* ***nouvelles*** *de grand-mère, elle va bien.* **2** Informations diffusées par les journaux, la radio et la télévision. *Chaque matin, maman écoute les* ***nouvelles*** *à la radio.*

nouveau-né, nouveau-née (nom) Bébé ou petit d'un animal qui vient de naître. *La maman et le* ***nouveau-né*** *se portent bien.*
▶ Pluriel : des **nouveau-nés**, des **nouveau-nées**.

nouveauté (nom féminin) **1** Caractère de ce qui est nouveau. *Anna déteste la routine, elle aime la* ***nouveauté****.* **2** Chose nouvelle. *Quelles sont les* ***nouveautés****, au cinéma, cette semaine ?*

nouvel, nouvelle Voir ***nouveau****.*

nova (nom féminin) Étoile dont l'éclat augmente en quelques jours puis décline lentement, en plusieurs mois, jusqu'au retour à l'état initial. *La plupart des* ***novas*** *sont à l'origine des étoiles chaudes et peu lumineuses.*
▶ Pluriel : des **novas** ou des **novae**.
★ **Nova** vient du latin *novus* qui signifie « nouveau ».

novateur, trice (adjectif) Qui innove. *Les idées qu'il a développées sont très* ***novatrices****.*

novembre (nom masculin) Onzième mois de l'année, qui compte 30 jours. *Le 1er* ***novembre*** *est le jour de la Toussaint.*
★ **Novembre** vient du latin *novem* qui signifie « neuf » car c'était le 9e mois du calendrier romain qui commençait en mars.

novice (adjectif et nom) Qui débute dans un métier ou une activité et qui n'a pas encore d'expérience. *Un professeur* ***novice****. Élodie n'a pris que quelques leçons de tennis, c'est encore une* ***novice****.* (Syn. **apprenti, débutant.**)

noyade (nom féminin) Fait de se noyer. *Il est mort par* ***noyade****.*
▶ Prononciation [nwajad].

noyau, aux (nom masculin) **1** Partie dure qui se trouve à l'intérieur de certains fruits et qui contient la graine. *Les olives, les cerises, les pêches et les abricots ont un* ***noyau****.* **2** Au sens figuré, petit groupe de personnes qui mènent une action particulière. *Dans cette réunion, il y a un petit* ***noyau*** *d'agitateurs.* **3** Partie centrale de quelque chose. *Le* ***noyau*** *de l'atome.*
▶ Prononciation [nwajo].

noyé, ée (nom) Personne morte par noyade. *On déplore deux* ***noyés*** *à la suite de la tempête en mer.*
▶ Prononciation [nwaje].

① **noyer** (verbe) (conj. 6) **1** Tuer quelqu'un ou un animal en le mettant sous l'eau. *Il ne savait pas nager et s'****est noyé****.* **2** Embrouiller quelqu'un. *Fatima* ***est noyée*** *dans ces explications compliquées.* • **Noyer le poisson** : embrouiller son interlocuteur pour éviter une question embarrassante.
▶ Prononciation [nwaje].
★ Famille du mot : noy**ade**, noy**é**.

② **noyer** (nom masculin) Arbre fruitier qui donne les noix.
▶ Prononciation [nwaje].

① **nu, nue** (adjectif) **1** Qui ne porte aucun vêtement. *Gaëlle s'est mise toute* ***nue*** *pour prendre sa douche.* (Contr. **habillé.**) **2** Sans aucune décoration ni aucun ornement. *Les murs de sa chambre sont entièrement* ***nus****.* • **À l'œil nu** : en regardant sans instrument spécial. *Tu devrais prendre des jumelles car tu ne verras rien* ***à l'œil nu****.* • **À mains nues** : sans arme.
■ **nu** (nom masculin) Tableau qui représente un corps humain nu.
★ Famille du mot : **dénuder**, nud**isme**, nud**iste**, nud**ité**.

② **nu** (nom masculin) Treizième lettre de l'alphabet grec, qui s'écrit ν et qui correspond au *n* de l'alphabet latin.

nuage (nom masculin) **1** Amas de gouttelettes d'eau qui flotte dans le ciel. *Ces gros* ***nuages*** *devraient apporter la pluie.* **2** Matière légère et vaporeuse qui empêche de voir. *Un* ***nuage*** *de poussière et de fumée s'est élevé après l'explosion.* • **Être dans les nuages** : être distrait ou rêveur.

nuageux, euse (adjectif) Couvert de nuages. *Le ciel est très* ***nuageux*** *aujourd'hui, il va peut-être pleuvoir.*

nuance (nom féminin) **1** Chacun des degrés par lesquels peut passer une couleur. *Pour la peinture de sa chambre, Hélène hésite entre différentes* ***nuances*** *de jaune.* **2** Petite différence. *Il y a une* ***nuance*** *de sens entre « beau » et « magnifique ».*
★ Famille du mot : nuanc**er**, nuanc**ier**.

nuancer (verbe) (conj. 4) Exprimer quelque chose en tenant compte des nuances. *Quand vous connaîtrez mieux la question, vous* ***nuancerez*** *votre opinion.*

nuancier (nom masculin) Échantillon des nuances et couleurs d'un produit proposées à la clientèle. *Myriam a choisi la couleur de sa chambre sur un* ***nuancier*** *de peinture.*

nubile (adjectif) **1** Qui est en âge de se marier. *Selon le Code civil, les filles sont réputées* ***nubiles*** *à quinze ans, et les garçons à dix-huit.* **2** Qui est en âge de procréer. *L'âge* ***nubile*** *est celui de la fin de la puberté.* (Syn. **pubère**).)
★ **Nubile** vient du latin *nubere* qui signifie « se marier ».

nubuck (nom masculin) Cuir de bovin présentant un aspect velouté. *Fatima s'est acheté un sac en* ***nubuck****.*
★ **Nubuck** vient des mots anglais *new* et *buck* qui signifient « nouveau » et « daim ».

a b c d e f g h i j k l m n o p q r s t u v w x y z

nucléaire (adjectif) Qui utilise l'énergie produite par la désintégration du noyau de l'atome. *Cette centrale **nucléaire** produit de l'électricité. Les armes **nucléaires** sont redoutables.*
▪ **nucléaire** (nom masculin) Énergie nucléaire. *Le **nucléaire** fournit 80% de l'électricité en France.*
★ **Nucléaire** vient du latin *nucleus* qui signifie « noyau ».

nucléotide (nom masculin) Molécule composée d'un sucre, d'une base qui contient de l'azote et d'un acide contenant du phosphore. *Le métabolisme cardiaque produit beaucoup de **nucléotides** riches en énergie.*

nucléus (nom masculin) Bloc de pierre dure, comme le silex, que l'on transformait en éclat ou en lames. *Les hommes préhistoriques taillaient des **nucléus** qui servaient de couteaux.*
▶ Prononciation [nykleys].
▶ On écrit aussi **nucleus**.

nudisme (nom masculin) Pratique qui invite à vivre nu en pleine nature. (Syn. **naturisme**.)

nudiste (nom) Adepte du nudisme. (Syn. **naturiste**.)

nudité (nom féminin) État d'une personne nue.

nuée (nom féminin) Grande quantité d'insectes, d'oiseaux, qui évoque un nuage. *Une **nuée** d'abeilles s'est échappée de la ruche.*

nues (nom féminin pluriel) Synonyme littéraire de nuage. • **Porter aux nues** : louer exagérément. • **Tomber des nues** : éprouver une grande surprise en apprenant une nouvelle.

nuire (verbe) (conj. 43) Causer du tort ou du mal. *Le tabac et l'alcool **nuisent** beaucoup à la santé.*
▶ **Nuire** se conjugue comme *cuire*, sauf au participe passé : *nui*.
★ Famille du mot : nuis**ance**, nuis**ible**.

nuisance (nom féminin) Ce qui nuit à la qualité de la vie. *La pollution de l'eau, le bruit, les fumées d'usine sont des **nuisances** pour l'homme.*

nuisible (adjectif) Qui nuit. *Ces insectes sont **nuisibles** aux cultures. Un climat **nuisible** à la santé.*

nuit (nom féminin) Durée pendant laquelle le Soleil n'éclaire pas la partie de la Terre où on se trouve. *En hiver, les **nuits** sont plus longues qu'en été. Il est neuf heures du soir, la **nuit** commence à tomber.*

nuitée (nom féminin) Nuit passée à l'hôtel. *Le nombre de **nuitées** de cet hôtel augmente durant la période du festival.*

① **nul, nulle** (déterminant) Pas un seul. ***Nulle** autre chanson n'est aussi belle !* (Syn. **aucun**.)
▪ **nul** (pronom) Pas une seule personne. ***Nul** n'est censé ignorer la loi.*
★ Famille du mot : null**ement**, nulle part.

② **nul, nulle** (adjectif) Qui n'a aucune valeur ou qui est très mauvais dans un domaine. *Il est **nul** en géographie.* • **Match nul** : dans lequel il n'y a ni gagnant ni perdant.
★ Famille du mot : **annulation**, **annuler**, null**ité**.

nullement (adverbe) Pas du tout. *Tu ne me gênes **nullement**.*

nulle part (adverbe) À aucun endroit. *Julie a beau chercher son maillot de bain, elle ne le trouve **nulle part**.*

nullité (nom féminin) Caractère nul de quelque chose ou de quelqu'un. *Le Conseil d'État a déclaré la **nullité** de cette élection.*

numéraire (nom masculin) Argent liquide. *Nous avons dû payer en **numéraire** et non par chèque.* (Syn. **espèces**.)

numéral, ale, aux (adjectif) • **Adjectif numéral** : adjectif qui représente un nombre. *Les adjectifs **numéraux** indiquent soit la quantité (deux), soit le rang (deuxième).*
★ Famille du mot : numér**ateur**, numér**ation**, numér**ique**, numér**iser**.

numérateur (nom masculin) Terme d'une fraction placé au-dessus de la barre et qui indique de combien de parties égales de l'unité se compose cette fraction.

numération (nom féminin) Manière d'énoncer ou d'écrire les nombres. *La **numération** romaine n'utilisait pas le 0.*

numérique (adjectif) **1** Considéré du point de vue du nombre. *Ils ont gagné grâce à leur supériorité **numérique**.* **2** Qui enregistre une information sous forme de nombres. *Un système d'affichage **numérique**.*

numériser (verbe) (conj. 3) Convertir une information comprenant du texte, du son, de l'image sous une forme chiffrée. *Le système informatique **numérise** des données sonores.*

numéro (nom masculin) **1** Chiffre ou ensemble de chiffres. *Ce bus porte le **numéro** 177.* **2** Exemplaire d'un journal ou d'une revue. *Le prochain **numéro** sort le 15 juin.* **3** Partie d'un spectacle. *Clément a surtout aimé le **numéro** de clowns.*
★ Famille du mot : numéro**tation**, numéro**ter**.

numérotation (nom féminin) Action ou façon de numéroter. *L'imprimeur s'est trompé dans la **numérotation** des pages.*

numéroter (verbe) (conj. 3) Repérer par un numéro. *Laura **numérote** les pages de son exposé.*

numismatique (nom féminin et adjectif) Étude, science des monnaies et des médailles. *Le club de **numismatique** organise régulièrement des journées d'échange de pièces.*
★ **Numismatique** vient du grec *nomisma* qui signifie « monnaie ».

nu-pieds (nom masculin) Sandale qui laisse le pied largement découvert. *Myriam met des **nu-pieds** pour aller à la plage.*
▶ Pluriel : des **nu-pieds**.

nuptial, ale, aux (adjectif) Du mariage. *La cérémonie **nuptiale** a eu lieu à la mairie.*

nuque (nom féminin) Partie arrière du cou. *Les prisonniers marchaient les mains derrière la **nuque**.*

nurse (nom féminin) Femme chargée de s'occuper des enfants et qui vit avec la famille.
▶ **Nurse** est un mot anglais : on prononce [nœʀs].

nursery (nom féminin) Endroit réservé aux soins donnés aux très jeunes enfants. *À l'aéroport, il y a une **nursery** pour changer les bébés.*
▶ **Nursery** est un mot anglais : on prononce [nœʀsəʀi].

nutriment (nom masculin) Substance nutritive qui peut être assimilée directement par l'organisme. *Les protéines, les glucides, les lipides sont des **nutriments**.*

nutritif, ive (adjectif) Synonyme de nourrissant. *Le kiwi est un fruit très **nutritif**.*
★ Famille du mot : **mal**nutrition, nutri**ment**, nutrit**ion**, nutrit**ionniste**.

nutrition (nom féminin) Manière de se nourrir. *Dans les pays sous-développés, il y a de gros problèmes de **nutrition**.*

nutritionniste (nom) Médecin spécialiste de la nutrition. *Un **nutritionniste** lui a indiqué le régime alimentaire à suivre.*

nyctalope (adjectif et nom) Qui peut voir dans l'obscurité. *La chouette est un oiseau **nyctalope**.*
★ **Nyctalope** vient des mots grecs *nux* et *ôps* qui signifient « nuit » et « vue ».

nylon (nom masculin) Fibre textile synthétique. *Une chemise en **nylon** n'a pas besoin d'être repassée.*
▶ **Nylon** est le nom d'une marque.

nymphe (nom féminin) Dans la mythologie grecque, divinité féminine des montagnes, des bois ou des fleuves.
▶ Prononciation [nɛ̃f].

nymphéa (nom masculin) Nénuphar blanc. *Les **nymphéas** du peintre impressionniste Claude Monet sont très connus.*

nymphomane (nom féminin et adjectif) Personne de sexe féminin obsédée par ses désirs sexuels. *La **nymphomane** a des relations avec beaucoup d'hommes.*

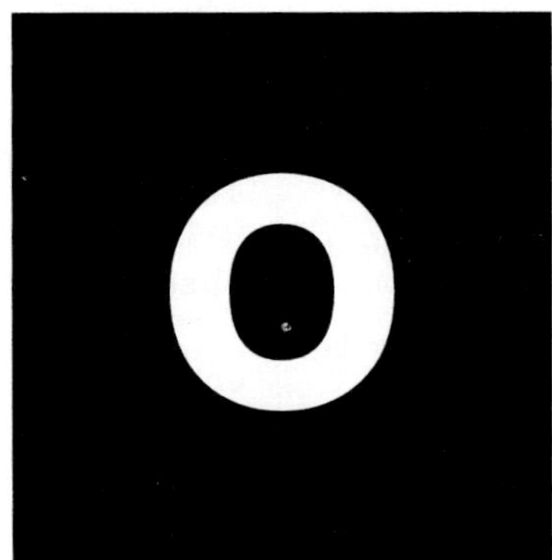

o (nom masculin) Quinzième lettre de l'alphabet. *Le O est une voyelle.*

ô (interjection) **1** Interjection qui précède une apostrophe, une invocation. ***Ô** mon Dieu, aidez-moi !* **2** Interjection qui renforce une marque d'émotion, une exclamation. ***Ô** joie, vous voilà enfin !*
▶ Le point d'exclamation se place à la fin de la phrase et non pas juste après **ô**.

oasis (nom féminin) Endroit du désert couvert de végétation et habité grâce à la présence d'un point d'eau. *Des palmiers poussent dans l'**oasis**.*
▶ Prononciation [ɔazis].

obédience (nom féminin) • **D'obédience** : qui se rattache à une tendance politique. *On soupçonnait ce groupe terroriste d'être d'**obédience** fasciste.*

obéir (verbe) (conj. 11) Se soumettre à l'autorité de quelqu'un. *Je commande et tu **obéis**.* (Contr. **désobéir.**)
★ Famille du mot : **dés**obéir, **dés**obéiss**ance**, **dés**obéis**sant**, obéiss**ance**, obéiss**ant**.

obéissance (nom féminin) Fait d'obéir à un ordre. *Le soldat a été puni pour refus d'**obéissance**.* (Syn. **soumission.** Contr. **désobéissance.**)

obéissant, ante (adjectif) Qui obéit. *Un enfant **obéissant**.* (Syn. **docile, soumis.** Contr. **désobéissant.**)

obélisque (nom masculin) Colonne de pierre à quatre faces, se terminant en pointe. *Les **obélisques** se trouvaient à l'entrée des temples égyptiens.*

obèse (adjectif et nom) Qui est trop gros. *Cet enfant est **obèse,** il devrait suivre un régime.* (Contr. **maigre.**)

obésité (nom féminin) État d'une personne obèse. *En cas d'**obésité,** il faut consulter un médecin.*

objecter (verbe) (conj. 3) Opposer comme argument. *On lui **a objecté** qu'il était trop jeune pour s'inscrire au club.*
★ Famille du mot : object**eur**, objec**tion**.

objecteur (nom masculin) • **Objecteur de conscience** : jeune homme qui refuse d'être soldat parce que sa conscience le lui interdit.

① **objectif, ive** (adjectif) Qui voit les choses comme elles sont réellement. *Cet article paru dans le journal est un compte rendu **objectif** des évènements.* (Contr. **subjectif.**)
★ Famille du mot : objective**ment**, objectiv**ité**.

② **objectif** (nom masculin) **1** But qu'on cherche à atteindre. *Benjamin s'est fixé comme **objectif** d'être le meilleur de sa classe.* **2** Ensemble de lentilles de verre qui permet de filmer ou de photographier.

objection (nom féminin) Ce que l'on objecte à une proposition. *Quelqu'un a-t-il une **objection** ?*

objectivement (adverbe) De façon objective. *Efforcez-vous de raconter les faits aussi **objectivement** que possible !*

objectivité (nom féminin) Qualité d'une personne ou d'une chose objective. *Le manque d'**objectivité** de ce journal rend douteuses ses informations.* (Contr. **subjectivité.**)

objet (nom masculin) **1** Chose qu'on peut voir ou toucher. *Une théière, un crayon, une affiche sont des **objets**.* **2** Ce que l'on cherche à faire. *Voici l'**objet** de ma visite.* (Syn. **but, sujet.**) • **Complément d'objet** : chose ou personne sur quoi porte l'action du verbe. *Dans la phrase « Clément et son frère regardent les étoiles », « étoiles » est **complément d'objet** de « regarde ».*

obligation (nom féminin) Ce qu'on est obligé de faire. *Ses **obligations** professionnelles l'ont empêché de venir.*

obligatoire (adjectif) Qu'on est obligé de faire sous peine de sanctions. *Le port de la ceinture de sécurité est **obligatoire** en voiture.* (Contr. **facultatif.**)

obligatoirement (adverbe) De façon obligatoire. *Il doit **obligatoirement** verser quinze euros au moment de l'inscription.*

obligeance (nom féminin) Qualité d'une personne obligeante. *Je vous remercie de votre **obligeance**.* (Syn. **amabilité, gentillesse.**)

obligeant, ante (adjectif) Qui aime obliger, rendre service. *Monsieur Dubois est un homme très* ***obligeant****, très apprécié de ses voisins.* (Syn. **aimable, complaisant, serviable.**)

obliger (verbe) (conj. 5) **1** Forcer quelqu'un à faire quelque chose. *La pluie nous* ***a obligés*** *à rentrer à la maison.* (Syn. **contraindre.**) **2** Synonyme littéraire de rendre service. *Vous m'****obligeriez*** *en me prêtant votre crayon.*
★ Famille du mot : **dés**oblig**eant**, oblig**ation**, oblig**atoire**, oblig**atoirement**, oblig**eance**, oblig**eant**.

oblique (adjectif) Qui n'est ni vertical ni horizontal. *Anna a dessiné le toit de la maison avec deux lignes* ***obliques****.*

obliquer (verbe) (conj. 3) Changer de direction. *Au croisement, la voiture* ***a obliqué*** *à droite.* (Syn. **tourner.**)

oblitérer (verbe) (conj. 8) Marquer un timbre postal d'un cachet qui porte la date du jour de l'envoi du courrier.

oblong, longue (adjectif) De forme allongée. *Les aubergines ont une forme* ***oblongue****.*

obnubilé, ée (adjectif) Qui est complètement obsédé par quelque chose. *Ils sont* ***obnubilés*** *par la télévision.*

obole (nom féminin) Petite contribution en argent. *Chacun a apporté son* ***obole*** *pour aider les réfugiés.*
★ L'**obole** était une petite pièce de monnaie de la Grèce antique.

obscène (adjectif) Qui est indécent et très grossier. *Quelqu'un a écrit des mots* ***obscènes*** *sur les portes des WC publics.*

obscénité (nom féminin) Parole ou geste obscène. *Un clochard, complètement ivre, hurle des* ***obscénités****.*

obscur, ure (adjectif) **1** Qui manque de lumière. *Ce parking sous-terrain est très* ***obscur****.* (Syn. **sombre.**) **2** Qui est difficile à comprendre. *Sa lettre contient quelques passages* ***obscurs****.* (Syn. **confus.** Contr. **clair.**) **3** Qui est peu connu. *Pendant la guerre, il y a eu bien des héros* ***obscurs****.* (Contr. **célèbre, illustre.**)
★ Famille du mot : obscurant**isme**, obscurc**ir**, obscur**ité**.

obscurantisme (nom masculin) Hostilité systématique à la diffusion des connaissances, au progrès scientifique. *Les intégristes religieux sont souvent accusés d'****obscurantisme****.*

obscurcir (verbe) (conj. 11) Rendre obscur. *Le ciel s'****obscurcit****, l'orage est proche.* (Syn. **assombrir.**)

obscurité (nom féminin) Absence de lumière. *David ne trouve pas la minuterie dans l'****obscurité****.* (Syn. **noir.**)

obsédant, ante (adjectif) Qui obsède. *Ce rêve* ***obsédant*** *lui est revenu à l'esprit plusieurs fois dans la journée.*

obséder (verbe) (conj. 8) Occuper sans cesse l'esprit. *Son travail l'****obsède*** *jour et nuit.* (Syn. **hanter.**)
★ Famille du mot : obséd**ant**, obsess**ion**, obsession**nel**.

obsèques (nom féminin pluriel) Synonyme de funérailles. *Les* ***obsèques*** *ont eu lieu dans la plus stricte intimité.*

obséquieux, euse (adjectif) D'une politesse, d'une prévenance exagérée. *Le vendeur est d'un empressement* ***obséquieux****.*

observateur, trice (adjectif) Qui aime et sait observer. *C'est une personne attentive, qui a l'esprit* ***observateur****.*
■ **observateur, trice** (nom) Personne chargée d'observer quelque chose sans y participer. *L'ONU a envoyé des* ***observateurs*** *dans la zone des combats.*

observation (nom féminin) **1** Action d'observer. *Ibrahim a le sens de l'****observation****, il ferait un parfait détective.* **2** Critique concernant l'attitude de quelqu'un. *La maîtresse lui a fait des* ***observations****.* (Syn. **remontrances, réprimande, reproche.**) **3** Réflexion sur une question. *Avez-vous des* ***observations*** *à faire ?* (Syn. **commentaire, remarque.**)

observatoire (nom masculin) Établissement destiné aux observations scientifiques. *Les astronomes ont observé la comète toute la nuit avec le télescope de l'****observatoire****.*

observer (verbe) (conj. 3) **1** Regarder attentivement pour étudier ou surveiller. *La sentinelle* ***observe*** *les alentours.* **2** Se conformer à une règle. *Dans la bibliothèque, on est prié d'****observer*** *le silence.* (Syn. **respecter.**)
★ Famille du mot : observ**ateur**, observ**ation**, observa**toire**.

obsession (nom féminin) Pensée obsédante. *Devenir une star, c'est une* ***obsession*** *chez elle.* (Syn. **hantise, idée fixe.**)

obsessionnel, elle (adjectif) Qui devient une obsession. *Cette manie de tout nettoyer devient* ***obsessionnelle****.*
■ **obsessionnel** (nom) Personne dominée par ses obsessions. *Le cleptomane est un* ***obsessionnel****.*
• Névrose obsessionnelle : trouble mental qui s'exprime par des idées obsédantes.

obsidional, ale, aux (adjectif) Qui concerne le siège d'une ville. *Une monnaie* ***obsidionale*** *est une monnaie frappée dans une ville assiégée.*
★ **Obsidional** vient du latin *obsidio* qui signifie « siège ».

obsolète (adjectif) Qui est périmé, désuet. *Cette loi n'est plus au goût du jour, elle est* ***obsolète****.*

obstacle (nom masculin) **1** Ce qui empêche de passer. *La voiture a évité l'****obstacle*** *de justesse.* **2** Ce qui gêne ou empêche la réalisation de quelque chose. *Pour trouver un emploi, elle a triomphé de tous les* ***obstacles****.* (Syn. **difficulté.**)

obstétricien, enne (nom) Médecin spécialisé dans l'obstétrique. *Le grand-père d'Émilie était un célèbre* ***obstétricien****.*

obstétrique (nom féminin) Partie de la médecine qui traite de la grossesse et des accouchements. *Sa mère est sage-femme et travaille dans le service d'**obstétrique** de l'hôpital.*
★ **Obstétrique** vient du latin *obstetrix* qui signifie « sage-femme ».

obstination (nom féminin) Caractère ou comportement d'une personne qui s'obstine. *Son **obstination** à apprendre le mènera loin.* (Syn. **acharnement, entêtement.**)

obstinément (adverbe) Avec obstination. *Elle refuse **obstinément** de se faire aider.*

s'**obstiner** (verbe) (conj. 3) Persévérer avec entêtement. *Il **s'obstine** à vouloir la convaincre.* (Syn. **s'acharner, s'entêter.**)
★ Famille du mot : obstin**ation**, obstin**ément**.

obstruction (nom féminin) • **Faire de l'obstruction** : bloquer le déroulement d'une discussion ou d'une action.

obstruer (verbe) (conj. 3) Boucher un conduit. *Un nid d'oiseaux **a obstrué** la gouttière.*

obtempérer (verbe) (conj. 8) Obéir sans discuter. *Le gendarme a écrit dans son procès-verbal que l'automobiliste avait refusé d'**obtempérer**.*

obtenir (verbe) (conj. 19) Parvenir à avoir. *Élodie **a obtenu** la permission d'aller à la patinoire.*

obtention (nom féminin) Fait d'obtenir. *On lui a expliqué les démarches nécessaires à l'**obtention** d'un visa.*

obturateur, trice (adjectif et nom masculin) Qui sert à obturer. *En mécanique, un **obturateur** sert à régler ou à interrompre le débit d'un fluide dans une canalisation.*

obturer (verbe) (conj. 3) Boucher une ouverture ou un trou. *L'entrée du souterrain **a été obturée** pour éviter les accidents.*

obtus, use (adjectif) Sans finesse. *Je le trouve borné et **obtus**.* (Contr. **fin, subtil, vif.**) • **Angle obtus** : angle plus ouvert que l'angle droit. (Contr. **aigu.**)

obtusangle (adjectif) Dont l'un des angles est obtus.

obus (nom masculin) Projectile explosif lancé par un canon. *Un éclat d'**obus** l'a atteint à l'épaule.*

obvier (verbe) (conj. 10) Prévenir un mal, dans la langue littéraire. *Les enfants ont pu **obvier** à ce danger.* (Syn. **éviter.**)
★ **Obvier** vient du latin *obviare* qui signifie « résister ».

oc (nom masculin) • **Langue d'oc** : ensemble des dialectes du Moyen Âge parlés dans le sud de la France.
★ Dans ces dialectes, *oui* se disait **oc** alors que dans le nord de la France, *oui* se disait **oïl**.

occasion (nom féminin) **1** Circonstance favorable. *Pierre a profité de l'**occasion** pour s'en aller.* **2** Marchandise vendue à un prix intéressant. *Une **occasion** pareille, il ne faut pas la laisser passer !* • **À l'occasion** : si le cas se présente. • **À l'occasion d'un évènement** : à cause ou à propos de celui-ci. • **D'occasion** : qui n'est pas neuf.
★ Famille du mot : occasionn**el**, occasionn**ellement**, occasionn**er**.

occasionnel, elle (adjectif) Qui se produit à l'occasion. *Ce n'est pas son métier, c'est un travail **occasionnel**.*

occasionnellement (adverbe) De façon occasionnelle. *Il lui arrive **occasionnellement** de garder les enfants de la voisine.* (Contr. **habituellement.**)

occasionner (verbe) (conj. 3) Être l'occasion malheureuse de quelque chose. *Son étourderie lui **a occasionné** bien des ennuis.* (Syn. **causer, provoquer.**)

occident (nom masculin) Côté de l'horizon où le soleil se couche. (Syn. **couchant, ouest.** Contr. **levant, orient.**) • **L'Occident** : l'ensemble des pays d'Europe et d'Amérique du Nord.

occidental, ale, aux (adjectif) De l'occident. *La Bretagne est située dans la partie **occidentale** de la France.*
▪ **occidental, ale, aux** (adjectif et nom) De l'Occident. *La France, l'Italie, l'Allemagne, le Canada sont des pays **occidentaux**. Les Français, les Anglais sont des **Occidentaux**.*

occidentaliser (verbe) (conj. 3) Transformer en prenant comme modèle les valeurs, la culture de l'Occident. *Les habitudes de vie des Japonais **s'occidentalisent** peu à peu.*

occipital, ale, aux (adjectif) De l'occiput. *Les lobes **occipitaux** se situent à l'arrière du cerveau.*
▪ **occipital** (nom masculin) Os situé à la partie inférieure de l'arrière du crâne et traversé par un large orifice. *Le bulbe rachidien passe par le trou de l'**occipital**.*
▶ Prononciation [ɔksipital].

occiput (nom masculin) Partie située à l'arrière de la tête, au-dessus de la nuque. *Victor a reçu un coup sur l'**occiput**.*
▶ Prononciation [ɔksipyt].

occire (verbe) Synonyme littéraire de tuer. *Le chevalier dans son élan voulut **occire** son adversaire.*
▶ **Occire** s'emploie seulement à l'infinitif et au participe passé sous la forme de *occis, ise*.

occitan, ane → tableau p. 6 / 7.

occlusion (nom féminin) Rapprochement des bords d'une ouverture naturelle. *Certaines maladies des yeux provoquent l'**occlusion** des paupières.* • **Occlusion intestinale** : blocage du transit des matières fécales et des gaz.

occulte (adjectif) Qui est caché et mystérieux. *Cet homme a eu un rôle **occulte** dans la vie politique de son époque.* • **Sciences occultes** : études qui s'intéressent à des phénomènes inexplicables. *L'astrologie, l'alchimie sont des **sciences occultes**.*

occulter (verbe) (conj. 3) Synonyme littéraire de cacher. *La vérité **a été occultée**.*

a b c d e f g h i j k l m n o p q r s t u v w x y z

occupant, ante (nom) Personne qui occupe un local ou un lieu. *Les **occupants** de l'immeuble ont été évacués par les pompiers.*
▪ **occupant** (nom masculin) Ennemi qui occupe un pays. *La résistance lutte contre l'**occupant**.*

occupation (nom féminin) **1** Activité qui occupe le temps. *C'est une femme qui a beaucoup d'**occupations**.* **2** Action d'occuper. *L'armée d'**occupation** a finalement été chassée du pays.*

occupé, ée (adjectif) **1** Qui est en train de faire quelque chose ou qui a beaucoup à faire. *Vous voyez bien que je suis **occupé** !* **2** Où quelqu'un est déjà installé. *La place est déjà **occupée**, il faudra attendre votre tour.* (Contr. **inoccupé, libre.**) **3** Qui est envahi par un pays ennemi. *En 1940, la France a été partagée entre une zone libre et une zone **occupée** par l'armée allemande.*

occuper (verbe) (conj. 3) **1** Remplir le temps de quelqu'un. *À quoi **occupez**-vous vos soirées d'été ?* **2** Remplir un espace. *Un marché couvert **occupe** le centre du village.* **3** Habiter un lieu. *La concierge **occupe** la loge à l'entrée de l'immeuble.* **4** Se rendre maître d'un lieu. *La France **a été occupée** de 1940 à 1944.* **5** **S'occuper de** : consacrer du temps et de l'attention à quelqu'un ou à quelque chose. *C'est Quentin qui **s'occupe** du chat, il n'oublie jamais de lui donner ses croquettes.*
★ Famille du mot : **in**occupé, occup**ant**, occup**ation**, occup**é**.

occurrence (nom féminin) • **En l'occurrence** : dans le cas dont on parle. *À la plage, j'ai rencontré un de mes amis, **en l'occurrence** c'était Romain.*

océan (nom masculin) Vaste étendue d'eau salée. *L'**océan** Pacifique, l'**océan** Atlantique, l'**océan** Indien, l'**océan** Arctique, l'**océan** Antarctique.*
★ Famille du mot : océan**ique**, océanographie.

océanien, enne → tableau p. 6 / 7.

océanique (adjectif) Se dit du climat doux et humide des régions proches de l'océan. *La Bretagne a un climat **océanique**.*

océanographie (nom féminin) Science qui étudie les océans.

ocelot (nom masculin) Félin d'Amérique du Sud à la fourrure tachetée de brun.

ocre (adjectif) De couleur jaune foncé ou jaune-brun. *Un village provençal aux maisons **ocre**.*
▶ Pluriel : des murs **ocre**.
▪ **ocre** (nom masculin) Couleur ocre.

octane (nom masculin) Hydrocarbure saturé. *L'indice d'**octane** mesure la capacité de certains carburants à éviter les détonations.*

octante (adjectif) Quatre-vingts dans certaines régions de Belgique et de Suisse. *Le bourg ne comptait qu'**octante** habitants.*

octave (nom féminin) Intervalle de huit notes formant la gamme.

octet (nom masculin) Groupe de huit bits. *L'**octet** est considéré comme l'unité de capacité de mémoire informatique.*
▶ Prononciation [ɔktɛ].

octobre (nom masculin) Dixième mois de l'année, qui compte 31 jours.
★ **Octobre** vient du latin *octo* qui signifie « huit » : c'était le huitième mois de l'année romaine, qui commençait en mars.

octogénaire (adjectif et nom) Qui a entre quatre-vingts et quatre-vingt-neuf ans. *L'arrière-grand-mère de Fatima est **octogénaire**.*

octogone (nom masculin) Polygone qui a huit côtés.

octosyllabe (adjectif et nom masculin) Vers qui a huit syllabes. *Les lais sont souvent composés en **octosyllabes**.*

octroi (nom masculin) Autrefois, sorte de droit de douane sur les marchandises, perçu à l'entrée des villes.

octroyer (verbe) (conj. 6) Attribuer par faveur. *Elle **s'est octroyé** des jours de vacances.* (Syn. **accorder.**)

oculaire (adjectif) De l'œil. *On lui a recommandé de faire de la gymnastique **oculaire**.* • **Témoin oculaire** : qui a vu une chose de ses propres yeux.
▪ **oculaire** (nom masculin) Partie d'un appareil d'optique où l'on applique l'œil.

oculiste (nom) Synonyme d'ophtalmologiste. *L'**oculiste** lui a prescrit une paire de lunettes.*
★ Voir **ophtalmologiste**.

odalisque (nom féminin) Femme d'un harem. *Ingres a peint une **odalisque** très célèbre.*
★ **Odalisque** vient du turc.

ode (nom féminin) Poème lyrique. *Dans la Grèce antique, l'**ode** était chantée sur un accompagnement musical.*
★ **Ode** vient du grec *ôdê* qui signifie « chant ».

odeur (nom féminin) Sensation perçue par le nez. *Il flotte une **odeur** de pomme dans le grenier.*
★ Famille du mot : **dé**odor**ant**, **in**odor**e**, **mal**odor**ant**, odor**ant**, odor**at**, odor**ifér**ant.

odieux, euse (adjectif) Qui est détestable. *Son égoïsme est parfois **odieux** !* (Syn. **insupportable.** Contr. **charmant.**)

odontocète (nom masculin) Cétacé pourvu de dents. *Les dauphins, les cachalots, les orques sont des **odontocètes**.*
★ **Odotoncète** vient des mots grecs *odous* et *kêtos* qui signifient « dent » et « gros animal marin ».

odorant, ante (adjectif) Qui répand une odeur. *Le muguet, le lis, le lilas sont des fleurs **odorantes**.* (Contr. **inodore.**)

odorat (nom masculin) Sens par lequel on perçoit les odeurs. *À l'**odorat**, je sais déjà ce que nous allons manger.*

odoriférant, ante (adjectif) Qui sent bon. *Le thym et la lavande sont des plantes **odoriférantes**.*

odyssée (nom féminin) Voyage plein de péripéties. *Leur retour de vacances a été une véritable* ***odyssée****.*
★ **L'Odyssée** est le titre d'un long poème grec dans lequel Homère raconte comment, après le siège de Troie, Ulysse erra dix ans sur la Méditerranée avant de rentrer chez lui.

œcuménique (adjectif) Qui rassemble plusieurs Églises. *Les Églises chrétiennes ont signé plusieurs accords* ***œcuméniques****.*
▶ Prononciation [økymenik] ou [ekymenik].
★ **Œcuménique** vient des mots grecs *oikoumenê* et *gê* qui signifient « terre habitée ».

œdème (nom masculin) Gonflement d'un tissu, notamment au niveau de la peau. *Les inflammations et les allergies peuvent provoquer des* ***œdèmes****.*
▶ Prononciation [ødɛm] ou [edɛm].
★ **Œdème** vient du grec *oidein* qui signifie « enfler ».

œil (nom masculin) Organe de la vue. *Zoé, toi qui as de bons* ***yeux****, veux-tu m'enfiler mon aiguille ?* • **À l'œil** : synonyme familier de gratuitement. • **Avoir bon pied bon œil** : être en bonne santé, en parlant d'une vieille personne. • **Avoir l'œil à tout** : veiller à tout. • **Avoir quelqu'un à l'œil** : le surveiller. • **Coûter les yeux de la tête** : coûter très cher. • **D'un bon *ou* d'un mauvais œil** : favorablement ou défavorablement. • **Faire les gros yeux à quelqu'un** : le regarder sévèrement. • **Fermer les yeux sur quelque chose** : faire comme si on ne l'avait pas vu. • **Ne pas avoir les yeux dans sa poche** : être très observateur. • **Ouvrir les yeux** : voir la réalité telle qu'elle est. • **Ouvrir l'œil** : être très attentif. • **Pour les beaux yeux de quelqu'un** : pour lui plaire.
▶ Prononciation [œj].
▶ Pluriel : des **yeux** [jø].
★ Famille du mot : œil-de-bœuf, œill**ade**, œill**ère**.

œil-de-bœuf (nom masculin) Lucarne ronde ou ovale. *Un* ***œil-de-bœuf*** *éclaire la cage d'escalier.*
▶ Pluriel : des **œils-de-bœuf**.

œillade (nom féminin) Clin d'œil amoureux ou complice. *Il lui a lancé une* ***œillade*** *en souriant.*

œillère (nom féminin) Chacune des plaques de cuir qui empêchent un cheval de voir sur les côtés. • **Avoir des œillères** : être borné, avoir des préjugés.

œillet (nom masculin) **1** Plante aux fleurs très parfumées. *Le marié portait un* ***œillet*** *à la boutonnière.* **2** Petit trou cerclé de métal servant à passer un lacet ou un cordon. *Thomas passe de nouveaux lacets dans les* ***œillets*** *de ses baskets.*

œnologue (nom) Spécialiste du vin. *Un bon* ***œnologue*** *sait reconnaître un vin les yeux fermés.*
★ **Œnologue** est formé à partir du mot grec *oinos* qui signifie « vin ».

œsophage (nom masculin) Partie du tube digestif qui relie la bouche à l'estomac. *Les aliments descendent dans l'estomac en passant par l'****œsophage****.*
▶ Prononciation [øzɔfaʒ].

œstrogène (adjectif et nom masculin) Hormone qui déclenche le cycle de la femme et des femelles mammifères. *À la puberté, les ovaires sécrètent de grandes quantités d'****œstrogènes*** *qui provoquent l'apparition des caractères sexuels secondaires.*

œuf (nom masculin) Ce que pondent les oiseaux, les reptiles, les insectes et les poissons. *La poule couve les* ***œufs*** *qu'elle a pondus. Hélène aime beaucoup les* ***œufs*** *à la coque.*
▶ un œuf [œ̃nœf], des œufs [dezø].

œuvre (nom féminin) **1** Ce que quelqu'un a fait. *Cette cabane est l'****œuvre*** *de Victor.* (Syn. **ouvrage**, **travail**.) **2** Ce qui est produit par un artiste. *Julie a toutes les* ***œuvres*** *de Chopin en CD.* **3** Organisation charitable. *Elle a fait don de sa fortune à une* ***œuvre*** *de charité.* • **Mettre en œuvre** : mettre en application. *Le gouvernement* ***met en œuvre*** *un programme de lutte contre le chômage.*

œuvrer (verbe) (conj. 3) Travailler, agir pour réussir, atteindre quelque chose. *Se battre pour la paix, c'est* ***œuvrer*** *pour la bonne cause.*

off (adjectif) Se dit d'un spectacle qui ne figure pas à l'affiche d'un programme officiel mais qui est donné en marge de celui-ci. *Son film n'était pas sélectionné mais a été projeté au festival* ***off****.* • **Voix off** : Voix de quelqu'un que l'on ne voit pas sur scène ou à l'écran.
★ **Off** est un mot anglais qui signifie « hors de ».

offensant, ante (adjectif) Qui offense. *Vos insinuations sont très* ***offensantes****.* (Syn. **blessant**, **injurieux**, **insultant**.)

offense (nom féminin) Parole ou action qui offense. *Il a ressenti cette remarque comme une* ***offense*** *personnelle.* (Syn. **affront**, **insulte**.)
★ Famille du mot : offens**ant**, offens**er**.

offenser (verbe) (conj. 3) Blesser quelqu'un en portant atteinte à sa dignité. *Vous m'****avez offensé*** *en parlant ainsi de mes parents.* (Syn. **froisser**, **vexer**.)

offensif, ive (adjectif) Qui attaque. *La météo annonce le retour* ***offensif*** *du froid.* (Contr. **défensif**.)
■ **offensive** (nom féminin) Attaque contre quelqu'un ou quelque chose. *Notre équipe se lance à l'****offensive*** *du but adverse.*

office (nom masculin) **1** Agence ou bureau chargés d'une question précise. *Vous trouverez un plan de la ville à l'****office*** *du tourisme.* **2** Service religieux. *L'****office*** *a lieu le dimanche à onze heures.* • **Bons offices** : services rendus par quelqu'un. • **D'office** : sans demander l'avis de la personne concernée. • **Faire office** : remplir une fonction ou un rôle. *Avec nos amis allemands, William* ***a fait office*** *de traducteur.*

officialiser (verbe) (conj. 3) Rendre officiel. *Ils vivaient ensemble depuis plusieurs années, ils se sont mariés pour* ***officialiser*** *leur situation.*

officiel, elle (adjectif) **1** Qui vient de l'État ou d'une autorité. *Le permis de conduire et le passeport sont des documents* ***officiels****.* **2** Reconnu comme vrai par une autorité. *L'élection du nouveau Président est* ***officielle****.* (Contr. **officieux**.)

a b c d e f g h i j k l m n **o** p q r s t u v w x y z

a b c d e f g h i j k l m n **o** p q r s t u v w x y z

■ **officiel** (nom masculin) Personne qui représente l'État ou une autorité. *Cette tribune est réservée aux* ***officiels****.*
★ Famille du mot : officia**liser**, officielle**ment**.

officiellement (adverbe) De façon officielle. *Il a été averti* ***officiellement*** *de sa nomination.*

officier (nom masculin) Militaire qui a au moins le grade de sous-lieutenant. *Les lieutenants, les capitaines, les généraux sont des* ***officiers****.*

officieusement (adverbe) De façon officieuse. *On murmure* ***officieusement*** *que le ministre pourrait démissionner.*

officieux, euse (adjectif) Qui n'est pas confirmé officiellement. *Sa nomination est encore* ***officieuse****.* (Contr. **officiel**.)

officine (nom féminin) Laboratoire, magasin d'un pharmacien. *C'est dans son* ***officine*** *que le pharmacien prépare les médicaments.* (Syn. **pharmacie**).)
★ **Officine** vient du latin *officina* qui signifie « atelier ».

offrande (nom féminin) Synonyme littéraire de don. *À l'église, on peut déposer son* ***offrande*** *dans le panier.*

offrant (nom masculin) • **Le plus offrant** : celui qui offre le prix le plus élevé pour acheter quelque chose.

offre (nom féminin) Ce qui est offert. *Il m'a proposé de m'aider, j'ai accepté son* ***offre****.*

offrir (verbe) (conj. 12) **1** Faire cadeau de quelque chose. *Il* ***a offert*** *des fleurs à sa mère.* **2** Proposer quelque chose à quelqu'un. *Elle* ***a offert*** *à la vieille dame de l'aider.* **3** Présenter ou montrer. *Après le cyclone, le paysage* ***offre*** *un spectacle désolant.*
★ Famille du mot : offr**ande**, offr**ant**, offre.

offset (nom masculin et adjectif) Procédé d'impression industrielle dans lequel le report du texte à imprimer se fait d'abord sur un rouleau spécial, puis de ce rouleau au papier. *L'****offset*** *est dérivé de la lithographie.*
► Prononciation [ɔfsɛt].
★ **Offset** est un mot anglais qui signifie « report ».

offusquer (verbe) (conj. 3) Déplaire à quelqu'un en heurtant sa sensibilité. *La tante de Yann manque d'humour, elle* ***s'offusque*** *de toute plaisanterie.* (Syn. **choquer**.)

ogive (nom féminin) **1** Chacun des deux arcs qui se croisent en diagonale sous une voûte pour la renforcer. *Les cathédrales gothiques ont des fenêtres et des voûtes en* ***ogive****.* **2** Partie pointue à l'avant d'un obus ou d'un missile. *L'****ogive*** *contient la charge nucléaire.*

OGM (nom masculin) Organisme animal ou végétal dont les gènes ont étés modifiés de façon non naturelle. *Les écologistes se battent contre les* ***OGM****.*
► Pluriel : des **OGM**.
★ **OGM** est le sigle de *organisme génétiquement modifié.*

ogre, ogresse (nom) Géant des contes de fées, qui dévore les petits enfants. *Grâce à la ruse du Petit Poucet, l'****ogre*** *mangea ses propres enfants.*

oh ! (interjection) Marque la surprise, l'admiration, la colère. ***Oh ! oh !*** *Tu as vu qui vient ?*

ohé ! (interjection) Qui sert à appeler quelqu'un. ***Ohé*** *! Il y a quelqu'un ici ?*

ohm (nom masculin) Unité de résistance électrique. *L'****ohm*** *correspond à la résistance d'un conducteur que traverse un courant de 1 ampère lorsqu'une tension de 1 volt est appliquée à ses extrémités.*
► **Ohm** s'abrège Ω.
★ **Ohm** est le nom d'un physicien allemand.

oie (nom féminin) Oiseau palmipède migrateur, au plumage blanc ou gris, dont une espèce est domestiquée. *Le jars est le mâle de l'****oie****. On gave les* ***oies*** *pour faire du foie gras.* • **Bête comme une oie** : très bête.

oignon (nom masculin) **1** Plante potagère dont le bulbe est comestible. *Myriam pleure en coupant les* ***oignons****.* **2** Bulbe de certaines plantes. *Des* ***oignons*** *de tulipe et de jacinthe.* • **En rang d'oignons** : alignés sur une seule ligne.
► Prononciation [ɔɲɔ̃].
► On écrit aussi **ognon**.

oïl (adverbe) • **Langue d'oïl** : ensemble de dialectes du Moyen Âge, parlés dans le nord de la France.
★ Voir **oc**.

oindre (verbe) (conj. 35) Enduire d'une substance grasse. *Dans la religion catholique, on* ***oint*** *le front des baptisés d'huile bénite.*

oiseau, eaux (nom masculin) Animal vertébré ovipare, couvert de plumes, qui a un bec et peut généralement voler. *Il y a environ 10 000 espèces d'****oiseaux****.* • **À vol d'oiseau** : en ligne droite.
★ Famille du mot : oiseau-mouche, oisell**erie**, oisill**on**.

oiseau-mouche (nom masculin) Synonyme de colibri.
► Pluriel : des **oiseaux-mouches**.

oisellerie (nom féminin) Élevage et vente des oiseaux. *J'ai acheté ces pinsons dans une* ***oisellerie****.*

oiseux, euse (adjectif) Qui ne sert à rien. *Il se perd en discussions* ***oiseuses****.* (Syn. **inutile, stérile, vain**.)

oisif, ive (adjectif et nom) Qui n'a pas d'occupation. *C'est un homme riche qui mène une vie* ***oisive****.* (Syn. **désœuvré, inactif, inoccupé**.)

oisillon (nom masculin) Petit oiseau. *Benjamin a recueilli un* ***oisillon*** *tombé du nid.*

oisiveté (nom féminin) État d'une personne oisive. *L'état d'****oisiveté*** *forcée était insupportable aux prisonniers.* (Syn. **désœuvrement, inaction**.)

OK (adverbe) Synonyme familier de d'accord.
► **OK** est un mot américain : on prononce [ɔke].

okapi (nom masculin) Mammifère ruminant des forêts d'Afrique, au pelage marron et aux pattes rayées de blanc.

olé- Élément tiré du latin *olea* qui signifie « olivier » et « huile » (exemple : *oléagineux*).

olé ! (interjection) Qui sert à encourager, en particulier dans les corridas. *La foule s'est écriée « **olé** ! » quand le taureau a frôlé le toréador.*
▪ **olé olé** (adjectif) Qui manque de retenue, qui est trop léger, dans la langue familière. *Son attitude était un peu trop **olé olé**, elle a choqué ses amis.*
▶ On écrit aussi **ollé !**

oléagineux, euse (adjectif) Qui contient de l'huile. *L'arachide est une graine **oléagineuse**.*
▪ **oléagineux** (nom masculin) Plante dont on extrait l'huile. *Le maïs, le soja, l'arachide sont des **oléagineux**.*

oléoduc (nom masculin) Canalisation servant à transporter le pétrole. (Syn. **pipeline.**)

olfactif, ive (adjectif) Qui concerne l'odorat. *Le nez sert à percevoir les sensations **olfactives**.*

olifant (nom masculin) Petit cor en ivoire que portaient les chevaliers. *Avant de mourir, Roland sonna de son **olifant** pour appeler Charlemagne à son secours.*
★ **Olifant** est une déformation de *éléphant*.
▶ On écrit aussi **oliphant**.

oligarchie (nom féminin) Régime politique dans lequel le pouvoir est aux mains d'un petit nombre d'individus. *La démocratie a supplanté la monarchie et l'**oligarchie** dans de nombreux pays.*
★ **Oligarchie** vient du grec *oligarkhia* qui signifie « commandement de quelques-uns ».

oligoélément (nom masculin) Élément chimique présent en très faible quantité dans l'organisme. *Les **oligoéléments**, apportés par les aliments, sont indispensables à la vie.*
★ **Oligoélément** vient du grec *oligos* qui signifie « peu, petit ».

olive (nom féminin) Fruit comestible de l'olivier, dont on extrait de l'huile. *Des **olives** vertes, des **olives** noires.*

oliveraie (nom féminin) Terrain planté d'oliviers. *Cette **oliveraie** comporte des arbres centenaires.*

olivier (nom masculin) Arbre des régions méditerranéennes dont le fruit est l'olive. *L'**olivier** a des feuilles persistantes et un bois très dur.*

olivine (nom féminin) Minéral présent dans les roches de volcan. *L'**olivine** se présente en petits cristaux vert olive.*

olographe (adjectif) Qui concerne un acte daté, signé et écrit de la main de celui qui fait son testament. *La grand-mère de Anna a laissé un testament **olographe**.*

olympiade (nom féminin) Période de quatre ans qui séparait dans l'Antiquité deux célébrations consécutives des jeux Olympiques grecs. *Les athlètes s'entraînaient pendant les **olympiades**.*
▪ **olympiades** (nom féminin pluriel) Synonyme de jeux Olympiques. *Ce coureur cycliste a participé aux dernières **olympiades**.*

olympique (adjectif) Qui concerne les jeux Olympiques. *Une piscine **olympique** mesure 50 m de long.* • **Jeux Olympiques** : épreuves sportives internationales qui ont lieu tous les quatre ans.
★ **Olympique** vient du nom de la ville grecque *Olympie*, où se sont déroulés tous les quatre ans, pendant onze siècles, les jeux de l'Antiquité (du VIIe siècle avant J.-C. au IVe siècle après J.-C.).

ombellifère (nom féminin et adjectif) Plante à fleurs dicotylédone dont la famille comprend de nombreux aromates et plantes comestibles. *La carotte, le cerfeuil, le persil sont des **ombellifères** comestibles et la ciguë une **ombellifère** toxique.*

ombilic (nom masculin) **1** Synonyme de nombril. **2** Creux au centre d'une vallée glaciaire. *Les glaciers creusent des **ombilics** dans les roches tendres.*

ombilical, ale, aux (adjectif) • **Cordon ombilical** : petit conduit qui relie le fœtus à sa mère et lui permet de vivre dans son ventre.
★ **Ombilical** vient du latin *umbilicus* qui signifie « nombril », car le nombril est la cicatrice de la coupure, à la naissance, du cordon ombilical.

ombrage (nom masculin) Ombre produite par les feuillages des arbres. *L'**ombrage** léger des acacias.* • **Prendre ombrage de quelque chose** : dans la langue littéraire, mal le prendre, être vexé.

ombragé, ée (adjectif) Où il y a de l'ombre. *Ils se sont promenés dans les allées **ombragées** du parc.*

ombrageux, euse (adjectif) **1** Se dit d'un cheval qui a peur des ombres et même de son ombre. **2** Qui s'inquiète et prend ombrage facilement. *Son visage s'est assombri d'un coup, il a un caractère **ombrageux**.* (Syn. **susceptible.**)

ombre (nom féminin) Zone sombre qui se produit quand la lumière est arrêtée par un objet opaque. *Ils se reposent à l'**ombre** du tilleul. Le clair de lune dessine l'**ombre** des promeneurs sur la plage.* • **Pas l'ombre de quelque chose** : pas la plus petite quantité. *Il n'y a **pas l'ombre d'**un doute, c'est bien lui !*
★ Famille du mot : ombr**age**, ombr**agé**, ombr**ageux**, ombr**elle**.

ombrelle (nom féminin) Autrefois, petit parasol portatif pour dames.

oméga (nom masculin) Vingt-quatrième et dernière lettre de l'alphabet (Ω, ω), qui correspond à un *o* en alphabet latin.
★ **Oméga** vient du grec *o mega* qui signifie « o grand ».

omelette (nom féminin) Œufs battus et cuits à la poêle. *Une délicieuse **omelette** aux lardons.*

omerta (nom féminin) Loi du silence, imposée par une mafia. *Nul ne doit transgresser l'**omerta** sous peine de mort.*
★ **Omerta** est un mot italien.

omettre (verbe) (conj. 33) Négliger de faire ou de dire quelque chose. *Vous **avez omis** de me rendre ma monnaie.* (Syn. **oublier.**)

omicron (nom masculin) Quinzième lettre de l'alphabet grec (Ο, ο) qui correspond à un *o* dans l'aphabet latin.

omission (nom féminin) **1** Action d'omettre quelque chose. *En ne disant pas qu'il y était lui aussi, Clément a menti par* ***omission****.* **2** Chose omise. *Il y a plusieurs* ***omissions*** *dans votre récit.*

omni- Élément tiré de l'adjectif latin *omnis* qui signifie « tout » (exemple : *omnivore*).

omnibus (nom masculin) Train qui s'arrête à toutes les gares. *Ce train de banlieue est un* ***omnibus****.*
★ **Omnibus** est un mot latin qui signifie « pour tous ».

omnipotent, ente (adjectif) Qui a tous les pouvoirs. *Les nazis ont voulu créer un État* ***omnipotent****.*

omnisports (adjectif) Où l'on pratique différents sports. *Une salle* ***omnisports****.*

omnivore (adjectif) Qui se nourrit aussi bien d'animaux que de végétaux. *Le loup est carnivore, le mouton est herbivore, l'homme est* ***omnivore****.*

omoplate (nom féminin) Os plat de l'épaule. *L'****omoplate*** *a la forme d'un triangle.*

on (pronom) **1** Les gens en général. ***On*** *prétend qu'il va y avoir de nouvelles élections.* **2** Une ou plusieurs personnes qu'on ne nomme pas. ***On*** *vient de me dire qu'il était arrivé.* **3** Synonyme familier de nous. ***On*** *est restés quelques jours à la mer.*
▶ **On** est toujours sujet du verbe.

onagre (nom masculin) Grand âne sauvage vivant en Iran et en Inde. *L'****onagre*** *est une espèce en voie de disparition.*
★ **Onagre** vient du mot grec *onagros* qui signifie « âne sauvage ».

onanisme (nom masculin) Action de se masturber, dans la langue littéraire ou dans la langue médicale.
★ **Onanisme** est tiré du nom biblique d'*Onan* qui fut puni de mort par Yahvé pour avoir jeté sa semence à terre.

once (nom féminin) Très petite quantité. *Il n'a pas une* ***once*** *de bon sens.*
★ L'**once** est une ancienne unité de poids qui valait environ 30 grammes.

oncle (nom masculin) Frère du père ou de la mère. *Le mari de la tante de David est l'****oncle*** *de David.*

oncogène (nom masculin) Gène susceptible de provoquer un cancer. *Un* ***oncogène*** *modifie le comportement normal d'une cellule.*
★ **Oncogène** vient du grec *onko* qui signifie « grosseur ».

onction (nom féminin) Rituel consistant à oindre une personne avec des huiles bénites ou à lui administrer un sacrement. *Le prêtre a pratiqué l'****onction*** *du baptême.*

onctueux, euse (adjectif) D'une consistance lisse et veloutée. *La mousse au chocolat est* ***onctueuse****. Une crème* ***onctueuse****.*

onde (nom féminin) **1** Mouvement à la surface de l'eau, qui se propage en rides successives. *Ibrahim produit des* ***ondes*** *sur l'eau en jetant des pierres.* **2** Vibration qui se propage de proche en proche. *Les couleurs sont des* ***ondes*** *lumineuses, les bruits sont des* ***ondes*** *sonores.* • **Être sur la même longueur d'onde** : se comprendre parfaitement, dans la langue familière.
■ **ondes** (nom féminin pluriel) Émission de radio. *L'information est diffusée sur les* ***ondes****.*

ondée (nom féminin) Pluie subite et de courte durée. *La météo annonce des* ***ondées****.* (Syn. **averse**.)

ondin, ine (nom) Génie, déesse des eaux dans les mythologies nordiques. *Les* ***ondines*** *égarent les voyageurs et les attirent pour les noyer.*

on-dit (nom masculin) Paroles malveillantes. *Il est prudent de ne pas croire les* ***on-dit****.* (Syn. **racontar, rumeur**.)
▶ Pluriel : des **on-dit**.

ondoyer (verbe) (conj. 6) Se mouvoir comme une onde à la surface de l'eau. *Les drapeaux* ***ondoient*** *au vent.*

ondulation (nom féminin) **1** Mouvement régulier qui s'abaisse et s'élève. *L'****ondulation*** *des vagues fait bouger la barque.* **2** Ce qui évoque ce mouvement par sa forme. *Ses cheveux ont des* ***ondulations*** *naturelles.*

ondulé, ée (adjectif) Qui présente des ondulations. *Les verres sont empaquetés dans du carton* ***ondulé****.*

onduler (verbe) (conj. 3) Faire des ondulations. *Les drapeaux* ***ondulent*** *au vent.*

onéreux, euse (adjectif) Synonyme de coûteux. *L'entretien de cette grande maison est* ***onéreux****.* (Contr. **bon marché, économique**.)

ONG (nom féminin) Organisation qui a pour but d'aider les populations en difficulté et qui tire ses ressources de dons privés. *Les* ***ONG*** *se sont rendues sur les lieux de la catastrophe.*
▶ Prononciation [ɔɛnʒe].
★ **ONG** est le sigle de *organisation non gouvernementale*.

ongle (nom masculin) Corne qui recouvre l'extrémité supérieure des doigts. *Kevin est tellement nerveux qu'il se ronge les* ***ongles****.*

onglée (nom féminin) Engourdissement douloureux du bout des doigts, dû au froid. *Après la bataille de boules de neige, Noémie avait l'****onglée****.*

onglet (nom masculin) **1** Morceau de bœuf dont on fait les biftecks. *Gaëlle a mangé un* ***onglet*** *aux échalotes.* **2** Petit repère en carton dépassant d'un livre, d'un carnet. *Julie écrit les noms des matières scolaires sur les* ***onglets*** *de ses intercalaires.* **3** Petite entaille où peut s'introduire l'ongle. *David a mis l'ongle sur l'****onglet*** *de la lame de son couteau pour l'ouvrir.*

onguent (nom masculin) Pommade calmante grasse. *Cet* ***onguent*** *est très efficace sur une entorse.*
▶ Prononciation [ɔ̃gɑ̃].

ongulé, ée (adjectif et nom masculin) Mammifère dont les doigts sont protégés par des sabots. *Le cheval, le rhinocéros, le chameau sont des* ***ongulés****.*

onirique (adjectif) Qui semble aussi irréel qu'un rêve. *Dans la neige et le brouillard, le paysage avait un aspect **onirique**.*

on line (adverbe) Synonyme de en ligne. *Sur ce site d'Internet, vous pouvez réserver vos billets d'avion **on line**.*
▶ **On line** est une expression anglaise : on prononce [ɔnlajn].
▶ On écrit aussi **online**.

onomatopée (nom féminin) Mot dont le son imite ou évoque la chose qu'il représente. *« Miaou », « toc », « zézayer » sont des **onomatopées**.*

onyx (nom masculin) Agate présentant des anneaux concentriques de diverses couleurs.

onze (déterminant) Dix plus un (11). *Une équipe de football comprend **onze** joueurs.*
■ **onze** (nom masculin) Nombre onze. *Nous partons le **onze** juillet.*

onzième (adjectif et nom) Qui occupe le rang numéro 11. *Le bureau est au **onzième** étage. Sarah est la **onzième** sur la liste.*
■ **onzième** (nom masculin) Ce qui est contenu onze fois dans un tout. *Il a eu le **onzième** de l'héritage.*
■ **onzième** (nom féminin) Nom donné à la classe de cours préparatoire.

oocyte Voir ***ovocyte***.

oosphère (nom féminin) Gamète femelle végétal. *Chez certains angiospermes, les **oosphères** se trouvent dans le sac embryonnaire.*

opacité (nom féminin) **1** Propriété des corps opaques. *Pour développer des photos, il faut vérifier l'**opacité** de la chambre noire.* **2** Au sens figuré, caractère de ce qui est incompréhensible. *L'**opacité** d'un texte philosophique.*

opale (nom féminin) Pierre fine et blanche, aux reflets irisés. *Le pied de la lampe est en **opale**.*

opalescence (nom féminin) Caractère de ce qui a la couleur de l'opale, des reflets irisés. *L'**opalescence** du ciel inspire le poète.*

opaque (adjectif) Qui ne laisse pas passer la lumière. *Un brouillard **opaque** cachait le paysage.* (Contr. **translucide, transparent.**)

opéra (nom masculin) **1** Pièce de théâtre mise en musique et dont les paroles sont chantées. *« La Flûte enchantée » est un **opéra** de Mozart.* **2** Théâtre où l'on joue des opéras. *L'**Opéra** de la Bastille, à Paris.*
★ Famille du mot : opéra-comique, opér**ette**.

opérable (adjectif) Qui peut être opéré. *Le chirurgien a estimé que la tumeur était **opérable**.*

opéra-comique (nom masculin) Opéra qui contient également des dialogues parlés.
▶ Pluriel : des **opéras-comiques**.

opérateur, trice (nom) Technicien qui fait fonctionner un appareil. *Un **opérateur** de cinéma est chargé des prises de vues d'un film.*

opération (nom féminin) **1** Ce qui permet de faire un calcul. *Les quatre **opérations** sont l'addition, la soustraction, la multiplication et la division.* **2** Action d'opérer un malade ou un blessé. *Le père de Pierre a subi plusieurs **opérations** chirurgicales.* (Syn. **intervention.**) **3** Ensemble d'actions visant à obtenir un résultat. *Greffer un arbre est une **opération** délicate.* **4** Affaire commerciale. *Il a fait une bonne **opération** en vendant sa maison à ce prix-là.*

opérationnel, elle (adjectif) Qui est prêt à réaliser les opérations qu'on lui demande. *L'équipe de secours sera **opérationnelle** demain matin.*

opératoire (adjectif) Qui concerne une opération chirurgicale. *Les infirmières l'ont conduit au bloc **opératoire** pour qu'on l'opère de l'appendice.*

opercule (nom masculin) Dispositif qui sert à fermer une ouverture. *Avant de manger un bigorneau, on retire l'**opercule**.*
★ **Opercule** vient du mot latin *operculum* qui signifie « couvercle ».

opérer (verbe) (conj. 8) **1** Réaliser quelque chose. *Un changement complet s'**est opéré** en lui.* **2** Ouvrir un organe malade pour le soigner. *Le chirurgien qui l'**opère** a une excellente réputation.*
★ Famille du mot : opér**able**, opér**ateur**, opér**ation**, opé**rationnel**, opér**atoire**.

opérette (nom féminin) Petit opéra-comique léger, amusant et gai.

ophtalm(o)- Élément tiré du mot grec *ophtalmos* qui signifie « œil » (exemples : *ophtalmologie, ophtalmologiste*).

ophtalmologie (nom féminin) Médecine spécialisée qui étudie l'œil et soigne les troubles de la vue.

ophtalmologiste (nom) Spécialiste d'ophtalmologie. *L'**ophtalmologiste** soigne les yeux tandis que l'opticien fabrique les lunettes.* (Syn. **oculiste.**)
★ **Ophtalmologiste** vient du grec *ophtalmos* qui signifie « œil », tandis que son synonyme **oculiste** vient du latin *oculus* qui a le même sens.

opimes (adjectif féminin pluriel) • **Dépouilles opimes** : butin qu'un général romain prenait sur le général ennemi qu'il avait tué de sa main.
★ **Opime** vient du latin *opimus* qui signifie « copieux ».

opiner (verbe) (conj. 3) • **Opiner du bonnet** : montrer par un signe de tête qu'on est d'accord.

opiniâtre (adjectif) Qui fait preuve d'une volonté tenace. *Grâce à un travail **opiniâtre**, les Hollandais ont conquis les polders sur la mer.* (Syn. **acharné.**)

opiniâtreté (nom féminin) Attitude opiniâtre. *Il a continué ses recherches avec **opiniâtreté**, sans se soucier des critiques.* (Syn. **acharnement, ténacité.**)

opinion (nom féminin) **1** Jugement personnel. *N'ayez pas peur de dire votre **opinion** !* (Syn. **avis.**) **2** Manière de penser largement répandue. *Les propos du ministre ont choqué l'**opinion** publique.*

opium (nom masculin) Suc du pavot utilisé en médecine et comme drogue. *Les fumeurs d'**opium** sont des toxicomanes.*
► Prononciation [ɔpjɔm].

oponce (nom masculin) Cactus à tiges aplaties en forme de raquette dont le fruit charnu, la figue de barbarie, est comestible. *Les **oponces** comptent plus de 200 espèces sur le continent américain.*
► On dit aussi **opuntia**.

opossum (nom masculin) Marsupial d'Amérique au pelage gris.
► Prononciation [ɔpɔsɔm].

oppidum (nom masculin) Site fortifié, le plus souvent sur une hauteur. *L'**oppidum** d'Alésia.*
► Pluriel : des **oppidums** ou des **oppida**.
► Prononciation [ɔpidɔm].

opportun, une (adjectif) Qui vient au bon moment. *Cette prime **opportune** lui a permis de payer sa voiture.* (Syn. **propice.** Contr. **inopportun.**)
★ Famille du mot : inopportun, opportunément, opportunisme, opportuniste, opportunité.

opportunément (adverbe) De manière opportune. *L'ambulance passait **opportunément** sur les lieux de l'accident.*

opportunisme (nom masculin) Attitude consistant à adapter son comportement aux circonstances en ne se souciant que de son intérêt.

opportuniste (adjectif et nom) Qui fait preuve d'opportunisme. *Il change d'avis quand ça l'arrange, c'est un **opportuniste**.*

opportunité (nom féminin) Caractère de ce qui est opportun. *Les chefs d'État ont discuté de l'**opportunité** d'une intervention militaire.*

opposant, ante (nom) Personne qui s'oppose au pouvoir. *Le dictateur a fait arrêter les **opposants**.*

opposé, ée (adjectif) **1** Qui est en vis-à-vis. *Le bac conduit les voyageurs sur la rive **opposée** du fleuve.* **2** Qui s'oppose. *Nous ne ferons pas route ensemble car je vais dans la direction **opposée**.* (Syn. **contraire.**)
■ **opposé** (nom masculin) Chose opposée. *Le caractère de Quentin est l'**opposé** de celui de Zoé.* (Syn. **contraire, inverse.**)

opposer (verbe) (conj. 3) **1** Mettre face à face. *Le match **opposera** l'équipe de rugby de Brive et celle de Toulouse.* **2** Mettre comme obstacle. *Ils **ont opposé** une résistance farouche avant de se rendre.* **3** Mettre en contraste pour comparer. *On **oppose** souvent le tempérament méditerranéen à celui des gens du Nord.*
★ Famille du mot : opposant, opposé, opposition.

opposition (nom féminin) **1** Action de s'opposer. *Son père voulait faire **opposition** à leur mariage.* **2** Partis qui s'opposent au gouvernement. *L'**opposition** a voté contre le projet de loi.* • **En opposition** : en contraste ou en conflit. *Ses paroles sont **en opposition** avec ses actes.*

oppresser (verbe) (conj. 3) Gêner la respiration. *Ce temps lourd et orageux nous **oppresse**.*
★ Famille du mot : oppresseur, oppression.

oppresseur (nom masculin) Personne qui opprime les autres. *Les opprimés se sont révoltés contre leurs **oppresseurs**.*

oppression (nom féminin) **1** Sensation d'être oppressé. *Les asthmatiques souffrent d'**oppression**.* **2** Pouvoir qui opprime. *Des guérilleros se battent contre l'**oppression** exercée par le dictateur.* (Syn. **tyrannie.**)

opprimé, ée (adjectif et nom) Soumis à une oppression. *Robin des Bois défendait les faibles et les **opprimés**.*

opprimer (verbe) (conj. 3) Exercer une autorité abusive et injuste. *Un dictateur **opprime** le peuple.* (Syn. **tyranniser.**)

opprobre (nom masculin) Dans la langue littéraire, réprobation publique. *Cette décision politique est en butte à l'**opprobre** général.*

optatif, ive (adjectif et nom masculin) Qui exprime le souhait. *En français, l'**optatif** est exprimé par le subjonctif.*

opter (verbe) (conj. 3) Choisir entre plusieurs choses. *Quand Romain aura dix-huit ans, il devra **opter** pour l'une de ses deux nationalités.*
★ Famille du mot : option, optionnel.

opticien, enne (nom) Personne qui fabrique et qui vend des lunettes et des instruments d'optique. *L'**opticien** a fait les lunettes que l'oculiste avait prescrites.*

optimal, ale, aux (adjectif) Qui est le meilleur possible. *Cette falaise offre des conditions **optimales** pour faire du parapente.* (Syn. **idéal.**)
★ Famille du mot : optimiser, optimisme, optimiste.

optimiser (verbe) (conj. 3) Rendre optimal. *Il faut **optimiser** le temps et les moyens que nous avons.*
► On dit aussi **optimaliser**.

optimisme (nom masculin) Tendance à voir le bon côté des choses. *Son **optimisme** le conduit à penser qu'il va gagner au loto.* (Contr. **pessimisme.**)
★ **Optimisme** vient du latin *optimus* qui signifie « très bon ».

optimiste (adjectif et nom) Qui fait preuve d'optimisme. *Le ministre a tenu des propos **optimistes** sur la réduction du chômage.* (Contr. **pessimiste.**)

option (nom féminin) **1** Matière facultative que l'on choisit. *Anna a choisi l'**option** informatique.* **2** Accessoire qu'on peut acheter en plus. *Cette voiture est également disponible avec l'**option** sièges en cuir.* **3** Solution pour laquelle on opte. *Ils n'ont plus les mêmes **options** politiques.*

optionnel, elle (adjectif) Qui est en option. *Dans les classes scientifiques, le latin est une matière **optionnelle**.* (Contr. **obligatoire.**)

optique (adjectif) Qui concerne la vision. *Les sensations lumineuses sont conduites au cerveau par le nerf **optique**.*

■ **optique** (nom féminin) **1** Partie de la physique qui étudie la lumière et la vision. **2** Manière de voir et de juger. *Les enfants et les adultes n'ont pas toujours la même* ***optique***. (Syn. **point de vue.**) • **Instrument d'optique** : instrument qui permet de voir mieux en corrigeant la vue ou en grossissant les objets.

opulence (nom féminin) Grande abondance de richesses. *Le roi vivait dans l'****opulence*** *tandis que ses sujets avaient faim.* (Contr. **dénuement, misère.**)

opulent, ente (adjectif) Très riche. *Un banquier* ***opulent***.

opuntia Voir ***oponce***.

opus (nom masculin) Morceau numéroté de l'œuvre d'un musicien. *Son élève a joué l'****opus*** *18 de Beethoven.*
▶ **Opus** s'abrège *op.*

opuscule (nom masculin) Petit ouvrage scientifique ou littéraire. *On lui a prêté un* ***opuscule*** *sur l'élevage des hamsters.* (Syn. **brochure, livret.**)

① **or** (conjonction) Sert à relier deux idées en marquant une opposition. *Je voudrais m'acheter un CD,* ***or*** *je n'ai pas assez d'argent.*

② **or** (nom masculin) Métal précieux, inaltérable, de couleur jaune. *Les parents d'Élodie portent une alliance en* ***or***. • **À prix d'or** : très cher. • **Cœur d'or** : bon cœur. • **Être cousu d'or** *ou* **rouler sur l'or** : être très riche. • **Pas pour tout l'or du monde** : à aucun prix.

oracle (nom masculin) Dans l'Antiquité, réponse d'une divinité à ceux qui la consultaient. *Les prêtres rendaient les* ***oracles*** *des dieux.*

orage (nom masculin) Perturbation atmosphérique qui se traduit par des éclairs, du tonnerre et de la pluie. *Le temps est lourd, il va faire de l'****orage***. • **Il y a de l'orage dans l'air** : il va y avoir une dispute.

orageux, euse (adjectif) **1** Menacé ou troublé par l'orage. *Le temps est lourd et* ***orageux***. **2** Qui est violent et très bruyant. *L'entrevue a été* ***orageuse***. (Contr. **calme.**)

oraison (nom féminin) • **Oraison funèbre** : éloge solennel que l'on fait d'un mort.

oral, ale, aux (adjectif) Fait de vive voix. *Il lui reste encore les épreuves* ***orales*** *à passer.*
■ **oral, aux** (nom masculin) Examen oral. *Elle doit passer l'****oral*** *du bac.*
★ **Oral** vient du latin *oris* qui signifie « bouche ».

oralement (adverbe) De manière orale. *Il nous a téléphoné pour nous donner* ***oralement*** *sa réponse.* (Syn. **verbalement, de vive voix.**)

orange (nom féminin) Agrume d'un jaune tirant sur le rouge, fruit comestible de l'oranger.
■ **orange** (adjectif) De la couleur de l'orange, jaune mêlé de rouge. *Le feu tricolore est* ***orange****, il va passer au rouge.*
▶ Pluriel : des pulls **orange**.
★ Famille du mot : orangé, orang**eade**, orang**er**, orange**raie**, orang**erie**.

orangé, ée (adjectif) D'une couleur qui tire sur l'orange. *Des nuages* ***orangés*** *entouraient le soleil couchant.*

orangeade (nom féminin) Jus d'orange additionné de sucre et d'eau. *On nous a servi des verres d'****orangeade***.

oranger (nom masculin) Arbre des pays chauds, qui reste vert toute l'année et produit les oranges.

orangeraie (nom féminin) Plantation d'orangers.

orangerie (nom féminin) Serre où l'on garde pendant l'hiver les orangers et les plantes délicates. *Dans le parc municipal, il y a une* ***orangerie***.

orang-outan (nom masculin) Grand singe d'Indonésie, au pelage roux et aux longs bras, qui vit dans les arbres. *Les* ***orangs-outans*** *vivent dans la forêt équatoriale.*
▶ Prononciation [ɔʀɑ̃utɑ̃].
▶ On écrit aussi **orang-outang**.
▶ Pluriel : des **orangs-outans** ou des **orangs-outangs**.
★ **Orang-outan** vient de deux mots malais qui signifient « homme des bois ».

orateur, trice (nom) Personne qui prononce un discours. *La salle a applaudi l'****orateur***.

oratoire (adjectif) Qui concerne l'éloquence. *Les effets* ***oratoires*** *de l'avocat ont influencé les jurés.*

oratorio (nom masculin) Drame lyrique, le plus souvent religieux. *« Le Messie » de Frédéric Haendel est un* ***oratorio***.
★ **Oratorio** est le mot italien qui signifie « oratoire ».

orbital, ale, aux (adjectif) Qui suit une orbite autour d'un astre. *Les astronautes sont dans la station* ***orbitale***.

orbite (nom féminin) **1** Cavité de l'œil. *Il a les yeux enfoncés dans les* ***orbites***. **2** Courbe parcourue par un astre ou par un satellite autour d'un astre. *L'****orbite*** *de la Lune autour de la Terre dure 27 jours 7 heures et 43 minutes.*

orchestre (nom masculin) **1** Groupe de musiciens qui jouent ensemble. *Dans un* ***orchestre*** *classique, il y a des instruments à cordes, des instruments à vent et des percussions.* **2** Rez-de-chaussée d'une salle de spectacle. *L'****orchestre*** *est plus près de la scène que le balcon.*
▶ Prononciation [ɔʀkɛstʀ].

orchestrer (verbe) (conj. 3) **1** Adapter une œuvre pour les instruments de l'orchestre. *Certains chanteurs de variété* ***ont orchestré*** *des airs de musique classique.* **2** Au sens figuré, organiser une action. *Le directeur a* ***orchestré*** *une campagne de presse.*

orchidée (nom féminin) Plante tropicale aux fleurs étranges, aux couleurs vives et variées.
▶ Prononciation [ɔʀkide].

ordinaire (adjectif) **1** Qui est dans l'ordre des choses. *Dans la vie* ***ordinaire****, cet acteur est un homme timide.* (Syn. **courant, habituel, normal.**) **2** D'une

a b c d e f g h i j k l m n **o** p q r s t u v w x y z

qualité moyenne, sans rien de particulier. *Voulez-vous un croissant au beurre ou un croissant **ordinaire** ?* (Syn. **normal.** Contr. **exceptionnel, extraordinaire.**)
■ **ordinaire** (nom masculin) Ce qui est courant. *Thomas n'est pas un garçon comme les autres, il sort de l'**ordinaire**.* • D'ordinaire : d'habitude. ***D'ordinaire**, Fatima se lève à 7 heures.*
★ Famille du mot : extraordinaire, extraordinaire**ment**, ordinaire**ment**.

ordinairement (adverbe) D'une manière ordinaire. ***Ordinairement**, elle est plus gaie.* (Syn. **d'habitude, d'ordinaire.**)

ordinal, ale, aux (adjectif) Qui marque l'ordre et le rang. *Centième est un nombre **ordinal**.* (Contr. **cardinal.**)

ordinateur (nom masculin) Machine électronique capable de faire très rapidement des opérations très compliquées. *Gaëlle a mis en mémoire dans son **ordinateur** l'adresse de tous ses amis.*

ordination (nom féminin) Cérémonie au cours de laquelle un futur prêtre reçoit le sacrement de l'ordre. *L'**ordination** est conférée par l'évêque.*

ordonnance (nom féminin) **1** Texte de loi. *Cette **ordonnance** de police règlemente la circulation des camions en ville.* **2** Ce que le médecin ordonne par écrit. *Ce médicament se délivre sans **ordonnance**.* **3** Organisation du déroulement de quelque chose selon un ordre. *La maîtresse de maison a préparé avec soin l'**ordonnance** du repas.*

ordonné, ée (adjectif) Qui a de l'ordre. *La chambre d'Hélène est bien rangée, c'est une enfant très **ordonnée**.* (Contr. **brouillon, désordonné.**)

ordonnée (nom féminin) L'une des coordonnées servant à définir la position d'un point dans un plan.

ordonner (verbe) (conj. 3) **1** Donner un ordre. *Je vous **ordonne** de partir !* (Syn. **commander.**) **2** Indiquer tel ou tel remède. *Le médecin lui **a ordonné** de garder la chambre pendant quatre jours.* (Syn. **prescrire.**) **3** Mettre en ordre. *Il faut **ordonner** tes idées pour faire ta rédaction.* (Syn. **classer, organiser.**)
★ Famille du mot : **dés**ordonné, ordin**ation**, ordonn**ance**, ordonné, ordonn**ée**.

ordre (nom masculin) **1** Manière de ranger. *Rangez-vous par **ordre** de taille.* **2** État de quelque chose qui est rangé. *Avant de partir en vacances, on met la maison en **ordre**.* (Contr. **désordre.**) **3** Tendance à mettre les choses à leur place et à agir avec méthode. *Tu gagnerais du temps avec un peu d'**ordre**.* **4** Bonne organisation et calme d'un pays. *La police maintient l'**ordre** en faisant respecter les lois.* **5** Catégorie de personnes ou de choses. *C'est un pâtissier de premier **ordre**. Pour vous donner un **ordre** de grandeur, un piano pèse dans les 200 kilos.* **6** Assemblée officielle des membres d'une même profession. *Pour exercer, un médecin doit être inscrit à l'**ordre** des médecins.* **7** Groupe de religieux obéissant à certaines règles. *Elle appartient à l'**ordre** des Carmélites.* **8** Parole qui oblige à faire telle ou telle chose. *Je vous donne l'**ordre** de vous taire. Tu resteras ici jusqu'à nouvel **ordre**.* • De l'ordre de : approximativement. (Syn. **environ.**) • Entrer dans les ordres : devenir religieux. • Être sous les ordres de quelqu'un : devoir lui obéir. • Ordre du jour : liste des questions à aborder au cours d'une réunion.
★ Famille du mot : contrordre, **dés**ordre.

ordures (nom féminin pluriel) Ce que l'on jette à la poubelle. *Les éboueurs ramassent les **ordures**.* (Syn. **déchets, immondices.**)

ordurier, ère (adjectif) Très grossier. *L'automobiliste, hors de lui, a lancé quelques mots **orduriers**.* (Syn. **obscène.**)

orée (nom féminin) Synonyme littéraire de lisière. *Les chasseurs sont parvenus à l'**orée** du bois.*

oreille (nom féminin) Chacun des deux organes situés de chaque côté de la tête et qui servent à entendre. *Quand Julie est enrhumée, elle a les **oreilles** qui se bouchent. Il est un peu dur d'**oreille**, parlez plus fort.* • Échauffer les oreilles : mettre en colère. • Ouvrir *ou* prêter l'oreille : écouter attentivement. • Partir l'oreille basse : penaud et honteux. • Se faire tirer l'oreille : n'accepter qu'après s'être fait prier. • Venir aux oreilles de quelqu'un : lui être raconté.
★ Famille du mot : oreill**er**, oreill**ette**, oreill**ons**.

oreiller (nom masculin) Coussin servant à soutenir la tête d'une personne qui dort. *Laura dort sans **oreiller**.*

oreillette (nom féminin) Chacune des deux cavités supérieures du cœur. *Les **oreillettes** communiquent avec les ventricules.*

oreillons (nom masculin pluriel) Maladie contagieuse qui fait enfler des glandes situées sous les oreilles. *Les **oreillons** sont dus à un virus.*

d'**ores et déjà** (adverbe) Dès maintenant. *5 à 0 : le match est **d'ores et déjà** gagné.*
▶ Prononciation [dɔʀzedeʒa].

orfèvre (nom) Personne qui fabrique ou qui vend des objets en métal précieux.
★ **Orfèvre** vient du mot *or* et d'un ancien mot français *fèvre* qui signifiait « forgeron ».

orfèvrerie (nom féminin) Travail de l'orfèvre. *Le musée a de belles pièces d'**orfèvrerie** du XVIIe siècle.*

orfraie (nom féminin) Aigle de grande taille. • Pousser des cris d'orfraie : pousser des cris affreux.
★ L'**orfraie** ne crie pas très fort : on l'a confondue avec l'*effraie*, sorte de chouette qui crie la nuit.

organe (nom masculin) Partie du corps remplissant une fonction particulière. *Les yeux, les oreilles, la langue, le cœur sont des **organes**.*
★ Famille du mot : organ**ique**, organ**isme**, organogenèse.

organigramme (nom masculin) Schéma représentant l'organisation générale d'un groupe. *L'**organigramme** de l'entreprise permet de mettre en évidence les divers postes.*

organique (adjectif) Des organes. *Son cœur malade ne remplit plus sa fonction **organique**.*

organisateur, trice (nom) Personne qui organise. *Le maire a remercié les **organisateurs** de la kermesse.*

organisation (nom féminin) **1** Action d'organiser. *L'**organisation** de cette rencontre mondiale a demandé une année de travail.* (Syn. **préparation.**) **2** Manière dont quelque chose est organisé. *Ton **organisation** n'est pas bonne, tu perds un temps fou.* **3** Groupe organisé. *Il s'occupe d'une **organisation** qui lutte contre la faim dans le monde.* (Syn. **groupement, mouvement.**)
★ Famille du mot : **dés**organis**ation**, **dés**organiser, organis**ateur**, organisé, organiser, **ré**organiser.

organisé, ée (adjectif) **1** Qui sait s'organiser. *Victor est un garçon très **organisé**.* (Syn. **ordonné.**) **2** Préparé d'avance par un organisateur. *Myriam n'aime pas beaucoup les voyages **organisés**.*

organiser (verbe) (conj. 3) **1** Préparer avec méthode et dans un but précis. *Noémie **a organisé** toute seule une fête pour son anniversaire.* **2** S'organiser : aménager son temps pour agir efficacement. *William ne perd pas une minute et sait **s'organiser**.*

organisme (nom masculin) **1** Ensemble des organes constituant un être vivant. *Le bruit et la pollution agissent sur l'**organisme**.* **2** Être vivant. *Les microbes sont des **organismes** microscopiques.* **3** Ensemble des services qui s'occupent d'une tâche précise. *Médecins sans frontières est un **organisme** de secours international.*

organiste (nom) Musicien qui joue de l'orgue.

organogenèse (nom féminin) Formation des organes d'un être vivant. *L'**organogenèse** se produit au cours du développement embryonnaire.*

orgasme (nom masculin) Moment le plus intense du plaisir sexuel.
★ **Orgasme** vient du grec *orgân* qui signifie « bouillonner d'ardeur ».

orge (nom féminin) Céréale qui ressemble au blé. *On se sert de l'**orge** dans la fabrication de la bière.*

orgeat (nom masculin) Sirop fait autrefois avec de l'orge, aujourd'hui avec des amandes.
▶ Prononciation [ɔʀʒa].

orgelet (nom masculin) Petit furoncle situé au bord de la paupière.

orgie (nom féminin) Repas très copieux et très arrosé, où les gens se laissent aller.
★ **Orgie** vient du latin *orgia* qui signifie « fêtes en l'honneur de Bacchus », qui était le dieu du vin.

orgue (nom masculin) Grand instrument à vent, composé de claviers, de tuyaux et d'une soufflerie. *Odile aime écouter les grandes **orgues** de la cathédrale.*
▶ Au pluriel, **orgue** est féminin.

orgueil (nom masculin) Opinion trop avantageuse qu'on a de soi-même. *Depuis qu'il a réussi, il est d'un **orgueil** insupportable.* (Contr. **humilité, modestie.**)

orgueilleux, euse (adjectif) Qui a de l'orgueil. *Il est trop **orgueilleux** pour reconnaître qu'il a tort.* (Syn. **fier, prétentieux.**)

orient (nom masculin) Côté de l'horizon où le soleil se lève. (Syn. **est, levant.** Contr. **couchant, occident, ouest.**) • L'Orient : l'ensemble des pays d'Asie. *L'Iran, le Japon sont des pays de l'**Orient**.*

orientable (adjectif) Qu'on peut orienter. *Xavier a une lampe de bureau **orientable**.*

oriental, ale, aux (adjectif) Situé du côté de l'orient. *New York est sur la côte **orientale** des États-Unis.* (Contr. **occidental.**)
■ **oriental, ale, aux** (adjectif et nom) De l'Orient. *Les Chinois sont des **Orientaux**.* (Contr. **occidental.**)

orientation (nom féminin) **1** Situation d'un lieu par rapport aux points cardinaux. *L'**orientation** est-ouest de cet appartement le rend très agréable.* **2** Direction que l'on prend pour ses études. *Une conseillère d'**orientation**.* • Sens de l'orientation : capacité à trouver son chemin.

orienter (verbe) (conj. 3) **1** Placer quelque chose par rapport aux points cardinaux. *La boussole permet d'**orienter** correctement une carte.* **2** Pousser quelqu'un vers telle ou telle direction. *On l'**a orienté** vers un métier manuel.* **3** S'orienter : trouver sa direction. *Ursula ne sait pas encore bien **s'orienter** dans son nouveau quartier.*
★ Famille du mot : **dés**orienter, orient**able**, orient**ation**.

orifice (nom masculin) Ouverture servant d'entrée ou de sortie. *La balle sort par l'**orifice** du canon.* (Syn. **trou.**)

oriflamme (nom féminin) Longue bannière qui se termine en pointe. *La place de l'hôtel de ville est pavoisée avec des **oriflammes**.*
★ **Oriflamme** vient de deux anciens mots français *orie* et *flambe* qui signifient « flamme d'or ».

origami (nom masculin) Art du papier plié. *L'**origami** est une tradition japonaise et permet de réaliser toutes sortes de figures en papier.*
★ **Origami** est un mot japonais.

origan (nom masculin) Marjolaine sauvage. *Maman a mis de l'**origan** sur les grillades.*

originaire (adjectif) Qui tire son origine de tel endroit. *La mère de Zoé est **originaire** du Poitou.* (Syn. **natif.**)

original, ale, aux (adjectif) Qui sort de l'ordinaire. *C'est une idée **originale** et intéressante.* (Contr. **banal.**)
■ **original, ale, aux** (adjectif et nom) Qui ne fait pas comme tout le monde. *Été comme hiver, il est pieds nus dans ses chaussures, c'est un **original**.*
■ **original, aux** (nom masculin) Œuvre authentique ou document d'origine. *J'ai oublié l'**original** sur la photocopieuse.*

originalité (nom féminin) Caractère original. *Voilà un film d'une grande **originalité**.* (Syn. **nouveauté.** Contr. **banalité.**)

a b c d e f g h i j k l m n o p q r s t u v w x y z

origine (nom féminin) **1** Provenance d'un individu. *Abdou est d'**origine** sénégalaise.* (Syn. **ascendance.**) **2** Point de départ. *Les savants recherchent l'**origine** de la vie. À l'**origine**, Yann devait venir avec nous.* (Syn. **commencement, début.**) **3** Ce qui explique ou qui est la cause de quelque chose. *Un malentendu est à l'**origine** de leur brouille.*
★ Famille du mot : origin**aire**, origin**el**.

originel, elle (adjectif) Qui date de l'origine. *L'instinct **originel** des chats les pousse à chasser les souris.*

orignal, aux (nom masculin) Animal voisin de l'élan, vivant au Canada. *L'**orignal** est plus grand que son cousin européen.*
★ **Orignal** vient du basque *oregna* qui signifie « cerf ».

oripeaux (nom masculin pluriel) Habits vieux et démodés.

ORL Voir ***oto-rhino-laryngologiste.***

orme (nom masculin) Grand arbre aux feuilles dentelées et aux fleurs rougeâtres.

ormeau, eaux (nom masculin) **1** Petit orme. **2** Mollusque marin comestible, appelé aussi « oreille de mer ».

ornement (nom masculin) Élément qui sert à orner. *La rosace est un **ornement** fréquent dans les églises.* (Syn. **décoration.**)

ornemental, ale, aux (adjectif) Qui sert à orner. *Les orchidées sont des plantes **ornementales**.* (Syn. **décoratif.**)

orner (verbe) (conj. 3) Rendre plus beau. *Le sapin **est orné** de guirlandes.* (Syn. **décorer.**)
★ Famille du mot : orne**ment**, orne**mental**.

ornière (nom féminin) Trace creusée par les roues d'un véhicule dans un chemin de terre. *La voiture s'est embourbée dans une **ornière**.*

ornith(o)- Élément tiré du grec *ornithos* qui signifie « oiseau » (exemples : *ornithorynque, ornithologue*).

ornithologie (nom féminin) Science qui étudie les oiseaux.

ornithologue (nom) Spécialiste d'ornithologie. *L'ornithologue sait reconnaître le chant de nombreux oiseaux.*

ornithorynque (nom masculin) Mammifère d'Australie, au bec de canard, à la queue plate et aux pattes palmées. *L'**ornithorynque** est ovipare, il est grand comme un chat et vit en partie dans l'eau.*
★ **Ornithorynque** vient de deux mots grecs qui signifient « bec d'oiseau », car c'est le seul mammifère qui ait un bec.

oronge (nom féminin) Champignon comestible de la famille des amanites, au chapeau rouge-orange.
• **Fausse oronge** : champignon vénéneux au chapeau rouge piqué de blanc, appelé aussi « amanite tue-mouches ».

orpailleur (nom masculin) Ouvrier qui recueille au moyen d'un tamis les paillettes d'or contenues dans le sable.
★ **Orpailleur** vient de l'ancien français *harpailler* qui signifie « saisir ».

orphelin, ine (adjectif et nom) Enfant qui a perdu ses deux parents ou l'un des deux. *Un **orphelin** de mère.*

orphelinat (nom masculin) Établissement où l'on accueille les orphelins.

orque (nom féminin) Mammifère marin très vorace. (Syn. **épaulard.**)

orteil (nom masculin) Doigt de pied. *Le gros **orteil** n'a que deux phalanges.*

orth(o)- Élément tiré de l'adjectif grec *orthos* qui signifie « droit », et, au sens figuré, « correct » (exemples : *orthodontiste, orthographe*).

orthocentre (nom masculin) Point de rencontre des trois hauteurs d'un triangle. *L'**orthocentre** d'un triangle à angle obtus est à l'extérieur du triangle.*

orthodontiste (nom) Dentiste qui corrige la position des dents sur la mâchoire.

orthodoxe (adjectif) Conforme à une tradition ou aux usages habituels. *Une opinion pas très **orthodoxe**.*
■ **orthodoxe** (adjectif et nom) Chrétien qui appartient à une Église d'Orient. *Les **orthodoxes** ne reconnaissent pas le pape comme chef de l'Église.*

orthogonal, ale, aux (adjectif) À angle droit. *Deux droites **orthogonales** se coupent à angle droit.* (Syn. **perpendiculaire.**)

orthographe (nom féminin) Manière correcte d'écrire les mots. *Anna a vérifié l'**orthographe** de « ornithorynque » dans son dictionnaire.*
★ Famille du mot : orthographi**er**, orthographi**que**.

orthographier (verbe) (conj. 10) Écrire selon les règles de l'orthographe. *Épelez votre nom, que je puisse l'**orthographier** correctement.*

orthographique (adjectif) Qui concerne l'orthographe. *Ce dictionnaire contient de nombreuses remarques **orthographiques**.*

orthonormé, ée (adjectif) D'un espace vectoriel orthogonal. *Un repère est **orthonormé** lorsqu'il est défini par deux vecteurs perpendiculaires.*

orthopédiste (nom) Spécialistes des maladies des os, des articulations, des muscles et des tendons. *L'**orthopédie** soigne les problèmes moteurs.*

orthophoniste (nom) Personne qui corrige les troubles du langage parlé et écrit. *Il est allé consulter l'**orthophoniste** parce qu'il confondait certains sons.*

orthoptiste (nom) Spécialiste de la rééducation de l'œil. *Pour corriger son strabisme, Quentin est allé chez l'**orthoptiste**.*

ortie (nom féminin) Plante dont les feuilles sont couvertes de poils qui piquent. *Élodie s'est piquée en passant dans les* ***orties****.*

ortolan (nom masculin) Petit oiseau migrateur dont la chair est très appréciée de certains, mais dont la chasse est interdite car il est protégé.

orvet (nom masculin) Lézard sans pattes, à queue très fragile. *L'****orvet*** *est très utile car il mange les limaces.*
★ **Orvet** vient de l'ancien français *orb* qui signifie « aveugle », car on croyait les orvets aveugles.

os (nom masculin) Chacune des parties solides qui composent le squelette d'un être humain ou d'un animal. *Le radius est un* ***os*** *de l'avant-bras.* • **En chair et en os** : en personne. • **Jusqu'aux os** : complètement. *La pluie l'a trempé* ***jusqu'aux os****.* • **Ne pas faire de vieux os** : mourir jeune ou ne pas durer longtemps.
► un os [œ̃nɔs], des os [dezo].
★ Famille du mot : **désosser**, **ossature**, **osselets**, **ossements**, **osseux**, **ossuaire**.

oscar (nom masculin) Récompense décernée aux personnalités du cinéma chaque année aux États-Unis depuis 1928. *Simone Signoret a reçu l'****oscar*** *de la meilleur actrice en 1960.*

oscillation (nom féminin) Mouvement d'un objet qui oscille. *Le sourcier observe les* ***oscillations*** *du pendule pour trouver l'emplacement de la source.*

osciller (verbe) (conj. 3) Faire des mouvements de va-et-vient autour d'un point fixe. *Le poulain vient de naître : il* ***oscille*** *sur ses pattes.* (Syn. **se balancer.**)
► Prononciation [ɔsile].

osé, ée (adjectif) **1** Fait avec audace. *Une descente à skis* ***osée****.* **2** Qui peut choquer. *Une plaisanterie* ***osée****.*

oseille (nom féminin) Plante potagère au goût acidulé. *Une omelette à l'****oseille****.*

oser (verbe) (conj. 3) Avoir l'audace de faire quelque chose. *Viens ici, si tu l'****oses*** *!*

osier (nom masculin) Saule de petite taille dont on utilise les branches en vannerie. *On a installé les fauteuils en* ***osier*** *sur la terrasse.*

osmose (adjectif) **1** Diffusion entre deux liquides séparés par des parois perméables. *Les végétaux se nourrissent par* ***osmose****.* **2** Au sens figuré, influence mutuelle, échange profond, intime. *L'****osmose*** *qui existe entre ces deux jumeaux intrigue leurs camarades.*
★ **Osmose** vient du grec *ôsmos* qui signifie « impulsion ».

ossature (nom féminin) **1** Ensemble des os du squelette. *Certaines personnes ont une* ***ossature*** *légère.* **2** Ensemble de piliers qui soutiennent un bâtiment.

osselets (nom masculin pluriel) Jeu constitué par des petits objets de plastique ou de métal, qu'on lance et qu'on rattrappe selon certaines règles.

ossements (nom masculin pluriel) Os décharnés et desséchés. *On a découvert les* ***ossements*** *d'un primate vieux de trois millions d'années.*

osseux, euse (adjectif) **1** Des os. *Une tuberculose* ***osseuse****.* **2** Dont les os apparaissent sous la peau. *Le vieil homme avait les doigts maigres et* ***osseux****.*

osso-buco (nom masculin) Plat italien composé d'une pièce de veau avec son os, cuit à l'étouffée, avec des tomates et des aromates.
► Prononciation [ɔsobuko].
★ **Osso-buco** est un mot italien qui signifie « os à trou ».
► On écrit aussi **ossobuco**.

ossuaire (nom masculin) Lieu où l'on dépose des ossements humains. *Les catacombes de Paris sont un* ***ossuaire****.*

ostensible (adjectif) Qu'on laisse voir exprès. *Il lui a tourné le dos d'une manière* ***ostensible****.* (Contr. **discret.**)

ostensiblement (adverbe) De façon ostensible. *Quand Clément est entré, Fatima a tourné* ***ostensiblement*** *la tête de l'autre côté.* (Contr. **discrètement.**)

ostentation (nom féminin) Attitude de quelqu'un qui désire qu'on voie ce qu'il fait. *Il sort son téléphone portable avec* ***ostentation****.* (Contr. **discrétion.**)

ostéopathe (nom) Personne qui soigne par des manipulations les affections de la colonne vertébrale et des articulations. *Parce qu'il s'est bloqué le dos, Benjamin est allé voir un* ***ostéopathe****.*
★ **Ostéopathe** vient du grec *ostêon* qui signifie « os ».

ostracisme (nom masculin) Attitude de réserve et d'hostilité d'un groupe à l'égard de quelqu'un. *Cet homme politique a été frappé d'****ostracisme****.*
★ **Ostracisme** vient du grec *ostrakon* qui signifie « coquille ».

ostréiculteur, trice (nom) Personne qui fait de l'ostréiculture. *Cet* ***ostréiculteur*** *a des parcs à huîtres sur la côte.*

ostréiculture (nom féminin) Élevage des huîtres. *L'****ostréiculture*** *de la côte bretonne.*

ostrogoth (nom masculin) **1** Qui concerne les Ostrogoths. *Théodoric Ier le Grand était un roi* ***ostrogoth****.* **2** Au sens figuré, individu bourru, rustaud, bizarre. *Cet* ***ostrogoth*** *ignore les règles de la bienséance !*
► Prononciation [ɔstʀɔgo, got].
► On écrit aussi **ostrogot, gote**.

otage (nom masculin) Personne qu'on retient prisonnière pour obtenir ce que l'on veut. *Les terroristes ont dit qu'ils tueraient les* ***otages*** *si on ne leur donnait pas un avion pour partir.*

otarie (nom féminin) Mammifère marin voisin du phoque.
★ **Otarie** vient d'un mot grec qui signifie « petite oreille » : à la différence du phoque, ce mammifère a des oreilles.

ôter (verbe) (conj. 3) **1** Retirer une pièce de l'habillement. *Gaëlle* ***a ôté*** *son pull.* (Syn. **enlever.**) **2** Enlever

a b c d e f g h i j k l m n o p q r s t u v w x y z

quelque chose de l'endroit où il était. *David **a ôté** son sac de la table.* **3** Retrancher une quantité. *Si on **ôte** sept de dix, il reste trois.* (Syn. **soustraire.**)

otite (nom féminin) Maladie infectieuse des oreilles. *Attraper une **otite**.*

oto-rhino-laryngologiste (nom) Médecin spécialiste du nez, de la gorge et des oreilles.
▶ Ce mot s'abrège **ORL** ou **oto-rhino**.
▶ Pluriel : des **oto-rhino-laryngologistes**.

ou (conjonction) **1** Indique un choix. *Tu viens **ou** tu restes ? Il faut te décider.* **2** Indique une équivalence. *On appelle ce poisson colin **ou** merlu.* **3** Indique une approximation. *Il doit y avoir huit **ou** dix kilomètres entre les deux villages.*
▶ On dit parfois **ou bien**.

où (adverbe) Interroge sur le lieu ou la direction. ***Où** vas-tu ? J'aimerais savoir **où** tu vas.*
■ **où** (pronom relatif) Représente un nom indiquant le lieu ou le temps. *L'hôtel **où** il est descendu est près de la gare. Le jour **où** je suis entré à l'école, j'ai rencontré Ibrahim.*
▶ Ne pas oublier l'accent grave qui distingue ce mot de la conjonction **ou**.

ouailles (nom féminin pluriel) Synonyme familier de paroissien. *Le curé a béni ses **ouailles**.*
▶ Prononciation [waj].
★ **Ouaille** est l'ancien nom de la brebis.

ouate (nom féminin) Coton pour faire des pansements. *L'infirmière nettoie les écorchures avec de la **ouate**.*
▶ On peut dire de **l'ouate** ou de **la ouate**.

oubli (nom masculin) **1** Action d'oublier. *Cette civilisation disparue a sombré dans l'**oubli**.* **2** Chose oubliée. *Il faut absolument réparer cet **oubli**.* (Syn. **omission.**)

oublier (verbe) (conj. 10) **1** Perdre le souvenir de quelque chose ou de quelqu'un. ***J'ai oublié** son nom.* (Contr. **se rappeler, se souvenir.**) **2** Laisser sans le vouloir. *Kevin **a oublié** son pull à l'école.* **3** Omettre par manque d'attention. *Julie **a oublié** de dire que tu avais appelé.* (Syn. **négliger.**) **4** Cesser de penser à quelque chose ou à quelqu'un. *Avec le temps, elle a fini par **oublier**.* (Contr. **se souvenir.**)
★ Famille du mot : **inoubliable**, oubli, oubliettes.

oubliettes (nom féminin pluriel) Cachots souterrains des châteaux forts.

oued (nom masculin) Cours d'eau d'Afrique du Nord, souvent à sec, mais aux crues violentes.

ouest (nom masculin) **1** Un des quatre points cardinaux qui désigne la direction où le soleil se couche. *Le ciel était tout rouge à l'**ouest**.* **2** Partie qui se situe à l'ouest d'un pays, d'une région. *Pierre est en vacances à La Rochelle, une ville de l'**ouest** de la France.*
■ **ouest** (adjectif) Qui est situé à l'ouest. *La côte **ouest** de la France.* (Contr. **est.**)
▶ Pluriel : les régions **ouest**.

ouf ! (interjection) Exprime le soulagement. ***Ouf** ! Nous sommes enfin arrivés !*

oui (adverbe) Indique l'affirmation ou le fait d'être d'accord. *L'as-tu vu ? **Oui**, je l'ai vu.* (Contr. **non.**)

ouï-dire (nom masculin) • **Par ouï-dire** : pour l'avoir entendu dire. *Quentin a appris **par ouï-dire** l'arrivée d'un nouveau directeur.*
▶ Pluriel : des **ouï-dire**.

ouïe (nom féminin) **1** Celui des cinq sens qui permet d'entendre. *Le chat a l'**ouïe** très fine.* **2** Chacune des deux fentes qui sont de chaque côté de la tête d'un poisson et par lesquelles il respire. *Le pêcheur attrape le brochet par les **ouïes**.*

ouïr (verbe) Synonyme littéraire d'entendre. *J'ai **ouï** dire qu'il était revenu.*
▶ **Ouïr** ne s'emploie qu'à l'infinitif, à l'impératif et au participe passé : **ouï**.

ouistiti (nom masculin) Singe d'Amérique du Sud, de petite taille et à longue queue.

oukase (nom masculin) Décision autoritaire. *Le tsar a appliqué ses **oukases** sans en avertir auparavant ses conseillers.*
★ **Oukase** vient du russe *oukazat* qui signifie « publier ».

ouragan (nom masculin) Très violente tempête. *Un **ouragan** a ravagé plusieurs villes de la côte est de l'Amérique.*

ourdir (verbe) (conj. 11) Préparer en cachette. *Les brigands ont **ourdi** un complot.*

ourlet (nom masculin) Bord d'une étoffe replié et cousu. *L'**ourlet** de la robe de Laura est décousu.*

ours (nom masculin) **1** Grand mammifère sauvage au corps couvert d'une épaisse fourrure. **2** Personne peu sociable. *Il n'a pas dit un mot, quel **ours** !*

ourse (nom féminin) Femelle de l'ours. *L'**ourse** devient féroce si l'on menace ses oursons.*

oursin (nom masculin) Animal marin dont la carapace ronde est hérissée de piquants. *L'**oursin** vit dans les rochers ou sur le sable.*

ourson (nom masculin) Petit de l'ours.

oust ! (interjection) S'emploie, dans la langue familière, pour donner l'ordre de partir d'un lieu ou de se dépêcher. *Allez, **oust** ! Dehors !*
▶ On écrit aussi **ouste**.

outarde (nom féminin) Échassier des steppes d'Eurasie, d'Afrique et d'Australie. *Les **outardes** ont de fortes pattes munies de trois doigts.*
★ **Outarde** vient du mot latin *avis tarda* qui signifie « oiseau lent ».

outil (nom masculin) Instrument de travail manuel. *Le marteau, la scie sont les **outils** du menuisier.*
★ Famille du mot : outill**age**, outiller.

outillage (nom masculin) Ensemble des outils et des machines utilisés pour une activité. *L'**outillage** du garagiste.*

outiller (verbe) (conj. 3) Équiper en outils. *Son père **s'est outillé** petit à petit pour pouvoir bricoler.*

outrage (nom masculin) Offense grave. *L'accuser d'un tel acte serait lui faire* ***outrage****.* (Syn. **affront, injure.**)

outrager (verbe) (conj. 5) Faire outrage à quelqu'un. *Elle a pris un air* ***outragé*** *en l'entendant lui dire des gros mots.*

outrance (nom féminin) Exagération en actes ou en paroles. *On a reproché au journaliste l'****outrance*** *de ses propos.* (Syn. **excès.**) • À outrance : avec excès.

outrancier, ère (adjectif) Plein d'outrance. *Il a tenu des propos* ***outranciers****.* (Syn. **excessif.** Contr. **mesuré.**)

① **outre** (préposition) En plus de. ***Outre*** *ce travail, Romain doit encore finir ses devoirs.* • Outre mesure : trop. *Cela ne m'étonne pas* ***outre mesure****.*
■ **outre** (adverbe) • En outre : en plus. *C'est un chanteur et* ***en outre*** *un bon acteur.* • Passer outre : ne pas tenir compte de quelque chose.

② **outre** (nom féminin) Sac en peau qui est destiné à contenir un liquide. *Une* ***outre*** *d'eau.*

outrecuidance (nom féminin) Impertinence envers autrui. *Il a eu l'****outrecuidance*** *de m'ignorer.*

outremer (adjectif) Bleu intense. *La pierre de sa bague est d'un bleu* ***outremer****.*
▶ Pluriel : des pierres précieuses **outremer**.

outre-mer (adverbe) Situé au-delà des mers par rapport à un pays. *La Réunion est un département français d'****outre-mer****.*

outrepasser (verbe) (conj. 3) Dépasser la limite de quelque chose. *Il était tellement furieux que ses paroles* ***ont outrepassé*** *sa pensée.* (Syn. **dépasser.**)

outrer (verbe) (conj. 3) Mettre quelqu'un hors de lui. *Sa grossièreté m'****a outré*** *!* (Syn. **indigner, révolter.**)

outre-tombe (adverbe) Après la mort.

outsider (nom masculin) Concurrent qui n'est pas parmi les favoris.
▶ **Outsider** est un mot anglais : on prononce [awtsajdœʀ].

ouvert, ouverte (adjectif) **1** Qui n'est pas fermé. *La porte est restée* ***ouverte*** *toute la nuit.* (Contr. **fermé.**) **2** Qui est accueillant et exprime la franchise et la tolérance. *Noémie a un visage* ***ouvert*** *et gai.* (Contr. **renfermé.**)

ouvertement (adverbe) Sans cacher ce que l'on pense. *Il s'est* ***ouvertement*** *moqué de nous.* (Syn. **franchement.** Contr. **secrètement.**)

ouverture (nom féminin) **1** Action d'ouvrir ou de s'ouvrir. *L'****ouverture*** *des portes est bloquée.* (Contr. **fermeture.**) **2** Mise en service ou commencement de quelque chose. *On annonce l'****ouverture*** *d'une nouvelle autoroute.* **3** Espace vide dans une paroi. *Il n'y a qu'une petite* ***ouverture*** *sur cette façade.*

ouvrable (adjectif) • Jour ouvrable : qui n'est pas un jour férié. *Le samedi est souvent un jour* ***ouvrable****, mais pas un jour ouvré.*

ouvrage (nom masculin) **1** Travail à faire. *Dès qu'ils ont eu le matériel, ils se sont mis à l'****ouvrage****.* (Syn. **tâche.**) **2** Écrit scientifique, technique ou littéraire. *Vous trouverez cet* ***ouvrage*** *à la bibliothèque municipale.* (Syn. **livre.**) • Boîte à ouvrage : nécessaire de couture.

ouvragé, ée (adjectif) Minutieusement travaillé et décoré. *Un blason délicatement* ***ouvragé*** *orne le mur.*

ouvrant, ante (adjectif) • Toit ouvrant : partie du toit d'une voiture qui peut s'ouvrir.

ouvré, ée (adjectif) • Jour ouvré : où l'on travaille.

ouvre-boîte (nom masculin) Instrument coupant servant à ouvrir les boîtes de conserve.
▶ Pluriel : des **ouvre-boîtes**.
▶ On écrit aussi : **ouvre-boite**.

ouvre-bouteille (nom masculin) Synonyme de décapsuleur. *Il faut un* ***ouvre-bouteille*** *pour ouvrir le soda.*
▶ Pluriel : des **ouvre-bouteilles**.

ouvreur, euse (nom) **1** Personne chargée de placer le public dans une salle de spectacle. *L'****ouvreuse*** *nous indique nos places.* **2** Skieur qui descend le premier une piste de ski.

ouvrier, ère (nom) Salarié qui travaille de ses mains dans l'industrie ou l'artisanat. *L'usine de chaussures emploie deux cents* ***ouvriers****.*
■ **ouvrière** (nom féminin) Femelle stérile chez les abeilles, les guêpes et les fourmis. *Les* ***ouvrières*** *construisent le nid, prennent soin des larves et défendent la colonie.*
■ **ouvrier, ère** (adjectif) Qui concerne les ouvriers. *Une manifestation* ***ouvrière*** *a eu lieu devant la préfecture.*

ouvrir (verbe) (conj. 12) **1** Défaire ce qui fermait pour rendre l'intérieur accessible. ***Ouvre*** *vite, il pleut !* (Contr. **fermer.**) **2** Séparer ou écarter ce qui était rapproché. *Sarah* ***ouvre*** *l'enveloppe.* **3** Recevoir le public. *La magasin* ***ouvre*** *de 9 heures à 19 heures.* **4** Faire commencer. *Le discours du maire* ***a ouvert*** *la fête.* **5** Pratiquer une ouverture. *Ils* ***ont ouvert*** *une fenêtre dans le mur.* (Syn. **percer.**) **6** S'ouvrir : écarter ses pétales. *La rose* ***s'est ouverte****.* (Syn. **s'épanouir.**) **7** S'ouvrir : se blesser. *Il* ***s'est ouvert*** *le pied.* • Ouvrir la marche : marcher en tête. *Les majorettes* ***ouvraient la marche****.*
★ Famille du mot : **entr**ouvrir, ouvert, ouverte**ment**, ouvert**ure**, ouvr**able**, ouvr**ant**, ouvr**é**, ouvre-boîte, ouvre-bouteille, **ré**ouvert**ure**, rouv**rir**.

ovaire (nom masculin) Chacun des deux organes reproducteurs des femelles. *Les ovules se forment dans l'****ovaire****.*

ovale (adjectif) Qui a la forme d'un œuf. *Ce plat* ***ovale*** *est bien pratique pour servir un poisson.*
★ **Ovale** vient du latin *ovum* qui signifie « œuf », et que l'on retrouve dans *ovaire* et dans *ovule*.

ovation (nom féminin) Acclamation enthousiaste pour honorer quelqu'un. *Le peuple a fait une* ***ovation*** *au roi.*

overdose (nom féminin) Dose mortelle de drogue. *Ce toxicomane est mort d'une **overdose**.*
▶ Prononciation [ɔvəʀdoz].
★ **Overdose** vient de l'anglais *over* qui signifie « excessif » et *dose* qui signifie « dose ».

ovin, ine (adjectif) Qui concerne les moutons. *Le cheptel **ovin** d'Australie est très important.*
■ **ovin** (nom masculin) Synonyme de mouton.

ovipare (adjectif) Qui pond des œufs. *Les oiseaux, les reptiles, les poissons sont **ovipares**.*

ovni (nom masculin) Objet vu dans le ciel, et que l'on considère comme un engin spatial des extraterrestres.
★ Ce mot est fait avec les initiales des quatre mots suivants : *objet volant non identifié.*

ovocyte (nom masculin) Gamète femelle. *L'**ovocyte** devient un ovule au moment de la fécondation.*
▶ On dit aussi **oocyte**.

ovoïde (adjectif) Qui a la forme d'un œuf. *Le citron est un fruit **ovoïde**.*
▶ On dit aussi **ovoïdal, ale, aux**.

ovovivipare (nom masculin et adjectif) Ovipare dont les œufs éclosent à l'intérieur du corps de la femelle. *L'orvet est **ovovivipare**.*

ovulation (nom féminin) Libération des ovules. *L'**ovulation** se produit vers le milieu du cycle de la femme.*

ovule (nom masculin) Cellule sexuelle femelle chez un être vivant. *L'**ovule**, fécondé par un spermatozoïde, se transforme en œuf.*

oxycoupage (nom masculin) Découpage des métaux à l'aide d'un chalumeau.

oxydable (adjectif) Qui peut subir une oxydation. *Le fer est **oxydable**.*

oxydation (nom féminin) Fait de s'oxyder. *L'humidité provoque l'**oxydation** des métaux.*

oxyde (nom masculin) Ce qui résulte de la combinaison de l'oxygène avec un autre élément chimique. *La rouille est de l'**oxyde** de fer.* • **Oxyde de carbone** : gaz toxique produit par l'oxydation du carbone.
★ Famille du mot : **inoxydable**, oxyd**able**, oxyd**ation**, s'oxyd**er**.

s'**oxyder** (verbe) (conj. 3) Se détériorer sous l'action de l'oxygène. *Quand le fer **s'oxyde**, il se forme de la rouille.*

oxygène (nom masculin) Gaz invisible, inodore et sans saveur contenu dans l'air. *L'**oxygène** est nécessaire à la vie, il est produit par les plantes.*
★ Famille du mot : oxygén**é**, s'oxygén**er**.

oxygéné, ée (adjectif) • **Eau oxygénée** : liquide renfermant de l'oxygène qu'on utilise comme désinfectant.

s'**oxygéner** (verbe) (conj. 8) Respirer de l'air pur. *Samedi, nous irons **nous oxygéner** à la campagne.*

oxymoron (nom masculin) Figure de style qui consiste à allier deux mots de sens contraire. *« Cette obscure clarté... » est un **oxymoron** du poète dramatique Corneille.*
▶ On dit aussi **oxymore**.

oyat (nom masculin) Plante graminée poussant sur les dunes. *Les dunes de la Camargue ont été fixées par des **oyats**.*
▶ Prononciation [ɔja].

oyez Voir ***ouïr***.

ozone (nom masculin) Gaz de formule O_3, bleuté odorant, dangereux à respirer. • **Couche d'ozone** : mince couche de ce gaz qui se trouve dans la haute atmosphère et qui protège la Terre des radiations dangereuses du Soleil.

p (nom masculin) Seizième lettre de l'alphabet. *Le **P** est une consonne.*

pacage (nom masculin) Endroit où le bétail peut paître. (Syn. **pâturage.**)

pacemaker (nom masculin) Appareil stimulant le rythme cardiaque.
▶ Prononciation [pɛsmekœʀ].
★ **Pacemaker** est un mot anglais qui signifie « qui règle la marche ».
▶ On écrit aussi **pacemakeur**.

pacha (nom masculin) Gouverneur de province dans l'ancien Empire turc. *Ça ne te gêne pas, Benjamin, de te laisser servir comme un **pacha** ?*

pachyderme (nom masculin) Gros mammifère non ruminant, à la peau épaisse. *Les éléphants, les hippopotames, les rhinocéros sont des **pachydermes**.*

pacifier (verbe) (conj. 10) Rétablir la paix dans un pays. *L'armée **a pacifié** la région et a chassé les ennemis.*
★ Famille du mot : pacifi**que**, pacifi**ste**.

pacifique (adjectif) **1** Qui aime la paix. *Un homme très **pacifique**.* (Syn. **paisible, tranquille.** Contr. **agressif.**) **2** Qui se déroule sans violence. *Une manifestation **pacifique**.* (Contr. **violent.**)

pacifiste (adjectif et nom) Qui est partisan de la paix. *Les **pacifistes** demandent le désarmement.*

pack (nom masculin) Emballage contenant plusieurs bouteilles ou plusieurs pots. *On a acheté un **pack** de jus d'orange pour le pique-nique.*
★ **Pack** est un mot anglais qui signifie « paquet ».

pacotille (nom féminin) Marchandise de peu de valeur. *Ce magasin vend des montres et des bijoux de **pacotille**.*

PACS (nom masculin) Contrat civil qui officialise la cohabitation de deux personnes adultes. *Le **PACS** autorise l'union entre deux personnes du même sexe.*
▶ On écrit aussi **Pacs**.
★ **PACS** est l'acronyme de *pacte civil de solidarité*.

pacte (nom masculin) Accord solennel entre des pays ou des individus. *Les conjurés signèrent un **pacte**.*

pactiser (verbe) (conj. 3) Faire un pacte avec quelqu'un. *Au Moyen Âge, les savants furent accusés de **pactiser** avec le diable.* (Syn. **s'allier, s'entendre.**)

pactole (nom masculin) Grosse somme d'argent. *Il a gagné à la loterie, il va toucher le **pactole** !*
★ **Pactole** vient de l'ancien nom d'une rivière de Turquie dont les sables contenaient de l'or et qui rendit riche le roi Crésus.

paddock (nom masculin) **1** Enclos, dans une prairie, réservé aux juments poulinières et à leurs poulains. *Les étalons sont interdits dans le **paddock**.* **2** Enceinte, sur un champ de courses, où les chevaux sont promenés. *On présente les chevaux sur le **paddock** avant la course.*
★ **Paddock** est un mot anglais.

paella (nom féminin) Plat espagnol composé de riz au safran, de crustacés, de poissons, de viande et de légumes.
▶ Prononciation [paelja].
▶ On écrit aussi **paélia**.

pagaie (nom féminin) Rame courte qui se termine par une sorte de pelle. *Pour faire avancer une pirogue, on tient la **pagaie** à deux mains.*

pagaille (nom féminin) Synonyme familier de désordre. *Il y a trop de **pagaille** dans ta chambre, Clément !*

paganisme (nom masculin) Fait d'être païen, de se détacher des religions monothéistes.

pagayer (verbe) (conj. 7) Ramer à l'aide d'une pagaie. *Ils **pagayaient** en rythme pour remonter le courant.*

① **page** (nom masculin) Jeune noble qui était au service d'une dame ou d'un seigneur. *Le **page** apprenait l'escrime et l'équitation pour devenir écuyer.*

② **page** (nom féminin) **1** Chacun des côtés d'un feuillet de papier. *Chaque feuille a une **page** recto*

a b c d e f g h i j k l m n o p q r s t u v w x y z

et une ***page*** *verso.* **2** Feuille de papier. *Mon petit frère a déchiré une* ***page*** *de mon cahier.* **3** Texte écrit sur une page. *David lit la* ***page*** *des sports dans le journal.* • **Être à la page** : être au courant de ce qui est à la mode. • **Tourner la page** : oublier le passé.

pagination (nom féminin) Numérotation des pages d'un livre ou d'un cahier.

pagne (nom masculin) Morceau d'étoffe couvrant le corps de la ceinture au mollet. *Le père d'Anna a rapporté un* ***pagne*** *de Tahiti.*

pagode (nom féminin) Temple des bouddhistes. *Cette* ***pagode*** *a plusieurs toits superposés.*

paie (nom féminin) Argent que quelqu'un reçoit pour son travail. *Les ouvriers touchent leur* ***paie*** *à la fin du mois.* (Syn. **salaire.**)
► On écrit aussi **paye.**

paiement (nom masculin) Action de payer. *Vous faites le* ***paiement*** *par chèque ou par carte bancaire ?*

païen, enne (adjectif et nom) Nom donné par les premiers chrétiens à ceux qui adoraient plusieurs dieux.
★ **Païen** vient du latin *paganus* qui signifie « campagnard », car les paysans se convertirent au christianisme moins vite que les gens de la ville.

paillard, arde (adjectif et nom) Qui aime ce qui est grivois. *Le repas de fête s'est terminé par des chansons* ***paillardes.***

paillasse (nom féminin) Grand sac de paille qui servait de matelas. *Le prisonnier n'avait qu'une* ***paillasse*** *pour dormir dans son cachot.*

paillasson (nom masculin) Petit tapis sur lequel on essuie ses pieds avant d'entrer dans une habitation. *Un beau* ***paillasson*** *rouge.*

paille (nom féminin) **1** Tige des céréales, séparée du grain. *De la* ***paille*** *de blé, de maïs.* **2** Petit tuyau servant à aspirer un liquide. *Une grenadine avec une* ***paille****, s'il vous plaît !* • **Être sur la paille** : être très pauvre. • **Tirer à la courte paille** : tirer au sort avec des brins de différentes longueurs.
★ Famille du mot : **empailler**, paill**asse**, paill**asson**, paill**ette**, paill**ote**.

paillette (nom féminin) **1** Particule mince et brillante. *La danseuse portait une robe à* ***paillettes.*** **2** Parcelle d'or dans le sable de certaines rivières. *Le chercheur d'or a trouvé plus de* ***paillettes*** *que de pépites.*

paillote (nom féminin) Construction, hutte de paille des régions chaudes. *Une* ***paillote*** *sur la plage.*

pain (nom masculin) Aliment fait de farine, d'eau et de levure, pétri et cuit au four. *Le boulanger fabrique le* ***pain.*** • **Avoir du pain sur la planche** : avoir beaucoup de travail. • **Pain d'épice** : gâteau à base de farine de seigle, de miel et d'épices.

pair, paire (adjectif) Qui donne un nombre entier quand on le divise par 2. *6 est un nombre* ***pair*** *car 6 : 2 = 3.* (Contr. **impair.**)

■ **pair** (nom masculin) Personne qui est égale à une autre. *Le savant a été reconnu par ses* ***pairs.*** • **Au pair** : nourri et logé en échange d'un certain travail. *Une étudiante* ***au pair*** *garde mon petit frère.* • **De pair** : ensemble. *Ces deux choses vont* ***de pair.*** • **Hors pair** : sans égal. *Un cuisinier* ***hors pair.***
■ **paire** (nom féminin) **1** Groupe de deux objets allant ensemble. *Élodie a demandé une* ***paire*** *de patins pour Noël.* **2** Objet formé de deux parties identiques. *Une* ***paire*** *de lunettes. Une* ***paire*** *de jumelles.*

paisible (adjectif) Qui est en paix. *C'est un village* ***paisible*** *où il fait bon vivre.* (Syn. **tranquille.**)

paisiblement (adverbe) De façon paisible. *Le malade respire* ***paisiblement.*** (Syn. **tranquillement.**)

paître (verbe) (conj. 37) Brouter l'herbe. *Le berger mène* ***paître*** *ses moutons.*
► On écrit aussi **paitre.**

paix (nom féminin) **1** Absence de conflit. *Le symbole de la* ***paix*** *est une colombe qui tient dans son bec un brin d'olivier.* (Contr. **guerre.**) **2** État de calme et de tranquillité. *J'aime me promener dans la* ***paix*** *du petit bois.*
★ Famille du mot : apais**ant**, apais**ement**, apais**er**, paisi**ble**, paisible**ment**.

pakistanais, aise → tableau p. 6 / 7.

pal (nom masculin) Pieu dont une extrémité est aiguisée. *Le supplice du* ***pal*** *consistait à transpercer d'un pieu le corps du condamné.*

palabres (nom féminin pluriel) Discussions interminables. *Agissez, au lieu de vous perdre en* ***palabres*** *inutiles !*

palace (nom masculin) Grand hôtel de luxe.

paladin (nom masculin) Chevalier errant du Moyen Âge. *Les* ***paladins*** *sont toujours en quête de causes justes.*

palais (nom masculin) **1** Vaste et riche demeure où vit un roi ou un haut personnage. *Le* ***palais*** *de Versailles a été la résidence des rois de France.* **2** Partie supérieure de l'intérieur de la bouche. *Pour prononcer le « l », la langue touche le* ***palais.*** • **Palais de justice** : bâtiment où se trouvent les tribunaux.

palan (nom masculin) Appareil formé de deux systèmes de poulies. *Un* ***palan*** *permet de soulever de lourdes charges.*

palanquin (nom masculin) Chaise ou lit porté par des hommes ou certains animaux, comme l'éléphant ou le chameau, en Extrême-Orient.

palatin, ine (adjectif) Appartenant à un palais. *Le tableau se trouve dans la chapelle* ***palatine.***

pale (nom féminin) Branche d'une hélice. *Le ventilateur a une hélice à huit* ***pales.***

pâle (adjectif) **1** Qui a perdu ses couleurs. *Qu'avez-vous ? Vous êtes si* ***pâle*** *tout à coup !* **2** D'une couleur claire. *Fatima porte un ruban bleu* ***pâle*** *dans ses cheveux.* (Contr. **vif.**)
★ Famille du mot : pâl**eur**, pâl**ichon**, pâl**ir**, pâl**ot**.

palefrenier (nom masculin) Garçon d'écurie chargé du soin des chevaux.

palefroi (nom masculin) Cheval de marche ou de parade, dans la langue littéraire. *La dame monta le **palefroi** pour aller se promener.*

paléocène (nom masculin) Première époque de l'ère tertiaire qui a commencé il y a 65 millions d'années et qui s'est terminée il y a 53 millions d'années.

paléolithique (nom masculin) Période préhistorique durant laquelle l'homme a taillé ses outils dans la pierre et l'os. *Les premières peintures rupestres datent du **paléolithique**.*

paléontologie (nom féminin) Science du passé des êtres vivants, fondée sur l'étude des fossiles.

palestinien, enne → tableau p. 6 / 7.

palet (nom masculin) Objet plat et rond. *Gaëlle pousse son **palet** du pied en sautant à cloche-pied.*

paletot (nom masculin) Veste que l'on porte par-dessus d'autres vêtements. *Autrefois les **paletots** en soie se portaient sur les armures.*
★ **Paletot** vient d'un ancien mot anglais *paltok* qui signifie « jaquette ».

palette (nom féminin) Plaque percée d'un trou pour le pouce, sur laquelle le peintre mélange les couleurs.

palétuvier (nom masculin) Grand arbre des rivages tropicaux, aux racines aériennes.

pâleur (nom féminin) Caractère de ce qui est pâle. *Hélène a encore la **pâleur** d'une convalescente.*

pâlichon, onne (adjectif) Synonyme familier de pâlot. *Julie est **pâlichonne**, l'air de la campagne lui fera du bien.*

palier (nom masculin) Plate-forme d'un escalier entre deux étages. *Dans cet immeuble, il y a quatre appartements par **palier**.* • **Par paliers** : progressivement. *Ralentir **par paliers**.*

palimpseste (nom masculin) Manuscrit dont on a effacé le texte pour écrire un nouveau texte. *Autrefois les parchemins étaient rares et les scribes usaient de **palimpsestes**.*

palindrome (nom masculin) Mot, vers, phrase que l'on peut lire de gauche à droite et de droite à gauche. *« Un roc cornu » est un **palindrome**.*

pâlir (verbe) (conj. 11) **1** Devenir pâle. *En entendant le verdict, l'accusé **a pâli**.* (Syn. **blêmir**.) **2** Perdre sa couleur. *Les tapisseries exposées au soleil **ont pâli**.* (Syn. **passer, ternir**.)

palissade (nom féminin) Clôture faite de planches ou de pieux. *Ibrahim a posé son vélo contre la **palissade** du chantier.*

palissandre (nom masculin) Bois exotique très dur, de couleur brun violacé. *Le **palissandre** est utilisé en ébénisterie et en marqueterie.*

palliatif (nom masculin) Remède provisoire et peu satisfaisant. *Donner de la nourriture aux sans-abri est un **palliatif** qui ne résout pas leur problème.*

pallier (verbe) (conj. 10) Remédier à une situation embarrassante par un palliatif. *Pour s'éclairer, les bougies permettent de **pallier** la coupure d'électricité. **Pallier** une difficulté.*

palmarès (nom masculin) Liste des lauréats d'un concours. *Son nom figure au **palmarès** du festival.*
★ **Palmarès** vient du latin *palmaris* qui signifie « qui mérite la palme ».

palme (nom féminin) **1** Feuille du palmier. *Les **palmes** du cocotier sont tout en haut du tronc.* **2** Symbole de la victoire. *On lui a décerné la **palme** d'or au festival de Cannes.* **3** Accessoire de caoutchouc qui permet de nager plus vite. *La forme des **palmes** imite celle de la patte du canard.*
★ Famille du mot : palm**é**, palm**eraie**, palm**ier**, palmipède.

palmé, ée (adjectif) Dont les doigts sont réunis par une membrane. *La grenouille, le canard, l'ornithorynque ont les pattes **palmées**.*

palmeraie (nom féminin) Lieu planté de palmiers. *La plupart des oasis sont des **palmeraies**.*

palmier (nom masculin) Arbre des régions chaudes, à grandes feuilles qui poussent au sommet du tronc. *Certains **palmiers** donnent des dattes, d'autres des noix de coco, du raphia ou du rotin.*

palmipède (nom masculin) Oiseau dont les pieds sont palmés. *Le canard, le pingouin, le pélican, la mouette sont des **palmipèdes**.*

palombe (nom féminin) Synonyme de ramier. *La chasse à la **palombe** est interdite.*

pâlot, otte (adjectif) Dans la langue familière, un peu pâle. *Kevin ne dort pas assez, il est **pâlot**.* (Syn. **pâlichon**.)

palourde (nom féminin) Mollusque comestible qui vit enfoui dans le sable. *Les **palourdes** ont une coquille striée.*

palpable (adjectif) Qui peut être touché, palpé, vérifiable. *Cet preuve **palpable** pourra conduire au véritable coupable.*

palper (verbe) (conj. 3) Examiner en tâtant avec la main. *Le médecin **palpe** le ventre de Pierre.*

palpitant, ante (adjectif) Qui passionne au point de faire battre le cœur plus rapidement. *Laura est plongée dans les aventures **palpitantes** des Trois Mousquetaires.* (Syn. **captivant**.)

palpitations (nom féminin pluriel) Battements sensibles et accélérés du cœur. *Après son sprint, Quentin avait des **palpitations**.*

palpiter (verbe) (conj. 3) Avoir des palpitations. *Son cœur **palpite** de joie à l'idée de revoir son ami.*
★ Famille du mot : palpit**ant**, palpit**ations**.

paluche (nom féminin) Synonyme familier de main. *Sers-moi la **paluche**.*

paludéen, enne (adjectif) Propre aux marais.

a b c d e f g h i j k l m n o **p** q r s t u v w x y z

■**paludéen, enne** (adjectif et nom) Du paludisme. *Il a contracté la fièvre* ***paludéenne****.*

paludisme (nom masculin) Maladie infectieuse propagée par les moustiques et qui provoque de fortes fièvres. *Dans les pays tropicaux, il y a beaucoup de* ***paludisme****.* (Syn. **malaria**.)
★ **Paludisme** vient du latin *paludis* qui signifie « marais », car on croyait que cette maladie était due au mauvais air (*malaria*) des marais.

palustre (adjectif) Qui vit dans les marais. *Le géranium* ***palustre*** *pousse dans les marais.*

se **pâmer** (verbe) (conj. 3) Synonyme littéraire de s'évanouir.

pampa (nom féminin) Vaste plaine herbeuse d'Amérique du Sud. *Les troupeaux de la* ***pampa*** *argentine.*

pamphlet (nom masculin) Texte bref et violent qui attaque et critique une opinion ou une personne. *Voltaire a écrit de nombreux* ***pamphlets*** *contre l'intolérance.*

pamplemousse (nom masculin) Gros agrume jaune au goût acidulé. *Myriam trouve le jus de* ***pamplemousse*** *trop amer.*

pan- Élément tiré du grec *pân* qui signifie « tout » (exemple : *panacée*).

① **pan !** (interjection) Onomatopée imitant le bruit d'un choc ou d'un coup de feu. ***Pan !*** *Dans le mille !*

② **pan** (nom masculin) **1** Partie flottante d'un vêtement. *Un* ***pan*** *de ta chemise n'est pas rentré dans ton pantalon.* **2** Partie plus ou moins large d'un mur. *De la maison, il ne restait que quelques* ***pans*** *de mur noircis.*

panacée (nom féminin) Remède miracle à tous les maux. *C'est une solution sans être la* ***panacée****.*

panache (nom masculin) **1** Touffe de plumes ornant une coiffure. *« Ralliez-vous à mon* ***panache*** *blanc ! » dit Henri IV en pleine bataille.* **2** Ce qui évoque, par sa forme, cet ornement. *L'écureuil a une queue en* ***panache****. Un* ***panache*** *de fumée.*

panaché, ée (adjectif) Fait d'éléments différents. *Noémie veut une glace* ***panachée*** *vanille et citron.*
■**panaché** (nom masculin) Bière mélangée de limonade.

panade (nom féminin) Soupe de pain, d'eau et de beurre, agrémentée parfois d'un jaune d'œuf.
• **Être dans la panade** : être dans la misère, avoir de nombreux soucis.
★ **Panade** est un mot provençal.

panaris (nom masculin) Inflammation aiguë du doigt. *Une écharde lui a causé un* ***panaris****.*

pan-bagnat (nom masculin) Sandwich rond niçois. *Le* ***pan-bagnat*** *est garni de salade niçoise.*
► Pluriel : des **pans-bagnats**.
★ **Pan-bagnat** est un mot provençal.

pancarte (nom féminin) Panneau portant une inscription. *As-tu vu le nom de la ville sur la* ***pancarte*** *?* (Syn. **écriteau**.)

pancréas (nom masculin) Glande digestive située dans l'abdomen. *Le* ***pancréas*** *joue un rôle essentiel dans la digestion.*

pancréatite (nom féminin) Inflammation du pancréas. *Son père est devenu diabétique à la suite de sa* ***pancréatite****.*

panda (nom masculin) Mammifère noir et blanc qui ressemble à un ours, et qui vit en Chine et au Tibet. *Le* ***panda*** *se nourrit de pousses de bambou.*

pandémie (adjectif) Épidémie qui atteint toute la population d'une région ou d'un pays. *Au Moyen Âge, de nombreuses* ***pandémies*** *de peste ont anéanti les populations de certaine villes.*

pané, ée (adjectif) Recouvert de chapelure. *Des escalopes* ***panées****.*

panégyrique (nom masculin) Discours à la gloire d'une personne, souvent sans réserve. *Dans l'Antiquité, les* ***panégyriques*** *louaient avec emphase les cités et leurs princes.*

panel (nom masculin) Groupe, échantillon de personnes, constitué pour l'étude d'une question. *Pour les sondages, il faut interroger un large* ***panel*** *de la population.*
★ **Panel** est un mot anglais qui signifie « panneau ».

panier (nom masculin) **1** Récipient à anse, servant à transporter des choses. *Romain et Odile ont pris des* ***paniers*** *pour cueillir des cerises.* **2** Cercle métallique entouré d'un filet qui constitue le but au basket. *Sarah a réussi un* ***panier****.*

panière (nom féminin) Grande corbeille à deux anses. *La* ***panière*** *à linge est remplie.*

panini (nom masculin) Sandwich chaud dont le pain est très blanc. *David adore les* ***paninis*** *au thon.*
★ **Panini** est un mot italien qui signifie « petits pains ».

panique (nom féminin) Affolement soudain et incontrôlable. *En entendant l'explosion, la foule a été prise de* ***panique****.*

paniquer (verbe) (conj. 3) Être pris de panique. *Elle* ***panique*** *pour un rien.* (Syn. **s'affoler**.)

panne (nom féminin) Arrêt accidentel du fonctionnement d'un mécanisme. *Nous sommes tombés en* ***panne*** *sur l'autoroute. Il y a une* ***panne*** *d'électricité dans tout le quartier.*

panneau, eaux (nom masculin) **1** Plaque servant de support à des indications. *Des* ***panneaux*** *ont été installés pour les élections devant le bureau de vote. Un* ***panneau*** *publicitaire.* **2** Surface plane enfermée dans une bordure. *Le menuisier a démonté les* ***panneaux*** *de l'armoire.*

panonceau, eaux (nom masculin) Petit panneau indicateur. *À la porte de l'immeuble, un* ***panonceau*** *indique le cabinet médical.*

panoplie (nom féminin) **1** Déguisement d'enfant. *Pour Noël, Ursula voudrait une **panoplie** d'infirmière, Thomas a choisi celle de Zorro.* **2** Collection d'armes fixées sur un panneau.

panorama (nom masculin) Vue circulaire que l'on découvre d'une hauteur. *Ils sont montés au belvédère pour voir le **panorama**.*

panoramique (adjectif) Propre à un panorama. *La carte postale donne une vue **panoramique** de la ville.*

panse (nom féminin) Partie de l'estomac des ruminants. • **Se remplir la panse** : dans la langue familière, manger beaucoup.

pansement (nom masculin) Compresse ou bande appliquée sur une plaie. *Il faut désinfecter la plaie avant de mettre un **pansement**.*

panser (verbe) (conj. 3) **1** Mettre un pansement. *Le médecin a nettoyé et a **pansé** la plaie.* **2** Nettoyer un cheval. *Le lad **panse** un cheval de course.*

pansu, ue (adjectif) Qui est fortement bombé. *Ce cruchon est **pansu** tout comme son propriétaire.* (Syn. **ventru**.)

pantagruélique (adjectif) Se dit d'un repas très abondant.
★ **Pantagruélique** vient du nom du héros de Rabelais *Pantagruel*, géant qui avait un appétit gigantesque.

pantalon (nom masculin) Vêtement qui va de la taille aux pieds en enveloppant chaque jambe. *Zoé a mis son **pantalon** de pyjama.*
★ **Pantalon** était un personnage bouffon de la comédie italienne du XVIe siècle, qui portait des culottes longues à la mode de Venise.

pantelant, ante (adjectif) **1** Qui respire avec peine. (Syn. **haletant**.) **2** Qui frémit encore, en parlant du corps d'un être qui vient d'être tué.

panthéisme (nom masculin) Doctrine ou croyance qui accorde un caractère divin à tout l'univers.

panthéon (nom masculin) **1** Ensemble des dieux d'une religion polythéiste. *Isis est une déesse du **panthéon** égyptien.* **2** Monument dédié aux dieux, à des hommes illustres. *Le **Panthéon** de Paris.*

panthère (nom féminin) Synonyme de léopard. *La **panthère** a tué une gazelle et s'en repaît.*

pantin (nom masculin) Jouet dont on fait bouger les membres en tirant sur un fil.

pantois, oise (adjectif) Synonyme de stupéfait. *On reste **pantois** devant une telle beauté.*

pantomime (nom féminin) Pièce de théâtre mimée, sans paroles. *À la fête de l'école, Victor et Anna ont joué une **pantomime**.*

pantoufle (nom féminin) Chaussure d'intérieur. *Quel plaisir de retrouver ses **pantoufles** après une longue journée de marche !* (Syn. **chausson**.)

panure (nom féminin) Synonyme de chapelure. *Les enfants aiment manger du poisson avec de la **panure**.*

PAO (nom féminin) Technique de mise en page informatique.
★ **PAO** est le sigle de *publication assistée par ordinateur*.

paon (nom masculin) Oiseau originaire d'Asie, dont la queue bleu-vert et tachetée du mâle peut se dresser en éventail. *Le **paon** fait la roue.* • **Fier comme un paon** : très vaniteux.
▶ Prononciation [pɑ̃].

papa (nom masculin) Nom affectueux que les enfants donnent à leur père.

papal, ale, aux (adjectif) Du pape. *À Avignon, on visite l'ancien palais **papal**.* (Syn. **pontifical**.)

paparazzi (nom masculin) Photographe qui cherche à prendre des photos indiscrètes de personnalités. *Les **paparazzi** portent atteinte à la vie privée des stars.*
▶ Prononciation [papaʀadzi].
★ **Paparazzi** est le nom d'un personnage d'un film de Federico Fellini.

papauté (nom féminin) Pouvoir du pape. *Au XVIe siècle, la Réforme a contesté la **papauté**.*

papaye (nom féminin) Fruit exotique ovale, de couleur jaune orangé. *La **papaye** ressemble au melon.*

pape (nom masculin) Chef suprême de l'Église catholique. *Le **pape** est considéré par les catholiques comme le successeur de l'apôtre Pierre.* (Syn. **souverain pontife**.) • **Sérieux comme un pape** : très sérieux.
★ Famille du mot : pap**al**, pap**auté**.

paperasse (nom féminin) Ensemble d'écrits inintéressants et encombrants. *La boîte aux lettres se remplit tous les jours d'un tas de **paperasses**.*

papeterie (nom féminin) Magasin où l'on vend du papier et des fournitures pour l'école et le bureau. *À la **papeterie**, Élodie s'est acheté des cahiers, des classeurs, une gomme et des crayons neufs.*
▶ Prononciation [papɛtʀi].
▶ On écrit aussi **papèterie**.

papetier, ère (nom) Personne qui tient une papeterie.

papi (nom masculin) Nom affectueux donné à son grand-père. *Laura adore son **papi**.*
▶ On écrit aussi **papy**.

papier (nom masculin) **1** Matière fabriquée à partir d'une pâte de fibres végétales, aplatie et séchée. *Gaëlle voudrait une feuille de **papier** pour faire un dessin.* **2** Document écrit ou imprimé. *La mère de Yann met de l'ordre dans ses **papiers**, elle range certaines lettres et les factures.* • **Papier peint** : papier décoratif que l'on colle sur les murs intérieurs d'un appartement.
▪ **papiers** (nom masculin pluriel) Pièces d'identité. *Vos **papiers**, s'il vous plaît !*

papille (nom féminin) Petit point à la surface de la langue. *C'est grâce aux **papilles** qu'on sent le goût de ce qu'on mange.*

papillon (nom masculin) Insecte qui a quatre grandes ailes colorées. *La chenille se métamorphose en chrysalide puis en **papillon**.* • **Nœud papillon** : cravate courte nouée en forme de papillon.

papillonner (verbe) (conj. 3) Passer d'une personne à une autre ou d'une chose à une autre sans s'arrêter à aucune.

papillote (nom féminin) Morceau de papier ou de feuille d'aluminium servant à envelopper des bonbons ou des aliments cuits au four. *À midi, nous avons mangé du poisson en **papillote**.*

papoter (verbe) (conj. 3) Synonyme familier de bavarder. *Les deux commères ne cessent de **papoter**.*

papouille (nom féminin) Synonyme familier de caresse.

paprika (nom masculin) Piment doux en poudre. *Un ragoût de veau au **paprika**.*

papule (nom féminin) Petite bouton sur la peau ne renfermant pas de liquide. *L'urticaire se caractérise par des **papules** roses.*

papy Voir ***papi***.

papyrus (nom masculin) Manuscrit égyptien écrit sur un papier fabriqué à partir de roseaux du Nil, appelés également « papyrus ».

pâque (nom féminin singulier) Fête annuelle des juifs en mémoire de leur sortie d'Égypte. *La **pâque** dure huit jours.*
■ **Pâques** (nom féminin pluriel) Fête annuelle des chrétiens en mémoire de la résurrection du Christ. *Joyeuses **Pâques**.*
■ **Pâques** (nom masculin singulier) Jour de cette fête. ***Pâques** est toujours le premier dimanche après la pleine lune qui suit le 22 mars.*
★ **Pâque** vient d'un mot hébreu qui signifie « passage », car, selon la Bible, Moïse ouvrit un passage dans la mer Rouge aux Hébreux qui la traversèrent à pied sec.

paquebot (nom masculin) Grand navire de transport de passagers. *Le Titanic était un superbe **paquebot** qui a sombré lors de son premier voyage.*

pâquerette (nom féminin) Petite plante à fleur blanche ou rosée, au cœur jaune, rappelant la marguerite. *La pelouse est parsemée de **pâquerettes**.*
★ **Pâquerette** vient de *Pâques*, moment où fleurissent les pâquerettes.

paquet (nom masculin) **1** Assemblage de plusieurs objets attachés ou enveloppés ensemble. *Julie a envoyé un **paquet** par la poste à sa cousine.* **2** Produit contenu dans un emballage. *Veux-tu aller m'acheter un **paquet** de café ?* **3** Grande masse ou grande quantité. *Des **paquets** de mer s'abattent sur la jetée.*
★ Famille du mot : **dé**paquet**er**, **em**paquet**er**, paquet**age**.

paquetage (nom masculin) Habillement et équipement d'un soldat. *Quand un soldat est incorporé, on lui donne son **paquetage**.*

par (préposition) Sert à indiquer de nombreux types de compléments. *Passe **par** là (lieu). Les hirondelles sont arrivées **par** un beau matin d'avril (temps). Je vais la voir deux fois **par** semaine (fréquence). William a pris Laura **par** la main (moyen). Elle a été renversée **par** un cycliste (complément d'agent).*

para- **1** Élément tiré du grec *para* qui signifie « à côté de » (exemples : *paramédical, paramilitaire*). **2** Éléments tiré du latin *parare* qui signifie « protéger » (exemples : *parachute, parapluie*).

parabole (nom féminin) **1** Récit qui contient un enseignement ou une morale grâce à une comparaison. **2** Antenne parabolique. **3** Figure géométrique dont les points vérifient l'équation $y = ax^2 + bx + c$.

parabolique (adjectif) Se dit d'une antenne qui permet de recevoir des programmes de télévision retransmis par satellite.

paracentèse (nom féminin) Ponction pratiquée pour évacuer un liquide de l'organisme. *Pour guérir une otite on peut effectuer une **paracentèse** qui n'abîme pas le tympan.*
▶ Prononciation [paʀasɛ̃tɛz].
★ **Paracentèse** vient du grec *parakentêsis* qui signifie « ponction ».

paracétamol (nom masculin) Médicament qui permet, entre autres, de faire baisser la fièvre. *Le **paracétamol** soulage les maux de tête.*

parachever (verbe) (conj. 8) Terminer le mieux possible. *Xavier **parachève** son château de sable en plantant un drapeau sur le donjon.*

parachutage (nom masculin) Action de parachuter. *Un **parachutage** d'armes a permis d'aider les assiégés.*

parachute (nom masculin) Appareil fait d'une grande toile qui, en se dépliant, ralentit la chute d'une personne ou d'un objet lancés d'un avion. *Myriam rêve de sauter en **parachute**.*
★ Famille du mot : parachut**age**, parachut**er**, parachu**tisme**, parachut**iste**.

parachuter (verbe) (conj. 3) Larguer en parachute. *On a **parachuté** des vivres aux réfugiés.*

parachutisme (nom masculin) Pratique du saut en parachute. *À l'armée, le cousin de Noémie a été initié au **parachutisme**.*

parachutiste (nom) Personne qui pratique le parachutisme. *Ce **parachutiste** est un spécialiste de la chute libre.*

parade (nom féminin) **1** Action de parer un coup ou une accusation. *Yann a trouvé une bonne **parade** pour ne pas faire ce qui l'ennuie : il dit qu'il doit travailler.* **2** Défilé militaire. *Des touristes sont venus assister à la **parade** du 14 Juillet sur les Champs-Élysées.*

parader (verbe) (conj. 3) Se montrer dans le but de se faire admirer. *Il **parade** devant nous sur sa nouvelle moto.*

suite du dictionnaire après la partie « aide-mémoire »

AIDE-MÉMOIRE SCOLAIRE

FRANÇAIS

Conjugaison des verbes

Chaque verbe du dictionnaire renvoie au modèle de sa conjugaison. Le numéro du modèle est indiqué à côté de l'entrée verbale. Par exemple, **amuser** (verbe) (conj. 3) renvoie au n°3, qui donne la conjugaison des verbes réguliers du premier groupe en **-er. Amuser** se conjugue donc comme **chanter,** donné comme exemple pour le modèle n° 3.

Verbe auxiliaire  1 Avoir

INDICATIF

présent		*passé composé*		
j'	ai	j'	ai	eu
tu	as	tu	as	eu
il, elle	a	il, elle	a	eu
nous	avons	nous	avons	eu
vous	avez	vous	avez	eu
ils, elles	ont	ils, elles	ont	eu

imparfait		*plus-que-parfait*		
j'	avais	j'	avais	eu
tu	avais	tu	avais	eu
il, elle	avait	il, elle	avait	eu
nous	avions	nous	avions	eu
vous	aviez	vous	aviez	eu
ils, elles	avaient	ils, elles	avaient	eu

passé simple		*passé antérieur*		
j'	eus	j'	eus	eu
tu	eus	tu	eus	eu
il, elle	eut	il, elle	eut	eu
nous	eûmes	nous	eûmes	eu
vous	eûtes	vous	eûtes	eu
ils, elles	eurent	ils, elles	eurent	eu

futur simple		*futur antérieur*		
j'	aurai	j'	aurai	eu
tu	auras	tu	auras	eu
il, elle	aura	il, elle	aura	eu
nous	aurons	nous	aurons	eu
vous	aurez	vous	aurez	eu
ils, elles	auront	ils, elles	auront	eu

CONDITIONNEL

présent		*passé*		
j'	aurais	j'	aurais	eu
tu	aurais	tu	aurais	eu
il, elle	aurait	il, elle	aurait	eu
nous	aurions	nous	aurions	eu
vous	auriez	vous	auriez	eu
ils, elles	auraient	ils, elles	auraient	eu

SUBJONCTIF

présent		
que	j'	aie
que	tu	aies
qu'	il, elle	ait
que	nous	ayons
que	vous	ayez
qu'	ils, elles	aient

imparfait		
que	j'	eusse
que	tu	eusses
qu'	il, elle	eût
que	nous	eussions
que	vous	eussiez
qu'	ils, elles	eussent

passé			
que	j'	aie	eu
que	tu	aies	eu
qu'	il, elle	ait	eu
que	nous	ayons	eu
que	vous	ayez	eu
qu'	ils, elles	aient	eu

plus-que-parfait			
que	j'	eusse	eu
que	tu	eusses	eu
qu'	il, elle	eût	eu
que	nous	eussions	eu
que	vous	eussiez	eu
qu'	ils, elles	eussent	eu

INFINITIF

présent	*passé*
avoir	avoir eu

PARTICIPE

présent	*passé*
ayant	eu, eue ayant eu

IMPÉRATIF

présent	*passé*
aie	aie eu
ayons	ayons eu
ayez	ayez eu

Verbe auxiliaire **2** Être

INDICATIF

présent		*passé composé*		
je	suis	j'	ai	été
tu	es	tu	as	été
il, elle	est	il, elle	a	été
nous	sommes	nous	avons	été
vous	êtes	vous	avez	été
ils, elles	sont	ils, elles	ont	été

imparfait		*plus-que-parfait*		
j'	étais	j'	avais	été
tu	étais	tu	avais	été
il, elle	était	il, elle	avait	été
nous	étions	nous	avions	été
vous	étiez	vous	aviez	été
ils, elles	étaient	ils, elles	avaient	été

passé simple		*passé antérieur*		
je	fus	j'	eus	été
tu	fus	tu	eus	été
il, elle	fut	il, elle	eut	été
nous	fûmes	nous	eûmes	été
vous	fûtes	vous	eûtes	été
ils, elles	furent	ils, elles	eurent	été

futur simple		*futur antérieur*		
je	serai	j'	aurai	été
tu	seras	tu	auras	été
il, elle	sera	il, elle	aura	été
nous	serons	nous	aurons	été
vous	serez	vous	aurez	été
ils, elles	seront	ils, elles	auront	été

CONDITIONNEL

présent		*passé*		
je	serais	j'	aurais	été
tu	serais	tu	aurais	été
il, elle	serait	il, elle	aurait	été
nous	serions	nous	aurions	été
vous	seriez	vous	auriez	été
ils, elles	seraient	ils, elles	auraient	été

SUBJONCTIF

présent		
que	je	sois
que	tu	sois
qu'	il, elle	soit
que	nous	soyons
que	vous	soyez
qu'	ils, elles	soient

imparfait		
que	je	fusse
que	tu	fusses
qu'	il, elle	fût
que	nous	fussions
que	vous	fussiez
qu'	ils, elles	fussent

passé			
que	j'	aie	été
que	tu	aies	été
qu'	il, elle	ait	été
que	nous	ayons	été
que	vous	ayez	été
qu'	ils, elles	aient	été

plus-que-parfait			
que	j'	eusse	été
que	tu	eusses	été
qu'	il, elle	eût	été
que	nous	eussions	été
que	vous	eussiez	été
qu'	ils, elles	eussent	été

INFINITIF

présent	*passé*
être	avoir été

PARTICIPE

présent	*passé*
étant	été *(invariable)* ayant été

IMPÉRATIF

présent	*passé*
sois	aie été
soyons	ayons été
soyez	ayez été

Verbe régulier du 1er groupe en -er

3 Chanter

INDICATIF

présent		*passé composé*		
je	chant**e**	j'	ai	chanté
tu	chant**es**	tu	as	chanté
il, elle	chant**e**	il, elle	a	chanté
nous	chant**ons**	nous	avons	chanté
vous	chant**ez**	vous	avez	chanté
ils, elles	chant**ent**	ils, elles	ont	chanté

imparfait		*plus-que-parfait*		
je	chant**ais**	j'	avais	chanté
tu	chant**ais**	tu	avais	chanté
il, elle	chant**ait**	il, elle	avait	chanté
nous	chant**ions**	nous	avions	chanté
vous	chant**iez**	vous	aviez	chanté
ils, elles	chant**aient**	ils, elles	avaient	chanté

passé simple		*passé antérieur*		
je	chant**ai**	j'	eus	chanté
tu	chant**as**	tu	eus	chanté
il, elle	chant**a**	il, elle	eut	chanté
nous	chant**âmes**	nous	eûmes	chanté
vous	chant**âtes**	vous	eûtes	chanté
ils, elles	chant**èrent**	ils, elles	eurent	chanté

futur simple		*futur antérieur*		
je	chant**erai**	j'	aurai	chanté
tu	chant**eras**	tu	auras	chanté
il, elle	chant**era**	il, elle	aura	chanté
nous	chant**erons**	nous	aurons	chanté
vous	chant**erez**	vous	aurez	chanté
ils, elles	chant**eront**	ils, elles	auront	chanté

CONDITIONNEL

présent		*passé*		
je	chanter**ais**	j'	aurais	chanté
tu	chanter**ais**	tu	aurais	chanté
il, elle	chanter**ait**	il, elle	aurait	chanté
nous	chanter**ions**	nous	aurions	chanté
vous	chanter**iez**	vous	auriez	chanté
ils, elles	chanter**aient**	ils, elles	auraient	chanté

SUBJONCTIF

présent		
que	je	chant**e**
que	tu	chant**es**
qu'	il, elle	chant**e**
que	nous	chant**ions**
que	vous	chant**iez**
qu'	ils, elles	chant**ent**

imparfait		
que	je	chant**asse**
que	tu	chant**asses**
qu'	il, elle	chant**ât**
que	nous	chant**assions**
que	vous	chant**assiez**
qu'	ils, elles	chant**assent**

passé			
que	j'	aie	chanté
que	tu	aies	chanté
qu'	il, elle	ait	chanté
que	nous	ayons	chanté
que	vous	ayez	chanté
qu'	ils, elles	aient	chanté

plus-que-parfait			
que	j'	eusse	chanté
que	tu	eusses	chanté
qu'	il, elle	eût	chanté
que	nous	eussions	chanté
que	vous	eussiez	chanté
qu'	ils, elles	eussent	chanté

INFINITIF

présent	*passé*
chant**er**	avoir chanté

PARTICIPE

présent	*passé*
chant**ant**	chanté(s), ée(s) ayant chanté

IMPÉRATIF

présent	*passé*
chant**e**	aie chanté
chant**ons**	ayons chanté
chant**ez**	ayez chanté

Verbes irréguliers du 1er groupe en -er

1 Indicatif présent
2 Indicatif imparfait
3 Indicatif passé simple
4 Indicatif futur
5 Conditionnel présent
6 Subjonctif présent
7 Impératif
8 Participes présent et passé

4 Placer

c devient ç

1 je place,
tu places… nous plaçons…
2 je plaçais…
nous placions…
ils plaçaient
3 je plaçai, tu plaças…
nous plaçâmes…
ils placèrent
4 je placerai…
5 je placerais…
6 que je place…
7 place, plaçons, placez
8 plaçant, placé

5 Manger Assiéger

g devient ge

1 je mange…
nous mangeons…
2 je mangeais…
nous mangions…
3 je mangeai, tu mangeas…
nous mangeâmes…
ils mangèrent
4 je mangerai…
5 je mangerais…
6 que je mange…
7 mange, mangeons…
8 mangeant, mangé

g devient ge, é devient è

1 j'assiège…
nous assiégeons…
ils assiègent
2 j'assiégeais…
3 j'assiégeai…
4 j'assiégerai…
ou j'assiègerai
5 j'assiégerais…
ou j'assiègerais
6 que j'assiège…
que nous assiégions…
qu'ils assiègent
7 assiège, assiégeons…
8 assiégeant, assiégé

6 Appuyer Broyer

uy devient ui

1 j'appuie…
nous appuyons…
ils appuient
2 j'appuyais…
3 j'appuyai…
4 j'appuierai…
5 j'appuierais…
6 que j'appuie…
que nous appuyions…
qu'ils appuient
7 appuie, appuyons…
8 appuyant, appuyé

oy devient oi

1 je broie…
nous broyons…
2 je broyais…
3 je broyai…
4 je broierai…
5 je broierais…
6 que je broie…
que nous broyions…
7 broie, broyons…
8 broyant, broyé

7 Payer

ay devient ai

1 je paie… *ou* je paye…
nous payons…
2 je payais…
3 je payai…
4 je paierai…
ou je payerai…
5 je paierais…
ou je payerais…
6 que je paie…
ou que je paye…
que nous payions…
7 paie *ou* paye, payons…
8 payant, payé

8 Peler Céder

e devient è

1 je pèle… nous pelons…
2 je pelais…
3 je pelai…
4 je pèlerai…
5 je pèlerais…
6 que je pèle…
que nous pelions…
7 pèle, pelons, pelez
8 pelant, pelé

é devient è

1 je cède…
nous cédons… ils cèdent
2 je cédais…
3 je cédai…
4 je céderai…
ou je cèderai
5 je céderais…
ou je cèderais
6 que je cède…
que nous cédions…
qu'ils cèdent
7 cède, cédons, cédez
8 cédant, cédé

9 Appeler Jeter

l devient ll

1 j'appelle… nous appelons…
ils appellent
2 j'appelais…
3 j'appelai…
4 j'appellerai…
5 j'appellerais…
6 que j'appelle…
que nous appelions…
qu'ils appellent
7 appelle, appelons…
8 appelant, appelé

t devient tt

1 je jette…
nous jetons… ils jettent
2 je jetais…
3 je jetai…
4 je jetterai…
5 je jetterais…
6 que je jette…
que nous jetions…
qu'ils jettent
7 jette, jetons, jetez
8 jetant, jeté

10 Apprécier

i devient ii

1 j'apprécie…
nous apprécions…
ils apprécient
2 j'appréciais…
nous appréciions,
vous appréciiez,
ils appréciaient
3 j'appréciai…
4 j'apprécierai…
5 j'apprécierais…
6 que j'apprécie…
que nous appréciions,
que vous appréciiez,
qu'ils apprécient
7 apprécie, apprécions…
8 appréciant, apprécié

Verbe régulier du 2e groupe en -ir

11 Finir

INDICATIF

présent		*passé composé*		
je	fin**is**	j'	ai	fini
tu	fin**is**	tu	as	fini
il, elle	fin**it**	il, elle	a	fini
nous	fin**issons**	nous	avons	fini
vous	fin**issez**	vous	avez	fini
ils, elles	fin**issent**	ils, elles	ont	fini

imparfait		*plus-que-parfait*		
je	fin**issais**	j'	avais	fini
tu	fin**issais**	tu	avais	fini
il, elle	fin**issait**	il, elle	avait	fini
nous	fin**issions**	nous	avions	fini
vous	fin**issiez**	vous	aviez	fini
ils, elles	fin**issaient**	ils, elles	avaient	fini

passé simple		*passé antérieur*		
je	fin**is**	j'	eus	fini
tu	fin**is**	tu	eus	fini
il, elle	fin**it**	il, elle	eut	fini
nous	fin**îmes**	nous	eûmes	fini
vous	fin**îtes**	vous	eûtes	fini
ils, elles	fin**irent**	ils, elles	eurent	fini

futur simple		*futur antérieur*		
je	fin**irai**	j'	aurai	fini
tu	fin**iras**	tu	auras	fini
il, elle	fin**ira**	il, elle	aura	fini
nous	fin**irons**	nous	aurons	fini
vous	fin**irez**	vous	aurez	fini
ils, elles	fin**iront**	ils, elles	auront	fini

CONDITIONNEL

présent		*passé*		
je	fin**irais**	j'	aurais	fini
tu	fin**irais**	tu	aurais	fini
il, elle	fin**irait**	il, elle	aurait	fini
nous	fin**irions**	nous	aurions	fini
vous	fin**iriez**	vous	auriez	fini
ils, elles	fin**iraient**	ils, elles	auraient	fini

SUBJONCTIF

présent		
que	je	fin**isse**
que	tu	fin**isses**
qu'	il, elle	fin**isse**
que	nous	fin**issions**
que	vous	fin**issiez**
qu'	ils, elles	fin**issent**

imparfait		
que	je	fin**isse**
que	tu	fin**isses**
qu'	il, elle	fin**ît**
que	nous	fin**issions**
que	vous	fin**issiez**
qu'	ils, elles	fin**issent**

passé			
que	j'	aie	fini
que	tu	aies	fini
qu'	il, elle	ait	fini
que	nous	ayons	fini
que	vous	ayez	fini
qu'	ils, elles	aient	fini

plus-que-parfait			
que	j'	eusse	fini
que	tu	eusses	fini
qu'	il, elle	eût	fini
que	nous	eussions	fini
que	vous	eussiez	fini
qu'	ils, elles	eussent	fini

INFINITIF

présent	*passé*
fin**ir**	avoir fini

PARTICIPE

présent	*passé*
fin**issant**	fini(s), ie(s) ayant fini

IMPÉRATIF

présent	*passé*
fin**is**	aie fini
fin**issons**	ayons fini
fin**issez**	ayez fini

Verbes du 3e groupe

1 Indicatif présent
2 Indicatif imparfait
3 Indicatif passé simple
4 Indicatif futur
5 Conditionnel présent
6 Subjonctif présent
7 Impératif
8 Participes présent et passé

12 Couvrir

1 je couvre… nous couvrons…
2 je couvrais…
3 je couvris…
4 je couvrirai…
5 je couvrirais…
6 que je couvre… que nous couvrions…
7 couvre, couvrons…
8 couvrant, couvert

13 Cueillir

1 je cueille… nous cueillons…
2 je cueillais…
3 je cueillis…
4 je cueillerai…
5 je cueillerais…
6 que je cueille…
7 cueille, cueillons…
8 cueillant, cueilli

14 Assaillir

1 j'assaille… nous assaillons…
2 j'assaillais…
3 j'assaillis…
4 j'assaillirai…
5 j'assaillirais…
6 que j'assaille…
7 assaille, assaillons…
8 assaillant, assailli

15 Dormir

1 je dors… il dort, nous dormons…
2 je dormais…
3 je dormis…
4 je dormirai…
5 je dormirais…
6 que je dorme, que tu dormes… que nous dormions… qu'ils dorment
7 dors, dormons…
8 dormant, dormi

16 Courir

1 je cours… il court, nous courons…
2 je courais…
3 je courus…
4 je courrai…
5 je courrais…
6 que je coure, que tu coures… que nous courions… qu'ils courent
7 cours, courons…
8 courant, couru

17 Mourir

1 je meurs… il meurt, nous mourons… ils meurent
2 je mourais…
3 je mourus…
4 je mourrai…
5 je mourrais…
6 que je meure, que tu meures… que nous mourions… qu'ils meurent
7 meurs, mourons…
8 mourant, mort

18 Acquérir

1 j'acquiers… il acquiert, nous acquérons… ils acquièrent
2 j'acquérais…
3 j'acquis…
4 j'acquerrai…
5 j'acquerrais…
6 que j'acquière… que nous acquérions…
7 acquiers, acquérons…
8 acquérant, acquis

19 Venir

1 je viens… il vient, nous venons… ils viennent
2 je venais…
3 je vins…
4 je viendrai…
5 je viendrais…
6 que je vienne, que tu viennes… que nous venions… qu'ils viennent
7 viens, venons, venez
8 venant, venu

20 Fuir

1 je fuis… il fuit, nous fuyons… ils fuient
2 je fuyais…
3 je fuis…
4 je fuirai…
5 je fuirais…
6 que je fuie, que tu fuies… que nous fuyions… qu'ils fuient
7 fuis, fuyons, fuyez
8 fuyant, fui

21 Recevoir

1 je reçois… il reçoit, nous recevons… ils reçoivent
2 je recevais…
3 je reçus…
4 je recevrai…
5 je recevrais…
6 que je reçoive, que tu reçoives… que nous recevions… qu'ils reçoivent
7 reçois, recevons…
8 recevant, reçu

22 Voir

1 je vois… il voit, nous voyons… ils voient
2 je voyais…
3 je vis…
4 je verrai…
5 je verrais…
6 que je voie, que tu voies… que nous voyions… qu'ils voient
7 vois, voyons, voyez
8 voyant, vu

23 Pourvoir

1 je pourvois… il pourvoit, nous pourvoyons… ils pourvoient
2 je pourvoyais…
3 je pourvus…
4 je pourvoirai…
5 je pourvoirais…
6 que je pourvoie, que tu pourvoies… que nous pourvoyions… qu'ils pourvoient
7 pourvois, pourvoyons…
8 pourvoyant, pourvu

24 Émouvoir

1 j'émeus… il émeut, nous émouvons… ils émeuvent
2 j'émouvais…
3 j'émus… il émut, nous émûmes, vous émûtes, ils émurent
4 j'émouvrai…
5 j'émouvrais…
6 que j'émeuve, que tu émeuves… que nous émouvions… qu'ils émeuvent
7 émeus, émouvons…
8 émouvant, ému

25 Valoir

1 je vaux… il vaut, nous valons… ils valent
2 je valais…
3 je valus…
4 je vaudrai…
5 je vaudrais…
6 que je vaille, que tu vailles… que nous valions… qu'ils vaillent
7 vaux, valons, valez
8 valant, valu

26 Vouloir

1 je veux… il veut, nous voulons… ils veulent
2 je voulais…
3 je voulus…
4 je voudrai…
5 je voudrais…
6 que je veuille, que tu veuilles… que nous voulions… qu'ils veuillent
7 veux (veuille), voulons (veuillons), voulez (veuillez)
8 voulant, voulu

27 Pouvoir

1 je peux ou je puis… tu peux, il peut, nous pouvons… ils peuvent
2 je pouvais…
3 je pus…
4 je pourrai…
5 je pourrais…
6 que je puisse…
7 (inusité)
8 pouvant, pu

28 Savoir

1 je sais… il sait, nous savons… ils savent
2 je savais…
3 je sus…
4 je saurai…
5 je saurais…
6 que je sache…
7 sache, sachons, sachez
8 sachant, su

29 Asseoir

1 j'assieds… il assied, nous asseyons… ils asseyent *ou* j'assois… il assoit, nous assoyons… ils assoient
2 j'asseyais… *ou* j'assoyais…
3 j'assis…
4 j'assiérai… *ou* j'assoirai…
5 j'assiérais… *ou* j'assoirais…
6 que j'asseye, que tu asseyes… que nous asseyions… qu'ils asseyent *ou* que j'assoie, que tu assoies… que nous assoyions… qu'ils assoient
7 assieds, asseyons… *ou* assois, assoyons…
8 asseyant *ou* assoyant, assis

30 Pleuvoir

1 il pleut, ils pleuvent
2 il pleuvait ils pleuvaient
3 il plut ils plurent
4 il pleuvra ils pleuvront
5 il pleuvrait ils pleuvraient
6 qu'il pleuve qu'ils pleuvent
7 *(inusité)*
8 pleuvant, plu

31 Rendre/Battre

1 je rends, tu rends, il rend, nous rendons, vous rendez, ils rendent
2 je rendais…
3 je rendis…
4 je rendrai…
5 je rendrais…
6 que je rende, que tu rendes… que nous rendions… qu'ils rendent
7 rends, rendons, rendez
8 rendant, rendu

1 je bats, tu bats, il bat, nous battons, vous battez, ils battent
2 je battais…
3 je battis…
4 je battrai…
5 je battrais…
6 que je batte, que tu battes… que nous battions… qu'ils battent
7 bats, battons, battez
8 battant, battu

32 Prendre

1 je prends, tu prends, il prend, nous prenons, vous prenez, ils prennent
2 je prenais…
3 je pris…
4 je prendrai…
5 je prendrais…
6 que je prenne…
7 prends, prenons, prenez
8 prenant, pris

33 Mettre

1 je mets… il met, nous mettons… ils mettent
2 je mettais…
3 je mis…
4 je mettrai…
5 je mettrais…
6 que je mette…
7 mets, mettons, mettez
8 mettant, mis

34 Rompre

1 je romps…
il rompt,
nous rompons…
ils rompent
2 je rompais…
3 je rompis…
4 je romprai…
5 je romprais…
6 que je rompe…
7 romps, rompons,
rompez
8 rompant, rompu

35 Peindre

1 je peins…
il peint,
nous peignons…
ils peignent
2 je peignais…
3 je peignis…
4 je peindrai…
5 je peindrais…
6 que je peigne…
7 peins, peignons…
8 peignant, peint

36 Vaincre

1 je vaincs…
il vainc,
nous vainquons…
ils vainquent
2 je vainquais…
3 je vainquis…
4 je vaincrai…
5 je vaincrais…
6 que je vainque…
7 vaincs,
vainquons…
8 vainquant, vaincu

37 Connaître

1 je connais…
il connaît
ou il connait,
nous connaissons…
ils connaissent
2 je connaissais…
3 je connus…
4 je connaîtrai…
ou je connaitrai
5 je connaîtrais…
ou je connaitrais
6 que je connaisse…
7 connais,
connaissons…
8 connaissant, connu

38 Croire

1 je crois… il croit,
nous croyons…
ils croient
2 je croyais…
3 je crus…
4 je croirai…
5 je croirais…
6 que je croie…
7 crois, croyons,
croyez
8 croyant, cru

39 Boire

1 je bois… il boit,
nous buvons…
ils boivent
2 je buvais…
3 je bus…
4 je boirai…
5 je boirais…
6 que je boive,
que tu boives…
que nous buvions…
qu'ils boivent
7 bois, buvons, buvez
8 buvant, bu

40 Traire

1 je trais… il trait,
nous trayons…
ils traient
2 je trayais…
3 *(inusité)*
4 je trairai…
5 je trairais…
6 que je traie,
que tu traies…
que nous trayions,
que vous trayiez,
qu'ils traient
7 trais, trayons, trayez
8 trayant, trait

41 Plaire

1 je plais… il plaît
ou il plait,
nous plaisons…
ils plaisent
2 je plaisais…
3 je plus…
4 je plairai…
5 je plairais…
6 que je plaise…
7 plais, plaisons, plaisez
8 plaisant, plu

42 Faire

1 je fais, tu fais,
il fait,
nous faisons,
vous faites, ils font
2 je faisais…
3 je fis, tu fis, il fit,
nous fîmes, vous fîtes,
ils firent
4 je ferai…
5 je ferais…
6 que je fasse,
que tu fasses…
que nous fassions…
qu'ils fassent
7 fais, faisons, faites
8 faisant, fait

43 Cuire

1 je cuis… il cuit,
nous cuisons…
ils cuisent
2 je cuisais…
3 je cuisis…
4 je cuirai…
5 je cuirais…
6 que je cuise…
7 cuis, cuisons, cuisez
8 cuisant, cuit

44 Suffire

1 je suffis… il suffit,
nous suffisons…
ils suffisent
2 je suffisais…
3 je suffis…
4 je suffirai…
5 je suffirais…
6 que je suffise…
7 suffis, suffisons,
suffisez
8 suffisant, suffi
(*mais :* frit)

45 Lire

1 je lis… il lit,
nous lisons…
ils lisent
2 je lisais…
3 je lus…
4 je lirai…
5 je lirais…
6 que je lise…
7 lis, lisons, lisez
8 lisant, lu

46 Dire

1 je dis, tu dis, il dit
nous disons,
vous dites, ils disent
2 je disais…
3 je dis, tu dis, il dit
nous dîmes,
vous dîtes, ils dirent
4 je dirai…
5 je dirais…
6 que je dise, que tu dises…
que nous disions…
qu'ils disent
7 dis, disons, dites
8 disant, dit

47 Écrire

1 j'écris… il écrit,
nous écrivons… ils écrivent
2 j'écrivais…
3 j'écrivis…
4 j'écrirai…
5 j'écrirais…
6 que j'écrive…
7 écris, écrivons…
8 écrivant, écrit

48 Rire

1 je ris… il rit,
nous rions… ils rient
2 je riais… il riait,
nous riions,
vous riiez, ils riaient
3 je ris… il rit,
nous rîmes,
vous rîtes, ils rirent
4 je rirai…
5 je rirais…
6 que je rie, que tu ries…
que nous riions,
que vous riiez,
qu'ils rient
7 ris, rions, riez
8 riant, ri

49 Suivre

1 je suis, tu suis, il suit,
nous suivons… ils suivent
2 je suivais…
3 je suivis…
4 je suivrai…
5 je suivrais…
6 que je suive…
7 suis, suivons…
8 suivant, suivi

50 Vivre

1 je vis… il vit,
nous vivons…
ils vivent
2 je vivais…
3 je vécus…
nous vécûmes,
vous vécûtes…
4 je vivrai…
5 je vivrais…
6 que je vive…
7 vis, vivons…
8 vivant, vécu

51 Conclure

1 je conclus…
il conclut,
nous concluons…
ils concluent
2 je concluais…
3 je conclus…
4 je conclurai…
5 je conclurais…
6 que je conclue…
7 conclus, concluons…
8 concluant, conclu
(mais : inclus)

52 Résoudre

1 je résous… il résout,
nous résolvons…
ils résolvent
2 je résolvais…
3 je résolus…
(dissoudre n'a pas
de passé simple)
4 je résoudrai…
5 je résoudrais…
6 que je résolve…
7 résous, résolvons…
8 résolvant, résolu
(mais : dissous/oute)

53 Coudre

1 je couds… il coud,
nous cousons…
ils cousent
2 je cousais…
3 je cousis…
4 je coudrai…
5 je coudrais…
6 que je couse…
7 couds, cousons,
cousez
8 cousant, cousu

54 Moudre

1 je mouds…
il moud,
nous moulons…
ils moulent
2 je moulais…
3 je moulus…
4 je moudrai…
5 je moudrais…
6 que je moule…
7 mouds, moulons,
moulez
8 moulant, moulu

55 Clore

1 je clos… il clôt,
nous closons…
ils closent
2 *(inusité)*
3 *(inusité)*
4 je clorai…
5 je clorais…
6 que je close…
7 clos
8 closant, clos

56 Aller

1 je vais, tu vas, il va,
nous allons,
vous allez, ils vont
2 j'allais, tu allais,
il allait,
nous allions,
vous alliez,
ils allaient
3 j'allai, tu allas,
il alla,
nous allâmes,
vous allâtes,
ils allèrent
4 j'irai, tu iras, il ira,
nous irons,
vous irez, ils iront
5 j'irais, tu irais,
il irait,
nous irions,
vous iriez,
ils iraient
6 que j'aille,
que tu ailles,
qu'il aille,
que nous allions,
que vous alliez,
qu'ils aillent
7 va, allons, allez
8 allant, allé

Voix pronominale Se prénommer

INDICATIF

présent			*passé composé*			
je	me	prénomme	je	me	suis	prénommé, ée
tu	te	prénommes	tu	t'	es	prénommé, ée
il, elle	se	prénomme	il, elle	s'	est	prénommé, ée
nous	nous	prénommons	nous	nous	sommes	prénommés, ées
vous	vous	prénommez	vous	vous	êtes	prénommés, ées
ils, elles	se	prénomment	ils, elles	se	sont	prénommés, ées

imparfait			*plus-que-parfait*			
je	me	prénommais	je	m'	étais	prénommé, ée
tu	te	prénommais	tu	t'	étais	prénommé, ée
il, elle	se	prénommait	il, elle	s'	était	prénommé, ée
nous	nous	prénommions	nous	nous	étions	prénommés, ées
vous	vous	prénommiez	vous	vous	étiez	prénommés, ées
ils, elles	se	prénommaient	ils, elles	s'	étaient	prénommés, ées

passé simple			*passé antérieur*			
je	me	prénommai	je	me	fus	prénommé, ée
tu	te	prénommas	tu	te	fus	prénommé, ée
il, elle	se	prénomma	il, elle	se	fut	prénommé, ée
nous	nous	prénommâmes	nous	nous	fûmes	prénommés, ées
vous	vous	prénommâtes	vous	vous	fûtes	prénommés, ées
ils, elles	se	prénommèrent	ils, elles	se	furent	prénommés, ées

futur simple			*futur antérieur*			
je	me	prénommerai	je	me	serai	prénommé, ée
tu	te	prénommeras	tu	te	seras	prénommé, ée
il, elle	se	prénommera	il, elle	se	sera	prénommé, ée
nous	nous	prénommerons	nous	nous	serons	prénommés, ées
vous	vous	prénommerez	vous	vous	serez	prénommés, ées
ils, elles	se	prénommeront	ils, elles	se	seront	prénommés, ées

CONDITIONNEL

présent			*passé*			
je	me	prénommerais	je	me	serais	prénommé, ée
tu	te	prénommerais	tu	te	serais	prénommé, ée
il, elle	se	prénommerait	il, elle	se	serait	prénommé, ée
nous	nous	prénommerions	nous	nous	serions	prénommés, ées
vous	vous	prénommeriez	vous	vous	seriez	prénommés, ées
ils, elles	se	prénommeraient	ils, elles	se	seraient	prénommés, ées

SUBJONCTIF

présent			*passé*			
que je	me	prénomme	que je	me	sois	prénommé, ée
que tu	te	prénommes	que tu	te	sois	prénommé, ée
qu' il, elle	se	prénomme	qu' il, elle	se	soit	prénommé, ée
que nous	nous	prénommions	que nous	nous	soyons	prénommés, ées
que vous	vous	prénommiez	que vous	vous	soyez	prénommés, ées
qu' ils, elles	se	prénomment	qu' ils, elles	se	soient	prénommés, ées

imparfait			*plus-que-parfait*			
que je	me	prénommasse	que je	me	fusse	prénommé, ée
que tu	te	prénommasses	que tu	te	fusses	prénommé, ée
qu' il, elle	se	prénommât	qu' il, elle	se	fût	prénommé, ée
que nous	nous	prénommassions	que nous	nous	fussions	prénommés, ées
que vous	vous	prénommassiez	que vous	vous	fussiez	prénommés, ées
qu' ils, elles	se	prénommassent	qu' ils, elles	se	fussent	prénommés, ées

INFINITIF

présent	*passé*
se prénommer	s'être prénommé(s), ée(s)

PARTICIPE

présent	*passé*
se prénommant	s'étant prénommé(s), ée(s)

IMPÉRATIF

présent

prénomme-toi
prénommons-nous
prénommez-vous

passé

sois-toi prénommé, ée
soyons-nous prénommés, ées
soyez-vous prénommés, ées

Voix passive Être aimé

INDICATIF

présent			*passé composé*			
je	suis	aimé,ée	j'	ai	été	aimé,ée
tu	es	aimé,ée	tu	as	été	aimé,ée
il, elle	est	aimé,ée	il, elle	a	été	aimé,ée
nous	sommes	aimés,ées	nous	avons	été	aimés,ées
vous	êtes	aimés,ées	vous	avez	été	aimés,ées
ils, elles	sont	aimés,ées	ils, elles	ont	été	aimés,ées

imparfait			*plus-que-parfait*			
j'	étais	aimé,ée	j'	avais	été	aimé,ée
tu	étais	aimé,ée	tu	avais	été	aimé,ée
il, elle	était	aimé,ée	il, elle	avait	été	aimé,ée
nous	étions	aimés,ées	nous	avions	été	aimés,ées
vous	étiez	aimés,ées	vous	aviez	été	aimés,ées
ils, elles	étaient	aimés,ées	ils, elles	avaient	été	aimés,ées

passé simple			*passé antérieur*			
je	fus	aimé,ée	j'	eus	été	aimé,ée
tu	fus	aimé,ée	tu	eus	été	aimé,ée
il, elle	fut	aimé,ée	il, elle	eut	été	aimé,ée
nous	fûmes	aimés,ées	nous	eûmes	été	aimés,ées
vous	fûtes	aimés,ées	vous	eûtes	été	aimés,ées
ils, elles	furent	aimés,ées	ils, elles	eurent	été	aimés,ées

futur simple			*futur antérieur*			
je	serai	aimé,ée	j'	aurai	été	aimé,ée
tu	seras	aimé,ée	tu	auras	été	aimé,ée
il, elle	sera	aimé,ée	il, elle	aura	été	aimé,ée
nous	serons	aimés,ées	nous	aurons	été	aimés,ées
vous	serez	aimés,ées	vous	aurez	été	aimés,ées
ils, elles	seront	aimés,ées	ils, elles	auront	été	aimés,ées

CONDITIONNEL

présent			*passé*			
je	serais	aimé,ée	j'	aurais	été	aimé,ée
tu	serais	aimé,ée	tu	aurais	été	aimé,ée
il, elle	serait	aimé,ée	il, elle	aurait	été	aimé,ée
nous	serions	aimés,ées	nous	aurions	été	aimés,ées
vous	seriez	aimés,ées	vous	auriez	été	aimés,ées
ils, elles	seraient	aimés,ées	ils, elles	auraient	été	aimés,ées

SUBJONCTIF

présent			
que	je	sois	aimé,ée
que	tu	sois	aimé,ée
qu'	il, elle	soit	aimé,ée
que	nous	soyons	aimés,ées
que	vous	soyez	aimés,ées
qu'	ils, elles	soient	aimés,ées

imparfait			
que	je	fusse	aimé,ée
que	tu	fusses	aimé,ée
qu'	il, elle	fût	aimé,ée
que	nous	fussions	aimés,ées
que	vous	fussiez	aimés,ées
qu'	ils, elles	fussent	aimés,ées

passé			
que j'	aie	été	aimé,ée
que tu	aies	été	aimé,ée
qu' il, elle	ait	été	aimé,ée
que nous	ayons	été	aimés,ées
que vous	ayez	été	aimés,ées
qu' ils, elles	aient	été	aimés,ées

plus-que-parfait			
que j'	eusse	été	aimé,ée
que tu	eusses	été	aimé,ée
qu' il, elle	eût	été	aimé,ée
que nous	eussions	été	aimés,ées
que vous	eussiez	été	aimés,ées
qu' ils, elles	eussent	été	aimés,ées

INFINITIF

présent	*passé*
être aimé(s),ée(s)	avoir été aimé(s),ée(s)

PARTICIPE

présent	*passé*
étant aimé(s),ée(s)	ayant été aimé(s),ée(s)

IMPÉRATIF

présent	*passé*
sois aimé,ée	aie été aimé,ée
soyons aimés,ées	ayons été aimés,ées
soyez aimés,ées	ayez été aimés,ées

1

Français

Qu'est-ce qu'une phrase déclarative ?

Donnez un exemple de phrase passive.

À quoi servent les guillemets ?

La phrase (1)

Quatre types de phrases

Une phrase n'appartient qu'à un seul type. **Elle est nécessairement :**

→ **ou déclarative :** elle énonce une information, un jugement, des faits, vrais, faux ou supposés. Le jardinier taille la haie.

→ **ou interrogative** : elle questionne de trois façons possibles :

– inversion Le jardinier taille-t-il la haie **?**

– est-ce que... ? Est-ce que le jardinier taille la haie **?**

– intonation Le jardinier taille la haie **?**

→ **ou exclamative** : elle traduit la surprise, l'indignation..., et se termine par un point d'exclamation.

Comme il taille bien la haie ! Quelle belle haie !

→ **ou impérative** : elle donne un ordre. Le verbe est à l'impératif. Il n'a donc pas de sujet et n'existe qu'à trois personnes.

Taille la haie. Taillons la haie. Taillez la haie.

Trois formes de phrases

Une phrase peut être :

→ **négative :** elle nie à l'aide d'une locution adverbiale (ne... pas, ne... plus, ne... jamais, ne... guère, etc.). Le jardinier **ne** taille **pas** la haie.

→ **passive :** elle insiste plus sur le résultat de l'action que sur l'action elle-même.

– phrase active Le jardinier taille la haie.

– phrase passive La haie est taillée par le jardinier.

→ **emphatique :** un élément de la phrase est mis en relief, souvent à l'aide d'une tournure présentative. **C'est** le jardinier **qui** taille la haie.

Exemples d'analyse de phrases

1. Il a cassé une assiette.
2. Que voulez-vous ?
3. Que de temps il vous a fallu !
4. Montrez-moi votre livre.
5. Le car ne sera pas lavé par le chauffeur.
6. N'est-ce pas toi que j'ai vu hier ?
7. Lui, il n'aurait pas été interrogé !
8. Ne faites donc pas de bruit.

	déclarative	interrogative	exclamative	impérative
	1	2	3	4
négative	5	6	7	8
passive	5		7	
emphatique		6	7	

Usage de la ponctuation

Le signe de ponctuation est suivi ou non d'une majuscule.

ponctuation	rôle	maj.
le point . *exemples :*	**isole** les phrases. Il fait froid. Les passants sont emmitouflés. Ils se hâtent de rentrer chez eux.	oui
le point-virgule ; *exemples :*	**isole** aussi des phrases, mais les phrases qu'il sépare ont toujours une relation entre elles. Nous savons qu'il viendra **;** nous ignorons quand.	non
la virgule , *exemples :*	**isole** les groupes mobiles de la phrase ; **sépare** les termes d'une énumération ; **lève** certaines ambiguïtés de construction. Le matin**,** s'il fait beau**,** je fais une promenade. Adieu veau**,** vache**,** cochon**,** couvée... Le poète chante la nuit. Le poète chante**,** la nuit.	non
le point d'exclamation ! *exemples :*	**traduit** l'intonation de la phrase exclamative ; **accentue** l'intonation de certaines phrases impératives. Quelle mine sombre vous avez **!** Comme c'est curieux **!** Ô rage **!** ô désespoir **!**... (Corneille) Venez immédiatement !	oui non
le point d'interrogation ? *exemples :*	**traduit** l'interrogation directe. La lampe était-elle éteinte **?** Personne ne le savait. « Qu'avez-vous fait **?** » demanda-t-elle.	oui non
les deux-points : *exemples :*	**présentent** un terme annoncé ou une énumération ; **soulignent** un rapport (cause), **annoncent** une conclusion ; **insèrent**, avec les guillemets, un dialogue dans le récit. Je n'ai qu'un désir **:** dormir. Il déballa les provisions **:** œufs, pain, jambon. Mets ton ciré **:** il pleut. Il pleut **:** mets ton ciré. Il s'écria **:** « Où me conduisez-vous ? » Personne ne lui répondit.	non oui
les guillemets « » " " *exemples :*	**encadrent** les passages au discours direct (= dialogues) **isolent** un groupe, ou un terme, que le narrateur cite ou ne prend pas à son compte. Il dit : **«** J'ai froid. – Tu n'as pas de manteau ? s'étonna-t-elle. – Si, mais il est trop léger. **»** Elles estimèrent de leur **«** devoir **»** de m'emmener.	oui non
les points de suspension ... *exemples :*	**marquent** que celui qui parle : – a été interrompu, – hésite, – laisse imaginer la suite. « Je vais prendre**...** – Des mesures, je sais », l'interrompit-il. Il prit**...** euh**...** un outil**...** une espèce de pince. La pièce était obscure**...**	oui non

2

Français

La phrase (2)

Une phrase comporte-t-elle toujours un verbe ?

Qu'est-ce qu'une proposition indépendante ?

Quels sont les liens possibles entre plusieurs propositions ?

Qu'est-ce qu'une phrase ?

→ « L'écureuil mange une noisette sur la branche. » est une phrase. « Écureuil le noisette sur mange la branche. » n'est pas une phrase. Il suffit de parler français pour le savoir.

La phrase n'est donc pas seulement une suite de mots, elle est **organisée** et a un **sens** complet.

→ **La phrase verbale** est organisée autour d'un verbe conjugué :

Les promeneurs **apportent** des noisettes aux écureuils.

mais aussi, parfois, autour d'un verbe à l'infinitif :

Comment **s'approcher** de l'écureuil ?

→ **La phrase nominale,** elle, n'est pas organisée autour d'un verbe :

Quel joli **écureuil** ! De moins en moins d'**écureuils** dans nos parcs. Mignon, ce petit **écureuil** !

L'organisation de la phrase verbale

La phrase verbale comporte :

→ **deux groupes obligatoires, le groupe sujet et le groupe verbal :**

Le petit écureuil roux grignote une noisette.

sauf la phrase impérative : Regardez l'écureuil !

→ **un ou plusieurs groupes facultatifs (les compléments circonstanciels) :**

Devant les enfants ravis, le petit écureuil roux grignote une noisette, au pied d'un pin.

Groupes obligatoires et facultatifs sont les constituants de la phrase verbale.

Les manipulations de la phrase

Exemple : En automne, les écureuils cachent des tas de noisettes.

La phrase peut être transformée :

→ **transformation passive :** En automne, des tas de noisettes sont cachés par les écureuils.

→ **transformation interrogative :** En automne, les écureuils cachent-ils des tas de noisettes ?

Un groupe peut être remplacé :

→ **commutation :** En automne, **ces rongeurs** cachent des tas de noisettes.

→ **substitution :** En automne, **ils** cachent des tas de noisettes.

Certains groupes peuvent être ajoutés :

→ **expansion :** En automne, les écureuils cachent des tas de noisettes, **pour l'hiver**.

Certains groupes peuvent être supprimés :

→ **suppression :** Les écureuils cachent des tas de noisettes.

Certains groupes peuvent être déplacés, avec changement de sens léger ou radical :

→ **déplacement :** Les écureuils cachent, **en automne**, des tas de noisettes.

→ **permutation :** **Des tas de noisettes** cachent **les écureuils**.

La proposition

→ La proposition est une unité grammaticale qui a pour noyau un verbe, le plus souvent conjugué.

→ Dans une phrase, il y a **autant de propositions que de verbes conjugués** :

Quand la cigale **arriva** chez la fourmi, elle lui **dit** qu'elle n'**avait** plus de provisions.

La phrase simple

→ La phrase simple comporte **un seul verbe conjugué**. C'est une **proposition indépendante** : La fourmi **refusa** d'écouter la cigale.

→ Une phrase peut comporter plusieurs propositions indépendantes :

– **juxtaposées :** La cigale **frappa** à la porte, la fourmi lui **ouvrit**.

– **ou coordonnées :** La cigale **demanda** de la nourriture **mais** la fourmi **refusa**.

La phrase complexe

→ La phrase complexe comporte **plusieurs verbes conjugués :** un verbe noyau et un ou plusieurs verbes secondaires. Elle comporte donc **plusieurs propositions :**

Quand la cigale **arriva** chez la fourmi, / elle lui **dit** / qu'elle **n'avait** plus de provisions.

→ **La proposition principale** est la proposition centrale à laquelle se rattachent les autres propositions :

Quand la cigale arriva chez la fourmi, <u>elle lui dit</u> qu'elle n'avait plus de provisions.

→ **Les propositions subordonnées** dépendent de la proposition principale et ne peuvent exister seules :

<u>Quand la cigale arriva chez la fourmi</u>, elle lui dit <u>qu'elle n'avait plus de provisions</u>.

Les propositions subordonnées peuvent aussi dépendre d'autres propositions elles-mêmes subordonnées :

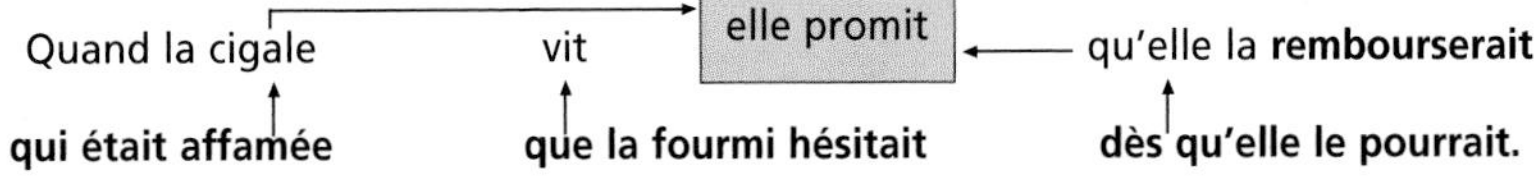

Il y a trois sortes de propositions subordonnées : les **relatives**, les **complétives** et les **circonstancielles**.

→ Les propositions sont reliées entre elles par simple juxtaposition, par coordination ou subordination :

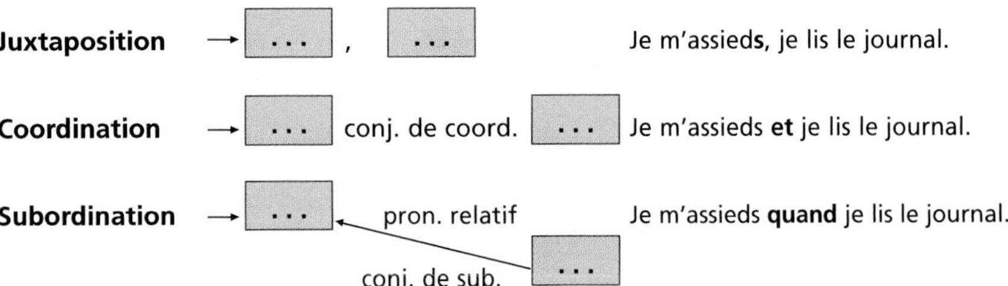

3

La nature

Français

✏ Quel nom pourrait être une forme verbale dans un autre emploi ?

✏ Citez un exemple de mot variable.

✏ Combien y a-t-il de classes de mots invariables ?

Les classes grammaticales

→ On distingue dix classes de mots, selon le rôle qu'ils jouent, la place qu'ils occupent dans la phrase. La classe d'un mot est souvent appelée sa nature.

→ Un mot peut appartenir à des classes grammaticales différentes, selon son emploi et sa place. Par exemple, **« suivant »** peut être :

- adjectif : Les exemples **suivants** sont clairs.
- nom : Je visiterai les **suivants** demain.
- verbe : Il réussit **en suivant** mes conseils.
- préposition : **Suivant** le temps, il sortira ou non.

→ Selon son appartenance à telle ou telle classe, un même mot peut être tantôt variable, tantôt invariable.

Les classes de mots variables

→ Le **nom** peut toujours être précédé d'un déterminant et recevoir des expansions. Il est le noyau du groupe nominal.

Les jeunes **habitants** de cet ancien **moulin** ont vu un **renard** blessé dans leur **jardin**.

→ Le **déterminant** fait partie du groupe nominal. Il précède le nom et ne peut se trouver sans lui.

Les jeunes habitants de **cet** ancien moulin ont vu **un** renard blessé dans **leur** jardin.

→ L'**adjectif qualificatif** épithète est une expansion facultative du groupe nominal. Il peut aussi avoir une fonction d'attribut ou d'apposition. Dans tous les cas, il s'accorde avec le nom.

Les **jeunes** habitants de cet **ancien** moulin ont vu un renard **blessé** dans leur jardin.

→ Le **pronom** joue le rôle d'un groupe nominal, auquel il peut se substituer.

Ils **y** ont vu un renard. Ce renard était blessé. → **Celui-ci l'**était.

→ Le **verbe** a la particularité de se conjuguer, c'est-à-dire de pouvoir varier en temps, en mode et en personne.

Ils **ont vu** un renard. Ils **verront** un renard. Il **a vu** un renard. J'ai pu **voir** un renard.

d'un mot

Les classes de mots invariables

→ La **préposition** est un mot de liaison qui introduit un groupe nominal, un verbe à l'infinitif ou un adverbe. Elle établit toujours un lien de dépendance.

Depuis hier, les habitants **de** la vallée montent **sans** utiliser leurs chaînes.

→ La **conjonction de coordination** est un mot de liaison qui relie deux éléments (mots, groupes de mots, propositions, etc.) de même fonction. Elle n'établit pas de lien de dépendance.

Un rat **ou** un mulot est entré dans la maison **et** a mangé les biscuits.

→ La **conjonction de subordination** est un mot de liaison qui subordonne une proposition à une autre proposition. Elle établit toujours un lien de dépendance.

J'espère **que** le mulot ne reviendra pas **quand** nous partirons.

→ L'**adverbe** est un constituant facultatif qui joue des rôles variés.

– Il peut déterminer un verbe, un adjectif ou un autre adverbe.
Je vois **très bien** que cet arbre **n'**est **pas aussi** gros que l'autre.

– Il peut jouer le rôle d'un complément circonstanciel.
Autrefois, je rentrais **souvent** à pied, en marchant **lentement** à travers champs.

– Sont aussi des adverbes :
Où (quand, pourquoi) partez-vous ? **Qu'**il est beau ! **Oui,** c'est intéressant.

→ L'**interjection** est un mot (cri, onomatopée, etc.) à valeur souvent exclamative, qui ne joue aucun rôle grammatical dans la phrase.

Allô ! Oh, c'est vous ! **Ciel ! Aïe !** et **boum,** le voilà par terre !...

Exemple

Classes de mots variables et invariables

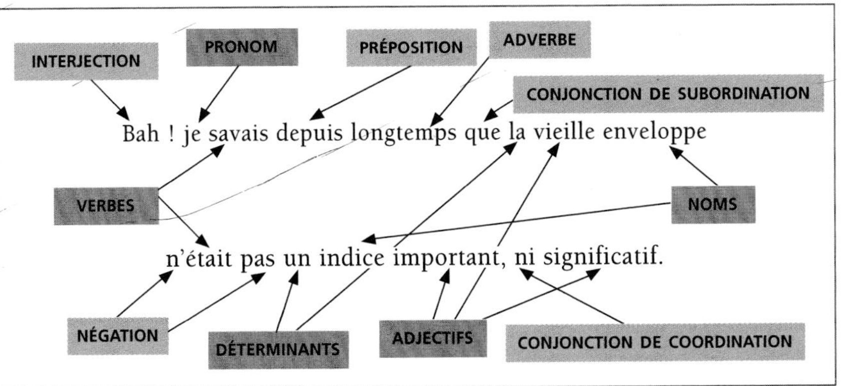

4

La fonction

Français

Quelle classe de mots peut avoir la fonction d'épithète ?

Citez un exemple de fonction dépendant de l'adjectif.

De quel type de verbe dépend le complément d'agent ?

Identification

La fonction d'un mot, ou d'un groupe de mots, c'est le rôle grammatical qu'il joue dans la phrase : il s'agit de voir à quel élément il se rattache, et de quelle manière. Les mots ont des fonctions différentes selon qu'ils se rattachent à un nom, à un adjectif, à un verbe. De nombreux compléments circonstanciels se rattachent directement à la phrase, plutôt qu'au verbe.

1er cas : le groupe de mots dépend d'un nom ou d'un pronom

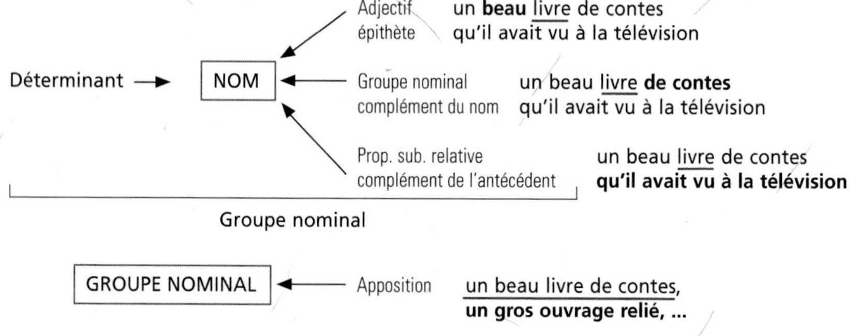

2e cas : le groupe de mots dépend d'un adjectif ou d'un adverbe

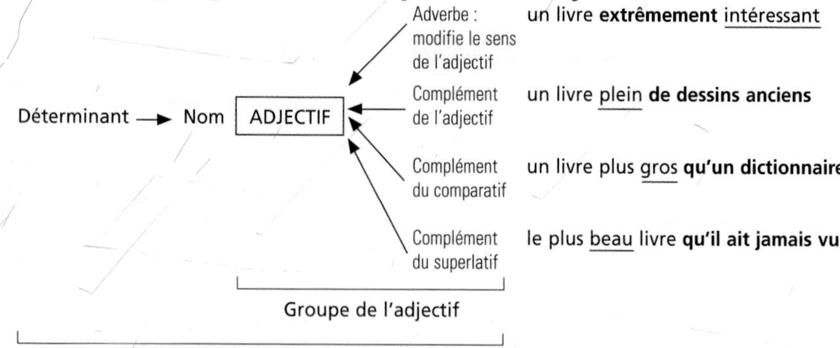

d'un mot

3e cas : le groupe de mots dépend d'un verbe

→ Le verbe est à la voix **active**.

Définition	Fonction	Exemple
Groupe remplaçable par **on, qui est-ce qui...** Souvent avant le verbe.	**Sujet**	Ce matin, **Jean** a commandé au libraire un livre plein de dessins anciens.
Groupe remplaçable par **le, la, les...** Peut devenir sujet de la phrase au passif.	**COD**	Ce matin, Jean a commandé au libraire **un livre plein de dessins anciens.** *(Un livre a été commandé au libraire par Jean.)*
Groupe en relation de sens avec le **COD** par l'intermédiaire d'un verbe transitif. Devient attribut du sujet de la phrase passive.	**Attribut du COD**	Jean a trouvé le livre **très intéressant**. *(Le livre a été trouvé très intéressant par Jean.)*
Groupe remplaçable par **lui, leur...** Introduit par une préposition.	**COI COS**	Ce matin, Jean a commandé **au libraire** un livre plein de dessins anciens.
Groupe répondant à la question **quand ? où ? comment ? pourquoi ?**	**Ct circ.**	Ce matin, Jean est allé **chez le libraire**.

→ Le verbe est à la voix **passive**.

Définition	Fonction	Exemple
Uniquement dans la phrase passive. Le groupe devient sujet de la phrase à l'actif.	**Ct d'agent**	Ce matin, un livre plein de dessins anciens a été commandé au libraire **par Jean**.

→ Le verbe est de type **être (attributif)**.

Définition	Fonction	Exemple
Groupe en relation de sens avec le sujet par l'intermédiaire d'un verbe.	**Attribut du sujet**	Ce livre paraît **très intéressant**.

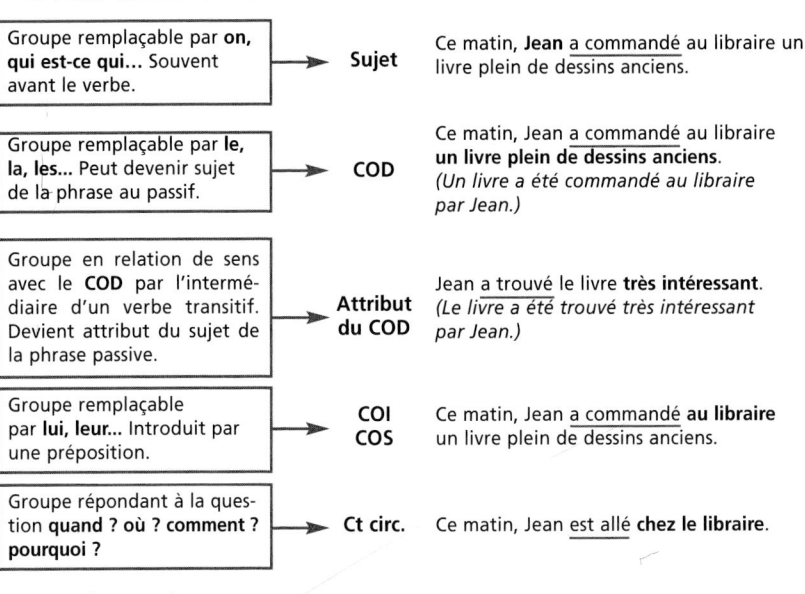

4e cas : le groupe de mots dépend de la phrase

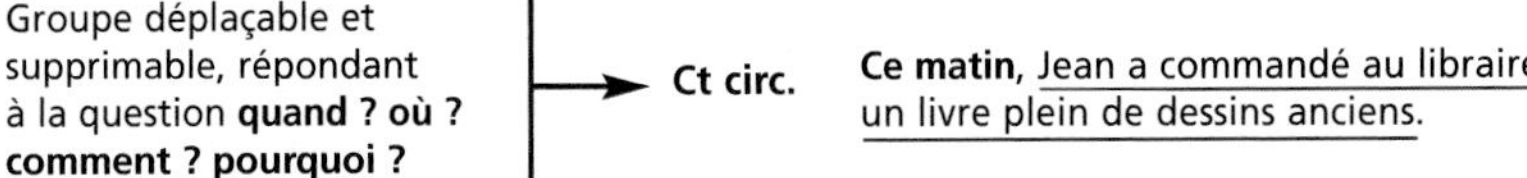

Définition	Fonction	Exemple
Groupe déplaçable et supprimable, répondant à la question **quand ? où ? comment ? pourquoi ?**	**Ct circ.**	**Ce matin**, Jean a commandé au libraire un livre plein de dessins anciens.

5

Français

Les mots invariables

Les prépositions

→ Les **prépositions** sont des mots de liaison qui rattachent un groupe nominal ou un verbe à l'infinitif à un autre groupe de la phrase :

Les animaux ← **de** — *la forêt* *fuient* ← **devant** — *l'incendie* ← **de peur d'** — *être brûlés.*

Les conjonctions de subordination

→ Les **conjonctions de subordination** sont des mots de liaison qui rattachent une proposition à une autre proposition :

Les animaux fuient ← **quand** — *ils voient* ← **que** — *l'incendie gagne du terrain.*

Les conjonctions de coordination

→ Les **conjonctions de coordination** sont des mots de liaison qui relient deux éléments de même fonction :

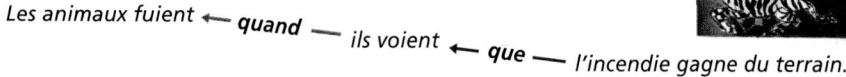

Les zèbres ← **et** → *les girafes fuient,* ← **mais** → *les flammes gagnent du terrain.*

→ **Conjonctions de coordination (et certains adverbes jouant le même rôle)** : *mais, ou, et, donc, or, ni, car ; puis, toutefois...*

Les adverbes

Les adverbes ont des fonctions très différentes.

→ Le plus fréquemment, ils **modifient le sens** d'un verbe, d'un adjectif ou d'un autre adverbe, ou bien ils sont **compléments circonstanciels** :

Soudain, *les flammes s'élèvent* ***très haut*** *et les animaux fuient* ***précipitamment.***

ct circ. de temps (Soudain) ; très : modifie l'adverbe (haut) ; très haut : modifie le verbe (s'élèvent) ; **ct circ. de manière** (précipitamment)

Formation des adverbes de manière en -ment :

→ Adjectif au féminin + **-ment** : *généralement, vertement...*

→ Adjectifs en **-ant** ou **-ent** : *prudent* → *prudemment... ; savant* → *savamment...*

UN ADVERBE

?

Dans la phrase « *Je veux que ta chambre soit bien rangée* », quel est l'adverbe ?

Réponse : bien.

Le nom

Qu'est-ce qu'un nom ?

→ Le nom est le **noyau** du groupe nominal : *Un **enfant** a trouvé un vieux **sac** de **toile** dans la **grange**.*

→ Un nom est le plus souvent précédé d'un **déterminant**, même s'il ne l'est pas dans la phrase envisagée : *de **toile** → la toile → toile = nom.*

Classe, genre et nombre du nom

● **La classe des noms**

→ Noms **communs** : *un sac*, *la grange* ;

→ Noms **propres** : *Lyon*, *Julien*, *Marie*.

● **Le genre des noms**

→ Noms **masculins** : *le sol*, *Julien* ;

→ Noms **féminins** : *la grange*, *Marie*.

● **Le nombre des noms**

→ Noms au **singulier** : *la toile*, *un enfant* ;

→ Noms au **pluriel** : *les toiles*, *quatre enfants*.

Un nom peut représenter :

→ un être **animé** : *une souris*, *Pierre*, ou **non** : *la vérité*, *Saint-Étienne* ;

→ un être **humain** : *un enfant*, *Marie*, ou **non** : *une souris*, *la Révolution* ;

→ un **dénombrable** : *un sac*, *trois enfants*, ou **non** : *de la toile*, *la vérité*.

Certains mots sont **composés** : *des chaises longues*, *des pommes de terre*, *des tire-bouchons*.

Les fonctions du groupe nominal

Le groupe nominal peut être :

→ Sujet du verbe : ***Un vieux sac*** *traînait dans la grange.*

→ Attribut du sujet : *Cette forme sombre est **un vieux sac**.*

→ Complément d'objet direct : *Un enfant a trouvé **un vieux sac**.*

→ Complément d'objet indirect : *Cela ressemblait **à un vieux sac**.*

→ Complément d'agent : *Un vieux sac a été trouvé **par un enfant**.*

→ Complément du nom : *Le fond de **ce vieux sac** était décousu.*

→ Complément de l'adjectif : *L'enfant paraissait fier **de sa découverte**.*

→ Complément circonstanciel :

– de lieu : *Un objet mystérieux se trouvait **dans le vieux sac**.*

– de temps : ***Ce matin**, un enfant a trouvé un vieux sac.*

– de manière : *Il a plié le vieux sac **avec grand soin**.*

– de cause : *Il n'a d'abord pas vu le vieux sac, **à cause de l'obscurité**.*

– de but : *Il était entré dans la grange **pour une rapide inspection**.*

7

Genre et nombre

Français

Quel est le féminin de « pâlot », le masculin de « favorite » ?

Les marques du genre

→ Le genre (féminin ou masculin) d'un nom peut prendre des formes très variées comme le montre le tableau ci-dessous.

formation du féminin	exemples
forme du nom féminin différente de celle du nom masculin	• garçon/fille, homme/femme, coq/poule, cerf/biche, bélier/brebis, jars/oie, etc.
sans changement de forme	• (un/une) professeur, incrédule, fidèle.
+ e	• ami/ami**e**, invité/invité**e**.
+ e sans doublement de la consonne finale	• marchand/marchand**e**, courtois/courtois**e**.
-ain, -an, -in → -aine, -ane, -ine	• mondain/mondain**e**, partisan/partisan**e**, coquin/coquin**e**. ***Mais :*** *paysan/paysan**ne**, bénin/béni**gne**, malin/mali**gne**.*
-it, -at → -ite, -ate	• petit/petit**e**, avocat/avocat**e**. ***Mais :*** *chat/cha**tte**.*
-ot → -ote	• idiot/idiot**e**, dévot/dévot**e**. ***Mais :*** *pâlot/pâlo**tte**, sot/so**tte**, vieillot/vieillo**tte**.*
-al, -eul, -il → -ale, -eule, -ile	• égal/égal**e**, aïeul/aïeul**e**, puéril/puéril**e**. ***Mais :*** *gentil* [ʒɑ̃ti] *devient évidemment genti**lle**.*
-ais → -aise	• niais/niais**e**, écossais/écossais**e**. ***Mais :*** *épais/épai**sse**.*
-is → -ise	• indécis/indécis**e**, gris/gris**e** ***Mais :*** *métis* [metis] *devient évidemment méti**sse**.*
+ e avec doublement de la consonne finale	
-ien, -on → -ienne, -onne	• chien/chien**ne**, glouton/glouton**ne**.
-et → -ette	• muet/muet**te**, net/net**te**, pauvret/pauvret**te**. ***Mais :*** *complè**te**, discrè**te**, secrè**te**, concrè**te**, inquiè**te**.*
-el, -ul, -eil → -elle, -ulle, -eille	• mortel/mortel**le**, nul/nul**le**, vieil (vieux)/vieil**le**.
-as, -os → -asse, -osse	• gras/gras**se**, bas/bas**se**, gros/gros**se**. ***Mais :*** *ras/rase, dispos/dispose, (é)clos/(é)close.*
+ e avec modification de la finale	• fou/f**olle**, jumeau/jum**elle**, veuf/veu**ve**, roux/rou**sse**.
+ e avec introduction d'une consonne	• favori/favori**te**, rigolo/rigolo**te**.
+ suffixe -esse	• tigre/tigr**esse**, ogre/ogr**esse**.
modification du suffixe	
-er → -ère	• messager/messag**ère**, boulanger/boulang**ère**.
-eur → -euse	• menteur/ment**euse**, vendeur/vend**euse**.
-teur → -trice	• conducteur/conduc**trice**, éditeur/édi**trice**.
-eur → -oresse, -eresse	• docteur/doct**oresse**, enchanteur/enchant**eresse**.

Les marques du nombre

marques du pluriel	exemples
+ s -ous -eus -aus -als -ales -ails -ailles	• (des) grand**s**, (des) rigolo**s**, des roi**s**, des aïeule**s**… • (des) fou**s**, (des) mou**s**, des clou**s**… • **Attention :** des pneu**s**, (des) bleu**s**, des émeu**s**, des lieu**s** (poissons). • **Attention :** des landau**s**, des sarrau**s**. • **Attention :** des bal**s**, des carnaval**s**, des chacal**s**, des festival**s**, des pal**s**, des récital**s**, des régal**s**, banal**s**, fatal**s**, glacial**s**, natal**s**, naval**s** ; idéal**s** ou idéau**x**. • des chorale**s**, (des) centrale**s**, (des) originale**s**, (des) ovale**s**. • des chandail**s**, des détail**s**, des éventail**s**, des poitrail**s**… • des écaille**s**, des taille**s**, des maille**s**, des mitraille**s**…
+ x -eux -eaux -aux -oux	• des Hébreu**x**, des cheveu**x**, des milieu**x**, des vœu**x**, des lieu**x**. • des peau**x**, (des) nouveau**x**, des couteau**x**, des château**x**, beau**x**. • des noyau**x**, des tuyau**x**, des préau**x**, royau**x**… • **Attention :** des bijou**x**, des caillou**x**, des chou**x**, des genou**x**, des hibou**x**, des joujou**x**, des pou**x**.
-al → -aux	• (des) origin**aux**, (des) centr**aux**, des chants chor**aux**, des fours ban**aux**…
-ail → -aux	• **Attention :** des b**aux**, des cor**aux**, des ém**aux**, des soupir**aux**, des trav**aux**, des vant**aux**, des vitr**aux**.
invariables	• (un/des) gris, (un/des) jaloux, un/des nez, un/des os…
formes différentes	• un œil/des **yeux**, un ciel/des **cieux**, un aïeul/des **aïeux**… **Mais :** les ciels d'un peintre, des œils-de-bœuf, etc.

Le pluriel des noms composés

Le pluriel des noms composés pose de multiples problèmes et il est souvent nécessaire d'avoir recours à un dictionnaire.

Quelques règles simples :

→ **Les deux éléments prennent la marque du pluriel**, si ce sont des noms ou des adjectifs :
des coffre**s**-fort**s**, des chou**x**-fleur**s**, des rouge**s**-gorge**s**.

→ **Le premier élément ne prend pas la marque du pluriel**, si c'est un verbe, une préposition ou un adverbe :
des tire-bouchon**s**, des avant-garde**s**, des bien-aimé**s**.

→ **Le deuxième élément ne prend pas la marque du pluriel**, s'il a une fonction de complément du nom par rapport au premier élément :
des pomme**s** de pin, des timbre**s**-poste.

→ **Aucun des deux éléments ne prend la marque du pluriel**,
si chacun d'eux est un verbe, une préposition ou un adverbe, ou pour des raisons de bon sens :
des couche-tôt, des savoir-faire, des je-ne-sais-quoi, des pur-sang.

8

Le déterminant

Français

À quoi reconnaît-on un déterminant ?

Quels sont les adjectifs numéraux qui peuvent prendre la marque du pluriel ?

Combien y a-t-il de catégories d'articles ? Quelles sont-elles ?

Qu'est-ce qu'un déterminant ?

→ Le déterminant est un constituant obligatoire du groupe nominal. Il précède toujours le nom et varie, le plus souvent, en genre et en nombre avec ce nom :

Son chien connaissait **tous les** chemins de **la** forêt.

→ Certains groupes nominaux s'emploient sans déterminant :

À **Paris**, **Pipo** attendait son maître à l'arrêt d'**autobus**.

Les différentes catégories de déterminants

→ Il existe sept catégories réparties en fonction du sens : articles, adjectifs possessifs, adjectifs démonstratifs, adjectifs numéraux cardinaux, adjectifs interrogatifs, adjectifs exclamatifs, adjectifs indéfinis.

→ Certains déterminants ne se combinent pas entre eux :

~~le ce~~ chien, ~~mon le~~ chien, ~~quel un~~ chien...

→ D'autres peuvent se combiner entre eux :

les deux chiens, **ces quelques** chiens, **trois autres** chiens, **tous mes** chiens...

→ **Ne pas confondre :**

– article indéfini Il élève **des** chiens *(un chien)*.	et	article défini contracté Cela dépend **des** chiens *(de ces chiens)*.
– article partitif Il boit **du** lait *(le lait)*.	et	article défini contracté Il se contente **du** lait *(de ce lait)*.
– adjectif possessif Ils promènent **leurs** chiens *(les chiens)*.	et	pronom personnel Je **leur** *(à eux)* confie mon chien.
– article défini Je sors **le** chien *(mon chien)*.	et	pronom personnel Je **le** sors. *(Je sors ce chien.)*

L'orthographe de l'adjectif numéral cardinal

→ L'adjectif numéral cardinal est invariable : cent cinquante mille euros, sauf **vingt** et **cent** lorsqu'ils sont multipliés et qu'ils ne sont pas suivis d'un autre chiffre : quatre-vingts, deux cents euros (mais : quatre-vingt-trois, deux cent huit euros).

→ On met un trait d'union entre les chiffres quand le nombre exprimé est inférieur à cent : soixante-dix-huit mille deux cent vingt-neuf euros.

Les articles

articles	singulier		pluriel
	masculin	féminin	
indéfinis	un	une	des
définis	le, l'	la, l'	les
définis contractés	au (= *à le*) du (= *de le*)		aux (= *à les*) des (= *de les*)
partitifs	du, de l'	de la, de l'	des

Les adjectifs possessifs

objet possédé \ possesseur		singulier			pluriel		
		1re pers.	2e pers.	3e pers.	1re pers.	2e pers.	3e pers.
singulier	**masc.**	mon	ton	son	notre	votre	leur
	fém.	ma – mon	ta – ton	sa – son	notre	votre	leur
pluriel		mes	tes	ses	nos	vos	leurs

Les adjectifs démonstratifs

	singulier	pluriel
masculin	ce – cet	ces
féminin	cette	

Les adjectifs interrogatifs et exclamatifs

	singulier	pluriel
masculin	quel	quels
féminin	quelle	quelles

L'adjectif démonstratif est parfois renforcé par la particule **-ci** ou **-là**, placée après le nom : ce chien-**ci**.

Les adjectifs indéfinis

exprimant	variables			invariables
	genre et nombre	genre	nombre	
une quantité	nul(s), nulle(s) tout, tous, toute(s) maint(s), mainte(s)...	aucun(e) différent(e)s divers(es)...	quelque(s)...	chaque plusieurs...
une qualité	tel(s), telle(s)		même(s), autre(s)	

9

L'adjectif

Français

À quoi reconnaît-on un adjectif qualificatif ?

L'adjectif « électrique » peut-il être placé devant le nom ? Pourquoi ?

Quand l'adjectif de couleur est-il invariable ?

Qu'est-ce qu'un adjectif qualificatif ?

→ L'adjectif qualificatif, quelle que soit sa fonction, qualifie un nom (ou un pronom), d'où son nom :

Maigre et **maladive**, la **petite** bergère paraissait pourtant **heureuse**.

→ L'adjectif s'accorde en genre et en nombre avec le nom qu'il qualifie :

Maigres et **maladives**, les **petites** bergères paraissaient pourtant **heureuses**.

Les fonctions de l'adjectif qualificatif

→ L' adjectif qualificatif peut être :

– épithète : Ils rencontrèrent une **jolie petite** bergère **rousse**.

– attribut du sujet : La bergère était **maladive** mais paraissait **heureuse**.

– attribut du COD : Ils la croyaient **heureuse**.

– apposé : **Heureuse**, la bergère chantait en gardant ses moutons.

La place de l'adjectif qualificatif épithète

→ Elle est fixée par l'usage. L'épithète a tendance à se placer après le nom en français.

→ Certains adjectifs très courts se placent, le plus souvent, **avant** le nom :

une **petite** brebis – un **vieux** mouton – un **gros** troupeau.

→ Certains adjectifs se placent toujours **après** le nom :

– adjectifs issus de participes passés : une femme **fatiguée** – un manteau **usé**.

– adjectifs de relation : un fil **électrique** – une session **parlementaire** – un bain **quotidien**.

– adjectifs précisant une forme ou une couleur : un plat **rond** – une feuille **bleue**.

– adjectifs suivis d'un complément : un mouton **vieux** de trois ans – une fille **petite** de taille.

→ La plupart des adjectifs se placent **avant** ou **après** le nom :

une **gentille** bergère = une bergère **gentille**.

→ Certains adjectifs peuvent changer de sens selon leur place :

une **curieuse** bergère ≠ une bergère **curieuse**.

qualificatif

La formation de l'adjectif qualificatif

Il se forme à l'aide d'un **suffixe** (particule ajoutée après le radical) :

→ à partir d'un **verbe** :
qui peut être lavé → **lavable** – qui peut être lu → **lisible** – qui boite → **boiteux**.

→ à partir d'un **nom** :
du matin → **matinal** – d'Asie → **asiatique** – qui a des poils → **poilu**.

→ à partir d'un autre **adjectif** (suffixes diminutifs ou péjoratifs) :
pâle → **pâlot** – aigre → **aigrelet** – roux → **roussâtre** – fade → **fadasse**.

L'accord de l'adjectif qualificatif

→ L'adjectif qualificatif s'accorde en genre et en nombre avec le nom ou les noms qu'il détermine.

– Tous les noms sont au masculin → adjectif au masculin pluriel :
Il a acheté un livre et un cahier **neufs**.

– Tous les noms sont au féminin → adjectif au féminin pluriel :
Marie et sa sœur semblent **charmantes**.

– L'un des noms au moins est au masculin → adjectif au masculin pluriel :
Il eut une moue et un sourire **enfantins**.

→ L'adjectif s'accorde selon le sens.

– Dans une énumération :
accord avec les noms : Il portait un chapeau et un pantalon **blancs**.
accord avec le nom qui précède : Son haut-de-forme et ses chaussures **vernies**.

– Groupe nominal + complément du nom :
accord avec le nom noyau : une boîte de bonbons **décorée**.
accord avec le complément du nom : une boîte de bonbons **fourrés**.

– Plusieurs adjectifs déterminent un **nom pluriel** :
accord au pluriel : les langues **asiatiques** et **africaines**.
accord au singulier : les langues **française** et **anglaise**.

→ L'adjectif est invariable.

Adjectifs de couleur dérivés d'un nom, ou déterminés par un nom ou un autre adjectif : une jupe **marron** – une blouse **bleu pétrole** – des robes **bleu clair**.

10

Français

Le pronom

À quoi reconnaît-on un pronom ?

Un pronom peut-il être complément circonstanciel ?

Qu'est-ce qu'un pronom démonstratif à la forme composée ?

Qu'est-ce qu'un pronom ?

→ Les pronoms se substituent au groupe nominal ou le remplacent dans l'énoncé :

Cet enfant a mangé son croissant. → **Celui-ci** a mangé **le sien**.
L'enfant n'obéissait pas à son père. → **Il** ne **lui** obéissait pas.
Chaque enfant avait une chambre. → **Chacun en** avait **une**.

→ Les pronoms personnels des première et deuxième personnes du singulier et du pluriel ne se substituent à rien dans l'énoncé. Ils renvoient à celui qui parle (locuteur) et à celui à qui l'on parle (interlocuteur) :

Je t'ai déjà dit que **nous** partirions sans **vous**.

Les différentes catégories de pronoms

→ Il existe six catégories de pronoms, réparties en fonction du sens : les pronoms personnels (je, me, moi, te, tu, toi…), les pronoms possessifs (mon, ton, son…), les pronoms démonstratifs (ce, cet…), les pronoms relatifs (qui, que, dont…), les pronoms interrogatifs (quel, quelle…) et les pronoms indéfinis (plusieurs, chacun, personne…).

→ Certains pronoms (pronoms personnels et relatifs) changent de forme selon la fonction qu'ils occupent dans la phrase. On dit qu'ils se **déclinent** :

l'armoire **qui** est vermoulue, **que** j'ai achetée, **dont** j'ai la clé, etc.

qui : Sujet — que : COD — dont : Ct du nom

Les fonctions des pronoms

→ Le pronom a les mêmes fonctions que le groupe nominal :

– sujet du verbe :	**Ils (plusieurs)** lisaient.
– attribut du sujet :	Cette serviette est **la mienne**.
– complément d'objet direct :	Le public **l'**a applaudi(e).
– complément d'objet indirect :	Pense **à moi** !
– complément d'agent :	Le chanteur fut reconnu **par quelques-uns**.
– apostrophe :	**Toi**, récite-moi ton poème.
– complément circonstanciel :	J'ai rangé les ciseaux **dans celui-ci**. Ils **y** sont.
– complément du nom :	Le lit **de chacun** était très dur.
– apposition :	Une couverture**, la sienne,** était pliée.
– complément de l'adjectif :	Il vend sa voiture, **dont** il était pourtant très satisfait.

Les pronoms personnels

	singulier			pluriel		
	1re pers.	2e pers.	3e pers.	1re pers.	2e pers.	3e pers.
sujet	je	tu	il/elle	nous	vous	ils/elles
COD	me	te	le/la	nous	vous	les
COI	me	te	lui	nous	vous	leur
forme réfléchie	me	te	se	nous	vous	se
forme accentuée + réfléchie	moi	toi	lui/elle soi	nous	vous	eux/elles (soi)
pronoms adverbiaux 3e pers. singulier et pluriel			en, y			

Les pronoms démonstratifs

		formes simples	formes composées	
singulier	**masculin**	celui	celui-ci	celui-là
	féminin	celle	celle-ci	celle-là
pluriel	**masculin**	ceux	ceux-ci	ceux-là
	féminin	celles	celles-ci	celles-là
neutre		ce, c'	ceci	cela, ça

11

Le verbe

Français

À quoi reconnaît-on un verbe ?

L'infinitif peut-il être attribut du sujet ?

Avec quel auxiliaire les verbes pronominaux se conjuguent-ils ?

Identification

→ Un verbe peut se conjuguer, c'est-à-dire que sa terminaison varie selon le sujet, le mode et le temps. Centre de la phrase verbale, c'est lui qui donne aux autres groupes leur fonction (sujet, COD, COI, etc.).

→ Le verbe conjugué n'a pas d'autre fonction que d'être le noyau de la phrase.

Ce matin, mon frère **a vu** un merle sous sa fenêtre .

Ct circ. Sujet COD Ct circ.

→ Le verbe à l'infinitif peut, lui, avoir une fonction :

Le merle aime **siffler** sous la fenêtre .

COD Ct circ.

Les fonctions du verbe à l'infinitif

→ Le verbe à l'infinitif peut avoir les mêmes fonctions que le groupe nominal :

– sujet :	**Siffler** est son occupation favorite.
– COD :	Il ne sait pas **siffler**.
– COI :	Il s'entraîne à **siffler**.
– attribut du sujet :	Chanter n'est pas **siffler**.
– complément circonstanciel :	Il siffle **pour le réveiller**.
– complément du nom :	Sa manie **de siffler** le matin m'agace.
– complément de l'adjectif :	Heureux **de siffler**, il y met tout son cœur.

La formation des verbes

→ À l'aide d'un **suffixe** (particule ajoutée après le radical) :

– à partir d'un nom : goût → **goûter** – fleur → **fleurir**...

– à partir d'un adjectif : rendre solide → **solidifier** – rendre général → **généraliser** – rendre laid → **enlaidir**...

– à partir d'un autre verbe (suffixes diminutifs ou péjoratifs) : voler → **voleter** – vivre → **vivoter** – rêver → **rêvasser**...

→ À l'aide d'un **préfixe** (particule ajoutée avant le radical) :

– privatif : estimer → **mésestimer** – chausser → **déchausser** – armer → **désarmer**...

– exprimant la répétition : faire → **refaire** – laver → **relaver**...

– de sens réciproque : aider → **s'entraider** – tuer → **s'entretuer**...

– ayant le sens d'une préposition : courir → **accourir** (vers) → **parcourir** (à travers) – porter → **exporter** (hors de) → **importer** (dans)...

Les différents types de verbes

Les verbes transitifs (toujours conjugués avec l'auxiliaire **avoir**)

- **directs :** Christophe Colomb **a découvert** l'Amérique (COD).
- **indirects :** Le navire **a résisté** à la tempête (COI).
- **à double construction :** Les habitants de l'île **ont offert** des fruits (COD) à l'équipage (COI (COS)).

Les verbes intransitifs (conjugués avec l'auxiliaire **avoir**, sauf : aller, arriver, mourir, naître, (re)partir, rester, tomber...)

L'équipage **avait dormi** toute la nuit (Ct circ.). Les bateaux **sont repartis** à marée haute (Ct circ.).

Les verbes attributifs
(conjugués avec l'auxiliaire **avoir**, sauf : devenir, rester, demeurer...)

- introduisant l'attribut du sujet :
Les habitants **paraissaient** très hospitaliers (Attribut du sujet).
- introduisant l'attribut du COD :
La reine l' (COD) **a nommé** gouverneur de la province (Attribut du COD).

Les auxiliaires
(avoir et être)

Quand l'Amérique **a été** découverte, on **a** cru qu'il s'agissait des Indes.

Les semi-auxiliaires

Le navire qui **vient de** partir **devrait** parvenir à destination dans trois mois.

Les verbes pronominaux (toujours conjugués avec l'auxiliaire **être**)
(verbes précédés de *se* à l'infinitif)

Quelques-uns **se sont enfuis** et **se sont cachés** à l'arrivée du navire.

Les verbes impersonnels

S'**il y a** du vent, **il faut** hisser les voiles ; si **c'est** le calme plat, **il** ne **reste** plus qu'à prendre son mal en patience.

12

Français

L'accord du participe passé

	participe passé conjugué avec ÊTRE	participe passé conjugué avec AVOIR	participe passé des verbes pronominaux
accord avec le sujet du verbe	*La renarde a* été apprivoisé**e**. *Des renardeaux* sont né**s**. *Mon frère et ma sœur* sont allé**s** les voir.		**• Verbes essentiellement pronominaux :** *Elles* se sont enfui**es**. *Elle* s'est plaint**e** du prix. **• Verbes pronominaux de sens passif :** *La cuve* s'est vidé**e** lentement. *Les fleurs* se sont bien vendu**es**.
accord avec le COD placé avant le verbe		La renarde *qu'*ils ont apprivoisé**e**… *L'*avez-vous vu**e**, cette renarde ? *Quels noms* a-t-elle choisi**s** ?	**• Verbes de sens réfléchi ou réciproque,** **SE = COD :** Ils *se* sont caché**s**. Elle *s'*est jugé**e** compétent**e**. Elles *se* sont reconnu**es**. **SE # COD :** La maison *qu'*il s'est trouvé**e**, il se *l'*est réservé**e**.
participe passé invariable		**COD après le verbe :** Ils ont **vu** *les renardeaux*. **Pas de COD :** Elles ont beaucoup **marché**. Elles en ont **bénéficié** (de cette faveur). ***Mais :** Des renardeaux, j'en ai déjà* ***vu*** *(ou* ***vus****).* **COD = pronom neutre LE (L') :** Nous *le* leur avons **annoncé**. **Verbes impersonnels :** *Quelles démarches* il a **fallu** ! **Semi-auxiliaires :** Cette robe, je *l'*ai **fait** faire…	**COD après le verbe :** Ils se sont **caché** *les yeux*. **Pas de COD :** Elles se (COI) sont **souri**. (… souri à elles) Nous nous (COI) sommes **répondu**. (… répondu à nous) Les événements se (COI) sont **succédé**. (… succédé aux événements).

Les modes du verbe

Qu'est-ce qu'u[n] mode impersonnel

Dans quel cas l[e] conditionnel est-il [un] temps ?

Donnez deux valeurs différentes du subjonctif.

Les sept modes du verbe

→ **Quatre modes personnels** : le verbe varie en temps et en personne. Les modes traduisent la manière dont on envisage l'action.

– L'**indicatif** présente l'action dans sa réalité et dans sa chronologie :
Comme il **a plu**, la terre **est** mouillée et nous **mettrons** des bottes.

– Le **conditionnel** est le mode de l'imaginaire. Il présente l'action hors de la réalité ou soumise à la réalisation d'une autre action :
Je **serais** le roi et tu **serais** mon chevalier.

– Le **subjonctif** présente l'action comme envisagée par l'esprit, qu'elle soit réalisable ou non :
Qu'il vienne et je lui dirai ce que je pense !

– L'**impératif** est le mode de l'injonction : ordre, exhortation, conseil, prière, interdiction... :
Approche et ne **traîne** pas les pieds.

→ **Trois modes impersonnels** : on les appelle ainsi, car le verbe ne varie pas en personne.

– L'**infinitif** : **Aller chercher** du pain ne peut **prendre** autant de temps.

– Le **participe** : **Ayant fini** son travail et **désirant** dormir, il se coucha.

– Le **gérondif** : Elle s'est piqué le doigt **en cousant** un bouton.

Le conditionnel

→ Le conditionnel peut exprimer :

– l'**imaginaire** : Nous **aurions** un petit singe et il **grimperait** partout.

– la **condition** : Dans ce cas, je ne **serais** pas venu.

– Il peut aussi servir à **atténuer**, pour exprimer la politesse, l'ordre atténué, et surtout l'incertitude, pour une information qu'on ne prend pas à son compte.
J'en **reprendrais** bien. Tu **devrais** te coucher. L'homme **serait** armé.

→ Le conditionnel n'est pas un mode mais **un temps**, lorsqu'il exprime le futur par rapport à un verbe au passé. C'est le futur du passé.
Je savais bien que le feu **s'éteindrait**. (Je sais bien que le feu **s'éteindra**.)

Le subjonctif

→ Le subjonctif peut exprimer :

– le **souhait** : (Pourvu) qu'il **fasse** beau demain ! (Que) le Ciel vous **entende** !

– l'**ordre**, l'**exhortation**, surtout aux trois personnes qui n'existent pas à l'impératif :
Qu'il le **dise !** Qu'elles **se fassent** vacciner rapidement.

– la **supposition**, l'**éventualité**, l'**hypothèse** : **Soit** un angle de 45°...

→ Le subjonctif n'a aucune de ces valeurs lorsqu'il est obligatoire, dans les subordonnées **complétives** (après les verbes exprimant **le doute**, **l'attente**, **l'ordre**, **la défense**...) et dans les subordonnées **circonstancielles** (après certaines **conjonctions** : avant que, jusqu'à ce que, pour que, sans que, bien que, quoique...).
Je souhaite qu'il me le **dise**. De peur qu'il le **sache**, vous l'avez dit avant qu'il ne **vienne**.

14

Français

La concordance

Quand le verbe de la principale est au présent, celui de la subordonnée peut-il être à l'imparfait ?

À quels temps du subjonctif doit-on en principe écrire les verbes des subordonnées lorsque le verbe de la principale est à l'imparfait ?

Citez une possibilité d'employer le présent dans la subordonnée quand le verbe de la principale est au passé.

On appelle **concordance des temps** le rapport existant entre les temps des différents verbes de la phrase complexe. L'emploi des temps dans les propositions subordonnées dépend en effet, outre la chronologie des faits à relater, du **temps du verbe de la principale**.

Verbe de la principale au présent ou au futur

→ Dans les subordonnées à l'**indicatif**, les temps sont employés en fonction du sens (chronologie), par rapport au temps du verbe de la principale.

Comme il **a plu** et qu'il y a du soleil, il **pense** qu'il **trouvera** des champignons dès qu'il **sera entré** dans le bois (*cf.* schéma p. 37).

→ Dans les subordonnées au **subjonctif** :

– le **présent** exprime une action présente ou future :

Bien qu'il ne **dise** rien, il **est** furieux. Je **désire** qu'il **vienne** au plus tôt.

– le **passé** exprime une action accomplie passée ou future :

Bien qu'il n'**ait** rien **dit**, il **est** furieux. J'**attendrai** qu'ils **aient chargé** le camion.

Verbe de la principale au passé

→ Dans les subordonnées à l'**indicatif**, les temps, toujours employés en fonction de la chronologie, sont tous des temps du passé.

Comme il **avait plu** et qu'il y **avait** du soleil, il **pensait** qu'il **trouverait** des champignons dès qu'il **serait entré** dans le bois (*cf.* schéma p. 37).

→ Dans les subordonnées au **subjonctif**, selon la norme, le verbe est à l'**imparfait** ou au **plus-que-parfait** (antériorité).

Bien qu'il ne **dît** rien, il **était** furieux. Je **désirais** qu'il **vînt** au plus tôt.
J'**attendais** qu'ils **eussent chargé** (**chargeassent**) le camion.

Limites de la concordance des temps

→ La langue conserve certaines libertés : ainsi, un présent de vérité générale reste un présent même dans un contexte passé.

Il **savait** pourtant bien que la Terre **tourne** autour du Soleil.

→ Dans la langue courante, imparfait et plus-que-parfait du subjonctif sont souvent remplacés par présent ou passé du subjonctif.

Bien qu'il ne **dise** rien, il **était** furieux. Je **désirais** qu'il **vienne** au plus tôt.
J'**attendais** qu'ils **aient chargé** (**chargent**) le camion.

des temps

Les temps de l'indicatif et la concordance des temps

temps du verbe de la subordonnée	principale au présent (ou au futur)	principale au passé	temps du verbe de la subordonnée
présent	Je **sais** qu'il gèle.	Je **savais** qu'il gelait.	imparfait
imparfait	Je **sais** qu'il gelait.	Je **savais** qu'il gelait.	imparfait
passé simple	Je **sais** qu'il gela.	Je **savais** qu'il avait gelé.	plus-que-parfait
futur	Je **sais** qu'il gèlera.	Je **savais** qu'il gèlerait.	conditionnel présent
passé composé	Je **sais** qu'il a gelé.	Je **savais** qu'il avait gelé.	plus-que-parfait
plus-que-parfait	Je **sais** qu'il avait gelé.	Je **savais** qu'il avait gelé.	plus-que-parfait
		Dès qu'il eut gelé, il **rentra**.	passé antérieur
futur antérieur	Je **sais** qu'il aura gelé.	Je **savais** qu'il aurait gelé.	conditionnel passé

Présent — a plu, a pensé, sera entré, trouvera

Présent — avait plu, avait pensait, serait entré, trouverait

Exemples

Un récit au passé...
Soudain, sans que l'on ***sût*** *pourquoi, Melchior* ***changea*** *d'avis. Non seulement il* ***approuva*** *que grand-père* ***eût recueilli*** *les inspirations de Christophe, mais à la grande surprise de ce dernier, il* ***passa*** *plusieurs soirs à faire de son manuscrit deux ou trois copies. À toutes les questions qu'on lui* ***adressait*** *à ce sujet, il* ***répondait*** *d'un air important qu'on «* ***verrait*** *».*

Romain Rolland, *Jean-Christophe, Albin Michel.*

Le même récit au présent...
Soudain, sans que l'on ***sache*** *pourquoi, Melchior* ***change*** *d'avis. Non seulement il* ***approuve*** *que grand-père* ***ait recueilli*** *les inspirations de Christophe, mais à la grande surprise de ce dernier, il* ***passe*** *plusieurs soirs à faire de son manuscrit deux ou trois copies. À toutes les questions qu'on lui* ***adresse*** *à ce sujet, il* ***répond*** *d'un air important qu'on «* ***verra*** *».*

15

Français

Les propositions

Comment compte-t-on les propositions dans une phrase ?

Quelle différence y a-t-il entre propositions juxtaposées et coordonnées ?

Quelle différence y a-t-il entre une proposition indépendante et une proposition principale ?

La proposition

→ La proposition est une unité grammaticale qui a pour noyau un verbe, le plus souvent conjugué. Dans une phrase, il y a alors autant de **propositions** que de **verbes conjugués** :

Si tu **veux** / que j'achète ton livre / **écris**-moi le nom de l'auteur.

→ Certaines propositions n'ont toutefois pas pour noyau un verbe conjugué. Le verbe noyau peut alors être :

à l'infinitif :

– propositions interrogatives : Que **faire** ? *(interrogative directe)*
Il ne savait / que **faire**. *(interrogative indirecte)*

– propositions exprimant l'ordre : **Préparer** une pâte à sel…

– propositions infinitives : Avez-vous entendu / le merle **siffler** ?

au participe :

– propositions participiales : La lumière **s'étant éteinte**, il prit une lampe de poche.

Les relations des propositions entre elles

→ Les propositions peuvent être :

– **juxtaposées :** situées sur le même plan, elles ne sont pas reliées par un mot de liaison, mais séparées par une virgule.

Un homme entre dans la boutique, il s'approche du comptoir.

– **coordonnées :** situées sur le même plan, elles sont reliées par une conjonction de coordination.

Il ne dit rien, mais il tend une enveloppe à l'employé.

– **subordonnées :** l'une des propositions dépendant de l'autre, elles ne sont pas situées sur le même plan. La dépendance est marquée par un mot de liaison (pronom relatif ou conjonction de subordination).

Il attend **que** l'employé lise le message, **qui** paraît très long.

→ Lorsque des propositions sont juxtaposées ou coordonnées, un élément commun aux deux propositions (sujet, groupe verbal, etc.), peut ne pas être répété. La seconde proposition est alors **elliptique** :

– **du groupe sujet :** L'inconnu reprend le message et **sort**. (= ***il*** sort)

– **du verbe :** L'un portait une valise, **l'autre un sac à dos**. (= l'autre ***portait***…)

Les différentes propositions

→ La proposition **indépendante** est une proposition dont aucune autre proposition ne dépend. Si elle n'est pas elliptique, elle se suffit à elle-même :

Il ne dit rien / mais il tend une enveloppe à l'employé.

Prop. indépendante — Prop. indépendante (coordonnée)

→ La proposition **principale** est la proposition noyau dont dépend au moins une proposition subordonnée : Il attend / que l'employé lise le message.

Prop. principale

→ Les propositions **subordonnées** sont des propositions qui, ne se suffisant pas à elles-mêmes, dépendent d'une autre proposition à laquelle elles sont reliées par un mot de liaison. On distingue les propositions subordonnées **relatives, complétives et circonstancielles** :

Comme il faut une réponse, / il attend / que l'employé lise le message, / qui paraît très long.

Prop. circonstancielle — Prop. complétive — Prop. relative

Analyse logique

(D'après Bernard Clavel, « Les Sorcières de Peñiscola », *Légendes de la mer*, Hachette.)

Prop. principale : Il était une fois à Peñiscola, un pêcheur nommé Henriquez

dont le souvenir est resté dans toutes les mémoires.

Prop. subordonnée relative

Prop. principale : Aujourd'hui encore, on raconte volontiers

que ce garçon détenait un pouvoir magique — *et* — **qu**'il en usait pour ridiculiser les autres pêcheurs de la côte.

Prop. subordonnée complétive — *coordination* — Prop. subordonnée complétive

En effet, … il se mit à pêcher quantité de poissons d'espèces inconnues.

Prop. principale

alors qu'il venait d'atteindre sa trentième année, — **alors qu**'il avait toujours pêché ni mieux ni plus mal que ses camarades,

Prop. subordonnée circonstancielle — *juxtaposition* — Prop. subordonnée circonstancielle

On soupçonna — Prop. principale

qu'il avait passé un pacte avec le diable. — Prop. subordonnée complétive

D'ailleurs, il s'entourait de mystère *et* il en fut ainsi jusqu'à la fin de sa vie.

Prop. indépendante — *coordination* — Prop. indépendante

16

Français

La proposition

À quoi se rattache une proposition subordonnée relative ?

Quelle est habituellement sa fonction ?

À quel mode sont les verbes des propositions relatives dans l'exemple p. 41 ?

Définition

→ La proposition subordonnée relative fait le plus souvent partie d'un **groupe nominal**. Comme l'adjectif épithète et le complément du nom, elle complète le nom. Elle peut être supprimée, mais non déplacée :

Je vis un oiseau multicolore.
au plumage multicolore.
qui avait des plumes multicolores.

→ Elle est introduite par un **pronom relatif**, qui joue un triple rôle :
– en tant que **mot de liaison**, il relie la proposition relative au mot qu'elle détermine (l'antécédent) ;
– en tant que **pronom**, il remplace son antécédent (groupe nominal ou pronom) ;
– il a une **fonction** propre dans la proposition relative.

Les fonctions de la proposition subordonnée relative

→ La proposition subordonnée relative est toujours complément de l'antécédent, c'est-à-dire du nom qu'elle détermine :

On a jeté les journaux **qui étaient déchirés**. *(Seulement ceux-là.)*
Ct de l'antécédent

→ Elle peut être aussi apposée :

On a jeté les journaux, **qui étaient déchirés**. *(Tous, car ils étaient déchirés.)*
Apposition

→ Ne pas confondre la fonction de la proposition relative et la fonction du pronom relatif qui l'introduit :

... les livres **qui étaient déchirés**.
Sujet
Ct de l'antécédent

Le mode du verbe de la subordonnée relative

→ Le verbe de la relative est habituellement à l'**indicatif** :

Je cherche une maison qui **a** des barreaux aux fenêtres. *(Je sais qu'elle en a.)*

On peut cependant, pour des raisons de sens, mettre le verbe de la relative
– au **subjonctif** : Je cherche une maison qui **ait** des barreaux aux fenêtres. *(Je la souhaite telle.)*
– au **conditionnel** : Je cherche une maison qui **aurait** des barreaux aux fenêtres. *(D'après ce qu'on m'a dit, je n'en suis pas sûr.)*
– et, avec certains pronoms relatifs, à l'**infinitif** : Je cherche une maison où **dormir**.

subordonnée relative

Analyse logique

→ Découpage de la phrase en propositions

Plusieurs siècles plus tard, un écrivain / **que** le mystère **intriguait** / <u>découvrit</u> un parchemin /
Prop. principale *(début)* — Prop. subordonnée relative — Prop. principale *(fin)*

dont personne n'**avait osé** briser le cachet de cire / **et qui contenait** un secret.
Prop. subordonnée relative — Prop. subordonnée relative

→ Visualisation de l'analyse

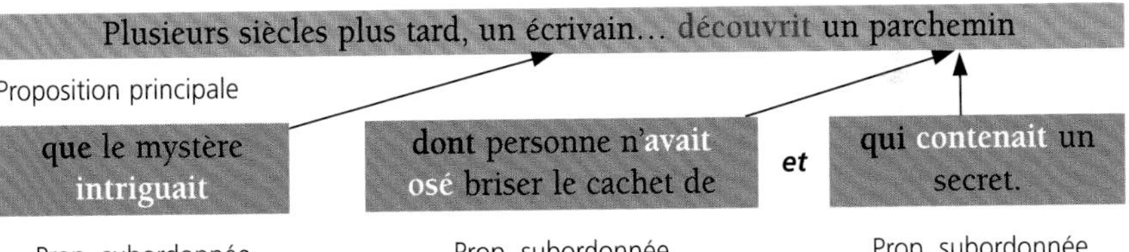

→ Tableau récapitulatif

proposition	nature de la proposition	mot de liaison	fonction de la proposition	observations
Plusieurs siècles plus tard, un écrivain... <u>découvrit</u> un parchemin	proposition principale			
que le mystère **intriguait**	proposition subordonnée relative	**que**, pronom relatif	Ct de l'antécédent *écrivain*	
dont personne n'**avait osé** briser le cachet de cire	proposition subordonnée relative	**dont**, pronom relatif	Ct de l'antécédent *parchemin*	
***et* qui contenait** un secret.	proposition subordonnée relative	**qui**, pronom relatif	Ct de l'antécédent *parchemin*	coordonnée à la précédente par *et*

17

Français

La proposition

À quoi se rattache une proposition subordonnée complétive ?

Quelle est habituellement sa fonction ?

À quel mode sont les verbes des propositions complétives dans l'exemple p. 43 ?

Définition

→ La proposition subordonnée complétive fait le plus souvent partie d'un **groupe verbal**. Elle n'est donc ni supprimable, ni déplaçable :

L'avion attend **qu'on lui donne l'autorisation d'atterrir**.

→ Elle est introduite par la conjonction de subordination **que** (ou **à ce que, de ce que**) :

On attend **que l'avion atterrisse**. On s'attend à ce **que l'avion atterrisse**.

Les fonctions de la proposition subordonnée complétive

→ La complétive joue le même rôle qu'un groupe nominal COD ou COI. Elle a donc les mêmes fonctions :

On attend – l'atterrissage de l'avion.
– **que l'avion atterrisse**.
(complétive COD)

On s'attend – à l'atterrissage de l'avion.
– **à ce que l'avion atterrisse**.
(complétive COI)

→ Les complétives qui ne font pas partie d'un groupe verbal peuvent avoir d'autres fonctions :

Qu'il vienne (Sujet) m'étonnerait. *(= Sa venue m'étonnerait.)* Cela m'étonnerait **qu'il vienne** (Sujet réel).

Le mode du verbe dans la complétive

Le mode du verbe dans la proposition subordonnée complétive dépend du verbe qui l'introduit. En fonction du sens de ce dernier, mais aussi de l'usage, le verbe de la complétive sera à l'indicatif ou au subjonctif.

→ Le verbe de la complétive est à **l'indicatif** (ou, selon le sens, au **conditionnel**) quand le verbe introducteur est un verbe de déclaration, d'opinion ou de perception :

On **dit** (on **croit**, on **pense**, on **sait**) que l'avion **atterrira** bientôt.

→ Le verbe de la complétive est au **subjonctif** quand le verbe introducteur exprime l'ordre, la défense, l'attente, la crainte, le doute ou le sentiment :

On **veut** (on **souhaite**, on **attend**, on **craint**) que l'avion **atterrisse**.

→ Le verbe de la complétive peut être, pour des raisons de sens, à l'**indicatif** ou au **subjonctif** quand le verbe de déclaration, d'opinion ou de perception qui l'introduit est à la forme négative ou interrogative :

Croyez-vous { que l'avion **atterrira** bientôt ? / que l'avion **atterrisse** bientôt ? }

Je ne crois pas { que l'avion **atterrira** bientôt. / que l'avion **atterrisse** bientôt. }

subordonnée complétive

Analyse logique

→ Découpage de la phrase en propositions

Un matin en allant prendre son bateau, Henriquez constata / **que** le nœud de l'amarre **était** étrange / ***et* que** la voile n'**était** pas roulée convenablement. / Il se dit / **que** quelqu'un **s'était servi** de son bateau / ***mais* que** ce n'**était** pas un marin.

Un matin en allant prendre son bateau, Henriquez constata : Prop. principale
que le nœud de l'amarre était étrange : Prop. subordonnée complétive
et que la voile n'était pas roulée convenablement : Prop. subordonnée complétive
Il se dit : Prop. principale
que quelqu'un s'était servi de son bateau : Prop. subordonnée complétive
mais que ce n'était pas un marin : Prop. subordonnée complétive

→ Visualisation de l'analyse

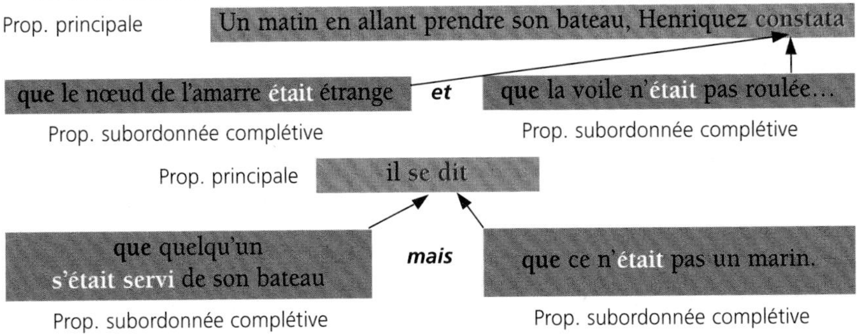

Prop. principale : Un matin en allant prendre son bateau, Henriquez constata

que le nœud de l'amarre était étrange *et* que la voile n'était pas roulée...

Prop. subordonnée complétive — Prop. subordonnée complétive

Prop. principale : il se dit

que quelqu'un s'était servi de son bateau *mais* que ce n'était pas un marin.

Prop. subordonnée complétive — Prop. subordonnée complétive

→ Tableau récapitulatif

proposition	nature	liaison	fonction	observations
Un matin... Henriquez constata	proposition principale			
que le nœud de l'amarre **était** étrange	proposition subordonnée complétive	**que** conj. de sub.	COD de *constata*	
***et* que** la voile n'**était** pas roulée convenablement.	proposition subordonnée complétive	**que** conj. de sub.	COD de *constata*	coordonnée à la précédente par *et*
Il se dit	prop. principale			
que quelqu'un **s'était servi** de son bateau	proposition subordonnée complétive	**que** conj. de sub.	COD de *se dit*	
***mais* que** ce n'**était** pas un marin.	proposition subordonnée complétive	**que** conj. de sub.	COD de *se dit*	coordonnée à la précédente par *mais*

18

La proposition

Français

À quoi se rattache une proposition subordonnée circonstancielle ?

Par quelles conjonctions de subordination une prop. circonstancielle de temps peut-elle être introduite ?

À quel mode sont les verbes des subordonnées circonstancielles dans l'exemple p. 45 ?

Définition

→ La proposition subordonnée circonstancielle est complément de la phrase. Elle est, le plus souvent, déplaçable et supprimable :
Quand le soir tombe, s'il n'a pas plu, j'arrose les plantes.
DÉPLACEMENT :
S'il n'a pas plu, j'arrose les plantes **quand le soir tombe**.
Quand le soir tombe, j'arrose les plantes **s'il n'a pas plu**.
SUPPRESSION : J'arrose les plantes.

→ Selon le sens, elle est introduite par des conjonctions de subordination ou des locutions conjonctives très variées :
J'arrose **si** j'en ai le temps / **quand** le soir tombe / **parce qu'**il fait sec.

Les fonctions de la proposition subordonnée circonstancielle

→ La proposition subordonnée circonstancielle joue le même rôle qu'un groupe nominal complément circonstanciel. On l'analyse donc de la même manière :

si j'en ai le temps	quand le soir tombe	parce qu'il fait sec
Ct circ. de condition	Ct circ. de temps	Ct circ. de cause

Les différentes circonstancielles et le mode du verbe

sens	indicatif / conditionnel	subjonctif
temps	quand, lorsque, comme, après que, dès que…	avant que, jusqu'à ce que…
cause	parce que, comme, sous prétexte que, puisque, non parce que…	non que…
conséquence	si bien que, de sorte que, tant que, si - que…	trop - (assez-) pour que…
but		pour que, afin que, de peur que…
hypothèse condition	si, suivant que, même si… / au cas où…	pourvu que, à moins que…
opposition concession	alors que, tandis que… / quand bien même…	quoique, bien que, sans que, quelque - que…
comparaison	comme, ainsi que, de même que…	

subordonnée circonstancielle

Analyse logique

→ Découpage de la phrase en propositions

Il pêcha / **comme** il le **faisait** d'habitude, / *puis*, / **quand** la nuit **fut venue**, /
Prop. principale — Prop. sub. circonstancielle — Prop. principale (début) — Prop. sub. circonstancielle

il alla se cacher dans la cale de son bateau. / Il guettait depuis une heure à peine, /
Prop. principale (fin) — Prop. principale

lorsque de vieilles femmes **montèrent** à bord.
Prop. sub. circonstancielle

→ Visualisation de l'analyse

Il pêcha (Prop. principale) *puis*, il alla se cacher dans la cale de son bateau. (Prop. principale)

comme il le faisait d'habitude, (Prop. sub. circonstancielle) → Il pêcha

quand la nuit fut venue, (Prop. sub. circonstancielle) → il alla se cacher dans la cale de son bateau.

Il guettait depuis une heure à peine, (Prop. principale)

lorsque de vieilles femmes montèrent à bord. (Prop. sub. circonstancielle) → Il guettait depuis une heure à peine,

→ Tableau récapitulatif

proposition	nature	liaison	fonction	observations
Il pêcha	prop. principale			
comme il le **faisait** d'habitude,	prop. sub. circonstancielle	**comme** conj. de sub.	Ct circ. de comparaison de *pêcha*	
puis, ... il alla se cacher dans la cale de son bateau.	proposition principale			coordonnée à la 1re principale par *puis*
quand la nuit **fut venue**,	prop. sub. circonstancielle	**quand** conj. de sub.	Ct de temps de *alla*	
Il guettait depuis une heure à peine,	proposition principale			
lorsque de vieilles femmes **montèrent** à bord.	prop. sub. circonstancielle	**lorsque** conj. de sub.	Ct circ. de temps de *guettait*	

19

Communication

Français

Qu'est-ce qu'un locuteur ?

Quels sont les trois registres de langue ?

Qu'est-ce qu'un narrateur ?

La communication

→ Pour communiquer, **le locuteur** (celui qui parle) et **l'interlocuteur** (celui à qui l'on parle) doivent disposer d'un code commun : **la langue.**

→ Ce code commun, bien employé, varie en fonction **des situations de communication**. Le fonctionnement de la langue diffère alors :
– selon que l'on parle ou que l'on écrit ;
– selon la personne à qui l'on s'adresse ;
– selon le lieu où l'on parle ;
– selon ce que l'on a à dire...

La langue orale, la langue écrite

→ **La langue orale** est en situation. Elle présente un fonctionnement original qui en fait une langue différente de celle décrite dans les grammaires.

Le découpage en unités change :

le petit garçon → *3 mots à l'écrit, 1 seule unité à l'oral.*

Les marques des accords sont différentes :

Leur**s** chien**s** dormai**ent**. → *3 marques d 'accord de pluriel à l'écrit, aucune à l'oral.*

→ **La langue écrite** n'est pas en situation : elle doit comporter plus d'informations pour éviter les confusions. C'est là l'un des rôles de l'orthographe, par exemple :

Il a coupé le **pin**. Il a coupé le **pain**. → *Seul l'écrit permet de différencier ces deux phrases.*

La langue écrite suit en principe les règles décrites dans les grammaires.

Les registres de langue

→ Les variations dans l'utilisation de la langue sont à l'origine de la notion de **registres de langue**.

→ Ces registres sont nombreux, à l'oral comme à l'écrit, mais on les regroupe d'ordinaire en trois grandes catégories : familier, courant, soutenu.

registre	prononciation	grammaire	vocabulaire
familier	È' sait p'têt.	È' sait p't'êt pas.	È' sait p't'êt pas son nom.
courant	Elle sait p't'être.	Elle (ne) sait p't'être pas.	Elle (ne) connaît p't'être pas son nom.
soutenu	Elle sait peut-être.	Elle ne sait peut-être pas.	Elle ignore peut-être son nom.

orale et écrite

La communication écrite

→ Les textes correspondent aussi à des situations de communication, puisque celui qui écrit établit une relation avec ses lecteurs. À la différence de la communication orale, la communication écrite se fait dans un seul sens : le lecteur ne peut ni intervenir directement dans la communication ni la modifier.

→ **La situation de communication écrite** regroupe l'ensemble des conditions qui donnent naissance au texte : à quel type de lecteurs l'auteur s'adresse-t-il ? Que veut-il leur communiquer ? Dans quelle intention écrit-il ?...

→ **L'auteur** est celui qui écrit le texte, **le narrateur** celui qui dit « je » dans le texte, qui raconte.

Les types de discours

→ Selon la situation de communication et ses objectifs, les écrits se présentent différemment. On appelle les différentes formes d'écrits **les types de discours**.

→ **Le discours narratif**, qui relate des événements souvent imaginaires, est écrit, la plupart du temps, pour le seul plaisir des lecteurs, enfants ou adultes. En général, il est écrit à la troisième personne (il/elle) et au passé simple. La narration comporte souvent des indicateurs de chronologie.

→ **Le discours descriptif** aide à se représenter un lieu, un objet, un animal, une plante, un personnage – réels ou imaginaires. En général, il est écrit à la troisième personne (il/elle) et, selon les textes, au présent ou à l'imparfait de l'indicatif. La description est caractérisée par l'abondance des expansions nominales (adjectifs épithètes, compléments du nom, propositions relatives) et présente souvent de nombreuses indications de lieu ou de temps.

→ **Le discours argumentatif** cherche à convaincre, à changer un point de vue sur une question. Il peut être écrit à la première personne (je) et interpeller les lecteurs (vous), mais la troisième personne est également possible (il, ils / elle, elles). Le temps dominant est en général le présent de l'indicatif. L'argumentation est caractérisée par l'abondance des liens logiques (mais, donc, parce que, afin que, bien que...).

Les types de discours dans les textes

→ Les textes mêlent de nombreux types de discours : ainsi un conte comporte de la narration, des descriptions, des dialogues argumentatifs...

→ Un même type de discours peut donc apparaître dans les textes les plus variés : on trouve ainsi la description dans des contes, dans des dialogues, dans des articles encyclopédiques, dans des poésies, etc.

20

Français

Énoncé – énonciation

Quel temps trouve-t-on dans un énoncé coupé de la situation d'énonciation ?

Quels signes de ponctuation caractérisent le discours direct ?

Que devient « hier » au discours indirect coupé de la situation d'énonciation ?

Énoncé, énonciation

→ L'énonciation est un acte de parole : un locuteur s'adresse, à l'oral ou à l'écrit, à un interlocuteur, réel ou fictif, dans une situation donnée ; il produit alors un énoncé. Cet énoncé présente des formes grammaticales différentes selon la situation de production.

locuteur énonciateur	⇄	message énoncé	⇄	interlocuteur destinataire	situation : lieu, moment, intention...

→ Les indices grammaticaux de la situation d'énonciation se trouvent dans les pronoms personnels, le temps des verbes et l'emploi de certains adverbes de temps et de lieu.

→ L'énoncé est **ancré** dans la situation d'énonciation lorsqu'il présente les pronoms **je, tu**..., lorsque les verbes sont au **présent**, au **passé composé**, au **futur**..., lorsque l'on trouve des adverbes tels que : **ici, aujourd'hui, maintenant**...

→ L'énoncé est **coupé** de la situation d'énonciation lorsqu'il ne présente que des pronoms de la **troisième personne**, lorsque certains verbes sont au **passé simple**..., lorsque l'on trouve des adverbes tels que : **là, ce jour-là, alors**...

Le discours rapporté directement

→ Les paroles rapportées directement constituent une rupture dans la narration. Comme le discours direct est ancré dans la situation d'énonciation, l'emploi des temps, des pronoms et des adverbes peut être totalement différent de celui du récit.

Le petit blessé se réveilla en sursaut et geignit : **« Aïe ! J'ai rudement mal au bras. »**

→ Le discours direct est introduit par une ponctuation particulière (deux-points, guillemets, tirets). Il permet de rapporter fidèlement les paroles, citées telles quelles, dans le registre de langue où elles ont été prononcées.

Le discours rapporté indirectement

→ Les paroles rapportées indirectement s'insèrent dans le récit sans rupture ni ponctuation particulière. Elles entrent dans une proposition complétive COD. La proposition principale comporte alors un verbe introducteur (de déclaration ou d'opinion).

Le petit blessé se réveilla en sursaut et dit **qu'il avait très mal au bras.**

→ Lors du passage au discours indirect, les paroles rapportées sont modifiées. Interjections, onomatopées disparaissent, le registre de langue s'aligne sur celui du récit et l'énoncé peut subir d'importantes modifications grammaticales.

→ Si les paroles rapportées sont **ancrées dans la situation d'énonciation**, les modifications dépendent du rôle que celui qui rapporte les paroles a joué dans le dialogue.

Je me suis réveillé en sursaut et j'ai dit **que j'avais très mal au bras.**

Le discours rapporté

→ Si les paroles rapportées sont **coupées de la situation d'énonciation**, elles subissent de profondes modifications grammaticales.

– Les **possessifs** et les **pronoms personnels** passent tous à la 3e personne.

mon/ma, ton/ta, son/sa → son/sa... – je, tu, il, elle → il, elle – nous, vous, ils, elles → ils, elles

– Les **verbes** conjugués suivent la règle de la concordance des temps.

présent, imparfait	→	imparfait
passé composé, passé simple plus-que-parfait, passé antérieur	→	plus-que-parfait
futur, futur antérieur	→	conditionnel présent et passé (futur du passé)

– L'impératif est remplacé par l'indicatif ou le subjonctif.

« Viens ! »→ Il ordonne **qu'il vienne**. Il lui ordonne **de venir**.

– Les indicateurs de **temps** et de **lieu** sont modifiés.

ici, dans cette maison-ci	→	là, dans cette maison-là
hier, aujourd'hui, demain	→	la veille, ce jour-là, le lendemain
dans trois jours, cette semaine	→	trois jours plus tard, cette semaine-là

L'interrogation indirecte

→ Le point d'interrogation disparaît et l'inversion du sujet est supprimée.

→ Termes introducteurs :

	Discours direct		Discours indirect
interrogation **totale**	... ?	→	si
interrogation **partielle**	que... ?	→	ce que
	qu'est-ce qui... ?	→	ce qui
	quand, où, pourquoi... ?	→	quand, où, pourquoi...

Exemples

Le discours direct

Comme il allait partir, sa mère lui demanda : « Oh ! Pierre, tu n'as pas oublié ton maillot de bain ?

– Je l'ai mis dans mon sac, répondit-il, mais je ne suis pas sûr que nous irons à la piscine aujourd'hui. »

Il lui fit un signe de la main et referma la porte.

Le discours indirect

– ancré dans la situation d'énonciation

(Pierre raconte à quelqu'un son dialogue.)
Comme j'allais partir, ma mère m'a demandé si je n'avais pas oublié mon maillot de bain. Je lui ai répondu que je l'avais mis dans mon sac, mais que je n'étais pas sûr que nous irions à la piscine ce jour-là.

– coupé de la situation d'énonciation

Comme il allait partir, sa mère lui demanda s'il n'avait pas oublié son maillot de bain. Il lui répondit qu'il l'avait mis dans son sac, mais qu'il n'était pas sûr qu'ils iraient à la piscine ce jour-là.

21

L'interrogation

Français

Quand répond-on par « si » à une question ?

Citez un mot interrogatif de l'interrogation partielle.

Qu'est-ce que l'interrogation rhétorique ?

L'interrogation

→ Interroger quelqu'un, c'est lui poser une question, afin d'obtenir une réponse, qu'on n'obtiendrait pas autrement.

→ La phrase interrogative se trouve donc principalement dans des énoncés ancrés dans la situation d'énonciation : en particulier dans les dialogues.

→ L'interrogation directe se caractérise à l'oral par une intonation montante et, à l'écrit, par un point d'interrogation (?).

L'interrogation totale

→ C'est celle qui attend une réponse par **oui** ou par **non** : elle porte sur l'ensemble de la phrase.

– Avez-vous soif ? – Oui (j'ai soif). / Non (je n'ai pas soif).

→ Grammaticalement, la phrase interrogative présente plusieurs formes, qui varient selon les situations de communication.

– interrogation par **inversion** : Avez-vous soif ?
– interrogation à l'aide de **est-ce que... ?** : Est-ce que vous avez soif ?
– interrogation par **intonation** : Vous avez soif ?

→ Lorsqu'elle combine l'interrogation totale et la négation, la phrase **interro-négative** appelle une réponse par **si** ou **non**.

– N'avez-vous pas soif ? – Si (j'ai soif). / Non (je n'ai pas soif).

L'interrogation partielle

→ C'est celle qui attend une réponse précise autre que **oui** ou **non** : elle ne porte que sur un élément de la phrase.

– Que voulez-vous boire ? – (Je voudrais) un jus d'orange. / Rien.

→ Dans ce cas, la phrase interrogative est introduite par un **mot interrogatif** (adverbe, pronom ou adjectif interrogatifs).

Où voulez-vous boire ? – Dans un café. / Nulle part.
Quand voulez-vous boire ? – Tout de suite. / Jamais.
Qui veut boire ? – Moi (je veux boire). / Personne.
Quelle boisson voulez-vous ? – Du jus d'orange. / Aucune.

→ Le verbe de la phrase peut couramment être à l'**infinitif**.

Pourquoi boire maintenant ?

L'interrogation indirecte

→ Quand on rapporte un dialogue, l'interrogation peut être insérée dans la phrase sous forme de **proposition interrogative indirecte** (proposition complétive).

Je vous demande **si vous avez soif**. Je ne sais pas **quelle boisson vous voulez**.

→ Dans ce cas, le point d'interrogation disparaît ; l'inversion – s'il y en a une – est supprimée. L'adverbe interrogatif **si** introduit l'interrogation totale. Quant aux mots interrogatifs qui introduisent l'interrogation partielle, certains changent, mais la plupart demeurent.

J'ignore **ce que vous voulez**.
Je ne sais pas **quand je le reverrai**.
Je me demande **ce qui les fait rire**.
Je ne vois pas **pourquoi je me tairais**.

L'interrogation dans l'énonciation

→ Certaines questions n'ont pas pour seule fonction d'obtenir une réponse.

« Où est mon manteau ? » (qui déclenche en réponse une autre question : « Vous ne partez pas déjà ? ») pour : « Je pars maintenant. / Restez encore un peu ! »

→ De plus, certaines interrogations totales correspondent, à la grande joie des humoristes, à des interrogations partielles.

Ainsi, à la question « Avez-vous l'heure ? » *pour* « Quelle heure est-il ? »*, la bonne réponse n'est pas* « oui ».

→ D'autres impliquent pour le locuteur non pas une réponse mais une action.
– Elles peuvent exprimer l'ordre : M'apporterez-vous enfin ce dossier ?
– ou l'atténuer : Vous voudrez bien me l'apporter ?

→ Enfin, dans le discours littéraire, certaines questions n'appellent pas vraiment de réponse. Elles n'ont de l'interrogation que la forme interrogative. C'est ce qu'on appelle l'**interrogation rhétorique**.

Exemple d'interrogation rhétorique

LORENZO. – *Viens, rentrons à ton palais, et tâchons de délivrer tes enfants.*
PHILIPPE. – *Mais **pourquoi tueras-tu le duc, si tu as des idées pareilles** ?*
LORENZO. – ***Pourquoi** ? Tu le demandes ?*
PHILIPPE. – *Si tu crois que c'est un meurtre inutile à ta patrie, **pourquoi le commets-tu** ?*
LORENZO. – ***Tu me demandes cela en face** ? Regarde-moi un peu. J'ai été beau, tranquille et vertueux.*
PHILIPPE. – *Quel abîme ! quel abîme tu m'ouvres !*
LORENZO. – ***Tu me demandes** pourquoi je tue Alexandre ? **Veux-tu donc** que je m'empoisonne ou que je saute dans l'Arno ? **Veux-tu donc** que je sois un spectre, et qu'en frappant sur ce squelette* (il se frappe la poitrine), *il n'en sorte aucun son ? Si je suis l'ombre de moi-même, **veux-tu donc** que je rompe le seul fil qui rattache aujourd'hui mon cœur à quelques fibres de mon cœur d'autrefois ? **Songes-tu** que ce meurtre, c'est tout ce qui me reste de ma vertu ? **Songes-tu** que je glisse depuis deux ans sur un rocher taillé à pic, et que ce meurtre est le seul brin d'herbe où j'aie pu cramponner mes ongles ? **Crois-tu donc** que je n'ai plus d'orgueil, parce que je n'ai plus de honte, et **veux-tu** que je laisse mourir en silence l'énigme de ma vie ?*

A. de Musset, *Lorenzaccio*, acte III, scène 3.

22

Français

Quelle conjonction de coordination remplace « et » à la forme négative ?

Quelle négation 1 correspond à cette négation 2 : « Tout le monde ne réussit pas. » ?

Quelle négation lexicale correspond à la phrase suivante : « Ce n'est pas vrai. » ?

La négation

La négation porte sur tout le groupe verbal

→ La locution adverbiale **ne... pas** (autrefois **ne... point**) encadre le verbe aux temps simples, ou l'auxiliaire seul aux temps composés.

Je **ne** veux **pas** y aller. Vous **n'**avez **pas** bien cherché.

L'omission de **ne** est caractéristique de l'oral. Il vaut mieux éviter également cette omission à l'écrit.

→ Les éléments coordonnés par **et** à la forme affirmative sont en principe coordonnés par **ni** à la forme négative.

Il a le premier carton **et** le dernier. → Il n'a **ni** le premier carton **ni** le dernier.
ou Il **n'a pas** le premier carton, **ni** le dernier.
mais Il **n'a pas** le premier carton **et** la dernière caisse.

La négation porte sur un élément de la phrase

→ Elle peut, selon le sens, présenter des formes variées.

affirmation	négation 1	≠	négation 2
Il chante **toujours**.	Il **ne** chante **jamais**.		Il **ne** chante **pas toujours**.
Il chante **encore**.	Il **ne** chante **plus**.		Il **ne** chante **pas encore**.
Il chante **beaucoup**.	Il **ne** chante **guère**.		Il **ne** chante **pas beaucoup**.
Il a **tout** chanté.	Il **n'**a **rien** chanté.		Il **n'**a **pas tout** chanté.
Tous ont chanté.	**Personne** n'a chanté.		**Tous n'**ont **pas** chanté.
Il sait **tous** les couplets.	Il **ne** sait **aucun** couplet.		Il **ne** sait **pas tous** les couplets.

→ La **restriction** oppose un premier élément qui est **nié** à un second élément qui, lui, n'est pas nié.

Il ne chante que le premier couplet. → *Il ne chante rien* (1), mais *il chante le premier couplet* (2).

La négation lexicale

→ Une phrase grammaticalement affirmative peut avoir un sens négatif :
– grâce à l'emploi de certains **préfixes**, qui jouent, du point de vue du sens, le même rôle qu'une négation :

affirmation	négation grammaticale	négation lexicale
C'est lisible.	Ce **n'**est **pas** lisible.	C'est **il**lisible.
C'est mangeable.	Ce **n'**est **pas** mangeable.	C'est **im**mangeable.
C'est plaisant.	Ce **n'**est **pas** plaisant.	C'est **dé**plaisant.

– grâce à l'emploi des contraires :

affirmation	négation grammaticale	négation lexicale
Il réussit **beaucoup**. Il **sait**. C'est **beau**.	Il **ne** réussit **pas** beaucoup. Il **ne** sait **pas**. Ce **n'**est **pas** beau.	Il réussit **peu**. Il **ignore**. C'est **laid**.

La double négation

→ La double négation, souvent difficile à comprendre, équivaut grammaticalement à une affirmation. Toutefois, on n'utilise pas indifféremment les deux structures dans la communication. Comparez :

Il **n'**y a **aucun** couplet qu'il **ne** puisse chanter. / Il peut chanter tous les couplets.
Vous **n'**ignorez **pas** son goût pour la musique. / Vous connaissez son goût pour la musique.
Ce **n'**est **pas inexact**. / C'est exact.

→ Cet emploi de la double négation peut constituer une figure de style, qui consiste à atténuer une affirmation pour mieux la renforcer. C'est la **litote**.

Va, je **ne** te **hais point**. (Corneille, *Le Cid*) *pour* Je t'aime.

Exemple de négation dans le dialogue

Dans un dialogue, outre la négation grammaticale et la négation lexicale, l'idée de négation peut s'exprimer de bien d'autres manières : intonation, reprise ironique, interjections, etc.

ARGAN. – *Ouais ! Voici qui est plaisant ! Je ne mettrai pas ma fille dans un couvent, si je veux ?*
TOINETTE. – *Non, vous dis-je.*
ARGAN. – *Qui m'en empêchera ?*
TOINETTE. – *Vous-même.*
ARGAN. – *Moi ?*
TOINETTE. – *Oui, vous n'aurez pas ce cœur-là.*
ARGAN. – *Je l'aurai.*
TOINETTE. – *Vous vous moquez.*
ARGAN. – *Je ne me moque point.*
TOINETTE. – *La tendresse paternelle vous prendra.*
ARGAN. – *Elle ne me prendra point.*
TOINETTE. – *Une petite larme ou deux, des bras jetés au cou, un « mon petit papa mignon » prononcé tendrement, sera assez pour vous toucher.*
ARGAN. – *Tout cela ne fera rien.*
TOINETTE. – *Oui, oui.*
ARGAN. – *Je vous dis que je n'en démordrai point.*
TOINETTE. – *Bagatelles !*
ARGAN. – *Il ne faut point dire : « Bagatelles ».*
TOINETTE. – *Mon Dieu, je vous connais, vous êtes bon naturellement.*
ARGAN, avec emportement. – *Je ne suis point bon, et je suis méchant quand je veux.*
TOINETTE. – *Doucement, monsieur, vous ne songez pas que vous êtes malade.*

Molière, *Le Malade imaginaire*, acte I, scène 5.

23

L'expression de

Français

Quelles sont les caractéristiques de la phrase impérative ?

Quels autres modes que l'impératif peut-on utiliser pour exprimer l'ordre ?

Quelle mode peut-on utiliser pour atténuer l'ordre ?

Il existe dans la communication des procédés très divers pour exprimer l'ordre, la prière ou la défense. Mais dans tous les cas, l'intonation joue un rôle capital. C'est pour cela que la phrase injonctive, qui enjoint de faire quelque chose, se termine souvent par un point d'exclamation.

La phrase impérative

→ La phrase injonctive par excellence est la phrase impérative.

→ La phrase impérative est spécialement destinée à exprimer l'ordre. Elle se caractérise par l'absence de sujet et son verbe est au mode impératif.

→ L'impératif n'existe qu'à trois personnes :

– 2e personne du singulier : **Épluche** les carottes.

– 1re personne du pluriel : **Épluchons** les carottes.

– 2e personne du pluriel : **Épluchez** les carottes.

→ Si l'on envisage le fait dans le futur, et si l'on veut que l'ordre soit accompli à un moment donné, on emploie l'impératif passé :

Ayez épluché les carottes à mon retour.

Retour

Ordre donné — Action accomplie

Les autres phrases injonctives

L'ordre peut s'exprimer par d'autres moyens que l'usage de l'impératif, en particulier par l'emploi :

→ de l'**infinitif** : **Éplucher** les carottes, les **laver** et les **couper**.

→ du **subjonctif** (surtout aux personnes où l'impératif n'existe pas) :

Qu'il épluche les carottes, et **qu'elles soient** prêtes à mon retour.

→ de l'**indicatif** (surtout lorsque plusieurs ordres sont donnés à la suite) :

– futur : Vous **éplucherez** les carottes, vous les **laverez** et vous les **couperez**.

– présent : Tu **épluches** les carottes, tu les **laves** et tu les **coupes**.

→ des **verbes de volonté** : **J'exige** que tu épluches les carottes !

→ de la **fausse interrogation** : **Éplucheras**-tu enfin les carottes !

→ d'une tournure **faussement hypothétique** : Si tu **épluchais** les carottes !

→ L'emploi de **mots** ou d'**interjections** : Vite ! Au travail ! En voiture ! Haut les mains !...

l'ordre : l'injonction

L'atténuation de l'ordre

Pour des raisons de courtoisie, il peut être grossier d'exprimer l'ordre brutalement. Certains usages ont pour but d'atténuer le commandement.

→ Emploi de **formules de politesse** :

Épluchez, **s'il vous plaît**, les carottes. **Prière** de s'essuyer les pieds.

→ Emploi du **conditionnel**, combiné ou non à certaines formules :

Je vous serais obligé d'éplucher les carottes. **Pourriez-vous** ensuite les laver ?

→ Emploi de la **1re personne** du pluriel, à la place de la 2e personne :

Allons, **dépêchons-nous** un peu, je vous prie !

→ Emploi de tournures interrogatives :

Tu n'épluches pas les carottes ?

L'expression de l'ordre dans un dialogue

LE PROFESSEUR. – *Marie, est-ce que vous avez fini ?*

LA BONNE. – *Oui, Monsieur, j'ai trouvé l'assiette. Je m'en vais...*

LE PROFESSEUR. – ***Dépêchez-vous. Allez à votre cuisine, s'il vous plaît.***

LA BONNE. – *Oui, Monsieur, j'y vais.* (Fausse sortie de la bonne).

LA BONNE. – ***Excusez-moi**, Monsieur, **faites attention, je vous recommande** le calme.*

LE PROFESSEUR. – *Vous êtes ridicule, Marie, **voyons. Ne vous inquiétez pas.***

LA BONNE. – *On dit toujours ça.*

LE PROFESSEUR. – *Je n'admets pas vos insinuations. Je sais parfaitement comment me conduire. Je suis assez vieux pour cela.*

LA BONNE. – *Justement, Monsieur. **Vous feriez mieux** de ne pas commencer par l'arithmétique avec Mademoiselle. L'arithmétique, ça fatigue, ça énerve.*

LE PROFESSEUR. – *Plus à mon âge. Et puis de quoi vous mêlez-vous ? C'est mon affaire. Et je la connais. Votre place n'est pas ici.*

LA BONNE. – *C'est bien, Monsieur. **Vous ne direz pas** que je ne vous ai pas averti.*

LE PROFESSEUR. – *Marie, je n'ai que faire de vos conseils.*

LA BONNE. – *C'est comme Monsieur veut.* (Elle sort.)

LE PROFESSEUR. – ***Excusez-moi**, Mademoiselle, pour cette sotte intervention. **Excusez cette femme...** Elle a toujours peur que je me fatigue. Elle craint pour ma santé.*

L'ÉLÈVE. – *Oh, c'est tout excusé, Monsieur. Ça prouve qu'elle vous est dévouée. Elle vous aime bien. C'est rare, les bons domestiques.*

LE PROFESSEUR. – *Elle exagère. Sa peur est stupide. **Revenons à nos moutons arithmétiques.*** [...]

L'ÉLÈVE. – *Oui, très volontiers, Monsieur.*

LE PROFESSEUR. – ***Cela ne vous ennuierait pas de me dire...***

L'ÉLÈVE. – *Du tout, Monsieur, **allez-y.***

LE PROFESSEUR. – *Combien font un et un ?*

Eugène Ionesco, *La Leçon*, Gallimard.

24

Français

Quelques notions

Quand doit-on articuler le « e » muet, lorsqu'on lit des vers ?

Combien de syllabes un alexandrin comporte-t-il ?

amour / souvent / jour / couvent
Quelle est la qualité de ces rimes ? Comment sont-elles disposées ?

Métrique

→ Le vers comporte un nombre déterminé de syllabes. Ce nombre constitue la mesure, ou mètre, du vers.
– Toutes les syllabes sont articulées.
– Le « e » muet compte à l'intérieur du vers quand il se trouve placé entre deux consonnes.

La hont**e** d**e** cent rois et la mienn**e** peut-être. (RACINE)

– Le « e » muet ne compte jamais à la fin du vers, ni quand, suivi d'une voyelle ou d'un « h » muet, il s'élide.

Ma fill**(e)**, il faut céder, votr**(e)** heur**(e)** est arrivé**(e)**. (RACINE)

→ Un groupe de deux voyelles peut être articulé en deux syllabes (**diérèse** : vi/eux) ou en une seule (**synérèse** : nouer).

→ Les vers les plus courants sont les vers pairs de 12 syllabes **(alexandrins)**, de 10 syllabes **(décasyllabes)**, de 8 syllabes **(octosyllabes)**, etc.

Rythme

→ Le rythme du vers résulte des pauses et des accents d'intensité. Chaque type de vers est frappé d'accents obligatoires fixes et, éventuellement, d'accents secondaires mobiles.

→ L'**alexandrin**, par exemple, est divisé en deux **hémistiches** de six syllabes, séparés par une pause, la **césure** : il comporte donc deux accents obligatoires, sur les 6e et 12e syllabes. Chaque hémistiche comporte de surcroît un accent mobile, qui met en relief la syllabe sur laquelle il tombe. Ces accents mobiles permettent des combinaisons variées, qui donnent à l'alexandrin des lignes mélodiques différentes.

Le **jour** n'est pas plus **pur** // que le **fond** de mon **cœur**. (RACINE)

→ On parle d'**enjambement** quand la phrase enjambe, et par là même supprime la pause de la fin d'un vers, pour se poursuivre sur le vers suivant. L'enjambement élargit et ralentit le rythme du vers.

Tranquilles cependant, Charlemagne et ses preux
Descendaient la montagne et se parlaient entre eux. (VIGNY)

→ Un effet particulier d'enjambement consiste à rejeter un mot (deux au plus) au début du vers suivant. On appelle cela un **rejet.**

Le vent impétueux qui soufflait dans les voiles
L'enveloppe. Étonnée, et loin des matelots... (CHÉNIER)

→ La proposition peut également commencer à la fin d'un vers pour se poursuivre dans le vers suivant. On parle alors de **contre-rejet**.

Et, pour sa voix, lointaine, et calme, et grave, **elle a**
L'inflexion des voix chères qui se sont tues. (VERLAINE)

Rejet et contre-rejet cassent le rythme du vers et, en général, l'accélèrent.

de versification

Rimes

La rime est la répétition d'une même voyelle accentuée, plus les sons-consonnes qui la suivent, à la fin de deux vers.

→ **Alternance.** On alterne généralement les rimes de deux façons :
– rimes féminines (terminées par un « e » muet) / rimes masculines :
l**une** / comm**une** (féminines) – char**mant** / dia**mant** (masculines)
– rimes vocaliques (terminées par un son-voyelle) / rimes consonantiques (terminées par un son-consonne) : gen**oux** / hib**oux** (vocaliques) – eff**ort** / acc**ord** (consonantiques)

→ **Qualité.** Les rimes sont pauvres si elles n'ont en commun qu'un seul son (gen**oux** / hib**oux**), suffisantes si elles en présentent deux (effort / accord), riches si elles en présentent trois ou plus (fant**astique** / él**astique**).

→ **Disposition.** Les rimes sont dites plates (**aa bb**), croisées (**ab ab**), ou embrassées (**ab ba**).

Sonorités

→ On appelle **assonance** la répétition plus ou moins fréquente d'un son-voyelle.

Fatigu**és** de port**er** leurs mis**è**res haut**ai**nes
De Palos de Moguer, routi**ers** et capit**ai**nes
Part**aient**, ivres d'un rêve héroïque **et** brutal. (Heredia)

→ On appelle **allitération** la répétition plus ou moins fréquente d'un son-consonne.

Un **f**rais par**f**um sortait des tou**ff**es d'as**ph**odèle ;
Les sou**ff**les de la nuit **f**lottaient sur Galaga. (Hugo)

Le poème

→ **Les strophes**

Les strophes d'un poème régulier sont toutes construites sur le même modèle. La strophe est à la fois un ensemble rythmique et un cadre logique.

2 vers = distique ; 3 vers = tercet ; 4 vers = quatrain ; 5 vers = quintil ;
6 vers = sizain ; 7 vers = septain ; 8 vers = huitain ; 9 vers = neuvain ; 10 vers = dizain.

→ **Les poèmes à forme fixe**

– Le **rondeau** : treize vers, sur deux rimes, répartis en trois strophes. Les premiers mots du premier vers constituent le refrain des deux dernières strophes.
– La **ballade** : trois strophes, ou couplets, construites sur les mêmes rimes + un envoi de quatre vers. Toutes les strophes se terminent par le même vers.
– Le **sonnet** : quatorze vers répartis en deux quatrains et deux tercets. La disposition des rimes, dans le sonnet régulier, se présente ainsi : **abba abba ccd ede** (ou **eed**).
Il existe bien d'autres types de poèmes : le triolet, la villanelle, le lai, le virelai, et aussi l'ode, l'élégie, la satire, etc.

25

Lexique de

Adjectifs démonstratifs **Ces** rideaux-ci n'iront pas dans cette pièce.
Déterminants du nom, les adjectifs démonstratifs sont des constituants obligatoires du groupe nominal. Ils servent à désigner.

Adjectifs exclamatifs **Quel** curieux accoutrement !
Déterminants du nom, les adjectifs exclamatifs sont des constituants obligatoires du groupe nominal. On les trouve dans les phrases exclamatives.

Adjectifs indéfinis **Diverses** personnes attendaient sous les **quelques** arbres.
Déterminants du nom, les adjectifs indéfinis font partie du groupe nominal. Ils peuvent se combiner avec un autre déterminant.

Adjectifs interrogatifs À **quelle** heure et en **quel** endroit avons-nous rendez-vous ?
Déterminants du nom, les adjectifs interrogatifs sont des constituants obligatoires du groupe nominal. On les trouve dans les phrases interrogatives, lorsque l'interrogation partielle porte sur la détermination du nom.

Adjectifs numéraux cardinaux **Deux cent quatre-vingts** personnes se sont inscrites.
Déterminants du nom, les adjectifs numéraux cardinaux font partie du groupe nominal. Ils peuvent être accompagnés d'un autre déterminant. Ils servent à dénombrer.

Adjectifs numéraux ordinaux Je te le dis pour la **troisième** fois !
Adjectifs qualificatifs, les adjectifs numéraux ordinaux indiquent le rang.

Adjectifs possessifs J'ai déposé **mon** sac et **ma** valise à la consigne.
Déterminants du nom, les adjectifs possessifs sont des constituants obligatoires du groupe nominal. Ils indiquent la possession ou une relation. Ils varient en personne avec le possesseur, en genre et en nombre avec ce qui est possédé.

Adjectifs qualificatifs Ce chaton **noir**, tout **jeune**, est **très** curieux.
Expansion facultative du nom, l'adjectif qualificatif fait partie du groupe nominal. Il remplit alors la fonction d'épithète ou d'apposition. Constituant obligatoire du groupe verbal, il remplit la fonction d'attribut.

Adjectifs verbaux Ces expéditions sont bien **fatigantes**.
L'adjectif verbal est à l'origine un participe présent, devenu adjectif qualificatif par dérivation impropre. Il s'accorde en genre et en nombre avec le nom qu'il détermine et peut présenter, par rapport au participe présent dont il est issu, des différences orthographiques (*fatiguant* ≠ **fatigant**).

Adverbes **Demain**, nous ferons, **là-bas**, une **très** belle promenade.
Les adverbes sont des mots invariables qui apparaissent aux différents niveaux de la structure de la phrase (groupe nominal, groupe de l'adjectif, complément du verbe, complément de la phrase, etc.).

Antécédent **Les lumières** que nous apercevons sont **celles** que j'attendais.
L'antécédent est le groupe nominal (ou équivalent) auquel le pronom se substitue. On parle surtout de l'antécédent du pronom relatif.

Apposition **Intrigué**, il alluma la lampe, **une veilleuse, qui éclairait faiblement**.
L'apposition est une construction détachée du nom, du pronom, de l'adjectif et de la proposition relative. Le groupe en apposition est supprimable (et souvent déplaçable).

Articles **La** mère **des** enfants versa **du** lait dans **un** bol.
Déterminants du nom, les articles font partie du groupe nominal. Placés avant le nom, ils portent en général les marques de genre et de nombre.
Articles *définis* : **la** mère.
Articles *définis contractés* : (la mère) **des** enfants.
Articles *partitifs* : **du** lait.
Articles *indéfinis* : **un** bol.

Attribut du sujet Petit poisson deviendra **grand**.
L'attribut du sujet est une fonction de l'adjectif et du groupe nominal. Il entretient une relation de sens privilégiée avec le sujet, par l'intermédiaire d'un verbe de type *être* (verbes attributifs, parfois aussi appelés verbes d'état.)

Attribut du COD Tous ont trouvé vos parents **très sympathiques**. (→ Vos parents ont été trouvés très sympathiques par tous.)
L'attribut du COD est une fonction de l'adjectif et du groupe nominal. Il entretient une

grammaire

relation de sens privilégiée avec le COD, par l'intermédiaire d'un verbe transitif direct. L'attribut du COD devient attribut du sujet dans la même phrase au passif.

Auxiliaires Il **a** ouvert la porte, **est** sorti et **a été** ébloui par le soleil.
Les auxiliaires *avoir* et *être*, qui ne présentent alors aucun sens précis, servent à former les temps composés et le passif lors de la conjugaison des verbes.

Comparatif Cette boîte est **plus grande** mais **moins solide que** la caisse.
L'adjectif qualificatif (ou l'adverbe) au comparatif peut marquer l'égalité, la supériorité ou l'infériorité. Il peut s'employer seul ou accompagné d'un complément (complément du comparatif) introduit par *que*.

Compléments circonstanciels Ce soir, nous dînerons **au restaurant**.
Compléments de la phrase ou du verbe, les compléments circonstanciels précisent les circonstances de l'action (temps, lieu, manière, cause, conséquence, but, etc.). Ils appartiennent aux classes grammaticales les plus variées.

Complément d'agent Mon sac a été fouillé **par le douanier**. (→ Le douanier a fouillé mon sac.)
N'accompagnant que des verbes au passif, le complément d'agent correspond au sujet de la forme active correspondante. Il est introduit par la préposition *par* (et quelquefois *de*).

Complément de l'adjectif Vert **de rage**, il s'avançait, menaçant.
C'est un complément de détermination de l'adjectif, qui ne peut, souvent, être supprimé sans que le sens de la phrase change. Il forme avec l'adjectif le groupe adjectival.

Complément de la phrase **Au bord de la mer**, l'air est plus vif.
Cette notion regroupe les expansions de la phrase, qui ne font pas partie du groupe verbal. Déplaçable et supprimable, le complément de la phrase est le plus souvent un complément circonstanciel.

Complément d'objet direct (COD) La foudre a fendu **le vieux chêne**. (→ Le vieux chêne a été fendu par la foudre.)
Complément du verbe, le COD ne peut, en principe, être ni déplacé ni supprimé. Il devient le sujet de la phrase passive correspondante. Les verbes admettant un COD sont dits transitifs directs.

Complément d'objet indirect (COI) L'homme manquait **de force**.
Complément du verbe, le COI ne peut, en principe, être déplacé ni supprimé. Sauf pour les pronoms *en*, *y*, *lui*, il est relié au verbe par l'intermédiaire d'une préposition. Les verbes admettant un COI sont dits transitifs indirects.

Complément d'objet second (COS) La grand-mère raconte une histoire **à ses petits-enfants**.
Forme du COI, le COS ne se trouve que dans les groupes verbaux comportant aussi un COD.

Complément du nom Une corbeille **à ouvrage** se trouvait sur la table **du salon**.
Complément de détermination du nom, le complément du nom est une expansion facultative du groupe nominal.

Complément du verbe On **lui** enfonça **une aiguille dans le bras**.
Cette notion regroupe les compléments constitutifs du groupe verbal (COD, COI, certains compléments circonstanciels, etc.). Le complément du verbe ne peut, en principe, être ni déplacé ni supprimé.

Concordance des temps Il **répondit** qu'il ne **se sentait** pas bien et qu'il ne **pourrait** venir.
On appelle concordance des temps les lois régissant le rapport existant entre les temps des différents verbes de la phrase.

Conditionnel Je **serais** malade et tu **appellerais** le docteur.
Mode personnel du verbe, le conditionnel comporte deux temps : le présent et le passé. Imposé par la concordance des temps, il correspond à un futur. D'où son nom, alors, de futur du passé.

Conjonctions de coordination Mon fils **ou** ma fille déposera le paquet chez vous.
Mots de liaison, les conjonctions de coordination relient des éléments de même fonction et, souvent, de même nature. Les plus courantes sont : *mais, ou, et, donc, or, ni, car*, mais aussi *puis, alors*, etc.

Conjonctions de subordination **Si** elle vient, dis-lui **que** je veux la voir.
Mots de liaison, les conjonctions de subordination relient des propositions qui ont une fonction les unes par rapport aux autres.

Déterminants Ce matin, **quelques** personnes ont visité **ta** maison.
Constituants obligatoires du groupe nominal, les déterminants se placent toujours avant le nom. On distingue les articles, les adjectifs possessifs, démonstratifs, interrogatifs, exclamatifs, indéfinis et numéraux cardinaux.

Discours direct Il avait confirmé : **« Je viendrai dans une semaine ! »**
Manière de rapporter exactement les paroles prononcées dans le dialogue.

Discours indirect Il avait confirmé **qu'il viendrait une semaine plus tard**.
Manière de rapporter plus ou moins exactement les paroles prononcées dans le dialogue, en les intégrant dans la phrase introductive.

Discours indirect libre Il l'avait confirmé. **Il viendrait dans une semaine !**
Manière de rapporter assez exactement les paroles du dialogue, par un procédé intermédiaire entre le discours direct et le discours indirect. Les paroles citées ne sont plus insérées dans la phrase introductrice. L'énoncé conserve toutefois certaines modifications du discours indirect. Cette forme de discours appartient à la langue littéraire.

Épithète J'ai appris une **curieuse** nouvelle qui m'a beaucoup étonné.
Fonction de l'adjectif qualificatif et de la proposition relative par rapport au nom. L'épithète est une expansion du nom qui se distingue de l'apposition par le sens et par l'absence de pause.

Forme emphatique **Voilà** l'orage **qui** se prépare. (≠ L'orage se prépare.)
Type de phrase facultatif qui consiste à mettre en relief l'un des éléments de la phrase.

Forme négative Cette histoire **ne** me plaît **pas**. (≠ Cette histoire me plaît.)
Type de phrase facultatif qui consiste à nier, à l'aide d'une locution adverbiale (*ne... pas, ne... plus, ne... jamais*, etc.). La forme opposée correspondante est la forme affirmative.

Forme passive La porte est calée par un fauteuil. (≠ Un fauteuil cale la porte.)
Type de phrase facultatif qui consiste à transformer ainsi la phrase active : le COD devient sujet de la phrase passive, le sujet devient complément d'agent, le verbe se met à la voix passive (auxiliaire *être* conjugué au même temps + participe passé du verbe).

Futur proche, futur imminent Il **va** arriver, il **est sur le point** de partir.
Manière d'exprimer le futur non par le temps du verbe, mais à l'aide d'une périphrase verbale.

Futur du passé Je savais qu'il **pleuvrait**. (→ Je sais qu'il pleuvra.)
Le futur du passé est un emploi du conditionnel imposé par la concordance des temps. Dans un récit au passé, il exprime une action future par rapport à l'action principale.

Groupe nominal **Le vieux robinet de la cuisine** a goutté **toute la nuit**.
Le groupe nominal est composé d'un nom noyau, d'un ou plusieurs déterminants et éventuellement d'expansions : adjectif(s), autre groupe nominal, proposition relative. Le groupe nominal peut occuper des fonctions variées : sujet, COD, COI, complément circonstanciel, etc.

Groupe verbal Dans la cuisine, la fermière **a versé le lait dans la bouteille**.
Constituant de la phrase, le groupe verbal comporte un verbe noyau et ses compléments (compléments ni déplaçables ni supprimables).

Interjections **Oh !** je ne vous avais pas vu.
Mots ne jouant aucun rôle grammatical et correspondant le plus souvent à un cri.

Locutions verbales J'**ai faim**. Il **fait froid**. Il **a pris peur**.
Ce sont des structures figées comportant un verbe étroitement associé à un adjectif ou à un groupe nominal.

Modes impersonnels **Chanter ; ayant chanté ; en chantant.**
Le verbe conjugué à ces modes ne varie pas en personne. Ces modes sont au nombre de trois : infinitif, participe et gérondif.

Modes personnels **Je chante ; qu'il chante ; tu chanterais ; chantons.**
Le verbe conjugué à ces modes varie en temps et en personne. Ces modes sont au nombre de quatre : indicatif, subjonctif, conditionnel et impératif.

Noms La **voiture** rentre dans le **garage** de **Louis**.
On définit la classe des noms comme les mots pouvant être précédés d'un déterminant. Le nom est le constituant noyau du groupe nominal et il peut recevoir des expansions variées.
Les **noms propres** ont la particularité de commencer par une majuscule et de pouvoir, le plus souvent, se passer de déterminant.

Nominalisation La **destruction** du mur faciliterait **le passage**. (→ On détruit le mur. – On passe.)
C'est un des procédés de formation des noms qui consiste à transformer une phrase en un groupe nominal. Lors de l'opération de nominalisation, on utilise des suffixes variés.

Périphrase verbale Il **n'arrête pas de** dire qu'il **vient d'**arriver.
Les périphrases verbales se substituent à certains temps du verbe, tout en apportant des nuances de sens supplémentaires (passé proche, futur proche, action dans son commencement, etc.).

Phrase complexe Dès que la pluie aura cessé, / je pense / que nous pourrons sortir.
La phrase complexe est une phrase qui comporte plusieurs propositions, en général une proposition principale et diverses propositions subordonnées.

Phrase minimale On nous livrera les meubles.
La phrase minimale ne comporte pas d'expansions. Elle ne comporte que les constituants nécessaires pour qu'elle reste grammaticale.

Phrase nominale Quel regard stupide !
La phrase nominale est une phrase dont l'élément noyau n'est pas un verbe. Les phrases nominales sont surtout des titres, des slogans, des phrases exclamatives, interrogatives ou présentatives.

Phrase simple On nous livrera les meubles de cuisine demain.
La phrase simple ne comporte qu'une seule proposition, c'est une proposition indépendante.

Phrase verbale Quel regard stupide il vous a lancé !
La phrase verbale est une phrase dont l'élément noyau est le verbe.

Prépositions **Dès** demain, il sortira **avec** son chien **pour** aller **dans** le parc.
Les prépositions sont des mots de liaison établissant une relation de dépendance d'un groupe par rapport à un autre groupe. Elles introduisent un groupe nominal, un verbe à l'infinitif, un adverbe, etc.

Pronoms adverbiaux Nantes ? J'**y** vais. / J'**en** reviens.
Anciennement adverbes, les pronoms adverbiaux *en* et *y* ont une fonction de compléments circonstanciels.
En et *y* sont des pronoms personnels lorsqu'ils ont les fonctions de compléments d'objet, de compléments du nom ou de l'adjectif.

Pronoms démonstratifs Je préfère **celui-ci** (cet exercice), **c'**est plus facile.
Comme tous les pronoms, les pronoms démonstratifs se substituent à un groupe nominal. Ils remplacent un groupe nominal dont le déterminant serait un adjectif démonstratif.

Pronoms indéfinis **Tous** se taisaient mais **chacun** observait **les autres**. (tous les convives, chaque convive, les autres convives)
Comme tous les pronoms, les pronoms indéfinis se substituent à un groupe nominal. Ils remplacent un groupe nominal dont le déterminant serait un adjectif indéfini.

Pronoms interrogatifs **Qui** a dit cela ? (quelle personne) **Que** regardes-tu ? (quel objet)
Comme tous les pronoms, les pronoms interrogatifs se substituent à un groupe nominal. Ils remplacent un groupe nominal dont le déterminant serait un adjectif interrogatif.

Pronoms personnels **Je te le** dirai. **Il m'en** a parlé.
Les pronoms personnels des 1re et 2e personnes ne renvoient à rien dans l'énoncé : ils réfèrent au locuteur et à l'interlocuteur.
Les pronoms personnels de la 3e personne se substituent à un groupe nominal sujet, COD, COI, etc. Les pronoms personnels changent de forme selon leur fonction. On dit qu'ils se déclinent.

Pronoms possessifs **Les miennes** sont plus larges que **les siennes**. (mes étagères, ses étagères)
Comme tous les pronoms, les pronoms possessifs se substituent à un groupe nominal. Ils remplacent un groupe nominal dont le déterminant serait un adjectif possessif.

Pronoms réfléchis Il **se** cache. Chacun rentre chez **soi** après le spectacle.
Les pronoms réfléchis sont des pronoms personnels compléments qui renvoient au sujet. C'est la forme faible qui est utilisée dans la conjugaison des verbes pronominaux.

Pronoms relatifs Je cherche les clés **qu'**il a perdues.
Les pronoms relatifs jouent un double rôle : pronoms, ils se substituent à un groupe nominal et ont une fonction dans la proposition relative ; mots de liaison, ils relient une proposition relative à un nom (l'antécédent).

Proposition incise « Je suis perdu », **murmura-t-il**.
La proposition incise est une phrase insérée dans le discours direct. À l'écrit, elle est caractérisée par l'inversion du sujet.

Proposition indépendante Il prit un journal. Il s'assit à sa place.
La proposition indépendante correspond à la phrase simple. Cette proposition ne dépend d'aucune autre proposition et aucune autre proposition ne dépend d'elle.

Proposition infinitive J'écoute **la pluie tomber**.
La proposition infinitive est, comme son nom l'indique, construite autour d'un verbe à l'infinitif. Elle comporte un sujet propre grammaticalement exprimé. Elle a toujours une fonction de complément d'objet.

Proposition interrogative indirecte Je me demande **ce qu'il fait**... (Je me demande : « Que fait-il ? »)
La proposition subordonnée interrogative indirecte correspond à une phrase interrogative dans le discours direct. Elle a toujours une fonction de complément d'objet.

Proposition participiale **La porte étant fermée**, il n'a pas pu entrer.
La proposition participiale est, comme son nom l'indique, construite autour d'un verbe au participe. Elle comporte un sujet propre grammaticalement exprimé. Elle a toujours une fonction de complément circonstanciel.

Proposition principale **L'enfant** qui pleure **veut** qu'on le prenne dans les bras.
La proposition principale ne dépend d'aucune autre proposition (mais une proposition au moins en dépend).

Proposition subordonnée circonstancielle **S'il vient**, je le lui dirai, **pour qu'il me donne son avis**.
Dans l'analyse en constituants, la proposition subordonnée circonstancielle joue le rôle d'un complément de la phrase. Elle a toujours une fonction de complément circonstanciel.

Proposition subordonnée complétive Je pense **qu'il viendra**.
La proposition subordonnée complétive fait la plupart du temps partie du groupe verbal. Elle a le plus souvent une fonction de complément d'objet.

Proposition subordonnée conjonctive
C'est une proposition introduite par une conjonction de subordination. Cette ancienne dénomination regroupe subordonnées complétives et subordonnées circonstancielles.

Proposition subordonnée relative Allez aider l'homme **qui boite**.
Dans l'analyse en constituants, la proposition subordonnée relative fait partie d'un groupe nominal. Elle a le plus souvent une fonction de complément du nom (appelé alors complément de l'antécédent).
Selon la manière dont les propositions relatives déterminent le nom, on distingue les relatives épithètes ou déterminatives et les relatives apposées ou explicatives.

Registres de langue Ch'sais pas ! *(registre familier)* Je ne sais pas ! *(registre courant)* Je l'ignore. *(registre soutenu)*
Les registres de langue sont les variations que peut présenter un même énoncé selon les situations de communication.

Semi-auxiliaires Je **vais** l'écrire, sinon je **pourrais** l'oublier.
Les semi-auxiliaires sont des verbes que l'on emploie, non avec leur sens habituel, mais pour exprimer un futur ou un passé proche, le début ou la répétition d'une action, etc.

Subjonctif Qu'il **pleuve** ou qu'il **vente**, je sortirai !
Mode personnel du verbe. Librement utilisé, il présente l'action comme éventuelle. Son emploi est imposé dans les propositions complétives, si le verbe de la principale exprime un ordre, un souhait... et dans les propositions circonstancielles introduites par *avant que*, *bien que*, *sans que*...

Sujet **Anne et Paul** partent demain soir. Ont-**ils** pris des couchettes ?
Le groupe sujet est un constituant de la phrase minimale. C'est une fonction du groupe nominal, du pronom, de l'infinitif, et de certaines propositions subordonnées relatives et complétives. Placé habituellement avant le verbe, le sujet peut être inversé dans certains cas : interrogation, propositions incises, etc.

Sujet apparent (grammatical) / sujet réel Aujourd'hui, **il** manque **trois élèves** *(trois élèves manquent)*, **ce** sont **ceux qui partent pour l'Espagne**.

Dans les tournures impersonnelles, on distingue le sujet réel, qui remplit cette fonction par le sens, et le sujet apparent qui remplit la fonction grammaticale. En général, le verbe s'accorde avec le sujet apparent, sauf dans le cas du présentatif *c'est* à la 3e personne.

Superlatif **Le plus gros** paquet que j'aie livré était **très** léger.
L'adjectif qualificatif (ou l'adverbe) au superlatif peut marquer la supériorité ou l'infériorité. On distingue le superlatif relatif (article défini ou adjectif possessif + adjectif ou adverbe au comparatif) et le superlatif absolu (*très*, ou *fort*, *bien*... + adjectif ou adverbe).

Tournure impersonnelle **Il y a** trois jours, **il** pleuvait. **Il** reste encore des flaques sur le sol.
Les verbes impersonnels et les verbes à la tournure impersonnelle ne se conjuguent qu'à la 3e personne du singulier. Lorsque le verbe est employé à la tournure impersonnelle, il présente souvent un sujet apparent et un sujet réel.

Type déclaratif Le camion passera sous le pont.
Le type déclaratif est l'un des types obligatoires de la phrase. Il sert à énoncer un fait, vrai, faux, supposé, affirmé ou nié.

Type exclamatif Quel gros camion ! Il ne passera pas sous le pont !
Le type exclamatif est un des types obligatoires de la phrase. Il se caractérise à l'écrit par le point d'exclamation. C'est parmi les phrases exclamatives que l'on trouve le plus grand nombre de phrases nominales.

Type impératif Passez sous le pont !
Le type impératif est un des types obligatoires de la phrase. Il se caractérise par le mode du verbe et l'effacement du groupe sujet. Il ne concerne que les phrases dont le sujet aurait été *tu*, *nous* et *vous*.
Les phrases impératives peuvent se terminer par un point d'exclamation, qui marque seulement l'intonation.

Type interrogatif Le camion passera-t-il sous le pont ?
Le type interrogatif est un des types obligatoires de la phrase. Il se caractérise à l'écrit par le point d'interrogation. Selon le registre de langue, on distingue trois formes de phrases interrogatives : l'interrogation par inversion, l'interrogation à l'aide de *est-ce que... ?* et l'interrogation marquée seulement par l'intonation ou la ponctuation.

Verbe
Il est l'élément central de la phrase verbale. Il s'accorde en nombre et en personne avec le sujet. Il est le seul élément de la phrase qui se conjugue, c'est-à-dire qui varie en temps, en mode et en personne.
Les verbes *transitifs directs* admettent un COD : Il **mange** une orange.
Les verbes *transitifs indirects* admettent un COI : Il **tient** beaucoup **à** sa voiture.
Les verbes *transitifs à double construction* admettent un COD et un COI : Il **demande** un renseignement **à** un passant.
Les verbes *intransitifs* n'ont pas de complément d'objet : Il **rit** et **chante** depuis qu'il a appris la nouvelle.
Les verbes *attributifs* introduisent un attribut du sujet : La lumière **devenait** de plus en plus faible.
Les *auxiliaires* entrent dans la formation des temps composés et du passif : Quand il les **avait** vus, il **avait été** ému par leur dénuement.
Les *semi-auxiliaires* expriment l'aspect : Il **peut** pleuvoir, je **vais** prendre mon parapluie.

Voix pronominale Le chaton **se faufila** sous l'armoire pour **s'**y **cacher**.
Le verbe à la voix pronominale se conjugue avec un pronom réfléchi.
On distingue :
– les verbes *essentiellement pronominaux* (qui n'existent qu'à la tournure pronominale ou qui changent de sens lors de cet emploi) ;
– les verbes *pronominaux de sens passif* : le participe passé de ces verbes s'accorde avec le sujet ;
– les verbes *pronominaux de sens réfléchi ou réciproque* : le participe passé de ces verbes s'accorde avec le COD, si ce dernier est placé avant lui.

Index de français

MATHS

Niveau à partir duquel la notion est accessible

Nombres, calcul et algèbre

Mesures

Géométrie

Gestion de données

1

Maths

Nombres entiers et

partie entière														,	partie décimale								
classes															dixièmes	centièmes	millièmes	dix-millièmes	cent-millièmes	millionièmes	dix-millionièmes	cent-millionièmes	milliardièmes
		milliards			millions			mille			unités simples												
		c	d	u	c	d	u	c	d	u	c	d	u										
											7	0	8										
									5	6	9	3	2										
								3	8	4	4	0	0										
						3	5	2	7	0	0	8	0										
					1	4	9	6	0	0	0	0	0										
			4	6	6	0	0	0	5	2	8	0	3										
	8	2	3	9	6	4	5	0	0	0	0	0	0										
									2	9	8	4	7	,	2	6							
												7	1	,	8	5	3						
													0	,	0	4	0	6	9				
												1	0	,	0	0	0	5	8	7			
													0	,	0	0	0	0	0	2	3	4	8

c : centaines ; d : dizaines ; u : unités.

nombres décimaux

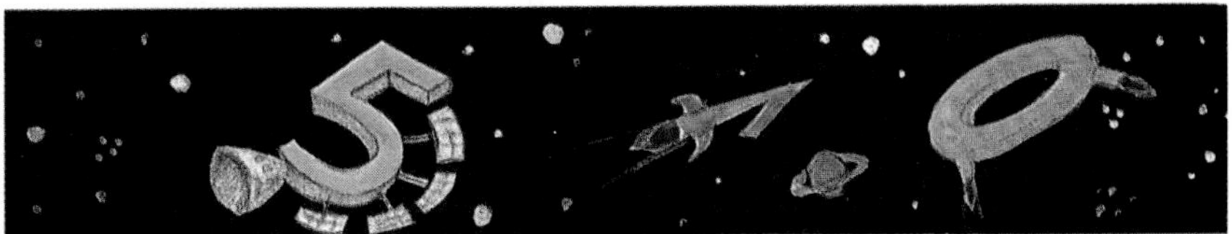

quelques écritures de nombres entiers et de nombres décimaux
sept cent huit
cinquante-six mille neuf cent trente-deux
trois cent quatre-vingt-quatre mille quatre cents
trente-cinq millions deux cent soixante-dix mille quatre-vingts
cent quarante-neuf millions six cent mille
quarante-six milliards six cent millions cinquante-deux mille huit cent trois
huit mille deux cent trente-neuf milliards six cent quarante-cinq millions
vingt-neuf mille huit cent quarante-sept **virgule** vingt-six **ou** vingt-neuf mille huit cent quarante-sept et vingt-six centièmes
soixante et onze **virgule** huit cent cinquante-trois **ou** soixante et onze et huit cent cinquante-trois millièmes
quatre mille soixante-neuf cent-millièmes
dix **virgule** zéro zéro zéro cinq cent quatre-vingt-sept **ou** dix et cinq cent quatre-vingt-sept millionièmes
deux mille trois cent quarante-huit milliardièmes

QUEL EST LE BON NOMBRE ?

Parmi tous les nombres du tableau ci-dessus, quel est celui qui indique, en km :
1. La distance moyenne de la Terre au Soleil ?
2. La distance moyenne de la Terre à la Lune ?

Réponses :
1. Terre-Soleil :
149 600 000 km ;
2. Terre-Lune :
384 400 km.

2

L'addition

Maths

Un automobiliste a acheté une voiture neuve il y a trois ans. Il a parcouru 35 489 km la première année, 9 693 la deuxième et 24 705 la troisième. Quel nombre apparaît sur son compteur kilométrique maintenant ?

35 489 + 9 693 + 24 705 = 69 887.

Le nombre 69 887 apparaît maintenant au compteur.

	35 489	← 1er terme
+	9 693	← 2e terme
+	24 705	← 3e terme
	69 887	← somme

Propriétés de l'addition

→ Elle est **commutative** : 15 + 8 = 8 + 15 = 23

→ Elle est **associative** :

8 + 15 = 23
8 + (2 + 10 + 3) = 23
(8 + 2) + 10 + 3 = 23
(10 + 10) + 3 = 23
20 + 3 = 23

Addition de nombres décimaux

768,95 + 57,8 + 4 976,5 + 9,068.

La **virgule** de la somme est placée au cours de l'addition, lors du passage de la partie décimale à la partie entière.

	768,95
+	57,8
+	4 976,5
+	9,068
	5 812,318

Addition de nombres entiers et de nombres décimaux

6,078 + 7 861,95 + 56 938 + 8 639,5.

Il faut **aligner les virgules** lorsque l'on pose l'addition.

	6,078
+	7 861,95**0**
+	56 938,**000**
+	8 639,5**00**
	73 445,528

QUEL EST CE SECRET ?

?

Ces trois nombres ont un secret commun. Lequel ?
4 673 9,65 38,72

Réponses : 4 + 6 + 7 + 3 = 20 ; 9 + 6 + 5 = 20 ; 3 + 8 + 7 + 2 = 20. La somme de leurs chiffres est 20.

La soustraction

Quelle est la différence entre ces deux altitudes ?

```
  6 200  ← 1er terme
– 5 750  ← 2e terme
  -----
    450  ← différence
```

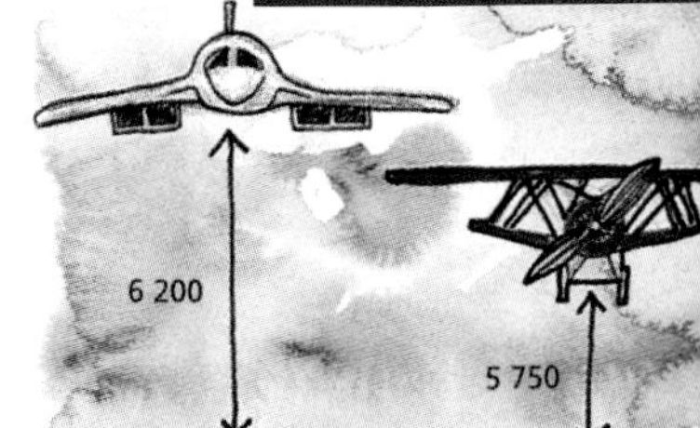

→ 6 200 – 5 750 = 450.
450 est la **différence** entre les nombres 6 200 et 5 750.
→ 5 750 + 450 = 6 200.

Propriétés de la soustraction

→ Elle n'est pas **commutative**.
→ Elle n'est pas **associative**, mais : 13 – 7 – 2 = 13 – (7 + 2) = 13 – 9 = 4.
→ 7 – 5 = 2 ; (7 + 3) – (5 + 3) = 2 ; (7 + 6) – (5 + 6) = 2.

Soustraction de nombres entiers

Il y avait 65 458 spectateurs dans le stade pendant le match. 3 786 spectateurs viennent de sortir. Combien en reste-t-il dans le stade ?

65 458 – 3 786 = 61 672. Il reste 61 672 spectateurs.

```
  65 458
–  3 786
  ------
  61 672
```

Soustraction de nombres décimaux

21 743,05 – 958,375

La **virgule** de la différence est placée au cours de la soustraction, lors du passage de la partie décimale à la partie entière.

```
  21 743,050
–    958,375
  ----------
  20 784,675
```

Soustraction de nombres entiers et de nombres décimaux

57 681,75 – 49 732

```
  57 681,75
– 49 732,00
  ---------
   7 949,75
```

315 842 – 82 879,36

```
  315 842,00
–  82 879,36
  ----------
  232 962,64
```

23 742 – 536,491

```
  23 742,000
–    536,491
  ----------
  23 205,509
```

DEVINETTE

Victor Hugo est mort en 1885. En quelle année est né Pasteur qui a vécu 73 ans et qui est mort 10 ans après Victor Hugo ?

Réponse : 1822.

4

Maths

La multiplication

Propriétés de la multiplication

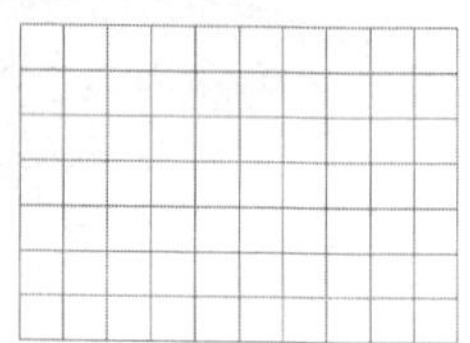

Le nombre de carreaux s'écrit : 10×7 ou 7×10.

→ Elle est **commutative** : $10 \times 7 = 7 \times 10 = 70$.

→ Elle est **associative** :

$26 \times 5 = (13 \times 2) \times 5 = 13 \times (2 \times 5) = 13 \times 10 = 130$.

→ Autre propriété utile pour le calcul mental :

$43 \times 5 = (40 + 3) \times 5 = (40 \times 5) + (3 \times 5) = 200 + 15 = 215$.

Multiplication de nombres entiers

```
     3 6 4
 ×   2 0 7
 ---------
   2 5 4 8
 7 2 8 .
 ---------
 7 5 3 4 8
```

```
       4 6 3
 ×     3 8 7
 -----------
     3 2 4 1
   3 7 0 4
 1 3 8 9
 -----------
 1 7 9 1 8 1
```

Le **point** correspond à la multiplication par 0.

→ **Doubles**

$342 \times 2 = 684$; $754 \times 2 = 1\,508$; $1\,245 \times 2 = 2\,490$.

→ **Triples**

$132 \times 3 = 396$; $715 \times 3 = 2\,145$; $6\,250 \times 3 = 18\,750$.

Multiplication d'un nombre décimal par un nombre entier

Puisqu'il y a deux chiffres **à droite de la virgule** au **multiplicande**, il faut mettre **deux chiffres à droite de la virgule** au **produit**.

$56{,}34 \times 10 = 563{,}4$; $56{,}34 \times 100 = 5\,634$; $56{,}34 \times 1\,000 = 56\,340$.

```
     6 4 8 , 2 3   ←  multiplicande
 ×           4 6   ←  multiplicateur
 ---------------
   3 8 8 9   3 8   }
 2 5 9 2 9   2     } → produits partiels
 ---------------
 2 9 8 1 8 , 5 8   ←  produit
```

Multiplication par 0,1 et 0,01

→ $6 \times 0{,}1 = 0{,}6$; $283 \times 0{,}1 = 28{,}3$; $6\,280 \times 0{,}1 = 628$; $7\,600 \times 0{,}1 = 760$.

→ $6 \times 0{,}01 = 0{,}06$; $23 \times 0{,}01 = 0{,}23$; $472 \times 0{,}01 = 4{,}72$; $6\,728 \times 0{,}01 = 67{,}28$; $57\,400 \times 0{,}01 = 574$.

Q... ÂGE D'ÉMILIE ?

...ilie fête son 11e anniversaire.
... indique aussi son âge.
...uoi ?

Réponse : chaque année comporte 12 mois.
12 × 11 = 132. Émilie a 132 mois.

La division

Pour faire un tournoi de handball, on dispose 56 joueurs par équipes de 7. Combien forme-t-on d'équipes ? On forme 8 équipes.
56 : 7 = 8.

Propriétés de la division

→ Elle n'est **pas commutative** : 56 : 7 ≠ 7 : 56.

→ Elle n'est **pas associative** : (27 : 9) : 3 = 3 : 3 = 1 ≠ 27 : (9 : 3) = 27 : 3 = 9.

→ La division de 0 donne 0. La division **par 0** est **impossible**. 0 : 6 = 0 ; 6 : 0 = ■ .

→ Pour le calcul mental :
350 : 2 = (300 + 50) : 2 = (300 : 2) + (50 : 2) = 150 + 25 = 175.

Division de nombres entiers

→ Division entière ou **euclidienne**.

3 879 = (45 × 86) + 9

dividende → 3 879	45 ← diviseur
279	86 ← quotient
reste → 09	

→ Division **décimale** de 2 nombres entiers.

68,36 est le quotient décimal approché à 0,01 près **par défaut**.

68,37 serait le quotient approché **par excès**.

68,36 × 36 < 2 461 < 68,37 × 36

2 461	36
301	68,36
130	
220	
04	

Division d'un nombre décimal par un nombre entier

On place la virgule au quotient **avant** d'abaisser le chiffre des dixièmes du dividende, ici le 9.

378,95	46
10 9	8,23
1 75	
37	

Divisibilité par 2 et par 5

→ Les nombres dont le chiffre des unités est pair, comme 7 438, sont divisibles exactement par 2. Nombres pairs : 0, 2, 4, 6, 8.

→ Les nombres dont le chiffre des unités est 0 ou 5, comme 7 640 ou 3 485, sont divisibles exactement par 5.

QUEL EST L'INTRUS ?

Parmi ces 5 nombres, quel est l'intrus ?
936 7 428 3 421 362 4 250

Réponse : 3 421 est l'intrus, car il est le seul à ne pas être divisible exactement par 2.

6

Maths

Les fractions

Qu'est-ce qu'une fraction ?

→ La bande turquoise est partagée en cinq parties superposables.

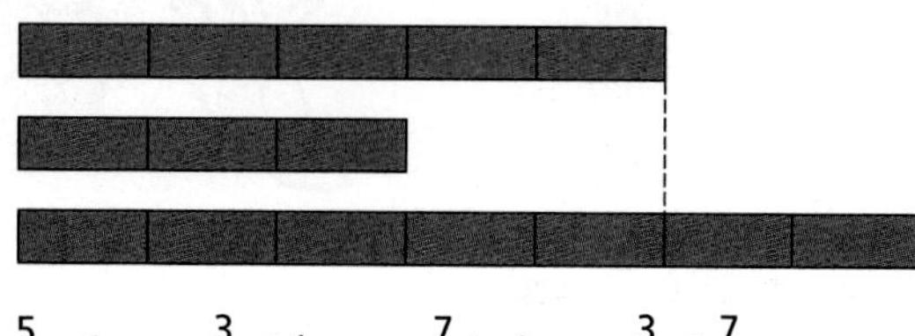

Cette bande est l'unité → 1

Trois cinquièmes de l'unité → $\frac{3}{5}$

Sept cinquièmes de l'unité → $\frac{7}{5}$

$\frac{5}{5} = 1$ $\quad \frac{3}{5} < 1$ $\quad \frac{7}{5} > 1$ $\quad \frac{3}{5} < \frac{7}{5}$

$\frac{1}{5} = 1 : 5 = 0,2$ $\quad \frac{3}{5} = 3 : 5 = 0,6$ $\quad \frac{7}{5} = 7 : 5 = 1,4$

fraction $\begin{cases} 3 & \leftarrow \text{numérateur} \\ 5 & \leftarrow \text{dénominateur} \end{cases}$

→ **Quelques fractions courantes**

Un demi $\frac{1}{2} = 0,5$

Un tiers $\frac{1}{3} = 0,333...$

Un quart $\frac{1}{4} = 0,25$

Trois quart $\frac{3}{4} = 0,75$

$$\frac{1}{2} > \frac{1}{3} > \frac{1}{4} > \frac{1}{5} > \frac{1}{9}$$

Comparaison de fractions ayant le même dénominateur

$\frac{6}{7} > \frac{4}{7}$ $\quad \frac{5}{12} < \frac{7}{12}$ $\quad \frac{17}{15} > \frac{14}{15}$ $\quad \frac{3}{8} < \frac{7}{8} < \frac{8}{8} < \frac{13}{8} < \frac{25}{8}$

$\frac{4}{4} = \frac{7}{7} = \frac{12}{12} = \frac{15}{15} = 1$ $\quad \frac{14}{7} = 2$ $\quad \frac{18}{7} = 2 + \frac{4}{7}$

→ Prendre les $\frac{3}{5}$ d'un nombre, c'est multiplier ce nombre par $\frac{3}{5}$:

$30 \times \frac{3}{5} = \frac{30 \times 3}{5} = \frac{90}{5} = 18$ $\quad 12 \times \frac{3}{5} = \frac{12 \times 3}{5} = \frac{36}{5} = 7,2$

DEVINETTE

?

Trois bouteilles de jus de fruit contiennent chacune 1 L. Dans quelle bouteille restera-t-il le plus de jus de fruit ?

On retire $\frac{3}{4}$ du jus d'orange.

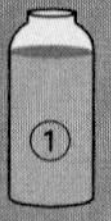

On laisse 35 cL de jus d'ananas.

On laisse $\frac{3}{10}$ de jus de raisin.

Réponse : Il reste un quart de litre, soit 25 cL de jus d'orange, 35 cL de jus d'ananas, trois dixièmes de litre, soit 30 cL de jus de raisin.

Fractions décimales - Nombres décimaux

→ Les dénominateurs des fractions décimales sont 10, 100, 1 000, 10 000, etc.

$\frac{10}{10} = 1$ $\frac{100}{100} = 1$ $\frac{120}{100} = 1 + \frac{20}{100}$ $\frac{200}{100} = 2$ $\frac{280}{100} = 2 + \frac{80}{100}$

$\frac{165}{100} = 1 + \frac{65}{100}$ → $\frac{165}{100} = 1 + \frac{6}{10} + \frac{5}{100}$ → $\frac{165}{100} = 1,65$

$\frac{47\,635}{1\,000} = 47 + \frac{6}{10} + \frac{3}{100} + \frac{5}{1\,000}$ → $\frac{47\,635}{1\,000} = 47,635$

$\frac{68\,097}{1\,000} = 68 + \frac{9}{100} + \frac{7}{1\,000}$ → $\frac{68\,097}{1\,000} = 68,097$

→ **Fractions décimales et sous-unités**

Un dixième de mètre, c'est $\frac{1}{10}$ m ou 1 dm ou 0,1 m.

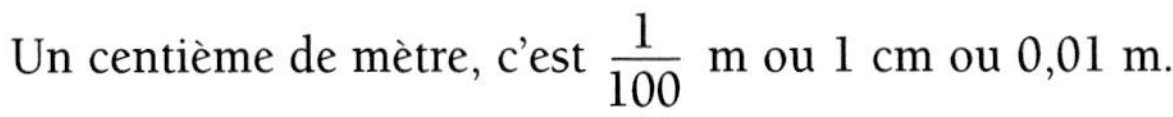

Un centième de mètre, c'est $\frac{1}{100}$ m ou 1 cm ou 0,01 m.

Un millième de mètre, c'est $\frac{1}{1\,000}$ m ou 1 mm ou 0,001 m.

$\frac{1}{10} = \frac{10}{100} = \frac{100}{1\,000} = 0,1$ $\frac{4}{10} = \frac{40}{100} = \frac{400}{1\,000} = 0,4$

$9 \times \frac{4}{10} = 3,6$ $9 \times 0,4 = 3,6$ $3,6 = \frac{36}{10}$

$\frac{310}{1\,000} = \frac{31}{100}$ → $\frac{310}{1\,000} = 0,31$

$\frac{50}{1\,000} = \frac{5}{100}$ → $\frac{50}{1\,000} = 0,05$ $\frac{24}{1\,000} = 0,024$

DEVINETTE

?

Parmi les nombres suivants, quels sont ceux qui sont compris entre 1 et 2 ?

$0,12$; $\frac{201}{100}$; $\frac{210}{1\,000}$; $\frac{120}{1\,000}$; $1,2$; $2,01$;

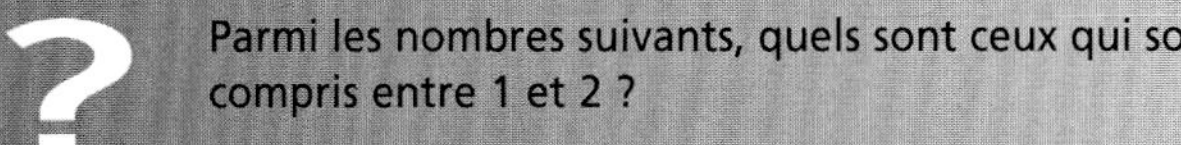

$1,032$; $\frac{102}{1\,000}$; $1,02$; $\frac{101}{100}$; $\frac{1\,210}{1\,000}$.

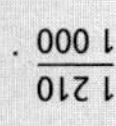

Réponses : 1,2 ; 1,032 ; 1,02 ; $\frac{101}{100}$; $\frac{1\,210}{1\,000}$.

7

Maths

Proportionnalité

Quand dit-on que 2 suites de nombres sont proportionnelles ?

Que valent 30 % de 125 € ?

Que représente 1 cm mesuré sur un plan à l'échelle $\frac{1}{500}$?

Suites proportionnelles

→ Voici un tableau donnant les différents prix à payer suivant la masse des oranges achetées :

masse des oranges (en kg)	0,5	1	1,5	2	3	4	5
prix des oranges (en €)	0,65	1,3	1,95	2,6	3,9	5,2	6,5

↓ × 1,3

Les nombres de la seconde ligne sont proportionnels aux nombres de la première ligne. 1,3 est le coefficient de proportionnalité de la première suite (masses) vers la seconde (prix). 1,3 € est le prix du kilogramme d'oranges.

En multipliant (ou en divisant) une suite de nombres par un même nombre *k* non nul, on obtient une suite de nombres proportionnelle à la première.

Pourcentages

→ Prendre 5 % d'un nombre, c'est multiplier ce nombre par $\frac{5}{100}$;

Prendre 13,6 % d'un nombre, c'est multiplier ce nombre par $\frac{13,6}{100}$, etc.

Échelle d'une carte

→ Une carte est à l'échelle $\frac{1}{200\,000}$, par exemple, signifie que :

1 mm sur la carte représente 200 000 mm (c'est-à-dire 200 m) sur le terrain ;
1 cm sur la carte représente 200 000 cm (c'est-à-dire 2 km) sur le terrain ;
1 dm sur la carte représente 200 000 dm (c'est-à-dire 20 km) sur le terrain.

On passe des dimensions sur la carte aux dimensions (avec la même unité) sur le terrain en multipliant par 200 000.

On passe des dimensions sur le terrain aux dimensions (avec la même unité) sur la carte en divisant par 200 000.

dimensions sur le terrain (en cm)	400 000	600 000	700 000	800 000
dimensions sur la carte (en cm)	2	3	3,5	4

↓ : 200 000

× 200 000 ↑

Suites proportionnelles

Mon père veut acheter 15 m de tube de cuivre. Notre voisin en a acheté 8 m qui ont coûté 20 €. Combien mon père payera-t-il ?

→ L'énoncé de ce problème peut s'écrire sous forme d'un tableau à compléter :

longueur (en m)	8	15
prix (en €)	20	☐

On utilise l'égalité des « produits en croix » :

$8 \times \square = 20 \times 15$;

$8 \times \square = 300$.

Le nombre qui, multiplié par 8, donne 300 est le quotient $\frac{300}{8} = 37{,}5$.

Mon père payera 37,5 €.

Pourcentages

Un commerçant solde des manteaux à 137 € l'unité avec un rabais de 20 %. Quel est le montant du rabais ?

→ On calcule le rabais en multipliant le prix d'un manteau par $\frac{20}{100}$:

$137 \xrightarrow{\times 20} 2\,740 \xrightarrow{:100} 27{,}40$.

Le rabais est de 27,40 €.

Changement d'échelle

On désire dessiner un agrandissement d'un plan *A* au $\frac{1}{500}$ et obtenir ainsi un plan *B* au $\frac{1}{200}$.

Par quel nombre doit-on multiplier toutes les distances (en mm) relevées sur le plan *A* ?

distances (en mm) sur le plan *A* au $\frac{1}{500}$	5	10	20	50
distances réelles (en mm) sur le terrain	2 500	5 000	10 000	25 000
distances (en mm) sur le plan *B* au $\frac{1}{200}$	12,5	25	50	125

↓ × 500

↓ : 200

→ On passe des nombres de la première ligne du tableau à ceux de la troisième en multipliant par $\frac{500}{200}$, c'est-à-dire par $\frac{5}{2}$, c'est-à-dire par 2,5.

Réponse : On multiplie toutes les distances mesurées sur le plan *A* par 2,5.

8

Repérage et

Maths

Comment repérer un point sur une droite ?

Qu'est-ce qu'un nombre relatif ?

Comment repérer un point dans le plan ?

Repérage sur une droite graduée

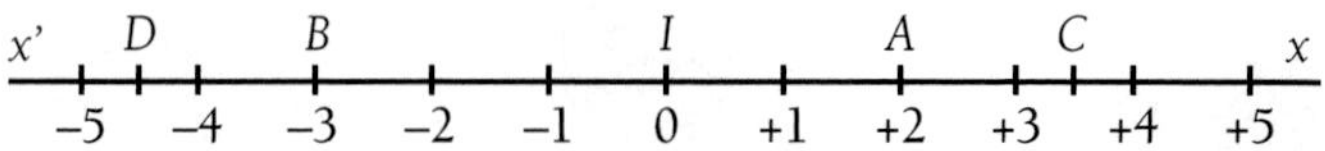

→ Pour repérer un point *M* de la droite *x'x* ci-dessus, on donne sa distance au point *I* et l'on fait précéder ce nombre d'un **signe +** si le point *M* appartient à la demi-droite *Ix* ou d'un **signe –** si le point *M* appartient à la demi-droite *Ix'*. Le point *I* est l'**origine** de la graduation.

Exemples : Le point *A* est repéré par + 2, le point *B* par –3, le point *C* par +3,4, le point *D* par –4,5.

Nombres relatifs

→ + 2, –3, + 3,4, –4,5 sont des **nombres relatifs**. Ils sont constitués d'**un signe** (+ ou –) et d'**un nombre** (entier ou non entier).

+ 2 et + 3,4 sont des nombres relatifs **positifs** (leur signe est +) ; –3 et –4,5 sont des nombres relatifs **négatifs** (leur signe est –).

→ Le nombre relatif qui permet de repérer un point de la droite *x'x* est appelé **abscisse** de ce point : l'abscisse du point *A* est + 2, celle de *B* est –3, celle de *C* est + 3,4, celle de *D* est –4,5, celle de *I* est + 0 ou –0. On écrit plus simplement 0.

On peut écrire les nombres positifs sans marquer le signe +. Les nombres +2 et +3,4, par exemple, peuvent être notés 2 et 3,4.

Repérage dans le plan

→ On utilise deux droites graduées perpendiculaires (figure ci-contre). L'une *x'x* est **l'axe des abscisses**, l'autre *y'y* est **l'axe des ordonnées**.

→ À chaque nœud du quadrillage correspond un couple d'entiers relatifs.

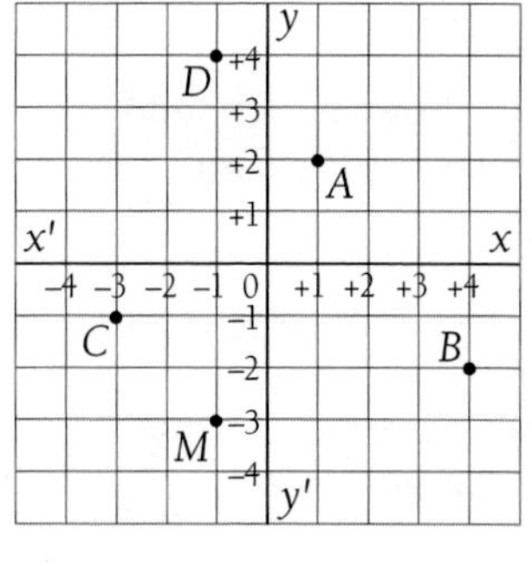

Exemples : **Les coordonnées du point *A*** sont **+1** (abscisse de *A*) et **+2** (ordonnée de *A*).

Le point *B* a pour abscisse + 4 et pour ordonnée –2.

Le point *C* a pour abscisse –3 et pour ordonnée –1.

Le point *D* a pour abscisse –1 et pour ordonnée + 4.

Le point qui a pour abscisse –1 et pour ordonnée –3 est le point *M*.

→ Il suffit d'un nombre relatif pour repérer un point sur une droite ; il faut deux nombres relatifs pour repérer un point dans le plan.

nombres relatifs

L'ascenseur

→ Jean et Pauline montent dans l'ascenseur au 4e étage. Jean va au 6e étage, il appuie sur le bouton 6. Pauline va au 3e sous-sol, elle appuie sur le bouton −3.

Le thermomètre

LA TEMPÉRATURE EST DE 35 DEGRÉS AU-DESSUS DE ZÉRO ; IL FAIT 35° C.
LA TEMPÉRATURE EST DE 18 DEGRÉS AU-DESSOUS DE ZÉRO ; IL FAIT −18° C.

Les alpinistes

CE MATIN NOUS SOMMES PASSÉS DE LA COTE +3015 À LA COTE +3540.

→ L'altitude (en m) au-dessus du niveau de la mer s'exprime par un nombre positif.

Le sous-marin

NOUS SOMMES À −25. NOUS ALLONS DESCENDRE À −60.

→ La profondeur (en m) au-dessous du niveau de la mer s'exprime par un nombre négatif.

Le parcours de golf

→ Voici un parcours de golf en 12 trous avec départ au point (0 ; 0).

Le trou 1 se trouve au point (+1 ; +1) ; le trou 2 a pour coordonnées (+3 ; +2) ; celles du trou 3 sont (0 ; +4), etc.

Le premier nombre cité est l'abscisse, le deuxième est l'ordonnée.

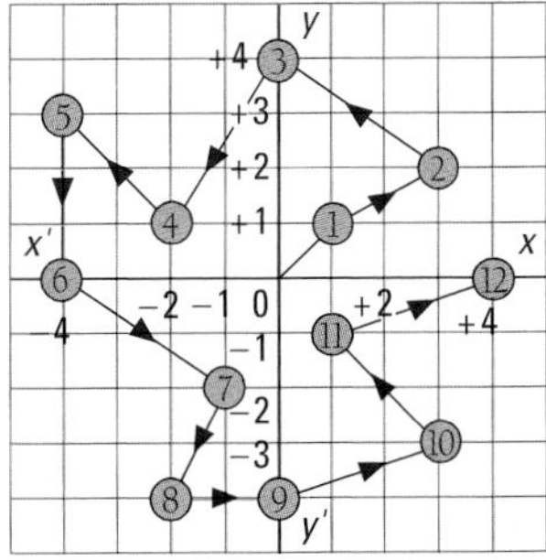

9

Opérations sur

Maths

Comment développer le produit $k \times (a + b)$?

Qu'est-ce qu'une écriture fractionnaire ?

Qu'est-ce que la partie entière d'une fraction ?

Nombres entiers et décimaux

→ Les lettres représentent des nombres entiers ou décimaux :

$k \times (a + b) = k \times a + k \times b$
$k \times (a - b) = k \times a - k \times b$
→ On dit que l'on a **développé** les produits $k \times (a + b)$ et $k \times (a - b)$.

$k \times a + k \times b = k \times (a + b)$
$k \times a - k \times b = k \times (a - b)$
→ On dit que l'on a mis k en **facteur commun**.

Nombres en écriture fractionnaire

→ Le quotient du décimal a par le décimal b non nul est le nombre qui, multiplié par b, donne a.

$\frac{16,2}{4,5} = 3,6$, car $3,6 \times 4,5 = 16,2$; $\frac{4}{5} = 0,8$; $\frac{2}{3} = 0,666...$; $\frac{11}{9} = 1,222...$.

→ $\frac{16,2}{4,5}, \frac{4}{5}, \frac{2}{3}, \frac{11}{9}$ sont des **écritures fractionnaires**.

Lorsque a et b sont des entiers, $\frac{a}{b}$ est une **fraction**.

→ Les lettres représentent des nombres décimaux positifs :

Égalité de nombres en écriture fractionnaire	**Comparaison** de nombres en écriture fractionnaire
$\frac{k \times a}{k \times b} = \frac{a}{b}$ $(b \neq 0, k \neq 0)$	Si $a < b$, alors $\frac{a}{k} < \frac{b}{k}$ $(k \neq 0)$

Addition	**Soustraction**	**Multiplication**
$\frac{a}{k} + \frac{b}{k} = \frac{a+b}{k}$	$\frac{a}{k} - \frac{b}{k} = \frac{a-b}{k}$	$\frac{a}{b} \times \frac{c}{d} = \frac{a \times c}{b \times d}$
$(k \neq 0)$	$(k \neq 0)$	$(b \neq 0, d \neq 0)$

Équation $a \times x = b$

→ Soit à trouver le nombre inconnu x vérifiant $5 \times x = 10,65$.
On divise les deux membres de l'équation par 5 :

$x = \frac{10,65}{5}$; $x = 2,13$. *Vérification* : $5 \times 2,13 = 10,65$.

les nombres positifs

Développer $k \times (a + b)$

Les longueurs et les aires étant exprimées avec des unités correspondantes, comment calculer l'aire du rectangle *ABCD* ?

→ Premier calcul : $DC = a + b$; $AD = k$.
Aire du rectangle *ABCD* : $k \times (a + b)$.

→ Deuxième calcul :
Aire du rectangle colorié : $k \times a$.
Aire du rectangle hachuré : $k \times b$.
Aire du rectangle ABCD : $k \times a + k \times b$.
On a donc : $\boldsymbol{k \times (a + b) = k \times a + k \times b}$.

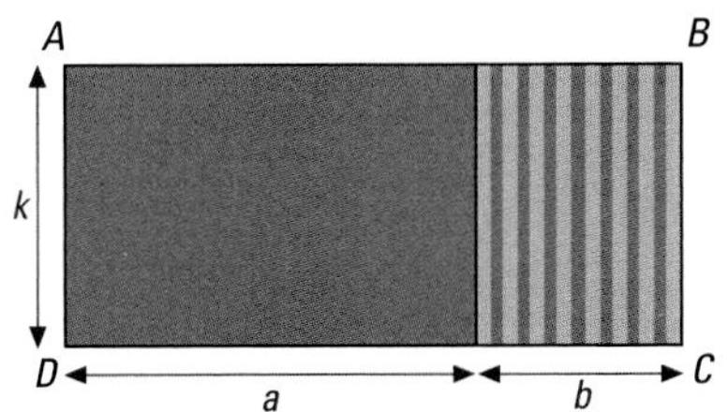

Partie entière d'une fraction

La partie entière d'une fraction est le plus grand nombre entier inférieur ou égal à cette fraction.

$\frac{37}{8} = 4{,}625$; la partie entière de la fraction $\frac{37}{8}$ est le nombre 4.

$\frac{37}{8} = 4 + \frac{?}{8}$; $\frac{37}{8} = \frac{32}{8} + \frac{?}{8}$; $\frac{37}{8} = \frac{32}{8} + \frac{5}{8}$;

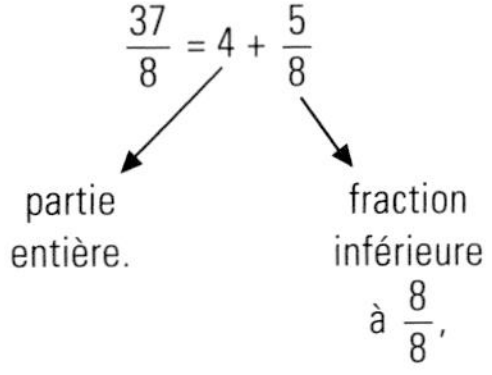

Résolution d'un problème à l'aide d'une équation

Je choisis un nombre ; je le multiplie par 3, puis je divise le produit obtenu par 5 ; je trouve ainsi 3,9. Quel nombre ai-je choisi ?

→ Soit x le nombre choisi. L'énoncé se traduit par l'équation $x \times \frac{3}{5} = 3{,}9$, c'est-à-dire par l'équation

$$x \times 0{,}6 = 3{,}9.$$

→ On divise les deux membres de cette dernière équation par 0,6 :

$x = \frac{3{,}9}{0{,}6}$; $x = 6{,}5$.

→ Le nombre choisi est 6,5.

Vérification : $6{,}5 \times \frac{3}{5} = 3{,}9$.

10

Nombres relatifs

Maths

Si $a < b$, alors $b > a$. Est-ce exact ?

Qu'est-ce que 2 nombres opposés l'un à l'autre ?

Comment calculer la différence $a - b$?

Les nombres positifs (par exemple + 5,6 ; + 3,21 ; + 9) peuvent s'écrire sans marquer le signe + (5,6 ; 3,21 ; 9).

La droite graduée

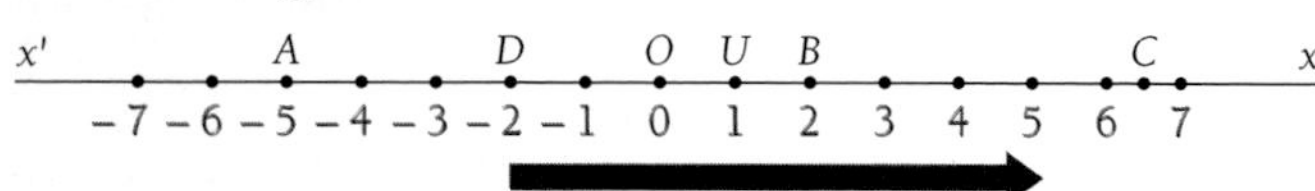

→ À tout nombre relatif x en écriture décimale correspond un point M de la droite graduée $x'x$.
On dit que le nombre x est l'abscisse du point M.
Par exemple :
au nombre 0 correspond le point O ; au nombre –5 correspond le point A ; au nombre 2 correspond le point B ; au nombre 6,5 correspond le point C ; etc.
On écrit : $x_O = 0$, $x_A = -5$, $x_B = 2$; $x_C = 6{,}5$.
(x_M se lit : « abscisse de M ».)

→ La flèche de la figure indique le sens croissant de la graduation :
$-4 < -3 < -2 < -1 < 0 < 1 < 2 < 3 < 4$.
Le signe < se lit : « est inférieur à ». Le signe > se lit : « est supérieur à ».
Ainsi : $-5 < -2$ et $-2 > -5$; $-4{,}2 < 3$ et $3 > -4{,}2$.

Addition

→ **La somme de deux nombres positifs est un nombre positif :**
(+ 13) + (+ 4,5) = + 17,5.

→ **La somme de deux nombres négatifs est un nombre négatif :**
(– 13) + (– 4,5) = – 17,5.

→ **À tout nombre *x* correspond un nombre *y* tel que *x* + *y* = 0.** Les nombres x et y sont dits **opposés** l'un de l'autre. Les nombres + 6,5 et – 6,5, par exemple, sont opposés, car (+ 6,5) + (– 6,5) = 0.

Soustraction

→ **La différence *a* – *b* de deux nombres relatifs *a* et *b* est le nombre relatif *x* qui, additionné au deuxième *b*, donne le premier *a* :**
$a - b = x$ signifie $b + x = a$.

→ *Exemple :*
(– 8) – (+ 3,5) = – 11,5, puisque (+ 3,5) + (– 11,5) = – 8.

Calcul de la différence *a* – *b* : **$a - b = a$ + opposé de b**.

en écriture décimale (1)

Repérage dans le plan

→ Les droites graduées $x'x$ et $y'y$ sont **des axes de coordonnées** : l'axe $x'x$ est **l'axe des abscisses**, l'axe $y'y$ est **l'axe des ordonnées**. Le point O est **l'origine** du repère.

À tout couple $(x ; y)$ de nombres relatifs en écriture décimale correspond un point M de la figure. On dit que le nombre x est l'**abscisse** du point M et que le nombre y est son **ordonnée**.

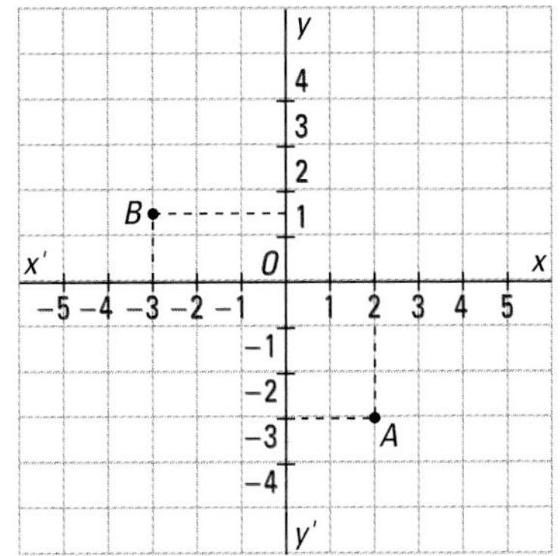

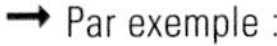 Par exemple :

au couple (**0** ; **0**) correspond l'origine O ;

au couple (2 ; − 3) correspond le point A ;

au couple (− 3 ; 1,5) correspond le point B ; etc.

On écrit : $x_A = 2$; $y_A = -3$; $x_B = -3$; $y_B = 1{,}5$.

(x_M et y_M se lisent respectivement : « abscisse et ordonnée de M ».)

La caisse enregistreuse

Unité choisie : l'euro.

Une recette est notée par un nombre positif, une dépense par un nombre négatif.

→ Bilan pour deux recettes : (+ 75) + (+ 11,50) = + 86,50.

→ Bilan pour deux dépenses : (− 75) + (− 11,50) = − 86,50.

→ Bilan pour une recette et une dépense :
(+ 80,30) + (− 10) = + 70,30 ; (+ 16) + (− 53) = − 37.

Distance de deux points d'une droite graduée

→ Sur la figure de la page 80, la longueur du segment OU étant choisie comme unité de longueur,

$$\textbf{si } x_M > x_N, \textbf{ alors } MN = NM = x_M - x_N.$$

Voici le calcul des distances de A à B, de C à B, de D à A :

→ $AB = x_B - x_A = (+\ 2) - (-\ 5) = (+\ 2) + (+\ 5) = 7$;

→ $CB = x_C - x_B = (+\ 6{,}5) - (+\ 2) = (+\ 6{,}5) + (-\ 2) = 4{,}5$;

→ $DA = x_D - x_A = (-\ 2) - (-\ 5) = (-\ 2) + (+\ 5) = 3$.

11

Nombres relatifs

Maths

Comment se nomme l'égalité $2 + x = -7{,}5$ où x est un nombre inconnu ?

Comment s'appelle le résultat d'une ou plusieurs additions ?

-7 est à la fois la différence de $+2$ et de $+9$ et la somme de $+2$ et de …

Équation $a + x = b$

→ **Soit à trouver le nombre relatif inconnu x vérifiant $(+2) + x = -7{,}5$.**

On additionne le nombre -2 aux deux membres de l'équation : $(+2) + x + (-2) = (-7{,}5) + (-2)$.

Or $(+2) + (-2) = 0$; donc $x = (-7{,}5) + (-2)$; $x = -9{,}5$.

Vérification : $(+2) + (-9{,}5) = -7{,}5$.

De la somme à la somme algébrique de nombres positifs

→ On peut écrire la somme : $A = (-13) + (+4{,}2) + (-5) + (+8)$ sous la forme : $B = -13 + 4{,}2 - 5 + 8$, en supprimant les parenthèses et les signes d'addition.

→ L'écriture $B = 0 - 13 + 4{,}2 - 5 + 8$ indique alors une somme algébrique (suite d'additions et de soustractions) portant sur des nombres positifs : 0 ; 13 ; 4,2 ; 5 ; 8.

Suite d'additions et de soustractions portant sur des sommes algébriques

$A = (-3 + 6{,}9) - (4 + 0{,}5 - 8) + (10 - 7) - (-1 + 5)$.

→ **Première méthode**

On fait les calculs dans les parenthèses :

$-3 + 6{,}9 = +3{,}9$;

$4 + 0{,}5 - 8 = -3{,}5$;

$10 - 7 = +3$;

$-1 + 5 = +4$.

On calcule A :

$A = (+3{,}9) - (-3{,}5) + (+3) - (+4)$

$= (+3{,}9) + (+3{,}5) + (+3) + (-4)$

$= +6{,}4$.

→ **Seconde méthode**

On marque les signes + manquants :

$A = \oplus\ (-3 + 6{,}9) - (\oplus\ 4 + 0{,}5 - 8) + (\oplus 10 - 7) - (-1 + 5)$.

On supprime les parenthèses et les signes qui les précèdent :

si le signe est +, on ne change rien à l'intérieur de la parenthèse ;

si le signe est –, on change tous les signes à l'intérieur de la parenthèse.

On obtient ainsi :

$A = -3 + 6{,}9 - 4 - 0{,}5 + 8 + 10 - 7 + 1 - 5 = +6{,}4$.

en écriture décimale (2)

Résolution d'un problème à l'aide d'une équation

→ Voici le relevé incomplet des bilans (en euros) d'un artisan maçon pour le deuxième trimestre (un bilan peut être négatif si le montant des dépenses est supérieur au montant des recettes) :

avril	mai	juin	résultat pour le trimestre
+ 3 082	– 531	?	+ 5 376

→ Quel est le bilan du mois de juin ?
Soit x le nombre manquant dans le tableau ci-dessus.
L'énoncé se traduit par l'équation :
$(+ 3\,082) + (- 531) + x = + 5\,376$.
Cette équation s'écrit : $(+ 2\,551) + x = + 5\,376$.
On additionne le nombre – 25 51 aux deux membres :
$(+ 2\,551) + x + (- 2\,551) = (+ 5\,376) + (- 2\,551)$;
$x = + 2\,825$.
Le bilan du mois de juin est le nombre + 2 825.
Vérification : $(+ 3\,082) + (- 531) + (+ 2\,825) = + 5\,376$.

Calcul de sommes algébriques

$2 - 7 - 3{,}1 + 9 = (+ 2) + (- 7) + (- 3{,}1) + (+ 9) = + 0{,}9$;
$- 11{,}6 + 10 - 7 + 2{,}5 = (- 11{,}6) + (+ 10) + (- 7) + (+ 2{,}5) = - 6{,}1$;
$12 - 0{,}7 + 4 - 2 + 6 = (+ 12) + (- 0{,}7) + (+ 4) + (- 2) + (+ 6) = + 19{,}3$.

Parenthèses et crochets

$A = [(- 3 + 9) - (5{,}2 - 7)] - [(- 2 - 15) + (- 1 + 3{,}4)]$.

→ **Première méthode :**
On fait les calculs dans les parenthèses :
$- 3 + 9 = + 6$; $+ 5{,}2 - 7 = - 1{,}8$; $- 2 - 15 = - 17$; $- 1 + 3{,}4 = + 2{,}4$.
On fait les calculs dans les crochets, puis on obtient A :
$A = [(+ 6) - (- 1{,}8)] - [(- 17) + (+ 2{,}4)]$
$= [+ 7{,}8] - [- 14{,}6] = + 22{,}4$.

→ **Seconde méthode :**
On supprime d'abord les parenthèses :
$A = [- 3 + 9 - 5{,}2 + 7] - [- 2 - 15 - 1 + 3{,}4]$.
On supprime ensuite les crochets :
$A = - 3 + 9 - 5{,}2 + 7 + 2 + 15 + 1 - 3{,}4 = + 22{,}4$.

12

Maths

Puissances

Est-ce que $61,34 \times 10^{-3}$ est la notation scientifique de $B = 0,06134$?

Comment peut-on écrire $A = 10^{-3} \times 10^{-2}$?

Que vaut $C = \dfrac{7^{-3} \times 7}{7^2}$?

Puissances entières de 10

→ Exposants entiers positifs

$10^0 = 1$; $10^1 = 10$; $10^2 = 10 \times 10 = 100$; $10^3 = 10 \times 10 \times 10 = 1\,000$; $10^4 = 10 \times 10 \times 10 \times 10 = 10\,000$; etc.

→ Exposants entiers négatifs

$10^{-1} = \dfrac{1}{10^1} = \dfrac{1}{10} = 0,1$; $10^{-2} = \dfrac{1}{10^2} = \dfrac{1}{100} = 0,01$;

$10^{-3} = \dfrac{1}{10^3} = \dfrac{1}{1\,000} = 0,001$; $10^{-4} = \dfrac{1}{10^4} = \dfrac{1}{10\,000} = 0,0001$; etc.

→ Produit de puissances, inverse d'une puissance

Les lettres *m* et *n* désignant des nombres entiers relatifs :

$10^m \times 10^n = 10^{m+n}$ $\qquad \dfrac{1}{10^n} = 10^{-n}$

Exemples :

$10^3 \times 10^4 = 10^7$; $10^{-4} \times 10^2 = 10^{-2}$; $10^{-2} \times 10^{-3} = 10^{-5}$.

$\dfrac{1}{10^2} = 10^{-2}$; $\dfrac{1}{10^{-3}} = 10^3$; $\dfrac{1}{10} = 10^{-1}$; $\dfrac{1}{10^{-1}} = 10$.

→ Écritures d'un nombre décimal

En utilisant des puissances de 10, on peut écrire de différentes façons le même nombre décimal.

Exemple :

$0,5392 = 5,392 \times 10^{-1} = 53,92 \times 10^{-2} = 539,2 \times 10^{-3} = \ldots$

$0,5392 = 0,05392 \times 10^1 = 0,005392 \times 10^2 = 0,0005392 \times 10^3 = \ldots$

Parmi toutes ces écritures, l'une d'elles, appelée **notation scientifique**, est utilisée par les calculatrices : $0,5392 = 5,392 \times 10^{-1}$.

↓ Avant la virgule : un seul chiffre non nul

De même : $39812500 = 3,98125 \times 10^7$; $43729 = 4,3729 \times 10^4$.

Puissances entières de nombres relatifs

→ Les lettres désignant des nombres relatifs non nuls :

$a^2 \times a^3 = a^{2+3} = a^5$. $\qquad (a \times b)^3 = a^3 \times b^3$.

$a^{-1} = \dfrac{1}{a^1} = \dfrac{1}{a}$; $a^{-2} = \dfrac{1}{a^2}$; $a^{-3} = \dfrac{1}{a^3}$; etc.

$\dfrac{a^5}{a^2} = a^{5-2} = a^3$; $\dfrac{a^4}{a^4} = a^{4-4} = a^0 = 1$; $\dfrac{a^2}{a^5} = a^{2-5} = a^{-3} = \dfrac{1}{a^3}$.

L'année de lumière

→ En prenant 365 jours pour l'année et 300 000 km/s pour la vitesse de la lumière dans le vide, calculer la distance (en milliards de km) parcourue par la lumière en un an.

→ Cette distance énorme qui sert d'unité astronomique est appelée **année de lumière** (abréviation : **a.l.**).
Nombre de secondes dans 365 jours :
$60 \times 60 \times 24 \times 365 = 31\,536\,000 = 31\,536 \times 10^3$.
Distance (en km) parcourue par la lumière en un an :

$$300\,000 \times 31\,536 \times 10^3 = 3 \times 10^5 \times 31\,536 \times 10^3 = 94\,608 \times 10^8 = 9\,460{,}8 \times 10^9 \approx 9\,461 \times 10^9.$$

L'année de lumière vaut 9 461 milliards de km.

→ L'étoile (autre que le Soleil) la plus proche de nous est Proxima, de la constellation du Centaure. Elle est située à 4,3 a.l. de nous (la lumière émise par cette étoile met 4,3 ans pour arriver à la Terre).

→ La distance moyenne de la Terre au Soleil est de 149,6 millions de km. Combien de fois cette distance est-elle contenue dans une année de lumière ?

$$\frac{9\,461 \times 10^9}{149{,}6 \times 10^6} \approx 6{,}3242 \times 10^4.$$

Il faut 63 242 fois la distance moyenne Terre-Soleil pour obtenir une année de lumière.

Dans mille ans

→ La population mondiale est multipliée chaque année par 1,015. Calculer la place disponible par personne, dans mille ans, si le multiplicateur 1,015 ne change pas.

→ Surface des terres émergées (Antarctique compris) :
149 millions de km^2 : $1{,}49 \times 10^8$ km^2 ; $1{,}49 \times 10^{16}$ dm^2.
Population mondiale actuelle : 5,8 milliards ; $5{,}8 \times 10^9$,
Population dans 1 an : $5{,}8 \times 10^9 \times 1{,}015$;
dans 2 ans : $5{,}8 \times 10^9 \times (1{,}015)^2$;
dans 3 ans : $5{,}8 \times 10^9 \times (1{,}015)^3$;
dans mille ans : $5{,}8 \times 10^9 \times (1{,}015)^{1\,000}$.
La calculatrice donne $1{,}6962 \times 10^{16}$ pour la population mondiale dans 1 000 ans, c'est-à-dire environ 17 millions de milliards d'habitants !
Place (en dm^2) disponible par personne dans mille ans :

$$\frac{1{,}49 \times 10^{16}}{1{,}6962 \times 10^{16}} \approx 0{,}88.$$

La place disponible sera de 1 dm^2 environ ; de quoi poser la pointe d'un pied !

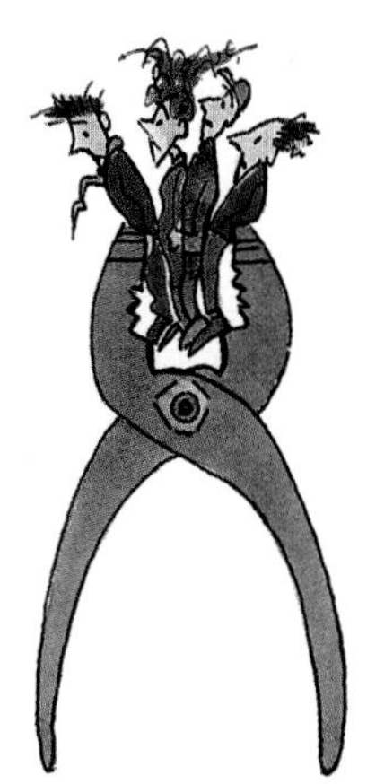

13

Radicaux

Maths

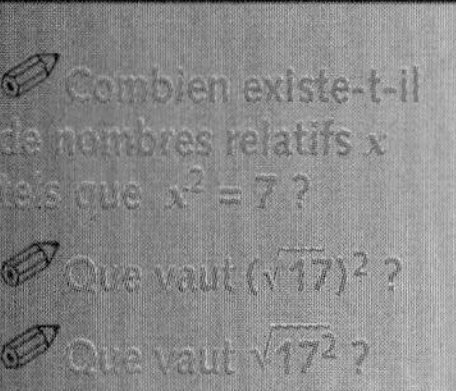

Combien existe-t-il de nombres relatifs x tels que $x^2 = 7$?
Que vaut $(\sqrt{17})^2$?
Que vaut $\sqrt{17^2}$?

Racine carrée d'un nombre positif

→ Définition

La racine carrée du nombre positif *A* est le nombre positif qui a pour carré le nombre *A*.

Exemples :

– La racine carrée du nombre positif 4 est le nombre positif 2, car $2^2 = 4$.

– La racine carrée du nombre positif 2,25 est le nombre positif 1,5, car $1{,}5^2 = 2{,}25$.

– La racine carrée du nombre positif $\frac{4}{9}$ est le nombre positif $\frac{2}{3}$, car $\left(\frac{2}{3}\right)^2 = \frac{4}{9}$.

→ Notation

$\sqrt{A}$ désigne la racine carrée du nombre positif *A*.

Le symbole $\sqrt{\ }$ est appelé **radical** ; le nombre placé sous le radical est le **radicande**.

$\sqrt{A}$ se lit : « racine carrée de A ».

Exemples : $\sqrt{4} = 2$; $\sqrt{2{,}25} = 1{,}5$; $\sqrt{\frac{4}{9}} = \frac{2}{3}$.

→ Remarques sur $\sqrt{A}$

– $\sqrt{A}$ n'existe que si A est un nombre positif : $A \geqslant 0$.

– $\sqrt{A}$ est un nombre positif : $\sqrt{A} \geqslant 0$. $(\sqrt{A})^2 = A$.

Calcul sur les radicaux

→ Carré d'un radical

a désignant un nombre positif, $(\sqrt{a})^2 = a$.

→ Puissance quatrième d'un radical

a désignant un nombre positif, $(\sqrt{a})^4 = a^2$.

Exemple : $(\sqrt{11{,}5})^4 = (\sqrt{11{,}5})^2 \times (\sqrt{11{,}5})^2 = 11{,}5 \times 11{,}5 = 11{,}5^2$.

→ Racine d'un carré

a désignant un nombre positif, $\sqrt{a^2} = a$.

→ Produit et quotient de deux radicaux

a et b désignant des nombres positifs, $\sqrt{a} \times \sqrt{b} = \sqrt{a \times b}$; $\frac{\sqrt{a}}{\sqrt{b}} = \sqrt{\frac{a}{b}}$ (si $b \neq 0$).

Exemple : $\sqrt{4{,}5} \times \sqrt{2} = \sqrt{4{,}5 \times 2} = \sqrt{9} = 3$; $\frac{\sqrt{12}}{\sqrt{3}} = \sqrt{\frac{12}{3}} = \sqrt{4} = 2$.

→ « Sortir un carré » de sous un radical

Exemple : $\sqrt{45} = \sqrt{9 \times 5} = \sqrt{9} \times \sqrt{5} = 3\sqrt{5}$.

→ Supprimer un radical en dénominateur

Exemple : $\frac{2}{\sqrt{5}} = \frac{2 \times \sqrt{5}}{\sqrt{5} \times \sqrt{5}} = \frac{2\sqrt{5}}{5}$.

Nombres relatifs x tels que $x^2 = a$

→ $x^2 = 9$

$x^2 - 9 = 0$; $x^2 - 3^2 = 0$; $(x + 3)(x - 3) = 0$.
Le produit $(x + 3)(x - 3)$ est nul si $x + 3 = 0$ ou si $x - 3 = 0$.

$x + 3 = 0$	$x - 3 = 0$
$x = -3$	$x = 3$

Il existe deux nombres (3 et -3) qui ont pour carré 9.

→ $x^2 = 7$

$x^2 - 7 = 0$; $x^2 - (\sqrt{7})^2 = 0$; $(x + \sqrt{7})(x - \sqrt{7}) = 0$.
Le produit $(x + \sqrt{7})(x - \sqrt{7})$ est nul si $x + \sqrt{7} = 0$ ou si $x - \sqrt{7} = 0$.

$x + \sqrt{7} = 0$	$x - \sqrt{7} = 0$
$x = -\sqrt{7}$	$x = \sqrt{7}$

Il existe deux nombres ($\sqrt{7}$ et $-\sqrt{7}$) qui ont pour carré 7.

→ $x^2 = -25$

Il n'y a pas de solution, car le carré d'un nombre ne peut pas être négatif.

Utilisation de la calculatrice

→ La touche $\boxed{\sqrt{x}}$ de la calculatrice donne la valeur, ou une valeur approchée, de la racine carrée d'un nombre positif.

Frappe	Affichage	Réponse
4 $\boxed{\sqrt{x}}$	2	$\sqrt{4} = 2$
2,25 $\boxed{\sqrt{x}}$	1,5	$\sqrt{2,25} = 1,5$
7 $\boxed{\sqrt{x}}$	2,6457513	$\sqrt{7} \approx 2,6457513$
-4 $\boxed{\sqrt{x}}$	Erreur	$\sqrt{-4}$ n'a pas de sens

14

Équations

Maths

Résolvez par substitution le système :
$\begin{cases} y = 3 \\ 2x + y = 5 \end{cases}$
Quelle est la solution $(x ; y)$?

Résolvez par addition le système :
$\begin{cases} x + y = 3 \\ x - y = 5 \end{cases}$
Quelle est la solution $(x ; y)$?

Quelles sont les solutions de l'équation $(x - 1)(x + 1) = 0$?

Système d'équations à deux inconnues

Exemple : (I) $\begin{cases} -2x + y + 4 = 0 & \textbf{(1)} \\ -x + 2y - 1 = 0 & \textbf{(2)} \end{cases}$

Résoudre le système (I), c'est déterminer les couples de nombres (x, y), s'il en existe, qui vérifient à la fois les deux équations. Chacun de ces couples est une **solution** du système (I).

→ Résolution algébrique

– Méthode par substitution

On exprime l'une des inconnues en fonction de l'autre dans l'une des équations ($y = 2x - 4$) et l'on reporte l'expression trouvée dans l'autre équation ($-x + 2(2x - 4) - 1 = 0$; $-x + 4x - 8 - 1 = 0$; $3x - 9 = 0$; $x = 3$). D'où : $y = 2x - 4 = 2(3) - 4 = 2$.

– Méthode par addition (ou par combinaison)

On multiplie les deux membres de l'équation **(1)** par un nombre K_1 et les deux membres de l'équation **(2)** par un nombre K_2. On choisit K_1 et K_2 de façon que, dans l'addition membre à membre, l'une des inconnues x ou y disparaisse.

En choisissant, par exemple, $K_1 = -2$ et $K_2 = 1$, on élimine y :

$\begin{cases} -2(-2x + y + 4) = 0 \\ 1(-x + 2y - 1) = 0 \end{cases}$ $\quad 4x - 8 - x - 1 = 0$; $3x - 9 = 0$; $x = 3$.

D'où : $y = 2x - 4 = 2(3) - 4 = 2$.

→ Résolution graphique

Le système (I) peut s'écrire : (I') $\begin{cases} y = 2x - 4 & \textbf{(1')} \\ y = \dfrac{1}{2}x + \dfrac{1}{2} & \textbf{(2')} \end{cases}$

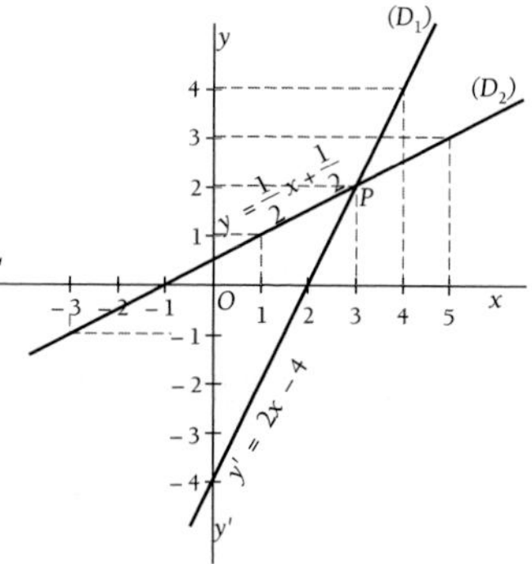

Le plan étant rapporté à deux axes de coordonnées, les fonctions affines :

$$x \longmapsto 2x - 4 \text{ et } x \longmapsto \frac{1}{2}x + \frac{1}{2}$$

ont pour représentations graphiques deux droites sécantes (D_1) et (D_2) qui ont en commun le point P.

On lit les coordonnées de P : $x = 3$ et $y = 2$.

Le couple (3 ; 2) est la seule solution du système (I).

Équation du type $A \times B = 0$

→ Résoudre l'équation $2(3x + 1)(-4x + 5) = 0$.

Le premier membre n'est nul que si $3x + 1$ ou $-4x + 5$ est nul. D'où deux possibilités :

$3x + 1 = 0$	$-4x + 5 = 0$
$3x = -1$	$-4x = -5$
$x = -\dfrac{1}{3}$	$x = \dfrac{5}{4}$

L'équation admet deux solutions : $-\dfrac{1}{3}$ et $\dfrac{5}{4}$.

Problème du premier degré

On peut, dans la plupart des cas, utiliser le plan suivant :

1) choix de l'inconnue ou des inconnues ;

2) traduction de l'énoncé (équations, conditions) ;

3) résolution ;

4) conclusion (retour au problème posé) ;

5) vérification facultative (à partir de l'énoncé).

Exemple : à la fin d'un week-end, un musée a enregistré les recettes suivantes :
samedi : 870 € pour 120 entrées adultes et 50 entrées enfants ;
dimanche : 690 € pour 100 entrées adultes et 30 entrées enfants.
Déterminer le prix d'une entrée adulte et celui d'une entrée enfant.

1) Choix des inconnues

Soit x le prix d'une entrée adulte et y le prix d'une entrée enfant.

2) Traduction de l'énoncé

Les nombres positifs x et y vérifient le système suivant :

$$(\text{I}) \quad \begin{cases} 120x + 50y = 870 \\ 100x + 30y = 690 \end{cases}$$

3) Résolution

Après simplification, on obtient le système (II) :

$$(\text{II}) \quad \begin{cases} 12x + 5y = 87 & \textbf{(1)} \\ 10x + 3y = 69 & \textbf{(2)} \end{cases}$$

En multipliant les deux membres de l'équation **(1)** par 3 et ceux de l'équation **(2)** par – 5 :

$$\begin{cases} 36x + 15y = 261 & \textbf{(1')} \\ -50x - 15y = -345 & \textbf{(2')} \end{cases}$$

En additionnant membre à membre les équations **(1')** et **(2')** :

$$-14x = -84 \ ; \ x = 6.$$

On remplace x par 6 dans l'équation **(2)** :

$$60 + 3y = 69 \ ; \ 3y = 9 \ ; \ y = 3.$$

4) Conclusion

Le prix d'une entrée adulte est donc de 6 € et celui d'une entrée enfant de 3 €.

5) Vérification

120 entrées adultes : 720 € ; 50 entrées enfants : 150 € ; total : 870 €.
100 entrées adultes : 600 € ; 30 entrées enfants : 90 € ; total : 690 €.

15

Maths

Inéquations

✐ Quelle est la bonne réponse ?
– Si $a > b$ et $k < 0$, alors $k \times a > k \times b$.
– Si $a > b$ et $k > 0$, alors $k \times a > k \times b$.

✐ Quelles sont les solutions de l'inéquation $-4x < 8$?

✐ Quelles sont les solutions de l'inéquation $\frac{x}{-12} > \frac{5}{-12}$?

Solutions d'une inéquation

→ Résoudre l'inéquation **(1)**, c'est déterminer les nombres x, s'il en existe, qui vérifient l'inégalité. Chacun de ces nombres est appelé « solution » de l'inéquation.

Exemple : $-4x + 6 + 5x > 4x - 7$; $x + 6 > 4x - 7$ **(1)**
On isole les termes en x dans un membre : $x - 4x > -7 - 6$; $-3x > -13$.

→ Si l'on multiplie ou si l'on divise les deux membres d'une inéquation par un même nombre k non nul, on obtient une inéquation qui a les mêmes solutions (à condition de changer le sens de l'inéquation lorsque k est négatif : le signe $>$ est changé en $<$, le signe $<$ est changé en $>$).
On multiplie les deux membres de l'inéquation par -1.
Il vient : $3x < 13$.

On multiplie les deux membres de l'inéquation par $\frac{1}{3}$:

$$x < \frac{13}{3}.$$

On représente les solutions de l'inéquation sur une droite graduée, en rayant la partie de la droite qui ne convient pas :

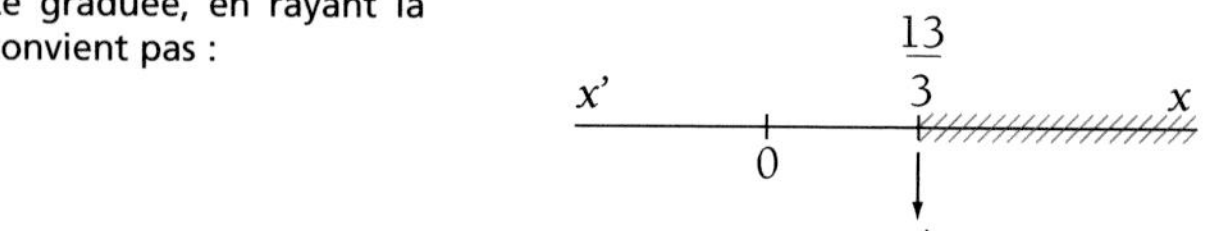

→ **Variantes (inéquation (1))**

a) $-3x > -13$; $x < \frac{-13}{-3}$; $x < \frac{13}{3}$.

b) $-3x > -13$; on transpose les deux termes : $13 > 3x$; $\frac{13}{3} > x$; $x < \frac{13}{3}$.

Cas particuliers

→ **Résoudre l'inéquation : $9 + 3(x - 2) < 5(x - 3) - (5 + 2x)$.**

→ $9 + 3x - 6 < 5x - 15 - 5 - 2x$
$3x - 5x + 2x < -15 - 5 - 9 + 6$
$0x < -23$.

Quel que soit x, le produit $0x$ vaut 0 et n'est pas inférieur à -23. L'inéquation n'a pas de solution.

→ **Résoudre l'inéquation : $9 + 3(x - 2) > 5(x - 3) - (5 + 2x)$.**

→ Voir les calculs précédents. On obtient : $0x > -23$.
Quel que soit x, le produit $0x$ vaut 0 et il est supérieur à -23. Tout nombre est solution de l'inéquation.

Inéquation avec dénominateurs

Exemple : $\frac{2x-1}{3} - \frac{5}{6} > \frac{2x+5}{2} + 2$ **(1)**

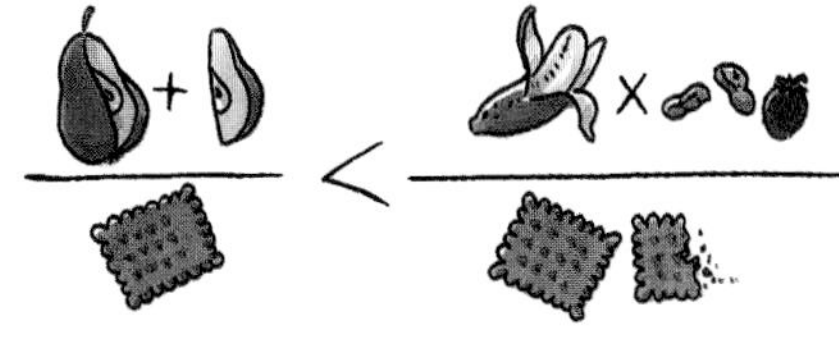

→ On réduit tous les termes de l'inéquation **(1)** au même dénominateur 6 :

$\frac{(2x-1)\times 2}{3\times 2} - \frac{5}{6} > \frac{(2x+5)\times 3}{2\times 3} + \frac{2\times 6}{1\times 6}$

$\frac{4x-2}{6} - \frac{5}{6} > \frac{6x+15}{6} + \frac{12}{6}$ **(2)**

→ On multiplie les deux membres de l'inéquation **(2)** par 6 ; **on garde le signe d'inégalité >.** On dit que l'on **garde le sens** de l'inéquation.

$4x - 2 - 5 > 6x + 15 + 12$
$4x - 7 > 6x + 27$

→ On groupe tous les termes en x dans le même membre et tous les autres termes dans l'autre membre :

$4x - 6x > 27 + 7$
$-2x > 34$ **(3)**

On divise les deux membres de l'inéquation **(3)** par – 2, **on change le signe > en <**. On dit que l'on **change le sens** de l'inéquation.

$$x < -17.$$

Tous les nombres inférieurs à – 17 sont solutions de l'inéquation (1).

On peut représenter sur une droite graduée les solutions de l'inéquation **(1)** :

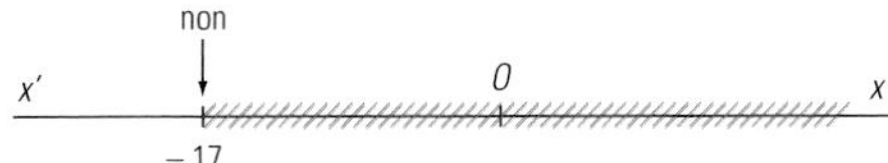

On a rayé la partie de la droite graduée qui ne convient pas.

Problème

→ Le tarif d'entrée à la piscine municipale est de 3 € par personne. Si l'on achète une carte d'abonnement de 2 mois valant 9 €, on ne paye plus que 1,2 € pour chaque entrée. À partir de combien d'entrées l'abonnement est-il avantageux ?

→ Pour un nombre d'entrées x, on paye $3x$ si l'on n'est pas abonné, $9 + 1{,}2x$ si l'on est abonné. L'abonnement est avantageux si $9 + 1{,}2x < 3x$.

→ **Résolution de l'inéquation**

$9 + 1{,}2x < 3x$; $9 < 3x - 1{,}2x$; $9 < 1{,}8x$; $5 < x$.

→ **Conclusion**

L'abonnement est avantageux à partir de la sixième entrée.

16

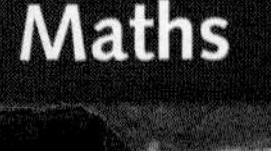

Maths

Le temps

Les années

1 millénaire = 1 000 ans, 1 siècle = 100 ans.

1 année = 12 mois = 365 jours.

1er semestre		2e semestre	
janvier 31 j février 28 (ou 29) j mars 31 j	avril 30 j mai 31 j juin 30 j	juillet 31 j août 31 j septembre 30 j	octobre 31 j novembre 30 j décembre 31 j
1er trimestre	2e trimestre	3e trimestre	4e trimestre

Tous les 4 ans, l'année a 366 jours. Elle est **bissextile** : février a 29 jours au lieu de 28. Années bissextiles : 2000, 2004, 2008, 2012, etc.

Les heures, les minutes, les secondes

1 jour = 24 heures.

1 h (heure) **= 60 min** (minutes).

1 min = 60 s (secondes).

1 h = (60 × 60) s **= 3 600 s**.

5 h 35 min = (60 × 5) min et 35 min = 335 min.

5 h 6 min 7 s = (3 600 × 5) s + (60 × 6) s + 7 s = 18 000 s + 360 s + 7 s = 18 367 s.

→ **375 min**, en h, min et s :

375 | 60 ; reste 15, quotient 6 → **6 h 15 min et 0 s**

→ **3 724 s**, en h, min et s :

3 724 | 3 600 ; reste 0 124, quotient 1 → **1 h et 124 s** → 124 | 60 ; reste 04, quotient 2 → **1 h 2 min et 4 s**

QUEL EST CE SECRET ?

?

Ces 5 nombres trouvés dans un document secret servent à indiquer la même durée. Laquelle ?

3 36 1 095 26 280 1 576 800

Réponse : 3 ans – 36 mois (12 × 3) – 1 095 jours (365 × 3) ; 26 280 heures (1 095 × 24) ; 1 576 800 minutes (26 280 × 60).

Mesurer le temps

Addition

→ 7 h 34 min 25 s + 2 h 53 min 38 s = 9 h 87 min 63 s.

63 s = 1 min 3 s ;

9 h 87 min 63 s = 9 h 88 min 3 s ;

88 min = 1 h 28 min ;

9 h 88 min 3 s = 10 h 28 min 3 s ;

	h	min	s
	7	34	25
+	2	53	38
	9	87	63

7 h 34 min 25 s + 2 h 53 min 38 s = 10 h 28 min 3 s.

Soustraction

→ 14 h 25 min – 9 h 40 min.

14 h 25 min – 9 h 40 min = 4 h 45 min.

	h	min
	14	25
–	9	40
	5	impossible

→

	h	min
	13	85
–	9	40
	4	45

Multiplication

→ 6 h 38 min 12 s × 4 = 24 h 152 min 48 s.

152 min = 2 h 32 min ;

24 h 152 min 48 s = 26 h 32 min 48 s.

6 h 38 min 12 s × 4 = 26 h 32 min 48 s.

	h	min	s
	6	38	12
×	4	4	4
	24	152	48

Division

→ 34 h 30 min : 5

34	5
4	6

→ **4** h = (60 × 4) = 240 min.
(240 + 30) min = **270** min. →

270	5
20	**54**
0	

→ **54** min.

6 h et il reste **4** h à diviser.

34 h 30 min : 5 = **6 h 54 min**.

DEVINETTE

Un pilote de formule 1 arrive à son stand à 14 h 59 min 57 s.
Il repart 9 secondes plus tard.
À quelle heure repart-il ?

Réponse : Il repart à 15 h 6 s.

18

Unités de

Maths

Unités de longueurs

km	hm	dam	m	dm	cm	mm
•	•	•	•	•	•	•
3	8	4	5	0	6	0

→ **Écriture** en mètres : 3 845,06 m.

→ **Lecture** : trois mille huit cent quarante-cinq mètres et six centimètres (ou soixante millimètres).

47 000 m = 47 km ; 7 490 m = 7,49 km ; 17,5 km = 17 500 m ; 870 cm = 8,7 m ; 52 m = 5 200 cm ; 46,5 m = 4 650 cm ; 80 mm = 0,08 m = 8 cm ; 70 m = 0,7 hm ; 4 751 mm = 4,751 m ; 9,37 m = 9 370 mm ; 58 cm = 580 mm ; 246 mm = 24,6 cm.

Unités de masses

t	q		kg	hg	dag	g	dg	cg	mg
•	•	•	•	•	•	•	•	•	•
5	7	8	3	0	4	0			

1 t (tonne) = 1 000 kg ;
1 q (quintal) = 100 kg ;
500 kg = 5 q = 0,5 t.

→ **Écriture** en kilogrammes : 5 783,04 kg.

→ **Lecture** : cinq mille sept cent quatre-vingt-trois kilogrammes et quarante grammes.

7,82 t = 7 820 kg ; 7 520 g = 7,52 kg ; 0,056 g = 56 mg ; 270 mg = 27 cg = 0,27 g ; 70 q = 7 000 kg = 7 t ; 28,6 kg = 28 600 g ; 7 450 mg = 7,45 g ; 0,6 g = 60 cg = 600 mg.

Unités de volumes

→ **Écriture** en litres = 8,25 L.

→ **Lecture** : huit litres vingt-cinq ou huit litres et vingt-cinq centilitres.

L	dL	cL
•	•	•
8	2	5

975 cL = 9,75 L ; 63,5 dL = 635 cL ; 7 cL = 0,07 L ; 480 cL = 4,8 L ; 43,7 L = 4 370 cL.

DEVINETTE

Pour organiser un goûter, une mère de famille a acheté 18 bouteilles de 33 cL de jus de fruits, et une autre maman, 4 bouteilles de 1 litre et demi. Laquelle de ces dames a acheté le plus de jus de fruit ?

Réponse : la 2e dame.
1. 33 × 18 = 594. 594 cL = 5,94 L.
2. 1,5 × 4 = 6 L.

mesures

Unités de surfaces (ou unités d'aires)

km^2	hm^2 (*)	dam^2 (*)	m^2	dm^2	cm^2
• •	• •	• •	• •	• •	• •
		7 6	4 2	2 5	
	ha	a			

$1\ m^2 = 100\ dm^2 = 10\ 000\ cm^2$;
$1\ dm^2 = 100\ cm^2$;
$1\ km^2 = 1\ 000\ 000$ de m^2.

(*) Ces unités ne sont pas au programme des classes de CM2.

→ **Écriture** en mètres carré : 7 642,25 m^2.

→ **Lecture** : sept mille six cent quarante-deux mètres carrés vingt-cinq, ou sept mille six cent quarante-deux mètres carrés et vingt-cinq décimètres carrés.

→ **Mesures agraires**

1 are = 100 m^2 ; 1 ha = 100 a ; 1 ha = 10 000 m^2 ; 1 km^2 = 100 ha ;

130 ha = 1,3 km^2 ; 86 700 ha = 867 km^2 ; 43,5 km^2 = 4 350 ha.

48 cm^2 = 0,48 dm^2 ; 729 cm^2 = 7,29 dm^2.

3,75 m^2 = 375 dm^2 = 37 500 cm^2 ; 5 300 cm^2 = 0,53 m^2 ; 18 500 cm^2 = 1,85 m^2 ;

28 ha = 280 000 m^2 ; 23 500 m^2 = 2,35 ha ; 9 700 m^2 = 0,97 ha ; 5 000 m^2 = 0,5 ha ;

0,07 ha = 700 m^2 ; 0,095 ha = 950 m^2.

Unités de longueur	cm	× 10	dm	× 10	m
Unités d'aire	cm^2	× 100	dm^2	× 100	m^2

QUELLE EST LA SUPERFICIE DU MORBIHAN ?

Région : Bretagne ...... 28 097 km^2.
Départements :
Côtes d'Armor (22) ...... 7 218 km^2.
Finistère (29) ...... 7 029 km^2.
Ille et Vilaine (35) ...... 6 758 km^2.
Morbihan (56) ...... ?

FINISTÈRE
22 CÔTES-D'ARMOR
ILLE-ET-VILAINE
29
BRETAGNE
56
35
Rennes
MORBIHAN
100 km

Quelle est, en ha, la superficie du Morbihan ?

Réponse : 709 200 ha. 7 218 + 7 029 + 6 758 = 21 005 ; 28 097 – 21 005 = 7 092. 7 092 km^2 = 709 200 ha.

19

Maths

Quelle est l'unité principale de longueur ?

Combien de mètres y a-t-il dans 1 dam ?

Comment calculer le périmètre d'un cercle ?

Les longueurs

Les unités

→ L'unité principale servant à mesurer les longueurs est **le mètre** (abréviation : m).

→ **Les multiples** du mètre sont **le décamètre** (dam), **l'hectomètre** (hm) et **le kilomètre** (km).

→ **Les sous-multiples** du mètre sont **le décimètre** (dm), **le centimètre** (cm) et **le millimètre** (mm).

→ Chaque unité vaut dix fois l'unité immédiatement inférieure :
1 km = 10 hm, 1 hm = 10 dam, 1 dam = 10 m,
1 m = 10 dm, 1 dm = 10 cm, 1 cm = 10 mm.

Changement d'unité

→ Une façade mesure 12,36 m.

km	hm	dam	m	dm	cm	mm
0	0	1	2 ,	3	6	0
0	0	1 ,	2	3	6	0
0	0 ,	1	2	3	6	0
0	0	1	2	3 ,	6	0
0	0	1	2	3	6 ,	0

Voici la longueur de la façade exprimée :
en m : 12,36
en dam : 1,236
en hm : 0,1236
en dm : 123,6
en cm : 1 236

La virgule se déplace d'un chiffre quand on change d'unité.

→ La mesure d'une longueur est un nombre qui dépend de l'unité de longueur choisie : **si l'on change d'unité, la mesure est changée**, elle est multipliée ou divisée par 10, ou par 10 × 10, ou par 10 × 10 × 10, etc.

Périmètres

Le périmètre *P* d'une figure est la longueur du contour de cette figure.

→ Carré

$P = c \times 4$

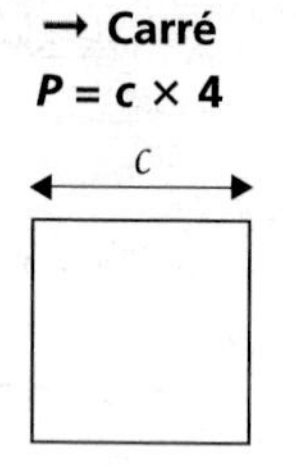

c : longueur du côté
P : périmètre du carré

→ Rectangle

$P = (L + \ell) \times 2$

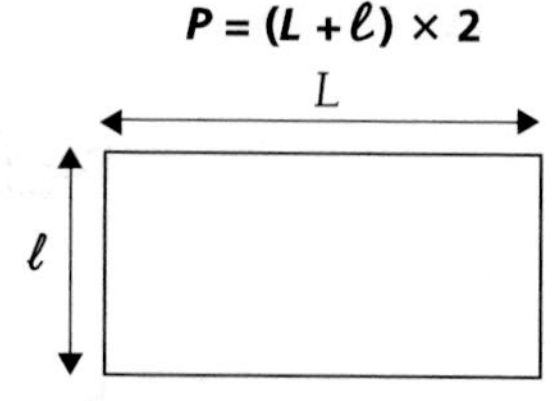

L : longueur
ℓ : largeur
P : périmètre du rectangle

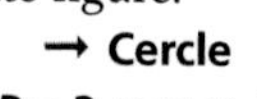
→ Cercle

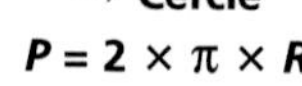
$P = 2 \times \pi \times R$

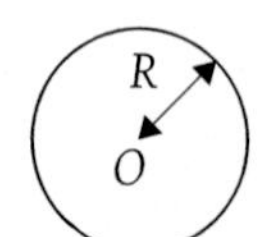

π = 3,14 (valeur approchée)
R : rayon
P : périmètre du cercle

Le mètre

→ **Le mètre** a été défini en 1795. Il fut décidé alors que les méridiens terrestres (« cercles » passant par le pôle Nord et le pôle Sud) mesureraient chacun 40 millions de mètres.

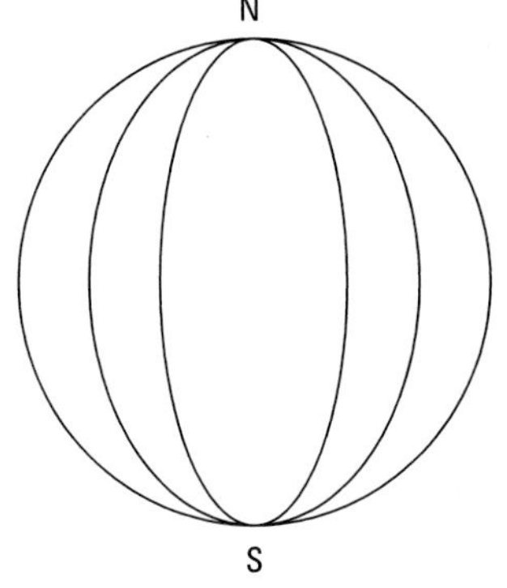

Le mètre-étalon

→ **Le mètre-étalon** en platine iridié (alliage de platine et d'un autre métal appelé iridium) est déposé au Bureau international des Poids et Mesures à Sèvres.
Depuis 1983, le mètre est défini à partir de la vitesse de la lumière dans le vide : la lumière parcourt 299 792 458 mètres en 1 seconde.

Choix de l'unité

→ Quand on mesure une longueur, il faut choisir **une unité convenable de façon à trouver un nombre qui ne soit ni trop grand ni trop petit.**
Si, par exemple, on exprime en millimètres la distance à vol d'oiseau de Paris à Marseille, on trouve un grand nombre : 628 000 000 mm. Il est préférable de choisir le kilomètre comme unité : on obtient 628 km.

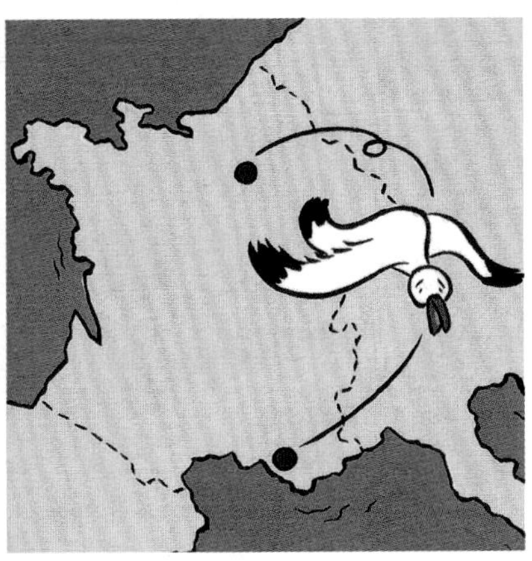

Utilisation d'une formule ; équation

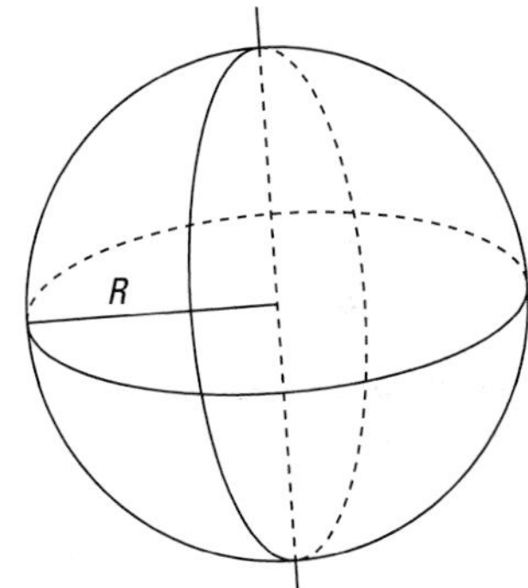

→ Sachant que les méridiens terrestres sont approximativement des cercles dont la longueur est 40 000 km, on peut calculer le rayon R de la Terre, exprimé en km, de la manière suivante :

$$2 \times 3{,}14 \times R = 40\,000$$

$$6{,}28 \times R = 40\,000$$

$$R = \frac{40\,000}{6{,}28}$$

$$R = 6\,369{,}42\ldots$$

Les rayons terrestres mesurent approximativement 6 370 km.

20

Maths

Les aires

Quelle est l'unité principale d'aire ?

Combien de m^2 valent 10 000 cm^2 ?

Comment calculer l'aire d'un rectangle ?

Les unités

→ L'unité principale servant à mesurer les aires est **le mètre carré** (abréviation : m^2). Le mètre carré est l'aire d'un carré de 1 m de côté.

→ **Les multiples** du mètre carré sont **le décamètre carré** (dam^2), **l'hectomètre carré** (hm^2) et **le kilomètre carré** (km^2).

→ **Les sous-multiples** du mètre carré sont **le décimètre carré** (dm^2), **le centimètre carré** (cm^2) et **le millimètre carré** (mm^2).

→ Chaque unité vaut 100 fois l'unité immédiatement inférieure :

$1\ km^2 = 100\ hm^2$, $1\ hm^2 = 100\ dam^2$, $1\ dam^2 = 100\ m^2$,
$1\ m^2 = 100\ dm^2$, $1\ dm^2 = 100\ cm^2$, $1\ cm^2 = 100\ mm^2$.

Changement d'unité

→ Une table de ping-pong a une aire de 4,1785 m^2.

dam^2		m^2		dm^2		cm^2		mm^2	
0 0		0 4	,	1 7		8 5		0 0	
0 0	,	0 4		1 7		8 5		0 0	
0 0		0 4		1 7	,	8 5		0 0	
0 0		0 4		1 7		8 5	,	0 0	
0 0		0 4		1 7		8 5		0 0	,

Voici cette aire exprimée :
en m^2 : 4,1785
en dam^2 : 0,041785
en dm^2 : 417,85
en cm^2 : 41 785
en mm^2 : 4 178 500

La virgule se déplace par tranches de deux chiffres quand on change d'unité.

→ La mesure d'une aire est un nombre qui dépend de l'unité d'aire choisie : **si l'on change d'unité, la mesure est changée**, elle est multipliée ou divisée par 100, ou par 100 × 100, ou par 100 × 100 × 100, etc.

Calcul d'aires

L'aire A d'une figure est la mesure de sa surface.

→ Carré

$A = c \times c$

→ Rectangle

$A = L \times \ell$

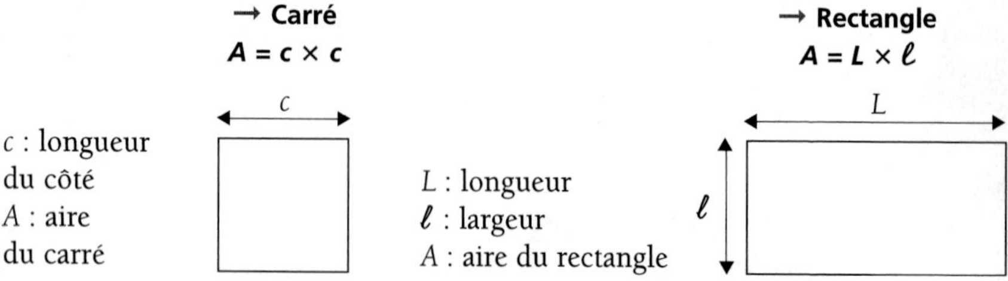

c : longueur du côté
A : aire du carré

L : longueur
ℓ : largeur
A : aire du rectangle

Dans ces formules, longueurs et aires sont exprimées avec des unités correspondantes (longueurs en cm et aires en cm^2, par exemple).

Unités agraires

→ Pour mesurer l'aire des grands terrains à la campagne (champs, bois, prairies), on utilise **l'are, l'hectare et le centiare** :

nom	définitions		abréviation
are	autre nom du décamètre carré	aire d'un carré de **1 dam** de côté	**a**
hectare	cent ares ; autre nom de l'hectomètre carré	aire d'un carré de **1 hm** de côté	**ha**
centiare	centième partie de l'are ; autre nom du mètre carré	aire d'un carré de **1 m** de côté	**ca**

Proportionnalité

→ *Exemple :* Justin pose des carrelages. Il a calculé les aires des carreaux qu'il utilise :

	carreau n° 1 (100 mm sur 100 mm)	carreau n° 2 (195 mm sur 98 mm)	carreau n° 3 (292 mm sur 195 mm)	
aire en **mm²**	10 000	19 110	56 940	
aire en **cm²**	100	191,1	569,4	↓ : 100 ↑ x 100
aire en **dm²**	1	1,911	5,694	↓ : 100 ↑ x 100
aire en **m²**	0,01	0,01911	0,05694	↓ : 100 ↑ x 100

L'aire d'un parallélépipède rectangle

On veut repeindre extérieurement un grand coffre dont les dimensions sont 3 m (longueur), 1,5 m (largeur) et 1,5 m (hauteur).

Il faut calculer l'aire de la surface à repeindre.

→ On calcule l'aire d'une face rectangulaire de 3 m sur 1,5 m :

3 x 1,5 = 4,5 m^2.

→ On calcule l'aire d'une face carrée de 1,5 m sur 1,5 m :

1,5 x 1,5 = 2,25 m^2.

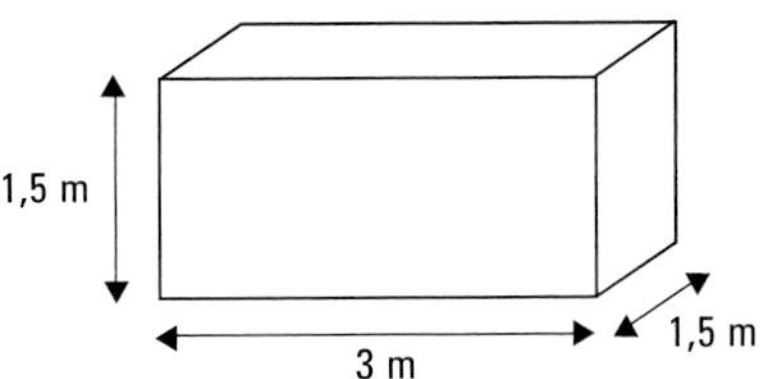

Il y a quatre faces rectangulaires identiques et deux faces carrées identiques.

→ On trouve l'aire totale : (4,5 x 4) + (2,25 x 2) = 18 + 4,5 = 22,5 m^2.

21

Les volumes et

Maths

Quelle est l'unité principale de volume ?

Combien de cm^3 valent 10 m^3 ?

Comment calculer le volume d'un cube ?

Les unités de volume

→ L'unité principale servant à mesurer les volumes est **le mètre cube** (abréviation : m^3). Le mètre cube est le volume d'un cube de 1 m d'arête.

→ **Les multiples** du mètre cube sont **le décamètre cube** (dam^3), **l'hectomètre cube** (hm^3) et **le kilomètre cube** (km^3).

→ **Les sous-multiples** du mètre cube sont **le décimètre cube** (dm^3), **le centimètre cube** (cm^3) et **le millimètre cube** (mm^3).

→ Chaque unité vaut 1 000 fois l'unité immédiatement inférieure :

1 km^3 = 1 000 hm^3, 1 hm^3 = 1 000 dam^3, 1 dam^3 = 1 000 m^3,
1 m^3 = 1 000 dm^3, 1 dm^3 = 1 000 cm^3, 1 cm^3 = 1 000 mm^3.

Changement d'unité

→ Une entreprise fabriquant du béton livre 9,6 m^3 de béton sur un chantier.

m^3		dm^3		cm^3		mm^3
0 0 9	,	6 0 0		0 0 0		0 0 0
0 0 9		6 0 0	,	0 0 0		0 0 0
0 0 9		6 0 0		0 0 0	,	0 0 0
0 0 9		6 0 0		0 0 0		0 0 0

Voici ce volume exprimé :
en m^3 : 9,6
en dm^3 : 9 600
en cm^3 : 9 600 000
en mm^3 : 9 600 000 000

La virgule se déplace par tranches de trois chiffres quand on change d'unité.

→ La mesure d'un volume est un nombre qui dépend de l'unité de volume choisie : **si l'on change d'unité, la mesure est changée**, elle est multipliée ou divisée par 1 000, ou par 1 000 × 1 000, ou par 1 000 × 1 000 × 1 000, etc.

Calcul de volumes

→ **Cube**

$V = a \times a \times a$

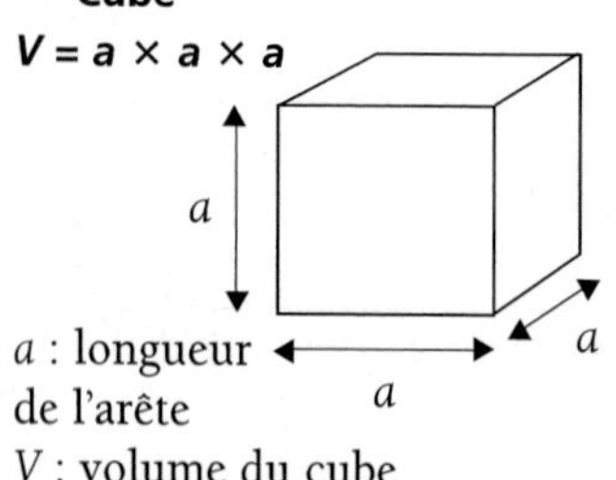

a : longueur de l'arête
V : volume du cube

→ **Parallélépipède rectangle**

$V = L \times \ell \times h$

$V = A \times h$

L : longueur
ℓ : largeur
h : hauteur
A : aire de la base
V : volume du parallélépipède rectangle

h
L
ℓ

Dans ces formules, les longueurs, l'aire et le volume sont exprimés avec des unités correspondantes (longueurs en cm, aire en cm^2 et volume en cm^3, par exemple).

les capacités

Les unités de capacité

→ **Le litre** (abréviation : L) est un autre nom du décimètre cube.

	nom	abréviation	définition
multiples du litre	hectolitre	hL	cent litres
	décalitre	daL	dix litres
sous-multiples du litre	décilitre	dL	dixième partie du litre
	centilitre	cL	centième partie du litre
	millilitre	mL	millième partie du litre

Chaque unité vaut dix fois l'unité immédiatement inférieure :

1 hL = 10 daL, 1 daL = 10 L,

1 L = 10 dL, 1 dL = 10 cL, 1 cL = 10 mL.

1 dm^3 = 1 L, 1 m^3 = 1 000 L, 1 cm^3 = 1 mL.

Changement d'unité

→ La capacité d'une gourde est de 2,3 L.

hL	daL	L	dL	cL	mL
0	0	2 ,	3	0	0
0	0 ,	2	3	0	0
0 ,	0	2	3	0	0
0	0	2	3 ,	0	0
0	0	2	3	0 ,	0

Voici cette capacité exprimée :

en L : 2,3

en daL : 0,23

en hL : 0,023

en dL : 23

en cL : 230

La mesure d'une capacité est un nombre qui dépend de l'unité de capacité choisie : **si l'on change d'unité, la mesure est changée**, elle est multipliée ou divisée par 10, ou par 10 × 10, ou par 10 × 10 × 10, etc.

Carré et cube d'un nombre

→ Aire du carré

1,5 × 1,5 = 2,25 cm^2.

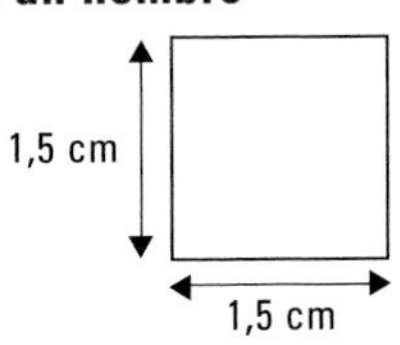

→ Volume du cube

1,5 × 1,5 × 1,5 = 3,375 cm^3.

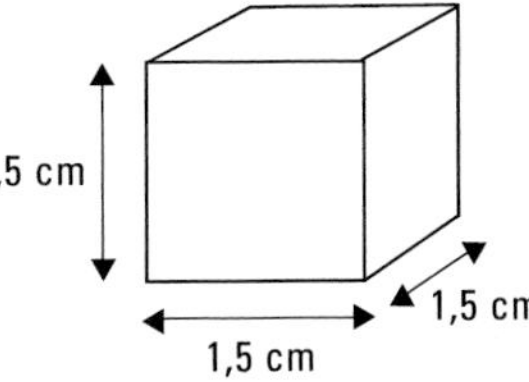

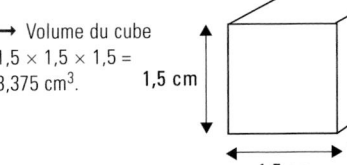

On dit que 2,25 est **le carré** de 1,5, et que 3,375 est **le cube** de 1,5.

2 a pour carré 4 et pour cube 8.

3 a pour carré 9 et pour cube 27.

10 a pour carré 100 et pour cube 1 000.

0,2 a pour carré 0,04 et pour cube 0,008.

22

Maths

Durées, vitesses

Quelle est la principale unité de temps ?

Combien de secondes font 2 h 20 min ?

Quand un mouvement est-il uniforme ?

Unités de durée

→ L'unité principale de temps est **la seconde** (abréviation : s). La seconde est divisée en **dixièmes**, **centièmes**, **millièmes** de seconde.

→ **La minute** (min) correspond à 60 secondes. **L'heure** (h) est une durée de 60 minutes. **Le jour** (j ou d) contient 24 heures (d est l'initiale du mot *day* signifiant « jour » en anglais). **L'année normale** a 365 jours.

L'année bissextile en compte 366 (le mois de février, qui a 28 jours lorsque l'année est normale, en a 29 lorsque l'année est bissextile). Les années 2000, 2004, 2008, 2012, par exemple, sont des années bissextiles.

Vitesse moyenne

→ On appelle vitesse moyenne v_m d'un mobile entre deux instants le quotient de la distance d parcourue par ce mobile par le temps t mis pour parcourir cette distance : $v_m = \frac{d}{t}$.

→ *Exemple* : Un cycliste a parcouru un circuit en montagne : 34,8 km de montée en 1 h 56 min, 50,4 km de descente en 1 h 12 min.

Vitesse moyenne dans la montée

1 h 56 min = 116 min ;

$\frac{34,8}{116} = 0,3$; 0,3 km par min ; 0,3 km/min ;

$0,3 \times 60 = 18$; 18 km par h ; **18 km/h.**

Vitesse moyenne dans la descente

1 h 12 min = 72 min ;

$\frac{50,4}{72} = 0,7$; 0,7 km par min ; 0,7 km/min ;

$0,7 \times 60 = 42$; 42 km par h ; **42 km/h.**

Mouvement uniforme

→ Lorsque les distances parcourues par un mobile sont proportionnelles aux temps mis pour les parcourir, on dit que le mouvement de ce mobile est **uniforme**. La vitesse moyenne v_m est alors la même sur toute partie du parcours. On l'appelle **vitesse du mouvement**. L'unité principale de vitesse est le mètre par seconde (m/s).

→ *Exemple* : Voici un tableau qui concerne le mouvement uniforme d'un avion en vol :

temps *t* de vol (en min)	1	10	12	18
distance *d* parcourue (en km)	13,8	138	165,6	248,4

↓ × 13,8

Chaque seconde, l'avion parcourt 0,23 km, car $\frac{13,8}{60} = 0,23$; vitesse : 0,23 km/s.

Chaque minute, l'avion parcourt 13,8 km ; vitesse : 13,8 km/min.

Chaque heure, l'avion parcourt 828 km, car $13,8 \times 60 = 828$; vitesse : 828 km/h.

Heures, minutes, secondes

→ **Convertir en secondes 2 h 12 min 28 s :**

60 × 12 = 720 ; 12 min = 720 s. 60 × 60 = 3 600 s ; 3 600 × 2 = 7 200 ; 2 h = 7 200 s.
7 200 + 720 + 28 = 7 948. **2 h 12 min 28 s = 7 948 s.**

Le coureur de 400 m

→ Dans une course de 400 m, voici les temps de passage d'un coureur aux 100 m, 200 m, 300 m et 400 m :

durée de la course (en s)	11	25	40	58
distance parcourue (en m)	100	200	300	400

→ Calcul de vitesses moyennes :

Sur les 100 premiers mètres : $\frac{100}{11}$ = 9,09... ; 9,09 m/s.

Sur les 200 premiers mètres : $\frac{200}{25}$ = 8 ; 8 m/s.

Sur les 300 premiers mètres : $\frac{300}{40}$ = 7,5 ; 7,5 m/s.

Sur les 400 mètres : $\frac{400}{58}$ = 6,89... ; 6,89 m/s.

On voit que la vitesse moyenne baisse : 9,09 ; 8 ; 7,5 ; 6,89.
Les distances parcourues ne sont pas proportionnelles aux temps mis pour les parcourir, le mouvement du coureur n'est donc pas uniforme.

Représentation graphique d'un mouvement uniforme

→ Voici un tableau qui concerne le mouvement uniforme d'un avion en vol :

temps t de vol (en min)	0	1	3	5	8	10
distance d parcourue (en km)	0	12	36	60	96	120

↓ × 12

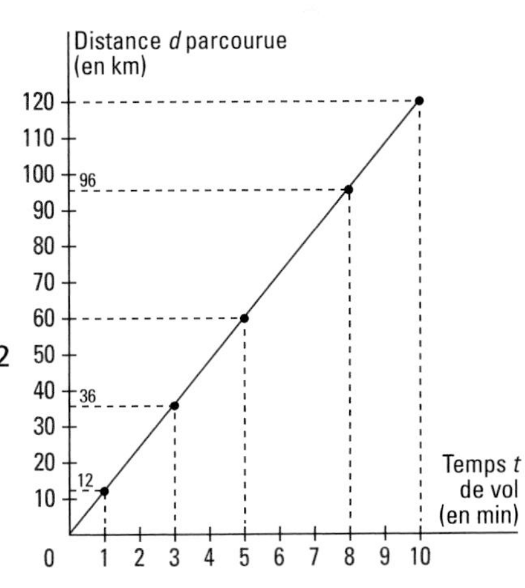

→ Les distances sont proportionnelles aux durées, la représentation graphique de la distance d en fonction du temps t est un segment de droite dont l'une des extrémités est l'origine du repère.

Remarque : La vitesse de l'avion est de 12 km/min, c'est-à-dire de 720 km/h.

23

Maths

Les points, les lignes, les angles

Points et droites

→ La ligne D est une **droite illimitée**. AB est un **segment de droite limité** à ses **deux extrémités** par les **points** A et B.

→ Les droites D_1 et D_2 sont **parallèles**. Elles ne se coupent pas.

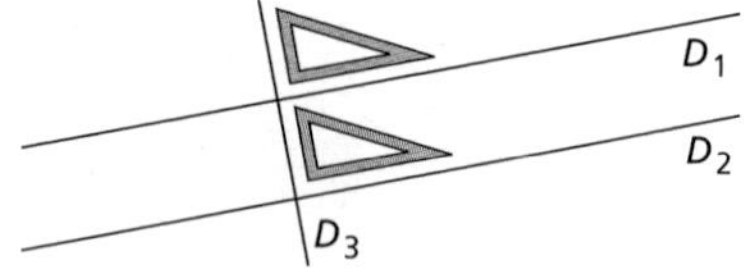

→ O est le **point d'intersection** des deux droites D et D'. Ces deux droites sont **sécantes**.

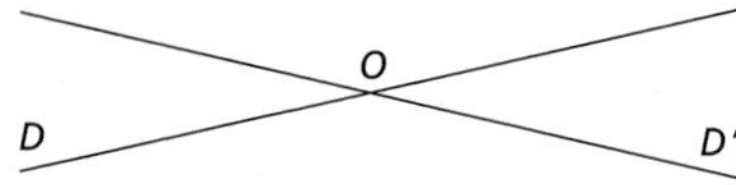

Angles

→ $\widehat{xOy}$ est un angle **droit**.
Les demi-droites Ox et Oy sont **perpendiculaires**.

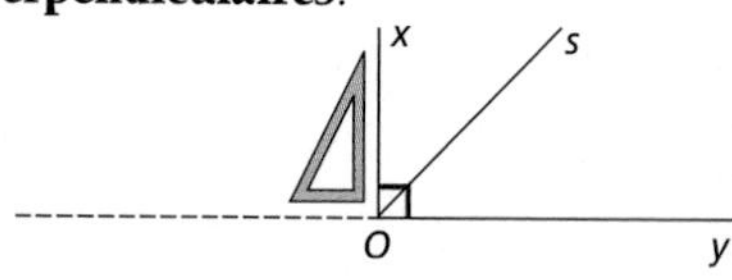

→ Les **demi-droites** Ox et Oy sont limitées par un seul point : O.

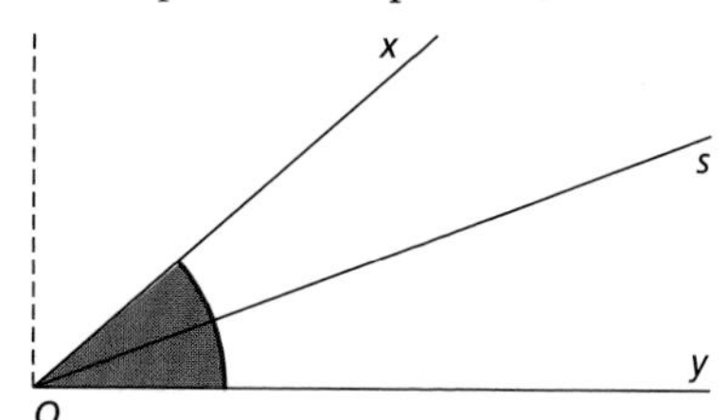

Elles sont les **côtés de l'angle aigu** $\widehat{xOy}$.
O est le **sommet** de l'angle.
L'axe de symétrie Os est la **bissectrice** de l'angle. Les angles $\widehat{xOs}$ et $\widehat{sOy}$ sont superposables : ils sont **égaux**.

→ $\widehat{xOy}$ est un angle **obtus**.

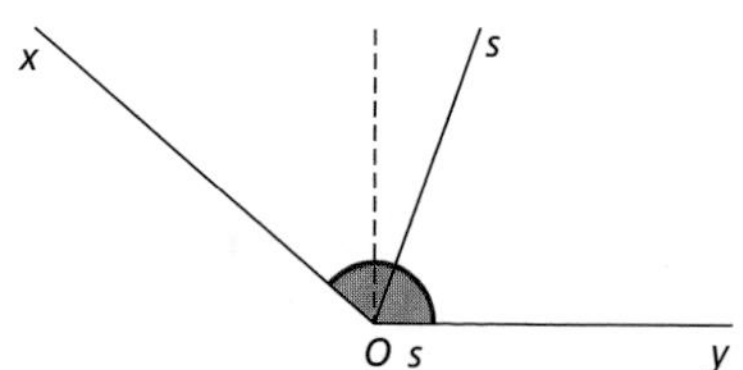

→ $\widehat{xOy}$ est un angle **plat**.

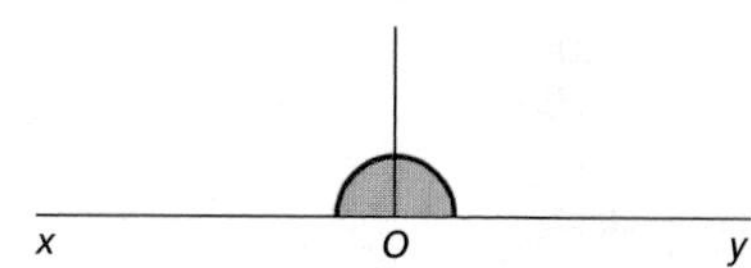

OÙ EST L'ANGLE DROIT ?

?

L'un de ces trois angles est droit. Lequel ?

① ② ③

Réponse : c'est le n° 2.
Le n° 1 est aigu.
Le n° 3 est obtus.

Les triangles

Les triangles ont trois côtés

Nature du triangle	Signes particuliers	Périmètre	Aire (surface)
quelconque 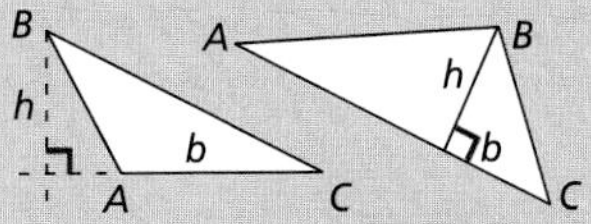	**3** sommets, donc : **3** côtés ; **3** angles. *b* : base ; *h* : hauteur.	$AB + BC + CA$	$\frac{b \times h}{2}$
isocèle 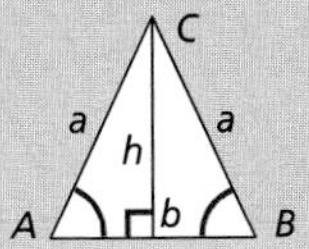	**2** côtés égaux ; **2** angles égaux. *h* : hauteur *h* : axe de symétrie *h* : bissectrice de l'angle $\widehat{ACB}$.	$(a \times 2) + b$	$\frac{b \times h}{2}$
équilatéral 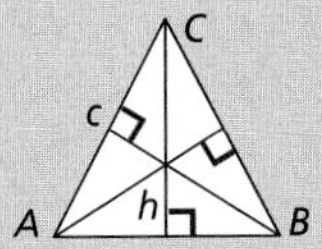	**3** côtés égaux ; **3** angles égaux ; **3** axes de symétrie.	$c \times 3$	$\frac{c \times h}{2}$
rectangle 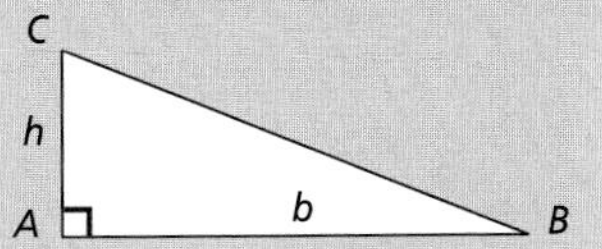	**1** angle droit.	$AB + BC + CA$	$\frac{b \times h}{2}$
rectangle isocèle 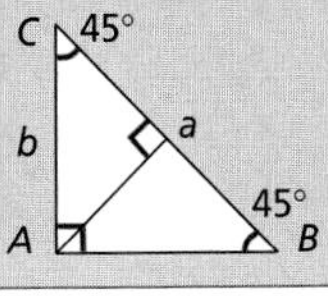	**1** angle droit ; **2** côtés égaux : $AB = AC$; **2** angles égaux ; **1** axe de symétrie.	$(b \times 2) + a$	$\frac{b \times b}{2}$

DEVINETTE

?

Combien de triangles rectangles voyons-nous dans le triangle équilatéral ?

Réponse : 12 ; 6 grands et 6 petits.

25

Les angles

Maths

Que désigne l'écriture $\widehat{xOy}$?

Comment tracer la bissectrice d'un angle ?

Combien de degrés y a-t-il dans un angle droit ?

Définitions

→ Secteur angulaire ou angle

Deux demi-droites *Ox* et *Oy* de même origine limitent dans le plan deux régions. Sur la figure 1, l'une de ces régions est colorée, l'autre est hachurée. Ces deux régions (frontières comprises) sont appelées secteurs angulaires, ou bien **angles**. Les demi-droites *Ox* et *Oy* sont les **côtés** de ces angles, le point *O* est leur **sommet**.

Notation : On écrit $\widehat{xOy}$ pour l'angle saillant (coloré sur la figure) et $\underset{\smile}{xOy}$ pour l'angle rentrant (hachuré sur la figure).

→ Bissectrice d'un angle

La bissectrice *Ou* de l'angle $\widehat{xOy}$ est la demi-droite qui partage cet angle en deux angles superposables, donc égaux (voir fig. 2).

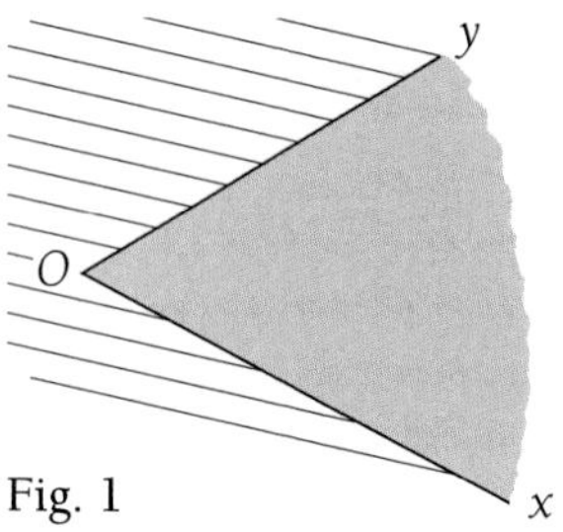

Fig. 1

Tracer la bissectrice d'un angle

→ Avec un compas, on trace un arc de cercle de centre *O* qui coupe les côtés *Ox* et *Oy* de l'angle $\widehat{xOy}$ en *A* et *B* (voir fig. 3).

On marque un point *I*, point d'intersection de deux arcs de cercle de même rayon, centrés en *A* et *B*. La droite (*OI*) est un axe de symétrie de la figure et la demi-droite d'origine *O* et passant par *I* est donc la bissectrice de l'angle $\widehat{xOy}$.

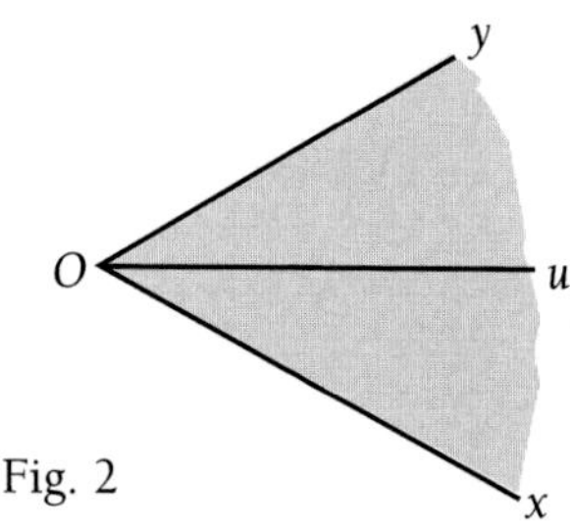

Fig. 2

Le degré et ses sous-multiples

→ Il est possible de diviser un angle droit en 90 angles, tous superposables. Chacun de ces 90 angles est un angle de 1 degré. Le degré (noté °) est la quatre-vingt-dixième partie de l'angle droit.

→ Sous-multiples décimaux du degré

Le décidegré est la dixième partie du degré, le centidegré est la centième partie du degré, le millidegré est la millième partie du degré.

Exemple : 64,37° signifie 64 degrés, 3 décidegrés et 7 centidegrés.

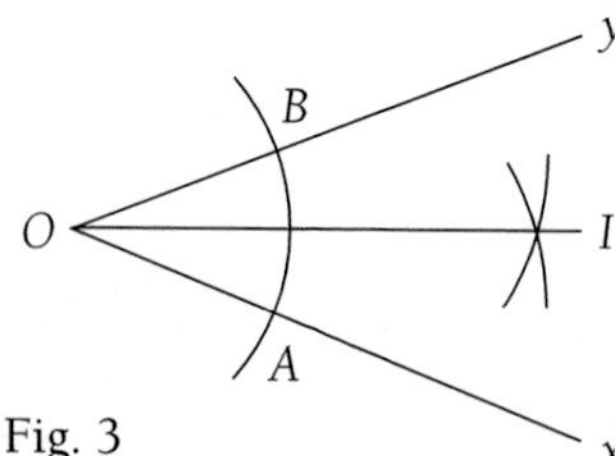

Fig. 3

Angles particuliers

→ **Angle plat :** les côtés Ox et Oy forment une ligne droite (voir fig. 4).

→ **Angle plein et angle nul :** les côtés Ox et Oy sont une même demi-droite (voir fig. 5).

– L'angle plein contient tous les points du plan.

– L'angle nul se réduit à la demi-droite Ox.

→ **Angle droit :** en traçant la bissectrice d'un angle plat, on obtient deux angles droits. Un angle droit mesure 90° (voir fig. 6).

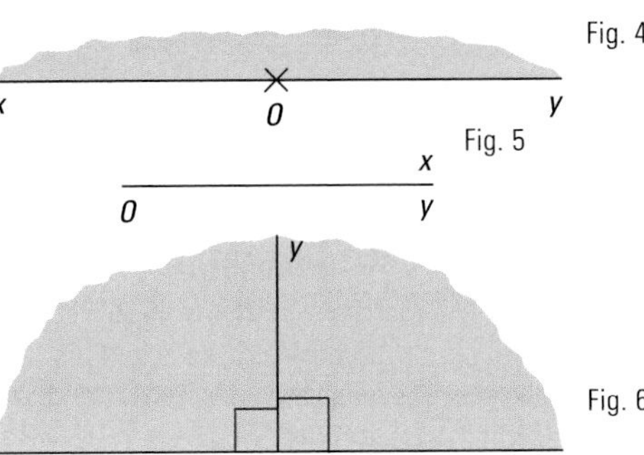

Fig. 4

Fig. 5

Fig. 6

Le rapporteur

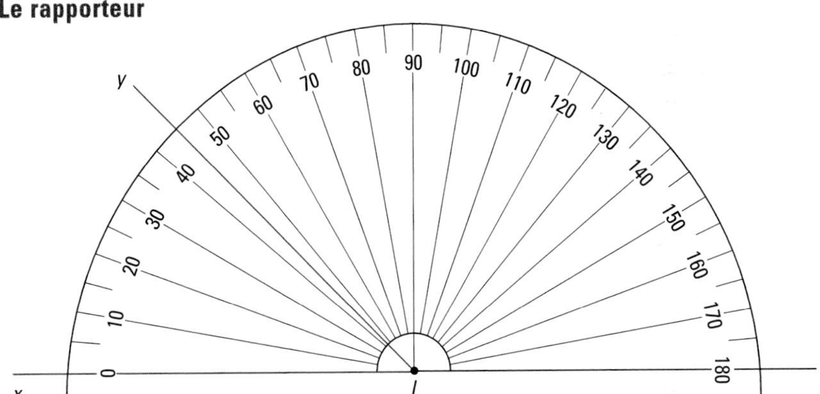

→ Un rapporteur est en général un demi-disque en matière plastique transparente dont le bord (demi-cercle) porte une graduation de 0 à 180 (graduation en degrés) ou de 0 à 200 (graduation en grades). L'angle $\widehat{xIy}$ de la figure ci-dessus mesure 45°.

Utilisation du compas : report d'un angle

→ Il s'agit de construire un angle $\widehat{uIv}$ superposable à l'angle $\widehat{xOy}$.
On trace la demi-droite Iu, puis deux arcs de cercle de centre O et I et de même rayon R.
Le cercle de centre C et de rayon AB coupe l'arc tracé en D. L'angle $\widehat{CID}$ est superposable à l'angle $\widehat{AOB}$

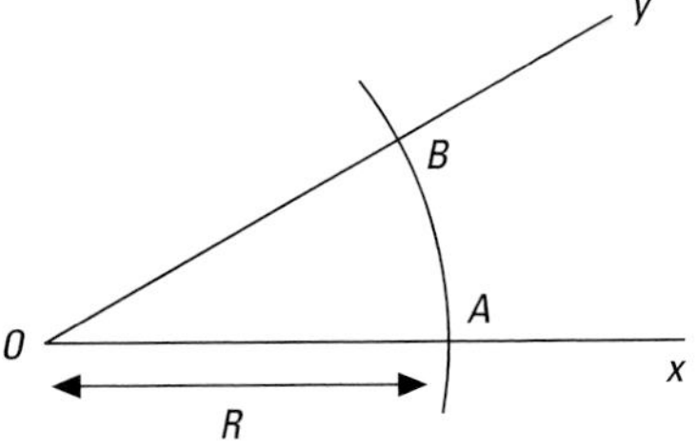

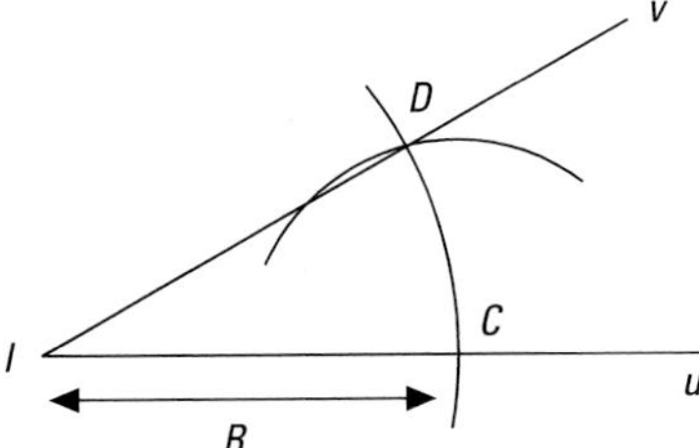

26 Droites rema

Maths

Qu'appelle-t-on la hauteur d'un triangle ?

Où se trouve le centre du cercle circonscrit d'un triangle ?

Quel est le nom du point de concours des médianes d'un triangle ?

Définitions

→ **Médiatrices :** les médiatrices d'un triangle sont les médiatrices de ses côtés.
La droite (D) est la médiatrice du côté [BC].

→ **Médianes :** les médianes d'un triangle sont les segments joignant chaque sommet au milieu du côté opposé.
Le segment [AI] est la médiane relative au côté [BC].

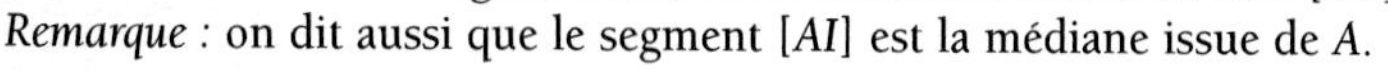

Remarque : on dit aussi que le segment [AI] est la médiane issue de A.

→ **Hauteurs :** les hauteurs d'un triangle sont les droites passant par un sommet et perpendiculaires au côté opposé.
La droite (AA') est la hauteur passant par A ou la hauteur relative au côté [BC].

→ **Bissectrices :** les bissectrices d'un triangle sont les bissectrices des angles de ce triangle.
La demi-droite Ax est la bissectrice de l'angle A du triangle ABC.

Points particuliers du triangle

→ **Médiatrices :** les trois médiatrices d'un triangle sont concourantes en un point équidistant des trois sommets.
Ce point est le **centre du cercle circonscrit au triangle.**

→ **Médianes :** les trois médianes d'un triangle sont concourantes en un point appelé **centre de gravité du triangle.**

→ **Hauteurs :** les trois hauteurs d'un triangle sont concourantes en un point appelé **orthocentre du triangle.**

→ **Bissectrices :** les trois bissectrices d'un triangle sont concourantes en un point équidistant des trois côtés du triangle. Ce point est le **centre du cercle inscrit dans le triangle** (cercle tangent aux trois côtés du triangle).

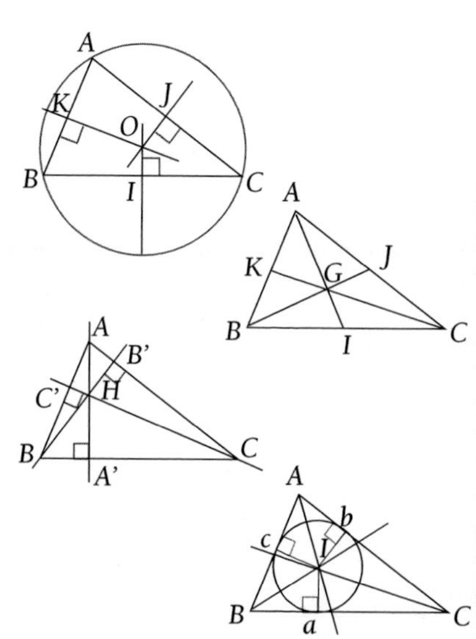

uables du triangle

Triangle isocèle

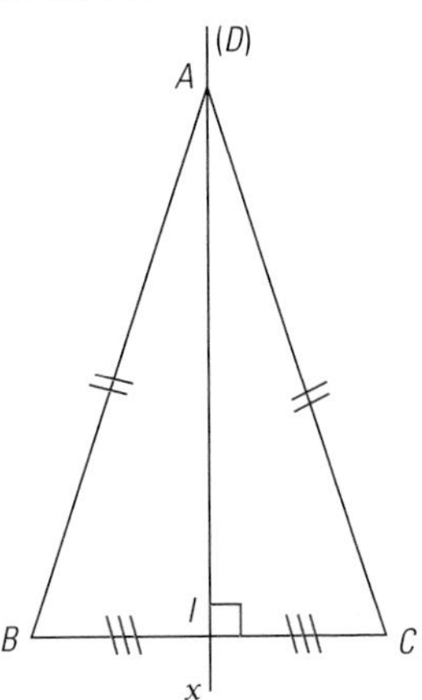

→ Le triangle isocèle *ABC* (*AB* = *AC*) admet comme axe de symétrie la médiatrice (*D*) du côté [*BC*].

→ Le segment [*AI*] est la médiane du triangle relative au côté [*BC*].

→ La droite (*D*) est la hauteur du triangle passant par *A* ou la hauteur du triangle relative au côté [*BC*].

→ Les angles $\widehat{IAB}$ et $\widehat{IAC}$, symétriques par rapport à la droite (*D*), ont même mesure ; la demi-droite *Ax* est donc la bissectrice de l'angle $\widehat{A}$ du triangle *ABC*.

→ On dit que **l'axe de symétrie (*D*) est à la fois médiatrice, médiane, hauteur et bissectrice.**

Les points *O*, *G*, *H* et *I*

→ Triangle isocèle

Les points *O* (centre du cercle circonscrit au triangle), *G* (centre de gravité du triangle), *H* (orthocentre du triangle) et *I* (centre du cercle inscrit dans le triangle) sont alignés sur la droite (*D*), axe de symétrie du triangle isocèle *ABC*.

→ Triangle équilatéral

Le triangle équilatéral *ABC* (*AB* = *BC* = *CA*) est isocèle de sommet principal *A* (car *AB* = *AC*), isocèle de sommet principal *B* (car *BC* = *BA*) et isocèle de sommet principal *C* (car *CA* = *CB*).
Ce triangle équilatéral admet les médiatrices (D_1), (D_2) et (D_3) de ses côtés comme axes de symétrie. Les trois médiatrices sont concourantes au point *O*, centre du cercle circonscrit au triangle *ABC*.

Les points *G* (centre de gravité), *H* (orthocentre) et *I* (centre du cercle inscrit) appartenant à la fois aux trois axes de symétrie, ces points sont confondus avec *O*.

Dans un triangle équilatéral, les points *O* (centre du cercle circonscrit), *G* (centre de gravité), *H* (orthocentre) et *I* (centre du cercle inscrit) sont confondus.

27

Triangles rectangles

Maths

Dans un triangle rectangle, que peut-on dire de la médiane relative à l'hypoténuse ?

Où se trouve le centre du cercle circonscrit dans un triangle rectangle ?

Comment s'écrit le théorème de Pythagore dans le triangle *ABC*, rectangle en *A* ?

Médiane relative à l'hypoténuse

→ Un **triangle rectangle** est un triangle qui a un angle droit. Le côté opposé à l'angle droit est appelé **hypoténuse**.

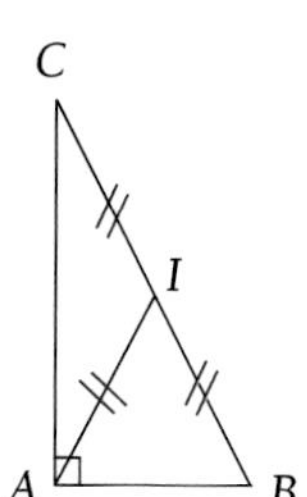

→ Dans le triangle *ABC*, rectangle en *A*, le côté [*BC*] est l'hypoténuse et la médiane [*AI*] est la médiane relative à l'hypoténuse.
Dans un triangle rectangle, la médiane relative à l'hypoténuse a pour longueur la moitié de celle de l'hypoténuse :

$$AI = \frac{BC}{2}.$$

→ Réciproquement, si dans un triangle la médiane relative à un côté a pour longueur la moitié de celle de ce côté, alors ce triangle est rectangle et ce côté est l'hypoténuse.

Cercle circonscrit à un triangle rectangle

→ Le centre du cercle circonscrit à un triangle rectangle est le milieu de l'hypoténuse.
Puisque $IB = IC = IA$, le point *I*, milieu de l'hypoténuse [*BC*] du triangle rectangle *ABC*, est le centre du cercle circonscrit à ce triangle.

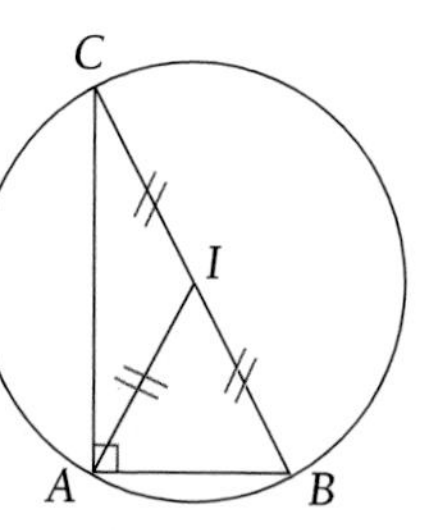

→ Réciproquement, si dans un triangle le centre du cercle circonscrit est le milieu d'un côté, alors ce triangle est rectangle et ce côté est l'hypoténuse.

Propriété de Pythagore et sa réciproque

→ Dans un triangle rectangle, le carré du nombre qui mesure l'hypoténuse est égal à la somme des carrés des nombres qui mesurent les deux autres côtés :

$$BC^2 = AB^2 + AC^2.$$

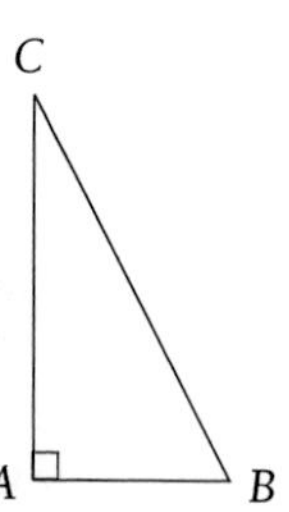

→ Réciproquement, si dans un triangle le carré du nombre qui mesure un côté est égal à la somme des carrés des nombres qui mesurent les deux autres côtés, alors ce triangle est rectangle :
Si $BC^2 = AB^2 + AC^2$, alors le triangle *ABC* est rectangle en *A*.

et théorème de Pythagore

Démonstration d'un théorème

→ Théorème

Si les diagonales d'un quadrilatère ont même milieu et même longueur, alors ce quadrilatère est un rectangle.

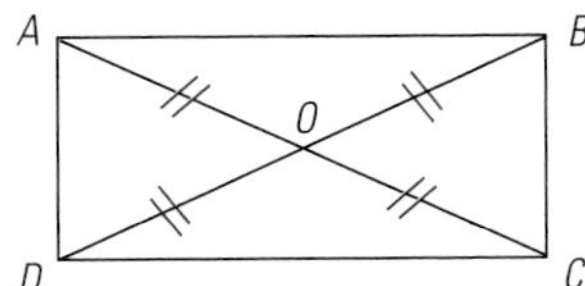

→ Démonstration

On sait que $OA = OB = OC = OD$.

Dans le triangle ABD, la médiane $[AO]$ relative au côté $[BD]$ a pour longueur la moitié de celle de ce côté $[BD]$. Le triangle ABD est donc rectangle en A. On démontrerait de même que les triangles ABC et BCD sont rectangles. Le quadrilatère $ABCD$, ayant trois angles droits, est donc un rectangle.

Propriété de l'angle droit (points d'un cercle)

Soient un cercle $(\mathscr{C})$ de diamètre $[AB]$ et M un point autre que A ou B.

→ Si le point M appartient au cercle $(\mathscr{C})$, alors $\widehat{AMB} = 90°$.

→ Réciproquement, si $\widehat{AMB} = 90°$, alors le point M appartient au cercle $(\mathscr{C})$.

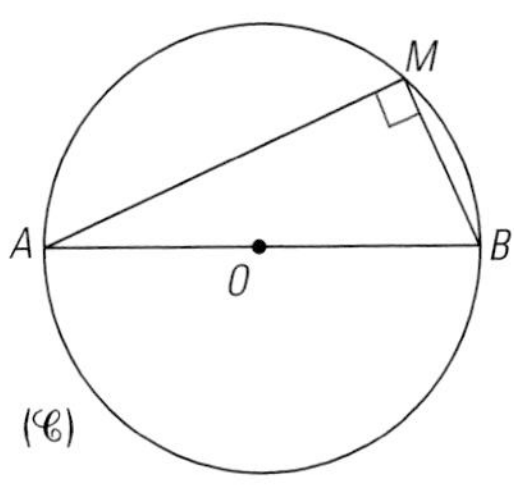

Côtés d'un triangle rectangle

Calcul de la longueur d'un côté

Le triangle ABC est rectangle en A. On désigne les longueurs des côtés par a, b et c : $BC = a$, $CA = b$, $AB = c$.

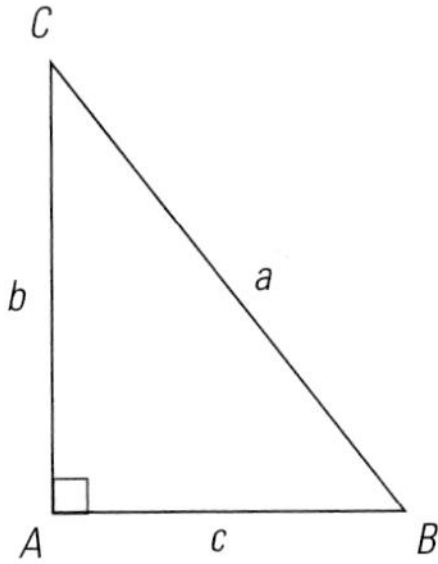

→ On donne $b = 5$ cm et $c = 3$ cm. On demande de calculer a.

D'après le théorème de Pythagore : $a^2 = b^2 + c^2$.

$a^2 = 5^2 + 3^2 = 25 + 9 = 34$. $a = \sqrt{34}$.

$\sqrt{34}$ désigne le nombre positif dont le carré est 34.

On utilise la calculatrice :

Frappe : $\boxed{34\ \sqrt{x}}$

Affichage : 5,8309519

$a \approx 5{,}83$ cm.

→ On donne $a = 6$ cm et $b = 4$ cm. On demande de calculer c.

D'après le théorème de Pythagore : $b^2 + c^2 = a^2$.

$4^2 + c^2 = 6^2$; $16 + c^2 = 36$; $c^2 = 36 - 16$; $c^2 = 20$.

$c = \sqrt{20}$.

$\sqrt{20}$ désigne le nombre positif dont le carré est 20.

On utilise la calculatrice : $c \approx 4{,}47$ cm.

28

Théorème

Maths

Quand dit-on que trois nombres x, y et z sont proportionnels à trois nombres x', y' et z' ?

La réciproque du théorème de Thalès permet de démontrer que deux droites sont parallèles. Cette affirmation est-elle exacte ?

Soit d et d' deux droites sécantes en A. Soient B et M deux points de d, distincts de A. Soient C et N deux points de d', distincts de A. Si $\frac{AM}{AB} = \frac{AN}{AC}$, peut-on en conclure que les droites (BC) et (MN) sont parallèles ?

Théorème de Thalès

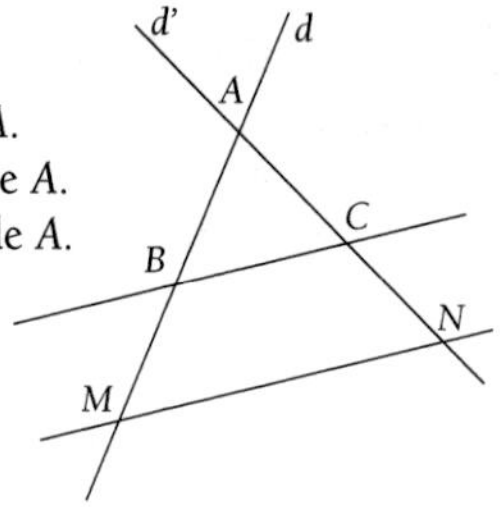

→ Soient d et d', deux droites sécantes en A.
Soient B et M, deux points de d, distincts de A.
Soient C et N, deux points de d', distincts de A.

→ **Si les droites (BC) et (MN) sont parallèles, alors :** $\frac{AM}{AB} = \frac{AN}{AC} = \frac{MN}{BC}$.

→ On peut dire aussi :
si les droites (BC) et (MN) sont parallèles, alors les côtés du triangle AMN sont proportionnels aux côtés du triangle ABC.

Réciproque du théorème de Thalès

→ Soient d et d', deux droites sécantes en A.
Soient B et M, deux points de d, distincts de A.
Soient C et N, deux points de d', distincts de A.

→ **Si $\frac{AM}{AB} = \frac{AN}{AC}$ et si les points A, B, M et les points A, C, N sont dans le même ordre, alors les droites (BC) et (MN) sont parallèles.**

Construction

→ Étant donnés deux points A et B, construire les deux points C de la droite (AB) tels que le rapport $\frac{CA}{CB}$ soit égal à $\frac{3}{5}$.

→ On trace par A et B deux droites parallèles, sécantes à la droite (AB).
On place les points I, J, K sur les deux droites parallèles tels que : $AI = 3$, $BJ = 5$, $BK = 5$.
On trace la droite (IJ) qui coupe (AB) en C_1 et la droite (IK) qui coupe (AB) en C_2.

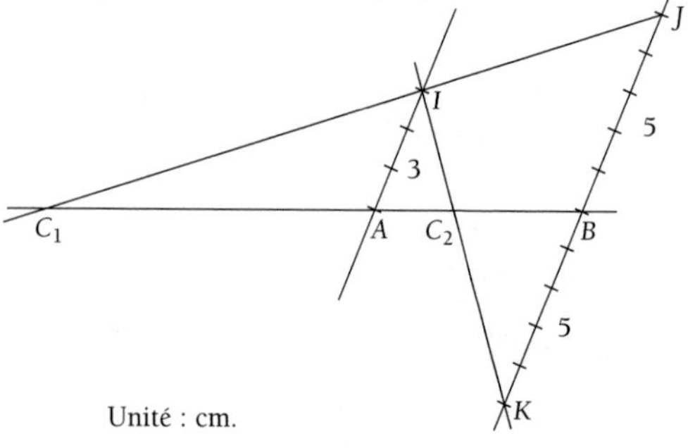

Unité : cm.

→ Le théorème de Thalès appliqué aux deux parallèles (AI) et (JK) et aux sécantes (AB) et (IJ) donne :
$\frac{C_1A}{C_1B} = \frac{AI}{BJ} = \frac{3}{5}$.

→ Le théorème de Thalès appliqué aux deux parallèles (AI) et (JK) et aux sécantes (AB) et (IK) donne : $\frac{C_2A}{C_2B} = \frac{AI}{BK} = \frac{3}{5}$.

de Thalès

Calcul d'une longueur

→ Les droites (AB) et (CD) sont parallèles.
Calculer la longueur $x = BD$.

→ Appliquons le théorème de Thalès aux parallèles (AB) et (CD) coupées par les sécantes (OA) et (OB) :

$\dfrac{OA}{OC} = \dfrac{OB}{OD}$.

$\dfrac{3}{3+5} = \dfrac{2}{2+x}$; $\dfrac{3}{8} = \dfrac{2}{2+x}$; $3(2+x) = 8 \times 2$;

$6 + 3x = 16$; $3x = 16 - 6$; $3x = 10$; $x = \dfrac{10}{3}$.

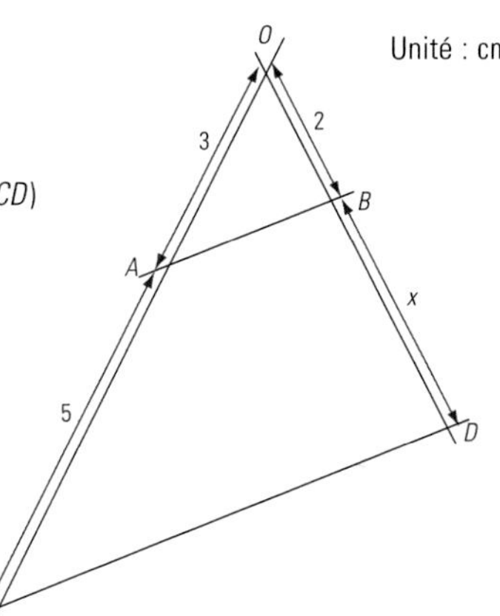

Montrer que deux droites sont parallèles

→ Démontrer que les droites (IJ) et (KL) sont parallèles.

→ On a $OK = 4 + 2 = 6$.

$\dfrac{OJ}{OL} = \dfrac{3}{4{,}5} = \dfrac{2}{3}$; $\dfrac{OI}{OK} = \dfrac{4}{6} = \dfrac{2}{3}$; donc : $\dfrac{OJ}{OL} = \dfrac{OI}{OK}$.

D'après la réciproque du théorème de Thalès, les droites (IJ) et (KL) sont parallèles, car $\dfrac{OJ}{OL} = \dfrac{OI}{OK}$ et les points O, J, L sont dans le même ordre que les points O, I, K.

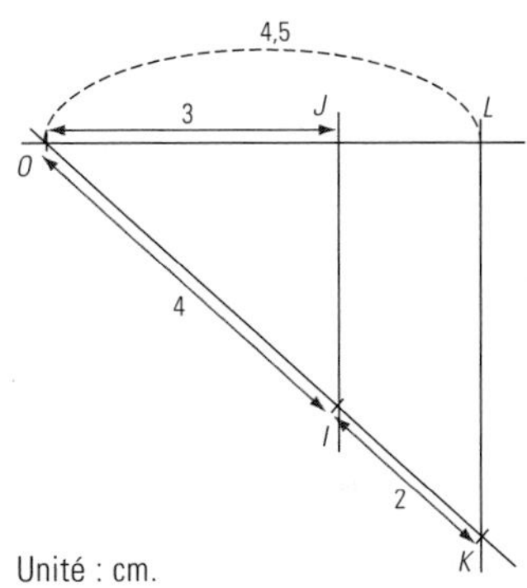

Unité : cm.

Théorème de Thalès et sa réciproque

→ On sait que les droites (AB) et $(A'B')$ sont parallèles **(1)** et que $\dfrac{HB'}{HB} = \dfrac{HC'}{HC} = \dfrac{3}{4}$ **(2)**.

Démontrer que les droites (AC) et $(A'C')$ sont parallèles.

→ D'après **(1)** et le théorème de Thalès : $\dfrac{HB'}{HB} = \dfrac{HA'}{HA}$.

D'après **(2)**, il vient : $\dfrac{HB'}{HB} = \dfrac{HA'}{HA} = \dfrac{HC'}{HC} = \dfrac{3}{4}$.

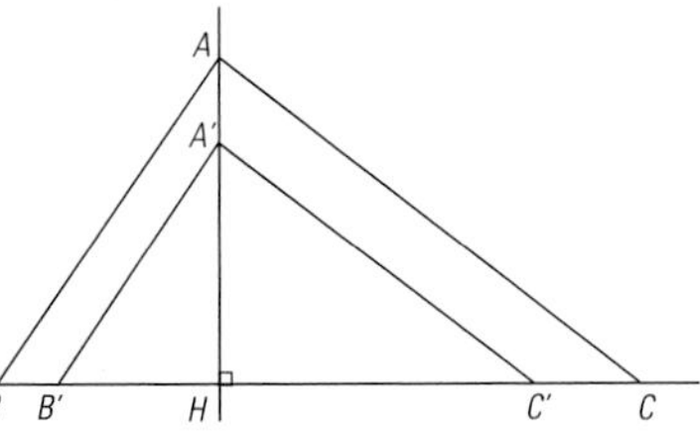

→ Puisque $\dfrac{HC'}{HC} = \dfrac{HA'}{HA}$ et que les points H, C', C et les points H, A', A sont dans le même ordre, d'après la réciproque du théorème de Thalès, les droites (AC) et $(A'C')$ sont parallèles.

29

Maths

Quadrilatères, cercle et disque

Les quadrilatères ont quatre côtés

Quadrilatère	Signes particuliers	Périmètre	Surface
carré	- Ses côtés opposés sont parallèles et égaux 2 à 2. - Il a quatre angles droits. - Ses quatre côtés sont égaux. - Ses diagonales sont égales et perpendiculaires : ce sont des axes de symétrie. - Ses médianes sont égales et perpendiculaires : ce sont des axes de symétrie.	$c \times 4$	$c \times c$
rectangle	- Ses côtés opposés sont parallèles et égaux 2 à 2. - Il a quatre angles droits. - Ses diagonales sont égales. - Ses médianes sont perpendiculaires : ce sont des axes de symétrie.	$(L + l) \times 2$	$L \times l$
losange	- Ses côtés opposés sont parallèles et égaux 2 à 2. - Ses quatres côtés sont égaux. - Les diagonales sont perpendiculaires. - *c* : côté ; - *D* : grande diagonale ; - *d* : petite diagonale.	$c \times 4$	$c \times h$ ou $\frac{D \times d}{2}$

Le cercle et le disque

Cercle et disque	Signes particuliers	Périmètre	Surface
	O : centre ; *R* : rayon ; *D* : diamètre ; *AC* : corde ; $D = 2R$; $\pi \approx 3,14$; $3,141\,592 < \pi < 3,141\,593$.	cercle $2 \times \pi \times R$	disque $\pi \times R \times R$

DEVINETTE

?

Un carré mesure 42 cm de côté, un disque 46 cm de diamètre. Lequel a la plus grande surface ? Quelle est la différence ?

Réponses : Surface du carré en cm² : 42 × 42 = 1 764.
Surface du disque en cm² :
3,1416 × 23 × 23 = 1 661,9.
C'est le carré qui a la plus grande surface.
Différence : 102,1 cm².

Les solides

Cube	Parallélépipède rectangle	Sphère	Cylindre	Cône
c	l L	R		
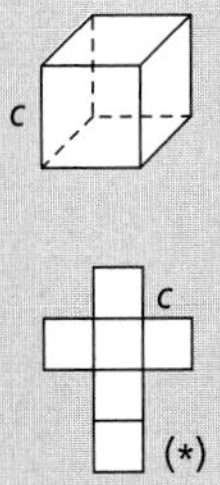 c (*)	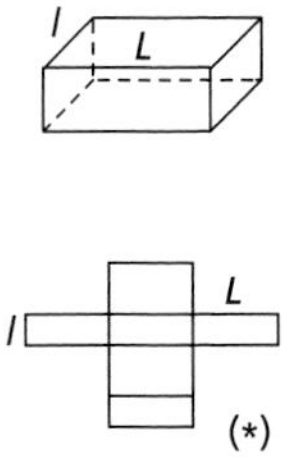 l L (*)	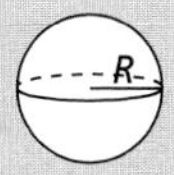 On ne peut pas en faire un patron	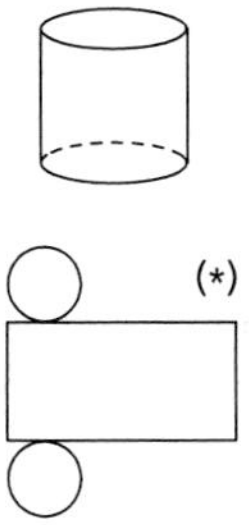 (*)	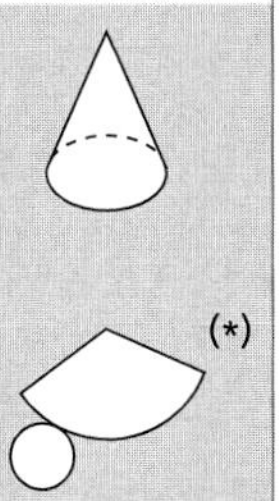 (*)

Prisme droit à base triangulaire	Pyramide à base carrée	Pyramide à base triangulaire (tétraèdre)	Octaèdre
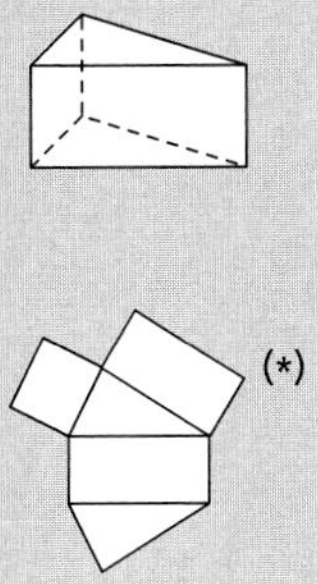	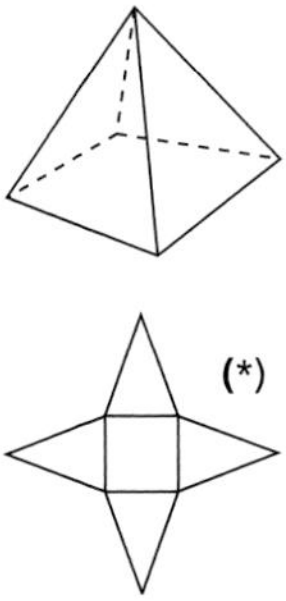	Tétra : quatre 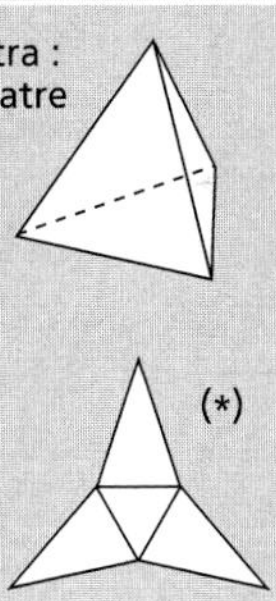	Octo : huit 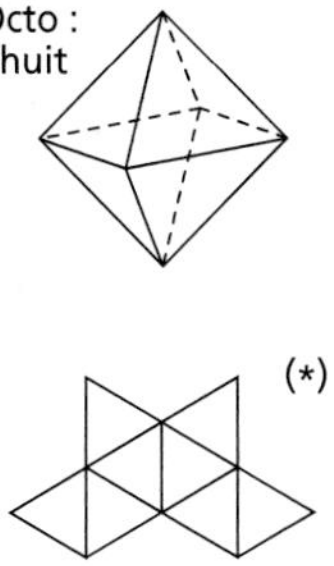
(*)	(*)	(*)	(*)

Cube	Parallélépipède rectangle	Tétraèdre	Octaèdre
6 faces carrées	6 faces rectangulaires ou 4 faces rectangulaires + 2 faces carrées	4 faces triangulaires	8 faces triangulaires
12 arêtes	12 arêtes	6 arêtes	12 arêtes
8 sommets	8 sommets	4 sommets	6 sommets

* Développement du volume : patron.

31

Prismes et

Maths

Qu'est-ce qu'un prisme droit ?

Qu'appelle-t-on les génératrices d'un cylindre ?

Comment calculer le volume du parallélépipède rectangle ?

Prisme droit

→ Un prisme droit est un solide limité par deux **bases** (qui sont deux polygones superposables) et par des rectangles qui constituent la **surface latérale du prisme**.

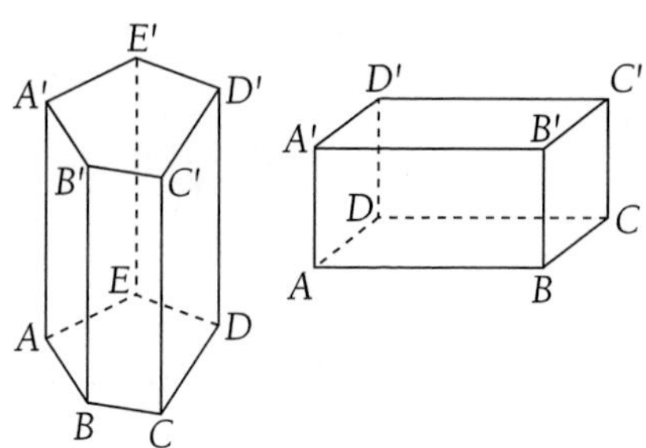

→ Le prisme droit de la figure ci-dessus a pour bases deux pentagones *ABCDE* et *A'B'C'D'E'*.

→ Si les bases sont des rectangles, le prisme droit est alors un parallélépipède rectangle.

Cylindre de révolution

→ Le quadrilatère *OAA'O'* est un rectangle.

En faisant tourner ce rectangle autour de la droite (*OO'*), la ligne brisée *OAA'O'* engendre une surface qui limite un solide appelé **cylindre de révolution**.

→ Le segment [*OA*] engendre un **disque** qui est une **base du cylindre** ; le segment [*O'A'*] engendre l'autre base du cylindre ; le segment [*AA'*] engendre la **surface latérale du cylindre**.

La droite (*OO'*) est appelée **axe du cylindre**.

Toutes les positions du segment [*AA'*] sont appelées **génératrices du cylindre** : voir (*GG'*).

A'
O'
G'
A
O
G

Calcul de volumes et d'aires latérales

→ $\mathcal{V}$ désigne le volume, $\mathcal{B}$ l'aire de base (aire de la surface coloriée), h la hauteur, $\mathcal{A}$ l'aire latérale, p le périmètre de base.

On prend 3,14 comme valeur approchée de π.

Les longueurs, les aires et les volumes sont exprimés avec des unités correspondantes : cm, cm^2 et cm^3, par exemple.

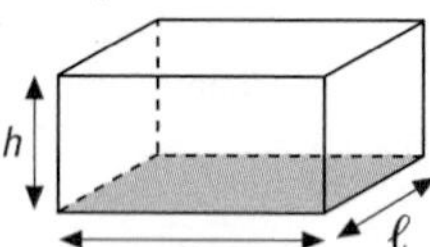

Parallélépipède rectangle

$\mathcal{V} = \mathcal{B} \times h = L \times \ell \times h$

$\mathcal{A} = p \times h$

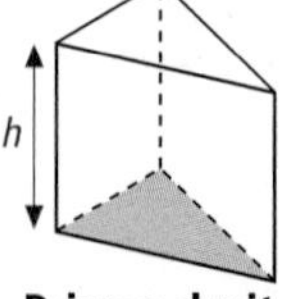

Prisme droit

$\mathcal{V} = \mathcal{B} \times h$

$\mathcal{A} = p \times h$

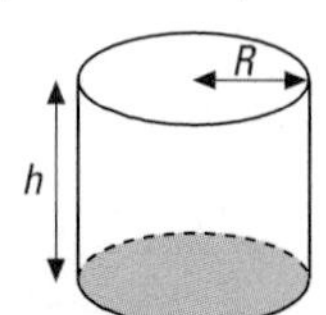

Cylindre de révolution

$\mathcal{V} = \mathcal{B} \times h = \pi \times R \times R \times h$

$\mathcal{A} = p \times h = 2 \times \pi \times R \times h$

cylindres

Parallélisme et orthogonalité

→ Sur la figure de la page 116, qui représente un **prisme droit** :
– les arêtes de chaque base sont parallèles au plan de l'autre base ;
– les plans des bases sont parallèles ;
– les arêtes latérales [*AA'*], [*BB'*], [*CC'*], etc. sont parallèles ;
– toute arête latérale est strictement parallèle aux faces latérales qui ne la contiennent pas ;
– les arêtes latérales sont perpendiculaires aux plans des bases. Leur longueur commune est appelée **hauteur du prisme droit** ;
– le plan de chaque face latérale est perpendiculaire aux plans des bases.

Parallélisme et orthogonalité

→ Sur la figure de la page 116, qui représente un **cylindre de révolution** :
– les plans des bases sont parallèles ;
– les génératrices sont parallèles à l'axe du cylindre ;
– l'axe du cylindre est perpendiculaire aux plans des bases ;
– les génératrices sont perpendiculaires aux plans des bases. Leur longueur commune (*AA', GG'*) est appelée **hauteur du cylindre**.

Fabrication de patrons

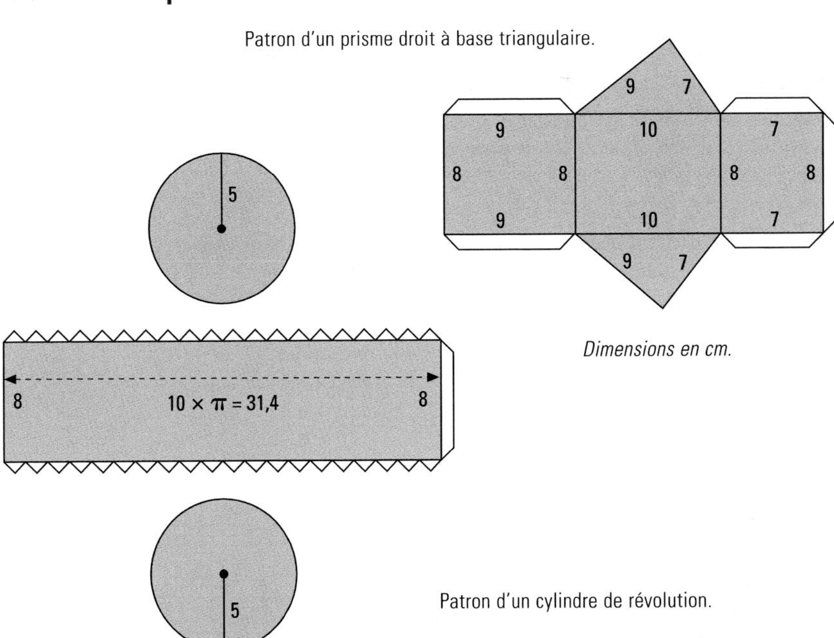

Patron d'un prisme droit à base triangulaire.

Dimensions en cm.

Patron d'un cylindre de révolution.

32

Pyramides

Maths

✎ Qu'est ce qu'un tétraèdre ?

✎ Pourquoi dit-on « un cône de révolution » ?

✎ Dans la formule du volume du cône $V = \frac{B \times h}{3}$, peut-on exprimer la hauteur h en cm, la base B en dm^2, le volume V en cm^3 ?

Pyramide

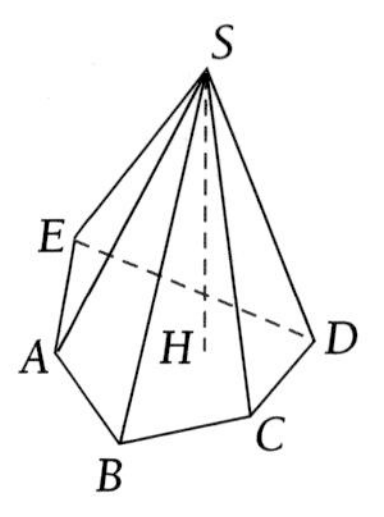

→ La pyramide ci-contre a pour **base** le polygone *ABCDE* et pour **sommet** le point *S*.

→ Les cinq triangles *SAB*, *SBC*, *SCD*, *SDE* et *SEA* sont les **faces latérales** de la pyramide.

→ Les cinq arêtes [*SA*], [*SB*], [*SC*], [*SD*] et [*SE*] sont les **arêtes latérales** de la pyramide.

→ La pyramide ci-contre est une pyramide à cinq faces latérales ou encore une pyramide à base pentagonale (la base est un pentagone).

La droite (*SH*) est la perpendiculaire au plan de la base passant par le sommet *S*. Elle coupe le plan de la base en *H*. L'expression **« hauteur de la pyramide »** désigne à la fois le segment [*SH*] et sa longueur *SH*.

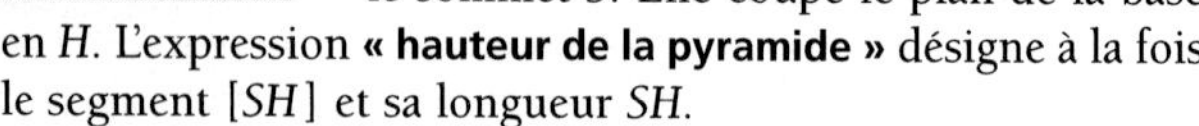

→ Une pyramide à base triangulaire est appelée **tétraèdre**. Si toutes les arêtes d'un tétraèdre ont même longueur, on dit que ce tétraèdre est **régulier**.

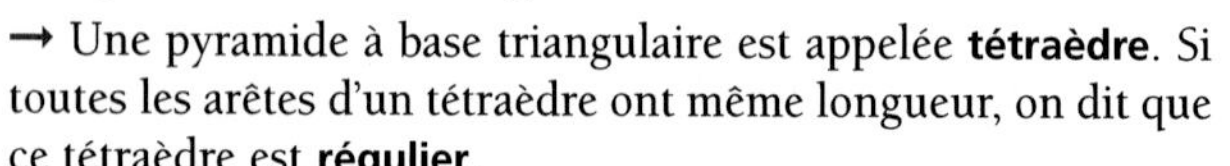

Cône de révolution

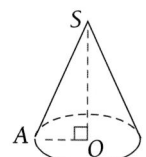

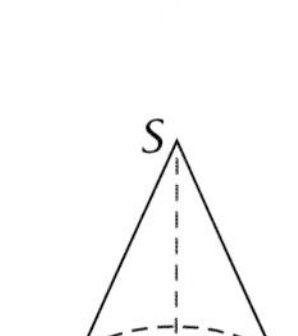

→ Le cône de révolution est obtenu en faisant tourner le triangle rectangle *SOA* autour de son côté [*SO*]. D'où l'expression « cône de révolution » qui évoque la révolution (ou rotation) autour de [*SO*].

Volume de la pyramide

Pour calculer un volume, on choisit des unités de longueur, d'aire et de volume correspondantes (cm, cm^2 et cm^3, par exemple).

$$V = \frac{B \times h}{3}$$

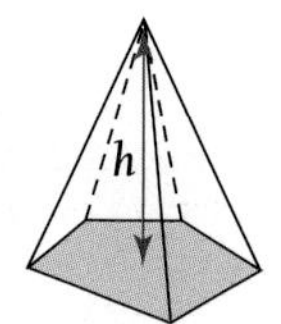

→ *V* est le nombre qui mesure le volume de la pyramide.

B et *h* sont les nombres qui mesurent l'aire de la base (surface colorée) et la hauteur.

Volume du cône

$$V = \frac{B \times h}{3} = \frac{\pi \times R^2 \times h}{3}$$

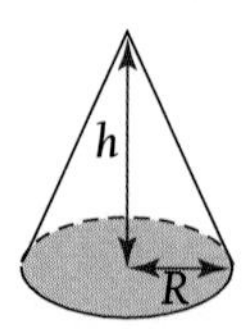

→ *V* est le nombre qui mesure le volume du cône.

B, *h* et *R* sont les nombres qui mesurent l'aire de la base (surface colorée), la hauteur et le rayon.

$\pi \approx 3{,}1415927$; on prend 3,14 comme valeur approchée de π.

et cônes

Pyramide régulière

→ Une pyramide est **régulière** si la base est un polygone régulier (les côtés de ce polygone ont même longueur et ses angles ont même mesure) et si le pied H de la hauteur est le centre du polygone régulier.

→ Toutes les arêtes latérales d'une pyramide régulière ont la même longueur : $SA = SB = ...$

→ Les faces latérales d'une pyramide régulière sont des triangles isocèles superposables.

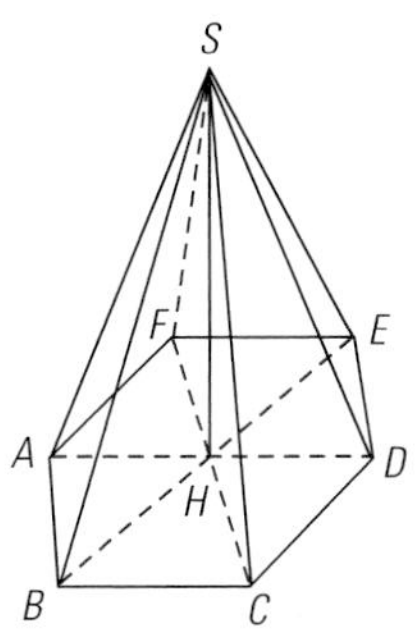

Pyramide régulière à 6 faces latérales
(La base est un hexagone régulier.)

Cône (vocabulaire)

Voir la figure de la page 118.

→ En un tour complet autour de $[SO]$:
– le segment $[OA]$ engendre le disque appelé **base** du cône ;
– le segment $[SA]$ engendre la **surface latérale** du cône.
Toute position de $[SA]$ est une **génératrice** du cône.

→ Le point S est le **sommet** du cône, la longueur OA est le **rayon** du cône, l'expression **« axe du cône »** désigne la droite (SO). Le segment $[SO]$, perpendiculaire au plan de la base, est la **hauteur** du cône. La longueur SO est aussi appelée **hauteur** du cône.

Hauteur et volume (cône)

Calculer le volume (en cm^3) d'un cône de révolution, connaissant la génératrice $g = 13$ cm et le rayon $R = 5$ cm.

→ **Calcul de la hauteur h**

Le théorème de Pythagore appliqué au triangle rectangle SOA permet d'écrire :

$$SO^2 = SA^2 - OA^2$$
$$= 13^2 - 5^2$$
$$= 169 - 25$$
$$= 144.$$

Donc : $h = SO = \sqrt{144} = 12$.

→ **Calcul du volume V**

Soit B l'aire de la base.

$B = \pi \times R^2 = \pi \times 5^2 = 25\,\pi$.

$$V = \frac{B \times h}{3} = \frac{25\,\pi \times 12}{3} = 100\,\pi \approx 314.$$

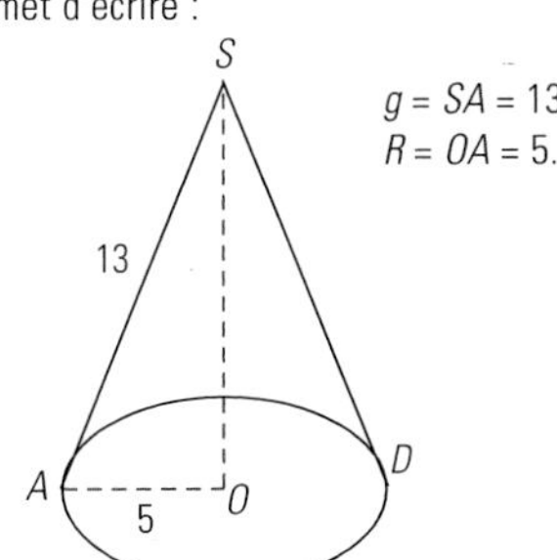

$g = SA = 13$.
$R = OA = 5$.

33 Symétrie

Maths

Qu'est-ce qu'un axe de symétrie ?

Quand 2 points sont-ils symétriques par rapport à $\mathcal{D}$?

Quelle est la figure symétrique d'une droite ?

Un ou plusieurs axes de symétrie

→ Un axe

Fig. 1

→ Plusieurs axes

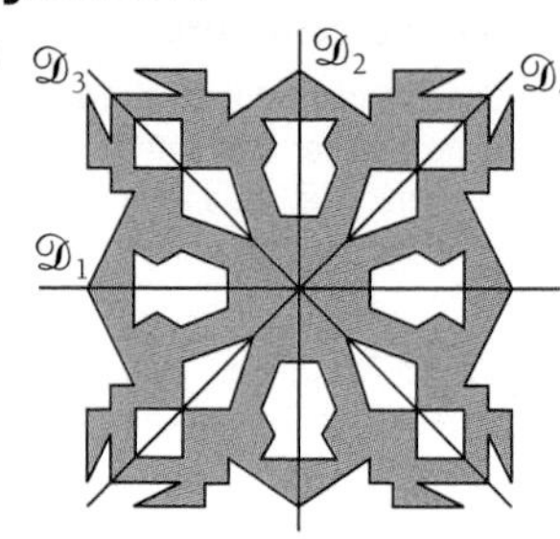

Fig. 2

→ La figure 1 (clown boxeur) possède un axe de symétrie $\mathcal{D}$. Cela signifie que si l'on plie la feuille de papier suivant la droite $\mathcal{D}$, les deux parties du dessin (tracées à gauche de $\mathcal{D}$, à droite de $\mathcal{D}$) se superposent point à point. On a coloré de la même couleur deux éléments (points, lignes, surfaces) qui se recouvrent dans le pliage (éléments symétriques).

→ La figure 2 (napperon en papier découpé après pliage en huit épaisseurs) possède quatre axes de symétrie $\mathcal{D}_1$, $\mathcal{D}_2$, $\mathcal{D}_3$ et $\mathcal{D}_4$.

Points symétriques, figures symétriques

→ Points symétriques

Deux points symétriques par rapport à la droite $\mathcal{D}$ (fig. 3) sont deux points qui se superposent par pliage suivant $\mathcal{D}$. Les points distincts A et B étant symétriques par rapport à la droite $\mathcal{D}$:
– la droite (AB) est perpendiculaire à la droite $\mathcal{D}$;
– le point H est le milieu du segment $[AB]$.

Si I est un point de la droite $\mathcal{D}$, son symétrique par rapport à $\mathcal{D}$ est confondu avec lui.

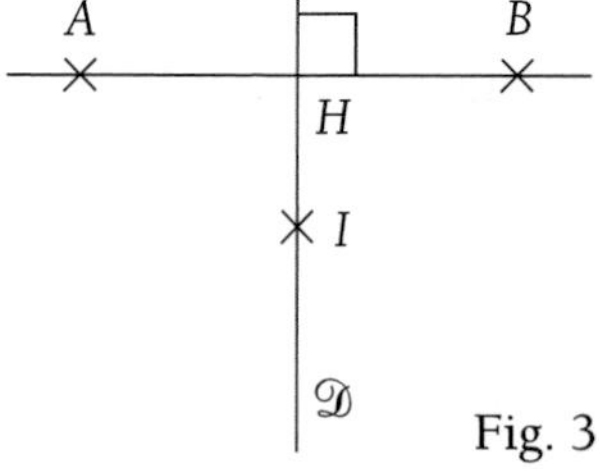

→ Figures symétriques

Deux figures symétriques par rapport à une droite sont deux figures superposables par pliage suivant cette droite. Les dessins $\mathcal{F}$ et $\mathcal{F}'$ sont symétriques par rapport à la droite $\mathcal{D}$: chaque point de l'un est symétrique d'un point de l'autre.

$\mathcal{F}$ $\mathcal{F}'$ A B H I $\mathcal{D}$

Fig. 3

Ce qui ne varie pas dans une symétrie

→ La symétrie orthogonale conserve la distance, l'alignement, le milieu, le parallélisme, l'orthogonalité, les angles, les aires.

La figure symétrique d'une ligne droite est une ligne droite.

orthogonale

Lettres de l'alphabet présentant un axe de symétrie

→ Les lettres suivantes possèdent un seul axe de symétrie : il est tracé en bleu.

Lettres de l'alphabet présentant deux axes de symétrie

→ Les lettres suivantes possèdent deux axes de symétrie : ils sont tracés en bleu.

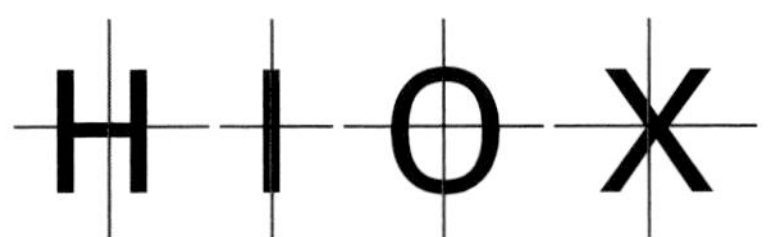

Médiatrice d'un segment

→ Le segment [*AB*] possède deux axes de symétrie : la médiatrice $\mathscr{D}$ du segment [*AB*] et la droite (*AB*).

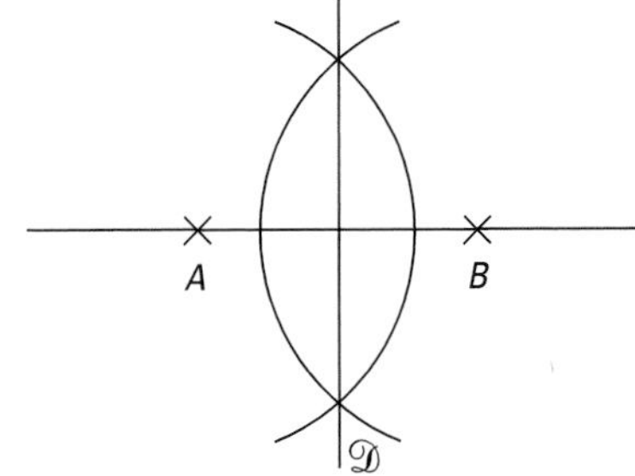

Cercle

→ Toute droite passant par le centre *O* du cercle $\mathscr{C}$ est un axe de symétrie du cercle.

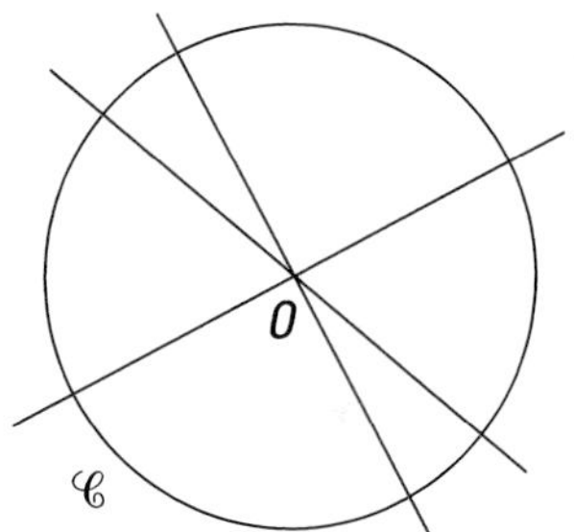

Ce qui ne varie pas dans une symétrie

→ **la distance :** $AB = A'B'$;

→ **l'alignement :** si *A*, *B*, *O* sont alignés, alors leurs symétriques le sont aussi ;

→ **le milieu :** si *I* est le milieu du segment [*AB*], alors *I'* est le milieu de [*A'B'*] ;

→ **le parallélisme :** si les droites Δ_1 et Δ_2 sont parallèles, alors leurs symétriques le sont aussi ;

→ **l'orthogonalité :** si les droites Δ_1 et Δ_3 sont perpendiculaires, alors leurs symétriques le sont aussi.

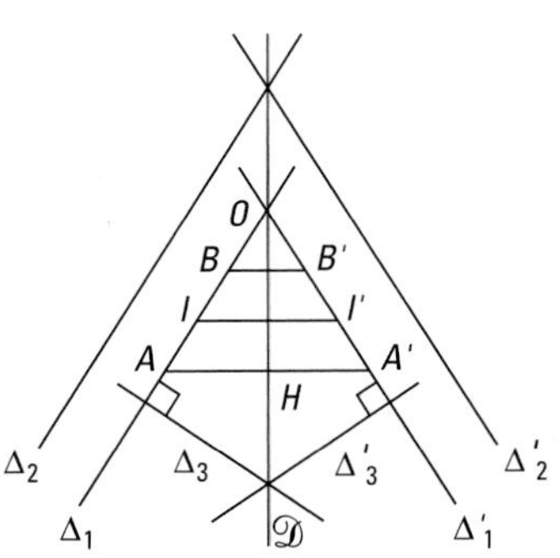

34

Symétrie centrale

Maths

✎ Qu'est-ce qu'un centre de symétrie ?

✎ Quand 2 points sont-ils symétriques par rapport à une droite (*D*) ?

✎ Quand 2 points sont-ils symétriques par rapport à un point *O* ?

Symétrique d'une figure

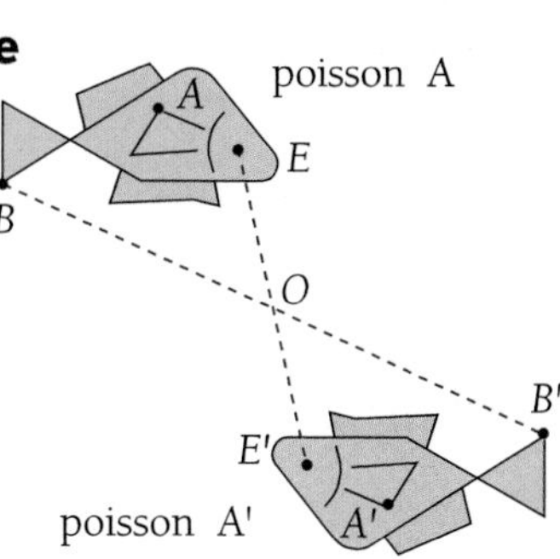

→ On décalque le poisson A et on fait tourner le calque d'un demi-tour autour du point *O*. L'œil *E* vient en *E'* (tel que *O* soit le milieu du segment [*EE'*]) et le poisson A vient occuper la position A'.

→ Si l'on fait subir au poisson A' un demi-tour autour de *O*, il vient occuper la position A.

On dit que les poissons A et A' sont **symétriques par rapport à *O***.

Ce qui ne varie pas dans une symétrie centrale

→ Les deux cerfs-volants de cette figure sont symétriques par rapport au point *O*.

→ **La symétrie centrale conserve :**

– **la distance :** $DE = D'E'$;

– **l'alignement :** si les points *A*, *I*, *J* sont alignés, alors leurs symétriques *A'*, *I'*, *J'* le sont aussi ;

– **le milieu :** si *J* est le milieu du segment [*EC*], alors *J'* est le milieu du segment [*E'C'*] ;

– **les angles :** $\widehat{EDC} = \widehat{E'D'C'}$;

– **l'orthogonalité :** si les droites (*AD*) et (*EC*) sont perpendiculaires, alors leurs symétriques (*A'D'*) et (*E'C'*) le sont aussi ;

– **le parallélisme :** si les droites (*BF*) et (*CE*) sont parallèles, alors leurs symétriques (*B'F'*) et (*C'E'*) le sont aussi ;

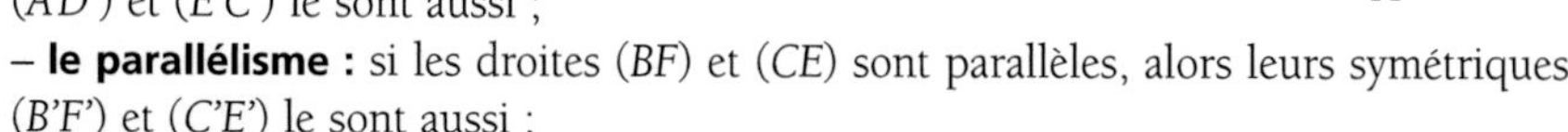

– **les aires :** les deux cerfs-volants sont superposables par demi-tour autour de *O* et ils ont donc la même aire.

Centre de symétrie d'une figure

→ Un point *O* est un centre de symétrie pour une figure $\mathcal{F}$ si la figure symétrique de la figure $\mathcal{F}$ par rapport à *O* est encore la figure $\mathcal{F}$.

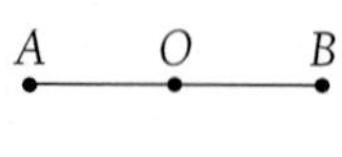

Segment

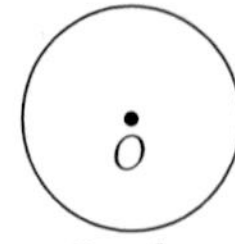

Cercle

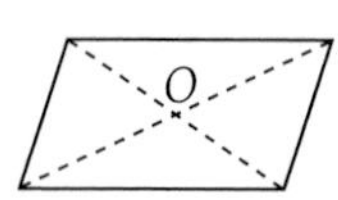

Parallélogramme

S Z

Lettres majuscules

Symétrique d'un point, d'une droite, d'une demi-droite, d'un segment, d'un polygone, d'un cercle

Sur cette figure, dans la symétrie par rapport au point *O* :

→ **points symétriques *A* et *A'* :** *O* est le milieu de [*AA'*] ;

→ **droites symétriques $\mathscr{D}$ et $\mathscr{D}'$:** elles sont parallèles ;

→ **demi-droites symétriques *Ax* et *A'x'* :** elles sont parallèles et de sens contraire ;

→ **segments symétriques [*AB*] et [*A'B'*] :** ils sont parallèles et ont même longueur ;

→ **polygones symétriques *ABCDE* et *A'B'C'D'E'* :** ils ont leurs côtés de même longueur (un à un) et leurs angles de même mesure (un à un) ;

→ **cercles symétriques $\mathscr{C}$ et $\mathscr{C}'$:** ils ont même rayon et leurs centres *E* et *E'* sont symétriques par rapport à *O*.

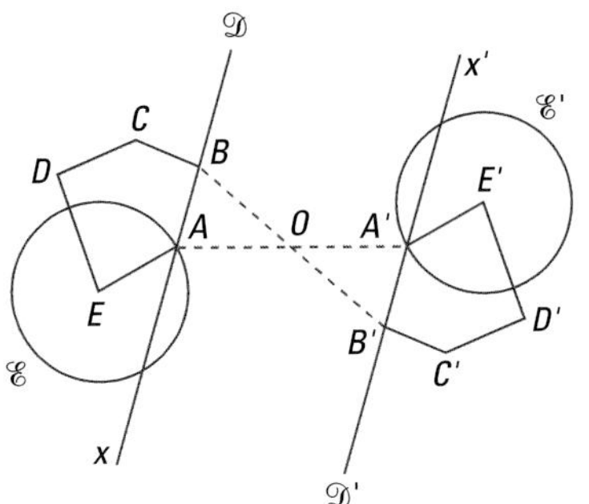

Symétrie axiale et symétrie centrale

Rappels :

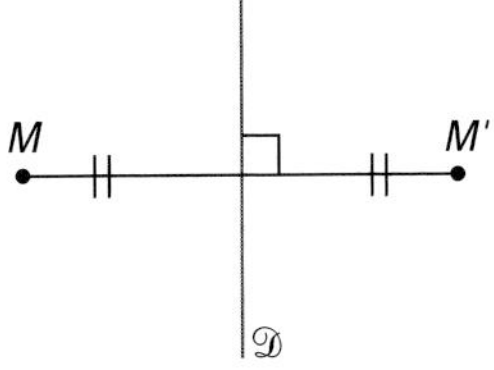

M et *M'* sont symétriques par rapport à $\mathscr{D}$.

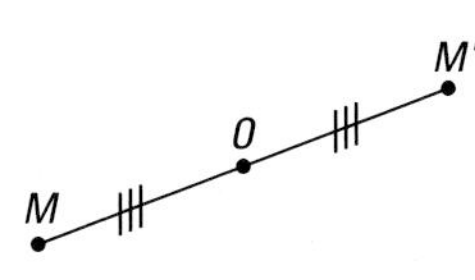

M et *M'* sont symétriques par rapport à *O*.

Axes de symétrie et centre de symétrie

→ **Si une figure $\mathscr{F}$ admet deux axes de symétrie $\mathscr{D}$ et $\mathscr{D}'$ perpendiculaires en *I*, alors elle admet le point *I* comme centre de symétrie.**

→ Voici quelques figures admettant deux axes de symétrie perpendiculaires :

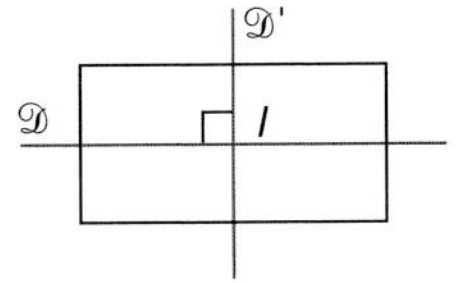

Rectangle

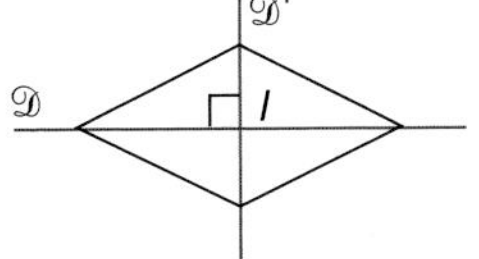

Losange

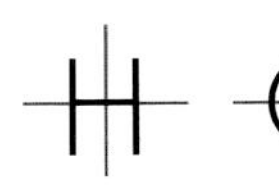

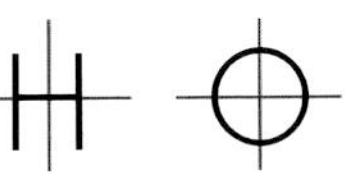

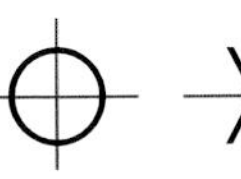

Lettres majuscules

35

Translation

Maths

Dans une translation, quelle est l'image d'un segment ?

Que peut-on dire de l'image d'un triangle équilatéral dans une translation ?

Que signifie cette phrase : « Toute translation conserve l'alignement » ?

Définition

→ Étant donnés deux points A et B, la translation qui transforme A en B transforme un point M en M' tel que les segments $[BM]$ et $[AM']$ aient le même milieu I : le quadrilatère $ABM'M$ (lorsque ces 4 points ne sont pas alignés) est un parallélogramme.

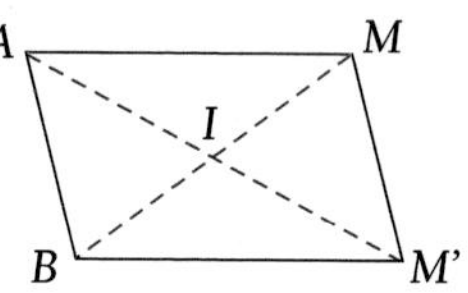

→ **Vocabulaire.** On dit :
- dans la translation qui transforme A en B... ;
- ou bien, dans la translation où A a pour image B... .

Images des principales figures

→ Étant donnés deux points A et B, dans la translation qui transforme A en B :

- l'image du segment $[IJ]$ est le segment $[I'J']$, parallèle à $[IJ]$ et de même longueur que $[IJ]$;
- l'image de la droite (IJ) est la droite $(I'J')$, parallèle à la droite (IJ) ;
- l'image de la demi-droite $[Ix)$ est la demi-droite $[I'x')$, parallèle à la demi-droite $[Ix)$ et de même sens qu'elle ;
- l'image du cercle $(\mathscr{C})$ de centre J et de rayon $\mathscr{R}$ est le cercle $(\mathscr{C}')$ de centre J' et de même rayon.

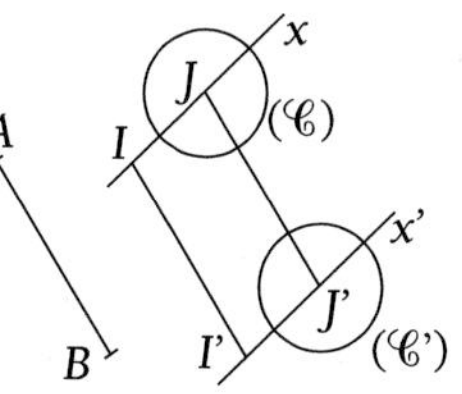

Propriétés

→ Dans la translation où le point A a pour image le point B, les points I, J, K et L ont pour images respectives les points I', J', K' et L'.

→ Toute translation conserve
- les longueurs : par exemple, $IL = I'L'$;
- l'alignement : si trois points sont alignés (I, J et K), leurs images le sont aussi (I', J' et K') ;
- les angles : $\widehat{LIJ} = \widehat{L'I'J'}$;
- les aires : les triangles IJL et $I'J'L'$ ont même aire.

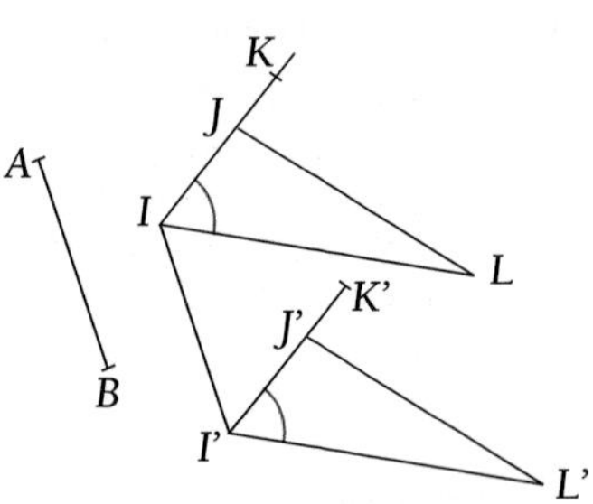

Les parallélogrammes

→ Considérons une suite de parallélogrammes *aABb*, *bBCc*, *cCDd*, etc. (traits pleins de la figure).

→ La translation qui transforme *a* en *A* transforme *b* en *B*, *c* en *C*, *d* en *D*, etc., car les quadrilatères *aABb*, *bBCc*, *cCDd*, etc. sont des parallélogrammes.

→ On trouve d'autres parallélogrammes sur cette figure : *aACc*, *aADd*, *bBDd*, etc.

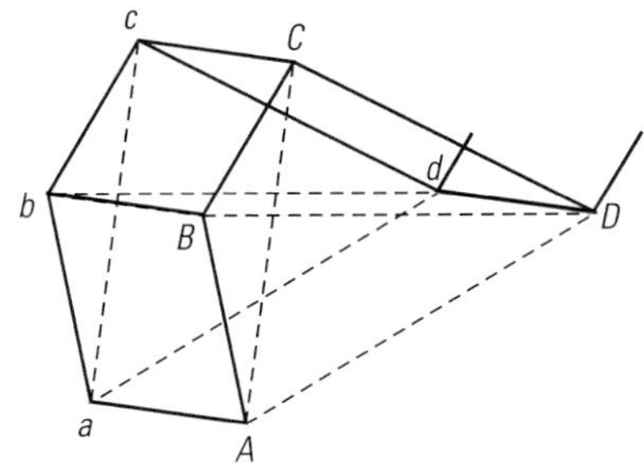

Image d'un triangle isocèle

→ Soit un triangle isocèle *ABC* tel que $AB = AC$. Dans la translation qui transforme *I* en *I'*, le triangle *ABC* a pour image le triangle *A'B'C'*.

→ On a : $AB = A'B'$ (car l'image d'un segment est un segment de même longueur) ;
de même : $AC = A'C'$;
or $AB = AC$; donc $A'B' = A'C'$. Le triangle *A'B'C'* est isocèle.

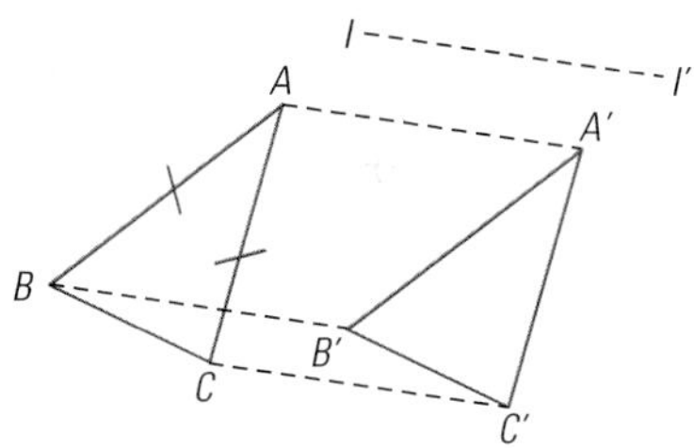

Les voiliers

→ Dans la translation qui transforme *i* en *I*, les points *a*, *b*, *c*, *d*, *e*, *f*, *g*, *h* ont pour images respectives les points *A*, *B*, *C*, *D*, *E*, *F*, *G*, *H*.

→ Cette translation conserve :
– les longueurs : $ad = AD$;
$gf = GF$;
$fh = FH$;
– l'alignement : *a*, *b*, *c* et *A*, *B*, *C* ;
b, *f*, *e* et *B*, *F*, *E* ;
f, *e*, *h* et *F*, *E*, *H* ;
– les angles : $\widehat{cad} = \widehat{CAD}$;
$\widehat{fge} = \widehat{FGE}$;
$\widehat{efg} = \widehat{EFG}$;
– les aires : triangle *adc* et triangle *ADC* ;
triangle *efg* et triangle *EFG* ;
demi-disque de diamètre *fh*
et demi-disque de diamètre *FH*.

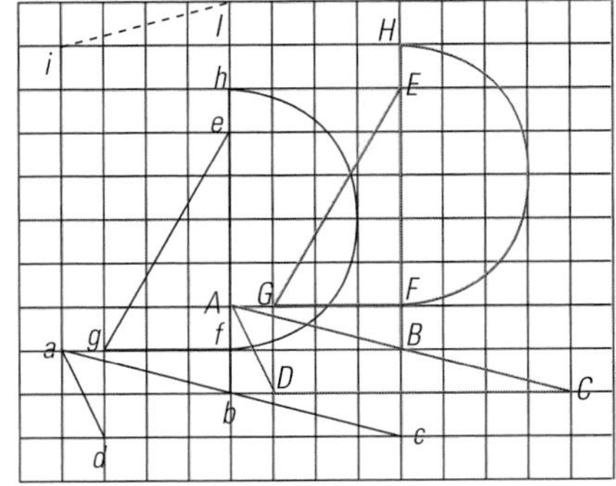

36

Tableaux et

Maths

Qu'est-ce qu'un diagramme en bâtons ?

Qu'est-ce qu'un histogramme ?

Qu'est-ce qu'un diagramme à secteurs circulaires ?

Les jours d'absence (diagramme en bâtons)

→ Voici le bilan des absences des 149 élèves des classes de sixième de notre collège, au cours du premier trimestre de l'année scolaire :

nombre de jours d'absence	0	1	2	3	4	5	6	7
nombre d'élèves	19	28	25	18	21	16	13	9

La représentation graphique des informations données dans ce tableau est une figure appelée **diagramme en bâtons**.

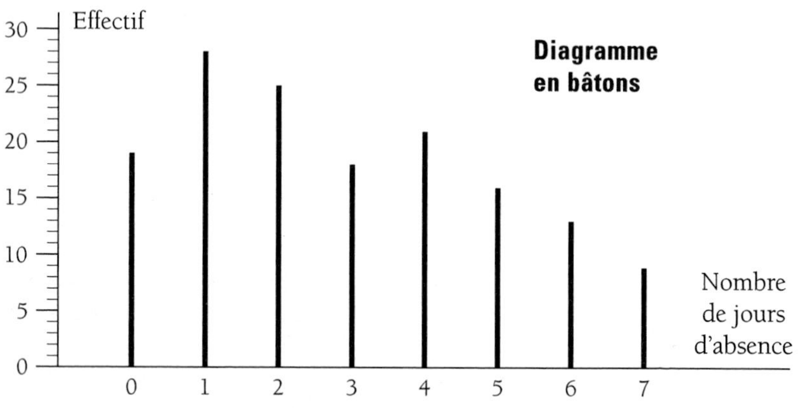

Les graphiques (ou diagrammes) servent à présenter les données d'un tableau sous une forme rapidement lisible et permettant une vue d'ensemble.

Le test de maths (histogramme)

→ Les 76 élèves de trois classes de sixième ont fait un test commun de maths. La répartition des notes obtenues a été la suivante :

note obtenue : n	$0 \leqslant n < 4$	$4 \leqslant n < 8$	$8 \leqslant n < 12$	$12 \leqslant n < 16$	$16 \leqslant n < 20$
nombre d'élèves	13	18	22	14	9

graphiques

La représentation graphique du tableau précédent est une figure appelée **histogramme**.

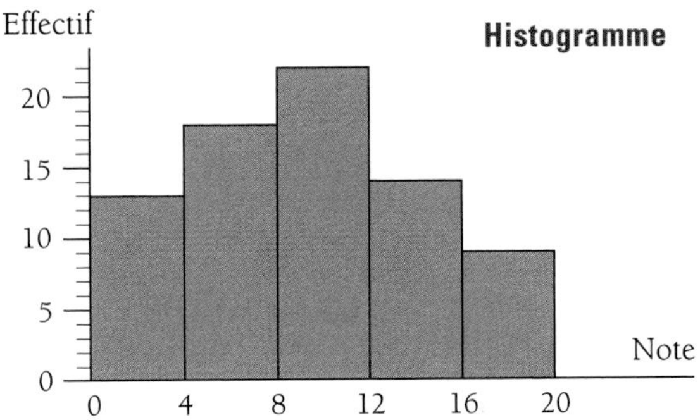

La bibliothèque (diagramme à secteurs circulaires)

→ La documentaliste du collège a calculé les pourcentages suivants concernant les livres empruntés à la bibliothèque du collège au cours du deuxième trimestre :

nombre de livres empruntés	0	1	2	3	4	5
pourcentage du nombre total d'élèves	26 %	35 %	12 %	17 %	8 %	2 %

On lit dans ce tableau que 26 % des élèves n'ont emprunté aucun livre, que 35 % des élèves ont emprunté un seul livre, etc. La somme de tous les pourcentages est égale à 100.

La représentation graphique de ces résultats (ci-contre) est appelée **diagramme à secteurs circulaires**.

Chaque secteur circulaire représente l'une des six catégories d'élèves. Un pourcentage de 100 % étant figuré par le disque entier de 360°, un pourcentage de 1 % est donc représenté par un secteur circulaire de 3,6°. D'où les mesures des différents secteurs :

0 livre (26 %) : 93,6° ; 1 livre (35 %) : 126° ; 2 livres (12 %) : 43,2° ; 3 livres (17 %) : 61,2° ; 4 livres (8 %) : 28,8° ; 5 livres (2 %) : 7,2°.

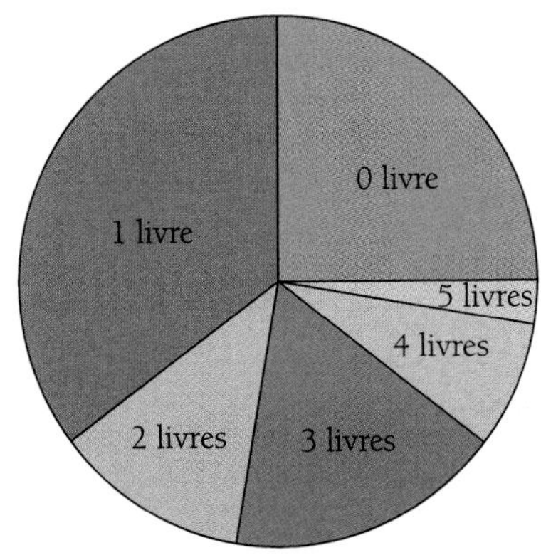

Diagramme à secteurs circulaires

Index de maths

HISTOIRE

1

La préhistoire

Histoire

De quand datent les premières sculptures ?

À partir de quelle époque les hommes deviennent-ils sédentaires ?

– 1 800 000	PALÉOLITHIQUE
	ÂGE DE LA PIERRE TAILLÉE
– 1 000 000 Homo erectus	**– 100 000** Homo sapiens	**– 40 0**
– 500 000 Utilisation du feu	**– 25 000** Premières sculptu

– 9 000 Début de l'agriculture
– 3 000 Début de la civilisation égyptienne

Les outils

→ En Auvergne et en Roussillon, ont été trouvés des galets brisés par des mains humaines il y a près d'un million d'années.

→ Les premiers hommes savent frapper l'un contre l'autre deux galets. Un galet se brise et son bord tranchant peut être utilisé pour tuer et découper une bête qui servira de nourriture.

→ Peu à peu, les hommes apprennent à mieux tailler les pierres, à utiliser les os des animaux pour couper, tailler, percer ou gratter.

→ Plus tard, ils fabriquent des armes et des outils en bronze et en fer.

La « dame à la capuche » trouvée à Brassempouy est l'une des premières sculptures connues.

Le feu

→ Il y a quelques centaines de milliers d'années, l'homme apprend à utiliser le feu.

→ C'est à Terra Amata, près de Nice, que les archéologues ont découvert les plus anciennes traces de l'utilisation du feu en France.

L'Homo sapiens (en latin, « l'homme sage ») sait durcir au feu la pointe de ses épieux.

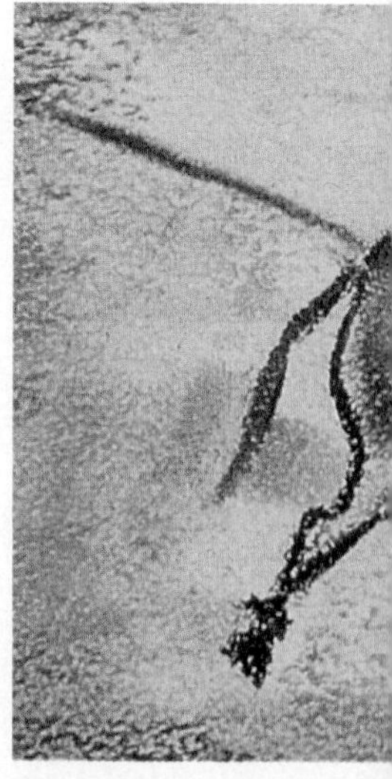

de la France

7 000 NÉOLITHIQUE	– 8 000 ÂGE DES MÉTAUX	
ÂGE DE LA PIERRE POLIE	ÂGE DU BRONZE	**– 800** ÂGE DU FER
e de Cro-Magnon		

– 17 000 Peintures de Lascaux

– 4 000 Dolmens en Bretagne

Les chasseurs pêchaient grâce à ces harpons en os.

L'homme de Cro-Magnon

→ C'est une période de grands froids. L'homme se nourrit de rennes, de bisons et de mammouths. Il tire ses vêtements des peaux de ces animaux et utilise leurs os pour fabriquer des outils.

→ Il réalise de grands progrès dans les domaines de la chasse, de la pêche et de la cueillette.

L'âge de la pierre polie

L'homme commence à pratiquer l'élevage et l'agriculture. Il devient sédentaire. Il sait polir la pierre, fabriquer des tissus et des poteries. Il érige des dolmens et des menhirs.

Sur les murs de Lascaux, on trouve de nombreuses peintures d'animaux.

2

Histoire

Les premières

Que désigne le Néolithique ?

Où sont apparues les premières civilisations ?

Que sont les hiéroglyphes ?

Les premiers temps de l'Homme

→ L'Homme apparaît il y a plus de 3 millions d'années : il marche debout, est omnivore, parle, taille des outils, vit en groupe. L'évolution de ses conditions de vie est d'abord très lente. Au **Paléolithique** – âge de la pierre ancienne –, c'est un chasseur **nomade*** qui maîtrise peu à peu le feu, vit aussi de cueillette et qui dépend totalement du milieu naturel.
Au **Néolithique**, il devient éleveur et agriculteur. Cette révolution lui permet de moins dépendre du milieu naturel. Ses techniques progressent. Il devient **sédentaire*** : villages et villes se développent ; la société commence à s'organiser. Des monuments de pierre – dolmens et menhirs – témoignent de croyances religieuses probablement liées au culte des morts.

L'apparition des premières civilisations

→ **Au IVe millénaire av. J.-C.**, des populations quittent les régions montagneuses pour s'installer dans les plaines et les vallées. **De grandes civilisations apparaissent** au bord de certains fleuves : Nil, Tigre, Euphrate au Proche-Orient (Croissant fertile), Indus et Huanghé en Asie. Les progrès techniques s'accélèrent avec l'invention de la roue, l'irrigation, l'utilisation du cheval, le travail du métal. Des différences sociales apparaissent entre hommes libres et esclaves.
De grands États se constituent. Désormais, un territoire et l'ensemble de ses habitants obéissent à un seul pouvoir. Celui-ci s'occupe de la religion, lève l'impôt, s'efforce de maintenir la paix intérieure, crée des lois.

La naissance de l'écriture*

→ L'écriture apparaît pour la première fois vers 3500 av. J.-C., à Sumer, avec des signes en forme de coins (écriture **cunéiforme**). Peu après, les Égyptiens créent leur propre système : les **hiéroglyphes**. Désormais, ceux qui maîtrisent l'écriture disposent d'un pouvoir important.
Avec l'écriture, l'homme passe de la Préhistoire à l'Histoire. Il laisse désormais des traces durables de son activité que les générations suivantes peuvent utiliser.
Vers 1200 av. J.-C., **les Phéniciens créent le premier alphabet***. Les signes sont peu nombreux (22) et faciles à retenir et à représenter. L'écriture devient ainsi plus efficace. Modifié et perfectionné, cet alphabet est parvenu jusqu'à nous par l'intermédiaire des Grecs et des Romains.

(*) **Nomade :** qui se déplace constamment. **Sédentaire :** homme qui vit et travaille toujours au même endroit.
Écriture : représentation de la parole et de la pensée par des signes. **Alphabet :** système de signes transcrivant les sons d'une langue.

civilisations

Si quelqu'un a accusé un homme de meurtre, mais s'il n'a pu l'en convaincre, l'accusateur sera tué... Si quelqu'un a crevé l'œil d'un homme libre, on lui crèvera l'œil. S'il a brisé l'os d'un homme libre, on lui brisera l'os. S'il a crevé l'œil d'un esclave, il pèsera (*paiera*) la moitié de son prix... Si un fils d'homme libre a frappé la joue d'un fils d'homme libre [...] il pèsera 1 mine* d'argent... Si un esclave a frappé la joue d'un fils d'homme libre, on lui coupera l'oreille.

(*) 1 mine = 500 g environ.

Code de Hammurapi, § I, 196, 197, 199, 203, 205.

Le code de Hammurapi

→ *Vers 1700 av. J.-C., l'empire babylonien connaît une première période de grandeur avec le roi Hammurapi. Le code qu'il élabore témoigne des différences sociales qui existent, de l'effort pour codifier la vie des habitants, mais aussi de la violence qui demeure.*

Hache néolithique

→ *Au Néolithique (âge de la pierre polie) l'homme sait mieux travailler la pierre et obtient ainsi des objets plus nombreux : hache, houe, faucille, meule. D'autres techniques apparaissent : poterie, travail du cuivre et du bronze.*

Tablette sumérienne d'argile cuite

→ *Les premiers textes sont écrits à l'aide d'un poinçon sur des tablettes d'argile qui sont ensuite séchées ou cuites.*

3

Histoire

L'Égypte et

Le règne de Ramsès II fut-il prospère ?

Qu'est-ce qu'une religion polythéiste ?

Quel est le texte sacré des Hébreux ?

« Un don du Nil » (Hérodote)

→ L'Égypte est une vallée longue et étroite. Elle se divise en deux régions, Haute-Égypte (capitale Thèbes) et Basse-Égypte (capitale Memphis), et tire sa prospérité de la crue annuelle du Nil.

Le déchiffrement des hiéroglyphes – l'écriture égyptienne – a permis de mieux connaître son histoire originale.

Durant l'**Ancien Empire** – première période de grandeur –, les **pyramides** sont construites. Après des troubles, **le Moyen Empire** est une époque d'**organisation administrative** et de développement économique. Sous **le Nouvel Empire**, la prospérité est exceptionnelle, notamment lors du règne de **Ramsès II**. L'Égypte connaît ensuite un lent déclin.

La société égyptienne

→ L'**économie** est essentiellement **agricole**, mais villes et commerces se développent. À côté du **pharaon**, la société est dominée par les nobles et les fonctionnaires. Le petit peuple des villes et des campagnes connaît une vie rude et difficile qui évolue cependant à partir du Nouvel Empire avec l'apparition de paysans libres.

La religion occupe une grande place dans la vie des Égyptiens. Ils sont **polythéistes*** : ils adorent de nombreux dieux dont Amon-Rê et Osiris. De grands temples sont construits et leur richesse est considérable. Le culte des morts est important car les Égyptiens pensent que la mort mène à la vie éternelle après le jugement d'Osiris.

Les Hébreux, un peuple qui croit en un seul dieu

→ Dans l'Antiquité, les Hébreux sont les seuls à pratiquer une religion **mono-théiste***. Ils adorent un dieu unique, Yahvé, éternel, que l'on ne peut représenter. Un texte sacré, **la Bible**, fait connaître la religion, fixe les cadres du culte et raconte l'histoire des Hébreux.

D'abord nomades, errant de la Mésopotamie à l'Égypte, ils arrivent, sous la direction de Moïse, au pays de Canaan où ils fondent le royaume d'Israël. Puis, ce royaume se divise, et ses deux parties sont détruites par les Assyriens et les Babyloniens. Une partie des Hébreux reviendra en Palestine ; une autre se dispersera dans tout le monde antique. C'est ce que l'on appelle la Diaspora.

(*) **Polythéiste :** qui adore plusieurs dieux.
Monothéiste : qui n'admet qu'un seul dieu.

les Hébreux

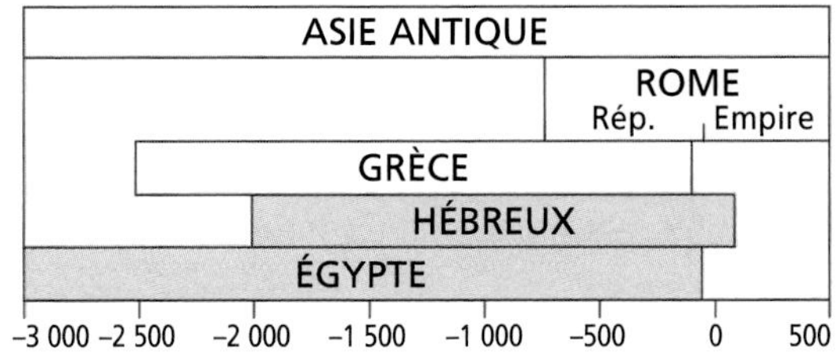

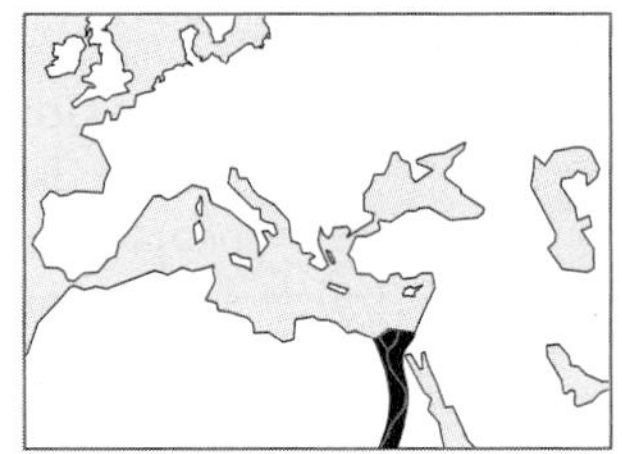

Quelques dates à retenir

→ **Ancien Empire (– 2700 à – 2040)**
IIIe à Xe dynastie ; capitale Memphis ; Khéops, Khéphren, Mykérinos (pyramides).

→ **Moyen Empire (– 2040 à – 1560)**
XIe à XVIIe dynastie ; capitale Thèbes ; invasion des Hyksos.

→ **Nouvel Empire (– 1560 à – 1070)**
XVIIIe à XXe dynastie : capitale Thèbes ; époque de Toutankhamon puis de Ramsès II.

Toutankhamon

→ *Pharaon, souverain et dieu vivant, est le maître de l'Égypte. Il reçoit le fouet et le sceptre, symboles de la force divine. Il porte la barbe postiche et l'uræus (serpent) qui le protègent. Son pouvoir est religieux, politique et militaire. L'Égypte lui appartient et il perçoit les revenus de la terre sous forme d'impôt.*

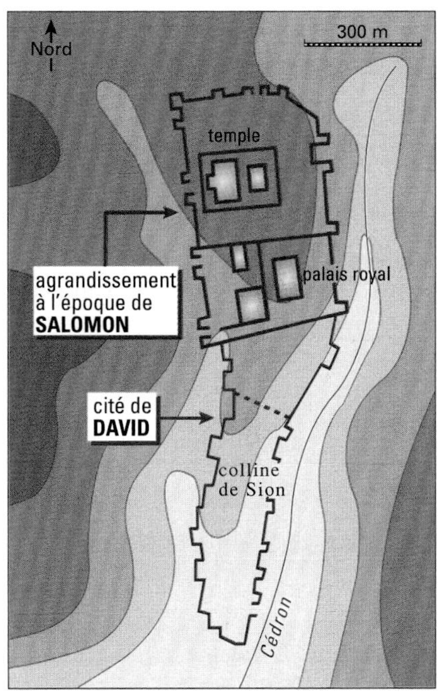

Jérusalem à l'époque de Salomon

→ *L'importance de la ville reflète l'apogée du royaume sous le règne de Salomon (Xe s. av. J.-C.), roi pacifique et bon administrateur qui fait du temple le centre unique de la religion. À sa mort, des problèmes de succession, une crise religieuse et sociale conduisent à la division du royaume.*

4

Histoire

Le monde grec :

À quelle époque Athènes connut-elle son apogée ?

Qu'est-ce que l'aristocratie ?

Quel fut le plus célèbre conquérant grec ?

Le cadre général

→ La Grèce est un pays montagneux aux plaines étroites et pénétré largement par la mer. Au **IIe millénaire av. J.-C.**, des peuples venus d'Asie Mineure occupent le pays. Ils constituent de petites communautés rassemblant un territoire autour d'une ville : **les cités.**

L'histoire de la Grèce connaît plusieurs périodes : **la Grèce archaïque**, marquée par la division politique et l'établissement de colonies dans le bassin méditerranéen ; **l'époque classique**, avec le triomphe d'Athènes et de la démocratie* ; **la période hellénistique**, avec les conquêtes d'Alexandre et la mise en place de grands royaumes.

Les cités grecques

→ À l'époque archaïque, les cités ont des régimes politiques divers : monarchies*, régimes aristocratiques* dominés par les riches. Divisées, elles sont aussi secouées par des crises économiques et sociales. À partir du **Ve siècle**, **Sparte et Athènes** s'affirment.

Sparte est une **cité guerrière gouvernée par les riches** (Conseil des Anciens). Tous les citoyens (les Semblables), après avoir reçu une éducation rigoureuse, consacrent leur vie au service de la cité. D'autres catégories d'habitants, libres (les Périèques) ou asservis (les Hilotes), les font vivre. **Athènes**, dans l'Attique, connaît d'abord un régime aristocratique. Sa force s'accroît après ses succès contre les Perses (guerres médiques) et au temps de Périclès. Elle **devient une démocratie** et domine la Grèce grâce à sa **puissance maritime**.

Les conquêtes d'Alexandre et les royaumes hellénistiques

→ Au IVe siècle av. J.-C., les cités s'épuisent dans des luttes incessantes pour dominer la Grèce. Le roi Philippe de Macédoine en profite pour les vaincre et imposer son autorité. L' indépendance des cités disparaît au profit d'un roi.

Son fils **Alexandre** conquiert, en douze ans, **l'empire le plus vaste que le monde ait connu**. Il atteint la vallée de l'Indus, rêvant d'un empire universel et voulant réaliser l'union des Grecs et des Barbares. À sa mort, son empire est divisé en grands royaumes dont les souverains sont considérés comme des dieux vivants. Ils ont un pouvoir absolu et s'appuient sur une administration puissante. Ils contribuent à diffuser la civilisation hellénistique.

(*) **Démocratie :** régime politique dans lequel le peuple est souverain.
Monarchie : gouvernement dans lequel le pouvoir est détenu par un seul homme, souvent un roi.
Aristocratie : gouvernement exercé par une classe privilégiée qui se considère comme la meilleure.

évolution politique

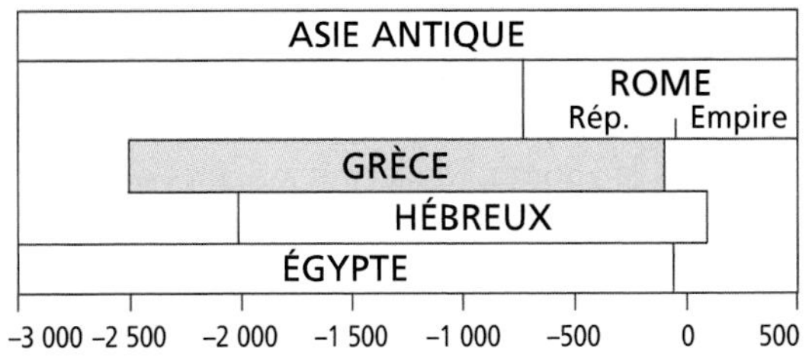

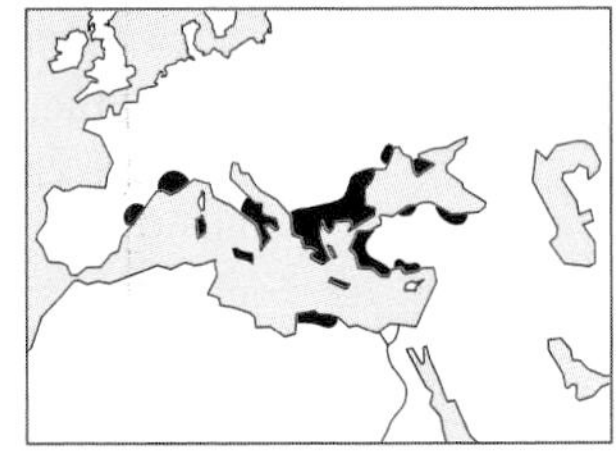

Quelques dates à retenir

→ **Époque archaïque (xe – vie s. av. J.-C.)**
Premières cités et colonisation.
Premiers Jeux olympiques (– 776)

→ **Époque classique (ve – ive s. av. J.-C.)**
Guerres médiques contre les Perses.
Rayonnement d'Athènes (construction du Parthénon). Siècle de Périclès.

→ **Époque hellénistique (ive – ier s. av. J.-C.)**
Conquêtes d'Alexandre. Constructions de villes prestigieuses (Alexandrie).

Gouvernement et société à Athènes

→ Tous les citoyens, même les plus pauvres, participent à l'*Ecclesia*, assemblée qui désigne le gouvernement de la cité. Ils forment le *demos* (peuple). La majeure partie de la cité est cependant exclue de ce système : les femmes et enfants des citoyens, les métèques (étrangers installés à Athènes) et les esclaves.

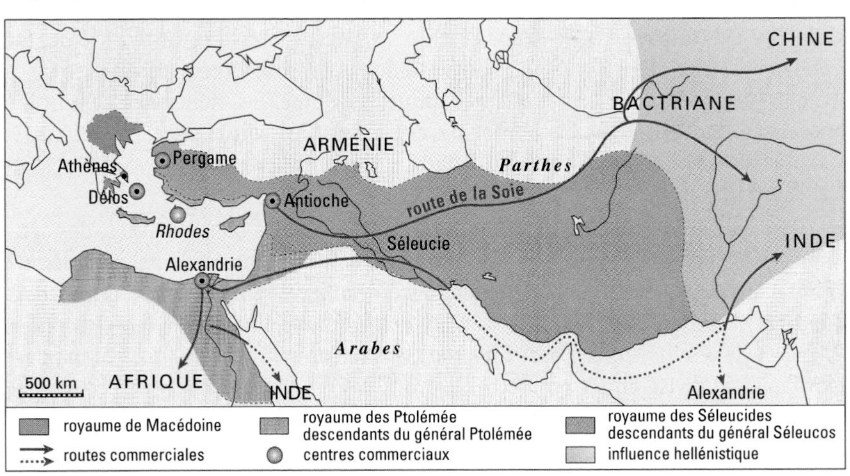

Le monde hellénistique

→ *Après la mort d'Alexandre, ses généraux se disputent sa succession et partagent son empire en trois grands royaumes. Au IIe siècle av. J.-C., les Romains commencent la conquête des restes de l'empire d'Alexandre.*

5

Histoire

Que désignent les guerres puniques ?

Qui sont les patriciens ?

Quel général romain conquit la Gaule ?

Le monde romain :

Le cadre général

→ L'Italie, une péninsule montagneuse aux rares plaines, est occupée dès le IIe millénaire av. J.-C. par divers peuples (italiotes, étrusques, grecs). Dans le Latium, Rome, aux origines obscures et légendaires, se développe sur les bords du Tibre. **En 509 av. J.-C., une république** dominée par les patriciens se met en place. Grâce à une armée nombreuse et disciplinée, **Rome conquiert l'Italie.** Puis elle bat Carthage (guerres puniques) et s'étend dans tout le bassin méditerranéen.

Cette conquête transforme la société et débouche sur une crise politique. Après un siècle de guerres civiles où des généraux (Marius, Sylla, César) imposent leur dictature, Octave, neveu de César, devient **empereur** sous le nom d'**Auguste**.

Société et gouvernement dans la Rome républicaine

→ **Les patriciens**, membres de grandes familles (*gentes*), sont de riches propriétaires. **Les plébéiens** constituent la masse des petits paysans, artisans et marchands de la ville. D'abord citoyens inférieurs, les plébéiens obtiennent des droits égaux à ceux des patriciens et participent au gouvernement. La République demeure cependant une oligarchie*. Jusqu'au IIIe siècle av. J.-C., la vie du Romain est simple. C'est un paysan travailleur et rude. La famille, sous l'autorité du père, est importante. De nombreux dieux, souvent empruntés aux Grecs, sont honorés. Avec la conquête, richesses et esclaves affluent à Rome. Les riches découvrent le luxe de l'Orient. La plèbe devient oisive et cliente* des patriciens.

La Gaule

→ C'est un pays riche avec de grandes forêts, des plaines bien cultivées, des activités artisanales nombreuses et une population importante. Elle est peuplée de **Celtes**. Regroupés en tribus indépendantes et rivales, ils sont **dirigés par des chefs guerriers et des druides.**

Profitant de ces divisions, **César conquiert la Gaule**, de 58 à 51 av. J.-C. **Le pays est réorganisé et divisé en six provinces.** Il profite de la paix et la sécurité romaines. Agriculture, artisanat et commerce se développent. De nombreuses villes sont construites. La culture romaine se répand (latin, mode de vie urbain). La Gaule garde cependant son originalité, notamment dans le domaine religieux.

(*) **Oligarchie :** régime politique où le pouvoir appartient à une minorité de riches.
Client : plébéien qui se met sous la protection d'un riche patricien. Il soutient son patron en politique ; en échange, le patron lui verse de l'argent.

la République

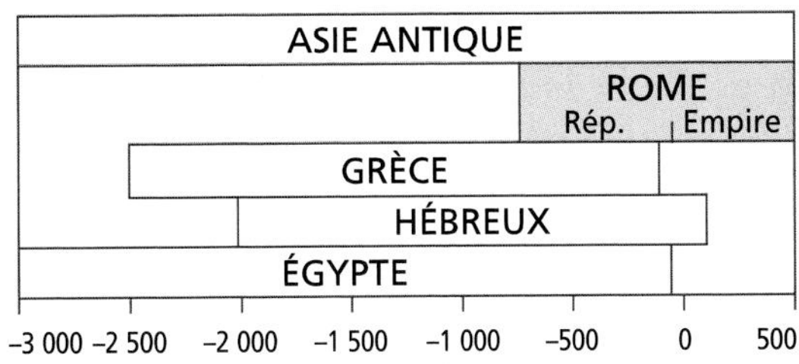

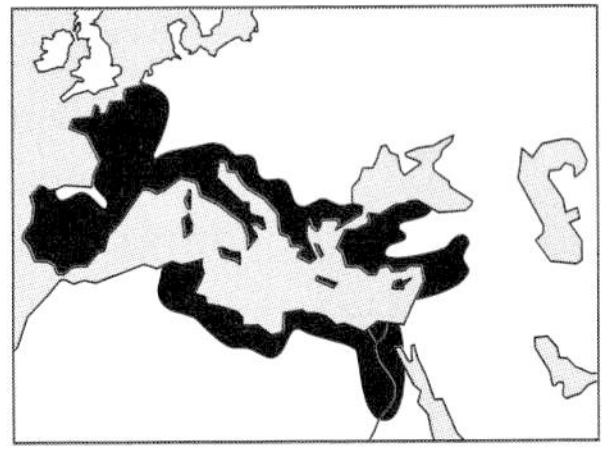

Quelques dates à retenir

→ **– 509 :** proclamation de la République.

→ **264 à 146 av. J.-C. :** guerres puniques (Rome contre Carthage).

→ **58 à 51 av. J.-C. :** Jules César conquiert la Gaule.

→ **133 à 31 av. J.-C. :** période de guerres civiles.

→ **44 av. J.-C. :** assassinat de César.

SÉNAT

MAGISTRATS
– 2 censeurs (recensent les citoyens, gèrent le budget)
– 2 consuls (dirigent l'armée et l'État)
– 2 prêteurs (rendent la justice)
– 8 quêsteurs (chargés des finances)
– 4 édiles (administrent la ville)

LA GUERRE

LES LOIS

COMICES TRIBUTES
– 31 tribus de la campagne
– 4 tribus de la ville

COMICES CENTURIATES
– les plus riches (quand la majorité est atteinte, le vote est arrêté, si bien que les plus pauvres ne votent pas)
– les plus pauvres

CITOYENS ROMAINS
hommes libres habitant en général Rome ou le Latium

NON CITOYENS
– autres hommes libres – affranchis
– femmes et enfants – esclaves

Les pouvoirs à Rome

→ *Trois pouvoirs gouvernent Rome :* ***les Comices****, assemblées du peuple, qui votent les lois et élisent les magistrats ;* ***les magistrats****, qui exercent leurs fonctions durant un an seulement (les consuls sont les plus importants) ;* ***le Sénat*** *(300 membres désignés parmi les anciens magistrats), qui dirige la politique extérieure ; il est consulté sur toutes les décisions importantes.*

La maison Carrée (Nîmes)

→ *La romanisation de la Gaule se traduit notamment par la construction de monuments dans les villes, à l'image de ceux de Rome. Un mode de vie urbain semblable se met en place.*

6

Histoire

Le monde romain :

Quels sont les siècles de prospérité de l'Empire romain ?

Quelle est la ville phare de l'Empire romain ?

Quelles sont les 3 conditions possibles de celui qui naît à Rome ?

L'Empire romain

→ Auguste (31 av. J.-C. à 14 apr. J.-C.) organise le gouvernement impérial. Ses pouvoirs sont étendus : il promulgue les lois, dirige l'armée, organise la religion. Il met en place une administration, nomme les fonctionnaires. Il fait régner paix et ordre dans l'Empire. **Une grande prospérité marque les Ier et IIe siècles après J.-C.**. Quatre dynasties se succèdent. De grands empereurs (Trajan, Hadrien, Marc-Aurèle) administrent et défendent un empire vaste et divisé en provinces.
Au IIIe siècle une crise éclate. Les causes sont internes. Le pouvoir politique est affaibli : beaucoup d'empereurs meurent au combat ou sont assassinés. L'Empire s'appauvrit et riches comme pauvres quittent les villes. La crise résulte aussi des dangers extérieurs : **les Germains**, au Nord, et **les Perses**, à l'Est, **menacent les frontières**.

Rome et la civilisation romaine

→ **Rome constitue le cœur de l'Empire.** Au IIe siècle, la ville compte plus d'un million d'habitants. Les empereurs multiplient les constructions : forums, temples, théâtres, arcs de triomphe. Ils en assurent le ravitaillement. Le Romain travaille le matin et se distrait l'après-midi : théâtre, jeux du cirque, thermes.
Rome marque profondément l'Empire : construction de routes, création de villes sur son modèle, diffusion de la culture (latin, droit romain). Profitant de la paix et des ressources diverses de l'Empire, agriculture, artisanat et commerce se développent. Les techniques évoluent peu. Dans l'agriculture, de grands domaines apparaissent (les « villas »). Rome exploite les territoires qu'elle contrôle.

Société et religion

→ La société est hiérarchisée et inégalitaire : **on naît esclave, homme libre ou citoyen romain**. Ces derniers sont classés selon leur fortune. Les plus riches font partie du Sénat ou de l'ordre équestre. La société est mobile et tout homme peut changer de condition : l'esclave peut être affranchi, l'homme libre devenir citoyen et le citoyen pauvre, sénateur ou chevalier. En 212, l'édit de Caracalla donne le titre de citoyen à tous les hommes libres de l'Empire.
La religion traditionnelle se maintient mais perd des fidèles. Un culte impérial, signe de fidélité politique à l'empereur, se met en place. Rome laisse les peuples libres de choisir leur religion, ce qui permet aux cultes orientaux, répondant mieux aux inquiétudes des Romains, de se développer.

l'Empire

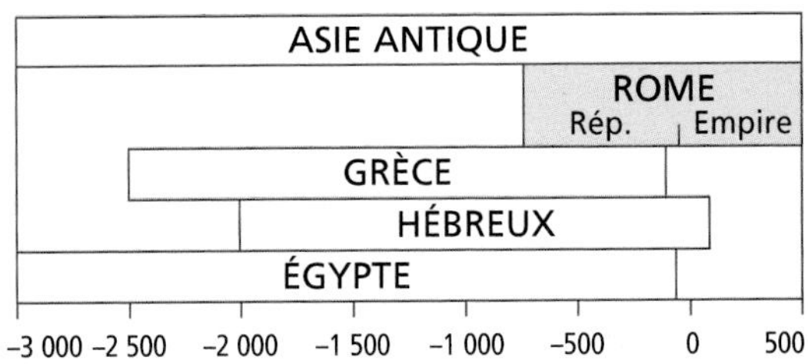

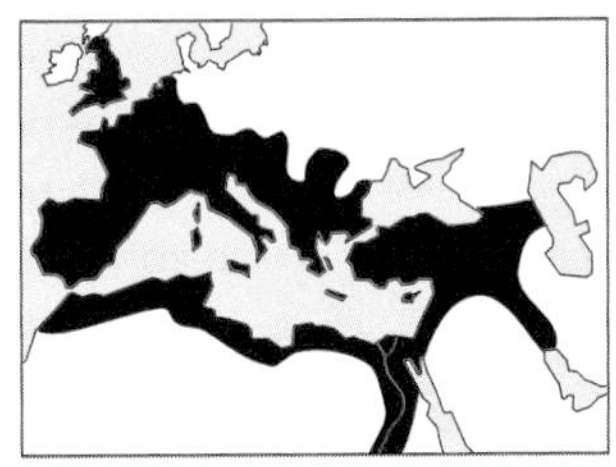

Les empereurs romains

→ **Les Julio-Claudiens** (Ier siècle après J.-C.) : Auguste (31 av. J.-C. à 14 après J.-C.), Tibère, Caligula, Claude, Néron.

→ **Les Flaviens** (Ier siècle après J.-C.) : Vespasien, Titus, Domitien, Nerva.

→ **Les Antonins** (IIe siècle après J.-C.) : Septime Sévère, Caracalla, Élagabal, Sévère, Alexandre, Aurélien, Dioclétien, Constantin.

Rome, cœur du monde antique

→ *Les richesses de l'Empire permettent à une grande partie des habitants de Rome de vivre dans l'oisiveté.*

Tout ce qui pousse, tout ce qui est fabriqué dans chaque pays, se trouve ici en abondance. Les cargaisons venues des Indes et d'Arabie arrivent ici en grand nombre ainsi que les tissus de Babylone et les bijoux des pays barbares. Vos champs, ce sont l'Égypte, la Sicile et la partie cultivée de l'Afrique. Les navires ne cessent d'arriver et de partir dans le port d'Ostie. Tout ce qu'on n'a jamais vu ici n'existe pas ou n'a jamais existé.

D'après Aelius Aristide, IIe siècle, *Discours*, XXVI.

Un esclave noir

→ *En ville, comme dans les domaines, l'esclavage constitue une réalité importante de la société romaine.*

7

Histoire

Le monde romain :

Quel Empereur romain autorisa la religion chrétienne ?

Quelle fut la capitale de l'Empire romain sous Constantin ?

Qu'est-ce qui provoqua la chute de l'Empire ?

Apparition et développement du christianisme

→ En Palestine, protégée par les Romains, une religion nouvelle apparaît. Jésus, dont les Évangiles retracent la vie, dit à tous les hommes qu'ils sont égaux devant un dieu unique. Il prêche l'amour du prochain, la pureté morale et promet aux fidèles le pardon de Dieu et une vie éternelle bienheureuse.

Au Ier siècle, le christianisme s'étend : peu à peu, une Église* se met en place. Rejetant le culte impérial, inquiétant les autorités, les premiers chrétiens sont persécutés. Cela contribue à renforcer le christianisme. Poursuivant ses progrès, il devient une force politique. **Au IVe siècle, l'empereur Constantin autorise la religion et se convertit.** En 394, le christianisme devient la seule religion officielle.

La division de l'Empire

→ **Au IVe siècle, la situation de l'Empire se redresse sous l'action d'empereurs énergiques.** Dioclétien (284-305) réglemente l'économie et la société. Constantin (312-337) renforce l'unité de l'Empire et choisit une nouvelle capitale, Byzance, qui prend le nom de Constantinople. Une bureaucratie puissante joue un rôle de plus en plus important.

Ce redressement touche inégalement l'Empire. Les « villas » se multiplient en Gaule et en Afrique et emploient de plus en plus de paysans libres, les colons. La croissance urbaine est variable. Antioche et Alexandrie poursuivent leur développement. **En 395, Théodose**, pour faciliter sa défense, **partage l'Empire en deux : l'Empire romain d'Orient** (Constantinople) **et l'Empire romain d'Occident** (Rome).

Les invasions barbares et la chute de l'Empire d'Occident

→ **À la fin du IVe siècle, les invasions barbares prennent de l'ampleur.** Les Huns, venus d'Asie, s'installent en Europe orientale. À l'ouest, les différents peuples germains (Francs, Wisigoths, Burgondes) pénètrent dans l'Empire pour s'y réfugier. Ils ravagent la Gaule, l'Espagne et s'y constituent des royaumes. L'insécurité et les violences sont générales.

En 410 et 455, Rome est pillée par les Wisigoths puis les Vandales. L'autorité de l'empereur est de plus en plus faible. En 476, Odoacre dépose l'empereur Romulus Augustule. L'Empire romain d'Occident disparaît ; celui d'Orient subsistera jusqu'en 1453.

(*) **Église :** communauté de chrétiens dirigée par un évêque.

la chute de l'Empire

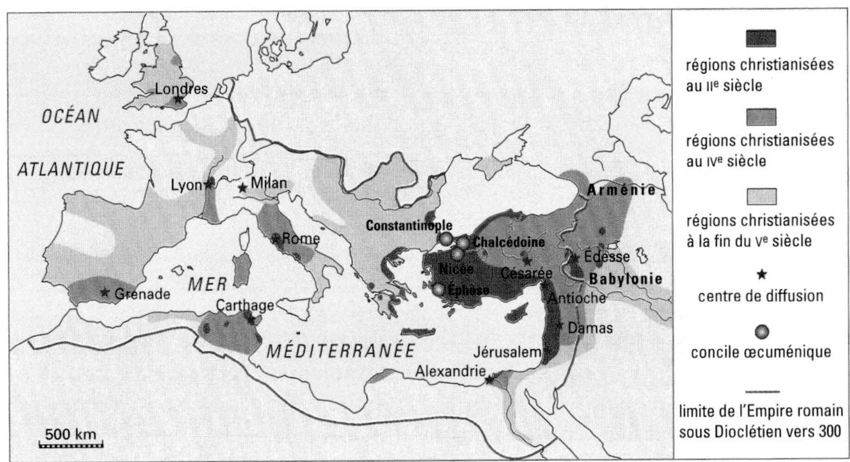

La diffusion du christianisme

→ *Le christianisme se diffuse progressivement : d'abord en Orient au Ier siècle, en suivant les grandes routes commerciales, puis en Occident au IIe siècle. Il touche d'abord la population modeste des villes, puis il gagne la campagne et les milieux riches.*

Cette expansion s'accompagne d'une meilleure organisation. L'évêque de Rome – le pape – exerce un pouvoir croissant. Des réunions d'évêques, les conciles, fixent la doctrine.

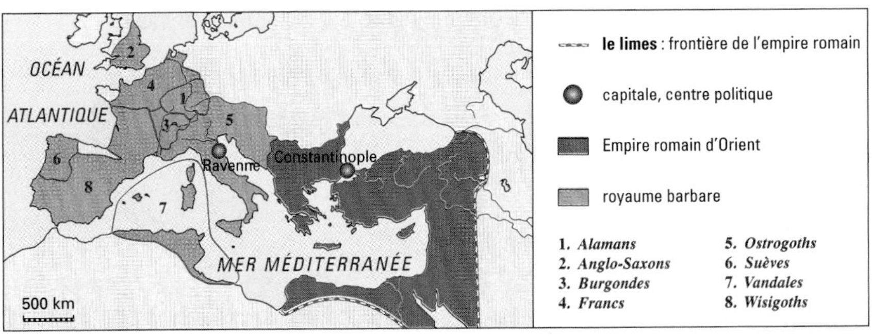

Vers 500 : l'Empire romain disloqué

→ *Alors que l'Empire romain d'Orient se maintient, de nombreux royaumes barbares se partagent l'ancien Empire d'Occident.*

8

Histoire

Le Moyen Âge de

✎ Qui était le « bon roi Dagobert » ?

✎ Qui était le grand-père de Charlemagne ?

✎ D'où viennent les Vikings ?

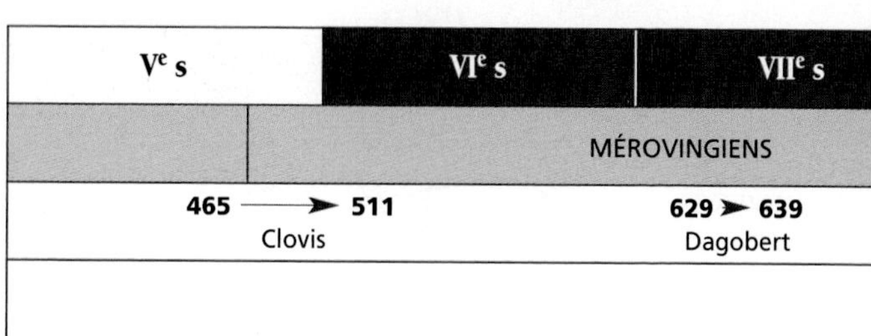

Vᵉ s	VIᵉ s	VIIᵉ s
	MÉROVINGIENS	
465 ⟶ **511** Clovis		**629** ➤ **639** Dagobert

v. 496 Baptême de Clovis
511 Partage du royaume de Clovis entre ses 4 fils
622 Naissance de l'islam
732 Charles Martel arrête l'invasion arabe à Poitiers
843 Traité de Verdun : partage de l'Empire carolingien entre les trois petits-fils de Charlemagne
911 Le Viking Rollon devient duc de Normandie
962 Le souverain de Germanie, Othon, est couronné empereur du Saint Empire romain germanique

Une coutume germanique

Lorsqu'un roi meurt, son royaume est partagé entre ses différents fils. Ainsi, en 511, à la mort de Clovis, son royaume est partagé entre ses quatre fils. De même, en 843, après la mort du fils de Charlemagne, Louis le Pieux, l'Empire carolingien est partagé entre ses trois fils par le **traité de Verdun**. Ces partages divisent à chaque fois le royaume en plusieurs autres royaumes qui ensuite s'affrontent et se font la guerre.

La dynastie

C'est une succession de rois issus d'une même famille qui ont régné sur un même pays. Les **Mérovingiens** (du nom de Mérovée, ancêtre de Clovis) ont régné sur le royaume des Francs de 481 à 751, les **Carolingiens** les ont suivis, de 751 à 987, et les **Capétiens** ont régné de 987 à la Révolution française.

La tapisserie de Bayeux montre la conquête de l'Angleterre par les Normands. On peut y voir ces bateaux appelés « drakkars ».

l'an 500 à l'an 1000

VIIIe s	IXe s	X[e] s	XIe s
	CAROLINGIENS		CAPÉTIENS
768 ➤ 814 Charlemagne			**987 ➤ 996** Hugues Capet
730 ➤ 732 : Invasions arabes	**819** ——— ➤	**911** : Invasions normandes	

Les Mérovingiens

À l'exception du « bon roi Dagobert », roi efficace et puissant, les descendants de Clovis n'arrivent pas à garder l'unité du pays et se livrent de nombreuses guerres. C'est une période de désastres pour tout le pays. Surnommés « les rois fainéants », les derniers rois mérovingiens laissent le gouvernement aux maires du palais : parmi ceux-ci, Charles Martel, vainqueur des Arabes à Poitiers, en 732.

Le couronnement de Charlemagne.

Les Carolingiens

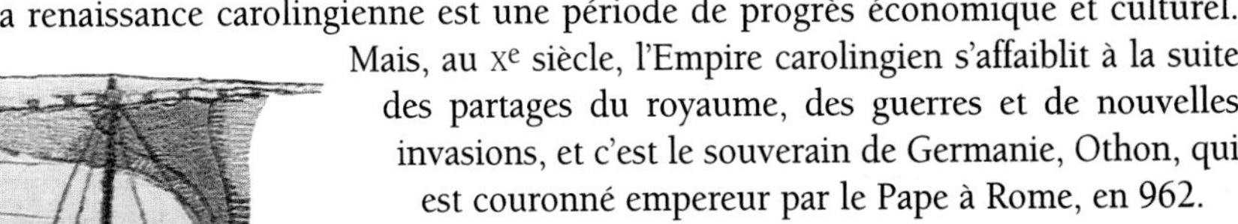

Pépin le Bref est le fils de Charles Martel ; il est proclamé roi en 752 et c'est son fils, **Charlemagne** (ci-dessus), qui lui succède et reconstitue l'empire d'Occident. La renaissance carolingienne est une période de progrès économique et culturel. Mais, au Xe siècle, l'Empire carolingien s'affaiblit à la suite des partages du royaume, des guerres et de nouvelles invasions, et c'est le souverain de Germanie, Othon, qui est couronné empereur par le Pape à Rome, en 962.

Une nouvelle invasion : les Vikings (ou Normands)

Venus de Scandinavie, ce sont de remarquables navigateurs qui cherchent dans le monde des richesses introuvables sur leur sol. Pillant les régions côtières et remontant les fleuves, ils s'installent en Normandie en 911.

9

Histoire

Le Moyen Âge de

Qu'est-ce que l'adoubement ?

Quels sont les trois ordres de la société féodale ?

Qui a gagné la guerre de Cent Ans ?

Xe s	XIe s	XIIe s
		CAPÉTIENS
987 ➤ 996 Hugues Capet		1180 Philip
	Croisades : 1096	

1163 Début de la construction de Notre-Dame de Paris
1455 Gutenberg imprime pour la première fois la Bible
1481 L'Anjou, le Maine et la Provence deviennent français
1482 La Bourgogne et la Picardie deviennent françaises

La féodalité

Pour se protéger des invasions, de nombreux hommes libres se sont rangés, au cours des IXe et Xe siècles, sous la protection de seigneurs plus puissants possédant un château et des soldats. Le puissant seigneur (le **suzerain**) reçoit l'hommage de celui qui devient son **vassal**. Le suzerain remet à son vassal un **fief** (une terre avec des paysans) pour lui permettre de vivre et de s'armer. Le vassal met son épée au service de son suzerain lorsque celui-ci part en guerre. Suzerains et vassaux sont des chevaliers dont le rôle est de combattre.

La chevalerie

Après avoir reçu une éducation militaire, le jeune noble devient **chevalier** au cours d'une cérémonie religieuse appelée **adoubement**. Son parrain, ou un prêtre, lui remet ses armes et son épée et lui donne un coup du plat de la main sur la nuque. Dès lors, le nouveau chevalier devra suivre les règles de la chevalerie : servir son suzerain avec loyauté, vaillance et fidélité, être le défenseur des églises, des veuves, des orphelins et de tous les serviteurs de Dieu.

À partir du XIe siècle, les seigneurs se font construire des châteaux en pierre, comme ici, à Loches.

l'an 1000 à l'an 1500

XIIIe s		XIVe s	XVe s
		VALOIS	
3 1226 ➤ 1270 Saint Louis	1285 ➤ 1314 Philippe le Bel		1422 ➤ 1461 Charles VII ➤ 1483 Louis XI
➤ 1270			Guerres d'Italie : **1494** ➤
Guerre de Cent Ans : **1337** ➤			**1453**

La société féodale

Elle est organisée en trois ordres : les **chevaliers**, dont le rôle est de combattre ; les membres du **clergé**, qui prient et enseignent la religion ; les **paysans**, qui travaillent. La fin des invasions et les progrès de l'agriculture permettent à la population française de doubler entre le XIe et le XIIIe siècles. Dans les villes, une classe nouvelle, composée d'artisans et de commerçants, apparaît : la **bourgeoisie**.

La guerre de Cent Ans

Ainsi nommée car elle a duré plus de cent ans, elle oppose l'Angleterre et la France. Charles IV, roi de France, meurt en 1328, sans successeur direct. Philippe VI de Valois est proclamé roi, mais Édouard III, roi d'Angleterre, qui est aussi le petit-fils de Philippe le Bel, revendique la couronne de France. Il entame une guerre qui commence par une longue série de défaites françaises. Ravagée par des bandes de soldats pillards, la France connaît alors une grande misère. Toutefois, en 1429, sous l'impulsion de **Jeanne d'Arc** (ci-contre), Orléans est reprise aux Anglais. La France s'unit autour de son roi. Les Anglais sont chassés de France. Ils conservent seulement la ville de Calais, jusqu'en 1558.

La Grande Peste

Le XIVe siècle est une période catastrophique pour la France. À la guerre s'ajoutent des hivers très rudes et des étés pluvieux qui ruinent les récoltes. Les habitants, sous-alimentés, sont frappés, à partir de 1347, par une terrible épidémie de peste noire qui fait périr le tiers de la population.

10

Histoire

Le XVIe siècle

Qu'a-t-on découvert en 1492 ?

Qui sont les partisans de la réforme ?

Qu'est-ce que l'édit de Nantes ?

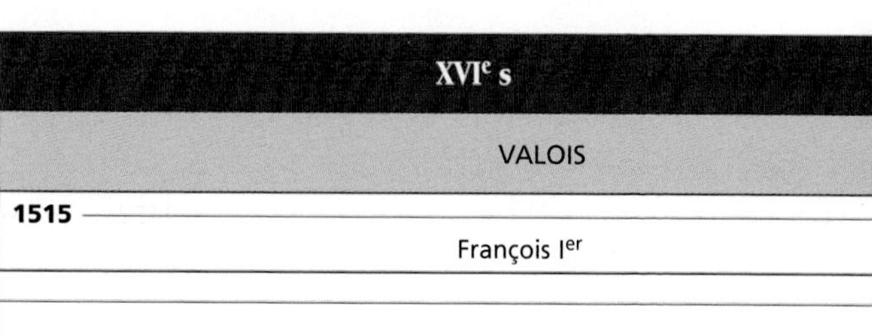

1492 C. Colomb découvre le Nouveau Monde
1498 Vasco de Gama atteint les Indes par la mer
1515 Bataille de Marignan
v. 1520 Début de la traite des esclaves africains
1521 Début de la Réforme protestante
1522 Magellan termine le premier tour du monde
1572 Massacre de la Saint-Barthélemy
1598 Édit de Nantes

→ **La Réforme** : au XVIe siècle, les progrès de l'imprimerie permettent une large diffusion de la Bible. La lecture directe de la Bible conduit certains chrétiens à penser que l'Église s'est éloignée du christianisme d'origine. En 1517, le moine allemand Martin Luther rompt avec la papauté : son enseignement est vite suivi par de très nombreux chrétiens qui sont appelés **protestants**. La doctrine des protestants se répand à travers l'Europe, notamment en France où elle est enseignée par Jean Calvin.

→ **Les châteaux de la Loire** : utilisée depuis le XIVe siècle, l'artillerie est maintenant capable de détruire les murs les plus épais. Les châteaux forts et leurs murailles deviennent inutiles et font place à d'élégantes constructions inspirées de la **Renaissance italienne**. La vallée de la Loire, où réside la cour du roi de France, s'orne alors de superbes châteaux. Les grosses tours rondes et les hautes toitures conservent encore une allure médiévale, mais l'influence italienne apparaît dans la régularité des plans et des ouvertures et dans les éléments décoratifs (comme à Chambord, ci-contre, ou à Blois). En Île-de-France, où la cour s'installe aussi, de nouveaux châteaux sont construits selon un style classique purement français à partir de 1550 (le Louvre, Saint-Germain-en-Laye, etc.).

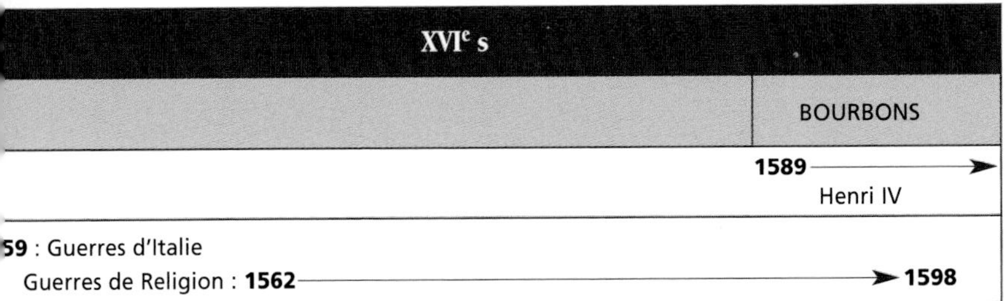

La bataille de Marignan.

François Ier et les guerres d'Italie

Attirés par les richesses de l'Italie, les rois de France se sont lancés depuis 1494 dans une série de guerres pour tenter de conquérir le royaume de Naples, puis le Milanais. Dès la première année de son règne (1515), François Ier remporte à Marignan une victoire sur les Suisses qui se battent pour le duc de Milan. Mais la guerre se poursuit et, en 1525, François Ier est battu et fait prisonnier à Pavie par l'empereur **Charles Quint**. À peine libéré, il reprend la guerre qui sera poursuivie par son successeur, Henri II.

Par **les traités de Cateau-Cambrésis** (1559), la France renonce à toute conquête en Italie. C'est au cours de ces guerres que les Français découvrent la Renaissance italienne et s'en inspirent.

Les guerres de Religion

Ce sont de terribles guerres, entre catholiques et protestants, qui déchirent le pays durant la seconde partie du XVIe siècle. Ces guerres sont marquées par de véritables massacres, comme celui de la **Saint-Barthélemy** qui cause la mort de 3 000 protestants à Paris, durant la nuit du 23 au 24 août 1572. En 1594, l'héritier du trône de France, Henri IV de Navarre, chef du parti protestant, est sacré roi de France, après s'être converti au catholicisme. Le 13 avril 1598, il signe l'**édit de Nantes** qui donne aux protestants la liberté de pratiquer leur religion.

11

Histoire

Le XVIIe siècle

Qui était le « Premier ministre » de Louis XIII ?

Qui était l'architecte du château de Versailles ?

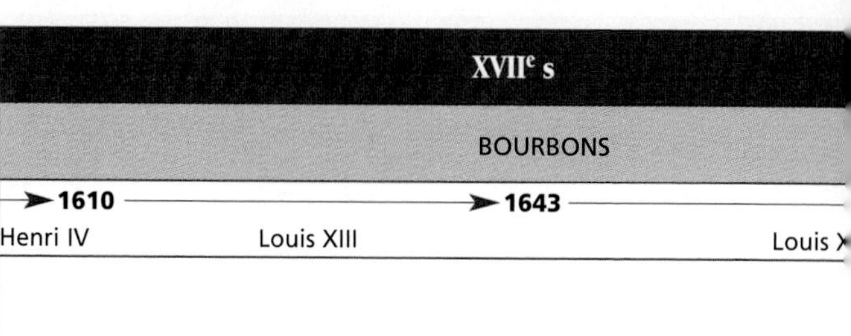

→ **La Monarchie absolue** : depuis François Ier, les rois de France n'ont cessé de renforcer leurs pouvoirs. Grâce aux impôts, à la vente des charges de fonctionnaire, aux emprunts, ils parviennent à constituer de puissantes armées, tandis que les grands seigneurs n'ont plus les moyens de créer et d'entretenir des armées assez fortes, bien équipées en artillerie et capables de résister au pouvoir central du roi. Ces seigneurs sont donc contraints de se soumettre à l'**autorité royale**.

Les parlements de Paris et de province ainsi que les états généraux (assemblées d'élus de la noblesse, du clergé et du tiers état) sont progressivement réduits au silence.

À la mort du ministre Mazarin, en 1661, le roi Louis XIV prend en charge le gouvernement de la France et exerce, dès lors, son pouvoir avec une **autorité absolue**.

→ **De grands ministres :** de 1624 à 1642, le cardinal de **Richelieu** est le « Premier ministre » de Louis XIII. Il affermit le pouvoir royal et traite sans pitié les conspirateurs de la grande noblesse ; il brise la force militaire des protestants au siège de La Rochelle en 1629. À sa mort, il recommande au roi le cardinal de **Mazarin**, qui devient à son tour « Premier ministre ». En 1661, Louis XIV prend à son service le ministre **Colbert**, que Mazarin lui avait recommandé avant de mourir.

En 1598, Henri IV a signé l'édit de Nantes, donnant aux protestants la liberté de pratiquer leur religion.

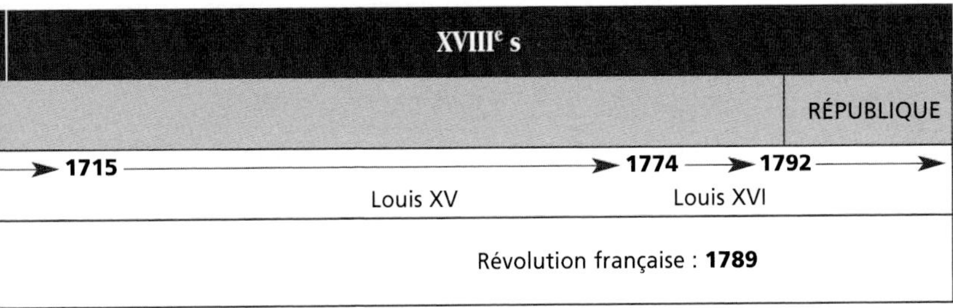

→ **Louis XIV et Versailles :** Louis XIV entretient une cour nombreuse et brillante. Il installe cette cour à Versailles en 1682. La noblesse y recherche les faveurs du roi tandis que les fêtes les plus somptueuses s'y succèdent.
Ancien pavillon de chasse, complété à partir de 1661 par de nombreuses constructions confiées à l'architecte **Le Vau**, le château de Versailles (ci-dessus) s'orne d'un parc immense réalisé par **Le Nôtre**, agrémenté de pièces d'eau. Durant les années suivantes, Louis XIV fait ajouter à son château deux grandes ailes ainsi que la galerie des Glaces.

→ **Molière (1622-1673) :** de son vrai nom Jean-Baptiste Poquelin, cet homme de théâtre marquera le XVIIe siècle. À la fois **auteur**, **acteur** et **directeur de troupe**, il cherche continuellement à faire vivre sur scène la réalité de tous les jours. Il observe les hommes et se moque de leurs ridicules. Il écrit de nombreuses comédies dont certaines seront jouées devant la **cour à Versailles** (*Le Bourgeois gentilhomme*, *L'Avare*, etc.). Louis XIV prend sa troupe sous sa protection, malgré les nombreuses attaques des personnes dont Molière s'est moqué.
On joue encore aujourd'hui les comédies de Molière.

12

Le XVIIIe siècle

Histoire

Quelles sont les idées des Lumières ?

Quest-ce que l'assolement triennal ?

Qui a inventé la machine à vapeur ?

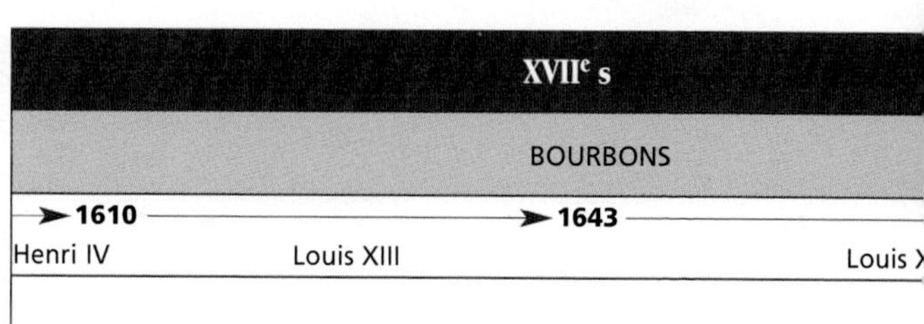

1642 Pascal invente la première calculette
1685 Révocation de l'édit de Nantes
1751 Parution du premier tome de l'*Encyclopédie*
1769 Invention du chariot à vapeur par Cugnot, 1er véhicule automobile
1783 Indépendance des États-Unis d'Amérique
1796 Jenner invente la vaccination contre la variole

Le siècle des Lumières

Durant le XVIIIe siècle, des philosophes, comme Voltaire, Rousseau et Diderot, développent les idées nouvelles de **liberté** et **d'égalité**. Ces **philosophes** refusent l'injustice et contestent le pouvoir absolu de la monarchie. Ils croient en la raison et aux progrès de la science. Sous la direction de Diderot et de d'Alembert, savants et philosophes rédigent l'*Encyclopédie* qui regroupe ces idées et ces savoirs.

La bourgeoisie et la noblesse

Les progrès de l'agriculture et de l'industrie, comme les profits réalisés par le commerce maritime avec les autres continents, permettent à la **bourgeoisie** de s'enrichir et de devenir une classe sociale puissante. Elle veut participer davantage à la vie politique et n'accepte plus d'être écartée du pouvoir par les privilèges de la noblesse et du clergé. En effet, depuis le Moyen Âge, la chevalerie s'est progressivement transformée en une classe sociale : la noblesse. Elle jouit de privilèges particuliers (exemption des impôts les plus importants) et, après la mort de Louis XIV, elle accapare toutes les hautes charges de l'État et de l'Église. Elle refuse l'égalité des droits avec la bourgeoisie.

Au XVIIe siècle, les paysans devaient des impôts au roi mais aussi aux seigneurs.

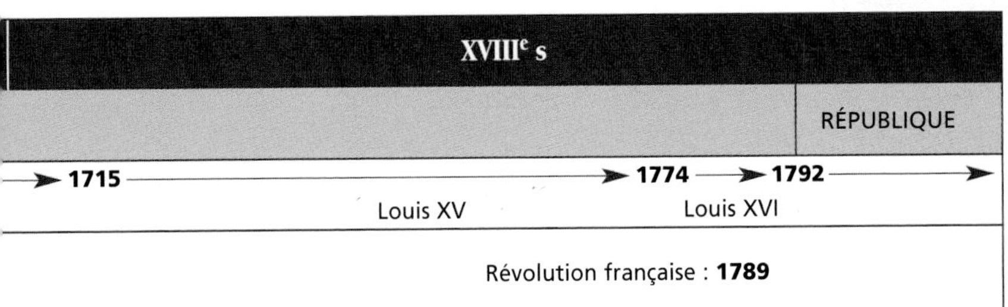

Les guerres

Les monarchies d'Europe ne cessent de s'affronter, tant sur leurs territoires que dans les colonies constituées à travers le monde. La France devient la première puissance européenne au XVIIe siècle. Le XVIIIe siècle, quant à lui, est marqué par la prépondérance économique et navale de l'Angleterre.

Les progrès de l'agriculture

À partir du XVIIIe siècle, l'agriculture enregistre de gros progrès. La pratique de l'**assolement triennal** (céréales, plantes à racine et plantes fourragères se succèdent durant un cycle de 3 ans, ce qui n'épuise pas le sol) permet d'augmenter la quantité de nourriture produite. La culture d'espèces nouvelles, comme la pomme de terre et le maïs, se généralise. Les famines disparaissent.

Les débuts de la révolution industrielle

Au XVIIIe siècle, la production industrielle se développe, les usines se multiplient. Ces nouveaux équipements coûtent chers et seuls les bourgeois les plus riches peuvent faire construire et équiper les nouvelles usines. Ces progrès industriels sont liés aux progrès scientifiques et techniques, comme l'invention des **hauts fourneaux** ou celle de la **machine à vapeur** par Denis Papin en 1687.
Le moulin à farine ci-dessous illustre ces progrès.

Les progrès scientifiques

→ **La montgolfière** : le 4 juin 1783, les frères Montgolfier font voler un ballon gonflé à l'air chaud et le 21 novembre, Pilâtre de Rozier et le marquis d'Arlandes sont les premiers hommes à s'élever dans l'espace, à bord d'une montgolfière.

13 La Révolution et

Histoire

✐ Quelle ont été les conséquences du serment du Jeu de Paume, en 1789 ?

✐ Quel régime a succédé à la République ?

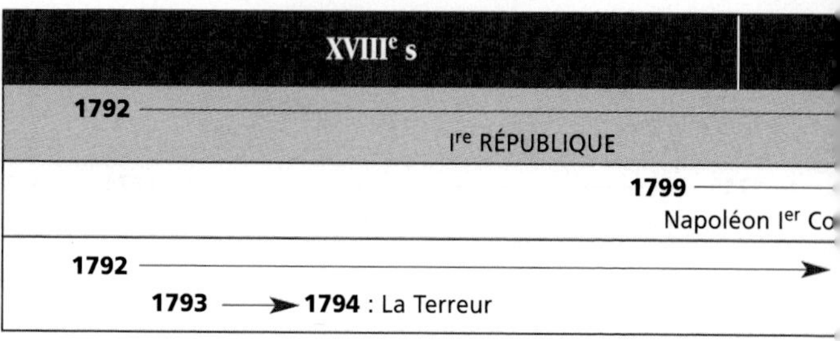

5 mai 1789 Réunion des états généraux à Versailles
14 juillet 1789 Prise de la Bastille
21 janvier 1793 Exécution de Louis XVI
1804 Sacre de Napoléon
18 juin 1815 Défaite de Waterloo

→ **La Révolution française** : quand Louis XVI convoque les **états généraux** en 1789, c'est à la demande de la noblesse qui refuse l'égalité devant l'impôt. En même temps, de mauvaises récoltes ont fait monter le prix du pain et le peuple de France multiplie les révoltes (prise de la Bastille par le peuple de Paris et nombreuses émeutes en province). La crainte d'une insurrection générale conduit l'Assemblée à supprimer les **droits féodaux**, le 4 août : elle pose ainsi le principe de l'**égalité** de tous les Français.

→ **La Constitution** : par le serment du Jeu de paume du 20 juin 1789, les députés du tiers état s'engagent à donner à la France une **Constitution**, c'est-à-dire un ensemble de lois organisant le gouvernement du pays. Ainsi est créée l'Assemblée nationale constituante le 3 septembre 1791. Cette constitution fait de la France un pays toujours gouverné par une monarchie héréditaire, les lois étant votées par les députés d'une Assemblée législative. Le roi Louis XVI jure de maintenir cette constitution, mais il est arrêté à Varennes dans la nuit du 21 au 22 juin 1791, alors qu'il tente de s'enfuir en Allemagne. L'**Assemblée législative** décide l'élection d'une nouvelle assemblée chargée de modifier la Constitution : la **Convention**.

→ **De la République à l'Empire** : le 22 septembre 1791, la Convention proclame la République. Après la Terreur et la chute de Robespierre, la Convention se sépare le 6 octobre 1795 et laisse au pays la

le premier Empire

XIXe s	
Ier EMPIRE → 1814	MONARCHIE (1re Restauration) →
Napoléon empereur → 1814	Louis XVIII →
s de la Révolution 1805 → 1815 : Guerres napoléoniennes	

« Constitution de l'an III », qui organise un régime nouveau : le **Directoire**. Le pouvoir est exercé par cinq Directeurs élus par deux Conseils formés de députés qui sont chargés de faire les lois. Un Directeur, Sieyès, et Napoléon Bonaparte, avec l'aide de l'armée, prennent le pouvoir en 1799. La « Constitution de l'an VIII » instaure le **Consulat**. D'abord Premier consul, Bonaparte devient, en 1804, empereur des Français sous le nom de Napoléon Ier et exerce tous les pouvoirs.

→ **Les guerres de la Révolution et de l'Empire** : dès 1792, les monarchies d'Europe combattent la Révolution. Paris est menacé et la « Patrie est en danger ». Des milliers de volontaires s'engagent alors et arrêtent l'invasion étrangère à **Valmy**, le 20 septembre 1792. La République, continuellement menacée par des coalitions de souverains européens, doit livrer de nombreuses guerres. Lorsque Napoléon Bonaparte accède au pouvoir, il tente de faire la paix avec l'Autriche et l'Angleterre. Les guerres reprennent très vite et, à la tête de sa **« Grande Armée »**, Napoléon Ier accumule les victoires en Europe. Puis, il connaît la défaite en Espagne puis en Russie : la France est envahie en 1814 et Napoléon abdique. Il tente de reprendre son trône (lors des Cent-Jours) et entre dans Paris le 20 mars 1815. Mais, vaincu par les Anglais et les Prussiens à Waterloo, le 18 juin 1815, il doit abdiquer et est exilé à l'île de Sainte-Hélène, où il meurt en 1821.

La défaite de la flotte napoléonienne face aux Anglais à Trafalgar.

→ **La Restauration** : après la chute du premier Empire, la monarchie est rétablie et Louis XVIII, frère de Louis XVI, remonte sur le trône.

14

Le XIXe siècle

Histoire

Quand fut inaugurée la tour Eiffel ?

Qui a découvert l'existence des microbes en 1863 ?

→ 1815	→ 1830
MONARCHIE (Ire Restauration)	MONARCHIE (IIe Restauration)
→ 1815	→ 1830
Louis XVIII	Charles X

À partir de
À partir de 18

27, 28 et 29 juillet 1830 Les Trois Glorieuses
1848 Révolution et proclamation de la IIe République
1848 Instauration du suffrage universel
1864 Droit de grève.
1889 Inauguration de la tour Eiffel
1871 Insurrection de la Commune de Paris

En 1830, 80 heures sont nécessaires pour relier Paris à Marseille en diligence. En 1887, grâce au train, on ne met plus que 14 heures.

→ **La révolution industrielle :** le développement des machines, en particulier de la **machine à vapeur**, modifie profondément la vie des Français. C'est la civilisation du charbon et de l'acier. Les usines et les **chemins de fer** se développent, les bateaux à vapeur commencent à remplacer les voiliers, les premières machines agricoles font leur apparition.
→ **Les progrès de la science :** dans tous les domaines, les progrès scientifiques sont extrêmement rapides. **Pasteur** découvre l'existence des **microbes** en 1863 et pratique la première vaccination contre la rage en 1885. Le téléphone apparaît en 1876 et Pierre et Marie Curie découvrent le radium en 1898.
→ **De nouvelles formes d'énergie :** l'utilisation du **pétrole** fait son apparition à partir de 1850. Elle permet la création du moteur à explosion qui équipe les premières automobiles et les premiers avions.
L'**électricité** commence à être utilisée et la première locomotive électrique circule en Allemagne en 1879.

XIXe s				
——➤	1848	1852	1870	
RCHIE DE JUILLET	IIe RÉPUBLIQUE	IInd EMPIRE		IIIe RÉPUBLIQUE
——➤	1848	1852 ——➤	1870	
›uis-Philippe		Napoléon III		
——➤			**Révolution industrielle**	
oppement du chemin de fer uêtes coloniales en Afrique et en Asie			**1870** Guerre entre la France et la Prusse	

→ **Louis-Philippe :** durant les **Trois Glorieuses** (1830), un soulèvement parisien contraint le roi Charles X à abdiquer. Le duc d'Orléans, Louis-Philippe, est désigné comme roi. Cette « **monarchie de Juillet** » devient de plus en plus autoritaire et le pays connaît de graves difficultés économiques à partir de 1846. Le 23 février 1848, le peuple de Paris se soulève et Louis-Philippe, le « roi bourgeois » abdique le 24 février.

→ **Napoléon III :** la **IIe République** est proclamée le 25 février 1848. Elle rétablit la liberté de presse et de réunion, abolit la peine de mort et l'esclavage, mais ne peut rétablir la situation économique. Le 10 décembre 1848, Louis Napoléon Bonaparte, neveu de Napoléon, est élu, au suffrage universel, président de la République. Par le **coup d'État** du 2 décembre 1851, il dissout l'Assemblée et prend tous les pouvoirs. En 1852, il est proclamé empereur sous le nom de Napoléon III : c'est le second Empire. La France déclare la guerre à la Prusse en 1870 et son armée doit capituler à **Sedan**. Ce désastre conduit à la proclamation de la IIIe République.

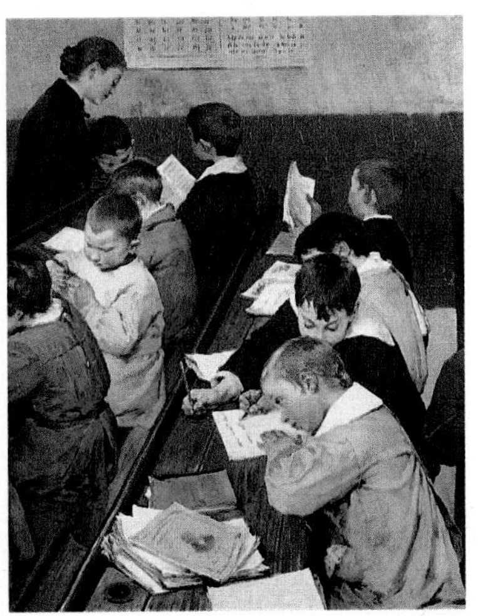

→ **Jules Ferry et l'école laïque :** la IIIe République s'installe progressivement et dure jusqu'en 1940. Jules Ferry est une figure marquante de cette république : plusieurs fois ministre, il organise la réforme de l'enseignement public. L'enseignement primaire devient laïque, gratuit et, en 1882, obligatoire pour tous les enfants de France âgés de 6 à 13 ans.

15

Le xxe siècle

Histoire

Qui a déclaré la guerre à la Serbie en 1914 ?

Quel était le régime politique de l'Italie, de l'Espagne et de l'Allemagne en 1939 ?

IIIe RÉPUBLIQUE
1914 → **1918** : Première Guerre mondiale

3 août 1914 L'Allemagne déclare la guerre à la France
11 novembre 1918 L'Allemagne demande l'armistice
1929 Crise économique : misère et chômage pour de nombreux ouvriers
1936 Front populaire : instauration des congés payés et de la semaine de 40 heures
3 septembre 1939 La France et l'Angleterre déclarent la guerre à l'Allemagne
1943 Création du Conseil national de la Résistance
8 mai 1945 L'Allemagne capitule

La Première Guerre mondiale

→ **Les causes de la guerre** : durant le siècle précédent, les grands pays d'Europe se sont enrichis. Bien des rivalités les opposent sur le plan économique mais aussi sur leurs politiques coloniales. Ces pays multiplient leurs armements et cherchent à s'assurer chacun l'appui de plusieurs pays alliés. Des **blocs rivaux** se constituent ainsi et quand, en 1914, l'Autriche-Hongrie déclare la guerre à la Serbie, c'est presque toute l'Europe qui entre dans la guerre par le jeu des différentes **alliances**.

→ **Une guerre mondiale** : de 1914 à 1918, la guerre entre la France (soutenue par la Grande-Bretagne, la Russie et la Belgique) et l'Allemagne est à l'origine d'un véritable carnage dans le Nord et l'Est du territoire français. La guerre des **tranchées** oppose les deux armées qui se livrent de terribles batailles, comme celle de **Verdun**, en 1916.
L'entrée en guerre de l'Italie, en 1915, et des États-Unis, en 1917, aux côtés de la France et de ses alliés, l'extension du conflit dans les Balkans et dans les colonies transforment cette guerre en une guerre mondiale, qui s'achève par la victoire des Alliés en 1918.

→ **Les conséquences de la guerre pour l'Europe** : 10 millions d'hommes ont été tués, 17 millions ont été blessés. La plupart des pays sont en ruines : l'Europe s'est appauvrie dans ce conflit et les États-Unis d'Amérique, qui n'ont pas eu à souffrir de la guerre sur leur territoire, deviennent alors la **première puissance** mondiale.

de 1900 à 1945

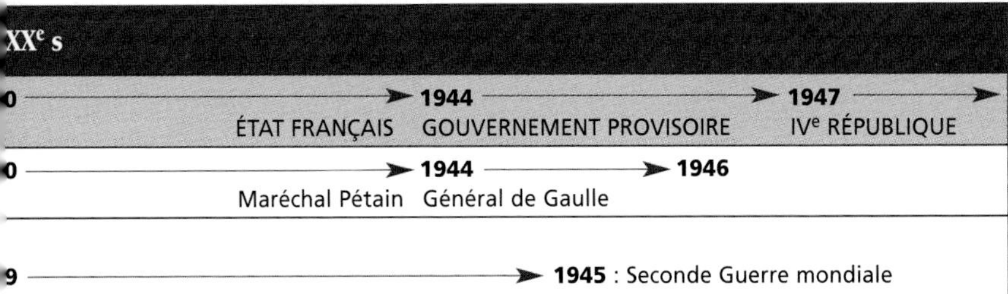

La Seconde Guerre mondiale

→ **La montée du fascisme** : les dictatures fascistes se multiplient en Europe : l'Italie en 1922, l'Espagne en 1923 et l'Allemagne, dont Hitler devient le chancelier en 1933. **Hitler** met en place une armée puissante et moderne, ainsi qu'une **dictature nazie** basée sur le racisme et la domination du peuple allemand sur les autres peuples. Il annexe l'Autriche et la Tchécoslovaquie. Lorsqu'il envahit la Pologne, en 1939, la France et l'Angleterre lui déclarent la guerre.

→ **Collaboration et Résistance** : l'armée allemande occupe la France en quelques mois. Le maréchal Pétain, président du Conseil, demande un armistice qui est signé le 22 juin 1940. Pétain devient le chef absolu de **L'État français** et conduit une politique de collaboration avec les occupants allemands. De Londres, **de Gaulle** dirige la Résistance française qui poursuit, par tous les moyens, la lutte contre l'Allemagne. Sur le territoire de la France, les Résistants, dont les mouvements ont été unifiés par **Jean Moulin** en 1943, se battent dans la clandestinité. Pris par les Allemands et torturé, Jean Moulin meurt. Mais la Résistance poursuit son action et apporte une aide précieuse aux troupes américaines et alliées qui libèrent la France, après avoir débarqué en Normandie le 6 juin 1944.

→ **Le Génocide** : Hitler et les dirigeants nazis entreprennent d'éliminer ceux qui s'opposent à leur pouvoir ainsi que ceux qu'ils considèrent comme étant d'une « race inférieure », comme les Juifs et les Tsiganes. Entre 1941 et 1945, plus de sept millions de personnes sont exterminées dans les terribles **« camps de la mort »** équipés de chambres à gaz et de fours crématoires.

Les juifs, obligés de porter l'étoile jaune.

16

Le xxe siècle

Histoire

✐ Qu'est-ce que l'O.N.U. ?

✐ Quels sont les pays d'Europe signataires du traité de Maastricht en 1992 ?

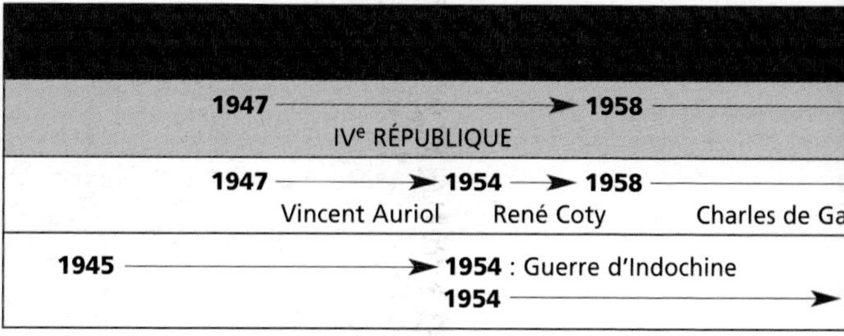

1945 Création de l'O.N.U.
1968 Manifestations des étudiants et grèves
1973 1er choc pétrolier
1989 Chute du mur de Berlin
1990 Réunification de l'Allemagne
1992 Signature du traité de Maastricht qui crée l'U.E.

→ **L'O.N.U.** : l'Organisation des Nations Unies a été créée en 1945, par 51 pays qui s'étaient trouvés en guerre contre les forces de l'Axe durant la Seconde Guerre mondiale. Depuis cette date, cette organisation s'est donné pour mission d'assurer le maintien de la paix, ainsi que la coopération économique, sociale et culturelle entre tous les États. En 1994, elle compte 184 États, dont la France, qui, avec les États-Unis, la Chine, le Royaume-Uni et la Russie, est membre permanent du Conseil de sécurité. Cette organisation n'a pas réussi à éviter tous les conflits qui ont éclaté dans le monde depuis 1945, mais ses « **casques bleus** » se sont souvent interposés entre les armées ennemies pour rétablir la paix ou assurer la sécurité des populations civiles.

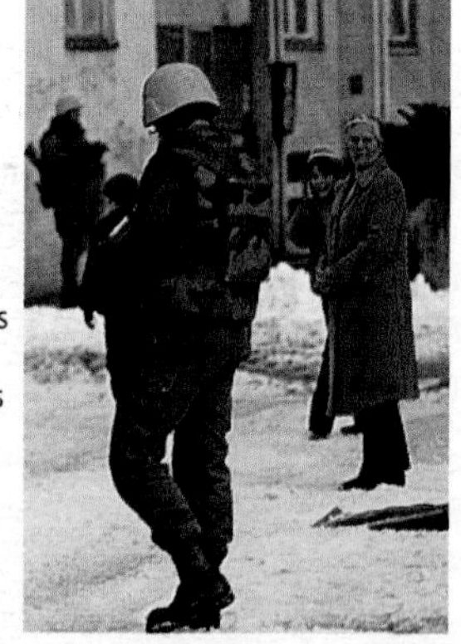

Casques bleus intervenant en Serbie lors de la guerre en ex-Yougoslavie.

→ **L'Union européenne** : Union politique, économique et monétaire, elle est prévue par le **traité de Maastricht**, signé en 1992 par l'Allemagne, la Belgique, le Danemark, l'Espagne, la France, la Grèce, l'Irlande, l'Italie, le Luxembourg, les Pays-Bas, le Portugal et le Royaume-Uni. L'Autriche, la Finlande et la Suède font également partie, depuis 1995, de cette union qui a entrepris de faire de l'Europe une grande puissance de pays unis et travaillant ensemble.
La même monnaie, l'Euro, permet de faire ses achats dans chacun de ces pays, comme dans les autres pays qui seront admis dans l'U.E. au cours des prochaines années.

de 1945 à 2000

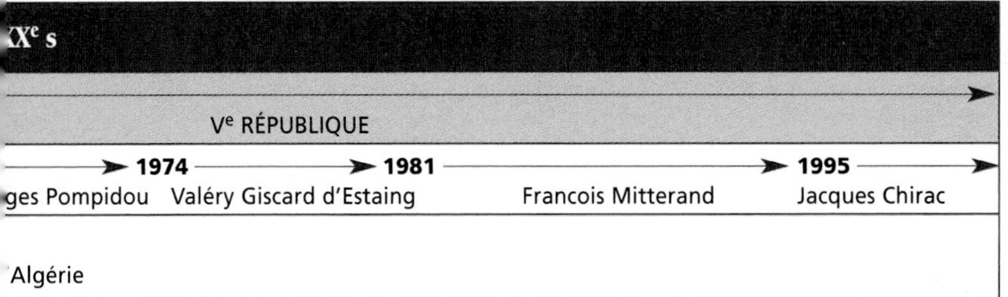

Le monde en deux blocs

En février 1945, juste avant la fin de la Seconde Guerre mondiale, l'U.R.S.S. (Union des républiques socialistes soviétiques), les États-Unis d'Amérique et le Royaume-Uni se rencontrent à **Yalta**, en Crimée, pour régler le sort du monde après la guerre. Deux blocs se constituent alors, et vont s'opposer dans une « **guerre froide** ». Le bloc de l'Est est sous influence soviétique, le bloc de l'Ouest sous influence américaine. Sans jamais s'affronter directement, ces deux camps vont lutter l'un contre l'autre pendant une trentaine d'années et tenter d'étendre leur influence sur d'autres pays du monde.

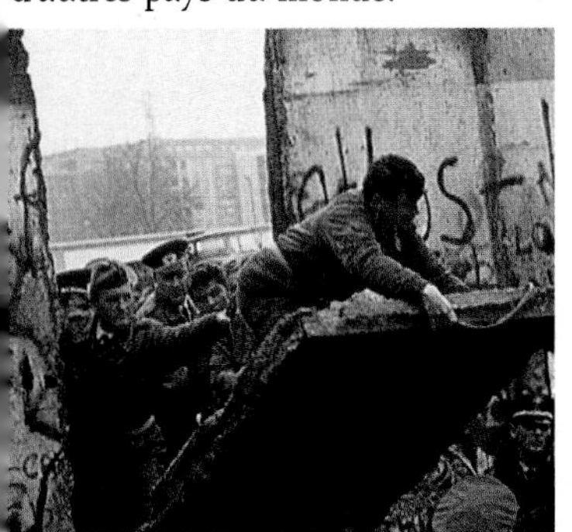

La chute du mur de Berlin

En 1945, l'Allemagne est vaincue. En 1949, elle est partagée entre les deux blocs : la **R.F.A.** (République fédérale allemande) fait partie du bloc de l'Ouest, tandis que la **R.D.A.** (République démocratique allemande) fait partie du bloc de l'Est. Située au cœur de l'Allemagne de l'Est, l'ancienne capitale de l'Allemagne est coupée en deux par un mur construit par la R.D.A. en 1961, interdisant aux Allemands de l'Est de venir se réfugier à l'Ouest. Le régime soviétique s'effondre en 1989 et les Berlinois des deux camps démolissent ce « **mur de la honte** » (ci-dessus). L'Allemagne redevient un seul pays, qui joue aujourd'hui un rôle important dans la construction européenne.

La France : IVe et Ve Républiques

La IVe République est instaurée en 1944. Cette république ne peut survivre aux désordres créés par la guerre d'Algérie et elle est remplacée, en 1958, par la Ve République qui accorde au président de la République de larges pouvoirs.

Index d'histoire

GÉOGRAPHIE

1

Géographie

L'Union européenne :

Quand a été signé le traité de Rome ?

Où siège le Parlement européen ?

Qu'est-ce que le principe de solidarité ?

Les étapes de la construction européenne

→ En 1945, l'idée d'union européenne renaît. Les premières initiatives se limitent à l'Europe occidentale. Le succès, en 1951, de la **CECA** (Communauté européenne du charbon et de l'acier) entre la France, la RFA, l'Italie et le Benelux (Belgique, Pays-Bas, Luxembourg) conduit à la signature par ces six pays du **traité de Rome**, en 1957, qui crée une Communauté économique européenne **(CEE)**. Les barrières douanières sont progressivement abolies et une Politique agricole commune (PAC) est mise en place.

→ La CEE est élargie en 1973 avec l'entrée du Royaume-Uni, de l'Irlande et du Danemark, puis des trois pays d'Europe du Sud (Grèce en 1981, Espagne et Portugal en 1986).

→ En 1986, l'**Acte unique** prévoit que les décisions seront prises à la majorité et non plus à l'unanimité. Il débouche sur le **traité de Maastricht** (1992), qui met en place l'**Union européenne** (U.E.) et prévoit une monnaie unique, l'**Euro**. En 1995, l'Union européenne accueille la Finlande, la Suède et l'Autriche. En 1999, l'Euro se met en place.

Le cadre institutionnel

→ La Communauté européenne dispose d'institutions spécialisées. La **Commission européenne**, permanente et siégeant à Bruxelles, propose les mesures utiles au fonctionnement de la Communauté et veille à l'application des décisions.

→ Les décisions sont prises par le **Conseil**, formé des représentants des États membres. Il se réunit tous les mois à Bruxelles. Chaque pays en exerce la présidence pendant six mois. Tous les trois mois, des **conseils européens** regroupent les chefs d'État ou de gouvernement.

→ Le **Parlement européen** siège à Strasbourg et dispose d'un pouvoir de contrôle des autres organismes. Il arrête le budget. Depuis 1979, il est élu au suffrage universel.

→ La **Cour de justice** vérifie que les décisions prises sont conformes aux traités et tranche des conflits. La **Banque centrale européenne** a des compétences économiques et financières.

Caractères de l'Union européenne

→ L'Union européenne est une **construction supranationale**. Cette volonté de construire une unité au-dessus des nations est difficile à mettre en œuvre. L'Union européenne reste organisée en **confédération** où chaque État est représenté dans les organes de direction. La multiplication des États à la population réduite augmente leur poids politique.

→ L'Union européenne est fondée sur le **principe de solidarité**. Les États les plus riches contribuent plus largement au budget européen, qui est redistribué à des États plus pauvres (Grèce, Irlande, Portugal) ; des régions en difficulté, dans les pays les plus riches, peuvent aussi en profiter.

→ Par son dynamisme, l'Union européenne est un **pôle attractif**. Dix pays d'Europe centrale et orientale ont signé des accords de pré-adhésion. Des pays méditerranéens (Chypre, Turquie, Maroc, Tunisie) souhaitent en faire partie. Cet élargissement futur pose des problèmes économiques et institutionnels.

une construction politique

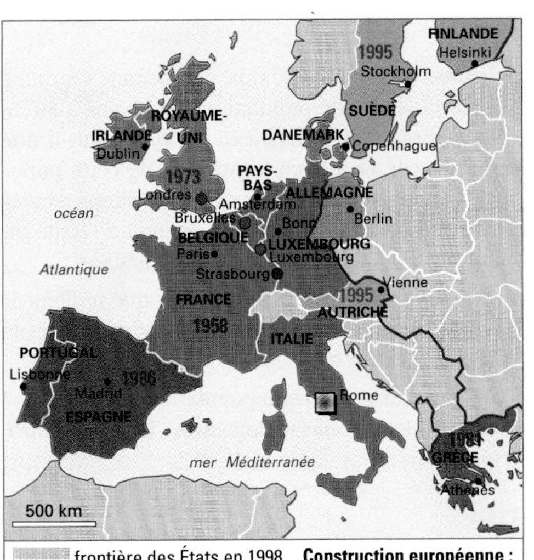

frontière des États en 1998
ex-« rideau de fer »

Les lieux de l'Europe :

- grand traité fondateur
- siège du Parlement européen
- siège de la Commission européenne
- siège de la Cour de justice
- siège de la Banque européenne de reconstruction et de développement (BERD)

Construction européenne :
1958 : année d'entrée en vigueur du traité de Rome

- Europe des Six
- Europe des Neuf
- Europe des Dix
- Europe des Douze
- Europe des Quinze
- Allemagne réunifiée en 1990

L'Union européenne

La PAC a favorisé l'augmentation des produits agricoles de l'Europe. Elle a permis aux pays de l'Union européenne de devenir de redoutables exportateurs de produits agricoles bruts ou transformés. Elle a été et reste critiquée à l'extérieur par des pays exportateurs concurrents, notamment les États-Unis.
La PAC est aussi critiquée à l'intérieur de la Communauté pour le coût de la gestion des excédents. Aujourd'hui, elle privilégie la qualité des produits plus que leur quantité, notamment par la création de labels. La politique agricole de l'Union européenne prend aussi de plus en plus en compte la protection de l'environnement.

Le bilan mitigé de la PAC

→ *Le bilan inégal de la Politique agricole commune (PAC) est significatif des difficultés auxquelles se heurte la construction européenne.*

Francfort-sur-le-Main

→ *La création de l'Euro renforce le rôle financier de Francfort, siège de la Banque centrale européenne.*

2

Géographie

L'Union européenne :

Qu'est-ce que la « dorsale européenne » ?

Quelles sont les manifestations de la puissance économique européenne ?

Quelles sont les principales places financières européennes ?

La population de l'Union européenne

→ Avec **375 millions d'habitants** en 2000, l'Union européenne regroupe 6,4 % de la population mondiale. Cette population est **urbaine** à 80 %. L'augmentation du nombre des villes et leur extension conduit à une répartition géographique inégale et à la concentration de cette population le long de la **« dorsale européenne »**. Près de 180 millions d'habitants sont regroupés du Sud-Est de l'Angleterre (Londres) à l'Italie du Nord (Milan), en passant par le Benelux et l'Allemagne rhénane.

→ Cette population est **peu mobile** (un Européen sur dix seulement change de domicile chaque année). Son **vieillissement** est **général** et le renouvellement des générations n'est plus assuré.

→ La diversité culturelle qui caractérise cette population se traduit par un réveil des **sentiments et revendications régionalistes** (Italie du Nord, Belgique, Irlande du Nord, Corse, Pays basque).

Un pôle agricole et industriel

→ En raison d'une **agriculture performante** aux produits très rentables, d'une industrie de transformation efficace (Airbus, Ariane), de services importants (première zone touristique mondiale), l'Union européenne est devenue la **première zone créatrice de richesses** dans le monde. Constituant un marché de près de 300 millions de personnes, elle dispose de **débouchés considérables** (65 % des échanges s'effectuent entre les États membres) et peut faire face aux secousses qui marquent la conjoncture économique internationale. L'Euro est appelé à devenir l'une des principales devises internationales.

→ L'Union reste cependant marquée par une **dépendance énergétique** (52 % des besoins couverts seulement) et par la persistance de **déséquilibres régionaux** entre la « dorsale européenne » et les régions périphériques (Irlande, Portugal, Espagne, Grèce, ex-RDA), peu industrialisées et touchées par un chômage important.

La première puissance commerciale

→ L'Union assure près de 40 % des échanges internationaux. Près des trois quarts sont réalisés entre les pays membres. Grâce à un **bon réseau de transports**, elle est une plaque tournante du trafic aérien et maritime mondial : Rotterdam est le premier port mondial. Depuis 1993, sa balance commerciale est excédentaire.

→ C'est un **important centre financier et de services**. Elle accueille trois places financières internationales (Londres, Paris, Francfort) et dispose de devises du monde entier en raison de son rôle touristique. Elle est cependant en retrait par rapport aux États-Unis.

→ L'Union a des rapports privilégiés avec les **pays du Tiers Monde** en raison de liens anciens (poids de la colonisation). Elle fournit 53,4 % de l'aide mondiale qui leur est accordée. Des rapports étroits existent avec 70 pays d'Afrique, des Caraïbes et du Pacifique (pays ACP). Ils concernent le commerce et une aide technique et financière.

une puissance économique

Le « papy-boom »

→ *Le vieillissement de la population conduit à l'essor de nouvelles activités de service.*

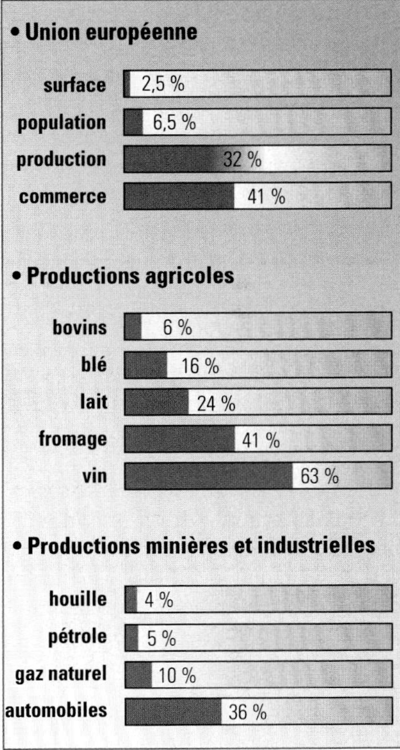

Le poids de l'Union européenne ▶ dans le monde

→ *L'Union européenne s'affirme comme une puissance mondiale, mais avec une certaine diversité selon les secteurs.*

Les télécommunications sont devenues un des éléments clefs de l'unification européenne. Les entreprises et les administrations ont été mises en réseaux à travers toute l'Europe de l'Ouest.

Les grands axes autoroutiers sont choisis pour les nouvelles implantations d'activités, permettant d'associer services d'entreprises, entrepôts, centres de recherches et unités de fabrication.

Les grands carrefours autoroutiers sont très appréciés des entreprises, par exemple la zone de croisement autoroutier de Hanovre, le carrefour bourguignon à Beaune en Côte-d'Or, le croisement autoroutier des Midlands près de Birmingham.

D'après P. Désert, *L'Europe, géographie historique, sociopolitique et économique*, Nathan, 1998.

Le rôle des télécommunications et des transports

→ *L'importance des moyens de communication favorise l'unification de l'espace européen et le développement des échanges.*

3

Géographie

L'espace

Comment se sont constituées les frontières françaises ?

Quels sont les trois types de relief de la France ?

Quels sont les trois principaux climats de la France ?

Une situation privilégiée

→ Couvrant 551 000 km², la France occupe une **place privilégiée en Europe**. Située à l'extrémité ouest du continent, sur l'isthme qui relie l'Atlantique au monde méditerranéen, elle dispose de plusieurs façades maritimes (Atlantique, Manche, mer du Nord, Méditerranée) et constitue un **carrefour important**.

→ Peuplée dès les temps préhistoriques, elle constitue l'une des **nations** les plus anciennes d'Europe. Son territoire actuel résulte d'un **long processus de construction historique**. Dès le Moyen Âge, la monarchie s'est attachée à unifier et à agrandir le pays. Ses frontières sont à la fois politiques et historiques (nord et nord-est) et naturelles (sud, est et ouest).

→ L'existence d'une **France d'Outre-mer** résulte de l'héritage colonial.

Un relief varié

→ Tous les types de relief se rencontrent en France : des **massifs anciens** largement érodés (Massif central, Massif armoricain, Ardennes et Vosges) ; de **vastes bassins sédimentaires** de l'âge secondaire qui occupent près de la moitié du territoire (Bassin parisien, Bassin aquitain) ; des **chaînes de montagnes récentes** (tertiaire) aux formes plus vigoureuses (Alpes, Pyrénées). Il en résulte une grande variété de paysages.

→ Pays largement ouvert sur la mer, la France possède **3 100 km de côtes**. La diversité du relief explique la diversité des littoraux : côtes rocheuses, falaises, côtes basses et d'accès facile. **Cinq fleuves importants** (Seine, Loire, Garonne, Rhin et Rhône) présentent des régimes variés.

Des climats divers et tempérés

→ Située dans la zone tempérée, la France bénéficie de **climats modérés** aussi bien en ce qui concerne les températures (amplitude thermique moyenne, pas de froids rigoureux) que les précipitations (pas de sécheresse très prolongée). Ces climats présentent également une grande diversité.

→ Le **climat océanique**, avec des pluies fines et nombreuses et des hivers modérés, domine la France de l'Ouest. La France de l'Est connaît un **climat semi-continental** aux hivers plus rigoureux. Le **climat méditerranéen**, au domaine plus limité, est caractérisé par des températures plus élevées et une sécheresse estivale. Le climat de montagne est plus rude en raison de l'altitude.

→ Cette diversité climatique entraîne une **diversité des formes de végétation** (prairies, landes, forêts, maquis, garrigue) et offre de nombreuses possibilités agricoles.

français

La France, un territoire d'Europe ▶

→ *La position charnière de la France constitue un atout dans l'ensemble européen.*

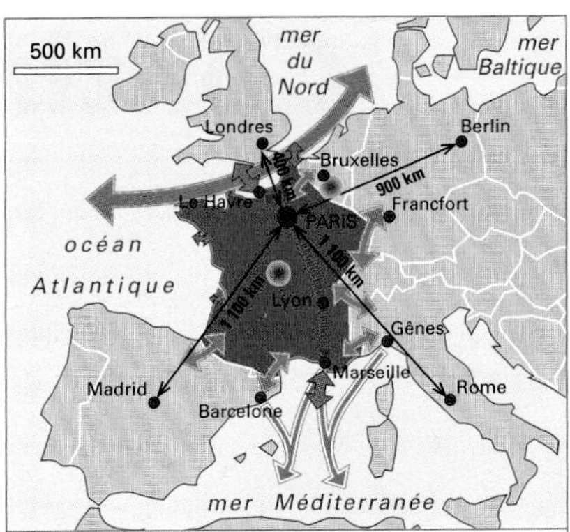

Le village de Monthélie, près de Meursault (Côte-d'Or)

→ *Les paysages français ont été profondément transformés par les hommes.* ▼

Les climats de la France

→ *La diversité climatique conduit à un fort potentiel dans le domaine agricole.*

▼

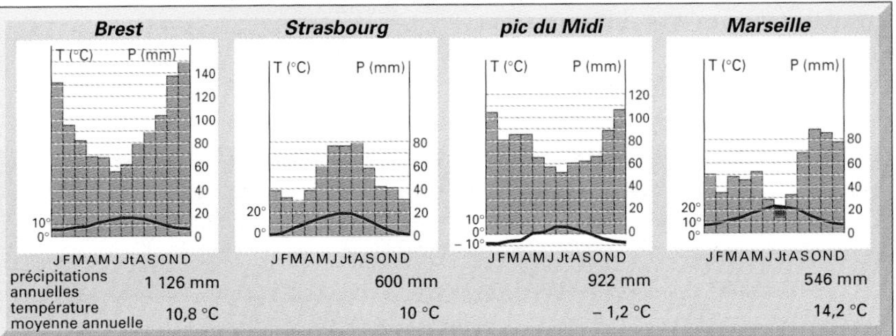

4

Continents, mers

Géographie

✏ Quel océan faut-il traverser pour aller d'Europe en Amérique ?

✏ Comment s'appelle le tropique situé entre l'équateur et le cercle polaire arctique ?

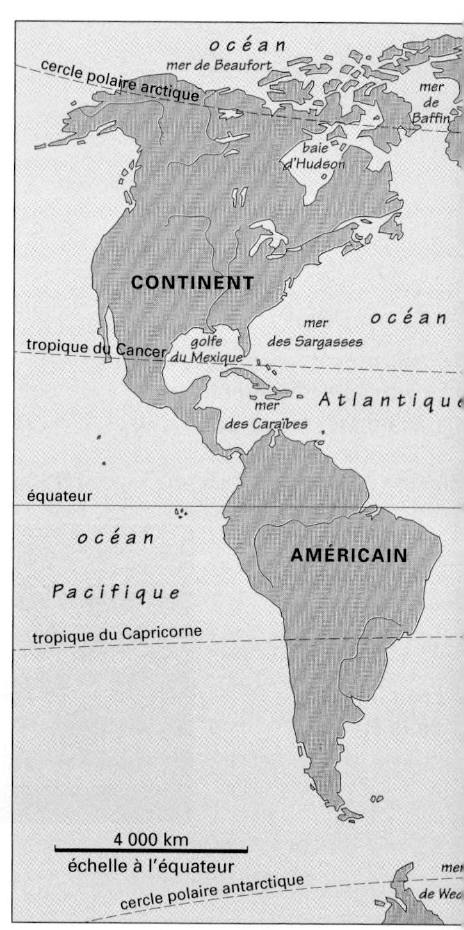

Les côtes

→ Vastes plages de sable, rochers découpés ou falaises abruptes, les côtes des mers et des océans présentent des paysages très différents les uns des autres.

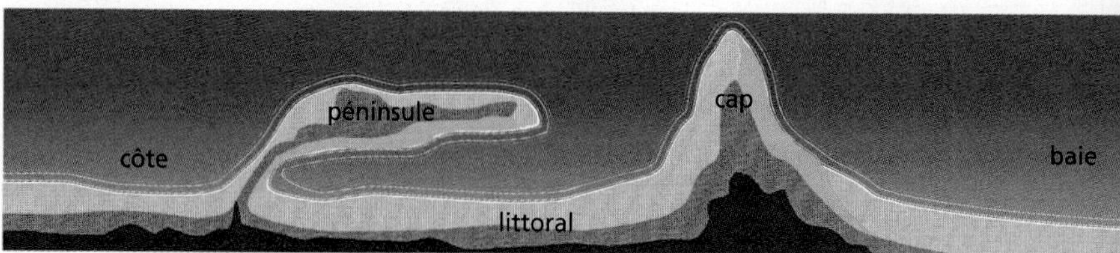

et océans

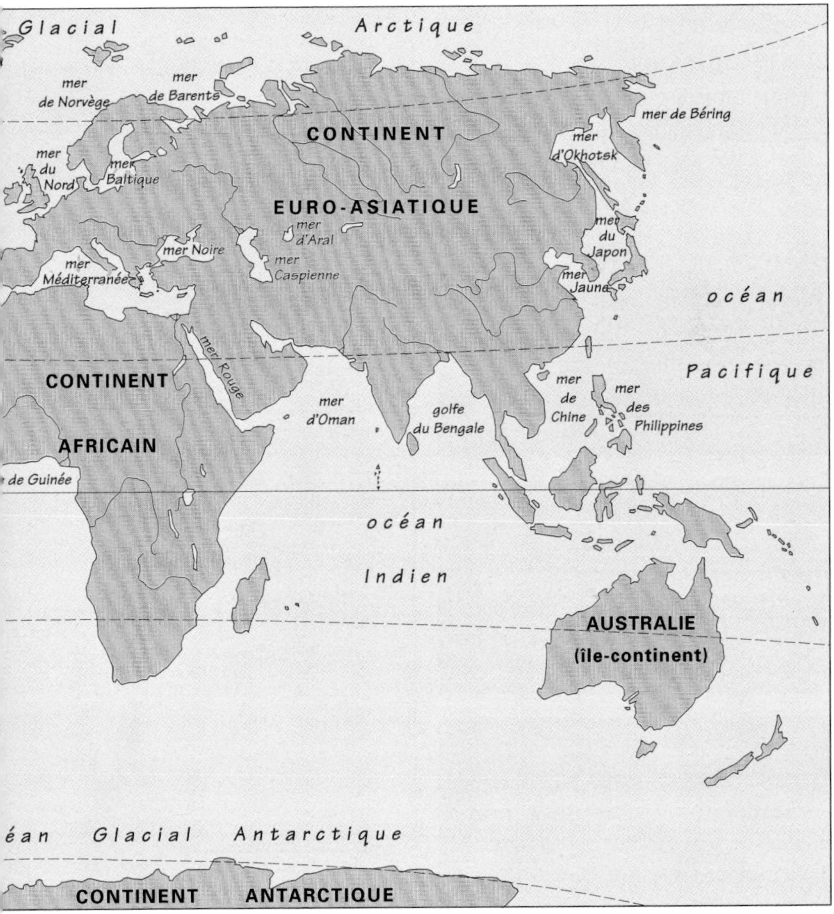

Glacial
Arctique
mer de Norvège
mer de Barents
mer de Béring
CONTINENT
mer d'Okhotsk
mer du Nord
mer Baltique
EURO-ASIATIQUE
mer d'Aral
mer du Japon
mer Noire
mer Caspienne
mer Méditerranée
mer Jaune
océan
mer Rouge
CONTINENT
Pacifique
mer de Chine
mer des Philippines
mer d'Oman
golfe du Bengale
AFRICAIN
de Guinée
océan
Indien
AUSTRALIE
(île-continent)
éan
Glacial
Antarctique
CONTINENT
ANTARCTIQUE

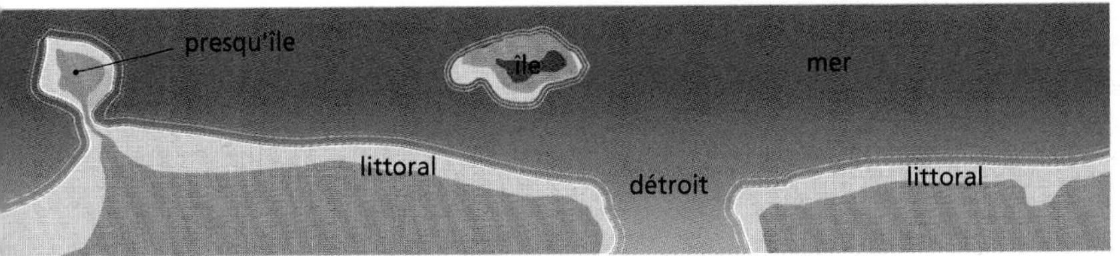
presqu'île
île
mer
littoral
détroit
littoral

5

Géographie

Les climats de

Climat polaire
→ Températures très froides en hiver, un peu plus chaudes en été.
Tempêtes de neige en hiver.

Climat continental
→ Températures très froides en hiver, très chaudes en été.
Pluies orageuses en été.

Climat d'altitude
→ Températures plus froides que dans les plaines environnantes.
Fortes chutes de neige. Contraste entre les versants humides et les versants plus secs.

Climat océanique
→ Températures moyennes toute l'année.
Pluies fréquentes.

Climat méditerranéen
→

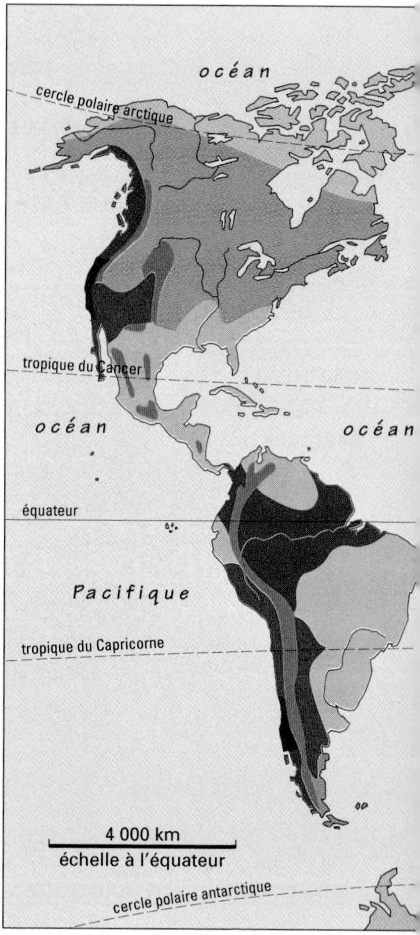

Climat désertique chaud
→ Températures très chaudes le jour, froides la nuit.
Pluies presque nulles.

la Terre

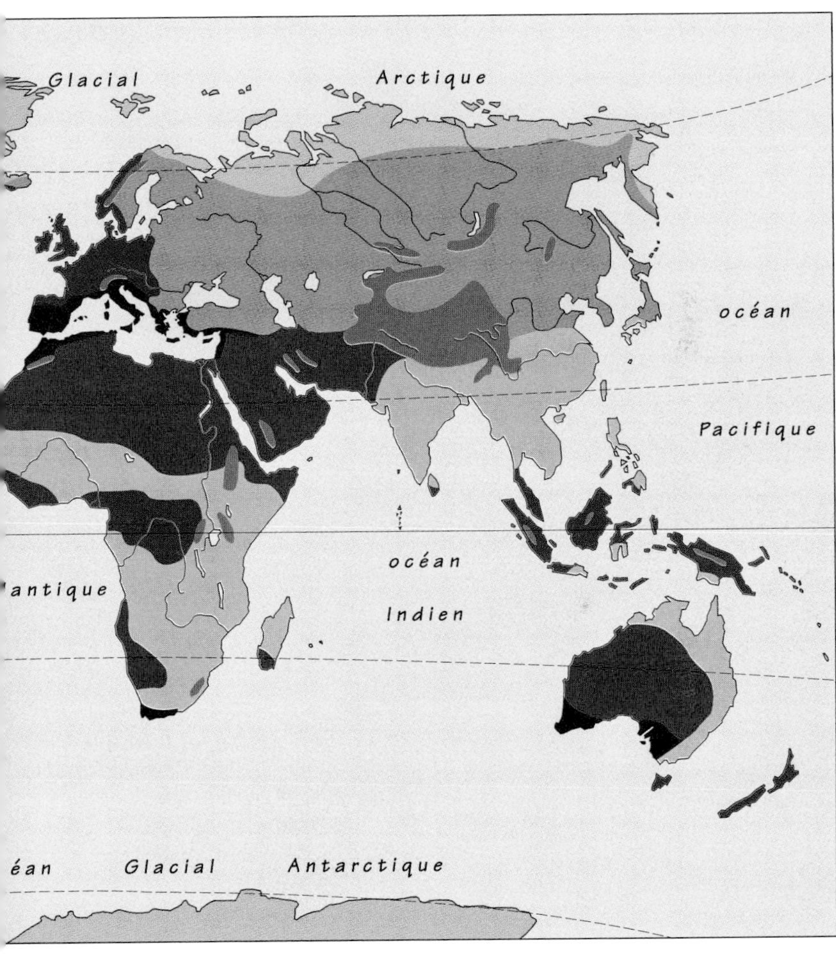

limat tropical
→ Températures chaudes toute l'année.
ontraste entre saison sèche et saison es pluies.

Climat équatorial
→ Températures très chaudes toute l'année.
Pluies toute l'année.

6

Géographie

La population mondiale

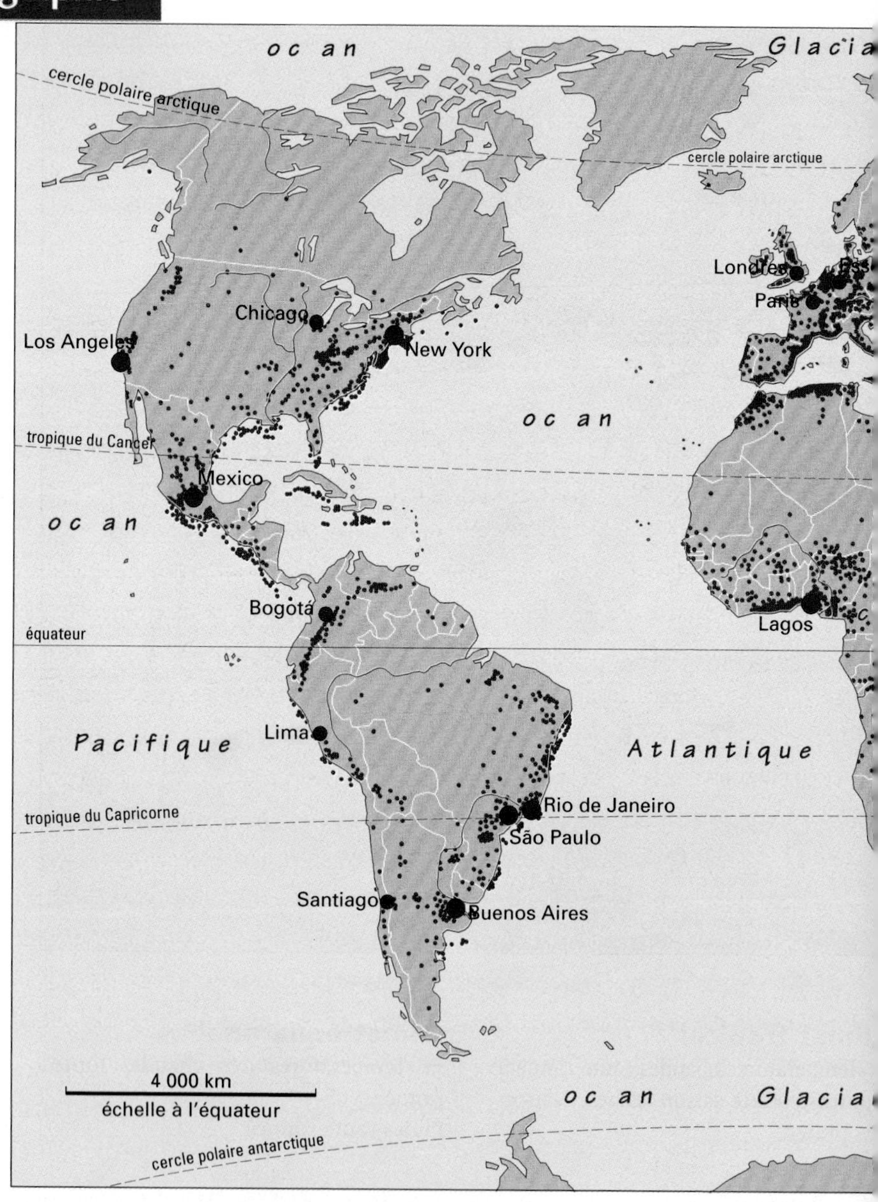

les grandes agglomérations

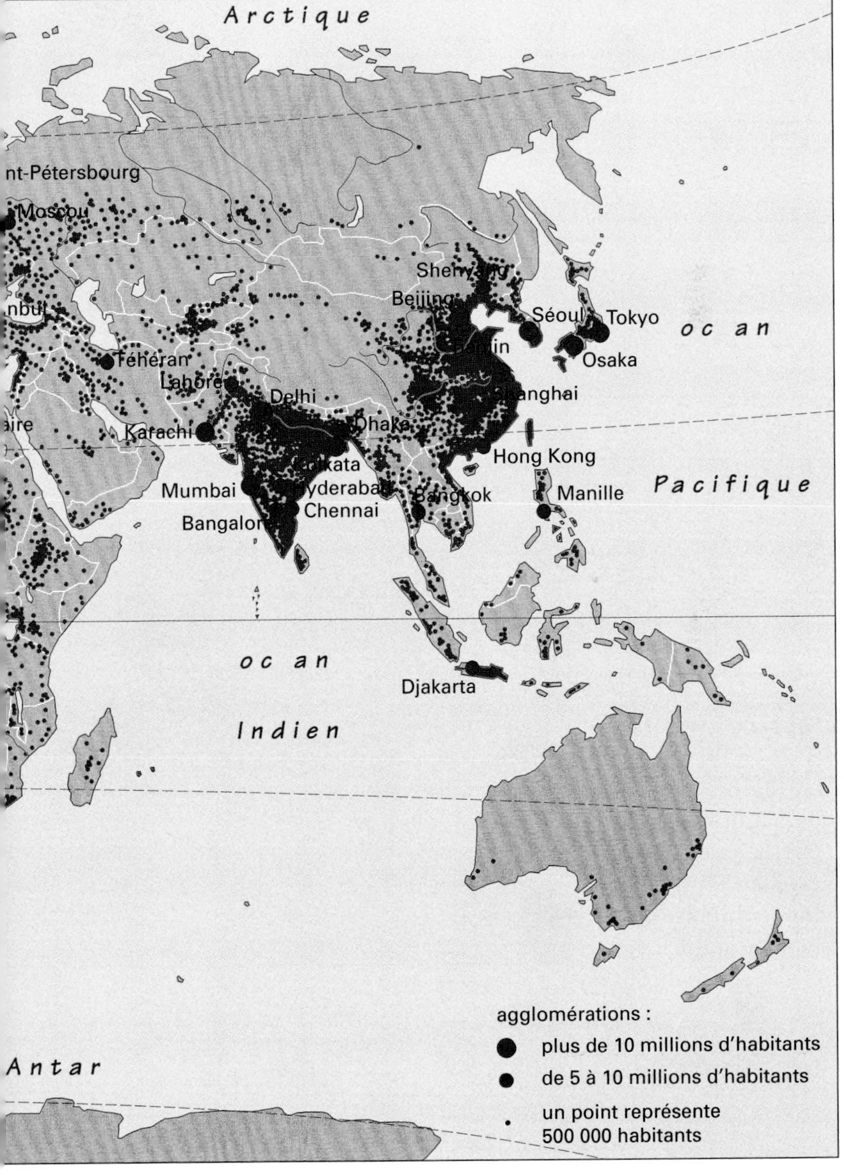
Arctique
nt-Pétersbourg
Moscou
nbul
Téhéran
Lahore
Delhi
Karachi
ire
Shenyang
Beijing
Séoul
Tokyo
Osaka
Shanghai
Dhaka
Kolkata
Hong Kong
Mumbai
Hyderabad
Chennai
Bangalore
Bangkok
Manille
océan
Pacifique
océan
Indien
Djakarta
Antar
agglomérations :
plus de 10 millions d'habitants
de 5 à 10 millions d'habitants
un point représente
500 000 habitants

7

Géographie

Pays riches,

Pourquoi dit-on que le Nord est riche ? que le Sud est pauvre ?

Combien de pays riches sont-ils traversés par l'équateur ?

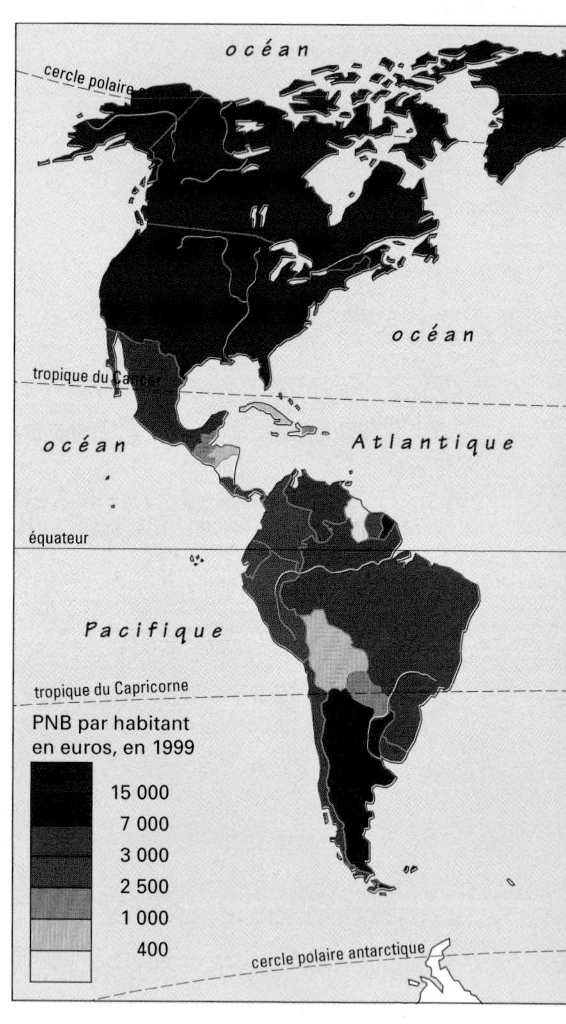

Qu'est-ce que le PNB ?

→ Le PNB (Produit National Brut) par habitant est la valeur de la richesse produite par chaque habitant d'un pays en une année.

pays pauvres

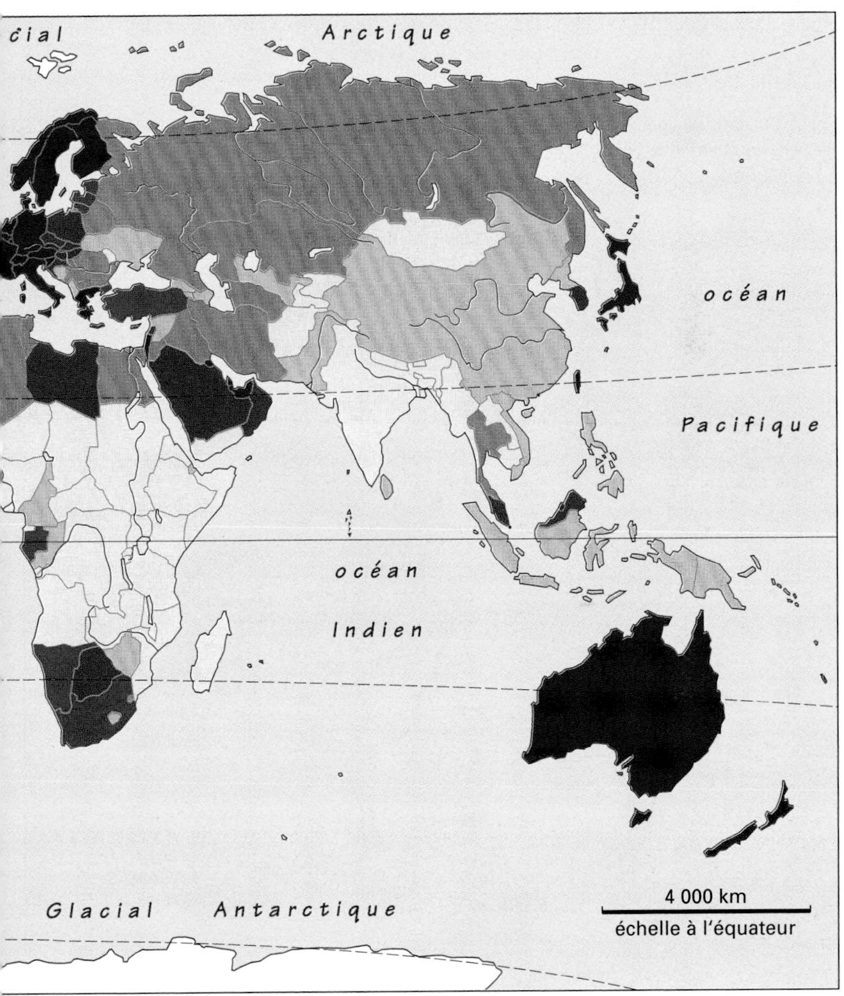

8

Géographie

États d'Amériqu

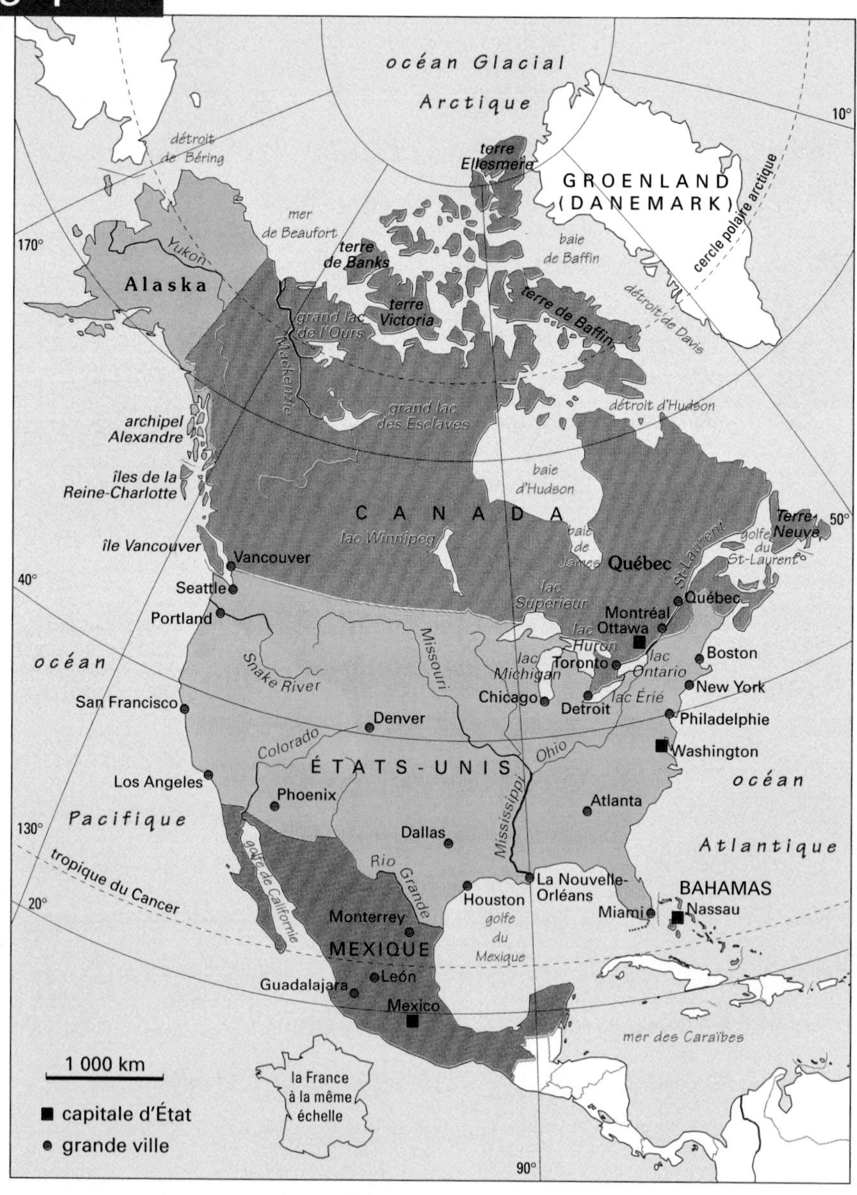

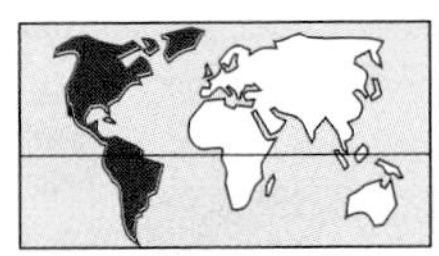

1 *Montserrat* (R.-U.)
2 SAINT-CHRISTOPHE ET NIÉVÈS
3 *Antilles néerlandaises* (P.-B.)
4 *Îles Vierges* (É.-U.et R.-U.)
5 ANGUILLA
6 *Saint-Martin* (F. et P.-B.)
7 *Saint-Barthélemy* (F.)
8 *Cayman* (R.-U.)
9 *Sainte-Croix* (É.-U.)
10 SAINT-VINCENT ET LES GRENADINES
11 SAINTE-LUCIE
12 *Antilles néerlandaises* (P.-B.)
13 *Porto Rico* (É.-U.)

■ capitale d'État
● grande ville

tropique du Cancer
équateur
tropique du Capricorne
Nassau
BAHAMAS
La Havane
CUBA
Turks et Caicos (R.-U.)
RÉP. DOMINICAINE
HAÏTI
Port-au-Prince
Saint-Domingue
ANTIGUA ET BARBUDA
Guadeloupe (FRANCE)
DOMINIQUE
Martinique (FRANCE)
BARBADE
GRENADE
Port of Spain
TRINITÉ-ET-TOBAGO
Belmopan
BELIZE
Kingston
JAMAÏQUE
GUATEMALA
Guatemala
HONDURAS
Tegucigalpa
San Salvador
SALVADOR
NICARAGUA
Managua
San José
COSTA RICA
Panamá
PANAMÁ
mer des Caraïbes
Caracas
VENEZUELA
Orénoque
Medellín
Bogotá
COLOMBIE
Cali
GUYANA
Georgetown
Paramaribo
SURINAM
Cayenne
Guyane (FRANCE)
océan Atlantique
Quito
ÉQUATEUR
Guayaquil
Rio Negro
Amazone
Belém
Fortaleza
Recife
Salvador
BRÉSIL
Tocantins
São Fransisco
Brasília
PÉROU
Lima
La Paz
BOLIVIE
Sucre
océan Pacifique
PARAGUAY
Asunción
São Paulo
Rio de Janeiro
San Félix (CHILI)
San Ambrosio (CHILI)
Paraná
Uruguay
îles Juan Fernández (CHILI)
Santiago
ARGENTINE
URUGUAY
Buenos Aires
Montevideo
océan Atlantique
CHILI
Rio Negro
archipel de los Chonos
la France à la même échelle
Falkland (R.-U.)
Géorgie du Sud (R.-U.)
Terre de Feu
détroit de Magellan
cap Horn
50°
80°
60°
40°
1 000 km

9

Géographie

États d'Afrique

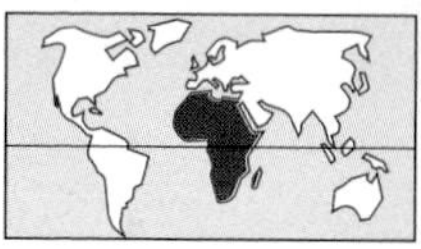

1 BÉNIN
2 BURKINA FASO
3 BURUNDI
4 GHANA
5 GUINÉE-BISSAU
6 GUINÉE-ÉQUATORIALE
7 RWANDA
8 SÃO TOMÉ ET PRÍNCIPE
9 SIERRA LEONE
10 TOGO

EUROPE
FRANCE
ASIE
Alger
Tunis
TUNISIE
mer Méditerranée
Rabat
Casablanca
MAROC
Tripoli
canal de Suez
Le Caire
ALGÉRIE
LIBYE
ÉGYPTE
mer Rouge
tropique du Cancer
MAURITANIE
Nouakchott
MALI
NIGER
Niger
Nil
CAP-VERT
Praia
SÉNÉGAL
Dakar
GAMBIE
Banjul
Bamako
Niamey
TCHAD
Khartoum
ÉRYTHRÉE
Asmara
Socotra (YEMEN)
N'Djamena
SOUDAN
Nil Bleu
Djibouti
Bissau
GUINÉE
Ouagadougou
NIGERIA
Abuja
Conakry
Freetown
Yamoussoukro
Porto-Novo
RÉP. CENTRAFRICAINE
Addis-Abeba
ÉTHIOPIE
Monrovia
Accra
Nil Blanc
Bangui
LIBERIA
Abidjan
Lomé
CAMEROUN
CÔTE-D'IVOIRE
Malabo
Yaoundé
RÉP.
OUGANDA
SOMALIE
équateur
Libreville
Kampala
Muqdisho
lac Victoria
KENYA
São Tomé
GABON
CONGO
Congo
DÉM.
Kigali
Nairobi
golfe de Guinée
Brazzaville
DU
Bujumbura
Victoria
Kinshasa
Cabinda (ANGOLA)
Kasaï
CONGO
Dodoma
SEYCHELLES
océan
Dar es-Salaam
Luanda
TANZANIE
COMORES
MALAWI
Moroni
ANGOLA
ZAMBIE
Lilongwe
Mayotte (Fr.)
Atlantique
Lusaka
Harare
MOZAMBIQUE
Port-Louis
NAMIBIE
ZIMBABWE
Antananarivo
MAURICE
Windhoek
BOTSWANA
MADAGASCAR
Réunion (Fr.)
tropique du Capricorne
Gaborone
Pretoria
Maputo
Johannesburg
SWAZILAND
Mbabane
Maseru
LESOTHO
océan Indien
Orange
AFRIQUE DU SUD
Le Cap

■ capitale d'État
● grande ville

1 000 km

20°O
0°
20°E
40°E
60°E

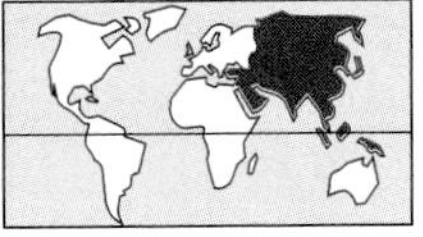

États d'Asie

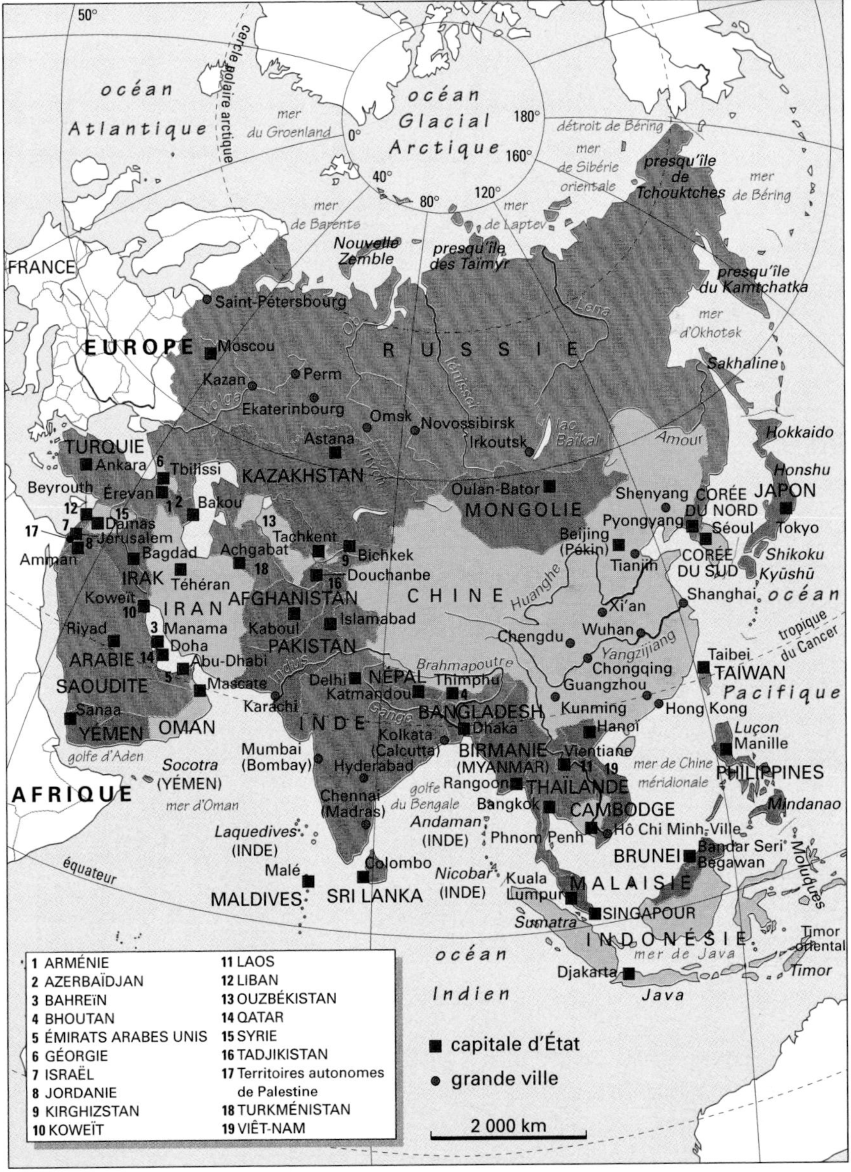

océan Glacial Arctique
océan Atlantique
cercle polaire arctique
mer du Groenland
mer de Barents
Nouvelle Zemble
presqu'île des Taïmyr
mer de Laptev
mer de Sibérie orientale
presqu'île de Tchouktches
détroit de Béring
mer de Béring
presqu'île du Kamtchatka
mer d'Okhotsk
Sakhaline
50°
0°
40°
80°
120°
160°
180°

FRANCE
EUROPE
Saint-Pétersbourg
Moscou
Kazan
Perm
Ekaterinbourg
Volga
Ob
Iénisséï
Lena
Irtych
RUSSIE
Omsk
Novossibirsk
Irkoutsk
lac Baïkal
Amour
Astana
KAZAKHSTAN
Oulan-Bator
MONGOLIE

TURQUIE
Ankara
Tbilissi
Érevan
Bakou
Beyrouth
Damas
Jérusalem
Amman
Bagdad
IRAK
Téhéran
IRAN
Achgabat
Tachkent
Bichkek
Douchanbe
AFGHANISTAN
Kaboul
Islamabad
PAKISTAN
Koweït
Riyad
Manama
Doha
Abu-Dhabi
Mascate
ARABIE SAOUDITE
Sanaa
YÉMEN
OMAN
golfe d'Aden
Socotra (YÉMEN)
AFRIQUE
mer d'Oman

Shenyang
CORÉE DU NORD
Pyongyang
Séoul
CORÉE DU SUD
JAPON
Tokyo
Hokkaido
Honshu
Shikoku
Kyūshū
Beijing (Pékin)
Tianjin
CHINE
Huanghe
Xi'an
Wuhan
Shanghai
Chengdu
Yangzijiang
Chongqing
Guangzhou
Kunming
Hong Kong
Taibei
TAIWAN
tropique du Cancer
océan Pacifique

Karachi
Indus
Delhi
NÉPAL
Katmandou
Thimphu
Brahmapoutre
Gange
BANGLADESH
Dhaka
INDE
Kolkata (Calcutta)
Mumbai (Bombay)
Hyderabad
Chennai (Madras)
golfe du Bengale
Laquedives (INDE)
Malé
MALDIVES
Colombo
SRI LANKA
Andaman (INDE)
Nicobar (INDE)
équateur

BIRMANIE (MYANMAR)
Rangoon
Hanoi
Vientiane
THAÏLANDE
Bangkok
CAMBODGE
Phnom Penh
Hô Chi Minh-Ville
mer de Chine méridionale
Luçon
Manille
PHILIPPINES
Mindanao
BRUNEI
Bandar Seri Begawan
Kuala Lumpur
MALAISIE
SINGAPOUR
Sumatra
Moluques
INDONÉSIE
Timor oriental
Timor
mer de Java
Djakarta
Java
océan Indien

1 ARMÉNIE	11 LAOS
2 AZERBAÏDJAN	12 LIBAN
3 BAHREïN	13 OUZBÉKISTAN
4 BHOUTAN	14 QATAR
5 ÉMIRATS ARABES UNIS	15 SYRIE
6 GÉORGIE	16 TADJIKISTAN
7 ISRAËL	17 Territoires autonomes de Palestine
8 JORDANIE	18 TURKMÉNISTAN
9 KIRGHIZSTAN	19 VIÊT-NAM
10 KOWEÏT	

■ capitale d'État

● grande ville

2 000 km

11 L'Océanie

Géographie

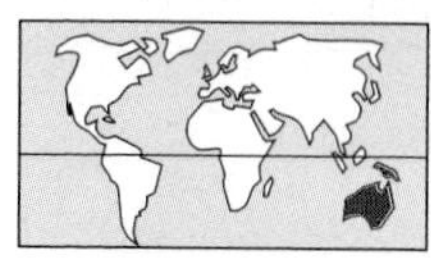

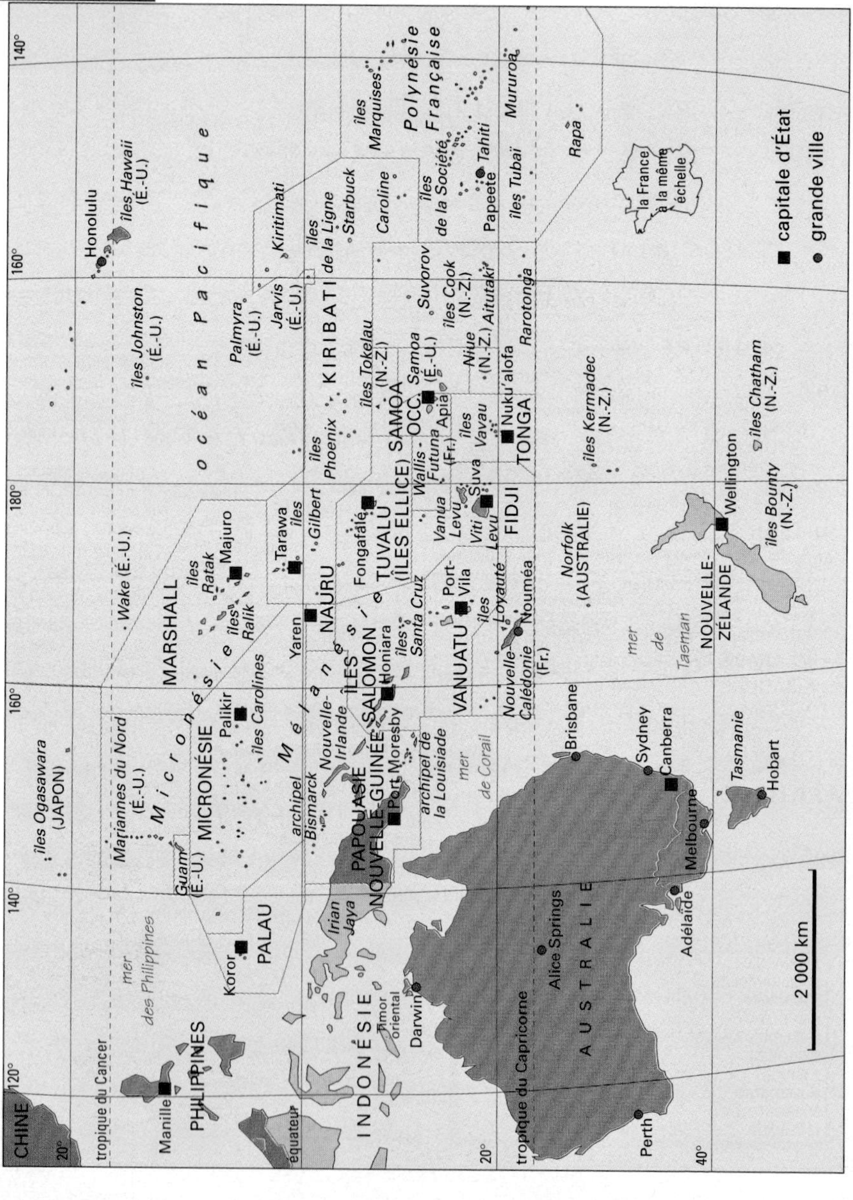

océan Pacifique
Micronésie
Mélanésie
Polynésie Française
CHINE
PHILIPPINES
Manille
tropique du Cancer
mer des Philippines
PALAU
Koror
Guam (É.-U.)
îles Ogasawara (JAPON)
Mariannes du Nord (É.-U.)
MICRONÉSIE
Palikir
îles Carolines
MARSHALL
îles Ralik
îles Ratak
Majuro
Wake (É.-U.)
îles Johnston (É.-U.)
Honolulu
îles Hawaii (É.-U.)
Palmyra (É.-U.)
Jarvis (É.-U.)
Kiritimati
îles de la Ligne
Starbuck
KIRIBATI
Tarawa
îles Gilbert
îles Phoenix
NAURU
Yaren
TUVALU (ÎLES ELLICE)
Fongafale
îles Tokelau (N.-Z.)
SAMOA OCC.
Apia
Samoa (É.-U.)
Wallis - Futuna (Fr.)
îles Vavau
TONGA
Nuku'alofa
Niue (N.-Z.)
îles Cook (N.-Z.)
Suvorov
Aitutaki
Rarotonga
FIDJI
Suva
Vanua Levu
Viti Levu
Caroline
îles Marquises
îles de la Société
Tahiti
Papeete
Mururoa
îles Tubaï
Rapa
ÎLES SALOMON
Honiara
îles Santa Cruz
VANUATU
Port-Vila
îles Loyauté
Nouméa
Nouvelle-Calédonie (Fr.)
Norfolk (AUSTRALIE)
îles Kermadec (N.-Z.)
îles Chatham (N.-Z.)
îles Bounty (N.-Z.)
NOUVELLE-ZÉLANDE
Wellington
mer de Tasman
PAPOUASIE NOUVELLE GUINÉE
Port Moresby
archipel Bismarck
Nouvelle-Irlande
archipel de la Louisiade
mer de Corail
INDONÉSIE
Irian Jaya
Timor oriental
équateur
Darwin
AUSTRALIE
Alice Springs
tropique du Capricorne
Brisbane
Sydney
Canberra
Melbourne
Adélaïde
Perth
Tasmanie
Hobart
la France à la même échelle
■ capitale d'État
● grande ville
2 000 km

Les pôles

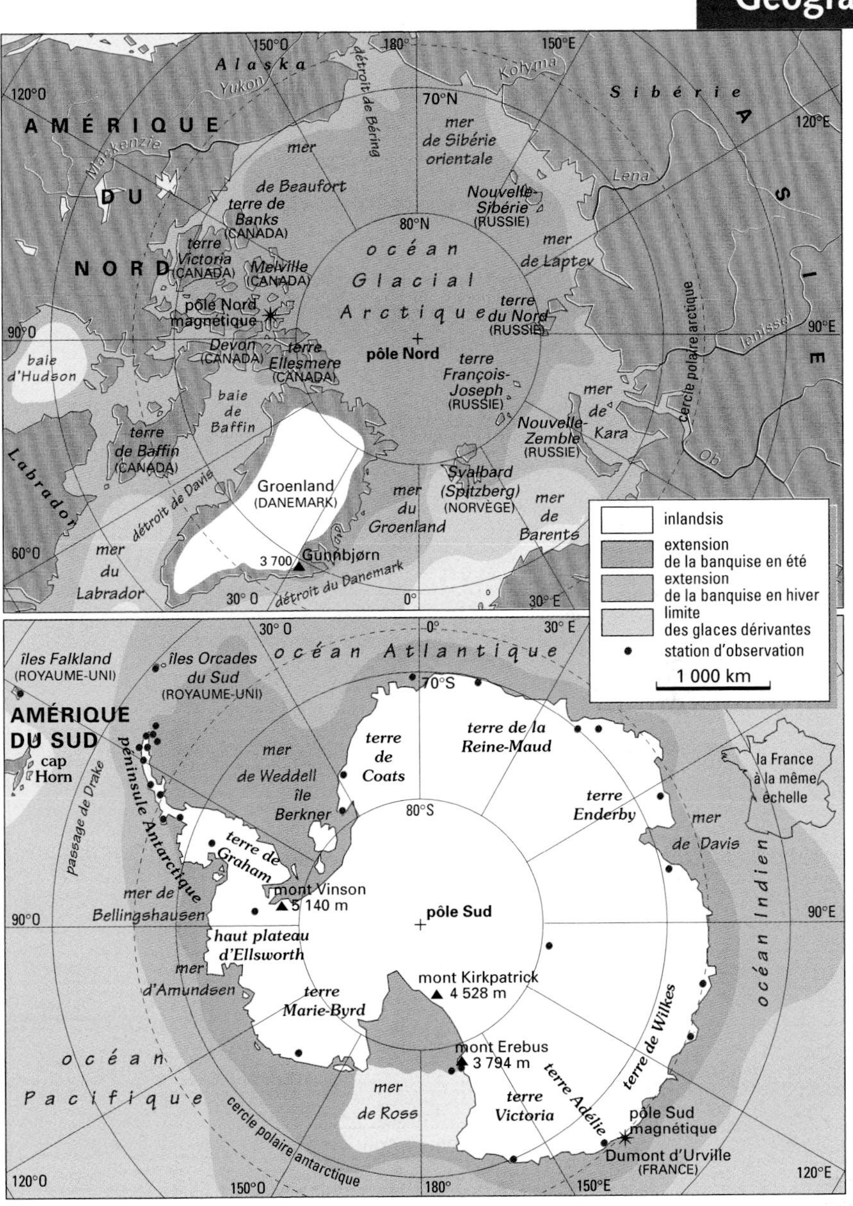

Alaska
Yukon
détroit de Béring
Kolyma
Sibérie
AMÉRIQUE DU NORD
Mackenzie
mer de Beaufort
70°N
mer de Sibérie orientale
Lena
ASIE
terre de Banks (CANADA)
Nouvelle-Sibérie (RUSSIE)
80°N
terre Victoria (CANADA)
Melville (CANADA)
océan Glacial Arctique
mer de Laptev
pôle Nord magnétique
terre du Nord (RUSSIE)
pôle Nord
Devon (CANADA)
terre Ellesmere (CANADA)
terre François-Joseph (RUSSIE)
Ienisseï
cercle polaire arctique
baie d'Hudson
baie de Baffin
mer de Kara
terre de Baffin (CANADA)
Nouvelle-Zemble (RUSSIE)
Labrador
Ob
détroit de Davis
Groenland (DANEMARK)
mer du Groenland
Svalbard (Spitzberg) (NORVÈGE)
mer de Barents
mer du Labrador
3 700
Gunnbjørn
détroit du Danemark
150°O
180°
150°E
120°O
120°E
90°O
90°E
60°O
30° O
0°
30° E
inlandsis
extension de la banquise en été
extension de la banquise en hiver
limite des glaces dérivantes
station d'observation
1 000 km
30° O
0°
30° E
îles Falkland (ROYAUME-UNI)
îles Orcades du Sud (ROYAUME-UNI)
océan Atlantique
70°S
AMÉRIQUE DU SUD
cap Horn
terre de Coats
terre de la Reine-Maud
péninsule Antarctique
mer de Weddell
île Berkner
la France à la même échelle
passage de Drake
terre Enderby
80°S
mer de Davis
terre de Graham
mont Vinson
5 140 m
mer de Bellingshausen
pôle Sud
haut plateau d'Ellsworth
océan Indien
mer d'Amundsen
mont Kirkpatrick
4 528 m
terre Marie-Byrd
terre de Wilkes
océan Pacifique
mont Erebus
3 794 m
mer de Ross
terre Victoria
terre Adélie
pôle Sud magnétique
cercle polaire antarctique
Dumont d'Urville (FRANCE)
90°O
90°E
120°O
150°O
180°
150°E
120°E

13

Géographie

L'Europe

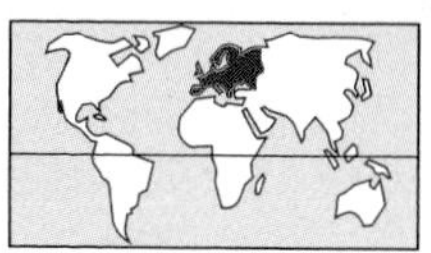

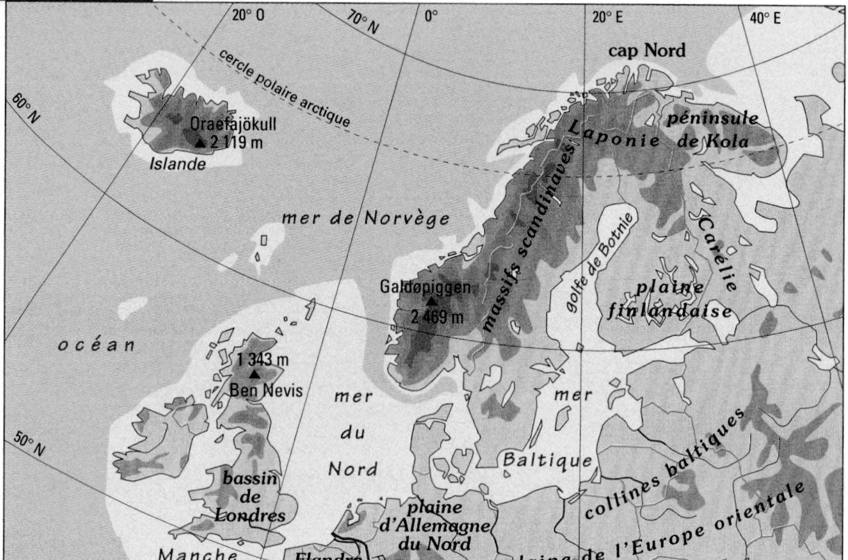

20° O
70° N
0°
20° E
40° E
cercle polaire arctique
60° N
50° N
40° N
cap Nord
péninsule de Kola
Laponie
Oraefajökull
▲ 2 119 m
Islande
mer de Norvège
massifs scandinaves
golfe de Botnie
Carélie
plaine finlandaise
Galdøpiggen
▲ 2 469 m
océan
1 343 m
▲
Ben Nevis
mer du Nord
mer Baltique
collines baltiques
bassin de Londres
plaine d'Allemagne du Nord
plaine de l'Europe orientale
Manche
Flandre
Rhin
Elbe
Oder
Vistule
Dniepr
bassin parisien
Atlantique
Loire
Seine
Bohême
Carpates
bassin aquitain
Garonne
Massif central
Rhône
Alpes
mont Blanc
▲ 4 810 m
Pô
plaine hongroise
Moldoveanu
▲ 2 543 m
Danube
mer Noire
Èbre
Tage
péninsule ibérique
Pyrénées
pic d'Aneto
▲ 3 404 m
Alpes dinariques
mer Adriatique
Apennins
Balkan
Musala
▲ 2 925 m
Corse
îles Baléares
Sardaigne
mer Tyrrhénienne
Vésuve
▲ 1 277 m
mont Olympe
▲ 2 911 m
mer Égée
ASIE
Mulhacén
▲ 3 478 m
détroit de Gibraltar
mer Méditerranée
mer Ionienne
Sicile
Etna
▲ 3 323 m
Crète
AFRIQUE
400 km

profondeur en mètres — altitude en mètres

– 200 | 0 | 200 | 500 | 1 000 | 2 000

États d'Europe

15

Géographie

La population en Europe

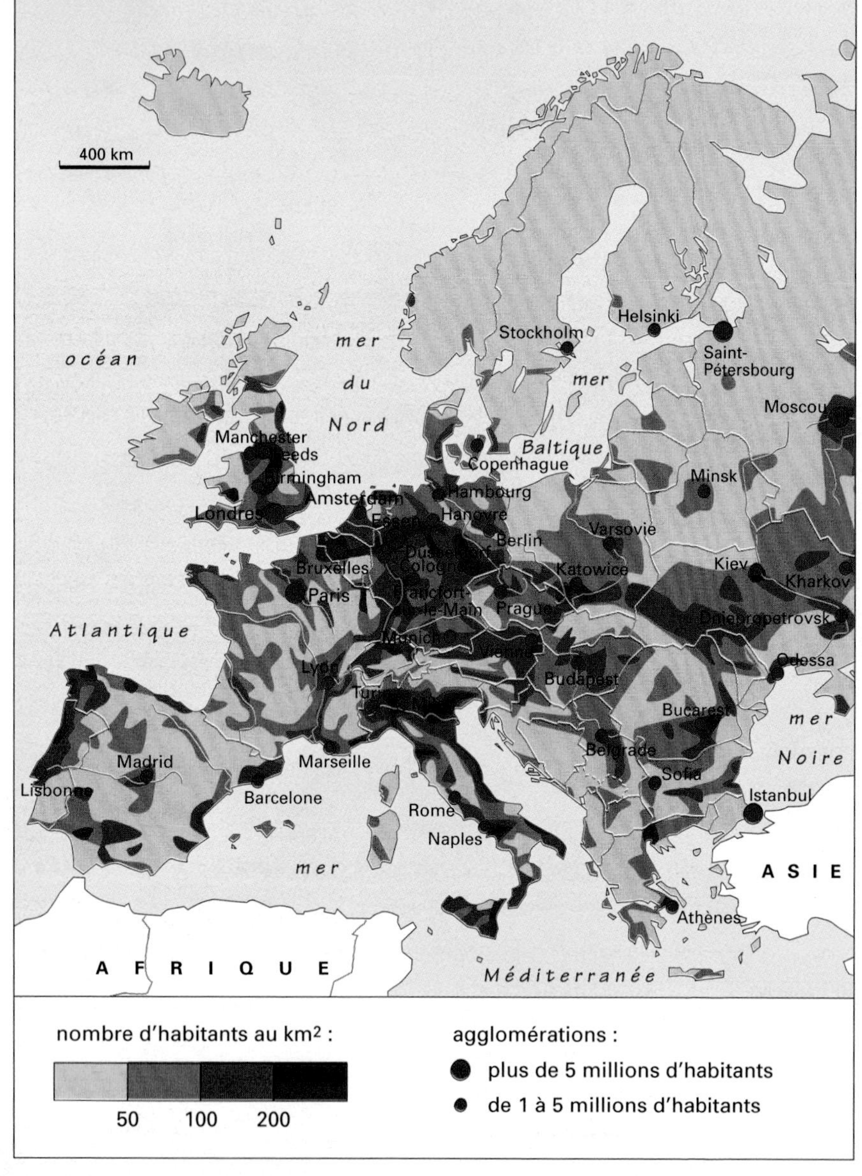

Le relief de la France

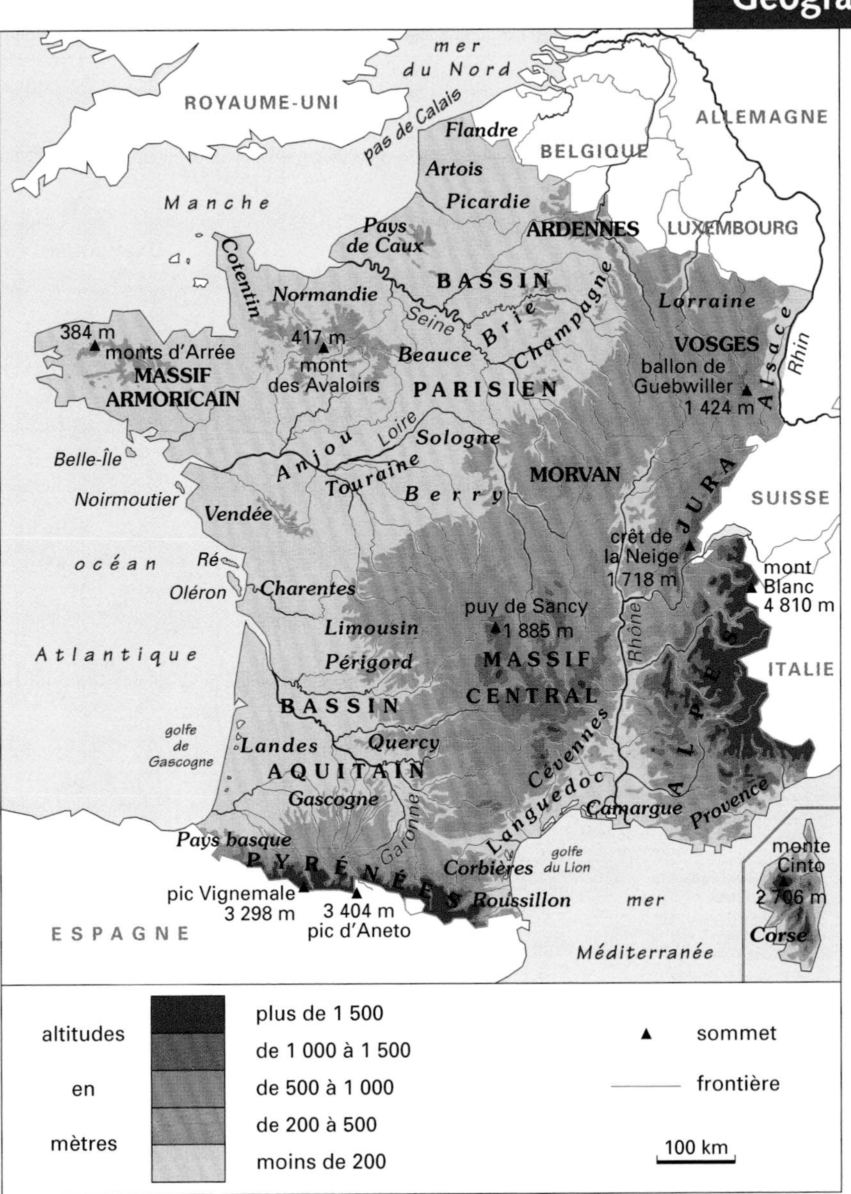

17

Géographie

Fleuves, rivières et côtes de France

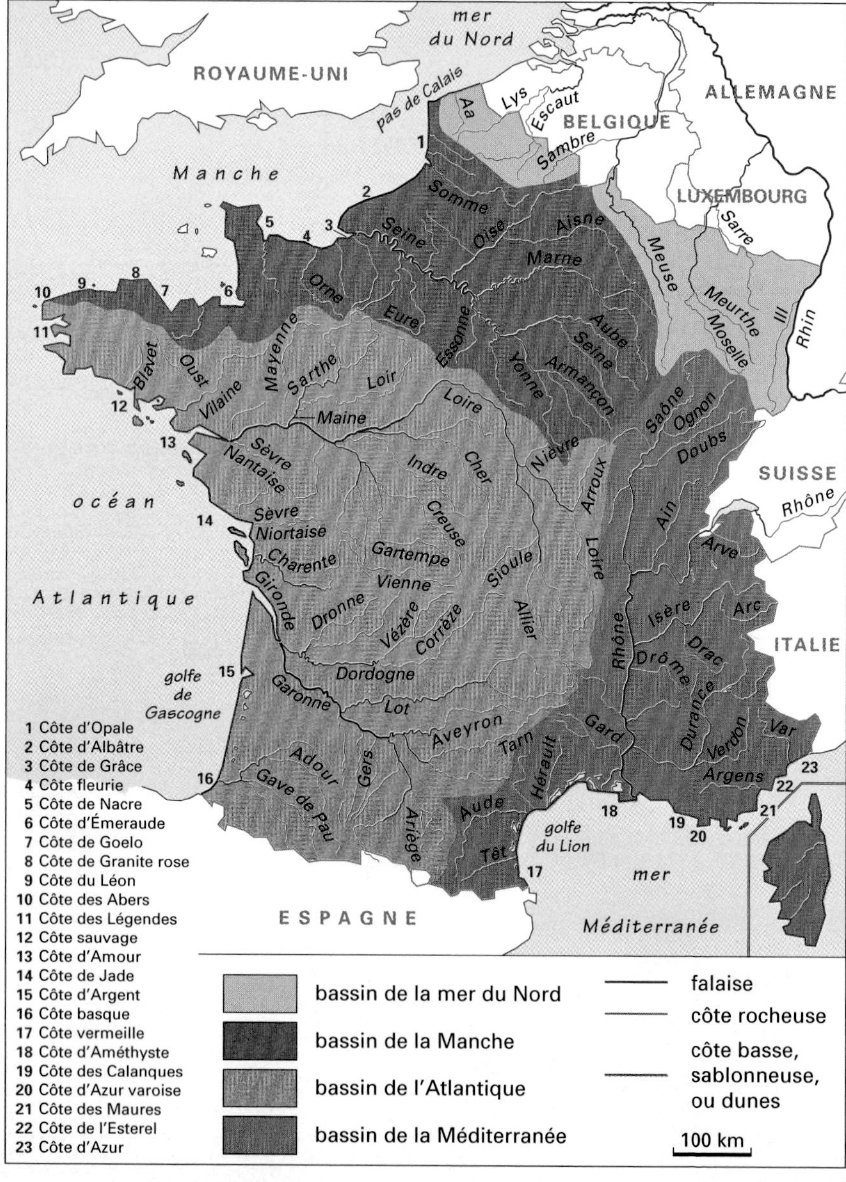

18

France métropolitaine

Géographie

19

Géographie

Régions, département

La France administrative

→ **L'État** : le président de la République, élu pour cinq ans au suffrage universel, est le chef de l'État. Il nomme le premier ministre et, sur proposition de celui-ci, les ministres qui constituent le gouvernement.

• Le **gouvernement** détermine et conduit la politique de la nation. Il prépare les lois et le budget. Il les promulgue et les fait appliquer.

• L'**Assemblée nationale** : les députés, élus pour cinq ans au suffrage universel, votent les lois et le budget proposés par le gouvernement dont ils contrôlent l'action.

• Le **Sénat** : les sénateurs, élus pour neuf ans par les conseillers municipaux et généraux et les députés, votent également les lois.

→ **La région** est administrée par le conseil régional, élu au suffrage universel. Un commissaire de la République (ou préfet) y représente l'État.

→ **Le département** est administré par le conseil général, élu au suffrage universel. Un commissaire de la République (ou préfet) y représente l'État.

→ **La commune** est administrée par le conseil municipal, élu au suffrage universel ; le maire est désigné par les conseillers municipaux.

Les départements métropolitains

01 Ain
02 Aisne
03 Allier
04 Alpes de Haute-Provence
05 Alpes (Hautes-)
06 Alpes-maritimes
07 Ardèche
08 Ardennes
09 Ariège
10 Aube
11 Aude
12 Aveyron
13 Bouches-du-Rhône
14 Calvados
15 Cantal
16 Charente
17 Charente-Maritime
18 Cher
19 Corrèze
2A Corse-du-Sud
2B Haute-Corse
21 Côte-d'Or
22 Côtes-d'Armor
23 Creuse
24 Dordogne
25 Doubs
26 Drôme
27 Eure
28 Eure-et-Loir
29 Finistère
30 Gard
31 Garonne (Haute-)
32 Gers
33 Gironde
34 Hérault
35 Ille-et-Vilaine
36 Indre
37 Indre-et-Loire
38 Isère
39 Jura
40 Landes
41 Loir-et-Cher
42 Loire
43 Loire(Haute-)
44 Loire-Atlantique
45 Loiret
46 Lot
47 Lot-et-Garonne
48 Lozère
49 Maine-et-Loire
50 Manche
51 Marne
52 Marne (Haute-)
53 Mayenne
54 Meurthe-et-Moselle
55 Meuse
56 Morbihan
57 Moselle
58 Nièvre
59 Nord
60 Oise
61 Orne
62 Pas-de-Calais
63 Puy-de-Dôme
64 Pyrénées-Atlantiques
65Pyrénées (Hautes-)
66 Pyrénées-Orientales
67 Rhin (Bas-)
68 Rhin (Haut-)
69 Rhône
70 Saône (Haute-)
71 Saône-et-Loire
72 Sarthe
73 Savoie
74 Savoie (Haute-)
75 Paris
76 Seine-Maritime
77 Seine-et-Marne
78 Yvelines
79 Sèvres (Deux-)
80 Somme
81 Tarn
82 Tarn-et-Garonne
83 Var
84 Vaucluse
85 Vendée
86 Vienne
87 Vienne (Haute-)
88 Vosges
89 Yonne
90 Belfort (Territoire de)
91 Essonne
92 Hauts-de-Seine
93 Seine-Saint-Denis
94 Val-de-Marne
95 Val-d'Oise

La population française

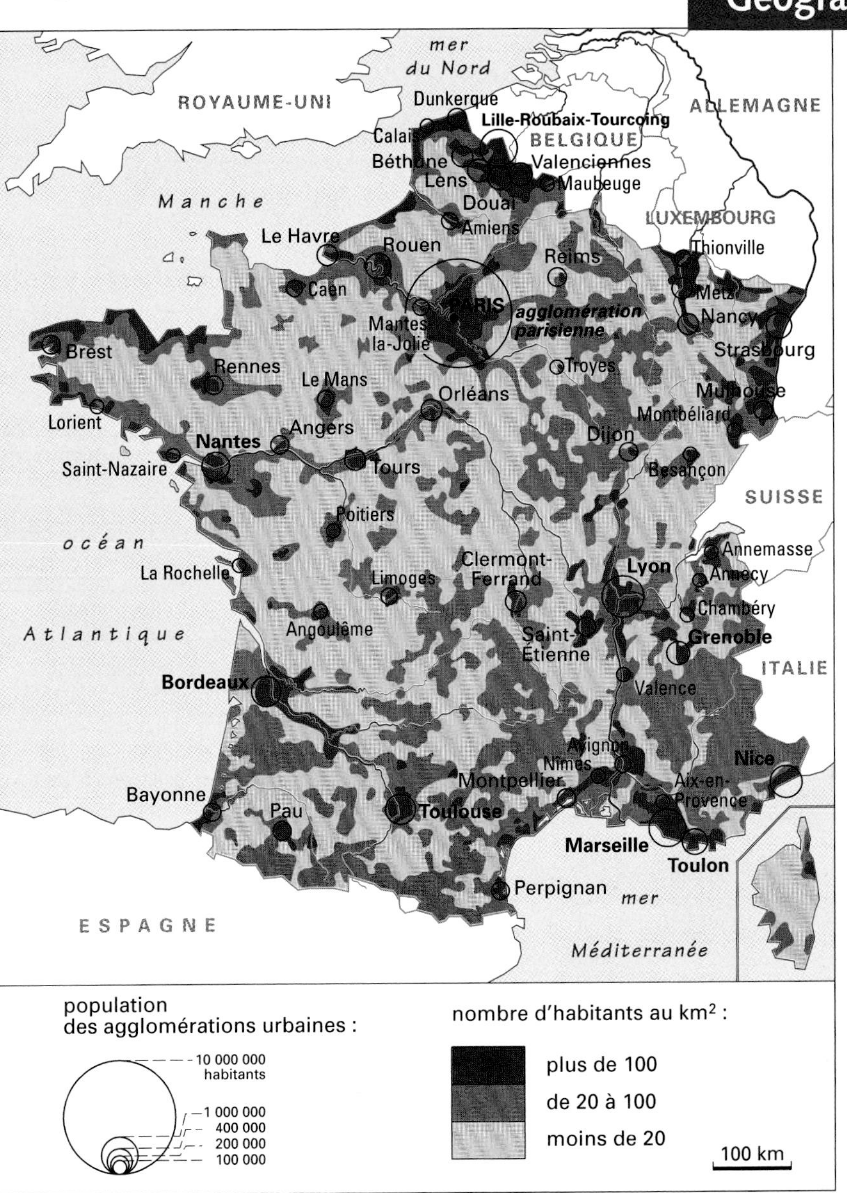

mer
du Nord
ROYAUME-UNI
Dunkerque
Lille-Roubaix-Tourcoing
ALLEMAGNE
Calais
BELGIQUE
Béthune
Valenciennes
Lens
Maubeuge
Manche
Douai
LUXEMBOURG
Le Havre
Amiens
Thionville
Rouen
Reims
Caen
Metz
PARIS
agglomération
parisienne
Nancy
Mantes-la-Jolie
Brest
Strasbourg
Rennes
Troyes
Le Mans
Mulhouse
Orléans
Lorient
Montbéliard
Angers
Dijon
Nantes
Saint-Nazaire
Tours
Besançon
SUISSE
Poitiers
océan
Annemasse
La Rochelle
Clermont-Ferrand
Lyon
Annecy
Limoges
Chambéry
Atlantique
Angoulême
Saint-Étienne
Grenoble
ITALIE
Bordeaux
Valence
Avignon
Nîmes
Nice
Montpellier
Aix-en-Provence
Bayonne
Pau
Toulouse
Marseille
Toulon
Perpignan
mer
ESPAGNE
Méditerranée
population
des agglomérations urbaines :
10 000 000
habitants
1 000 000
400 000
200 000
100 000
nombre d'habitants au km² :
plus de 100
de 20 à 100
moins de 20
100 km

21

Géographie

La France d'Outre-me

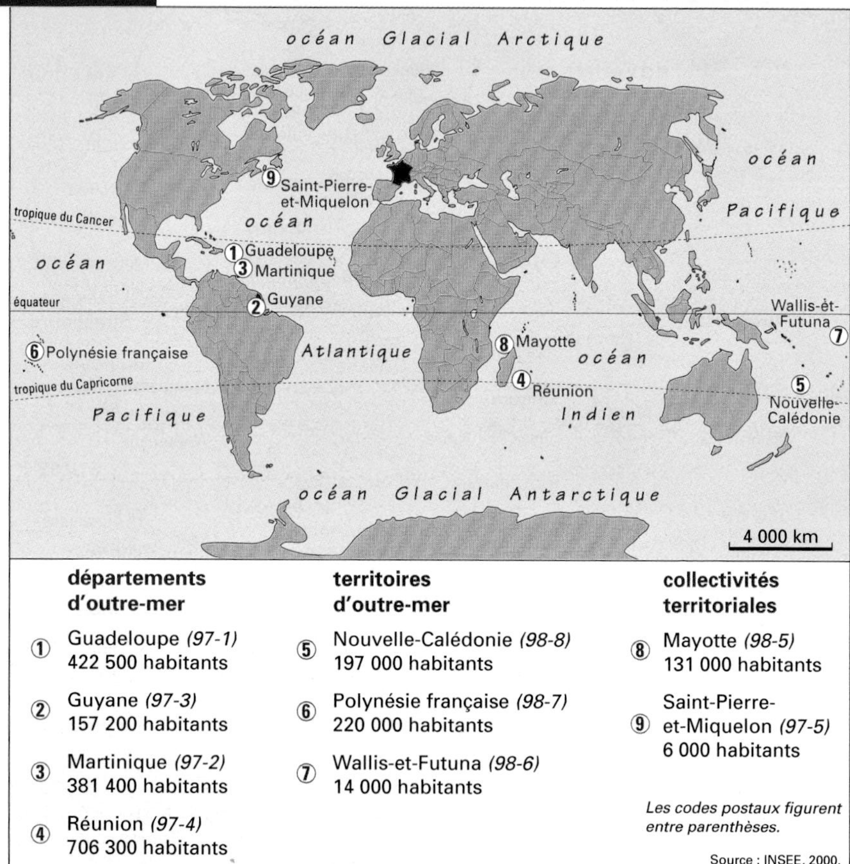

Les départements d'Outre-mer (ou D.O.M.)

→ Leur statut est le même que celui des départements de la métropole, mais chacun d'eux constitue en même temps une **région**.

Les territoires d'Outre-mer (ou T.O.M.)

→ Ils sont dirigés par un Conseil de gouvernement, une **Assemblée territoriale** élue et un **haut commissaire** nommé par la République française.

Petit lexique de géographie

→ Amont - aval
Un endroit d'un cours d'eau est en **amont** d'un point donné quand il est situé entre la source et le point donné. *Sur la Loire, Orléans se trouve en amont de Nantes.* Un endroit d'un cours d'eau est en **aval** d'un point donné quand il est situé entre le point donné et l'endroit où le cours d'eau se jette dans la mer. *En suivant le courant, on va de l'amont vers l'aval.*

→ Archipel
Groupe d'îles. *L'archipel des Baléares est situé en Méditerranée occidentale.*

→ Baie
Partie de mer qui entre dans la terre. *La baie d'Hudson est une vaste baie d'Amérique du Nord.*

→ Bassin fluvial
Ensemble des terres où ruissellent les eaux d'un même fleuve. *Le bassin du Rhône couvre tout le sud-est de la France.*

→ Bovins
Animaux de la famille de la vache. *Le bœuf, le veau sont des bovins.*

→ Capitale
Ville où se trouvent groupés les pouvoirs qui commandent un pays. *Paris est la capitale de la France.*

→ Cercle polaire
Cercle imaginaire qui tourne tout autour de la Terre, parallèlement à l'équateur, et qui marque la limite des régions polaires. *Le cercle polaire arctique tourne autour du pôle Nord, le cercle polaire antarctique tourne autour du pôle Sud.*

→ Cordillère
Chaîne de montagnes toutes orientées dans le même sens. *La cordillère des Andes longe la côte ouest de l'Amérique du Sud.*

→ Déboiser
Dégarnir une terre des ses arbres et de ses bois. *Au Moyen Âge, les paysans ont déboisé de nombreuses régions pour en faire des champs cultivables.*
Quand on plante de nouveaux arbres dans des régions déboisées, on dit que l'on **reboise**.

→ Dépression
Abaissement au-dessous d'un niveau donné. *La mer Morte, en Israël, est dans une dépression, elle se trouve à environ 393 mètres au-dessous du niveau de la mer.*

→ Désert
Région de la Terre où il n'y a presque pas de vie animale ou végétale. *Situé dans le nord de l'Afrique, le désert du Sahara est le plus vaste désert du monde.*

→ Détroit
Endroit où une mer (ou un océan) se resserre entre deux terres. *Le détroit de Gibraltar sépare l'Espagne du Maroc.*

→ Dune
Colline de sable. *Le vent déplace les dunes du Sahara.*

→ Échelle
Partie d'une carte de géographie qui indique ce qu'1 cm sur la carte représente dans la réalité, sur le terrain. *Sur une carte au 1/100 000, 1 cm sur la carte représente 100 000 cm sur le terrain, soit 10 km.*

→ **Équateur**
Cercle imaginaire tracé autour de la Terre à égale distance des deux pôles.
En Afrique, le mont Kenya est situé très près de l'équateur.

→ **Érosion**
Actions de l'eau, du vent, de la glace ou du gel qui modifient le relief.
En plantant des forêts, on protège le sol et on en ralentit l'érosion par le vent et la pluie.

→ **Friche**
Terrain qui n'est pas cultivé.
Un champ laissé en friche se couvre de plantes sauvages.

→ **Frontière**
Limite qui sépare deux pays. *Les Pyrénées constituent une frontière naturelle entre la France et l'Espagne.*

→ **Golfe**
Vaste partie de mer qui avance dans les terres. *Le golfe de Gascogne se trouve dans l'océan Atlantique, au sud-ouest de la France.*

→ **Hémisphère**
Chaque moitié de la Terre, de part et d'autre de l'Équateur.
La France se trouve dans l'hémisphère Nord ; l'Australie se trouve dans l'hémisphère Sud.

→ **Inlandsis**
Glaces qui recouvrent en permanence les terres polaires. *La terre Adélie se trouve sur l'inlandsis du continent antarctique, près du pôle Sud.*

→ **Irrigation**
Moyens mis en œuvre par l'homme pour apporter de l'eau aux cultures.
En creusant des rigoles pour irriguer avec l'eau d'une rivière des champs asséchés par le soleil, on peut faire pousser des légumes.

→ **Isthme**
Étroite bande de terre, située entre deux mers, et qui relie deux terres plus larges.
Situé entre l'Amérique centrale et l'Amérique du Sud, l'isthme de Panama est traversé par un canal creusé par les hommes sur 80 km.

→ **Jachère**
Terre habituellement cultivée, qu'on laisse sans culture.
Un champ laissé pendant une année en jachère donne de meilleures récoltes par la suite.

→ **Légende d'une carte**
Série d'indications permettant de lire et de comprendre une carte de géographie. *La légende de la carte de l'Europe montre que les zones en marron foncé indiquent des montagnes de plus de 1 500 m d'altitude.* (cf. p. 184)

→ **Littoral**
Zone où le continent et la mer se rencontrent. *Le port de Marseille est situé sur le littoral méditerranéen de la France.*

→ **Massif**
Large ensemble de montagnes. *Le Massif central culmine à 1 889 m, au puy de Sancy.*

→ **Mont**
Nom donné à une élévation de terrain. *Le mont Everest, dans la chaîne de l'Himalaya, en Asie, est le plus haut sommet du monde.*

→ **Ovins**
Animaux de la famille du mouton. *La brebis, l'agneau sont des ovins.*

→ **Parcelle**
Espace de terre sur lequel on pratique la même culture. *En Beauce, dans le Bassin parisien, on peut voir d'immenses parcelles de blé.*

→ **Péninsule**
Très grande presqu'île. *La péninsule du Cotentin se trouve en Normandie.*

→ **Pic**
Montagne élevée, dont le sommet est très pointu. *Le pic d'Aneto, qui atteint 3 404 m d'altitude, est le pic le plus élevé des Pyrénées.*

→ **Planisphère**
Carte qui représente la totalité de la Terre. *Dans la fiche 4, tous les continents, mers et océans sont représentés sur un même planisphère.*

→ **Presqu'île**
Portion de terre entourée d'eau mais qui communique avec le continent en un endroit. *La presqu'île de Quiberon se trouve sur le littoral sud de la Bretagne.*

→ **Remembrement**
Regroupement de parcelles, pour obtenir des champs plus vastes et plus faciles à cultiver. *Le remembrement a malheureusement conduit les hommes à supprimer des haies et des petits bois.*

→ **Rural**
Qui concerne la campagne et ceux qui y habitent. *En France, la population rurale a fortement diminué depuis un siècle alors que la population* ***urbaine*** *(celle qui vit en ville) a fortement augmenté.*

→ **Seuil**
Élévation de terrain, qui sépare deux régions de même altitude. *Le seuil du Lauragais se trouve entre le Massif central et les Pyrénées.*

→ **Tropique**
Cercle imaginaire, entourant chaque hémisphère de la Terre, et situé entre le cercle polaire et l'équateur. *Le tropique nord est appelé tropique du Cancer ; le tropique sud est appelé tropique du Capricorne. Le tropique du Capricorne traverse l'Australie.*

Index de géographie

SCIENCES

1

Sciences

Quel phénomène provoque les grandes marées ?

Quelles sont les neuf planètes du système solaire ?

Quand a-t-on marché sur la Lune ?

La Terre et le Soleil

Les saisons

→ En un an, la Terre accomplit une **orbite** autour du Soleil, en faisant, chaque jour, un tour sur elle-même. Son axe de rotation est incliné. Cette inclinaison a deux conséquences :
– les durées des jours et des nuits varient ;
– la quantité de rayons solaires reçue varie.

→ Les pôles Nord et Sud n'ont que deux saisons : une saison durant laquelle il fait nuit en permanence et une saison durant laquelle le Soleil ne se couche pas.
À l'équateur, le jour et la nuit ont la même durée toute l'année et la quantité de rayons solaires reçue ne varie pas.

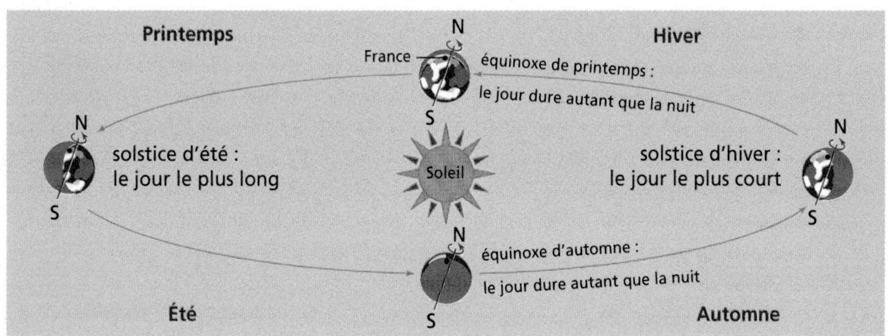

La Terre et la Lune

→ **Les marées** : elles proviennent de l'attraction exercée par la Lune sur les masses d'eau des océans.
Quand le Soleil et la Lune sont dans le même alignement, l'attraction du Soleil s'ajoute à celle de la Lune : ce sont les grandes marées.

→ **Les éclipses** : quand la Lune passe dans l'ombre de la Terre, elle devient invisible. De même, quand la Lune passe entre le Soleil et la Terre, le Soleil devient invisible pour les habitants de la Terre se trouvant dans l'ombre de la Lune.

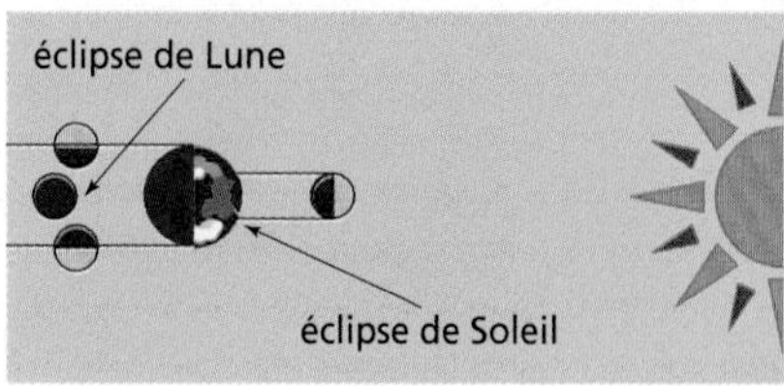

Le système solaire

→ Le Soleil est une **étoile**. Autour de lui gravitent neuf **planètes** (l'une d'entre elles se nomme Terre).
Ces planètes ne produisent pas de lumière et ne sont visibles que parce qu'elles renvoient la lumière reçue du Soleil.
→ Mercure, Vénus, la Terre et Mars, les planètes les plus proches du Soleil, possèdent une croûte solide, constituée de roches. Plus éloignées du Soleil, les planètes géantes (Jupiter, Saturne, Uranus et Neptune) sont formées de gaz. Pluton, la planète la plus éloignée du Soleil, est encore mal connue.

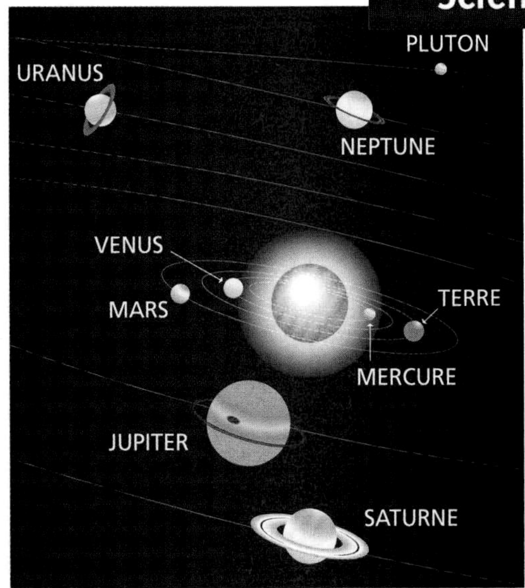

L'homme à la conquête de l'espace

4 octobre 1957	Spoutnik 1 (U.R.S.S.) :	1er satellite artificiel de la Terre.
12 septembre 1959	Luna 2 (U.R.S.S.) :	1er vaisseau spatial à toucher la Lune.
4 octobre 1959	Luna 3 (U.R.S.S.) :	1er vaisseau spatial à tourner autour de la Lune.
11 mars 1960	Pioneer 5 (États-Unis) :	1ère sonde placée sur orbite autour du Soleil.
12 avril 1961	Vostok 1 (U.R.S.S.) :	1er satellite terrestre habité (Youri Gargarine).
15 juillet 1965	Mariner IV (États-Unis) :	1ère sonde à passer à 12 000 km de Mars.
21 décembre 1968	Apollo 8 (États-Unis) :	1er vaisseau habité à tourner autour de la Lune.
16 juillet 1969	Apollo 11 (États-Unis) : **Le 20 juillet, Amstrong et Aldrin marchent sur le sol lunaire.**	1er débarquement de l'homme sur la Lune.
24 décembre 1979	Ariane (France) :	1er tir de la fusée française.
12 avril 1981	Columbia (États-Unis) :	1er engin récupérable de l'espace (une navette).

→ **Les sondes spatiales** : pour explorer les planètes du système solaire, les sondes spatiales automatiques accomplissent de longs voyages. *Voyager 2* est passée près d'Uranus le 24 janvier 1986 et a rejoint Neptune le 25 août 1989. Elle est sortie du système solaire en août 1992.

3

Sciences

Quel objet indique la verticale ?

Quels sont les quatre points cardinaux ?

En combien de temps la Terre accomplit-elle sa révolution autour du Soleil ?

Se repérer dans l'espace

Les verticales et les horizontales

→ La **verticale** est la direction donnée par le fil à plomb, ou par tout autre objet suspendu à un fil.

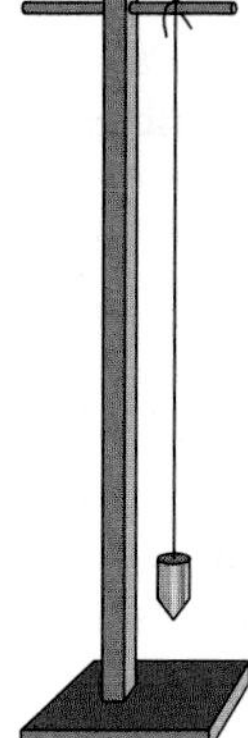

→ L'**horizontale** est la direction donnée par la surface libre d'un liquide au repos.

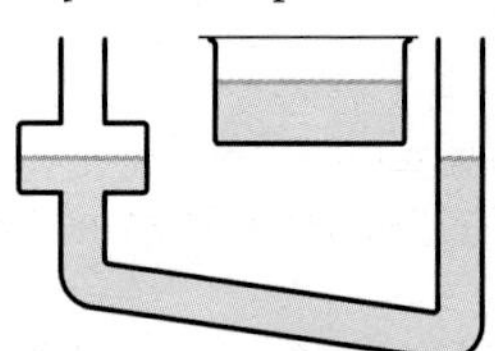

→ Verticale et horizontale sont, en un point, deux directions **perpendiculaires**.

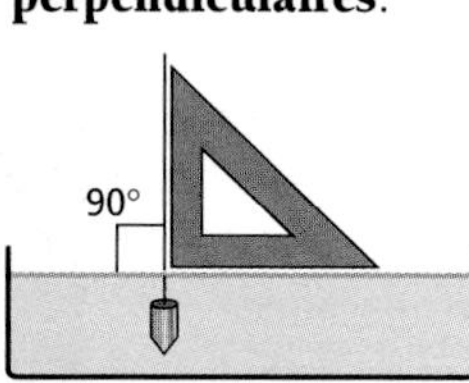

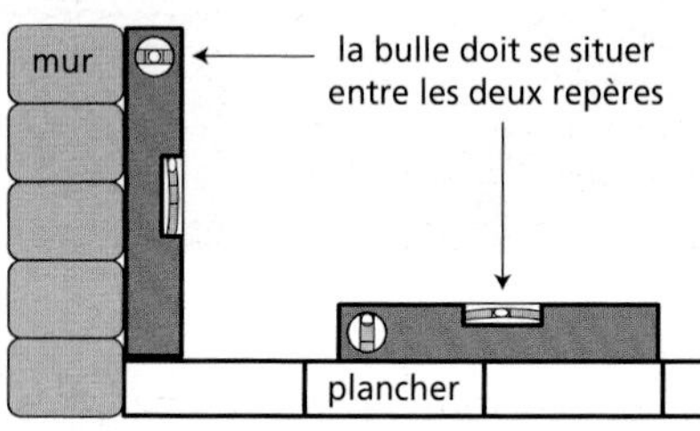

Le niveau de maçon comprend deux tubes fermés et perpendiculaires contenant de l'eau et une bulle d'air. Il permet de déterminer aussi bien l'horizontale que la verticale.

Les points cardinaux : Nord, Sud, Est et Ouest

→ Une aiguille aimantée, placée sur un pivot, indique toujours (en position horizontale) la direction **Nord-Sud**.

→ En faisant tourner le boîtier d'une boussole, on peut faire coïncider le Nord indiqué sur le cadran avec la direction Nord indiquée par l'aiguille.

→ On peut alors facilement déterminer la direction Est-Ouest, perpendiculaire à la direction Nord-Sud, et connaître ainsi, en un lieu, les quatre points cardinaux et leurs directions intermédiaires (Nord-Est, Sud-Est…). Pour orienter une carte, il faut faire coïncider la direction Nord de la carte avec celle de la boussole.

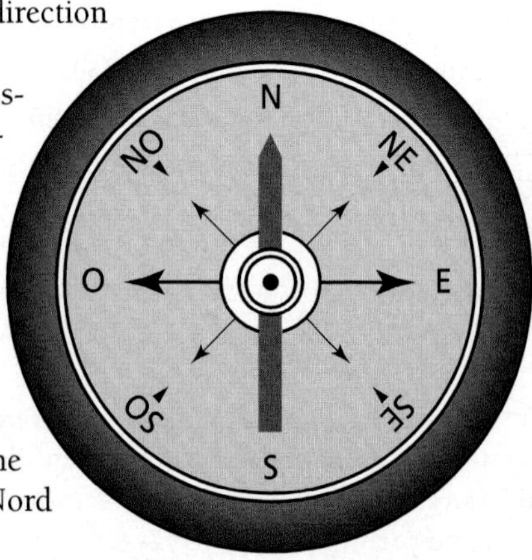

et dans le temps

Dans l'espace, notre planète Terre est animée par deux mouvements :
→ elle tourne autour du Soleil,
→ elle tourne sur elle-même.
En étudiant ces mouvements, l'homme a appris à mesurer le temps.

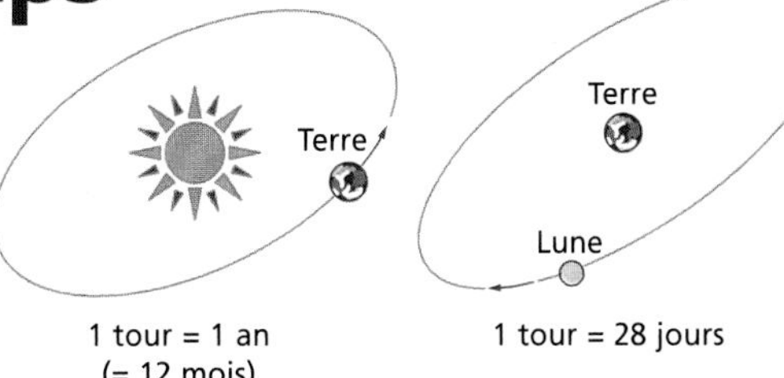

L'année : 365 jours 1/4

→ C'est le temps mis par la Terre pour décrire une **orbite complète** autour du Soleil. Les années du calendrier comptent 365 jours et, tous les quatre ans, 366 jours (ces années **bissextiles** permettent de rattraper le quart de jour supplémentaire).

Le mois : 28, 29, 30 ou 31 jours

→ La Lune, éclairée par le Soleil, tourne autour de la Terre, à raison d'un tour complet en 28 jours. Pour faire coïncider nos 12 mois avec une année de calendrier, nous rajoutons 1, 2 ou 3 jours à chaque mois lunaire. Chaque nuit, la Lune est éclairée différemment par le Soleil, selon un rythme régulier.

Les phases de la Lune

1re semaine :
2e semaine :
3e semaine :
4e semaine :
nouvelle Lune

Le jour : 24 heures

C'est le temps mis par la Terre pour faire un tour sur elle-même. (Une semaine = 7 jours.)

L'heure : 24e partie du jour

1 heure = 60 minutes
(1/2 heure = 30 min, 1/4 d'heure = 15 min)
1 minute = 60 secondes

4

Les volcans et

Sciences

✎ Qu'est-ce que le magma ?

✎ D'où vient la lave des volcans ?

✎ Qu'appelle-t-on épicentre d'un séisme ?

→ Sous la terre, à de très grandes profondeurs, se trouvent des matières minérales fondues et très chaudes : c'est le **magma**. Celui-ci contient des gaz brûlants qui exercent de fortes poussées en tous sens.

→ Il arrive que l'**écorce terrestre** se déchire : le magma et les gaz s'échappent alors par cette ouverture et remontent à la surface. C'est ainsi que les volcans apparaissent.

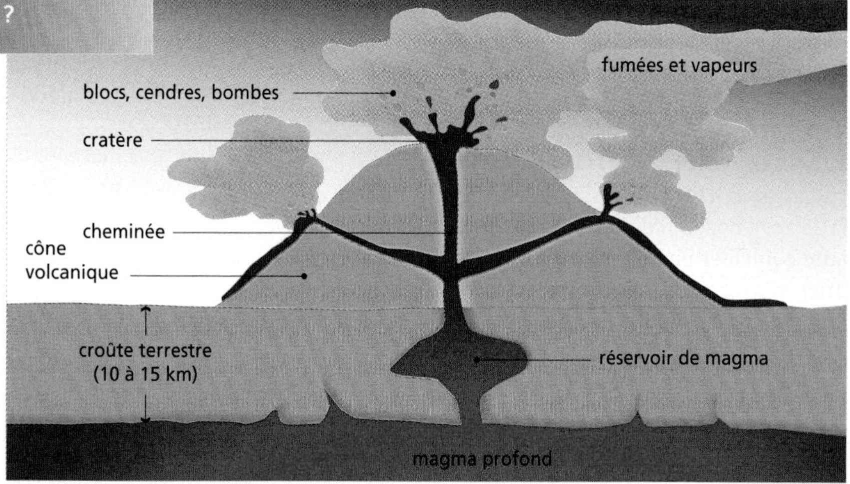

Les volcans en activité

→ Les volcans en activité sont surmontés d'un panache de vapeur. Parfois, la terre se met à trembler, des explosions se produisent, la **lave** emplit le cratère, déborde et s'écoule : le volcan est alors en **éruption**. La lave refroidit et devient une roche.

→ Certaines éruptions sont particulièrement violentes : il arrive parfois que le sommet du cône volcanique explose, comme une gigantesque bombe, en détruisant tout à des dizaines de kilomètres autour du volcan.

Les volcans en sommeil

→ Il y a dans le monde de nombreux volcans éteints. La lave contenue dans leur cône est refroidie et solidifiée ; ils n'émettent pas de fumées.

→ Ces volcans peuvent rester **en sommeil** pendant des milliers d'années, mais ils peuvent aussi se réveiller et entrer à nouveau en activité.

→ C'est ainsi que la **chaîne des Puys**, dans le Massif central, en France, est composée de volcans en sommeil depuis plus de 6 000 ans.

les séismes

→ Les régions de la Terre où apparaissent les volcans sont aussi des zones de **séismes** (ou **tremblements de terre**).

→ Un séisme est une série de secousses et de tremblements du sol dont l'origine se situe à plusieurs centaines de kilomètres de profondeur. Cette origine est nommée **foyer** du séisme. À la verticale de ce foyer, se trouve l'**épicentre** du séisme : c'est l'endroit où les secousses sont les plus fortes.

Des séismes catastrophiques

→ Des séismes se produisent chaque jour sur la Terre. La plupart du temps, ils sont imperceptibles pour l'homme et seuls des appareils nommés **sismographes** peuvent les enregistrer, mais certaines secousses peuvent être très fortes et créer de grandes catastrophes quand elles concernent les zones habitées : l'écorce terrestre se casse, les immeubles s'effondrent, les routes et les voies ferrées sont détruites.

Certains séismes peuvent ainsi, en quelques instants, tuer des milliers de personnes.

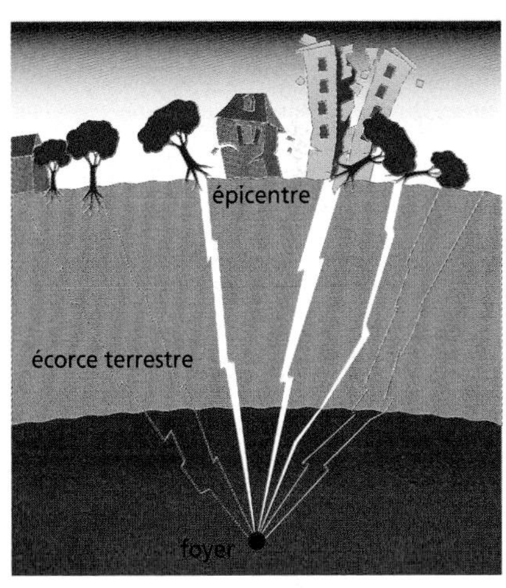

Les zones de séismes et d'activité volcanique

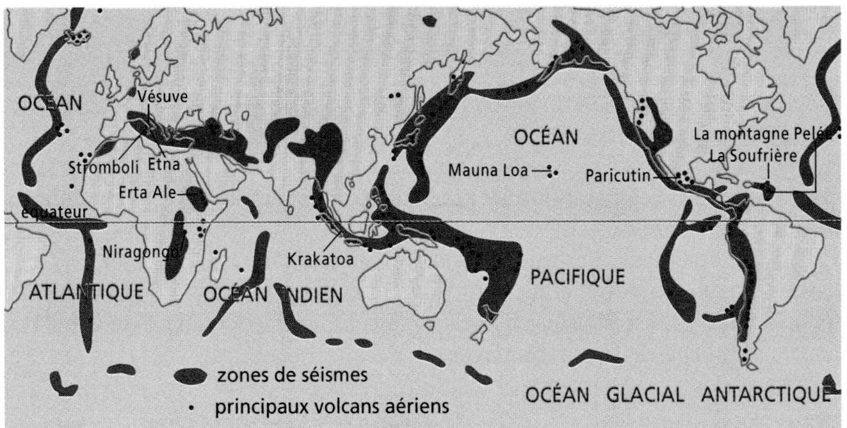

5

Eau et qualité

Sciences

Quel rôle joue le soleil dans le cycle de l'eau ?

Quelle est l'utilité des stations d'épuration ?

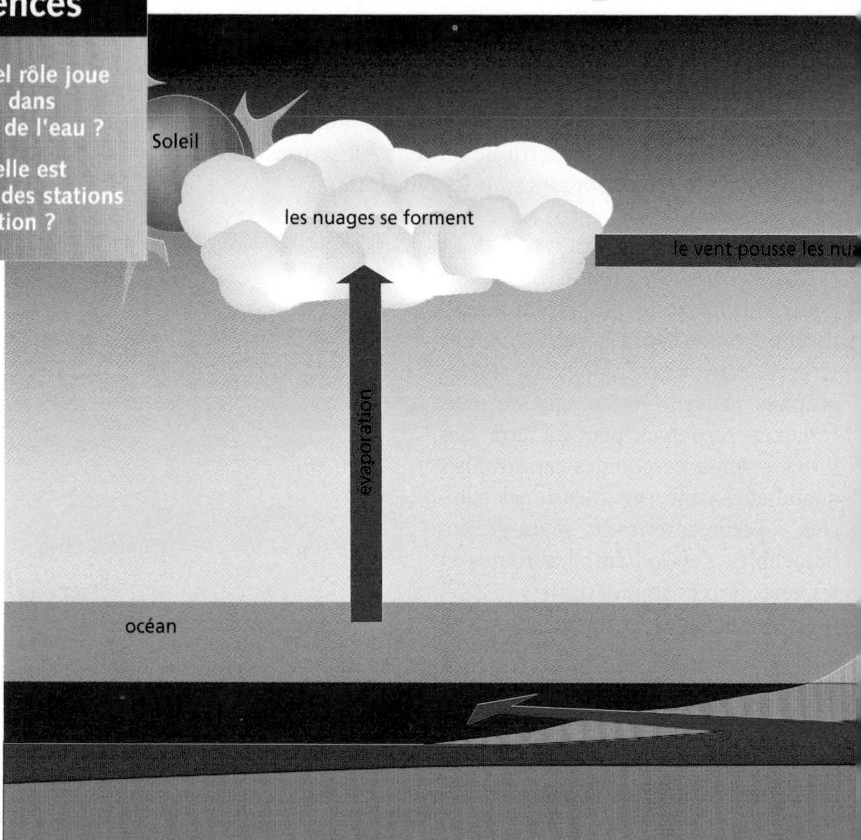

Le cycle de l'eau

→ Sous l'action du Soleil, les glaces fondent et l'eau des océans et des mers s'évapore. La **vapeur d'eau** ainsi formée se condense et produit les nuages qui donnent **pluie**, **neige** ou **grêle**.

Cette eau tombée du ciel ruisselle sur le sol ou s'infiltre dans le sol, donnant naissance aux **sources** et alimentant les **nappes souterraines**. Naissent ainsi les rivières, puis les fleuves qui se déversent dans les mers et océans. Leur eau s'évapore… et le cycle de l'eau recommence !

de l'eau

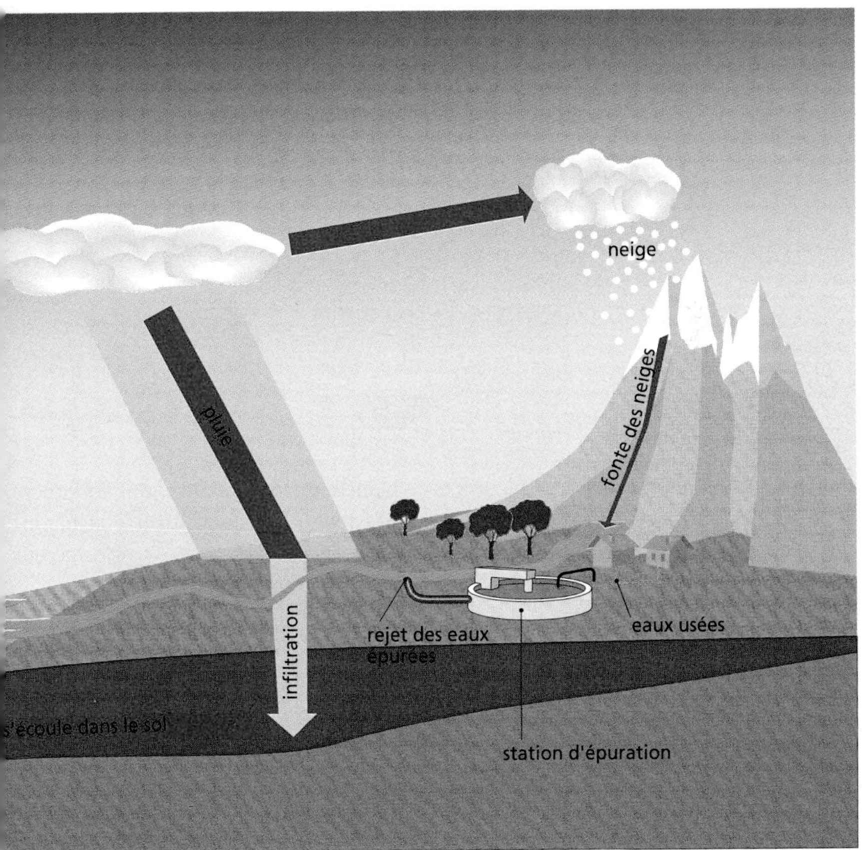

La qualité de l'eau

→ C'est toujours la même eau qui parcourt le même cycle, et l'eau que nous buvons aujourd'hui est celle qu'ont bu nos ancêtres.

Tous les êtres vivants, plantes, animaux et hommes, ont besoin, en quantité suffisante, d'une eau de bonne qualité pour vivre. Il ne faut donc **pas la gâcher** et **ne pas la polluer**. Les **stations d'épuration** éliminent les déchets nocifs qui se trouvent dans l'eau rejetée par les activités humaines.

Mais que dire des tonnes de pétrole et de résidus divers rejetés à la mer, des produits chimiques dangereux rejetés dans l'atmosphère par certaines usines et rapportés sur terre par les précipitations ?

6

Les sources

Sciences

Quelle est la différence entre un capteur solaire et une pile solaire ?

Qu'est-ce que la géothermie ?

Pour vivre, se déplacer et travailler, l'être humain utilise sa propre énergie fournie par les aliments, mais il a aussi appris, au cours de son histoire, à utiliser d'autres **sources d'énergie** pour faire fonctionner des machines, s'éclairer ou se chauffer.

Les énergies provenant du Soleil

Indirectement : les énergies fossiles

→ **Le charbon, le pétrole et le gaz**

Il y a des millions d'années, les plantes et le plancton vivaient déjà grâce à l'énergie du Soleil.

Ces plantes et ce plancton ont été emprisonnés sous des couches de dépôts et se sont décomposés.

Les plantes sont devenues du **charbon** et le plancton marin s'est transformé en **pétrole** ou en **gaz**.

Directement : les énergies renouvelables

→ **La biomasse**
Depuis qu'il a maîtrisé le feu, l'homme a utilisé le bois comme combustible. Cette source d'énergie, née elle aussi de l'énergie solaire, s'est renouvelée au fil des temps.
Aujourd'hui, des plantes sont transformées en alcool, des déchets végétaux sont mis à fermenter et dégagent de la chaleur ou du gaz combustible.

→ **L'énergie éolienne**
Les masses d'air chauffées par le Soleil s'élèvent et l'air froid des régions voisines vient prendre leur place. Ainsi naît le vent qui pousse les voiliers et peut faire tourner les moulins ou les éoliennes.

→ **L'énergie hydraulique**
La chaleur du Soleil fait évaporer l'eau des océans qui retombe ensuite sous forme de pluie ou de neige sur les points élevés de la Terre.
Cette eau s'écoule ensuite vers la mer : le courant des fleuves peut être utilisé pour faire tourner des moulins ou les turbines des **centrales hydrauliques** qui produisent ainsi de l'électricité.

→ **L'énergie solaire**
Des capteurs solaires permettent de produire de la chaleur et les piles solaires de l'électricité. Dans les pays à fort ensoleillement, il y a des chauffe-eau solaires sur les toits des maisons.

d'énergie

Une forme d'énergie commode : l'électricité

En faisant tourner un aimant circulaire devant une bobine de fil électrique, on produit de **l'électricité**. L'énergie électrique est ainsi obtenue en transformant de l'énergie mécanique.
L'électricité permet de faire fonctionner de nombreux appareils sans bruit, ni pollution. De plus, cette forme d'énergie est facile à transporter par de simples câbles et fils.

Les énergies provenant de la Terre ou de la Lune

→ **L'énergie des marées** : l'attraction exercée par la Lune sur les masses d'eau des mers et des océans provoque les marées. Le flux et le reflux sont utilisés par les **centrales marémotrices** pour faire tourner des turbines qui produisent de l'électricité. Malheureusement, les sites favorables sont rares.
→ **La géothermie** : elle utilise la chaleur des profondeurs de la Terre. Des puits sont creusés pour capter des eaux chaudes qui sont ensuite canalisées et peuvent assurer le chauffage de toute une ville.
→ **L'énergie nucléaire** : elle a pour source la matière. Les centrales nucléaires fonctionnent à l'**uranium**. Ce métal ne brûle pas, mais il libère une grande quantité d'énergie lorsqu'on casse le noyau de ses atomes (un seul gramme d'uranium libère alors autant d'énergie que deux tonnes de pétrole). La chaleur produite permet de transformer de l'eau en vapeur. Cette vapeur fait tourner des turbines qui entraînent des alternateurs, producteurs d'électricité.
Malheureusement, l'uranium produit des déchets **radioactifs** très dangereux.

La consommation d'énergie aujourd'hui, en France

Pétrole	40 %
Nucléaire	38 %
Charbon	4 %
Gaz	14 %
Hydraulique	2 %
Divers	2 %

Les économies d'énergie

→ Les énergies fossiles seront un jour totalement épuisées.
→ Les énergies qui les remplacent peu à peu coûtent cher. Il est important d'économiser l'énergie, en réduisant la consommation des moteurs, en favorisant les transports en commun, en isolant les habitations pour éviter les pertes de chaleur et en supprimant les gaspillages.

7

Sciences

Qui fabrique de la matière vivante à partir du gaz carbonique ?

Qui transforme les déchets en matières minérales ?

Qu'est-ce qu'un archéoptéryx?

Écologie

Le cycle de la vie

→ Les **végétaux** poussent grâce à l'énergie du Soleil qui leur permet de fabriquer de la matière vivante à partir du gaz carbonique de l'air et des matières minérales du sol. Ces végétaux permettent aux animaux **herbivores** de se nourrir. À leur tour, les animaux herbivores servent de nourriture aux animaux **carnivores** (dont certains sont eux-mêmes mangés par d'autres carnivores).

→ Végétaux et animaux produisent des déchets. Ces derniers nourrissent les **bactéries** qui vivent dans le sol ou dans l'eau. Les bactéries transforment alors les déchets en matières minérales. Et le cycle recommence…

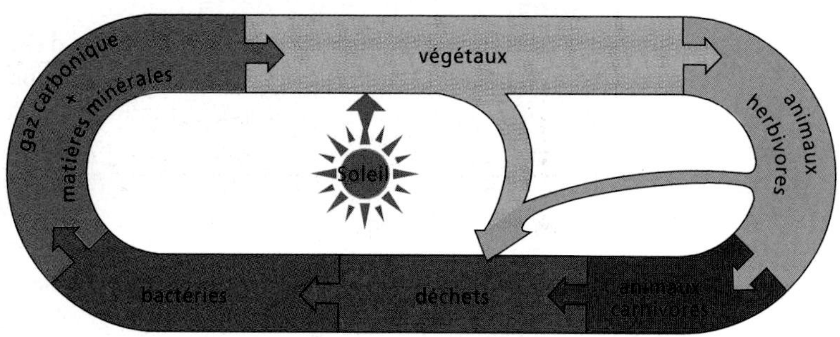

L'homme et le cycle de la vie

→ **Le sol**

L'agriculture incorpore au sol de plus en plus d'engrais minéraux. La quantité d'humus diminue, celle des bactéries aussi. Les sols s'appauvrissent tandis qu'une partie des produits chimiques répandus vient polluer les nappes d'eau souterraines.

→ **Les plantes**

L'homme élimine certaines espèces végétales (souvent avec des désherbants) pour faciliter les récoltes des espèces cultivées pour leur intérêt agronomique (blé, maïs, colza, etc.). Mais ces plantes cultivées donnent une litière plus pauvre.

→ **Les animaux**

La multiplication des villes, des usines et des routes entraîne la disparition de nombreuses espèces animales. Les produits de traitement empoisonnent de nombreux animaux sauvages.

→ **Les déchets**

Les industries produisent de nombreux déchets que les bactéries ne peuvent transformer. Ces déchets viennent polluer le sol, l'air et l'eau. L'agriculture, l'industrie et les transports doivent maintenant évoluer et prendre toutes les mesures nécessaires à la sauvegarde du cycle de la vie.

Les fossiles

→ Les **fossiles** sont les restes, ou l'empreinte, d'un être vivant que l'on trouve dans le sous-sol. Les fossiles nous permettent de connaître des plantes, des animaux ou des hommes qui ont vécu sur Terre il y a de très nombreuses années. Ils nous permettent aussi de comprendre comment les différentes espèces ont évolué au cours de l'histoire de notre planète.

Un reptile-oiseau : l'archéoptéryx

Cette empreinte d'archéoptéryx a 150 millions d'années. L'archéoptéryx est encore un reptile : il en a les vertèbres, la queue, et sa mâchoire est garnie de dents. Mais, par le squelette de ses ailes et par ses plumes, il est aussi un oiseau. Nous savons ainsi que les oiseaux descendent des reptiles. Grâce à la finesse des fossiles, on a pu proposer cette reconstitution de l'animal.

Une plante fossile : une fougère

→ Ce pied de fougère a laissé son empreinte dans la houille en formation. Il poussait il y a plus de 350 millions d'années.

Un coquillage fossile : une ammonite

→ Ce coquillage vivait dans les mers, il y a 250 millions d'années. Certaines ammonites mesuraient plus de 50 cm de large.

9

Sciences

Où se trouve l'osséine ?

À quoi servent les cartilages ?

Quels sont les muscles involontaires ?

Les os et les muscles,

Pour se déplacer, pour travailler, l'être humain doit accomplir des **mouvements**. Ces mouvements sont possibles grâce à l'appareil moteur qui comprend :

→ **206 os** (organes passifs) formant le squelette, soutenant le corps dans toutes ses positions.

→ **500 muscles** (organes actifs) environ, entraînant les mouvements du squelette.

Le squelette

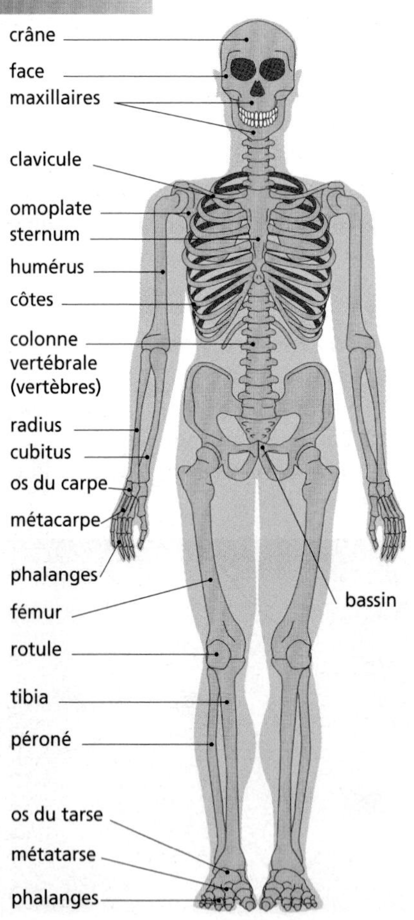

Les os

→ L'os est composé de **tissus vivants** nourris par le sang. Il grandit jusqu'à l'âge adulte et se renouvelle tout au long de la vie.

→ Les os sont composés de :
– matière vivante, l'osséine ;
– matière minérale, les sels de calcium.

→ Les **sels de calcium** sont apportés par des aliments tels que les laitages, les légumes ou les fruits.

Les articulations

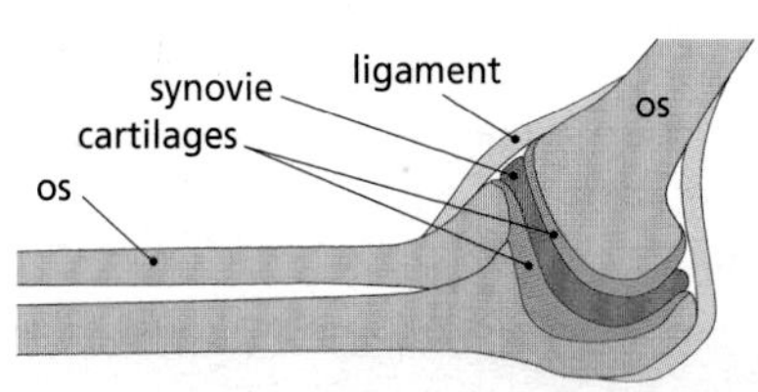

→ Le squelette comprend des articulations **mobiles** : épaule, coude, genou, etc., qui permettent le mouvement.

→ Le glissement des os les uns sur les autres est facilité par la présence de **cartilages** lisses ainsi que d'un liquide visqueux, la **synovie**, contenu dans la poche synoviale.

→ Des **ligaments** maintiennent les os appuyés les uns contre les autres.

organes du mouvement

→ Les informations reçues par nos sens (la vue, l'ouïe, le toucher, l'odorat et le goût) sont transmises à notre cerveau et à notre moelle épinière par l'intermédiaire des **nerfs**. Le cerveau ou la moelle épinière commandent alors à nos **muscles**, par l'intermédiaire d'autres nerfs, les mouvements nécessaires.

Les muscles

→ Les muscles transforment en mouvement les matières issues des aliments énergétiques (glucides et lipides).

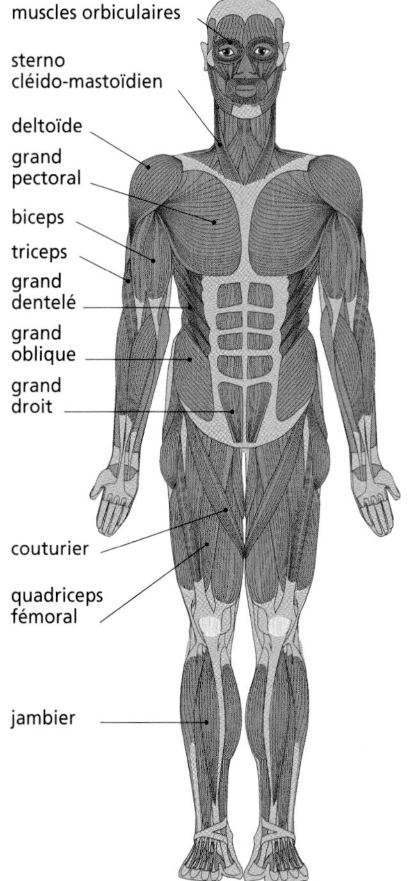

→ Les **muscles volontaires** obéissent aux ordres venant du cerveau : ils font bouger le squelette en se contractant et reprennent ensuite leur position d'origine grâce à leur élasticité.

→ Les **muscles involontaires** fonctionnent sans ordre de notre part : c'est le cas du cœur, de l'estomac et de l'intestin.

→ Les muscles constituent notre **chair**. Ils sont terminés à leurs extrémités par des **tendons** qui les fixent aux os.

→ **Plier le bras** :

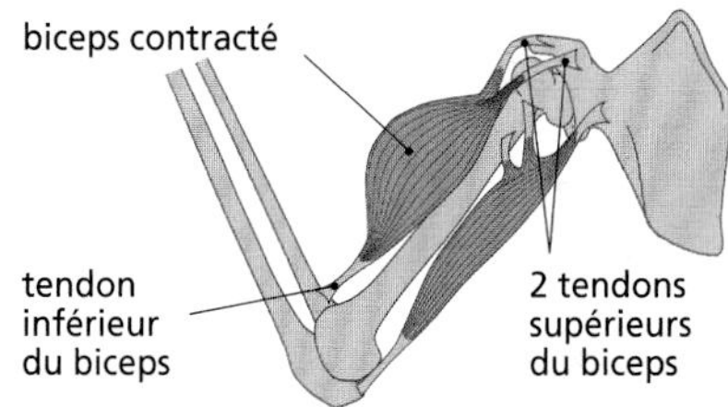

→ **Déplier le bras** :

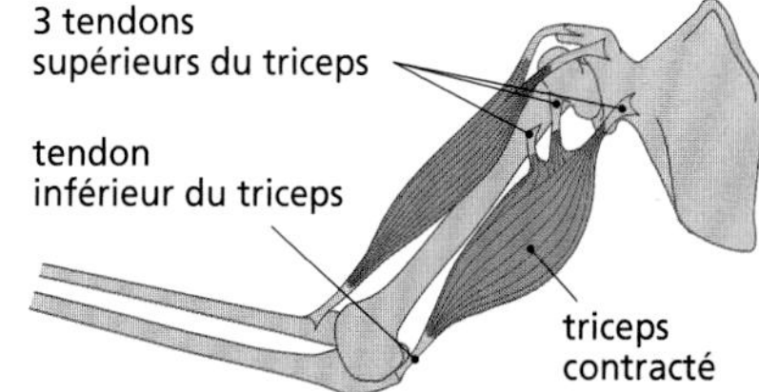

10

Sciences

La respiration

✎ Quel gaz rejette le corps humain lors de l'expiration ?

✎ Comment le sang se recharge-t-il en oxygène ?

Tous les êtres vivants, les végétaux, les animaux, les êtres humains – et même les poissons, qui savent utiliser l'oxygène dissous dans l'eau – ont besoin d'air pour vivre. C'est notre appareil respiratoire qui nous permet de prélever dans l'atmosphère l'air qui nous est indispensable pour vivre.

L'inspiration

La cage thoracique se gonfle, les poumons augmentent de volume : un demi-litre d'air environ entre dans les poumons.

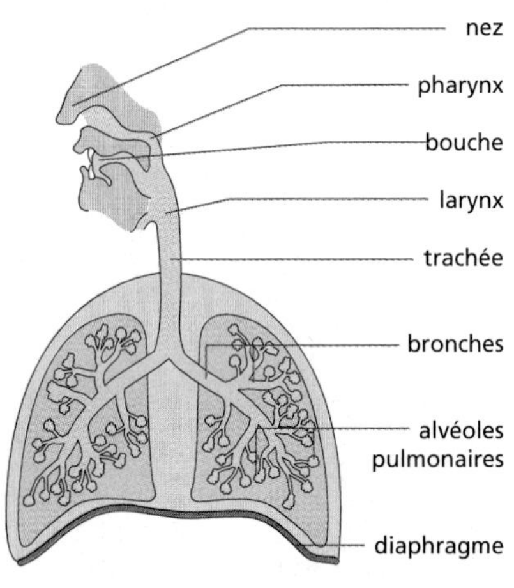

L'expiration

La cage thoracique se dégonfle, les poumons diminuent de volume : un demi-litre d'air est rejeté à l'extérieur. L'organisme humain consomme de l'oxygène et rejette du gaz carbonique.

	Air inspiré	Air expiré
Oxygène	20,7 %	15,4 %
Gaz carbonique	0,03 %	5,4 %
Azote	79,2 %	79,2 %

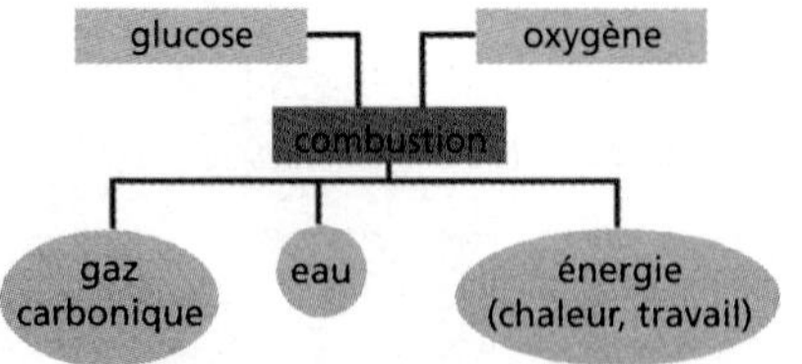

Une combustion

L'**oxygène** de l'air permet à notre corps de brûler les aliments énergétiques consommés (glucides et lipides) : cette combustion est à l'origine de la température de notre corps et lui fournit l'énergie nécessaire au mouvement.

La circulation sanguine

Les aliments digérés ainsi que l'oxygène nécessaire à leur combustion parviennent à tous les organes par l'intermédiaire du **sang**. Le sang contient des globules rouges (qui acheminent l'oxygène et le gaz carbonique), des globules blancs (qui luttent contre les microbes dangereux) et du plasma (qui achemine vers les organes les éléments nutritifs issus de la digestion et évacue les déchets).

Le cœur : un muscle

Le cœur est la pompe de l'appareil circulatoire : ses contractions poussent le sang dans les vaisseaux sanguins.

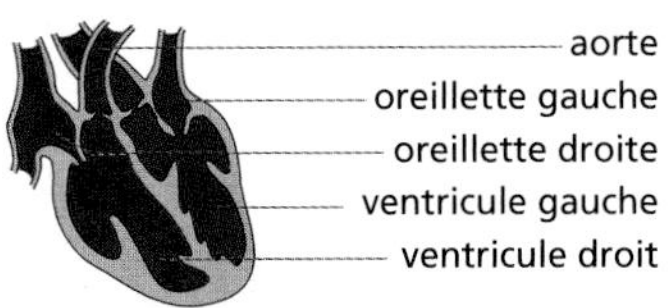

La petite circulation

Lorsqu'il sort du cœur par le ventricule droit, le sang est rouge sombre : il est chargé de gaz carbonique (en bleu sur le schéma).
Après son passage dans les poumons, il est rouge clair chargé d'oxygène. Il revient au cœur par l'oreillette gauche.

La grande circulation

Sorti du cœur par le ventricule gauche, le sang se charge d'éléments nutritifs dans l'intestin grêle. Il les distribue avec l'oxygène aux organes, évacue gaz carbonique et déchets, puis revient au cœur par l'oreillette droite.

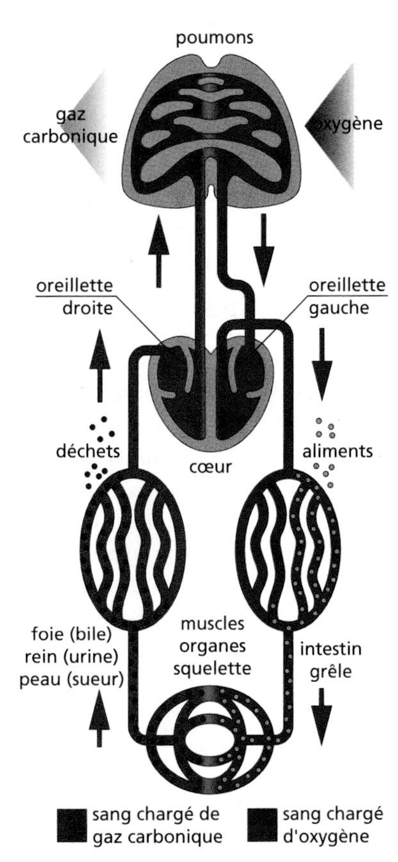

12

L'être humain

Sciences

Combien un adulte a-t-il de dents?

Qu'est-ce que le bol alimentaire ?

Pour construire son corps et lui permettre de fonctionner, l'être humain doit absorber régulièrement des aliments qui sont des matières de diverses origines :

→ des matières **minérales**, comme l'eau ou le sel ;

→ des matières **végétales**, comme les fruits, les légumes ou l'huile ;

→ des matières **animales**, comme la viande, le poisson, les œufs ou le lait.

la nourriture	construction		énergie		fonctionnement		
	minéraux	protides	glucides	lipides	vitamines	cellulose	eau
viandes, poisson, œufs							c'est la seule boisson indispensable. Notre corps contient 60 % d'eau.
lait, fromages							
corps gras							
céréales, pommes de terre, légumes secs, pâtes							
légumes ou fruits cuits							
légumes ou fruits crus							

Pour couper, déchirer et broyer les aliments : les dents

Les premières dents de lait de l'enfant apparaissent vers l'âge de 6 mois. La dentition de l'enfant est composée de 20 dents qui tombent vers l'âge de 6 ou 7 ans et sont ensuite remplacées par 32 dents définitives :

→ **8 incisives**, dents aplaties en biseau qui permettent de couper ;

→ **4 canines,** dents pointues qui permettent de déchirer ;

→ **20 molaires**, dents larges garnies de crêtes qui permettent de broyer.

Les dents sont des organes vivants. Il faut en prendre soin.

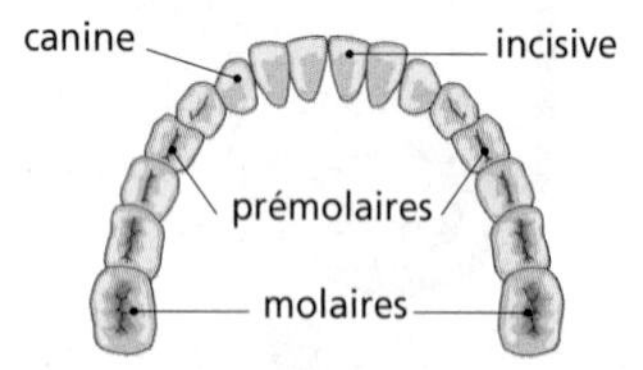

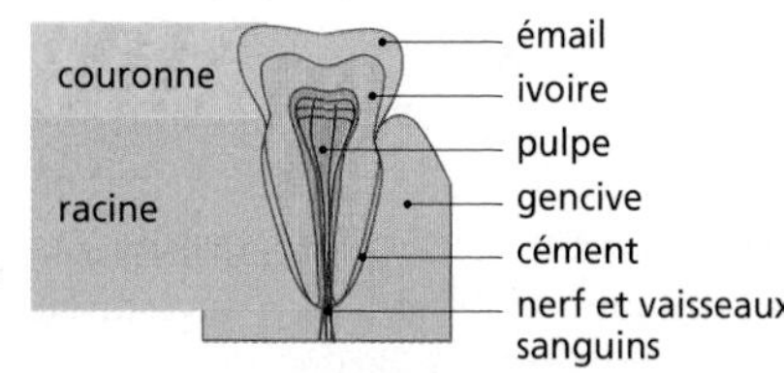

se nourrit

L'appareil digestif permet d'absorber les aliments et de les transformer en produits utilisables par notre organisme. Cette transformation des aliments en substances capables de passer dans notre sang s'appelle la **digestion**.

Le tube digestif

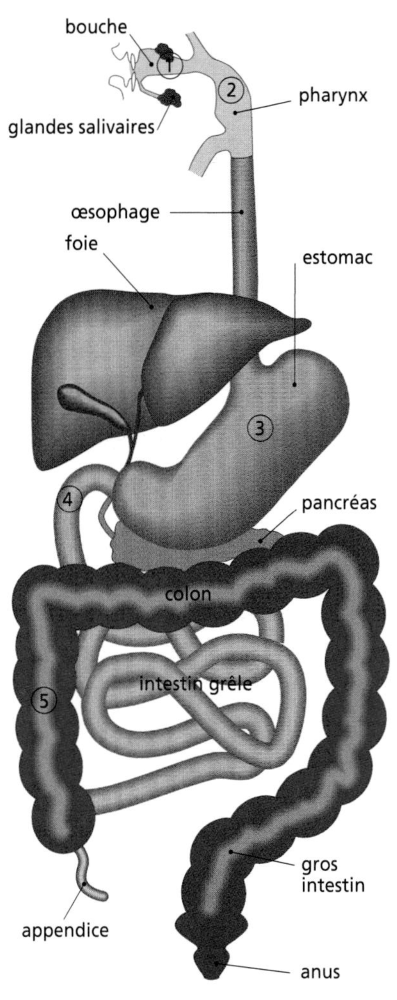

La digestion

→ ① **La mastication** : les aliments sont broyés par les dents, tandis que la salive les ramollit et opère une première transformation.

→ ② **La déglutition** : réduits en boulettes, les aliments passent par le pharynx, puis dans l'œsophage qui les conduit jusqu'à l'estomac.

→ ③ **La transformation** : l'estomac est une grande poche dans laquelle les aliments sont brassés tout en subissant l'action du suc gastrique (en particulier les protides).
Les aliments passent ensuite, sous la forme du bol alimentaire, dans l'intestin grêle.

→ ④ **L'absorption** : dans l'intestin grêle, tube de 7 mètres de long, agissent les sucs venus du pancréas, du foie (la bile) et de l'intestin lui-même.
Les aliments digérés traversent les fines parois de l'intestin et des vaisseaux sanguins et passent alors dans le sang.

→ ⑤ **L'évacuation des déchets** : lorsque les substances utiles sont passées à travers les parois de l'intestin grêle, il reste le chyme qui est acheminé vers le gros intestin où les bactéries le transforment en déchets.
Ces déchets sont éliminés par l'anus.

13

L'être humain

Sciences

Qui produit des ovules ?

Qui produit des spermatozoïdes ?

Combien de temps dure la grossesse ?

→ Comme tous les êtres vivants, l'être humain se reproduit. Cette reproduction est **sexuée** ; pour se reproduire, l'être humain a besoin de la rencontre de deux parents de sexe différent : une femelle et un mâle, c'est-à-dire une femme et un homme.

La fécondation

→ Lors du rapport sexuel, les spermatozoïdes sont déposés dans le vagin de la femme par le pénis de l'homme. Ces spermatozoïdes remontent dans l'utérus, puis dans la trompe où ils rencontrent l'ovule. Parfois, un spermatozoïde parvient à pénétrer dans l'ovule : c'est la **fécondation**. L'**œuf** ainsi formé commence à se développer dans le ventre de la mère.

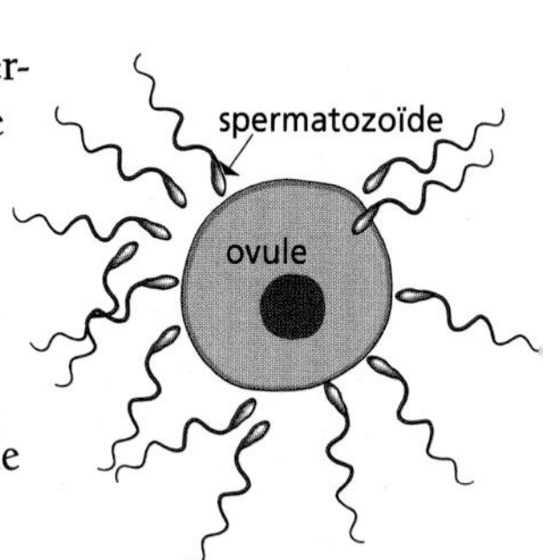

Les organes de la reproduction

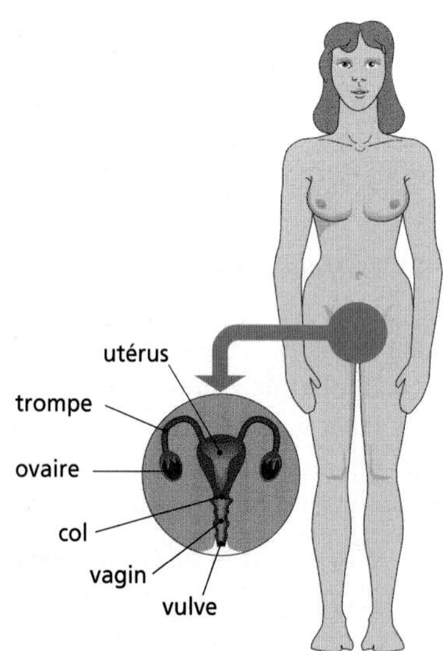

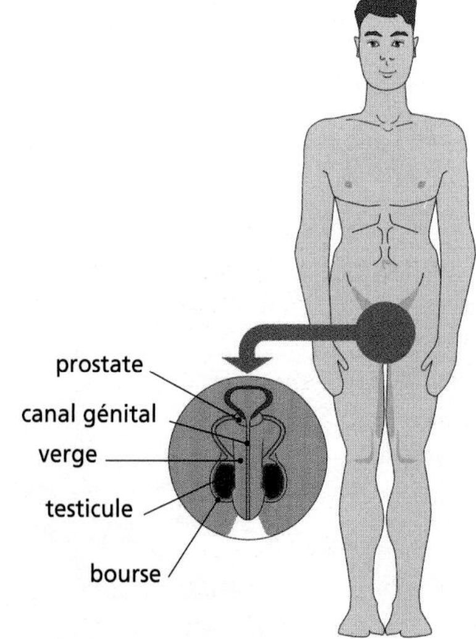

→ **La femme**

Tous les vingt-huit jours, les ovaires de la femme produisent un œuf microscopique appelé **ovule**.

→ **L'homme**

En permanence, les testicules de l'homme produisent des **spermatozoïdes** en grande quantité.

se reproduit

La grossesse

→ Pendant neuf mois, le futur bébé (ou fœtus) prend forme et se développe dans l'utérus de la mère, protégé de la plupart des chocs, des microbes et des attaques du monde extérieur. Il se développe dans un liquide qui l'environne. Il est relié à sa mère par le **cordon ombilical** qui lui fournit l'oxygène et les aliments digérés dont il a besoin. C'est également par ce cordon ombilical qu'il rejette les déchets.

La naissance (9e mois)

→ Le bébé change de position et c'est la tête en avant qu'il passe par l'ouverture du vagin de sa mère qui l'expulse en contractant les muscles du ventre.

→ Le cordon ombilical est coupé (le nombril en est la trace) ; mais, pour se nourrir, le bébé aura encore besoin d'une personne adulte qui devra l'allaiter soit au sein, soit au biberon.

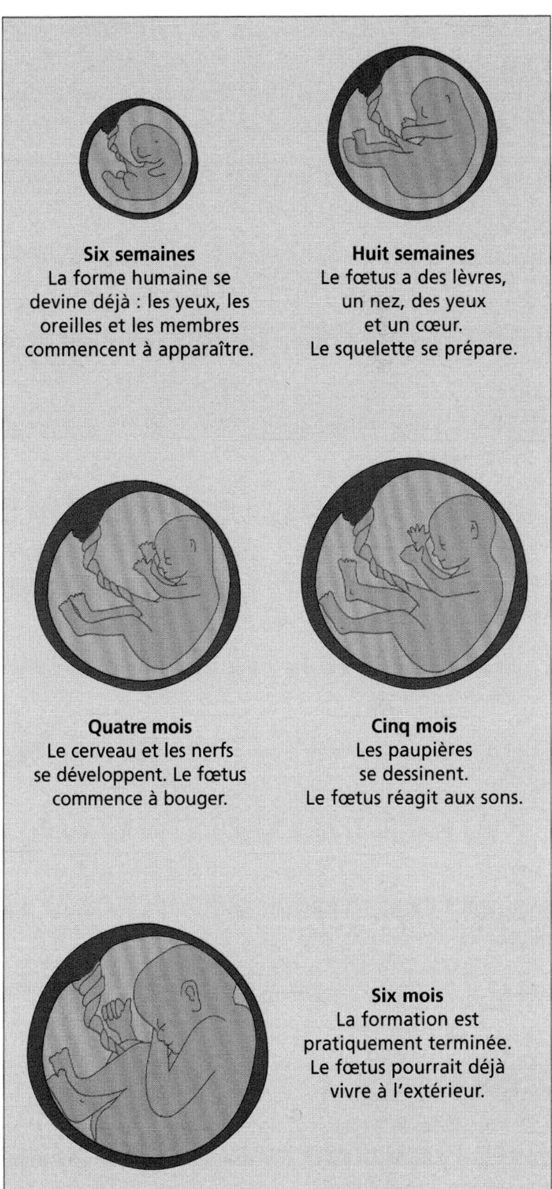

Six semaines
La forme humaine se devine déjà : les yeux, les oreilles et les membres commencent à apparaître.

Huit semaines
Le fœtus a des lèvres, un nez, des yeux et un cœur. Le squelette se prépare.

Quatre mois
Le cerveau et les nerfs se développent. Le fœtus commence à bouger.

Cinq mois
Les paupières se dessinent. Le fœtus réagit aux sons.

Six mois
La formation est pratiquement terminée. Le fœtus pourrait déjà vivre à l'extérieur.

14

Sciences

Peut-on téléphoner avec un ordinateur ?

Qu'est-ce qu'un CD-ROM ?

Multimédia et autoroutes

L'ordinateur multimédia

→ L'ordinateur multimédia joue de la musique, montre et fait bouger des images, lit des encyclopédies contenues sur des disques « cédérom », sert de téléphone, de répondeur téléphonique, expédie des FAX, remplace le minitel et communique avec toutes sortes de réseaux de communication à travers le monde.

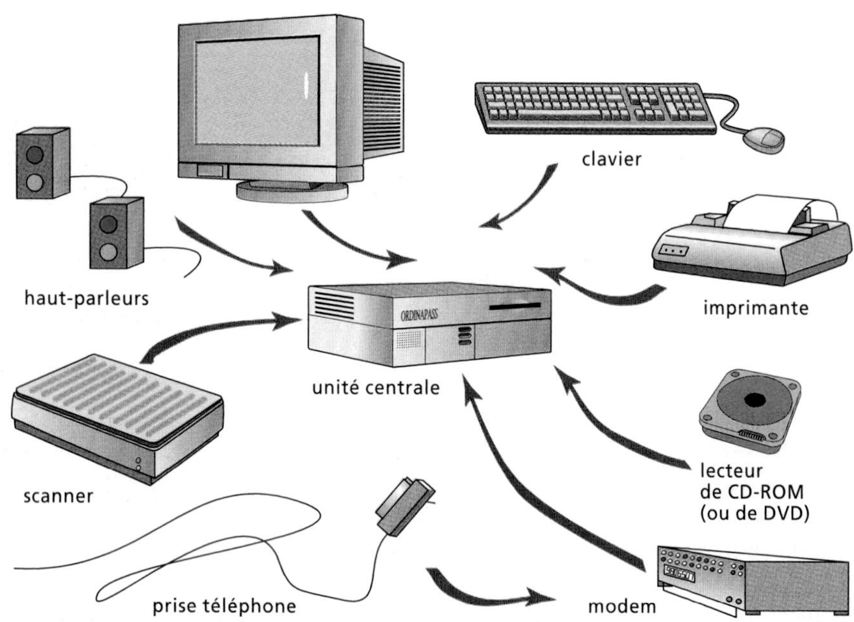

→ Il fonctionne comme un ordinateur habituel, mais il comporte des **périphériques** et des **extensions supplémentaires** :

– un lecteur de cédérom (on écrit aussi CD-ROM) ou de DVD,

– une carte son,

– deux haut-parleurs.

→ Il peut également être accompagné d'un **microphone** pour enregistrer des messages sonores, d'un modem FAX qui lui permet d'utiliser le téléphone ou Internet, d'un **scanner** capable de lire des images, des chiffres ou du texte, que l'on peut ainsi faire entrer dans l'ordinateur, et d'une **imprimante**, permettant d'imprimer, en noir ou en couleurs, le résultat de ses travaux.

de l'information

Les autoroutes de l'information

→ Le réseau **Internet** permet à tous les ordinateurs du monde de communiquer directement entre eux, en quelques secondes seulement, et de recevoir ou d'envoyer :
- les informations les plus variées (textes, images et sons),
- du courrier électronique (*e-mail*, en anglais),
- des logiciels ou des jeux,
- sa propre participation à des groupes de discussion (les forums)…

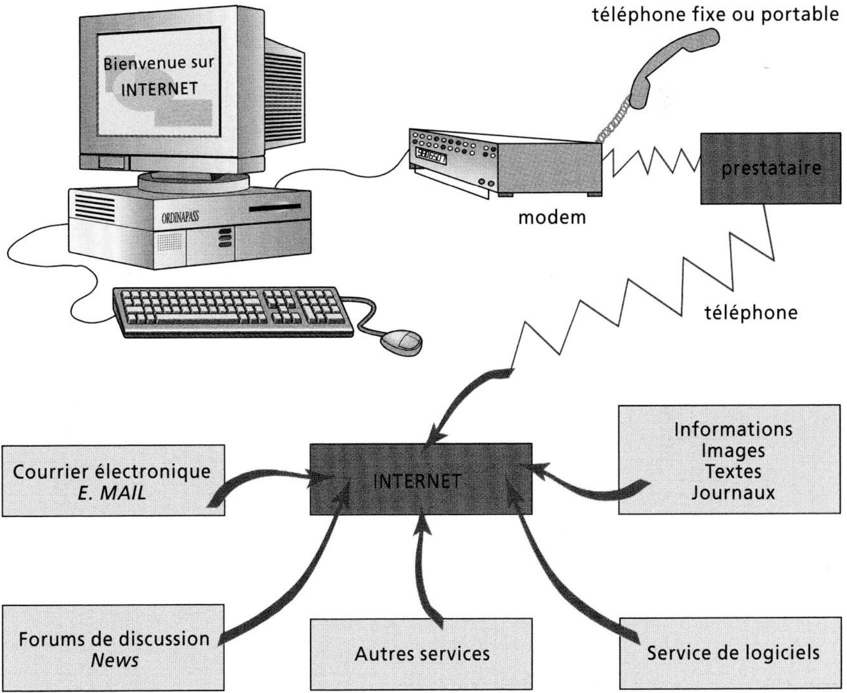

→ **Pour accéder au réseau Internet, il faut :**
- un ordinateur,
- un **logiciel** (un programme) spécial,
- un **modem**, qui code le langage de l'ordinateur, pour qu'il puisse être transmis par une ligne téléphonique,
- un abonnement auprès d'un « prestataire », qui met l'ordinateur en liaison avec le réseau Internet.

15

Notions de base

Sciences

Quelle est l'unité servant à exprimer une température ?

Quel est le sous-multiple du volt correspondant à 10^{-2} V ?

Comment représente-t-on un becher en chimie ?

Grandeurs physiques et unités utilisées dans le cours de sciences physiques

→ Le tableau suivant regroupe les grandeurs et les unités rencontrées dans le cours de Physique-Chimie.
On doit exprimer un résultat numérique en utilisant la lettre représentant la grandeur physique. On doit faire suivre le résultat du symbole de l'unité appropriée, précédé éventuellement d'un multiple ou d'un sous-multiple.

symbole et sous-multiple
Exemple : l'intensité mesurée est I = 45 mA.
lettre représentant la grandeur — valeur numérique

grandeur physique	lettre représentant la grandeur	unité	symbole
tension	U	volt	V
intensité	I	ampère	A
longueur	*l*	mètre	m
volume*	V	litre	L
vitesse	v	mètre/seconde	m/s
température	t (ou θ)	degré Celsius	°C
temps	t	seconde	s
masse	m	kilogramme	kg

* Remarque : un volume peut aussi s'exprimer en mètre cube (m^3).

Multiples et sous-multiples d'une unité

unités de longueur	kilomètre km	hectomètre hm	décamètre dam	mètre m	décimètre dm	centimètre cm	millimètre mm
m	1 000	100	10	1	0,1	0,01	0,001
m	10^3	10^2	10^1	10^0	10^{-1}	10^{-2}	10^{-3}
	multiples			unité	sous-multiples		

en physique-chimie

Représentation de la verrerie en chimie

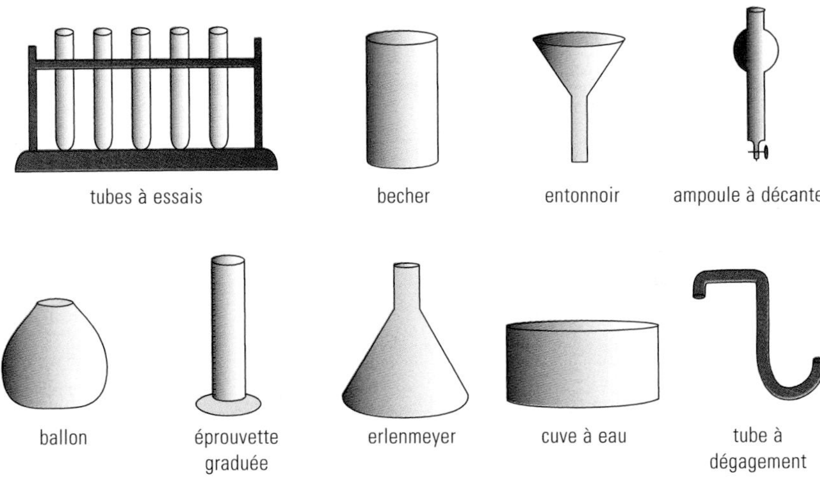

Pictogrammes utilisés en chimie

C	E	F	F+	N
produits corrosifs	produits explosifs	produits inflammables	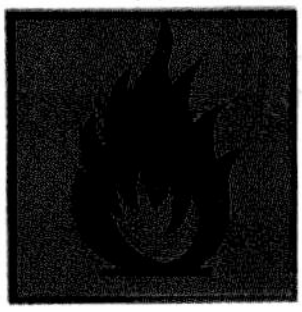 produits très inflammables	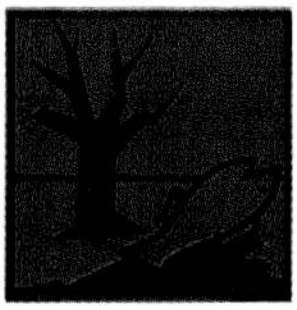 produits pouvant nuire à l'environnement

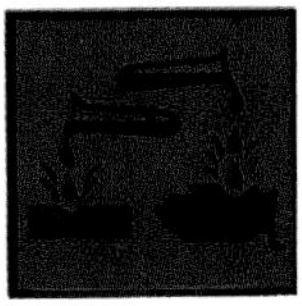

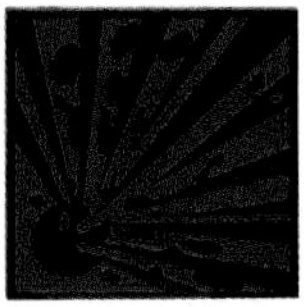

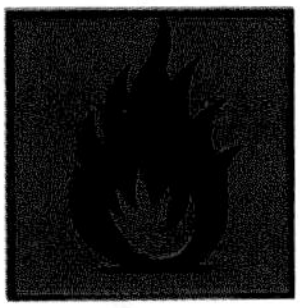

O	T	T+	Xi	Xn
produits comburants	produits toxiques	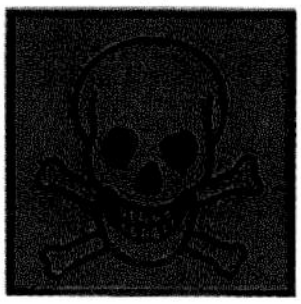 produits très toxiques	produits irritants	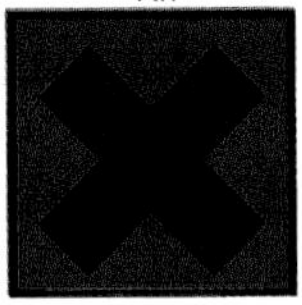 produits nocifs

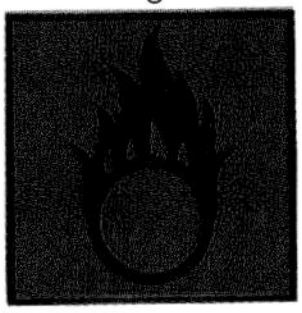

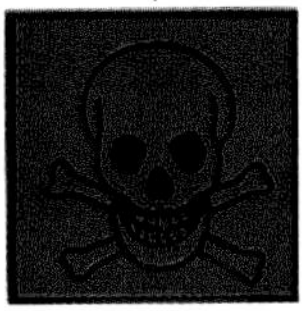

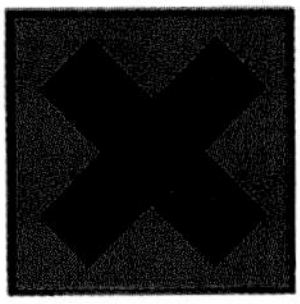

→ *Ces pictogrammes indiquent un danger, aussi faut-il savoir les décoder.*

16

Circuits

Sciences

Quel symbole utilise-t-on pour représenter une pile ?

Comment sont associés des dipôles en série ?

Que doit comporter un circuit en dérivation ?

Schéma d'un circuit électrique

→ Afin que tout le monde puisse réaliser le même montage à partir d'un schéma et *vice versa*, on utilise un code :

connexions	fil électrique		dipôles	générateur	
	fils qui se croisent sans contact			lampe	
	fils avec contact			diode	
	interrupteur ouvert			moteur	M
	interrupteur fermé			résistance	

→ Dans un circuit, le **générateur** est à l'origine du courant. Tous les éléments qui ont deux bornes (moteur, lampe…) sont appelés **dipôles**.

Circuit série, circuit avec dérivation

→ Des dipôles sont associés en **série** lorsque la borne de sortie de l'un est connectée à la borne d'entrée du suivant.

E_2 S_2 M E_1 S_1

Un circuit ne comprenant que des dipôles associés en série est dit **circuit série**.

→ Des dipôles sont associés en **dérivation** (en parallèle) lorsque, d'une part, leurs bornes d'entrée, et, d'autre part, leurs bornes de sortie, sont branchées ensemble.

→ Un **circuit avec dérivation** est un circuit comportant des dipôles associés en dérivation.

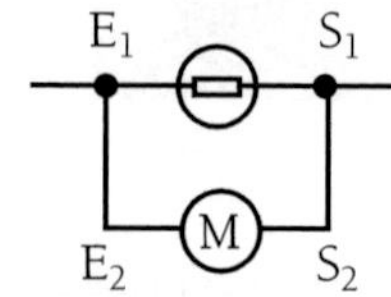

électriques

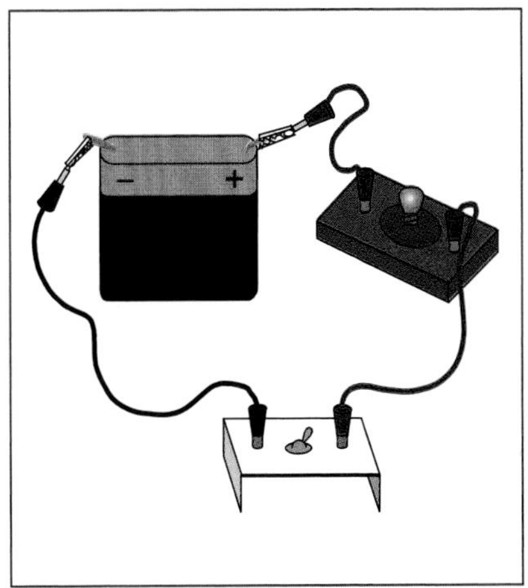

Exemple d'un circuit électrique

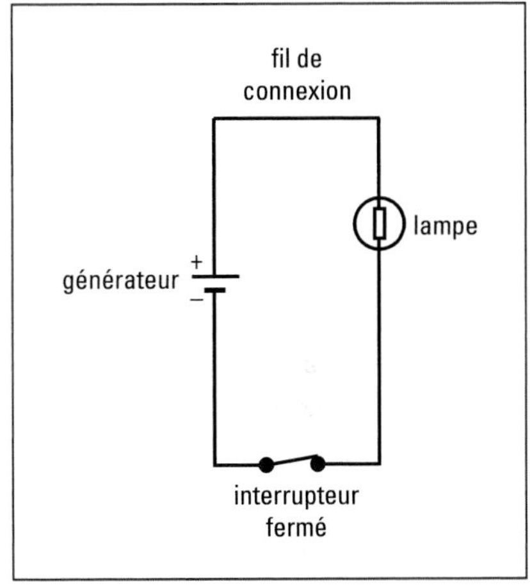

Schéma correspondant

→ *La lampe brille, car elle est traversée par un courant.*

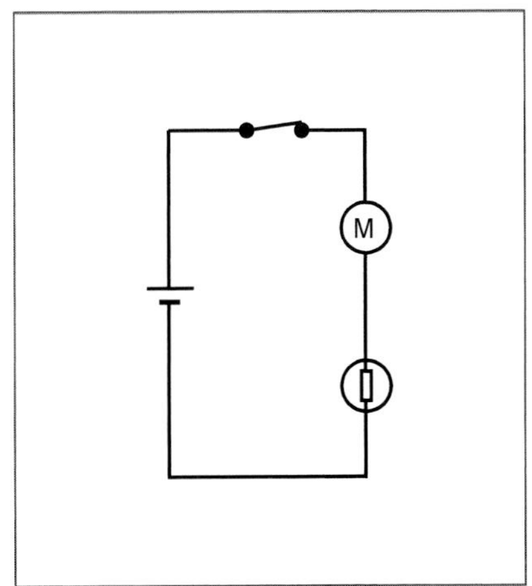

Circuit série

→ *Tous les dipôles sont associés en série.*

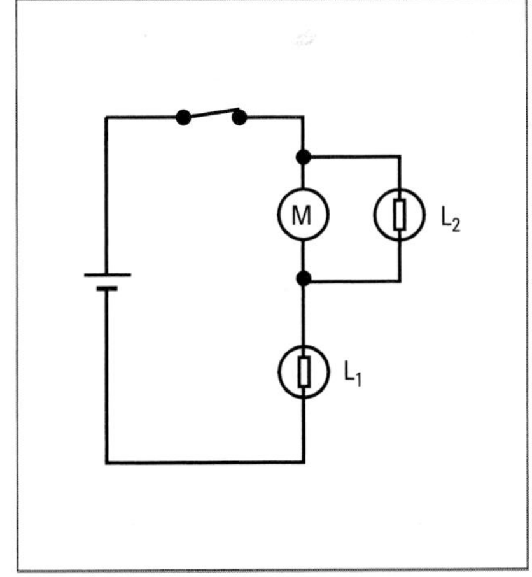

Circuit avec dérivation

→ *La lampe L_2 et le moteur sont en dérivation.*

17

Le courant

Sciences

Quel est le sens conventionnel du courant dans un circuit ?

Qu'est-ce qu'un isolant (du courant électrique) ?

Le filament d'une lampe est-il conducteur ?

Le sens conventionnel du courant électrique

→ À l'extérieur du générateur, le courant va de la borne ⊕ vers la borne ⊖ . C'est le **sens conventionnel**.

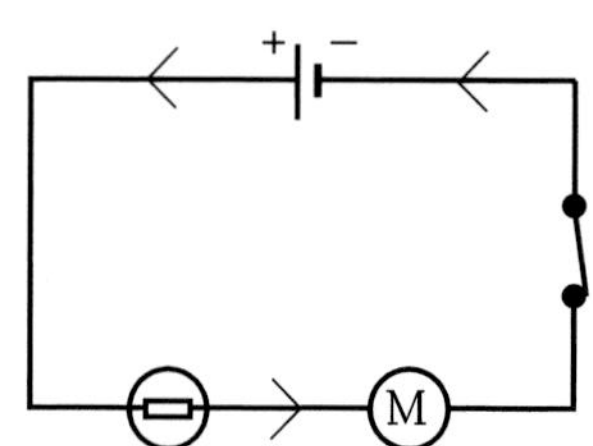

Isolant ou conducteur du courant électrique

→ Un **conducteur** laisse passer le courant (métal, mine de crayon, eau salée...). Au contraire, l'**isolant** ne le laisse pas passer (bois, verre, matière plastique...).

→ Un **circuit fermé** est constitué d'une suite ininterrompue de conducteurs électriques.

Circuit ouvert – circuit fermé

→ Dans un **circuit ouvert**, la suite de conducteurs est interrompue.
Remarque : pour ouvrir et fermer aisément un circuit, on utilise un interrupteur.

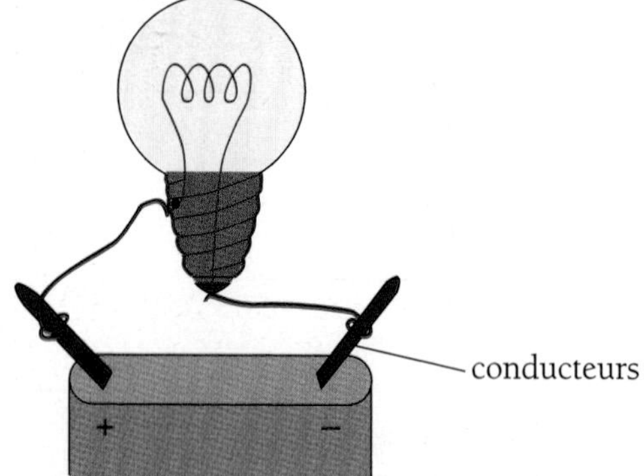

→ Exemple de **circuit fermé** : les bornes de la pile, les fils de connexion, le culot, les tiges, le filament et le plot central sont des conducteurs (en rouge sur le schéma).

électrique

La diode et le sens du courant

→ *La diode n'est parcourue par le courant que dans un seul sens.*

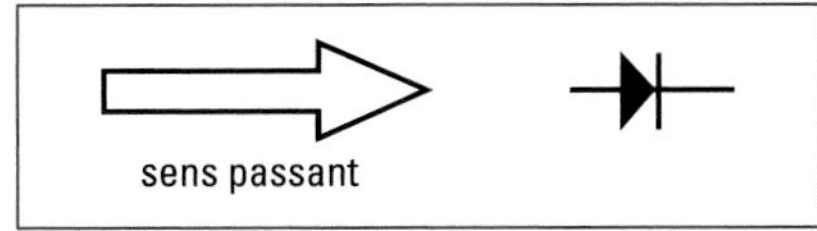

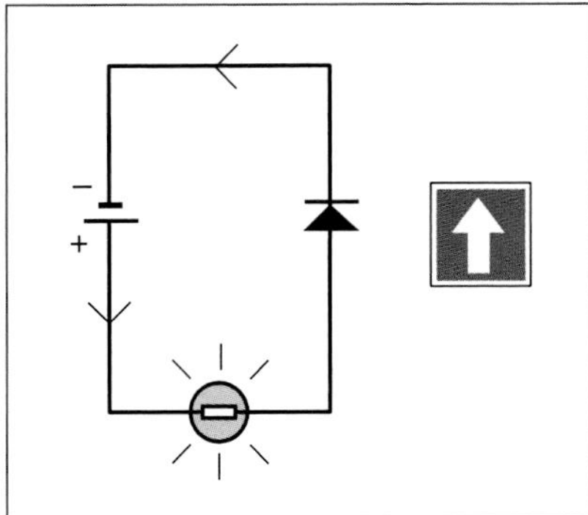

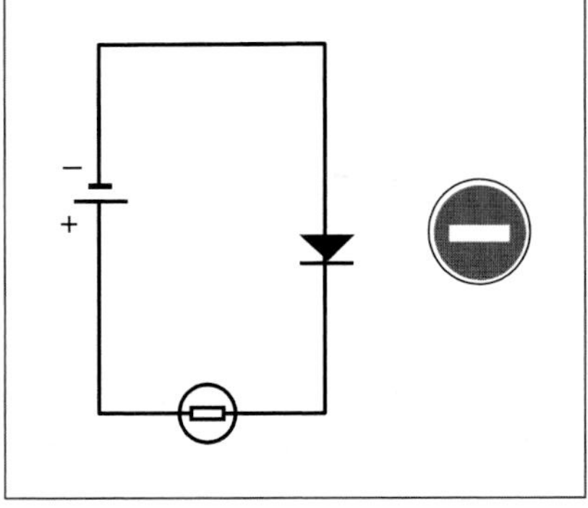

Le courant passe

→ *La diode est passante, elle se comporte comme un interrupteur fermé.*

Le courant ne passe pas

→ *La diode est bloquée, elle se comporte comme un interrupteur ouvert.*

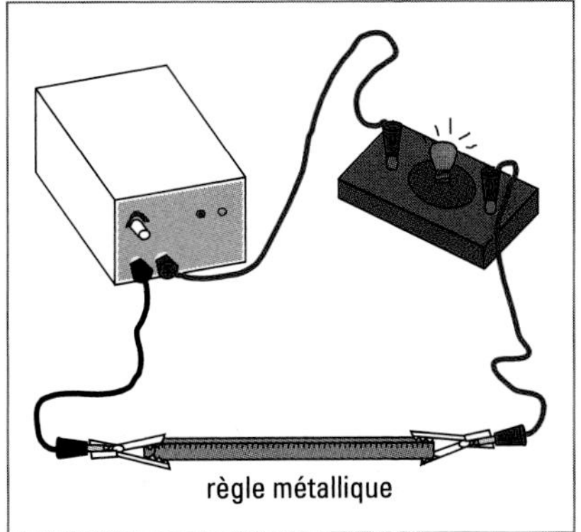

La lampe s'allume

→ *La règle métallique est conductrice.*

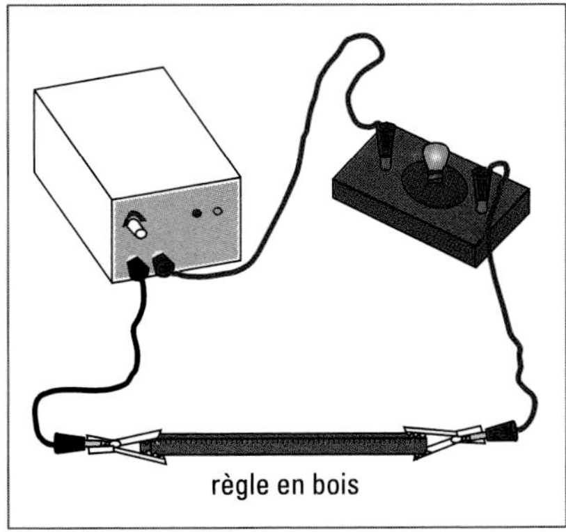

La lampe ne s'allume pas

→ *La règle en bois est isolante.*

18

Sciences

Intensité et

Quelle est l'unité de l'intensité électrique ?

Comment brancher un voltmètre dans un circuit ?

Quelle est la loi d'additivité des tensions ?

Intensité

→ L'intensité se mesure avec un **ampèremètre** inséré en série dans le circuit.
On note l'intensité **I** et on l'exprime en **ampère**, symbole **A**.

→ L'intensité est la même en tous points d'un circuit série.

→ Dans un circuit avec dérivation, l'intensité dans la branche principale est égale à la somme des intensités dans les branches secondaires.

Tension

→ La tension se mesure avec un **voltmètre** branché :
– soit directement aux bornes d'un dipôle isolé ;
– soit en dérivation aux bornes d'un ou de plusieurs dipôles dans un circuit.
On note la tension **U** et on l'exprime en **volt**, symbole **V**.

→ La tension est la même aux bornes des dipôles branchés en dérivation.

→ Dans un circuit série, la tension aux bornes du générateur est égale à la somme des tensions aux bornes des autres dipôles.

tensions aux bornes de dipôles en série		
tension aux bornes de la lampe L_1	U_1	2,75 V
tension aux bornes de la lampe L_2	U_2	3,55 V
tension aux bornes des fils		0,00 V
tension aux bornes du générateur	U	6,30 V

$$U = U_1 + U_2$$

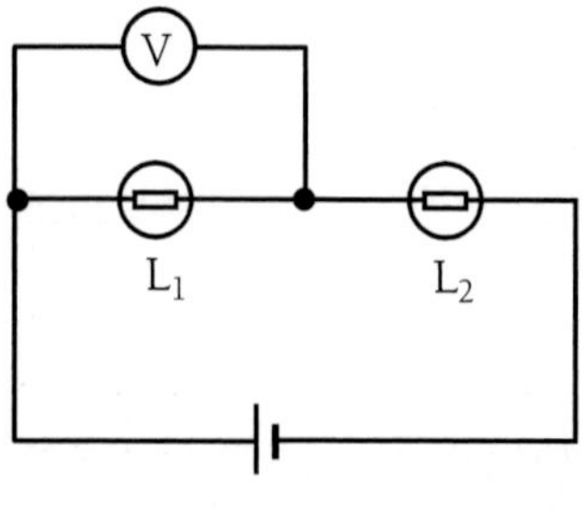

V

L_1

L_2

tension

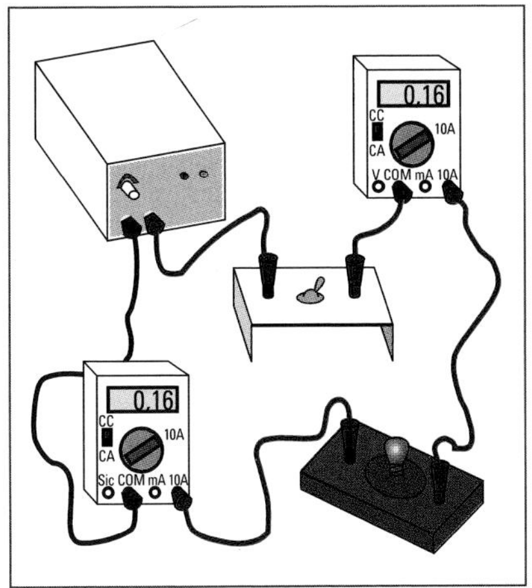

Mesure de l'intensité dans un circuit série

→ *L'intensité est la même en tous points d'un circuit série (I = 0,16 A).*

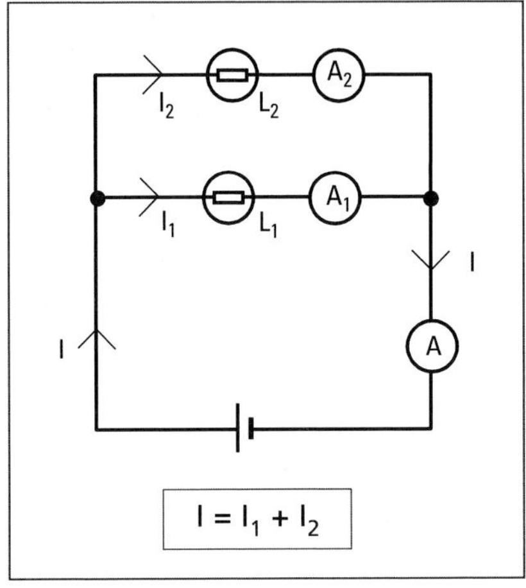

Intensité dans un circuit avec dérivation

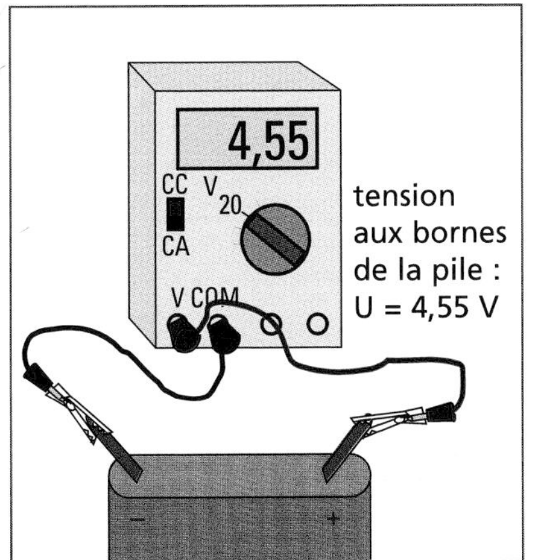

Mesure de la tension aux bornes d'un dipôle isolé

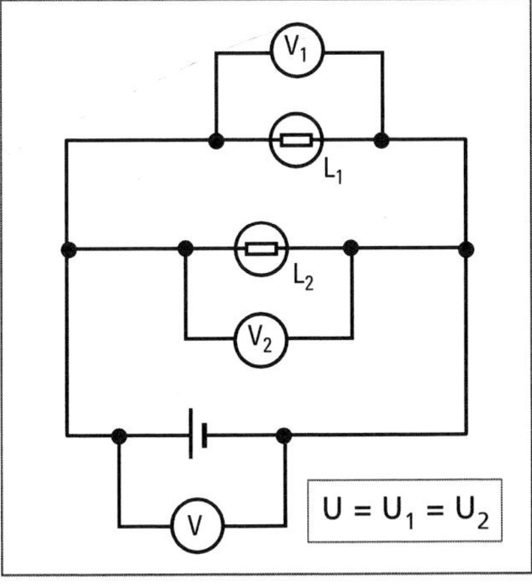

Tensions aux bornes de dipôles en dérivation

19

Propagation

Sciences

- Comment se propage la lumière dans le vide ?
- Dans quel cas peut-on observer une zone de pénombre ?
- Dans quelle phase se trouve la Lune lors d'une éclipse de Soleil ?

Propagation de la lumière

→ La lumière se propage dans le vide et dans tous milieux homogènes transparents, suivant des droites appelées **rayons lumineux**.

On nomme **faisceau lumineux** un ensemble de rayons lumineux. Dans le vide, la lumière se propage à la vitesse de **3.10^8 m/s**.

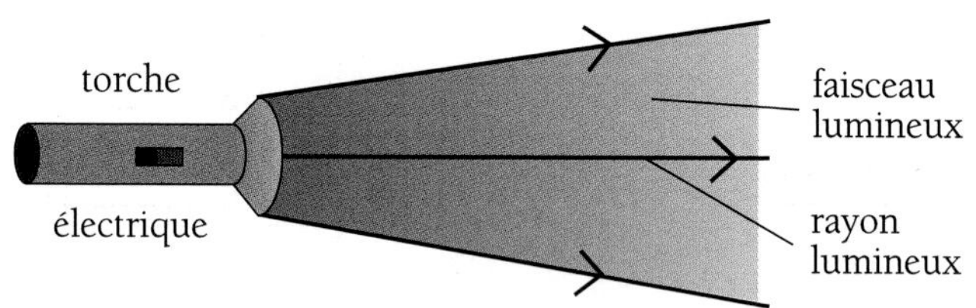

Ombre et pénombre

→ Lorsqu'un objet opaque est éclairé, la partie qui ne reçoit pas de rayons lumineux est l'**ombre propre**.

→ Sur un écran placé derrière l'objet :
– avec une source ponctuelle, on observe uniquement l'**ombre portée** ;
– avec une source étendue, autour de l'ombre portée, on observe une zone de **pénombre**.

→ La Lune est éclairée par le Soleil. Vue de la Terre, la forme de la partie éclairée change chaque jour : ce sont les **phases de la Lune**.

→ Une **éclipse de Soleil** se produit lorsque la Lune passe entre la Terre et le Soleil. On observe une **éclipse de Lune** lorsque la Lune pénètre dans le cône d'ombre de la Terre.

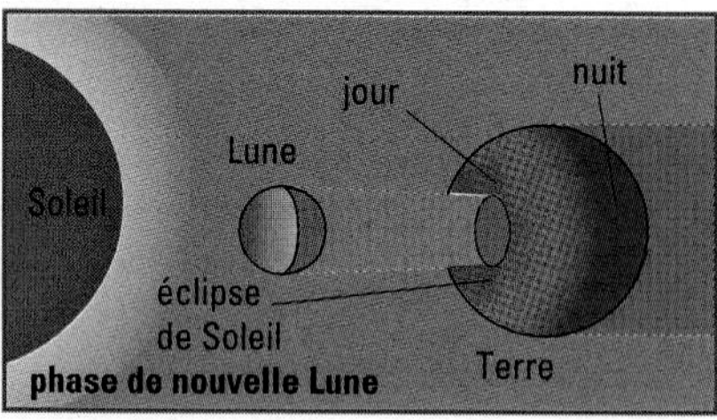

Éclipse de Soleil

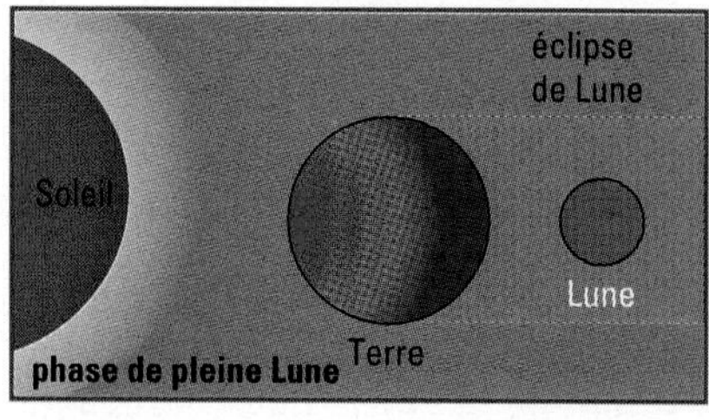

Éclipse de Lune

de la lumière

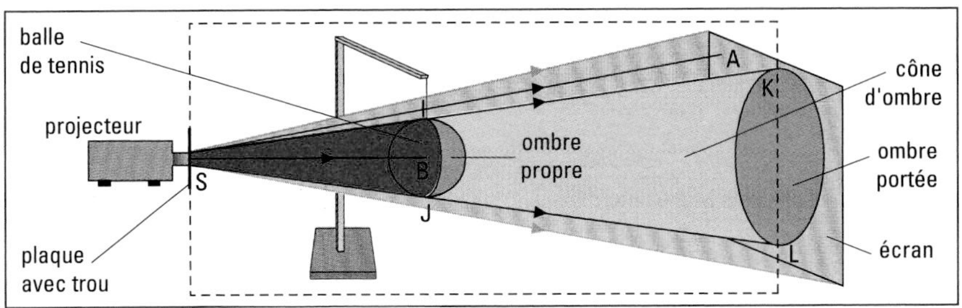

Source ponctuelle

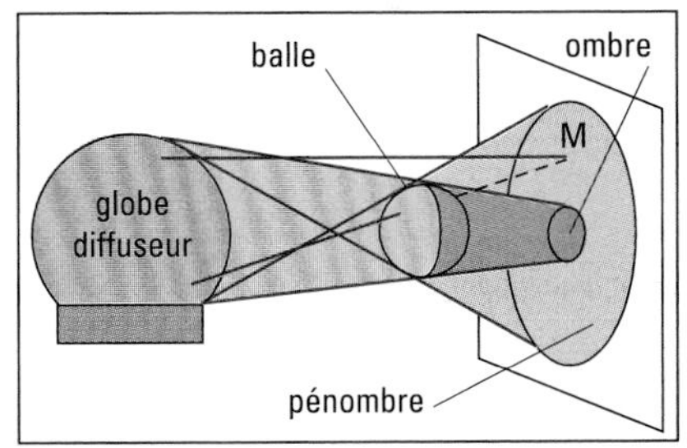

Source étendue

→ *Lorsqu'on perce un trou dans la zone de pénombre (M) et que l'on observe par ce trou, on voit une partie du globe.*

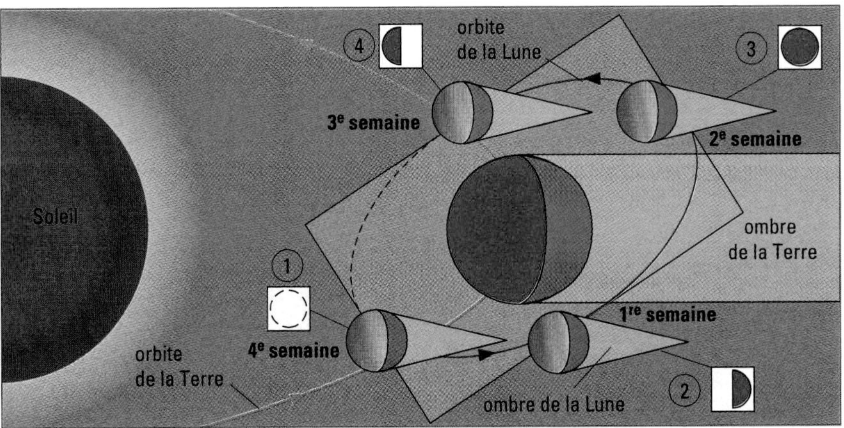

Phases de la Lune

Position 1 : nouvelle Lune	Position 2 : premier quartier
Position 3 : pleine Lune	Position 4 : dernier quartier

20

Mouvements

Sciences

Quelle est la relation entre vitesse, distance parcourue et durée du parcours ?

Comment représente-t-on une force ?

Quelle est la relation entre le poids et la masse d'un corps ?

Mouvements et vitesse

→ Lorsqu'un mobile est en mouvement de **translation**, tous les segments de ce mobile conservent la même direction.

→ Lorsqu'un mobile est en mouvement de **rotation**, tous les points du mobile décrivent des arcs de cercle centrés sur une même droite fixe, appelée **axe de rotation**. L'axe de rotation est perpendiculaire aux plans des cercles.

→ La **vitesse moyenne d'un mobile** est le quotient de la longueur parcourue d, par la durée de parcours t ; elle s'exprime en mètre par seconde ou en kilomètre par seconde :

$$V = d / t$$

Forces, poids d'un corps, interactions

→ L'existence d'une force se manifeste par **plusieurs effets** : déformation d'un objet, modification de vitesse, modification de trajectoire.
Une force est caractérisée par :
– une direction ;
– un sens ;
– une **valeur** qui s'exprime en **newton (N)**.
Une force est représentée par un **segment fléché noté** $\vec{F}$.

→ Le poids $\vec{P}$ d'un objet est la **force exercée par la Terre** sur cet objet. Les caractéristiques du poids sont :
– une direction verticale ;
– un sens vers le bas ;
– un point d'application, le centre de gravité ;
– une valeur P, mesurée en **newton (N)**.
La **valeur** du poids P d'un objet de masse m est égale à :

$$P = m \cdot g$$

g est l'intensité de la pesanteur, sa valeur sur la Terre est voisine de **10 N/kg**.

Équilibre d'un objet soumis à deux forces

→ Lorsqu'un objet soumis à deux forces est en équilibre, les deux forces ont :
– la même droite d'action : elles sont dites colinéaires ;
– des sens opposés ;
– la même valeur.
Sur la photo ci-contre, le bloc de polystyrène (*S*) est immobile. Il est en équilibre sous l'action des deux forces $\vec{F_1}$ et $\vec{F_2}$ exercées par les deux dynamomètres. (Le poids du polystyrène est négligeable.)
Les deux forces $\vec{F_1}$ et $\vec{F_2}$ sont représentées par deux segments fléchés colinéaires.

et forces

→ *Une roue, comportant une marque rouge et une marque jaune, a été photographiée à deux instants (les clichés étant superposés). Les marques rouges et jaunes ont tourné d'un même angle.*

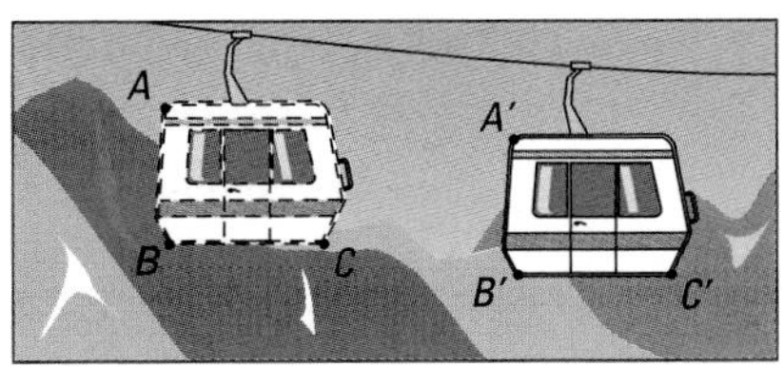

→ *Chaque segment de la cabine garde la même direction au cours du mouvement. (Exemple : AB // A'B', AC // A'C').*

Mouvements de translation et de rotation

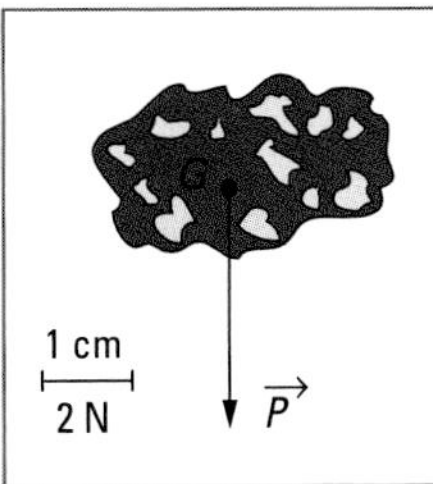

→ *L'origine du vecteur $\vec{P}$ est placée au centre de gravité du corps ; la longueur est proportionnelle à l'intensité du poids.*

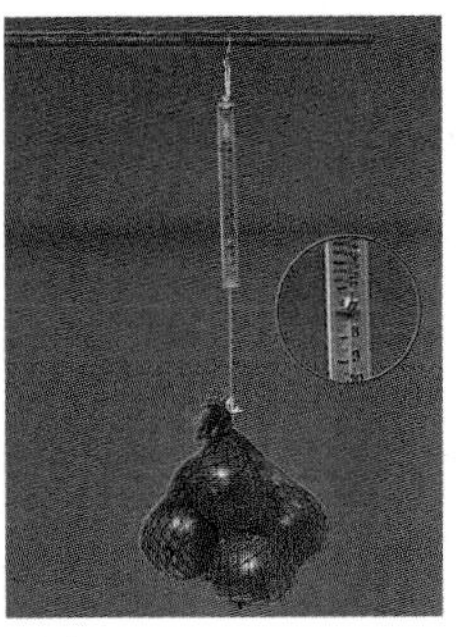

→ *Le dynamomètre mesure l'intensité du poids des pommes : P = 7 N.*

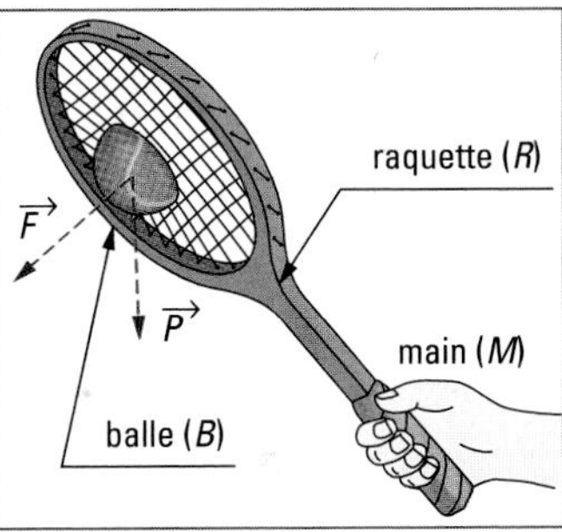

→ *Bilan des forces s'exerçant sur une balle.*

Forces et poids

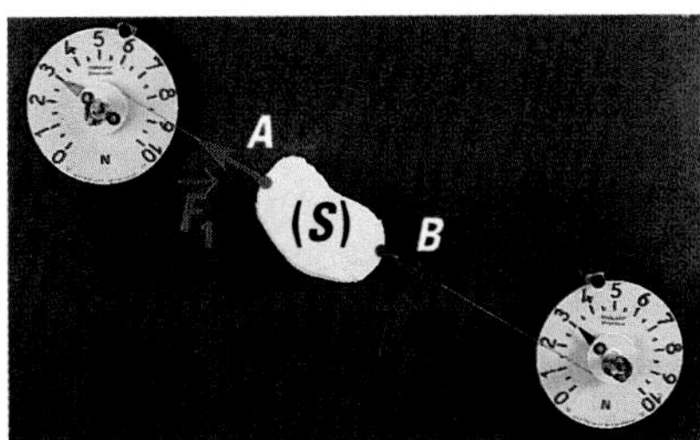

Équilibre d'un objet

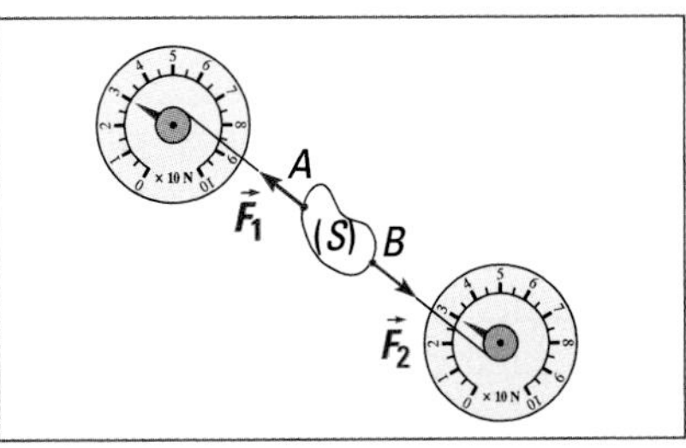

Schéma représentant cet équilibre

21

Qu'est-ce qu'un

Sciences

Qu'est-ce qu'un gaz ?

Comment s'appelle le passage de l'état solide à l'état liquide ?

Comment varie la masse lors d'un changement d'état ?

Les différents états de la matière

→ Les **solides** ont une forme propre.

→ Les **liquides** s'écoulent et prennent la forme du récipient qui les contient. Leur surface libre est plane et horizontale.

→ Les **gaz** occupent tout le volume qui leur est offert.

Les changements d'état de l'eau

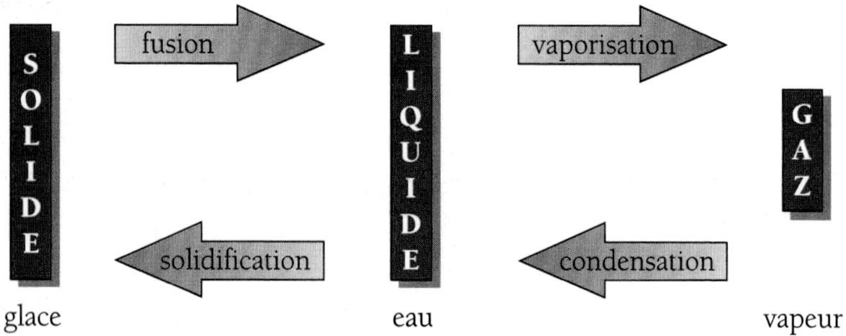

→ Le changement d'état d'un corps pur se fait à **température constante**.

→ Le changement d'état s'effectue **sans variation de masse**.

→ La température d'ébullition de l'eau ($t_{éb}$) dépend de la pression : à la pression atmosphérique normale, la $t_{éb}$ = 100 °C.
Si la pression extérieure est plus faible, en montagne par exemple, la température d'ébullition est plus basse. Au contraire, si la pression extérieure est plus importante, comme dans un autocuiseur, la température d'ébullition est plus grande.

Que se passe-t-il lors d'un changement d'état ?

→ La matière est constituée de toutes petites particules : si nous faisons fondre de la glace, le fait de chauffer augmente l'agitation des particules, qui vont s'éloigner les unes des autres et former l'état liquide. Si nous continuons de chauffer, l'agitation s'accroît et, à l'ébullition, les particules s'échappent pour former le gaz.

→ La nature et le nombre des particules ne change pas lors du changement d'état, ce qui explique la conservation de la masse.

changement d'état ?

État solide

→ *Particules ordonnées et condensées.*

État liquide

→ *Particules désordonnées et condensées.*

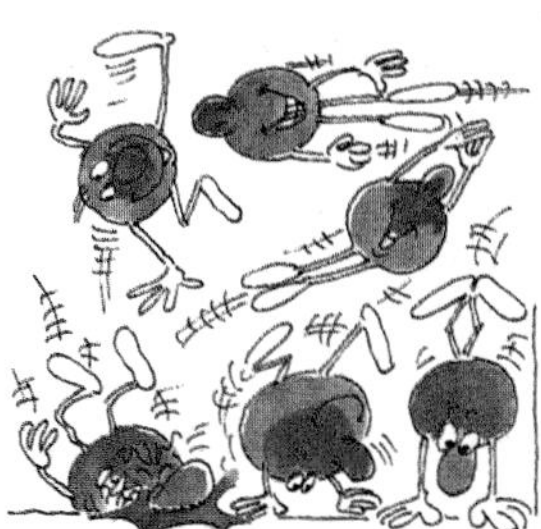

État gazeux

→ *Particules désordonnées et dispersées.*

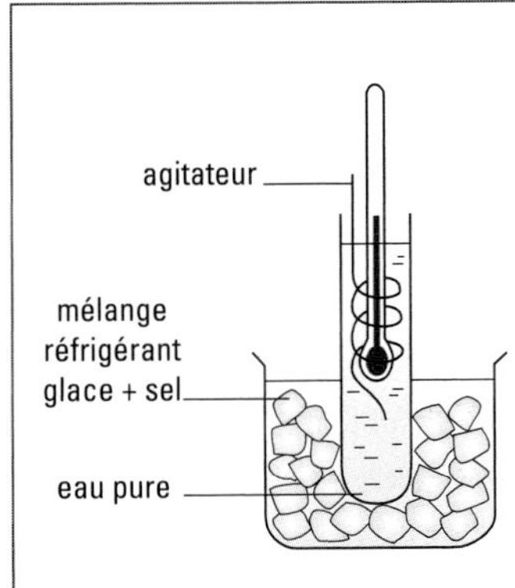

t (min)	0	1	2	2,5	3	4	5	5,5	6	7
θ °C	18	6	1	0	0	0	0	0	–0,5	–2
état de l'eau	liquide			liquide + solide					solide	

La glace se forme à température constante ici durant les 3 minutes à 0 °C.

Refroidissement de l'eau pure avec formation de glace

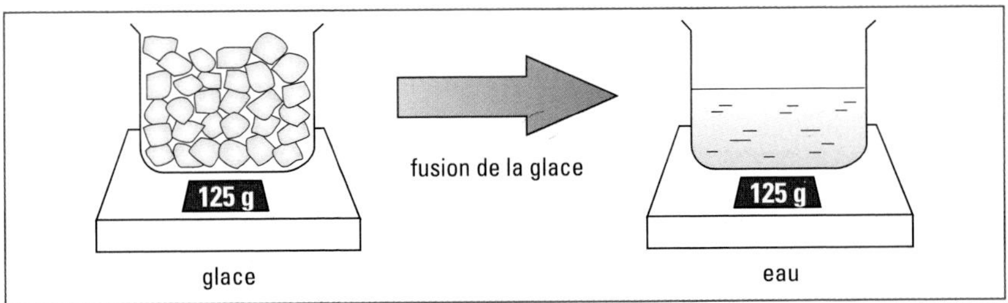

Changement d'état sans variation de masse

22

Sciences

Atomes, ions

Comment est constitué un atome ?

Comment est constitué un ion ?

Quelles sont les particules qui assurent le passage du courant électrique dans un conducteur ?

Structure atomique des solides

→ Un **métal** est constitué d'un **empilement ordonné d'atomes**, appelé **cristal**. Tous les atomes d'un métal sont identiques, mais d'un métal à l'autre, les atomes sont différents.
Un métal a pour formule le symbole des atomes qui le constituent.

→ Les **oxydes métalliques** sont des corps composés, constitués d'**atomes de métal** et d'**atomes d'oxygène** liés entre eux.

Les atomes

→ Un atome est constitué d'un **noyau**, chargé positivement, et d'**électrons** tous identiques, chargés négativement. La charge d'un électron, appelée **charge élémentaire**, est notée **$-e$**.
La charge totale d'un atome est nulle : un atome est **électriquement neutre**.

Les ions

→ Un **ion** peut être formé à partir :
– d'un seul atome, il est monoatomique ;
– de plusieurs atomes, il est polyatomique.

→ Un **cation** est un ion chargé positivement : il possède un nombre d'électrons inférieur à celui de (ou des) atome(s) neutre(s) correspondant(s).

→ Un **anion** est un ion chargé négativement : il possède un nombre d'électrons supérieur à celui de (ou des) atome(s) neutre(s) correspondant(s).

→ Un **composé ionique en solution** est formé d'anions et de cations ; leur nombre est tel que la solution est électriquement neutre.

Conducteurs, isolants

→ Dans un **conducteur métallique**, le courant électrique est dû à une circulation des électrons libres du conducteur. Ceux-ci se déplacent dans le sens inverse du sens conventionnel du courant.

→ Un **isolant** ne conduit pas le courant électrique, il ne possède pas d'électrons libres.

→ Dans une solution ionique, ce sont les ions qui assurent le passage du courant. Les cations se déplacent vers le pôle négatif du générateur et les anions vers le pôle positif.

conducteurs	fer	aluminium	zinc	cuivre	constantan
isolants	papier	verre	céramique	air	matière plastique

Exemples de conducteurs et d'isolants

	atome	symbole	nombre de charges positives	nombre d'électrons
atomes de métaux	zinc cuivre fer aluminium	Zn Cu Fe Al	30 29 26 13	30 29 26 13
atomes de non-métaux	carbone soufre hydrogène oxygène	C S H O	6 16 1 16	6 16 1 16

Constitution des atomes

→ *Dans un oxyde métallique comme l'oxyde d'aluminium, par exemple, la proportion est de deux atomes d'aluminium pour trois atomes d'oxygène ; la formule s'écrit :* Al_2O_3.

cations	symbole	anions	symbole
hydrogène	H^+	sulfate	SO_4^{2-}
sodium	Na^+	nitrate	NO_3^-
fer II	Fe^{2+}	carbonate	CO_3^{2-}
aluminium	Al^{3+}	chlorure	Cl^-
cuivre	Cu^{2+}	hydroxyde	OH^-
zinc	Zn^{2+}	aluminate	$Al(OH)_4^-$

Exemples d'ions

ion	Al^{3+}	Fe^{2+}	Zn^{2+}	Cu^{2+}
précipité	blanc	verdâtre	blanc	bleu

Test des ions métalliques

→ *Les ions métalliques donnent un précipité caractéristique en présence de soude.*

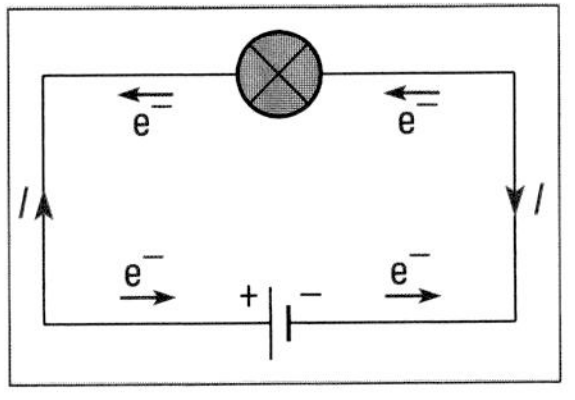

→ *Dans un conducteur métallique.*

→ *Dans une solution ionique.*

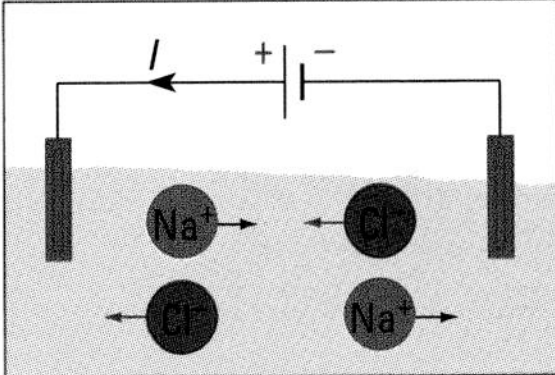

Conduction du courant

Index de sciences

ANGLAIS

1

Le nom et

Anglais

Quel est le pluriel de « *child* » ?

Citez des noms dénombrables.

Citez des noms indénombrables.

Pluriel des noms

→ **Pluriels réguliers :** on ajoute la terminaison ***-s*** au nom singulier.

→ **Pluriels irréguliers :** la terminaison du nom est modifiée.

terminaison au singulier	terminaison au pluriel
an	en
oo	ee
ouse	ice

terminaison au singulier	terminaison au pluriel
ss / ch / o	-es
y	ies
f / fe	ves

Noms dénombrables et noms indénombrables

→ **Les noms dénombrables** désignent des objets, des êtres, des événements, des actions qui peuvent être dénombrés, c'est-à-dire comptés.
– On peut les mettre au pluriel.
– On peut les faire précéder d'un adjectif numéral ou de *many* (= beaucoup de).
– Au singulier, ils doivent être précédés d'un article ou du numéral *one* (= un).

→ **Les noms indénombrables** désignent des objets, des activités, des abstractions qui ne peuvent être comptés.
– On ne peut : les mettre au pluriel, les faire précéder d'un adjectif numéral, les faire précéder de *many*.
– On ne peut les faire précéder de l'article indéfini.
– On peut les faire précéder de *some*, *not any*, *much*.

Attention ! ***people*** est un indénombrable qui a les caractéristiques des dénombrables.

Indénombrables à connaître

→ Sont **indénombrables** : les noms de matériaux,
les noms d'aliments et de boissons,
les noms abstraits,
les noms d'activités humaines,
les noms de couleurs.

Certains noms peuvent être soit dénombrables, soit indénombrables, selon le cas et selon le sens. Par exemple, *time* signifie « le temps » (nom abstrait indénombrable) et « fois » (nom dénombrable) :

***Time** passes quickly*. Le temps passe vite.
*He came four **times***. Il est venu quatre fois.

le groupe nominal

Exemple de pluriels des noms

a boat an exercise-book	boats exercise-books
a man a woman a child a foot a tooth a mouse	men women children feet teeth mice
a dress a church a tomato a baby a scart a knife a bicycle a father a dinner an action	dresses churches tomatoes babies scarves knives bicycles fathers dinners actions

Noms indénombrables

→ *They haven't got any **furniture**. They don't want much but they must buy some.*
Ils n'ont pas de meubles du tout. Ils n'en veulent pas beaucoup, mais il faut qu'ils en achètent quelques-uns.

→ *Many people drink **tea** with their breakfast.*
Beaucoup de gens boivent du thé au petit déjeuner.

Indénombrables à connaître

chalk rain	la craie la pluie	water snow	l'eau la neige
bacon butter meat toast	le lard le beurre la viande le pain grillé	bread chocolate sugar	le pain le chocolat le sucre
beer tea	la bière le thé	milk wine	le lait le vin
light silence	la lumière le silence	noise time	le bruit l'heure
English history singing	l'anglais l'histoire le chant	French shopping	le français les courses
black brown red yellow	le noir le marron le rouge le jaune	blue green white	le bleu le vert le blanc

2

Les déterminants

Anglais

✎ Quand emploie-t-on l'article « *an* » ?

✎ Quand emploie-t-on « *much* » ?

✎ L'adjectif s'accorde-t-il avec le nom ?

L'article indéfini

→ On emploie ***a*** (un, une) devant un nom commençant par une consonne :
a teacher (un professeur)

→ On emploie ***an*** (un, une) devant un nom commençant par une voyelle ou un *h* muet :
an egg (un œuf)

→ L'article indéfini est invariable en genre :
a boy (un garcon), a *girl* (une fille)

L'article défini

→ L'article défini ***the*** (le, la, les) est invariable en genre et en nombre :
the gentleman (le monsieur), *the gentlemen* (les messieurs)
the lady (la dame), *the ladies* (les dames)
the day (le jour), *the days* (les jours)

→ On emploie l'article défini devant un nom dénotant un objet unique :
the sun (le soleil), *the moon* (la lune)

→ On emploie l'article défini devant un nom déterminé :
The village where we live. Le village où nous vivons.
Where are the children? Où sont les enfants ?
They're playing in the garden. Ils jouent dans le jardin.

On sait de quels enfants il s'agit, de quel jardin il s'agit : les enfants et le jardin sont déterminés.

Les indéfinis

→ ***some / not ... any***

→ ***some... other...***
Some *people have tea for breakfast,* ***other*** *people have coffee.*
Au petit déjeuner, certains prennent du thé, d'autres du café.

→ ***much / many / a lot of / plenty of***

On emploie *much* devant un indénombrable au singulier :
I don't need ***much*** *money.* Je n'ai pas besoin de beaucoup d'argent.

On emploie *many* devant un dénombrable au pluriel :
He has ***many*** *ideas.* Il a beaucoup d'idées.

On emploie *a lot of* et *plenty of* devant des indénombrables et des dénombrables :

She's drinking { ***a lot of*** / ***plenty of*** } *tea.*   *We have* { ***a lot of*** / ***plenty of*** } *friends.*

du nom

L'adjectif

→ L'adjectif est invariable en genre et en nombre :
The girls are happy. (Les filles sont heureuses.)
L'adjectif épithète se place avant le nom.
→ Ces deux règles s'appliquent aux adjectifs numéraux :
twenty women, twenty men, twenty books (vingt femmes, vingt hommes, vingt livres)

adjectifs ordinaux		
1er	1st	first
2e	2nd	second
3e	3rd	third
4e	4th	fourth
5e	5th	fifth
6e, 7e, etc.	chiffre + -th	

attention !	
21e	21st
twenty-first	
22e	22nd
twenty-second	
23e	23rd
twenty-third	

adjectifs numéraux cardinaux		
1 one	11 eleven	20 twenty
2 two	12 twelve	30 thirty
3 three	13 thirteen	40 forty
4 four	14 fourteen	50 fifty
5 five	15 fifteen	60 sixty
6 six	16 sixteen	70 seventy
7 seven	17 seventeen	80 eighty
8 eight	18 eighteen	90 ninety
9 nine	19 nineteen	100 one hundred
10 ten		

Pronoms personnels (sujets et compléments) et adjectifs possessifs

pronoms sujets	pronoms compléments	adjectifs possessifs	exemples
I	me	my	The dog belongs to me. It's my dog.
you	you	your	The cat belongs to you. It's your cat.
he	him	his	The car belongs to him. It's his car.
she	her	her	The book belongs to her. It's her book.
it	it	its	The ball belongs to the dog. It's its ball.
we	us	our	The house belongs to us. It's our house.
they	them	their	The horse belongs to them. It's their horse.

Attention ! En anglais, l'adjectif possessif s'accorde avec le possesseur et non avec l'objet possédé (*my* : mon, ma, mes).

Le génitif

Nom au singulier + apostrophe s (**'s**) *The lady***'s** *hat.* Le chapeau de la dame.
Pluriel irrégulier + apostrophe s (**'s**) *The children***'s** *hats.* Les chapeaux des enfants.
Nom au pluriel + apostrophe (**'**) *The boys' school-bags.* Les cartables des garçons.
Interrogation sur la possession :
Whose toothbrush is it? À qui est la brosse à dents ? *It's Mary's.* C'est celle de Mary.

3

Le verbe :

Anglais

Quel est le présent de « *to have* » ?

Quel verbe anglais signifie « être » ?

Qu'appelle t-on les « modaux » ?

Be et *have* / Forme affirmative

→ *be* (être) et *have* (avoir) ont, au présent et au prétérit, des formes différentes de leur base verbale :

	présent	prétérit
be	I am, you are...	I was, you were...
have	He has...	He had...

→ Dans la langue parlée, on emploie couramment la forme contractée.

La forme contractée, à la 3e personne du singulier, est la même pour *be* et *have* : **'s**. Il est donc important de repérer la construction dans laquelle **'s** apparaît pour savoir de quel verbe il s'agit :

He's hungry.
= He is

He's got a new bike.
= He has

Be et *have* / Forme négative

→ On ajoute *not* à la forme affirmative.

→ Il peut y avoir deux formes contractées (voir p. 243). Le choix de la forme contractée dépend du sens que l'on veut donner à la phrase : on peut vouloir insister sur le verbe ou sur la négation.

Attention ! Quand *have* signifie « posséder », il se comporte comme un verbe ordinaire et se conjugue avec les auxiliaires *do / does*.

Can / cannot = can't et *must / must not = mustn't*

On appelle modaux des verbes qui expriment une modalité, c'est-à-dire une nuance :

→ ***Can*** exprime la capacité (intellectuelle ou physique), la possibilité :
I ***can*** *understand this.* Je peux comprendre ça. *I* ***can*** *swimm.* Je sais nager.

→ ***Can't*** exprime l'incapacité, l'impossibilité :
They ***can't*** *come tomorrow.* Ils ne peuvent pas venir demain.

→ ***Must*** exprime l'obligation :
You ***must*** *drink this.* Il faut que tu boives cela.

→ ***Mustn't*** exprime l'interdiction :
She ***mustn't*** *do your exercise.* Il ne faut pas qu'elle fasse ton exercice.

auxiliaires et modaux

Be (être) et *have* (avoir) / Forme affirmative

présent	forme contractée	prétérit
I am	I'm	I was
you are	you're	you were
he is	he's	he was
she is	she's	she was
it is	it's	it was
we are	we're	we were
you are	you're	you were
they are	they're	they were

présent	forme contractée	prétérit
I have	I've	I had
you have	you've	you had
he has	he's	he had
she has	she's	she had
it has	it's	it had
we have	we've	we had
you have	you've	you had
they have	they've	they had

Be et *have* / Forme négative

présent	forme contractée	prétérit forme contractée
I am not	I'm not	I wasn't
you are not	you're not = you aren't	you weren't
he is not	he's not = he isn't	he wasn't
she is not	she's not = she isn't	she wasn't
it is not	it's not = it isn't	it wasn't
we are not	we're not = we aren't	we weren't
you are not	you're not = you aren't	you weren't
they are not	they're not = they aren't	they weren't

présent	forme contractée	prétérit forme contractée
I have not	I've not = I haven't	I hadn't
you have not	you've not = you haven't	you hadn't
he has not	he's not = he hasn't	he hadn't
she has not	she's not = she hasn't	she hadn't
it has not	it's not = it hasn't	it hadn't
we have not	we've not = we haven't	we hadn't
you have not	you've not = you haven't	you hadn't
they have not	they've not = they haven't	they hadn't

Can et *must*

Deux règles à retenir :

→ *Can* et *must* sont toujours suivis de la base verbale sans *to* :

We ***can take*** *the car*. Nous pouvons prendre la voiture.

→ *Can* et *must* ne prennent pas de *s* à la 3e personne du singulier :

She can *speak English very well*. Elle parle très bien anglais.

4

Anglais

Le présent simple

Comment le présent simple se forme-t-il ?

Et le présent continu ?

Quand emploie-t-on le présent simple ?

Le présent simple

→ **La forme affirmative** du présent simple se construit à l'aide de la base verbale (BV), c'est-à-dire l'infinitif sans *to* :
*I **like** beautiful clothes.* J'aime les beaux vêtements.
*You **buy** expensive furniture.* Vous achetez des meubles qui coûtent cher.
*Mr and Mrs Smith **go** to the mountain in February.*
M. et Mme Smith vont à la montagne en février.

Attention ! À la 3e personne du singulier, on ajoute ***-s*** à la base verbale (***-es*** pour les verbes terminés par *ss*, *sh*, *ch*, *x* et *o*) :
*The cat **likes** fish.* Le chat aime le poisson.
*My mother **dresses** very well.* Ma mère s'habille très bien.

→ **La forme négative** se forme à l'aide de l'auxiliaire *do* :
*The Joneses **don't (= do not)** speak French.* Les Jones ne parlent pas français.

Attention ! ***do*** devient ***does*** à la 3e personne du singulier :
*My brother **doesn't (= does not)** eat meat.* Mon frère ne mange pas de viande.

→ **La forme interrogative** se forme également à l'aide de l'auxiliaire *do / does* :
***Do** you **want** your dinner now?* Voulez-vous votre dîner maintenant ?
***Does** she **drink** tea or coffee?* Elle boit du thé ou du café ?

Le présent continu

→ **Forme affirmative :** sujet + *be* conjugué + BV (= base verbale) + *-ing*
*The Smiths **are watching** television now.* Les Smith regardent la télévision en ce moment.

→ **Forme négative :** sujet + *be* conjugué + *not* + BV + *-ing*
***I'm not talking** to you.* Ce n'est pas à vous que je parle.

→ **Forme interrogative :** *be* conjugué + sujet + BV + *-ing* + … ?
***Is** Mary **learning** her lessons?* Est-ce que Mary est en train d'apprendre ses leçons ?

Emploi du présent

Le présent simple

→ Exprime une action habituelle :
We go to church every Sunday. Nous allons à l'église tous les dimanches.

→ S'emploie avec des adverbes de fréquence (*often, never, sometimes, usually*, etc.) :
The cat often plays with the dog. Le chat joue souvent avec le chien.

Le présent continu

→ Exprime une action qui se produit au moment où l'on parle :
Your sister is writing a letter. Votre sœur est en train d'écrire une lettre.

→ Exprime un futur ; il est alors accompagné d'un marqueur de temps (*tomorrow, next week, next year,* etc.) :
Peter is having lunch with Kate tomorrow. Peter déjeune avec Kate demain.

et le présent continu

le présent simple	1re/2e pers. du singulier et 3e pers. du pluriel	3e pers. du singulier
forme affirmative	I / you / we / they } + BV	he / she / it } + BV + { -s / -es
forme négative	I / you / we / they } + { don't / do not } + BV	he / she / it + { doesn't / does not } + BV
forme interrogative	do + { I / you / we / they } + BV + … ?	does + { he / she / it } + BV + … ?

le présent continu			
	forme affirmative	I am you are he/she/it is we/you/they are	+ BV + -ing
	forme négative	I am you are he/she/it is we/you/they are	+ not + BV + -ing
	forme interrogative	am I are you is he/she/it are we/you/they	+ BV + -ing + … ?

Présent continu

→ *Peter* ***is helping*** *his mother.*
Peter aide sa mère.

→ *Jean* ***is reading*** *a book.*
Jean lit un livre.

5

Anglais

Les temps du pass

Comment le prétérit simple se forme-t-il ?

Et le prétérit continu ?

Quand emploie-t-on le « present perfect » ?

Le prétérit simple

→ **Forme affirmative**

– verbes réguliers : **BV** (base verbale) + ***-ed***.

*Daddy **cooked** a delicious dinner last night.*
Papa nous a fait un dîner délicieux hier soir.

– verbes irréguliers : formes à apprendre par cœur (pp. 254-255).

→ **Forme négative** (pour tous les verbes, sauf auxiliaires et modaux) : ***did not*** + **BV**.

*I **didn't** (= did not) **write** to Fanny last week.*
Je n'ai pas écrit à Fanny la semaine dernière.

→ **Forme interrogative** (pour tous les verbes, sauf auxiliaires et modaux) : ***did*** + **sujet** + **BV** + **... ?**

***Did you win** the football match?*
Avez-vous gagné le match de football ?

Le prétérit continu

→ Pour tous les verbes, sauf auxiliaires et modaux : ***was/were*** + **BV** + ***-ing***. Le prétérit continu (action considérée dans son déroulement) s'emploie souvent pour marquer un contraste avec le prétérit simple.

*She **was working** when I arrived.*
Elle travaillait quand je suis arrivé.

Le « present perfect »

have*/*has + **participe passé.**
***I've** (= I have) **forgotten** my book.*
J'ai oublié mon livre.

→ On l'emploie pour faire un bilan, pour constater un résultat, pour parler du passé sans le situer à un moment précis.

***I've not seen** him for three days;*
***I've not seen** him since Tuesday.*
Il y a trois jours que je ne l'ai pas vu ;
je ne l'ai pas vu depuis mardi.

Have you ever been to the States?
Êtes-vous [jamais] allé aux États-Unis ?

Le prétérit simple

forme affirmative	forme négative	forme interrogative
I / you / he / she / it / we / you / they } walked	I / you / he / she / it / we / you / they } didn't walk	Did { I / you / he / she / it / we / you / they } walk?

Le prétérit continu

forme affirmative	forme négative	forme interrogative
I was / you were / he was / she was / it was / we were / you were / they were } walking	I was not / you were not / he was not / she was not / it was not / we were not / you were not / they were not } walking	Was I / Were you / Was he / Was she / Was it / Were we / Were you / Were they } walking?

Prétérit continu

Tom ***was sleeping*** *when the telephone rang.*
Tom dormait quand le téléphone a sonné.

« Present perfect »

Have you ever been *to Scotland?*
Êtes vous jamais allé en Écosse ?

6

L'expression du futur

Anglais

Comment exprime-t-on le futur ?

Comment exprime-t-on le futur avec l'auxiliaire *will* ?

Qu'est-ce qu'une subordonnée temporelle ?

Expression du futur

Le futur peut s'exprimer de trois façons :

→ **L'auxiliaire *will*** (voir ci-dessous)

→ **L'expression *be going to*** : sujet + *be* conjugué + *going to* + BV.
***I'm** (= I am) **going to wear** glasses.*
Je vais porter des lunettes.

→ **Le présent continu avec un adverbe** ou une locution adverbiale de temps : sujet + présent du verbe + adverbe de temps.
***She's** (= She is) **taking** her child to the doctor's tomorrow.*
Elle emmène son enfant chez le médecin demain.

Le futur exprimé à l'aide de l'auxiliaire *will*

→ **Forme affirmative** : sujet + *will/'ll* + BV.
***Mummy will come** home and **she'll** make a cake.*
Maman rentrera à la maison et elle fera un gâteau.

→ **Forme négative :** sujet + *won't* + BV.
***We won't swim** tomorrow.*
Nous ne nagerons pas demain.

→ **Forme interrogative :** *will* + sujet + BV... ?
***Will the children know** their lessons?*
Les enfants sauront-ils leurs leçons ?

Les subordonnées temporelles

→ Ce sont les propositions subordonnées introduites par ***when***.

→ Quand la principale exprime un futur, la subordonnée introduite par *when* est au présent.
*We'll start playing **when** John is here.*
Nous nous mettrons à jouer quand John sera là.

→ La même règle s'applique aux subordonnées d'hypothèse mais, dans ce cas, il n'y a pas de différence avec le français.
If he comes, we'll have a game of cricket.
S'il vient, nous jouerons au cricket.

et l'impératif

Le futur exprimé par l'auxiliaire *will*

forme affirmative	forme négative	forme interrogative
I, you, he, she, it, we, you, they } will/'ll walk	I, you, he, she, it, we, you, they } won't walk	Will { I, you, he, she, it, we, you, they } walk?

La subordonnée temporelle

They'll play football outside ***when*** *the weather is nice.*
Ils joueront au football dehors quand il fera beau.

She'll switch off the light ***when*** *her book is finished.*
Elle éteindra la lumière quand son livre sera terminé.

L'impératif

→ L'impératif s'emploie à la 2e personne du singulier et du pluriel. Il exprime un ordre.

→ **Forme affirmative**
Learn your lessons! Apprends tes leçons / Apprenez vos leçons !

→ **Forme négative :** *don't* + base verbale (BV)
Don't be lazy! Ne sois pas paresseux ! / Ne soyez pas paresseux !

DO YOUR HOMEWORK! DON'T WATCH TV!*

* Fais tes devoirs ! Ne regarde pas la télé !

7

Anglais

La voix passive

Comment forme-t-on le passif ?

Quel est le passif des verbes qui ont deux compléments ?

Où met-on la particule à la voix passive ?

Formation et emplois du passif

→ Formation : **be conjugué + participe passé du verbe.**

John was punished yesterday by the music teacher.
John a été puni hier par le professeur de musique.

→ Le sujet subit l'action. Le complément d'agent n'est pas toujours mentionné.

He'll be punished again. On le punira encore.

Dans ce cas, la voix passive peut correspondre au français « on ».

His car was stolen yesterday. On lui a volé sa voiture hier.

→ La voix passive s'emploie beaucoup pour les **titres de journaux**. Dans ce cas, l'auxiliaire ***be*** est souvent omis.

Murderer arrested yesterday = The murderer was arrested yesterday.
L'assassin a été arrêté hier.

Verbes suivis de deux compléments : un complément d'objet et un complément d'attribution

→ ***give, show, ask, teach, send, offer*** : au passif, il y a deux structures possibles.

Voix active : *Somebody gave her a book for her birthday.*

Voix passive :

a) Le complément d'attribution devient sujet de la phrase au passif :
She was given a book for her birthday. On lui a donné un livre pour son anniversaire.

b) Le complément d'objet devient sujet :
A book was given to her for her birthday.

Attention ! C'est presque toujours la première structure (a) qui est employée.

→ ***tell*** : c'est le complément d'attribution qui devient sujet de la phrase au passif.

Voix active : *Somebody told me the news. Somebody told me that he was ill.*

Voix passive : *I was told the news. I was told that he was ill.*

On m'a appris la nouvelle. On m'a dit qu'il était malade.

Verbes suivis d'une particule

→ Au passif, la particule est placée **après le participe passé**.

Voix active : *They listened to the teacher.* Ils écoutèrent le professeur.

Voix passive : *The teacher was listened to.* On écouta le professeur.

Le gérondif

- Comment forme-t-on le gérondif ?
- Qu'est-ce qu'un nom verbal ?
- Quand emploie-t-on le gérondif ?

Formation et fonctions

→ Formation : **base verbale + *-ing***.

Le gérondif peut avoir toutes les fonctions du nom, c'est-à-dire qu'il peut être sujet ou complément.

→ **Sujet :**

Cycling can be real fun.

Cela peut être vraiment amusant de faire du vélo.

→ **Complément :**

I hate getting up early in the morning.

Je déteste me lever tôt le matin.

La double nature du gérondif

→ Le gérondif est un nom formé à partir du verbe. C'est un **nom verbal**. Il a donc une double nature.

→ Prenons la phrase suivante :

I enjoy giving gifts to my friends. Cela me fait plaisir de faire des cadeaux à mes amis.

Dans cette phrase, ***giving*** est complément du verbe ***enjoy*** et a donc une **fonction de nom**. Mais ***gifts*** est complément du verbe ***give***. ***Giving*** a donc également une **fonction de verbe**.

Les emplois du gérondif

→ **Après les prépositions.**

After doing your homework, you'll be able to play.

Après avoir fait tes devoirs, tu pourras jouer.

I'm tired of waiting for them.

Je suis fatigué de les attendre.

Before getting married, she must find a job.

Avant de se marier, il faut qu'elle trouve un emploi.

→ **Après certains verbes : *enjoy, love, hate, stop,* etc.**

They'll stop worrying when their children are back home.

Ils cesseront de s'inquiéter quand leurs enfants seront de retour à la maison.

She loves writing letters.

Elle adore écrire des lettres.

I hate having to wait.

Je déteste être obligé d'attendre.

We enjoy going out together.

Nous aimons beaucoup sortir ensemble.

9

Expressions

Anglais

Que signifie : « *How do you do?* »

Comment interroge-t-on sur le lieu ?

Comment peut-on exprimer son désaccord ?

Que dire aux autres ?

→ *Hello! Good morning! Good afternoon! How are you? Good bye! See you soon! See you later!*

→ *This is John! Nice to meet you! How do you do?* (Enchanté(e).)

→ *Excuse me! Isn't this your umbrella?* (Pardon, Monsieur / Madame ! Est-ce que ce ne serait pas votre parapluie ?)

→ *Sorry!* (Pour présenter des excuses quand on a bousculé quelqu'un, marché sur les pieds, renversé quelque chose, etc.)

Comment demander une information

→ Rappel de la forme interrogative

Auxiliaires et modaux : verbe / sujet + ?

am I? can you? must she? have they?

Verbes ordinaires : do / does + sujet + base verbale + ?

do you play...? does she go...? do we work...?

→ Adverbes et pronoms interrogatifs

on emploie	pour s'informer	exemples
who	sur une personne	Who teaches English at that school? (Qui enseigne l'anglais dans cette école ?)
what	sur un objet sur une activité	What is this? (Qu'est-ce que c'est que ça ?) What are you doing? (Que fais-tu ?)
whose	sur un possesseur	Whose money is this? (À qui est cet argent ?)
why	sur la raison	Why don't you work? (Pourquoi est-ce que tu ne travailles pas ?)
how	sur la manière	How do the French make wine? (Comment les Français font-ils le vin ?)
when	sur le moment	When are they going to repair my car? (Quand vont-ils réparer ma voiture ?)
where	sur le lieu	Where must I park the car? (Où dois-je garer la voiture ?)

utiles

Comment exprimer une opinion

I think it's going to rain tomorrow. (Je crois/pense qu'il va pleuvoir demain.)

In my opinion, that film is very funny. (À mon avis, ce film est très drôle.)

Don't you think their son is nice? (Tu ne trouves pas leur fils gentil ?)

I have no opinion. (Je n'ai pas d'avis.)

I don't know what to say / I can't answer. (Je ne sais que dire / répondre.)

Comment exprimer l'accord et le désaccord

I agree / I think so. (Je suis de cet avis.)

That's right. (C'est vrai.)

You're right. (Vous avez raison.)

"My brother is clever, isn't he?" "Sure." (Absolument.)

"He works hard, doesn't he?" "Of course." (Bien sûr.)

"You like him, don't you?" "Of course, I do." (Bien sûr !)

I don't think so. (Je ne suis pas de cet avis.)

That's wrong / That's not right. (C'est faux / Ce n'est pas vrai.)

You can't be serious! (Tu plaisantes !)

You agree with me, don't you? (Tu es de mon avis, n'est-ce pas ?)

No, I don't. (Non.)

Comment exprimer ses goûts et ses préférences

We like reading / We enjoy reading / We're fond of reading. (Nous aimons bien lire.)

They love playing in the garden. (Ils adorent jouer dans le jardin.)

There's nothing I like / I enjoy more than listening to music. (Il n'y a rien qui me plaise plus que d'écouter de la musique.)

He doesn't like / He doesn't enjoy working. / He isn't fond of music.

I don't like watching television. (Je n'aime pas regarder la télévision.)

She prefers playing tennis to playing with a doll. (Elle aime mieux jouer au tennis que jouer à la poupée.)

They like English food, but they like French food better. (Ils aiment la nourriture anglaise, mais ils préfèrent la nourriture française.)

My mother finds it more pleasant to work in an office than in a factory. (Ma mère trouve que c'est plus agréable de travailler dans un bureau que dans une usine.)

10 Les verbes irréguliers

base verbale	prétérit	participe passé	traduction
be	was	been	être
bear	bore	borne	(sup)porter
beat	beat	beaten	battre
become	became	become	devenir
begin	began	begun	commencer
bleed	bled	bled	saigner
blow	blew	blown	souffler
break	broke	broken	briser
bring	brought	brought	apporter
build	built	built	construire
burn	burnt	burnt	brûler
burst	burst	burst	éclater
buy	bought	bought	acheter
catch	caught	caught	attraper, prendre
choose	chose	chosen	choisir
come	came	come	venir
cost	cost	cost	coûter
cut	cut	cut	couper
do	did	done	faire
draw	drew	drawn	tirer, dessiner
dream	dreamt	dreamt	rêver
drink	drank	drunk	boire
drive	drove	driven	conduire, pousser
eat	ate	eaten	manger
fall	fell	fallen	tomber
feed	fed	fed	nourrir
feel	felt	felt	(se) sentir, éprouver
fight	fought	fought	se battre
find	found	found	trouver
fly	flew	flown	voler (oiseau, avion)
forbid	forbade	forbidden	interdire
forget	forgot	forgotten	oublier
freeze	froze	frozen	geler
get	got	got	obtenir
give	gave	given	donner
go	went	gone	aller
grow	grew	grown	pousser, cultiver, grandir
hang	hung	hung	pendre
have	had	had	avoir
hear	heard	heard	entendre
hide	hid	hidden	cacher
hit	hit	hit	frapper
hold	held	held	tenir
hurt	hurt	hurt	blesser
keep	kept	kept	garder
know	knew	known	savoir

base verbale	prétérit	participe passé	traduction
lead	led	led	conduire, mener
leap*	leapt	leapt	sauter
learn*	learnt	learnt	apprendre
leave	left	left	quitter, laisser
lend	lent	lent	prêter
let	let	let	laisser
lie	lay	lain	être couché, se trouver
lose	lost	lost	perdre
make	made	made	faire
mean	meant	meant	vouloir dire, signifier
meet	met	met	rencontrer
pay	paid	paid	payer
put	put	put	mettre
read	read	read	lire
ride	rode	ridden	aller à cheval, à bicyclette, etc.
ring	rang	rung	sonner
run	ran	run	courir
say	said	said	dire
see	saw	seen	voir
sell	sold	sold	vendre
send	sent	sent	envoyer
set	set	set	fixer
shake	shook	shaken	secouer
shine	shone	shone	briller
shoot	shot	shot	tirer (fusil)
show	showed	shown	montrer
shut	shut	shut	fermer
sing	sang	sung	chanter
sink	sank	sunk	sombrer, couler
sit	sat	sat	être assis
sleep	slept	slept	dormir
smell*	smelt	smelt	sentir (odeur)
speak	spoke	spoken	parler
spell*	spelt	spelt	épeler
spend	spent	spent	dépenser
spoil	spoilt	spoilt	gâcher, gâter
spread	spread	spread	étendre
stand	stood	stood	être debout
steal	stole	stolen	voler (voleur)
stick	stuck	stuck	coller
strike	struck	struck	frapper
sweep	swept	swept	balayer
swim	swam	swum	nager
take	took	taken	prendre
teach	taught	taught	enseigner
tear	tore	torn	déchirer
tell	told	told	dire, raconter
think	thought	thought	penser
throw	threw	thrown	lancer, jeter
understand	understood	understood	comprendre
wake	woke	woken	s'éveiller
wear	wore	worn	porter
win	won	won	gagner
write	wrote	written	écrire

* Les verbes marqués d'un astérisque peuvent aussi être réguliers.

Index d'anglais

suite du dictionnaire

paradis (nom masculin) **1** Lieu de bonheur où séjourneraient, après la mort, les âmes de ceux qui se sont bien conduits. *Les chrétiens et les musulmans croient à l'existence du **paradis**.* (Syn. **ciel.** Contr. **enfer.**) **2** Endroit très agréable, merveilleux. *Ce jardin est un **paradis** pour les enfants.*

paradisiaque (adjectif) Qui évoque le paradis. *Une île **paradisiaque**.* (Syn. **enchanteur.**)

paradoxal, ale, aux (adjectif) Qui est bizarre, comme un paradoxe. *Benjamin dit qu'il préfère la mer à la montagne, mais il déteste se baigner, c'est **paradoxal** !* (Syn. **contradictoire.**)

paradoxe (nom masculin) Opinion ou raisonnement en contradiction avec la logique. *Il est écologiste mais il travaille dans une centrale nucléaire : c'est un **paradoxe**.* (Syn. **contradiction.**)

parafe (nom masculin) Signature simple, souvent composée des initiales du nom et du prénom. *Il a mis son **parafe** au bas de chaque page du contrat.*
▶ On écrit aussi **paraphe**.

parafer (verbe) (conj. 3) Signer d'un parafe.
▶ On écrit aussi **parapher**.

paraffine (nom féminin) Matière blanche qui ressemble à de la cire et sert à fabriquer les bougies.

parages (nom masculin pluriel) • **Dans les parages :** dans les environs. *Il n'y a aucune pharmacie **dans les parages**.*

paragraphe (nom masculin) Partie d'un texte qui débute et qui finit quand on va à la ligne. *Nous allons étudier le dernier **paragraphe** de ce chapitre.*

paraguayen, enne → tableau p. 6 / 7.

paraître (verbe) (conj. 37) **1** Devenir visible. *À la nuit tombée, des étoiles **paraissent** dans le ciel.* (Syn. **apparaître.** Contr. **disparaître.**) **2** Être édité et mis en vente. *Ce magazine **paraît** chaque semaine.* **3** Avoir l'air. *Odile **paraît** heureuse de nous voir. Il **paraît** plus vieux quand il porte des lunettes.* (Syn. **sembler.**) • **Il paraît, paraît-il, à ce qu'il paraît :** on le dit. ***Il paraît** qu'on va changer de directeur l'année prochaine.*
★ Famille du mot : **com**paraître, **dis**paraître, **re**paraître, **trans**paraître.
▶ On écrit aussi **paraitre**.

parallaxe (nom féminin) Variation apparente de la position d'un objet en fonction de la position de l'observateur. *Il a commis une erreur de **parallaxe** en lisant obliquement la graduation.*
★ **Parallaxe** vient du mot grec *parallaxis* qui signifie « changement ».

parallèle (adjectif) Se dit de lignes qui sont toujours à la même distance l'une de l'autre et donc ne se coupent jamais. *La voie de chemin de fer est **parallèle** au bord de mer.*
▪**parallèle** (nom féminin) Droite parallèle à une autre.
▪**parallèle** (nom masculin) **1** Cercle imaginaire autour de la Terre, qui est parallèle à l'équateur. **2** Comparaison entre deux personnes ou deux choses. *La maîtresse a fait un **parallèle** entre les deux personnages principaux de cette histoire.*
★ Famille du mot : parallèle**ment**, parallélépipède, parallél**isme**, parallélogramme.

parallèlement (adverbe) **1** De façon parallèle. *Les voitures sont garées **parallèlement** au trottoir.* **2** En même temps. *Il fait ses études et **parallèlement** il s'entraîne pour devenir basketteur.*

parallélépipède (nom masculin) Solide qui a six faces parallèles deux à deux. *Une boîte d'allumettes ou une brique sont des **parallélépipèdes**.*

parallélisme (nom masculin) État de ce qui est parallèle. *Il a fait vérifier le **parallélisme** des roues de sa voiture.*

parallélogramme (nom masculin) Figure géométrique qui a quatre côtés parallèles deux à deux. *Un carré, un losange sont des **parallélogrammes**.*

paralyser (verbe) (conj. 3) **1** Rendre incapable de bouger. *Depuis son accident, il **est paralysé** des membres inférieurs.* **2** Empêcher quelque chose de fonctionner. *Le verglas **a paralysé** la circulation sur l'autoroute.*
★ Famille du mot : paraly**sie**, paraly**tique**.

paralysie (nom féminin) **1** Incapacité de bouger une partie du corps à cause d'une maladie ou d'un accident. *Il a été frappé de **paralysie** à la suite d'une attaque cérébrale.* **2** Arrêt d'une activité. *La grève a entraîné une **paralysie** de la circulation des trains.*

paralytique (nom) Personne atteinte de paralysie. *Une vieille dame **paralytique**.*

paramécie (nom féminin) Gros protozoaire à cils vivant dans les eaux douces stagnantes.
★ **Paramécie** vient du grec *paramêkês* qui signifie « oblong ».

paramédical, ale, aux (adjectif et nom) Qui appartient aux domaines annexes de la santé et des soins. *La kinésithérapie et l'orthophonie sont des professions **paramédicales**.*

paramètre (nom masculin) **1** Dans une équation, grandeur à laquelle on peut attribuer des valeurs différentes. *Dans l'équation* $ax^2 + 2x = 0$, *a est un **paramètre**.* **2** Donnée dont il faut tenir compte pour juger d'une question, régler un problème. *Il faut prendre en compte les **paramètres** médicaux.*

paramétrer (verbe) (conj. 8) Définir les paramètres. *Il modifie les **paramètres** de l'ordinateur.*

paramilitaire (adjectif) Qui est organisé comme une armée, qui en a les caractéristiques.

paranoïa (nom féminin) Comportement d'une personne paranoïaque.
★ **Paranoïa** est un mot grec qui signifie « folie ».

paranoïaque (nom) Personne persuadée que tout le monde lui veut du mal.

parapente (nom masculin) Sport qui consiste à sauter en parachute à partir d'une falaise ou d'une montagne. *Quand on fait du **parapente**, on utilise les courants aériens pour se déplacer.*

parapet (nom masculin) Petit mur qui empêche de tomber. *Appuyés au **parapet** du pont, ils regardaient passer les péniches.* (Syn. **garde-fou**.)

parapharmacie (adjectif) Ensemble des produits non thérapeutiques vendus en pharmacie. *Les cosmétiques et les savons sont des articles de **parapharmacie**.*

paraphe Voir ***parafe***.

parapher Voir ***parafer***.

paraphrase (nom féminin) Phrase qui répète, avec d'autres mots, ce qui est déjà dit. *Ce texte est très clair, je n'ai pas besoin de tes **paraphrases** pour le comprendre !*

paraphraser (verbe) (conj. 3) Faire la paraphrase de quelque chose. *L'élève **a paraphrasé** le texte à étudier.*

paraplégique (nom) Personne paralysée des deux membres supérieurs ou inférieurs.

parapluie (nom masculin) Ustensile constitué d'une toile imperméable tendue sur des tiges souples et qui sert à se protéger de la pluie. *Ouvre ton **parapluie**, il commence à pleuvoir.*

parascolaire (adjectif) Qui complète l'enseignement que l'on suit à l'école. *Un cahier de vacances est un ouvrage **parascolaire**.*

parasite (nom masculin) **1** Être vivant qui se fixe sur un autre pour s'en nourrir. *Le pou est un **parasite** de l'homme. Le gui est une plante **parasite** de certains arbres.* **2** Personne qui vit aux dépens des autres. *Je ne veux plus recevoir ce **parasite** chez moi !* ▪**parasites** (nom masculin pluriel) Bruits ou signaux qui perturbent la réception d'une émission de radio ou de télévision.

parasiter (verbe) (conj. 3) **1** Vivre en parasite. *Le coucou **parasite** les nids d'autres oiseaux.* **2** Perturber la réception de signaux électriques par des signaux parasites.

parasol (nom masculin) Sorte de grand parapluie qui sert à se protéger du soleil. *Si tu veux éviter un coup de soleil, reste sous le **parasol**.*

parataxe (nom féminin) Procédé consistant à juxtaposer des phrases, sans mot ou marque de liaison. *« Je suis venu, j'ai vu, j'ai vaincu » est une célèbre **parataxe**.*

paratexte (nom masculin) Tout ce qui entoure le texte littéraire. *Les titres, la préface et les notes constituent le **paratexte**.*

paratonnerre (nom masculin) Tige de fer fixée sur un toit et qui sert à protéger de la foudre. *C'est Benjamin Franklin qui a inventé le **paratonnerre**.*

paravent (nom masculin) Ensemble de panneaux articulés fait pour isoler ou cacher quelque chose. *La danseuse se change derrière un **paravent**.*

parbleu ! (interjection) Juron marquant une évidence qui atténue par euphémisme l'interjection « par Dieu ! ».

parc (nom masculin) Très grand jardin, en partie planté d'arbres. *Après la visite du château, nous avons fait une promenade dans le **parc**.* • **Parc à huîtres** : bassin où l'on élève des huîtres. • **Parc de loisirs** : vaste terrain regroupant des attractions ou des équipements sportifs. • **Parc de stationnement** : endroit aménagé pour le stationnement des voitures. (Syn. **parking**.) • **Parc naturel** : lieu où vivent des espèces animales et végétales protégées.

parcellaire (adjectif) Qui est divisé en parcelles, fractionné. *Benjamin a une vision **parcellaire** de l'affaire.*

parcelle (nom féminin) **1** Petit fragment. *On a trouvé des **parcelles** d'or dans le sable de la rivière.* **2** Portion de terrain. *Il a utilisé une **parcelle** de son jardin pour faire un potager.*

parce que (conjonction) Sert à indiquer la cause. *Il a enlevé son blouson **parce qu'**il avait trop chaud.*

parchemin (nom masculin) Peau d'animal spécialement traitée, utilisée pour l'écriture ou la reliure. *Les moines du Moyen Âge écrivaient sur du **parchemin**.*

parcimonie (nom féminin) • **Avec parcimonie** : en très petite quantité et avec une certaine avarice. *Les réserves de nourriture diminuaient, il fallait les distribuer **avec parcimonie**.* (Contr. **prodigalité**.)

parcimonieux, euse (adjectif) Qui est un peu avare. *Mon grand-père était très **parcimonieux** : « Un sou est un sou » disait-il.* (Contr. **prodigue**.)

parcmètre (nom masculin) Appareil dans lequel on introduit une somme d'argent correspondant à un certain temps de stationnement.

parcourir (verbe) (conj. 16) **1** Aller d'un bout à l'autre d'un endroit. *Ils **ont parcouru** toute l'île pour trouver de l'eau douce.* **2** Effectuer un parcours. *Clément **a parcouru** 1 km à pied avant de trouver un téléphone.* **3** Lire rapidement. *J'ai **parcouru** le journal pendant le trajet en autobus.*

parcours (nom masculin) Trajet pour aller d'un endroit à un autre. *C'est un petit train de campagne qui s'arrête souvent sur son **parcours**.*

par-delà (préposition) De l'autre côté. *Ici nous sommes en France, mais **par-delà** la frontière, c'est la Belgique.*

par-dessous Voir ***dessous***.

pardessus (nom masculin) Manteau d'homme. *En hiver, il porte un gros **pardessus** et une écharpe de laine.*

par-dessus Voir ***dessus***.

pardi ! (interjection) Dans la langue familière, sert à renforcer une affirmation. *Il fait beau ici ! **Pardi**, c'est le Midi !*

pardon (nom masculin) **1** Action de pardonner. *Tu as eu tort de mentir, tu devrais lui demander **pardon**.* **2** Formule utilisée pour s'excuser ou interpeller. ***Pardon**, monsieur, pourriez-vous m'indiquer où se trouve la poste ?*

pardonnable (adjectif) Qui peut être pardonné. *Cette dictée était difficile, vos erreurs sont **pardonnables**.* (Contr. **impardonnable.**)

pardonner (verbe) (conj. 3) Ne pas en vouloir à quelqu'un et ne pas le punir de ce qu'il a fait. ***Pardonnez**-moi de vous avoir dérangés !*
★ Famille du mot : **im**pardonn**able**, pardon, pardonna**ble**.

pare-balle (adjectif) • **Gilet pare-balle** : gilet qui protège des balles des armes à feu. *Le policier portait un **gilet pare-balle**.*
▶ Pluriel : des gilets **pare-balles**.

pare-brise (nom masculin) Grande vitre de protection à l'avant d'un véhicule. *Mets les essuie-glaces en marche pour nettoyer le **pare-brise** !*
▶ Pluriel : des **pare-brises** ou **pare-brise**.

pare-choc (nom masculin) Barre de protection placée à l'avant et à l'arrière d'un véhicule. *Le **pare-choc** a été tordu, mais la carrosserie est intacte.*
▶ Pluriel : des **pare-chocs**.
▶ On écrit aussi un **pare-chocs**.

pare-feu (nom masculin) Dispositif destiné à empêcher la propagation du feu. *Il est prudent de mettre un **pare-feu** devant une cheminée.* (Syn. **coupe-feu.**)
▶ Pluriel : des **pare-feux**.

pareil, eille (adjectif) **1** Qui est identique à autre chose. *Son blouson et le mien sont **pareils**.* (Syn. **semblable.** Contr. **différent.**) **2** De cette sorte. *Il n'avait jamais ressenti une **pareille** joie.* (Syn. **tel.**)
■ **pareil, eille** (nom) • **Ne pas avoir son pareil** : être sans égal dans un domaine. *Pour réussir les tartes, elle **n'a pas sa pareille**.*
■ **pareille** (nom féminin) • **Rendre la pareille à quelqu'un** : lui faire la même chose que ce qu'il a fait. *S'il m'ennuie trop, je lui **rendrai la pareille**.*

parent, ente (nom) Personne qui appartient à la même famille. *Nous ne connaissons pas cette cousine, c'est une **parente** éloignée de mon père.*
■ **parents** (nom masculin pluriel) Le père et la mère de quelqu'un. *Les **parents** de Sarah sont très fiers de leur fille.*
★ Famille du mot : **ap**parent**é**, beaux-parents, grands-parents, parent**é**.

parental, ale, aux (adjectif) Qui concerne les parents. *L'autorité **parentale** est attribuée par la loi à égalité au père et à la mère.*

parenté (nom féminin) Fait d'être parent. *David et Ursula n'ont aucun lien de **parenté**.*

parenthèse (nom féminin) Chacun des deux signes de ponctuation encadrant des mots qui ne sont pas indispensables mais apportent une précision. *Dans la phrase : « Ibrahim a acheté des boissons (sodas, jus de fruits, etc.) », on a écrit « sodas, jus de fruits, etc. » entre **parenthèses**.*

paréo (nom masculin) Morceau de tissu aux couleurs vives dont on s'enveloppe le corps.

parer (verbe) (conj. 3) **1** Éviter ou détourner une attaque. *Il a réussi à **parer** tous les coups de son adversaire.* (Syn. **esquiver.**) **2** **Se parer** : s'habiller avec élégance. *Le chef indien **s'est paré** de sa coiffure de plumes d'aigle.* • **Être paré contre quelque chose** : en être protégé. *Avec ce chapeau et ces lunettes, tu **es paré contre** le soleil.*
★ Famille du mot : **dé**parer, **im**par**able**, pare-balles, pare-brise, pare-chocs, pare-soleil.

pare-soleil (nom masculin) Dans une voiture, écran orientable qui protège du soleil.
▶ Pluriel : des **pare-soleils** ou des **pare-soleil**.

paresse (nom féminin) Comportement d'une personne paresseuse. *Cette forte chaleur nous pousse à la **paresse**.* (Contr. **dynamisme, énergie.**)
★ Famille du mot : paress**er**, paress**eux**.

paresser (verbe) (conj. 3) Se laisser aller à la paresse. *Le dimanche matin, Kevin aime bien **paresser** dans son lit.*

paresseux, euse (adjectif et nom) Qui ne fait pas d'efforts ou ne veut pas travailler. *Ce **paresseux** a refusé de m'aider.* (Syn. **fainéant.** Contr. **travailleur.**)
■ **paresseux** (nom masculin) Mammifère tropical qui se déplace avec des mouvements très lents.

parfaire (verbe) (conj. 42) Achever, mener jusqu'à son terme. *Il faut t'appliquer à **parfaire** ton ouvrage.*

parfait, aite (adjectif) Qui est sans défaut, totalement satisfaisant. *Le peintre a réalisé un portrait d'une **parfaite** ressemblance.*
★ Famille du mot : **im**parfait, parfaite**ment**.

parfaitement (adverbe) **1** De façon parfaite. *L'acteur connaît **parfaitement** son rôle.* **2** Totalement, tout à fait. *Vous avez **parfaitement** raison.*

parfois (adverbe) De temps en temps. *Il lui arrive **parfois** de se mettre en colère.* (Syn. **quelquefois.**)

parfum (nom masculin) **1** Odeur agréable qui se dégage de quelque chose. *Le **parfum** des roses embaumait la pièce.* **2** Liquide odorant que l'on utilise pour sentir bon. *Pierre a offert un flacon de **parfum** à sa mère.* **3** Goût agréable de certains aliments. *Je voudrais une glace à la vanille, c'est mon **parfum** préféré.*
★ Famille du mot : parfum**é**, parfum**er**, parfum**erie**.

parfumé, ée (adjectif) Qui a un certain parfum ou un certain goût. *Des pommes au four **parfumées** à la cannelle.*

parfumer (verbe) (conj. 3) **1** Imprégner d'un parfum. *Zoé **parfume** son linge avec des sachets de lavande.* **2** **Se parfumer** : se mettre du parfum. *Maman se maquille et **se parfume** chaque matin.*
★ **Parfumer** vient du latin *perfumare* qui signifie « dégager de la fumée » (d'un bois qui sent bon).

parfumerie (nom féminin) Magasin où l'on vend des parfums et des produits de beauté.

pari (nom masculin) Jeu dans lequel chacun s'engage à donner quelque chose à celui qui aura raison. *Quentin a fait le **pari** d'arriver le premier et il a gagné.*
★ Famille du mot : pari**er**, pari**eur**.

a b c d e f g h i j k l m n o p q r s t u v w x y z

paria (nom masculin) Personne exclue et méprisée de tous. *Vous n'allez pas me traiter comme un* ***paria*** *pour 5 minutes de retard !*
★ En Inde, les **parias** sont des gens considérés comme impurs : on les appelle aussi des *intouchables*.

parier (verbe) (conj. 10) **1** Faire un pari. *Je* ***parie*** *5 euros que je serai arrivé avant toi.* **2** Être presque sûr de ce qu'on dit. *Je te* ***parie*** *qu'il va neiger.*

pariétal, ale, aux (adjectif et nom) Qui se rapporte à la paroi d'une cavité. *Les deux os* ***pariétaux*** *forment les côtés de la voûte crânienne.*
★ **Pariétal** vient du latin *paries* qui signifie « paroi ».

parieur, euse (nom) Personne qui parie de l'argent. *Les* ***parieurs*** *suivent les chevaux avec des jumelles.*

parisien, enne → tableau p. 6 / 7.

paritaire (adjectif) Qui est formé d'un nombre égal de représentants de chaque partie. *La commission* ***paritaire*** *a trouvé un compromis juste.*

parité (nom féminin) Égalité. *Ce syndicat réclame la* ***parité*** *des salaires entre les hommes et les femmes.*

parjure (nom masculin) Faux serment. *Il a commis un* ***parjure*** *en ne tenant pas sa promesse.*

se **parjurer** (verbe) (conj. 3) Faire un parjure.

parka (nom féminin) Veste imperméable longue et à capuche.
▶ On dit aussi un **parka**.

parking (nom masculin) Parc de stationnement. *On peut se garer dans le* ***parking*** *souterrain du magasin.*
▶ **Parking** est un mot anglais : on prononce [paʀkiŋ].

parlant, ante (adjectif) **1** Qui exprime quelque chose de façon convaincante. *Son commerce marche très bien, les bénéfices réalisés sont* ***parlants***. **2** Se dit d'un film dans lequel on entend les paroles des acteurs. (Contr. **muet**.)

Parlement (nom masculin) Ensemble des représentants élus, chargés de voter les lois d'un pays ou d'un groupement de pays. *Le* ***Parlement*** *européen a son siège à Strasbourg.*

parlementaire (adjectif) Qui concerne le Parlement. *Ce projet de loi a été voté après de longs débats* ***parlementaires***.
▪ **parlementaire** (nom) **1** Membre d'un Parlement. **2** Personne envoyée pour parlementer. *Le général a fini par recevoir les* ***parlementaires*** *de l'armée ennemie.*

parlementer (verbe) (conj. 3) Discuter dans le but de trouver un accord. *Les autorités* ***parlementent*** *avec les terroristes pour obtenir la libération des otages.*

parler (verbe) (conj. 3) **1** Utiliser des mots pour s'exprimer et communiquer. *La petite sœur d'Anna commence à peine à* ***parler***. **2** Savoir s'exprimer dans une langue. *C'est un touriste anglais, mais il* ***parle*** *très bien le français.* **3** Avoir un projet ou une intention. *Les parents de Romain* ***parlent*** *de déménager.* **4** Faire des aveux. *Le voleur* ***a parlé****, il a donné le nom de son complice.*
★ Famille du mot : franc-parler, haut-parleur, parl**ant**, parl**eur**, parl**oir**, parl**ote**, **re**parler.

parleur, euse (nom) • **Beau parleur** : personne qui parle beaucoup mais qui n'agit pas.

parloir (nom masculin) Salle où l'on reçoit les visiteurs pour parler avec eux. *Le* ***parloir*** *d'une prison.*

parlote (nom féminin) Synonyme familier de bavardage. *Élodie perd son temps en* ***parlotes***.

parme (adjectif) Violet clair. *Une robe de soie* ***parme***.
▶ Pluriel : des écharpes **parme**.
★ La ville de *Parme*, en Italie, est réputée pour ses cultures de violettes.

parmélie (nom féminin) Lichen commun poussant sur les troncs d'arbre, les vieux murs, etc. *Le thalle de la* ***parmélie*** *est composé d'une algue et d'un champignon.*
★ **Parmélie** vient du latin *parma* qui signifie « petit bouclier rond ».

parmentier (nom masculin) • **Hachis Parmentier** : plat composé de viande hachée et de purée.
★ **Parmentier** est le nom de celui qui a introduit la pomme de terre en France.

parmesan (nom masculin) Fromage italien à pâte dure. *Des spaghettis au* ***parmesan***.
★ Le **parmesan** est fabriqué près de *Parme*, ville d'Italie.

parmi (préposition) Au nombre de. *Il y a beaucoup d'enfants* ***parmi*** *les visiteurs de ce musée.*

parnassien, enne (nom et adjectif) Du mouvement littéraire du Parnasse. *Leconte de Lisle était le chef de file de l'école* ***parnassienne***.

parodie (nom féminin) Imitation amusante. *Il a écrit une* ***parodie*** *des « Trois Mousquetaires ».*

parodier (verbe) (conj. 10) Imiter quelqu'un ou quelque chose pour s'en moquer. *Dans ses sketches, cet imitateur* ***parodie*** *des gens célèbres.*

paroi (nom féminin) **1** Versant vertical et abrupt d'un rocher. *Les alpinistes ont escaladé la* ***paroi*** *sud de la montagne.* **2** Surface intérieure d'un objet ou d'un endroit. *Ces deux bureaux sont séparés par une* ***paroi*** *de verre.*

paroisse (nom féminin) Territoire dont un curé a la charge. *Le curé de la* ***paroisse*** *a organisé une tombola.*
★ Famille du mot : paroiss**ial**, paroiss**ien**.

paroissial, ale, aux (adjectif) De la paroisse. *La kermesse aura lieu dans la salle* ***paroissiale***.

paroissien, enne (nom) Personne croyante qui fait partie d'une paroisse.

parole (nom féminin) **1** Faculté de s'exprimer et de communiquer par le langage. *Contrairement aux humains, les animaux ne sont pas doués de la* ***parole***. **2** Mot ou phrase que l'on dit. *L'entraîneur a adressé quelques* ***paroles*** *d'encouragement à son* *équipe.* **3** Promesse que l'on fait oralement. *Je n'oublierai pas de t'écrire, je t'en donne ma* ***parole.*** • **Couper la parole à quelqu'un** : l'interrompre pendant qu'il parle. • **Croire quelqu'un sur parole** : croire ce qu'il dit sans avoir besoin de preuve.

▪**paroles** (nom féminin pluriel) Texte d'une chanson. *Je connais l'air de cette chanson, mais j'ai oublié les* ***paroles.***

★ Famille du mot : parol**ier**, porte-parole.

parolier, ère (nom) Personne qui écrit des paroles de chansons.

paronomase (nom féminin) Procédé de style qui assemble des paronymes. *Le proverbe « Qui vole un œuf, vole un bœuf », est une* ***paronomase.***

paronyme (nom masculin) Mot très proche d'un autre par sa forme mais de sens très différent. *Les mots « avènement » et « évènement » sont des* ***paronymes.***

paroxysme (nom masculin) Moment le plus violent d'un évènement ou d'un sentiment. *Quand le vent s'est levé, l'incendie a atteint son* ***paroxysme.***

parpaillot, ote (nom) Surnom péjoratif donné aux protestants.

★ **Parpaillot** est un mot occitan qui signifie « papillon ».

parpaing (nom masculin) Bloc de ciment ou de plâtre utilisé en construction. *Il a construit un mur en* ***parpaings.***

▶ Prononciation [paʀpɛ̃].

parquer (verbe) (conj. 3) Mettre dans un endroit fermé. *Le berger* ***a parqué*** *ses moutons pour la nuit.*

parquet (nom masculin) Sol constitué de lames de bois assemblées. *Cirer un* ***parquet.*** (Syn. **plancher**.)

parrain (nom masculin) Homme qui s'engage à veiller sur un enfant lors de son baptême. *Le* ***parrain*** *et la marraine d'Hélène sont des amis de ses parents.*

parrainer (verbe) (conj. 3) Financer un club, une association. *Un industriel* ***parraine*** *l'équipe de football de la ville.* (Syn. **sponsoriser**.)

parricide (nom masculin) Crime d'une personne qui a tué son père ou sa mère. *Commettre un* ***parricide.*** *Condamner un* ***parricide.***

▪**parricide** (nom) Personne qui a commis un parricide.

parsemé, ée (adjectif) Couvert de choses éparpillées. *Le pré est* ***parsemé*** *de coquelicots.*

part (nom féminin) Partie séparée d'un tout. *Maman a coupé huit* ***parts*** *de tarte.* • **À part** : à l'écart. *Ne mélange pas tes affaires avec celles de ton frère, mets-les* ***à part.*** • **À part quelqu'un** *ou* **quelque chose** : sauf. *Tout le monde est venu,* ***à part*** *Gaëlle.* • **De la part de quelqu'un** : qui vient de cette personne. *C'est un cadeau* ***de la part de*** *ta tante.* • **De part et d'autre** : de chaque côté. *Il y a des rosiers* ***de part et d'autre*** *de l'allée du jardin.* • **D'une part..., d'autre part** : d'un côté... et de l'autre. *Il vaut mieux partir :* ***d'une part*** *il est tard,* ***d'autre part*** *tu es fatigué.* • **Être à part** : être différent des autres. *On a du mal à le comprendre, c'est un élève un peu* ***à part.*** • **Faire part de quelque chose à quelqu'un** : le lui dire. *Nous sommes heureux de vous* ***faire part de*** *notre mariage.* • **Prendre part à quelque chose** : y participer. *Qui veut* ***prendre part à*** *cette course ?*

▶ Voir aussi **autre part**, **nulle part**, **quelque part**.

★ Famille du mot : **départager**, part**age**, part**ager**, quote-part.

partage (nom masculin) Action de partager. *Les pirates ont fait le* ***partage*** *du butin.*

partager (verbe) (conj. 5) **1** Diviser en plusieurs parts. *Fatima* ***partage*** *la tarte en trois.* **2** Donner une partie de ce qui nous appartient. *Il* ***a partagé*** *son goûter avec moi.* **3** Avoir quelque chose en commun avec quelqu'un. *Thomas et Julie* ***partagent*** *la même passion pour la musique.*

partance (nom féminin) • **En partance** : sur le point de partir. *Les voyageurs* ***en partance*** *pour Madrid doivent enregistrer leurs bagages.*

partant, ante (adjectif) • **Être partant** : synonyme familier d'être d'accord. *Qui* ***est partant*** *pour une partie de cartes ?*

▪**partant** (nom masculin) Personne ou animal qui prend part à une compétition. *Il y a quinze* ***partants*** *dans la course du tiercé.*

partenaire (nom) Personne à laquelle on est associé pour un jeu ou un sport. *Pour gagner ce match, tu dois faire confiance à tes* ***partenaires.***

partenariat (nom masculin) Fait d'être partenaire. *Les entreprises signent un* ***partenariat.***

parterre (nom masculin) Partie d'un jardin où on cultive des fleurs, des plantes ornementales. ***Des parterres*** *de tulipes ornaient les pelouses du parc.*

parthénogenèse (nom féminin) Reproduction animale à partir d'un ovule non fécondé. *La* ***parthénogenèse*** *est à l'origine de la différenciation des mâles et des femelles chez les abeilles.*

parti (nom masculin) Groupe ou association de personnes qui poursuivent le même but. *Un* ***parti*** *politique.* • **En prendre son parti** : accepter les choses telles qu'elles sont. • **Parti pris** : attitude d'une personne qui juge à l'avance. *Tu lui donnes toujours tort, c'est un* ***parti pris.*** (Syn. **préjugé**.) • **Prendre le parti de quelqu'un** : le soutenir. • **Prendre parti** : se décider pour ou contre quelque chose. • **Tirer parti de quelque chose** : savoir l'utiliser le mieux possible.

★ Famille du mot : **im**parti**al**, **im**parti**alité**, parti**al**, parti**alité**.

partial, ale, aux (adjectif) Qui a un parti pris injuste. *Je ne discute plus de cette affaire avec toi car tu es trop* ***partial.*** (Syn. **injuste**. Contr. **impartial**.)

partialité (nom féminin) Attitude d'une personne partiale. *Il prétend que notre équipe a perdu à cause de la* ***partialité*** *de l'arbitre.* (Contr. **impartialité**.)

participant, ante (nom) Personne qui participe à quelque chose. *Tous les* ***participants*** *de la course sont partis.*

a b c d e f g h i j k l m n o p q r s t u v w x y z

participation (nom féminin) Action de participer. *Le directeur a remercié les parents pour leur **participation** à l'organisation de la kermesse.*

participe (nom masculin) Une des formes du verbe. *« Jouant » est le **participe** présent de « jouer » et « joué » est le **participe** passé.*

participer (verbe) (conj. 3) Se joindre à d'autres personnes pour faire quelque chose avec elles. ***Participer** à un concours, à une cérémonie, à un jeu.*
★ Famille du mot : particip**ant**, particip**ation**.

particularité (nom féminin) Caractère particulier. *Les baleines sont des mammifères qui ont la **particularité** de vivre dans l'eau.* (Syn. **caractéristique**.)

particule (nom féminin) **1** Minuscule partie d'une matière. *L'établi du menuisier est couvert de **particules** de bois.* **2** La préposition « de » précédant certains noms de famille. *Jean de La Fontaine est un nom à **particule**.*

particulier, ère (adjectif) **1** Qui différencie une personne ou une chose des autres. *Ces fruits exotiques ont un goût **particulier**.* (Syn. **spécial**. Contr. **banal**, **ordinaire**.) **2** Qui ne concerne qu'une seule personne. *Victor prend des cours **particuliers** de ski.*
■ **particulier** (nom masculin) Personne considérée individuellement, en dehors d'un groupe. *Cet immeuble appartient à une entreprise et non à un **particulier**.*
■ **en particulier** (adverbe) **1** Synonyme de particulièrement. *Laura adore les gâteaux, **en particulier** les tartes aux abricots.* **2** Seul à seul. *La directrice a souhaité voir Myriam **en particulier**.*
★ Famille du mot : particul**arité**, particulière**ment**.

particulièrement (adverbe) **1** De façon particulière, spéciale. *William aime la musique, **particulièrement** le rap.* (Syn. **en particulier, surtout**.) **2** Synonyme de très. *Il est **particulièrement** joyeux aujourd'hui.*

partie (nom féminin) **1** Morceau d'un tout, d'un ensemble. *Je n'ai vu que la dernière **partie** du film.* **2** Ensemble des coups qu'il faut jouer jusqu'à ce qu'il y ait un gagnant. *Xavier et Noémie ont fait une **partie** de ping-pong.* **3** Chaque personne qui est engagée dans un procès. *L'avocat de la défense a attaqué la **partie** adverse.* **4** Spécialité dans laquelle on est compétent. *Tu peux lui demander des conseils, l'informatique c'est sa **partie**.* • **Avoir affaire à forte partie** : avoir affaire à un adversaire redoutable. • **Faire partie de quelque chose** : être un membre, un élément d'un groupe. *Il **fait partie d'**un orchestre de jazz.* • **Prendre quelqu'un à partie** : s'attaquer à lui.
★ Famille du mot : parti**el**, parti**ellement**.

partiel, elle (adjectif) Qui ne représente qu'une partie d'un ensemble. *Les journalistes n'ont que des renseignements **partiels** sur cette catastrophe.* (Syn. **incomplet**. Contr. **complet**.)

partiellement (adverbe) De façon partielle. *Cet immeuble a été **partiellement** détruit par un incendie.* (Contr. **complètement, entièrement, totalement**.)

partir (verbe) (conj. 15) **1** Quitter un lieu. *Nous **partons** demain en vacances.* (Contr. **rester**.) **2** Avoir comme origine. *Ce sentier **part** du bas de la colline. Toute l'affaire **est partie** d'un malentendu.* (Contr. **aboutir**.) **3** Disparaître. *Les nuages **sont partis**, allons à la plage.* • **À partir de** : indique le point de départ. *Les cours de tennis commencent **à partir de** demain. Nous avons eu des embouteillages **à partir de** Lyon.*
★ Famille du mot : **dé**part, part**ance**, part**ant**, **re**partir.

partisan, ane (nom) **1** Personne qui défend les idées d'une autre personne, d'un groupe ou d'un parti. *Le candidat a fait un discours à ses **partisans**.* (Syn. **adepte**. Contr. **adversaire**.) **2** Combattant qui ne fait pas partie de l'armée régulière. *Des groupes de **partisans** ont pris le maquis.*
■ **partisan, ane** (adjectif) Qui défend telle solution. *La nuit tombe, je suis **partisan** de rentrer.*

partitif, ive (adjectif) Qui désigne une partie par rapport à un tout. *« Du », « de la », « des » sont des articles **partitifs**.*

partition (nom féminin) Morceau de musique écrit pour un instrument. *Son frère connaît par cœur ce morceau de piano et il peut le jouer sans la **partition**.*

partout (adverbe) Dans tous les endroits. *Je t'ai cherché **partout**, mais je ne t'ai pas vu.* (Contr. **nulle part**.)

parure (nom féminin) Ensemble de très beaux bijoux. *Pour la réception, elle avait sa **parure** de diamants.*

parution (nom féminin) Publication d'un texte. *La **parution** de cette biographie est prévue pour le mois prochain.*

parvenir (verbe) (conj. 19) **1** Arriver à sa destination. *Je viens de poster un colis, il te **parviendra** dans quelques jours.* **2** Réussir après beaucoup d'efforts. *Les alpinistes **sont parvenus** à gravir la paroi.*

parvenu, ue (nom) Personne qui s'est enrichie rapidement et étale sa richesse.

parvis (nom masculin) Place située devant la façade d'une église ou d'un édifice. *On a pris des photos des mariés sur le **parvis** de la cathédrale.*

① **pas** (adverbe) En relation avec « ne », sert à exprimer la négation. *Odile **ne** veut **pas** venir avec moi.*

② **pas** (nom masculin) **1** Mouvement que l'on fait en marchant. *La petite sœur de Sarah commence à faire ses premiers **pas**.* **2** Façon de marcher. *La vieille dame avançait à petits **pas**.* **3** Trace de pied. *La mer efface les **pas** des enfants sur le sable.* • **À deux pas** : tout près. *J'habite **à deux pas** de l'école.* • **Au pas** : à la même cadence. *Le régiment défile **au pas**.* • **Faire le premier pas** : prendre l'initiative. • **Faire les cent pas** : marcher de long en large avec impatience. • **Mauvais pas** : situation difficile. • **Mettre quelqu'un au pas** : le forcer à obéir. • **Pas à pas** : lentement et prudemment. *Ils avançaient **pas à pas** sur le sentier escarpé.* • **Pas de la porte** : entrée de la maison.

① **pascal, ale** (adjectif) Qui concerne la fête de Pâques des chrétiens ou la pâque juive. *Pour Pâques nous avons mangé l'agneau **pascal**.*
▶ Au pluriel, on emploie **pascaux** ou **pascals**.

② **pascal, als** (nom masculin) Unité de pression du système international.
▶ **Pascal** a pour symbole *Pa*.
★ **Pascal** vient du nom de Blaise Pascal.

pas-de-porte (nom masculin) Indemnité versée par le nouveau locataire d'un local au propriétaire ou à l'ancien locataire. *Le commerçant paye son **pas-de-porte** pour ouvrir sa nouvelle boutique.*
▶ Pluriel : des **pas-de-porte**.

passable (adjectif) Qui est tout juste satisfaisant. *En maths, ses résultats sont **passables**.* (Syn. **moyen.**)

passablement (adverbe) **1** De façon passable. *Yann joue **passablement** au ping-pong.* **2** De façon notable. *Il a fait un discours **passablement** ennuyeux.*

passage (nom masculin) **1** Action de passer. *Vous gênez le **passage** des spectateurs qui se dirigent vers la sortie.* **2** Endroit par où l'on peut passer. *Il existe des **passages** souterrains dans ce vieux château.* **3** Extrait d'un texte, d'un film ou d'une musique. *Je ne connais que quelques **passages** de ce poème.* • Au passage : en passant. *Si la poste est ouverte, achète des timbres **au passage**.* • De passage : qui reste très peu de temps quelque part. • Examen de passage : qui permet de passer dans une classe supérieure. • Passage à niveau : endroit où une voie ferrée et une route se croisent. • Passage pour piétons : endroit d'une rue où les piétons peuvent traverser.

① **passager, ère** (adjectif) Qui ne dure que peu de temps. *Il fait beau, ce n'était qu'une petite ondée **passagère**.* (Syn. **court, momentané.** Contr. **durable.**)

② **passager, ère** (nom) Personne qui est transportée en voiture, en bateau ou en avion. *Les **passagers** du ferry attendent sur le quai pour embarquer.*

① **passant, ante** (adjectif) Où il passe beaucoup de monde. *La rue du marché est très **passante**.* (Syn. **fréquenté.**)

② **passant, ante** (nom) Personne qui passe à pied dans la rue. *J'ai demandé à un **passant** de m'indiquer le chemin de la poste.*

passation (nom féminin) • Passation des pouvoirs : transmission des pouvoirs d'un dirigeant à son successeur.

passe (nom féminin) Action de passer le ballon à un joueur de son équipe. *Il a marqué un but sur une **passe** d'un défenseur.* • En passe de : sur le point de. *Ce chanteur est **en passe de** devenir célèbre.* • Mot de passe : mot secret dont on doit avoir connaissance si l'on veut passer quelque part. • Une bonne *ou* une mauvaise passe : une période heureuse ou malheureuse.

passé (nom masculin) **1** Période qui s'est déroulée avant le temps où nous vivons. *Dans le **passé**, on s'éclairait à la bougie.* **2** Temps d'un verbe qui indique un fait passé. *Quand on écrit : « il venait », « il est venu », « il vint », on emploie des temps du **passé**.*
▪**passé, ée** (adjectif) Qui a existé ou qui s'est déroulé avant le moment présent. *Nous avons fait sa connaissance l'année **passée**.*

passe-droit (nom masculin) Autorisation exceptionnelle accordée à quelqu'un. *Son père a obtenu un **passe-droit** pour visiter le musée un jour de fermeture.*
▶ Pluriel : des **passe-droits**.

passéisme (nom masculin) Goût obstiné pour le passé.

passementerie (nom féminin) Ensemble des accessoires destinés à l'ornement de meubles.

passe-montagne (nom masculin) Bonnet qui enveloppe la tête et ne laisse que le visage découvert. (Syn. **cagoule.**)
▶ Pluriel : des **passe-montagnes**.

passe-partout (nom masculin) Clé spéciale permettant d'ouvrir plusieurs types de serrure. *Le serrurier a ouvert avec un **passe-partout** quand j'ai perdu mes clés.*
▪**passe-partout** (adjectif) Qui convient en toutes circonstances. *Romain a mis une tenue **passe-partout** pour ne pas se faire remarquer.*
▶ Pluriel : des **passe-partout**, des réponses **passe-partout**.
▶ On écrit aussi un **passepartout**, des **passepartouts**.

passe-passe (nom masculin) • Tour de passe-passe : tour d'adresse qui consiste à faire disparaître un objet et à le faire réapparaître.
▶ On écrit aussi **passepasse**.

passeport (nom masculin) Document comportant l'identité d'une personne, lui permettant d'aller à l'étranger.

passer (verbe) (conj. 3) **1** Se déplacer d'un lieu à un autre sans s'arrêter. *Des voitures **passent** à toute allure sur l'autoroute.* **2** Aller à un endroit sans y rester. *Ursula **est passée** me dire bonjour.* **3** Traverser un lieu ou suivre tel chemin. *Pour aller au lac, il faut **passer** par le bois.* **4** S'écouler ou se dérouler. *Je trouve que les vacances **passent** trop vite.* **5** Employer son temps. *Il **a passé** sa soirée à regarder la télé.* **6** Être admis dans une classe supérieure. *Cette année, Benjamin **est passé** en CM1.* **7** Céder à quelqu'un ou l'excuser. *Ses parents lui **passent** tout.* **8** Répondre à des questions écrites ou orales pour obtenir un examen. ***Passer** le bac.* **9** Projeter un film. *Hier, on **a passé** un film policier à la télévision.* **10** Disparaître peu à peu. *Avec ces cachets, ton mal de dents va **passer**.* **11** Perdre son éclat. *Après plusieurs lavages, le rouge de ma jupe **a passé**.* **12** Filtrer ou tamiser une substance. *La cafetière est entartrée, le café ne **passe** pas.* **13** Se passer : avoir lieu ou se dérouler. *L'histoire **se passe** dans un vaisseau spatial.* **14** Se passer de quelque chose : s'en priver. *Je peux **me passer de** fromage s'il n'y en a plus.* • Passer pour : avoir telle réputa-

tion. *Zoé **passe pour** la meilleure nageuse de son club.* • **Passer sur quelque chose** : ne pas en tenir compte. *Pour aujourd'hui, je **passe sur** ton retard !*
► **Passer** se conjugue tantôt avec l'auxiliaire *être* (je suis passé à Paris), tantôt avec l'auxiliaire *avoir* (j'ai passé une bonne soirée).
★ Famille du mot : pass**age**, pass**ager**, pass**ant**, passa**tion**, passe, pass**é**, passe-droit, passe-montagne, passe-partout, passe-passe, passe-temps, pass**eur**, pass**oire**.

passereau, eaux (nom masculin) Espèce d'oiseaux chanteurs. *Le moineau, le merle, le corbeau sont des **passereaux**.*

passerelle (nom féminin) **1** Pont étroit réservé aux piétons. *Une **passerelle** permet de traverser la voie ferrée.* **2** Escalier mobile qui permet de monter à bord d'un bateau ou d'un avion. **3** Plateforme qui se trouve au-dessus des cabines d'un bateau. *Le commandant est sur la **passerelle**.*

passe-temps (nom masculin) Occupation pour passer agréablement le temps. *La pêche à la ligne est son **passe-temps** favori.* (Syn. **distraction.**)
► Pluriel : des **passe-temps**.

passeur, euse (nom) Personne qui fait traverser un cours d'eau quand il n'existe pas de pont. *La barque du **passeur** s'éloignait vers l'autre rive.*

passible (adjectif) • **Être passible d'une peine** : la mériter. *Le stationnement est interdit devant la gare, vous **êtes passible d'**une amende.*

passif, ive (adjectif) Qui subit les choses sans réagir. *Il est resté **passif** malgré les reproches qu'on lui faisait.* (Contr. **actif, dynamique, énergique.**)
★ Famille du mot : passive**ment**, passiv**ité**.

passiflore (nom féminin) Plante tropicale à grandes fleurs en étoile, qui donne le fruit de la passion souvent utilisé en pâtisserie.

passion (nom féminin) **1** Amour ardent pour quelqu'un. *Il aime sa femme avec **passion**.* **2** Chose que l'on aime par-dessus tout. *Sa **passion**, c'est le théâtre.* • **Fruit de la passion** : fruit de la passiflore.
★ Famille du mot : passionn**ant**, passionn**é**, passionn**el**, passionn**ément**, passionn**er**.

passionnant, ante (adjectif) Qui passionne. *Il a vécu des aventures **passionnantes**.* (Syn. **captivant, palpitant.**)

passionné, ée (nom) Personne qui aime quelque chose avec passion. *Anna est une **passionnée** de musique.* (Syn. **fervent.**)

passionnel, elle (adjectif) • **Crime passionnel** : crime commis par déception amoureuse ou par jalousie.

passionnément (adverbe) Avec passion. *Elle aime **passionnément** la voile.*

passionner (verbe) (conj. 3) Inspirer à quelqu'un un intérêt très vif. *Clément se **passionne** pour les jeux vidéo.*

passivement (adverbe) De façon passive. *Elle suit **passivement** la conversation, sans intervenir.*

passivité (nom féminin) État d'une personne passive. *Élodie attend avec **passivité** que quelqu'un trouve à sa place la solution à son problème.*

passoire (nom féminin) Récipient percé de trous, qui sert à égoutter ou à filtrer. *David égoutte les pâtes dans la **passoire**.*

pastel (nom masculin) **1** Bâtonnet fait d'une pâte dure et colorée. *Un portrait peint au **pastel**.* **2** Œuvre exécutée avec ces bâtonnets. *Cette galerie de peinture expose des **pastels**.*
■ **pastel** (adjectif) Qui est d'une couleur claire et délicate. *De la laine bleu **pastel**.*
► Pluriel : des couleurs **pastel**.

pastèque (nom féminin) Gros fruit à écorce verte et à chair rouge très juteuse. *Une belle tranche de **pastèque**.*

pasteur (nom masculin) **1** Synonyme littéraire de berger. **2** Chez les protestants, personne qui dirige le culte. *Les fidèles se réunissent au temple pour écouter l'enseignement de leur **pasteur**.*

pasteuriser (verbe) (conj. 3) Détruire les microbes contenus dans les aliments en les chauffant. *On **pasteurise** le lait pour le conserver plus longtemps. Le fromage **pasteurisé**.*
★ **Pasteuriser** vient du nom de Louis *Pasteur*, chimiste et biologiste français du XIXe siècle, qui inventa ce procédé de conservation.

pastiche (nom masculin) Imitation du style d'un écrivain ou d'un artiste. *Cet humoriste fait des **pastiches** très amusants de poèmes célèbres.*

pastille (nom féminin) Petit bonbon rond et plat. *Des **pastilles** au miel.*

pastis (nom masculin) Boisson alcoolisée, parfumée à l'anis.
► Prononciation [pastis].

pastoral, ale, aux (adjectif) **1** Qui évoque les bergers, les pasteurs, la vie rustique. *« L'Astrée » est un roman **pastoral**.* **2** Qui concerne les pasteurs ou les prêtres, les ministres du culte. *L'évêque communique à ses fidèles ses directives **pastorales**.*

pastoureau, elle (nom) Petit berger, petite bergère. ***Pastoureaux** et **pastourelles** se retrouvent à la saint Jean.*
■ **pastourelle** (nom féminin) Genre lyrique du Moyen Âge qui fait dialoguer un chevalier et une bergère.

patachon (nom masculin) • **Une vie de patachon** : vie dissolue, désordonnée, dans la langue familière. *Il ne trouvera pas d'épouse avec sa vie de **patachon** !*

pataquès (nom masculin) Faute de liaison. *Dire « ce n'est pas-t-à moi » (au lieu de « pas à moi ») est un **pataquès**.*
► Prononciation [patakɛs].
★ **Pataquès** vient de la phrase ironique *je ne sais pas-t-à qui est-ce.*

patate (nom féminin) Synonyme familier de pomme de terre. *Des **patates** à l'eau.* • **Patate douce** : racine d'une plante tropicale, au goût sucré.

pataud, aude (adjectif) Dans la langue familière, lourd et maladroit dans ses mouvements. *Mon petit frère commence à marcher, il est un peu **pataud**.*

pataugeoire (nom féminin) Bassin peu profond pour les petits enfants. *Fatima se baigne dans la **pataugeoire** car elle ne sait pas nager.*

patauger (verbe) (conj. 5) **1** Marcher sur un sol boueux ou dans l'eau. *Les enfants s'amusent à **patauger** dans les flaques.* **2** Synonyme familier de s'embrouiller. *Je **patauge** dans cette grille de mots croisés.*

patchwork (nom masculin) Tissu fait d'un assemblage de morceaux d'étoffe de couleurs différentes, cousus ensemble. *Une couverture en **patchwork**.*
▶ Prononciation [patʃwɔʀk].
★ **Patchwork** est un mot anglais formé de *patch* qui signifie « morceau » et de *work* qui signifie « ouvrage ».

pâte (nom féminin) Mélange de farine et d'eau ou de lait, que l'on pétrit et que l'on fait cuire. *De la **pâte** à tarte.* • **Mettre la main à la pâte** : participer à l'exécution d'une tâche. • **Pâte à modeler** : matière molle que l'on peut pétrir pour faire des formes. • **Pâte de fruits** : confiserie faite avec de la pulpe de fruits et du sucre.
■ **pâtes** (nom féminin pluriel) Aliment fait à base de semoule de blé. *Les nouilles, les spaghettis, les macaronis sont des **pâtes**.*

pâté (nom masculin) **1** Préparation faite de viande ou de poisson haché, cuite au four. *Du **pâté** de campagne.* **2** Tache d'encre faite sur du papier. *Ton stylo coule, tu as fait un gros **pâté** sur ton cahier.* • **Pâté de maisons** : maisons formant un bloc délimité par des rues. • **Pâté de sable** : tas de sable mouillé et moulé dans un seau. • **Pâté en croûte** : pâté de viande cuit dans une pâte.

pâtée (nom féminin) Mélange épais d'aliments pour nourrir certains animaux. *De la **pâtée** pour chiens.*

patelin (nom masculin) Synonyme familier de village. *Ils vivent dans un petit **patelin** perdu dans la montagne.*

patelle (nom féminin) Mollusque gastéropode à coquille conique. (Syn. **bernique**.)

patent, ente (adjectif) Qui est d'une évidence indiscutable. (Syn. **manifeste**.) *Leur désaccord est devenu **patent**.* • **Lettres patentes** : décision du roi écrite dans une lettre ouverte.

patente (nom féminin) Impôt direct perçu à l'occasion d'une activité industrielle ou commerciale. *La **patente** est remplacée en 1975 par la taxe professionnelle.*

patère (nom féminin) Portemanteau fixé à un mur. *William suspend son imperméable à une **patère**.*

paternalisme (nom masculin) Attitude d'un patron qui protège ses employés pour pouvoir mieux les diriger.

paternaliste (adjectif) Qui fait preuve de paternalisme. *Une entreprise **paternaliste**.*

paternel, elle (adjectif) **1** Du père. *En grandissant, il supporte mal l'autorité **paternelle**.* **2** Du côté du père. *Ibrahim ressemble à son grand-père **paternel**.*

paternité (nom féminin) **1** Fait d'être père. *Depuis la naissance de sa fille, il a découvert les joies de la **paternité**.* **2** Au sens figuré, fait d'être l'auteur de quelque chose. *Des savants américains revendiquent la **paternité** de cette découverte.*

pâteux, euse (adjectif) Qui a la consistance molle et collante de la pâte. *Cette purée est trop **pâteuse**.*

pathétique (adjectif) Qui est triste et émouvant. *C'est un spectacle **pathétique** de voir tous ces enfants abandonnés.* (Syn. **bouleversant**.)

pathogène (adjectif) Qui peut engendrer une maladie. *Une bactérie **pathogène**.*

pathologie (nom féminin) Étude scientifique et manifestation des maladies. *Le médecin a décelé une **pathologie** cardiaque.*

pathologique (adjectif) Qui est causé par une maladie. *Son teint jaune est un signe **pathologique**.*

pathos (nom masculin) Émotion pathétique exagérée. *Le **pathos** de son discours était un peu trop larmoyant.*
▶ Prononciation [patos].
★ **Pathos** est un mot grec qui signifie « affection, maladie ».

patibulaire (adjectif) Qui inquiète et n'inspire pas confiance. *Qui est cet individu à la mine **patibulaire** ?*

patiemment (adverbe) Avec patience. *Le train a du retard, je n'ai plus qu'à attendre **patiemment** son arrivée.* (Syn. **calmement**. Contr. **impatiemment**.)

patience (nom féminin) **1** Qualité d'une personne qui sait attendre sans perdre son calme. *Un peu de **patience**, le dîner sera prêt dans quelques minutes !* (Contr. **impatience**.) **2** Qualité d'une personne qui va jusqu'au bout sans se décourager. *Avec un peu de **patience**, tu arriveras à finir ce puzzle.* (Syn. **persévérance**.) **3** Jeu de cartes qui se joue tout seul. (Syn. **réussite**.)
★ **Patience** vient du latin *pati* qui signifie « supporter ».

① **patient, ente** (adjectif) **1** Qui fait preuve de patience. *La maîtresse est **patiente** avec ses élèves.* (Contr. **impatient**.) **2** Qui demande de la patience. *Le détective a découvert le coupable après de longues et **patientes** recherches.*
★ Famille du mot : **im**patiem**ment**, **im**patience, **im**patient, s'**im**patient**er**, patiem**ment**, patience, patient**er**.

② **patient, ente** (nom) Client d'un médecin. *Le chirurgien opère un de ses **patients**.*

patienter (verbe) (conj. 3) Attendre avec patience. *Le dentiste va vous recevoir, **patientez** un instant.*

patin (nom masculin) Pièce mobile qui frotte sur une roue. *Les **patins** des freins d'une bicyclette.* • **Patin à glace** : chaussure équipée d'une lame en métal pour glisser sur la glace. • **Patin à roulettes** : chaussure munie de roulettes pour glisser sur le sol.
★ Famille du mot : patin**age**, patin**er**, patin**ette**, patin**eur**, patin**oire**.

patinage (nom masculin) Sport pratiqué avec des patins à glace ou à roulettes. *Gaëlle fait du **patinage** artistique.*

patine (nom féminin) Couleur que prennent certains objets en vieillissant. *Cette table ancienne a une très jolie **patine**.*

patiner (verbe) (conj. 3) **1** Faire du patinage. *Le lac est gelé, nous allons pouvoir **patiner**.* **2** Tourner ou glisser sans avancer. *Les roues de la voiture se sont mises à **patiner** sur la route enneigée.*

patinette (nom féminin) Synonyme de trottinette.

patineur, euse (nom) Personne qui fait du patinage. *La **patineuse** glissait avec grâce et légèreté sur le lac gelé.*

patinoire (nom féminin) Piste aménagée pour le patinage sur glace. *Tous les samedis, Ibrahim va à la **patinoire**.*

patio (nom masculin) Cour intérieure d'une maison espagnole.
► Prononciation [pasjo].

pâtir (verbe) (conj. 11) Subir les conséquences néfastes de quelque chose. *Les cultures **ont pâti** de la sècheresse.*

pâtisserie (nom féminin) **1** Gâteau fait avec de la pâte sucrée, cuite au four. *Au dessert, vous avez le choix entre plusieurs **pâtisseries** : tarte, éclair ou millefeuille.* **2** Magasin du pâtissier.

pâtissier, ère (nom) Personne qui fait ou qui vend des gâteaux.

pâtisson (nom masculin) Sorte de courge, de couleur blanchâtre.

patois (nom masculin) Langue particulière à une région. *Dans ce village, les personnes âgées se parlent en **patois**.*

patraque (adjectif) Légèrement souffrant, dans la langue familière. *Quentin est un peu **patraque** ce soir.*
★ **Patraque** est un mot provençal.

pâtre (nom masculin) Synonyme littéraire de berger.

patriarcat (nom masculin) Régime social dans lequel l'autorité du père est prépondérante dans la famille. (Contr. **matriarcat**.)

patriarche (nom masculin) Vieil homme qui détient l'autorité dans une famille. *Tous respectent le **patriarche**.*

patricien, enne (nom et adjectif) Aristocrate, noble. *À Rome, un **patricien** descendait d'une famille de la classe noble et jouissait de privilèges.*

patrie (nom féminin) Pays natal auquel on est très attaché. *Ce réfugié politique a dû fuir sa **patrie**.*
★ Famille du mot : **com**patri**ote**, **s'ex**patri**er**, patri**ote**, patriot**ique**, patriot**isme**, **ra**patri**é**, **ra**patri**ement**, **ra**patri**er**.
★ **Patrie** vient du latin *pater* qui signifie « père ».

patrimoine (nom masculin) **1** Ensemble des biens et des richesses d'une famille. *Ils ont hérité du **patrimoine** de leurs parents.* **2** Ensemble des richesses communes à une collectivité. *Les châteaux de la Loire font partie du **patrimoine** artistique de la France.*

patriote (adjectif et nom) Qui aime beaucoup sa patrie et accepte de la servir. *Ces hommes sont des **patriotes** prêts à risquer leur vie pour défendre leur pays.*

patriotique (adjectif) Qui est inspiré par le patriotisme. *Les soldats défilaient en chantant des chants **patriotiques**.*

patriotisme (nom masculin) Attitude des patriotes. *Le **patriotisme** des exilés.*

① **patron, onne** (nom) **1** Personne qui dirige une entreprise. *Un **patron** d'usine. Un **patron** de café.* **2** Dans la religion chrétienne, saint ou sainte considérés comme les protecteurs d'un lieu ou d'une catégorie de personnes. *Saint Vincent est le **patron** des vignerons.*
★ Famille du mot : patron**age**, patron**al**, patron**at**, patron**ner**.

② **patron** (nom masculin) Modèle en papier servant à faire un vêtement. *La couturière m'a fait des jupes de couleurs différentes d'après le même **patron**.*

patronage (nom masculin) Protection accordée par une personne ou une organisation. *L'inauguration du stade s'est déroulée sous le **patronage** du préfet.*

patronal, ale, aux (adjectif) **1** Qui concerne les patrons d'entreprise. *Les organisations **patronales** défendent les intérêts des patrons.* **2** Qui concerne un saint patron. *Une fête **patronale** est organisée en l'honneur de la saint Vincent.*

patronat (nom masculin) Ensemble des patrons. *Le Premier ministre a reçu les représentants du **patronat**.*

patronner (verbe) (conj. 3) Fournir son patronage. *Plusieurs chaînes de télévision **ont patronné** un concert.*

patronnesse (adjectif féminin) • **Dame patronnesse** : personne qui patronne une œuvre de bienfaisance.

patronyme (nom masculin) Nom de famille. *Il faut inscrire votre **patronyme** et votre prénom sur ce questionnaire.*

patrouille (nom féminin) Petit groupe de soldats ou de policiers, chargé d'une mission. *Une **patrouille** de police fait des rondes dans le quartier.*

patrouiller (verbe) (conj. 3) Circuler en patrouille pour surveiller. *Des douaniers **patrouillent** près de la frontière.*

patte (nom féminin) **1** Membre d'un animal. *L'ours s'est dressé debout sur ses **pattes** arrière.* **2** Languette de cuir ou de tissu. *Hélène a un petit sac qui se ferme avec une **patte**.*

patte-d'oie (nom féminin) Embranchement où se croisent plusieurs routes.
▶ Pluriel : des **pattes-d'oie**.

pâturage (nom masculin) Prairie où paît le bétail. *Le berger conduit ses moutons vers les hauts **pâturages** pour l'été.*

pâture (nom féminin) Ce qui sert de nourriture à un animal. *L'hirondelle porte la **pâture** à ses petits.*

paume (nom féminin) Creux de la main. *Anna serre quelques pièces de monnaie dans la **paume** de sa main.* • **Jeu de paume :** ancien sport dans lequel les adversaires se renvoyaient la balle avec la paume de la main.

paumelle (nom féminin) Pièce métallique qui permet le pivotement d'une porte, d'une fenêtre, d'un volet.

paumer (verbe) (conj. 3) Synonyme familier de perdre. *Pierre a encore **paumé** ses clés.*

paupérisation (nom féminin) Appauvrissement d'une population. *La **paupérisation** de la classe ouvrière est inquiétante.*

paupière (nom féminin) Membrane de peau bordée de cils qui protège l'œil.

paupiette (nom féminin) Tranche de viande roulée, ficelée et farcie. *Des **paupiettes** de veau.*

pause (nom féminin) Arrêt momentané qui permet de se reposer. *Tu as beaucoup travaillé, tu as besoin d'une petite **pause** de dix minutes.*

pauvre (adjectif et nom) **1** Qui manque d'argent pour vivre de façon normale. *Ces **pauvres** gens vivent dans un taudis. Cette association s'occupe des **pauvres** du quartier.* (Syn. **indigent.** Contr. **riche.**) **2** Qui inspire la pitié. *Le **pauvre** chien tremblait de froid. Le **pauvre** ! Il a encore échoué à son examen.* (Syn. **malheureux.**)
■ **pauvre** (adjectif) Qui n'a pas beaucoup de ressources. *Cette région sèche et aride est très **pauvre**.* (Contr. **fertile.**)
★ Famille du mot : **ap**pauv**rir**, pauvre**ment**, pauvre**té**.

pauvrement (adverbe) D'une manière pauvre. *Il vit **pauvrement** dans une mansarde.*

pauvreté (nom féminin) État d'une personne pauvre. *Depuis que leur père est au chômage, ils vivent dans la **pauvreté**.* (Syn. **dénuement.** Contr. **richesse.**)

pavage (nom masculin) Revêtement fait de pavés ou de dalles.

se **pavaner** (verbe) (conj. 3) Circuler de façon orgueilleuse pour se faire remarquer. *Il **se pavane** dans sa nouvelle voiture de sport.*
★ **Se pavaner** vient du mot *paon* : un paon qui fait la roue se pavane.

pavé (nom masculin) Petit bloc de pierre taillé qui servait au revêtement des rues. *Benjamin n'aime pas faire du vélo sur les **pavés**.*

paver (verbe) (conj. 3) Couvrir un sol avec des pavés ou des dalles. *On **a pavé** la rue piétonne du centre-ville.*

pavillon (nom masculin) **1** Petite maison, le plus souvent entourée d'un jardin. *Les cousins d'Élodie vivent dans un **pavillon** en banlieue.* **2** Petit drapeau qui flotte sur un bateau. *Ce voilier navigue sous **pavillon** grec.* **3** Partie extérieure de l'oreille.

pavillonnaire (adjectif) Qui est occupé par des pavillons. *Gaëlle habite une banlieue **pavillonnaire** lointaine.*

pavois (nom masculin) **1** Grand bouclier en usage au Moyen Âge. *Pour l'intronisation du roi, les hommes l'ont élevé sur le **pavois**.* **2** Ornementation de fête d'un navire. *Petit **pavois** ou grand **pavois** sont hissés les jours de victoire.*

pavoiser (verbe) (conj. 3) Décorer avec des drapeaux. *Toutes les mairies **sont pavoisées** à l'occasion du 11 novembre.*

pavot (nom masculin) Plante à fleurs blanches ou rouges que l'on cultive pour ses graines. *C'est du **pavot** blanc que l'on extrait l'opium.*

payable (adjectif) Qui doit être payé. *Les frais d'expédition sont **payables** à la livraison.*

payant, ante (adjectif) **1** Qu'il faut payer. *L'entrée du musée est **payante**.* (Contr. **gratuit.**) **2** Qui rapporte de l'argent ou des avantages. *Ses efforts ont été **payants** puisqu'il a fini par gagner.*

paye Voir ***paie***.

payer (verbe) (conj. 7) **1** Donner de l'argent en échange de ce que l'on achète. *Il **a payé** ce blouson 50 euros.* **2** Donner à quelqu'un l'argent qui lui est dû. *Le locataire **paye** son loyer. Vous **serez payé** à la fin du mois.* **3** Être profitable ou rentable. *Sa réussite l'**a payé** de tous ses efforts.* **4** Subir les conséquences d'un acte. *Il s'est moqué de moi mais il me le **paiera** !*
★ Famille du mot : paie, pai**ement**, pay**able**, pay**ant**, paye, pay**eur**.

payeur, euse (nom) • **Mauvais payeur :** personne qui ne paye pas ou paye en retard l'argent qu'elle doit.

pays (nom masculin) **1** Territoire séparé des autres par des frontières et dirigé par un gouvernement. *L'Espagne, l'Italie, la Belgique sont des **pays** européens.* **2** Région géographique. *Si vous allez en Alsace, il faut goûter les vins du **pays**.*
★ Famille du mot : arrière-pays, **dé**pays**ant**, **dé**payse**ment**, **dé**pays**er**.

a b c d e f g h i j k l m n o p q r s t u v w x y z

paysage (nom masculin) Étendue que l'on voit d'un endroit. *Les promeneurs s'arrêtaient pour regarder le **paysage**.* (Syn. **panorama.**)

paysager, ère (adjectif) Organisé, décoré à la manière d'un paysage naturel. *Un très joli jardin **paysager**.*
▶ On écrit aussi **paysagé, ée**.

paysagiste (nom) Personne qui aménage et entretient des jardins ou des parcs.

paysan, anne (nom) Personne qui vit de la culture de la terre ou de l'élevage des animaux. *Cette ferme et ces champs de blé appartiennent à un riche **paysan**.* (Syn. **agriculteur, cultivateur.**)
▪ **paysan, anne** (adjectif) Qui concerne les paysans ou la campagne. *C'est un citadin qui ne connaît rien à la vie **paysanne**.*

paysannerie (nom féminin) Ensemble des paysans. *La **paysannerie** chinoise.*

PC (nom masculin) Synonyme de micro-ordinateur.
★ PC est le sigle des mots anglais *personal computer* qui signifient « ordinateur individuel ».

PDA (nom masculin) Ordinateur de poche. *J'ai noté son adresse sur mon **PDA**.*
★ PDA est le sigle de *personal digital assistant*.

P-DG (nom masculin) Abréviation de président-directeur général. *Il est **P-DG** d'une compagnie aérienne.*
▶ Prononciation [pedeʒe].

péage (nom masculin) **1** Somme d'argent qu'il faut payer pour passer à certains endroits. *Un pont à **péage**.* **2** Endroit où l'on paye ce droit. *Ralentis, on arrive au **péage** de l'autoroute.*

péan (nom masculin) Chant de victoire.

peau, peaux (nom féminin) **1** Enveloppe souple qui couvre le corps des hommes et de certains animaux. *Elle utilise une crème pour hydrater sa **peau**. Un animal qui mue change de **peau**.* **2** Cuir fait avec la peau tannée d'un animal. *Une veste en **peau** de mouton.* **3** Enveloppe d'un fruit. *Fatima n'aime pas manger les pêches avec la **peau**.* **4** Pellicule fine qui se forme à la surface du lait qui a bouilli. • **Être bien** *ou* **mal dans sa peau** : se sentir à l'aise ou mal à l'aise. • **N'avoir que la peau sur les os** : être extrêmement maigre. • **Se mettre dans la peau de quelqu'un** : s'imaginer être à sa place. *C'est un excellent acteur qui sait **se mettre dans la peau de** son personnage.*

peaufiner (verbe) (conj. 3) Parfaire, fignoler, dans la langue familière. *Hélène a **peaufiné** sa rédaction.*

Peau-Rouge (nom) Indien d'Amérique du Nord. *Les **Peaux-Rouges** se teignaient le visage avec une peinture ocre.*
▶ Pluriel : des **Peaux-Rouges**.

pécan (nom masculin) Fruit d'un arbre d'Amérique du Nord dont l'amande est comestible. *Des cookies avec des noix de **pécan**.*

pécari (nom masculin) Mammifère sauvage d'Amérique qui ressemble au cochon.

peccadille (nom féminin) Petite faute sans importance. *Nous n'allons pas nous fâcher pour des **peccadilles** !*
★ **Peccadille** vient d'un mot espagnol qui signifie « petit péché ».

① **pêche** (nom féminin) **1** Action de pêcher des poissons. *Clément aime aller à la **pêche** à la ligne sur les bords de l'étang.* **2** Poisson pêché. *Si tu ramènes une bonne **pêche**, je ferai une friture.*
★ Famille du mot : pêch**er**, pêch**eur**, **re**pêch**er**.

② **pêche** (nom féminin) Fruit du pêcher, à la peau veloutée, à gros noyau très dur et à chair juteuse.

péché (nom masculin) Faute que l'on commet en faisant ce qui est interdit par la religion.
★ Famille du mot : péch**er**, péch**eur**.

pécher (verbe) (conj. 8) Commettre un péché. *Il **a péché** par orgueil.*

① **pêcher** (verbe) (conj. 3) Prendre du poisson. *Ce saumon **a été pêché** en Écosse.*

② **pêcher** (nom masculin) Arbre fruitier qui donne des pêches.

pécheur, euse (nom) Personne qui a commis des péchés.

pêcheur, euse (nom) Personne qui pêche. *Un **pêcheur** à la ligne. Les **pêcheurs** remontent leurs filets.*

pectine (nom féminin) Substance blanche sécrétée par de nombreuses plantes. *La **pectine** de la pomme est utilisée dans la fabrication de nombreuses confitures.*
★ **Pectine** vient du grec *pêktos* qui signifie « coagulé ».

pectoraux (nom masculin pluriel) Muscles de la poitrine. *Il fait des haltères pour développer ses **pectoraux**.*

pécule (nom masculin) Somme d'argent économisée peu à peu. *Avec son **pécule**, il s'est acheté un ordinateur.*

pécuniaire (adjectif) Qui concerne l'argent. *Ils sont dans une situation **pécuniaire** difficile.*

péd- Élément tiré du latin *pes* qui signifie « pied » (exemples : *pédestre, quadrupède*).

péd(o)- Élément tiré du grec *pais* qui signifie « enfant, jeune garçon », ou de *paideuein*, « élever, instruire » (exemples : *pédiatre, encyclopédie*).

pédagogie (nom féminin) Science de l'éducation. *Si tu veux devenir professeur, tu dois étudier la **pédagogie**.*
★ Famille du mot : pédagog**ique**, pédago**gue**.

pédagogique (adjectif) De la pédagogie. *On utilise les ordinateurs dans les nouvelles méthodes **pédagogiques**.*

pédagogue (nom) Personne qui sait bien enseigner. *Ce maître est un excellent **pédagogue**.*

pédale (nom féminin) Pièce qui fait fonctionner un mécanisme quand on appuie dessus avec le pied. *Les **pédales** d'un vélo.* • **Perdre les pédales** : dans la langue familière, perdre la tête.
★ Famille du mot : pédaler, pédalier, pédalo.

pédaler (verbe) (conj. 3) Appuyer sur les pédales. *C'est dur de **pédaler** dans les montées !*

pédalier (nom masculin) Mécanisme composé des pédales, du pignon et des roues dentées d'une bicyclette. *Le **pédalier** fait tourner la chaîne d'un vélo.*

pédalo (nom masculin) Petite embarcation munie de flotteurs que l'on fait avancer avec des pédales. *On a loué un **pédalo** pour faire une promenade en mer.*
★ **Pédalo** est le nom d'une marque.

pédant, ante (adjectif) Qui étale ses connaissances de façon prétentieuse. *C'est un homme **pédant** et ennuyeux.*

pédéraste (nom masculin) Homosexuel. *Marcel Proust était un **pédéraste**.*
► On dit aussi dans la langue familière **pédé**.

pédestre (adjectif) Que l'on fait à pied. *Une randonnée **pédestre**.*

pédiatre (nom) Médecin qui soigne les enfants. *Elle va faire vacciner son bébé chez la **pédiatre**.*

pédiatrie (nom féminin) Branche de la médecine concernant les enfants.

pédicelle (nom masculin) **1** Fin pédoncule. *Les fleurs du cerisier ont de longs **pédicelles**.* **2** Chez les insectes, partie de l'antenne.

pédicule (nom masculin) **1** Élément qui rattache un organe au reste du corps ou à un ensemble fonctionnel. *Les vaisseaux qui relient le placenta à l'embryon forme le **pédicule** embryonnaire.* **2** Queue, pied de certaines plantes. *Le **pédicule** de ce champignon est tout blanc.*

pédicure (nom) Personne qui soigne les pieds. *Si tu as des cors aux pieds, va voir un **pédicure**.*

pedigree (nom masculin) Document qui indique et garantit l'origine d'un animal de race pure. *C'est un très beau chien mais il n'a pas de **pedigree**.*
► **Pedigree** est un mot anglais : on prononce [pedigʀe].
► On écrit aussi **pédigrée**.

pédiluve (nom masculin) Bassin peu profond dans lequel on se lave les pieds. *À la piscine, le passage dans le **pédiluve** est obligatoire.*

pédologie (nom féminin) Étude scientifique des sols. *La **pédologie** s'intéresse aux caractères chimiques, physiques et biologiques des sols.*

pédoncule (nom masculin) Petite queue qui rattache la fleur ou le fruit à la branche.

pédophile (nom) Adulte qui a une attirance sexuelle pour les enfants. *Le **pédophile** a été arrêté.*

pègre (nom féminin) Ensemble des voleurs, des escrocs, des criminels. *C'est un homme dangereux qui fait partie de la **pègre**.*

peigne (nom masculin) Instrument à dents qui sert à démêler et à coiffer les cheveux. *Donne-toi un coup de **peigne** avant de partir.* • **Passer au peigne fin** : contrôler minutieusement.

peigner (verbe) (conj. 3) Démêler et lisser les cheveux à l'aide d'un peigne. *Maman **peigne** ma petite sœur. Julie se **peigne** devant la glace avant de sortir.* (Syn. **coiffer**.)
★ Famille du mot : dépeigner, peigne.

peignoir (nom masculin) Vêtement ample qui se ferme devant avec une ceinture. *Un **peignoir** de bain.*

peinard, arde (adverbe) Synonyme familier de tranquille, paisible. *Ce boulot est vraiment très **peinard**.*
► On écrit aussi **pénard**.

peindre (verbe) (conj. 35) **1** Couvrir de peinture. *On **a peint** les volets de la maison en vert clair.* **2** Représenter des choses réelles ou imaginées en se servant de la peinture. *Léonard de Vinci **a peint** la Joconde.* **3** Décrire en parlant ou en écrivant. *Cet écrivain **a** très bien **peint** la vie des mineurs du XIXe siècle.*
★ Famille du mot : dépeindre, peintre, peinture, repeindre.

peine (nom féminin) **1** Souffrance morale. *Tes reproches m'ont fait beaucoup de **peine**.* (Syn. **chagrin**.) **2** Punition infligée par la justice à un coupable. *L'accusé a été condamné à une **peine** de cinq ans de prison.* **3** Effort qu'il faut fournir pour faire ou obtenir quelque chose. *Il s'est donné beaucoup de **peine** mais il a réussi. N'allez pas voir ce film, cela n'en vaut pas la **peine**.* • **À peine** : presque pas ou depuis peu de temps. *L'orchestre est trop loin, on l'entend **à peine**.* • **Ce n'est pas la peine** : c'est inutile.

peiner (verbe) (conj. 3) **1** Causer de la peine. *Le départ de son ami l'**a** beaucoup **peiné**.* (Syn. **affliger**, **attrister**.) **2** Avoir de la difficulté à faire quelque chose. *Les cyclistes **ont peiné** dans la côte.*

peintre (nom masculin) **1** Personne qui peint des murs, des bâtiments. *Un **peintre** repeint la façade de l'immeuble.* **2** Artiste qui peint des tableaux. *Picasso est un **peintre** célèbre.*

peinture (nom féminin) **1** Matière liquide et colorante qui sert à peindre. *De la **peinture** à l'huile, de la **peinture** acrylique.* **2** Art de peindre. *David prend des cours de **peinture**.* **3** Ouvrage d'un artiste peintre. *Il expose ses **peintures** dans une galerie de New York.* (Syn. **tableau**.)

peinturlurer (verbe) (conj. 3) Barbouiller de couleurs voyantes, dans la langue familière.

péjoratif, ive (adjectif) Qui exprime un jugement négatif, une critique. *« Braillard », « frimeur » sont des mots **péjoratifs**.*

pékinois (nom masculin) Petit chien à poil long, à oreilles pendantes, dont le museau paraît écrasé.

pelage (nom masculin) Ensemble des poils d'un mammifère. *Un loup au **pelage** gris.*

pélagique (adjectif) Qui vit, se trouve en haute mer. *Le thon est une espèce **pélagique**.*

pelé, ée (adjectif) Qui a perdu ses poils. *Un vieux chien **pelé**.*

pêle-mêle (adverbe) En désordre, n'importe comment. *Il a mis quelques vêtements **pêle-mêle** dans son sac de voyage.* (Syn. **en vrac.**)
► On écrit aussi **pêlemêle**.

peler (verbe) (conj. 8) **1** Enlever la peau d'un fruit. *Pour faire de la compote, il faut d'abord **peler** les pommes.* **2** Perdre sa peau par petits morceaux. *Kevin a un coup de soleil, son dos **pèle**.*

pèlerin (nom masculin) Personne qui fait un pèlerinage. *De nombreux **pèlerins** vont prier à Lourdes.*

pèlerinage (nom masculin) Voyage que l'on fait pour aller prier dans un lieu saint. *Pour les musulmans, La Mecque est un lieu de **pèlerinage**.*

pèlerine (nom féminin) Large manteau sans manches, parfois muni d'un capuchon.
★ La **pèlerine** était le manteau des *pèlerins*.

pélican (nom masculin) Grand oiseau palmipède des régions chaudes, à bec en forme de poche où il accumule de la nourriture pour ses petits.

pelisse (nom féminin) Manteau doublé de fourrure. *En hiver, elle porte une pelisse.*

pelle (nom féminin) Outil formé d'une plaque munie d'un manche. *Les enfants font des pâtés de sable avec leur **pelle** et leur râteau.*
★ Famille du mot : pellet**ée**, pelle**teuse**.

pelletée (nom féminin) Contenu d'une pelle. ***Une pelletée** de sable.*

pelleteuse (nom féminin) Engin mécanique muni de roues ou de chenilles, qui sert à déplacer des grandes quantités de matériaux. *La **pelleteuse** creuse une tranchée très profonde pour les canalisations.*

pellicule (nom féminin) **1** Petite écaille de peau morte qui se détache du cuir chevelu. *Papa utilise un shampoing spécial contre les **pellicules**.* **2** Couche fine d'une matière. *Les fenêtres sont couvertes d'une **pellicule** de givre.* **3** Feuille mince couverte d'une substance sensible à la lumière. *J'ai acheté des **pellicules** pour faire des photos pendant les vacances.* (Syn. **film.**)

pelote (nom féminin) Boule formée d'un long fil enroulé sur lui-même. *J'ai acheté des **pelotes** de laine pour tricoter une écharpe.* • **Pelote basque** : sport qui consiste à faire rebondir une balle sur un mur.

peloton (nom masculin) Ensemble de coureurs qui restent groupés pendant une course. *C'est un cycliste italien qui est en tête du **peloton**.* • **Peloton d'exécution** : groupe de soldats désignés pour fusiller un condamné.

se **pelotonner** (verbe) (conj. 3) Se mettre en boule. *La chatte **s'est pelotonnée** sous la couette.* (Syn. **se blottir.**)

pelouse (nom féminin) Terrain couvert de gazon. *Les deux équipes pénètrent sur la **pelouse** du terrain de football.*

peluche (nom féminin) **1** Tissu à poils soyeux qui ressemble à de la fourrure. *Des animaux en **peluche**.* **2** Animal en peluche. *Gaëlle a une collection de **peluches**.*
▪**peluches** (nom féminin pluriel) Petits brins de tissu qui se détachent. *Cette veste de laine fait des **peluches**.*
★ Famille du mot : peluch**er**, peluch**eux**.
★ **Peluche** vient de l'ancien français *peluchier* qui signifie « éplucher ».

pelucher (verbe) (conj. 3) Se détacher en peluches. *Cette couverture commence à **pelucher**.*

pelucheux, euse (adjectif) Qui fait des peluches. *Mon pull est devenu **pelucheux** dès le premier lavage.*

pelure (nom féminin) Peau d'un fruit ou d'un légume qui a été pelé. *Pour faire ses confitures, maman garde une partie des **pelures** d'oranges.*

pelvis (nom masculin) Bassin, en anatomie. *Le médecin doit faire une radio de son **pelvis**.*
► Prononciation [pɛlvis].

pénal, ale, aux (adjectif) Qui concerne les peines et les crimes. *Son excès de vitesse va faire l'objet d'un jugement **pénal**.*

pénaliser (verbe) (conj. 3) Infliger une peine à quelqu'un. *Ce chauffard va **être pénalisé** pour conduite en état d'ivresse.* (Syn. **sanctionner.**)

pénalité (nom féminin) Punition infligée à quelqu'un qui a agi contre les règles.

penalty (nom masculin) Coup de pied de pénalité qu'un joueur de football a le droit de tirer seul devant le gardien de but adverse.
► **Penalty** est un mot anglais : on prononce [penalti].
► Pluriel : des **penaltys** ou des **penalties**.

pénard Voir ***peinard***.

pénates (nom masculin pluriel) • **Regagner ses pénates** : rentrer chez soi, dans la langue familière.
★ Le mot latin *penates* désignait chez les Romains les dieux protecteurs du foyer.

penaud, aude (adjectif) Qui est honteux et confus. *Kevin se sent **penaud** après avoir fait une telle bêtise.*

penchant (nom masculin) Goût qu'on éprouve pour quelque chose ou pour quelqu'un. *Cet enfant semble avoir un **penchant** pour la musique.* (Syn. **inclination.**)

pencher (verbe) (conj. 3) **1** Incliner vers le bas. *Si tu **penches** un peu la tête, tu peux voir la rivière de ta fenêtre. Hélène se **penche** pour cueillir des fleurs.* **2** Ne pas être vertical ou en équilibre. *Pierre a peur* *car le bateau* ***penche.*** **3** Se pencher sur quelque chose : s'y intéresser. *Des chercheurs* ***se penchent sur*** *ce nouveau virus.*

pendable (adjectif) Mauvais, condamnable. *Ce garnement a joué un tour* ***pendable*** *à son père qui l'a puni.*

pendaison (nom féminin) Action de pendre quelqu'un ou de se pendre. *Au Moyen Âge, les condamnés à mort étaient exécutés par* ***pendaison.***

① **pendant** (préposition) Indique le moment d'une action. *Ils se sont rencontrés* ***pendant*** *un voyage.* (Syn. **durant.**)
▪ **pendant que** (conjonction) Dans le même temps que. *Je mets la table* ***pendant que*** *tu prépares le repas.* (Syn. **tandis que.**)

② **pendant, ante** (adjectif) Qui pend. *Les épagneuls ont les oreilles* ***pendantes.***

pendeloque (nom féminin) Élément suspendu à un bijou, à un lustre. *Quand Fatima bouge la tête, ses* ***pendeloques*** *s'animent.*

pendentif (nom masculin) Bijou suspendu à une chaîne. *Julie porte une jolie perle en* ***pendentif.***

penderie (nom féminin) Placard dans lequel on suspend des vêtements. *Ton manteau est sur un cintre dans la* ***penderie.***

pendre (verbe) (conj. 31) **1** Être accroché par le haut. *Une ampoule* ***pend*** *au plafond.* **2** Suspendre quelque chose. *Laura* ***a pendu*** *sa robe mouillée sur un cintre pour qu'elle sèche.* **3** Faire mourir quelqu'un en le suspendant par le cou avec une corde. *Ce pauvre homme* ***s'est pendu.***
★ Famille du mot : pend**able**, pend**aison**, pend**ant**, pend**eloque**, pend**entif**, pend**erie**, pend**u**, **sus**pendre, **sus**pend**u**.

pendu, ue (nom) Personne morte par pendaison.

pendulaire (adjectif) Qui rappelle le mouvement du pendule. *Le mouvement* ***pendulaire*** *du balancier de l'horloge.*

① **pendule** (nom masculin) Objet suspendu à un fil et qui oscille.

② **pendule** (nom féminin) Petite horloge accrochée au mur ou posée sur un meuble.

pendulette (nom féminin) Petite pendule.

pêne (nom masculin) Pièce d'une serrure qui se déplace quand on tourne la clé.

pénétrant, ante (adjectif) **1** Qui pénètre, transperce. *Un froid* ***pénétrant.*** **2** Qui est aigu et perçant. *Myriam a un beau regard bleu et* ***pénétrant.***

pénétration (nom féminin) **1** Action, fait de pénétrer. *La peau fait barrière à la* ***pénétration*** *des microbes dans l'organisme.* **2** Qualité d'un esprit fin, qui comprend facilement. *Son analyse du texte de cet auteur témoigne d'une grande* ***pénétration.*** (Syn. **perspicacité.**)

pénétrer (verbe) (conj. 8) **1** Entrer dans un lieu. *Avant de* ***pénétrer*** *dans la mosquée, les musulmans retirent leurs chaussures.* **2** Au sens figuré, parvenir à comprendre. *Noémie est très secrète et il n'est pas facile de* ***pénétrer*** *ses intentions.*
★ Famille du mot : im**pénétrable**, pénétr**ant**, pénétr**ation**.

pénible (adjectif) **1** Qui se fait avec de la peine, des efforts. *Défoncer la chaussée au marteau-piqueur est un travail très* ***pénible.*** **2** Qui cause de la peine, du chagrin. *La mort de sa grand-mère a été un évènement très* ***pénible*** *pour Quentin.*

péniblement (adverbe) Avec peine. *Romain monte* ***péniblement*** *la côte.* (Syn. **difficilement.** Contr. **aisément, facilement.**)

péniche (nom féminin) Long bateau à fond plat qui sert au transport des marchandises sur les fleuves ou les canaux.

pénicilline (nom féminin) Antibiotique qui combat les infections.

péninsule (nom féminin) Grande presqu'île. *L'Italie est une* ***péninsule.***
★ **Péninsule** vient des mots latins *paene* qui signifie « presque », et *insula* qui signifie « île ».

pénis (nom masculin) Organe génital de l'homme et des animaux mâles. (Syn. **verge.**)
▶ Prononciation [penis].
★ **Penis** est un mot latin qui signifie « queue ».

pénitence (nom féminin) Synonyme de punition. *Comme* ***pénitence,*** *il a été privé de dessert !*
★ Famille du mot : pénitenc**ier**, pénitenti**aire**.

pénitencier (nom masculin) Synonyme de prison. *Un* ***pénitencier*** *militaire.*

pénitentiaire (adjectif) Qui a un rapport avec la prison. *Cet établissement* ***pénitentiaire*** *est isolé de tout.*

penne (nom féminin) Grande plume des ailes et de la queue d'un oiseau.

pénombre (nom féminin) Lumière faible et douce. *Odile a tiré les volets de sa chambre et se repose dans la* ***pénombre.***
★ **Pénombre** vient des mots latins *paene* qui signifie « presque », et *umbra* qui signifie « ombre ».

pensable (adjectif) Qu'on peut imaginer. *Ce n'est pas* ***pensable*** *de prendre la route avec un tel brouillard !* (Syn. **imaginable.** Contr. **impensable.**)

pense-bête (nom masculin) Moyen employé pour ne pas oublier quelque chose. *Pour ne pas oublier les anniversaires de la famille, Thomas s'est fait un* ***pense-bête.***
▶ Pluriel : des **pense-bêtes**.

pensée (nom féminin) **1** Faculté de penser, de réfléchir. *Je serai demain avec toi par la* ***pensée.*** **2** Ce qu'on pense. *Sarah est une enfant très secrète et réservée, elle livre peu ses* ***pensées.*** (Syn. **idée, opinion.**) **3** Fleur diversement colorée aux larges pétales veloutés.

penser (verbe) (conj. 3) **1** Concevoir des idées et des jugements dans son esprit. *Il* ***pense*** *longuement avant d'agir.* **2** Avoir dans l'esprit. *Il ne dit jamais ce qu'il* ***pense.*** **3** Avoir telle opinion. *Je* ***pense*** *qu'il*

a raison. (Syn. **croire, estimer.**) **4** Avoir un projet, une intention. *Nous **pensons** partir demain, au lever du jour.* (Syn. **envisager.**) **5** Ne pas oublier. *Surtout, **pense** à prendre ton parapluie car il va pleuvoir.*
★ Famille du mot : arrière-pensée, **im**pens**able**, pensa**ble**, pense-bête, pensée, pens**eur**, pens**if**.

penseur (nom masculin) Personne qui pense et réfléchit sur les grands problèmes de la vie. *Voltaire et Rousseau furent de grands **penseurs**.*

pensif, ive (adjectif) Qui est plongé dans ses pensées. *Ursula regarde dehors d'un air **pensif**.* (Syn. **songeur.**)

pension (nom féminin) **1** Synonyme de pensionnat. *L'année prochaine, Zoé ira en **pension**.* **2** Prix d'une chambre et des repas dans un hôtel. *Seules les boissons ne sont pas comprises dans la **pension**.* **3** Somme d'argent que quelqu'un reçoit régulièrement. *Cet homme est aveugle, il touche une **pension** d'invalidité.*
★ Famille du mot : demi-pension, demi-pension**naire**, pension**naire**, pension**nat**, pension**né**.

pensionnaire (nom) **1** Élève qui habite et prend ses repas dans l'établissement scolaire qu'il fréquente. *Victor sera **pensionnaire** l'année prochaine.* (Syn. **interne.**) **2** Personne qui paie une pension pour être nourrie et logée. *Les **pensionnaires** de l'hôtel ont été invités à un cocktail.*

pensionnat (nom masculin) Établissement scolaire qui accueille des pensionnaires. *Dans ce **pensionnat**, les élèves dorment dans des dortoirs.* (Syn. **pension.**)

pensionné, ée (adjectif et nom) Qui touche une pension. *Blessé à la guerre, il est **pensionné**.*

pensum (nom masculin) Travail ennuyeux. *C'est un vrai **pensum** pour William de ranger sa chambre !* (Syn. **corvée.**)
► Prononciation [pɛ̃sɔm].
★ **Pensum** est un mot latin qui signifie « poids » et désignait le poids de laine que les esclaves devaient filer chaque jour.

penta- Élément tiré du grec *pente* qui signifie « cinq » (exemple : *pentagone*).

pentagone (nom masculin) Figure géométrique qui a cinq côtés et cinq angles.
► Prononciation [pɛ̃tagon].
★ **Pentagone** vient d'un mot grec formé de *penta* qui signifie « cinq » et de *gônia* qui signifie « angle ».

pente (nom féminin) Terrain ou surface inclinés. *Anna a du mal à gravir la **pente** à vélo.* • **Être sur une mauvaise pente** : se laisser aller à de mauvais penchants. • **Remonter la pente** : aller mieux après une période difficile.

Pentecôte (nom féminin) Fête chrétienne célébrée le septième dimanche après Pâques. *Le lundi de **Pentecôte** est un jour férié.*

pentu, ue (adjectif) En forte pente. *Un toit **pentu**.*

pénultième (adjectif et nom féminin) Avant-dernier. *La **pénultième** est l'avant-dernière syllabe d'un mot.*
★ **Pénultième** vient du latin *pæne* qui signifie « presque », et *ultimus* qui signifie « dernier ».

pénurie (nom féminin) Manque de ce qui est indispensable. *La **pénurie** de vivres et d'eau est dramatique dans cette région.* (Contr. **abondance.**)

péon (nom masculin) Ouvrier agricole, en Amérique latine. *Les **péons** ne possèdent pas de terre.*
★ **Péon** est un mot espagnol.

pépier (verbe) (conj. 10) Pousser des petits cris, quand ce sont de jeunes oiseaux.

pépin (nom masculin) **1** Petite graine de certains fruits. *Les citrons, les pommes, les raisins ont des **pépins**.* **2** Synonyme familier d'ennui. *On a eu des **pépins** sur la route : une crevaison et une panne d'essence !*
★ Famille du mot : **é**pépin**er**, pépin**ière**, pépinié**riste**.

pépinière (nom féminin) Terrain où sont plantés de jeunes arbres destinés à être replantés ailleurs.

pépiniériste (nom) Personne qui s'occupe d'une pépinière.

pépite (nom féminin) Morceau d'or pur. *Des chercheurs d'or ont trouvé des **pépites** dans ce torrent.*

péplum (nom masculin) Grande pièce de tissu dont s'habillaient les femmes de l'Antiquité.
► Prononciation [peplɔm].

perçant, ante (adjectif) Qui est très aigu et fait mal aux oreilles. *Les cris **perçants** des enfants en récréation.* • **Avoir une vue perçante** : une très bonne vue.

percée (nom féminin) **1** Ouverture qui permet un passage ou un point de vue. *Cette forêt est très dense, il faut trouver une **percée** pour y pénétrer.* (Syn. **trouée.**) **2** Action de pénétrer la ligne de défense de l'adversaire. *Les joueurs ont réussi une **percée** dans la défense adverse.*

percement (nom masculin) Action de percer. *Le **percement** d'un tunnel nécessite de gros engins.*

perce-neige (nom masculin ou féminin) Petite fleur blanche à clochettes qui pousse à la fin de l'hiver. *La pelouse est parsemée de **perce-neiges**.*
► Pluriel : des **perce-neiges** ou des **perce-neige**.

perce-oreille (nom masculin) Petit insecte dont l'abdomen se termine par une pince.
► Pluriel : des **perce-oreilles**.

percepteur (nom masculin) Fonctionnaire qui perçoit les impôts.

perceptible (adjectif) Qui peut être perçu par les sens. *Cette étoile est peu **perceptible** à l'œil nu.* (Contr. **imperceptible.**)

perception (nom féminin) **1** Fait de percevoir par les sens. *Xavier est enrhumé, il a une mauvaise **per-***

ception *des odeurs.* **2** Bureau du percepteur. *Il est allé se renseigner à la* ***perception*** *sur les réductions d'impôts.*
★ Famille du mot : imperceptible, imperceptiblement, percepteur, perceptible, percevoir.

percer (verbe) (conj. 4) **1** Faire un trou ou une ouverture. ***Percer*** *un mur, un tunnel.* **2** Au sens figuré, comprendre ou découvrir quelque chose. ***Percer*** *un secret, un mystère.* **3** Pousser en sortant de la gencive. *Le bébé est grognon car il a plusieurs dents qui* ***percent****.*
★ Famille du mot : perçant, percée, percement, perce-neige, perce-oreille, perceuse, transpercer.

perceuse (nom féminin) Machine servant à percer des trous.

percevoir (verbe) (conj. 21) **1** Connaître par les organes des sens. *Il a le nez bouché et ne* ***perçoit*** *plus les odeurs.* **2** Saisir par l'esprit. *J'****ai perçu*** *une certaine tristesse dans sa voix.* **3** Recevoir de l'argent. *On* ***perçoit*** *son salaire à la fin du mois. L'État* ***perçoit*** *des impôts et des taxes.*

① **perche** (nom féminin) Poisson d'eau douce à la chair appréciée.

② **perche** (nom féminin) Bâton long et mince. *Ces athlètes s'entraînent au saut à la* ***perche****.* • **Tendre la perche à quelqu'un** : l'aider à se tirer d'affaire.

se **percher** (verbe) (conj. 3) Se poser sur un endroit en hauteur. *La cigogne* ***s'est perchée*** *sur le toit de la cathédrale.* (Syn. **se jucher**.)

percheron (nom masculin) Grand cheval de trait, originaire du Perche. *Le* ***percheron*** *est connu pour être un bon trotteur.*

perchiste (nom) **1** Sportif qui pratique le saut à la perche. **2** Personne qui tient la perche au bout de laquelle se trouve un micro. *L'ingénieur du son est assisté par un* ***perchiste****.* (Syn. **perchman**.)

perchman (nom masculin) Synonyme de perchiste, au sens 2.
▶ **Perchman** est un mot anglais : on prononce [pɛʀʃman].

perchoir (nom masculin) Endroit où se perchent les oiseaux. *Les perruches sont sur le* ***perchoir*** *de leur cage.*

perclus, use (adjectif) • **Être perclus de rhumatismes** : être handicapé par des rhumatismes.

percolateur (nom masculin) Appareil à vapeur permettant de faire du café en grande quantité. *Le barman nettoie le* ***percolateur*** *chaque soir.*
★ **Percolateur** vient du mot latin *percolare* qui signifie « filtrer ».

percussion (nom féminin) • **À percussion** : se dit d'un instrument de musique que l'on frappe pour en jouer. *La batterie, le tambour, les cymbales sont des instruments* ***à percussion****.*

percussionniste (nom) Musicien qui joue d'un instrument à percussion.

percutané, ée (adjectif) Qui est fait à travers la peau. *Ce médicament doit être administré par voie* ***percutanée*** *grâce à une piqûre.*
★ **Percutané** vient des mots latins *per* qui signifie « à travers » et *cutis* qui signifie « peau ».

percutant, ante (adjectif) Qui fait beaucoup d'effet. *Cet argument* ***percutant*** *a convaincu tout le monde.*

percuter (verbe) (conj. 3) Heurter violemment. *La voiture a glissé sur le verglas et est allée* ***percuter*** *un mur.*

perdant, ante (adjectif et nom) Qui a perdu. *Yann est un mauvais* ***perdant****.* (Contr. **gagnant**.)

perdition (nom féminin) • **En perdition** : en danger. *Un voilier est* ***en perdition*** *dans la tempête.*

perdre (verbe) (conj. 31) **1** Ne plus avoir ou ne plus retrouver quelque chose. *Élodie* ***a perdu*** *sa montre.* (Syn. **égarer**. Contr. **retrouver**.) **2** Se faire battre à un jeu ou à un sport. *Dommage, notre équipe* ***a perdu****.* (Contr. **gagner**.) **3** Être séparé de quelqu'un par la mort. *Fatima est triste car elle vient de* ***perdre*** *son grand-père.* **4** Ne pas faire bon usage de quelque chose. *Benjamin* ***perd*** *son temps et son énergie à faire des choses sans intérêt.* **5 Se perdre** : ne plus retrouver son chemin. *Ils* ***se sont perdus*** *dans la forêt.* (Syn. **s'égarer**.) • **Perdre la tête** : ne plus savoir ce que l'on fait. • **S'y perdre** : ne plus rien comprendre à quelque chose. *Je* ***m'y perds*** *dans tes calculs !*
★ Famille du mot : perdant, perdu, perte.

perdreau, eaux (nom masculin) Jeune perdrix.

perdrix (nom féminin) Oiseau au plumage gris ou roux. *Le chasseur a tué deux* ***perdrix****.*

perdu, ue (adjectif) **1** Qu'on ne retrouve plus. *Un chien* ***perdu*** *rôde dans la rue.* **2** Qui est sur le point de mourir. *Le malade est* ***perdu****, on ne peut plus le sauver.* **3** Qui est très isolé. *Ils habitent un village* ***perdu*** *dans la montagne.*

perdurer (verbe) (conj. 3) Durer toujours. *Malheureusement, les inégalités sociales* ***perdurent****.*

père (nom masculin) **1** Homme qui a eu un ou plusieurs enfants. *Mon oncle est* ***père*** *de trois enfants.* **2** Nom donné à certains religieux, dans la religion catholique. *C'est le* ***père*** *Durand qui nous fait le catéchisme.*

pérégrinations (nom féminin pluriel) Allées et venues d'un lieu à un autre. *Il m'a raconté ses* ***pérégrinations*** *à travers le monde.*

péremptoire (adjectif) Auquel on ne peut pas répliquer. *D'un ton* ***péremptoire****, il m'a demandé de me taire.*

pérenne (adjectif) Qui dure longtemps. *Une source* ***pérenne*** *coule toute l'année.*
★ **Pérenne** vient du latin *perennis* qui signifie « qui dure un an ».

pérennité (nom féminin) Caractère de ce qui dure toujours. *La* ***pérennité*** *de la République.*

pérestroïka (nom féminin) Réorganisation de la société économique, sociale et politique en URSS. *La **pérestroïka** a été préconisée par Gorbatchev en 1986.*
▶ Prononciation [peʀɛstʀɔika].
★ **Perestroïka** est un mot russe qui signifie « reconstruction ».
▶ On écrit aussi **perestroïka**.

perfection (nom féminin) Qualité de ce qui est parfait. *Clément est totalement bilingue, il parle le français et l'anglais à la **perfection**.*
★ Famille du mot : im**perfection**, **perfection**nement, **perfection**ner, **perfection**niste.

perfectionnement (nom masculin) Action de perfectionner ou de se perfectionner. *Gaëlle suit des cours de **perfectionnement** en natation.*

perfectionner (verbe) (conj. 3) Rendre meilleur, parfait. *David suit un stage pour se **perfectionner** en informatique.*

perfectionniste (adjectif et nom) Qui cherche à atteindre la perfection dans ce qu'il fait. *Ce **perfectionniste** n'arrête pas de corriger son texte.*

perfide (adjectif) Qui est trompeur ou déloyal. *Je ne lui fais pas confiance car je sais qu'il est **perfide**.*
★ Famille du mot : **perfide**ment, **perfid**ie.

perfidement (adverbe) D'une manière perfide. *Agir **perfidement**.*

perfidie (nom féminin) Acte perfide. *Je ne le crois pas capable d'une telle **perfidie**.* (Syn. **traîtrise.**)

perforation (nom féminin) Action de perforer. *L'accident lui a causé une **perforation** du poumon.*

perforer (verbe) (conj. 3) Percer de trous. *Pour ton classeur, il faut acheter des feuilles **perforées**.*

performance (nom féminin) Très bon résultat obtenu lors d'une compétition. *Hélène a réussi la meilleure **performance** en saut en hauteur.*

performant, ante (adjectif) Qui est capable de performances élevées. *Ce matériel informatique est très **performant**.*

perfusion (nom féminin) Injection lente et continue dans le sang d'un sérum ou d'un médicament au moyen d'un goutte à goutte.

pergola (nom féminin) Construction légère dans un jardin. *Des rosiers grimpants recouvrent la **pergola** que mon père a construite.*

péri- Élément tiré du grec *peri* qui signifie « autour » (exemple : *périphérique*).

périanthe (nom masculin) Ensemble des enveloppes florales. *Le **périanthe** se compose de sépales et de pétales.*

péricarde (nom masculin) Membrane qui enveloppe le cœur.

péricarpe (nom masculin) Paroi qui entourent la graine, le noyau d'un fruit. *Le **péricarpe** d'un agrume s'appelle le zeste.*

péricliter (verbe) (conj. 3) Aller à sa ruine. *Si la route nationale ne passe plus dans le village, cet hôtel va **péricliter**.* (Syn. **décliner.** Contr. **prospérer.**)
★ **Péricliter** vient du latin *periculum* qui signifie « danger » et que l'on retrouve dans *péril*.

péridotite (nom féminin) Roche constituée principalement d'olivine. *La **péridotite** est le constituant principal du manteau terrestre.*

péridurale (nom féminin) Anesthésie locale, pratiquée surtout chez les femmes juste avant un accouchement.

périgée (nom masculin) Distance minimale de l'orbite d'un astre ou d'un satellite par rapport à la Terre. *La Lune est au **périgée** samedi.*
▶ Malgré la terminaison en *-ée*, **périgée** est un nom masculin.

périgourdin, ine → tableau p. 6 / 7.

péril (nom masculin) Synonyme littéraire de danger. *Ces alpinistes s'exposent aux plus grands **périls** en refusant de prendre un guide.* • **À ses risques et périls** : en acceptant de courir tous les risques.
★ Voir **péricliter**.

périlleux, euse (adjectif) Qui présente un danger. *La descente du torrent en canoë est extrêmement **périlleuse**.*

périmé, ée (adjectif) Qui n'est plus valable. *Ta carte d'identité est **périmée**, il faut la renouveler.*

périmètre (nom masculin) **1** Longueur de la ligne qui fait le tour d'une surface. *Le **périmètre** d'un cercle s'appelle la circonférence.* **2** Zone ou surface quelconque. *Il est interdit de construire dans le **périmètre** du parc naturel.*

périnée (nom masculin) Région anatomique comprise entre l'anus et les parties génitales. *Il faut muscler le **périnée** pour éviter les incontinences.*
▶ Malgré la terminaison en *-ée*, **périnée** est un nom masculin.

période (nom féminin) Espace de temps. *Pendant la **période** estivale, la ville est presque vide.* (Syn. **durée.**)
★ Famille du mot : **périod**ique, **périodique**ment.

périodique (adjectif) Qui se reproduit à intervalles réguliers. *Le rhume des foins est une affection **périodique**.*
▪**périodique** (nom masculin) Journal ou magazine qui paraît à intervalles réguliers. *Les quotidiens, les hebdomadaires et les mensuels sont des **périodiques**.*

périodiquement (adverbe) De façon périodique, régulièrement.

péripétie (nom féminin) Évènement imprévu. *Un voyage riche en **péripéties**.*
▶ Prononciation [peʀipesi].

périphérie (nom féminin) Quartier d'une ville éloigné du centre. *La plupart des usines sont à la **périphérie**.*

périphérique (adjectif) Qui est situé à la périphérie. *Un boulevard **périphérique** fait le tour de Paris.*
▪**périphérique** (nom masculin) **1** Boulevard périphérique. *Le **périphérique** est totalement embouteillé ce soir.* **2** Appareil relié à un ordinateur. *Le clavier, l'écran sont des **périphériques**.*

périphrase (nom féminin) Procédé qui consiste à dire en plusieurs mots ce qu'on pourrait dire en un seul. *« Le pays du Soleil levant » est une **périphrase** pour désigner le Japon.*

périple (nom masculin) Long voyage. *Julie rêve d'un **périple** en Chine.*
★ **Périple** vient d'un mot grec qui signifie « navigation autour du monde ».

périr (verbe) (conj. 11) Synonyme littéraire de mourir. *Plusieurs pêcheurs **ont péri** dans la tempête.*
★ Famille du mot : **im**pér**issable**, pér**issable**.

périscolaire (adjectif) Qui existe avec l'enseignement scolaire. *Le club sportif de l'école est une activité **périscolaire**.*

périscope (nom masculin) Appareil qui permet de voir par-dessus un obstacle. *Le **périscope** d'un sous-marin.*
★ **Périscope** vient d'un mot grec formé de *peri* qui signifie « autour » et de *skopein* qui signifie « regarder » et qu'on retrouve dans stéthoscope.

périssable (adjectif) Qui s'abîme facilement. *Les légumes frais sont des produits **périssables**.*

péristyle (nom masculin) Colonnade qui entoure un édifice, une cour intérieure. *Le Parthénon est doté d'un **péristyle**.*

péritonite (nom féminin) Inflammation de la paroi de l'abdomen. *La perforation de l'ulcère provoque une **péritonite** aiguë.*

perle (nom féminin) **1** Petite boule brillante formée de la nacre des huîtres. *Laura porte un collier de **perles**.* **2** Petite boule percée de deux trous. *Myriam enfile des **perles** pour se faire un bracelet.*
★ Famille du mot : perl**er**, perl**ière**.

perler (verbe) (conj. 3) Former des petites gouttes. *La sueur **perle** sur le front des coureurs.*

perlière (adjectif féminin) Qui produit les perles. *Une huître **perlière**.*

perlimpinpin (nom masculin) • **Poudre de perlimpinpin** : remède de charlatan.
★ **Perlimpinpin** est une onomatopée.

permafrost (nom masculin) Sous-sol gelé en permanence, dans les régions froides. *Le Groenland est recouvert de **permafrost**.*
► **Permafrost** est un mot américain : on prononce [pɛʀmafʀɔst].

permanence (nom féminin) **1** Service assuré sans interruption. *C'est le docteur Martin qui assure la **permanence** durant le prochain week-end.* **2** Salle d'études où sont accueillis les élèves de collège ou de lycée, quand ils n'ont pas cours. *Ibrahim profite de la **permanence** pour faire ses devoirs.* • **En permanence** : de façon permanente. *L'assemblée siège **en permanence** pendant le mois de mars.*

permanent, ente (adjectif) Qui ne s'arrête pas. *Noémie souffre d'une douleur **permanente** dans le dos.* (Syn. **constant, continu.**)

permanganate (nom masculin) Sel d'un acide du manganèse. *Le **permanganate** de potassium est un antiseptique.*

perméabilité (nom féminin) Propriété de ce qui est perméable.

perméable (adjectif) Qui laisse passer un liquide. *Ce terrain sablonneux constitue une couche **perméable**.* (Contr. **imperméable.**)
★ Famille du mot : **im**perméab**iliser**, **im**perméab**ilité**, **im**perméable, perméab**ilité**.

permettre (verbe) (conj. 33) **1** Donner la permission de faire quelque chose. *Sa mère lui **a permis** d'aller à la piscine.* (Syn. **autoriser.** Contr. **défendre, interdire.**) **2** Rendre quelque chose possible. *Ces nouveaux horaires lui **permettent** de rentrer plus tôt.* (Contr. **empêcher.**) **3 Se permettre quelque chose** : oser le faire. *Je **me suis permis** d'entrer sans frapper.*
★ Famille du mot : permis, permiss**if**, permiss**ion**.

permis (nom masculin) Autorisation officielle qui donne le droit de faire certaines choses. *Il a obtenu son **permis** de conduire à 18 ans.*

permissif, ive (adjectif) Qui permet ce que d'autres interdiraient. *Ses parents sont trop **permissifs** avec lui.*

permission (nom féminin) Droit de faire quelque chose. *Odile n'a pas eu la **permission** de sortir.* (Syn. **autorisation.**)

permutation (nom féminin) Action de permuter. (Syn. **interversion.**)

permuter (verbe) (conj. 3) Mettre une chose à la place d'une autre. *En **permutant** les lettres du mot « en », on obtient le mot « ne ».* (Syn. **intervertir.**)

pernicieux, euse (adjectif) Qui est nuisible et dangereux. *Les idées qu'il défend sont vraiment **pernicieuses**.*

péroné (nom masculin) Os long de la jambe, parallèle au tibia.

péroraison (nom féminin) Fin d'un discours. *Après la narration, la **péroraison**.* (Syn. **conclusion.**)

pérorer (verbe) (conj. 3) Parler longuement et avec prétention. *Arrête de **pérorer**, tu me fatigues !*

peroxyde (nom masculin) Composé contenant deux atomes d'oxygène reliés. *Ces moteurs de fusée fonctionnent au **peroxyde** d'azote.* • **Peroxyde d'hydrogène** : eau oxygénée.

perpendiculaire (adjectif) Qui coupe une ligne ou une surface en formant un angle droit. *Ces deux rues sont **perpendiculaires**.*
▪**perpendiculaire** (nom féminin) Ligne perpendiculaire à une autre ligne ou à une surface.

a b c d e f g h i j k l m n o p q r s t u v w x y z

perpendiculairement (adverbe) Selon une perpendiculaire.

perpétrer (verbe) (conj. 8) Commettre un acte criminel. *Des massacres ont été **perpétrés**.*
► Il ne faut pas confondre **perpétrer** avec *perpétuer*.

perpétuel, elle (adjectif) Qui ne s'arrête jamais. *Ils habitent près de l'aéroport et souffrent du vacarme **perpétuel** des avions.* (Syn. **constant, continuel, incessant.**)

perpétuellement (adverbe) Synonyme de toujours. *Il joue **perpétuellement** le même air au piano, c'est lassant !*

perpétuer (verbe) (conj. 3) Faire durer quelque chose. *La fête du 14 Juillet **perpétue** la prise de la Bastille.*
★ Famille du mot : perpétue**l**, perpétuelle**ment**, perpétu**ité**.
► Il ne faut pas confondre **perpétuer** avec *perpétrer*.

perpétuité (nom féminin) • **À perpétuité** : pour toute la vie. *L'assassin a été condamné à la réclusion **à perpétuité**.*

perplexe (adjectif) Qui est hésitant ou embarrassé. *Ce choix la laisse **perplexe**, elle n'arrive pas à se décider.*

perplexité (nom féminin) État d'une personne perplexe.

perquisition (nom féminin) Recherche faite dans un lieu par la police ou la gendarmerie. *La **perquisition** a permis de retrouver le butin.*

perquisitionner (verbe) (conj. 3) Faire une perquisition. *La police **a perquisitionné** l'appartement sans trouver d'indice.*

perron (nom masculin) Petit escalier extérieur qui se termine par un palier devant une porte d'entrée. *Il nous a accueilli sur le **perron**.*
★ **Perron** vient de l'ancien français *perrun* qui signifie « bloc de pierre ».

perroquet (nom masculin) Oiseau au plumage coloré, capable d'imiter la voix humaine.

perruche (nom féminin) Sorte de petit perroquet.

perruque (nom féminin) Fausse chevelure. *Ne supportant pas d'être chauve, il s'est acheté une **perruque**.*

pers, perse (adjectif) D'une couleur entre le bleu et le vert. *Athéna, la déesse aux yeux **pers**.*
► Prononciation [pɛʀ, pɛʀs].
★ **Pers** vient du latin *persicus* qui signifie « persan ».

① **persan, ane** → tableau p. 6 / 7.

② **persan** (nom masculin) Chat a poil long et doux.

persécuter (verbe) (conj. 3) Faire souffrir par des traitements cruels. *Au XVIe siècle, les catholiques **persécutèrent** les protestants.* (Syn. **martyriser.**)
★ Famille du mot : persécut**eur**, persécu**tion**.

persécuteur, trice (nom) Personne qui persécute. *Le chat a griffé son **persécuteur**.*

persécution (nom féminin) Action de persécuter. *Le prisonnier se plaint d'avoir été victime de **persécutions**.*

persévérance (nom féminin) Constance dans l'effort. *Sarah s'entraîne avec beaucoup de **persévérance**, sans jamais se décourager.* (Syn. **obstination, ténacité.**)

persévérant, ante (adjectif) Qui persévère. *Si tu es **persévérant**, tu réaliseras ton projet.*

persévérer (verbe) (conj. 8) Continuer avec acharnement à faire ou à penser quelque chose. *Il **a persévéré** dans son idée de devenir médecin.* (Contr. **renoncer.**)
★ Famille du mot : persévér**ance**, persévér**ant**.

persienne (nom féminin) Sorte de volet composé de lames. *Quand il fait très chaud l'été, maman laisse les **persiennes** fermées.*

persifler (verbe) (conj. 3) Tourner quelqu'un en ridicule en se moquant de lui. *Regarde-toi au lieu de **persifler** les autres !*
► On écrit aussi **persiffler**.

persil (nom masculin) Plante à feuilles vertes parfumées, utilisée comme condiment. *Ajoute du **persil** haché à cette salade !*
► Prononciation [pɛʀsi].

persistance (nom féminin) Fait de persister. *La **persistance** des chutes de neige bloque complètement la circulation.*

persistant, ante (adjectif) **1** Qui persiste. *Cette toux **persistante** est inquiétante.* (Syn. **durable, tenace.**) **2** Qui ne tombe pas l'hiver. *Les conifères ont un feuillage **persistant**.* (Contr. **caduc.**)

persister (verbe) (conj. 3) **1** Persévérer dans ce qu'on fait ou ce qu'on pense. *Il **persiste** à croire que cette histoire est vraie alors que c'est un canular.* (Syn. **continuer, s'obstiner.**) **2** Durer un certain temps. *Si les symptômes **persistent**, il faut consulter un médecin.* (Contr. **cesser.**)
★ Famille du mot : persist**ance**, persist**ant**.

personnage (nom masculin) **1** Personne importante ou célèbre. *Le général de Gaulle a été un grand **personnage** de la Ve République.* **2** Personne imaginaire représentée dans un livre ou un film. *Cet acteur joue souvent les **personnages** de shérif dans les westerns.*

personnaliser (verbe) (conj. 3) Donner un caractère personnel et original à quelque chose. *Ursula **a personnalisé** sa chambre en la décorant avec ses dessins.*

personnalité (nom féminin) **1** Ce qui caractérise une personne. *Ce sont des sœurs jumelles, mais elles n'ont pas du tout la même **personnalité**.* **2** Personne importante. *De nombreuses **personnalités** ont assisté à la cérémonie.*

① **personne** (pronom) Pas un seul être humain. *J'ai sonné mais **personne** n'a répondu.*

② **personne** (nom féminin) **1** Être humain. *Il y avait déjà plusieurs **personnes** dans la salle*

d'attente du dentiste. **2** Forme de la conjugaison du verbe différente selon celui ou ceux dont on parle. *« Tu pleures » est à la deuxième **personne** du singulier.* • **En personne :** lui-même. *Le Président est venu **en personne** accueillir la reine à l'aéroport.* (Syn. **personnellement.**) • **Grande personne :** synonyme d'adulte.
★ Famille du mot : **im**personnel, personn**age**, personna**liser**, personna**lité**, personn**el**, personn**ellement**, person**nification**, personni**fier**.

personnel, elle (adjectif) **1** Qui est propre à une personne et à elle seule. *J'aimerais avoir votre avis **personnel** sur ce problème.* **2** Qui désigne une personne dans un discours. *« Je », « tu », « il », « lui », « eux » sont des pronoms **personnels**.*
■ **personnel** (nom masculin) Ensemble des personnes qui travaillent quelque part. *Le **personnel** d'un hôtel, d'un magasin.*

personnellement (adverbe) **1** En personne. *Ce ministre a promis d'intervenir **personnellement** en faveur des chômeurs de longue durée.* **2** Pour ma part, en ce qui me concerne. ***Personnellement**, je ne crois pas à cette histoire.*

personnification (nom féminin) Procédé de style qui personnifie. *Gaia est la **personnification** de la Terre dans la mythologie grecque.*

personnifier (verbe) (conj. 10) Représenter une chose abstraite par une personne. *Ce chercheur **personnifie** la lutte contre le cancer.*

perspective (nom féminin) **1** Représentation d'un objet donnant l'impression du relief et de la profondeur. *L'architecte a tracé la façade de la maison en **perspective**.* **2** Idée qu'on se fait d'un évènement à venir. *La **perspective** de ce voyage la ravit.*

perspicace (adjectif) Qui est capable de juger de façon pénétrante et subtile. *Il a tout repéré, c'est un observateur **perspicace** !* (Syn. **clairvoyant.**)

perspicacité (nom féminin) Caractère perspicace. *Le détective a montré beaucoup de **perspicacité**.* (Syn. **finesse, sagacité.**)

persuader (verbe) (conj. 3) Synonyme de convaincre. *Zoé essaie de **persuader** sa mère de l'emmener au cinéma.* • **Être persuadé de quelque chose :** en être absolument sûr. *Kevin ne trouve pas ses clés, il **est** pourtant **persuadé de** les avoir prises.*
★ Famille du mot : persua**sif**, persua**sion**.

persuasif, ive (adjectif) Qui est capable de persuader. *Il s'est adressé à nous d'un ton si **persuasif** que nous avons donné notre accord.* (Syn. **convaincant.**)

persuasion (nom féminin) Action ou façon de persuader.

perte (nom féminin) **1** Fait de perdre quelque chose qu'on avait. *Maman a déclaré la **perte** de ses papiers au commissariat.* **2** Synonyme de mort. *La **perte** de son chat attriste beaucoup Anna.* **3** Fait de perdre de l'argent. *Il a subi de grosses **pertes** en jouant à la Bourse.* (Contr. **bénéfice, gain.**) **4** Mauvais emploi de quelque chose. *C'est une **perte** de temps.* (Syn. **gaspillage.**) • **À perte de vue :** aussi loin qu'on peut voir. • **En pure perte :** sans résultat ou sans profit.

pertinemment (adverbe) D'une manière certaine et précise. *Je sais **pertinemment** que tu as tort.*
▶ Prononciation [pɛRtinamɑ̃].

pertinence (nom féminin) Caractéristique de ce qui est pertinent. *Le professeur apprécie la **pertinence** de ses propos.*

pertinent, ente (adjectif) Qui est plein de bon sens. *Ta question est très **pertinente**.*
★ Famille du mot : pertinem**ment**, pertin**ence**.

pertuis (nom masculin) Ouverture, trou, détroit. *Le **pertuis** sépare les deux îles.*
▶ Prononciation [pɛRtɥi].
★ **Pertuis** vient de l'ancien français *pertuiser* qui signifie « percer ».

perturbateur, trice (nom) Personne qui cause des perturbations. *Des **perturbateurs** ont gâché la fête.*

perturbation (nom féminin) **1** Ce qui perturbe quelque chose. *La grève des transports entraîne beaucoup de **perturbations**.* **2** Changement de temps caractérisé par de la pluie et du vent. *Une **perturbation** traversera l'ouest de la France.*

perturber (verbe) (conj. 3) Empêcher quelque chose de fonctionner ou de se dérouler normalement. *Le verglas **a perturbé** la circulation sur l'autoroute cette nuit.*
★ Famille du mot : **im**perturb**able**, **im**perturb**ablement**, perturb**ateur**, perturb**ation**.

péruvien, enne → tableau p. 6 / 7.

pervenche (nom féminin) Petite fleur bleue.

pervers, erse (adjectif et nom) Qui aime faire le mal ou des choses immorales. *Cet individu **pervers** aime faire souffrir les enfants.*
★ Famille du mot : perver**sion**, pervers**ité**, perver**tir**.

perversion (nom féminin) Fait de pervertir. *La **perversion** des mœurs.*

perversité (nom féminin) Attitude d'une personne perverse. *Il a trahi ses amis avec une grande **perversité**.*

pervertir (verbe) (conj. 11) Pousser quelqu'un à faire le mal. *Sa passion du jeu l'**a** complètement **perverti**.* (Syn. **corrompre.**)

pesamment (adverbe) D'une manière pesante. *L'ours marche **pesamment**, dressé sur ses pattes postérieures.*

pesant, ante (adjectif) **1** Qui pèse lourd. *Ce cartable est bien trop **pesant** pour un élève de six ans.* **2** Qui donne une impression de lourdeur. *Une chaleur **pesante**.* **3** Qui est pénible à supporter. *Il règne une atmosphère **pesante** dans les vestiaires après cette lourde défaite.*

a b c d e f g h i j k l m n o p q r s t u v w x y z

pesanteur (nom féminin) Force d'attraction qui attire tous les corps vers le centre de la Terre et qui fait qu'ils ont un poids. *La sonde interplanétaire vient d'échapper à la **pesanteur** terrestre.*

pèse-bébé (nom masculin) Balance conçue pour peser les nourrissons.
▶ Pluriel : des **pèse-bébés**.

pesée (nom féminin) Action de peser.

pèse-lettre (nom masculin) Petite balance pour peser les lettres.
▶ Pluriel : des **pèse-lettres**.

pèse-personne (nom masculin) Petite balance pour se peser.
▶ Pluriel : des **pèse-personnes**.

peser (verbe) (conj. 8) **1** Avoir un certain poids. *À la naissance, ce bébé **pesait** près de quatre kilos.* **2** Mesurer un poids. *Le boucher **pèse** le gigot sur sa balance. Élodie se **pèse** une fois par mois.* **3** Avoir de l'importance ou de l'influence. *Ton avis **a pesé** sur ma décision.* **4** Être pénible à supporter. *La solitude lui **pèse**, il a hâte de retrouver ses amis.* **5** Examiner avec attention. ***Peser** le pour et le contre.*
★ Famille du mot : ape**santeur**, pes**amment**, pes**ant**, pes**anteur**, pèse-bébé, pesée, pèse-lettre, pèse-personne.

peseta (nom féminin) Ancienne monnaie espagnole avant le passage à l'euro.
▶ Prononciation [pezeta].
▶ On écrit aussi **péséta**.

pessimisme (nom masculin) Tendance à penser que tout va ou ira mal. (Contr. **optimisme**.)
★ **Pessimisme** vient du latin *pessimus* qui signifie « très mauvais ».

pessimiste (adjectif et nom) Qui fait preuve de pessimisme. *Fatima croit qu'elle ne réussira pas son examen, elle est très **pessimiste** !* (Syn. **défaitiste**. Contr. **optimiste**.)

peste (nom féminin) Très grave maladie contagieuse. *La **peste** se transmettait par les rats.*

pester (verbe) (conj. 3) Manifester de la mauvaise humeur contre quelqu'un ou quelque chose. *Papa **peste** contre l'ascenseur qui est toujours en panne.*

pesticide (nom masculin) Produit chimique qui détruit les animaux ou les plantes nuisibles. *L'abus des **pesticides** entraîne la pollution des cours d'eau.*

pestiféré, ée (adjectif et nom) Qui est atteint de la peste.

pestilentiel, elle (adjectif) Qui dégage une odeur nauséabonde. *Les égouts dégagent une odeur **pestilentielle** !*

pet (nom masculin) Gaz intestinal qui sort avec ou sans bruit, dans la langue familière. *Kevin a mangé du cassoulet, il a peur de faire des petits **pets**.* • **Avoir un pet de travers** : petit souci de santé, dans la langue familière.

pétale (nom masculin) Chacune des parties colorées d'une fleur, dont l'ensemble forme la corolle. *Quand les fleurs se fanent, tous les **pétales** tombent.*

pétanque (nom féminin) Jeu de boules. *Ils se retrouvent le soir pour jouer à la **pétanque**.*
★ **Pétanque** vient du provençal *pétanco* qui signifie « pied fixe », car, à ce jeu, on lance sa boule sans prendre d'élan.

pétarade (nom féminin) Série de brèves détonations. *Les **pétarades** des mobylettes.*

pétarader (verbe) (conj. 3) Faire entendre une pétarade. *On entend un feu d'artifice qui **pétarade** dans le lointain.*

pétard (nom masculin) Petite charge de poudre explosive.

péter (verbe) (conj. 8) Laisser échapper un gaz intestinal, dans la langue familière.

pétillant, ante (adjectif) **1** Qui pétille. *Tu veux de l'eau plate ou de l'eau **pétillante** ?* (Syn. **gazeux**.) **2** Au sens figuré, qui brille avec éclat. *Cet enfant a des yeux **pétillants** de malice.*

pétiller (verbe) (conj. 3) **1** Faire des petits bruits secs et répétés. *Le feu **pétille** dans la cheminée.* **2** Faire des petites bulles de gaz. *Pierre n'aime pas cette boisson, elle **pétille** trop.* **3** Briller d'un vif éclat. *Ses yeux **pétillent** de bonheur.*

pétiole (nom masculin) Queue d'une feuille d'arbre.

petit, ite (adjectif) **1** Qui n'est pas d'une grande taille. *Le ouistiti est un tout **petit** singe.* (Contr. **grand**.) **2** Qui est moins âgé. *Quentin a six ans et sa **petite** sœur en a quatre.*
■ **petit, ite** (nom) **1** Jeune enfant. *Les **petits** de la maternelle font la sieste l'après-midi.* **2** Jeune animal. *Les **petits** d'une chatte s'appellent des chatons.*
■ **petit** (adverbe) • **Petit à petit** : peu à peu. *Après son accident, il récupère **petit à petit**.*

petit-beurre (nom masculin) Gâteau sec rectangulaire, au beurre.
▶ Pluriel : des **petits-beurres**.

petit déjeuner (nom masculin) Repas du matin. *Pour son **petit déjeuner**, Gaëlle mange des céréales avec du lait.*
▶ Pluriel : des **petits déjeuners**.
▶ On écrit aussi un **petit-déjeuner**, des **petits-déjeuners**.

petite-fille (nom féminin) Fille du fils ou de la fille d'une personne.
▶ Pluriel : des **petites-filles**.

petit-fils (nom masculin) Fils du fils ou de la fille d'une personne.
▶ Pluriel : des **petits-fils**.

petit four (nom masculin) Petit gâteau. *Maman prépare un buffet avec du jus d'orange et des **petits fours**.*
▶ Pluriel : des **petits fours**.

pétition (nom féminin) Texte écrit exprimant une demande ou une plainte et qui est adressé à une autorité. *Signer une **pétition** pour l'installation d'un feu tricolore devant l'école.*

petit-lait (nom masculin) Liquide qui se sépare du lait caillé.
▶ Pluriel : des **petits-laits**.

petit pois (nom masculin) Graine verte et ronde contenue dans une cosse, qu'on mange comme légume. *Qui veut m'aider à écosser les* ***petits pois*** *?*
▶ Pluriel : des **petits pois**.

petit-salé (nom masculin) Morceau de porc légèrement salé, destiné à être bouilli. *Julie prépare un* ***petit-salé*** *aux lentilles.*
▶ Pluriel : des **petits-salés**.
▶ On écrit aussi **petit salé**.

petits-enfants (nom masculin pluriel) Enfants du fils ou de la fille de quelqu'un. *Pour l'anniversaire de grand-mère, tous ses* ***petits-enfants*** *se retrouvent.*

petit-suisse (nom masculin) Petit fromage blanc en forme de cylindre.
▶ Pluriel : des **petits-suisses**.

pétoncle (nom masculin) Petit mollusque comestible. *Des pétoncles gratinés au four.*

pétrel (nom masculin) Oiseau marin au bec crochu, aux pieds palmés. *Le* ***pétrel*** *vit au large et ne vient à terre que pour nicher.*
★ **Petrel** est un mot anglais.

pétrifier (verbe) (conj. 10) Rendre quelqu'un immobile à cause d'un sentiment violent. *L'annonce de sa mort nous* ***a pétrifiés****.*
★ **Pétrifier** vient de deux mots latins qui signifient « transformer en pierre ».

pétrin (nom masculin) Grand récipient pour pétrir la pâte à pain. *Le boulanger mélange la farine, l'eau, le sel et le levain dans un* ***pétrin****.* • **Être dans le pétrin** : dans la langue familière, avoir des ennuis.

pétrir (verbe) (conj. 11) Mélanger et presser une pâte avec les mains. *Il faut* ***pétrir*** *la pâte à tarte avant de l'étaler.*

pétrissage (nom masculin) Action de pétrir. *Avec le pétrin mécanique, le* ***pétrissage*** *manuel a disparu.*

pétrochimie (nom féminin) Branche de l'industrie chimique qui utilise les dérivés du pétrole. *L'essor de la* ***pétrochimie*** *date de 1945.*

pétrole (nom masculin) Huile minérale tirée du sous-sol et utilisée comme source d'énergie.
★ Famille du mot : pétrol**ier**, pétrolifère.
★ **Pétrole** vient des mots latins *petra* qui signifie « pierre » et *oleum* qui signifie « huile ».

pétrolier, ère (adjectif) Qui concerne le pétrole. *L'essence, le mazout sont des produits* ***pétroliers****.* ▪ **pétrolier** (nom masculin) Navire qui transporte du pétrole.

pétrolifère (adjectif) Qui contient du pétrole. *Une zone* ***pétrolifère****.*

pétrologie (nom féminin) Étude scientifique des roches.

pétulant, ante (adjectif) Qui est vif et dynamique. *Cette enfant* ***pétulante*** *met de l'ambiance dans la classe.*

pétunia (nom masculin) Plante à fleurs colorées.

peu (adverbe) **1** En petite quantité. *Cette voiture consomme très* ***peu*** *d'essence.* (Contr. **beaucoup.**) **2** Pas très. *Cet élève est* ***peu*** *doué pour la gymnastique.* **3** Pas longtemps. *Cette mode a* ***peu*** *duré.* • **À peu près** : presque. • **Depuis peu** : il n'y a pas longtemps. • **Peu à peu** : lentement et progressivement, petit à petit. • **Pour peu que** : il suffit que. ***Pour peu qu'****il neige, toute la circulation est bloquée !* • **Pour un peu** : il s'en est fallu de peu de chose. • **Sous peu** : bientôt. • **Un peu** : légèrement. *Il est* ***un peu*** *fou.* • **Un peu de** : une petite quantité de. *Je voudrais juste* ***un peu de*** *fromage.*

peuplade (nom féminin) Groupe de gens qui vivent en tribu.

peuple (nom masculin) **1** Ensemble des habitants d'un même pays. *Le Président doit s'adresser au* ***peuple*** *français samedi soir.* **2** Ensemble des citoyens de condition modeste. *Cet homme est issu du* ***peuple****.*
★ Famille du mot : **dé**peupl**ement**, **dé**peupl**er**, peupl**ade**, peupl**é**, peupl**ement**, peupl**er**, se **re**peupl**er**, **sur**peupl**é**, **sur**peupl**ement**.

peuplé, ée (adjectif) Où il y a des habitants. *Ce département du centre de la France est très peu* ***peuplé****.*

peuplement (nom masculin) Nombre d'habitants qui peuplent une région.

peupler (verbe) (conj. 3) Occuper un endroit et en constituer la population. *Des tribus indiennes* ***peuplent*** *cette région d'Amazonie.*

peuplier (nom masculin) Arbre haut et mince, qui pousse dans les endroits humides.

peur (nom féminin) Crainte éprouvée face à un danger ou à une menace. *La* ***peur*** *du vide l'empêche de longer le haut de la falaise. Romain a* ***peur*** *des chiens. La moindre araignée lui fait* ***peur*** *!*
★ Famille du mot : **ape**ur**é**, peur**eux**.

peureux, euse (adjectif) Qui a facilement peur. *Notre chien est* ***peureux****, il se cache sous le lit au moindre bruit !* (Syn. **craintif.** Contr. **courageux, hardi.**)

peut-être (adverbe) Indique une possibilité. *Tu viens au cinéma avec nous ce soir ? –* ***Peut-être****, cela dépendra de mon travail.* (Contr. **certainement, sûrement.**)

PGCD (nom masculin) Plus grand entier divisant à la fois deux entiers. *18 est le* ***PGCD*** *de 54 et 72.*
★ PGCD est le sigle de *plus grand commun diviseur*.

pH (nom masculin) Coefficient qui exprime l'état acide ou basique d'une solution. *Une solution est neutre si son* ***pH*** *est égal à 7, acide s'il est inférieur à 7, basique s'il est supérieur à 7.*
▶ Prononciation [peaʃ].
★ pH est le sigle de *potentiel hydrogène*.

phacochère (nom masculin) Mammifère du continent africain qui ressemble au sanglier.

phagocyte (nom masculin) Cellule apte à la phagocytose.
★ Famille du mot : phagocyt**er**, phagocyt**ose**.

a b c d e f g h i j k l m n o **p** q r s t u v w x y z

a b c d e f g h i j k l m n o p q r s t u v w x y z

phagocyter (verbe) (conj. 3) **1** Détruire par phagocytose. *Les amibes **phagocytent** des bactéries pour se nourrir.* **2** Absorber, faire disparaître en intégrant à soi. *Une grosse société **phagocyte** une petite entreprise.*

phagocytose (nom féminin) Capture, ingestion et digestion d'une particule étrangère par un organisme unicellulaire. *La **phagocytose** est un des systèmes de défense de l'organisme.*

phalange (nom féminin) Chacune des parties articulées des doigts et des orteils. *Les doigts comportent trois **phalanges**, sauf le pouce qui en a deux.*

phallocrate (nom masculin et adjectif) Homme qui pense être supérieur aux femmes. *Le patron est un **phallocrate** qui méprise les femmes.* (Syn. **macho**.)

phallus (nom masculin) Organe sexuel masculin. *Le **phallus** est le symbole de la virilité.* (Syn. **pénis**.)
► Prononciation [falys].

phantasme Voir ***fantasme***.

pharaon (nom masculin) Souverain de l'Égypte antique. *Les pyramides étaient les tombeaux des **pharaons**.*

phare (nom masculin) **1** Tour lumineuse construite au bord de la mer pour guider les bateaux. *Il y a un **phare** à l'entrée du port.* **2** Lumière placée à l'avant d'un véhicule pour éclairer la route.
★ **Phare** vient de *Pharos*, nom grec d'une île de la baie d'Alexandrie en Égypte, où un roi fit construire une tour de marbre blanc, qui était l'une des Sept Merveilles du monde.

pharmaceutique (adjectif) Qui concerne la pharmacie. *Ses parents travaillent dans l'industrie **pharmaceutique**.*

pharmacie (nom féminin) **1** Science de la préparation et de la composition des médicaments. *Le grand frère d'Hélène est étudiant en **pharmacie**.* **2** Magasin où l'on vend les médicaments. *Il est allé à la **pharmacie** acheter un vaccin contre la grippe.*
★ Famille du mot : pharmac**eutique**, pharmac**ien**, pharmacologie, pharmacopée.

pharmacien, enne (nom) Personne qui tient une pharmacie.

pharmacologie (nom féminin) Science des médicaments. *La **pharmacologie** étudie la composition et le mode d'attribution des médicaments.*

pharmacopée (nom féminin) **1** Ensemble des médicaments utilisés par la médecine. *La **pharmacopée** s'est enrichie au cours des siècles.* **2** Ouvrage officiel énumérant les médicaments, leur composition et leurs effets. *Autrefois, la **pharmacopée** était appelée « codex ».*

pharyngite (nom féminin) Inflammation du pharynx. *Élodie souffre d'une **pharyngite**.*
► Prononciation [faʀɛ̃ʒit].

pharynx (nom masculin) Conduit allant du fond de la bouche à l'œsophage.
► Prononciation [faʀɛ̃ks].

phase (nom féminin) Chacune des étapes marquant l'évolution d'un phénomène. *Les **phases** de la transformation d'une chenille en papillon.* (Syn. **stade**.)

phasme (nom masculin) Insecte végétarien au corps allongé et aux pattes fines. *Le **phasme** peut prendre l'aspect d'une brindille.*
★ **Phasme** vient du grec *phasma* qui signifie « fantôme ».

phénix (nom masculin) Oiseau légendaire qui se jetait dans le feu pour renaître de ses cendres.

phénol (nom masculin) Composé cristallisé blanc et toxique. *On utilise des **phénols** pour fabriquer des résines.*

phénoménal, ale, aux (adjectif) Qui est très surprenant, extraordinaire. *Cet athlète a une force **phénoménale**.*

phénomène (nom masculin) **1** Fait qu'on peut observer. *La pluie, le vent, les marées sont des **phénomènes** naturels.* **2** Chose extraordinaire. *Ce monstre est un **phénomène** de foire.*

phénotype (nom masculin) Ensemble des caractères apparents d'un être vivant résultant du génotype. *Le **phénotype** rassemble les caractéristiques visibles comme la couleur des yeux, la taille, le poids.*

phi (nom masculin) Vingt et unième lettre de l'alphabet grec (Φ, ϕ), équivalant à *ph* en français.

phil(o)- Élément tiré du grec *philos* qui signifie « ami », ou de *philein*, « aimer » (exemples : *philanthropie, bibliophile*).

philanthrope (nom) Personne qui agit avec générosité et désintéressement. *Ce **philanthrope** a fait don de ses tableaux au musée.* (Contr. **misanthrope**.)
★ **Philanthrope** vient des mots grecs *philos* qui signifie « ami » et *anthrôpos* qui signifie « homme ».

philanthropie (nom féminin) Amour de tous les hommes. *Ce mécène a toujours fait preuve d'une grande **philanthropie**.*

philatélie (nom féminin) Étude ou collection des timbres-poste.

philatéliste (nom) Collectionneur de timbres-poste.

philharmonique (adjectif) • Orchestre philharmonique : grand orchestre symphonique. *L'orchestre **philharmonique** de Berlin donne un concert à l'opéra.*

philippin, ine → tableau p. 6 / 7.

philodendron (nom masculin) Arbuste aux larges feuilles découpées.
► Prononciation [filodɛ̃dʀɔ̃].

philologie (nom féminin) Étude d'une langue, de son histoire d'après les textes.

philosophale (adjectif féminin) • Pierre philosophale : pierre qui, d'après les alchimistes, peut transformer en or les métaux.

philosophe (nom) Spécialiste de philosophie. *Platon était un grand **philosophe** grec.*

■ **philosophe** (adjectif) Qui supporte les évènements avec calme et sérénité. *Elle est devenue **philosophe** avec l'âge.* (Syn. **sage, raisonnable.**)

philosopher (verbe) (conj. 3) **1** Traiter de sujets philosophiques. ***Philosopher**, c'est être en quête de sens.* **2** Au sens figuré, discourir sur des riens. *Inutile de **philosopher**, c'est sans importance !*

philosophie (nom féminin) **1** Réflexion sur les grands problèmes de l'homme et de l'Univers. *La **philosophie** pose les problèmes de la liberté, de la morale, de Dieu, de la mort.* **2** Sagesse et sérénité. *Heureusement, il a pris la nouvelle de sa maladie avec **philosophie**.*
★ **Philosophie** vient des mots grecs *philos* qui signifie « ami » et *sophia* qui signifie « sagesse ».
★ Famille du mot : philosoph**ale**, philosophe, philosoph**er**, philosoph**ique**.

philosophique (adjectif) Qui concerne la philosophie. *Une discussion **philosophique**.*

philtre (nom masculin) Breuvage magique qui rend amoureux.

phlébite (nom féminin) Inflammation d'une veine.

phlegmon (nom masculin) Inflammation aiguë du tissu sous-cutané ou du tissu d'un organe. *Une angine non soignée peut provoquer un **phlegmon** de l'amygdale.*
★ **Phlegmon** vient du mot grec *phlegein* qui signifie « brûler ».

pH-mètre (nom masculin) Appareil servant à mesurer le pH.
► Pluriel : des **pH-mètres**.

phobie (nom féminin) Peur maladive et irraisonnée. *Julie a la **phobie** des araignées.*
★ **Phobie** vient du grec *phobos* qui signifie « crainte » et que l'on retrouve dans claustrophobie.

phon(o)- Élément tiré du grec *phônê* qui signifie « voix, son » (exemples : *phonographe, téléphone*).

phonème (nom masculin) Plus petite unité sonore d'une langue. *Le « s » correspond à deux **phonèmes** : [s] dans « sac » et [z] dans « oser ».*

phonétique (nom féminin) Science qui étudie les sons de la parole.
■ **phonétique** (adjectif) Qui sert à montrer comment un mot se prononce. *L'alphabet **phonétique** permet d'écrire les différents sons.*
★ **Phonétique** vient du grec *phônê* qui signifie « voix ».

phonographe (nom masculin) Appareil servant à reproduire les sons. *Le **phonographe** mécanique est l'ancêtre de la platine laser.*

phonothèque (nom féminin) Établissement où sont conservés des documents sonores.

phoque (nom masculin) Mammifère marin des mers froides. *Les **phoques** sont chassés pour leur fourrure.*

phosphate (nom masculin) Produit chimique qui contient du phosphore et qui est utilisé comme engrais.

phosphore (nom masculin) Substance chimique qui émet une lueur bleuâtre dans l'obscurité.
★ **Phosphore** vient d'un mot grec qui signifie « qui apporte la lumière ».

phosphorescence (nom féminin) Luminescence d'un corps quelconque, d'un être vivant. *La nuit, l'herbe est illuminée par la **phosphorescence** des vers luisants.*

phosphorescent, ente (adjectif) Qui émet de la lumière dans l'obscurité. *Certains animaux, comme le ver luisant, sont **phosphorescents**.*

photo- Élément tiré du grec qui signifie « lumière » (exemple : *photophore*).

photo (nom féminin) **1** Technique qui permet de créer des images par l'action de la lumière sur une pellicule. *Laura aime faire de la **photo**.* **2** Image obtenue par ce procédé. *Ses **photos** de vacances sont réussies.*
■ **photo** (adjectif) Qui concerne la photo. *N'oublie pas de prendre ton appareil **photo** !*
★ **Photo** est l'abréviation de *photographie* ou de *photographique*.
► Pluriel : des appareils **photo**.
★ Famille du mot : photogén**ique**, photographe, photographi**e**, photographi**er**, photographi**que**.

photochromique (adjectif) Dont la teinte change en fonction de l'intensité lumineuse. *Il a des lunettes avec des verres **photochromiques**.*
► On dit aussi **photochrome**.

photocopie (nom féminin) Copie d'un document par reproduction photographique. *Myriam a fait la **photocopie** d'un article de journal pour son exposé.*
★ Famille du mot : photocopi**er**, photocopi**euse**.

photocopier (verbe) (conj. 10) Faire la photocopie d'un document. ***Photocopie** cette lettre avant de l'envoyer !*

photocopieuse (nom féminin) Appareil qui sert à photocopier.
► On dit aussi un **photocopieur**.

photocopillage (nom masculin) Pratique illicite consistant à photocopier un livre, une revue pour éviter de l'acheter. *Le gouvernement a voté une loi contre le **photocopillage**.*

photodiode (nom féminin) Diode dans laquelle un rayon lumineux provoque une variation du courant électrique. *Une **photodiode** est utilisée pour les systèmes de sécurité.*

photoélectrique (adjectif) Qui réagit à la lumière par un phénomène électrique. *Une cellule **photoélectrique** déclenche l'ouverture des portes du supermarché.*

photogénique (adjectif) Qui est très bien en photo. *Cette photo de Julie est belle, il faut dire qu'elle est très **photogénique** !*

photographe (nom) Personne qui prend des photos. *La mère de Noémie est **photographe** de mode.*

photographie Voir ***photo***.

a b c d e f g h i j k l m n o **p** q r s t u v w x y z

photographier (verbe) (conj. 10) Prendre en photo. *Thomas aime **photographier** les paysages.*

photographique Voir ***photo***.

photomaton (nom masculin) Appareil automatique qui prend, développe et tire des photographies. *Anna s'est assise sur le tabouret du **photomaton** pour se faire prendre en photo.*
★ **Photomaton** est le nom d'une marque qui vient de *photo(graphie)* et *(au)toma(tique)*.

photon (nom masculin) Particule d'énergie lumineuse. *Quand un atome absorbe un **photon**, celui-ci lui transmet son énergie.*

photophore (nom masculin) **1** Lampe à réflecteur. *Le **photophore** accroît la visibilité du mineur sous la terre.* **2** Récipient en verre dans lequel on place une bougie.

photopile (nom féminin) Pile qui transforme en électricité l'énergie lumineuse qu'elle reçoit. *Un satellite est alimenté par **photopiles**.*

photosensible (adjectif) Sensible à la lumière. *Le sel d'argent a des propriétés **photosensibles** et servait à fixer les images photographiques.*

photosphère (nom féminin) Couches d'un astre d'où provient la quasi-totalité de son rayonnement. *La lumière du soleil ne devient visible qu'au niveau de la **photosphère**.*

photosynthèse (adjectif) Synthèse de substances organiques effectuée par les plantes vertes exposées à la lumière. *La **photosynthèse** fixe le gaz carbonique sous forme de sucre.*

phrase (nom féminin) Ensemble de mots ayant un sens complet. *La **phrase** commence par une majuscule et se termine par un point.*

phrasé (nom masculin) Art de faire sentir la particularité d'une phrase musicale.

phréatique (adjectif) • **Nappe phréatique** : nappe d'eau souterraine qui est alimentée par les eaux d'infiltration.
★ **Phréatique** vient du grec *phreas* qui signifie « puits ».

phrygien (adjectif masculin) • **Bonnet phrygien** : bonnet rouge porté par les révolutionnaires de 1789, symbole de la liberté.

phtisie (nom) Tuberculose pulmonaire. *L'héroïne de l'opéra « la Bohème » meurt de **phtisie**.*

phylactère (nom masculin) **1** Morceau de parchemin où sont inscrits des passages de la Bible. **2** Bulle à l'intérieur de laquelle sont inscrites les paroles d'un personnage de bande dessinée. (Syn. **bulle**.)
★ **Phylactère** vient de l'hébreu.

phyll(o)- Élément tiré du grec *phullon* qui signifie « feuille » (exemple : *phylloxéra*).

phylloxéra (nom masculin) Insecte qui s'attaque à la vigne et lui cause une maladie également appelée « phylloxéra ».
★ **Phylloxéra** vient des mots grecs *phullon* qui signifie « feuille » et *xêros* qui signifie « sec » : la vigne malade a les feuilles qui sèchent.

physicien, enne (nom) Spécialiste de la physique. *Un **physicien** renommé.*

physio- Élément tiré du grec *phusis* qui signifie « nature » (exemple : *physiologique*).

physiologie (nom féminin) Science qui étudie le fonctionnement des organes des êtres vivants.

physiologique (adjectif) Qui se rapporte à la physiologie. *Le sommeil est un besoin **physiologique**.*

physionomie (nom féminin) **1** Aspect du visage. *Odile a une **physionomie** souriante et agréable.* **2** Aspect particulier de quelqu'un ou de quelque chose. *Depuis que ce quartier a été rénové, sa **physionomie** a beaucoup changé.*

physionomiste (adjectif) Qui a la mémoire des visages. *Je ne l'ai pas reconnu, je ne suis pas du tout **physionomiste**.*

① **physique** (nom masculin) **1** Aspect extérieur d'une personne. *Son **physique** lui a permis de devenir mannequin.* **2** État de santé d'un corps humain. *Il entretient son **physique** en faisant du sport.*
▪ **physique** (adjectif) Qui concerne le corps humain. *Chaque jour, Sarah fait des exercices **physiques**.* • **Éducation physique** : gymnastique.

② **physique** (nom féminin) Science qui étudie la matière et les lois de la nature. *La **physique** nucléaire étudie le noyau des atomes.*
▪ **physique** (adjectif) Qui concerne la physique. *La pesanteur et la chute des corps sont des phénomènes **physiques**.*

physiquement (adverbe) Sur le plan du physique. *Depuis qu'il a cessé de fumer, il se sent **physiquement** mieux.*

phyt(o)- Élément tiré du grec *phuton* qui signifie « plante » (exemples : *phytoplancton, néophyte*).

phytophage (adjectif) Qui se nourrit de substances végétales. *Le phasme est **phytophage**.*

phytoplancton (nom masculin) Plancton végétal. *Le zooplancton se nourrit de **phytoplancton**.*

phytothérapie (nom féminin) Traitement de certaines affections par les plantes. *La **phytothérapie** est considérée comme une médecine douce.*

phytozoaire (nom masculin) Animal qui ressemble à un végétal. *Les éponges sont des invertébrés **phytozoaires**.*

pi (nom masculin) **1** Seizième lettre de l'alphabet grec (Π, π), correspondant au *p* de l'alphabet latin. **2** Nombre qui exprime le rapport du périmètre d'un cercle à son diamètre. *Le nombre **pi** qui est égal à 3,1416.*

piaf (nom masculin) Synonyme familier de moineau.

piaffer (verbe) (conj. 3) **1** Frapper la terre avec les sabots de devant, en parlant d'un cheval. **2** Manifester son impatience en étant très excité. *Victor **piaffe** d'impatience car les vacances approchent.*

piaillement (nom masculin) Petits cris aigus d'un oiseau.

piailler (verbe) (conj. 3) **1** Pousser des piaillements. *Ces arbres sont pleins de moineaux qui **piaillent**.* **2** Synonyme familier de crier. *Les petits **piaillent** dans la cour de récréation.*

pianissimo (adverbe et nom masculin) En atténuant beaucoup l'intensité sonore du jeu. (Contr. **fortissimo**.)
★ **Pianissimo** est un mot italien.

pianiste (nom) Personne qui joue du piano.

piano (nom masculin) Instrument de musique à clavier et à cordes.
■ **piano** (adverbe et nom masculin) En atténuant l'intensité sonore du jeu. *Tout ce passage doit être chanté **piano**.*
★ **Piano** est l'abréviation du nom d'un ancien instrument de musique, le *pianoforte,* qui permettait de jouer doucement ou fort.
★ Famille du mot : pian**issimo**, pian**iste**, pian**oter**.

pianoter (verbe) (conj. 3) Taper sur les touches d'un clavier. *William **pianote** sur son ordinateur.*

piaule (nom féminin) Synonyme familier de chambre. *Mon frère a loué une **piaule** à Paris.*

PIB (nom masculin) Montant total de la production des biens et services sur le territoire national pendant une durée donnée. *Le **PIB** rend compte de la richesse d'un pays.*
★ PIB est le sigle de *produit intérieur brut.*

pic (nom masculin) **1** Montagne au sommet pointu. *Dans les Pyrénées, le **pic** Vignemale culmine à 3 298 m d'altitude.* **2** Outil pointu servant à creuser. *L'ouvrier attaque la roche à coups de **pic**.* **3** Oiseau grimpeur doté d'un bec pointu qui lui permet d'attraper les vers dans les troncs d'arbres. • À pic : verticalement. *Une falaise qui s'élève **à pic** au-dessus de la plage. Le bateau a coulé **à pic**.* • À pic : synonyme familier d'à propos. *Ce chèque tombe **à pic** : nous n'avions plus un sou !*
▶ Voir aussi **à-pic** (nom masculin).

picador (nom masculin) Dans une corrida, cavalier muni d'une pique.

picard, arde → tableau p. 6 / 7.

picaresque (adjectif) • Roman picaresque : genre littéraire espagnol des XVIe et XVIIIe siècles. *Don Quichotte est un héros **picaresque**.*

piccolo Voir ***picolo***.

pichenette (nom féminin) Synonyme de chiquenaude. *Une pichenette aux billes.*

pichet (nom masculin) Petite cruche, généralement sans anse. *On a mangé des crêpes et bu un **pichet** de cidre.*

pickpocket (nom masculin) Personne qui, dans les lieux publics, vole le contenu des poches ou des sacs des gens. *Un **pickpocket** a été arrêté dans le métro.*
▶ **Pickpocket** est un mot anglais : on prononce [pikpɔkɛt].

pick-up (nom masculin) Camionnette à plateau découvert. *Le maçon charge tout son matériel dans le **pick-up**.*
▶ Prononciation [pikœp].
★ **Pick-up** vient de l'anglais *to pick-up* qui signifie « ramasser ».
▶ Pluriel : des **pick-ups**.
▶ On écrit aussi **pickup**.

picolo (nom masculin) Petite flûte traversière aiguë. *Le **piccolo** est accordé à l'octave supérieure de la grande flûte.*
★ **Piccolo** est un mot italien qui signifie « petit ».
▶ On écrit aussi **piccolo**.

picorer (verbe) (conj. 3) Manger en piquant çà et là à petits coups de bec. *Les poules et les pigeons **picorent** des graines dans la cour de la ferme.*

picotement (nom masculin) Sensation de piqûres légères et répétées sur la peau. *Ursula est engourdie et sent des **picotements** dans ses jambes.*

picoter (verbe) (conj. 3) Causer des picotements.

picotin (nom masculin) Ration d'avoine donnée à un cheval.

pictogramme (nom masculin) Dessin simplifié utilisé sur des panneaux pour donner des indications, par exemple, dans des lieux publics.

pictural, ale, aux (adjectif) Qui concerne l'art de la peinture. *La Joconde fait partie de l'œuvre **picturale** de Léonard de Vinci.*

pic-vert Voir ***pivert***.

pidgin (nom masculin) Langue comportant des éléments empruntés à une langue dominante, souvent l'anglais, et à une langue autochtone.
▶ Prononciation [pidʒin].
★ **Pidgin** est une altération du mot anglais *business* prononcé par les Chinois.

① **pie** (adjectif) Qui est noir et blanc, ou marron et blanc.
▶ Pluriel : des vaches **pie**.

② **pie** (nom féminin) Oiseau noir et blanc à longue queue.

pièce (nom féminin) **1** Petit objet de métal rond et plat, qui sert de monnaie. *Zoé a payé avec un billet et l'épicier lui a rendu plusieurs **pièces**.* **2** Partie séparée d'un ensemble. *Le carburateur est une des **pièces** importantes d'un moteur.* **3** Dans un local, chaque espace séparé par des murs. *Cet appartement de cinq **pièces** comporte trois chambres.* **4** Morceau de tissu cousu sur un vêtement pour cacher les trous. *Ce pauvre homme porte des vêtements pleins de **pièces**.* **5** Histoire écrite pour être jouée au théâtre par

des comédiens. *Cette **pièce** de Molière est remarquablement interprétée.* • **En pièces** : qui est cassé en plusieurs morceaux.
★ Famille du mot : pié**cette**, rapié**cer**.

piécette (nom féminin) Petite pièce de monnaie.

pied (nom masculin) **1** Partie du corps située au bas de la jambe, qui sert à marcher et à se tenir debout. *Anna a mal aux **pieds** car elle a marché toute la journée.* **2** Partie d'un objet ou d'une plante qui est en contact avec le sol. *La chaise est bancale car un de ses **pieds** est trop court. Le vigneron a planté de nouveaux **pieds** de vigne.* **3** Dans un poème, syllabe d'un vers. *Un alexandrin est un vers de douze **pieds**.* **4** Ancienne mesure, encore utilisée au Canada, et qui vaut environ trente centimètres. • **À pied** : en marchant. • **Au pied levé** : à l'improviste, sans préparation. • **Avoir bon pied, bon œil** : être en excellente santé. • **Avoir le pied marin** : être à l'aise sur un bateau. • **Avoir les pieds sur terre** : être réaliste. • **Avoir pied** : pouvoir toucher le fond de l'eau avec les pieds. • **De pied ferme** : énergiquement. • **Être à pied d'œuvre** : être prêt à l'action. • **Mettre quelque chose sur pied** : l'organiser. • **Perdre pied** : ne plus pouvoir suivre ou perdre son assurance. • **Retomber sur ses pieds** : se tirer à son avantage d'une mauvaise situation.

pied à coulisse (nom masculin) Instrument de précision servant à mesurer les épaisseurs ou les diamètres.
► Pluriel : des **pieds à coulisse**.

pied-à-terre (nom masculin) Logement que l'on habite de temps en temps.
► Prononciation [pjetatɛʀ].
► Pluriel : des **pied-à-terre**.

pied-bot Voir ***bot***.

pied-de-biche (nom masculin) Outil formé d'une barre de fer recourbée à un bout pour servir de levier.
► Pluriel : des **pieds-de-biche**.

pied-de-mouton (nom masculin) Champignon comestible jaune clair.
► Pluriel : des **pieds-de-mouton**.

pied de nez (nom masculin) Geste de moquerie fait en plaçant le pouce sur le nez avec la main grande ouverte.
► Pluriel : des **pieds de nez**.

pied-de-poule (nom masculin et adjectif) Tissu dont les motifs croisés rappellent les empreintes des pattes de poule.
► Pluriel : des **pieds-de-poule**, des tissus **pied-de-poule**.

piédestal, aux (nom masculin) Socle d'une statue. *La sculpture est posée sur un **piédestal** en marbre.* • **Mettre quelqu'un sur un piédestal** : l'admirer énormément.

pied-noir (adjectif et nom) Dans la langue familière, un Français installé en Algérie avant l'indépendance. *Le grand-père de Xavier est né en Algérie, il a un fort accent **pied-noir**.*
► Pluriel : des **pieds-noirs**.
► Au féminin, on écrit une **pied-noir**.

piège (nom masculin) **1** Objet ou appareil qui sert à capturer les animaux. *Une souricière est un **piège** pour attraper les souris.* **2** Danger ou difficulté cachés. *Cette dictée est pleine de **pièges**.*

piéger (verbe) (conj. 5) **1** Attraper avec un piège. *Le trappeur est parti **piéger** des animaux.* **2** Installer un engin explosif quelque part. *Une voiture **piégée** a fait de nombreuses victimes.*

pie-grièche (nom féminin) Passereau prédateur au bec crochu. *La **pie-grièche** se nourrit d'insectes et de petits vertébrés.*
► Pluriel : des **pies-grièches**.
★ **Pie-grièche** vient de l'ancien français *griois* qui signifie « grec ».

pie-mère (nom féminin) La plus interne des méninges qui enveloppent le cerveau. *La plus courante des méningites touche la **pie-mère**.*
► Pluriel : des **pies-mères**.

pierraille (nom féminin) Amas de petites pierres. *Toute cette **pierraille** rend la marche difficile sur ce chemin.*

pierre (nom féminin) **1** Matière dure extraite du sol. *La **pierre** sert de matériau de construction.* **2** Caillou plus ou moins gros. *Sur cette route de montagne, il faut faire attention aux chutes de **pierres**.* • **Jeter la pierre à quelqu'un** : l'accuser ou le blâmer. • **Pierre précieuse** : minéral rare, avec lequel on fait des bijoux. *Les diamants sont des **pierres précieuses**.*
★ Famille du mot : **em**pierr**er**, lance-pierre, pierr**aille**, pierr**eries**, pierr**eux**.

pierreries (nom féminin pluriel) Pierres précieuses taillées. *Un diadème orné de **pierreries**.*

pierreux, euse (adjectif) Couvert de pierres. *Un chemin **pierreux**.*

piété (nom féminin) Caractère d'une personne pieuse.

piétiner (verbe) (conj. 3) **1** Écraser quelque chose en marchant dessus. *Fais attention, tu vas **piétiner** les fleurs !* **2** Marcher en avançant très lentement. *Les gens qui font la queue **piétinent** devant le magasin.* **3** Ne faire aucun progrès. *La négociation continue de **piétiner**.*

piéton, onne (nom) Personne qui circule à pied. *Ce passage est réservé aux **piétons**.*
▪ **piéton, onne** (adjectif) Synonyme de piétonnier. *Une rue **piétonne**.*

piétonnier, ère (adjectif) Qui est réservé aux piétons. *Tout ce quartier est devenu **piétonnier**.* (Syn. **piéton**.)

piètre (adjectif) Qui est très médiocre. *Malgré ses efforts, il n'obtient que de **piètres** résultats.*

pieu, pieux (nom masculin) Piquet de bois ou de fer enfoncé dans le sol. *Ils ont tendu une clôture de fil de fer entre des* ***pieux*** *pour délimiter leur terrain.*

pieuvre (nom féminin) Mollusque marin à huit tentacules munis de ventouses. *Quand la* ***pieuvre*** *est attaquée, elle envoie un jet d'encre noire.* (Syn. **poulpe.**)

pieux, euse (adjectif) Qui a ou qui montre des sentiments religieux très forts. *C'est un homme très* ***pieux*** *qui fait chaque année un pèlerinage.*

piézoélectrique (adjectif) Se dit d'un cristal qui peut acquérir une charge électrique. *Le quartz* ***piézoélectrique*** *est utilisé dans la fabrication de microphones.*

pigeon (nom masculin) Oiseau au corps trapu, gris, blanc ou brun. *Le* ***pigeon*** *roucoule. Les* ***pigeons*** *voyageurs sont utilisés pour porter des messages.*

pigeonnier (nom masculin) Construction percée de niches servant à abriter les pigeons domestiques. *Son grand-père avait un* ***pigeonnier****.*

piger (verbe) (conj. 5) Synonyme familier de comprendre. *As-tu* ***pigé*** *le problème de maths ?*

pigiste (nom) Journaliste payé au nombre de mots qu'il écrit. *Les quotidiens travaillent avec de nombreux* ***pigistes****.*

pigment (nom masculin) Substance qui donne sa couleur à une chose. *L'hémoglobine est le* ***pigment*** *du sang.*

pigmenter (verbe) (conj. 3) Colorer par un pigment. *Pigmenter un vernis.*

pignon (nom masculin) **1** Partie supérieure triangulaire de la façade d'une maison. **2** Roue dentée d'un engrenage. *À vélo, quand on change de vitesse, la chaîne passe sur un autre* ***pignon****.*

pilaf (nom masculin) • **Riz pilaf** : riz épicé revenu dans une matière grasse avec de l'oignon.
★ **Pilaf** est un mot turc.

pilastre (nom masculin) Support formant une faible saillie par rapport au mur dans lequel il est engagé. *Les* ***pilastres*** *de l'église sont couronnés de chapiteaux.*
★ **Pilastre** vient de l'italien.

① **pile** (adverbe) Synonyme familier d'exactement. *La séance commence à deux heures* ***pile****.* • **S'arrêter pile** : s'arrêter tout d'un coup. • **Tomber pile** : arriver au bon moment.

② **pile** (nom féminin) **1** Ensemble d'objets placés les uns sur les autres. *Maman a rangé les draps en* ***pile*** *dans l'armoire.* **2** Maçonnerie qui sert de support à un pont. *Le bateau passe entre les* ***piles*** *du pont.* **3** Appareil qui fournit du courant électrique. *Anna a acheté des* ***piles*** *pour sa lampe de poche.* **4** Côté d'une pièce de monnaie où figure sa valeur. *On joue à* ***pile*** *ou face ?* ***Pile****, tu y vas, face, c'est moi.*

piler (verbe) (conj. 3) **1** Réduire en poudre en broyant avec un pilon. *Pour faire l'aïoli, on* ***pile*** *l'ail dans un mortier.* **2** Dans la langue familière, s'arrêter pile. *L'automobiliste* ***a pilé*** *juste devant le piéton.*

pileux, euse (adjectif) • **Système pileux** : ensemble des poils et des cheveux.

pilier (nom masculin) Colonne ou poteau qui soutient un édifice. *Le balcon repose sur des* ***piliers*** *de béton.*

pillage (nom masculin) Action de piller. *Les journalistes ont été témoins de scènes de* ***pillage****.*

pillard (nom masculin) Personne qui pille. *Des bandes de* ***pillards*** *mettent les villages à sac.*

piller (verbe) (conj. 3) Voler et saccager un lieu. *Les soldats* ***ont pillé*** *la ville.*
★ Famille du mot : pill**age**, pill**ard**.

pilon (nom masculin) Instrument au bout arrondi servant à piler.

pilonner (verbe) (conj. 3) Soumettre à un violent bombardement. *Les bombardiers* ***ont pilonné*** *la ville, certains quartiers sont entièrement détruits.*

pilori (nom masculin) Poteau dressé sur une place publique, auquel on attachait un condamné. *Le voleur fut condamné au* ***pilori****.*

pilosébacé, ée (adjectif) Qui a rapport au poil et à la glande sébacée. *Le follicule* ***pilosébacé*** *est un petit sac qui renferme la base du poil.*

pilosité (nom féminin) Ensemble des poils. *L'éléphant a une* ***pilosité*** *clairsemée.*

pilotage (nom masculin) Action de piloter. *Le capitaine nous a montré la cabine de* ***pilotage****.*

pilote (nom masculin) Personne qui dirige un bateau, un avion ou une voiture de course. *Le père d'Élodie est* ***pilote*** *dans une compagnie d'aviation.*
▪ **pilote** (adjectif) Qui expérimente une nouvelle voie. *Une école* ***pilote****.*
★ Famille du mot : **co**pilote, pilot**age**, pilot**er**.

piloter (verbe) (conj. 3) Conduire en qualité de pilote. *Quand il sera grand, Benjamin veut apprendre à* ***piloter*** *une voiture de course.*

pilotis (nom masculin) Ensemble de pieux enfoncés dans le sol pour soutenir une construction. *Les cités lacustres étaient construites sur* ***pilotis****.*

pilule (nom féminin) Médicament en forme de petite boule. *Cette* ***pilule*** *est à prendre avant chaque repas.* • **Prendre la pilule** : prendre un médicament pour ne pas avoir d'enfant, en parlant des femmes.

pilum (nom masculin) Javelot des soldats romains. *Le* ***pilum*** *mesurait environ 2 mètres.*
► Prononciation [pilɔm].
★ **Pilum** est un mot latin.

pimbêche (nom féminin) Femme ou fille prétentieuse et désagréable. *Ses copines l'ont traitée de* ***pimbêche****.*

piment (nom masculin) Fruit à saveur piquante, utilisé comme condiment. *Les petits **piments** rouges sont très forts. Les poivrons sont des **piments** doux.*

pimenter (verbe) (conj. 3) Assaisonner avec du piment. *La cuisine mexicaine **est** très **pimentée**.*

pimpant, ante (adjectif) Qui donne une impression de fraîcheur et d'élégance. *La maisonnette était toute **pimpante** avec sa peinture fraîche.*

pin (nom masculin) Arbre résineux aux feuilles en aiguilles qui restent vertes toute l'année.

pinacle (nom masculin) • **Porter quelqu'un au pinacle** : en dire beaucoup de bien.
★ Le **pinacle** désignait autrefois le sommet d'un temple, d'une cathédrale.

pinacothèque (nom féminin) Musée abritant des collections de peinture. *Nous avons visité la **pinacothèque** de Munich.*

pinailler (verbe) (conj. 3) Synonyme familier d'ergoter. *On ne va pas **pinailler** pour 5 cents !*

pince (nom féminin) **1** Instrument à deux branches servant à saisir ou à serrer. *Elle suspend le linge sur le fil avec des **pinces** à linge. David se sert d'une **pince** universelle pour enlever les clous.* **2** Extrémité fourchue des pattes avant de certains crustacés qui leur sert à saisir ou à pincer. *Les écrevisses, les crabes et les homards ont des **pinces**.*

pincé, ée (adjectif) • **Air pincé** : air mécontent et hautain.

pinceau, eaux (nom masculin) Instrument fait d'une petite touffe de poils fixée au bout d'un manche. *Avec un **pinceau**, on peut étaler de la peinture ou de la colle.*

pincée (nom féminin) Quantité de matière en poudre que l'on peut prendre entre deux doigts. *Une **pincée** de sel.*

pincement (nom masculin) **1** Action de pincer. **2** Au sens figuré, sensation d'angoisse ou de chagrin. *En revoyant son ancienne maison, Gaëlle a eu un petit **pincement** au cœur.*

pince-monseigneur (nom féminin) Levier qu'utilisent notamment les cambrioleurs pour forcer les portes. *Une **pince-monseigneur** a des extrémités plates.*
► Pluriel : des **pinces-monseigneur**.

pincer (verbe) (conj. 4) **1** Serrer avec les doigts ou entre deux objets. *Aïe ! Tu me **pinces** ! Hélène s'**est pincé** les doigts dans la porte.* **2** Rapprocher en serrant. *Ibrahim se **pince** le nez parce que l'égout empeste.* **3** Dans la langue familière, prendre quelqu'un en faute. *Le voleur s'est fait **pincer** par les gendarmes.*
★ Famille du mot : pince, pincé, pincée, pincement, pince-monseigneur, pince-sans-rire, pincettes, pinçon.

pince-sans-rire (nom) Personne qui plaisante tout en gardant son sérieux. *On ne sait jamais s'il blague ou s'il parle sérieusement, c'est un **pince-sans-rire**.*
► Pluriel : des **pince-sans-rire**.

pincettes (nom féminin pluriel) Longue pince en fer servant à saisir les tisons. *Julie déplace les bûches avec les **pincettes** pour activer le feu.* • **Ne pas être à prendre avec des pincettes** : dans la langue familière, être de très mauvaise humeur.

pinçon (nom masculin) Trace d'un pincement sur la peau.

pinède (nom féminin) Terrain planté de pins. *Avec l'odeur des pins, il fait bon se promener dans la **pinède** !*

pingouin (nom masculin) Oiseau de mer noir et blanc qui vit aux environs du pôle Nord. *Contrairement aux manchots, les **pingouins** peuvent voler.*

ping-pong (nom masculin) Sport qui se joue sur une table avec une petite balle et des raquettes. *Kevin a envoyé la balle de **ping-pong** dans le filet.* (Syn. **tennis de table**.)
► On écrit aussi **pingpong**.

pingre (adjectif et nom) Qui est d'une avarice sordide. *C'est un **pingre**, il est incapable de faire un cadeau.*

pinnipède (nom masculin) Mammifère carnivore marin dont les membres antérieurs ont évolué. *L'otarie, le phoque, le morse sont des **pinnipèdes**.*
★ **Pinnipède** vient du latin *pinna* qui signifie « nageoire ».

pin's (nom masculin) Badge qui se fixe au moyen d'une pointe retenue par un embout. *Le **pin's** est souvent utilisé à des fins publicitaires.*
► Prononciation [pins].
★ **Pin** est un mot anglais qui signifie « épingle ».

pinson (nom masculin) Petit oiseau au chant mélodieux. • **Gai comme un pinson** : très gai.

pintade (nom féminin) Oiseau de basse-cour au plumage gris tacheté de blanc. *Dimanche, nous avons mangé de la **pintade** aux pruneaux.*
★ **Pintade** vient d'un mot portugais qui signifie « oiseau peint » à cause des taches de son plumage.

pintadeau, eaux (nom masculin) Jeune pintade.

pinte (nom féminin) **1** Mesure de capacité anglo-saxonne. *Le père de Benjamin a bu une **pinte** de bière au pub.* **2** Ancienne mesure de capacité parisienne qui valait 0.93 litres.

pioche (nom féminin) **1** Outil formé d'un fer allongé et courbe, muni d'un manche et servant à creuser. *Les ouvriers creusent une tranchée à la **pioche**.* **2** Tas de cartes ou de dominos non distribués et dans lequel on pioche.

piocher (verbe) (conj. 3) **1** Creuser avec une pioche. *Pour creuser les fondations, il a fallu **piocher** dans la caillasse.* **2** Puiser dans un tas. *Pierre n'a pas eu de chance au scrabble, il **a pioché** un W, un X et un Q !*

piolet (nom masculin) Courte pioche utilisée par les alpinistes.

pion (nom masculin) Pièce que l'on déplace dans certains jeux. *Un jeu de dames avec des **pions** en os.*

■ **pion, pionne** (nom) Synonyme familier de surveillant. *La sœur de Laura est **pionne** dans un collège.*

pionnier, ère (nom) **1** Personne qui défriche et cultive des contrées inhabitées. *Le Far-West a été conquis par les **pionniers**.* **2** Personne qui explore une nouvelle voie. *Les frères Montgolfier ont été les **pionniers** de la navigation aérienne.*

pipe (nom féminin) Ustensile servant à fumer. *Il a rapporté de Bavière une **pipe** en porcelaine.*

pipeau, eaux (nom masculin) Petite flûte à bec. *Thomas joue « À la claire fontaine » sur son **pipeau**.*

pipelette (nom féminin) Dans la langue familière, personne bavarde. *Quand elles sont ensemble, elles n'arrêtent pas de bavarder, deux vraies **pipelettes** !*
★ **Pipelette** vient du nom de Monsieur *Pipelet*, un concierge dans un roman d'Eugène Sue (XIXe siècle).

pipeline (nom masculin) Oléoduc ou gazoduc.
► **Pipeline** est un mot anglais : on prononce [piplin] ou [pajplajn].

piper (verbe) (conj. 3) Truquer des dés ou des cartes dans l'intention de tricher. • **Ne pas piper** : dans la langue familière, ne pas dire un seul mot.

pipette (nom féminin) Tube de verre mince et généralement gradué, servant à prélever un peu de liquide.

pipi (nom masculin) Synonyme familier d'urine. *Le chien a levé la patte pour faire **pipi** contre un arbre.*

pipistrelle (nom féminin) Petite chauve-souris. *Les **pipistrelles** sont des mammifères sédentaires et nocturnes.*
★ **Pipistrelle** vient de l'italien.

piquant, ante (adjectif) Qui pique. *Ce piment est très **piquant**, j'ai la bouche en feu.*
■ **piquant** (nom masculin) Épine ou aiguille de certains animaux ou de certaines plantes. *William a mis le pied sur des **piquants** d'oursin.*

pique (nom féminin) Arme ancienne faite d'une pointe en fer plat au bout d'un long manche.
■ **pique** (nom masculin) Couleur des jeux de cartes représentée par une pique noire.

piqué (nom masculin) • **En piqué** : presque à la verticale. *Les avions ont attaqué **en piqué**.*

pique-assiette (nom) Personne qui cherche toujours à se faire inviter chez les autres pour ne pas dépenser.
► Pluriel : des **pique-assiettes**.

pique-nique (nom masculin) Repas froid pris en plein air. *Pour l'excursion de dimanche, chacun doit apporter son **pique-nique**.*
► Pluriel : des **pique-niques**.
► On écrit aussi un **piquenique**, des **piqueniques**.

pique-niquer (verbe) (conj. 3) Faire un pique-nique. *Le père de Myriam cherche un endroit agréable pour **pique-niquer**.*
► On écrit aussi **piqueniquer**.

piquer (verbe) (conj. 3) **1** Percer la peau avec un objet pointu ou un dard. *Xavier s'est fait **piquer** par une guêpe, sa joue est toute gonflée. Noémie s'**est piquée** avec son aiguille en cousant un bouton.* **2** Faire une piqûre. *Odile s'est fait **piquer** contre le tétanos.* **3** Faire des points de couture dans quelque chose. *Maman **pique** les rideaux à la machine.* **4** Produire une sensation de piqûre, de picotement ou de brûlure. *La moutarde me **pique** la langue.* (Syn. **irriter.**) **5** Se mettre brusquement à faire quelque chose. *Sarah **a piqué** une colère. Yann **pique** un sprint.* **6** Descendre à la verticale. *Le bombardier **pique** droit sur son objectif.* **7** Synonyme familier de voler. *Ursula s'est fait **piquer** un crayon.*
★ Famille du mot : piqu**ant**, pique, piqu**é**, pique-assiette, piqu**ette**, piq**û**re.

piquet (nom masculin) Petit pieu que l'on enfonce dans la terre. *Benjamin enfonce les **piquets** pour monter la tente.* • **Piquet de grève** : groupe de grévistes qui restent sur le lieu de travail pour veiller au bon déroulement de la grève.

piqueter (verbe) (conj. 8 ou 9) Parsemer de petites taches. *Son visage **est piqueté** de taches de rousseur.*

piquette (nom féminin) Vin de mauvaise qualité, qui pique la langue.

piqûre (nom féminin) **1** Petite plaie faite par un instrument aigu ou par le dard de certains animaux. *Les **piqûres** de guêpes provoquent parfois des allergies.* **2** Injection faite avec une seringue. *L'infirmière vient tous les jours faire une **piqûre** au grand-père de Zoé.*
► On écrit aussi **piqure**.

piranha (nom masculin) Poisson carnivore très vorace des fleuves d'Amérique du Sud.

piratage (nom masculin) Action de pirater. *Le **piratage** des cassettes vidéo est interdit par la loi.*

pirate (nom masculin) Bandit qui attaque les navires pour les piller. *Barbe Noire était un **pirate** redouté.* • **Pirate de l'air** : personne qui détourne un avion en utilisant la menace.
★ Famille du mot : pirat**age**, pirat**er**, pirat**erie**.

pirater (verbe) (conj. 3) Reproduire illégalement un livre, un disque, un logiciel, etc.

piraterie (nom féminin) Agissements des pirates. *La **piraterie** en mer existe encore de nos jours.*

pire (adjectif et nom) Mot qui sert de comparatif et de superlatif à mauvais. *Avec la chaleur, le niveau de pollution est **pire** que celui d'hier. C'est le **pire** de tous.* (Contr. **meilleur.**)
■ **pire** (nom masculin) Ce qu'il y a de plus mauvais. *Ils ont décidé de vivre ensemble pour le meilleur et pour le **pire**.*

piriforme (adjectif) En forme de poire. *L'avocat est un fruit **piriforme**.*

pirogue (nom féminin) Embarcation longue et étroite. *La **pirogue** s'est retournée au milieu du fleuve.*

a b c d e f g h i j k l m n o p q r s t u v w x y z

piroplasmose (nom féminin) Maladie parasitaire transmise par les tiques. *La **piroplasmose** est une maladie mortelle pour les chiens.*

pirouette (nom féminin) Tour complet sur soi-même. *Anna est étourdie à force de faire des **pirouettes** dans le même sens.*

① **pis** (adverbe) • **Aller de mal en pis** : aller de plus en plus mal.

② **pis** (nom masculin) Mamelle d'un animal femelle. *La fermière nettoie les **pis** de la chèvre avant de la traire.*

pis-aller (nom masculin) Solution peu satisfaisante que l'on choisit faute de mieux. *Cet horaire de travail serait vraiment un **pis-aller**.*
▶ Prononciation [pizale].
▶ Pluriel : des **pis-aller**.

pisci- Élément tiré du latin *piscis* qui signifie « poisson » (exemple : *pisciculture*).

pisciculture (nom féminin) Élevage de poissons. *Dans cet étang, on fait de la **pisciculture** de carpes.*

piscine (nom féminin) Bassin aménagé pour la natation. *Avec l'école, nous allons à la **piscine** une fois par semaine, pour apprendre à nager.*

pisé (nom masculin) Matériau de construction fait de terre argileuse mêlée de paille. *Dans certaines régions d'Afrique, les cases sont en **pisé**.*

pissaladière (nom féminin) Tarte niçoise faite de pâte à pain, garnie de purée d'oignons, d'olives noires et d'anchois.
★ **Pissaladière** est un mot provençal.

pissenlit (nom masculin) Plante à feuilles dentelées et à fleurs jaunes. *Une salade de **pissenlits** aux lardons.*
★ Dans **pissenlit**, on trouve les mots *pisser* et *lit*, car cette plante fait uriner.

pisser (verbe) (conj. 3) Synonyme très familier d'uriner. *Le chat **a pissé** sur la couette.*
★ Famille du mot : **pisseux**, **pissotière**.

pisseux, euse (adjectif) D'une couleur jaunâtre et passée. *Ces rideaux sont d'un blanc **pisseux**, il faudrait les changer.*

pissotière (nom féminin) Urinoir public, dans la langue familière.

pistache (nom féminin) Graine verte d'un arbre des régions chaudes. *On sert souvent des **pistaches** avec l'apéritif.*

piste (nom féminin) **1** Trace du passage d'un animal ou d'un être humain. *Les chasseurs sont sur la **piste** d'un sanglier. Le malfaiteur s'amuse à brouiller les **pistes**.* **2** Terrain aménagé pour différents usages. *Une **piste** cyclable. Une **piste** de ski. Une **piste** d'atterrissage.* **3** Chemin de terre non aménagé. *Ils ont suivi la **piste** tracée à travers la brousse.* **4** Emplacement servant de scène au cirque. *L'écuyère fait un tour de **piste** pour saluer le public.*

pister (verbe) (conj. 3) Suivre la piste. *Le détective **a pisté** le fugitif.* (Syn. **filer**.)

pistil (nom masculin) Organe femelle de la fleur. *Le **pistil** se transforme peu à peu en fruit après avoir reçu le pollen.*

pistole (nom féminin) Ancienne monnaie d'or d'Espagne et d'Italie.

pistolet (nom masculin) Arme à feu individuelle qui se tient d'une seule main. *Le policier a mis un nouveau chargeur dans son **pistolet**.*

piston (nom masculin) **1** Pièce cylindrique qui coulisse dans un moteur ou dans une pompe. **2** Dans la langue familière, appui dont bénéficie une personne. *Il a eu cette place par **piston**.*

pistonner (verbe) (conj. 3) Dans la langue familière, faire obtenir quelque chose par piston. *Quelqu'un l'**a pistonné** auprès du patron pour le faire embaucher.* (Syn. **recommander**.)

pistou (nom masculin) Préparation à base de basilic et d'ail pilés que l'on utilise pour parfumer la soupe ou une sauce.
★ **Pistou** vient du provençal *pistar* qui signifie « broyer ».

pitance (nom féminin) Synonyme ancien de nourriture. *Le gardien a apporté au prisonnier sa maigre **pitance**.*
★ Au Moyen Âge, la **pitance** était la part de nourriture que recevaient les moines.

pitbull (nom masculin) Chien de combat issu du croisement du bouledogue et du terrier. *L'élevage de **pitbulls** est interdit en France.*
▶ **Pitbull** est un mot anglais : on prononce [pitbyl].

pitchoun, e (nom) Synonyme familier de petit enfant. *Regardez-moi ces **pitchouns** comme ils sont sages !*
▶ Prononciation [pitʃun].
★ **Pitchoun** est un mot provençal.

piteusement (adverbe) De façon piteuse. *Ils sont rentrés **piteusement** de leur expédition ratée, sans dire un mot.*

piteux, euse (adjectif) Qui inspire une pitié mêlée de mépris. *Ce vieux vélo est en **piteux** état.*

pithécanthrope (nom masculin) Hominien fossile qui aurait vécu d'il y a 1,1 million d'années à 100 000 ans à Java. *Le **pithécanthrope** est le chaînon manquant entre le singe et l'homme.*

pitié (nom féminin) Sentiment de sympathie qu'on éprouve pour une personne qui souffre. *Cette jeune femme qui demandait de l'aide m'a fait **pitié**.*

piton (nom masculin) **1** Clou ou vis dont la tête est en forme d'anneau ou de crochet. *La tringle à rideaux est maintenue par deux **pitons**.* **2** Pic isolé d'une montagne. *Le **piton** de la Fournaise est un volcan de la Réunion.*

pitoyable (adjectif) Qui fait pitié. *Ces colonnes de réfugiés fuyant la guerre constituaient un spectacle **pitoyable**.* (Syn. **désolant**.)
★ Famille du mot : apitoi**ement**, apitoy**er**, **im**pitoyable, pitoya**blement**.

pitoyablement (adverbe) De façon pitoyable. *Le pauvre homme était **pitoyablement** vêtu.* (Syn. **lamentablement.**)

pitre (nom masculin) Personne qui fait rire par ses grimaces et ses plaisanteries. *Élodie ne cesse de faire le **pitre**.* (Syn. **clown.**)

pitrerie (nom féminin) Grimace ou farce de pitre. *Tes **pitreries** n'amusent personne !* (Syn. **clownerie.**)

pittoresque (adjectif) Qui frappe par sa beauté ou son originalité. *C'est un village provençal très **pittoresque**.* (Contr. **banal, ordinaire.**)
★ **Pittoresque** vient de l'italien *pittore* qui signifie « peintre » : une chose pittoresque est digne d'être peinte.

pityriasis (nom masculin) Maladie de la peau, caractérisée par de petites taches et des squames.
▶ Prononciation [pitiʀjazis].

pivert (nom masculin) Oiseau jaune et vert, à tête rouge, de la même espèce que le pic.
▶ Prononciation [pivɛʀ].
▶ On écrit aussi un **pic-vert**, des **pics-verts**.

pivoine (nom féminin) Plante aux grosses fleurs odorantes rouges, roses ou blanches. • **Rouge comme une pivoine** : très rouge.

pivot (nom masculin) Axe fixe autour duquel peut tourner une pièce mobile. *Les engrenages d'une montre tournent sur des **pivots**.*

pivoter (verbe) (conj. 3) Tourner comme sur un pivot. *David **a pivoté** sur ses talons pour faire demi-tour.*

pixel (nom masculin) Plus petit élément constitutif d'une image. *La définition d'une image est exprimée en **pixels** par millimètre.*
★ **Pixel** vient de l'anglais *picture element* qui signifie « élément d'image ».

pizza (nom féminin) Tarte italienne faite de pâte à pain, garnie de tomates, d'olives, d'anchois, etc. *À la pizzeria, les **pizzas** sont cuites dans un four à pain.*
▶ Prononciation [pidza].

pizzéria (nom féminin) Restaurant où l'on sert des pizzas.
▶ Prononciation [pidzeʀja].
▶ On écrit aussi **pizzeria**.

pizzicato (adverbe et nom masculin) Manière de faire vibrer les cordes sur les instruments à archet, en pinçant les cordes. *Dans les « Quatre saisons », Vivaldi utilise des **pizzicatos** pour décrire la pluie qui tombe.*
▶ Pluriel : des **pizzicatos** ou **pizzicati**.
▶ Prononciation [pidzikato].
★ **Pizzicato** est un mot italien qui signifie « pincé ».

placard (nom masculin) Armoire aménagée dans un mur. *L'appartement est petit, mais il y a beaucoup de **placards** pour ranger les affaires.*

placarder (verbe) (conj. 3) Coller sur un panneau d'affichage ou un mur. *Le garde champêtre **a placardé** un avis sur la porte de la mairie.* (Syn. **afficher.**)

place (nom féminin) **1** Endroit où l'on met une chose. *J'ai changé mon lit de **place**. Il n'y a plus de **place** dans la valise.* **2** Siège dans un véhicule ou une salle de spectacle. *C'est une voiture familiale à huit **places**.* **3** Emploi occupé par quelqu'un. *Il a trouvé une **place** de vendeur.* **4** Rang obtenu dans un classement. *Elle a été reçue dans les premières **places** au concours.* **5** Dans une ville ou un village, espace où aboutissent plusieurs rues. *Ibrahim et Fatima se retrouvent après la classe sur la **place** de l'église.* • **À la place de quelqu'un** *ou* **de quelque chose** : pour les remplacer. *Je prendrai du poisson **à la place de** la viande.* • **Ne pas tenir en place** : être très agité. • **Place forte** : forteresse. • **Prendre place** : s'installer. • **Se mettre à la place de quelqu'un** : imaginer ce qu'il ressent dans la situation où il est. • **Sur place** : sur les lieux mêmes de l'évènement.
★ Famille du mot : dé**place**, dé**placement**, dé**placer**, em**placement**, **placement**, **placer**, re**placer**.

placébo (nom masculin) Préparation pharmaceutique inactive qui peut améliorer l'état d'un malade par un mécanisme psychique.
▶ On écrit aussi **placebo**.
★ **Placebo** est un verbe latin qui signifie « je plairai ».

placement (nom masculin) **1** Argent placé. *C'était un très bon **placement**, il a gagné une vraie fortune.* (Syn. **investissement.**) **2** Action de trouver une place à quelqu'un. *Il a retrouvé du travail grâce à un bureau de **placement**.*

placenta (nom masculin) Organe situé dans l'utérus des mammifères, qui assure la nourriture du fœtus grâce au cordon ombilical. *Le **placenta** est expulsé lors de l'accouchement.*
▶ Prononciation [plasɛ̃ta].

placer (verbe) (conj. 4) **1** Mettre quelqu'un ou quelque chose à une certaine place. *La maîtresse de maison **a placé** les invités. Gaëlle **a placé** sa poupée sur l'étagère de sa chambre.* **2** Prêter de l'argent pour qu'il rapporte des intérêts. *Il **a placé** ses économies à la caisse d'épargne.* (Syn. **investir.**) **3** Introduire quelque chose dans une conversation. *Cette bavarde ne m'a pas laissé **placer** un mot.*

placide (adjectif) Qui est toujours calme et paisible. *Cet homme **placide** ne se met jamais en colère.*

plafond (nom masculin) **1** Partie supérieure d'une pièce d'habitation, opposée au sol. *Un lustre est suspendu au **plafond**.* **2** Dans un sens figuré, limite supérieure. *La vitesse **plafond** a été fixée à 130 km/h sur l'autoroute.* (Contr. **plancher.**)
★ Famille du mot : plafonn**er**, plafonn**ement**, plafonn**ier**.

plafonnement (nom masculin) Action de plafonner. *La direction a voté un **plafonnement** des salaires.* (Syn. **limite.**)

plafonner (verbe) (conj. 3) Atteindre son plafond. *Cette voiture électrique **plafonne** à 60 km/h.*

plafonnier (nom masculin) Appareil d'éclairage fixé au plafond. *Le **plafonnier** d'une voiture.*

a b c d e f g h i j k l m n o p q r s t u v w x y z

a b c d e f g h i j k l m n o p q r s t u v w x y z

plage (nom féminin) Rivage plat ou en pente douce, de sable ou de galets. *Mettez vos maillots de bain, on va à la* ***plage*** *!* • **Plage arrière** : tablette horizontale entre la vitre et la banquette arrière d'une voiture.

plagiat (nom masculin) Copie plagiée. *Il n'y a rien de personnel dans cette chanson, c'est un* ***plagiat****.*

plagier (verbe) (conj. 10) S'approprier sans scrupule les idées d'un auteur ou d'un artiste. *Cet auteur* ***a plagié*** *le livre d'une romancière américaine.* (Syn. **copier.**)

plaid (nom masculin) Couverture de voyage en lainage écossais.
▶ **Plaid** est un mot anglais : on prononce [plɛd].

plaider (verbe) (conj. 3) Défendre une cause devant un tribunal. *Il a trouvé un avocat pour* ***plaider*** *sa cause.*
★ Famille du mot : plaid**eur**, plaid**oirie**, plaid**oyer**.

plaideur, euse (nom) Personne qui plaide. *Le* ***plaideur*** *a défendu l'accusé.*

plaidoirie (nom féminin) Discours de celui qui plaide. *Un long silence a suivi la* ***plaidoirie*** *émouvante de l'avocat.*

plaidoyer (nom masculin) Exposé en faveur d'une idée ou d'une personne. *Le conférencier a fait un vibrant* ***plaidoyer*** *en faveur des droits de l'homme.*

plaie (nom féminin) Blessure qui entame la chair. *Les coupures, les balafres, les brûlures sont des* ***plaies****.*

plaignant, ante (nom) Personne qui dépose une plainte en justice. *Le juge a écouté le* ***plaignant****.*

plaindre (verbe) (conj. 35) **1** Éprouver de la pitié pour quelqu'un. *Je les* ***plains*** *d'avoir de pareils voisins !* **2 Se plaindre** : exprimer sa souffrance. *Elle* ***se plaint*** *d'une douleur dans la hanche.* **3 Se plaindre** : exprimer son mécontentement. *Cessez donc de* ***vous plaindre*** *!*
★ Famille du mot : plaign**ant**, plainte, plaint**if**.

plaine (nom féminin) Grande étendue au sol plat. *La Beauce et la Brie sont les plus grandes* ***plaines*** *françaises.*

de **plain-pied** (adverbe) Sur le même niveau. *Les deux portes-fenêtres donnent* ***de plain-pied*** *sur le jardin.*

plainte (nom féminin) **1** Cri de celui qui se plaint. *Le blessé faisait entendre une faible* ***plainte****.* (Syn. **gémissement.**) **2** Expression du mécontentement de quelqu'un. *Il y a eu des* ***plaintes*** *à cause du bruit.* **3** Accusation en justice. *Ils ont porté* ***plainte*** *pour vol.*

plaintif, ive (adjectif) Qui exprime une plainte, une douleur. *Ce chien blessé a poussé des cris* ***plaintifs*** *toute la nuit.*

plaire (verbe) (conj. 41) **1** Être agréable à quelqu'un. *Est-ce que cette émission t'****a plu*** *?* (Contr. **déplaire.**) **2 Se plaire** : se trouver bien quelque part. *Il* ***se plaît*** *beaucoup dans cette région.* • **S'il vous plaît, s'il te plaît** : formule de politesse pour demander quelque chose.
★ Famille du mot : **dé**plaire, **dé**plais**ant**, plais**ant**.

plaisance (nom féminin) • **De plaisance** : se dit de la navigation pratiquée pour le plaisir et non pour le travail. *Les yachts sont des bateaux* ***de plaisance****.*

plaisancier, ère (nom) Personne qui pratique la navigation de plaisance.

plaisant, ante (adjectif) **1** Qui plaît. *Cet endroit, près de la rivière, est très* ***plaisant*** *en été.* (Syn. **agréable.** Contr. **déplaisant.**) **2** Qui amuse. *Le* ***plaisant*** *spectacle d'un chaton en train de jouer.* (Syn. **drôle.**)
■ **plaisant** (nom masculin) • **Mauvais plaisant** : personne qui fait des plaisanteries de mauvais goût.

plaisanter (verbe) (conj. 3) Dire ou faire des choses amusantes. *Il est parfois difficile de savoir s'il* ***plaisante*** *ou s'il est sérieux.* • **Ne pas plaisanter avec quelque chose** : le prendre très au sérieux.
★ Famille du mot : plaisant**erie**, plaisant**in**.

plaisanterie (nom féminin) Chose dite ou faite pour plaisanter. *Ses* ***plaisanteries*** *sont très drôles.* (Syn. **blague.**)

plaisantin (nom masculin) Personne qui aime plaisanter au point qu'on ne peut le prendre au sérieux. (Syn. **farceur.**)

plaisir (nom masculin) Sensation ou sentiment agréable. *Quel* ***plaisir*** *de manger sur la terrasse ! Cela m'a fait un grand* ***plaisir*** *de la revoir.* • **Avec plaisir** : très volontiers.

① **plan, plane** (adjectif) Qui est plat et uni. *Le menuisier rabote la planche pour qu'elle soit parfaitement* ***plane****.*

② **plan** (nom masculin) **1** Carte ou dessin d'une ville, d'un lieu ou d'un bâtiment. *On voit sur le* ***plan*** *que le marché est à côté de l'église.* **2** Manière dont on envisage de faire une action. *Kevin a exposé son* ***plan*** *à ses camarades.* **3** Organisation d'un texte ou d'un livre. *La maîtresse nous a donné un* ***plan*** *pour faire la rédaction.* **4** Place à laquelle se trouvent les éléments d'une image selon leur distance. *Au premier* ***plan*** *du tableau, il y a un cheval, à l'arrière-plan, une montagne.* **5** Surface plane. *Dans la cuisine, il y a un* ***plan*** *de travail pour préparer les aliments.* **6** Importance relative de quelqu'un ou de quelque chose. *On ne peut pas mettre ces deux affaires sur le même* ***plan****. C'est un artiste de premier* ***plan****.* • **Laisser quelque chose en plan** : ne plus s'en occuper. • **Rester en plan** : en attente. • **Sur le plan de quelque chose** : de ce point de vue.
★ Famille du mot : **a**plan**ir**, arrière-plan, plan**é**, plani**fication**, plani**fier**.

planche (nom féminin) **1** Longue pièce de bois plate et peu épaisse. *Le menuisier scie des* ***planches*** *pour faire un meuble.* **2** Page d'illustrations. *Ce livre sur les plantes contient de magnifiques* ***planches*** *en couleurs.* **3** Bande de terre cultivée. *Dans le jardin, il y a une* ***planche*** *de fraisiers.* • **Faire la planche** : se laisser flotter sur le dos. • **Monter sur les**

planches : devenir comédien. • **Planche à roulettes :** planche munie de roulettes, permettant de se déplacer et de faire des figures. (Syn. **skateboard.**) • **Planche à voile :** planche munie d'une voile fixée sur un mât mobile, permettant de glisser sur l'eau. (Syn. **windsurf.**)
★ Famille du mot : plancher, planch**ette**, planch**iste**.

plancher (nom masculin) **1** Sol en planches. *Le **plancher** a été ciré.* **2** Au sens figuré, limite inférieure. *On a fixé un **plancher** pour le nombre de participants.* (Contr. **plafond.**)

planchette (nom féminin) Petite planche.

planchiste (nom) Personne qui pratique la planche à voile. (Syn. **véliplanchiste.**)

plancton (nom masculin) Êtres vivants, souvent microscopiques, qui flottent dans les eaux. *Le **plancton** est la principale nourriture des baleines.*

plané (adjectif masculin) • **Un vol plané :** vol d'un oiseau, d'un avion qui plane.

planer (verbe) (conj. 3) **1** Voler sans battre des ailes ou sans l'aide d'un moteur. *Ces mouettes profitent d'un courant pour **planer** dans le vent.* **2** Peser comme une menace. *Un mystère **plane** sur cette demeure.*

planétaire (adjectif) **1** Des planètes. *La plus grosse planète de notre système **planétaire** est Jupiter.* **2** Qui concerne toute la Terre. *Un conflit **planétaire**.* (Syn. **mondial.**)

planétarium (nom masculin) Salle à coupole où sont représentés les astres et leurs mouvements.
▶ Prononciation [planetaʀjɔm].

planète (nom féminin) Corps céleste qui tourne autour du Soleil. *Mercure et Vénus sont les deux **planètes** les plus proches du Soleil.*
★ Famille du mot : interplanét**aire**, planét**aire**, planét**arium**.
★ **Planète** vient du grec *planêtês* qui signifie « errant » parce qu'on pensait alors que les planètes étaient des astres errants par rapport aux étoiles.

planeur (nom masculin) Avion sans moteur qu'on fait planer. *Le **planeur** s'est posé sans dommage dans le pré.*

planification (nom féminin) Action de planifier. *La **planification** de l'économie.*

planifier (verbe) (conj. 10) Organiser selon un plan. *Pierre **a planifié** son mercredi pour que les horaires de son cours de judo lui permettent de voir son émission de télévision préférée.*

planisphère (nom masculin) Carte qui représente toute la Terre.

planning (nom masculin) Programme de travail. *« Pouvez-vous venir lundi ? – Je vais consulter mon **planning**. »*
▶ **Planning** est un mot anglais : on prononce [planiŋ].

planque (nom féminin) Synonyme familier de cachette. *La police a découvert plusieurs **planques** du terroriste.*

planquer (verbe) (conj. 3) Synonyme familier de cacher. *Où a-t-il pu **planquer** son argent ?*

plant (nom masculin) Jeune plante destinée à être repiquée. *Des **plants** de fraisier.*

① **plantain** (nom masculin) Plante herbacée dont les graines servent à nourrir les oiseaux. *Les **plantains** poussent dans les régions tempérées.* • **Plantain d'eau :** plante aquatique à petites fleurs blanches.

② **plantain** (nom masculin) Variété de bananier dont les fruits se consomment cuits. *Le cuisinier antillais a préparé de la banane **plantain**.*
★ **Plantain** vient de l'espagnol *platano*.

plantaire (adjectif) De la plante du pied. *Les personnes qui ont les pieds plats ont la voûte **plantaire** affaissée.*

plantation (nom féminin) **1** Végétaux plantés sur un terrain. *La grêle a abîmé les **plantations** du jardinier.* **2** Exploitation agricole des pays tropicaux. *Il y a des **plantations** de café au Brésil.*

① **plante** (nom féminin) Tout végétal enraciné dans la terre. *Des **plantes** potagères, fourragères, médicinales.*

② **plante** (nom féminin) • **Plante du pied :** dessous du pied.
★ Famille du mot : plant**aire**, plantigrade.

planter (verbe) (conj. 3) **1** Mettre une plante en terre pour qu'elle prenne racine. *Les cantonniers **ont planté** des arbres dans le parc.* **2** Enfoncer dans le sol ou dans une matière solide. *Quentin et Hélène **ont planté** les piquets de la tente.* **3 Se planter :** se placer quelque part et y rester sans bouger. *Le chien **s'est planté** à la porte du magasin pour attendre son maître.*
★ Famille du mot : plant, plant**ation**, plante, plant**eur**, plant**oir**, plant**on**, **trans**plant**ation**, **trans**planter.

planteur (nom masculin) Exploitant d'une plantation dans les régions tropicales. *Un **planteur** de canne à sucre.*

plantigrade (nom masculin) Mammifère qui pose toute la plante de son pied sur le sol. *L'homme, le singe, l'ours sont des **plantigrades**.*

plantoir (nom masculin) Outil qui sert à planter de jeunes plants.

planton (nom masculin) Soldat chargé de diverses tâches. • **Faire le planton :** attendre quelqu'un debout très longtemps, dans la langue familière.

plantule (nom féminin) Jeune plante au moment de la germination. *Quand les racines émergent, la **plantule** se fixe dans le sol.*

plantureux, euse (adjectif) Se dit d'un repas abondant. *Un **plantureux** dîner d'anniversaire.*

plaque (nom féminin) **1** Feuille plus ou moins épaisse d'une matière rigide. *Cette commode est recouverte d'une **plaque** de marbre.* **2** Support en métal. *Le dentiste a mis une **plaque** portant son nom et son étage à l'entrée de l'immeuble.* **3** Tache sur la peau. *Une **plaque** d'urticaire.*
★ Famille du mot : plaqu**é**, plaqu**er**, plaqu**ette**.

plaqué (nom masculin) Métal ordinaire recouvert d'une mince couche d'un métal précieux. *Du **plaqué** or.*

plaquer (verbe) (conj. 3) **1** Recouvrir d'une plaque. *Les touches du piano **sont plaquées** d'ivoire ou de plastique.* **2** Maintenir avec force. *Le souffle de l'explosion l'**a plaqué** au sol.*

plaquette (nom féminin) Petite plaque. *Une **plaquette** de beurre.*

plasma (nom masculin) Liquide dans lequel baignent les globules blancs et les globules rouges du sang.

plasmodium (nom masculin) Organisme responsable du paludisme. *Les **plasmodiums** sont transmis à l'homme par une piqûre de moustique.*
▶ Prononciation [plasmɔdjɔm].

plastic (nom masculin) Explosif puissant ayant la consistance du mastic. *Une charge de **plastic** avait été mise sous la voiture.*

plasticien, enne (nom) Artiste qui se consacre aux arts plastiques. *Le **plasticien** fait de la sculpture, du design, du dessin et de l'art vidéo.*
▪**plasticien, enne** (adjectif) Qui concerne le secteur des matières plastiques. *Une usine **plasticienne**. Un ouvrier **plasticien**.*

plastifier (verbe) (conj. 10) Recouvrir de plastique. *Romain a fait **plastifier** sa carte d'identité.*

plastique (adjectif) • **Arts plastiques** : arts qui s'occupent de la forme des choses. *La sculpture, le dessin, la peinture sont des **arts plastiques**.* • **Matière plastique** : matière synthétique que l'on peut mouler facilement. *Une cuvette en **matière plastique**.*
▪**plastique** (nom masculin) Matière plastique.
★ Famille du mot : plasticien, plastifier, plastiquer.

plastiquer (verbe) (conj. 3) Faire sauter avec du plastic. *Des inconnus **ont plastiqué** son magasin.*

plastron (nom masculin) Pièce de tissu appliquée sur le devant d'une chemise. *Il a taché le **plastron** de sa chemise.*

plastronner (verbe) (conj. 3) Bomber le torse d'un air fier. *Il **plastronne** devant les filles.* (Syn. **parader, se pavaner.**)

plat, plate (adjectif) **1** Qui a une surface plane, sans creux ni bosse. *Les Flandres sont un pays **plat**.* (Contr. **accidenté.**) **2** Qui est peu profond. *Mets des assiettes **plates**, il n'y a pas de soupe au menu.* (Contr. **creux.**) **3** Qui a peu d'épaisseur ou de hauteur. *Pour la randonnée, il faut des chaussures à talon **plat**.* **4** Qui est fade et insipide. *Le scénario de ce film est tout à fait **plat**.* (Syn. **banal.** Contr. **original.**) • **À plat** : horizontalement. *Un livre posé **à plat** sur la table.* • **Calme plat** : absence d'agitation. • **Être à plat** : dans la langue familière, être très fatigué. • **Pneu à plat** : pneu dégonflé.
▪**plat** (nom masculin) **1** Partie plate de quelque chose. *Faire du vélo sur le **plat**, c'est agréable.* **2** Pièce de vaisselle dans laquelle on sert les aliments. *Il me faut un **plat** pour mettre les légumes.* **3** Chacun des mets d'un repas. *Le **plat** du jour, c'est de la brandade de morue.*

platane (nom masculin) Arbre de grande taille dont l'écorce s'enlève par plaques. *En Provence, les places sont souvent plantées de **platanes**.*

plateau, eaux (nom masculin) **1** Sorte de plat utilisé pour présenter ou transporter quelque chose. *Le garçon de café apporte les boissons sur un **plateau**.* **2** Partie d'une balance sur laquelle on met les objets à peser ou les poids. **3** Grand terrain plat situé en altitude. *Le Larzac est un vaste **plateau** calcaire.* **4** Endroit où l'on tourne un film ou une émission de télévision.

plate-bande (nom féminin) Bande de terrain qui est cultivée. *Le long de la maison, il y a des **plates-bandes** d'iris.*
▶ Pluriel : des **plates-bandes**.

platée (nom féminin) Contenu d'un plat. *La cuisinière lui a servi une **platée** de riz.*

plateforme (nom féminin) Surface plane horizontale, généralement surélevée. *Sur la mer, on installe des **plateformes** pour le forage d'un puits de pétrole.*
▶ On écrit aussi une **plate-forme**, des **plates-formes**.

plathelminthe (nom masculin) Ver au corps aplati comme le ténia. *Beaucoup de plathelminthes sont des **parasites**.*

① **platine** (nom masculin) Métal précieux blanc-gris, malléable et inaltérable. *Une jolie alliance en **platine**.*

② **platine** (nom féminin) Support plat sur lequel on met les disques pour les écouter. *Une **platine** laser.*

platiné, ée (adjectif) D'un blond très pâle comme la couleur du platine.

platitude (nom féminin) Propos plat et sans originalité. *Il est ennuyeux quand il parle, il ne dit que des **platitudes**.* (Syn. **banalité.**)

platonique (adjectif) Qui est purement idéal et sans relation sexuelle. *Un amour **platonique**.*

plâtre (nom masculin) **1** Poudre blanche que l'on mélange avec de l'eau pour faire une pâte qui durcit en séchant. *On utilise le **plâtre** pour faire les plafonds, des moulages.* **2** Bandage recouvert de plâtre, utilisé en cas de fracture. *Thomas s'est cassé la jambe au ski, on lui a mis un **plâtre**.*
▪**plâtres** (nom masculin pluriel) Parties en plâtre d'une maison. *Les plâtriers ont fini les **plâtres**.*
★ Famille du mot : plâtrer, plâtrier.

plâtrer (verbe) (conj. 3) **1** Enduire de plâtre. *Les plâtriers **ont plâtré** les murs.* **2** Mettre dans un plâtre. *Sa jambe **a été plâtrée** à cause d'une fracture.*

plâtrier (nom masculin) Ouvrier spécialisé dans l'exécution des plâtres.

plausible (adjectif) Qui paraît suffisamment vrai pour qu'on le croie. *Son explication est* ***plausible****.* (Syn. **crédible, vraisemblable.**)

play-back (nom masculin) Technique qui consiste à faire semblant de chanter sur un enregistrement déjà réalisé. *La chanteuse chante en* ***play-back****.*
► Prononciation [plɛbak].
► Pluriel : des **play-back**.
► On écrit aussi un **playback**, des **playbacks**.
★ **Play-back** vient du verbe anglais *to play* qui signifie « jouer » et *back* qui signifie « derrière ».

play-boy (nom masculin) Jeune homme au physique agréable, qui aime plaire.
► Prononciation [plɛbɔj].
► Pluriel : des **play-boys**.
► On écrit aussi un **playboy**, des **playboys**.
★ **Play-boy** vient des mots anglais *boy* qui signifie « garçon » et *to play* qui signifie « jouer ».

plèbe (nom féminin) Nom donné à la classe populaire dans l'Antiquité romaine.

plébiscite (nom masculin) Vote direct du peuple tout entier. *Dans un* ***plébiscite****, on doit dire si on est d'accord avec la personne qui est au pouvoir.*
★ **Plébiscite** vient du latin *plebiscitum* qui signifie « décision de la plèbe ».

plébisciter (verbe) (conj. 3) Élire à une très forte majorité. *Après son coup d'État, Napoléon III* ***fut plébiscité*** *aux élections de 1852.*

pléiade (nom féminin) Groupe de personnes illustres ou remarquables. *Le mécène aide une* ***pléiade*** *de jeunes artistes.*
★ **Pléiade** est le nom d'un groupe de 7 étoiles qui a désigné les 7 filles d'Atlas, 7 poètes d'Alexandrie et 7 poètes français.

plein, pleine (adjectif) **1** Qui contient tout ce qu'il peut contenir. *Les verres sont* ***pleins*** *à ras bord. Le stade est* ***plein*** *à craquer.* (Contr. **vide.**) **2** Qui contient beaucoup de choses. *Ce pantalon est* ***plein*** *de trous. Cette chemise est* ***pleine*** *de taches.* **3** Qui porte des petits. *Cette vache est* ***pleine****.* **4** Qui est complet ou entier. *C'est demain la* ***pleine*** *lune. Il travaille à* ***plein*** *temps.* • **En plein :** au milieu de. *Ça s'est passé* ***en plein*** *jour.*
▪ **plein** (préposition) Indique une grande quantité. *Il a de la boue* ***plein*** *ses bottes.*
▪ **plein** (nom masculin) • **Battre son plein :** être à son apogée. • **Faire le plein :** remplir son réservoir de carburant. *Il s'est arrêté à la station pour* ***faire le plein****.*
★ Famille du mot : plein**ement**, trop-plein.

pleinement (adverbe) D'une manière pleine et entière. *Je suis* ***pleinement*** *satisfait.* (Syn. **totalement.**)

pléistocène (nom masculin et adjectif) Première époque du quaternaire qui a commencé il y a 1,8 million d'années et s'est terminée il y a 10 000 ans. *Les mammouths vivaient au* ***pléistocène****.*

plénière (adjectif féminin) • **Assemblée plénière :** réunion à laquelle sont invités tous les membres d'une association.

plénipotentiaire (nom masculin) Diplomate qui a les pleins pouvoirs dans une mission. *Le gouvernement a délégué des* ***plénipotentiaires*** *pour négocier les accords.*

plénitude (nom féminin) Synonyme littéraire de totalité. *Un homme dans la* ***plénitude*** *de sa force.*

pléonasme (nom masculin) Emploi de mots qui font double emploi. *« Sortir dehors », « monter en haut » sont des* ***pléonasmes****.*

pléthore (nom féminin) Abondance excessive. *Il y a* ***pléthore*** *de fruits cette année.* (Syn. **surabondance.** Contr. **pénurie.**)

pléthorique (adjectif) Synonyme de surabondant. *Les professeurs se plaignent d'avoir des classes aux effectifs* ***pléthoriques****.*

pleurer (verbe) (conj. 3) **1** Verser des larmes. *Julie rit tellement qu'elle en* ***pleure****.* **2** Ressentir un grand chagrin. *Il* ***pleure*** *la mort de son ami.*
★ Famille du mot : pleur**euse**, pleurnicher, pleurs.

pleurésie (nom féminin) Grave maladie des poumons. *Son père souffre d'une* ***pleurésie****.*

pleureuse (nom féminin) Femme payée pour pleurer à des funérailles. *Dans certains pays, il est coutume de louer les services de* ***pleureuses****.*

pleurnicher (verbe) (conj. 3) Pleurer sans cesse et sans raison. *Cesse donc de* ***pleurnicher****, tu agaces tout le monde !*

pleurote (nom masculin) Champignon comestible qui pousse sur les troncs d'arbres.

pleurs (nom masculin pluriel) Synonyme littéraire de larmes. *J'ai retrouvé Victor en* ***pleurs*** *dans un coin du préau.*

pleutre (nom masculin) Synonyme littéraire de lâche. *Ce* ***pleutre*** *ne m'a même pas soutenu !* (Syn. **couard.**)

pleuvasser (verbe) (conj. 3) Synonyme familier de pleuvoir légèrement, à petites gouttes. *Le ciel est gris et il n'arrête pas de* ***pleuvasser****.*
► On dit aussi **pleuvoter**.

pleuvoir (verbe) (conj. 30) **1** Tomber, en parlant de la pluie. *Il* ***pleut*** *à verse, prenez vos parapluies !* **2** S'abattre en grande quantité. *En ce moment, les contraventions* ***pleuvent*** *dans cette rue.*

plèvre (nom féminin) Membrane séreuse enveloppant les poumons. *La pleurésie est une affection de la* ***plèvre****.*
★ **Plèvre** vient du grec *pleura* qui signifie « côté ».

plexiglas (nom masculin) Matière plastique transparente et flexible. *Le pare-brise du scooter est en* ***plexiglas****.*
► Prononciation [plɛksiglas].
★ **Plexiglas** est le nom d'une marque.

plexus (nom masculin) • **Plexus solaire :** creux de l'estomac. *Un coup dans le* ***plexus solaire*** *lui a coupé la respiration.*

pli (nom masculin) **1** Marque qui reste à l'endroit où une chose a été pliée. *Le plan s'est déchiré à l'en-*

a b c d e f g h i j k l m n o p q r s t u v w x y z

droit du ***pli***. **2** Cartes ramassées par le gagnant. *Laura a déjà fait plusieurs* ***plis***. (Syn. **levée**.) **3** Synonyme de lettre. *Le facteur lui a remis un* ***pli***. • **Mise en plis** : opération qui consiste à enrouler les cheveux mouillés sur des rouleaux pour les faire boucler. • **Prendre le pli** : prendre l'habitude.

pliable (adjectif) Qui peut se plier. *Ils ont acheté un lit* ***pliable*** *pour le bébé.*

pliage (nom masculin) Feuille de papier pliée en forme d'objet ou d'animal. *Myriam et Xavier font des cocottes en papier, des fusées et toutes sortes de* ***pliages***.

pliant, ante (adjectif) Conçu pour être plié. *Le menuisier a un mètre* ***pliant*** *dans sa poche.*

plier (verbe) (conj. 10) **1** Rabattre une partie d'un objet sur l'autre. *Yann* ***plie*** *sa feuille pour la mettre dans l'enveloppe.* (Contr. **déplier**.) **2** Rabattre les unes sur les autres les parties d'un objet articulé. *Elle* ***plie*** *son éventail.* **3** Se courber. *Le roseau* ***plie*** *facilement.* **4 Se plier** : se soumettre ou s'adapter par force. *Il a bien fallu* ***se plier*** *aux ordres donnés.*
★ Famille du mot : dé**pli**ant, dé**pli**er, pli, **pli**able, **pli**age, **pli**ant, **pli**ure, re**pli**, re**pli**er.

plinthe (nom féminin) Planche appliquée au bas d'une cloison. *Les* ***plinthes*** *cachent entièrement les fils électriques.*

pliocène (nom masculin et adjectif) Cinquième époque du tertiaire qui a commencé il y a 5,5 millions d'années et s'est terminée il y a 1,8 million d'années. *Il y a eu plusieurs soulèvements de chaînes de montagne au* ***pliocène***.
★ **Pliocène** vient des mots grecs *pleiôn* qui signifie « plus » et *kainos* qui signifie « récent ».

plissement (nom masculin) Déformation de l'écorce terrestre qui se plisse. *Un* ***plissement*** *de terrain.*

plisser (verbe) (conj. 3) **1** Orner ou marquer de plis. *Noémie porte une jupe* ***plissée***. *Quand Benjamin est très attentif, il* ***plisse*** *le front.* (Syn. **froncer**.) **2** Faire des plis. *Ses chaussettes* ***plissent***.

pliure (nom féminin) Marque qui reste à l'endroit où une chose est pliée habituellement. *Maman a rallongé le jean de David, mais on voit la* ***pliure*** *de l'ourlet précédent.*

plomb (nom masculin) **1** Métal gris, lourd et très malléable. *On fait des tuyaux, des balles, des poids avec le* ***plomb***. **2** Grain de ce métal qui garnit une cartouche de chasse. **3** Morceau de métal utilisé pour alourdir une ligne de pêche. **4** Fusible d'un circuit électrique fait de fils de ce métal. *Les* ***plombs*** *fondent et coupent le courant si celui-ci est trop intense.*
★ Famille du mot : plomb**age**, plomb**er**, plomb**erie**, plomb**ier**.

plombage (nom masculin) Alliage qui sert à plomber une dent.

plomber (verbe) (conj. 3) **1** Boucher une dent cariée avec un alliage ou un ciment. *Quand une dent se gâte, il faut aussitôt se la faire* ***plomber***. **2** Alourdir avec du plomb. *Le pêcheur* ***plombe*** *ses filets.*

plomberie (nom féminin) **1** Métier de plombier. *Un entrepreneur en* ***plomberie***. **2** Ensemble des canalisations d'une maison. *La* ***plomberie*** *est vieille, il faudrait la refaire.*

plombier (nom masculin) Ouvrier qui installe ou répare les canalisations, les sanitaires. *Le* ***plombier*** *est venu déboucher le lavabo.*

plonge (nom féminin) • **Faire la plonge** : dans la langue familière, laver la vaisselle dans un restaurant, un café.

plongeant, ante (adjectif) Dirigé de haut en bas. *De la terrasse de l'hôtel, on a une vue* ***plongeante*** *sur la vallée.*

plongée (nom féminin) Sport qui consiste à plonger sous l'eau pour pêcher ou explorer les fonds sous-marins. *Son équipement de* ***plongée*** *comporte une combinaison, un masque et des palmes.*

plongeoir (nom masculin) Tremplin d'où l'on plonge. *Clément hésite encore à sauter du grand* ***plongeoir***.

plongeon (nom masculin) Action de plonger. *Odile a réussi un* ***plongeon*** *de trois mètres.*

plonger (verbe) (conj. 5) **1** Sauter dans l'eau la tête la première. *L'homme* ***a plongé*** *dans la rivière pour sauver l'enfant qui se noyait.* **2** Enfoncer dans un liquide. *Maman* ***plonge*** *la louche dans la soupière. Sarah se* ***plonge*** *avec plaisir dans la baignoire.* **3** Introduire profondément. *Yann* ***plonge*** *la main dans le paquet de bonbons.* **4** Mettre dans tel état. *Cette nouvelle les* ***a plongés*** *dans la stupeur.* **5 Se plonger** : se livrer tout entier à une occupation. *Ursula* ***s'est plongée*** *dans la lecture d'une BD.* (Syn. **s'absorber**.)
★ Famille du mot : plonge, plonge**ant**, plong**ée**, plon**geoir**, plonge**on**, plonge**ur**.

plongeur, euse (nom) **1** Personne qui plonge ou qui fait de la plongée. *Des* ***plongeurs*** *recherchent l'épave au fond du lac.* **2** Personne qui fait la plonge dans un restaurant.

plot (nom masculin) Pièce métallique servant à établir un contact électrique.

plouf ! (interjection) Mot qui imite le bruit d'un objet tombant dans l'eau.

ploutocratie (adjectif) Pouvoir des plus riches. *Dans l'Antiquité, la* ***ploutocratie*** *régnait dans beaucoup de cités.*
► Prononciation [plutɔkʀasi].
★ **Ploutocratie** vient du grec *ploutos* qui signifie « richesse ».

ployer (verbe) (conj. 6) Synonyme littéraire de courber. *Le rameau* ***ploie*** *sous le poids de l'oiseau.*

plucher Voir ***pelucher***.

pluches (nom féminin pluriel) Synonyme familier de épluchage. *Le soldat est de corvée de **pluches** de patate.*

plucheux Voir ***pelucheux***.

plug-in (nom masculin) Logiciel utilitaire qui apporte de nouvelles fonctions à une application.
► Pluriel : des **plug-ins**.

pluie (nom féminin) **1** Eau qui tombe des nuages sous forme de gouttes. *La **pluie** s'est mise à tomber.* **2** Au sens figuré, très grand nombre. *Les comédiens ont reçu une **pluie** de compliments.* • **Parler de la pluie et du beau temps :** dire des choses banales, sans importance.

plumage (nom masculin) Ensemble des plumes d'un oiseau. *Ce perroquet a un **plumage** multicolore splendide !*

plumard (nom masculin) Synonyme familier de lit.

plume (nom féminin) **1** Chacune des tiges creuses, garnies de fines lamelles et de duvet, qui couvrent le corps des oiseaux. **2** Pointe métallique d'un stylo, qui sert à écrire.
★ Famille du mot : plum**age**, plum**eau**, plum**er**, plum**et**, plum**ier**, porte-plume.
★ Autrefois, on se servait de **plumes** d'oie pour écrire.

plumeau, eaux (nom masculin) Balayette garnie de plumes. *Le **plumeau** sert à épousseter.*

plumer (verbe) (conj. 3) Dépouiller un oiseau de ses plumes. ***Plumer** un canard, un pigeon.*

plumet (nom masculin) Bouquet de plumes qui orne une coiffure.

plumier (nom masculin) Boîte à compartiments servant à ranger les crayons et les stylos.

plum-pudding Voir ***pouding***.

la **plupart** (nom féminin) Le plus grand nombre. ***La plupart** des amis de Kevin sont à la même école que lui.* • **La plupart du temps :** le plus souvent.

pluralisme (nom masculin) Existence de la pluralité. *Le **pluralisme** politique est nécessaire à la démocratie.*

pluralité (nom féminin) Fait de n'être pas unique. *La démocratie respecte la **pluralité** des tendances politiques.* (Syn. **diversité**.)

pluri- Élément tiré du latin *plures* qui signifie « plusieurs » (exemple : *pluricellulaire*).

pluricellulaire (adjectif et nom masculin) Qui est composé de plusieurs cellules. *Les organismes **pluricellulaires** peuvent se développer.* (Syn. **multicellulaire, métazoaire**. Contr. **unicellulaire, protozoaire**.)

pluriculturel, elle (adjectif) Qui est commun à plusieurs cultures, réunit plusieurs cultures.

pluridimensionnel, elle (adjectif) Qui a plusieurs dimensions. *L'architecte a créé un espace **pluridimensionnel**.*

pluridisciplinaire (adjectif) Qui réunit, porte sur plusieurs disciplines. *En équitation, la compétition **pluridisciplinaire** comprend des épreuves de dressage et de saut d'obstacles.* (Syn. **interdisciplinaire**.)

pluriel (nom masculin) Forme servant à désigner plusieurs personnes ou plusieurs choses. *La plupart des noms et des adjectifs ont un « s » au **pluriel**. Le mot « fiançailles » ne s'emploie qu'au **pluriel**.* (Contr. **singulier**.)

plurilinguisme (nom masculin) Fait de parler, d'utiliser plusieurs langues. *Le **plurilinguisme** est très fréquent dans certaines régions d'Afrique.*

① **plus** (adverbe) Sert à exprimer une quantité ou un degré supérieur. *Il est **plus** rapide que toi. Zoé est bavarde, mais sa sœur l'est encore **plus**.* • **Au plus :** au maximum. *Cela vous coûtera 10 euros **au plus**.* (Contr. **au moins**.) • **De plus** *ou* **en plus :** en supplément ou en outre. • **Le plus :** sert à désigner le maximum, le degré le plus haut. *De tous les coquillages, ce sont les huîtres que Pierre aime **le plus**.*
■ **plus** (préposition) Sert à exprimer une addition. *Sept **plus** deux égale neuf (7 + 2 = 9).*
► Prononciation [ply] devant une consonne et [plyz] devant une voyelle ; [plys] en fin de phrase et comme signe de l'addition.

② **plus** (adverbe) Sert à exprimer, en relation avec « ne », que quelque chose ne continue pas. *Le soleil brille, il **ne** pleut **plus**.* • **Non plus :** équivaut à « aussi » dans une phrase négative. *Il n'aime pas la soupe au chou et moi **non plus**.*
► Prononciation [ply].

plusieurs (déterminant) Plus d'un, plus d'une. *J'ai rencontré **plusieurs** personnes.*

plus-que-parfait (nom masculin) Temps du passé formé avec un auxiliaire à l'imparfait. *Dans la phrase « je l'avais déjà lu », « lire » est au **plus-que-parfait**.*

plus-value (nom féminin) Augmentation de la valeur d'un bien. *Il a fait une **plus-value** en vendant sa maison.*
► Pluriel : des **plus-values**.

plutonium (nom masculin) Matériau radioactif que l'on utilise dans la fabrication des bombes atomiques.
► Prononciation [plytɔnjɔm].

plutôt (adverbe) **1** De préférence. *Viens **plutôt** cet après-midi.* **2** Assez. *Il fait **plutôt** froid.*

pluvial, ale, aux (adjectif) De la pluie. *Les citernes reçoivent les eaux **pluviales**.*

pluvieux, euse (adjectif) Où les pluies sont fréquentes. *La Grande-Bretagne est un pays **pluvieux**.*

pluvio- Élément tiré du latin *pluvia* qui signifie « pluie » (exemple : *pluviomètre*).

pluviomètre (nom masculin) Instrument servant à mesurer les quantités de pluie tombées dans un lieu.

pluviométrie (nom féminin) Mesure de la quantité de pluie tombée.

a b c d e f g h i j k l m n o p q r s t u v w x y z

pluviôse (nom masculin) Cinquième mois du calendrier républicain, du 20/22 janvier au 18/20 février.

PME (nom féminin) Entreprise de petite et moyenne importance, en France. *Le grand groupe a racheté plusieurs **PME**.*
★ PME est le sigle de *petite et moyenne entreprise.*

PMI (nom féminin) Centre de prévention et de soins pour les enfants. *Gaëlle est allée faire son vaccin à la **PMI**.*
★ PMI est le sigle de *protection maternelle et infantile.*

PNB (nom masculin) Montant total de la production des biens et services de l'économie nationale pendant une durée donnée. *Le **PNB** des pays pauvres est faible.*
★ PNB est le sigle de *produit national brut.*

pneu (nom masculin) Bande de caoutchouc qui entoure une roue. *Quentin a changé les **pneus** de son vélo.*

pneum(o)- Élément tiré du grec *pneumôn* qui signifie « poumon » (exemple : *pneumonie*).

pneumatique (adjectif) **1** Qui est fait d'une enveloppe de caoutchouc que l'on peut gonfler. *Romain a descendu la rivière sur un canot **pneumatique** avec son père.* **2** Qui fonctionne à l'air comprimé. *Les terrassiers ont défoncé le trottoir avec un marteau **pneumatique**.*
★ **Pneumatique** vient du mot grec *pneuma* qui signifie « souffle ».

pneumocoque (nom masculin) Bacille agent de pneumonies.

pneumologie (nom féminin) Spécialité médicale qui étudie le poumon et ses maladies. *Romain fait soigner ses problèmes respiratoires dans le service de **pneumologie**.*

pneumonie (nom féminin) Maladie des poumons. *La **pneumonie** est une maladie grave.*

pneumothorax (nom masculin) Maladie au cours de laquelle de l'air s'insinue dans la plèvre. *Le **pneumothorax** s'accompagne d'une forte douleur thoracique.*

poche (nom féminin) **1** Partie d'un vêtement destinée à contenir ce que l'on veut porter sur soi. *Il a mis son portefeuille dans la **poche** intérieure de sa veste.* **2** Compartiment d'un sac. *Son sac à dos est très pratique car il a plein de **poches**.* **3** Déformation en forme de poche. *M. Dupond a des **poches** sous les yeux.* • **De poche** : de petite taille afin de pouvoir être mis dans une poche. *Un livre, une lampe, un couteau **de poche**.*
★ Famille du mot : em**poch**er, **poch**ette.

pocher (verbe) (conj. 3) Faire cuire dans un liquide très chaud. *Des œufs **pochés**.* • **Pocher l'œil à quelqu'un** : donner un coup qui fait gonfler et noircir le tour de l'œil, dans la langue familière.

pochette (nom féminin) **1** Enveloppe ou sachet qui contient quelque chose. *Une **pochette** d'allumettes, de disque.* **2** Petit mouchoir qui orne la poche de poitrine d'un veston. *Une **pochette** de soie.*

pochoir (nom masculin) Plaque découpée permettant de reproduire facilement un dessin. *Pour dessiner au **pochoir**, on passe un pinceau sur les trous de la plaque.*

podium (nom masculin) Estrade sur laquelle montent les sportifs vainqueurs pour recevoir leur prix.
▶ Prononciation [pɔdjɔm].

podologie (nom féminin) Spécialité médicale qui étudie le pied et ses maladies.

podomètre (nom masculin) Appareil qui enregistre le nombre de pas d'un piéton.

podzol (nom masculin) Sol des zones froides portant des toundras, des forêts de conifères, etc.
▶ Prononciation [pɔdzɔl].
★ **Podzol** est un mot russe.

① **poêle** (nom masculin) Appareil de chauffage. ***Un poêle** à bois, à charbon, à mazout.*
▶ Prononciation [pwal].

② **poêle** (nom féminin) Ustensile de cuisine en métal, rond et peu profond, à long manche. *Thomas et Anna font sauter des crêpes dans la **poêle**.*
▶ Prononciation [pwal].

poêlon (nom masculin) Casserole épaisse à manche creux. *La ratatouille mijote dans un **poêlon**.*
▶ Prononciation [pwalɔ̃].

poème (nom masculin) Texte en vers ou en prose poétique. *Les sonnets, les fables, les épopées sont différentes sortes de **poèmes**.* (Syn. **poésie**.)
★ **Poème** vient du grec *poieîn* qui signifie « créer ».

poésie (nom féminin) **1** Art d'écrire en utilisant les sons, les rythmes, les images pour exprimer ses émotions et ses sentiments. **2** Synonyme de poème. *Élodie récite une **poésie**.* **3** Caractère poétique de quelque chose. *Le numéro de ce mime est plein de **poésie**.*

poète (nom masculin) Écrivain qui fait de la poésie. *Jacques Prévert, Victor Hugo, François Villon sont des **poètes** célèbres.*

poétique (adjectif) **1** De la poésie. *Un style **poétique**.* **2** Qui évoque la poésie par son charme, sa beauté ou sa délicatesse. *« Le Petit Prince » de Saint-Exupéry est une histoire très **poétique**.*

pogrome (nom masculin) Émeute contre des minorités ethniques et religieuses, accompagnée de pillages et de massacres. *Le **pogrom**, né dans la Russie tsariste, était surtout dirigé contre les Juifs.*
★ **Pogrom** vient du russe *po-* qui signifie « entièrement » et *gromit'* qui signifie « détruire ».
▶ On écrit aussi **pogrom**.

poids (nom masculin) **1** Ce que pèse une personne ou une chose. *Le **poids** du piano est de 250 kilos.* **2** Masse de métal servant à peser. *Le marchand de légumes met un **poids** d'un kilo sur le plateau de la balance.* **3** Boule de métal que les athlètes cherchent à lancer le plus loin possible. *Au stade, Victor s'entraîne au lancer de **poids**.* **4** Dans un sens figuré, ce qui accable et oppresse. *Ce mensonge lui a laissé un **poids** sur la conscience.* **5** Importance ou force de quelque chose. *C'est un argument de **poids**.* • **Faire deux poids deux mesures** : ne pas traiter équitablement deux personnes. • **Faire le poids** : avoir l'autorité ou les compétences nécessaires.

poids lourd (nom masculin) Gros camion. *Cette rue est interdite aux **poids lourds**.*
▶ Pluriel : des **poids lourds**.

poignant, ante (adjectif) Qui serre le cœur et donne envie de pleurer. *Une détresse **poignante**.*

poignard (nom masculin) Arme à lame large, courte et pointue.
★ **Poignard** vient du latin *pugnus* qui signifie « poing ».

poignarder (verbe) (conj. 3) Frapper avec un poignard. *Henri IV **fut poignardé** par Ravaillac.*

poigne (nom féminin) **1** Force qu'on a dans les mains. *Toi qui as de la **poigne**, voudrais-tu dévisser ce couvercle ?* **2** Au sens figuré, autorité. *Il a suffisamment de **poigne** pour se faire obéir.*
★ Famille du mot : em**poigne**, em**poigner**, **poign**ant, **poign**ard, **poign**arder, **poign**ée, **poign**et.

poignée (nom féminin) **1** Partie d'un objet que l'on tient dans la main fermée. *La **poignée** d'une porte, d'une épée.* **2** Quantité contenue dans une main fermée. *Fatima prend une **poignée** de cerises dans le panier.* **3** Petit nombre de gens. *Il ne reste qu'une **poignée** de courageux pour tout ranger après la fête.* • **Poignée de main** : geste de salutation qui consiste à serrer la main de la personne rencontrée.

poignet (nom masculin) **1** Articulation de l'avant-bras avec la main. *Il porte sa montre au **poignet** droit.* **2** Bout de la manche d'un vêtement qui recouvre le poignet. *Les **poignets** de mon pull sont usés.*

poil (nom masculin) **1** Chacun des filaments qui poussent sur la peau des mammifères. *Les cils, les sourcils, la barbe, la moustache, les cheveux sont des **poils**.* **2** Filament d'un pinceau, d'une brosse.
★ Famille du mot : **poil**u, se **poil**er.

se **poiler** (verbe) (conj. 3) Synonyme familier de rire. *Les copains **se sont** bien **poilés** pendant la récré.*

poilu, ue (adjectif) Couvert de poils. *Ce boxeur a le torse très **poilu**.* (Syn. **velu**.)

poinçon (nom masculin) Outil fait d'une tige de métal pointu. *Un **poinçon** de cordonnier.*

poinçonner (verbe) (conj. 3) Percer, marquer d'un poinçon. *Le bijoutier **poinçonne** toujours les bagues en or qu'il crée.* (Syn. **oblitérer**.)

poindre (verbe) (conj. 35) Synonyme littéraire de se lever, en parlant du jour. *C'est l'aube, le jour va **poindre**.*

poing (nom masculin) Main fermée. *William a reçu un coup de **poing**.* • **Dormir à poings fermés** : dormir très profondément.

① **point** (adverbe) Synonyme ancien de pas. *Je **n'ai point** de mal.*

② **point** (nom masculin) **1** Signe de ponctuation et d'écriture (.). *À la fin d'une phrase, on met un **point**. Xavier oublie de mettre les **points** sur les i. À l'écrit, une question se termine toujours par un **point** d'interrogation.* **2** Endroit fixe. *Ce café est un **point** de rencontre.* **3** La plus petite partie d'espace. *Le bateau n'est plus qu'un **point** à l'horizon. Les diagonales se coupent en un **point** situé au milieu du rectangle.* **4** Unité qui sert à noter. *Yann a fait beaucoup de **points** au scrabble.* **5** Chacun des sujets abordés pendant un exposé ou une discussion. *Il y a un **point** sur lequel je voudrais revenir.* **6** Piqûre faite avec du fil enfilé. *J'ai fait un **point** à ton ourlet.* • **À point** : au moment ou au degré voulu. *Tu arrives **à point** ! Il aime le steak **à point**.* • **Au même point** : au même endroit, sans aucun progrès. • **Deux points** : signe de ponctuation (:) qui précède une explication. • **En tout point** : exactement. • **Faire le point** : établir précisément l'endroit où l'on est, ou bien la situation dans laquelle on se trouve. • **Mal en point** : malade, pas très en forme. • **Mettre au point** : régler exactement pour que cela fonctionne comme on le souhaite. • **Mettre les points sur les i** : expliquer les choses en insistant de manière à ce que tout le monde comprenne. • **Point chaud** : endroit où il y a des conflits. • **Point d'eau** : endroit où l'on peut trouver de l'eau. • **Point de côté** : douleur aiguë dans la poitrine. • **Point du jour** : aube. • **Point faible** : défaut ou petite faiblesse. • **Point mort** : position du levier de vitesse dans laquelle le moteur n'entraîne plus les roues ; dans un sens figuré, situation qui ne progresse pas. • **Sur le point de** : prêt à. *Nous sommes **sur le point de** partir.*

pointage (nom masculin) Action de pointer. *La bibliothécaire fait le **pointage** des livres prêtés.*

point de vue (nom masculin) **1** Lieu d'où l'on voit bien un paysage. *Le **point de vue** est bien plus joli du haut des remparts.* **2** Manière de voir les choses. *Ils ont des **points de vue** opposés sur ce sujet.* (Syn. **avis**, **opinion**.)
▶ Pluriel : des **points de vue**.

point d'orgue (nom masculin) **1** Signe (𝄐) qui indique que la durée d'une note ou d'un silence est prolongée. *Ce passage se termine par un **point d'orgue** qui suspend la durée d'une note.* **2** Au sens figuré, point culminant d'une action, d'un processus. *Son intervention à la télé était le **point d'orgue** de sa campagne électorale.*
▶ Pluriel : des **points d'orgue**.

pointe (nom féminin) **1** Bout piquant de quelque chose. *Le mousquetaire menace le brigand de la **pointe** de son épée.* **2** Extrémité effilée d'un objet. *Un potage aux **pointes** d'asperges.* **3** Synonyme de cap. *La **pointe** du Raz.* **4** Synonyme de clou. *Benjamin s'est fait une bibliothèque en planches assemblées avec des **pointes**.* **5** Bout des doigts de pieds. *Gaëlle marche sur la **pointe** des pieds pour ne pas réveiller Clément.* **6** Petite quantité. *Ajoutez une **pointe** d'ail.* **7** Accélération momentanée. *Le pilote fait des **pointes** à 280 kilomètres à l'heure.* • **Être à**

a b c d e f g h i j k l m n o p q r s t u v w x y z

la pointe : être à l'avant-garde. • **Faire des pointes :** pour une danseuse, marcher sur le bout de ses chaussons. • **Heure de pointe :** heure de grande affluence.

① **pointer** (verbe) (conj. 3) **1** Marquer d'un point ou d'un signe. *Hélène **pointe** sur sa liste les livres qu'elle a déjà.* **2** Faire contrôler ses heures d'entrée et de sortie par une machine. *Dans cette entreprise, tout le monde doit **pointer**.* **3** Diriger vers une cible ou vers un but. *Les canons ennemis **sont pointés** sur la ville.* **4** Dresser en pointe. *Le chien **pointe** ses oreilles.*

② **pointer** (nom masculin) Chien au poil ras, de race anglaise.
▶ **Pointer** est un mot anglais : on prononce [pwɛ̃tɛʀ].

pointillé (nom masculin) Ligne formée d'une suite de petits points espacés. *Découpez suivant le **pointillé** !*

pointilleux, euse (adjectif) Qui a tendance à ne négliger aucun détail. *Il est plus qu'exigeant : il est **pointilleux**.* (Syn. **minutieux, tatillon.**)

pointillisme (nom masculin) **1** Procédé artistique qui consiste à juxtaposer des points de couleur et à obtenir ainsi un effet optique. *Seurat est un maître dans l'art du **pointillisme**.* **2** Tendance à privilégier les détails. *Le **pointillisme** de ce professeur est exaspérant.*

pointu, ue (adjectif) Qui se termine en pointe. *Le clown porte un chapeau **pointu**.*

pointure (nom féminin) Taille en parlant des chaussures, des gants ou des chapeaux. *Ces chaussures me blessent, je voudrais la **pointure** au-dessus.*

point-virgule (nom masculin) Signe de ponctuation (;) qui indique une pause plus marquée que la virgule.
▶ Pluriel : des **points-virgules**.

poire (nom féminin) Fruit comestible du poirier, qui a des pépins et une forme allongée. • **Couper la poire en deux :** accepter quelques concessions pour se mettre d'accord.

poireau, eaux (nom masculin) Plante potagère de forme allongée. *Tout est bon dans le **poireau**, il faut manger le blanc et le vert.*

poireauter (verbe) (conj. 3) Synonyme familier de attendre. *Fatima a **poireauté** pendant des heures pour rien.*

poirier (nom masculin) Arbre fruitier qui donne les poires. • **Faire le poirier :** se tenir en équilibre sur la tête, mains appuyées au sol et jambes dressées.

pois (nom masculin) Plante potagère dont on mange les graines et parfois les gousses. *Julie n'aime pas beaucoup la purée de **pois** cassés.* • **À pois :** décoré de petits ronds. *Une cravate **à pois**.* • **Pois de senteur :** plante grimpante aux fleurs très odorantes.
▶ Voir aussi **petit pois**.

poison (nom masculin) **1** Substance dangereuse qui peut tuer ou rendre très malade. *La ciguë, la digitale, l'amanite phalloïde sont des plantes qui contiennent du **poison**.* **2** Dans la langue familière, personne très désagréable. *Cette gamine est un vrai **poison** !*
★ Famille du mot : contrepoison, empoisonn**ement**, empoisonn**er**.

poisse (nom féminin) Synonyme familier de malchance. *Tu vas nous porter la **poisse** !*

poisser (verbe) (conj. 3) Rendre gluant et collant. *Avec cette chaleur, j'ai les mains qui **poissent**.*

poisseux, euse (adjectif) Qui poisse. *Le bavoir de bébé est tout **poisseux** de confiture.*

poisson (nom masculin) Vertébré aquatique au corps couvert d'écailles, possédant des nageoires et des branchies. *Le brochet est un **poisson** d'eau douce, la sole un **poisson** de mer.* • **Être comme un poisson dans l'eau :** être bien là où on est. • **Poisson d'avril :** farce du 1er avril. • **Poisson volant :** synonyme d'exocet.
★ Famille du mot : poissonn**erie**, poissonn**eux**, poisson**nier**.

poissonnerie (nom féminin) Magasin où l'on vend du poisson, des crustacés, des coquillages.

poissonneux, euse (adjectif) Où il y a beaucoup de poissons. *Une rivière **poissonneuse**.*

poissonnier, ère (nom) Commerçant qui tient une poissonnerie. *Le **poissonnier** a vidé le poisson.*

poitevin, ine → tableau p. 6 / 7.

poitrail (nom masculin) Devant du corps du cheval, entre les épaules et le haut des pattes. *Un cheval au **poitrail** puissant tirait la charrette.*

poitrine (nom féminin) **1** Partie du corps entre les épaules et la taille, qui contient le cœur et les poumons. *Le chanteur gonfle sa **poitrine** pour chanter.* (Syn. **buste, thorax.**) **2** Seins d'une femme. *Elle a une forte **poitrine**.*

poivre (nom masculin) Épice de saveur piquante, faite de la graine séchée du poivrier. *Un steak au **poivre**.*
★ Famille du mot : poivr**er**, poivr**ier**, poivri**ère**.

poivrer (verbe) (conj. 3) Assaisonner avec du poivre. *Salez, **poivrez** et laissez mijoter !*

poivrier (nom masculin) **1** Arbrisseau tropical qui donne le poivre. **2** Ustensile pour le poivre moulu ou petit moulin à poivre. (Syn. **poivrière.**)

poivrière (nom féminin) Synonyme de poivrier.

poivron (nom masculin) Fruit du piment doux, de couleur verte, jaune ou rouge. *Des **poivrons** farcis.*

poix (nom féminin) Substance gluante et collante à base de résine et de goudron.

poker (nom masculin) Jeu de cartes d'origine américaine où l'on joue pour de l'argent.
▶ **Poker** est un mot anglais : on prononce [pɔkɛʀ].

polaire (adjectif) Qui concerne les pôles. *Les régions **polaires** connaissent un climat très froid.*

polar (nom masculin) Synonyme familier de roman, film policier. *Yann a vu un bon **polar** au ciné.*

polariser (verbe) (conj. 3) Orienter vers soi. *Il réussit toujours à **polariser** l'attention.*

polarité (nom féminin) État d'un corps, d'un système dans lequel on peut distinguer deux pôles opposés. *La **polarité** du champ magnétique de la Terre s'est inversé.*

polaroïd (nom masculin) Appareil photo qui développe instantanément les photos.
▶ Prononciation [pɔlaʀɔid].
★ **Polaroïd** est le nom d'une marque.

polder (nom masculin) Terre située en dessous du niveau de la mer, asséchée et entourée de digues. *Aux Pays-Bas, on peut voir des **polders** couverts de tulipes.*
▶ Prononciation [pɔldɛʀ].

pôle (nom masculin) Chacune des extrémités de l'axe imaginaire autour duquel tourne la Terre. *Le **pôle** Nord et le **pôle** Sud.* • **Pôle d'attraction** : endroit qui attire les gens. *La tour Eiffel est un **pôle d'attraction** pour les touristes.*
★ Famille du mot : **bipolaire**, **polaire**, **polariser**.

polémique (nom féminin) Débat plus ou moins violent entre des gens qui ne sont pas d'accord. *La déclaration du ministre a suscité de vives **polémiques** dans la presse.* (Syn. **controverse**.)
★ **Polémique** vient du grec *polemos* qui signifie « guerre ».

polémiquer (verbe) (conj. 3) Faire de la polémique. *Les gens **polémiquent** beaucoup dans les milieux politiques.*

polenta (nom féminin) Bouillie de farine. *En Italie, on mange de la **polenta** de maïs, en Corse, de la **polenta** de châtaigne.*
▶ **Polenta** est un mot italien : on prononce [pɔlɛnta].

pole position (nom féminin) Meilleure place sur la grille de départ dans une course automobile ou une compétition. *La **pole position** est accordée au véhicule qui réalise le meilleur temps aux essais.*
▶ Pluriel : des **pole positions**.
▶ **Pole position** est une expression anglaise : on prononce [polpozisjɔ̃].

① **poli, ie** (adjectif) Qui respecte les règles de la politesse. *David est toujours très **poli** et très courtois.* (Contr. **grossier**, **impoli**.)
★ Famille du mot : **impoli**, **impoliment**, **impolitesse**, **malpoli**, **poliment**, **politesse**.

② **poli** Voir ***polir***.

police (nom féminin) **1** Ensemble des fonctionnaires chargés de faire respecter la loi et de veiller à la sécurité des citoyens. *L'agent de **police** fait traverser la rue aux enfants.* **2** Contrat d'assurance. *Monsieur Durand a souscrit une **police** d'assurance pour son appartement.*

policer (verbe) (conj. 4) Établir des lois pour adoucir les mœurs d'un pays. *Après les affrontements, le gouvernement a **policé** la région.*

polichinelle (nom masculin) Marionnette du guignol, bossue devant et derrière. • **Secret de polichinelle** : chose que l'on croit secrète mais qui est connue de tous.
★ **Polichinelle** vient du nom *Pulcinella*, personnage bouffon de la comédie italienne.

policier, ère (adjectif) **1** De la police. *Les chiens **policiers** sont dressés pour aider les policiers dans leurs recherches.* **2** Qui met en scène des détectives ou des policiers. *Il y avait un film **policier** à la télévision.*
▪ **policier** (nom masculin) Fonctionnaire qui travaille dans la police.

poliment (adverbe) D'une manière polie. *Il s'est excusé **poliment** de ne pouvoir l'accompagner.*

poliomyélite (nom féminin) Maladie de la moelle épinière qui peut provoquer la paralysie. *Le vaccin contre la **poliomyélite** est très efficace.*
▶ **Poliomyélite** s'abrège couramment *polio*.

polir (verbe) (conj. 11) Rendre quelque chose lisse et luisant à force de frotter. *Il faut **polir** le marbre pour le rendre brillant. Un escalier en bois **poli**.*

polisson, onne (nom) Enfant espiègle et dissipé. *Tu n'es qu'une petite **polissonne** !* (Syn. **fripon**, **galopin**.)

politesse (nom féminin) Manière de se comporter d'une personne bien élevée. *Sa **politesse** en fait un garçon charmant et sympathique.* (Contr. **impolitesse**.)

politicien, enne (nom) Personne qui s'occupe de politique. *Ce jeune **politicien** sera peut-être ministre un jour.*

politique (nom féminin) Manière de gouverner un État. *La **politique** intérieure, la **politique** extérieure d'un pays.*
▪ **politique** (adjectif) Qui concerne la politique. *Cet homme **politique** a toujours été réélu depuis dix ans.*
★ **Politique** vient du grec *polis* qui signifie « la cité, l'État ».

politiser (verbe) (conj. 3) Donner un caractère, une conscience politique à quelque chose. *Le directeur de l'association **a politisé** ses troupes.*

polka (nom féminin) Ancienne danse et musique à deux temps, d'origine polonaise. *La **polka** est une danse au rythme vif et enlevé.*
★ **Polka** est un mot polonais.

pollen (nom masculin) Poussière jaune produite par les étamines des fleurs et qui sert à leur fécondation. *Le **pollen** est transporté par le vent.*

pollinisation (nom féminin) Transport du pollen jusqu'à l'ovule. *La **pollinisation** des fleurs s'effectue par l'intermédiaire du vent, des abeilles.*

polluant, ante (adjectif) Qui pollue. *Les moteurs diesel sont très **polluants**.*

polluer (verbe) (conj. 3) Salir et rendre malsain pour la santé. *Certaines plages ont été interdites à la baignade parce qu'elles **étaient polluées**.*
★ Famille du mot : **polluant**, **pollueur**, **pollution**.

a b c d e f g h i j k l m n o p q r s t u v w x y z

pollueur, euse (adjectif) Responsable de pollution. *Des amendes ont été infligées aux industries **pollueuses**.*

pollution (nom féminin) Fait d'être pollué. *Les gaz d'échappement des voitures sont les principaux responsables de la **pollution** de l'atmosphère des villes.*

polo (nom masculin) **1** Sorte de chemise de sport en tricot qu'on enfile par la tête. **2** Sport équestre d'équipe qui se joue avec une boule en bois et des maillets. *Au **polo**, il y a deux équipes de quatre cavaliers chacune.*
★ **Polo** est un mot tibétain qui signifie « balle ».

polochon (nom masculin) Synonyme familier de traversin. *En classe de neige, Laura et Yann ont fait une mémorable bataille de **polochons**.*

polonais, aise → tableau p. 6 / 7.

poltron, onne (adjectif et nom) Qui est très peureux. *Quel **poltron** ! Il n'ose pas aller dans le jardin le soir !* (Syn. **froussard.**)

poly- Élément tiré du grec *polus* qui signifie « nombreux » (exemple : *polyglotte*).

polyamide (nom masculin) Matière plastique provenant de la polymérisation d'une substance. *Les nylons sont les **polyamides** les plus fréquents.*

polyamine (nom féminin) Base azotée dont la présence est constante chez les animaux. *Chez les vertébrés la **polyamine** se lie à l'ADN.*

polyarthrite (nom féminin) Inflammation de plusieurs articulations. *La **polyarthrite** provoque des déformations des articulations.*

polychlorure (nom masculin) • **Polychlorure de vinyle** : Matière plastique dérivée de la transformation du pétrole.
▶ **Polychlorure** s'abrège souvent *PVC*.

polychrome (adjectif) Peint de plusieurs couleurs. *Dans ce cloître, il y avait des statues en bois **polychrome**.*

polyclinique (nom féminin) Clinique où l'on soigne diverses sortes de maladies. *Myriam a été hospitalisée dans une **polyclinique**.*

polycopié, ée (nom masculin) Reproduction d'un document. *Le professeur distribue le **polycopié** aux élèves.*

polyculture (nom féminin) Culture de plusieurs plantes en même temps. *C'est une région de **polyculture** où l'on trouve des vergers, du blé, du maïs, des légumes.*

polyèdre (adjectif) Surface fermée dans l'espace dont les faces sont des polygones. *Le cube, le tétraèdre, le dodécaèdre sont des **polyèdres**.*

polyester (nom masculin) Sorte de tissu synthétique. *Le maillot de bain de Myriam est en **polyester**, il sèche très vite.*

polyéthylène (nom masculin) Matière plastique obtenue par polymérisation de l'éthylène. *On utilise le **polyéthylène** pour fabriquer des récipients souples, des tuyaux.*

polygame (adjectif et nom) Qui a plusieurs époux ou épouses. *Les musulmans sont parfois **polygames**.*

polygamie (nom féminin) État d'une personne polygame.

polyglotte (adjectif et nom) Qui parle plusieurs langues. *Le père de Kevin est un **polyglotte** qui parle sept langues.*

polygone (nom masculin) Figure géométrique qui a plusieurs côtés. *Le triangle, le losange sont des **polygones**.*

polyhandicapé, e (adjectif et nom) Qui cumule un handicap physique et une déficience mentale grave.

polymère (nom masculin) Grosse molécule composée d'un enchaînement d'un même composé. *Dans la nature, il existe des **polymères** organiques et minéraux.*

polymérisation (nom féminin) Réaction chimique consistant à produire des polymères. *On utilise le procédé de **polymérisation** pour fabriquer du polyéthylène.*

polynésien, enne → tableau p. 6 / 7.

polynôme (adjectif) Somme algébrique de monômes. *$5a^2b + 9b^3$ est un **polynôme**.*

polype (nom masculin) **1** Animal marin invertébré en forme de tube allongé et creux. *Le squelette calcaire du corail est sécrété par des **polypes**.* **2** Excroissance d'une muqueuse. *Les **polypes** les plus fréquents sont ceux de la vessie, de l'utérus, du nez.*

polyphonie (nom féminin) Chant à plusieurs voix. *De nombreux chants corses sont des œuvres de **polyphonie**.*

polypode (nom masculin) Fougère dont le rhizome se développe au-dessus du sol. *Les feuilles de **polypode** mesurent près de 50 cm.*

polysémie (adjectif) Fait pour un mot d'avoir plusieurs sens. *Ce dictionnaire traite la **polysémie** des mots.*

polystyrène (nom masculin) Matière plastique isolante et très légère. *Le **polystyrène** est utilisé dans les emballages.*

polytechnicien, enne (nom) Élève de l'École polytechnique, établissement militaire qui forme des ingénieurs.

polythéisme (nom masculin) Religion qui admet l'existence de plusieurs dieux. (Contr. **monothéisme.**)

polythéiste (adjectif) Qui est adepte du polythéisme. *Tous les peuples de l'Antiquité, à l'exception des juifs, étaient **polythéistes**.* (Contr. **monothéiste.**)

polytric (nom masculin) Mousse, à tige dressée, d'une dizaine de centimètres de hauteur. *Certains **polytrics** n'ont pas de racines.*
★ **Polytric** vient du grec *thrix* qui signifie « cheveu ».

polyuréthane (nom masculin) Polymère synthétique. *Le **polyuréthane** sert à fabriquer des mousses et du plastique.*

polyvalent, ente (adjectif) Qui peut servir à plusieurs usages. *La mairie a fait construire une salle **polyvalente**.*

pommade (nom féminin) Médicament qui se présente sous la forme d'une pâte grasse. *Cette **pommade** calme les douleurs musculaires.*

pomme (nom féminin) Fruit rond du pommier, à pépins et à peau fine. *Une tarte aux **pommes**.* • Pomme d'Adam : bosse de cartilage que les hommes ont sur le devant du cou. • Pomme d'arrosoir : bout d'un arrosoir, percé de nombreux trous. • Pomme de pin : fruit du pin, fait d'écailles renfermant les graines. • Tomber dans les pommes : synonyme familier de s'évanouir.

pommeau, eaux (nom masculin) **1** Boule servant de poignée à une canne ou une épée. *Une canne à **pommeau** d'argent.* **2** Partie de devant d'une selle de cheval.

pomme de terre (nom féminin) Plante potagère dont les tubercules sont comestibles. *La **pomme de terre** s'est répandue en France grâce à l'agronome Parmentier.*
▶ Pluriel : des **pommes de terre**.

pommelé, ée (adjectif) Couvert de petites taches grises et blanches. *Quand le ciel est **pommelé**, le temps ne tarde pas à changer. Un cheval **pommelé**.*

pommette (nom féminin) Haut de la joue qui se situe au-dessous de l'œil. *Noémie a les **pommettes** saillantes.*

pommier (nom masculin) Arbre fruitier qui produit la pomme. *On cultive des **pommiers** pour faire du cidre.*

① **pompe** (nom féminin) Appareil destiné à aspirer ou à refouler un liquide ou un gaz. *Une **pompe** à eau, à essence. Une **pompe** à vélo.* • Coup de pompe : dans la langue familière, sensation soudaine de grande fatigue.
★ Famille du mot : pomper, pompier, pompiste.

② **pompe** (nom féminin) • En grande pompe : en grande cérémonie. *Les funérailles du Président ont été célébrées **en grande pompe**.*
▪ **pompes** (nom féminin pluriel) • Pompes funèbres : service chargé des enterrements.
★ Famille du mot : pompeusement, pompeux.

pomper (verbe) (conj. 3) Aspirer ou refouler avec une pompe. *On **a pompé** pour vider la cave inondée.*

pompeusement (adverbe) De manière pompeuse. *Cette petite villa est appelée **pompeusement** « le château ».*

pompeux, euse (adjectif) Prétentieux et solennel. *Le directeur a fait un discours dans un style **pompeux**.* (Contr. **simple**.)

pompier (nom masculin) Homme chargé de combattre les incendies et d'intervenir en cas d'accident. *On a appelé les **pompiers** pour une asphyxie au gaz.*

pompiste (nom) Personne qui distribue le carburant d'une pompe à essence. *Le **pompiste** a lavé le pare-brise.*

pompon (nom masculin) Petite boule de brins de laine, de coton ou de soie. *Il y a toujours un **pompon** sur les bonnets de marin.*

se **pomponner** (verbe) (conj. 3) Mettre beaucoup de soin à sa toilette. *Elle se farde, elle se parfume, elle passe un temps fou à **se pomponner**.*

ponce (adjectif féminin) • Pierre ponce : roche légère et rugueuse d'origine volcanique. *La **pierre ponce** flotte sur l'eau.*

poncer (verbe) (conj. 4) Frotter et gratter avec une matière rugueuse pour rendre lisse. *Avant de vernir le bois, il faut le **poncer**.*
★ Famille du mot : ponce, ponceuse.

ponceuse (nom féminin) Machine servant à poncer. *Une **ponceuse** électrique.*

ponch Voir ***punch 1***.

poncho (nom masculin) Manteau fait d'une couverture percée au centre pour passer la tête. *Le **poncho** est un vêtement porté en Amérique du Sud.*
▶ Prononciation [pɔ̃tʃo].

poncif (nom masculin) Idée rebattue, lieu commun. *Son discours manque d'intérêt : il n'y a que des **poncifs**.* (Syn. **cliché**.)

ponction (nom féminin) **1** Fait de retirer un liquide du corps avec une seringue. *Le médecin a dû faire une **ponction** lombaire.* **2** Prélèvement d'argent. *L'opposition accuse le gouvernement de faire des **ponctions** abusives dans le budget des contribuables.*

ponctionner (verbe) (conj. 3) Faire une ponction. *Après un traumatisme cérébral, le médecin **ponctionne** l'hématome.*

ponctualité (nom féminin) Qualité d'une personne ponctuelle. *Tu n'auras pas à l'attendre, elle est toujours d'une grande **ponctualité**.*

ponctuation (nom féminin) Ensemble des signes qui servent à séparer des mots ou des phrases. *La virgule, le point-virgule, le point, les deux-points sont des signes de **ponctuation**.*

ponctuel, elle (adjectif) **1** Qui arrive toujours à l'heure. *Sois **ponctuel**, sinon nous raterons le train.* **2** Qui porte seulement sur des points précis. *Le maître lui a fait quelques critiques **ponctuelles** sur sa rédaction.*
★ Famille du mot : ponctualité, ponctuellement.

ponctuellement (adverbe) De façon ponctuelle. *Benjamin est arrivé **ponctuellement** à son rendez-vous.*

ponctuer (verbe) (conj. 3) Mettre les signes de ponctuation. *Un texte bien **ponctué** est facilement lisible.*

pondéral, ale, aux (adjectif) Relatif au poids. *L'obésité se caractérise par une surcharge **pondérale**. Une analyse **pondérale**.*

pondération (nom féminin) Qualité d'une personne pondérée. *Ce politicien est connu pour sa **pondération**.*

pondéré, ée (adjectif) Qui n'agit qu'après avoir pesé le pour et le contre et non sous le coup d'une impulsion. *Cette femme **pondérée** m'a donné d'utiles conseils.* (Syn. **posé.** Contr. **impulsif.**)
★ **Pondéré** vient du latin *ponderare* qui signifie « peser ».

pondérer (verbe) (conj. 8) Établir un équilibre entre des tendances qui s'opposent. *Le syndicat a décidé de **pondérer** ses revendications.* (Syn. **modérer.**)
★ **Pondérer** vient du latin *ponderare* qui signifie « peser ».

pondeuse (nom féminin) Poule qu'on élève surtout pour ses œufs.

pondre (verbe) (conj. 31) Produire un œuf. *Les oiseaux, les reptiles, les poissons, les insectes **pondent** des œufs.*
★ **Pondre** vient du latin *ponere* qui signifie « déposer ».

ponette (nom féminin) Poney femelle.

poney (nom masculin) Cheval de petite taille. *On utilise les **poneys** pour faire faire de l'équitation aux enfants.*

pongiste (nom) Joueur de ping-pong.

pont (nom masculin) **1** Construction permettant de franchir un cours d'eau, une route ou une voie ferrée. **2** Plancher recouvrant la coque d'un bateau. *Les gros navires peuvent avoir jusqu'à quatre **ponts**.* • **Faire le pont** : ne pas travailler pendant la journée qui est entre deux jours fériés. • **Pont aérien** : va-et-vient d'avions établissant une liaison d'urgence. *Grâce au **pont aérien**, les réfugiés ont reçu des vivres et des médicaments.*
★ Famille du mot : pont-levis, pont**on**.

pontage (nom masculin) **1** Action de construire un pont. *Les militaires sont formés aux techniques de **pontage**.* **2** Implantation par greffe d'un morceau d'artère sur une artère obstruée. *À la suite de son infarctus, il a dû subir un **pontage**.*

ponte (nom féminin) Action de pondre. *La poule chante après la **ponte**.*

pontife (nom masculin) • **Le souverain pontife** : le pape.
★ Famille du mot : pontifi**cal**, pontifi**cat**.

pontifical, ale, aux (adjectif) Synonyme de papal. *Des fidèles assistent à la messe **pontificale** le jour de Pâques.*

pontificat (nom masculin) Fonction de pape. *Le **pontificat** de Jean XXIII a duré cinq ans.*

pont-levis (nom masculin) Pont qui se lève ou s'abaisse au-dessus du fossé entourant un château fort.
► Pluriel : des **ponts-levis**.

ponton (nom masculin) Plateforme flottante. *L'année dernière, on a construit un **ponton** sur le lac en guise de débarcadère.*

pool (nom masculin) **1** Groupe qui a des intérêts économiques communs. *Ces pays forment un **pool** économique pour maîtriser le prix du pétrole sur le marché.* **2** Ensemble qui a le même but ou les mêmes caractères. *Un **pool** génétique regroupe l'ensemble des caractères génétiques propres à une population.*
► **Pool** est un mot anglais : on prononce [pul].

pop (adjectif) Se dit de la musique à la mode dans les années 1960, et qui venait d'Angleterre et des États-Unis. *Les Beatles ont été le groupe de musique **pop** le plus connu.*
★ **Pop** est l'abréviation de l'anglais *popular music* qui signifie « musique populaire ».

pop art (nom masculin) Mouvement artistique populaire né dans les années 1950. *Andy Warhol est le chef de file du **pop art**.*
► **Pop art** est une expression anglaise : on prononce [pɔpaʀt].

pop-corn (nom masculin) Friandise faite de grains de maïs éclatés, sucrés ou salés.
► Prononciation [pɔpkɔʀn].
► Pluriel : des **pop-corn**.
► On écrit aussi un **popcorn**, des **popcorns**.
★ **Pop-corn** vient des mots anglais *to pop* qui signifie « éclater » et *corn* qui signifie « maïs ».

pope (nom masculin) Prêtre de l'Église orthodoxe. *Il n'est pas interdit aux **popes** de se marier.*
★ **Pope** vient du grec *pappos* qui signifie « grand-père ».

popeline (nom féminin) Étoffe très serrée. *Il porte une chemise en **popeline** de coton.*

popote (nom féminin) Synonyme familier de cuisine. *Les ouvriers du chantier font leur **popote** sur un réchaud.*

populaire (adjectif) **1** Qui vient du peuple. *Le verlan est un langage **populaire**. La Commune de Paris, en 1871, fut un gouvernement **populaire**.* **2** Qui est aimé d'un grand nombre de gens. *Henri IV a été un roi très **populaire**.* (Contr. **impopulaire.**)
★ Famille du mot : **im**populaire, popular**iser**, popular**ité**.

populariser (verbe) (conj. 3) Rendre populaire. *La télévision a contribué à **populariser** le tennis.*

popularité (nom féminin) Fait d'être populaire, de plaire au plus grand nombre. *La **popularité** du Premier ministre est en hausse en ce moment.*

population (nom féminin) Ensemble des habitants d'un pays ou d'une ville. *La **population** de la France dépasse 56 millions d'habitants.*

populeux, euse (adjectif) Très peuplé. *Un quartier **populeux**.*

populisme (nom masculin) Courant littéraire ou artistique qui prône la représentation de la vie des petites gens. *André Thérive a lancé le **populisme** littéraire en France dans les années 1930.*

porc (nom masculin) **1** Synonyme de cochon. *Un élevage de **porcs**.* **2** Viande de cet animal. *Les*

musulmans ne mangent pas de ***porc****.* **3** Dans la langue familière, homme malpropre ou grossier. *Quel* ***porc*** *! Tu manges salement !*
▶ Prononciation [pɔʀ].
★ Famille du mot : porc**elet**, porch**erie**, porc**in**.

porcelaine (nom féminin) Céramique fine et translucide très fragile. *Un service à thé en* ***porcelaine*** *de Limoges.*

porcelet (nom masculin) Jeune porc. *Les* ***porcelets*** *tètent la truie.*

porc-épic (nom masculin) Mammifère rongeur dont le corps est couvert de longs piquants. *Le* ***porc-épic*** *hérisse ses piquants en cas de danger.*
▶ Prononciation [pɔʀkepik].
▶ Pluriel : des **porcs-épics**.

porche (nom masculin) Espace couvert protégeant l'entrée d'un bâtiment. *Abritons-nous sous ce* ***porche****, en attendant la fin de l'averse !*

porcher, ère (nom) Personne qui élève les porcs.

porcherie (nom féminin) Bâtiment où l'on élève des porcs. *Quand le vent tourne, l'odeur de la* ***porcherie*** *vient jusqu'ici.*

porcin, ine (adjectif) Des porcs. *Les phacochères font partie de l'espèce* ***porcine****.*

pore (nom masculin) Trou microscopique à la surface de la peau. *La sueur s'écoule par les* ***pores****.*
★ Famille du mot : por**eux**, por**osité**.

poreux, euse (adjectif) Qui a des trous minuscules laissant passer l'eau. *La craie est* ***poreuse****.* (Contr. **étanche, imperméable**.)

pornographique (adjectif) Qui représente les rapports sexuels sous un aspect obscène. *Une revue* ***pornographique****.*

porosité (nom féminin) État d'un corps poreux. *La* ***porosité*** *de la roche favorise la pénétration de l'eau.*

porphyra (nom féminin) Fine algue rouge comestible. *Au Japon on cultive la* ***porphyra****.*

porphyre (nom masculin) Roche d'origine volcanique, très dure, souvent rouge sombre.

porridge (nom masculin) Bouillie d'avoine. *On mange le* ***porridge*** *chaud.*

① **port** (nom masculin) **1** Abri aménagé pour recevoir les bateaux. *Il y a des* ***ports*** *de pêche, des* ***ports*** *de plaisance, de guerre, de commerce.* **2** Ville où il y a un port. *Le Havre, Bordeaux, Marseille sont trois grands* ***ports*** *français.* • **Arriver à bon port** : arriver à son but sans accident.

② **port** (nom masculin) **1** Fait de porter quelque chose. *Le* ***port*** *du casque est obligatoire pour les motards.* **2** Prix du transport d'un colis ou d'une lettre. *Les frais de* ***port*** *sont à la charge du destinataire de la commande.*

portable (adjectif) **1** Qu'on peut porter. *Ce costume est encore* ***portable****.* **2** Synonyme de portatif. *Un téléphone* ***portable****.*

■**portable** (nom masculin) Ordinateur ou téléphone portable.

portail (nom masculin) Grande porte d'un bâtiment ou d'une propriété. *Les deux battants du* ***portail*** *de l'église s'ouvrent pour les mariés.*

portant, ante (adjectif) • **À bout portant** : le bout de l'arme à feu touchant presque la cible. • **Bien *ou* mal portant** : en bonne ou en mauvaise santé.

portatif, ive (adjectif) Que l'on peut transporter facilement. *Son oncle lui a offert un poste de télévision* ***portatif****.* (Syn. **portable**.)

porte (nom féminin) Panneau mobile permettant d'ouvrir ou de fermer l'accès à un lieu, à un meuble ou à un véhicule. *Clément laisse toujours sa* ***porte*** *ouverte.* • **Enfoncer des portes ouvertes** : dire des évidences. • **Mettre quelqu'un à la porte** : le chasser ou le renvoyer.
★ Famille du mot : port**ail**, porte-à-porte, porte-fenêtre, port**ier**, port**ière**, port**illon**.

porte-à-faux (nom masculin) • **En porte-à-faux** : en équilibre instable. *Le plat était* ***en porte-à-faux*** *sur le bord du meuble, il est tombé.*

porte-à-porte (nom masculin) • **Faire du porte-à-porte** : aller de logement en logement pour vendre quelque chose.

porte-avion (nom masculin) Grand bateau de guerre aménagé pour transporter des avions et leur permettre d'atterrir ou de décoller.
▶ Pluriel : des **porte-avions**.

porte-bagage (nom masculin) Support sur lequel on peut attacher des bagages. *David a attaché son sac sur son* ***porte-bagage****.*
▶ Pluriel : des **porte-bagages**.

porte-bonheur (nom masculin) Objet qui est supposé porter chance. *Monsieur Dupont a mis un fer à cheval à l'entrée de sa maison comme* ***porte-bonheur****.*
▶ Pluriel : des **porte-bonheurs** ou des **porte-bonheur**.

porte-carte (nom masculin) Petit étui contenant les papiers qu'on a habituellement sur soi. *Anna a rangé sa carte d'identité dans son* ***porte-carte****.*
▶ Pluriel : des **porte-cartes**.

porte-clé (nom masculin) Anneau ou étui pour porter les clés. *Ibrahim attache son* ***porte-clé*** *à sa ceinture.*
▶ Pluriel : des **porte-clés**.

porte-document (nom masculin) Serviette plate servant à transporter des papiers. *Un* ***porte-document*** *en cuir.*
▶ Pluriel : des **porte-documents**.

portée (nom féminin) **1** Distance à laquelle une arme peut envoyer un projectile. *Kevin s'est fabriqué un arc qui a une* ***portée*** *de 20 mètres.* **2** Distance à laquelle on peut atteindre quelque chose ou quelqu'un. *Donne-moi ce livre, il est juste à* ***portée*** *de ta main.* **3** Effet important produit par quelque chose. *Je crois que tu ne mesures pas la* ***portée*** *de*

a b c d e f g h i j k l m n o p q r s t u v w x y z

ce que tu dis. **4** Ensemble des petits d'une femelle nés en même temps. *Une **portée** de lapins.* **5** Lignes parallèles sur lesquelles on note la musique. *Il y a cinq lignes dans une **portée**.* • **À la portée de quelqu'un** : qui peut être compris ou fait par lui.

porte-fenêtre (nom féminin) Porte vitrée donnant sur un balcon ou une terrasse. *Toutes les **portes-fenêtres** donnent sur le parc.*
► Pluriel : des **portes-fenêtres**.

portefeuille (nom masculin) Étui à plusieurs poches où l'on met son argent et ses papiers. *Pierre a reçu un **portefeuille** pour son anniversaire.*

portemanteau, eaux (nom masculin) Crochet servant à suspendre les vêtements. *Monsieur Dupuis a mis son pardessus au **portemanteau**.*

portemine (nom masculin) Petit tube en forme de crayon, à l'intérieur duquel on place une mine. *Le professeur recommande l'usage du **portemine** pour des dessins plus précis.*

porte-monnaie (nom masculin) Petite pochette pour les pièces de monnaie. *Élodie cherche une pièce de deux euros dans son **porte-monnaie**.*
► Pluriel : des **porte-monnaies** ou des **porte-monnaie**.

porte-parole (nom masculin) Personne chargée de parler au nom des autres. *Les délégués de classe sont les **porte-paroles** des élèves.*
► Pluriel : des **porte-paroles**.

porte-plume (nom masculin) Manche au bout duquel est enfoncée une plume pour écrire. *Le stylo a remplacé le **porte-plume**.*
► Pluriel : des **porte-plumes**.

porter (verbe) (conj. 3) **1** Soulever ou soutenir une chose ou une personne. *Quentin **porte** sa petite sœur sur ses épaules.* **2** Prendre avec soi et emporter ailleurs. *Maman **a porté** du linge à la laverie.* (Syn. **apporter**.) **3** Avoir sur soi. *Romain **porte** un blouson. Le père de Fatima **porte** la barbe.* **4** Avoir dans son ventre avant de mettre au monde. *L'éléphant **porte** ses petits 21 mois.* **5** Avoir une certaine portée. *La voix **porte** loin dans ces grottes.* **6** Avoir la charge de quelque chose. *C'est lui qui **porte** la responsabilité du projet.* **7** Avoir pour sujet. *La plupart des critiques **portent** sur le style du livre.* **8** Atteindre son but. *La remarque **a porté** puisque tu es à l'heure aujourd'hui.* **9 Se porter** : être dans tel ou tel état de santé. *Comment vous **portez-vous** ?* • **Porter bonheur** *ou* **malheur** : apporter la chance ou la malchance. • **Porter plainte** : déposer une plainte en justice. • **Porter secours** : secourir. • **Porter un nom** : l'avoir.
★ Famille du mot : port, port**able**, port**ant**, port**atif**, port**ée**, port**eur**.

porte-savon (nom masculin) Petit support où l'on met le savon. *Il y a un **porte-savon** dans la salle de bains.*
► Pluriel : des **porte-savons**.

porte-serviette (nom masculin) Support où l'on suspend les serviettes de toilette. *Étends bien ta serviette sur le **porte-serviette** pour qu'elle sèche.*
► Pluriel : des **porte-serviettes**.

porteur, euse (adjectif) Qui porte quelque chose sur soi. *Cet homme était **porteur** d'une maladie contagieuse.*

■ **porteur, euse** (nom) Personne qui porte les bagages dans une gare. *Mamie était trop chargée, on a appelé un **porteur**.*

porte-voix (nom masculin) Instrument portatif destiné à amplifier la voix. *L'orateur haranguait les manifestants dans son **porte-voix**.* (Syn. **mégaphone**.)
► Pluriel : des **porte-voix**.

portier (nom masculin) Employé qui a la charge de garder la porte d'un établissement. *Le **portier** de l'hôtel a monté les bagages dans la chambre.*

portière (nom féminin) Porte d'une voiture ou d'un train. *Le train va partir : Attention à la fermeture automatique des **portières** !*

portillon (nom masculin) Petite porte basse. *Ferme le **portillon** du jardin pour que le chien n'aille pas sur les plates-bandes !*

portion (nom féminin) **1** Part de nourriture pour une personne. *Maman nous a donné double **portion** de dessert.* **2** Partie d'un tout. *Cette **portion** du jardin est réservée à la culture des légumes.*

portique (nom masculin) Poutre horizontale soutenue par deux poteaux, à laquelle sont suspendus une balançoire et des agrès. *Un **portique** a été installé au fond du jardin.*

porto (nom masculin) Vin sucré du Portugal. *Des melons au **porto**.*

portrait (nom masculin) **1** Photographie, dessin ou peinture représentant une personne. *Cette galerie du château est réservée aux **portraits** des ancêtres.* **2** Description de quelqu'un ou de quelque chose. *Gaëlle nous a fait le **portrait** de sa nouvelle maîtresse.* • **Être tout le portrait de quelqu'un** : lui ressembler beaucoup.

portraitiste (nom) Artiste qui fait des portraits. *Holbein le jeune était un célèbre **portraitiste**.*

portrait-robot (nom masculin) Portrait d'un individu recherché, réalisé d'après les indications des témoins.
► Pluriel : des **portraits-robots**.

portuaire (adjectif) D'un port. *Les activités **portuaires** de Marseille sont très importantes.*

portugais, aise → tableau p. 6 / 7.

portulan (nom masculin) Carte marine indiquant principalement la position des ports. *Les **portulans** étaient en usage du XIIIe au XVIe siècle.*
★ **Portulan** vient de l'italien *portolano* qui signifie « pilote ».

pose (nom féminin) **1** Action de poser, de fixer. *Le plombier se charge de la **pose** du lavabo.* **2** Attitude de quelqu'un qui pose. *Thomas n'a pas une **pose** très naturelle sur cette photo.*

posé, ée (adjectif) Synonyme de pondéré. *C'est un homme **posé** qui ne parle pas à tort et à travers.*

posément (adverbe) De façon posée. *Victor a expliqué **posément** pourquoi il voulait partir.* (Syn. **calmement.**)

poser (verbe) (conj. 3) **1** Mettre quelque chose sur un support. *Hélène **a posé** un vase sur la table.* (Syn. **déposer, placer.**) **2** Fixer ou installer à l'endroit approprié. *L'ouvrier **a posé** la moquette.* **3** Formuler nettement. *Julie n'a pas osé **poser** de questions.* **4** Prendre une attitude et rester sans bouger. *Le photographe demande à tous les invités de venir **poser**.* **5** Écrire les nombres d'une opération. *William **pose** son addition en alignant soigneusement les chiffres.* **6 Se poser :** cesser son vol, pour un oiseau, ou atterrir, pour un avion. (Contr. **s'envoler.**)
★ Famille du mot : pose, posé, posé**ment**.

positif, ive (adjectif) **1** Qui exprime une affirmation. *J'ai reçu une réponse **positive** pour le séjour à la montagne.* (Contr. **négatif.**) **2** Qui comporte des éléments favorables et encourageants. *Il faut voir l'aspect **positif** des choses.* **3** Se dit d'un nombre supérieur à 0. *« +3 » est un nombre **positif**.* (Contr. **négatif.**)
★ Famille du mot : positive**ment**, positiv**er**, positiv**ité**.

position (nom féminin) **1** Façon de se tenir. *Xavier a des fourmis dans la main car il a dormi dans une mauvaise **position**.* (Syn. **posture.**) **2** Endroit où quelque chose se trouve. *La latitude et la longitude permettent de connaître la **position** d'un bateau.* **3** Place occupée par rapport aux autres. *Le coureur fait une remontée fulgurante : il est actuellement en seconde **position**.* **4** Point de vue sur un sujet. *C'est sa **position** et il ne veut pas en démordre.*

positionner (verbe) (conj. 3) **1** Amener une pièce, un dispositif à la position voulue. *Il faut bien **positionner** le joint dans la robinetterie.* **2** Déterminer exactement la position d'un objectif militaire. *L'État-major a **positionné** les troupes ennemies.*

positivement (adverbe) De manière positive. *On a répondu **positivement** à sa candidature.*

positiver (verbe) (conj. 3) Avoir une attitude positive, optimiste. *Malgré ses soucis, elle sait **positiver**.*

positivité (nom féminin) Caractère de ce qui est positif. *La **positivité** d'un examen médical.*

positon (nom masculin) Électron positif, lié à l'électron. *Le **positon** se manifeste au cours de désintégrations radioactives.*
▶ On dit aussi **positron**.

posologie (nom féminin) Quantité de médicament à prendre. *La **posologie** dépend du poids du malade.*

posséder (verbe) (conj. 8) Avoir à soi. *Laura **possède** un louis d'or, il lui appartient.*
★ Famille du mot : **dé**posséd**er**, possess**eur**, possess**if**, possess**ion**.

possesseur (nom masculin) Personne qui possède quelque chose. *Les documents dont il est **possesseur** sont de la plus haute importance.*

possessif, ive (adjectif) Qui marque la possession. *« Mon », « ta », « leurs » sont des adjectifs **possessifs** ; « le nôtre », « les tiens », « les siens » sont des pronoms **possessifs**.*

possession (nom féminin) Fait de posséder quelque chose. *Ce livre n'est pas en ma **possession** en ce moment parce que je l'ai prêté.*

possibilité (nom féminin) **1** Fait d'être possible. *J'ai la **possibilité** de m'absenter.* (Contr. **impossibilité.**) **2** Chose possible. *Il y a beaucoup de **possibilités**, si vous avez envie de vous distraire à Paris.*

possible (adjectif) **1** Qui peut arriver. *Il est **possible** que tu ne le reconnaisses pas car il a changé.* (Contr. **impossible.**) **2** Qui peut être fait. *Faire cette randonnée en deux heures est **possible** puisque je l'ai déjà fait.* (Syn. **faisable, réalisable.**)
■ **possible** (nom masculin) • **Faire son possible :** faire tout ce que l'on peut. ***J'ai fait mon possible** pour arriver à l'heure.*
★ Famille du mot : **im**possibil**ité**, **im**possible, possibil**ité**.

post- Élément tiré du latin *post* qui signifie « après » (exemple : *postérieur*).

postal, ale, aux (adjectif) De la poste. *Le service **postal** est interrompu les dimanches et les jours fériés.*

postdater (verbe) (conj. 3) Inscrire une date postérieure à la date réelle. *Le client avait **postdaté** son chèque.*

① **poste** (nom masculin) **1** Endroit où l'on doit être pour remplir son rôle. *Tous les hommes sont à leur **poste**, commandant !* **2** Endroit où certaines personnes exercent leurs fonctions. *Après leur ronde, les agents de police regagnent le **poste**. Le pilote se trouve dans le **poste** de pilotage.* **3** Fonction à laquelle on est nommé. *Il a un **poste** au ministère des Finances.* (Syn. **emploi, place.**) **4** Appareil de radio, de télévision ou de téléphone. *Yann, veux-tu prendre Myriam sur l'autre **poste** ?*

② **poste** (nom féminin) **1** Service chargé du transport et de la distribution du courrier. *D'après le cachet de la **poste**, la lettre est partie le 2 mai.* **2** Bureau de poste. *Noémie a acheté des timbres à la **poste**.*
★ Famille du mot : post**al**, post**er**, post**ier**.

① **poster** (verbe) (conj. 3) Mettre à un poste. *Le lieutenant **a posté** des sentinelles sur les hauteurs. Benjamin s'**est posté** au carrefour pour attendre Odile.*

② **poster** (verbe) (conj. 3) Mettre à la poste. *La secrétaire **poste** le courrier en partant du bureau.*

③ **poster** (nom masculin) Affiche ou grande photographie servant à décorer. *Dans la classe, il y a un grand **poster** de la Terre vue de l'espace.*
▶ **Poster** est un mot anglais : on prononce [pɔstɛʀ].

postérieur, eure (adjectif) **1** Qui a lieu après. *Le règne de Napoléon est **postérieur** à la Révolution de 1789.* **2** Qui est derrière. *Le kangourou se déplace sur ses pattes **postérieures**.* (Contr. **antérieur.**)

▪**postérieur** (nom masculin) Synonyme familier de fesses.

postériorité (nom féminin) Caractère de ce qui est postérieur. *On utilise le futur du passé par rapport à un passé pour marquer la **postériorité**.*

postérité (nom féminin) Ensemble des gens qui sont nés ou naîtront après quelqu'un. *Les œuvres de Rembrandt sont passées à la **postérité**.*

posthume (adjectif) Qui se produit après la mort. *Cet artiste a eu une gloire **posthume**.*

postiche (adjectif) Qui n'est pas naturel. *Au théâtre, les comédiens portent souvent des barbes et des moustaches **postiches**.* (Syn. **faux**.)

postier, ère (nom) Employé de la poste. *La **postière** a donné à Clément un timbre pour sa collection.*

postillon (nom masculin) **1** Gouttelette de salive projetée en parlant. **2** Homme qui conduisait une diligence.

postillonner (verbe) (conj. 3) Envoyer des postillons. *Le camelot **postillonne** en faisant son boniment.*

post-it (nom masculin) Petite feuille de papier munie d'une bande autocollante. *David a laissé son numéro sur un **post-it**.*
★ **Post-it** est le nom d'une marque.

post-scriptum (nom masculin) Ce que l'on ajoute à une lettre après la signature. *David a mis en **post-scriptum** : « N'oubliez pas de m'écrire, à votre tour ! ».*
▶ Prononciation [pɔstskʀiptɔm].
▶ Pluriel : des **post-scriptums**.
▶ **Post-scriptum** s'abrège *P.-S.* ou *PS.*
★ **Post-scriptum** est un mot latin qui signifie « écrit après ».

postulat (nom masculin) Proposition que l'on admet comme point de départ. *Si on posait comme **postulat** que l'homme est bon ?* (Syn. **hypothèse**.)

postuler (verbe) (conj. 3) Présenter sa candidature à un emploi. *Elle **postule** pour un emploi de chef de service.*

posture (nom féminin) Position du corps. *Sarah change de **posture** pour s'asseoir plus confortablement.* (Syn. **attitude**.) • **En mauvaise posture** : dans une situation difficile. *Ce candidat est **en mauvaise posture** pour le second tour des élections.*

pot (nom masculin) **1** Sorte de récipient servant à divers usages. *Un **pot** à eau. Un **pot** de fleurs.* **2** Récipient où les enfants font leurs besoins. *Bébé est assis sur son **pot**.* • **Pot d'échappement** : tuyau par lequel sont évacués les gaz brûlés d'un véhicule. • **Tourner autour du pot** : ne pas aborder franchement la question.

potable (adjectif) Qu'on peut boire sans danger. *Dans les toilettes du train, l'eau du robinet n'est pas **potable**.*
★ **Potable** vient du latin *potare* qui signifie « boire », et que l'on retrouve dans *potion*.

potache (nom masculin) Synonyme familier de élève. *Cette farce de **potaches** n'a que trop duré !*

potage (nom masculin) Bouillon dans lequel on a fait cuire des légumes ou de la viande. *Ursula aime le **potage** aux légumes.*

potager, ère (adjectif) • **Plante potagère** : plante utilisée comme légume. *Les carottes, les pommes de terre, les radis sont des **plantes potagères**.*
▪**potager** (nom masculin)) Jardin où on cultive des légumes. *En été, il arrose son **potager** tous les soirs.*

potasse (nom féminin) Substance chimique contenant du potassium et utilisée comme engrais.

potasser (verbe) (conj. 3) Étudier avec ardeur, dans la langue familière. *Clément **a potassé** tout le week-end.*

potassium (nom masculin) Élément chimique très répandu dans la nature. *Cette eau minérale contient du **potassium**.*
▶ Prononciation [pɔtasjɔm].

pot-au-feu (nom masculin) Plat de viande de bœuf, bouillie avec des légumes.
▶ Prononciation [pɔtofø].
▶ Pluriel : des **pot-au-feu**.

pot-de-vin (nom masculin) Somme d'argent versée secrètement à quelqu'un pour obtenir un avantage. *Cette entreprise est soupçonnée d'avoir versé des **pots-de-vin** au député.*
▶ Pluriel : des **pots-de-vin**.

poteau, eaux (nom masculin) Longue pièce de bois ou de ciment plantée verticalement dans le sol et qui sert de support. *La route est bordée de **poteaux** électriques.*

potée (nom féminin) Plat de viande de porc, bouillie avec des légumes, en particulier du chou.

potelé, ée (adjectif) Synonyme de dodu. *Ce bébé est bien **potelé**.* (Contr. **maigre**.)

potence (nom féminin) Instrument qui servait au supplice de la pendaison. *Autrefois, les brigands étaient condamnés à la **potence**.* (Syn. **gibet**.)

potentialité (nom féminin) Caractère de ce qui est potentiel. *La **potentialité** des ressources agricoles peut faire avancer la région.*

potentiel, elle (adjectif) Qui pourrait exister. *Papa a trouvé un acheteur **potentiel** pour sa voiture.* (Syn. **possible**, **virtuel**.)
▪**potentiel** (nom masculin) Ensemble des ressources dont peut disposer un groupe. *Cette nation a un **potentiel** agricole énorme.*

potentiomètre (nom masculin) Résistance réglable qui sert à mesurer le potentiel électrique. *Le **potentiomètre** mesure avec précision la tension électrique.*
▶ Prononciation [pɔtɑ̃sjɔmɛtʀ].

poterie (nom féminin) **1** Fabrication d'objets en terre cuite. *Chaque mercredi, Zoé va à l'atelier de **poterie**.* **2** Objet ou ustensile en terre cuite. *On a trouvé des débris de **poteries** anciennes sur ce site.*

poterne (nom féminin) Porte cachée dans le mur d'une fortification.

potiche (nom féminin) Grand vase de porcelaine.

potier, ère (nom) Personne qui fabrique et vend des poteries. *Le **potier** travaille à l'aide d'un tour.*

potins (nom masculin pluriel) Synonyme familier de commérages. *Les **potins** du quartier ne l'intéressent pas.*

potion (nom féminin) Médicament à boire. *Il paraît que cette **potion** calme la toux.*
★ Voir **potable**.

potiron (nom masculin) Grosse citrouille. *Un potage au **potiron**.*

pot-pourri (nom masculin) Mélange de plusieurs airs de musique.
▶ Pluriel : des **pots-pourris**.

pou, poux (nom masculin) Insecte parasite de l'homme et de certains animaux. *Anna se gratte la tête, elle a dû attraper des **poux** !*

poubelle (nom féminin) Récipient pour les ordures ménagères. *Enveloppe les épluchures avant de les mettre dans la **poubelle**.*
★ **Poubelle** vient du nom d'Eugène *Poubelle*, préfet de la Seine, qui imposa l'usage de ces récipients à la fin du XIXe siècle.

pouce (nom masculin) **1** Doigt le plus gros et le plus court de la main. *Arrête de sucer ton **pouce** !* **2** Gros orteil du pied. **3** Ancienne mesure de longueur qui valait environ 3 centimètres. • **Donner un coup de pouce** : dans la langue familière, intervenir pour aider quelqu'un à réussir. • **Manger sur le pouce** : manger très rapidement. • **Se tourner les pouces** : dans la langue familière, rester sans rien faire.
▪ **pouce !** (interjection) Synonyme de stop ! ***Pouce** ! J'arrête !*

pouding (nom masculin) Gâteau anglais aux fruits secs et aux épices. *En Angleterre, pour Noël, on mange du **pouding**.*
▶ **Pouding** vient de l'anglais *pudding* : on prononce [pudiŋ].
▶ On écrit aussi **pudding**. On dit aussi **plum-pudding**.

poudre (nom féminin) **1** Matière écrasée en petits grains très fins. *Élodie met du sucre en **poudre** dans son yaourt.* **2** Matière explosive. *Les cartouches de fusil contiennent de la **poudre**.* **3** Substance très fine qui sert au maquillage. *Odile s'est mis un peu de **poudre** car elle a le teint pâle.* • **Jeter de la poudre aux yeux** : chercher à éblouir les autres. • **Mettre le feu aux poudres** : déclencher un conflit ou une manifestation de violence.
★ Famille du mot : poudr**eux**, poudr**ier**, poudr**ière**, se poudr**er**.

se **poudrer** (verbe) (conj. 3) Se mettre de la poudre pour se maquiller.

poudreux, euse (adjectif) Qui est léger et fin comme de la poudre. *Ibrahim aime skier dans la neige **poudreuse**.*
▪ **poudreuse** (nom féminin) Neige poudreuse.

poudrier (nom masculin) Petite boîte plate qui renferme de la poudre pour le maquillage.

poudrière (nom féminin) **1** Entrepôt où l'on gardait des explosifs. **2** Au sens figuré, région où le moindre incident risque de provoquer une guerre.

pouf (nom masculin) Gros coussin qui sert de siège.

pouffer (verbe) (conj. 3) Éclater de rire en essayant d'être discret. *Gaëlle n'a pas pu s'empêcher de **pouffer** de rire quand Kevin a trébuché.*

pouilles (nom féminin pluriel) • **Chanter pouilles à quelqu'un** : Faire des reproches, critiquer.
★ **Pouilles** vient de l'ancien français *pouiller* qui signifie « injurier ».

pouilleux, euse (adjectif) Qui est miséreux et sale. *Ce quartier **pouilleux** doit être démoli.*

poujadisme (nom) Attitude revendicatrice qui ne concerne que son groupe professionnel. *Le **poujadisme** est à l'origine un mouvement de défense des petits commerçants.*
★ **Poujadisme** vient du nom de son fondateur Pierre *Poujade*, homme politique des années 1950.

poulailler (nom masculin) **1** Abri pour les poules. *Pierre a trouvé des œufs dans le **poulailler**.* **2** Balcon tout en haut d'un théâtre, où les places sont les moins chères.

poulain (nom masculin) Petit de la jument.

poularde (nom féminin) Jeune poule qui a été engraissée.

① **poule** (nom féminin) Oiseau de basse-cour que l'on élève pour sa chair et ses œufs. *Le coq est le mâle de la **poule**. La **poule** glousse, caquète.* • **Poule mouillée** : dans la langue familière, personne timorée, qui manque de courage.
★ Famille du mot : poul**ailler**, poul**arde**, poul**et**.

② **poule** (nom féminin) Épreuve sportive dans laquelle chacun des concurrents rencontre successivement chacun de ses adversaires.
★ **Poule** vient de l'anglais *pool* qui signifie « équipe ».

poulet (nom masculin) Jeune coq ou jeune poule, plus grand que le poussin. *On a acheté un **poulet** à la ferme.*

pouliche (nom féminin) Jeune jument.

poulie (nom féminin) Petite roue sur laquelle s'enroule un câble ou une corde. *Les **poulies** permettent de soulever des charges lourdes.*

poulinière (adjectif féminin et nom féminin) Jument destinée à la reproduction.

poulpe (nom masculin) Synonyme de pieuvre.

pouls (nom masculin) Battement du sang dans les artères que l'on peut sentir en tâtant le poignet. *Après une course, le **pouls** est très rapide.*
▶ Prononciation [pu].
★ **Pouls** vient du latin *pulsus* qui signifie « battement » et qu'on retrouve dans **pulsation**.

a b c d e f g h i j k l m n o p q r s t u v w x y z

poumon (nom masculin) Chacun des deux organes situés dans le thorax, qui servent à respirer.

poupe (nom féminin) Partie arrière d'un navire. *Le gouvernail se trouve à la **poupe** des bateaux.* (Contr. **proue.**)

poupée (nom féminin) Jouet qui représente une personne. *Jouer à la **poupée**.*

poupon (nom masculin) **1** Synonyme de bébé. *Ce **poupon** est bien potelé.* **2** Poupée qui représente un bébé. *Hélène habille son **poupon**.*
★ Famille du mot : pouponner, pouponni**ère**.

pouponner (verbe) (conj. 3) S'occuper avec tendresse d'un bébé. *Comme elle adore **pouponner**, elle aimerait travailler plus tard dans une crèche.*

pouponnière (nom féminin) Service de la maternité qui s'occupe des nouveau-nés quand ils ne sont pas avec leur mère.

pour (préposition) Sert à introduire de nombreux types de compléments. *Julie est sortie **pour** acheter le pain (but). Quentin a une récitation à apprendre **pour** demain (temps). Le magasin est fermé **pour** travaux (cause). Il n'a pas assez travaillé **pour** réussir (conséquence). Laura s'est acheté des bonbons **pour** un euro (échange). Romain est grand **pour** son âge (comparaison), etc.*

pourboire (nom masculin) Somme d'argent qu'un client laisse, en plus du prix à payer, pour la personne qui l'a servi. *Maman a donné un **pourboire** à la serveuse.*

pourceau, eaux (nom masculin) Synonyme littéraire de porc.

pourcentage (nom masculin) Proportion par rapport à 100 unités. *Quinze élèves sur cent ont échoué à leur examen, le **pourcentage** des échecs est donc de quinze pour cent (15 %).*

pourchasser (verbe) (conj. 3) Poursuivre sans relâche. *Les hyènes **pourchassent** le buffle blessé.*

pourfendre (verbe) (conj. 31) Dénoncer avec ardeur. *Victor Hugo **pourfendit** la tyrannie de Napoléon III.* (Syn. **attaquer.**)

se **pourlécher** (verbe) (conj. 8) Se passer la langue sur les lèvres à la pensée de manger quelque chose de bon.

pourparlers (nom masculin pluriel) Ensemble des discussions en vue de régler une affaire. *Les **pourparlers** entre ces deux pays n'ont pas abouti à la paix.*

pourpoint (nom masculin) Sorte de veste que les hommes portaient autrefois.

pourpre (adjectif) D'une couleur rouge très foncé.
▪ **pourpre** (nom masculin) Couleur pourpre.
▪ **pourpre** (nom féminin) Colorant rouge foncé que l'on tirait d'un mollusque.

pourquoi (adverbe) Sert à interroger sur la cause de quelque chose. ***Pourquoi** ris-tu ? Je vais t'expliquer **pourquoi** je suis en retard.* • C'est pourquoi : c'est pour cette raison. *Myriam est malade, **c'est pourquoi** elle n'est pas là.*

pourrir (verbe) (conj. 11) S'abîmer en se décomposant. *Jette ces pommes, elles **sont pourries**.* (Syn. **se gâter.**)

pourriture (nom féminin) État de ce qui est pourri. *D'où vient cette horrible odeur de **pourriture** ?*

poursuite (nom féminin) Action de poursuivre. *Le peloton s'est lancé à la **poursuite** du coureur échappé.*
▪ **poursuites** (nom féminin pluriel) Fait de poursuivre quelqu'un en justice. *Si vous stationnez ici malgré l'interdiction, vous êtes passible de **poursuites**.*

poursuivant, ante (nom) Personne qui en poursuit une autre. *Il a réussi à échapper à ses **poursuivants**.*

poursuivre (verbe) (conj. 49) **1** Courir après une personne ou un animal pour le rattraper. *Le lion **poursuit** sa proie à travers la savane.* (Syn. **pourchasser.**) **2** Continuer ce qu'on a commencé. *Laisse-moi **poursuivre** mon histoire, je n'ai pas fini !* **3** Porter plainte contre quelqu'un en lui faisant un procès. *Elle l'**a poursuivi** en justice pour injures et menaces.*
★ Famille du mot : poursuite, poursuiv**ant**.

pourtant (adverbe) Indique une opposition. *Noémie a attrapé froid, elle était **pourtant** bien couverte.* (Syn. **cependant, néanmoins.**)

pourtour (nom masculin) Partie qui fait le tour d'une surface ou d'un objet. *Le **pourtour** du lac est planté de sapins.*

pourvoi (nom masculin) Acte par lequel on demande à une autorité supérieure la modification ou l'annulation d'une décision judiciaire. *L'accusé a demandé un **pourvoi** en cassation.*

pourvoir (verbe) (conj. 23) **1** Fournir ce qui est nécessaire à quelqu'un. *Les parents doivent **pourvoir** aux besoins de leurs enfants jusqu'à leur majorité.* **2** Équiper de ce qui est nécessaire. *Sa maison **est pourvue** du confort moderne.*

pourvu que (conjonction) **1** Exprime un souhait. ***Pourvu que** la pluie s'arrête et qu'on puisse sortir !* **2** Exprime une condition. *Vous pouvez jouer dehors **pourvu que** vous restiez devant la maison.*

poussah (nom masculin) Figurine grotesque montée sur une boule et lestée de façon à revenir toujours dans la position vertical.
► Prononciation [pusa].
★ **Poussah** vient du chinois.

pousse (nom féminin) Partie jeune d'une plante. *En mars, les premières **pousses** apparaissent.*

poussée (nom féminin) **1** Force exercée en poussant. *Sous la **poussée** de la foule, des barrières se sont renversées.* **2** Brusque accès d'un état maladif. *Odile est couchée, car elle a une **poussée** de fièvre.*

pousse-pousse (nom masculin) Voiture légère, tirée ou poussée par un homme, en Extrême-Orient. *En général un **pousse-pousse** ne prend qu'un voyageur.*
► Pluriel : des **pousse-pousse**.
► On écrit aussi **poussepousse**.

pousser (verbe) (conj. 3) **1** Appuyer pour faire bouger ou pour faire tomber. *Il est tombé en panne et a dû **pousser** sa moto jusque chez lui.* (Contr. **tirer.**) **2** Inciter quelqu'un à faire quelque chose. *C'est son père qui **pousse** Thomas à faire du judo.* (Syn. **encourager.**) **3** Se développer ou grandir. *Les chênes **poussent** plus lentement que les sapins.* **4 Se pousser :** dans la langue familière, s'écarter pour laisser la place. *Les pompiers demandent à la foule de **se pousser**.* • **Pousser quelqu'un à bout :** l'exaspérer. • **Pousser un cri :** crier.
★ Famille du mot : pousse, poussée, poussette.

poussette (nom féminin) Petite voiture de bébé que l'on pousse devant soi.

poussière (nom féminin) Petits grains de matière très fins et très légers. *Le ménage n'a pas été fait, les meubles sont couverts de **poussière**.*
★ Famille du mot : dépoussiérer, poussiéreux.

poussiéreux, euse (adjectif) Couvert de poussière. *Un grenier **poussiéreux**.*

poussif, ive (adjectif) Qui s'essouffle facilement, qui peine. *Un vieux camion **poussif** montait la côte.*

poussin (nom masculin) Petit de la poule. ***Ces poussins** viennent d'éclore.*

poutre (nom féminin) Morceau de bois long et épais qui soutient un toit ou un plafond. *Ces **poutres** de bois sont très anciennes.*

poutrelle (nom féminin) Poutre en métal.

① **pouvoir** (verbe) (conj. 27) **1** Être capable de faire quelque chose. *Est-ce que tu **peux** porter cette grosse valise ?* **2** Avoir le droit ou la permission de faire quelque chose. *Les enfants mineurs ne **peuvent** pas voter.* **3** Être possible. *Tu **peux** te faire mal avec ce couteau.* (Syn. **risquer.**) • **N'en pouvoir plus :** être très fatigué, ou en avoir assez. *Je m'arrête, je **n'en peux plus** !*

② **pouvoir** (nom masculin) **1** Possibilité ou faculté de faire quelque chose. *Il n'a pas le **pouvoir** de décider.* **2** Autorité ou puissance. *Le **pouvoir** des médias est grand sur l'opinion.* • **Les pouvoirs publics :** ensemble des personnes qui gouvernent. • **Pouvoir d'achat :** ce qu'on peut acheter en fonction de ses revenus.

PPCM (nom masculin) Plus petit élément positif que divisent à la fois deux nombres entiers. *12 est le **PPCM** de 3 et 4.*
★ PPCM est le sigle de *plus petit commun multiple*.

pragmatique (adjectif) Qui considère la valeur pratique, concrète des choses. *Ce scientifique prend toujours des décisions **pragmatiques**.*

praire (nom féminin) Coquillage marin comestible qui vit dans le sable.

prairial (nom masculin) Neuvième mois du calendrier républicain, du 20/21 mai au 19/20 juin.

prairie (nom féminin) Terrain recouvert d'herbe. *Les vaches paissent dans la **prairie**.*

pralin (nom masculin) **1** Préparation à base de pralines. **2** Bouillie fertilisante faite de terre et d'engrais. *Il est bon de tremper les racines dans le **pralin** avant de les planter.*

praline (nom féminin) Bonbon fait d'une amande grillée recouverte de sucre.
★ **Praline** vient du nom du maréchal du *Plessis-Praslin*, dont le cuisinier inventa cette confiserie au XVIIe siècle.

praliné, ée (adjectif) Qui est parfumé à la praline. *Sarah a choisi un esquimau **praliné**.*

praticable (adjectif) Où on peut passer sans danger. *Ce sentier le long de la falaise est **praticable** toute l'année.* (Contr. **impraticable.**)

praticien, enne (nom) Personne qui met en pratique ses connaissances pour soigner. *Les médecins, les dentistes sont des **praticiens**.*

pratiquant, ante (adjectif) Qui pratique une religion. *Les catholiques **pratiquants** vont à la messe le dimanche.*

① **pratique** (adjectif) **1** Qui est facile à utiliser. *Ce couteau est très **pratique** pour éplucher les légumes.* (Syn. **commode.**) **2** Qui permet de mettre en pratique ce qu'on a appris en théorie. *Je crois que vous avez bien compris : passons aux exercices **pratiques**.* **3** Qui a le sens des réalités. *Heureusement, elle a l'esprit **pratique** et sait se débrouiller seule !*

② **pratique** (nom féminin) **1** Activité qui a pour but de mettre en application les choses qu'on a apprises. *Après la théorie, passons à la **pratique**.* (Syn. **application, exécution.** Contr. **théorie.**) **2** Manière d'agir. *Copier sur son voisin n'est pas une **pratique** honnête !* (Syn. **procédé.**) **3** Habitude de faire quelque chose. *Il commence à conduire, il manque encore de **pratique**.* (Syn. **expérience.**) **4** Fait de pratiquer une religion.
★ Famille du mot : impraticable, praticable, praticien, pratiquant, pratiquement, pratiquer.

pratiquement (adverbe) **1** Dans la pratique. *Ce projet bizarre est **pratiquement** irréalisable.* (Contr. **théoriquement.**) **2** À peu près. *Mangeons, il est **pratiquement** midi.* (Syn. **presque.**)

pratiquer (verbe) (conj. 3) **1** Faire quelque chose de façon régulière. *Pour être en forme, Victor **pratique** plusieurs sports.* **2** Accomplir les actes commandés par une religion. *Ses parents sont croyants mais ne **pratiquent** pas.*

pré- Élément tiré du latin *præ* qui signifie « en avant, devant » (exemple : *préface*).

pré (nom masculin) Petite prairie. *William a trouvé des champignons dans les **prés**.*

préadolescence (nom) Période entre l'enfance et l'adolescence.

préalable (adjectif) Qui doit avoir lieu avant autre chose. *Il sera embauché après avoir accompli une période d'essai* ***préalable****.*
■ **préalable** (nom masculin) • **Au préalable** : avant, d'abord. *Si vous voulez entrer, achetez un billet* ***au préalable****.* (Syn. **préalablement**.)
★ **Préalable** vient de l'ancien adjectif *allable* qui signifiait « où l'on peut aller ».

préalablement (adverbe) Au préalable.

préambule (nom masculin) Début d'un discours. *Après un court* ***préambule****, il a abordé les points importants.*

préau, préaux (nom masculin) Partie couverte d'une cour d'école. *Quand il pleut, la récréation a lieu dans le* ***préau****.*

préavis (nom masculin) Avertissement que l'on doit donner officiellement. *Les syndicats ont déposé un* ***préavis*** *de grève à la direction.*

précaire (adjectif) Qui est fragile et incertain. *Il a un emploi* ***précaire****.* (Contr. **stable**.)

précambrien, enne (adjectif et nom masculin) Première époque géologique qui précède le cambrien. *Le* ***précambrien*** *a duré près de 4 milliards d'années.*

précariser (verbe) (conj. 3) Rendre précaire, incertain, instable. *Les lois se doivent d'éviter de* ***précariser*** *l'emploi.*

précarité (nom féminin) Caractère précaire. *La* ***précarité*** *de sa situation le préoccupe.*

précaution (nom féminin) Ce que l'on fait pour éviter un ennui ou un danger. *Ils ont pris la* ***précaution*** *de se faire vacciner. Papa roule avec* ***précaution*** *sur la route enneigée.*

précautionneux, euse (adverbe) Qui agit avec précaution. *Son geste* ***précautionneux*** *s'explique par ses erreurs répétées.* (Syn. **prudent**.)

précédemment (adverbe) Synonyme d'antérieurement. *Je t'ai déjà dit* ***précédemment*** *que je n'étais pas libre.*

précédent, ente (adjectif) Qui précède quelque chose. *Cette fois, il a accepté, la fois* ***précédente*** *il avait refusé.* (Contr. **suivant**.)
■ **précédent** (nom masculin) Évènement qui a déjà eu lieu et qui peut servir d'exemple. *Une catastrophe aérienne sans* ***précédent****.*

précéder (verbe) (conj. 8) **1** Se passer avant. *Ce ciel tout gris* ***précède*** *une tempête.* (Contr. **suivre**.) **2** Marcher devant quelqu'un. *Ursula me* ***précède*** *pour me montrer le chemin.* (Syn. **devancer**. Contr. **suivre**.)
★ Famille du mot : précéd**emment**, précéd**ent**.

précepte (nom masculin) Formule qui énonce une règle de morale. *« Mieux vaut rire que pleurer » est un sage* ***précepte****.*

précepteur, trice (adjectif) Professeur privé chargé de l'instruction d'enfants. *Autrefois dans les grandes familles, les enfants étaient éduqués par des* ***précepteurs****.*

préchauffer (verbe) (conj. 3) Chauffer préalablement. *Il faut toujours* ***préchauffer*** *son four avant de faire cuire son rôti.*

prêche (nom masculin) Synonyme de sermon. *Les fidèles écoutent le* ***prêche*** *du prêtre.*

prêcher (verbe) (conj. 3) **1** Faire un prêche. *Le prêtre est monté sur la chaire pour* ***prêcher****.* **2** Conseiller quelque chose avec insistance. ***Prêcher*** *la modération, la patience.* (Syn. **recommander**.)

précieusement (adverbe) Avec un grand soin. *Xavier range* ***précieusement*** *sa collection de timbres dans le tiroir.*

précieux, euse (adjectif) **1** Qui a une grande valeur. *La bague de sa mère est pour maman un objet* ***précieux****.* **2** Qu'on apprécie beaucoup. *Votre aide nous a été très* ***précieuse****.* **3** Qui manque de naturel. *Zoé est agaçante quand elle parle de façon* ***précieuse****.* (Syn. **maniéré**.)
★ **Précieux** vient du latin *pretium* qui signifie « prix ».

précipice (nom masculin) Trou profond aux parois à pic. *Un torrent coule au fond du* ***précipice****.* (Syn. **ravin**.)

précipitamment (adverbe) Avec précipitation. *Il a agi* ***précipitamment*** *et sans réfléchir.*

précipitation (nom féminin) Trop grande hâte. *Pas de* ***précipitation****, nous avons tout notre temps.*
■ **précipitations** (nom féminin pluriel) Phénomène atmosphérique tel que la pluie, la neige, la grêle. *D'importantes* ***précipitations*** *ont provoqué des inondations.*

précipité, ée (adjectif) Qui est fait trop rapidement. *Zoé se méfie des jugements* ***précipités****.* (Syn. **hâtif**.)
■ **précipité** (nom masculin) Substance solide qui se forme au cours d'une réaction chimique. *Un* ***précipité*** *apparaît quand on mélange deux solutions dont les ions sont incompatibles.*

précipiter (verbe) (conj. 3) **1** Faire quelque chose avec précipitation. *Cette nouvelle l'a obligé à* ***précipiter*** *son retour vers la capitale.* (Contr. **retarder**.) **2 Se précipiter** : se jeter de haut en bas. *Le parachutiste* ***se précipite*** *dans le vide.* **3 Se précipiter sur** : s'élancer brusquement. *Le chien* ***s'est précipité sur*** *l'os du gigot.*
★ Famille du mot : précipit**amment**, précipit**ation**, précipit**é**.
★ **Précipiter** vient du latin *præcipitare* qui signifie « tomber la tête en avant ».

① **précis, ise** (adjectif) **1** Qui est clair, exact et détaillé. *Ton plan était tellement* ***précis*** *qu'on a trouvé tout de suite.* (Contr. **approximatif**, **évasif**, **imprécis**, **vague**.) **2** Qui fait preuve d'exactitude. *Elle est toujours très* ***précise*** *à ses rendez-vous.* (Syn. **ponctuel**.) **3** Qui agit avec sûreté et minutie. *Un chirurgien doit être très* ***précis*** *dans ses gestes.* **4** Exactement à cette heure-là. *Je t'attendrai à 14 heures* ***précises*** *devant le cinéma.*
★ Famille du mot : **im**précis, **im**précis**ion**, précis**ément**, précis**er**, précis**ion**.

② **précis** (nom masculin) Livre qui contient l'essentiel d'une matière. *Un **précis** d'histoire.*

précisément (adverbe) **1** De manière précise. *Explique-moi **précisément** ce que tu veux !* (Syn. **exactement.**) **2** Synonyme de justement. *Voilà **précisément** ce qu'il ne faut pas faire.*

préciser (verbe) (conj. 3) Faire connaître de façon précise ou plus précise. *N'oublie pas de me **préciser** à quelle heure tu arriveras. La menace d'orages se **précise** en fin de journée.* (Syn. **se confirmer.**)

précision (nom féminin) **1** Caractère précis. *J'ai apprécié la **précision** de ses indications.* (Syn. **clarté, exactitude.** Contr. **confusion, imprécision.**) **2** Renseignement qui précise quelque chose. *Je voudrais quelques **précisions** concernant les horaires des trains.*

précoce (adjectif) **1** Qui arrive plus tôt que d'habitude. *L'hiver est **précoce** cette année.* (Contr. **tardif.**) **2** Qui est en avance pour son âge. *C'est une enfant **précoce**, à neuf mois elle marche déjà.*

précocité (nom féminin) Caractère précoce. *La **précocité** de cet élève est étonnante.*

précolombien, enne (adjectif) Qui, en Amérique, a précédé l'arrivée de Christophe Colomb en 1492. *Les civilisations **précolombiennes** étaient très riches avant l'arrivée des Espagnols.*

préconçu, ue (adjectif) • **Idée préconçue** : idée toute faite, qu'on adopte sans réfléchir. *Il faut se méfier des **idées préconçues**.* (Syn. **préjugé.**)

préconiser (verbe) (conj. 3) Recommander vivement. *Je **préconise** de rentrer dès maintenant car l'orage menace.*

précuit, uite (adjectif) Qui a été légèrement cuit avant d'être emballé. *Le riz **précuit** est plus vite prêt.*

précurseur (adjectif masculin) Qui précède et annonce quelque chose. *Le merle chante : c'est un signe **précurseur** du printemps.*
▪ **précurseur** (nom masculin) Personne qui lance une idée très en avance sur les autres. *Pierre et Marie Curie ont été des **précurseurs** dans le domaine de la radioactivité.*
★ **Précurseur** vient du latin *præcurrere* qui signifie « courir devant ».

prédateur (nom masculin) Animal qui se nourrit d'autres animaux vivants. *Le guépard, la panthère, les rapaces sont des **prédateurs**.*
★ **Prédateur** vient du latin *præda* qui signifie « proie ».

prédécesseur (nom masculin) Personne qui a précédé quelqu'un dans un emploi. *Le nouveau maire est beaucoup plus jeune que son **prédécesseur**.* (Contr. **successeur.**)

prédestiné, ée (adjectif) Qui semble destiné par avance à quelque chose. *Notre boulanger s'appelle monsieur Baguette, c'est un nom **prédestiné** !*

prédicat (nom masculin) Ce qui, dans un énoncé, est dit de l'objet dont on parle, c'est-à-dire du sujet.

prédicateur (nom masculin) Personne qui prêche. *C'est un **prédicateur** éloquent.*

prédication (nom féminin) Action de prêcher. (Syn. **sermon.**)

prédiction (nom féminin) Ce qui a été prédit. *Anna ne croit pas du tout aux **prédictions** des astrologues.* (Syn. **prophétie.**)

prédilection (nom féminin) Nette préférence. *Son sport de **prédilection** est le tennis.*

prédire (verbe) (conj. 46) Annoncer à l'avance ce qui va arriver. *Je t'**avais prédit** que tu serais gagnant.*
▶ **Prédire** se conjugue comme *dire* sauf à la deuxième personne du pluriel : *vous prédisez.*

prédisposer (verbe) (conj. 3) Mettre quelqu'un par avance dans des conditions favorables. *Sa grande taille le **prédispose** à être basketteur.*

prédominant, ante (adjectif) Qui prédomine. *La qualité **prédominante** de Xavier est la patience.*

prédominer (verbe) (conj. 3) Être le plus important ou le plus fréquent. *Ce qui **prédomine** dans son caractère, c'est sa bonne humeur.*

préélectoral, ale, aux (adjectif) Qui précède des élections. *Pendant la période **préélectorale**, la tension politique monte.*

prééminence (nom féminin) Situation de ce qui occupe la première place. *Le professeur a donné la **prééminence** à l'algèbre.* (Syn. **avantage, supériorité.**)

préemption (nom féminin) • **Droit de préemption** : droit reconnu à une personne d'acquérir, avant toute autre, un objet mis en vente.

préencollé, ée (adjectif) Enduit de colle à l'avance ou prêt à coller. *C'est facile de poser du papier peint **préencollé**.*

préfabriqué, ée (adjectif) Qui est construit avec des éléments prêts à être assemblés. *Ils ont construit une maison **préfabriquée** pour y passer leurs vacances.*

préface (nom féminin) Texte de présentation placé au début d'un livre. *Dans sa **préface**, l'auteur explique ses intentions.* (Syn. **avant-propos, introduction.**)

préfacer (verbe) (conj. 4) Présenter par une préface. *C'est un critique d'art qui **a préfacé** ce livre sur Picasso.*

préfectoral, ale, aux (adjectif) Du préfet. *Par arrêté **préfectoral**, la circulation des poids lourds est interdite dans cette rue.*

préfecture (nom féminin) **1** Ville ou réside un préfet. *Lille est la **préfecture** du Nord.* **2** Services et bureaux qui dépendent d'un préfet. *La **préfecture** est ouverte au public de 9 heures à 18 heures.*

préférable (adjectif) Qui mérite d'être préféré. *Cette solution me semble **préférable** à toutes les autres.*

préféré, ée (adjectif et nom) Que l'on préfère. *Quel est ton plat **préféré** ? Parmi toutes les BD, ma **préférée** c'est Astérix.*

préférence (nom féminin) Fait de préférer une chose à une autre. *Il a une **préférence** pour les sports de plein air.* • De préférence : en choisissant une chose plutôt qu'une autre. *Yann va tous les mercredis à la piscine, **de préférence** le matin.*

préférentiel, elle (adjectif) Qui crée une préférence, un avantage. *Les étudiants bénéficient de tarifs **préférentiels**.*

préférer (verbe) (conj. 8) Aimer mieux. *Les fruits qu'Élodie **préfère**, ce sont les framboises.*
★ Famille du mot : préfér**able**, préféré, préfér**ence**, préférent**iel**.

préfet (nom masculin) Fonctionnaire qui représente le gouvernement dans un département ou une région. *Le **préfet** du Bas-Rhin est venu inaugurer la nouvelle autoroute.*

préfigurer (verbe) (conj. 3) Donner à l'avance une idée de ce que sera quelque chose. *Son air coquin **préfigure** une nouvelle farce !*

préfixe (nom masculin) Élément placé devant un mot et servant à en former un autre de sens différent. *Dans incomplet, « in- » est un **préfixe** négatif.*

prégnant, ante (adjectif) Qui s'impose fortement à l'esprit. *Ce souvenir **prégnant** hante Élodie.*

préhensile (adjectif) Qui peut saisir, prendre quelque chose. *La main et le pied du chimpanzé sont **préhensiles**.*

préhension (nom féminin) Action de prendre. *La pince est l'organe de **préhension** du homard.*

préhistoire (nom féminin) Période de l'histoire de l'humanité qui a précédé l'invention de l'écriture. *Ces gravures rupestres datent de la **préhistoire**.*

préhistorique (adjectif) De la préhistoire. *Les hommes **préhistoriques** vivaient de chasse et de cueillette.*

préjudice (nom masculin) Tort causé à quelqu'un. *Cette accusation lui a causé un grave **préjudice**.*

préjudiciable (adjectif) Qui cause un préjudice. *Cette nouvelle construction est **préjudiciable** à la beauté du paysage.* (Syn. **nuisible**.)

préjugé (nom masculin) Idée préconçue. *Ses **préjugés** l'empêchent de goûter à la cuisine exotique.*

préjuger (verbe) (conj. 5) Donner prématurément une opinion sur quelque chose. *On ne peut pas **préjuger** de sa réaction, il nous surprendra peut-être.*

se **prélasser** (verbe) (conj. 3) Se reposer confortablement. *Fatima **se prélasse** à l'ombre dans le hamac.*

prélat (nom masculin) Haut personnage du clergé, dans l'Église catholique. *De nombreux **prélats** ont célébré une messe avec le pape.*

prélavage (nom masculin) Lavage préliminaire dans un lave-linge ou un lave-vaisselle. *Pour le linge très sale, le **prélavage** est conseillé.*

prélèvement (nom masculin) Action de prélever. *Il paie son électricité par des **prélèvements** sur son compte bancaire.*

prélever (verbe) (conj. 8) Prendre une partie d'un ensemble. *Les géologues **ont prélevé** quelques échantillons de roches.*

préliminaire (adjectif) Qui précède et prépare quelque chose. *Les épreuves **préliminaires** servent d'éliminatoire.*
▪ **préliminaires** (nom masculin pluriel) Ensemble de discussions qui préparent un accord. *Ces deux pays n'en sont qu'aux **préliminaires** de leurs échanges commerciaux.*

prélude (nom masculin) **1** Évènement qui en annonce un autre. *Ce voyage a été pour eux le **prélude** d'une grande amitié.* **2** Début d'un morceau de musique. *Gaëlle apprend à jouer un **prélude** de Bach au piano.*

prématuré, ée (adjectif) Qui se produit trop tôt. *L'arrivée **prématurée** du printemps a agréablement surpris tout le monde.* (Syn. **précoce**.)
▪ **prématuré, ée** (adjectif et nom) Enfant né avant terme. *Certains **prématurés** sont placés en couveuse.*
★ **Prématuré** vient du latin *præmaturus* qui signifie « qui est mûr avant ».

prématurément (adverbe) De façon prématurée. *Il a **prématurément** arrêté ses études pour prendre un emploi.*

préméditation (nom féminin) Action de préméditer. *Cet homme a été condamné pour meurtre avec **préméditation**.*

préméditer (verbe) (conj. 3) Décider et préparer quelque chose à l'avance. *Un mauvais coup soigneusement **prémédité**.*

prémices (nom féminin pluriel) Premiers signes de quelque chose. *Le retour des hirondelles est une des **prémices** du printemps.*

premier, ère (adjectif) **1** Qui occupe le rang numéro 1. *Lundi prochain sera le **premier** jour du mois de mai.* **2** Qui vient avant les autres dans le temps ou dans l'espace. *Nous avons marqué un but dans la **première** minute de la partie.* (Contr. **dernier**.) **3** Qui est le meilleur dans un classement. *Hélène est fière d'être **première** en français.* • Nombre premier : nombre que l'on ne peut diviser que par lui-même si l'on veut obtenir un nombre entier.
▪ **premier, ère** (nom) Personne qui est avant les autres. *Benjamin est le **premier** à avoir écrit à sa tante.*
▪ **premier** (nom masculin) **1** Premier étage. *Habiter au **premier**.* **2** Premier jour du mois. *Le **premier** mai est un jour férié.*
▪ **première** (nom féminin) Sixième année de l'enseignement secondaire, précédant la terminale.

prémièrement (adverbe) En premier lieu. *Si vous voulez vous inscrire, il vous faut **premièrement** remplir ce formulaire, puis payer une cotisation.* (Syn. **d'abord.**)

prémisse (nom féminin) Principe dont découle une conséquence. *Dans un raisonnement, la démonstration suit les **prémisses**.*

prémolaire (nom féminin) Dent placée entre la canine et les molaires. *L'homme a huit **prémolaires**. Il s'est fait arracher une **prémolaire**.*

prémonition (nom féminin) Avertissement mystérieux de ce qui va arriver. *Une étrange **prémonition** l'empêche de faire ce voyage.* (Syn. **pressentiment.**)

prémonitoire (adjectif) Qui relève de la prémonition. *Julie raconte que sa grand-mère a fait un rêve **prémonitoire**.*

se **prémunir** (verbe) (conj. 11) Se protéger contre un mal ou un danger. *Pour **se prémunir** contre la grippe, on se fait vacciner.*

prenant, ante (adjectif) Qui captive. *L'intrigue du film est **prenante**.* • **Partie prenante** : qui accepte quelque chose.

prénatal, ale, als (adjectif) Qui précède la naissance. *Les femmes enceintes doivent subir des examens **prénatals**.*

prendre (verbe) (conj. 32) **1** Saisir avec ses mains. ***Prendre** un livre dans la bibliothèque.* **2** Emporter avec soi. *N'oublie pas de **prendre** un pull.* **3** Enlever quelque chose à quelqu'un. *Il pleure car sa sœur lui **a pris** ses jouets.* **4** Se rendre maître de quelque chose. *Les révoltés **ont pris** la citadelle.* **5** Attraper un animal. *Les pêcheurs **ont pris** beaucoup de poissons.* **6** Absorber quelque chose. *Elle doit **prendre** ses médicaments tous les jours.* **7** Demander ou exiger. *Le cordonnier m'**a pris** 10 euros pour réparer mes chaussures.* **8** Se servir d'un moyen de transport. *Pour aller à l'école, Laura **prend** l'autobus.* **9** Considérer d'une certaine façon. ***Prendre** quelqu'un pour un génie.* **10** Commencer à brûler. *Le feu ne **prend** pas car le bois n'est pas sec.* • **S'en prendre à quelqu'un** : lui faire des reproches ou l'attaquer. • **S'y prendre bien *ou* mal** : agir de façon adroite ou maladroite.
★ Famille du mot : impren**able**, pren**ant**, pren**eur**, prise.

preneur, euse (nom) • **Trouver preneur** : trouver un acheteur. *Cette maison n'**a** pas encore **trouvé preneur**.*

prénom (nom masculin) Nom joint au nom de famille et qui permet de distinguer les membres d'une même famille. *Myriam est un joli **prénom**.*

se **prénommer** (verbe) (conj. 3) Avoir pour prénom. *Mon cousin **se prénomme** Clément.*

prénuptial, ale, aux (adjectif) Qui précède le mariage ou l'accouplement. *Certains animaux ont des rites **prénuptiaux** très réglés.*

préoccupant, ante (adjectif) Qui préoccupe. *La situation du bateau est **préoccupante** : les vagues deviennent énormes.* (Syn. **inquiétant.**)

préoccupation (nom féminin) Chose qui préoccupe. *Essaie d'oublier un peu tes **préoccupations** et détends-toi !* (Syn. **inquiétude, souci.**)

préoccuper (verbe) (conj. 3) Synonyme d'inquiéter. *Son état de santé **préoccupe** ses parents. David est encore trop jeune pour se **préoccuper** de son avenir.*
★ Famille du mot : préoccup**ant**, préoccup**ation**.

préparatifs (nom masculin pluriel) Ce qu'on fait pour préparer quelque chose. *Les **préparatifs** du repas d'anniversaire lui ont demandé beaucoup de travail.*

préparation (nom féminin) Action de préparer. *La **préparation** de ces confitures est longue.*

préparatoire (adjectif) Qui sert à préparer. *Une réunion **préparatoire**.* • **Cours préparatoire** : première année de l'enseignement élémentaire.

préparer (verbe) (conj. 3) **1** Faire ce qu'il faut pour que quelque chose soit prêt. *Noémie **prépare** son cartable pendant que son père **prépare** le petit déjeuner.* **2** S'entraîner pour réussir quelque chose. ***Préparer** une compétition, un examen.* **3** **Se préparer à faire quelque chose** : s'y disposer ou s'y apprêter. *Odile **se prépare à** sortir.*
★ Famille du mot : prépar**atifs**, prépar**ation**, prépara**toire**.

prépondérance (nom féminin) Supériorité de ce qui est prépondérant. *La **prépondérance** économique des États-Unis.*

prépondérant, ante (adjectif) Qui a plus de poids ou d'autorité que les autres. *Il a joué un rôle **prépondérant** dans la préparation de la fête.*

préposé, ée (nom) **1** Personne chargée d'un service particulier. *La **préposée** au vestiaire dans un théâtre.* **2** Synonyme de facteur, factrice. *La **préposée** a fini sa tournée.*

préposition (nom féminin) Mot invariable qui introduit un complément. *« À », « de », « pour », « sur » sont des **prépositions**.*

prépuce (nom masculin) Repli de la peau qui recouvre le bout de la verge. *La circoncision consiste à couper le **prépuce**.*

préretraite (nom féminin) Retraite qu'on prend avant l'âge normal. *Prendre sa **préretraite** à 56 ans.*

prérogative (nom féminin) Privilège attaché à une fonction. *Le droit de gracier un condamné est une des **prérogatives** du président de la République.*

près (adverbe) **1** À une courte distance. *Il y a un stade tout **près** d'ici. Les presbytes ont du mal à voir de **près**.* (Contr. **loin.**) **2** Indique l'approximation. *Il est **près** de midi.* (Syn. **à peu près, environ, presque.**)

présage (nom masculin) Signe, favorable ou défavorable, qui annonce l'avenir. *Le ciel rouge est un **présage** de beau temps pour demain.*

présager (verbe) (conj. 5) Annoncer quelque chose à venir. *Ces rafales de vent **présagent** une tempête.*

a b c d e f g h i j k l m n o **p** q r s t u v w x y z

presbyte (adjectif et nom) Qui est atteint de presbytie. *Grand-mère a du mal à lire : elle commence à devenir **presbyte**.*

presbytère (nom masculin) Maison où habite le curé d'une paroisse.

presbytie (nom féminin) Difficulté à voir nettement de près, due souvent à l'âge.
▶ Prononciation [pʀɛsbisi].

prescription (nom féminin) **1** Ce qui est prescrit. *Tu dois suivre les **prescriptions** du médecin, qui sont écrites sur l'ordonnance.* **2** Délai au-delà duquel la justice ne peut plus poursuivre un coupable. *Selon la faute commise, il y a **prescription** après un certain nombre d'années.*

prescrire (verbe) (conj. 47) Donner comme traitement. *Le médecin lui **a prescrit** des antibiotiques.*

préséance (nom féminin) Droit de supériorité, de priorité. *Selon la **préséance**, le président a la première place dans le défilé.*

présence (nom féminin) Fait d'être présent. *Ta **présence** n'est pas obligatoire.* (Contr. **absence.**)

présent, ente (adjectif) **1** Qui est là. *Tous les élèves de la classe étaient **présents** pour la photo avec leur maîtresse.* (Contr. **absent.**) **2** Qui existe actuellement, par opposition à passé et à futur. *Dans la minute **présente**, je ne sais pas quoi te répondre.*
■ **présent** (nom masculin) **1** Période de temps qui se passe maintenant. **2** Forme du verbe qui indique que l'action se passe maintenant. *« Sarah joue aux échecs » est une phrase au **présent**.* **3** Synonyme littéraire de cadeau. • **À présent** : maintenant, actuellement. *Ce matin, il pleuvait, **à présent** il fait beau.*

présentable (adjectif) Qui est digne d'être présenté. *Sa tenue n'était pas **présentable** pour cette réception.*

présentateur, trice (nom) Personne qui présente un spectacle. *Cette émission a encore changé de **présentateur**.*

présentation (nom féminin) **1** Manière de présenter quelque chose ou de se présenter. *Il a une **présentation** très soignée.* **2** Action de présenter une personne à une autre. *C'est maman qui fait les **présentations** avant le dîner.*

présenter (verbe) (conj. 3) **1** Faire connaître une personne à une autre personne. *Je te **présente** ma petite sœur Ursula.* **2** Disposer quelque chose pour le montrer. *Ce libraire **présente** toujours très bien les livres dans sa vitrine.* **3** Montrer quelque chose. *Le gendarme lui a demandé de **présenter** son permis de conduire.* **4** **Se présenter** : être candidat à un examen ou à une élection. **5** **Se présenter** : apparaître ou survenir. *Quand l'occasion **se présentera**, je ferai ce voyage.* (Syn. **arriver, se produire.**)
★ Famille du mot : présent**able**, présent**ateur**, présenta**tion**, présent**oir**.

présentoir (nom masculin) Support qui permet de présenter un produit ou un ouvrage. *Ce libraire propose les nouveaux livres sur un **présentoir**.*

préservatif (nom masculin) Gaine en caoutchouc utilisée par les hommes au moment des rapports sexuels pour ne pas faire d'enfant ou pour se protéger contre certaines maladies.

préservation (nom féminin) Action de préserver. *La **préservation** d'une espèce animale menacée.*

préserver (verbe) (conj. 3) Protéger contre quelque chose de nuisible. *Ce ciré te **préservera** de la pluie.*
★ Famille du mot : préserv**atif**, préserv**ation**.

présidence (nom féminin) Fonction de président. *La **présidence** de l'Assemblée nationale.*

président, ente (nom) Personne qui préside une assemblée ou un État. *Le **président** de la République est élu au suffrage universel.*

présidentiel, elle (adjectif) Du président. *Le palais de l'Élysée est la résidence **présidentielle**.*

présider (verbe) (conj. 3) Diriger comme président. ***Présider** une assemblée.*
★ Famille du mot : présid**ence**, présid**ent**, présid**entiel**.

présomption (nom féminin) **1** Jugement fondé sur des apparences et non sur des preuves. *Il y a seulement **présomption** de culpabilité, rien de plus.* **2** Opinion prétentieuse. *Le père de Pierre est plein de **présomptions**.*
★ **Présomption** vient du latin *præsumere* qui signifie « présumer ».

présomptueux, euse (adjectif) Synonyme de prétentieux. *Ibrahim se dit le meilleur joueur de l'équipe, il est bien **présomptueux** !* (Contr. **modeste.**)

presque (adverbe) Pas tout à fait. *Zoé est **presque** aussi grande que Kevin.*

presqu'île (nom féminin) Terre qui n'est rattachée au continent que par une étroite bande de terre.
▶ On écrit aussi **presqu'ile**.

pressant, ante (adjectif) Qui presse. *Il a un besoin **pressant** d'argent.* (Syn. **urgent.**)

presse (nom féminin) **1** Machine qui sert à écraser, à comprimer ou à déformer des objets. **2** Machine qui sert à imprimer. *Cet ouvrage n'est pas encore paru, il est toujours sous **presse**.* **3** Ensemble des journaux. *Toute la **presse** a parlé de cet évènement.*

pressé, ée (adjectif) **1** Qui est obligé de se dépêcher. *Je me sauve car je suis très **pressée**.* **2** Qu'il faut faire rapidement. *Prends ton temps, ce travail n'est pas **pressé**.* (Syn. **urgent.**)

presse-citron (nom masculin) Ustensile qui sert à presser les agrumes pour en extraire le jus.
▶ Pluriel : des **presse-citrons**.

pressentiment (nom masculin) Impression que l'on pressent. *J'avais le **pressentiment** de notre victoire.* (Syn. **prémonition.**)

pressentir (verbe) (conj. 15) Sentir à l'avance que quelque chose va arriver. *Le chien **avait pressenti** l'arrivée de l'orage.*

presse-papier (nom masculin) Objet lourd qu'on pose sur des papiers pour les empêcher de s'envoler.
▶ Pluriel : des **presse-papiers**.

presse-purée (nom masculin) Ustensile servant à faire des purées de légumes. *Mets les carottes cuites dans le **presse-purée** puis tourne la manivelle.*
▶ Pluriel : des **presse-purées**.

presser (verbe) (conj. 3) **1** Appuyer sur quelque chose. ***Presse** le bouton pour allumer la lampe.* **2** Serrer un fruit pour en faire sortir le jus. ***Presser** une orange.* **3** Demander avec insistance à quelqu'un de faire quelque chose. *Maman **presse** Anna de finir ses devoirs.* **4** Être urgent. *Dépêchez-vous, ça **presse** !* **5** **Se presser** : se serrer, s'entasser quelque part. *La foule **se presse** à l'entrée du stade.* **6** **Se presser** : se dépêcher, se hâter. ***Presse-toi**, nous allons être en retard !*
★ Famille du mot : press**ant**, presse, press**é**, presse-citron, presse-papier, presse-purée, press**ion**, press**oir**.

pressing (nom masculin) Magasin où l'on dépose des vêtements pour les faire nettoyer et repasser.
▶ **Pressing** est un mot anglais : on prononce [pʀesiŋ].

pression (nom féminin) **1** Fait d'appuyer sur quelque chose. *La **pression** d'un doigt suffit à déclencher l'alarme.* **2** Force exercée par un liquide ou un gaz. *Vérifier la **pression** des pneus.* **3** Sorte de bouton qu'on attache en appuyant dessus. • **Faire pression sur quelqu'un** : essayer de le forcer à faire quelque chose. • **Pression atmosphérique** : poids de l'air qui est dans l'atmosphère.

pressoir (nom masculin) Presse utilisée pour extraire le jus du raisin, des pommes ou des olives. *Son oncle a un **pressoir** pour faire du cidre.*

pressurisé, ée (adjectif) Qui est maintenu à la pression atmosphérique normale. *Tous les avions de ligne sont **pressurisés**.*

prestance (nom féminin) Allure et maintien élégants ou imposants. *Le gendarme a de la **prestance** dans son uniforme de gala.*

prestataire (nom) Personne qui fournit ou qui reçoit une allocation. • **Prestataire de services** : entreprise ou personne qui fournit une prestation dans le secteur des services.

prestation (nom féminin) **1** Allocation versée par un organisme officiel. *Certaines familles ont droit à des **prestations** familiales.* **2** Spectacle donné par un artiste ou un sportif. *La brillante **prestation** d'un comédien.*

preste (adjectif) Prompt et agile. *Il a été **preste** à saisir la balle.*

prestidigitateur, trice (nom) Personne qui fait des tours de prestidigitation. (Syn. **illusionniste**, **magicien**.)
★ **Prestidigitateur** est formé de l'adjectif *preste*, et du latin *digitus* qui signifie « doigt ».

prestidigitation (nom féminin) Art de faire des tours de magie. *Un numéro de **prestidigitation**.*

prestige (nom masculin) Attrait et admiration produits par quelqu'un ou quelque chose. *Cette chanteuse d'opéra bénéficie d'un grand **prestige**.*

prestigieux, euse (adjectif) Qui a beaucoup de prestige. *Ces touristes trouvent que Paris est une ville **prestigieuse**.*

présumer (verbe) (conj. 3) Croire ou supposer quelque chose. *Je **présume** qu'il a raison.*

présure (nom féminin) Matière sécrétée par l'estomac des jeunes ruminants qui fait cailler le lait. *On utilise la **présure** pour fabriquer les yaourts.*

① **prêt, prête** (adjectif) Qui a fini de se préparer. *Attendons un peu, le dîner n'est pas **prêt**.*

② **prêt** (nom masculin) Somme d'argent ou chose prêtée. *Ils doivent rembourser leur **prêt** sur cinq ans.*

prêt-à-porter (nom masculin) Confection de vêtements en série.
▶ Prononciation [pʀɛtapɔʀte].

prétendant (nom masculin) Homme qui souhaite épouser une femme. *La princesse a déjà beaucoup de **prétendants**.*

prétendre (verbe) (conj. 31) **1** Affirmer quelque chose de douteux. *Benjamin **prétend** avoir déjà fini ses devoirs.* **2** Avoir une intention, une volonté. *Il **prétend** se faire obéir.*
★ Famille du mot : prétend**ant**, prétend**u**, prétent**ieux**, prétent**ion**.

prétendu, ue (adjectif) Qui est faux ou douteux. *Elle est absente à cause d'une **prétendue** migraine.*

prête-nom (nom masculin) Personne qui prête son nom au véritable contractant qui ne veut pas faire figurer le sien.
▶ Pluriel : des **prête-noms**.

prétentieux, euse (adjectif et nom) Qui se prétend supérieur aux autres. *Elle est si **prétentieuse** qu'elle ne dit jamais bonjour. Il se dit le plus fort, quel **prétentieux** !* (Syn. **présomptueux**, **vaniteux**. Contr. **modeste**.)

prétention (nom féminin) **1** Volonté de faire quelque chose. *Il a la **prétention** de se faire respecter.* **2** Caractère d'une personne prétentieuse. *Ce jeune acteur est d'une **prétention** insupportable.* (Syn. **vanité**. Contr. **modestie**.)

prêter (verbe) (conj. 3) **1** Laisser une chose à la disposition d'une personne à condition qu'elle la rende. *J'ai oublié mon stylo, peux-tu m'en **prêter** un ?* **2** Attribuer à quelqu'un. *On lui **prête** des intentions qu'il n'a jamais eues.* • **Prêter à rire** : faire rire. • **Prêter attention** : être attentif. • **Prêter l'oreille** : écouter attentivement.
★ Famille du mot : prêt, prête-nom, prêt**eur**.

prétérit (nom masculin) Forme verbale qui exprime le passé. *Le **prétérit** en anglais correspond au passé simple et à l'imparfait en français.*
▶ Prononciation [pʀeteʀit].

prêteur, euse (adjectif) Qui prête volontiers. *Clément n'est pas **prêteur**, il garde tout pour lui.*

prétexte (nom masculin) Fausse raison que l'on donne. *Anna cherche un **prétexte** pour ne pas aller à la piscine.*

prétexter (verbe) (conj. 3) Donner comme prétexte. *Élodie **a prétexté** un travail urgent pour ne pas venir.*

prétoire (nom masculin) Salle d'audience d'un tribunal. *L'accusé a été amené au **prétoire**.*

prêtre (nom masculin) Homme qui est chargé du culte. *Autrefois, les **prêtres** catholiques disaient la messe en latin.*

prêtresse (nom féminin) Femme qui célèbre un culte. *Dans l'Antiquité, on allait voir une **prêtresse** pour invoquer une divinité.*

preuve (nom féminin) **1** Ce qui sert à prouver qu'une chose est vraie. *Il n'existe aucune **preuve** de l'existence des extraterrestres.* **2** Deuxième calcul qui permet de vérifier qu'une opération était juste. • **Faire preuve de quelque chose** : le manifester. *Elle **a fait preuve d'**une grande patience.* • **Faire ses preuves** : montrer sa valeur et ses capacités.

preux (nom masculin) Chevalier très brave. *Roland faisait partie des **preux** de Charlemagne.*

prévaloir (verbe) (conj. 25) L'emporter en s'imposant. *Sa solution **a prévalu** sur toutes les autres propositions.*
► **Prévaloir** se conjugue comme *valoir*, sauf au subjonctif présent : *que je prévale.*

prévenance (nom féminin) Attention gentille qu'on a pour quelqu'un. *Ibrahim est plein de **prévenance** pour sa petite sœur.*

prévenant, ante (adjectif) Qui est plein de prévenance. *Elle est très **prévenante** envers ses invités.* (Syn. **attentionné.**)

prévenir (verbe) (conj. 19) **1** Informer par avance. ***Préviens**-nous si tu veux venir !* (Syn. **avertir, aviser.**) **2** Mettre au courant. *L'ascenseur est en panne, il faut **prévenir** le gardien.* (Syn. **alerter, informer.**) **3** Prendre des précautions pour éviter quelque chose. *Ce vaccin **prévient** la grippe.* **4** Satisfaire par avance. *Son mari **prévient** ses moindres souhaits.*
★ Famille du mot : prévenance, prévenant, préventif, prévention, prévenu.

préventif, ive (adjectif) Qui a pour but de prévenir les maladies. *Ce traitement **préventif** est très efficace.*

prévention (nom féminin) Ensemble de mesures destinées à prévenir certains risques. *La **prévention** routière a signalé des risques de verglas.*

prévenu, ue (nom) Personne accusée d'avoir commis un délit. *Les **prévenus** attendent d'être jugés.*

prévisible (adjectif) Qu'on peut prévoir. *Son succès était **prévisible** car il a beaucoup travaillé.* (Contr. **imprévisible.**)

prévision (nom féminin) **1** Action de prévoir. *J'ai préparé le dîner en **prévision** de ta venue.* **2** Ce qui est prévu. *Les **prévisions** météorologiques annoncent le temps qu'il va faire.*
★ Famille du mot : **imprévisible**, **prévisible**.

prévoir (verbe) (conj. 22) **1** Imaginer à l'avance ce qui doit arriver. *Personne n'**avait prévu** cet évènement.* **2** Organiser à l'avance. *On **a prévu** des sandwichs pour le voyage.*
► **Prévoir** se conjugue comme *voir*, sauf au futur : *je prévoirai*, et au conditionnel présent : *je prévoirais.*
★ Famille du mot : **imprévoyance**, **imprévoyant**, **imprévu**, **prévoyance**, **prévoyant**.

prévôt (nom masculin) Titre de certains magistrats ou officiers. *Le **prévôt** des marchands était le premier magistrat de la bourgeoisie parisienne.*

prévoyance (nom féminin) Qualité d'une personne qui sait prévoir. *Les randonneurs ont eu la **prévoyance** de prendre des vêtements de pluie.* (Contr. **imprévoyance.**)

prévoyant, ante (adjectif) Qui fait preuve de prévoyance. *Kevin est **prévoyant**, il a toujours quelques cartouches d'encre dans son cartable.* (Contr. **imprévoyant.**)

prie-Dieu (nom masculin) Chaise basse sur laquelle on s'agenouille pour prier.
► Pluriel : des **prie-Dieu**.

prier (verbe) (conj. 10) **1** S'adresser à Dieu ou à une divinité. *Les catholiques **prient** à l'église, les musulmans à la mosquée.* **2** Demander avec insistance. *Je te **prie** de bien vouloir m'excuser.*

prière (nom féminin) **1** Parole qu'on adresse à Dieu ou à une divinité. *Réciter ses **prières**.* **2** Demande faite instamment. ***Prière** de frapper avant d'entrer.*

prieur, eure (nom) Religieux qui dirige certains monastères. *La Mère **prieure** gouverne les nonnes.*
★ **Prieur** vient du latin *prior* qui signifie « supérieur ».

prieuré (nom masculin) Communauté religieuse. *Les bénédictins sortent rarement du **prieuré**.*

prima donna (nom féminin) Principale cantatrice d'un opéra. *Montserrat Caballé était la **prima donna** de l'opéra de Brême.*
► Pluriel : des **primas donnas**.
★ **Prima donna** est une expression italienne.

primaire (adjectif) Se dit de l'enseignement du premier degré, qui va de la maternelle à la fin du cours moyen. • **Ère primaire** : période géologique la plus ancienne, au cours de laquelle sont apparus les poissons. • **Secteur primaire** : ensemble des activités économiques qui concernent les mines, l'agriculture et la pêche.
■ **primaire** (nom masculin) Enseignement primaire. *Les professeurs d'école enseignent dans le **primaire**.*
★ **Primaire** vient du latin *primus* qui signifie « premier » et que l'on retrouve dans primauté.

primal, ale, aux (adjectif) • **Cri primal** : technique qui consiste à faire revivre au malade la scène qui est à l'origine de ses troubles névrotiques. *Le cri **primal** permet de reconnaître la souffrance qui a provoqué une frustration.*

primat (nom féminin) Prélat dont dépendent des archevêques et des évêques ou dont le siège a joué un rôle fédérateur dans l'histoire d'une nation. *L'archevêque de Lyon, **primat** des Gaules.*

primate (nom masculin) Mammifère évolué tel que les singes et l'homme. *Les **primates** peuvent saisir les objets grâce à leurs mains.*

primauté (nom féminin) Première place. *Au CP, la **primauté** revient à l'apprentissage de la lecture.*
★ Voir **primaire**.

① **prime** (adjectif) • **De prime abord** : à première vue.

② **prime** (nom féminin) Somme d'argent accordée en plus du salaire. *Il a touché une **prime** de fin d'année.* (Syn. **gratification**.) • **En prime** : en supplément. *En s'abonnant à ce journal, on a droit, **en prime**, à un radioréveil.*

primer (verbe) (conj. 3) **1** Distinguer par un prix ou une récompense. *Ce film **a été primé** au dernier festival.* **2** Venir en premier. *Chez elle, c'est la générosité qui **prime**.* (Syn. **dominer**.)

primesautier, ère (adjectif) Synonyme littéraire de spontané. *J'aime son caractère joyeux et **primesautier**.*

prime time (nom masculin) Tranche horaire de grande écoute du début de soirée. *L'émission a été programmée en **prime time**.*
▶ Pluriel : des **prime times**.
▶ On écrit aussi **primetime**.
▶ **Prime time** est une expression anglaise : on prononce [prajmtajm].

primeur (nom féminin) Fait d'être le premier à apprendre quelque chose. *Il nous a réservé la **primeur** de l'annonce de son mariage.*
■ **primeurs** (nom féminin pluriel) Fruits et légumes qui mûrissent avant la saison normale.

primevère (nom féminin) Petite fleur des champs. *Les **primevères** fleurissent au printemps.*
★ **Primevère** vient du latin *prima vera* qui signifie « premier printemps ».

primipare (adjectif et nom féminin) Qui accouche ou qui met bas pour la première fois. *Une chatte **primipare** sait instinctivement laver ses petits.*

primitif, ive (adjectif) **1** Qui existait au début. *Cette robe a déteint car sa couleur **primitive** était bleue.* (Syn. **initial**.) **2** Qui n'est pas très évolué. *Ces artisans utilisent des techniques **primitives**.*

primo (adverbe) En premier lieu. ***Primo**, Romain a tort ; secundo, il est de mauvaise foi.*
★ **Primo** est un mot latin.

primordial, ale, aux (adjectif) Qui est très important. *Cette découverte est **primordiale** pour la recherche scientifique.* (Syn. **capital, essentiel**.)

prince (nom masculin) Fils d'un souverain, ou membre d'une famille royale. • **Être bon prince** : se montrer généreux.
★ Famille du mot : **princesse, princier, principauté**.

princesse (nom féminin) **1** Fille d'un roi ou d'un prince. **2** Femme d'un prince.

princier, ère (adjectif) Qui est digne d'un prince. *Un repas **princier**.* (Syn. **somptueux**.)

principal, ale, aux (adjectif) Qui est le plus important. *Les **principales** villes de France sont Paris, Lyon et Marseille.*
■ **principal** (nom masculin) Chose principale. *Le **principal**, c'est d'être heureux.*
■ **principale** (nom féminin) Proposition dont dépendent des propositions subordonnées. *Dans la phrase : « Je veux que tu viennes avec nous », « je veux » est la **principale**.*
■ **principal, ale, aux** (nom) Personne qui dirige un collège.

principalement (adverbe) Avant tout. *Il s'est déplacé **principalement** pour nous voir.* (Syn. **particulièrement, surtout**.)

principauté (nom féminin) Petit État gouverné par un prince. *La **principauté** d'Andorre.*

principe (nom masculin) **1** Règle qu'on suit dans sa conduite. *Mentir est contraire à ses **principes**.* **2** Loi scientifique. *Apprendre les **principes** de la physique.* • **En principe** : si tout se passe comme prévu. ***En principe**, notre avion arrive à 14 heures.* (Syn. **théoriquement**.)

printanier, ère (adjectif) Du printemps. *Il fait un temps **printanier**.*

printemps (nom masculin) Saison de l'année qui fait suite à l'hiver et précède l'été. *Au **printemps**, les arbres fruitiers fleurissent.*
★ **Printemps** vient du latin *primus tempus* qui signifie « la première saison ».

prioritaire (adjectif) Qui a la priorité. *Les ambulances et les voitures de pompiers sont des véhicules **prioritaires**.*

priorité (nom féminin) Droit de passer avant les autres. *Avec sa carte d'abonnement, Yann a la **priorité** au cinéma.*

prise (nom féminin) **1** Action de prendre. *Les pêcheurs sont fiers de leurs **prises** aujourd'hui.* **2** Façon d'attraper un adversaire. *Pierre apprend une nouvelle **prise** de judo.* **3** Endroit sur lequel on peut s'appuyer pour se tenir. *Les grimpeurs cherchent des **prises** dans le rocher.* **4** Dispositif qui permet d'établir le courant électrique. *Elle cherche une **prise** pour brancher sa perceuse.*

prisé, ée (adjectif) Auquel on accorde un grand prix. *Ce peintre est très **prisé** par la critique.*

prisme (nom masculin) **1** Solide ayant deux faces parallèles en forme de triangles égaux. **2** Objet transparent en forme de prisme, qui décompose la lumière qui le traverse.

a b c d e f g h i j k l m n o p q r s t u v w x y z

a b c d e f g h i j k l m n o p q r s t u v w x y z

prison (nom féminin) Endroit où sont enfermées des personnes.
★ Famille du mot : **emprisonnement**, **emprisonner**, **prisonnier**.
★ **Prison** vient du latin *prensio* qui signifie « capture ».

prisonnier, ère (nom) Personne qui est en prison. *Un **prisonnier** s'est échappé, la police le recherche.* (Syn. **détenu**.)
■ **prisonnier, ère** (adjectif) Qui ne peut se libérer de quelque chose. *Cet homme est **prisonnier** de ses habitudes.*

privatif, ive (adjectif) Dont on jouit sans être propriétaire. *Cet appartement a un jardin **privatif**.*

privation (nom féminin) Fait d'être privé de quelque chose. *Ces gens ont souffert de **privations** pendant la guerre.*

privatiser (verbe) (conj. 3) Vendre à une entreprise privée ce qui appartenait à l'État. *Cette banque **a été privatisée**.* (Contr. **nationaliser**.)

privé, ée (adjectif) **1** Qui est réservé à certaines personnes. *Cette plage est interdite aux touristes car elle est **privée**.* **2** Qui est personnel et intime. *Ma vie **privée** ne te regarde pas !* **3** Qui ne dépend pas de l'État. *Il enseigne dans un établissement **privé**.* (Contr. **public**.)

priver (verbe) (conj. 3) **1** Refuser quelque chose d'agréable à quelqu'un. *Quentin **est privé** de cinéma car il n'a pas fini ses devoirs.* **2 Se priver** : faire des sacrifices. *Elle est obligée de **se priver** pour pouvoir élever ses enfants.*

privilège (nom masculin) Avantage ou droit particulier accordé à quelqu'un ou à un groupe. *Autrefois, les nobles jouissaient de nombreux **privilèges**.*

privilégié, ée (adjectif et nom) Qui bénéficie de privilèges. *Vous êtes **privilégiés** : on vous a servis les premiers !*

privilégier (verbe) (conj. 10) Accorder un privilège. *Pour ce partage, nous allons **privilégier** les plus jeunes.* (Syn. **avantager**.)
★ Famille du mot : privilège, privilégié.

prix (nom masculin) **1** Somme d'argent qu'on doit payer pour acheter quelque chose. *Le **prix** de cette voiture est très élevé.* (Syn. **valeur**.) **2** Récompense attribuée lors d'une compétition. *Cette comédienne a eu le **prix** d'interprétation.* • **À aucun prix** : en aucun cas. • **À tout prix** : à n'importe quelle condition, coûte que coûte. • **Hors de prix** : très cher.

probabilité (nom féminin) Caractère de ce qui est probable. *Contre un tel adversaire, la **probabilité** de gagner est faible.*

probable (adjectif) Qui est presque sûr. *Il est **probable** que ton oncle veuille nous accompagner.* (Syn. **vraisemblable**.)
★ Famille du mot : **im**probable, probabil**ité**, probable**ment**.

probablement (adverbe) De façon probable. *Comme le ciel est noir, il va **probablement** pleuvoir.* (Syn. **vraisemblablement**.)

probant, ante (adjectif) Qui prouve quelque chose. *Sa démonstration a été extrêmement **probante**.* (Syn. **concluant, convaincant**.)

probatoire (adjectif) Qui teste les compétences de quelqu'un. *William vient de passer un examen **probatoire**.*

probe (adjectif) Qui fait preuve de probité. *Son attitude a toujours été **probe**.* (Syn. **honnête, intègre**.)

probité (nom féminin) Qualité d'une personne honnête. *Fatima est d'une **probité** irréprochable.* (Syn. **honnêteté, intégrité**.)

problématique (adjectif) Qui pose des problèmes. *Leur venue est **problématique** car nous n'avons pas de place pour les loger.* (Syn. **douteux, incertain**.)

problème (nom masculin) **1** Difficulté ou situation compliquée à laquelle on doit trouver une solution. *Dans cette banlieue, il y a de gros **problèmes** de transport.* **2** Exercice de mathématiques. *Yann a du mal à finir son **problème** de géométrie.*

procaryote (adjectif et nom masculin) Organisme unicellulaire dépourvu de noyau. *Les **procaryotes** rassemblent toutes les bactéries.* (Contr. **eucaryote**.)

procédé (nom masculin) **1** Méthode pour obtenir un résultat. *Cette usine expérimente de nouveaux **procédés** de fabrication.* **2** Manière de se comporter. *On lui reproche ses **procédés** inadmissibles.*

procéder (verbe) (conj. 8) Exécuter une action. *Le maître **procède** à l'appel des élèves chaque matin.*

procédure (nom féminin) **1** Manière de procéder. *Quelle est la **procédure** à suivre pour obtenir un passeport ?* **2** Ensemble des règles qu'il faut appliquer en justice. *Il existe un code de **procédure** civile et un code de **procédure** pénale.*

procès (nom masculin) Action en justice devant un tribunal. *À la suite de son licenciement, elle a fait un **procès** à son employeur.*

processeur (nom masculin) Unité centrale d'un ordinateur qui traite les instructions.
★ **Processeur** vient du mot américain *processor*.

procession (nom féminin) Cortège religieux, le plus souvent accompagné de chants et de prières.

processus (nom masculin) Manière dont les choses se passent. *Ce géologue étudie les **processus** d'érosion.*
► Prononciation [pʀɔsesys].

procès-verbal (nom masculin) **1** Acte par lequel une autorité constate un délit. *L'agent lui a dressé un **procès-verbal** car il est passé au feu rouge.* (Syn. **contravention**.) **2** Compte-rendu d'une réunion.
► Pluriel : des **procès-verbaux**.
► Au sens 1, **procès-verbal** s'abrège *PV*.

prochain, aine (adjectif) Qui suit immédiatement, dans le temps ou dans l'espace. *J'ai rendez-vous avec lui la semaine **prochaine**. Arrêtons-nous à la **prochaine** station-service pour faire le plein.*
■ **prochain** (nom masculin) Autrui. *Aimer son **prochain**.*

prochainement (adverbe) Dans un avenir proche. *Ce livre doit paraître **prochainement**.*

proche (adjectif) **1** Qui est près d'un endroit. *Elle a de la chance, sa maison est **proche** de l'école.* (Syn. **voisin.** Contr. **éloigné.**) **2** Qui va bientôt arriver. *Nous sommes le 20 décembre, le nouvel an est **proche**.* **3** Qui n'est pas très différent. *Leurs opinions politiques sont assez **proches**.*
■ **proche** (nom) Parent ou ami intime. *Seuls les **proches** étaient invités.*
★ Famille du mot : approchant, approche, approcher, rapprochement, rapprocher.

proclamation (nom féminin) Déclaration solennelle. *Thomas attend avec impatience la **proclamation** des résultats.*

proclamer (verbe) (conj. 3) **1** Annoncer officiellement et avec solennité. *La Ve République **a été proclamée** en 1958.* **2** Affirmer publiquement et avec force. *L'accusé **proclame** son innocence.* (Syn. **clamer.**)

procréation (nom féminin) Action de donner naissance à un enfant.

procréer (verbe) (conj. 3) Donner naissance à un enfant. *Beaucoup de femmes en âge de **procréer** utilisent un moyen de contraception.*

procuration (nom féminin) Document officiel qui autorise à agir à la place de quelqu'un. *Voter par **procuration**.*

procurer (verbe) (conj. 3) Faire avoir ou fournir quelque chose à quelqu'un. *Son copain a réussi à lui **procurer** une place pour le match. Hélène a eu du mal à se **procurer** ce livre.*

procureur (nom masculin) Magistrat qui est chargé de l'accusation dans un procès.

prodigalité (nom féminin) Caractère d'une personne prodigue. *Victor distribue des bonbons avec **prodigalité**.* (Contr. **parcimonie.**)

prodige (nom masculin) **1** Chose extraordinaire, miraculeuse. *Sa subite guérison est un véritable **prodige** !* **2** Personne qui a des dons extraordinaires. *Ce très jeune violoniste est un **prodige**.*
★ Famille du mot : prodigieusement, prodigieux.

prodigieusement (adverbe) De façon prodigieuse. *Il a prodigieusement bien réussi.* (Syn. **extraordinairement, extrêmement, fabuleusement.**)

prodigieux, euse (adjectif) Qui tient du prodige. *Cet athlète a une force **prodigieuse**.* (Syn. **extraordinaire, fabuleux.**)

prodigue (adjectif) Qui dépense trop d'argent. *Cet homme **prodigue** est généreux avec ses amis.*

prodiguer (verbe) (conj. 3) Donner généreusement. ***Prodiguer** des soins aux blessés. **Prodiguer** des encouragements.*

prodrome (nom masculin) Signe précurseur d'un évènement fâcheux. *Ces émeutes sont les **prodromes** d'une révolution.*
★ **Prodrome** vient du grec *prodromos* qui signifie « celui qui court devant ».

producteur, trice (adjectif et nom) Qui produit. *L'Asie est une région **productrice** de riz. Les **producteurs** de fruits.*
■ **producteur, trice** (nom) Personne qui produit un film ou une émission.

productif, ive (adjectif) Qui produit beaucoup. *Cette terre fertile est très **productive**.*

production (nom féminin) **1** Ce qui est produit par l'agriculture ou l'industrie. *Cet industriel exporte une partie de sa **production**.* **2** Quantité produite. *La **production** de blé a augmenté grâce au climat favorable.*

productique (nom féminin) Ensemble des techniques informatiques qui visent à automatiser la production dans les usines. *La robotique est un outil de **productique**.*

productivité (nom féminin) Rapport entre la quantité de biens produits et les moyens nécessaires pour les produire. (Syn. **rendement.**)

produire (verbe) (conj. 43) **1** Causer quelque chose. *L'alerte à la bombe **a produit** un mouvement de panique.* (Syn. **provoquer.**) **2** Fabriquer des objets pour les vendre. *Cette usine **produit** des automobiles.* **3** Donner comme fruit. *Les pommiers **ont produit** beaucoup de pommes cette année.* **4** Fournir l'argent nécessaire à la réalisation d'un film ou d'une émission. **5** **Se produire** : avoir lieu. *Des chutes de neige **se sont produites** durant la nuit.*
★ Famille du mot : producteur, productif, production, productivité, produit, sous-produit, surproduction.

produit (nom masculin) **1** Chose produite. *Préférer les **produits** frais aux **produits** surgelés.* **2** Résultat d'une multiplication. *72 est le **produit** de 6 × 12.*

proéminent, ente (adjectif) Qui dépasse en faisant saillie. *Cyrano avait un nez **proéminent**.*

prof Voir ***professeur***.

profanateur, trice (adjectif) Personne qui profane. *Les **profanateurs** de ces sépultures ont été tous condamnés.*

profanation (nom féminin) Action de profaner. *La **profanation** d'un cimetière est un acte infâme.*

profane (adjectif et nom) Qui ignore tout d'un art ou d'une science. *William est totalement **profane** en informatique.* (Contr. **initié.**)

profaner (verbe) (conj. 3) Ne pas respecter le caractère sacré de quelque chose. *Le tombeau du pharaon **a été profané** et pillé à maintes reprises.*

proférer (verbe) (conj. 8) Dire à haute voix et avec violence. ***Proférer** des insultes, des menaces.*

professer (verbe) (conj. 3) Manifester, afficher publiquement une conviction, un sentiment. *Zoé **professe** son athéisme.*

professeur (nom masculin) Personne qui enseigne à des élèves. *Sa mère est **professeur** d'histoire dans un collège.*
► **Professeur** s'abrège familièrement *prof*.
★ Famille du mot : professer, professoral, professorat.

a b c d e f g h i j k l m n o p q r s t u v w x y z

profession (nom féminin) Travail que l'on fait pour gagner sa vie. *Quelle est la **profession** de tes parents ?* • Faire profession de quelque chose : le déclarer ouvertement. *Il **fait profession d'**appartenir à un mouvement écologique.*
★ Famille du mot : professionn**el**, professionn**aliser**, professionn**alisme**.

professionnaliser (verbe) (conj. 3) Rendre professionnelle une activité jusque-là pratiquée par des amateurs. *L'armée s'est **professionnalisée**.*

professionnalisme (nom masculin) Caractère de ce qui est fait avec la qualité attendu d'un professionnel. *Son **professionnalisme** est reconnu par ses pairs.* (Contr. **amateurisme.**)

professionnel, elle (adjectif) Qui concerne une profession. *Ses obligations **professionnelles** l'entraînent à voyager.*
▪**professionnel, elle** (adjectif et nom) Qui pratique une activité comme métier. *Des footballeurs **professionnels**.* (Contr. **amateur.**)

professoral, ale, aux (adjectif) Qui concerne les professeurs. *Le corps **professoral** dépend du ministère de l'Éducation nationale.*

professorat (nom masculin) Métier de professeur. *Julie se destine au **professorat** d'éducation physique.*

profil (nom masculin) Contour d'un visage vu de côté. *Sur cette photo, on le voit de **profil**.*

se **profiler** (verbe) (conj. 3) Apparaître avec des contours précis. *La cathédrale **se profile** à l'horizon.* (Syn. **se découper, se détacher.**)

profit (nom masculin) **1** Avantage que l'on retire de quelque chose. *Ce nageur a tiré **profit** des conseils de son entraîneur. Une collecte a été organisée au **profit** des victimes.* **2** Gain d'argent. *Ce supermarché a réalisé de gros **profits**.* (Syn. **bénéfice.** Contr. **perte.**)
★ Famille du mot : profit**able**, profit**er**, profit**eur**.

profitable (adjectif) Qui procure un profit. *Quelques jours de repos vous seront très **profitables**.* (Syn. **bénéfique, utile.**)

profiter (verbe) (conj. 3) **1** Tirer un profit de quelque chose. *Je **profite** de l'occasion pour vous remercier de vive voix.* **2** Être utile. *Ces cours d'anglais vous **ont profité**.* (Syn. **servir.**)

profiterole (nom féminin) Petit gâteau rempli de glace à la vanille et nappé de crème au chocolat chaude.

profiteur, euse (nom) Personne qui profite sans scrupule des autres. *Durant la famine, des **profiteurs** ont vendu très cher des produits alimentaires.*

profond, onde (adjectif) **1** Dont le fond est très éloigné de la surface. *Ne plonge pas à cet endroit, la piscine n'est pas assez **profonde**.* **2** Qui est très grand, très intense. *Un **profond** sommeil. Une passion **profonde**.* **3** Qui va au fond des choses sans s'arrêter aux apparences. *Ce vieil homme est d'une sagesse **profonde**.* (Contr. **superficiel.**)
★ Famille du mot : appro**fondir**, profond**ément**, profon**deur**.

profondément (adverbe) **1** À une grande profondeur. *On a découvert des statues **profondément** enfouies dans le sable.* **2** De façon profonde, intense. *Xavier est **profondément** ému de retrouver ses amis.*

profondeur (nom féminin) **1** Distance qui va de la surface jusqu'au fond. *Ce puits a environ quinze mètres de **profondeur**.* **2** Dimension qui va de l'avant vers l'arrière. *Dans le couloir, les étagères doivent avoir moins de 40 cm de **profondeur**.*

profusion (nom féminin) Très grande quantité. *Les mariés ont reçu une **profusion** de cadeaux.*

progéniture (nom féminin) Ensemble des petits d'un animal, des enfants d'une personne. *La louve nourrit sa **progéniture**.*

progestatif, ive (adjectif et nom masculin) Qui possède la même action que la progestérone. *Il existe des hormones progestatives de synthèse pour favoriser la gestation.*

progestérone (nom féminin) Hormone sexuelle femelle sécrétée par l'ovaire après l'ovulation et par le placenta pendant la grossesse. *La **progestérone** est nécessaire à la nidation de l'œuf fécondé.*
★ **Progestérone** vient du mot latin *gestare* qui signifie « porter ».

progiciel (nom masculin) Ensemble de programmes destinés à un même type d'applications.
★ **Progiciel** vient de *programme* et *logiciel*.

programmable (adjectif) Que l'on peut programmer. *Une cafetière électrique **programmable**.*

programmateur, trice (nom) Personne chargée d'établir un programme de radio, de télévision. *C'est le **programmateur** qui établit les grilles des programmes.*
▪**programmateur** (nom masculin) Dispositif qui commande ou gère le programme de fonctionnement d'un appareil. *Grâce à son **programmateur**, cette cafetière vous prépare un café à l'heure que vous souhaitez.*

programmation (nom féminin) Action de programmer quelque chose. *La **programmation** du journal télévisé a été retardée.*

programme (nom masculin) **1** Liste de films ou d'émissions prévus. *Le mercredi, Yann regarde le **programme** pour enfants sur la troisième chaîne.* **2** Ensemble de matières à étudier. *L'histoire du Moyen Âge est au **programme** de sa classe.* **3** Ensemble des projets à réaliser, des buts à atteindre. *Chaque parti politique a présenté son*

programme *aux électeurs.* **4** Ensemble des instructions que l'on met dans la mémoire d'un ordinateur pour qu'il puisse fonctionner.
★ Famille du mot : programm**able**, programm**ateur**, programm**ation**, programm**er**, programm**eur**.
★ **Programme** vient du grec *programma* qui signifie « ce qui est écrit à l'avance ».

programmer (verbe) (conj. 3) **1** Inscrire dans un programme. *Cette émission **est programmée** trop tard dans la soirée.* **2** Donner des instructions à un appareil ou à un ordinateur. *Papa **a programmé** le magnétoscope pour enregistrer le film.* **3** Prévoir et organiser à l'avance. *Le voyage en Italie **est programmé** pour la fin de l'année.*

programmeur, euse (nom) Spécialiste de la programmation informatique. *Le **programmeur** a créé un logiciel.*

progrès (nom masculin) **1** Amélioration dans un domaine ou une matière. *Benjamin a fait beaucoup de **progrès** en natation.* **2** Développement de la société, de la civilisation. *Le **progrès** fait-il le bonheur de l'humanité ?*
★ Famille du mot : progress**er**, progress**if**, progress**ion**, progress**iste**, progressi**vement**, progressi**vité**.

progresser (verbe) (conj. 3) **1** Se développer ou s'étendre. *La consommation de viande **a** beaucoup **progressé** en un siècle.* (Contr. **reculer, régresser.**) **2** Faire des progrès. *Cette année, Laura **a** beaucoup **progressé** en français.* (Contr. **régresser.**)

progressif, ive (adjectif) Qui se fait peu à peu. *Depuis qu'il prend ce médicament, on note une amélioration **progressive** de sa santé.*

progression (nom féminin) Mouvement vers l'avant. *Les chutes de neige n'ont pas arrêté la **progression** des alpinistes.* (Syn. **avance.**)

progressiste (adjectif et nom) Qui est favorable au progrès social. *Ce parti politique défend des idées **progressistes**.*

progressivement (adverbe) De façon progressive. *Quand vous irez mieux, diminuez **progressivement** les doses prescrites.* (Syn. **graduellement, petit à petit.**)

progressivité (nom féminin) Caractère de ce qui est progressif. *La **progressivité** des impôts est proportionnelle aux revenus.*

prohiber (verbe) (conj. 3) Défendre par la loi. *La consommation d'alcool **a été prohibée** aux États-Unis.*

prohibitif, ive (adjectif) Synonyme d'exorbitant. *Il vend sa viande à des prix **prohibitifs**.*

prohibition (nom féminin) Action de prohiber.

proie (nom féminin) Animal qu'un autre animal tue pour le manger. *Dissimulé dans l'herbe, le serpent guette sa **proie**.* • Être en proie à quelque chose : être tourmenté par cela. *Depuis sa défaite, notre équipe **est en proie au** découragement.* • Être la proie des flammes : être détruit par le feu. • Oiseau de proie : oiseau qui se nourrit d'animaux qu'il capture vivants. *Le faucon, l'épervier sont des **oiseaux de proie**.* (Syn. **rapace.**)

projecteur (nom masculin) **1** Appareil qui sert à projeter des images sur un écran. *Un **projecteur** de diapositives.* **2** Appareil qui projette une lumière très puissante. *Des **projecteurs** éclairent la façade de la cathédrale.*

projectif, ive (adjectif) Qui concerne, résulte d'une projection. *Dans la géométrie **projective**, la figure garde les mêmes propriétés quand elle est projetée sur un plan.*

projectile (nom masculin) Objet que l'on lance à la main ou avec une arme. *Un caillou, une balle de fusil, une flèche sont des **projectiles**.*

projection (nom féminin) **1** Ce qui est projeté. *Il y a eu une **projection** d'étincelles quand le pétard a éclaté.* **2** Action de projeter un film. *Clément a eu des entrées gratuites pour la **projection** de ce film.*
★ Famille du mot : project**eur**, project**if**, projectile, projection**niste**.

projectionniste (nom) Personne qui projette des films. *Le **projectionniste** a changé de bobine.*

projet (nom masculin) Ce que l'on projette de faire. *Myriam a des **projets** pour le week-end.* (Syn. **plan.**)

projeter (verbe) (conj. 9) **1** Lancer avec force. *Il **a projeté** le poids à plus de 20 mètres.* **2** Faire apparaître des images sur un écran. ***Projeter** un film, des diapositives.* **3** Prévoir à l'avance de faire quelque chose. *Nous **avons projeté** de passer nos vacances en Espagne.*

prolepse (nom féminin) Procédé consistant à rejeter par anticipation dans la proposition principale un terme de la proposition subordonnée. *« Tu sais Pierre comme il est menteur » à la place de « Tu sais comme Pierre est menteur » est une **prolepse**.*

prolétaire (nom) Travailleur qui vit uniquement de son salaire et qui a, en général, un niveau de vie très bas. (Contr. **bourgeois, capitaliste.**)

prolétariat (nom masculin) Ensemble des prolétaires. *Au XIXe siècle, le **prolétariat** a lutté pour défendre ses droits face au capitalisme.*

prolifération (nom féminin) Fait de proliférer. *On a asséché ce marais pour éviter la **prolifération** des moustiques.*

proliférer (verbe) (conj. 8) Se reproduire très rapidement. *Ce temps humide permet aux champignons de **proliférer**.* (Syn. **se multiplier.**)

prolifique (adjectif) Qui se reproduit très rapidement. *Les lapins sont des animaux très **prolifiques**.* (Syn. **fécond.**)

prolixe (adjectif) Qui parle beaucoup. *Il n'est pas très **prolixe** quand il est avec des gens qu'il ne connaît pas bien.* (Syn. **bavard, loquace.**)

prologue (nom masculin) Première partie d'un roman ou d'une pièce de théâtre, qui sert à expliquer ce qui s'est passé avant le début de l'histoire.

prolongation (nom féminin) Action de prolonger la durée de quelque chose. *Il a obtenu une **prolongation** pour payer ses impôts. Son équipe a marqué le but de la victoire pendant les **prolongations**.*

prolongement (nom masculin) Fait de se prolonger dans l'espace. *Le **prolongement** de cette autoroute permettra d'aller directement en Espagne.*

prolonger (verbe) (conj. 5) **1** Faire durer plus longtemps que prévu. *Nous **avons prolongé** notre voyage d'une semaine. La réunion **s'est prolongée** jusqu'à 11 heures du soir.* **2** Augmenter la longueur. ***Prolonger** une rue.*
★ Famille du mot : prolong**ation**, prolonge**ment**.

promenade (nom féminin) Petit trajet que l'on fait pour son plaisir. *On a fait une **promenade** sur la plage.*

promener (verbe) (conj. 8) Faire faire une promenade. *David aime **promener** son chien dans les bois. Des passants se **promènent** le long des quais.*
★ Famille du mot : promen**ade**, promen**eur**.

promeneur, euse (nom) Personne qui se promène. *Des **promeneurs** viennent flâner sur les rives du fleuve.*

promesse (nom féminin) Ce que l'on a promis. *J'ai confiance en elle, elle tient toujours ses **promesses**.* (Syn. **engagement**.)

prometteur, euse (adjectif) Qui fait espérer une réussite. *Ce n'est pas encore un chanteur connu, mais ses débuts sont **prometteurs**.*

promettre (verbe) (conj. 33) **1** S'engager à faire quelque chose. *Noémie **a promis** de me prêter ses jeux vidéo.* **2** **Se promettre** : prendre une résolution. *Il **s'est promis** de ne plus se ronger les ongles.*
★ Famille du mot : promesse, promett**eur**.

promiscuité (nom féminin) Situation désagréable qui oblige à vivre trop près d'autres personnes. *Il ne veut pas aller en internat parce qu'il n'aime pas la **promiscuité** des dortoirs.*
★ **Promiscuité** vient du latin *promiscuus* qui signifie « mélangé ».

promontoire (nom masculin) Pointe de terre qui domine la mer. *Il y avait un phare au sommet du **promontoire**.*

promoteur, trice (nom) Homme d'affaires qui fait construire des immeubles pour les vendre.

promotion (nom féminin) **1** Action de promouvoir quelqu'un à un grade supérieur. *Il a été nommé directeur, c'est une **promotion** importante.* **2** Action de promouvoir un produit. *Faire la **promotion** d'un nouveau modèle d'ordinateur.*

promotionnel, elle (adjectif) Qui est destiné à promouvoir un produit. *Cette semaine, il y a une vente **promotionnelle** de fournitures scolaires au supermarché.*

promouvoir (verbe) (conj. 24) **1** Élever à un grade supérieur. *Il vient d'**être promu** directeur général de l'entreprise.* **2** Favoriser le développement ou l'organisation de quelque chose. *Le gouvernement a décidé de **promouvoir** un programme de lutte contre la pollution.* **3** Augmenter la vente d'un produit par des actions publicitaires. ***Promouvoir** un nouveau parfum au moyen de spots télévisés.*

prompt, prompte (adjectif) Synonyme littéraire de rapide. *Elle est toujours **prompte** à répliquer aux critiques.*
► Prononciation [prɔ̃], [prɔ̃t].

promptitude (nom féminin) Synonyme littéraire de rapidité. *Il exécute son travail avec **promptitude** et efficacité.*

promulgation (nom féminin) Action de promulguer une loi. *Une loi est applicable dès le jour de sa **promulgation**.*

promulguer (verbe) (conj. 3) Publier officiellement une loi. *Le gouvernement vient de **promulguer** une nouvelle loi sur l'immigration.*

prôner (verbe) (conj. 3) Recommander avec beaucoup d'insistance. *Le Premier ministre **a prôné** la lutte contre le chômage.*

pronom (nom masculin) Mot qui remplace un nom. *« Je », « tu », « il » sont des **pronoms** personnels ; « ceci » est un **pronom** démonstratif ; « qui », « que », « dont » sont des **pronoms** relatifs ; « le tien », « le sien » sont des **pronoms** possessifs.*

pronominal, ale, aux (adjectif) • **Verbe pronominal** : verbe qui est précédé d'un pronom personnel. *« Se souvenir », « s'endormir » sont des verbes **pronominaux**.*

prononcé, ée (adjectif) Que l'on perçoit très nettement. *Ce pain a un goût de moisi **prononcé**.*

prononcer (verbe) (conj. 4) **1** Articuler les sons qui composent un mot. *Il faut **prononcer** le « s » dans le mot « bus ». « Sot » et « saut » se **prononcent** de la même manière.* **2** Dire quelque chose. *Il **a prononcé** un petit discours de bienvenue.* **3** **Se prononcer** : donner son avis. *Le jury doit **se prononcer** sur la culpabilité de l'accusé.*

prononciation (nom féminin) Manière de prononcer les mots. *Lis ce texte en faisant attention à la **prononciation** des mots difficiles.*

pronostic (nom masculin) Prévision que l'on donne sur ce qui pourrait se produire. *Selon les **pronostics**, c'est le candidat écologiste qui sera élu.*
★ **Pronostic** vient du grec *progigôskein* qui signifie « connaître à l'avance ».

pronostiquer (verbe) (conj. 3) Faire un pronostic. *Des journalistes **avaient pronostiqué** la chute du gouvernement.* (Syn. **prédire, prévoir**.)

pronucléus (nom masculin) Noyau d'un ovule ou d'un spermatozoïde en cours de fécondation. *Les **pronucléus** mâle et femelle migrent l'un vers l'autre.*
► Prononciation [pronykleys].

pronunciamiento (nom masculin) Coup d'État militaire. *On a dénoncé le **pronunciamiento** de Franco en Espagne.*
▶ Prononciation [pʀɔnunsjamjɛnto].
★ **Pronunciamiento** est un mot espagnol qui signifie « déclaration ».

propagande (nom féminin) Action exercée dans le but d'influencer les gens. *Ils font de la **propagande** pour leur association en distribuant des badges et des tracts.*

propagation (nom féminin) Fait de se propager. *Les médecins essaient d'enrayer la **propagation** de l'épidémie.*

propager (verbe) (conj. 5) **1** Faire connaître à tout le monde. *Les journaux **ont propagé** les détails de cette affaire.* (Syn. **répandre**.) **2 Se propager** : gagner du terrain. *Le feu **s'est** rapidement **propagé** dans les broussailles.* (Syn. **s'étendre**.)

propane (nom masculin) Gaz utilisé comme combustible. *Il faudrait changer la bouteille de **propane** qui alimente le chauffe-eau de la salle de bains.*

propène (nom masculin) Hydrocarbure dérivé du propane. *Le **propène** est incolore et sert à la fabrication de matières plastiques.*
▶ On dit aussi **propylène**.

propension (nom féminin) Tendance naturelle. *La **propension** au mensonge de Victor agace.* (Syn. **disposition**.)

propergol (nom masculin) Ergol ou mélange d'ergols assurant la propulsion des moteurs de fusée. *Différents gaz s'échappent lors de la combustion des **propergols**.*

prophète (nom masculin) Homme inspiré par Dieu pour révéler ses volontés. *Isaïe et Jérémie sont deux grands **prophètes** de la Bible.*
★ Famille du mot : prophét**ie**, prophét**ique**, prophét**iser**.

prophétie (nom féminin) Synonyme de prédiction. *N'écoutez pas ses **prophéties** du nouvel an, c'est un charlatan !*
▶ Prononciation [pʀɔfesi].

prophétique (adjectif) Qui annonce ce qui va arriver. *La mère d'Hélène est persuadée qu'elle a fait un rêve **prophétique**.*

prophétiser (verbe) (conj. 3) Annoncer par prophétie. *Œdipe **a prophétisé** la grandeur d'Athènes.*

prophylaxie (nom féminin) Ensemble des mesures médicales prises pour prévenir l'apparition et le développement des maladies. *La vaccination est une mesure de **prophylaxie**.*

propice (adjectif) Synonyme d'opportun. *La neige est épaisse, c'est le moment **propice** pour aller skier.*

proportion (nom féminin) Rapport de grandeur entre les différentes parties d'un ensemble. *Dans notre équipe de basket, il y a une **proportion** importante de joueurs de grande taille.*
▪ **proportions** (nom féminin pluriel) **1** Dimensions considérées les unes par rapport aux autres. *Cet architecte construit des immeubles aux **proportions** harmonieuses.* **2** Importance plus ou moins grande. *La circulation automobile sur cette route a pris des **proportions** inquiétantes.*
★ Famille du mot : **dis**proportion, **dis**proportionné, proportionné, proportionn**alité**, proportionn**el**, proportionn**ellement**.

proportionnalité (nom féminin) Caractère proportionnel des choses. *Le gouvernement a rajusté la **proportionnalité** de l'impôt.*

proportionné, ée (adjectif) Qui est en proportion normale avec autre chose. *Cette récompense est **proportionnée** à la valeur de son travail.* (Contr. **disproportionné**.)

proportionnel, elle (adjectif) Qui est en proportion avec autre chose. *Le poids de ce bébé est **proportionnel** à son âge.*

proportionnellement (adverbe) De façon proportionnelle. *Les impôts augmentent **proportionnellement** au salaire.*

propos (nom masculin) Ce qu'on a l'intention de faire. *Le **propos** de cet avocat est de prouver l'innocence de son client.* (Syn. **but**, **dessein**.) • **À propos** : au bon moment. *Nous allions commencer la réunion, tu arrives **à propos**.* (Syn. **à pic**.) • **À propos de quelque chose** : à ce sujet. *Nous nous sommes mis d'accord **à propos de** notre voyage.* • **À tout propos** : à n'importe quelle occasion. *Romain fait des blagues **à tout propos**.*
▪ **propos** (nom masculin pluriel) Ensemble de paroles. *Romain ont échangé des **propos** désagréables et ont fini par se fâcher.*

proposer (verbe) (conj. 3) **1** Offrir un choix ou soumettre une idée à quelqu'un. *Odile m'**a proposé** d'aller faire du vélo avec elle.* **2 Se proposer pour** : offrir ses services. *Il **s'est proposé pour** repeindre la cuisine.* **3 Se proposer de** : avoir l'intention de. *Nos voisins **se proposent d'**acheter une maison à la campagne.*

proposition (nom féminin) **1** Chose proposée. *Elle m'a invité à dîner, mais j'ai refusé sa **proposition**.* (Syn. **offre**.) **2** Partie d'une phrase qui contient un verbe. *La phrase : « Je suis content qu'il vienne » contient deux **propositions**.*

propre (adjectif) **1** Qui est net et sans tache. *Ibrahim s'est douché et il a mis des vêtements **propres**.* (Contr. **malpropre**, **sale**.) **2** Qui appartient personnellement à quelqu'un. *Inutile de venir me chercher, je viendrai par mes **propres** moyens.* **3** Se dit du sens originel d'un mot. *Le mot « peste » désigne une maladie au sens **propre** et une personne méchante au sens figuré.* **4** Qui convient à quelque chose. *Ce lait périmé n'est pas **propre** à la consommation.* (Contr. **impropre**.)
▪ **propre** (nom masculin) Caractère particulier d'une personne ou d'une chose. *La parole est le **propre** de l'homme.* • **Mettre au propre** : recopier un texte que l'on a écrit au brouillon.
★ Famille du mot : **mal**propre, **mal**propreté, propre**ment**, propre**té**.

propre-à-rien (nom) Dans la langue familière, personne qui ne sait rien faire. *Cette **propre-à-rien** bâcle toujours son travail.*
▶ Pluriel : des **propres-à-rien**.

proprement (adverbe) D'une manière propre. *Maintenant que tu es grand, tu dois manger **proprement**.* (Contr. **salement.**) • **À proprement parler** : en employant le mot qui convient. *Ce livre n'est pas **à proprement parler** un chef-d'œuvre, disons plutôt que c'est un bon roman.*

propreté (nom féminin) Qualité de ce qui est propre. *Ce linge est d'une **propreté** irréprochable.* (Contr. **saleté.**)

propriétaire (nom) Personne à qui appartient quelque chose. *Les locataires payent un loyer mensuel au **propriétaire** de leur appartement.*

propriété (nom féminin) **1** Fait d'être propriétaire de quelque chose. *Tous ces champs sont la **propriété** du même agriculteur.* **2** Maison avec un terrain autour. *Ils ont une grande **propriété** dans le Midi.* **3** Caractère particulier de quelque chose. *Une des **propriétés** du cuivre est d'être un bon conducteur.* (Syn. **caractéristique, particularité.**)
★ Famille du mot : **co**propriét**aire**, **co**propriété, exproprier, propriét**aire**.

propulser (verbe) (conj. 3) Faire avancer un engin. *Ce sont les réacteurs qui **propulsent** les avions à réaction.*

propulsion (nom féminin) Mouvement qui propulse quelque chose. *Cette voiture est équipée d'un moteur à **propulsion** électrique.*

propylée (nom masculin) Porte monumentale d'un temple.
▪ **propylées** (nom masculin pluriel) Construction à colonnes qui forme l'entrée d'un sanctuaire, d'une citadelle. *Les **propylées** de l'Acropole sont en marbre.*
▶ Malgré la terminaison en « -ée », **propylée** est un nom masculin.

prorata (nom masculin) • **Au prorata de quelque chose** : en proportion de cette chose. *Il a remboursé ses dettes **au prorata de** ce que chacun lui avait prêté.* (Syn. **proportionnellement, selon.**)

proroger (verbe) (conj. 5) Prolonger dans le temps. *Les députés ont **prorogé** la loi.*

prosaïque (adjectif) Qui manque d'imagination, de fantaisie. *Kevin rêve d'aventures, il ne veut pas mener une existence **prosaïque**.* (Syn. **terre à terre.**)
★ **Prosaïque** vient de *prose*, la prose étant jugée moins imaginative que la poésie.

proscénium (nom masculin) Avant-scène. *Dans le théâtre antique, les acteurs se tenaient sur le **proscénium**.*
▶ Prononciation [pʀɔsenjɔm].
▶ On écrit aussi **proscenium**.

proscrire (verbe) (conj. 47) Interdire strictement. *Dans certains pays, la loi **proscrit** la consommation d'alcool.*

proscrit, ite (nom) Personne qui a été chassée de son pays.

prose (nom féminin) Façon courante d'écrire et de parler, qui se différencie de la poésie. *Un romancier écrit en **prose** et un poète écrit en vers.*

prosélyte (nom) Personne qui est nouvellement convertie à un mouvement, à une cause.
★ **Prosélyte** vient du grec *prosêlutos* qui signifie « nouveau venu dans un pays ».

prosélytisme (nom masculin) Fait de chercher à convertir les autres à sa religion ou à ses idées.

prosodie (nom féminin) **1** Étude de l'intonation, de l'accent et la durée des phonèmes. **2** Ensemble des règles concernant la musique et les paroles. *Son opéra respecte entièrement la **prosodie** de la langue italienne.*

prosopopée (nom féminin) Procédé de style qui consiste à faire parler un mort, un animal, une chose.

prospecter (verbe) (conj. 3) Explorer un terrain pour y découvrir des richesses minérales. *On **prospecte** cette région dans l'espoir de trouver du pétrole.*
★ Famille du mot : prospect**eur**, prospect**ion**.

prospecteur, trice (nom) Personne qui prospecte, qui explore.

prospection (nom féminin) Action de prospecter. *Cette firme fait de la **prospection** pétrolière en mer du Nord.*

prospectus (nom masculin) Feuille publicitaire distribuée gratuitement. *La boîte aux lettres est pleine de **prospectus**.*
▶ Prononciation [pʀɔspɛktys].

prospère (adjectif) Qui prospère. *Il dirige une entreprise **prospère**.* (Syn. **florissant.**)
★ Famille du mot : prospér**er**, prospér**ité**.

prospérer (verbe) (conj. 8) Se développer avec succès. *Le commerce **prospère** dans la région grâce à la présence de nombreux touristes.* (Contr. **péricliter.**)

prospérité (nom féminin) Situation prospère. *Grâce à ses ressources minières, ce pays vit dans la **prospérité**.*

prostate (nom féminin) Glande de l'appareil génital masculin, située autour de la partie initiale de l'urètre. *La **prostate** sécrète l'un des constituants du sperme.*
★ **Prostate** vient du grec *prostatês* signifiant « qui se tient en avant ».

se **prosterner** (verbe) (conj. 3) S'incliner très bas en signe de respect. *Les courtisans **se prosternaient** devant le roi.*

prostitué, ée (nom) Personne qui se prostitue.

se **prostituer** (verbe) (conj. 3) Avoir des relations sexuelles avec quelqu'un en échange d'une somme d'argent.
★ Famille du mot : prostitu**é**, prostitu**tion**.

prostitution (nom féminin) Activité des personnes qui gagnent leur vie en se prostituant.

prostré, ée (adjectif) Qui est très abattu. *Après l'accident, sa tante est restée **prostrée** pendant des heures.*

prostyle (adjectif et nom masculin) Qui présente une rangée de colonnes sur la façade. *Le Trésor des Athéniens est un temple **prostyle**.*

prot(o)- Élément tiré du grec *prôtos* qui signifie « premier » (exemple : *prototype*).

protagoniste (nom) Personne qui joue un rôle important dans une histoire. *À la suite de cette bagarre, la police a interrogé tous les **protagonistes**.*

protecteur, trice (adjectif et nom) Qui protège et défend contre les dangers. *Ce chien abandonné a été recueilli par la société **protectrice** des animaux.*

protection (nom féminin) **1** Action de protéger. *Tu n'as rien à craindre, tu es sous ma **protection**.* **2** Ce qui protège. *Les crèmes solaires sont une **protection** efficace contre les coups de soleil.*

protectionnisme (nom masculin) Ensemble des mesures visant à limiter ou à interdire l'entrée de produits étrangers afin de protéger les intérêts économiques d'un pays. *Le **protectionnisme** économique limite la concurrence internationale.* (Contr. **libre-échange**.)

protectorat (nom masculin) Régime juridique international instituant la protection d'un État par un autre État. *La Tunisie et Madagascar ont été des **protectorats** français.*

protège-cahier (nom masculin) Couverture souple et amovible qui sert à protéger un cahier.
▶ Pluriel : des **protège-cahiers**.

protéger (verbe) (conj. 5) **1** Défendre quelqu'un contre les dangers. *La chatte **protège** ses petits.* **2** Préserver ou mettre à l'abri. *Ce produit **protège** les métaux de la rouille.*

protéine (nom féminin) Substance indispensable à l'organisme et que l'on trouve dans la viande, le poisson, les œufs, etc.

protéique (adjectif) Qui se rapporte aux protéines. *Le gluten est un constituant **protéique** des céréales. Une substance **protéique**.*

protestant, ante (nom) Chrétien adepte du protestantisme. *Les **protestants** prient au temple.*

protestantisme (nom masculin) Religion fondée par des chrétiens qui refusaient l'autorité du pape. *Le **protestantisme** est apparu au XVIe siècle.*

protestataire (nom) Personne qui proteste contre quelque chose. *Une pétition a été déposée à la mairie par les **protestataires**.*

protestation (nom féminin) Fait de protester. *Des manifestants ont défilé dans la rue hier en signe de **protestation**.*

protester (verbe) (conj. 3) **1** Déclarer avec force son désaccord ou son opposition. *Les employés **protestent** contre les nouveaux horaires de travail.* **2** Affirmer avec force son bon droit. *Face au juge, l'accusé **a protesté** de son innocence.*

prothèse (nom féminin) Appareil qui remplace un membre ou un organe. *Il est un peu sourd et porte une **prothèse** auditive.*

prothésiste (nom) Personne qui fabrique des prothèses. *Un **prothésiste** dentaire.*

protide (nom masculin) Composé organique azoté contenant des acides aminés. *Les **protides** sont des molécules fondamentales pour les êtres vivants.*

protocole (nom masculin) Ensemble des règles qu'il faut suivre durant une réunion officielle. *Ce chef d'État étranger a été reçu suivant le **protocole**.*

protohistoire (nom féminin) Période intermédiaire entre la préhistoire et l'histoire. *La **protohistoire** précède l'apparition des premiers documents écrits.*

proton (nom masculin) Particule constitutive du noyau de l'atome, dont la charge, positive, est égale à celle de l'électron, négative. *La masse du **proton** est 1 840 fois supérieure à celle de l'électron.*
★ **Proton** est un mot anglais.

prototype (nom masculin) Exemplaire unique d'un objet qui sera ensuite fabriqué en série. *Ce téléphone n'a pas encore été mis en vente, c'est un **prototype**.*

protozoaire (nom masculin) Animal unicellulaire. *Les amibes sont des **protozoaires**.*

protubérance (nom féminin) Petite partie en relief. *Une piqûre de moustique forme une **protubérance** sur sa joue.*

prou (adverbe) • **Peu ou prou** : plus ou moins. *Ils maîtrisent **peu ou prou** ces notions historiques.*
★ **Prou** vient de l'ancien français *proud* qui signifie « beaucoup ».

proue (nom féminin) Partie avant d'un navire. *Autrefois, la **proue** était ornée d'une sculpture.* (Contr. **poupe**.)

prouesse (nom féminin) Synonyme d'exploit. *Les spectateurs admirent les **prouesses** des acrobates.*
★ **Prouesse** vient du mot *preux*.

prouver (verbe) (conj. 3) Établir la vérité ou la réalité de quelque chose. *L'enquête **a prouvé** qu'il n'était pas coupable.* (Syn. **démontrer**.)

provenance (nom féminin) Lieu d'où provient une chose. *J'ai acheté du raisin de **provenance** italienne. L'avion en **provenance** d'Amsterdam vient d'atterrir.*

provençal, ale, aux → tableau p. 6 / 7.

provenir (verbe) (conj. 19) **1** Venir de tel endroit. *Ce tapis **provient** du Maroc.* **2** Être la conséquence de quelque chose. *Sa fatigue **provient** d'un manque de sommeil.* (Syn. **résulter**.)
▶ **Provenir** se conjugue avec l'auxiliaire *être*.

proverbe (nom masculin) Formule qui exprime une vérité générale ou un conseil de sagesse. *« Mieux vaut tard que jamais » est un **proverbe**.*

a b c d e f g h i j k l m n o **p** q r s t u v w x y z

proverbial, ale, aux (adjectif) Qui est connu de tout le monde. *Le sens de l'hospitalité des Grecs est **proverbial**.*

providence (nom féminin) Sagesse de Dieu qui protège les hommes et gouverne le monde.

providentiel, elle (adjectif) Qui se produit au bon moment grâce à un heureux hasard. *Le passage **providentiel** d'un cargo a permis le sauvetage des naufragés.*

province (nom féminin) **1** Région de France qui a des coutumes particulières. *En vacances en Bretagne, Pierre a découvert les traditions de cette **province** française.* **2** Ensemble des régions françaises autres que Paris. *Nos voisins ont décidé d'aller vivre en **province**.*

provincial, ale, aux (adjectif et nom) De la province. *Il apprécie la tranquillité de la vie **provinciale**. C'est une jeune **provinciale** qui est venue faire ses études à Paris.*

proviseur (nom masculin) Personne qui dirige un lycée.

provision (nom féminin) **1** Réserve de choses utiles ou nécessaires. *L'écureuil a fait sa **provision** de noisettes pour l'hiver.* **2** Somme d'argent en réserve sur un compte en banque. *Attention de ne pas faire un chèque sans **provision** !*
▪**provisions** (nom féminin pluriel) Produits que l'on achète pour la vie de tous les jours.
★ Famille du mot : approvisionne**ment**, approvisionn**er**.
★ **Provision** vient du mot latin *provisio* qui signifie « prévoyance ».

provisoire (adjectif) Qui n'est pas prévu pour durer longtemps. *Après les inondations, on a logé les habitants du village dans des bâtiments **provisoires**.* (Syn. **temporaire.** Contr. **définitif.**)

provisoirement (adverbe) De façon provisoire. *Il loge **provisoirement** à l'hôtel.* (Syn. **temporairement.** Contr. **définitivement.**)

provocant, ante (adjectif) Qui provoque, agresse les autres. *Je n'aime pas votre ton **provocant**.* (Syn. **agressif.**)

provocateur, trice (nom) Personne qui pousse les autres à la violence. *Des **provocateurs** ont perturbé la réunion.*

provocation (nom féminin) Acte ou paroles d'un provocateur. *N'écoute pas les **provocations** de ces vauriens !*

provoquer (verbe) (conj. 3) **1** Être la cause de quelque chose. *Le brouillard **a provoqué** de nombreux retards dans le trafic aérien.* (Syn. **causer, entraîner.**) **2** Pousser quelqu'un à la violence. *Le chat ne t'aurait pas griffé si tu ne l'**avais** pas **provoqué** !* (Syn. **défier.**)
★ Famille du mot : provoc**ant**, provoc**ateur**, provoca**tion**.

proxénète (nom) Personne qui vit de la prostitution d'autrui. *Le **proxénète** ramasse l'argent de ses prostituées.*
★ **Proxénète** vient du grec *proxenêtês* qui signifie « médiateur ».

proximité (nom féminin) Caractère de ce qui est proche. *Sarah habite à **proximité** de l'école. La **proximité** du départ en vacances excite les enfants.*

prude (nom féminin et adjectif) Qui affecte une pudeur extrême. *Une vieille fille très **prude**.*
★ **Prude** vient de *preux*.

prudemment (adverbe) De façon prudente. *Les randonneurs avancent **prudemment** sur le chemin escarpé.* (Contr. **imprudemment.**)

prudence (nom féminin) Attitude d'une personne qui réfléchit, prévoit les dangers et essaie de les éviter. *Traversez le carrefour avec **prudence** !* (Contr. **imprudence.**)

prudent, ente (adjectif) Qui agit avec prudence. *Un conducteur **prudent** reste toujours très attentif au volant.*
★ Famille du mot : imprudem**ment**, imprud**ence**, imprudent, prudem**ment**, prud**ence**.

prud'homme (nom masculin) Personne qui règle les conflits entre employeurs et employés. *Après son licenciement, David est allé devant le conseil des **prud'hommes**.*
▶ Prononciation [pʀydɔm].
★ **Prud'homme** vient de *preux*.
▶ On écrit aussi **prudhomme**.

prune (nom féminin) Fruit à noyau du prunier, à la chair juteuse et sucrée. *Les quetsches, les mirabelles et les reines-claudes sont des **prunes**.*
★ Famille du mot : prun**eau**, prun**elle**, prun**ier**.

pruneau, eaux (nom masculin) Prune séchée qui a une couleur noirâtre.

prunelle (nom féminin) **1** Petite prune sauvage au goût âcre. **2** Synonyme de pupille. • **Tenir à quelque chose comme à la prunelle de ses yeux :** y tenir énormément, plus que tout.

prunier (nom masculin) Arbre fruitier qui produit les prunes.

prunus (nom masculin) Prunier d'ornement. *Des **prunus** bordent l'avenue.*

prurigo (nom masculin) Maladie de la peau se manifestant par des boutons et des démangeaisons. *Le **prurigo** est parfois accompagné de petites croûtes.*

prurit (nom masculin) **1** Sensation de démangeaison. *Son prurit empêche **Benjamin** de dormir.* **2** Au sens figuré, désir violent, irrésistible.
▶ Prononciation [pʀyʀit].
★ **Prurit** vient du latin *prurire* qui signifie « démanger ».

prussien, enne → tableau p. 6 / 7.

prytanée (nom masculin) Établissement d'enseignement militaire. *Le **prytanée** dispense un enseignement de second degré.*
▶ Malgré la terminaison en *-ée,* **prytanée** est un nom masculin.

PS Voir ***post-scriptum***.

psalmodie (nom féminin) Manière monotone de chanter les psaumes, de déclamer, de chanter. *La **psalmodie** des chants grégoriens n'est pas du tout inexpressive.*

psalmodier (verbe) (conj. 10) Réciter quelque chose d'une manière monotone. *Les moines **psalmodient** des prières devant l'autel.*

psaltérion (nom masculin) Instrument à cordes pincées de l'Antiquité et du Moyen Âge. *Le **psaltérion** est l'ancêtre du clavecin.*

psaume (nom masculin) Chant religieux juif ou chrétien. *Le prêtre récite un **psaume** tiré de l'Ancien Testament.*

pseud(o)- Élément tiré du grec *pseudês* qui signifie « faux » (exemple : *pseudonyme*).

pseudonyme (nom masculin) Nom qu'un artiste ou un écrivain choisit à la place du sien. *Jean-Baptiste Poquelin avait pris le **pseudonyme** de Molière.*

psi (nom masculin) Vingt-troisième lettre de l'alphabet grec (Ψ, ψ), qui sert à noter le son [ps].

psoriasis (nom masculin) Maladie de la peau qui se manifeste par l'apparition de plaques. *Le **psoriasis** affecte principalement les genoux, les coudes et le cuir chevelu.*
▶ Prononciation [psɔʀjazis].

psych(o)- Élément tiré du grec *psukhê* qui signifie « âme » (exemple : *psychologue*).
▶ Prononciation [psik(o)].

psychanalyse (nom féminin) Méthode qui consiste à soigner les troubles psychologiques d'une personne en lui faisant rechercher dans sa mémoire des souvenirs anciens qui l'ont perturbée. *Commencer une **psychanalyse**.*
▶ Prononciation [psikanaliz].
★ Famille du mot : psychanaly**ser**, psychanaly**ste**.

psychanalyser (verbe) (conj. 3) Soigner quelqu'un par la psychanalyse.
▶ Prononciation [psikanalize].

psychanalyste (nom) Spécialiste qui soigne par la psychanalyse.
▶ Prononciation [psikanalist].

psyché (nom féminin) Grand miroir inclinable monté sur châssis pour se regarder en entier. *Myriam a essayé sa robe devant sa **psyché**.*
▶ Prononciation [psiʃe].
★ **Psyché** est le nom de la princesse que Cupidon aime.

psychédélique (adjectif) Qui produit des effets hallucinogènes. *Les effets des drogues **psychédéliques** ont inspiré un courant de musique rock.*

psychiatre (nom) Médecin spécialiste des maladies mentales.
▶ Prononciation [psikjatʀ].
★ Famille du mot : psychiatr**ie**, psychiatr**ique**.

psychiatrie (nom féminin) Partie de la médecine qui s'occupe des maladies mentales.
▶ Prononciation [psikjatʀi].

psychiatrique (adjectif) Qui concerne la psychiatrie. *Les hôpitaux **psychiatriques** soignent les malades mentaux.*
▶ Prononciation [psikjatʀik].

psychique (adjectif) Synonyme de mental. *Physiquement ce garçon est guéri, mais il souffre de troubles **psychiques**.*
★ **Psychique** vient du grec *psukhê* qui signifie « âme » ou « esprit », et qu'on retrouve dans **psychanalyse, psychiatre, psychologie**, etc.

psychisme (nom masculin) Vie psychique. *Les tranquillisants endorment le **psychisme**.*
▶ Prononciation [psiʃism].

psychodrame (nom masculin) **1** Jeu théâtral improvisé, à but thérapeutique, à travers lequel s'expriment les conflits propres à chacun des participants. *Le **psychodrame** est fondé sur la pratique du jeu collectif dirigé.* **2** Situation conflictuelle s'exprimant de manière spectaculaire. *Le conflit entre les élèves a viré au **psychodrame**.*

psychologie (nom féminin) **1** Science qui étudie comment une personne organise ses pensées et essaie d'expliquer les raisons de son comportement. **2** Fait d'être capable de comprendre les sentiments des autres. *Tu n'as pas compris que tu l'avais vexé, tu manques vraiment de **psychologie** !*
▶ Prononciation [psikɔlɔʒi].
★ Famille du mot : psycholog**ique**, psycholog**ue**.

psychologique (adjectif) Qui concerne la psychologie. *Depuis la séparation de ses parents, cet enfant a des problèmes **psychologiques**.*

psychologue (nom) Spécialiste de la psychologie. *Les enfants qui ont des difficultés scolaires peuvent être aidés par un **psychologue**.*
▪ **psychologue** (adjectif) Qui a de la psychologie, de l'intuition. *Notre maîtresse est extrêmement **psychologue**.*

psychomoteur, trice (adjectif) Qui a trait aux fonctions psychiques et motrices. *Le pédiatre suit le développement **psychomoteur** de l'enfant.*

psychopathe (nom) Personne qui est atteinte d'une maladie mentale. *Les paranoïaques sont des **psychopathes**.*

psychose (nom féminin) Peur irraisonnée qui se répand dans le public. *La **psychose** des attentats.*
▶ Prononciation [psikoz].

psychosomatique (adjectif) Qui se rapporte à des troubles physiques d'origine psychique. *Les douleurs à l'estomac de Gaëlle sont sans doute d'origine **psychosomatique**.*

a b c d e f g h i j k l m n o **p** q r s t u v w x y z

psychothérapeute (nom) Spécialiste de psychothérapie.

psychothérapie (nom féminin) Traitement psychologique inspiré de la psychanalyse.
► Prononciation [psikoteʀapi].

psychotique (adjectif) Qui concerne, qui est atteint par une psychose. *Ce médecin soigne les enfants **psychotiques**.*

psychotrope (nom masculin et adjectif) Substance qui agit sur le psychisme. *Les dépressifs prennent des **psychotropes**.*

ptér(o)- Éléments tiré du grec *pteron* qui signifie « aile » (exemples : *ptérodactyle, hélicoptère*).

ptéranodon (nom masculin) Reptile du crétacé volant aux mâchoires édentées. *Le ptéranodon fut le plus grand des **ptérosauriens**.*

ptérodactyle (nom masculin) Reptile volant préhistorique, à long bec pointu. *Le **ptérodactyle** vivait à la même époque que les dinosaures.*

ptérosaurien (nom masculin) Reptile du crétacé qui s'est adapté au vol grâce à une membrane tendue entre le cinquième doigt de la main et le corps. *Les **ptérosauriens** pouvaient atteindre 3 à 8 mètres d'envergure.*

ptérygote (nom masculin) Insecte ailé. *La libellule est un **ptérygote**.*

puant, ante (adjectif) Qui pue. *Un tas d'ordures **puant**.*

puanteur (nom féminin) Très mauvaise odeur. *Une horrible **puanteur** montait des égouts.*

① **pub** (nom masculin) En Angleterre, établissement où l'on sert des boissons alcoolisées. *Ils sont allés boire une bière dans un **pub**.*
► **Pub** est un mot anglais : on prononce [pœb].

② **pub** (nom féminin) Abréviation familière de publicité. *Quentin aime regarder les **pubs** à la télé.*

pubère (adjectif et nom) Qui a atteint l'âge de la puberté. *La jeune fille **pubère** voit son corps changer petit à petit.*

puberté (nom féminin) Période de changements physiques et psychologiques qui se produisent chez un enfant quand il devient adolescent.

pubescence (nom féminin) Caractère d'un organe végétal ou animal qui est couvert de poils. *La **pubescence** de la tige d'une fleur.*

pubien, enne (adjectif) Du pubis. *Sa toison **pubienne** est brune.*

pubis (nom masculin) Endroit en forme de triangle au bas du ventre. *Le **pubis** se couvre de poils au moment de la puberté.*
► Prononciation [pybis].
★ **Pubis** vient du latin *pubes* qui signifie « poil ».

public, publique (adjectif) **1** Qui concerne l'ensemble des gens. *Le vote de cette nouvelle loi passionne l'opinion **publique**.* **2** Qui est ouvert à tout le monde. *Vous pouvez circuler ici, c'est un jardin **public**.* (Contr. **privé**.)
▪ **public** (nom masculin) **1** Ensemble des gens, de la population. *L'exposition est ouverte au **public**.* **2** Ensemble des personnes qui assistent à un spectacle. *Tout le **public** a applaudi les musiciens.*

publicain (nom masculin) Romain chargé de la perception des impôts.

publication (nom féminin) **1** Action de publier un texte. *La **publication** de ce roman a provoqué un scandale.* (Syn. **parution**.) **2** Livre ou journal publié. *Je connais une librairie spécialisée dans les **publications** pour enfants.*

publiciste (nom) Professionnel de la publicité.

publicitaire (adjectif) Qui concerne la publicité. *Un film **publicitaire**.*
▪ **publicitaire** (nom) Professionnel de la publicité. *Les **publicitaires** créent l'image de marque d'un produit à vendre.*

publicité (nom féminin) **1** Technique qui a pour but de faire connaître un produit au public pour mieux le vendre. *Cette marque de café est très connue grâce à la **publicité**.* **2** Annonce, affiche ou film servant à faire connaître un produit. *Avant les fêtes de Noël, il y a beaucoup de **publicités** pour les jouets à la télévision.*

publier (verbe) (conj. 10) **1** Imprimer un texte et le mettre en vente. *Cet éditeur **publie** surtout des bandes dessinées.* (Syn. **éditer**.) **2** Annoncer une nouvelle au public. *Les journaux **ont publié** les résultats des élections.*

publiphone (nom masculin) Téléphone public à cartes. *Anna a téléphoné du **publiphone**.*
★ **Publiphone** est le nom d'une marque.

publipostage (nom masculin) Envoi postal d'imprimés en grand nombre. *Le **publipostage** permet de démarcher, faire de la publicité, vendre par correspondance.* (Syn. **mailing**.)

publiquement (adverbe) En public. *Il a été insulté **publiquement**.*

puce (nom féminin) **1** Petit insecte brun, sans ailes, parasite de l'homme et des mammifères. *La **puce** pique la peau pour aspirer le sang dont elle se nourrit.* **2** Petit élément sur lequel sont stockées des informations qui peuvent être lues par un ordinateur. *Les cartes de téléphone sont des cartes à **puce**.*
• **Marché aux puces** : lieu où l'on vend des objets et des vêtements d'occasion. • **Mettre la puce à l'oreille à quelqu'un** : lui inspirer des soupçons. *Son air gêné **m'a mis la puce à l'oreille**.*

puceau (nom masculin et adjectif masculin) Garçon vierge.

pucelle (nom féminin et adjectif féminin) Fille vierge.
• **La pucelle d'Orléans** : Jeanne d'Arc.
★ **Pucelle** vient du latin *pullicella* qui signifie « petit d'un animal ».

puceron (nom masculin) Tout petit insecte parasite des plantes. *Les **pucerons** sont des insectes très nuisibles.*

pudding Voir *pouding*.

pudeur (nom féminin) Sentiment de gêne que ressent une personne qui n'aime pas montrer son corps ou ses sentiments intimes. *C'est par **pudeur** qu'elle refuse de se déshabiller devant ses amies.*
★ **Pudeur** vient du latin *pudor* qui signifie « honte ».

pudibond, onde (adjectif) Exagérément pudique, ou d'une pudeur affectée.
★ **Pudibond** vient du mot latin *pudibundus* qui signifie « honteux ».

pudique (adjectif) Qui se comporte avec pudeur. *Il est trop **pudique** pour laisser voir son chagrin.*

puer (verbe) (conj. 3) Sentir très mauvais. *En été, ces marécages **puent** la vase.* (Syn. **empester.**)
★ Famille du mot : **puant, puanteur.**

puéricultrice (nom féminin) Personne spécialisée en puériculture.

puériculture (nom féminin) Ensemble des méthodes utilisées pour s'occuper des petits enfants. *Elle aimerait suivre des cours de **puériculture** pour travailler dans une crèche.*

puéril, ile (adjectif) Qui n'est pas digne d'une personne raisonnable. *À douze ans, il continue à faire des caprices, quelle attitude **puérile** !* (Syn. **enfantin, infantile.**)
★ **Puéril** vient du latin *puer* qui signifie « enfant », et que l'on retrouve dans **puériculture**.

pugilat (nom masculin) Bagarre à coups de poing. *Ce n'est pas une simple dispute, c'est un véritable **pugilat** !*

pugnace (adjectif) Qui aime la lutte, le combat. *Ils ne peuvent plus avancer face à la résistance **pugnace**.*
▶ Prononciation [pygnas].

puîné, ée (adjectif et nom) Synonyme vieilli de cadet. *Gaëlle présente sa sœur **puînée**.*
★ **Puîné** est composé de *puis* et *né*.
▶ On écrit aussi **puiné, ée**.

puis (adverbe) Sert à indiquer ce qui vient après. *Il a lu quelques pages, **puis** il s'est endormi.* • **Et puis** : d'ailleurs, en outre. *Cette émission m'ennuie, **et puis** j'ai sommeil !*

puisard (nom masculin) Trou creusé dans le sol destiné à évacuer les eaux de pluie.

puisatier (nom masculin) Personne qui creuse ou qui répare les puits. *Le **puisatier** entretient le puits de mon jardin.*

puiser (verbe) (conj. 3) **1** Prendre du liquide au moyen d'un récipient. *Elle allait **puiser** de l'eau à la rivière.* **2** Prendre dans des réserves. *Il **a puisé** dans sa tirelire pour m'offrir un cadeau.*

puisque (conjonction) Sert à indiquer la cause. *Reprends un peu de fromage **puisque** tu as encore faim.* (Syn. **étant donné que.**)

puissance (nom féminin) **1** Autorité ou pouvoir dont on dispose. *La **puissance** du roi s'étendait sur tout le pays.* **2** Force qui produit un effet ou qui fournit une énergie. *Le voilier filait grâce à la **puissance** du vent.* **3** État qui possède des forces et des richesses. *Le Japon et les États-Unis sont des grandes **puissances**.*

puissant, ante (adjectif) Qui possède une grande puissance. *Ses richesses ont fait de lui un homme **puissant**. Un athlète aux muscles **puissants**.*
★ Famille du mot : **impuissance, impuissant, puissance.**

puits (nom masculin) **1** Trou très profond creusé dans le sol pour recueillir les eaux souterraines. **2** Trou destiné à exploiter un gisement. *Un **puits** de pétrole. Un **puits** de mine.*

pull-over (nom masculin) Tricot de laine que l'on enfile par la tête. *Romain a mis un **pull-over** pardessus son tee-shirt.*
▶ Prononciation [pylɔvɛʀ].
▶ Pluriel : des **pull-overs**.
▶ On écrit aussi un **pullover**. On dit aussi un **pull**.
★ **Pull-over** vient de l'anglais *to pull over* qui signifie « tirer par-dessus » (la tête).

pulluler (verbe) (conj. 3) Être en très grand nombre dans un endroit. *Les poissons **pullulent** dans cet étang.*

pulmonaire (adjectif) Des poumons. *La tuberculose est une maladie **pulmonaire**.*

pulpe (nom féminin) **1** Partie charnue d'un fruit. *Ursula aime les prunes bien mûres, à la **pulpe** juteuse.* **2** Tissu qui se trouve à l'intérieur des dents.

pulsar (nom masculin) Étoile à neutrons fortement magnétisée et en rotation rapide. *Les **pulsars** sont détectés hors du système solaire.*
★ **Pulsar** vient de l'anglais ***puls**ating st**ar*** qui signifie « étoile vibrante ».

pulsation (nom féminin) Battement du cœur et des artères. *Les **pulsations** s'accélèrent quand on court.*
★ Voir **pouls**.

pulsé, ée (adjectif) Envoyé par pression. *Le chauffage à air pulsé est mis en circulation par une soufflerie.*

pulsion (nom féminin) Manifestation de l'inconscient qui pousse un individu à faire quelque chose. *Clément ne peut contrôler ses **pulsions**.*
★ **Pulsion** vient de *impulsion*.

pulvérisateur (nom masculin) Appareil qui sert à pulvériser un liquide. *Ce médicament pour soigner les maux de gorge est vendu en **pulvérisateur**.*

pulvérisation (nom féminin) Action de pulvériser. *Le médecin lui a prescrit des **pulvérisations** dans les oreilles.*

pulvériser (verbe) (conj. 3) **1** Projeter en fines gouttelettes. *Le jardinier **a pulvérisé** de l'insecticide*

a b c d e f g h i j k l m n o p q r s t u v w x y z

sur les rosiers. **2** Détruire complètement. *L'explosion **a pulvérisé** les vitres.* **3** Dépasser très largement. ***Pulvériser** un record.*
★ Famille du mot : pulvéris**ateur**, pulvéris**ation**.
★ **Pulvériser** vient du latin *pulveris* qui signifie « poudre » : pulvériser, c'est *réduire en poudre.*

pulvérulent, ente (adjectif) Qui se présente sous forme de poudre. *Le plâtre est **pulvérulent**.*

puma (nom masculin) Grand félin d'Amérique, au pelage beige.

punaise (nom féminin) **1** Petit insecte au corps aplati, qui sent très mauvais quand on l'écrase. *La **punaise** pique l'homme pour sucer son sang.* **2** Petit clou à pointe courte et à tête large. *La maîtresse a fixé nos dessins au mur avec des **punaises**.*
★ **Punaise** vient de l'ancien français *punais* qui signifie « puant ».

punaiser (verbe) (conj. 3) Fixer quelque chose à l'aide de punaises. *Thomas **a punaisé** des posters sur les murs.*

① **punch** (nom masculin) Boisson alcoolisée, à base de rhum, d'épices et de sirop de sucre. *Nos amis martiniquais nous ont appris à faire du **punch**.*
► Prononciation [pɔ̃ʃ].
► On écrit aussi **ponch**.
★ **Punch** vient d'un mot de l'Inde qui signifie « cinq » à cause des cinq ingrédients qui composaient cette boisson.

② **punch** (nom masculin) Puissance et efficacité d'un boxeur. *Ce boxeur manque de technique mais il a du **punch**.*
► Prononciation [pœnʃ].
★ **Punch** est un mot anglais qui signifie « coup de poing ».

punching-ball (nom masculin) Ballon fixé sur un support élastique et servant à l'entraînement des boxeurs.
► **Punching-ball** est un mot anglais : on prononce [pœnʃiŋbol].
► Pluriel : des **punching-balls**.

punique (adjectif) Qui se rapporte aux Carthaginois. *Il y a eu trois guerres **puniques**.*

punir (verbe) (conj. 11) Infliger une punition à quelqu'un. *Si tu continues à chahuter, tu **seras puni**.*
★ Famille du mot : **im**puni, puni**tif**, puni**tion**.

punitif, ive (adjectif) • **Expédition punitive** : attaque organisée dans le but de se venger.

punition (nom féminin) Chose désagréable que l'on fait subir à quelqu'un qui a mal agi. *Ce mensonge mérite une **punition** sévère.* (Syn. **sanction**.)

punk (adjectif et nom) Qui se rapporte à un mouvement provocateur qui rejette l'ordre social, culturel et musical. *Les **punks** aiment porter une crête verte sur la tête.*
► Prononciation [pœ̃k] ou [pœnk].
★ **Punk** est un mot américain qui signifie « pouilleux ».

① **pupille** (nom) Orphelin placé sous la garde d'un tuteur qui s'occupe de lui. *Monsieur Duval veille sur sa **pupille** comme si elle était sa propre enfant.*

② **pupille** (nom féminin) Petit cercle noir au centre de l'iris de l'œil. *Les **pupilles** rétrécissent quand la lumière est intense.* (Syn. **prunelle**.)

pupitre (nom masculin) Tablette inclinée qui sert à poser un livre ou une partition de musique. *Le chef d'orchestre dirige les musiciens depuis son **pupitre**.*

pur, pure (adjectif) **1** Qui n'est pas mélangé à autre chose. *Une écharpe en **pure** laine.* **2** Qui n'est pas pollué. *L'air **pur** de la montagne.* **3** Qui est moralement sans reproche. *Une jeune fille au cœur **pur**.* **4** Qui est exactement et uniquement ainsi. *Il a fait cela par **pure** gentillesse.*
★ Famille du mot : **a**pur**er**, **é**pur**ation**, **é**pur**er**, **im**pur, **im**pur**eté**, pure**ment**, pur**eté**, pur**ifier**.

purée (nom féminin) Légumes cuits à l'eau et écrasés. *De la **purée** de carottes, de pommes de terre.*

purement (adverbe) Uniquement. *Si je t'aide, c'est **purement** par amitié.* • **Purement et simplement** : totalement et sans explication. *Je vous interdis **purement et simplement** de parler de cette affaire.*

pureté (nom féminin) Caractère de ce qui est pur, sans mélange. *On va procéder à des tests pour contrôler la **pureté** de l'eau de la ville.*

purgatif (nom masculin) Synonyme de laxatif.

purgatoire (nom masculin) Dans la religion catholique, lieu où les âmes des morts doivent expier leurs fautes avant d'aller au paradis.

purge (nom féminin) **1** Fait de purger un appareil, une canalisation. *Je ne trouve pas le robinet de **purge** de la chaudière.* **2** Remède qui servait à purger l'intestin.

purger (verbe) (conj. 5) **1** Évacuer le gaz ou le liquide qui bouche le passage dans un tuyau, un appareil. ***Purger** un radiateur.* **2** Débarrasser l'intestin de ce qui l'encombre à l'aide d'une purge. • **Purger une peine** : subir une peine à laquelle on est condamné.
★ Famille du mot : purga**tif**, purge.

purgeur (nom masculin) Dispositif servant à purger. *Le **purgeur** évacue l'eau de la canalisation.*

purifier (verbe) (conj. 10) Rendre pur en débarrassant des impuretés. *Cette usine possède des installations destinées à **purifier** l'eau.* (Syn. **assainir**.)

purin (nom masculin) Liquide qui provient de la décomposition du fumier et des urines animales.

puriste (adjectif et nom) Qui est partisan de ne commettre aucun écart. *Ce grammairien **puriste** n'accepte pas l'idée que la langue évolue.*

puritain, aine (adjectif et nom) Qui respecte les principes moraux de façon très rigide. *Son fils a reçu une éducation très **puritaine** dans ce pensionnat religieux.*

purpurin, ine (adjectif) De couleur pourpre. *Julie aime les étoffes **purpurines**.*

pur-sang (nom masculin) Cheval de selle de race pure.
▶ Pluriel : des **purs-sangs**.

purulent, ente (adjectif) Qui contient du pus. *Il faut désinfecter cette blessure **purulente**.*

pus (nom masculin) Liquide jaunâtre contenant des microbes et qui apparaît sur les plaies infectées.

pusillanime (adjectif) Qui recule devant les difficultés, les responsabilités.
▶ Prononciation [pyzilanim].
★ **Pusillanime** vient du latin *pusillus*, « tout petit », et *animus*, « âme ».

pustule (nom féminin) Bouton qui contient du pus. *Une **pustule** s'est formée à l'endroit où le médecin l'a vacciné.*

putain (nom féminin) Synonyme très familier de prostituée.
★ **Putain** vient de l'ancien français *put* qui signifie « puant ».

putatif, ive (adjectif) Qui est supposé juridiquement. *Le mariage **putatif** est nul, mais ses effets subsistent jusqu'à son annulation.*
★ **Putatif** vient du latin *putare* qui signifie « supposer ».

putois (nom masculin) Mammifère carnivore à la fourrure brune parsemée de taches claires. *Les **putois** dégagent une odeur nauséabonde.*
★ **Putois** vient de l'ancien français *put* qui signifie « puant ».

putréfaction (nom féminin) Fait de se putréfier. *On a trouvé le cadavre d'un animal en **putréfaction**.* (Syn. **décomposition**.)

se **putréfier** (verbe) (conj. 10) Pourrir, se décomposer. *Ces morceaux de viande **se sont putréfiés** à cause de la chaleur.*

putrescent, ente (adjectif) Qui est en cours de putréfaction. *La cadavre **putrescent** du lapin empeste.*

putride (adjectif) • **Odeur putride** : odeur qui se dégage de ce qui est en train de se putréfier.

putsch (nom masculin) Coup d'État. *Certains officiers de l'armée ont organisé un **putsch** pour s'emparer du pouvoir.*
▶ **Putsch** est un mot allemand : on prononce [putʃ].

puzzle (nom masculin) Jeu de patience composé de petites pièces découpées qu'il faut assembler pour former une image.
▶ Prononciation [pœzl] ou [pœzœl].
★ **Puzzle** vient du mot anglais *to puzzle* qui signifie « embarrasser ».

PV (nom masculin) Abréviation familière de procès-verbal. *Ta voiture est en stationnement interdit, tu vas avoir un **PV** !*

pyjama (nom masculin) Vêtement de nuit composé d'une veste et d'un pantalon. *Zoé préfère dormir en **pyjama** plutôt qu'en chemise de nuit.*

pylône (nom masculin) Grand poteau qui sert de support. *Les câbles du téléphérique sont fixés sur des **pylônes**.*

pyr(o)- Élément tiré du grec *pûr* qui signifie « feu » (exemple : *pyromane*).

pyramide (nom féminin) **1** Solide à base carrée et à quatre faces triangulaires qui se rejoignent en un point appelé « sommet ». **2** Monument ayant cette forme. *Les **pyramides** d'Égypte servaient de tombeaux aux pharaons.*

pyrénéen, enne (adjectif) Qui concerne les Pyrénées. *Les sommets **pyrénéens**.*

pyrex (nom masculin) Verre qui résiste à la chaleur du four. *Elle a fait un gratin dans un plat en **pyrex**.*
★ **Pyrex** est le nom d'une marque, formé à partir du grec *pur* qui signifie « feu ».

pyrogène (adjectif) Qui produit de la chaleur, de la fièvre.

pyrogravure (nom féminin) Procédé de gravure sur bois. *Cet artisan travaille dans un atelier de **pyrogravure**.*

pyrolyse (nom féminin) Décomposition chimique provoquée par la chaleur. *Le four à **pyrolyse** est autonettoyant.*

pyromane (nom) Personne qui ne peut se retenir d'allumer des incendies. *On a arrêté le **pyromane** qui mettait le feu dans les bois.*
★ **Pyromane** vient des mots grecs *pur* qui signifie « feu » et *mania* qui signifie « folie ».

pyrotechnique (adjectif et nom féminin) Qui concerne les techniques et la fabrication d'explosifs. *Des compositions **pyrotechniques** sont utilisées pour les feux d'artifices.*

pyroxène (nom masculin) Minéral constitutif des roches magmatiques. *La péridotite contient des **pyroxènes**.*

pyrrhocoris (nom masculin) Punaise rouge tachetée de noir. *Le gendarme ou le soldat sont les noms courant du **pyrrhocoris**.*
▶ Prononciation [piʀɔkɔʀis].
▶ On écrit aussi **pyrrhocore**.

pythie (nom féminin) Prêtresse de l'oracle d'Apollon. (Syn. **devineresse**.)
★ **Pythie** vient de l'ancien nom grec de Delphes.

python (nom masculin) Grand serpent d'Afrique et d'Asie qui étouffe ses proies en les serrant entre ses anneaux avant de les avaler. *Les **pythons** ne sont pas venimeux.*

pythonisse (nom féminin) Femme qui annonce l'avenir. *L'antique **pythonisse** était douée de prophétie.* (Syn. **devineresse**.)

q (nom masculin) Dix-septième lettre de l'alphabet. *Le Q est une consonne.*

QCM (nom masculin) Questionnaire proposant plusieurs réponses. *Pour évaluer les connaissances des élèves, on leur a fait remplir des **QCM**.*
★ QCM est le sigle de *questionnaire à choix multiple.*

QG (nom masculin) Lieu de réunion. *Le **QG** du général a déménagé.*
★ QG est le sigle de *quartier général.*

QI (nom masculin) Évaluation de l'intelligence par rapport à l'âge. *Ibrahim a un **QI** au dessus de la moyenne.*
★ QI est le sigle de *quotient intellectuel.*

qu' Voir ***que***.

quadr- Élément tiré du latin *quattuor* qui signifie « quatre » (exemples : *quadragénaire, quadrupède*).
▶ Prononciation [kadʀ] ou [kwadʀ].

quadragénaire (adjectif et nom) Qui a entre quarante et cinquante ans.
▶ Prononciation [kwadʀaʒenɛʀ].

quadragésimal, ale, aux (adjectif) Qui a trait au Carême. *Pierre et son frère ont suivi le jeûne **quadragésimal**.*

quadrangulaire (adjectif) Qui a quatre angles. *Le losange est une figure **quadrangulaire**.*

quadrature (nom féminin) • **Quadrature du cercle :** problème impossible à résoudre.
▶ Prononciation [kwadʀatyʀ].

quadriceps (nom masculin) Muscle antérieur de la cuisse.
▶ Prononciation [kwadʀisɛps].
★ **Quadriceps** est un mot latin qui signifie « à quatre têtes ».

quadrilatère (nom masculin) Figure géométrique qui a quatre côtés. *Le carré, le rectangle, le losange et le trapèze sont des **quadrilatères**.*
▶ Prononciation [kwadʀilatɛʀ] ou [kadʀilatɛʀ].

quadrillage (nom masculin) Ensemble des traits qui divisent une surface en carrés. *Je voudrais un cahier avec des feuilles à grand **quadrillage**.*

quadrille (nom masculin) Danse ancienne exécutée par quatre couples de danseurs.

quadriller (verbe) (conj. 3) **1** Diviser une surface en petits carrés. *Nous allons **quadriller** une feuille de papier à dessin et colorier un carreau sur deux.* **2** Surveiller une zone en mettant des policiers ou des soldats dans plusieurs endroits. *Tout de suite après le hold-up, la police **a quadrillé** le quartier.*

quadrimoteur (nom masculin) Avion équipé de quatre moteurs.

quadriréacteur (nom masculin) Avion équipé de quatre réacteurs.

quadrupède (nom masculin) Mammifère qui a quatre pattes. *La vache, le mouton, le chat sont des **quadrupèdes**, alors que l'homme est un bipède.*
▶ Prononciation [kwadʀypɛd] ou [kadʀypɛd].

quadruple (nom masculin) Nombre obtenu en quadruplant un autre. *Huit est le **quadruple** de deux (8 = 4 × 2).*
▪ **quadruple** (adjectif) Qui est reproduit quatre fois. *Il a fait un **quadruple** saut périlleux.*
▶ Prononciation [kwadʀypl] ou [kadʀypl].
★ Famille du mot : quadrupl**és**, quadrupl**er**, quadrupl**et**.

quadrupler (verbe) (conj. 3) Multiplier par quatre. *Grâce à la qualité de ses produits, ce commerçant **a quadruplé** ses ventes.*

quadruplés, ées (nom pluriel) Quatre enfants nés au cours du même accouchement.

quadruplet (nom masculin) Séquence de quatre éléments algébriques. *Le **quadruplet** de Pythagore est un ensemble de quatre entiers tels que la somme des carrés de trois d'entre eux est égale au carré du quatrième.*

quai (nom masculin) **1** Plate-forme le long d'une voie ferrée. *Le train est attendu au **quai** numéro 4.* **2** Endroit aménagé dans un port pour l'accostage des bateaux. *Des pêcheurs vendaient leurs poissons* *sur le **quai**.* **3** Voie aménagée le long d'un cours d'eau. *On voit encore des pêcheurs le long des **quais** de la Seine.*

quaker, quakeresse (nom) Membre d'un mouvement religieux protestant pacifiste aux mœurs austères. *Les **quakers** furent les premiers objecteurs de conscience.*
▶ Prononciation [kwɛkœʀ, kwɛkəʀɛs].
★ **Quaker** est un mot anglais qui signifie « celui qui tremble à la parole de Dieu ».

qualificatif, ive (adjectif) • **Adjectif qualificatif** : adjectif qui qualifie un nom. *Dans la phrase « le petit chat est noir », « petit » et « noir » sont des **adjectifs qualificatifs**.*
▪ **qualificatif** (nom masculin) Mot qui sert à qualifier quelqu'un. *Il a utilisé des **qualificatifs** injurieux à l'égard de son adversaire.*

qualification (nom féminin) **1** Titre ou niveau de compétence exigé pour un travail. *Pour obtenir cet emploi, il faut avoir la **qualification** d'ouvrier spécialisé.* **2** Droit de participer à une compétition après avoir réussi certaines épreuves. *Notre équipe a obtenu sa **qualification** pour la finale.*

qualifier (verbe) (conj. 10) **1** Désigner une personne ou une chose par des mots qui la caractérisent. *La maîtresse **a qualifié** Anna du titre d'élève modèle.* **2** **Se qualifier** : obtenir sa qualification à la suite d'épreuves sportives. *Benjamin **s'est qualifié** pour la demi-finale du tournoi de tennis.* • **Être qualifié** : avoir la qualification pour faire une chose. *Elle **est** parfaitement **qualifiée** pour s'occuper des personnes âgées.*
★ Famille du mot : **dis**qualifica**tion**, **dis**qualifier, **in**qualifi**able**, qualifica**tif**, qualifica**tion**.

qualitatif, ive (adjectif) Qui concerne la qualité de quelque chose. *Du point de vue **qualitatif**, cette marque de café est la meilleure.*

qualité (nom féminin) **1** Ce qui fait qu'une chose est bonne ou mauvaise. *Je préfère vérifier la **qualité** de ce tissu avant de l'acheter.* **2** Trait de caractère qui rend une personne digne de mérite. *Les deux grandes **qualités** d'Élodie sont la franchise et la générosité.* (Contr. **défaut**.) • **En qualité de** : en tant que, à titre de. ***En qualité d'**avocat, il a le droit de parler avec son client qui est en prison.*

quand (adverbe et conjonction) Sert à indiquer un moment. ***Quand** a-t-il prévu de partir ? Je serai là **quand** tu rentreras de l'école.* (Syn. **lorsque**.) • **Quand même** : sert à exprimer une opposition. *Il sait qu'il a tort de mentir, mais il le fait **quand même**.*

quant à (préposition) En ce qui concerne quelqu'un ou quelque chose. *Je vais au cinéma, **quant à** toi, fais ce que tu veux.*

quant-à-soi (nom masculin) Réserve, distance plus ou moins affectée. *Noémie est restée sur son **quant-à-soi**.*

quantième (nom masculin) Chiffre qui désigne chaque jour du mois.

quantifiable (adjectif) Qui peut être quantifié. *Le flux des migrations est **quantifiable**.*

quantifier (verbe) (conj. 10) Déterminer la quantité de quelque chose. (Syn. **chiffrer, mesurer**.)

quantitatif, ive (adjectif) Qui se rapporte à la quantité. *Connais-tu la différence **quantitative** entre ces deux troupeaux ?*

quantité (nom féminin) **1** Ce que l'on peut mesurer en comptant. *Quelle **quantité** d'huile faut-il mettre dans la vinaigrette ?* **2** Grand nombre. *Victor a reçu des **quantités** de cadeaux pour son anniversaire. Je n'ai pas besoin de stylos, j'en ai déjà en **quantité**.*

quantum (nom masculin) Plus petite quantité d'une grandeur physique susceptible d'être échangée. *Le photon est un **quantum** de lumière.*
▶ Pluriel : des **quantums** ou des **quanta**.
▶ Prononciation [kwɑ̃tɔm].
★ **Quantum** est un mot latin.

quarantaine (nom féminin) Nombre d'environ quarante. *Il y a une **quarantaine** de personnes dans la salle. Il paraît très jeune mais il a déjà dépassé la **quarantaine**.* • **Mettre quelqu'un en quarantaine** : l'exclure d'un groupe et ne plus lui parler.
★ Autrefois, la **quarantaine** était une période d'isolement de 40 jours qui était imposée à un bateau venant d'un pays touché par une épidémie.

quarante (déterminant) Quatre fois dix (40). *Julie habite au **quarante** de cette rue. Il vient d'avoir **quarante** ans.*
★ Famille du mot : quarant**aine**, quarant**ième**.

quarantième (adjectif et nom) Qui occupe le rang numéro 40. *Clément a lu son livre jusqu'à la **quarantième** page.*
▪ **quarantième** (nom masculin) Ce qui est contenu quarante fois dans un tout. *Le maïs représente le **quarantième** des récoltes de cet agriculteur.*

quark (nom masculin) Particule élémentaire, constituant des neutrons et des protons. *Les **quarks** se caractérisent par leur couleur et leur saveur.*
▶ Prononciation [kwaʀk].
★ **Quark** est un mot emprunté à l'écrivain James Joyce.

quart (nom masculin) **1** Chaque partie d'un tout divisé en quatre. *David a mangé un **quart** de baguette pour le goûter.* **2** Gobelet de métal. **3** Période pendant laquelle un marin est de service. • **Aux trois quarts** : en très grande partie. *Le wagon est **aux trois quarts** plein.* • **Et quart** ou **un quart, moins le quart** : servent à indiquer qu'il est 15 minutes après l'heure ou avant l'heure. *3h45, c'est 4 heures **moins le quart**.*

quart d'heure (nom masculin) Durée de quinze minutes. *On se retrouve dans un **quart d'heure**.* • **Passer un mauvais quart d'heure** : passer un mauvais moment.
▶ Pluriel : des **quarts d'heure**.

quarté (nom masculin) Pari portant sur quatre chevaux, dans une course.

quartette (nom masculin) Groupe de jazz qui comporte quatre musiciens.
▶ Prononciation [kwaʀtɛt].

quartier (nom masculin) **1** Morceau d'environ un quart. *Ibrahim a mangé un **quartier** de cette pomme pour la goûter.* **2** Division naturelle de certains fruits. *Un **quartier** de mandarine.* **3** Partie d'une ville. *Il habite dans un **quartier** éloigné du centre.* **4** Chacune des phases de la Lune. *Avant la pleine lune, la Lune est dans son premier **quartier**.* • **Quartier général** : endroit où est établi l'état-major d'une armée.

quartier-maître (nom masculin) Soldat de marine correspondant au grade de caporal dans l'armée de terre. *Le **quartier-maître** a donné ses ordres aux matelots.*
▶ Pluriel : des **quartiers-maîtres**.
▶ On écrit aussi **quartier-maitre**.

quart-monde (nom masculin) Ensemble des pays les plus pauvres du monde ou des personnes les plus défavorisées dans un pays.

quarto (adverbe) Quatrièmement. *Tercio, Thomas reviendra, **quarto** il s'excusera.*
▶ Prononciation [kwaʀto].

quartz (nom masculin) Roche très dure formée de cristaux. *Le granit contient du **quartz**. Une montre à **quartz**.*
▶ Prononciation [kwaʀts].

quasar (nom masculin) Astre parmi les plus lumineux de l'Univers.
★ Quasar est l'acronyme de l'anglais *quasi stellar*.

quasi (adverbe) Presque ou pour ainsi dire. *Les travaux sont **quasi** terminés. Laura a gagné la **quasi**-totalité des épreuves.*
▶ On met un trait d'union après **quasi** quand on l'emploie devant un nom.
★ Quasi est un mot latin qui signifie « comme si ».

quasiment (adverbe) Synonyme familier de quasi. *Je suis **quasiment** sûr qu'elle ne viendra pas.*

quaternaire (nom masculin) • **Ère quaternaire** : période géologique marquée par l'apparition et l'évolution de l'homme.
▶ Prononciation [kwatɛʀnɛʀ].

quatorze (déterminant) Dix plus quatre (14). *Fatima a l'intention d'inviter **quatorze** personnes à son anniversaire.*
▪ **quatorze** (nom masculin) Nombre quatorze. *Sept plus sept égale **quatorze**.*

quatorzième (adjectif et nom) Qui occupe le rang numéro 14. *Il habite dans le **quatorzième** arrondissement. Il est le **quatorzième** au classement.*
▪ **quatorzième** (nom masculin) Ce qui est contenu quatorze fois dans un tout.

quatrain (nom masculin) Poème ou strophe de quatre vers.

quatre (déterminant) Trois plus un (4). *Le petit frère de Gaëlle a **quatre** ans.* • **Manger comme quatre** : manger énormément. • **Se mettre en quatre** : se donner beaucoup de mal.
▪ **quatre** (nom masculin) Chiffre ou nombre quatre. *Il est payé le **quatre** du mois.*

quatre-heures (nom masculin) Goûter. *Les enfants prennent leurs **quatre-heures** en sortant de l'école.*

quatre-quarts (nom masculin) Gâteau dans lequel on met le même poids de beurre, de farine, de sucre et d'œufs.
▶ Pluriel : des **quatre-quarts**.

quatre-quatre (nom masculin) Véhicule tout-terrain à quatre roues motrices.
▶ Pluriel : des **quatre-quatre**.
▶ On écrit aussi **4 x 4**.

quatre-vingt-dix (déterminant) Neuf fois dix (90). *Il habite à **quatre-vingt-dix** kilomètres de la mer.*

quatre-vingts (déterminant) Quatre fois vingt (80). ***Quatre-vingts** personnes vont assister à la réunion.*
▶ Lorsque **quatre-vingts** est suivi d'un autre nombre, il ne prend pas de « s » : *quatre-vingt-deux*.

quatrième (adjectif et nom) Qui occupe le rang numéro 4. *Ce bébé est leur **quatrième** enfant. Kevin est le **quatrième** de la classe.*
▪ **quatrième** (nom féminin) Troisième année de l'enseignement secondaire. *Il est en **quatrième** au collège.*

quatuor (nom masculin) **1** Orchestre formé de quatre musiciens. **2** Morceau de musique écrit pour quatre instruments. *Les musiciens vont interpréter un **quatuor** de Beethoven.*
▶ Prononciation [kwatɥɔʀ].

que (pronom) **1** Sert à interroger. ***Que** cherchez-vous ?* **2** Au début d'une proposition relative, sert à désigner une personne ou une chose en fonction de complément. *Le livre **que** tu cherches est sur mon bureau.*
▪ **que** (conjonction) **1** Sert à relier une proposition subordonnée à la proposition principale. *Je suis sûr **qu'**elle viendra. Je voudrais **que** tu me prêtes un stylo.* **2** S'utilise dans les comparaisons. *Tu es plus frileuse **que** moi.* **3** Sert à exprimer un souhait, un ordre. ***Qu'**il se taise ou **qu'**il sorte !* • **Ne... que** : seulement. *Il **ne** reste **qu'**un seul gâteau.*
▪ **que** (adverbe) Sert à introduire une phrase exclamative. ***Que** la mariée est jolie ! **Qu'**il est mignon, ce petit chien !* (Syn. **comme**.)
▶ **Que** devient **qu'** devant une voyelle ou un « h » muet.

québécois, oise → tableau p. 6 / 7.

quel, quelle (déterminant) **1** Sert à poser une question. ***Quel** temps fait-il ?* **2** Sert à introduire une exclamation. ***Quelle** jolie robe !*
▪ **quel, quelle** (pronom) Sert à interroger. ***Quel** est ton chanteur préféré ?*

quelconque (adjectif) **1** N'importe lequel. *Si tu as un ennui **quelconque**, tu peux compter sur moi.* **2** Qui ne présente aucun intérêt particulier. *Ce film était vraiment **quelconque**.* (Syn. **médiocre.**)

quelque (déterminant) Sert à indiquer une durée, un nombre, une quantité indéterminés. *Il y a **quelque** temps que je ne l'ai pas vu.*
▪ **quelques** (déterminant) Sert à indiquer un petit nombre de personnes, de choses. *J'ai invité **quelques** amis à dîner.*

quel que, quelle que (adjectif) N'importe lequel, n'importe laquelle. ***Quels que** soient vos problèmes, nous allons essayer de les résoudre.*

quelque chose (pronom) Désigne une chose indéterminée. *Ce colis contient **quelque chose** de lourd.*

quelquefois (adverbe) De temps en temps ou à certains moments. *Hélène va **quelquefois** à la patinoire avec ses amis.* (Syn. **parfois.**)

quelque part (adverbe) Dans un lieu indéterminé. *Nous nous sommes déjà vus **quelque part**.*

quelques-uns, quelques-unes (pronom) Un petit nombre de personnes ou de choses. *Est-ce que je peux cueillir **quelques-unes** de ces roses ?*

quelqu'un (pronom) Une personne indéterminée. *Va ouvrir la porte, **quelqu'un** a sonné.*

quémander (verbe) (conj. 3) Demander avec insistance. *Le chien est toujours en train de **quémander** un sucre.*

qu'en-dira-t-on (nom masculin) Ce que les gens racontent sur les autres. *Il vit comme il en a envie, sans se préoccuper du **qu'en-dira-t-on**.*

quenelle (nom féminin) Rouleau composé de pâte fine mélangée à du poisson ou de la viande hachés. *Des **quenelles** de brochet.*

quenotte (nom féminin) Dans le langage des enfants, synonyme de dent.

quenouille (nom féminin) Petit bâton sur lequel on enroulait, autrefois, des fibres de laine ou de lin que les femmes filaient.

querelle (nom féminin) Discussion violente provoquée par un désaccord. *La **querelle** entre les deux automobilistes a failli se terminer en bagarre.*
★ Famille du mot : querel**leur**, se querel**ler**.

se **quereller** (verbe) (conj. 3) Synonyme de se disputer. *Arrêtez de **vous quereller** pour des bêtises !*

querelleur, euse (adjectif) Qui a tendance à se quereller avec tout le monde. *Il devient très **querelleur** dès qu'il commence à perdre.*

quérir (verbe) Synonyme littéraire de chercher. *Elle alla **quérir** de l'eau à la fontaine.*
▶ **Quérir** ne s'emploie qu'à l'infinitif.

questeur (nom masculin) **1** Magistrat dans la Rome antique. *Le **questeur** était chargé de récolter les impôts.* **2** Membre d'une assemblée parlementaire. *Le **questeur** est responsable de l'administration, du budget de l'assemblée.*

question (nom féminin) **1** Demande adressée à quelqu'un afin d'obtenir une réponse. *Je ne comprends pas votre **question**.* **2** Sujet de discussion ou problème à résoudre. *Nous examinerons cette **question** à la fin de la réunion.* • En question : dont il s'agit. *Je vais vous présenter la personne **en question**.* • Hors de question : se dit d'une chose qu'on refuse absolument. *Il est **hors de question** que tu sortes ce soir.* • Il est question de quelqu'un *ou* de quelque chose : on en parle. ***Il est question de** toi dans sa lettre. **Il est question d'**organiser une excursion pour notre classe.*
★ Famille du mot : question**naire**, question**ner**.

questionnaire (nom masculin) Série de questions. *Répondre à un **questionnaire**.*

questionner (verbe) (conj. 3) Poser des questions. *Le médecin l'**a** longuement **questionné** sur ses troubles de santé.* (Syn. **interroger.**)

quête (nom féminin) Action de recueillir de l'argent au profit de personnes qui en ont besoin. *Une **quête** en faveur des victimes de la faim.* (Syn. **collecte.**) • En quête de quelque chose : à sa recherche. *L'orage approche, mettons-nous **en quête d'**un abri.*

quêter (verbe) (conj. 3) Faire la quête. *Des enfants **quêtent** dans la rue au profit des handicapés.*

quetsche (nom féminin) Prune ovale, à la peau violet foncé. *Une tarte aux **quetsches**.*
▶ Prononciation [kwɛtʃ].

quetzal, als (nom masculin) **1** Oiseau d'Amérique centrale, aux très longues plumes d'un vert éclatant. *Le **quetzal** est appelé l'oiseau soleil.* **2** Monnaie du Guatemala. *Le **quetzal** existe depuis 1936.*
▶ Prononciation [kɛtzal].
★ Quetzal est un mot aztèque.

queue (nom féminin) **1** Extrémité arrière du corps de certains animaux. *Pierre s'est fait griffer quand il a tiré la **queue** du chat.* **2** Tige d'une fleur ou d'un fruit. *Elle fait de la tisane avec des **queues** de cerises.* **3** Partie allongée qui sert à tenir certains ustensiles de cuisine. *La **queue** d'une casserole.* (Syn. **manche.**) **4** File d'attente. *Des gens font la **queue** devant le cinéma.* **5** Ce qui est placé au bout, à la fin. *Notre wagon est en **queue** de train.* • À la queue leu leu : l'un derrière l'autre. *L'entrée du souterrain est étroite, avancez **à la queue leu leu**.* • Faire une queue de poisson : se rabattre brusquement devant la voiture que l'on vient de doubler. • N'avoir ni queue ni tête : n'avoir aucun sens. *Cette histoire stupide **n'a ni queue ni tête**.*

queue-de-cheval (nom féminin) Coiffure dans laquelle les cheveux sont tirés et noués en arrière et retombent sur la nuque.
▶ Pluriel : des **queues-de-cheval**.

queue-de-pie (nom féminin) Habit de cérémonie à longs pans. *Un homme en **queue-de-pie** ressemble à un pingouin.*
▶ Pluriel : des **queues-de-pie**.

queux (nom masculin) • Maître queux : chef cuisinier. *C'est le **maître queux** qui conseille les clients.*

qui (pronom) **1** Sert à interroger à propos de quelqu'un. *Qui est là ? À **qui** es-tu en train d'écrire ? Avec **qui** as-tu joué ?* **2** Au début d'une proposition relative, sert à désigner une personne ou une chose en fonction de sujet. *Le garçon **qui** arrive est mon cousin.*

quiche (nom féminin) Tarte salée faite d'un mélange de crème et d'œufs et garnie de lardons.
★ **Quiche** vient de l'allemand *Kuchen* qui signifie « gâteau ».

quiconque (pronom) N'importe qui. *Myriam réussit les tartes aux pommes mieux que **quiconque**.*

quid (adverbe) Dans la langue familière, sert à interroger à propos de quelqu'un ou de quelque chose. ***Quid** de la situation ?*
▶ Prononciation [kwid].
★ **Quid** est un mot latin.

quidam (nom masculin) Dans la langue familière, personne quelconque, qu'on ne connaît pas. *Il a demandé l'heure à un **quidam** dans la rue.*
★ **Quidam** est un mot latin qui signifie « une certaine personne ».

quiet, quiète (adjectif) Synonyme littéraire de tranquille. *Une atmosphère **quiète** et feutrée.*
▶ Prononciation [kjɛ, kjɛt].

quiétude (nom féminin) Synonyme littéraire de tranquillité. *Son père aime la **quiétude** de la vie à la campagne.*

quignon (nom masculin) • **Quignon de pain** : morceau de pain contenant beaucoup de croûte. *Il s'est contenté d'un **quignon de pain** pour le goûter.*

quille (nom féminin) **1** Pièce de bois allongée que l'on fait tomber en lançant une boule. *Un jeu de **quilles**.* **2** Partie inférieure de la coque d'un navire. *Le bateau a été déséquilibré quand sa **quille** a heurté un rocher.*

quincaillerie (nom féminin) Magasin où l'on vend des clous, des outils, des ustensiles de ménage et de bricolage.

quincaillier, ère (nom) Personne qui tient une quincaillerie.
▶ On écrit aussi **quincailler**.

quinconce (nom masculin) • **En quinconce** : se dit de choses disposées par cinq, quatre aux coins d'un carré et la cinquième au milieu. *Des arbres plantés **en quinconce**.*

quinine (nom féminin) Médicament qui sert à soigner le paludisme.

quinqu(a)- Élément tiré du latin *quinque* qui signifie « cinq » (exemple : *quinquagénaire*).
▶ Prononciation [kɛ̃ka] ou [kɥɛ̃kwa].

quinquagénaire (adjectif et nom) Qui a entre cinquante et soixante ans. *Notre voisin est un dynamique **quinquagénaire**.*

quinquennal, ale, aux (adjectif) **1** Qui dure cinq ans. *Le gouvernement a adopté un plan **quinquennal**.* **2** Qui se reproduit tous les cinq ans.

quinquennat (nom masculin) Durée d'une fonction, d'un mandat, d'un plan de cinq ans. *Les Français ont voté le **quinquennat** présidentiel.*

quinquina (nom masculin) **1** Arbre originaire d'Amérique du Sud. *On extrait de la quinine de l'écorce du **quinquina**.* **2** Vin apéritif au quinquina.

quint- Élément tiré du latin *quintus* qui signifie « cinquième » (exemple : *quintuple*).

quintal, aux (nom masculin) Unité de mesure qui équivaut à 100 kilos. *Ce champ produit plusieurs centaines de **quintaux** de blé chaque année.*

quinte (nom féminin) • **Quinte de toux** : accès de toux violent. *Romain a eu plusieurs **quintes de toux** pendant la nuit à cause de sa bronchite.*

quintessence (nom féminin) Ce qu'il y a d'essentiel, de plus raffiné, de plus précieux. *Ce recueil contient la **quintessence** de sa poésie.*

quintette (nom masculin) Ensemble de cinq musiciens. *Un **quintette** de jazz.*

quintuple (nom masculin) Nombre obtenu en quintuplant un autre nombre. *Cinquante est le **quintuple** de dix (50 = 10 × 5).*
★ Famille du mot : quintupl**er**, quintupl**és**.

quintupler (verbe) (conj. 3) Multiplier par cinq. *Cette société **a quintuplé** les ventes de ses produits grâce à la publicité.*

quintuplés, ées (nom pluriel) Cinq enfants nés au cours du même accouchement.

quinzaine (nom féminin) **1** Ensemble d'environ quinze. *Il y a une **quinzaine** de clients dans le magasin.* **2** Durée d'environ quinze jours. *Nous serons en vacances dès la première **quinzaine** de juillet.*

quinze (déterminant) Dix plus cinq (15). *J'ai lu les **quinze** premières pages de ce livre. Ce livre coûte **quinze** euros.*
■ **quinze** (nom masculin) **1** Nombre quinze. *J'habite au **quinze** de cette rue. Nous partons en vacances le **quinze** du mois.* **2** Équipe de rugby comprenant quinze joueurs. *Le **quinze** de France.*
★ Famille du mot : quinz**aine**, quinz**ième**.

quinzième (adjectif et nom) Qui occupe le rang numéro 15. *Thomas habite au **quinzième** étage d'une tour.*
■ **quinzième** (nom masculin) Ce qui est contenu quinze fois dans un tout. *Quatre est le **quinzième** de soixante.*

quiproquo (nom masculin) Erreur qui consiste à prendre une personne ou une chose pour une autre. *Il a demandé un renseignement à une cliente en la prenant pour une vendeuse, quel **quiproquo** !* (Syn. **malentendu**.)
★ **Quiproquo** vient du latin *quid pro quo* qui signifie « quelque chose à la place d'autre chose ».

quittance (nom féminin) Document prouvant que l'on a payé. *Les locataires reçoivent une **quittance** de loyer.*

quitte (adjectif) Qui ne doit plus rien à quelqu'un. *Je t'ai remboursé, maintenant nous sommes **quittes**.*
• **En être quitte pour la peur** : avoir seulement eu peur.
• **Quitte à faire quelque chose** : en prendre le risque. *Il a plongé pour sauver son frère **quitte à** se noyer.*

quitter (verbe) (conj. 3) **1** Partir d'un endroit. *Il **a quitté** la France depuis six mois.* **2** Se séparer de quelqu'un. *Elles se **sont quittées** avec beaucoup de tristesse.* **3** Cesser une activité. *Il **a quitté** son club d'escrime pour faire du judo.* • **Ne quittez pas** : formule que l'on utilise au téléphone pour demander à quelqu'un de ne pas raccrocher.

quitus (nom masculin) Acte par lequel on approuve la gestion d'un responsable. *Le directeur a donné **quitus** au comptable.*
► Prononciation [kitys].

qui-vive (nom masculin) • **Être sur le qui-vive** : être sur ses gardes, prêt à riposter à une attaque.
★ **Qui-vive** est le cri par lequel une sentinelle interpelle une personne qui lui paraît suspecte : « Halte-là, qui vive ? ».

quiz (nom masculin) Jeu qui consiste à répondre à une série de questions. *Myriam a bien répondu au **quiz** sur l'histoire.*
► **Quiz** est un mot anglais : on prononce [kwiz].

quoi (pronom) **1** Sert à interroger à propos de quelque chose. *À **quoi** pensez-vous ?* **2** Sert à désigner un nom de chose dans une proposition subordonnée. *Je ne sais pas **quoi** faire.*

quoique (conjonction) Sert à exprimer l'opposition. *Il est allé travailler **quoiqu'**il soit malade.* (Syn. **bien que**.)
► **Quoique** est suivi du subjonctif.

quoi que (pronom) Quelle que soit la chose qui arrive. ***Quoi que** je dise, tu me fais des reproches.*

quolibet (nom masculin) Parole injurieuse. *Le magicien maladroit a été obligé de quitter la scène sous les **quolibets** des spectateurs.*

quorum (nom masculin) Nombre minimum de votants pour qu'un vote soit valable. *Le **quorum** est atteint.*
► Prononciation [kɔʀɔm] ou [kwɔʀɔm].

quota (nom masculin) Pourcentage fixé à l'avance. *Il y a des **quotas** sur les importations de céréales.*

quote-part (nom féminin) Part que chacun donne ou reçoit. *Pour le ravalement de l'immeuble, chaque propriétaire devra payer sa **quote-part**.*
► Pluriel : des **quotes-parts**.

quotidien, enne (adjectif) Qui a lieu chaque jour. *Il fait son trajet **quotidien** en autobus, de la maison au bureau.*
▪ **quotidien** (nom masculin) Journal qui paraît chaque jour. *La nouvelle a été annoncée ce matin dans tous les **quotidiens** du pays.*

quotidiennement (adverbe) De façon quotidienne. *Ce vieux monsieur fait **quotidiennement** une petite promenade le long des quais.*

quotient (nom masculin) Résultat d'une division. *Le **quotient** de 50 divisé par 10 est égal à 5.*
► Prononciation [kɔsjɑ̃].
★ **Quotient** vient du latin *quotiens* qui signifie « combien de fois ».

quotité (nom féminin) • **Quotité disponible** : partie du patrimoine dont on peut disposer librement.

r (nom masculin) Dix-huitième lettre de l'alphabet. *Le **R** est une consonne.*

rabâchage (nom masculin) Action de rabâcher.

rabâcher (verbe) (conj. 3) Synonyme de ressasser. *Arrête de **rabâcher** toujours la même chose !*

rabais (nom masculin) Synonyme de réduction. *Le vendeur nous a fait un **rabais** sur le prix car le pantalon avait un défaut.*

rabaisser (verbe) (conj. 3) Mettre au-dessous de sa valeur. *Il cherche à **rabaisser** ses concurrents.* (Syn. **dénigrer.**)

rabat (nom masculin) Partie d'une chose qui peut se rabattre. *Cette veste a des poches à **rabats**.*

rabat-joie (nom) Personne qui trouble la joie des autres. *Chaque fois qu'il y a une fête, il joue les **rabat-joie**.* (Syn. **trouble-fête.**)
▶ Pluriel : des **rabat-joies** ou des **rabat-joie**.

rabatteur, euse (nom) Personne qui, à la chasse, rabat le gibier.

rabattre (verbe) (conj. 31) **1** Replier ou refermer quelque chose. ***Rabattre** le couvercle d'une boîte.* **2** Faire descendre. *Le vent **rabat** les fumées d'usine sur la ville.* **3** Déduire une certaine somme sur un prix. *L'entrepreneur a accepté de **rabattre** 10 % sur le prix du devis.* **4** Forcer le gibier à aller dans la direction des chasseurs. **5** **Se rabattre** : changer brusquement de direction. *Quand on dépasse une voiture, il ne faut pas **se rabattre** trop vite.* **6** **Se rabattre sur quelque chose** : s'en contenter faute de mieux. *Faute de moyens, il **s'est rabattu sur** du matériel d'occasion.*
★ Famille du mot : rabat, rabat-joie, rabatt**eur**.

rabbin (nom masculin) Chef religieux d'une communauté juive.

rabibocher (verbe) (conj. 3) Synonyme familier de réconcilier. *Anna et sa sœur se **sont rabibochées**.*

rabiot (nom masculin) Synonyme familier de supplément. *Grâce à la grève des trains, Victor a eu un petit **rabiot** de vacances.* (Syn. **surplus.**)

rabioter (verbe) (conj. 3) Faire de petits profits supplémentaires, dans la langue familière. *Le commerçant **a rabioté** quelques euros.*

rabique (adjectif) Qui se rapporte à la maladie de la rage.

râble (nom masculin) Partie du lièvre ou du lapin qui se trouve en bas du dos.

râblé, ée (adjectif) Qui a une forte carrure. *Un lutteur **râblé**.*

rabot (nom masculin) Outil de menuisier qui sert à raboter.
★ Famille du mot : rabot**er**, rabot**euse**, rabot**eux**.

raboter (verbe) (conj. 3) Rendre plat et lisse au moyen d'un rabot. *Il **a raboté** le bas de la porte qui frottait sur la moquette.*

raboteuse (nom féminin) Machine-outil servant à raboter.

raboteux, euse (adjectif) Sans élégance ni harmonie. *Cet écrivain a un style **raboteux**.*

rabougri, ie (adjectif) Qui est chétif, recroquevillé. *Cet arbuste est malade, ses feuilles sont toutes **rabougries**.*

rabouter (verbe) (conj. 3) Assembler bout à bout. *Le plombier **a rabouté** deux bouts de tuyaux.*

rabrouer (verbe) (conj. 3) Repousser quelqu'un avec rudesse. *Cesse de **rabrouer** ton petit frère !* (Syn. **rembarrer.**)

racaille (nom féminin) Ensemble de gens malhonnêtes, dans la langue familière. *Toute cette **racaille** finira en prison.*

raccommodage (nom masculin) Action de raccommoder un vêtement.

raccommoder (verbe) (conj. 3) **1** Réparer en cousant ce qui est troué ou déchiré. *Anna essaie de **raccommoder** sa robe.* **2** **Se raccommoder** : synonyme familier de se réconcilier. *Après quelques années de brouille, elles **se sont raccommodées**.*

raccompagner (verbe) (conj. 3) Synonyme de ramener. *Comme il était tard, la mère d'Élodie m'**a raccompagnée**.*

raccord (nom masculin) **1** Pièce qui permet de raccorder deux éléments. **2** Touche de peinture qu'on applique sur une surface là où il en manque. *La pièce a été rénovée, il ne reste que quelques **raccords** de peinture à faire.*

raccordement (nom masculin) Action de raccorder. *Le plombier procède au **raccordement** des nouvelles conduites de gaz.*

raccorder (verbe) (conj. 3) Relier par un raccord ou une voie de communication. *Une nouvelle route **raccorde** la banlieue au centre-ville.*
★ Famille du mot : raccord, raccord**ement**.

raccourci (nom masculin) Chemin plus court. *Ce **raccourci** va nous faire gagner dix minutes.*

raccourcir (verbe) (conj. 11) **1** Rendre plus court. *Cette jupe est trop longue, il faut la **raccourcir**.* **2** Devenir plus court. *L'été est fini, les jours commencent à **raccourcir**.* (Contr. **rallonger**.)

raccroc (nom masculin) • **Par raccroc** : grâce à un heureux concours de circonstances.

raccrocher (verbe) (conj. 3) **1** Accrocher de nouveau. *Après avoir repeint le salon, il va falloir **raccrocher** les tableaux.* **2** Interrompre une communication téléphonique. *Quelqu'un sonne à la porte, je dois **raccrocher**.* **3** **Se raccrocher** : se retenir à quelque chose. *Il a réussi à **se raccrocher** à une branche.*

race (nom féminin) **1** Groupe d'êtres humains qui ont certaines caractéristiques physiques communes. *La plupart des Africains sont de **race** noire.* **2** Catégorie d'une espèce animale. *Quelle est la **race** de ce chien ? – C'est un caniche.*
★ Famille du mot : **anti**raci**ste**, rac**é**, rac**ial**, rac**isme**, rac**iste**.

racé, ée (adjectif) Qui a les qualités propres à sa race. *Un chien **racé**.*

rachat (nom masculin) Action de racheter quelque chose.

rachetable (adjectif) Qui peut être racheté. *Toute erreur est **rachetable**.*

racheter (verbe) (conj. 8) **1** Acheter de nouveau. *Il n'y a plus de beurre, il faut en **racheter**.* **2** Acheter à quelqu'un ce qu'il avait acheté pour lui. *Mon oncle veut vendre sa voiture, c'est maman qui va la lui **racheter**.* **3** **Se racheter** : se faire pardonner. *Benjamin a voulu **se racheter** en faisant la vaisselle.*

rachianesthésie (nom féminin) Méthode qui consiste à injecter dans la moelle épinière un produit qui provoque l'anesthésie des régions avoisinantes. *On lui a fait une **rachianesthésie** pour sa césarienne.*

rachidien, enne (adjectif) Qui concerne le rachis. *L'homme possède trente et une paires de **nerfs rachidiens**.*

rachis (nom masculin) **1** Colonne vertébrale. **2** Axe central d'un organe. *Le **rachis** est le prolongement du tuyau de la plume des oiseaux.*
▶ Prononciation [raʃis].

rachitique (adjectif) Dont le squelette s'est mal développé. *Ces enfants **rachitiques** souffrent de la famine.*

rachitisme (nom masculin) Maladie des personnes rachitiques.

racial, ale, aux (adjectif) Qui concerne la race. *La loi interdit les discriminations **raciales**.*

racine (nom féminin) **1** Partie des végétaux qui s'enfonce dans la terre et qui leur sert à se nourrir. *Ce gros arbre a des **racines** très profondes.* **2** Partie d'une dent qui est sous la gencive. **3** Élément commun à tous les mots d'une même famille. *Les mots « lasser, lassitude, délasser, inlassable » ont la même **racine** : « las ».*
★ Famille du mot : **dé**racin**er**, s'**en**racin**er**.

racisme (nom masculin) Doctrine et comportement de ceux qui pensent qu'une race humaine est supérieure aux autres races. *Il faut lutter contre toutes les formes de **racisme**.*

raciste (adjectif et nom) Qui fait preuve de racisme. *Clément n'est pas **raciste**, il sait qu'aucune race n'est supérieure aux autres.*

racket (nom masculin) Action d'extorquer de l'argent par l'intimidation ou la violence.
▶ **Racket** est un mot anglais : on prononce [rakɛt].
★ Famille du mot : racket**ter**, racket**teur**.

racketter (verbe) (conj. 3) Soumettre quelqu'un à un racket. *Il s'est fait **racketter** à la sortie du collège.*

racketteur, euse (nom) Personne coupable de racket. *Un groupe de **racketteurs** a été arrêté par la police.*

raclée (nom féminin) Dans la langue familière, série de coups. *Recevoir une **raclée**.* (Syn. **volée**.)

raclement (nom masculin) Action de racler. *Avant le début du concert, on entend quelques **raclements** de gorge.*

racler (verbe) (conj. 3) Gratter quelque chose pour le nettoyer. *La crème a attaché au fond de la casserole, il va falloir la **racler**.*
★ Famille du mot : racl**ement**, racl**ette**, racl**oir**.

raclette (nom féminin) **1** Petit outil qui sert à racler. *Papa retire la neige sur le pare-brise avec une **raclette**.* **2** Fromage que l'on fait fondre et que l'on racle au fur et à mesure pour le manger.

racloir (nom masculin) Instrument qui sert à racler. *David retire le givre de sa voiture avec un **racloir**.*

racoler (verbe) (conj. 3) Attirer un client par tous les moyens pour lui vendre quelque chose.

racoleur, euse (nom) Personne qui racole. *Ce **racoleurs** veut à tout prix nous vendre des cartes d'adhérent.*

racontar (nom masculin) Synonyme familier de commérage. *N'écoute surtout pas ses **racontars**.*

raconter (verbe) (conj. 3) Faire le récit d'un évènement. *« Le Livre de la jungle » **raconte** l'histoire de Mowgli, enfant sauvage adopté par les animaux.*

racornir (verbe) (conj. 11) Rendre dur et coriace comme de la corne. *Cette viande, trop cuite, **est** toute **racornie** !*

radar (nom masculin) Appareil qui montre sur un écran la position d'une chose qu'on ne peut pas voir. *Les avions sont guidés par des **radars**.*
★ **Radar** est l'abréviation des mots anglais *Radio detection and ranging* qui signifient « détection et mesure par radio ».

rade (nom féminin) Grand bassin naturel qui communique avec la mer. *Plusieurs paquebots sont ancrés dans la **rade**.*

radeau, eaux (nom masculin) Embarcation faite de morceaux de bois assemblés. *Ils ont construit un **radeau** pour traverser la rivière.*

radial, ale, aux (adjectif) **1** Qui a une disposition en rayon. *Le réseau ferré a une structure **radiale**.* **2** Qui concerne le radius.

radian (nom masculin) Unité de mesure des angles plans et des arcs de cercle. *180° = π **radians**.*
► Le symbole de **radian** est *rad*.

radiateur (nom masculin) **1** Appareil de chauffage. *Dans chaque pièce de la maison, il y a un **radiateur**.* **2** Appareil servant à refroidir le moteur d'une voiture.

① **radiation** (nom féminin) Rayonnement invisible qui peut présenter un danger. *Des habitants de la région ont été victimes de **radiations** radioactives.*

② **radiation** (nom féminin) Action de radier quelqu'un. *Ce sportif était dopé et sa **radiation** du club a été décidée.*

① **radical, ale, aux** (adjectif) **1** Qui attaque un mal dans ses causes profondes. *Prendre des mesures **radicales** pour enrayer le chômage.* **2** Qui est complet, total. *Il y a eu un changement **radical** dans son comportement.*
★ Famille du mot : radicale**ment**, radical**isme**, radical**ité**, radical-socialisme.

② **radical, aux** (nom masculin) Partie du mot qui ne change pas. *« Camp » est le **radical** du verbe « camper » et du nom « campeur ».*

radicalement (adverbe) D'une manière radicale. *Ces deux frères ont des caractères **radicalement** opposés.* (Syn. **complètement, totalement.**)

radicalisme (nom masculin) **1** Doctrine politique des républicains radicaux et des radicaux-socialistes. **2** Attitude intellectuelle inflexible, intransigeante. *Le **radicalisme** de Yann paralyse toute discussion.*

radicalité (nom féminin) Caractère radical, absolu. *La **radicalité** de son raisonnement s'oppose à toute discussion.*

radical-socialisme (nom masculin) Courant politique apparenté au radicalisme.

radicelle (nom féminin) Petite racine secondaire. *La racine principale se ramifie en **radicelles**.*

radiculaire (adjectif) Qui concerne une radicule ou une racine.

radicule (nom féminin) Racine principale de l'embryon. *La **radicule** apparaît quand la graine germe.*
★ **Radicule** vient du latin *radicula* qui signifie « petite racine ».

radier (verbe) (conj. 10) Rayer quelqu'un d'une liste. *Cet athlète **a été radié** de son club pour avoir triché.*

radiesthésie (nom féminin) Sensibilité aux radiations qu'émettraient différents corps. *Le sourcier utilise la **radiesthésie**.*

radieux, euse (adjectif) **1** Qui brille d'un vif éclat. *Il fait un soleil **radieux** ce matin.* (Syn. **éclatant.**) **2** Qui rayonne de joie, de bonheur. *Un sourire **radieux**.*

radin, ine (adjectif et nom) Synonyme familier d'avare. *Il est bien trop **radin** pour offrir des fleurs.*

radiner (verbe) (conj. 3) Synonyme familier d'arriver, venir. ***Radine** vite ! Il y a urgence.*
► On dit aussi **se radiner**.

radio- 1 Élément tiré du latin *radius* qui signifie « rayon » (exemples : *radiologie, radioactif*). **2** Élément tiré de ***radio**diffusion* (exemple : *radiocassette*).

radio (nom féminin) **1** Procédé qui permet d'envoyer des sons en utilisant des ondes. **2** Appareil qui reçoit et transmet ces ondes pour produire des sons. *Papa a fait installer la **radio** dans la voiture.* **3** Photographie de l'intérieur du corps, à l'aide de rayons X. *Fatima doit passer une **radio** pour savoir si elle a une entorse ou une fracture.*
▪ **radio** (nom masculin) Sur un avion ou sur un bateau, personne chargée des communications par radio.
★ Au sens 1, **radio** est l'abréviation de *radiodiffusion*. Au sens 3, **radio** est l'abréviation de *radiographie*.

radioactif, ive (adjectif) Qui émet des radiations ou des rayonnements qui résultent de réactions nucléaires. *Les déchets **radioactifs** des centrales nucléaires sont très dangereux.*

radioactivité (nom féminin) Caractère radioactif de certains corps. *La **radioactivité** du radium, de l'uranium.*

radiocassette (nom féminin ou nom masculin) Appareil combinant un récepteur de radio et un lecteur-enregistreur de cassettes audio. *Myriam enregistre son émission de radio préférée sur son **radiocassette**.*

radiocommande Voir ***radioguidage***.

radiodiffusé, ée (adjectif) Qui est diffusé par la radio. *Cet opéra doit **être radiodiffusé** en direct.*

radiodiffusion Voir ***radio***.

radiofréquence (nom féminin) Fréquence d'une onde radioélectrique.

radiographie Voir ***radio***.

radiographier (verbe) (conj. 10) Faire une radio d'une partie du corps.

radioguidage (nom masculin) Commande à distance au moyen d'ondes radioélectriques. *Le **radioguidage** permet de guider à distance un avion.*

radiologie (nom féminin) Partie de la médecine qui utilise certains rayonnements pour faire des diagnostics ou pour soigner certaines maladies.

radiologue (nom) Médecin spécialiste de radiologie.

radiophonique (adjectif) Qui passe à la radio. *Les émissions, les jeux **radiophoniques**.*

radioréveil (nom masculin) Appareil qui combine une radio et un réveil. *David a mis son **radioréveil** à 7 heures.*

radioscopie (nom féminin) Image formée sur un écran fluorescent par un corps traversé par des rayons X. *La **radioscopie**, qui ne laisse pas de document, a été remplacée par la radiographie.*

radiotéléphonie (nom féminin) Procédé des conversations téléphoniques par ondes hertziennes.

radiotélévisé, ée (adjectif) Diffusé simultanément par la radio et la télévision. *Le discours de président est **radiotélévisé**.*

radiothérapie (nom féminin) Traitement par des radiations. *La **radiothérapie** est utilisée pour traiter certains cancers.*

radis (nom masculin) Plante potagère cultivée pour sa racine comestible. *Maman a acheté une botte de **radis** roses et un gros **radis** noir.*

radium (nom masculin) Élément chimique radioactif. *Ce sont Pierre et Marie Curie qui ont découvert les propriétés du **radium** à la fin du XIX*[e] *siècle.*
▶ Prononciation [ʀadjɔm].

radius (nom masculin) Le plus court des deux os de l'avant-bras.
▶ Prononciation [ʀadjys].

radjah Voir ***rajah***.

radotage (nom masculin) Action de radoter. *Ses **radotages** me fatiguent.*

radoter (verbe) (conj. 3) Dire des choses qui n'ont pas de sens, ou répéter sans cesse la même chose. *Il devient gâteux, il commence à **radoter** !*

radouber (verbe) (conj. 3) Remettre en état. *Le pêcheur **a radoubé** son filet et la coque de son bateau.* (Syn. **réparer**.)

se **radoucir** (verbe) (conj. 11) **1** Devenir plus doux. *Au printemps, le temps commence à **se radoucir**.* **2** Devenir plus calme ou plus aimable. *Il s'est fâché très fort, puis il **s'est radouci**.*

radoucissement (nom masculin) Fait de se radoucir. *On sent un net **radoucissement** de la température.*

rafale (nom féminin) **1** Coup de vent soudain et violent. *Des **rafales** de vent sont prévues pour demain le long des côtes.* **2** Suite de coups de feu très rapprochés. *Une **rafale** de mitraillette.*

raffermir (verbe) (conj. 11) Rendre plus ferme. *Ibrahim fait du sport pour **raffermir** ses muscles.*

raffinage (nom masculin) Opération qui consiste à raffiner un produit.

raffiné, ée (adjectif) Qui montre du goût et de la distinction. *Elle est toujours habillée de façon très **raffinée**.* (Contr. **grossier, vulgaire**.)

raffinement (nom masculin) Qualité de ce qui est raffiné. *Leur maison est décorée avec beaucoup de **raffinement**.*

raffiner (verbe) (conj. 3) Rendre une matière plus pure. *On **raffine** le pétrole pour obtenir de l'essence.*
★ Famille du mot : raffin**age**, raffin**é**, raffin**ement**, raffin**erie**.

raffinerie (nom féminin) Usine où l'on raffine un produit. *Une **raffinerie** de sucre, de pétrole.*

raffoler (verbe) (conj. 3) Aimer à la folie. *Gaëlle **raffole** de cette chanteuse, elle a tous ses disques.* (Syn. **adorer**.)

raffut (nom masculin) Synonyme familier de tapage. *Les voisins ont fait la fête toute la nuit, quel **raffut** !*

rafiot (nom masculin) Dans la langue familière, mauvais bateau. *On a traversé la baie sur un vieux **rafiot**.*

rafistoler (verbe) (conj. 3) Dans la langue familière, réparer quelque chose grossièrement. *Papa **a rafistolé** la chaise avec de la grosse ficelle.*

rafle (nom féminin) Arrestation en masse faite à l'improviste par la police. *Il y a eu de nombreuses **rafles** pendant la guerre.*

rafler (verbe) (conj. 3) Prendre et emporter tout ce qu'on trouve. *Les voleurs **ont raflé** tous les bijoux qui étaient en vitrine.*

rafraîchir (verbe) (conj. 11) **1** Rendre plus frais. *Le vent du Nord **a rafraîchi** la température. Le temps **s'est rafraîchi**.* **2** Calmer la soif. *Cette eau fraîche nous **a** bien **rafraîchis**. Kevin a bu à la fontaine pour se **rafraîchir**.* **3** Redonner de la fraîcheur et de l'éclat à ce qui était défraîchi. *Elle **a rafraîchi** la peinture de sa chambre.*
▶ On écrit aussi **rafraichir**.

rafraîchissant, ante (adjectif) Qui rafraîchit. *Le thé glacé est très **rafraîchissant**.*
▶ On écrit aussi **rafraichissant**.

rafraîchissement (nom masculin) **1** Fait de se rafraîchir. *La météo annonce un net **rafraîchissement** de la température.* **2** Boisson fraîche. *Prendre des **rafraîchissements** à la terrasse d'un café.*
▶ On écrit aussi **rafraichissement**.

raft (nom masculin) Bateau léger, souvent en caoutchouc, conçu pour la descente des torrents.
★ Raft est un mot anglais.

rafting (nom masculin) Sport consistant à descendre les torrents en raft. *Odile a fait du **rafting** dans les gorges du Verdon.*
► Prononciation [ʀaftiŋ].

ragaillardir (verbe) (conj. 11) Redonner des forces, de la gaieté. *Cette heureuse nouvelle l'**a ragaillardi**.* (Syn. **réconforter, revigorer.**)

rage (nom féminin) **1** Maladie mortelle qui peut être transmise par la morsure de certains animaux comme les chiens et les renards. **2** Colère très violente. *Pierre est fou de **rage** car on lui a volé son vélo.* • Faire rage : atteindre une très grande violence. *L'incendie **fait rage**.* • Rage de dents : mal de dents très violent.
★ Famille du mot : **enragé, enrager, rager, rageur, rageusement.**

rager (verbe) (conj. 5) Synonyme d'enrager. *Je **rage** d'avoir échoué si près du but.*

rageur, euse (adjectif) Qui exprime la colère. *Il a claqué la porte d'un geste **rageur**.*

rageusement (adverbe) De façon rageuse. *Elle a déchiré la lettre **rageusement**.*

ragondin (nom masculin) Gros rongeur d'Amérique du Sud, vivant dans l'eau. *Le **ragondin** est élevé en Europe pour sa fourrure.*

ragot (nom masculin) Synonyme familier de commérage. *Il ne faut pas croire ces **ragots**.*

ragoût (nom masculin) Plat de viande et de légumes cuits longuement ensemble dans une sauce.
► On écrit aussi **ragout**.

ragoûtant, ante (adjectif) • Pas *ou* peu ragoûtant : qui dégoûte. *Cette odeur de friture n'est **pas** très **ragoûtante**.*
► On écrit aussi **ragoutant**.

ragtime (nom masculin) Style de musique pour piano au rythme très marqué. *Le **ragtime** est avec le blues à la source du jazz.*
► **Ragtime** est un mot américain : on prononce [ʀagtajm].

raï (nom masculin) Musique populaire algérienne. *Le **raï** mêle des thèmes traditionnels et une orchestration moderne.*
► Prononciation [ʀaj].
★ Raï est un mot arabe qui signifie « opinion ».

raid (nom masculin) **1** Attaque rapide et par surprise contre un ennemi. *Un **raid** aérien a fait de nombreuses victimes.* **2** Épreuve sportive d'endurance sur une grande distance. *Il a participé à un **raid** automobile.*
► **Raid** est un mot anglais : on prononce [ʀɛd].

raide (adjectif) **1** Qui est difficile à plier. *Cette toile est trop **raide** pour confectionner un vêtement.* (Contr. **souple.**) **2** Qui ne forme pas de boucles. *Quentin a les cheveux **raides**.* **3** Qui est très incliné. *Fais attention en montant car l'escalier est très **raide**.* (Syn. **abrupt.**) • Être sur la corde raide : être dans une situation dangereuse, difficile.

■ **raide** (adverbe) Soudain. *Tomber **raide** mort.*
★ Famille du mot : raid**eur**, raid**illon**, raid**ir**.

raideur (nom féminin) Fait d'être raide. *La **raideur** de cette pente est impressionnante.*

raidillon (nom masculin) Chemin en pente raide. *Romain a du mal à monter le **raidillon** à vélo.*

raidir (verbe) (conj. 11) Rendre raide. ***Raidir** un cordage. Ses doigts se **raidissent** au contact du froid.*

① **raie** (nom féminin) **1** Synonyme de rayure. *Le tissu de la chaise longue est blanc avec des **raies** vertes.* **2** Ligne qui sépare les cheveux en deux. *Thomas a la **raie** sur le côté gauche.*

② **raie** (nom féminin) Poisson de mer au corps aplati.

raifort (nom masculin) Plante dont la racine a un goût piquant.

rail (nom masculin) Chacune des deux barres d'acier parallèles sur lesquelles roulent les trains. *Les **rails** sont fixés sur des traverses.*
★ Famille du mot : **déraillement, dérailler, dérailleur.**

railler (verbe) (conj. 3) Synonyme de se moquer. *Ce n'est pas gentil de **railler** ses amis.*
★ Famille du mot : raill**erie**, raill**eur**.

raillerie (nom féminin) Synonyme de moquerie. *Les **railleries** de ses copains lui ont fait de la peine.*

railleur, euse (adjectif) Synonyme de moqueur. *Un ton **railleur**.*

rainette (nom féminin) Petite grenouille aux doigts pourvus de ventouses et qui vit dans les arbres.

rainure (nom féminin) Fente longue et étroite. *Les **rainures** d'un parquet.*

raiponce (nom féminin) Sorte de campanule dont les feuilles et les racines sont comestibles.

raire (verbe) (conj. 40) Brâmer. (Syn. **réer.**)

raisin (nom masculin) Fruit de la vigne, formé de petits grains réunis en grappes. *On peut faire du vin avec du **raisin** noir ou du **raisin** blanc.*

raison (nom féminin) **1** Ce qui permet à l'homme de réfléchir et de juger ce qu'il est bon de faire. *Malheureusement, dans cette guerre, la folie l'a emporté sur la **raison**.* **2** Ce qui explique un fait ou une action. *La régate a été annulée en **raison** des intempéries. Sais-tu pour quelle **raison** il s'est mis en colère ?* (Syn. **cause, motif.**) • À plus forte raison *ou* raison de plus : par un motif d'autant plus fort. • Avoir de bonnes raisons : avoir de bonnes excuses. • Avoir raison : dire ou faire ce qui est bien ou juste, ne pas se tromper. (Contr. **avoir tort.**) • Ce n'est pas une raison : ce n'est pas une excuse valable. • Entendre raison : admettre ce qui est vrai. • Plus que de raison : plus qu'il n'est raisonnable. • Se faire une raison : se résigner à accepter ce qu'on ne peut pas changer.
★ Famille du mot : **déraisonnable, déraisonner, irraisonné,** raisonn**able**, raisonn**ablement**, raisonn**ement**, raisonn**er**.

raisonnable (adjectif) **1** Qui agit suivant la raison. *Soyez **raisonnables**, attendez la fin de l'orage* *pour sortir.* (Syn. **sensé.** Contr. **déraisonnable, fou.**) **2** Qui n'est pas excessif. *Victor s'est acheté un blouson à un prix très* ***raisonnable****.*

raisonnablement (adverbe) D'une façon raisonnable. *Pour être en bonne santé, il faut boire et manger* ***raisonnablement****.*

raisonnement (nom masculin) Suite des idées et des jugements qui s'enchaînent de façon logique pour arriver à une conclusion. *Je t'avoue que j'ai du mal à suivre ton* ***raisonnement****.*

raisonner (verbe) (conj. 3) **1** Se servir de sa raison pour juger ou démontrer. *Essaie de* ***raisonner*** *avant d'agir !* **2** Essayer de convaincre quelqu'un d'être raisonnable. *Il n'est pas facile de* ***raisonner*** *cet enfant quand il s'énerve.*

rajah (nom masculin) Souverain d'un État indépendant, en Inde.
► Prononciation [Raʒa].
★ **Rajah** est un mot sanskrit.
► On écrit aussi **radjah**.

rajeunir (verbe) (conj. 11) Faire paraître plus jeune. *Cette nouvelle coupe de cheveux la* ***rajeunit****.* (Contr. **vieillir.**)

rajeunissement (nom masculin) Fait de rajeunir, de reprendre de l'éclat.

rajouter (verbe) (conj. 3) Ajouter de nouveau. *Ce yaourt est déjà sucré, ce n'est pas la peine de* ***rajouter*** *du sucre.*

rajustement (nom masculin) Fait de rajuster. *Le* ***rajustement*** *des salaires.*
► On dit aussi **réajustement**.

rajuster (verbe) (conj. 3) **1** Remettre en ordre. ***Rajuster*** *sa coiffure.* (Syn. **arranger.**) **2** Remettre à son juste niveau. ***Rajuster*** *les salaires et les retraites pour suivre la hausse des prix.*
► On dit aussi **réajuster**.

râle (nom masculin) Bruit rauque et anormal qu'on fait parfois en respirant.

ralenti (nom masculin) Régime le plus bas d'un moteur. *Le garagiste a réglé le* ***ralenti****.* • **Au ralenti** : à faible vitesse.

ralentir (verbe) (conj. 11) Aller plus lentement. *Les automobilistes doivent* ***ralentir*** *quand ils traversent une agglomération.* (Contr. **accélérer.**)

ralentissement (nom masculin) Fait de ralentir. (Contr. **accélération.**)

ralentisseur (nom masculin) Sorte de dos-d'âne qui oblige les automobilistes à ralentir.

râler (verbe) (conj. 3) **1** Faire entendre un râle. **2** Dans la langue familière, manifester sa mauvaise humeur. *Arrête de* ***râler*** *tout le temps !* (Syn. **grogner, protester, ronchonner.**)
★ Famille du mot : râle, râl**eur**.

râleur, euse (adjectif et nom) Dans la langue familière, se dit de quelqu'un qui râle souvent.

ralliement (nom masculin) **1** Action de rallier un lieu. *Les manifestants se sont donné un point de* ***ralliement****.* **2** Fait de se rallier. *Ce candidat espère bénéficier du* ***ralliement*** *des écologistes.*

rallier (verbe) (conj. 10) **1** Regrouper des gens dispersés. ***Rallier*** *ses troupes à la frontière.* **2 Se rallier** : adhérer à une opinion. *Elle a fini par* ***se rallier*** *à notre cause.*

rallonge (nom féminin) **1** Planche qui permet de rallonger une table. *Si on est douze à table, il faut mettre les deux* ***rallonges****.* **2** Morceau de fil électrique qui sert à en prolonger un autre. *Pour pouvoir brancher cette lampe, il faut une* ***rallonge****.*

rallonger (verbe) (conj. 5) **1** Rendre plus long. *Hélène a défait l'ourlet pour* ***rallonger*** *sa robe.* **2** Devenir plus long. *Julie a hâte que l'hiver soit fini et que les jours* ***rallongent****.* (Contr. **raccourcir.**)

rallumer (verbe) (conj. 3) Allumer une nouvelle fois. *Si le vent se met à souffler, l'incendie risque de se* ***rallumer****.*

rallye (nom masculin) Compétition dans laquelle les concurrents doivent rallier un endroit déterminé après un certain nombre d'épreuves.
► **Rallye** est un mot anglais : on prononce [Rali].

ramadan (nom masculin) Mois pendant lequel les musulmans doivent respecter le jeûne entre le lever et le coucher du soleil.

ramage (nom masculin) Dans la langue littéraire, chant des oiseaux.
▪ **ramages** (nom masculin pluriel) Dessin de branchages, de rameaux. *Cette étoffe de soie à* ***ramages*** *est très belle.*

ramassage (nom masculin) Action de ramasser. *Les enfants ont participé au* ***ramassage*** *des pommes.*
• **Ramassage scolaire** : transport par autocar des élèves qui habitent loin de l'école.

ramasse-miette (nom masculin) Instrument servant à ramasser les miettes sur une table. *Le serveur passe le* ***ramasse-miette*** *après chaque plat.*
► Pluriel : des **ramasse-miettes**.

ramasser (verbe) (conj. 3) **1** Prendre par terre. *Les enfants* ***ont ramassé*** *des châtaignes et des champignons dans la forêt.* **2** Prendre des choses éparses pour les rassembler. *Le maître* ***a ramassé*** *les cahiers.* **3 Se ramasser** : se replier en contractant ses muscles. *Le chat* ***se ramasse*** *avant de bondir.*
★ Famille du mot : ramass**age**, ramass**is**.

ramassis (nom masculin) Ensemble de choses ou de gens sans valeur. *Cette bande est un* ***ramassis*** *de vauriens.*

rambarde (nom féminin) Rampe qui sert de garde-fou. *La* ***rambarde*** *d'un pont, d'une passerelle.*

rame (nom féminin) **1** Longue pièce de bois dont une extrémité est élargie et plate, et qui sert à faire avancer une embarcation. **2** File de wagons attachés les uns aux autres. *Laura est montée en tête de la* ***rame*** *de métro.*
★ Famille du mot : ram**er**, ram**eur**.

rameau, eaux (nom masculin) Petite branche d'un arbre ou d'un arbuste.

ramener (verbe) (conj. 8) **1** Amener quelqu'un là où il était avant. *Après la séance, mes amis m'**ont ramené** chez moi en voiture.* (Syn. **raccompagner, reconduire.**) **2** Faire revenir à l'état antérieur. *La chaleur **a ramené** l'oiseau à la vie.*

ramequin (nom masculin) Petit récipient pour cuire des aliments au four. *Myriam a préparé des crèmes au caramel dans des **ramequins**.*

ramer (verbe) (conj. 3) Manœuvrer les rames d'une embarcation. *Noémie a mal aux bras à force de **ramer**.*

rameur, euse (nom) Personne qui rame. *Quatre **rameurs** faisaient avancer le bateau.*

rami (nom masculin) Jeu de cartes dans lequel on cherche à rassembler certaines combinaisons de cartes.

ramier (nom masculin) Gros pigeon gris-bleu. (Syn. **palombe.**)

ramification (nom féminin) Division d'une chose en parties plus petites. *Des **ramifications** partent de ce sentier.*

se **ramifier** (verbe) (conj. 10) Se subdiviser en plusieurs ramifications.

ramollir (verbe) (conj. 11) Rendre plus mou. *Odile malaxe la pâte à modeler dans ses mains pour la **ramollir**.*

ramonage (nom masculin) Action de ramoner. *Le **ramonage** régulier des cheminées est obligatoire.*

ramoner (verbe) (conj. 3) Enlever la suie d'un conduit de cheminée.
★ Famille du mot : ramon**age**, ramon**eur**.
★ **Ramoner** est dérivé de l'ancien français *ramon* qui désigne un « balai fait de branches ».

ramoneur (nom masculin) Personne qui ramone les cheminées.

rampant, ante (adjectif) **1** Qui rampe. *Le serpent est un animal **rampant**.* **2** Qui s'abaisse facilement devant ses supérieurs. (Syn. **obséquieux.**)

rampe (nom féminin) **1** Barre fixée le long d'un escalier et qui sert à se tenir. *L'escalier est raide, tiens-toi à la **rampe** !* **2** Plan incliné qui permet le passage entre deux niveaux. *Une **rampe** permet l'accès au garage.* **3** Rangée de lumières au bord d'une scène de théâtre. • **Rampe de lancement** : dispositif qui assure le guidage d'une fusée lors de son lancement dans l'espace.

ramper (verbe) (conj. 3) **1** Se déplacer sur le ventre, par ondulations du corps. *Sarah observe les chenilles qui **rampent** sur la feuille.* **2** Se montrer servile devant quelqu'un. *Il n'a pas à **ramper** devant ses supérieurs !*

ramure (nom féminin) **1** Ensemble des branches d'un arbre. **2** Ensemble des bois d'un cervidé.

rancard (nom masculin) Synonyme familier de rendez-vous. *Quentin et Raphaël ont **rancard** devant l'école.*
▶ On écrit aussi **rencard**.

rancart (nom masculin) • **Mettre au rancart** : mettre de côté, au rebut. *Tous ces vieux meubles sont à **mettre au rancart**.*
▶ On écrit aussi **rencart**.
★ **Rancart** vient du normand *récarter* qui signifie « éparpiller ».

rance (adjectif) Qui a pris en vieillissant un goût fort et âcre. *Ce beurre **rance** est immangeable.*

ranch (nom masculin) Grande ferme d'élevage aux États-Unis.
▶ **Ranch** est un mot anglais : on prononce [rɑ̃tʃ].
▶ Pluriel : des **ranchs** ou des **ranches**.

rancir (verbe) (conj. 11) Devenir rance. *Ce beurre sent mauvais car il **a ranci**.*

rancœur (nom féminin) Synonyme de ressentiment. *William a été victime d'une injustice et en garde une profonde **rancœur**.*

rançon (nom féminin) **1** Somme d'argent que l'on verse en échange de la liberté d'une personne prise en otage. *Les ravisseurs exigent une **rançon**.* **2** Inconvénient que peut entraîner une chose agréable. *Cette actrice a du mal à préserver sa vie privée, c'est la **rançon** de sa célébrité.*

rançonner (verbe) (conj. 3) Exiger de l'argent sous la menace. *Autrefois, les voyageurs de diligence **étaient** souvent **rançonnés** par des brigands.*

rancune (nom féminin) Ressentiment profond envers quelqu'un, accompagné du désir de se venger. *Je lui garde **rancune** de m'avoir trompé.*

rancunier, ère (adjectif) Qui éprouve facilement de la rancune. *Ne sois pas **rancunier**, pardonne-lui !*

randonnée (nom féminin) Grande promenade. *Dans cette forêt, il y a un chemin de **randonnée**.*

randonneur, euse (nom) Personne qui fait une randonnée.

rang (nom masculin) **1** Ensemble de personnes ou de choses disposées sur une même ligne. *Le maître demande aux élèves de se mettre en **rangs**. Dans le jardin, il y a des **rangs** de poireaux.* **2** Ligne de sièges placés côte à côte. *Au cinéma, Ursula préfère s'installer dans les derniers **rangs**.* **3** Place dans un classement ou une hiérarchie. *Ce pays est au premier **rang** mondial pour la production de riz.*

rangée (nom féminin) Suite de choses ou de personnes placées sur une même ligne. *Planter une **rangée** de cyprès le long d'un mur.*

rangement (nom masculin) Action de ranger. *Le **rangement** de sa chambre ne lui a pris qu'un quart d'heure.*

ranger (verbe) (conj. 5) **1** Mettre en ordre. *Zoé **range** sa chambre avant de se coucher.* (Contr. **déranger.**) **2 Se ranger** : se mettre en rangs. ***Rangez-vous***

quatre par quatre. **3** **Se ranger** : s'écarter pour laisser le passage. *Il faut* ***se ranger*** *sur le bord de la route en attendant le dépanneur.*
★ Famille du mot : **dé**rangé, **dé**range**ment**, **dé**ranger, range**ment**.

ranimer (verbe) (conj. 3) **1** Faire revenir à la conscience ou à la vie. *Les pompiers essaient de* ***ranimer*** *le blessé.* **2** Redonner de la vivacité. *Le mistral* ***a ranimé*** *les feux de forêt.*

rap (nom masculin) Style de musique très rythmée, dont les textes sont scandés.

rapace (nom masculin) Oiseau de proie. *L'aigle est un* ***rapace****. Les* ***rapaces*** *sont des carnivores.*
▪ **rapace** (adjectif) Qui est avide d'argent. *Un usurier* ***rapace****.* (Syn. **cupide.**)
★ **Rapace** vient du latin *rapax* qui signifie « voleur ».

rapatrié, ée (nom) Personne qui a été rapatriée.

rapatriement (nom masculin) Action de rapatrier. *Le* ***rapatriement*** *des réfugiés a posé beaucoup de problèmes.*

rapatrier (verbe) (conj. 10) Faire revenir quelqu'un dans son pays. *Le touriste blessé* ***a été rapatrié*** *par avion.*

râpe (nom féminin) **1** Ustensile de cuisine qu'on utilise pour râper. *Une* ***râpe*** *à fromage.* **2** Sorte de grosse lime.
★ Famille du mot : râp**é**, râp**er**, râp**eux**.

râpé, ée (adjectif) Qui est très usé. *Cette veste de cuir a tellement servi qu'elle est complètement* ***râpée****.*

râper (verbe) (conj. 3) Réduire en petits morceaux avec une râpe. *Anna met du gruyère* ***râpé*** *sur ses pâtes.*

rapetisser (verbe) (conj. 3) Devenir plus petit. *Élodie ne peut plus mettre ce pull, il* ***a rapetissé*** *au lavage.*

râpeux, euse (adjectif) Qui est rugueux comme une râpe. *Les chats ont une langue* ***râpeuse****.*

raphia (nom masculin) Fibre souple et résistante tirée des feuilles d'un palmier. *Avec le* ***raphia****, on fait des objets de vannerie.*

rapiat, ate (adjectif et nom) Synonyme familier de avare. *Victor est drôlement* ***rapiat****.* (Syn. **pingre, cupide.**)
★ **Rapiat** vient de *râper.*

rapide (adjectif) **1** Qui se déplace vite. *Le guépard est* ***rapide*** *à la course.* (Contr. **lent.**) **2** Qui prend peu de temps ou qui agit vite. *Une guérison* ***rapide****.*
▪ **rapide** (nom masculin) **1** Partie d'un cours d'eau où le courant est fort et tourbillonnant. **2** Train qui ne s'arrête que dans les gares importantes.
★ Famille du mot : rapide**ment**, rapidi**té**.

rapidement (adverbe) Synonyme de vite. *On n'a pas beaucoup de temps à midi, il va falloir manger* ***rapidement****.* (Contr. **lentement.**)

rapidité (nom féminin) Fait d'être rapide. *La* ***rapidité*** *des secours a permis de sauver les sinistrés.* (Contr. **lenteur.**)

rapiécer (verbe) (conj. 4 et 8) Raccommoder un vêtement en cousant une pièce de tissu.

rapière (nom féminin) Longue épée utilisée autrefois pour les duels.

rapine (nom féminin) Synonyme littéraire de pillage. *Le maraudeur vit de* ***rapines****.*

raplapla (adjectif) Synonyme familier de fatigué, sans force. *Julie est* ***raplapla*** *après cette longue journée.* (Syn. **flagada).**)

rappel (nom masculin) **1** Applaudissements prolongés pour faire revenir un artiste sur la scène. *Il y a eu plusieurs* ***rappels*** *à la fin du spectacle.* **2** Nouveau vaccin qui prolonge l'effet protecteur du précédent. *Fatima doit avoir un* ***rappel*** *contre le tétanos.* **3** En alpinisme, manière de descendre une paroi verticale à l'aide d'une double corde. • **Lettre de rappel** : lettre qu'on envoie à quelqu'un pour lui rappeler quelque chose, en particulier une dette à payer.

rappeler (verbe) (conj. 9) **1** Appeler quelqu'un ou un animal pour le faire revenir. ***Rappelle****-le vite, il a oublié son parapluie.* **2** Appeler de nouveau quelqu'un au téléphone. *Ça ne répond pas, je* ***rappellerai*** *plus tard.* **3** Faire penser à quelque chose. *Cette maison me* ***rappelle*** *mon enfance.* **4** **Se rappeler** : se souvenir de quelque chose ou de quelqu'un. ***Te rappelles****-tu l'histoire de ce film ?*

rappeur, euse (nom) Chanteur, chanteuse de rap.

rapport (nom masculin) **1** Ce qui rapproche deux choses ou deux personnes. *Il n'y a aucun* ***rapport*** *entre ces deux évènements. On a toujours eu d'excellents* ***rapports*** *avec nos voisins.* (Syn. **relation.**) **2** Fait de rapporter ce qu'on a vu ou entendu. *Les policiers ont fait un* ***rapport****.* (Syn. **compte rendu.**) **3** Profit rapporté par quelque chose. *Une terre d'un bon* ***rapport****.* • **Par rapport à** : par comparaison. *Aujourd'hui la mer est calme* ***par rapport à*** *hier. Yann est grand* ***par rapport à*** *sa sœur.*

rapporter (verbe) (conj. 3) **1** Apporter quelque chose pour le donner ou pour le rendre. *Benjamin m'****a rapporté*** *le disque que je lui avais prêté.* **2** Raconter ce qu'on a vu et entendu. ***Rapportez*** *exactement ce que vous avez vu.* (Syn. **relater.**) **3** Faire gagner de l'argent. *La vente de sa vieille voiture lui* ***a rapporté*** *plus qu'il ne l'espérait.* **4** Dénoncer quelqu'un. *Ce n'est pas beau de* ***rapporter*** *!* (Syn. **moucharder.**) **5** **Se rapporter** : avoir un rapport, un lien avec quelque chose. *Clément est un cinéphile, tout ce qui* ***se rapporte*** *au cinéma l'intéresse.*
★ Famille du mot : rapport, rapport**eur**.

rapporteur, euse (nom) **1** Personne qui rapporte, dénonce. *Ce* ***rapporteur*** *ne va pas manquer de nous dénoncer.* **2** Personne chargée d'un rapport ou d'un compte rendu. *Le* ***rapporteur*** *du budget à l'Assemblée nationale.*
▪ **rapporteur** (nom masculin) Demi-cercle gradué qui sert à mesurer les angles.

rapprochement (nom masculin) **1** Action de rapprocher deux choses. *Faire un* ***rapprochement***

entre deux évènements. **2** Fait de se rapprocher. *La signature du traité devrait favoriser le* ***rapprochement*** *entre ces deux pays.*

rapprocher (verbe) (conj. 3) **1** Mettre plus près. ***Rapproche*** *ton oreille du téléphone, tu entendras mieux. Gaëlle s'****est rapprochée*** *de l'écran pour pouvoir lire les sous-titres.* (Contr. **éloigner.**) **2** Rendre plus proche. *Cette naissance* ***a rapproché*** *les membres de la famille.* **3** Établir un lien entre deux choses. *Le maître* ***a rapproché*** *les deux textes pour les comparer.* (Syn. **confronter.**) **4 Se rapprocher :** être proche, ressemblant. *C'est la couleur de ce cadre qui* ***se rapproche*** *le plus de celles du tableau.*

rapsode Voir ***rhapsode.***

rapsodie Voir ***rhapsodie.***

rapt (nom masculin) Enlèvement d'une personne. *Après le* ***rapt*** *de l'enfant, le ravisseur a demandé une rançon.* (Syn. **kidnapping.**)

raquette (nom féminin) **1** Instrument qui sert à envoyer une balle ou un volant. *Une* ***raquette*** *de tennis, de badminton.* **2** Large semelle qu'on adapte à la chaussure pour se déplacer sur la neige sans s'enfoncer.

rare (adjectif) **1** Qui n'arrive pas souvent. *David est en retard, c'est* ***rare*** *de sa part.* (Contr. **fréquent.**) **2** Qu'on ne trouve pas souvent. *Un timbre* ***rare****. L'eau est* ***rare*** *dans le désert.* (Contr. **commun, courant.**)
★ Famille du mot : se ra**réfier**, rar**ement**, rare**té**, raris**sime**.

se **raréfier** (verbe) (conj. 10) Devenir rare. *De nos jours, les épidémies de tuberculose* ***se raréfient****.*

rarement (adverbe) Pas souvent. *Hélène est* ***rarement*** *malade, elle a une bonne santé.*

rareté (nom féminin) Caractère de ce qui est rare. *La* ***rareté*** *de ce livre en fait la valeur.*

rarissime (adjectif) Qui est très rare. *Grâce au vaccin, les cas de tétanos sont devenus* ***rarissimes****.*

ras, rase (adjectif) Qui est très court. *Ibrahim porte les cheveux* ***ras****.* (Contr. **long.**) • **À ras bord :** jusqu'au bord. *L'évier est plein* ***à ras bord****.* • **Au ras de :** très près. *L'avion vole* ***au ras du*** *sol.* • **En rase campagne :** en plein milieu de la campagne.
★ Famille du mot : **araser**, ras**ade**, ras-le-bol, rase-mottes, **raser**, ras**eur**, ras**oir**.

rasade (nom féminin) Contenu d'un verre plein à ras bord. *Kevin boit une* ***rasade*** *de jus d'orange chaque matin.*

rascasse (nom féminin) Poisson de la Méditerranée dont la tête est hérissée de piquants. *La* ***rascasse*** *entre dans la composition de la bouillabaisse.*

rase-motte (nom masculin) Vol au ras du sol. *L'avion a volé quelque temps en* ***rase-motte*** *avant de se poser.*
► Pluriel : des **rase-mottes**.

raser (verbe) (conj. 3) **1** Couper les poils ou les cheveux au ras de la peau. *Mon oncle s'****est rasé*** *la moustache.* **2** Démolir complètement. *Ce quartier insalubre doit* ***être rasé****.* **3** Passer au ras de quelque chose. *La balle de tennis* ***a rasé*** *le filet.* (Syn. **effleurer, frôler.**) **4** Synonyme familier d'ennuyer. *Tu nous* ***rases*** *avec tes problèmes !*

raseur, euse (nom) Dans la langue familière, personne ennuyeuse. *Quel* ***raseur*** *ce garçon !*

ras-le-bol (interjection) Exprime familièrement la lassitude, la saturation. ***Ras-le-bol*** *du boulot !*

rasoir (nom masculin) Instrument qui sert à raser les poils. *Un* ***rasoir*** *électrique.*
■**rasoir** (adjectif) Synonyme familier d'ennuyeux. *Le film était tellement* ***rasoir*** *que nous sommes partis avant la fin.*

rassasier (verbe) (conj. 10) Apaiser complètement la faim. *Julie a peu d'appétit, elle* ***est*** *vite* ***rassasiée****.*

rassemblement (nom masculin) Fait de se rassembler. *Il y a un* ***rassemblement*** *de badauds autour du camelot.*

rassembler (verbe) (conj. 3) **1** Mettre ensemble. *Pierre* ***a rassemblé*** *tous ses jouets dans un coffre.* **2 Se rassembler :** synonyme de s'assembler. *Les manifestants* ***se sont rassemblés*** *place de la Bastille.* (Syn. **regrouper, réunir.** Contr. **disperser, éparpiller.**)

se **rasseoir** (verbe) (conj. 29) S'asseoir de nouveau. *Après avoir dit sa récitation, Laura* ***se rassoit****.*
► On écrit aussi se **rassoir**.

rasséréner (verbe) (conj. 8) Rendre sa sérénité à quelqu'un. *Cette lettre annonçant de bonnes nouvelles nous* ***a rassérénés****.* (Contr. **inquiéter.**)

rassis, ise (adjectif) Qui n'est pas frais. *Ce sandwich n'est pas bon car le pain est* ***rassis****.*

rassortir Voir ***réassortir.***

rassurant, ante (adjectif) Qui rassure. *Les dernières nouvelles de sa santé sont plutôt* ***rassurantes****.*

rassurer (verbe) (conj. 3) Faire disparaître l'inquiétude ou la peur. *Le médecin nous* ***a rassurés*** *: cette maladie est très bénigne.* (Syn. **tranquilliser.** Contr. **inquiéter.**)

rasta (adjectif et nom) Qui concerne un mouvement culturel et mystique d'origine jamaïcaine. *Le reggae est une musique* ***rasta****.*
★ **Rasta** vient de *ras Tafari*, nom donné à Hailé Sélassié, empereur d'Éthiopie.
► On dit aussi **rastafari**.

rastaquouère (nom masculin) Étranger que l'on suppose suspect, qui déplaît. *Tout le village évite le* ***rastaquouère****.*
► Prononciation [rastakwɛr].
► **Rastaquouère** est un mot péjoratif.
★ **Rastaquouère** vient de l'espagnol *rastracuero,* nom donné aux marchands de cuirs.

rat (nom masculin) Mammifère rongeur très nuisible, plus gros que la souris. • **Être fait comme un rat :** dans la langue familière, être pris au piège. • **Petit rat :** jeune danseur ou jeune danseuse de l'Opéra.
★ Famille du mot : rati**cide**, ra**tier**.

a b c d e f g h i j k l m n o p q r s t u v w x y z

ratafia (nom masculin) Liqueur à base d'eau de vie, de sucre et d'une substance aromatique. *Le **ratafia** est généralement fait à partir de marc de raisin.*

se **ratatiner** (verbe) (conj. 3) Devenir petit et ridé. *Ces vieilles pommes de terre **se sont** complètement **ratatinées**.*

ratatouille (nom féminin) Plat composé de tomates, d'oignons, de courgettes, de poivrons et d'aubergines cuits dans l'huile d'olive.

① **rate** (nom féminin) Organe situé en arrière de l'estomac.

② **rate** (nom féminin) Femelle du rat.

raté, ée (nom) Personne qui n'a pas réussi dans la vie.
■ **raté** (nom masculin) Bruit anormal d'un moteur.

râteau, eaux (nom masculin) Outil de jardinier formé d'un long manche qui porte une série de dents et qui sert à ratisser. *Maman ramasse les feuilles mortes avec un **râteau**.*

râtelier (nom masculin) Sorte d'échelle fixée horizontalement au mur et destinée à recevoir le fourrage pour le bétail.

rater (verbe) (conj. 3) **1** Ne pas réussir. *Myriam **a raté** toutes ses photos, elles sont floues.* **2** Ne pas atteindre ou ne pas attraper. *Dépêche-toi, tu vas **rater** l'autobus.* (Syn. **louper, manquer.**)

raticide (nom masculin) Produit destiné à détruire les rats. *Le propriétaire a mis du **raticide** dans la cave.* (Syn. **mort-aux-rats.**)

ratier (nom masculin et adjectif) Chien dressé pour chasser les rats.

ratification (nom féminin) Action de ratifier.

ratifier (verbe) (conj. 10) Approuver officiellement. ***Ratifier** un traité.*

ratio (nom masculin) Rapport entre deux grandeurs. *Le **ratio** d'endettement est le rapport entre le montant des dettes d'une entreprise et le total de ses capitaux.*
► Prononciation [rasjo].

ration (nom féminin) Quantité de nourriture distribuée à chacun. *Chaque matin, la fermière distribue aux animaux leur **ration** de fourrage.*
★ Famille du mot : rationne**ment**, rationne**r**.

rationaliser (verbe) (conj. 3) Réorganiser pour augmenter le rendement d'une entreprise, d'une activité économique. *Le directeur a pris des mesures pour **rationaliser** la production.*

rationnel, elle (adjectif) Qui est conforme à la raison et au bon sens. *Ce classement est **rationnel**, on s'y retrouve très facilement.* (Syn. **logique.** Contr. **irrationnel.**)
★ Famille du mot : **ir**rationnel, rationa**liser**, rationnel**lement**.

rationnellement (adverbe) De façon rationnelle. *Ranger **rationnellement** ses papiers pour les retrouver facilement.*

rationnement (nom masculin) Action de rationner. *La sécheresse a entraîné le **rationnement** de l'eau.*

rationner (verbe) (conj. 3) Limiter la consommation de quelque chose. *À cause de l'embargo sur le pétrole, l'essence **est rationnée**.*

ratissage (nom masculin) Action de ratisser. *Le **ratissage** des feuilles mortes.*

ratisser (verbe) (conj. 3) **1** Nettoyer avec un râteau. *Le jardinier **ratisse** les allées du parc.* **2** Fouiller méthodiquement un lieu. *Pour essayer de retrouver l'enfant disparu, les gendarmes **ont ratissé** la forêt.*

raton (nom masculin) Jeune rat. • **Raton laveur :** petit mammifère carnivore d'Amérique. *Le **raton laveur** lave ses aliments avant de les manger.*

rattachement (nom masculin) Action de rattacher. *Le **rattachement** de la Savoie à la France date de 1860.*

rattacher (verbe) (conj. 3) **1** Attacher ce qui s'est détaché. *Ton lacet est défait, **rattache**-le sinon tu vas tomber.* **2** Faire dépendre. *Ce bureau **est rattaché** à la mairie.*

rattrapage (nom masculin) • **Cours de rattrapage :** cours destiné aux élèves qui ont un retard scolaire à rattraper.

rattraper (verbe) (conj. 3) **1** Attraper quelqu'un ou un animal qui s'était échappé. *On a réussi à **rattraper** le lion qui s'était échappé du zoo.* **2** Rejoindre quelqu'un qui a pris de l'avance. *Pars devant, je te **rattraperai**.* **3** Regagner le temps perdu. *Ce concurrent va avoir du mal à **rattraper** son retard.* **4 Se rattraper :** se retenir. *Quentin **s'est rattrapé** à la rampe pour ne pas tomber dans l'escalier.*

rature (nom féminin) Trait pour barrer ce qu'on a écrit. *Son devoir est surchargé de **ratures**.*

raturer (verbe) (conj. 3) Faire des ratures. *La maîtresse n'accepte pas les copies trop **raturées**.*

rauque (adjectif) Se dit d'une voix grave et voilée. *Romain a la voix **rauque** à force d'avoir crié.*

ravager (verbe) (conj. 5) Faire des ravages. *Ces belles pinèdes **ont été ravagées** par le feu.* (Syn. **dévaster, saccager.**)

ravages (nom masculin pluriel) Dégâts importants. *La grêle a fait des **ravages** dans les vignobles.*

ravageur, euse (adjectif et nom) **1** Qui ravage les cultures. *Les pucerons sont des insectes **ravageurs**.* **2** Au sens figuré, qui provoque des sentiments passionnés. *Les garçons succombent au sourire **ravageur** de Noémie.*

ravalement (nom masculin) Action de ravaler une façade. *Ce vieil immeuble a besoin d'un **ravalement**.*

ravaler (verbe) (conj. 3) **1** Nettoyer et restaurer la façade d'un immeuble. *Pour **ravaler** l'immeuble, les ouvriers ont installé un échafaudage.* **2** Avaler de nouveau. ***Ravaler** sa salive.*

rave (nom féminin) Plante potagère à racine comestible. *Les navets et les radis sont des **raves**.*

ravi, ie (adjectif) Qui est très content. *Je suis **ravie** d'avoir fait votre connaissance.* (Syn. **enchanté**.)

ravier (nom masculin) Petit plat creux et long.

ravigoter (verbe) (conj. 3) Synonyme familier de revigorer. *Les randonneurs ont mangé un casse-croûte pour se **ravigoter**.*

ravin (nom masculin) Synonyme de précipice. *Le camion a dérapé dans le virage et il est tombé dans le **ravin**.*

ravine (nom féminin) **1** Petit ravin. *Le ruisseau a creusé une **ravine**.* **2** Torrent.

raviner (verbe) (conj. 3) Creuser le sol en faisant des sillons profonds. *Les eaux de pluie **ont raviné** les chemins.*

raviole (nom féminin) Petit carré de pâte farci de fromage. *Les **ravioles** sont une spécialité culinaire du Dauphiné.*

ravioli (nom masculin) Petit carré de pâte farci d'un hachis de viande ou de légumes. *Odile mange des **raviolis** à la sauce tomate et au parmesan.*

ravir (verbe) (conj. 11) **1** Faire un grand plaisir à quelqu'un. *Sa réussite nous **a ravis**.* **2** Dans la langue littéraire, enlever quelqu'un de force. *Un bébé **a été ravi** à sa mère, on recherche le ravisseur.* • **À ravir** : très bien. *Ta nouvelle coiffure te va **à ravir**.*
★ Famille du mot : ravi, raviss**ant**, raviss**ement**, raviss**eur**.

se **raviser** (verbe) (conj. 3) Changer d'avis. *Hier, Sarah était d'accord pour venir avec nous, mais elle **s'est ravisée**.*

ravissant, ante (adjectif) Qui est très joli. *Cette petite fille est **ravissante** avec ses grandes boucles et ses yeux en amande.*

ravissement (nom masculin) État de grande joie, de grand bonheur. *Allez voir ce spectacle de danse, c'est un véritable **ravissement**.* (Syn. **enchantement**.)

ravisseur, euse (nom) Personne qui a enlevé quelqu'un. *Le **ravisseur** exige une rançon.*

ravitaillement (nom masculin) Réserves de nourriture. *Les randonneurs ont prévu le **ravitaillement** pour quatre jours.* (Syn. **provisions**.)

ravitailler (verbe) (conj. 3) Faire parvenir des vivres ou du matériel. *Les habitants de ce village de montagne doivent descendre dans la vallée pour se **ravitailler**.*

raviver (verbe) (conj. 3) Rendre plus vif ou plus intense. ***Raviver** le feu dans la cheminée. Ces vieilles photos **ont ravivé** les souvenirs de son enfance.*

ravoir (verbe) **1** Avoir de nouveau, récupérer. *Zoé veut **ravoir** ses livres.* **2** Redonner à un objet son aspect initial, son éclat. *Je suis arrivé à **ravoir** ma nappe pleine de taches.*
▶ **Ravoir** ne s'emploie qu'à l'infinitif.

rayer (verbe) (conj. 7) **1** Barrer d'un trait. *Dans cet exercice, les élèves doivent **rayer** les mots qui ne sont pas des verbes.* **2** Faire une rayure sur une surface. *Les verres de lunettes se **rayent** facilement.*

① **rayon** (nom masculin) **1** Bande de lumière. *Un **rayon** de soleil.* **2** Rayonnement ou radiation. *Un **rayon** laser.* **3** Tige de métal allant du centre de la roue à la jante. *L'écharpe de Benjamin s'est prise dans les **rayons** de son vélo.* **4** Ligne qui joint le centre d'un cercle à un point de sa circonférence. • **Rayon d'action** : zone d'action ou d'influence. *Cet avion a un **rayon d'action** de 3 000 km.*
★ Famille du mot : rayonn**ement**, rayonn**er**.
★ **Rayon** vient du latin *radius* qui signifie « baguette pointue ».

② **rayon** (nom masculin) **1** Gâteau de cire fait par les abeilles, qui comporte de nombreuses alvéoles. *Les **rayons** de la ruche sont remplis de miel.* **2** Planche d'une bibliothèque, d'un placard. *Les livres d'histoire sont rangés sur le **rayon** du haut.* (Syn. **étagère**.) **3** Partie d'un magasin où se trouvent des produits de même sorte. *Le **rayon** alimentation est au fond du magasin.* **4** Dans la langue familière, domaine de compétence. *Le bricolage, ce n'est vraiment pas son **rayon** !*
★ **Rayon** vient de l'ancien français *ree* qui signifie « rayon de miel ».

rayonnage (nom masculin) Ensemble d'étagères. *Les **rayonnages** de la bibliothèque sont remplis de livres.*

rayonne (nom féminin) Fibre textile synthétique à base de viscose.
★ **Rayonne** est le nom d'une marque.

rayonnement (nom masculin) **1** Ensemble de radiations émises par un corps. *Le **rayonnement** du Soleil est une source d'énergie.* **2** Influence bienfaisante. *Le **rayonnement** de la civilisation grecque a été considérable.* (Syn. **prestige**.)

rayonner (verbe) (conj. 3) **1** Partir d'un même point dans différentes directions. *À partir de notre hôtel, nous **avons rayonné** dans toute la région.* **2** Exprimer le bonheur, la joie ou la satisfaction. *Les mariés sont heureux, leurs visages **rayonnent**.*

rayure (nom féminin) **1** Ligne ou bande étroite tracée sur une surface de couleur différente. *Le tigre et le zèbre ont des **rayures** noires sur leur pelage.* (Syn. **raie**.) **2** Éraflure laissée sur une surface par un objet pointu. *Une carrosserie pleine de **rayures**.*

raz de marée (nom masculin) Très haute vague qui arrive violemment sur une côte. *Les tremblements de terre peuvent provoquer des **raz de marée**.*
▶ Pluriel : des **raz de marée**.

razzia (nom féminin) • **Faire une razzia sur quelque chose** : l'emporter, le rafler sans rien laisser. *Les invités **ont fait une razzia sur** les petits fours.*
▶ Prononciation [razja] ou [radzja].
★ Autrefois, une **razzia** était une attaque lancée par une bande de pillards.

a b c d e f g h i j k l m n o p q r s t u v w x y z

re- Élément tiré du latin *re* qui exprime la répétition (exemple : *recycler*), le renforcement (exemple : *renfoncement*), le retour en arrière (exemple : *revenir, revisser*).
▶ On écrit aussi **ré** ou **r-** devant une voyelle ou un *h* muet (exemples : *réagir, rhabiller*).

ré (nom masculin) Deuxième note de la gamme.

réabonner (verbe) (conj. 3) Abonner de nouveau.

réactance (nom féminin) Partie de l'impédance d'un circuit qui ne provient pas d'une résistance et qui ne se manifeste donc qu'en courant alternatif. *La **réactance** d'un condensateur est négative.*

réacteur (nom masculin) Moteur à réaction d'un avion. *Un biréacteur possède deux **réacteurs**.*

réactif, ive (adjectif) Qui réagit rapidement, avec pertinence. *Un chef d'entreprise doit être **réactif**.*
▪ **réactif** (nom masculin) Substance que l'on utilise pour déterminer la nature d'un corps en observant la réaction qu'elle produit avec celui-ci.

réaction (nom féminin) Manière de réagir. *Je ne le croyais pas capable d'une **réaction** si violente.* • **Avion à réaction** : avion qui fonctionne grâce à un moteur qui rejette les gaz vers l'arrière.
★ Famille du mot : réac**teur**, réac**tionnaire**, réac**tionnel**.

réactionnaire (adjectif et nom) Qui s'oppose au progrès. *Son père redoute les changements, il est resté très **réactionnaire**.* (Syn. **conservateur**.)

réactionnel, elle (adjectif) Qui a un rapport avec une réaction. *Les mécanismes **réactionnels** en chimie.*

réactiver (verbe) (conj. 3) **1** Activer de nouveau. *Le feu de cheminée s'éteint : il faudrait le **réactiver**.* **2** Remettre en activité. *L'armée a **réactivé** son meilleur agent secret.*

se **réadapter** (verbe) (conj. 3) S'adapter de nouveau. *Après une année passée à la campagne, Anna a du mal à **se réadapter** à la ville.*

réagir (verbe) (conj. 11) **1** Agir d'une certaine façon par rapport à un évènement. *En apprenant la nouvelle, elle **a réagi** avec calme et sérénité.* **2** Lutter, se défendre contre quelque chose. *On ne peut pas accepter ces accusations, il faut **réagir**.*

réajustement Voir ***rajustement***.

réajuster Voir ***rajuster***.

réalisable (adjectif) Qu'on peut réaliser. *Clément aimerait bien que son rêve soit **réalisable**.*

réalisateur, trice (nom) Personne qui dirige la réalisation d'un film. *Charlie Chaplin était acteur et **réalisateur** de ses films.*

réalisation (nom féminin) Action de réaliser quelque chose. *Ce cinéaste vient d'achever la **réalisation** de son nouveau film.*

réaliser (verbe) (conj. 3) **1** Rendre réel et effectif ce qu'on avait imaginé. *David voudrait avoir un voilier, il espère bien que plus tard son rêve se **réalisera**. Il a fallu de gros moyens pour **réaliser** ce film.* **2** Synonyme d'accomplir. ***Réaliser** un exploit sportif.* **3** Synonyme familier de comprendre. *Il n'**a** pas **réalisé** ce qui lui arrivait.*
★ Famille du mot : irréalis**able**, réalis**able**, réalis**ateur**, réalis**ation**.

réalisme (nom masculin) Aptitude à tenir compte de la réalité. *Manquer de **réalisme**.*

réaliste (adjectif et nom) Qui a le sens des réalités. *Il faut être **réaliste**, nous ne pourrons pas arriver à l'heure.*

réalité (nom féminin) Ce qui est réel, qui existe vraiment. *Le travail fait partie des **réalités** quotidiennes.* • **En réalité** : en fait. *Élodie a l'air très douce, mais **en réalité** elle est souvent agressive.*

reality-show (nom masculin) Émission de télévision mettant en scène des faits réels. *Je préfère les feuilletons aux **reality-shows**.* (Syn. **télévérité**.)
▶ Pluriel : des **reality-shows**.
▶ **Reality-show** vient de l'anglais : on prononce [ʀealitiʃo].

réanimation (nom féminin) Technique médicale utilisée pour ranimer des malades ou des personnes accidentées.

réanimer Voir ***ranimer***.

réapparaître (verbe) (conj. 37) Apparaître de nouveau. *La grippe **réapparaît** chaque hiver.*
▶ On écrit aussi **réapparaitre**.

réapparition (nom féminin) Fait de réapparaître. *Ce comédien a fait une **réapparition** remarquée dans une nouvelle pièce.*

réassortir (verbe) (conj. 11) Assortir de nouveau, compléter un assortiment en remplaçant les éléments manquants. ***Réassortir** un service de table.*
▶ On dit aussi **rassortir**.

rébarbatif, ive (adjectif) Qui rebute par son caractère désagréable ou ennuyeux. *Ce long texte est **rébarbatif**.*

rebattre (verbe) (conj. 31) • **Rebattre les oreilles à quelqu'un** : le lasser en lui répétant toujours la même chose. *Arrête de **nous rebattre les oreilles** avec tes succès !*

rebattu, ue (adjectif) Qui a perdu tout intérêt à force d'être répété. *Essaie de changer de sujet, celui-ci est **rebattu** et ennuyeux.*

rebelle (adjectif et nom) Qui refuse de se soumettre à une autorité. *Les **rebelles** ont pris le pouvoir.* (Syn. **révolté**.)
▪ **rebelle** (adjectif) Qui résiste à quelque chose. *Pierre est un peu **rebelle** à la discipline du collège.*
★ Famille du mot : se rebel**ler**, rébel**lion**.

se **rebeller** (verbe) (conj. 3) Synonyme de se révolter.

rébellion (nom féminin) Synonyme de révolte. *L'armée a réprimé la **rébellion**.*

se **rebiffer** (verbe) (conj. 3) Refuser vivement d'obéir. *Dès qu'on lui dit de ranger sa chambre, Kevin **se rebiffe**.*

rebiquer (verbe) (conj. 3) Se redresser en formant un angle, dans la langue familière. *Romain ne parvient pas à aplatir sa mèche qui **rebique**.*

reblochon (nom masculin) Fromage à pâte molle au lait de vache, fabriqué en Savoie. *La tartiflette se fait avec du **reblochon**.*
★ **Reblochon** vient du mot savoyard *reblocher* qui signifie « traire de nouveau une vache ».

reboisement (nom masculin) Action de reboiser. (Syn. **reforestation.**)

reboiser (verbe) (conj. 3) Planter d'arbres un terrain qui a été déboisé. *Cette montagne qui a été dévastée par le feu va **être reboisée**.*

rebond (nom masculin) Fait de rebondir. *Le **rebond** d'une balle.*

rebondi, ie (adjectif) Qui est rond et potelé. *Ce bébé a des joues **rebondies**.*

rebondir (verbe) (conj. 11) **1** Faire un ou plusieurs bonds après avoir heurté un obstacle. *Pierre fait **rebondir** son ballon contre le mur.* **2** Avoir des rebondissements. *Ce fait nouveau risque de faire **rebondir** l'affaire.*

rebondissement (nom masculin) Épisode nouveau et inattendu. *Cette histoire passionnante est pleine de **rebondissements**.*

rebord (nom masculin) Bord en saillie. *Un pigeon s'est posé sur le **rebord** du toit.*

reboucher (verbe) (conj. 3) Boucher de nouveau. ***Reboucher** une bouteille. Il faut d'abord **reboucher** les fissures avec de l'enduit avant de peindre.*

à **rebours** (adverbe) Dans le sens inverse du sens habituel. *Le compte **à rebours** a commencé : 7, 6, 5, 4...*

rebouteux, euse (nom) Personne qui, sans être diplômé de médecine, remet en place un membre foulé, luxé ou démis. *Le **rebouteux** a bien soigné mon épaule déboîtée.*

à **rebrousse-poil** (adverbe) À l'opposé du sens naturel des poils.

rebrousser (verbe) (conj. 3) Relever dans un sens contraire à la direction naturelle. *Si tu caresses le chat en lui **rebroussant** le poil, il va te griffer.*
• **Rebrousser chemin** : faire demi-tour et revenir sur ses pas.

rebuffade (nom féminin) Refus hargneux et brutal. *Quentin ne s'est pas laissé décourager par les **rebuffades**.*

rébus (nom masculin) Suite de lettres et de dessins qui forment une devinette. *Essaie de déchiffrer ce **rébus**.*
► Prononciation [ʀebys].

rebut (nom masculin) • **Mettre au rebut** : se débarrasser de choses sans valeur. *Il faudrait **mettre au rebut** tous ces vieux journaux.*

rebutant, ante (adjectif) Qui rebute. *Ce livre est d'une difficulté **rebutante**.* (Contr. **attrayant.**)

rebuter (verbe) (conj. 3) Décourager, dégoûter ou déplaire. *Le moindre effort le **rebute**.*

recadrer (verbe) (conj. 3) **1** Changer le cadrage d'une photo, d'une prise de vue. *Le cameraman **a recadré** l'image.* **2** Redéfinir l'orientation générale d'un projet, d'une action. *Le ministère de l'Éducation cherche à **recadrer** l'enseignement des langues.*

récalcitrant, ante (adjectif) Qui résiste avec entêtement. *L'âne **récalcitrant** ne veut plus avancer.* (Syn. **rétif.** Contr. **docile.**)

recaler (verbe) (conj. 3) Refuser à un examen. *Mon grand frère s'est fait **recaler** au permis de conduire, il devra le repasser.* (Syn. **coller.** Contr. **recevoir.**)

récapitulatif, ive (adjectif) Qui récapitule. *J'ai fait une liste **récapitulative** de mes dépenses.*

récapitulation (nom féminin) Action de récapituler. ***Récapitulation** des travaux à faire.*

récapituler (verbe) (conj. 3) Énumérer en les résumant les éléments de quelque chose. *Ce livre **récapitule** les évènements de l'année passée.*
★ Famille du mot : récapitul**atif**, récapitul**ation**.

recel (nom masculin) Fait de receler des objets volés. *Cet homme a été arrêté pour **recel** de bijoux.*

receler (verbe) (conj. 8) **1** Cacher illégalement des objets volés. *Il **recelait** des tableaux volés dans un musée.* **2** Synonyme de renfermer. *Ce musée **recèle** de nombreuses statues grecques.*
★ Famille du mot : recel, recel**eur**.
► On dit aussi **recéler** [ʀəsele].

receleur, euse (nom) Personne coupable de recel.
► On dit aussi **recéleur** [ʀəselœʀ].

récemment (adverbe) De façon récente. *Ils ont changé **récemment** d'adresse.* (Syn. **dernièrement.**)

recensement (nom masculin) Action de recenser. *Le **recensement** de la population française se fait tous les sept ans.*

recenser (verbe) (conj. 3) Faire le compte officiel de la population d'une ville, d'une région ou d'un pays.

récent, ente (adjectif) Qui n'existe pas depuis longtemps. *Cet immeuble est **récent** mais il commence déjà à se dégrader.* (Syn. **nouveau.** Contr. **ancien.**)

recentrer (verbe) (conj. 3) **1** Revenir à ce qui est important. *L'animateur **a recentré** le débat.* **2** Adapter quelque chose à de nouveaux objectifs. *Ce parti s'**est recentré** à l'approche des élections.*

récépissé (nom masculin) Synonyme de reçu. *Quand on reçoit un colis recommandé, il faut signer un **récépissé**.*
★ En latin, *recepisse* signifie « avoir reçu ».

réceptacle (nom masculin) **1** Lieu où sont réunies des choses de provenances diverses. *Ce terrain est le **réceptacle** des ordures de la ville.* **2** Extrémité du pédoncule de la fleur, sur laquelle sont insérées les pièces florales. *Le cœur de l'artichaut est un **réceptacle** comestible.*

récepteur (nom masculin) Appareil qui permet de recevoir des sons et des images transmis par un émetteur.

réceptif, ive (adjectif) Qui est sensible à quelque chose. *Fatima est très **réceptive** à la poésie.*

réception (nom féminin) **1** Fait de recevoir quelque chose. *Dès **réception** de ta lettre, je te répondrai.* **2** Fait de recevoir des invités. *Pour leur anniversaire de mariage, mes parents ont donné une **réception**.* **3** Service d'accueil d'un hôtel ou d'une entreprise. *Pour avoir des renseignements, adressez-vous à la **réception**.*
★ Famille du mot : récept**eur**, récept**if**, réception**ner**, réception**niste**.

réceptionner (verbe) (conj. 3) Accepter des marchandises livrées après les avoir vérifiées. *Le responsable du magasin **réceptionne** la livraison.*

réceptionniste (nom) Personne chargée de la réception des clients ou des visiteurs.

récessif, ive (adjectif) • **Gène récessif** : gène qui ne fait apparaître le caractère qui lui est lié que si celui-ci existe sur les deux chromosomes hérités des parents. *Les yeux bleus de Thomas sont liés à un gène **récessif**.*

récession (nom féminin) Ralentissement de l'activité économique. *Dans ce pays en pleine **récession**, il y a beaucoup de chômage.*

recette (nom féminin) **1** Total des sommes d'argent reçues. *Ce commerçant compare ses **recettes** et ses dépenses.* **2** Ensemble des indications qui permettent de préparer un plat. *Il faut bien suivre la **recette** pour réussir ce gâteau.*
★ **Recette** vient du latin *recepta* qui signifie « chose reçue ».

recevable (adjectif) Qu'on peut recevoir, accepter. *Ton excuse n'est pas **recevable**.* (Syn. **acceptable**.)

receveur, euse (nom) **1** Personne chargée de percevoir certains impôts. **2** Personne qui reçoit le sang ou un organe d'un donneur.

recevoir (verbe) (conj. 21) **1** Avoir quelque chose qui vous a été envoyé. *J'ai bien **reçu** ta lettre.* **2** Avoir comme cadeau. *Pour Noël, Thomas **a reçu** un vélo.* (Contr. **donner**.) **3** Accueillir quelqu'un chez soi. *Gaëlle **reçoit** ses amis à goûter pour son anniversaire.* **4** Admettre à un examen. *Il **a été reçu** du premier coup au permis de conduire.* (Contr. **recaler**, **refuser**.)
★ Famille du mot : receva**ble**, receve**ur**, reçu.

réchampir (verbe) (conj. 11) Faire ressortir un ornement sur un fond, en soulignant les contours. *Le décorateur **réchampit** une moulure en peignant une bordure de couleur.*
► On écrit aussi **rechampir**.

de **rechange** (adverbe) Qui permet de remplacer quelque chose ou de se changer. *Un pneu **de rechange**. Prendre des vêtements **de rechange**.*

rechaper (verbe) (conj. 3) Réparer un pneu usé en appliquant une nouvelle couche de caoutchouc.

réchapper (verbe) (conj. 3) Échapper à un danger. *Tous les habitants de l'immeuble **ont réchappé** à un violent incendie.*

recharge (nom féminin) Ce qui sert à recharger. *Hélène a acheté des **recharges** d'encre pour son stylo.*

rechargeable (adjectif) Qui peut être rechargé. *Un stylo **rechargeable**.*

recharger (verbe) (conj. 5) Remettre dans un appareil ou une arme ce qui est nécessaire à son fonctionnement. ***Recharger** un appareil photo avec un film neuf.*

réchaud (nom masculin) Petit fourneau qui sert à cuire les aliments.

réchauffement (nom masculin) Fait de se réchauffer. *Le **réchauffement** du climat a provoqué le recul des glaciers.* (Contr. **refroidissement**.)

réchauffer (verbe) (conj. 3) **1** Faire chauffer ce qui est froid ou refroidi. *Ton café est tiède, je vais le **réchauffer**.* **2 Se réchauffer** : avoir chaud de nouveau. *Laura est rentrée frigorifiée, elle a bu un lait chaud pour **se réchauffer**.*

rêche (adjectif) Qui est rude au toucher. *La langue du chat est toute **rêche**.* (Syn. **rugueux**. Contr. **doux**.)

recherche (nom féminin) **1** Action de rechercher. *Papa est à la **recherche** de ses clés de voiture.* **2** Travail scientifique qui contribue à faire avancer les connaissances. *Ce biologiste fait des **recherches** sur le virus du sida.* **3** Soin extrême, raffinement. *Elle est toujours habillée avec **recherche**.*

recherché, ée (adjectif) **1** Que l'on cherche à se procurer. *Un meuble très **recherché** par les antiquaires.* (Syn. **prisé**.) **2** Qui témoigne d'un souci de raffinement. *L'élégance **recherchée** de la comtesse.*

rechercher (verbe) (conj. 3) Chercher activement et avec beaucoup d'attention. ***Rechercher** un suspect. Victor **recherche** des timbres rares pour sa collection.*

rechigner (verbe) (conj. 3) Montrer de la mauvaise volonté. *Myriam **rechigne** toujours à débarrasser la table.*

rechute (nom féminin) Fait de tomber malade à nouveau. *Sa guérison semblait proche, mais il a fait une **rechute**.*

rechuter (verbe) (conj. 3) Avoir une rechute. *Elle n'a pas suivi son traitement jusqu'au bout et elle **a rechuté**.*

récidive (nom féminin) Fait de récidiver. *Le malfaiteur a été condamné pour vol avec **récidive**.*
★ Famille du mot : récidiv**er**, récidiv**iste**.

récidiver (verbe) (conj. 3) Commettre à nouveau la même infraction. *À peine sorti de prison, le voleur **a récidivé**.*

récidiviste (nom) Personne accusée de récidive. *Le suspect est un **récidiviste**.*

récif (nom masculin) Rocher ou ensemble de rochers qui se trouvent à fleur d'eau. *Le bateau s'est brisé sur un **récif**.* (Syn. **écueil.**)

récipiendaire (nom) Personne reçue dans une compagnie, avec un certain cérémonial. *Le **récipiendaire** revêt l'habit vert de ses condisciples de l'Académie française.*

récipient (nom masculin) Objet creux qui sert à contenir quelque chose. *Un bocal, un seau, un saladier, une bassine sont des **récipients**.*
★ **Récipient** vient du mot latin *recipere* qui signifie « recevoir ».

réciprocité (nom féminin) Caractère de ce qui est réciproque. *La **réciprocité** d'un sentiment amoureux.*

réciproque (adjectif) Synonyme de mutuel. *L'amour que William a pour Noémie est **réciproque** : elle l'aime aussi.*
■ **réciproque** (nom féminin) Action inverse. *Odile aime prêter ses jouets à Xavier, mais la **réciproque** n'est pas vraie.*
★ Famille du mot : réciproc**ité**, réciproque**ment**.

réciproquement (adverbe) De façon réciproque. *Elles ont l'habitude de se rendre service **réciproquement**.* (Syn. **mutuellement.**)

récit (nom masculin) Histoire qu'on raconte. *Le **récit** de ses aventures nous a fait beaucoup rire.*
★ Famille du mot : récit**ant**, récit**ation**, récit**er**.

récital, als (nom masculin) Concert donné par un seul interprète. *Le prochain **récital** de ce pianiste est prévu en janvier.*

récitant, ante (nom) Personne qui dit un texte permettant de comprendre l'action dans une œuvre scénique, un film. *La voix du **récitant** convient parfaitement à cette pièce de théâtre.*

récitation (nom féminin) Texte qu'un écolier doit réciter. *Sarah a appris sa **récitation**.*

réciter (verbe) (conj. 3) Dire à haute voix ce qu'on a appris par cœur. *Son père demande à Yann de lui **réciter** les tables de multiplication.*

réclamation (nom féminin) Action de réclamer pour faire respecter un droit. *Cet appareil est défectueux, il va falloir adresser une **réclamation** au magasin qui nous l'a vendu.*

réclame (nom féminin) • **En réclame** : qui est vendu à prix réduit pour attirer les clients.

réclamer (verbe) (conj. 3) Insister pour avoir ce qu'on veut. *Les employés **réclament** une augmentation de salaire.*

reclasser (verbe) (conj. 3) Classer de nouveau. *Les photos ont été mélangées, Ursula essaie de les **reclasser** dans un album.*

reclus, use (adjectif et nom) Qui vit enfermé et isolé. *Mener une existence de **reclus**.*

réclusion (nom féminin) Synonyme d'emprisonnement. *Cet homme vient d'être condamné à dix ans de **réclusion**.* (Syn. **détention.**)

se **recoiffer** (verbe) (conj. 3) Remettre en ordre sa coiffure. *Zoé **se recoiffe** devant la glace.*

recoin (nom masculin) Endroit caché. *On a retrouvé le chat dans un **recoin** de la cave.*

récollection (nom féminin) Rencontre entre chrétiens durant quelques jours. *Plusieurs moments de recueillement sont prévus au cours de la **récollection**.*

recoller (verbe) (conj. 3) Réparer un objet cassé avec de la colle. *Maman **recolle** les morceaux de la théière.*

récolte (nom féminin) Action de récolter. *La **récolte** des betteraves se fait en automne.*

récolter (verbe) (conj. 3) Cueillir ou ramasser les produits de la terre quand ils sont mûrs. *On **récolte** les pommes, les poires et le raisin en automne.*

recommandable (adjectif) Qui peut être recommandé. *Ne fréquente pas cet individu, il est peu **recommandable**.*

recommandation (nom féminin) Ce qu'on recommande à quelqu'un. *Avant de partir seule à la piscine, Anna a bien écouté les **recommandations** de ses parents.* (Syn. **conseil.**)

recommandé, ée (adjectif) Se dit d'une lettre ou d'un colis envoyé, moyennant un supplément, pour être remis au destinataire en personne.

recommander (verbe) (conj. 3) **1** Conseiller vivement et avec insistance. *On **recommande** la plus grande prudence sur les routes car il y a du verglas.* **2** Dire du bien de quelqu'un pour le soutenir. ***Recommander** un candidat à un employeur.*
★ Famille du mot : recommand**able**, recommand**ation**, recommand**é**.

recommencement (nom masculin) Fait de recommencer. *Le **recommencement** des grèves.* (Syn. **reprise.**)

recommencer (verbe) (conj. 4) **1** Synonyme de refaire. *Benjamin a fait des taches d'encre sur son devoir, il doit le **recommencer**.* **2** Commencer de nouveau après une interruption. *Les cours **recommencent** en septembre. La pluie **recommence** de plus belle.* (Syn. **reprendre.**)

récompense (nom féminin) Cadeau qu'on reçoit quand on a fait quelque chose de bien. *Si Élodie passe en sixième, ses parents lui ont promis une **récompense**.*

récompenser (verbe) (conj. 3) Accorder une récompense. *Ceux qui ont fait des efforts **ont été récompensés**.*

réconciliateur, trice (nom) Personne chargée de réconcilier des personnes en mauvais termes. *Mon frère a toujours joué le rôle du **réconciliateur** dans la famille.*

réconciliation (nom féminin) Fait de se réconcilier.

réconcilier (verbe) (conj. 10) Rétablir de bonnes relations entre des personnes qui s'étaient fâchées. *Clément et Fatima se **sont** enfin **réconciliés**.*
★ Famille du mot : réconcili**ateur**, réconcili**ation**.

reconductible (adjectif) Qui peut être reconduit. *Un bail **reconductible**.* (Syn. **renouvelable**.)

reconduction (nom féminin) Fait de reconduire un contrat. *La **reconduction** du bail de location pour une durée de trois ans.* (Syn. **renouvellement**.) • **Tacite reconduction** : fait, pour un contrat, d'être reconduit systématiquement si l'une des parties ne s'y oppose pas.

reconduire (verbe) (conj. 43) **1** Synonyme de ramener. ***Reconduire** un ami chez lui.* **2** Renouveler un contrat, un bail de location, etc.

réconfort (nom masculin) Ce qui réconforte. *David est malade, il a besoin du **réconfort** de ses amis.*

réconfortant, ante (adjectif) Qui réconforte. *Heureusement, les dernières nouvelles du malade sont **réconfortantes**.*

réconforter (verbe) (conj. 3) **1** Redonner du courage, de l'espoir. *Ces témoignages d'amitié l'**ont réconforté**.* **2** Redonner des forces physiques. *Après une longue randonnée, ils ont mangé un sandwich pour **se réconforter**.* (Syn. **remonter, revigorer**.)
★ Famille du mot : réconfort, réconfort**ant**.

reconnaissable (adjectif) Qu'on peut facilement reconnaître. *Notre maison est **reconnaissable**, c'est la seule de la rue qui soit en briques.*

reconnaissance (nom féminin) **1** Sentiment que l'on a envers une personne qui s'est montrée gentille et généreuse. *Je veux te dire ma **reconnaissance** pour l'aide que tu m'as apportée.* (Syn. **gratitude**.) **2** Action de reconnaître un lieu. *Des soldats ont été envoyés en **reconnaissance** dans le village.*

reconnaissant, ante (adjectif) Qui manifeste de la reconnaissance. *Je te suis **reconnaissant** de m'avoir rendu ce service.*

reconnaître (verbe) (conj. 37) **1** Savoir qui est quelqu'un ou ce qu'est quelque chose pour l'avoir déjà vu. *Il n'a pas changé, je l'**ai** tout de suite **reconnu**.* **2** Admettre que quelque chose est vrai ou légitime. *Gaëlle **reconnaît** qu'elle a eu tort de parler ainsi.* (Syn. **avouer**.) **3** Explorer un lieu. *Les marcheurs sont partis **reconnaître** le terrain pour voir s'ils peuvent y camper.* **4** **Se reconnaître** : se retrouver et s'orienter. *Je suis incapable de **me reconnaître** dans ce quartier qui a tant changé.*
★ Famille du mot : reconnaiss**able**, reconnaiss**ance**, reconnaiss**ant**, reconnu.
► On écrit aussi **reconnaitre**.

reconnu, ue (adjectif) Qui est accepté, admis pour vrai ou valable. *De nombreux artistes ne sont **reconnus** qu'après leur mort.*

reconquérir (verbe) (conj. 18) Conquérir de nouveau. ***Reconquérir** un territoire perdu.*

reconquête (nom féminin) Action de reconquérir. *La **reconquête** d'une province.*

reconstituer (verbe) (conj. 3) Recréer une chose identique à ce qu'elle était. *Les décors du western **sont reconstitués** en studio.*

reconstitution (nom féminin) Action de reconstituer. *La **reconstitution** d'un crime est destinée à comprendre comment il a été commis.*

reconstruction (nom féminin) Action de reconstruire quelque chose.

reconstruire (verbe) (conj. 43) Construire de nouveau ce qui a été détruit. *Après le tremblement de terre, il a fallu **reconstruire** une partie du village.*

reconversion (nom féminin) **1** Fait de se reconvertir pour un travailleur. *Le chômeur suit une formation de **reconversion**.* **2** Fait de reconvertir une entreprise pour suivre l'évolution du marché.

reconvertir (verbe) (conj. 11) **1** Changer la nature des activités d'une usine ou d'une entreprise. *Cette usine **a été reconvertie** et fabrique maintenant du matériel électronique.* **2** **Se reconvertir** : exercer un nouveau métier. *La fermeture des mines de charbon a obligé de nombreux mineurs à **se reconvertir**.*

recopier (verbe) (conj. 10) Copier un texte déjà écrit. *Hélène a fait sa rédaction au brouillon, demain elle la **recopiera**.*

record (nom masculin) Meilleur résultat obtenu jusqu'à présent. *Ce voilier vient de battre le **record** du monde de la traversée de l'Atlantique.*

recordman (nom masculin) Sportif qui détient un record.
► **Recordman** est un mot anglais : on prononce [ʀəkɔʀdman].
► Pluriel : des **recordmans** ou des **recordmen**.

recoucher (verbe) (conj. 3) Remettre quelqu'un au lit. *Elle a donné le biberon au bébé, puis l'**a recouché**. **Recouche**-toi si tu es encore fatigué !*

recoudre (verbe) (conj. 53) Coudre ce qui a été décousu. *Julie apprend à **recoudre** un bouton.*

recoupement (nom masculin) Action de recouper des renseignements pour voir s'ils coïncident.

recouper (verbe) (conj. 3) **1** Couper de nouveau. *Est-ce qu'il faut que je **recoupe** du pain ?* **2** Vérifier des faits ou des informations en les confrontant. ***Recouper** des témoignages.*

recourbé, ée (adjectif) Qui est courbé à son extrémité. *Le bec **recourbé** des rapaces.*

recourir (verbe) (conj. 16) Demander l'aide de quelqu'un. *On a dû **recourir** à un serrurier pour ouvrir la porte car les clés étaient à l'intérieur !*

recours (nom masculin) Fait de recourir à quelqu'un. *Pour repartir, il a fallu avoir **recours** à un dépanneur.*

recouvrable (adjectif) Que l'on peut recouvrer. *La taxe est **recouvrable** avant le 15 de chaque mois.*

recouvrement (nom masculin) Fait de recouvrer un paiement. *Le **recouvrement** des impôts par le percepteur.*

recouvrer (verbe) (conj. 3) **1** Retrouver ce qu'on avait perdu. *Le blessé **recouvre** peu à peu l'usage de la parole.* **2** Recueillir le paiement d'une somme due. *C'est le percepteur qui est chargé de **recouvrer** les impôts.*

recouvrir (verbe) (conj. 12) **1** Couvrir complètement. *La neige est tombée toute la nuit et **recouvre** la campagne.* **2** Protéger avec une couverture ou un couvercle. *Laura **a recouvert** tous ses livres de classe avec du papier.*

récréation (nom féminin) Moment pendant lequel les élèves peuvent jouer et se détendre. *Pendant la **récréation**, Ibrahim aime jouer aux billes.*
▶ **Récréation** s'abrège familièrement *récré*.

se **récrier** (verbe) (conj. 10) Protester avec indignation. *On a accusé Myriam de mentir et elle **s'est récriée**.*

récriminations (nom féminin pluriel) Fait de récriminer. *Je n'écoute même plus ses **récriminations**.* (Syn. **protestation.**)

récriminer (verbe) (conj. 3) Exprimer ses critiques ou son désaccord avec amertume ou agressivité. *Arrête de **récriminer** contre tout le monde !*

récrire Voir ***réécrire***.

se **recroqueviller** (verbe) (conj. 3) Se replier sur soi-même. *Noémie **s'est recroquevillée** sous sa couette pour avoir bien chaud.*

recru, ue (adjectif) Synonyme littéraire de épuisé. *Le voyageur arriva affamé et **recru** de fatigue à l'auberge.* (Syn. **harassé, éreinté.**)

recrudescence (nom féminin) Nouvelle augmentation, plus grave, d'un phénomène. *La **recrudescence** du chômage inquiète le gouvernement.*

recrue (nom féminin) Jeune soldat nouvellement incorporé.
★ Famille du mot : recrut**ement**, recrut**er**.

recrutement (nom masculin) Action de recruter.

recruter (verbe) (conj. 3) Engager du personnel. *Cette entreprise **recrute** des ingénieurs en informatique.* (Syn. **embaucher.**)

recruteur, euse (nom) Personne chargée de recruter du personnel. *Le candidat a passé un entretien avec la **recruteuse**.*

rect(i)- Élément, tiré du latin *rectus*, qui signifie « droit » (exemple : *rectiligne*).

rectal, ale, aux (adjectif) Qui concerne le rectum. *Les suppositoires sont des médicaments administrés par voie **rectale**.*

rectangle (nom masculin) Figure géométrique qui a quatre angles droits et dont les côtés sont égaux deux à deux. *Un terrain de basket est un **rectangle** de 26 m sur 14 m.*

▪**rectangle** (adjectif) Qui a un angle droit. *Un triangle **rectangle**.*
★ **Rectangle** vient des mots latins *rectus* qui signifie « droit » et *angulus* qui signifie « angle ».

rectangulaire (adjectif) Qui a la forme d'un rectangle. *Une table **rectangulaire**.*

recteur, trice (nom) Haut fonctionnaire de l'Éducation nationale, responsable d'une académie. *Le **recteur** est nommé en Conseil des ministres.*
▪**rectrice** (nom féminin et adjectif féminin) Grande plume de la queue des oiseaux, servant à diriger le vol. *Les **rectrices** de l'alouette des champs sont de couleur blanche.*

rectificatif, ive (adjectif) Qui sert à rectifier une erreur.
▪**rectificatif** (nom masculin) Texte rectificatif. *Apporter un **rectificatif** à un article de presse.*

rectification (nom féminin) Action de rectifier. *Les dates annoncées étaient fausses, le journal a dû faire une **rectification**.* (Syn. **correction.**)

rectifier (verbe) (conj. 10) Corriger une erreur, une inexactitude. *Odile se sert de son dictionnaire pour **rectifier** les fautes qu'elle a faites dans sa lettre.*
★ Famille du mot : rectifica**tif**, rectifica**tion**.
★ **Rectifier** vient du latin *rectus* qui signifie « exact ».

rectiligne (adjectif) Qui est en ligne droite. *Cette route est **rectiligne** sur plusieurs kilomètres.*

rection (nom féminin) Propriété qu'a un verbe d'imposer au complément nominal qui le suit une construction déterminée. *Un verbe a une **rection** directe quand son complément n'est pas introduit par une préposition.*

rectitude (nom féminin) Qualité de ce qui est juste, conforme à la raison. *Julie se fie à la **rectitude** du jugement de sa sœur aînée.* (Syn. **exactitude, rigueur.**)

recto (nom masculin) Première page d'une feuille, qui est le côté opposé du verso. *Sur sa feuille de papier, Kevin commence à écrire au **recto**, puis tourne la page pour finir au verso.*
★ **Recto** vient de la locution latine *folio recto* qui signifie « sur le feuillet qui est à l'endroit ».

rectorat (nom masculin) Siège d'une académie de l'Éducation nationale. *Il a envoyé sa candidature au **rectorat** pour obtenir un poste de surveillant.*

rectum (nom masculin) Dernière partie de l'intestin, qui aboutit à l'anus.
▶ Prononciation [ʀɛktɔm].

reçu (nom masculin) Document qui prouve qu'une chose vous a été remise. *Le livreur m'a apporté un colis, j'ai dû signer un **reçu**.* (Syn. **récépissé.**)

recueil (nom masculin) Livre qui réunit plusieurs textes. *Cet ouvrage est un **recueil** de poésies.*

recueillement (nom masculin) État d'une personne qui se recueille. *Ce monastère est un lieu de **recueillement**.*

recueillir (verbe) (conj. 13) **1** Rassembler des choses. *Cette association **recueille** des vêtements pour*

a b c d e f g h i j k l m n o p q **r** s t u v w x y z

les distribuer aux pauvres. **2** Prendre chez soi, héberger. *Sarah* ***a recueilli*** *un petit chat abandonné.* **3** Se recueillir : s'isoler du monde extérieur pour méditer. *À la Toussaint, les gens vont au cimetière* ***se recueillir*** *sur les tombes de leurs proches.*
★ Famille du mot : recueil, recueill**ement**.

recul (nom masculin) Fait de reculer. *Grâce au vaccin, le tétanos est en net* ***recul****. Pour apprécier cette immense toile, il faut prendre du* ***recul****. À ce jour, on manque de* ***recul*** *pour comprendre les faits.*

reculé, ée (adjectif) **1** Qui est loin ou difficile d'accès. *Il vit en montagne dans un endroit* ***reculé****.* **2** Qui est éloigné dans le temps. *À une époque* ***reculée****, les hommes vivaient dans des grottes.*

reculer (verbe) (conj. 3) **1** Aller en arrière. *La voiture est arrivée au fond de l'impasse et doit* ***reculer*** *pour sortir.* (Contr. **avancer**.) **2** Mettre une chose plus loin en arrière. *Tu es trop près de la table,* ***recule*** *ta chaise !* **3** Remettre à plus tard. *Il nous est possible de* ***reculer*** *notre date de départ pour partir avec vous.* (Syn. **différer, retarder**.) **4** Hésiter ou renoncer à agir. *Pierre* ***n'a*** *jamais* ***reculé*** *devant les difficultés.*
★ Famille du mot : recul, recul**é**, à reculons.

à **reculons** (adverbe) En reculant. *Ursula a eu un gage : elle doit faire le tour du jardin* ***à reculons****.*

récupérateur, trice (adjectif) Qui permet de récupérer. *Un sommeil* ***récupérateur****.*
■ **récupérateur** (nom masculin) **1** Entreprise qui récupère les déchets, les matériaux usagés. **2** Appareil qui récupère de la chaleur ou de l'énergie. *Grâce à notre* ***récupérateur*** *de chaleur, la cheminée du salon chauffe tout le rez-de-chaussée.*

récupération (nom féminin) Action de récupérer. *La* ***récupération*** *et le recyclage des déchets.*

récupérer (verbe) (conj. 8) **1** Reprendre ce qui nous appartient. *J'aimerais bien* ***récupérer*** *le livre que je lui ai prêté.* **2** Rassembler des choses qui peuvent encore servir. *Quentin* ***a récupéré*** *des morceaux de bois pour se faire une cabane dans le jardin.* **3** Retrouver ses forces. *Il vient d'être très malade et il a du mal à* ***récupérer****.*
★ Famille du mot : récupér**ateur**, récupér**ation**.

récurer (verbe) (conj. 3) Nettoyer en frottant, en grattant. *Zoé a fait déborder le lait et elle a bien du mal à* ***récurer*** *la cuisinière !*

récurrence (nom féminin) Caractère de ce qui est répétitif. *Nous avons étudié la* ***récurrence*** *du thème de la mort chez les auteurs romantiques.* • Raisonnement par récurrence : raisonnement mathématique qui étend à tous les termes d'une série une relation vérifiée pour les deux premiers termes.

récuser (verbe) (conj. 3) N'accorder aucune valeur à quelque chose. *L'avocat de la défense* ***a récusé*** *les arguments du procureur.* (Syn. **contester**.)

recyclable (adjectif) Qu'on peut recycler. *Les matériaux* ***recyclables*** *sont triés.*

recyclage (nom masculin) **1** Action de recycler. *Le* ***recyclage*** *des bouteilles de verre.* **2** Fait de se recycler. *Pour s'adapter à sa nouvelle fonction, maman doit faire un stage de* ***recyclage****.*

recycler (verbe) (conj. 3) **1** Utiliser des matériaux usagés pour fabriquer de nouveaux produits. *Des conteneurs sont au coin de la rue pour récolter le verre et le papier à* ***recycler****.* **2** Se recycler : suivre une formation pour s'adapter à un nouveau métier. *Pour retrouver du travail, il a dû* ***se recycler****.*
★ Famille du mot : recycl**able**, recycl**age**.

rédacteur, trice (nom) Personne qui rédige des textes, des articles. *Les* ***rédacteurs*** *du journal se réunissent chaque matin.*

rédaction (nom féminin) **1** Action ou manière de rédiger un texte. *La* ***rédaction*** *d'un article par un journaliste.* **2** Exercice scolaire de français où l'élève doit écrire un texte sur un sujet donné. *Anna est bonne en* ***rédaction*** *car elle aime raconter des histoires.*

reddition (nom féminin) Fait de se rendre, de capituler. *Le général a annoncé la* ***reddition*** *de son armée.*

rédempteur, trice (adjectif) Qui rachète du péché. *Les chrétiens considèrent la souffrance comme* ***rédemptrice****.*

rédemption (nom féminin) Dans la religion chrétienne, pardon des péchés.

redescendre (verbe) (conj. 31) Descendre une nouvelle fois. *Il est* ***redescendu*** *à la cave pour chercher une deuxième bouteille de vin.* (Contr. **remonter**.)

redevable (adjectif) Qui doit quelque chose à quelqu'un. *Il est* ***redevable*** *de sa victoire à son entraîneur.*

redevance (nom féminin) Taxe qu'on paie à l'État pour utiliser un service public. *Les chaînes de télévision publiques sont financées en partie par la* ***redevance****.*

rédhibitoire (adjectif) Qui constitue un obstacle énorme. *Ce manteau coûte un prix* ***rédhibitoire****.*

rediffuser (verbe) (conj. 3) Diffuser de nouveau. *Cette chaîne* ***rediffuse*** *souvent les mêmes émissions.*

rediffusion (nom féminin) Action de rediffuser. *L'été, cette chaîne se contente de* ***rediffusions****.*

rédiger (verbe) (conj. 5) Écrire un texte. *Zoé a du mal à* ***rédiger*** *sa lettre.*

redingote (nom féminin) Longue veste portée autrefois par les hommes.
★ **Redingote** vient de l'anglais *riding-coat* qui signifie « habit d'équitation ».

redire (verbe) (conj. 46) Dire une nouvelle fois. *Peux-tu me* ***redire*** *ton nom ?* (Syn. **répéter**.) • Avoir *ou* trouver quelque chose à redire : critiquer.

redite (nom féminin) Synonyme de répétition. *Relis ton texte pour supprimer les* ***redites*** *!*

redondance (nom féminin) Synonyme de répétition.

redondant, ante (adjectif) Qui comporte des redondances. *Essaie de supprimer les passages* ***redondants*** *dans ta lettre et d'être plus concis.*

redonner (verbe) (conj. 3) Donner de nouveau. *Sa guérison lui* ***a redonné*** *goût à la vie.*

redorer (verbe) (conj. 3) Dorer de nouveau. *L'encadreur* ***redore*** *un cadre ancien.* • **Redorer son blason** : se refaire une fortune, une réputation.

redoublant, ante (nom) Élève qui redouble une classe. *Il y a plusieurs* ***redoublants*** *dans la classe.*

redoublement (nom masculin) Fait de redoubler une classe.

redoubler (verbe) (conj. 3) **1** Recommencer la même classe au lieu de passer dans la classe supérieure. *Fatima n'****a*** *jamais* ***redoublé****.* **2** Devenir soudain beaucoup plus fort. *Les bateaux rentrent au port car la tempête* ***redouble****.*

redoutable (adjectif) Qu'il faut redouter. *La peste est une maladie* ***redoutable****.* (Contr. **inoffensif.**)

redoute (nom féminin) Ouvrage de fortification, isolé et de forme carrée.
★ **Redoute** vient du mot italien *ridotto* qui signifie « abri ».

redouter (verbe) (conj. 3) Synonyme de craindre. *Thomas* ***redoute*** *d'arriver en retard à l'école.*

redoux (nom masculin) Radoucissement de la température après une période de froid.

redressement (nom masculin) Fait de se redresser. *Le gouvernement se félicite du* ***redressement*** *de l'économie.*

redresser (verbe) (conj. 3) **1** Remettre droit. ***Redresse****-toi, tu es tout voûté. Le réparateur* ***a redressé*** *le pare-chocs tordu.* **2** Remettre en meilleur état. *L'économie de ce pays s'****est redressée****.*
★ Famille du mot : redresse**ment**, redress**eur**.

redresseur (nom masculin) • **Redresseur de torts** : personne qui prétend combattre l'injustice.

réducteur, trice (adjectif) **1** Qui simplifie abusivement. *Les racistes ont un point de vue* ***réducteur*** *sur l'immigration.* **2** Qui est susceptible de céder des électrons. *L'hydrogène et le carbone sont* ***réducteurs****.* (Contr. **oxydant.**)
▪ **réducteur** (nom masculin) Système d'engrenages servant à réduire la vitesse de rotation d'un axe.

réductible (adjectif) **1** Qui peut être réduit, diminué. *Les dépenses* ***réductibles*** *d'un ménage.* **2** Qui peut être ramené à une forme plus simple. *Une fraction est* ***réductible*** *lorsque son dénominateur et son numérateur sont multiples d'un même nombre.*

réduction (nom féminin) **1** Action de réduire quelque chose. *Une* ***réduction*** *des dépenses s'impose.* **2** Diminution du prix d'une marchandise. *Les jeunes et les chômeurs ont droit à des* ***réductions*** *au cinéma.* (Syn. **rabais, remise.**) **3** Reproduction dans un format plus petit. *Cette maquette d'avion est une* ***réduction*** *exacte de l'Airbus.* **4** Réaction chimique au cours de laquelle un corps cède ses électrons à un autre corps. (Contr. **oxydation.**)

réduire (verbe) (conj. 43) **1** Rendre moins important. *Cette usine* ***a réduit*** *ses effectifs.* (Syn. **diminuer.**) **2** Transformer une substance en poudre, en miettes ou en bouillie. ***Réduire*** *le blé en farine.* **3** Amener quelqu'un à un état pénible. *Le chômage l'****a réduit*** *à la misère.* **4** Amener à une forme plus simple. *La fraction 36/8 peut se* ***réduire*** *à 9/4.* • **Se réduire à quelque chose** : être limité à cette chose. *Son immense fortune* ***se réduit*** *aujourd'hui* ***à*** *quelques louis d'or.*
★ Famille du mot : réduction, réducteur, réductible, réduit.

① **réduit, uite** (adjectif) Qui est inférieur au prix normal. *À partir de trois enfants, une famille a droit au tarif* ***réduit*** *dans les transports en commun.* • **Modèle réduit** : objet construit en réduction. (Syn. **maquette.**)

② **réduit** (nom masculin) Petite pièce, généralement sombre. *Le jardinier range ses outils et le bois dans un* ***réduit*** *au fond de la cour.*

réécrire (verbe) (conj. 47) Écrire de nouveau. ***Réécris*** *ta lettre.*
► On dit aussi **récrire**.

rééditer (verbe) (conj. 3) Procéder à la réédition d'un ouvrage. *Dommage que ce livre n'****ait*** *pas* ***été réédité*** *!*

réédition (nom féminin) Nouvelle édition d'un ouvrage.

rééducation (nom féminin) Ensemble d'exercices destinés à rétablir l'usage d'une partie du corps. *Après une fracture du poignet, il faut faire des séances de* ***rééducation****.*

rééduquer (verbe) (conj. 3) Faire subir une rééducation. *Le kinésithérapeute* ***rééduque*** *les blessés.*

réel, réelle (adjectif) Qui existe vraiment. *Cette histoire est* ***réelle****, je ne l'ai pas inventée.* (Syn. **authentique.** Contr. **fictif.**)
★ Famille du mot : **ir**réel, réelle**ment**.

réélection (nom féminin) Fait d'être réélu. *Il est si populaire qu'on s'attend à sa* ***réélection****.*

rééligible (adjectif) Qui peut être légalement réélu.

réélire (verbe) (conj. 45) Élire de nouveau quelqu'un. *Ce candidat a de fortes chances d'****être réélu****.*

réellement (adverbe) De façon réelle. *Cet évènement a* ***réellement*** *eu lieu.* (Syn. **effectivement, véritablement, vraiment.**)

réer (verbe) (conj. 3) Brâmer. (Syn. **raire.**)

réévaluer (verbe) (conj. 3) **1** Évaluer de nouveau. *Ce contrôle va permettre de* ***réévaluer*** *le niveau des élèves.* **2** Augmenter la valeur d'une monnaie par rapport aux devises étrangères. *Le pays* ***réévalue*** *sa monnaie et combat ainsi l'inflation.* (Contr. **dévaluer.**)

a b c d e f g h i j k l m n o p q r s t u v w x y z

réexpédier (verbe) (conj. 10) Expédier à une autre adresse. *Pendant les vacances, il se fait* ***réexpédier*** *son courrier.*

refaire (verbe) (conj. 42) **1** Faire de nouveau ce qu'on a déjà fait. *Victor a bâclé son travail, sa maîtresse lui a demandé de le* ***refaire****.* (Syn. **recommencer.**) **2** Remettre un lieu en bon état. *Nous allons* ***refaire*** *tout l'appartement.*

réfection (nom féminin) Action de remettre en bon état. *La* ***réfection*** *d'un appartement.*

réfectoire (nom masculin) Grande salle à manger d'une collectivité. *Le* ***réfectoire*** *du collège est en self-service.*

référé (nom masculin) Procédure juridique rapide ayant pour but de faire juger provisoirement une affaire urgente.

référence (nom féminin) Indication précise des ouvrages ou des passages auxquels le lecteur doit se référer. *Les* ***références*** *sont en bas de page.* • **Ouvrage de référence** : livre qu'on consulte pour avoir un renseignement sûr. *Les dictionnaires et les atlas sont des* ***ouvrages de référence****.*
▪**références** (nom féminin pluriel) Témoignages qui renseignent sur les compétences de quelqu'un. *Cet employeur exige que les candidats aient des* ***références****.*

référendum (nom masculin) Vote de tous les électeurs d'un pays sur une question précise. *À un* ***référendum****, les électeurs doivent répondre par oui ou par non.*
▶ Prononciation [ʀefeʀɛ̃dɔm].

référent (nom masculin) Objet, réel ou imaginaire, que désigne un mot ou un ensemble de mots. *Le mot « dragon » a un* ***référent*** *imaginaire.*
▪**référent, , ente** (adjectif) Auquel on doit se référer comme à une autorité. *Le généraliste est le médecin* ***référent****.*

référentiel, elle (adjectif) Qui permet de situer un évènement dans l'espace et le temps. *Les adverbes tels que « ici » ou « aujourd'hui » ont une fonction* ***référentielle****.*

se **référer** (verbe) (conj. 8) Se reporter à quelque chose pour une vérification. *Pour corriger mes fautes d'orthographe, je* ***me réfère*** *à mon dictionnaire.*
★ Famille du mot : référ**ent**, référent**iel**.

refermer (verbe) (conj. 3) Fermer de nouveau ce qui était ouvert. ***Referme*** *bien la boîte, sinon les gâteaux vont s'abîmer.*

refiler (verbe) (conj. 3) Donner une chose dont on veut se débarrasser, dans la langue familière. *Sarah m'****a refilé*** *de vieux bouquins.*

réfléchi, ie (adjectif) Qui réfléchit avant de parler ou d'agir. *Julie est très* ***réfléchie****, elle ne fait jamais rien dans la précipitation.*

réfléchir (verbe) (conj. 11) **1** Penser à quelque chose avec beaucoup d'attention. ***Réfléchis*** *bien avant de te décider !* **2** Synonyme de refléter. *Le miroir* ***réfléchit*** *son visage. Son image se* ***réfléchit*** *sur la vitre.*
★ Famille du mot : réfléchi, réflexion.

reflet (nom masculin) Image ou lumière reflétée par une surface. *Laura regarde le* ***reflet*** *des arbres dans l'eau.*

refléter (verbe) (conj. 8) **1** Renvoyer l'image d'une personne ou d'une chose. *Quand on fait du feu dans le salon, les cuivres* ***reflètent*** *la lumière des flammes. La lune se* ***reflète*** *dans l'eau.* (Syn. **réfléchir.**) **2** Indiquer quelque chose. *Ses questions* ***reflètent*** *un esprit curieux.*

refleurir (verbe) (conj. 11) Fleurir de nouveau. *Chaque printemps, les primevères* ***refleurissent****.*

réflex (nom masculin et adjectif) Appareil photographique sur lequel on peut adapter différents objectifs et dont le viseur est muni d'un dispositif à miroir.
★ Réflex est un mot qui vient de l'anglais.

réflexe (nom masculin) Mouvement très rapide qu'on fait automatiquement. *Quand il a vu le début d'incendie, il a eu le bon* ***réflexe*** *de se servir de l'extincteur.*

réflexif, ive (adjectif) • **Relation réflexive** : relation R sur un ensemble E telle que x R x soit vrai, quel que soit l'élément x de E.

réflexion (nom féminin) **1** Action de réfléchir. *Il demande plusieurs jours de* ***réflexion*** *avant de se décider à accepter cet emploi.* **2** Remarque ou critique adressée à quelqu'un. *Tes* ***réflexions*** *sont vraiment vexantes.* **3** Phénomène par lequel la lumière ou le son sont réfléchis. *La* ***réflexion*** *d'un rayon lumineux.* • **Réflexion faite** : après avoir bien réfléchi.

réflexivité (nom féminin) Propriété d'une relation réflexive. *La* ***réflexivité*** *de la relation d'égalité.*

refluer (verbe) (conj. 3) Se mettre à aller en sens inverse. *La mer* ***reflue*** *quand la marée commence à descendre. Quand la police est arrivée, les manifestants* ***ont reflué*** *vers la place.* (Syn. **se retirer.**)

reflux (nom masculin) Mouvement de l'eau qui reflue quand la marée descend. (Contr. **flux.**)

refonte (nom féminin) Fait de réviser et de mettre à jour un ouvrage d'édition pour une nouvelle publication.

reforestation (nom féminin) Fait de reboiser une forêt. (Syn. **reboisement.**)

réformateur, trice (adjectif et nom) Qui souhaite ou fait des réformes. *Un parti* ***réformateur****. Cet homme politique fut un grand* ***réformateur****.*

réformation (nom féminin) Action de réformer. *La* ***réformation*** *du calendrier a eu lieu sous la Révolution.* • **La Réformation** : la Réforme.

réforme (nom féminin) Changement apporté en vue d'une amélioration. *On parle depuis longtemps d'une* ***réforme*** *de la Justice.*

reformer (verbe) (conj. 3) Refaire ce qui était défait. ***Reformez** les rangs !*

réformer (verbe) (conj. 3) Faire des réformes. ***Réformer** l'enseignement.*
★ Famille du mot : réform**ateur**, réforma**tion**, réforme.

réformisme (nom masculin) Doctrine politique privilégiant les réformes pour transformer progressivement la société. *Le **réformisme** s'oppose à toute doctrine révolutionnaire.*

refoulement (nom masculin) **1** Action de refouler, de faire reculer. *Le **refoulement** des supporteurs à l'entrée des vestiaires.* **2** Fait d'empêcher un sentiment qu'on porte en soi de se manifester. *Le **refoulement** d'un instinct peut perturber la personnalité.*

refouler (verbe) (conj. 3) **1** Obliger quelqu'un à reculer. *Les curieux **ont été refoulés** par les agents de police.* (Syn. **repousser.**) **2** Empêcher un sentiment de se manifester. *Myriam a eu du mal à **refouler** ses larmes.* (Syn. **réprimer, retenir.**)

réfractaire (adjectif) **1** Qui refuse de se soumettre. *Ces gens sont **réfractaires** à l'ordre établi.* **2** Qui peut résister à de très hautes températures. *Une cheminée en briques **réfractaires**.*

réfraction (nom féminin) Déviation d'un rayon lumineux qui passe d'un milieu à un autre. *La **réfraction** peut être obtenue au moyen d'un prisme.*

refrain (nom masculin) Paroles d'une chanson que l'on répète sur le même air après chaque couplet. *Noémie ne connaît que le **refrain** de cette chanson.*

réfrangible (adjectif) Qui est susceptible d'être réfracté. *Un rayon de lumière **réfrangible**.*

réfrènement (nom masculin) Fait de réfréner un sentiment, un désir.
▶ On écrit aussi **refrènement**.

réfréner (verbe) (conj. 8) Mettre un frein à un sentiment, à une tendance. ***Réfréner** ses désirs, son impatience, sa colère.* (Syn. **réprimer.**)
▶ On écrit aussi **refréner**.
★ **Réfréner** vient du latin *frenum* qui signifie « frein ».

réfrigérant, ante (adjectif) **1** Qui sert à réfrigérer. *Un frigidaire fonctionne grâce à des fluides **réfrigérants**.* **2** Au sens figuré, qui met mal à l'aise. *Il a une attitude désagréable et **réfrigérante**.*

réfrigérateur (nom masculin) Appareil ménager destiné à conserver les aliments au froid. *On met les légumes et les fruits dans le bas du **réfrigérateur**.*

réfrigérer (verbe) (conj. 8) **1** Refroidir quelque chose, en particulier un produit alimentaire, pour le conserver. **2** Au sens figuré, mettre mal à l'aise. *L'accueil du proviseur nous **a réfrigérés**.* (Syn. **glacer, refroidir.**)
★ **Réfrigérer** vient du mot latin *frigus* qui signifie « froid ».

réfringent, ente (adjectif) Qui a la propriété de dévier les rayons lumineux. *Les lentilles de contact sont des corps **réfringents**.*
★ **Réfringent** vient du mot latin *refringere* qui signifie « briser ».

refroidir (verbe) (conj. 11) **1** Devenir plus froid. *Odile a laissé **refroidir** son potage. Couvre-toi, car le temps s'**est refroidi**.* **2** Rendre plus froid. ***Refroidis** le biberon sous l'eau froide, il est trop chaud.* (Contr. **réchauffer.**) **3** Diminuer l'ardeur ou le courage. *Son accueil nous **a refroidis** et nous sommes partis.* (Syn. **décourager.**)

refroidissement (nom masculin) **1** Fait de se refroidir. *Le **refroidissement** est sensible, on va bientôt allumer le chauffage.* **2** Léger rhume. *William souffre d'un **refroidissement**.*

refuge (nom masculin) **1** Lieu où on se sent en sécurité. *Pendant la nuit, nous avons trouvé **refuge** dans une grange.* **2** Maison qui sert d'abri et d'hébergement aux alpinistes ou aux randonneurs. *On a fait cinq jours de randonnée, en dormant dans des **refuges**.*
★ Famille du mot : réfugi**é**, se réfugi**er**.

réfugié, ée (nom) Personne qui a dû fuir son pays d'origine. *Des **réfugiés** chassés de leur pays vivent dans des camps.*

se **réfugier** (verbe) (conj. 10) Se mettre dans un lieu pour être à l'abri. *Un gros orage a éclaté, on a pu heureusement **se réfugier** dans une cabane.*

refus (nom masculin) Fait de refuser. *Sa réponse a été un **refus** catégorique.*

refuser (verbe) (conj. 3) **1** Ne pas accepter. *J'ai proposé à Sarah de l'aider, mais elle **a refusé**.* **2** Ne pas recevoir à un examen ou à un concours. *Le jury **a refusé** plusieurs candidats.*

réfutation (nom féminin) Discours, raisonnement par lequel on réfute quelque chose. *L'orateur répond aux différentes objections dans sa **réfutation**.*

réfuter (verbe) (conj. 3) Démontrer qu'une affirmation est fausse. *La police **réfute** la thèse du suicide et pense qu'il s'agit d'un meurtre.*

reg (nom masculin) Désert rocheux.
▶ Prononciation [rɛg].
★ **Reg** est un mot qui vient de l'arabe.

regagner (verbe) (conj. 3) **1** Gagner de nouveau ce qu'on avait perdu. *Ce nageur essaye de **regagner** le temps qu'il a perdu au départ de l'épreuve.* (Syn. **rattraper.**) **2** Retourner à un endroit. *Après avoir subi une avarie, le voilier a dû **regagner** le port.*

regain (nom masculin) **1** Renouveau de ce qui paraissait perdu ou fini. *Cette région connaît un **regain** d'activité.* (Syn. **reprise.**) **2** Herbe qui repousse après qu'une prairie a été fauchée.

régal (nom masculin) Chose délicieuse. *Ses confitures sont un vrai **régal**.* (Syn. **délice.**)

se **régaler** (verbe) (conj. 3) Prendre un grand plaisir à manger quelque chose de bon. *Les enfants **se sont régalés** avec les fraises des bois.* (Syn. se **délecter.**)

régalien, enne (adjectif) • **Droit régalien** : droit attaché à l'exercice du pouvoir. *Le droit de grâce exercé par le président de la République est un droit **régalien**.*

regard (nom masculin) Action ou manière de regarder. *Ursula a un **regard** doux et intelligent.*

regardant, ante (adjectif) Qui regarde à la dépense. *Pour la nourriture, il n'est pas **regardant** car il aime la qualité.* (Syn. **économe**.)

regarder (verbe) (conj. 3) **1** Fixer ses yeux sur quelque chose ou sur quelqu'un. *Zoé **regarde** le paysage avec admiration.* **2** Concerner quelqu'un. *Leurs problèmes ne me **regardent** pas.* • **Regarder à la dépense** : hésiter à dépenser beaucoup.
★ Famille du mot : regard, regard**ant**.

régate (nom féminin) Course de voiliers. *Le départ de la **régate** est prévu à onze heures.*
★ **Régate** vient de l'italien *regata* qui signifie « défi ».

regel (nom masculin) Gel survenant après un dégel. *Le **regel** a provoqué des fissures dans la chaussée.*

régence (nom féminin) Gouvernement exercé par un régent. *La **régence** d'Anne d'Autriche, mère de Louis XIV.*

régénérateur, trice (adjectif) Qui régénère. *Ma mère utilise une crème **régénératrice** pour lutter contre le vieillissement de la peau.*

régénérer (verbe) (conj. 8) Rendre un organe plus sain. *Cette pommade **régénère** la peau abîmée par le soleil.*

régent, ente (nom) Personne qui dirige un royaume pendant la minorité du roi. *Philippe d'Orléans, oncle de Louis XV, fut **régent** de 1715 à 1723.*

régenter (verbe) (conj. 3) Diriger de façon autoritaire. *Xavier veut tout **régenter** à la maison.*

reggae (nom masculin et adjectif) Style de musique à structure binaire avec décalage du temps fort, spécifique aux Noirs jamaïcains. *Les rastas écoutent du **reggae**.*
▶ Pluriel : des rythmes **reggae**.
▶ Prononciation [ʀege].
★ **Reggae** vient d'un mot anglais de la Jamaïque.

régicide (nom) Assassin d'un roi. *Les **régicides** étaient condamnés à être écartelés.*

régie (nom féminin) **1** Entreprise qui appartient à l'État. *La **régie** des tabacs.* **2** Direction de l'organisation matérielle d'un spectacle. *La **régie** règle les caméras et les micros.*

regimber (verbe) (conj. 3) Résister en refusant d'obéir. *Ibrahim **regimbe** contre les ordres.*
★ **Regimber** vient de l'ancien français *regiber* qui signifie « ruer ».

régime (nom masculin) **1** Manière dont un État est organisé et gouverné. *Un **régime** démocratique permet au peuple de s'exprimer.* **2** Manière particulière de se nourrir. *Il a trop de cholestérol, il doit suivre un **régime**.* **3** Vitesse à laquelle tourne un moteur. *Une voiture à plein **régime** consomme beaucoup d'essence.* **4** Ensemble de fruits qui poussent en grappes sur une même tige. *Un **régime** de dattes, de bananes.*

régiment (nom masculin) Troupe de soldats composée de plusieurs bataillons. *Un **régiment** est commandé par un colonel.*

région (nom féminin) Partie d'un espace géographique, d'un pays. *Les **régions** polaires sont très peu habitées. Yann habite la **région** parisienne.*
★ Famille du mot : région**al**, région**aliser**, région**alisme**, région**aliste**.

régional, ale, aux (adjectif) Qui est particulier à une région. *Quand Anna voyage en France, elle aime goûter la cuisine **régionale**.*

régionaliser (verbe) (conj. 3) Décentraliser le pouvoir politique, économique et administratif au profit des régions.

régionalisme (nom masculin) **1** Système qui donne plus d'autonomie aux régions par rapport au pouvoir central. **2** Mot particulier à une région de France. *À Lyon, on dit un « gone » pour un « gamin » : c'est un **régionalisme**.*

régionaliste (adjectif et nom) Qui est partisan du régionalisme.

régir (verbe) (conj. 11) **1** Déterminer, régler en parlant d'une loi, d'une règle. *La loi **régit** les rapports entre les hommes.* **2** Imposer une forme grammaticale à un autre mot. *La locution conjonctive « bien que » **régit** le subjonctif.*

régisseur, euse (nom) Personne qui dirige la régie d'un spectacle.

registre (nom masculin) Grand cahier où l'on consigne des informations officielles ou des comptes. *Élodie a consulté les **registres** de l'état civil pour faire son arbre généalogique.*

réglable (adjectif) Qu'on peut régler. *Le volant de cette voiture est **réglable** en hauteur.*

réglage (nom masculin) Action de régler un appareil. *Le radioréveil est vendu avec une notice de **réglage**.*

règle (nom féminin) **1** Instrument qui sert à tracer des lignes. *Benjamin se sert de sa **règle** pour tracer un triangle.* **2** Indications que l'on doit suivre dans un jeu, une technique ou un art. *Fatima connaît les **règles** de la belote. Clément apprend les **règles** de l'accord du participe passé.* **3** Principe de conduite. *Monsieur Dubois respecte toujours les **règles** de la politesse.* • **Dans les règles** : comme il faut. • **En règle** : conforme à la loi. *David a ses papiers **en règle**.* • **En règle générale** : habituellement.
■ **règles** (nom féminin pluriel) Écoulement de sang qui a lieu chaque mois chez la femme, de la puberté à la ménopause.

règlement (nom masculin) **1** Ensemble des règles qu'il faut suivre. *Les clients sont priés de respecter le **règlement** affiché dans le hall de l'hôtel.* **2** Fait de régler ce que l'on doit. *Pour le **règlement**, vous*

payez en chèque ou en espèces ? (Syn. **paiement.**) **3** Fait de régler une affaire. *On espère un **règlement** rapide du conflit.*
★ Famille du mot : réglementaire, réglementation, réglementer.

règlementaire (adjectif) Fixé par un règlement. *Le képi est la coiffure **réglementaire** dans la gendarmerie.*
▶ On écrit aussi **réglementaire.**

règlementation (nom féminin) Ensemble de règlements. *La **réglementation** des importations d'automobiles.*
▶ On écrit aussi **réglementation.**

règlementer (verbe) (conj. 3) Soumettre à des règlements. *Dans le centre-ville, la circulation **est réglementée**.*
▶ On écrit aussi **réglementer.**

régler (verbe) (conj. 8) **1** Mettre au point un mécanisme pour qu'il fonctionne bien. *Ibrahim essaye de **régler** les couleurs de la télévision.* (Contr. **dérégler.**) **2** Trouver une solution définitive à quelque chose. *Grâce à Gaëlle, cette histoire **a été** vite **réglée**.* (Syn. **résoudre.**) **3** Payer ce que l'on doit. *Je viens **régler** ma note.*
★ Famille du mot : dérégler, réglable, réglage.

réglette (nom féminin) Petite règle servant à tracer des traits.

réglisse (nom féminin) Plante dont on utilise la racine en confiserie.
■ **réglisse** (nom masculin) Bonbon aromatisé à la réglisse. *Hélène suce un **réglisse**.*

règne (nom masculin) **1** Temps pendant lequel règne un souverain. *Le **règne** de Louis XIV a duré 54 ans.* **2** Chacune des trois divisions de la nature faite par les savants. *Le **règne** minéral, le **règne** végétal et le **règne** animal.*

régner (verbe) (conj. 8) **1** Exercer le pouvoir, pour un souverain. *Napoléon III **a régné** dix-huit ans.* **2** Exister de manière durable. *Depuis que la maîtresse s'est fâchée, le silence **règne** dans la classe.*

regonfler (verbe) (conj. 3) Gonfler de nouveau. ***Regonfler** un ballon.*

regorger (verbe) (conj. 5) Avoir en abondance. *Cette région **regorge** de richesses.* (Syn. **abonder.** Contr. **manquer.**)

régresser (verbe) (conj. 3) Diminuer en intensité ou en nombre. *La mortalité infantile **régresse** dans ce pays.* (Syn. **reculer.** Contr. **progresser.**)

régressif, ive (adjectif) Qui revient en arrière. *On observe une évolution **régressive** chez un enfant qui a subi un traumatisme psychologique.*

régression (nom féminin) Fait de régresser. *On enregistre une **régression** du chômage depuis quelques mois.* (Syn. **recul.** Contr. **expansion, progrès.**)

regret (nom masculin) **1** Sentiment de tristesse ou de chagrin. *Mamie a parfois le **regret** du temps passé.* **2** Fait de regretter ce que l'on a fait ou d'avoir été la cause de quelque chose. *Le **regret** d'avoir commis une erreur lui pèse.* • **À regret** : à contrecœur.
★ Famille du mot : regrettable, regretter.

regrettable (adjectif) Qui mérite d'être regretté. *C'est bien **regrettable** que Kevin soit absent.* (Syn. **fâcheux.**)

regretter (verbe) (conj. 3) **1** Éprouver du regret. *Julie **regrette** le temps où son grand frère était à la maison.* **2** Éprouver du mécontentement. *Maman **regrette** d'avoir changé de voiture.*

regroupement (nom masculin) Fait de se regrouper, d'être regroupé. *Le **regroupement** de familles en difficulté dans des logements sociaux.*

regrouper (verbe) (conj. 3) Grouper en un même endroit. *On **a regroupé** nos plus belles photos de vacances dans un album. Les manifestants se **sont regroupés** sur la place.* (Syn. **rassembler.** Contr. **disperser.**)

régularisation (nom féminin) **1** Action de régulariser. *Une manifestation est organisée pour la **régularisation** des sans-papiers.* **2** Action de rendre régulier. *La **régularisation** d'un cours d'eau se fait au moyen d'un barrage.*

régulariser (verbe) (conj. 3) **1** Rendre conforme aux règlements. *Il **a régularisé** sa situation et a maintenant un permis de séjour.* **2** Rendre régulier. *Il prend des médicaments pour **régulariser** son rythme cardiaque.*

régularité (nom féminin) **1** Caractère régulier. *Laura travaille avec beaucoup de **régularité**.* (Contr. **irrégularité.**) **2** Qualité de ce qui est conforme aux règlements. *Des observateurs ont contesté la **régularité** du scrutin.* (Syn. **légalité.**)

régulateur (nom masculin) Dispositif qui maintient constante la température, la pression, la vitesse, l'intensité électrique, etc. *Le thermostat est équipé d'un **régulateur** de température.*

réguler (verbe) (conj. 3) Assurer le fonctionnement régulier de quelque chose. *Ce médicament permet de **réguler** l'activité cardiaque.*

régulier, ère (adjectif) **1** Qui reste toujours à peu près pareil ou se répète de la même façon. *Le battement du pouls est **régulier**.* (Contr. **irrégulier.**) **2** Qui est conforme aux règles ou à la loi. *Chanter est un verbe **régulier**. Ce n'est pas un travail au noir, c'est un travail **régulier**.*
★ Famille du mot : irrégularité, irrégulier, irrégulièrement, régularisation, régulariser, régularité, régulateur, réguler, régulièrement.

régulièrement (adverbe) De façon régulière. *Il consulte **régulièrement** son dentiste.* (Contr. **irrégulièrement.**)

régurgitation (nom féminin) Action de régurgiter. *Les **régurgitations** de lait d'un nouveau-né.*

régurgiter (verbe) (conj. 3) Faire remonter dans la bouche un aliment que l'on vient d'avaler. *Le bébé **régurgite** sa bouillie.*

réhabilitation (nom féminin) **1** Fait de réhabiliter. **2** Action de remettre une zone d'habitation en état. *Ces subventions aident ceux qui prévoient des travaux de **réhabilitation**.*

réhabiliter (verbe) (conj. 3) Faire retrouver à quelqu'un l'estime de tous. *Après avoir prouvé son innocence, il **a été réhabilité** aux yeux de tous.*

rehausser (verbe) (conj. 3) **1** Hausser davantage. *Les terrassiers ont entrepris de **rehausser** la chaussée.* (Syn. **surélever.**) **2** Mettre davantage en relief. *Un peu de fard **rehausse** l'éclat du teint.*

rehausseur (nom masculin) Siège amovible destiné à surélever un enfant à l'arrière d'une voiture de manière à ce que la ceinture de sécurité le protège correctement.

réimpression (nom féminin) Action de réimprimer. *Cet ouvrage est épuisé, il est actuellement en **réimpression**.*

réimprimer (verbe) (conj. 3) Imprimer de nouveau. *Ce livre a connu un tel succès qu'on va le **réimprimer**.*

rein (nom masculin) Chacun des deux organes qui sécrètent l'urine. *Le **rein** sert à filtrer le sang pour en éliminer les déchets.*
▪ **reins** (nom masculin pluriel) Bas du dos. *Papa s'est fait mal aux **reins** en déplaçant une armoire.*

réincarnation (nom féminin) Fait de revivre dans un corps différent. *Les hindous croient à la **réincarnation**.*

se **réincarner** (verbe) (conj. 3) Revivre dans un autre corps.

reine (nom féminin) Épouse d'un roi ou souveraine d'un royaume. *Le roi et la **reine** ouvrent le bal.*

reine-claude (nom féminin) Prune sucrée ronde et verte.
▶ Pluriel : des **reines-claudes**.
★ **Reine-claude** vient du nom de Claude de France, épouse de François Ier.

reinette (nom féminin) Pomme à peau grisâtre ou tachetée de rouge.

réinscriptible (adjectif) Qui permet d'enregistrer de nouvelles informations. *Ibrahim utilise un cd-rom **réinscriptible** pour sauvegarder des données de son ordinateur.*

réinsertion (nom féminin) Fait d'assurer une nouvelle insertion sociale à une personne en difficulté. *Un plan de **réinsertion** des chômeurs de longue durée.*

réinstaller (verbe) (conj. 3) Installer de nouveau. *L'informaticien formate le disque dur puis **réinstalle** les logiciels.*

réintégrer (verbe) (conj. 8) Revenir dans un endroit qu'on avait quitté. *Après les travaux, il a enfin pu **réintégrer** son appartement.*

réinventer (verbe) (conj. 3) Inventer à nouveau en donnant un caractère de nouveauté. *Ce couturier **a réinventé** le smoking pour les femmes.*

réitération (nom féminin) Action de réitérer. *La **réitération** de vers dans les poèmes d'Edgar Poe.* (Syn. **répétition.**)

réitérer (verbe) (conj. 8) Synonyme littéraire de répéter. *Puisque je n'ai pas de réponse, je vais **réitérer** ma demande.*

rejaillir (verbe) (conj. 11) Au sens figuré, atteindre indirectement. *Le scandale **a rejailli** sur ses proches.* (Syn. **retomber.**)

rejet (nom masculin) **1** Action de rejeter. *Les grévistes ont annoncé le **rejet** de la proposition de la direction.* **2** Nouvelle pousse d'une plante. *Le rosier a plein de **rejets**.*

rejeter (verbe) (conj. 9) **1** Jeter hors de soi ou dans le sens opposé. *Le volcan **a rejeté** des cendres et de la lave.* **2** Refuser une proposition. *Sa candidature **a été rejetée**.* (Syn. **repousser.** Contr. **accepter.**) **3** Faire porter à quelqu'un d'autre la responsabilité de quelque chose. *Ils se **rejettent** mutuellement la faute.*

rejeton (nom masculin) Synonyme familier d'enfant. *Madame Dupuis est très fière de ses **rejetons**.*

rejoindre (verbe) (conj. 35) **1** Aller retrouver des gens ou retourner à un endroit. *Pierre **rejoint** ses camarades partis au ski avant lui. Le soldat va **rejoindre** sa caserne.* **2** Rattraper quelqu'un. *Partez devant, je vous **rejoins** !* **3** Se rejoindre : aboutir au même endroit. *Les deux allées **se rejoignent** au rond-point.*

rejouer (verbe) (conj. 3) Jouer une nouvelle fois. *La troupe **rejouera** le spectacle en tournée.*

réjoui, ie (adjectif) Qui exprime la joie. *Odile arbore une mine **réjouie** à l'annonce de cette bonne nouvelle.* (Syn. **gai, épanoui.**)

réjouir (verbe) (conj. 11) Faire plaisir à quelqu'un. *Quentin se **réjouit** de te revoir.* (Contr. **désoler.**)
★ Famille du mot : réjouiss**ance**, réjouiss**ant**.

réjouissance (nom féminin) Joie collective. *Noël est une occasion de **réjouissance** pour la famille.*
▪ **réjouissances** (nom féminin pluriel) Fête pour célébrer quelque chose. *Le bicentenaire de la Révolution française a été l'occasion de **réjouissances** dans tout le pays.*

réjouissant, ante (adjectif) Qui réjouit. *Enfin une nouvelle **réjouissante** !*

rejuger (verbe) (conj. 5) Juger de nouveau. *L'affaire **sera rejugée** en cour d'appel.*

relâche (nom féminin) • **Faire relâche** : arrêter momentanément les représentations. *Ce théâtre **fait relâche** le lundi.* • **Sans relâche** : sans interruption dans le travail ou dans l'effort.

relâchement (nom masculin) Fait de relâcher son effort. *Le conducteur du train ne peut se permettre aucun **relâchement** d'attention.*

relâcher (verbe) (conj. 3) **1** Desserrer ce qui était serré ou tendu. *Les tendeurs de la tente **sont relâchés**.* **2** Remettre un prisonnier en liberté. *On l'a*

***relâché** faute de preuves.* **3 Se relâcher :** perdre de sa rigueur ou de sa fermeté. *Son attention **se relâche**, il n'écoute plus.*
★ Famille du mot : relâche, relâche**ment**.

relais (nom masculin) Dispositif qui retransmet les émissions envoyées par un émetteur principal. *Un **relais** de télévision.* • **Course de relais :** course dans laquelle les concurrents de chaque équipe se remplacent au cours du parcours. • **Prendre le relais :** remplacer quelqu'un dans sa tâche. *Quand tu voudras te reposer, je **prendrai le relais**.*
★ Autrefois, un **relais** était une sorte d'hôtel où les postillons des diligences pouvaient changer de chevaux, manger et se reposer.
▶ On écrit aussi **relai**.

relance (nom féminin) Action de relancer. *On attend une **relance** des exportations.*

relancer (verbe) (conj. 4) **1** Lancer de nouveau ou en sens inverse. *Le joueur de tennis **relance** la balle.* (Syn. **renvoyer.**) **2** Donner un nouvel élan. *Les négociateurs **ont relancé** le processus de paix.*

relater (verbe) (conj. 3) Synonyme de rapporter. *L'article de journal **relate** les faits, sans aucun commentaire.*

relatif, ive (adjectif) **1** Qui concerne ou se rapporte à quelque chose. *C'est un article **relatif** à la planète Mars.* **2** Qui n'a pas de valeur par soi-même mais seulement par comparaison avec autre chose. *Leur richesse est toute **relative**.* • **Pronom relatif :** mot reliant un nom, appelé « antécédent », à une proposition, appelée « proposition relative ». « . *Qui, que, lequel, dont, où » sont des **pronoms relatifs**.*
★ Famille du mot : relative**ment**, relativi**ser**, relativi**té**.

relation (nom féminin) **1** Rapport entre des choses. *L'inspecteur a tout de suite fait la **relation** entre ces deux évènements.* (Syn. **lien.**) **2** Rapport entre des personnes. *Leurs **relations** sont très cordiales.* **3** Personne avec qui on est en rapport. *Monsieur Dubois a invité ses **relations** d'affaires au restaurant.* • **Avoir des relations :** connaître des personnes célèbres ou importantes.

relationnel, elle (adjectif) Qui concerne les relations entre les individus. *Benjamin a des problèmes **relationnels** en classe.*
■ **relationnel** (nom masculin) Aptitude à avoir de bonnes relations avec les gens. *Le **relationnel** est très important dans la profession de représentant.*

relativement (adverbe) De façon relative. *Cet hôtel est **relativement** calme.* (Syn. **assez.**)

relativiser (verbe) (conj. 3) Considérer par rapport à d'autres choses comparables. *Il faut apprendre à **relativiser** les situations pénibles pour mieux les affronter.*

relativité (nom féminin) Caractère de ce qui est relatif. *Le philosophe étudie le thème de la **relativité** de la connaissance.* • **Théorie de la relativité :** théorie développée par Einstein remettant en question les notions d'espace et de temps.

relax (adjectif) Synonyme familier de décontracté. *Nous avons passé une soirée **relax** au coin du feu.*
■ **relax** (nom masculin) Chaise longue, le plus souvent inclinable. *Fatima s'installe dans un **relax** pour lire.*
▶ On écrit aussi **relaxe**.
★ **Relax** vient de l'anglais.

relaxation (nom féminin) Fait de se relaxer. *Des séances de **relaxation** pour combattre le stress.* (Syn. **détente.**)

se **relaxer** (verbe) (conj. 3) Synonyme de se décontracter. *Les étudiants ont besoin de **se relaxer** après leurs examens.*

relayer (verbe) (conj. 7) Remplacer quelqu'un dans sa tâche. *Des bénévoles se **sont relayés** nuit et jour pour venir en aide aux victimes du séisme.*

relecture (nom féminin) Action de relire en vue de corriger. *La correctrice procède à la **relecture** de l'ouvrage.*

relégation (nom féminin) Descente d'une équipe sportive, d'un sportif dans une catégorie inférieure. *La **relégation** d'une équipe de football en seconde division.*

reléguer (verbe) (conj. 8) Mettre un objet à l'écart pour s'en débarrasser. *On **a relégué** le vieux poste de télévision dans le garage.*

relent (nom masculin) Mauvaise odeur. *Il y a des **relents** de soupe aux choux dans l'escalier de l'immeuble.*

relève (nom féminin) Remplacement d'une personne dans une tâche. *Anna va prendre la **relève** pour que Benjamin puisse se reposer un peu.*

relevé (nom masculin) Document sur lequel sont rassemblés et inscrits un certain nombre de renseignements. *La banque lui envoie régulièrement un **relevé** de son compte.*

relèvement (nom masculin) Action de relever quelque chose. *L'entreprise a décidé le **relèvement** des bas salaires.* (Syn. **augmentation, hausse.** Contr. **baisse.**)

relever (verbe) (conj. 8) **1** Remettre en position verticale. *Clément **a relevé** Élodie qui était tombée.* **2** Mettre quelque chose plus haut. *Papa **relève** les manches de sa chemise avant de se mettre au travail.* (Syn. **remonter.** Contr. **abaisser, baisser.**) **3** Ramasser pour corriger. *Le maître **relève** les copies.* **4** Noter des informations. *À la rentrée, on **a relevé** les noms de ceux qui restaient à l'école après quatre heures.* **5** Améliorer un niveau. *Les patrons ont promis de **relever** certains salaires.* (Syn. **augmenter, remonter.**) **6** Donner plus de goût. *Cette sauce **est** très **relevée**.* **7** Remplacer quelqu'un dans une occupation. *Le conducteur du bus **est relevé** par un collègue à la mi-journée.*
★ Famille du mot : relève, relev**é**, relève**ment**, relev**eur**.

releveur, euse (adjectif) Qui relève une partie abaissée du corps. *Le muscle **releveur** de la paupière.*

▪**releveur, euse** (nom) Employé chargé de relever les compteurs d'eau, de gaz ou d'électricité.

relief (nom masculin) Aspect plus ou moins accidenté de la surface de la Terre. *Les montagnes, les vallées, les plaines, les collines, les plateaux forment le **relief** de la Terre.* • **En relief** : qui dépasse d'une surface. *L'écriture en braille pour les aveugles est faite de points **en relief**.* • **Mettre quelque chose en relief** : le faire apparaître, le mettre en évidence.

relier (verbe) (conj. 10) **1** Assembler des feuillets et les munir d'une couverture rigide. *David **a relié** les numéros d'une revue à laquelle il est abonné.* **2** Rattacher des choses ensemble par un lien. ***Reliez** les points par des traits et vous verrez apparaître un personnage.* **3** Au sens figuré, établir un lien. *L'inspecteur **a relié** ces deux faits.* **4** Faire communiquer. *Un pont **relie** l'île à la côte.*
★ Famille du mot : reli**eur**, reli**ure**.

relieur, euse (nom) Personne qui relie des livres.

religieusement (adverbe) **1** Suivant les rites de sa religion. *Il a été enterré **religieusement**.* **2** Avec un respect presque religieux. *Ibrahim suit **religieusement** les conseils de son grand frère.*

religieux, euse (adjectif) Qui se rapporte à la religion. *Prier est un des actes principaux de la vie **religieuse**.*
▪**religieux, euse** (nom) Personne qui consacre sa vie à Dieu. *Beaucoup de **religieux** vivent dans des couvents.*

religion (nom féminin) Ensemble de rites et de pratiques liés à la croyance en un ou plusieurs dieux. *Le christianisme, l'islam, le judaïsme sont les principales **religions** de France.*

reliquaire (nom masculin) Coffret où l'on conserve des reliques. *Cette église abrite un **reliquaire** en argent.*

reliquat (nom masculin) Ce qui reste à payer ou à recevoir. *Je te rends 8 euros, tu auras le **reliquat** de ma dette demain.*

relique (nom féminin) Ce qui reste du corps d'un saint, auquel on rend un culte.
★ Famille du mot : reliqu**aire**, reliqu**at**.

relire (verbe) (conj. 45) **1** Lire de nouveau. *Fatima **relit** ce livre pour la troisième fois.* **2** Lire une autre fois pour vérifier s'il y a des fautes. *Kevin **relit** sa carte postale avant de la poster.*

reliure (nom féminin) Couverture rigide d'un livre. *Le titre du livre est inscrit en lettres d'or sur la **reliure**.*

reloger (verbe) (conj. 5) Procurer un nouveau logement. *La mairie les **a relogés** dans des HLM.*

reluire (verbe) (conj. 43) Luire en reflétant la lumière. *Gaëlle frotte ses chaussures pour les faire **reluire**.* (Syn. **briller**.)

reluquer (verbe) (conj. 3) **1** Regarder avec curiosité ou envie, dans la langue familière. *Romain **reluque** les filles du coin de l'œil.* (Syn. **lorgner**.) **2** Au sens figuré, guetter avec convoitise. *Le petit-fils avide **reluque** l'héritage de sa grand-mère.*

rem (nom masculin) Unité qui servait à mesurer la dose de rayonnement reçu par un être humain. *Le **rem** a été remplacé par le sievert.*
★ **Rem** est un acronyme qui vient de l'anglais *Röntgen Equivalent Man*.

remâcher (verbe) (conj. 3) Repasser quelque chose sans cesse dans son esprit. *Il **remâche** son échec.* (Syn. **ruminer**.)

remake (nom masculin) Version nouvelle d'un film ancien.
▶ Prononciation [rimɛk].
★ **Remake** est un mot anglais qui signifie « refaire ».

rémanence (nom féminin) **1** Persistance d'un phénomène lumineux ou magnétique après la disparition de la cause qui l'a provoqué. *Un acier à très faible **rémanence** magnétique.* **2** Propriété de certaines sensations physiologiques ou psychologiques de subsister après que l'excitation a disparu. *La **rémanence** des images visuelles.*

remaniement (nom masculin) Action de remanier. *Un **remaniement** ministériel.*

remanier (verbe) (conj. 10) Retoucher et modifier. *L'écrivain **a remanié** complètement la fin de son livre.*

remariage (nom masculin) Fait de se remarier. *Le **remariage** ne peut avoir lieu que s'il y a eu divorce ou décès du conjoint.*

se **remarier** (verbe) (conj. 10) Se marier de nouveau. *Ce chanteur a divorcé et **s'est remarié**.*

remarquable (adjectif) Digne d'être remarqué. *Son père est quelqu'un de tout à fait **remarquable**.* (Syn. **extraordinaire**. Contr. **banal**.)

remarquablement (adverbe) De façon remarquable. *Hélène est **remarquablement** observatrice.* (Syn. **très**.)

remarque (nom féminin) **1** Opinion que l'on exprime. *Pierre a fait une **remarque** désagréable à Julie.* (Syn. **commentaire, réflexion**.) **2** Petite note destinée à attirer l'attention. *Dans ce dictionnaire, il y a des **remarques** sur la prononciation difficile de certains mots.*

remarquer (verbe) (conj. 3) Faire attention à quelque chose ou à quelqu'un. *Tout le monde **a remarqué** que Laura et Quentin étaient fâchés.* (Syn. **s'apercevoir, constater, noter**.) • **Se faire remarquer** : chercher à attirer l'attention.
★ Famille du mot : remarqu**able**, remarqu**ablement**, remarque.

remballer (verbe) (conj. 3) Emballer de nouveau ce que l'on a déballé. *Les forains **remballent** leur marchandise.*

rembarquer (verbe) (conj. 3) Embarquer de nouveau. *Après une escale à Londres, on **a rembarqué** pour Québec.*

rembarrer (verbe) (conj. 3) Synonyme familier de rabrouer. *Romain est de mauvaise humeur, il **a rembarré** Myriam.*

remblai (nom masculin) Masse de matériaux apportés pour surélever un terrain ou pour boucher des trous. *Les rails sont posés sur le **remblai**.*

remblayer (verbe) (conj. 7) Combler ou surélever par un remblai. *On est en train de **remblayer** la chaussée.*

rembobiner (verbe) (conj. 3) Embobiner de nouveau. *Sur cet appareil photo, la pellicule se **rembobine** automatiquement.*

remboîter (verbe) (conj. 3) Remettre en place ce qui est déboîté. *Le bricoleur **remboîte** le pied de la chaise.*
▶ On écrit aussi **remboiter**.

rembourrer (verbe) (conj. 3) Garnir de crin, de laine ou d'une matière molle. *Ce fauteuil est confortable parce qu'il **est** bien **rembourré**.*

remboursement (nom masculin) Action de rembourser. *En cas de retard important du train, les voyageurs ont droit au **remboursement** d'une partie du billet.*

rembourser (verbe) (conj. 3) Rendre de l'argent à quelqu'un. *L'appareil ne fonctionnait pas, Thomas s'est fait **rembourser**.*

se **rembrunir** (verbe) (conj. 11) Prendre un air sombre et soucieux. *Quand je lui reproche ses dépenses exagérées, elle **se rembrunit**.*

remède (nom masculin) **1** Synonyme vieilli de médicament. *La tisane de romarin est un **remède** contre les digestions difficiles.* **2** Moyen de faire cesser ou d'apaiser quelque chose. *Voyez-vous un **remède** à une telle situation ?*
★ Famille du mot : **irrémédiable**, **remédier**.

remédier (verbe) (conj. 10) Trouver un remède à quelque chose d'ennuyeux. *Pour **remédier** au manque de personnel, on a embauché des étudiants.* (Syn. **pallier**.)

remembrement (nom masculin) Opération consistant à échanger certaines parcelles de terre entre agriculteurs pour former des propriétés d'un seul bloc.

remémoration (nom féminin) Action de se remémorer. *La **remémoration** de souvenirs heureux.*

se **remémorer** (verbe) (conj. 3) Synonyme littéraire de se souvenir. *Le soir, dans son lit, Victor **se remémore** les évènements de la journée.*

remerciement (nom masculin) Action de remercier. *Sur la carte adressée aux amis qui l'ont invitée, Odile a écrit : « Avec tous mes **remerciements**. ».*

remercier (verbe) (conj. 10) **1** Dire merci pour exprimer sa reconnaissance. *Je te **remercie** d'y avoir pensé, c'est très gentil.* **2** Synonyme de congédier. *Madame Dupont **a remercié** son employée de maison.*

remettre (verbe) (conj. 33) **1** Mettre une chose à l'endroit où elle était. *Tu veux bien **remettre** ça où tu l'as pris ?* (Syn. **replacer**.) **2** Mettre à nouveau ou en plus. *Sarah **a remis** son pull parce qu'elle avait froid.* **3** Rétablir dans son état antérieur. *William **a remis** de l'ordre dans sa chambre.* **4** Déposer entre les mains de quelqu'un. ***Remettez** cette lettre en mains propres à la directrice !* **5** Reporter à une date ultérieure. *La réunion **a été remise** à samedi prochain.* **6** **Se remettre à** : recommencer. *La pendule **s'est remise à** fonctionner.* **7** **Se remettre** : retrouver la santé ou son état normal. *Ursula **se remet** de sa scarlatine. Il **se remet** de ses émotions.* • **S'en remettre à quelqu'un** : lui faire confiance.

réminiscence (nom féminin) Souvenir vague et confus. *Ce ne sont que des **réminiscences** de poèmes appris autrefois.*

remise (nom féminin) **1** Action de remettre. *La **remise** des prix aura lieu dans la salle des fêtes.* **2** Synonyme de réduction. *La boutique de vêtements fait une **remise** de 20 % sur les pulls de coton.* **3** Local servant à ranger des choses. *Zoé a mis son vélo dans la **remise**.*

remiser (verbe) (conj. 3) Mettre à l'abri. *Il **a remisé** ses skis au grenier.*

rémission (nom féminin) Atténuation temporaire d'une maladie. *Pendant les moments de **rémission**, le malade a demandé à voir ses amis.* • **Sans rémission** : sans pardon et de manière impitoyable.

remixer (verbe) (conj. 3) Retravailler une musique existante afin d'en produire une nouvelle version. *Le DJ **remixe** un morceau de techno.*

remontant (nom masculin) Médicament qui redonne des forces. *Le médecin lui a prescrit un **remontant**.*

remontée (nom féminin) Action de remonter. *Avec son père, Yann a fait la **remontée** de la rivière en bateau.* • **Remontée mécanique** : appareil qui permet de remonter les skieurs en haut d'une pente. *Les téléphériques, les télésièges, les téléskis sont des **remontées mécaniques**.*

remonte-pente (nom masculin) Remontée mécanique faite d'un câble muni de perches. *Les skieurs s'accrochent aux perches du **remonte-pente**.* (Syn. **téléski**.)
▶ Pluriel : des **remonte-pentes**.

remonter (verbe) (conj. 3) **1** Monter de nouveau. *Anna **est remontée** en courant chercher ses clés qu'elle avait oubliées. Depuis son accident, Benjamin n'**est** pas **remonté** à bicyclette.* (Contr. **redescendre**.) **2** Augmenter de nouveau. *Les températures **ont** nettement **remonté** depuis quelques jours.* **3** Dater de telle époque. *Les faits **remontent** au mois de septembre.* **4** Mettre plus haut. ***Remonte** la glace, s'il te plaît !* **5** Aller en sens inverse. *Clément a dû **remonter** tout le train pour trouver Élodie.* **6** Retendre le ressort d'un mécanisme. *Les vieilles pendules de campagne se **remontaient** une fois par semaine.* **7** Remettre ensemble des éléments démontés. *Le père de David **a remonté** l'armoire*

a b c d e f g h i j k l m n o p q r s t u v w x y z

qu'on avait démontée pour le transport. **8** Redonner de l'énergie à quelqu'un. *Prenez donc un café, ça vous **remontera** !* (Syn. **réconforter, revigorer.**)
▶ **Remonter** se conjugue tantôt avec l'auxiliaire *avoir*, tantôt avec l'auxiliaire *être*.

remontoir (nom masculin) Dispositif qui permet de remonter un ressort, un mécanisme. *Il faut une clé pour actionner le **remontoir** de l'horloge.*

remontrances (nom féminin pluriel) Observations ou reproches. *On lui a fait des **remontrances** pour son retard.*

remontrer (verbe) (conj. 3) • **En remontrer à quelqu'un** : se montrer supérieur à lui. *Il est si fort en informatique qu'il pourrait en **remontrer à** un professionnel.*

rémora (nom masculin) Poisson possédant sur la tête une ventouse qui lui permet de se faire transporter par d'autres poissons ou par des cétacés. *Les **rémoras** vivent dans les mers chaudes.*

remords (nom masculin) Regret et malaise dus au sentiment d'avoir fait quelque chose de mal. *Pierre a du **remords** d'avoir été si désagréable avec Fatima.*

remorque (nom féminin) Véhicule sans moteur tiré par un autre véhicule. *Papa transporte un bateau sur sa **remorque**.*
★ Famille du mot : remorq**uer**, remorq**ueur**.

remorquer (verbe) (conj. 3) Traîner derrière soi. *Kevin observe le bateau qui **remorque** une péniche.*

remorqueur (nom masculin) Navire spécialement construit pour remorquer d'autres bateaux. *Le **remorqueur** entraîne le navire vers la sortie du port.*

rémoulade (nom féminin) Sauce piquante à base de mayonnaise et de moutarde. *J'ai acheté une barquette de céleri **rémoulade**.*

rémouleur (nom masculin) Artisan ambulant qui aiguise les couteaux et les outils tranchants. *Le **rémouleur** aiguise des ciseaux sur sa meule.*

remous (nom masculin) **1** Tourbillon qui se forme dans l'eau. *Gaëlle regarde les **remous** causés par le passage du bateau.* **2** Au sens figuré, agitation confuse. *Il y a eu des **remous** dans la foule quand il a pris la parole.*

rempailler (verbe) (conj. 3) Refaire la garniture de paille d'un siège. *Ces chaises ont été soigneusement **rempaillées**.*

rempart (nom masculin) Muraille entourant et protégeant une ville fortifiée. *Le Mont-Saint-Michel est entouré de **remparts**.*

rempiler (verbe) (conj. 3) **1** Empiler de nouveau. *Il faudra **rempiler** les chaises de la salle à la fin du spectacle.* **2** Signer un nouvel engagement dans l'armée, dans la langue familière. *Le soldat **a rempilé** pour trois ans.*

remplaçant, ante (nom) Personne qui en remplace une autre dans ses fonctions. *Ce n'est pas notre médecin habituel, c'est son **remplaçant**.*

remplacement (nom masculin) Fait de remplacer une personne ou une chose. *C'est un stagiaire qui assure le **remplacement** du professeur.*

remplacer (verbe) (conj. 4) **1** Mettre à la place. *Le père de Pierre **a remplacé** lui-même le carreau cassé.* **2** Prendre la place de quelqu'un. *Le comédien est malade, c'est un autre qui le **remplace**.*
★ Famille du mot : **irr**empla**çable**, rempla**çant**, remplace**ment**.

remplir (verbe) (conj. 11) **1** Rendre plein. *Maman **remplit** les verres d'orangeade. Paris **est rempli** de touristes.* (Contr. **vider.**) **2** Occuper son temps. *La journée **a été** bien **remplie** aujourd'hui.* **3** Occuper l'esprit ou le cœur de quelqu'un. *Quentin **est rempli** d'admiration pour Hélène.* **4** Compléter un imprimé en fournissant les indications demandées. *Les candidats doivent **remplir** le formulaire d'inscription.* **5** Accomplir quelque chose qu'on s'est fixé. *Elle **remplit** les fonctions d'intendante. Il n'**a** pas **rempli** sa promesse.*

remplissage (nom masculin) Action de remplir. *Les eaux de pluie assurent le **remplissage** de la citerne.*

remporter (verbe) (conj. 3) **1** Repartir avec ce qu'on avait apporté. *Si vous ne vous dépêchez pas, je **remporte** le dessert !* **2** Gagner dans une compétition. *L'équipe de notre école **a** brillamment **remporté** le match.*

rempoter (verbe) (conj. 3) Changer une plante de pot. *Cette plante pousse bien mieux depuis que je l'**ai rempotée**.*

remuant, ante (adjectif) Qui remue et s'agite sans cesse. *Un enfant **remuant**.* (Contr. **calme.**)

remue-ménage (nom masculin) Bruit accompagnant une agitation désordonnée. *Il y a du **remue-ménage** dans la rue, que se passe-t-il ?*

remuer (verbe) (conj. 3) **1** Faire bouger une partie du corps. *Romain sait faire **remuer** ses oreilles.* **2** Faire changer un objet de place. *Ce piano est lourd, il est impossible de le **remuer**.* (Syn. **déplacer, soulever.**) **3** Agiter pour mélanger. *Julie **remue** son chocolat avec sa cuillère.*
★ Famille du mot : remu**ant**, remue-ménage.

rémunérateur, trice (adjectif) Qui rapporte de l'argent. *Monsieur Duparc est dentiste, c'est un travail **rémunérateur**.*

rémunération (nom féminin) Somme que l'on donne pour rémunérer un travail. *Thomas et Laura ont fait du baby-sitting chez une voisine qui leur a donné une petite **rémunération**.* (Syn. **rétribution.**)

rémunérer (verbe) (conj. 8) Payer quelqu'un pour un travail. *Il **a été** bien **rémunéré** pour sa peine.* (Syn. **rétribuer.**)
★ Famille du mot : rémunér**ateur**, rémunér**ation**.

renâcler (verbe) (conj. 3) Manifester peu d'empressement à faire quelque chose. *Victor a accepté d'aider Myriam, mais en **renâclant**.* (Syn. **rechigner.**)

renaissance (nom féminin) **1** Nouvel essor de quelque chose. *Après la guerre, ce pays a connu une **renaissance** économique.* (Syn. **renouveau.**) **2** Période historique de renouvellement artistique et culturel européen qui s'étend de la fin du XIVe siècle au début du XVIIe siècle. *Michel-Ange est un artiste de la **Renaissance**.*
▶ Au sens 2, ce mot commence par une majuscule.

renaître (verbe) (conj. 37) **1** Naître de nouveau, reprendre vie. *La nature **renaît** au printemps.* **2** Recommencer à exister. *Après sa longue maladie, William sent **renaître** ses forces.* (Syn. **revivre.**)
▶ On écrit aussi **renaitre**.
▶ **Renaître** se conjugue comme *connaître*, sauf au passé simple : il *renaquit*. Son participe passé *rené* est rarement employé.

rénal, ale, aux (adjectif) Qui concerne les reins. *Le diabétique souffre d'une insuffisance **rénale**.*

renard (nom masculin) Mammifère carnivore à la fourrure épaisse et généralement rousse, au museau pointu et à la queue touffue. *Les **renards** chassent la nuit. Le **renard** glapit.*
★ **Renard** se disait autrefois *goupil*. Un *goupil*, nommé *Renart*, fut le héros d'un roman si célèbre au Moyen Âge que cet animal changea de nom.

renarde (nom féminin) Femelle du renard.

renardeau, eaux (nom masculin) Petit du renard.

rencard Voir ***rancard***.

rencart Voir ***rancart***.

renchérir (verbe) (conj. 11) Approuver quelqu'un en insistant. *Noémie a dit qu'elle n'aimait pas le film et Xavier **a renchéri**.*

rencontre (nom féminin) **1** Fait de se rencontrer. *J'ai fait une **rencontre** incroyable, devine qui j'ai vu ?* **2** Compétition sportive. *Une **rencontre** de boxe, de tennis.* (Syn. **match.**)

rencontrer (verbe) (conj. 3) **1** Se trouver en présence de quelqu'un. *Yann **a rencontré** la maîtresse en vacances.* **2** Affronter dans un match. *Lyon **rencontrera** Marseille dimanche au Stade de France.*

rendement (nom masculin) **1** Importance d'une récolte par rapport à la surface de terrain. *Cette terre a un **rendement** de 62 quintaux de blé à l'hectare.* **2** Synonyme de productivité. *Le patron de l'usine veut améliorer le **rendement** de ses ouvriers.*

rendez-vous (nom masculin) Rencontre prévue entre deux ou plusieurs personnes. *Odile a **rendez-vous** avec Benjamin.*
▶ Pluriel : des **rendez-vous**.

se **rendormir** (verbe) (conj. 15) S'endormir à nouveau. *Sarah a été réveillée brusquement et n'arrive pas à **se rendormir**.*

rendre (verbe) (conj. 31) **1** Redonner à quelqu'un ce qu'on lui avait emprunté ou ce qu'il avait perdu. *As-tu **rendu** ses patins à Ursula ?* (Syn. **restituer.** Contr. **garder.**) **2** Avoir un certain rendement. *C'est une bonne terre qui **rend** bien.* (Syn. **produire.**) **3** Mettre dans tel ou tel état. *Cette histoire l'**a rendu** songeur.* **4** **Se rendre quelque part** : y aller. *Ils **se rendent** chez leur grand-mère chaque dimanche.* **5** **Se rendre** : s'avouer vaincu et cesser le combat. *L'ennemi **s'est rendu**.* (Syn. **capituler.**)

rendu, ue (adjectif) **1** Exténué. *L'attelage était **rendu**.* **2** Arrivé à destination. *Te voilà enfin **rendu**.*
■ **rendu** (nom masculin) Représentation exacte de la réalité dans une œuvre d'art. *Le peintre a parfaitement réussi le **rendu** du drapé.* • **Un prêté pour un rendu** : un mauvais tour que l'on joue à quelqu'un pour lui rendre la pareille.

rêne (nom féminin) Chacune des courroies fixées au mors d'un cheval et servant à le conduire.

renégat, ate (nom) Personne qui a renié sa religion ou trahi ses amis. *Les gens de son parti le traitent de **renégat**.* (Syn. **traître.**)

renfermé, ée (adjectif) Qui se renferme en soi-même. *C'est une enfant timide et un peu **renfermée**.* (Contr. **expansif, ouvert.**)
■ **renfermé** (nom masculin) Mauvaise odeur d'un local non aéré. *Il faut ouvrir la fenêtre, ça sent le **renfermé** !*

renfermer (verbe) (conj. 3) **1** Avoir à l'intérieur. *Zoé et Clément étaient impatients de voir ce que **renfermait** cette malle.* (Syn. **contenir, receler.**) **2** **Se renfermer** : se replier sur soi-même en ne montrant pas ses sentiments. *Depuis la mort de son chien, Anna **s'est renfermée**.*

renflé, ée (adjectif) Qui est arrondi, bombé. *Le cargo a une coque très **renflée**.*

renflouer (verbe) (conj. 3) **1** Remettre à flot un navire. *Les plongeurs sont parvenus à **renflouer** le bateau.* **2** Rétablir la situation d'une personne ou d'une entreprise en lui prêtant de l'argent. *L'État **a renfloué** cette banque.*

renfoncé, ée (adjectif) Profondément enfoncé. *Yann a les yeux **renfoncés**.*

renfoncement (nom masculin) Creux dans un mur. *David guette Élodie, caché dans un **renfoncement** du mur.* (Syn. **recoin.**)

renforcement (nom masculin) Action de renforcer. *Des étais assurent le **renforcement** des murs de la grange.*

renforcer (verbe) (conj. 4) **1** Rendre plus fort, plus solide. *Ibrahim **a renforcé** sa valise en l'entourant d'une sangle.* (Syn. **consolider.**) **2** Accroître le nombre d'un groupe. *Anna est venue **renforcer** la chorale.*

renfort (nom masculin) Nouveaux éléments pour renforcer une armée ou un groupe. *On a besoin de **renfort** pour transporter les bancs !* • **À grand renfort de quelque chose** : en en utilisant une grande quantité. *Kevin a montré le chemin aux étrangers **à grand renfort de** gestes.*

se **renfrogner** (verbe) (conj. 3) Prendre une expression de mécontentement. *Quand il a vu que Gaëlle n'était pas là, Pierre **s'est renfrogné**.*
★ **Renfrogner** vient de l'ancien français *froignier* qui signifie « retrousser le nez ».

rengaine (nom féminin) **1** Chanson que l'on entend partout. *« Tout va très bien, Madame la marquise » est une **rengaine** des années trente.* **2** Paroles lassantes à force d'être répétées. *Avec lui, c'est toujours la même **rengaine**.*

se **rengorger** (verbe) (conj. 5) Prendre des airs avantageux. *Monsieur Durand **se rengorge** depuis que son fils est ministre.*

reniement (nom masculin) Action de renier. *Le **reniement** de ses idées lui a causé du tort.*

renier (verbe) (conj. 10) Cesser d'être fidèle à quelque chose ou à quelqu'un. *Le voilà qui **renie** son milieu et ses amis !* (Syn. **désavouer.**)

renifler (verbe) (conj. 3) Aspirer bruyamment par le nez. *Cesse de **renifler**, mouche-toi et ne pleure plus !*

renne (nom masculin) Mammifère ruminant, voisin du cerf, aux bois aplatis, vivant dans les régions arctiques.

renom (nom masculin) Réputation favorable de quelqu'un ou de quelque chose. *Le restaurant doit son **renom** à son cuisinier.* (Syn. **célébrité, notoriété, renommée.**)

renommé, ée (adjectif) Qui jouit d'un grand renom. *Le Périgord est **renommé** pour sa bonne cuisine.* (Syn. **réputé.**)

renommée (nom féminin) Synonyme de renom. *Un metteur en scène de **renommée** internationale.*

renoncement (nom masculin) **1** Action de renoncer. *Le **renoncement** à un droit.* **2** Détachement volontaire des valeurs et des biens auxquels on tenait. *Le **renoncement** d'un moine qui mène une existence d'ascète.* (Syn. **abnégation.**)

renoncer (verbe) (conj. 4) Abandonner un projet. *Après son accident, le footballeur **a renoncé** à la compétition.*
★ Famille du mot : renonce**ment**, renonci**ation**.

renonciation (nom féminin) Acte par lequel on renonce volontairement à un droit. *Sa **renonciation** à la succession a surpris toute la famille.*

renoncule (nom féminin) Petite plante dont l'espèce la plus connue est le bouton d'or.
★ **Renoncule** vient du mot latin *ranunculus* qui signifie « petite grenouille », parce que cette plante pousse surtout près de l'eau.

renouer (verbe) (conj. 3) **1** Rattacher un nœud. *Hélène **a renoué** la ceinture de sa robe.* **2** Reprendre des relations interrompues. *Elle n'a pas cherché à **renouer** avec ses amis d'autrefois.*

renouveau (nom masculin) Nouveau succès de quelque chose. *La montgolfière connaît un **renouveau** depuis quelques années.*

renouvelable (adjectif) Qui peut être renouvelé. *Ton abonnement est **renouvelable** au mois de janvier.*

renouveler (verbe) (conj. 8 ou 9) **1** Rendre nouveau en remplaçant quelqu'un ou quelque chose. *On **renouvelle** régulièrement l'eau de la piscine.* (Syn. **changer.**) **2** Faire quelque chose à nouveau. *Le pilote **renouvelle** aujourd'hui sa performance de l'an dernier.* (Syn. **recommencer, réitérer.**) **3 Se renouveler** : changer en apportant des éléments nouveaux. *Quentin dit toujours les mêmes blagues, il pourrait **se renouveler** !*
★ Famille du mot : renouvel**able**, renouvel**lement**.

renouvellement (nom masculin) Action de renouveler. *Romain a demandé le **renouvellement** de son passeport.*
► On écrit aussi **renouvèlement**.

rénovateur, trice (adjectif et nom) **1** Qui rénove. *Votre linge décoloré retrouvera toute sa fraîcheur grâce à ce produit **rénovateur**.* **2** Qui est partisan d'un changement radical d'orientation. *Les **rénovateurs** du parti s'opposent aux fondateurs.*

rénovation (nom féminin) Action de rénover. *Les travaux de **rénovation** de l'immeuble doivent durer un an.* (Syn. **modernisation, restauration.**)

rénover (verbe) (conj. 3) Remettre à neuf. *Maison à vendre, entièrement **rénovée**.* (Syn. **moderniser.**)
★ Famille du mot : rénov**ation**, rénov**ateur**.

renseignement (nom masculin) Ce qu'on fait connaître à quelqu'un. *Adressez-vous au bureau des **renseignements**.* (Syn. **indication, information.**)

renseigner (verbe) (conj. 3) Fournir à quelqu'un un renseignement. ***T'es-tu renseigné** sur l'heure d'arrivée de Mamie ?* (Syn. **informer.**)

rentabiliser (verbe) (conj. 3) Rendre rentable. *Thomas ne fait plus aucun trajet en bus, son vélo neuf **a** vite **été rentabilisé** !*

rentabilité (nom féminin) Caractère rentable. *Julie a appris à s'organiser, la **rentabilité** de son travail s'est améliorée.*

rentable (adjectif) Qui produit un bénéfice. *Cette boutique de location de cassettes vidéo est une affaire très **rentable**.* (Syn. **fructueux, profitable.**)
★ Famille du mot : rentabil**iser**, rentabil**ité**.

rente (nom féminin) Revenu régulier que l'on tire d'un capital ou de propriétés. *Il est assez rare aujourd'hui de pouvoir vivre de ses **rentes**.*

rentier, ère (nom) Personne qui vit de ses rentes.

rentrée (nom féminin) **1** Moment où l'activité reprend après les vacances. *La **rentrée** des classes a lieu en septembre.* **2** Somme d'argent que l'on reçoit. *Le succès de ses bandes dessinées lui assure des **rentrées** régulières.*

rentrer (verbe) (conj. 3) **1** Entrer à nouveau dans un lieu. *L'écureuil **est rentré** dans sa cachette.* (Contr. **ressortir.**) **2** Revenir chez soi. *Le père de Laura **rentre** chez lui fatigué.* **3** Mettre à l'abri. ***J'ai rentré** la voi-*

ture au garage. (Contr. **sortir.**) **4** Faire entrer quelque chose quelque part. *Victor a réussi à **rentrer** la balle dans le trou.* (Syn. **introduire.**) **5** Entrer en collision. *La voiture **est rentrée** dans le camion.*
▶ **Rentrer** se conjugue avec l'auxiliaire *être*, sauf aux sens 3 et 4.

renversant, ante (adjectif) Synonyme de stupéfiant. *Cette nouvelle **renversante** nous a laissés sans voix.*

renverse (nom féminin) • **Tomber à la renverse** : tomber sur le dos.

renversement (nom masculin) Synonyme de retournement. *À la veille des élections, il y a eu un **renversement** de l'opinion.*

renverser (verbe) (conj. 3) **1** Faire tomber. *Myriam **a renversé** de l'eau sur son cahier. Monsieur Dubois **a été renversé** par un vélo.* **2** Provoquer la chute d'un gouvernement. *La Révolution française **a renversé** la royauté.* **3** Mettre à l'envers. *Noémie **a renversé** le sablier pour vérifier le temps de cuisson des œufs.*

renvoi (nom masculin) **1** Action de renvoyer une personne d'un emploi ou d'un établissement. *Le **renvoi** de cet élève est justifié.* **2** Indication selon laquelle il faut se reporter à une autre page. *Dans certains dictionnaires, les **renvois** sont indiqués par une flèche.* **3** Bruit que font les gaz de l'estomac en sortant par la bouche. *William a bu de la limonade et a eu un **renvoi**.* (Syn. **rot.**)

renvoyer (verbe) (conj. 6) **1** Faire retourner quelqu'un à l'endroit d'où il est parti. *L'hôpital **a renvoyé** le malade chez lui.* **2** Chasser quelqu'un, le congédier. *Un des joueurs de l'équipe de rugby **a été renvoyé** pour dopage.* (Syn. **exclure.**) **3** Envoyer en retour ou relancer. *Xavier **renvoie** le ballon d'un coup de pied.* **4** Remettre à plus tard. *L'examen de ce dossier **a été renvoyé** à l'automne.* **5** Faire se reporter à un autre endroit du texte. *Le chiffre placé à côté du verbe **renvoie** au tableau des conjugaisons.*

réorganiser (verbe) (conj. 3) Organiser autrement. *Yann **a réorganisé** son emploi du temps du mercredi.*

réouverture (nom féminin) Action de rouvrir ce qui a été fermé. *Il y a un article dans le journal sur la **réouverture** prochaine du cinéma.*

repaire (nom masculin) Lieu où se réfugient des malfaiteurs. *Ce pavillon de chasse désaffecté était un **repaire** de braconniers.*

se **repaître** (verbe) (conj. 37) Synonyme littéraire de se nourrir. *Les hyènes **se repaissent** de cadavres.*
▶ On écrit aussi **se repaitre**.

répandre (verbe) (conj. 31) **1** Verser quelque chose qui s'étale ou se disperse. *Benjamin **a répandu** toute la boîte de sucre par terre. L'eau **s'est répandue** sur le tapis.* **2** Dégager quelque chose dans l'espace. *La fumée **s'est répandue** dans toute la maison.* **3** Faire connaître à un vaste public. *La rumeur **s'est répandue** dans toute la ville.* (Syn. **diffuser, propager.**)

répandu, ue (adjectif) Que l'on voit très souvent. *C'est une habitude très **répandue**.* (Syn. **banal, courant.**)

réparable (adjectif) Qui peut être réparé. *Heureusement, sa montre est **réparable**.* (Contr. **irréparable.**)

reparaître (verbe) (conj. 37) Paraître de nouveau. *La lune, cachée par un nuage, **reparaît** tout à coup.*
▶ On écrit aussi **reparaitre**.

réparateur, trice (nom) Personne qui répare ce qui est endommagé. *Le **réparateur** de télévision a trouvé la panne.*
▪ **réparateur, trice** (adjectif) Qui redonne des forces. *Yann dort d'un sommeil **réparateur**.*

réparation (nom féminin) Action de réparer quelque chose. *On ne peut pas passer car le pont est en **réparation**.*

réparer (verbe) (conj. 3) **1** Remettre en état de fonctionnement. *Le cordonnier **a réparé** mes chaussures.* **2** Faire disparaître les conséquences d'une faute. *Odile a pu **réparer** son oubli à temps.*
★ Famille du mot : irrépar**able**, répar**able**, répar**ateur**, répar**ation**.

reparler (verbe) (conj. 3) Parler de nouveau. *Je suis pressé, on **reparlera** plus tard de ce projet.*

répartie (nom féminin) Réponse rapide et qui tombe à propos. *Sarah a de la **répartie**, elle ne se laisse pas facilement démonter.* (Syn. **réplique.**)
▶ Prononciation [ʀepaʀti].
▶ On écrit aussi **repartie**.

repartir (verbe) (conj. 15) Partir de nouveau. *À peine arrivé, tu veux déjà **repartir** !*

répartir (verbe) (conj. 11) **1** Partager selon certaines règles. *On **a réparti** les sacs à porter en fonction de la force de chacun.* (Syn. **distribuer, diviser.**) **2** Échelonner sur un temps plus ou moins long. *Le paiement **est réparti** sur dix ans.*
★ **Répartir** vient d'un ancien sens de *partir* qui signifiait « partager » et qu'on retrouve dans l'expression *avoir maille à partir*.

répartition (nom féminin) Action de répartir. *L'armée s'est occupée de la **répartition** de l'aide internationale aux réfugiés.* (Syn. **distribution, partage.**)

repas (nom masculin) Nourriture prise chaque jour à des heures régulières. *David prend le **repas** de midi à la cantine.*

repassage (nom masculin) Action de repasser du linge. *Le **repassage** des chemises est délicat.*

repasser (verbe) (conj. 3) **1** Passer de nouveau. *Nous **repasserons** demain.* (Syn. **revenir.**) **2** Se représenter à un examen. *Le grand frère d'Ursula doit **repasser** son bac.* **3** Faire passer de nouveau. *Zoé ne cesse de **repasser** ce disque.* **4** Revoir une fois encore ce qu'on a étudié. *Ibrahim **repasse** ses leçons.* **5** Aiguiser des objets tranchants sur une meule. *Le rémouleur **repasse** les couteaux.* **6** Défroisser le linge avec un fer à repasser. *Kevin **repasse** son tee-shirt.*

a b c d e f g h i j k l m n o p q r s t u v w x y z

repêcher (verbe) (conj. 3) **1** Retirer de l'eau ce qui y est tombé. *Les pompiers **ont repêché** de justesse un promeneur qui avait glissé dans l'étang.* **2** Donner les points qui manquaient à un candidat pour qu'il soit reçu à son examen. *Il **a été repêché** à l'oral.*

repeindre (verbe) (conj. 35) Peindre de nouveau. *On **repeint** régulièrement la tour Eiffel.*

repenser (verbe) (conj. 3) Penser de nouveau. *Plus j'y **repense**, et plus je suis sûr de l'avoir déjà vu quelque part.*

① se **repentir** (verbe) (conj. 15) Regretter vivement d'avoir fait quelque chose. *Il **se repent** amèrement d'avoir été à l'origine de cette dispute.*

② **repentir** (nom masculin) Fait de se repentir. *Son **repentir** est sincère, il faut lui pardonner.* (Syn. **remords.**)

repérage (nom masculin) Action de repérer. *Une carte du ciel facilite le **repérage** des étoiles.*

répercussion (nom féminin) Conséquence indirecte ou lointaine. *La crise économique a eu des **répercussions** dans tous les milieux sociaux.* (Syn. **contrecoup.**)

répercuter (verbe) (conj. 3) **1** Renvoyer un son. *Les longs couloirs de l'école **répercutent** les cris des élèves.* **2 Se répercuter :** avoir des répercussions. *La hausse du prix du pétrole **se répercute** sur le prix de l'essence.*

repère (nom masculin) Marque ou objet qui permet de situer quelque chose dans l'espace. *Ce panneau publicitaire me sert de point de **repère** pour trouver la rue d'Anna.*

repérer (verbe) (conj. 8) **1** Remarquer quelque chose ou quelqu'un. *Pierre **a repéré** une boutique où il peut trouver des pièces pour son modèle réduit.* **2 Se repérer :** se situer grâce à des points de repère. *Les astres dans le ciel permettent aux navigateurs de **se repérer**.*

répertoire (nom masculin) **1** Carnet permettant de classer des renseignements par ordre alphabétique. *Élodie a reçu à Noël un **répertoire** où elle inscrit les adresses de ses amis.* **2** Ensemble des œuvres qu'un artiste a l'habitude d'interpréter. *Quentin a une nouvelle chanson à son **répertoire**.*

répertorier (verbe) (conj. 10) Inscrire sur un répertoire. *Pour faire le catalogue d'une exposition, on **répertorie** les œuvres exposées.*

répéter (verbe) (conj. 8) **1** Dire de nouveau. *Je te **répète** que je veux le silence.* **2** Dire ce que l'on sait à quelqu'un. *Il est au courant, quelqu'un le lui **a répété**.* (Syn. **rapporter.**) **3** Refaire ce que l'on a déjà fait. *Cette application de pommade doit **être répétée** toutes les deux heures.* **4** S'exercer à jouer un spectacle sans le public. *Les comédiens **répètent** une dernière fois avant la représentation.*
★ Famille du mot : répétitif, répétition.

répétiteur, trice (nom) Personne qui donne des leçons particulières à des élèves. *Le jeune garçon avait une gouvernante et un **répétiteur**.* ■ **répétiteur** (nom masculin) Appareil qui reproduit les indications d'un autre appareil. *Zoé étudie le fonctionnement d'un **répétiteur** de signaux.*

répétitif, ive (adjectif) Qui se répète de façon monotone. *Le travail à la chaîne est un travail beaucoup trop **répétitif**.*

répétition (nom féminin) **1** Séance où les artistes répètent. *Une **répétition** d'orchestre.* **2** Fait de se répéter. *Le maître nous demande d'éviter les **répétitions** dans nos rédactions.* (Syn. **redite, redondance.**)

se **repeupler** (verbe) (conj. 3) Se peupler de nouveaux habitants. *Grâce à l'installation de ces nouvelles usines, la région **s'est repeuplée**.*

repiquer (verbe) (conj. 3) Transplanter un jeune plant qui vient d'un semis. ***Repiquer** des salades.*

répit (nom masculin) Moment de détente. *Elle s'est accordé un moment de **répit** avant de repartir.*

replacer (verbe) (conj. 4) Remettre à sa place. *Fatima **a replacé** la bague dans son écrin.*

replet, ète (adjectif) Qui a un peu d'embonpoint. *Monsieur le maire est un petit homme **replet**.* (Syn. **dodu, grassouillet, rondelet.**)
★ Replet vient du latin *repletus* qui signifie « rempli ».

repli (nom masculin) **1** Ondulation du sol ou d'une étoffe. *Que dissimule-t-il dans les **replis** de son manteau ?* **2** Action de se replier. *Le **repli** des manifestants se fait en bon ordre.* (Syn. **recul.**)

replier (verbe) (conj. 10) **1** Plier ce qui a été déplié. *Gaëlle **replie** son parapluie.* **2 Se replier :** opérer un mouvement de retraite. *L'officier a donné l'ordre aux soldats de **se replier**.* (Syn. **reculer.**) • **Se replier sur soi-même :** s'isoler des autres en cachant ses sentiments.

réplique (nom féminin) **1** Action de répliquer. *Hélène a la **réplique** facile.* (Syn. **répartie.**) **2** Ce qu'un acteur doit répondre à un autre. *L'acteur avait tellement le trac qu'il a mélangé plusieurs **répliques**.* **3** Copie d'une œuvre d'art. *La place centrale de Charleville est la **réplique** de la place des Vosges à Paris.*

répliquer (verbe) (conj. 3) Répondre vivement. *Vous êtes priés d'obéir sans **répliquer**.*

se **replonger** (verbe) (conj. 5) Se laisser accaparer à nouveau par une occupation. *Julie **s'est replongée** dans sa BD.*

répondant, ante (nom) Personne qui se porte caution pour quelqu'un. *Papa a accepté d'être le **répondant** de mon frère pour le bail de son appartement.* (Syn. **garant.**) • **Avoir du répondant :** avoir le sens de la répartie.

répondeur (nom masculin) Appareil branché sur le téléphone, destiné à enregistrer des messages.

répondre (verbe) (conj. 31) **1** Dire son avis en réaction à une question. *Que lui **as**-tu **répondu** ? – J'**ai répondu** que je le verrais avec plaisir.* **2** Correspon-

dre à ce qui est recherché. *La personne interpellée **répond** au signalement.* **3** Se porter garant de quelqu'un. *Je **réponds** de lui comme de moi-même.* **4** Réagir à une action. *Cette voiture est agréable à conduire, elle **répond** bien.*
★ Famille du mot : répond**ant**, répond**eur**, réponse.

réponse (nom féminin) Ce qui est dit ou écrit pour répondre. *Cet argent est à vous si vous donnez la bonne **réponse**. Ma lettre est restée sans **réponse**.*

report (nom masculin) Fait d'être reporté. *On a décidé le **report** de la réunion à cause de la grève des transports.*

reportage (nom masculin) Article ou film d'un journaliste racontant ce qu'il a vu. *Romain et Laura ont vu un **reportage** sur l'élevage des autruches.*

① **reporter** (verbe) (conj. 3) **1** Renvoyer à plus tard. *Le match de tennis **a été reporté** à la semaine prochaine.* (Syn. **remettre, repousser.**) **2 Se reporter** : aller voir à l'endroit indiqué dans le texte. *Pour les règles de la ponctuation, **reporte-toi** à la page 515.*

② **reporter** (nom masculin) Journaliste chargé de faire des reportages.
▶ **Reporter** est un mot anglais : on prononce [ʀəpɔʀtɛʀ].

repos (nom masculin) Fait de se reposer. *Le trimestre a été long, Myriam a besoin de **repos**.*

reposant, ante (adjectif) Qui repose. *Ce séjour à la campagne était très **reposant**.* (Contr. **fatigant.**)

repose-pied (nom masculin) Support pour les pieds. *Le passager de la moto cale ses pieds sur les **repose-pieds**.*
▶ Pluriel : des **repose-pieds**.

reposer (verbe) (conj. 3) **1** Poser de nouveau. *Noémie **repose** son livre sur la table.* **2** Faire partir la fatigue. *Ces vacances nous **ont** bien **reposés**. Tu as beaucoup travaillé, **repose**-toi.* (Contr. **fatiguer.**) **3** Être appuyé sur un support. *Cette maison **repose** sur le roc.* **4** Dans un sens figuré, être appuyé sur quelque chose de solide. *Tes craintes ne **reposent** sur rien.* (Syn. **être fondé.**) • **Se reposer sur quelqu'un** : lui faire entièrement confiance.
★ Famille du mot : repos, repos**ant**, repose-pied.

repositionnable (adjectif) Que l'on peut décoller puis recoller. *Des étiquettes adhésives **repositionnables**.*

repoussant, ante (adjectif) Synonyme de répugnant. *Thomas, tes chaussures sont d'une saleté **repoussante** !*

repousser (verbe) (conj. 3) **1** Pousser en arrière ou loin de soi. *Le vent **repousse** les feuilles mortes. Odile **repousse** sa chaise pour se lever.* **2** Faire reculer. *La police **repousse** les manifestants.* **3** Ne pas accepter. *C'est un homme fier, qui **repousse** toute aide.* (Syn. **refuser.**) **4** Remettre à plus tard. *La date du mariage **a été repoussée**.* (Syn. **reporter.**) **5** Pousser de nouveau. *Les crocus **repoussent** à la fin de l'hiver.*

répréhensible (adjectif) Qui mérite d'être blâmé. *Voler est une action **répréhensible**.* (Syn. **condamnable.**)

reprendre (verbe) (conj. 32) **1** Prendre encore une fois. *William **a repris** de la soupe.* **2** Prendre de nouveau. *L'ennemi **a repris** la ville.* **3** Prendre ce qu'on avait prêté ou donné. *Tu peux **reprendre** ton crayon, j'ai fini.* **4** Synonyme de recommencer. *Les ouvriers **ont repris** le travail.* **5** Rectifier l'erreur de quelqu'un. *La maîtresse **a repris** Sarah parce qu'elle disait « faisez » au lieu de « faites ».* (Syn. **corriger.**) • **On ne m'y reprendra plus** : je ne referai pas la même erreur.

repreneur, euse (nom) Personne qui prend le contrôle d'une entreprise en difficulté. *L'entreprise a déposé le bilan et attend un **repreneur**.*

représailles (nom féminin pluriel) Ce qu'on fait subir à quelqu'un pour se venger. *Ursula n'ose pas faire de farce à Xavier par peur de **représailles**.*

représentant, ante (nom) **1** Personne chargée de représenter une personne ou un groupe. *Un ambassadeur est le **représentant** d'un État dans un pays étranger.* **2** Personne qui représente une maison de commerce. *Le **représentant** de commerce montre de nouveaux produits au droguiste.*

représentatif, ive (adjectif) Qui représente bien des choses ou des personnes. *Cette réaction est très **représentative** de l'opinion des jeunes.* (Syn. **caractéristique, typique.**)

représentation (nom féminin) Spectacle représenté en public. *Les élèves donneront deux **représentations** de leur pièce.*

représenter (verbe) (conj. 3) **1** Donner l'image de quelque chose. *Le dessin de Zoé **représente** la plage où elle était cet été.* (Syn. **montrer.**) **2** Être le symbole de quelque chose. *Un squelette avec une faux **représente** la mort.* (Syn. **symboliser.**) **3** Jouer une pièce en public. *Le club de théâtre va **représenter** « L'Avare » de Molière.* **4** Être l'équivalent de quelque chose. *Ce travail **a représenté** un gros effort pour Yann.* (Syn. **constituer.**) **5** Décider au nom de quelqu'un. *Les conseillers municipaux **représentent** les habitants de la commune.* **6 Se représenter** : se présenter à nouveau. *Le frère de Benjamin a raté son bac, il doit **se représenter**.*
★ Famille du mot : représent**ant**, représent**atif**, représent**ation**.

répressif, ive (adjectif) Qui réprime. *Combattre des lois **répressives**.*

répression (nom féminin) Action de réprimer. *Le dictateur a organisé une terrible **répression**.*

réprimande (nom féminin) Fait de réprimander quelqu'un. *Le maître a fait une **réprimande** à Clément parce qu'il bavardait.* (Syn. **reproche.** Contr. **compliment.**)

réprimander (verbe) (conj. 3) Faire des reproches à quelqu'un sur sa façon de se conduire. *La maîtresse **a réprimandé** Anna parce qu'elle était en retard.* (Syn. **gronder.**)

réprimer (verbe) (conj. 3) **1** Empêcher de s'exprimer. *Quand sa mère a vu son air piteux, elle **a réprimé** un sourire.* **2** Faire cesser quelque chose en punissant. *La mutinerie **a été** durement **réprimée**.*

repris de justice (nom masculin) Personne qui a déjà été condamnée par les tribunaux.

reprise (nom féminin) **1** Fait de reprendre, de recommencer. *La **reprise** des combats a été annoncée à la radio.* **2** Synonyme de round. *Une **reprise** dure trois minutes.* **3** Accélération rapide d'un moteur. *Il est plus facile de doubler avec une voiture qui a de bonnes **reprises**.* **4** Raccommodage d'un tissu. *Pour faire une **reprise**, on passe plusieurs fois le fil dans les deux sens.* • **À plusieurs reprises** : plusieurs fois. *David a éternué **à plusieurs reprises**.*

repriser (verbe) (conj. 3) Faire une reprise. *Mamie **reprise** le pantalon déchiré.* (Syn. **raccommoder.**)

réprobateur, trice (adjectif) Qui exprime la réprobation. *Élodie a lancé à Kevin un regard **réprobateur** car elle savait qu'il mentait.* (Contr. **approbateur.**)

réprobation (nom féminin) Fait de réprouver un acte. *La **réprobation** se lisait dans le regard de Pierre.* (Syn. **désapprobation.** Contr. **approbation.**)

reproche (nom masculin) Critique faite à quelqu'un sur sa conduite. *On m'a fait des **reproches** pour mon retard.* (Syn. **blâme.** Contr. **compliment, félicitation.**)
★ Famille du mot : irréproch**able**, reproch**er**.

reprocher (verbe) (conj. 3) Faire des reproches. *On lui **reproche** son insouciance.*

reproducteur, trice (adjectif) Qui sert à la reproduction. *Le pistil et les étamines sont les organes **reproducteurs** des fleurs.*

reproductible (adjectif) Qui peut être reproduit. *Les données informatiques sont **reproductibles** sur de nombreux supports.*

reproduction (nom féminin) **1** Fait de se reproduire, pour les êtres vivants. *La **reproduction** des lapins est très rapide.* **2** Imitation exacte d'une œuvre d'art. *Ce n'est pas un original mais une très belle **reproduction**.* (Syn. **copie, imitation.**)

reproduire (verbe) (conj. 43) **1** Imiter aussi fidèlement que possible. *Pour ce film, on a essayé de **reproduire** un village d'autrefois.* **2** Faire à plusieurs exemplaires. *Le dessin de Fatima **a été reproduit** dans plusieurs revues.* **3 Se reproduire** : donner naissance à de nouveaux êtres vivants. *Les oiseaux et les poissons **se reproduisent** par des œufs.* **4 Se reproduire** : se produire une nouvelle fois. *Je te pardonne pour cette fois mais que cela ne **se reproduise** pas !*
★ Famille du mot : reproduct**eur**, reproducti**ble**, reproduc**tion**.

reprographie (nom féminin) Ensemble des techniques permettant de reproduire des documents écrits. *Le service de **reprographie** d'une grande entreprise.*

réprouver (verbe) (conj. 3) Critiquer en condamnant. *Je **réprouve** tout à fait cette vilaine manière d'agir.* (Syn. **blâmer, désapprouver.** Contr. **approuver.**)

reptation (nom féminin) Action de ramper. *La **reptation** des serpents.*
► Prononciation [ʀɛptasjɔ̃].

reptile (nom masculin) Animal vertébré rampant, au corps recouvert d'écailles. *Les lézards, les tortues, les crocodiles et les serpents sont des **reptiles**.*

repu, ue (adjectif) Qui n'a plus faim. *Le chat, **repu**, s'est endormi près du feu.*

républicain, aine (adjectif) De la république. *Les gardes **républicains** encadrent les voitures du cortège officiel.*
▪ **républicain, aine** (adjectif et nom) Partisan de la république. *Les **républicains** l'ont emporté sur les royalistes.*

république (nom féminin) Forme de gouvernement où le peuple élit ses représentants. *En France, la Ière **République** a été proclamée le 21 septembre 1792.*

répudier (verbe) (conj. 10) Dans certains pays ou à certaines époques, chasser son épouse en annulant le mariage.

répugnance (nom féminin) Sentiment de grand dégoût. *Gaëlle ne peut manger de la cervelle sans **répugnance**.* (Syn. **répulsion.**)
★ Famille du mot : répugn**ant**, répugn**er**.

répugnant, ante (adjectif) Qui répugne. *Ce taudis était d'une saleté **répugnante**.* (Syn. **dégoûtant, repoussant.**)

répugner (verbe) (conj. 3) Inspirer de la répugnance. *Cet ignoble individu me **répugne**.* (Syn. **dégoûter, écœurer.**)

répulsif, ive (adjectif) Qui suscite la répulsion. *Ce vaurien est d'une malveillance **répulsive**.* (Syn. **repoussant.**) • **Forces répulsives** : phénomène physique en vertu duquel certains corps se repoussent.
▪ **répulsif** (nom masculin) Substance ou appareil qui tient à l'écart divers animaux, et particulièrement les insectes. *Maman vaporise un **répulsif** contre les moustiques dans les chambres.*

répulsion (nom féminin) Synonyme de répugnance. *Quentin a eu un mouvement de **répulsion** en voyant le crapaud.*

réputation (nom féminin) Opinion répandue sur quelqu'un ou quelque chose. *Ce dentiste a la **réputation** d'être très doux. L'hôtel de la gare a très bonne **réputation**.*

réputé, ée (adjectif) Connu et estimé pour quelque chose de remarquable. *Cette ville est **réputée** pour ses remparts.* (Syn. **célèbre.**)

requérant, ante (adjectif et nom) Qui fait une demande en justice. *La partie **requérante** a demandé des dommages et intérêts.*

requérir (verbe) (conj. 18) **1** Demander en justice. *Le procureur **a requis** une peine d'emprisonnement*

contre l'accusé. (Syn. **exiger, réclamer.**) **2** Rendre indispensable. *Ce travail **requiert** beaucoup d'attention.* (Syn. **demander, nécessiter.**)
★ Famille du mot : requérant, requête, requis.

requête (nom féminin) Demande adressée à une autorité. *Monsieur, Romain a une **requête** à vous faire.*

requiem (nom masculin) **1** Prière pour les morts dans la religion catholique. *La famille du défunt était rassemblée pour une messe de **requiem**.* **2** Œuvre musicale composée sur le texte de cette prière. *Victor écoute le **Requiem** de Mozart.*
▶ Prononciation [ʀekɥijɛm].
★ **Requiem** est un mot latin qui signifie « repos ».

requin (nom masculin) Poisson marin carnivore très vorace, dont certaines espèces sont dangereuses pour l'homme. *Les **requins** géants des tropiques sont inoffensifs.* (Syn. **squale.**)

requinquer (verbe) (conj. 3) Redonner de l'énergie, de la vitalité à quelqu'un, dans la langue familière. *Le café m'**a requinqué**.*

requis, ise (adjectif) Que l'on exige. *Avez-vous les diplômes **requis** pour cet emploi ?* (Syn. **obligatoire.**)

réquisition (nom féminin) Action de réquisitionner. *L'armée avait décidé la **réquisition** des chevaux.*

réquisitionner (verbe) (conj. 3) Utiliser d'autorité les biens ou les services des gens. *Après le séisme, le gouvernement **a réquisitionné** l'école pour les sans-abri.*

réquisitoire (nom masculin) Discours d'accusation prononcé par le procureur dans un procès. *Le **réquisitoire** précède la plaidoirie de l'avocat.*

RER (nom masculin) Métro régional, installé en 1969, desservant Paris et sa banlieue.
★ **RER** est le sigle de *réseau express régional.*

rescapé, ée (nom) Qui a échappé à une catastrophe. *Dans cet accident d'avion, il n'y a eu qu'un **rescapé**.* (Syn. **survivant.**)

à la **rescousse** (adverbe) À l'aide, au secours. *Quand on l'a appelé, Thomas est venu **à la rescousse**.*

réseau, eaux (nom masculin) **1** Ensemble de voies, de canaux, de lignes, d'ordinateurs reliés entre eux. *L'orage a endommagé le **réseau** électrique.* **2** Organisation clandestine. *Le **réseau** de trafiquants a été démantelé.*
★ **Réseau** vient de l'ancien français *reseuil* qui signifie « petit filet ».

réséda (nom masculin) Plante à petites fleurs jaune orangé, cultivée pour son parfum.

réservation (nom féminin) Action de réserver une place ou une chambre. *Dans le TGV, les **réservations** sont obligatoires.*

réserve (nom féminin) **1** Ce qu'on a réservé en cas de besoin. *L'écureuil a plusieurs cachettes où il met ses **réserves**.* (Syn. **provision, stock.**) **2** Territoire où les plantes et les animaux sont protégés. *La baie de Somme est une **réserve** naturelle.* **3** Restriction que l'on fait parce qu'on n'est pas tout à fait d'accord. *Victor approuve le choix d'Hélène sans **réserve**.* **4** Attitude discrète d'une personne qui ne montre pas ses sentiments. *Notre voisin montre beaucoup de **réserve** dans ses propos.* (Syn. **retenue.**)
★ Famille du mot : réserv**ation**, réservé, réserv**er**, réserv**iste**, réserv**oir**.

réservé, ée (adjectif) Qui montre de la réserve. *William est un garçon timide et **réservé**.* (Syn. **discret.**)

réserver (verbe) (conj. 3) **1** Retenir à l'avance. *Je vous **ai réservé** une chambre d'hôtel.* **2** Mettre de côté. *Comme Xavier n'était pas là, Julie lui **a réservé** sa part.* (Syn. **garder.**) **3** Destiner à quelqu'un ou à quelque chose en particulier. *Cette pièce **est réservée** aux réunions.*

réserviste (nom masculin) Homme qui, sans faire partie de l'armée, peut être appelé à combattre en temps de guerre.

réservoir (nom masculin) Récipient ou bassin où l'on met en réserve un liquide ou un gaz. *Un **réservoir** à essence.*

résidence (nom féminin) **1** Endroit où l'on réside. *Son travail l'oblige à changer souvent de **résidence**. Ses parents ont une **résidence** secondaire en Bourgogne.* (Syn. **demeure, habitation.**) **2** Groupe d'habitations d'un certain standing.

résident, ente (nom) Habitant d'une résidence. *Le gardien a mis une affiche pour informer les **résidents**.*

résidentiel, elle (adjectif) Où il y a surtout des maisons d'habitation d'un certain standing. *Dans ce quartier **résidentiel**, il y a peu de commerces.*

résider (verbe) (conj. 3) **1** Habiter dans un endroit. *Elle **réside** en province.* **2** Être, se trouver. *Le seul inconvénient **réside** dans le prix de ce jeu.*
★ Famille du mot : résidence, résident, résident**iel**.

résidu (nom masculin) Ce qui reste et qui est inutilisable. *L'industrie chimique produit beaucoup de **résidus**.* (Syn. **déchet.**)

résiduel, elle (adjectif) Qui subsiste. *Élodie prend des vitamines pour se débarrasser de cette fatigue **résiduelle**.* • Relief résiduel : relief qui n'a pas subi d'érosion.

résignation (nom féminin) État d'esprit d'une personne qui se résigne. *Il accepte son sort avec **résignation**.* (Contr. **révolte.**)

se **résigner** (verbe) (conj. 3) Accepter sans protester des choses pénibles ou injustes. *Il pense que rien ne peut changer, il **s'est résigné** à son sort.* (Syn. **se soumettre.**)

résiliation (nom féminin) Action de résilier quelque chose. *La **résiliation** de votre abonnement à Internet prendra effet le 1er janvier.*

résilier (verbe) (conj. 10) Mettre fin à un contrat. *Monsieur Duparc **a résilié** son bail car il part vivre en province.*

résille (nom féminin) Filet qui sert à envelopper les cheveux. *Les longs cheveux de la danseuse sont enserrés dans une **résille**.* • **Bas résille :** bas à mailles peu serrées.
▶ Pluriel : des bas **résille**.

résine (nom féminin) Substance végétale visqueuse. *Avec la **résine** de pin, on fait de l'essence de térébenthine.*

résineux (nom masculin) Arbre riche en résine. *Les conifères sont des **résineux**.*

résistance (nom féminin) **1** Action de résister. *Les assiégés opposent une vive **résistance** à leurs assaillants.* **2** Capacité d'une personne à supporter la fatigue ou la souffrance. *Laura fait des randonnées avec ses parents, elle a beaucoup de **résistance**.* (Syn. **endurance.**) **3** Ensemble des réseaux clandestins qui luttaient contre l'occupation allemande pendant la Seconde Guerre mondiale.
▶ Au sens 3, ce mot commence par une majuscule.

résistant, ante (adjectif) **1** Qui résiste. *Le chêne est un bois très **résistant**.* (Syn. **solide.** Contr. **fragile.**) **2** Qui est capable de résister à des conditions de vie difficiles. *Le lama est un animal très **résistant**.* (Syn. **endurant, robuste.**)
■ **résistant, ante** (nom) Personne qui participait à la Résistance. *Beaucoup de **résistants** français furent déportés.*

résister (verbe) (conj. 3) **1** Supporter des choses sans se casser. *Le vieux pont **a** bien **résisté** à la crue du fleuve.* (Contr. **céder.**) **2** Avoir la force de supporter quelque chose. *Yann **a résisté** à la tentation de reprendre du gâteau.* **3** Se défendre contre quelqu'un qui attaque. *Le chauffeur de taxi a pu **résister** à son agresseur.*
★ Famille du mot : irrésistible, résistance, résistant.

résolu, ue (adjectif) Qui sait ce qu'il veut. *Il a parlé sur un ton **résolu**.* (Syn. **décidé, déterminé.**)
★ Famille du mot : résolument, résolution.

résolument (adverbe) De façon résolue. *Benjamin s'est jeté **résolument** dans la bagarre.*

résolution (nom féminin) **1** Décision fermement arrêtée. *Clément a pris de bonnes **résolutions**, on verra s'il les tient.* **2** Qualité d'une personne résolue. *Ils ont agi avec **résolution**.* (Syn. **énergie, fermeté.**)

résonance (nom féminin) Qualité de ce qui résonne. *Les cordes de la guitare sont tendues sur une caisse de **résonance**.*

résonner (verbe) (conj. 3) Faire un bruit qui vibre. *Leurs pas **résonnent** dans la nuit.* (Syn. **retentir.**)

résorber (verbe) (conj. 3) Faire disparaître peu à peu. *La plaie **s'est résorbée** en quelques jours.*

résorption (nom féminin) Disparition progressive d'un phénomène négatif. *Le ministère met en place des mesures pour la **résorption** du chômage.*

résoudre (verbe) (conj. 52) **1** Apporter une solution à quelque chose. *David n'**a** pas encore **résolu** son problème d'inscription pour le voyage.* **2** **Se résoudre :** prendre la décision de faire telle chose. *Myriam n'a pas pu **se résoudre** à se séparer de son nounours.* (Syn. **se décider.**)

respect (nom masculin) **1** Considération que l'on a pour quelqu'un que l'on estime et que l'on admire. *Ibrahim a du **respect** pour son professeur de judo.* (Syn. **estime.** Contr. **mépris.**) **2** Fait de respecter des règles, des usages. *Le père de Kevin a le **respect** de la loi.* • **Tenir quelqu'un en respect :** le menacer avec une arme.

respectable (adjectif) Qui mérite le respect. *Une personne très **respectable**.* (Syn. **honorable.** Contr. **méprisable.**)

respecter (verbe) (conj. 3) **1** Éprouver du respect pour quelqu'un. *Noémie **respecte** ses parents.* (Contr. **mépriser.**) **2** Se conformer à une règle. *Chacun est prié de **respecter** les horaires.* (Syn. **observer.**) **3** Veiller à ne pas déranger ou à ne pas abîmer quelque chose. ***Respectez** les pelouses !*
★ Famille du mot : respect, respectable, respectueux.

respectif, ive (adjectif) De chacun ou de chaque chose par rapport aux autres. *Voici les positions **respectives** du Soleil et de la Lune.*

respectivement (adverbe) Chacun en ce qui le concerne. *Pierre et Odile ont **respectivement** huit et dix ans.*

respectueux, euse (adjectif) Qui marque du respect. *Ce gendarme est toujours **respectueux** avec les gens.* (Contr. **insolent.**)

respirateur (nom masculin) Appareil destiné à assurer la respiration artificielle d'un patient. *L'infirmière surveille le fonctionnement du **respirateur**.*

respiration (nom féminin) Fait de respirer. *Quentin a tellement couru qu'il a du mal à reprendre sa **respiration**.*

respiratoire (adjectif) De la respiration. *En gymnastique, Sarah apprend à faire des exercices **respiratoires**.*

respirer (verbe) (conj. 3) **1** Faire entrer de l'air dans les poumons puis le rejeter. *Quand on **respire**, on inspire de l'oxygène et on expire du gaz carbonique.* **2** Avoir un moment de répit. *Ouf ! On peut enfin **respirer** !* **3** Donner telle impression. *Ursula **respire** la joie de vivre.* (Syn. **exprimer.**)
★ Famille du mot : irrespirable, respirateur, respiration, respiratoire.

resplendir (verbe) (conj. 11) Briller avec éclat. *La lune **resplendit** dans le ciel.*

resplendissant, ante (adjectif) Qui resplendit. *Il fait un temps **resplendissant**.* (Syn. **magnifique, radieux, splendide.**)

responsabiliser (verbe) (conj. 3) Rendre quelqu'un responsable. *Les parents **responsabilisent** leur fille en la laissant prendre seule le train.*

responsabilité (nom féminin) Fait d'être responsable de quelque chose. *Il a une lourde **responsabilité** dans cette affaire. Romain a la **responsabilité** du dessert à midi.*

responsable (adjectif et nom) **1** Qui est la cause de quelque chose. *On a retrouvé le **responsable** : il avait pris la fuite après l'accident.* **2** Qui a la charge de quelque chose. *Thomas a accepté d'être **responsable** de la bibliothèque.*
★ Famille du mot : **co**responsable, responsab**ilité**, responsab**iliser**.

resquiller (verbe) (conj. 3) Entrer sans payer ou passer avant son tour. *Victor a vu un voyageur **resquiller** dans le bus.*

resquilleur, euse (nom) Personne qui resquille. *Dans la queue, les gens protestent contre les **resquilleurs**.*

ressac (nom masculin) Retour violent des vagues sur elles-mêmes après avoir frappé les rochers.

se **ressaisir** (verbe) (conj. 11) Être de nouveau maître de soi. *Le moment de panique passé, Zoé **s'est ressaisie**.*

ressasser (verbe) (conj. 3) Dire ou penser toujours les mêmes choses. *Il **ressasse** sans arrêt ces vieilles histoires.*

ressaut (nom masculin) Saillie qui coupe le plan vertical d'une construction. *La corniche fait un **ressaut** par rapport à la façade.*

ressemblance (nom féminin) Fait de se ressembler. *La **ressemblance** entre les jumelles était parfaite.* (Contr. **contraste, différence**.)

ressemblant, ante (adjectif) Qui ressemble beaucoup à l'original. *Le dessin qu'Anna a fait de William est très **ressemblant**.*

ressembler (verbe) (conj. 3) Avoir des traits ou un caractère semblables. *Élodie **ressemble** physiquement à sa mère.* (Contr. **différer**.)
★ Famille du mot : ressembl**ance**, ressembl**ant**.

ressemelage (nom masculin) Action de ressemeler. *Après le **ressemelage**, vos chaussures seront comme neuves !*

ressemeler (verbe) (conj. 8 ou 9) Remplacer la semelle d'une chaussure. *Le cordonnier **ressemelle** une paire de bottes.*

ressentiment (nom masculin) Sentiment qu'on garde à propos d'une chose qu'on n'a pas pardonnée. *Des années plus tard, il éprouvait encore du **ressentiment** à cause de cette injustice.* (Syn. **rancœur**.)

ressentir (verbe) (conj. 15) **1** Éprouver une sensation ou un sentiment. *Benjamin **a ressenti** une grande tristesse en voyant pleurer Anna.* **2 Se ressentir** : continuer à éprouver les effets de quelque chose. *Il **s'est ressenti** durant plusieurs mois de sa chute de cheval.*

resserre (nom féminin) Remise pour des outils, des provisions. *Grand-père a mis du bois dans la **resserre**.*

resserrer (verbe) (conj. 3) **1** Serrer davantage. *Clément **resserre** les freins de son vélo.* **2 Se resserrer** : devenir plus étroit, plus serré. *Le filet **se resserre** autour de la bande de malfaiteurs.*

resservir (verbe) (conj. 15) **1** Être encore utilisable. *Ce sac n'est pas abîmé, il pourra **resservir**.* **2** Servir de nouveau. ***Resservez**-vous de fromage !*

ressort (nom masculin) **1** Mécanisme d'acier qui reprend sa forme après avoir été tendu ou comprimé. *Le fauteuil est défoncé, il perd ses **ressorts**.* **2** Énergie qui permet d'agir. *Depuis sa grippe, Élodie dit qu'elle n'a plus de **ressort**.* • **Du ressort de quelqu'un** : dans ses capacités. *« La couture, cela n'est pas **de mon ressort** ! » dit David.* • **En dernier ressort** : finalement.

ressortir (verbe) (conj. 15) **1** Sortir d'un endroit où l'on vient d'entrer. *Il **est ressorti** de la boutique sans rien acheter.* **2** Se voir mieux grâce à un contraste. *Le bleu des volets **ressort** bien sur le blanc du mur.* (Syn. se **détacher**.) • **Il ressort** : il résulte. *Qu'**est-il ressorti** des négociations ?*
► **Ressortir** se conjugue avec l'auxiliaire *être*.

ressortissant, ante (nom) Personne vivant dans un pays étranger. *Les **ressortissants** français ont été évacués par avion du pays en guerre.*

ressource (nom féminin) Moyen de se tirer d'embarras. *Si tu ne trouves pas Ibrahim à la gare, tu auras toujours la **ressource** de téléphoner.*
▪**ressources** (nom féminin pluriel) **1** Moyens de subsistance. *Ils sont sans **ressources**.* **2** Richesses d'un pays. *L'eau, les minerais, le pétrole sont des **ressources** naturelles.*

se **ressourcer** (verbe) (conj. 4) Revenir à ses racines pour trouver un réconfort moral. *Xavier est venu **se ressourcer** dans la maison familiale.*

ressurgir Voir ***resurgir***.

ressusciter (verbe) (conj. 3) Revenir de la mort à la vie. *D'après les Évangiles, Jésus-Christ **ressuscita** trois jours après sa mort.*

restant (nom masculin) Ce qui reste. *Prends le **restant** de lait avant d'ouvrir une nouvelle bouteille.*

restaurant (nom masculin) Établissement où l'on sert des repas contre de l'argent. *La mère de Fatima l'a emmenée au **restaurant** chinois.*
► **Restaurant** s'abrège en *resto*.

restaurateur, trice (nom) Personne qui tient un restaurant.

restauration (nom féminin) **1** Action de restaurer. *La **restauration** du château prendra plusieurs années.* **2** Métier de restaurateur. *Plus tard, Gaëlle aimerait bien travailler dans la **restauration**.*

restaurer (verbe) (conj. 3) **1** Remettre en état. *Pour **restaurer** ce meuble ancien, l'ébéniste a utilisé des produits d'autrefois.* **2 Se restaurer** : reprendre des forces en mangeant.
★ Famille du mot : restaur**ant**, restaur**ateur**, restaura**tion**.

reste (nom masculin) Ce qui reste. *Voici une partie des courses, le **reste** est dans l'ascenseur. Hélène a passé le **reste** de la journée à lire.* • **Du reste** : d'ailleurs. *Mangeons, **du reste**, il est l'heure.*

a b c d e f g h i j k l m n o p q r s t u v w x y z

■ **restes** (nom masculin pluriel) Ce qui reste d'un repas. *Le lendemain de la fête, on a mangé les* ***restes****.*

rester (verbe) (conj. 3) **1** Être encore là ou exister encore. *Je vais regarder ce qui* ***reste*** *dans le réfrigérateur. Il ne me* ***reste*** *plus beaucoup de temps.* **2** Continuer d'être dans tel endroit ou dans tel état. *Il* ***est resté*** *longtemps en Afrique. Ne* ***restez*** *pas debout !*
► **Rester** se conjugue avec l'auxiliaire *être.*
★ Famille du mot : rest**ant**, reste.

restituer (verbe) (conj. 3) Synonyme de rendre. *Le policier lui* ***a restitué*** *ses papiers.*

restitution (nom féminin) Action de restituer. *Il réclame la* ***restitution*** *des biens volés à sa famille pendant la guerre.*

resto Voir ***restaurant.***

restreindre (verbe) (conj. 35) **1** Réduire la quantité ou l'étendue de quelque chose. *Monsieur Dubois* ***a restreint*** *ses ambitions.* (Syn. **diminuer.**) **2 Se restreindre** : limiter sa consommation. *Tu manges trop de chocolat, il va falloir* ***te restreindre !***

restreint, einte (adjectif) Dont la quantité est limitée. *Quand on commence à apprendre une langue étrangère, on a un vocabulaire* ***restreint.*** (Syn. **réduit.**)

restriction (nom féminin) • **Sans restriction** : sans condition ni arrière-pensée.
■ **restrictions** (nom féminin pluriel) Mesures visant à limiter la consommation. *À cause de la sécheresse, il y a des* ***restrictions*** *d'eau.* (Syn. **rationnement.**)

restructurer (verbe) (conj. 3) Donner une nouvelle structure en modifiant l'organisation. *La nouvelle direction* ***a restructuré*** *l'entreprise.*

résultat (nom masculin) **1** Ce qui résulte de quelque chose. *Julie est tombée en jouant et le* ***résultat****, c'est qu'elle a du mal à marcher.* (Syn. **conséquence.**) **2** Solution d'un calcul. *Quel est le* ***résultat*** *de cette division ?* **3** Succès ou échec d'un examen, d'une compétition. *Les* ***résultats*** *des élections sont dans le journal ce matin.*

résulter (verbe) (conj. 3) Être la conséquence de quelque chose. *Je me demande ce qui* ***résultera*** *de cette décision.* (Syn. **découler.**)

résumé (nom masculin) Petit texte qui en résume un autre. *Apprenez ce* ***résumé*** *par cœur pour demain.*

résumer (verbe) (conj. 3) Exprimer en peu de mots les idées principales. *Kevin* ***a résumé*** *à ses camarades le livre qu'il a lu.*

résurgence (nom féminin) Réapparition à l'air libre d'un cours d'eau souterrain.

resurgir (verbe) (conj. 11) Surgir de nouveau. *Le lièvre traqué* ***a resurgi*** *dans les buissons.*
► On écrit aussi **ressurgir**.

résurrection (nom féminin) Fait de ressusciter. *Les chrétiens croient à la* ***résurrection.***

retable (nom masculin) Panneau vertical décoré, placé derrière un autel, le plus souvent peint et richement orné. *Le* ***retable*** *de cette église représente Jésus et les apôtres.*

rétablir (verbe) (conj. 11) **1** Établir de nouveau. *Le courant* ***a été rétabli.*** **2 Se rétablir** : retrouver une bonne santé. *Pierre* ***s'est*** *vite* ***rétabli*** *après son opération.* (Syn. se **remettre.**)

rétablissement (nom masculin) **1** Action de rétablir. *Les négociations se poursuivent en vue du* ***rétablissement*** *de la paix.* **2** Fait de se rétablir. *Je pense à vous et vous souhaite un prompt* ***rétablissement.*** (Syn. **guérison.**)

rétamer (verbe) (conj. 3) **1** Battre au jeu, dans une compétition, dans la langue familière. *Notre équipe s'est fait* ***rétamer.*** **2** Synonyme familier de fatiguer. *Le boulot m'****a*** *complètement* ***rétamé.*** **3 Se rétamer** : synonyme familier de tomber.

retaper (verbe) (conj. 3) **1** Dans la langue familière, rendre l'aspect du neuf. *Papa* ***a retapé*** *cette vieille armoire.* (Syn. **restaurer.**) **2 Se retaper** : synonyme familier de se rétablir. *Myriam est pâlichonne, elle a besoin de* ***se retaper.***

retard (nom masculin) **1** Fait d'arriver après le moment fixé. *Quentin est en* ***retard.*** *On annonce un* ***retard*** *d'une heure pour l'arrivée du train.* (Contr. **avance.**) **2** Fait de fonctionner plus lentement que la normale. *Ma montre prend du* ***retard.***

retardataire (adjectif et nom) Qui arrive en retard. *Allons, les* ***retardataires****, dépêchez-vous !*

retardement (nom masculin) • **Bombe à retardement** : bombe munie d'un mécanisme qui en retarde l'explosion.

retarder (verbe) (conj. 3) **1** Mettre quelqu'un en retard. *Un incident nous* ***a retardés.*** **2** Remettre à plus tard. *Odile* ***a retardé*** *son départ de deux jours.* (Syn. **repousser.** Contr. **avancer.**) **3** Prendre du retard. *La pendule* ***retarde.*** (Contr. **avancer.**)
★ Famille du mot : retard, retard**ataire**, retard**ement**.

retenir (verbe) (conj. 19) **1** Empêcher de partir. *Ne* ***retiens*** *pas Sarah, elle est déjà en retard. La grippe* ***l'a retenu*** *au lit.* (Syn. **garder.**) **2** Tenir pour empêcher de tomber. *Si on n'****avait*** *pas* ***retenu*** *Romain par le fond de son pantalon, il se noyait.* **3** Garder en mémoire. *Ursula n'arrive pas à* ***retenir*** *cette poésie.* (Syn. se **rappeler,** se **souvenir.**) **4** Garder des places. *Monsieur Duparc* ***a retenu*** *une chambre d'hôtel.* **5** Faire une retenue. *5 ôté de 11, reste 6, et je* ***retiens*** *1.* **6** Garder une partie d'une somme. *Les versements pour sa future retraite* ***sont retenus*** *chaque mois sur son salaire.* **7 Se retenir** : résister à une envie. *Thomas a eu un mal fou à* ***se retenir*** *de rire.*

rétention (nom féminin) Action de retenir, de conserver. *Des* ***rétentions*** *d'eau ont provoqué le pourrissement des boiseries.* • **Rétention d'information** : refus de fournir des informations dans le but de nuire.

retentir (verbe) (conj. 11) Faire entendre un grand bruit. *Un coup de tonnerre* ***retentit.*** (Syn. **résonner.**)

retentissant, ante (adjectif) **1** Qui retentit. *Une voix **retentissante**.* (Syn. **éclatant, sonore.**) **2** Qui a un grand retentissement. *Un scandale **retentissant**.*

retentissement (nom masculin) Fait de provoquer des réactions et de l'intérêt. *Les jeux Olympiques ont un **retentissement** mondial.*

retenue (nom féminin) **1** Punition qui consiste à retenir à l'école un élève après la classe. **2** Chiffre qu'on met de côté dans une opération pour le compter avec ceux de la colonne suivante. *Victor a oublié une **retenue**, la soustraction est fausse.* **3** Somme retenue sur un salaire. **4** Comportement d'une personne discrète et réservée. *C'est une personne qui montre beaucoup de **retenue**.* (Syn. **discrétion, réserve.** Contr. **laisser-aller.**)

réticence (nom féminin) Attitude d'une personne qui hésite. *J'ai senti qu'il acceptait avec **réticence**.*

réticent, ente (adjectif) Qui manifeste de la réticence. (Syn. **hésitant.**)

réticulaire (adjectif) En forme de réseau. *Ces minéraux présentent une structure **réticulaire**.*

réticule (nom masculin) Système de fils croisés servant à définir l'axe de visée d'un instrument d'optique. *La lunette astronomique est pourvu d'un **réticule**.*

rétif, ive (adjectif) Se dit d'une monture qui refuse d'obéir. *Un cheval **rétif**.* (Contr. **docile.**)
★ **Rétif** vient du latin *restare* qui signifie « s'arrêter ».

rétine (nom féminin) Membrane du fond de l'œil, sensible à la lumière. *La **rétine** transmet les images au nerf optique.*

retirage (nom masculin) Nouveau tirage d'un livre, d'une gravure, d'une photo.

retiré, ée (adjectif) Situé à l'écart. *Cet artiste vit dans un village **retiré** dans la montagne.* (Syn. **isolé.**)

retirer (verbe) (conj. 3) **1** Enlever ce qui couvre ou ce qui gêne. *William **retire** son bonnet en entrant dans la boutique. **Retire**-toi de mon chemin !* (Syn. **ôter.** Contr. **mettre.**) **2** Tirer quelque chose ou quelqu'un de là où il est. *Maman **retire** la tarte du four.* **3** Reprendre ce que l'on avait accordé. *On lui **a retiré** son permis.* **4** Renoncer à quelque chose. ***Retire** tes paroles !* (Contr. **maintenir.**) **5** Tirer un bénéfice. *Qu'**as**-tu **retiré** de cette lecture ?* **6 Se retirer :** quitter un lieu. *Elle **s'est retirée** à la campagne.* **7 Se retirer :** synonyme de refluer. *La mer **s'est retirée** au loin.* (Contr. **monter.**)

retombées (nom féminin pluriel) **1** Ce qui retombe. *Lors d'une explosion nucléaire, il y a des **retombées** radioactives.* **2** Effets indirects. *Cette découverte entraînera de nombreuses **retombées**.*

retomber (verbe) (conj. 3) **1** Atteindre le sol après un saut. *Par chance, Zoé **est retombée** sur ses pieds.* **2** Revenir à la situation d'avant. *Il **est retombé** malade.* **3** Rejaillir sur quelqu'un. *C'est toujours sur moi que ça **retombe** !*

retordre (verbe) (conj. 31) • **Donner du fil à retordre à quelqu'un :** lui causer beaucoup d'ennuis.

rétorquer (verbe) (conj. 3) Répondre pour se défendre. *Comme on reprochait à Xavier de n'être pas gentil avec Anna, il **a rétorqué** que c'était une chipie.* (Syn. **répliquer.**)

retors, orse (adjectif) Qui est très rusé. *Cet inspecteur est **retors**.* (Syn. **roublard, roué.**)

rétorsion (nom féminin) Acte de représailles d'un État à l'égard d'un autre. *L'État prévoit des mesures de **rétorsion** à l'encontre des pays qui abritent des terroristes.*

retouche (nom féminin) Fait de retoucher. *Le tailleur a fait une **retouche** au col de ma veste.*

retoucher (verbe) (conj. 3) Apporter des corrections à un travail pour l'améliorer. *L'artiste **a retouché** son dessin.*

retour (nom masculin) **1** Action de retourner à son point de départ. *J'attendrai ton **retour**.* (Contr. **départ.**) **2** Réapparition de quelque chose qui revient régulièrement. *Le **retour** du printemps.* • **En retour :** en échange. • **Par retour du courrier :** dès qu'on a reçu le courrier. *Réponds-moi **par retour du courrier**.*

retournement (nom masculin) Changement imprévu et complet. *On ne s'attendait pas à un tel **retournement** de l'opinion.* (Syn. **renversement.**)

retourner (verbe) (conj. 3) **1** Tourner de l'autre côté. *Élodie **retourne** une crêpe.* **2** Revenir d'où l'on vient ou dans un lieu que l'on a déjà vu. *Yann **est retourné** chez lui parce qu'il avait oublié un livre. J'aimerais **retourner** à Venise.* **3** Renvoyer à l'expéditeur. *La poste **a retourné** sa lettre à Fatima.* **4 Se retourner :** tourner la tête ou tout le corps en arrière. *En entendant des pas derrière elle, Gaëlle **s'est retournée**.*
▶ Quand **retourner** n'a pas de complément d'objet, il se conjugue avec le verbe *être*.

retracer (verbe) (conj. 4) Rappeler en faisant revivre. *Ce roman **retrace** l'exploration du pôle Nord.*

rétracter (verbe) (conj. 3) **1** Retirer vers l'intérieur. *Le chat **rétracte** ses griffes.* **2 Se rétracter :** revenir sur ce qu'on a dit auparavant. *L'accusé a avoué puis il **s'est rétracté**.* (Syn. **se dédire.**)

rétractile (adjectif) Qui peut se retirer vers l'intérieur. *Les félins ont des griffes **rétractiles**.*

retrait (nom masculin) **1** Action de retirer. *Le gouvernement a annoncé le **retrait** du projet de loi.* **2** Action de se retirer. *Après le **retrait** des eaux, les rues du village étaient pleines de débris.* • **En retrait :** en arrière des autres.

retraite (nom féminin) **1** Situation d'une personne qui a fini de travailler et touche une pension. *Mamie sera à la **retraite** l'an prochain.* **2** Retrait des troupes qui reculent devant l'ennemi. *L'armée a battu en **retraite**.*

retraité, ée (adjectif et nom) Qui est à la retraite. *Mes grands-parents seront bientôt **retraités**.*

retranchement (nom masculin) Position entourée de solides moyens de défense. *L'ennemi a poursuivi les soldats jusque dans leurs **retranchements**.*

retrancher (verbe) (conj. 3) **1** Enlever une partie d'un tout. ***Retranche** le prix de la séance de cinéma de ton argent de poche et tu verras qu'il ne te reste pas grand-chose.* (Syn. **ôter, retirer, soustraire.** Contr. **ajouter.**) **2 Se retrancher :** se mettre à l'abri dans un retranchement.

retranscrire (verbe) (conj. 47) Transcrire de nouveau. (Syn. **recopier.**)

retransmettre (verbe) (conj. 33) Diffuser une émission de radio ou de télévision. *L'émission **sera retransmise** dans toute l'Europe.*

retransmission (nom féminin) Émission retransmise. *Hélène a suivi à la télévision la **retransmission** de la course.*

retravailler (verbe) (conj. 3) Travailler de nouveau. *Ce texte n'est pas encore parfait : il a besoin d'**être retravaillé**.*

rétrécir (verbe) (conj. 11) **1** Diminuer en longueur ou en largeur. *Maman fait une couture pour **rétrécir** mon pantalon.* **2** Devenir plus étroit. *Mon pull de laine **a rétréci** au lavage.* (Contr. **s'agrandir.**)

rétrécissement (nom masculin) Fait de rétrécir. *Tu devrais ralentir, on signale un **rétrécissement** de la chaussée.*

rétribuer (verbe) (conj. 3) Synonyme de rémunérer. *Ce travail **est** bien **rétribué**.*

rétribution (nom féminin) Synonyme de rémunération. *On lui a proposé une **rétribution** en espèces.*

rétro- Élément, tiré du latin *retro* qui signifie « en arrière » (exemple : *rétrograde*).

rétro (adjectif) Qui imite la mode d'un passé récent. *Ce scooter a une ligne **rétro**.*

rétroactif, ive (adjectif) Qui porte sur une période déjà écoulée. *Cette augmentation de salaire a un effet **rétroactif** depuis janvier.*

rétroaction (nom féminin) Effet rétroactif. *Les hormones sont régulées par **rétroaction**.* (Syn. **feedback.**)

rétrocéder (verbe) (conj. 8) **1** Rendre à quelqu'un ce qu'il avait précédemment cédé. *L'auteur **rétrocède** ses droits à l'éditeur.* **2** Vendre à quelqu'un une chose achetée pour soi-même. *Il lui **a rétrocédé** sa voiture.*

rétrocession (nom féminin) Acte par lequel on rétrocède quelque chose à quelqu'un. *La **rétrocession** d'un bien immobilier nécessite l'établissement d'un acte de vente.*

rétrofusée (nom féminin) Propulseur dont la poussée s'exerce dans le sens inverse du déplacement d'un engin et qui sert à ralentir celui-ci.

rétrograde (adjectif) Qui est contre les innovations et le progrès. *Ces gens ont des idées **rétrogrades** sur l'éducation des enfants.* (Contr. **novateur.**)
★ **Rétrograde** vient du latin *retrogradus* qui signifie « qui marche à reculons ».

rétrograder (verbe) (conj. 3) **1** Revenir au stade précédent en perdant ce que l'on a acquis. *Après cette défaite, il va **rétrograder** de cinq places au classement mondial.* **2** Passer à la vitesse inférieure. *Avant le virage, Papa **a rétrogradé**.*

rétroprojecteur (nom masculin) Projecteur permettant la reproduction sur un écran d'un texte ou d'une image. *La salle de cours est équipée d'un **rétroprojecteur**.*

rétrospectif, ive (adjectif) Que l'on éprouve après coup. *Julie est saisie d'une peur **rétrospective** quand elle pense à ce qui aurait pu arriver.*
★ **Rétrospectif** vient des mots latins *retro* qui signifie « en arrière », et *spectare* qui signifie « regarder ».
★ Famille du mot : rétrospect**ion**, rétrospective, rétrospectivement.

rétrospection (nom féminin) Regard vers le passé. *La **rétrospection** de tous ces évènements nous permet de comprendre ce qui se passe aujourd'hui.*

rétrospective (nom féminin) Exposition réunissant les œuvres d'un artiste ou d'une période. *Les parents de Laura sont allés voir une **rétrospective** du cinéma italien.*

rétrospectivement (adverbe) D'une manière rétrospective. *Sur le moment, je n'ai pas eu peur, mais **rétrospectivement**, j'en tremble.*

retroussé, ée (adjectif) Se dit d'un nez dont le bout est relevé.

retrousser (verbe) (conj. 3) Relever vers le haut. *L'ouvrier **a retroussé** ses manches pour travailler.*

retrouvailles (nom féminin pluriel) Fait de se retrouver après une séparation. *Nous avons fêté nos **retrouvailles** au restaurant.*

retrouver (verbe) (conj. 3) **1** Trouver ce qui était perdu. *Clément a fini par **retrouver** ses clés.* **2** Être à nouveau en présence de quelqu'un. *Je vous **retrouverai** devant la boulangerie.* (Syn. **rejoindre.**) **3 Se retrouver :** être à nouveau réunis. *Maintenant que nous **nous sommes retrouvés**, ne nous quittons plus !* (Contr. **se séparer.**) **4 Se retrouver :** trouver son chemin. *On **se retrouve** difficilement dans ce quartier.* **5 Se retrouver :** être subitement dans telle situation. *Il **se retrouve** seul.* • **S'y retrouver :** rentrer dans ses frais.

rétrovirus (nom masculin) Virus dont le matériel génétique est constitué d'ARN, lequel peut se transcrire en ADN. *Les virus oncogènes sont tous des **rétrovirus**.*
▶ Prononciation [RetRoviRys].

rétroviseur (nom masculin) Miroir qui permet au conducteur de voir la route derrière lui. *Elle jette un coup d'œil dans le **rétroviseur** avant de doubler.*

rets (nom masculin) Filet, réseau de cordes pour prendre des animaux. *Le lion de la fable était pris dans des **rets**.*
► Prononciation [ʀɛ].

réunifier (verbe) (conj. 10) Rétablir l'unité d'un pays ou d'un parti. *L'Allemagne s'**est réunifiée** en 1990.*

réunion (nom féminin) Groupe de personnes qui se réunissent. *La **réunion** aura lieu à 18 h.*

réunionnais, aise → tableau p. 6 / 7.

réunir (verbe) (conj. 11) Regrouper des choses ou des gens. *Il **a réuni** les papiers nécessaires pour s'inscrire. La famille se **réunit** toujours à Noël.* (Syn. **rassembler.** Contr. **séparer.**)

réussir (verbe) (conj. 11) **1** Avoir un bon résultat. *David a passé le concours et il l'**a réussi**.* (Contr. **échouer.**) **2** Arriver au résultat souhaité. *Myriam **a réussi** à venir.* (Syn. **parvenir.**) **3** Faire du bien à quelqu'un. *Le climat lui **réussit**, il a l'air reposé.*

réussite (nom féminin) **1** Fait de réussir. *Cette fête est une **réussite**.* (Syn. **succès.** Contr. **échec.**) **2** Jeu de cartes qui se joue en solitaire. *Noémie fait une **réussite**.* (Syn. **patience.**)

revaloir (verbe) (conj. 25) Rendre la pareille à quelqu'un, en bien ou en mal. *Vous nous avez rendu un grand service et nous vous **revaudrons** ça.*

revalorisation (nom féminin) Action de revaloriser. *Les baccalauréats technologiques contribuent à la **revalorisation** des métiers manuels.*

revaloriser (verbe) (conj. 3) Rendre sa valeur à quelque chose. *Il faudrait **revaloriser** le travail manuel.* (Contr. **dévaloriser.**)

revanchard, arde (adjectif et nom) Qui nourrit un désir de vengeance.

revanche (nom féminin) **1** Fait de se venger ou de reprendre l'avantage. *Battue en championnat, cette équipe a pris sa **revanche** en coupe de France.* **2** Seconde manche d'un jeu. *Ibrahim a gagné la première partie de dames, Odile, la **revanche**, maintenant ils font la belle.* • **À charge de revanche** : à condition de rendre la pareille. • **En revanche** : inversement. (Syn. **par contre.**)

rêvasser (verbe) (conj. 3) Penser dans le vague. *Si tu m'aidais au lieu de **rêvasser** !*

rêve (nom masculin) **1** Suite d'images qu'on voit en dormant. *Sarah a fait un **rêve** très agréable dans lequel elle volait.* **2** Beau projet qu'on aimerait voir réalisé. *Son **rêve**, c'est de devenir reporter.*

rêvé, ée (adjectif) De rêve. *C'est la maison **rêvée** pour passer des vacances.* (Syn. **idéal.**)

revêche (adjectif) Qui est d'un abord peu engageant. *L'employé avait un air **revêche**.* (Syn. **hargneux.** Contr. **aimable.**)

réveil (nom masculin) **1** Moment où l'on se réveille. *Kevin a le **réveil** difficile.* **2** Pendulette de chevet. *À quelle heure as-tu mis ton **réveil** à sonner ?*

réveille-matin (nom masculin) Synonyme de réveil.
► Pluriel : des **réveille-matins** ou des **réveille-matin**.

réveiller (verbe) (conj. 3) **1** Tirer quelqu'un du sommeil. *Ursula a le sommeil léger, un rien la **réveille**.* (Syn. **éveiller.**) **2** Dans un sens figuré, faire renaître. *Cette humidité **réveille** ses rhumatismes.* (Syn. **raviver.**)

réveillon (nom masculin) Souper de fête des nuits de Noël et du nouvel an. *Au **réveillon** du 1er de l'an, tout le monde s'embrasse à minuit.*

réveillonner (verbe) (conj. 3) Faire un réveillon. *À Noël, Pierre et Zoé **réveillonnent** avec leurs parents.*

révélateur, trice (adjectif) Qui révèle quelque chose de caché. *Quentin a rougi, c'est un signe **révélateur** de sa timidité.* (Syn. **significatif.**)

révélation (nom féminin) Chose révélée. *Un comparse de l'accusé a fait des **révélations** à la police.*

révéler (verbe) (conj. 8) **1** Faire connaître ce qui était inconnu ou secret. *Il m'**a révélé** un grand secret.* (Syn. **dévoiler, divulguer.** Contr. **taire.**) **2 Se révéler :** se montrer petit à petit. *Ses craintes **se sont révélées** injustifiées.*
★ Famille du mot : révél**ateur**, révél**ation**.

revenant, ante (nom) Synonyme de fantôme. *Romain terrorise Anna avec d'effrayantes histoires de **revenants**.*

revendeur, euse (nom) Personne qui achète des articles à un grossiste pour les revendre au détail. *Pour le service après-vente, adressez-vous à votre **revendeur** habituel.*

revendication (nom féminin) Ce qu'on revendique. *Les grévistes ont exposé leurs **revendications**.*

revendiquer (verbe) (conj. 3) Demander avec insistance ce à quoi on pense avoir droit. *Ces employés **revendiquent** une augmentation de salaire.* (Syn. **réclamer.**)

revendre (verbe) (conj. 31) Vendre ce qu'on a acheté. *Les Dupond **ont revendu** leur appartement pour en acheter un plus grand.* • **Avoir de quelque chose à revendre** : en avoir beaucoup. *De l'imagination, il **en a à revendre**.*

revenir (verbe) (conj. 19) **1** Venir de nouveau. *Le médecin **reviendra** mardi.* (Syn. **repasser.**) **2** Retourner à l'endroit d'où l'on est parti. *Il **est revenu** après une longue absence.* (Syn. **rentrer.**) **3** Être de nouveau présent à l'esprit. *Ça y est, ça me **revient**, elle s'appelle Élisa !* **4** Être ce à quoi on a droit. *Tiens ! Cette part de gâteau te **revient**.* **5** Équivaloir à telle chose. *Cela **revient** au même.* **6** Coûter en tout. *Le voyage **revient** à 100 euros par personne.* **7** Dans la langue familière, inspirer confiance. *Il a une attitude qui ne me **revient** pas !* • **Faire revenir un aliment** : le faire dorer dans une matière grasse. • **Ne pas en**

a b c d e f g h i j k l m n o p q r s t u v w x y z

revenir : être stupéfait. • **Revenir à soi** : reprendre conscience. • **Revenir de loin** : avoir échappé de justesse à un grand danger.
★ Famille du mot : reven**ant**, reven**u**, revient.

revenu (nom masculin) Argent dont on dispose. *Tous les ans, mes parents font leur déclaration de **revenus**.*

rêver (verbe) (conj. 3) **1** Faire un rêve pendant son sommeil. *Cette nuit, Élodie **a rêvé** qu'elle gagnait à la loterie.* **2** Laisser aller son imagination. *Victor a lu un livre merveilleux qui le fait **rêver**.* **3** Avoir très envie de quelque chose. *Fatima **rêve** de devenir hôtesse de l'air.*
★ Famille du mot : rêv**asser**, rêve, rêv**é**, rêv**erie**, rêv**eur**.

réverbérant, ante (adjectif) Qui réverbère. *La surface **réverbérante** d'une flaque d'eau.*

réverbération (nom féminin) Réflexion de la lumière, du son ou de la chaleur. *La **réverbération** du soleil sur la mer nous fait mal aux yeux.*

réverbère (nom masculin) Appareil d'éclairage sur la voie publique. *Il s'est appuyé au **réverbère**.*

réverbérer (verbe) (conj. 8) Renvoyer la lumière, le son ou la chaleur. *Le sable blanc **réverbère** la lumière du soleil.* (Syn. **réfléchir**.)
★ Famille du mot : réverbér**ant**, réverbér**ation**, réverbère.

reverdir (verbe) (conj. 11) Redevenir vert. *Le printemps a fait **reverdir** la nature.*

révérence (nom féminin) Salut que l'on fait en penchant le buste et en pliant les genoux. *Autrefois, les dames faisaient la **révérence** devant le roi et la reine.*

révérencieux, euse (adjectif) Qui manifeste de la déférence, du respect. *Un ton **révérencieux**.*

révérend, ende (nom) Titre honorifique donné à un religieux ou à une religieuse. *Le **Révérend** Père, la **Révérende** Mère.*
▪ **révérend** (nom masculin) Titre donné aux pasteurs de l'Église anglicane.

révérer (verbe) (conj. 8) Synonyme de vénérer. *Tous les membres de la tribu **révèrent** leur chef.*

rêverie (nom féminin) Fait de laisser courir son imagination. *Il ne t'écoute plus, il est plongé dans ses **rêveries**.*

revers (nom masculin) **1** Côté opposé au côté principal, à la face d'un objet. *William a écrit son nom au **revers** de son dessin.* (Syn. **dos, envers, verso**.) **2** Partie d'un vêtement repliée vers l'extérieur. *Si ton jean est trop long, tu peux faire des **revers**.* **3** Au tennis et au ping-pong, coup donné sur la balle en tenant la raquette le dos de la main en avant. *Il a gagné grâce à un **revers** fulgurant.* **4** Évènement malheureux qui trouble la vie d'une personne. *Il ne s'est jamais découragé malgré tous les **revers** qu'il a subis.* (Syn. **épreuve, malheur**.) • **Le revers de la médaille** : le mauvais côté d'une chose qui présente aussi un avantage.
★ **Revers** vient du latin *revertere* qui signifie « retourner ».

réversible (adjectif) Qui se porte aussi bien à l'envers qu'à l'endroit. *Un blouson **réversible**.*

revêtement (nom masculin) Matériau qui recouvre une surface. *Les murs de la salle de bains sont protégés par un **revêtement** de carrelage.*

revêtir (verbe) (conj. 15) **1** Mettre un vêtement. *Pour le défilé, les militaires **avaient revêtu** leur uniforme de parade.* **2** Recouvrir d'un revêtement. *Le sol **était revêtu** d'une épaisse moquette.*

rêveur, euse (adjectif et nom) Qui a tendance à la rêverie. *À quoi penses-tu ? Tu parais très **rêveuse**. Xavier a du mal à se concentrer, c'est un **rêveur**.*

revient (nom masculin) • **Prix de revient** : ensemble des dépenses nécessaires pour fabriquer et commercialiser un objet. *Le prix de vente d'un produit est égal à la somme du **prix de revient**, du bénéfice du vendeur et des taxes.*

revigorant, ante (adjectif) Qui revigore. *Noémie apprécie l'air **revigorant** de la montagne.*

revigorer (verbe) (conj. 3) Synonyme de réconforter. *Ce copieux goûter nous **a revigorés**.*

revirement (nom masculin) Changement brusque et total. *Au dernier moment, il a refusé mon invitation, je ne comprends pas son **revirement**.*

réviser (verbe) (conj. 3) **1** Relire ce que l'on a appris pour mieux s'en souvenir. ***Réviser** une leçon, un examen.* (Syn. **repasser, revoir**.) **2** Vérifier le fonctionnement d'un mécanisme. *Il a fait **réviser** sa voiture par le garagiste.*

révision (nom féminin) **1** Action de réviser ce que l'on a appris. *Le cousin de Gaëlle fait des **révisions** pour passer son bac.* **2** Action de réviser un mécanisme. *Il a laissé sa voiture au garage pour une **révision** du moteur.*

révisionnisme (nom masculin) Synonyme de négationnisme. *Le **révisionnisme** du professeur a alarmé les parents d'élèves.*

revisiter (verbe) (conj. 3) Donner une interprétation radicalement nouvelle d'une œuvre. *Le metteur en scène **a revisité** une pièce de Molière avec succès.*

revitalisant, ante (adjectif) Qui redonne de la vitalité. *Des gélules **revitalisantes** pour la peau.*

revivifier (verbe) (conj. 10) Vivifier de nouveau. *Les enfants se **revivifient** au grand air.*

reviviscent, ente (adjectif) Qui peut reprendre vie en étant réhydraté. *Des organismes **reviviscents** vivent dans la mousse.*

revivre (verbe) (conj. 50) **1** Reprendre des forces. *Dès que je suis au bord de la mer, je **revis**.* **2** Vivre à nouveau ce que l'on a déjà éprouvé. *Il aimerait* *pouvoir **revivre** les jours heureux de son enfance.* • **Faire revivre** : raconter des évènements du passé d'une façon vivante. *Cette émission nous **fait revivre** les premiers pas de l'homme sur la Lune.*

révocable (adjectif) Qui peut être révoqué. *Les maires des communes sont **révocables** par le ministre de l'Intérieur.* (Contr. **irrévocable**.)

révocation (nom féminin) Action de révoquer. *La **révocation** d'un fonctionnaire pour faute grave. La **révocation** de l'édit de Nantes par Louis XIV.*

revoir (verbe) (conj. 22) **1** Voir de nouveau. *Maman **a revu** son amie d'enfance. J'aimerais **revoir** ce film.* **2** Voir de nouveau dans son esprit, dans ses souvenirs. *Je te **revois** très bien quand tu étais tout petit.* **3** Synonyme de réviser. *Hélène **a revu** sa leçon d'histoire avant d'aller se coucher.*
▶ Voir aussi **au revoir** (interjection).

révoltant, ante (adjectif) Qui provoque la révolte, l'indignation. *Un crime **révoltant**.*

révolte (nom féminin) **1** Fait de refuser d'obéir à une autorité et se battre contre elle. *Au Moyen Âge, des **révoltes** de paysans étaient dues à la famine.* (Syn. **insurrection, rébellion, soulèvement**.) **2** Mouvement d'indignation contre ce qui est injuste. *La condamnation de cet innocent a provoqué un sentiment de **révolte**.* (Contr. **résignation**.)

révolté, ée (adjectif et nom) Qui est en révolte. *Les prisonniers **révoltés** ont refusé de regagner leur cellule.* (Syn. **insurgé, rebelle**.)

révolter (verbe) (conj. 3) **1** Provoquer la révolte, l'indignation. *Sa méchanceté nous **a révoltés**.* (Syn. **écœurer, indigner**.) **2** **Se révolter** : refuser d'obéir à une autorité. *Les esclaves **se sont révoltés**.* (Syn. **s'insurger, se rebeller, se soulever**.)
★ Famille du mot : révolt**ant**, révolte, révolt**é**.

révolu, ue (adjectif) Qui appartient au passé. *L'époque où l'on voyageait en diligence est **révolue**.*

révolution (nom féminin) **1** Bouleversement complet et violent du régime politique d'un pays. *En France, la **révolution** de 1789 a provoqué la chute de la royauté.* **2** Changement profond dans une organisation. *L'informatique a entraîné une **révolution** dans le travail de bureau.* **3** Mouvement d'un astre qui revient à son point de départ après avoir tourné autour d'un autre astre. *La **révolution** de la Terre autour du Soleil dure une année.*
★ Famille du mot : révolution**naire**, révolution**ner**.

révolutionnaire (adjectif) **1** Qui concerne la révolution. *Ce parti politique mène une action **révolutionnaire**.* **2** Qui provoque une révolution, un grand changement. *La vaccination a été une découverte **révolutionnaire**.*
■ **révolutionnaire** (nom) Personne qui participe à une révolution. *Les **révolutionnaires** ont pris le pouvoir.*

révolutionner (verbe) (conj. 3) Transformer profondément. *L'invention du moteur à réaction **a révolutionné** l'aviation.*

révolver (nom masculin) Arme à feu à canon court qui permet de tirer plusieurs coups à la suite. *Il a chargé son **révolver**.*
▶ **Revolver** est un mot anglais : on prononce [ʀevɔlvɛʀ].
▶ On écrit aussi **revolver**.

révoquer (verbe) (conj. 3) **1** Synonyme de destituer. *Ce fonctionnaire **a été révoqué** pour escroquerie.* **2** Annuler une loi ou un acte juridique.

revue (nom féminin) **1** Publication qui paraît à intervalles réguliers. *Papa est abonné à une **revue** littéraire mensuelle.* (Syn. **magazine**.) **2** Défilé militaire. *La **revue** du 14 Juillet.* • **Passer en revue** : examiner en détail. *Le douanier **passe en revue** le contenu de la valise.*

se **révulser** (verbe) (conj. 3) En parlant des yeux, se retourner sous le coup d'une douleur ou d'une émotion. *Les yeux **se sont révulsés** sous l'effet de la peur.*

révulsion (nom féminin) Afflux sanguin provoqué volontairement dans une partie de l'organisme pour faire cesser une congestion voisine. *Des ventouses sont posées sur le malade pour provoquer une **révulsion**.*

rewriting (nom masculin) Action de réécrire un texte destiné à la publication. *Ce rédacteur est chargé de travaux de **rewriting**.*
▶ **Rewriting** est un mot anglais : on prononce [ʀeʀajtiŋ].

rez-de-chaussée (nom masculin) Partie d'une habitation qui se trouve au niveau du sol. *Il habite un **rez-de-chaussée** qui donne sur une petite cour.*
▶ Pluriel : des **rez-de-chaussée**.

rez-de-jardin (nom masculin) Partie d'une construction dont le sol est de plain-pied avec un jardin. *Une cuisine en **rez-de-jardin**.*

rH (nom masculin) Indice représentant quantitativement la valeur du pouvoir de réduction ou d'oxydation d'un milieu.

rhabiller (verbe) (conj. 3) Habiller quelqu'un qui est déshabillé. *Après le cours de natation, les enfants se **rhabillent**.*

rhapsode (nom masculin) Chanteur qui allait de ville en ville en récitant des extraits de poèmes épiques, dans l'Antiquité grecque. *L'histoire met en scène un aède et un **rapsode**.*
▶ On écrit aussi **rapsode**.

rhapsodie (nom féminin) **1** Suite d'extraits de poèmes épiques récités par les rhapsodes. **2** Composition musicale de forme libre, d'inspiration souvent populaire. *La « **Rhapsodie** espagnole » de Maurice Ravel.*
▶ On écrit aussi **rapsodie**.

rhéostat (nom masculin) Appareil dont on peut faire varier la résistance et qui permet de régler l'intensité du courant. *Le **rhéostat** permet d'obtenir une lumière tamisée.*

rhésus (nom masculin) Élément du sang dont la présence ou l'absence modifie le groupe sanguin.
► **Rhésus** a pour symbole *Rh*.
► Prononciation [ʀezys].

rhétorique (nom féminin) Art de parler avec aisance et clarté, de s'exprimer avec éloquence.

rhétoriqueur (nom masculin) Poète de la fin du XVe siècle et du début du XVIe siècle attaché aux raffinements de style. *Clément Marot est le plus célèbre des **rhétoriqueurs**.*

rhin(o)- Élément, tiré du grec *rhis* qui signifie « nez » (exemple : *rhinopharyngite*).

rhinite (nom féminin) Inflammation du nez. *Les **rhinites** peuvent être provoquées par des allergies au pollen.* (Syn. **rhume**.)

rhinocéros (nom masculin) Gros mammifère sauvage d'Afrique et d'Asie, à la peau épaisse, qui porte une ou deux cornes sur le nez.
► Prononciation [ʀinɔseʀɔs].
★ **Rhinocéros** vient des mots grecs *rhinos* qui signifie « nez » et *keras* qui signifie « corne ».

rhinopharyngite (nom féminin) Rhume provoqué par l'inflammation des fosses nasales et du pharynx.
► Prononciation [ʀinofaʀɛ̃ʒit].

rhizo- Élément, tiré du grec *rhiza* qui signifie « racine » (exemple : *rhizome*).

rhizome (nom masculin) Tige souterraine de certaines plantes. *Le **rhizome** de l'iris.*

rhizostome (nom masculin) Méduse géante dépourvue de tentacules périphériques. *Le **rhizostome** est aussi appelé « gelée de mer ».*

rhô (nom masculin) Dix-septième lettre de l'alphabet grec (Ρ, ρ), correspondant au *r* de l'alphabet latin.

rhod(o)- Élément, tiré du grec *rhodon* qui signifie « rose » (exemple : *rhododendron*).

rhodium (nom masculin) Élément métallique, de numéro atomique 45, de masse atomique 102,9. *Le **rhodium** est utilisé allié au platine qu'il permet de durcir.*
► **Rhodium** a pour symbole *Rh*.
► Prononciation [ʀɔdjɔm].

rhododendron (nom masculin) Arbuste à fleurs roses ou rouges. *Un massif de **rhododendrons**.*
► Prononciation [ʀɔdɔdɛ̃dʀɔ̃].

rhombe (nom masculin) Losange.

rhomboïde (nom masculin et adjectif) Muscle du dos, élévateur de l'omoplate, en forme de losange. *Romain fait des exercices pour développer son muscle **rhomboïde**.*

rhovyl (nom masculin) Tissu synthétique. *Le chemisier de maman est en **rhovyl**.*
★ **Rhovyl** est un nom de marque.

rhubarbe (nom féminin) Plante à larges feuilles dont la tige cuite est comestible. *De la confiture de **rhubarbe**.*

rhum (nom masculin) Alcool produit par la fermentation de la canne à sucre. *Papa a préparé du punch avec du **rhum** des Antilles.*
► Prononciation [ʀɔm].

rhumatisme (nom masculin) Douleur articulaire. *En vieillissant, elle souffre de **rhumatismes**.*

rhumatologie (nom féminin) Branche de la médecine qui traite des rhumatismes et, plus généralement, des affections articulaires.

rhume (nom masculin) Petite maladie qui provoque des éternuements et irrite la gorge et les bronches. *Julie a le nez qui coule, elle a dû attraper un **rhume**.*
► On dit aussi **rhume de cerveau**.
★ **Rhume** vient du grec *rheuma* qui signifie « écoulement ».

ria (nom féminin) Vallée fluviale envahie par la mer. *La côte est découpée par de profondes **rias**.*
★ **Ria** est un mot espagnol.

RIB (nom masculin) Document sur lequel figurent les informations relatives à un compte en banque. *Si vous optez pour le prélèvement automatique, veuillez joindre un **RIB**.*
★ **RIB** est l'acronyme de *relevé d'identité bancaire*.

ribambelle (nom féminin) Grand nombre de personnes ou de choses. *Yann a toute une **ribambelle** de cousins et de cousines.*

ribonucléique (adjectif) • **Acide ribonucléique (ARN)** : assurant la synthèse des protéines à l'intérieur des cellules vivantes, conformément à un programme porté par l'ADN.

ribosome (nom masculin) Élément cellulaire, de très petite taille, qui décode les séquences d'ARN messager et assemble les acides aminés en protéines. *Les **ribosomes** servent de support à la synthèse des protéines.*

ricanement (nom masculin) Action de ricaner. *Vos **ricanements** sont exaspérants !*

ricaner (verbe) (conj. 3) Rire avec une intention moqueuse ou rire bêtement. *Il **a ricané** méchamment quand son voisin s'est fait punir.*

riche (adjectif et nom) Qui possède beaucoup d'argent, de richesses. *Le propriétaire de ce yacht est un homme très **riche**. Seuls les **riches** peuvent habiter dans ce quartier.* (Contr. **pauvre**.)
▪ **riche** (adjectif) **1** Qui a beaucoup de ressources. *La terre est **riche** dans cette région.* (Syn. **fertile**.) **2** Qui contient quelque chose en abondance. *Des aliments **riches** en protéines.*
★ Famille du mot : en**richir**, en**richissement**, **riche**ment, **riche**sse, **rich**issime.

richement (adverbe) De manière riche, luxueuse. *Le château était **richement** meublé.*

richesse (nom féminin) **1** Fait d'être riche. *La **richesse** de sa conversation nous enchante.* **2** Ressource naturelle abondante dans une région. *Le pétrole est la seule **richesse** de ce pays désertique.*

richissime (adjectif) Extrêmement riche. *Un homme d'affaires **richissime**.*

ricin (nom masculin) Plante herbacée originaire d'Asie, de très grande taille, à feuilles palmées et à fleurs en grappes. • **Huile de ricin** : huile tirée des graines de cette plante, utilisée comme purgatif.

ricocher (verbe) (conj. 3) Faire ricochet. *Le caillou **a ricoché** à la surface de l'eau avant de couler.* (Syn. **rebondir.**)

ricochet (nom masculin) Rebond qu'un objet fait sur l'eau quand on le lance en oblique. *Les enfants s'amusent à faire des **ricochets** avec des galets.*

ricotta (nom féminin) Fromage frais italien.

ric-rac (adverbe) **1** Avec une exactitude rigoureuse, dans la langue familière. *C'est compté **ric-rac**.* **2** De justesse, dans la langue familière. *La voiture est passée **ric-rac**.*
★ **Ric-rac** est une onomatopée.

rictus (nom masculin) Grimace qui contracte les lèvres. *Il eut un **rictus** de colère en apercevant son adversaire.*
► Prononciation [riktys].

ride (nom féminin) **1** Petit pli qui se forme sur la peau. *Elle commence à avoir des **rides** en vieillissant.* **2** Petite ondulation. *La brise faisait des **rides** sur la mer.*

rideau, eaux (nom masculin) **1** Pan de tissu suspendu le long d'une fenêtre, d'une porte. *Laura ouvre les **rideaux** pour laisser entrer le soleil.* **2** Draperie placée devant la scène d'un théâtre. *Le **rideau** se lève quand le spectacle commence.*

ridelle (nom féminin) Chacun des deux côtés d'une charrette, d'un camion, servant à maintenir le chargement.
★ **Ridelle** vient du moyen allemand. *reidel* qui signifie « rondin ».

rider (verbe) (conj. 3) **1** Faire des rides. *Le vent **ridait** la surface de l'étang.* **2 Se rider** : se couvrir de rides. *Il a beaucoup vieilli, son visage **s'est ridé**.*
★ Famille du mot : **dé**rider, ride.

ridicule (adjectif) **1** Qui provoque l'envie de rire, de se moquer. *Sa nouvelle coiffure est vraiment **ridicule**.* (Syn. **grotesque.**) **2** Qui ne présente aucun intérêt ou qui n'est pas sensé. *C'est **ridicule** de se fâcher pour si peu.* (Syn. **absurde.**) **3** Qui représente très peu de chose. *C'est un prix **ridicule** pour un ordinateur de cette qualité.* (Syn. **dérisoire, insignifiant, minime.**)
■ **ridicule** (nom masculin) Ce qui est ridicule. *Il se couvre de **ridicule** en parlant de ce qu'il ne connaît pas.*

ridiculiser (verbe) (conj. 3) Rendre quelqu'un ridicule. *Arrête de faire l'intéressant, tu vas finir par te **ridiculiser**.*

rien (pronom) Aucune chose. *Je n'ai **rien** dit. Ce que tu fais ne sert à **rien**. On a fait tout ce travail pour **rien**.* • **Cela ne fait rien** : cela n'a pas d'importance.
■ **rien** (nom masculin) Chose sans importance. *Arrête de pleurnicher pour un **rien**.* • **En un rien de temps** : en très peu de temps. *Nous avons fait ce trajet **en un rien de temps**.*

rieur, rieuse (adjectif et nom) Qui aime rire. *Myriam est une enfant **rieuse**. Benjamin a mis les **rieurs** de son côté.*

rift (nom masculin) Grand fossé d'effondrement le long d'une fracture de l'écorce terrestre. *Le **rift** des grands lacs africains.*
► **Rift** est un mot anglais : on prononce [rift].

rigide (adjectif) **1** Qui n'est pas flexible ou qui ne se déforme pas. *Du carton **rigide**, du plastique **rigide**.* (Contr. **souple.**) **2** Qui est très rigoureux, très strict. *Il n'a aucune indulgence pour ses enfants, c'est un homme très **rigide**.*

rigidité (nom féminin) Fait d'être rigide. *La **rigidité** d'une barre de fer. Un juge d'une grande **rigidité**.*

rigolade (nom féminin) Synonyme familier d'amusement. *Cette bataille de boules de neige, quelle **rigolade** !*

rigole (nom féminin) **1** Petit fossé étroit qui sert à l'écoulement des eaux. *Une **rigole** d'irrigation.* **2** Filet d'eau qui ruisselle. *La pluie forme des **rigoles** dans le sable.*

rigoler (verbe) (conj. 3) Synonyme familier de rire. *Il s'est mis en colère alors que j'avais dit ça pour **rigoler**.*
★ Famille du mot : rigol**ade**, rigolo.

rigolo, ote (adjectif) Synonyme familier d'amusant. *Un film **rigolo**. Elle est **rigolote** avec ce chapeau !*

rigoureusement (adverbe) Absolument. *Tout ce que dit le témoin est **rigoureusement** exact.* (Syn. **strictement, totalement.**)

rigoureux, euse (adjectif) **1** Dur à supporter. *On annonce déjà des gelées, l'hiver sera **rigoureux**.* (Syn. **rude.** Contr. **clément.**) **2** Qui est d'une grande rigueur, extrêmement précis. *En maths, il faut toujours avoir des raisonnements **rigoureux**.*

rigueur (nom féminin) **1** Grande sévérité. *C'est une faute grave qu'il faut punir avec beaucoup de **rigueur**.* **2** Grande précision. *Ces calculs ont été faits avec **rigueur**.* **3** Caractère de ce qui est difficile à supporter. *Il est parti dans le Midi pour fuir les **rigueurs** de l'hiver.* • **À la rigueur** : s'il n'est pas possible de faire autrement. *Je peux **à la rigueur** retarder mon voyage de deux jours.* • **De rigueur** : exigé par des règles, des habitudes. *Pour cette soirée, une tenue correcte est **de rigueur**.* • **Tenir rigueur de quelque chose à quelqu'un** : lui en vouloir. *Si j'arrive en retard, ne **m'en tiens pas rigueur**.*
★ Famille du mot : rigour**eusement**, rigour**eux**.

rikiki Voir ***riquiqui***.

rillettes (nom féminin pluriel) Sorte de pâté fait de morceaux de porc ou d'oie cuits dans leur graisse.

rime (nom féminin) Répétition du même son à la fin de deux vers.

rimer (verbe) (conj. 3) Se terminer par le même son. *« Jolie » **rime** avec « folie ».* • **Ne rimer à rien** : n'avoir aucun sens. *Cette discussion **ne rime à rien**.*

a b c d e f g h i j k l m n o p q r s t u v w x y z

rimmel (nom masculin) Produit de maquillage pour les cils. (Syn. **mascara.**)
★ **Rimmel** est un nom de marque.

rinçage (nom masculin) Action de rincer. *Le programme du lave-linge comporte le lavage, le **rinçage** et l'essorage.*

rince-doigt (nom masculin) Petit récipient rempli d'eau tiède généralement aromatisée au citron, qui sert à se rincer les doigts à table. *Pierre utilise le **rince-doigt** après avoir mangé des crevettes.*
► Pluriel : des **rince-doigts.**

rincée (nom féminin) **1** Synonyme familier de défaite. *Les joueurs se sont pris une **rincée** sur leur propre terrain.* **2** Synonyme familier d'averse. *Ils se sont pris une **rincée** en sortant du cinéma.*

rincer (verbe) (conj. 4) Nettoyer avec de l'eau pure. *Il faut **rincer** la salade avant de la préparer.*

ring (nom masculin) Estrade carrée entourée de cordes pour les combats de boxe ou de catch. *Les boxeurs sont montés sur le **ring**.*
► Prononciation [riŋ].
★ **Ring** est un mot anglais qui signifie « cercle » et qui désignait autrefois la piste circulaire d'un cirque.

ringard, arde (adjectif) Synonyme familier de démodé. *Je ne veux pas mettre ce bonnet, il est trop **ringard** !*

rio (nom masculin) Cours d'eau. *Le **rio** prend sa source dans la montagne.*
★ **Rio** est un mot espagnol.

ripaille (nom féminin) Repas de fête copieux. *Les invités ont fait **ripaille** et ont dansé toute la soirée.* (Syn. **agapes.**)

riper (verbe) (conj. 3) Glisser en frottant. *L'échelle **a ripé**.* (Syn. **déraper.**)

riposte (nom féminin) Réaction de défense rapide et vigoureuse. *Notre équipe s'est fait surprendre par la **riposte** de l'équipe adverse.* (Syn. **contre-attaque.**)

riposter (verbe) (conj. 3) Répondre ou réagir avec vivacité à une attaque. *Quand elle lui a dit de se taire, il **a riposté** qu'il avait le droit de dire ce qu'il pensait.*

ripou (adjectif masculin et nom masculin) Corrompu en parlant d'un policier, dans la langue familière. *Aucune confiance dans ce **ripou** !*
► Pluriel : des **ripoux.**
★ **Ripou** est le mot de verlan correspondant à *pourri*.

riquiqui (adjectif) Synonyme familier de très petit. *La dame porte un chien **riquiqui** sous son bras.*
► On écrit aussi **rikiki.**
★ **Riquiqui** est une onomatopée.

① **rire** (verbe) (conj. 48) **1** Exprimer sa gaieté par des mouvements du visage accompagnés de petits sons saccadés. *Le bébé **rit** aux éclats quand on le chatouille.* **2** Se moquer de quelqu'un. *Clément n'aime pas beaucoup qu'on **rie** de lui.* • **Pour rire :** pour plaisanter. *J'ai dit ça **pour rire**.* • **Rire jaune :** se forcer à rire alors qu'on est mécontent ou vexé.

② **rire** (nom masculin) Action de rire. *On entendait les **rires** des enfants dans le jardin. Un éclat de **rire**.*
• **Avoir le fou rire :** rire sans pouvoir s'arrêter.

ris (nom masculin) • **Ris de veau :** plat fait avec les glandes du cou d'un veau. *Les **ris de veau** sont la spécialité de ce restaurant.*

risée (nom féminin) • **Être la risée des autres :** être celui dont tout le monde se moque. *Avec son chapeau ridicule, il **est la risée de** tout le quartier.*

risette (nom féminin) **1** Sourire d'un enfant. *Fais **risette** à papa !* **2** Au sens figuré, sourire plus ou moins franc de politesse, d'amabilité. *Je n'ai aucune envie de faire des **risettes** à ces hypocrites.*

risible (adjectif) Qui donne envie de rire ou de se moquer. *Il est tombé et s'est fait mal, je ne vois pas ce qu'il y a de **risible** à cela !*

risotto (nom masculin) Plat italien à base de riz légèrement coloré par une cuisson dans une matière grasse.

risque (nom masculin) Ce qui présente un danger. *Il est prêt à prendre tous les **risques** pour remporter cette course.*
★ Famille du mot : risqué, risquer, risque-tout.

risqué, ée (adjectif) Qui comporte des risques. *Cette expédition dans la jungle est très **risquée**.* (Syn. **hasardeux.**)

risquer (verbe) (conj. 3) **1** Courir un risque, un danger. *Il **a risqué** sa vie pour sauver cet enfant de la noyade.* **2** Comporter tel risque. *Le village **risque** d'être inondé si le fleuve déborde.*

risque-tout (nom) Personne qui prend des risques. *Ce pilote automobile est un **risque-tout**.* (Syn. **casse-cou.**)
► Pluriel : des **risque-tout.**
► On écrit aussi un **risquetout**, des **risquetouts.**

rissoler (verbe) (conj. 3) Cuire un aliment à feu vif pour qu'il prenne une couleur dorée. *Faire **rissoler** des pommes de terre dans une cocotte.*

ristourne (nom féminin) Remise que fait un commerçant à un client sur le prix d'un objet. *Le vendeur nous a fait une **ristourne** de 10 % sur cet appareil photo.*

rite (nom masculin) **1** Ensemble des règles et des cérémonies d'une religion. *Ils se sont mariés à l'église suivant le **rite** catholique.* **2** Habitude que l'on respecte religieusement. *Le repas de Noël se passe tous les ans chez grand-mère, c'est un **rite**.*

ritournelle (nom féminin) Chanson à refrain. *En ce moment, tout le monde fredonne cette **ritournelle**.*

rituel, elle (adjectif) **1** Qui concerne les rites. *Pendant la cérémonie du baptême, le prêtre récite les paroles **rituelles**.* **2** Qui revient comme un rite. *Chaque soir, maman vient me faire un baiser **rituel** avant que je m'endorme.*

rivage (nom masculin) Bande de terre qui longe la mer. *Malgré la tempête, le bateau a pu regagner le **rivage**.* (Syn. **côte.**)

rival, ale, aux (adjectif et nom) Qui lutte pour surpasser quelqu'un d'autre. *Les deux équipes **rivales** se préparent à la finale. David a battu tous ses **rivaux** dans l'épreuve de saut en hauteur.* (Syn. **adversaire, concurrent.**)
★ Famille du mot : rivali**ser**, rivali**té**.
★ **Rival** vient du latin *rivales* qui signifie « riverains » : il s'agissait de personnes qui allaient chercher l'eau dans la même rivière et qui pouvaient se trouver en conflit.

rivaliser (verbe) (conj. 3) Être le rival de quelqu'un. *Ibrahim est capable de **rivaliser** avec les autres concurrents.*

rivalité (nom féminin) Situation dans laquelle on rivalise avec d'autres. *Il existe une **rivalité** entre les deux meilleurs élèves de la classe.* (Syn. **compétition, concurrence.**)

rive (nom féminin) Bord d'un cours d'eau ou d'un lac. *Des promeneurs flânent près des **rives** de la Seine.* (Syn. **berge.**)

river (verbe) (conj. 3) Fixer des éléments entre eux avec des rivets. *Il **a rivé** une plaque de métal sur la porte pour la consolider.* • **Avoir les yeux rivés sur quelque chose** : le regarder fixement. *Noémie **a les yeux rivés sur** son chronomètre.*

riverain, aine (nom) Personne qui habite une maison située le long d'un cours d'eau, d'un lac, d'une route ou d'une rue. *Les maisons des **riverains** ont été inondées quand le fleuve a débordé.*

rivet (nom masculin) Sorte de clou dont on aplatit les deux extrémités. *Les poches de mon jean sont fixées par des petits **rivets** de cuivre.*

riveter (verbe) (conj. 8 ou 9) Fixer au moyen de rivets. *Le garagiste **a riveté** la plaque d'immatriculation.* (Syn. **river.**)

rivière (nom féminin) Cours d'eau qui se jette dans un autre cours d'eau. *Kevin va pêcher sur les bords de la **rivière**.*

rixe (nom féminin) Échange d'injures et de coups. *La soirée s'est terminée par une **rixe** entre deux bandes rivales.*

riz (nom masculin) Céréale cultivée pour ses grains comestibles, dans les pays humides et chauds. *Le **riz** est l'aliment de base de nombreux pays d'Asie.*
★ Famille du mot : riziculture, riz**ière**.

riziculture (nom féminin) Culture du riz.

rizière (nom féminin) Champ où on cultive le riz. *Les **rizières** doivent être recouvertes d'eau quand le riz commence à pousser.*

RMI (nom masculin) Allocation minimum versée aux personnes n'ayant aucun revenu. *Ce chômeur n'a plus que le **RMI** pour vivre.*
★ RMI est le sigle de *revenu minimum d'insertion.*

RMiste (nom) Personne qui bénéficie du RMI.
▶ Prononciation [ɛʀɛmist].
▶ On écrit aussi **érémiste**.

RMN (nom féminin) Sigle de **r**ésonance **m**agnétique **n**ucléaire. *L'imagerie par résonance magnétique dérive d'une application de la **RMN**.*

RNIS (nom masculin) Réseau qui permet de faire transiter des informations codées de façon numérique sur des lignes téléphoniques. *Le **RNIS** transporte la voix, des images ainsi que des données informatiques.*
★ **RNIS** est le sigle de *réseau numérique à intégration de services.*

robe (nom féminin) **1** Vêtement de femme comprenant un corsage et une jupe formant une seule pièce. *Odile porte une **robe** d'été sans manches.* **2** Vêtement long et ample des avocats, des procureurs ou des juges au tribunal. **3** Pelage de certains animaux. *Un cheval à la **robe** pommelée.* • **Robe de chambre** : vêtement d'intérieur. *Sarah a mis sa chemise de nuit et sa **robe de chambre**.*

robinet (nom masculin) Appareil permettant d'arrêter ou de laisser s'écouler l'eau, le gaz. *La baignoire va déborder, ferme le **robinet**.*

robinetterie (nom féminin) **1** Ensemble des robinets d'une installation. *Le plombier vérifie la **robinetterie** de l'appartement.* **2** Fabrication, commerce des robinets. *Mon oncle travaille dans la **robinetterie**.*

robot (nom masculin) Machine automatique capable d'exécuter certains travaux à la place de l'homme. *Dans les histoires de science-fiction, les **robots** ont l'apparence d'êtres humains.*
★ **Robot** vient du tchèque *robota* qui signifie « travail, corvée ».
★ Famille du mot : robot**ique**, robot**iser**.

robotique (nom féminin) Ensemble des techniques permettant de fabriquer des robots.

robotiser (verbe) (conj. 3) **1** Équiper de robots. *L'usine **est** complètement **robotisée**.* **2** Au sens figuré, enlever à quelqu'un toute liberté d'action au profit de comportements mécaniques. *Ce travail répétitif va finir par nous **robotiser**.*

robusta (nom masculin) Variété de café originaire du Gabon à la saveur corsée. *Clément préfère le **robusta** à l'arabica.*

robuste (adjectif) Qui est très fort ou très résistant. *Un enfant **robuste**. Une voiture **robuste**.*

robustesse (nom féminin) Qualité de ce qui est robuste. *Je vous recommande ce modèle de stylo d'une grande **robustesse**.* (Syn. **solidité.** Contr. **fragilité.**)

roc (nom masculin) Masse rocheuse. *On peut accéder à la mer par un escalier taillé dans le **roc**.*

rocade (nom féminin) Route qui évite le centre d'une ville.

rocaille (nom féminin) Amas de cailloux. *Seuls quelques arbustes arrivent à pousser sur cette **rocaille**.*

rocailleux, euse (adjectif) Couvert de rocaille. *Une piste **rocailleuse** menait au sommet de la colline.* (Syn. **caillouteux, pierreux.**) • **Voix rocailleuse** : voix rauque.

a b c d e f g h i j k l m n o p q r s t u v w x y z

rocambole (nom féminin) Fruit exotique, appelé aussi échalote d'Espagne. *De fines tranches de **rocamboles** viennent décorer le plat.*

rocambolesque (adjectif) Rempli d'aventures invraisemblables. *Le héros du roman trouve le trésor après des aventures **rocambolesques**.*
★ *Rocambole* est le nom d'un personnage de roman du XIXe siècle.

roche (nom féminin) Matière solide qui constitue l'écorce terrestre. *Le granit, le basalte, le calcaire sont des **roches**.* • **Clair comme de l'eau de roche** : absolument évident.

rocher (nom masculin) Grosse masse de pierre. *Les vagues venaient se briser sur les **rochers**.*

rocheux, euse (adjectif) Qui est formé de rochers. *Les côtes bretonnes sont **rocheuses**.*

rock (nom masculin) Style de musique très rythmée, d'origine nord-américaine. *Un groupe de **rock**.*
▶ On dit aussi **rock and roll** qui se prononce [ʀɔkɛnʀɔl].
★ En anglais, *to rock and roll* signifie « balancer et rouler ».

rockeur, euse (nom) Chanteur ou musicien de rock.
▶ On écrit aussi **rocker**.

rocking-chair (nom masculin) Fauteuil à bascule.
▶ Prononciation [ʀɔkiŋtʃɛʀ].
▶ Pluriel : des **rocking-chairs**.
★ **Rocking-chair** est un mot anglais formé de *to rock* qui signifie « balancer » et *chair* qui signifie « chaise ».

rococo (adjectif et nom masculin) Qui a un rapport avec le style décoratif très surchargé, en vogue au XVIIIe siècle. *L'architecture **rococo** est très présente en Autriche.*
■ **rococo** (adjectif) Passé de mode et un peu ridicule. *Ta veste est un peu **rococo**.*

rodage (nom masculin) Action de roder un moteur. *Ne roule pas si vite, la voiture est encore en **rodage**.*

rodéo (nom masculin) Aux États-Unis, fête au cours de laquelle des cow-boys chevauchent des taureaux et des chevaux sauvages pour essayer de les dompter.

roder (verbe) (conj. 3) Faire marcher un moteur à vitesse réduite pour que toutes les pièces de son mécanisme s'ajustent peu à peu.

rôder (verbe) (conj. 3) Aller et venir dans un endroit, souvent avec de mauvaises intentions. *Le renard **rôde** autour du poulailler.*

rôdeur, euse (nom) Personne qui rôde. *Des témoins disent avoir vu un **rôdeur** près du lieu du crime.*

rogatoire (adjectif) Qui concerne une demande. • **Commission rogatoire** : pouvoir donné par un tribunal à un autre pour accomplir un acte d'instruction ou de procédure.

rogne (nom féminin) Synonyme familier de colère. *Ne te mets pas en **rogne** pour une petite plaisanterie.*

rogner (verbe) (conj. 3) Couper les bords de quelque chose. *Pierre **a rogné** sa photo d'identité pour la coller sur sa carte de bibliothèque.*

rognon (nom masculin) Rein comestible de certains animaux. *Des **rognons** de veau, d'agneau.*

rognure (nom féminin) Partie qui se détache de ce qu'on a rogné. *Des **rognures** d'ongles.*

rogue (adjectif) Rude et arrogant. *Une voix **rogue**.*

roi (nom masculin) **1** Chef d'État dans un régime monarchique. *Henri IV et Louis XIV étaient des **rois** de France.* **2** L'une des figures d'un jeu de cartes, qui représente un roi. *Quentin a joué le **roi** de pique.* • **Fête des Rois** : fête chrétienne qui rappelle la visite des Rois mages venus honorer Jésus à sa naissance. • **Galette des Rois** : gâteau contenant une fève, que l'on mange pour la fête des Rois.

roitelet (nom masculin) Petit passereau dont le mâle porte une huppe jaune sur la tête.

rôle (nom masculin) **1** Ensemble des paroles et des gestes d'un acteur quand il joue au cinéma ou au théâtre. *Un acteur doit connaître son **rôle** par cœur.* **2** Fonction qu'une personne doit remplir. *C'est le **rôle** d'un médecin de soigner les malades.* • **À tour de rôle** : chacun son tour, l'un après l'autre.

roller (nom masculin) Chaussure équipée de roulettes. *Yann fait du **roller** sur l'esplanade.*
▶ **Roller** est un mot anglais : on prononce [ʀɔlœʀ].

rollmops (nom masculin) Petit hareng roulé et conservé dans du vinaigre.
▶ Prononciation [ʀɔlmɔps].

① **romain, aine** → tableau p. 6 / 7.

② **romain, aine** (adjectif) • **Chiffres romains** : chiffres représentés par des lettres. *Les **chiffres romains** sont souvent utilisés pour écrire les siècles.*

① **romaine** (nom féminin et adjectif féminin) Balance aux bras inégaux, dont le plus court comporte un crochet auquel on suspend l'objet à peser, et dont le plus long, gradué, est muni d'un poids mobile.

② **romaine** (nom féminin) Laitue à feuilles allongées et croquantes. *Papa préfère la frisée à la **romaine**.* • **Être bon comme la romaine** : être trop bon.

① **roman, ane** (adjectif) **1** Se dit des langues qui viennent du latin. *L'italien, l'espagnol, le français sont des langues **romanes**.* **2** Se dit d'une forme d'art du Moyen Âge. *Le style **roman** a été peu à peu remplacé par le style gothique.*

② **roman** (nom masculin) Long récit en prose qui raconte une histoire imaginée. *« Le Tour du monde en 80 jours » est un **roman** de Jules Verne.*
★ Famille du mot : romancé, roman**cier**, roman**esque**, roman-photo.

romance (nom féminin) Chanson sentimentale. *Grand-mère chante parfois des **romances**.*

romancé, ée (adjectif) Qui mêle des éléments réels et des éléments imaginaires. *Ce film est une biographie **romancée** de Mozart.*

romancier, ère (nom) Personne qui écrit des romans. *Balzac est un grand **romancier** français.*

romand, ande (adjectif) Se dit de la partie francophone de la Suisse.

romanesque (adjectif) Qui ressemble à un roman. *Cet aventurier a vécu une existence très **romanesque**.*

romanichel, elle (nom) **1** Tsigane nomade. *Un cirque de **romanichels**.* **2** Personne sans maison ni travail. *Une bande de **romanichels** s'est installée sur le terrain vague.* (Syn. **vagabond**.)
▶ **Romanichel** a une valeur péjorative.

roman-photo (nom masculin) Histoire romanesque racontée sous la forme d'une suite de photographies. *Ma tante lit des **romans-photos** chez le coiffeur.*
▶ Pluriel : des **romans-photos**.

romantique (adjectif) Qui est très sensible, sentimental. *C'est une jeune fille **romantique** qui adore les histoires d'amour.*

romantisme (nom masculin) État d'esprit d'une personne romantique.

romarin (nom masculin) Arbuste odorant dont on utilise les feuilles comme condiment. *Une tisane de **romarin**.*

rombière (nom féminin) Femme d'un certain âge prétentieuse et ennuyeuse, dans la langue familière. *Quelle vieille **rombière** !*

rompre (verbe) (conj. 34) **1** Synonyme de casser. *Le prisonnier **avait rompu** ses chaînes. La corde qui attachait le chien s'**est rompue**.* **2** Cesser d'avoir des relations. *Il **a rompu** avec sa famille.* **3** Déranger ou interrompre quelque chose. *Des hurlements **ont rompu** le silence.* (Syn. **troubler**.) • **Applaudir à tout rompre** : applaudir très fort.

rompu, ue (adjectif) **1** Cassé, brisé. *Des liens **rompus**.* **2** Très fatigué. *Je suis **rompu** de fatigue.* **3** Parfaitement exercé à, dans la langue littéraire. *Ce grand orateur est **rompu** aux débats.*

romsteck Voir ***rumsteck***.

ronce (nom féminin) Arbuste sauvage épineux qui produit les mûres. *Romain s'est égratigné les jambes dans un buisson de **ronces**.*

ronchonner (verbe) (conj. 3) Synonyme de grommeler. *Fais ce que je te dis et arrête de **ronchonner** !*

ronchonneur, euse (nom et adjectif) Personne qui ronchonne sans cesse. *Cet enfant est un vrai **ronchonneur**.*

roncier (nom masculin) Buisson de ronces. *Kevin est tombé dans un **roncier** et s'est égratigné les genoux.*
▶ On dit aussi une **roncière**.

rond, ronde (adjectif) **1** Qui a la forme d'un cercle ou d'une sphère. *Une table **ronde**. On joue au football avec un ballon **rond**.* **2** Qui a une forme arrondie, sans angles. *Un bébé aux joues **rondes**.* **3** Qui est petit et gros. *Notre voisine est une dame un peu **ronde**.* • **Chiffre rond** : nombre sans décimale et facile à retenir.
■ **rond** (nom masculin) Figure ou dessin de forme ronde. *Pour dessiner un soleil, tu fais d'abord un **rond**.* (Syn. **cercle**.) • **Rond de serviette** : anneau dans lequel on enfile une serviette de table. • **Tourner en rond** : rester au même point sans faire de progrès.
■ **rond** (adverbe) • **Ne pas tourner rond** : aller mal. *Depuis qu'il est au chômage, il **ne tourne pas rond**.*
★ Famille du mot : arr**ond**i, arr**ond**ir, rond-de-cuir, ronde, rond**elet**, rond**elle**, rond**ement**, rond**eur**, rond**in**, rondouillard, rond-point.

rond-de-cuir (nom masculin) Synonyme familier de employé de bureau. *Des **ronds-de-cuir** en costumes gris.*
▶ Pluriel : des **ronds-de-cuir**.
★ On dit **rond-de-cuir** par allusion au coussin de cuir qui garnissait autrefois les sièges de bureau.

ronde (nom féminin) **1** Danse dans laquelle on tourne en rond en se tenant par la main. *Les petits font la **ronde** autour de leur maîtresse.* **2** Tournée d'inspection ou de surveillance. *Des policiers font des **rondes** dans le quartier chaque nuit. Chemin de **ronde**.* **3** Note de musique qui vaut deux blanches ou quatre noires. • **À la ronde** : aux alentours. *Notre maison est isolée, il n'y a personne à 20 kilomètres **à la ronde**.*

① **rondeau, eaux** (nom masculin) Poème en vogue au Moyen Âge, construit sur deux rimes et avec des vers répétés. *Le **rondeau** a progressivement disparu de la littérature.*

② **rondeau** Voir ***rondo***

ronde-bosse (nom féminin) Sculpture en plein relief, qui représente le sujet sous ses trois dimensions. *La statue est un ouvrage en **ronde bosse**.*
▶ Pluriel : des **rondes-bosses**.
▶ On écrit une **ronde-bosse** avec un trait d'union, et une sculpture en **ronde bosse** sans trait d'union.

rondelet, ette (adjectif) Qui est un peu rond, un peu gros. *Un bébé bien **rondelet**.* (Syn. **potelé**.)

rondelle (nom féminin) Tranche ronde et fine. *Couper une carotte en **rondelles**.*

rondement (adverbe) Avec rapidité et efficacité. *La maison est finie, les travaux ont été **rondement** menés.*

rondeur (nom féminin) Forme arrondie d'une partie du corps. *Zoé n'est pas grosse mais elle a quelques **rondeurs**.*

rondin (nom masculin) Morceau de bois cylindrique. *Il a chargé le poêle à bois avec des **rondins**.*

rondo (nom masculin) Morceau de musique caractérisé par l'alternance d'un refrain et de plusieurs couplets. *Le final de la symphonie est un **rondo**.*
▶ On écrit aussi **rondeau**.

rondouillard, arde (adjectif) Qui a de l'embonpoint, dans la langue familière. *Mon cousin est **rondouillard**, il mange tout le temps des sucreries.*

rond-point (nom masculin) Carrefour circulaire. *L'Arc de triomphe de Paris est situé au **rond-point** des Champs-Élysées.*
▶ Pluriel : des **ronds-points**.

ronéo (nom féminin) Machine à reproduire des textes ou des dessins au moyen de stencils. *L'imprimeur reproduit des pages à la **ronéo**.*
★ **Ronéo** est un nom déposé.

ronflant, ante (adjectif) Se dit de mots prétentieux et pompeux.

ronflement (nom masculin) **1** Bruit que fait une personne qui ronfle. *Tes **ronflements** m'empêchent de dormir.* **2** Bruit sourd et régulier. *On entend les **ronflements** de moteur des bateaux qui rentrent au port.*

ronfler (verbe) (conj. 3) **1** Faire du bruit en respirant pendant son sommeil. *Je t'ai entendu **ronfler** toute la nuit.* **2** Faire un bruit sourd et régulier. *Le vieux poêle à bois **ronflait** et répandait une chaleur agréable.*
★ Famille du mot : ronfl**ant**, ronfl**ement**, ronfl**eur**.

ronfleur, euse (nom) Personne qui a l'habitude de ronfler. *Mon grand-père est un **ronfleur** et empêche ma grand-mère de dormir.*

ronger (verbe) (conj. 5) **1** Entamer à petits coups de dents. *Le chien est en train de **ronger** un os.* **2** Détruire quelque chose peu à peu. *La rouille **a rongé** la vieille voiture abandonnée.* **3** Causer un grand tourment à quelqu'un. *Depuis qu'il a perdu son travail, l'angoisse le **ronge**.*

rongeur (nom masculin) Mammifère à longues incisives tranchantes qui ronge les aliments. *Le lapin, le rat, le hamster sont des **rongeurs**.*

ronron (nom masculin) **1** Synonyme familier de ronronnement. **2** Au sens figuré, routine monotone. *Elle en a assez du **ronron** de la vie quotidienne et voudrait changer de vie.*
★ **Ronron** est une onomatopée.

ronronnement (nom masculin) **1** Petit grondement sourd et régulier que fait entendre un chat quand il est satisfait. **2** Bourdonnement sourd et régulier d'une machine. *Le **ronronnement** d'un moteur.*

ronronner (verbe) (conj. 3) Faire entendre un ronronnement. *Il a mis le contact et le moteur s'est mis à **ronronner**.*

roquefort (nom masculin) Fromage au lait de brebis dont la pâte contient des moisissures bleues.
★ **Roquefort** est le nom d'un village de France où ce fromage est fabriqué.

roquet (nom masculin) Petit chien hargneux.

roquette (nom féminin) Petite fusée contenant une charge explosive. *Un avion armé de **roquettes**.*
★ **Roquette** vient de l'anglais *rocket* qui signifie « fusée ».

rorqual (nom masculin) Mammifère marin des mers froides qui ressemble à la baleine.

rosace (nom féminin) Grand vitrail de forme circulaire. *Les **rosaces** de la cathédrale.*

rosaire (nom masculin) **1** Grand chapelet. *Ma grand-mère récite ses prières en égrenant son **rosaire**.* **2** Prière récitée avec ce chapelet. *Les fidèles disent leur **rosaire**.*
★ **Rosaire** vient du mot latin *rosarium* qui signifie « guirlande de roses ».

rosâtre (adjectif) D'un rose terne. *Cette viande **rosâtre** n'est pas très appétissante.*

rosbif (nom masculin) Rôti de bœuf. *Maman découpe le **rosbif** en tranches.*
★ **Rosbif** vient de l'anglais *roast* qui signifie « rôti » et *beef* qui signifie « bœuf ».

① **rose** (adjectif) D'un rouge très clair. *Il y avait des dragées **roses** pour le baptême de ma petite sœur.*
■ **rose** (nom masculin) Couleur rose. *Anna a habillé sa poupée en **rose**.*
★ Famille du mot : ros**âtre**, ros**é**, ros**é-des-prés**, ros**éole**, ros**ir**.

② **rose** (nom féminin) Fleur du rosier, souvent parfumée, et dont la tige porte des épines. *Ces **roses** blanches sentent très bon.* • **À l'eau de rose** : sentimental et un peu naïf. *Un film **à l'eau de rose**.* • **Rose des sables** : pierre du désert dont la forme rappelle celle d'une rose.
★ Famille du mot : ros**ace**, ros**eraie**, ros**ette**, ros**ier**.

rosé, ée (adjectif) Légèrement rose. *Elle a un joli teint d'un blanc **rosé**.*
■ **rosé** (nom masculin) Vin de couleur rouge clair. *Un verre de **rosé**.*

roseau, eaux (nom masculin) Plante aquatique à tige haute et flexible. *Thomas a taillé un sifflet dans un bout de **roseau**.*

rosé-des-prés (nom masculin) Champignon comestible à lamelles roses. (Syn. **agaric champêtre**.)
▶ Pluriel : des **rosés-des-prés**.

rosée (nom féminin) Gouttelettes d'eau qui se déposent pendant la nuit sur le sol et les plantes. *Ce matin, le jardin était couvert de **rosée**.*

roséole (nom féminin) Apparition de petites taches rose pâle sur la peau, liée à certaines maladies ou intoxications.

roseraie (nom féminin) Terrain planté de rosiers.

rosette (nom féminin) Petit insigne en forme de rose. *La **rosette** de la Légion d'honneur.*

rosier (nom masculin) Arbuste épineux qui donne des roses. *Les murs de la maison sont couverts de **rosiers** grimpants.*

rosir (verbe) (conj. 11) **1** Prendre une teinte rose. *Son visage **a rosi** de plaisir.* **2** Rendre rose. *Le soleil couchant **rosissait** les façades.*

rosse (nom féminin et adjectif) Personne sévère, dure, jusqu'à la méchanceté, dans la langue familière. *Quelle **rosse**, ce patron !*

rosser (verbe) (conj. 3) Battre quelqu'un violemment, dans la langue familière. *Des voyous **ont rossé** mon frère et se sont enfuis.*

rossignol (nom masculin) Petit passereau au chant très mélodieux.

rostre (nom masculin) Partie effilée située en avant de la tête de certains animaux. *Le **rostre** d'un espadon.*

rot (nom masculin) Synonyme de renvoi. *Elle fait faire un **rot** à son bébé avant de le coucher.*

rotatif, ive (adjectif) Qui fonctionne en tournant. *Le mouvement **rotatif** d'une hélice.*
▪**rotative** (nom féminin) Presse utilisée pour imprimer les journaux et les périodiques.

rotation (nom féminin) Mouvement tournant. *La **rotation** de la Terre autour du Soleil dure un an.*

roter (verbe) (conj. 3) Faire un rot. *Il **a roté** bruyamment après avoir bu un verre d'eau gazeuse.*

rôti (nom masculin) Morceau de viande rôtie. *Une tranche de **rôti** de bœuf.*

rotin (nom masculin) Tige souple et solide d'un palmier, que l'on peut tresser. *On a installé une table et des fauteuils en **rotin** sur le balcon.*

rôtir (verbe) (conj. 11) Faire cuire une viande à feu vif, à la broche ou au four. *Maman a mis la dinde à **rôtir** pour le repas de Noël.*
★ Famille du mot : rôti, rôtiss**erie**, rôtiss**oire**.

rôtisserie (nom féminin) Commerce où l'on vend des viandes rôties. *J'ai acheté un poulet à la **rôtisserie** du marché.*

rôtissoire (nom féminin) Appareil qui sert à rôtir la viande. *Des poulets cuisent dans la **rôtissoire** électrique devant la boucherie.*

rotonde (nom féminin) Édifice circulaire surmonté d'une coupole.

rotor (nom masculin) Grande hélice fixée au toit d'un hélicoptère.

rottweiler (nom masculin) Gros chien de garde, au pelage noir marqué de brun.
▶ **Rottweiler** est un mot allemand : on prononce [ʀɔtvajlœʀ].

rotule (nom féminin) Petit os plat et mobile à l'avant du genou.
★ **Rotule** vient du latin *rotula* qui signifie « petite roue » et désigne cet os à cause de sa forme arrondie.

roturier, ère (nom) Personne qui ne fait pas partie de la noblesse. *Le jeune prince a épousé une **roturière**.*

rouage (nom masculin) Chacune des roues d'un mécanisme. *Les **rouages** d'une pendule.*

roublard, arde (adjectif et nom) Synonyme familier de retors. *C'est un homme d'affaires très **roublard** dont il vaut mieux se méfier.*

roublardise (nom féminin) Caractère d'une personne roublarde. *Faites attention, on connaît sa **roublardise** !*

rouble (nom masculin) Monnaie de la Russie.

roucoulement (nom masculin) Cri du pigeon et de la tourterelle.

roucouler (verbe) (conj. 3) Faire entendre des roucoulements. *Les pigeons **roucoulent** sur le toit.*

roue (nom féminin) **1** Pièce circulaire qui permet à un véhicule de rouler. *Les **roues** d'une voiture, d'un avion, d'un vélo.* **2** Élément circulaire qui transmet un mouvement. *Les **roues** dentées du mécanisme d'une horloge.* • **Être la cinquième roue du carrosse** : être considéré comme inutile. • **Faire la roue** : faire tourner son corps en s'appuyant sur les mains puis sur les pieds ; pour un paon, déployer en éventail les plumes de sa queue.

roué, ée (adjectif) Synonyme littéraire de retors. *C'est un homme d'affaires très **roué**.*

rouelle (nom féminin) **1** Morceau de boucherie coupé dans la cuisse de veau ou de porc. *Une recette de **rouelle** de porc à la tomate.* **2** Marque distinctive que les Juifs devaient porter sur leurs habits au Moyen Âge. *La **rouelle** était une pièce de tissu généralement de couleur jaune.*
★ **Rouelle** vient du mot latin *rotella* qui signifie « petite roue ».

rouer (verbe) (conj. 3) • **Rouer quelqu'un de coups** : le frapper avec violence. *Ce voyou a attaqué un passant et il **l'a roué de coups**.*

rouerie (nom féminin) Synonyme littéraire de ruse. *Être victime des **roueries** d'un filou.*

rouet (nom masculin) Instrument qui servait, autrefois, à filer la laine, le chanvre et le lin.

rouge (adjectif) De la couleur du sang ou des coquelicots. *Des roses **rouges**. Une bouteille de vin **rouge**. Élodie a les joues **rouges** à cause du froid.*
▪**rouge** (nom masculin) **1** Couleur rouge. *Anna s'habille souvent en **rouge**.* **2** Produit de maquillage. *Maman met du **rouge** à lèvres, mais elle n'aime pas le **rouge** à ongles.*
▪**rouge** (adverbe) • **Voir rouge** : entrer dans une violente colère.
★ Famille du mot : rouge**âtre**, roug**eaud**, rouge-gorge, rouge**oiement**, rouge**ole**, rouge**oyer**, rouge-queue, rou**get**, roug**eur**, roug**ir**.

rougeâtre (adjectif) Qui a une teinte un peu rouge. *Au soleil couchant, le ciel a pris des reflets **rougeâtres**.*

rougeaud, eaude (adjectif) Qui a le visage très rouge. *Notre voisin est un gros homme **rougeaud**.*

rouge-gorge (nom masculin) Petit passereau dont le plumage de la poitrine est rouge vif.
▶ Pluriel : des **rouges-gorges**.

rougeoiement (nom masculin) Fait de rougeoyer. *Le **rougeoiement** des braises.*

rougeole (nom féminin) Maladie contagieuse qui provoque l'apparition de taches rouges sur la peau. *Fatima s'est fait vacciner contre la **rougeole**.*

rougeoyer (verbe) (conj. 6) Prendre des reflets rouges. *L'incendie **rougeoyait** dans la nuit.*

rouge-queue (nom masculin) Petit oiseau passereau à la queue roussâtre.
▶ Pluriel : des **rouges-queues**.

rouget (nom masculin) Poisson de mer de couleur rouge clair. *Des **rougets** frits à la poêle.*

rougeur (nom féminin) Tache rouge qui apparaît sur la peau. *Gaëlle a des **rougeurs** sur les bras qui la démangent.*

rougir (verbe) (conj. 11) Devenir rouge. ***Rougir** de timidité, de colère.*

rouille (nom féminin) Croûte rougeâtre qui se forme sur le fer sous l'effet de l'humidité. *Le vieux vélo est couvert de **rouille**.*
★ Famille du mot : **dérouiller**, rouiller.

rouiller (verbe) (conj. 3) Se couvrir de rouille. *Les outils vont **rouiller** s'ils restent sous la pluie.*

roulade (nom féminin) Synonyme de culbute. *Au gymnase, on s'amuse à faire des **roulades**.*

roulant, ante (adjectif) Qui peut se déplacer grâce à des roulettes. *Un fauteuil **roulant**.* • **Feu roulant** : tir continu d'armes à feu.

roulé, ée (adjectif) • **Col roulé** : col de pull enroulé sur lui-même.

rouleau, eaux (nom masculin) **1** Ustensile en forme de cylindre. *Hélène étale la pâte à tarte avec un **rouleau** à pâtisserie.* **2** Bande enroulée en forme de cylindre. *Un **rouleau** de papier d'aluminium.* **3** Grosse vague qui déferle. *Il a appris à surfer sur les **rouleaux** de l'océan Atlantique.*

roulé-boulé (nom masculin) Technique de réception au sol consistant à se ramasser sur soi-même et à se laisser rouler à terre. *Le professeur de gymnastique nous apprend à faire des **roulés-boulés**.*
► Pluriel : des **roulés-boulés**.

roulement (nom masculin) **1** Bruit sourd et continu. *Le **roulement** des tambours.* **2** Système qui consiste à travailler à tour de rôle au même poste. *Les ouvriers de cette usine travaillent par **roulement**.* • **Roulement à billes** : mécanisme composé de billes d'acier roulant les unes contre les autres pour réduire les frottements.

rouler (verbe) (conj. 3) **1** Se déplacer en tournant sur soi-même. *Le ballon **a roulé** sur la chaussée.* **2** Se déplacer sur des roues. *Le camion **roulait** au ralenti.* **3** Mettre quelque chose en rouleau. *Les déménageurs **ont roulé** les tapis pour les transporter.* (Contr. **dérouler**.) **4** Synonyme familier de tromper. *Il s'est fait **rouler** par un escroc qui lui a vendu un faux tableau.* **5 Se rouler** : se tourner d'un côté à l'autre en étant allongé. ***Se rouler** dans l'herbe.* **6 Se rouler** : synonyme de s'enrouler. *Julie **s'est roulée** dans sa couette pour se réchauffer.* • **Rouler sur l'or** : être très riche.
★ Famille du mot : **déroulement**, **dérouler**, **dérouleur**, **enrouler**, **enrouleur**, roul**ade**, roul**ant**, roulé, roul**eau**, roulé-boulé, roul**ement**, roul**ette**, roul**is**, roul**otte**.

roulette (nom féminin) **1** Petite roue. *Les pieds de ce lit sont montés sur des **roulettes**.* **2** Fraise du dentiste. *La **roulette** sert à soigner les dents cariées.* **3** Jeu de hasard dans lequel une bille tombe dans une des cases numérotées d'un plateau tournant. *Miser tout son argent à la **roulette**.*

roulis (nom masculin) Mouvement de balancement d'un bateau d'un bord à l'autre. *Victor a mal au cœur à cause du **roulis** et du tangage.*

roulotte (nom féminin) Grande voiture aménagée comme une maison. *Le cirque est arrivé, les **roulottes** sont sur la place du village.*

roumain, aine → tableau p. 6 / 7.

round (nom masculin) Chacune des parties d'un match de boxe. *Le boxeur a mis son adversaire K.-O. au huitième **round**.* (Syn. **reprise**.)
► **Round** est un mot anglais : on prononce [Rund] ou [Rawnd].

roupie (nom féminin) Monnaie de l'Inde, du Pakistan, etc.

roupiller (verbe) (conj. 3) Synonyme familier de dormir. *Je suis crevé, je vais aller **roupiller**.*

roupillon (nom masculin) Synonyme familier de petit somme. *Papa a piqué un **roupillon** devant la télé.*

rouquin, ine (adjectif et nom) Synonyme familier de roux, rousse. *La sœur de William est une jolie petite **rouquine**.*

rouspéter (verbe) (conj. 8) Synonyme familier de protester. *Range ta chambre et cesse de **rouspéter**.*

roussâtre (adjectif) Qui tire sur le roux. *Le pelage **roussâtre** du chat de Pierre.*

roussette (nom féminin) **1** Requin de petite taille, à peau tachetée, à chair comestible. **2** Grande chauve-souris des pays tropicaux.

rousseur (nom féminin) • **Tache de rousseur** : petite tache rousse sur la peau. *Laura a des **taches de rousseur** sur le nez.*

roussi (nom masculin) Odeur de ce qui a commencé à brûler. *Éteins le four, cela sent le **roussi** !*

roussir (verbe) (conj. 11) **1** Rendre roux en brûlant superficiellement. *Maman **a roussi** un pantalon en le repassant.* **2** Devenir roux. *Les feuilles **roussissent** en automne.*

routage (nom masculin) **1** Action de grouper en liasses et par destinations des imprimés, des journaux. *L'entreprise de livraison assure le **routage** des prospectus.* **2** Dans un système de télécommunications, gestion des lignes et acheminement des messages. *Le **routage** des données en informatique.*

routard, arde (nom) Personne, en général jeune, qui voyage à pied ou en auto-stop et à peu de frais, dans la langue familière. *Un **routard** avec son sac à dos.*

route (nom féminin) **1** Voie de circulation aménagée en dehors des villes. *Maman préfère prendre la **route** nationale plutôt que l'autoroute.* **2** Direction à suivre ou trajet que l'on parcourt. *Nous avons pique-niqué en cours de **route**.* (Syn. **chemin, itinéraire**.) • **En route !** : partons ! • **Faire fausse route** : se

tromper. *Ce n'est pas lui le coupable, vous **faites fausse route** !* • Mettre en route : faire fonctionner un appareil ou un véhicule.
★ Famille du mot : routage, routard, routier.

routier, ère (adjectif) Qui concerne les routes. *Le réseau **routier**.*
▪ **routier** (nom masculin) Conducteur de camions qui effectue de longs trajets. *Une grève de **routiers** a paralysé la circulation.*

routine (nom féminin) Habitude d'agir et de penser toujours de la même manière. *Il aime l'imprévu et l'aventure, il a horreur de la **routine**.*

routinier, ère (adjectif) Marqué par la routine. *Les vacances ont interrompu son travail **routinier**.*

rouvrir (verbe) (conj. 12) Ouvrir de nouveau. *La piscine **rouvrira** après les travaux.*

roux, rousse (adjectif) Qui est d'une couleur entre le jaune et le brun. *Xavier a aperçu le pelage **roux** d'un écureuil.*
▪ **roux, rousse** (adjectif et nom) Qui a les cheveux roux. *Notre voisine est une belle femme **rousse** aux yeux bleus.*
★ Famille du mot : roussâtre, rousseur, roussi, roussir.

royal, ale, aux (adjectif) **1** Du roi. *Le prince héritier recevra la couronne **royale**.* **2** Qui est digne d'un roi. *Il a offert à sa femme un cadeau **royal**.* (Syn. **magnifique, somptueux.**)
★ Famille du mot : royalement, royaliste, royaume, royauté.

royalement (adverbe) De façon royale. *La maîtresse de maison a traité **royalement** ses invités.*

royaliste (adjectif et nom) Partisan du roi ou de la royauté. *Un candidat **royaliste** s'est présenté aux élections.*

royalties (nom féminin pluriel) Redevance payée à un inventeur, un auteur par celui qui exploite son œuvre. *La société qui commercialise ce gadget verse des **royalties** à son inventeur.*
▶ **Royalties** est un mot anglais : on prononce [ʀwajaltiz].

royaume (nom masculin) Pays gouverné par un roi ou une reine. *Le **royaume** de Suède.*

royauté (nom féminin) Pouvoir royal. *La Révolution a aboli la **royauté**.*

RTT (nom féminin) Congé supplémentaire accordé aux salariés dans le cadre de la loi des 35 heures. *Le standardiste prend un jour de **RTT** pour s'occuper de ses enfants.*
★ RTT est le sigle de *réduction du temps de travail*.

ru (nom masculin) Petit ruisseau.

ruade (nom féminin) Mouvement brusque d'un animal qui rue. *Ne reste pas derrière ce cheval, il pourrait te renverser d'une **ruade**.*

ruban (nom masculin) Bande fine et étroite de tissu ou de papier. *Myriam a attaché les cheveux de sa poupée avec un **ruban**. Un rouleau de **ruban** adhésif.*

rubéole (nom féminin) Maladie bénigne mais très contagieuse due à un virus.

rubicond, onde (adjectif) Très rouge de teint. *Un visage **rubicond**.*

rubis (nom masculin) Pierre précieuse de couleur rouge. *Un bracelet orné de **rubis**.*

rubrique (nom féminin) Suite d'articles d'un journal sur un même sujet. *Papa commence toujours par lire la **rubrique** sportive de son journal.*

ruche (nom féminin) Petit abri où l'on élève des abeilles. *L'apiculteur a installé cinq **ruches** dans le vallon.*

rucher (nom masculin) Ensemble des ruches d'une même exploitation. *L'apiculteur s'occupe du **rucher**.*

rude (adjectif) **1** Difficile à supporter. *Il a gelé pendant des mois, l'hiver a été **rude**. Dans cette région désertique, la vie est **rude**.* **2** Qui manque de douceur. *Ces aventuriers sont des hommes **rudes**.* (Syn. **brutal, dur.**)
★ Famille du mot : rudement, rudesse, rudoyer.

rudement (adverbe) **1** De manière rude. *Ce patron traite **rudement** ses employés.* (Syn. **durement.**) **2** Synonyme familier de très. *Je suis **rudement** content de te revoir.*

rudesse (nom féminin) Caractère de ce qui est rude. *Il a refusé avec **rudesse** de nous aider.*

rudimentaire (adjectif) Qui ne comporte que l'essentiel. *Les naufragés avaient construit une embarcation **rudimentaire** avec des troncs d'arbres.*

rudiments (nom masculin pluriel) Connaissances de base. *Yann ne connaît que les **rudiments** de l'informatique.*

rudiste (nom masculin) Mollusque aquatique fossile à coquille épaisse. *Les **rudistes** remontent au jurassique et au crétacé.*

rudoyer (verbe) (conj. 6) Traiter quelqu'un avec rudesse. *Arrêtez de **rudoyer** cet enfant, vous lui faites peur.* (Syn. **brusquer, malmener.**)

rue (nom féminin) Voie bordée de maisons dans une ville ou un village. *Benjamin habite dans une petite **rue** près de l'école. Une **rue** à sens unique.* • Être à la rue : être sans domicile fixe.

ruée (nom féminin) Mouvement d'un grand nombre de personnes dans la même direction. *Au moment des soldes, c'est la **ruée** vers les grands magasins.* (Syn. **rush.**)

ruelle (nom féminin) Petite rue étroite.

ruer (verbe) (conj. 3) **1** Lancer brusquement en l'air les pattes arrière, pour un cheval, un âne. *Le cheval, affolé, s'est mis à **ruer**.* **2** Se ruer : s'élancer brusquement et violemment. *La foule **s'est ruée** vers la sortie.*
★ Famille du mot : ruade, ruée.

ruflette (nom féminin) Galon cousu en haut des rideaux et permettant de les accrocher aux tringles. *Maman achète de la **ruflette** à la mercerie.*
★ **Ruflette** est un le nom d'une marque.

rugby (nom masculin) Sport opposant deux équipes, qui se joue à la main et au pied avec un ballon ovale.
★ *Rugby* est une ville d'Angleterre, où ce sport a été inventé en 1823.

rugbyman (nom masculin) Joueur de rugby.
▶ Prononciation [ʀygbiman].
▶ Pluriel : des **rugbymans** ou des **rugbymen**.

rugir (verbe) (conj. 11) Pousser des rugissements. *Le lion s'approcha en **rugissant**.*

rugissement (nom masculin) **1** Cri du lion et de certains grands fauves. *Les **rugissements** du tigre le glaçaient d'effroi.* **2** Hurlement violent. *L'homme poussait des **rugissements** de colère.*

rugosité (nom féminin) Caractère de ce qui est rugueux. *L'alpiniste grimpait facilement grâce à la **rugosité** de la paroi rocheuse.*

rugueux, euse (adjectif) Qui râpe au toucher. *L'écorce de ce vieux chêne est **rugueuse**.* (Contr. **lisse.**)
★ **Rugueux** vient du latin *rugosus* qui signifie « ridé ».

ruine (nom féminin) **1** Restes d'un bâtiment détruit. *En Italie, il reste encore de nombreuses **ruines** de l'Antiquité romaine. Le village abandonné tombe en **ruine**.* **2** Perte des biens d'une personne. *Son commerce ne marche pas, il est au bord de la **ruine**.*
★ Famille du mot : ruin**er**, ruin**eux**.

ruiner (verbe) (conj. 3) Causer la ruine. *Les inondations **ont ruiné** les paysans de cette région. Il s'**est ruiné** en jouant au casino.*

ruineux, euse (adjectif) Qui entraîne des dépenses trop importantes. *C'est une villa magnifique, mais son entretien est **ruineux**.*

ruisseau, eaux (nom masculin) Petit cours d'eau. *Des enfants pêchent au bord du **ruisseau**.*

ruisselant, ante (adjectif) Qui ruisselle. *Le coureur était **ruisselant** de sueur.*

ruisseler (verbe) (conj. 8 ou 9) Couler en formant des petits ruisseaux. *La pluie **ruisselait** le long des vitres.*
★ Famille du mot : ruissel**ant**, ruissel**lement**.

ruissellement (nom masculin) Fait de ruisseler. *Le **ruissellement** des eaux de pluie fait rouler les pierres sur la pente.*
▶ On écrit aussi **ruissèlement**.

rumba (nom féminin) Danse cubaine à deux temps, d'origine africaine.
▶ Prononciation [ʀumba].
★ **Rumba** est un mot espagnol des Antilles.

rumeur (nom féminin) **1** Bruit confus de voix. *Quand la vedette parut sur scène, une **rumeur** s'éleva dans la salle.* **2** Nouvelle qui se répand dans le public. *On dit que le Président va démissionner, mais ce n'est qu'une **rumeur**.*

ruminant (nom masculin) Mammifère qui rumine. *La vache, la chèvre, le cerf, le chameau sont des **ruminants**.*

ruminer (verbe) (conj. 3) **1** Mâcher de nouveau les aliments en les faisant remonter de l'estomac jusqu'à la bouche. *Les vaches **ruminent**, couchées dans l'herbe.* **2** Au sens figuré, retourner sans arrêt les mêmes pensées dans son esprit. *Depuis des mois, il **rumine** son échec.*

rumsteck (nom masculin) Morceau de viande découpée dans la croupe du bœuf. *Une tranche de **rumsteck** grillée.*
▶ **Rumsteck** est un mot anglais : on prononce [ʀɔmstɛk].
▶ On écrit aussi **romsteck**.

rune (nom féminin) Lettre des anciens alphabets germaniques et scandinaves. *Des **runes** gravées sur de la pierre ou du métal.*
★ **Rune** est un mot norvégien.

rupestre (adjectif) Qui est dessiné ou gravé dans la roche. *Les peintures **rupestres** de cette grotte datent de la préhistoire.*

rupin, ine (adjectif et nom) Synonyme familier de riche. *Il est **rupin** mais très radin.*

rupture (nom féminin) **1** Fait de se rompre. *L'inondation a provoqué la **rupture** des canalisations d'eau.* **2** Interruption brutale. *Des attentats ont provoqué la **rupture** des négociations.* **3** Séparation entre des personnes jusque-là unies. *Ils ne se parlent plus depuis leur **rupture**.*

rural, ale, aux (adjectif) Qui concerne la campagne. *Il vit à Paris, il ne connaît rien de la vie **rurale**.*

ruralité (nom féminin) Appartenance au monde rural. *Le magazine a publié une étude sur la **ruralité**.*

ruse (nom féminin) Moyen habile utilisé pour tromper. *Il a utilisé mille **ruses** pour échapper à ses ennemis.* (Syn. **stratagème, subterfuge.**)
★ Famille du mot : rus**é**, rus**er**.

rusé, ée (adjectif) Qui agit avec ruse. *Son adversaire est **rusé** comme un renard.* (Syn. **malin.**)

ruser (verbe) (conj. 3) Agir avec ruse. *Si tu veux échapper à cette corvée, il va falloir **ruser** !*

rush (nom masculin) Synonyme de ruée. *Au mois d'août, c'est le **rush** des vacanciers sur les plages !*
▶ **Rush** est un mot anglais : on prononce [ʀœʃ].
▶ Pluriel : des **rushs** ou des **rushes**.

russe → tableau p. 6 / 7.

russophone (adjectif et nom) De langue russe. *Une association de **russophones**.*

russule (nom féminin) Champignon à lamelles, au chapeau jaune vert, rouge ou brun violacé, dont certaines espèces sont comestibles.

rustaud, aude (adjectif et nom) Qui manque de délicatesse. *Un paysan **rustaud**.* (Syn. **balourd, rustre.**)

rustine (nom féminin) Rondelle de caoutchouc adhésive, utilisée pour réparer la chambre à air d'un vélo.
★ **Rustine** est le nom d'une marque, formé sur *Rustin*, le nom du fabricant.

rustique (adjectif) Qui a des formes simples et traditionnelles. *Une table **rustique** en chêne.*

rustre (nom masculin) Homme grossier, sans éducation. *Ce **rustre** est parti au milieu du repas sans s'excuser.*

rut (nom masculin) Période d'activité sexuelle qui pousse les animaux à s'accoupler. *Ma chienne est en **rut**.*
► Prononciation [ʀyt].

rutabaga (nom masculin) Sorte de navet de couleur jaune.

rutilant, ante (adjectif) Qui brille d'un éclat très vif. *Elle portait des bracelets en or **rutilants**.* (Syn. **étincelant**.)

rutiler (verbe) (conj. 3) Briller d'un vif éclat. *La voiture toute propre **rutile**.*

ruz (nom masculin) Vallée jurassienne qui se situe sur le flanc d'un anticlinal. *L'érosion des eaux courantes a entaillé le flanc des monts par des **ruz**.*

rwandais, aise → tableau p. 6 / 7.

rythme (nom masculin) **1** Mouvement de la musique. *Ils dansaient au **rythme** entraînant d'un air de jazz.* **2** Mouvement qui se produit à intervalles réguliers. *Le **rythme** de la respiration.* **3** Allure à laquelle on fait une action. *Accélère ! Au **rythme** où tu avances, nous allons rater le bus.* (Syn. **allure**, **cadence**.)
★ Famille du mot : ryth**mer**, rythm**ique**.

rythmer (verbe) (conj. 3) **1** Marquer le rythme. *Les danseurs tapent du pied pour **rythmer** la cadence.* **2** Donner un certain rythme. *Les saisons **rythment** la vie des agriculteurs.*

rythmique (adjectif) Qui se pratique sur le rythme d'une musique. *Gymnastique **rythmique**.*

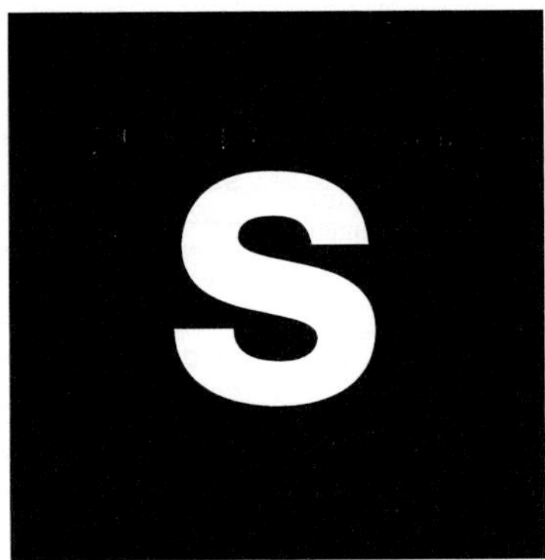

s (nom masculin) Dix-neuvième lettre de l'alphabet. *Le S est une consonne.*

s' Voir ***se*** et ***si 1***.

① **sa** (déterminant) Féminin de *son 1*.

② **SA** (nom féminin) Sigle de **s**ociété **a**nonyme. *Mon père détient des parts dans une SA.*
▶ Prononciation [ɛsa].

sabbat (nom masculin) **1** Dans la religion juive, jour de repos hebdomadaire, le samedi. **2** Dans les légendes, réunion nocturne de sorciers et de sorcières.
★ **Sabbat** vient de l'hébreu *shabbat* qui signifie « repos ».

sabbatique (adjectif) • **Année sabbatique** : année de congé, passée sans travailler. *La mère de Benjamin a décidé de prendre une **année sabbatique**.*

sabir (nom masculin) Langage formé d'éléments hétéroclites. *Un **sabir** incompréhensible.* (Syn. **charabia, jargon.**)
★ **Sabir** vient du mot espagnol *saber* qui signifie « savoir ».

sablage (nom masculin) Action de sabler. *On effectue le **sablage** des routes quand il y a de la neige ou du verglas.*

sable (nom masculin) Matière constituée de petits grains provenant de débris de roches ou de coquillages. *Les enfants font des pâtés de **sable** sur la plage.*
★ Famille du mot : sabl**age**, sabl**er**, sabl**eux**, sabl**ier**, sabl**onneux**.

sablé, ée (adjectif) • **Pâte sablée** : pâte très friable, faite avec beaucoup de beurre.
▪ **sablé** (nom masculin) Petit gâteau sec à pâte sablée.

sabler (verbe) (conj. 3) Couvrir de sable. *La chaussée est verglacée, il faut la **sabler**.* • **Sabler le champagne** : célébrer un évènement en buvant du champagne.

sableux, euse (adjectif) Qui contient du sable. *L'eau de l'estuaire est **sableuse**.*

sablier (nom masculin) Petit instrument en verre dans lequel du sable coule lentement de haut en bas. *On se sert d'un **sablier** pour mesurer le temps de cuisson des œufs à la coque.*

sablière (nom féminin) **1** Carrière de sable. *Mon père est conducteur d'engin dans une **sablière**.* **2** Longue poutre horizontale, sur laquelle s'appuient les autres pièces d'une charpente.

sablonneux, euse (adjectif) Qui est couvert de sable. *C'est difficile de rouler à vélo sur les chemins **sablonneux**.*

saborder (verbe) (conj. 3) Couler volontairement un navire.

sabot (nom masculin) **1** Chaussure en bois. *Autrefois, à la campagne, tout le monde marchait en **sabots**.* **2** Corne qui protège le pied de certains animaux. *Le cheval, le zèbre, le bœuf ont des **sabots**.*

sabotage (nom masculin) Action de saboter quelque chose. *Le **sabotage** du pont a bloqué le convoi.*

saboter (verbe) (conj. 3) **1** Détériorer ou détruire volontairement une machine, une installation. ***Saboter** une voie ferrée.* **2** Faire vite et mal. *La réparation a été mal faite, le garagiste **a saboté** son travail.*
★ Famille du mot : sabot**age**, sabot**eur**.

saboteur, euse (nom) Personne qui sabote une installation.

sabotier, ère (nom) Personne qui fabrique ou qui vend des sabots. *Le métier de **sabotier** est en voie de disparition.*

sabre (nom masculin) Sorte d'épée, droite ou recourbée, dont la lame coupe d'un seul côté.

sabrer (verbe) (conj. 3) **1** Frapper à coups de sabre. **2** Supprimer certaines parties d'un texte. *L'éditeur souhaite **sabrer** des passages du livre mais l'auteur n'est pas d'accord.*

① **sac** (nom masculin) Récipient en tissu, en cuir, en plastique ou en papier, qui sert à transporter des choses. *Les randonneurs bouclent leur* ***sac*** *à dos. Anna met ses papiers et ses clés dans son* ***sac*** *à main.* • **Avoir plus d'un tour dans son sac** : être rusé. • **Mettre dans le même sac** : réprouver de la même façon plusieurs choses ou plusieurs personnes. • **Prendre quelqu'un la main dans le sac** : le surprendre en flagrant délit.

② **sac** (nom masculin) • **Mettre à sac** : piller et dévaster. *Les troupes ennemies* ***ont mis*** *la ville* ***à sac***.
★ Famille du mot : sac**cage**, sac**cager**.

saccade (nom féminin) Secousse brusque et irrégulière. *La voiture avance par* ***saccades***, *elle va tomber en panne.* (Syn. **à-coup.**)

saccadé, ée (adjectif) Qui se fait par saccades. *Des gestes* ***saccadés***.

saccage (nom masculin) Action de saccager. *Le chien d'Ibrahim a fait un vrai* ***saccage*** *en courant dans les tulipes.*

saccager (verbe) (conj. 5) Synonyme de ravager. *Le chat* ***a saccagé*** *le fauteuil avec ses griffes.*

saccharine (nom féminin) Substance blanche synthétique, utilisée comme succédané du sucre. *Élodie surveille sa ligne et met de la* ***saccharine*** *dans son café .*
▶ On écrit aussi **saccarine.**

saccharose (nom masculin) Sucre alimentaire, constitué de glucose et de fructose. *Le* ***saccharose*** *est extrait de la canne à sucre ou de la betterave sucrière.*
▶ On écrit aussi **saccarose.**

sacerdoce (nom masculin) Fonction de prêtre.

sachet (nom masculin) Petit sac. *Maman met des* ***sachets*** *de lavande dans l'armoire pour parfumer le linge.*

sacoche (nom féminin) Grand sac de cuir ou de toile. *Clément vient d'acheter des* ***sacoches*** *pour son vélo.*

sacraliser (verbe) (conj. 3) Donner un caractère sacré à quelque chose. *Le film* ***a été sacralisé*** *par la critique.*

sacre (nom masculin) Cérémonie religieuse qui accompagne le couronnement d'un roi ou d'un empereur.

sacré, ée (adjectif) **1** Qui a un rapport avec la religion. *Les lieux* ***sacrés*** *sont respectés.* **2** Qu'il faut absolument respecter. *Pour ce peuple, l'hospitalité est une chose* ***sacrée***. **3** Renforce familièrement un terme injurieux ou admiratif. *C'est un* ***sacré*** *menteur !*

sacrebleu ! (interjection) Juron familier et vieilli. ***Sacrebleu !*** *On va finir par rater le train !*
▶ On dit aussi **sacredieu !**

sacrement (nom masculin) Cérémonie importante de la religion chrétienne. *Le baptême, la communion, le mariage font partie des sept* ***sacrements***.

sacrer (verbe) (conj. 3) Donner solennellement le titre de souverain lors du sacre. *Charlemagne* ***fut sacré*** *empereur par le pape en 800.* (Syn. **couronner.**)
★ Famille du mot : sacre, sacré, sacre**ment**, sacro-saint.

sacrifice (nom masculin) **1** Offrande à une divinité. *Dans l'Antiquité, on immolait des animaux pour les offrir en* ***sacrifice*** *aux dieux.* **2** Renoncement ou privation. *Ils ont dû faire des* ***sacrifices*** *pour s'offrir cette belle voiture.*

sacrifier (verbe) (conj. 10) **1** Offrir en sacrifice. *Les Romains* ***sacrifiaient*** *des animaux sur les autels.* **2** Renoncer à quelque chose pour autre chose qu'on juge plus important. *Il a dû* ***sacrifier*** *le sport pour réussir ses études.*

sacrilège (nom masculin) **1** Crime commis contre une chose sacrée. *Profaner une tombe est un* ***sacrilège***. **2** Manque de respect envers une chose vénérable. *Détruire ce paysage pour y faire passer l'autoroute serait un* ***sacrilège***.

sacripant (nom masculin) Synonyme familier de vaurien.

sacristain (nom masculin) Homme chargé de l'entretien d'une église.

sacristie (nom féminin) Salle, dans une église, où l'on range les objets qui servent au culte.

sacro-saint, sacro-sainte (adjectif) Qui fait l'objet d'un respect profond. *Élodie aimerait échapper à la* ***sacro-sainte*** *promenade dominicale.*
▶ Pluriel : **sacro-saints, sacro-saintes.**
▶ On écrit aussi **sacrosaint.**

sacrum (nom masculin) Os symétrique et triangulaire constitué par cinq vertèbres soudées et situées au bas de la colonne vertébrale. *En tombant, Thomas s'est fait mal au* ***sacrum***.
▶ Prononciation [sakʀɔm].
★ **Sacrum** vient du latin *sacrum* qui signifie « offert aux dieux », car cet os était offert lors des sacrifices d'animaux.

sadique (adjectif et nom) Qui prend plaisir à faire souffrir ou à voir souffrir. *David a enfermé le chat dans le placard, il est vraiment* ***sadique*** *!*
★ **Sadique** vient du nom du marquis de *Sade*, écrivain du XVIIIe siècle.

sadisme (nom masculin) Comportement sadique.

safari (nom masculin) Expédition en Afrique pour chasser des animaux sauvages.
★ **Safari** vient d'un mot d'Afrique de l'Est qui signifie « bon voyage ».

safari-photo (nom masculin) Excursion au cours de laquelle on photographie des bêtes sauvages.
▶ Pluriel : des **safaris-photos.**

safran (nom masculin) **1** Poudre jaune orangé extraite d'une fleur, utilisée comme condiment ou comme colorant. *On met du* ***safran*** *dans la paella.* **2** Partie plate du gouvernail d'un bateau.

safrané, ée (adjectif) **1** Assaisonné ou coloré avec du safran. *Le riz* ***safrané*** *de la paella.* **2** De la couleur jaune orangé du safran. *Gaëlle a choisi un tissu* ***safrané*** *pour ses rideaux.*

saga (nom féminin) Récit qui raconte l'histoire d'une famille sur plusieurs générations.

sagace (adjectif) Synonyme littéraire de perspicace. *Un esprit* ***sagace*** *et subtil.*

sagacité (nom féminin) Synonyme littéraire de perspicacité. *Sa* ***sagacité*** *lui a fait déceler le piège.*

sagaie (nom féminin) Arme à long manche terminé par une pointe de fer, utilisée par certains peuples.

sage (adjectif) **1** Qui est plein de bon sens et de prudence. *Comme il y a du verglas, on a pris la* ***sage*** *décision de voyager en train.* (Syn. **raisonnable, sensé.** Contr. **imprudent.**) **2** Qui est calme et obéissant. *Les enfants ont été très* ***sages*** *avec leur baby-sitter.*
★ Famille du mot : s'assa**gir**, sage-femme, sage**ment**, sage**sse**.

sage-femme (nom féminin) Infirmière dont la spécialité est d'aider les femmes qui accouchent. *La mère de Fatima est* ***sage-femme*** *dans une maternité.*
▶ Pluriel : des **sages-femmes**.
▶ On écrit aussi **sagefemme**.

sagement (adverbe) De façon sage. *Les enfants jouent* ***sagement*** *dans leur chambre.*

sagesse (nom féminin) **1** Qualité d'une personne sage, prudente. *La* ***sagesse*** *serait d'attendre la fin de l'orage pour sortir.* **2** Qualité d'une personne sage, calme, obéissante. *Gaëlle a été d'une* ***sagesse*** *remarquable avec sa grand-mère.*

sagittaire (nom féminin) Plante monocotylédone aquatique à feuilles en forme de flèches. *La* ***sagittaire*** *est une plante d'eau douce.*

sagittal, ale, aux (adjectif) **1** En forme de flèche. *Les feuilles* ***sagittales*** *d'une plante.* **2** Médian et suivant le plan de symétrie. *Le plan* ***sagittal*** *de la colonne vertébrale.*

sagouin (nom masculin) Petit singe d'Amérique du Sud. *Le ouistiti est un* ***sagouin****.*
■ **sagouin, ouine** (nom) Personne, enfant malpropre. *Quel* ***sagouin*** *! Il s'est mis du chocolat partout !*

saignant, ante (adjectif) Qui est peu cuit. *Vous voulez votre steak* ***saignant*** *ou à point ?*

saignée (nom féminin) **1** Opération visant à extraire des vaisseaux une certaine quantité de sang. *Les* ***saignées*** *étaient souvent pratiquées au XVII*[e] *siècle.* **2** Au sens figuré, grande perte de vies humaines. *La guerre de 1914-1918 a fait subir une terrible* ***saignée*** *à la France.*

saignement (nom masculin) Fait de saigner. *Après le choc, Ibrahim a eu un* ***saignement*** *de nez.*

saigner (verbe) (conj. 3) **1** Perdre du sang. *Kevin est tombé de vélo et ses genoux* ***saignent****.* **2** Tuer un animal en le vidant de son sang. *La fermière* ***a saigné*** *un lapin.* **3** Se saigner : faire beaucoup de sacrifices. *Ils ont dû* ***se saigner*** *pour pouvoir s'acheter cette nouvelle voiture.*
★ Famille du mot : saign**ant**, saign**ée**, saigne**ment**.

saillant, ante (adjectif) Qui fait saillie. *La corniche* ***saillante*** *d'un bâtiment.*

saillie (nom féminin) Partie qui dépasse d'une surface. *Un balcon en* ***saillie****.*

saillir (verbe) (conj. 14) Être en saillie, former un relief. *Quand l'haltérophile soulève les haltères, on voit ses muscles qui* ***saillent****.*
★ Famille du mot : saill**ant**, sailli**e**.

sain, saine (adjectif) **1** Qui est bon pour la santé. *À la campagne, l'air est plus* ***sain*** *qu'en ville.* **2** Qui est en bonne santé physique. *Ces volailles élevées en plein air sont très* ***saines****.* (Contr. **malade.**) **3** Qui prouve une bonne mentalité. *David a toujours eu de* ***saines*** *lectures.* • Sain et sauf : indemne. *Tous les habitants sont sortis* ***sains et saufs*** *de l'immeuble en flammes.*
★ Famille du mot : **assainir**, **assainissement**, **mal**sain.

saindoux (nom masculin) Graisse de porc fondue. *Le pot de rillettes est recouvert de* ***saindoux****.*

sainfoin (nom masculin) Plante cultivée pour servir de fourrage.

saint, sainte (nom) Dans la religion catholique, personne reconnue, après sa mort, comme digne d'un culte. *Des statues de* ***saints*** *ornent le porche de la cathédrale.*
■ **saint, sainte** (adjectif) **1** Qui appartient à la religion. *La Bible, les Évangiles, le Coran sont des livres* ***saints****.* (Syn. **sacré.**) **2** Qui est bon, juste et généreux. *Grand-mère était une* ***sainte*** *femme.*

saint-bernard (nom masculin) Grand chien au poil long, dressé pour le sauvetage des personnes perdues en montagne.
▶ Pluriel : des **saint-bernard**.
★ **Saint-bernard** vient du nom du *col du Grand-Saint-Bernard*, dans les Alpes, près duquel se trouvait un hospice dont les moines élevaient ces chiens.

sainte-nitouche (nom féminin) Personne hypocrite, qui fait semblant d'être sage pour tromper son entourage.
▶ Pluriel : des **saintes-nitouches**.
★ **Sainte-nitouche** vient de *sainte* et de *n'y touche (pas)*.

sainteté (nom féminin) Qualité d'une personne ou d'une chose sainte. *Respecter la* ***sainteté*** *d'un lieu.*
• Sa Sainteté : titre donné au pape.

à la **saint-glinglin** (adverbe) Synonyme familier de jamais. *Il remboursera ses dettes* ***à la saint-glinglin****.*

saint-nectaire (nom masculin) Fromage d'Auvergne au lait de vache à pâte pressée. *Benjamin mange du* ***saint-nectaire*** *avec du pain.*
▶ Pluriel : des **saint-nectaires**.

saint-paulin (nom masculin) Fromage de vache à pâte ferme non cuite. *Papa a acheté du* ***saint-paulin*** *chez le fromager.*
▶ Pluriel : des **saint-paulins**.

saint-père (nom masculin) Nom donné au pape.
▶ Pluriel : des **saints-pères**.

saisie (nom féminin) **1** Confiscation d'un bien ordonnée par la justice. *Pour échapper à la* ***saisie*** *de leurs meubles, ils ont dû rembourser leurs dettes.* **2** Action de saisir un texte sur un ordinateur.

saisir (verbe) (conj. 11) **1** Attraper vivement avec la main. *Pierre a dû sauter pour* ***saisir*** *la balle qu'Hélène lui avait envoyée.* **2** Mettre immédiatement à profit un évènement. ***Saisir*** *une occasion, le bon moment.* **3** Synonyme de comprendre. *Tu* ***as*** *bien* ***saisi*** *mes explications ?* **4** Surprendre quelqu'un d'une façon brutale ou désagréable. *Le froid nous* ***a saisis*** *dès que nous avons ouvert la porte.* **5** Effectuer une saisie par une décision de justice. *L'huissier risque de* ***saisir*** *leurs meubles s'ils ne paient pas leurs dettes.* **6** Enregistrer des données dans la mémoire d'un ordinateur. *Julie* ***saisit*** *les noms des membres du club.* **7** **Se saisir de quelque chose** : s'en emparer. *Les cambrioleurs* ***se sont saisis du*** *tiroir-caisse avant de s'enfuir.*
★ Famille du mot : se **dessaisir**, **insaisissable**, saisie, saisissant, saisissement.

saisissant, ante (adjectif) Qui fait une vive impression. *Cette sculpture est d'une beauté* ***saisissante****.* (Syn. **frappant**.)

saisissement (nom masculin) Émotion forte et soudaine causée par une impression vive ou un choc.

saison (nom féminin) **1** Chacune des quatre divisions de l'année. *Les quatre* ***saisons*** *sont l'hiver, le printemps, l'été et l'automne.* **2** Période de l'année où une activité bat son plein. *C'est la* ***saison*** *des champignons. La* ***saison*** *touristique.*
★ Famille du mot : arrière-saison, saisonnier.

saisonnier, ère (adjectif) Qui n'a lieu qu'à certaines saisons. *Le ski est un sport* ***saisonnier****.*
■ **saisonnier, ère** (nom) Ouvrier employé pour un travail saisonnier.

salace (adjectif) **1** Qui recherche les rapprochements sexuels. *Méfie-toi de cet homme* ***salace****.* (Syn. **lubrique**.) **2** Synonyme de grivois. *Quentin fait des plaisanteries* ***salaces****.* (Syn. **licencieux, obscène**.)

salade (nom féminin) **1** Plante potagère cultivée pour ses feuilles qu'on mange généralement crues. *La laitue, la mâche, le cresson, la frisée et la scarole sont des* ***salades*** *aux goûts différents.* **2** Plat froid constitué d'un mélange d'aliments assaisonnés. *Une* ***salade*** *de pommes de terre et de tomates.*
• **Salade de fruits** : mélange de fruits coupés en morceaux.

saladier (nom masculin) Plat creux pour servir la salade. *Laura prépare la vinaigrette dans le* ***saladier*** *avant d'y déposer les feuilles de laitue.*

salaire (nom masculin) Somme d'argent qu'on reçoit régulièrement pour son travail. *Les femmes se plaignent qu'à travail égal leurs* ***salaires*** *sont plus bas que ceux des hommes.*
★ Famille du mot : salarial, salarié.
★ **Salaire** vient du latin *salarium* qui signifie « ration de sel » : le sel, denrée précieuse, servait autrefois de monnaie d'échange.

salaisons (nom féminin pluriel) Aliments qu'on a salés pour les conserver. *Le lard, le jambon sont des* ***salaisons****.*

salamalecs (nom masculin pluriel) Politesses exagérées. *Sarah fait des* ***salamalecs*** *devant le professeur de maths.*
★ **Salamalecs** vient de l'arabe *sala alaïkh* qui signifie « paix sur toi » et qui est dit en guise de salut.

salamandre (nom féminin) Petit amphibien noir à taches jaunes dont la peau sécrète un liquide toxique.

salami (nom masculin) Gros saucisson sec d'origine italienne.

salant (adjectif masculin) • **Marais salant** : bassin peu profond en bord de mer dans lequel on récolte le sel après évaporation de l'eau. (Syn. **salin, saline**.)

salarial, ale, aux (adjectif) Qui concerne les salaires. *Un accord* ***salarial*** *a été conclu entre la direction et les salariés.*

salarié, ée (adjectif et nom) Qui reçoit un salaire en échange de son travail. *Cette entreprise emploie quarante salariés.*

salaud (nom masculin et adjectif masculin) Dans la langue très familière, se dit d'un homme moralement méprisable. *Il a été* ***salaud*** *avec nous.*
► On écrit aussi **salop**.
► Au féminin, on emploie **salope**.

sale (adjectif) **1** Qui est couvert de taches ou de poussière. *Quand il rentre du stade, Quentin est* ***sale*** *des pieds à la tête !* (Syn. **malpropre**. Contr. **propre**.) **2** Qui est mauvais, désagréable ou dangereux. ***Sale*** *temps pour la saison ! Jouer un* ***sale*** *tour à quelqu'un.*
★ Famille du mot : salement, saleté, salir, salissant.

salé, ée (adjectif) Qui contient du sel. *Avec les huîtres, on mange du pain et du beurre* ***salé****.*
■ **salé** (nom masculin) Viande de porc salée. *Le* ***salé*** *aux lentilles est un bon plat d'hiver.*

salement (adverbe) D'une manière sale. *Ne mange pas* ***salement*** *avec tes mains, prends une fourchette !* (Contr. **proprement**.)

saler (verbe) (conj. 3) Mettre du sel pour assaisonner. *Tu* ***as*** *trop* ***salé*** *l'eau de cuisson des nouilles.*
★ Famille du mot : **des**saler, sal**aisons**, sal**ant**, salé, sal**ière**, sal**in**, sal**ine**.

saleté (nom féminin) **1** État de ce qui est sale. *Ce jean est d'une* ***saleté*** *repoussante : il faut le laver.* (Syn. **malpropreté**. Contr. **propreté**.) **2** Chose sale. *En prenant leur goûter, les enfants ont fait plein de* ***saletés*** *dans la cuisine.* (Syn. **cochonnerie**.)

salière (nom féminin) Petit récipient pour mettre le sel.

salin, ine (adjectif) Qui contient du sel. *Une solution* ***saline****.*
■ **salin** (nom masculin) Synonyme de marais salant. *Les* ***salins*** *de Camargue.*

saline (nom féminin) Entreprise de production de sel.

salinité (nom féminin) Proportion de matières salines en solution. *La **salinité** de l'eau de mer.*

salique (adjectif) Qui concerne les Francs Saliens. *La loi **salique** comportait une règle excluant les femmes de la succession à la terre.*

salir (verbe) (conj. 11) Rendre sale. *Romain **a sali** les murs de sa chambre avec ses doigts pleins d'encre. Tu vas **te salir** si tu ne mets pas de tablier.*

salissant, ante (adjectif) **1** Qui salit. *Un travail **salissant**.* **2** Qui se salit facilement. *Mets ton pantalon gris, il est moins **salissant** que le blanc !*

salivaire (adjectif) • **Glandes salivaires** : glandes qui sécrètent la salive.

salive (nom féminin) Liquide qu'on a dans la bouche.
★ Famille du mot : saliv**aire**, saliv**er**.

saliver (verbe) (conj. 3) Sécréter de la salive. *Les bonnes odeurs qui viennent de la cuisine nous font **saliver**.*

salle (nom féminin) **1** Pièce d'un appartement ou d'une maison qui a une fonction précise. *La **salle** à manger est au rez-de-chaussée, la **salle** de bains est au premier étage.* **2** Local collectif. *Une **salle** de cinéma. La **salle** d'attente d'une gare, d'un hôpital.* **3** Ensemble des spectateurs. *Toute la **salle** a applaudi à la fin du concert.*

salmigondis (nom masculin) Mélange de choses disparates. *Quel **salmigondis** ! Comment fais-tu pour t'y retrouver ?*
► Prononciation [salmigɔ̃di].
★ **Salgimondis** vient du moyen français *condire* qui signifie « assaisonner ».

salmonelle (nom féminin) Bacille agent des salmonelloses. *Les **salmonelles** provoquent des intoxications alimentaires.*
► On dit aussi **salmonella**.
★ **Salmonelle** vient de *Salmon*, nom d'un médecin américain.

salmonellose (nom féminin) Infection due à une salmonelle. *La **salmonellose** des volailles est contagieuse pour l'homme.*

saloir (nom masculin) Récipient dans lequel on met à saler les denrées en vue de les conserver. *Papi a entreposé le jambon au **saloir**.*

salon (nom masculin) **1** Pièce où l'on reçoit des invités. *Le **salon** de ce château est orné de tableaux.* **2** Exposition composée de stands. *Le **Salon** de l'automobile.* • **Salon de coiffure** : boutique d'un coiffeur. • **Salon de thé** : pâtisserie où l'on sert des consommations.
► Au sens 2, ce mot s'écrit avec une majuscule.

salop Voir ***salaud***.

salopette (nom féminin) Vêtement à bretelles composé d'un pantalon et d'une partie qui recouvre la poitrine.

salpêtre (nom masculin) Poudre blanche qui se forme sur les murs humides.
★ **Salpêtre** vient du latin *salpetrae* qui signifie « sel de la pierre ».

salsa (nom féminin) Musique de danse latino-américaine qui mêle des orchestrations proches du jazz à des rythmes d'origine africaine.
★ **Salsa** est un mot espagnol.

salsepareille (nom féminin) Plante grimpante à tiges et à feuilles épineuses, dont les racines ont des propriétés purgatives. *Grand-mère prépare une tisane à la **salsepareille**.*
★ **Salsepareille** est un mot espagnol.

salsifis (nom masculin) Plante potagère cultivée pour ses longues racines comestibles.

saltimbanque (nom) Acrobate, jongleur ou bateleur qui fait des tours d'adresse en public. *Les **saltimbanques** se déplacent de ville en ville.*

salubre (adjectif) Qui est bon pour la santé. *Dans cette région de montagne, le climat est **salubre**.* (Syn. **sain.** Contr. **insalubre, malsain.**)
★ Famille du mot : **in**salubre, **in**salubr**ité**, salubr**ité**.

salubrité (nom féminin) Qualité de ce qui est salubre. *Vérifier la **salubrité** d'un vieil immeuble.*

saluer (verbe) (conj. 3) **1** Faire un salut à quelqu'un. *Myriam est très polie, elle **salue** toujours ses voisins.* **2** Accueillir quelqu'un ou un évènement. *La salle **a salué** l'arrivée des acrobates par des cris et des bravos.*

salut (nom masculin) **1** Geste ou parole pour dire bonjour, bonsoir ou au revoir. *Faire un **salut** de la main.* **2** Fait d'échapper à un danger ou à la mort. *Pris dans un incendie de forêt, ils doivent leur **salut** aux pompiers.*

salutaire (adjectif) Qui a une action bénéfique. *Son séjour à la mer lui a été **salutaire**.* (Syn. **bienfaisant, utile.**)

salutations (nom féminin pluriel) Formule de politesse à la fin d'une lettre. *Je vous adresse mes **salutations** distinguées.*

salvateur, trice (adjectif) Qui sauve. *Son geste a été **salvateur**.*

salve (nom féminin) Ensemble de coups de canon ou de coups de feu tirés simultanément.

samba (nom féminin) Danse très rythmée d'origine brésilienne.

samedi (nom masculin) Sixième jour de la semaine, entre vendredi et dimanche.

samouraï (nom masculin) Membre de la classe des guerriers, dans le Japon féodal. *Les **samouraïs** étaient au service d'un seigneur.*
► Prononciation [samuʀaj].

samovar (nom masculin) Bouilloire munie d'un robinet que l'on place sur les braises et que l'on utilise pour la préparation du thé. *Benjamin a rapporté un **samovar** de son voyage à Moscou.*
★ **Samovar** est un mot russe.

a b c d e f g h i j k l m n o p q r s t u v w x y z

SAMU (nom masculin) Service apportant les premiers soins aux accidentés.
★ SAMU est le sigle de *service d'aide médicale d'urgence*.

sanatorium (nom masculin) Établissement de cure où l'on soignait les personnes atteintes de tuberculose.
▶ Prononciation [sanatɔʀjɔm].

sanctifier (verbe) (conj. 10) **1** Rendre saint. *La grâce qui **sanctifie** les âmes.* **2** Honorer comme saint.

sanction (nom féminin) **1** Synonyme de punition. *Une **sanction** très sévère.* **2** Fait d'être approuvé officiellement. *Le projet de loi a reçu la **sanction** du Parlement.*

sanctionner (verbe) (conj. 3) **1** Infliger une sanction. *Cette faute grave doit **être** sévèrement **sanctionnée**.* **2** Approuver ou confirmer officiellement. *Ce décret vient d'**être sanctionné**.*

sanctuaire (nom masculin) Édifice où l'on célèbre un culte. *Ces pèlerins se rendent au **sanctuaire** de Lourdes.*

sandale (nom féminin) Chaussure légère formée d'une semelle qui s'attache au pied par des lanières. *Noémie a mis ses **sandales** pour aller à la plage.*

sandalette (nom féminin) Sandale légère.

sandre (nom masculin) Poisson d'eau douce à la chair délicieuse.

sandwich (nom masculin) Casse-croûte constitué de deux tranches de pain entre lesquelles on met du jambon, du fromage, du saucisson, etc. *On a préparé des **sandwichs** pour le voyage.*
▶ **Sandwich** est un mot anglais : on prononce [sɑ̃dwitʃ].
▶ Pluriel : des **sandwichs** ou des **sandwiches**.
★ **Sandwich** vient du nom du comte de **Sandwich**, dont le cuisinier inventa ce repas sommaire pour lui éviter de quitter sa table de jeu.

sandwicherie (nom féminin) Établissement qui vend des sandwichs à emporter. *Je n'ai pas le temps d'aller au restaurant, je passe juste à la **sandwicherie**.*

sang (nom masculin) Liquide rouge qui circule dans les veines et les artères à travers tout le corps. *Le blessé a perdu beaucoup de **sang**.* • **Faire couler le sang** : faire de nombreuses victimes. • **Mon sang n'a fait qu'un tour** : j'ai réagi très vivement. • **Se faire du mauvais sang** : se faire du souci, s'inquiéter.
▶ Prononciation [sɑ̃].
★ Famille du mot : **en**sanglanté, sang-froid, sanglant, sang**uin**, sang**uinaire**, sang**uine**, sang**uinolent**.

sang-froid (nom masculin) Maîtrise de soi et calme qu'on montre quand il y a du danger. *Grâce au **sang-froid** des pompiers, tout le monde a pu être sauvé.*

sanglant, ante (adjectif) **1** Qui est couvert de sang. (Syn. **ensanglanté**.) **2** Qui fait couler beaucoup de sang. *Le combat entre les deux armées a été **sanglant**.* (Syn. **meurtrier**.)

sangle (nom féminin) Bande large et plate qui sert à attacher. *Pour ne pas qu'elle s'ouvre, j'ai mis une **sangle** autour de la valise.*

sangler (verbe) (conj. 3) **1** Serrer la sangle passant sous le ventre d'un animal de monte, et destinée à maintenir la selle. *La cavalière **sangle** son cheval.* **2** Serrer fortement à la taille. *Les femmes se **sanglaient** autrefois dans des corsets.*

sanglier (nom masculin) Cochon sauvage qui vit dans la forêt. *La femelle du **sanglier** s'appelle la laie et ses petits s'appellent les marcassins.*
★ **Sanglier** vient du latin *singularis (porcus)* qui signifie « (porc) solitaire ».

sanglot (nom masculin) Bruit que fait entendre quelqu'un qui pleure très fort. *En apprenant la terrible nouvelle, Odile a éclaté en **sanglots**.*

sangloter (verbe) (conj. 3) Pleurer avec des sanglots. *Ce n'est pas très grave, arrête de **sangloter** comme ça !*

sangria (nom féminin) Boisson à base de vin rouge dans lequel on a fait macérer des fruits.

sangsue (nom féminin) Gros ver aquatique qui se colle à la peau grâce à ses ventouses, et qui suce le sang.
▶ Prononciation [sɑ̃sy].
★ **Sangsue** vient des mots latins *sanguis*, qui signifie « sang », et *sugere*, qui signifie « sucer ».

sanguin, ine (adjectif) Qui a un rapport avec le sang. *Une transfusion **sanguine** permet à un blessé de recevoir du sang d'une autre personne.*

sanguinaire (adjectif) Qui n'hésite pas à faire couler le sang. *Ce pays a été longtemps terrorisé par un seigneur **sanguinaire**.*

sanguine (nom féminin) Variété d'orange à chair rouge très juteuse.

sanguinolent, ente (adjectif) Qui est taché de sang. *Je vais changer ton pansement, il est tout **sanguinolent**.*

sanitaire (adjectif) **1** Qui a un rapport avec la santé et l'hygiène. *Le maire a pris des mesures **sanitaires** pour rendre salubres les vieux immeubles de la ville.* **2** Se dit des appareils qui utilisent l'eau courante. *Les principaux appareils **sanitaires** sont le lavabo, la baignoire et les W.-C.*

sans (préposition) Sert à indiquer l'absence, le manque, la privation. *Vas-y **sans** moi. Un régime **sans** sel. Rester **sans** rien dire.*
■ **sans que** (conjonction) De manière que quelque chose ne se fasse pas. *Thomas est parti **sans qu'**on s'en aperçoive.*

sans-abri (nom) Personne qui n'a plus de logement. *Après les inondations, les **sans-abris** ont été logés dans le préau de l'école.* (Syn. **sans-logis**.)
▶ Pluriel : des **sans-abris**.

sans cesse (adverbe) Sans arrêt. *Il neige **sans cesse** depuis trois jours.* (Syn. **continuellement**.)

sans-cœur (adjectif et nom) Dur, insensible. *Il est **sans-cœur**, la misère du monde lui est étrangère.*
► Pluriel : des **sans-cœurs** ou des **sans-cœur**.

sanscrit (nom masculin) Ancienne langue de l'Inde, de la famille indo-européenne, utilisée comme langue littéraire et langue sacrée de l'hindouisme. *Le **sanscrit** a donné naissance à de nombreuses langues modernes parlées en Inde.*
■ **sanscrit, ite** (adjectif) Qui a rapport à cette langue. *L'alphabet **sanscrit**.*
► On écrit aussi **sanskrit**.

sans-culotte (nom masculin) Nom donné pendant la Révolution française aux révolutionnaires les plus ardents.
► Pluriel : des **sans-culottes**.
★ Les aristocrates portaient alors la culotte, vêtement qui s'arrêtait au genou, tandis que les hommes du peuple portaient le pantalon.

sans-faute (nom masculin) Épreuve accomplie sans aucune erreur. *Ce candidat a réussi un **sans-faute**.*
► Pluriel : des **sans-fautes**.

sans-gêne (adjectif) Qui agit sans se préoccuper de savoir s'il gêne les autres. *Des voisins **sans-gêne**.*
► Pluriel : des garçons **sans-gêne** ou **sans-gênes**.
■ **sans-gêne** (nom masculin) Comportement d'une personne sans-gêne. *Elle s'est invitée à dîner sans nous demander notre avis, quel **sans-gêne** !* (Syn. **désinvolture**.)

sanskrit Voir ***sanscrit***.

sans-logis (nom) Synonyme de sans-abri.

sansonnet (nom masculin) Synonyme d'étourneau.

sans-papier (nom) Personne qui n'a pas de papiers d'identité et qui se trouve donc en situation irrégulière.
► Pluriel : des **sans-papiers**.
► On écrit aussi un **sans-papiers**.

sans-plomb (nom masculin) Essence sans plomb. *William fait un plein de **sans-plomb**.*

santal (nom masculin) Arbre d'Asie tropicale cultivé pour son bois dur et odorant.

santé (nom féminin) **1** État de quelqu'un qui n'est pas malade. *Cet enfant respire la **santé**.* **2** État de l'organisme. *Avoir une bonne, une mauvaise **santé**. Une **santé** fragile.*

santiag (nom féminin) Botte de style américain, décorée de piqûres, à talon oblique et à bout pointu. *Le rockeur porte des **santiags** et un blouson de cuir.*
► Prononciation [sɑ̃tjag].

santon (nom masculin) Petit personnage en terre cuite peinte qui orne les crèches de Noël.

saoudien, enne → tableau p. 6 / 7.

saoul Voir ***soûl***.

saouler Voir ***soûler***.

① **sape** (nom féminin) Galerie creusée sous une construction, une fortification, pour la faire écrouler. *Les ouvriers creusent une galerie de **sape**.*
• **Travail de sape** : intrigue souterraine destinée à détruire quelqu'un, quelque chose.

② **sape** (nom féminin) Synonyme familier de vêtement. *Un mec qui adore les **sapes**.* (Syn. **fringues**.)
► **Sape** est le plus souvent employé au pluriel.

saper (verbe) (conj. 3) Creuser peu à peu la base de quelque chose. *La mer **sape** petit à petit les falaises.*
• **Saper le moral de quelqu'un** : le décourager.

saperlipopette ! (interjection) Juron familier. ***Saperlipopette** ! J'ai encore oublié mes clés !*
► On dit aussi **saperlotte !**

sapeur-pompier (nom masculin) Synonyme de pompier.
► Pluriel : des **sapeurs-pompiers**.

saphir (nom masculin) Pierre précieuse d'un bleu transparent.

sapin (nom masculin) Arbre résineux toujours vert, dont les feuilles sont des aiguilles. *Cette forêt de **sapins** sent bon la résine.*

sapon- Élément, tiré du latin *sapo, saponis* qui signifie « savon » (exemple : *saponifier*).

saponifier (verbe) (conj. 10) Transformer un corps gras en savon. *Le chimiste **saponifie** des huiles.*

sapristi ! (interjection) Juron exprimant l'irritation, l'étonnement. ***Sapristi** ! Ma sœur a gagné son pari !*

sarabande (nom féminin) Agitation et vacarme causés par des jeux bruyants. *Les enfants font la **sarabande** dans l'escalier.*

sarbacane (nom féminin) Tuyau dans lequel on souffle pour envoyer des petits projectiles.

sarcasme (nom masculin) Moquerie méchante ou ironique. *Accabler un nouveau collègue de **sarcasmes**.* (Syn. **raillerie**.)
★ **Sarcasme** vient du grec *sarkazein* qui signifie « mordre la chair ».

sarcastique (adjectif) Qui est plein de sarcasme. *Ses remarques **sarcastiques** sont réellement méchantes !*

sarcelle (nom féminin) Petit canard sauvage.

sarcler (verbe) (conj. 3) Arracher les mauvaises herbes.

sarcloir (nom masculin) Houe à deux dents servant à sarcler. *L'horticulteur se sert d'un **sarcloir** pour désherber le massif de fleurs.*

sarcome (nom masculin) Cancer qui se développe aux dépens du tissu conjonctif. *Le patient est atteint d'un **sarcome** des os.*

sarcophage (nom masculin) Tombeau de pierre. *Les archéologues ont découvert des momies dans des **sarcophages**.*

sarde → tableau p. 6 / 7.

a b c d e f g h i j k l m n o p q r **s** t u v w x y z

sardine (nom féminin) Petit poisson de mer argenté, qui se déplace par bancs. *On a mis des **sardines** à griller sur le barbecue.*
★ **Sardine** vient du latin *sardina* qui signifie « poisson de Sardaigne ».

sardinier, ière (adjectif) Qui a un rapport avec la pêche et l'industrie alimentaire de la sardine. *Un bateau **sardinier**.*
■ **sardinier** (nom masculin) Pêcheur de sardines. *Les **sardiniers** vendent leurs poissons sur le port.*

sardonique (adjectif) • **Rire sardonique** : rire moqueur, sarcastique.

sari (nom masculin) Costume traditionnel des femmes de l'Inde, fait d'une grande pièce d'étoffe drapée autour du corps.

SARL (nom féminin) Sigle de **s**ociété **à r**esponsabilité **l**imitée. *Le directeur de la **SARL** est poursuivi pour fraude fiscale.*
▶ Prononciation [ɛsaɛʀɛl].

sarment (nom masculin) Branche que la vigne produit chaque année et qui porte les grappes de raisin.

sarrasin (nom masculin) Céréale à petits grains, appelée aussi « blé noir ». *Des galettes de **sarrasin**.*
★ **Sarrasin** vient du nom des *Sarrasins* désignant les musulmans d'Orient au Moyen Âge : la couleur noire des grains de cette plante évoque le teint sombre des Sarrasins.

sarrau, aus (nom masculin) Blouse courte et ample portée par-dessus les vêtements. *Des **sarraus** en toile de coton.*

sarriette (nom féminin) Plante herbacée, aux feuilles très odorantes, utilisées comme condiment. *La **sarriette** pousse dans les régions méditerranéennes.*

sas (nom masculin) Compartiment étanche fermé par deux portes hermétiques qui permet le passage entre deux milieux dont la pression est différente. *Le **sas** d'un sous-marin, d'un engin spatial.*
▶ Prononciation [sas].

satané, ée (adjectif) Synonyme de maudit. *Cette **satanée** panne nous a beaucoup retardés.*

satanique (adjectif) Qui fait penser au diable. *Un sourire **satanique**.*
★ **Satanique**, comme **satané**, vient de *Satan*, l'un des noms du diable.

satelliser (verbe) (conj. 3) Mettre sur orbite autour d'un corps céleste, de la Terre. *Les scientifiques observent un engin spatial qui se **satellise**.*

satellite (nom masculin) **1** Astre qui tourne autour d'une planète. *Le **satellite** de la Terre est la Lune.* **2** Engin lancé au moyen d'une fusée et qui tourne en orbite autour de la Terre. *Lancer un nouveau **satellite** de télécommunications.*

satiété (nom féminin) • **À satiété** : jusqu'à ce qu'on n'ait plus faim ou soif. *Sarah a cueilli les cerises sur le cerisier et en a mangé **à satiété**.*
▶ Prononciation [sasjete].
★ **Satiété** vient du latin *satis* qui signifie « assez » et qu'on retrouve dans **satisfaire**.

satin (nom masculin) Tissu doux et brillant. *Ce peignoir en **satin** est agréable à porter.*
★ **Satin** vient du nom d'une ville chinoise où l'on fabriquait ce tissu.

satiné, ée (adjectif) Qui a l'aspect brillant du satin. *Victor a choisi une peinture **satinée** pour repeindre sa chambre.*

satire (nom féminin) Écrit ou discours qui se moque de quelqu'un ou de quelque chose. *Cette pièce de théâtre est une **satire** des mœurs de notre époque.*

satirique (adjectif) Qui constitue une satire. *Ce journal **satirique** ridiculise les hommes politiques.*

satisfaction (nom féminin) Sentiment de plaisir d'une personne satisfaite. *Quelle **satisfaction** pour William d'apprendre qu'il passe en sixième !* (Syn. **joie**. Contr. **déception**.) • **Obtenir satisfaction** : recevoir ce que l'on réclamait. *Ils continueront leur grève tant qu'ils n'**auront** pas **obtenu satisfaction**.*

satisfaire (verbe) (conj. 42) **1** Correspondre à ce que quelqu'un souhaite. *Est-ce que ma réponse vous **satisfait** ?* (Syn. **contenter**.) **2** Faire ce qui est exigé. *Xavier **a satisfait** à ma demande.*
★ Famille du mot : **in**satisfait, satisfac**tion**, satisfais**ant**, satisfait.
★ Voir **satiété**.

satisfaisant, ante (adjectif) Qui donne de la satisfaction. *Ursula a des résultats très **satisfaisants** en français.*
▶ Prononciation [satisfəzɑ̃].

satisfait, aite (adjectif) Qui a obtenu ce qu'il souhaitait ou ce qu'il demandait. *Papa est très **satisfait** de sa nouvelle voiture.* (Syn. **content**. Contr. **mécontent**.)

satisfécit (nom masculin) Témoignage de satisfaction. *Le maître a décerné un **satisfécit** à son élève.*
▶ Prononciation [satisfesit].
▶ On écrit aussi **satisfecit**.

satrape (nom masculin) Homme despotique vivant dans les plaisirs et le faste. *Ce chef d'entreprise est un véritable **satrape**.*

saturation (nom féminin) État de ce qui est saturé ou d'une personne saturée.

saturé, ée (adjectif) **1** Qui est rempli à l'excès de quelque chose. *Un air **saturé** d'humidité.* **2** Qui est rassasié jusqu'au dégoût. *Zoé a vu trois films d'affilée, elle est **saturée** de cinéma !*

saturer (verbe) (conj. 3) **1** Fournir de façon excessive. *Papa **a saturé** Laura de conseils.* **2** Parvenir à saturation. *La mémoire de l'ordinateur **sature**.* **3** Dissoudre un corps dans un liquide jusqu'au degré de concentration maximale.

saturnisme (nom masculin) Intoxication aiguë ou chronique par le plomb ou par ses dérivés. *Le **saturnisme** se caractérise par de fortes douleurs abdominales.*

satyre (nom masculin) Divinité grecque représentée avec des petites cornes sur la tête, des jambes de bouc et une queue.

sauce (nom féminin) Liquide qui accompagne certains plats et leur donne du goût. *Anna prépare une **sauce** vinaigrette pour la salade et une **sauce** tomate pour les spaghettis.*
★ Famille du mot : saucer, saucière.
★ Sauce vient du latin *salsa* qui signifie « chose salée ».

saucer (verbe) (conj. 4) Essuyer la sauce avec du pain. *La sauce était si bonne que Yann n'a pas pu s'empêcher de **saucer** son assiette.*

saucière (nom féminin) Récipient que l'on utilise pour servir les sauces. *Mettre le jus du gigot dans une **saucière**.*

saucisse (nom féminin) Sorte de charcuterie ronde et longue, qui se mange chaude. *On met des **saucisses** dans la choucroute.*

saucisson (nom masculin) Sorte de grosse saucisse cuite ou séchée, qui se mange froide, coupée en rondelles. *Benjamin se prépare un sandwich au **saucisson**.*

saucissonner (verbe) (conj. 3) **1** Se restaurer sommairement avec des plats froids, des sandwichs. *Nous **avons saucissonné** sur une aire de repos.* **2** Découper en tranches. *Le film **était saucissonné** par de la publicité.*

① **sauf** (préposition) Synonyme d'excepté. *Mes amis sont tous venus à mon anniversaire, **sauf** Élodie qui était malade.*

② **sauf, sauve** (adjectif) • **Avoir la vie sauve** : ne pas avoir été tué ou blessé. *Il n'y a pas eu de victimes, tout le monde **a eu la vie sauve**.*

sauf-conduit (nom masculin) Document délivré par l'autorité compétente, permettant d'aller ou de séjourner quelque part sans être arrêté. *Les voyageurs ont pu traverser le pays grâce à un **sauf-conduit**.*
▶ Pluriel : des **sauf-conduits**.
▶ On écrit aussi **saufconduit**.

sauge (nom féminin) Plante aromatique et médicinale. *Une tisane de **sauge**.*

saugrenu, ue (adjectif) Qui surprend par son caractère bizarre ou inattendu. *Vouloir sortir quand il pleut est vraiment une idée **saugrenue**.*

saule (nom masculin) Arbre qui pousse dans les endroits humides. *L'osier est fourni par les branches souples des **saules**.*

saumâtre (adjectif) Se dit d'une eau qui a le goût salé de l'eau de mer. *L'eau **saumâtre** de la lagune.*

saumon (nom masculin) Gros poisson à chair rose. *Les **saumons** vivent dans la mer et remontent les fleuves pour y pondre leurs œufs.*

saumoné, ée (adjectif) Se dit de poissons à chair rose. *Le poissonnier a de la truite **saumonée** sur son étal.*

saumure (nom féminin) Liquide salé utilisé pour conserver certains aliments. *Les anchois, les harengs, les olives sont mis dans un bain de **saumure**.*

sauna (nom masculin) Établissement ou pièce où l'on prend des bains de vapeur.

saupoudrer (verbe) (conj. 3) Répandre une matière en poudre sur un aliment. *Pour obtenir un bon gratin, il faut le **saupoudrer** de fromage râpé.*

saur (adjectif masculin) • **Hareng saur** : hareng salé, séché et fumé.

saurien (nom masculin) Reptile au corps couvert d'écailles. *Les lézards, les caméléons, les crocodiles sont des **sauriens**.*
★ Voir **dinosaure**.

saut (nom masculin) Action de sauter. *Cet athlète vient de remporter le championnat de **saut** en hauteur.* • **Faire un saut quelque part** : aller rapidement quelque part sans y rester. • **Saut périlleux** : saut acrobatique au cours duquel le corps fait un tour complet sur lui-même.

saute (nom féminin) Changement brusque et subit. *Une **saute** de température. Des **sautes** d'humeur.*

sauté (nom masculin) Plat fait de morceaux de viande que l'on fait sauter.

saute-mouton (nom masculin) Jeu dans lequel on saute par-dessus quelqu'un d'autre qui se tient courbé. *Les enfants jouent à **saute-mouton** dans le jardin.*
▶ Pluriel : des **saute-moutons**.

sauter (verbe) (conj. 3) **1** S'élever au-dessus du sol et retomber. *Il faut **sauter** pour franchir le ruisseau. Fatima **saute** à la corde.* **2** S'élancer d'un endroit élevé et se précipiter dans le vide. ***Sauter** en parachute.* **3** Être projeté brusquement en l'air. ***Sauter** sur une mine.* **4** Être détruit par un explosif. *Faire **sauter** un pont.* **5** Cuire à feu vif dans de la graisse. *Des pommes de terre **sautées**.* **6** Omettre quelque chose. *Tu **as sauté** un mot, ta phrase est illisible.* • **Sauter au cou de quelqu'un** : s'élancer vers lui pour l'embrasser. • **Sauter aux yeux** : être évident.
★ Famille du mot : saut, saute, sauté, saute-mouton, sauterelle, sautiller, sautoir.

sauterelle (nom féminin) Insecte qui se déplace en sautant. *Les **sauterelles** ont de très longues pattes arrière.*

sautiller (verbe) (conj. 3) Faire des petits sauts.

sautoir (nom masculin) **1** Endroit où l'on s'exerce au saut. **2** Long collier qui descend sur la poitrine. *Un **sautoir** de perles.*

sauvage (adjectif) **1** Qui n'est pas apprivoisé et vit en liberté. *Le sanglier est un animal **sauvage**.* (Contr. **domestique**.) **2** Qui pousse tout seul, sans être

a b c d e f g h i j k l m n o p q r s t u v w x y z

a b c d e f g h i j k l m n o p q r s t u v w x y z

cultivé. *Dans les champs, on trouve des bleuets et des coquelicots **sauvages**.* **3** Qui n'est ni habité ni cultivé. *Cette région est très **sauvage**.*

■ **sauvage** (adjectif et nom) **1** Qui préfère la solitude plutôt que la compagnie des autres. *Clément est timide et **sauvage**.* (Contr. **sociable**.) **2** Qui vit en dehors de la civilisation. *Des tribus **sauvages**.* **3** Qui est barbare, cruel. *Cet homme a eu un comportement de **sauvage**.*

sauvageon, onne (nom) Enfant au caractère sauvage. *Quelle **sauvageonne** ! Elle s'est enfuie dès notre arrivée.*

sauvagerie (nom féminin) Caractère d'un acte sauvage, barbare. *Ils se sont battus avec **sauvagerie**.* (Syn. **brutalité**, **cruauté**.)

sauvegarde (nom féminin) Fait de sauvegarder quelque chose. *Se battre pour la **sauvegarde** de la nature.* (Syn. **protection**.)

sauvegarder (verbe) (conj. 3) Empêcher la destruction de quelque chose. ***Sauvegarder** la faune et la flore d'une région.* (Syn. **préserver**.)

sauve-qui-peut (nom masculin) Panique entraînant une fuite désordonnée. *Un début d'incendie au fond du magasin a provoqué un **sauve-qui-peut** général.*
▶ Pluriel : des **sauve-qui-peut**.

sauver (verbe) (conj. 3) **1** Faire échapper quelqu'un à un danger ou à la mort. *Les passagers de l'avion **ont été sauvés** par le sang-froid du pilote.* **2** Se sauver : s'enfuir précipitamment. *Les chats **se sont sauvés** à l'arrivée du chien.*
★ Famille du mot : sauve-qui-peut, sauv**etage**, sauve**teur**, sauv**eur**.

sauvetage (nom masculin) Action de sauver quelqu'un d'un danger. *Plusieurs bateaux ont été nécessaires pour le **sauvetage** des naufragés.*

sauveteur (nom masculin) Personne qui participe à un sauvetage.

à la **sauvette** (adverbe) Très vite et discrètement. *Il est parti **à la sauvette** avant la fin de la réunion.*

sauveur (nom masculin) Personne qui sauve quelqu'un d'un grave danger. *Il a sauvé David de la noyade, il est son **sauveur**.*

savamment (adverbe) De façon savante. *Tout a été **savamment** calculé.*

savane (nom féminin) Très grande prairie des régions tropicales, où poussent de hautes herbes. *Le lion rôde dans la **savane**.*

savant, ante (adjectif) **1** Qui sait beaucoup de choses. *Gaëlle est très **savante** en histoire des Gaulois, car elle a lu de nombreux livres sur ce sujet.* **2** Se dit d'un animal dressé pour le cirque. *Le numéro des singes **savants** a beaucoup plu aux enfants.* **3** Qui suppose des connaissances. *Ces mots sont trop **savants** pour Benjamin.* (Syn. **compliqué**, **difficile**.)

■ **savant, ante** (nom) Personne qui possède de vastes connaissances et contribue au progrès d'une science.

savarin (nom masculin) Gâteau en forme de couronne, imbibé de sirop à la liqueur et servi avec des fruits confits ou de la crème. *David cherche la recette du **savarin** dans son livre de cuisine.*
★ **Savarin** vient du nom de l'écrivain et cuisinier Brillat-Savarin.

savate (nom féminin) Vieille pantoufle ou vieille chaussure.

saveur (nom féminin) Goût caractéristique de quelque chose. *La **saveur** amère des endives.*
★ Famille du mot : savour**er**, savour**eux**.

① **savoir** (verbe) (conj. 28) **1** Être informé de quelque chose. ***Sais**-tu à quelle heure ferme la pharmacie ?* **2** Avoir appris quelque chose et le garder dans sa mémoire. *Kevin **sait** parfaitement sa récitation.* (Syn. **connaître**.) **3** Être capable de faire quelque chose. *Hélène **sait** nager mais ne **sait** pas encore bien plonger.*
★ Famille du mot : savamment, savant, savoir-faire, savoir-vivre.

② **savoir** (nom masculin) Ensemble des connaissances. *Le **savoir** de cet homme est immense.*

savoir-faire (nom masculin) Habilité acquise par la pratique. *Ce travail demande un certain **savoir-faire**.*
▶ Pluriel : des **savoir-faire**.

savoir-vivre (nom masculin) Connaissance des règles de la politesse. *Dire bonjour et merci sont des signes de **savoir-vivre**.*
▶ Pluriel : des **savoir-vivre**.

savon (nom masculin) Produit qui sert à nettoyer, à laver. • Passer un savon à quelqu'un : dans la langue familière, le réprimander vivement.
★ Famille du mot : savonn**er**, savonn**ette**, savonn**eux**.

savonner (verbe) (conj. 3) Laver avec du savon. *Julie se **savonne** les mains avant de passer à table.*

savonnette (nom féminin) Petit savon pour la toilette. *Une **savonnette** parfumée à la lavande.*

savonneux, euse (adjectif) Qui contient du savon. *Une eau **savonneuse**.*

savourer (verbe) (conj. 3) Synonyme de déguster. *Laura prend son temps pour **savourer** le sorbet aux framboises.*

savoureux, euse (adjectif) Qui a une saveur délicieuse. *Ces fraises des bois sont **savoureuses**.*

savoyard, arde → tableau p. 6 / 7.

saxophone (nom masculin) Instrument de musique à vent, en cuivre.
▶ **Saxophone** s'abrège **saxo**.
★ **Saxophone** vient du nom d'*Adolphe Sax* qui inventa cet instrument en 1841.

saxophoniste (nom) Personne qui joue du saxophone.

saynète (nom féminin) Synonyme de sketch.

sbire (nom masculin) Personne sans scrupule, qui exécute sur commande des actes malhonnêtes. *Un chef de bande entouré de ses* ***sbires****.*

scabreux, euse (adjectif) Qui peut choquer. *Il raconte toujours des histoires* ***scabreuses****.*

scalaire (adjectif) Qui concerne une grandeur dont la mesure dans un système d'unités s'exprime par un nombre seul. On parle de grandeurs **scalaires** par opposition aux grandeurs vectorielles. *Les valeurs* ***scalaires*** *évoquent l'idée de classement.*

scalène (adjectif) Qui concerne un triangle dont les trois côtés sont inégaux. *Un triangle* ***scalène*** *et un triangle isocèle.*
▪ **scalène** (nom masculin) Chacun des trois muscles de la région située sous la clavicule, qui servent à l'inspiration.

scalp (nom masculin) Peau du crâne avec les cheveux, que certains Indiens arrachaient à leurs ennemis pour en faire un trophée.

scalpel (nom masculin) Instrument de chirurgie à lame courte, très tranchant.

scalper (verbe) (conj. 3) Arracher la peau du crâne et les cheveux.

scandale (nom masculin) Fait qui provoque la colère, l'indignation ou la honte. *Cet innocent a été condamné, c'est un* ***scandale*** *!*
★ Famille du mot : scandal**eux**, scandal**iser**.

scandaleux, euse (adjectif) Qui scandalise. *C'est* ***scandaleux*** *de voir ces animaux vivre dans de telles conditions !*

scandaliser (verbe) (conj. 3) Choquer profondément. *Sa conduite m'****a scandalisé****.*

scander (verbe) (conj. 3) Prononcer des mots en articulant les syllabes séparément et sur un certain rythme. *Les supporteurs* ***scandent*** *: « On a gagné ! »*

scandinave → tableau p. 6 / 7.

scanner (nom masculin) Appareil de radiographie relié à un ordinateur, qui permet de reproduire sur un écran les images de l'intérieur du corps.
► Prononciation [skanɛʀ].
★ **Scanner** vient de l'anglais *to scan* qui signifie « examiner ».

scansion (nom féminin) Action ou manière de scander un vers.

scaphandre (nom masculin) Équipement étanche qui permet de respirer sous l'eau ou dans l'espace.

scaphandrier (nom masculin) Plongeur équipé d'un scaphandre.

scapulaire (nom masculin) Vêtement de certains religieux, fait d'une pièce d'étoffe tombant des épaules, devant et derrière. *Un religieux catholique latin vêtu d'un* ***scapulaire****.*
▪ **scapulaire** (adjectif) De l'épaule. *Les veines* ***scapulaires****.*
★ **Scapulaire** vient du mot latin *scapula* qui signifie « épaule ».

scarabée (nom masculin) Coléoptère au corps noir et brillant.

scarification (nom féminin) Incision peu profonde de la peau. *Le BCG est fait par* ***scarification****.*

scarlatine (nom féminin) Maladie contagieuse qui se manifeste par de la fièvre et des plaques rouges sur le corps.
★ **Scarlatine** vient du mot latin *scarlatum* qui signifie « écarlate ».

scarole (nom féminin) Variété de salade aux larges feuilles un peu croquantes.

scatologie (nom féminin) Propos, écrits grossiers portant sur les excréments.

sceau, sceaux (nom masculin) Cachet gravé en creux, permettant de faire une marque avec de la cire. • **Garde des Sceaux** : ministre de la Justice, en France.

scélérat, ate (nom) Personne capable de crimes ou d'actions malhonnêtes.

sceller (verbe) (conj. 3) **1** Fermer avec un sceau. *Le notaire* ***a scellé*** *le testament.* **2** Fixer avec du plâtre ou du ciment. *Le maçon* ***a scellé*** *la grille du jardin.* (Contr. **desceller.**)

scellés (nom masculin pluriel) Bande d'étoffe ou de papier fixée par de la cire empreinte d'un sceau officiel, apposée par autorité de justice sur un meuble ou un local pour en empêcher l'ouverture. *L'appartement du défunt fut mis sous* ***scellés****.*

scénario (nom masculin) Texte qui décrit les différentes scènes d'un film.

scénariste (nom) Auteur de scénarios.

scène (nom féminin) **1** Partie d'un théâtre où jouent les acteurs. *À la fin de la pièce, les comédiens se rassemblent sur la* ***scène*** *pour saluer.* **2** Partie d'une pièce de théâtre. *Acte III,* ***scène*** *2.* **3** Action d'une pièce ou d'un film. *La première* ***scène*** *du film se passe dans une forêt.* **4** Évènement auquel on assiste. *C'était une* ***scène*** *incroyable : une femme se promenait avec un serpent autour du cou !* **5** Violente colère. *Pierre a fait une* ***scène*** *quand ses parents lui ont dit qu'il serait privé de sortie.* • **Scène de ménage** : dispute au sein d'un couple.

scénique (adjectif) Qui a rapport à la scène, au théâtre. *Les didascalies donnent les indications* ***scéniques*** *aux comédiens.*

scénographie (nom féminin) Art de l'aménagement de la scène d'un théâtre. *Le metteur en scène est assisté d'une spécialiste en* ***scénographie****.*

scepticisme (nom masculin) Attitude d'une personne sceptique. *Quentin m'a écouté avec beaucoup de* ***scepticisme****.*

sceptique (adjectif) Qui doute de quelque chose. *Romain pense qu'il va pouvoir partir seul, mais ses parents sont* ***sceptiques****.*

sceptre (nom masculin) Bâton qui est le symbole de l'autorité royale. *Les monarques sont souvent représentés un* ***sceptre*** *à la main.*

schah (nom masculin) Titre des souverains d'Iran.
▶ Prononciation [ʃa].
▶ On écrit aussi **shah** ou **chah**.

scheikh Voir ***cheik***.

schelem Voir ***chelem***.

schéma (nom masculin) Dessin très simple qui explique quelque chose. *Ce* ***schéma*** *explique comment monter la bibliothèque.*
★ Famille du mot : schéma**tique**, schéma**tiquement**, schéma**tiser**.

schématique (adjectif) Qui est très simplifié. *Myriam a fait un dessin* ***schématique*** *d'un aéroglisseur pour son exposé.*

schématiquement (adverbe) De façon schématique. *Thomas nous a expliqué* ***schématiquement*** *son plan.*

schématiser (verbe) (conj. 3) Représenter de façon schématique. *Cette carte de la région* ***est*** *très* ***schématisée****.*

scherzo (nom masculin) Morceau de musique de caractère vif et brillant. *Le* ***scherzo*** *peut se substituer au menuet dans la symphonie.*
▶ Prononciation [skɛʀdzo].
★ **Scherzo** est un mot italien.

schilling (nom masculin) Ancienne unité monétaire principale de l'Autriche devenue une subdivision de l'euro.
▶ Prononciation [ʃiliŋ].

schisme (nom masculin) **1** Rupture de l'unité des fidèles, dans une religion. *Le grand* ***schisme*** *d'Occident dans la religion catholique.* (Syn. **scission.**) **2** Au sens figuré, division dans un mouvement, un parti. *Ce désaccord a provoqué un* ***schisme*** *au sein du parti.* (Syn. **dissidence.**)

schiste (nom masculin) Roche constituée de minces feuilles superposées. *L'ardoise est un* ***schiste****.*

schizophrène (adjectif et nom) Qui est atteint d'une psychose altérant profondément la personnalité et entraînant un repli sur soi. *Les* ***schizophrènes*** *perdent souvent la notion du temps.*

schuss (nom masculin) Descente à ski suivant la ligne de la plus grande pente.
▶ Prononciation [ʃus].

sciatique (nom féminin) Douleur violente qui va du bas du dos à la jambe. *Il a du mal à se baisser car il a une* ***sciatique****.*

scie (nom féminin) Outil muni d'une lame à dents et qui sert à couper. *Papa se sert d'une* ***scie*** *pour couper les branches mortes.*
★ Famille du mot : sci**er**, sci**erie**, sci**ure**.

sciemment (adverbe) En sachant ce qu'on fait. *Victor a* ***sciemment*** *bousculé sa petite sœur.* (Syn. **volontairement.**)
▶ Prononciation [sjamɑ̃].

science (nom féminin) **1** Ensemble des connaissances humaines. *La* ***science*** *n'arrête pas de progresser.* **2** Ensemble de connaissances dans un domaine. *La physique, la chimie, la biologie sont des* ***sciences****.*

science-fiction (nom féminin) Histoire qui se déroule dans un monde futur tel qu'on peut l'imaginer avec les progrès scientifiques. *Un film de* ***science-fiction****.*
▶ Pluriel : des **sciences-fictions**.

scientifique (adjectif) **1** Qui concerne la science ou les sciences. *La recherche* ***scientifique****.* **2** Qui est conforme aux méthodes rigoureuses et précises des sciences. *Une étude* ***scientifique*** *sur les abeilles.*

▪ **scientifique** (nom) Savant spécialiste d'une science. *Pasteur était un grand* ***scientifique****.*

scientisme (nom masculin) Attitude intellectuelle qui prétend trouver des solutions aux problèmes philosophiques dans la science.

scier (verbe) (conj. 10) Couper avec une scie. *Cette planche est trop longue, il faut la* ***scier****.*

scierie (nom féminin) Usine où l'on scie le bois pour en faire des planches.

scinder (verbe) (conj. 3) Diviser un groupe. *Pour faire un tournoi, nous allons* ***scinder*** *la classe en deux équipes.*

scintigraphie (nom féminin) Procédé de diagnostic consistant à suivre le cheminement dans l'organisme d'une substance radioactive qui émet des rayons gamma. *Le radiologue fait des* ***scintigraphies****.*

scintillant, ante (adjectif) Qui scintille. *Noémie a des yeux* ***scintillants*** *de malice.*

scintillement (nom masculin) Éclat de ce qui scintille. *Le* ***scintillement*** *d'un diamant.*

scintiller (verbe) (conj. 3) Briller d'un éclat irrégulier et tremblant. *Les étoiles* ***scintillent****.*
★ Famille du mot : scintill**ant**, scintill**ement**.

scion (nom masculin) **1** Jeune rameau mince et flexible. *Thomas s'est fabriqué une canne à pêche avec un* ***scion****.* **2** Brin très fin qui termine une canne à pêche. *La ligne est attachée au* ***scion****.*
▶ Prononciation [sjɔ̃].

scission (nom féminin) Fait de se scinder. *La* ***scission*** *d'un parti politique.*

scissipare (adjectif) Dont le mode de reproduction asexuée se fait par division en deux. *La plupart des bactéries sont* ***scissipares****.*

sciure (nom féminin) Poussière qui tombe quand on scie du bois.

sclérodermie (nom féminin) Affection cutanée caractérisée par un durcissement de la peau.

sclérose (nom féminin) Maladie qui se manifeste par le durcissement d'un organe, d'un tissu ou d'une artère.

se **scléroser** (verbe) (conj. 3) **1** Être atteint par la sclérose. **2** Être incapable d'évoluer, de s'adapter ou de progresser. *Ce parti politique **s'est sclérosé**.*

scolaire (adjectif) Qui a un rapport avec l'école ou l'enseignement. *Les écoles, les collèges et les lycées sont des établissements **scolaires**.*
★ Famille du mot : scolar**iser**, scolar**ité**.
★ **Scolaire** vient du latin *schola* qui signifie « école ».

scolariser (verbe) (conj. 3) Faire suivre un enseignement scolaire. *Dans certains pays, beaucoup d'enfants ne **sont** pas **scolarisés**.*

scolarité (nom féminin) Fait d'aller à l'école. *En France, la **scolarité** est obligatoire jusqu'à 16 ans.*

scolastique (nom féminin) Enseignement de la philosophie et de la théologie dans les universités du Moyen Âge. *La **scolastique** était étroitement liée à la théologie chrétienne.*
■ **scolastique** (nom masculin) Théologien, philosophe qui enseignait la scolastique au Moyen Âge.

scoliose (nom féminin) Déformation latérale de la colonne vertébrale.

scolopendre (nom féminin) Mille-pattes du sud de la France, dont la piqûre est douloureuse.

scoop (nom masculin) Information importante donnée en exclusivité par un journaliste. *La radio vient d'annoncer un **scoop** : la démission du Premier ministre.*
► **Scoop** est un mot anglais : on prononce [skup].

scooter (nom masculin) Véhicule à moteur à deux petites roues, sur lequel le pilote est assis et non à califourchon.
► **Scooter** est un mot anglais : on prononce [skutœʀ].
► On écrit aussi **scooteur**.

scorbut (nom masculin) Maladie due à un manque de vitamines.
► Prononciation [skɔʀbyt].

score (nom masculin) Nombre de points obtenus dans un jeu, un match ou dans une élection. *Ce candidat a fait un très bon **score** électoral.*

scories (nom féminin pluriel) Déchets obtenus après la fusion des minerais.

scorpion (nom masculin) Animal qui a une carapace, deux pinces et qui porte un aiguillon venimeux au bout de sa queue.

scotch (nom masculin) Ruban adhésif transparent. *Odile répare son cahier déchiré avec du **scotch**.*
★ **Scotch** est le nom d'une marque.

scotcher (verbe) (conj. 3) Fixer avec du scotch. *William **a scotché** un poster au mur de sa chambre.*

scout, scoute (nom) Garçon ou fille qui fait partie d'un mouvement de scoutisme. *Un camp de **scouts** s'est installé près de la forêt.*

scoutisme (nom masculin) Mouvement qui réunit des jeunes pour des activités destinées à compléter leur éducation morale et physique.

scrabble (nom masculin) Jeu de société qui consiste à former des mots sur une grille, à l'aide de jetons portant une lettre de l'alphabet.
► Prononciation [skʀabl] ou [skʀabəl].
★ **Scrabble** est le nom d'une marque.

scratch (nom masculin) **1** Fermeture à velcro. *Des chaussures à **scratch**.* **2** Action de scratcher.
► Prononciation [skʀatʃ].
★ **Scratch** est un mot anglais.

scratcher (verbe) (conj. 3) **1** Produire un effet sonore en frottant la surface d'un disque en vinyle pendant qu'il tourne. *Le rappeur **scratche** sur ses platines.* **2** **Se scratcher** : dans la langue familière s'écraser contre un obstacle.

scribe (nom masculin) Dans l'Antiquité, personne qui avait la charge de rédiger les actes administratifs ou religieux. *Le **scribe** égyptien écrivait sur un papyrus.*

script (nom masculin) **1** Écriture manuscrite proche des caractères d'imprimerie. **2** Scénario écrit d'un film, avec les dialogues et des indications de mise en scène.

scripte (nom) Personne qui assiste le réalisateur d'un film et qui doit noter les détails de chaque prise de vue pendant le tournage.

scripteur (nom masculin) Personne qui écrit. *On parle de **scripteur** par opposition au locuteur.*

scriptural, ale, aux (adjectif) • **Monnaie scripturale** : monnaie créée et transférée par des écritures d'un compte à un autre, comme les chèques et les virements.

scrofulaire (nom féminin) Plante médicinale herbacée. *La **scrofulaire** dégage une odeur très désagréable.*

scrotum (nom masculin) Enveloppe cutanée des testicules.
► Prononciation [skʀɔtɔm].

scrupule (nom masculin) Doute et hésitation qu'on éprouve quand on a peur de mal agir. *Xavier a des **scrupules** à faire cette mauvaise plaisanterie.*
★ Famille du mot : scrupul**eusement**, scrupul**eux**.

scrupuleusement (adverbe) De façon scrupuleuse. *Il faut suivre **scrupuleusement** le mode d'emploi.*

scrupuleux, euse (adjectif) Qui a souvent des scrupules. *Cet homme n'est pas très **scrupuleux** en affaires.*

scrutateur, trice (adjectif) Qui scrute. *Un regard curieux et **scrutateur**.*
■ **scrutateur, trice** (nom) Personne chargée du dépouillement, de la vérification d'un scrutin. *Les **scrutateurs** d'un bureau de vote.*

a b c d e f g h i j k l m n o p q r s t u v w x y z

scruter (verbe) (conj. 3) Observer avec beaucoup d'attention pour essayer de découvrir quelque chose. *Les matelots **scrutent** l'horizon en espérant voir la terre.*

scrutin (nom masculin) Vote au cours duquel chaque électeur met son bulletin dans une urne.

sculpter (verbe) (conj. 3) Représenter des formes en taillant une matière dure. *Cet artiste **sculpte** surtout la pierre et le marbre.*
▶ Prononciation [skylte].
★ Famille du mot : sculpt**eur**, sculpt**ure**.

sculpteur, trice (nom) Artiste qui sculpte. *Rodin est un célèbre **sculpteur** français.*
▶ Prononciation [skyltœʀ].

sculpture (nom féminin) **1** Art de sculpter. *Cet atelier donne des cours de **sculpture**.* **2** Œuvre d'art faite par un sculpteur. *À l'entrée de l'exposition, il y a une **sculpture** gigantesque.*
▶ Prononciation [skyltyʀ].

SDF (nom) Personne sans travail ni logement, qui vit dans la rue. *Ce centre d'hébergement accueille les **SDF** durant l'hiver.*
▶ Prononciation [ɛsdeɛf].
★ SDF est le sigle de *sans domicile fixe*.

se (pronom) Pronom personnel de la troisième personne du singulier et du pluriel. *Yann **se** regarde dans la glace. Ils **se** sont déjà rencontrés. Elle **s'**habille. Ils **s'**embrassent.*
▶ **Se** devient **s'** devant une voyelle ou un h muet.

séance (nom féminin) **1** Réunion d'une assemblée, où l'on discute. *À cause d'un incident, la **séance** a été suspendue.* **2** Moment consacré à une activité. *Une **séance** d'entraînement.* **3** Représentation d'un spectacle à une heure précise. *La prochaine **séance** est à 20 heures.*

séant (nom masculin) • **Être** *ou* **se mettre sur son séant** : dans la langue littéraire, être assis ou s'asseoir.

seau, seaux (nom masculin) Récipient muni d'une anse. *Un **seau** d'eau.*

sébacé, ée (adjectif) Qui a rapport au sébum. • **Glandes sébacées** : glandes généralement annexées à la base des poils et qui sécrètent le sébum.

sébile (nom féminin) Coupelle utilisée autrefois pour recueillir les aumônes. *La **sébile** d'un mendiant.*

sébum (nom masculin) Substance grasse, sécrétée par les glandes sébacées, qui protège et lubrifie la peau. *Les peaux grasses ont un excès de **sébum**.*
▶ Prononciation [sebɔm].

sec, sèche (adjectif) **1** Qui n'est pas mouillé. *Va au jardin voir si les draps sont **secs**.* **2** Qui n'est pas pluvieux. *Quand le temps est très **sec**, il faut arroser souvent.* (Contr. **humide**.) **3** Qu'on a fait sécher pour la conservation. *Des fruits et des légumes **secs**.* (Contr. **frais**.) **4** Qui manifeste un manque d'amabilité ou de douceur. *Il m'a répondu d'un ton **sec**.* **5** Qui n'est pas sucré. *Papa a acheté du vin blanc **sec** pour faire la cuisine.* (Contr. **doux**.)
■ **sec** (nom masculin) Endroit qui est à l'abri de l'humidité. *Il faut conserver ces gâteaux au **sec** sinon ils deviennent mous.* • **À sec** : où il n'y a pas d'eau. *Nettoyage **à sec**. La rivière est totalement **à sec**.*
★ Famille du mot : as**sécher**, des**sécher**, séch**age**, sèche-cheveu, sèche-linge, sèche-main, sèch**ement**, séch**er**, séch**eresse**, séch**oir**.

sécable (adjectif) Qui peut être coupé, divisé. *Le médecin m'a prescrit des comprimés **sécables**.*

SÉCAM (nom masculin) Procédé français de télévision en couleurs. *Un magnétoscope PAL/ **SÉCAM**.*
★ SÉCAM est l'acronyme de ***sé**quentiel **à** **m**émoire*.

sécant, ante (adjectif) Qui coupe une courbe ou une surface. *L'élève trace une courbe **sécante**.*
■ **sécante** (nom féminin) Droite sécante.

sécateur (nom masculin) Outil de jardinage qui ressemble à de gros ciseaux. *Sarah se sert du **sécateur** pour couper une branche de lilas.*

sécession (nom féminin) Fait de se séparer d'un groupe ou d'un pays. *Après avoir fait **sécession**, cette région est devenue indépendante.*

séchage (nom masculin) Action de sécher ou de faire sécher. *Les pêcheurs tendent des fils pour le **séchage** des poissons.*

sèche-cheveu (nom masculin) Séchoir à cheveux.
▶ On écrit aussi un **sèche-cheveux**.
▶ Pluriel : des **sèche-cheveux**.

sèche-linge (nom masculin) Machine électrique pour sécher le linge.
▶ Pluriel : des **sèche-linges** ou des **sèche-linge**.

sèche-main (nom masculin) Appareil à air chaud pulsé, destiné à sécher les mains après lavage. *Les **sèche-mains** sont installés dans les lieux publics.*
▶ Pluriel : des **sèche-mains**.

sèchement (adverbe) Avec dureté et froideur. *Répondre **sèchement** à une demande.*

sécher (verbe) (conj. 8) **1** Devenir sec. *Ursula a mis le linge à **sécher** au soleil.* **2** Rendre sec. *Tu devrais te **sécher** les cheveux, sinon tu risques d'attraper un rhume.*

sècheresse (nom féminin) Longue période où il ne pleut pas. *Les récoltes sont peu abondantes à cause de la **sècheresse**.*
▶ On écrit aussi **sécheresse**.

séchoir (nom masculin) Ensemble de fils métalliques sur lesquels on met du linge à sécher. *Zoé étend ses vêtements mouillés sur le **séchoir**.* • **Séchoir à cheveux** : appareil électrique pour sécher les cheveux. (Syn. **sèche-cheveu**.)

second, onde (adjectif et nom) Qui vient juste après le premier. *Il y a une **seconde** place sur cette moto.* (Syn. **deuxième**.)

■ **second** (nom masculin) Personne qui seconde quelqu'un. *Il est le **second** du commandant.*
■ **seconde** (nom féminin) Cinquième année de l'enseignement secondaire.
▶ Prononciation [səgɔ̃].
★ **Second** vient du latin *secundus* qui signifie « suivant ».

secondaire (adjectif) Qui n'est pas le plus important. *Dommage que cet excellent acteur n'ait qu'un rôle **secondaire**.* • **Enseignement secondaire** : enseignement qui suit l'enseignement primaire et qui va de la sixième à la terminale. • **Ère secondaire** : période géologique au cours de laquelle sont apparus les reptiles et les premiers mammifères. • **Secteur secondaire** : ensemble des activités économiques qui concernent l'activité industrielle.
■ **secondaire** (nom masculin) Enseignement secondaire. *Un professeur du **secondaire**.*
▶ Prononciation [səgɔ̃dɛʀ].

① **seconde** Voir ***second***.

② **seconde** (nom féminin) **1** Soixantième partie d'une minute. *Dans une heure, il y a 3 600 secondes.* **2** Temps très court. *Attends-moi juste une **seconde**, j'arrive !*
▶ Prononciation [səgɔ̃d].
★ La **seconde** s'appelle ainsi car c'est la *seconde* division de l'heure, la minute étant la première.

seconder (verbe) (conj. 3) Aider quelqu'un dans son travail. *Cet avocat **est secondé** par plusieurs collaborateurs.*
▶ Prononciation [səgɔ̃de].

secouer (verbe) (conj. 3) **1** Agiter fortement. *Anna **secoue** le pommier pour faire tomber les pommes.* **2** Ébranler quelqu'un, physiquement ou moralement. *Une grosse grippe l'**a** beaucoup **secoué**.*

secourable (adjectif) Qui porte volontiers secours à autrui.

secourir (verbe) (conj. 16) Aller au secours de quelqu'un qui est en danger. *Les pompiers ont pu **secourir** à temps l'homme qui allait se noyer.*
★ Famille du mot : secour**able**, secour**isme**, secour**iste**, secours.

secourisme (nom masculin) Méthode pour porter les premiers secours aux blessés. *Mon grand frère prend des cours de **secourisme**.*

secouriste (nom) Personne qui pratique le secourisme. *Les **secouristes** sont intervenus tout de suite après l'accident.*

secours (nom masculin) Aide qu'on apporte à quelqu'un qui est en danger ou dans le besoin. *Porter **secours** à un blessé, à une personne en détresse.* • **Au secours !** : cri pour appeler à l'aide. • **De secours** : qu'on utilise en cas de danger ou de panne. *Une sortie **de secours**. En cas de crevaison, on utilise la roue **de secours**.*

secousse (nom féminin) Mouvement qui secoue. *Les **secousses** du tremblement de terre ont été ressenties dans toute la région.*

secret, ète (adjectif) **1** Qui est connu par très peu de gens et qui doit rester caché. *Benjamin met son argent dans un endroit **secret**.* **2** Qui ne se confie pas facilement. *Élodie est très **secrète** et n'exprime pas ses sentiments.* (Syn. **réservé**.)
■ **secret** (nom masculin) Chose qu'on ne doit dire à personne. *Clément m'a confié un **secret**.* • **En secret** : en cachette, secrètement.

secrétaire (nom) Personne chargée du courrier de quelqu'un, de répondre au téléphone et de prendre les rendez-vous. *Cette entreprise recrute des **secrétaires** bilingues.*
■ **secrétaire** (nom masculin) Meuble à tiroirs qui comporte un panneau mobile sur lequel on peut écrire.

secrétariat (nom masculin) **1** Métier de secrétaire. *Une école de **secrétariat**.* **2** Bureau où travaillent des secrétaires. *Le **secrétariat** médical est ouvert jusqu'à 19 heures.*

secrètement (adverbe) De façon secrète. *Ils se sont rencontrés **secrètement** pendant la nuit.*

sécréter (verbe) (conj. 8) Produire des substances liquides, en parlant de l'organisme. *Les glandes salivaires **sécrètent** la salive.*

sécrétion (nom féminin) Liquide sécrété. *La sueur, la salive, les larmes sont des **sécrétions** corporelles.*

sectaire (adjectif) Qui n'admet pas les opinions différentes des siennes. *Essaie d'écouter les autres et d'être moins **sectaire** !*

sectarisme (nom masculin) Défaut d'une personne sectaire.

secte (nom féminin) Groupe de personnes vivant en communauté sous l'influence d'un guide spirituel. *Certaines **sectes** sont très dangereuses.*

secteur (nom masculin) **1** Partie d'un territoire ou d'une région. *Tout un **secteur** de la ville est réservé aux piétons.* **2** Ensemble d'activités économiques. *Le **secteur** privé et le **secteur** public.*
★ **Secteur**, comme **section**, vient du latin *secare* qui signifie « couper ».

section (nom féminin) **1** Division dans un groupe ou une organisation. *Au moment de l'inscription, il hésite encore entre la **section** scientifique et la **section** technique.* **2** Portion d'une route ou d'un parcours. *Cette **section** d'autoroute n'est pas payante.*

sectionner (verbe) (conj. 3) Couper net. *Quelqu'un de malveillant **a sectionné** le fil du téléphone.*

sectoriser (verbe) (conj. 3) Répartir en secteurs géographiques. *L'Administration **sectorise** le service de la Poste.*

séculaire (adjectif) Qui existe depuis au moins un siècle. *Respecter des traditions **séculaires**.*

séculier, ière (adjectif) Qui appartient au monde laïque, et non à l'Église. *Les juridictions **séculières** par opposition aux tribunaux d'Église.*
■ **séculier** (adjectif masculin et nom masculin) Qui concerne les ecclésiastiques qui ne sont pas soumis à la règle d'un ordre religieux. *Le clergé **séculier**.*

a b c d e f g h i j k l m n o p q r s t u v w x y z

secundo (adverbe) En second lieu. *Primo, **secundo** et tertio.* (Syn. **deuxièmement.**)
▶ Prononciation [səgɔ̃do].
★ **Secundo** est un mot latin.

sécuriser (verbe) (conj. 3) Donner un sentiment de sécurité à quelqu'un. *La présence d'un gardien **sécurise** les habitants de l'immeuble.* (Syn. **rassurer.**)

sécurité (nom féminin) Tranquillité ressentie quand on est à l'abri du danger. *Se sentir en **sécurité** dans un pays en paix.* (Syn. **sûreté.**) • **Sécurité sociale** : organisme officiel qui, moyennant des cotisations, assure un revenu aux travailleurs en cas de maladie, de maternité ou d'accident, ainsi que le remboursement des soins médicaux.

sédatif, ive (adjectif) Qui calme la douleur ou l'angoisse. *Ce médicament légèrement **sédatif** l'apaisera.*
■ **sédatif** (nom masculin) Médicament sédatif.

sédentaire (adjectif et nom) Qui vit toujours au même endroit. *Une tribu **sédentaire**.* (Contr. **nomade.**)
■ **sédentaire** (adjectif) Qui ne nécessite pas de déplacement. *Ce travail **sédentaire** l'ennuie, il rêve de voyager.*

sédentariser (verbe) (conj. 3) Rendre sédentaire. *Une population nomade qui se **sédentarise**.*

sédiment (nom masculin) Débris déposés par les eaux, le vent ou la glace. *Des **sédiments** marins.*

sédimentaire (adjectif) Qui est fait de sédiments. *L'argile, le calcaire sont des roches **sédimentaires**.*

sédimentation (nom féminin) Formation des sédiments. *L'action du vent se traduit par des phénomènes d'érosion, de transport de débris et de **sédimentation**.*

séditieux, euse (adjectif et nom) Qui participe à une sédition. *Les groupes **séditieux** ont été arrêtés.* (Syn. **insoumis, rebelle.**)
■ **séditieux, euse** (adjectif) Qui incite à la sédition. *Ces écrits **séditieux** ont été censurés.*
▶ Prononciation [sedisjø, øz].

sédition (nom féminin) Révolte contre l'autorité établie. *La **sédition** a été durement réprimée.* (Syn. **soulèvement.**)

séducteur, trice (nom) Personne qui aime séduire. *Cet acteur est un grand **séducteur**.*

séduction (nom féminin) Pouvoir qu'a une personne de séduire. *Fatima use de sa **séduction** pour amadouer ses parents.* (Syn. **charme.**)

séduire (verbe) (conj. 43) Plaire beaucoup à quelqu'un. *Cette chanteuse française **a séduit** le public américain.*
★ Famille du mot : séduc**teur**, séduc**tion**, sédui**sant**.

séduisant, ante (adjectif) Qui séduit beaucoup. *Un homme **séduisant**. Un projet **séduisant**.* (Syn. **attirant.**)

segment (nom masculin) Portion de ligne droite entre deux points.

segmenter (verbe) (conj. 3) Couper ou diviser en segments.

ségrégation (nom féminin) Fait de mettre à part une certaine catégorie de personnes et de leur ôter leurs droits. *La **ségrégation** raciale est inadmissible et interdite par la loi.*
★ **Ségrégation** vient du latin *segregare* qui signifie « séparer du troupeau ».

ségrégationniste (adjectif et nom) Partisan de la ségrégation raciale. *Un parti politique **ségrégationniste**.*

seiche (nom féminin) Mollusque marin comestible. *La **seiche** projette une encre noire quand on l'attaque.*
★ **Seiche** vient du latin *sepia* qui signifie « encre ».

seigle (nom masculin) Céréale aux épis barbus. *Le pain de **seigle** est de couleur brune.*

seigneur (nom masculin) Au Moyen Âge, noble qui possédait des terres. *Les vassaux devaient jurer fidélité à leur **seigneur**.* • **Le Seigneur** : Dieu ou Jésus-Christ.

seigneurie (nom féminin) **1** Autorité du seigneur sur sa terre et sur les personnes qui relèvent de lui. *Les privilèges de la **seigneurie**.* **2** Terre d'un seigneur. *Une **seigneurie** appartenant à un vicomte.*

sein (nom masculin) Chacune des deux mamelles de la femme. *Le nouveau-né tète le **sein** de sa mère.* • **Au sein de quelque chose** : à l'intérieur. *De gros problèmes ont éclaté **au sein de** l'équipe.*

seing (nom masculin) Signature qui rend un acte valable. *Le **seing** du notaire.* • **Acte sous seing privé** : signature d'un acte qui n'a pas été reçu par un officier public.
▶ Prononciation [sɛ̃].
★ **Seing** vient du mot latin *signum* qui signifie « signe ».

séisme (nom masculin) Synonyme de tremblement de terre.

seize (déterminant) Dix plus six (16). *Il y a vingt-huit élèves dans la classe de Gaëlle : douze garçons et **seize** filles.*
■ **seize** (nom masculin) Le nombre seize. *C'est le **seize** qui a gagné.*

seizième (adjectif) Qui occupe le rang numéro seize. *Le **seizième** arrondissement de Paris.*
■ **seizième** (nom masculin) Ce qui est contenu seize fois dans un tout. *5 est le **seizième** de 80.*

séjour (nom masculin) **1** Fait de séjourner quelque part. *Ce **séjour** à la mer lui a fait du bien.* **2** Pièce principale d'un appartement. *L'appartement a trois pièces principales : un **séjour** et deux chambres.*

séjourner (verbe) (conj. 3) Rester un certain temps dans un endroit. *Quand elle est allée en Grèce, Julie **a séjourné** chez des amis.*

sel (nom masculin) **1** Substance blanche provenant de l'eau de mer et qui sert à assaisonner ou à conserver les aliments. *Maman a mis du gros **sel** dans l'eau de cuisson des pâtes.* **2** Au sens figuré, ce qui fait l'intérêt d'une histoire ou d'une situation. *Ses* *plaisanteries ne manquent pas de* ***sel*** *!* • **Mettre son grain de sel** : intervenir dans une discussion sans y avoir été invité.

sélecteur, trice (adjectif) Qui sélectionne. *Des gènes* ***sélecteurs****.*
▪ **sélecteur** (nom masculin) **1** Dispositif permettant de choisir une possibilité de connexion parmi plusieurs. *Un* ***sélecteur*** *de programmes.* **2** Pédale de changement de vitesse d'une motocyclette. *William passe une vitesse en appuyant sur le* ***sélecteur****.*

sélectif, ive (adjectif) Qui se fait par sélection. *Le recrutement dans cette école d'ingénieurs est très* ***sélectif****.*

sélection (nom féminin) Choix des personnes ou des choses qui présentent le plus de qualités. *Le jury fait une première* ***sélection*** *parmi les candidats.*
★ Famille du mot : sélectif, sélectionner, sélectionneur.

sélectionner (verbe) (conj. 3) Choisir par sélection. *Ce joueur* ***a*** *déjà* ***été sélectionné*** *en équipe de France.*

sélectionneur, euse (nom) Personne chargée de sélectionner des joueurs pour former une équipe.

sélénite (nom) Nom donné autrefois aux habitants supposés de la Lune.
▪ **sélénite** (adjectif) Qui a un rapport avec la Lune.

sélénium (nom masculin) Élément de numéro atomique 34, de masse atomique 78,96. *Le* ***sélénium*** *est utilisé pour colorer les verres.*
▶ Prononciation [selenjɔm].
▶ Le symbole du **sélénium** est **Se**.

self- Élément, tiré de l'anglais *self* qui signifie « soi-même » (exemple : *self-control*).

self-control (nom masculin) Maîtrise de soi. *Fatima perd rarement son* ***self-control****.*
▶ Pluriel : des **self-controls**.

self-service (nom masculin) Restaurant où l'on se sert soi-même. *La cantine du collège est un* ***self-service****.*
▶ Pluriel : des **self-services**.

selle (nom féminin) **1** Pièce de cuir qu'on place sur le dos d'un cheval et sur laquelle le cavalier s'assoit. **2** Siège d'un véhicule à deux roues. *La* ***selle*** *de son vélo est trop haute pour Laura.* • **Aller à la selle** : faire ses excréments.
▪ **selles** (nom féminin pluriel) Excréments des êtres humains.
★ Famille du mot : **des**seller, seller, sellerie.

seller (verbe) (conj. 3) Mettre une selle à un cheval.

sellerie (nom féminin) **1** Métier, commerce du fabricant de selles. *Les selles et les harnais sont des ouvrages de* ***sellerie****.* **2** Lieu où sont rangés les selles et les harnais. *Le jockey se rend à la* ***sellerie*** *de l'écurie.*

sellette (nom féminin) • **Être sur la sellette** : être accusé ou critiqué. *Après la défaite de l'équipe, le sélectionneur* ***est sur la sellette****.*
★ La **sellette** était autrefois une sorte de tabouret sur lequel devait s'asseoir l'accusé au tribunal.

selon (préposition) **1** Indique le rapport à quelque chose. *Myriam s'habille* ***selon*** *le temps qu'il fait.* (Syn. **en fonction de, suivant.**) **2** Indique le point de vue de. ***Selon*** *la météo, il va pleuvoir.* (Syn. **d'après, suivant.**) **3** Indique la référence. *Il faut monter ce meuble* ***selon*** *les instructions.*

semailles (nom féminin pluriel) Action de semer des graines. *Les* ***semailles*** *suivent le labourage.*

semaine (nom féminin) **1** Période de sept jours qui commence le lundi et finit le dimanche. **2** Durée de sept jours. *À Pâques, nous avons deux* ***semaines*** *de vacances.* **3** Partie de la semaine pendant laquelle on travaille. *Dans cette entreprise, la* ***semaine*** *de 35 heures est appliquée.*

sémantique (nom féminin) Étude du langage du point de vue du sens. *La* ***sémantique*** *est une branche de la linguistique.*
▪ **sémantique** (adjectif) Relatif à la sémantique ou au sens. *Le contenu* ***sémantique*** *d'un énoncé.*
★ **Sémantique** vient du mot grec *sêmainein* qui signifie « signifier ».

sémaphore (nom masculin) Appareil qui servait à envoyer des signaux aux bateaux ou aux trains.

semblable (adjectif) Qui ressemble beaucoup à une autre chose ou à une autre personne. *Leurs cartables sont* ***semblables****, ils les confondent souvent.* (Syn. **identique, pareil.** Contr. **différent.**)
▪ **semblable** (nom) Être humain, par rapport aux autres. *Aider ses* ***semblables****.*

semblant (nom masculin) • **Faire semblant** : faire croire aux autres que l'on fait quelque chose. *David* ***fait semblant*** *de dormir.* (Syn. **feindre.**)

sembler (verbe) (conj. 3) Avoir l'air, paraître. *Tu* ***sembles*** *fiévreux, va prendre ta température.* • **Il me semble** : j'ai l'impression. ***Il me semble*** *que je l'ai déjà vu quelque part.* • **Il semble** : on dirait. ***Il semble*** *qu'il va pleuvoir.*

semelle (nom féminin) Dessous de la chaussure. *Le cordonnier a changé les* ***semelles*** *de mes chaussures.* • **Ne pas quitter quelqu'un d'une semelle** : le suivre partout.

semence (nom féminin) Graines que l'on sème. *Ibrahim achète des sachets de* ***semences*** *à la jardinerie.*

semer (verbe) (conj. 8) **1** Mettre des graines dans la terre pour faire pousser des plantes. ***Semer*** *du blé. Noémie* ***a semé*** *des fines herbes dans le jardin.* **2** Répandre çà et là. *Des voyous* ***ont semé*** *des clous sur la route.* ***Semer*** *la terreur.* **3** Synonyme familier de distancer. *Il* ***a semé*** *ses adversaires dans la dernière ligne droite.*
★ Famille du mot : **en**semen**cer**, semailles, semence, semis, semoir.

semestre (nom masculin) Période de six mois.

a b c d e f g h i j k l m n o p q r s t u v w x y z

semestriel, elle (adjectif) Qui paraît ou se produit chaque semestre. *Une revue **semestrielle**.*

semi- Élément, tiré du latin *semi* qui signifie « à demi » (exemple : *semi-aride*).

semi-aride (adjectif) Qui n'est pas complètement aride. *Climat **semi-aride** en bordure de désert.*
▶ Pluriel : des régions **semi-arides**.

semi-conducteur (adjectif et nom masculin) Qui concerne un matériau dont la conductivité électrique est comprise entre celle des métaux et celle des isolants. *Le sélénium est **semi-conducteur**.*
▶ Pluriel : des **semi-conducteurs**.

semi-consonne (nom féminin) Synonyme de semi-voyelle.
▶ Pluriel : des **semi-consonnes**.

sémillant, ante (adjectif) Plein de vivacité, de gaieté. *Mon grand-père est un homme **sémillant** et plein d'humour.* (Syn. **pétulant, fringant.**)

séminaire (nom masculin) **1** Établissement qui prépare les jeunes gens à devenir prêtres. **2** Réunion de spécialistes qui travaillent sur des questions particulières. *Participer à un **séminaire** sur l'écologie.*

séminal, ale, aux (adjectif) Qui a rapport au sperme, aux spermatozoïdes.

séminariste (nom masculin) Élève d'un séminaire.

semi-remorque (nom masculin) Gros camion composé d'une partie où se trouvent le moteur et la cabine du chauffeur, et d'une remorque.
▶ Pluriel : des **semi-remorques**.

semis (nom masculin) Endroit où on a semé des graines. *Odile arrose régulièrement ses **semis** de persil.*

sémite (adjectif et nom) **1** Qui appartient à un ensemble de peuples originaires d'Asie occidentale, que la tradition fait descendre de Sem, fils de Noé. *Les Éthiopiens sont **sémites**.* **2** Synonyme abusif de juif.

semi-voyelle (nom féminin) Phonème intermédiaire entre la consonne et la voyelle. *Le* [j] *de* [pje] *(pied), le* [ɥ] *de* [tɥe] *(tuer), le* [w] *de* [fwɛ] *(fouet) sont des **semi-voyelles**.* (Syn. **semi-consonne.**)
▶ Pluriel : des **semi-voyelles**.

semoir (nom masculin) Machine agricole destinée à semer. *Le **semoir** est tiré par le tracteur.*

semonce (nom féminin) Avertissement accompagné de reproches. *Sarah a reçu une **semonce** du maître pour son travail bâclé.*

semoule (nom féminin) Blé moulu en petits grains. *La **semoule** du couscous se cuit à la vapeur.*

sempiternel, elle (adjectif) Qui ne s'arrête jamais. *On en a assez de vos plaintes **sempiternelles** !* (Syn. **perpétuel.**)
★ **Sempiternel** vient du latin *semper* qui signifie « toujours » et *aeternus* qui signifie « éternel ».

Sénat (nom masculin) L'une des deux assemblées chargées de voter les lois. *En France, l'Assemblée nationale et le **Sénat** forment le Parlement.*
★ **Sénat** vient du latin *senex* qui signifie « vieux » : le **Sénat** était, à Rome, le conseil des anciens.

sénateur (nom masculin) Membre du Sénat.

sénatorial, ale, aux (adjectif) Qui a rapport avec le Sénat, les sénateurs. • **Élections sénatoriales** : élections des sénateurs au suffrage indirect.

sénéchal, aux (nom masculin) **1** Officier chargé de gouverner la maison d'un roi. *Les **sénéchaux** du roi de France.* **2** Titre donné à des officiers royaux possédant des attributions judiciaires et financières. *La juridiction d'un **sénéchal**.*

sénégalais, aise → tableau p. 6 / 7.

sénestre (adjectif) Se dit de la coquille d'un mollusque qui présente un enroulement vers la gauche. *Une coquille **sénestre** s'enroule dans le sens inverse des aiguilles d'une montre.*
▶ Prononciation [senɛstʀ].
▶ On écrit aussi **senestre**.

sénile (adjectif) Qui est causé ou marqué par la vieillesse. *Ce pauvre homme perd la tête et devient **sénile**.*

sénilité (nom féminin) État d'une personne affaiblie par la vieillesse.

senior (nom) Sportif âgé de plus de 21 ans et de moins de 35 ans. *L'équipe des **seniors** a gagné.*
▶ Prononciation [senjɔʀ].
★ **Senior** est un mot anglais emprunté au latin où il signifie « plus âgé ».

séniorita (nom masculin) Petit cigare. *Papa fumait des **séniorítas**.*
★ **Séniorita** vient d'un mot espagnol.
▶ On écrit aussi **señorita** [seɲɔʀita].

sens (nom masculin) **1** Synonyme de signification. *Ursula se sert de son dictionnaire pour comprendre le **sens** des mots.* **2** Ce qui permet de recevoir des sensations. *Les cinq **sens** sont la vue, l'ouïe, le toucher, le goût et l'odorat.* **3** Connaissance intuitive. *Zoé se perd souvent car elle n'a aucun **sens** de l'orientation.* **4** Direction dans laquelle se déplace quelqu'un ou quelque chose. *Le **sens** des aiguilles d'une montre. Une route à double **sens**, à **sens** unique.* • **Sens dessus dessous** : dans un très grand désordre. *La chambre de Kevin est **sens dessus dessous**.* • **Tomber sous le sens** : être évident.
▶ Voir aussi **bon sens**.
▶ Prononciation [sɑ̃s]. **Sens dessus dessous** se prononce [sɑ̃dsydsu].
★ Famille du mot : bon sens, **insensé**, **sensé**, **sensualité**, **sensuel**.

sensation (nom féminin) **1** Ce qu'on ressent avec son corps. *Anna a une douce **sensation** de chaleur devant le feu. La faim est une **sensation** désagréable.* **2** Impression ou sentiment. *Une **sensation** de solitude.* • **Faire sensation** : provoquer une forte impression, un grand intérêt.

sensationnel, elle (adjectif) Qui fait sensation. *Gravir l'Everest est un exploit* ***sensationnel.*** (Syn. **extraordinaire, formidable.**)

sensé, ée (adjectif) Qui est plein de bon sens. *Sa réponse est juste et très* ***sensée.*** (Contr. **insensé.**)

sensibilisation (nom féminin) Action de sensibiliser. *Une émission de* ***sensibilisation*** *aux problèmes du sida.*

sensibiliser (verbe) (conj. 3) Rendre quelqu'un sensible et attentif à quelque chose. *Le gouvernement veut* ***sensibiliser*** *les automobilistes sur le problème de l'alcool au volant.*

sensibilité (nom féminin) **1** Caractère d'une personne sensible. *Élodie est d'une telle* ***sensibilité*** *que tout l'émeut.* **2** Fait d'être sensible à quelque chose. *La* ***sensibilité*** *au froid est plus grande chez les gens des pays chauds.* **3** Propriété d'un appareil ou d'un instrument sensible. *La* ***sensibilité*** *d'un thermomètre, d'une balance.*

sensible (adjectif) **1** Qui est facilement ému. *Fatima est très* ***sensible*** *à la beauté des paysages.* **2** Qui est fragile et qui réagit facilement. *Les peaux claires sont très* ***sensibles*** *au soleil.* **3** Qui réagit à la moindre variation. *Cette balance est très* ***sensible.*** **4** Qui est assez important pour qu'on le remarque. *La météo annonce une baisse* ***sensible*** *des températures pour demain.* (Syn. **notable.**)
★ Famille du mot : **in**sensibil**iser**, **in**sensibil**ité**, **in**sensible, **in**sensible**ment**, sensibil**isation**, sensibil**iser**, sensibil**ité**, sensible**ment**.

sensiblement (adverbe) **1** De façon sensible, importante. *Les prix ont* ***sensiblement*** *baissé.* **2** À peu près. *Pierre et Gaëlle ont* ***sensiblement*** *la même taille.* (Syn. **presque.**)

sensitif, ive (adjectif) **1** Qui a rapport aux sensations. *Les nerfs* ***sensitifs*** *transmettent l'influx nerveux.* **2** Qui fonctionne par simple contact du doigt. *L'écran* ***sensitif*** *d'un distributeur de billets.*
■ **sensitive** (nom féminin) Arbre des régions chaudes dont les feuilles se replient au moindre contact.

sensoriel, elle (adjectif) Qui a un rapport avec les sens. *Les oreilles, les yeux, le nez, la langue sont des organes* ***sensoriels.***

sensualité (nom féminin) Caractère d'une personne sensuelle.

sensuel, elle (adjectif) Qui concerne les plaisirs procurés par les sens. *Bien manger, écouter de la musique sont des plaisirs* ***sensuels.***

sente (nom féminin) Synonyme littéraire de sentier. *Les marcheurs empruntent une* ***sente*** *sinueuse.*

sentence (nom féminin) Synonyme de jugement. *L'accusé attend la* ***sentence*** *du tribunal.* (Syn. **verdict.**)

senteur (nom féminin) Synonyme littéraire d'odeur. *La* ***senteur*** *de cette fleur est délicieuse.* (Syn. **parfum.**)

sentier (nom masculin) Chemin étroit dans la campagne. *Un* ***sentier*** *longe la rivière.*

sentiment (nom masculin) **1** Ce qu'on éprouve, ce qu'on ressent. *Le désir, l'amour, la peine, la joie, la jalousie sont des* ***sentiments.*** **2** Impression ou intuition. *J'ai le* ***sentiment*** *qu'il nous a menti.*

sentimental, ale, aux (adjectif) Qui donne beaucoup d'importance aux sentiments, en particulier à l'amour. *Hélène est très* ***sentimentale,*** *elle s'attendrit facilement.*

sentinelle (nom féminin) Soldat armé qui monte la garde. *Il y a des* ***sentinelles*** *à l'entrée de la caserne.*

sentir (verbe) (conj. 15) **1** Distinguer une odeur par l'odorat. ***Sentez*** *ces fleurs, quel parfum délicat !* **2** Éprouver une sensation physique. *Quentin* ***a senti*** *une vive douleur dans le dos. Les randonneurs se* ***sentent*** *fatigués après leur journée de marche.* **3** Avoir une impression ou une intuition. ***J'ai senti*** *qu'il y aurait de la bagarre.* **4** Avoir une odeur caractéristique. *Ce miel* ***sent*** *la lavande. Ce poisson* ***sent*** *mauvais, il faut le jeter.*

seoir (verbe) (conj. 29) **1** Synonyme littéraire de aller bien à. *Cette robe vous* ***sied.*** **2** Être souhaitable. *Il ne vous* ***sied*** *guère de me faire des remarques.*
▶ Prononciation [swaʀ].
★ **Seoir** vient du mot latin *sedere* qui signifie « être fixé dans l'esprit ».

sépale (nom masculin) Chacune des parties vertes situées à la base des pétales d'une fleur. *L'ensemble des* ***sépales*** *forme le calice.*

séparation (nom féminin) **1** Action de séparer. *Un paravent sert de* ***séparation*** *dans un coin de la pièce.* **2** Fait de se séparer. *Malgré leur* ***séparation,*** *ses parents se voient souvent.*

séparatiste (adjectif et nom) Qui souhaite séparer sa région de l'État auquel elle est rattachée. *Les* ***séparatistes*** *ont revendiqué l'attentat contre la préfecture.*

séparément (adverbe) À part l'un de l'autre. *Les deux témoins ont été entendus* ***séparément.*** (Contr. **ensemble.**)

séparer (verbe) (conj. 3) **1** Éloigner une personne d'une autre. *Le maître* ***a séparé*** *les deux élèves qui se battaient. Ses parents viennent de se* ***séparer.*** **2** Diviser un espace en deux ou en plusieurs parties. *Ces pièces* ***sont séparées*** *par des cloisons coulissantes.* **3** Ne pas mélanger des choses. ***Séparer*** *sa vie privée de sa vie professionnelle.* (Syn. **dissocier.**)
★ Famille du mot : **in**sépar**able**, sépar**ation**, sépar**atiste**, sépar**ément**.

sépia (nom féminin) **1** Matière colorante brunâtre sécrétée par la seiche. *La* ***sépia*** *permet à la seiche de se dérober à la vue de ses prédateurs.* **2** Dessin exécuté avec un liquide colorant brun foncé.
■ **sépia** (adjectif) Qui utilise différentes nuances du brun.
▶ Pluriel : des photos **sépia**.

sépiole (nom féminin) Petite seiche des mers d'Europe possédant deux nageoires arrondies. *Maman fait frire des* ***sépioles.***

a b c d e f g h i j k l m n o p q r s t u v w x y z

sept (déterminant) Six plus un (7). *Une semaine a **sept** jours.*
■ **sept** (nom masculin) Chiffre ou nombre sept. *Ton **sept** est mal fait, il ressemble à un un.*
▶ Prononciation [sɛt].

septante (déterminant) Soixante-dix, en Belgique et en Suisse.
▶ Prononciation [sɛptɑ̃t].

septembre (nom masculin) Neuvième mois de l'année qui compte trente jours. *Fin **septembre**, c'est le début de l'automne.*
★ **Septembre** vient du latin *septem* qui signifie « sept » : c'était le septième mois de l'année romaine, qui commençait en mars.

septennat (nom masculin) Période de sept ans. *Le président de la République François Mitterrand a accompli deux **septennats**.*

septentrion (nom masculin) Synonyme littéraire de nord.

septentrional, ale, aux (adjectif) Qui est situé au nord. *Le Danemark et la Suède font partie de l'Europe **septentrionale**.*

septicémie (nom féminin) Infection généralisée du sang.

septième (adjectif et nom) Qui occupe le rang numéro 7. *Juillet est le **septième** mois de l'année.*
■ **septième** (nom masculin)) Ce qui est contenu sept fois dans un tout. *Il y a sept enfants, chacun aura un **septième** du gâteau.*
▶ Prononciation [sɛtjɛm].

septique (adjectif) • **Fosse septique** : fosse creusée dans le sol, dans laquelle les excréments fermentent et se décomposent.
★ **Septique** vient du grec *septikos* qui signifie « qui pourrit ».

septuagénaire (adjectif et nom) Qui a entre soixante-dix et quatre-vingts ans.

sépulcral, ale, aux (adjectif) Qui fait penser au tombeau, à la mort. *Un silence **sépulcral** régnait après ce témoignage bouleversant.*

sépulcre (nom masculin) Synonyme littéraire de tombeau. *Le **sépulcre** d'un roi.*

sépulture (nom féminin) Lieu où est enterré un mort. (Syn. **tombeau**.)

séquelle (nom féminin) Trouble qui persiste après une maladie ou un accident. *Romain n'a aucune **séquelle** de sa fracture.*

séquence (nom féminin) Suite d'images constituant une scène d'un film. *La première **séquence** de ce film est superbe.*

séquentiel, elle (adjectif) Relatif à une suite ordonnée d'opérations. *Des données transmises de façon **séquentielle**.*
▶ Prononciation [sekɑ̃sjɛl].

séquestration (nom féminin) Action de séquestrer. *L'otage a réussi à s'échapper après un mois de **séquestration**.*

séquestrer (verbe) (conj. 3) Garder quelqu'un enfermé de façon illégale. *Le directeur de l'usine **a été séquestré** deux jours par les ouvriers en grève.*

séquoia (nom masculin) Très grand conifère de Californie. *Certains **séquoias** atteignent 140 mètres de haut.*
▶ Prononciation [sekɔja].
★ **Sequoyah** était un grand chef indien de la tribu des Cherokee (1760-1843).

sérail (nom masculin) Partie du palais du sultan qui était réservée aux femmes. (Syn. **harem**.)

séraphin (nom masculin) Ange appartenant à la première hiérarchie des anges. *Le **séraphin** est représenté avec trois paires d'ailes.*
★ **Séraphin** est un mot hébreu.

serbe → tableau p. 6 / 7.

serein, eine (adjectif) **1** Se dit d'un ciel clair, calme et pur. **2** Qui ne montre aucune inquiétude. *Un visage **serein**.* (Syn. **calme, paisible**. Contr. **anxieux, inquiet**.)
★ Famille du mot : serein**ement**, séréni**té**.

sereinement (adverbe) D'une manière sereine. *Il a accueilli très **sereinement** la nouvelle.*

sérénade (nom féminin) Petit concert qu'on donnait la nuit sous les fenêtres de la femme qu'on aimait.

sérénité (nom féminin) État d'une personne sereine. *Elle attend avec **sérénité** les résultats de son examen.*

séreux, euse (adjectif) Qui a les caractères du sérum. *L'enfant souffre d'une otite **séreuse**.*
■ **séreuse** (nom féminin) Fine membrane recouvrant certains organes, mobiles, dont elle favorise les déplacements. *La plèvre est une **séreuse**.*
★ **Séreux** vient du mot latin *serum* qui signifie « petit-lait ».

serf (nom masculin) Au Moyen Âge, paysan rattaché à une terre et dépendant entièrement du seigneur.
▶ Prononciation [sɛʀ].
★ **Serf** vient du latin *servus* qui signifie « esclave ».

sergent (nom masculin) Sous-officier du grade le plus bas.

sériciculture (nom féminin) Élevage des vers à soie.

série (nom féminin) Ensemble de choses qui se suivent ou qui vont ensemble. *Le détective a posé une **série** de questions au témoin.* • **En série** : en grand nombre et sur le même modèle. *Cette usine fabrique des voitures **en série**.*

sériel, elle (adjectif) Qui forme une série.

sérier (verbe) (conj. 10) Classer par ordre d'importance. *Il faut essayer de **sérier** les problèmes.*

sérieusement (adverbe) D'une façon sérieuse. *Thomas ne travaille pas **sérieusement**. Julie est **sérieusement** malade.*

sérieux, euse (adjectif) **1** Qui ne plaisante pas. *Ce n'est pas pour rire que je te dis ça, je suis **sérieux** !* **2** Qui est consciencieux et appliqué. *Laura est une élève très **sérieuse**, elle a de bons résultats.* **3** Qui peut avoir des conséquences importantes. *Le blessé est dans un état **sérieux**.* (Syn. **grave**.)
■ **sérieux** (nom masculin) Qualité d'une personne ou d'une chose sérieuse. *Cette entreprise est réputée pour son **sérieux**.* • **Garder son sérieux** : se retenir de rire. • **Prendre au sérieux** : considérer comme important. • **Se prendre au sérieux** : se croire extrêmement important.

sérigraphie (nom féminin) Procédé d'impression fondé sur le principe du pochoir et utilisant des écrans de soie. *Un atelier de **sérigraphie**.*

serin (nom masculin) Petit oiseau jaune, élevé en cage.

seriner (verbe) (conj. 3) Répéter sans cesse la même chose. *Arrête de **seriner** toujours les mêmes conseils !*

seringa (nom masculin) Arbrisseau à fleurs blanches très odorantes.
► On écrit aussi **seringat**.

seringue (nom féminin) Petite pompe terminée par une aiguille, qui sert à faire des piqûres. *Le médecin prépare la **seringue** pour le vaccin.*

serment (nom masculin) Promesse solennelle faite devant quelqu'un. *Au tribunal, les témoins doivent prêter **serment** de dire toute la vérité.*

sermon (nom masculin) **1** Discours prononcé par un prêtre. *Les fidèles écoutent le **sermon** du curé.* (Syn. **prêche**.) **2** Discours ennuyeux et qui fait la morale. *Le directeur a fait un **sermon** aux élèves sur les règles de la politesse.*

sermonner (verbe) (conj. 3) Faire un sermon, la morale à quelqu'un. *Le gardien **a sermonné** les enfants qui jouaient dans les plates-bandes.*

sérologie (nom féminin) Étude des sérums, de leurs propriétés. *Le chercheur est spécialiste en **sérologie**.*

séronégativité (nom féminin) État d'une personne qui présente un dépistage négatif du sida.

séropositif, ive (adjectif et nom) Qui a le virus du sida dans le sang.

séropositivité (nom féminin) État d'une personne qui présente un dépistage positif du sida.

sérothérapie (nom féminin) Emploi thérapeutique d'un sérum. *La **sérothérapie** soigne certaines maladies infectieuses.*

serpe (nom féminin) Outil à manche court et à lame large et recourbée. *Les druides gaulois utilisaient une **serpe** pour couper le gui.*

serpent (nom masculin) Reptile au corps long et couvert d'écailles, qui se déplace en rampant. *Les cobras et les vipères sont des **serpents** venimeux.*

serpentaire (nom masculin) Oiseau rapace d'Afrique tropicale avec de hautes pattes, un plumage gris et une huppe. *Le **serpentaire** se nourrit de serpents, d'insectes, de rongeurs et de scorpions.*

serpenter (verbe) (conj. 3) Avoir un tracé sinueux. *L'âne gravit le petit chemin qui **serpente** dans la montagne.*

serpentin (nom masculin) Petit rouleau de papier coloré qui se déroule quand on le lance.

serpette (nom féminin) Petite serpe. *Le viticulteur taille ses vignes avec une **serpette**.*

serpillière (nom féminin) Pièce de grosse toile qui sert à nettoyer le sol. *Victor passe la **serpillière** dans la cuisine.*
► On écrit aussi **serpillère**.

serpolet (nom masculin) Thym sauvage utilisé comme condiment.

serre (nom féminin) Bâtiment vitré et parfois chauffé où l'on fait pousser des plantes à l'abri du froid. *En France, les plantes tropicales ne peuvent pousser que dans des **serres**.*

serré, ée (adjectif) Dont les éléments sont très rapprochés. *Marcher en rangs **serrés**.*

serrement (nom masculin) • **Serrement de cœur** : sensation pénible provoquée par l'angoisse ou la tristesse.

serrer (verbe) (conj. 3) **1** Tenir très fort. *Il m'**a serré** la main. Myriam **serre** son petit frère dans ses bras.* **2** Tirer fort sur les extrémités d'un lien. ***Serre** bien le nœud, sinon il va se défaire.* **3** Tourner un mécanisme à fond. *Il me faut une clé pour **serrer** cet écrou.* **4** Être trop près du corps. *Il a du mal à marcher avec ces chaussures qui lui **serrent** les pieds.* **5** **Être serrés** : être trop nombreux dans un endroit. **6** **Se serrer** : se rapprocher. *Si les gens **se serraient**, il y aurait encore de la place dans l'autobus.*
★ Famille du mot : **des**serrer, **res**serrer, serr**é**, serr**ement**, serre-tête.

serres (nom féminin pluriel) Griffes recourbées et puissantes des rapaces. *L'aigle emporte sa proie dans ses **serres**.*

serre-tête (nom masculin) Bandeau servant à retenir les cheveux.
► Pluriel : des **serre-têtes**.

serrure (nom féminin) Mécanisme dans lequel on introduit une clé pour ouvrir ou fermer une porte ou un tiroir. *Noémie a perdu les clés, il va falloir changer la **serrure**.*
★ Famille du mot : serrur**erie**, serrur**ier**.

serrurerie (nom féminin) Boutique ou métier du serrurier.

serrurier (nom masculin) Personne qui pose et répare les serrures et qui fabrique les clés.

sertir (verbe) (conj. 11) Fixer une pierre précieuse sur un support. ***Sertir** un diamant sur une bague.*

a b c d e f g h i j k l m n o p q r s t u v w x y z

sérum (nom masculin) **1** Liquide jaunâtre qui se sépare du sang coagulé. **2** Liquide tiré du sang d'un animal immunisé et qui sert à lutter contre certains microbes. *Un **sérum** antitétanique.*
▶ Prononciation [seʀɔm].

servage (nom masculin) État de serf. *En Russie, le **servage** a duré jusqu'en 1861.*

servante (nom féminin) Autrefois, jeune fille qui était employée aux travaux de la maison.

serveur, euse (nom) Personne qui sert les clients dans un café ou un restaurant. *Nous avons laissé un pourboire à la **serveuse**.*
■ **serveur** (nom masculin) Gros ordinateur qui permet de se connecter à un réseau informatique.

serviable (adjectif) Qui est toujours prêt à rendre service. *Demande à Odile de t'aider, elle est très **serviable**.* (Syn. **complaisant, obligeant.**)

service (nom masculin) **1** Ce qu'on fait pour aider quelqu'un. *William a rendu **service** à une vieille dame en lui portant son sac à provisions.* **2** Manière de servir les clients. *Le **service** est très rapide dans ce restaurant.* **3** Pourcentage d'une note d'hôtel ou de restaurant, destiné au personnel. *Le **service** est compris dans l'addition.* **4** Assortiment de vaisselle. *Sarah a cassé une tasse du **service** à café.* **5** Activité professionnelle. *Papa prend son **service** à 6 heures du matin.* **6** Branche d'activité d'une administration ou d'une entreprise. *Le **service** de radiologie de l'hôpital. Le **service** après-vente.* • **Service militaire** : temps qu'un jeune homme passe à l'armée.

serviette (nom féminin) **1** Pièce de tissu qui sert à s'essuyer le corps ou la bouche. *Ursula se sert d'une grande **serviette** pour se sécher après son bain. Ces **serviettes** de table sont assorties à la nappe.* **2** Sac dans lequel on transporte des livres ou des documents. *Pour aller au bureau, papa s'est acheté une nouvelle **serviette**.*

servile (adjectif) Qui est trop soumis et trop respectueux. *Se montrer **servile** envers ses supérieurs.*
★ Famille du mot : servi**lement**, servi**lité**.

servilement (adverbe) De façon servile. *Obéir **servilement** sans réagir.*

servilité (nom féminin) Défaut d'une personne servile.

servir (verbe) (conj. 15) **1** Donner à quelqu'un ce qu'il demande. *Le garçon **m'a servi** une glace.* **2** Être utile pour faire quelque chose. *Un marteau **sert** à enfoncer les clous. Ton sécateur **m'a** beaucoup **servi** pour tailler les rosiers.* **3 Se servir** : prendre soi-même quelque chose. *Si vous voulez boire quelque chose, **servez-vous**.* **4 Se servir de quelque chose** : l'utiliser. *Zoé **se sert de** l'ouvre-boîte pour ouvrir la boîte de petits pois.*
★ Famille du mot : **des**servir, serv**ante**, serv**eur**, servia**ble**, servi**ce**, servi**teur**, **res**servir.

serviteur (nom masculin) Personne qui est au service de quelqu'un.

servitude (nom féminin) Chose ennuyeuse ou pénible à laquelle on ne peut pas échapper. *Les déplacements sont une des **servitudes** de cette profession.*

ses (déterminant) Pluriel de *son 1* et de *sa*.

sésame (nom masculin) Plante dont les graines fournissent une huile alimentaire. *En Extrême-Orient, on utilise beaucoup l'huile de **sésame**.*

session (nom féminin) **1** Temps pendant lequel siège une assemblée ou un tribunal. *Le Sénat s'est réuni en **session** extraordinaire.* **2** Période où a lieu un examen. *La **session** du bac débutera en juin.*

sesterce (nom masculin) Monnaie romaine antique. *Les **sesterces** étaient en argent.*

set (nom masculin) Partie d'un match de tennis, de ping-pong ou de volley-ball. *Au deuxième **set**, les joueurs sont à égalité.* • **Set de table** : napperon qu'on place sous les assiettes et les couverts pour protéger une table.
▶ **Set** est un mot anglais : on prononce [sɛt].

setter (nom masculin) Grand chien de chasse à poil long.
▶ Prononciation [setɛʀ].

seuil (nom masculin) **1** Entrée d'une maison ou d'une pièce. *Les enfants ont laissé leurs bottes pleines de boue sur le **seuil** de la maison.* **2** Point audelà duquel une situation devient critique. *Le **seuil** de pollution a été dépassé à cause du manque de vent.*

seul, seule (adjectif) **1** Qui est sans personne pour l'accompagner ou pour l'aider. *Xavier est assez grand pour rentrer **seul** de l'école. Tu n'arriveras jamais à porter **seule** ces valises !* **2** Seulement un. *Il ne manque qu'un **seul** ingrédient pour faire ce gâteau, c'est le sucre.* (Syn. **unique.**) **3** En excluant tous les autres. ***Seuls** les adultes peuvent apprécier ce spectacle.*
■ **seul, seule** (nom) Personne unique. *Anna est la **seule** à me croire.*

seulement (adverbe) **1** Pas plus. *On ne peut pas faire d'omelette, il reste **seulement** un œuf !* **2** Juste maintenant. *Élodie vient **seulement** de rentrer de l'école.* **3** Toutefois, mais. *C'est possible, **seulement** je dois réfléchir.* • **Si seulement** : si au moins. ***Si seulement** il faisait des efforts, il réussirait.*

sève (nom féminin) Liquide qui circule dans les plantes et qui les nourrit.

sévère (adjectif) **1** Qui est exigeant et qui punit facilement. *Les parents de Gaëlle sont très **sévères** avec elle.* (Syn. **strict.** Contr. **indulgent.**) **2** Qui est important ou grave. *Notre équipe a subi une défaite **sévère**.*
★ Famille du mot : sévère**ment**, sévér**ité**.

sévèrement (adverbe) Avec sévérité. *La conduite en état d'ivresse est **sévèrement** punie par la loi.* (Syn. **durement.**)

sévérité (nom féminin) Caractère d'une personne sévère. *Ce professeur corrige les devoirs avec une grande **sévérité**.*

sévices (nom masculin pluriel) Mauvais traitements exercés sur quelqu'un. *Ces enfants maltraités portent des traces de **sévices** sur tout le corps.*

sévir (verbe) (conj. 11) **1** Intervenir en punissant sévèrement. *Le directeur a décidé de **sévir** contre les élèves qui sont souvent en retard.* **2** Faire des ravages ou des victimes. *La tempête qui **sévit** au large a causé plusieurs naufrages.*

sevrage (nom masculin) Action de sevrer. *Le **sevrage** d'un nourrisson.*

sevrer (verbe) (conj. 3) Donner progressivement d'autres aliments que du lait à un bébé ou au petit d'un animal. *Ces chatons de deux mois et demi **sont** maintenant complètement **sevrés**.*

sexagénaire (adjectif et nom) Qui a entre soixante et soixante-dix ans.

sexagésimal, ale, aux (adjectif) Qui concerne la numération à base soixante. *La division **sexagésimale** en minutes ou en secondes.*

sexe (nom masculin) **1** Organes génitaux d'une personne ou d'un animal. *Le **sexe** de l'homme et le **sexe** de la femme sont différents.* **2** Caractères physiques qui différencient un homme d'une femme ou un mâle d'une femelle. *Les garçons sont de **sexe** masculin et les filles de **sexe** féminin.*
★ Famille du mot : hétérosex**uel**, homosex**uel**, sex**isme**, sex**iste**, sex**ualité**, sex**ué**, sex**uel**.

sexisme (nom masculin) Comportement d'une personne qui pense que les hommes sont supérieurs aux femmes.

sexiste (adjectif et nom) Qui fait preuve de sexisme. *Le directeur de cette entreprise est très **sexiste** : pour le même travail, il donne des salaires plus bas aux femmes qu'aux hommes.*

sextant (nom masculin) Instrument de navigation qui sert à mesurer la hauteur des astres au-dessus de l'horizon. *Grâce au **sextant**, les navigateurs peuvent déterminer la position de leur bateau.*

sexte (nom féminin) Office divin qui se récite à la sixième heure du jour, c'est-à-dire à midi.

sextuor (nom masculin) **1** Composition écrite pour six voix ou pour six instruments. *Ce **sextuor** est très difficile à chanter.* **2** Ensemble instrumental ou vocal formé de six interprètes. *La violoniste joue au sein d'un **sextuor** à cordes.*

sextuplés, ées (nom pluriel) Les six enfants nés au cours d'un même accouchement. *Ma tante a donné naissance à des **sextuplés**.*

sexualité (nom féminin) Ensemble des comportements qui poussent une personne à l'union sexuelle avec un partenaire par instinct de reproduction ou pour éprouver un plaisir physique.

sexué, ée (adjectif) Qui est pourvu d'organes sexuels. *Les mammifères sont **sexués**.* (Contr. **asexué**.)
• **Reproduction sexuée** : reproduction nécessitant la participation de deux individus de sexe opposé.

sexuel, elle (adjectif) **1** Qui concerne le sexe. *L'homme et la femme ont des organes **sexuels** différents.* (Syn. **génital**.) **2** Qui se rapporte à la sexualité. *Des relations **sexuelles**.*

seyant, ante (adjectif) Qui va bien à quelqu'un. *Anna porte une robe à fleurs très **seyante**.*

shah Voir ***schah***.

shampoing (nom masculin) **1** Produit liquide pour se laver les cheveux. *C'est un **shampoing** doux qui ne pique pas les yeux.* **2** Lavage des cheveux. *Se faire un **shampoing**.*
▶ Prononciation [ʃɑ̃pwɛ̃].
▶ On écrit aussi **shampooing**.

shampouiner (verbe) (conj. 3) Faire un shampoing. *La coiffeuse **shampouine** les cheveux de sa cliente.*
▶ Prononciation [ʃɑ̃pwine].
▶ On écrit aussi **shampooiner**.

shérif (nom masculin) Aux États-Unis, chef de la police d'une ville. *L'insigne du **shérif** est une étoile.*

sherpa (nom masculin) Guide de montagne dans l'Himalaya. *L'alpiniste Edmund Hillary et le **sherpa** Tensing ont gravi l'Everest en 1953.*
★ Les **Sherpas** sont un peuple montagnard du Népal.

shetland (nom masculin) **1** Laine d'Écosse. *Un pull en **shetland**.* **2** Poney de petite taille. *Romain a appris à monter sur un **shetland**.*
▶ Prononciation [ʃɛtlɑ̃d].

shiatsu (nom masculin) Traitement par application des doigts sur des points d'acupuncture. *Le **shiatsu** vient de la médecine chinoise.*
▶ Prononciation [ʃiatsu].
★ **Shiatsu** est un mot chinois.

shoot (nom masculin) Au football, coup de pied sec et puissant donné dans le ballon. (Syn. **tir**.)
▶ **Shoot** est un mot anglais : on prononce [ʃut].

shooter (verbe) (conj. 3) Faire un shoot. *Benjamin **shoote** et marque le but de la victoire.*
▶ Prononciation [ʃute].

shopping (nom masculin) • **Faire du shopping** : faire des achats en allant d'un magasin à un autre.
▶ Prononciation [ʃɔpiŋ].
★ **Shopping** vient de l'anglais *shop* qui signifie « boutique ». Au Canada, on dit **magasinage**.

short (nom masculin) Culotte courte. *En été, c'est très agréable de se promener en **short**.*
▶ Prononciation [ʃɔʀt].
★ **Short** est un mot anglais qui signifie « court ».

show (nom masculin) Spectacle de variétés organisé autour d'une vedette. *Ce chanteur célèbre est l'invité d'un **show** à la télévision.*
▶ Prononciation [ʃo].
★ En anglais, *to show* signifie « montrer ».

shunter (verbe) (conj. 3) **1** Munir d'une résistance placée en dérivation. *L'électricien **a shunté** le circuit.* (Syn. **court-circuiter**.) **2** Synonyme familier de passer outre. *Il **a shunté** son chef et l'a payé cher.*
▶ Prononciation [ʃœte].

a b c d e f g h i j k l m n o p q r s t u v w x y z

① **si** (conjonction) Sert à introduire une condition ou une possibilité. *Nous partirons **si** le brouillard se dissipe. Je ne sais pas **s'**il viendra.*
▶ **Si** devient **s'** devant il ou ils.

② **si** (adverbe) **1** Sert à affirmer quelque chose en réponse à une question négative. *Tu n'aimes pas ce gâteau ? – Mais **si** !* **2** Synonyme de tellement. *Ne criez pas **si** fort !* **3** À un tel point. *La gare n'est pas **si** loin que tu le penses, on peut s'y rendre à pied.* (Syn. **aussi**.)

③ **si** (nom masculin) Septième note de la gamme.

siamois, oise (adjectif et nom) Se dit d'une race de chat aux yeux bleus et au pelage ras brun et beige. • **Frères siamois, sœurs siamoises** : jumeaux ou jumelles qui naissent attachés par une partie du corps.
★ Le *Siam* est l'ancien nom de la Thaïlande.

sibylle (nom féminin) Dans l'Antiquité, femme qui avait le don de prédire l'avenir. *Les **sibylles** transmettaient les oracles des dieux.*

sibyllin, ine (adjectif) Synonyme littéraire d'énigmatique. *Le magicien prononçait des formules **sibyllines** en préparant un breuvage étrange.*

sida (nom masculin) Maladie très grave due à un virus qui se transmet par le sang ou au cours des rapports sexuels.

side-car (nom masculin) Nacelle à roue, qui se fixe sur le côté d'une motocyclette. *Le passager met son casque et monte dans le **side-car**.*
▶ Pluriel : des **side-cars**.
▶ On écrit aussi **sidecar**.
▶ **Side-car** est un mot anglais : on prononce [sajdkaʀ] ou [sidkaʀ].

sidéen, enne (nom) Personne atteinte du sida.

sidéral, ale, aux (adjectif) Qui a rapport aux astres. *À bord de leur engin spatial, les astronautes font des observations **sidérales**.*

sidérant, ante (adjectif) Synonyme familier de stupéfiant. *L'insolence de cet enfant est **sidérante**.*

sidérer (verbe) (conj. 8) Synonyme familier de stupéfier. *Sa réaction violente nous **a sidérés**.*

sidérurgie (nom féminin) Industrie qui transforme le minerai de fer pour fabriquer la fonte et l'acier.

sidérurgique (adjectif) De la sidérurgie. *On fabrique de la fonte et de l'acier dans les usines **sidérurgiques**.*

siècle (nom masculin) **1** Durée de cent ans. *Cette vieille bâtisse a été construite il y a un **siècle**.* **2** Période de cent ans portant un numéro. *L'aventure spatiale a commencé au XXème **siècle**.*

siège (nom masculin) **1** Meuble qui sert à s'asseoir. *Un fauteuil, une chaise, un tabouret sont des **sièges**.* **2** Fonction d'une personne élue dans une assemblée. *Ce parti politique a gagné dix **sièges** aux dernières élections.* **3** Lieu où est établie la direction d'une société ou d'un organisme. *Cette entreprise vend des parfums dans le monde entier, mais son **siège** est à Paris.* **4** Opération militaire qui consiste à encercler un lieu pour s'en emparer. *L'ennemi fait le **siège** de la ville depuis plusieurs jours, les habitants sont affamés.*
★ Famille du mot : **assiéger**, **siéger**, télésiège.

siéger (verbe) (conj. 5) Se réunir en assemblée. *Demain, les députés **siégeront** à l'Assemblée nationale pour voter une nouvelle loi.*

le **sien**, la **sienne** (pronom) Pronom possessif de la troisième personne du singulier. *Je n'aime pas mon blouson, je préfère **le sien**.*
■ **sien** (nom masculin) • **Y mettre du sien** : faire des efforts. *S'il veut passer en CM2, il faudra qu'il **y mette du sien**.*
■ les **siens** (nom masculin pluriel) La famille et les amis de quelqu'un. *Après une longue séparation, il a retrouvé **les siens**.*
■ **siennes** (nom féminin pluriel) • **Faire des siennes** : faire des bêtises. *Son père est furieux, je parie que Clément **a** encore **fait des siennes** !*

sierra (nom féminin) Chaîne de montagnes, en Espagne et en Amérique.

sieste (nom féminin) Moment de repos après le repas de midi. *Grand-père fait toujours une petite **sieste** après le déjeuner.*

sievert (nom masculin) Unité qui sert à mesurer la dose de rayonnement reçue par un être humain. *Le **sievert** a remplacé le rem.*

sifflement (nom masculin) Son produit par quelqu'un ou quelque chose qui siffle. *Il entendait le **sifflement** du vent dans la cheminée.*

siffler (verbe) (conj. 3) **1** Produire un son aigu en chassant l'air par la bouche ou en soufflant dans un sifflet. *David **siffle** un petit air entraînant. L'arbitre **siffle** la fin du match.* **2** Pour certains animaux, émettre un son qui ressemble à un sifflement. *Le merle **siffle**.* **3** Appeler en sifflant. *Le maître **a sifflé** son chien pour qu'il revienne.* **4** Produire un son aigu. *Les balles **sifflaient** autour d'eux.* **5** Exprimer son mécontentement par des sifflements. *L'assistance **a sifflé** le candidat à la fin de son discours.* (Syn. **huer**.)
★ Famille du mot : siffl**ement**, siffl**et**, siffl**oter**.

sifflet (nom masculin) Petit instrument avec lequel on siffle. *L'arbitre a signalé le penalty d'un coup de **sifflet**.*
■ **sifflets** (nom masculin pluriel) Sifflements exprimant le mécontentement. *Les acteurs ont quitté la scène sous les **sifflets** des spectateurs déçus.*

siffloter (verbe) (conj. 3) Siffler doucement. *Il **sifflote** en se rasant.*

sigisbée (nom masculin) Chevalier servant. *Une dame toujours accompagnée de son **sigisbée**.*
▶ Malgré la terminaison en *-ée*, **sigisbée** est un nom masculin.

sigle (nom masculin) Abréviation formée des initiales de plusieurs mots. *OMS est le **sigle** de « Organisation mondiale de la santé ».*

sigma (nom masculin) Dix-huitième lettre de l'alphabet grec (Σ, σ, ς), correspondant au *s* de l'alphabet latin.

signal, aux (nom masculin) **1** Bruit ou signe qui sert à avertir ou à transmettre une information. *Un coup de sifflet donne le* ***signal*** *du départ.* **2** Système ou appareil qui sert à alerter ou à informer. *Un* ***signal*** *d'alarme. Des* ***signaux*** *lumineux.*
★ Famille du mot : signal**ement**, signal**er**, signal**isation**.

signalement (nom masculin) Description détaillée d'une personne, permettant de la reconnaître. *La victime a donné le* ***signalement*** *de son agresseur à la police.*

signaler (verbe) (conj. 3) **1** Faire remarquer ou annoncer par un signal. *Ce panneau* ***signale*** *un sens interdit. Nous* ***signalons*** *à notre aimable clientèle que le magasin sera fermé au mois d'août.* **2 Se signaler** : se faire remarquer par sa conduite. *Cet élève* ***se signale*** *par son intelligence et sa générosité.*

signalisation (nom féminin) Ensemble des signaux qui servent à régler la circulation. *Le panneau de* ***signalisation*** *annonce un virage.*

signataire (nom) Personne qui a signé quelque chose. *La liste de tous les* ***signataires*** *de la pétition sera déposée à la mairie.*

signature (nom féminin) Nom d'une personne écrit par elle-même à la main, pour confirmer ou approuver un texte. *N'oubliez pas d'apposer votre* ***signature*** *au bas du chèque.*

signe (nom masculin) **1** Ce qui donne une indication. *Ton mal de tête est un* ***signe*** *de fatigue.* **2** Geste ou expression destinés à faire connaître quelque chose. *Faire un* ***signe*** *de la main. Son sourire est un* ***signe*** *de bienvenue.* **3** Ce qui représente quelque chose par l'écriture ou le dessin. *En arithmétique, + est le* ***signe*** *de l'addition. La virgule est un* ***signe*** *de ponctuation.* **4** Chacune des douze divisions du zodiaque. *Élodie est née en décembre, elle est du* ***signe*** *du Sagittaire.* • **Ne pas donner signe de vie** : ne donner aucune nouvelle. *Cela fait plus d'un mois qu'il* ***n'a pas donné signe de vie.*** • **Signe de la croix** : geste effectué par les chrétiens en souvenir de la mort du Christ sur la croix, et consistant à toucher successivement son front, sa poitrine et ses épaules.

signer (verbe) (conj. 3) **1** Mettre une signature au bas d'un texte ou d'un tableau. *Il a rempli le chèque mais il a oublié de le* ***signer.*** **2 Se signer** : faire le signe de la croix.
★ Famille du mot : sign**ataire**, sign**ature**, **soussigné**.

signet (nom masculin) Petit ruban ou bande de carton qui sert à marquer la page d'un livre. *Si tu t'arrêtes de lire, mets un* ***signet*** *dans ton livre pour pouvoir retrouver la page.*

significatif, ive (adjectif) Qui est le signe de quelque chose. *Ces douleurs sont* ***significatives*** *d'une entorse.* (Syn. **révélateur.**)

signification (nom féminin) Ce que signifie un mot, une phrase ou un geste. *Le dictionnaire permet de rechercher la* ***signification*** *d'un mot.* (Syn. **sens.**)

signifier (verbe) (conj. 10) **1** Avoir un sens, vouloir dire quelque chose. *Ostréiculteur* ***signifie*** *éleveur d'huîtres.* **2** Faire connaître de manière très claire ce que l'on veut. *Son patron lui* ***a signifié*** *son intention de le renvoyer.*
★ Famille du mot : signific**atif**, signific**ation**.

silence (nom masculin) **1** Absence de bruit. *Un* ***silence*** *profond régnait dans la forêt.* **2** Fait de se taire. *Le* ***silence*** *est de rigueur à la bibliothèque.*
★ Famille du mot : silenc**ieusement**, silenc**ieux**.

silencieusement (adverbe) De façon silencieuse. *Le chat s'est faufilé* ***silencieusement*** *dans la chambre.*

silencieux, euse (adjectif) **1** Où il n'y a pas de bruit. *À la nuit tombée, le quartier devient* ***silencieux.*** **2** Qui garde le silence. *Fatima est préoccupée, elle est restée* ***silencieuse*** *pendant toute la soirée.* **3** Qui se fait ou qui fonctionne sans bruit. *Ce robot ménager est très* ***silencieux.***
▪ **silencieux** (nom masculin) Dispositif qui diminue le bruit d'un moteur ou d'une arme à feu. *Un pistolet muni d'un* ***silencieux.***

silex (nom masculin) Roche très dure. *Les outils préhistoriques étaient taillés dans du* ***silex.***

silhouette (nom féminin) **1** Forme vague d'une personne ou d'une chose. *On aperçoit la* ***silhouette*** *des montagnes à travers le brouillard.* **2** Aspect physique général d'une personne. *Ibrahim a reconnu de loin la* ***silhouette*** *mince et sportive de sa cousine.*

silice (nom féminin) Oxyde de silicium. *Le quartz est une variété de* ***silice.***
▶ Le symbole de la **silice** est **SiO_2**.

silicium (nom masculin) Élément non métallique de numéro atomique 14, de masse atomique 28,086. *Environ le quart de l'écorce terrestre est composé de* ***silicium.***
▶ Prononciation [silisjɔm].
▶ Le symbole du **silicium** est **Si**.

silicone (nom féminin) Matière plastique dont les molécules contiennent des atomes de silicium et d'oxygène. *Des implants mammaires en* ***silicone.***

sillage (nom masculin) Trace qu'un bateau en marche laisse derrière lui. *Des dauphins bondissaient dans le* ***sillage*** *du bateau.*

sillon (nom masculin) Longue tranchée tracée dans la terre par le soc d'une charrue. *Le paysan creuse de larges* ***sillons*** *pour y semer des pommes de terre.*

sillonner (verbe) (conj. 3) Parcourir dans tous les sens. *Ce vieux marin* ***a sillonné*** *toutes les mers du monde.*

silo (nom masculin) Réservoir où l'on stocke les produits agricoles. *Mettre du fourrage dans un* ***silo.***

simagrées (nom féminin pluriel) Manières ridicules que fait une personne qui veut attirer l'attention. *Arrête de faire des **simagrées** et viens jouer avec nous !*

simiesque (adjectif) Qui fait penser à un singe. *Son visage était déformé par d'horribles grimaces **simiesques**.*
★ **Simiesque** vient du latin *simia* qui signifie « singe ».

similaire (adjectif) Qui est à peu près pareil à autre chose. *Gaëlle et Hélène travaillent de façon différente mais elles obtiennent des résultats **similaires**.* (Syn. **analogue, équivalent, voisin.**)

simili (nom masculin) Imitation d'une matière. *Ce n'est pas de l'argent, c'est du **simili**.*

similitude (nom féminin) Grande ressemblance. *Il existe une **similitude** de caractère entre Kevin et son frère.*

simoun (nom masculin) Vent sec et brûlant du désert.

simple (adjectif) **1** Qui n'est pas formé de plusieurs parties ou de plusieurs éléments. *Tu as besoin de feuilles doubles ou de feuilles **simples** pour ton classeur ?* **2** Qui est facile à comprendre ou à faire. *Ce petit exercice de calcul est très **simple**.* (Contr. **compliqué.**) **3** Qui est sans ornements ou sans complications inutiles. *Sa cuisine est très **simple** mais délicieuse.* **4** Qui a un comportement naturel. *Il est riche et célèbre mais il est resté **simple**.* (Contr. **prétentieux.**) **5** Qui est seulement comme on le dit et rien de plus. *Il a réglé cette affaire d'un **simple** coup de fil.* • **Temps simple** : temps du verbe qui est formé sans auxiliaire.
★ Famille du mot : simp**lement**, simplet, simpli**cité**, simpli**fication**, simpli**fier**, simp**liste**.

simplement (adverbe) **1** De façon simple, sans prétention. *Elle s'habille **simplement** mais avec élégance.* **2** Synonyme de seulement. *Vous pouvez vous baigner, je vous demande **simplement** d'être prudents.*

simplet, ette (adjectif) Qui est d'une simplicité niaise. *Cette fille un peu **simplette** se fait très souvent berner.*

simplicité (nom féminin) **1** Caractère de ce qui est simple, facile à comprendre. *Cet exercice de calcul est d'une **simplicité** enfantine.* (Syn. **facilité.**) **2** Comportement d'une personne simple, naturelle. *Malgré sa célébrité, cet auteur garde une grande **simplicité**.*

simplification (nom féminin) Action de simplifier. *Certaines machines permettent la **simplification** du travail des hommes.*

simplifier (verbe) (conj. 10) Rendre plus simple. *Tu devrais acheter un lave-vaisselle, cela te **simplifierait** la vie.*

simpliste (adjectif) Qui simplifie trop les choses. *Ton raisonnement est vraiment **simpliste**.*

simulacre (nom masculin) Ce qui a l'apparence du réel mais qui est simulé. *Dans ce film, on voit le naufrage d'un bateau, mais c'est un **simulacre**.*

simulateur, trice (nom) Personne qui simule. *Il dit qu'il est épuisé, mais c'est un **simulateur**.*

simulation (nom féminin) Action de simuler. *Il veut nous faire croire qu'il est malade, mais c'est de la **simulation** !*

simuler (verbe) (conj. 3) Faire semblant. *Elle **a simulé** un mal de tête pour ne pas aller à l'école.* (Syn. **feindre.**)
★ Famille du mot : simul**ateur**, simul**ation**.

simultané, ée (adjectif) Qui se produit en même temps. *L'arrivée du froid et les chutes de neige ont été **simultanées**.*
★ Famille du mot : simultané**ité**, simultané**ment**.

simultanéité (nom féminin) Caractère simultané. *Les gymnastes exécutent leurs acrobaties avec une parfaite **simultanéité**.*

simultanément (adverbe) De façon simultanée. *À la fin de la panne de courant, toutes les lumières se sont rallumées **simultanément**.* (Contr. **successivement.**)

sincère (adjectif) **1** Qui exprime honnêtement ses pensées et dit ce qu'il pense. *Il est souvent un peu brusque, mais il est **sincère**.* (Syn. **franc.** Contr. **hypocrite.**) **2** Que l'on ressent ou que l'on pense réellement. *Il a mal agi mais ses regrets sont **sincères**.*
★ Famille du mot : sincè**rement**, sincé**rité**.

sincèrement (adverbe) De façon sincère. *Il a **sincèrement** reconnu qu'il avait tort.*

sincérité (nom féminin) **1** Caractère d'une personne sincère. *Je lui fais confiance, je crois en sa **sincérité**.* **2** Caractère d'un sentiment sincère. *Je doute de la **sincérité** des regrets du coupable.*

sinécure (nom féminin) Emploi où l'on est bien payé sans travailler beaucoup.

sine qua non (adjectif) • **Condition sine qua non** : condition obligatoire, indispensable.
► Prononciation [sinekwanɔn].
★ **Sine qua non** est une expression latine qui signifie « sans laquelle non ».

singe (nom masculin) **1** Mammifère primate, capable de se servir de ses mains et de ses pieds pour saisir les objets. *La guenon est la femelle du **singe**. Les gorilles et les orangs-outans sont des **singes** de grande taille.* **2** Dans la langue familière, personne qui fait des singeries. *Arrête de faire le **singe** !*
★ Famille du mot : sing**er**, singe**rie**.

singer (verbe) (conj. 5) Imiter quelqu'un pour se moquer de lui. *Il **singe** le professeur quand il a le dos tourné !*

singerie (nom féminin) Grimace, mimique ou attitude comique. *Pierre nous amuse avec ses **singeries** !* (Syn. **pitrerie.**)

single (nom masculin) **1** Disque ne comprenant que deux morceaux. *Le **single** est aussi appelé CD deux titres.* **2** Cabine, compartiment, chambre d'hôtel, pour une seule personne.
▶ **Single** est un mot anglais : on prononce [singœl].

singleton (nom masculin) **1** Carte qui est seule de sa couleur dans la main d'un joueur. *Un **singleton** au bridge.* **2** Ensemble qui ne comprend qu'un seul élément, en algèbre.
▶ Prononciation [sɛ̃glətɔ̃].
★ **Singleton** vient de l'anglais *single* qui signifie « seul ».

se **singulariser** (verbe) (conj. 3) Se faire remarquer à cause d'une singularité. *Il s'est fait raser la tête pour **se singulariser**.*

singularité (nom féminin) Caractère singulier. *Quentin a remarqué la **singularité** de ce rocher qui a la forme d'un visage.* (Syn. **originalité, particularité.**)

singulier, ère (adjectif) Que l'on remarque pour son aspect étonnant ou inhabituel. *Des fleurs exotiques aux formes **singulières**.* (Syn. **étrange.**)
▪ **singulier** (nom masculin) Forme d'un mot utilisée quand on parle d'une seule personne ou d'une seule chose. *« Un cheval » est un nom au **singulier**, « des chevaux » est un nom au pluriel.*
★ Famille du mot : se singul**ariser**, singul**arité**, singuliè**rement**.

singulièrement (adverbe) **1** De manière singulière, inhabituelle. *Je trouve qu'elle agit **singulièrement** depuis quelques jours.* (Syn. **bizarrement, étrangement.**) **2** D'une manière importante. *Il fait **singulièrement** beau pour un mois de novembre.* (Syn. **particulièrement.**)

sinistre (adjectif) **1** Qui fait craindre un malheur. *Perdu dans un souterrain, il entendit un bruit **sinistre**.* (Syn. **effrayant.**) **2** Qui est très ennuyeux ou très triste. *Nous avons passé un week-end **sinistre** dans le brouillard et la pluie.*
▪ **sinistre** (nom masculin) Catastrophe qui entraîne des dégâts très importants. *Le tremblement de terre a ravagé tout un quartier, les sauveteurs sont sur les lieux du **sinistre**.*

sinistré, ée (adjectif et nom) Qui a été victime d'un sinistre. *Après les inondations, des secours ont été envoyés dans les zones **sinistrées**. On a installé des abris provisoires pour les **sinistrés**.*

sinistrose (nom féminin) Pessimisme systématique et généralisé. *Le pays traverse une période de **sinistrose**.*

sinon (conjonction) **1** Sans cela. *Il viendra sûrement **sinon** il aurait téléphoné.* **2** Excepté, sauf. *Dans ces embouteillages, que faire **sinon** attendre ?*

sinueux, euse (adjectif) Qui fait de nombreuses courbes. *Un sentier **sinueux** mène au sommet de la colline.*

sinuosité (nom féminin) Courbe que forme une ligne sinueuse. *La barque avançait lentement en suivant les **sinuosités** du fleuve.*

sinus (nom masculin) Cavité qui se trouve à l'intérieur de certains os de la face.
▶ Prononciation [sinys].

sinusite (nom féminin) Inflammation des sinus situés au-dessus du nez. *Ce rhume mal soigné risque de se transformer en **sinusite**.*

sinusoïde (nom féminin) Courbe qui représente la fonction sinus ou cosinus. *Les **sinusoïdes** sont les courbes les plus courantes en trigonométrie.*

sionisme (nom masculin) Mouvement visant à la restauration puis à la fondation d'un État juif indépendant en Palestine.

siphon (nom masculin) **1** Tuyau recourbé, placé sous un évier, un lavabo ou un W.-C. pour empêcher la remontée des mauvaises odeurs. *Le plombier a dévissé le **siphon** pour déboucher l'évier.* **2** Tube recourbé qui permet de transvaser un liquide d'un récipient à un autre. *Le garagiste a utilisé un **siphon** pour vider le réservoir d'essence.*

sire (nom masculin) **1** Titre que l'on donne à un roi quand on s'adresse à lui. **2** Titre de certains seigneurs au Moyen Âge.

sirène (nom féminin) **1** Créature imaginaire qui a un buste de femme prolongé par une queue de poisson. *« La Petite **Sirène** » est un conte d'Andersen.* **2** Appareil qui produit un son puissant et prolongé pour donner un signal ou avertir d'un danger. *On entend la **sirène** du bateau qui avance à travers le brouillard.*

sirocco (nom masculin) Vent chaud et sec qui souffle du Sahara.

sirop (nom masculin) **1** Liquide épais et très sucré qui se boit mélangé à de l'eau. *Du **sirop** de menthe, de grenadine.* **2** Médicament de consistance liquide, au goût sucré. *Un **sirop** contre la toux.*

siroter (verbe) (conj. 3) Dans la langue familière, boire à petites gorgées en prenant son temps. *Après le repas, grand-mère **sirote** une infusion.*

sirupeux, euse (adjectif) Qui a la consistance épaisse du sirop. *Cette boisson **sirupeuse** est vraiment écœurante.*

sis, sise (adjectif) Synonyme de situé. *Un domaine **sis** dans telle commune.*
▶ Prononciation [si, siz].

sism(o)- Élément, tiré du grec *seismos* qui signifie « secousse, tremblement » (exemple : *sismographe*).
▶ On utilise aussi **séism(o)-**.

sismique (adjectif) Qui concerne les séismes. *De violentes secousses **sismiques** ont été enregistrées.*

sismogramme (nom masculin) Enregistrement graphique donné par le sismographe. *Le tracé du **sismogramme** indique un tremblement de terre dans la région.*

sismographe (nom masculin) Appareil qui enregistre les mouvements sismiques.

sismologue (nom) Scientifique qui étudie les séismes.

sitcom (nom féminin) Comédie télévisée produite en série présentant des scènes de la vie quotidienne.
▶ Prononciation [sitkɔm].
★ **Sitcom** est l'acronyme anglais de ***situation comedy***.

site (nom masculin) Lieu qui offre un intérêt particulier. *Nous avons visité les ruines d'un **site** gaulois.*

sit-in (nom masculin) Manifestation non violente dans laquelle les participants occupent un endroit public en s'asseyant par terre. *Les étudiants ont fait un **sit-in** devant le rectorat.*
▶ **Sit-in** est un mot anglais : on prononce [sitin].

sitôt (adverbe) Synonyme d'aussitôt. ***Sitôt** levé, il a pris sa douche.* • **De sitôt** : d'ici longtemps. *Après cette dispute, tu ne le reverras pas **de sitôt**.*

situation (nom féminin) **1** Emplacement d'une ville, d'un terrain ou d'un bâtiment. *Il a choisi une **situation** exposée au sud pour faire construire sa villa.* **2** Ensemble des conditions dans lesquelles se trouve une personne ou un pays. *Depuis la fin de la guerre, la **situation** du pays s'est améliorée.* **3** Métier ou emploi. *Son oncle a une belle **situation** dans une grande entreprise.*

situer (verbe) (conj. 3) Déterminer la place de quelque chose dans l'espace ou dans le temps. *Je n'arrive pas à **situer** ce quartier sur le plan de la ville. L'action de ce roman se **situe** au Moyen Âge.*

six (déterminant) Cinq plus un (6). *On trouve au maximum **six** points sur la face d'un dé.*
▪ **six** (nom masculin) Chiffre ou nombre six. *Mon numéro de téléphone commence par un **six**.*
▶ Prononciation [si] devant une consonne ; [siz] devant une voyelle ou un h muet ; [sis] seul ou en fin de phrase.

sixième (adjectif et nom) Qui occupe le rang numéro 6. *Julie a gagné le **sixième** prix à ce concours.*
▪ **sixième** (nom masculin) Ce qui est contenu six fois dans un tout. *Trois est le **sixième** de dix-huit.*
▪ **sixième** (nom féminin) Première année de l'enseignement secondaire. *Il vient d'entrer en **sixième** au collège.*
▶ Prononciation [sizjɛm].

skaï (nom masculin) Matière synthétique imitant le cuir. *Des sièges de voiture en **skaï**.*
▶ Prononciation [skaj].
★ **Skaï** est le nom d'une marque.

skate-board (nom masculin) Planche à roulettes. *Faire du **skate-board**.*
▶ Prononciation [skɛtbɔʀd].
▶ Pluriel : des **skate-boards**.
▶ On écrit aussi **skateboard**.
★ **Skate-board** est un mot anglais formé de *to skate* qui signifie « patiner » et de *board* qui signifie « planche ».

sketch (nom masculin) Pièce très courte, généralement comique. *Ce comédien écrit lui-même ses **sketchs** et les interprète seul sur scène.* (Syn. **saynète**.)
★ **Sketch** est un mot anglais qui signifie « esquisse ».
▶ Pluriel : des **sketchs** ou des **sketches**.

ski (nom masculin) **1** Long patin utilisé pour glisser sur la neige ou sur l'eau. *Une paire de **skis**.* **2** Sport pratiqué sur la neige grâce à ces patins. *Faire du **ski**.* • **Ski nautique** : sport qui consiste à glisser sur l'eau, en étant tiré par un bateau.
★ Famille du mot : **mono**ski, ski**able**, ski**er**, ski**eur**, **télé**ski.

skiable (adjectif) Où l'on peut skier. *Il a failli être pris dans une avalanche en s'éloignant des pistes **skiables**.*

skier (verbe) (conj. 10) Faire du ski. *Laura a appris à **skier** l'année dernière.*

skieur, euse (nom) Personne qui fait du ski. *Myriam est une **skieuse** débutante mais elle fait des progrès.*

skinhead (nom et adjectif) Marginal adhérant à des thèses extrémistes de droite, xénophobe, ayant le crâne rasé et une tenue évoquant l'uniforme militaire. *Une bande de **skinheads**.*
▶ **Skinhead** est un mot anglais : on prononce [skinɛd].
▶ On dit aussi **skin**.

skipper (nom masculin) Commandant d'un voilier.
▶ **Skipper** est un mot anglais : on prononce [skipœʀ].

slalom (nom masculin) Épreuve de ski sur un parcours sinueux jalonné de piquets.

slalomer (verbe) (conj. 3) Faire un parcours en slalom.

slave (adjectif) Qui appartient aux peuples de même famille linguistique habitant l'Europe centrale et orientale. *Le bulgare, le polonais, le russe, etc. sont des langues **slaves**.*

slip (nom masculin) Culotte très courte qui sert de sous-vêtement ou de maillot de bain.

slogan (nom masculin) Phrase courte et frappante qui sert à retenir l'attention. *Un **slogan** publicitaire.*
★ **Slogan** vient d'un mot écossais qui signifie « cri de guerre ».

slovaque → tableau p. 6 / 7.

slovène → tableau p. 6 / 7.

slow (nom masculin) Danse sur un rythme lent. *Le cousin de Romain danse un **slow** avec sa fiancée.*
▶ Prononciation [slo].
★ **Slow** est un mot anglais qui signifie « lent ».

smala (nom féminin) **1** Ensemble des tentes abritant les personnes qui suivent un chef arabe dans ses déplacements. **2** Synonyme familier de famille nombreuse. *Ma tante a débarqué à la maison avec toute sa **smala**.* (Syn. **tribu**.)
★ **Smala** est un mot arabe.
▶ On écrit aussi **smalah**.

smash (nom masculin) Coup violent qui rabat vers le bas une balle haute. *Les **smashs** se pratiquent au tennis, au ping-pong et au volley-ball.*
▶ **Smash** est un mot anglais : on prononce [smaʃ].

smasher (verbe) (conj. 3) Faire un smash.
▶ Prononciation [smaʃe].

SMIC (nom masculin) Salaire minimum légal. *Un employé qui gagne le **SMIC**.*
★ **SMIC** est le sigle de *salaire **m**inimum **i**nterprofessionnel de **c**roissance.*

smiley (nom masculin) Sorte d'idéogramme utilisé dans les messages électroniques, représentant un visage expressif composé avec les signes du clavier. ☺ *est un **smiley**.* (Syn. **frimousse.**)
▶ Prononciation [smajlɛ].
★ **Smiley** vint du mot anglais *smile* qui signifie « sourire ».

smog (nom masculin) Brouillard épais et mêlé aux pollutions atmosphériques. *Le **smog** est typiquement londonien.*
★ **Smog** est un mot anglais.

smoking (nom masculin) Costume de soirée dont la veste est ornée de revers de soie. *Les femmes étaient en robe longue et les hommes en **smoking**.*
▶ Prononciation [smɔkiŋ].
★ **Smoking** vient du mot anglais *smoking jacket* qui signifie « veste que l'on met pour fumer ».

snack (nom masculin) Café ou restaurant où l'on peut manger rapidement. *Avant d'aller au cinéma, on a mangé une salade dans un **snack**.*
★ **Snack** est l'abréviation de **snack-bar**.

snob (adjectif et nom) Qui veut avoir l'air distingué. *Elle est très **snob** depuis qu'elle a épousé un comte.*

snobisme (nom masculin) Comportement d'une personne snob. *Il est d'un **snobisme** insupportable !*

snow-board (nom masculin) Planche pour glisser sur la neige. *Sur un **snow-board**, on se tient comme sur un skate-board.*
▶ Prononciation [snobɔʀd].
▶ Pluriel : des **snow-boards**.
▶ On écrit aussi **snowboard**.
★ **Snow-board** est un mot anglais formé de *snow* qui signifie « neige » et de *board* qui signifie « planche ».

sobre (adjectif) **1** Qui mange et consomme de l'alcool avec modération. *Il reste **sobre** car c'est lui qui conduit.* **2** Qui est simple, sans ornements. *Elle porte des tenues **sobres** et élégantes.*
★ Famille du mot : sobr**ement**, sobri**été**.

sobrement (adverbe) De manière sobre. *Une pièce **sobrement** meublée.*

sobriété (nom féminin) **1** Qualité d'une personne sobre. *Il serait en meilleure santé s'il faisait preuve de plus de **sobriété**.* (Syn. **tempérance.**) **2** Caractère de ce qui est sobre, discret. *Elle portait une robe de soie noire d'une grande **sobriété**.*

sobriquet (nom masculin) Surnom familier, affectueux ou moqueur. *On lui a donné le **sobriquet** de « bille de clown » parce qu'il fait tout le temps des grimaces.*

soc (nom masculin) Lame large et pointue d'une charrue, qui creuse des sillons dans les champs.

sociable (adjectif) Qui recherche la compagnie des gens. *Noémie n'a pas mis longtemps à s'habituer à ses nouveaux amis, elle est très **sociable**.*

social, ale, aux (adjectif) **1** Qui concerne la vie en société. *Cette grève est le résultat d'un conflit **social**.* **2** Qui a pour but d'améliorer les conditions de vie des gens. *Les personnes défavorisées ont droit à certains avantages **sociaux**.*
★ Famille du mot : social**isme**, social**iste**.

socialisme (nom masculin) Doctrine qui a pour but de rendre la société plus juste en donnant davantage de pouvoir et d'argent à la collectivité.

socialiste (adjectif et nom) Qui concerne le socialisme ou qui est partisan du socialisme. *Il s'est inscrit au parti **socialiste**.*

sociétaire (nom) Membre d'une société ou d'une association. *Les **sociétaires** du club se réunissent le mercredi.*

société (nom féminin) **1** Ensemble des personnes qui vivent sur le même territoire, ont les mêmes lois, la même culture. *Depuis qu'il est au chômage, il se sent exclu de la **société**.* (Syn. **collectivité.**) **2** Ensemble d'êtres qui vivent en groupe organisé. *Étudier la **société** des abeilles.* **3** Réunion de personnes qui se retrouvent pour partager des activités. *Il est timide et mal à l'aise en **société**.* **4** Entreprise constituée par l'ensemble des gens qui y travaillent. *Il vient d'être embauché dans une **société** de vente à domicile.* (Syn. **compagnie.**) **5** Organisation ou association. *Une **société** secrète. Une **société** de défense de la nature.*

socio- Élément, tiré du radical de *social* (exemple : *sociologie*).

socioculturel, elle (adjectif) Qui concerne à la fois un groupe social et la culture qui lui est propre. *Le foyer **socioculturel** propose de nombreuses activités.*

sociologie (nom féminin) Science qui étudie les sociétés humaines.

sociologue (nom) Spécialiste de sociologie.

socle (nom masculin) Partie sur laquelle repose une statue ou une colonne. *La statue est posée sur un **socle** de bronze.*

socquette (nom féminin) Chaussette courte qui ne dépasse pas la cheville. *Odile porte des **socquettes** bleues.*

soda (nom masculin) Boisson gazeuse aromatisée.

sodium (nom masculin) Élément alcalin de numéro atomique 11, de masse atomique 22,99. *On trouve le **sodium** dissous dans la mer sous forme de chlorure de **sodium**.*
▶ Prononciation [sɔdjɔm].
★ **Sodium** vint du mot latin *soda* qui signifie « soude ».
▶ Le symbole du **sodium** est Na.

a b c d e f g h i j k l m n o p q r s t u v w x y z

sœur (nom féminin) **1** Fille qui a les mêmes parents qu'un autre enfant. *Thomas a une **sœur** plus jeune que lui.* **2** Titre donné à certaines religieuses.

sofa (nom masculin) Lit de repos comportant un dossier et des appuis sur les côtés. *Grand-mère se repose sur le **sofa** du salon.*

software (nom masculin) Synonyme de logiciel. *L'informaticien installe un **software** de gestion sur l'ordinateur.*
► **Software** est un mot américain : on prononce [sɔftwɛʀ].

soi (pronom) Pronom personnel de la troisième personne du singulier, qui s'emploie comme complément. *Chaque voyageur doit avoir son passeport sur soi.* • **Cela va de soi** : c'est tout naturel, c'est évident. *Tu restes dîner avec nous, **cela va de soi** !*

soi-disant (adjectif) Qui prétend être ainsi. *Ce **soi-disant** peintre sait à peine dessiner.*
► Pluriel : des **soi-disant** amies.
■ **soi-disant** (adverbe) D'après ce qu'on prétend. *Il devait **soi-disant** venir m'aider.*

soie (nom féminin) **1** Tissu souple et brillant fabriqué avec des fils produits par une chenille appelée « ver à soie ». *Une robe en **soie**.* **2** Poil long et dur du porc ou du sanglier. *Les **soies** servent à fabriquer des brosses.*

soierie (nom féminin) Étoffe de soie. *Elle a acheté de la très belle **soierie** pour recouvrir ses fauteuils.*

soif (nom féminin) **1** Besoin et envie de boire. *Cette chaleur nous a donné **soif**.* **2** Désir très fort pour quelque chose. *Ce garçon s'ennuie dans son village, il a **soif** d'aventures.*

soigné, ée (adjectif) **1** Exécuté avec soin et application. *C'est un bon ébéniste qui fait toujours un travail très **soigné**.* **2** Qui prend soin de son physique et de sa tenue. *C'est une jeune femme élégante et très **soignée**.* (Contr. **négligé**.)

soigner (verbe) (conj. 3) **1** Faire quelque chose avec soin. *Sarah **a soigné** la présentation de son devoir.* (Contr. **bâcler**.) **2** Prendre soin de quelqu'un ou de quelque chose. *C'est un très bon jardinier qui sait **soigner** ses plantes.* **3** Donner des soins médicaux à quelqu'un. *Maman **a soigné** mes écorchures.*
★ Famille du mot : soigné, soign**eur**, soign**eusement**, soign**eux**.

soigneur (nom masculin) Personne qui donne des soins aux sportifs. *Pendant le match, le **soigneur** reste sur le bord du terrain.*

soigneusement (adverbe) De manière soigneuse. *Maman essuie **soigneusement** le vase en cristal.*

soigneux, euse (adjectif) Qui apporte du soin à ce qu'il fait. *Ursula n'abîme pas ses affaires, elle est très **soigneuse**.*

soin (nom masculin) **1** Application que l'on met à faire quelque chose. *Victor recopie avec **soin** le brouillon de son devoir.* **2** Tâche que l'on doit accomplir. *Elle m'a confié le **soin** de préparer le dessert. Je prendrai bien **soin** de ton poisson rouge pendant ton absence.*
■ **soins** (nom masculin pluriel) Ensemble des moyens utilisés pour soigner un malade ou un blessé. *On l'a emmené au service des urgences pour lui donner les premiers **soins**.* • **Être aux petits soins pour quelqu'un** : s'en occuper avec beaucoup d'attention.

soir (nom masculin) Fin du jour quand le soleil se couche. *Je ne serai pas là cet après-midi, passe me voir ce **soir**.*

soirée (nom féminin) **1** Espace de temps entre la fin du jour et le moment où l'on se couche. *J'ai passé une très bonne **soirée** chez mes amis.* **2** Réunion ou réception qui a lieu le soir. *On a organisé une **soirée** pour la fête de papa.*

soit (conjonction) **1** Sert à exprimer deux possibilités. *Je viendrai **soit** demain, **soit** la semaine prochaine.* **2** Annonce une explication. *Je te dois un repas, **soit** 10 euros.* (Syn. **c'est-à-dire**.)
► Prononciation [swa].
■ **soit** (adverbe) Sert à marquer son accord. *Tu as envie d'une glace ? Eh bien **soit**, va en acheter une.* (Syn. **d'accord**.)
► Prononciation [swat].

soixantaine (nom féminin) Nombre d'environ soixante. *Il y avait une **soixantaine** d'invités au mariage. Je ne sais pas exactement son âge mais il a sûrement dépassé la **soixantaine**.*

soixante (déterminant) Six fois dix (60). *Les **soixante** concurrents attendent le départ de la course.*
► Prononciation [swasɑ̃t].
★ Famille du mot : soixant**aine**, soixante-dix, soixante-dixième, soixant**ième**.

soixante-dix (déterminant) Sept fois dix (70). *Je te dois **soixante-dix** euros.*

soixante-dixième (adjectif et nom) Qui occupe le rang numéro 70.

soixantième (adjectif et nom) Qui occupe le rang numéro 60. *Le **soixantième** concurrent vient de franchir la ligne d'arrivée.*

soja (nom masculin) Plante grimpante proche du haricot, et que l'on cultive pour ses graines. *Le **soja** sert à faire de l'huile et de la farine.*

① **sol** (nom masculin) **1** Surface de la terre. *Le parachutiste descend lentement vers le **sol**.* **2** Terrain qui a certaines qualités ou qui produit certaines cultures. *Dans cette région, le **sol** est calcaire.* **3** Surface aménagée. *Le **sol** du cellier est en terre cuite.*

② **sol** (nom masculin) Cinquième note de la gamme.

solaire (adjectif) **1** Qui concerne le Soleil. *Le Soleil et les planètes forment le système **solaire**.* **2** Qui provient du soleil. *Cette calculatrice fonctionne grâce à l'énergie **solaire**.* **3** Qui protège du soleil. *Une crème **solaire**.*

solarium (nom masculin) **1** Lieu où l'on prend des bains de soleil. *La piscine municipale dispose d'un **solarium**.* **2** Établissement où l'on traite certaines maladies par exposition à la lumière.
▶ Prononciation [sɔlaʀjɔm].

soldat (nom masculin) **1** Homme qui sert dans une armée. *Des milliers de **soldats** sont morts à la guerre.* **2** Militaire qui n'est pas gradé. *Les **soldats** doivent obéir à leurs officiers.*

① **solde** (nom masculin) Ce qui reste à payer sur la totalité de ce qu'on doit. *J'ai versé un acompte de 100 euros et je paierai le **solde** de la facture à la fin du mois.* • **En solde** : vendu à prix réduit. *Il a acheté ce beau blouson **en solde**.*
▪ **soldes** (nom masculin pluriel) Articles vendus moins cher à certaines périodes. *Maman attend les **soldes** pour acheter des vêtements.*

② **solde** (nom féminin) Salaire versé à un militaire.

solder (verbe) (conj. 3) **1** Vendre en solde. *Les commerçants commencent à **solder** les vêtements d'été.* **2** **Se solder** : avoir comme résultat. *Les négociations **se sont soldées** par un échec.*

soldeur, euse (nom) Personne qui fait commerce d'articles bradés. *Ursula a acheté toute sa vaisselle chez un **soldeur**.*

sole (nom féminin) Poisson de mer au corps ovale et aplati, à la chair appréciée. *Des filets de **sole**.*

solécisme (nom masculin) Faute de syntaxe. *« L'affaire que je m'occupe » pour « dont je m'occupe » est un **solécisme**.*
★ **Solécisme** vient de *Soloi*, ville de Cilicie où les colons athéniens parlaient un grec incorrect.

soleil (nom masculin) **1** Astre qui produit la lumière et la chaleur nécessaires à la Terre. *La Terre et les planètes du système solaire tournent autour du **Soleil**.* **2** Rayonnement de cet astre, lumière et chaleur qu'il produit. *Bronzer, se réchauffer au **soleil**. Il n'y a pas beaucoup de **soleil** aujourd'hui.*
▶ **Soleil** s'écrit avec une majuscule au sens 1.
★ Famille du mot : **ensoleillé**, **ensoleillement**.

solennel, elle (adjectif) **1** Qui est célébré en public, avec beaucoup d'éclat. *L'équipe victorieuse a reçu la coupe au cours d'une cérémonie **solennelle**.* **2** Que l'on fait de façon sérieuse et réfléchie. *Le parrain et la marraine ont fait la promesse **solennelle** de s'occuper de leur filleul.*
▶ Prononciation [sɔlanɛl].
★ Famille du mot : solennel**lement**, solenni**té**.

solennellement (adverbe) De façon solennelle. *Le Président a été accueilli **solennellement** à sa descente d'avion.*
▶ Prononciation [sɔlanɛlmɑ̃].

solennité (nom féminin) Caractère solennel. *Le maire a félicité les sauveteurs avec **solennité**.*
▶ Prononciation [sɔlanite].

solénoïde (nom masculin) Bobine formée par un conducteur enroulé autour d'un cylindre, et qui produit un champ magnétique lorsqu'elle est parcourue par un courant. *Un démarreur fonctionne grâce à un **solénoïde**.*
★ **Solénoïde** vient du grec *sôlên* qui signifie « tuyau ».

solfège (nom masculin) Lecture et écriture des notes, de la musique.
★ **Solfège** vient de l'italien *solfeggio*, formé de *sol* et de *fa* qui sont deux notes de la gamme.

solidaire (adjectif) **1** Se dit de personnes qui s'aident mutuellement. *Dans cette équipe, les joueurs restent **solidaires** même après une défaite.* **2** Se dit de choses qui dépendent les unes des autres pour pouvoir fonctionner. *Les pédales d'un vélo sont **solidaires** du pédalier.*
★ Famille du mot : se **désolidariser**, se solidari**ser**, solida**rité**.

se **solidariser** (verbe) (conj. 3) Se déclarer solidaire de quelqu'un. *Les étudiants **se sont solidarisés** avec les ouvriers en grève.*

solidarité (nom féminin) Lien qui unit des personnes solidaires. *Par **solidarité**, nous les avons aidés et soutenus.*

solide (adjectif) **1** Qui a une consistance dure et qui n'est ni liquide ni gazeux. *Quand l'eau gèle, elle se transforme en glace et devient **solide**.* **2** Qui résiste aux chocs ou à l'usure. *Cette vieille table en chêne est très **solide**.* (Contr. **fragile**.) **3** Qui a de la force, de la vigueur. *Nous avons besoin de garçons **solides** pour déménager ces cartons.* (Syn. **fort**, **robuste**.)
▪ **solide** (nom masculin) **1** Corps ou matière solide. *Le fer est un **solide**, l'eau est un liquide.* **2** Figure de géométrie qui a un volume. *Le cube, la sphère, le cylindre, le prisme sont des **solides**.*
★ Famille du mot : consolid**ation**, consolid**er**, solide**ment**, se solid**ifier**, solid**ité**.

solidement (adverbe) De façon solide. *Les valises sont **solidement** fixées sur le porte-bagage de la voiture.*

se **solidifier** (verbe) (conj. 10) Devenir solide. *En séchant, le ciment **s'est solidifié**.* (Syn. **durcir**. Contr. **se liquéfier**.)

solidité (nom féminin) Qualité de ce qui est solide. *Le vendeur nous a garanti la **solidité** de ces meubles en chêne.* (Syn. **robustesse**. Contr. **fragilité**.)

soliloque (nom masculin) Discours qu'une personne se tient à elle-même. *Un individu étrange en plein **soliloque** dans la rue.* (Syn. **monologue**.)
★ **Soliloque** vient du latin *solus* qui signifie « seul » et de *loqui* qui signifie « parler ».

soliste (nom) Personne qui exécute ou qui chante un morceau de musique en solo. *Le chœur s'arrête et c'est au tour du **soliste** de chanter.*

solitaire (adjectif) **1** Qui est isolé, éloigné de tout. *Les voleurs s'étaient donné rendez-vous dans un lieu **solitaire**.* **2** Qui est seul ou qui aime être seul. *Le tigre est un animal **solitaire**.*

■ **solitaire** (nom masculin) **1** Diamant monté seul sur une bague. *Mon cousin a offert un **solitaire** à sa fiancée.* **2** Jeu qui se joue seul et consiste à disposer des boules selon certaines combinaisons.

solitude (nom féminin) Fait d'être seul. *Quand la **solitude** lui pèse, il va au club d'échecs.*

solive (nom féminin) Barre de bois qui soutient un plancher. *Des **solives** de chêne.*

sollicitation (nom féminin) Demande insistante. *Après de nombreuses **sollicitations**, le maire a enfin accepté de venir.*

solliciter (verbe) (conj. 3) Demander avec insistance et respect. *Les parents d'élèves **ont sollicité** un rendez-vous avec le directeur de l'école.*
★ Famille du mot : sollicit**ation**, sollicit**ude**.

sollicitude (nom féminin) Attitude bienveillante et attentive. *L'infirmière s'occupe de ses malades avec beaucoup de **sollicitude**.*

solo (nom masculin) Morceau de musique interprété par une seule personne. *Un **solo** de guitare.*

solstice (nom masculin) Chacun des deux moments de l'année où la durée du jour par rapport à celle de la nuit atteint son maximum ou son minimum. *Dans l'hémisphère Nord, le **solstice** d'été tombe le 21 ou le 22 juin et le **solstice** d'hiver le 21 ou le 22 décembre.*

solubilité (nom féminin) Propriété d'un corps soluble. *La **solubilité** des vitamines.*

soluble (adjectif) Qui peut se dissoudre dans un liquide. *Le sel est **soluble** dans l'eau.*

soluté (nom masculin) **1** Liquide contenant un médicament dissous. *Le mercurochrome est un **soluté**.* **2** Corps dissous dans un solvant.

solution (nom féminin) **1** Réponse à un problème. *William essaie de trouver la **solution** de son exercice de calcul.* **2** Ce qui permet de résoudre une difficulté. *Si tu as perdu tes clés, appelle un serrurier, je ne vois pas d'autre **solution**.* **3** Liquide qui contient un corps dissous. *Une **solution** de sel, de sucre.*

solvable (adjectif) Qui a assez d'argent pour payer ce qu'il doit. *Ce commerçant est ruiné, il n'est plus **solvable**.*

solvant (nom masculin) Synonyme de dissolvant.

sombre (adjectif) **1** Où il y a peu de lumière. *L'appartement donne sur une cour, il est très **sombre**.* (Syn. **obscur.** Contr. **clair.**) **2** Qui est d'une couleur tirant sur le noir. *Il porte toujours des costumes **sombres**.* (Syn. **foncé.** Contr. **clair.**) **3** Qui est marqué par la tristesse ou l'inquiétude. *Quelque chose ne va pas ? Tu as une mine bien **sombre** aujourd'hui.* (Syn. **morose, triste.**)

sombrer (verbe) (conj. 3) **1** S'engloutir au fond de l'eau. *Le navire **a sombré** dans la tempête.* (Syn. **couler.**) **2** Au sens figuré, s'enfoncer dans un état, une situation. ***Sombrer** dans le sommeil.*

sombréro (nom masculin) Chapeau à larges bords porté en Amérique du Sud.
▶ Prononciation [sɔ̃bʀeʀo].
★ **Sombrero** est un mot espagnol venant de *sombra* qui signifie « ombre ».
▶ On écrit aussi **sombrero**.

sommaire (adjectif) **1** Qui est abrégé, peu détaillé. *Le journaliste a fait un récit un peu trop **sommaire** des évènements.* (Syn. **bref.**) **2** Qui est fait trop rapidement. *Il a été condamné après un jugement **sommaire**.* (Syn. **expéditif.**)
■ **sommaire** (nom masculin) Liste des parties d'un livre, d'un journal. *Xavier a retrouvé l'article qu'il cherchait dans le **sommaire** de son magazine.*

sommairement (adverbe) De façon sommaire. *Inutile d'entrer dans les détails, explique-nous **sommairement** ton projet.*

sommation (nom féminin) Appel adressé à quelqu'un en lui demandant de s'arrêter, de se rendre. *Après trois **sommations**, la sentinelle a tiré.*

① **somme** (nom masculin) Sommeil de courte durée. *J'ai réussi à faire un petit **somme** pendant le voyage.*

② **somme** (nom féminin) **1** Résultat d'une addition. *20 est la **somme** de 15 plus 5.* (Syn. **total.**) **2** Quantité d'argent. *Il a perdu des **sommes** énormes en jouant au casino.* • **En somme** *ou* **somme toute** : en résumé, tout compte fait. ***En somme**, malgré quelques petits ennuis, notre voyage s'est bien passé.*

③ **somme** (nom féminin) • **Bête de somme** : animal que l'on emploie pour porter des fardeaux. *L'âne, le chameau sont des **bêtes de somme**.*

sommeil (nom masculin) **1** État d'une personne qui dort. *Yann a un **sommeil** très agité.* **2** Envie ou besoin de dormir. *Va te coucher, si tu as **sommeil** ! Zoé tombe de **sommeil**.* **3** État d'inertie, d'inactivité. *Aux heures chaudes de la journée, les rues sont vides, la ville est en **sommeil**.*
★ Famille du mot : **en**sommeill**é**, somme, sommeill**er**.

sommeiller (verbe) (conj. 3) Dormir d'un sommeil léger. *Anna **sommeille** sur la banquette arrière de la voiture.*

sommelier, ère (nom) Personne qui s'occupe des vins et des alcools dans un restaurant. *Pour le choix des vins, le **sommelier** va venir vous conseiller.*

sommer (verbe) (conj. 3) Donner à quelqu'un l'ordre impératif de faire quelque chose. *Le juge **a sommé** l'accusé de répondre aux questions.*

sommet (nom masculin) **1** Partie la plus élevée d'un lieu ou d'une chose. *Le **sommet** d'une montagne, d'une tour, d'un arbre.* **2** Degré le plus haut. *L'année dernière, ce champion était au **sommet** de sa forme.* (Syn. **apogée, faîte.**) **3** Point où se rencontrent deux côtés d'une figure géométrique. *Un triangle a trois **sommets**.* • **Conférence au sommet** : conférence entre des chefs d'État ou de gouvernement.
★ Voir **summum**.

sommier (nom masculin) Partie du lit sur laquelle on place le matelas. *Le chat s'est glissé entre le **sommier** et le matelas.*

sommité (nom féminin) Personne qui est d'un niveau supérieur dans son domaine. *Les **sommités** de la médecine assistaient à ce congrès sur le sida.*

somnambule (adjectif et nom) Qui se déplace pendant son sommeil. *Les **somnambules** ne se souviennent pas de ce qu'ils ont fait à leur réveil.*
★ **Somnambule** vient du latin *somnus* qui signifie « sommeil » et *ambulare* qui signifie « marcher », et qu'on retrouve dans **noctambule**.

somnambulisme (nom masculin) État d'une personne somnambule.

somnifère (nom masculin) Médicament qui provoque le sommeil. *Le médecin lui a prescrit un léger **somnifère**.* (Syn. **soporifique**.)

somnolence (nom féminin) État d'une personne somnolente. *Les camionneurs qui conduisent la nuit doivent prendre garde au risque de **somnolence**.*

somnolent, ente (adjectif) Qui somnole. *Ce médicament l'a rendu **somnolent**.*

somnoler (verbe) (conj. 3) Dormir à moitié. *Au retour de la promenade, les enfants **somnolaient** dans le car.*
★ Famille du mot : somnol**ence**, somnol**ent**.

somptuaire (adjectif) • **Dépenses somptuaires** : dépenses luxueuses et exagérées.

somptueusement (adverbe) D'une manière somptueuse. *Un appartement **somptueusement** meublé.*

somptueux, euse (adjectif) Qui est très beau et très cher. *Elle portait une **somptueuse** robe de soie.*

① **son, sa, ses** (déterminant) Adjectif possessif de la troisième personne du singulier. *Benjamin a perdu **ses** crayons, **sa** gomme et **son** stylo.*
▶ Devant un nom féminin commençant par une voyelle ou un h muet, on emploie **son** au lieu de **sa** : son épaule, son habitude.

② **son** (nom masculin) Ce que l'on entend. *On entend le **son** aigu de la sirène d'une ambulance. Ils dansent au **son** du violon.*

③ **son** (nom masculin) Enveloppes des grains de céréales qui restent quand on les a moulus.

sonar (nom masculin) Appareil qui détecte les obstacles sous l'eau en produisant des ondes sonores. *Grâce au **sonar** du bateau, on a repéré l'épave recherchée.*

sonate (nom féminin) Morceau de musique pour un ou deux instruments. *Une **sonate** pour violon et piano de Mozart.*
★ **Sonate** vient du latin *sonare* qui signifie « jouer d'un instrument ».

sondage (nom masculin) **1** Action de sonder la mer ou le sous-sol. *À la suite de **sondages**, on a découvert du pétrole dans les fonds marins en mer du Nord.* **2** Série de questions que l'on pose à quelques personnes pour connaître l'opinion générale de la population. *Avant de lancer cette nouvelle boisson, le fabricant a fait faire un **sondage**.*

sonde (nom féminin) Instrument qui sert à mesurer la profondeur de l'eau ou à connaître la nature du sous-sol. • **Sonde spatiale** : engin que l'on envoie dans l'espace pour recueillir des informations scientifiques.
★ Famille du mot : in**sondable**, son**dage**, son**der**.

sonder (verbe) (conj. 3) **1** Explorer un lieu à l'aide d'une sonde. *Des ingénieurs **ont sondé** le sous-sol du désert à la recherche de pétrole.* **2** Chercher à connaître les intentions secrètes d'une personne. *Je vais le **sonder** pour savoir ce qui lui ferait plaisir pour son anniversaire.*

songe (nom masculin) Synonyme littéraire de rêve. *Cette nuit-là, le chevalier vit en **songe** un dragon à sept têtes.*
★ Famille du mot : song**er**, song**erie**, song**eur**.

songer (verbe) (conj. 5) **1** Penser ou réfléchir à quelque chose. *Il faut savoir **songer** aux conséquences de ses actes.* **2** Avoir l'intention de faire quelque chose. *Ils **songent** à déménager l'an prochain.* (Syn. **envisager**.)

songerie (nom féminin) Synonyme littéraire de rêverie.

songeur, euse (adjectif) Qui est perdu dans ses rêves. *Tu sembles bien **songeur**.* (Syn. **pensif**, **rêveur**.)

sonner (verbe) (conj. 3) **1** Produire un son. *Le téléphone **sonne**. Les cloches **sonnent**.* **2** Mettre en action une sonnette, une sonnerie ou un signal. *Va ouvrir, on **a sonné** à la porte d'entrée.*
★ Famille du mot : sonn**erie**, sonn**ette**.

sonnerie (nom féminin) Son produit par quelque chose qui sonne. *Clément dormait profondément, il n'a pas entendu la **sonnerie** du réveil.*

sonnet (nom masculin) Court poème de quatorze vers répartis en quatre strophes.

sonnette (nom féminin) Mécanisme qui déclenche une sonnerie. *Je crois que personne n'a entendu mon coup de **sonnette**.*

sono- Élément, tiré du latin *sonus* qui signifie « son » (exemple : *sonorité*).

sono Voir ***sonorisation***.

sonore (adjectif) **1** Qui produit un son. *Un signal **sonore** se déclenche si on essaie de forcer la serrure de la voiture.* **2** Qui a un son puissant, éclatant. *On entendait son rire **sonore** dans tout l'appartement.* **3** Qui résonne, renvoie bien les sons. *Cette salle au plafond haut est très **sonore**.*
★ Famille du mot : **in**sonor**isation**, **in**sonor**iser**, sono, sonor**isation**, sonor**iser**, sonor**ité**.

sonorisation (nom féminin) Ensemble d'appareils servant à amplifier les sons. *Avant le concert, les techniciens installent la **sonorisation**.*
▶ **Sonorisation** s'abrège familièrement **sono**.

a b c d e f g h i j k l m n o p q r s t u v w x y z

sonoriser (verbe) (conj. 3) Équiper un lieu d'un matériel de sonorisation. ***Sonoriser** une salle à l'occasion d'un bal.*

sonorité (nom féminin) Qualité des sons. *Élodie adore la **sonorité** du violoncelle.*

sophisme (nom masculin) Raisonnement logique en apparence, mais qui est fait avec l'intention de tromper. *Une démonstration truffée de **sophismes**.*

sophistiqué, ée (adjectif) **1** Qui manque de naturel. *Cette jeune fille est jolie, mais elle est trop **sophistiquée**.* **2** Qui est très perfectionné. *Ce magnétoscope est tellement **sophistiqué** que je ne suis pas sûr de savoir m'en servir !*

sophrologie (nom féminin) Pratique visant à dominer la douleur et à équilibrer la personnalité par des moyens psychologiques.
★ **Sophrologie** vient du grec *sôs* qui signifie « harmonie » et de *phrên* qui signifie « esprit ».

soporifique (adjectif) Qui provoque le sommeil. *Certaines plantes ont un pouvoir **soporifique**.*
▪ **soporifique** (nom masculin) Synonyme de somnifère. *Le voleur avait mis un **soporifique** dans le café de sa victime.*

soprano (nom) Chanteuse ou chanteur ayant une voix qui peut produire des sons très aigus.

sorbet (nom masculin) Glace sans crème, à base de jus de fruits. *Un **sorbet** à la fraise.*

sorbetière (nom féminin) Appareil qui sert à faire des sorbets et des glaces.

sorbier (nom masculin) Arbre cultivé pour ses fruits et son bois dur. *Le fruit du **sorbier** est une petite baie brillante rouge-orangé.*

sorcellerie (nom féminin) Pratiques magiques des sorciers. *Au Moyen Âge, une personne accusée de **sorcellerie** était brûlée vive.* • **C'est de la sorcellerie !** : c'est à la fois extraordinaire et inexplicable.

sorcier, ère (nom) Personne qui prétend posséder des pouvoirs magiques et qui jette des sorts. *La **sorcière** prononça une formule mystérieuse qui transforma le prince en crapaud.*
▪ **sorcier** (adjectif masculin) • **Ce n'est pas sorcier** : dans la langue familière, ce n'est pas compliqué à faire.

sordide (adjectif) **1** Qui est d'une saleté repoussante. *Cette famille vit dans un logement **sordide**.* **2** Qui est répugnant moralement. *Cet homme est d'une avarice **sordide**.*
★ **Sordide** vient du latin *sordes* qui signifie « saleté ».

sorgho (nom masculin) Céréale cultivée en Afrique et qui ressemble au mil.

sornettes (nom féminin pluriel) Paroles qui ne reposent sur rien de vrai. *Ne l'écoute pas, il raconte des **sornettes** !* (Syn. **balivernes**.)

sort (nom masculin) **1** Manière dont se passe la vie d'une personne. *Il n'est pas très riche, mais il est heureux de son **sort**.* **2** Puissance mystérieuse qui paraît diriger l'existence humaine. *Il pensait que le **sort** l'avait désigné comme victime.* (Syn. **destin**.) **3** Résultat d'un acte de sorcellerie. *On racontait dans le village que le fermier était malade parce qu'on lui avait jeté un **sort**.* (Syn. **maléfice, sortilège**.) • **Tirer au sort** : choisir en laissant jouer le hasard. *Le gros lot **sera tiré au sort**.*

sortable (adjectif) Avec qui on peut sortir en public. *Arrête de renifler, tout le monde te regarde, tu n'es pas **sortable** !*

sorte (nom féminin) **1** Ensemble de personnes, d'animaux ou de choses qui ont en commun certains caractères. *Ce magasin vend toutes **sortes** de produits exotiques. Cette émission est destinée à toutes **sortes** de publics.* (Syn. **catégorie, espèce, genre**.) **2** Chose qui ressemble plus ou moins à une autre chose. *L'actrice portait une **sorte** de tunique, longue et plissée.* • **De la sorte** : de cette manière. *Je t'interdis de me répondre **de la sorte**.* • **De sorte que** *ou* **de telle sorte que** : d'une façon telle que. *Il s'exprime **de telle sorte qu'**on ne comprend pas ce qu'il dit !* • **Faire en sorte** : faire ce qui est nécessaire. ***Fais en sorte** d'être prêt au moment du départ.*

sortie (nom féminin) **1** Endroit par où l'on sort. *Les spectateurs se dirigent vers la **sortie**. Une **sortie** de secours.* (Syn. **issue**.) **2** Moment où l'on sort. *Rendez-vous chez David à la **sortie** de l'école.* **3** Parution et mise en vente. *La **sortie** de son nouveau CD est prévue pour le mois prochain.*

sortilège (nom masculin) Acte magique destiné à ensorceler quelqu'un. *La princesse fut délivrée d'un **sortilège** par le baiser du prince.* (Syn. **charme, envoûtement**.)

sortir (verbe) (conj. 15) **1** Aller de l'intérieur vers l'extérieur. *Il **est sorti** de l'école à quatre heures et demie.* **2** Se distraire en faisant des promenades, en allant au spectacle ou chez des amis. *Mes parents **sortent** ce soir avec des amis.* **3** S'échapper d'un endroit et se répandre à l'extérieur. *De la lave **sortait** du volcan.* **4** Commencer à pousser, à apparaître. *Au printemps, on voit des bourgeons qui commencent à **sortir** sur les branches.* **5** Être présenté au public. *Le nouveau dessin animé de Walt Disney doit **sortir** pour Noël.* (Syn. **paraître**.) **6** Faire faire une promenade. *L'infirmière **sort** son malade dans le parc pour le distraire.* **7** Mettre à l'extérieur. *Si vous voulez faire un tour, **sortez** les vélos du garage.* • **S'en sortir** : se tirer d'une situation difficile. *C'est un travail difficile, mais je pense qu'il est capable de **s'en sortir**.*
▶ **Sortir** se conjugue avec l'auxiliaire *être* sauf quand il a un complément d'objet (sens 6 et 7).
★ Famille du mot : **res**sortir, sort**able**, sortie.

SOS (nom masculin) Signal de détresse transmis par radio. *Perdu dans le brouillard, le pilote de l'avion a lancé un **SOS**.*
▶ Prononciation [ɛsɔɛs].

sosie (nom masculin) Personne qui ressemble exactement à une autre. *Cette actrice est doublée par un **sosie** dans certaines scènes dangereuses du film.*
▶ Prononciation [sɔzi].

sot, sotte (adjectif et nom) Qui manque d'intelligence ou de réflexion. *Il a été assez **sot** pour écouter tes mauvais conseils.* (Syn. **bête, stupide.**)

sottise (nom féminin) **1** Caractère d'une personne sotte. *C'est de la **sottise** de se fâcher pour si peu !* (Syn. **bêtise.**) **2** Parole ou action sotte. *J'aimerais que tu arrêtes de faire des **sottises**.* (Syn. **bêtise.**)

sou (nom masculin) Ancienne pièce de monnaie, qui valait cinq centimes.
▪ **sous** (nom masculin pluriel) Synonyme familier d'argent. *Il a dépensé tous ses **sous** à la kermesse.*

soubassement (nom masculin) Base des murs d'un bâtiment, reposant sur les fondations.

soubresaut (nom masculin) Mouvement brusque du corps. *Fatima a eu un **soubresaut** en apercevant une araignée.*

soubrette (nom féminin) Servante de comédie. *La **soubrette** joue un rôle important dans cette pièce.*
★ **Soubrette** vient du provençal.

souche (nom féminin) **1** Ce qui reste d'un arbre coupé, comprenant les racines et le bas du tronc. *Des **souches** nous ont servi de sièges pour le pique-nique.* **2** Origine d'une famille. *Mario est un Français de **souche** italienne.* **3** Partie d'un carnet que l'on garde après avoir détaché un ticket ou un chèque. (Syn. **talon.**)

① **souci** (nom masculin) Ce qui inquiète quelqu'un. *En ce moment, tout va bien, je n'ai aucun **souci**.* (Syn. **ennui, problème, tracas.**)
★ Famille du mot : in**souciance**, in**souciant**, se **soucier**, **soucieux**.

② **souci** (nom masculin) Petite plante à fleurs jaunes ou orange.

se **soucier** (verbe) (conj. 10) S'inquiéter à propos de quelqu'un ou de quelque chose. *Inutile de **vous soucier** de ce problème, je vais le régler moi-même.* (Syn. **se préoccuper.**)

soucieux, euse (adjectif) Qui a des soucis. *Mon oncle est **soucieux** à cause de son travail.* (Syn. **inquiet.**)

soucoupe (nom féminin) Petite assiette qui se met sous une tasse. *La cuillère est sur le bord de ta **soucoupe**.* • **Soucoupe volante** : objet volant mystérieux qui serait piloté par des extraterrestres.

soudain, aine (adjectif) Synonyme de subit. *À la nuit tombée, une peur **soudaine** s'empara d'eux.*
▪ **soudain** (adverbe) Synonyme de subitement. *Nous marchions dans le bois quand **soudain** l'orage éclata.* (Syn. **soudainement.**)

soudainement (adverbe) De manière soudaine. *Kevin s'est **soudainement** souvenu qu'il avait rendez-vous chez le dentiste.* (Syn. **soudain.**)

soudard (nom masculin) Soldat grossier et brutal. *Les jurons d'un **soudard**.*

soude (nom féminin) **1** Hydroxyde de sodium, de formule NaOH. *La **soude** est caustique.* **2** Carbonate de sodium. *La ménagère utilise des cristaux de **soude** pour nettoyer les sanitaires.* **3** Sodium. *Le bicarbonate de **soude** est souvent utilisé contre les maux d'estomac.*

souder (verbe) (conj. 3) Joindre entre elles des pièces métalliques en faisant fondre leurs extrémités ou en les recouvrant de métal fondu. ***Souder** des tuyaux avec un chalumeau.*
★ Famille du mot : soud**eur**, soud**ure**.

soudeur, euse (nom) Personne qui fait de la soudure. *Les **soudeurs** doivent porter des lunettes spéciales.*

soudoyer (verbe) (conj. 6) Payer quelqu'un pour qu'il commette une action malhonnête. *Le prisonnier **soudoie** son gardien pour qu'il l'aide à s'enfuir.*

soudure (nom féminin) Action de souder des éléments métalliques. *On voit la **soudure** entre ces deux tuyaux.*

souffle (nom masculin) **1** Mouvement de l'air. *Le **souffle** du vent agite les branches des arbres.* **2** Air que l'on rejette quand on respire. *Gaëlle nage sous l'eau en retenant son **souffle**.* • **À bout de souffle** : épuisé au point d'avoir du mal à respirer.

soufflé (nom masculin) Plat léger fait d'une pâte qui gonfle beaucoup à la cuisson. *Un **soufflé** au fromage.*

souffler (verbe) (conj. 3) **1** Produire un souffle. *Le sirocco est un vent chaud qui **souffle** du désert vers les côtes.* **2** Rejeter de l'air par la bouche. *Hélène **souffle** sur les bougies pour les éteindre.* **3** Reprendre sa respiration après un effort ou une émotion. *Les footballeurs profitent de la mi-temps pour **souffler** un peu.* **4** Dire à voix basse quelque chose à quelqu'un sans que les autres l'entendent. *Ne **soufflez** pas les réponses aux concurrents, sinon ils seront éliminés.* • **Ne pas souffler mot** : se taire.
★ Famille du mot : es**soufflement**, es**souffler**, souffle, soufflé, souffl**erie**, souffl**et**, souffl**eur**.

soufflerie (nom féminin) Machine qui souffle de l'air. *Le sous-sol est aéré par une **soufflerie**.*

soufflet (nom masculin) **1** Instrument qui sert à attiser le feu en soufflant de l'air. *Les braises s'éteignent, prends le **soufflet** pour ranimer le feu.* **2** Partie flexible en forme d'accordéon, qui relie entre eux les wagons d'un train.

souffleur (nom masculin) Au théâtre, personne chargée de souffler son texte à un acteur qui ne s'en souvient plus.

souffrance (nom féminin) Fait de souffrir. *Il a supporté la **souffrance** sans se plaindre.* (Syn. **douleur.**) • **En souffrance** : en attente, sans qu'on s'en occupe.

souffrant, ante (adjectif) Qui souffre d'une maladie légère. *Kevin ne viendra pas à l'école aujourd'hui, il est **souffrant**.*

souffre-douleur (nom masculin) Personne qui subit des mauvais traitements et des moqueries. *Elle est devenue le **souffre-douleur** de tout le groupe.*
▶ Pluriel : des **souffre-douleurs** ou des **souffre-douleur**.

a b c d e f g h i j k l m n o p q r s t u v w x y z

souffreteux, euse (adjectif) Qui est de santé fragile. *Ce bébé est pâle et* ***souffreteux****.* (Syn. **maladif.**)

souffrir (verbe) (conj. 12) **1** Éprouver une sensation douloureuse ou pénible. *Cet hiver a été rude, nous* ***avons souffert*** *du froid.* **2** Être endommagé. *Les vignes* ***ont souffert*** *des gelées.* • **Ne pas pouvoir souffrir quelqu'un** *ou* **quelque chose :** ne pas pouvoir le supporter. *Pierre* ***ne peut pas souffrir*** *les gens qui maltraitent les animaux.*
★ Famille du mot : souffr**ance**, souffr**ant**, souffre-douleur, souffr**eteux**.

soufre (nom masculin) Substance jaune et cassante qui brûle en dégageant un gaz suffocant.

soufrière (nom féminin) Lieu d'où l'on retire le soufre.

souhait (nom masculin) Désir d'obtenir ou de voir se réaliser quelque chose. *Tous nos* ***souhaits*** *de bonheur aux jeunes mariés !* (Syn. **vœu.**)
★ Famille du mot : souhait**able**, souhait**er**.

souhaitable (adjectif) Que l'on peut souhaiter. *Elle a toutes les qualités* ***souhaitables*** *pour devenir une grande championne de ski.*

souhaiter (verbe) (conj. 3) **1** Désirer la réalisation de quelque chose. *Je vous* ***souhaite*** *une guérison rapide.* **2** Présenter ses vœux à quelqu'un. *Quentin m'a appelé pour me* ***souhaiter*** *la bonne année.*

souiller (verbe) (conj. 3) Synonyme littéraire de salir. *Les cavaliers* ***avaient souillé*** *leurs bottes dans les marais.*

souillon (nom féminin) Femme sale et peu soigneuse. *La serveuse était une vraie* ***souillon*** *!*

souk (nom masculin) Marché couvert dans les pays arabes.

soûl, soûle (adjectif) Synonyme d'ivre.
► Prononciation [su].
► On écrit aussi **saoul, saoule** ou **soul, soule**.

soulagement (nom masculin) Fait d'être soulagé. *On a appris avec* ***soulagement*** *que l'accident n'a pas fait de victimes.*

soulager (verbe) (conj. 5) **1** Rendre une douleur moins pénible. *Ce médicament* ***soulage*** *les maux de tête.* **2** Cesser d'être inquiet. *Nous* ***sommes soulagés*** *de savoir que Romain est guéri.*

soûler (verbe) (conj. 3) **1** Synonyme d'enivrer. *Tu devrais arrêter de boire du champagne, tu vas finir par te* ***soûler****.* **2** Dans la langue familière, énerver quelqu'un en parlant sans arrêt. *Il m'****a soûlé*** *toute la soirée avec les mêmes histoires.*
► On écrit aussi **saouler** ou **souler**.

soulèvement (nom masculin) Mouvement de révolte. *Les décisions prises par ce dictateur ont provoqué le* ***soulèvement*** *de la population.*

soulever (verbe) (conj. 8) **1** Lever à une faible hauteur. *Je n'arrive pas à* ***soulever*** *ce gros carton.* **2** Provoquer une réaction, un sentiment. *La victoire écrasante de cette équipe* ***a soulevé*** *l'enthousiasme de ses supporteurs.* **3 Se soulever :** synonyme de se révolter. *Des paysans* ***s'étaient soulevés*** *contre leur seigneur.*

soulier (nom masculin) Synonyme de chaussure. *Des* ***souliers*** *de marche.* • **Être dans ses petits souliers :** dans la langue familière, être mal à l'aise, gêné.

souligner (verbe) (conj. 3) **1** Tirer un trait sous un mot ou une phrase. *Thomas recopie ses devoirs en* ***soulignant*** *les titres.* **2** Faire remarquer en insistant. *Il* ***a souligné*** *l'importance de cette décision.*

soumettre (verbe) (conj. 33) **1** Obliger quelqu'un à obéir. *Le tyran avait réussi à* ***soumettre*** *le pays tout entier.* **2** Exposer quelque chose à quelqu'un pour qu'il donne son avis. *Je vais vous* ***soumettre*** *le dossier de financement du projet.* **3 Se soumettre :** accepter d'obéir. *Nous* ***nous soumettons*** *à la décision de la majorité.*
★ Famille du mot : soum**is**, soum**ission**.

soumis, ise (adjectif) Qui se soumet. *La population* ***soumise*** *ne luttait plus contre les envahisseurs.*

soumission (nom féminin) Fait de se soumettre. *Le seigneur s'est agenouillé devant le roi en signe de* ***soumission****.*

soupape (nom féminin) Pièce mobile d'un mécanisme qui règle la circulation d'un gaz ou d'un liquide.

soupçon (nom masculin) **1** Sentiment qui pousse à croire quelqu'un coupable. *La police n'a pas de preuves contre cet homme, elle n'a que des* ***soupçons****.* **2** Très petite quantité. *Julie a ajouté un* ***soupçon*** *de vanille pour aromatiser la crème.*
★ Famille du mot : soupçonn**er**, soupçonn**eux**.

soupçonner (verbe) (conj. 3) Avoir des soupçons. *On* ***soupçonne*** *le chat d'avoir mangé le poisson rouge.* (Syn. **suspecter.**)

soupçonneux, euse (adjectif) Qui a des soupçons. *Le douanier examine les bagages d'un air* ***soupçonneux****.*

soupe (nom féminin) Potage épais fait de légumes bouillis. *Une* ***soupe*** *aux choux.*

soupente (nom féminin) Petite pièce aménagée sous un escalier. *On a rangé des vieilles malles dans la* ***soupente****.*

① **souper** (verbe) (conj. 3) Faire un souper. *Nous sommes allés* ***souper*** *dans un petit restaurant en sortant du cinéma.*

② **souper** (nom masculin) Repas que l'on prend très tard en revenant d'une sortie. *On s'est préparé un* ***souper*** *léger en rentrant du concert.*
★ Autrefois, le **souper** était le repas du soir, le dîner. C'est encore le cas au Canada, en Belgique et en Suisse.

soupeser (verbe) (conj. 8) Soulever quelque chose pour évaluer son poids. ***Soupèse*** *mon cartable, il pèse au moins 10 kilos !*

soupière (nom féminin) Récipient creux utilisé pour servir la soupe.

soupir (nom masculin) Respiration bruyante et prolongée. *Victor est fatigué et pousse de gros **soupirs**.*
• Rendre le dernier soupir : mourir.

soupirail, aux (nom masculin) Ouverture située au bas du mur extérieur d'un bâtiment et qui sert à éclairer et à aérer une cave.

soupirant (nom masculin) Homme qui est amoureux d'une femme et lui fait la cour. *La princesse a de nombreux **soupirants**.*

soupirer (verbe) (conj. 3) Pousser des soupirs. *Laura s'ennuie et ne cesse de **soupirer**.*
★ Famille du mot : soupir, soupir**ant**.

souple (adjectif) **1** Qui se plie ou se courbe sans se casser. *William a fabriqué un arc avec la tige **souple** d'un noisetier.* (Syn. **flexible.** Contr. **raide**, **rigide.**) **2** Qui peut se mouvoir avec aisance et agilité. *Les acrobates sont **souples** et musclés.* **3** Qui s'adapte facilement. *C'est une enfant très **souple** mais elle manque un peu de personnalité.*
★ Famille du mot : **as**soupl**ir**, **as**soupl**issement**, **as**soupl**isseur**, soupl**esse**.

souplesse (nom féminin) **1** Qualité d'une personne souple. *En vieillissant, on perd sa **souplesse**.* (Syn. **agilité.** Contr. **raideur.**) **2** Caractère souple. *En refusant de céder, il a manqué de **souplesse**.*

sourate (nom féminin) Chapitre du Coran divisé en versets. *L'imam récite une **sourate**.*
★ **Sourate** est un mot arabe.
▶ On écrit aussi **surate**.

source (nom féminin) **1** Eau qui sort du sol. *Une eau de **source**.* **2** Endroit où commence un cours d'eau. *La Seine prend sa **source** sur le plateau de Langres.* **3** Point de départ ou origine de quelque chose. *La naissance de ce bébé a été une **source** de joie pour ses parents.*

sourcier, ère (nom) Personne qui recherche des sources souterraines à l'aide d'une baguette ou d'un pendule.

sourcil (nom masculin) Poils qui poussent au-dessus des yeux. *Xavier fronce les **sourcils** quand il réfléchit.*
▶ Prononciation [suʀsi].
★ Famille du mot : souci**lier**, sourci**ller**, sourci**lleux**.

sourcilier, ière (adjectif) Qui a rapport aux sourcils. *Xavier s'est blessé à l'arcade **sourcilière**.*

sourciller (verbe) (conj. 3) • Sans sourciller : sans laisser apparaître son émotion. *Il a avalé **sans sourciller** cette boisson infecte.*

sourcilleux, euse (adjectif) Synonyme littéraire d'exigeant. *La grand-mère de Noémie est très **sourcilleuse** sur la politesse.*

sourd, sourde (adjectif et nom) Qui n'entend pas. *Parle plus fort, il est un peu **sourd** ! Les **sourds** utilisent un langage par signes pour communiquer.*
• Faire la sourde oreille : faire semblant de ne pas entendre. *Ne **fais** pas **la sourde oreille** quand je te demande de faire la vaisselle !*

■**sourd, sourde** (adjectif) **1** Qui manque de sonorité. *Des bruits **sourds** semblent venir de la cave.* **2** Qui ne se manifeste pas nettement. *Odile ressent une douleur **sourde** dans le dos.*
★ Famille du mot : **as**sourd**ir**, **as**sourd**issant**, sourde**ment**, sourd**ine**, sourd-muet.

sourdement (adverbe) En faisant un bruit sourd. *Les vagues résonnaient **sourdement** contre les rochers.*

sourdine (nom féminin) • En sourdine : très doucement. *Le voisin joue du piano **en sourdine**.*

sourd-muet, sourde-muette (nom) Personne à la fois sourde et muette. *On communique avec les **sourds-muets** grâce au langage des signes.*
▶ Pluriel : des **sourds-muets**, des **sourdes-muettes**.

sourdre (verbe) (conj. 31) **1** Sortir de terre, en parlant de l'eau. *Un filet d'eau **sourd** faiblement.* **2** Synonyme littéraire de naître. *Le désespoir qui **sourdait** en lui.*
▶ **Sourdre** ne s'emploie plus qu'à l'infinitif et à la troisième personne de l'indicatif présent et imparfait.

souriant, ante (adjectif) Qui est aimable et sourit souvent. *Cette vendeuse est toujours **souriante**.*

souriceau, eaux (nom masculin) Petit de la souris. *Une portée de six souriceaux.*

souricière (nom féminin) Piège à souris.

① **sourire** (verbe) (conj. 48) **1** Faire un sourire. *La maîtresse de maison **sourit** en accueillant ses invités.* **2** Être favorable. *Yann gagne toutes les parties, la chance lui **sourit** !* (Syn. **favoriser.**) **3** Être agréable à quelqu'un. *L'idée de faire un si long voyage ne me **sourit** pas.*

② **sourire** (nom masculin) Mouvement des lèvres et des yeux qui exprime la gaieté ou la sympathie. *Le bébé fait des **sourires** quand on lui parle.*

souris (nom féminin) **1** Petit mammifère rongeur, au pelage gris ou parfois blanc. **2** Petit dispositif mobile sur lequel on clique pour intervenir sur l'écran d'un ordinateur.

sournois, oise (adjectif) Qui cache ses sentiments, souvent dans de mauvaises intentions. *Je me méfie de lui, il a un regard **sournois**.* (Syn. **hypocrite.** Contr. **franc.**)

sournoisement (adverbe) De façon sournoise. *Le lutteur a **sournoisement** attaqué son adversaire par-derrière.*

sous- Préfixe marquant une position inférieure, une quantité inférieure (exemples : *sous-sol, sous-alimentation*).

sous (préposition) **1** Indique un lieu situé plus bas ou à l'intérieur. *Le ballon a roulé **sous** l'armoire. Ce fromage est vendu **sous** emballage plastique.* **2** Indique la cause. *Benjamin a le dos courbé **sous** le poids de son cartable.* **3** Indique le temps. *L'his-*

*toire des « Trois Mousquetaires » se déroule **sous** le règne de Louis XIII.* **4** Indique la dépendance. *Le malade est **sous** la surveillance des médecins.*

sous-alimentation (nom féminin) Fait d'avoir une alimentation insuffisante. *En Afrique, beaucoup d'enfants souffrent de **sous-alimentation**.*

sous-alimenté, ée (adjectif) Qui souffre de sous-alimentation. *Les récoltes ont été mauvaises, toute la population est **sous-alimentée**.*
► Pluriel : des populations **sous-alimentées**.

sous-bois (nom masculin) Intérieur d'un bois ou d'une forêt. *Allons cueillir des champignons dans le **sous-bois**.*
► Pluriel : des **sous-bois**.

souscription (nom féminin) Action de souscrire. *La collection complète des œuvres de Jules Verne est vendue par **souscription**.*

souscrire (verbe) (conj. 47) **1** S'engager à payer une certaine somme pour une dépense commune ou une publication. *Il **a souscrit** à une encyclopédie en plusieurs volumes.* **2** Se déclarer d'accord. *Nous **souscrivons** aux décisions du président de notre association.*

sous-cutané, ée (adjectif) Que l'on fait sous la peau. *Une piqûre **sous-cutanée**.*
► Pluriel : des tissus **sous-cutanés**, des piqûres **sous-cutanées**.

sous-développé, ée (adjectif) Dont l'économie n'est pas assez développée. *Les pays **sous-développés** d'Afrique et d'Amérique du Sud.*
► Pluriel : des pays **sous-développés**, des régions **sous-développées**.

sous-développement (nom masculin) État d'un pays sous-développé.

sous-ensemble (nom masculin) Ensemble contenu dans un autre ensemble. *L'ensemble des entiers naturels est un **sous-ensemble** de l'ensemble des entiers relatifs.*
► Pluriel : des **sous-ensembles**.

sous-entendre (verbe) (conj. 31) Faire comprendre quelque chose sans le dire vraiment. *Quand je vous ai demandé de venir ce soir, cela **sous-entendait** que je vous invitais à dîner.*

sous-entendu (nom masculin) Ce que l'on sous-entend. *Je n'aime pas les **sous-entendus**, parle-moi franchement.* (Syn. **insinuation.**)
► Pluriel : des **sous-entendus**.

sous-estimer (verbe) (conj. 3) Estimer quelqu'un ou quelque chose au-dessous de ses capacités ou de sa valeur. *Ne **sous-estime** pas l'adversaire.* (Contr. **surestimer.**)

sous-jacent, ente (adjectif) Qui n'est pas clairement manifesté. *Ces propos sont empreints d'une ironie **sous-jacente** que seules quelques personnes ont perçue.* (Syn. **caché, latent.**)
► Pluriel : des idées **sous-jacentes**.

sous-main (nom masculin) • **En sous-main** : de manière clandestine. *Ce journaliste a obtenu des informations confidentielles **en sous-main**.*

sous-marin, ine (adjectif) Qui est situé sous la mer. *Les fonds **sous-marins**. Clément fait de la pêche **sous-marine**.*
■ **sous-marin** (nom masculin) Navire qui peut naviguer sous l'eau.
► Pluriel : des **sous-marins**.

sous-multiple (nom masculin et adjectif) Quantité qui est contenue un nombre entier de fois dans une autre. *7 et 2 sont des **sous-multiples** de 14.*
► Pluriel : des **sous-multiples**.

sous-officier (nom masculin) Militaire qui a un grade inférieur à celui d'un officier. *Un sergent, un adjudant sont des **sous-officiers**.*
► Pluriel : des **sous-officiers**.

sous-préfecture (nom féminin) Ville où se trouvent les bureaux d'un sous-préfet.
► Pluriel : des **sous-préfectures**.

sous-préfet (nom masculin) Fonctionnaire qui administre une partie d'un département appelée un arrondissement.
► Pluriel : des **sous-préfets**.

sous-produit (nom masculin) Produit qui provient d'un autre produit. *Le plastique est un **sous-produit** du pétrole.*
► Pluriel : des **sous-produits**.

sous-pull (nom masculin) Pull-over fin à col roulé, qui se porte sous un autre. *Myriam porte des **sous-pulls** en acrylique.*
► Pluriel : des **sous-pulls**.

soussigné, ée (adjectif) Mot employé sur les papiers officiels pour certifier qu'on est bien la personne qui a signé. *Je **soussignée**, Marie Duval, déclare...*

sous-sol (nom masculin) **1** Étage d'un bâtiment situé au-dessous du niveau du sol. *Le parking se trouve au **sous-sol** du magasin.* **2** Partie du sol au-dessous de la surface de la Terre. *Cette région a un **sous-sol** très riche en uranium.*
► Pluriel : des **sous-sols**.

sous-tendre (verbe) (conj. 31) Constituer les fondements d'un raisonnement. *Sa théorie **sous-tend** la thèse du crime passionnel.*

sous-titre (nom masculin) **1** Deuxième titre d'un livre ou d'un texte. *Le **sous-titre** précise le contenu de l'article.* **2** Traduction des paroles d'un film, qui apparaît écrite au bas de l'écran. *Nous avons vu un film américain, en version originale avec des **sous-titres** français.*
► Pluriel : des **sous-titres**.

sous-titrer (verbe) (conj. 3) Mettre des sous-titres à un film. *Ce film italien n'est pas doublé, il **est sous-titré** en français.*

soustraction (nom féminin) Opération qui consiste à retrancher un nombre d'un autre nombre. *Une **soustraction** s'écrit avec le signe – entre les deux nombres.*

soustraire (verbe) (conj. 40) **1** Faire une soustraction. *Quand tu **soustrais** trois de cinq, il reste deux.* (Syn. **déduire, ôter, retrancher.**) **2 Se soustraire à quelque chose** : s'arranger pour ne pas le faire. *Tu as promis de nous aider, n'essaie pas de **te soustraire à** ton engagement.*

sous-traiter (verbe) (conj. 3) Confier l'exécution d'un travail à une entreprise pour le compte d'un entrepreneur principal.

sous-verre (nom masculin) Photo ou dessin placés entre une plaque de verre et un carton rigide.
► Pluriel : des **sous-verres**.

sous-vêtement (nom masculin) Vêtement qui se porte sous d'autres vêtements. *Les slips, les soutiens-gorge sont des **sous-vêtements**.*
► Pluriel : des **sous-vêtements**.

soutane (nom féminin) Longue robe noire qui était portée par les prêtres catholiques.

soute (nom féminin) Partie d'un bateau ou d'un avion destinée à entreposer les bagages et les marchandises.

soutènement (nom masculin) Dispositif destiné à soutenir. *Le mur de **soutènement** d'une terrasse.* (Syn. **contrefort.**)

soutenir (verbe) (conj. 19) **1** Servir de support, d'appui. *Des pylônes d'acier **soutiennent** le pont.* **2** Prendre le parti de quelqu'un. *Sarah **soutient** toujours son petit frère quand on le gronde.* **3** Affirmer quelque chose avec force. *Le suspect **soutient** qu'il est innocent.* **4** Faire durer ou empêcher quelque chose de diminuer. *Ursula a sommeil, elle a du mal à **soutenir** son attention.*
★ Famille du mot : **insoutenable**, **soutenu**, soutien.

soutenu, ue (adjectif) Que l'on fait sans faiblir, sans se laisser aller. *Il a réussi grâce à des efforts **soutenus**.*

souterrain, aine (adjectif) Qui est sous la surface de la Terre. *Il s'est enfui par un passage **souterrain**.*
■ **souterrain** (nom masculin) Galerie creusée sous le sol. *On a découvert l'entrée d'un **souterrain** dans les ruines du château.*

soutien (nom masculin) Action de soutenir quelqu'un. *Si tu as des problèmes, tu peux compter sur mon **soutien**.* (Syn. **aide, appui.**)

soutien-gorge (nom masculin) Sous-vêtement féminin qui couvre et soutient les seins.
► Pluriel : des **soutiens-gorge**.

soutirer (verbe) (conj. 3) **1** Transvaser un liquide d'un récipient dans un autre. *Le vigneron **soutire** le vin du tonneau.* **2** Obtenir quelque chose par ruse ou en insistant. *Cet escroc **a soutiré** de l'argent à une vieille dame.* (Syn. **extorquer.**)

① **se souvenir** (verbe) (conj. 19) Garder dans sa mémoire. *David **se souvient** de son ancienne école.* (Syn. **se rappeler.**)

② **souvenir** (nom masculin) **1** Ce dont on se souvient. *Zoé garde un bon **souvenir** de son voyage en Italie.* **2** Objet que l'on garde pour se souvenir. *Ces coquillages sont des **souvenirs** de vacances.*

souvent (adverbe) À de nombreuses reprises. *Il neige **souvent** dans cette région.* (Syn. **fréquemment.** Contr. **rarement.**)

souverain, aine (nom) Chef suprême d'un royaume ou d'un empire. *Le président de la République reçoit le **souverain** du Maroc.* (Syn. **monarque.**)
■ **souverain, aine** (adjectif) **1** Qui exerce le pouvoir et qui décide. *Pour voter les lois, l'Assemblée nationale est **souveraine**.* **2** Qui est supérieur à tout. *L'aspirine est un remède **souverain** contre le mal de tête.* (Syn. **suprême.**)

souveraineté (nom féminin) Pouvoir suprême. *Dans une démocratie, le peuple a la **souveraineté**.*

soviétique → tableau p. 6 / 7.

soyeux, euse (adjectif) Qui est léger, doux et brillant comme de la soie. *Des cheveux **soyeux**.*

spacieux, euse (adjectif) Où il y a beaucoup d'espace. *Cette voiture est **spacieuse**, on y tient facilement à cinq.*
★ Voir **spatial**.

spadassin (nom masculin) Tueur à gages. *Le juge s'est fait abattre par un **spadassin**.*
★ **Spadassin** vient de l'italien *spada* qui signifie « épée ».

spaghetti (nom masculin) Pâte alimentaire fine et longue. *Anna enroule les **spaghettis** autour de sa fourchette.*
► Prononciation [spagɛti].
★ **Spaghetti** est le diminutif d'un mot italien qui signifie « ficelle ».

spahi (nom masculin) Soldat des corps de cavalerie autochtones de l'armée française en Afrique du Nord. *Les **spahis** furent créés en 1834 et supprimés en 1962.*
★ **Spahi** vient du turc.

sparadrap (nom masculin) Bande de tissu collant servant à faire tenir un pansement. *Un rouleau de **sparadrap**.*

spartakisme (nom masculin) Mouvement socialiste révolutionnaire allemand qui devint le parti communiste en 1918.
★ **Spartakisme** vient du nom de *Spartacus*, chef des esclaves romains révoltés.

spartiate (adjectif) Très rudimentaire et austère. *Ces conditions d'hébergement **spartiates** ne rebutaient pas les randonneurs.*
■ **spartiates** (nom féminin pluriel) Sandales à lanières de cuir.
► Prononciation [spaʀsjat].

spasme (nom masculin) Contraction involontaire des muscles, forte mais passagère. *Les vomissements sont causés par des **spasmes** de l'estomac.*

spasmodique (adjectif) Dû à des spasmes. *Une quinte de toux **spasmodique**.*

spasmophilie (nom féminin) Sensibilité nerveuse et musculaire anormale entraînant des crises. *La **spasmophilie** se traduit par des crampes ou des malaises.* (Syn. **tétanie.**)

spatial, ale, aux (adjectif) Qui concerne l'espace interplanétaire. *Le vaisseau **spatial** se dirige vers Vénus.*
★ **Spatial** et **spacieux** viennent du latin *spatium* qui signifie « espace ».

spationaute (nom) Pilote ou passager d'un vaisseau spatial. *Une **spationaute** fait partie de l'équipage.* (Syn. **astronaute, cosmonaute.**)

spatiotemporel, elle (adjectif) Relatif à la fois à l'espace et au temps. *Nous avons étudié les indicateurs **spatiotemporels** du récit.*

spatule (nom féminin) Instrument aplati à un bout et servant à étaler ou à mélanger. *On étend la pâte à crêpes sur la plaque chauffante avec une **spatule**.*

speaker, speakerine (nom) Personne qui fait les annonces informatives à la radio et à la télévision. (Syn. **annonceur.**)
► Prononciation [spikœʀ], [spikʀin].
► On écrit aussi **speakeur**.

spécial, ale, aux (adjectif) **1** Fait exprès pour une activité ou pour une personne. *Pour faire de l'escrime, on porte une tenue **spéciale**.* (Syn. **particulier.**) **2** Qui sort de l'ordinaire. *Il ne s'est rien passé de **spécial** depuis ton départ.* (Syn. **exceptionnel.**)
★ Famille du mot : spécial**ement**, spécial**isation**, se spécial**iser**, spécial**iste**, spécial**ité**.

spécialement (adverbe) **1** D'une manière spéciale. *Ce meuble a été fabriqué **spécialement** pour le bureau de mon père.* (Syn. **exprès.**) **2** En particulier. *Vous remercierez Benjamin tout **spécialement**.* (Syn. **particulièrement, surtout.**)

spécialisation (nom féminin) Fait de se spécialiser. *Le frère de Clément a choisi une **spécialisation** difficile, il veut être orthodontiste.*

se **spécialiser** (verbe) (conj. 3) Se consacrer à un domaine particulier. *Ce mécanicien **s'est spécialisé** dans la restauration des vieilles voitures.*

spécialiste (nom) Personne spécialisée dans un domaine. *Ce docteur est un **spécialiste** de l'estomac.*

spécialité (nom féminin) **1** Domaine dans lequel on s'est spécialisé. *Elle connaît très bien la musique tsigane, c'est sa **spécialité**.* **2** Produit spécial à une région. *L'andouille est la **spécialité** de Vire.*

spécificité (nom féminin) Caractère spécifique. (Syn. **particularité.**)

spécifier (verbe) (conj. 10) Indiquer de façon précise. *Dans sa lettre, il **a** bien **spécifié** la date de son retour.* (Syn. **préciser, stipuler.**)

spécifique (adjectif) Qui est particulier à quelque chose ou à quelqu'un. *Le fait d'être sans voix est **spécifique** de la girafe.* (Syn. **typique.**)

spécimen (nom masculin) Exemple type d'une espèce. *Au zoo, il y a un beau **spécimen** d'ours des Pyrénées.*
► Prononciation [spesimɛn].
★ **Specimen** est un mot latin qui signifie « échantillon ».

spectacle (nom masculin) **1** Représentation donnée au public. *David et Élodie ont vu un **spectacle** de variétés.* **2** Ce qui attire le regard et l'attention. *Je ne me lasse pas du **spectacle** de la mer déchaînée.*

spectaculaire (adjectif) Qui impressionne les spectateurs. *Ibrahim a fait une pirouette **spectaculaire** par-dessus le guidon de son vélo.*

spectateur, trice (nom) **1** Personne qui assiste à un spectacle. *Les **spectateurs** ont applaudi debout les comédiens.* **2** Témoin d'un évènement quelconque. *Beaucoup de gens sont venus en **spectateurs** regarder le départ de la régate.*

spectral, ale, aux (adjectif) **1** Qui tient du spectre. *Sarah est d'une pâleur **spectrale**.* **2** Qui a rapport avec un spectre lumineux.

spectre (nom masculin) **1** Synonyme de fantôme. *Kevin raconte à Gaëlle des histoires de **spectres** et de châteaux hantés.* **2** Ensemble des couleurs de l'arc-en-ciel. *Le **spectre** provient de la décomposition de la lumière solaire.*

spéculateur, trice (nom) Personne qui spécule. *Des **spéculateurs** ont fait monter le prix des actions.*

spéculation (nom féminin) Action de spéculer. *L'oncle de Pierre a amassé beaucoup d'argent car il a fait des **spéculations** à la Bourse.*

spéculer (verbe) (conj. 3) Jouer sur les variations des prix pour en tirer profit. *Il s'est enrichi en **spéculant** sur des terrains.*
★ Famille du mot : spécula**teur**, spécula**tion**.

speech (nom masculin) Synonyme familier de bref discours. *La mariée a fait un **speech** amusant.* (Syn. **topo, laïus.**)
► Pluriel : des **speechs** ou des **speeches**.
► **Speech** est un mot anglais : on prononce [spitʃ].

speeder (verbe) (conj. 3) Synonyme familier de foncer. *Laura **a speedé** pour arriver à l'heure.*

spéléologie (nom féminin) Exploration scientifique ou sportive des grottes et des cours d'eau souterrains.

spéléologue (nom) Spécialiste de spéléologie. *Quentin voudrait descendre dans les gouffres avec des **spéléologues**.*

spermatocyte (nom masculin) Cellule de la lignée mâle des animaux et parfois des plantes.

spermatozoïde (nom masculin) Cellule reproductrice mâle qui se trouve dans le sperme. *Les **spermatozoïdes** peuvent féconder les ovules lors des rapports sexuels.*

sperme (nom masculin) Liquide blanchâtre et visqueux produit par les organes sexuels mâles et contenant les spermatozoïdes.

spermicide (adjectif et nom masculin) Qui détruit les spermatozoïdes. *Les **spermicides** sont utilisés comme contraceptifs.*

sphère (nom féminin) **1** Objet qui a la forme d'une boule. *La Terre est une **sphère** aplatie aux pôles.* **2** Milieu social ou milieu de travail. *Cet homme appartient aux hautes **sphères** de la finance.*

sphérique (adjectif) En forme de sphère. *Les boules de billard sont parfaitement **sphériques**.*

sphincter (nom masculin) Ensemble de fibres musculaires contrôlant l'ouverture d'un orifice naturel. *Le **sphincter** anal.*
► Prononciation [sfɛ̃ktɛʀ].

sphinx (nom masculin) Monstre de la mythologie qui avait une tête humaine, un corps de lion et des ailes d'aigle.

spinal, ale, aux (adjectif) Qui concerne la colonne vertébrale ou la moelle épinière. *Les muscles **spinaux**.*

spirale (nom féminin) Ligne courbe qui tourne sur elle-même. *Un ressort en **spirale**.*

spire (nom féminin) **1** Tour complet d'une spirale ou d'une hélice. **2** Ensemble des tours formés par une coquille de gastéropode enroulée en spirale. *Les **spires** de l'escargot.*

spiritisme (nom masculin) Science occulte qui cherche à entrer en communication avec les esprits des morts.

spirituel, elle (adjectif) **1** De l'esprit ou de l'âme. *La vie **spirituelle**.* (Contr. **corporel, matériel, physique.**) **2** Qui est drôle et plein d'esprit. *Romain a fait une réponse **spirituelle** à cette question embarrassante.*

spiritueux (nom masculin) Boisson qui contient de l'alcool. *Le cognac, le whisky sont des **spiritueux**.*

spiroïdal, ale, aux (adjectif) En forme de spirale. *Une courbe spiroïdale.*

spleen (nom masculin) Ennui que rien ne paraît justifier, dans la langue littéraire. *Baudelaire a évoqué son **spleen** dans ses poèmes.* (Syn. **mélancolie.**)
► **Spleen** est un mot anglais : on prononce [splin].

splendeur (nom féminin) Chose splendide. *Ce bouquet de lys est une **splendeur** !*

splendide (adjectif) Très beau. *Il fait un temps **splendide** aujourd'hui !* (Syn. **magnifique, superbe.**)

spolier (verbe) (conj. 10) Déposséder par force ou par fraude. *Il **a été spolié** de son héritage par sa demi-sœur.*

spondée (nom masculin) Pied composé de deux syllabes longues. *On trouve des **spondées** dans la métrique ancienne.*
► Malgré la terminaison en *-ée,* **spondée** est un nom masculin.

spongieux, euse (adjectif) Qui est mou et retient l'eau comme une éponge. *Les explorateurs pataugeaient dans le sol **spongieux** du marécage.*

sponsor (nom masculin) Personne ou entreprise qui finance une manifestation sportive ou culturelle dans un but publicitaire.
★ **Sponsor** est un mot anglais qui signifie « parrain ».

sponsoriser (verbe) (conj. 3) Synonyme de parrainer. *C'est une marque de soda qui **sponsorise** la régate.*

spontané, ée (adjectif) **1** Qui agit de façon naturelle et sans arrière-pensée. *Hélène est une enfant directe et **spontanée**.* **2** Qu'on fait très librement et sans y être obligé. *Thomas a eu un sourire **spontané** quand il m'a reconnu.*
★ Famille du mot : spontané**ité**, spontané**ment**.

spontanéité (nom féminin) Qualité de ce qui est spontané. *Votre « oui » manque de **spontanéité** et d'enthousiasme !* (Syn. **naturel.**)

spontanément (adverbe) De façon spontanée. *Victor est venu **spontanément** nous faire une visite.* (Contr. **à contrecœur.**)

sporadique (adjectif) Qui se produit de manière irrégulière. *On entend au loin les tirs **sporadiques** des chasseurs.*

sporange (nom masculin) Organe des végétaux cryptogames, où se forment les spores. *Les **sporanges** des fougères sont situés sur la face intérieure des feuilles.*

spore (nom féminin) Élément reproducteur de certains végétaux. *Les champignons, les fougères, les mousses produisent des **spores**.*

sport (nom masculin) Activité physique pratiquée régulièrement pour le plaisir ou la compétition. *Le cyclisme, la boxe, l'escrime, la voile, l'alpinisme sont des **sports**.*
★ **Sport** est un mot anglais mais qui vient de l'ancien français *se desporter* qui signifie « s'amuser ».

sportif, ive (adjectif) Qui concerne le sport. *William aime le sport, il est inscrit à l'association **sportive** de son quartier.*
■ **sportif, ive** (adjectif et nom) Qui aime le sport et en fait régulièrement. *Julie est une fille **sportive**, elle fait de la natation trois fois par semaine.*

spot (nom masculin) **1** Petit projecteur. *De nombreux **spots** éclairent la vitrine.* **2** Film publicitaire très court. *Des **spots** télévisés.*
► **Spot** est un mot anglais : on prononce [spɔt].

spray (nom masculin) Atomiseur. *Un insecticide en **spray**.*
► **Spray** est un mot anglais : on prononce [spʀɛ].

sprint (nom masculin) Accélération de l'allure en fin de course. *Xavier a été battu au **sprint**.*
► Prononciation [spʀint].
★ En anglais, *to sprint* signifie « s'élancer ».

① **sprinter** (verbe) (conj. 3) Faire un sprint. *Yann **a sprinté** sur les cinquante derniers mètres et il a gagné.*

② **sprinter** (nom masculin) Coureur excellent au sprint.
► Prononciation [spʀintœʀ].

squale (nom masculin) Synonyme de requin.
▶ Prononciation [skwal].

squame (nom féminin) Lamelle qui se détache de la peau. *Les **squames** sont caractéristiques de certaines dermatoses.*
▶ Prononciation [skwam].

square (nom masculin) Petit jardin public.
▶ Prononciation [skwaʀ].
★ **Square** est un mot anglais mais qui vient de l'ancien français *esquarre* qui signifie « carré » : à l'origine, un **square** est un jardin carré, fermé de grilles, au centre d'une place.

squash (nom masculin) Sport pratiqué en salle entre deux joueurs, avec une raquette et une petite balle qui rebondit contre les quatre murs.
▶ **Squash** est un mot anglais : on prononce [skwaʃ].

squat (nom masculin) Immeuble ou maison occupés par des squatteurs.
▶ **Squat** est un mot anglais : on prononce [skwat].

squatter (verbe) (conj. 3) Occuper sans autorisation un logement vide. *Des artistes **squattent** un ancien hôpital désaffecté.*
▶ Prononciation [skwate].
★ Famille du mot : squat, squatt**eur**.

squatteur, euse (nom) Personne qui squatte un logement. *La police a contrôlé l'identité de plusieurs **squatteurs**.*
▶ Prononciation [skwatœʀ].

squaw (nom féminin) Femme mariée, chez les Indiens d'Amérique du Nord.
▶ Prononciation [skwo].

squelette (nom masculin) Ensemble des os du corps d'un homme ou d'un animal. *Le **squelette** humain pèse de 3 à 6 kilos, et comprend environ 200 os.*

squelettique (adjectif) Très maigre. *Ce chat errant est **squelettique**.*

stabiliser (verbe) (conj. 3) Rendre stable. *Depuis quelques jours, le temps s'**est stabilisé**.*

stabilité (nom féminin) Qualité de ce qui est stable. *Sous les tropiques, les températures sont d'une grande **stabilité**.*

stable (adjectif) **1** Qui est bien en équilibre sur sa base. *Ce tabouret n'est pas **stable**, ne t'assieds pas dessus.* (Contr. **branlant, instable.**) **2** Qui ne change pas. *Ce pays a un régime **stable** depuis cinquante ans.* (Contr. **instable.**)
★ Famille du mot : **déstabiliser**, **in**stabil**ité**, **in**stable, stab**iliser**, stabil**ité**.
★ **Stable** vient du latin *stare* qui signifie « se tenir debout ».

staccato (adverbe et nom masculin) En détachant distinctement les notes. *Le musicien joue **staccato**.* (Contr. **legato.**)
★ **Staccato** est un mot italien qui signifie « détaché ».

stade (nom masculin) **1** Terrain aménagé pour la pratique des sports. *Les tribunes du **stade** sont remplies de spectateurs.* **2** Moment dans une évolution. *Au **stade** où tu en es, Benjamin, tu ferais mieux de t'arrêter un instant.* (Syn. **étape.**)
★ **Stade** vient du grec *stadion* qui est une mesure de distance d'environ 180 mètres : c'est la longueur des terrains de jeux de l'Antiquité.

stage (nom masculin) Période de formation où l'on apprend quelque chose. *Laura rêve de faire un **stage** de voile.*

stagiaire (adjectif et nom) Qui suit un stage. *Il est **stagiaire** dans une banque.*

stagnant, ante (adjectif) Qui stagne. *L'eau **stagnante** d'une mare.* (Syn. **dormant.** Contr. **courant.**)
▶ Prononciation [stagnɑ̃].

stagnation (nom féminin) Fait de stagner. *Les affaires ne marchent pas bien, c'est une période de **stagnation**.* (Syn. **marasme.**)
▶ Prononciation [stagnasjɔ̃].

stagner (verbe) (conj. 3) **1** Rester immobile sans s'écouler. *L'eau qui **stagne** encrasse le bassin.* (Syn. **croupir.**) **2** Rester dans le même état sans évoluer. *Les affaires **stagnent**.* (Contr. **prospérer.**)
▶ Prononciation [stagne].
★ Famille du mot : stagn**ant**, stagn**ation**.

stalactite (nom féminin) Dépôt de calcaire qui descend du plafond d'une grotte en formant une sorte de colonne.

stalag (nom masculin) Camp de prisonniers en Allemagne, réservé aux hommes de troupe et aux sous-officiers, pendant la Seconde Guerre mondiale.
▶ Prononciation [stalag].
★ **Stalag** vient de l'allemand *Stammlager* qui signifie « camp de base ».

stalagmite (nom féminin) Dépôt de calcaire en forme de colonne qui se forme sur le sol d'une grotte. *En s'égouttant d'une stalactite, l'eau forme une **stalagmite** au-dessous.*

stalle (nom féminin) Compartiment pour un cheval dans une écurie.

stance (nom féminin) Groupe de vers formant un système de rimes complet. *Les **stances** d'une chanson.* (Syn. **strophe.**)
■ **stances** (nom féminin pluriel) Poème composé de strophes d'inspiration philosophique, religieuse ou mélancolique.
★ **Stance** vient de l'italien.

stand (nom masculin) Emplacement réservé dans une fête, une foire ou une exposition. *Au Salon des inventeurs, chaque exposant montre ses dernières créations dans son **stand**.*
▶ Prononciation [stɑ̃d].

① **standard** (adjectif) Qui correspond au modèle courant. *Voici une télévision **standard**, mais nous avons des modèles plus perfectionnés.*
▶ Pluriel : des modèles **standard**.
★ Famille du mot : standard**isation**, standard**isé**.

② **standard** (nom masculin) Installation qui permet de centraliser les appels téléphoniques de l'extérieur et de les diriger vers les différents postes d'une entreprise.

standardisation (nom féminin) Action de standardiser. *Clément ne trouve pas de pièces de rechange, parce qu'il n'y a pas de **standardisation** entre les marques.*

standardisé, ée (adjectif) Conforme à un modèle standard. *Les tailles de vêtements sont **standardisées**.*

standardiste (nom) Employé d'un standard téléphonique. *La **standardiste** recherche mon correspondant.*

standing (nom masculin) Niveau de vie et de confort. *Ils ont une villa de grand **standing** sur la Côte d'Azur.*
▶ **Standing** est un mot anglais : on prononce [stɑ̃diŋ].

staphylocoque (nom masculin) Bactérie de forme ronde, dont les individus groupés en grappes sont les agents de diverses infections. *Un furoncle causé par un **staphylocoque** doré.*

star (nom féminin) Vedette de cinéma. *Toutes les **stars** du cinéma ont assisté à la remise des prix.* (Syn. **étoile.**)
★ **Star** est un mot anglais qui signifie « étoile ».

starter (nom masculin) Mécanisme qui facilite le démarrage d'un moteur. *Cette voiture ne démarre pas si l'on n'actionne pas le **starter**.*
▶ Prononciation [staʀtɛʀ].
★ **Starter** vient de l'anglais *to start* qui signifie « démarrer ».

starting-block (nom masculin) Cales servant d'appui aux pieds d'un coureur au départ d'une course de vitesse.
▶ **Starting-block** est un mot anglais : on prononce [staʀtiŋblɔk].
▶ Pluriel : des **starting-blocks**.

start-up (nom féminin) Entreprise qui se lance dans le secteur des nouvelles technologies. *Une **start-up** cotée en Bourse.* (Syn. **jeune pousse.**)
▶ **Start-up** est un mot anglais : on prononce [staʀtœp].
▶ Pluriel : des **start-ups**.
▶ On écrit aussi **startup**.

station (nom féminin) **1** Endroit où s'arrêtent certains véhicules dans les transports en commun. *Je descends à la prochaine **station**.* (Syn. **arrêt.**) **2** Fait de se tenir de telle façon. *La **station** debout est parfois pénible aux vieilles personnes.* **3** Lieu de séjour. *Une **station** de sports d'hiver. Une **station** thermale.* **4** Installation destinée à faire des observations scientifiques. *Une **station** météorologique.* **5** Ensemble d'installations émettant des programmes de radio ou de télévision.
★ Famille du mot : station**naire**, station**nement**, station**ner**, station-service.

stationnaire (adjectif) Qui ne bouge pas ou n'évolue pas. *L'état du blessé est **stationnaire**.*

stationnement (nom masculin) Action de stationner. *On ne peut pas se garer ici, il y a un panneau de **stationnement** interdit.*

stationner (verbe) (conj. 3) S'arrêter et rester au même endroit. *Le camion **stationne** en double file pour décharger.*

station-service (nom féminin) Endroit où l'on peut acheter de l'essence et de l'huile, faire laver sa voiture, etc. *À la **station-service**, le père de Myriam a fait vérifier le gonflage des pneus.*
▶ Pluriel : des **stations-service**.
★ En français d'Afrique, une **station-service** s'appelle une *essencerie*.

statique (adjectif) Qui bouge peu. *Cet acteur est un peu trop **statique**.*

statistique (nom féminin) Chiffres qu'on enregistre à propos de faits précis pour faire des comparaisons et en tirer des conclusions. *Les **statistiques** montrent que la majorité des Français sont des femmes.*

statistiquement (adverbe) D'après les statistiques. ***Statistiquement**, il y a moins de femmes que d'hommes aux postes de direction.*

statue (nom féminin) Figure sculptée représentant un être vivant en entier. *La « petite sirène » a sa **statue** sur le port de Copenhague, au Danemark.*
★ **Statue** vient du latin *stare* qui signifie « être debout ».

statuer (verbe) (conj. 3) Prendre une décision officielle. *Les responsables vont **statuer** demain sur cette affaire de dopage.*

statuette (nom féminin) Petite statue. *Une **statuette** de bronze.* (Syn. **figurine.**)

statu quo (nom masculin) Situation actuelle. *Les négociations n'ont pas avancé d'un pouce, on en est toujours au **statu quo**.*
▶ Prononciation [statykwo].
▶ Pluriel : des **statu quo**.
▶ On écrit aussi un **statuquo**, des **statuquos**.
★ **Statu quo** est l'abréviation de l'expression latine *in statu quo ante* qui signifie « dans l'état où étaient les choses auparavant ».

stature (nom féminin) Taille d'une personne. *C'est un homme d'une **stature** imposante.*

statut (nom masculin) Situation qui est réservée à une personne dans un groupe. *Le **statut** des employés de chemin de fer.*
■ **statuts** (nom masculin pluriel) Règles qui fixent le but et le fonctionnement d'un groupe. *Les **statuts** d'un club sportif.*

steak (nom masculin) Synonyme de bifteck.
▶ **Steak** est un mot anglais : on prononce [stɛk].

stégosaure (nom masculin) Dinosaure herbivore du jurassique qui portait deux rangées de plaques osseuses dressées du dos jusqu'à la queue. *Les **stégosaures** vivaient en Amérique du Nord.*

stèle (nom féminin) Pierre dressée portant une inscription. *Dans le cimetière, il y a des **stèles** funéraires très vieilles.*

a b c d e f g h i j k l m n o p q r s t u v w x y z

stellaire (adjectif) Qui a rapport aux étoiles. *L'astronomie **stellaire**.*

stencil (nom masculin) Papier enduit de paraffine servant à la reproduction d'un texte ou d'un dessin. *L'instituteur a préparé plusieurs exercices sur un **stencil**.*
▶ Prononciation [stɛnsil].

sténodactylo (nom féminin) Personne qui pratique la sténographie et tape à la machine.

sténographie (nom féminin) Moyen d'écrire très simplifié qui permet d'écrire à la vitesse de la parole.

stentor (nom masculin) • **Voix de stentor :** voix forte et tonitruante.
★ **Stentor** est le nom d'un héros grec de la guerre de Troie qui avait une voix si puissante qu'elle couvrait celle de cinquante hommes.

steppe (nom féminin) Vaste plaine herbeuse presque désertique. *Les Mongols est un peuple nomade des steppes d'Asie.*

stère (nom masculin) Unité de volume égale au mètre cube. *Le **stère** n'est utilisé que pour le bois.*

stéréo- Élément, tiré du grec *stereos* qui signifie « solide » (exemple : *stéroïde*).

stéréophonie (nom féminin) Procédé de reproduction du son qui donne une impression de relief sonore. *Quand on écoute de la musique en **stéréophonie**, on se croirait dans la salle de concert.*
▶ Ce mot s'abrège **stéréo**.

stéréophonique (adjectif) Qui utilise la stéréophonie. *Ce disque est un enregistrement **stéréophonique**.*
▶ Ce mot s'abrège **stéréo**.

stéréotype (nom masculin) Idée toute faite. *Dire que « les ânes sont têtus » est un **stéréotype**.* (Syn. **cliché**.)

stéréotypé, ée (adjectif) Qui est toujours le même en toute circonstance. *Cette vedette a toujours un sourire **stéréotypé**.*

stérile (adjectif) **1** Qui ne peut pas se reproduire. *Les animaux castrés sont **stériles**.* **2** Où rien ne peut pousser. *Les déserts sont des étendues **stériles**.* (Contr. **fertile**.) **3** Au sens figuré, qui n'aboutit à rien. *Des discussions **stériles**.* (Syn. **inutile, vain**. Contr. **fécond**.) **4** Où il n'y a pas de microbes. *Une compresse **stérile** préserve de l'infection.*
★ Famille du mot : stérilis**ation**, stérilis**er**, stérili**té**.

stérilet (nom masculin) Dispositif contraceptif placé dans l'utérus de la femme. *La gynécologue a posé un **stérilet** à sa patiente.*

stérilisation (nom féminin) Action de stériliser. *La **stérilisation** a été une révolution en médecine.*

stériliser (verbe) (conj. 3) **1** Rendre incapable de se reproduire. *Les parents de Noémie ont fait **stériliser** la petite chatte.* **2** Débarrasser des microbes. *Le lait **est stérilisé** quand on l'a fait bouillir.*

stérilité (nom féminin) Fait d'être stérile. *La **stérilité** d'un débat.*

sterling (adjectif) • **Livre sterling :** unité monétaire de la Grande-Bretagne.
▶ Prononciation [stɛʀliŋ].

sterne (nom féminin) Oiseau proche des mouettes, avec une calotte noire et des ailes longues et étroites. *La **sterne** vit sur les côtes.* (Syn. **hirondelle de mer**.)

sternum (nom masculin) Os plat du milieu de la poitrine. *Les côtes supérieures et les clavicules sont articulées sur le **sternum**.*
▶ Prononciation [stɛʀnɔm].

stéroïde (nom masculin et adjectif) Substance dérivée d'un stérol. *La majorité des **stéroïdes** sont des hormones.*

stérol (nom masculin) Nom générique des alcools qui jouent un rôle fondamental dans l'organisme comme constituants essentiels des hormones génitales et surrénales.

stéthoscope (nom masculin) Appareil qui sert à ausculter. *Le médecin écoute les bruits du cœur amplifiés par le **stéthoscope**.*
★ **Stéthoscope** vient du grec *stêthos* qui signifie « poitrine » et de *skopein* qui signifie « examiner », et que l'on retrouve dans **télescope**.

steward (nom masculin) Garçon qui fait le service à bord d'un avion ou d'un paquebot. *Le **steward** et les hôtesses de l'air servent les boissons et les repas aux passagers.*
▶ **Steward** est un mot anglais : on prononce [stiwaʀt].

stick (nom masculin) Produit vendu sous forme de bâtonnet. *Un **stick** de colle. Un **stick** de rouge à lèvres.*

stigmate (nom masculin) **1** Marque durable que laisse une plaie, une maladie sur la peau. *Les **stigmates** d'une brûlure.* (Syn. **cicatrice**.) **2** Au sens figuré, marque d'une chose généralement indigne. *Son corps porte les **stigmates** de la toxicomanie et de l'alcool.* (Syn. **trace**.) **3** Renflement terminal du pistil, qui reçoit le pollen. *Le safran est cultivé pour ses **stigmates**.*
★ **Stigmate** vient d'un mot grec qui signifie « piqûre ».

stigmatiser (verbe) (conj. 3) Blâmer publiquement. *Le journaliste **a stigmatisé** les injustices de notre société.* (Syn. **condamner, dénoncer, fustiger**.)

stimulant, ante (adjectif) Qui stimule. *Les bravos des supporteurs sont très **stimulants** pour les joueurs de notre équipe.* (Syn. **encourageant**.)
■ **stimulant** (nom masculin) Produit qui donne de l'énergie, de l'entrain. *Le gingembre, le thé sont des **stimulants**.* (Syn. **excitant**.)

stimuler (verbe) (conj. 3) Donner envie d'agir. *Le maître sait très bien **stimuler** la curiosité des élèves.* (Syn. **encourager, exciter**.)
★ **Stimuler** vient du latin *stimulare* qui signifie « piquer avec un aiguillon ».

stimulus (nom masculin) Facteur qui déclenche la réaction d'un système physiologique ou psychologique. *La peau est sensible à des **stimulus** comme le toucher.*
▶ Pluriel : des **stimulus** ou des **stimuli**.
▶ Prononciation [stimylys].

stipuler (verbe) (conj. 3) Faire savoir avec précision. *Le proviseur lui **a stipulé** son renvoi.* (Syn. **préciser, spécifier.**)

stock (nom masculin) Quantité de marchandises en réserve. *Le commerçant cherche à écouler son **stock**.*

stocker (verbe) (conj. 3) Mettre en réserve. *Au moment des grèves, certains ont commencé à **stocker** de l'essence.*

stoïcisme (nom masculin) **1** Philosophie de l'acceptation et du courage, à la fois fataliste, pour ce qui ne dépend pas de nous, et volontariste, pour ce qui en dépend. *Le **stoïcisme** et l'épicurisme.* **2** Courage devant la douleur ou l'adversité. *Odile surmonte les difficultés avec **stoïcisme**.*

stoïque (adjectif) Qui souffre sans rien dire. *Quand on lui a fait des reproches, Ibrahim est resté **stoïque**.* (Syn. **impassible.**)

stolon (nom masculin) Tige aérienne rampante qui développe à son extrémité un nouveau pied. *Les **stolons** du fraisier.*

stomacal, ale, aux (adjectif) Relatif à l'estomac. *L'enfant souffre de vives douleurs **stomacales**.* (Syn. **gastrique.**)

stomate (nom masculin) Organe des végétaux, constitué de deux cellules se touchant par leurs extrémités, et percé d'une ouverture. *Les **stomates** servent à la respiration.* (Syn. **pore.**)

stomatologie (nom féminin) Branche de la médecine qui traite des affections de la bouche et des dents. *Un dentiste spécialiste en **stomatologie**.*

stop ! (interjection) Sert à donner l'ordre de s'arrêter. ***Stop** ! On ne passe pas !*
■ **stop** (nom masculin) **1** Panneau routier qui signale que l'on doit s'arrêter. *Attention, un **stop** à 150 mètres !* **2** Feu rouge arrière d'une voiture. *Quand on freine, les **stops** s'allument.* **3** Synonyme familier d'auto-stop. *Ils ont fait du **stop** pour aller dans le Midi.*

stopper (verbe) (conj. 3) Synonyme d'arrêter. *Le conducteur a réussi à **stopper** le train juste à temps.*

store (nom masculin) Rideau souple qui se lève et s'abaisse. *Baisse le **store**, le soleil m'éblouit.*

strabisme (nom masculin) Fait de loucher.

strangulation (nom féminin) Action d'étrangler quelqu'un. *Vercingétorix est mort par **strangulation** en 46 avant J.-C.*

strapontin (nom masculin) Siège qu'on peut abaisser ou relever. *Le train était bondé, Kevin a dû se contenter d'un **strapontin**.*

stratagème (nom masculin) Manœuvre habile. *Odile imagine des **stratagèmes** pour ne pas aller chez le dentiste.* (Syn. **ruse, subterfuge.**)

strate (nom féminin) Chacune des couches superposées d'un terrain. *Quand on a creusé le sol pour faire le nouveau métro, on voyait bien les **strates** d'argile et de calcaire.*

stratège (nom masculin) Personne compétente en matière de stratégie. *Ce jeune politicien est un fin **stratège**.*

stratégie (nom féminin) **1** Organisation des opérations militaires pendant une guerre. **2** Au sens figuré, art de combiner les opérations pour réaliser un objectif. *La publicité est un élément de la **stratégie** de vente des produits d'une société.*

stratégique (adjectif) Qui a un intérêt pour la stratégie. *En temps de guerre, une gare est un point **stratégique**.*

stratifié, ée (adjectif) Disposé en strates. *Un terrain **stratifié**.*

stratosphère (nom féminin) Couche de l'atmosphère située entre 10 et 50 km de la surface terrestre. *La **stratosphère** contient la couche d'ozone.*

streptocoque (nom masculin) Bactérie de forme arrondie, dont les individus se groupent en chaînettes caractéristiques. *Un **streptocoque** responsable de la scarlatine.*
★ **Streptocoque** vient du grec *streptos* qui signifie « recourbé ».

stress (nom masculin) État de tension nerveuse et d'anxiété. *La conduite en ville est souvent une cause de **stress** pour les conducteurs inexpérimentés.*
★ **Stress** est un mot anglais qui signifie « agression ».

stresser (verbe) (conj. 3) Provoquer du stress. *Cet homme **est** constamment **stressé** par son travail.* (Syn. **angoisser, tendre.** Contr. **détendre.**)

stretching (nom masculin) Gymnastique douce basée sur l'étirement musculaire. *Quelques exercices de **stretching** vous détendront.*
▶ Prononciation [strɛtʃiŋ].
★ **Stretching** est un mot anglais qui signifie « étirement ».

strict, stricte (adjectif) **1** Qui doit être absolument respecté. *Les consignes de sécurité sont très **strictes** dans une centrale nucléaire.* **2** Qui n'accepte aucun écart par rapport à la règle. *Maman est très **stricte** sur la propreté.* (Syn. **rigoureux, sévère.**) **3** Qu'on ne peut changer. *C'est la **stricte** vérité. N'emportez que le **strict** nécessaire.*

strictement (adverbe) De façon stricte. *Je n'ai **strictement** rien compris.* (Syn. **absolument, rigoureusement.**)

stricto sensu (adverbe) Au sens strict. *Un mot pris **stricto sensu**.*
▶ Prononciation [striktosɛ̃sy].

strident, ente (adjectif) Se dit d'un bruit à la fois aigu et perçant. *Durant la récréation, on entend des cris **stridents**.*

strie (nom féminin) Chacune des lignes fines et parallèles d'une surface. *Les **stries** d'une coquille Saint-Jacques.* (Syn. **rayure.**)

strié, ée (adjectif) Qui présente des stries. *Les ongles sont légèrement **striés**.*

strip-tease (nom masculin) Déshabillage progressif et suggestif d'une femme ou d'un homme sur un fond musical. *Un cabaret de **strip-tease**.*
▶ Pluriel : des **strip-teases.**
▶ On écrit aussi **striptease.**
▶ Prononciation [stʀiptiz].
★ **Strip-tease** est un mot anglais, de *to strip* qui signifie « déshabiller » et *to tease* qui signifie « taquiner ».

stroboscope (nom masculin) Appareil produisant des éclairs lumineux très brefs permettant de décomposer les phases d'un mouvement.

strophe (nom féminin) Partie d'un poème ayant un certain nombre de vers. *Un sonnet a deux **strophes** de quatre vers et deux **strophes** de trois.*

structure (nom féminin) Organisation des différentes parties d'un tout. *Ces ruines nous permettent d'imaginer la **structure** du temple.*

structuré, ée (adjectif) Qui a une structure. *C'est un texte bien **structuré**.* (Syn. **organisé.**)

structurer (verbe) (conj. 3) Donner une structure à. *Le romancier **a structuré** son récit.*

stuc (nom masculin) Matière qui imite le marbre. *Le plafond est décoré avec des moulures en **stuc**.*

studieux, euse (adjectif) Qui aime l'étude. *Pierre est un garçon **studieux**.*

studio (nom masculin) **1** Petit appartement d'une pièce. *Pendant deux ans, elle a vécu dans un petit **studio**.* **2** Local aménagé pour tourner un film ou faire des enregistrements. *Ce concert a été enregistré dans un des **studios** de la radio.*

stupéfaction (nom féminin) État d'une personne stupéfaite. *À la **stupéfaction** générale, le favori a été battu.* (Syn. **stupeur.**)

stupéfait, aite (adjectif) Étonné au point de ne pouvoir réagir. *Je suis **stupéfait** d'une telle insolence de ta part.*

stupéfiant, ante (adjectif) Qui stupéfie. *L'habileté de ce prestidigitateur est **stupéfiante**.* (Syn. **ahurissant, extraordinaire, sidérant.**)
▪ **stupéfiant** (nom masculin) Synonyme de drogue. *La cocaïne, l'opium, la morphine sont des **stupéfiants**.*

stupéfier (verbe) (conj. 10) Remplir de stupeur. *Son toupet me **stupéfie**.* (Syn. **abasourdir, ébahir, sidérer.**)
★ Famille du mot : stupéf**action**, stupéf**ait**, stupéf**iant**.

stupeur (nom féminin) Étonnement qui ôte toute possibilité de réaction. *La nouvelle les a frappés de **stupeur**.*

stupide (adjectif) Qui manque d'intelligence. *Réfléchissez, au lieu de faire des réponses **stupides** !* (Syn. **bête, idiot.** Contr. **intelligent, sensé.**)

stupidité (nom féminin) **1** Caractère stupide. *Ce film est d'une **stupidité** totale.* (Syn. **bêtise, idiotie.** Contr. **intelligence.**) **2** Chose stupide. *Tu ne lis que des **stupidités**.* (Syn. **absurdité, ânerie, sottise.**)

style (nom masculin) **1** Manière d'écrire. *Un **style** élégant. Écrire en **style** télégraphique.* **2** Traits particuliers des œuvres d'une époque. *Une église de **style** roman.* **3** Manière d'être et d'agir de quelqu'un. *Ce cadeau, c'est tout à fait son **style** !* (Syn. **genre.**)
★ Famille du mot : styl**é**, styl**isé**, styl**iste**, styl**istique**.

stylé, ée (adjectif) Qui fait son service dans les règles et avec élégance. *Le personnel du restaurant est **stylé**.*

stylet (nom masculin) Petit poignard à lame fine et pointue.

stylisé, ée (adjectif) Dessiné de manière simplifiée. *Les personnages de BD sont souvent **stylisés**.*

styliste (nom) Personne qui crée des modèles pour l'habillement, l'ameublement, etc. *La mère de Sarah est **styliste** de mode.*

stylistique (nom féminin et adjectif) Étude du style dans ses aspects syntaxiques, lexicaux, rhétoriques et phonétiques. *La **stylistique** d'un auteur.*

stylo (nom masculin) Porte-plume à réservoir d'encre. ***Stylo** à plume en or.* • **Stylo à bille** *ou* **stylo-bille** : stylo à encre épaisse dans lequel la plume est remplacée par une bille de métal.
★ **Stylo** est l'abréviation de *stylographe.*

suaire (nom masculin) Synonyme littéraire de linceul. *Le saint suaire servit à ensevelir Jésus-Christ.*

suave (adjectif) D'une douceur exquise. *Ursula aime l'odeur **suave** du mimosa.*

sub- Élément tiré du latin *sub* qui signifie « sous » (exemple : *subconscient*).

subalterne (adjectif et nom) Synonyme de subordonné. *Cette responsable de service est toujours très polie avec ses **subalternes**.*

subconscient, ente (adjectif) Dont on n'a pas clairement conscience. *Créer une œuvre avec des motivations **subconscientes**.*
▪ **subconscient** (nom masculin) Partie subconsciente du psychisme. *Les désirs non assouvis sont refoulés dans le **subconscient**.* (Syn. **inconscient.**)

subdiviser (verbe) (conj. 3) Diviser les parties d'un tout en parties plus petites. *Quentin a divisé la feuille en deux par un trait, puis **a subdivisé** chaque partie en trois.*

subdivision (nom féminin) Partie d'un tout subdivisé. *Mon double-décimètre a des **subdivisions** très fines, en demi-millimètres.*

subduction (nom féminin) Enfoncement d'une plaque de la lithosphère sous une plaque voisine. *La **subduction** s'accompagne de séismes.*

subir (verbe) (conj. 11) Supporter ce qui est imposé. *J'en ai assez de **subir** ses reproches. Monsieur Dupuis **a subi** une opération à cœur ouvert.*

subit, ite (adjectif) Qui arrive de façon brusque et inattendue. *Je ne sais quelle rage **subite** l'a pris.* (Syn. **soudain.**)

subitement (adverbe) De façon subite. *La voiture a **subitement** changé de direction.* (Syn. **soudain, tout à coup.**)

subjectif, ive (adjectif) Qui dépend de la personnalité et des goûts de chacun. *C'est un avis très **subjectif** et donc assez discutable.* (Contr. **objectif.**)

subjectivité (nom féminin) Caractère de ce qui est subjectif. *La **subjectivité** de ce compte rendu est inacceptable.* (Contr. **objectivité.**)

subjonctif (nom masculin) Mode du verbe employé dans des subordonnées et exprimant le souhait, la possibilité, le doute, etc. *Dans la phrase : « Il est possible qu'il pleuve », « pleuvoir » est au **subjonctif**.*

subjuguer (verbe) (conj. 3) Tenir quelqu'un sous son charme. *Romain **est subjugué** par son professeur de judo.* (Syn. **fasciner, séduire.**)

sublimation (nom féminin) Passage direct de l'état solide à l'état gazeux.

sublime (adjectif) Qui provoque l'admiration. *La cantatrice est **sublime** dans ce rôle.* (Syn. **admirable, extraordinaire.**)

submerger (verbe) (conj. 5) **1** Recouvrir d'eau. *À marée haute, la route du Mont-Saint-Michel **est submergée**.* (Syn. **inonder.**) **2** Au sens figuré, accabler quelqu'un. *Zoé **est submergée** de travail.*

submersible (nom masculin) Synonyme de sous-marin.

submersion (nom féminin) Action de submerger ou d'être submergé. *À marée haute, la **submersion** du rivage est totale.*

subodorer (verbe) (conj. 3) Avoir l'intuition de quelque chose. *Je **subodore** un piège !* (Syn. **deviner, pressentir.**)

subordination (nom féminin) Construction grammaticale qui relie une proposition subordonnée à une proposition principale. *« Si, quand, comme, puisque, parce que, alors que » sont des conjonctions de **subordination**.*

subordonné, ée (adjectif et nom) Qui dépend de quelque chose ou de quelqu'un. *Ses **subordonnés** lui ont apporté une aide précieuse.* (Syn. **subalterne.** Contr. **supérieur.**)
■ **subordonnée** (nom féminin) Proposition qui dépend d'une proposition principale. *Dans « je vois une mouche qui vole », « qui vole » est une **subordonnée** relative.*

subordonner (verbe) (conj. 3) Faire dépendre de quelque chose. *Sa participation au voyage **est subordonnée** à l'accord de ses parents.*

suborner (verbe) (conj. 3) **1** Pousser un témoin à faire un faux témoignage. *Il **a suborné** le témoin en lui proposant de l'argent.* (Syn. **corrompre.**) **2** Synonyme littéraire de séduire.

subrepticement (adverbe) Discrètement et sans se faire voir. *Thomas s'est éclipsé **subrepticement**.* (Syn. **en catimini.** Contr. **ostensiblement.**)
★ **Subrepticement** vient du latin *subrepere* qui signifie « ramper sous ».

subsides (nom masculin pluriel) Aide financière. *L'État verse des **subsides** à cette association.*

subsidiaire (adjectif) • **Question subsidiaire** : question qui sert à départager les concurrents ex aequo.

subsistance (nom féminin) Ce qui permet de subsister. *Son salaire pourvoit à la **subsistance** de sa famille.*

subsister (verbe) (conj. 3) **1** Exister encore. *Des doutes **subsistent** sur son innocence.* (Syn. **rester.**) **2** Avoir de quoi vivre. *Son travail lui permet tout juste de **subsister**.* (Syn. **survivre.**)

substance (nom féminin) Ce en quoi une chose est faite. *Le verre est une **substance** cassante.* (Syn. **corps, matière.**) • **En substance** : en résumé. *Voilà, **en substance**, ce qu'il nous a raconté.*

substantiel, elle (adjectif) **1** Qui est consistant. *Quand on fait beaucoup de sport, on a besoin d'une alimentation **substantielle**.* (Syn. **nourrissant.**) **2** Qui n'est pas négligeable. *Il a eu une augmentation **substantielle**.* (Syn. **important.**)

substantif (nom masculin) Synonyme de nom. *« Maison » est un **substantif** féminin.*

substituer (verbe) (conj. 3) Mettre une personne ou une chose à la place d'une autre. *L'escroc **avait substitué** des morceaux de verre aux diamants.*

substitut (nom) Magistrat du parquet qui supplée un autre magistrat. *Le **substitut** du procureur de la République.*
■ **substitut** (nom masculin) Chose qui remplit une fonction à la place d'une autre. *Les pronoms personnels sont des **substituts** du groupe nominal.* (Syn. **succédané.**)

substitution (nom féminin) Action de substituer. *L'histoire commence par une **substitution** de valise.*

substrat (nom masculin) **1** Langue qui a été éliminée au profit d'une autre, mais qui a néanmoins exercé une influence sur cette dernière. *Le gaulois est un **substrat** du latin.* **2** Couche géologique existant sous une couche plus récente. *Les plantes puisent des sels minéraux dans le **substrat**.*
★ **Substrat** vient du latin *substernere* qui signifie « étendre sous ».

subterfuge (nom masculin) Moyen rusé pour se tirer d'embarras. *Pour éviter ses admirateurs, la star a recouru à un habile **subterfuge**.* (Syn. **ruse, stratagème.**)

subtil, ile (adjectif) **1** Qui a beaucoup de finesse. *Anna est une enfant **subtile** et perspicace.* **2** Qu'il est difficile de distinguer. *Entre ces deux synonymes, la nuance est **subtile**.*

a b c d e f g h i j k l m n o p q r s t u v w x y z

subtiliser (verbe) (conj. 3) Voler quelque chose habilement. *Un pickpocket lui **a subtilisé** son portefeuille.* (Syn. **dérober.**)

subtilité (nom féminin) Caractère subtil. *Les règles de ce jeu sont d'une grande **subtilité**.* (Syn. **finesse.**)

subvenir (verbe) (conj. 19) Fournir ce qu'il faut pour couvrir des frais ou pour vivre. *Tu n'es pas encore assez grande pour **subvenir** à tes besoins.* (Syn. **pourvoir.**)

subvention (nom féminin) Aide financière. *Sans les **subventions** de l'État, le théâtre aurait dû fermer.*

subventionner (verbe) (conj. 3) Accorder des subventions. *Cette institution pour enfants **est subventionnée** par la municipalité.*

subversif, ive (adjectif) Qui menace l'ordre établi. *Le dictateur a fait arrêter les opposants pour propos **subversifs**.*

suc (nom masculin) Liquide qu'on peut extraire d'une plante. *Certains insectes se nourrissent du **suc** des fleurs.* • **Suc gastrique** : liquide sécrété par l'estomac et qui permet la digestion.

succédané (nom masculin) Produit qu'on peut substituer à un autre. *La chicorée sert de **succédané** de café.* (Syn. **ersatz.**)

succéder (verbe) (conj. 8) **1** Venir après quelqu'un ou quelque chose. *La IIIe République **a succédé** au règne de Napoléon III.* **2 Se succéder** : venir l'un après l'autre. *Les visites **se sont succédé** sans interruption.*
▶ Le participe passé ne s'accorde pas : *elles se sont succédé à la présidence.*
★ Famille du mot : success**eur**, success**if**, success**ion**, success**ivement**.

succès (nom masculin) **1** Bon résultat. *Le **succès** de l'opération a été complet.* (Syn. **réussite.** Contr. **échec.**) **2** Fait de plaire au public. *Le spectacle de marionnettes a eu un énorme **succès**.*

successeur (nom masculin) Personne qui succède à une autre. *Le **successeur** du directeur s'appelle Monsieur Durand.* (Contr. **prédécesseur.**)

successif, ive (adjectif) Qui se succèdent. *Il y a eu trois coups de tonnerre **successifs**.*

succession (nom féminin) **1** Fait de succéder à quelqu'un. *C'est son fils qui a pris sa **succession** à la tête de l'entreprise.* **2** Série de personnes ou de choses qui se succèdent. *Il y a eu une **succession** de coups de téléphone.* (Syn. **suite.**) **3** Biens laissés par une personne à ses héritiers. *Cette maison fait partie de la **succession** de M. Durand.*

successivement (adverbe) L'un après l'autre. *Victor a eu **successivement** la grippe et les oreillons.*

succinct, incte (adjectif) Qui est réduit à l'essentiel. *Faites une description **succincte** du paysage.* (Syn. **bref, concis.** Contr. **détaillé.**)
▶ Prononciation [syksɛ̃], [syksɛ̃t].

succinctement (adverbe) De manière succincte. *Il nous a expliqué **succinctement** la situation.* (Syn. **brièvement.**)
▶ Prononciation [syksɛ̃tmɑ̃].

succion (nom féminin) Action de sucer, d'aspirer avec la bouche ou avec certains appareils. *Le bruit de **succion** d'un nouveau-né qui tète.*
▶ Prononciation [sysjɔ̃] ou [syksjɔ̃].

succomber (verbe) (conj. 3) **1** Synonyme de mourir. *Le blessé **a succombé** à ses blessures.* **2** Ne pas résister. *Élodie **a succombé** à la tentation et s'est offert une grosse glace.*

succulent, ente (adjectif) Très bon. *Ce canard à l'orange est vraiment **succulent** !* (Syn. **excellent, savoureux.**)

succursale (nom féminin) Établissement commercial qui dépend d'un autre. *Un magasin à **succursales** multiples.*

sucer (verbe) (conj. 4) **1** Laisser fondre dans la bouche. *Fatima **suce** longtemps son bonbon avant de le croquer.* **2** Mettre dans la bouche et aspirer comme pour téter. ***Sucer** son pouce.*

sucette (nom féminin) Bonbon à sucer, fixé au bout d'un petit bâton.

sucre (nom masculin) **1** Substance alimentaire de saveur douce, tirée de la betterave à sucre ou de la canne à sucre. *Le **sucre** est brun quand il n'est pas raffiné. Du **sucre** en poudre.* **2** Morceau de sucre. *Gaëlle met deux **sucres** dans son chocolat.*
★ Famille du mot : sucr**é**, sucr**er**, sucr**erie**, sucr**ier**.

sucré, ée (adjectif) Qui contient du sucre. *Du raisin très **sucré**.*

sucrer (verbe) (conj. 3) Mettre du sucre. *Maman ne **sucre** pas son café.*

sucrerie (nom féminin) Usine où l'on fabrique le sucre.
▪ **sucreries** (nom féminin pluriel) Friandises faites avec du sucre. *Manger trop de **sucreries** est mauvais pour les dents.*

sucrette (nom féminin) Pastille de sucre de synthèse. *Papa met une **sucrette** dans son café.*
★ Sucrette est le nom d'une marque.

sucrier, ère (adjectif) Qui produit du sucre. *On cultive la betterave **sucrière** dans le nord de la France.*
▪ **sucrier** (nom masculin) Récipient pour le sucre. *Le **sucrier** est vide.*

sud (nom masculin) **1** Celui des quatre points cardinaux qui s'oppose au nord. *Les maisons exposées plein **sud** ont le soleil presque toute la journée.* **2** Partie qui se situe au sud d'un pays ou d'une région. *À Noël, Xavier ira dans le **sud** de la France.*
▪ **sud** (adjectif) Qui est situé au sud. *La partie **sud** de la ville.*
▶ Pluriel : les régions **sud**.

sud-africain, aine → tableau p. 6 / 7.

sud-américain, aine → tableau p. 6 / 7.

sudation (nom féminin) Forte transpiration due à un effort physique, à la chaleur, à la fièvre.

sud-est (nom masculin et adjectif) **1** Point de l'horizon situé à égale distance entre le sud et l'est. *Un appartement exposé au **sud-est**.* **2** Partie d'un pays, d'une région, qui s'étend vers le sud-est. *Les plages du **sud-est** de la France.*

sudiste (nom et adjectif) Partisan des États du sud des États-Unis, pendant la guerre de Sécession. *Les **sudistes** étaient partisans de l'esclavagisme.*

sud-ouest (nom masculin et adjectif) **1** Point de l'horizon situé à égale distance entre le sud et l'ouest. *Un terrain orienté au **sud-ouest**.* **2** Partie d'un pays, d'une région, qui s'étend vers le sud-ouest. *Le **sud-ouest** de la France est réputé pour sa cuisine.*

suédois, oise → tableau p. 6 / 7.

suée (nom féminin) Fait de suer. *Le malade a une forte fièvre et des **suées** fréquentes.*

suer (verbe) (conj. 3) Rejeter de la sueur. *Les boxeurs **suent** à grosses gouttes.* (Syn. **transpirer.**) • **Suer sang et eau** : se donner beaucoup de mal.
★ Famille du mot : su**ée**, su**eur**.

sueur (nom féminin) Liquide de la transpiration. *Yann est en **sueur** parce qu'il a couru à la récréation.* • **Avoir des sueurs froides** : avoir très peur.

suffire (verbe) (conj. 44) **1** Être en quantité assez grande. *Il y a assez à manger, cela **suffira** bien pour six.* **2** **Il suffit** : il faut seulement. *Pour arriver à l'heure, **il suffit** que je parte à midi.*
★ Famille du mot : **in**suffis**amment**, **in**suffis**ance**, **in**suffis**ant**, suffis**amment**, suffis**ant**.

suffisamment (adverbe) De façon suffisante. *Tu as **suffisamment** travaillé ce soir, tu peux t'arrêter.* (Syn. **assez.**)

suffisant, ante (adjectif) **1** Qui suffit. *Il reste une baguette, c'est **suffisant** pour ce midi.* (Contr. **insuffisant.**) **2** Trop sûr de soi. *C'est un garçon **suffisant** et arrogant.* (Syn. **prétentieux, vaniteux.**)

suffixe (nom masculin) Élément qui s'ajoute à la fin d'un mot pour former un dérivé. *Dans le mot « boulangerie », « -erie » est un **suffixe**.*

suffocant, ante (adjectif) Qui fait suffoquer. *Une chaleur **suffocante**.* (Syn. **étouffant.**)

suffocation (nom féminin) Fait de suffoquer. *La diphtérie donne des accès de **suffocation**.*

suffoquer (verbe) (conj. 3) **1** Respirer avec difficulté au point d'étouffer. *Ouvrez la fenêtre, on **suffoque** ici !* **2** Couper le souffle de surprise. *Cette nouvelle surprenante m'**a suffoquée** !*
★ Famille du mot : suffoc**ant**, suffoc**ation**.

suffrage (nom masculin) **1** Système de vote. *Dans le **suffrage** universel, tous les citoyens majeurs peuvent voter.* **2** Avis exprimé dans une élection. *Pour l'instant, le candidat recueille les deux tiers des **suffrages** exprimés.* (Syn. **voix, vote.**) **3** Opinion favorable. *Sa proposition a recueilli tous les **suffrages**.*

suggérer (verbe) (conj. 8) Donner une idée à quelqu'un. *Je vous **suggère** d'aller pique-niquer au bord de la mer.* (Syn. **proposer.**)

suggestion (nom féminin) Chose suggérée. *Les clients du magasin sont priés de noter leurs **suggestions** sur ce cahier.* (Syn. **proposition.**)

suicidaire (adjectif) Qui peut mener à la mort. *C'est **suicidaire** de fumer autant !*

suicide (nom masculin) Fait de se suicider. *La police ne sait pas encore si c'est un meurtre ou un **suicide**.*
★ **Suicide** vient des mots latins *sui* qui signifie « soi » et *caedere* qui signifie « tuer ».

se **suicider** (verbe) (conj. 3) Se tuer volontairement. *Il **s'est suicidé** d'une balle dans le cœur.*
★ Famille du mot : suicid**aire**, suicide.

suie (nom féminin) Dépôt noir laissé par la fumée dans les cheminées. *Le ramoneur est noir de **suie**.*

suif (nom masculin) Graisse des ruminants. *Le **suif** de mouton, de bœuf.*

suintement (nom masculin) Écoulement d'un liquide qui suinte. *La paroi est couverte de mousse à cause du **suintement** de l'eau de pluie.*

suinter (verbe) (conj. 3) S'écouler goutte à goutte, d'une manière presque imperceptible. *L'eau **suinte** sur les murs de la grotte.*

suisse → tableau p. 6 / 7.

suite (nom féminin) **1** Ce qui suit, qui vient après quelque chose. *Vous saurez la **suite** de l'histoire demain.* **2** Ensemble d'évènements qui se suivent. *Il y a eu une **suite** d'imprévus.* (Syn. **série, succession.**) **3** Conséquence d'un évènement. *Il est mort des **suites** d'une grippe mal soignée.* **4** Personnes qui suivent un haut personnage dans ses déplacements. *La reine est arrivée avec sa **suite**.* • **À la suite de** : après. *Il s'est cassé la jambe **à la suite d'**une chute.* • **De suite** : successivement. *Il a été absent trois jours **de suite**.* • **Par la suite** : plus tard. (Syn. **ensuite.**) • **Par suite de** : en conséquence de. ***Par suite d'**un orage, la route est coupée.*
▶ Voir aussi **tout de suite** (adverbe).

① **suivant** (préposition) Synonyme de selon. ***Suivant** l'avis de certains scientifiques, la planète se réchauffe.*

② **suivant, ante** (adjectif et nom) Qui suit. *Le mois **suivant**, Benjamin est allé en classe de neige. Au **suivant** !* (Contr. **précédent.**)

suivi, ie (adjectif) Qui se poursuit régulièrement. *Ces deux personnes ont des relations très **suivies**.* (Syn. **continu, régulier.**)

suivre (verbe) (conj. 49) **1** Marcher derrière. ***Suivez** le guide !* (Contr. **précéder.**) **2** Accompagner quelqu'un dans des déplacements. *Ses gardes du corps le **suivent** partout.* **3** Venir après. *Le calme **suit** la tempête.* (Syn. **succéder.** Contr. **précéder.**) **4** Aller dans la même direction. ***Suivez** la route jusqu'au village ! Le chemin qui **suit** la falaise est très joli.* **5** Agir en se laissant guider ou influencer. *Elle ne **suit** jamais*

la mode, elle ne porte que des jeans. **6** Aller régulièrement quelque part pour apprendre. *Le grand frère d'Hélène* ***suit*** *des cours à l'université.* **7** Écouter attentivement. *Cette émission* ***est*** *très* ***suivie.*** **8** Bien comprendre la logique de ce qui se dit. *Clément a un peu de mal à* ***suivre*** *en mathématiques.*
★ Famille du mot : s'**en**suivre, suite, suiv**ant**, suiv**i**.

sujet (nom masculin) **1** Mot ou groupe de mots avec lesquels le verbe s'accorde. *Dans la phrase : « Julie s'amuse », « Julie » est le* ***sujet*** *du verbe s'amuser.* **2** Ce dont on parle. *Le* ***sujet*** *du livre est le récit d'un voyage au pôle Nord.* (Syn. **thème.**) **3** Cause de quelque chose. *Sa distraction est devenue un* ***sujet*** *de plaisanterie.* (Syn. **motif, occasion.**) **4** Personne soumise à l'autorité d'un roi. *John George est un fidèle* ***sujet*** *de la reine d'Angleterre.*
■ **sujet, ette** (adjectif) Qui souffre souvent de telle chose. *Laura est* ***sujette*** *au rhume des foins.*

sulfate (nom masculin) Sel ou ester de l'acide sulfurique. *Le* ***sulfate*** *de cuivre est utilisé pour traiter la vigne.*

sulfure (nom masculin) **1** Combinaison de soufre avec un autre élément. *Le* ***sulfure*** *de zinc.* **2** Objet décoratif constitué d'un morceau de cristal et décoré dans la masse. *Ma grand-mère collectionne les* ***sulfures.***

sulfureux, euse (adjectif) **1** Qui contient des dérivés du soufre. *Une eau* ***sulfureuse.*** **2** Qui évoque le démon. *Une femme au charme* ***sulfureux.*** (Syn. **démoniaque.**)

sulfurique (adjectif) • **Acide sulfurique** : produit chimique dangereux, à base de soufre, qui attaque les métaux.

sulky (nom masculin) Attelage léger à deux roues utilisé pour certaines courses de chevaux. *Le* ***sulky*** *est utilisé pour les courses de trot.*
► Pluriel : des **sulkys** ou des **sulkies**.

sultan (nom masculin) Nom donné au souverain, dans certains pays musulmans. *Le* ***sultan*** *d'Oman.*

summum (nom masculin) Plus haut point ou plus haut degré. *Cet athlète est au* ***summum*** *de sa forme.*
► Prononciation [sɔmɔm].
★ **Summum** est un mot latin qui signifie « le plus haut », et qui a donné aussi *sommet.*

sumo (nom masculin) Lutte japonaise traditionnelle. *Les lutteurs de* ***sumo*** *sont énormes.*

super- Élément tiré du latin *super* qui signifie « au-dessus, sur » (exemple : *superficie*).

super (adjectif) Synonyme familier de très bien. *Myriam vient avec nous, c'est* ***super*** *!* (Syn. **formidable.**)
► Prononciation [sypɛʀ].
► Pluriel : des vacances **super**.

superbe (adjectif) Très beau. *Hier, il a fait un temps* ***superbe.*** (Syn. **magnifique, splendide.**)

supercherie (nom féminin) Tromperie ou fraude. *Ce produit miracle n'était que du savon, mais la* ***supercherie*** *a été découverte.*

supérette (nom féminin) Magasin d'alimentation en libre-service, de taille moyenne.
★ **Supérette** vient de l'américain.

superfétatoire (adjectif) Synonyme littéraire de superflu.

superficie (nom féminin) Étendue d'une surface. *La* ***superficie*** *de la France est d'environ 550 000 km².*

superficiel, elle (adjectif) **1** Qui est à la surface. *C'est une plaie* ***superficielle,*** *juste une égratignure.* **2** Qui manque de profondeur, de consistance. *C'est un homme* ***superficiel,*** *qui s'intéresse à tout et qui n'approfondit rien.*

superficiellement (adverbe) De manière superficielle. *La balle ne l'a atteint que* ***superficiellement.*** *L'appareil ne marche pas, j'ai dû lire le mode d'emploi trop* ***superficiellement*** *!*

superflu, ue (adjectif) Dont on pourrait se passer. *Après ce plat si copieux, un dessert est* ***superflu.*** (Contr. **nécessaire.**)

supérieur, eure (adjectif) **1** Qui est placé au-dessus. *Monsieur Duparc a une fine moustache au-dessus de la lèvre* ***supérieure.*** (Contr. **inférieur.**) **2** Qui est plus grand. *David a une taille* ***supérieure*** *à celle de Noémie.* **3** Qui est meilleur. *Le vainqueur avait un bateau très* ***supérieur*** *à celui des autres.*
■ **supérieur, eure** (nom) Personne d'un rang plus élevé que les autres. *Il doit rendre compte à ses* ***supérieurs.*** (Contr. **subordonné.**)

supériorité (nom féminin) Fait d'être supérieur. *La* ***supériorité*** *d'Odile au jeu de dames est reconnue par tous ses amis.*

superlatif (nom masculin) Degré le plus élevé de l'adjectif. *Très beau, le plus beau et le moins beau sont les* ***superlatifs*** *de « beau ».*

superman (nom masculin) Homme supérieur, exceptionnel. *Il a voulu jouer les* ***supermans*** *et s'est ridiculisé.*
► Pluriel : des **supermans** ou des **supermen**.
► On rencontre le féminin **superwoman** qui donne au pluriel **superwomans** ou **superwomen**.
★ **Superman** vient du nom du héros de bandes dessinées.

supermarché (nom masculin) Très grand magasin où l'on se sert soi-même.

superposer (verbe) (conj. 3) Poser des choses les unes sur les autres. *Kevin et Sarah dorment dans des lits* ***superposés.***

supersonique (adjectif) D'une vitesse supérieure à celle du son. *Un avion* ***supersonique*** *dépasse la vitesse de 331 mètres à la seconde.*

superstitieux, euse (adjectif) Qui fait preuve de superstition. *Parce qu'il y a beaucoup de gens* ***superstitieux,*** *il n'y a pas de place nº 13 dans les avions américains.*

superstition (nom féminin) Fait de croire à l'influence de certains signes ou de certains faits. *Croire que les trèfles à quatre feuilles portent bonheur est une* ***superstition.***

superviser (verbe) (conj. 3) Contrôler un travail sans entrer dans les détails. *Le directeur **supervise** tous les services.*

supin (nom masculin) Forme nominale du verbe dans la grammaire latine. *« Amatum » est le supin du verbe « amo », qui signifie « j'aime ».*

supplanter (verbe) (conj. 3) Prendre la place de quelque chose ou de quelqu'un. *L'ordinateur **a supplanté** la machine à écrire dans les bureaux.*

suppléant, ante (adjectif et nom) Qui supplée une autre personne. *Le député ayant été nommé ministre, sa **suppléante** va siéger à l'Assemblée nationale.* (Syn. **remplaçant.**)

suppléer (verbe) (conj. 3) **1** Remplacer quelqu'un dans ses fonctions. *C'est l'adjoint qui **supplée** le maire en son absence.* **2** Remédier à un manque, à un défaut. *La bonne mémoire d'Ibrahim **supplée** à son manque de travail.* (Syn. **compenser.**)

supplément (nom masculin) Ce qui vient s'ajouter à quelque chose. *Ursula a eu un **supplément** de frites. Pour ce plat, il y a un **supplément** de 3 euros.*

supplémentaire (adjectif) Qui vient en supplément. *Pour les départs en vacances, il y a des trains **supplémentaires**.*

supplication (nom féminin) Paroles de celui qui supplie. *Pierre est resté insensible aux **supplications** de Zoé.*

supplice (nom masculin) **1** Autrefois, châtiment décidé par un tribunal qui consistait à tuer le condamné en le faisant souffrir. *Les **supplices** ont été supprimés à la Révolution.* **2** Cause de souffrance. *Pour un gourmand comme lui, ce régime est un véritable **supplice**.* (Syn. **torture.**)

supplier (verbe) (conj. 10) Prier quelqu'un avec insistance. *Je t'en **supplie**, cesse de faire grincer la craie !*
★ **Supplier** vient du latin *supplicare* qui signifie « se plier sur les genoux ».

supplique (nom féminin) Demande par laquelle on sollicite une grâce à une autorité officielle. *L'avocat a présenté une **supplique** au magistrat.*

support (nom masculin) Objet sur lequel repose un autre objet. *Il a reposé le téléphone sur son **support**.*

supportable (adjectif) Qu'on peut supporter. *À cette heure matinale, la chaleur est tout à fait **supportable**.* (Contr. **insupportable.**)

supporter (verbe) (conj. 3) **1** Servir de support. *Les murs **supportent** la charpente.* (Syn. **porter, soutenir.**) **2** Accepter une chose pénible sans se plaindre. *Je ne **supporterai** pas longtemps ta mauvaise humeur !* (Syn. **tolérer.**) **3** Bien résister à quelque chose. *Les poissons rouges **supportent** bien l'eau froide.*
★ Famille du mot : in**support**able, **support**, **support**able, **support**eur.

supporteur, trice (nom) Personne qui soutient et encourage des sportifs. *Les **supporteurs** sont nombreux sur les gradins.*
► On emploie aussi le mot anglais **supporter** qui se prononce [sypɔʀtœʀ] ou [sypɔʀtɛʀ].

supposer (verbe) (conj. 3) **1** Penser que quelque chose est probable. *On **suppose** qu'il reviendra.* (Syn. **présumer.**) **2** Avoir comme condition nécessaire. *Être astronaute **suppose** du savoir, du courage et de la résistance.* (Syn. **exiger, réclamer.**)

supposition (nom féminin) Chose supposée. *Anna croit que Quentin viendra, mais ce n'est qu'une **supposition**.* (Syn. **hypothèse.**)

suppositoire (nom masculin) Médicament que l'on introduit par l'anus.

suppôt (nom masculin) Partisan d'une personne malfaisante, d'une chose néfaste. *Les dangereux **suppôts** d'un despote.* • **Suppôt de Satan, du diable :** personne méchante.

suppression (nom féminin) Action de supprimer. *Le reportage était trop long, le journaliste a fait des **suppressions**.*

supprimer (verbe) (conj. 3) **1** Faire disparaître quelque chose. *On **a supprimé** la ligne de chemin de fer de la région.* (Contr. **maintenir.**) **2** Enlever une partie d'un ensemble. *Romain **a supprimé** quelques répétitions dans sa lettre.* (Syn. **ôter.**)

suppurer (verbe) (conj. 3) Laisser écouler du pus. *Thomas a une blessure qui **suppure**.*

supputer (verbe) (conj. 3) Évaluer en faisant des suppositions. *L'alpiniste **supputait** les chances qu'il avait d'atteindre le sommet avant la nuit.*

suprématie (nom féminin) Situation dominante. *La **suprématie** économique américaine est évidente.*
► Prononciation [sypʀemasi].

suprême (adjectif) **1** Au-dessus de tout ou de tous. *Le pape est le chef **suprême** de l'Église catholique.* **2** Qui est le dernier. *Il a fait une **suprême** tentative pour le convaincre.* (Syn. **ultime.**)

sur- Élément tiré du latin *super* qui signifie « au-dessus de » (exemple : *surélever*), « en plus de, outre » (exemple : *surabondance*).

① **sur** (préposition) **1** Indique un lieu situé plus haut. *Le chat est monté **sur** la table. Il y a un poster **sur** le mur.* **2** Indique la direction. *La voiture a filé **sur** Lyon.* **3** Indique la proportion. ***Sur** toute la classe, il y en a cinq qui sont reçus.* **4** Indique le thème. *C'est un livre **sur** la Grèce.*

② **sur, sure** (adjectif) Qui a un goût aigre, acide. *Une pomme **sure**.*

sûr, sûre (adjectif) **1** Qui est persuadé de quelque chose. *Il est **sûr** que je me trompe.* (Syn. **certain, convaincu.**) **2** Dont on ne peut douter. *Élodie viendra demain, c'est **sûr**.* (Syn. **certain, évident.**) **3** Qui ne pré-

a b c d e f g h i j k l m n o p q r s t u v w x y z

sente aucun risque. *Fatima a mis son sac en lieu **sûr**.* **4** Digne de confiance. *Le journal l'a appris de source **sûre**.*
► Voir aussi **bien sûr** (adverbe).
► On écrit aussi **sure** au féminin.
★ Famille du mot : sûr**ement**, sûr**eté**.

surabondance (nom féminin) Trop grande abondance. *Il y a **surabondance** de melons cette année.*

surabondant, ante (adjectif) Qui surabonde. *Les pluies **surabondantes** de cet automne ont fait déborder la rivière.*

surabonder (verbe) (conj. 3) Être trop abondant. *Dans ces bois humides, les fougères **surabondent**.*

suranné, ée (adjectif) Qui est ancien et démodé. *La vieille boutique avait un charme **suranné**.* (Syn. **désuet**. Contr. **récent**.)

surate Voir ***sourate***.

surbrillance (nom féminin) Luminosité mettant en évidence un élément sur l'écran d'un ordinateur. *Le texte sélectionné est mis en **surbrillance**.*

surcharge (nom féminin) **1** Fait d'être trop chargé. *Les avions refusent les bagages en **surcharge**.* **2** Mot écrit au-dessus d'un autre pour le remplacer. *Remplir cet imprimé sans **surcharge**.*

surcharger (verbe) (conj. 5) Charger de façon excessive. *Le bateau **surchargé** risque de couler. Certains se plaignent d'**être surchargés** d'impôts.* (Syn. **accabler**, **écraser**.)

surchauffé, ée (adjectif) **1** Excessivement chauffé. *Gaëlle étouffe dans cet appartement **surchauffé**.* **2** Qui est surexcité. *Les supporteurs, **surchauffés**, applaudissaient à tout rompre.*

surclasser (verbe) (conj. 3) Être d'un niveau nettement supérieur. *Cet athlète **a surclassé** tous ses concurrents.*

surcoût (nom masculin) Coût supplémentaire. *La prolongation des travaux a engendré un **surcoût**.*
► On écrit aussi **surcout**.

surcroît (nom masculin) Ce qui vient s'ajouter à quelque chose. *Les périodes de fêtes donnent un **surcroît** de travail aux vendeurs.* (Syn. **supplément**.) • **De surcroît, par surcroît** : en plus, en outre.
► On écrit aussi **surcroit**.

surdité (nom féminin) Fait d'être sourd. *Sa **surdité** l'oblige à porter un appareil auditif.*

surdoué, ée (adjectif et nom) Qui est exceptionnellement doué et précoce. *Un enfant **surdoué**.*

sureau, eaux (nom masculin) Arbuste aux fleurs blanches et aux baies rouges ou noires. *Les tiges du **sureau** sont remplies d'une moelle blanche.*

sureffectif (nom masculin) Effectif trop important. *Le directeur a décidé de licencier le personnel en **sureffectif**.*

surélever (verbe) (conj. 8) Donner plus de hauteur à quelque chose. *On **a surélevé** les murs d'un mètre.*

sûrement (adverbe) De façon sûre, certaine. *Il devrait être là depuis un quart d'heure, il va **sûrement** arriver.* (Syn. **certainement**.)
► On écrit aussi **surement**.

surenchère (nom féminin) Offre supérieure à la précédente. *Les candidats aux élections ont fait de la **surenchère** pour obtenir plus de voix.*

surenchérir (verbe) (conj. 11) Faire une surenchère. *À la salle des ventes, les nombreux acheteurs **surenchérissent**.*

surestimer (verbe) (conj. 3) Estimer au-dessus de sa valeur réelle. *Victor **a surestimé** ses forces, il ne peut pas porter la valise de Mamie.* (Contr. **sous-estimer**.)

sûreté (nom féminin) État de ce qui est sûr, sans risque. *Pour plus de **sûreté**, Hélène garde un double de sa clé dans un tiroir.* (Syn. **sécurité**.)
► On écrit aussi **sureté**.

surexcitation (nom féminin) État d'une personne surexcitée. *Quand William a marqué un but, la **surexcitation** était à son comble dans les gradins.*

surexcité, ée (adjectif) Très excité. *Les enfants sont **surexcités** à l'idée de l'excursion de demain.*

surf (nom masculin) Sport qui consiste à glisser sur les vagues ou sur la neige en équilibre sur une planche. *Le **surf** a été inventé par les Polynésiens.*
► **Surf** est un mot anglais : on pronone [sœRf].

surface (nom féminin) **1** Partie extérieure visible de quelque chose. *Xavier fait des ricochets à la **surface** de l'eau.* **2** Mesure d'une superficie. *Cette chambre carrée a 3 mètres de côté, sa **surface** est de 9 mètres carrés.* (Syn. **aire**, **superficie**.)

surfait, aite (adjectif) Qui n'est pas à la hauteur de sa réputation. *Julie n'aime pas le caviar, dont elle trouve la réputation très **surfaite**.*

surfer (verbe) (conj. 3) Pratiquer le surf.
► Prononciation [sœRfe].

surfeur, euse (nom) Personne qui pratique le surf.

surgelé (nom masculin) Produit alimentaire surgelé. *Maman a mis les **surgelés** dans le congélateur.*

surgeler (verbe) (conj. 8) Congeler un aliment rapidement et à très basse température. *On a mangé du poisson **surgelé** à midi.*

surgir (verbe) (conj. 11) Apparaître brusquement. *Un chevreuil **a surgi** de la forêt. Des difficultés imprévues **ont surgi**.*

surhumain, aine (adjectif) Qui paraît être au-dessus des capacités humaines. *Laura a fait un effort **surhumain** pour ne pas rire.*

surimi (nom masculin) Chair de poisson aromatisée au crabe et conditionnée. *Myriam a servi des bâtonnets de **surimi** à l'apéritif.*
★ **Surimi** est un mot japonais.

suriner (verbe) (conj. 3) Tuer d'un coup de couteau, dans la langue familière.

surintendant (nom masculin) Officier chargé de la surveillance d'une administration, sous l'Ancien Régime. *Sully était **surintendant** des Finances sous Henri IV.*

surjectif, ive (adjectif) • **Application surjective** : application telle qu'à tout élément de l'ensemble d'arrivée correspond au moins un élément de l'ensemble de départ. (Syn. **surjection.**)

surjection (nom féminin) Application surjective.

sur-le-champ (adverbe) Sans attendre. *Le cas était sérieux, le médecin est accouru **sur-le-champ**.* (Syn. **aussitôt, immédiatement, tout de suite.**)

surlendemain (nom masculin) Jour qui suit le lendemain. *C'est un samedi qu'il est arrivé ; le **surlendemain**, donc lundi, il est reparti.*
★ Le **surlendemain** d'aujourd'hui c'est **après-demain**.

surligner (verbe) (conj. 3) Marquer avec un surligneur. ***Surligner** les sous-titres d'un texte.*

surligneur (nom masculin) Feutre à encre transparente et lumineuse qui sert à mettre en valeur certains passages d'un texte.

surmenage (nom masculin) Fait d'être surmené. *Le médecin lui a donné huit jours d'arrêt pour **surmenage**.*

surmener (verbe) (conj. 8) Fatiguer par un excès de travail. *Myriam **est** complètement **surmenée**, elle finira par tomber malade.*

sur-mesure (nom masculin) Marchandise ou service sur mesure. *Nos fenêtres n'ont pas des dimensions standard : pour les remplacer nous devons acheter du **sur-mesure**.*

surmontable (adjectif) Que l'on peut surmonter. *Le trac est une angoisse difficilement **surmontable**.* (Contr. **insurmontable.**)

surmonter (verbe) (conj. 3) **1** Être placé au-dessus. *Une girouette **surmonte** le toit de la maison.* **2** Venir à bout de quelque chose. *Noémie a réussi à **surmonter** sa peur de l'eau.* (Syn. **dominer, maîtriser.**)

surmulot (nom masculin) Autre nom du rat d'égout.

surnager (verbe) (conj. 5) Rester à la surface d'un liquide. *Le chapeau, que le vent avait poussé dans l'eau, **surnageait** encore.*

surnaturel, elle (adjectif) Que l'on ne peut pas expliquer par les lois de la science. *Les guérisons miraculeuses sont des phénomènes **surnaturels**.*

surnom (nom masculin) Nom qu'on donne à quelqu'un en plus de son vrai nom. *« Le Gros » était le **surnom** du roi de France Louis VI.*

surnombre (nom masculin) • **En surnombre** : qui dépasse le nombre permis. *L'ascenseur restait sur place à cause des gens **en surnombre**.*

surnommer (verbe) (conj. 3) Donner un surnom. *On l'**a surnommée** « la Pie » parce qu'elle est très bavarde.*

surnuméraire (adjectif et nom) Qui est en surnombre. *Le dentiste lui a arraché deux dents **surnuméraires**.*

suroît (nom masculin) Sorte de capuche cirée qui protège la nuque. *Les pêcheurs bretons portent des **suroîts**.*
► On écrit aussi **suroit**.

surpasser (verbe) (conj. 3) **1** L'emporter sur d'autres. *Il **a surpassé** tous ses concurrents.* (Syn. **dépasser.**) **2 Se surpasser** : faire mieux que d'habitude. *L'artiste **s'est surpassé** ce soir.*

surpeuplé, ée (adjectif) Où la population est trop nombreuse. *Il vivait dans un quartier pauvre et **surpeuplé**.*

surpeuplement (nom masculin) État d'un endroit surpeuplé. *On déplore souvent le **surpeuplement** des grandes capitales.* (Syn. **surpopulation.**)

surpiqûre (nom féminin) Piqûre apparente, souvent décorative, sur un tissu ou du cuir. *Les **surpiqûres** rouges d'un jean.*
► On écrit aussi **surpiqure**.

surplace (nom masculin) • **Faire du surplace** : ne pas avancer.

surplomb (nom masculin) Partie d'une construction ou d'une paroi qui dépasse par rapport à la base. • **En surplomb** : dont le haut dépasse par rapport à la base. *Le haut de la falaise, qui était **en surplomb**, s'est effondré.* (Syn. **en saillie.**)

surplomber (verbe) (conj. 3) Dominer en formant un surplomb. *Le vieux château fort **surplombe** la vallée.*

surplus (nom masculin) Ce qu'il y a en plus de la quantité voulue. *Il est débordé par un **surplus** de commandes.* (Syn. **excédent.**)

surpopulation (nom féminin) Synonyme de surpeuplement.

surprenant, ante (adjectif) Qui surprend. *Il n'est pas là ? C'est **surprenant** !* (Syn. **étonnant.**)

surprendre (verbe) (conj. 32) **1** Synonyme de étonner. ***J'ai été surpris** de sa réponse.* **2** Arriver sans prévenir. *L'oncle d'Odile les **a surpris** à table.* **3** Prendre sur le fait. ***J'ai surpris** Sarah en train de lire dans son lit au lieu de dormir.*
★ Famille du mot : surpr**enant**, surpr**ise**.

surprise (nom féminin) **1** Sensation causée par quelque chose d'inattendu. *À la **surprise** générale, c'est Yann qui a gagné.* (Syn. **étonnement.**) **2** Chose qui surprend. *Vous ici ? Quelle **surprise** ! Viens vite ! Il y a une **surprise** pour toi.* • **Par surprise** : d'une manière inattendue.

surproduction (nom féminin) Production trop forte par rapport aux besoins. *La **surproduction** de céréales inquiète les agriculteurs, car les prix vont baisser.*

surréalisme (nom masculin) Mouvement littéraire et artistique du début des années 1920. *Le **surréalisme** visait à libérer l'expression poétique des valeurs morales de l'époque.*

surrénal, ale, aux (adjectif) Situé au-dessus des reins. *Les glandes **surrénales** sont des glandes endocrines.*

sursaut (nom masculin) Mouvement brusque dû à la surprise. *Un coup de tonnerre a réveillé Magali en **sursaut**.*

sursauter (verbe) (conj. 3) Avoir un sursaut. *Ursula, qui n'avait pas entendu venir Benjamin, **a sursauté**.*

surseoir (verbe) (conj. 29) Remettre à plus tard. *Le tribunal **sursoit** à l'application de la peine du condamné.* (Syn. **différer**.)
► On écrit aussi **sursoir**.

sursis (nom masculin) **1** Fait de surseoir à quelque chose. *Il a un **sursis** de quelques jours pour rendre son travail.* (Syn. **délai**.) **2** Délai pendant lequel une peine est suspendue. *Être condamné à la prison avec **sursis** veut dire qu'on ne va en prison que si l'on commet un nouveau délit.*

sursitaire (adjectif) Qui a obtenu un sursis. *Un condamné **sursitaire**.*

surtaxe (nom féminin) Taxe supplémentaire. *Clément n'avait pas assez affranchi sa lettre, le destinataire a eu une **surtaxe** à payer.*

surtout (adverbe) Avant tout. ***Surtout**, couvre-toi bien ! Zoé aime tous les jeux, mais **surtout** les échecs.*

surveillance (nom féminin) Action de surveiller. *Ce nouveau-né demande une **surveillance** de tous les instants.*

surveillant, ante (nom) Personne dont le rôle est de surveiller. *Un **surveillant** de prison.*

surveiller (verbe) (conj. 3) **1** Observer avec attention pour contrôler. *La maîtresse **surveille** les enfants dans la cour. La sentinelle **surveille** les alentours.* **2** Faire attention à ce que l'on fait. ***Surveille** un peu tes paroles !*
★ Famille du mot : surveil**lance**, surveil**lant**.

survenir (verbe) (conj. 19) Arriver soudain de façon imprévue. *Un changement **est survenu**, nous partons demain.*

survêtement (nom masculin) Vêtement souple et chaud qu'on met par-dessus une tenue de sport. *Quand David va au stade, il emporte toujours son **survêtement**.*

survie (nom féminin) Fait de survivre. *Les chances de **survie** du blessé sont importantes : rassurez-vous !*

survitrage (nom masculin) Vitrage supplémentaire destiné à l'isolation thermique ou phonique.

survivance (nom féminin) Reste de quelque chose qui survit du passé. *Cette tenue est une **survivance** d'un costume traditionnel.*

survivant, ante (nom) Personne qui survit à un évènement, à un danger. *L'avion s'est écrasé : on ignore s'il y a des **survivants**.*

survivre (verbe) (conj. 50) **1** Rester en vie après la mort de quelqu'un ou après de graves évènements. *Il n'**a** pas **survécu** longtemps à sa femme.* **2** Vivre dans des conditions difficiles. *Son salaire lui permet à peine de **survivre**.*

survol (nom masculin) Fait de survoler. *Le **survol** de Paris est interdit.*

survoler (verbe) (conj. 3) **1** Voler au-dessus d'un lieu. *Notre avion **survole** actuellement la côte du Maroc.* **2** Voir superficiellement. *Il **a** rapidement **survolé** son journal.*

survolter (verbe) (conj. 3) **1** Amener la tension d'un courant au-dessus de la normale. **2** Au sens figuré, surexciter. *Les élèves **sont survoltés** en cette veille de vacances.*

sus- Élément tiré de l'adverbe *sus* qui signifie « au-dessus, plus haut » (exemple : *suspendre*).

sus (adverbe) • **Courir sus à l'ennemi** : dans la langue littéraire, l'attaquer. • **En sus** : en plus. *Il a touché une prime **en sus** de son salaire.*
► Prononciation [sys].

susceptibilité (nom féminin) Caractère d'une personne susceptible. *Il est d'une **susceptibilité** ridicule.*

susceptible (adjectif) **1** Qui se vexe facilement. *Anna est terriblement **susceptible**.* **2** Qui peut éventuellement se produire. *J'ai trouvé des vieilles photos **susceptibles** de t'intéresser.*

susciter (verbe) (conj. 3) Provoquer quelque chose. *Le projet d'Ibrahim **a suscité** l'enthousiasme de sa classe.*

suspect, ecte (adjectif) Qui éveille la méfiance. *Nous informons les voyageurs que tout bagage **suspect** sera immédiatement détruit.*
▪ **suspect, ecte** (adjectif et nom) Personne que l'on soupçonne. *On a arrêté un **suspect**.*
► Prononciation [syspɛ], [syspɛkt].

suspecter (verbe) (conj. 3) Tenir pour suspect. *Élodie **suspecte** Kevin de lui raconter des histoires.* (Syn. **soupçonner**.)

suspendre (verbe) (conj. 31) **1** Accrocher de manière à laisser pendre. *Pierre **a suspendu** sa lampe de poche au mât de la tente.* **2** Arrêter momentanément. *Les travaux **ont été suspendus** en raison des intempéries.* **3** Interdire à quelqu'un d'exercer ses fonctions pour quelque temps. *Le footballeur brutal **a été suspendu** pour trois matchs.*

suspendu, ue (adjectif) • **Pont suspendu** : pont qui ne repose pas sur des piliers mais qui est soutenu par des câbles. • **Voiture bien *ou* mal suspendue** : voiture dont la suspension est bonne ou mauvaise.

en **suspens** (adverbe) Momentanément interrompu. *Les travaux de l'autoroute sont **en suspens**.*

suspense (nom masculin) Moment d'une histoire où l'on attend la suite avec angoisse et impatience. *Quentin aime beaucoup les films à **suspense**.*
▶ Prononciation [syspɛns].
★ **Suspense** est un mot anglais qui signifie « attente » et qui vient du français *suspens.*

suspension (nom féminin) **1** Appareil d'éclairage suspendu au plafond. (Syn. **lustre.**) **2** Système de ressorts destinés à amortir les cahots. *Cette moto a une excellente **suspension**.* (Syn. **amortisseurs.**) **3** Fait de suspendre ou d'être suspendu. *Le congrès a décidé une **suspension** de séance.* (Syn. **arrêt, interruption.**) **4** Fait de retirer ses fonctions à quelqu'un. *Le fonctionnaire a fait l'objet d'une **suspension** pour faute grave.* • **Points de suspension :** signe de ponctuation (...) qui signifie qu'on n'énumère ou qu'on n'énonce pas tout.

suspicieux, euse (adjectif) Rempli de suspicion. *Zoé est **suspicieuse** et ne me fait pas confiance.* (Syn. **soupçonneux.**)

suspicion (nom féminin) Fait de suspecter. *Romain regardait le nouveau venu avec **suspicion**.* (Syn. **défiance, méfiance.**)

se **sustenter** (verbe) (conj. 3) Synonyme vieilli de se nourrir. *Et maintenant, il serait temps de **se sustenter** : le repas nous attend.*

susurrer (verbe) (conj. 3) Dire doucement à voix basse. *Fatima **susurre** quelques mots à l'oreille de Thomas.* (Syn. **chuchoter, murmurer.**)

suture (nom féminin) Opération qui consiste à recoudre les bords d'une plaie. *Gaëlle s'est fendu le menton, elle a eu trois points de **suture**.*

suzerain (nom masculin) Seigneur du Moyen Âge qui accordait des terres et sa protection à un vassal en échange de sa loyauté.

suzeraineté (nom féminin) **1** Pouvoir d'un suzerain. **2** Domination d'un État sur un autre. *Certains pays pauvres refusent la **suzeraineté** des pays riches.*

svastika (nom masculin) Symbole sacré de l'Inde en forme de croix aux branches coudées à angle droit. *Le **svastika** fut utilisé comme emblème par les nazis.*
▶ Prononciation [svastika].
▶ On écrit aussi **swastika**.
★ **Svastika** est un mot sanskrit.

svelte (adjectif) Qui est mince et élancé. *Monsieur Duparc est **svelte** malgré son âge.* (Contr. **massif, trapu.**)

SVP Abréviation de *s'il vous plaît.*

swatiska Voir ***svatiska.***

sweat-shirt (nom masculin) Pull-over en tissu molletonné.
▶ Prononciation [swɛtʃœʀt].
▶ Pluriel : des **sweat-shirts**.
★ **Sweat-shirt** est un mot anglais qui signifie « chemise pour la sueur ».

swing (nom masculin) Musique de jazz caractérisée par un balancement rythmique. *Un orchestre de **swing** américain.*
▶ Prononciation [swiŋ].
★ **Swing** vient du verbe anglais *to swing* qui signifie « balancer ».

sycomore (nom masculin) Érable à grappes de fleurs jaune verdâtre pendantes, appelé aussi faux platane.

syllabe (nom féminin) Voyelle ou groupe de consonnes et de voyelles qu'on prononce en une fois. *« Chat » n'a qu'une **syllabe**, « otarie » en a trois.*

syllabus (nom masculin) Liste de propositions émanant de l'autorité ecclésiastique.
▶ Prononciation [sillabys].
★ **Syllabus** vient du mot latin qui signifie « sommaire ».

syllepse (nom féminin) Accord d'un mot selon le sens plutôt que selon les règles grammaticales. *« On est venues toutes les trois » est une **syllepse**.*
★ **Syllepse** vient du grec *sullêpsis* qui signifie « compréhension ».

syllogisme (nom masculin) Déduction telle que, deux propositions étant posées, on en tire une troisième, qui est logiquement impliquée par les deux précédentes. *« Tous les hommes sont mortels, or Socrate est un homme, donc Socrate est mortel » est un **syllogisme**.*

sylphe (nom masculin) Génie de l'air, dans les mythologies celtique, gauloise et germanique. *Un **sylphe** doté de pouvoirs magiques.*

sylvestre (adjectif) Qui a un rapport avec les forêts.

sylviculture (nom féminin) Entretien et exploitation des forêts.

symbiose (nom féminin) Association de deux êtres vivants d'espèces différentes. *Le lichen est fait d'une algue et d'un champignon qui vivent en **symbiose**.*

symbole (nom masculin) **1** Figure qui représente une idée. *Marianne est le **symbole** de la République.* **2** Signe utilisé pour représenter quelque chose. *Le **symbole** de l'amour est un cœur.*
★ Famille du mot : symbol**ique**, symbol**iser**.
★ **Symbole** vient du grec *sumbolon* qui désigne un objet coupé en deux qui servait de signe de reconnaissance entre deux personnes qui en possédaient chacune un morceau.

symbolique (adjectif) Qui a la valeur d'un symbole. *La balance est la représentation **symbolique** de la justice.*

symboliser (verbe) (conj. 3) Être le symbole de quelque chose. *La couleur noire **symbolise** le deuil.*

symbolisme (nom masculin) **1** Système de symboles destinés à rappeler des faits ou à exprimer des croyances. *Le **symbolisme** du nombre 666 associé au diable.* **2** Mouvement littéraire et artistique de la fin du XIXe siècle. *Verlaine est un représentant du **symbolisme**.*

symétrie (nom féminin) Similitude exacte par rapport à un axe entre deux parties d'un espace. *Il y a une **symétrie** plus ou moins parfaite entre les deux côtés du visage et du corps humain.*
★ Famille du mot : asymétrie, asymétrique, dissymétrique, symétrique, symétriquement.

symétrique (adjectif) Qui présente une symétrie. *Les lits de Victor et d'Hélène sont placés de façon **symétrique** par rapport à la fenêtre.* (Contr. **asymétrique, dissymétrique.**)

symétriquement (adverbe) De manière symétrique. *Dans le jeu du solitaire, les pions sont placés **symétriquement** par rapport au centre.*

sympathie (nom féminin) Sentiment spontané d'attirance envers quelqu'un. *William a de la **sympathie** pour son voisin de table.* (Syn. **amitié.** Contr. **antipathie.**)
★ Famille du mot : sympathique, sympathiser.

sympathique (adjectif) **1** Qui attire la sympathie. *Xavier est vraiment un garçon très **sympathique**.* (Syn. **agréable, aimable, attachant.** Contr. **antipathique.**) **2** Très agréable. *Une soirée **sympathique**.*

sympathisant, ante (adjectif et nom) Qui, sans adhérer à un parti, en partage les idées. *Les **sympathisants** du parti communiste.*

sympathiser (verbe) (conj. 3) Éprouver une sympathie réciproque. *Yann **a sympathisé** avec le fils du concierge.*

symphonie (nom féminin) Composition musicale à plusieurs mouvements. *L'orchestre joue une **symphonie** de Beethoven.*

symphonique (adjectif) De la symphonie. *Au cours d'un concert **symphonique**, on joue une ou deux symphonies.*

symposium (nom masculin) Réunion d'étude sur un sujet précis. *Les scientifiques assistent à un **symposium** sur la théorie de la relativité.* (Syn. **colloque.**)
▶ Prononciation [sɛ̃pozjɔm].
★ **Symposium** vient du grec *sumposion* qui signifie « banquet ».

symptomatique (adjectif) **1** Qui est le symptôme d'une maladie. *Le patient présente des troubles **symptomatiques**.* **2** Au sens figuré, qui est le signe de quelque chose. *Les grèves sont **symptomatiques** du mécontentement général.*

symptôme (nom masculin) Signe caractéristique d'une maladie. *La gorge rouge et la fièvre sont des **symptômes** de l'angine.*

syn- Élément tiré du grec *sun* qui signifie « avec » (exemple : *synchroniser*).
▶ Devant un radical commençant par *l*, on écrit *syl-* ; devant un radical commençant par *m, b* ou *p*, on écrit *sym-*.

synagogue (nom féminin) Lieu de culte israélite.

synapse (nom féminin) Zone de contact entre deux neurones. *Les **synapses** assurent la transmission des messages.*

synchrone (adjectif) Qui se fait dans le même temps, ou à des intervalles de temps égaux. *Les oscillations **synchrones** de deux pendules.*
▶ Prononciation [sɛ̃kʀon].

synchroniser (verbe) (conj. 3) Faire concorder les images et les sons d'un film. *Ce film **est** mal **synchronisé**, le son est décalé par rapport à l'image.*

synchrotron (nom masculin) Accélérateur de particules mues par un champ électrique. *Le **synchrotron** communique aux protons une vitesse proche de celle de la lumière.*
▶ Prononciation [sɛ̃kʀɔtʀɔ̃].

synclinal, ale, aux (adjectif et nom masculin) Partie concave d'un pli simple, en géologie. *Le cœur d'un **synclinal** est occupé par les couches les plus jeunes.* (Contr. **anticlinal.**)
★ **Synclinal** vient du grec *klinein* qui signifie « incliner ».

syncope (nom féminin) Perte de connaissance. *Quand on a une **syncope**, le cœur et la respiration ralentissent.*

syncrétisme (nom masculin) Combinaison de plusieurs systèmes de pensée. *Le **syncrétisme** religieux ou philosophique.*

syndic (nom masculin) Personne qui s'occupe d'un immeuble au nom des copropriétaires.

syndical, ale, aux (adjectif) Du syndicat. *Les délégués ont exposé les revendications **syndicales** au patron.*

syndicaliser (verbe) (conj. 3) **1** Inscrire à un syndicat. *Il **s'est syndicalisé** tardivement.* **2** Organiser un syndicat.

syndicaliste (nom) Personne qui milite dans un syndicat. *Les **syndicalistes** ont entamé des négociations pour éviter les licenciements.*

syndicat (nom masculin) Association de personnes qui veulent défendre leurs intérêts communs. *Il existe des **syndicats** ouvriers et des **syndicats** patronaux.* • **Syndicat d'initiative** : organisme chargé du tourisme.

se **syndiquer** (verbe) (conj. 3) S'inscrire à un syndicat. *Les fonctionnaires peuvent **se syndiquer**.*

syndrome (nom masculin) **1** Ensemble de signes, de symptômes dont les causes peuvent être diverses. *Le **syndrome** d'immunodéficience acquise ou SIDA.* **2** Ensemble de signes révélateurs d'une situation jugée préoccupante. *Le **syndrome** de l'inflation.*
★ **Syndrome** vient du grec *sundromê* qui signifie « réunion ».

synecdoque (nom féminin) Figure de style consistant à prendre la partie pour le tout, la matière pour l'objet, le contenant pour le contenu, le genre pour l'espèce et inversement. *« Une fourrure » pour « un manteau de fourrure » est une **synecdoque**.*
★ **Synecdoque** vient du grec *sunekdokhê* qui signifie « compréhension simultanée ».

synérèse (nom féminin) Réunion en une seule syllabe de deux voyelles qui se suivent dans un mot. *Les deux voyelles de « miel » forment une **synérèse**.* (Contr. **diérèse.**)

synergie (nom féminin) **1** Action coordonnée de plusieurs éléments. *Le kinésithérapeute travaille en **synergie** avec le corps médical.* **2** Action conjointe de plusieurs organes ou facteurs dans l'accomplissement d'une fonction. *La **synergie** musculaire.*

synesthésie (nom féminin) Mode de perception selon lequel des sensations correspondant à un sens évoquent spontanément des sensations liées à un autre sens.

synode (nom masculin) **1** Assemblée d'ecclésiastiques réunie par un évêque ou par le pape. **2** Réunion de pasteurs et de laïcs protestants.

synonyme (nom masculin) Mot qui a un sens identique ou très proche d'un autre. *« Manière » et « façon » sont deux **synonymes**.* (Contr. **contraire.**)

synopsis (nom masculin) Récit bref constituant le schéma d'un scénario. *Le réalisateur rédige le **synopsis**.*
► Prononciation [sinɔpsis].

synovie (nom féminin) Liquide sécrété par une membrane, qui lubrifie les articulations mobiles. *Le patient souffre d'un épanchement de **synovie** au genou.*

syntagme (nom masculin) Groupe de mots qui se suivent et forment une unité dans une phrase. *« Le pull rouge » est un **syntagme** nominal.*
★ **Syntagme** vient du grec *suntagma* qui signifie « ordre, disposition ».

syntaxe (nom féminin) Partie de la grammaire qui étudie comment les mots se regroupent pour faire des phrases.

synthèse (nom féminin) **1** Opération consistant à résumer clairement les idées principales d'un sujet. *Faire la **synthèse** des questions posées.* **2** Production d'une substance artificielle en combinant des éléments par une réaction chimique. *Le polystyrène est un produit de **synthèse**.*

synthétique (adjectif) Fabriqué par synthèse. *Le nylon est une fibre **synthétique**.* (Syn. **artificiel.** Contr. **naturel.**)

synthétiseur (nom masculin) Instrument de musique électronique capable de reproduire et de créer des sons.

syphilis (nom féminin) Maladie vénérienne contagieuse. *Le traitement de la **syphilis** est à base de pénicilline.*
► Prononciation [sifilis].

syrien, enne → tableau p. 6 / 7.

systématique (adjectif) **1** Organisé de manière logique. *Pour retrouver son stylo, Julie a entrepris une fouille **systématique** de son armoire.* (Syn. **méthodique.**) **2** Qui ne varie pas, quelles que soient les circonstances. *À toutes les propositions, il a opposé un refus **systématique**.*

systématiquement (adverbe) De manière systématique. *Maman met **systématiquement** les prospectus publicitaires à la poubelle.*

systématiser (verbe) (conj. 3) Faire un système de quelque chose. *L'organisation circulaire des carrefours se **systématise**.* (Syn. **généraliser.**)

système (nom masculin) **1** Ensemble organisé qui constitue un tout. *Le **système** solaire. Le **système** métrique.* **2** Moyen, souvent ingénieux, d'arriver à un but. *Benjamin a trouvé un **système** pour programmer l'éclairage de sa chambre.* (Syn. **méthode.**)
★ Famille du mot : systémati**que**, systémati**quement**, systémat**iser**.
★ **Système** vient du grec *sustêma* qui signifie « assemblage ».

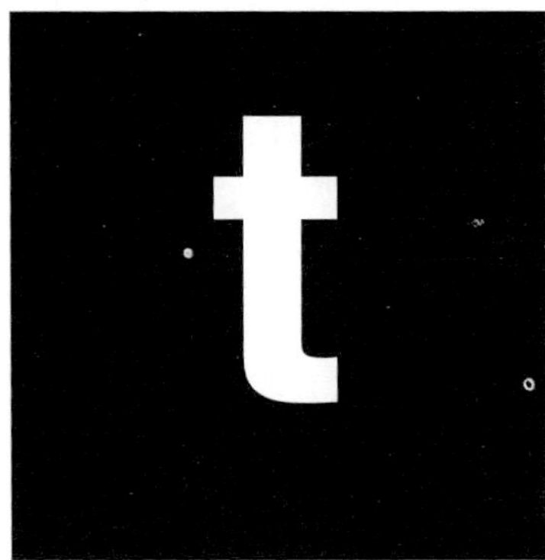

t (nom masculin) Vingtième lettre de l'alphabet. *Le T est une consonne.*

t' Voir ***te***.

ta (déterminant) Féminin de *ton 1.*

tabac (nom masculin) **1** Plante cultivée pour ses grandes feuilles. *Une plantation de **tabac**.* **2** Feuilles de cette plante qui ont été séchées et préparées pour être fumées. *Il existe du **tabac** blond et du **tabac** brun.* **3** Magasin où l'on vend du tabac, des cigarettes, etc. *Benjamin va au **tabac** acheter des allumettes et des timbres.*
► Prononciation [taba].
★ Famille du mot : tabag**ie**, tabag**isme**, tabat**ière**.

tabagie (nom féminin) Lieu rempli de fumée de tabac. *Ouvrez la fenêtre, c'est une vraie **tabagie** !*

tabagisme (nom masculin) Intoxication causée par l'abus de tabac. *Le **tabagisme** provoque le cancer du poumon.*

tabasser (verbe) (conj. 3) Dans la langue familière, frapper violemment quelqu'un. *Il s'est fait **tabasser** par une bande de voyous.*

tabatière (nom féminin) Petite boîte pour le tabac à priser. • **Tabatière anatomique** : fossette formée, à la face extérieure de la main, par la contraction des extenseurs du pouce.

tabernacle (nom masculin) Petit coffre fermant à clef, placé sur l'autel et abritant les hosties consacrées. *Le ciboire est placé dans le **tabernacle**.*
★ **Tabernacle** vient du latin *tabernaculum* qui signifie « tente ».

tablature (nom féminin) Notation graphique de la position des doigts propre à certains instruments à cordes pincées. *Une **tablature** pour guitare.*

table (nom féminin) Meuble formé d'un plateau fixé sur un ou plusieurs pieds. *La **table** de la cuisine est assez grande pour y manger à quatre.* • **Mettre la table** : disposer les assiettes, les couverts, les verres, etc. sur une table avant le repas. (Syn. **mettre le couvert.**) • **Se mettre à table** : s'installer autour d'une table pour manger. • **Table de multiplication** : liste des multiplications des nombres de 1 à 10. • **Table des matières** : liste de tous les chapitres d'un livre. • **Table ronde** : assemblée de personnes réunies pour discuter.
★ Famille du mot : s'attab**ler**, tabla**ture**, tabl**ée**, tabl**ette**.
★ **Table** vient du latin *tabula* qui signifie « planche ».

tableau, eaux (nom masculin) **1** Peinture faite par un artiste. *Ce peintre expose ses **tableaux** dans une galerie.* (Syn. **toile.**) **2** Description ou évocation de quelque chose. *Ce récit est un **tableau** de la vie des paysans au XIXe siècle.* **3** Panneau fixé au mur sur lequel on écrit à la craie. *Dans chaque classe de l'école, il y a un **tableau**.* **4** Liste de renseignements rangés de façon méthodique. *Pour écrire correctement les verbes, Anna regarde le **tableau** des conjugaisons.* • **Tableau de bord** : partie d'un véhicule où sont réunis les compteurs, les commandes, les voyants, etc.

tablée (nom féminin) Ensemble des personnes assises autour d'une table pour un repas.

tabler (verbe) (conj. 3) Compter sur quelque chose. *Tu ne devrais pas toujours **tabler** sur la chance pour réussir.*

tablette (nom féminin) **1** Petite étagère pour poser des objets. *Maman range les produits pour la toilette sur une **tablette** fixée près de la baignoire.* **2** Aliment présenté sous forme de plaquette. *Pour son goûter, Élodie a mis une **tablette** de chocolat dans son pain.*

tableur (nom masculin) Logiciel permettant d'effectuer des calculs dans des tableaux.

tablier (nom masculin) Vêtement que l'on met pour protéger ses autres vêtements. *Le boucher porte un grand **tablier** blanc.*

tabloïd (nom masculin) Journal quotidien de format réduit, de grande diffusion et destiné à un public populaire. *La vie privée des stars est étalée dans les **tabloïds**.*
► On écrit aussi **tabloïde**.
★ **Tabloïd** est le nom d'une marque.

tabou, oue (adjectif) Dont il est interdit de parler. *Autrefois, la sexualité était très souvent un sujet **tabou**.*

taboulé (nom masculin) Plat composé de semoule, d'herbes, de tomates, d'oignons et assaisonné d'huile et de citron.

tabouret (nom masculin) Petit siège, sans bras ni dossier.
★ **Tabouret** vient de l'ancien français *tabour* qui signifie « tambour », à cause de la forme ronde de ce siège.

tabulation (nom féminin) Dispositif permettant d'aligner des caractères sur une même colonne. *La touche de **tabulation** sur un clavier d'ordinateur.*

tac (nom masculin) • **Répondre du tac au tac** : répondre vivement et immédiatement à une remarque désagréable ou à une question.

tache (nom féminin) **1** Marque de saleté. *Clément a fait une **tache** de graisse sur son cahier.* **2** Marque de couleur sur le corps d'un être vivant. *Les grives ont des **taches** noires sur la poitrine.*
★ Famille du mot : **détachant**, **détacher**, entach**er**, tach**er**, tachet**é**.

tâche (nom féminin) Travail qu'on a à faire. *Faire le ménage est une **tâche** ingrate.* (Syn. **besogne**.)
★ Famille du mot : tâch**er**, tâch**eron**.

tacher (verbe) (conj. 3) Faire une tache ou des taches. *Mets un tablier pour ne pas **tacher** ton pull. David s'**est taché** les mains avec des feutres.*

tâcher (verbe) (conj. 3) Synonyme de s'efforcer. ***Tâche** de nous prévenir la prochaine fois !*

tâcheron (nom masculin) Personne qui exécute sur commande des tâches ingrates, sans intérêt.

tacheté, ée (adjectif) Qui a de petites taches de couleur. *Le léopard a un pelage **tacheté** de noir.* (Syn. **moucheté**.)

tachycardie (nom féminin) Accélération du rythme cardiaque.
▶ Prononciation [takikaʀdi].

tacite (adjectif) Qui n'est pas exprimé par des mots. *Il y a une complicité **tacite** entre eux.*

taciturne (adjectif) Qui parle peu. *Cet enfant est **taciturne**, il prend rarement la parole.* (Syn. **renfermé**. Contr. **communicatif, expansif**.)

tacler (verbe) (conj. 3) Récupérer du pied le ballon qui est dans les pieds de l'adversaire au football. *Le défenseur a **taclé** un joueur de l'équipe adverse.*

tacot (nom masculin) Dans la langue familière, vieille voiture en mauvais état. *Ce **tacot** est bon pour la casse.*

tact (nom masculin) Qualité d'une personne qui fait preuve de délicatesse. *Parle-lui avec **tact**, sinon tu risques de le vexer.*

tactile (adjectif) **1** Qui concerne le toucher. *Une sensibilité **tactile**.* **2** Qui réagit au toucher. *Un écran **tactile**.*

tactique (nom féminin) Moyen employé pour obtenir ou réussir quelque chose. *L'entraîneur a conseillé aux joueurs de changer de **tactique**.*

taekwondo (nom masculin) Art martial et sport de combat d'origine coréenne.
▶ Prononciation [taekwɔ̃do].
★ **Taekwondo** est un mot coréen.

taffetas (nom masculin) Tissu de soie. *Des tentures en **taffetas** rouge.*

tag (nom masculin) Graffiti qui représente un dessin ou une signature. *Ce mur est couvert de **tags**.*
▶ **Tag** est un mot anglais : on prononce [tag].

tagine Voir ***tajine***.

tagliatelle (nom féminin) Pâte alimentaire longue et mince.
▶ Prononciation [taliatɛl] ou [tagliatɛl].

taguer (verbe) (conj. 3) Faire des tags. *Des jeunes ont **tagué** le mur de l'école.*

tagueur, euse (nom) Personne qui fait des tags.

tahitien, enne → tableau p. 6 / 7.

taïchi (nom masculin) Gymnastique chinoise composée de mouvements lents. *Le **taïchi** vise à un équilibre intérieur.*
▶ Prononciation [tajʃi].
▶ On dit aussi **taï chi chuan**.

taie (nom féminin) Housse en tissu dont on recouvre un oreiller ou un traversin pour les protéger.

taïga (nom féminin) Forêt de conifères des régions froides.

taillable (adjectif) Soumis à l'impôt de la taille. *Les serfs étaient **taillables**.* • **Taillable et corvéable à merci** : bon pour toutes les corvées.

taillader (verbe) (conj. 3) Faire une ou plusieurs entailles. *Ibrahim s'**est tailladé** la main en ouvrant les huîtres.*

taille (nom féminin) **1** Hauteur du corps. *Kevin et Fatima ont exactement la même **taille** : ils mesurent un mètre cinquante.* **2** Mesure d'un vêtement. *Gaëlle aime la robe qui est en vitrine, mais il n'y a plus sa **taille**.* **3** Partie du corps qui est entre les hanches et la poitrine. *Avoir la **taille** fine.* **4** Dimension d'une chose. *Il est tombé des grêlons de la **taille** d'une noisette.* **5** Action de tailler un arbre ou une pierre. *Papa a confié la **taille** des arbres fruitiers à un jardinier. Un immeuble en pierre de **taille**.* **6** Avant la révolution de 1789, impôt payé seulement par les roturiers. • **De taille** : important. *Pierre a dit une sottise **de taille**.* • **Être de taille à faire quelque chose** : en être capable.

taille-crayon (nom masculin) Instrument servant à tailler les crayons.
▶ Pluriel : des **taille-crayons**.

tailler (verbe) (conj. 3) **1** Couper quelque chose pour lui donner une certaine forme. *Chaque année, maman **taille** les rosiers.* **2** Découper un tissu pour

le transformer en vêtement. *La couturière se sert d'un patron pour **tailler** les pièces de la robe qu'elle va confectionner.*
★ Famille du mot : taill**able**, taill**ader**, taille, taille-crayon, taill**eur**, taill**is**.

tailleur (nom masculin) **1** Personne qui fait des vêtements sur mesure pour hommes. **2** Costume de femme composé d'une veste et d'une jupe ou d'un pantalon assortis. *Pour le mariage de sa fille, elle portait un **tailleur** très chic.* **3** Ouvrier ou artisan qui taille une matière. *Un **tailleur** de pierre, de diamants.* • **S'asseoir en tailleur** : s'asseoir avec les jambes repliées et les genoux écartés.

taillis (nom masculin) Partie d'un bois où les arbres sont petits parce qu'on les coupe souvent. *Un lièvre s'est caché dans le **taillis**.*

tain (nom masculin) Couche de métal qu'on applique derrière une plaque de verre pour la transformer en miroir. *Le **tain** de la glace est abîmé.*
★ **Tain** est une abréviation de **étain**.

taire (verbe) (conj. 41) **1** Ne pas parler de quelque chose. *La personne interrogée a préféré **taire** son nom.* (Contr. **dire.**) **2 Se taire** : ne pas parler, garder le silence. *Quand le cours commence, tous les élèves **se taisent** pour écouter.*
▶ **Taire** se conjugue comme *plaire*, sauf à la 3e personne du singulier de l'indicatif présent : il **tait**.

tajine (nom masculin) Ragoût de viande ou de poisson d'origine nord-africaine, cuit à l'étouffée. *Un **tajine** de poulet aux citrons confits.*
★ **Tajine** est un mot arabe.
▶ On écrit aussi **tagine**.

talc (nom masculin) Poudre blanche très fine qui est utilisée pour calmer certaines irritations de la peau.

talent (nom masculin) Qualité particulière qui permet à quelqu'un de réussir dans une activité ou dans un art. *Ce jeune comédien a beaucoup de **talent**.*

talentueux, euse (adjectif) Qui a beaucoup de talent. *Un artiste **talentueux**.*

taliban (adjectif et nom) En Afghanistan, musulman membre d'un mouvement intégriste. *Les talibans ont fait régner la **dictature** dans le pays.*
★ **Taliban** vient de l'arabe.

talion (nom masculin) Châtiment correspondant au tort commis. *Le **talion** s'exprime par la formule biblique « œil pour œil, dent pour dent ».* • **Loi du talion** : vengeance équivalente à celle dont on a été victime.

talisman (nom masculin) Objet auquel on attribue un pouvoir magique.

talkie-walkie (nom masculin) Petit appareil de radio portatif qui permet d'émettre et de recevoir des messages. *Les deux gardiens communiquent avec des **talkies-walkies**.*
▶ Prononciation [tokiwoki].
▶ Pluriel : des **talkies-walkies**.
★ **Talkie-walkie** est un mot anglais formé de *to talk* qui signifie « parler » et de *to walk* qui signifie « marcher ».

talmudique (adjectif) Qui se rapporte au Talmud. *Un recueil **talmudique**.*

① **taloche** (nom féminin) Synonyme familier de gifle. *Son frère lui a flanqué une **taloche**.*

② **taloche** (nom féminin) Planche munie d'un manche utilisée pour appliquer un enduit. *L'artisan a étalé le plâtre à la **taloche**.*

talon (nom masculin) **1** Partie arrière du pied. *Ses chaussures neuves lui ont fait une ampoule au **talon**.* **2** Partie arrière d'une chaussure, située sous le talon. *Elle a du mal à marcher avec ses **talons** hauts.* **3** Partie qui reste attachée à un carnet à souches. *Maman a l'habitude de noter ses dépenses sur les **talons** de son chéquier.* • **Le talon d'Achille de quelqu'un** : son point faible.

talonner (verbe) (conj. 3) Poursuivre quelqu'un en le suivant de très près. *Le coureur qui était en tête **est** maintenant **talonné** par le peloton.*

talquer (verbe) (conj. 3) Saupoudrer de talc. *Julie a **talqué** les fesses du bébé.*

talus (nom masculin) Terrain en pente le long d'une route, d'un chemin ou d'une voie ferrée. *Les enfants sont montés sur un **talus** pour voir passer le Tour de France.*

talweg (nom masculin) Ligne imaginaire qui relie les points les plus bas d'une vallée. *Le **talweg** suit le tracé du cours d'eau.* (Contr. **dorsale.**)
▶ **Talweg** est un mot allemand : on prononce [talvɛg].

tamanoir (nom masculin) Grand fourmilier d'Amérique du Sud.

tamarin (nom masculin) Petit singe omnivore d'Amérique du Sud, à longue queue. *Les **tamarins** vivent en groupes dans les forêts tropicales.*
★ **Tamarin** est un mot amérindien.

tamaris (nom masculin) Arbuste à petites fleurs roses. *Les fleurs du **tamaris** sont disposées en épis.*
▶ Prononciation [tamaʀis].

tambouille (nom féminin) Synonyme familier de mauvaise cuisine. *Sa **tambouille** était vraiment immangeable !*

tambour (nom masculin) **1** Instrument de musique composé d'une caisse ronde fermée de chaque côté par une peau tendue sur laquelle on tape avec des baguettes. *Quentin joue du **tambour** dans la fanfare du village.* **2** Personne qui joue du tambour. **3** Pièce cylindrique qui tourne dans une machine à laver le linge. • **Sans tambour ni trompette** : sans se faire remarquer. • **Tambour battant** : très rapidement. (Syn. **rondement.**)
★ Famille du mot : tambour**in**, tambour**iner**.

tambourin (nom masculin) Petit tambour muni de grelots. *Hélène chante en s'accompagnant d'un **tambourin**.*

tambouriner (verbe) (conj. 3) Frapper sur quelque chose à petits coups répétés. *On **a tambouriné** à la porte, mais personne n'a répondu.*

a b c d e f g h i j k l m n o p q r s t u v w x y z

tamis (nom masculin) Instrument formé d'un grillage fin, qui permet de retenir les éléments les plus gros d'un mélange. *Le maçon passe le sable au **tamis** pour éliminer les graviers.*

tamisé, ée (adjectif) Passé dans un tamis. *De la farine **tamisée**.* • **Lumière tamisée** : lumière atténuée et adoucie.

tamoul, e (adjectif) Qui se rapporte aux Tamouls, peuple du sud de l'Inde. *Ce restaurant propose de la cuisine **tamoule**.*
▪**tamoul** (nom masculin) Langue parlée par les Tamouls. *Le **tamoul** est parlé en Inde et au Sri Lanka.*

tampon (nom masculin) **1** Petite plaque de caoutchouc gravé qu'on imprègne d'encre pour imprimer. *Les enfants impriment des dessins avec des **tampons**, puis les colorient.* **2** Morceau de tissu ou d'ouate roulé en boule servant à frotter, à essuyer une surface.
★ Famille du mot : tampon**ner**, tampon**neuse**.

tamponner (verbe) (conj. 3) **1** Faire une marque avec un tampon. *Le douanier **a tamponné** nos passeports.* **2** Heurter violemment. *Plusieurs voitures se **sont tamponnées** sur l'autoroute.*

tamponneuse (adjectif féminin) • **Autos tamponneuses** : petites voitures de fête foraine, avec lesquelles on se tamponne sur une piste.

tam-tam (nom masculin) Sorte de tambour sur lequel on frappe avec les mains. *En Afrique, le **tam-tam** servait aussi à envoyer des messages.*
▶ Prononciation [tamtam].
▶ Pluriel : des **tam-tams**.
▶ On écrit aussi **tamtam**.

tancer (verbe) (conj. 4) Synonyme littéraire de réprimander. *Le professeur **tança** vertement son élève.* (Syn. **admonester, morigéner.**)

tanche (nom féminin) Poisson d'eau douce à la chair appréciée.

tandem (nom masculin) **1** Bicyclette à deux places, avec deux sièges et deux pédaliers. **2** Association de deux personnes qui travaillent ensemble. *Ces deux acteurs forment un **tandem** formidable.*
▶ Prononciation [tɑ̃dɛm].

tandis que (conjonction) **1** Pendant que. *Papa prépare le dîner, **tandis que** Julie met la table.* **2** Alors que. *Romain aime le football, **tandis que** Laura déteste ce sport !*

tangage (nom masculin) Mouvement d'un bateau qui tangue. *Les passagers ont mal au cœur à cause du **tangage**.*

tangent, ente (adjectif) **1** Qui a un seul point de contact avec une courbe ou une surface. *Une droite **tangente** à un cercle.* **2** Qui a lieu de justesse. *Thomas passe en sixième, mais c'était **tangent** : il a juste la moyenne.*
▪**tangente** (nom féminin) Ligne droite tangente.

tangentiel, elle (adjectif) Relatif à la tangente, au plan tangent.
▶ Prononciation [tɑ̃ʒɑ̃sjɛl].

tangible (adjectif) Qui est réel, évident. *On a des preuves **tangibles** de son innocence.*

tango (nom masculin) Danse au rythme lent, originaire d'Argentine. *Ce couple danse bien le **tango**.*

tanguer (verbe) (conj. 3) Avoir un mouvement de balancement de l'avant vers l'arrière, en parlant d'un bateau. *Le voilier **tangue** dans la tempête.*

tanière (nom féminin) Trou où s'abrite un animal sauvage. *Le renard s'est réfugié dans sa **tanière**.*

tanin Voir ***tannin***.

tank (nom masculin) Char d'assaut. *Les **tanks** sont équipés de chenilles et sont blindés.*

tannage (nom masculin) Action de tanner. *Le **tannage** des peaux les empêche de pourrir.*

tanner (verbe) (conj. 3) **1** Préparer une peau d'animal pour la transformer en cuir. *On utilise l'écorce du chêne pour **tanner** les peaux.* **2** Dans la langue familière, agacer quelqu'un en lui demandant quelque chose avec insistance. *Victor et Myriam **tannent** leurs parents pour qu'ils leur achètent un ordinateur.*
★ Famille du mot : tann**age**, tann**erie**, tann**eur**, tann**in**.

tannerie (nom féminin) Usine dans laquelle on tanne les peaux.

tanneur, euse (nom) Personne qui tanne les peaux.

tannin (nom masculin) **1** Substance d'origine végétale qui rend les peaux imperméables et les protège du pourrissement. *Le **tannin** est contenu dans l'écorce du chêne et du châtaignier.* **2** Substance contenue dans le raisin. *Le **tannin** d'un vin rouge.*
▶ On écrit aussi **tanin**.

tant (adverbe) En si grande quantité. *Il y avait **tant** de monde devant le cinéma qu'on n'a pas pu entrer.* (Syn. **tellement.**) • **En tant que** : en qualité de. ***En tant que** délégué, William a parlé pour ses camarades.* • **Tant bien que mal** : ni bien ni mal. *Anna a fini la course **tant bien que mal**.*
▪**tant que** (conjonction) Aussi longtemps que. *Grand-père fera du vélo **tant qu'**il se sentira en forme.*

tante (nom féminin) Sœur du père ou de la mère, ou femme de l'oncle. ***Tante** Julia est la sœur de maman.*

un **tantinet** (adverbe) Un peu. *Odile se trouve **un tantinet** trop grosse.*

tant mieux (adverbe) Marque la satisfaction. *Il fait beau, **tant mieux** ! On va pouvoir aller se baigner !* (Contr. **tant pis.**)

tantôt (adverbe) À un moment ou à un autre. *Le temps est changeant : **tantôt** il pleut, **tantôt** il fait beau.*

tant pis (adverbe) Marque le regret ou le dépit. *Sarah ne veut pas de fraises : **tant pis** pour elle, car elles sont délicieuses.* (Contr. **tant mieux.**)

taon (nom masculin) Grosse mouche. *La femelle du **taon** pique et suce le sang des mammifères.*
► Prononciation [tɑ̃].

tapage (nom masculin) Bruits et cris violents de personnes qui s'agitent. *Le **tapage** nocturne est interdit.* (Syn. **raffut.**)

tapageur, euse (adjectif) Qui cherche à attirer l'attention. *Des affiches aux couleurs **tapageuses**.*

tape (nom féminin) Petit coup donné avec la main. *Xavier a donné amicalement une **tape** sur l'épaule d'Ursula.*

tape-à-l'œil (adjectif) Qui manque de discrétion. *Ce luxe **tape-à-l'œil** est de mauvais goût.* (Syn. **voyant.**)
► Prononciation [tapalœj].
► Pluriel : des bijoux **tape-à-l'œil**.

tapenade (nom féminin) Spécialité provençale à base d'olives noires, d'anchois et de câpres écrasés avec de l'huile d'olive. *Élodie tartine de la **tapenade** sur des toasts.*
★ **Tapenade** vient du provençal *tapeno* qui signifie « câpre ».

taper (verbe) (conj. 3) **1** Donner des tapes ou des coups. *Zoé pleure car son frère l'**a tapée**. Le forgeron **tape** sur son enclume.* **2** Écrire en frappant les touches d'un clavier. *Yann essaie de **taper** sa lettre sur l'ordinateur.*
★ Famille du mot : tape, tape-à-l'œil, tap**oter**.

en **tapinois** (adverbe) En cachette, sans se faire remarquer. *Plusieurs participants ont quitté la salle **en tapinois**.*

tapioca (nom masculin) Fécule extraite des racines de manioc. *On peut épaissir le bouillon de légumes avec du **tapioca**.*

① se **tapir** (verbe) (conj. 11) Se blottir dans une cachette. *Le lapin **se tapit** dans son terrier.*

② **tapir** (nom masculin) Mammifère herbivore d'Amérique tropicale et d'Asie, dont le museau se prolonge par une courte trompe.

tapis (nom masculin) Grand morceau de tissu épais qui sert à recouvrir le sol d'une pièce. *Maman veut acheter un **tapis** pour ma chambre.* • **Mettre quelque chose sur le tapis** : amener la conversation sur ce sujet.

tapisser (verbe) (conj. 3) Revêtir les murs d'une pièce avec du papier peint ou du tissu.
★ Famille du mot : tapiss**erie**, tapiss**ier**.

tapisserie (nom féminin) **1** Tissu brodé ou tissé qui sert à décorer les murs. *La chambre du roi est couverte de magnifiques **tapisseries**.* **2** Ouvrage à l'aiguille fait sur un canevas. *Pour s'occuper, grand-mère fait de la **tapisserie**.*

tapissier, ère (nom) Personne qui vend et pose les tentures, les papiers peints, confectionne des rideaux et répare les fauteuils.

tapoter (verbe) (conj. 3) Donner de petites tapes. *Benjamin **tapote** doucement la joue d'Anna pour essayer de la réveiller.*

taquet (nom masculin) Petite pièce de bois qui sert à caler ou à bloquer quelque chose. *Le garde-manger est fermé par un **taquet**.*

taquin, ine (adjectif et nom) Qui aime bien taquiner les gens. *Élodie est très **taquine**, mais elle n'est pas méchante.*
★ Famille du mot : taquin**er**, taquin**erie**.

taquiner (verbe) (conj. 3) S'amuser à agacer ou à contrarier quelqu'un, sans vouloir être méchant. *Clément adore **taquiner** le chat en lui chatouillant les oreilles.*

taquinerie (nom féminin) Action ou parole d'une personne taquine. *Ce n'est pas bien méchant, c'est juste une **taquinerie** !*

tarabiscoté, ée (adjectif) Qui est surchargé d'ornements compliqués. *Fatima trouve le style baroque de cette église trop **tarabiscoté**.*

tarabuster (verbe) (conj. 3) Importuner ou tracasser quelqu'un. *Cette pensée la **tarabuste** depuis longtemps.*

tarama (nom masculin) Œufs de cabillaud salés et pilés avec de l'huile. *Gaëlle adore manger du **tarama** sur des blinis.*

tarauder (verbe) (conj. 3) **1** Percer en faisant une saillie en hélice. *L'ouvrier **taraude** une planche.* **2** Synonyme littéraire de tourmenter. *Une question le **taraude**.* (Syn. **torturer.**)

tard (adverbe) Après le moment habituel. *David est arrivé trop **tard** à l'école, la grille était déjà fermée.* (Contr. **tôt.**) • **Plus tard** : dans le futur. ***Plus tard**, Ibrahim veut devenir vétérinaire.*
★ Famille du mot : s'**attard**er, **re**tard, **re**tard**ataire**, **re**tarder, tarder, tardif.

tarder (verbe) (conj. 3) Mettre trop de temps pour faire quelque chose. *Si le bus **tarde** à venir, prenons le métro, nous irons plus vite ! Sa réaction n'**a** pas **tardé**.* • **Il me tarde de** : j'ai hâte de. ***Il me tarde de** voir le dernier film de ce metteur en scène.*

tardif, ive (adjectif) **1** Qui a lieu tard. *Sa visite **tardive** nous a dérangés.* **2** Qui arrive plus tard que d'habitude. *Le printemps est **tardif** cette année.* (Contr. **précoce.**)

tare (nom féminin) **1** Poids de l'emballage d'une marchandise. *Pour obtenir le poids net, il faut soustraire la **tare** du poids brut.* **2** Déficience physique d'une personne ou d'un animal. *Ce cheval a une **tare**, il galope mal.*

taré, ée (adjectif) **1** Qui présente une tare. *Ce chat est **taré**, il est sourd.* **2** Dans la langue familière, qui est un peu fou ou stupide. *Il faut être **taré** pour vouloir sauter d'aussi haut !*

tarentelle (nom féminin) Danse populaire tournoyante du sud de l'Italie, au rythme rapide.
★ **Tarentelle** est un mot italien.

tarentule (nom féminin) Grosse araignée venimeuse des pays chauds.
★ **Tarentule** vient du nom de la ville de *Tarente*, en Italie du Sud.

targette (nom féminin) Petit verrou plat. *La porte du grenier se ferme avec une **targette**.*

se **targuer** (verbe) (conj. 3) Synonyme littéraire de se vanter. *Hélène **se targue** d'être très forte en sport.*

tarif (nom masculin) **1** Tableau des prix. *Les **tarifs** du restaurant sont affichés à l'extérieur.* **2** Prix à payer. *On a réussi à avoir des places à **tarif** réduit.*

tarification (nom féminin) Application d'un tarif précis. *La **tarification** des remontées mécaniques.*

tarir (verbe) (conj. 11) **1** Mettre à sec. *La sécheresse **a tari** le puits.* **2 Se tarir** : cesser de couler. *Cette source **s'est** peu à peu **tarie**.* • **Ne pas tarir sur quelque chose** : en parler abondamment.

tarot (nom masculin) Jeu de 78 cartes de grand format. *La cartomancienne se sert des **tarots** pour prédire l'avenir.*

tarse (nom masculin) **1** Massif osseux formant la partie postérieure du pied de l'homme et des mammifères. *Le **tarse** est composé de sept os courts.* **2** Dernière partie de la patte des insectes.

tartare (adjectif) • **Sauce tartare** : mayonnaise avec de la moutarde, des épices et des fines herbes. • **Steak tartare** : viande hachée crue, assaisonnée et mélangée avec un œuf cru.
★ **Tartare** vient du nom des *Tartares*, nomades d'Asie centrale, qui consommaient de la viande crue.

tarte (nom féminin) Pâtisserie ronde et plate, composée de pâte garnie de fruits, de crème, etc. *Cette **tarte** aux fraises est délicieuse.*

tartelette (nom féminin) Petite tarte pour une personne. *Maman a préparé des **tartelettes** au citron.*

tartiflette (nom féminin) Gratin de pommes de terre recouvertes de reblochon. *La **tartiflette** est une spécialité de Savoie.*
★ **Tartiflette** vient du nom *tartifle* qui signifie « pomme de terre » en savoyard.

tartignolle (adjectif) Niais et ridicule, dans la langue familière. *Qu'est-ce qu'elle est **tartignolle** cette fille !*

tartine (nom féminin) Tranche de pain recouverte d'un autre aliment. *Le matin, Julie mange plusieurs **tartines** avec du beurre et du miel.*

tartiner (verbe) (conj. 3) Étaler quelque chose sur du pain. *Kevin **a tartiné** son toast de marmelade d'oranges.*

tartre (nom masculin) **1** Dépôt jaunâtre qui se forme sur les dents. *Pour éviter le **tartre**, il faut bien se laver les dents.* **2** Dépôt calcaire laissé par l'eau. *Il faut changer les canalisations dans lesquelles le **tartre** s'est accumulé.*
★ Famille du mot : **détartrer**, **entartrer**, tartreux.

tartreux, euse (adjectif) Qui contient du tartre.

tartufe (nom masculin) Personne hypocrite. *Méfie-toi de lui, c'est un **tartufe**.*
► On écrit aussi **tartuffe**.
★ **Tartufe** vient de *Tartufo*, nom d'un personnage de la comédie italienne dont Molière s'est inspiré dans sa pièce, le *Tartuffe*.

tas (nom masculin) **1** Choses posées les unes sur les autres, avec plus ou moins d'ordre. *Un **tas** de linge, un **tas** de bois, un **tas** de cailloux.* **2** Dans la langue familière, grande quantité. *Pierre a eu un **tas** de cadeaux à Noël.*
★ Famille du mot : **entassement**, **entasser**.

tasse (nom féminin) **1** Petit récipient avec une anse. *Des **tasses** à thé et des **tasses** à café.* **2** Contenu d'une tasse. *Après le repas, ils aiment bien boire une **tasse** de café.* • **Boire la tasse** : dans la langue familière, avaler de l'eau en nageant.

tasseau, eaux (nom masculin) Petite pièce de bois qui sert de support ou de cale. *La tablette est posée sur des **tasseaux**.*

tasser (verbe) (conj. 3) **1** Presser ou serrer, pour que quelque chose prenne moins de place. *Laura est obligée de **tasser** ses affaires pour qu'elles tiennent dans son sac.* **2 Se tasser** : se serrer les uns contre les autres. *Si les gens **se tassaient**, il y aurait encore des places dans l'autobus !*

tatami (nom masculin) Tapis en paille de riz sur lequel on pratique le judo et le karaté.

tâter (verbe) (conj. 3) **1** Toucher avec les doigts pour évaluer quelque chose. *Myriam **tâte** les abricots pour voir s'ils sont mûrs.* **2 Se tâter** : dans la langue familière, hésiter avant de se décider. *Tu viens avec nous au cinéma ? – Je ne sais pas encore, je **me tâte**.* • **Tâter le terrain** : étudier discrètement la situation avant d'entreprendre quelque chose.
★ Famille du mot : tât**onnement**, tât**onner**, à tât**ons**.

tatillon, onne (adjectif) Synonyme familier de pointilleux. *Ce chef de service est très **tatillon** sur les horaires.*

tatin (nom féminin) Tarte aux pommes cuite recouverte de pâte, puis retournée au moment de servir. *Une part de **tatin** servie avec de la crème fraîche.*
★ **Tatin** vient du nom des demoiselles qui ont inventé cette tarte.
► On dit aussi **tarte tatin**.

tâtonnement (nom masculin) Fait de tâtonner. *Il a fallu de nombreux **tâtonnements** avant de trouver le bon réglage du magnétoscope.*

tâtonner (verbe) (conj. 3) **1** Toucher les objets autour de soi, pour se guider ou pour trouver quelque chose. *Quentin **tâtonne** dans l'obscurité pour essayer de trouver l'interrupteur.* **2** Faire des essais successifs et sans méthode précise pour chercher. *Les médecins **ont** longtemps **tâtonné** avant de trouver la nature du virus.*

à **tâtons** (adverbe) En tâtonnant. *La lumière de la cave s'est éteinte et Noémie marche **à tâtons** dans le noir.*

tatou (nom masculin) Mammifère d'Amérique du Sud, au corps couvert d'une carapace.

tatouage (nom masculin) Dessin à l'encre indélébile incrusté dans la peau. *Ce boxeur a des **tatouages** sur le bras.*

tatouer (verbe) (conj. 3) Faire un tatouage.

tau (nom masculin) Dix-neuvième lettre de l'alphabet grec (T, τ) qui correspond au t de l'alphabet latin.

taudis (nom masculin) Logement misérable et insalubre. *Ces bidonvilles sont pires que des **taudis**.*
★ **Taudis** vient de l'ancien français *se tauder* qui signifiait « s'abriter ».

taule (nom féminin) **1** Synonyme familier de prison. *Mon cousin fait de la **taule**.* **2** Synonyme familier de chambre. (Syn. **piaule**.)
► On écrit aussi **tôle**.

taupe (nom féminin) Petit mammifère au pelage noir, qui vit sous terre en creusant des galeries.

taupinière (nom féminin) Petit tas de terre que fait la taupe quand elle repousse la terre hors de ses galeries.

taureau, eaux (nom masculin) Mâle de la vache. *Le **taureau** mugit.*

taurillon (nom masculin) Jeune taureau.

tauromachie (nom féminin) Art de combattre des taureaux dans une arène. *Les Espagnols sont amateurs de **tauromachie**.*

tautologie (nom féminin) Proposition qui ne fait que répéter le sujet. *« Un chat est un chat » est une **tautologie**.* (Syn. **redondance**, **pléonasme**.)

taux (nom masculin) Rapport de quantité exprimé en pourcentage. *Dans ce pays, le **taux** de chômage est le plus fort d'Europe.*
► Prononciation [to].

taveler (verbe) (conj. 8 ou 9) Parsemer de petites taches. *Les mains de mon grand-oncle sont **tavelées**.*

taverne (nom féminin) Petite auberge où l'on pouvait boire et manger.

taxe (nom féminin) Nom donné à certains impôts. *Les **taxes** sont fortes sur l'essence et le tabac.*

taxer (verbe) (conj. 3) Faire payer une taxe sur quelque chose. *Selon les pays, les propriétaires **sont** plus ou moins **taxés**.*
★ Famille du mot : **dé**taxer, **sur**taxe, taxe.

taxi (nom masculin) Voiture conduite par un chauffeur qu'on paie pour faire un trajet. *Papa a pris un **taxi** pour aller à l'aéroport.*
★ **Taxi** est l'abréviation de *taximètre* qui désigne le compteur du taxi.

taxidermiste (nom) Personne qui empaille les animaux morts pour les naturaliser.

taxinomie (nom féminin) Classification d'éléments propres à un domaine. *La **taxinomie** des êtres vivants.*
► On écrit aussi **taxonomie**.

taylorisme (nom masculin) Organisation du travail industriel en vue d'optimiser le rendement. *Le travail à la chaîne est issu du **taylorisme**.*
★ **Taylorisme** vient du nom de *Taylor*, ingénieur américain.

tchadien, enne → tableau p. 6 / 7.

tchador (nom masculin) Voile qui recouvre la tête et une partie du visage des femmes musulmanes, dans certains pays.

tchao Voir ***ciao***.

tchatche (nom féminin) Facilité à s'exprimer, dans la langue familière. (Syn. **bagou**.)

tchatcher (verbe) (conj. 3) Parler beaucoup, avec volubilité.

tchèque → tableau p. 6 / 7.

tchétchène → tableau p. 6 / 7.

tchin-tchin ! (interjection) Interjection dont on accompagne le heurt des verres, lorsque l'on trinque.
► Prononciation [tʃintʃin].
► On écrit aussi **tchintchin**.
★ **Tchin-tchin** vient du pidgin de Canton *tsing-sing* qui signifie « salut ».

TD (nom masculin) Séance de travail au cours de laquelle les étudiants mettent en application un cours magistral. *Les étudiants ont un **TD** de chimie cet après-midi.*
★ TD est le sigle de *travaux dirigés*.

te (pronom) Pronom personnel de la deuxième personne du singulier, en fonction de complément. *Je **te** félicite. Qui **t'**a écrit ?*
► **Te** devient **t'** devant une voyelle ou un h muet.

té (nom masculin) Règle plate en forme de T.

technicien, enne (nom) Personne qui connaît bien une technique. *Pour réparer cette machine, il vaut mieux faire appel à un **technicien**.*
► Prononciation [tɛknisjɛ̃].

technicolor (nom masculin) Procédé de films en couleurs. *Un film en **technicolor**.*
★ **Technicolor** est le nom d'une marque.

technique (nom féminin) **1** Ensemble des méthodes et des procédés employés pour fabriquer des objets. *Les progrès de la **technique** ont libéré l'homme de certaines tâches pénibles.* **2** Procédé particulier utilisé pour une activité. *Le pastel est une **technique** difficile. Quelle **technique** utilises-tu pour pêcher ?*
■ **technique** (adjectif) Qui concerne la technique ou une technique. *À la suite d'un incident **technique**, les journaux n'ont pas paru ce matin.*
► Prononciation [tɛknik].
★ Famille du mot : techn**icien**, techno**logie**.

techno- Élément tiré du grec *tekhnê* qui signifie « art, métier » (exemples : *technocrate*, *pyrotechnie*).

techno (nom féminin et adjectif) Musique électronique qui assemble des extraits musicaux sur un fond rythmique répétitif. *La **techno** est apparue à la fin des années 1980.*

technocrate (nom) Fonctionnaire qui privilégie les aspects techniques et économiques des problèmes au détriment des aspects humains.

technologie (nom féminin) Étude des techniques industrielles.
▶ Prononciation [tɛknɔlɔʒi].

technopôle (nom masculin) Espace regroupant des entreprises et des institutions d'enseignement et de recherche.
▶ On écrit aussi **technopole**.

teck (nom masculin) Arbre des régions tropicales, qui fournit un bois très dur et imputrescible. *Des meubles de jardin en **teck**.*
▶ On écrit aussi **tek**.

teckel (nom masculin) Petit chien à pattes courtes.
▶ Prononciation [tekɛl].

tectonique (nom féminin et adjectif) Branche de la géologie qui étudie les déformations subies par les roches postérieurement à leur formation. *La **tectonique** des plaques.*
★ **Tectonique** vient du grec *tektonikos* qui signifie « propre au charpentier ».

tee-shirt (nom masculin) Maillot de corps à manches courtes. *L'été, Romain s'habille en **tee-shirt** et en short.*
▶ Prononciation [tiʃœʀt].
▶ Pluriel : des **tee-shirts**.
▶ On écrit aussi un **T-shirt**, des **T-shirts**.
★ **Tee-shirt** est un mot anglais qui signifie « chemise en forme de T ».

tégument (nom masculin) **1** Tissu qui constitue l'enveloppe du corps d'un animal. *Le derme et l'épiderme, **téguments** des mammifères.* **2** Enveloppe protectrice. *Le **tégument** d'une graine.*
★ **Tégument** vient du latin *tegere* qui signifie « couvrir ».

teigne (nom féminin) **1** Maladie du cuir chevelu due à un champignon. *La **teigne** provoque la chute des cheveux.* **2** Dans la langue familière, personne méchante. *Ce garçon cherche la bagarre, c'est une vraie **teigne** !*

teigneux, euse (adjectif) Synonyme familier de hargneux. *Il est bagarreur et souvent **teigneux**.*

teindre (verbe) (conj. 35) Colorer à l'aide d'une teinture. *Maman s'est fait **teindre** les cheveux en blond.*
★ Famille du mot : **dé**teindre, tein**t**, tein**te**, tein**ter**, tein**ture**, tein**turerie**, tein**turier**.

teint (nom masculin) Couleur du visage. *Odile est rentrée de vacances avec un joli **teint** hâlé.*

teinte (nom féminin) Nuance d'une couleur. *Cet été, la mode est aux **teintes** claires.* (Syn. **ton**.)

teinter (verbe) (conj. 3) Donner une teinte. *Cette cire devrait **teinter** légèrement le parquet en marron clair.*

teinture (nom féminin) Produit spécial qu'on utilise pour changer la couleur de quelque chose.

teinturerie (nom féminin) Métier ou boutique du teinturier.

teinturier, ère (nom) Commerçant qui se charge du nettoyage des vêtements qu'on lui apporte. *Maman a déposé deux manteaux et trois pantalons chez le **teinturier** pour les faire nettoyer.*

tek Voir ***teck***.

tel, telle (adjectif) **1** De cette sorte. *On ne pensait pas que la tempête atteindrait une **telle** violence.* (Syn. **pareil**.) **2** Si grand. *Il y a un **tel** bruit qu'on ne s'entend plus.* • **Tel quel** : sans modification. *Personne n'a touché à ses affaires, elle les a retrouvées **telles quelles** à son retour.*

télé- Élément tiré du grec *têlé* qui signifie « au loin » (exemple : *téléenseignement*).

télé (nom féminin) Abréviation familière de téléviseur et de télévision. *Allumer la **télé**. Passer à la **télé**.*

téléachat (nom masculin) Système d'achat d'objets par l'intermédiaire de la télévision. *Une chaîne de **téléachat**.*

télécabine (nom féminin) Synonyme de téléphérique.

télécarte (nom féminin) Carte magnétique permettant de téléphoner dans une cabine publique.
★ **Télécarte** est le nom d'une marque.

télécharger (verbe) (conj. 5) Copier dans la mémoire de son ordinateur des données obtenues via un réseau. *Ibrahim a **téléchargé** un logiciel.*

télécommande (nom féminin) Dispositif qui permet de faire fonctionner un appareil à distance. *Avec la **télécommande**, Sarah change de chaîne.*

télécommandé, ée (adjectif) Qui fonctionne avec une télécommande. *Thomas joue avec sa voiture **télécommandée**.* (Syn. **téléguidé**.)

télécommunication (nom féminin) Ensemble des moyens qui permettent de communiquer à plus ou moins longue distance.
▶ **Télécommunication** s'emploie le plus souvent au pluriel.

télécopie (nom féminin) Synonyme de fax. *Il a envoyé son rapport par **télécopie**.*

télécopieur (nom masculin) Synonyme de fax. *Au bureau, on a un nouveau **télécopieur**.*

télédiffusion (nom féminin) Diffusion par télévision.

téléenseignement (nom masculin) Enseignement à distance utilisant des moyens de télécommunication. *Des cours par **téléenseignement**.*

téléférique Voir ***téléphérique***.

téléfilm (nom masculin) Film réalisé spécialement pour la télévision. *Cette actrice joue souvent dans des **téléfilms**.*

télégramme (nom masculin) Message très bref transmis par la poste. *Nous avons reçu un **télégramme** nous annonçant la naissance d'Ursula.*

télégraphier (verbe) (conj. 10) Transmettre par télégraphie ou sous forme de télégramme. *Clément a **télégraphié** la bonne nouvelle à ses parents.*

télégraphique (adjectif) • Style télégraphique : manière d'écrire qui n'utilise que les mots essentiels pour la compréhension.

téléguidé, ée (adjectif) Synonyme de télécommandé.

télématique (nom féminin) Ensemble des techniques qui utilisent en même temps l'informatique et les télécommunications. *Le Minitel est une application de la **télématique**.*

téléobjectif (nom masculin) Objectif qui permet de photographier des objets éloignés. *Ce gros **téléobjectif** nous permettra de photographier de loin les animaux sauvages.*

téléostéen (nom masculin) Poisson osseux dont le squelette est entièrement ossifié. *La plupart des poissons actuels sont des **téléostéens**.*

télépathie (nom féminin) Transmission de pensée à distance entre deux personnes.

télépéage (nom masculin) Péage autoroutier par détection d'un badge électronique.

téléphérique (nom masculin) Système constitué de cabines suspendues à un câble, qui sert à transporter des personnes sur une hauteur ou une montagne. *Dans cette station de ski, il y a plusieurs **téléphériques**.* (Syn. **télécabine**.)
▶ On écrit aussi **téléférique**.

téléphone (nom masculin) **1** Système de télécommunications qui transmet la parole à longue distance. *Le **téléphone** a été inventé à la fin du XIXe siècle.* **2** Appareil qui permet cette transmission. *Maman a acheté un **téléphone** portable.*
★ Famille du mot : téléphon**er**, téléphon**ique**.
★ **Téléphone** vient des mots grecs *têle* qui signifie « loin » et *phônê* qui signifie « voix, son ».

téléphoner (verbe) (conj. 3) Parler à quelqu'un par le téléphone. *Zoé **a téléphoné** à sa copine pour l'inviter à déjeuner.*

téléphonie (nom féminin) Ensemble des techniques qui concernent le téléphone. *La **téléphonie** sans fil.*

téléphonique (adjectif) Qui concerne le téléphone. *Il y a eu un appel **téléphonique** pendant ton absence. La ligne **téléphonique** n'est pas bonne.*

télescopage (nom masculin) Fait de se télescoper. *Le **télescopage** n'a fait que des dégâts matériels.*

télescope (nom masculin) Instrument optique pour observer les astres. *Cet observatoire possède un **télescope** géant.*
★ **Télescope** vient des mots grecs *têle* qui signifie « loin » et *skopein* qui signifie « observer ».

télescoper (verbe) (conj. 3) Heurter violemment. *À cause du brouillard, plusieurs véhicules se **sont télescopés**.*

télescopique (adjectif) Dont les éléments se plient en s'emboîtant les uns dans les autres. *Notre voiture a une antenne **télescopique**.*

télésiège (nom masculin) Remontée mécanique faite d'un câble auquel sont suspendus des sièges.

téléski (nom masculin) Synonyme de remonte-pente. *Victor s'accroche à la perche du **téléski**.*

téléspectateur, trice (nom) Personne qui regarde la télévision. *On prévoit des millions de **téléspectateurs** pour la prochaine Coupe du monde de football.*

téléthon (nom masculin) Émission de télévision interactive destinée à collecter des fonds pour la recherche médicale.
★ **Téléthon** est le nom d'une marque.

télévisé, ée (adjectif) Transmis par la télévision. *Anna a vu un reportage **télévisé** sur l'élevage des autruches.*

téléviseur (nom masculin) Poste de télévision. *Ils se sont acheté un nouveau **téléviseur** avec un écran large.*
▶ **Téléviseur** s'abrège familièrement **télé**.

télévision (nom féminin) **1** Système qui permet la transmission à distance des images. *La **télévision** par câble, par satellite.* **2** Synonyme de téléviseur. *Une **télévision** en couleurs.*
▶ **Télévision** s'abrège familièrement **télé**.
★ Famille du mot : télédiffusion, téléfilm, téléspectateur, télévisé, télévis**eur**.

télex (nom masculin) Système de transmission à distance de messages. *Le **télex** utilise un réseau distinct du réseau téléphonique.*
★ **Telex** est un mot américain.

tellement (adverbe) Mot qui indique l'intensité. *Élodie a été **tellement** gentille avec moi ! Il fait **tellement** chaud que William transpire.*

telline (nom féminin) Mollusque de mer à coquille double, ovale et allongée. *La **telline** est commune en Méditerranée et comestible.*

tellurique (adjectif) Qui concerne la Terre. *Ce séisme était faible : personne n'a ressenti les secousses **telluriques**.*

téméraire (adjectif) Qui est hardi jusqu'à l'imprudence. *On lui demande d'être courageux mais pas **téméraire**. Son projet me semble **téméraire**.*

témérité (nom féminin) Caractère téméraire. *Partir en mer par ce temps, c'est de la **témérité**.*

témoignage (nom masculin) **1** Déclaration faite par un témoin. *Les policiers ont recueilli le **témoignage** d'une femme qui a assisté à l'incident.* **2** Ce qui prouve quelque chose. *Il m'a offert un livre en **témoignage** de son amitié.*

a b c d e f g h i j k l m n o p q r s **t** u v w x y z

témoigner (verbe) (conj. 3) **1** Faire une déclaration en tant que témoin de quelque chose. *Papa a vu comment l'accident était arrivé et il va **témoigner** au commissariat.* **2** Manifester un sentiment. *Pour nous **témoigner** sa gratitude, elle nous a envoyé des fleurs.*

témoin (nom masculin) Personne qui a assisté à un évènement. *Plusieurs **témoins** de l'agression sont convoqués au tribunal.*
★ Famille du mot : témoignage, témoigner.

tempe (nom féminin) Chacun des côtés de la tête entre l'œil et l'oreille. *Mes nouvelles lunettes me serrent un peu les **tempes**.*

tempérament (nom masculin) Caractère ou nature d'une personne. *Fatima est calme de **tempérament**, tandis que son frère a un **tempérament** coléreux.* • **À tempérament** : en payant en plusieurs fois une somme due. *Acheter une maison **à tempérament**.* (Syn. **à crédit**.)

tempérance (nom féminin) Synonyme de sobriété. *Les conducteurs doivent faire preuve de **tempérance**.*

température (nom féminin) **1** Mesure du froid ou de la chaleur d'un lieu. *Le thermomètre indique la **température** qu'il fait dehors. Il faut surveiller la **température** du four.* **2** Mesure de la chaleur du corps, qui indique si on est malade ou non. *Le médecin prend la **température** du bébé.* • **Avoir de la température** : avoir de la fièvre, c'est-à-dire plus de 37 degrés.

tempéré, ée (adjectif) Qui n'est ni très chaud ni très froid. *La région parisienne a un climat **tempéré**.*

tempérer (verbe) (conj. 8) Rendre moins violent. *Vous devriez **tempérer** vos propos.* (Syn. **modérer**.)

tempête (nom féminin) Vent très fort accompagné de pluie ou de neige. *À cause de la **tempête**, les bateaux de pêche ont dû rester au port.*

tempêter (verbe) (conj. 3) Exprimer violemment son mécontentement. *Il **tempête** contre la lenteur de la circulation.*

temple (nom masculin) **1** Bâtiment consacré au culte d'une divinité. *En Grèce, Xavier a visité les ruines d'un **temple** dédié à Zeus.* **2** Bâtiment où les protestants vont prier.

tempo (nom masculin) Mouvement plus ou moins rapide dans lequel doit être joué un morceau de musique. *Les **tempos** sont indiqués sur les partitions.*
► Prononciation [tɛmpo].

temporaire (adjectif) Qui ne dure pas longtemps. *Le grand frère de Yann n'a trouvé pour l'instant qu'un travail **temporaire**.* (Syn. **momentané, provisoire**. Contr. **définitif**.)

temporairement (adverbe) De façon temporaire. *Le magasin est fermé **temporairement** à cause des travaux.* (Syn. **momentanément, provisoirement**. Contr. **définitivement**.)

temporel, elle (adjectif) **1** Qui passe avec le temps. *Un bonheur **temporel** et fugace.* (Contr. **éternel**.) **2** Qui concerne l'expression du temps en grammaire. *Une proposition **temporelle**.* **3** Qui concerne les choses matérielles. *Les biens **temporels** et les biens spirituels.*

temporiser (verbe) (conj. 3) Retarder le moment d'agir en attendant une occasion favorable. *Il vaudrait mieux **temporiser** si vous n'êtes pas prêts.*

temps (nom masculin) **1** Durée mesurée en minutes, heures, jours, mois et années. *Combien de **temps** mets-tu pour aller à l'école ?* **2** Moment libre. *Gaëlle a des devoirs à faire, elle n'a pas le **temps** de jouer ce soir.* **3** Moment de l'histoire à une certaine époque. *Au **temps** de la préhistoire, les hommes vivaient dans des cavernes.* **4** Forme du verbe qui indique que l'action est passée, présente ou future. *Hélène apprend à conjuguer le verbe « aimer » à tous les **temps** de l'indicatif.* **5** Division d'une mesure musicale, qui sert à régler le rythme. *Le tango est une danse à deux **temps**.* **6** État de l'atmosphère à un moment donné. *La météo prévoit du beau **temps** pour demain.* • **À temps** : à l'heure, au moment voulu. *Arriverons-nous **à temps** pour prendre le train ?* • **Dans le temps** : autrefois, jadis. ***Dans le temps**, on s'éclairait à la bougie.* • **De temps en temps** : pas très souvent. *On se voit **de temps en temps**.* (Syn. **parfois, quelquefois**.) • **En même temps** : au même moment. • **Il est temps de** : c'est le moment de. *Il est 8 heures : **il est temps de** partir à l'école.* • **Prendre son temps** : ne pas se presser. • **Tout le temps** : sans arrêt. *Benjamin a un gros appétit, il a **tout le temps** faim !*
★ Famille du mot : temporaire, temporairement, temporel, temporiser.

tenable (adjectif) Qu'on peut supporter. *Cette situation de conflit n'est pas **tenable**.* (Syn. **supportable**.)

tenace (adjectif) **1** Dont on se débarrasse difficilement. *Cette tache d'encre est **tenace** ! Une migraine **tenace**.* **2** Qui persévère dans ce qu'il entreprend. *Ce chercheur est **tenace**, il sait que ses recherches vont aboutir.* (Syn. **opiniâtre**.)

ténacité (nom féminin) Caractère d'une personne tenace. *Il persévère dans son projet avec **ténacité**.*

tenailler (verbe) (conj. 3) Faire cruellement souffrir. *Julie **est tenaillée** par le remords d'avoir menti à ses parents.*
★ Autrefois, on **tenaillait** certains condamnés, c'est-à-dire qu'on les torturait avec des tenailles rougies au feu.

tenailles (nom féminin pluriel) Outil qui ressemble à une grosse pince. *Le menuisier se sert de ses **tenailles** pour arracher les clous.*

tenancier, ère (nom) Personne qui gère un établissement soumis à une règlementation ou à une surveillance des pouvoirs publics. *La **tenancière** d'un bar.*

tenant, ante (adjectif) • **Séance tenante** : aussitôt, sur-le-champ. *Ils sont partis **séance tenante**.*
■ **tenant, ante** (nom) Personne qui détient un titre sportif. *C'est le **tenant** du record qui a remporté la course.*

■ **tenant** (nom masculin) • **D'un seul tenant** : en un seul morceau. *Une propriété de trente hectares* ***d'un seul tenant****.*

tendance (nom féminin) Force qui pousse quelqu'un à avoir un certain comportement. *Clément a une* ***tendance*** *fâcheuse à la paresse.*

tendancieux, euse (adjectif) Qui a tendance à déformer les faits réels. *Ce journal est très* ***tendancieux****.* (Syn. **partial**. Contr. **impartial, objectif**.)

tendeur (nom masculin) Cordon élastique ayant un crochet aux extrémités, qu'on tend pour fixer des colis. *Papa a fixé la valise sur la galerie de la voiture avec des* ***tendeurs****.*

tendinite (nom féminin) Inflammation d'un tendon. *En jouant au basket, Ibrahim s'est fait une* ***tendinite****.*

tendon (nom masculin) Extrémité d'un muscle. *Ce sont les* ***tendons*** *qui attachent les muscles aux os.*

① **tendre** (verbe) (conj. 31) **1** Tirer sur quelque chose pour le rendre le plus droit possible. *Maman* ***a tendu*** *un fil dans le jardin pour mettre le linge à sécher.* **2** Recouvrir un mur de tissu ou de papier. *La chambre du roi* ***est tendue*** *de velours rouge.* **3** Présenter quelque chose en l'avançant. *Laura* ***tend*** *son assiette pour qu'on la serve.* **4** Évoluer dans un certain sens. *Depuis quelques mois, le chômage* ***tend*** *à baisser.* **5** Avoir pour objectif. *Ces mesures* ***tendent*** *à limiter le nombre des accidents de la route.* **6 Se tendre** : devenir difficile à cause d'une mauvaise entente. *Leurs relations* ***se sont tendues*** *après ce malentendu.* • **Tendre l'oreille** : écouter avec attention.

② **tendre** (adjectif) **1** Qui est doux et affectueux. *Grand-mère caresse la tête de Myriam d'un geste* ***tendre****.* **2** Qu'on peut facilement couper et mâcher. *Ce bifteck est très* ***tendre****.* (Contr. **coriace, dur**.)
★ Famille du mot : **attendrir**, **attendrissant**, **attendrissement**, tendr**ement**, tendr**esse**.

tendrement (adverbe) Avec tendresse. *S'embrasser* ***tendrement****.*

tendresse (nom féminin) Caractère d'une personne tendre. *Elle s'occupe de son bébé avec beaucoup de* ***tendresse****.*

ténèbres (nom féminin pluriel) Dans la langue littéraire, profonde obscurité. *Les* ***ténèbres*** *d'une nuit sans lune.*

ténébreux, euse (adjectif) Qui est difficile à comprendre. *Cet homme est mêlé à une* ***ténébreuse*** *affaire.* (Syn. **mystérieux**.)

teneur (nom féminin) Proportion d'une substance contenue dans un corps ou un mélange. *Cette confiture a une forte* ***teneur*** *en sucre.*

ténia (nom masculin) Long ver qui vit en parasite dans l'intestin des mammifères. *Le* ***ténia*** *peut atteindre plusieurs mètres de long.* (Syn. **ver solitaire**.)
★ **Ténia** vient du latin *taenia* qui signifie « bandelette », à cause de la forme allongée de ce ver.

tenir (verbe) (conj. 19) **1** Serrer dans sa main ou dans ses bras. ***Tiens*** *ton petit frère par la main pour traverser.* **2** Être fixé ou accroché. *Ce tableau* ***tient*** *grâce à un clou.* **3** Garder dans un état. ***Tenir*** *sa chambre propre.* **4** Occuper un espace. *Ce meuble* ***tient*** *trop de place. Tout ce monde ne* ***tiendra*** *jamais dans l'autobus !* **5** S'occuper d'un magasin. *Le père de Noémie* ***tient*** *une épicerie.* **6** Être très attaché à quelqu'un ou à quelque chose. *Maman* ***tient*** *beaucoup à cette photo. Odile* ***tient*** *à ses amis.* **7** Désirer fortement quelque chose. *Sarah* ***tenait*** *à nous accompagner.* **8 Se tenir** : s'appuyer ou s'accrocher à quelque chose. *Ibrahim* ***se tient*** *au bastingage car il y a de la tempête.* • **Se tenir bien** *ou* **mal** : avoir une position ou une conduite bonne ou mauvaise. ***Tiens-toi bien*** *sur ta chaise ! Les enfants* ***se sont mal tenus*** *et ont été punis.* • **S'en tenir à quelque chose** : s'en contenter. *Kevin* ***s'en est tenu à*** *ce qu'il avait décidé.* • **Tenir bon** *ou* **tenir le coup** : résister, ne pas abandonner. • **Tenir de quelqu'un** : lui ressembler. *Pierre* ***tient*** *plutôt* ***de*** *sa mère.* • **Tenir la route** : bien garder sa trajectoire sur une route. *Cette voiture dérape dans les virages et ne* ***tient*** *pas bien* ***la route****.* • **Tenir parole** : faire ce qu'on avait promis.
★ Famille du mot : in**tenable**, ten**able**, ten**ue**.

tennis (nom masculin) **1** Sport où les joueurs se renvoient une balle par-dessus un filet, en se servant d'une raquette. *Chaque samedi, Ursula joue au* ***tennis****.* **2** Chaussure de sport basse en toile. *Quentin s'est acheté une nouvelle paire de* ***tennis****.*
• **Tennis de table** : synonyme de ping-pong.
► Prononciation [tenis].
★ **Tennis** est un mot anglais issu du français *tenez*, mot autrefois crié par un joueur au moment de lancer la balle.

tennisman (nom masculin) Joueur de tennis.
► Pluriel : des **tennismans** ou des **tennismen**.
► Prononciation [tenisman].
★ **Tennisman** est un faux anglicisme.

tenon (nom masculin) Partie saillante à l'extrémité d'une pièce de bois ou de métal, qui vient s'emboîter dans la mortaise d'un assemblage.

ténor (nom masculin) Chanteur qui a une voix aiguë. *L'oncle de Zoé est* ***ténor*** *à l'Opéra.*

tensiomètre (nom masculin) Appareil servant à mesurer la tension artérielle.

tension (nom féminin) **1** Manière dont une chose est tendue. *La* ***tension*** *d'une raquette de tennis.* **2** Relations tendues entre des personnes ou des pays. *La* ***tension*** *est si grande entre ces deux pays qu'on craint une guerre.* **3** Pression du sang dans les artères. *Grand-mère prend des médicaments car sa* ***tension*** *est trop élevée.*

tentaculaire (adjectif) **1** Qui se rapporte aux tentacules. *Les bras* ***tentaculaires*** *de la pieuvre.* **2** Au sens figuré, qui cherche à étendre son emprise de tous côtés. *Une administration* ***tentaculaire****, une ville* ***tentaculaire****.*

a b c d e f g h i j k l m n o p q r s t u v w x y z

tentacule (nom masculin) Membre allongé de certains mollusques. *Les poulpes et les calmars ont des **tentacules** qui leur permettent de capturer leurs proies.*
★ **Tentacule** vient du latin *tentare* qui signifie « tâter », « toucher ».

tentant, ante (adjectif) Qui tente, qui fait envie. *Ces chocolats sont bien **tentants** !*

tentation (nom féminin) Fait d'être tenté par quelque chose. *Anna n'a pas pu résister à la **tentation** de s'acheter un nouveau chemisier.* (Syn. **désir, envie.**)

tentative (nom féminin) Action de tenter quelque chose. *Le sauteur a franchi la barre à la première **tentative**.* (Syn. **essai.**)

tente (nom féminin) Abri de toile pour camper. *Les scouts ont monté leurs **tentes** dans un pré.*

tenter (verbe) (conj. 3) **1** Donner envie à quelqu'un. *Cette jolie robe me **tente** beaucoup.* **2** Essayer de faire quelque chose avec l'espoir de réussir. *Cet athlète **a tenté** de battre le record du monde.* • **Tenter sa chance** : essayer de gagner.
★ Famille du mot : tent**ant**, tent**ation**, tent**ative**.

tenture (nom féminin) Grand morceau de tissu qui décore un mur. *Les **tentures** ont déteint avec le soleil.*

ténu, ue (adjectif) Qui est très fin, très mince. *Ce fil est trop **ténu**, il va casser.*

tenue (nom féminin) **1** Manière de se tenir, de se conduire. *Romain a été puni pour sa mauvaise **tenue** dans le musée.* **2** Manière de s'habiller. *Le directeur exige des élèves une **tenue** correcte.* • **Tenue de route** : manière dont une voiture tient la route.

① **ter** (adverbe) Troisième d'un même numéro de rue. *Élodie habite au 9 **ter** de la rue des Platanes.*
▶ Prononciation [tɛʀ].

② **TER** (nom masculin) Sigle de **t**rain **e**xpress **r**égional. *L'étudiant prend le **TER** tous les jours pour se rendre à l'université.*

tercet (nom masculin) Strophe de trois vers.
★ **Tercet** est un mot italien.

térébenthine (nom féminin) • **Essence de térébenthine** : liquide fabriqué à partir de la résine de pin et utilisé pour diluer les vernis ou la peinture.
▶ Prononciation [teʀebɑ̃tin].

tergal (nom masculin) Tissu synthétique. *Cette jupe en **tergal** ne se repasse pas.*
★ **Tergal** est le nom d'une marque.

tergiversations (nom féminin pluriel) Fait de tergiverser. *À force de **tergiversations**, il a raté cette bonne affaire.*

tergiverser (verbe) (conj. 3) Hésiter à se décider. *Fatima a accepté mon offre sans **tergiverser**.*

terme (nom masculin) **1** Fin d'une période ou d'une action. *Nous allons jusqu'à Rome, ce sera le **terme** de notre voyage.* **2** Moment où doit se produire un accouchement. *Son bébé est né avant **terme**, elle a accouché au huitième mois de sa grossesse.* **3** Montant d'un loyer. *Les locataires doivent régler leur **terme** avant la fin du mois.* **4** Mot, expression ou tournure de phrase. *Je ne comprends pas le mode d'emploi de cet appareil, il y a trop de **termes** techniques.* • **À court terme, à long terme** : sur une courte période ou sur une longue période de temps. *La banque nous a accordé un prêt **à long terme** pour acheter une maison.* • **Être en bons *ou* en mauvais termes avec quelqu'un** : avoir de bonnes ou de mauvaises relations avec lui.

terminaison (nom féminin) Dernière partie d'un mot, qui peut varier. *Quand on conjugue un verbe, sa **terminaison** change.*

terminal, aux (nom masculin) **1** Appareil relié à un ordinateur central. **2** Point de départ et d'arrivée des passagers dans un aéroport.
▪**terminale** (adjectif féminin) • **Classe terminale** : dernière classe du lycée, qui termine les études secondaires.
▪**terminale** (nom féminin) Classe terminale. *Le frère de Gaëlle est en **terminale**, il passe son bac à la fin de l'année.*

terminer (verbe) (conj. 3) **1** Finir une action. *Tu n'**as** pas **terminé** ton dessert.* (Syn. **achever.**) **2** Marquer la fin de quelque chose. *Ce film se **termine** par la victoire du shérif.*
★ Famille du mot : in**terminable**, terme, termin**aison**, termin**al**, termin**ale**, termin**us**.

terminologie (nom féminin) Ensemble des termes techniques propres à un domaine, une profession. (Syn. **jargon.**)

terminus (nom masculin) Dernière station d'une ligne de transport en commun. *« **Terminus** ! Tout le monde descend ! ».*
▶ Prononciation [tɛʀminys].

termite (nom masculin) Insecte qui ronge le bois pour s'en nourrir. *Une colonie de **termites** a creusé des galeries dans les poutres.*

termitière (nom féminin) Nid de termites formant un monticule et creusé de galeries.

ternaire (adjectif) Qui est composé de trois éléments. *Un composé chimique **ternaire**. Un rythme **ternaire**.*

terne (adjectif) **1** Qui manque d'éclat. *Je n'aime pas ce pull gris, il est trop **terne**.* (Contr. **brillant, éclatant, vif.**) **2** Qui manque d'originalité. *C'est un homme tellement **terne** qu'on a du mal à se souvenir de son visage.*

ternir (verbe) (conj. 11) Rendre terne. *Le calcaire **a terni** les verres. Les couleurs vives des rideaux se **sont ternies**.*

terrain (nom masculin) **1** Le sol, caractérisé par son relief ou sa composition. *Un **terrain** plat, accidenté. Un **terrain** sableux.* **2** Espace délimité. *Il est propriétaire d'un **terrain** au bord de la mer.* **3** Espace extérieur aménagé pour certaines activités. *Un **terrain** de sport, de chasse, d'aviation.* • **Terrain d'entente** : sujet sur lequel on se met d'accord. *Cette loi ne pourra pas être votée si les députés ne trouvent pas un **terrain d'entente**.*

terrarium (nom masculin) Enceinte close permettant l'élevage et l'étude des mœurs d'un petit animal terrestre. *Le cobra peut être observé dans son **terrarium**.*
▶ Prononciation [tɛʀaʀjɔm].

terrasse (nom féminin) **1** Plate-forme qui forme le sommet d'une construction. *Des ouvriers sont sur la **terrasse** de l'immeuble pour réparer l'antenne de télévision.* **2** Sorte de grand balcon. *Leur appartement a une **terrasse** donnant sur la mer.* **3** Partie d'un trottoir occupée par les tables et les chaises d'un café. *On a mangé une glace à la **terrasse** d'une brasserie.* **4** Parcelle de terrain aménagée à flanc de colline. *Dans certaines régions, on cultive le riz en **terrasses**.*

terrassement (nom masculin) Travaux qui consistent à creuser et à déplacer de la terre. *Les travaux de **terrassement** précèdent la construction de l'immeuble.*

terrasser (verbe) (conj. 3) **1** Renverser quelqu'un au cours d'une lutte. *Le chevalier **terrassa** le dragon.* **2** Abattre quelqu'un physiquement ou moralement. *La fatigue et l'émotion l'**ont terrassé**.*

terrassier (nom masculin) Ouvrier qui fait des travaux de terrassement.

terre (nom féminin) **1** Planète du système solaire, habitée par l'espèce humaine. *La **Terre** est située à 150 millions de kilomètres du Soleil, dont elle fait le tour en une année.* **2** Surface de cette planète. *Creuser une galerie sous la **terre**. Un tremblement de **terre**. L'hélicoptère s'approche de la **terre**.* **3** Matière qui recouvre cette surface. *Les récoltes seront abondantes si la **terre** est bien irriguée.* **4** Région, terrain ou territoire. *Pendant la conquête de l'Ouest, les colons ont chassé les Indiens de leurs **terres**.* **5** Matière qui sert à fabriquer des objets. *Des statuettes en **terre** cuite.* **6** Surface du globe qui n'est pas recouverte par les mers et les océans. *Le voilier approchait de la **terre**.* • **Par terre** : sur le sol. *Être assis **par terre**.* • **Terre à terre** : qui ne s'occupe que des choses matérielles et manque d'imagination. *Il ne s'intéresse ni à la lecture, ni aux arts, il est vraiment très **terre à terre** !*
▶ Au sens 1, **Terre** s'écrit avec une majuscule.
★ Famille du mot : dé**terre**r, en**terre**ment, en**terre**r, **terre**au, terre-plein, se **terre**r, **terre**stre, **terre**ux, **terr**ien.

terreau, eaux (nom masculin) Terre mélangée de matières végétales en décomposition et qu'on utilise comme engrais.

terre-neuve (nom masculin) Gros chien au poil noir, que l'on peut dresser pour le sauvetage.
▶ Pluriel : des **terres-neuves** ou des **terre-neuve**.
★ Terre-Neuve est le nom d'une île du Canada où est apparue cette race de chiens.

terre-plein (nom masculin) Surface surélevée qui sépare deux parties d'une route. *Des arbustes garnissent le **terre-plein** central de l'autoroute.*
▶ Pluriel : des **terre-pleins**.
▶ On écrit aussi un **terreplein**, des **terrepleins**.

se **terrer** (verbe) (conj. 3) Se cacher dans un lieu couvert ou souterrain. *Le chien **s'est terré** dans sa niche dès les premiers éclairs.*

terrestre (adjectif) **1** De la Terre. *La surface **terrestre**. L'écorce **terrestre**.* **2** Qui vit sur le sol. *L'escargot est un mollusque **terrestre** et l'huître est un mollusque aquatique.*

terreur (nom féminin) Peur très violente qui empêche d'agir. *Des voyous semaient la **terreur** dans le quartier.* (Syn. **épouvante, frayeur.**)

terreux, euse (adjectif) Qui a la couleur terne et grisâtre de la terre. *Après sa maladie, il avait le teint **terreux**.*

terrible (adjectif) **1** Qui inspire de la terreur. *Une **terrible** épidémie de peste a ravagé le pays.* (Syn. **effrayant, épouvantable.**) **2** Qui est très violent ou très intense. *Hier, il a fait une chaleur **terrible**.* **3** Qui est insupportable, difficile à vivre. *Ces enfants sont **terribles** !*

terriblement (adverbe) Extrêmement, très. *Ce film est **terriblement** ennuyeux.*

terrien, enne (adjectif) Qui possède des terres. *Ce fermier est un riche propriétaire **terrien**.*
■ **terrien, enne** (nom) Habitant de la Terre. *Ce roman raconte l'histoire de **terriens** perdus dans le cosmos.*

terrier (nom masculin) Abri que certains animaux creusent sous la terre. *Le lapin s'est réfugié dans son **terrier**.*

terrifiant, ante (adjectif) Qui terrifie. *Des hurlements **terrifiants**.* (Syn. **effrayant, épouvantable.**)

terrifier (verbe) (conj. 10) Provoquer de la terreur. *Un animal monstrueux **terrifiait** les habitants du village.* (Syn. **épouvanter, terroriser.**)

terril (nom masculin) Monticule formé par les débris de terre que l'on accumule quand on creuse une mine.

terrine (nom féminin) **1** Récipient en terre, muni d'un couvercle. **2** Pâté cuit dans ce récipient. *Une **terrine** de canard au poivre vert.*
★ **Terrine** vient de l'ancien français *terrin* qui signifie « en terre ».

territoire (nom masculin) Étendue de terre occupée par des êtres vivants. *Le **territoire** français. Le chat défend son **territoire** contre les autres chats.*

territorial, ale, aux (adjectif) Qui concerne un territoire ou qui en fait partie. *L'armée assure la défense **territoriale**.*

terroir (nom masculin) Partie d'une région qui garde certaines traditions. *Ce jambon est un produit du **terroir**.*

a b c d e f g h i j k l m n o p q r s **t** u v w x y z

terroriser (verbe) (conj. 3) Provoquer la terreur. *Un lion échappé du cirque* ***terrorise*** *la région.*
★ Famille du mot : terror**isme**, terror**iste**.

terrorisme (nom masculin) Fait d'utiliser la terreur pour imposer ses idées politiques ou ses revendications. *Après cette série d'attentats, le gouvernement a pris des mesures contre le* ***terrorisme****.*

terroriste (adjectif et nom) Qui exécute des actes de terrorisme. *On a arrêté le* ***terroriste*** *responsable de l'attentat. Une organisation* ***terroriste*** *a détourné un avion.*

tertiaire (adjectif) • **Ère tertiaire** : ère géologique qui a suivi l'ère secondaire, il y a environ 70 millions d'années. *C'est à l'****ère tertiaire*** *que la chaîne des Alpes s'est formée.* • **Secteur tertiaire** : ensemble des activités économiques qui concernent le commerce, les transports et l'administration.

tertio (adverbe) En troisième lieu dans une énumération commençant par *primo* et *secundo*.
▶ Prononciation [tɛʀsjo].
★ **Tertio** est un mot latin.

tertre (nom masculin) Petit monticule. *Une statue est édifiée en haut du* ***tertre****.*

tes (déterminant) Pluriel de *ton 1* et de *ta*.

tessiture (nom féminin) Étendue de l'échelle des sons couverte par la voix d'un chanteur ou d'une chanteuse, ou par un instrument. *La* ***tessiture*** *d'une soprano.*
★ **Tessiture** vient de l'italien *tessere* qui signifie « tisser ».

tesson (nom masculin) Débris de verre ou de poterie. *Yann s'est blessé au pied en marchant sur un* ***tesson*** *de bouteille.*

test (nom masculin) **1** Épreuve qui sert à évaluer les capacités ou les connaissances d'une personne. *La maîtresse nous a fait passer un* ***test*** *d'orthographe.* **2** Épreuve qui permet de vérifier le bon fonctionnement d'un appareil ou la bonne qualité d'un produit.

testament (nom masculin) Texte dans lequel une personne indique à qui elle veut laisser ses biens après sa mort. *Grand-père a fait son* ***testament*** *et il l'a déposé chez un notaire.*

tester (verbe) (conj. 3) **1** Faire passer un test à quelqu'un. *L'entraîneur* ***a testé*** *chaque joueur du club.* **2** Contrôler par un test. ***Tester*** *un nouveau produit avant de le commercialiser.*

testicule (nom masculin) Glande génitale des hommes et des animaux mâles, qui produit les spermatozoïdes.

testostérone (nom féminin) Hormone sexuelle sécrétée par les testicules. *La* ***testostérone*** *assure la croissance et le développement des organes reproducteurs.*

tétanie (nom féminin) Contracture musculaire se manifestant principalement aux extrémités. *La* ***tétanie*** *survient lorsque le taux de calcium sanguin baisse.* (Syn. **spasmophilie.**)

tétaniser (verbe) (conj. 3) **1** Provoquer des contractions similaires à celles produites par le tétanos. *Un muscle qui se* ***tétanise****.* **2** Au sens figuré, synonyme de paralyser. *Pierre* ***a été tétanisé*** *par la peur.* (Syn. **figer, saisir.**)

tétanos (nom masculin) Grave maladie qui produit des contractions musculaires intenses et douloureuses. *Il existe un vaccin contre le* ***tétanos****.*
▶ Prononciation [tetanos].

têtard (nom masculin) Larve de la grenouille, qui vit dans l'eau. *Le* ***têtard*** *se métamorphose en grenouille au bout de quatre mois d'existence.*
★ **Têtard** vient de l'ancien français *testard* qui signifie « qui a une grosse tête ».

tête (nom féminin) **1** Partie du corps qui comprend le visage et le crâne. *Il portait une casquette de baseball sur la* ***tête****. Prends un cachet d'aspirine si tu as mal à la* ***tête****.* **2** Synonyme de visage. *Cet individu a une drôle de* ***tête****.* **3** Centre de la mémoire, de la pensée et de l'intelligence. *Tu as encore oublié tes affaires, je me demande ce que tu as dans la* ***tête*** *!* (Syn. **cerveau, esprit.**) **4** Partie supérieure d'une chose, d'un objet. *Une* ***tête*** *d'épingle.* **5** Partie qui est devant. *Nous avons des places en* ***tête*** *du train.* **6** Position la meilleure. *Ce candidat est en* ***tête*** *dans les sondages.* **7** Position de commandement. *Quand mon oncle a pris sa retraite, son fils l'a remplacé à la* ***tête*** *de son entreprise.* • **Coup de tête** : décision prise sans avoir réfléchi. • **De tête** : de mémoire, sans avoir écrit. *Faire un calcul* ***de tête****.* • **En avoir par-dessus la tête** : synonyme familier d'être excédé. • **En tête à tête** : seul avec une autre personne. *Nous avons tous les deux dîné* ***en tête à tête****.* • **Faire la tête** : synonyme de bouder. • **Faire une tête** : au football, frapper le ballon avec la tête. • **N'en faire qu'à sa tête** : agir comme on veut sans se préoccuper de ce que disent les autres. *Tu n'arriveras pas à le convaincre, il* ***n'en fait qu'à sa tête****.* • **Par tête** : par personne. *Ce repas nous a coûté 15 euros* ***par tête****.* • **Perdre la tête** : s'affoler ou devenir fou. • **Tenir tête à quelqu'un** : refuser de lui obéir.
★ Famille du mot : en-tête, en**têté**, en**têtement**, s'en**têter**, tê**tard**, tête-à-queue, tête-à-tête, tête-bêche, tê**tière**, tê**tu**.

tête-à-queue (nom masculin) Demi-tour complet qu'un véhicule fait en dérapant. *La moto a fait un* ***tête-à-queue*** *sur la route mouillée.*
▶ Pluriel : des **tête-à-queue**.

tête-à-tête (nom masculin) Situation où se trouvent deux personnes seules l'une avec l'autre. *Un* ***tête-à-tête*** *est prévu entre les Premiers ministres des deux pays.*
▶ Pluriel : des **tête-à-tête**.

tête-bêche (adverbe) L'un à côté de l'autre mais en sens inverse. *Hélène et sa cousine ont dormi* ***tête-bêche*** *sur le divan du salon.*
▶ On écrit aussi **têtebêche**.

tétée (nom féminin) Repas d'un bébé qui tète. *Maman prépare le biberon, c'est bientôt l'heure de la* ***tétée****.*

téter (verbe) (conj. 8) Sucer le sein de sa mère ou la tétine d'un biberon. *L'agneau **tète** la brebis.*
★ Famille du mot : tétée, tétine.

têtière (nom féminin) **1** Partie de la bride d'un cheval qui passe derrière les oreilles. *La **têtière** soutient le mors.* **2** Pièce d'étoffe ou coussinet protégeant la partie d'un fauteuil, d'un canapé où s'appuie la tête. *Une **têtière** réalisée au crochet.*

tétine (nom féminin) Capuchon de caoutchouc d'un biberon, qui sert à téter. *Maman stérilise les **tétines** et les biberons de mon petit frère.*
★ **Tétine** vient de l'ancien français *tétin* qui signifie « sein ».

tétraèdre (nom masculin) Solide à quatre faces triangulaires.

tétraplégie (nom féminin) Paralysie des quatre membres. *Atteint de **tétraplégie**, il se déplace en fauteuil roulant.*

tétrapode (nom masculin et adjectif) Vertébré dont le squelette comporte deux paires de membres, apparents ou réduits à l'état de vestiges. *Les reptiles sont des **tétrapodes**.*

tétras (nom masculin) Oiseau galliforme de grande taille qui habite les forêts des régions tempérées et froides. *Le grand **tétras** est aussi appelé coq de bruyère.*
► Prononciation [tetʀa].

têtu, ue (adjectif) Qui refuse avec obstination de changer d'avis. *Julie ne veut pas reconnaître qu'elle a tort : elle est **têtue** comme une mule !*

texan, ane → tableau p. 6 / 7.

texte (nom masculin) Ensemble de mots ou de phrases qui sont écrits ou imprimés. *La maîtresse lit lentement le **texte** de la dictée.*

textile (adjectif) Qui concerne la fabrication des tissus. *Le coton est une matière **textile**.*
▪ **textile** (nom masculin) Matière servant à faire des tissus. *La soie est un **textile** naturel, le tergal est un **textile** synthétique.*

texto (adverbe) Synonyme familier de textuellement. *Je vous répète **texto** ce qu'elle m'a dit.*
▪ **texto** (nom masculin) Message écrit transmis par téléphone portable.

textuellement (adverbe) Exactement mot pour mot. *Je vais vous dire **textuellement** ce qu'il m'a répondu.*

texture (nom féminin) **1** Constitution d'une matière, d'une substance. *Un crème de **texture** onctueuse.* **2** Au sens figuré, structure d'une œuvre littéraire. *La **texture** d'un roman.*

TGV (nom masculin) Train à grande vitesse. *L'Eurostar est le nom du **TGV** qui passe dans le tunnel sous la Manche et qui relie Paris à Londres.*

thaï (nom masculin) Famille de langues à plusieurs tons parlées en Thaïlande, au Laos, en Birmanie et au sud de la Chine.

thaïlandais, aise → tableau p. 6 / 7.

thalamus (nom masculin) Ensemble constitué par deux noyaux de substance grise situés à la base du cerveau et qui servent de relais lors de la transmission de messages sensoriels. *Le **thalamus** et l'hypothalamus.*
► Prononciation [talamys].

thalassothérapie (nom féminin) Traitement utilisant l'action de l'eau de mer, des algues et des boues marines. *Pour se remettre en forme, il est allé faire une cure de **thalassothérapie**.*
★ **Thalassothérapie** vient des mots grecs *thalassa* qui signifie « mer », et *therapeia* qui signifie « soin » et qu'on retrouve dans **thérapeutique**.

thalle (nom masculin) Appareil végétatif des végétaux inférieurs, où l'on ne peut distinguer ni racine, ni tige, ni feuille. *Le **thalle** des champignons, des algues ou des lichens.*
★ **Thalle** vient du grec *thallos* qui signifie « rameau ».

thanatos (nom masculin) Ensemble des pulsions de mort en psychanalyse. *Freud oppose les pulsions de vie au **thanatos**.*
► Prononciation [tanatɔs].
★ **Thanatos** est un mot grec qui signifie « mort ».

thaumaturge (nom masculin et adjectif) Personne qui fait des miracles. *La réputation de **thaumaturge** d'un saint.*

thé (nom masculin) **1** Feuilles séchées d'un arbuste d'Asie. *Maman a acheté du **thé** de Ceylan en sachets.* **2** Boisson faite avec ces feuilles que l'on fait infuser. *Je prendrais bien une tasse de **thé** au citron.*

théâtral, ale, aux (adjectif) Qui concerne le théâtre. *Les spectateurs applaudissent les acteurs à la fin de la représentation **théâtrale**.*

théâtraliser (verbe) (conj. 3) Rendre conforme aux exigences du théâtre. *Le metteur en scène a **théâtralisé** le roman.*

théâtre (nom masculin) **1** Art de jouer des pièces devant un public. *Molière est un célèbre auteur de pièces de **théâtre**.* **2** Bâtiment où l'on donne des représentations théâtrales. *Ce **théâtre** a été construit au XIXe siècle.* **3** Lieu où se déroule un évènement. *Ce château a été le **théâtre** d'un terrible drame.* • **Coup de théâtre :** évènement brusque et inattendu qui bouleverse tout. *La démission du président a été un véritable **coup de théâtre**.*
★ Famille du mot : amphithéâtre, théâtral, théâtraliser.

théière (nom féminin) Récipient spécial pour préparer et servir le thé.

thématique (adjectif) Qui concerne un thème, un sujet. *Une encyclopédie **thématique**.*

thème (nom masculin) **1** Sujet d'un ouvrage, d'un texte ou d'une discussion. *Le **thème** de cette réunion est la protection des droits de l'enfant.* **2** Exercice qui consiste à traduire dans une langue étrangère un texte écrit dans sa langue maternelle.

théo- Élément, tiré du grec *theos* qui signifie « dieu » (exemple : *théologie*).

théologie (nom féminin) Étude de la religion et des textes religieux.
★ **Théologie** vient du grec *theos* qui signifie « dieu ».

théologien, enne (nom) Spécialiste de théologie.

théorème (nom masculin) Règle de mathématiques qui peut être démontrée.

théoricien, enne (nom) **1** Personne qui connaît la théorie d'une science, d'un art. *Les **théoriciens**, par opposition aux praticiens.* **2** Auteur d'une théorie. *Les **théoriciens** du socialisme.*

théorie (nom féminin) **1** Ensemble d'idées qui donnent l'explication de quelque chose. *D'après certaines **théories** scientifiques, la vie a peut-être existé sur la planète Mars.* **2** Manière abstraite de voir les choses, parfois éloignée de la réalité. *En **théorie**, c'est très facile de programmer ce magnétoscope, mais en pratique, aucun de nous n'a réussi à le faire !*
★ Famille du mot : théor**icien**, théor**ique**, théor**iquement**.

théorique (adjectif) Qui concerne la théorie et non pas la pratique. *Pour être bon cuisinier, les connaissances **théoriques** ne sont pas suffisantes.*

théoriquement (adverbe) De façon théorique. ***Théoriquement**, tu appuies sur ce bouton et l'ordinateur est prêt à fonctionner.* (Syn. **en principe**.)

thérapeute (nom) Personne qui soigne les malades. *Le médecin est un **thérapeute**.*

thérapeutique (adjectif) Qui permet de guérir les maladies. *Ce nouveau médicament a une action **thérapeutique** très efficace.*

thérapie (nom féminin) **1** Traitement médical. **2** Synonyme de psychothérapie. • **Thérapie familiale** : psychothérapie qui implique l'ensemble de la cellule familiale du patient.

therm(o)- Élément, tiré du grec *thermos* qui signifie « chaud » (exemples : *thermonucléaire*, *isotherme*, *hypothermie*).

thermal, ale, aux (adjectif) • **Eau thermale** : eau de source qui possède des propriétés thérapeutiques. • **Station thermale** : endroit où se trouvent des sources d'eau thermale utilisées pour faire des cures. *Vichy et Vittel sont des **stations thermales**.*

thermes (nom masculin pluriel) Dans l'Antiquité, établissement de bains ouvert au public.

thermidor (nom masculin) Onzième mois du calendrier républicain, du 19/20 juillet au 17/18 août.

thermie (nom féminin) Ancienne unité de quantité de chaleur remplacée par le joule.

thermique (adjectif) Qui concerne la chaleur. *En brûlant, le bois dégage de l'énergie **thermique**.*

thermocollant, ante (adjectif et nom masculin) Dont les propriétés adhésives se développent grâce à la chaleur. *Un écusson **thermocollant** posé avec un fer à repasser.*

thermomètre (nom masculin) Instrument qui sert à mesurer la température. *Cette nuit, le **thermomètre** est descendu au-dessous de 0 degré.*

thermonucléaire (adjectif) • **Bombe thermonucléaire** : bombe atomique à hydrogène, d'une puissance énorme.

thermos (nom masculin) Bouteille isolante qui conserve un liquide à la même température pendant plusieurs heures. *Si tu veux du thé bien chaud, il y en a dans le **thermos**.*
▶ Prononciation [tɛʀmos].
▶ On dit aussi **une** thermos.
★ **Thermos** est le nom d'une marque.

thermostat (nom masculin) Appareil qui sert à maintenir une température à un niveau constant. *Papa a réglé le **thermostat** pour qu'il fasse à peu près 20 degrés dans tout l'appartement.*

thésard, arde (nom) Personne qui prépare une thèse universitaire.

thésauriser (verbe) (conj. 3) Amasser de l'argent sans le dépenser.

thésaurus (nom masculin) Recueil alphabétique de termes scientifiques et techniques. *Le **thésaurus** est utilisé pour analyser un corpus.*
▶ Prononciation [tezɔʀys].

thèse (nom féminin) Point de vue sur une question. *Le commissaire soutient la **thèse** du meurtre mais des témoins soutiennent la **thèse** de l'accident.*

thêta (nom masculin) Huitième lettre de l'alphabet grec (Θ, θ), correspondant à *th* dans les mots français issus du grec.

thon (nom masculin) Grand poisson de mer à la chair appréciée. *Les **thons** se déplacent en bancs.*

Thora Voir ***Torah***.

thoracique (adjectif) • **Cage thoracique** : synonyme de thorax.

thorax (nom masculin) Partie du corps humain située entre le cou et l'abdomen. *Le **thorax** renferme les poumons et le cœur.* (Syn. **cage thoracique**.)

thorium (nom masculin) Élément métallique radioactif de numéro atomique 90.
▶ Prononciation [tɔʀjɔm].
▶ Le symbole du **thorium** est *Th*.

thrombine (nom féminin) Enzyme qui provoque la coagulation du sang.

thrombocyte (nom masculin) Élément du sang qui intervient dans la coagulation. *Les **thrombocytes** sont aussi appelés plaquettes sanguines.*

thuya (nom masculin) Arbre d'ornement de la famille du cyprès.
▶ Prononciation [tyja].

thym (nom masculin) Petite plante aromatique qui pousse dans les garrigues méditerranéennes. *Maman met toujours une branche de **thym** quand elle prépare de la sauce tomate.*
▶ Prononciation [tɛ̃].

thymus (nom masculin) Organe situé dans la partie inférieure du cou, qui joue un rôle fondamental dans la formation du système immunitaire. *Le **thymus** est très développé pendant l'enfance puis régresse à la puberté.*
▶ Prononciation [timys].

thyroïde (nom féminin) Glande située dans la gorge, qui joue un rôle très important dans la croissance et le développement intellectuel.

tiare (nom féminin) Haute mitre, comportant trois couronnes, que portait le pape dans les cérémonies solennelles. • **Coiffer la tiare** : devenir pape.
★ **Tiare** vient du persan.

tibétain, aine → tableau p. 6 / 7.

tibia (nom masculin) Os du devant de la jambe. *Le **tibia** et le péroné sont les deux os de la jambe.*
★ **Tibia** est un mot latin qui signifie « flûte ».

tic (nom masculin) Geste ou mouvement nerveux que l'on fait involontairement. *Grand-père a un **tic** nerveux : il fronce tout le temps le sourcil droit.*

ticket (nom masculin) Billet qui prouve qu'on a payé ce que l'on doit. *Un **ticket** de bus. Un **ticket** de caisse.*
★ **Ticket** est un mot anglais qui vient de l'ancien français *estiquet* qui signifie « étiquette ».

tic-tac (nom masculin) Bruit régulier produit par un mécanisme. *Le **tic-tac** de la pendule.*
▶ On écrit aussi **tictac**.

tie-break (nom masculin) Au tennis, jeu décisif à la fin d'une manche où les joueurs sont à six jeux partout.
▶ Prononciation [tajbʀɛk].
▶ Pluriel : des **tie-breaks**.
▶ On écrit aussi **tiebreak**.
★ **Tie-break** est un mot anglais formé de *tie* qui signifie « égalité » et de *to break* qui signifie « rompre ».

tiède (adjectif) Qui n'est ni chaud ni froid. *Laura se rince les cheveux à l'eau **tiède**.*
★ Famille du mot : tiéd**eur**, tiéd**ir**.

tiédeur (nom féminin) Température de ce qui est tiède. *Après la chaleur étouffante de la journée, la **tiédeur** de la soirée est délicieuse.*

tiédir (verbe) (conj. 11) Devenir tiède. *Myriam laisse un peu **tiédir** son chocolat avant de le boire.*

le **tien,** la **tienne** (pronom) Pronom possessif de la deuxième personne du singulier qui désigne ce qui est à toi, ce qui t'appartient. *Je n'aime pas ma veste, je préfère **la tienne**.*
■ les **tiens** (nom masculin pluriel) Tes parents ou tes amis. *Même quand tu es loin, n'oublie pas **les tiens**.*

tiens ! (interjection) Exprime l'étonnement. ***Tiens !** Il est déjà midi.*

tierce (nom féminin) À la belote, suite de trois cartes de la même couleur. *William a une **tierce** à cœur : roi, dame, valet.*

tiercé (nom masculin) Jeu où l'on parie de l'argent sur les trois premiers chevaux d'une course. *Les résultats du **tiercé** sont diffusés à la télévision en fin de soirée.*

tiers, tierce (adjectif) • **Une tierce personne** : une troisième personne. *Noémie et Xavier ont des avis différents, il faudrait l'opinion d'une **tierce** personne pour les mettre d'accord.* • **Tiers état** : avant la Révolution, ensemble des gens qui n'appartenaient ni à la noblesse, ni au clergé et ne jouissaient d'aucun privilège.
■ **tiers** (nom masculin) **1** Partie contenue trois fois dans un tout. *Si tu partages ces trente bonbons entre nous trois, chacun en aura dix, c'est-à-dire le **tiers** du paquet.* **2** Personne qui ne fait pas partie d'un groupe. *Cette histoire ne concerne que toi et moi, n'en parle pas devant des **tiers**.*

tiers-monde (nom masculin) Ensemble des pays qui vivent dans la pauvreté parce que leur économie n'est pas assez développée.

tif (nom masculin) Synonyme familier de cheveu. *David s'est fait couper les **tifs**.*
★ **Tif** vient de l'ancien français *ti(f)fer* qui signifiait « coiffer ».

tige (nom féminin) **1** Partie mince et allongée d'un végétal, qui porte les feuilles. *Les **tiges** des rosiers ont des épines.* **2** Objet rigide, long et mince. *Une **tige** métallique.* (Syn. **barre, tringle.**)

tignasse (nom féminin) Dans la langue familière, chevelure épaisse et mal coiffée. *Je n'arrive pas à démêler ta **tignasse**, tu devrais te faire couper les cheveux !*

tigre (nom masculin) Grand félin d'Asie au pelage jaune rayé de bandes noires. *Le **tigre** feule.*
★ Famille du mot : tigr**é**, tigr**esse**, tigr**on**.

tigré, ée (adjectif) Qui a des rayures semblables à celles du tigre. *Un chat **tigré**.*

tigresse (nom féminin) Femelle du tigre.

tigron, onne (nom) Petit d'un tigre et d'une lionne.
▶ On dit aussi **tiglon, onne**.

tilde (nom masculin) Signe graphique, noté ~. *En espagnol, on met un **tilde** sur le « n » lorsqu'il se prononce* [ɲ], *comme dans « señorita ».*
★ **Tilde** est un mot espagnol.

tilleul (nom masculin) **1** Arbre à fleurs blanches ou jaunes très odorantes. *Une allée de **tilleuls**.* **2** Infusion faite avec les fleurs séchées du tilleul. *Si tu veux une tisane, j'ai du **tilleul**.*

tilt (nom masculin) • **Faire tilt** : déclencher un déclic dans l'esprit de quelqu'un.
▶ **Tilt** est un mot anglais : on prononce [tilt].

timbale (nom féminin) **1** Gobelet en métal. **2** Instrument de musique à percussion, constitué d'un caisson de cuivre recouvert d'une peau.

timbalier (nom masculin) Joueur de timbales. *Le **timbalier** d'un orchestre symphonique.*

a b c d e f g h i j k l m n o p q r s t u v w x y z

timbre (nom masculin) **1** Étiquette que l'on colle sur une lettre ou un paquet et qui correspond au prix de l'envoi. *Yann a commencé une collection de **timbres**.* **2** Marque qui doit figurer sur certains papiers officiels. *Pour qu'un passeport soit valable, il doit comporter un **timbre** fiscal.* **3** Qualité particulière d'un son ou d'une voix. *On entendait le **timbre** aigu d'une flûte.*
★ Famille du mot : timbr**é**, timbr**er**.
★ Au sens 1, **timbre** est l'abréviation de **timbre-poste**.

timbré, ée (adjectif) **1** Qui porte un timbre-poste. *Envoyez votre réponse dans l'enveloppe **timbrée** ci-jointe.* **2** Qui résonne, qui a un timbre particulier. *Il a une voix grave et bien **timbrée**.*

timbre-poste (nom masculin) Vignette servant à affranchir les lettres et les paquets postaux. *Un carnet de **timbres-poste**.*
▶ Pluriel : des **timbres-poste**.

timbrer (verbe) (conj. 3) Coller un timbre. *N'oublie pas de **timbrer** ta carte postale avant de la poster.*

timide (adjectif) Qui manque d'assurance, de confiance en soi. *Elle est trop **timide** pour prendre la parole en réunion.* (Contr. **hardi**.)
★ Famille du mot : **in**timi**dation**, **in**timi**der**, timide**ment**, timid**ité**.

timidement (adverbe) De façon timide. *Elle a **timidement** répondu : « Non, merci ! ».*

timidité (nom féminin) Fait d'être timide. *Benjamin a réussi à surmonter sa **timidité** pour répondre aux questions de la maîtresse.*

timing (nom masculin) Action de répartir les tâches dans le temps. *Le **timing** est serré.*
▶ **Timing** est un mot anglais : on prononce [tajmiŋ].

timon (nom masculin) **1** Longue barre de bois placée à l'avant d'un véhicule, d'une charrue, à laquelle on attelle une bête de trait. *Le **timon** d'une voiture à chevaux.* **2** Synonyme ancien de gouvernail. *Le **timon** d'un navire.*
★ **Timon** vient du latin *temo* qui signifie « flèche d'un char ».

timonier (nom masculin) Marin qui tient la barre du gouvernail. *Sur l'ordre du capitaine, le **timonier** a mis le cap vers le sud.*

timoré, ée (adjectif) Qui a peur des risques, de la nouveauté. *Ce n'est pas lui qui cherchera les aventures, il est bien trop **timoré** !* (Syn. **craintif**. Contr. **audacieux, hardi**.)
★ **Timoré** vient du latin *timor* qui signifie « peur ».

tintamarre (nom masculin) Synonyme de vacarme. *Les enfants dévalent les escaliers en faisant un **tintamarre** épouvantable.*

tintement (nom masculin) Son clair et musical d'un objet qui tinte. *Le **tintement** des clochettes des vaches.*

tinter (verbe) (conj. 3) Produire un son léger et clair. *Des pièces de monnaie **tintaient** dans le creux de sa main.*

tintinnabuler (verbe) (conj. 3) Sonner comme une clochette ou un grelot.

tipi (nom masculin) Tente conique des Indiens d'Amérique du Nord.

tique (nom féminin) Insecte parasite de certains mammifères, comme les vaches, les moutons, les chiens.

tiquer (verbe) (conj. 3) Avoir un bref mouvement de surprise ou de contrariété. *Maman **a tiqué** quand mon frère a coupé la parole à notre invité.*

tir (nom masculin) **1** Action de tirer avec une arme. *Faire du **tir** à l'arc, du **tir** au revolver.* **2** Action d'envoyer un ballon d'un coup de pied. *L'équipe anglaise a marqué un premier but grâce à un **tir** exceptionnel.* (Syn. **shoot**.)

tirade (nom féminin) Au théâtre, suite de phrases qu'un acteur dit sans s'interrompre.

tirage (nom masculin) **1** Action de tirer au sort les numéros gagnants d'une loterie. *Les gagnants ont été désignés par **tirage** au sort.* **2** Nombre d'exemplaires de livres ou de journaux réalisés en une seule fois. *Le **tirage** de ce quotidien est de 300 000 exemplaires.* **3** Mouvement de l'air chaud qui s'élève dans une cheminée. *La pièce est enfumée car la cheminée manque de **tirage**.*

tiraillement (nom masculin) **1** Sensation de contraction douloureuse. *Odile ressent des **tiraillements** à l'épaule depuis sa chute.* **2** Conflit dans un groupe. *Des questions d'argent ont provoqué des **tiraillements** entre eux.*

tirailler (verbe) (conj. 3) **1** Tirer à petits coups et dans tous les sens. *Il **tiraille** son petit frère par le bras pour le faire avancer.* **2** Faire hésiter entre deux solutions, deux possibilités. *Clément **est tiraillé** entre l'envie de faire du vélo et la nécessité de finir ses devoirs.*
★ Famille du mot : tiraill**ement**, tiraill**eur**.

tirailleur (nom masculin) Soldat isolé qui a pour mission de harceler l'ennemi.

tiramisu (nom masculin) Entremets italien, à base de mascarpone et de génoise aromatisée au café, et saupoudré de cacao.
▶ **Tiramisu** est un mot italien : on prononce [tiʀamisu].

tirant (nom masculin) • **Tirant d'eau** : hauteur de la coque d'un navire entre la surface de l'eau et le bas de sa quille.

tire (nom féminin) • **Vol à la tire** : vol consistant à vider les poches ou les sacs des gens à leur insu.

tire-bouchon (nom masculin) Instrument qui sert à déboucher les bouteilles fermées par un bouchon de liège.
▶ Pluriel : des **tire-bouchons**.

à **tire-d'aile** (adverbe) En battant rapidement des ailes. *Des moineaux craintifs s'enfuient à **tire-d'aile** à notre approche.*

tire-fesse (nom masculin) Synonyme familier de remonte-pente.
▶ Pluriel : des **tire-fesses**.
▶ On écrit aussi un **tire-fesses**.

tirelire (nom féminin) Boîte avec une fente par laquelle on glisse les pièces de monnaie que l'on veut économiser. *David a cassé sa **tirelire** pour offrir un cadeau à sa sœur.*

tirer (verbe) (conj. 3) **1** Déplacer en amenant vers soi ou en traînant derrière soi. ***Tire** la poignée pour ouvrir le tiroir. Des chiens **tirent** le traîneau sur la piste enneigée.* (Contr. **pousser**.) **2** Déplacer en faisant aller d'un côté ou d'un autre. ***Tirer** les rideaux. **Tirer** un verrou.* **3** Faire sortir quelque chose d'un endroit. *Il **a tiré** quelques pièces de son porte-monnaie.* **4** Extraire une substance d'une autre. *On **tire** le caoutchouc de la sève de l'hévéa.* **5** Prendre au hasard. ***Tirer** le numéro gagnant.* **6** Trouver une explication ou une conclusion logique. *Tu t'es trompé, il faut que tu en **tires** les conséquences.* **7** Tendre vers quelque chose, s'en rapprocher. *Ces fleurs sont d'un jaune vif qui **tire** sur l'orange.* **8** Envoyer un projectile en se servant d'une arme. *Le shérif **a tiré** des coups de revolver. Le chasseur **a tiré** sur le lion.* **9** Lancer un ballon, d'un coup de pied. *Il **a tiré** en direction du but.* **10** Tracer quelque chose sur du papier. *Ibrahim **a tiré** un trait sous le titre du poème.* **11** Imprimer un livre ou un journal. *Ce journal **est tiré** à 50 000 exemplaires par jour.* • **Se tirer d'affaire** *ou* **s'en tirer** : réussir à sortir d'une situation difficile. • **Tirer à sa fin** : être sur le point de finir. *Nous allons partir, la soirée **tire à sa fin**.* (Syn. **toucher à sa fin**.) • **Tirer les cartes** : prétendre prédire l'avenir de quelqu'un en se servant d'un jeu de cartes.
★ Famille du mot : tir, tir**age**, tir**ant**, tire, tire-bouchon, à tire-d'aile, tire-fesses, tir**ette**, tir**eur**, tir**oir**, tiroir-caisse.

tiret (nom masculin) Petit trait horizontal qui sert à couper un mot à la fin d'une ligne ou à indiquer les paroles de chaque personne dans un dialogue.

tirette (nom féminin) Tablette coulissante d'un meuble. *Sur le côté du bureau, il y a une **tirette**.*

tireur, euse (nom) Personne qui tire avec une arme à feu. *Le **tireur** était dissimulé derrière un arbre.* • **Tireuse de cartes** : cartomancienne.

tiroir (nom masculin) Casier de rangement qui s'emboîte dans un meuble et qu'on ouvre en le tirant. *J'ai rangé tes tee-shirts dans le **tiroir** du bas de la commode.*

tiroir-caisse (nom masculin) Tiroir où un commerçant range l'argent qu'il reçoit. *Quand la caissière appuie sur un bouton, le **tiroir-caisse** s'ouvre automatiquement.*
▶ Pluriel : des **tiroirs-caisses**.

tisane (nom féminin) Boisson chaude que l'on prépare en faisant infuser des plantes. *Une **tisane** à la camomille, à la menthe.*

tison (nom masculin) Reste d'un morceau de bois à moitié consumé, encore rouge et brûlant. *Il faut souffler sur les **tisons** pour ranimer le feu.*

tisonnier (nom masculin) Tige de fer qui sert à attiser un feu. *Remuer les braises avec un **tisonnier**.*

tissage (nom masculin) Action de tisser un textile. *Le **tissage** d'un tapis se fait sur un métier à tisser.*

tisser (verbe) (conj. 3) Fabriquer un tissu en entrecroisant des fils. *Cet artisan **tisse** de la soie sur son métier à tisser.*
★ Famille du mot : tiss**age**, tisserand, tissu, tissu-éponge.

tisserand, ande (nom) Artisan qui tisse des étoffes et des tapis.

tissu (nom masculin) **1** Matière souple fabriquée avec des fils textiles entrecroisés. *Sarah aime les **tissus** brillants et légers comme la soie ou le satin.* (Syn. **étoffe**.) **2** Ensemble de cellules de notre corps qui ont le même rôle. *Tous nos os sont constitués par du **tissu** osseux.* • **Un tissu de mensonges** : un ensemble de mensonges qui s'enchaînent et se mélangent.

tissu-éponge (nom masculin) Étoffe de coton qui absorbe l'eau. *Des serviettes de toilette en **tissu-éponge**.*
▶ Pluriel : des **tissus-éponges**.

titan (nom masculin) Synonyme littéraire de géant. *La construction de ce barrage a été un travail de **titan**.*

titane (nom masculin) Élément métallique de numéro atomique 22. *Le **titane** est utilisé dans la construction aéronautique.* • **Blanc de titane** : dioxyde de titane, utilisé en peinture.
▶ Le symbole du **titane** est *Ti*.
★ **Titane** vint du grec *titanos* qui signifie « chaux ».

titiller (verbe) (conj. 3) Synonyme familier d'agacer. *Le chat va finir par te griffer si tu n'arrêtes pas de le **titiller**.*

titrage (nom masculin) **1** Action de déterminer par dosage la quantité de corps dissous dans une solution. *Le **titrage** d'une liqueur.* **2** Action de titrer un texte, un film.

titre (nom masculin) **1** Nom qui sert à désigner un livre, un film, etc. *« Vingt Mille Lieues sous les mers » est le **titre** d'un roman de Jules Verne.* **2** Phrase écrite en gros caractères pour présenter un article. *« Victoire de l'équipe de France », c'est le **titre** du journal de ce matin.* **3** Poste ou rang qui fait honneur à quelqu'un. *Elle détient le **titre** de championne de France de natation.* **4** Document officiel qui prouve un droit. *Un **titre** de transport. Un **titre** de propriété.* **5** Chiffre qui exprime le degré en alcool d'un liquide. • **À juste titre** : avec raison. *Cet insolent a été puni **à juste titre**.* • **À titre de** : en tant que, comme. ***À titre de** curiosité, je voudrais connaître son opinion.* • **Au même titre** : autant ou de la même manière. *Il a droit à une partie de l'héritage de son père, **au même titre** que ses frères et sœurs.*
★ Famille du mot : sous-titre, sous-titrer, titr**age**, titr**er**.

a b c d e f g h i j k l m n o p q r s t u v w x y z

titrer (verbe) (conj. 3) **1** Mettre un titre à un article. *Ce matin, tous les quotidiens **titrent** : « Les alpinistes ont été retrouvés sains et saufs ! ».* **2** Déterminer le titre d'une solution chimique.

tituber (verbe) (conj. 3) Marcher en chancelant. *Assommé par le choc, Kevin se releva en **titubant**.* (Syn. **vaciller.**)

titulaire (adjectif et nom) **1** Qui a obtenu un titre officiel et définitif pour occuper un poste. *Ce joueur est **titulaire** dans l'équipe de France.* **2** Qui possède un titre. *Notre animateur est **titulaire** d'un diplôme de secourisme.*

titulariser (verbe) (conj. 3) Nommer quelqu'un titulaire d'une fonction. ***Titulariser** un professeur.*

TNT (nom masculin) Explosif très puissant.
★ TNT est le sigle de **tri**nitrotoluène.

toast (nom masculin) Tranche de pain de mie grillée. *Il prépare des **toasts** avec du beurre et de la confiture pour le petit déjeuner.* • **Porter un toast** : lever son verre et boire en l'honneur d'une personne ou d'un évènement.
▶ Prononciation [tost].
★ **Toast** est un mot anglais qui vient de l'ancien français *toster* qui signifie « griller ».

toboggan (nom masculin) Piste en pente le long de laquelle on glisse pour s'amuser. *Ursula va au square pour faire de la balançoire et du **toboggan**.*

toc (nom masculin) Dans la langue familière, imitation de mauvaise qualité. *Cette grosse pierre rouge et brillante n'est pas un vrai rubis, c'est du **toc** !*

toccata (nom féminin) Composition instrumentale libre écrite pour un instrument à clavier. *Les **toccatas** pour orgue de Jean-Sébastien Bach.*
★ **Toccata** est un mot italien.

tocsin (nom masculin) Sonnerie de cloche répétée qui servait à donner l'alarme. *Autrefois, on sonnait le **tocsin** en cas d'incendie ou d'émeute.*

toge (nom féminin) **1** Grand morceau de tissu dans lequel les Romains de l'Antiquité se drapaient. **2** Robe que porte un magistrat ou un avocat.

togolais, aise → tableau p. 6 / 7.

tohu-bohu (nom masculin) Dans la langue familière, désordre accompagné de bruits confus. *Le jour de mon goûter d'anniversaire, c'est le **tohu-bohu** dans la maison !* (Syn. **remue-ménage.**)
▶ Pluriel : des **tohu-bohus**.
▶ On écrit aussi un **tohubohu**, des **tohubohus**.
★ **Tohu-bohu** vient de l'hébreu : il désigne le chaos qui a précédé la création du monde par Dieu, selon la Bible.

toi (pronom) Pronom personnel de la deuxième personne du singulier qui s'emploie pour renforcer le sujet « tu » ou comme complément après une préposition. ***Toi**, tu viens avec moi ! C'est à **toi** de mettre la table.*

toile (nom féminin) **1** Tissu simple et résistant. *Des chaises longues en **toile** à rayures bleues et blanches.* **2** Tableau peint par un peintre. *Ce musée possède plusieurs **toiles** de Picasso.* • **Toile d'araignée** : réseau de fils tissés par une araignée pour capturer les insectes.

toilette (nom féminin) **1** Soins de propreté et d'hygiène du corps. *Pierre fait sa **toilette** avant de s'habiller.* **2** Ensemble des vêtements portés par une femme. *Les jeunes filles avaient mis leur plus belle **toilette** pour assister au bal.*
▪ **toilettes** (nom féminin pluriel) Petite pièce où l'on fait ses besoins. (Syn. **cabinets, W.-C.**)

toiletter (verbe) (conj. 3) **1** Faire la toilette d'un chien ou d'un chat. *Élodie fait **toiletter** son caniche tous les mois.* **2** Apporter des modifications légères à un ouvrage. *L'éditeur **toilette** un manuscrit avant publication.*

toise (nom féminin) Règle verticale graduée pour mesurer la taille d'une personne. *Les enfants passent sous la **toise** et le médecin note leur taille.*
★ Autrefois, une **toise** était une mesure de longueur qui valait environ deux mètres.

toiser (verbe) (conj. 3) Examiner quelqu'un de haut en bas, avec mépris. *Il m'**a toisé** de la tête aux pieds, sans même me dire bonjour.*

toison (nom féminin) Poil épais et laineux de certains animaux. *On tond la **toison** des moutons tous les ans.*

toit (nom masculin) **1** Partie supérieure d'un bâtiment qui le couvre et le protège. *La maison a un **toit** de tuiles rouges.* **2** Partie supérieure de la carrosserie d'un véhicule. *Le **toit** de la voiture est équipé d'un porte-bagages. Une voiture à **toit** ouvrant.* **3** Maison ou logement. *Cette famille a été expulsée, elle cherche un **toit** pour vivre.* • **Crier quelque chose sur les toits, sur tous les toits** : le faire connaître à tout le monde, de façon indiscrète.

toiture (nom féminin) Toit d'un bâtiment. *Le couvreur a remplacé les tuiles usagées de la **toiture**.*

① **tôle** (nom féminin) Mince plaque métallique. *La toiture du garage est en **tôle** ondulée.*

② **tôle** Voir ***taule***

tolérable (adjectif) Que l'on peut tolérer. *Vos réflexions racistes ne sont pas **tolérables**.* (Contr. **inadmissible, intolérable.**)

tolérance (nom féminin) Fait d'accepter et de respecter les opinions des autres. *Ces deux peuples voisins ne vivront pas en paix s'ils ne font pas preuve de **tolérance**.* (Contr. **intolérance.**)

tolérant, ante (adjectif) Qui fait preuve de tolérance. *Sois **tolérant** avec ton petit frère, il ne se rend pas compte qu'il a fait une bêtise.* (Contr. **intolérant.**)

tolérer (verbe) (conj. 8) **1** Accepter quelque chose qui n'est pas permis, sans l'autoriser réellement. *Le gardien du square **tolère** parfois que l'on joue au ballon sur la pelouse.* **2** Supporter quelque chose sans ressentir des effets désagréables. *Zoé **tolère** bien l'aspirine.*
★ Famille du mot : **intolérable, intolérance, intolérant, tolérable, tolérance, tolérant.**

tollé (nom masculin) Cris de protestation générale. *Cette déclaration a provoqué un véritable* ***tollé*** *dans la presse.*

① **tom** (nom masculin) Tambour cylindrique à une ou deux peaux, employé dans la batterie de jazz. *Le percussionniste joue du* ***tom****.*

② **TOM** (nom masculin) Acronyme pour **t**erritoire d' **o**utre- **m**er. *La Polynésie française, Wallis-et-Futuna et les terres Australes et Antarctiques françaises sont des* ***TOM****.*

tomahawk (nom masculin) Hache de guerre des Indiens d'Amérique du Nord.
▶ Prononciation [tɔmaok].

tomate (nom féminin) Plante potagère que l'on cultive pour son fruit rouge et charnu. *Une salade de* ***tomates****. De la sauce* ***tomate****.*

tombal, ale, aux (adjectif) • **Pierre tombale** : dalle placée sur une tombe et qui porte le nom du mort.

tombant, ante (adjectif) • **À la nuit tombante** : à la tombée de la nuit.

tombe (nom féminin) Fosse creusée dans le sol pour enterrer un mort. *Elle est venue déposer des fleurs sur la* ***tombe*** *de son mari.*
★ Famille du mot : tomb**al**, tomb**eau**.

tombeau, eaux (nom masculin) Monument élevé au-dessus d'une tombe. *Le* ***tombeau*** *de Napoléon se trouve à l'hôtel des Invalides à Paris.* • **Rouler à tombeau ouvert** : à toute allure en prenant des risques mortels.

tombée (nom féminin) • **À la tombée de la nuit** : au moment où la nuit tombe. *Nous sommes arrivés* ***à la tombée de la nuit****.*

tomber (verbe) (conj. 3) **1** Faire une chute. *Anna* ***est tombée*** *de l'arbre sans se blesser.* **2** Descendre du haut vers le bas. *Le brouillard commence à* ***tomber*** *sur la vallée.* **3** Se détacher de son support. *Les pommes sont mûres : elles commencent à* ***tomber****.* **4** Perdre de la valeur ou de l'intensité. *Le vent commence à* ***tomber****.* (Syn. **faiblir**.) **5** Se trouver brusquement dans tel état ou dans telle situation. ***Tomber*** *malade.* ***Tomber*** *en panne.* **6** Se produire ou arriver à tel moment. *Cette année, les vacances de printemps* ***tombent*** *début avril. Vous* ***tombez*** *bien, nous avons besoin d'aide !* **7** Avoir du mal à se tenir debout. ***Tomber*** *de sommeil, de fatigue. Un château qui* ***tombe*** *en ruine.* • **Laisser tomber** : synonyme familier d'abandonner. *Quentin* ***a laissé tomber*** *ses cours de tennis au bout d'un mois.* • **Tomber sur quelqu'un** : le rencontrer par hasard. *En sortant du cinéma, il* ***est tombé sur*** *un de ses amis d'enfance.*
▶ **Tomber** se conjugue avec l'auxiliaire *être* : *elles sont tombées.*
★ Famille du mot : **re**tomb**ées**, **re**tomber, tomb**ant**, tomb**ée**, tomber**eau**.

tombereau, eaux (nom masculin) Charrette ou camion à benne basculante. *Le jardinier a déchargé un* ***tombereau*** *de terre dans le jardin.*

tombola (nom féminin) Loterie où l'on gagne des objets et non de l'argent. *Romain a gagné un ballon de foot à la* ***tombola*** *de la kermesse.*

tome (nom masculin) Chaque volume d'un ouvrage. *Cette encyclopédie comporte quinze tomes.*

tomette (nom féminin) Carreau de terre cuite, à six côtés. *Un sol dallé de* ***tomettes****.*

tomme (nom féminin) Fromage en forme de cylindre, fait avec du lait de vache.

① **ton, ta, tes** (déterminant) Adjectif possessif de la deuxième personne. *Prends* ***ton*** *blouson,* ***ta*** *casquette et* ***tes*** *gants.*
▶ Devant un nom féminin commençant par une voyelle ou un h muet, on emploie **ton** au lieu de **ta** : *ton armoire, ton horloge.*

② **ton** (nom masculin) **1** Manière d'exprimer ce que l'on ressent, par la voix. *Il a parlé d'un* ***ton*** *sévère.* **2** Hauteur et intensité de la voix quand on chante. *Reprenez la chanson au début, vous n'êtes pas dans le même* ***ton****.* **3** Synonyme de teinte. *J'aime cette jupe bleue, mais je voudrais un* ***ton*** *de bleu plus foncé.*
★ Famille du mot : **dé**ton**ner**, **en**ton**ner**, ton**al**, ton**alité**.

tonal, ale, als (adjectif) **1** Qui utilise la tonalité. *Une musique* ***tonale****.* **2** Qui concerne la variation de hauteur d'un ton. (Contr. **atonal**.)
▶ On rencontre aussi le pluriel **tonaux**.

tonalité (nom féminin) **1** Son continu que l'on entend quand on décroche le téléphone. *Le téléphone est en panne, il n'y a pas de* ***tonalité****.* **2** Qualité du son émis par un instrument, un appareil ou une voix. *Ce lecteur de CD a une très bonne* ***tonalité****.*

tondeuse (nom féminin) **1** Machine qui sert à tondre le gazon. **2** Instrument qui sert à raser les cheveux, les poils.

tondre (verbe) (conj. 31) **1** Couper l'herbe à l'aide d'une tondeuse. ***Tondre*** *le gazon.* **2** Couper à ras les cheveux d'une personne ou les poils d'un animal. ***Tondre*** *un mouton, un caniche.*

tong (nom féminin) Chaussure constituée d'une simple semelle et d'une bride qui passe entre les orteils. *Anna porte des* ***tongs*** *à fleurs.*
▶ Prononciation [tɔ̃g].

tonifiant, ante (adjectif) Qui tonifie. *Cette promenade en montagne est très* ***tonifiante****.* (Syn. **vivifiant**.)

tonifier (verbe) (conj. 10) Rendre plus vigoureux, plus dynamique. *L'air de la mer nous* ***a tonifiés****.* (Syn. **fortifier**.)

tonique (adjectif) Qui donne du tonus à notre organisme. *Le thé est une boisson* ***tonique****.* (Syn. **stimulant, vivifiant**.)

tonitruant, ante (adjectif) Dont le bruit rappelle celui du tonnerre. *Il éclata d'un rire* ***tonitruant****.*
★ **Tonitruant** vient du mot latin *tonitrus* qui signifie « tonnerre ».

tonnage (nom masculin) Volume de marchandises que peut transporter un bateau. *Le **tonnage** d'un navire se mesurait en tonneaux.* (Syn. **jauge.**)

tonne (nom féminin) **1** Unité de poids équivalant à 1 000 kilos. **2** Dans la langue familière, grande quantité. *Nous avons eu des **tonnes** de cadeaux pour Noël !*

tonneau, eaux (nom masculin) **1** Grand récipient fait de planches de bois courbées, assemblées par des anneaux de fer. *Le vigneron conserve son vin dans des **tonneaux** de chêne.* (Syn. **barrique, fût.**) **2** Tour complet qu'un véhicule fait en se retournant sur lui-même. *La voiture a fait deux **tonneaux** avant de finir dans le fossé.* **3** Ancienne unité de mesure du volume d'un navire.
★ Famille du mot : tonn**age**, tonn**elet**, tonn**elier**.

tonnelet (nom masculin) Petit tonneau. *Un **tonnelet** de vinaigre.*

tonnelier (nom masculin) Artisan qui fabrique des tonneaux.

tonnelle (nom féminin) Petit abri couvert de feuillage. *Allons nous asseoir à l'ombre sous la **tonnelle** du jardin.*

tonner (verbe) (conj. 3) Faire entendre des bruits semblables à des coups de tonnerre. *Le canon **tonne**.* • **Il tonne :** le tonnerre se fait entendre.

tonnerre (nom masculin) **1** Grondement de la foudre qui accompagne l'éclair pendant un orage. *On a entendu un coup de **tonnerre** au loin, puis la pluie s'est mise à tomber.* **2** Grand bruit qui éclate brusquement. *Le chanteur a quitté la scène sous un **tonnerre** d'applaudissements.*

tonsure (nom féminin) Petite partie rasée, en forme de cercle, au sommet du crâne. *Certains moines portent la **tonsure**.*

tonte (nom féminin) Action de tondre les moutons. *Le printemps est l'époque de la **tonte**.*

tonton (nom masculin) Oncle, dans le langage des enfants. *J'ai deux **tontons** : le frère de maman et celui de papa.*

tonus (nom masculin) Vitalité et dynamisme de quelqu'un. *Malgré son âge, grand-mère a gardé un **tonus** incroyable !*
► Prononciation [tɔnys].

top (nom masculin) Bref signal sonore qui indique un moment précis. *Au quatrième **top**, il sera exactement huit heures.*

top(o)- Élément tiré du grec *topos* qui signifie « lieu » (exemples : *topométrie*, *biotope*).

topaze (nom féminin) Pierre précieuse transparente, de couleur jaune. *Un collier de **topazes**.*

topinambour (nom masculin) Plante cultivée pour ses tubercules comestibles. *Le **topinambour** a un goût proche de celui de l'artichaut.*
★ **Topinambour** vient de *Topinambous*, nom d'un peuple du Brésil.

topique (nom masculin et adjectif) Médicament qui agit à l'endroit où il est appliqué. *La pommade et le collyre sont des **topiques**.*
▪**topique** (adjectif) Qui s'applique exactement à une question, à un sujet. *Un argument **topique**.* (Syn. **caractéristique, typique.**)
★ **Topique** vient du grec *topos* qui signifie « lieu ».

top-modèle (nom masculin) Mannequin de haute couture qui a un succès international.
► Pluriel : des **top-modèles**.
► On écrit aussi un **top model**, des **top models**.

topo (nom masculin) Synonyme familier d'exposé. *La maîtresse nous a fait un petit **topo** sur les activités prévues pour la classe de nature.*

topographie (nom féminin) Relief d'une région. *La **topographie** de l'Auvergne est très accidentée.*

topographique (adjectif) Qui concerne la topographie. *Ils sont partis faire de l'escalade avec une carte **topographique**.*

topologie (nom féminin) Branche des mathématiques qui étudie les propriétés de l'espace et des ensembles de fonctions, en utilisant notamment les notions de déformation et de continuité.

topométrie (nom féminin) Mesure des terrains ou territoires, par les techniques topographiques. *La **topométrie** permet d'établir des cartes.*

toponyme (nom masculin) Nom de lieu.

top-secret (adjectif) Extrêmement secret. *Des dossiers **top-secret**.*
★ **Top-secret** vient de l'anglais.

toquade (nom féminin) Caprice ou envie passagère. *Thomas collectionne les vieilles cartes postales, c'est sa nouvelle **toquade** !*

toque (nom féminin) Coiffe ronde et sans bords. *La **toque** d'un cuisinier. Une **toque** de fourrure.*

toqué, ée (adjectif) Synonyme familier de fou. *Notre voisine est une vieille dame un peu **toquée** qui vit avec une quinzaine de chats.*

toquer (verbe) (conj. 3) Synonyme de frapper. *Xavier **toque** à la porte avant d'entrer.*

Torah (nom féminin) Ensemble des cinq premiers livres de la Bible, où se trouvent les principes essentiels de la religion juive.
► On écrit aussi **Thora**.

torche (nom féminin) Sorte de flambeau fait d'un bâton enduit de résine. *Dans la nuit, la procession avance à la lueur des **torches**.* • **Torche électrique :** lampe portative de forme cylindrique.

torcher (verbe) (conj. 3) **1** Essuyer pour nettoyer, dans la langue familière. **2** Exécuter vite et mal, dans la langue familière. *L'élève a **torché** son travail.* (Syn. **bâcler.**)

torchis (nom masculin) Matériau de construction fait d'un mélange de terre et de paille. *Les anciennes maisons normandes ont des murs en **torchis**.*

torchon (nom masculin) Morceau de tissu qui sert à essuyer la vaisselle.

tordant, ante (adjectif) Dans la langue familière, très amusant. *Mon cousin connaît un tas d'histoires **tordantes**.*

tordre (verbe) (conj. 31) **1** Tourner en sens contraire les deux extrémités d'une chose. *Elle **tord** la serpillière mouillée pour l'essorer.* **2** Tourner violemment une partie du corps. *Élodie s'**est tordu** le poignet en tombant.* **3** Plier en déformant. *Le tremblement de terre **a tordu** les rails de la voie ferrée.* **4** **Se tordre** : se plier en deux à cause d'une émotion ou d'une sensation violente. *Le malade **se tordait** de douleur.* • **Se tordre de rire** *ou* **se tordre** : dans la langue familière, rire énormément.

toréador (nom masculin) Synonyme ancien de toréro.

toréro (nom masculin) Homme qui affronte les taureaux dans une corrida.
► Prononciation [tɔʀeʀo].
► On disait autrefois **toréador**.

tornade (nom féminin) Tourbillon de vent très violent. *La **tornade** a déraciné les arbres et arraché les toits.* (Syn. **cyclone, ouragan.**)

torpeur (nom féminin) État d'une personne engourdie, à moitié endormie. *Après ce bon repas, il glissa dans une agréable **torpeur**.*

torpille (nom féminin) **1** Engin explosif qui se propulse sous l'eau. *Le porte-avions a été touché par la **torpille** du sous-marin.* **2** Poisson marin au corps plat qui est capable de produire des décharges électriques.
★ Famille du mot : torpiller, torpilleur.

torpiller (verbe) (conj. 3) Faire exploser quelque chose en se servant d'une torpille.

torpilleur (nom masculin) Navire de guerre armé de torpilles.

torréfaction (nom féminin) Action de torréfier. *La **torréfaction** du café.*

torréfier (verbe) (conj. 10) Faire griller. *On **torréfie** les grains de café, les graines de cacao et les feuilles de tabac.*

torrent (nom masculin) Cours d'eau au débit rapide, qui descend d'une montagne. • **Pleuvoir à torrents** : pleuvoir très fort.
★ **Torrent** vient du mot latin *torrens* qui signifie « impétueux ».

torrentiel, elle (adjectif) Qui s'écoule avec violence. *Nous sommes rentrés trempés à la maison par une pluie **torrentielle**.*

torride (adjectif) Extrêmement chaud. *Un vent **torride** souffle du désert.* (Syn. **brûlant.**)

torsade (nom féminin) Assemblage de fils tordus en spirale. *Des **torsades** de fils dorés ornent le sapin de Noël.*

torsadé, ée (adjectif) Qui est enroulé en torsade. *Une chevelure **torsadée**.*

torse (nom masculin) Haut du corps humain, qui va des épaules à la taille. *Victor est resté **torse** nu à cause de la chaleur.*

torsion (nom féminin) Action de tordre quelque chose. *En ratant une marche, Fatima s'est fait une **torsion** de la cheville.*

tort (nom masculin) **1** Fait de mal agir ou de se tromper. *Ce serait un **tort** de ne pas l'inviter à ton anniversaire.* (Syn. **erreur.**) **2** Mal que l'on fait à quelqu'un ou peine qu'on lui cause. *Ne raconte pas n'importe quoi sur lui, tu lui fais du **tort**.* • **À tort** : injustement ou par erreur. *Il est innocent, il a été accusé **à tort**.* • **À tort et à travers** : sans réfléchir. *Elle bavarde **à tort et à travers**.* • **Avoir tort** : mal agir ou se tromper. *Il **a eu tort** de se mettre en colère pour si peu.* (Contr. **avoir raison.**) • **Donner tort à quelqu'un** : désapprouver sa conduite, ses actions. • **Être en tort** *ou* **être dans son tort** : être coupable d'une mauvaise action ou d'une action illégale. *Le conducteur **est dans son tort**, il n'a pas respecté la priorité à droite.*

tortellini (nom masculin) Pâte farcie en forme de petite couronne. *Des **tortellinis** à la viande.*
★ **Tortellini** est un mot italien.

torticolis (nom masculin) Contraction musculaire douloureuse qui raidit le cou.

tortillard (nom masculin) Petit train qui fait de nombreux détours pour desservir un grand nombre de petites localités. *Le **tortillard** s'arrête dans toutes les gares.*

tortiller (verbe) (conj. 3) **1** Tordre quelque chose dans tous les sens. *Il **tortillait** le bas de son pull entre ses doigts.* **2** **Se tortiller** : s'agiter dans tous les sens. *Gaëlle n'arrête pas de **se tortiller** sur sa chaise.*

tortionnaire (nom) Personne qui fait subir des tortures aux gens. *Le prisonnier a réussi à échapper à ses **tortionnaires**.*

tortue (nom féminin) Reptile dont le corps est entouré d'une carapace et qui se déplace très lentement sur ses pattes courtes.

tortueux, euse (adjectif) Qui fait des tours et des détours. *Les touristes se promenaient dans les ruelles **tortueuses** du vieux quartier de la ville.* (Syn. **sinueux.** Contr. **droit.**)

torture (nom féminin) **1** Souffrance physique que l'on fait subir volontairement à quelqu'un. *Le prisonnier n'a rien révélé malgré les **tortures**.* **2** Grande souffrance morale. *Ils sont sans nouvelles de leur enfant depuis des mois, c'est une véritable **torture**.*

torturer (verbe) (conj. 3) **1** Faire subir des tortures à quelqu'un. *Ils l'**ont torturé** pour le faire parler, mais il n'a rien dit.* **2** Causer une vive souffrance. *Sa responsabilité dans cet accident le **torture** encore.* (Syn. **tourmenter.**)

tôt (adverbe) De bonne heure ou avant le moment habituel. *Hélène s'est couchée très **tôt** hier soir.* (Contr. **tard.**) • **Pas de si tôt** : pas avant très longtemps. *Il est au Japon, on ne le reverra **pas de si tôt**.* • **Tôt ou tard** : à un moment ou à un autre. *Nous nous reverrons **tôt ou tard**.*

total, ale, aux (adjectif) **1** Qui est tout à fait complet. *Il y avait un silence **total** dans la classe.* (Syn. **absolu, entier.**) **2** Qui regroupe la totalité sans rien laisser de côté. *La facture **totale** de nos achats se monte à trois cents euros.*
▪**total, aux** (nom masculin) Résultat d'une addition. *Le **total** de 10 plus 10 est égal à 20.*
★ Famille du mot : total**ement**, total**iser**, total**itaire**, total**ité**.

totalement (adverbe) Complètement, entièrement. *Les travaux sont **totalement** terminés.*

totaliser (verbe) (conj. 3) Obtenir comme total. *C'est Julie qui **a totalisé** le maximum de points dans la dernière partie de cartes.*

totalitaire (adjectif) Se dit d'un régime dans lequel un seul parti politique possède la totalité des pouvoirs et ne tolère aucune opposition. *L'Allemagne nazie était un État **totalitaire**.*

totalité (nom féminin) Réunion de tous les éléments d'un tout. *L'assurance a payé la **totalité** des dépenses pour la réparation de la voiture.*

totem (nom masculin) Statue représentant un animal que les membres d'une tribu considèrent comme leur protection.

touareg, ègue (adjectif et nom) Qui concerne les populations berbères nomades du Sahara. *La langue **touarègue**.*
► Pluriel : des peuplades **touarègues**.
► **Touareg** prend une majuscule lorsqu'il est employé comme nom et désigne le peuple.

toubib (nom masculin) Synonyme familier de médecin. *Il faut appeler le **toubib**.*
► Prononciation [tubib].

toucan (nom masculin) Oiseau d'Amérique du Sud au bec énorme et au plumage coloré.

touchant, ante (adjectif) Qui touche les gens, les attendrit. *La scène où l'enfant retrouve sa mère est **touchante**.* (Syn. **attendrissant, émouvant.**)

touche (nom féminin) **1** Chacune des pièces qui forment un clavier. *Appuie sur la **touche** rouge de la télécommande pour arrêter la télé. Les **touches** du piano sont blanches ou noires.* **2** Coup de pinceau très léger. *Le peintre ajoute quelques **touches** de jaune pour éclairer ce paysage.* **3** Petite secousse qui fait bouger la ligne quand le poisson mord à l'hameçon. *Remonte ta ligne, je crois que tu as une **touche**.* **4** Au rugby et au football, fait pour le ballon de sortir des limites du terrain. *L'arbitre a sifflé une **touche**.*

① **toucher** (verbe) (conj. 3) **1** Mettre la main sur quelqu'un ou quelque chose. *Ne **touche** pas ce fer, il est brûlant !* **2** Être placé à côté ou contre. *Nos deux bureaux se **touchent**.* **3** Atteindre, entrer en contact ou blesser. *La flèche **a touché** la cible.* **4** Émouvoir ou attendrir quelqu'un. *Ce petit cadeau **a** beaucoup **touché** grand-mère.* **5** Mettre la main sur quelque chose pour le prendre. *Maman m'a interdit de **toucher** à ses produits de maquillage.* **6** Recevoir une somme d'argent. *Combien **a**-t-il **touché** pour faire ce travail ?* • **Toucher à sa fin** : être prêt de finir. *Il est tard, la soirée **touche à sa fin**.* (Syn. **tirer à sa fin.**)
★ Famille du mot : intouch**able**, re**touche**, re**toucher**, touch**ant**, touche.

② **toucher** (nom masculin) Celui des cinq sens qui nous permet de reconnaître les choses grâce au contact avec la peau.

touffe (nom féminin) Petit assemblage de choses qui poussent serrées les unes contre les autres. *Une **touffe** de cheveux. Une **touffe** d'herbes.*

touffu, ue (adjectif) Qui est épais et serré comme une touffe. *Des buissons **touffus**.* (Syn. **dense, dru.** Contr. **clairsemé.**)

touiller (verbe) (conj. 3) Synonyme familier de mélanger. *William **touille** la salade pour répartir la vinaigrette.*

toujours (adverbe) **1** Chaque fois ou dans tous les cas. *Xavier est **toujours** prêt à rendre service.* **2** Encore maintenant. *Il travaille **toujours** au même endroit. Je l'attends depuis une heure et il n'est **toujours** pas là.* **3** De tout temps, ou sans cesse. *On peut **toujours** trouver des gens gentils autour de soi.* • **Pour toujours** : définitivement. *Il aimerait s'installer ici **pour toujours**.*

toundra (nom féminin) Steppe des régions polaires, à la végétation maigre et clairsemée.

toupet (nom masculin) Dans la langue familière, audace excessive. *Tu ne manques pas de **toupet** de fouiller dans mon sac !* (Syn. **culot.**)

toupie (nom féminin) Jouet qui tourne sur lui-même sur sa pointe quand on le lance. *Anna essaie de faire tourner sa **toupie** le plus longtemps possible.*

① **tour** (nom masculin) **1** Mouvement effectué en tournant. *N'oublie pas de donner un **tour** de clé en partant.* **2** Circonférence de quelque chose. *Élodie a mesuré son **tour** de taille.* **3** Parcours qu'on fait autour d'un endroit. *On a fait le **tour** du lac.* **4** Petite promenade. *Tu viens avec moi faire un **tour** ?* **5** Exercice qui demande beaucoup d'adresse. *Le clown a fait quelques **tours** de prestidigitation.* **6** Ordre dans lequel on fait une chose. *Chacun son **tour** : c'est au **tour** de Benjamin de distribuer les cartes.* **7** Synonyme de tournure. *Les évènements prennent un **tour** dramatique.* **8** Machine qui tourne régulièrement et permet de façonner des pièces de bois ou de métal, ou de modeler des poteries. *À l'école, il y a un atelier de poterie avec un **tour**.* • **À double tour** : en tournant deux fois la clé dans la serrure. • **En un tour de main** : très rapidement. (Syn. **en un tournemain.**) • **Jouer un tour à quelqu'un** : lui faire une farce. • **Tour de chant** : récital d'un chanteur.

② **tour** (nom féminin) **1** Construction élevée de forme ronde ou carrée. *La **tour** de ce château est occupée par un musée.* **2** Immeuble construit en hauteur. *Clément habite dans une **tour** de 35 étages.* • **Tour de contrôle** : bâtiment qui domine un aéroport et où se fait le contrôle du trafic aérien.

tourangeau, elle → tableau p. 6 / 7.

tourbe (nom féminin) Matière noirâtre constituée par des végétaux qui se décomposent dans les marécages. *Le jardinier a étalé de la **tourbe** dans les plates-bandes.*

tourbière (nom féminin) Marécage d'où l'on extrait la tourbe.

tourbillon (nom masculin) Masse d'air, d'eau, de sable, etc. qui tourne rapidement sur elle-même. *L'endroit où le torrent forme des **tourbillons** est dangereux pour les kayaks.*

tourbillonner (verbe) (conj. 3) Former un tourbillon. *La neige qui **tourbillonne** gêne beaucoup les alpinistes.* (Syn. **tournoyer**.)

tourelle (nom féminin) **1** Petite tour. *Le manoir est flanqué de deux **tourelles**.* **2** Partie supérieure d'un char ou d'un navire de guerre, équipée d'un canon.

tourillon (nom masculin) **1** Pivot servant d'axe au mouvement de rotation d'une pièce mécanique lourde. *Le **tourillon** d'un portail.* **2** Cheville de bois. *Les **tourillons** servent à assembler des pièces de menuiserie.*

tourisme (nom masculin) Activité qui consiste à voyager et à visiter des lieux pour le plaisir. *Papa est parti à Londres pour son travail et non pour faire du **tourisme**.*

touriste (nom) Personne qui fait du tourisme. *Cette superbe région attire beaucoup de **touristes**.*
★ Famille du mot : tour**isme**, tour**istique**.
★ **Touriste** vient de l'anglais *tourist*, issu du français *tour* au sens de « voyage circulaire ».

touristique (adjectif) **1** Qui concerne le tourisme. *Ce guide **touristique** est très bien fait.* **2** Qui est fréquenté par les touristes. *Venise est une ville très **touristique**.*

tourment (nom masculin) Grande inquiétude. *Il a de mauvaises notes à l'école, et cause bien du **tourment** à ses parents.* (Syn. **souci**, **tracas**.)
★ **Tourment** vient du latin *tormentum* qui signifie « instrument de torture ».

tourmente (nom féminin) Synonyme littéraire de tempête. *Le chalutier, pris dans la **tourmente**, a lancé un signal de détresse.*

tourmenter (verbe) (conj. 3) **1** Causer du tourment. *Ne vous **tourmentez** pas, cette maladie est bénigne.* **2** Faire souffrir. *Si tu continues à **tourmenter** ce petit chat, il va finir par te griffer !*

tournage (nom masculin) Action de tourner un film. *Une partie du **tournage** a eu lieu dans le désert.*

tournant (nom masculin) Endroit où une route tourne. *Ralentis, ce **tournant** est très dangereux !* (Syn. **virage**.)

tournebouler (verbe) (conj. 3) Synonyme familier de bouleverser. *La nouvelle l'a complètement **tourneboulée**.*

tournebroche (nom masculin) Dispositif pour faire tourner automatiquement une broche à rôtir. *Ce four est équipé d'un **tournebroche** électrique.*

tournedos (nom masculin) Tranche de filet de bœuf entourée d'une barde. *Au menu, il y a des **tournedos** au poivre.*

tournée (nom féminin) Déplacement ou voyage fait selon un itinéraire fixé, en s'arrêtant à divers endroits. *Le facteur fait sa **tournée** à vélo. Ce musicien part en **tournée** dans toute la France.*

en un **tournemain** (adverbe) Synonyme de en un tour de main. *L'omelette était prête **en un tournemain**.*

tourner (verbe) (conj. 3) **1** Se déplacer autour d'un axe, ou en décrivant une courbe. *David regarde le manège qui **tourne**. La Lune **tourne** autour de la Terre.* **2** Diriger dans un autre sens. *Fatima **a tourné** la tête au moment où on prenait la photo. Ibrahim s'**est tourné** vers moi pour me parler.* **3** Changer de direction. *Au carrefour, il faut **tourner** à gauche.* (Syn. **virer**.) **4** Rabattre l'un sur l'autre. *Kevin **tourne** les pages de son dictionnaire.* **5** Fabriquer au tour. *Le potier **tourne** un bol.* **6** Faire un film. *Ce réalisateur **a tourné** en décors naturels.* **7** Évoluer d'une certaine façon. *Cette affaire **a tourné** à la catastrophe.* **8** Devenir aigre. *Le lait n'est plus bon, il **a tourné** à cause de la chaleur.*
• **Avoir la tête qui tourne** : avoir des vertiges. • **Tourner de l'œil** : synonyme familier de s'évanouir.
★ Famille du mot : tourn**age**, tourn**ant**, tournebroche, tourn**ée**, en un tournemain, tournesol, tournevis, tourn**is**, tourn**oyer**, tourn**ure**.
★ **Tourner** vient du latin *tornare* qui signifie « façonner au tour ».

tournesol (nom masculin) Plante à grosses fleurs jaunes qui se tournent vers le soleil. *Avec les graines de **tournesol**, on fait de l'huile.*

tourneur (nom masculin) Ouvrier qui façonne des pièces métalliques sur un tour.

tournevis (nom masculin) Outil qui sert à serrer ou à desserrer les vis.
▶ Prononciation [tuʀnəvis].

tournicoter (verbe) (conj. 3) Tourner sur place, sans raison apparente. *Pierre **tournicote** autour de moi et m'agace.*

tourniquet (nom masculin) Dispositif de clôture qui tourne et qui ne laisse passer qu'une personne à la fois. *Pour entrer dans la station de métro, il faut franchir le **tourniquet**.*

tournis (nom masculin) Sensation de vertige. *Toute cette foule m'a donné le **tournis**.*

tournoi (nom masculin) **1** Au Moyen Âge, combat opposant des chevaliers armés de lances. **2** Compétition qui comprend plusieurs matchs. *Pierre s'est inscrit au **tournoi** de ping-pong.*

tournoyer (verbe) (conj. 6) Synonyme de tourbillonner. *Le cow-boy faisait **tournoyer** son lasso au-dessus de sa tête.*

tournure (nom féminin) **1** Façon d'évoluer, en parlant d'un évènement ou d'une situation. *Cette discussion prend une **tournure** dramatique.* (Syn. **tour**.)

2 Agencement des mots dans une phrase. *Une **tournure** trop compliquée.* • **Tournure d'esprit** : manière de voir les choses.

tour-opérateur (nom masculin) Entreprise qui organise des voyages. (Syn. **voyagiste.**)
► Pluriel : des **tour-opérateurs**.
★ **Tour-opérateur** vient de l'anglais.

tourte (nom féminin) Tarte salée recouverte de pâte. *Maman prépare une **tourte** aux courgettes.*

tourteau, eaux (nom masculin) Gros crabe comestible. *Les **tourteaux** ont de grosses pinces.*
★ **Tourteau** vient de l'ancien français *tort* qui signifie « tordu », par allusion à la démarche du crabe.

tourterelle (nom féminin) Oiseau qui ressemble à un pigeon. *Les **tourterelles** roucoulent.*

tous Voir ***tout***.

tousser (verbe) (conj. 3) Être pris d'un accès de toux. *Quentin a un gros rhume, il a le nez qui coule et il **tousse** beaucoup.*

toussoter (verbe) (conj. 3) Tousser légèrement. *Romain **a toussoté** pour attirer l'attention de Gaëlle.*

tout, toute, tous, toutes (déterminant) **1** Qui représente la totalité. *Il a neigé **toute** la nuit. **Tous** les toits de ce village sont en tuiles.* **2** N'importe lequel, chaque. *Il peut arriver à **tout** moment. **Toutes** les semaines, Thomas va au cours de judo.*
■ **tout, tous, toutes** (pronom) La totalité des choses ou des personnes. ***Tout** est bon dans ce restaurant. Les élèves sont **tous** partis en classe de neige.*
■ **tout** (adverbe) **1** Complètement, entièrement, tout à fait. *Cette maison est **toute** neuve. Ton pantalon est **tout** sale.* **2** Synonyme de très. *Ce chat est encore **tout** jeune.* • **En tout** : au total. ***En tout**, on a payé cent euros.*
► **Tout**, adverbe, s'accorde devant un adjectif féminin qui commence par une consonne ou un h aspiré. *Elles sont **toutes** mignonnes. Elle est **toute** honteuse.*
■ **tout** (nom masculin) **1** Ensemble de choses. *Il veut se débarrasser de sa collection de timbres et va donner le **tout** à son cousin.* **2** Chose essentielle. *Le **tout**, c'est de ne pas s'affoler quand il y a le feu.* • **Pas du tout** : absolument pas. *Je n'ai **pas** faim **du tout**.*

tout à coup (adverbe) Brusquement, soudain, subitement. *On dînait dehors quand **tout à coup** l'orage a éclaté.*

tout à fait (adverbe) Entièrement, totalement, complètement. *Le gâteau n'est pas encore **tout à fait** cuit.*

tout-à-l'égout (nom masculin) Système d'évacuation des eaux sales dans les égouts. *Cette ferme isolée n'est pas raccordée au **tout-à-l'égout**.*

tout à l'heure (adverbe) **1** Il y a peu de temps. *Il fait beau maintenant, mais **tout à l'heure** il pleuvait.* **2** Dans un moment. *Tu iras acheter le pain **tout à l'heure**.*

tout de suite (adverbe) Sans attendre. *Hélène a reçu une lettre de sa grand-mère et lui a **tout de suite** répondu.* (Syn. **immédiatement.**)

toutefois (adverbe) Indique une opposition. *J'aimerais bien t'accompagner, si **toutefois** tu n'y vois pas d'inconvénient.* (Syn. **cependant, néanmoins, pourtant.**)

tout-terrain (adjectif) Se dit d'un véhicule adapté à tous les terrains, même accidentés. *Un camion **tout-terrain**.*
► Pluriel : des voitures **tout-terrain**.

tout-venant (nom masculin) **1** Minerai non encore trié, tel qu'il est extrait du gisement. *Le **tout-venant** est concassé.* **2** Tout ce qui se présente, sans avoir fait l'objet d'un choix. *Les politiciens précédaient le **tout-venant** des manifestants.*

toux (nom féminin) Expiration bruyante et saccadée visant à dégager les voies respiratoires. *Pour calmer sa **toux**, Julie suce des bonbons au miel.*
★ Famille du mot : tousser, toussoter.

tox(o)- Élément tiré du grec *toxikon* qui signifie « poison » (exemples : *toxoplasmose*, *toxine*).
► On utilise aussi **toxico-** (exemple : *toxicomanie*).

toxicologie (nom féminin) Science qui étudie les substances toxiques, leur identification, leurs effets et les remèdes à leur opposer.

toxicomane (nom) Synonyme de drogué. *Il faut aider les **toxicomanes** à ne plus dépendre de leur drogue.*

toxicomanie (nom féminin) Fait de se droguer. *Cette brochure explique clairement les dangers de la **toxicomanie**.*

toxine (nom féminin) Substance toxique élaborée par un organisme vivant. *Le tétanos est dû à l'action d'une **toxine** puissante.*

toxique (adjectif) Qui est dangereux pour la santé. *Certains champignons sont **toxiques**.*
★ Famille du mot : **désin**toxiquer, **intoxication**, **intox**iquer, toxicomane, toxicomanie.

toxoplasmose (nom féminin) Maladie parasitaire dangereuse pour le fœtus lorsqu'elle est contractée par une femme enceinte. *La **toxoplasmose** peut être responsable de malformations du fœtus.*

trac (nom masculin) Angoisse qu'on ressent avant de faire quelque chose en public. *Chaque fois qu'il entre sur scène, ce chanteur a le **trac**.*

traçabilité (nom féminin) Possibilité de suivre un produit tout au long de la filière de production et de remonter vers l'origine d'une anomalie. *La **traçabilité** de la viande bovine.*

tracas (nom masculin) Synonyme de souci. *Les parents se font souvent beaucoup de **tracas** pour l'avenir de leurs enfants.*

tracasser (verbe) (conj. 3) Causer du tracas. *Sa santé nous **tracasse**. Ne te **tracasse** pas pour lui, il saura se débrouiller tout seul.* (Syn. **inquiéter.**)
★ Famille du mot : tracas, tracasserie.

tracasserie (nom féminin) Ennui ou désagrément causés par des choses peu importantes. *Maman redoute les **tracasseries** administratives.*

trace (nom féminin) **1** Marque laissée par un animal, une personne ou une chose. *Des **traces** de pas dans la neige.* (Syn. **empreinte.**) **2** Marque laissée par une action ou un évènement passés. *L'enfant portait des **traces** de coups.* **3** Très petite quantité. *L'enquête a prouvé qu'il y avait des **traces** de poison dans le corps de la victime.*

tracé (nom masculin) Ensemble de lignes représentant quelque chose. *On connaît le **tracé** de la future autoroute.*

tracer (verbe) (conj. 4) Dessiner à l'aide de traits. *Avec une craie, les enfants **ont tracé** une marelle dans la cour.*

trachée (nom féminin) Conduit situé entre la gorge et les bronches, qui sert au passage de l'air qu'on respire.
► On dit aussi **trachée-artère**.

trachéite (nom féminin) Inflammation de la trachée. *Sa **trachéite** le fait tousser.*
► Prononciation [tʀakeit].

trachyte (nom masculin) Roche volcanique dépourvue de quartz et riche en feldspaths.
► Prononciation [tʀakit].
★ **Trachyte** vient du mot grec *trakhus* qui signifie « raboteux ».

tract (nom masculin) Feuille de papier contenant des opinions, des revendications ou des propositions. *Les manifestants distribuent des **tracts** aux passants.*

tractations (nom féminin pluriel) Discussions longues et difficiles pour obtenir quelque chose. *Les **tractations** pour se mettre d'accord sur le prix de la maison ont été très longues.*

tracter (verbe) (conj. 3) Remorquer à l'aide d'un véhicule. *Le planeur **est tracté** par un avion à hélice.*

tracteur (nom masculin) Véhicule à moteur utilisé pour tirer une remorque ou une machine agricole. *Le cultivateur laboure son champ à l'aide de son **tracteur**.*

traction (nom féminin) **1** Force qui permet de tirer quelque chose. *Les trains sont aujourd'hui à **traction** électrique.* **2** Exercice de gymnastique où l'on soulève le corps par la force des bras. *À force de faire des **tractions**, Victor a des courbatures.*

tractopelle (nom féminin) Engin de travaux publics servant à pelleter. *Mon oncle est conducteur de **tractopelle** dans une sablière.*

trader (nom masculin) Spécialiste des transactions sur les marchés financiers. *Le **trader** achète et revend des actions toute la journée.*
► **Trader** est un mot anglais : on prononce [tʀɛdœʀ].
► On écrit aussi un **tradeur,** une **tradeuse**.

tradition (nom féminin) Manière de faire très ancienne, qui se transmet de génération en génération. *C'est la **tradition** d'offrir du muguet le jour du 1er mai.* (Syn. **coutume, habitude.**)
★ Famille du mot : tradition**aliste**, traditionn**el**, traditionn**ellement**.
★ **Tradition** vient du latin *traditio* qui signifie « chose transmise ».

traditionaliste (adjectif et nom) Qui respecte les traditions.

traditionnel, elle (adjectif) Qui est fondé sur une tradition. *Laura souffle les bougies du **traditionnel** gâteau d'anniversaire.*

traditionnellement (adverbe) De façon traditionnelle. *Le 14 Juillet, il y a **traditionnellement** des feux d'artifice.*

traducteur, trice (nom) Auteur de traductions. *Son père est bilingue, il est **traducteur** dans une maison d'édition.*

traduction (nom féminin) Texte traduit. *Ce livre est la **traduction** d'un roman américain.*

traduire (verbe) (conj. 43) **1** Écrire ou dire la même chose avec des mots d'une langue différente. *Ce roman anglais vient d'**être traduit** en français.* **2** Exprimer ou manifester quelque chose d'une certaine façon. *Le mécontentement de la population s'**est traduit** par des émeutes.* • **Traduire quelqu'un en justice** : le faire passer devant un tribunal.
★ Famille du mot : **in**tradui**sible**, tradu**cteur**, tradu**ction**, tradui**sible**.
★ **Traduire** vient du latin *traducere* qui signifie « faire passer ».

traduisible (adjectif) Que l'on peut traduire. *Ce jeu de mots est difficilement **traduisible** en anglais.*

trafic (nom masculin) **1** Circulation de véhicules. *Pour ce week-end, on prévoit un **trafic** important sur les routes.* **2** Commerce interdit par la loi. *Les policiers ont démantelé un **trafic** d'armes.*
★ Famille du mot : trafic**oter**, trafiqu**ant**, trafiqu**er**.

traficoter (verbe) (conj. 3) Se livrer à de petits trafics. *Un petit délinquant qui **traficote**.*

trafiquant, ante (nom) Personne qui fait du trafic. *Le tribunal a condamné des **trafiquants** de drogue.*

trafiquer (verbe) (conj. 3) **1** Faire du trafic. *C'est en **trafiquant** que cet homme s'est enrichi.* **2** Modifier dans l'intention de tromper. *Ces comptes sont faux : ils **ont été trafiqués**.* (Syn. **falsifier.**)

tragédie (nom féminin) **1** Pièce de théâtre dont le sujet est grave et qui se termine mal. *Au collège, on étudie certaines **tragédies** de Racine.* **2** Évènement terrible et dramatique. *Sa mort a été une **tragédie** pour toute la famille.* (Syn. **drame.**)

tragicomédie (nom féminin) Tragédie où sont introduits certains éléments comiques et dont le dénouement est heureux. *« Le Cid », de Corneille, est une **tragicomédie**.*

tragique (adjectif) Qui a des conséquences très graves. *Son oncle a été grièvement blessé dans un* ***tragique*** *accident.* (Syn. **effroyable, terrible.**)
▪ **tragique** (nom masculin) • **Prendre quelque chose au tragique** : s'en inquiéter de façon exagérée.

tragiquement (adverbe) De manière tragique. *Des pêcheurs ont péri* ***tragiquement*** *dans la tempête.*

trahir (verbe) (conj. 11) **1** Abandonner ou tromper quelqu'un qui avait confiance en vous, en se mettant du côté de ses ennemis. *En vendant à un pays étranger les plans de la fusée, il* ***a trahi*** *son pays.* **2** Laisser paraître ce qu'on voulait cacher. *Ses tremblements* ***trahissent*** *son émotion. Myriam* ***s'est trahie*** *en rougissant.* • **Trahir un secret** : le divulguer alors qu'on avait promis de ne pas le répéter.
★ **Trahir** vient du latin *tradere* qui signifie « livrer ».

trahison (nom féminin) Action de trahir. *Il a été condamné pour* ***trahison****.*

train (nom masculin) **1** Ensemble de wagons tirés par une locomotive. *Je prendrai le* ***train*** *qui part à six heures. Le TGV est un* ***train*** *très rapide.* **2** File de véhicules attachés les uns aux autres. *William regarde passer un* ***train*** *de péniches sur le canal.* **3** Allure ou vitesse de quelqu'un ou de quelque chose. *Au* ***train*** *où tu vas, tu n'auras pas fini tes devoirs ce soir !* • **À fond de train** : à toute vitesse. • **Être en train de** : exprime le déroulement d'une action. *Noémie* ***est en train de*** *prendre son petit déjeuner.* • **Train d'atterrissage** : système qui permet à un avion de rouler au sol au moment de l'atterrissage. • **Train de vie** : manière de vivre par rapport à ses revenus.

traînard, arde (nom) Personne qui est à la traîne d'un groupe. *Les marcheurs ont fait une halte pour attendre les* ***traînards****.*
► On écrit aussi **trainard**.

traîne (nom féminin) Partie d'un vêtement qui traîne par terre. *La mariée portait une robe blanche avec une longue* ***traîne****.* • **À la traîne** : en retard sur les autres. *Ce sont toujours les mêmes qui sont* ***à la traîne*** *!*
► On écrit aussi **traine**.

traîneau, eaux (nom masculin) Véhicule muni de patins pour glisser sur la neige ou sur la glace. *Le* ***traîneau*** *est tiré par un cheval.*
► On écrit aussi **traineau**.

traînée (nom féminin) Longue trace laissée par quelque chose. *La* ***traînée*** *blanche d'un avion dans le ciel bleu.*
► On écrit aussi **trainée**.

traîner (verbe) (conj. 3) **1** Tirer une chose sans la soulever. *La locomotive* ***traîne*** *une dizaine de wagons de marchandises.* **2** Pendre jusqu'à terre. *Ton ourlet est défait et ta robe* ***traîne*** *par terre !* **3** Être en désordre. *Maman demande à Xavier de ranger toutes ses affaires qui* ***traînent****.* **4** Rester trop longtemps quelque part. *Fais vite et ne* ***traîne*** *pas en route !* (Syn. **s'attarder.**) **5** Durer trop longtemps. *Les travaux* ***traînent*** *depuis des mois.* **6 Se traîner** : se déplacer en rampant. *Le bébé* ***se traîne*** *par terre.* • **Traîner la jambe** : avancer péniblement.
► On écrit aussi **trainer**.
★ Famille du mot : traîn**ard**, traîne, traîn**eau**, traîn**ée**.

train-train (nom masculin) Synonyme familier de routine. *La visite de ses amis a rompu son* ***train-train*** *quotidien.*
► On écrit aussi **traintrain**.

traire (verbe) (conj. 40) Tirer sur les mamelles, en prenant le pis, pour faire sortir le lait. *On* ***trait*** *les vaches, les chèvres et les brebis.*
★ **Traire** vient du latin *trahere* qui signifie « tirer ».

trait (nom masculin) **1** Courte ligne droite. *Odile trace des* ***traits*** *à la craie pour dessiner une marelle.* **2** Action de tirer une charrue ou un chariot. *Les chevaux de* ***trait*** *ont presque disparu.* **3** Élément distinctif. *La chaleur humide est un* ***trait*** *dominant du climat équatorial.* • **Avoir trait à quelque chose** : avoir un rapport avec elle. *Tout ce qui* ***a trait au*** *sport passionne Sarah.* (Syn. **concerner.**) • **D'un (seul) trait** : en une seule fois, sans s'arrêter. *Le bébé a bu son biberon* ***d'un seul trait****.* • **Un trait de génie** : une idée géniale.
▪ **traits** (nom masculin pluriel) Lignes qui forment le visage. *Ursula a les mêmes* ***traits*** *fins que sa mère.*

traitant, ante (adjectif) • **Médecin traitant** : médecin qui traite quelqu'un habituellement.

trait d'union (nom masculin) Signe en forme de petit trait, qui sert à réunir les parties d'un même mot. *Les mots « arc-en-ciel » et « pot-au-feu » s'écrivent avec des* ***traits d'union****.*
► Pluriel : des **traits d'union**.

traite (nom féminin) **1** Trafic et commerce d'êtres humains. *À l'époque de la* ***traite*** *des Noirs, beaucoup d'Africains ont été vendus comme esclaves en Amérique.* **2** Somme qu'un débiteur doit payer régulièrement pour rembourser un crédit. *Ils paient chaque mois les* ***traites*** *de leur appartement.* **3** Action de traire. *C'est une machine qui effectue la* ***traite*** *des vaches.* • **D'une (seule) traite** : en une seule fois, sans s'arrêter. *On a fait le parcours en voiture,* ***d'une seule traite****.*

traité (nom masculin) **1** Ouvrage qui traite d'une matière ou d'un sujet. *Ce* ***traité*** *de physique me semble compliqué.* **2** Accord officiel entre des États. *Signer un* ***traité*** *de paix.*

traitement (nom masculin) **1** Façon de traiter une personne ou un animal. *Cet homme est soupçonné de faire subir de mauvais* ***traitements*** *à ses enfants.* **2** Ensemble des moyens utilisés pour soigner une maladie. *Le médecin a prescrit un nouveau* ***traitement*** *à son patient.* **3** Ensemble des opérations ou des procédés destinés à modifier une chose. *Le* ***traitement*** *de l'eau la rend potable.* **4** Salaire d'un fonctionnaire. *On reçoit son* ***traitement*** *à la fin du mois.* • **Traitement de texte** : programme informatique qui permet de saisir, corriger et imprimer des documents.

traiter (verbe) (conj. 3) **1** Agir d'une certaine façon envers une personne ou un animal. *Ce restaurateur **traite** ses clients comme des amis.* **2** Donner un qualificatif injurieux à quelqu'un. *Zoé s'est fâchée quand Yann l'**a traitée** de menteuse.* **3** Appliquer un traitement à une maladie. *Anna a pris des antibiotiques pour **traiter** son angine.* **4** Enseigner quelque chose ou parler de quelque chose. *Ce matin, le professeur **a traité** avec les élèves des problèmes de la violence à l'école.* **5** Soumettre une chose à un traitement qui la modifie. *Ce bois **est traité** spécialement pour l'extérieur. Des oranges non **traitées**.*
★ Famille du mot : in**traitable**, **mal**traiter, trait**ant**, trait**é**, traite**ment**, trait**eur**.

traiteur (nom masculin) Commerçant qui prépare et vend des plats cuisinés. *Maman a commandé une paella chez le **traiteur**.*

traître, traîtresse (nom) Personne qui trahit. *Cet homme est passé dans le camp ennemi, c'est un **traître**.* • **En traître** : de façon perfide, déloyale. *On l'a pris **en traître** en l'attaquant par derrière.*
■**traître** (adjectif masculin) Qui est plus dangereux qu'il n'en a l'air. *Méfie-toi des petites routes de montagne car elles sont **traîtres** !* • **Pas un traître mot** : pas un seul mot. *Je n'ai **pas** compris **un traître mot** de son discours.*
▶ On écrit aussi **traitre, traitresse**.

traîtrise (nom féminin) Comportement d'un traître. *On lui a reproché sa **traîtrise**.* (Syn. **perfidie**. Contr. **loyauté**.)
▶ On écrit aussi **traitrise**.

trajectoire (nom féminin) Chemin suivi par un corps en mouvement. *La fusée a dévié de la **trajectoire** prévue.*
★ **Trajectoire** vient du latin *trajectus* qui signifie « traversée », que l'on retrouve dans **trajet**.

trajet (nom masculin) Chemin à parcourir pour aller d'un point à un autre. *Comme son école n'est pas loin, Élodie fait le **trajet** à pied.* (Syn. **parcours**.)

tram Voir ***tramway***.

trame (nom féminin) **1** Ensemble des fils d'un tissu qui sont tissés dans le sens de la largeur. **2** Au sens figuré, ce qui constitue le fond ou la structure de quelque chose. *Ce romancier présente la **trame** de son prochain livre.*

tramer (verbe) (conj. 3) Comploter, manigancer quelque chose. *Ces voyous **trament** un mauvais coup.*

tramontane (nom féminin) Vent du nord-ouest qui souffle parfois sur une partie de la côte méditerranéenne.
★ **Tramontane** vient de l'italien *transmontana* (*stella*) qui signifie « (étoile) polaire ».

trampoline (nom masculin) Grande toile tendue sur un cadre par des ressorts, sur laquelle on rebondit.

tramway (nom masculin) Sorte de train électrique pour le transport des voyageurs dans les rues de certaines villes.
▶ **Tramway** est un mot anglais : on prononce [tʀamwɛ].
▶ Ce mot s'abrège **tram**.

tranchant, ante (adjectif) **1** Qui tranche bien. *Le boucher aiguise ses couteaux pour les rendre plus **tranchants**.* (Syn. **coupant**.) **2** Au sens figuré, qui est brusque et dur. *Un ton **tranchant**.*
■**tranchant** (nom masculin) Partie tranchante d'une lame. *Le **tranchant** d'une hache.*

tranche (nom féminin) Morceau plus ou moins mince d'un aliment qu'on a tranché. *Pour les sandwichs, on a acheté de fines **tranches** de jambon.*

tranchée (nom féminin) Trou étroit et long qu'on creuse dans le sol. *Les ouvriers font des **tranchées** pour changer les conduites de gaz.*

trancher (verbe) (conj. 3) **1** Couper d'un seul coup. *Autrefois, en France, on **tranchait** la tête des condamnés à mort avec une guillotine.* **2** Faire un choix catégorique et décisif pour régler quelque chose. *On a assez hésité, maintenant il faut **trancher**.* **3** Faire un contraste. *La couleur sombre de sa cravate **tranche** sur sa chemise blanche.*
★ Famille du mot : tranch**ant**, tranche, tranch**ée**.

tranquille (adjectif) **1** Où il n'y a ni agitation ni bruit. *Fatima cherche un endroit **tranquille** pour travailler.* (Syn. **calme, paisible**.) **2** Qui est peu remuant. *Les enfants sont **tranquilles**, on ne les entend pas !* (Syn. **sage**.) **3** Qui est sans inquiétude. *Sois **tranquille**, il n'y a aucun danger.* • **Laisser quelqu'un tranquille** : ne pas le déranger. ***Laisse**-moi **tranquille**, je travaille !*
★ Famille du mot : tranquille**ment**, tranquill**isant**, tranquill**iser**, tranquill**ité**.

tranquillement (adverbe) D'une manière tranquille. *Benjamin lit **tranquillement** dans sa chambre.* (Syn. **calmement, paisiblement**.)

tranquillisant (nom masculin) Médicament qui calme l'anxiété.

tranquilliser (verbe) (conj. 3) Synonyme de rassurer. *Nous avons enfin eu de ses nouvelles, et nous voilà **tranquillisés**.* (Contr. **inquiéter**.)

tranquillité (nom féminin) État de ce qui est tranquille et calme. *Ce qu'ils apprécient le plus dans ce village, c'est la **tranquillité**.* (Syn. **calme**.)

trans- Préfixe tiré du latin *trans* qui signifie « à travers » (exemples : *transalpin, transparaître*).

transaction (nom féminin) Opération boursière ou commerciale.

transalpin, ine (adjectif) Qui est au-delà des Alpes.

① **transat** (nom masculin) Chaise longue pliante.
▶ Prononciation [tʀɑ̃zat].
★ Les premiers **transats** ont été utilisés sur le pont des paquebots *transatlantiques*.

a b c d e f g h i j k l m n o p q r s t u v w x y z

a b c d e f g h i j k l m n o p q r s t u v w x y z

② **transat** (nom féminin) Course de voiliers à travers l'Atlantique.
► Prononciation [tʀɑ̃zat].

transatlantique (adjectif) Qui traverse l'océan Atlantique. *Cette course* ***transatlantique*** *va du Havre à New York.*
▪ **transatlantique** (nom masculin) Navire transatlantique.

transbahuter (verbe) (conj. 3) Transporter d'un lieu à un autre sans grande précaution. *Les déménageurs* ***ont transbahuté*** *les cartons.*

transborder (verbe) (conj. 3) Faire passer des voyageurs ou des marchandises d'un navire, d'un avion, d'un train à un autre.

transcendant, ante (adjectif) **1** Qui excelle en son genre. *Ce savant a un esprit* ***transcendant.*** (Syn. **supérieur.**) **2** Qui concerne un nombre non algébrique, qui n'est la racine d'aucune équation à coefficients entiers. *Le nombre π est* ***transcendant.***

transcender (verbe) (conj. 3) Dépasser, en étant supérieur. *Il s'****est*** *littéralement* ***transcendé*** *en réussissant cet exploit.*
► Prononciation [tʀɑ̃sɑ̃de].

transcoder (verbe) (conj. 3) Traduire dans un autre code. *Le programme informatique* ***a transcodé*** *les données.*

transcription (nom féminin) Action de transcrire. *La* ***transcription*** *phonétique de certains mots particuliers est indiquée dans ce dictionnaire.*

transcrire (verbe) (conj. 47) Reproduire un message dans un alphabet différent. *Ce livre* ***a été transcrit*** *en braille.*

transe (nom féminin) • **Être en transe** : perdre tout contrôle de soi.
▪ **transes** (nom féminin pluriel) • **Être dans les transes** : être très anxieux.

transept (nom masculin) Partie d'une église qui est perpendiculaire à la nef, au niveau du chœur.
► Prononciation [tʀɑ̃sɛpt].

transférer (verbe) (conj. 8) Faire passer quelqu'un ou quelque chose d'un lieu à un autre. *Les locaux de la banque* ***ont été transférés*** *de l'autre côté de la rue.*

transfert (nom masculin) Action de transférer quelqu'un ou quelque chose. *Le blessé est soigné dans l'ambulance pendant son* ***transfert*** *à l'hôpital.*

transfigurer (verbe) (conj. 3) Transformer quelqu'un en l'embellissant. *Il semble que le bonheur les* ***ait transfigurés.***

transformateur (nom masculin) Appareil qui modifie le voltage d'un courant électrique.

transformation (nom féminin) **1** Action de transformer quelque chose. *La* ***transformation*** *des matières premières en produits industriels.* **2** Ce qui a été transformé. *Gaëlle a fait des* ***transformations*** *dans sa chambre en changeant les meubles de place.* (Syn. **changement, modification.**)

transformer (verbe) (conj. 3) Changer l'aspect ou la forme de quelque chose ou de quelqu'un. *Ce terrain vague va* ***être transformé*** *en jardin public. Le têtard se* ***transforme*** *en grenouille, la chenille se* ***transforme*** *en papillon.* • **Transformer un essai** : au rugby, faire passer le ballon entre les poteaux du camp adverse après avoir marqué un essai.
★ Famille du mot : transform**ateur**, transform**ation**.

transfuge (nom masculin) Soldat qui passe à l'ennemi en temps de guerre.
▪ **transfuge** (nom) Personne qui abandonne un parti, des opinions pour un parti, des opinions adverses.
★ **Transfuge** vient du latin *fugere* qui signifie « fuir ».

transfuser (verbe) (conj. 3) Injecter à quelqu'un, par perfusion, du sang provenant d'une autre personne. *Thomas s'est fait* ***transfuser*** *à la suite d'une hémorragie.*

transfusion (nom féminin) Fait d'injecter dans les veines d'une personne le sang d'une autre personne. *Ce blessé a été sauvé grâce à une* ***transfusion*** *sanguine.*

transgenèse (nom féminin) Modification génétique d'un organisme.

transgénique (adjectif) Qui concerne un organisme dans lequel on a transféré un ou plusieurs gènes étrangers. *Du blé* ***transgénique.***

transgresser (verbe) (conj. 3) Ne pas respecter un ordre, une loi, etc. *Il a été puni pour* ***avoir transgressé*** *le règlement.*

transgression (nom féminin) **1** Action de transgresser. *La* ***transgression*** *des lois est punie.* (Syn. **infraction, violation.**) **2** Recouvrement, par la mer, d'une partie des continents, à la suite de leur enfoncement ou de l'élévation du niveau marin. (Contr. **régression.**)

transhumance (nom féminin) Déplacement des troupeaux qui vont paître dans les alpages l'été, puis redescendent dans les vallées avant l'hiver.

transi, ie (adjectif) Qui a très froid. *Les randonneurs sont rentrés* ***transis.***

transiger (verbe) (conj. 5) Faire des concessions pour trouver un accord. *Ils ne sont pas d'accord sur les prix, ils vont devoir* ***transiger.***
★ Famille du mot : **in**transige**ance**, **in**transige**ant**.

transistor (nom masculin) Poste de radio portatif. *Clément a acheté des piles pour son* ***transistor.***

transit (nom masculin) Fait de s'arrêter dans un pays pour aller dans un autre pays sans avoir à passer la douane. *Durant l'escale, les passagers en* ***transit*** *attendent dans la salle d'embarquement.*
► Prononciation [tʀɑ̃zit].

transiter (verbe) (conj. 3) Être en transit. *Quand nous sommes allés aux États-Unis, nous* ***avons transité*** *par Londres.*

transitif, ive (adjectif) Se dit d'un verbe qui peut être suivi d'un complément d'objet. *« Manger » et « donner » sont des verbes **transitifs**, « dormir » est un verbe intransitif.*

transition (nom féminin) Moment qui représente un stade intermédiaire. *L'adolescence fait la **transition** entre l'enfance et l'âge adulte.*

transitivité (nom féminin) Propriété d'un verbe transitif. *La **transitivité** du verbe « boire ».*

transitoire (adjectif) Qui forme une transition. *Le gouvernement a pris des mesures **transitoires**.* (Syn. **provisoire, temporaire.** Contr. **définitif.**)

translation (nom féminin) **1** Action de transporter d'un lieu dans un autre. *La **translation** des cendres d'un personnage célèbre au Panthéon.* **2** Transformation dans laquelle à tout point M on fait correspondre un point M' tel que le vecteur $\overrightarrow{MM'}$ soit constant.

translucide (adjectif) Qui est presque transparent. *Le blanc d'œuf cru est **translucide**, le jaune ne l'est pas.* (Contr. **opaque.**)

transmettre (verbe) (conj. 33) **1** Communiquer quelque chose à quelqu'un. *C'est Hélène qui m'**a transmis** ton message. La varicelle **se transmet** très facilement.* **2** Faire passer d'un endroit à un autre. *Les vibrations de la perceuse **se transmettent** dans toute la maison.*
★ Famille du mot : retransmettre, retransmission, transmissible, transmission.

transmissible (adjectif) Qui peut se transmettre. *Le sida est une maladie **transmissible** par le sperme ou par le sang.* (Syn. **contagieux.**)

transmission (nom féminin) Action de transmettre. *La **transmission** d'une maladie. La courroie de **transmission** s'est cassée et la voiture est tombée en panne.*

transparaître (verbe) (conj. 37) Devenir visible sur une surface. *Son émotion **transparaît** sur son visage.*
▶ On écrit aussi **transparaitre.**

transparence (nom féminin) Qualité de ce qui est transparent. *La **transparence** de l'eau nous permet de voir les fonds marins.*

transparent, ente (adjectif) Qui laisse passer la lumière et permet de voir distinctement à travers. *Ce tissu est trop **transparent**, il va falloir le doubler.*
★ **Transparent** vient des mots latins *trans* qui signifie « à travers » et *parere* qui signifie « apparaître ».

transpercer (verbe) (conj. 4) Passer au travers de quelque chose. *Une flèche lui **a transpercé** le bras.* (Syn. **traverser.**)

transpiration (nom féminin) Sécrétion de la sueur à travers les pores de la peau. *Pour éviter les odeurs de **transpiration**, Julie met du déodorant.* (Syn. **sueur.**)

transpirer (verbe) (conj. 3) Avoir la peau couverte de transpiration. *Il fait tellement chaud que tout le monde **transpire** abondamment.* (Syn. **suer.**)

transplantation (nom féminin) Action de transplanter un organe. *Une **transplantation** du cœur.*

transplanter (verbe) (conj. 3) **1** Sortir une plante de terre pour la replanter ailleurs. *Le jardinier **a transplanté** plusieurs arbustes qui manquaient de soleil.* **2** Greffer un organe à un malade. *Il est à l'hôpital car on doit lui **transplanter** un rein.*

transport (nom masculin) Action de transporter. *Certains trains assurent le **transport** des voyageurs et de leur voiture.*
■ **transports** (nom masculin pluriel) Moyens qui permettent de transporter des personnes ou des marchandises. *Le métro et les autobus sont des **transports** en commun.*

transporter (verbe) (conj. 3) Porter d'un lieu dans un autre. *Ce camion frigorifique **transporte** de la viande.*
★ Famille du mot : transport, transporteur.

transporteur (nom masculin) Personne dont le métier est de transporter des marchandises ou des personnes.

transposer (verbe) (conj. 3) Présenter quelque chose sous une autre forme ou dans un autre contexte. *Le réalisateur de ce film **a transposé** une histoire médiévale à l'époque actuelle.*

transposition (nom féminin) **1** Action d'intervertir les places. *Une anagramme est obtenue par **transposition** des lettres d'un mot.* **2** Fait de présenter différemment, de transposer dans une œuvre littéraire. *La **transposition** du vécu dans le rêve.*

transvaser (verbe) (conj. 3) Faire passer un liquide d'un récipient dans un autre. *Maman **a transvasé** le porto dans une carafe en cristal.*

transversal, ale, aux (adjectif) Qui coupe quelque chose perpendiculairement. *Une rue **transversale**.*

transverse (adjectif) Qui est en travers de l'axe du corps. *Un muscle **transverse**.*

trapèze (nom masculin) **1** Figure géométrique qui a quatre côtés, dont deux sont parallèles et de longueur inégale. **2** Barre horizontale suspendue à deux cordes. *Dans le jardin, il y a un portique avec une balançoire et un **trapèze**.*
★ **Trapèze** vient du grec *trapeza* qui signifie « table à quatre pieds ».

trapéziste (nom) Personne qui fait des acrobaties au trapèze. *Laura a toujours peur quand elle regarde les **trapézistes** du cirque.*

trapézoïde (adjectif et nom masculin) En forme de trapèze. *L'os **trapézoïde** est un os du poignet.*

trappe (nom féminin) **1** Ouverture dans un plancher ou au plafond, fermée par un panneau mobile. *Une **trappe** donne accès au grenier.* **2** Trou recouvert de branchages, servant à piéger les animaux sauvages. *Les chasseurs ont trouvé un renard pris dans la* ***trappe****.*

trappeur (nom masculin) Chasseur d'animaux à fourrure, en Amérique du Nord. *Le* ***trappeur*** *a posé des pièges à renards.*

trapu, ue (adjectif) Qui est petit et large de carrure. *Ces rugbymen sont* ***trapus****.* (Syn. **râblé.**)

traquenard (nom masculin) Piège tendu à quelqu'un. *Les malfaiteurs sont tombés dans un* ***traquenard*** *tendu par la police.*

traquer (verbe) (conj. 3) Pourchasser sans relâche et avec acharnement un gibier ou une personne. *Le sanglier* ***est traqué*** *par les chasseurs.*

traumatiser (verbe) (conj. 3) Causer un traumatisme. *Ce film est violent et risque de* ***traumatiser*** *les enfants.*

traumatisme (nom masculin) Choc provoqué par un coup ou une émotion violente. *Le divorce de ses parents a été un* ***traumatisme*** *pour elle. Un* ***traumatisme*** *crânien.*
★ **Traumatisme** vient du mot grec *trauma* qui signifie « blessure ».

travail, aux (nom masculin) **1** Activité professionnelle qui permet de gagner sa vie. *Ces chômeurs ont perdu récemment leur* ***travail****.* **2** Activité utile pour obtenir un résultat. *Il lui a fallu plusieurs heures de* ***travail*** *pour monter la bibliothèque.* **3** Tâche à faire. *Myriam n'a pas fini son* ***travail*** *pour demain, elle a encore une récitation à apprendre.*
■ **travaux** (nom masculin pluriel) **1** Ensemble d'opérations qui exigent de la main-d'œuvre et des moyens techniques. *Ce village se consacre entièrement aux* ***travaux*** *agricoles. Il y a des* ***travaux*** *sur l'autoroute.* **2** Ensemble des recherches d'un intellectuel. *Les* ***travaux*** *de ce chercheur ont été récompensés par un prix Nobel.*
★ **Travail** vient du latin *tripalium* qui signifie « instrument de torture ».

travailler (verbe) (conj. 3) **1** Exercer son métier. *La mère de Noémie* ***travaille*** *dans une bibliothèque.* **2** Faire des efforts pour obtenir un résultat. *David* ***a travaillé*** *des mois pour faire sa maquette. Tu dois* ***travailler*** *si tu veux réussir.* **3** Modifier quelque chose par son action. *Le menuisier* ***travaille*** *le bois. Les paysans* ***travaillent*** *la terre.* **4** Se déformer sous l'effet d'un phénomène. *Sous l'effet de la chaleur, le bois* ***a travaillé*** *et le meuble s'est fendu.*
★ Famille du mot : travail, travaill**eur**.

travailleur, euse (adjectif) Qui travaille beaucoup. *Cette classe a de bons résultats car les élèves sont* ***travailleurs****.* (Contr. **fainéant, paresseux.**)
■ **travailleur, euse** (nom) Personne qui travaille. *Les artisans sont des* ***travailleurs*** *manuels.*

travée (nom féminin) Rangée de tables ou de sièges alignés les uns derrière les autres. *Les* ***travées*** *du théâtre étaient pleines de monde.*

travelling (nom masculin) Mouvement d'une caméra de cinéma qui se déplace le long d'un rail. *Cette scène est un long* ***travelling****.*
▶ Prononciation [tʀavliŋ].
★ **Travelling** vient de l'anglais *to travel* qui signifie « se déplacer ».

travers (nom masculin) Petit défaut. *Il est très gourmand, mais on lui pardonne ce petit* ***travers****.* • **À travers** : en traversant une étendue ou une épaisseur. *Marcher* ***à travers*** *champs. Qu'est-ce que tu vois* ***à travers*** *la vitre ?* • **Au travers** : en traversant de part en part. *Le toit est en mauvais état et la pluie passe* ***au travers****.* • **De travers** : qui n'est pas droit ou pas correct. *Redresse ce tableau, tu vois bien qu'il est* ***de travers*** *! Il comprend tout* ***de travers****.* • **En travers** : au milieu, dans le sens de la largeur. *Des troncs d'arbres* ***en travers*** *de la route empêchent la circulation.* • **Passer au travers de quelque chose** : y échapper. • **Regarder quelqu'un de travers** : le regarder avec antipathie ou malveillance.

traverse (nom féminin) Grosse pièce de bois disposée en travers d'une voie ferrée, et sur laquelle les rails sont fixés. • **Chemin de traverse** : chemin plus court, qui s'écarte de la route normale. *On a pris un* ***chemin de traverse*** *pour gagner du temps.*

traversée (nom féminin) Trajet fait quand on traverse un espace. *Il a fait la* ***traversée*** *de l'Atlantique à la voile.*

traverser (verbe) (conj. 3) **1** Passer d'un côté à l'autre. *Les enfants ont construit un radeau pour* ***traverser*** *la rivière.* **2** Pénétrer et passer au travers de quelque chose. *Il y a eu un tel orage que la pluie* ***a traversé*** *mon anorak.* (Syn. **transpercer.**)
★ Famille du mot : travers, traverse, travers**ée**.

traversière (adjectif féminin) • **Flûte traversière** : flûte qu'on tient parallèlement à la bouche.

traversin (nom masculin) Coussin cylindrique, qui tient toute la largeur du lit. (Syn. **polochon.**)

se **travestir** (verbe) (conj. 11) Synonyme de se déguiser. *Pour le carnaval, ils* ***se sont travestis*** *en mousquetaires.*
★ **Travestir** vient de l'italien *travestire* qui signifie « changer de vêtement ».

trayeuse (nom féminin) Machine servant à traire les vaches.

trébucher (verbe) (conj. 3) Perdre l'équilibre après avoir heurté quelque chose en marchant. *Odile* ***a trébuché*** *sur un rocher et a failli tomber.*

trèfle (nom masculin) **1** Petite plante fourragère aux feuilles composées de trois parties. *Sarah a trouvé un porte-bonheur : un* ***trèfle*** *à quatre feuilles !* **2** Une des quatre couleurs des jeux de cartes qui représente un trèfle noir.
★ **Trèfle** vient du mot grec *triphullon* qui signifie « à trois feuilles ».

tréfonds (nom masculin) Ce qu'il y a de plus profond, de plus secret chez quelqu'un. *Au* ***tréfonds*** *de son âme.*

treillage (nom masculin) Assemblage de lattes entrecroisées. *On a installé un **treillage** le long du mur pour les rosiers grimpants.*

treille (nom féminin) Vigne qui pousse sur un treillage ou sur un mur. *Sous la **treille** de la terrasse, on est à l'abri du soleil.*

treillis (nom masculin) **1** Assemblage de lattes ou de fils métalliques. *Les cages à lapins sont fermées par un **treillis**.* **2** Tenue de combat, en grosse toile, des militaires.

treize (déterminant) Dix plus trois (13). *La fermière a ajouté un œuf à la douzaine d'œufs : on a donc **treize** œufs.*
■ **treize** (nom) Nombre treize. *Certains disent que le **treize** porte bonheur, d'autres qu'il porte malheur.*

treizième (adjectif et nom) Qui occupe le rang numéro 13. *Ursula habite au **treizième** étage. David est arrivé le **treizième**.*
■ **treizième** (nom masculin) Ce qui est contenu treize fois dans un tout.

trekking (nom masculin) Randonnée pédestre dans des sites difficiles d'accès. *William part faire du **trekking** au Népal.*
► On dit aussi **trek**.
► **Trekking** est un mot anglais : on prononce [tʀɛkiŋ].

tréma (nom masculin) Signe formé de deux points que l'on met sur les voyelles *e, i, u*, pour indiquer qu'on doit prononcer la voyelle d'avant. *« Ciguë »* [sigy], *« haïr »* [aiʀ] *portent un **tréma**.*
★ **Tréma** vient du mot grec *trêma* qui signifie « trou sur un dé ».

tremble (nom masculin) Variété de peuplier, au feuillage très léger qui tremble au moindre vent.

tremblement (nom masculin) Suite de mouvements brusques et involontaires du corps. *Le malade a tellement de fièvre qu'il est pris de **tremblements**.* • **Tremblement de terre** : violente secousse qui fait trembler la terre. *Un **tremblement de terre** a dévasté cette région.* (Syn. **séisme**.)

trembler (verbe) (conj. 3) **1** Être agité par des tremblements. *Couvre-toi, tu **trembles** de froid !* (Syn. **frissonner, grelotter**.) **2** Être ébranlé de violentes secousses. *La terre **a** encore **tremblé** en Italie du Nord.* **3** Avoir peur. *Il **tremble** à l'idée de perdre son emploi.*
★ Famille du mot : trembl**ement**, trembl**ote**, trembl**oter**.

tremblote (nom féminin) • **Avoir la tremblote** : trembler de froid ou de peur, dans la langue familière.

trembloter (verbe) (conj. 3) Trembler légèrement. *Les personnes très âgées ont parfois les mains qui **tremblotent**.*

trémière (adjectif féminin) • **Rose trémière** : plante ornementale à hautes tiges et à grandes fleurs colorées.
★ Rose **trémière** est une déformation de rose *d'outremer*.

trémolo (nom masculin) Tremblement de la voix, dû à une grande émotion. *Zoé nous a annoncé la triste nouvelle avec des **trémolos** dans la voix.*

se **trémousser** (verbe) (conj. 3) S'agiter dans tous les sens. *Bébé **se trémousse** quand on le chatouille.* (Syn. **gigoter**.)

tremper (verbe) (conj. 3) **1** Imbiber d'un liquide. *Kevin a reçu toute l'averse, il est rentré **trempé** !* **2** Plonger dans un liquide. *Anna **trempe** un croissant dans son lait chaud.* **3** Rester dans un liquide. *Ta chemise est très sale, laisse-la **tremper** un peu avant de la laver.* **4** Participer à une action répréhensible. *On le soupçonne d'**avoir trempé** dans une sombre affaire de trafic.*

trempette (nom féminin) • **Faire trempette** : se baigner rapidement ou dans très peu d'eau. *Les enfants font **trempette** dans le ruisseau.*

tremplin (nom masculin) Endroit d'où l'on prend son élan pour plonger ou pour sauter. *Pour le concours de saut, les skieurs s'élancent du haut du **tremplin**.*

trentaine (nom féminin) Nombre d'environ trente. *Il y a une **trentaine** d'élèves dans la classe.*

trente (déterminant) Trois fois dix (30). *Les mois d'avril, de juin, de septembre et de novembre ont **trente** jours.*
■ **trente** (nom masculin) Nombre trente.
★ Famille du mot : trent**aine**, trent**ième**.

trentième (adjectif) Qui occupe le rang numéro 30. *Le **trentième** jour d'avril est le dernier jour de ce mois.*
■ **trentième** (nom masculin) Ce qui est contenu trente fois dans un tout.

trépanation (nom féminin) Opération chirurgicale consistant à perforer un os, en particulier un os du crâne.

trépang (nom masculin) Animal marin comestible consommé bouilli, séché ou fumé dans tout l'Extrême-Orient.
► Prononciation [tʀepɑ̃].
► On dit aussi **tripang**.
★ **Trépang** est un mot malais.

trépas (nom masculin) Synonyme littéraire de mort. *Passer de vie à **trépas**.*

trépasser (verbe) (conj. 3) Synonyme littéraire de mourir. *Le prince **trépassa** dans sa vingtième année.*

trépidant, ante (adjectif) Qui est agité et fébrile. *Ils ont déménagé à la campagne car ils ne supportaient plus la vie **trépidante** de la ville.*

trépidation (nom féminin) Fait de trépider. *Les **trépidations** du marteau-piqueur font trembler les vitres.*

trépider (verbe) (conj. 3) Être agité de petites secousses rapides. *On sent le sol **trépider** quand le métro passe.* (Syn. **trembler, vibrer**.)
★ Famille du mot : trépid**ant**, trépid**ation**.

trépied (nom masculin) Support qui repose sur trois pieds. *Pour être sûr de faire des photos nettes, papa pose son appareil sur un **trépied**.*

trépigner (verbe) (conj. 3) Frapper des pieds par terre, à coups rapides et répétés. *Le chanteur est en retard, et le public **trépigne** d'impatience !*

très (adverbe) Indique un degré élevé, devant un adjectif ou un adverbe. *Élodie est **très** belle. Pierre s'est couché **très** tard hier soir.*

trésor (nom masculin) Ensemble d'objets précieux. *Ce livre raconte l'histoire de pirates à la recherche d'un **trésor**. On n'a pas eu le temps de voir tous les **trésors** du musée.* • **Trésor public** : administration qui s'occupe des finances de l'État.
★ Famille du mot : trésor**erie**, trésor**ier**.

trésorerie (nom féminin) Ressources financières dont une entreprise peut disposer. *Avoir de gros problèmes de **trésorerie** en fin de mois.*

trésorier, ère (nom) Personne qui gère les finances d'une société, d'un club ou d'une association. *Maman est **trésorière** de l'association de parents d'élèves.*

tressaillement (nom masculin) Fait de tressaillir. *Un **tressaillement** de surprise.*

tressaillir (verbe) (conj. 14) Avoir un brusque mouvement du corps, sous l'effet d'une surprise, d'une émotion ou d'une douleur. *Le coup de sonnette l'a fait **tressaillir**.* (Syn. **sursauter**.)

tresse (nom féminin) Forme donnée aux cheveux partagés en mèches qu'on entrelace. *Quand elle a le temps, Fatima se fait une **tresse** avec ses longs cheveux noirs.* (Syn. **natte**.)

tresser (verbe) (conj. 3) **1** Entrelacer pour faire une tresse. *Gaëlle sait **tresser** ses cheveux.* **2** Fabriquer un objet en entrelaçant des fils, des brins, etc. *Une couronne de fleurs **tressées**.*

tréteau, eaux (nom masculin) Support mobile, composé d'une barre horizontale portée par quatre pieds. *On a fait une table avec deux **tréteaux** et une planche.*

treuil (nom masculin) Sorte de grosse roue autour de laquelle s'enroule un câble, et servant à lever ou à tirer de lourdes charges.

trêve (nom féminin) Période d'arrêt provisoire d'un conflit. *La **trêve** n'a pas duré longtemps, les combats ont repris.* • **Sans trêve** : sans arrêt. *Les alpinistes ont marché **sans trêve** pendant trois jours.*

tri- Préfixe, tiré du latin et du grec *tri-* qui signifie « trois » (exemple : *tricentenaire*).

tri (nom masculin) Action de trier des choses. *Le **tri** des déchets ménagers permet leur recyclage.*

triage (nom masculin) • **Gare de triage** : gare où sont entreposés et triés les wagons pour former de nouveaux convois.

triangle (nom masculin) **1** Figure géométrique qui a trois côtés et trois angles. **2** Instrument de musique à percussion fait d'une tige d'acier en forme de triangle, sur laquelle on frappe avec une baguette.

triangulaire (adjectif) Qui est en forme de triangle. *Dans le code de la route, les panneaux **triangulaires** signalent un danger.*

trias (nom masculin) Période géologique la plus ancienne du secondaire. *Le **trias** est caractérisé par l'apparition des premiers mammifères.*
► Prononciation [tʀijas].

triathlon (nom masculin) Compétition comprenant trois épreuves d'endurance : course à pied, course cycliste sur route et natation. *Les athlètes du **triathlon**.*

tribord (nom masculin) Côté droit d'un bateau quand on regarde vers l'avant. *Le voilier vire à **tribord**.* (Contr. **bâbord**.)

tribu (nom féminin) Groupe de familles qui vivent sur un même territoire et sous l'autorité d'un même chef. *Cet ethnologue étudie les coutumes d'une **tribu** indienne d'Amérique.*

tribulations (nom féminin pluriel) Suite d'aventures plus ou moins mouvementées. *Cette BD raconte les **tribulations** d'un jeune reporter et de son chien.*

tribun (nom masculin) **1** Dans l'Antiquité romaine, magistrat chargé de défendre les droits et les intérêts du peuple. *Les **tribuns** de la plèbe étaient élus pour un an.* **2** Orateur persuasif, défenseur du peuple. *Une éloquence de **tribun**.*

tribunal, aux (nom masculin) **1** Endroit où les magistrats rendent la justice. *Le jour du procès, les témoins ont été convoqués au **tribunal**.* **2** Ensemble des magistrats. *Le **tribunal** a rendu son verdict : le prévenu est condamné à une forte amende.*

tribune (nom féminin) **1** Ensemble de gradins réservés au public. *Les **tribunes** du stade étaient pleines à craquer.* **2** Estrade d'où parle un orateur. *Les ministres se succèdent à la **tribune**.*

tribut (nom masculin) • **Payer un lourd tribut à quelque chose** : en subir les conséquences. *Ce pays **a payé un lourd tribut à** la guerre.*
★ Tribut vient du latin *tributum* qui signifie « taxe » : c'était ce qu'un peuple vaincu devait payer au vainqueur.

tributaire (adjectif) Qui dépend de quelqu'un ou de quelque chose d'autre. *Pour cette promenade en bateau, nous sommes **tributaires** de la météo.*

tricentenaire (nom masculin) Troisième centenaire. *Le **tricentenaire** de la mort d'un poète.*
■ **tricentenaire** (adjectif) Qui a trois cents ans. *Un monument **tricentenaire**.*

triceps (nom masculin et adjectif) Muscle dont l'une des extrémités s'insère par trois faisceaux. *Le **triceps** du bras.*
► Prononciation [tʀisɛps].

tricératops (nom masculin) Dinosaure du crétacé supérieur, long de 7 mètres, pourvu d'une corne nasale et de deux cornes frontales. *Les **tricératops** étaient herbivores.*
► Prononciation [tʀiseʀatɔps].

triche (nom féminin) Synonyme familier de tricherie. *Quentin a copié sur son voisin, c'est de la **triche** !*

tricher (verbe) (conj. 3) Agir de façon malhonnête en ne respectant pas les règles. *Romain **a triché** aux cartes, il a été éliminé du jeu.*
★ Famille du mot : triche, tricherie, tricheur.

tricherie (nom féminin) Action de tricher.

tricheur, euse (nom) Personne qui triche. *Hélène a regardé mes cartes, c'est une **tricheuse** !*

trichine (nom féminin) Petit ver parasite qui vit dans l'intestin de nombreux mammifères et qui gagne ensuite les muscles. *La **trichine** peut se développer dans l'intestin de l'homme et du porc.*
▶ Prononciation [tʀikin].

trichloréthylène (nom masculin) Composé chloré dérivé de l'éthylène, liquide incolore et volatil utilisé comme solvant. *Le **trichloréthylène** est employé pour le nettoyage à sec des habits.*

trichromie (nom féminin) Procédé de reproduction à partir des trois couleurs primaires. *Le jaune, le cyan et le magenta sont utilisés en **trichromie**.*

tricolore (adjectif) Qui a trois couleurs. *Les drapeaux français et italien sont **tricolores**.*

tricot (nom masculin) **1** Action de tricoter. *Faire du **tricot**.* **2** Pull ou veste tricotés. *Julie a mis un **tricot** bien chaud sous son anorak car il fait froid.*

tricoter (verbe) (conj. 3) Fabriquer un vêtement au moyen de grandes aiguilles, en faisant des mailles avec de la laine ou du fil. *Laura **tricote** une écharpe pour sa poupée.*

tricycle (nom masculin) Petit vélo à trois roues. *Le petit frère de Thomas apprend à faire du vélo sur son **tricycle**.*

trident (nom masculin) Fourche à trois pointes. *Les Romains représentaient le dieu de la mer, Neptune, avec un **trident** à la main.*

tridimensionnel, elle (adjectif) Qui a trois dimensions. *L'espace géométrique euclidien est **tridimensionnel**.*

trièdre (adjectif et nom masculin) Qui a trois faces.

triennal, ale, aux (adjectif) **1** Qui dure trois ans. *La jachère se pratiquait dans le cadre de l'assolement **triennal**.* **2** Qui a lieu tous les trois ans.

trier (verbe) (conj. 10) **1** Choisir certaines choses dans un ensemble, en éliminant ce qui ne convient pas. *Il faut **trier** les pommes et jeter celles qui sont pourries.* **2** Classer des choses pour les répartir ou les ranger. *À la poste, les lettres **sont triées** selon leur destination.*
★ Famille du mot : tri, triage.

trifouiller (verbe) (conj. 3) Fouiller en tous sens, dans la langue familière. *Maman **trifouille** dans son sac pour retrouver ses clés.*

trigonométrie (nom féminin) Branche des mathématiques ayant pour objet l'étude des triangles et des relation qui existent entre les angles et les côtés d'un triangle.

trilingue (adjectif) Qui parle trois langues. *Un traducteur **trilingue** en français, anglais et italien.*

trille (nom masculin) Exécution d'un tremblement prolongé sur deux notes conjointes. *Le violon évoque le chant des oiseaux grâce à des **trilles**.*
★ Trille vient de l'italien *trillo* qui est une onomatopée.

trilobite (nom masculin) Animal fossile marin dont le corps ovale et aplati était divisé en trois parties. *Le corps des **trilobites** était protégé par une épaisse carapace.*

trilogie (nom féminin) Ensemble de trois œuvres dont les sujets se font suite. *La **trilogie** du « Seigneurs des anneaux » de Tolkien.*

trimaran (nom masculin) Voilier dont la coque est reliée à deux flotteurs latéraux.

trimbaler (verbe) (conj. 3) Dans la langue familière, emporter partout avec soi. *Pour ne pas avoir à **trimbaler** sa valise toute la journée, il l'a mise à la consigne de la gare.*
▶ On écrit aussi **trimballer**.

trimer (verbe) (conj. 3) Dans la langue familière, travailler durement. *Il **a trimé** dur pour s'offrir cette belle voiture.*

trimestre (nom masculin) Période de trois mois. *L'année est composée de quatre **trimestres**.*

trimestriel, elle (adjectif) Qui paraît chaque trimestre. *Les professeurs remplissent les bulletins **trimestriels** avant les conseils de classe.*

tringle (nom féminin) Tige servant à accrocher des rideaux ou des cintres. *Papa a besoin d'une perceuse pour fixer les **tringles** dans le mur.*

trinité (nom féminin) **1** Dans le christianisme, union de trois personnes distinctes qui ne forment qu'un seul Dieu : le Père, le Fils et le Saint-Esprit. *Le mystère de la Sainte **Trinité** est célébré le premier dimanche après la Pentecôte.* **2** Groupe de trois divinités, de trois personnes.
▶ Au sens 1, **Trinité** prend une majuscule.

trinquer (verbe) (conj. 3) Boire ensemble, après avoir cogné légèrement les verres les uns contre les autres. *Les joueurs ont **trinqué** pour fêter leur victoire.*

trio (nom masculin) Groupe de trois personnes ou de trois musiciens. *Ces trois amis forment désormais un **trio** inséparable.*

triomphal, ale, aux (adjectif) Qui constitue un triomphe. *Ce chanteur a reçu un accueil **triomphal** à l'étranger.*

triomphalement (adverbe) De façon triomphale. *Les médaillés des jeux Olympiques ont été accueillis **triomphalement**.*

triomphalisme (nom masculin) Attitude de confiance excessive dans les succès remportés. *C'est sans aucun **triomphalisme** que le candidat élu a annoncé sa victoire.*

triomphant, ante (adjectif) Qui exprime une très grande satisfaction après un succès. *À son air **triomphant**, nous avons a compris qu'il était reçu à son examen.*

a b c d e f g h i j k l m n o p q r s t u v w x y z

triomphe (nom masculin) Victoire éclatante, ou succès extraordinaire. *Ce candidat a remporté un **triomphe** aux dernières élections. Ce film a reçu un **triomphe** mérité.* • **Porter quelqu'un en triomphe** : le porter au-dessus de la foule pour le faire acclamer.
★ Famille du mot : triomph**al**, triomph**alement**, triomph**alisme**, triomph**ant**, triomph**er**.

triompher (verbe) (conj. 3) Vaincre une difficulté ou l'emporter sur un adversaire. *Il **a triomphé** de tous les obstacles. En finale, ils **ont triomphé** du tenant du titre.*

tripartite (adjectif) **1** Partagé en trois parties. *Une feuille **tripartite**.* **2** Qui lie trois parties. *Les pays ont signé un accord **tripartite**.* **2** Formé de trois partis politiques. *Un gouvernement **tripartite**.*
► On dit aussi **triparti, ie**.

triperie (nom féminin) Boutique du tripier.

tripes (nom féminin pluriel) Plat fait de morceaux d'estomac d'animaux de boucherie.
★ Famille du mot : é**tripe**r, **trip**erie, **trip**ier.

triphtongue (nom féminin) Séquence de trois voyelles réunies dans une même articulation. *Le mot « piaille »* [pjaj] *contient une **triphtongue**.*

tripier, ère (nom) Marchand de tripes et d'abats. *Chez le **tripier**, on achète des tripes, des rognons, du foie, du cœur, et du mou pour le chat.*

triple (adjectif) Qui est fait de trois éléments. *Un document en **triple** exemplaire.*
■ **triple** (nom masculin) Quantité trois fois plus grande. *Je l'ai payé le **triple** !*
★ Famille du mot : tripl**er**, tripl**és**.

tripler (verbe) (conj. 3) Multiplier par trois. *Le prix de l'essence **a triplé** en quelques années.*

triplés, ées (nom pluriel) Trois enfants nés d'un même accouchement.

triporteur (nom masculin) Tricycle à pédales ou à moteur, muni d'une caisse à l'avant pour transporter des marchandises.

tripoter (verbe) (conj. 3) Dans la langue familière, toucher sans arrêt. *Cesse de **tripoter** ton nez !*

triptyque (nom masculin) Œuvre artistique en trois parties. *Ce film est le troisième épisode d'un **triptyque**.*

trique (nom féminin) Gourdin utilisé pour frapper. • **Sec comme un coup de trique** : très maigre.

trisomie (nom féminin) Anomalie génétique correspondant à la présence de trois chromosomes identiques au lieu de deux. *La **trisomie** 21 est à l'origine de troubles mentaux chez les mongoliens.*

trisomique (adjectif et nom) Qui est atteint de trisomie. (Syn. **mongolien**.)

triste (adjectif) **1** Qui a de la peine. *Anna est **triste** de savoir sa mère malade.* (Contr. **gai**, **joyeux**.) **2** Qui rend malheureux. *La fin de ce film est bien **triste**.* (Contr. **heureux**.)
★ Famille du mot : trist**ement**, trist**esse**, trist**ounet**.

tristement (adverbe) Avec tristesse. *Élodie est partie **tristement**.* (Contr. **gaiement**.)

tristesse (nom féminin) **1** État d'une personne triste. *Il a dit cela avec beaucoup de **tristesse**.* (Syn. **chagrin**. Contr. **gaieté**, **joie**.) **2** Caractère de ce qui est triste. *La **tristesse** d'un quartier délabré.*

tristounet, ette (adjectif) Un peu triste. *Un appartement **tristounet**.*
► On dit aussi **tristoune**.

trithérapie (nom féminin) Prescription conjointe de trois antiviraux dans le traitement du sida. *Une personne séropositive sous **trithérapie**.*

triton (nom masculin) Petit amphibien à queue plate, qui ressemble à la salamandre.

triturer (verbe) (conj. 3) Tordre en tous sens entre ses doigts. *Il **triturait** nerveusement un bouton de sa veste.*

triumvir (nom masculin) Dans l'Antiquité romaine, membre d'un collège administratif comprenant trois magistrats.
► Prononciation [tʀijɔmviʀ].

trivial, ale, aux (adjectif) Grossier et vulgaire. *L'homme a employé une expression **triviale** que Benjamin n'a pas comprise.*

troc (nom masculin) Échange d'un objet contre un autre, sans se servir de monnaie. *Clément et Fatima font du **troc** de jeux vidéo.*

trochée (nom masculin) Dans la poésie antique, pied de deux syllabes, une longue suivie d'une brève.

troène (nom masculin) Arbuste ornemental à fleurs blanches. *La haie de **troènes** embaume le jardin.*

troglodyte (nom masculin) Personne qui vit dans une grotte. *En Touraine, certaines personnes ont aménagé des grottes dans lesquelles elles vivent en **troglodytes**.*

trogne (nom féminin) Synonyme familier de visage. *Quelle drôle de **trogne** !*
★ **Trogne** vient d'un mot gaulois qui signifie « groin, museau ».

trognon (nom masculin) Partie centrale non comestible d'un fruit à pépins ou d'un légume. *Un **trognon** de pomme, de salade, de chou.*

troïka (nom féminin) Traîneau russe attelé à trois chevaux de front.

trois (déterminant) Deux plus un (3). *Un triangle a **trois** côtés et **trois** angles.*
■ **trois** (nom masculin) Chiffre ou nombre trois. *Ils ont écrit leur lettre le **trois**, et nous ne l'avons reçue que le dix.*

trois-D (nom féminin) Reproduction d'un objet en trois dimensions donnant l'illusion du relief. *Des images de synthèse en **trois-D**.*
► On écrit le plus souvent **3-D**.

troisième (adjectif et nom) Qui occupe le rang numéro 3. *Leur appartement est au **troisième** étage.*

■**troisième** (nom féminin) Dernière année de l'enseignement au collège.

trois-mâts (nom masculin) Voilier à trois mâts.

trois-quarts (nom masculin) **1** Manteau court. **2** Au rugby, chacun des quatre joueurs de la ligne d'attaque.

troll (nom masculin) Lutin des légendes scandinaves. *Les **trolls** habitent les montagnes ou les forêts.*
★ **Troll** est un mot scandinave.

trolleybus (nom masculin) Autobus électrique alimenté par une ligne aérienne. *Deux perches mobiles relient le **trolleybus** au courant électrique.*
► Prononciation [tʀɔlɛbys].
► Ce mot s'abrège **trolley**.

trombe (nom féminin) • **En trombe** : très vite. *David est passé **en trombe** à la maison.* • **Trombes d'eau** : averse très violente.

trombidion (nom masculin) Acarien de couleur rouge, dont les larves piquent l'homme et les animaux à sang chaud. *Les larves des **trombidions** s'appellent les aoûtats.*

trombine (nom féminin) Synonyme familier de visage ou de tête. *Qu'est-ce qui t'arrive ? Tu as une de ces **trombines** !*

trombone (nom masculin) **1** Attache en fil de fer servant à assembler des feuilles de papier. **2** Instrument de musique à vent, en cuivre. *Le **trombone** est un instrument des groupes de jazz.*

trompe (nom féminin) **1** Long prolongement du nez et de la lèvre supérieure de l'éléphant. *L'éléphant se sert de sa **trompe** pour saisir les objets.* **2** Autre nom du cor de chasse.

trompe-l'œil (nom masculin) Peinture donnant de loin l'illusion de la réalité. *Certaines fenêtres de cette façade sont peintes en **trompe-l'œil**.*
► Pluriel : des **trompe-l'œil**.

tromper (verbe) (conj. 3) **1** Induire volontairement quelqu'un en erreur. *On nous **a trompés** sur la fraîcheur du poisson.* (Syn. **duper**.) **2** Être infidèle en amour. *Elle le **trompe** avec son meilleur ami.* **3 Se tromper** : faire une erreur. *Je **me suis trompée** d'étage.*
★ Famille du mot : **dé**tromper, trompe-l'œil, tromp**erie**, tromp**eur**.

tromperie (nom féminin) Action de tromper quelqu'un. *Il y a **tromperie** sur la marchandise.*

trompette (nom féminin) Instrument de musique à vent en cuivre. • **Nez en trompette** : synonyme de nez retroussé.

trompette-de-la-mort (nom féminin) Petit champignon noir, comestible.
► Pluriel : des **trompettes-de-la-mort**.

trompettiste (nom) Musicien qui joue de la trompette.

trompeur, euse (adjectif) Qui trompe. *Ce soleil est **trompeur**, je suis sûr qu'il va pleuvoir.*

tronc (nom masculin) **1** Partie de l'arbre qui va des racines aux premières branches. *Un camion chargé de **troncs** d'arbres arrive à la scierie.* **2** Partie centrale du corps sur laquelle s'attachent la tête et les membres. *De cette statue, il ne reste que le **tronc**.* **3** Dans une église, boîte percée d'une fente pour recevoir les offrandes des fidèles.

tronçon (nom masculin) **1** Morceau coupé d'un objet long. *On n'a retrouvé que des **tronçons** de colonnes de ce temple.* **2** Partie d'une route. *Ce **tronçon** d'autoroute ne sera ouvert à la circulation que dans quelques mois.*
★ Famille du mot : tronçonn**er**, tronçonn**euse**.

tronçonner (verbe) (conj. 3) Couper en tronçons. *Les bûcherons **tronçonnent** les branches d'un arbre abattu.*

tronçonneuse (nom féminin) Machine servant à tronçonner le bois. *Les bûcherons sont au travail, on entend la **tronçonneuse**.*

trône (nom masculin) **1** Siège élevé où s'assoient les souverains pour les cérémonies officielles. *Le **trône** pontifical.* **2** Fonction de roi. *Louis XIV est monté sur le **trône** à cinq ans.*

trôner (verbe) (conj. 3) Être placé bien en vue, à la place d'honneur. *La pièce montée **trône** au centre de la table.*

tronquer (verbe) (conj. 3) Supprimer certains passages d'un texte. *Les déclarations du ministre **ont été tronquées** par le journaliste.*

trop (adverbe) Plus qu'il ne faudrait. *Ce livre est **trop** ennuyeux. Il a **trop** bu.* (Syn. **excessivement**.) • **De trop, en trop** : au-delà du nécessaire. *L'ascenseur ne démarre pas : il y a des gens **en trop**.*

trophée (nom masculin) Objet qui témoigne d'une victoire ou d'un succès. *Des **trophées** de chasse. Des **trophées** sportifs.*
★ **Trophée** vient du grec *tropaion* qui désigne un monument fait avec les armes prises à l'ennemi.

tropical, ale, aux (adjectif) De la région des tropiques. *Le baobab est un arbre **tropical**.*

tropique (nom masculin) Chacun des deux cercles imaginaires situés parallèlement à l'équateur, un peu au-dessus et au-dessous de lui. *Le **tropique** du Cancer est au nord de l'équateur, le **tropique** du Capricorne est au sud.*
■**tropiques** (nom masculin pluriel) Région comprise entre les deux tropiques. *Il est allé vivre au soleil, sous les **tropiques**.*

troposphère (nom féminin) Partie de l'atmosphère située entre la surface du sol et la stratosphère. *La plupart des phénomènes météorologiques se produisent dans la **troposphère**.*

trop-plein (nom masculin) **1** Liquide qui est en trop et déborde d'un récipient. *Quand il pleut, le **trop-plein** de l'étang se déverse dans la rivière.* **2** Dispositif permettant d'évacuer l'eau en trop. *Grâce au **trop-plein**, la baignoire n'a pas débordé.*
► Pluriel : des **trop-pleins**.

troquer (verbe) (conj. 3) Faire du troc. *Les explorateurs **ont troqué** un couteau contre de la nourriture.* (Syn. **échanger.**)

trot (nom masculin) Allure du cheval entre le pas et le galop. *Le cavalier avance au **trot** dans l'allée.*

trotte (nom féminin) Dans la langue familière, chemin assez long à parcourir à pied. *Il y a une bonne **trotte** avant d'arriver à la plage !*

trotte-menu (adjectif) • **La gent trotte-menu** : les souris.

trotter (verbe) (conj. 3) **1** Aller au trot. *Le cavalier fait **trotter** sa monture.* **2** Marcher à petits pas et rapidement. *Les souris **trottent** dans le grenier.* **3** Revenir sans cesse à l'esprit. *Cet air me **trotte** dans la tête, je ne peux pas m'en débarrasser.*
★ Famille du mot : trot, trotte, trott**eur**, trott**euse**, trotti**ner**, trottin**ette**, trott**oir**.

trotteur (nom masculin) Cheval dressé aux courses de trot. *Dans ce haras, on entraîne des **trotteurs**.*

trotteuse (nom féminin) Petite aiguille qui marque les secondes. *Ibrahim regarde sa **trotteuse** pour surveiller la cuisson des œufs à la coque.*

trottiner (verbe) (conj. 3) Marcher à petits pas pressés. *La petite sœur de Gaëlle **trottine** au côté de sa maman.*

trottinette (nom féminin) Jouet formé d'une planchette montée sur deux roues et muni d'un guidon. *Kevin fait avancer sa **trottinette** en poussant du pied par terre.* (Syn. **patinette.**)

trottoir (nom masculin) Partie surélevée de chaque côté d'une rue, aménagée pour les piétons. *Reste bien sur le **trottoir** !*

trou (nom masculin) **1** Cavité dans le sol ou à la surface de quelque chose. *Les ouvriers creusent un **trou** dans la chaussée.* **2** Ouverture qui traverse quelque chose de part en part. *Il regarde par le **trou** de la serrure.*
★ Famille du mot : trou**ée**, trou**er**.

troubadour (nom masculin) Poète des XIIe et XIIIe siècles, qui composait et chantait en langue d'oc. *Comme les trouvères, les **troubadours** allaient de château en château.*
★ **Troubadour** vient du provençal *trobar* qui signifie « composer un poème ».

troublant, ante (adjectif) Qui trouble. *Cette coïncidence est **troublante**.* (Syn. **déconcertant, inquiétant.** Contr. **rassurant.**)

trouble (adjectif) **1** Qui n'est pas limpide. *Après l'orage, l'eau du ruisseau est **trouble**.* (Contr. **clair, transparent.**) **2** Qui n'est pas net. *L'image est **trouble**, il faut régler le téléviseur.* (Syn. **flou.**) **3** Qui est suspect, louche. *C'est une personne au passé **trouble**.*
▪ **trouble** (adverbe) • **Voir trouble** : y voir mal, flou.
▪ **trouble** (nom masculin) État d'émotion inquiète. *Le **trouble** se lisait sur son visage.*
▪ **troubles** (nom masculin pluriel) **1** Fonctionnement anormal du corps ou de l'esprit. *Des **troubles** intestinaux. Des **troubles** nerveux.* **2** Agitation politique ou sociale. *Des **troubles** ont éclaté dans le pays.*

trouble-fête (nom) Synonyme de rabat-joie. *Cette **trouble-fête** est venue nous dire de chanter moins fort.*
▶ Pluriel : des **trouble-fêtes**.

troubler (verbe) (conj. 3) **1** Rendre trouble. *L'orage **a troublé** l'eau de la rivière.* **2** Perturber le déroulement de quelque chose. *Des mécontents sont venus **troubler** la fête.* (Syn. **déranger.**) **3** Mettre quelqu'un dans l'embarras. *Cette question directe **a troublé** le conférencier.* (Syn. **déconcerter, décontenancer.**)
★ Famille du mot : troubl**ant**, trouble, trouble-fête.

trouée (nom féminin) Ouverture dans un bois, une haie, par laquelle on peut passer ou voir. *Par une **trouée** de la forêt, on aperçoit un étang.*

trouer (verbe) (conj. 3) Faire un trou. *Pierre finit toujours par **trouer** le bout de ses chaussures.* (Syn. **percer, perforer.**)

trouillard, arde (adjectif et nom) Synonyme familier de poltron. *Quentin a peur du noir, quel **trouillard** !*

trouille (nom féminin) Synonyme familier de peur. *J'ai eu une de ces **trouilles** quand ce voyou m'a menacé !*

troupe (nom féminin) **1** Groupe de personnes ou d'animaux. *Une bruyante **troupe** d'enfants s'échappe de l'école à midi.* **2** Groupe de comédiens jouant ensemble. *Une **troupe** d'amateurs jouera une pièce de Molière.* **3** Groupe de soldats. *Le gros de la **troupe** arrive demain.*

troupeau, eaux (nom masculin) Groupe d'animaux vivant ensemble. *Le chien aide le berger à rassembler le **troupeau**.*

trousse (nom féminin) Étui pour ranger certains objets ou instruments usuels. *Une **trousse** d'écolier, de chirurgien. Une **trousse** de toilette.* • **Aux trousses de quelqu'un** : à sa poursuite. *Le lapin s'enfuit, le renard **à ses trousses**.*

trousseau, eaux (nom masculin) Linge et vêtements nécessaires à un pensionnaire. *Maman marque le linge du **trousseau** d'Hélène qui va partir en classe de mer.* • **Trousseau de clés** : clés attachées ensemble par un anneau.

trousser (verbe) (conj. 3) **1** Synonyme de retrousser. *La bonne **a troussé** ses jupons pour ne pas les salir.* **2** Synonyme littéraire d'expédier rapidement. *Un compliment bien **troussé**.*
★ **Trousser** vient du latin *torquere* qui signifie « tordre ».

trouvaille (nom féminin) Découverte ou idée inattendue et intéressante. *Ce jeu est la dernière **trouvaille** de Romain.*

trouver (verbe) (conj. 3) **1** Découvrir ce que l'on cherchait. *Quelqu'un **aurait**-il **trouvé** mes lunettes ?* **2** Découvrir par hasard, sans l'avoir cherché. *Julie **a trouvé** un joli coquillage sur la plage.* (Contr. **perdre.**)

3 Découvrir par son intelligence et son imagination. *Les savants **ont trouvé** un nouveau remède contre cette maladie.* **4** Avoir telle ou telle opinion. *Je **trouve** que ce chapeau te va à merveille !* **5** Éprouver une sensation ou un sentiment. *Elle **trouve** très agréable de n'avoir plus rien à faire.* **6 Se trouver :** être situé à tel endroit. *La Bretagne **se trouve** dans l'ouest de la France.* • **Se trouver mal :** avoir un malaise.
★ Famille du mot : introuv**able**, retrouv**ailles**, retrouver, trouv**aille**.

trouvère (nom masculin) Poète des XIIe et XIIIe siècles, qui composait et chantait en langue d'oïl. *Comme les troubadours, les **trouvères** allaient de château en château pour distraire les seigneurs.*
★ **Trouvère** vient du mot *trouver* qui signifiait au Moyen Âge « inventer et composer un poème ».

truand (nom masculin) Individu très malhonnête. *Le trafic de drogue était organisé par un **truand** bien connu de la police.* (Syn. **bandit, gangster.**)

truander (verbe) (conj. 3) **1** Synonyme familier de voler. *Le client s'est fait **truander** et a payé le prix fort.* (Syn. **escroquer, arnaquer.**) **2** Synonyme familier de tricher. *L'étudiant **a truandé** à l'examen.*

trublion (nom masculin) Fauteur de troubles. *Les **trublions** n'ont cessé d'interrompre les politiciens.* (Syn. **agitateur, perturbateur.**)

truc (nom masculin) **1** Dans la langue familière, sert à désigner une chose sans la nommer. *J'ai oublié un **truc** à la maison.* (Syn. **machin.**) **2** Moyen astucieux pour faire quelque chose. *J'ai trouvé un **truc** pour me rappeler son numéro de téléphone.* (Syn. **astuce.**)
★ Famille du mot : truc**age**, tru**quer**.

trucage (nom masculin) Procédé technique utilisé au cinéma pour créer une illusion.
► On écrit aussi **truquage**.

truchement (nom masculin) • **Par le truchement de :** par l'intermédiaire de.

truculent, ente (adjectif) Qui est pittoresque et se fait remarquer. *Le capitaine Haddock est un personnage **truculent**.*

truelle (nom féminin) Outil de maçon formé d'une lame et d'un manche coudé. *On applique le ciment ou le plâtre à la **truelle**.*

truffe (nom féminin) **1** Champignon noir qui se développe sous la terre. *Les **truffes** donnent une saveur délicate aux mets qu'elles accompagnent.* **2** Petit chocolat en forme de truffe. **3** Nez du chien. *La **truffe** d'un chien en bonne santé est froide.*

truffé, ée (adjectif) **1** Garni de truffes. *À Noël, il y avait de la dinde **truffée**.* **2** Au sens figuré, qui est rempli de choses diverses. *Son discours était **truffé** d'anecdotes.*

truie (nom féminin) Femelle du porc.

truisme (nom masculin) Vérité aussi évidente que banale. *Une lapalissade est un **truisme**.*
★ **Truisme** vient de l'anglais *true* qui signifie « vrai ».

truite (nom féminin) Poisson carnivore proche du saumon. *Il existe des **truites** de rivière et des **truites** de mer.*

trumeau (nom masculin) **1** Glace, panneau décoré disposé au-dessus d'une cheminée, d'une porte. **2** Pilier vertical qui soutient en son milieu le linteau d'un portail. *Le **trumeau** de cette église médiévale est orné de sculptures.*

truquage Voir ***trucage***.

truquer (verbe) (conj. 3) Modifier artificiellement ou frauduleusement quelque chose. *C'est une photo **truquée**. Les sondages **ont été truqués**.*

trust (nom masculin) Groupement d'entreprises dont le but est d'avoir le monopole d'un produit ou d'un secteur.
► **Trust** est un mot anglais : on prononce [tʀœst].

tsar (nom masculin) Titre des empereurs de Russie. *Ivan le Terrible fut, au XVIe siècle, le premier **tsar** de Russie.*

tsé-tsé (nom féminin) • **Mouche tsé-tsé :** mouche africaine qui propage la maladie du sommeil.
► Pluriel : des **mouches tsé-tsé**.
► On écrit aussi une **mouche tsétsé**, des **mouches tsétsés**.

T-shirt Voir ***tee-shirt***.

tsigane (adjectif) Qui appartient aux Tsiganes, peuple de nomades appelés aussi bohémiens ou gitans. *Un disque de musique **tsigane**.*
► On écrit aussi **tzigane**.

TTC (adverbe et adjectif) En incluant toutes les taxes. *Le prix HT et **TTC** est indiqué sur le devis.*
★ TTC est le sigle de *toutes taxes comprises*.

tu (pronom) Pronom personnel de la deuxième personne du singulier, employé comme sujet. *On dit **tu** aux enfants et aux personnes qu'on connaît bien.*

tuant, ante (adjectif) Très fatigant. *Faire les courses le samedi, c'est **tuant** !* (Syn. **épuisant, exténuant.**)

tuba (nom masculin) **1** Gros instrument à vent. *Le tuyau du **tuba** est replié sur lui-même et se termine par un pavillon.* **2** Tube qui permet de respirer quand on nage la tête sous l'eau. *Laura prend ses palmes, son masque et son **tuba**.*

tube (nom masculin) **1** Cylindre creux, long, rigide et de petit diamètre. *Un **tube** à essai. Un **tube** de néon.* **2** Conduit naturel. *Le **tube** digestif.* **3** Emballage cylindrique fermé par un bouchon. *Un **tube** d'aspirine. Un **tube** de dentifrice.*

tubercule (nom masculin) Renflement de la racine de certaines plantes. *Les pommes de terre et les patates douces sont des **tubercules** comestibles.*

tuberculeux, euse (adjectif et nom) Qui est atteint de tuberculose. *Au XIXe siècle, on ne savait pas encore soigner les **tuberculeux**.*

tuberculine (nom féminin) Substance extraite de la culture de bacilles tuberculeux, utilisée pour le diagnostic de la tuberculose. *La **tuberculine** est injectée aux malades tuberculeux.*

tuberculose (nom féminin) Maladie infectieuse et contagieuse, qui touche surtout les poumons. *Le BCG est un vaccin contre la **tuberculose**.*

tubéreux, euse (adjectif) Qui présente des tubercules. *Les racines **tubéreuses** de l'igname.* (Syn. **tuberculeux.**)

tubulaire (adjectif) **1** Qui a la forme d'un tube. *L'éprouvette est un récipient **tubulaire**.* **2** Qui est formé de tubes métalliques. *L'armature **tubulaire** d'un deltaplane.*

tué, ée (nom) Personne tuée. *Bilan de la catastrophe : trente-trois **tués** et plus de cent blessés.*

tue-mouche (nom masculin et adjectif) Ruban recouvert d'une substance gluante et nocive dont on se sert pour attraper les mouches. *Des **tue-mouches** pendent dans la cuisine.*
▶ Pluriel : des **tue-mouches**.

tuer (verbe) (conj. 3) **1** Faire mourir. *Le chat **a tué** plusieurs souris dans la maison.* **2** Épuiser quelqu'un physiquement ou moralement. *Ces courses **m'ont tuée** !* **3 Se tuer :** se donner volontairement la mort. (Syn. se **suicider.**) **4 Se tuer :** mourir accidentellement. *Il **s'est tué** en montagne.*
★ Famille du mot : **tu**ant, **tu**é, **tu**erie, **tu**eur.

tuerie (nom féminin) Synonyme de massacre. *Ce pays est dévasté par les **tueries** de groupes ennemis.*

à **tue-tête** (adverbe) D'une voix très forte. *En marchant, les randonneurs chantaient **à tue-tête**.*

tueur, euse (nom) Assassin, qui tue généralement pour de l'argent. *Le diplomate est mort sous les balles d'un **tueur** à gages.*

tuile (nom féminin) Plaque de terre cuite servant à couvrir les toits. *À Toulouse, les maisons ont des toits de **tuiles** roses.*

tulipe (nom féminin) Plante ornementale à bulbe et à haute tige, ne portant qu'une fleur. *Thomas est allé visiter des champs de **tulipes** en Hollande.*

tulle (nom masculin) Tissu léger et transparent. *Le voile de la mariée est en **tulle**.*

tuméfié, ée (adjectif) Qui est anormalement gonflé. *Victor s'est cogné, il a la paupière **tuméfiée**.*

tumescent, ente (adjectif) Qui enfle, qui se gonfle. *Le pénis est un organe **tumescent**.*

tumeur (nom féminin) Grosseur anormale à l'extérieur ou à l'intérieur du corps. *Ce n'est qu'une petite **tumeur** bénigne.*

tumoral, ale, aux (adjectif) Propre à une tumeur. *Des cellules **tumorales**.*

tumulte (nom masculin) Agitation bruyante. *Quel **tumulte** à l'arrivée des vainqueurs !* (Syn. **vacarme.**)

tumultueux, euse (adjectif) Qui a lieu dans le tumulte. *La séance de l'Assemblée nationale a été **tumultueuse**.* (Syn. **houleux.**)

tumulus (nom masculin) Grand amas de terre ou de pierres élevé autrefois au-dessus des tombes. *Ce **tumulus** date de la préhistoire.*
▶ Prononciation [tymylys].

tuner (nom masculin) Récepteur radio dans une chaîne hi-fi.
▶ **Tuner** est un mot anglais : on prononce [tynɛʀ].

tungstène (nom masculin) Élément métallique de numéro atomique 74. *Le **tungstène** est utilisé pour fabriquer des filaments de lampes.*
▶ Le symbole du **tungstène** est *W*.
▶ Prononciation [tœ̃gstɛn].

tunique (nom féminin) **1** Sorte de chemise longue. *Anna porte une **tunique** jaune sur son pantalon bleu.* **2** Veste d'uniforme à col droit. **3** Dans l'Antiquité, sorte de chemise avec ou sans manches.

tunisien, enne → tableau p. 6 / 7.

tunnel (nom masculin) Galerie souterraine destinée à faire passer une voie ferrée, une route, un canal. *Le **tunnel** sous la Manche va de Folkestone en Angleterre à Coquelles en France.*

tunnelier (nom masculin) Appareil très puissant servant à creuser des tunnels.

turban (nom masculin) Coiffure faite d'une longue pièce d'étoffe enroulée autour de la tête. *Certains habitants de l'Inde portent le **turban**.*

turbine (nom féminin) Moteur fait d'une roue qui est actionnée par un liquide ou un gaz. *Les **turbines** de la centrale électrique tournent grâce à l'eau du barrage.*

turbo- Élément tiré du latin *turbo* qui signifie « tourbillon » (exemple : *turboréacteur*).

turboréacteur (nom masculin) Moteur à réaction constitué d'une turbine à gaz. *Le grondement des **turboréacteurs** de l'avion.*

turbot (nom masculin) Poisson de mer au corps plat, comestible et très apprécié.

turbulence (nom féminin) **1** Caractère turbulent. *Sa **turbulence** me fatigue.* (Syn. **agitation.** Contr. **calme.**) **2** Agitation de l'atmosphère. *Vous êtes priés d'attacher vos ceintures, l'avion entre dans une zone de **turbulences**.*

turbulent, ente (adjectif) Qui a tendance à s'agiter et à faire du bruit. *Les enfants sont **turbulents** aujourd'hui !* (Contr. **calme, silencieux.**)

turc, turque → tableau p. 6 / 7.

turfiste (nom) Personne qui parie sur le résultat des courses de chevaux.

turlupiner (verbe) (conj. 3) Synonyme familier de préoccuper. *Cette histoire ne cesse de le **turlupiner**.* (Syn. **tracasser.**)
★ **Turlupiner** vient du nom *Turlupin*, acteur comique du XVIIe siècle, qui fatiguait le public par ses mauvais jeux de mots.

turpitude (nom féminin) Conduite ou action honteuse. *Ses **turpitudes** l'ont mené en prison.* (Syn. **ignominie, infamie.**)

turquoise (nom féminin) Pierre précieuse de couleur bleu-vert.
■ **turquoise** (adjectif) Qui a la couleur de la turquoise. *Noémie écrit à l'encre bleu **turquoise**.*
▶ Pluriel : des encres **turquoise**.
★ **Turquoise** vient du mot *Turquie*, pays d'origine de cette pierre.

tutélaire (adjectif) **1** Qui accorde sa protection. *Une divinité **tutélaire**.* **2** Qui concerne la tutelle. *La gestion **tutélaire** des biens d'un mineur.*

tutelle (nom féminin) Pouvoir, donné par la loi, de s'occuper d'une personne et de ses biens. *Après la disparition des parents, la **tutelle** des enfants a été confiée à leur oncle.*

tuteur, trice (nom) Personne chargée d'une tutelle. *Un **tuteur** a été désigné pour s'occuper des orphelins jusqu'à leur majorité.*
■ **tuteur** (nom masculin) Piquet servant à soutenir ou à redresser une plante. *Les pieds de tomate sont maintenus par des **tuteurs**.*

tutoiement (nom masculin) Fait de tutoyer ou de se tutoyer. *Autrefois, le **tutoiement** entre parents et enfants était rare.* (Contr. **vouvoiement.**)

tutorat (nom masculin) Fonction de tuteur dans l'enseignement.

tutoyer (verbe) (conj. 6) Dire « tu » à quelqu'un. *Odile **tutoie** William, mais vouvoie la maîtresse.* (Contr. **vouvoyer.**)

tutu (nom masculin) Jupe très courte des danseuses de ballet. *Un **tutu** est fait de plusieurs jupes de tulle superposées et très froncées.*

tuyau, aux (nom masculin) Tube souple ou rigide servant à l'écoulement d'un liquide ou d'un gaz. *Un **tuyau** d'arrosage. Un **tuyau** de gaz.*
▶ Prononciation [tɥijo].
★ Famille du mot : tuyauter, tuyau**terie**, tuy**ère**.

tuyauter (verbe) (conj. 3) Fournir des renseignements à quelqu'un, dans la langue familière. *Le candidat s'est fait **tuyauter** et a eu le poste.*

tuyauterie (nom féminin) Ensemble des tuyaux d'une installation. *La **tuyauterie** est en plomb, il faudrait la refaire.*

tuyère (nom féminin) Partie d'un moteur à réaction par où s'échappent les gaz.
▶ Prononciation [tɥijɛʀ].

tweed (nom masculin) Tissu de laine épais et souple. *Le **tweed** est originaire d'Écosse.*
▶ **Tweed** est un mot anglais : on prononce [twid].

twist (nom masculin) Danse caractérisée par un mouvement de rotation des hanches et des genoux, très en vogue au début des années 1960. *Les jeunes gens dansent un **twist** endiablé.*
▶ **Twist** est un mot anglais : on prononce [twist].

tympan (nom masculin) **1** Membrane située au fond du conduit de l'oreille, que les sons font vibrer. **2** Espace orné de sculptures, qui est au-dessus du portail d'une église.

type (nom masculin) **1** Modèle possédant des caractères particuliers. *Ce **type** d'ordinateur est déjà démodé.* (Syn. **genre.**) **2** Ensemble des caractéristiques permettant de reconnaître et de classer quelqu'un ou quelque chose. *Xavier est le **type** même du sportif.* **3** Synonyme familier d'individu. *Quel drôle de **type** !*
★ Famille du mot : a**typique**, typ**é**, typ**ique**, typ**iquement**.

typé, ée (adjectif) Qui possède de façon évidente les caractéristiques d'un type. *Cette Suédoise est très **typée**.*

typhoïde (nom féminin et adjectif) Maladie infectieuse, contagieuse et le plus souvent épidémique, caractérisée par une température élevée et de graves troubles digestifs.
★ **Typhoïde** vient du grec *tuphôdês* qui signifie « qui s'accompagne de délire ».

typhon (nom masculin) Cyclone des mers d'Extrême-Orient. *Les **typhons** causent des ravages.*
★ **Typhon** vient du grec *tuphôn* qui signifie « tourbillon ».

typhus (nom masculin) Maladie infectieuse, contagieuse par l'intermédiaire des poux et épidémique, caractérisée par une forte fièvre. *Il existe des vaccins contre les différents types de **typhus**.*
▶ Prononciation [tifys].

typique (adjectif) Qui est caractéristique de quelqu'un ou de quelque chose. *C'est la réaction **typique** d'un vilain jaloux.*

typiquement (adverbe) D'une manière typique. *Partir à l'école sans son cartable, c'est **typiquement** une attitude d'étourdi !*

typo- Élément tiré du grec *tupos* qui signifie « empreinte, modèle » (exemples : *typographie*, *génotype*).

typographie (nom féminin) Aspect d'un texte imprimé. *La **typographie** aérée de ce livre est très agréable.*

typographique (adjectif) Qui concerne la typographie. *Ce traitement de texte propose de nombreux choix **typographiques**.*

tyran (nom masculin) **1** Souverain absolu qui gouverne par la force. *Le **tyran** a fait emprisonner les chefs de l'opposition.* **2** Personne autoritaire et qui abuse de son autorité. *Cet homme est un **tyran** pour sa famille.*
★ Famille du mot : tyrann**ie**, tyrann**ique**, tyrann**iser**.

tyrannie (nom féminin) Domination d'un tyran. *Il exerce une véritable **tyrannie** sur son voisinage.*

tyrannique (adjectif) Qui relève de la tyrannie. *Cet enfant est **tyrannique** avec sa mère.*

tyranniser (verbe) (conj. 3) Traiter quelqu'un de manière tyrannique. *Yann, cesse donc de **tyranniser** le chat !* (Syn. **opprimer.**)

tyrannosaure (nom masculin) Grand dinosaure carnivore, long d'environ 15 mètres.

tzigane Voir ***tsigane***.

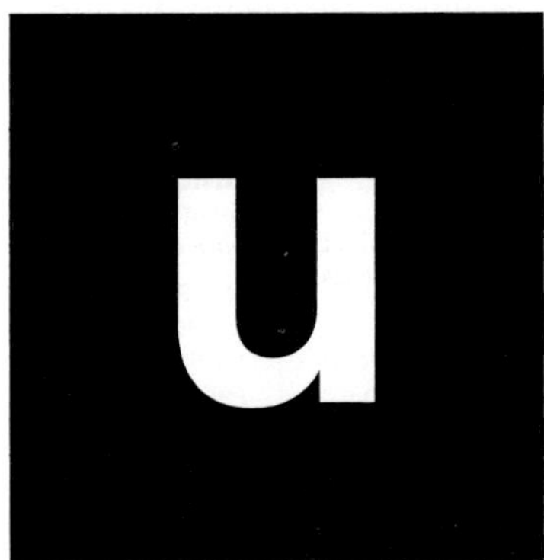

u (nom masculin) Vingt et unième lettre de l'alphabet. *Le **U** est une voyelle.*

ubac (nom masculin) Versant d'une montagne exposé au nord, à l'ombre. (Contr. **adret.**)
★ **Ubac** vient du latin *opacus* qui signifie « sombre ».

ubiquité (nom féminin) • **Avoir le don d'ubiquité** : pouvoir être à plusieurs endroits en même temps.
▶ Prononciation [ybikɥite].
★ **Ubiquité** vient du latin *ubique* qui signifie « partout ».

UHT (nom féminin) Mode de stérilisation par élévation brutale de la température et refroidissement sous vide. *Une bouteille de lait **UHT**.*
★ UHT est le sigle de *ultra-haute température.*

ukrainien, enne → tableau p. 6 / 7.

ulcère (nom masculin) Plaie qui ne se cicatrise pas et qui a tendance à s'étendre. *Son oncle a un **ulcère** à l'estomac.*

ulcérer (verbe) (conj. 8) Faire naître de l'amertume et de la rancune. *Les termes de sa lettre m'**ont ulcéré**.*

ULM (nom masculin) Engin volant très léger, propulsé par un petit moteur.
★ ULM est le sigle de *ultra léger motorisé.*

ultérieur, eure (adjectif) Qui vient après dans le temps. *La fête est remise à une date **ultérieure**.* (Syn. **postérieur.** Contr. **antérieur.**)

ultérieurement (adverbe) Plus tard. *On vous fera connaître **ultérieurement** la date des examens.*

ultimatum (nom masculin) Ultime proposition accompagnée de menaces. *Le rejet d'un **ultimatum** entraîne le plus souvent la guerre ou l'exécution des menaces.*
▶ Prononciation [yltimatɔm].

ultime (adjectif) Qui vient en tout dernier. *Avant de partir, il fit ses **ultimes** recommandations à ses enfants.*

ultra- Élément tiré du latin *ultra* qui signifie « au-delà de » (exemple : *ultramoderne*).

ultramoderne (adjectif) Très moderne. *Le cabinet de mon dentiste est **ultramoderne**.*

ultrason (nom masculin) Son si aigu que l'oreille humaine ne peut l'entendre. *Les chauves-souris utilisent les **ultrasons** pour se diriger la nuit.*

ultraviolet (nom masculin) Rayon lumineux invisible pour l'œil humain. *Ce sont les **ultraviolets** des radiations solaires qui font bronzer.*

ululement Voir ***hululement***.

ululer Voir ***hululer***.

umlaut (nom masculin) Dans les langues germaniques, tréma placé sur une voyelle qui en change la prononciation.
▶ **Umlaut** est un mot allemand : on prononce [umlaut].

① **un, une** (adjectif) Nombre exprimant l'unité (1). *Ça a duré **une** minute. Aurais-tu **un** euro ?*
■ **un, une** (nom) Chiffre ou nombre 1. *C'est le **un** qui gagne !*

② **un, une, des** (déterminant) Article indéfini. *Voici **un** sac, mais ce n'est pas le mien. Anna a vu **des** oies sauvages.*
■ **un, une** (pronom) Pronom indéfini. *L'**un** des enfants est enrhumé.* • **L'un et l'autre** : tous les deux. • **Ni l'un ni l'autre** : aucun des deux.

unanime (adjectif) Qui exprime un accord collectif. *Tous sont **unanimes** : Clément est le meilleur.*
★ Famille du mot : unanime**ment**, unanimi**té**.

unanimement (adverbe) De manière unanime. *Quand il a pris sa retraite, il a été **unanimement** regretté.*

unanimité (nom féminin) Caractère unanime de quelque chose. *La mère d'Élodie a été élue présidente de l'association, à l'**unanimité**.*

uni- Élément, tiré du latin *unus* qui signifie « un » (exemple : *unilatéral*).

uni, ie (adjectif) **1** Qui s'entend bien. *Monsieur et Madame Duparc forment un couple très **uni**.* **2** D'une seule couleur. *Elle porte un chemisier **uni**.* (Contr. **bigarré, multicolore.**)

a b c d e f g h i j k l m n o p q r s t u v w x y z

unicellulaire (adjectif) Qui concerne un être vivant formé d'une seule cellule. *Les bactéries sont des organismes **unicellulaires**.* (Contr. **pluricellulaire.**)

unicité (nom féminin) Caractère de ce qui est unique. *L'**unicité** d'un évènement.*

unicolore (adjectif) Qui est d'une seule couleur. *Un animal au pelage **unicolore**.* (Syn. **monochrome.** Contr. **multicolore, polychrome.**)

unidimensionnel, elle (adjectif) Qui ne concerne qu'une des trois dimensions de l'espace. (Contr. **pluridimensionnel.**)

unidirectionnel, elle (adjectif) Qui émet ou reçoit dans une seule direction. *Une antenne **unidirectionnelle**.*

unification (nom féminin) Action d'unifier.

unifier (verbe) (conj. 10) Donner une unité à quelque chose. *Les poids et les mesures **ont été unifiés** en France en 1798.*

uniforme (nom masculin) Costume imposé dans certaines professions, certaines écoles. *Les militaires et certains policiers portent un **uniforme**.*
■ **uniforme** (adjectif) Qui garde toujours la même forme ou le même aspect. *On a peint ces bâtiments d'une couleur **uniforme**.*
★ Famille du mot : uniformément, uniformiser, uniformité.

uniformément (adverbe) De façon uniforme. *La mer est **uniformément** bleue aujourd'hui.*

uniformiser (verbe) (conj. 3) Rendre uniforme. *L'euro a pour but d'**uniformiser** certaines monnaies européennes.*

uniformité (nom féminin) Caractère de ce qui est uniforme. *Fatima n'aime pas l'**uniformité** des maisons de ce quartier.* (Contr. **diversité, variété.**)

unijambiste (nom) Personne qui n'a plus qu'une seule jambe.

unilatéral, ale, aux (adjectif) **1** Qui se fait d'un seul côté. *Dans la rue de David, le stationnement est **unilatéral**.* **2** Qui se fait sans demander l'avis de l'autre partie concernée. *On lui reproche d'avoir pris une décision **unilatérale**.*

union (nom féminin) **1** Fait de s'unir ou d'être unis. *L'**union** de ce couple lui a permis de traverser toutes les épreuves.* (Syn. **entente.** Contr. **désunion, mésentente.**) **2** Association de personnes ou de pays qu'unissent des intérêts communs. *L'**Union** européenne. Ibrahim s'est renseigné auprès d'une **union** de consommateurs.* (Syn. **fédération.**)

unionisme (nom masculin) Doctrine des partisans d'une union d'États. *L'**unionisme** des Américains à la fin du XIXe siècle.*

unipare (adjectif) **1** Se dit des femelles qui n'ont qu'un petit par portée. **2** Se dit d'une femme qui n'a donné naissance qu'à un seul enfant.

unique (adjectif) **1** Seul de son espèce. *C'est mon **unique** cousin. Elle est fille **unique**.* **2** Qui n'a pas son pareil. *C'est un fait **unique** dans l'histoire de l'humanité !* (Syn. **exceptionnel.**)

uniquement (adverbe) Exclusivement, seulement. *C'est **uniquement** pour t'aider qu'il te propose cela.*

unir (verbe) (conj. 11) **1** Créer un lien entre des personnes ou des pays. *Un passé commun **unit** les membres de cette équipe. Ces deux pays **sont unis** par des liens commerciaux.* **2** Mettre ensemble. ***Unissons** nos efforts pour réussir.* (Syn. **réunir.**) **3** Réunir en soi-même des qualités différentes. *Cette femme **unit** l'intelligence à la beauté.*

unisexe (adjectif) Qui peut être porté indifféremment par les hommes ou par les femmes. *Le jean est un vêtement **unisexe**.*

à l'**unisson** (adverbe) Tous ensemble, unanimement. *Ils ont agi **à l'unisson** et ils ont réussi.*

unitaire (adjectif) **1** Qui concerne l'unité politique. *Un programme **unitaire**.* **2** Qui concerne une unité d'un ensemble composé d'éléments semblables. *Le prix **unitaire** des tuiles d'un toit.*

unité (nom féminin) **1** Caractère de ce qui est uni. *Certains regrettent le manque d'**unité** du parti.* (Syn. **cohésion.**) **2** Le nombre un. *Quel est le prix des bouteilles d'eau à l'**unité** ?* **3** Chacun des éléments composant un nombre. *Le nombre 8 est fait de huit unités.* **4** Grandeur choisie pour mesurer les grandeurs de la même espèce. *Le mètre est l'**unité** de longueur.* **5** Groupe de soldats. *Une compagnie, un bataillon, un régiment sont des **unités**.*

univalve (adjectif) Dont la coquille est constituée d'une seule partie. *Les gastéropodes sont généralement **univalves**.*

univers (nom masculin) **1** L'ensemble de tout ce qui existe dans l'espace. *Avec les fusées et les sondes, l'homme essaie de découvrir l'**Univers**.* **2** La terre entière. *Grâce à son métier, il a parcouru tout l'**univers**.* (Syn. **monde.**)
► Au sens 1, **Univers** s'écrit avec une majuscule.
★ Famille du mot : universel, universellement.

universalité (nom féminin) **1** Caractère universel. *L'universalité d'une **philosophie**.* **2** Ensemble de biens et de dettes formant un tout.

universel, elle (adjectif) Qui concerne tout l'univers. *La musique est un art **universel**.*

universellement (adverbe) De façon universelle. *Einstein est un génie **universellement** connu.* (Syn. **mondialement.**)

universitaire (adjectif) Qui concerne l'université. *L'année **universitaire** se termine fin mai.*

université (nom féminin) Établissement public d'enseignement supérieur. *Le frère de Kevin est étudiant à l'**université** de Lyon.*

univoque (adjectif) Qui ne s'interprète que d'une seule façon. *La réponse à cette question n'est ni simple ni **univoque**.* (Contr. **équivoque.**)

Untel, Unetelle (nom) Individu anonyme. *Mes parents sont invités à dîner chez les **Untel**.*

upérisé, ée (adjectif) Synonyme de stérilisé. *Du lait **upérisé**.*
★ **Upérisé** vient de *Uper* qui est le nom de l'inventeur.

uppercut (nom masculin) En boxe, coup de poing donné de bas en haut sous le menton.
▶ **Uppercut** est un mot anglais : on prononce [ypɛʀkyt].

upsilon (nom masculin) Vingtième lettre de l'alphabet grec (Υ, υ) qui équivaut au *u* de l'alphabet latin, devenue *y* dans la plupart des mots français tirés du grec.
▶ Prononciation [ypsilɔn].

uranium (nom masculin) Métal gris et dur, utilisé comme combustible nucléaire. *L'**uranium** est radioactif.*
▶ **Uranium** a pour symbole *U*.
▶ Prononciation [yʀanjɔm].

urbain, aine (adjectif) Qui concerne la ville. *Le bus, le tramway, le métro sont des transports **urbains**.*
★ **Urbain** vient du latin *urbs* qui signifie « ville ».

urbanisation (nom féminin) Transformation d'une région agricole en zone urbaine.

urbanisé, ée (adjectif) Aménagé en zone urbaine. *Les Pays-Bas sont fortement **urbanisés**.*

urbaniser (verbe) (conj. 3) Transformer un espace rural en zone urbaine, par la création de rues, de logements, d'industries. *La région s'est **urbanisée** rapidement.*

urbanisme (nom masculin) Science de l'aménagement des villes.

urbaniste (nom) Architecte qui est spécialiste d'urbanisme.

urée (nom féminin) Produit final de la dégradation par le foie des acides aminés. *L'**urée** est éliminée dans les urines.*

uretère (nom masculin) Chacun des deux canaux qui conduisent l'urine depuis le rein jusqu'à la vessie. *L'**uretère** droit et l'**uretère** gauche.*

urètre (nom masculin) Canal qui mène de la vessie à l'extérieur. *L'**urètre** sert à l'évacuation de l'urine et, chez l'homme, au passage du sperme.*

urgence (nom féminin) **1** Caractère de ce qui est urgent. *Devant l'**urgence** de la situation, le gouvernement s'est immédiatement réuni.* **2** Cas urgent. *Pierre s'est coupé, on l'a envoyé au service des **urgences** de l'hôpital.*

urgent, ente (adjectif) Dont on doit s'occuper sans attendre. *Je voudrais voir le médecin, c'est très **urgent** !* (Syn. **pressé**.)

urger (verbe) (conj. 5) Devenir urgent, pressant, dans la langue familière. *Ça **urge** ! Dépêche-toi !*

urinaire (adjectif) Qui concerne l'urine. *L'urine est évacuée par les voies **urinaires**.*

urine (nom féminin) Liquide jaune sécrété par les reins. *L'**urine** évacue les déchets du sang, que les reins ont filtrés.* (Syn. **pipi**.)

uriner (verbe) (conj. 3) Évacuer l'urine. (Syn. **faire pipi**.)
★ Famille du mot : urin**aire**, urine, urin**oir**.

urinoir (nom masculin) Endroit pour uriner réservé aux hommes.

urique (adjectif) • **Acide urique** : produit de la dégradation des acides aminés, éliminé par les urines.

urne (nom féminin) **1** Boîte dans laquelle on dépose un bulletin de vote. *L'**urne** comporte une fente dans le couvercle.* **2** Vase contenant les cendres d'un mort qui a été incinéré.

urologie (nom féminin) Branche de la médecine qui traite des affections de l'appareil urinaire et génital, chez l'homme. *Le service d'**urologie** de l'hôpital.*

urticaire (nom féminin) Éruption subite de petits boutons qui démangent. *Gaëlle a eu une crise d'**urticaire** après avoir mangé des fraises.*
★ **Urticaire** vient du latin *urtica* qui signifie « ortie », car l'urticaire ressemble aux boutons occasionnés par les orties.

us (nom masculin pluriel) • **Us et coutumes** : usages hérités du passé.
▶ Prononciation [ys].

usage (nom masculin) **1** Fait de se servir de quelque chose. *Ce tissu est solide, il vous fera de l'**usage**. C'est une lotion à **usage** externe.* (Syn. **emploi, utilisation**.) **2** Possibilité d'utiliser quelque chose. *Ce blessé a perdu l'**usage** de la parole.* **3** Habitude traditionnelle. *C'est l'**usage** d'offrir du muguet au 1er mai.*

usagé, ée (adjectif) Qui est plus ou moins usé par un long usage. *Pour jardiner, il porte un vieux pantalon **usagé**.* (Contr. **neuf**.)

usager (nom masculin) Personne qui utilise un service public. *Les **usagers** du métro.*

usant, ante (adjectif) Qui use la santé, les forces, la patience. *C'est un boulot **usant**.* (Syn. **épuisant, fatigant**.)

usé, ée (adjectif) Abîmé par l'utilisation. *Mes chaussures sont **usées**.* (Contr. **neuf**.)

user (verbe) (conj. 3) **1** Détériorer quelque chose à force de s'en servir. *Quentin **use** trois paires de baskets par an !* (Syn. **abîmer**.) **2** Utiliser, consommer. *Cette voiture n'**use** pas beaucoup d'essence.* **3** Avoir recours à quelque chose. *Romain **a usé** de son charme pour qu'on nous laisse entrer.* (Syn. **employer, utiliser**.)

usine (nom féminin) Établissement industriel qui emploie des machines pour fabriquer des objets. *Une **usine** de conserves.*

usiner (verbe) (conj. 3) Fabriquer au moyen d'une machine.

usité, ée (adjectif) Employé couramment. *Le verbe « gésir » n'est plus **usité**. Une locution encore **usitée**.* (Syn. **usuel**. Contr. **inusité**.)

ustensile (nom masculin) Objet ou instrument d'usage quotidien. *Les casseroles sont des **ustensiles** de cuisine.*

usuel, elle (adjectif) Qui est fréquemment utilisé. *« Vélo » est un synonyme **usuel** de bicyclette.* (Syn. **courant**.)

usuellement (adverbe) De façon usuelle. *Thomas se sert **usuellement** de son ordinateur.*

usufruit (nom masculin) Jouissance d'un bien ou des revenus d'un bien dont la propriété appartient à un autre. *Mon oncle a l'**usufruit** de la maison de mon grand-père.*
★ **Usufruit** vient du latin *usus* qui signifie « usage », et *fructus* qui signifie « jouissance ».

usure (nom féminin) **1** État de ce qui est usé. *Les draps sont déchirés à cause de l'**usure**.* **2** Action de prêter de l'argent à un taux exorbitant. *L'**usure** est illégale.*

usurier, ère (nom) Personne qui pratique l'usure.

usurpateur, trice (nom) Personne qui usurpe un pouvoir. *Les généraux qui ont pris le pouvoir sont des **usurpateurs**.*

usurpation (nom féminin) Action d'usurper. *Il se disait médecin, mais c'était une **usurpation**.*

usurper (verbe) (conj. 3) S'emparer de quelque chose de façon illégitime. *À la mort du roi, certains grands seigneurs essayèrent d'**usurper** le trône.*
★ Famille du mot : usurp**ateur**, usurp**ation**.

ut (nom masculin) Autre nom de la note de musique « do ».
► Prononciation [yt].

utérin, ine (adjectif) Qui concerne l'utérus. *Le col **utérin**.* • **Frères utérins, sœurs utérines** : nés de la même mère mais de pères différents.

utérus (nom masculin) Organe où se forme et se développe l'embryon chez les femelles des mammifères et chez la femme.
► Prononciation [yteʀys].

utile (adjectif) Qui sert à quelque chose, rend service. *La chouette est un animal **utile** car elle chasse les animaux nuisibles. Papa voyage beaucoup, son téléphone portable lui est **utile**.* (Contr. **inutile**.)
★ Famille du mot : **in**utile, **in**util**ement**, **in**util**ité**, utile**ment**, utili**taire**, utili**té**.

utilement (adverbe) De façon utile. *Nous avons **utilement** employé notre temps.*

utilisable (adjectif) Qui peut être utilisé. *Cette vieille radio est encore **utilisable**.* (Contr. **inutilisable**.)

utilisateur, trice (nom) Personne qui utilise quelque chose. *Avis aux **utilisateurs** de la photocopieuse.*

utilisation (nom féminin) Action d'utiliser. *L'**utilisation** du téléphone est réservée aux clients du café.* (Syn. **emploi, usage**.)

utiliser (verbe) (conj. 3) Se servir de quelque chose. *Hélène **utilise** des pastels pour dessiner.* (Syn. **employer**.)
★ Famille du mot : **in**utilis**able**, utilis**able**, utilis**ateur**, utilis**ation**.

utilitaire (adjectif) • **Véhicule utilitaire** : camion, autobus, autocar ou tracteur.

utilité (nom féminin) Fait d'être utile. *Ce cadeau est très joli, mais je n'en vois pas vraiment l'**utilité**.*

utopie (nom féminin) Projet considéré comme irréalisable. *Comment peux-tu croire à cette **utopie** ?*

utopique (adjectif) Qui relève de l'utopie. *On pensait autrefois qu'il était **utopique** de croire que l'homme marcherait sur la Lune.* (Syn. **irréalisable**.)

UV (nom masculin pluriel) Rayons ultraviolets. *Ces lunettes de soleil protègent des **UV**.*

uvule (nom féminin) Petit appendice au fond du palais, à l'entrée de la gorge. (Syn. **luette**.)

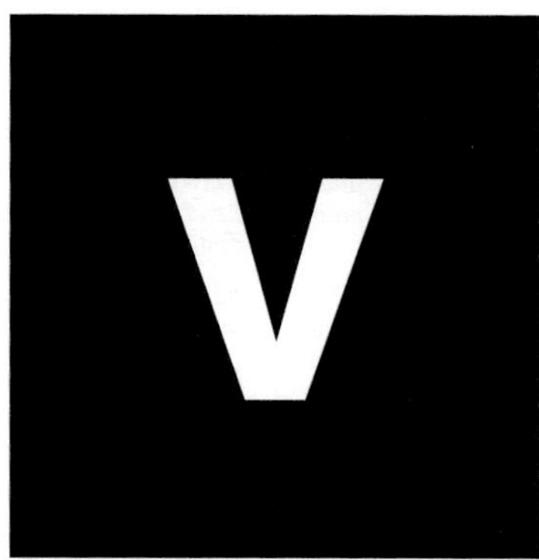

v (nom masculin) Vingt-deuxième lettre de l'alphabet. *Le V est une consonne.*

vacance (nom féminin) Fait d'être vacant. *La **vacance** du pouvoir est causée par la mort subite du Président.*
▪ **vacances** (nom féminin pluriel) Période de congé. *Julie va en **vacances** chez sa grand-mère.*
★ **Vacance** vient du latin *vacare* qui signifie « être vide ».

vacancier, ère (nom) Personne qui est en vacances. *Une nouvelle vague de **vacanciers** est arrivée dans la station balnéaire.*

vacant, ante (adjectif) Qui n'est pas occupé. *Des appartements **vacants** ont été occupés par les sans-abri.* (Syn. **libre.**)

vacarme (nom masculin) Bruit assourdissant. *Ferme la fenêtre, il y a trop de **vacarme** dans la rue.* (Syn. **tapage, tumulte.** Contr. **silence.**)

vacataire (nom) Personne qui occupe un poste temporairement. *Cette administration emploie beaucoup de **vacataires**.*

vacation (nom féminin) Temps pendant lequel une personne est affectée, à titre d'auxiliaire, à une tâche précise. *Ce médecin assure trois **vacations** par semaine à l'hôpital.*
▪ **vacations** (nom féminin pluriel) Période pendant laquelle les tribunaux suspendent leurs activités.

vaccin (nom masculin) Produit que l'on injecte à une personne pour la protéger d'une maladie déterminée. *Un **vaccin** contre le tétanos.*
★ Famille du mot : vaccin**ation**, vaccin**er**.

vaccination (nom féminin) Action de vacciner. *La première **vaccination** a été faite par Edward Jenner en 1796 et protégeait de la variole.*

vacciner (verbe) (conj. 3) Faire un vaccin. *Il s'est fait **vacciner** contre le choléra avant son départ en Afrique.*

vaccinothérapie (nom féminin) Utilisation d'un vaccin à des fins thérapeutiques et non préventives.

vache (nom féminin) Mammifère ruminant, femelle du taureau. *On élève la **vache** pour son lait et sa viande. La **vache** meugle et beugle.*

vacher, ère (nom) Personne qui garde les vaches et s'en occupe. *Le **vacher** mène les bêtes au pré.*

vacherie (nom féminin) Action ou parole méchante, dans la langue familière. *Kevin a fait une **vacherie** à son frère.*

vacherin (nom masculin) Gâteau fait de meringue et de crème glacée. *Un **vacherin** à la framboise.*

vachette (nom féminin) Jeune vache. *Cet été, Laura et Victor ont assisté à une course de **vachettes** dans le Sud-Ouest.*

vacillant, ante (adjectif) Qui vacille. *Le bébé est encore un peu **vacillant** sur ses jambes.*

vaciller (verbe) (conj. 3) **1** Trembler sur ses jambes. *Quand le malade s'est levé, il **vacillait**.* (Syn. **chanceler.**) **2** Trembloter quand il s'agit d'une lumière. *Le courant d'air fait **vaciller** la flamme de la bougie.*

vacuité (nom féminin) Vide intellectuel, moral. *La **vacuité** de son jugement était incommensurable.*

vade-mecum (nom masculin) Aide-mémoire que l'on garde sur soi. *L'étudiante ne se sépare jamais de son **vade-mecum**.*
▶ Prononciation [vademekɔm].
▶ On écrit aussi **vadémécum**.
★ **Vade-mecum** vient du latin et signifie « viens avec moi ».

vadrouille (nom féminin) Synonyme familier de promenade. *Une grande **vadrouille** dans le sud de la France.* (Syn. **balade.**)

vadrouiller (verbe) (conj. 3) Se promener, sans but précis, dans la langue familière. *Noémie adore **vadrouiller** dans la forêt.* (Syn. **se balader.**)

va-et-vient (nom masculin) **1** Mouvement incessant de gens qui passent. *Le long du port, le **va-et-***

vient des gens est constant. **2** Branchement électrique qui permet d'allumer ou d'éteindre les mêmes lumières depuis deux interrupteurs différents.
▶ Pluriel : des **va-et-vient**.

vagabond, onde (nom) Personne sans maison ni travail. *Un **vagabond** a demandé asile pour la nuit.*
★ Famille du mot : vagabond**age**, vagabond**er**.

vagabondage (nom masculin) Fait d'être vagabond. *On peut être arrêté pour **vagabondage** si l'on se promène sans papiers ni argent.*

vagabonder (verbe) (conj. 3) Errer à l'aventure, sans but. *Son esprit **vagabonde** loin des réalités de ce monde.*

vagin (nom masculin) Organe qui relie la vulve à l'utérus chez la femme et les femelles des mammifères.

vagir (verbe) (conj. 11) Pousser des vagissements.

vagissement (nom masculin) Cri poussé par un nouveau-né.

① **vague** (adjectif) Qui manque de précision. *Les indications qu'il m'a données sont assez **vagues**.* (Syn. **flou, imprécis.** Contr. **net, précis.**) • **Terrain vague** : terrain à l'abandon dans une ville.
▪ **vague** (nom masculin) • **Regarder dans le vague** : regarder dans le vide. • **Vague à l'âme** : mélancolie.

② **vague** (nom féminin) **1** Mouvement de la mer qui s'abaisse et se soulève. *Le vent provoque des **vagues** de dix mètres de haut.* (Syn. **lame.**) **2** Au sens figuré, ce qui évoque le va-et-vient des vagues. *Des **vagues** de touristes.* • **Vague de froid, de chaleur** : arrivée subite du froid, de la chaleur.

vaguelette (nom féminin) Petite vague.

vaguement (adverbe) De façon vague. *William a **vaguement** entendu Noémie rentrer et il s'est rendormi.* (Contr. **nettement.**)

vahiné (nom féminin) Femme tahitienne.

vaillamment (adverbe) De façon vaillante. *Xavier a tenu tête **vaillamment**, seul contre tous.* (Syn. **courageusement.**)

vaillance (nom féminin) Qualité d'une personne vaillante. *Odile a supporté le froid et la fatigue avec **vaillance**.* (Syn. **courage.**)

vaillant, ante (adjectif) Synonyme littéraire de courageux. *Les sans-culottes furent de **vaillants** soldats.* • **N'avoir pas un sou vaillant** : être sans argent.
★ Famille du mot : vaill**amment**, vaill**ance**.
★ **Vaillant** est l'ancien participe présent de *valoir*.

vain, vaine (adjectif) **1** Qui est sans effet. *Tous nos efforts sont restés **vains**.* (Syn. **inefficace, inutile.** Contr. **efficace, utile.**) **2** Qui n'est fondé sur rien. *Tes craintes sont **vaines**.* (Syn. **faux.** Contr. **réel.**) • **En vain** : inutilement, vainement.

vaincre (verbe) (conj. 36) **1** Remporter une victoire. *Charles Martel **a vaincu** les Arabes à Poitiers en 732.* (Syn. **battre.**) **2** Venir à bout de quelque chose. *Sarah a réussi à **vaincre** sa peur de l'eau.* (Syn. **dominer, surmonter.**)
★ Famille du mot : **in**vainc**u**, vainc**u**, vainqu**eur**.

vaincu, ue (adjectif et nom) Qui a subi une défaite. *Le champion **vaincu** a félicité le vainqueur.* (Syn. **perdant.** Contr. **gagnant.**)

vainement (adverbe) En vain. *Yann a **vainement** tenté de réparer son stylo.* (Syn. **inutilement.**)

vainqueur (nom masculin) Celui qui a remporté la victoire. *Le **vainqueur** du tournoi d'échecs est un Russe.* (Syn. **gagnant.**)

vair (nom masculin) Fourrure d'un écureuil gris. *La pantoufle de **vair** de Cendrillon.*

vairon (nom masculin) Petit poisson d'eau douce.

vaisseau, eaux (nom masculin) **1** Conduit servant à la circulation du sang. *Les **vaisseaux** sanguins comprennent les veines, les artères et les **vaisseaux** capillaires.* **2** Autrefois, grand navire de guerre à voiles. *Le corsaire a attaqué un **vaisseau** de la flotte ennemie.* • **Vaisseau spatial** : engin servant à voyager dans l'espace.

vaisselier (nom masculin) Meuble dans lequel on range la vaisselle.

vaisselle (nom féminin) Ensemble des récipients et des couverts qui servent à table. *Après le repas, on met la **vaisselle** dans le lave-vaisselle.*

val, vaux (nom masculin) • **Par monts et par vaux** : en voyage, en balade. *Il est toujours **par monts et par vaux**.*
★ **Val** est un ancien synonyme de *vallée*, encore utilisé dans les noms propres : *le Val-de-Marne*.

valable (adjectif) **1** Qui est en règle. *Ce passeport n'est plus **valable**, il faut le faire renouveler.* (Syn. **valide.** Contr. **périmé.**) **2** Qui a une valeur suffisante. *C'est un argument **valable** pour retarder notre départ.* (Syn. **acceptable, sérieux.**)

valériane (nom féminin) Plante herbacée à fleurs roses, blanches ou jaunes. *Cette espèce de **valériane** a des propriétés calmantes.*

valet (nom masculin) **1** Homme qui était employé comme domestique. *Un **valet** de chambre, un **valet** de ferme.* **2** Carte à jouer représentant un valet. *Le **valet** de pique.*

valeur (nom féminin) **1** Ce que vaut quelque chose. *Ces diamants sont des faux, ils n'ont aucune **valeur**.* (Syn. **prix.**) **2** Qualité d'une personne sur le plan moral ou intellectuel. *C'était un savant d'une grande **valeur**.* **3** Importance que l'on accorde à quelque chose. *Ce stylo est un cadeau, il a surtout une **valeur** sentimentale.* **4** Quantité approximative. *Ajoutez la **valeur** d'une noix de beurre.* (Syn. **équivalent.**) • **Mettre en valeur** : faire paraître à son avantage.

valeureux, euse (adjectif) Synonyme littéraire de courageux. *Vercingétorix fut un **valeureux** chef gaulois.*

validation (nom féminin) Action de valider. *La **validation** d'une performance sportive. La **validation** d'une élection.* (Contr. **annulation.**)

valide (adjectif) **1** En bonne santé. *Il est toujours **valide** malgré ses 90 ans.* (Contr. **invalide.**) **2** Qui a une valeur légale. *Cette carte bancaire n'est plus **valide**.* (Syn. **valable.**)
★ Famille du mot : in**valide**, in**validité**, **valider**, **validité**.

valider (verbe) (conj. 3) Rendre valide. *Vous devez **valider** votre titre de transport en le compostant.*

validité (nom féminin) Qualité de ce qui est valide. *La date de **validité** de ce médicament est dépassée.*

valise (nom féminin) Bagage de forme rectangulaire, muni d'une poignée. • **Faire sa valise** *ou* **ses valises** : se préparer à partir.

vallée (nom féminin) **1** Couloir plus ou moins large entre des montagnes ou des collines, creusé par un cours d'eau ou par un glacier. *Le torrent s'écoule dans une **vallée** encaissée.* **2** Région arrosée par un fleuve. *La **vallée** du Rhin.*

vallon (nom masculin) Petite vallée.

vallonné, ée (adjectif) Où il y a des collines et des vallons. *La région de Dijon est **vallonnée**.* (Contr. **plat.**)

valoir (verbe) (conj. 25) **1** Avoir un certain prix. *Ce tableau **vaut** des millions.* (Syn. **coûter.**) **2** Avoir une certaine qualité, un certain intérêt. *Ce spectacle **vaut** le déplacement.* **3** Être équivalent à quelque chose. *Une livre **vaut** 500 grammes.* (Syn. **égaler.**) **4** Procurer quelque chose à quelqu'un. *Son action lui **a valu** des compliments.* **5 Se valoir** : avoir la même valeur. *Les deux solutions **se valent**.* • **Se faire valoir** : se mettre en vedette. • **Vaille que vaille** : tant bien que mal. *Il a terminé son travail **vaille que vaille**.* • **Valoir la peine** *ou* **le coup** : mériter l'attention ou l'intérêt. • **Valoir mieux** : être préférable. *Il **vaut mieux** s'en aller.*

valorisant, ante (adjectif) Qui valorise. *Dans son métier, c'est **valorisant** de savoir parler plusieurs langues.*

valorisation (nom féminin) Action de valoriser.

valoriser (verbe) (conj. 3) Donner une valeur plus grande. *La construction de l'autoroute **a valorisé** la région.* (Contr. **déprécier, dévaloriser.**)
★ Famille du mot : **dé**valoriser, valoris**ant**, valoris**ation**.

valse (nom féminin) Danse à trois temps où le couple de danseurs se déplace en tournant sur lui-même. *Les mariés ont ouvert le bal au son d'une **valse**.*
★ Famille du mot : vals**er**, vals**eur**.

valser (verbe) (conj. 3) Danser la valse.

valseur, euse (nom) Personne qui danse la valse. *Malgré son âge, grand-père est toujours un bon **valseur**.*

valve (nom féminin) **1** Dispositif qui permet l'entrée d'un gaz ou d'un liquide mais qui ne le laisse pas ressortir. *Il faut dévisser la **valve** de la chambre à air pour regonfler le pneu.* **2** Chacune des parties de la coquille des huîtres, des moules, etc.

valvule (nom féminin) Repli de la paroi du cœur ou d'un vaisseau, empêchant son contenu de refluer. *Une **valvule** cardiaque.*

vampire (nom masculin) **1** Mort qui, d'après certaines superstitions, sort de son tombeau pour boire le sang des gens. **2** Chauve-souris d'Amérique du Sud qui se nourrit du sang d'animaux endormis.

vampiriser (verbe) (conj. 3) Dominer psychologiquement quelqu'un en lui retirant toute volonté. *Le jeune homme **a été vampirisé** par une femme sans scrupule.*

van (nom masculin) Remorque servant au transport des chevaux.

vandale (nom) Personne qui abîme ou détruit par bêtise ou par méchanceté. *Cette nuit, des **vandales** ont cassé des vitrines dans le centre-ville.*
★ Les **Vandales** étaient un peuple germanique qui envahit la Gaule romaine au Ve siècle.

vandaliser (verbe) (conj. 3) Détériorer par vandalisme. *Les voyous ont **vandalisé** des voitures sur le parking.*

vandalisme (nom masculin) Comportement d'un vandale. *À la suite d'actes de **vandalisme**, des commerçants ont dû fermer leurs magasins.*

vanille (nom féminin) Substance aromatique extraite du fruit d'une orchidée tropicale. *Une glace à la **vanille**.*

vanillé, ée (adjectif) Parfumé à la vanille. *De la crème **vanillée**.*

vanité (nom féminin) Défaut d'une personne vaniteuse. *Il est très fort mais il n'en tire aucune **vanité**.* (Syn. **prétention.**)

vaniteux, euse (adjectif et nom) Synonyme de prétentieux. *Ce **vaniteux** se pavane devant nous avec sa grosse moto !*

vanity-case (nom masculin) Mallette de voyage pour accessoires et produits de toilette et de maquillage. *Le **vanity-case** de ma mère regorgeait d'échantillons de crème et de parfums.*
▶ Pluriel : des **vanity-cases**.
▶ On dit aussi **vanity**.
▶ **Vanity-case** est un mot anglais : on prononce [vanitikɛz].

vanne (nom féminin) Panneau mobile servant à régler le débit de l'eau. *Les **vannes** d'une écluse.*

vanné, ée (adjectif) Synonyme familier de fatigué. *J'ai marché toute la journée, je suis **vanné**.*

vanneau (nom masculin) Oiseau échassier de la taille d'un pigeon et vivant en Asie et en Europe. *Le **vanneau** huppé, à la huppe noire, est très commun en Europe.*

a b c d e f g h i j k l m n o p q r s t u v w x y z

vannerie (nom féminin) Fabrication d'objets tressés avec des fibres végétales. *En **vannerie**, on utilise l'osier ou la paille pour faire des paniers.*

vantail, aux (nom masculin) Panneau mobile d'une porte ou d'une fenêtre. *La porte de l'immeuble comporte deux **vantaux**.*

vantard, arde (adjectif et nom) Qui se vante souvent. *Il dit qu'il est le meilleur basketteur de notre équipe, mais c'est un **vantard** !* (Syn. **fanfaron.**)

vantardise (nom féminin) Défaut d'une personne vantarde. *Tout ce que cet homme raconte, c'est de la **vantardise**.*

vanter (verbe) (conj. 3) **1** Dire du bien de quelqu'un ou de quelque chose. *La vendeuse nous **a vanté** les qualités de ce nouveau shampooing.* **2 Se vanter :** exagérer ses mérites. *Il **se vante** quand il dit qu'il peut traverser le fleuve à la nage.*
★ Famille du mot : vant**ard**, vantar**dise**.

va-nu-pieds (nom) Personne qui vit dans la misère.
► Pluriel : des **va-nu-pieds**.
★ Autrefois, les **va-nu-pieds** étaient des gens trop pauvres pour s'acheter des chaussures.
► On écrit aussi un **vanupied,** des **vanupieds**.

vapes (nom féminin pluriel) • **Être dans les vapes :** dans la langue familière, être à demi conscient, hébété. • **Tomber dans les vapes :** synonyme familier de s'évanouir.

vapeur (nom féminin) **1** Fines gouttelettes d'eau en suspension dans l'air. *De la **vapeur** s'échappe de la casserole quand l'eau bout.* **2** Énergie produite par la vapeur d'eau. *Une locomotive à **vapeur**.* **3** Gaz qui se dégage d'un liquide. *Les **vapeurs** d'essence sont toxiques.*

vaporeux, euse (adjectif) Fin, léger et transparent. *Une robe de soie **vaporeuse**.*

vaporisateur (nom masculin) Appareil qui sert à vaporiser un liquide. *Un déodorant en **vaporisateur**.* (Syn. **atomiseur.**)

vaporisation (nom féminin) Action de vaporiser. *La **vaporisation** d'un spray désinfectant, d'un parfum.* (Syn. **pulvérisation.**)

vaporiser (verbe) (conj. 3) Projeter un liquide sous forme de vapeur. *Maman **a vaporisé** de l'insecticide sur les plantes du balcon.*

vaquer (verbe) (conj. 3) S'occuper de ce qu'on a à faire. *Papa est dans le jardin et **vaque** à ses occupations du week-end.*

varan (nom masculin) Grand lézard carnivore d'Asie et d'Afrique. *Certains **varans** mesurent trois mètres de long.*

varappe (nom féminin) Escalade de parois rocheuses. *Avant de faire de la **varappe** en montagne, David s'est exercé sur un mur d'escalade.*
★ **Varappe** est le nom d'une paroi rocheuse située près de Genève.

varech (nom masculin) Synonyme de goémon. *Le **varech** est utilisé comme engrais.*
► Prononciation [vaʀɛk].

vareuse (nom féminin) Veste ample. *Le marin portait une **vareuse** de toile bleue.*

variable (adjectif) Qui peut varier. *Un vent **variable**.* (Syn. **changeant.**)

variant (nom masculin) Résultat d'une mutation. *Un **variant** du virus de l'hépatite.*

variante (nom féminin) Forme légèrement différente d'une chose. *Cette vieille chanson a plusieurs **variantes** selon les régions.*

variateur (nom masculin) Dispositif qui permet de faire varier une intensité électrique. *Le **variateur** d'une lampe à halogène.*

variation (nom féminin) Fait de varier. *Ces **variations** de température sont mauvaises pour les récoltes.* (Syn. **changement.**)

varice (nom féminin) Gonflement anormal et douloureux des veines. *Cette vieille dame marche difficilement à cause de ses **varices**.*

varicelle (nom féminin) Maladie contagieuse qui se manifeste par des boutons sur tout le corps.

varié, ée (adjectif) Qui présente des éléments divers. *Des hors-d'œuvre **variés**.*

varier (verbe) (conj. 10) **1** Apporter des changements. *Le médecin lui a recommandé de **varier** son alimentation.* **2** Être différent. *Le temps **varie** suivant les saisons.* (Syn. **changer.**)
★ Famille du mot : **in**vari**able**, vari**able**, vari**ante**, varia**tion**, varié, vari**été**.

variété (nom féminin) **1** Caractère de ce qui est varié. *Elle fait de bons petits plats, mais sa cuisine manque de **variété**.* **2** Division à l'intérieur d'une espèce. *Les reines-claudes, les quetsches et les mirabelles sont des **variétés** de prunes.*
■ **variétés** (nom féminin pluriel) Spectacle qui comporte des numéros de music-hall ou des chansons.

variole (nom féminin) Maladie grave et contagieuse due à un virus. *Aujourd'hui, la **variole** a disparu dans le monde entier.*

variomètre (nom masculin) Appareil de mesure des inductances.

variqueux, euse (adjectif) Qui concerne les varices. *Des plaies **variqueuses**.*

vas(o)- Élément, tiré du latin *vas* qui signifie « vaisseau, canal » (exemple : *vasodilatateur*).

vasculaire (adjectif) Qui concerne les vaisseaux sanguins. *Les varices sont causées par des troubles **vasculaires**.*

① **vase** (nom masculin) Récipient utilisé pour mettre des fleurs. *Un **vase** en porcelaine, en cristal.*

② **vase** (nom féminin) Boue qui se dépose au fond des eaux stagnantes. *Les enfants pataugent dans la **vase** de l'étang.*
★ Famille du mot : s'**en**vas**er**, vas**eux**.

vasectomie (nom féminin) Section chirurgicale de canaux entraînant la stérilité masculine. *La **vasectomie** est illégale dans de nombreux pays.*
▶ On dit aussi **vasotomie**.

vaseline (nom féminin) Graisse extraite du pétrole, utilisée comme pommade. *Un tube de **vaseline**.*

vaseux, euse (adjectif) **1** Rempli de vase. *Ibrahim a glissé sur le sol **vaseux**.* **2** Dans la langue familière, qui est fatigué ou légèrement malade. *Anna n'a pas dormi de la nuit, elle se sent **vaseuse**.*

vasistas (nom masculin) Petit panneau mobile au-dessus d'une fenêtre ou d'une porte.
▶ Prononciation [vazistas].
★ **Vasistas** vient de l'allemand *was ist das ?* qui signifie « qu'est-ce que c'est ? ».

vasoconstricteur, trice (adjectif et nom masculin) Qui réduit le calibre des vaisseaux sanguins. *Un médicament **vasoconstricteur**.*

vasodilatateur, trice (adjectif et nom masculin) Qui augmente le calibre des vaisseaux sanguins. *Un nerf **vasodilatateur**.*

vasotomie Voir ***vasectomie***.

vasque (nom féminin) Bassin peu profond d'une fontaine.

vassal, ale, aux (nom) Au Moyen Âge, personne liée à un seigneur par un serment de fidélité. *Le suzerain devait protection à ses **vassaux**.*

vaste (adjectif) Très grand. *On peut recevoir une centaine d'invités dans ce **vaste** salon.* (Contr. **exigu.**)

vaticiner (verbe) (conj. 3) **1** Synonyme littéraire de prophétiser. **2** Tenir des discours pompeux, d'allure prophétique.

va-tout (nom masculin) • **Jouer son va-tout** : prendre tous les risques quand il reste peu de chance de réussir. *Sur le point de perdre, il **a joué son va-tout**.*

vaudeville (nom masculin) Comédie pleine de quiproquos et de rebondissements.

vaudevilliste (nom) Auteur de vaudevilles. *Eugène Labiche est un célèbre **vaudevilliste**.*

vaudou (nom masculin) Religion pratiquée à Haïti, qui mélange la sorcellerie et les rites du christianisme. *Les cérémonies du **vaudou**.*

à **vau-l'eau** (adverbe) • **Aller à vau-l'eau** : partir à la dérive, péricliter. *Tous ses projets **sont allés à vau-l'eau** quand il a perdu son emploi.*

vaurien (nom masculin) Synonyme littéraire de voyou. *Des **vauriens** ont lancé des cailloux dans les vitres.*
★ **Vaurien** vient de l'expression *il ne vaut rien*.

vautour (nom masculin) Grand oiseau de proie, à la tête et au cou déplumés. *Les **vautours** sont des charognards.*

se **vautrer** (verbe) (conj. 3) Se coucher ou se rouler sur quelque chose. *Le chien **se vautre** dans l'herbe.*

à la **va-vite** (adverbe) Vite et sans soin. *Il s'est douché et s'est habillé **à la va-vite**.*

veau, veaux (nom masculin) **1** Petit de la vache et du taureau. **2** Chair de cet animal. *Un rôti de **veau**.*

vecteur (nom masculin) **1** Segment de droite orienté, comportant une origine et une extrémité. *La direction du **vecteur** AB.* **2** Animal qui transmet un agent infectieux à l'homme. *Le moustique, **vecteur** du paludisme.* **3** Ce qui véhicule, transmet quelque chose. *L'exclusion est souvent un **vecteur** de violence.*

vectoriel, elle (adjectif) Relatif aux vecteurs. • **Espace vectoriel** : structure algébrique particulière définie par deux lois de composition, l'addition et la multiplication. • **Grandeur vectorielle** : grandeur qui possède une valeur numérique, une direction et un sens.

vécu, ue (adjectif) Qui s'est passé réellement. *Ce roman raconte une histoire **vécue**.*

vedette (nom féminin) **1** Acteur ou chanteur très connu. *Au festival de Cannes, on peut voir de nombreuses **vedettes** de cinéma.* (Syn. **star.**) **2** Petit bateau à moteur. *Une **vedette** de la police surveille la côte.* • **Se mettre en vedette** : essayer d'attirer l'attention.

végétal, aux (nom masculin) Être vivant fixé au sol. *Les arbres, les fleurs, les champignons, les ronces sont des **végétaux**.* (Syn. **plante.**)
■ **végétal, ale, aux** (adjectif) Qui est tiré des végétaux. *L'huile d'olive est une huile **végétale**.*
★ Famille du mot : végét**alien**, végét**arien**, végét**atif**, végét**ation**, végét**er**.

végétalien, enne (nom et adjectif) Qui ne se nourrit que de produits d'origine végétale. *Les **végétaliens** ne consomment pas d'œufs, de beurre ni de lait.*
▶ On dit aussi **végétaliste**.

végétarien, enne (adjectif et nom) Qui ne mange pas de poisson ni de viande. *Les **végétariens** se nourrissent de fruits, de légumes, d'œufs et de laitages.*

végétatif, ive (adjectif) Qui semble vivre sans bouger, comme un végétal. *Mener une existence **végétative**.*

végétation (nom féminin) Ensemble des végétaux qui poussent dans un lieu. *La **végétation** est maigre et clairsemée dans les régions désertiques.*
■ **végétations** (nom féminin pluriel) Petites peaux qui apparaissent au fond du nez et de la gorge et qui empêchent parfois de respirer normalement.

végéter (verbe) (conj. 8) Mener une vie médiocre et peu intéressante. *Il préfèrerait voyager plutôt que de **végéter** dans ce coin perdu.*

véhémence (nom féminin) Attitude d'une personne véhémente. *Accusé à tort, il s'est défendu avec **véhémence**.*

véhément, ente (adjectif) Qui s'exprime avec violence. *Il nous a fait des reproches sur un ton **véhément**.*

véhicule (nom masculin) Engin que l'on utilise pour se déplacer. *Les voitures, les motos, les camions sont des **véhicules** à moteur.*

véhiculer (verbe) (conj. 3) Transporter dans un véhicule. *Ce routier **véhicule** des produits surgelés de Bretagne.*

veille (nom féminin) **1** Jour qui précède un autre. *Le 31 décembre, c'est la **veille** du jour de l'an.* **2** Fait de rester sans dormir. *J'ai passé une longue nuit de **veille** à attendre son retour.* • **À la veille de** : un peu avant. *Ce pays est **à la veille d'**une révolution.*

veillée (nom féminin) Moment de la soirée entre le dîner et le moment de se coucher. *Autrefois, les gens se racontaient des histoires pendant la **veillée**.*

veiller (verbe) (conj. 3) **1** Rester volontairement éveillé pendant la nuit. *Au réveillon de Noël, on **a veillé** jusqu'à deux heures du matin.* **2** Rester près de quelqu'un et s'en occuper. *Le médecin **a veillé** sur le blessé pendant toute la nuit.* **3** Prendre soin de quelque chose ou y faire attention. *As-tu **veillé** à couper le gaz avant de partir ?*
★ Famille du mot : veille, veill**ée**, veill**eur**, veill**euse**.

veilleur (nom masculin) • **Veilleur de nuit** : homme chargé de surveiller un lieu pendant la nuit.

veilleuse (nom féminin) **1** Lampe qui éclaire faiblement. *Une petite **veilleuse** éclaire la boîte à gants de la voiture.* **2** Petite flamme d'un chauffe-eau ou d'une chaudière à gaz, qui reste continuellement allumée.

veinard, arde (adjectif et nom) Synonyme familier de chanceux. *Quel est le **veinard** qui a gagné le gros lot ?*

① **veine** (nom féminin) **1** Vaisseau sanguin qui ramène le sang vers le cœur. *Il faut piquer la **veine** du bras avec une seringue pour faire une prise de sang.* **2** Ligne étroite et colorée qui forme des dessins sur le bois ou la pierre. *Ce marbre blanc a des **veines** bleutées.*
★ Famille du mot : intra**veineux**, vein**é**.

② **veine** (nom féminin) Synonyme familier de chance. *Tu as de la **veine** d'avoir eu des places pour ce concert.*
★ Famille du mot : **dé**veine, vein**ard**.

veiné, ée (adjectif) Qui est sillonné de veines apparentes. *Ce joli bois d'olivier est **veiné** de lignes marron.*

veineux, euse (adjectif) **1** Qui concerne les veines. *Le système **veineux**.* **2** Qui présente de nombreuses veines. *Une cheminée en marbre **veineux**.*

veinule (nom féminin) Petit vaisseau veineux. *Les **veinules** forment les veines.*

vêlage (nom masculin) Action de vêler. *Le **vêlage** d'une vache.*
► On dit aussi **vêlement**.

vélarium (nom masculin) Grande toile que les Romains tendaient au-dessus des théâtres et des amphithéâtres pour abriter les spectateurs. *Le **vélarium** protège les spectateurs du soleil.*
► Prononciation [velaʀjɔm].
★ **Velarium** est un mot latin qui signifie « voile ».

velcro (nom masculin) Système de fermeture formé par un ensemble de deux bandes de tissu dont les surfaces s'agrippent. *Des baskets fermées par des **velcros**.*
★ **Velcro** est le nom d'une marque.

vêler (verbe) (conj. 3) Donner naissance à un veau. *Le fermier a appelé le vétérinaire quand la vache a commencé à **vêler**.*

vélin (nom masculin) Peau de veau mort-né, qui a l'apparence d'un très fin parchemin. *Un manuscrit sur **vélin**.* • **Papier vélin** *ou* **vélin** : papier très blanc, de qualité supérieure, à la surface particulièrement lisse et régulière.
★ **Vélin** vient de l'ancien français *veel* qui signifie « veau ».

véliplanchiste (nom) Synonyme de planchiste. *C'est un **véliplanchiste** expérimenté.*

velléitaire (adjectif et nom) Qui ne va jamais jusqu'au bout de ses projets. *Il est trop **velléitaire** pour imposer son point de vue.* (Contr. **persévérant.**)

velléité (nom féminin) Intention vague qu'on ne réalise pas. *Élodie a des **velléités** d'apprendre le piano, mais elle manque la plupart des cours.*

vélo (nom masculin) Synonyme familier de bicyclette. *Fatima et son cousin sont allés faire du **vélo** en forêt.*
★ Famille du mot : vélodrome, vélomoteur.
★ **Vélo** est une abréviation du vieux mot *vélocipède*, qui vient des mots latins *velox* qui signifie « rapide » et *pedis* qui signifie « pied ».

véloce (adjectif) Qui se déplace avec rapidité, avec agilité. *Le cabri est un animal **véloce**.*

vélocipède (nom masculin) Ancêtre de la bicyclette, dont les pédales étaient fixées sur le moyeu de la roue avant.

vélocité (nom féminin) Grande agilité dans les mouvements. *Le professeur de piano nous a fait faire des exercices de **vélocité**.*

vélocross (nom masculin) Vélo tout-terrain. *William fait du **vélocross** dans la forêt.*

vélodrome (nom masculin) Piste pour des courses cyclistes.

vélomoteur (nom masculin) Bicyclette équipée d'un moteur. *On peut conduire un **vélomoteur** à partir de 14 ans.*

velours (nom masculin) Étoffe dont l'endroit est fait de poils courts et serrés, très doux au toucher. *Elle portait une robe de **velours** noir à col blanc.* • **Faire patte de velours** : rentrer ses griffes. *La chatte **fait patte de velours** quand Gaëlle la caresse.*

velouté, ée (adjectif) **1** Doux au toucher, comme le velours. *Des pêches à la peau rose et **veloutée**.* **2** Onctueux et doux au goût. *Une crème à la vanille épaisse et **veloutée**.*
■ **velouté** (nom masculin) Potage onctueux. *Un **velouté** aux champignons.*

velu, ue (adjectif) Synonyme de poilu. *Des catcheurs au torse **velu**.*

vélum (nom masculin) Grande pièce de toile qui sert à abriter un espace sans toiture ou à simuler un plafond. *Le décorateur utilise un **vélum** pour tamiser la lumière.*
► Prononciation [velɔm].

vélux (nom masculin) Fenêtre posée dans la toiture. *Ouvre le **vélux** pour aérer la mezzanine.*
► Prononciation [velyks].
► On écrit aussi **velux**.
★ **Velux** est le nom d'une marque.

venaison (nom féminin) Chair du gros gibier comme le cerf, le daim, le chevreuil ou le sanglier. *Le chasseur fait mariner la **venaison** dans du vin.*

vénal, ale, aux (adjectif) Qui est prêt à commettre des actions illégales pour de l'argent. *C'est un homme **vénal** qui a trahi ses amis.*

venant (nom masculin) • **À tout venant** : à n'importe qui. *Il n'est pas méfiant et offre son hospitalité **à tout venant**.*

vendange (nom féminin) Récolte du raisin destiné à la fabrication du vin. *On fait les **vendanges** au début de l'automne.*
★ Famille du mot : vendang**er**, vendang**eur**.

vendanger (verbe) (conj. 5) Faire les vendanges. *Le vigneron a embauché des ouvriers supplémentaires pour **vendanger**.*

vendangeur, euse (nom) Personne qui fait les vendanges. *Les **vendangeurs** coupent les grappes de raisin avec un sécateur.*

vendéen, enne → tableau p. 6 / 7.

vendémiaire (nom masculin) Premier mois du calendrier républicain, du 22/24 septembre au 21/23 octobre.
★ **Vendémiaire** vient du mot latin *vindemia* qui signifie « vendange ».

vendetta (nom féminin) Coutume corse consistant, pour tous les membres d'une famille, à poursuivre la vengeance de l'un des leurs. *La **vendetta** a encore fait des victimes.*
★ **Vendetta** est un mot italien qui signifie « vengeance ».

vendeur, euse (nom) **1** Personne qui vend des marchandises dans un magasin. *La **vendeuse** présente plusieurs modèles de robes à sa cliente.* **2** Personne qui vend ce qui lui appartient. *Le **vendeur** a fait visiter son appartement à un acheteur.*

vendre (verbe) (conj. 31) **1** Échanger quelque chose contre de l'argent. *Le marchand de journaux **vend** aussi de la papeterie.* **2** Trahir quelqu'un. *Il **a vendu** ses amis pour avoir la vie sauve.*
★ Famille du mot : **invendable**, **revendre**, vend**eur**, vente.

vendredi (nom masculin) Jour de la semaine entre le jeudi et le samedi. *Pour papa, la semaine de travail s'achève le **vendredi** soir.*
★ En latin, **vendredi** était le jour (*dies*) consacré à *Vénus*, déesse de l'amour.

venelle (nom féminin) Synonyme de ruelle. *Les touristes se promènent dans les **venelles** de la vieille ville.*

vénéneux, euse (adjectif) Se dit d'une plante qui contient un poison. *Il faut savoir reconnaître les espèces **vénéneuses** de champignons.*
★ **Vénéneux** vient du mot latin *venenum* qui signifie « poison ».

vénérable (adjectif) Qui mérite d'être vénéré. *L'Académie française est une **vénérable** institution.*

vénération (nom féminin) Profond respect et affection admirative à l'égard de quelqu'un. *Il a toujours eu de la **vénération** pour son grand-père.*

vénérer (verbe) (conj. 8) Avoir de la vénération pour quelqu'un. *Les hindous **vénèrent** de nombreux dieux.*
★ Famille du mot : vénér**able**, vénér**ation**.

vènerie (nom féminin) Art de la chasse à courre.

vénérien, enne (adjectif) Qui est transmise par voie sexuelle. *La syphilis est une maladie **vénérienne** parmi d'autres.*
► Le terme **vénérien** tend à être remplacé par « maladie sexuellement transmissible » ou « MST ».
★ **Vénérien** vient du latin *venerius* qui signifie « de Vénus ».

vénézuélien, enne → tableau p. 6 / 7.

vengeance (nom féminin) Fait de se venger. *Vous l'avez insulté, méfiez-vous de sa **vengeance** !*

venger (verbe) (conj. 5) **1** Effacer les torts causés à quelqu'un en punissant le coupable. *Si tu fais du mal à mon amie, je la **vengerai** !* **2 Se venger** : punir quelqu'un pour le mal qu'il vous a fait. *Si vous vous moquez de lui, il **se vengera** !*
★ Famille du mot : veng**eance**, veng**eur**.

vengeur, vengeresse (adjectif) Qui exprime un désir de vengeance. *Il a adressé une lettre **vengeresse** à ceux qui l'avaient trahi.*
■ **vengeur** (nom masculin) Personne qui venge ceux qui sont attaqués. *Zorro était le **vengeur** des faibles et des pauvres.*

véniel, elle (adjectif) Sans gravité. *Une faute **vénielle**.* (Syn. **excusable**.) • **Péché véniel** : péché qui ne fait pas perdre la grâce, par opposition à péché mortel.
★ **Véniel** vient du latin *venia* qui signifie « pardon ».

a b c d e f g h i j k l m n o p q r s t u v w x y z

venimeux, euse (adjectif) **1** Qui a du venin. *Une araignée **venimeuse**. Un serpent **venimeux**.* **2** Qui est rempli de malveillance. *Ces deux hommes se détestent et se lancent des regards **venimeux**.*

venin (nom masculin) Substance toxique sécrétée par certains animaux. *Les scorpions transmettent leur **venin** par piqûre.*

venir (verbe) (conj. 19) **1** Se déplacer vers un lieu. *Kevin n'**est** pas **venu** à mon anniversaire.* **2** Partir d'un endroit vers un autre. *Ce colis **vient** d'Espagne.* **3** Avoir pour cause ou pour origine. *Je me demande d'où **vient** cette erreur.* (Syn. **provenir**.) **4** Arriver ou se produire. *L'orage **est venu** brusquement.* (Syn. **survenir**.) • **À venir** : qui arrivera dans un avenir proche. • **En venir à quelque chose** : en arriver à tel point ou à tel sujet. *Nous allons **en venir à** une question importante.* • **En venir aux mains** : se battre. • **Venir au monde** : naître. • **Venir de faire quelque chose** : l'avoir fait depuis peu de temps. *Nos voisins **viennent de** déménager.*
▶ **Venir** se conjugue avec l'auxiliaire *être*.
★ Famille du mot : bienvenu, bienvenue, venant, venu, venue.

vénitien, enne → tableau p. 6 / 7.

vent (nom masculin) Mouvement naturel de l'air qui se déplace. *Le **vent** soufflait avec violence.* • **C'est du vent** : ce n'est pas sérieux. *Il promet des tas de choses, mais **c'est du vent** !* • **Dans le vent** : à la mode. *Elle a une coiffure **dans le vent**.* • **Instrument à vent** : instrument de musique dans lequel on souffle. *La trompette, la clarinette sont des **instruments à vent**.* • **Passer en coup de vent** : aller quelque part et repartir aussitôt.
★ Famille du mot : coupe-vent, venter, venteux, ventilateur, ventilation, ventiler.

vente (nom féminin) Action de vendre. *Le libraire prend sa retraite, il a mis son magasin en **vente**.*

venter (verbe) (conj. 3) • **Il vente** : il y a du vent, le vent souffle. ***Il a venté** toute la nuit.* • **Qu'il pleuve ou qu'il vente** : quel que soit le temps.

venteux, euse (adjectif) Où le vent souffle souvent. *La maison est construite sur une falaise très **venteuse**.*

ventilateur (nom masculin) Appareil électrique dont l'hélice produit un courant d'air.

ventilation (nom féminin) Action de ventiler un endroit. *Il faudrait une meilleure **ventilation** dans la cuisine pour évacuer les odeurs.* (Syn. **aération**.)

ventiler (verbe) (conj. 3) Faire circuler l'air dans un endroit, le renouveler. (Syn. **aérer**.)

ventôse (nom masculin) Sixième mois du calendrier républicain, du 19/21 février au 20/21 mars.
★ **Ventôse** vient du latin *ventosus* qui signifie « venteux ».

ventouse (nom féminin) **1** Organe de certains animaux qui leur permet de se fixer. *Les tentacules des pieuvres et des calmars ont des **ventouses**.* **2** Rondelle de caoutchouc qui se fixe sur une surface plane quand on appuie dessus.

ventral, ale, aux (adjectif) Qui est situé sur le ventre. *Certains poissons ont une nageoire **ventrale**.* (Contr. **dorsal**.)

ventre (nom masculin) Partie du corps située au bas du tronc et qui renferme les intestins. *Hélène préfère dormir sur le **ventre**.* • **À plat ventre** : allongé sur le ventre. *Il s'est endormi **à plat ventre** sur l'herbe.*
★ Famille du mot : éventrer, ventral, ventru.

ventriculaire (adjectif) Qui concerne un ventricule cardiaque ou cérébral. *Une cavité **ventriculaire**. Une contraction **ventriculaire**.*

ventricule (nom masculin) Chacune des deux cavités de la partie inférieure du cœur.

ventrière (nom féminin) Sangle que l'on passe sous le ventre du cheval et qui maintient la selle en place.

ventriloque (nom) Personne capable de parler sans remuer les lèvres et dont la voix semble venir du ventre.
★ **Ventriloque** vient des mots latins *venter* qui signifie « ventre » et *loqui* qui signifie « parler », et que l'on retrouve dans éloquent.

ventripotent, ente (adjectif) Synonyme familier de ventru. *Ce vieux monsieur **ventripotent** a du mal à monter les escaliers.*

ventru, ue (adjectif) Qui a un gros ventre.

venu, ue (adjectif) • **Bien** *ou* **mal venu** : qui tombe bien ou qui tombe mal. *C'est une réunion sérieuse, vos plaisanteries sont **mal venues**.*
■ **venu, ue** (nom) • **Le premier venu** : n'importe qui. *Je n'ai pas l'habitude de raconter mes secrets **au premier venu**.* • **Nouveau venu** : personne qui vient d'arriver.

venue (nom féminin) Fait de venir dans un lieu. *La **venue** en France du Premier ministre anglais.*

vénus (nom féminin) **1** Femme d'une grande beauté. *L'homme admirait cette **vénus** qui dansait.* **2** Représentation artistique de la déesse. *La **Vénus** de Milo est exposée au Louvre.* **3** Mollusque bivalve à coquille arrondie. *La praire est une **vénus**.*
▶ Prononciation [venys].
▶ Au sens 2, **Vénus** prend une majuscule.

vêpres (nom féminin pluriel) Office religieux célébré l'après-midi. *Les cloches sonnaient les **vêpres**.*
★ **Vêpres** vient du latin *vespera* qui signifie « soir ».

ver (nom masculin) **1** Petit animal au corps mou et allongé, dépourvu de pattes. *Il y a un **ver** dans cette pomme.* **2** Larve de certains insectes. *Le **ver** à soie est une larve de papillon.* • **Tirer les vers du nez à quelqu'un** : dans la langue familière, l'amener à dire ce que l'on veut savoir. • **Ver solitaire** : synonyme de ténia.

véracité (nom féminin) Caractère de ce qui est vrai. *Les policiers ne croient pas à la **véracité** de son témoignage.*

véranda (nom féminin) Pièce vitrée le long de la façade d'une maison. *Après le dîner, on s'installe dans la **véranda**.*

verbal, ale, aux (adjectif) **1** Qui se fait par la parole et non pas par écrit. *Passer un accord **verbal** avec un vendeur.* (Syn. **oral**.) **2** Qui concerne le verbe. *L'infinitif et l'indicatif sont des formes **verbales**.*

verbalement (adverbe) En se servant de la parole. *Il nous a donné sa réponse **verbalement**.* (Syn. **oralement**.)

verbalisation (nom féminin) Action de verbaliser. *Le policier a procédé à la **verbalisation** de l'automobiliste en infraction.*

verbaliser (verbe) (conj. 3) Dresser un procès-verbal. *Papa s'est fait **verbaliser** pour stationnement interdit.*

verbe (nom masculin) Mot qui exprime l'état ou l'action du sujet dans la phrase. *Le **verbe** s'accorde avec son sujet et varie suivant le temps.*
★ Famille du mot : verb**al**, verbale**ment**, verbal**iser**, ver**beux**, verb**iage**.

verbeux, euse (adjectif) Qui est exprimé avec des paroles inutiles. *Tes explications **verbeuses** ne m'apprennent pas grand-chose !*

verbiage (nom masculin) Grande quantité de mots sans intérêt. *Ce journaliste a écrit trois pages sur le chômage, mais ce n'est que du **verbiage** !*

verdâtre (adjectif) Qui tire sur le vert. *L'eau de l'étang est **verdâtre**.*

verdeur (nom féminin) Vigueur de la jeunesse chez une personne âgée. *Malgré ses 80 ans, il a gardé sa **verdeur**.*

verdict (nom masculin) Décision d'un tribunal. *Les jurés ont rendu leur **verdict**.*

verdir (verbe) (conj. 11) Devenir vert. *Il a **verdi** de peur en voyant un serpent.*

verdoyant, ante (adjectif) Qui est couvert de verdure. *Sous la chaleur de l'été, les prés **verdoyants** vont jaunir.*

verdoyer (verbe) (conj. 6) Devenir vert en parlant de la végétation. *Les averses fréquentes font **verdoyer** les prairies.*

verdure (nom féminin) Ensemble de végétaux de couleur verte. *Ils habitent une maison enfouie dans la **verdure**.*

véreux, euse (adjectif) **1** Qui contient des vers. *Des pommes **véreuses**.* **2** Synonyme de malhonnête. *Un homme d'affaires **véreux** les a escroqués.*

verge (nom féminin) **1** Baguette de bois souple. *Autrefois, on punissait les enfants à coups de **verge**.* **2** Synonyme de pénis.

vergé, ée (adjectif) **1** Qui présente en filigrane des lignes parallèles rapprochées. *Du papier **vergé**.* **2** Qui comprend des fils plus gros ou plus foncés que le reste. *Une étoffe **vergée**.*

verger (nom masculin) Terrain planté d'arbres fruitiers. *Dans le **verger** de grand-mère, il y a des pruniers et des cerisiers.*

vergeture (nom féminin) Petite strie qui ressemble à une cicatrice et qui sillonne une peau fortement distendue. *Sa grossesse lui a laissé des **vergetures** sur le ventre.*

verglacé, ée (adjectif) Qui est recouvert de verglas. *Le trottoir est **verglacé** ce matin, attention aux chutes !*

verglas (nom masculin) Mince couche de glace qui se forme sur le sol. *Les voitures roulent très lentement à cause du **verglas**.*

vergogne (nom féminin) • **Sans vergogne** : sans aucun scrupule. *Malgré l'évidence, son cousin a tout nié **sans vergogne**.*

vergue (nom féminin) Longue pièce de bois disposée en travers du mât d'un voilier et qui sert à fixer la voile.

véridique (adjectif) Qui est conforme à la vérité. *Son témoignage est **véridique**.* (Contr. **faux**, **mensonger**.)

vérificateur (nom masculin) • **Vérificateur orthographique** : logiciel permettant de vérifier l'orthographe d'un texte saisi sur support informatique.

vérification (nom féminin) Action de vérifier. *À la fermeture du magasin, la caissière fait la **vérification** des comptes.* (Syn. **contrôle**, **examen**.)

vérifier (verbe) (conj. 10) Contrôler l'exactitude ou le bon état de quelque chose. ***Vérifier** un calcul. Papa a fait **vérifier** le moteur de la voiture.*

vérin (nom masculin) Appareil utilisé pour soulever des charges très lourdes sur une faible hauteur. *Un **vérin** hydraulique, pneumatique.*
★ **Vérin** vient du latin *veru* qui signifie « broche ».

véritable (adjectif) **1** Qui est conforme à la vérité. *Il s'est présenté sous un faux nom, je connais sa **véritable** identité.* (Syn. **vrai**. Contr. **faux**.) **2** Qui est vraiment digne de ce qu'on dit de lui. *Cette île est un **véritable** paradis.*

véritablement (adverbe) Vraiment, réellement. *D'Artagnan a **véritablement** existé.*

vérité (nom féminin) Caractère de ce qui est vrai. *Pierre a fini par avouer la **vérité** : c'est lui qui a perdu la clé.* • **À la vérité** ou **en vérité** : en fait. ***En vérité**, je ne suis pas très sûr d'avoir raison.*
★ Famille du mot : véri**table**, véritable**ment**.

verjus (nom masculin) Jus acide tiré de raisins encore verts. *La moutarde de Dijon est préparée au **verjus**.*

verlan (nom masculin) Argot qui consiste à inverser les syllabes des mots. *En **verlan**, « tromé » signifie « métro ».*

vermeil, eille (adjectif) De couleur rouge vif. *Les enfants avaient les joues **vermeilles** à cause du froid.*

vermicelle (nom masculin) Pâtes à potage en fils très minces. *Maman a ajouté des **vermicelles** dans le bouillon.*

vermifuge (nom masculin) Médicament qui sert à éliminer les vers parasites de l'intestin.

vermillon (adjectif) Qui est de couleur rouge vif tirant sur l'orangé.
▶ Pluriel : des lèvres **vermillon**.

vermine (nom féminin) Ensemble des insectes parasites de l'homme et des animaux, comme les poux, les puces ou les punaises.

vermisseau, eaux (nom masculin) Petit ver. *La poule et ses poussins picorent des* ***vermisseaux****.*

vermoulu, ue (adjectif) Dont le bois est rongé par les vers. *Les marches* ***vermoulues*** *d'un vieil escalier.*

vermoulure (nom féminin) Trace de larves d'insectes dans le bois. *Ce produit traitant sert à éviter les* ***vermoulures****.*

vernaculaire (adjectif) • **Nom vernaculaire** : nom d'un animal ou d'une plante dans la langue courante, par opposition à son nom scientifique latin.
★ **Vernaculaire** vient du latin *vernaculus* qui signifie « indigène ».

verni, ie (adjectif) **1** Recouvert de vernis. *Des meubles en bois* ***verni****. Des chaussures* ***vernies****.* **2** Synonyme familier de chanceux. *Julie a gagné le gros lot, elle est vraiment* ***vernie*** *!*

vernir (verbe) (conj. 11) Enduire de vernis. *La manucure* ***vernit*** *les ongles de sa cliente.*

vernis (nom masculin) Produit brillant que l'on applique sur un objet pour le protéger ou le décorer. *Il a passé une couche de* ***vernis*** *sur la coque du bateau.*
★ Famille du mot : verni, vern**ir**, vern**issage**.

vernissage (nom masculin) Réception organisée pour l'inauguration d'une exposition de peinture.

vérole (nom féminin) Synonyme de syphilis.
• **Petite vérole** : synonyme de variole.

vérolé, ée (adjectif) **1** Qui est atteint de syphilis. **2** Gravement endommagé par un virus informatique. *Une disquette* ***vérolée****.*

verrat (nom masculin) Porc mâle non castré qui sert à la reproduction.

verre (nom masculin) **1** Matière dure, transparente et cassante. *Le carreau s'est cassé, attention aux morceaux de* ***verre*** *!* **2** Récipient dans lequel on boit. *Des* ***verres*** *en cristal, en plastique.* **3** Contenu d'un verre. *J'ai soif, je voudrais un* ***verre*** *d'eau.* **4** Morceau de verre destiné à corriger la vue. *Quentin a cassé la monture de ses lunettes, mais les* ***verres*** *sont intacts.* **5** Petite plaque de verre. *Laura a perdu le* ***verre*** *de sa montre.*
★ Famille du mot : sous-verre, verr**erie**, verr**ier**, verr**ière**, verr**oterie**.

verrerie (nom féminin) Usine où l'on fabrique du verre ou des objets en verre.

verrier (nom masculin) Ouvrier qui travaille dans une verrerie.

verrière (nom féminin) Toit ou panneau vitré. *La véranda est protégée par une* ***verrière****.*

verroterie (nom féminin) Petits morceaux de verre coloré servant à faire des bijoux de peu de valeur. *Un collier en* ***verroterie****.*

verrou (nom masculin) Dispositif de fermeture constitué d'une barre en métal que l'on fait coulisser. *La porte de la cave se ferme avec un* ***verrou****.*
• **Sous les verrous** : en prison. *Le coupable est* ***sous les verrous****.*

verrouiller (verbe) (conj. 3) Fermer à l'aide d'un verrou. *Cette maison est très isolée, il vaut mieux* ***verrouiller*** *la porte pendant la nuit.*

verrue (nom féminin) Petite boule dure qui se développe sous la peau. *Le dermatologue lui a enlevé une* ***verrue*** *à la main droite.*

① **vers** (préposition) **1** Indique la direction. *Quand je l'ai rencontrée, elle allait* ***vers*** *le lac.* **2** Indique le moment. *Nous arriverons à Rome* ***vers*** *10 heures.* **3** Indique les environs. *Les meilleurs restaurants se trouvent* ***vers*** *le centre-ville.*

② **vers** (nom masculin) Suite rythmée de mots formant une ligne d'un poème. *Romain a appris par cœur les premiers* ***vers*** *d'un poème de Victor Hugo.*

versant (nom masculin) Pente d'une montagne. *Les alpinistes ont décidé de redescendre par le* ***versant*** *sud.*

versatile (adjectif) Qui change souvent d'avis. *Je n'ai pas envie de faire des projets de vacances avec Anna, elle est trop* ***versatile****.*

à **verse** (adverbe) Beaucoup, en abondance. *Il pleuvait* ***à verse*** *quand on est sorti du cinéma.*

versé, ée (adjectif) Qui a beaucoup de connaissances dans un domaine. *Notre professeur de dessin est très* ***versé*** *en histoire de l'art.*

versement (nom masculin) Action de verser de l'argent. *Il a payé son téléviseur par* ***versements*** *mensuels de 50 euros.*

verser (verbe) (conj. 3) **1** Faire couler un liquide d'un récipient dans un autre. *Maman* ***a versé*** *un peu d'huile sur la salade.* **2** Remettre une somme d'argent à quelqu'un. *À la commande, vous devrez* ***verser*** *un acompte de 100 euros.* **3** Tomber sur le côté. *Une roue s'est cassée et la carriole* ***a versé*** *dans le ruisseau.* (Syn. **basculer, culbuter**.)
★ Famille du mot : **dé**verser, vers**ement**, vers**eur**.

verset (nom masculin) Petit paragraphe numéroté dans un livre sacré. *Les* ***versets*** *du Coran.*

verseur (adjectif masculin) • **Bec verseur** : bec d'un récipient qui permet de verser un liquide. *Une bouilloire à* ***bec verseur****.*

versification (nom féminin) Technique de la composition des vers réguliers. *Les règles de la* ***versification****.*

version (nom féminin) **1** Exercice qui consiste à traduire un texte d'une langue étrangère dans sa propre langue. **2** Façon de raconter le déroulement des évènements. *Les deux témoins ont donné des*

***versions** très différentes de l'accident.* • **Film en version originale** : film qui passe dans sa langue d'origine avec des sous-titres, qui n'est pas doublé.

verso (nom masculin) Envers d'une feuille de papier écrite. *Tourne la page, la suite du texte est au **verso**.* (Syn. **dos.** Contr. **recto.**)
★ **Verso** vient de l'expression latine *folio verso* qui signifie « la feuille ayant été tournée ».

versus (préposition) Par opposition à.
▶ Prononciation [vɛʀsys].
▶ **Versus** est souvent abrégé **vs.**

vert, verte (adjectif) **1** Qui est de la couleur de l'herbe. *Pour l'apéritif, il y a des olives **vertes** et des olives noires.* **2** Qui n'est pas encore mûr. *Ces pommes **vertes** m'ont donné mal au ventre.* **3** Qui a encore de la sève. *Le bois **vert** brûle moins bien que le bois sec.* (Contr. **sec.**) **4** Qui est resté très vigoureux malgré son âge. *Mon grand-père est encore très **vert** pour son âge.* • **Feu vert** : signal lumineux qui indique aux automobilistes que c'est à leur tour de passer.
▪ **vert** (nom masculin) La couleur verte. *Je n'aime pas ce **vert** : il est trop foncé.*
★ Famille du mot : verd**âtre**, verd**eur**, verd**ir**, verd**oyant**, verd**ure**, vert-de-gris, verte**ment**.

vert-de-gris (nom masculin) Dépôt verdâtre qui se forme sur le cuivre au contact de l'humidité.

vertébrale Voir ***colonne***.

vertèbre (nom féminin) Chacun des os superposés et articulés qui forment la colonne vertébrale.
★ Famille du mot : **in**vertébr**é**, vertébr**al**, vertébr**é**.

vertébré (nom masculin) Animal qui a une colonne vertébrale. *Les mammifères, les reptiles, les oiseaux, les poissons sont tous des **vertébrés**.* (Contr. **invertébré.**)

vertement (adverbe) De façon vive et rude. *Il lui a **vertement** répondu de s'occuper de ses affaires.*

vertical, ale, aux (adjectif) Qui est perpendiculaire à l'horizontale. *Tirez un trait **vertical** du haut en bas de la page.*
▪ **verticale** (nom féminin) Ligne verticale. *Si tu lâches une pierre du haut de la falaise, elle tombe à la **verticale**.*

verticalement (adverbe) De manière verticale. *Les livres sont rangés **verticalement** sur les rayons de la bibliothèque.* (Contr. **horizontalement.**)

vertige (nom masculin) Sensation de perte d'équilibre que l'on ressent quand on regarde le vide. *Mon oncle habite au 10ᵉ étage de l'immeuble, j'ai le **vertige** quand je vais sur son balcon.*

vertigineux, euse (adjectif) Qui donne le vertige. *Les skieurs descendent la pente à une vitesse **vertigineuse**.*

vertu (nom féminin) **1** Qualité morale d'une personne. *La générosité et la sincérité sont les deux grandes **vertus** de Thomas.* (Contr. **vice.**) **2** Pouvoir de produire certains effets. *Le tilleul est une plante qui a des **vertus** calmantes.* (Syn. **propriété.**) • **En vertu de** : à cause de. *Ces gens ont été expulsés **en vertu d'**une loi sévère.*

vertueux, euse (adjectif) Qui possède des vertus. *Un homme **vertueux**.*

verve (nom féminin) Manière de s'exprimer pleine de fantaisie et de brio. *Cet animateur de télévision est amusant et plein de **verve**.*

verveine (nom féminin) Plante utilisée pour ses vertus calmantes.

vésicule (nom féminin) • **Vésicule biliaire** : petite poche qui contient la bile sécrétée par le foie.

vespa (nom féminin) Scooter. *Mon père roulait en **vespa** quand il était jeune.*
★ **Vespa** est le nom d'une marque.

vespéral, ale, aux (adjectif) Du soir. *La fraîcheur **vespérale**.*

vessie (nom féminin) Organe en forme de poche qui contient l'urine qui vient des reins.

vestale (nom féminin) **1** Prêtresse de Vesta chargée d'entretenir le feu sacré dans l'Antiquité romaine. *Les **vestales** étaient vouées au célibat et à la chasteté.* **2** Femme très chaste.

vestalies (nom féminin pluriel) Fêtes de la déesse Vesta, célébrées en juin dans l'Antiquité romaine.

veste (nom féminin) Vêtement à manches longues qui couvre le torse et s'ouvre sur le devant. *S'il fait froid, mets une **veste** par-dessus ton pull.*

vestiaire (nom masculin) **1** Lieu où l'on dépose son manteau, son parapluie, etc. *Laisse ton imperméable au **vestiaire** du théâtre.* **2** Lieu où l'on se change pour pratiquer un sport. *Les **vestiaires** d'une piscine.*

vestibule (nom masculin) Pièce d'entrée d'une maison ou d'un appartement. *Faites entrer les visiteurs dans le **vestibule** !*

vestige (nom masculin) Ce qui reste de ce qui a été détruit. *En Italie, Victor a vu des **vestiges** de temples.* (Syn. **ruine.**)

vestimentaire (adjectif) Qui concerne les vêtements. *Il fait attention à sa tenue **vestimentaire**.*

veston (nom masculin) Veste d'un costume d'homme.

vêtement (nom masculin) Ce qui sert à s'habiller, à couvrir son corps. *Le rayon des **vêtements** pour enfants est au premier étage.* (Syn. **habits.**)

vétéran (nom masculin) **1** Soldat qui a longtemps servi dans l'armée. **2** Sportif de plus de 35 ans.

vétérinaire (nom) Médecin qui soigne les animaux. *Il veut être **vétérinaire** comme son père.*

vététiste (nom) Personne qui fait du VTT. *Les **vététistes** attendent le départ de la course.*

vétille (nom féminin) Chose insignifiante. *Thomas et Zoé se disputent pour des **vétilles**, c'est absurde.* (Syn. **bagatelle, détail.**)
▶ Prononciation [vetij].
★ **Vétille** vient du latin *vitta* qui signifie « bandelette ».

vêtir (verbe) (conj. 15) Synonyme littéraire d'habiller. *On **avait vêtu** les enfants de costumes de fête.* (Contr. **dévêtir.**)
★ Famille du mot : **dé**vêtir, **re**vêt**ement**, **re**vêtir, sous-vêtement, survêt**ement**, vêt**ement**.
▶ **Vêtir** se conjugue comme *dormir*, sauf au participe passé : *vêtu.*

véto (nom masculin) • **Mettre son véto** : exprimer un refus. *Vous n'irez pas voir ce film, papa **a mis son véto**.*
▶ On écrit aussi **veto**, mais on prononce toujours [veto].
★ **Veto** est un mot latin qui signifie « je m'oppose ».

vétuste (adjectif) Qui est vieux et abîmé. *Cet immeuble est **vétuste**, il faudrait le détruire ou le rénover.* (Syn. **délabré.**)

vétusté (nom féminin) État de ce qui est vétuste. *Ce pâté de maisons va être détruit en raison de sa **vétusté**.*

veuf, veuve (adjectif et nom) Dont la femme ou le mari est mort. *Elle est **veuve** et elle ne veut pas se remarier.*

veule (adjectif) Qui est lâche ou qui manque de volonté. *C'est un homme **veule** et sans personnalité.*

veuvage (nom masculin) Fait d'être veuf ou veuve. *Elle a fini par se remarier après plusieurs années de **veuvage**.*

vexant, ante (adjectif) Qui vexe, qui contrarie ou qui humilie. *Ses plaisanteries sont **vexantes** !*

vexation (nom féminin) Action ou parole vexante. *Ils profitent de sa timidité pour lui faire subir des **vexations**.* (Syn. **humiliation.**)

vexatoire (adjectif) Qui a pour but de vexer, d'humilier. *Des mesures **vexatoires**.* (Syn. **humiliant.**)

vexer (verbe) (conj. 3) Blesser quelqu'un dans son amour-propre. *Il l'**a vexée** en lui disant qu'elle portait toujours le même manteau.* (Syn. **froisser.**)
★ Famille du mot : vex**ant**, vex**ation**, vex**atoire**.

VF (nom féminin) Se dit d'un film étranger dont les dialogues ont été traduits en français. *Un film japonais en **VF**.*
★ VF est le sigle de *version française.*

VHS (nom masculin) Norme de vidéocassette et de magnétoscope. *Une cassette **VHS**.*
★ VHS est un nom déposé et c'est le sigle pour *Video Home System.*

via (préposition) En passant par tel lieu. *Il a pris l'avion de Paris à Los Angeles **via** New York.*
★ **Via** est un mot latin qui signifie « route ».

viabiliser (verbe) (conj. 3) Équiper un terrain des aménagements propres à le rendre habitable ou constructible. *L'entreprise **a viabilisé** les parcelles du futur lotissement.*

viabilité (nom féminin) **1** État d'une route sur laquelle on peut circuler. *Avec ce verglas, la **viabilité** des routes est incertaine.* **2** Possibilité de développement ou de réussite. *Nous allons étudier la **viabilité** de ce projet.*

viable (adjectif) Qui a des chances de durer. *La création de ce parc de loisirs est un projet **viable**.*

viaduc (nom masculin) Grand pont servant au passage d'une route ou d'une voie ferrée par-dessus une vallée.

viager, ère (adjectif) • **Rente viagère** : somme d'argent qu'une personne reçoit régulièrement durant toute sa vie.
▪ **viager** (nom masculin) • **En viager** : en échange d'une rente viagère. *Ma tante a vendu son appartement **en viager**.*

viande (nom féminin) Chair des animaux qui sert d'aliment. *On achète de la **viande** chez le boucher.* • **Viande blanche** : chair du veau, du porc et des volailles. • **Viande rouge** : chair du bœuf, du cheval et du mouton.

vibrant, ante (adjectif) Très émouvant. *Il a adressé des remerciements **vibrants** à ses sauveteurs.*

vibraphone (nom masculin) Instrument à percussion comportant des lamelles métalliques au-dessous desquelles sont disposés des tubes de résonance. *Le percussionniste de jazz joue du **vibraphone**.*

vibration (nom féminin) Mouvement et bruit produits par quelque chose qui vibre. *Les **vibrations** de la perceuse.*

vibrato (nom masculin) Tremblement dû à la variation rapide du son émis par un instrument ou par la voix. *Les **vibratos** d'un violon.*
★ **Vibrato** est un mot italien.

vibrer (verbe) (conj. 3) **1** Être agité de tremblements ou d'oscillations. *Les vitres de la maison **vibrent** quand un gros camion passe sur le chemin.* **2** Être vivement ému. *Cet hymne national fait **vibrer** le cœur de milliers d'hommes.*
★ Famille du mot : vibr**ant**, vibr**ation**.

vibreur (nom masculin) Dispositif constitué d'une lame mise en vibration par un courant électrique. *Un téléphone portable équipé d'un **vibreur**.*

vibromasseur (nom masculin) Appareil électrique de massage par vibrations.

vicaire (nom masculin) Dans la religion catholique, prêtre qui aide le curé d'une paroisse.

vice- Élément tiré du latin *vice* qui signifie « à la place de », impliquant l'idée d'une fonction exercée en second (exemple : *vice-président*).
▶ **Vice** est invariable : des **vice**-présidents.

vice (nom masculin) **1** Grave défaut ou mauvaise habitude. *La paresse est son seul **vice**.* (Contr. **vertu.**) **2** Défaut qui rend une chose inutilisable. *Cette lampe doit avoir un **vice** de fabrication.*
★ Famille du mot : vic**ié**, vic**ieux**.

vice-présidence (nom féminin) Fonction occupée par un vice-président.
▶ Pluriel : des **vice-présidences**.

vice-président, ente (nom) Personne chargée d'aider le président dans ses fonctions et de le remplacer en cas de nécessité.
▶ Pluriel : des **vice-président(e)s**.

vice versa (adverbe) Synonyme d'inversement. *C'est maman qui conduit quand papa est fatigué et **vice versa**.*
▶ Prononciation [visevɛʀsa] ou [visvɛʀsa].
★ **Vice versa** est une expression latine qui signifie « l'ordre ayant été renversé ».

vichy (nom masculin) Toile de coton à carreaux. *Une jupe en **vichy** rose et blanc.*

vicié, ée (adjectif) • **Air vicié** : air pollué et malsain. *L'**air vicié** peut provoquer des allergies.*

vicieux, euse (adjectif) **1** Qui a une tendance au vice, qui a de mauvais penchants. *C'est un enfant **vicieux** qui s'amuse à faire du mal aux animaux.* **2** Qui comporte des défauts ou des erreurs. *Un raisonnement **vicieux**.* (Syn. **incorrect**.)

vicinal, ale, aux (adjectif) • **Chemin vicinal** : petite route qui relie des villages entre eux.

vicissitudes (nom féminin pluriel) Évènements souvent malheureux de la vie d'une personne. *Il a connu bien des **vicissitudes** avant de réussir dans la vie.*

vicomte, vicomtesse (nom) Titre de noblesse inférieur à celui de comte.

victime (nom féminin) **1** Personne qui a été tuée ou blessée. *Le cyclone a fait plusieurs **victimes**.* **2** Personne qui subit les conséquences pénibles d'un mal. *Noémie est **victime** du mauvais caractère de son frère.*

victoire (nom féminin) Fait de vaincre un ennemi ou un adversaire. *Le match s'est terminé par la **victoire** de notre équipe.* (Contr. **défaite**.)

victorieux, euse (adjectif) Qui a remporté une victoire. *Le coureur **victorieux** a été salué par des applaudissements.* (Syn. **gagnant**. Contr. **perdant**.)

victuailles (nom féminin pluriel) Provisions, nourriture. *Nous sommes partis en pique-nique chargés de **victuailles** !*

vidange (nom féminin) Action de vider un récipient pour le nettoyer. *Le garagiste a fait la **vidange** du moteur.*

vidanger (verbe) (conj. 5) Faire une vidange. *Avant de la réparer, il faudra **vidanger** la chaudière.*

vide (adjectif) **1** Qui ne contient rien. *La boîte de chocolats est **vide**.* (Contr. **plein**.) **2** Où il n'y a personne. *Tous les enfants sont en récréation, les classes sont **vides**.*
▪ **vide** (nom masculin) **1** Espace vide. *Pour faire du parachutisme, il faut oser se lancer dans le **vide**.* **2** Espace où il n'y a pas d'air. *Certains aliments sont emballés sous **vide** pour être conservés.* **3** Espace qui n'est pas occupé. *On a laissé des **vides** entre les tables pour pouvoir circuler dans la classe.* • **À vide** : sans rien ni personne à l'intérieur. *Ce train circule presqu'**à vide**.*
★ Famille du mot : é**vide**r, **vide**-grenier, **vide**-ordure, **vide**-poche, **vide**r, **vide**ur.

vide-grenier (nom masculin) Braderie pendant laquelle les habitants d'un quartier, d'une ville vendent de vieux objets. *J'ai déniché un très beau fauteuil dans un **vide-grenier**.*
▶ Pluriel : des **vide-greniers**.

vidéo- Élément, tiré du latin *video* qui signifie « je vois » (exemple : *vidéoconférence*).

vidéo (adjectif) Qui permet d'enregistrer des images et des sons et de les retransmettre ensuite sur un téléviseur.
▶ Pluriel : des disques **vidéo**.
▪ **vidéo** (nom féminin) Technique qui utilise les appareils vidéo. *Papa a filmé le mariage de mon cousin en **vidéo**.*
★ Famille du mot : vidéocassette, vidéodisque.

vidéocassette (nom féminin) Cassette utilisée pour l'enregistrement en vidéo. *Ce film de Walt Disney existe en **vidéocassette**.*

vidéoclip (nom masculin) Synonyme de clip. *Cette chaîne ne passe que des **vidéoclips**.*

vidéoclub (nom masculin) Magasin spécialisé dans la location ou la vente de cassettes vidéo et de DVD enregistrés.

vidéoconférence (nom féminin) Conférence transmise par des moyens audiovisuels et permettant la diffusion d'images de participants éloignés. *Une réunion en **vidéoconférence**.*
▶ On dit aussi **visioconférence**.

vidéodisque (nom masculin) Disque sur lequel sont enregistrés des sons et des images que l'on peut retransmettre sur un téléviseur.

vidéoprojecteur (nom masculin) Projecteur permettant la reproduction d'un écran d'ordinateur sur un grand écran.

vide-ordure (nom masculin) Gros tuyau vertical dans lequel les ordures descendent jusqu'à une poubelle située en bas de l'immeuble.
▶ Pluriel : des **vide-ordures**.
▶ On écrit aussi un **vide-ordures**.

vidéothèque (nom féminin) **1** Collection de documents vidéo. *Sa **vidéothèque** contient tous les films de Chaplin.* **2** Lieu où l'on conserve et où l'on peut visionner des documents vidéo. *Le musée dispose d'une **vidéothèque** intéressante.*

vide-poche (nom masculin) Récipient où l'on dépose des petits objets. *Les clés de la voiture sont dans le **vide-poche**.*
▶ Pluriel : des **vide-poches**.

vider (verbe) (conj. 3) **1** Rendre vide un lieu ou un récipient. *Odile **a vidé** son cartable en rentrant de l'école. À la fin du mois d'août, les plages se **sont***

a b c d e f g h i j k l m n o p q r s t u **v** w x y z

a b c d e f g h i j k l m n o p q r s t u **v** w x y z

vidées. (Contr. **remplir**.) **2** Enlever les boyaux d'un poisson ou d'une volaille. *La cuisinière **a vidé** le poulet avant de le mettre au four.*

videur (nom masculin) Personne chargée de mettre dehors les indésirables.

vie (nom féminin) **1** Ensemble des phénomènes qui assurent le développement des êtres vivants, de la naissance jusqu'à la mort. *Ce savant étudie la **vie** des animaux sous-marins.* **2** Fait d'exister. *Les pompiers ont sauvé la **vie** de plusieurs personnes.* **3** Ensemble des faits qui se produisent au cours de l'existence d'une personne. *La maîtresse nous a raconté la **vie** de Jeanne d'Arc.* **4** Façon de vivre. *Yann rêve d'une **vie** aventureuse.* **5** Ce qui est nécessaire pour se nourrir, se loger et se vêtir. *Il a fini ses études et il commence à gagner sa **vie**.* **6** Énergie et entrain. *C'est agréable de vivre avec Sarah, c'est une enfant pleine de **vie**.* (Syn. **vitalité**.)

vieil, vieille Voir ***vieux***.

vieillard (nom masculin) Homme très vieux. ***Ce vieillard** va fêter ses cent ans.*
▪ **vieillards** (nom masculin pluriel) Personnes très âgées. *Cette maison de retraite n'accueille que les **vieillards**.*

vieillerie (nom féminin) Objet usé ou démodé. *Je ne veux plus que tu t'habilles avec ces **vieilleries** !*

vieillesse (nom féminin) Dernière période de la vie quand on est devenu vieux. *Grand-mère et grand-père mènent une **vieillesse** très heureuse à la campagne.*

vieillir (verbe) (conj. 11) **1** Devenir vieux. *Il **a** beaucoup **vieilli** depuis sa maladie.* **2** Faire paraître plus vieux. *Cette coiffure te **vieillit**.*

vieillissement (nom masculin) Fait de vieillir. *Les rides sont dues au **vieillissement** de la peau.*

vieillot, otte (adjectif) Vieux, démodé. *Il s'habille de manière **vieillotte**.*

vielle (nom féminin) Ancien instrument de musique à cordes frottées par une roue actionnée grâce à une manivelle.

viennoiserie (nom féminin) Produits fabriqués par le boulanger, excepté le pain. *Les brioches et les croissants sont des **viennoiseries**.*

vierge (adjectif) **1** Qui n'a jamais eu de relations sexuelles. **2** Qui ne porte aucune inscription ou aucun enregistrement. *Il me faut une cassette **vierge** pour enregistrer cette émission.* • **Forêt vierge** : forêt impénétrable, restée à l'état sauvage.

vietnamien, enne → tableau p. 6 / 7.

vieux, vieille (adjectif) **1** Qui a vécu longtemps. *Une **vieille** dame aux cheveux blancs.* (Syn. **âgé**. Contr. **jeune**.) **2** Qui a plus d'années de vie que quelqu'un d'autre. *Mon oncle est plus **vieux** que mon père.* **3** Abîmé par le temps ou par l'usage. *Tu peux jeter cette **vieille** paire de chaussures.* (Syn. **usé**.) **4** Qui existe depuis longtemps. *Nous avons visité la tour d'un **vieux** château.* (Syn. **ancien**. Contr. **neuf**, **récent**.) **5** Qui est ainsi depuis longtemps. *Nos voisins sont de **vieux** amis de mes parents.*
► Au singulier, **vieux** s'écrit **vieil** devant une voyelle ou un « h » muet : *un **vieil** arbre, un **vieil** homme.*
▪ **vieux, vieille** (nom) Personne âgée. *Tout le monde s'est amusé à ce mariage, les **vieux** comme les jeunes.*
★ Famille du mot : vieill**ard**, vieill**erie**, vieill**esse**, vieill**ir**, vieill**issement**, vieill**ot**.

vif, vive (adjectif) **1** Qui est rapide et énergique dans ses mouvements. *Ce garçon est **vif** comme l'éclair.* **2** Qui comprend vite. *Inutile de lui donner tant d'explications, il a l'esprit **vif**.* **3** Qui exprime de l'énervement. *Le directeur lui a fait des reproches très **vifs**.* **4** Qui est très fort, très intense. *Il éprouve un **vif** plaisir à retrouver ses amis.* **5** Qui a beaucoup d'éclat, d'intensité. *Des cerises rouge **vif**.* • **Brûler vif** : brûler vivant. *Elle a failli **brûler vive** dans cet incendie.* • **De vive voix** : oralement.
▪ **vif** (nom masculin) • **Le vif du sujet** : l'essentiel d'une question. *Entrons dans le **vif du sujet** !* • **Piquer ou toucher quelqu'un au vif** : l'atteindre au point le plus sensible. • **Sur le vif** : au moment où l'on est le plus naturel. *Cette photo a été prise **sur le vif**.*

vigie (nom féminin) Marin chargé de surveiller la mer. *Du haut du mât, la **vigie** cria : « Terre en vue ! »*

vigilance (nom féminin) Fait de surveiller avec beaucoup d'attention. *Le gardien a manqué de **vigilance** : un tableau a été volé.*

vigilant, ante (adjectif) Qui montre de la vigilance. *La maîtresse est très **vigilante** quand elle surveille la récréation.* (Syn. **attentif**.)

vigile (nom masculin) Personne chargée de la surveillance de certains lieux. *Des **vigiles** font des rondes dans les parkings souterrains.*

vigne (nom féminin) **1** Arbuste dont le fruit est le raisin. *La **vigne** pousse bien sur ces coteaux ensoleillés.* **2** Terrain planté de vignes. *Les vignerons sont dans les **vignes** pour faire les vendanges.* (Syn. **vignoble**.) • **Vigne vierge** : plante grimpante décorative. *Une façade couverte de **vigne vierge**.*
★ Famille du mot : vign**eron**, vign**oble**.
★ **Vigne** vient du latin *vinum* qui signifie « vin ».

vigneron, onne (nom) Personne qui cultive la vigne et fait du vin. (Syn. **viticulteur**.)

vignette (nom féminin) Étiquette imprimée qui prouve que l'on a payé une taxe. *Chaque année, les automobilistes doivent acheter une **vignette**.*

vignoble (nom masculin) Champ de vignes. *Les **vignobles** de Bourgogne donnent des vins réputés.*

vigogne (nom féminin) Mammifère qui ressemble au lama. *Elle porte un pull-over en laine de **vigogne**.*

vigoureusement (adverbe) De façon vigoureuse. *Elle cire le buffet et le frotte **vigoureusement** pour le faire briller.* (Syn. **énergiquement**.)

vigoureux, euse (adjectif) Qui a de la vigueur. *Nous avons besoin de quelques garçons **vigoureux** pour descendre les cartons à la cave.* (Syn. **fort**, **robuste**.)

vigueur (nom féminin) Force physique. *Cet athlète a la **vigueur** de la jeunesse.* (Syn. **énergie, vitalité.**) • **En vigueur :** en usage, en application. *Cette nouvelle loi entrera **en vigueur** dans quelques jours.*

VIH (nom masculin) Virus du sida.
▶ Prononciation [veiaʃ].
▶ On dit aussi **HIV** [aʃive].
★ VIH est le sigle de *virus de l'immunodéficience humaine.*

vil, vile (adjectif) Synonyme littéraire de méprisable. *Il a trahi ses amis, c'est un homme **vil**.*
★ Vil vient du latin *vilis* qui signifie « sans valeur ».

① **vilain, aine** (adjectif) **1** Qui n'est pas joli à regarder. *Elle portait une **vilaine** robe grisâtre.* (Syn. **laid.** Contr. **beau.**) **2** Qui n'est pas gentil ou qui désobéit. *Tu es vraiment **vilaine**, je suis très déçue !* (Contr. **sage.**) • **Vilain temps :** mauvais temps. *Il a fait un très **vilain temps** pendant le week-end.*

② **vilain** (nom masculin) Paysan libre, au Moyen Âge.

vilebrequin (nom masculin) **1** Outil à main utilisé pour percer le bois à l'aide d'une mèche. **2** Pièce d'un moteur à explosion transformant le mouvement alternatif des pistons en mouvement rotatif.

vilénie (nom féminin) Dans la langue littéraire, action ou parole vile. *Le chevalier fut châtié par ses compagnons pour sa **vilénie**.*
▶ Prononciation [vileni].
▶ On dit aussi **vilenie** [vilǝni].

vilipender (verbe) (conj. 3) Dénoncer comme méprisable. *Le candidat **vilipendait** le comportement de son adversaire.* (Syn. **décrier.**)

villa (nom féminin) Maison individuelle avec un jardin. *Ils ont acheté une **villa** au bord de la mer.*

village (nom masculin) Groupe d'habitations à la campagne. *Mon oncle vit dans une ferme à l'entrée du **village**.*

villageois, oise (nom) Habitant d'un village. *L'été, les **villageois** aiment s'asseoir sur le pas de leur porte.*

villanelle (nom féminin) **1** Poésie ou chanson pastorale du XVIe siècle. **2** Poème composé de tercets alternant avec un refrain de deux vers, et se terminant par un quatrain.
★ **Villanelle** vient du mot italien *villano* qui signifie « paysan ».

ville (nom féminin) Agglomération formée d'un grand nombre de rues et peuplée de beaucoup d'habitants. *Bordeaux est une grande **ville** du Sud-Ouest.*

villégiature (nom féminin) Séjour de vacances ou de repos. *Benjamin a passé quelques jours de **villégiature** chez ses grands-parents.*

villosité (nom féminin) État d'une surface velue. ***Villosités** de la muqueuse intestinale.*
★ **Villosité** vient du latin *villus* qui signifie « poil ».

vin (nom masculin) Boisson alcoolisée faite avec du jus de raisin qu'on a fait fermenter. *Papa a des bons **vins** dans sa cave, qu'il garde pour les grandes occasions.*
★ Famille du mot : vini**cole**, vini**fication**.

vinaigre (nom masculin) Condiment liquide obtenu à partir de vin ou d'autres alcools qu'on a fait aigrir. *Du **vinaigre** de vin, de cidre.*
★ Famille du mot : vinaigr**é**, vinaigr**ette**.

vinaigré, ée (adjectif) Assaisonné avec du vinaigre. *Cette salade est trop **vinaigrée**.*

vinaigrette (nom féminin) Sauce à base de vinaigre et d'huile. *Anna prépare une **vinaigrette** pour la salade.*

vinaigrier (nom masculin) Flacon destiné à fabriquer ou à contenir du vinaigre.

vindicatif, ive (adjectif) Qui cherche à se venger. *Je n'aime pas son ton **vindicatif**.* (Syn. **rancunier.**)

vindicte (nom féminin) • **Vindicte publique :** poursuite d'un crime au nom de la société.

vingt (déterminant) Deux fois dix (20). *Il y a **vingt** élèves dans la classe d'Élodie, douze filles et huit garçons.*
■ **vingt** (nom masculin) Nombre vingt. *Benjamin est né le **vingt** du mois d'avril.*
▶ Prononciation [vɛ̃].
★ Famille du mot : vingt**aine**, vingt**ième**.

vingtaine (nom féminin) Quantité d'environ vingt. *Clément a invité une **vingtaine** de copains pour son anniversaire.*
▶ Prononciation [vɛ̃tɛn].

vingtième (adjectif et nom) Qui occupe le rang numéro 20. *Elle a dix-neuf ans, elle fêtera son **vingtième** anniversaire l'année prochaine.*
■ **vingtième** (nom masculin) Ce qui est contenu vingt fois dans un tout. *Quatre est le **vingtième** de quatre-vingts.*
▶ Prononciation [vɛ̃tjɛm].

vini- Élément tiré du latin *vinum* qui signifie « vin » (exemple : *vinicole*).

vinicole (adjectif) Qui concerne la production de vin. *La Bourgogne est une grande région **vinicole**.*

vinification (nom féminin) Transformation du jus de raisin en vin.

vinifier (verbe) (conj. 10) Transformer le moût en vin.

vinyle (nom masculin) Sorte de matière plastique. *Avant l'invention du CD, les disques étaient en **vinyle**.*

viol (nom masculin) Action de violer quelqu'un. *Cet homme est accusé du **viol** de plusieurs femmes.*

violacé, ée (adjectif) Qui tire sur le violet. *Fatima a si froid qu'elle a les mains **violacées**.*

violation (nom féminin) Action de violer quelque chose. *La **violation** de sépultures est un acte odieux.* (Contr. **respect.**)

a b c d e f g h i j k l m n o p q r s t u v w x y z

viole (nom féminin) Instrument à cordes, antérieur au violon.

violemment (adverbe) De façon violente. *David a fermé la fenêtre si **violemment** qu'un carreau est tombé !* (Syn. **brutalement.** Contr. **doucement.**)

violence (nom féminin) **1** Manière d'agir brutale et agressive. *On a arrêté le match car des supporteurs ont commis des actes de **violence**.* (Syn. **brutalité.**) **2** Force intense d'un phénomène ou d'un sentiment. *La **violence** de l'orage a surpris tout le monde.*

violent, ente (adjectif) **1** Qui agit avec violence. *Sous l'effet de la colère, cet homme peut devenir **violent**.* (Contr. **calme, doux.**) **2** Qui est très fort. *De **violentes** chutes de neige ont paralysé la circulation.*
★ Famille du mot : non-violence, non-violent, violem**ment**, violence.

violenter (verbe) (conj. 3) Violer. *Le psychopathe avait cherché à **violenter** sa voisine.*

violer (verbe) (conj. 3) **1** Ne pas respecter quelque chose. *On lui reproche d'**avoir violé** la loi.* (Syn. **enfreindre, transgresser.**) **2** Faire subir à quelqu'un des actes de violence sexuelle. *Durant cette guerre, des femmes **ont été violées**.*
★ Famille du mot : **inviolable**, viol, viol**ation**.

violet, ette (adjectif) Qui est d'une couleur faite d'un mélange de bleu et de rouge.
▪ **violet** (nom masculin) Couleur violette. *Le **violet** est une des couleurs de l'arc-en-ciel.*

violette (nom féminin) Petite fleur violette. *Ce petit bouquet de **violettes** sent très bon.*

violeur, euse (nom) Personne qui contraint quelqu'un par la force à des relations sexuelles. *Le **violeur** a été arrêté.*

violon (nom masculin) Instrument de musique qui a quatre cordes. *On joue du **violon** avec un archet.*

violoncelle (nom masculin) Instrument de musique à quatre cordes, qui ressemble à un grand violon. *Le son du **violoncelle** est plus grave que celui du violon.*

violoncelliste (nom) Musicien qui joue du violoncelle. *Le **violoncelliste** joue assis en maintenant son violoncelle entre ses jambes.*

violoniste (nom) Musicien qui joue du violon.

viorne (nom féminin) Arbrisseau à fleurs blanches, dont on cultive certaines espèces ornementales.

VIP (nom masculin) Personnage important, dans la langue familière.
▶ Prononciation [veipe].
★ VIP est le sigle de l'anglais *very important person*.

vipère (nom féminin) Serpent venimeux à la tête triangulaire. *La morsure de la **vipère** est dangereuse.*

virage (nom masculin) Synonyme de tournant. *Il y a beaucoup de **virages** sur cette route de montagne.*

viral, ale, aux (adjectif) Qui est dû à un virus. *Ibrahim est malade, il a une hépatite **virale**.*

virée (nom féminin) Court voyage, dans la langue familière. *Nous avons profité du pont du 1er mai pour faire une **virée** à la campagne.*

virelai (nom masculin) Poème du Moyen Âge à quatre strophes, chaque vers de la première étant repris dans les autres. *Le **virelai** est le plus souvent à deux rimes.*
★ **Virelai** vient de *virer* qui signifie « tourner ».

virement (nom masculin) Fait de virer de l'argent. *Son salaire est payé par **virement** automatique.*

virer (verbe) (conj. 3) **1** Faire passer de l'argent d'un compte à un autre. *Pour rembourser son frère, maman lui **vire** chaque mois cent euros.* **2** Changer de direction. *La moto **a viré** brusquement à gauche.* (Syn. **tourner.**) **3** Changer de couleur. *Selon la lumière, la mer **vire** du bleu au vert.*
★ Famille du mot : vir**age**, vir**ement**.

virevolter (verbe) (conj. 3) Tourner rapidement sur soi. *Gaëlle admire les surfeurs qui **virevoltent** sur les vagues.*

virginal, ale, aux (adjectif) **1** Qui se rapporte à une vierge. *Innocence **virginale**.* **2** Au sens figuré, pur. *Blancheur **virginale**.* (Syn. **immaculé.**)

virginité (nom féminin) État d'une personne qui est vierge.

virgule (nom féminin) **1** Signe de ponctuation qui, à l'intérieur d'une phrase, sépare des mots ou des groupes de mots. *La **virgule** sert à noter une légère pause entre des éléments d'une phrase.* **2** Dans un nombre décimal, signe qui précède la première décimale.

viril, ile (adjectif) Qui a les caractéristiques qu'on attribue d'habitude aux hommes. *Il est fier de sa force **virile** !*
★ **Viril** vient du latin *vir* qui signifie « homme ».

virilité (nom féminin) Caractère viril. *Cet homme a fait preuve d'énergie et de **virilité**.*

virole (nom féminin) Petit tube de métal mince enserrant l'extrémité du manche d'un couteau ou d'un outil à l'endroit où s'insère la lame.

virtuel, elle (adjectif) **1** Qui pourrait exister, mais qui n'est pas encore effectif ni réel. *Ce projet est encore à l'état **virtuel**.* (Syn. **potentiel.**) **2** Se dit d'une image qui donne l'illusion de la réalité et du relief. *L'image **virtuelle** est créée par l'ordinateur.*

virtuellement (adverbe) Presque, à peu près. *Le match n'est pas fini, mais notre équipe a **virtuellement** gagné.*

virtuose (nom) Musicien qui joue d'un instrument avec talent. *Ce guitariste est un **virtuose**.*

virtuosité (nom féminin) Talent d'un virtuose. *Il joue du violon avec une **virtuosité** remarquable.*

virulence (nom féminin) Caractère virulent. *La **virulence** de ses propos nous a surpris.*

virulent, ente (adjectif) Qui manifeste de l'âpreté et de la violence. *Ce livre a reçu des critiques très **virulentes**.*

virus (nom masculin) **1** Organisme microscopique qui provoque des maladies. *Ce laboratoire fait des recherches sur le* ***virus*** *du sida.* **2** Programme informatique pouvant perturber le fonctionnement d'un ordinateur et se propager dans d'autres systèmes informatiques. *Il y avait un* ***virus*** *sur la disquette d'Ibrahim.*
▶ Prononciation [viʀys].
★ **Virus** est un mot latin qui signifie « poison ».

vis (nom féminin) Petite tige de métal pointue, en forme de spirale. *Kevin enfonce la* ***vis*** *à l'aide d'un tournevis.*
▶ Prononciation [vis].
★ Famille du mot : **dévisser**, visser.
★ **Vis** vient du latin *vitis* qui signifie « vrille de la vigne ».

visa (nom masculin) Cachet officiel qu'on doit faire mettre sur un passeport pour pouvoir entrer dans certains pays. *Demander un* ***visa*** *à l'ambassade de l'Inde.*
★ **Visa** est un mot latin qui signifie « choses vues » : les Romains mettaient ce mot sur les actes qui avaient été vérifiés.

visage (nom masculin) **1** Partie avant de la tête. *Le nez est au milieu du* ***visage****.* (Syn. **figure.**) **2** Au sens figuré, aspect de quelque chose. *Son voyage au Japon lui a permis de découvrir le vrai* ***visage*** *de ce pays.*

vis-à-vis de (préposition) **1** En face de. *Dans l'autobus, Hélène s'est assise* ***vis-à-vis de*** *Pierre.* **2** Envers. *Se montrer sévère* ***vis-à-vis des*** *trafiquants de drogue.*
▪ **vis-à-vis** (nom masculin) Personne ou chose placée en face d'une autre. *Cette maison isolée n'a pas de* ***vis-à-vis****.*
▶ Prononciation [vizavi].

viscéral, ale, aux (adjectif) Qui vient du plus profond de soi. *Elle a un mépris* ***viscéral*** *pour les gens racistes.*

viscère (nom masculin) Chacun des organes situés dans le crâne, le thorax et l'abdomen. *Le cerveau, le cœur, le foie, l'estomac sont des* ***viscères****.*

viscose (nom féminin) Solution épaisse à base de cellulose utilisée dans la fabrication des tissus synthétiques.

viscosité (nom féminin) État de ce qui est visqueux. *La* ***viscosité*** *de la peau des crapauds.*

visées (nom féminin pluriel) Ce que l'on se fixe comme but à atteindre, comme avantage à obtenir. *Son collègue a des* ***visées*** *sur le poste de directeur.* (Syn. **ambition, désir.**)

viser (verbe) (conj. 3) **1** Diriger une arme ou un objectif photographique en fixant avec attention ce qu'on veut atteindre. *Quentin* ***vise*** *le centre de la cible avant d'envoyer la fléchette.* **2** Chercher à atteindre quelque chose. *Ce diplomate* ***vise*** *un poste d'ambassadeur.* **3** Concerner quelqu'un. *Julie ne se sent pas du tout* ***visée*** *par ces critiques.*
★ Famille du mot : vis**ées**, vis**eur**.

viseur (nom masculin) Dispositif qui permet de viser. *Papa nettoie le* ***viseur*** *du caméscope.*

visibilité (nom féminin) Possibilité de voir plus ou moins loin. *Le brouillard diminue la* ***visibilité****.*

visible (adjectif) **1** Qu'on peut voir. *Certaines étoiles sont* ***visibles*** *à l'œil nu, d'autres pas.* (Contr. **invisible.**) **2** Qui est évident. *Son émotion était* ***visible*** *car elle s'est mise à rougir.* (Syn. **manifeste.**)
★ Famille du mot : **in**visible, visibil**ité**, visible**ment**.

visiblement (adverbe) De manière visible. ***Visiblement****, ce bébé a sommeil.* (Syn. **manifestement.**)

visière (nom féminin) Partie large et arrondie sur le devant d'une casquette.

vision (nom féminin) **1** Synonyme de vue. *Il devient presbyte, sa* ***vision*** *de près est mauvaise.* **2** Au sens figuré, façon de voir ou de concevoir quelque chose. *Avoir une* ***vision*** *pessimiste de l'avenir.*
• **Avoir des visions** : s'imaginer voir des choses alors qu'elles n'existent pas.
★ Famille du mot : vision**naire**, vision**neuse**.

visionnaire (nom) **1** Personne qui a des visions. **2** Personne qui a une vision juste de l'avenir ou de certaines réalités. *En imaginant l'hélicoptère, Léonard de Vinci a été un* ***visionnaire****.*

visionner (verbe) (conj. 3) Regarder un film, une vidéo du point de vue professionnel en vue d'une exploitation commerciale.

visionneuse (nom féminin) Petit appareil qui permet d'examiner des diapositives ou des films.

visiophone (nom masculin) Appareil associant un téléphone, une caméra et un écran et permettant à plusieurs correspondants de se parler et de se voir.

visite (nom féminin) **1** Action de visiter un lieu. *La* ***visite*** *de ce château n'est possible qu'en été.* **2** Action d'aller voir quelqu'un chez lui. *Grand-mère aime avoir la* ***visite*** *de ses petits-enfants.* **3** Consultation donnée par un médecin au domicile du malade. • **Visite médicale** : examen médical fait par un médecin pour voir si tout va bien.

visiter (verbe) (conj. 3) Parcourir un lieu pour voir ce qui est intéressant. *Laura* ***a*** *déjà* ***visité*** *le château.*
★ Famille du mot : visite, visit**eur**.

visiteur, euse (nom) **1** Personne qui visite un lieu. *Le Mont-Saint-Michel attire beaucoup de* ***visiteurs****.* **2** Personne qui rend visite à quelqu'un chez lui. *Maman a offert du thé à ses* ***visiteurs****.*

vison (nom masculin) Petit mammifère carnivore, à la queue touffue et à la fourrure très recherchée.
★ **Vison** vient du latin *vissio* qui signifie « puanteur » car cet animal sent très mauvais.

visqueux, euse (adjectif) Qui est collant ou poisseux. *Les crapauds ont la peau* ***visqueuse****.* (Syn. **gluant.**)

visser (verbe) (conj. 3) **1** Fixer avec des vis. *Prends le tournevis pour* ***visser*** *ces planches.* **2** Serrer en

a b c d e f g h i j k l m n o p q r s t u v w x y z

tournant pour fermer un récipient. *Visse bien le couvercle, pour que les confitures ne s'abîment pas !* (Contr. **dévisser.**)

visualisation (nom féminin) Affichage d'informations sur terminal afin d'afficher l'information voulue sur un écran cathodique.

visualiser (verbe) (conj. 3) Rendre quelque chose visible. *Le scanner permet de **visualiser** l'intérieur de notre corps.*

visuel, elle (adjectif) Qui concerne la vue. *Cette maladie peut entraîner de graves troubles **visuels**.*

vital, ale, aux (adjectif) **1** Qui est indispensable à la vie. *Le cœur est un organe **vital**.* **2** Qui est d'une importance très grande. *Retrouver du travail est un problème **vital** pour ces chômeurs.*

vitalité (nom féminin) Énergie et dynamisme. *Myriam n'arrête pas de s'activer, elle est pleine de **vitalité**.* (Syn. **vie.**)

vitamine (nom féminin) Substance qui se trouve dans certains aliments et qui est indispensable à la santé. *Les fruits contiennent des **vitamines**.*

vitaminé, ée (adjectif) Qui contient des vitamines. *Du lait **vitaminé**.*

vite (adverbe) En se dépêchant ou en mettant peu de temps. *Tu marches trop **vite**, je n'arrive pas à te suivre !* (Syn. **rapidement.** Contr. **lentement.**)

vitesse (nom féminin) **1** Rapidité à se déplacer ou à faire quelque chose. *Dans les agglomérations, la **vitesse** est limitée à 50 km/h.* **2** Mécanisme qui permet de régler l'effort du moteur d'un véhicule. *Quand le moteur tourne trop vite, on doit changer de **vitesse**.* • **À toute vitesse** *ou* **en vitesse** : très vite.

viti- Élément tiré du latin *vitis* qui signifie « vigne » (exemple : *viticulture*).

viticole (adjectif) Où l'on cultive la vigne pour produire du vin. *La Champagne et la Bourgogne sont des régions **viticoles**.*
★ **Viticole** vient des mots latins *vitis* qui signifie « vigne » et *colere* qui signifie « cultiver ».

viticulteur, trice (nom) Synonyme de vigneron. *Ce **viticulteur** produit du vin blanc.*

viticulture (nom féminin) Culture de la vigne.
★ Famille du mot : viti**cole**, viti**culteur**.

vitrage (nom masculin) Assemblage de vitres. *Nos fenêtres possèdent un double **vitrage**.*

vitrail, aux (nom masculin) Vitre faite de petits morceaux de verre colorés et assemblés pour former des dessins. *Les **vitraux** de la cathédrale.*

vitre (nom féminin) Plaque en verre fixée sur une fenêtre, une porte ou une portière. *Les **vitres** de la voiture sont sales.*
★ Famille du mot : vitr**age**, vitr**ail**, vitr**é**, vitr**erie**, vitr**eux**, vitr**ier**, vitr**ifier**, vitr**ine**.
★ **Vitre** vient du latin *vitrum* qui signifie « verre ».

vitré, ée (adjectif) Qui est garni d'une vitre. *La chambre de l'hôtel a une grande baie **vitrée**.*

vitrerie (nom féminin) **1** Technique de la fabrication et de la pose des vitres. **2** Commerce du vitrier. *Je suis allé chercher un carreau à la **vitrerie**.*

vitreux, euse (adjectif) Qui est terne et sans éclat. *Le chien malade avait les yeux **vitreux**.*

vitrier (nom masculin) Personne qui pose des vitres.

vitrifier (verbe) (conj. 10) Recouvrir d'un vernis transparent. *Ce parquet **vitrifié** est extrêmement facile à entretenir.*

vitrine (nom féminin) **1** Partie vitrée d'un magasin où sont exposées les marchandises à vendre. *Noémie a vu une jolie montre en **vitrine**.* (Syn. **devanture.**) **2** Meuble vitré dans lequel on expose des objets pour les protéger. *Certaines **vitrines** de ce musée sont mal éclairées.*

vitriol (nom masculin) Synonyme d'acide sulfurique.

vitrocéramique (nom féminin) Matériau combinant les propriétés de la pierre naturelle et celles du verre. *Ils ont une cuisine moderne avec une table de cuisson en **vitrocéramique**.*
► On dit aussi **vitrocérame**.

vitupérations (nom féminin pluriel) Paroles de celui qui vitupère.

vitupérer (verbe) (conj. 8) Dans la langue littéraire, blâmer ou critiquer sévèrement. *Les gens **vitupèrent** contre la hausse du prix de l'essence.*

vivable (adjectif) Qu'on peut supporter facilement. *L'ambiance dans ce bureau n'est plus **vivable** !* (Contr. **invivable.**)

vivace (adjectif) **1** Se dit d'une plante qui vit plusieurs années. *La bruyère, la lavande sont des plantes **vivaces**.* **2** Qui dure depuis longtemps et qui est tenace. *Les traditions d'hospitalité sont encore très **vivaces** dans ce pays.*

vivacité (nom féminin) **1** Qualité de quelqu'un qui est vif, rapide. *Cet élève a une grande **vivacité** d'esprit.* **2** Caractère d'une couleur vive. *Les couleurs de ce tapis ont perdu leur **vivacité**.*

vivandier, ère (nom) Personne qui suivait les troupes militaires pour leur vendre des vivres.

vivaneau, eaux (nom masculin) Sorte de dorade rouge des mers chaudes. *Les Antillais sont friands de **vivaneaux**.*

vivant, ante (adjectif) **1** Qui est en vie. *Après le naufrage du bateau, seuls trois passagers ont été retrouvés **vivants**.* (Contr. **mort.**) **2** Qui est vif et plein d'énergie. *Cet enfant est très **vivant** et s'intéresse à tout.* **3** Où il y a beaucoup d'activité et d'animation. *Ce quartier commerçant est très **vivant**.* (Syn. **animé.** Contr. **mort.**) • **Langue vivante** : langue qu'on parle de nos jours. (Contr. **langue morte.**)
▪ **vivant** (nom masculin) Personne qui est en vie. *Odile préfère penser aux **vivants** plutôt qu'aux morts.* • **Bon vivant** : personne qui sait apprécier les plaisirs de la vie. • **Du vivant de quelqu'un** : du temps où il vivait.

vivarium (nom masculin) Cage vitrée, où on élève des petits animaux.
► Prononciation [vivaʀjɔm].

vivats (nom masculin pluriel) Cris d'enthousiasme. *Les spectateurs ont acclamé le vainqueur du match par des **vivats**.*

vive ! (interjection) Exprime l'admiration, l'enthousiasme. ***Vive** la mariée ! **Vive** la France !* (Contr. **à bas**.)

vivement (adverbe) **1** D'une façon vive, rapide. *Le chat s'est enfui **vivement**.* **2** De façon brusque. *Il a répliqué **vivement** qu'il savait ce qu'il faisait.* **3** Avec une grande intensité. *On souhaite **vivement** que tu réussisses.* (Syn. **ardemment**.)
▪ **vivement !** (interjection) Sert à exprimer un souhait. ***Vivement** qu'il fasse beau !*

vivier (nom masculin) Bassin dans lequel on élève des poissons et des crustacés. *Chez le poissonnier, il y a des homards vivants dans un **vivier**.*

vivifiant, ante (adjectif) Qui vivifie. *Un climat **vivifiant**.*

vivifier (verbe) (conj. 10) Donner plus de vigueur et de vitalité. *Le bon air de la mer nous **a vivifiés**.*

vivipare (adjectif) Se dit d'un animal dont les petits naissent après s'être développés dans le ventre de leur mère, et non dans un œuf. *La plupart des mammifères sont **vivipares**.* (Contr. **ovipare**.)

viviparité, ante (nom féminin) Mode de reproduction des animaux vivipares.

vivisection (nom féminin) Dissection d'animaux vivants pour faire des expériences de laboratoire. *La **vivisection** est interdite en France.*

vivoter (verbe) (conj. 3) Vivre difficilement, faute d'argent. *Depuis qu'il est au chômage, il **vivote**.*

vivre (verbe) (conj. 50) **1** Être en vie. *L'arrière-grand-mère de Sarah **vit** toujours, elle vient de fêter ses cent ans !* **2** Passer sa vie d'une certaine façon. *Ces gens **ont** toujours **vécu** dans l'opulence. Il **a vécu** des moments difficiles pendant sa maladie.* **3** Passer un certain temps de sa vie dans un endroit. *Romain **a vécu** deux ans à Londres.* **4** Avoir de quoi manger, s'habiller, se loger. *Ils ont du mal à **vivre** avec le peu qu'ils gagnent.*
★ Famille du mot : re**vivre**, sur**viv**ance, sur**viv**ant, sur**vivre**, **viv**ant, **viv**oter, **vivres**, **viv**rière.

vivres (nom masculin pluriel) Provisions de nourriture. *Pour la randonnée, on a prévu des **vivres** pour trois jours.* • **Couper les vivres à quelqu'un** : ne plus lui donner d'argent.

vivrière (adjectif féminin) • **Cultures vivrières** : cultures destinées à l'alimentation.

vizir (nom masculin) Ministre du sultan dans l'ancien empire turc. *Le grand **vizir** était le Premier ministre de l'Empire ottoman.*
★ **Vizir** est un mot turc.

vlan ! (interjection) Onomatopée qui imite le bruit d'un coup violent. *Et **vlan** ! Il a claqué la portière !*

VO (nom féminin) Se dit d'un film étranger dont les dialogues n'ont pas été traduits. *Les films en **VO** sont sous-titrés.*
► Prononciation [veo].
★ **VO** est le sigle de *version originale*.

vocable (nom masculin) Synonyme savant de mot. *Le chercheur a parfois employé des **vocables** compliqués que Thomas n'a pas compris.*
★ **Vocable** vient du latin *vocabulum* qui signifie « mot », et qu'on retrouve dans **vocabulaire**.

vocabulaire (nom masculin) **1** Ensemble des mots d'une langue. *Le **vocabulaire** s'enrichit sans cesse de mots nouveaux.* **2** Ensemble des mots employés par quelqu'un. *Cet enfant a encore un **vocabulaire** très réduit.*

vocal, ale, aux (adjectif) Qui concerne la voix. *La musique **vocale** est destinée à être chantée.*

vocalique (adjectif) Qui concerne les voyelles. *Le phonème [œ̃] est un phonème **vocalique**.*

vocalise (nom féminin) Exercice vocal qui consiste à chanter une suite de notes sur une seule voyelle, qui est généralement le « a ».

vocatif (nom masculin) Cas des mots utilisés pour interpeller, pour s'adresser à quelqu'un, dans les langues à déclinaison.
★ **Vocatif** vient du latin *vocare* qui signifie « appeler ».

vocation (nom féminin) Vive attirance et aptitude pour une activité. *Il a choisi le métier de professeur d'histoire par **vocation**.*

vociférer (verbe) (conj. 8) Parler en criant pour exprimer sa colère. *Calme-toi et arrête de **vociférer** comme ça !*

vodka (nom féminin) Eau-de-vie fabriquée avec de l'orge ou du seigle.
★ **Vodka** est un mot russe qui signifie « petite eau ».

vœu, vœux (nom masculin) **1** Souhait qu'on fait pour qu'une chose se réalise. *Nous avons tous fait le **vœu** qu'il réussisse son examen.* **2** Désir exprimé par quelqu'un. *Son **vœu** le plus cher est de trouver du travail.* (Syn. **souhait**.) • **Faire vœu de quelque chose** : promettre de tenir une résolution. *Son frère **a fait vœu d'**arrêter de fumer.*
▪ **vœux** (nom masculin pluriel) Souhaits de bonheur. *Le jour de l'an, on présente ses **vœux** à ses amis.*

vogue (nom féminin) Succès passager auprès du public. *C'était la **vogue** des cheveux courts. Cet acteur est très en **vogue** en ce moment.*

voguer (verbe) (conj. 3) Avancer sur l'eau. *Plusieurs bateaux **voguent** vers le port.* (Syn. **naviguer**.)

voici (préposition) Sert à montrer ce qui est proche. *Tiens, **voici** des roses pour toi.*
★ **Voici** vient de *vois*, impératif de « voir », et de *ci*.

voie (nom féminin) **1** Chemin pour aller d'un lieu à un autre. *Un chasse-neige est venu dégager la **voie**.* **2** Chacune des parties séparées d'une route où roule une file de voitures. *Cette route à trois **voies** est dangereuse.* **3** Mode de transport. *Certaines lettres partent par **voie** aérienne, d'autres par **voie***

maritime. **4** Au sens figuré, direction qu'on suit dans la vie. *Chacun doit trouver sa* ***voie*** *dans l'existence.* • **Être en voie de** : être en train ou sur le point de. *Cette espèce animale est* ***en voie de*** *disparition.* • **Mettre quelqu'un sur la voie** : lui donner des renseignements pour le guider dans ses recherches. • **Voie d'eau** : ouverture accidentelle dans la coque d'un bateau, par laquelle l'eau entre. • **Voie ferrée** : rails sur lesquels circulent les trains.

voilà (préposition) Sert à montrer ce qui est éloigné. *Voici ma chambre, et au fond du couloir,* ***voilà*** *la chambre d'Ursula.*
★ Voilà vient de *vois*, impératif de « voir », et de *là*.

voilage (nom masculin) Rideau léger et transparent. *Ce* ***voilage*** *nous isole un peu des voisins d'en face.*

① **voile** (nom masculin) **1** Grand morceau de tissu recouvrant la tête et, parfois, cachant le visage. *Certaines religieuses portent un* ***voile****.* **2** Ce qui empêche de bien voir. *Il y a un léger* ***voile*** *de brouillard ce matin.*
★ Famille du mot : dé**voiler**, voil**age**, voil**er**.

② **voile** (nom féminin) **1** Grande pièce de tissu fixée sur le mât de certains bateaux, qui leur permet d'utiliser la force du vent pour avancer. *Au départ de la course, les concurrents hissent leurs* ***voiles****.* **2** Sport qui consiste à naviguer sur un bateau à voiles. *Victor fait de la* ***voile*** *dans un club nautique.*
★ Famille du mot : voil**ier**, voil**ure**.

voiler (verbe) (conj. 3) **1** Couvrir d'un voile. *Certaines femmes musulmanes se* ***voilent*** *le visage.* **2** Rendre moins visible. *La lune* ***est voilée*** *par des nuages.* **3** Déformer ou tordre quelque chose. *Son frère a eu un accident de moto, et la roue avant* ***est voilée****.*

voilier (nom masculin) Bateau à voiles. *Il y a peu de vent, et le* ***voilier*** *n'avance pas vite.*

voilure (nom féminin) Ensemble des voiles d'un voilier. *La tempête a endommagé une partie de la* ***voilure****.*

voir (verbe) (conj. 22) **1** Percevoir ce qui nous entoure grâce à nos yeux. *William ne* ***voit*** *pas bien car il est myope.* **2** Rencontrer quelqu'un ou lui rendre visite. ***J'ai vu*** *Zoé à la boulangerie. Xavier aime bien aller* ***voir*** *sa grand-mère.* **3** Être spectateur ou témoin de quelque chose. *Hier soir, nous sommes allés* ***voir*** *une pièce de théâtre. Comme Yann* ***a vu*** *l'accident, il sait qui était dans son tort.* (Syn. **assister.**) **4** Se rendre compte de quelque chose. *On* ***a*** *bien* ***vu*** *qu'il était content.* **5** Examiner attentivement quelque chose. *Je vais* ***voir*** *ce que je peux faire pour t'aider.* **6** Comprendre quelque chose. *Je* ***vois*** *très bien ce que tu veux dire.* **7** Se faire telle idée de quelque chose. *Anna est optimiste, elle* ***voit*** *toujours la vie en rose.*
★ Famille du mot : entrevoir, malvoyant, non-voyant, **re**voir, voy**ant**, voy**eur**, voyeur**isme**, vu, vue.

voire (adverbe) Dans la langue littéraire, sert à renforcer ce qu'on vient de dire. *Cette maladie est très grave,* ***voire*** *parfois mortelle.*

voirie (nom féminin) Service municipal chargé de l'entretien et du nettoyage des rues et des routes. *Les éboueurs dépendent de la* ***voirie****.*

voisin, ine (adjectif) **1** Qui se trouve tout à côté. *Élodie habite la maison* ***voisine*** *de la nôtre.* **2** Qui n'est pas très différent. *Le mauve et le violet sont des couleurs* ***voisines****.* (Syn. **proche, similaire.**)
■ **voisin, ine** (nom) Personne qui habite tout près ou qui se trouve à côté. *Fatima est la* ***voisine*** *de classe de Benjamin.*
★ Famille du mot : avoisin**ant**, voisin**age**, voisin**er**.

voisinage (nom masculin) **1** Ensemble des voisins. *Tout le* ***voisinage*** *se plaint des aboiements du chien.* **2** Lieux voisins. *Ne pars pas jouer trop loin, reste dans le* ***voisinage****.* (Syn. **alentours, environs.**)

voisiner (verbe) (conj. 3) Être voisin. *Dans ce quartier, des gens riches* ***voisinent*** *avec des gens plus pauvres.*

voiture (nom féminin) **1** Véhicule à roues qui sert à transporter des personnes ou des choses. *Une poussette est une* ***voiture*** *d'enfants. La charrette est une* ***voiture*** *à deux roues tirée par un cheval.* **2** Wagon de voyageurs. *Nous avons des places de train réservées dans la* ***voiture*** *quinze.* **3** Synonyme d'automobile. *Maman envisage d'acheter une nouvelle* ***voiture****.*

voiture-balai (nom féminin) Voiture qui recueille les coureurs cyclistes qui abandonnent la course.
► Pluriel : des **voitures-balais**.

voiturette (nom féminin) Petite voiture que l'on peut conduire sans permis de conduire.

voix (nom féminin) **1** Ensemble des sons produits par une personne quand elle parle, chante ou crie. *Cette chanteuse a une très belle* ***voix****. Parlez à* ***voix*** *basse car le bébé dort.* **2** Synonyme de suffrage. *Pour être élu, un candidat doit avoir la majorité des* ***voix****.* **3** Appel qui nous avertit intérieurement. *La* ***voix*** *de la sagesse serait d'attendre la fin de l'orage.* **4** Forme du verbe, qui est différente selon que le sujet fait l'action ou qu'il la subit. *Dans la phrase « Clément aime ses parents », le verbe est à la* ***voix*** *active ; dans « Clément est aimé de ses parents », il est à la* ***voix*** *passive.* • **De vive voix** : verbalement. *Au lieu de lui écrire, je préfère lui dire* ***de vive voix*** *ce que je pense.* • **Être ou rester sans voix** : rester muet sous l'effet de l'émotion ou de l'étonnement.

① **vol** (nom masculin) **1** Façon de voler qu'ont les oiseaux et certains insectes. *Le* ***vol*** *léger d'un papillon.* **2** Groupe d'oiseaux qui volent ensemble. *À l'époque de leur migration, on voit des* ***vols*** *d'hirondelles.* **3** Trajet en avion. *De Paris à Nice, le* ***vol*** *dure un peu plus d'une heure.* • **Attraper quelque chose au vol** : l'attraper en l'air, avant qu'il ne tombe au sol. (Syn. **à la volée.**) • **À vol d'oiseau** : en ligne droite. • **Vol à voile** : sport qui consiste à piloter un planeur.

② **vol** (nom masculin) **1** Action de voler quelque chose à quelqu'un. *Il y a eu des **vols** dans la classe et tous les élèves sont convoqués chez le directeur.* **2** Fait de voler un client. *Faire payer si cher des fruits gâtés, c'est du **vol** !*

volage (adjectif) Qui n'est pas très fidèle en amour. *Le roi était **volage** et avait de nombreuses maîtresses.*

volaille (nom féminin) Gros oiseau de basse-cour. *Dans cette ferme, les **volailles** sont élevées au grain.*
★ **Volaille** vient du latin *volatilis* qui signifie « qui vole », et qu'on retrouve dans **volatil** et **volatile**.

① **volant, ante** (adjectif) Qui peut voler dans l'air. *L'exocet est un poisson **volant**.* • **Feuille volante :** feuille de papier qui n'est pas attachée à un bloc.

② **volant** (nom masculin) **1** Pièce circulaire placée devant le conducteur qui lui permet de diriger les roues de son véhicule. *En France, le **volant** est à gauche, alors qu'en Angleterre il est à droite.* **2** Bande d'étoffe froncée, cousue en bas d'un vêtement ou d'un rideau. *Ces danseuses portent des jupes à **volants**.* **3** Balle légère entourée d'un filet de plastique. *On joue au badminton avec un **volant**.*

volapuk (nom masculin) Langue artificielle internationale créée en 1879. *Le **volapuk** a été remplacé par l'espéranto.*
► Prononciation [vɔlapyk].
► On écrit aussi **volapük**.
★ **Volapuk** est formé à partir des mots anglais *world* qui signifie « monde » et *to speak* qui signifie « parler ».

volatil, ile (adjectif) Qui se transforme facilement en vapeur ou en gaz. *L'essence, l'alcool sont des produits **volatils**.*

volatile (nom masculin) Oiseau de basse-cour. *La fermière vend des **volatiles** au marché.*
★ Voir **volaille**.

se **volatiliser** (verbe) (conj. 3) **1** Synonyme de s'évaporer. *L'alcool à 90° **se volatilise** facilement.* **2** Au sens figuré, disparaître soudainement. *Je ne trouve plus mon livre, il **s'est volatilisé** !*

vol-au-vent (nom masculin) Pâte feuilletée garnie de morceaux de viande ou de poisson en sauce.
► Pluriel : des **vol-au-vent**.

volcan (nom masculin) Montagne d'où peuvent sortir de la lave et des gaz venant de l'intérieur de la Terre. *Les **volcans** d'Auvergne ne sont plus en activité.*
★ Famille du mot : volcan**ique**, volcan**isme**, volcanologie, volcanologue.
★ **Volcan** vient du latin *Vulcanus*, dieu du feu chez les Romains.

volcanique (adjectif) Relatif à un volcan. *Une nouvelle éruption **volcanique**.*

volcanisme (nom masculin) Ensemble des manifestations volcaniques.

volcanologie (nom féminin) Étude scientifique des volcans.
► On dit aussi **vulcanologie**.

volcanologue (nom) Spécialiste de la volcanologie. *Un **volcanologue** renommé.*
► On dit aussi **vulcanologue**.

volée (nom féminin) **1** Bande d'oiseaux qui volent ensemble. *Regarde cette **volée** d'hirondelles !* **2** Dans la langue familière, synonyme de raclée. *Recevoir une **volée** de coups.* • **À la volée :** synonyme de au vol. • **À toute volée :** avec force. *David a renvoyé la balle **à toute volée**.*

① **voler** (verbe) (conj. 3) **1** Se déplacer dans l'air. *Les hirondelles **volent** bas, c'est signe de pluie. Cet avion ne **vole** pas très haut car il va bientôt se poser.* **2** Être soulevé par le vent. *Il y a eu un brusque coup de vent et toutes les feuilles mortes se sont mises à **voler**.* **3** Aller très vite. *Ibrahim **a volé** au secours de Gaëlle.*
★ Famille du mot : **en**vol, s'**en**voler, survol, survoler, vol, vol**ant**, vol**ée**, vol**eter**, vol**ière**.

② **voler** (verbe) (conj. 3) **1** Prendre de manière frauduleuse quelque chose qui appartient à une autre personne. *Kevin s'est fait **voler** son blouson à l'école.* (Syn. **dérober**.) **2** Manquer d'honnêteté à l'égard d'un client. *Ce restaurant nous **a volés** en nous faisant payer si cher !* (Syn. **escroquer**.)
★ Famille du mot : antivol, vol, vol**eur**.

volet (nom masculin) **1** Panneau de bois ou de fer qu'on rabat devant une fenêtre. *Quand il fait nuit, Hélène ferme les **volets** de sa chambre.* **2** Partie mobile d'un objet qui peut se rabattre. *Un triptyque est composé de trois **volets**.*

voleter (verbe) (conj. 8 ou 9) Voler à petits coups d'ailes sur de petites distances. *Le papillon **volette** d'une fleur à l'autre.*

voleur, euse (nom) Personne qui a volé quelque chose. *Les **voleurs** ont été pris en flagrant délit.*

volière (nom féminin) Grande cage à oiseaux. *Il y a une belle **volière** dans ce zoo, avec des oiseaux exotiques de toutes les couleurs.*

volley-ball (nom masculin) Sport dans lequel deux équipes de six joueurs se renvoient un ballon au-dessus d'un filet.
► **Volley-ball** est un mot anglais : on prononce [vɔlɛbol].
► **Volley-ball** s'abrège **volley**.
► On écrit aussi **volleyball**.

volleyeur, euse (nom) Joueur de volley-ball.

volontaire (adjectif) **1** Qu'on a vraiment voulu faire. *Il ne voulait pas venir : son absence était **volontaire**.* (Contr. **involontaire**.) **2** Qui a beaucoup de volonté. *Pierre est trop **volontaire** pour se laisser décourager.*
▪ **volontaire** (nom) Personne qui veut bien faire quelque chose sans y être contrainte. *Maman cherche des **volontaires** pour l'aider à écosser les petits pois.*

volontairement (adverbe) De façon volontaire. *Ils ont évité **volontairement** d'aborder ce problème, pour ne pas se disputer.* (Syn. **exprès**.)

volontariat (nom masculin) Fait de faire quelque chose en tant que volontaire. *Pour nettoyer la plage couverte de mazout, on a fait appel au **volontariat**.*

volontarisme (nom masculin) Attitude d'une personne qui pense que la volonté doit primer. *« Il suffit de vouloir pour pouvoir » est la devise du **volontarisme**.*

volonté (nom féminin) **1** Qualité d'une personne qui est capable de faire de gros efforts. *Julie a suffisamment de **volonté** pour finir ce qu'elle entreprend.* **2** Faculté de décider soi-même ce qu'on veut faire. *C'est de sa propre **volonté** qu'il est parti.* **3** Souhait ou désir. *Quentin veut imposer ses **volontés** à son entourage.* • **À volonté** : autant qu'on veut. *On peut prendre des hors-d'œuvre **à volonté** dans ce restaurant.* • **Bonne *ou* mauvaise volonté** : disposition à faire ou à ne pas faire volontiers quelque chose.
★ Famille du mot : involont**aire**, involontaire**ment**, volont**aire**, volontaire**ment**, volont**ariat**, volontar**isme**, volont**iers**.

volontiers (adverbe) Avec plaisir. *Romain prête **volontiers** ses disques.* (Syn. **de bon cœur**.)

volt (nom masculin) Unité de mesure de l'intensité d'un courant électrique. *Cet appareil ne peut fonctionner qu'avec du 220 **volts**.*
★ **Volt** vient du nom du physicien italien *Volta*, qui inventa la pile électrique (début du XIXe siècle).
★ Famille du mot : volt**age**, voltmètre.

voltage (nom masculin) Intensité en volts d'un courant électrique.

volte-face (nom féminin) **1** Brusque demi-tour sur soi-même. *Pour ne pas me saluer, il a fait **volte-face**.* **2** Au sens figuré, brusque changement d'opinion. *Les **volte-face** de ce candidat sont déroutantes pour les électeurs.*
▶ Pluriel : des **volte-face**.
▶ On écrit aussi une **volteface**, des **voltefaces**.

voltige (nom féminin) Acrobatie au-dessus du vide. *Les numéros de **voltige** des acrobates.*

voltiger (verbe) (conj. 5) Voler dans tous les sens. *Le vent fait **voltiger** les rideaux.*

voltmètre (nom masculin) Appareil servant à mesurer les différences de potentiel.

volubile (adjectif) Qui parle beaucoup et très vite. *Laura était très **volubile** pour raconter ses vacances.* (Syn. **bavard**. Contr. **taciturne**.)

volubilis (nom masculin) Plante ornementale qui est cultivée pour ses fleurs en forme d'entonnoir.
▶ Prononciation [vɔlybilis].

volume (nom masculin) **1** Place qu'un objet occupe dans l'espace. *Ce meuble prend trop de **volume** dans cette petite cuisine. Le **volume** de la citerne est de 3 000 litres.* **2** Quantité totale. *Le **volume** des exportations a augmenté.* **3** Puissance d'un son. *Baisse un peu le **volume** de la télévision !* **4** Livre, ou tome d'un ouvrage. *Une encyclopédie en six **volumes**.*

volumétrique (adjectif) Qui concerne la mesure des volumes. *Le compteur **volumétrique** permet de mesurer le débit d'un fluide.*

volumineux, euse (adjectif) Qui occupe une volume important. *Dans un petit studio, on ne peut pas mettre des meubles trop **volumineux**.*

volupté (nom féminin) Grand plaisir sensuel. *Thomas mange avec **volupté** un sorbet à la framboise.*

voluptueux, euse (adjectif) Qui procure de la volupté. *Myriam apprécie la sensation **voluptueuse** d'un bon bain chaud.*

volute (nom féminin) Ce qui est en forme de spirale. *Les **volutes** d'une colonne baroque.*

vomir (verbe) (conj. 11) Rejeter par la bouche ce qu'on a mangé. *Victor a mangé trop de chocolat, il a envie de **vomir**.*
★ Famille du mot : vomisse**ment**, vomit**if**.

vomissement (nom masculin) Fait de vomir. *Ses **vomissements** répétés inquiètent le médecin.*

vomitif, ive (adjectif et nom masculin) Qui provoque le vomissement.

vorace (adjectif) Qui mange beaucoup et vite. *Le requin est un animal **vorace**.*
★ Famille du mot : vorace**ment**, vorac**ité**.

voracement (adverbe) Avec voracité. *Se jeter **voracement** sur la nourriture.*

voracité (nom féminin) Fait d'être vorace. *Quelle **voracité** ! Mange plus doucement !*

vortex (nom masculin) Tourbillon creux qui se créé lorsqu'un liquide s'écoule.

vos Voir ***votre***.

votant, ante (nom) Personne qui vote. *Les **votants** doivent être majeurs.*

vote (nom masculin) **1** Avis d'une personne qui vote. *Au moment du dépouillement, on compte le nombre des **votes**.* (Syn. **suffrage**, **voix**.) **2** Action de voter quelque chose. *Il faut attendre le **vote** de la loi.*
★ Famille du mot : vot**ant**, vot**er**.

voter (verbe) (conj. 3) **1** Prendre part à une élection en mettant un bulletin dans une urne. *Le grand frère de Noémie a dix-huit ans : il peut désormais **voter**.* **2** Approuver quelque chose par un vote. *Cette loi doit **être votée** par le Parlement.*

votre, vos (déterminant) Adjectif possessif de la deuxième personne du pluriel. *Vous voulez bien me prêter **votre** parapluie ? N'oubliez pas **vos** clés !*

le **vôtre,** la **vôtre** (pronom) Pronom possessif de la deuxième personne du pluriel. *Si vous me rendez mes disques, je vous rendrai **les vôtres**.*

vouer (verbe) (conj. 3) **1** Témoigner à quelqu'un un sentiment durable. *Odile **voue** une véritable adoration à son frère.* **2** Consacrer son existence ou son énergie à quelque chose. *Il **voue** toutes ses vacances à l'alpinisme.* **3** Destiner à subir quelque chose. *Sa tentative **est vouée** à l'échec.*

vouloir (verbe) (conj. 26) Avoir envie de quelque chose. *Pour Noël, William **veut** un VTT Je **voudrais** bien partir avec vous en vacances.* (Syn. **désirer, souhaiter.**) • **En vouloir à quelqu'un** : être fâché et avoir de la rancune contre lui. • **Vouloir bien** : accepter ou être d'accord. *Tu **veux bien** me prêter ton vélo ?* (Syn. **accepter, consentir.**) • **Vouloir dire** : signifier. *Quand Sarah ne sait pas ce que **veut dire** un mot, elle le cherche dans son dictionnaire.*

vous (pronom) **1** Pronom personnel de la deuxième personne du pluriel. *« **Vous** » est sujet dans la phrase : « **vous** arrivez tard », et complément dans la phrase : « je **vous** aime bien ».* **2** Pronom au singulier quand, par politesse, on vouvoie quelqu'un. *Monsieur, voulez-**vous** du pain ?*

voûte (nom féminin) Plafond courbe. *On a découvert des peintures rupestres sur la **voûte** de cette grotte.*
► On écrit aussi **voute**.

voûté, ée (adjectif) **1** Qui a une voûte. *La cave est **voûtée**.* **2** Qui a le dos courbé. *Redresse-toi, tu es tout **voûté** !*
► On écrit aussi **vouté**.

vouvoiement (nom masculin) Action de vouvoyer. *Autrefois, le **vouvoiement** entre époux était fréquent dans les milieux aisés.*

vouvoyer (verbe) (conj. 6) Employer le pronom « vous » pour s'adresser à une personne. *Xavier tutoie ses copains mais **vouvoie** la maîtresse.*

vox populi (nom féminin) Opinion du plus grand nombre, de la majorité.
★ **Vox populi** est une expression latine qui signifie « voix du peuple ».

voyage (nom masculin) **1** Fait d'aller dans un lieu éloigné de celui où on réside. *Yann a déjà fait plusieurs **voyages** en Italie.* **2** Chacune des allées et venues que l'on fait pour transporter quelque chose. *Son père a dû faire plusieurs **voyages** pour déménager.*
★ Famille du mot : voyage**r**, voyage**ur**, voyag**iste**.

voyager (verbe) (conj. 5) Faire un voyage ou des voyages. *Ursula adore **voyager** en avion.*

voyageur, euse (nom) Personne qui voyage. *À l'approche du train, les **voyageurs** sortent de la salle d'attente. Son père a fait plusieurs fois le tour du monde, c'est un grand **voyageur**.*

voyagiste (nom) Organisateur de voyages. (Syn. **tour-opérateur.**)

voyant, ante (adjectif) Qui attire la vue par son éclat ou ses couleurs vives. *Il porte toujours des chemises très **voyantes**.* (Contr. **discret.**)
▪ **voyant** (nom masculin) Petit signal lumineux sur un appareil, qui sert à avertir. *Quand ce **voyant** s'allume, cela signifie que le réservoir d'essence est presque vide.*
▪ **voyant, ante** (nom) Personne qui prétend voir l'avenir et le passé de quelqu'un. *La **voyante** regarde dans une boule de cristal.*

voyelle (nom féminin) Son du langage qu'on peut prononcer quand il est seul, contrairement aux consonnes. *Les six **voyelles** de l'alphabet sont : a, e, i, o, u, y.*

voyeur, euse (nom) Personne qui se plaît à observer d'autres personnes avec une curiosité malsaine.

voyeurisme (nom masculin) Comportement d'une personne qui prend plaisir à assister, sans être vu, à des scènes sexuelles.

voyou (nom masculin) Individu vivant sans respecter la loi. *Des **voyous** du quartier ont encore volé des mobylettes.*

VPC (nom féminin) Commerce par lequel le client peut commander sur catalogue les articles qu'il souhaite.
★ **VPC** est le sigle de *vente par correspondance.*

en **vrac** (adverbe) **1** Sans emballage. *Acheter des pommes **en vrac**.* **2** Sans ordre. *Benjamin a mis ses vêtements **en vrac** sur son lit.* (Syn. **pêle-mêle.**)

vrai, vraie (adjectif) **1** Qui existe ou qui s'est réellement passé. *Tu ne me crois pas, et pourtant cette histoire est **vraie**.* (Syn. **exact.** Contr. **faux, mensonger.**) **2** Qui n'est pas une imitation. *Ce ne sont pas de **vraies** roses, elles sont en tissu !* (Syn. **véritable.** Contr. **artificiel, factice.**) **3** Qu'on peut comparer à quelque chose. *Ce sorbet est un **vrai** délice.* (Syn. **véritable.**)
▪ **vrai** (nom masculin) Ce qui est vrai. *Il est parfois difficile de distinguer le **vrai** du faux.* • **À vrai dire** : pour parler sincèrement. ***À vrai dire**, nous n'avons pas confiance en lui.* • **Être dans le vrai** : ne pas se tromper.

vraiment (adverbe) **1** Effectivement ou réellement. *As-tu **vraiment** pensé à fermer la porte à clé ?* (Syn. **véritablement.**) **2** Sert à renforcer une affirmation. *C'est **vraiment** dommage que tu ne puisses pas venir.*

vraisemblable (adjectif) Qui paraît vrai ou qui pourrait être vrai. *Il est **vraisemblable** qu'il ait raison.* (Contr. **invraisemblable.**)
★ Famille du mot : **in**vraisemblable, **in**vraisembl**ance**, vraisembl**ablement**, vraisembl**ance**.

vraisemblablement (adverbe) De façon vraisemblable. *Le ciel est noir, il va **vraisemblablement** pleuvoir.* (Syn. **probablement, sans doute.**)

vraisemblance (nom féminin) Caractère de ce qui est vraisemblable. *Zoé a des doutes sur la **vraisemblance** de cette histoire.* (Contr. **invraisemblance.**)

vraquier (nom masculin) Navire transportant des produits en vrac.

vrille (nom féminin) **1** Petite pousse d'une plante, qui s'enroule en spirale autour d'un support. *Les **vrilles** de la vigne, du lierre.* **2** Outil fait d'une tige de métal pointue en forme de vis, servant à faire des trous dans le bois. **3** Mouvement accompli en tournoyant la tête en bas. *La gymnaste a réussi une double **vrille** au-dessus du trampoline.*

vrombir (verbe) (conj. 11) Faire entendre un son rapide qui vibre. *Au départ de la course, les motos **vrombissent**.*

vrombissement (nom masculin) Bruit de ce qui vrombit. *L'avion décolle dans le **vrombissement** de ses réacteurs.*

VRP (nom masculin) Représentant qui se déplace pour vendre des produits. *Les **VRP** se sont insurgés contre les augmentations du prix de l'essence.*
★ VRP est le sigle de *voyageur représentant placier.*

VTC (nom masculin) Bicyclette adaptée à la fois à la randonnée et aux déplacements urbains.
★ VTC est le sigle de *vélo tous chemins.*

VTT (nom masculin) Abréviation de vélo tout-terrain. *Nous avons fait un tour en **VTT** dans les bois.*

vu, vue (adjectif) • **Être bien *ou* mal vu** : jouir ou non de la considération des autres.
■ **vu** (nom masculin) • **Au vu et au su de tous** : sans se cacher, ouvertement.
■ **vu** (préposition) Étant donné. ***Vu** la forte chaleur, Anna a décidé de ne pas sortir.*

vue (nom féminin) **1** Celui des cinq sens qui permet de voir. *Élodie n'a pas besoin de lunettes, car elle a une excellente **vue**.* (Syn. **vision**.) **2** Fait de voir quelque chose. *À la **vue** du sang, elle s'est mise à hurler !* **3** Choses qu'on peut voir de l'endroit où on est. *De cette chambre, il y a une **vue** magnifique sur les montagnes.* **4** Façon de voir les choses. *Ils ont des **vues** très différentes sur l'éducation des enfants.* (Syn. **conception**, **idée**.) **5** Image ou photo. *Dans son bureau, il a mis une **vue** de Venise.* • **À première vue** : au premier coup d'œil. • **À vue d'œil** : de façon visible ou très rapidement. *L'eau monte **à vue d'œil**.* • **En mettre plein la vue** : synonyme familier d'épater. • **En vue** : dans un endroit visible ou de premier plan. *Une personnalité **en vue**.* • **En vue de** : afin de. *Clément travaille **en vue de** réussir.*

vulcanologie Voir ***volcanologie***.

vulcanologue Voir ***volcanologue***.

vulgaire (adjectif) **1** Qui a de mauvaises manières, ou qui manque de distinction. *C'est vraiment **vulgaire** de parler la bouche pleine.* (Syn. **grossier**. Contr. **distingué**, **élégant**.) **2** Qui est ce qu'il y a de plus ordinaire. *N'aie crainte, ce n'est qu'une **vulgaire** souris.* **3** Qui appartient à la langue courante et non pas à la langue scientifique. *« Ver solitaire » est le nom **vulgaire** du ténia.* (Contr. **savant**.)
★ Famille du mot : vulgaire**ment**, vulgar**isation**, vulga**riser**, vulgar**ité**.

vulgairement (adverbe) De façon vulgaire. *Il parle **vulgairement**, il n'arrête pas de dire des gros mots.*

vulgarisation (nom féminin) Fait de vulgariser.

vulgariser (verbe) (conj. 3) Mettre des connaissances à la portée de tout le monde. *Ce livre sert à **vulgariser** les dernières découvertes scientifiques.*

vulgarité (nom féminin) Caractère vulgaire. *La **vulgarité** de son langage choque tout le monde.* (Syn. **grossièreté**. Contr. **distinction**.)

vulnérabilité (nom féminin) Caractère vulnérable de quelqu'un, quelque chose.

vulnérable (adjectif) **1** Qui peut être facilement blessé ou tué. *Les oisillons sont très **vulnérables** quand ils sortent de l'œuf.* (Contr. **invulnérable**.) **2** Au sens figuré, qui résiste mal, sur le plan psychologique. *Cette jeune fille est sensible et très **vulnérable**.* (Syn. **fragile**.)

vulve (nom féminin) Organe génital externe de la femme.

w (nom masculin) Vingt-troisième lettre de l'alphabet. *Le **W** est une consonne.*

wagon (nom masculin) Voiture d'un train. *Ce train ne comporte que des **wagons** de marchandises.*
▶ Prononciation [vagɔ̃].
★ **Wagon** est un mot anglais qui signifie « chariot ».

wagon-lit (nom masculin) Wagon équipé de couchettes. (Syn. **voiture-lit.**)
▶ Pluriel : des **wagons-lits**.

wagon-restaurant (nom masculin) Wagon dans lequel on sert des repas aux voyageurs.
▶ Pluriel : des **wagons-restaurants**.

walkman (nom masculin) Synonyme de baladeur.
▶ Prononciation [wokman].
★ **Walkman** est le nom d'une marque. Il est formé des mots anglais *to walk* qui signifie « marcher » et *man* qui signifie « homme ».

walkyrie (nom féminin) Divinité féminine de la mythologie scandinave qui présidait aux batailles.
▶ Prononciation [valkiʀi].

wallon, onne → tableau p. 6 / 7.

wapiti (nom masculin) Grand cerf d'Amérique du Nord.
▶ Prononciation [wapiti].

warning (nom masculin) Feux de détresse.
▶ Prononciation [waʀniŋ].
★ **Warning** est un mot anglais qui signifie « avertissement ».

water-polo (nom masculin) Jeu de ballon analogue au handball, mais qui se pratique dans l'eau entre deux équipes de sept joueurs.
▶ **Water-polo** est un mot anglais : on prononce [watɛʀpɔlo].
▶ Pluriel : des **water-polos**.

waterproof (adjectif) Qui ne craint pas l'eau. (Syn. **étanche.**) *Zoé peut garder sa montre **waterproof** lorsqu'elle fait de la plongée.*
▶ **Waterproof** est un mot anglais : on prononce [watɛʀpʀuf].

waters (nom masculin pluriel) Synonyme de W.-C.
▶ Prononciation [watɛʀ].

watt (nom masculin) Unité servant à mesurer la puissance de l'électricité. *Une ampoule de 60 **watts**.*
▶ Prononciation [wat].
★ **Watt** vient du nom d'un ingénieur écossais James *Watt* (1736-1819).
▶ **Watt** s'abrège en *W*.

wattheure (nom masculin) Unité d'énergie qui correspond à l'énergie mise en jeu par une puissance de 1 watt pendant 1 heure. *Un **wattheure** est égal à 3 600 joules.*
▶ **Wattheure** s'abrège en *Wh*.

W.-C. (nom masculin pluriel) Toilettes. *Les **W.-C.** sont au fond du couloir.* (Syn. **cabinets, waters.**)
▶ Prononciation [dubləvese] ou [vese].
★ **W.-C.** est l'abréviation de l'anglais *water closet* qui signifie « cabinet d'eau ».

webcam (nom féminin) Petite caméra transmettant des images sur le Web.

webmestre (nom) Personne qui crée et gère des sites Internet.
▶ On dit aussi **webmaster**.

week-end (nom masculin) Congé de la fin de la semaine, le samedi et le dimanche. *On a passé le **week-end** à la mer.*
▶ Prononciation [wikɛnd].
▶ Pluriel : des **week-ends**.
★ **Week-end** est un mot anglais formé de *week* qui signifie « semaine » et de *end* qui signifie « fin ». On n'emploie pas ce mot au Québec : on dit « fin de semaine ».

western (nom masculin) Film d'aventures dont l'action se déroule dans l'ouest des États-Unis, à l'époque où les pionniers se battaient contre les Indiens pour prendre leurs territoires.
▶ Prononciation [wɛstɛʀn].
★ **Western** est un mot anglais formé de *west* qui signifie « ouest » : ces films racontent la conquête de l'Ouest.

whisky (nom masculin) Eau-de-vie de grain faite avec de l'orge, du seigle ou de l'avoine.
► **Whisky** est un mot anglais : on prononce [wiski].
► Pluriel : des **whiskys** ou des **whiskies**.

white-spirit (nom masculin) Liquide tiré du pétrole, servant à diluer les peintures.
► Prononciation [wajtspiʀit].
★ **White-spirit** vient des mots anglais *white* qui signifie « blanc » et *spirit* qui signifie « essence ».

winch (nom masculin) Petit treuil utilisé sur les voiliers et qui sert à raidir les écoutes. *Benjamin enroule les cordages autour du **winch**.*
► **Winch** est un mot anglais : on prononce [winʃ].

windsurf (nom masculin) Synonyme de planche à voile. *Anna va faire du **windsurf** à Biarritz cet été.*
► Prononciation [windsœʀf].
★ **Windsurf** est un mot anglais formé de *surf* et de *wind* qui signifie « vent ».

world music (nom féminin) Courant musical de la fin des années 1980 qui s'inspire des musiques traditionnelles du monde entier.
► **World music** vient de l'anglais : on prononce [wɔʀldmjuzik].

würm (nom masculin) Quatrième et dernière époque de glaciation quaternaire. *Le mammouth a vécu pendant le **würm**.*
► Prononciation [vyʀm].

x (nom masculin) Vingt-quatrième lettre de l'alphabet. *Le **X** est une consonne.*

xanthoria (nom masculin) Mousse de couleur jaune orangé, très commune sur les rochers, murs, écorces, etc.
▶ On dit aussi **xanthorie**.

xén(o)- Élément tiré du grec *xenos* qui signifie « étranger » (exemple : *xénophobe*).

xénon (nom masculin) Gaz inerte de l'air, qui se liquéfie à – 107 °C et se solidifie à – 112 °C. *Le **xénon** est utilisé dans l'industrie nucléaire.*
★ **Xenon** vient du grec *xenon* qui signifie « chose étrange ».
▶ **Xénon** a pour symbole *Xe*.

xénophobe (adjectif et nom) Qui manifeste de la xénophobie. *Elle n'aime pas les gens **xénophobes**.*
★ **Xénophobe** vient du grec *xenos* qui signifie « étranger » et de *phobos* qui signifie « crainte ».

xénophobie (nom féminin) Hostilité ou haine envers les étrangers. *Cette association lutte contre le racisme et la **xénophobie**.*

xi (nom masculin) Quatorzième lettre de l'alphabet grec (Ξ, ξ).
▶ Prononciation [ksi].
▶ On écrit aussi **ksi**.

XML (nom masculin) Norme internationale permettant de structurer des informations plus spécialement destinées aux applications Internet.
★ **XML** est le sigle de l'anglais *extensible markup language qui signifie* « langage de balisage extensible ».

xyl(o)- Élément tiré du grec *xulon* qui signifie « bois » (exemples : *xylographe, xylophone*).

xylographe (nom) Personne qui fait des impressions à partir de planches de bois gravées en relief.

xylophone (nom masculin) Instrument de musique formé de lames de bois ou de métal de longueur inégale, sur lesquelles on frappe avec deux baguettes.
▶ Prononciation [gzilofɔn].
★ **Xylophone** vient des mots grecs *xulon* qui signifie « bois » et *phônê* qui signifie « son ».

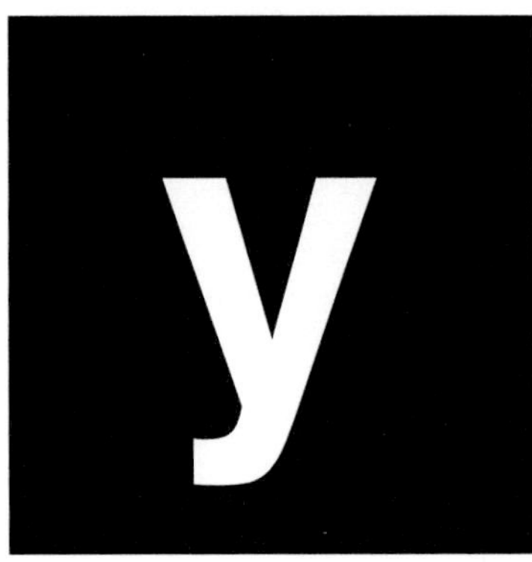

① **y** (nom masculin) Vingt-cinquième lettre de l'alphabet. *Le **Y** est une voyelle.*

② **y** (pronom) **1** Sert à indiquer le lieu où l'on est ou le lieu où l'on va. *J'aime cette maison, je m'**y** sens bien. Tu viens du marché ? – Non, j'**y** vais.* **2** Remplace un complément introduit par « à ». *Cette histoire, je n'**y** comprends plus rien !*

yacht (nom masculin) Bateau de plaisance, à voiles ou à moteur. *Les gamins admirent le **yacht** qui vient de s'amarrer.*
▶ **Yacht** est un mot anglais : on prononce [jot].

yachting (nom masculin) Pratique de la navigation de plaisance. *La princesse aime faire du **yachting** en Méditerranée.*
▶ **Yachting** est un mot anglais : on prononce [jotiŋ].

yack (nom masculin) Gros bovidé des montagnes d'Asie centrale. *Les **yacks** servent de bêtes de somme.*

yaourt (nom masculin) Lait caillé par un ferment, qui se vend en petits pots. *Fatima a acheté des **yaourts** aux fruits.*
▶ Prononciation [jauʀt].
▶ On dit aussi **yogourt** ou **yoghourt** [joguʀt] qui est la forme turque de ce mot.

yaourtière (nom féminin) Appareil qui permet de fabriquer des yaourts.

yéménite → tableau p. 6 / 7.

yen (nom masculin) Monnaie utilisée au Japon.
▶ Prononciation [jɛn].

yéti (nom masculin) Animal légendaire de l'Himalaya, appelé aussi « l'abominable homme des neiges ».
▶ Prononciation [jeti].
▶ On écrit aussi **yeti**.

yeux Voir ***œil***.

yiddish (nom masculin et adjectif) Langue germanique des communautés juives d'Europe centrale et orientale. (Syn. **judéo-allemand**.)
★ **Yiddish** vient de l'allemand *jüdisch* qui signifie « juif ».
▶ Pluriel : des chants **yiddish**.

yoga (nom masculin) Sorte de gymnastique d'origine hindoue, qui permet de se relaxer, de se maîtriser et de méditer. *Elle fait du **yoga** avec un professeur asiatique.*

yoghourt Voir ***yaourt***.

yogourt Voir ***yaourt***.

yole (nom féminin) Embarcation légère, de forme étroite et allongée, et propulsée à l'aviron.

yougoslave → tableau p. 6 / 7.

youpi ! (interjection) Cri marquant l'enthousiasme. *Demain, nous sommes en vacances : **youpi** !*

yourte (nom féminin) Tente faite de peau ou de feutre qui sert d'habitation aux nomades mongols.

youyou (nom masculin) Petit canot à rames.

yo-yo (nom masculin) Jouet que l'on fait monter et descendre le long d'une ficelle.
▶ Pluriel : des **yo-yo**.
★ **Yo-yo** est le nom d'une marque.

ypérite (nom féminin) Gaz de combat toxique et qui fait pleurer. *L'**ypérite** fut utilisée pour la première fois au cours de la Première Guerre mondiale.*
★ **Ypérite** vient du nom de la ville belge *Ypres* où ce gaz fut utilisé pour la première fois.

ysopet (nom masculin) Recueil de fables, au Moyen Âge. *Les **ysopets** de Marie de France.*
▶ On écrit aussi **isopet**.
★ **Ysopet** vient du nom du fabuliste grec Ésope.

yucca (nom masculin) Plante ornementale à longues feuilles pointues et aux fleurs blanches, originaire d'Amérique tropicale.

z (nom masculin) Vingt-sixième lettre de l'alphabet. *Le Z est une consonne.*

ZAC (nom féminin) Zone en périphérie de ville, que la commune a équipée avant d'en vendre les terrains. *Plusieurs entreprises ont leur siège social dans la **ZAC** de notre ville.*
★ ZAC est l'acronyme de *zone d'aménagement concerté.*
▶ Prononciation [zak].
▶ Pluriel : des **ZAC**.

zapper (verbe) (conj. 3) Changer de chaîne de télévision en se servant de la télécommande. *Gaëlle a pris l'habitude de **zapper** pour essayer de trouver une émission intéressante.*

zapping (nom masculin) Action de zapper. *Clément fait du **zapping** entre l'émission de jeux et le film.*
▶ **Zapping** est un mot anglais : on prononce [zapiŋ].

zèbre (nom masculin) Sorte de cheval sauvage d'Afrique, au pelage clair à rayures sombres. *Les **zèbres** vivent en troupeaux dans les steppes.*
★ Famille du mot : zébré, zébrure.

zébré, ée (adjectif) Qui a des rayures comme celles d'un zèbre. *Les sièges de la voiture sont recouverts d'un tissu **zébré**.*

zébrure (nom féminin) Rayure qui ressemble à celles d'un zèbre. *En courant à travers les buissons, David s'est fait des **zébrures** sur les jambes.*

zébu (nom masculin) Sorte de grand bœuf d'Asie et d'Afrique, caractérisé par une bosse sur le dos.

zèle (nom masculin) Ardeur, application ou enthousiasme à faire quelque chose. *Ibrahim a mis beaucoup de **zèle** dans l'organisation de son goûter d'anniversaire.* (Syn. **empressement.**) • **Faire du zèle** : faire davantage que ce qui est demandé.

zélé, ée (adjectif) Qui est plein de zèle. *Cet employé **zélé** aura sans doute une promotion.*

zélote (nom) Membre d'un groupe patriotique juif qui, au Ier siècle après J.-C., refusait l'occupation romaine.

zen (nom masculin) Doctrine religieuse japonaise issue du bouddhisme. *Le **zen** prône la méditation et la pureté.*
▶ Prononciation [zɛn].

zénith (nom masculin) Point le plus haut que le soleil peut atteindre au-dessus de l'horizon. *C'est au moment où le soleil est au **zénith** qu'il fait le plus chaud.*
▶ Prononciation [zenit].

ZEP (nom féminin) Quartier d'une ville dont les écoles, lycées et collèges bénéficient d'un soutien financier, social et pédagogique spécifique. *Le collège de la cité est classé en **ZEP**.*
★ ZEP est l'acronyme de *zone d'éducation prioritaire.*
▶ Pluriel : des **ZEP**.

zéphyr (nom masculin) Vent tiède et léger, dans la langue poétique. *Le doux **zéphyr** chuchotait à mes oreilles.*

zeppelin (nom masculin) Grand ballon dirigeable à carcasse métallique qui transportait des passagers. *Les **zeppelins** assurèrent la traversée aérienne de l'Atlantique de 1928 à 1937.*
▶ Prononciation [zeplɛ̃] ou [zeplin].
★ **Zeppelin** vient du nom du constructeur allemand Ferdinand *Zeppelin.*

zéro (nom masculin) **1** Chiffre (0) qui, placé à la droite d'un autre chiffre, le multiplie par dix. *Si tu mets un **zéro** après deux (2), tu obtiens le nombre vingt (20).* **2** Nombre qui indique une valeur nulle. *Quatre ôté de quatre, il reste **zéro**.* **3** Note la plus basse qu'on peut obtenir à un devoir. *Kevin a eu un **zéro** à cet exercice.* **4** Température au-dessous de laquelle il commence à geler. *Au-dessous de **zéro**, la pluie se transforme en neige.*
■ **zéro** (adjectif) Pas un seul. *Bravo ! Tu as fait **zéro** faute !* (Syn. **aucun.**)
★ **Zéro** vient de l'arabe *sifr* qui signifie « vide », par l'intermédiaire de l'italien *zefiro.*

zeste (nom masculin) Morceau de peau d'une orange ou d'un citron. *Papa a mis un **zeste** de citron dans son eau gazeuse.*

zêta (nom masculin) Sixième lettre de l'alphabet grec (Z, ζ) prononcée [dz].

zeugma (nom masculin) Figure consistant à ne pas répéter un mot ou un groupe de mots exprimé dans une proposition immédiatement voisine. *« Un précepte est aride, il le faut embellir ; ennuyeux, l'égayer ; vulgaire, l'ennoblir » de Delille est un **zeugma**.*
★ **Zeugma** est un mot grec qui signifie « lien ».
► On dit aussi **zeugme**.

zézaiement (nom masculin) Défaut de prononciation d'une personne qui zézaie.

zézayer (verbe) (conj. 7) Prononcer le son [z] pour [ʒ], et le son [s] pour [ʃ]. *Pierre a un défaut de prononciation, il **zézaie**.* (Syn. **zozoter**.)

ZI (nom féminin) Zone située à la périphérie d'une ville dans laquelle se trouvent différentes entreprises.
► Prononciation [zɛdi].
★ **ZI** est le sigle de *zone **industrielle***.

zibeline (nom féminin) Petit mammifère carnivore, au pelage très fin, noir ou brun. *Les **zibelines** vivent dans les forêts de Sibérie.*

zigzag (nom masculin) Ligne formée d'une suite de petits traits qui forment des angles. *Cette route de montagne fait beaucoup de **zigzags**.*

zigzaguer (verbe) (conj. 3) Faire des zigzags. *La moto **zigzague** entre les voitures arrêtées.*

zinc (nom masculin) Métal grisâtre qui sert à faire des toitures, des gouttières, etc.
► Prononciation [zɛ̃g].

zinnia (nom masculin) Plante qui donne des fleurs aux couleurs vives et variées.

zizanie (nom féminin) Synonyme familier de discorde. *Il a suffi qu'il arrive pour semer la **zizanie** dans notre groupe.*

zodiac (nom masculin) Canot pneumatique à moteur.
★ **Zodiac** est le nom d'une marque.

zodiaque (nom masculin) Partie du ciel partagée en douze parties égales et dans laquelle le Soleil et la Lune se déplacent au cours d'une année.
• **Signes du zodiaque** : les douze parties du zodiaque utilisées en astrologie.

zona (nom masculin) Maladie virale très douloureuse, caractérisée par une éruption de plaques ou de boutons sur la peau.

zone (nom féminin) **1** Chacune des grandes divisions de la Terre, caractérisées par un climat particulier. *Les **zones** polaires sont les plus froides.* **2** Partie d'un espace ou d'un lieu. *Cette voie piétonne est une **zone** interdite aux voitures et aux vélos.*

zo(o)- Élément tiré du grec *zôon* qui signifie « être vivant, animal » (exemple : *zoologie*).

zoo (nom masculin) Jardin ou parc où sont rassemblés des animaux de diverses origines. *Ce qu'Hélène préfère aller voir au **zoo**, ce sont les singes.* (Syn. **jardin** *ou* **parc zoologique**.)

zoologie (nom féminin) Science qui étudie les animaux.
★ Famille du mot : zoo, zoolo**gique**, zoolo**giste**.
★ **Zoologie** vient des mots grecs *zôon* qui signifie « animal » et *logos* qui signifie « science ».

zoologique (adjectif) • **Jardin** *ou* **parc zoologique** : synonymes de zoo.

zoologiste (nom) Spécialiste de zoologie.

zoom (nom masculin) Objectif d'une caméra ou d'un appareil photo, qui permet de changer à volonté le cadrage de l'image. *Papa a utilisé un **zoom** pour photographier des bouquetins qui s'enfuyaient au loin.*
► **Zoom** est un mot anglais : on prononce [zum].

zooplancton (adjectif) Plancton animal. *Le **zooplancton** se nourrit de phytoplancton.*

zouave (nom masculin) Autrefois, soldat d'infanterie dans l'armée française d'Afrique du Nord.
• **Faire le zouave** : dans la langue familière, faire l'imbécile ou le pitre.

zozoter (verbe) (conj. 3) Synonyme familier de zézayer. *Quand quelqu'un **zozote**, on dit qu'il a un cheveu sur la langue.*

ZUP (nom féminin) Grand ensemble de banlieue. *Les parents de Noémie veulent quitter la **ZUP** : ils cherchent un logement en centre-ville.*
★ **ZUP** est l'acronyme de *zone à **urbaniser par priorité***.
► Pluriel : des **ZUP**.

zut ! (interjection) Exclamation familière qui exprime la déception ou l'impatience. ***Zut !** Il n'y a plus d'encre dans mon stylo !*
► Prononciation [zyt].

zygote (nom masculin) Cellule issue de la fécondation du gamète femelle par le gamète mâle. *Le **zygote** contient tout le matériel génétique de l'être vivant.*
★ **Zygote** vient du grec *zugôtos* qui signifie « attelé ».
★ Famille du mot : hétérozygote, homozygote.

zyzomys (nom masculin) Rat à queue blanche d'Australie. *Le **zyzomys** est un animal très rare.*

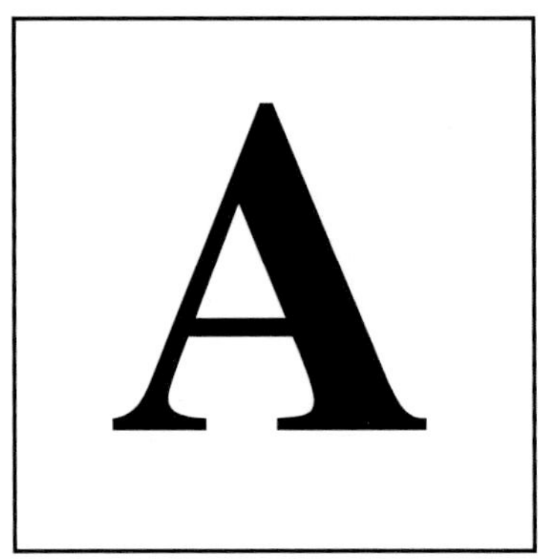

Aar

Rivière de Suisse (295 km). L'Aar naît dans le massif de l'Aar et se jette dans le Rhin.

Abd el-Kader (né vers 1808, mort en 1883)

Émir d'Algérie. Il mena la guerre sainte contre les Français et prit le contrôle des deux tiers de l'Algérie. Vaincu en 1843, il se réfugia au Maroc puis se rendit aux Français.

Abd el-Krim (né en 1882, mort en 1963)

Chef nationaliste marocain. Il mena la guerre sainte contre les Espagnols et les Français de 1919 à 1926 (guerres du Rif). Il se rendit à la France et fut envoyé comme prisonnier à la Réunion.

Abel

Personnage biblique. Abel est le second fils d'Adam et d'Ève. Abel et son frère Caïn préparèrent tous les deux une offrande à Dieu, qui préféra celle d'Abel (un agneau). Jaloux, Caïn assassina Abel.

Abélard Pierre (né en 1079, mort en 1142)

Philosophe et théologien français, amant d'Héloïse. Héloïse et Abélard échangèrent des lettres d'amour devenues célèbres. Abélard enseigna à Paris la théologie et la logique. Ses idées et ses livres furent plusieurs fois condamnés par l'Église.
On écrit aussi **Abailard**.

Abidjan

Grande ville et port de la Côte d'Ivoire (2,6 millions d'hab.). Abidjan fut la capitale de la Côte d'Ivoire jusqu'en 1983. La ville est spécialisée dans la raffinerie du pétrole et le traitement du cacao et du café.

Abraham (XIXe siècle avant J.-C.)

Personnage biblique, ancêtre des Hébreux et « père des croyants » juifs, chrétiens et musulmans. Selon le livre de la Genèse, Dieu conduisit Abraham d'Ur, en Chaldée, jusqu'au pays de Canaan. Sa femme Sara ne pouvait pas avoir d'enfants. Dieu promit à Abraham qu'il aurait un fils et Sara mit au monde Isaac. Dieu demanda alors à Abraham qu'il tue ce fils en sacrifice. Abraham accepta par obéissance mais Isaac fut épargné. Abraham eut un autre fils, Ismaël.

Abruzzes

Région administrative italienne et de l'Union européenne, située le long de la côte adriatique. 10 794 km^2 ; 1 257 990 hab. ; capitale : L'Aquila. Elle est formée des provinces de L'Aquila, Chieti, Pescara et Teramo.

Abu Dhabi

928 360 habitants
Superficie : 73 548 km^2
Capitale : Abu Dhabi
Langue officielle : arabe
Monnaie : le dirham des Émirats arabes unis

Un des Émirats arabes unis, sur le golfe Persique. La ville principale du même nom, Abu Dhabi (500 000 hab.), est aussi la capitale des Émirats arabes unis. Le pays exploite d'importants gisements de pétrole, ce qui lui assure une économie prospère et un revenu par habitant élevé.
On écrit aussi **Abou Dhabi**.

Abuja

Capitale fédérale du Nigeria (378 680 hab.). Abuja est située à 550 km de Lagos, l'ancienne capitale.

Abu Simbel

Site archéologique d'Égypte. Il comprend deux temples creusés sous le règne de Ramsès II (vers 1250 avant J.-C.), dans la falaise qui domine le Nil. Lors de la construction du barrage d'Assouan, ces deux temples furent découpés et reconstitués 64 mètres plus haut, hors d'atteinte des eaux.
On écrit aussi **Abou Simbel**.

Abyssinie
Ancien nom de la région correspondant aujourd'hui à l'Éthiopie.

Académie française
Société de gens de lettres fondée par Richelieu en 1635 ayant pour but de conserver et perfectionner la langue française. La première édition du dictionnaire de l'Académie française parut en 1694 ; une 9e édition est en cours de publication. Les 40 membres de l'Académie française sont appelés les « Immortels ». La première femme à y être élue fut l'écrivain Marguerite Yourcenar. De nos jours, l'Académie française accueille aussi des savants, des hommes d'État, des historiens, etc.

Acadie
Région du Canada colonisée au XVIIe siècle par des Français. Elle devint une colonie anglaise en 1713 et fut alors appelée Nouvelle-Écosse. Les Acadiens (français) furent expulsés et dispersés dans les colonies américaines, notamment en Louisiane où ils prirent le nom de « cajuns ». Aujourd'hui, les Acadiens, descendants des premiers français installés dans l'ancienne Acadie, vivent dans les provinces de la façade atlantique du Canada. C'est dans le Nouveau-Brunswick, avec une population de 250 000 francophones d'origine acadienne, qu'ils sont les plus nombreux.

Accra
Capitale et port du Ghana, sur le golfe de Guinée (1,5 million d'hab.). Le port exporte cacao, manganèse et or.

Achéens
Peuple qui envahit la Grèce vers 1600 avant J.-C. et s'installa en Argolide, dans le Péloponnèse. Leur empire s'étendit jusqu'en Crète et en Asie Mineure, mais ils furent envahis à leur tour par les Doriens au XIIe siècle avant J.-C.

Achéménides
Dynastie perse. Son nom provient de son ancêtre Achéménès. Les Achéménides constituèrent un immense empire (550 à 330 avant J.-C.). Les somptueux palais de Suse et de Persépolis témoignent d'un art et d'une architecture très développés.

Achille
Héros et demi-dieu de la mythologie grecque. Le poète Homère a fait de Achille le personnage principal de l'*Iliade*. Alors qu'il était enfant, sa mère, Thétis, le plongea dans le Styx en le tenant par le talon pour le rendre invulnérable. Lors du siège de la cité de Troie, Achille tua Hector pour venger la mort de son ami Patrocle. Il fut tué à son tour par une flèche de Pâris qui le toucha au talon, le seul endroit vulnérable de son corps.

■ Talon d'**Achille** : cette expression désigne le point vulnérable de quelqu'un.

Aconcagua
Volcan éteint des Andes, en Argentine (6 959 m).

Açores
Archipel de l'Atlantique nord, qui comprend neuf îles. 2 314 km^2 ; 253 500 hab. Les Açores sont rattachées au Portugal depuis le XVe siècle. Grâce à son climat océanique chaud, l'archipel est un haut lieu du tourisme.
L'anticyclone des Açores est une masse d'air chaud qui lorsqu'elle s'étend jusqu'aux côtes de l'Atlantique apporte le beau temps en Europe de l'Ouest.

Acropole d'Athènes
Colline qui domine Athènes, fortifiée dès la préhistoire. Au Ve siècle avant J.-C., deux temples, le Parthénon et l'Érechthéion, et l'entrée principale, les Propylées, y furent construits.

Adam
Nom donné par la Bible au premier homme. Selon la Bible, Adam fut créé à partir de la matière et animé par Dieu. Il fut chassé avec Ève, sa compagne, du Paradis terrestre pour avoir osé manger le fruit de l'arbre de la science du bien et du mal. Adam est le père de Caïn, d'Abel, de Seth et de plusieurs autres enfants.

Addis-Abeba
Capitale de l'Éthiopie, située à 2 500 m d'altitude (2,2 millions d'hab.). Ville industrielle, elle est reliée au port de Djibouti par une voie ferrée.

Adélaïde
Grande ville d'Australie et capitale de l'État d'Australie-Méridionale, sur la baie Saint-Vincent (987 100 hab.). C'est un centre de commerce, spécialisé dans la raffinerie de pétrole.

terre Adélie
Région française de l'Antarctique (388 500 km^2), située à 2 500 km de la Tasmanie. Elle fut découverte par Dumont d'Urville en 1840, et rattachée à la France en 1924. Elle n'est occupée que par des équipes scientifiques.

Aden
Grande ville de la république du Yémen sur le golfe d'Aden (300 000 hab.). La ville d'Aden fut la capitale du Yémen du Sud jusqu'à la réunification des deux Yémen en 1990. Aden est un port de commerce, spécialisé également dans la raffinerie de pétrole.

Adenauer Konrad (né en 1876, mort en 1967)
Homme politique allemand et chancelier de la République fédérale d'Allemagne (ex-Allemagne de l'Ouest) de 1949 à 1963. Il a beaucoup œuvré

aux débuts de la construction de l'Europe des Six et à la réconciliation avec la France après la Seconde Guerre mondiale.

Ader Clément (né en 1841, mort en 1925)

Ingénieur français. Il inventa une machine volante munie d'un moteur à vapeur, qu'il baptisa « avion », avec laquelle il réussit en 1890 le premier décollage de l'histoire de l'aviation.

Adour

Fleuve français (335 km). L'Adour prend sa source dans les Pyrénées occidentales et se jette dans l'Atlantique.

Adriatique

Mer formée par la Méditerranée entre l'Italie et la péninsule des Balkans (131 500 km^2).

Adrien voir *Hadrien*

Affaire Dreyfus voir *Dreyfus Alfred*

Afghanistan

22 millions d'habitants
Superficie : 647 500 km^2
Capitale : Kaboul
Langues officielles : dari, pachtou
Monnaie : l'afghani

État d'Asie situé entre l'Iran, le Turkménistan, l'Ouzbékistan, le Tadjikistan, la Chine et le Pakistan. La population de la république islamique d'Afghanistan est majoritairement composée de Pachtouns (38 %) et de Tadjiks (25 %). La religion pratiquée est l'islam.

Géographie Le pays est montagneux, avec de profondes vallées. La principale chaîne de montagnes est l'Hindou Kouch. Les steppes sont nombreuses. Le climat continental sec est froid en hiver, chaud et aride en été.

Économie L'Afghanistan fait partie des pays les moins avancés. Le gaz naturel est la première ressource commerciale ; 60 % des travailleurs sont des agriculteurs (le pavot est cultivé dans certaines régions). Sa production artisanale de tapis est réputée.

Histoire Le pays a été islamisé à partir du VIIIe siècle et le premier royaume afghan a été fondé en 1747. Les Afghans obtinrent leur indépendance des Britanniques en 1921. La première République afghane fut proclamée en 1973. L'armée soviétique envahit le pays en 1979 et retira ses troupes dix ans plus tard au terme d'une guerre qui fit un million de morts. La première république islamique fut instituée en 1992. Les talibans conquirent presque tout le pays en 1997 et y installèrent un régime rigoureux. En 2001, les États-Unis déclenchèrent des opérations militaires contre l'Afghanistan pour y combattre les talibans et les groupes terroristes installés dans le pays.

Afrique

Troisième continent par la superficie, relié à l'Asie par l'isthme de Suez et séparé de l'Europe par le détroit de Gibraltar. 30 500 000 km^2 ; 750 millions d'hab.

Géographie À l'Est, la zone de la Rift Valley comprend les Grands Lacs, les massifs du Kilimandjaro et du mont Kenya, mais le continent est surtout constitué de plaines et de plateaux, et abrite de grands déserts. Les grands fleuves africains sont le Nil (6 671 km), le Congo, le Niger et le Zambèze. La zone équatoriale est soumise aux pluies ; quand on s'en éloigne, la durée de la saison sèche s'allonge. La population africaine se divise en deux grands groupes : le groupe noir, le plus nombreux, et le groupe blanc, limité aux pays d'Afrique du Nord. On recense de 1 200 à 1 500 langues ; les Africains doivent souvent parler deux ou trois langues.

Économie L'Afrique est peu industrialisée. Les ressources proviennent surtout de la vente de matières premières (pétrole, gaz). Les cultures produisent des tubercules (manioc, igname), des céréales (sorgho, mil), des arachides et du coton pour l'exportation. Le tourisme se développe surtout en Égypte, en Tunisie, au Maroc, au Kenya et en Tanzanie.

Histoire Les premiers hommes apparurent en Afrique et peuplèrent ensuite la planète. Les premières civilisations africaines furent la civilisation égyptienne, le royaume d'Aksoum et la civilisation Nok. Les cultures berbères se développèrent en Afrique du Nord. La christianisation s'étendit en Afrique du Nord-Est. Les Bantous occupèrent tout le centre et le sud du continent au Ier millénaire. L'islam gagna le nord du continent aux VIIe et VIIIe siècles. L'esclavage déporta des millions d'Africains vers le Nord et l'Est du continent dès le VIIIe siècle, et s'intensifia au XVIIIe siècle vers l'Amérique. La colonisation du continent aboutit au découpage de l'Afrique par les pays européens. La décolonisation eut lieu après la Seconde Guerre mondiale. L'Afrique connaît aujourd'hui des problèmes liés aux frontières, à l'augmentation de sa population, aux maladies, ainsi que des problèmes économiques.

Afrique du Nord

Région d'Afrique appelée *Maghreb*.

Afrique du Sud

41,5 millions d'habitants
Superficie : 1 221 037 km^2
Capitale gouvernementale : Pretoria
Capitale législative : Le Cap
Langues officielles : afrikaans, anglais
Monnaie : le rand

État fédéral d'Afrique, situé à l'extrémité sud du

continent, bordé par l'océan Atlantique et l'océan Indien. La république d'Afrique du Sud possède un régime présidentiel.

GÉOGRAPHIE L'Afrique du Sud est une immense cuvette entourée de régions côtières élevées. Les principaux cours d'eau sont l'Orange, le Limpopo et le Vaal. Le climat est de type tropical à saison sèche. La population est composée de Noirs (76,1 %), de Blancs (12,8 %), de Métis (8,5 %) et d'Asiatiques (2,6 %).

ÉCONOMIE L'Afrique du Sud est le pays le plus développé d'Afrique et possède des équipements et des ports modernes. Il approvisionne l'Europe, les États-Unis et le Japon en métaux et pierres précieuses. Le pays tire également ses revenus de l'élevage, de la culture des céréales, de la vigne et des fruits et légumes qu'il exporte.

HISTOIRE Les Bantous ont peuplé la région à partir de 1500. Les Néerlandais installèrent leur premier comptoir au XVIIe siècle et, à partir de 1760, des colons, les Boers, migrèrent vers l'intérieur du pays pour y conquérir de nouveaux territoires. Le pays devint une colonie britannique en 1814. En 1899 eut lieu la *guerre des Boers* contre les Anglais. Le pays obtint son indépendance en 1931 et devint une république en 1960. La politique de l'apartheid, fondée sur la ségrégation raciale, fut appliquée dès 1948. À partir de 1985, le boycott international ruina l'économie du pays. L'apartheid fut supprimé en 1991. Les premières élections multi-raciales se déroulèrent en 1994 et Nelson Mandela, leader d'un parti opposé à l'apartheid, devint président de la République.

Agamemnon

Roi légendaire d'Argos et de Mycènes, chef des Grecs pendant la guerre de Troie. Il sacrifia sa fille Iphigénie pour obtenir des vents favorables à la flotte grecque bloquée à Aulis. Sa femme, Clytemnestre, et l'amant de celle-ci, Égisthe, l'assassinèrent à son retour à Argos.

Agen

Chef-lieu du département du Lot-et-Garonne, sur les bords de la Garonne (30 170 hab.). La ville d'Agen est réputée pour ses marchés de fruits (pruneaux) et légumes. Sa cathédrale Saint-Caprais a été édifiée au XIIe et XIIIe siècles.

Agra

Ville du nord de l'Inde (899 000 hab.), dans l'État d'Uttar Pradesh, située sur la rivière Yamuna. Agra fut, avant Delhi, la capitale de l'ancien Empire moghol.

Agrippine l'Aînée (née vers 14 avant J.-C., morte en 33 après J.-C.)

Fille d'Agrippa et de Julie, petite-fille de l'empereur romain Auguste, épouse de Germanicus et mère de Caligula.

Agrippine la Jeune (née en 16 après J.-C., morte en 59)

Fille d'Agrippine l'Aînée, épouse de Domitius Ahenobarbus, avec qui elle eut Néron, et de l'empereur Claude. Devenu empereur, Néron la fit empoisonner.

Ahmedabad

Grande ville de l'Inde (2,9 millions d'hab.), ancienne capitale de l'État du Gujerat.

Aïd el-Kebir

Grande fête musulmane qui est célébrée chaque année en commémoration du sacrifice d'Abraham. Chaque famille sacrifie un mouton ce jour-là. On dit aussi **fête du Mouton**.

Aigues-Mortes

Ville du département du Gard (6 012 hab.), située au milieu d'étangs et de marais salants, Aigues-Mortes tire ses revenus de la production de sel et du tourisme. Lors des croisades, Saint Louis s'y embarqua pour l'Égypte et pour Tunis. Il fit relier la ville à la mer par un chenal qui s'envasa aux XVe et XVIe siècles. Le port perdit alors de son importance.

Ain

Département français (01) de la Région Rhône-Alpes. 5 756 km^2 ; 515 270 hab. ; chef-lieu : Bourg-en-Bresse.

Aisne

Département français (02) de la Région Picardie. 7 378 km^2 ; 535 842 hab. ; chef-lieu : Laon.

Aix-la-Chapelle

Ville d'Allemagne (239 170 hab.), située près des frontières belge et néerlandaise. Cette ancienne cité romaine fut la résidence préférée de Charlemagne et les empereurs du Saint Empire romain germaniques y furent couronnés.

Ajaccio

Chef-lieu du département de la Corse-du-Sud et de la Région Corse, situé sur la côte ouest de l'île, au fond du golfe d'Ajaccio (52 880 hab.). Ajaccio est un important port de commerce et ses activités économiques reposent également sur le tourisme et diverses industries. La ville abrite la maison natale de Napoléon, transformée en musée, et le siège de l'Assemblée nationale corse.

Ajax

Nom de deux héros grecs de la guerre de Troie. L'un, fils d'Oïlée, roi de Locride, fut englouti dans la mer par le dieu Poséidon. L'autre, fils de Télamon, roi de Salamine, était considéré comme un grand guerrier. Furieux que l'on ne lui ait pas donné les armes du héros Achille mort, il chercha à se venger en tuant les chefs grecs. Mais rendu fou par la déesse Athéna, il ne massacra que leur bétail et se suicida.

Akhenaton voir *Aménophis IV*

Akihito (né en 1933)
Empereur du Japon depuis 1989.

Alain-Fournier (né en 1886, mort en 1914)
Romancier français, mort à la guerre. L'auteur du *Grand Meaulnes (1913)*, Alain-Fournier raconte sa propre vie dans un style poétique.

Alamans
Confédération de peuples germaniques installés sur la rive droite du Rhin au IIIe siècle. Ils furent battus et soumis par Clovis en 496.

Alaric Ier (né vers 370, mort en 410)
Roi des Wisigoths. Il envahit la Thrace, la Grèce et dévasta Rome (410).

Alaska
État des États-Unis, situé à l'extrémité nord-ouest de l'Amérique. 1 518 775 km^2 ; 550 000 hab. Sa capitale est Juneau et sa ville principale Anchorage. Cette presqu'île comprend au nord la chaîne de Brooks (2 816 m), au centre la vallée du Yukon, au sud la chaîne de l'Alaska (6 887 m au mont McKinley). L'Alaska possède de grandes ressources minières : or, argent, cuivre, houille et, surtout, pétrole et gaz.

Albanie
3,3 millions d'habitants
Superficie : 28 748 km^2
Capitale : Tirana
Langue officielle : albanais
Monnaie : le lek

État d'Europe, situé au sud-ouest de la péninsule balkanique. La république d'Albanie est peuplée d'Albanais (90 %) et de Grecs (8 %). Les religions pratiquées sont l'islam (70 %) et le christianisme (orthodoxe et catholique).

Géographie L'Albanie est composée de massifs montagneux au climat continental, de collines argileuses fertiles et d'une plaine côtière au climat méditerranéen. L'économie repose essentiellement sur l'agriculture, mais le pays est pauvre.

Histoire L'Albanie fit partie de la province romaine d'Illyrie et vécut sous la domination de l'Empire byzantin puis de la Serbie. Au XVe siècle, elle fut conquise par les Ottomans qui imposèrent leur religion, l'islam. Elle fut libérée de la domination des Turcs en 1912 et devint indépendante en 1919. Depuis la Seconde Guerre mondiale, l'Albanie est une République populaire avec un régime communiste.

Albert Ier (né en 1875, mort en 1934)
Roi des Belges de 1909 à 1934. Son courage pendant la Première Guerre mondiale où il combattit aux côtés des Alliés, lui valut le surnom de *Roi-Chevalier*.

Alberta
Province de l'ouest du Canada. 661 388 km^2 ; 2,5 millions d'hab., dont 60 000 francophones. Sa capitale est Edmonton. La province tire ses ressources de la culture des céréales et de l'exploitation de ses gisements de pétrole et de gaz naturel.

Albi
Chef-lieu du département du Tarn, situé sur les bords du Tarn (46 274 hab.). Construite du XIIIe au XVe siècle, sa cathédrale gothique en brique domine la ville. L'ancien palais des archevêques abrite le musée Toulouse-Lautrec.

al-Dawha voir *Dawha*

d'Alembert Jean Le Rond (né en 1717, mort en 1783)
Philosophe, écrivain et mathématicien français. D'Alembert fut avec Diderot l'un des principaux collaborateurs de l'*Encyclopédie*, dont il rédigea le *Discours préliminaire (1751)* et de nombreux articles. Il fut membre de l'Académie française.

ALENA
Acronyme pour *Accord de libre-échange nord-américain*. En vigueur depuis 1994, cet accord supprime les barrières douanières entre les États-Unis, le Mexique et le Canada.

Alençon
Chef-lieu du département de l'Orne, situé sur les bords de la Sarthe (28 935 hab.). Célèbre pour sa production de dentelles, la ville abrite le musée des Beaux-Arts et de la Dentelle. Le duché d'Alençon fut rattaché à la couronne de France en 1549.

Alep
Grande ville de Syrie (1,2 million d'hab.). Elle fut la capitale de l'État indépendant d'Alep de 1920 à 1924. Elle abrite une citadelle du XIIe siècle et plusieurs mosquées anciennes.

Alésia
Citadelle gauloise dans laquelle Vercingétorix se replia devant les légions romaines. Vaincu après deux mois de siège en 52 avant J.-C., il se rendit à César. On situe Alésia près d'Alise-Sainte-Reine, dans le département de la Côte-d'Or.

Alexandre le Grand (né en 356 avant J.-C., mort en 323 avant J.-C.)
Roi de Macédoine. Élevé par le philosophe Aristote, il fut roi à vingt ans et se rendit maître de la Grèce un an plus tard. Alexandre est l'un des plus grands conquérants de l'Histoire. Vainqueur du roi perse Darius III, il se rend maître de son empire. Puis il conquiert l'Égypte, où il fonde la ville d'Alexandrie. Poursuivant ses conquêtes vers l'Orient, il occupe plusieurs villes dont la célèbre cité de Babylone. Il parvient jusqu'aux rives du fleuve Indus, mais l'épuisement de ses soldats le

A B C D E F G H I J K L M N O P Q R S T U V W X Y Z

force à retourner à Babylone où il mourra. Son empire, auquel il avait su donner une forte impulsion économique et culturelle, fut partagé entre ses généraux.

Alexandre Ier (né en 1777 , mort en 1825)

Empereur de Russie de 1801 à 1825. Vaincu par Napoléon Ier à Austerlitz, à Eylau et à Friedland, il signa la paix de Tilsit en 1807, mais entra de nouveau en conflit avec lui en 1812 au cours de la campagne de Russie.

Alexandre II (né en 1818, mort en 1881)

Empereur de Russie de 1855 à 1881. Il entreprit d'importantes réformes dans son pays, notamment l'abolition du servage. Il lutta contre l'Empire ottoman de 1876 à 1878. Il fut victime d'un attentat organisé par un groupe révolutionnaire extrêmiste.

Alexandre III (né en 1845, mort en 1894)

Empereur de Russie de 1881 à 1894. Il signa un pacte d'alliance avec la France en 1892.

Alexandrie

Grande ville et principal port d'Égypte, à l'ouest du delta du Nil (3,5 millions d'hab.).

HISTOIRE Fondée par Alexandre le Grand en 332-331 avant J.-C., la ville devint la plus brillante cité du monde grec. Elle possédait deux ports et un phare connu comme l'une des Sept Merveilles du monde, ainsi que de nombreux temples, un musée et une bibliothèque contenant environ 700 000 volumes.

Alger

Capitale de l'Algérie et port important sur la mer Méditerranée (2 millions d'hab.). Alger abrite des mosquées, des maisons turques, de nombreux musées et un vieux quartier pittoresque appelé la « casbah ».

HISTOIRE Les Français prirent la ville en 1830 et en firent la capitale de la colonie. Ils agrandirent le port pour tirer parti de sa situation géographique exceptionnelle.

Algérie

30 millions d'habitants
Superficie : 2 381 741 km²
Capitale : Alger
Langue officielle : arabe, berbère
Monnaie : le dinar

État d'Afrique du Nord, baigné au nord par la mer Méditerranée, situé entre le Maroc, à l'ouest, et la Tunisie, à l'est. La République algérienne démocratique et populaire possède un régime présidentiel. La langue officielle est l'arabe, mais 20 % de la population parle le berbère. La religion est l'islam.

GÉOGRAPHIE Les cours d'eau sont peu importants et le relief est très varié : montagnes méditerranéennes de l'Atlas tellien (2 308 m au Djurdjura), plaines côtières, hautes plaines semi-arides, massifs de l'Atlas saharien et des Aurès, et désert. La population est jeune et se concentre dans le nord du pays : 70 % des Algériens ont moins de trente ans.

ÉCONOMIE Le pays doit importer de la nourriture de l'étranger car les rendements de la culture de céréales et ceux de l'élevage sont faibles. Une très grosse part des revenus vient de l'exportation du gaz et du pétrole, mais la baisse des prix a augmenté l'endettement de l'Algérie qui connaît le chômage et l'inflation.

HISTOIRE Le pays fut d'abord occupé par des Berbères et ensuite envahi au VIIe siècle par les arabes qui y introduirent l'islam. La colonisation française commença en 1836. La guerre pour l'indépendance débuta en 1954 et celle-ci fut proclamée le 5 juillet 1962. Le terrorisme est apparu dans les années 1990.

Algonquins

Indiens d'Amérique du Nord. Les Algonquins, d'abord installés sur la côte est, s'allièrent avec les Français et s'opposèrent aux Iroquois. Les 5 900 Algonquins du Québec vivent aujourd'hui dans la région Outaouais.
On écrit aussi **Algonkins**.

Aliénor d'Aquitaine (née en 1122, morte en 1204)

Reine de France puis d'Angleterre. Héritière du duché d'Aquitaine, elle épousa le roi de France Louis VII (1137), mais celui-ci annula le mariage (1152). Elle épousa ensuite le futur roi d'Angleterre Henri Plantagenêt, apportant en dot la Guyenne, la Gascogne et le Poitou.

Allah

Nom donné à Dieu par les musulmans. Allah signifie « le Dieu ».

Allemagne

82,2 millions d'habitants
Superficie : 356 758 km²
Capitale : Berlin
Langue officielle : allemand
Monnaie : l'euro

La République fédérale d'Allemagne est un pays d'Europe centrale, bordé au nord par la mer du Nord, la Baltique et le Danemark, à l'est par la Pologne, la République tchèque, au sud par l'Autriche, la Suisse et la France, à l'ouest par le Luxembourg, la Belgique et les Pays-Bas.

GÉOGRAPHIE L'Allemagne du Nord, où coulent l'Ems, la Weser et l'Elbe, est occupée par une partie de la grande plaine du Nord. Son climat est à tendance océanique. Partout ailleurs règne un climat continental. Le Centre est composé de vieux massifs creusés de vallées (Moselle, Rhin, Main) et de bassins. Le Sud, où coule le Danube, est constitué des Préalpes.

Économie Après la Seconde Guerre mondiale, la République fédérale d'Allemagne se redressa rapidement et devint la première puissance économique d'Europe. L'agriculture est concentrée dans les bassins du Centre. L'industrie est dominée par les industries de pointe (électronique, informatique), la chimie et l'automobile.

Histoire En 843, fut créé le premier royaume de Germanie. Otton Ier, couronné à Rome en 962, fonda le Saint Empire romain germanique. Les Habsbourg furent empereurs de 1440 à 1806. Au XVIe siècle, la Réforme protestante souleva les princes et les paysans contre Charles Quint et brisa l'unité du pays. Au XVIIe siècle, la lutte entre les protestants et les catholiques provoqua la guerre de Trente Ans. En 1701, l'Électeur de Brandebourg prit le titre de « roi en Prusse ». Frédéric II lui succéda (1740-1786). Bonaparte ramena le nombre d'États allemands de 350 à 39 et mit fin à l'empire en 1806. Victorieuse de l'Autriche puis de la France (1871), la Prusse proclama l'Empire allemand mais perdit la Première Guerre mondiale ; l'empereur Guillaume II abdiqua et la république fut proclamée. Le *traité de Versailles* réduisit le territoire de l'Allemagne et lui enleva ses colonies.

Hitler fut nommé chancelier en 1933. Il fonda le IIIe Reich et instaura le régime nazi, fondé notamment sur le racisme. Le 1er septembre 1939, l'entrée des troupes allemandes en Pologne déclencha la Seconde Guerre mondiale. L'Allemagne fut vaincue et capitula le 8 mai 1945. Elle perdit ses territoires à l'est de l'Elbe et, en 1949, fut partagée en deux États : à l'ouest, la république fédérale d'Allemagne (RFA), partagée en zones d'occupation anglaise, américaine et française, avec Bonn pour capitale ; à l'est, la République démocratique allemande (RDA), occupée par les soviétiques, avec Berlin-Est pour capitale. La construction du mur de Berlin, en 1961, arrêta les départs d'Allemands de l'est vers la RFA. Le mur fut détruit en 1989 et l'Allemagne fut réunifiée une année plus tard. Depuis, l'Allemagne doit moderniser l'agriculture et l'industrie de l'ancienne RDA.

Sainte-Alliance

Pacte conclu en 1815, après la bataille de Waterloo, entre les souverains d'Autriche, de Prusse et de Russie. Ces derniers cherchaient à lutter en Europe contre les principes de la Révolution française et à rétablir l'ordre ancien fondé sur la tradition monarchique.

① Allier

Rivière de France (410 km). L'Allier prend sa source dans le Gévaudan, en Lozère, et se jette dans la Loire au Bec-d'Allier, près de Nevers.

② Allier

Département français (03) de la Région Auvergne. 7 381 km^2 ; 344 721 hab. ; chef-lieu : Moulins.

Allobroges

Peuple celte de la Gaule qui habitait le Dauphiné et la Savoie actuels.

Almaty

Grande ville du Kazakhstan (1,2 million d'hab.). Capitale du pays jusqu'en 1997, elle fut ensuite remplacée par Astana. Almaty est un centre industriel, culturel et scientifique. Sa cathédrale orthodoxe date du XVIIIe siècle.

Alpes

Principale chaîne de montagnes d'Europe qui s'étend de la Méditerranée jusqu'à Vienne en Autriche. Les Alpes forment un arc de cercle d'environ 1 500 km de long et 200 km dans sa largeur maximale. Le point culminant est le mont Blanc (4 808 m). Le climat, froid, varie suivant l'altitude. De nombreux fleuves et rivières prennent leur source dans les Alpes (Rhin, Rhône, Pô). Les Alpes accueillent chaque année de nombreuses stations de sports d'hiver.

Alpes (Hautes-) voir ***Hautes-Alpes***

Alpes-de-Haute-Provence

Département français (04) de la Région Provence-Alpes-Côte d'Azur. 6 944 km^2 ; 139 561 hab. ; chef-lieu : Digne-les-Bains.

Alpes-Maritimes

Département français (06) de la Région Provence-Alpes-Côte d'Azur. 4 294 km^2 ; 1 million d' hab. ; chef-lieu : Nice.

Alsace

Région française et de l'Union européenne, située au nord-est de la France. 8 310 km^2 ; 1 734 145 hab. L'Alsace comprend les départements du Bas-Rhin et du Haut-Rhin. Sa capitale Strasbourg est le siège de différentes organisations européennes. Grâce à ses vignobles, à l'élevage laitier, la sylviculture des Vosges et une industrie variée, l'Alsace est une région prospère. L'Alsace a été rattachée soit à l'Allemagne, soit à la France, plusieurs fois au cours de l'Histoire. Elle est française depuis 1945.

Altaï

Chaîne de montagnes de l'Asie centrale (4 506 m au mont Bieloukha), formant en partie la frontière entre la Russie et la Mongolie, puis la Chine. Le *Territoire de l'Altaï* est un territoire de la Fédération de Russie, situé au nord du Kazakhstan. 261 700 km^2 ; 2,8 millions d'hab. Son chef-lieu est Barnaoul.

La *République de l'Altaï* est une république de la Fédération de Russie. 92 600 km^2 ; 200 000 hab. Sa capitale est Gorno-Alktaïsk.

Altamira

Grotte préhistorique d'Espagne qui est située dans la province de Santander. Ses parois sont recouvertes de peintures et de gravures du magdalénien (12 000 à 9 000 avant J.-C. environ).

Amazone

Fleuve d'Amérique du Sud (6 280 km), le plus puissant du monde. L'Amazone naît dans les Andes du Pérou et traverse le Brésil où il se jette dans l'Atlantique par un vaste estuaire.

Amazones

Dans la mythologie grecque, peuple des rives de la mer Noire composé exclusivement de femmes guerrières. Les Amazones affrontèrent les héros grecs. Selon la légende, elles se coupaient le sein droit pour mieux tirer à l'arc, et tuaient les enfants mâles.

Amazonie

Vaste plaine (4 500 000 km^2) de l'Amérique du Sud , située sous l'équateur, entre le plateau des Guyanes, le plateau brésilien et les Andes. L'Amazonie est traversée par le fleuve Amazone et ses affluents. Son climat est chaud et humide et elle abrite une forêt dense et inhospitalière, la forêt amazonienne. Celle-ci est menacée par le déboisement et la construction de routes comme la Transamazonienne (5 000 km). De plus, le Brésil veut exploiter les fabuleuses richesses de son sous-sol. Certaines tribus amérindiennes se révoltent avec une violence croissante contre les défrichements.

Aménophis IV Akhenaton (vers 1372-1354 avant J.-C.)

Pharaon de la XVIIIe dynastie, époux de la reine Néfertiti. Akhenaton signifie « le serviteur d'Aton ». Il fit adopter, contre les prêtres d'Ammon, une religion comprenant un seul dieu, fondée sur le culte d'Aton, divinité solaire. Il déplaça sa capitale de Thèbes à Akhetaton. Cette révolution religieuse donna naissance à un art égyptien nouveau. Pendant son règne, les Hittites lui ravirent la Syrie et la Palestine.

On écrit aussi **Akhnaton**.

Amérindiens

Ensemble des populations qui peuplaient l'Amérique avant l'arrivée des Européens (exceptés les Inuit). De nombreux noms les ont désignés : Indiens, Sauvages, Peaux-Rouges. Les premiers découvreurs avaient pris l'Amérique pour les Indes et avaient appelé « Indiens » ses habitants. Comme le nom pouvait être confondu avec celui des habitants de l'Inde, on emploie maintenant le nom « Amérindiens ».

Amérique

Deuxième continent par la superficie. 42 millions de km^2 ; 691 millions d'hab. L'Amérique s'étend, du nord au sud, sur 15 000 km, de l'océan Arctique aux mers australes. Elle est baignée à l'ouest par l'océan Pacifique et à l'est par l'océan Atlantique. L'Amérique du Nord et l'Amérique du Sud sont reliées par une bande de terre qui constitue l'Amérique centrale.

Géographie Au nord-ouest du continent se dresse le massif des Rocheuses (6 187 m au mont McKinley) ; au sud-ouest, les Andes (6 959 m à l'Aconcagua) ; à l'est s'étendent des plateaux et de vieux massifs : le bouclier canadien, les Appalaches, le massif des Guyanes, le bouclier brésilien, le plateau de Patagonie. De vastes plaines sont traversées par des grands fleuves comme le Mississippi, l'Amazone et le Paraná. Un climat froid règne au Grand Nord et à la Terre de Feu. Le climat est tempéré aux Canada méridional, aux États-Unis et dans le sud de l'Amérique latine. Il est tropical du Sud-Est brésilien au Mexique. Les Amérindiens ont été décimés ou envahis par les immigrants européens qui ont aussi introduit des esclaves Noirs africains. On distingue une Amérique anglo-saxonne au Canada et aux États-Unis, et une Amérique latine où les Espagnols et les Portugais furent les plus nombreux. Depuis les années 1950, celle-ci est la plus peuplée. Partout, l'urbanisation est forte.

Économie L'Amérique anglo-saxonne est puissante, alors que les États latins sont encore sous-développés. Cela est dû à l'absence de réformes dans l'agriculture après l'indépendance des colonies espagnoles et portugaises (les domaines de culture et d'élevage sont immenses).

Histoire Jusqu'au XVe siècle se développèrent de nombreuses civilisations précolombiennes. L'arrivée de Christophe Colomb en 1492 ouvrit le continent aux Européens. Les conquistadores créèrent un empire espagnol en Amérique centrale et dans les Andes. Le traité de Tordesillas partagea l'Amérique latine, en 1494, entre les Portugais et les Espagnols. Le nord du continent fut colonisé plus tard (XVIe et XVIIe siècles) et devint progressivement le domaine des Anglais. Les Français perdirent la Nouvelle-France (Canada) en 1763. L'indépendance des États-Unis en 1783 encouragea les révoltes d'indépendance en Amérique latine. En 1825, tous les États d'Amérique actuels étaient libres, sauf le Canada, indépendant en 1931.

Amérique centrale
Partie étroite de l'Amérique, qui prolonge vers le sud l'Amérique du Nord. Elle comprend le Guatemala, le Belize, le Salvador, le Honduras, le Nicaragua, le Costa Rica et Panamá. On lui rattache les Antilles.

Amérique du Nord
Sous-continent qui se prolonge vers le sud-est par l'Amérique centrale. Il comprend le Canada, les États-Unis et le Mexique.

Amérique du Sud
Sous-continent comprenant au nord le Venezuela, la Colombie, l'Équateur, les Guyanes ; au centre, le Pérou, la Bolivie, le Brésil ; au sud, le Chili, le Paraguay, l'Uruguay, l'Argentine.

Amiens
Chef-lieu du département de la Somme et de la Région Picardie, situé sur les bords de la Somme (135 501 hab.). Amiens est un centre agricole et industriel et possède une université. La cathédrale d'Amiens, du XIIIe siècle, est la plus vaste église de France.

Amman
Capitale de la Jordanie (2,3 millions d'hab.), située au nord-ouest du pays. Amman est le plus important centre commercial, industriel et administratif de la Jordanie. La ville tire une part de ses revenus de l'extraction de phosphate et de pétrole. Elle conserve des traces de l'occupation romaine, en particulier un théâtre romain de 6 000 places.

Ammon
Dieu principal de Thèbes, que les prêtres égyptiens identifièrent à Rê et les Grecs à Zeus.
On écrit aussi **Amon**.

Amnesty International
Organisation humanitaire internationale fondée en mai 1961 pour lutter contre la répression politique dans le monde. Elle œuvre pour la libération des prisonniers politiques ou religieux. Amnesty International a reçu le prix Nobel de la paix en 1977.

Amou-Daria
Fleuve d'Asie (2 600 km). L'Amou-Daria prend sa source dans les montagnes du Pamir, en Asie centrale, et se jette dans la mer d'Aral.

Amour
Fleuve de l'Asie orientale (4 354 km). Formé par la réunion de l'Argoun et de la Chilka, il se jette dans la mer d'Okhotsk. Il sert de frontière entre la Russie et la Chine du Nord-Est.

Ampère André Marie (né en 1775, mort en 1836)
Physicien et mathématicien français. Il étudia l'action des courants électriques sur les aimants et montra que deux courants peuvent agir l'un sur l'autre, créant ainsi les disciplines nouvelles de l'électromagnétisme et de l'électrodynamique. Il a laissé son nom à l'unité de courant électrique, l'ampère.

Amsterdam
Capitale politique et puissant port de commerce des Pays-Bas (plus d'1 million d'hab.). Située à l'endroit ou l'Amstel se jette dans la mer, Amsterdam possède de multiples canaux constituant des îlots reliés par des ponts. C'est un centre industriel, touristique et d'affaires. Des raffineries de pétrole y sont implantées et on y pratique la taille de diamants. Les musées exposent les œuvres de peintres hollandais illustres (Rembrandt, Van Gogh).
HISTOIRE Dès le XVe siècle, Amsterdam fut le principal centre commercial de la Hollande. Grâce à la création de la Compagnie des Indes orientales et de la Banque d'Amsterdam, la cité s'enrichit au XVIIe siècle.

Amundsen Roald (né en 1872, mort en 1928)
Explorateur norvégien. Le 14 décembre 1911, il fut le premier à atteindre le pôle Sud.

Anatolie
Nom donné dans l'Antiquité par les Byzantins à l'Asie Mineure. L'Anatolie désigne aujourd'hui la partie de la Turquie qui se trouve en Asie.

Ancien Testament voir ***Bible***

Andalousie
Communauté autonome du sud de l'Espagne et région de l'Union européenne. 87 268 km^2 ; 7,1 millions d'hab. L'Andalousie est traversée par le fleuve Guadalquivir et sa capitale est la ville de Séville. C'est une région agricole et très touristique. Du VIIIe au XIIIe siècle, les Arabes firent de cette région le centre d'une civilisation brillante.

Andersen Hans Christian (né en 1805, mort en 1875)
Écrivain danois. Il écrivit des romans et des pièces de théâtre. Ses *Contes (1835-1872)* inspirés de légendes populaires, le rendirent célèbre dans le monde entier.

Andes
Chaîne de montagnes d'Amérique du Sud. La cordillère des Andes s'étend tout le long de la côte Pacifique, sur 8 000 km. Son point culminant est l'Ojos del Salado (7 084 m). Elle est caractérisée par un volcanisme actif et par des hauts plateaux où habite la population. Ses immenses ressources minières sont difficilement exploitables.

Andorre

72 000 habitants
Superficie : 468 km^2
Capitale : Andorre-la-Vieille
Langue officielle : catalan
Monnaie : l'euro

Principauté d'Europe, sur le versant espagnol des Pyrénées. Au XIIIe siècle, le pays fut soumis aux comtes de Foix et aux évêques d'Urgel (Espagne). Aujourd'hui le chef du gouvernement d'Andorre est nommé par le président de la République française et l'évêque d'Urgel. Le tourisme est une des principales richesses du pays.

Andromaque

Dans la mythologie grecque, épouse d'Hector et mère d'Astyanax, tués lors de la chute de Troie. Andromaque fut donnée comme esclave à Pyrrhus, dont elle eut un enfant (Molosse). Mais Pyrrhus épousa Hermione. Celle-ci, jalouse d'Andromaque, s'enfuit avec Oreste. Cette histoire a inspiré une tragédie du même nom à Euripide (représentée vers 426 avant J.-C.) et à Racine (1667), qui a modifié la légende.

Fra **Angelico** (né vers 1400, mort en 1455)

Peintre italien. Ses œuvres savantes et naïves témoignent de sa foi profonde. Le couvent de San Marco à Florence conserve ses fresques.

Angers

Chef-lieu du département de Maine-et-Loire, situé sur les bords de la Maine (151 279 hab.). C'est un centre industriel et universitaire. Angers fut la capitale de l'Anjou. Le château du roi René, qui fut construit du XIIIe au XVe siècle, abrite le musée de la Tapisserie qui présente la célèbre tenture de l'*Apocalypse*.

Angkor

Site archéologique de l'ouest du Cambodge, ancienne capitale de l'Empire khmer. Fondée au IXe siècle, la cité comprend plus de quatre-vingts monuments dont le temple d'Angkor Vat, édifié au XIIe siècle, qui représente la plus belle réussite de l'art khmer.

Angleterre

46,2 millions d'habitants
Superficie : 131 760 km^2
Capitale : Londres
Langue officielle : anglais
Monnaie : la livre sterling

La partie centrale et méridionale de la Grande-Bretagne, limitée au nord par l'Écosse et à l'ouest par le pays de Galles.
Géographie Le pays est baigné par la Manche, la mer du Nord et l'océan Atlantique. Le climat océanique humide, doux en hiver, frais en été, est favorable à l'élevage. La Tamise, principal fleuve du pays, se jette dans la mer du Nord par un large estuaire en aval de Londres.
Économie L'élevage tient une place importante. L'industrie est dominée dans les technologies de pointe, la chimie et la production automobile. Londres est une importante place financière.
Histoire Voir *Royaume-Uni de Grande-Bretagne et d'Irlande du Nord.*

îles **Anglo-Normandes**

Archipel britannique de la Manche, à l'ouest du Cotentin. 195 km^2 ; 135 700 hab. Les îles Anglo-Normandes dépendent directement de la Couronne britannique. Elles comprennent les îles de Jersey, Guernesey, Aurigny et Sercq (les îles Chausey sont françaises.).

Anglo-Saxons

Peuples germaniques (Angles, Jutes, Saxons) qui envahirent et colonisèrent la Grande-Bretagne aux Ve et VIe siècles. Aujourd'hui, le Royaume-Uni et ses anciennes colonies (notamment les États-Unis, le Canada, l'Australie, la Nouvelle-Zélande) constituent le monde anglo-saxon.

Angola

12 millions d'habitants
Superficie : 1 246 700 km^2
Capitale : Luanda
Langue officielle : portugais
Monnaie : le kwanza

État du sud-ouest de l'Afrique, situé entre les deux Congo, la Zambie, la Namibie et l'océan Atlantique. La république d'Angola possède un régime présidentiel.
Géographie La plaine côtière de l'ouest est peu fertile et devient aride au sud, avec le désert du Namib. Le plateau de Bihé s'élève à plus de 2 000 m d'altitude. À l'est se situe le plateau de Lunda. La population, essentiellement rurale, se concentre dans le Centre-Ouest, avec ses fleuves et rivières, et au nord sur la côte atlantique.
Économie Seules 2,8 % des terres peuvent être cultivées. Les Angolais pratiquent l'élevage de bovins et de chèvres. Ils tirent également leur revenus de la pêche, de l'industrie du bois, de l'extraction des diamants et surtout du pétrole. La guerre civile et la collectivisation ont ruiné l'économie, mais la croissance a repris en 1994.
Histoire Le royaume du Kongo s'étendait sur la république démocratique du Congo actuelle ainsi que sur le nord de l'Angola. Les Portugais constituèrent la colonie d'Angola en 1665, puis conquirent l'intérieur du pays en combattant les populations noires. En 1955, l'Angola devint une province portugaise d'outre-mer et l'indépendance fut proclamée en 1975.

Angoulême
Chef-lieu du département de la Charente, sur les bords de la Charente (43 171 hab.). Sa cathédrale Saint-Pierre date du XIIe siècle et fut restaurée au XIXe siècle. Angoulême reçoit chaque année le Festival international de la bande dessinée.

Anjou
Ancienne province et région de l'ouest de la France, appartenant aujourd'hui à la Région Pays de la Loire. Sa principale ville est Angers. Grâce à la douceur du climat, l'agriculture y est pratiquée dans les nombreuses vallées. L'Anjou est également une région viticole.
Histoire La région appartint au XIIe siècle aux Plantagenêts, mais Philippe Auguste la conquit en 1203. Elle devint un duché en 1360 et fut rattachée à la couronne de France en 1481.

Ankara
Capitale de la Turquie, située dans l'Anatolie centrale (2,8 millions d'hab.). Ankara est la deuxième ville du pays après Istanbul. Elle abrite un musée des civilisations anatoliennes.

Annapurna
Sommet de l'Himalaya (8 078 m). Une mission française dirigée par Maurice Herzog le vainquit en 1950.

Anne d'Autriche (née en 1601, morte en 1666)
Reine de France. Fille de Philippe III d'Espagne, elle épousa Louis XIII, qui mourut en 1643. Comme son fils Louis XIV était encore mineur (il n'avait que cinq ans), elle devint régente et gouverna avec Mazarin, son principal ministre, jusqu'en 1661. Louis XIV monta alors sur le trône.

Anne de Bretagne (née en 1477, morte en 1514)
Reine de France. Elle devint duchesse de Bretagne à la mort de son père François II. Elle épousa alors Charles VIII en 1491, puis Louis XII en 1499. Cette union prépara le rattachement de la Bretagne à la France en 1532.

Anne de France (née en 1460, morte en 1522)
Fille aînée de Louis XI. Son frère Charles VIII était encore mineur quand Louis XI mourut. Elle exerça la régence avec son époux Pierre de Beaujeu, de 1483 à 1491.
On dit aussi **Anne de Beaujeu**.

Anne Stuart (née en 1665, morte en 1714)
Reine d'Angleterre, d'Écosse et d'Irlande (de 1702 à 1714). Fille de Jacques II, elle signa en 1707 l'Acte d'union des États d'Angleterre et d'Écosse.

Annecy
Chef-lieu du département de la Haute-Savoie, situé sur les bords du lac d'Annecy (50 348 hab.). La ville tire ses ressources du tourisme et de ses industries. Le palais de l'Isle (XVe siècle) et le château de Menthon (XVIe siècle) figurent parmi ses principaux monuments.

Anouilh Jean (né en 1910, mort en 1987)
Dramaturge français ; auteur de nombreuses pièces, dont *le Voyageur sans bagages (1937)*, et *Antigone (1944)*.

Anschluss
Intégration économique et, surtout, politique de l'Autriche à l'Allemagne nazie. L'Anschluss (le terme allemand signifie « rattachement ») est intervenu en mars 1938, à la veille de la Seconde Guerre mondiale.

Antananarivo
Capitale de Madagascar (3,4 millions d'hab.), située sur un plateau, à une altitude qui varie, selon les quartiers de la ville, entre 1 245 et 1 470 m. Antananarivo est un centre administratif, culturel et commercial encore peu industrialisé.
On dit aussi **Tananarive**.

Antarctique
L'un des six continents. D'une superficie de 14 millions de km^2 à l'intérieur du cercle polaire austral, l'Antarctique est entouré par l'océan Antarctique. Il est formé de montagnes et de bassins recouverts d'une épaisseur de glace de 2 à 4 km. Son point culminant est le mont Vinson (5 140 m). Le climat est très froid, avec des vents violents, et la température moyenne est de – 50 °C. La flore et la faune sont rares.
Plusieurs pays y possèdent des terres ou y ont installé des stations scientifiques.

Antigua et Barbuda
68 000 habitants
Superficie : 442 km^2
Capitale : Saint John's
Langue officielle : anglais
Monnaie : le dollar des Caraïbes de l'Est

État d'Amérique, membre du Commonwealth, formé de trois îles des Petites Antilles : Antigua (280 km^2), Barbuda et Redonda (162 km^2). Elles vivent essentiellement du tourisme.

Antilles
Archipel d'Amérique centrale, en forme d'arc, séparant la mer des Antilles de l'océan Atlantique. 236 500 km^2 ; 36 millions d'hab. Les Antilles comprennent les Bahamas, les Grandes Antilles (Cuba, Haïti et la république Dominicaine, Porto Rico, la Jamaïque) et les Petites Antilles (Guadeloupe, Dominique, Martinique, Sainte-Lucie, Saint-Vincent, Grenade, etc.).
Géographie L'archipel est montagneux et d'origine volcanique, avec un climat tropical adouci par les influences océaniques.

Économie La culture de la canne à sucre et la production de rhum sont les activités principales avec le tabac, le café et les bananes. L'industrie est peu développée.
Histoire Découvertes par Christophe Colomb, les Antilles furent colonisées par les Européens. Les îles de l'archipel devinrent un centre de la traite des Noirs au XVIIIe siècle. Aujourd'hui, la plupart d'entre elles ont acquis leur indépendance.

Antilles françaises
Ensemble des îles des Petites Antilles appartenant à la France. Ce sont la Guadeloupe et la Martinique, Marie-Galante, les Saintes, la Désirade, Saint-Barthélemy et une partie de Saint-Martin.

Antioche
Ville de Turquie, située sur les bords de l'Oronte (91 550 hab.). Antioche est aujourd'hui une station estivale et un centre de commerce.
Histoire Fondée vers 300 avant J.-C., elle devint la capitale de la dynastie des Séleucides et la plus importante cité de l'Orient hellénistique. Conquise et rattachée à l'Empire romain en 64 avant J.-C., elle fut ensuite un centre de la chrétienté. Les Perses sassanides s'en emparèrent en 540. Elle fut une principauté franque de 1098 à 1268.

l'Antiquité
Époque de l'histoire pendant laquelle se sont développées les plus anciennes civilisations, notamment les civilisations égyptienne, grecque et latine. On considère que la fin de l'Antiquité en Europe correspond à la chute de l'Empire romain d'Occident face aux Barbares, en l'an 476. Le Moyen Âge commence alors.

saint Antoine (né en 251, mort en 356)
Ermite égyptien, le premier moine chrétien. Pendant son séjour dans le désert, il subit des visions et des tentations.

Antoine Marc (né vers 83, mort en 30 avant J.-C.)
Général romain. Après la mort de Jules César, Marc Antoine partagea le pouvoir avec Octave et Lépide. Au moment du partage de l'Empire romain, il obtint l'Orient. Marc Antoine s'éprit de Cléopâtre VII, reine d'Égypte, et délaissa alors Rome. Lors du siège d'Alexandrie par Octave, il se donna la mort.

Anvers
Grande ville et troisième port de Belgique, chef-lieu de la province d'Anvers (486 580 hab.). La ville est située sur les bords de l'Escaut, à 88 km de la mer du Nord. Son port est relié par des canaux à la ville de Liège et au Rhin ; c'est un grand centre industriel. La cathédrale Notre-Dame, de style gothique, est la plus grande de Belgique. La ville abrite également de nombreux musées et la maison du peintre Rubens.

Aoste
Ville d'Italie, située sur les bords de la Doire Baltée (37 680 hab.). Aoste est le chef-lieu de la Région autonome du Val d'Aoste. On y pratique l'élevage. C'est également un centre sidérurgique et touristique. Aoste a conservé des monuments romains et médiévaux.

Apaches
Peuple indien de l'Amérique du Nord. Aujourd'hui, les Apaches vivent dans des réserves du sud-ouest des États-Unis.

l'Apennin
Chaîne de montagnes qui s'étend du nord au sud de l'Italie, sur 1 300 km environ. Son point culminant est le Gran Sasso, dans les Abruzzes (2 912 m).
On dit aussi **les Apennins**.

Aphrodite
Déesse de l'Amour et de la Beauté dans la mythologie grecque. Elle correspond à Vénus dans la mythologie latine.

Apis
Dieu égyptien représenté sous la forme d'un taureau. Il fut considéré comme l'incarnation de Ptah ou d'Osiris, sous le nom d'Osiris-Apis (dieu des Morts).

Apollinaire Guillaume (né en 1880, mort en 1918)
Poète français, un des premiers représentants de la poésie moderne. Il est l'auteur de célèbres recueils de poèmes comme *Alcools (1913)* et *Calligrammes (1918)*. Il est également connu pour ses récits, ses chroniques et ses écrits sur la peinture cubiste.

Apollon
Dieu grec du Jour, fils de Zeus et de Léto. Il personnifie le Soleil. Il est le symbole de la lumière civilisatrice et le protecteur des arts et des lettres.
On dit aussi **Phébus**.

Appalaches
Massif montagneux de l'est des États-Unis, situé entre les fleuves Saint-Laurent et Alabama. Il s'étend sur 2 000 kilomètres. Son point culminant est le mont Mitchell (2 038 m).

Aquitaine
Région française et de l'Union européenne située au sud-ouest de la France. 41 407 km^2 ; 2 908 359 hab. Elle comprend les départements de la Gironde, de la Dordogne, du Lot-et-Garonne, des Landes, des Pyrénées-Atlantiques. Sa capitale est Bordeaux. La Région est agricole et célèbre pour ses vins du Bordelais. Les industries y traitent le pin des Landes. Ses ressources minérales, notamment le gisement de gaz de Lacq, s'épuisent, mais aujourd'hui la région déve-

loppe des activités nouvelles comme la chimie, l'aérospatiale et les biotechnologies. Le tourisme est également très important.

Histoire D'abord province romaine, ensuite royaume wisigoth, elle fut, grâce à Clovis, rattachée au royaume franc (507). Elle devint un duché anglais et pris le nom de Guyenne quand Aliénor d'Aquitaine épousa le futur Henri II d'Angleterre, qui devint duc d'Aquitaine (1152). La France et l'Angleterre se disputèrent l'Aquitaine jusqu'à la bataille de Castillon (1453). Elle fut alors rattachée à la Couronne de France.

Arabes

Peuple dont la langue est l'arabe (plus de 200 millions de personnes). La langue unit fortement le peuple arabe, formé de populations différentes, qui occupent une vaste zone, de l'Irak au Maroc. Ce peuple inclut quelques minorités musulmanes dont la langue n'est pas l'arabe, comme les Kurdes et les Berbères. La religion musulmane est la plus répandue, mais il existe également des Arabes chrétiens et juifs.

Histoire L'islam apparut au VIIe siècle en Arabie. Toutes les tribus se rallièrent au prophète Mahomet quand il conquit La Mecque en 630. Le monde musulman s'étendit du fleuve Indus jusqu'à l'Espagne et transmit ses connaissances scientifiques et techniques à l'Occident. La littérature et les arts étaient également raffinés.

Arabie

Péninsule située à l'extrémité sud-ouest de l'Asie, entre la mer Rouge, la mer d'Oman et le golfe Persique. 3 000 000 km^2 ; environ 23 millions d'hab. Les États arabiques comprennent l'Arabie Saoudite, la république du Yémen, Oman, le Qatar, le Koweït, Bahreïn et les Émirats arabes unis. L'Arabie vit essentiellement du pétrole. Elle abrite les principaux lieux saints de l'islam.

Arabie Saoudite

21 millions d'habitants
Superficie : 2 150 000 km^2
Capitale : Riyad
Langue officielle : arabe
Monnaie : le riyal saoudien

Royaume du Proche-Orient recouvrant les deux tiers de la péninsule d'Arabie. Il abrite des villes saintes : La Mecque et Médine. La religion est l'islam.

Géographie Le désert est partout présent ; 75 % de la population vit dans des villes.

Économie Le pétrole et le gaz apportent une grande richesse au pays qui est le premier exportateur dans le monde et détient sur son territoire plus du quart des réserves mondiales. L'Arabie Saoudite possède de nombreuses raffineries et des installations pétrochimiques. Les céréales, les légumes et le fourrage sont cultivés grâce à l'eau puisée dans le sol par des forages.

Histoire Abd al-Aziz ibn Saoud réalisa l'unification des territoires conquis sur les Turcs et donna son nom au pays (1932). Le pays connaît aujourd'hui une crise, à cause de la montée de l'islamisme et du désir de démocratie. L'Arabie Saoudite tient une place importante dans le monde arabe, grâce à la garde des lieux saints de l'islam et grâce à l'argent qu'elle distribue.

Arago François (né en 1786, mort en 1853)

Physicien et astronome français. Il fut ministre de la Guerre et de la Marine en 1848.

Aragon

Communauté autonome du nord-est de l'Espagne et région de l'Union européenne. 47 669 km^2 ; 1,2 million d'hab. Sa capitale est la ville de Saragosse. Au nord du pays s'élèvent les Pyrénées (3 404 m au pic d'Aneto). Au Centre, la vallée de l'Èbre est une région agricole, dominée par la chaîne Ibérique, où sont exploitées des mines de fer, de soufre et de lignite.

Histoire Au XIe siècle, l'Aragon devint un petit royaume indépendant qui s'agrandit en conquérant la vallée de l'Èbre, la Catalogne, la région de Valence, les Baléares, le versant français des Pyrénées, la Sicile (1282) et la Sardaigne (1325). Le mariage de Ferdinand d'Aragon avec Isabelle de Castille (1469) conduisit à la réunion des deux royaumes d'Aragon et de Castille.

Aragon Louis (né en 1897, mort en 1982)

Écrivain français. Il a fait partie du mouvement surréaliste et a écrit à cette époque son premier grand roman, *le Paysan de Paris (1926)*. Parmi ses romans les plus célèbres figurent *les Cloches de Bâle (1934)*, *les Beaux Quartiers (1936)*, *la Semaine sainte (1958)* et *Blanche ou l'Oubli (1967)*. Il est également l'auteur de recueil de poèmes comme *le Crève-Cœur (1941)* et *le Fou d'Elsa (1963)*. Il a fait partie de la Résistance pendant la Seconde Guerre mondiale.

mer d'Aral

Mer intérieure à l'est de la mer Caspienne. Sa superficie (35 000 km^2, autrefois 64 000 km^2) diminue à cause des alluvions et de l'eau que l'on tire pour irriguer les terres.

Araméens

Anciennes tribus nomades de la Mésopotamie du Nord. Au XIIIe siècle avant J.-C., les Araméens formèrent en Syrie et au Liban de petits États, ennemis des Hébreux. Ils furent soumis par l'Assyrie au VIIIe siècle avant J.-C. Leur langue, l'araméen, fut celle des Palestiniens au temps du Christ.

Archimède (né en 287, mort en 212 avant J.-C.)

Célèbre savant grec de l'Antiquité. Il inventa le levier, la vis sans fin, les roues dentées et conçut un planétarium destiné à représenter le mouvement des astres. Il découvrit le principe physique, appelé

A B C D E F G H I J K L M N O P Q R S T U V W X Y Z

principe d'Archimède, selon lequel tout corps plongé dans un liquide subit une poussée verticale du bas vers le haut, égale au poids de ce corps. Quand il fit cette découverte, il sortit, dit-on, de son bain et s'élança dans la rue en criant *Eurêka !* : « J'ai trouvé ! ».

① Arctique

Vaste région, à l'intérieur du cercle polaire, au pôle Nord. Elle comprend le nord de l'Amérique, de l'Europe et de la Sibérie, le Groenland, de nombreuses îles et des archipels. Les conditions climatiques sont extrêmes (– 28 °C en hiver au Groenland) et les vents violents. Des bouleaux, des lichens y forment une maigre végétation. La population, composée de groupes humains tels que les Lapons, les Esquimaux, les Samoyèdes, se sédentarise peu à peu.

Histoire L'exploration de ces terres commença au XVIe siècle. C'est l'explorateur américain Robert Peary qui atteignit le premier le pôle Nord en 1909.

② Arctique

Océan formé par un ensemble de mers limitées par les côtes du nord de l'Asie, de l'Europe, de l'Amérique, et par le cercle polaire arctique. L'océan Arctique est en grande partie recouvert par la banquise.
On dit aussi **océan Glacial Arctique**.

Ardèche

Département français de la Région Rhône-Alpes (07). 5 523 km^2 ; 286 023 hab. ; chef-lieu : Privas.

① les Ardennes

Massif hercynien qui s'étend sur 10 000 km^2 dans le nord-ouest de la France, en Belgique et au Luxembourg. Dans cette région très boisée, la Meuse et les affluents de la Moselle ont creusé de profondes vallées où sont installées des villes industrielles.
De terribles combats y opposèrent les armées allemande et française durant la Seconde Guerre mondiale.
On dit aussi **l'Ardenne**.

② les Ardennes

Département français de la Région Champagne-Ardenne (08). 5 229 km^2 ; 290 130 hab. ; chef-lieu : Charleville-Mézières.

Arès voir *Mars*

Argentine

36,1 millions d'habitants
Superficie : 2 796 427 km^2
Capitale : Buenos Aires
Langue officielle : espagnol
Monnaie : le peso argentin

État fédéral d'Amérique du Sud, bordé par l'Atlantique et qui s'étend de la Bolivie au cap Horn.

Géographie L'Argentine est bordée, à l'ouest, par la cordillère des Andes. Elle est formée de plateaux et de plaines qui s'abaissent vers l'Atlantique. La population dont la plus grande partie est d'origine européenne, est concentrée dans les régions fertiles et tempérées comme le bassin de Parana, le Rio de la Plata et la Pampa.

Économie L'Argentine est une grande puissance agricole qui exporte du blé, du soja, de la viande, du cuir et de la laine. Elle possède d'immenses troupeaux de bovins. Son industrie se développe à partir des ressources de son sous-sol qui renferme du pétrole et du gaz. Mais une grave crise économique et financière frappe le pays depuis les années 1980.

Histoire Un petit nombre de tribus indiennes peuplait l'Argentine avant sa conquête par les Espagnols. Après avoir été soumise à la domination de l'Espagne, elle devint indépendante en 1816. En 1853, un régime fédéral y fut instauré. Une forte immigration favorisa le développement du pays. Mais, à la suite de la grande crise économique mondiale de 1929, le pays fut ébranlé par une suite de coups d'État militaires. Avec les militaires au pouvoir, l'Argentine traversa une période de troubles et de répressions parfois sanglante. En 1982, la démocratie est rétablie, mais le président de la République reste contrôlé par l'armée. Malgré ce retour à la démocratie ainsi que les mesures économiques et politiques qui ont été prises depuis, l'Argentine souffre toujours du chômage et des différences sociales.

Argonne

Région de collines boisées qui s'étend entre les rivières de l'Aisne et de l'Aire. De violents combats se déroulèrent dans cette région en 1914 et en 1918 durant la Première Guerre mondiale.

Ariane

Personnage de la mythologie grecque, fille de Minos, roi de Crête. Amoureuse de Thésée, elle lui offrit une pelote de fil qu'il déroula pour pouvoir sortir du Labyrinthe après avoir tué le Minotaure. Abandonnée par Thésée sur une île déserte, elle y sera découverte par Dionysos qui l'épousera.

■ **Fil d'Ariane** : moyen de se sortir d'une situation complexe.

Ariège

Département français de la Région Midi-Pyrénées (09). 4 890 km^2 ; 137 205 hab. ; chef-lieu : Foix.

l'Arioste (né en 1474, mort en 1533)

Poète italien. L'Arioste est l'auteur d'un célèbre chef-d'œuvre, *Roland furieux (1516-1532)*, qui est une sorte de parodie des poèmes qui racontaient les exploits des chevaliers.

Arioviste
Chef de la tribu germanique des Suèves. Arioviste envahit la Gaule, mais César le repoussa en 58 avant J.-C.

Aristophane (né vers 445, mort vers 380 avant J.-C.)
Poète comique grec de l'Antiquité. Dans les onze œuvres que nous connaissons de lui, il dénonce, avec vigueur et humour, la démagogie, la violence et la dictature.

Aristote (né en 384, mort en 322 avant J.-C.)
Philosophe grec de l'Antiquité. Aristote fut le disciple de Platon et le précepteur d'Alexandre le Grand. Il fonda son école, appelée « le Lycée ». Son enseignement concernait de nombreux domaines comme les sciences naturelles, la météorologie, l'astronomie ou encore la physique et la métaphysique. Ses théories philosophiques eurent une influence importante sur les philosophes arabes Avicenne et Averroès et inspirèrent la pensée de saint Thomas.

l'Armada
Nom donné à la flotte de cent trente navires lancée par Philippe II d'Espagne contre l'Angleterre, en 1588, pour détrôner la reine Élisabeth Ire. L'expédition tourna au désastre pour les Espagnols qui perdirent soixante-dix navires.
On dit aussi **l'Invincible Armada**.

les Armagnacs
Parti qui soutenait la maison d'Orléans contre les Bourguignons, alliés aux Anglais, durant la guerre de Cent Ans. Leur lutte provoqua des combats sanglants en France sous le règne de Charles VI.

Armée du Salut
Association caritative protestante. L'Armée du Salut a été fondée en 1864. Elle est organisée à la manière d'une armée. Ses membres portent des uniformes, prêchent l'Évangile et recueillent des dons dans la rue pour les gens sans ressources.

Arménie
3,8 millions d'habitants
Superficie : 29 800 km^2
Capitale : Erevan
Langue officielle : arménien
Monnaie : le dram

État d'Asie occidentale. L'Arménie est un pays au relief accidenté, constitué de hauts plateaux où se dressent des massifs volcaniques.

Économie Elle s'est récemment développée grâce à des aménagements pour l'irrigation des sols permettant la culture du coton et du tabac et l'exploitation de vignobles. Le sous-sol est riche : cuivre, plomb, bauxite, manganèse, marbre. Le tourisme est l'une des ressources du pays.

Histoire Au cours de son histoire, l'Arménie subit l'occupation des Russes et des Turcs. La population arménienne fut victime de terribles massacres perpétrés par les Turcs en 1895 et en 1915. Occupée par les troupes soviétiques, l'Arménie devint une république fédérée de l'URSS en 1936. En 1991, à la suite d'un référendum, l'Arménie devient une république indépendante.

Massif armoricain
Massif qui s'étend sur l'ouest de la France, en Bretagne, en Basse-Normandie, dans les Pays de Loire. Aplani par l'érosion, le Massif armoricain forme un ensemble de plateaux et de petits monts de faible altitude comme les monts d'Arrée en Bretagne, hauts de 384 m.

Armstrong Louis (né en 1900, mort en 1971)
Trompettiste et chanteur de jazz américain. Grâce à son exceptionnel talent, il fit connaître dans le monde entier le jazz de la Nouvelle-Orléans, sa ville natale.

Armstrong Neil (né en 1930)
Astronaute américain. Le 20 juillet 1969, il fut le premier homme à poser le pied sur la Lune au cours la mission Apollo 11.

Arno
Fleuve d'Italie (241 km). L'Arno naît dans les Apennins et se jette dans la Méditerranée. Il traverse Florence et Pise.

Arras
Chef-lieu du département du Pas-de-Calais (40 590 hab.). Située sur les rives de la Scarpe, la ville d'Arras a été dévastée plusieurs fois au cours de son histoire et a subi de graves dommages au cours des bombardements de la Première Guerre mondiale. De nombreux monuments ont été restaurés. La ville fut, au Moyen Âge, un centre de la tapisserie.

d'Artagnan (né vers 1611, mort en 1673)
Gentilhomme gascon. Capitaine des mousquetaires, il arrêta Fouquet en 1661. Il fut tué au siège de Maastricht. D'Artagnan est le héros du roman *les Trois Mousquetaires* d'Alexandre Dumas père.

Artémis voir *Diane*

Arthur
Roi celte devenu légendaire. Vivant à la fin du Ve siècle et au début du VIe siècle, il aurait réuni des tribus celtes de Grande-Bretagne pour lutter contre les envahisseurs anglo-saxons. Entouré des chevaliers de la Table ronde, il est le héros de romans en vers regroupés sous le nom de *Cycle breton*.
On dit aussi **Artus**.

A B C D E F G H I J K L M N O P Q R S T U V W X Y Z

art nouveau
Mouvement artistique qui se développa entre 1860 et 1910, notamment dans le domaine de l'architecture, des objets décoratifs, des bijoux. Il est caractérisé par des formes sinueuses qui imitent parfois les formes naturelles des plantes. En France, on l'appelle parfois le *style nouille* ou le *style 1900*. On peut citer de célèbres verriers français comme les frères Daum, Gallé et Lalique, qui firent partie de ce mouvement.

Artois
Ancienne province française. Aujourd'hui, son territoire correspond département du Pas-de-Calais dont la capitale est Arras. C'est un pays de culture et d'élevage de bovins.
Histoire Conquis en 1640 par Louis XIII, l'Artois fut définitivement rattaché à la France par la paix des Pyrénées en 1659.

Arvernes
Peuple de la Gaule qui occupait l'Auvergne actuelle. Conduits par leur chef Vercingétorix, les Arvernes se soulevèrent contre les Romains. Vaincus par César, ils durent se soumettre.

Aryens
Peuples de langue et d'origine indo-européennes qui s'établirent en Iran et au nord de l'Inde entre 2000 et 1000 avant J.-C.

Asie
Partie du monde qui constitue le plus vaste (44 millions de km^2) et le plus peuplé (plus de 4 milliards d'habitants) des six continents. Située en grande partie dans l'hémisphère Nord, l'Asie est séparée de l'Amérique par le détroit de Béring, de l'Afrique par la mer Rouge, de l'Europe par les monts de l'Oural. L'Asie est bordée au nord par l'océan Arctique, à l'est et au sud-est par l'océan Pacifique, au sud par l'océan Indien.
Géographie L'Asie est découpée en vastes péninsules au Sud : l'Arabie, l'Inde, l'Indochine. Au centre s'élèvent les puissantes chaînes montagneuses de l'Himalaya (Everest, 8 846 m, point culminant), du Caucase, de l'Altaï, jalonnées de plateaux et de bassins intérieurs (Anatolie, plateau iranien, Tibet, Dzoungarie, Tarim). Au nord de ces chaînes s'étendent la plaine de Sibérie occidentale et le plateau de la Sibérie centrale avec, à l'ouest, la mer d'Aral et la mer Caspienne. À l'est se situent les archipels du Japon, des Philippines et d'Indonésie, les péninsules de Corée et de Malaisie, l'île de Taiwan. Le climat et la végétation varient énormément : la toundra arctique au nord, les forêts tropicales de l'Asie des moussons, la taïga sibérienne, les steppes du Kazakhstan, le désert de Gobi. Les montagnes alimentent de grands fleuves comme l'Amour, le Yangzijiang, le Mékong, le Gange, l'Indus. Excepté au Japon, l'agriculture reste la principale activité. On cultive le blé, le riz, le soja, le thé. Le sous-sol contient d'immenses richesses, mais elles ne sont pas toutes exploitées.
Économie Depuis dix ans, l'Asie connaît une croissance économique élevée mais les inégalités de développement restent importantes et certains pays, comme le Népal et le Bangladesh, restent très pauvres. D'autres pays, comme la Chine, l'Inde et l'Indonésie, ont réellement progressé mais ils doivent faire face aux problèmes posés par la forte croissance de leur population.

Asie centrale
Partie de l'Asie située entre la mer Caspienne et la Mongolie. L'Asie centrale comprend le Kazakhstan, le Kirghizstan, l'Ouzbékistan, le Tadjikistan, le Turkménistan et le Xinjiang (Chine).

Asie Mineure
Nom donné par les spécialistes de l'Antiquité à la partie de l'Asie située à l'ouest de la Turquie actuelle.

Asmara
Capitale de l'Érythrée, située à 2 400 m d'altitude (390 000 hab.).

Assemblée nationale
Assemblée élue au suffrage universel. L'Assemblée nationale exerce le pouvoir législatif avec le Sénat, tous deux formant le Parlement français. Ses députés sont élus pour cinq ans.

Assise
Ville d'Italie, dans la province d'Ombrie (24 440 hab.). Patrie de saint François d'Assise, la ville est connue pour sa basilique Saint-François (XIIIe siècle) qui est constituée de deux églises superposées.

Assistance publique
Ensemble des organismes venant en aide aux personnes défavorisées. L'Assistance publique de Paris fut créée en 1849. De nos jours, on dit Aide sociale.

Assouan
Ville d'Égypte, située sur la rive droite du Nil (181 000 hab.).
Le *barrage d'Assouan*, l'un des plus grands du monde, a donné naissance au lac Nasser.

Assurbanipal
Roi d'Assyrie de 669 à 631 avant J.-C. Grand conquérant, il s'empara de l'Égypte, soumit Babylone en révolte et lutta pour préserver les frontières de l'immense Empire assyrien. Le règne d'Assurbanipal marqua l'apogée de la puissance assyrienne.
On dit aussi **Assourbanipal**.

Assyrie
Ancien empire d'Asie occidentale dont l'histoire s'étend du XVIIIe au VIIe siècle avant J.-C. Au fil des siècles, à travers une suite de conquêtes et de défaites, les Assyriens constituèrent un puissant empire. De 722 à 705 avant J.-C., l'Assyrie s'étendit sur toute l'Asie occidentale, de la Perse à la Méditerranée, et jusqu'à Thèbes en Égypte. L'empire déclina puis s'écroula définitivement, quand les Mèdes et les Babyloniens prirent la ville de Ninive en 612 avant J.-C.
L'art assyrien se distingue par ses énormes monuments en brique et sa sculpture massive. Il glorifie la guerre et la chasse.

Astana
Capitale du Kazakhstan, en Asie centrale (300 000 hab.).

Astérix et Obélix
Personnages d'une bande dessinée créée en 1959. Les dessins de Uderzo et les textes de Goscinny ont rendu célèbres, dans le monde entier, les aventures du petit Gaulois Astérix et de son ami Obélix.

Astrakhan
Ville et port de pêche de Russie, dans le delta de la Volga, sur la mer Caspienne (519 000 hab.). Astrakhan est spécialisée dans la raffinerie du pétrole, les constructions navales, l'industrie alimentaire (caviar) et les tanneries.

Astrid (née en 1905, morte en 1935)
Princesse suédoise. Devenue reine des Belges par son mariage avec le roi de Belgique Léopold III, elle mourut dans un accident de voiture.

Asturies
Communauté autonome du nord-ouest de l'Espagne et Région de l'Union européenne. 10 565 km^2 ; 1 128 370 hab. ; capitale : Oviedo.
Les Asturies sont une région montagneuse, au climat océanique. C'est une région riche grâce aux ressources de l'élevage, de la pêche et des gisements de houille et de fer.
Depuis 1388, l'héritier du trône d'Espagne est nommé *prince des Asturies*.

Asunción
Capitale du Paraguay (1,3 million d'hab.). Asunción est un port fluvial important situé sur le río Paraguay.

Atahualpa (né en 1500, mort en 1533)
Dernier empereur inca qui régna de 1525 à 1533. Il fut étranglé sur l'ordre du conquistador espagnol Pizarro.

Athalie
Reine de Juda qui régna de 841 à 835 avant J.-C. Athalie extermina les descendants de la famille royale. Son petit-fils Joas, qui échappa au massacre, lui succéda et elle fut mise à mort.
S'inspirant de l'histoire d'Athalie, Racine écrivit, en 1691, la tragédie intitulée *Athalie*.

Athéna
Déesse grecque de la Sagesse, des Sciences et des Arts. Athéna, déesse guerrière, serait sortie tout en armes du cerveau de Zeus. Elle était désignée sous le nom de Minerve par les Romains. C'est la protectrice de la ville d'Athènes qui porte son nom.

Athènes
Capitale de la Grèce, située en Attique (3,1 millions d'hab.). Centre politique et administratif, Athènes et sa région rassemblent la plus grande partie du potentiel industriel du pays. Son port, le Pirée, est situé sur la Méditerranée à quelques kilomètres de la ville. Athènes compte de nombreux musées et de magnifiques monuments antiques comme le Parthénon, édifié au Ve siècle avant J.-C. sur le rocher de l'Acropole, lieu dédié à la gloire de la déesse Athéna. La ville est l'un des centres touristiques les plus visités au monde.
C'est à Athènes que se déroulèrent les premiers jeux Olympiques en 1896.

mont Athos
Montagne de la Grèce (2 033 m), en Macédoine. Le mont Athos abrite vingt monastères, fondés à partir du Xe siècle. C'est le centre religieux le plus grand de l'Église orthodoxe. Il est interdit aux femmes et aux enfants.

Atlanta
Ville des États-Unis, capitale de l'État de Georgie (2 380 000 hab.). Atlanta est un centre industriel et commercial. C'est en 1996 que les jeux Olympiques s'y déroulèrent.

Atlantide
Île fabuleuse que des auteurs grecs de l'Antiquité situaient dans l'océan Atlantique où elle se serait mystérieusement engloutie il y a des milliers d'années.

Atlantique
Océan qui couvre environ 106 000 000 km^2 et sépare l'Europe et l'Afrique du continent américain. L'Atlantique est bordé au Nord par l'océan Arctique et au Sud par l'océan Antarctique. Il atteint une profondeur maximale de 9 219 m dans la fosse de Porto Rico. Une longue chaîne de montagnes sous-marines parcourt l'océan et certains de ses sommets émergent en formant des îles, comme les Açores ou Sainte-Hélène.

L'existence de courants froids et de courants chauds comme le Gulf Stream, explique les différences des climats sur les côtes qui le bordent.

① Atlas
Massif montagneux de l'Afrique du Nord, qui s'étend du sud-ouest du Maroc au nord-est de la Tunisie. Le point culminant de l'Atlas se situe à 4 165 m au Maroc où la chaîne montagneuse prend le nom de Haut Atlas.

② Atlas
Personnage de la mythologie grecque. Atlas est un géant qui se révolta contre Zeus et les dieux de l'Olympe. Zeus, pour le punir, le condamna à porter la voûte du ciel sur ses épaules.

Attila (né vers 395, mort en 453)
Roi des Huns. Attila rassembla sous son autorité les tribus des Huns en 445. Il envahit l'empire d'Orient. Après avoir pénétré dans les Balkans, en Grèce puis en Gaule, il subit une défaite aux champs Catalauniques, près de Troyes en 451. En 452, il dévasta l'Italie du Nord, mais il se retira à la demande du pape en échange d'un tribut. Après sa mort, son empire ne survécut pas. Terrible guerrier, Attila fut appelé *le fléau de Dieu.*

Attique
Péninsule de la Grèce, située entre le golfe d'Égine et la mer Égée. 3 808 km^2 ; 3,6 millions d'hab. Attique est une Région grecque et une Région de l'Union européenne. Sa capitale est Athènes.

Aube
Département français (10) de la Région Champagne-Ardenne. 6 002 km^2 ; 292 131 hab. ; chef-lieu : Troyes.

d'Aubigné Agrippa (né en 1552, mort en 1630)
Écrivain français. Agrippa d'Aubigné est l'auteur d'une épopée satirique *les Tragiques (1616)* et d'une *Histoire universelle (1620).* Calviniste dévoué à Henri IV, il dut s'exiler à la mort du roi.

Auch
Chef-lieu du département du Gers (21 838 hab.). Auch est situé sur les bords du Gers. L'industrie alimentaire est l'une de ses principales ressources.

Auckland
Port principal de la Nouvelle-Zélande, dans l'île du Nord (820 750 hab.). Auckland est un important centre industriel.

① Aude
Fleuve de France (223 km). L'Aude naît dans le massif du Carlitte, dans les Pyrénées-Orientales, traverse la ville de Carcassonne et se jette dans la Méditerranée.

② Aude
Département français (11) de la Région Languedoc-Rousillon. 6 332 km^2 ; 309 770 hab. ; chef-lieu : Carcassonne.

Augsbourg
Ville d'Allemagne, en Bavière (245 960 hab.), située sur les bords du Lech. Augsbourg est un important centre d'industrie mécanique et textile. La ville possède une très belle cathédrale et de nombreux musées.
La *ligue d'Augsbourg,* formée en 1686 par l'Angleterre, l'Espagne, les principautés allemandes, les Provinces-Unies, la Suède, fut vaincue par Louis XIV et se termina en 1697 par les traités de Ryswick.

Auguste (né en 63 avant J.-C., mort en 14 après J.-C.)
Empereur romain. Petit-neveu et fils adoptif de César, il fut connu d'abord sous les noms d'Octave, puis d'Octavien. À la mort de César, il s'associa avec les généraux Antoine et Lépide pour diriger l'Empire romain. Mais après avoir écarté Lépide et vaincu Antoine à la bataille d'Actium, il resta seul maître du pouvoir. Il reçut, en 27 avant J.-C., le titre d'Auguste, qui consacrait le caractère divin de son pouvoir. Son beau-fils Tibère lui succéda. Le règne d'Auguste, appelé le *siècle d'Auguste,* est considéré comme l'une des périodes les plus brillantes et les plus prospères de l'histoire romaine.

saint Augustin (né en 354, mort en 430)
Évêque africain. Fils d'un païen et d'une chrétienne, sainte Monique, il se convertit au christianisme en 386 et devint prêtre puis évêque. Théologien, philosophe, c'est aussi un remarquable écrivain. Ses œuvres principales sont *les Confessions (391-400)* récit de sa conversion ; *De la Trinité (399-422)* ; *la Cité de Dieu (413-424), Rétractations (426-427).* Il influença des théologiens comme Luther et Calvin, et des philosophes comme Descartes.

Aurélien (né vers 212, mort en 275)
Empereur romain de 270 à 275. Aurélien vainquit les Goths, les Alamans et Zénobie, reine de Palmyre, et restaura l'unité romaine. Il fit construire, autour de Rome, un rempart appelé le *mur d'Aurélien,* dont il existe encore certaines parties.

les Aurès
Massif montagneux d'Algérie. Les Aurès, situés dans l'Atlas saharien, sont habités par des populations berbères.

Aurillac
Chef-lieu du département du Cantal (30 551 hab.). La ville est située sur les bords de la Jordanne, dans le bassin d'Aurillac et est réputée pour son marché de bestiaux.

Auriol Vincent (né en 1884, mort en 1966)

Homme politique français, socialiste. Vincent Auriol fut le premier président de la IVe République. Il exerça sa fonction de 1947 à 1954.

Auschwitz

Ville de Pologne où les nazis implantèrent, en 1940, le plus grand camp de concentration du régime hitlérien. Environ 1 million de Juifs y furent déportés et exterminés entre 1940 et 1945.

Austerlitz

Petite ville de Moravie, située dans l'actuelle République tchèque. Napoléon Ier, à la tête de la Grande Armée, y remporta le 2 décembre 1805 une célèbre victoire contre les Autrichiens et les Russes.

Australie

18,7 millions d'habitants
Superficie : 7 682 300 km²
Capitale : Canberra
Langue officielle : anglais
Monnaie : le dollar australien

Pays d'Océanie, l'Australie est membre du Commonwealth. La fédération de six États et de deux territoires qui composent le pays forme le Commonwealth d'Australie. L'Australie est une nation indépendante, mais son chef de l'État est la Reine Elizabeth II de Grande-Bretagne et d'Irlande du Nord, également Reine d'Australie. Les affaires du pays sont cependant dirigées par un Premier ministre, qui forme un cabinet, responsable devant un parlement.

Géographie Située dans l'hémisphère Sud, entre l'océan Indien à l'ouest et l'océan Pacifique à l'est, l'Australie est la plus grande île du monde. Elle comporte, à l'ouest, un vaste plateau ; au centre, des plaines ; à l'est la Cordillère australienne (2 230 m). Le climat tropical sec domine. Les déserts occupent la plus grande partie du pays. Le peuplement se concentre dans les bordures sud-est et est, au climat océanique et tropical, et autour des villes de Perth et d'Adélaïde, au climat méditerranéen. Les Blancs d'origine européenne constituent 95 % de la population, les Aborigènes sont 350 000, et l'immigration asiatique progresse.

Économie L'Australie a une importante production de céréales (blé, orge). C'est un grand pays d'élevage (premier troupeau mondial de moutons). Ses ressources minières sont importantes et variées : charbon, pétrole, gaz, fer, bauxite, or, uranium, argent, zinc, cuivre. Le tourisme est l'une de ses principales sources de richesse.

Histoire Les Hollandais abordèrent les premiers en Australie. Puis, le continent fut colonisé par les Anglais en 1770. La Nouvelle-Galles du Sud, première colonie, servit à la déportation de bagnards de 1787 à 1840. Le pays, prospère grâce au mouton et à l'or, se constitua en une fédération de six États autonomes en 1901. Au cours des deux guerres mondiales, l'Australie fournit une aide importante aux Alliés. En 1999, par référendum, la population a refusé que l'Australie devienne une république.

Autriche

8,1 millions d'habitants
Superficie : 83 853 km²
Capitale : Vienne
Langue officielle : allemand
Monnaie : l'euro

État d'Europe centrale, limité par l'Allemagne, la Suisse, le Liechtenstein, la Hongrie, l'Italie et la Slovénie.

Géographie L'Autriche est un pays montagneux dont les Alpes occupent la plus grande partie du territoire. La population est concentrée dans les grandes vallées, les plaines et collines de la vallée du Danube, au Nord, et dans le Sud-Est, au climat continental plus sec et ensoleillé.

Économie L'agriculture et la sylviculture sont actives. Des industries variées profitent d'un excellent réseau de communications et d'une hydroélectricité abondante. Le tourisme montagnard et culturel est important.

Histoire L'Autriche fut occupée par les Romains, puis ensuite envahie par les Barbares, vaincus par Charlemagne en 796. Devenue duché héréditaire, l'Autriche fut rattachée à la Bohême, puis à la famille des Habsbourg qui régna sur le pays de 1278 à 1918. Au cours de son histoire, elle affronta les Turcs et fut, à plusieurs reprises, en conflit avec la France. En 1867, l'Autriche, avec le royaume de Hongrie, constitua une monarchie, l'Autriche-Hongrie, dirigée par un seul souverain, François-Joseph Ier. L'assassinat de l'archiduc héritier d'Autriche, François-Ferdinand, à Sarajevo, le 28 juin 1914, déclencha la Première Guerre mondiale. En 1918, la république fut proclamée en Autriche. Puis annexée par l'Allemagne nazie, l'Autriche fit partie du IIIe Reich jusqu'en 1945. Après la guerre, le pays redevint une république. Le 1er janvier 1995, l'Autriche est entrée dans l'Union européenne. Elle a adopté l'euro comme monnaie.

Autriche-Hongrie

Nom donné, de 1867 à 1918, à la monarchie double qui réunit l'empire d'Autriche et le royaume de Hongrie. L'Autriche-Hongrie avait un seul souverain : l'empereur d'Autriche. C'est en 1918 qu'elle fut démantelée en plusieurs États indépendants.

Auvergne

Région française et de l'Union européenne, qui est située au centre de la France. 25 988 km² ;

1 308 878 hab. L'Auvergne comprend les départements de l'Allier, du Cantal, de la Haute-Loire et du Puy-de-Dôme.

Géographie Plus de 60 % du territoire de l'Auvergne est situé au cœur du Massif central (1 885 m au puy de Sancy). Véritable réserve d'eau, la région alimente les bassins de la Loire et de la Garonne.

Économie Les ressources sont diverses : élevage laitier, fromages, bois, eaux minérales (Vichy, Volvic). Sa capitale, Clermont-Ferrand, est un grand centre de l'industrie du caoutchouc. Les activités industrielles comprennent la fabrication des pneus (Michelin), les équipements automobiles, la coutellerie de la ville de Thiers. Le tourisme est actif.

Auxerre
Chef-lieu du département de l'Yonne (37 790 hab.). La ville d'Auxerre est située sur les bords de l'Yonne et est connue pour le commerce des vins, la reliure, les constructions mécaniques et métallurgiques.

Averroès (né en 1126, mort en 1198)
Philosophe et médecin arabe. Sa philosophie fut condamnée par l'Église en 1240 et par l'islam, mais son influence fut immense.

Aveyron
Département français (12) de la Région Midi-Pyrénées. 8 735 km^2 ; 263 808 hab. chef-lieu : Rodez.

Avicenne (né en 980, mort en 1037)
Philosophe et médecin arabe. Avicenne est l'auteur d'un traité de médecine intitulé *Canon de la médecine* et d'une encyclopédie philosophique qui eurent une influence immense en Europe.

Avignon
Chef-lieu du département du Vaucluse (85 935 hab.). La ville d'Avignon, située sur les bords du Rhône et de la Durance, est un centre touristique et culturel. Elle fut la cité des papes de 1309 à 1378 et possède un magnifique palais gothique du XIVe siècle, le palais des Papes, ainsi que de nombreux musées. Avignon accueille, chaque été, le Festival d'Avignon, festival de théâtre, créé en 1947 et connu dans le monde entier.

Ayers Rock
Montagne du centre de l'Australie (867 m) qui est considérée comme un lieu sacré par les Aborigènes.

Aymarás
Indiens du Pérou et de Bolivie, qui subirent la domination des Incas, puis des Espagnols.

Aymé Marcel (né en 1902, mort en 1967)
Écrivain français. Marcel Aymé est l'auteur d'ouvrages souvent comiques ou fantastiques. Il a écrit des romans comme *la Jument verte (1941)*, des nouvelles : *le Passe-Muraille (1943)*, et des contes : *Contes du chat perché (1934-1958)*.

Azerbaïdjan

7 800 800 habitants
Superficie : 86 600 km^2
Capitale : Bakou
Langue officielle : azéri
Monnaie : le manat

État d'Asie occidentale, bordé à l'Est par la mer Caspienne. La plaine de la Koura occupe le centre du pays et des chaînes montagneuses s'étendent à l'Ouest et au Nord. Le climat est aride. L'irrigation permet la culture du coton, du tabac, et des céréales, ainsi que l'élevage. Les ressources en pétrole et en gaz sont essentielles à l'économie du pays.

Histoire République indépendante en 1918, l'Azerbaïdjan fut intégrée à l'URSS en 1920. De graves conflits opposèrent la population, en majorité musulmane, à la minorité arménienne de religion chrétienne, victime de pogroms en 1990. En 1991, l'Azerbaïdjan obtint son indépendance.

Azincourt
Commune du Pas-de-Calais (273 hab.) Au cours de la guerre de Cent Ans, l'armée anglaise commandée par le roi Henri V battit l'armée du roi de France, Charles VI, à la bataille d'Azincourt.

mer d'Azov
Petite mer située au nord-est de la Crimée, qui s'ouvre sur la mer Noire par un détroit. Son port principal est Rostov-sur-le-Don.

Aztèques
Peuple amérindien du nord du Mexique. Vers 1325, les Aztèques installèrent leur capitale sur l'emplacement actuel de la ville de Mexico. Ils soumirent les peuples d'Amérique centrale et fondèrent un puissant empire. Le conquérant espagnol Cortés, qui s'était allié à certains peuples soumis, fit tuer, en 1521, Cauthémoc, dernier souverain aztèque et mit fin à l'empire aztèque en 1524.

Les Aztèques formaient une société très organisée politiquement et économiquement. De nombreux vestiges de monuments, de sculptures et de peintures ont été retrouvés. Les sacrifices humains faisaient partie de leur rituel religieux.

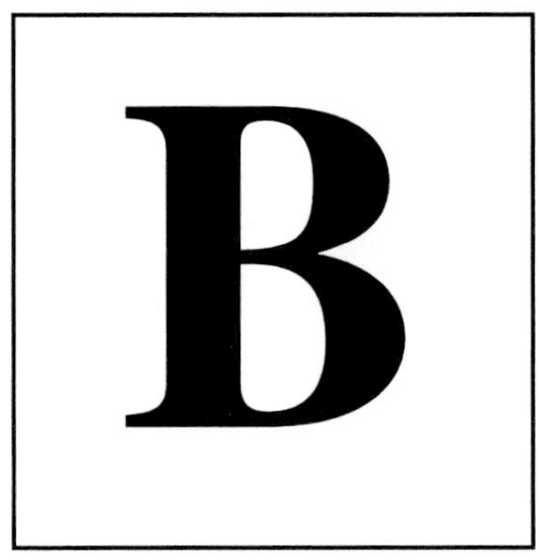

Babel

Nom hébreu de Babylone.
Selon la Bible, la *Tour de Babel* est une grande tour que les descendants de Noé auraient voulu bâtir jusqu'au ciel. Mais Dieu, pour les punir de leur orgueil, aurait anéanti leur projet en leur faisant parler des langues différentes, les empêchant ainsi de se comprendre.

Babeuf Gracchus (né en 1760, mort en 1797)

Révolutionnaire français. Il conspira contre le Directoire et fut dénoncé et exécuté.

Babylone

Ancienne ville de Mésopotamie, sur l'Euphrate. Les vestiges de Babylone ont été retrouvés au sud de Bagdad. La ville aurait été fondée aux environs de 2300 avant J.-C. Malgré les bouleversements qui ont agité son histoire, la ville de Babylone resta le centre d'une brillante civilisation dont l'influence s'étendit sur le Proche-Orient pendant quinze siècles. Sous le règne de Nabuchodonosor II furent construits de somptueux édifices, célèbres dans l'Antiquité, comme les fameux jardins suspendus, étagés en terrasses, considérés comme l'une des Sept Merveilles du monde. Le conquérant grec Alexandre le Grand annexa la ville en 331 avant J.-C., mais sa mort marqua le début du déclin de Babylone.

Bacchus

Nom donné au dieu de la Vigne et du Vin dans la mythologie romaine.

Bach Jean-Sébastien (né en 1685, mort en 1750)

Compositeur allemand. Bach, né dans une famille de musiciens, apprit très jeune à jouer du clavecin, du violon et de l'orgue. Grand organiste, il composa aussi de nombreuses œuvres musicales souvent d'inspiration religieuse. On peut citer, parmi bien d'autres : *Concertos brandebourgeois (1721), Passion selon saint Jean (1722), Passion selon saint Matthieu (1729), l'Art de la fugue* (inachevé). Il eut vingt enfants ; quatre d'entre eux devinrent des musiciens célèbres.

Baden-Powell Robert (né en 1857, mort en 1941)

Général anglais qui fonda le scoutisme en 1908.

Bade-Wurtemberg

Land d'Allemagne et Région de l'Union européenne. 35 750 km^2 ; 9,4 millions d'hab. Le Bade-Wurtemberg est situé au sud-ouest de l'Allemagne. Sa capitale est Stuttgart. C'est une région très riche avec une forte activité industrielle (électronique, équipements électriques, automobile).

Bagdad

Capitale de l'Irak, sur le Tigre (4,8 millions d'hab.). Bagdad est un centre commercial, industriel et culturel. Sous le règne du calife Harun ar-Rachid, au VIIIe siècle, ce fut une ville prospère où s'épanouissaient les arts, la littérature et les sciences.

Bahamas

300 000 habitants
Superficie : 13 950 km^2
Capitale : Nassau
Langue officielle : anglais
Monnaie : le dollar des Bahamas

Archipel de l'Atlantique, situé au sud-est de la Floride, les Bahamas sont formées de 700 îles. La majorité de la population est d'origine africaine. L'activité principale du pays est le tourisme. Ancienne colonie anglaise, les Bahamas sont indépendantes depuis 1973.

Bahreïn

600 000 habitants
Superficie : 692 km^2
Capitale : Manama
Langues officielles : arabe, anglais
Monnaie : le dinar bahreïni

Archipel du golfe Persique, Bahreïn est relié à

l'Arabie Saoudite par un pont de 30 km. Le pétrole reste la ressource principale du pays. Le tourisme est en voie de développement. Ancien protectorat anglais, l'émirat de Bahreïn est indépendant depuis 1971.

Baïkal
Lac de Sibérie (31 500 km^2). Long de 636 km, le lac Baïkal est très profond (profondeur maximale : 1 620 m). Il déverse ses eaux dans le fleuve Angara.

Baïkonour
Base spatiale de l'ex-URSS, située dans le Kazakhstan.

Bakou
Capitale et port d'Azerbaïdjan, sur la mer Caspienne (1,7 million d'hab.). Bakou est un grand centre pétrolier et industriel.

Bakounine Mikhaïl Alexandrovitch
(né en 1814, mort en 1876)
Révolutionnaire russe. Bakounine, partisan de l'anarchie, est l'auteur de *l'État et l'Anarchie (1873).*

Balaton
Lac de l'ouest de la Hongrie (596 km^2). Les eaux du Balaton sont riches en soude. C'est un lieu de tourisme.

Balboa Vasco Núñez de (né en 1475, mort en 1517)
Navigateur espagnol. Balboa découvrit le Pacifique en 1513, après avoir franchi l'isthme de Darién, en Amérique centrale.

Bâle
Ville de Suisse, sur le Rhin (175 420 hab.). Bâle possède un port fluvial. C'est un centre industriel, commercial et culturel.

Baléares
Communauté autonome de l'Espagne et Région de l'Union européenne. 5 014 km^2 ; 767 900 hab. Sa capitale est Palma de Majorque. Les Baléares sont un archipel de la Méditerranée dont les îles principales sont Majorque, Minorque, Ibiza et Formentera. Le tourisme y est très important. L'archipel fut indépendant de 1276 à 1343, puis revint à la Couronne d'Aragon.

Balfour Arthur James (né en 1848, mort en 1930)
Homme politique britannique. Balfour fut Premier ministre de 1902 à 1906, puis ministre des Affaires étrangères de 1917 à 1919. Il est l'auteur de la *déclaration Balfour (1917)*, qui proposait la création d'un foyer national pour le peuple juif en Palestine.
On dit aussi **comte de Balfour**.

Bali
Île d'Indonésie, séparée de l'île de Java par le détroit de Bali. 5 561 km^2 ; 2,7 millions d'hab. ; capitale : Denpasar. Bali est un centre touristique connu dans le monde entier. La musique, les danses, les théâtres de marionnettes font partie de la tradition artistique de Bali.

Balkans
Péninsule située au sud-est de l'Europe et baignée par la Méditerranée et la mer Noire. Les Balkans englobent l'ex-Yougoslavie, l'Albanie, la Bosnie-Herzégovine, la Bulgarie, la Croatie, la Grèce, la Macédoine et la partie européenne de la Turquie. C'est une région de montagnes séparées par des bassins intérieurs et quelques plaines fluviales. Sur les côtes, le climat est méditerranéen, à l'intérieur, il est continental. L'économie est peu développée et de nombreux habitants ont émigré vers l'ouest de Europe.
HISTOIRE Dans les Balkans vivent des peuples d'origines très diverses. Au cours de son histoire, la péninsule a connu de nombreuses guerres et de graves conflits religieux. En 1991, l'éclatement de la Yougoslavie provoque de graves tensions entre les différentes communautés ethniques, entraînant des guerres (guerres de Croatie, de Bosnie et du Kosovo).

Baltes (pays)
Ensemble des trois pays qui bordent la mer Baltique à l'est. Ce sont l'Estonie, la Lettonie et la Lituanie.

Baltimore
Ville des États-Unis (2,3 millions d'hab.). Baltimore est un grand port de commerce, situé sur la côte est, au fond d'une profonde baie. C'est un centre industriel.

Baltique
Mer intérieure de l'Atlantique. La Baltique borde la Suède, la Finlande, l'Estonie, la Lettonie, la Lituanie, la Russie, la Pologne, l'Allemagne et le Danemark. Elle communique avec la mer du Nord par trois détroits et forme au Nord le golfe de Botnie.

Balzac Honoré de (né en 1799, mort en 1850)
Écrivain français. Balzac commença à connaître le succès avec son roman *le Dernier Chouan (1829)* qui portera le titre *Les Chouans* en 1841. Il consacre alors sa vie à une immense œuvre littéraire qu'il appelle *la Comédie humaine* et qui est formée par un ensemble de plus de quatre-vingt-dix romans ou nouvelles. Parmi les plus connus, on peut citer : *la Peau de chagrin*, *Eugénie Grandet*, *le Lys dans la vallée*, *le Père Goriot*, *la Cousine Bette*, *le Cousin Pons*. Observateur passionné et minutieux, Balzac décrit la société française de son époque et crée une multitude de

personnages dont certains se retrouvent dans plusieurs romans. Il écrira infatigablement jusqu'à la fin de sa vie, laissant derrière lui une œuvre majeure de la littérature française.

Bamako
Capitale du Mali, sur le Niger (840 000 hab.).

Bambaras
Ethnie d'Afrique occidentale. Les Bambaras appartiennent au groupe des Mandingues et vivent principalement au Mali.

Bandar Seri Begawan
Capitale du sultanat de Brunei (65 000 hab.).

Bandung
Ville d'Indonésie qui se trouve dans la province de Java (2,3 millions d'hab.). Bandung est une ville qui compte de nombreuses industries.
La *conférence de Bandung,* qui réunit, en avril 1955, dans cette ville, des représentants d'Asie et d'Afrique, condamna le colonialisme.
On dit aussi **Bandoeng**.

Bangalore
Ville de l'Inde (2,7 millions d'hab). Bangalore est la capitale de l'État de Karnataka. Le secteur industriel concerne notamment l'aviation et les machines-outils.

Bangkok
Capitale et port de la Thaïlande, sur le Ménam (8,2 millions d'hab.). Cité royale, fondée en 1772, Bangkok est une ville quadrillée de canaux où se tiennent des marchés flottants. C'est un centre administratif, culturel, industriel et commercial. Bangkok possède des centaines de temples bouddhiques du XIXe siècle. Le tourisme y est très important.

Bangladesh
123,4 millions d'habitants
Superficie : 148 393 km²
Capitale : Dhaka
Langue officielle : bengali
Monnaie : le taka

État d'Asie, situé au nord-est de l'Inde.
Géographie Le pays est essentiellement constitué d'une vaste plaine qui s'étend sur le delta commun du Gange et du Brahmapoutre. Le climat de mousson, chaud, provoque de fortes pluies de mai à octobre. Les crues sont fréquentes, provoquant des inondations parfois catastrophiques et souvent liées au passage des cyclones. Les ressources sont essentiellement agricoles (grosse production de riz et de jute). Surpeuplé, peu industrialisé, le Bangladesh fait partie des pays les plus pauvres du monde.
Histoire Territoire intégré au Pakistan jusqu'en 1971, le Bangladesh a proclamé son indépendance le 26 mars 1971. Mujibur Rahman, héros de l'indépendance, devenu président de la République, fut renversé en août 1975 et exécuté. Depuis, le pays, instable politiquement, a subi des coups d'État et des périodes de dictature militaire. À la suite des élections de 1996, Hassina Wajed, fille de Mujibur Rahman, est devenue Premier ministre.

Bangui
Capitale de la République centrafricaine, sur l'Oubangui (524 000 hab.).

Bantous
Ensemble de peuples d'Afrique qui vivent au sud de l'Équateur. Les Bantous, agriculteurs et forgerons, occupèrent et défrichèrent les territoires des tribus qui vivaient de la chasse et de la cueillette, comme les Pygmées et les Boschimans.
On écrit aussi **Bantu**.

Barabbas
Dans les Évangiles, condamné à mort qui fut gracié par Ponce Pilate, à la place de Jésus, à la demande de la foule.
On écrit aussi **Barrabas**.

la Barbade
300 000 habitants
Superficie : 431 km²
Capitale : Bridgetown
Langue officielle : anglais
Monnaie : le dollar de la Barbade

Île des Petites Antilles. La Barbade, avec ses plantations de canne à sucre, développe une petite industrie traditionnelle de fabrication du rhum, mais c'est surtout un lieu très fréquenté par les touristes attirés par son climat tropical et ses plages.
Ancienne colonie britannique, la Barbade est devenue indépendante en 1966.

Barbares
Nom donné par les Grecs à tous les peuples qui n'appartenaient pas à leur civilisation. Puis les Romains l'utilisèrent pour désigner les peuples étrangers au monde romain, particulièrement les peuples germaniques, comme les Goths, les Vandales, qui menaçaient Rome et envahirent l'Empire romain aux IVe et Ve siècles.

Barbey d'Aurevilly Jules (né en 1808, mort en 1889)
Écrivain français. Barbey d'Aurevilly est l'auteur de romans comme le *Chevalier Des Touches (1864)* et de nouvelles comme *les Diaboliques (1874)* où des personnages tourmentés vivent des histoires tragiques ou étranges.

Barcelone
Ville d'Espagne sur la Méditerranée (1,7 million

d'hab.). Barcelone est la capitale de la communauté autonome de Catalogne. C'est un port important et un grand centre industriel.
La ville possède de très beaux édifices gothiques et des musées d'art moderne comme le musée Picasso. En 1992, s'y déroulèrent les jeux Olympiques.
Barcelone fut un centre de la résistance républicaine aux troupes franquistes durant la guerre civile d'Espagne.

Bar-le-Duc
Chef-lieu du département de la Meuse (16 944 hab.). La ville de Bar-le-Duc est située sur les bords de l'Ornain.

Grande **Barrière**
Chaîne de récifs coralliens, longue de 2 400 km, qui borde la côte nord-ouest de l'Australie dans la mer de Corail.

Bart Jean (né en 1650, mort en 1702)
Marin français. Corsaire célèbre, Jean Bart combattit les Anglais et les Hollandais. Il fut anobli par Louis XIV en 1694.

Bartók Béla (né en 1881, mort en 1945)
Compositeur hongrois. Bartók s'inspira beaucoup du folklore hongrois et roumain. Parmi ses nombreuses œuvres, on peut citer : *le Château de Barbe-Bleue (1911), le Mandarin merveilleux (1919), le Concerto pour orchestre (1943).*

Pays **Basque**
Région des Pyrénées occidentales, divisée entre l'Espagne et la France.
Le Pays basque espagnol Communauté autonome d'Espagne et Région de l'Union européenne. 7 261 km^2 ; 2,2 millions d'hab. Le Pays basque espagnol est situé au nord-ouest de l'Espagne et comprend les provinces de Guipúzcoa, d'Álava, de Biscaye et une partie de la Navarre. Sa capitale est Vitoria. Son activité industrielle est importante grâce aux ressources du sous-sol (plomb, zinc, fer). Le port de Bilbao est très actif. Bien que les provinces basques aient acquis leur autonomie, l'organisation révolutionnaire clandestine ETA (Euzkadi ta Askatasuna) continue la lutte pour l'indépendance.
Le Pays basque français Région située au sud-ouest de la France. Le Pays basque occupe une partie du département des Pyrénées-Atlantiques. L'agriculture et l'élevage sont développés à l'intérieur de la région tandis que la côte regroupe des activités industrielles et commerciales (port de Bayonne), la pêche (port de Saint-Jean-de Luz). Le tourisme est florissant. Les Basques revendiquent leur culture et leur langue et restent très attachés à leurs traditions.

Bas-Rhin
Département français (67) de la Région Alsace. 4 787 km^2 ; 1 026 120 hab. ; chef-lieu : Strasbourg.

Basse-Normandie
Région française et de l'Union Européenne, formée des départements du Calvados, de la Manche et de l'Orne. La Basse-Normandie s'ouvre sur la Manche. Elle est caractérisée par un paysage de bocage. Ses activités sont très diverses : élevage bovin, pêche, aquaculture, élevage de chevaux pur-sang. Le tourisme y est important.

Basse-Saxe
Land d'Allemagne et Région de l'Union Européenne, sur la mer du Nord (47 423 km^2 ; 7 196 130 hab.). Sa capitale est Hanovre. La région s'industrialisa grâce à ses gisements de potasse, de fer, de pétrole et de gaz. Elle a connu un important essor industriel après la Deuxième Guerre mondiale.

Basse-Terre
Chef-lieu du département de la Guadeloupe, sur la côte ouest de l'île de Basse-Terre (12 410 hab.).

Bassin parisien voir ***parisien***

Bastia
Chef-lieu du département de la Haute-Corse (37 884 hab.). La ville de Bastia, située au nord-est de la Corse, est un port de commerce important et le centre économique de l'île. Elle a été fondée par les Génois en 1383.

la **Bastille**
Ancienne forteresse construite à Paris en 1370, sur l'emplacement de l'actuelle place de la Bastille. Richelieu la transforma en prison d'État. Elle devint le symbole du pouvoir absolu de la monarchie. Au début de la Révolution française, elle fut prise d'assaut par les Parisiens le 14 juillet 1789, au cours d'une émeute populaire. Elle fut rasée en 1790. Aujourd'hui, sur son emplacement, s'élève une colonne en bronze, la *colonne de Juillet*, surmontée d'une petite statue ailée, le *génie de la Bastille*, qui symbolise la Liberté.

Baudelaire Charles (né en 1821, mort en 1867)
Poète français. Baudelaire fut journaliste et critique d'art avant d'être écrivain. Quand il publia, en 1857, son célèbre recueil *les Fleurs du mal*, il fut condamné pour immoralité par la justice. Il est aussi l'auteur du *Spleen de Paris*, qui parut, après sa mort en 1869, de *Petits Poèmes en prose (1869).* Il fit des traductions remarquables des œuvres de l'écrivain américain Edgar Poe. Tourmenté par la difficulté de la création littéraire et par l'angoisse de la mort, Baudelaire eut une vie malheureuse, troublée par les ennuis d'argent et la maladie.

Bavière
Land du sud-est de l'Allemagne et Région de l'Union européenne. 70 547 km^2 ; 11,3 millions d'hab. La Bavière est traversée d'ouest en est par le Danube. Sa capitale est Munich. L'agriculture est diversifiée, l'industrie est dynamique. Ses paysages montagnards et ses richesses culturelles favorisent le tourisme. Ancien duché de l'Empire germanique (xe siècle), puis royaume en 1806, la Bavière fut rattachée à l'Empire allemand en 1871. Elle devint un État de la République fédérale d'Allemagne en 1949.

Bayard (né en 1476, mort en 1524)
Gentilhomme français. Pierre Terrail, seigneur de Bayard, servit les rois Charles VIII, Louis XII et François Ier. Ce dernier remarqua pour son courage à la bataille de Marignan en 1515. Sa bravoure et sa générosité le firent surnommer *le Chevalier sans peur et sans reproche*.

Bayreuth
Ville d'Allemagne, en Bavière (72 330 hab.). Bayreuth est sur les bords du Main. La ville est renommée pour ses porcelaines.
Le roi Louis II de Bavière y fit construire un théâtre en 1876 pour représenter les œuvres de Wagner. Depuis cette date, la ville accueille chaque année un festival d'opéras, célèbre dans le monde entier.

BBC
Sigle des mots anglais *British Broadcasting Corporation.* La BBC est un organisme anglais de radiodiffusion et de télévision.

Béarn
Ancienne province française, qui fait aujourd'hui partie du département des Pyrénées-Atlantiques. Le Béarn fut réuni à la Couronne de France en 1620.

Beatles
Groupe anglais de musique pop, fondé en 1962 à Liverpool. Le groupe était formé de George Harrison, John Lennon, Paul McCartney et Ringo Starr. Célèbres dans le monde entier, les Beatles se séparèrent en 1970 et le groupe fut dissous.

Beauce
Région du Bassin parisien. La Beauce est une grande plaine fertile où sont cultivées les céréales, la betterave, la pomme de terre.

Beaujolais
Région de la bordure est du Massif central, entre la Loire et la Saône. Le Beaujolais est un pays de vignobles et d'élevage bovin.

Beaumarchais Pierre de (né en 1732, mort en 1799)
Écrivain français. Beaumarchais exerça de nombreux métiers et fut successivement horloger, professeur de musique, financier, homme d'affaires, mais il fut surtout l'auteur de pièces de théâtre : *le Barbier de Séville (1775), le Mariage de Figaro (1784)*, dans lesquelles il critique, avec un humour féroce, la société de son époque.

Beauvais
Chef-lieu du département de l'Oise (55 392 hab.). Beauvais est sur les bords du Thérain. La ville est un centre administratif et commercial. Ses activités industrielles concernent les secteurs de la chimie, des constructions mécaniques, de l'alimentation. Le chœur de la cathédrale St-Pierre (XIIIe-XIVe siècle) est un magnifique exemple d'art gothique.

Beauvoir Simone de (née en 1908, morte en 1986)
Écrivain français. Simone de Beauvoir a écrit des romans, des essais et des mémoires parmi lesquels on peut citer : *le Deuxième Sexe (1949), les Mandarins (1954)*, les *Mémoires d'une jeune fille rangée (1958)*. Sa vie fut liée à celle de Jean-Paul Sartre, philosophe et écrivain.

Beckett Samuel (né en 1906, mort en 1989)
Écrivain irlandais. Beckett écrivit, en anglais, puis en français, des romans : *Murphy (1947), Molloy (1951)* et des pièces de théâtre : *En attendant Godot (1952), Oh ! les beaux jours (1963)*. Il a reçu le prix Nobel de littérature en 1969.

Becquerel Henri (né en 1852, mort en 1908)
Physicien français. Becquerel découvrit la radioactivité sur les sels d'uranium. Il reçut le prix Nobel de physique en 1903, avec Pierre et Marie Curie.

Bédouins
Population nomade originaire de l'Arabie et vivant dans les régions désertiques du Moyen-Orient et d'Afrique du Nord.

Beethoven Ludwig van (né en 1770, mort en 1827)
Compositeur allemand. Beethoven reçut, très jeune, une éducation musicale d'un père brutal et sévère. Il donna son premier concert à l'âge de huit ans. Devenu sourd à l'âge de quarante-sept ans, il continuera cependant à composer jusqu'à sa mort. Doué d'une extraordinaire énergie créatrice, il laisse une œuvre immense qui rassemble, entre autres, des sonates, des symphonies, des concertos. Parmi ses œuvres les plus célèbres, on peut citer : la sonate *Au clair de lune*, la *Troisième Symphonie*, appelée *Symphonie héroïque*, la *Neuvième Symphonie* qui comprend l'*Hymne à la joie*. Ses derniers jours furent assombris par des difficultés matérielles et morales.

Beijing voir ***Pékin***

Belarus voir ***Biélorussie***

A B C D E F G H I J K L M N O P Q R S T U V W X Y Z

Belfast
Capitale et port principal de l'Irlande du Nord (325 000 hab.). La ville est connue pour son industrie textile. Mais Belfast, dont la population est composée de 70 % de protestants et de 30 % de catholiques, souffre de la guerre civile qui déchire l'Irlande.

Belfort
Département (90) du nord-est de la France, situé entre les Vosges et le Jura. 610 km^2 ; 137 410 hab. ; chef-lieu : Belfort. Le territoire de Belfort est une partie de la région du Haut-Rhin conservée par la France en 1871 lorsque que l'Alsace a été rattachée à l'Allemagne. Il est devenu un département français en 1922.

Belgique
10,2 millions d'habitants
Superficie : 30 528 km^2
Capitale : Bruxelles
Langues officielles : néerlandais, français, allemand
Monnaie : l'euro

État d'Europe occidentale, au nord de la France, entre les Pays-Bas, l'Allemagne et le Luxembourg. La Belgique est une monarchie parlementaire. Sa population se partage entre Flamands, qui parlent le néerlandais, et Wallons, qui parlent le français.
C'est un pays plat, au climat océanique. L'agriculture est spécialisée dans la production de céréales et l'élevage du bétail (bovins, porcs). Son industrie est diversifiée. La Belgique est un grand pays exportateur qui a le réseau de communications le plus dense du monde.
Histoire La Belgique a d'abord fait partie de la Gaule avant d'être conquise par César, puis envahie par les Francs aux Ve et VIe siècles. À l'époque de Charlemagne, le royaume est partagé, et la Belgique est scindée en deux parties, l'Ouest revenant à la France. Territoire des ducs de Bourgogne au XIVe et au XVe siècle, elle connaîtra une activité commerciale intense. En 1477, grâce au mariage de Marie de Bourgogne, elle revint aux Habsbourg. Au XVIe siècle, les provinces du Nord, protestantes, devinrent indépendantes, alors que le Sud, catholique, restait aux Habsbourg d'Espagne et d'Autriche. La Belgique fut déclarée française en 1797 par le traité de Campoformio, puis devint hollandaise après la défaite de Napoléon à Waterloo en 1815. Elle acquit définitivement son indépendance en 1830.
La Belgique fut intégrée dans le Benelux en 1948, et à l'Union européenne en 1957. Bruxelles est actuellement le siège du Conseil des ministres de l'Union européenne et de l'OTAN.

Belgrade
Capitale de la république de Serbie et de la république fédérale de Yougoslavie (1,2 million d'hab.). Belgrade est un port fluvial dont les activités sont surtout commerciales et industrielles.

Belize
200 000 habitants
Superficie : 23 670 km^2
Capitale : Belmopan
Langue officielle : anglais
Monnaie : le dollar

État d'Amérique centrale, bordé par l'Atlantique. D'abord occupé par les Anglais au XVIIe siècle, Belize est devenu une colonie en 1862, puis a gagné son indépendance en 1981. Aujourd'hui, Belize est membre du Commonwealth.
Le pays est formé de montagnes couvertes de forêts qui dominent des zones littorales marécageuses. Ses principales ressources sont l'agriculture et l'exploitation des forêts.

Bell Alexander Graham (né en 1847, mort en 1922)
Physicien américain d'origine anglaise. En travaillant à la fabrication d'une oreille artificielle destinée aux malentendants, il inventa le téléphone.

du Bellay Joachim (né en 1522, mort en 1560)
Poète français. Il est l'auteur des célèbres sonnets *les Regrets (1558)*, poésie à la fois lyrique et mélancolique.

Belle-Île
Île de l'Atlantique. Belle-Île (90 km^2) est un canton du Morbihan dont le chef-lieu est Le Palais. Elle vit de la pêche et du tourisme.

Bellini Giovanni (né vers 1430, mort en 1516)
Peintre italien de la Renaissance. Bellini est remarquable par sa façon de traiter la lumière et la couleur. Son influence fut immense. Son tableau le plus célèbre est la *Transfiguration (1480-1485)*.

Bénarès
Ville sainte de l'Inde, sur le Gange (708 650 hab.). C'est une ville universitaire qui possède de nombreux monuments, dont des temples hindouistes.

Ben Bella Ahmed (né en 1916)
Homme politique algérien. Partisan de l'indépendance de l'Algérie, il fut emprisonné en France de 1956 à 1962. Libéré, il devint président de la République algérienne en 1963 avant d'être renversé par Boumediene.

Benelux
Union économique formée en 1944 entre la Belgique, les Pays-Bas et le Luxembourg.

Bengale
Région située au nord-est de l'Inde (180 millions d'hab.). Le climat humide et la densité de sa population font du Bengale une des régions les plus pauvres du monde.
La région du Bengale a été divisée en 1947 en deux pays séparés : une région est restée à l'Inde, l'autre est devenue le Pakistan oriental, qui a pris le nom de Bengladesh à partir de 1971. Les villes principales sont Calcutta et Dacca.
Le *golfe du Bengale* correspond à la partie de l'océan Indien située entre l'Inde, le Bangladesh et la Birmanie.

Ben Gourion David Grün (né en 1886, mort en 1973)
Homme politique israélien. Il a participé à la création de l'État d'Israël (proclamé en 1948) et a été chef du gouvernement israélien à deux reprises.

Bénin
6 millions d'habitants
Superficie : 112 620 km²
Capitale : Porto-Novo
Langue officielle : français
Monnaie : le franc CFA

Le Bénin est une république d'Afrique occidentale, situé entre les bassins du Niger et de la Volta. Au Sud, on trouve des plaines fertiles et forestières, très peuplées, et au Nord des plateaux au climat tropical plus sec. Le Bénin est un pays pauvre, qui produit de l'arachide, du maïs, du coton, du café et du cacao. Il exporte un peu de pétrole.
Autrefois appelé Dahomey, le Bénin a été une colonie française jusqu'en 1960.

saint Benoît de Nursie (né vers 480, mort vers 547)
Fondateur de l'ordre religieux des bénédictins.

Béotie
Région de la Grèce antique, qui avait Thèbes pour capitale.

Berbères
Habitants de l'Afrique du Nord depuis la préhistoire. Actuellement on trouve des populations berbères au Maroc, en Algérie, au sud de la Tunisie et en Libye. Autrefois adeptes du judaïsme ou du christianisme, la majorité des Berbères se convertirent à l'islam après la conquête arabe vers la fin du VIIe siècle.

Berezina
Rivière de Biélorussie (587 km). Les soldats de l'armée de Napoléon Ier l'ont franchie en catastrophe lors de la retraite de Russie en novembre 1812.

détroit de Béring
Détroit reliant l'Arctique au Pacifique entre l'Asie et l'Amérique. Il fut découvert vers 1725 par Vitus Béring, navigateur danois au service du tsar.
On écrit aussi **Behring**.

Berlin
Capitale de l'Allemagne (3,4 millions d'hab.). À la fin de la Seconde Guerre mondiale, Berlin a été divisée en Berlin-Ouest, un Land de RFA, et Berlin-Est, la capitale de la RDA. Un mur séparait les deux côtés de la ville, empêchant la population de l'Est d'émigrer à l'Ouest. En 1990, Berlin a été réunifiée et est redevenue la capitale de l'Allemagne.
Berlin est un important centre industriel, universitaire et culturel. La ville possède de nombreux monuments, des musées et des théâtres.

Berlioz Hector (né en 1803, mort en 1869)
Compositeur français. Berlioz a renouvelé la musique romantique avec un style orchestral très personnel. Il a composé des opéras : la *Damnation de Faust* et *les Troyens* ; de la musique religieuse : le *Requiem*, le *Te Deum* ; de la musique symphonique : la *Symphonie fantastique* et *Roméo et Juliette*.

Bermudes
Archipel britannique de l'Atlantique, au nord-est des Antilles. La douceur du climat et la richesse de la végétation attirent de nombreux touristes.

Bernanos Georges (né en 1888, mort en 1948)
Écrivain catholique français. Bernanos est l'auteur des romans *Sous le soleil de Satan (1926)* et le *Journal d'un curé de campagne (1936)*. Il a également écrit des pamphlets et une célèbre pièce de théâtre : le *Dialogue des carmélites*.

Bernard Claude (né en 1813, mort en 1878)
Médecin français. Claude Bernard a mené de nombreuses recherches en physiologie, et a contribué, de manière importante, à élargir les connaissances dans ce domaine. Il est l'auteur de l'*Introduction à l'étude de la médecine expérimentale*.

Bernardin de Saint-Pierre Jacques Henri (né en 1737, mort en 1814)
Écrivain français, disciple de Rousseau. Il est l'auteur du roman *Paul et Virginie (1787)*.

Berne
Capitale de la Suisse (300 000 hab.) et chef-lieu du canton de Berne. C'est un centre industriel, culturel et touristique.

le Bernin (né en 1598, mort en 1680)
Peintre, sculpteur et architecte italien, le Bernin a été le maître du style baroque monumental. Il est

l'auteur de la double colonnade de la place Saint-Pierre de Rome, et des célèbres colonnes torsadées du baldaquin de la basilique Saint-Pierre.

Béroul

Trouvère anglo-normand du XIIe siècle. Béroul est l'auteur du long poème le *Roman de Tristan*.

Berry

Ancienne province de France qui couvrait le sud et le sud-est de ce que l'on appelle aujourd'hui la région Centre. La ville principale est Bourges.

duc de Berry (né en 1340, mort en 1416)

Jean de France Berry, dit duc de Berry, est un des fils du roi de France Jean le Bon. Le duc de Berry est un prince capétien qui fit réaliser le manuscrit enluminé intitulé les *Très Riches Heures du duc de Berry*.

Besançon

Chef-lieu de la région Franche-Comté et du département du Doubs, sur le Doubs (118 000 hab.). Besançon est réputée pour l'horlogerie. C'est une ville industrielle et universitaire.

Bessarabie

Région de Moldavie et d'Ukraine, au nord-ouest de la mer Noire. Russe en 1878, roumaine de 1920 à 1940 et de 1941 à 1944, la Bessarabie est revenue à l'URSS au traité de Paris de 1947. Ce traité a été rompu par la Roumanie en 1991.

Bethléem

Ville de Cisjordanie (25 000 hab.) qui est sous le contrôle des Palestiniens. C'est à Bethléem que Jésus-Christ est né.

Beyrouth

Capitale du Liban et port sur la Méditerranée (1,5 million d'habitants). La ville a été le siège de la guerre civile qui a opposé les chrétiens aux musulmans et aux Palestiniens en 1975 et 1976. Les bombardements de l'armée israélienne en 1982, et la guerre civile de 1983 à 1990 ont achevé de la dévaster.

Bhoutan

800 000 habitants
Superficie : 47 000 km^2
Capitale : Thimphu
Langue officielle : tibétain
Monnaie : le ngultrum

État d'Asie, au climat très humide, situé entre la Chine et l'Inde sur le versant sud de l'Himalaya. La population vit dans les vallées, cultivant le riz, le maïs et les fruits. Le Bhoutan est indépendant depuis 1971.

la Bible

Recueil des textes sacrés, inspirés par Dieu, des religions juive et chrétienne. La Bible comprend les livres de l'Ancien Testament, que reconnaissent à la fois les juifs et les chrétiens, et les livres du Nouveau Testament, reconnus seulement par les chrétiens.

Bichkek

Capitale du Kirghizstan (690 000 hab.). On y trouve des industries.

Biélorussie

10,2 millions d'habitants
Superficie : 207 600 km^2
Capitale : Minsk
Langue officielle : biélorusse
Monnaie : le rouble biélorusse

État d'Europe centrale, entre la Lettonie, la Lituanie, la Pologne et l'Ukraine, qui fut, jusqu'en 1991, une des républiques soviétiques.
La Biélorussie est une vaste plaine, dont le tiers est couvert par des forêts, des lacs et des marais. L'agriculture est essentielle : élevage bovin et porcin, culture du lin, de la pomme de terre, de la betterave sucrière et du tabac. L'industrie est diversifiée.
En juillet 1990, la Biélorussie a proclamé sa souveraineté, puis son indépendance en 1991. Elle siège à l'ONU depuis 1945.

Birmanie

47,1 millions d'habitants
Superficie : 676 550 km^2
Capitale : Rangoon
Langue officielle : birman
Monnaie : le kyat

Le plus occidental des États de l'Asie du Sud-Est, entre l'Inde et le Bangladesh à l'ouest, la Chine au nord, le Laos et la Thaïlande à l'est. La Birmanie est un pays de vallées et de montagnes, au climat tropical de mousson sur les côtes, et tempéré au nord et en altitude. La population est essentiellement rurale. La Birmanie est un grand producteur de riz. Elle fait partie des pays relativement pauvres, même si elle reçoit de l'aide de la Chine et de Singapour.
Autrefois annexée par les Britanniques à l'empire des Indes, elle fut occupée par les Japonais en 1942-1945. Elle devint indépendante en 1948.

Birmingham

Ville de Grande-Bretagne (934 900 hab.). C'est un grand centre industriel depuis le XVIIIe siècle.

Bismarck Otto (né en 1815, mort en 1898)

Homme politique prussien. La victoire de la Prusse sur l'Autriche à Sadowa en 1866, puis la victoire sur la France en 1870-1871 lui permirent de réaliser son rêve d'unité allemande. Devenu chancelier de l'Empire allemand en 1871, il protégea l'économie nationale et fit acquérir à l'Empire ses premières colonies. En 1890, le nouvel empereur Guillaume II l'obligea à démissionner.

Bissau
Capitale et port de la Guinée-Bissau (220 000 hab.).

Bizet Georges (né en 1838, mort en 1875)
Compositeur français. Il est l'auteur du célèbre opéra *Carmen* et de la musique de scène de *L'Arlésienne*.

mont **Blanc**
Point culminant des Alpes (4 808 m), en Haute-Savoie, près de la frontière italienne. Le sommet du mont Blanc fut atteint pour la première fois en 1786. Un tunnel traverse le massif du Mont-Blanc et relie la France à l'Italie.

Blanche de Castille (née en 1188, morte en 1252)
Reine de France et épouse de Louis VIII. Elle dirigea le royaume à deux reprises : pendant la minorité de son fils Louis IX (1226-1234) et lors de la 7e croisade (1248-1252).

Blériot Louis (né en 1872, mort en 1936)
Aviateur et constructeur d'avions français. Il réalisa la première traversée de la Manche en avion en 1909.

Blocus continental
Ensemble des mesures prises par Napoléon Ier en 1806 et 1807, destinées à ruiner l'économie de l'Angleterre en l'empêchant d'accéder aux ports du continent.

Blois
Chef-lieu du département du Loir-et-Cher, sur la Loire (49 171 hab.). Blois est surtout connue pour son château Renaissance, remanié en partie par Louis XII et François Ier et qui est un des plus célèbres des châteaux de la Loire.

Blum Léon (né en 1872, mort en 1950)
Homme politique et écrivain français. Membre du parti socialiste français, il présida deux gouvernements du Front populaire en 1936-1937 et en 1938. En 1943, il fut déporté par les Allemands. Libéré, il forma un gouvernement socialiste de 1946 à 1947.

Bobigny
Chef-lieu du département de la Seine-Saint-Denis (44 079 hab.).

Boccace Giovanni (né en 1313, mort en 1375)
Écrivain italien. Il est l'auteur du récit le *Décaméron (vers 1348-1353)*, où il décrit les mœurs souvent légères de son époque. Il a aussi écrit des poèmes et des essais en latin.

Bochimans voir ***Boschimans***

Boers
Nom donné aux colons néerlandais qui, après 1652, s'installèrent en Afrique du Sud. De 1899 à 1922, leurs descendants affrontèrent les Anglais dans ce que l'on a appelé la *guerre des Boers*.

Bogotá
Capitale de la Colombie, située dans les Andes, à 2 600 mètres d'altitude (5,5 millions d'hab.). Bogotá est un centre industriel, commercial et culturel.

Bohême
Partie occidentale de la République tchèque, où se trouve Prague, la capitale.

Boileau Nicolas (né en 1636, mort en 1711)
Écrivain français. Boileau est connu pour ses *Satires (1660 à 1711)*, ses *Épîtres (1669 à 1695)* et surtout son *Art poétique (1674)* où il donne une définition précise du style littéraire classique.

Bolívar Simón (né en 1783, mort en 1830)
Général et homme politique sud-américain, Bolivar s'est battu pour l'indépendance des colonies espagnoles d'Amérique du Sud. Après avoir connu quelques échecs, il remporta la victoire de Bayacá en 1819, et fit proclamer la république de Grande-Colombie (Nouvelle-Grenade, Venezuela et, en 1822, Équateur). Enfin, il libéra les États actuels de Colombie, de Bolivie et du Pérou. Ayant essayé vainement d'unifier l'Amérique latine, il se retira en 1826.

Bolivie
8 millions d'habitants
Superficie : 1 098 580 km^2
Capitale gouvernementale : La Paz
Capitale administrative : Sucre
Langues officielles : espagnol, quechua
Monnaie : le boliviano

République d'Amérique du Sud, entouré par le Brésil, le Pérou, le Chili, l'Argentine et le Paraguay. La Bolivie est peuplée surtout d'Indiens, descendants des Incas, et de Métis.

Géographie Les plaines du Nord et de l'Est font un contraste à l'ouest avec les hauts plateaux et les montagnes de la cordillère des Andes. La Bolivie partage le lac Titicaca avec le Pérou.

Économie L'agriculture occupe la moitié de la population active : maïs, canne à sucre, pomme de terre, café, coton. La coca, produit de contrebande, rapporte beaucoup d'argent au pays. Le pays exporte du gaz naturel, de l'étain, du zinc et de l'argent.

Histoire La république fut fondée en 1825. L'histoire bolivienne est jalonnée de coups d'État et les dictatures militaires s'y sont succédé. Che Guevara, chef de la guérilla, fut tué en 1967.

Bologne
Ville du nord-est de l'Italie (445 140 hab.). C'est un grand centre industriel.

Bombay
Deuxième ville et premier port de l'Inde (9,9 millions d'hab.). Ancienne possession britannique, Bombay est un très grand centre économique avec des industries textiles, chimiques et des raffineries de pétrole.

Bonaparte Joseph (né en 1768, mort en 1844)
Frère de Napoléon 1er. Roi de Naples de 1806 à 1808, roi d'Espagne de 1808 à 1813.

Bonaparte Napoléon voir ***Napoléon Ier***

Bonn
Ville d'Allemagne et port fluvial situé sur le Rhin (291 431 hab.). Bonn a été la capitale de la RFA de 1949 à 1990. De son passé culturel, elle garde une très belle église romane, et on peut y voir la maison natale de Beethoven.

Bonnard Pierre (né en 1867, mort en 1947)
Peintre français. Ses tableaux, animés par la lumière et la couleur, montrent un grand sens de la composition : *Paysage de Saint-Tropez*.

cap de **Bonne-Espérance**
Pointe extrême de l'Afrique du Sud. Le cap de Bonne-Espérance fut découvert en 1487 par Bartolomeu Dias. Vasco de Gama le franchit en 1497.

Bordeaux
Chef-lieu de la Région Aquitaine et du département de la Gironde, sur la Garonne (215 363 hab.). C'est un grand port de commerce, en particulier pour la commercialisation des vins de Bordeaux. C'est aussi une ville industrielle et culturelle, avec de nombreuses églises et des musées.

Borgia
Famille italienne originaire d'Espagne, établie à Rome sous la Renaissance. Certains membres de la famille Borgia sont célèbres pour leurs crimes et leur vie de débauche.

Bornéo
La plus grande île du sud-est de l'Asie, la troisième du monde par la superficie. 750 000 km² ; environ 9 millions d'hab. Elle est partagée entre l'Indonésie, la Malaisie et le sultanat de Brunei. Les plaines côtières sont dominées par des plateaux et des montagnes couvertes d'une forêt équatoriale dense. On y trouve des plantations d'hévéa et des gisements de pétrole.
Histoire L'île fut découverte par les Européens au XVIe siècle. Les Néerlandais, les Anglais et les Espagnols se la disputèrent aux XVIIe et XVIIIe siècles. En 1997, un immense incendie ravagea l'île et fut un désastre écologique.

Bosch Jérôme (né vers 1450 ou 1460, mort en 1516)
Peintre hollandais, dont le style fantastique annonce le surréalisme.

Boschimans
Peuple nomade de l'Afrique méridionale.
On écrit aussi **Bochimans**.

Bosnie-Herzégovine
4 millions d'habitants
Superficie : 51 130 km²
Capitale : Sarajevo
Langue : serbo-croate
Monnaie : le mark convertible

État d'Europe, situé dans les Balkans. La population est constituée de Slaves musulmans, de Serbes orthodoxes, et de Croates catholiques. Ses ressources viennent de l'élevage et de l'exploitation minière.
Histoire Avant 1991, la Bosnie-Herzégovine était une des six républiques qui constituaient la Yougoslavie. En 1991, la dislocation de la Yougoslavie provoqua la création d'États indépendants : une guerre civile éclata alors entre les différentes ethnies ; elle ne prendra fin qu'en 1995, avec un accord signé entre les présidents serbe, bosniaque et croate.

Bosphore
Détroit situé en Turquie, qui relie la mer de Marmara à la mer Noire, entre l'Europe et l'Asie. La ville d'Istanbul est située sur la rive ouest du Bosphore.

Bossuet Jacques Bénigne (né en 1627, mort en 1704)
Prélat et écrivain français. Il combattit les jansénistes et les protestants. Bossuet est connu pour ses *Sermons* et ses *Oraisons funèbres*, écrits dans un style poétique et lyrique.

Boston
Ville et port des États-Unis, capitale de l'État du Massachusetts (4 millions d'hab.). C'est un centre commercial, industriel et universitaire, avec la célèbre université de Harvard. Boston a été fondée en 1630 par des colons anglais.

Botswana
1,4 million d'habitants
Superficie : 582 000 km²
Capitale : Gaborone
Langues officielles : tswana, anglais
Monnaie : le pula

République d'Afrique située dans l'hémisphère Sud. Une grande partie du pays est occupée par le désert du Kalahari. La principale richesse est le diamant, auquel s'ajoutent le nickel et le cuivre. Le Botswana a été un protectorat britannique de 1885 à 1966.

Botticelli Sandro (né vers 1445, mort en 1510)
Peintre, dessinateur et graveur italien. Ses tableaux sont pleins de légèreté et de grâce. L'un des plus célèbres est *la Naissance de Vénus*.

Boucher François (né en 1703, mort en 1770)
Peintre, graveur et décorateur français. Ses œuvres, élégantes, montrent des scènes mythologiques, galantes ou allégoriques.

Bouches-du-Rhône
Département français (13) de la Région Provence-Alpes-Côte d'Azur. 5 112 km^2 ; 1,9 million d'hab. ; chef-lieu : Marseille.

Bouddha (né vers 560, mort vers 480 avant J.-C.)
Nom donné au fondateur du bouddhisme. À l'âge de vingt-neuf ans, il s'enfuit de son palais pour se mettre en quête de la Vérité. De la période de méditation sous l'arbre de la Sagesse jusqu'à la fin de sa vie, il recruta de nombreux disciples et fonda une communauté monastique.

Bougainville Louis Antoine (né en 1729, mort en 1811)
Navigateur français. Il raconta l'expédition qu'il fit de 1766 à 1769 dans le *Voyage autour du monde*.

Boumediene Houari (né en 1932, mort en 1978)
Militaire et homme politique algérien qui lutta pour l'indépendance de son pays. Après avoir supporté et fait élire Ben Bella, il le chassa du pouvoir en juin 1965. Il fut président de la République de 1965 à sa mort.

Bourbon
Famille souveraine française. La lignée des Bourbons, divisée en plusieurs branches, régna en France, en Espagne et en Italie. Le premier roi de France issue de cette famille fut Henri IV. Lui succédèrent Louis XIII, Louis XIV, Louis XV, Louis XVI, et, après la Révolution, Louis XVIII et Charles X. La branche d'Espagne est actuellement représentée par le roi Juan Carlos Ier.

Bourg-en-Bresse
Chef-lieu du département de l'Ain (40 666 hab.). La ville est réputée pour ses volailles et son fromage, le bleu de Bresse. Elle possède également une belle église gothique, l'église de Brou.

Bourges
Chef-lieu du département du Cher (72 480 habitants). La ville possède une belle cathédrale du XIIIe siècle. Bourges est réputée pour son festival annuel de musique populaire : « le Printemps de Bourges ».

Bourgogne
Région française et de l'Union européenne. 31 592 km^2, 1 610 067 hab. La Bourgogne comprend les départements de la Côte-d'Or, de la Nièvre, de la Saône-et-Loire et de l'Yonne. La ville principale est Dijon. La Bourgogne est une zone de passage entre le Nord et le Sud. Elle est surtout réputée pour ses bons vins. Les autres ressources naturelles sont la culture, l'élevage et la production de bois.
Histoire La Bourgogne a été autrefois un royaume, fondé par les Burgondes au Ve siècle. Entre le Xe et le XVe siècle, elle fut un duché indépendant et prospère. Mais après la mort du puissant duc Charles le Téméraire, le roi Louis XI l'annexa au royaume de France. La Bourgogne fut un centre important de la vie religieuse aux Xe et XIIe siècles, autour des abbayes de Cluny et de Vézelay. De nombreuses églises romanes sont encore les témoins de cette époque.

Bourguiba Habib ibn Ali (né en 1903, mort en 2000)
Homme politique tunisien. Il lutta contre le colonialisme et négocia avec la France, en 1955, l'indépendance de son pays. Premier ministre en 1956, il devint président de la République en 1957. Sans cesse réélu, fait président à vie par référendum en 1975, il fut destitué en 1987 pour incapacité.

les **Bourguignons**
Parti qui s'opposa à celui des Armagnacs durant la guerre de Cent Ans. Son chef, Jean sans Peur, duc de Bourgogne, s'allia aux Anglais, leur permettant de vaincre les Armagnacs à Azincourt en 1415.
On dit aussi la **faction des Bourguignons**.

Bouvines
Commune du département du Nord (772 hab.). Siège de la bataille de Bouvines, le 27 juillet 1214, où les troupes de Philippe Auguste sauvèrent le royaume de France en battant le roi d'Angleterre, Jean sans Terre.

Brabant
Nom de deux provinces, situées au centre de la Belgique : au nord, le Brabant flamand, dont le chef-lieu est Louvain ; au sud, le Brabant wallon, dont le chef-lieu est Wavre. Le Brabant est une région de culture, d'élevage et d'industries.

Brahma
Première des trois grandes divinités hindoues, avec Vishnu et Çiva. Brahma est considéré comme le père de la Création. Il est représenté avec une tête à quatre visages et un corps à quatre bras.

Brahmapoutre
Fleuve d'Asie (2 900 km). Le Brahmapoutre naît au Tibet et rejoint le delta du Gange dans le golfe du Bengale. Il est en grande partie navigable.

Brahms Johannes (né en 1833, mort en 1897)
Compositeur et chef d'orchestre allemand. D'inspiration romantique, Brahms a composé une

A B C D E F G H I J K L M N O P Q R S T U V W X Y Z

œuvre importante, avec des symphonies, des concertos, des sonates, des lieder, de la musique de chambre.

Braille Louis (né en 1809, mort en 1852)
Inventeur français d'un alphabet en relief pour les aveugles. Braille était lui-même aveugle.

Brandebourg
État de la République fédérale d'Allemagne et Région de l'Union européenne. 29 059 km^2 ; 2 641 000 hab. ; capitale : Potsdam. C'est une plaine parsemée de lacs et de forêts. L'agriculture et l'industrie sont ses ressources.

Branly Édouard (né en 1844, mort en 1940)
Physicien français. Il a contribué à la mise au point de nouvelles techniques concernant la transmission par télécommunication de l'information écrite.

Braque Georges (né en 1882, mort en 1963)
Peintre français. D'abord influencé par l'impressionnisme et le fauvisme, il a contribué, avec Picasso, à l'invention du cubisme.

Brasília
Capitale du Brésil depuis 1960 (1,7 million d'hab.), au centre du pays, à 1 200 m d'altitude. Brasília est une ville nouvelle à l'architecture moderne, construite entre 1956 et 1960. Elle est l'œuvre de l'urbaniste Lucio Costa et de l'architecte Oscar Niemeyer.

Brassens Georges (né en 1921, mort en 1981)
Chanteur français. Il évoque l'amour, l'amitié (*les Copains d'abord*), avec des textes poétiques et pleins d'humour, qu'accompagne simplement une guitare.

Bratislava
Capitale de la Slovaquie, grand port fluvial sur le Danube (460 000 hab.). C'est un centre universitaire, culturel et industriel.

Brazzaville
Capitale de la république du Congo, et port fluvial situé sur la rive droite du Congo (990 000 hab.). C'est un centre commercial et industriel.

Brecht Bertolt (né en 1898, mort en 1956)
Poète, essayiste et dramaturge allemand. Exilé en Amérique après l'accès au pouvoir de Hitler, il créa un théâtre marxiste, fondé sur l'effet de distanciation. Il devint célèbre en 1928 avec *l'Opéra de Quat'sous*.

Bréhat
Île touristique des Côtes-d'Armor (421 hab.).

Brel Jacques (né en 1929, mort en 1978)
Auteur-compositeur, chanteur *(Amsterdam, Ne me quitte pas),* acteur et cinéaste belge.

Brême
Ville et port d'Allemagne, proche de la mer du Nord (521 980 hab.). Elle est connue pour sa cathédrale gothique et ses maisons anciennes. C'est aussi un centre industriel.

Brésil

162 millions d'habitants
Superficie : 8 511 996 km^2
Capitale : Brasília
Langue officielle : portugais
Monnaie : le réal

État le plus grand d'Amérique du Sud et le cinquième du monde par la superficie. Sa population est très mélangée. Elle est composée de Blancs, de Métis, de Noirs, d'Asiatiques et d'Indiens.

GÉOGRAPHIE Le Brésil comprend trois grands ensembles naturels : l'Amazonie au Nord, recouverte d'une forêt extrêmement dense ; le littoral atlantique, où vit près de 90 % de la population ; l'intérieur, aride et peu peuplé.

ÉCONOMIE Dixième puissance économique du monde, le Brésil produit du café, du cacao, de la canne à sucre et du maïs. C'est aussi un pays d'élevage. Les paysans sont, dans la plupart des cas, pauvres : 65 % des exploitants possèdent seulement 3 % des terres. Les ressources naturelles sont abondantes : bois, hydroélectricité, pétrole, mines du Minas Gerais et du bassin de l'Amazone. C'est le premier exportateur mondial de fer et le premier producteur d'étain. Le Brésil extrait aussi de l'or et des pierres précieuses.
L'économie du pays souffre du montant des dettes extérieures.

HISTOIRE C'est le Portugais Cabral qui débarqua le premier au Brésil en 1500. La colonisation débuta avec l'installation de colons portugais et l'introduction, au XVIIe siècle, d'esclaves noirs pour cultiver la canne à sucre et travailler dans les mines d'or et de diamants. En 1720, le Brésil devint une vice-royauté et la famille royale du Portugal, chassée par Napoléon, s'y réfugia en 1808. Le pays devint indépendant en 1822. L'esclavage fut aboli en 1888.

Bretagne
Région française et Région de l'Union Européenne. 27 184 km^2 ; 2 906 197 hab. La Bretagne, située à l'ouest de la France, comprend les départements des Côtes-d'Armor, du Finistère, de l'Ille-et-Vilaine et du Morbihan. La ville principale est Rennes. La Bretagne vit essentiellement de la pêche, de l'agriculture et de l'aquaculture. C'est une région très touristique. On y parle encore le breton.

HISTOIRE L'Armorique, ancien nom de la Bretagne, fut envahie par les Bretons, d'origine celtique, au Ve siècle. Longtemps territoire indépendant, comté puis duché, elle ne fut rattachée à la France qu'en 1532, pendant le règne de François Ier.

Brie
Région du Bassin parisien, entre la Marne et la Seine. C'est une plaine fertile où l'on cultive du blé et de la betterave sucrière. On y pratique aussi l'élevage laitier pour la fabrication de fromages.

Brisbane
Ville et port du sud de l'Australie (1,2 million d'hab.). C'est un centre commercial, bancaire et universitaire.

îles **Britanniques**
Archipel comprenant la Grande-Bretagne et l'Irlande.

Bruegel l'Ancien (né vers 1525, mort en 1569)
Peintre flamand. Influencé par Bosch, il a peint d'abord des scènes fantastiques, puis des scènes de la vie paysanne (*Noces villageoises*, *les Mendiants*), dans un style précis, expressif et coloré.
On écrit aussi **Brueghel**.
On dit aussi **Breughel**.

Bruegel le Jeune (né vers 1564, mort en 1638)
Peintre flamand, fils de Bruegel l'Ancien. Il est l'auteur de scènes « infernales » inspirées de Jérôme Bosch.
On écrit aussi **Brueghel**.
On dit aussi **Breughel**.

Bruges
Ville de Belgique, chef-lieu de la Flandre occidentale (118 000 hab.). Bruges est un important port de pêche. Elle est réputée pour son industrie textile et sa dentelle. La ville est parcourue de canaux (on l'appelle « la Venise du Nord »). Ses monuments et ses maisons, construits entre le XIIe et le XVIe siècle, attirent de nombreux touristes.

18 **brumaire an VIII**
Jour du coup d'État de Napoléon Bonaparte, le 9 novembre 1799, marquant la fin du Directoire et le début du Consulat.

Brunei
300 000 habitants
Superficie : 5 765 km²
Capitale : Bandar Seri Begawan
Langues officielles : malais, anglais
Monnaie : le dollar de Brunei

État dirigé par un sultan, situé sur la côte nord-ouest de Bornéo. Ses ressources lui viennent d'importants gisements de pétrole et de gaz et lui apportent une richesse considérable.

Bruxelles
Capitale de la Belgique, située sur la Senne (948 000 hab.). On y parle français et flamand. Bruxelles est une grande métropole industrielle, et possède un secteur tertiaire très développé. C'est le siège de l'Union européenne et de l'OTAN. C'est aussi une ville universitaire et culturelle, avec de nombreux monuments gothiques (la cathédrale Saint-Michel, l'hôtel de ville du XVe siècle) et des musées.

Bucarest
Capitale de la Roumanie (2,2 millions d'hab.). C'est un grand centre industriel. Ses quartiers historiques, ses musées et son université en font aussi un centre culturel.

Buchenwald
Localité d'Allemagne où fut installé, de 1937 à 1945, un camp de concentration nazi. Pendant la Seconde Guerre mondiale, 50 000 déportés sont morts à Buchenwald.

Budapest
Capitale de la Hongrie, sur le Danube (2,4 millions d'hab.). C'est un centre culturel et industriel.

Buenos Aires
Capitale et grand port de l'Argentine (8 millions d'hab.). C'est le principal centre économique et culturel du pays. Une grande partie des exportations du pays passe par le port de Buenos Aires.

Buffalo Bill (né en 1846, mort en 1917)
Aventurier américain. William Frederick Cody, surnommé « Buffalo Bill », s'est illustré lors de la conquête de l'Ouest dans les affrontements avec les Indiens et la chasse aux bisons. Il est devenu un héros de films et de romans.

Buffon Georges Louis Leclerc (né en 1707, mort en 1788)
Naturaliste et écrivain français. De ses observations sur la nature, Buffon a tiré son *Histoire naturelle*, publiée de 1749 à 1804 en trente-six volumes. Il est le précurseur des théories de l'évolution.

Bujumbura
Capitale du Burundi, sur le lac Tanganyika (265 000 hab.). On y trouve des industries alimentaires et textiles.

Bulgarie
8,3 millions d'habitants
Superficie : 110 912 km²
Capitale : Sofia
Langue officielle : bulgare
Monnaie : le lev

État des Balkans bordé à l'est par la mer Noire. Le pays est pris entre deux chaînes de montagnes, orientées ouest-est, séparées par des dépressions où se concentre la population. La Bulgarie a un climat continental, légèrement méditerranéen au Sud.
Ses principales ressources sont l'agriculture, l'ex-

ploitation du sous-sol et la pêche. La Bulgarie, très endettée et peu compétitive, essaie depuis 1997 de redresser son économie. L'Union européenne a retenu sa candidature.

Bundestag

Nom de l'Assemblée fédérale de l'Allemagne, instituée en 1949, élue pour quatre ans au suffrage universel direct.

Burgondes

Peuple germanique qui s'est établi sur le Rhin au début du Ve siècle. Chassés par les Huns, les Burgondes reconstituèrent leur royaume dans la vallée du Rhône en 443, avant d'être battus par les Francs en 534. Ils ont laissé leur nom à la Bourgogne.

Burkina Faso

11,3 millions d'habitants
Superficie : 274 200 km^2
Capitale : Ouagadougou
Langue officielle : français
Monnaie : le franc CFA

État intérieur de l'ouest de l'Afrique. Appelé autrefois « Haute-Volta », le Burkina Faso est un pays au sol pauvre et sec. La population est essentiellement rurale : ses maigres ressources lui viennent de l'agriculture et de l'élevage. Le Burkina Faso fait partie des pays les moins avancés.

Burundi

5,5 millions d'habitants
Superficie : 27 834 km^2
Capitale : Bujumbura
Langues officielles : français, kirundi
Monnaie : le franc burundais

État d'Afrique centrale, sur le lac Tanganyika. Le Burundi, formé de montagnes et de plateaux, a un climat de type équatorial tempéré par l'altitude. C'est un pays très peuplé, qui trouve ses ressources dans l'agriculture. Le café, le thé, les bananes sont ses principaux produits d'exportation. Le Burundi fait partie des pays les moins avancés.
L'histoire du Burundi a été récemment marquée, entre 1972 et 1995, par des massacres entre les deux grandes ethnies Tutsis et Hutus.

Byblos

Ancienne cité phénicienne, sur le littoral, au nord de Beyrouth. On y a découvert en 1923, le sarcophage du roi Ahiram (Xe siècle avant J.-C.) qui porte le plus ancien texte phénicien connu.

Byron George Gordon Noel (né en 1788, mort en 1824)

Poète romantique anglais. En 1812, lord Byron devint célèbre avec la publication du *Pèlerinage de Childe Harold*. Exilé en Suisse en 1816, il écrit *le Prisonnier de Chillon* et *Manfred*. Il influença les poètes romantiques de son époque, en particulier Lamartine et Musset.

Byzance

Ancienne ville grecque. Au IVe siècle, l'empereur romain Constantin Ier la dota du nom de Constantinople. Elle devint la très riche capitale religieuse et politique de l'Empire byzantin. En 1453, elle fut prise par les Turcs et devint la capitale de l'Empire ottoman, sous le nom d'Istanbul. Le nom de « Byzance » désigne aussi l'Empire byzantin.

Empire **byzantin**

Nom donné à l'Empire romain d'Orient, qui fut séparé de l'Empire romain d'Occident à la mort de Théodose, en 395. Ayant résisté aux invasions barbares qui provoquèrent la chute de Rome en 476, l'Empire byzantin brilla sous le règne de Justinien Ier (527-565), et continua à propager la civilisation gréco-romaine. Puis il s'affaiblit peu à peu, en raison des querelles intérieures et des envahisseurs arabes et slaves. L'Empire byzantin prit fin avec la prise de Constantinople par les Turcs en 1453.

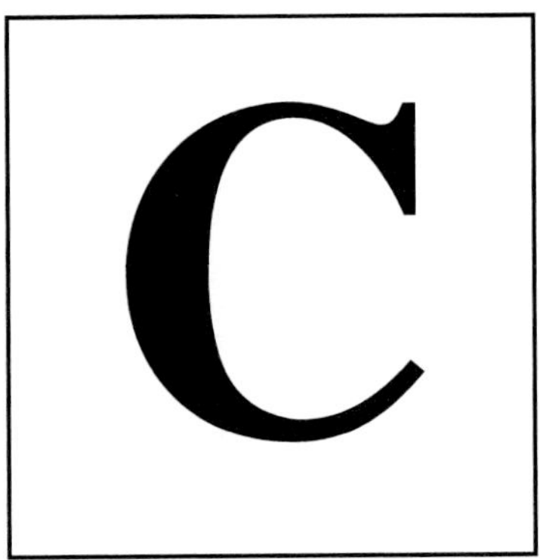

Cachemire

Ancien État de l'Inde, dans l'Himalaya occidental. C'est une région de chaînes montagneuses, entrecoupée de vallées encaissées et fertiles. Convoitée à la fois par le Pakistan et par l'Inde, la région est le lieu d'incessants conflits.
On écrit aussi **Kashmir**.

Cadoudal Georges (né en 1771, mort en 1804)

Conspirateur français. Chef des chouans pendant la guerre de Vendée, Cadoudal fut arrêté et guillotiné pour avoir comploté contre Napoléon Bonaparte.

Caen

Chef-lieu du département du Calvados et de la Région Basse-Normandie (113 987 hab.). Caen est un port important relié à la Manche par un canal de 14 km. C'est un centre industriel et culturel ; son université a été fondée au XVe siècle.

Cahors

Chef-lieu du département du Lot (20 003 hab.). Situé sur le Lot, c'est un centre commercial et industriel.

Caïmans

Archipel britannique de la mer des Antilles, au sud de Cuba.

Caïn

Personnage biblique, fils aîné d'Adam et d'Ève. Il tua son frère Abel par jalousie et fut condamné par Dieu à une vie d'errance.

Le Caire

Capitale de l'Égypte, sur le Nil (13 millions d'hab.). C'est un grand centre commercial, industriel, politique et culturel. La ville possède de nombreux monuments, en particulier des mosquées (la mosquée d'al-Azhar date du Xe siècle), et des musées d'antiquités égyptiennes, d'art arabe et copte.

Calabre

Région d'Italie méridionale et Région de l'Union européenne. 15 080 km^2 ; 2 146 720 hab. ; capitale : Catanzaro. La Calabre est une région montagneuse agricole et pauvre. Après avoir été conquise au XIe siècle par les Normands, la Calabre fit partie du royaume de Sicile. Elle a été réunie à l'Italie en 1860-1861.

Calais

Ville du Pas-de-Calais située sur le détroit du pas de Calais (77 333 hab.). Calais est le premier port français pour le trafic de voyageur (entre la France et la Grande-Bretagne). La ville est connue pour son Église Notre-Dame (XIVe-XVIe siècles), sa tour du Guet (XIIIe siècle), son musée des Beaux-Arts et de la Dentelle, et pour la célèbre sculpture de Rodin *les Bourgeois de Calais*.
HISTOIRE Après avoir été assiégée pendant onze mois, Calais fut prise en 1347 par les Anglais ; les six bourgeois les plus riches se rendirent à Edouard III pour qu'il épargne la ville. Elle fut reprise aux Anglais en 1558.

Calcutta

Ville de l'Inde, capitale du Bengale-Occidental, dans le delta du Gange (11 millions d'hab.). Calcutta, un port, est un grand centre commercial, bancaire, textile (jute, soie, coton) et métallurgique. C'est une ville surpeuplée, et une grande partie de sa population vit dans la misère. Calcutta a été la capitale de l'Inde britannique de 1772 à 1912.

Calderón de la Barca Pedro (né en 1600, mort en 1681)

Poète espagnol. À la fois prêtre et dramaturge, il écrivit des œuvres philosophiques, historiques et religieuses d'une grande intensité.

Calédonie (Nouvelle-) voir ***Nouvelle-Calédonie***

Californie

État de l'ouest des États-Unis, le plus peuplé, sur le Pacifique. 411 012 km^2 ; 29,8 millions d'hab. ; capitale : Sacramento. Son littoral est bordé par une chaîne côtière, où se situent les villes de San Francisco et de Los Angeles. À l'est se trouve la sierra Nevada. Le climat est chaud et sec. La Californie doit sa richesse à l'agriculture et aux ressources de son sous-sol, le pétrole en particulier. Elle est aussi réputée pour l'aéronautique, l'électronique, l'informatique (Silicon Valley) et le cinéma (Hollywood).

Histoire Ancienne colonie espagnole, La Californie appartint au Mexique de 1822 à 1848 et entra dans l'Union en 1850. C'est la ruée vers l'or, à la fin du XIXe siècle, qui marqua le début de sa prospérité.

Caligula (né en 12, mort en 41)

Empereur romain, fils de Germanicus et d'Agrippine. Tyrannique et cruel, il fut assassiné en 41.

Calvados

Département français (14) de la Région de la Basse-Normandie. 5 536 km^2 ; 648 385 hab. ; chef-lieu : Caen.

Calvin Jean Cauvin (né en 1509, mort en 1564)

Réformateur protestant et écrivain français. Initié aux idées de Luther, il adhéra à la Réforme en 1533. Il exposa sa doctrine dans l'*Institution de la religion chrétienne*, qui servira de fondement au calvinisme.

Camargue

Région marécageuse de Provence. La Camargue est réputée pour ses élevages de taureaux et de chevaux, et pour ses marais salants. On y cultive également du riz.

Cambodge

10,8 millions d'habitants
Superficie : 181 050 km^2
Capitale : Phnom Penh
Langue officielle : khmer
Monnaie : le riel

État d'Asie du Sud-Est, situé entre la Thaïlande, le Laos et le Viêt-nam. Le Cambodge est peuplé majoritairement de Khmers (90 %).

Géographie Des chaînes de montagnes entourent une partie basse constituée de plateaux et de plaines, qui sont inondées chaque année par la crue du Mékong. Le climat tropical est rythmé par la mousson d'été. La population est essentiellement rurale, concentrée dans les plaines et les vallées où l'on cultive le riz.

Histoire Ruiné par la révolution sanglante des Khmers rouges et la dictature de Pol Pot (environ 2 millions de personnes furent tuées entre 1975 et 1979), le Cambodge est l'un des pays les plus pauvres du monde.

Cambridge

Chef-lieu du comté de Cambridge (101 100 hab.). Cambridge est réputée pour son université, fondée au XIIIe siècle et rivale de celle d'Oxford.

Cambronne Pierre (né en 1770, mort en 1842)

Général français. Il eut une conduite héroïque à la bataille de Waterloo. Il a toujours nié avoir prononcé le mot qui lui est attribué.

Cameroun

14,3 millions d'habitants
Superficie : 475 440 km^2
Capitale : Yaoundé
Langues officielles : français, anglais
Monnaie : le franc CFA

État de l'Ouest de l'Afrique situé sur le golfe de Guinée. La population de la république du Cameroun est principalement citadine et se constitue de plusieurs ethnies : les Fangs, les Bamilékés, les Bamums.

Géographie La végétation très variée, oppose la forêt dense au sud, à la savane dans le nord du pays. L'ouest est flanqué d'une chaîne volcanique qui culmine au mont Cameroun à 4 095 m.

Économie La culture du cacao et du café, et l'exploitation du pétrole et du bois constituent les principales ressources du pays. C'est l'un des pays les moins défavorisés de cette partie de l'Afrique.

Histoire Au XIXe siècle, l'Allemagne a colonisé le Cameroun, mais durant la Première Guerre mondiale, le pays fut placé sous l'autorité française et britannique par la Société des Nations. Le Cameroun français a pris son indépendance en 1960 et s'est uni au Sud du Cameroun, anglais, en 1972.

Camoëns Luís Vaz (né vers 1524, mort en 1580)

Poète portugais. Il est l'auteur d'un poème qui retrace l'histoire du Portugal et le voyage de Vasco de Gama : *les Lusiades (1572).*
On dit aussi **Camões**.

campagne d'Égypte

Campagne militaire commencée par Bonaparte, sur l'ordre du Directoire. Bonaparte écrasa les Mamelouks à la bataille des Pyramides, le 21 juillet 1798. Il entra au Caire le 23 juillet, mais la flotte française fut anéantie par l'Anglais Nelson au large d'Aboukir. En 1799, Bonaparte, rappelé à Paris, fut remplacé à la tête des soldats français par Kléber puis par Menou qui capitula en 1801.

Campanie

Région italienne et de l'Union européenne située au sud de Rome et bordée par la mer Tyrrhénienne. 13 595 km^2 ; 5 731 430 hab. Elle se compose de cinq provinces. Sa capitale, Naples, se situe à proximité du volcan du Vésuve. Le

tourisme et la culture des arbres fruitiers, des primeurs et de la vigne, sont les principales ressources de cette région pauvre.
Histoire La Campanie fut colonisée par les Grecs au VIIe siècle avant J.-C., puis par les Romains dès le IVe siècle avant J.-C.

Camus Albert (né en 1913, mort en 1960)

Écrivain français, prix Nobel de littérature en 1957. Auteur de pièces de théâtre, d'essais, de nouvelles et de romans dont les plus connus sont *l'Étranger (1942)*, *la Peste (1947)* et *la Chute (1956)*.

Canaan

Terre promise des Hébreux. Son territoire comprend la Palestine et la Phénicie.
On dit aussi **pays de Canaan**.

Canada

30,6 millions d'habitants
Superficie : 9 976 139 km²
Capitale fédérale : Ottawa
Langues officielles : anglais, français
Monnaie : le dollar canadien

État fédéral de l'Amérique du Nord, membre du Commonwealth. Le Canada s'étend du Pacifique à l'Atlantique et des États-Unis à l'océan Arctique et est divisé en dix provinces et trois territoires. En raison de son importante superficie, le pays présente une végétation et un climat très variés. La population, majoritairement anglophone, est surtout localisée dans la région des Grands Lacs et le long du fleuve le Saint-Laurent.
Économie Le Canada possède d'importantes richesses minières (uranium, zinc, nickel, or, platine) et forestières. Son industrie est très diversifiée. C'est aussi un important producteur agricole et d'électricité nucléaire et hydraulique. Le Canada réalise la majeure partie de ses échanges avec les États-Unis.
Histoire Le Canada fut exploré par Jacques Cartier en 1534, et devint une province française appelée « Nouvelle France ». Les Français entrèrent en conflit avec les colonies britanniques et, en 1791, le pays fut partagé en deux provinces : le Haut-Canada et le Bas-Canada. Ce n'est qu'en 1840 que ces deux provinces s'unirent pour former le Canada actuel. Il est devenu ensuite une confédération régie par une Constitution. Le territoire du Canada s'est progressivement agrandi entre 1870 et 1949. Aujourd'hui, une opposition demeure entre la province du Québec, qui est francophone, et le reste du pays, qui est anglophone.

Canaques

Peuple autochtone de la Nouvelle-Calédonie. Les Canaques sont regroupés en majorité dans le nord et le centre de l'île.
On écrit aussi **Kanaks**.

Canaries

Communauté autonome d'Espagne depuis 1479 et Région de l'Union Européenne. 7 242 km² ; 1 589 400 hab. Les Canaries sont un archipel de l'Atlantique, situé au nord-ouest du Sahara, et composé de sept îles. La capitale, Las Palmas, se trouve sur l'île dénommée la Grande Canarie. Le tourisme et l'agriculture d'exportation sont les principales activités de l'archipel.

Canberra

Capitale fédérale de l'Australie, qui est située dans l'État de la Nouvelle-Galles du Sud (310 000 hab.). La ville, inaugurée en 1927, constitue aussi un territoire fédéral couvrant 2 359 km². Son plan se compose de deux cercles, l'un regroupant les bâtiments administratifs, l'autre rassemblant les locaux commerciaux. Elle comprend également l'Université nationale d'Australie et un musée consacré essentiellement à la culture aborigène.

Cannes

Chef-lieu de canton des Alpes-Maritimes (67 304 hab.). Cette station balnéaire et touristique est réputée pour son Festival international du cinéma, qui a lieu tous les ans depuis 1946.

Cantal

Département français (15) de la Région Auvergne. 5 741 km² ; 150 778 hab. ; chef-lieu : Aurillac. C'est un département montagneux, organisé autour du massif du Cantal qui culmine à 1 858 m. Le Cantal est l'un des premiers départements fromagers de France. Son économie repose principalement sur l'agriculture et le tourisme.

Canton

Grande ville portuaire de la Chine du Sud, et capitale de la province de Guangdong (5 669 640 hab.). La ville se situe à l'embouchure du Xijiang ; elle est l'un des foyers de l'expansion économique chinoise depuis les années 1980. Elle a su préserver ses activités traditionnelles (tissage de soieries, fabrication d'objets d'ivoire et de bambou) et développer des industries plus modernes (cimenterie, filatures de jute, de coton).

le Cap

Capitale législative de l'Afrique du Sud, et chef-lieu de la province du Cap-Ouest (2,3 millions d'hab.). Elle fut construite en 1652 par les Hollandais. Le Cap est une grande ville portuaire située sur l'Atlantique, à la pointe du continent africain.

Capet

Surnom d'Hugues Ier, le fondateur de la dynastie capétienne, roi de France entre 987 et 996.

Capétiens
Dynastie fondée par Hugues Capet. Elle succéda à celle des Carolingiens et régna sur la France de 987 à 1328. La branche des Valois lui succéda à partir de 1328.

cap Horn voir ***Horn***

Capitole
Une des sept collines de Rome, située entre le Tibre et le Forum. On y construisit le temple dédié à Jupiter, Junon et Minerve. L'actuelle place du Capitole a été dessinée par Michel-Ange.
Le Parlement des États-Unis, à Washington, porte également ce nom.

Cap-Vert
400 000 habitants
Superficie : 4 033 km^2
Capitale : Praia
Langue officielle : portugais
Monnaie : l'escudo du Cap-Vert

État d'Afrique constitué d'un groupe d'îles situées dans l'Atlantique, à l'ouest du Sénégal. Ancienne colonie portugaise, l'archipel obtint son indépendance en 1975. La République du Cap-Vert est un pays très pauvre qui tire ses revenus de l'agriculture, de la pêche, de l'exploitation des salines, et qui reçoit une aide internationale.

Caracalla (né en 188, mort en 217)
Empereur romain. Il régna de 211 à 217. Il accorda la citoyenneté romaine à tous les sujets de l'Empire et fit construire les thermes de Rome. Il mourut assassiné.

Caracas
Capitale du Venezuela (3,3 millions d'hab.). L'industrie pétrolière a largement contribué au développement de la ville. Elle est reliée au port de La Guaira, sur la mer des Antilles. Cette ouverture maritime lui a permis de devenir le principal marché d'exportation du pays.

Caraïbes
Zone géographique qui comprend le golfe du Mexique, la mer des Antilles, les Antilles, le Venezuela, la Colombie, Panama, la Floride, les Bahamas et les Guyanes.

le Caravage (né en 1571, mort en 1610)
Peintre italien. Ses œuvres se caractérisent par de violents contrastes d'ombre et de lumière. Cette violence lui fut reprochée dans ses œuvres religieuses et mythologiques.

Carcassonne
Chef-lieu du département de l'Aude (43 950 hab.). La ville est traversée par l'Aude et le canal du Midi. Sur la rive gauche de l'Aude, se trouve la ville basse qui date du XIIIe siècle ; sur l'autre rive s'élève une forteresse médiévale composée d'une double enceinte et de tours.
La ville fut ravagée par Simon de Montfort en 1209 au cours de la croisade contre les Albigeois, et fut rattachée à la Couronne de France en 1247.

Carco Francis (né en 1886, mort en 1958)
Poète et romancier français. Son premier roman est *Jésus la Caille (1914).*

Carélie
Région du nord de l'Europe, qui s'étend de la mer Baltique au cercle polaire. On distingue la Carélie finlandaise et la Carélie russe.

Carnac
Commune du Morbihan (4 322 hab.). Carnac se situe près de la baie de Quiberon et est célèbre pour ses alignements de mégalithes.

Carné Marcel (né en 1906, mort en 1996)
Cinéaste français. Il a beaucoup travaillé en collaboration avec Jacques Prévert. Il est le réalisateur de *Quai des brumes (1938), les Enfants du paradis (1945), Hôtel du Nord (1938).*

Carnot Lazare Nicolas (né en 1753, mort en 1823)
Officier du génie et mathématicien français. Il créa les armées de la République ce qui lui valut le surnom de l'*Organisateur de la Victoire*. Il fut, avec Monge, l'un des fondateurs de la géométrie moderne.

Carnot Marie François Sadi (né en 1837, mort en 1894)
Homme politique français. Il fut élu président de la République en 1887. Un anarchiste italien l'assassina en 1894.

Carnot Nicolas Léonard Sadi (né en 1796, mort en 1832)
Physicien français. Il a beaucoup travaillé sur le rapport entre les phénomènes mécaniques et la production de chaleur.

Carolingiens
Dynastie franque, fondée par Pépin le Bref en 751. Elle succéda aux Mérovingiens et régna sur la Germanie jusqu'en 911 et en France jusqu'en 987. Elle doit son nom à Charlemagne.

Carpaccio (né vers 1460, mort en 1526)
Peintre italien. Son cycle de la *Légende de sainte Ursule (1490-1496)* illustre la vie vénitienne du XVe siècle.

Carpates
Chaîne de montagnes d'Europe, qui s'étend sur la République tchèque, la Slovaquie, la Pologne, l'Ukraine et la Roumanie. Les Carpates culminent à 2 655 m. Beaucoup de fleuves et de rivières y prennent leur source. La population se concentre

dans les vallées et les bassins. Les Carpates sont recouvertes en grande partie de forêts et leur sous-sol recèle d'importantes richesses minières : bauxite, charbon, pétrole et gaz naturel.
On écrit aussi **Karpates**.

Carpeaux Jean-Baptiste (né en 1827, mort en 1875)
Sculpteur et peintre français. Plusieurs de ses sculptures ont été réalisées pour des monuments parisiens. Le *Triomphe de Flore (1863-1866)* est au Louvre, *la Danse (1869)* sur la façade de l'Opéra Garnier, et *les Quatre Parties du monde (1867-1872)*, dans le jardin de l'Observatoire. Il a aussi réalisé de nombreux bustes, et notamment celui de Napoléon III.

Carroll Lewis (né en 1832, mort en 1898)
Écrivain et mathématicien anglais. Il fut professeur à l'université d'Oxford. Il est l'auteur d'*Alice au pays des merveilles (1865)*, et de *De l'autre côté du miroir (1871)*. Écrits pour les enfants, ces ouvrages font appel à beaucoup de jeux de langage.

Carthage
Ville de Tunisie, située aux environs de Tunis (7 150 hab.). Ses nombreuses ruines de l'époque romaine en font un haut lieu touristique.
HISTOIRE Fondée vers 814-813 avant J.-C. par des Phéniciens de Tyr, la ville de Carthage fut une grande puissance commerciale et maritime. Elle fut détruite une première fois par les Romains, pendant les *guerres puniques*, en 146 avant J.-C. Rebâtie en 122 avant J.-C., elle devint un important port qui alimentait Rome en blé. Elle fut à nouveau ravagée en 439, par les Vandales, et annexée à l'Empire Byzantin en 534.

Cartier Jacques (né en 1491, mort en 1557)
Navigateur français. À la recherche d'une route vers l'Asie, il aborda au Canada en 1534, où il implanta la première colonie française.

Cartier-Bresson Henri (né en 1908)
Photographe français. Il a réalisé de nombreux grands reportages et portraits.

Casablanca
Ville portuaire du Maroc (2 408 600 hab.). Casablanca est considérée comme le centre économique du pays. Elle rassemble une grande partie des industries marocaines : usines chimiques, cimenteries, usines textiles, verreries, sucreries, conserveries.

Casanova Giovanni Giacomo (né en 1725, mort en 1798)
Aventurier et écrivain italien qui était réputé pour ses aventures galantes et romanesques, dont il fit le récit dans ses *Mémoires (1960-1963)*.

mer **Caspienne**
Grande mer intérieure, située entre l'Europe du Sud-Est et l'Asie (424 000 km^2). Elle est principalement alimentée par la Volga et l'Oural. La mer Caspienne a connu une longue période de dessèchement du fait de l'implantation d'agglomérations le long de la Volga. Actuellement, ses eaux, très salées, se situent à 28 m au-dessous du niveau marin.

Cassandre
Personnage mythologique. Cassandre, fille du roi Priam et d'Hécube, était princesse de Troie.

Castille
Vaste région de l'Espagne, divisée en deux Régions de l'Union européenne : la Castille-Léon (94 193 km^2 ; 2 610 270 hab. ; capitale : Valladolid) et la Castille-la Manche (79 230 km^2 ; 1 695 140 hab. ; capitale : Tolède). Ces deux Régions sont séparées par une chaîne de montagnes. La Castille doit sa prospérité au tourisme, mais aussi à la culture des céréales, des olives, de la vigne, et à l'élevage ovin. Madrid en est la métropole économique.
HISTOIRE La Castille fut rattachée à la Navarre au XIe siècle, puis au royaume du León en 1230.

Castor et Pollux
Personnages de la mythologie grecque. Castor et Pollux étaient les fils jumeaux de Léda et de Zeus, et les frères d'Hélène et de Clytemnestre. Ils protégeaient l'hospitalité et les athlètes.
Ces deux noms désignent aussi les deux étoiles les plus brillantes de la constellation des Gémeaux.

Castro Fidel (né en 1927)
Révolutionnaire et homme politique cubain. En 1959, il renversa le dictateur Batista pour instaurer un régime socialiste. Castro fut longtemps soutenu par l'URSS, mais depuis 1990, il doit faire face à d'importantes difficultés économiques et sociales.

Catalogne
Région espagnole et de l'Union européenne, située au nord-est de l'Espagne. La Catalogne comprend les provinces de Barcelone, Gérone, Lérida et Tarragone. C'est la région la plus riche d'Espagne. Elle tire cette richesse du tourisme, de la pêche, de l'agriculture et de l'élevage. Sa capitale, Barcelone, est une importante ville portuaire et industrielle.
La Catalogne a un statut d'autonomie depuis 1979. Elle a aussi su préserver sa langue : le catalan.

Catherine de Médicis (née en 1519, morte en 1589)
Reine de France par son mariage avec Henri II. Elle est la mère des trois derniers rois Valois :

François II, Charles IX, Henri III. En 1572, pendant la régence de Charles IX, elle décida le massacre de la Saint-Barthélemy.

Catherine II la Grande (née en 1729, morte en 1796)
Impératrice de Russie de 1762 à 1796. Elle fit assassiner son mari, Pierre III de Russie. Elle s'intéressa à la philosophie des Lumières et fut un despote éclairé. Elle œuvra beaucoup à l'agrandissement de la Russie, et à la réforme de l'administration.

Caucase
Chaîne de montagnes d'Asie occidentale, qui s'étend de la mer Noire à la mer Caspienne. Le point culminant est le mont Elbrouz (5 642 m). Le sous-sol est riche en minerais et en pétrole.

les **Causses**
Plateaux calcaires du sud du Massif central. Les Causses sont creusés de gorges profondes (comme les gorges du Tarn). On distingue les Grands Causses et les Causses du Quercy. L'élevage de brebis y est développé. Leur lait est utilisé pour la fabrication du roquefort et leur peau pour la ganterie.

pays de **Caux**
Région de Normandie, située au nord de l'estuaire de la Seine et baignée par la Manche. La côte est bordée de hautes falaises et les villes qui s'y situent (Dieppe, Fécamp, Étretat) attirent les touristes. Les terres très fertiles sont propices à la culture céréalière et à l'élevage bovin et porcin.

Cavelier de La Salle René Robert (né en 1643, mort en 1687)
Explorateur français. Parti de Nouvelle-France (Canada), il descendit le Mississippi et atteignit le golfe du Mexique, prenant possession, au nom de Louis XIV, des terres qu'il nomma la Louisiane (1681-1682).

Cavour Camillo Benso (né en 1810, mort en 1861)
Homme politique italien. Il fut le principal artisan de l'unité de son pays. Il réussit à rejeter l'influence autrichienne en s'alliant à la France, et à maîtriser les mouvements révolutionnaires italiens. Suite à ses actions, le royaume d'Italie fut proclamé en janvier 1861.

Cayenne
Chef-lieu du DOM de la Guyane française (55 594 hab.). Jusqu'en 1945, le bagne de Cayenne reçut les français condamnés aux travaux forcés. Aujourd'hui la ville vit essentiellement de son activité portuaire et de la fabrication de rhum.

CE voir ***Union européenne***

CÉI
Fédération créée le 21 décembre 1991 par trois républiques de l'ex-URSS : la Russie, l'Ukraine et la Biélorussie. La Communauté des États Indépendants comprend ces trois états, ainsi que l'Arménie, l'Azerbaïdjan, la Géorgie, le Kazakhstan, le Kirghizistan, la Moldavie, l'Ouzbékistan, le Tadjikistan et le Turkménistan.

Célèbes
Île montagneuse d'Indonésie, située à l'est de Bornéo et baignée par la mer des Célèbes. 189 035 km^2 ; 11 552 920 hab. La ville principale est Ujungpandang. Les ressources de l'île sont la culture du café et du coprah, et l'exploitation du nickel.
On dit aussi **Sulawesi**.

Céline Louis-Ferdinand (né en 1894, mort en 1961)
Écrivain français. Dans ses romans, il a beaucoup utilisé le langage parlé pour décrire la misère et le désespoir des hommes. Ses principales œuvres sont : *Voyage au bout de la nuit (1932), Mort à crédit (1936)* et *D'un château l'autre (1957).*

Celsius Anders (né en 1701, mort en 1744)
Astronome suédois. Il inventa l'échelle Celsius qui permet de mesurer les températures, et dont le point 0 correspond à la température de la glace fondante.
■ Degré **Celsius** : unité de l'échelle Celsius qui sert à mesurer la température (symbole °C).

Celtes
Peuple de langue indo-européenne, qui se répandit en Gaule, en Espagne, en Italie du Nord et dans les îles Britanniques au IIe millénaire.

Cendrars Blaise (né en 1887, mort en 1961)
Écrivain français d'origine suisse. Il était à la fois poète : *la Prose du Transsibérien et de la petite Jehanne de France (1913)* et romancier : *Moravagine (1926), la Main coupée (1946).*

guerre de **Cent Ans**
Conflit qui opposa la France et l'Angleterre à la fin du Moyen Âge, de 1337 à 1453. La guerre de Cent Ans fut entrecoupée de longues périodes de paix. La discorde entre les deux pays est née de la vassalité qui liait le roi d'Angleterre au roi de France et de la revendication du trône français par Édouard III. Après les défaites de Crécy en 1346 et de Poitiers en 1356, la France dut céder un quart de son royaume à l'Angleterre. Elle réussit à reconquérir une partie du territoire perdu, sous le règne de Charles V, grâce aux victoires de Du Guesclin. Sous Charles VI, la France fut à nouveau vaincue à Azincourt en 1415. L'arrivée de Jeanne d'Arc et son rôle dans la libération d'Orléans et le sacre de Charles VII en 1429 entraînèrent la reconquête, qui s'acheva

en 1453 par la victoire de Castillon, en Gironde. Seule la ville de Calais était restée aux mains des Anglais.

Les **Cent-Jours**
Période entre le retour de Napoléon Ier à Paris, le 20 mars 1815, et sa seconde abdication le 22 juin 1815.

Centrafrique voir ***République centrafricaine***

Centre
Région française et de l'Union européenne, située entre l'Île-de-France et l'Auvergne, et traversée par la Loire. 39 150 km^2 ; 2 440 329 hab. Cette Région compte six départements : le Cher, l'Eure-et-Loir, l'Indre, l'Indre-et-Loire, le Loir-et-Cher et le Loiret. Sa capitale est Orléans. Grâce à ses vignobles, la sylviculture, la culture des céréales et l'horticulture, le Centre est une région prospère. Elle possède aussi un patrimoine touristique considérable : châteaux de la Loire, cathédrales de Bourges, de Chartres et de Tours.

Cérès voir ***Déméter***

Cervantès Miguel de Cervantes Saavedra (né en 1547, mort en 1616)
Écrivain espagnol. Il est l'auteur de *Don Quichotte de la Manche (1605)*, et de *Don Quichotte (1616)*.

mont **Cervin**
Sommet des Alpes du Valais qui culmine à 4 478 m. Le mont Cervin se situe en Suisse ; il domine la vallée de Zermatt.

Césaire Aimé (né en 1913)
Écrivain et homme politique français. Il fut député de la Martinique de 1945 à 1993. Influencé par le surréalisme, il a publié des recueils de poèmes : *Soleil cou coupé (1948)*, *Cadastre (1961)* et des pièces de théâtre : *la Tragédie du roi Christophe (1963)* et *Une saison au Congo (1965)*.

César Jules (né en 100, mort en 44 avant J.-C.)
Général et homme politique romain. César est issu d'une illustre famille noble. Il forma une union avec Pompée et Crassus, mais son objectif était d'accéder seul au pouvoir. Élu consul en 59, il devint en 58 le gouverneur de l'Illyrie, de la Gaule cisalpine et de la Narbonnaise, et partit à la conquête du reste de la Gaule. En 49, César revint vers Rome ; il traversa l'Italie pour rejoindre et vaincre Pompée en Grèce ; Crassus était déjà mort à cette époque. Il conquit l'Égypte, dont il donna le trône à Cléopâtre. Après avoir écrasé les derniers partisans de Pompée, en Afrique et en Espagne, il revint à Rome, en 44, pour se faire nommer dictateur et censeur à vie. Victime d'une conspiration, il fut poignardé par Cassius et Brutus au sénat.
César était aussi un écrivain de génie : *Sur la guerre des Gaules*, *Sur la guerre civile*. Sa vie et sa mort ont inspiré bon nombre d'auteurs : Suétone, Plutarque, Lucain, Pétrarque ; Voltaire : *la Mort de César (1735)*, Shakespeare : *Jules César (vers 1599)* et Bernard Shaw : *César et Cléopâtre (1901)*.

Cévennes
Région du sud-est du Massif central, située entre l'Hérault et l'Ardèche. Les Cévennes sont composées de plateaux de granit creusés de profondes vallées. C'est une région très peu peuplée, du fait de son relief accidenté. Le tourisme qui s'est développé autour de son parc naturel constitue sa principale ressource.

Ceylan voir ***Sri Lanka***

Cézanne Paul (né en 1839, mort en 1906)
Peintre français. Il construisait par la couleur et non par la lumière. Ses thèmes principaux sont des natures mortes, des portraits, des baigneurs : *Les Joueurs de cartes (1890)*, *les Grandes Baigneuses (1895-1905)*.

Chagall Marc (né en 1887, mort en 1985)
Peintre français d'origine russe. La tradition juive, l'enfance et la Russie l'ont inspiré. Il a peint le plafond de l'Opéra Garnier de Paris.

Châlons-en-Champagne
Chef-lieu du département de la Marne et de la Région Champagne-Ardenne (47 339 hab.). Jusqu'en 1995, la ville portait le nom de Châlons-sur-Marne. Châlons-en-Champagne se situe à la jonction des canaux de la Marne au Rhin et de la Marne à la Saône. Le commerce des vins de Champagne a fait sa réputation.

Chamberlain Arthur Neville (né en 1869, mort en 1940)
Homme politique britannique. Premier ministre de 1937 à 1940. Avant la Seconde Guerre mondiale, il tenta une conciliation avec Hitler en signant les *accords de Munich*, en septembre 1938.

Chambéry
Chef-lieu du département de la Savoie (55 786 hab.). La ville fut la capitale des comtes puis des ducs de Savoie de 1232 à 1562. Elle possède d'importantes industries dans le domaine de la métallurgie, de la verrerie, de la confection, de l'imprimerie et de l'alimentation.

Chambord
Commune de Loir-et-Cher (194 hab.). Chambord

est réputée pour son château construit sur ordre de François Ier, entre 1519 et 1537. Il est un modèle de l'architecture de la Renaissance.

Chambre des communes
Assemblée parlementaire britannique, élue au suffrage universel. La Chambre des communes exerce le pouvoir législatif et débat de la politique du gouvernement.

Chambre des lords
Assemblée parlementaire britannique, composée de dignitaires. La Chambre des lords examine les projets de loi mais son pouvoir législatif est très réduit. Elle constitue un tribunal supérieur d'appel.

Chambre des représentants
Une des chambres du Congrès américain.

Chamonix-Mont-Blanc
Chef-lieu de canton de la Haute-Savoie (9 830 hab.). La ville se situe au pied du mont Blanc et est une station d'alpinisme et de sports d'hiver très réputée.

Champagne-Ardenne
Région française et de l'Union européenne. 25 064 km^2 ; 1 342 363 hab. La Champagne-Ardenne comprend les départements suivants : les Ardennes, l'Aube, la Marne et la Haute-Marne. Sa capitale est Châlons-en-Champagne. Les villes sont principalement localisées dans les vallées. Le prestigieux vignoble champenois a fait la renommée de la région. Depuis 1950, sa superficie a doublé. Néanmoins, la culture des céréales, des betteraves, des oléagineux et du fourrage reste une activité fondamentale.
Histoire Du XIIe au XIVe siècle, les foires dites *de Champagne* furent les centres du commerce européen. La Champagne était alors un comté qui fut réuni à la Couronne de France en 1361.

de **Champlain** Samuel (né vers 1567, mort en 1635)
Explorateur et colonisateur français du Canada. De 1603 à sa mort, il explora la région du fleuve Saint-Laurent et des Grands Lacs. Il fonda Québec en 1608.

Champollion Jean-François (né en 1790, mort en 1832)
Égyptologue français. Il étudia la pierre de Rosette (le fragment d'un monument portant des inscriptions) et fut le premier à déchiffrer les hiéroglyphes égyptiens. Il a réuni ses recherches dans un ouvrage : *Précis du système hiéroglyphique (1824).*

Chanson de Roland
Chanson de geste française anonyme. Elle fut probablement composée à la fin du XIe siècle en Normandie. Elle compte 4 002 vers de dix syllabes chacun. Elle narre les exploits de Roland, neveu de Charlemagne, face aux Sarrasins, ainsi que sa mort héroïque au retour d'une expédition en Espagne.

Chaplin Charlie (né en 1889, mort en 1977)
Acteur, cinéaste américain d'origine britannique. Il était à la fois acteur, réalisateur, scénariste, musicien. En 1913, il créa Charlot, un personnage mythique du cinéma muet. Charlot est le héros de nombreux courts métrages et de films : *The Kid (1921), la Ruée vers l'or (1925), les Lumières de la ville (1931), les Temps modernes (1936).* À partir du *Dictateur (1940),* son premier film parlant, Charlie Chaplin abandonna le personnage de Charlot : *Monsieur Verdoux (1947), les Feux de la rampe (1952).*

Charcot Jean (né en 1867, mort en 1936)
Océanographe français. Il mena des expéditions dans les régions polaires. Il disparut lors du naufrage de son bateau, près du Groenland.

Chardin Jean-Baptiste Siméon (né en 1699, mort en 1779)
Peintre français. Grâce à son travail des reflets, ses natures mortes sont de vrais chefs-d'œuvre : *la Raie, la Table de cuisine, le Panier de raisins, les Pêches*. Il exécuta aussi des scènes populaires, et des portraits au pastel : *Chardin aux besicles*. Un grand nombre de ses œuvres sont conservées au musée du Louvre.

① **Charente**
Fleuve de France (360 km). La Charente naît dans le Limousin, arrose Angoulême, Cognac, Saintes, Rochefort, et se jette dans l'Atlantique par un large estuaire. La Charente est navigable sur plusieurs dizaines de kilomètres.

② **Charente**
Département français (16) de la Région Poitou-Charente. 5 953 km^2 ; 339 628 hab. ; chef-lieu : Angoulême.

Charente-Maritime
Département français (17) de la Région Poitou-Charente. 6 848 km^2 ; 557 024 hab. ; chef-lieu : La Rochelle.

de **Charette de La Contrie** François Athanase (né en 1763, mort en 1796)
Chef vendéen. Durant la Révolution française, il participa à la révolte vendéenne et au siège de Nantes. Il défendit le Marais poitevin. En 1795, il fut capturé et exécuté à Nantes.

Charlemagne (né en 742, mort en 814)
Roi des Francs à partir de 768 et empereur d'Occident de 800 à 814. Il était le fils de Pépin le Bref. À la mort de son frère cadet Carloman en 771, Charles Ier devint le seul maître de l'État franc (Neustrie, Austrasie, Aquitaine, Alémanie, Alsace,

Bourgogne et Septimanie). En 774, il vainquit le roi des Lombards, puis conquit la Bavière, la Saxe, la Frise et une partie de la Hongrie. Il a ensuite élargi progressivement son royaume vers la Bretagne et l'Espagne en créant des provinces frontières nommées les *marches*. Le catholicisme lui permit de faire l'unité entre les peuples et le pape le couronna empereur d'Occident en 800. Il résida le plus souvent à Aix-la-Chapelle et organisa un système administratif local pour diriger son empire. Il envoya des inspecteurs, les *missi dominici*, auprès des grands possesseurs de fiefs et leur attribua un rôle de surveillance. Il créa des écoles au sein des cathédrales et des monastères. Louis Ier le Pieux lui succéda en 814.
On dit aussi **Charles Ier le Grand**.

Charleroi

Ville de Belgique située dans le Hainaut (222 240 hab.). La ville fut fondée en 1666 par Charles II d'Espagne. Elle fut pendant longtemps un important pôle de l'industrie métallurgique et sidérurgique.

ALLEMAGNE

Charles Quint (né en 1500, mort en 1558)
Empereur germanique de 1519 à 1556. Il fut aussi roi d'Espagne, prince des Pays-Bas et roi de Sicile. Charles Quint (ou Charles V) appartenait à la dynastie des Habsbourg. Il hérita de nombreux territoires qui le rendirent maître d'un immense empire sur lequel « jamais le soleil ne se couche » (Flandres, Franche-Comté, territoires autrichiens des Habsbourg, Espagne, Naples, Sicile, colonies d'Amérique). Il reçut le titre d'empereur du Saint Empire en 1519. Voulant assurer l'unité politique et religieuse de l'Empire. Il dut affronter les princes protestants allemands, soutenus par la France, ainsi que les Turcs, qui menaçaient l'Autriche et l'Espagne. Bien que vainqueur à plusieurs reprises, il subit également de graves échecs. N'ayant pu réaliser son rêve d'unité, il abdiqua en 1556 et se retira dans un monastère en Espagne.

ANGLETERRE

Charles Ier (né en 1600, mort en 1649)
Roi d'Angleterre, d'Écosse et d'Irlande de 1625 à 1649. Sa politique absolutiste provoqua des luttes avec le Parlement. Une guerre civile qui dura de 1642 à 1649, opposa ses partisans, les *cavaliers,* aux *têtes rondes* (dont les cheveux étaient coupés très court), partisans du Parlement, menés par Cromwell. Livré à ce dernier, le roi fut jugé et décapité.

Charles II (né en 1630, mort en 1685)
Roi d'Angleterre, d'Écosse et d'Irlande de 1660 à 1685. Fils de Charles Ier, qui avait été jugé et décapité, il dut s'exiler. Rappelé sur le trône, il s'allia avec Louis XIV et pratiqua une politique de tolérance à l'égard des catholiques, ce qui l'opposa au Parlement.

AUTRICHE

Charles Ier (né en 1887, mort en 1922)
Empereur d'Autriche et roi de Hongrie (sous le nom de Charles IV) de 1916 à 1918. Lorsque la république fut proclamée en Autriche, il dut abdiquer.

BOURGOGNE

Charles le Téméraire (né en 1433, mort en 1477)
Duc de Bourgogne de 1467 à 1477. Il tenta d'agrandir et d'unifier ses territoires, au détriment de la monarchie française. Il conquit la Lorraine, mais fut battu par les Suisses avec l'appui du roi Louis XI en 1476. Il mourut devant la ville de Nancy qu'il voulait prendre au duc de Lorraine.

FRANCE

Charles Martel (né vers 685, mort en 741)
Maire du palais d'Austrasie et de Neustrie, deux royaumes de la France mérovingienne. Il lutta pour l'unification du royaume franc. Il arrêta l'invasion des Arabes à Poitiers en 732. Ses deux fils, Carloman et Pépin le Bref, lui succédèrent. Le surnom de Martel, qui signifie « marteau », lui fut donné pour la force et la détermination qu'il montra pour imposer son autorité.

Charles Ier le Grand voir ***Charlemagne***

Charles II le Chauve (né en 823, mort en 877)
Roi de France de 843 à 877 et empereur d'Occident de 875 à 877. Des guerres incessantes l'opposèrent à ses frères Lothaire et Louis le Germanique. Il signe avec eux le traité de Verdun en 843 et devient roi de la *Francia occidentalis,* affaiblie par la montée de la féodalité et les invasions normandes.

Charles III le Simple (né en 879, mort en 929)
Roi de France de 898 à 923. Il donna le pays de Caux en fief héréditaire à Rollon, chef des Normands, en 911. Détrôné, il mourut en prison. Sa chute marqua le déclin des Carolingiens.

Charles IV le Bel (né vers 1295, mort en 1328)
Roi de France et roi de Navarre (sous le nom de Charles Ier) de 1322 à 1328. Face à la féodalité, il accrut le pouvoir royal. Mort sans héritier mâle, il fut le dernier des Capétiens directs.

Charles V le Sage (né en 1338, mort en 1380)
Roi de France de 1364 à 1380. Il assura la régence durant la captivité de son père, Jean II le Bon, en Angleterre. Aidé par Du Guesclin, il reconquit presque tous les territoires cédés aux Anglais et vainquit Charles le Mauvais, roi de Navarre en

1364. Il renforça l'autorité royale et assainit les finances. Il fit construire ou restaurer de nombreux édifices, dont le palais du Louvre.

Charles VI le Bien-Aimé (né en 1368, mort en 1422)
Roi de France de 1380 à 1422. Rejetant la tutelle de ses oncles (1388), il fit appel aux *Marmousets,* anciens conseillers de son père, Charles V. Mais, atteint de folie, le roi laissa le pays en proie à la guerre civile avec les luttes entre les Armagnacs et les Bourguignons et facilita la conquête anglaise. Le traité de Troyes, voulu par son épouse, Isabeau de Bavière, livra la France à Henri V d'Angleterre.
On dit aussi **Charles VI le Fol**.

Charles VII (né en 1403, mort en 1461)
Roi de France de 1422 à 1461. Fils de Charles VI, déshérité au profit du roi d'Angleterre, il n'est reconnu qu'au sud de la France. Grâce aux victoires de Jeanne d'Arc, il est sacré roi de France à Reims en 1429 et reconquit le royaume en 1453, les Anglais ne conservant plus que Calais. Charles VII créa une armée permanente.

Charles VIII (né en 1470, mort en 1498)
Roi de France de 1483 à 1498. Il fut marié à Anne de Bretagne en 1491 dans le but d'annexer ce duché à la France. Charles VIII tenta sans succès de faire valoir ses droits, hérités de son père Louis XI, sur le royaume de Naples et entreprit les guerres d'Italie. Mais il fut forcé de battre en retraite, et puis regagna la France, perdant ses conquêtes.

Charles IX (né en 1550, mort en 1574)
Roi de France de 1560 à 1574. Durant tout son règne, Charles IX gouverna sous l'influence de sa mère, Catherine de Médicis. Cette dernière le poussa à ordonner le terrible massacre de la Saint-Barthélemy, en 1572, qui coûta la vie à plus de 3 000 protestants.

Charles X (né en 1757, mort en 1836)
Roi de France de 1824 à 1830. Charles X, alors comte d'Artois, émigra au moment de la Révolution de 1789. Rentré en France en 1814, il devint le chef des ultras royalistes et, en 1824, il succéda à Louis XVIII. La politique autoritaire et réactionnaire menée par certains de ses ministres provoqua une forte opposition. Des mesures limitant le droit de vote et supprimant la liberté de la presse entraînèrent la révolution de 1830, et obligèrent Charles X à abdiquer.

Charleville-Mézières
Chef-lieu du département des Ardennes sur les bords de la Meuse (55 490 hab.). Charleville-Mézières résulte de la fusion de plusieurs villes en 1966. Elle possède une place Ducale qui date du XVIIe siècle. C'est un important centre industriel dans le domaine de la métallurgie, de la confection et des émaux.

Charon
Personnage de la mythologie grecque. Charon est aussi appelé le *nocher des Enfers* ; il passait les âmes des morts de l'autre côté du fleuve des Enfers, l'Achéron, en échange d'une offrande.

Chartres
Chef-lieu du département d'Eure-et-Loir (40 361 hab.). La ville est traversée par l'Eure. Sa cathédrale est un chef-d'œuvre de l'art gothique : elle est dotée de magnifiques vitraux des XIIe et XIIIe siècles, et possède la plus haute flèche en pierre de France (115 m).

Charybde
Monstre de la mythologie grecque. Charybde vivait près du détroit qui sépare l'Italie de la Sicile. Plusieurs fois par jour, elle absorbait de grandes quantités d'eau de mer, avalait les navires qui naviguaient aux alentours, puis rejetait l'eau. Les marins qui cherchaient à l'éviter étaient dévorés par un autre monstre : Scylla.
■ Tomber de **Charybde** en Scylla : aller de mal en pis.

Chateaubriand François René (né en 1768, mort en 1848)
Écrivain français. Il passa sa jeunesse en Bretagne, à Combourg. Sous la Révolution, il voyagea en Amérique, et émigra à Londres en 1793. Rentré en France en 1800, il publia *Atala (1801)* et *René (1802)*. Il fut ministre de Bonaparte et démissionna après l'exécution du duc d'Enghien en 1804. Il fut à nouveau ministre sous la Restauration. Il devint membre de l'Académie française en 1811. Son chef d'œuvre, les *Mémoires d'outre-tombe*, dans lequel il fait le récit de sa vie, fut publié immédiatement après sa mort.

Châteauroux
Chef-lieu du département de l'Indre (49 632 hab.). Châteauroux est traversée par l'Indre. Ses principales activités industrielles sont le textile, la métallurgie, la porcelaine, la chapellerie et la manufacture des tabacs. Au sud de la ville se trouve une importante forêt domaniale.

Chaumont
Chef-lieu du département de la Haute-Marne, situé sur la Marne (25 996 hab.). La ville de Chaumont est spécialisée dans la fabrication de charpentes métalliques, de chaussures et de gants.

îles **Chausey**
Archipel situé dans la Manche, dépendant de la ville de Granville, et constitué de 365 îlots. Un seul de ces îlots est habité : la Grande Île. On y pratique la pêche au homard et à la crevette.

Chauvet-Combe d'Arc
Grotte préhistorique située dans les gorges de l'Ardèche et ornée de peintures vieilles de plus de 30 000 ans. Elle fut découverte en 1994.

Chélif
Fleuve d'Algérie (700 km). Il arrose la ville de Ech-Cheliff et se jette dans la Méditerranée au nord de Mostaganem.

Chemin des Dames
Route du département de l'Aisne située sur une crête entre les rivières Aisne et Ailette. Elle fut un enjeu important des combats de la Première Guerre mondiale.

Chengdu
Grande ville de Chine, située dans le Bassin rouge (2,8 millions d'hab.). Elle est un important centre industriel dans le domaine de la mécanique, de l'électronique et de l'aéronautique.
On dit aussi **Tchengtou**.

de Chénier André (né en 1762, mort en 1794)
Poète français. Il fut arrêté en mars 1794 et guillotiné en juillet pour ses articles condamnant les excès de la Révolution. Ses œuvres furent éditées en 1819.

Chenonceaux
Commune de l'Indre-et-Loire, sur le Cher (325 hab.). Son château de la Renaissance, bâti sur la rive droite du Cher entre 1515 et 1522, fut donné à Diane de Poitiers. Elle fit construire un pont le reliant à la rive gauche, sur lequel Catherine de Médicis fit édifier des galeries en 1560.

Chéops
Deuxième pharaon de la IVe dynastie égyptienne. Il fit élever la grande pyramide de Gizeh.
On écrit aussi **Khéops**.

Chéphren
Troisième pharaon de la IVe dynastie égyptienne. Fils et successeur de Chéops, il fit construire la deuxième pyramide de Gizeh et le Grand Sphinx.
On écrit aussi **Khéphren**.

① Cher
Rivière de France (320 km). Le Cher est un affluent de la Loire. Il naît dans le Massif central et arrose Montluçon, Vierzon et Tours.

② Cher
Département français (18) de la Région Centre. 7 228 km^2 ; 314 428 hab. ; chef-lieu : Bourges.

le facteur Cheval (né en 1836, mort en 1924)
Facteur rural qui consacra une grande partie de sa vie à construire son *Palais idéal* avec des pierres qu'il ramassait pendant ses tournées. Ce chef-d'œuvre de l'art naïf est situé à Hauterives dans la Drôme.

Cheyennes
Indiens d'Amérique du Nord. Ils sont aujourd'hui 11 500 et vivent dans des réserves dans les États de l'Oklahoma et du Montana.

Chicago
Grande ville portuaire des États-Unis, qui est située dans l'état de l'Illinois, sur le lac Michigan (2 794 000 hab.). Ce grand centre commercial et industriel est réputé pour sa vie artistique et ses nombreux musées. À la fin du XIXe siècle, l'*école architecturale de Chicago* a révolutionné la construction, en édifiant des bâtiments à ossature métallique.

Chili
14,8 millions d'habitants
Superficie : 756 940 km^2
Capitale : Santiago
Langue officielle : espagnol
Monnaie : le peso chilien

État d'Amérique du Sud, bordé par le Pacifique.
GÉOGRAPHIE Tout en longueur, la République du Chili est un pays montagneux. Deux cordillières encadrent une grande vallée : le Valle Central. Le climat est aride au nord, méditerranéen au centre, et océanique frais au sud. La population, constituée de Métis, de Blancs, d'Amérindiens et d'immigrants européens, est majoritairement citadine.
ÉCONOMIE La population vit au-dessous du seuil de pauvreté, malgré une agriculture et un élevage intensifs, une pêche active et l'exploitation des ressources naturelles (cuivre, fer, nitrates, argent, or, pétrole, gaz, houille). Le Chili exporte des produits manufacturés depuis 1974.
HISTOIRE Les Espagnols conquirent le pays à partir de 1536 mais les Indiens ne furent définitivement soumis qu'au XIXe siècle. Les Espagnols étant peu intéressés par le Chili, le pays obtint son indépendance dès 1818. Au terme d'une guerre contre le Pérou et la Bolivie, le Chili acquit les régions désertiques du Nord ; leur sous-sol renferme d'importantes ressources naturelles. Dès 1891, un régime politique parlementaire fut instauré. La classe ouvrière commença à s'organiser et des partis de gauche participèrent au gouvernement de 1938 à 1958. En 1973, le général Pinochet renversa le gouvernement par un coup d'état militaire et instaura une dictature libérale. Condamné plusieurs fois par l'ONU pour violation des droits de l'homme, il conserva le pouvoir jusqu'en 1989 et le contrôle de l'armée jusqu'en 1998.

mer de Chine
Mer du Pacifique, longeant la Chine et l'Indochine. Elle baigne l'est de la Chine, le sud de la Corée et du Japon, le sud-est de l'Asie, Bornéo, les Philippines et Taiwan.

A B C D E F G H I J K L M N O P Q R S T U V W X Y Z

Chine

1 242 500 000 habitants
Superficie : 9 596 960 km^2
Capitale : Pékin
Langue officielle : mandarin
Monnaie : le renminbi yuan

État d'Asie Orientale. La République populaire de Chine est le pays le plus peuplé du monde. Le gouvernement instaura à partir de 1979 une politique de limitation des naissances qui préconisait un seul enfant par famille. La Chine de l'Ouest et du Nord, montagneuse et aride, est peu peuplée. À l'inverse, la Chine de l'Est et du Sud concentre la majorité de la population.

Économie Le climat humide de l'Est et les moussons du Sud permettent la culture du riz, la principale ressource alimentaire du pays, de céréales, du tabac, du thé, des agrumes et des fruits tropicaux. L'élevage de volailles et la pêche y sont aussi importants. La Chine produit du charbon, du pétrole, de l'hydroélectricité et des minerais (fer, or, tungstène, cuivre, zinc, étain, bauxite). Malgré sa politique de planification agricole et ses importantes ressources naturelles, le pays occupe seulement le dixième rang des puissances économiques. Sa pauvreté est essentiellement due à un retard important dans le développement industriel, au manque d'infrastructures et aux difficultés politiques qu'a connues le pays. En 1978, la politique des *quatre modernisations* (agriculture, industrie, sciences et techniques, défense) s'est accompagnée d'une ouverture internationale. Depuis 1980, la Chine adhère au FMI et ouvre des zones économiques spéciales sur le littoral afin d'attirer les capitaux étrangers.

Histoire Les vestiges humains les plus anciens, retrouvés en Chine, datent de 500 000 ans. Le début de la civilisation chinoise est fondé sur le bronze, le régime féodal, un système de numération et une écriture. La Chine fut longtemps morcelée en royaumes et c'est l'empereur Shi Huangdi, fondateur de la dynastie des Han, qui créa un empire chinois unifié. Il protégea son empire des invasions en édifiant la Grande Muraille. Durant toute cette période, la pensée chinoise créa les grands systèmes de valeur qui vont durer jusqu'à nos jours, avec Lao-tseu, fondateur du taoïsme, et Confucius.

Du IIIe au VIe siècle, la Chine connut le développement du bouddhisme. Jusqu'au XIVe siècle, plusieurs dynasties se succédèrent. C'est à l'époque des Song que la Chine connut une grande prospérité : expansion de l'imprimerie, invention de l'aiguille magnétique, de la boussole et de la poudre. Durant la dynastie des Ming, de 1368 à 1644, les échanges avec l'Occident se développèrent, puis, les Mandchous imposèrent la dynastie des Qing qui régna jusqu'en 1913. Après une période de troubles intérieurs, les communistes, sous la direction de Mao Zedong, s'organisèrent. La guerre civile (1945-1949) entre nationalistes et communistes aboutit à la victoire de Mao Zedong. La République populaire de Chine fut proclamée le 1er octobre 1949. Diverses phases politiques se succédèrent : le *Grand Bond en avant* qui devait permettre le développement de la Chine ; la *révolution culturelle* de 1966 à 1967, qui a conduit à la persécution des cadres et des intellectuels ; la campagne contre la pensée de Confucius en 1974. En dépit de ces luttes intérieures, le rôle de la Chine dans le monde n'a cessé de s'affirmer. En 1997, la Chine a récupéré Hong Kong ; en 1999, Macao. En 2000, elle a adhéré à l'Organisation mondiale du commerce (OMC).

Chinon

Chef-lieu d'arrondissement de l'Indre-et-Loire, sur la Vienne (8 716 hab.). Les ruines de trois forteresses dominent la ville : le fort St-Georges, le château du Milieu, dans lequel Charles VII rencontra Jeanne d'Arc, et le château du Coudray. La ville est réputée pour son vin, ses entreprises de confection et pour sa fabrique de matériel photographique.

Chisinau

Capitale de la Moldavie, située le Bicu, un affluent du Dniestr (780 000 hab.).

Choiseul Étienne-François de (né en 1719, mort en 1785)

Homme politique français. Il fut secrétaire d'État aux Affaires étrangères, puis de la Guerre et de la Marine. Il resserra l'alliance avec l'Autriche, acquit la Lorraine en 1766 et la Corse en 1768. Il réorganisa l'armée et la marine.

Chongqing

Ville de Chine, située sur le Yangzijiang (6 500 000 hab.). Chongquing est un important centre industriel spécialisé dans le textile, la chimie et la sidérurgie. C'est aussi un carrefour ferroviaire et routier.
On dit aussi **Tchong-K'ing**.

Chopin Frédéric (né en 1810, mort en 1849)

Pianiste et compositeur polonais. En 1831, il vint à Paris, où il rencontra l'écrivain George Sand. Leur liaison dura presque jusqu'à la mort du musicien. Son œuvre pour piano est considérable : *Études*, *Polonaises*, *Nocturnes*, *Ballades*, *Sonates*, *Préludes*. Sa musique, très expressive, tente de reproduire les émotions humaines.

Chostakovitch Dimitri Dimitrievitch (né en 1906, mort en 1975)

Compositeur soviétique. Sa production est très abondante : des poèmes symphoniques, des ballets, des opéras, des symphonies, des pièces pour piano, des quatuors et des musiques de film. Au début de sa carrière, il fut influencé par Bartok et Milhaud, mais il dut rapidement se plier au conformisme imposé par le socialisme.

Chrétien de Troyes (né vers 1135, mort en 1183)
Poète français. Il est l'auteur de romans courtois en vers de huit syllabes : *Lancelot ou le Chevalier à la charrette*, *Yvain ou le Chevalier au lion*, *Perceval ou le Conte du Graal*. Ses personnages sont tous issus de légendes celtiques ou bretonnes.

Christie Agatha (née en 1890, morte en 1976)
Auteur anglais de romans policiers à énigme. Ses principaux enquêteurs sont un détective belge, Hercule Poirot, et une vieille dame anglaise, Miss Marple. Elle a écrit environ soixante-dix romans dont *le Crime de l'Orient-Express (1934)*, et *Dix petits nègres (1939)*.

Christine de Suède (née en 1626, morte en 1689)
Reine de Suède de 1632 à 1654. Elle était la fille du roi Gustave II Adolphe. Elle travailla à l'agrandissement de son royaume. Elle abdiqua en 1654 pour parcourir l'Europe.

Churchill Winston (né en 1874, mort en 1965)
Homme politique britannique. Il fut Premier ministre de 1940 à 1945 et son rôle fut capital durant la Seconde Guerre mondiale, notamment lors de la Conférence de Yalta en 1945. Ses *Mémoires de guerre (1948-1953)* lui valurent le prix Nobel de littérature en 1953.

Chypre

700 000 habitants
Superficie : 9 250 km^2
Capitale : Nicosie
Langues officielles : grec, turc
Monnaie : la livre chypriote

Île de la Méditerranée orientale. La population de la république de Chypre se compose d'une majorité de Grecs qui occupent la partie sud de l'île, et d'une minorité de Turcs qui vivent dans la partie nord. L'île vit principalement de ses productions agricoles : vigne, agrumes, orge, moutons, et de l'exportation d'amiante.
Histoire Les premiers colonisateurs de Chypre furent des marins mycéniens. Ils y installèrent des ports à la fin du IIe millénaire. L'île fut ensuite soumise à l'Égypte, puis annexée à l'empire d'Alexandre avant d'être intégrée à l'Empire romain, puis à l'Empire byzantin. Venise l'acheta en 1489, mais elle fut prise par les Turcs en 1570. La Grande-Bretagne obtint de l'administrer en 1878, et en fit une colonie en 1925. L'indépendance, accordée en 1960, ne régla pas le conflit entre les populations grecque et turque. Le 20 juillet 1974, l'armée turque, craignant le rattachement à la Grèce, pénétra à Chypre et en occupa la moitié nord. En 1983, les Turcs proclamèrent la République turque de Chypre du Nord. L'île a été totalement bouleversée par cette division. Depuis les années 1970, la zone turque stagne, alors que la zone grecque connaît un essor grâce à l'aide de la Grèce et de l'Union européenne.

CIA
Sigle de l'anglais *Central Intelligence Agency*. Services secrets américains créés en 1947.

Cicéron (né en 106, mort en 43 avant J.-C.)
Homme politique et orateur romain. Une fois devenu consul en 63, il dénonça la conspiration de Catilina (les quatre *Catilinaires*). Il suivit Pompée puis se rallia à César en 48. À la mort de César, il s'en prit à Antoine qui le fit assassiner. Outre ses grands discours, il a laissé des traités philosophiques et une correspondance.

le **Cid** (né en 1043, mort en 1099)
Héros espagnol. Il était l'époux de Chimène, la cousine du roi de Castille, et était connu pour ses exploits guerriers. Corneille s'inspira de ce personnage pour écrire sa première tragi-comédie en vers, *le Cid (1636)*.

Cimbres
Peuple germanique qui envahit la Gaule en 113 avant J.-C. Les Cimbres furent exterminés par Marius en 101 avant J.-C.

Cîteaux
Abbaye qui fut fondée en 1098 par Robert de Molesmes. Elle fut pendant longtemps la maison mère de l'ordre cistercien.

Cité interdite
Domaine réservé à l'empereur dans la ville de Pékin ; il comprenait le palais impérial. Le régime communiste en a fait un musée.

Citroën André (né en 1878, mort en 1935)
Ingénieur et industriel français. Il est le fondateur de l'entreprise de construction automobile qui porte son nom.

Çiva
Dieu de la religion hindoue. Il représente le principe de destruction-rénovation dans l'univers.
On dit aussi **Shiva**.
On écrit aussi **Siva**.

sainte **Claire** (née vers 1194, morte en 1253)
Fondatrice de l'ordre des Clarisses. Elle fut canonisée en 1255.

Clairvaux
Abbaye cistercienne fondée en 1115 par Étienne, abbé de Cîteaux. Elle est aujourd'hui un établissement pénitentiaire.

Claude Ier (né en 10 avant J.-C., mort en 54 après J.-C.)
Empereur romain. Son règne fut marqué par la conquête, en 53, de l'île de Bretagne. Après

avoir fait assassiner sa femme Messaline, il fut lui-même assassiné par sa seconde épouse, Agrippine.

Claudel Paul (né en 1868, mort en 1955)
Écrivain et diplomate français, membre de l'Académie française. Il était à la fois auteur de poésie : *Connaissance de l'Est (1895-1905)*, et de pièces de théâtre : *le Partage de midi (1905)*, *l'Annonce faite à Marie (1912)*, *le Soulier de satin (1923)*.

Clemenceau Georges (né en 1841, mort en 1929)
Homme politique français. Il est le fondateur du parti radical-socialiste et le créateur du ministère du Travail. Il fut l'un des défenseurs de Dreyfus. On le surnomma *le Tigre* en raison de la violence de ses prises de parole soit en tant que président du Conseil, soit en tant que journaliste. Il fut également surnommé *le Père la Victoire* car il avait défendu les chefs militaires avec énergie pendant la Première Guerre mondiale. Outre ses articles de journaux, il a publié des romans, des pièces de théâtre, des souvenirs. Il fut élu à l'Académie française en 1918 et se retira de la vie politique en 1920.

Clément Jacques (né en 1567, mort en 1589)
Moine dominicain français. Il assassina Henri III et fut massacré par la suite du roi.

Cléopâtre VII (née en 69, morte en 30 avant J.-C.)
Reine d'Égypte. Elle est célèbre par sa beauté et son intelligence ainsi que par ses amours avec César, puis Marc Antoine, qui lui permirent de sauver son trône. Antoine ayant été vaincu par Octave, elle s'enfuit avec lui en Égypte où ils se suicidèrent.

Clermont-Ferrand
Chef-lieu du département du Puy-de-Dôme et de la Région Auvergne (137 140 hab.). Clermont-Ferrand est un grand centre de l'industrie du pneumatique. Sa belle cathédrale romane et son université en font aussi un centre culturel. Le pape Urbain II y prêcha la 1re croisade.

Cleveland
Ville des États-Unis située sur le lac Érié (2 millions d'hab.). Cleveland est un centre commercial, industriel et culturel.

Clisthène
Homme politique athénien, au VIe siècle avant J.-C. Il contribua à la chute du tyran Hippias (510) et établit la démocratie à Athènes.

Clouet Jean (né vers 1485-1490, mort en 1541)
Peintre français d'origine flamande. Clouet fut portraitiste à la cour sous François Ier. Il est connu pour l'élégance de ses dessins.

Clovis Ier (né vers 465, mort en 511)
Roi des Francs (de 481 à 511). Après avoir battu les Romains, puis les Burgondes et les Wisigoths, il réussit à réunir les différentes tribus barbares et à fonder un État. Converti au christianisme, il devint le premier roi catholique de la Gaule.

Cluny
Ville de la Saône-et-Loire, près de Mâcon (4 376 hab.). Sa puissante abbaye bénédictine, qui fut fondée en 910, possédait la plus grande église du monde. Seule Saint-Pierre de Rome l'a surpassée.

Clytemnestre
Épouse d'Agamemnon, roi de Mycènes ; mère d'Oreste, d'Électre et d'Iphigénie. Elle assassina Agamemnon avec l'aide de son amant, Égisthe. Oreste la tua à son tour, vengeant ainsi son père.

Cnossos
Ancienne ville de Crète, centre d'une brillante civilisation du XXe au XIVe siècle avant J.-C. C'est à Cnossos que se trouvait le palais du roi Minos (XVIe-XVe siècles).

CNRS
Sigle de *Centre national de la recherche scientifique*. Cet établissement public français fut créé en 1939 pour développer la recherche scientifique et technologique.

Coblence
Ville d'Allemagne, au confluent du Rhin et de la Moselle (110 280 hab.). Coblence fut, à la fin de la Révolution française, le lieu de ralliement des émigrés français. Dès 1792, Condé y rassembla une armée pour lutter contre les républicains.

Cocteau Jean (né en 1889, mort en 1963)
Écrivain et cinéaste français. Cocteau est l'auteur de romans : *les Enfants terribles*, de pièces de théâtre : *les Parents terribles*, et de films : *le Sang d'un poète*, *la Belle et la Bête*, et *Orphée*. Son œuvre est pleine d'esprit et de poésie. Il a aussi été dessinateur et peintre.

Colbert Jean-Baptiste (né en 1619, mort en 1683)
Homme d'État français. D'abord au service de Mazarin, puis de Louis XIV, il joua un grand rôle dans les affaires du royaume. Colbert assainit les finances, développa la marine et encouragea le commerce et l'industrie. Il fonda l'Académie des sciences et aida de nombreux artistes. Peu aimé à la Cour, il perdit peu à peu son crédit auprès du roi et fut remplacé par Louvois.

Colette Sidonie Gabrielle (née en 1873, morte en 1954)
Romancière française. Colette est l'auteur de nombreux romans, en particulier la série des *Claudine (1900-1903)*, écrite en collaboration avec son mari. On lui doit également *Chéri*, *la Chatte* et *Gigi*.

Coligny Gaspard (né en 1519, mort en 1572)
Amiral de France. Il fut l'un des chefs protestants de la Réforme. Catherine de Médicis le fit assassiner lors du massacre de la Saint-Barthélemy.

Colisée
Célèbre amphithéâtre de Rome. Commencé par Vespasien, il fut achevé sous Titus en 80 après J.-C. Il pouvait contenir 50 000 spectateurs.
On dit aussi **amphithéâtre Flavien**.

Colmar
Chef-lieu du département du Haut-Rhin (65 136 hab.). Ses maisons anciennes et son musée en font une ville touristique.

Cologne
Ville d'Allemagne sur la rive gauche du Rhin (914 340 hab.). C'est un centre bancaire, commercial et industriel. Cologne est aussi une ville de culture, connue pour sa cathédrale gothique et son université.

Colomb Christophe (né en 1450 ou 1451, mort en 1506)
Navigateur génois au service de l'Espagne. En essayant de rejoindre les Indes par l'ouest de l'Europe, il aborda en Amérique. Il atteignit les Bahamas en octobre 1492, puis les Grandes Antilles. Lors des voyages suivants, il aborda au Venezuela, en Colombie, et longea l'Amérique centrale. Colomb mourut dans la misère et dans l'abandon.

Colombie
41 millions d'habitants
Superficie : 1 138 900 km^2
Capitale : Bogotá
Langue officielle : espagnol
Monnaie : le peso colombien

État du nord-ouest de l'Amérique du Sud, donnant sur l'Atlantique au nord et sur le Pacifique à l'ouest. La population de la République de Colombie, catholique à 95 %, est en majorité métisse.
Géographie La Colombie est traversée par la cordillère des Andes, qui sépare le littoral des plaines de l'Est ; 70 % de la population habite les villes.
Économie La Colombie est le deuxième producteur mondial de café. Ses autres ressources sont le pétrole, le charbon, l'or et le nickel. Le trafic de drogue et la corruption sont les deux grands fléaux du pays.

Colombie-Britannique
Province de l'ouest du Canada depuis 1871, bordée par le Pacifique. 948 596 km^2 ; 3,3 millions d'hab. La capitale est Victoria.
La Colombie-Britannique est une région montagneuse. Son littoral jouit d'un climat doux, l'intérieur d'un climat continental. Ses principales ressources sont la pêche, l'exploitation des forêts et du sous-sol. L'activité industrielle est concentrée principalement autour de la métropole de Vancouver. C'est aussi une région touristique.

Colombo
Capitale du Sri Lanka (680 000 hab.). La ville, fondée en 1507 par les Portugais, est un grand port commercial.
On dit aussi **Kolamba**.

Colorado
Fleuve de l'ouest des États-Unis (2 250 km). Sur son parcours il traverse des gorges profondes : les célèbres *cañons du Colorado*.

Comanches
Indiens d'Amérique du Nord dont les descendants sont aujourd'hui installés en Oklahoma.

Comédie-Française
Troupe de théâtre constituée sous Louis XIV par la réunion de la troupe de Molière, du théâtre du Marais et de l'hôtel de Bourgogne. Aujourd'hui subventionnée par l'État, la Comédie-Française est la grande interprète du théâtre classique.

Commode (né en 161, mort en 192)
Empereur romain (180-192), fils de Marc Aurèle. Cruel et débauché, il fut assassiné.

Commonwealth of Nations
Ensemble des pays ayant fait partie de l'Empire britannique et qui demeurent unis à la Grande-Bretagne. Parmi ces pays se trouvent l'Afrique du Sud, l'Australie, le Canada, l'Inde, le Pakistan et la Nouvelle-Zélande.

Communauté des États indépendants voir ***CÉI***

Commune de Paris
Gouvernement révolutionnaire formé lors de l'insurrection du 18 mars 1871. En 1870, après la victoire de l'Allemagne sur la France, les Parisiens accusèrent le gouvernement de pactiser avec l'ennemi ; refusant l'armistice, ils créèrent la Commune. En mai 1871, les communards durent affronter l'armée régulière envoyée sur Paris par le gouvernement officiel réfugié à Versailles : ce fut la « semaine sanglante » ; un grand nombre de communards furent massacrés ou déportés.
On dit aussi **la Commune**.

de **Commynes** Philippe (né vers 1447, mort en 1511)
Chroniqueur français. Dans ses *Mémoires*, il raconte des évènements survenus sous les règnes de Louis XI et de Charles VIII.
On écrit aussi **Commines** ou **Comines**.

A B C D E F G H I J K L M N O P Q R S T U V W X Y Z

Comores

660 000 habitants
Superficie : 1 860 km^2
Capitale : Moroni
Langues officielles : français, arabe
Monnaie : le franc des Comores

État de l'océan Indien, au nord-ouest de Madagascar. L'archipel des Comores est formé de trois îles volcaniques, qui vivent essentiellement de l'agriculture. Le climat est tropical et soumis à la mousson. Ancien protectorat français en 1886, incluant autrefois Mayotte, les Comores ont acquis leur indépendance en 1975.

Compagnie française des Indes

Compagnie créée en 1719 à partir de la Compagnie française des Indes orientales, afin de développer le commerce entre la France et l'Orient. La Compagnie disposait de plusieurs établissements commerciaux en Inde, les *comptoirs*, ainsi qu'en Afrique, à partir desquels elle exportait par voie maritime des métaux précieux, des tissus, du poivre et du café vers la France.

Conakry

Capitale et port de la Guinée (1,1 million d'hab.).

le Grand Condé (né en 1621, mort en 1686)

Louis II, fils d'Henri II de Bourbon. Vainqueur des Espagnols à vingt-deux ans, chef de la Fronde des princes, il servit Louis XIV après la paix des Pyrénées.

Condorcet Marie Jean Antoine (né en 1743, mort en 1794)

Mathématicien, économiste, philosophe et homme politique français. Les idées essentielles de sa philosophie sont exposées dans son ouvrage le plus connu : *Esquisse d'un tableau historique des progrès de l'esprit humain.*

Confucius (VIe-Ve siècle avant J.-C.)

Philosophe chinois. Sa pensée, fondée sur les vertus d'humanité, d'équité, et de respect des rites cultuels, a inspiré le confucianisme.

① Congo

2,7 millions d'habitants
Superficie : 342 000 km^2
Capitale : Brazzaville
Langue officielle : français
Monnaie : le franc CFA

La république du Congo est un État d'Afrique équatoriale, baigné par l'Atlantique. Il est constitué de plateaux et de collines, avec des forêts au nord qui se transforment en savane arborée au sud. La grande ressource du pays est le pétrole, devant le bois et ses dérivés.
Autrefois colonie française, le Congo est indépendant depuis 1960. On l'appelait aussi *Congo-Brazzaville.*

② Congo

49 millions d'habitants
Superficie : 2 345 410 km^2
Capitale : Kinshasa
Langue officielle : français
Monnaie : le franc congolais

La république démocratique du Congo est un État d'Afrique centrale, le troisième du continent par la superficie. Le Congo s'étend dans le bassin du fleuve Congo et donne sur l'Atlantique par un étroit couloir. Il est couvert de forêt dense dans sa partie centrale, de forêt claire et de savane arborée au sud.

ÉCONOMIE Les principales cultures sont réservées à la consommation locale. Le pays est le 16e producteur mondial de café. La République démocratique du Congo extrait de l'or, des diamants et différents minerais. Son économie est faible et son taux de chômage catastrophique.

HISTOIRE Colonie belge en 1908, le Congo accéda à l'indépendance en juin 1960. Après une période de troubles graves, il devint le Congo-Kinshasa, puis le Zaïre en 1971, avant de devenir la République démocratique du Congo en 1997.

③ Congo

Fleuve d'Afrique équatoriale (4 640 km), le deuxième du monde par l'étendue de son bassin et par son débit.

Congrès

Parlement américain, constitué par le Sénat et la Chambre des représentants, et siégeant au Capitole. Le Congrès ne peut être dissous.

Conseil constitutionnel

Organisme créé par la Constitution de 1958. Sa fonction est de faire respecter la Constitution française.

Conseil d'État

Juridiction suprême de la France, créée par la Constitution de l'an VIII, sous le consulat de Napoléon Bonaparte. Le Conseil d'État siège au Palais-Royal, à Paris.

Conseil supérieur de la magistrature

Organisme constitutionnel français créé en 1946, chargé de garantir l'indépendance de l'autorité de la justice. Le Conseil supérieur de la magistrature peut exercer des sanctions disciplinaires sur les magistrats.

lac de Constance

Lac (540 km^2) situé entre la Suisse, l'Allemagne et l'Autriche. C'est un lieu apprécié des touristes.

Constant Benjamin (né en 1767, mort en 1830)

Homme politique et écrivain français. Il est connu pour ses écrits politiques, ses romans, et surtout ses *Journaux intimes.*

Constantin Ier (né entre 270 et 288, mort en 337)
Empereur romain de 306 à 337. Constantin Ier, dit Constantin le Grand, se rendit maître de l'Occident, puis de tout l'Empire romain. Il se convertit au christianisme, qui devint la religion officielle. Il fonda Constantinople sur l'emplacement de Byzance, et y établit le gouvernement en 330.

Constantine
Ville d'Algérie (450 740 hab). Constantine fut la capitale de la Numidie sous le nom de Cirta. Détruite en 331, elle fut reconstruite par l'empereur Constantin.

Constantinople
Ville fondée en 324 par Constantin Ier sur l'emplacement de Byzance. Elle fut la capitale de l'Empire romain d'Orient, appelé aussi Empire byzantin, de 330 à 1453. Prise par les Turcs en 1453, elle reçut son nom actuel : Istanbul.

Consulat
Gouvernement de la France, de 1799 à 1804, qui fait suite au Directoire et qui précède le Premier Empire. Le pouvoir, défini par la Constitution de l'an VIII, était confié à trois consuls nommés pour dix ans. Le Premier consul, Napoléon Bonaparte, deviendra consul à vie en 1802.

Contre-réforme voir ***Réforme catholique***

Convention nationale
Assemblée constituante française qui gouverna après la Révolution, de 1792 à 1795. Elle succéda à l'Assemblée législative. La Convention nationale proclama la Ire République.

Cook James (né en 1728, mort en 1779)
Navigateur anglais. Au cours de ses trois voyages dans l'océan Pacifique, Cook découvrit les îles de la Nouvelle-Zélande, explora l'Australie, les îles Marquises et atteignit l'océan Arctique par le détroit de Béring. Son dernier voyage le mena aux îles Hawaii, où il fut tué par un indigène.

Cooper James Fenimore (né en 1789, mort en 1851)
Romancier américain. Il est l'auteur du célèbre roman d'aventure *le Dernier des Mohicans.*

Copenhague
Capitale du Danemark (1,3 million d'hab.). Copenhague est un grand port de commerce et la métropole industrielle du pays. C'est aussi une ville universitaire et culturelle.

Copernic Nicolas (né en 1473, mort en 1543)
Astronome polonais. Il démontra que la Terre n'est pas un point fixe occupant le centre du monde, mais qu'elle tourne sur elle-même et autour du Soleil.

Corday Charlotte (née en 1768, morte en 1793)
Jeune révolutionnaire française. Elle poignarda Marat dans son bain, pour venger les Girondins. Elle fut guillotinée.

Cordoue
Ville du sud de l'Espagne, en Andalousie (307 270 hab.). Cordoue est un centre agricole, industriel et surtout touristique, célèbre pour son immense mosquée (du VIIIe au Xe siècle) et ses églises. Elle était connue autrefois pour le travail du cuir. Capitale de l'émirat de Cordoue au Xe siècle, elle attira des savants, des poètes, des écrivains et des philosophes.

guerre de Corée
Conflit qui a opposé la Corée du Nord (soutenue par l'URSS) et la Corée du Sud (soutenue par les États-Unis) de juin 1950 à juillet 1953, et qui a tué des millions de civils.

Corée du Nord

23,5 millions d'habitants
Superficie : 120 598 km²
Capitale : Pyongyang
Langue officielle : coréen
Monnaie : le won

Cet État d'Asie orientale fut fondé en 1945, et est situé au sud de la Chine. C'est un pays montagneux, qui vit surtout d'agriculture et d'élevage. La pêche et l'exploitation forestière emploient 40 % de la population active. La République démocratique populaire de Corée, qui doit faire face à d'énormes difficultés économiques, essaie de s'ouvrir vers la Corée du Sud et les États-Unis.

Corée du Sud

46 millions d'habitants
Superficie : 98 477 km²
Capitale : Séoul
Langue officielle : coréen
Monnaie : le won

État d'Asie orientale, fondé en 1945. La Corée du Sud, ou République de Corée, est devenue un grand pays industriel dans les années 1970-1990 ; elle offrait une main-d'œuvre abondante et bon marché. Elle a développé son agriculture, mais doit importer encore beaucoup de denrées. Les luttes sociales des années 1989, et la crise financière qui l'a frappée, ont ralenti pour un temps sa croissance, qui est aujourd'hui repartie.

Corfou
Île grecque de la mer Ionienne. 105 040 hab. ; chef-lieu : Corfou. Ses ressources sont le vin, les olives et les agrumes. Sa beauté et ses églises byzantines en font une île très appréciée des touristes.

Corinthe
Port de Grèce, au fond du golfe de Corinthe, sur l'isthme qui sépare le Péloponnèse de l'Attique (22 660 hab.). Corinthe fut une des cités les plus florissantes de la Grèce antique et fonda de nombreuses colonies en Méditerranée. Elle fut tantôt l'alliée de Sparte contre Athènes, tantôt l'alliée d'Athènes contre Sparte. Détruite par les Romains, puis reconstruite, elle fut définitivement ruinée par les invasions barbares du IIIe siècle.

Corneille Pierre (né en 1606, mort en 1684)
Auteur dramatique français. Protégé par Richelieu au début de sa carrière d'auteur, Corneille devint célèbre avec *le Cid*, son premier grand succès. Auteur de quelques comédies, *l'Illusion comique*, *le Menteur*, il est surtout un immense tragédien, rival de Racine. Certaines de ses tragédies (*Horace*, *Cinna*, *Polyeucte*) figurent parmi les plus belles des tragédies classiques.

Cornouailles
Comté du Sud-Ouest de l'Angleterre, sur l'Atlantique et la Manche. 3 546 km^2 ; 469 300 hab. C'est une péninsule aux côtes très découpées. Sa principale ressource est la pêche.

Corot Jean-Baptiste Camille (né en 1796, mort en 1875)
Peintre français. Corot est un des grands paysagistes du XIXe siècle. On lui doit aussi des portraits et des nus féminins. La qualité de ses compositions et la façon dont il traite la lumière font de lui le précurseur de l'impressionnisme.

Corrèze
Département français (19) de la Région du Limousin. 5 860 km^2 ; 232 576 hab. ; chef-lieu : Tulle.

Corse
Île française de la Méditerranée. 8 682 km^2 ; 260 196 hab. La Corse est formée des départements de Corse-du-Sud et de Haute-Corse. C'est une île montagneuse au climat méditerranéen, qui vit de l'agriculture et surtout du tourisme. La population se concentre à Ajaccio et à Bastia.

HISTOIRE La Corse a connu une civilisation mégalithique, dont il reste encore des vestiges. Elle fut conquise par les Romains au IIIe siècle avant J.-C., puis devint byzantine et enfin italienne au XIIIe siècle. Gênes la céda à la France en 1768. La Corse bénéficie actuellement d'un statut particulier de collectivité territoriale de la République française.

Corse (Haute-) voir *Haute-Corse*

Corse-du-Sud
Département français (2A). 4 014 km^2 ; 118 593 hab. ; chef-lieu : Ajaccio.

Cortés Hernán (né en 1485, mort en 1547)
Conquistador espagnol. Il soumit le Mexique entre 1519 et 1521, détruisant l'Empire aztèque. Nommé gouverneur par Charles Quint, il administra les pays conquis jusqu'en 1541, avant de tomber en disgrâce.
On écrit aussi **Cortez**.

Cosaques
Populations guerrières originaires d'Asie centrale, utilisées par la Russie au XVe siècle pour coloniser les steppes du Sud et pour défendre les frontières des incursions des Turcs. Plus tard, les Cosaques servirent dans les corps d'élite de l'armée russe.

Costa Rica
3,8 millions d'habitants
Superficie : 50 700 km^2
Capitale : San José
Langue officielle : espagnol
Monnaie : le colón du Costa Rica

Le Costa Rica, colonisé au XVIe siècle par les Espagnols, a été découvert par Christophe Colomb en 1502.

GÉOGRAPHIE État d'Amérique centrale, entre le Nicaragua au nord et le Panamá au sud. Le Costa Rica est traversé dans sa longueur par des chaînes de montagnes bordées de part et d'autre par la mer des Caraïbes et l'océan Pacifique. Les hauts plateaux du centre, élevés et fertiles, regroupent une grande partie de la population.

ÉCONOMIE Le climat, tropical et tempéré par l'altitude, favorise les cultures d'exportation. Le pays produit essentiellement du café, du cacao, de la canne à sucre et des bananes. La République du Costa Rica est un des pays les plus riches de l'Amérique latine.

Costes Dieudonné (né en 1892, mort en 1973)
Aviateur français. En 1930, il réalisa la première liaison Paris-New York sans escale.

Côte d'Azur
Partie de la côte méditerranéenne française entre les villes de Cassis et de Menton. La Côte d'Azur est appréciée des touristes pour son climat particulièrement doux et ensoleillé.

Côte d'Ivoire
15,6 millions d'habitants
Superficie : 322 460 km^2
Capitale : Yamoussoukro
Langue officielle : français
Monnaie : le franc CFA

État d'Afrique occidentale, sur le golfe de Guinée.

GÉOGRAPHIE La Côte d'Ivoire est formée de plateaux qui descendent au sud vers la plaine côtière et le littoral. Le climat est tropical au nord et équatorial au sud. La population est essentiellement rurale.

ÉCONOMIE L'économie de la Côte d'Ivoire repose

essentiellement sur l'exportation de cacao (1er rang mondial), de café, de bananes et d'ananas. Le grand port d'Abidjan concentre l'essentiel des industries.
Histoire Explorée au XVe siècle par les Portugais, la Côte d'Ivoire a été une colonie française à la fin du XIXe siècle. Elle est devenue indépendante et une république en 1960.

Côte-d'Or
Département français (21) de la Région de Bourgogne. 8 765 km^2 ; 506 755 hab. ; chef-lieu : Dijon.

Cotentin
Presqu'île de Normandie qui s'avance dans la Manche à l'est de la baie du Mont-Saint-Michel.

Côtes-d'Armor
Département français (22) de la région de Bretagne. 6 878 km^2 ; 542 373 hab. ; chef-lieu : Saint-Brieuc.

Cotonou
Ville principale du Bénin (478 000 hab.). Cotonou est un port très actif.

Coty René (né en 1882, mort en 1962)
Homme politique français. Coty a été le dernier président de la IVe République, de décembre 1953 à janvier 1959.

Coubertin Pierre de (né en 1863, mort en 1937)
Créateur des jeux Olympiques modernes.

Couperin
Famille de musiciens français. Le plus célèbre est François Couperin. Il composa de nombreuses pièces pour clavecin, de la musique de chambre, et de la musique religieuse.

Courbet Gustave (né en 1819, mort en 1877)
Peintre français. Courbet est connu pour son style réaliste, qui à son époque fit scandale. Il a peint des paysages, des nus, des autoportraits, et des scènes liées aux évènements de son époque.

Cour de cassation
Tribunal suprême, créé en France en 1804, qui a le pouvoir de casser les décisions des autres tribunaux.

Cour internationale de justice
Tribunal de l'ONU, créé en 1945 pour arbitrer les conflits entre les États. La Cour internationale de justice est composée de quinze membres élus pour neuf ans. Elle siège à La Haye, aux Pays-Bas.

Cour suprême des États-Unis
Juridiction suprême créée par la Constitution américaine de 1787. Elle est composée de neuf juges nommés à vie par le président des États-Unis avec l'accord du Sénat. Son rôle est de veiller à ce que les lois soient en conformité avec la Constitution.

Courteline Georges (né en 1858, mort en 1929)
Auteur français. Il est surtout connu pour ses comédies satiriques : *les Gaietés de l'escadron*, et ses récits : *Messieurs les ronds-de-cuir*, où il se moque de la bêtise humaine.

Cracovie
Ville de Pologne, sur la Vistule (743 360 hab.). C'est un centre industriel, commercial, scientifique et culturel. Cracovie fut la capitale de la Pologne du XIVe au XVIe siècle.

Cranach Lucas (né en 1472, mort en 1553)
Peintre et graveur allemand. Il est l'auteur de scènes d'inspiration biblique ou mythologique, et de portraits.
On dit aussi **Cranach l'Ancien**.

Crassus Marcus Licinius (né vers 114, mort en 53 avant J.-C.)
Homme politique romain. Crassus fit partie du premier triumvirat, formé en 60, avec César et Pompée. Gouverneur de la Syrie, il fut tué dans la guerre qui l'opposa aux Parthes.

la Crau
Vaste plaine des Bouches-du-Rhône, à l'est de la Camargue. On y cultive des fruits et des légumes.

Crésus
Dernier roi de Lydie, au VIe siècle avant J.-C. Crésus est célèbre pour ses richesses, qu'il devait à l'or que transportait le fleuve Pactole. Il est à l'origine de l'expression *être riche comme Crésus*.

Crète
Grande île de la Méditerranée orientale, au sud-est du Péloponnèse. C'est une région de la Grèce et de l'Union européenne. 8 336 km^2 ; 536 980 hab. Sa capitale est Héraklion. La Crète est une île montagneuse, au climat chaud et sec. Elle vit de l'agriculture, de la pêche, de l'élevage et surtout du tourisme. Son patrimoine archéologique est remarquable : on peut y visiter les vestiges de Cnossos, le luxueux palais du roi Minos.
Histoire Ancien centre de la civilisation minoenne, la Crète tomba sous l'emprise de Mycènes au IIe siècle avant J.-C. Elle fut ensuite successivement romaine, byzantine, musulmane (IXe siècle), vénitienne (XIIIe-XVIIe siècles), et turque (XVIIe-XIXe siècles). Elle est rattachée à la Grèce depuis 1913.

Créteil
Chef-lieu du département du Val-de-Marne (82 154 hab.), au sud-est de Paris.

Creuse
Département français (23), de la Région du Limousin. 5 559 km^2 ; 124 470 hab. ; chef-lieu : Guéret.

A B C D E F G H I J K L M N O P Q R S T U V W X Y Z

Crimée
Presqu'île d'Ukraine, s'avançant dans la mer Noire. Montagneuse au sud-est, la Crimée est une région agricole, dont les ressources sont la vigne, les agrumes et le blé. C'est aussi une région touristique.
HISTOIRE Connue des Grecs qui s'y établirent dès le VIIe siècle avant J.-C., la Crimée subit de nombreuses invasions jusqu'au XVe siècle. Annexée à l'empire de Russie en 1783, elle fut le siège d'une guerre qui opposa, entre 1854 et 1855, la Russie aux Turcs et à leurs alliés français et anglais. En 1954, la Crimée fut rattachée à l'Ukraine.

Croatie
4,7 millions d'habitants
Superficie : 56 538 km^2
Capitale : Zagreb
Langue officielle : croate
Monnaie : la couronne

État d'Europe, issu de l'éclatement de la Yougoslavie en 1992. La Croatie borde la majeure partie de la côte de l'Adriatique. Sa population est formée de Croates catholiques à 75 %, de Serbes orthodoxes à 11,5 %. Elle tire ses principales ressources de l'agriculture et de l'exploitation du sous-sol, mais son économie a beaucoup souffert du conflit sanglant qui a opposé les Serbes aux Croates entre 1991 et 1995. La République de Croatie a été reconnue en 1992 par la CEE.

Croissant fertile
Plaines alluviales du Moyen-Orient où s'édifièrent les premières grandes civilisations de l'Antiquité.

Croix-Rouge
Organisation internationale fondée en 1863 pour protéger les victimes des guerres. Siégeant à Genève, le Comité international de la Croix-Rouge a reçu le prix Nobel de la paix en 1917, 1944 et 1963.

Cro-Magnon
Site préhistorique de Dordogne où furent découverts, en 1868, des squelettes humains datant du paléolithique supérieur, environ 30 000 avant J.-C.

Cromwell Oliver (né en 1599, mort en 1658)
Homme politique anglais. En 1645, il s'opposa par les armes au roi Charles Ier, qu'il vainquit et fit condamner à mort. Il instaura ensuite la république, dont il fit une dictature militaire, et soumit l'Irlande et l'Écosse. Il renforça la puissance maritime anglaise et, pour annexer Dunkerque (1658), s'allia à la France contre l'Espagne. La royauté fut rétablie en Angleterre après sa mort.

Cronos
Dieu de la mythologie grecque, fils d'Ouranos (le Ciel) et de Gaia (la Terre), père de Zeus. Il est l'équivalent de Saturne dans la mythologie romaine.
On écrit aussi **Kronos**.

Crows
Indiens d'Amérique du Nord, proches des Sioux.

Cuauhtémoc (né vers 1497, mort en 1525)
Dernier empereur aztèque. Il fut vaincu par le conquistador espagnol Cortés qui le fit pendre.

Cuba
10,5 millions d'habitants
Superficie : 114 250 km^2
Capitale : La Havane
Langue officielle : espagnol
Monnaie : le peso cubain

État d'Amérique centrale formé par la plus grande île des Antilles, à l'entrée du golfe du Mexique.
GÉOGRAPHIE Cuba est un pays de plaines et de bas plateaux au sol fertile, coupés de quelques reliefs. Les côtes sont découpées en larges baies. Le climat est tropical, humide, et les cyclones sont fréquents.
ÉCONOMIE Ses ressources résident surtout dans la production de canne à sucre, de tabac et de fruits. Longtemps soutenue par l'URSS, la République socialiste de Cuba a subi les effets catastrophiques de l'embargo américain. Le tourisme est en progression rapide, mais le taux de chômage est important.
HISTOIRE Cuba a été découverte en 1492 par Christophe Colomb. L'Espagne y transporta des esclaves noirs dès le XVIe siècle pour cultiver les plantations de tabac, de canne à sucre et de café. Au XIXe siècle, Créoles et Noirs se révoltèrent, mais l'esclavage ne fut aboli qu'en 1880. Cuba devint indépendante en 1901, après la guerre des États-Unis contre l'Espagne. Différents dictateurs, soutenus par les États-Unis, se succédèrent. En 1953, la dictature de Batista fut renversée par les guérilleros de Fidel Castro. Castro abolit la grande propriété et nationalisa les entreprises américaines. Les États-Unis répliquèrent par un blocus, et Cuba se rapprocha alors de l'URSS.

Cupidon voir *Éros*

Curie Pierre (né en 1859, mort en 1906) et Marie (née en 1867, morte en 1934)
Physiciens français. Ils ont découvert le radium en 1898, et ont reçu le prix Nobel de physique en 1903. Poursuivant ses recherches après la mort de son mari, Marie Curie reçut le prix Nobel de chimie en 1911.

Cuvier Georges (né en 1769, mort en 1832)
Zoologiste français, père de la paléontologie et de l'anatomie comparée des vertébrés.

Cuzco
Ville du Pérou méridional, dans les Andes, à 3 650 m d'altitude (235 860 hab.).
Cuzco est l'ancienne capitale de l'Empire inca ; elle fut aussi un grand centre colonial.

Cyclades
Îles grecques de la mer Égée, au sud-est de l'Attique. Les plus connues et les plus touristiques sont Mykonos, Délos, Naxos, Paros et Santorin. Les Cyclades ont été le foyer d'une grande civilisation au IIIe millénaire avant J.-C.

Cyclopes
Personnages de la mythologie grecque. Les Cyclopes sont des géants qui n'ont qu'un œil, au milieu du front.

Cyrano de Bergerac
Comédie héroïque en cinq actes et en vers d'Edmond Rostand (1897). Le personnage de Cyrano est célèbre pour sa noblesse d'âme qui contraste avec le caractère disgracieux de son trop long nez.

Cyrano de Bergerac Savinien de
(né en 1619, mort en 1655)
Écrivain français. Il est l'auteur de tragédies et de comédies.

saint Cyrille (né vers 827, mort en 869)
Prêtre grec chargé d'évangéliser les pays slaves. Pour traduire la Bible en slave, il créa un alphabet simplifié dérivé du grec.

Cyrus II (mort vers 528 avant J.-C.)
Fondateur de l'Empire perse. Cyrus II, dit Cyrus le Grand, fut roi des Mèdes à partir du VIe siècle avant J.-C. Il conquit la Lydie ainsi que les colonies grecques d'Asie Mineure. Il prit Babylone en 539 et libéra les captifs juifs.

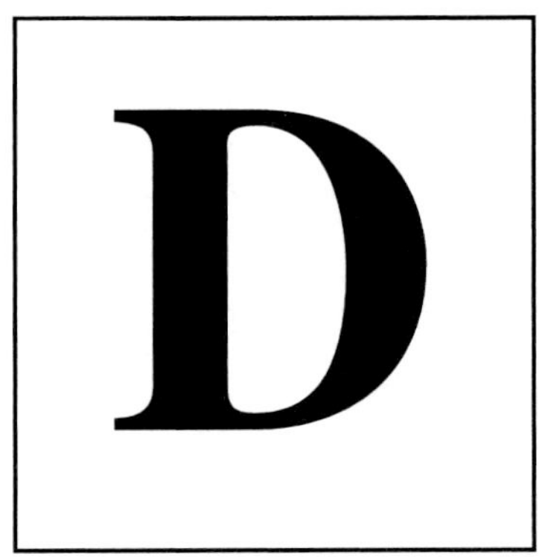

Dacca voir ***Dhaka***

Dachau
Ville d'Allemagne située en Bavière (32 870 hab.). Un camp de concentration nazi y fut implanté de 1933 à 1945. Des milliers de personnes y furent exterminées.

Daghestan
République autonome de Russie. Le Daghestan est situé sur le versant nord du Caucase, et donne sur la mer Caspienne. 50 300 km^2 ; 1,8 million d'hab. Ses ressources lui viennent de l'agriculture et des gisements de pétrole.
On écrit aussi **Daguestan**.

Dagobert Ier (né vers 604, mort en 639)
Roi des Francs de 629 à 639, fils de Clotaire II. Dagobert réunifia le royaume des Francs et fut le dernier grand roi de la dynastie des mérovingiens.

Daguerre Louis Jacques (né en 1787, mort en 1851)
Inventeur français. Il perfectionna la photographie, inventée en 1816 par Niepce.

Daguestan voir ***Daghestan***

Dahomey voir ***Bénin***

Dakar
Capitale du Sénégal. Dakar est située dans la presqu'île du Cap-Vert, sur l'Atlantique (1,8 million d'hab.). C'est un grand port de commerce et de pêche.

Dakotas
Indiens d'Amérique du Nord qui occupaient jusqu'au XIXe siècle d'immenses territoires à l'ouest du Mississippi.

Daladier Édouard (né en 1884, mort en 1970)
Homme politique français. Président radical-socialiste du Conseil, il signa en 1938 les accords de Munich.

d'Alembert voir ***Alembert***

Dalí Salvador (né en 1904, mort en 1989)
Peintre, dessinateur et écrivain espagnol. Salvador Dalí est un des maîtres du surréalisme. Sa peinture est précise, et montre une imagination excentrique et proche du rêve.

Dalila
Personnage biblique. Dalila ayant séduit Samson, elle lui coupa sa chevelure pendant qu'il dormait, le privant de l'attribut qui faisait sa force. Elle le livra ensuite aux Philistins.

Dallas
Ville des États-Unis, au Texas (3,3 millions d'hab.). Le président John Kennedy y fut assassiné en novembre 1963.

Dalmatie
Région montagneuse de la Croatie sur la côte de l'Adriatique. La Dalmatie comprend de nombreuses îles. C'est une région très touristique.

Damas
Capitale de la Syrie, qui est située près du Liban (2 millions d'hab.). Damas est un centre commercial et surtout culturel. La Grande Mosquée des Omeyyades, fondée en 705, est un des plus beaux exemples de l'art musulman.

Damoclès (IVe siècle avant J.-C.)
Courtisan du roi de Syracuse, Denys l'Ancien. Pour donner une leçon symbolique à Damoclès, qui enviait sa place de roi, Denys l'obligea, le temps d'un banquet, à rester sous la menace d'une épée suspendue au-dessus de sa tête par un crin de cheval.
■ Épée de **Damoclès** : cette expression désigne une menace permanente.

Danaïdes
Personnages de la mythologie grecque. Les Danaïdes étaient les cinquante filles du roi

Danaos. Mariées de force, elles égorgèrent leurs époux. Elles furent condamnées, dans les Enfers, à remplir éternellement un tonneau sans fond.

Danemark

5,3 millions d'habitants
Superficie : 43 075 km²
Capitale : Copenhague
Langue officielle : danois
Monnaie : la couronne danoise

État de l'Europe du Nord, sur la mer du Nord et la Baltique. Bordé par un littoral de 7 314 km, le royaume du Danemark est un pays de plaines et bas plateaux. Le climat est frais et bien arrosé. La population, au niveau de vie très élevé, est essentiellement urbaine. L'économie du Danemark est fondée sur l'élevage, l'agriculture et la pêche. Son industrie est diversifiée et puissante.

Dante Alighieri (né en 1265, mort en 1321)

Poète italien, connu pour l'amour platonique qu'il porta dès l'âge de neuf ans à Béatrice Portinari, et qui lui inspira un grand nombre de poèmes. Mais il est surtout l'auteur de *la Divine Comédie*, qui est considéré comme l'un des chefs-d'œuvre de la littérature universelle.

Danton Georges Jacques (né en 1759, mort en 1794)

Homme politique français. Révolutionnaire, avocat et grand orateur, Danton fonda en 1790 le club des Cordeliers. Ministre de la Justice en 1792, il laissa s'accomplir les massacres de Septembre. Il fut élu à la Convention nationale et devint membre du premier Comité de salut public. Devenu hostile à la Terreur, il se fâcha avec Robespierre, et fut guillotiné en 1794.

Dantzig

Ville de Pologne, qui est située à l'embouchure de la Vistule, sur la Baltique. Après avoir été annexée à la Prusse, Dantzig, élargie d'un petit territoire appelé « le couloir de Dantzig », devint en 1919 une ville libre placée sous contrôle de la Société des Nations. Hitler s'en empara le 1er septembre 1939, déclenchant la Seconde Guerre mondiale.
On écrit aussi **Danzig**.

Danube

Deuxième fleuve d'Europe (2 850 km) après la Volga. Le Danube prend sa source en Allemagne, et traverse l'Autriche, la Hongrie, la Croatie, la Yougoslavie, la Roumanie, la Bulgarie et l'Ukraine, avant de se jeter dans la mer Noire. Grande voie de navigation, sa fonction économique est très importante.

Dardanelles

Détroit situé en Turquie, entre l'Europe et l'Asie, reliant la mer Égée à la mer de Marmara. C'est une position stratégique, que les Français et les Britanniques tentèrent de contrôler pendant la Première Guerre mondiale. Ils échouèrent face aux Turcs.

Dar es-Salaam

Ancienne capitale et port de Tanzanie, sur l'océan Indien (1 million d'hab.).

Darius

Nom de plusieurs rois de l'Empire perse.

d'Artagnan voir *Artagnan*

Darwin Charles (né en 1809, mort en 1882)

Naturaliste anglais, père de la théorie de l'évolution et inventeur de l'idée de sélection naturelle, selon laquelle ne survivent dans la nature que les individus qui parviennent à s'adapter à leur milieu.

Daudet Alphonse (né en 1840, mort en 1897)

Écrivain français. Il est l'auteur du *Petit Chose*, de *Tartarin de Tarascon* et des *Lettres de mon moulin*. Ses histoires, très souvent enracinées dans sa Provence natale, sont pleines de fantaisie et de sensibilité.

Daumier Honoré (né en 1808, mort en 1879)

Dessinateur, peintre et sculpteur français. Daumier est le caricaturiste habile et féroce de la société bourgeoise et des personnages de son époque.

Dauphiné

Ancienne province de France, qui englobait les départements actuels de la Drôme, de l'Isère et des Hautes-Alpes. La plus grande ville du Dauphiné est Grenoble.

David

Roi d'Israël vers 1015-975 avant J.-C., successeur de Saül. Après avoir vaincu Goliath en combat singulier, David fut élu roi. Il fit de Jérusalem sa capitale. Selon la tradition, il écrivit les premiers psaumes.

al-Dawha

Capitale du Qatar (450 000 hab.).
On écrit aussi **al-Doha**.

Dayaks

Population autochtone de Bornéo.

Debussy Claude (né en 1862, mort en 1918)

Compositeur français. Debussy a contribué à renouveler les formes musicales de la fin du XIXe siècle, en créant un nouveau langage. Il est l'auteur de *Prélude à l'après-midi d'un faune*, *Pelléas et Mélisande*, *la Mer*. Sa musique, très novatrice, n'a pas été toujours bien accueillie, mais son influence a été considérable sur les compositeurs du XXe siècle.

Déclaration des droits de l'homme et du citoyen

Acte voté par l'Assemblée constituante le 26 août 1789. Elle comprenait dix-sept articles qui définissaient les droits du citoyen (égalité devant la loi, respect de la propriété, liberté d'expression) et de la nation (souveraineté, séparation des pouvoirs). La déclaration des droits de l'homme et du citoyen a servi de base aux diverses Constitutions de la République française.

Déclaration d'indépendance

Acte par lequel les treize colonies anglaises d'Amérique proclamèrent leur indépendance le 4 juillet 1776.

Dédale

Personnage de la mythologie grecque. Architecte, il construisit le Labyrinthe dans lequel le roi de Crète, Minos, emprisonna le Minotaure. Dédale y fut enfermé à son tour, mais s'envola avec son fils Icare grâce aux ailes qu'il avait fabriquées.

Defoe Daniel (né vers 1660, mort en 1731)

Journaliste et écrivain anglais. Il est l'auteur de *Robinson Crusoé (1719).*
On écrit aussi **De Foe**.

Degas Edgar (né en 1834, mort en 1917)

Peintre et sculpteur français. Contemporain de Renoir, de Manet et de Monet, Degas diffère de ses amis impressionnistes par ses thèmes, son style et son sens particulier de la perspective. Il aimait le spectacle, la danse et les chevaux, et en fit les sujets d'un grand nombre de ses tableaux.

Dekkan

Partie de la péninsule indienne. Le Dekkan est une région de montagnes et de plateaux. L'agriculture y est pauvre ; ses ressources lui viennent surtout de la richesse de son sous-sol.
On écrit aussi **Deccan**.

De Klerk Frederik Willem (né en 1936)

Homme politique sud-africain. Président de la République sud-africaine de 1989 à 1994, De Klerk a joué un rôle important dans l'abolition de l'apartheid. Il a reçu le prix Nobel de la paix avec Nelson Mandela en 1993.

Delacroix Eugène (né en 1798, mort en 1863)

Peintre français. Delacroix est considéré comme l'un des plus grands représentants de l'école romantique. Admirateur de l'Orient, il mit à la mode l'orientalisme. Il ramena de ses voyages en Afrique du Nord et en Espagne un grand nombre d'aquarelles et de carnets de notes qu'il utilisa tout au long de sa vie. Delacroix est connu pour son œuvre monumentale et ses talents exceptionnels de coloriste.

Delhi

Grande ville de l'Inde, située sur les bords de la Yamuna (7,2 millions d'hab.). Elle possède de nombreux monuments, dont le minaret de Qutb Minar (XIIIe siècle), le Fort Rouge et des mosquées. New Dehli est la capitale fédérale de l'Inde (272 000 hab.). New Delhi est un quartier de Delhi, situé au sud de la vieille ville, construit pendant la période coloniale.

Delphes

Cité de la Grèce antique située en Phocide, au pied du mont Parnasse. Delphes fut une cité prospère du VIIe au IVe siècle avant J.-C. Apollon y avait un temple et la Pythie y rendait des oracles en son nom. Les fouilles du site, en 1860, ont permis de découvrir des temples, un stade, un théâtre, un gymnase.

le Déluge

Il s'agit, d'après la Bible, d'une inondation totale à la surface de la Terre. Seuls Noé, sa famille et des couples d'animaux survécurent en trouvant refuge dans l'arche que Noé avait construite sur l'ordre de Dieu.

Déméter

Dans la mythologie grecque, déesse de la terre cultivée. Déméter est la fille de Cronos et de Rhéa, la sœur de Zeus, et la mère de Perséphone. On la retrouve chez les Romains sous le nom de Cérès.

Démosthène (né en 384, mort en 322 avant J.-C.)

Homme politique et orateur athénien. Il s'opposa à Philippe II, roi de Macédoine et prononça des discours contre lui. Malgré l'échec de sa politique contre Philippe II, l'assemblée athénienne lui offrit une couronne d'or. Après avoir été exilé en 324, il souleva les Grecs contre la Macédoine et rentra à Athènes. Après la victoire du général macédonien Antipatros à Crannon (322), Démosthène se réfugia dans l'île de Calaurie, où il s'empoisonna.

Deng Xiaoping (né en 1904, mort en 1997)

Homme politique chinois. Deng Xiaoping devint membre du parti communiste en 1924, puis secrétaire général du Comité central du parti en 1954. Après avoir été écarté du pouvoir, il devint le numéro un chinois après la mort de Mao Zedong (1977). Il fit alors de la Chine une grande puissance industrielle.
On écrit aussi **Teng Siao-p'ing**.

Denver

Grande ville des États-Unis (1,8 million d'hab.), capitale de l'État du Colorado. Située à 1 700 m d'altitude, au pied des montagnes Rocheuses, Denver est un grand centre de commerce et d'industrie.

A B C D E F G H I J K L M N O P Q R S T U V W X Y Z

Descartes René (né en 1596, mort en 1650)
Philosophe et savant français. Dans le *Discours de la méthode (1637)*, Descartes exposa une méthode pour découvrir la vérité scientifique et philosophique. Le point de départ de sa méthode est le doute. Il est l'auteur de la formule *cogito ergo sum* (« je pense, donc je suis »). Dans le *Traité des passions de l'âme (1649)*, il s'intéressa aux passions, qui, selon lui, doivent être maîtrisées.

Desmoulins Camille (né en 1760, mort en 1794)
Journaliste et homme politique français. Le 12 juillet 1789, au Palais-Royal, il poussa la foule à la révolte qui conduisit à la prise de la Bastille. Pendant la Révolution française, il fut député montagnard à la Convention et s'opposa aux Girondins. Voulant, comme Danton, supprimer la Terreur, il fut guillotiné.

Desnos Robert (né en 1900, mort en 1945)
Poète français. Membre du mouvement surréaliste de 1922 à 1930, il fut l'un des premiers à utiliser l'« écriture automatique », qui consiste à écrire ce qui vient automatiquement à l'esprit. *Corps et biens* et *Domaine public* sont deux de ses principaux recueils de poèmes.

Des Prés Josquin (né vers 1455, mort en 1521)
Compositeur de musique classique français du début de la Renaissance. Il a fait partie de l'école flamande et a fait évoluer la musique religieuse. Il a composé surtout des messes, des motets et des chansons.

Detroit
Grande ville des États-Unis (4,6 millions d'hab.), dans l'État du Michigan. La ville est située sur la rivière de Detroit, qui relie les lacs Saint-Clair et Érié. Détroit est un grand centre de l'industrie automobile.

Deux-Sèvres
Département français (79) de la Région Poitou-Charentes. 6 036 km^2 ; 344 392 hab. ; chef-lieu : Niort.

De Valera Eamon (né en 1882, mort en 1975)
Homme politique irlandais. Chef du gouvernement révolutionnaire (1918), Eamon De Valera dut attendre la victoire électorale de son parti, en 1932, pour obtenir l'indépendance de son pays. Il fut Premier ministre, puis président de la République de 1959 à 1973.

Dhaka
Capitale du Bangladesh, située près du delta du Gange (7 millions d'hab.). Principal centre culturel, commercial et industriel du pays, Dhaka est spécialisée notamment dans le textile. Son ancien nom est Dacca.

Diane
Divinité de la mythologie romaine, fille de Jupiter et de Latone, sœur d'Apollon. Diane est la déesse de la Chasse. Elle était déjà présente dans la mythologie grecque sous le nom d'Artémis.

Dickens Charles (né en 1812, mort en 1870)
Écrivain anglais. Dans ses romans, il se fait le défenseur des misérables. Ses œuvres les plus connues sont *les Aventures de M. Pickwick (1837)*, *Olivier Twist (1838)*, *David Copperfield (1849)* et *les Grandes Espérances (1861)*.

Diderot Denis (né en 1713, mort en 1784)
Écrivain et philosophe français. De 1747 à 1772, Diderot a dirigé l'*Encyclopédie*, dont il a écrit de nombreux articles. Il est l'auteur d'écrits philosophiques, de deux pièces de théâtre, *le Fils naturel (1757)* et *le Père de famille (1758)*, et de récits comme *le Neveu de Rameau (1777)*, *Jacques le Fataliste* et le *Supplément au voyage de Bougainville* (parus après sa mort). En 1830 furent publiées également ses *Lettres à Sophie Volland*.

Didon
Personnage de la mythologie grecque, reine légendaire et fondatrice de Carthage. Lorsque son frère, Pygmalion tua son mari, Sicharbas, Didon, princesse de Tyr, s'enfuit et fonda Carthage. Dans l'*Énéide*, Virgile raconte ses amours avec Énée.
On dit aussi **Élissa**.

Diên Biên Phu
Ville du nord-ouest du Viêt-nam, située près du Laos, dans une petite plaine entourée de montagnes. Pendant la guerre d'Indochine eut lieu la bataille de Diên Biên Phu (1954). Encerclées par les forces vietnamiennes, les troupes françaises capitulèrent. Les accords de Genève signés en juillet 1954 mirent fin au conflit.

Digne-les-Bains
Chef-lieu du département des Alpes-de-Haute-Provence, situé au pied des Préalpes de Digne (16 064 hab.). Digne-les-Bains est un centre administratif et commercial, et une station thermale réputée. La ville produit également de la lavande. Son église date du XIIIe siècle, sa cathédrale du XVe siècle.

Dijon
Chef-lieu du département de la Côte-d'Or et de la Région Bourgogne, situé sur l'Ouche et le canal de Bourgogne (149 867 hab.). Dijon est un carrefour de communication (TGV, autoroutes) et une ville industrielle. Son industrie alimentaire est réputée (moutarde). Elle a gardé des traces de son passé, comme le Palais des ducs de Bourgogne, rebâti au XVIIe siècle, le Palais de justice, (XVe-XVIe siècles), la cathédrale (XIIIe-XIVe siècles) et une église gothique.

Dioclétien (né en 245, mort en 313)

Empereur romain (de 284 à 305). Il confia la partie occidentale de l'immense empire à Maximien, qu'il nomma auguste, comme lui, et se réserva l'Orient. Il nomma également deux césars, un sous ses ordres (Galère) et l'autre sous les ordres de Maximien (Constance Chlore). Les deux augustes et les deux césars formaient ensemble ce que l'on appelle la « tétrarchie ». Sous le règne de Dioclétien, l'Empire se fortifia, les envahisseurs furent repoussés et les chrétiens furent persécutés. En 305, Dioclétien et Maximien abdiquèrent et les césars leur succédèrent.

Diogène le Cynique (né vers 413, mort en 327 avant J.-C.)

Philosophe grec, membre le plus célèbre de l'école cynique, appelée ainsi à cause du lieu où les philosophes se réunissaient (le Cynosargue). Selon la légende, Diogène vécut dans un tonneau et mena une vie excentrique.

Dionysos

Dans la mythologie grecque, fils de Zeus et de la mortelle Sémélé. On retrouve Dionysos chez les Romains sous le nom de Bacchus. Dieu de la Vigne, Dionysos est bon vivant, gai, mais cruel. En évoluant, les rituels de son culte donnèrent naissance au théâtre grec.

les Dioscures

Dans la mythologie grecque, nom donné à Castor et Pollux, fils de Zeus et de Léda.

Directoire

Comité de cinq membres qui, après la Convention, dirigea la France du 4 brumaire an IV (26 octobre 1795) au 18 brumaire an VIII (9 novembre 1799). Durant cette période, qu'on appelle « le Directoire », la France mena une guerre de conquête contre l'Autriche (campagne d'Italie) et contre l'Angleterre (campagne d'Égypte). Grâce à ses succès militaires pendant ces campagnes, le général Bonaparte devint très populaire et renversa le régime.

Disney Walt (né en 1901, mort en 1966)

Producteur et réalisateur américain de dessins animés. En 1928, il inventa le personnage de Mickey. Il réalisa de nombreux courts métrages de dessins animés, puis un premier long métrage, *Blanche-Neige et les sept nains (1938)*, suivi de beaucoup d'autres, dont *Pinocchio (1939)*, *Fantasia (1940)* et *Cendrillon (1950)*. Walt Disney a construit un véritable empire industriel.

Djakarta

Capitale de la République d'Indonésie, située au nord-ouest de Java (13,9 millions d'hab.). Djakarta est le plus grand centre administratif, commercial et industriel du pays, et le premier port. La ville fut fondée en 1619 par les Hollandais, sous le nom de Batavia.
On écrit aussi **Jakarta**.

Djibouti

700 000 habitants
Superficie : 23 000 km^2
Capitale : Djibouti
Langues officielles : arabe, français, afar, somali
Monnaie : le franc de Djibouti

État d'Afrique orientale, sur la mer Rouge, entre l'Éthiopie et la Somalie. La population de la république de Djibouti est composée notamment d'Issas (33,5 %), d'Afars (19,9 %) et d'Arabes (6,1 %). L'islam est la religion majoritaire du pays.
GÉOGRAPHIE Djibouti est un territoire désertique, traversé par la grande faille africaine et séparé de la péninsule arabique par le détroit de Bab al-Mandab, entre la mer Rouge et le golfe d'Aden. Le pays est très pauvre. La capitale, Djibouti (350 000 hab.), s'ouvre sur la mer Rouge. Son port reste important pour la France car elle a conservé des troupes dans le pays. La voie de chemin de fer Djibouti-Addis-Abeba permet à l'Éthiopie d'exporter ses produits.
HISTOIRE Djibouti devint une colonie française en 1896, un territoire d'outre-mer en 1946 et acquit son autonomie en 1956. Elle accéda à l'indépendance en 1977 mais conserva une base militaire française.

Dniepr

Fleuve d'Europe (2 201 km), qui naît sur le plateau du Valdaï, en Russie, traverse l'Ukraine et la Biélorussie, et se jette dans la mer Noire. C'est une importante voie commerciale. Il alimente de nombreux barrages hydroélectriques.
On dit aussi **Dnipro**.

Dniestr

Fleuve d'Europe (1 411 km). Le Dniestr naît dans les Carpates, en Ukraine, coule en partie le long de la frontière entre la Moldavie et l'Ukraine, et se jette dans la mer Noire.

Dnipropetrovsk

Grande ville d'Ukraine, sur les bords du Dniepr (1,2 million d'hab.). Située à l'est du pays, Dnipropetrovsk est le principal centre industriel du pays.

Dogons

Peuple vivant au Mali, à l'intérieur de la boucle du fleuve Niger. Les Dogons parlent des langues nigéro-congolaises. Leur art est célèbre ; ils réalisent des peintures rupestres et fabriquent des statues funéraires en bois et des masques.

A B C D E F G H I J K L M N O P Q R S T U V W X Y Z

Dolomites
Massif calcaire des Alpes, situé dans le nord de l'Italie. Le point culminant des Dolomites est la Marmolada (3 342 m).
On dit aussi **Alpes dolomitiques**.

Dominicaine (république) voir ***république Dominicaine***

Dominique

100 000 habitants
Superficie : 751 km^2
Capitale : Roseau
Langue officielle : anglais
Monnaie : le dollar des Caraïbes de l'Est

État des Petites Antilles, situé entre la Guadeloupe et la Martinique. La Dominique est une république membre du Commonwealth. Sa population est d'origine africaine (82,2 %), et comprend aussi des Métis (15,9 %) et des Amérindiens (1,3 %). Le catholicisme est la religion majoritaire.
La Dominique est une île volcanique (1 447 m au Morne Diablotin). Elle vit de cultures tropicales destinées à l'exportation (noix de coco, coprah, bananes, agrumes) et du tourisme. Ancienne colonie française cédée à l'Angleterre par le traité de Paris (1763), la Dominique a accédé à l'indépendance en 1978. Elle est membre de la Francophonie.

Domitien (né en 51, mort en 96 après J.-C.)
Empereur romain. Deuxième fils de Vespasien, il succéda à son frère Titus en 81. Il étendit l'Empire romain en Bretagne, en Germanie, mais il devint sanguinaire et fut assassiné.

Dom Juan voir ***Don Juan***

Domrémy-la-Pucelle
Commune des Vosges, située en Lorraine, dans l'arrondissement de Neufchâteau (167 hab.). Domrémy-la-Pucelle abrite le maison natale de Jeanne d'Arc, transformée en musée.

Don
Fleuve de Russie (1 870 km), qui naît près de Toula, au sud-est de Moscou, et se jette dans la mer d'Azov. Relié par un canal à la Volga, le Don est un grand axe commercial.

Don Juan
Personnage légendaire d'origine espagnole. Il apparaît pour la première fois dans une comédie, *le Trompeur de Séville et le Convive de pierre*. Don Juan y séduit de nombreuses femmes, dont Anna, la fille d'un commandeur. Il tue le commandeur et invite, par défi, la statue du défunt à dîner. À l'heure du dîner, la statue apparaît et entraîne Don Juan en enfer. Molière s'est inspiré de cette histoire pour écrire *Dom Juan ou le Festin de pierre (1665)*, une comédie en cinq actes et en prose. Mozart en a fait un opéra, *Don Giovanni (1787)*.

① Dordogne
Rivière de France (490 km), qui naît au puy de Sancy et se jette dans la Garonne au bec d'Ambès. La vallée de la Dordogne est riche en sites préhistoriques.

② Dordogne
Département français (24) de la Région Aquitaine. 9 184 km^2 ; 388 293 hab. ; chef-lieu : Périgueux.

Doriens
Peuple de la Grèce antique. Repoussant les Achéens, les Doriens envahirent le Péloponnèse au XIIe siècle avant J.-C. et fondèrent la Doride, en Asie Mineure, ainsi que des colonies en Afrique, en Sicile et en Italie du Sud.

Dortmund
Ville d'Allemagne, qui est située dans le Land de Rhénanie-du-Nord-Westphalie (568 160 hab.). Dortmund est un important port fluvial, sur le canal de Dortmund-Ems, et l'un des grands centres industriels de la Ruhr.

Dostoïevski Fiodor Mikhaïlovitch
(né en 1821, mort en 1881)
Romancier russe. Il fut accusé de complot puis condamné à mort en 1849. Gracié au dernier moment, il fut déporté quatre ans en Sibérie. Malgré sa renommée, il mena une existence difficile à cause de ses dettes et de ses crises d'épilepsie. Ses romans les plus célèbres sont *Crime et Châtiment (1866)*, *l'Idiot (1868)*, *les Possédés (1872)* et *les Frères Karamazov (1879-1880)*.

Douala
Ville du Cameroun (1,2 millions d'hab.). Douala est le plus grand centre économique du pays et possède de nombreuses industries. Son port de commerce et de pêche est relié à Yaoundé par voie ferrée.

Douanier Rousseau voir ***Rousseau***

Doubs
Département français (25) de la Région Franche-Comté. 5 228 km^2 ; 499 062 hab. ; chef-lieu : Besançon.

Doumer Paul (né en 1857, mort en 1932)
Homme politique français. Il fut gouverneur de l'Indochine de 1897 à 1902, puis président de la République française en 1931. Il fut assassiné un an après le début de son mandat par Gorgulov, un Russe souffrant de troubles mentaux.

Doumergue Gaston (né en 1863, mort en 1937)
Homme politique français. Il fut président du Conseil de décembre 1913 à juin 1914, puis président de la République française de 1924 à

1931. De nouveau président du Conseil à partir de févier 1934, il démissionna en novembre de la même année.

Douro
Fleuve d'Espagne et du Portugal (850 km). Le Douro naît dans la sierra d'Urbión, traverse, dans des gorges profondes, la Vieille-Castille et se jette dans l'Atlantique à Porto.

Doyle sir Arthur Conan (né en 1859, mort en 1930)
Écrivain anglais. Il est l'auteur de romans policiers dont le héros est le détective Sherlock Holmes. Parmi ces romans les plus connus figurent *les Aventures de Sherlock Holmes (1892)* et *le Chien des Baskerville (1902).*

Dracula (mort en 1476)
Souverain de Valachie (aujourd'hui une région roumaine) au XVe siècle. Vlad Tepes, dit Dracula, combattit les Turcs avec une dureté qui le fit nommer l'Empaleur. Héros de contes roumains, il inspira à l'écrivain irlandais Bram Stoker la figure de son vampire qui apparaît dans son roman *Dracula (1897).* Plusieurs films ont été tirés de ce livre.

Dresde
Ville de l'est de l'Allemagne, sur les bords de l'Elbe, capitale du Land de Saxe (521 000 hab.). Elle fut rasée par les bombardements anglo-américains de février 1945 qui firent environ 35 000 morts. Cette ville est aujourd'hui un grand centre industriel et artistique, célèbre pour son Palais du Zwinger qui date du XVIIIe siècle.

Dreyfus Alfred (né en 1859, mort en 1935)
Capitaine français. En 1894, Alfred Dreyfus, un juif d'origine alsacienne, fut accusé d'espionnage au profit de l'Allemagne et condamné au bagne. Émile Zola publia en 1898, dans le journal *l'Aurore*, une lettre au président de la République, dont le titre, « J'accuse », est resté célèbre. Dans cette lettre, il défendait Dreyfus et accusait l'armée de ne pas vouloir reconnaître son innocence. L'Affaire Dreyfus éclata, opposant les dreyfusards et les antidreyfusards. Les dreyfusards, pour Dreyfus, étaient en majorité de gauche. Les antidreyfusards, contre Dreyfus, appartenaient en majorité au clergé, à l'armée et aux courants nationaliste et antisémite (hostile aux juifs). En septembre 1898, il fut révélé que le colonel Henry avait produit un faux document pour accuser le capitaine Dreyfus. Dreyfus fut gracié et réintégré dans l'armée.

Drôme
Département français (26) de la Région Rhône-Alpes. 6 576 km^2 ; 437 778 hab. ; chef-lieu : Valence.

Druzes
Populations habitant surtout en Syrie et en Jordanie, au Liban et en Israël (700 000 personnes environ). Les Druzes sont les membres d'une secte musulmane.

Dubaï
Un des sept émirats des Émirats arabes unis, dans le golfe Persique. 3 750 km^2 ; 420 000 hab. Ses gisements de pétrole se situent essentiellement en mer. La ville de Dubaï (265 700 hab.) est la capitale de l'émirat de Dubaï, premier port et principal centre économique des Émirats arabes unis. Elle possède un aéroport.
On écrit aussi **Dubayy**.

Dublin
Capitale et port principal de la république d'Irlande, situés sur la côte est de l'île (920 000 hab.). Dublin est le premier centre économique et administratif du pays. Dans son histoire, la ville fut plusieurs fois le théâtre de révoltes contre la domination britannique.

Dubrovnik
Ville et port de Croatie, sur la côte Adriatique (31 000 hab.). Dubrovnik est un centre touristique et culturel. .
HISTOIRE La ville fut fondée au VIIe siècle par les habitants d'Épidaure. Au XVIe siècle, sous la protection de l'Empire ottoman, elle devint prospère. En 1991, lors du conflit yougoslave, la ville fut en partie détruite par les bombardements.

Duguay-Trouin René (né en 1673, mort en 1736)
Corsaire français qui attaqua les navires anglais, hollandais, portugais. En 1711, il prit Rio de Janeiro.

Du Guesclin Bertrand (né en 1315 ou 1320, mort en 1380)
Chef des armées du royaume de France à partir de 1370. Il combattit, pour Charles V, les armées de Charles le Mauvais (1364), puis fut chargé de chasser de France les Grandes Compagnies, des troupes mercenaires. Il mourut au combat en tentant d'expulser les Anglais de France.

① **Dumas** Alexandre (né en 1802, mort en 1870)
Écrivain français, dit Alexandre Dumas père, pour le distinguer de son fils ; auteur de célèbres romans historiques comme *les Trois Mousquetaires (1844)*, *le Vicomte de Bragelonne (1850)*, *le Comte de Monte-Cristo (1846)* et *la Reine Margot (1845).* Il a écrit également des pièces de théâtre comme *la Tour de Nesle (1832)* et *Kean (1836).* Il a laissé des *Mémoires (1852-1854).*

② **Dumas** Alexandre (né en 1824, mort en 1895)
Écrivain français, dit Alexandre Dumas fils. Il est l'auteur de pièces à succès comme *la Dame aux*

camélias (1852), écrit d'après son roman paru en 1848, et *le Fils naturel (1858)*. Il fut élu à l'Académie française en 1874.

Dumont d'Urville Jules Sébastien César (né en 1790, mort en 1842)
Navigateur français. Il explora l'Océanie de 1822 à 1825, puis de 1826 à 1829 à la recherche de l'explorateur Jean-François de La Pérouse. De 1837 à 1840, il se lança dans une nouvelle expédition en Antarctique. La *Base Dumont-d'Urville* est une station scientifique en terre Adélie. La région fut découverte par le navigateur.

Durance
Rivière des Alpes du Sud (280 km), qui se jette dans le Rhône. Elle alimente de nombreux barrages hydroélectriques. Le canal de la basse Durance dévie les eaux de la Durance vers l'étang de Berre, dans les Bouches-du-Rhône.

Duras Marguerite (née en 1914, morte en 1996)
Écrivain et cinéaste française. Elle est l'auteur de célèbres romans comme *Un barrage contre le Pacifique (1950)*, *Moderato Cantabile (1958)*, *l'Amant (1983)*. Marguerite Duras a également tourné des films et écrit le scénario du film *Hiroshima mon amour (1959)*.

Durban
Ville et port de la république d'Afrique du Sud, sur l'océan Indien (environ 1 million d'hab.). La ville fut fondée en 1835, sous le nom de Port Natal.

Dürer Albrecht (né en 1471, mort en 1528)
Peintre et graveur allemand, tourmenté par l'inquiétude religieuse. Il est connu notamment pour ses gravures sur bois de l'*Apocalypse (1498)* et ses séries de gravures sur cuivre *le Chevalier, la Mort et le Diable*, *Saint Jérôme dans sa cellule* et *Mélancolia (1513-1514)*.

Düsseldorf
Ville d'Allemagne, capitale du Land de Rhénanie-du-Nord-Westphalie, située sur les bords du Rhin (560 570 hab.). Düsseldorf est un port fluvial, un centre bancaire, industriel et culturel. Elle abrite un musée des beaux-arts.

Dvorák Antón (né en 1841, mort en 1904)
Compositeur de musique classique tchèque. Son œuvre la plus célèbre est la *Symphonie du Nouveau Monde (1893)*, composée après son arrivée à New York.

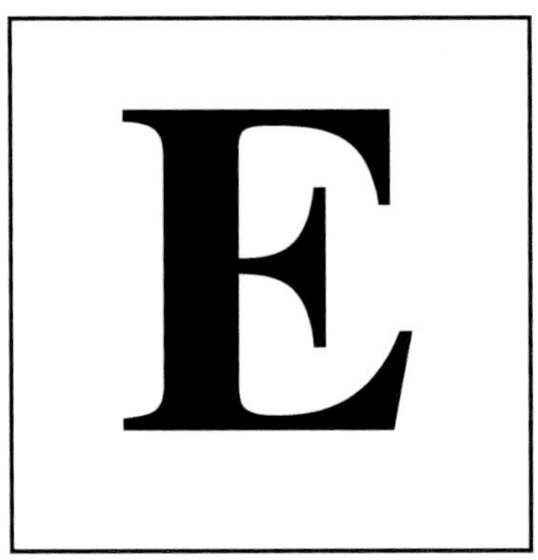

l'Èbre

Fleuve d'Espagne (930 km), qui naît dans les monts Cantabriques, traverse Saragosse et se jette dans la Méditerranée. L'Èbre joue un rôle important dans l'irrigation des terres et alimente des barrages hydroélectriques.

École nationale d'administration

voir ***ENA***

École nationale supérieure d'arts et des métiers voir *ENSAM*

Écosse

5 millions d'habitants
Superficie : 78 783 km²
Capitale : Édimbourg
Langue officielle : anglais
Monnaie : la livre sterling

Partie nord de l'île de Grande-Bretagne, bordée par l'océan Atlantique et par la mer du Nord. Les monts Cheviot séparent l'Écosse de l'Angleterre. L'Écosse est une Région du Royaume-Uni et de l'Union européenne.

Géographie L'Écosse est un massif ancien qui comprend la région montagneuse des Southern Uplands (Plateaux-du-Sud) et celle des Highlands (Hautes-Terres-du-Nord). Ces deux régions sont séparées au centre par les Lowlands (Basses-Terres-du-Centre). De nombreuses îles s'étendent à l'ouest et au nord du pays. Le plus haut sommet d'Écosse, et de Grande-Bretagne, est le Ben Nevis (1 343 m).

Économie Les activités économiques, notamment l'élevage ovin et bovin, et la culture de céréales, se concentrent dans les Lowlands. Les richesses qu'apporte le pétrole de la mer du Nord compensent un peu la perte d'activité des industries traditionnelles.

Histoire L'Écosse fut d'abord occupée par des tribus celtes, les Pictes, qui résistèrent aux Romains. D'autres peuples s'installèrent ensuite à côté des Pictes : les Scots, les Angles et les Britons (IVe-VIe siècles), et tous furent christianisés. En 1603, Jacques VI Stuart, roi d'Écosse, devint roi d'Angleterre sous le nom de Jacques Ier. Les deux royaumes fusionnèrent en 1707, par l'Acte d'union. En 1997, la population se prononça par référendum en faveur d'un Parlement écossais. Cette Assemblée autonome siège depuis 1999.

Éden

Selon le livre de la Genèse, dans la Bible, Éden est le nom du Paradis terrestre où Dieu installa Adam et Ève avant le péché originel.

Édimbourg

Capitale de l'Écosse, qui est située près de l'estuaire du fleuve Forth (444 740 hab.). Édimbourg est un centre politique, universitaire et industriel. La ville abrite l'ancienne forteresse du roi Edwin (VIIe siècle) et la cathédrale gothique Saint-Gilles (XIVe-XVe siècles). La ville organise chaque année un festival international de musique, de danse et de théâtre.

Edison Thomas Alva (né en 1847, mort en 1931)

Inventeur américain. Thomas Edison mit notamment au point la lampe à incandescence et le phonographe (1877).

■ Effet **Edison** ou effet thermoélectronique : production d'électrons par les métaux chauffés.

Édouard (né en 1330, mort en 1376)

Prince de Galles, fils d'Édouard III. Édouard battit Jean II le Bon à Poitiers, en 1356. Il était surnommé *le Prince Noir* à cause de son armure noire.

Édouard VII (né en 1841, mort en 1910)

Fils de la reine Victoria, roi de Grande-Bretagne et d'Irlande de 1901 à 1910. Édouard VII améliora les relations entre la Grande-Bretagne et la

France, ce qui aboutit à l'Entente cordiale de 1904, visant à lutter contre la puissance grandissante de l'Allemagne.

Éduens

Peuple de la Gaule, établi entre la Loire et la Saône. La capitale des Éduens fut Bibracte puis Autun.

Égée

Dans la mythologie grecque, roi d'Athènes. Croyant, à tort, que son fils Thésée, parti tuer le Minotaure, était mort, il se jeta dans la mer que l'on nomma la mer Égée.

mer Égée

Mer située entre la Grèce et la Turquie. Elle comprend une multitude d'îles, qui forment deux Régions de la Grèce et de l'Union européenne. L'agriculture et le tourisme sont les ressources principales de ces deux Régions.
L'Égée septentrionale comprend notamment Lesbos, Chio et Samos. 3 836 km^2 ; 198 240 hab. Sa capitale est Mytilène.
L'Égée méridionale comprend les Cyclades et le Dodécanèse, dont fait partie Rhodes. 5 286 km^2 ; 257 500 hab. Sa capitale est Hermoupolis.

Egmont Lamoral (né en 1522, mort en 1568)

Seigneur des Pays-Bas. Le comte d'Egmont servit Charles Quint. Capitaine des Flandres sous Philippe II, il fut exécuté à la suite d'une révolte des Pays-Bas. Goethe fit de lui le héros d'une tragédie en cinq actes et en prose, *Egmont (1787)*, dont Beethoven composa la musique de scène, en 1810.

Égypte

68 millions d'habitants
Superficie : 1 001 450 km^2
Capitale : Le Caire
Langue officielle : arabe
Monnaie : la livre égyptienne

État du Nord-Est de l'Afrique, limité par la mer Rouge à l'est, la Méditerranée au nord et la Libye à l'ouest. La principale religion de la République arabe d'Égypte est l'islam (93,8 %).
Géographie L'Égypte aride, qui représente 70 % du pays, comprend à l'ouest, le désert de Libye, à l'est, le désert Arabique, et au nord-est la région du Sinaï. L'Égypte fertile se limite à la vallée inondable du Nil (1 500 km de long, de 1 à 20 km de large), qui rassemble la population. L'augmentation de la population gonfle les villes, notamment Le Caire.
Économie L'agriculture emploie 37 % des travailleurs mais elle ne suffit pas à nourrir tout le pays. L'Égypte vit de l'exportation de son pétrole, de son coton et de ses articles textiles. Elle importe surtout des céréales et des biens manufacturés. Malgré les richesses qu'elle tire du canal de Suez et du tourisme, l'Égypte connaît des difficultés économiques.
Histoire La première civilisation qui apparut sur le territoire fut celle de l'Égypte antique, divisée en trois empires, l'Ancien, le Moyen et le Nouvel Empire. Elle fut marquée par la construction des pyramides, « demeure d'éternité » des pharaons. Trente dynasties se succédèrent durant 3 000 ans dans la vallée du Nil. À la mort de Cléopâtre, l'Égypte devint une province romaine. Puis, vers 639, apparut la civilisation de l'Égypte arabe ; le pays fut islamisé. En 1517, l'Égypte fut conquise par les Turcs ottomans qui imposèrent leur domination. La campagne d'Égypte de Bonaparte ouvrit le pays à l'influence de l'Occident. En 1882, les Britanniques imposèrent un protectorat à l'Égypte et lui rendirent son indépendance en 1922. La république fut proclamée en 1953. Le président Nasser nationalisa le canal de Suez en 1956, provoquant une intervention israélienne puis franco-britannique, stoppée par la pression des États-Unis et de l'URSS. Après une période de guerre avec Israël, un accord de paix fut signé au sommet de Camp David en 1979. Aujourd'hui, l'Égypte poursuit une politique d'ouverture économique avec l'étranger.

Égypte (campagne d') voir *campagne d'Égypte*

Eiffel Gustave (né en 1832, mort en 1923)

Ingénieur français, un des premiers maîtres de l'architecture du fer. Parmi ses plus grandes réalisations figurent le viaduc de Garabit, l'armature métallique de la statue de la Liberté, à New York, et surtout la Tour Eiffel. Elle fut construite au bord de la Seine à Paris pour l'Exposition universelle de 1889. Elle comporte trois plates-formes et sa hauteur totale est de 320 mètres.

Eindhoven

Ville des Pays-Bas, située dans la province du Brabant-Septentrional, sur les bords de la Dommel (191 000 hab.). Eindhoven est un important centre industriel.

Einstein Albert (né en 1879, mort en 1955)

Physicien et mathématicien allemand, naturalisé suisse en 1900, puis américain en 1940. Albert Einstein est le savant le plus célèbre du XXe siècle. Il a proposé une théorie générale de l'Univers, appelée la théorie de la relativité, qui explique les phénomènes observés à l'échelle atomique ou astronomique. Sa théorie est résumée dans sa formule devenue célèbre : $E = mc^2$. E représente l'énergie, m est la masse (le poids) d'un corps, et c est la vitesse de la lumière dans le vide. Grâce à ses travaux, l'homme a pu maîtriser l'énergie nucléaire, mais Einstein était un pacifiste et il lutta contre le danger de la bombe atomique. Il reçut le prix Nobel de physique en 1921.

Eire

Nom de la république d'Irlande dans la langue gaélique.

Eisenhower Dwight David (né en 1890, mort en 1969)

Général et homme politique américain. Pendant la Seconde Guerre mondiale, il fut commandant en chef des armées alliées en Afrique du Nord, puis en Europe. Il reçut la capitulation de l'Allemagne le 7 mai 1945. Il commanda ensuite les forces de l'OTAN. Il devint président des États-Unis en 1952 et fut réélu en 1956.

Ekaterinbourg

Grande ville de Russie, située dans l'Oural (1,4 million d'hab.). En juillet 1918, les révolutionnaires y exécutèrent Nicolas II et toute sa famille. Son nom fut Sverdlovsk de 1924 à 1991.

Elbe

Fleuve d'Europe centrale (1 112 km), qui naît en Bohême, coule en République tchèque puis en Allemagne et se jette dans la mer du Nord, à Hambourg. L'Elbe est une grande voie navigable, reliée par des canaux à la Weser et à l'Oder.

île d'Elbe

Île italienne située au large de la côte toscane, dans la province de Livourne. 223 km^2 ; 28 000 hab. L'île d'Elbe est célèbre pour ses réserves de minerais de fer. Elle fut le lieu d'exil de Napoléon Ier après sa première abdication (1814-1815).

Eldorado

Pays imaginaire d'Amérique du Sud où les conquistadors espagnols croyaient trouver des richesses fabuleuses. Le mot espagnol signifie « le pays doré ».

Électre

Dans la mythologie grecque, fille d'Agamemnon et de Clytemnestre. Elle incita son frère Oreste à venger le meurtre de leur père en assassinant sa mère Clytemnestre et son amant Égisthe. À partir de cette histoire, Sophocle (vers 425 avant J.-C.), et Euripide (vers 413 avant J.-C.), écrivirent tous deux une tragédie dont le titre est *Électre*.

Éleusis

Ville de la Grèce antique, située en Attique, près d'Athènes. Les Grecs y célébraient les mystères d'Éleusis, des rites secrets provenant d'un culte primitif lié à l'agriculture. La ville a pour nom aujourd'hui Elefsina (23 040 hab.). Elle conserve des ruines du temple de Déméter et de Perséphone dans lequel avaient lieu ces rites.

Élisabeth Ire (née en 1533, morte en 1603)

Reine d'Angleterre et d'Irlande de 1558 à 1603. Elle fut une souveraine avant tout préoccupée des intérêts nationaux de l'Angleterre. Elle rétablit l'anglicanisme et lutta contre les catholiques faisant décapiter sa cousine Marie Stuart. Dans le conflit engagé avec l'Espagne, les navires espagnols de l'Invincible Armada furent mis en déroute, annonçant la suprématie maritime des Anglais. Elle restaura les finances, favorisa le commerce maritime, protégea les arts et les lettres. Dernière de la dynastie des Tudors, elle mourut célibataire.

Élisabeth II (née en 1926)

Reine de Grande-Bretagne et chef du Commonwealth depuis 1952. Son fils aîné, Charles, prince de Galles, est l'héritier en titre de la couronne.

Ellington Duke (né en 1899, mort en 1974)

Pianiste, chef d'orchestre et compositeur de jazz américain. Son vrai nom est Edward Kennedy Ellington.

Éluard Paul (né en 1895, mort en 1952)

Poète français. Il fut d'abord membre du mouvement surréaliste et publia un de ses plus grands recueil de poèmes, *Capitale de la douleur (1926)*. Il adhéra ensuite au Parti communiste (1938) et publia notamment *Au rendez-vous allemand (1944)* et *Poésie ininterrompue (1946)*.

palais de l'Élysée

Palais situé à Paris, non loin des Champs-Élysées, construit en 1718. Il devint, en 1848, puis, à partir de 1873, la résidence du président de la République française. « L'Élysée » désigne la présidence de la République.

Émilie-Romagne

Région d'Italie et de l'Union européenne, située le long de la côte adriatique, entre l'Apennin et le Pô. 22 123 km^2 ; 3,9 millions d'hab. L'Émilie-Romagne est formée des provinces de Bologne, Ferrare, Forli, Modène, Parme, Plaisance, Ravenne et Reggio nell'Emilia. Sa capitale est la ville de Bologne. La région tire ses richesses de son agriculture et des industries.

Émirats arabes unis

2,7 millions d'habitants
Superficie : 77 800 km^2
Capitale : Abu Dhabi
Langue officielle : arabe
Monnaie : le dirham

État du golfe Persique, issu de la réunion de sept émirats : Abu Dhabi, Dubaï, Chardja, Adjman, Umm al-Qaywayn, Fudjayra et Ra's al-Khayma. La religion de la Fédération des Émirats arabes unis est l'islam.

GÉOGRAPHIE Les Émirats arabes unis sont des parcelles du désert arabique. Abu Dhabi est cinq fois plus étendu que les autres émirats réunis. Dubaï est le deuxième émirat en taille.

ÉCONOMIE Les Émirats vivaient de l'élevage nomade, de la pêche et de la vente de perles avant de devenir une richissime zone pétrolière qui concentre 10 % des réserves mondiales. Abu Dhabi dispose aussi de la 4e réserve de gaz naturel du monde. Le développement accéléré des émirats a attiré plus d'1 million de travailleurs étrangers.

HISTOIRE En 1853, la Grande-Bretagne, qui désirait la sécurité de sa navigation, imposa aux sept émirs une trêve inviolable, et les émirats prirent le nom d'États de la Côte de la Trêve. La Grande-Bretagne imposa ensuite son protectorat (1892). Après le retrait des Britanniques en 1971, la Fédération des Émirats arabes unis fut créée et devint l'un des États les plus riches du monde.

Emmaüs

Ancien bourg de Judée, au nord de Jérusalem, où Jésus-Christ apparut à deux de ses disciples après sa résurrection.
Les *Compagnons d'Emmaüs* forment une communauté fondée par l'Abbé Pierre en 1949, qui se consacra à ses débuts à la construction d'abris provisoire pour les sans-abri. Elle est financée par la vente d'objets de récupération et de dons, et lutte contre la pauvreté et l'exclusion.

Premier **Empire**

Régime politique de la France de 1804 à 1814, après le Consulat (1799-1804). Le 18 mai 1804, le Sénat proclama l'empire. Le pape Pie VII couronna Napoléon Ier empereur le 2 décembre 1804. Le Premier Empire s'acheva quand Napoléon abdiqua le 6 avril 1814. Pendant les Cent-Jours (20 mars-22 juin 1815), Napoléon revint sur le trône, mais le régime politique fut alors celui d'une monarchie constitutionnelle.

Second **Empire**

Régime politique de la France entre 1852 et 1870. Louis Napoléon Bonaparte mit fin à la IIe République par le coup d'État du 2 décembre 1851. Il fut couronné empereur le 7 novembre 1852 et le Second Empire fut proclamé le 2 décembre. Après la défaite de Sedan, Gambetta proclama la république (le 4 septembre 1870) et le gouvernement de la Défense nationale.

Empire byzantin voir ***byzantin***

ENA

Sigle de *École nationale d'administration*. Cet établissement public français fut fondé en 1945. L'ENA forme les futurs dirigeants de la fonction publique.

l'Encyclopédie

Ouvrage mis en ordre et publié par Diderot et d'Alembert. L'Encyclopédie, ou *Dictionnaire raisonné des sciences, des arts et des métiers*, fut publiée de 1751 à 1772. Elle comprend dix-sept volumes d'articles et onze volumes de planches, et réunit les connaissances du XVIIIe siècle. Les articles furent écrits par de nombreux auteurs, dont Voltaire, Montesquieu et Jean-Jacques Rousseau.

Énée

Dans la mythologie romaine, prince troyen légendaire, fils d'Aphrodite et d'Anchise. Après la ruine de Troie, Énée se rendit en Italie, où il épousa Lavinia, fille du roi du Latium. Virgile en a fait le héros de son *Énéide*, lui donnant comme amante Didon, reine de Carthage. Énée abandonna Didon, qui se suicida.

Énéide

Poème épique en douze chants de Virgile. Le poète commença l'*Énéide* vers 29 avant J.-C. et le laissa inachevé à sa mort en 19 avant J.-C. Le poème raconte l'histoire des voyages du Troyen Énée.

Engels Friedrich (né en 1820, mort en 1895)

Théoricien allemand du socialisme. Ami de Karl Marx, il écrivit avec lui plusieurs livres dont le *Manifeste du parti communiste (1848).*

ENSAM

Sigle de *École nationale supérieure d'arts et des métiers.* Établissement d'enseignement technique supérieur réparti dans huit villes de France. L'ENSAM forme des ingénieurs de haut niveau.

Éole

Dans la mythologie grecque, dieu des Vents.

Éoliennes

Archipel italien de la mer Tyrrhénienne, situé au nord-est de la Sicile. 115 km^2 ; 12 000 hab. Les îles Éoliennes comprennent sept îles volcaniques, dont Stromboli, Vulcano et Lipari.
On dit aussi **îles Lipari**.

Épaminondas (né vers 418, mort en 362 avant J.-C.)

Général et homme politique grec. Il fit de Thèbes, sa cité natale, la première puissance militaire de la Grèce. Il vainquit les Spartiates à Leuctres (371) et à Mantinée (362), où il fut mortellement blessé.

abbé de l'**Épée** (né en 1712, mort en 1789)

Homme d'Église français. Charles-Michel de l'Épée, dit l'abbé de l'Épée, fonda la première école française pour les sourds-muets.

Éphèse

Ancienne ville d'Asie Mineure, sur la mer Égée. Son temple d'Artémis, une des Sept Merveilles du monde, fut brûlé par Érostrate en

356 avant J.-C. En 54, l'apôtre Paul fonda dans cette ville l'Église d'Éphèse. La ville abrite le tombeau de saint Jean l'Évangéliste. La Vierge y serait morte.

Épicure (né en 341, mort en 270 avant J.-C.)
Philosophe grec. Épicure fonda sa propre école à Athènes. Il reprit les idées de Démocrite selon lesquelles le monde est constitué d'atomes. D'après Épicure, l'homme atteint le vrai plaisir dans l'absence de trouble. La plupart de ses ouvrages ont disparu. Il ne reste que trois lettres et des extraits de son traité *De la nature*. L'épicurisme est le système philosophique fondé sur ses idées.

Épinal
Chef-lieu du département des Vosges, sur les bords de la Moselle (35 794 hab.). La ville d'Épinal est un petit centre industriel. Elle abrite l'École supérieure de filature et de tissage, le musée des Vosges et de l'Imagerie, et une basilique édifiée du XIe au XIVe siècle.

Équateur
12,2 millions d'habitants
Superficie : 270 670 km²
Capitale : Quito
Langue officielle : espagnol
Monnaie : le sucre

État d'Amérique du Sud, baigné à l'ouest par le Pacifique, traversé par le cercle de l'équateur et limité au nord par la Colombie, à l'est et au sud par le Pérou. L'archipel des Galápagos fait partie de la république de l'Équateur. La population est composée de Métis (55,2 %) de Noirs (10,1 %), d'Amérindiens (24,6 %) et de descendants d'Espagnols (10,1 %). Le catholicisme est la religion majoritaire.

GÉOGRAPHIE À l'ouest, la Costa, région de la côte Pacifique, est chaude et humide au nord et semi-aride au sud. Elle regroupe plus de la moitié des habitants. Au centre, les Andes (6 310 m au Chimborazo) comportent un haut plateau tempéré. À l'est, l'Oriente est une immense plaine occupée par la forêt amazonienne.

ÉCONOMIE Le pays exporte la banane, le cacao et le café et consomme le riz, le maïs et la pomme de terre qu'il cultive. La pêche, sur la côte, est très active. Le pétrole apporte des richesses, mais le pays reste pauvre et endetté. De plus, El Niño, un phénomène climatique, fait des ravages.

HISTOIRE L'Équateur faisait partie de l'Empire inca. Il fut conquis par un officier de Pizarro en 1534 et intégré au vice-royaume du Pérou puis à la Nouvelle-Grenade. Libéré par le général Sucre (1822), le pays constitua avec la Colombie et le Venezuela la fédération de Grande-Colombie. Il quitta cette fédération et fut indépendant en 1830. L'Équateur perdit les deux tiers de son territoire au XXe siècle.

Érasme Didier (né vers 1469, mort en 1536)
Écrivain religieux hollandais. Parmi ses livres les plus connus, écrits en latin savant, figurent *l'Éloge de la folie (1511) Adages (1508)*, *Colloques (1518)* et *Essai sur le libre arbitre (1524)*, dans lequel il s'oppose à Luther. Il a lutté pour l'idée de tolérance en religion.

Ératosthène (né vers 284, mort vers 192 avant J.-C.)
Mathématicien, géographe et astronome grec. Il donna une évaluation précise de la circonférence de la Terre, grâce à la mesure de l'angle des rayons du Soleil avec la verticale, à Syène et à Alexandrie. Il est connu aussi pour sa méthode qui permet de trouver les nombres premiers.

Erebus
Navire de l'explorateur James Clark Ross, abandonné en Antarctique en 1846. On a donné le nom de ce navire à un volcan actif de l'île de Ross (3 794 m), découvert en 1841 par l'explorateur : le mont Erebus.

Erevan
Capitale de l'Arménie (1,3 million d'hab.). Située à environ 1 000 m d'altitude, dans une région agricole du Petit Caucase, Erevan est un centre industriel, universitaire et scientifique. Cette ville possède de nombreux musées et abrite la Bibliothèque nationale. Elle a subi un violent tremblement de terre en 1988.
On écrit aussi **Erivan**.

lac Érié
Parmi les quatre Grands Lacs américains, l'Érié est celui qui est situé le plus au sud (25 800 km²). Ses eaux se jettent dans le lac Ontario par les chutes du Niagara. Le canal de l'Érié, long de 590 km, relie le fleuve Hudson au lac Érié. Il a permis au port de New York de se développer.

Erik le Rouge (né vers 940, mort vers 1010)
Explorateur norvégien. Il découvrit le Groenland vers l'an 981.

les Érinnyes
Dans la mythologie grecque, les trois déesses de la Vengeance. Dans l'Orestie d'Eschyle, elles poursuivent et tourmentent Oreste, qui a tué sa mère, puis se transforment en Euménides (les « bienveillantes »). Elles sont appelées les Furies chez les Romains.
On écrit aussi **Érinyes**.

Ernst Max (né en 1891, mort en 1976)
Peintre et sculpteur français d'origine allemande. Il a joué un rôle important dans le mouvement dada à Cologne et dans le mouvement surréaliste

à Paris. Il est l'auteur de romans-collages comme *la Femme 100 têtes (1929)* et *Une semaine de bonté (1934)*.

Éros

Dieu de l'Amour chez les Grecs. Éros apparaît sous la forme d'un enfant, ailé ou non, tenant une torche ou un arc. On le retrouve chez les Romains sous le nom de Cupidon.

Érythrée

4,1 millions d'habitants
Superficie : 121 400 km²
Capitale : Asmara
Langues officielles : tigrinya, arabe
Monnaie : le nakfa

État d'Afrique du Nord-Est, limité à l'ouest et au nord par le Soudan, au sud par l'Éthiopie et Djibouti, à l'est par la mer Rouge. Les religions de la république d'Érythrée sont l'islam, le christianisme et les religions traditionnelles.

GÉOGRAPHIE L'étroite plaine du pays, qui s'étend le long de la côte, est très chaude et aride. Elle est prolongée au sud par le désert des Danakils. Vers l'ouest, le plateau volcanique culmine à 2 600 m et reçoit en été de faibles pluies. Le rebord du plateau est forestier.

ÉCONOMIE Trente années de guerre avec l'Éthiopie ont ruiné l'économie du pays. Son agriculture repose sur quelques cultures tropicales sèches (tabac, coton) et sur l'élevage. Asmara est un grand centre industriel. Le pays reçoit une aide économique internationale importante.

HISTOIRE Le territoire fit partie du royaume d'Axoum, puis de l'Éthiopie et devint une colonie italienne. En 1941, il fut placé sous contrôle britannique, et, en 1962, entièrement intégré à l'Éthiopie. Les mouvements indépendantistes se déclenchèrent dès 1961. L'indépendance de l'Érythrée fut prononcée en 1993.

Escaut

Fleuve de France, de Belgique et des Pays-Bas (430 km). L'Escaut naît dans le département de l'Aisne, traverse Cambrai, Valenciennes et la Région Nord en recevant les eaux de la Scarpe, de la Lys et de plusieurs canaux. En Belgique, il traverse Tournai et Anvers. Aux Pays-Bas, il se jette dans la mer du Nord par un vaste estuaire appelé les bouches de l'Escaut.

Eschyle (né vers 525, mort en 456 avant J.-C.)

Le plus ancien des trois grands poètes tragiques grecs. De ses quatre-vingt-dix pièces, il ne nous reste que sept tragédies : *les Suppliantes*, *les Perses*, *les Sept contre Thèbes*, *Prométhée enchaîné* et la trilogie de l'Orestie (*Agamemnon*, *les Choéphores* et *les Euménides*). Dans les tragédies d'Eschyle, l'homme lutte contre la fatalité du destin.

Escurial

Ancienne résidence des rois d'Espagne, située dans la province de Madrid. L'Escurial (en espagnol, *el Escorial*) fut édifié de 1563 à 1584. Il abrite un palais, un couvent et une nécropole. Il abrite également des collections de peintures et une bibliothèque.

Eskimos voir *Esquimaux*

Ésope (VIIe-VIe siècle avant J.-C.)

Auteur de fables grec. Ésope est peut-être un personnage légendaire. Esclave affranchi, laid, boiteux (son nom signifie « pieds inégaux »), bossu et bègue, il serait l'auteur de *Fables* qui furent recueillies par Démétrios de Phalère. Elles ont inspiré La Fontaine.

Espagne

39,4 millions habitants
Superficie : 504 790 km²
Capitale : Madrid
Langue nationale officielle : espagnol
Monnaie : l'euro

État d'Europe, bordé au nord-est par la France, à l'ouest par le Portugal, au nord-ouest et au sud-ouest par l'Atlantique, à l'est et au sud-est par la Méditerranée. La principale religion du Royaume d'Espagne est le catholicisme. L'espagnol est utilisé par la grande majorité de la population. Le catalan est parlé dans le nord-est, le galicien dans le nord-ouest, le basque dans le nord.

GÉOGRAPHIE Le centre de la péninsule Ibérique est occupé par le plateau de la Meseta encadré par deux bassins : le bassin de l'Èbre, dominé au nord par les Pyrénées (3 404 m au pic d'Aneto), et le bassin du Guadalquivir, bordé au sud par les chaînes Bétiques (3 478 m au Mulhacén). Le climat est méditerranéen, mais l'intérieur du pays, continental, connaît des hivers rudes.

ÉCONOMIE L'entrée dans la Communauté économique européenne, en 1986, a renforcé l'économie du pays qui repose sur l'agriculture (céréales, primeurs, agrumes, élevage), la pêche, le tourisme et les industries. Barcelone est le plus grand centre industriel du pays. Le secteur des banques est dynamique et l'Espagne investit beaucoup en Amérique latine. Le chômage a beaucoup baissé mais reste important.

HISTOIRE L'Espagne fut conquise par les Arabes (711-714). Les princes chrétiens achevèrent de reconquérir le territoire en 1212. Unifiée par le mariage d'Isabelle de Castille et de Ferdinand d'Aragon (1469), l'Espagne chrétienne chassa définitivement les Maures. À partir du XVe siècle, les conquistadors espagnols prirent possession d'une grande partie du continent américain. L'Espagne connut son « Siècle d'or », puis le déclin avec la destruction de l'Invincible Armada. Au

XVIIe siècle, elle perdit le Portugal. Les Bourbons accédèrent au trône en 1700. La flotte de Charles IV d'Espagne, allié à Napoléon, fut écrasée à Trafalgar (1805). En 1808, Napoléon plaça son frère, Joseph Bonaparte, sur le trône d'Espagne. Au XIXe siècle, l'Espagne perdit la plupart de ses colonies d'Amérique. La république fut proclamée en 1931. De 1936 à 1939, une guerre civile sanglante opposa les armées gouvernementales aux franquistes. Vainqueur, le général Franco établit une dictature. À sa mort en 1975, le roi Juan Carlos Ier démocratisa le pays.

Esquimaux

Peuple qui habite les régions situées autour de l'océan Arctique : le nord-est de la Sibérie, Labrador, Alaska. Les Esquimaux s'appellent eux-mêmes *Inuit* (les êtres humains). Ils sont officiellement entrés en possession d'un territoire autonome au nord-ouest du Canada, le Nunavut (notre terre).
On écrit aussi **Eskimos**.

Essen

Ville d'Allemagne, qui est située dans le Land de Rhénanie-du-Nord-Westphalie (615 420 hab.). Essen est le principal centre industriel de la Ruhr et le siège des usines Krupp.

Essonne

Département français (91) de la Région Île-de-France. 1 804 km^2 ; 1,1 million d' hab. ; chef-lieu : Évry.

Esterel

Chaîne de montagne du sud de la France. Son point culminant est au mont Vinaigre (616 m). Les monts de l'Esterel sont couverts de vastes pinèdes. Le tourisme y est important.
On écrit aussi **Estérel**.

Estonie

1,5 million d'habitants
Superficie : 45 100 km^2
Capitale : Tallin
Langue officielle : estonien
Monnaie : la couronne

État d'Europe, qui est situé sur les bords de la Baltique. Les Estoniens sont majoritaires, mais les Russes et les Ukrainiens représentent 33 % de la population. La république d'Estonie possède un régime parlementaire. La religion principale est le protestantisme.

Géographie Le nord-ouest du pays est composé de bas plateaux. À l'est, le relief est plus accidenté. Les lacs glaciaires sont nombreux. Le climat, tempéré, favorise la forêt.

Économie L'agriculture repose sur l'élevage bovin et porcin, et sur la culture du lin. Le sous-sol renferme des schistes bitumineux qui constituent une source de pétrole. Le secteur tertiaire se développe. L'Union européenne se montre favorable à l'adhésion de l'Estonie.

Histoire Habitée par les Estes, l'Estonie fut évangélisée aux XIIe et XIIIe siècles, puis conquise par les chevaliers Teutoniques. Les Russes, les Polonais et les Suédois se disputèrent ensuite le pays. En 1920, l'Estonie devint une république indépendante qui, avec la Lettonie et la Lituanie, forma l'Entente baltique. En 1940, elle fut annexée par l'URSS, puis occupée par les Allemands. Après la Seconde Guerre mondiale, elle devint la république soviétique d'Estonie. En 1991, l'URSS reconnut l'indépendance des pays Baltes (l'Estonie, la Lettonie et la Lituanie).

Estrémadure

Région de la péninsule Ibérique, divisée entre l'Espagne et le Portugal.

Estrémadure espagnole Communauté autonome et Région de l'Union européenne, formée des provinces de Badajoz et de Cáceres. 41 602 km^2 ; 1,1 million d'hab. Sa capitale est Mérida. La région est essentiellement agricole.

Estrémadure portugaise Elle appartient à la Région Lisbonne-Vallée-du-Tage et ses ressources sont l'agriculture, la pêche, le tourisme et ses industries.

Établissements français dans l'Inde

Comptoirs français fondés sur les côtes de l'Inde entre la fin du XVIIe siècle et le milieu du XVIIIe siècle. Les comptoirs organisaient le commerce d'épices, de tissus et de métaux précieux entre l'Inde et la France. Ils comprenaient notamment Pondichéry, Chandernagor et Mahé. Ils furent restitués à l'Inde en 1954.

État français

Régime politique de la France entre juillet 1940 et août 1944. Le 10 juillet 1940, le Parlement, réuni à Vichy, accorda tous les pouvoirs au maréchal Pétain pour donner une nouvelle Constitution à l'État français. Le 9 août 1944, le Gouvernement provisoire de la République française mit fin à l'État français et rétablit la république.

États généraux de 1789

Assemblée des états (clergé, noblesse, tiers état) réunie par Louis XVI le 2 mai 1789 à Versailles. Le roi doubla le nombre de représentants du tiers état. Par le serment du Jeu de paume, le 20 juin 1789, le tiers état se proclama Assemblée nationale. Le 27 juin, le clergé et la noblesse se joignirent à lui et, le 9 juillet, l'Assemblée nationale se déclara « constituante » (capable de rédiger une nouvelle constitution). La Révolution française commença le 14 juillet 1789. Le 19 août, la Constituante adopta la Déclaration des droits de l'Homme et du Citoyen.

A B C D E F G H I J K L M N O P Q R S T U V W X Y Z

États-Unis d'Amérique

276 millions d'habitants
Superficie : 9 363 124 km^2
Capitale : Washington
Langue officielle : anglais
Monnaie : le dollar américain

État fédéral d'Amérique du Nord, situé entre l'Atlantique à l'est, le Pacifique à l'ouest, le Canada au nord, le Mexique au sud. S'y ajoutent l'Alaska et les îles Hawaii. Au total, le pays compte cinquante États (plus le district de Columbia) auxquels il faut ajouter les possessions extérieures (Porto Rico, îles Vierges, Samoa orientales et Guam). La population est composée de Blancs (84 %, dont plus de 10 % d'origine hispano-mexicaine), de Noirs (12 %), descendants des esclaves amenés d'Afrique aux XVIIe et XVIIIe siècles, d'Asiatiques (3,3 %) et d'Amérindiens (0,6 %).

Géographie À l'est le massif des Appalaches domine l'étroite plaine atlantique. Au centre s'étendent de vastes plaines fertiles traversées par les fleuves Mississippi et Missouri. Au nord de ces plaines s'étendent les Grands Lacs (246 300 km^2). À l'ouest se dressent les Rocheuses (4 000 m) qui dominent des plateaux aux profondes vallées (Colorado) et des bassins fermés. L'ouest des Rocheuses est creusé par un fjord, au nord, et par la vallée de Californie. À l'est règne un climat continental humide avec des hivers rudes dans le nord et des étés subtropicaux dans le sud. Le centre connaît un climat continental assez sec. À l'ouest, la façade du Pacifique est océanique au nord et méditerranéenne au sud.

Économie Les États-Unis sont la première puissance économique du monde et produisent plus de 30 % des richesses de la planète. Le pays occupe le 1er rang mondial pour l'agriculture et pour la sylviculture, le 6e rang pour la pêche, le 1er rang pour la production d'électricité, le 2e rang pour le charbon, le pétrole et le gaz, le 1er rang pour l'industrie d'armement. Les secteurs industriels de l'aéronautique, des produits chimiques, de la pharmacie, des constructions électriques et de l'électronique sont également très dynamiques. L'influence des États-Unis est très grande dans le savoir, l'information, la télévision et le cinéma. L'ALENA (« marché commun » réunissant le Canada, les États-Unis et le Mexique) s'est ouvert en 1994.

Histoire Peuplée d'Amérindiens, l'Amérique du Nord fut colonisée par les Européens à partir du XVIIe siècle. Les Anglais implantèrent treize colonies le long de la côte Atlantique et leurs députés rédigèrent la Déclaration d'indépendance des États-Unis le 4 juillet 1776. Le premier président fut Georges Washington (1789). Le territoire des États-Unis s'agrandit, notamment lors de la guerre contre le Mexique (1846-1848) et avec la colonisation des territoires où vivaient les Indiens. La guerre de Sécession (1861-1865) opposa les sudistes, défenseurs de l'esclavage, aux nordistes, qui voulaient abolir ce système. Les nordistes finirent par l'emporter et abolirent l'esclavage, mais les droits des Noirs ne furent pas reconnus. En avril 1917, le pays intervint dans la Première Guerre mondiale, aux côtés des Alliés. La crise économique de 1929 provoqua un chômage massif aux Étas-Unis, et l'onde de choc se propagea dans le monde entier. En 1941, le pays entra en guerre contre l'Allemagne et l'Italie, et sortit victorieux du conflit avec le Japon sur lequel il lança deux bombes atomiques (à Hiroshima et à Nagasaki). La période de « guerre froide » avec l'URSS commença alors. Les États-Unis s'engagèrent dans la guerre de Corée (1950-1953) puis dans la guerre du Viêt-nam (1959-1973). En 1985, les États-Unis et l'URSS s'entendirent pour commencer le désarmement des deux pays. En 1991, le pays, à la tête d'une coalition internationale, gagna la guerre du Golfe contre l'Irak.

Éthiopie

64 millions d'habitants
Superficie : 1 221 900 km^2
Capitale : Addis-Abeba
Langue officielle : amharique
Monnaie : le birr

État d'Afrique du Nord-Est limité à l'ouest par le Soudan, au nord par l'Érythrée, à l'est par Djibouti et la Somalie, au sud par le Kenya. L'ancien nom de la république d'Éthiopie est l'Abyssinie. Les chrétiens (orthodoxes et coptes) sont majoritaires, devant les musulmans et les adeptes des religions traditionnelles. Environ 70 langues et 200 dialectes sont parlés en Éthiopie. Les deux principales ethnies sont les Amhara (37,7 %) et les Oromo ou Galla (35,3 %).

Géographie Les hautes terres, au nord du Nil Bleu, culminent à 4 620 m. De grands cours d'eau y prennent leur source. La Rift Valley, où se sont formés des lacs (lac Turkana, lac Zway), traverse le pays d'est en ouest et sépare les hautes terres et le massif du Harar.

Économie L'Éthiopie est l'un des États les plus pauvres du monde. L'économie a été ruinée par la guerre civile et la collectivisation. La population, majoritairement rurale, cultive le sorgho, l'orge, le maïs et pratique l'élevage. Le pays exporte du café et des cuirs et peaux. L'industrie est très peu développée. L'hydroélectricité est abondante et on cherche du pétrole dans la mer Rouge.

Histoire Vers 100 avant J.-C. se constitua le royaume d'Axoum. Converti au christianisme (IVe siècle) puis attaqué par les musulmans (VIIe siècle), il connut le déclin. Ménélik II créa l'Éthiopie moderne, fondant la ville d'Addis-Abeba en 1887. Hailé Sélassié Ier accéda au trône en 1930. Après avoir été conquise par l'Italie puis libérée par les Britanniques en 1941, l'Éthiopie annexa l'Érythrée qui regagna son indépendance en 1993. En 2000, la guerre frontalière avec l'Érythrée s'acheva sur la victoire de l'Éthiopie.

Etna

Volcan actif du nord-est de la Sicile (3 323 m). Il a fait des ravages lors de ses éruptions, mais ses pentes sont cultivées.

Étretat

Commune de la Seine-Maritime (1 579 hab.), sur la côte du pays de Caux. Étretat est un port de pêche et une station balnéaire, célèbre pour ses falaises hautes et pittoresques. La plus célèbre est l'Aiguille creuse.

Étrurie

Région de l'Italie ancienne. Elle correspond à peu près à la Toscane actuelle.

Étrusques

Peuple de l'Italie centrale apparu dans l'histoire à la fin du VIIIe siècle avant J.-C. Les Étrusques fondèrent entre l'Arno et le Tibre une civilisation qui s'étendit jusqu'à la plaine du Pô. Les principales villes étrusques composaient une fédération. Elle furent soumises par Rome au milieu du IIIe siècle avant J.-C. Les sarcophages, les objets trouvés dans les tombes et les fresques funéraires à Tarquinia montrent la richesse de leur l'art. La *Chimère d'Arezzo* et la *Louve du Capitole* sont deux célèbres sculptures étrusques en bronze.

Euclide (IVe - IIIe siècle avant J.-C.)

Mathématicien de la Grèce antique. Euclide rassembla en un seul ouvrage, *Éléments de géométrie*, toutes les connaissances mathématiques de l'Antiquité. Parmi ses propositions géométriques, le « postulat d'Euclide » est à la base de la géométrie dite euclidienne : « Par un point extérieur à une droite, on ne peut mener qu'une seule parallèle à cette droite. ».

Eugène de Savoie-Carignan (né en 1663, mort en 1736)

Fils du comte de Soissons et d'Olympe Mancini, nièce de Mazarin. Eugène de Savoie-Carignan, dit *le prince Eugène*, fut un grand stratège militaire. Il commanda l'armée autrichienne et remporta de nombreuses victoires, notamment contre les Turcs et contre la France.

Eugénie (née en 1826, morte en 1920)

Impératrice des Français par son mariage avec Napoléon III. Catholique convaincue, elle soutint le parti ultramontain qui était favorable au pouvoir absolu du pape. Elle disposait d'une certaine influence sur l'Empereur et le poussa à s'engager dans la guerre contre la Prusse.

Euphrate

Fleuve du Proche-Orient (2 760 km). L'Euphrate naît dans l'Arménie turque, traverse la Syrie, l'Irak, où il s'unit au Tigre, et se jette dans le golfe Persique. Il délimite le sud de la Mésopotamie.

Eurasie

Ensemble continental formé par l'Europe et l'Asie.

Eure

Département français (27) de la Région Haute-Normandie. 6 037 km^2 ; 541 054 hab. ; chef-lieu : Évreux.

Eure-et-Loir

Département français (28) de la Région Centre. 5 880 km^2 ; 416 800 hab. ; chef-lieu : Chartres.

Euripide (né en 480, mort en 406 avant J.-C.)

Poète tragique grec. Euripide aurait écrit plus de quatre-vingt-dix pièces, mais dix-sept seulement nous sont parvenues, dont : *Alceste (438)*, *Andromaque (vers 426)*, *Électre (413)*. Il a su faire évoluer la tragédie grecque en créant des héros victimes de passions violentes et non de la fatalité.

Europe

Continent délimité par l'océan Atlantique, l'océan Arctique, la mer Méditerranée, la mer Caspienne et les monts Oural. 10 519 793 km^2 ; 700 millions d'hab.

GÉOGRAPHIE L'Europe est le plus petit continent du globe. Deux grands types de relief s'y distinguent : de vastes plaines fertiles au nord et de grands arcs montagneux au sud : les Carpates, les Alpes et les Pyrénées. L'Europe a des côtes découpées, que flanquent des îles parfois immenses comme la Grande-Bretagne, l'Irlande, la Sicile ou la Corse. Elle est soumise à quatre tendances climatiques. Le climat océanique règne sur l'ouest, le climat continental, sur l'est, le climat méditerranéen sur le sud et le climat subpolaire sur le nord. L'Europe est irriguée par de nombreux fleuves : ceux des plaines orientales, tels que la Volga, le Don et le Danube, sont longs et à fort débit. Les fleuves atlantiques, tels que le Rhin, l'Escaut, la Tamise, la Seine ou le Tage, sont plus modestes et plus réguliers. Les réseaux ferroviaires, routiers et aériens tissent un réseau très dense sur le continent. Les Européens présentent quatre grands types de population : nordique, slave, alpin et méditerranéen. Ils parlent 120 langues et dialectes d'origine indo-européenne, sauf le finnois, le hongrois et le basque.

ÉCONOMIE L'Europe rivalise avec les États-Unis et le Japon dans les secteurs de pointe comme l'industrie automobile, l'aérospatiale, l'électrique et l'électronique. Pourtant l'Union européenne rencontre des limites : l'économie des pays qui appartenaient à l'Europe de l'Est est frappée d'une crise importante, et les déchirements au sein de l'ex-Yougoslavie et de la Russie ont montré que les organisations européennes n'ont, pour l'instant, ni les moyens ni la volonté unanime d'intervenir.

Histoire Aux XVIIIe et XIXe siècles, l'Europe fut le berceau des révolutions industrielle et agricole. Elle connut alors une période d'essor et de prospérité, mais elle fut affaiblie par les deux guerres mondiales, qui se sont déroulées en grande partie sur son territoire. La Deuxième Guerre mondiale a entraîné son partage en deux blocs : l'Europe de l'Ouest et l'Europe de l'Est. La séparation se fit en Allemagne, divisée en deux pays : la République fédérale d'Allemagne (RFA) et la République démocratique allemande (RDA). L'Europe de l'Est s'est engagée jusqu'en 1989 dans la voie socialiste. Les pays de l'Est étaient surtout agricoles.

En Europe de l'Ouest, c'est la voie capitaliste qui fut choisie. L'agriculture, très prospère, bénéficiait d'un vaste espace. L'industrie était partout présente. Cette partie de l'Europe eut très tôt le désir de s'organiser. Dès 1958, la Communauté économique européenne fut créée en unissant six États : la RFA, la France, l'Italie, la Belgique, les Pays-Bas et le Luxembourg. Elle fut dotée d'un Conseil, d'une Commission, d'un Parlement et d'une Cour de justice. La CEE accueillit ensuite la Grande-Bretagne, le Danemark et l'Irlande en 1973, puis la Grèce en 1981, l'Espagne et le Portugal en 1986. La réunification de l'Allemagne en 1990 marqua un tournant dans l'évolution de l'Europe. Elle permit un rapprochement et une ouverture entre l'Europe de l'Est et l'Europe de l'Ouest.

Aujourd'hui, la CEE est devenue l'Union européenne (UE). L'un de ses buts est de créer une union économique et monétaire. Onze États ont construit cette union en ratifiant le *traité de Maastricht* en 1992, et en utilisant l'euro depuis le 1er janvier 1999. Il s'agit de : l'Allemagne, l'Autriche, la Belgique, l'Espagne, la Finlande, la France, l'Irlande, le Luxembourg, les Pays-Bas et le Portugal. La Banque centrale européenne, créée en 1998, est l'organisme qui a permis de mettre en œuvre cette politique monétaire commune.

L'élargissement de l'UE à certains États de l'Europe de l'Est, à la Turquie, à Chypre, est à l'ordre du jour.

Eurotunnel

Tunnel sous la Manche.

Eurydice

Personnage de la mythologie grecque. Eurydice était l'épouse d'Orphée. Elle fut piquée par un serpent et mourut. Son mari alla jusqu'aux Enfers pour la retrouver, mais il échoua.

Évangile

Chacun des quatre livres du Nouveau Testament. Les Évangiles retracent la vie du Christ ; ils furent écrits par saint Matthieu, saint Marc, saint Luc et saint Jean.

Ève

Personnage biblique. Ève fut la première femme de la création. Elle vivait avec Adam, son mari, dans le Paradis terrestre. Tentée par le démon, elle cueillit le fruit défendu et Dieu les chassa tous les deux. Elle eut trois fils : Caïn, Abel et Seth. Elle est considérée comme la mère du genre humain.

Everest

Montagne la plus élevée du monde (8 850 m). Elle se situe dans l'Himalaya, à la frontière entre le Népal et le Tibet. Son sommet fut atteint pour la première fois en 1953, par l'alpiniste Edmund Hillary et le sherpa Tensing.

Évian-les-Bains

Ville de Haute-Savoie qui est située sur le lac Léman (7 273 hab.). Évian-les-Bains est une station thermale réputée et son eau minérale est commercialisée.

Les *accords d'Évian* sont les accords de cessez-le-feu entre la France et le Gouvernement provisoire de la République algérienne. Ils furent signés le 19 mars 1962 et reconnaissent l'indépendance de l'Algérie, proclamée le 5 juillet 1962.

Évreux

Chef-lieu du département de l'Eure, sur l'Iton (51 198 hab.). Évreux possède un patrimoine architectural considérable : la cathédrale Notre-Dame dont les vitraux datent du XIVe siècle, l'ancien évêché et la tour de l'Horloge qui datent du XVe siècle. La ville a aussi su développer une industrie diversifiée : métallurgie, textile, fabrication du caoutchouc et de produits pharmaceutiques.

Évry

Chef-lieu du département de l'Essonne, sur la Seine (49 437 hab.). Évry est une ville nouvelle. Sa cathédrale fut achevée en 1995.

Éwés

Ethnie, estimée à plus d'un million de personnes, qui vit au Togo, au Ghana et au Bénin.

On écrit aussi **Éoués**.

Extrême-Orient

Ensemble comprenant la Chine, le Japon, l'Indochine et la partie orientale de la Russie.

les Eyzies-de-Tayac-Sireuil

Commune de Dordogne, qui est située sur la Vézère (909 hab.). L'homme de Cro-Magnon fut découvert dans une grotte des Eyzies, en 1868. Le château abrite le Musée national de la préhistoire.

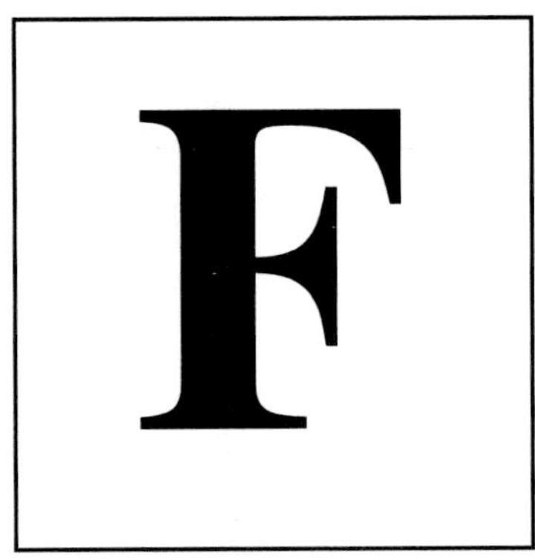

Fabius (né vers 275, mort en 203 avant J.-C.)
Homme politique romain. Il mena une guerre tactique contre Hannibal. Cette guerre consistait à faire des attaques par surprise et à détourner l'approvisionnement des troupes afin de les affaiblir. Elle valut à Fabius d'être surnommé *le Temporisateur*.

Fabre Jean Henri (né en 1823, mort en 1915)
Entomologiste et écrivain français. Toutes ses observations sur les insectes sont réunies dans *Souvenirs entomologiques (1879-1907)*.

Fabre d'Églantine (né en 1750, mort en 1794)
Écrivain et homme politique français. Il fut guillotiné en même temps que Danton. Fabre d'Églantine est l'auteur de la chanson *Il pleut, il pleut, bergère (1782)*. Il donna leurs noms aux mois du calendrier républicain en 1793.

Faenza
Grande ville d'Italie, située en Émilie-Romagne (55 200 hab.). Aux XIVe et XVIe siècles, la ville était renommée pour ses poteries : le mot *faïence* vient de Faenza. Aujourd'hui, l'artisanat y est encore prospère. Faenza est aussi dotée d'un musée qui retrace l'histoire de la céramique.

Fahrenheit Gabriel Daniel (né en 1686, mort en 1736)
Physicien allemand. Il donna son nom à une échelle de température, employée dans les pays anglo-saxons. Au 0 °C correspond le 32 °F. Il est aussi l'inventeur du thermomètre à mercure.

Faisalabad
Grande ville du Pakistan, située dans la province du Pendjab (1,9 million d'hab.).

îles **Falkland**
Archipel de l'Atlantique Sud, situé au large de l'Argentine et qui comprend 200 îles. 12 173 km^2 ; 2 000 hab. Les îles Falkland sont rattachées à la Grande-Bretagne depuis 1832. Les Argentins les occupèrent en 1982, mais elles furent reprises par la Grande-Bretagne. La population vit de l'élevage ovin et de la pêche à la baleine.
On dit aussi **îles Malouines**.

Falla Manuel de (né en 1876, mort en 1946)
Compositeur espagnol. Ses rencontres avec Ravel et Debussy l'ont beaucoup influencé. Il a essentiellement écrit des ballets : *l'Amour sorcier (1915)*, *le Tricorne (1919)* ; des pièces vocales : *Trois Mélodies (1909)*, et instrumentales : *le Tombeau de Dukas* pour guitare, *Suite populaire espagnole* pour violon et piano.

Fallières Armand (né en 1841, mort en 1931)
Homme politique français. Il fut élu président de la République en 1906. Raymond Poincaré lui succéda en 1913.

Falloux Frédéric (né en 1811, mort en 1886)
Écrivain et homme politique français. Il fut ministre de l'Instruction publique et prépara la loi Falloux sur la liberté de l'enseignement. Il fut élu à l'Académie française en 1856.

FAO
Sigle de *Food and Agriculture Organization*, qui signifie *Organisation des Nations unies pour l'alimentation et l'agriculture*. La FAO fut créée en 1945 par l'ONU pour vaincre la faim dans le monde. Son siège est à Rome.

Faraday Michael (né en 1791, mort en 1867)
Physicien et chimiste anglais. On lui doit la découverte du benzène, de la liquéfaction des gaz et de l'électrolyse. Il a aussi beaucoup travaillé sur les applications du champ magnétique et inventa le principe du moteur électrique.

Fars
Province du sud de l'Iran en bordure du golfe Persique. 133 000 km^2 ; 3,2 millions d'hab. Sa capitale est Chiraz. Le Fars est la terre d'origine

du peuple perse et de nombreux sites archéologiques en témoignent : Persépolis, Pasargades, Chiraz. La population vit essentiellement de l'élevage, de la production de dattes, de blé, de vin et de safran et de l'industrie textile.

Far West

Nom donné aux immenses étendues herbeuses des États-Unis, situées à l'ouest du fleuve Mississippi, jusqu'en Californie, et colonisées au cours du XIXe siècle.

Fatima (née vers 606, morte en 632 ou 633)

Personnage de la religion musulmane. Fatima était la fille du prophète Mahomet. Elle épousa Ali, le quatrième calife, et ses deux fils, Hassan et Husayn, furent les seuls descendants de Mahomet.

Fatimides

Dynastie islamique qui fait remonter ses origines à Fatima. Aux Xe et XIe siècles, les Fatimides régnèrent en Afrique du Nord, en Palestine et en Égypte où ils fondèrent Le Caire en 969.

Faulkner William (né en 1897, mort en 1962)

Romancier américain. L'histoire et les légendes du sud des États-Unis sont les thèmes dominants de son œuvre : *le Bruit et la Fureur (1929)*, *l'Invaincu (1938)*. Il reçut le prix Nobel de littérature en 1949.

Faure Félix (né en 1841, mort en 1899)

Homme politique français. Il fut président de la République de 1895 à sa mort. Il contribua au renforcement de l'alliance franco-russe, et dut faire face à l'affaire Dreyfus.

Fauré Gabriel (né en 1845, mort en 1924)

Compositeur français. Ses œuvres sont essentiellement des mélodies, cycle de *la Bonne Chanson (1892-1893)*, des pièces pour piano et des pièces de musique de chambre, *Élégie pour violoncelle et piano (1884)*.

Faust

Personnage allemand de la fin du XVe et du début du XVIe siècle. Il aurait vendu son âme au diable en échange de la connaissance des sciences occultes et du pouvoir de faire des miracles. Sa légende inspira notamment des œuvres littéraires : *la Tragique Histoire du docteur Faust (1588)* de Marlowe, *Faust (1808)* de Goethe ; et des œuvres musicales : *la Damnation de Faust (1846)* de Berlioz, *Faust (1859)* de Gounod.

Fayoum

Région d'Égypte, située au sud-ouest du Caire. 1 827 km² ; 1 544 050 hab. Son chef-lieu est Medinet el-Fayoum. Le Fayoum est une oasis reliée au Nil par un canal. C'est une région très fertile qui produit du blé, du coton, des olives, des figues et des oranges.
Les *portraits du Fayoum*, découverts vers 1820 par Champollion dans les tombes égyptiennes de la région, furent peints par des artistes grecs et romains entre le Ier et le IVe siècle, sur des plaquettes de bois.

FBI

Sigle de *Federal Bureau of Investigation*, service de la police fédérale des États-Unis.

Fellini Federico (né en 1920, mort en 1993)

Cinéaste réaliste italien. Il est le réalisateur de *la Dolce Vita (1960)*, *Huit et demi (1962)*, et de *Casanova (1977)*.

Fénelon (né en 1651, mort en 1715)

Prélat et écrivain français. Il est l'auteur d'ouvrages pédagogiques dont le plus célèbre reste *les Aventures de Télémaque (1699)*. Cet ouvrage utopique fut considéré comme une critique du gouvernement de Louis XIV, ce qui causa la disgrâce de Fénelon.

Ferdinand Ier de Habsbourg (né en 1503, mort en 1564)

Roi de Bohême et de Hongrie, frère de Charles Quint. Ferdinand Ier fut élu roi en 1526. Il devint empereur du Saint Empire romain germanique en 1556, après l'abdication de Charles Quint. Il eut à se battre contre les Turcs et conclut avec eux une trêve de huit ans. Il négocia la paix d'Augsbourg avec les protestants en 1555.

Ferdinand II le Catholique (né en 1452, mort en 1516)

Roi d'Aragon et de Sicile (1479-1516), et roi de Naples sous le nom de Ferdinand III (1504-1516). Ferdinand II fut l'époux de la reine de Castille, Isabelle la Catholique. Ensemble, ils préparèrent l'unification de l'Espagne. Ils organisèrent l'Inquisition, et expulsèrent les juifs non convertis au catholicisme. Le pape leur décerna le titre de Rois Catholiques.

Ferdinand VII (né en 1784, mort en 1833)

Roi d'Espagne. Ferdinand VII succéda à son père Charles IV en 1808. La même année, Napoléon Ier l'obligea à abdiquer en faveur de Joseph Bonaparte. Il revint au pouvoir en 1814 et provoqua, par sa politique autoritaire, la révolution de 1820.

Fermat Pierre de (né en 1601, mort en 1665)

Mathématicien français. Il établit les bases du calcul infinitésimal et du calcul des probabilités.

Fermi Enrico (né en 1901, mort en 1954)

Physicien italien. Il réalisa la première pile atomique en 1942. Il reçut le prix Nobel de physique en 1938.

îles **Féroé**

Archipel de 18 îles, situé au nord de l'Écosse. 1 399 km^2 ; 46 000 hab. L'archipel est une communauté autonome au sein du Danemark depuis 1948. Son chef-lieu est Thorshavn. Le climat est tempéré, humide. La principale ressource est la pêche à la morue et au hareng. On dit aussi **Færœ**.

Ferrare

Chef-lieu de la région d'Émilie-Romagne, en Italie (146 740 hab.). C'est une ville industrielle spécialisée dans la fabrication du sucre, de la chaussure, et dans le travail du lin. Elle est célèbre pour ses palais Renaissance, sa cathédrale de style lombard et le château d'Este.

Histoire Ferrare a appartenu à la famille d'Este de 1240 à 1598. Elle était alors un important centre culturel. Après avoir appartenu successivement à la papauté et à l'Autriche, elle fut rattachée à l'Italie en 1860.

Ferré Léo (né en 1916, mort en 1993)

Auteur-compositeur et chanteur français. Il a écrit aussi bien des textes anarchistes que des textes poétiques.

Ferry Jules (né en 1832, mort en 1893)

Homme politique français. En 1881 et 1882, il fit voter les lois instituant la gratuité, la laïcité et l'obligation de l'enseignement primaire. Il a aussi contribué à l'adoption des lois sur la liberté de la presse et la liberté du syndicat.

Fès

Chef-lieu de la province de Fès, au Maroc (450 000 hab.). Fès est considérée comme la capitale religieuse et intellectuelle du Maroc. Les remparts de la vieille ville aux portes monumentales, la mosquée des Andalous, la mosquée Qarawiyyin et les quartiers d'artisans en font un centre touristique important. Fès est classée au patrimoine mondial de l'Unesco.

22, 23 et 24 **février 1848**

Journées révolutionnaires à l'issue desquelles Louis-Philippe Ier, le roi de France, fut renversé.

Feydeau Georges (né en 1862, mort en 1921)

Auteur français de vaudevilles. Il est l'auteur de *Un fil à la patte (1894)*, *Le Dindon (1896)* et *La Puce à l'oreille (1907)*.

FFI

Sigle de *Forces françaises de l'intérieur*. Les FFI regroupèrent tous les résistants français en 1944.

îles **Fidji**

800 000 habitants
Superficie : 18 376 km^2
Capitale : Suva
Langue officielle : anglais
Monnaie : le dollar des îles Fidji

Archipel du Pacifique Sud situé au nord-est de la Nouvelle-Calédonie et constitué de 332 îles, dont une centaine sont habitées. Les îles Fidji ont un climat tropical et subissent parfois des cyclones. La population, très rurale, compte des Fidjiens, des Indiens, des Européens, des métis d'Européens et des Chinois.

Économie La culture de la canne à sucre et la fabrication de sucre sont les principales sources de revenus de l'archipel. On y pratique aussi la culture du riz, du manioc, de la noix de coco, la pêche et l'exploitation des gisements d'or et de manganèse. Le tourisme est en plein essor.

Histoire Découvertes en 1643, les îles Fidji devinrent une colonie britannique en 1874. Elles acquirent leur indépendance en 1970, au sein du Commonwealth et devinrent une république en 1987.

On écrit aussi **îles Fiji**.

Fields John Charles (né en 1863, mort en 1932)

Mathématicien canadien.

■ Médaille Fields : prix international décerné tous les quatre ans, depuis 1936, à un ou plusieurs jeunes mathématiciens.

Fiji voir *Fidji*

Finistère

Département français (29) de la Région Bretagne. 6 785 km^2 ; 852 418 hab. ; chef-lieu : Quimper.

cap **Finisterre**

Promontoire de la côte espagnole, situé au nord-ouest de la Galice.

Finlande

5,2 millions d'habitants
Superficie : 337 032 km^2
Capitale : Helsinki
Langues officielles : finnois, suédois
Monnaie : l'euro

État d'Europe du Nord bordé par la mer Baltique à l'ouest et au sud, et voisin de la Suède, de la Norvège et de la Russie. La Finlande est soumise à un climat difficile : hivers longs et rigoureux, étés brefs et humides. La population, très urbanisée, vit dans les régions littorales du Sud, à l'exception des quelques milliers de Lapons.

Économie La forêt de conifères, qui couvre les deux tiers du territoire, a entraîné le développement des industries du bois et du papier. Le pays ne possède que de très faibles ressources miné-

rales et énergétiques, et doit sa richesse et sa prospérité à la diversité et à la compétitivité de son industrie (téléphonie, chimie, constructions navales, forage).
Histoire Duché suédois autonome depuis 1353, puis la Finlande devint une possession russe au XVIIe siècle. Elle profita de la révolution russe de 1917 pour se libérer de cette domination et devint une république en 1920. Elle s'associa à la Communauté économique européenne en 1973 et adhéra à l'Union européenne en 1995.

Fitzgerald Francis Scott (né en 1896, mort en 1940)
Romancier américain. Son chef-d'œuvre, *Gatsby le Magnifique (1925)*, décrit la haute société du New York des années 1920.

Flandre
Région couvrant toute la partie nord de la Belgique et réunissant les cinq provinces de langue néerlandaise du pays : la Flandre-Occidentale, la Flandre-Orientale, la province d'Anvers, le Limbourg et le Brabant flamand. 13 512 km^2 ; 5 824 628 hab. Sa capitale est Bruxelles. Les principales activités de la Flandre sont l'horticulture et la culture maraîchère. La région est aussi un grand pôle industriel (industrie automobile, pétrochimie, chimie nucléaire, textile) et possède de grands ports sur la mer du Nord.
On dit aussi **Région flamande**.

Flaubert Gustave (né en 1821, mort en 1880)
Écrivain français. Ses œuvres oscillent entre le romantisme et le réalisme. *Madame Bovary (1857)* est son roman le plus célèbre.

Flaviens
Nom donné à deux dynasties d'empereurs romains : celle qui régna de 69 à 96, fondée par Vespasien, et celle qui régna de 305 à 363, fondée par Constance Ier Chlore, père de Constantin Ier le Grand.

Fleming Alexander (né en 1881, mort en 1955)
Microbiologiste anglais. Il découvrit en 1928 le premier antibiotique : la pénicilline. Il fut Prix Nobel de médecine en 1945.

Fleurus
Commune belge, située dans la province du Hainaut, sur la Sambre (23 000 hab.). Son activité industrielle touche les domaines de la construction métallique, de l'imprimerie et des produits pharmaceutiques.
En 1794, les troupes françaises, menées par le général Jourdan, remportèrent à Fleurus une victoire importante sur les troupes du prince de Saxe-Cobourg.

Fleury André Hercule (né en 1653, mort en 1743)
Prélat et homme d'État français. Il fut précepteur de Louis XV, et devint Premier ministre de 1726 jusqu'à sa mort.

Florence
Capitale de la Toscane située dans la vallée de l'Arno (438 300 hab.). Florence est au centre d'une riche région agricole. C'est une ville très touristique du fait de ses prestigieux monuments : palais, églises, couvents, musées et bibliothèques. Du XIVe au XVIe siècle, Florence fut le berceau d'une grande école de peinture et de sculpture, école qui forma, entre autres, Giotto, Fra Angelico, Léonard de Vinci et Michel-Ange.

Floride
État du sud-est des États-Unis. 151 670 km^2 ; 12 938 000 hab. La Floride est une péninsule qui sépare l'océan Atlantique du golfe du Mexique. Sa capitale est Tallahassee. Le climat tropical a permis de développer la culture des agrumes et de la canne à sucre, ainsi que le tourisme. C'est dans cet État qu'est implantée la base spatiale de cap Canaveral. Les États-Unis achetèrent la Floride à l'Espagne en 1829 et elle entra dans l'Union en 1845.

FMI
Sigle de *Fonds monétaire international*. Organisme international, dépendant de l'ONU, créé en 1944, pour assurer la stabilité des échanges monétaires entre les États et gérer les prêts accordés aux pays les plus démunis.

Foch Ferdinand (né en 1851, mort en 1929)
Maréchal de France. Il se distingua pendant la Première Guerre mondiale. Commandant d'un corps d'armée en 1914, il contribua à la victoire de la Marne. Il fut ensuite l'adjoint du général Joffre. En 1918, il devint commandant suprême des armées alliées et les mena à la victoire. Il signa l'armistice le 11 novembre 1918.

Foix
Chef-lieu du département de l'Ariège, au confluent de l'Arget et de l'Ariège (9 109 hab.). Foix est l'ancienne capitale du comté de Foix qui fut réuni à la France par Henri IV en 1589.

Fontainebleau
Ville de Seine-et-Marne (15 942 hab.). Fontainebleau, située au centre d'une forêt de 16 hectares, est réputée pour son château, édifié de 1527 à la fin du XVIe siècle.
Le *traité de Fontainebleau*, signé après la première abdication de Napoléon Ier, lui attribuait l'île d'Elbe.

Fontevraud-l'Abbaye
Commune de Maine-et-Loire (1 189 hab.). On y

trouve les restes d'une abbaye de bénédictines, fondée vers 1100 et transformée en prison de 1804 à 1963. L'église abbatiale du XIIe siècle renferme les tombeaux des Plantagenêts.
On écrit aussi **Fontevrault**.

Ford Henry (né en 1863, mort en 1947)
Industriel américain. Il est le fondateur de la Ford Motor Company. Il créa la standardisation des pièces de voitures et la production automobile en série.

Ford John (né en 1895, mort en 1973)
Cinéaste américain. Il a réalisé beaucoup de westerns comme *la Patrouille perdue (1934)* ou *la Chevauchée fantastique (1939)*. Il est aussi l'auteur d'une adaptation au cinéma d'un roman de Steinbeck : *les Raisins de la colère (1940)*.

Forêt-Noire
Massif montagneux du sud de l'Allemagne. Son point culminant est le Feldberg (1 493 m). L'agriculture et l'élevage furent pendant longtemps les seules ressources de la Forêt-Noire. Aujourd'hui, le tourisme et l'industrie (horlogerie, textile, et travail du bois) font sa richesse.

Forez
Région du nord-est du Massif central. Le Forez se constitue des monts du Forez, qui culminent à Pierre-sur-Haute (1 634 m), et du bassin du Forez, qui est parcouru par la Loire. Le bassin du Forez est un secteur agricole prospère : vigne, vergers, pisciculture, élevage. Les monts du Forez sont inclus dans le parc naturel Livradois-Forez.
Au Moyen Âge, le Forez était un comté dépendant du royaume de Bourgogne. Il fut rattaché à la France en 1527.

Formose voir ***Taiwan***

Fort-de-France
Chef-lieu du département de la Martinique (94 049 hab.). Fort-de-France est un important port de commerce et de voyageurs. Elle possède aussi des industries dans le domaine de la distillerie, de la conserve alimentaire et de la chaussure. La ville fut fondée en 1672 par Colbert.

Forum
Place de la Rome antique située au pied du Capitole et du mont Palatin. Elle fut le centre de la vie politique pendant l'ère républicaine. Les empereurs César, Auguste, Vespasien, Nerva et Trajan ajoutèrent chacun leur forum au nord du forum initial. Il reste de nombreux vestiges de ces monuments.

Foucauld Charles Eugène (né en 1858, mort en 1916)
Explorateur français du Maroc. Il fut ordonné prêtre en 1901 et alla vivre en ermite auprès des Touaregs du Sahara. Il fut assassiné par des pillards.

Foucault Léon (né en 1819, mort en 1868)
Physicien français. Il mesura la vitesse de la lumière à l'aide d'un miroir tournant, inventa le gyroscope et démontra la rotation de la Terre, à l'aide d'un pendule.

Fouché Joseph (né en 1759, mort en 1820)
Homme politique français. Il était favorable à la Révolution. Devenu député à la Convention nationale, il réprima férocement l'insurrection royaliste de Lyon et mena une politique de laïcisation. Il fut ministre de la Police sous le Directoire, le Consulat puis l'Empire. En 1815, il fut exilé pour avoir voté la mort lors du procès de Louis XVI. Il se retira à Trieste, où il écrivit ses *Mémoires*.

Fouquet Jean (né vers 1420, mort entre 1477 et 1481)
Peintre et miniaturiste français. Jean Fouquet est l'un des plus grands artistes français du Moyen Âge. Il subit les influences italienne et flamande. Il maniait avec une grande technique les perspectives et les profondeurs dans la réalisation des paysages et maîtrisait parfaitement l'art du portrait. On lui doit *la Vierge à l'Enfant (1450)* et les enluminures du livre d'*Heures d'Étienne Chevalier (1457)*.
On écrit aussi **Foucquet**.

Fouquet Nicolas (né en 1615, mort en 1680)
Homme d'État français. Il fut surintendant général des Finances. Il amoncela une fortune considérable, encouragea les arts et les lettres, et fit construire le magnifique château de Vaux, où il reçut Louis XIV. Celui-ci, jaloux et encouragé par Colbert, le fit arrêter et condamner à la prison à vie en 1664.
On écrit aussi **Foucquet**.

Fouquier-Tinville Antoine (né en 1746, mort en 1795)
Magistrat et homme politique français. Il fut nommé accusateur public auprès du Tribunal révolutionnaire et il se montra impitoyable. Il fut guillotiné.

Fourier Charles (né en 1772, mort en 1837)
Philosophe et économiste français. Dans son *Traité de l'association domestique agricole (1822)*, il décrivit une cité harmonieuse, dénommée le phalanstère, où l'homme s'épanouirait dans le travail.

Fouta-Djalon
Massif montagneux de la république de Guinée, culminant à 1 538 m. Plusieurs fleuves y prennent leur source : la Gambie, le Sénégal, et le Niger.

C'est une région d'élevage et l'on y cultive le riz et le maïs. Les oranges produites dans le Fouta-Djalon ont une renommée mondiale.

Fra Angelico voir ***Angelico***

Fragonard Jean Honoré (né en 1732, mort en 1806)

Peintre et graveur français. Il excella dans les scènes libertines et les portraits.

France

60,9 millions d'habitants
Superficie : 549 192 km²
Capitale : Paris
Langue officielle : français
Monnaie : l'euro

État d'Europe occidentale voisin de l'Espagne, de l'Italie, de la Suisse, de l'Allemagne, du Luxembourg et de la Belgique. La France est le seul pays d'Europe ouvert à la fois sur la mer du Nord, l'océan Atlantique et la mer Méditerranée.

La France compte 21 Régions et le territoire de Corse. Elle est divisée en 96 départements, auxquels s'ajoutent quatre départements d'outre-mer (Guadeloupe, Guyane, Martinique, Réunion), deux collectivités territoriales (Mayotte, Saint-Pierre-et-Miquelon) et trois territoires d'outre-mer (Nouvelle-Calédonie, Polynésie française, Wallis-et-Futuna).

Géographie La France métropolitaine possède un relief varié : des massifs anciens (Massif central, Massif armoricain, Ardenne, Vosges), deux bassins sédimentaires (Bassin parisien, Bassin aquitain), des grandes plaines (Alsace, Roussillon, Languedoc), et des chaînes de montagnes (Alpes et Pyrénées). L'Ouest, le Nord et le Centre ont un climat tempéré océanique, l'Est a un climat continental et le Sud un climat méditerranéen. La population est inégalement répartie : les zones de forte densité de l'Île-de-France, du Nord, des vallées et du littoral, s'opposent au vide relatif des montagnes.

Économie La France est la quatrième puissance économique mondiale. Première puissance agricole d'Europe, le pays est un important producteur de céréales et la pêche et l'exploitation forestière sont aussi des secteurs porteurs de l'économie. L'industrie est très développée et diversifiée : chimie, pharmacie, aéronautique, électronique. Les industries de luxe, le tourisme et les activités de loisirs occupent une part non négligeable de l'économie. La France dispose de peu de ressources naturelles et le nucléaire est devenu la première source d'énergie nationale.

Histoire Les premières traces d'occupation humaine remontent à un million d'années. Au Vᵉ siècle avant J.-C., les Celtes fondèrent la civilisation gauloise. César conquit l'ensemble du territoire gaulois de 58 à 51 avant J.-C. et, durant quatre siècles, les Gallo-Romains développèrent une civilisation originale ; le latin remplaça le gaulois.

Au Vᵉ siècle, les Germains se partagèrent la Gaule et fondèrent des royaumes barbares. Les Francs, menés par Clovis, reprirent le territoire et lui donnèrent son nom. Dès lors, plusieurs dynasties de souverains se succédèrent : les Mérovingiens, les Carolingiens et les Capétiens. Philippe Auguste se nomma, le premier, roi de France, et fixa la capitale à Paris. Les XIVᵉ et XVᵉ siècles furent marqués par la guerre de Cent Ans qui opposa la France à l'Angleterre. Victorieuse, la France vit son territoire s'agrandir jusqu'à la Manche.

Au XVIᵉ siècle, l'unification territoriale se mit en place et favorisa une décision du pouvoir royal : l'ordonnance de Villers-Cotterêts ordonnait que tous les actes de justice fussent rédigés en français. À la suite de guerres au XVIIᵉ siècle, la France étendit encore son territoire (Artois, Roussillon, Franche-Comté, une partie du Hainaut, Strasbourg).

Le XVIIIᵉ siècle fut marqué par la division des classes sociales, qui conduisit progressivement le pays vers la Révolution de 1789. La Bastille, prison d'État à Paris, fut prise le 14 juillet. La Révolution provoqua l'abolition du régime féodal le 4 août 1789 et la constitution d'une monarchie constitutionnelle, dont les fondements furent établis dans la Constitution de 1791. Elle contenait aussi la *Déclaration des droits de l'homme et du citoyen*. Mais la constitution de la Iʳᵉ République ne rétablit pas la stabilité politique.

Bonaparte arriva au pouvoir en 1799 et s'autoproclama empereur en 1804. Il conquit l'Europe et créa une France de 130 départements. Il voulait contrôler tout le continent européen, mais le grave échec de la campagne de Russie eut raison de l'Empire.

La Restauration, tentative de Louis XVIII de rétablir le régime monarchique, fut un échec et déclencha une révolution en 1848 qui amena la IIᵉ République. Mais le président, Louis-Napoléon Bonaparte, accomplit un coup d'État et restaura l'Empire. Il organisa une brillante expansion économique. La guerre, qui opposa la France et l'Allemagne en 1870, aboutit à la chute du régime. Sous la IIIᵉ République, une œuvre considérable fut réalisée en matière de lois scolaires, d'expansion coloniale, de liberté de la presse et des syndicats. Après la Première Guerre mondiale (1914-1918), une période d'instabilité ministérielle et économique céda la place à la prospérité. La défaite française de juin 1940 provoqua l'écroulement de la IIIᵉ République et son remplacement par l'État français, présidé par le maréchal Pétain, auquel succéda, en 1944, le Gouvernement provisoire de la République française, présidé par le général de Gaulle.

La IVe République (1946-1958) assura l'essor économique du pays et la réconciliation franco-allemande, mais ne sut mener la décolonisation, en Indochine et en Algérie. L'arrivée du général de Gaulle au pouvoir aboutit à la mise en place de la Ve République. De Gaulle mit fin à la guerre d'Algérie. La France participa activement à la création de la Communauté économique européenne (1958) puis à l'Union européenne dont la monnaie unique, l'euro, est la mesure la plus représentative. La vie politique française, au gré des élections présidentielles et législatives, donne une alternance aux partis de droite et de gauche.

France Anatole (né en 1844, mort en 1924)
Écrivain français. Son œuvre très abondante est marquée par le scepticisme et l'ironie. *Le Crime de Sylvestre Bonnard (1881), la Rôtisserie de la reine Pédauque (1893), les Opinions de Jérôme Coignard (1893)*, figurent parmi ses romans les plus célèbres. Il fut élu à l'Académie française et obtint le prix Nobel de littérature en 1921.

Francfort-sur-le-Main
Ville d'Allemagne (592 410 hab.). C'est une grande métropole commerciale, financière et industrielle. Elle est la première place boursière d'Allemagne. Son industrie s'est développée dans les domaines de la chimie, de la métallurgie et de l'équipement électronique. Francfort possède aussi un patrimoine culturel. Elle abrite la maison natale de Goethe et une cathédrale gothique.

Franche-Comté
Région française et de l'Union européenne. 16 232 km^2 ; 1 117 059 hab. Elle est formée des départements du Doubs, du Jura, de la Haute-Saône et du Territoire de Belfort. La forêt, constituée de sapins et d'épicéas, couvre 43 % du territoire. La région a su préserver ses activités traditionnelles (production de lait, de fromage, de bois, thermalisme, horlogerie, optique), et développer son industrie (automobile, matériel ferroviaire, chimie).

Franco Bahamonde Francisco (né en 1892, mort en 1975)
Général et homme politique espagnol. Il combattit au Maroc, aux Baléares et aux Canaries. En 1936, il prit la tête du coup d'État contre le gouvernement républicain et devint, après trois années de guerre civile, le chef unique du pays. Franco, qui s'était lui-même nommé *el caudillo* (le chef), instaura un régime totalitaire puis rétablit la monarchie en 1947. En 1969, il fit du prince Juan Carlos son successeur, mais il resta au pouvoir jusqu'en 1975.

saint **François d'Assise** (né vers 1182, mort en 1226)
Religieux italien. Après avoir mené une existence facile, François d'Assise reçut une illumination mystique et décida de consacrer sa vie aux pauvres et à la prière. Il créa l'ordre des franciscains, et s'installa près d'Assise en Italie. À la fin de sa vie, malade et aveugle, il écrira le célèbre *Cantique du frère Soleil.*

saint **François de Sales** (né en 1567, mort en 1622)
Évêque de Genève. François de Sales contribua à la fondation de l'ordre de la Visitation en 1610. Il eut une vie simple et charitable. On lui doit l'*Introduction à la vie dévote*, et *le Traité de l'amour de Dieu*.

François Ier (né en 1494, mort en 1547)
Roi de France de 1515 à 1547. Grand adversaire de Charles Quint, François Ier s'allia contre lui avec les princes protestants allemands et avec le sultan Soliman le Magnifique. Dans ces luttes, François Ier perdit la Savoie, le Piémont, mais retrouva la Bourgogne. Pendant son règne, il renforça le pouvoir royal et assura le développement de l'économie. D'abord tolérant à l'égard des protestants, il finit par les persécuter. Dans le domaine des arts, François Ier favorisa la Renaissance française : il fut le fondateur du Collège royal et de l'Imprimerie royale ; il protégea les savants et les écrivains, dont Marot et Rabelais ; il fit construire ou modifier de célèbres châteaux (Chambord, Fontainebleau, le Louvre) et attira en France des artistes italiens, dont Léonard de Vinci.

François Ier de Habsbourg (né en 1708, mort en 1765)
Empereur germanique de 1745 à 1765. Il fut l'époux de Marie-Thérèse d'Autriche, et le père de Marie-Antoinette, reine de France.

François-Ferdinand de Habsbourg (né en 1863, mort en 1914)
Archiduc d'Autriche. Il était le neveu et l'héritier de l'empereur François-Joseph Ier. Son assassinat, le 28 juin 1914 à Sarajevo, précipita la guerre de 1914-1918.

François-Joseph Ier (né en 1830, mort en 1916)
Empereur d'Autriche de 1848 à 1916 et roi de Hongrie de 1867 à 1916. Il succéda à son oncle Ferdinand Ier. Il créa l'Empire austro-hongrois pour tenter de dominer les populations non allemandes des Balkans. Suite à l'assassinat de son neveu François-Ferdinand de Habsbourg, il déclara la guerre à la Serbie, ce qui déstabilisa la paix en Europe et déclencha la Première Guerre mondiale.

Francs
Peuple germanique et païen constitué de plusieurs ethnies. Les Francs s'unirent autour de Clovis et conquirent la Gaule aux Ve et VIe siècles. Ils donnèrent son nom à la France.

A B C D E F G H I J K L M N O P Q R S T U V W X Y Z

Frank Anne (née en 1929, morte en 1945)
Allemande de famille juive émigrée aux Pays-Bas en 1933. De 1942 à 1944, elle tint un journal intime dans lequel elle raconte la vie clandestine de sa famille sous l'oppression nazie. Il fut publié sous le titre : *Journal d'Anne Frank (1947)*. Elle mourut dans un camp de concentration.

Frankenstein
Roman fantastique de Mary Shelley (1818). Il raconte l'expérience du docteur Frankenstein qui donna vie à un être monstrueux. Cette histoire a souvent été adaptée au cinéma.

Franklin Benjamin (né en 1706, mort en 1790)
Physicien, philosophe et homme politique américain. Il participa à la rédaction de la *Déclaration d'indépendance* des États-Unis en 1776. Il est aussi l'inventeur du paratonnerre.

ALLEMAGNE

Frédéric Ier Barberousse (né en 1122, mort en 1190)
Empereur germanique (1152-1190). Frédéric Barberousse chercha à soumettre l'Italie du Nord, mais il se heurta au pape Alexandre III et à l'alliance que celui-ci avait formée avec les villes lombardes. Vaincu à Legnano, il dut abandonner ses prétentions. Il se noya en Turquie d'Asie après avoir pris la tête de la troisième croisade.

Frédéric II (né en 1194, mort en 1250)
Roi de Sicile (1197-1250) et empereur germanique (1220-1250). Opposé à la papauté, il fut excommunié en 1227. Il participa pourtant à la sixième croisade, et fut roi de Jérusalem en 1229. Il fut à nouveau excommunié par le pape en 1239.

PRUSSE

Frédéric Ier (né en 1657, mort en 1713)
Premier roi de Prusse (1701-1713). Frédéric Ier poursuivit la politique de son père Frédéric-Guillaume en luttant contre la France et la Suède.

Frédéric II le Grand (né en 1712, mort en 1786)
Roi de Prusse de 1740 à 1786. Élevé dans la tradition militaire, Frédéric II fut aussi musicien et l'ami des philosophes, notamment de Voltaire. Il agrandit et modernisa la Prusse, et prit part, allié à l'Angleterre, à la guerre de Sept Ans.
On dit aussi **Frédéric II l'Unique**.

Frédéric-Guillaume (né en 1620, mort en 1688)
Prince de Brandebourg et duc de Prusse. Il fut surnommé le *Grand Électeur*. Il réussit à agrandir le Brandebourg grâce aux traités de Westphalie en 1648, et à des guerres menées contre la Pologne, la France et la Suède.

Freetown
Capitale de la république de Sierra Leone, sur l'Atlantique (470 000 hab.). La ville, fondée en 1788, est un important port de l'Afrique.

Freinet Célestin (né en 1896, mort en 1966)
Pédagogue français. Il inventa des méthodes éducatives fondées sur l'expression libre et le travail par groupes.

Freud Sigmund (né en 1856, mort en 1939)
Neurologue et psychiatre autrichien. Il est le fondateur de la psychanalyse. Ses disciples répandirent ses recherches dans le monde entier, à partir de 1902. Freud étendit aussi la psychanalyse à l'art, à l'ethnologie et à la religion. Ses principales œuvres sont *l'Interprétation des rêves (1900)* et *l'Introduction à la psychanalyse (1916)*.

Fribourg
Grande ville de l'ouest de la Suisse (37 400 hab.). Fribourg est une vieille cité catholique. Elle est un important centre industriel dans le domaine de l'alimentation (chocolat, fromage, bière), mais aussi dans le domaine de la photochimie et de la fonderie.
Le *canton de Fribourg* fut le foyer de la réforme catholique au XVIe siècle. C'est une région agricole célèbre pour sa production de fromage de gruyère.

Friedland
Ville russe, située au sud-est de Kaliningrad (18 000 hab.). Elle porte aujourd'hui le nom de Pravdinsk. Napoléon Ier y remporta une victoire sur les Russes, le 14 juin 1807.

Frioul-Vénétie Julienne
Région autonome italienne et de l'Union Européenne située au nord de Venise. 7 845 km^2 ; 1 210 240 hab. Elle est formée des provinces de Gorizia, Pordenone, Trieste et Udine, et sa capitale est Trieste. La Frioul-Vénétie Julienne vit de la culture maraîchère, de la fabrication de la soie et de meubles, et de la métallurgie lourde.

Frisch Karl von (né en 1886, mort en 1982)
Entomologiste autrichien. Il a étudié et expliqué la danse qui permet aux abeilles de communiquer entre elles. Il obtint le prix Nobel de médecine en 1973 avec Konrad Lorenz.

Frise
Province côtière du nord des Pays-Bas. 3 339 km^2 ; 595 250 hab. Son chef-lieu est Leeuwarden. Située le plus souvent au-dessous du niveau de la mer, la Frise est entourée de digues. Ses plaines, très fertiles, permettent l'élevage des vaches de la race frisonne.

Froissart Jean (né en 1333 ou 1337, mort après 1400)
Poète et chroniqueur français. Dans ses *Chroniques (1370-1400)*, il a dépeint l'actualité en France, en Angleterre et en Italie au XIVe siècle.

la **Fronde**
Troubles politiques graves qui menacèrent, en France, la régence d'Anne d'Autriche et le gouvernement de Mazarin, de 1648 à 1653. La *Fronde parlementaire*, de 1648 à 1649, visait à limiter le pouvoir monarchique. Son principal instigateur était le conseiller Broussel. La *Fronde des princes*, de 1651 à 1653, eut pour but d'étendre la révolte aux provinces et d'obtenir la suppression des intendances. Elle fut menée principalement par les princes Condé, Conti et la duchesse de Longueville. Mais la Fronde fut un échec et permit à la royauté de s'affermir.

Front populaire
Coalition des partis de gauche et des syndicats créée en France en 1934, dans un climat de crise politique et économique. Le Front populaire accéda au pouvoir en 1936 et le gouvernement fut présidé par Léon Blum. Il instaura des mesures sociales importantes : les *accords de Matignon* instituèrent l'augmentation des salaires, la semaine de quarante heures, les congés payés. La Banque de France fut réorganisée et les chemins de fer nationalisés. Les difficultés financières et l'opposition contraignirent Léon Blum à démissionner et le Front populaire prit fin en 1938.

Fujian
Province maritime du sud de la Chine, séparée de Taiwan par le détroit de Taiwan. 120 000 km^2 ; 27 130 000 hab. Sa capitale est Fuzhou. La province est très boisée et produit essentiellement des denrées agricoles : céréales, patates douces, oléagineux, canne à sucre, agrumes, thé et tabac.

Fuji-Yama
Volcan éteint du Japon, situé sur l'île de Honshu. Il est le sommet le plus élevé du pays et culmine à 3 776 m.
On dit aussi **mont Fuji**.

Furetière Antoine (né en 1619, mort en 1688)
Écrivain français. On lui doit l'*Essai d'un dictionnaire universel (1684)*, pour lequel il fut exclu de l'Académie française, et le *Dictionnaire universel (1690)*.

Fushun
Grande ville de Chine (2 millions d'hab.). Fushun fut implantée près d'un important gisement de charbon. Ses principales activités sont l'exploitation du charbon et le raffinage du pétrole.
On dit aussi **Fou-Chouen**.

Futuna voir ***Wallis-et-Futuna***

Fuzhou
Capitale de la province de Fujian en Chine (1 651 500 hab.). L'industrie sucrière et la production de céréales, d'oléagineux et de fruits sont ses principales activités.
On dit aussi **Fou-Tcheou**.

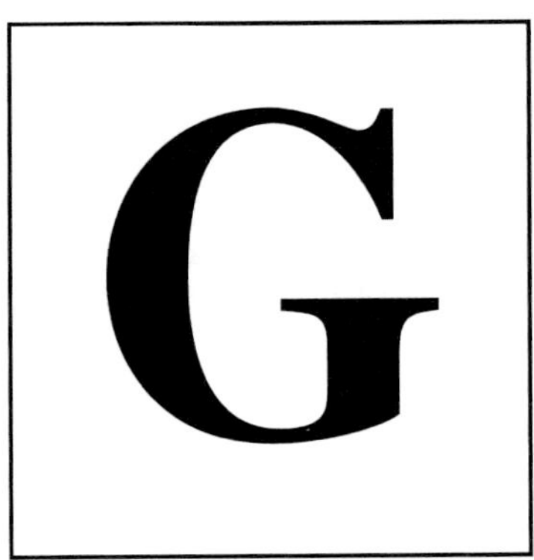

Gabon

1,2 million d'habitants
Superficie : 267 670 km²
Capitale : Libreville
Langue officielle : français
Monnaie : le franc CFA

État d'Afrique équatoriale bordé par l'Atlantique, situé entre la Guinée équatoriale, le Cameroun, et le Congo, et traversé par l'équateur. Le Gabon est couvert à 75 % par la forêt dense humide. Sa population, composée majoritairement de Fangs, est surtout rurale. La principale richesse du pays est le bois (acajou, ébène). Le Gabon exporte aussi du pétrole, du gaz, du manganèse et de l'uranium.

Histoire Le Gabon fut découvert au XVe siècle par les Portugais, et colonisé au XIXe siècle par les Français. Le pays devint une république autonome en 1958 et accéda à l'indépendance en 1960.

Gaborone

Capitale du Botswana (180 000 hab.).

Gagarine Youri (né en 1934, mort en 1968)

Aviateur et cosmonaute soviétique. Il fut le premier homme à effectuer un vol spatial, d'un peu moins de deux heures, en avril 1961.

Gainsborough Thomas (né en 1727, mort en 1788)

Peintre et dessinateur anglais. À la fois portraitiste et paysagiste, il eut une grande influence sur la peinture anglaise.

Gainsbourg Serge (né en 1928, mort en 1991)

Chanteur, auteur-compositeur et cinéaste français. Ses chansons mêlent jeux de mots, ironie et différents styles musicaux : rap, reggae, pop, chanson française.

îles Galápagos

Région de l'Équateur. Les îles Galápagos constituent un archipel volcanique situé dans l'océan Pacifique. 7 812 km² ; 10 000 hab. Elles sont pourvues d'une faune remarquable : tortues géantes, iguanes, otaries, pingouins. Le tourisme et la pêche à la langouste sont ses principales ressources.

Galice

Communauté autonome du nord-ouest de l'Espagne, située sur l'océan Atlantique, et Région de l'Union européenne. 29 434 km² ; 2 914 500 hab. Sa capitale est Saint-Jacques-de-Compostelle. Ses principales activités sont l'élevage bovin, la polyculture, l'industrie métallurgique, le tourisme. C'est aussi la première région de pêche de l'Union européenne.

La Galice fut rattachée à l'Espagne en 1071 et obtint son statut de communauté autonome en 1978.

Galicie

Région d'Europe orientale située au nord des Carpates. Elle fut souvent disputée entre la Russie, la Pologne et l'Autriche. Depuis 1945, elle est partagée entre la Pologne et l'Ukraine.

Galilée

Région du nord de la Palestine située entre le lac de Tibériade et la Méditerranée et appartenant à l'État d'Israël. Jésus y passa sa jeunesse et une partie de sa vie publique. Plusieurs villes de Galilée sont mentionnées dans la Bible : Capharnaüm, Nazareth, Magdala.

Galilée (né en 1564, mort en 1642)

Physicien, mathématicien et astronome italien. Galileo Galilei, dit Galilée, établit les lois du pendule, pour mesurer le temps, et inventa le thermomètre. Il perfectionna une lunette pour observer les planètes, et affirma que la Terre tourne autour du Soleil. Il fut poursuivi par l'Inquisition pour cette affirmation.

A B C D E F **G** H I J K L M N O P Q R S T U V W X Y Z

pays de **Galles**
Région du Royaume-Uni et de l'Union européenne, située au sud-ouest de la Grande-Bretagne. 20 768 km² ; 2 749 640 hab. Sa capitale est Cardiff. C'est une région de plateaux au climat océanique. Ses côtes, très découpées, accueillent de nombreuses stations balnéaires. L'élevage ovin prédomine dans le centre et l'industrie métallurgique dans le sud.
HISTOIRE Le pays de Galles fut intégré à l'Angleterre par Henri VIII au XVIe siècle. En 1999, un Parlement local a été élu pour la première fois. Au Royaume-Uni, l'héritier du trône porte le titre de Prince de Galles.

Gallieni Joseph Simon (né en 1849, mort en 1916)
Général français. Il s'illustra dans les colonies, au Niger, au Sénégal et à Madagascar. Gouverneur de Paris en 1914, il contribua à la victoire de la Marne. Il fut ministre de la Guerre en 1915-1916 et devint maréchal à titre posthume en 1921.

Galois Évariste (né en 1811, mort en 1832)
Mathématicien français. Il est à l'origine d'une importante théorie sur les équations algébriques.

Gama Vasco de (né vers 1469, mort en 1524)
Navigateur portugais. Il fut le premier à atteindre les Indes en franchissant le cap de Bonne-Espérance en 1498. Il créa des comptoirs commerciaux au Mozambique et au Dekkan. En 1524, il devint vice-roi des Indes portugaises.

Gambetta Léon (né en 1838, mort en 1882)
Avocat et homme politique français. Député en 1869, il contribua à la chute du Second Empire en septembre 1870. Devenu chef du parti républicain à l'Assemblée nationale, il pratiqua une politique dite *opportuniste* pour faire voter les lois qui instaurèrent la IIIe République en 1875. Il fut président du Conseil de novembre 1881 à janvier 1882.

Gambie
1,2 million d'habitants
Superficie : 11 290 km²
Capitale : Banjul
Langue officielle : anglais
Monnaie : le dalasi

État d'Afrique occidentale situé sur l'Atlantique et enclavé dans la république du Sénégal. Le pays est une étroite plaine tropicale parcourue par le fleuve Gambie. Sa population, très nombreuse, se constitue de plusieurs ethnies : les Malinkés, les Peuls, les Wolofs, les Diolas. Elle est essentiellement rurale. Le pays vit de l'arachide, du tourisme et de la contrebande, et fait partie des pays les moins avancés.
HISTOIRE La Gambie fut explorée par les Portugais au XVIe siècle et colonisée en 1843 par la Grande-Bretagne. Elle acquit son indépendance en 1965 et se constitua en république en 1970. Le 1er janvier 1982, elle forma une confédération avec le Sénégal : la Sénégambie, mais celle-ci éclata en 1989.

Gance Abel (né en 1889, mort en 1981)
Cinéaste français. Il est l'inventeur de techniques nouvelles comme la projection d'un film sur trois écrans en même temps, la polyvision, technique qu'il a utilisée dans *Napoléon (1927).*

Gand
Chef-lieu de la Flandre-Orientale en Belgique (239 260 hab.). Gand est située au confluent de l'Escaut et de la Lys, et est reliée à la mer du Nord par un canal. La ville fut un grand centre de l'industrie drapière, du XIIe au XVe siècle. Aujourd'hui, elle est un centre industriel important dans les domaines de l'industrie automobile et de la chimie. Gand est aussi réputée pour son horticulture. Elle possède un patrimoine artistique et architectural remarquable : cathédrale Saint-Bavon, église Saint-Nicolas, musée des Beaux-Arts.

Gandhi Mohandas Karamchand (né en 1869, mort en 1948)
Philosophe et homme politique indien, appelé le Mahatma (la Grande Âme). Avocat en Afrique du Sud de 1893 à 1914, il défendit les Indiens victimes de discrimination raciale. De retour dans son pays, il mit en pratique sa doctrine de la non-violence pour libérer l'Inde de la colonisation britannique (marches de protestation, grèves de la faim). Il défendit les droits des intouchables et tenta d'apaiser les conflits qui opposaient hindous et musulmans. En 1947, il participa aux négociations qui ont abouti à l'indépendance de l'Inde. Il fut assassiné par un fanatique hindou.

Gandhi Indira (née en 1917, morte en 1984)
Femme politique indienne. Indira Gandhi, fille de Nehru, lui-même disciple du Mahatma Gandhi, fut Premier ministre de 1966 à 1977 et de 1980 à 1984. Elle fut assassinée.

Gange
Fleuve de l'Inde et du Bangladesh (2 700 km). Le Gange naît dans l'Himalaya, arrose Bénarès et se jette dans le golfe du Bengale par un vaste delta. Le Gange est considéré comme un fleuve sacré par les hindous.

Gansu
Province du nord-ouest de la Chine. 530 000 km² ; 21 millions d'hab. Gansu est arrosée par le Huanghe. Sa capitale est Lanzhou.

Gap
Chef-lieu du département des Hautes-Alpes (36 262 hab.). Gap, située à 740 m d'altitude, est un centre administratif et commercial.

García Lorca Federico (né en 1899, mort en 1936)
Écrivain espagnol. García Lorca est l'auteur de poèmes comme le *Romancero gitan (1928)* et de pièces de théâtre comme *Noces de sang (1933), la Maison de Bernarda (1936)*. Son œuvre s'inspire du folklore populaire mais aussi des mouvements artistiques les plus modernes. Il fut fusillé par les partisans de Franco.

① **Gard**
Rivière de France (133 km), affluent du Rhône. Le pont du Gard, aqueduc romain long de 273 m et haut de 49 m, franchit la rivière au nord-est de Nîmes.

② **Gard**
Département français (30) de la Région Languedoc-Roussillon. 5 848 km^2 ; 623 125 hab. ; chef-lieu : Nîmes.

Garde
Lac du nord-est de l'Italie (370 km^2). Le lac de Garde est un lieu très touristique.

Gargantua
Personnage central du roman de Rabelais intitulé *Vie inestimable du grand Gargantua (1534)*. Capable de décrocher les cloches de Notre-Dame de Paris pour les accrocher au cou de sa jument, le géant Gargantua, père de Pantagruel, est le héros d'aventures comiques ou satiriques, qui expriment la joyeuse liberté d'esprit de Rabelais.

Garibaldi Giuseppe (né en 1807, mort en 1882)
Homme politique italien. Garibaldi lutta pour établir l'unité de l'Italie morcelée en plusieurs États. Il combattit les Autrichiens. En 1860, à la tête de mille hommes tous vêtus de chemises rouges, il mena une expédition pour s'emparer de la Sicile. Il servit la France pendant la guerre de 1870 contre l'Allemagne.

Garonne
Fleuve du sud-ouest de la France. La Garonne naît dans les Pyrénées espagnoles et forme, avec la Dordogne, le large estuaire de la Gironde par lequel elle rejoint l'Atlantique. Elle traverse Toulouse et Bordeaux. Ses principaux affluents sont l'Ariège, le Tarn et le Lot. Son régime est irrégulier et ses crues sont fréquentes.

Garonne (Haute-) voir ***Haute-Garonne***

Gascogne
Ancienne région du sud-ouest de la France. Formant un duché au VIIe siècle, la Gascogne fut réunie à l'Aquitaine en 1036, puis rattachée à la France en 1453.

GATT
Accord général sur les tarifs douaniers et le commerce, signé en 1947. Le GATT a été remplacé en 1995 par l'OMC (Organisation mondiale du commerce).

Gauguin Paul (né en 1848, mort en 1903)
Peintre et sculpteur français. Gauguin, d'abord influencé par l'impressionnisme, travailla avec son ami Van Gogh. Il séjourna en Polynésie et aux îles Marquises. Sa peinture est caractérisée par l'utilisation de larges taches de couleur et de formes stylisées. Précurseur de l'art moderne, Gauguin a fortement influencé les peintres adeptes du fauvisme.

Gaule
Nom donné par les Romains aux territoires correspondant aujourd'hui à la France et à la Belgique.
Les Celtes s'installèrent en Gaule au début du Ier millénaire avant J.-C. Regroupés en clans indépendants et rivaux, les peuples celtes étaient soumis au pouvoir religieux des druides. La conquête de la Gaule par les Romains (de 58 à 51 avant J.-C.) fut longue et difficile. En 52 avant J.-C., Jules César obtint la capitulation de Vercingétorix, vaincu à Alésia. Les Romains favorisèrent l'expansion économique de la Gaule en développant le réseau routier et les villes. Après les invasions germaniques, Clovis, roi des Francs, restaura l'unité de la Gaule (481-511).

de **Gaulle** Charles (né en 1890, mort en 1970)
Général et homme politique français. Durant la Seconde Guerre mondiale, le général de Gaulle s'opposa à l'armistice conclu par le maréchal Pétain avec l'Allemagne. Il partit pour Londres, d'où il lança un appel à la résistance le 18 juin 1940, demandant aux Français de poursuivre le combat. Après la libération de Paris en août 1944, il devint président du Gouvernement provisoire de la République française, mais il démissionna en janvier 1946. En 1958, la crise liée à la guerre d'Algérie le ramena au pouvoir. Il fit approuver par référendum une nouvelle Constitution qui instaura un régime de type présidentiel. Premier président de la Ve République, il changea l'orientation de la politique française en Algérie avec la signature, en 1962, des accords d'Évian, qui aboutirent à l'indépendance de l'Algérie. Réélu en 1965, il dut faire face à la crise de mai 1968 et démissionna en 1969.

Gauss Carl Friedrich (né en 1777, mort en 1855)
Mathématicien, physicien et astronome allemand. Gauss fit des recherches dans de nombreux domaines : mathématiques, électromagnétisme, optique, astronomie.

A B C D E F G H I J K L M N O P Q R S T U V W X Y Z

Gautier Théophile (né en 1811, mort en 1872)
Écrivain français. À la recherche de la perfection technique dans l'expression artistique, Théophile Gautier est l'auteur du célèbre recueil de poésies *Émaux et Camées (1852)*. Il publia un roman historique *le Capitaine Fracasse (1863)*.

Gay-Lussac Louis Joseph (né en 1778, mort en 1850)
Physicien et chimiste français. Gay-Lussac découvrit et énonça des lois physiques concernant la dilatation des gaz. En 1804, il effectua des ascensions en ballon pour étudier le magnétisme terrestre et la composition de l'air.

Gaza
Territoire de Palestine ; 363 km^2 ; 800 000 habitants. Sous contrôle israélien depuis 1967, la bande de Gaza est devenue une zone de colonisation. Un accord entre les Israéliens et les Palestiniens concéda aux Palestiniens l'autonomie de Gaza et de Jéricho en 1994. À l'heure actuelle, Gaza est le terrain d'un conflit sanglant entre Israël et les partisans d'un État palestinien.

Gdansk
Principal port de Pologne sur la mer Baltique (468 000 hab.). Gdansk, situé à l'embouchure de la Vistule, est un centre industriel (constructions navales) et culturel.

Geber (né à la fin du VIIIe siècle, mort au IXe siècle)
Alchimiste et philosophe arabe. Son œuvre constitue le plus ancien traité de chimie.

Gênes
Ville et principal port du nord-ouest de l'Italie (742 440 hab.). Avec des raffineries de pétrole, des chantiers navals, de la métallurgie, c'est un important centre industriel. La ville possède de nombreux palais et une cathédrale des XIe-XVIIIe siècles.

Genèse
Premier livre de la Bible. La Genèse raconte la Création du monde, l'expulsion d'Adam et d'Ève hors du Paradis terrestre, le meurtre d'Abel par son frère Caïn, le Déluge, la tour de Babel et l'histoire d'Abraham.

Genet Jean (né en 1910, mort en 1986)
Écrivain français. Enfant abandonné, Genet eut une jeunesse révoltée et alla en prison à plusieurs reprises. Il est l'auteur de romans inspirés de sa vie, dont *Notre-Dame-des-Fleurs (1948)*. Il a aussi écrit des pièces de théâtre, notamment *les Bonnes (1947)*.

Genève
Ville de Suisse sur le lac Léman et sur le Rhône (164 400 hab.). Genève est connue pour son horlogerie et son orfèvrerie. C'est un important centre bancaire. Genève entra dans la Confédération helvétique en 1814. Elle est aujourd'hui le siège de plusieurs organisations internationales et celui de la Croix-Rouge.

sainte **Geneviève** (née vers 422, morte vers 502)
Patronne de Paris. Sainte Geneviève aurait empêché Attila et ses guerriers d'envahir Lutèce (ancien nom de Paris), en 451.

Gengis Khan (né vers 1162, mort en 1227)
Fondateur du premier Empire mongol. Après avoir unifié les tribus mongoles vers 1206, il conquit la Chine du Nord (1211-1215), l'Iran, le sud de la Russie et l'Afghanistan.

Geoffroy Saint-Hilaire Étienne (né en 1772, mort en 1844)
Naturaliste français. Geoffroy Saint-Hilaire s'intéressa particulièrement à la zoologie et mit en évidence les ressemblances des squelettes de tous les vertébrés. Ses travaux ont ouvert la voie à une nouvelle théorie sur l'évolution des êtres vivants.

George V (né en 1865, mort en 1936)
Roi de Grande-Bretagne et empereur des Indes de 1910 à 1936. La Première Guerre mondiale et ses terribles conséquences marquèrent son règne.

saint **Georges**
Martyr chrétien. Soldat romain vivant au IVe siècle, il se convertit au christianisme et fut décapité. Saint Georges est le patron de l'Angleterre et des cavaliers. Il est souvent représenté terrassant un dragon.

Georgetown
Capitale et port de la Guyana, sur l'Atlantique (230 000 hab.).

① **Géorgie**
État du sud-est des États-Unis, sur l'Atlantique. 152 488 km^2 ; 6,5 millions d'hab. ; capitale : Atlanta. La Géorgie est une vaste plaine, au climat chaud et humide, dominée, au nord, par les Appalaches. La culture traditionnelle du coton fut remplacée par celle de l'arachide, du maïs, du tabac et l'élevage porcin. À l'industrie textile se sont ajoutées les industries du bois et du papier.

② **Géorgie**

5,5 millions d'habitants
Superficie : 69 700 km^2
Capitale : Tbilissi
Langue officielle : géorgien
Monnaie : le lari

État du Caucase, sur la côte est de la mer Noire, entouré de la Turquie et de l'Arménie au sud, de l'Azerbaïdjan à l'est, de la Russie au nord et à l'est.

GÉOGRAPHIE Bordée de montagnes au nord et au sud, la Géorgie est un pays essentiellement agricole où sont cultivés le riz, le coton, le tabac, la vigne, les agrumes, le thé. Son économie souffre des guerres civiles et de la corruption.

Histoire La Géorgie était un puissant royaume au XIIe siècle. Soumise aux attaques des Perses et des Turcs, elle sollicita, en 1783, la protection de la Russie qui l'annexa en 1801. En 1918, elle proclama son indépendance. Réintégrée à la Russie en 1921, elle devint une république fédérée de l'URSS en 1936. La Géorgie est indépendante depuis 1991.

Gergovie

Ancienne capitale des Arvernes, située à quelques kilomètres de Clermont-Ferrand, où Vercingétorix défendit la ville et remporta la victoire contre César en 52 avant J.-C.

Géricault Théodore (né en 1791, mort en 1824)

Peintre français. Les tableaux de Géricault sont animés par la vigueur des couleurs et l'énergie qui se dégage des personnages représentés. *Le Radeau de la Méduse (1819)*, exposé au Louvre, est la représentation impressionnante de rescapés d'un naufrage.

Germains

Peuples indo-européens, désignés sous le nom de Barbares par les Romains. Probablement venus des pays scandinaves, ils émigrèrent vers le sud aux environs du Ier millénaire avant J.-C. Les Goths, les Vandales, les Francs, tenus en échec par les Romains, se stabilisèrent. Mais au IIIe siècle, ils envahirent la Gaule, l'Espagne, l'Italie du Nord et les côtes de Bretagne. Aux IVe et Ve siècles, les invasions germaniques s'étendirent sur tout l'Empire romain d'Occident.

Germanie

Ancienne région de l'Europe du Nord. La Germanie, occupée par les Germains vers la fin du Ier millénaire avant J.-C., était un territoire compris entre le Rhin, la mer du Nord et la mer Baltique, les Alpes et les Carpates, et la Vistule.

Geronimo (né en 1829, mort en 1908)

Chef indien de la tribu des Apaches. De 1860 à 1886, il opposa une farouche résistance aux troupes américaines chargées de maintenir son peuple dans les réserves.

Gers

Département français (32) de la Région Midi-Pyrénées . 6 291 km^2 ; 172 335 hab. ; chef-lieu : Auch.

Gershwin George (né en 1898, mort en 1937)

Compositeur américain. Gershwin, influencé notamment par le jazz, est l'auteur de *Rhapsody in Blue (1924), Un Américain à Paris (1928), Porgy and Bess (1935).*

Gestapo

Police politique du parti nazi, créée en Allemagne en 1933. La Gestapo, réorganisée en 1936, fit régner la terreur en Allemagne et dans tous les territoires occupés jusqu'en 1945.

Gévaudan

Ensemble de plateaux du Massif central, qui fait aujourd'hui partie du département de la Lozère. Entre 1765 et 1768, à la suite de la disparition de cinquante personnes, on accusa un animal inconnu, peut-être un loup, qui fut appelé la *bête du Gévaudan.*

Ghana

19,5 millions d'habitants
Superficie : 238 540 km^2
Capitale : Accra
Langue officielle : anglais
Monnaie : le cedi

État de l'ouest de l'Afrique sur le golfe de Guinée.

Géographie Au nord du pays s'étendent des savanes. À l'est, un barrage retient les eaux de la Volta et forme le lac Volta, l'un des plus grands lacs artificiels du monde. La population vit essentiellement sur le plateau du Sud-Ouest.

Économie L'urbanisation est faible. L'agriculture et l'industrie sont en progrès et le tourisme en essor. Aux exportations de cacao, d'or et de bois, s'ajoutent désormais des fruits, du maïs et de l'aluminium.

Histoire Après les Portugais au XVe siècle, les Hollandais et les Anglais s'installèrent, dès le XVIe siècle, dans cette région, appelée alors la Côte de l'Or, où sévissait le trafic des esclaves. Elle devint colonie britannique en 1874. Elle obtint son indépendance, en 1957, sous le nom de Ghana. Les coups d'État et les périodes de dictature se succédèrent et le pays connut une période d'instabilité politique. En 1992, une nouvelle Constitution mit fin à la dictature. Le Ghana est une république membre du Commonwealth.

Giacometti Alberto (né en 1901, mort en 1966)

Sculpteur et peintre suisse. Il vécut en France et suivit le mouvement surréaliste. Ses personnages en bronze sont filiformes et tourmentés.

① Gibraltar

Détroit, large d'environ 15 km, qui unit l'océan Atlantique à la mer Méditerranée et sépare l'Espagne du Maroc.

② Gibraltar

Territoire britannique, situé à l'extrémité sud de l'Espagne, sur le détroit de Gibraltar ; 6 km^2 ; 29 000 hab.

Un rocher haut de 423 m surplombe la ville. Cette place stratégique, britannique depuis 1704, est revendiquée par l'Espagne.

Gide André (né en 1869, mort en 1951)
Écrivain français. Gide est l'auteur de nombreux ouvrages parmi lesquels on peut citer : *les Nourritures terrestres (1897), la Symphonie pastorale (1919)* et *les Faux-Monnayeurs (1926).* Écrivain animé d'un désir de liberté, il refuse les conventions de la morale et de l'éducation. Il a reçu le prix Nobel de littérature en 1947.

Giono Jean (né en 1895, mort en 1970)
Écrivain français. Né en Provence, Giono fut inspiré par la beauté de la nature et la vie simple de la campagne provençale qu'il décrivit dans des romans comme : *Colline (1929), Regain (1930).* Il est aussi l'auteur du roman *le Hussard sur le toit (1951),* adapté au cinéma.

Giorgione (né vers 1477, mort en 1510)
Peintre italien. Il est l'auteur de tableaux comme *la Tempête, les Trois Philosophes,* dans lesquels la lumière adoucit les contours des personnages.

Giotto di Bondone (né vers 1266, mort en 1337)
Peintre et architecte italien. Giotto exécuta ou restaura des fresques dans de nombreuses villes d'Italie, notamment à Padoue. Sa conception moderne de l'espace et du volume en fit l'un des précurseurs de la peinture moderne en Occident.

Giraudoux Jean (né en 1882, mort en 1944)
Écrivain français. Giraudoux a écrit, dans un style élégant, plusieurs romans pleins de vivacité et d'humour comme *Siegfried et le Limousin (1922).* Il est aussi l'auteur de pièces de théâtre : *La guerre de Troie n'aura pas lieu (1935), Électre (1937), la Folle de Chaillot (1945).*

Gironde
Département français (33) de la Région Aquitaine. 10 000 km^2 ; 1,3 million d'hab. ; chef-lieu : Bordeaux.

Girondins
Groupe politique qui, pendant la Révolution française, était hostile à une progression du mouvement révolutionnaire et à une dictature populaire parisienne. À la Convention où ils siégeaient à droite, ils s'opposèrent aux Montagnards. En 1793, des émeutes parisiennes dirigées contre eux aboutirent à leur mise hors la loi et vingt et un Girondins furent guillotinés le 31 octobre. Le nom de Girondins leur fut donné car certains de leurs chefs étaient députés de la Gironde.

Gizeh
Ville d'Égypte, sur la rive gauche du Nil. (environ 2 millions d'hab.). Gizeh est la banlieue résidentielle du Caire. À quelques kilomètres de la ville s'élèvent les célèbres pyramides de Chéops, Chéphren et Mykérinos, ainsi que le Sphinx.

Gladstone William Ewart (né en 1809, mort en 1898)
Homme politique britannique. Gladstone, chef du parti libéral, fut quatre fois Premier ministre et défendit en vain l'autonomie de l'Irlande.

Glasgow
Ville et port d'Écosse (696 570 hab.). Glasgow est le principal centre industriel et commercial de l'Écosse.

Goa
État de l'Inde, en bordure de la mer d'Oman. 3 702 km^2 ; 1,2 million d'hab. ; capitale : Panaji. Autrefois colonie portugaise, Goa, annexé par l'Inde en 1962, devint un État de l'Union indienne en 1987.

Gobi
Désert d'Asie centrale. Le Gobi s'étend en Mongolie et en Chine.

Godefroi de Bouillon (né vers 1061, mort en 1100)
Duc de Basse-Lorraine. Godefroi de Bouillon partit à la tête de ses chevaliers pour la première croisade. Après la prise de Jérusalem, en 1099, il fut élu roi de la ville, titre qu'il refusa.

Goethe Johann Wolfgang von (né en 1749, mort en 1832)
Écrivain allemand. Goethe, par ses dons de poète, de romancier, de critique et l'étendue de ses connaissances, a atteint une célébrité universelle. Parmi les innombrables œuvres qu'il a écrites, on peut citer son célèbre roman *les Souffrances du jeune Werther (1774),* le poème dramatique *Faust (1808 et 1832).*

Gogol Nikolaï Vassilievitch (né en 1809, mort en 1852)
Écrivain russe. Gogol a publié trois recueils de nouvelles entre 1831 et 1835, parmi lesquelles *le Journal d'un fou,* et un roman inachevé, *les Âmes mortes.* Son œuvre a eu une influence importante sur la littérature russe.

Golan
Plateau du sud-ouest de la Syrie. Le Golan fut occupé par Israël en 1967. De violents combats s'y déroulèrent en 1973. Il fut annexé par Israël en 1981.

Goldoni Carlo (né en 1707, mort en 1793)
Dramaturge italien. Goldoni est l'auteur de nombreuses comédies écrites en italien comme *le Menteur (1750)* ou en français comme *le Bourru bienfaisant (1771).*

guerre du **Golfe**
Conflit qui opposa l'Irak à une coalition de trente pays conduits par les États-Unis. La guerre du Golfe débuta en janvier 1991 après l'invasion du

Koweït, en août 1990, par l'Irak. Les Alliés occupèrent le Koweit en février 1991. Un cessez-le-feu intervint le 3 mars 1991.

Golgotha

Colline de Jérusalem. Selon les Évangiles, Jésus fut crucifié sur le Golgotha.

Goliath

Personnage biblique. Le géant Goliath fut tué par David, armé d'une simple fronde, au cours d'un combat singulier.

Goncourt Edmond (né en 1822, mort en 1896) et Jules (né en 1830, mort en 1870)

Écrivains français. Edmond de Goncourt et son jeune frère Jules écrivirent ensemble plusieurs romans. Ils sont aussi les auteurs d'un *Journal*.
L'académie Goncourt attribue chaque année, selon le souhait d'Edmond, le *prix Goncourt* à un roman français considéré comme le meilleur.

Gondwana

Continent qui aurait regroupé l'Amérique du Sud, l'Afrique, Madagascar, l'Arabie, l'Inde, l'Australie et l'Antarctique. Le Gondwana se serait disloqué il y a 240 millions d'années, lors de la formation des océans.

Gorbatchev Mikhaïl (né en 1931)

Homme d'État soviétique. Président de l'URSS de 1990 à 1991, il a cherché à ouvrir son pays au monde occidental et a favorisé la liberté d'expression. Il reçut le prix Nobel de la paix en 1990.

Gorki Maxime (né en 1868, mort en 1936)

Écrivain russe. Gorki raconte son enfance et sa jeunesse difficiles dans des romans comme *Enfance (1913-1914)*. Favorable aux idées révolutionnaires, il écrit son célèbre roman *la Mère (1907)*. Il est aussi l'auteur de pièces de théâtre comme *les Bas-Fonds (1902)* qui met en scène des victimes de l'injustice sociale.

Goscinny René (né en 1926, mort en 1977)

Scénariste français de bandes dessinées. Goscinny est l'auteur des textes d'*Astérix*, et de *Lucky Luke*.

Goths

Peuple germanique installé au Ier siècle avant J.-C. sur les rives de la Vistule. En 375, sous la pression des Huns, les Goths se divisèrent en Ostrogoths et en Wisigoths.

Goya Francisco (né en 1746, mort en 1828)

Peintre et graveur espagnol. Goya, peintre officiel de la cour d'Espagne, a laissé une œuvre parfois violente dénonçant la guerre, parfois dramatique. Mais il a su aussi évoquer la grâce féminine (*la Maja nue, vers 1804*). Sa peinture influença fortement les artistes français du XIXe siècle.

le Graal

Coupe sacrée dont Jésus se serait servi au cours de son dernier repas avec les apôtres, et dans lequel son sang aurait été recueilli quand il fut crucifié. Aux XIIe et XIIIe siècles, des récits racontent l'histoire des chevaliers de la Table ronde partis à la recherche du Graal.
On dit aussi le **Saint-Graal**.

Gracchus

Nom d'une famille noble romaine (IIe siècle av. J.-C.) issue la plèbe qui chercha à favoriser le peuple.

Grande (Rio) voir *Rio Grande*

Grande-Bretagne voir *Royaume-Uni de Grande-Bretagne et d'Irlande du Nord*

Grande-Grèce

Ensemble des territoires colonisés par les Grecs en Italie du Sud et en Sicile à partir du VIIIe siècle avant J.-C.

Grandes-Jorasses

Sommets du massif du Mont-Blanc. Les Grandes-Jorasses culminent à la pointe Walker (4 206 m).

Grant Ulysses Simpson (né en 1822, mort en 1885)

Général et homme politique américain. Chef des armées nordistes durant la guerre de Sécession, il fut président des États-Unis de 1869 à 1877.

Grèce

10,6 millions d'habitants
Superficie : 131 990 km²
Capitale : Athènes
Langue officielle : grec
Monnaie : l'euro

État du sud de l'Europe, qui comprend l'extrémité de la péninsule des Balkans et de nombreuses îles. La Grèce est baignée par la mer Méditerranée et la mer Égée.

GÉOGRAPHIE La Grèce est un pays montagneux, avec les chaînes du Péloponnèse et du Pinde. La majorité de la population vit dans les zones côtières et dans les plaines cultivables de Thrace, Macédoine, Thessalie et Attique. Le climat est méditerranéen dans le Sud, les îles et sur le littoral. Les îles grecques représentent environ 20 % de la superficie totale du pays.

ÉCONOMIE L'agriculture fondée sur des cultures traditionnelles reste l'une des ressources essentielles et tire d'importants revenus du tourisme. L'endettement du pays est lourd. La Grèce est membre de l'Union européenne.

HISTOIRE À partir du XIXe siècle avant J.-C., des peuples indo-européens pénètrèrent en Grèce. Au XVe siècle avant J.-C., les Achéens, peuple guerrier, dominèrent la Crète et s'étendirent vers l'Asie Mineure. La légendaire guerre de Troie correspondrait à un épisode de leur expansion au XIIIe siècle avant J.-C. Au IXe siècle avant J.-C., la Grèce était découpée en de nombreuses cités rivales. À partir du VIIIe siècle avant J.-C., les Grecs se lancèrent sur les mers et fondèrent des colonies dans tout le pourtour de la Méditerranée pour servir de relais à leur commerce maritime. À partir du VIe siècle avant J.-C., Athènes devint la principale cité colonisatrice. Au Ve siècle, lors des guerres médiques, les cités grecques s'allièrent pour combattre les Perses et remportèrent les fameuses victoires de Marathon (490) et de Salamine (480). Athènes devint la première puissance de la Méditerranée orientale et développa la démocratie : tous les citoyens participaient au gouvernement de la cité. Périclès, qui dirigea Athènes de 457 à 429, donna son nom à cet âge d'or, économique, intellectuel et artistique : *le siècle de Périclès*. À la fin du Ve siècle, Sparte et Athènes s'affrontèrent. À la faveur de l'affaiblissement des cités, le roi Philippe de Macédoine conquit la Grèce en 338 avant J.-C. Il fut assassiné. Son fils, Alexandre le Grand, partit à la conquête de l'Asie en 334. Il soumit l'Égypte, la Perse, atteignit les Indes en 327. À la mort d'Alexandre (323), son Empire fut divisé, mais une nouvelle civilisation, appelée hellénistique, étendit la culture et la langue grecques sur tout l'Orient. La Macédoine maintint la Grèce sous sa tutelle. En 148-146 avant J.-C., les Romains conquirent la Grèce.

La conversion de la Grèce au christianisme à partir du Ier siècle fut un évènement capital car le christianisme sera profondément marqué par la civilisation grecque hellénistique. À partir de 250 environ, les cités grecques furent pillées par les Barbares. En 395, la Grèce fut intégrée à l'empire d'Orient. Après avoir subi de nombreuses invasions, la Grèce fut conquise par les Turcs qui la dominèrent pendant près de quatre siècles.

Avec l'aide de la France, de la Grande-Bretagne et de la Russie, la Grèce entreprit une guerre sanglante de libération en 1821. Elle obtint l'autonomie en 1829 (traité d'Andrinople) et l'indépendance en 1832. La Grèce fut érigée en royaume. Elle participa aux guerres balkaniques (1912-1913) et acquit ainsi la Crète et une partie de la Macédoine. Mais la guerre qu'elle mena contre la Turquie en 1920 et 1922 fut désastreuse et elle dut accueillir un million et demi de réfugiés d'Asie Mineure.

Durant la Seconde Guerre mondiale, la Grèce fut envahie par les Italiens en 1940, puis les Allemands l'occupèrent en 1941. Elle fut libérée en 1944 par les partisans de l'armée populaire grecque de libération. Le pays fut secoué par une guerre civile intermittente de 1944 à 1949. En avril 1967, un coup d'État militaire fonda le « régime des colonels » et, en juillet 1973, la république fut proclamée. En 1974, le gouvernement rétablit les libertés et fit approuver la république par un référendum. La Grèce put ainsi entrer dans la CEE le 1er janvier 1981. À partir de 1981, socialistes et conservateurs se succèdèrent au pouvoir. En 1996, Costas Simitis, socialiste, gagna les élections. Il est considéré comme l'auteur d'un véritable miracle économique en Grèce.

le **Greco** (né en 1541, mort en 1614)

Peintre espagnol. Le Greco, d'origine crétoise, fut influencé par les peintres italiens. Ses peintures représentent des personnages à la silhouette et aux membres exagérément allongés. Parmi ses œuvres essentielles, on peut citer *l'Enterrement du comte d'Orgaz (1586)*.

Greenwich

Faubourg de Londres. C'est par l'ancien observatoire royal de Greenwich que passe le *méridien de Greenwich* qui a été choisi internationalement comme méridien d'origine (méridien zéro) pour le calcul des longitudes.

saint **Grégoire** (né vers 540, mort en 604)

Pape de 590 à 604 sous le nom de Grégoire Ier le Grand. Élu pape malgré lui, il contribua à l'établissement de la puissance de la papauté en Occident et au rapprochement entre Rome et les peuples barbares.

l'abbé **Grégoire** (né en 1750, mort en 1831)

Membre du clergé et révolutionnaire français. L'abbé Grégoire fut député du clergé aux États généraux en 1789. Il défendit les droits civils et politiques des juifs et se battit pour l'abolition de l'esclavage.

① **Grenade**

Ville d'Espagne, en Andalousie (268 670 hab.). Grenade possède de nombreuses richesses architecturales : une cathédrale baroque, le palais mauresque de l'Alhambra, les jardins du Generalife. De 1235 à 1492 la ville fut la capitale d'un royaume arabe fondé au XIe siècle. Sa conquête en 1492 marqua la fin de la Reconquista.

② **Grenade**

110 000 habitants
Capitale : Saint George's
Superficie : 344 km^2
Langue officielle : anglais
Monnaie : le dollar des Caraïbes

État des Petites Antilles. La Grenade est formée de l'île de la Grenade et d'une partie des îles Grenadines. Ses ressources proviennent de la culture de la noix de muscade, de la banane, du cacao mais aussi de la pêche et du tourisme.
Découverte par Christophe Colomb en 1498, l'île

de Grenade fut française, puis britannique. Indépendante depuis 1974, la Grenade est membre du Commonwealth.

Grenoble

Chef-lieu du département de l'Isère, sur l'Isère (380 645 hab.). Grenoble est un centre industriel important et compte de grands instituts de recherche. La ville possède de nombreux musées. Elle fut le siège des jeux Olympiques d'hiver en 1968.

Grévy Jules (né en 1807, mort en 1891)

Homme politique français. Président de la République en 1879, réélu en 1885, Jules Grévy dut démissionner en 1887 à la suite d'un scandale dans lequel son gendre était compromis.

Grimm Jacob (né en 1785, mort en 1863) et Wilhem (né en 1786, mort en 1859)

Écrivains allemands. Les deux frères écrivirent ensemble les *Contes d'enfants et du foyer (1812)* et une *Histoire de la langue allemande (1848).*

Grisons

Canton du sud-est de la Suisse. 7 109 km^2 ; 172 560 hab. ; chef-lieu : Coire. Région montagneuse, les Grisons sont le plus grand des cantons suisses. La principale ressource est le tourisme avec de nombreuses stations d'été et de sports d'hiver.

Groenland

État autonome dépendant du Danemark, situé au nord-est de l'Amérique. 2 175 600 km^2 ; environ 50 000 hab. (Esquimaux et Danois) ; capitale : Nuuk. Le Groenland est une grande île formée d'un vaste plateau dont la plus grande partie est couverte d'une épaisse couche de glace. L'activité principale est la pêche. Le sous-sol est riche en zinc, plomb et charbon.

Histoire Le Groenland fut découvert en 982 par l'Islandais Erik le Rouge. N'ayant plus de contact avec l'Europe, elle fut redécouverte en 1578, explorée après 1721, et devint une colonie danoise en 1814. Province danoise en 1953, le Groenland obtint un statut d'autonomie interne en 1979. Après un référendum en 1982, le pays s'est retiré de la CÉE en 1985.

Groznyï

Ville de Russie et capitale de la Tchétchénie (400 000 habitants en 1990). Centre d'une région pétrolière. La ville a été presque totalement anéantie en 1999 et en 2000 au cours des terribles combats menés par les troupes russes contre les nationalistes tchétchènes.

Guadalajara

Ville du Mexique (2,9 millions d'hab.). Guadalajara, située à 1 600 m d'altitude, est un grand centre commercial et regroupe des industries de la métallurgie, du textile et de la chimie.

Guadalquivir

Fleuve du sud-ouest de l'Espagne. Le Guadalquivir (680 km), traverse l'Andalousie, arrose Cordoue, Séville et se jette dans l'Atlantique.

Guadeloupe

Département français d'outre-mer (971). 1 704 km^2 ; 422 496 hab. ; chef-lieu : Basse-Terre. La Guadeloupe est un groupe d'îles des Antilles françaises. Les deux îles principales, Basse-Terre et Grande-Terre, sont séparées par un étroit bras de mer. Les autres îles, plus petites sont la Désirade, Marie-Galante, les archipels des Saintes et de la Petite-Terre, Saint-Barthélemy et Saint-Martin. La Basse-Terre est montagneuse (la Soufrière, 1 467 m). Le climat est tropical et l'île est exposée à de violents cyclones.

Économie Les cultures traditionnelles (canne à sucre, banane) et les industries liées à la fabrication du sucre et du rhum restent insuffisantes. Le tourisme est en expansion.

Histoire La Guadeloupe, découverte par Christophe Colomb en 1493, colonisée par les Français en 1635, occupée à plusieurs reprises par les Anglais, revint à la France en 1816. Elle forme un département français depuis 1946 et une Région depuis 1982.

Guadiana

Fleuve d'Espagne et du Portugal. Le Guadiana (801 km) naît en Espagne, sert en partie de frontière entre l'Espagne et le Portugal et se jette dans l'Atlantique.

Guangdong

Province du sud de la Chine. 197 100 km^2 ; 63 millions d'hab. ; capitale : Canton. Guangdong est une riche région agricole, arrosée par de nombreux fleuves. La province est devenue l'une des grandes zones industrielles de la Chine à partir de 1980.

Guangxi

Région autonome du sud de la Chine. 220 400 km^2 ; 43 millions d'hab. ; chef-lieu : Nanning. Guangxi est une région montagneuse, avec des cultures de thé, de riz, de canne à sucre. Son sous-sol renferme de la houille, du fer, du manganèse.

Guaranis

Indiens d'Amérique du Sud vivant principalement au Paraguay.

Guatemala

12,7 millions d'habitants
Superficie : 108 889 km^2
Capitale : Guatemala
Langue officielle : espagnol
Monnaie : le quetzal

État de l'Amérique centrale, au sud du Mexique.

Géographie De hautes terres groupent encore la majorité des habitants. Elles dominent, au sud, les plaines tropicales humides et fertiles du littoral du Pacifique où s'étendent de grandes plantations : canne à sucre, café, bananes, coton, avocats, ananas. Au nord, un vaste plateau couvert de forêts denses est encore presque vide. L'industrie, peu importante, concerne l'agroalimentaire et le textile. Le tourisme se développe.
Histoire Pays de civilisation maya, le Guatemala fut conquis par les Espagnols au début du XVIe siècle. État indépendant depuis 1839, son histoire fut marquée par des périodes de dictature, des coups d'État et des guérillas suivies de répressions qui épuisèrent le pays. Des accords de paix furent enfin signés avec la guérilla, en 1996, mettant fin à plus de trente-cinq ans d'une véritable guerre civile. Cependant la situation économique ne s'est pas améliorée et une grande partie de la population vit dans une extrême pauvreté.

Guéret
Chef-lieu du département de la Creuse (14 123 hab.). Guéret est un centre administratif.

Guernesey
Une des îles Anglo-Normandes, sur la Manche. 63 km^2 ; 58 860 hab. ; chef-lieu : Saint-Pierre. L'île produit des fruits, des légumes. C'est un centre touristique très fréquenté. De 1855 à 1870, Victor Hugo y vécut en exil.

Guernica
Toile monumentale peinte par Picasso en 1937. Ce tableau dénonce la destruction de la ville espagnole de Guernica y Luno par l'aviation allemande au service des troupes de Franco au cours de la guerre civile d'Espagne.

guerre de Cent Ans voir *Cent Ans*

guerre de Corée voir *Corée*

guerre de l'Indépendance américaine
Guerre qui, de 1775 à 1782, opposa les treize colonies anglaises d'Amérique du Nord à l'Angleterre. Après une période de troubles, les colonies déclarèrent leur indépendance le 4 juillet 1776. Mais les Anglais reprirent l'offensive, et ne furent définitivement battus que grâce à l'aide de la France. En 1783, le traité de Versailles ratifia l'indépendance des États-Unis.

guerre du Golfe voir *Golfe*

guerre franco-allemande de 1870-1871
Guerre qui opposa la France et la Prusse ainsi que les États allemands. Elle fut déclenchée par Bismarck qui souhaitait réaliser l'unification allemande. L'armée française, conduite par Napoléon III, essuya plusieurs défaites en Alsace et en Lorraine et capitula en 1870. À Paris, l'Empire s'écroula et l'armistice fut signé le 28 janvier 1871. Le traité de Francfort-sur-le-Main donnait à l'Allemagne l'Alsace et une partie de la Lorraine. Mais cette guerre eut une portée bien supérieure à une victoire militaire, puisqu'en unissant les forces allemandes et prusses dans une guerre commune, Bismarck avait achevé l'unité politique de l'Allemagne.

guerre froide
Nom donné à la période d'extrême tension qui a régné entre les États-Unis et l'URSS après la Seconde Guerre mondiale. Cette période, marquée par la course aux armements et des situations de conflits, s'est achevée avec l'effondrement de l'URSS en 1991.

Première **Guerre mondiale**
Guerre d'abord européenne puis mondiale, qui se déroula de 1914 à 1918. Le conflit débuta avec la déclaration de guerre de l'Autriche-Hongrie à la Serbie le 28 juillet 1914. L'Allemagne déclara ensuite la guerre à la Russie, puis à la France le 3 août 1914. La Turquie et la Bulgarie rejoignirent l'Allemagne et l'Autriche-Hongrie. La France, la Russie, la Serbie, s'allièrent de leur côté à la Grande-Bretagne, à l'Italie, puis aux États-Unis. En France, l'invasion allemande fut arrêtée sur la Marne en septembre 1914. À cette première période du conflit succéda une guerre des tranchées, longue et meurtrière. La bataille de Verdun dura de février à décembre 1916. En 1918, le maréchal Foch, à la tête des troupes alliées, força les Allemands à la retraite. Le 11 novembre 1918, un armistice fut signé à Rethondes. La guerre avait fait 10 millions de morts et le traité de paix fut signé à Versailles le 28 juin 1919. L'Europe est sortie dévastée du conflit qui a provoqué l'effondrement des Empires russe, allemand et austro-hongrois.

Seconde **Guerre mondiale**
Guerre qui opposa, de 1939 à 1945, l'Allemagne nazie, soutenue par l'Italie, le Japon, aux puissances alliées réunissant plusieurs pays dont la Pologne, la Grande-Bretagne, la France, la Belgique, les Pays-Bas, puis l'URSS et les États-Unis. Le conflit fut déclenché par l'invasion de la Pologne par les troupes d'Hitler le 1er septembre 1939. Le 3 septembre, la France et la Grande-Bretagne déclarèrent la guerre à l'Allemagne. Dès juin 1940, l'Allemagne nazie dominait l'Europe et menait une politique d'extermination, déportant et faisant périr dans des conditions atroces 6 millions de Juifs, des Tziganes, des opposants politiques. La France, en partie occupée par les Allemands, mena, sous le gouvernement de Pétain, une politique de collaboration avec l'Alle-

magne, tandis que s'organisait, secrètement, la résistance à l'Occupation. En 1941, les Allemands attaquèrent l'URSS et les Japonais bombardèrent la flotte américaine à Pearl Harbor. Les États-Unis entrèrent alors en guerre. Après le débarquement anglo-américain en Normandie (6 juin 1944), l'Allemagne, ravagée par les bombardements aériens, fut envahie à l'est et à l'ouest. Les Alliés prirent Berlin. Le 30 avril 1945, Hitler se suicida et l'Allemagne capitula le 8 mai 1945. Les terribles bombardements atomiques des Américains sur les villes d'Hiroshima et de Nagasaki (août 1945) forcèrent le Japon à la capitulation. La guerre a tué environ 50 millions de personnes. La plupart des pays d'Europe sont en ruine.

guerre de Sécession voir *Sécession*

guerre de Sept Ans voir *Sept Ans*

guerre de Six Jours voir *Six Jours*

guerre de Trente Ans voir *Trente Ans*

guerre de Vendée voir *Vendée*

Guesde Jules (né en 1845, mort en 1922)

Homme politique français. Adepte des idées marxistes, Jules Guesde lutta pour la création d'un parti ouvrier socialiste. Opposé à Jean Jaurès, il refusa tout accord avec les partis bourgeois. Mais, au moment de la déclaration de guerre de 1914, il accepta le poste de ministre d'État.

Che Guevara (né en 1928, mort en 1967)

Homme politique cubain d'origine argentine. Compagnon de Fidel Castro, il participa à la révolution cubaine et fut ministre de l'Industrie à Cuba de 1961 à 1965. Il propagea les idées révolutionnaires et les techniques de la guérilla en Amérique latine. Il fut tué dans une embuscade de l'armée bolivienne.

Guillaume Ier (né en 1797, mort en 1888)

Roi de Prusse (1861-1888) et empereur d'Allemagne (1871-1888). C'est sous son règne que son chancelier Bismarck put réaliser l'unité allemande. Après la victoire de l'Allemagne sur la France, il fut proclamé empereur, à Versailles, en janvier 1871.

Guillaume Ier le Conquérant (né vers 1027, mort en 1087)

Duc de Normandie et roi d'Angleterre de 1066 à 1087. Guillaume le Conquérant accéda à la couronne d'Angleterre grâce à son cousin, Édouard le Confesseur, qui le désigna comme son héritier. Après avoir battu Harold II à Hastings en 1066, il s'installa sur le trône d'Angleterre. Il fortifia le pouvoir royal et mit en place une administration très efficace.

Guillaume II (né en 1859, mort en 1941)

Empereur d'Allemagne (1888-1918). Après s'être débarrassé de Bismarck, Guillaume II chercha à développer la puissance économique et militaire de son pays. Il entraîna l'Allemagne dans la Première Guerre mondiale, et abdiqua après la défaite de 1918.

Guillaume Tell

Héros légendaire de l'indépendance suisse (XIVe siècle). La légende raconte que Guillaume Tell, hostile à la domination de l'Autriche, refusa de saluer Gessler, bailli des Habsbourg. Condamné à percer d'une flèche une pomme posée sur la tête de son fils, il triompha de cette épreuve mais fut cependant emprisonné. Il s'évada et tua Gessler.

Guinée

7,5 millions d'habitants
Superficie : 245 860 km^2
Capitale : Conakry
Langue officielle : français
Monnaie : le franc guinéen

État de l'ouest de l'Afrique, sur l'Atlantique.
Géographie À l'ouest du pays s'étend une large plaine côtière, dominée par le massif du Fouta-Djalon où prennent naissance les grands fleuves de l'Afrique de l'Ouest. À l'est, vers le Mali, la savane couvre le plateau Mandingue, tandis que le sud-est du pays est occupé par une forêt dense.
Économie Les cultures du riz, du manioc, du maïs ne suffisent pas à nourrir la population. Les cultures d'exportation comme la banane, le café, l'arachide, ont diminué. Malgré un sous-sol extrêmement riche en bauxite et des ressources hydroélectriques importantes, la Guinée fait partie des pays les moins favorisés.
Histoire La Guinée, colonie française à partir de 1893, demanda l'indépendance lors du référendum de 1958 et coupa tout lien avec la France. La Guinée vécut alors sous la dictature jusqu'en 1984. En 1990, une nouvelle Constitution fut adoptée, qui mit fin au régime militaire.

Guinée (Nouvelle-) voir *Nouvelle-Guinée*

Guinée-Bissau

1,1 million d'habitants
Superficie : 36 125 km^2
Capitale : Bissau
Langue officielle : portugais
Monnaie : le franc CFA

État de l'ouest de l'Afrique, sur l'Atlantique. À l'ouest du pays s'étend une plaine côtière, très peuplée, au climat tropical humide. Le littoral, découpé de petits estuaires, est bordé par l'archi-

pel des Bissagos. Les cultures du riz, de l'arachide, de la noix de cajou sont les principales ressources de la population. La Guinée-Bissau fait partie des pays les plus pauvres du monde.
Histoire Territoire exploré par les Portugais vers le milieu du xve siècle, puis colonie portugaise en 1879, la *Guinée portugaise* lutta pour son indépendance à partir de 1962. En 1974, la république de Guinée-Bissau devint officiellement indépendante. Malgré des efforts tendant à démocratiser le régime et à améliorer la situation économique, la Guinée-Bissau reste aujourd'hui encore un pays très instable politiquement et économiquement.

Guinée équatoriale

400 000 habitants
Superficie : 28 050 km^2
Capitale : Malabo
Langue officielle : espagnol
Monnaie : le franc CFA

État de l'ouest de l'Afrique, sur le golfe de Guinée. La Guinée équatoriale est composée du Mbini, territoire à végétation forestière dense, situé sur le continent, et des îles volcaniques, Bioko et Annobón.
L'économie, peu développée, tire essentiellement ses ressources de l'exportation de cacao, de café, de bois précieux et de l'exploitation de petits gisements de pétrole. Une grande partie de la population vit dans la pauvreté.
Histoire Territoire espagnol en 1778, la *Guinée espagnole* devint indépendante en 1968. Son premier président institua un régime de terreur et fut renversé en 1979 par un coup d'État. À partir de 1990, des tentatives ont été faites pour démocratiser le régime, mais sans grand résultat.

François Ier de **Guise** (né en 1519, mort en 1563)

Duc de Guise. François de Guise s'illustra en tant que chef des catholiques dans les guerres de Religion.

Guizhou

Province autonome de la Chine du Sud-Ouest. 174 000 km^2 ; environ 30 millions d'hab. ; capitale : Guiyang. Le Guizhou possède des cultures tropicales, des gisements de mercure et de phosphates et une industrie forestière importante.

Guizot François (né en 1787, mort en 1874)

Homme politique et historien français. Ministre de l'Instruction publique de 1832 à 1837, il organisa l'enseignement primaire. De 1840 à 1848, il dirigea le gouvernement. Sa politique conservatrice déclencha la révolution de 1848.

Gujerat

État du nord-ouest de l'Inde, sur la mer d'Oman. 195 984 km^2 ; 41,2 millions d'hab. ; capitale : Gandhinagar. En 2001, un séisme y a fait plusieurs dizaines de milliers de victimes.

Gulf Stream

Courant chaud de l'Atlantique Nord. Le Gulf Stream qui naît dans la mer des Antilles longe les côtes américaines. Remontant vers le Canada, à la hauteur de Terre-Neuve, il se sépare en plusieurs branches, dont certaines viennent réchauffer les côtes européennes.

Gulliver

Héros du roman satirique de Jonathan Swift *les Voyages de Gulliver (1726)*. Gulliver raconte ses aventures dans des lieux imaginaires et étranges comme l'île de Lilliput où vivent de minuscules habitants. À travers ce récit, Swift fait une sévère critique de la société anglaise et des êtres humains.

Guomindang

Parti nationaliste chinois fondé en 1911. Le Guomindang, vaincu par le Parti communiste chinois, se réfugia dans l'île de Taiwan dont il fut le parti politique dominant jusqu'en 2000.

Gutenberg (né vers 1399, mort en 1468)

Imprimeur allemand. Gutenberg, de son vrai nom Johannes Gensfleisch, bouleversa les techniques de l'imprimerie en utilisant des caractères typographiques mobiles métalliques qui remplacèrent les anciens caractères en bois. Il aurait ainsi imprimé la première Bible, appelée *Bible de Gutenberg*.

Guyana

850 000 habitants
Superficie : 214 970 km^2
Capitale : Georgetown
Langue officielle : anglais
Monnaie : le dollar de Guyana

État du nord-est de l'Amérique du Sud, sur l'Atlantique. La Guyana est constituée d'une plaine côtière, qui concentre les cultures et la majorité de la population, et d'une région intérieure couverte d'une forêt dense et peu habitée..
Économie Le pays vit grâce à des cultures de riz et de canne à sucre et à l'exploitation des gisements de bauxite. La moitié de la population vit dans la pauvreté.
Histoire D'abord possession des Hollandais, le pays devint colonie anglaise en 1831. Indépendante depuis 1966, la Guyana est membre du Commonwealth.

Guyane française

Département français d'outre-mer (973). 90 000 km^2 ;157 213 hab. ; chef-lieu : Cayenne. La Guyane française, située entre le Surinam et le Brésil, est, en grande partie, recouverte d'une forêt dense. La population se concentre dans la plaine côtière et dans l'agglomération de Cayenne. La base spatiale installée en 1967 à Kourou, lieu de lancement de la fusée Ariane depuis 1982, emploie une importante partie de la population.

Histoire Définitivement française depuis 1817, la Guyane, lieu de déportation politique de 1794 à 1805, a été discréditée par l'établissement d'un bagne (1852 à 1945). La Guyane est devenue un département français en 1946 et une Région en 1982.

Guyenne

Ancienne province du sud-ouest de la France. Le nom de Guyenne désigna les possessions des rois d'Angleterre en Aquitaine, de 1258 à 1453. La province fut définitivement réunie à la couronne de France en 1472.

Guynemer Georges (né en 1894, mort en 1917)

Aviateur français. Considéré comme un héros de la Première Guerre mondiale, à la tête de son escadrille, il remporta 53 victoires.

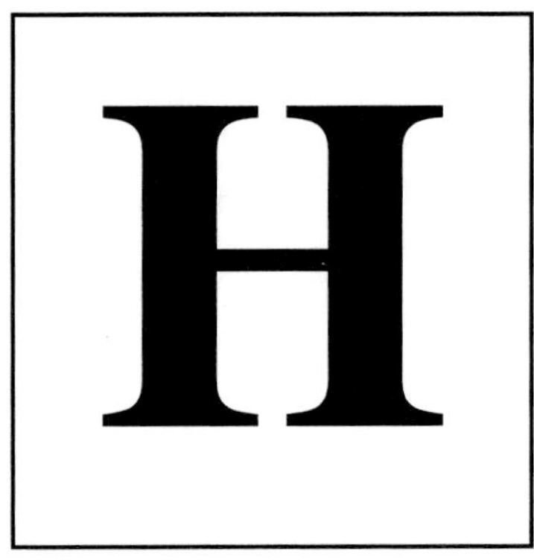

Habsbourg

Dynastie qui régna sur l'Autriche de 1278 à 1918. Au XIIe siècle, les Habsbourg acquirent de vastes territoires en Suisse et en Alsace. Leur pouvoir s'affirma quand Rodolphe Ier de Habsbourg prit possession, en 1278, de l'Autriche et d'autres duchés. Il fonda la *maison d'Autriche*, de laquelle furent issus tous les empereurs allemands (sauf entre 1741 et 1745) jusqu'à la fin du Saint Empire. La puissance des Habsbourg atteignit son apogée avec Charles Quint. En 1556, la maison d'Autriche se divisa en deux branches. La branche autrichienne régna jusqu'en 1918.

Hadès

Dieu des Enfers, dans la mythologie grecque, désigné sous le nom de Pluton, chez les Romains.

Hadrien (né en 76, mort en 138)

Empereur romain de 117 à 138. Hadrien mena une politique de paix et fit fortifier les frontières pour repousser les invasions des Barbares. De culture grecque, il embellit Rome et l'Empire de nombreux monuments. Son *Édit perpétuel (131)* fut le premier code de lois applicables à tout l'Empire.
On écrit aussi **Adrien**.

Haendel Georg Friedrich (né en 1685, mort en 1759)

Compositeur allemand. Haendel a laissé une œuvre considérable qui comporte des pièces pour orgue, pour clavecin, des opéras. L'oratorio *le Messie (1742)* comporte le célèbre Alleluia.

Hailé Sélassié Ier (né en 1892, mort en 1975)

Empereur d'Éthiopie à partir de 1930. L'armée italienne ayant envahi son royaume, il fut détrôné en 1935. Il fut rétabli par l'armée britannique en 1941. Mais, après une période de troubles, il fut déposé par l'armée en 1974.

Hainaut

Province de Belgique, limitrophe de la France. 3 790 km^2 ; 1,3 million d'hab. ; chef- lieu : Mons. Le Hainaut, plateau fertile, a une riche agriculture et des ressources minérales importantes. C'est une région très industrialisée, mais la fermeture de houillères et le déclin de l'industrie lourde ont créé une crise grave.

Haiphong

Port du Viêt-nam, au nord du delta du fleuve Rouge (1,3 million d'hab.). Haiphong est le premier centre industriel du pays. La ville a été la cible des bombardements de l'armée américaine de 1966 à 1972, durant la guerre du Viêt-nam.

① Haïti

Île montagneuse située à l'est de l'Amérique centrale. Haïti est partagée entre la république d'Haïti (à l'ouest) et la république Dominicaine (à l'est).

② Haïti

8,4 millions d'habitants
Superficie : 27 750 km^2
Capitale : Port-au-Prince
Langues officielles : français, créole
Monnaie : la gourde

État d'Amérique centrale, dans la partie ouest de l'île d'Haïti.

Géographie Des chaînons montagneux, culminant à 2 674 mètres, encadrent le golfe de Gonaïves qui baigne la façade ouest de l'île. La population se groupe dans les vallées et les plaines intérieures et sur les côtes. Le climat est tropical, humide et les cyclones sont fréquents.

Économie L'économie du pays repose essentiellement sur les cultures du café, du cacao et de la canne à sucre. L'exploitation minière a cessé et l'industrialisation est médiocre. Autrefois florissant, le tourisme est en régression. Le niveau de vie est l'un des plus bas du monde.

Histoire Découverte en 1492 par Christophe

Colomb, qui l'appela Hispaniola, l'île fut occupée, dans sa partie ouest, par les Français au cours du XVIIe siècle. La colonie française prospéra au XVIIIe siècle. En 1791, Toussaint Louverture, homme politique et général haïtien, mena la révolte des esclaves contre les colons. Son combat fut poursuivi par Dessalines qui expulsa les Français. Haïti proclama son indépendance le 1er janvier 1804. Depuis, les dirigeants se succèdent au gouvernement sans réussir à bâtir une économie solide.

Halloween
Fête traditionnelle célébrée le 31 octobre, aux États-Unis, au Canada et en Grande-Bretagne.

Hals Frans (né vers 1580, mort en 1666)
Peintre hollandais. Hals est l'auteur de nombreux portraits, notamment des portraits de groupe.

Hambourg
Deuxième ville et principal port d'Allemagne (1,6 million d'hab.). Hambourg est située au fond de l'estuaire de l'Elbe, à 130 km de la mer du Nord. Une forte industrie, liée aux activités portuaires, s'y est développée.
Hambourg connut son apogée au XVIIe siècle en devenant le premier port d'Europe. Elle fut en partie détruite par les bombardements alliés durant la Seconde Guerre mondiale. Reconstruite partiellement, la ville a repris ses activités.

Hamlet
Prince danois qui aurait vécu au IIe siècle. Devenu héros de légendes danoises qui circulaient en Europe depuis le XIIe siècle, son histoire a inspiré à Shakespeare l'un de ses chefs-d'œuvre : *Hamlet (vers 1601).*

Hammourabi
Roi de Babylone. Hammourabi créa le premier Empire babylonien au XVIIe siècle avant J.-C. Il est considéré comme un grand législateur depuis la découverte, à Suse, en 1901, d'un code de lois gravé sur une stèle, datant de son règne.

Hangzhou
Port de Chine et capitale de la province du Zhejiang (5,3 millions d'hab.). Hangzhou est un centre industriel, commercial et culturel et possède de nombreux chefs-d'œuvre de l'art bouddhique.

Hannibal (né vers 247, mort en 183 avant J.-C.)
Général et homme d'État carthaginois. Hannibal, parti d'Espagne en 219 avant J.-C., traversa les Pyrénées puis les Alpes. À la tête d'une puissante armée accompagnée par des éléphants, il se lança à la conquête de l'Italie et remporta plusieurs victoires sur les troupes romaines. Mais en 202 avant J.-C., il fut vaincu par le général romain Scipion et s'enfuit en Orient. Dénoncé et prêt à être livré aux Romains, Hannibal s'empoisonna.
On écrit aussi **Annibal**.

Hanoi
Capitale du Viêt-nam et port sur le delta du fleuve Rouge (environ 3 millions d'hab.). Hanoi est un centre industriel, commercial et touristique.
HISTOIRE Capitale du royaume d'Annam jusqu'en 1802, la ville fut prise par les Français en 1873 et devint la capitale de l'Indochine française en 1887, puis celle du Viêt-nam du Nord en 1954. Hanoi subit de terribles bombardements américains durant la guerre du Viêt-nam. Elle devint la capitale du Viêt-nam réunifié depuis 1975.

Hanovre
Ancien État de l'Allemagne du Nord. Après avoir été sous la domination des rois d'Angleterre entre les XVIIIe et XIXe siècles, le royaume de Hanovre fut annexé à la Prusse en 1866. Depuis 1945, il est inclus dans le land d'Allemagne occidentale de Basse-Saxe. Sa capitale porte aussi le nom de Hanovre.

Hanse teutonique
Association marchande formée, du XIIIe au XVIIe siècle, par des villes et des ports du nord de l'Europe pour se défendre des agresseurs et pour faire commerce avec l'étranger.

Haoussas
Populations d'Afrique occidentale dont la langue est utilisée plus largement par d'autres groupes linguistiques d'Afrique.

Harare
Capitale de la république du Zimbabwe (1,5 million d'hab.).

Hardouin-Mansart Jules (né en 1646, mort en 1708)
Architecte français, petit-neveu de François Mansart. Architecte de Louis XIV, il conçut, dans le style classique, de nombreux édifices, dont le château de Marly, la partie principale du château de Versailles (façade sur le parc, galerie des Glaces), le dôme des Invalides, le Grand Trianon, la place des Conquêtes, aujourd'hui la place Vendôme, à Paris.

Harun ar-Rachid (né en 763 ou 766, mort en 809)
Calife de la dynastie abbasside (786-809). Il fit de Bagdad un grand centre des arts, des lettres et des sciences. Son personnage, devenu légendaire, apparaît dans plusieurs contes des *Mille et Une Nuits*.
On dit aussi **Haroun al-Rachid**.

A B C D E F G H I J K L M N O P Q R S T U V W X Y Z

Hassan II (né en 1929, mort en 1999)
Roi du Maroc de 1961 à 1999. Hassan II a essayé de moderniser son pays, tout en usant de méthodes de gouvernement autoritaires.
On écrit aussi **Hasan II**.

Hastings
Ville et port de Grande-Bretagne, dans le Sussex (78 100 hab.). Hastings est célèbre par la victoire que Guillaume le Conquérant y remporta en 1066 sur Harold II, le roi d'Angleterre.

Haussmann Georges (né en 1809, mort en 1891)
Administrateur et homme politique français. Haussmann est à l'origine des grands travaux qui transformèrent Paris au XIXe siècle. Il fit tracer de grandes avenues et aménager des parcs.

Haute-Corse
Département français (2B). 4 668 km^2 ; 141 603 hab. ; chef-lieu : Bastia.

Haute Cour de justice
Tribunal politique français, seul compétent pour juger le président de la République et les membres du gouvernement. Il est composé de députés et de sénateurs.
On dit aussi **Haute Cour**.

Haute-Garonne
Département français (31) de la Région Midi-Pyrénées. 6 309 km^2 ; 1,1 million d'hab. ; chef-lieu : Toulouse.

Haute-Loire
Département français (43), situé dans la Région Auvergne. 4 965 km^2 ; 209 113 hab. ; chef-lieu : Le Puy-en-Velay.

Haute-Marne
Département français (52) de la Région Champagne-Ardenne. 6 211 km^2 ; 194 873 hab. ; chef-lieu : Chaumont.

Haute-Normandie
Région française et de l'Union européenne. 12 258 km^2 ; 1 780 192 hab. Elle est formée des départements de l'Eure et de la Seine-Maritime. L'agriculture, performante, a suscité une importante industrie agroalimentaire. La Région possède deux ports importants, Le Havre et Rouen, qui desservent l'arrière-pays parisien.

Hautes-Alpes
Département français (05) de la Région Provence-Alpes-Côte d'Azur. 5 520 km^2 ; 113 300 hab. ; chef-lieu : Gap.

Haute-Saône
Département français (70) de la Région Franche-Comté. 5 343 km^2 ; 229 732 hab. ; chef-lieu : Vesoul.

Haute-Savoie
Département français (74) de la Région Rhône-Alpes. 4 391 km^2 ; 631 679 hab. ; chef-lieu : Annecy.

Hautes-Pyrénées
Département français (65) de la Région Midi-Pyrénées. 4 507 km^2 ; 222 368 hab. ; chef-lieu :Tarbes.

Haute-Vienne
Département français (87) de la Région Limousin. 5 513 km^2 ; 353 893 hab. ; chef-lieu : Limoges.

Haut-Rhin
Département français (68) de la Région Alsace. 3 523 km^2 ; 708 025 hab. ; chef-lieu : Colmar.

Hauts-de-Seine
Département français (92) de la Région d'Île-de-France. 175 km^2 ; 1,4 million d'hab. ; chef-lieu : Nanterre.

La Havane
Capitale de Cuba (2,3 millions d'hab.). Grand port sur le détroit de Floride, La Havane est un centre industriel et commercial.

Le Havre
Ville de la Seine-Maritime, à l'embouchure de la Seine (190 905 hab.). Le Havre est le 2e port de commerce français. C'est aussi un port de voyageurs et un centre industriel.

îles Hawaii
Archipel volcanique du Pacifique, au nord de la Polynésie, et État des États-Unis. Les îles Hawaii réunissent vingt îles, dont la plus grande est Hawaii (10 400 km^2, 92 200 hab.). La capitale est Honolulu, dans l'île Oahu. Les principales ressources d'Hawaii sont la canne à sucre, l'ananas, et surtout le tourisme. Hawaii a été découvert en 1778 par le navigateur anglais James Cook.
On écrit aussi **Hawaï**.

Haydn Joseph (né en 1732, mort en 1809)
Compositeur autrichien. Musicien de génie et particulièrement fécond, Haydn a composé de la musique de chambre (des trios et de nombreux quatuors à cordes), des sonates, des concertos, et des symphonies. Il est connu également pour ses oratorios (*la Création du monde*, *les Saisons*) et ses messes.

La Haye
Ville des Pays-Bas, près de la mer du Nord (800 000 hab.). La Haye est le siège du gouvernement des Pays-Bas et de la Cour internationale de justice.

Hebei
Province du nord de la Chine. 190 000 km^2 ; 55,5 millions d'hab. Sa capitale est Shijiazhuang.

A B C D E F G H I J K L M N O P Q R S T U V W X Y Z

Hébreux
Nom donné, dans la Bible, à la population semi-nomade qui, sous la conduite d'Abraham, arriva en Palestine au XVIe siècle avant J.-C. Une partie de cette population émigra en Égypte, mais, maltraitée, elle dut s'enfuir au XIIIe siècle avant J.-C. C'est Moïse qui ramena les Hébreux en Palestine, où ils fondèrent deux siècles plus tard le royaume d'Israël.

îles **Hébrides**
Archipel britannique au nord-ouest de l'Écosse. 2 898 km^2 ; 31 600 hab. Les ressources des îles Hébrides sont l'élevage, la pêche et le tourisme. On dit aussi **Western Islands**.

Hegel Georg (né en 1770, mort en 1831)
Philosophe allemand. Hegel étudia la philosophie au séminaire de théologie protestante de Tübingen et enseigna à Iéna, à Nuremberg, à Heidelberg, puis à Berlin où il mourut du choléra. Ses principales œuvres sont *Science de la logique (1812-1816)* et *Principes de la philosophie du droit (1821)*. Ses cours ont été publiés après sa mort : *Philosophie de l'histoire*, *Esthétique*, *Philosophie de la religion* et *Histoire de la philosophie*. Hegel pensait que l'esprit était lié obligatoirement à la nature et à l'histoire.

Heilongjiang
Province du nord-est de la Chine. 463 600 km^2 ; 33 millions d'hab. Sa capitale est Harbin.

Heine Heinrich (né en 1797, mort en 1856)
Poète lyrique allemand. Ses lieder et ses ballades comptent parmi les plus beaux poèmes de la langue allemande.

Hélène
Personnage de la mythologie grecque. Épouse du roi Ménélas, célèbre par sa beauté, elle fut enlevée par le Troyen Pâris. Cela déclencha la guerre de Troie, qui opposa les Grecs aux Troyens.

Héloïse (née en 1101, morte en 1164)
Épouse d'Abélard. Après son mariage secret avec son précepteur Abélard, elle fut séparée de lui et entra au couvent. La correspondance d'Héloïse et d'Abélard est restée célèbre, et leur histoire a inspiré de nombreux auteurs.

Helsinki
Capitale de la Finlande, sur le golfe de Finlande (497 640 hab.). Helsinki est un port, et le principal centre industriel du pays.

Helvétie
Province de la Gaule, correspondant à peu près à la Suisse actuelle.

Hemingway Ernest (né en 1899, mort en 1961)
Romancier et journaliste américain. Dans son œuvre, il s'interroge sur la destinée humaine, en particulier sur l'action, l'échec et la mort. Ses ouvrages les plus connus sont *l'Adieu aux armes (1929)*, *Pour qui sonne le glas (1940)* et *le Vieil Homme et la mer (1952)*. Il a reçu le prix Nobel de littérature en 1954.

Henan
Province du centre de la Chine ; 167 000 km^2 ; 77 millions d'hab. Sa capitale est Zhengzhou.

ANGLETERRE

Henri V (né en 1387, mort en 1422)
Roi d'Angleterre de 1413 à 1422, fils d'Henri IV. Il battit les Français à Azincourt en 1415, et devint régent de France par le traité de Troyes en 1420.

Henri VIII (né en 1491, mort en 1547)
Roi d'Angleterre de 1509 à 1547, fils d'Henri VII. Il se sépara de l'Église de Rome car le pape refusait d'annuler son mariage avec Catherine d'Aragon, et créa l'Église anglicane. Il mena une politique équilibrée entre les grandes puissances européennes, et son règne fut marqué par une grande prospérité économique.

FRANCE

Henri Ier (né en 1008, mort en 1060)
Roi de France (1031-1060), fils de Robert II le Pieux. Il céda la Bourgogne à son frère Robert (1032). Il fut vaincu en Normandie par Guillaume le Conquérant en 1054 et 1058.

Henri II (né en 1519, mort en 1559)
Roi de France de 1547 à 1559. Henri II était le fils de François Ier, et l'époux de Catherine de Médicis. Il combattit les calvinistes à l'époque des guerres de Religion. Adversaire de Charles Quint, il n'hésita pourtant pas à s'allier aux princes protestants allemands. Il fut l'adversaire du roi d'Espagne Philippe II. Celui-ci le soumit et lui imposa la paix du Cateau-Cambrésis, par laquelle la France perdit le royaume de Naples et le Milanais. Henri II mourut accidentellement, blessé à l'œil au cours d'un tournoi.

Henri III (né en 1551, mort en 1589)
Roi de France de 1574 à 1589, fils d'Henri II. Henri III, duc d'Anjou, se fit sacrer roi après la mort de son frère Charles IX. Pendant son règne, il ne cessa d'osciller entre les catholiques et les protestants. D'abord allié des Guise, et chef de la Ligue catholique, il finit par pactiser avec le chef des calvinistes Henri de Navarre (le futur Henri IV), après avoir fait assassiner le duc de Guise. Il fut tué par un moine fanatique pendant le siège de Paris.

Henri IV (né en 1553, mort en 1610)
Roi de Navarre et roi de France (1589-1610). Devenu chef du parti protestant après le massacre de la Saint-Barthélemy (1572), il vainquit la Ligue catholique en 1589. Mais les Français ne voulaient pas d'un roi protestant : il abjura alors

le protestantisme, fut sacré roi à Chartres, et entra dans Paris en mars 1594. Le 13 avril 1598, il proclama l'édit de Nantes, qui consacrait la paix religieuse en France ; le 2 mai 1598, il signa la paix avec les Espagnols. Aidé par Sully, il rétablit l'économie du pays, ruiné par les guerres, et ramena la prospérité. Après l'annulation de son mariage avec Marguerite de Valois, il épousa Marie de Médicis. Il fut assassiné par Ravaillac.

PORTUGAL

Henri le Navigateur (né en 1394, mort en 1460)
Prince portugais, fils du roi Jean Ier. Il favorisa l'exploration maritime des côtes occidentales de l'Afrique.

Héphaïstos voir ***Vulcain***

Héra
Épouse de Zeus et déesse du Mariage et de la Maternité dans la mythologie grecque. Héra est assimilée à Junon par les Romains.

Héraclès voir ***Hercule***

Hérault
Département français (34) de la Région Languedoc-Roussillon. 6 224 km^2 ; 896 441 hab. ; chef-lieu : Montpellier.

Herculanum
Ancienne ville d'Italie, près de Pompéi, ensevelie lors d'une éruption du Vésuve, en 79 après J.-C. Les fouilles d'Herculanum ont permis de retrouver des vestiges très bien conservés de la ville romaine.

Hercule
Demi-dieu de la mythologie latine, assimilé à Héraclès chez les Grecs. Hercule, symbole de la force, fut condamné à accomplir douze épreuves, appelées les *Douze Travaux d'Hercule* : il étrangla le lion de Némée et trancha les sept têtes de l'hydre de Lerne, captura le sanglier d'Érymanthe et la biche de Cérynie ; il dut abattre les oiseaux du lac Stymphale, dompter le taureau de Crète et s'emparer des juments du roi de Thrace. Il dut encore prendre la ceinture de la reine des Amazones, nettoyer les écuries d'Augias, capturer les bœufs de Géryon, s'emparer des pommes d'or du jardin des Hespérides, et enfin descendre aux Enfers pour capturer Cerbère.

Heredia José Maria de (né en 1842, mort en 1905)
Poète français. Il fit partie de l'école poétique du Parnasse et composa de nombreux sonnets.

Hergé (né en 1907, mort en 1983)
Dessinateur belge. Georges Rémi, dit Hergé, est le créateur du personnage de Tintin.

Hermès
Personnage de la mythologie grecque. Hermès est le messager et l'interprète des dieux. Il protège le commerce, les marchands, les voyageurs, mais également les voleurs. Il est l'équivalent de Mercure dans la mythologie latine.

Hérode Ier (né en 73, mort en 4 avant J.-C.)
Roi des Juifs de 37 à 4 avant J.-C., appelé aussi Hérode le Grand. Selon l'Évangile, il serait responsable du « massacre des Innocents », destiné à faire disparaître Jésus nouveau-né.

Hérode Antipas (né vers 20 avant J.-C., mort vers 39 après J.-C.)
Frère d'Hérode Ier. Il fit mettre à mort saint Jean-Baptiste. Ponce Pilate lui envoya Jésus pour qu'il le juge.

Hérodote (né vers 484, mort vers 420 avant J.-C.)
Historien grec. Ses *Histoires* sont en partie consacrées aux guerres Médiques, qui ont opposé les Perses aux Grecs au Ve siècle avant J.-C.

Héron l'Ancien (Ier siècle après J.-C.)
Mathématicien grec. Héron l'Ancien, dit Héron d'Alexandrie, fut un inventeur d'automates et d'une machine à réaction qui utilisait la pression de la vapeur d'eau.

Herriot Édouard (né en 1872, mort en 1957)
Homme politique et écrivain français. Président du parti radical, maire de Lyon, il fut chef du gouvernement en 1924-1925 et en 1932.

Hertz Heinrich (né en 1857, mort en 1894)
Physicien allemand. Ses travaux sur les ondes électriques et magnétiques ont favorisé le développement des télécommunications.

Hesse
Land d'Allemagne et Région de l'Union européenne. 21 114 km^2 ; 5,5 millions d'hab. Sa capitale est Wiesbaden. C'est une région montagneuse, coupée de bassins fertiles. Francfort-sur-le-Main en est le centre économique.

Hillary Edmund (né en 1919)
Alpiniste néo-zélandais. Hillary conquit l'Everest en 1953 avec le sherpa Tensing.

Himalaya
Chaîne montagneuse d'Asie, au nord de l'Inde. La chaîne de l'Himalaya est la plus haute du monde. Son plus haut sommet est l'Everest, au Tibet, à 8 850 m d'altitude.

Hindenburg Paul (né en 1847, mort en 1934)
Maréchal et homme politique allemand. Il fut président de la République en 1925 et 1932. Il prit Hitler comme chancelier en 1933.

Hindou Kouch
Chaîne montagneuse au nord de l'Afghanistan, dans le prolongement de l'Himalaya.

Hipparque de Nicée (IIe siècle avant J.-C.)
Astronome et mathématicien grec. Il calcula les éclipses de la Lune et du Soleil.

Hippocrate (né en 460 avant J.-C., mort en 377 avant J.-C.)
Médecin de l'Antiquité. Hippocrate est considéré comme le plus grand médecin de son époque. Il a composé un grand nombre de traités, en particulier sur la théorie des « humeurs », qui a influencé la médecine jusqu'au XVIIIe siècle.
■ Serment d'Hippocrate : serment que prêtent les médecins d'aujourd'hui avant de commencer à exercer leurs fonctions ; il résume les grands principes de la morale d'Hippocrate.

Hirohito (né en 1901, mort en 1989)
Empereur du Japon de 1926 à 1989. Puissant allié de l'Allemagne pendant la Seconde Guerre mondiale, il dut assouplir son régime après la défaite de son pays en 1945, et ouvrit le Japon à la démocratie.

Hiroshima
Ville et port du Japon (1 million d'hab.). Le 6 août 1945, l'aviation américaine lança sur Hiroshima la première bombe atomique. La ville fut anéantie, et il y eut près de 150 000 victimes.

Hitchcock Alfred (né en 1899, mort en 1980)
Cinéaste anglais naturalisé américain. Hitchcock est le grand maître du film à suspense. On lui doit en particulier *Rebecca*, *les Enchaînés*, *la Mort aux trousses*, *Psychose* et *les Oiseaux*.

Hitler Adolf (né en 1889, mort en 1945)
Homme politique allemand. Chef du Parti national-socialiste en 1921, il passa neuf mois en prison après le putsch de Munich en 1923 : c'est là qu'il écrivit *Mein Kampf (Mon combat)* où il expose pour la première fois les théories racistes du nazisme, fondées sur la supériorité de la race germanique. Après la crise économique de 1929, le parti nazi accéda au pouvoir. Hitler fut nommé chancelier en janvier 1933, puis, en 1934, il fut reconnu chef de l'État allemand. Le 1er septembre 1939, il envahit la Pologne et déclencha la Seconde Guerre mondiale. Il se suicida le 30 avril 1945, alors que les troupes soviétiques entraient dans Berlin.

Hittites
Peuple d'Asie Mineure qui, du XVIe au XIIIe siècle avant J.-C., forma un puissant et brillant empire. De nombreuses ruines et objets, notamment des céramiques et des statuettes en métal, témoignent de la richesse de l'art hittite.

Hoche Lazare (né en 1768, mort en 1797)
Général français. Hoche fut une des grandes figures de la Révolution : il s'illustra pendant la guerre qui opposa la France à l'Autriche, pacifia la Vendée et vainquit les royalistes à Quiberon.

Hô Chi Minh (né en 1890, mort en 1969)
Homme politique et écrivain vietnamien. Hô Chi Minh fut le fondateur du parti communiste indochinois, puis du parti du Viêt-minh. Devenu président de la République vietnamienne en 1946, il participa à la guerre d'Indochine contre la France. Après la déclaration de l'indépendance en 1954, il devint président de la république démocratique du Viêt-nam du Nord.

Hô Chi Minh-Ville
Principale ville du Viêt-nam, et port important situé sur un bras du Mékong (environ 4 millions d'hab.). La ville, autrefois appelée Saigon, fut la capitale de la Cochinchine française.

Hoffmann Ernst (né en 1776, mort en 1822)
Écrivain et compositeur romantique allemand, auteur de romans et de contes fantastiques.

Hoggar
Massif du Sahara algérien. Le Hoggar est habité par les Touaregs. La ville principale est Tamanrasset.
On dit aussi **Ahaggar**.

Hohenzollern
Famille princière allemande connue dès le XIe siècle. Elle se divisa en deux branches, dont l'une régna sur la Prusse et fonda l'Empire allemand (1871-1918).

Hokkaido
Une des quatre îles principales du Japon, située au nord du pays. 78 515 km^2 ; 5,7 millions d'hab. C'est une île montagneuse, couverte de forêts, au climat rude. Ses principales ressources sont la pêche, les céréales, le bois et l'hydroélectricité.

Hollande
Région des Pays-Bas, sur la mer du Nord. C'est la région la plus riche et la plus peuplée du pays. La ville principale est Amsterdam. La Hollande, qui est située en grande partie au-dessous du niveau de la mer, est parcourue de canaux et possède de grands polders. C'est une région de culture et d'élevage.
Le nom de Hollande sert souvent à désigner, à tort, les Pays-Bas.

Hollywood
Quartier de Los Angeles, en Californie. Hollywood est connu pour être le grand centre de l'industrie du cinéma et de la télévision des États-Unis. La plupart des grands films américains des années 50 furent tournés dans ses célèbres studios.

Homère
Nom donné au plus célèbre des poètes grecs,

considéré comme l'auteur de *l'Iliade* et de *l'Odyssée*. L'Antiquité crut à son existence, mais on ne sait rien sur sa vie. Selon l'historien Hérodote, il aurait vécu vers 850 avant J.-C. La légende dit que, devenu vieux et aveugle, Homère allait encore de ville en ville en chantant ses poèmes.

Honduras

6,1 millions d'habitants
Superficie : 112 090 km²
Capitale : Tegucigalpa
Langue officielle : espagnol
Monnaie : le lempira

État d'Amérique centrale, entouré par le Guatemala, le Salvador et le Nicaragua, et s'ouvrant sur la mer des Antilles. Le Honduras est un pays montagneux, au climat tropical tempéré par l'altitude. Sa population vit essentiellement de cultures vivrières (maïs, sorgho, haricots), d'élevage et de pêche. Le pays exporte des bananes, du café et des crustacés.

Hong Kong

Territoire de la côte sud de la Chine. 1 045 km² ; environ 5,7 millions d'hab. Sa capitale est Victoria. Hong Kong a été une possession britannique de 1842 à 1997. Sa population, extrêmement dense, est chinoise à 98 %. C'est un très grand centre commercial, industriel et financier. Le 1er juillet 1997, les Britanniques ont rendu le territoire de Hong Kong à la Chine.
On écrit aussi **Hongkong**.

Hongrie

10,1 millions d'habitants
Superficie : 93 030 km²
Capitale : Budapest
Langue officielle : hongrois
Monnaie : le forint

État d'Europe centrale. La Hongrie est un pays de plaines, excepté au nord et au sud-ouest, où le relief est plus élevé. Le climat est continental et sec dans les plaines, plus humide sur les hauteurs. Les principales ressources du pays viennent de l'agriculture, de l'élevage, de l'industrie et du tourisme.

Histoire La Hongrie fut, du début du XVIe siècle au XXe siècle, une possession des Habsbourg d'Autriche. Puis elle fut proclamée république le 16 novembre 1918. Entrée en guerre contre l'URSS en 1941, elle fut envahie par l'armée soviétique. Le gouvernement provisoire mis alors en place déclara la guerre à l'Allemagne. À la fin de la guerre, le parti communiste imposa une république populaire : la terre et les industries furent nationalisées. Ce n'est qu'à partir de 1968 que la politique économique s'assouplit. En 1990, la République populaire hongroise devint la république de Hongrie. Le Parti socialiste hongrois, aujourd'hui au pouvoir, a rétabli l'économie et ramené la croissance. La Hongrie fait partie des pays de l'OTAN.

Honolulu

Capitale et port de l'État d'Hawaii, aux États-Unis (805 200 hab.). Honolulu est une grande ville touristique.

Honorius Flavius (né en 384, mort en 423)

Premier empereur d'Occident (395-423). Sous son règne, les grandes invasions barbares dévastèrent l'Empire romain d'Occident. Il ne put empêcher que Rome soit mise à sac par le roi des Wisigoths.

Honshu

La plus grande des îles du Japon ; 230 862 km² ; 96,7 millions d'hab. Les villes principales sont Tokyo, Yokohama et Osaka. Le centre de l'île est montagneux et peu peuplé. La population et les industries se concentrent le long des côtes.
On dit aussi **Hondo**.

Horace (né en 65, mort en 8 avant J.-C.)

L'un des plus grands poètes latins. Horace fut l'ami de Virgile et de Mécène. Influencé par le philosophe Épicure, il devint célèbre grâce à ses *Odes* et ses *Épîtres*.

cap Horn

Pointe extrême de l'Amérique du Sud, dans l'archipel de la Terre de Feu, au Chili.

Hortense de Beauharnais (née en 1783, morte en 1837)

Reine de Hollande de 1806 à 1810. Hortense de Beauharnais fut l'épouse de Louis Bonaparte, et la mère de Napoléon III.

Horus

Dieu solaire de l'Égypte ancienne, représenté sous la forme d'un faucon, ou d'un homme à tête de faucon.

Hottentots

Peuple nomade d'Afrique du Sud, de Namibie et du Botswana.
On dit aussi **Khoïs**.

Houphouët-Boigny Félix (né en 1905, mort en 1993)

Homme politique ivoirien. Il fut député et ministre français. Après l'indépendance de la Côte d'Ivoire, il fut élu sept fois président.

Houston

Ville des États-Unis, au Texas (3,5 millions d'hab.). Houston, qui est reliée par un canal de 70 km au golfe du Mexique, est un grand port et un centre industriel et commercial. C'est aussi une ville universitaire et un grand centre de recherche spatiale. Houston est le siège de la NASA.

Huanghe
Fleuve du nord de la Chine (5 200 km). Le Huanghe (« fleuve jaune ») naît au Tibet et se jette dans la mer Jaune. Il alimente de grands barrages.
On écrit aussi **Huang He**.

Hubei
Province du centre de la Chine. 180 000 km^2 ; 49,3 millions d'hab. Wuhan est sa capitale et son centre industriel.

Hudson
Fleuve des États-Unis (500 km), qui se jette dans l'Atlantique. L'Hudson relie, par un canal, la ville de New York aux Grands Lacs.
La *Baie d'Hudson* est une vaste mer intérieure, au nord du Canada, qui communique avec l'océan Atlantique par le *détroit d'Hudson*.

Hudson Henry (né vers 1550, mort en 1611)
Navigateur anglais. Cherchant un passage vers la Chine, il découvrit, en Amérique du Nord, le fleuve, le détroit et la baie qui portent aujourd'hui son nom. À la suite d'une mutinerie, son équipage l'abandonna sur un canot.

Hugo Victor (né en 1802, mort en 1885)
Écrivain français. Fils d'un général d'Empire, Victor Hugo fit ses études à Paris, au lycée Louis-le-Grand. En 1822, il épousa Adèle Foucher, dont il aura cinq enfants. L'œuvre de Victor Hugo est colossale, et il est considéré comme un des plus grands poètes et écrivains français. De tendance classique dans ses premiers écrits, il devint rapidement le chef du romantisme. Favorable aux idées républicaines, adversaire des Bonaparte, il devra s'exiler plusieurs fois, en particulier à Guernesey. Hugo est considéré comme un visionnaire qui, attaché aux problèmes et aux préoccupations de son temps, porta un regard génial sur l'art, la morale, la politique et la psychologie humaine. Il est l'auteur de *Notre-Dame de Paris (1831), Ruy Blas (1838), les Châtiments (1853), les Contemplations (1856), la Légende des siècles (1859-1883), les Misérables (1862)* et de *l'Art d'être grand-père (1877)*. Il a été élu à l'Académie française en 1841. À sa mort, ses cendres ont été transférées au Panthéon.

Hugues Capet (né vers 941, mort vers 996)
Roi de France entre 987 et 996. Il fonda la dynastie des Capétiens, qui succéda à la dynastie des Carolingiens.

Humboldt Alexander von (né en 1769, mort en 1859)
Explorateur et géographe allemand. Ses explorations en Amérique tropicale et en Asie centrale ont contribué à élargir les connaissances sur le climat, la géologie, et la vie animale et végétale.

Hunan
Province du sud de la Chine. 210 000 km^2 ; 56 millions d'hab. Sa capitale est Changsha.

Huns
Peuple nomade d'origine mongole qui a envahi l'Europe aux IVe et Ve siècles après J.-C. Conduits par leur chef Attila, les Huns envahirent la Gaule jusqu'à Orléans. Vaincus en 451, ils quittèrent la Gaule pour l'Italie. L'empire des Huns s'effondra à la mort d'Attila.

Huron
Un des Grands Lacs américains (61 797 km^2), entre le Canada et les États-Unis.

Hurons
Indiens d'Amérique du Nord, installés dans la région des Grands Lacs. Alliés des Français, les Hurons furent quasiment exterminés par les Iroquois au XVIIe siècle.

Hus Jan (né vers 1370, mort en 1415)
Réformateur religieux tchèque. Pour avoir dénoncé les vices du clergé, Hus fut excommunié. Ayant été amené à comparaître devant le concile de Constance, celui-ci le condamna comme hérétique : il fut emprisonné et brûlé vif.

Huston John (né en 1906, mort en 1987)
Cinéaste américain. Il a notamment réalisé *le Faucon maltais, The African Queen, Au-dessous du volcan, les Désaxés, l'Homme qui voulut être roi*.

Hutus
Ethnie majoritaire du Burundi et du Rwanda. De sanglants conflits opposent régulièrement les Hutus à l'ethnie des Tutsis dans les deux pays.

Huxley Aldous (né en 1894, mort en 1963)
Écrivain anglais. Huxley exposa une vision critique et satirique du monde dans son célèbre roman, *le Meilleur des mondes (1932)*.

Hyderabad
Ville de l'Inde, dans la région du Dekkan (4,5 millions d'hab.). C'est un centre industriel et universitaire.
On dit aussi **Haidarabad**.

Hydre
Serpent fabuleux dont les sept têtes repoussaient quand on les coupait. Hercule le tua en tranchant ses sept têtes d'un seul coup.

Hyères
Ville du Var, dans l'arrondissement de Toulon (51 417 hab.). À 4 km de la mer Méditerranée, Hyères est une station climatique et touristique. Le petit archipel des *îles d'Hyères* (Porquerolles, Port-Cros, île du Levant) dépend de la ville d'Hyères.

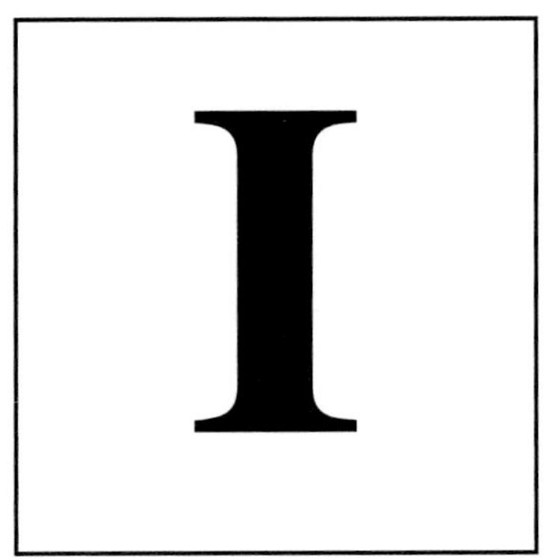

Iakoutie

République autonome de Russie, au nord-est de la Sibérie. 1 million d'hab. ; 3 103 200 km^2. Sa capitale est Iakoutsk. C'est une région de forêts et de toundra qui vit de l'agriculture, de l'élevage, de la pêche et des ressources minières.

Ibères

Peuple qui s'installa en Europe occidentale au néolithique. La civilisation ibère se développa surtout en Espagne et au Portugal, du VIe siècle avant J.-C. jusqu'à la conquête romaine.

péninsule **Ibérique**

Partie sud-ouest de l'Europe, au sud des Pyrénées, constituée par l'Espagne et le Portugal.

Ibsen Henrik (né en 1828, mort en 1906)

Dramaturge norvégien. Son œuvre, à la fois philosophique, poétique, et teintée de pessimisme, est marquée par des pièces aussi célèbres que *Peer Gynt (1867), Maison de poupée (1879), le Canard sauvage (1884)* et *Hedda Gabler (1890).*

Icare

Personnage de la mythologie grecque. Fils de Dédale, Icare fut enfermé avec son père dans le labyrinthe du roi Minos. Il s'échappa grâce aux ailes, de plumes et de cire, fabriquées par son père. Mais il s'approcha trop près du Soleil, la cire fondit, et il périt en tombant dans la mer Égée.

Iéna

Ville d'Allemagne (104 950 hab.). Iéna est connue pour son université fondée en 1558, et par la victoire que Napoléon Ier y remporta sur les Prussiens, le 14 octobre 1806.

Ienisseï

Fleuve de Sibérie (3 800 km). L'Ienisseï naît en Mongolie et se jette dans l'océan Arctique par un vaste delta. Il alimente de grands barrages.

saint **Ignace de Loyola** (né en 1491, mort en 1556)

Fondateur espagnol de l'ordre des Jésuites. À la fois mystique et réaliste, il est l'auteur d'un célèbre guide de méditations, les *Exercices spirituels*.

Île-de-France

Région française et de l'Union européenne. 12 001 km^2 ; 10,9 millions d'hab. Elle est formée des huit départements qui entourent sa capitale, Paris. Située au cœur du réseau de la Seine, l'Île-de-France occupe le centre du Bassin parisien. C'est une région agricole et industrielle. C'est la région la plus peuplée de France.

Iliade

Épopée en 24 chants attribuée au poète grec Homère. L'*Iliade* raconte un épisode de la guerre de Troie. Alors que de violents combats opposent les Troyens aux Achéens, Achille, fâché contre Agamemnon, décide de quitter le champ de bataille. C'est alors que son ami Patrocle, qui a pris sa place au combat, est tué par Hector. Décidé à venger Patrocle, Achille poursuit Hector et le tue à son tour.

Ille-et-Vilaine

Département français (35) de la Région Bretagne ; 6 758 km^2 ; 867 533 hab. ; chef-lieu : Rennes.

Illyrie

Ancienne région du nord des Balkans, répartie aujourd'hui entre la Croatie, la Slovénie et l'Albanie.

Incas

Peuple du Pérou précolombien. La dynastie inca fonda, vers 1200, un puissant empire qui, au XVe siècle, engloba le Pérou, l'Équateur, la Bolivie, le nord de l'Argentine et du Chili. Il fut anéanti

A B C D E F G H I J K L M N O P Q R S T U V W X Y Z

en quelques années, de 1527 à 1533, par les conquistadores espagnols. Les Incas furent de grands bâtisseurs et d'excellents administrateurs.

Inde

1 milliard d'habitants
Superficie : 3 287 782 km^2
Capitale : New Delhi
Langues officielles : hindi, anglais
Monnaie : la roupie

État d'Asie méridionale, séparé du reste de l'Asie par l'Himalaya. L'Inde est une république qui fait partie du Commonwealth. Les deux grandes religions sont l'hindouisme (83 %) et l'islam (13 %).
Géographie L'Inde est constituée de trois ensembles naturels, formés par la grande chaîne de l'Himalaya au nord, les grandes plaines du Gange et de l'Indus, et la région du Dekkan au sud. Le climat est tropical, et la mousson affecte l'ensemble du pays, même si certaines régions sont plus arrosées que d'autres. La croissance démographique est galopante. Plus de 70 % des Indiens vivent dans les campagnes, et l'exode entraîne une surpopulation des villes.
Économie L'Inde est la 3e puissance économique du tiers-monde, après le Brésil et la Chine. L'agriculture emploie 60 % de la population active : elle produit du riz, des céréales, du thé et du bois. Les ressources du sous-sol sont relativement abondantes, et le pays utilise l'énergie hydroélectrique et nucléaire. L'industrie est évoluée, mais peu compétitive sur le plan international. L'inflation et l'endettement sont compensés par une croissance élevée. 400 millions d'Indiens vivent encore sous le seuil de pauvreté.
Histoire À partir du XVIe siècle, l'Inde fut l'objet de rivalités entre les grands pays occidentaux qui y installèrent des comptoirs (la France, le Portugal, la Hollande et l'Angleterre). Au XVIIIe siècle, les Français et les Anglais voulurent créer un empire colonial. Ce furent les Anglais qui l'emportèrent. L'Inde devint alors une colonie anglaise, et, en 1877, la reine Victoria fut proclamée impératrice des Indes. Mais le mouvement nationaliste se réveilla, sous l'impulsion de Gandhi et de Nehru, et les Anglais furent obligés de quitter le pays. En 1944, les Britanniques acceptèrent l'indépendance, qui fut proclamée le 15 août 1947. Mais l'antagonisme entre hindouistes et musulmans obligea les Anglais à partager l'empire des Indes en deux États : l'Union indienne et le Pakistan. Ce partage est à l'origine de terribles conflits, qui durent encore aujourd'hui.

Indépendance américaine (guerre de l') voir ***guerre de l'Indépendance américaine***

Inde (Établissements français dans l') voir ***Établissements français dans l'Inde***

Indes (Compagnie française des) voir ***Compagnie française des Indes***

océan Indien

Océan situé entre l'Afrique, l'Asie et l'Australie. Par sa superficie, c'est le troisième océan du monde (75 millions de km^2) ; sa profondeur maximale est de 7 455 m, à Java. Il est parsemé de très nombreuses îles, notamment Madagascar, la Réunion, l'île Maurice et les Comores.

Indochine

Grande péninsule du sud-est du continent asiatique, entre l'Inde et la Chine (2 millions de km^2). Baignée par le golfe du Bengale et la mer d'Andaman à l'ouest, la mer de Chine méridionale à l'est, et séparée de Sumatra par le détroit de Malacca, l'Indochine comprend la Birmanie, la Thaïlande, le Laos, le Viêt-nam, le Cambodge et la partie continentale de la Malaisie.

Indochine française

Nom donné, après 1888, aux pays d'Indochine colonisés par la France. L'Indochine française comprenait la Cochinchine, le Cambodge, l'Annam, le Laos et le Tonkin. Après la *guerre d'Indochine*, qui dura de 1946 à 1954, la France abandonna ces territoires. En 1953, elle reconnut l'indépendance du Cambodge et du Laos, puis, en 1954, celle du Viêt-nam, divisé en deux États.

Indonésie

212 millions d'habitants
Superficie : 1 919 270 km^2
Capitale : Djakarta
Langue officielle : bahasa indonesia
Monnaie : la rupiah

État d'Asie du Sud-Est constitué par un archipel de plus de 3 000 îles, qui s'étire entre l'océan Indien et l'océan Pacifique. Les îles les plus importantes sont Sumatra, Java, Bornéo, les Célèbes, les Moluques et l'ouest de la Nouvelle-Guinée. La population est malaise en grande majorité. La religion principale de la république d'Indonésie est l'islam.
Économie Ses ressources sont principalement fondées sur l'agriculture qui emploie plus de 50 % de la population active. L'Indonésie produit du riz, du café, du thé, de la canne à sucre, du tabac, de l'huile et des épices. C'est le premier exportateur de bois tropicaux du monde. On y trouve aussi du pétrole et du gaz naturel.

Indre

Département français (36) de la Région Centre. 6 824 km^2 ; 231 139 hab. ; chef-lieu : Châteauroux.

Indre-et-Loire
Département français (37) de la Région Centre. 6 126 km^2 ; 554 003 hab. ; chef-lieu : Tours.

Indus
Fleuve d'Asie, né au Tibet, sur le versant nord de l'Himalaya (3 180 km). L'Indus traverse le Cachemire puis le Pakistan, avant de se jeter par un vaste delta dans la mer d'Oman. Sur ses rives, on a trouvé les vestiges d'une ancienne civilisation datant du IIIe au IIe millénaire avant J.-C, que l'on nomme *civilisation de l'Indus*.

Ingouchie
République de la Fédération de Russie, dans le nord du Caucase (environ 330 000 hab.). Sa capitale est Nazran.

Ingres Jean (né en 1780, mort en 1867)
Peintre français. Ingres est connu pour ses portraits, ses nus (*la Grande Odalisque*, *le Bain turc*) et ses dessins à la mine de plomb. Son œuvre, à la fois réaliste et délicate, se situe entre le classicisme et le romantisme.

Innocent III (né en 1160, mort en 1216)
Pape de 1198 à 1216. Innocent III fut un pape puissant et autoritaire, qui n'hésita pas à s'opposer aux grands souverains d'Europe. Il déclencha la quatrième croisade puis la croisade contre les albigeois, et institua l'Inquisition. Il réunit le quatrième concile du Latran en 1215.

Innsbruck
Ville d'Autriche (234 940 hab.). Innsbruck est la capitale du Tyrol. C'est une ville touristique, qui a accueilli les jeux Olympiques d'hiver de 1964 et de 1976.

Inquisition
Tribunal ecclésiastique créé par la papauté au XIIIe siècle pour réprimer l'hérésie. L'Inquisition utilisa la prison, la confiscation des biens, la torture, et envoya au bûcher un grand nombre d'hérétiques. Elle déclina au XVe siècle, sauf en Espagne où elle sévit encore jusqu'au XVIIIe siècle.

Institut de France
Réunion des cinq Académies : l'Académie française, l'Académie des sciences, l'Académie des sciences morales et politiques, l'Académie des inscriptions et belles-lettres et l'Académie des beaux-arts.

Internationale
Nom de l'Association internationale des travailleurs. L'Internationale fut fondée à Londres, en septembre 1864, par des organisations ouvrières qui adoptèrent les principales thèses de Karl Marx. Son objectif était de réformer la société et de coordonner l'action de différents pays en faveur de la classe ouvrière.

Internet
Réseau informatique mondial. Internet permet aux utilisateurs d'ordinateurs d'échanger des données électroniques et d'accéder à des informations de toutes sortes en se connectant à des réseaux de télécommunications.

Inuit
Nom que se donnent les Esquimaux. Dans leur langue, un « Inuit » veut dire un « être humain ».
On dit aussi **Inuk**.

Ionesco Eugène (né en 1912, mort en 1994)
Auteur dramatique français d'origine roumaine. Ionesco est considéré comme un des grands représentants du « théâtre de l'absurde ». Il est l'auteur notamment de *la Cantatrice chauve*, des *Chaises* et de *la Leçon*.

Ionie
Nom donné à la région des côtes de l'Asie Mineure où s'installèrent les Ioniens, chassés de la Grèce par les Doriens au XIe siècle avant J.-C. Les principales cités ioniennes furent Samos, Chio, Éphèse, Milet et Phocée. La civilisation ionienne connut son apogée aux VIIe et VIe siècles avant J.-C.

mer Ionienne
Partie de la Méditerranée centrale, au sud de l'Adriatique, séparant la Calabre et la Sicile de la Grèce.

îles Ioniennes
Archipel grec de la mer Ionienne, proche de la côte occidentale de la Grèce. Les îles Ioniennes forment une région de la Grèce et de l'Union européenne. 2 307 km^2 ; 191 000 hab. Les îles principales sont Corfou, Leucade, Ithaque, Céphalonie, Zante et Cythère.

Iphigénie
Personnage de la mythologie grecque. Iphigénie était la fille d'Agamemnon et de Clytemnestre. Elle fut sacrifiée par son père à Artémis, pour que les dieux accordent un vent favorable aux Grecs, dont la flotte s'apprêtait à partir pour Troie.
Son personnage a inspiré des tragédies d'Euripide et de Racine, et deux opéras de Gluck.

IRA
Organisation militaire irlandaise qui a lutté, à partir de 1919, pour l'indépendance de l'Irlande. À partir de 1969, une partie de l'IRA s'est engagée dans une lutte armée pour défendre la minorité catholique de l'Irlande du Nord.

Irak
23 millions d'habitants
Superficie : 435 000 km^2
Capitale : Bagdad
Langue officielle : arabe
Monnaie : le dinar irakien

État du Moyen-Orient, entre la Syrie, la Turquie,

l'Iran et l'Arabie saoudite. La population de la république d'Irak est majoritairement arabe et la religion est l'islam.
L'Irak occupe une grande partie la plaine de Mésopotamie. Le climat est torride en été, froid en hiver. Le pays possède 10 % des réserves mondiales de pétrole et, jusqu'en 1980, les revenus du pétrole ont favorisé son développement économique. Mais la guerre contre l'Iran, entre 1980 et 1988, et la guerre du Golfe en 1991, aggravées par l'embargo international, ont créé une situation économique catastrophique.
On écrit aussi **Iraq**.

Iran

67 millions d'habitants
Superficie : 1 648 000 km²
Capitale : Téhéran
Langue officielle : persan
Monnaie : le rial iranien

État d'Asie occidentale, à l'ouest de l'Afghanistan et du Pakistan, et à l'est de l'Irak. L'Iran est peuplé majoritairement de Persans. La religion officielle de la république islamique d'Iran est l'islam chiite.
L'Iran est un haut plateau, bordé au nord et à l'ouest par de grandes chaînes de montagnes. Le climat est plutôt continental et aride.
Économie Le pays vit en partie de l'agriculture et l'élevage. La grande richesse de l'Iran repose sur les ressources du sous-sol, avec de grosses réserves de pétrole et de gaz. Toutefois, l'économie iranienne a beaucoup souffert de la révolution islamique et de la guerre contre l'Irak.

Iraq voir *Irak*

Irian Jaya

Nom indonésien de la partie occidentale de la Nouvelle-Guinée, qui forme une province de l'Indonésie. 421 981 km² ; 1 371 000 hab. La capitale est Djayapura.

Irkoutsk

Ville de Sibérie, au sud-ouest du lac Baïkal (618 000 hab.). C'est un centre industriel et universitaire.

Irlande

3,5 millions d'habitants
Superficie : 68 895 km²
Capitale : Dublin
Langues officielles : irlandais, anglais
Monnaie : la livre irlandaise

État de l'Europe occidentale, la république d'Irlande correspond la partie sud de l'Irlande. Sa population est catholique à 90 %.
Économie C'est un pays de collines et de moyennes montagnes, au climat doux et humide. Ses ressources sont l'agriculture, en particulier l'élevage, et le tourisme.
Histoire La république d'Irlande a été proclamée le 21 décembre 1948. Elle est issue de la division de l'Irlande en deux territoires : un territoire indépendant au sud, l'Eire (nom irlandais de la république d'Irlande), et un territoire toujours sous domination britannique au nord, l'Ulster, qui fait partie du Royaume-Uni.
On dit aussi **Eire**.

Irlande du Nord

1,6 million d'habitants
Superficie : 13 600 km²
Capitale : Belfast
Langue officielle : anglais
Monnaie : la livre sterling

Partie du Royaume-Uni de Grande-Bretagne et d'Irlande du Nord, située au nord de l'Irlande. C'est une région majoritairement protestante.
Économie Les principales ressources de l'Irlande du Nord sont issues de l'élevage, dont les productions sont exportées vers la Grande-Bretagne. Les industries sont en régression et le chômage est important.
Histoire L'histoire de l'Irlande du Nord est marquée par le violent conflit qui oppose la majorité protestante à la minorité catholique et qui, depuis 1968, n'a cessé de faire des morts. En avril 1998, les deux parties ont conclu un accord, approuvé par référendum. La violence a diminué, mais la crise demeure à l'état latent.
On dit aussi **Ulster**.

Iroquois

Indiens d'Amérique du Nord. Les Iroquois formaient autrefois une grande nation qui occupait le nord des États-Unis et une partie du Canada, sur les rives des Grands Lacs. Au XVIIe siècle, ils luttèrent contre les Français et les Hurons. Leurs descendants vivent aujourd'hui au Québec et dans l'État de New York.

Irrawaddy

Principal fleuve de Birmanie (2 250 km), qui se jette dans le golfe du Bengale.
On écrit aussi **Irraouaddi**.

Isaac

Personnage biblique. Isaac est le premier fils d'Abraham et de Sara. Dieu, pour éprouver la foi d'Abraham, lui demanda de sacrifier son fils Isaac. Abraham obéit à Dieu, mais, au moment du sacrifice, Dieu intervint et sauva Isaac.

Isabeau de Bavière (née en 1371, morte en 1435)

Reine de France (1385-1422). Épouse de Charles VI, elle assuma la régence lorsque celui-ci devint fou. Maîtresse de Louis d'Orléans, son beau-frère, elle se rallia aux Bourguignons et reconnut le roi d'Angleterre comme héritier du trône de France.

Isabelle Ire la Catholique (née en 1451, morte en 1504)

Reine de Castille de 1474 à 1504. Isabelle Ire épousa Ferdinand II, roi d'Aragon, préparant ainsi l'unité de l'Espagne. Entre 1475 et 1479, les époux, que le pape appelait les « Rois Catholiques », repoussèrent Alphonse V de Portugal qui avait envahi la Castille. Isabelle Ire favorisa la première expédition de Christophe Colomb en 1492. En 1478, elle organisa l'Inquisition en Castille.

Isaïe (VIIIe siècle avant J.-C.)

Personnage biblique. Isaïe est le premier des trois grands prophètes juifs.
On dit aussi **Ésaïe**.

Iseran

Col de Savoie (2 770 m), entre les vallées de l'Arc et de l'Isère.

Isère

Département français (38) de la Région Rhône-Alpes. 7 467 km^2 ; 1,1 million d'hab. ; chef-lieu : Grenoble.

Isis

Déesse égyptienne du Mariage et du Foyer domestique. Isis fut la femme d'Osiris et la mère d'Horus. Elle était représentée par une vache ou par une femme à tête de vache.

Islamabad

Capitale du Pakistan (340 000 habitants). Depuis 1967, Islamabad remplace l'ancienne capitale, Karachi.

Islande

300 000 habitants
Superficie : 102 829 km^2
Capitale : Reykjavík
Langue officielle : islandais
Monnaie : la couronne islandaise

État insulaire de l'Atlantique Nord. L'Islande est une île volcanique qui possède des volcans actifs, des geysers et des sources chaudes. La population vit en majorité dans les villes du littoral. La pêche, l'élevage ovin et le tourisme constituent ses ressources.

HISTOIRE L'Islande fut découverte par des moines irlandais au VIIIe siècle, colonisée par les Vikings au IXe siècle, puis resta indépendante jusqu'au XIIIe siècle : une assemblée d'hommes libres, appelée Althing, la gouvernait. Passée sous l'autorité de la Norvège, puis du Danemark, elle se dépeupla. Elle obtint son indépendance en 1918 et la République islandaise fut proclamée le 17 juin 1944. Elle garda la monnaie danoise. L'Islande est le premier pays du monde à avoir eu une femme président de la République. Elle fut élue en 1980.

Ismaël

Personnage biblique. Ismaël était le fils d'Abraham et de sa servante égyptienne, Agar. Après la naissance d'Isaac, son demi-frère, il fut chassé dans le désert avec sa mère. La Bible présente Ismaël comme l'ancêtre des Arabes du désert.

Ispahan

Ville d'Iran, au sud de Téhéran (927 000 hab.). Ispahan possède un patrimoine architectural très riche : palais, mosquées, bains. C'est aussi une importante ville industrielle : raffineries, industries textiles.

① Israël

Surnom de Jacob, dans la Bible. Le terme désigne également le peuple hébreu descendant de Jacob.

② Israël

6 millions d'habitants
Superficie : 21 000 km^2
Capitale : Jérusalem
Langues officielles : hébreu, arabe
Monnaie : le shekel

État du Proche-Orient bordé par la mer Méditerranée. Sa population se constitue d'une majorité de Juifs et d'une minorité d'Arabes. Elle est jeune et vit dans les villes de la côte méditerranéenne. Plusieurs religions se côtoient en Israël : le judaïsme, la religion musulmane et la religion chrétienne.

GÉOGRAPHIE Le climat est méditerranéen. Le pays a une arête montagneuse centrale qui domine le lac de Tibériade, la vallée du Jourdain et la mer Morte. Le désert du Néguev couvre la moitié du pays.

ÉCONOMIE Le pays tire ses revenus de l'exportation d'agrumes et d'avocats, du tourisme et de l'industrie (aéronautique, armement, construction électronique, textile) , mais l'aide américaine est indispensable.

HISTOIRE La colonisation juive en Palestine débuta à la fin du XIXe siècle. Cette immigration provoqua de vives tensions avec la population arabe et, en novembre 1947, l'ONU décida de diviser la Palestine en deux États : arabe et juif. Dans les années 60, Israël étendit son territoire au Golan, à la Cisjordanie, à Gaza et au Sinaï. La création de l'État d'Israël et son extension sont à l'origine du conflit israélo-palestinien qui dure encore aujourd'hui et dont une des principales questions reste le destin des Palestiniens originaires de Cisjordanie et de Gaza.

Istanbul

Ville portuaire de Turquie, située de part et d'autre du Bosphore (8,7 millions d'hab.). Istanbul constitue le point de jonction entre le monde asiatique et le monde européen. Elle possède un riche patrimoine culturel et religieux où se côtoient art occidental et art oriental. Le monument le plus célèbre est la basilique Sainte-Sophie. Istanbul est aussi un important centre commercial et industriel. Elle est considérée comme la capitale économique de la Turquie. Elle fut appelée Byzance puis Constantinople, avant d'être conquise par les Turcs en 1453 et de devenir Istanbul. Elle fut la capitale de l'Empire ottoman jusqu'en 1923.

Italie

57 576 400 habitants
Superficie : 301 262 km^2
Capitale : Rome
Langue officielle : italien
Monnaie : l'euro

État de l'Europe méridionale. L'Italie comprend une partie continentale, une longue péninsule et deux grandes îles : la Sicile et la Sardaigne.

Géographie La partie continentale du pays est une vaste plaine, la plaine du Pô, limitée au nord par la chaîne des Alpes. La péninsule comporte une chaîne centrale, une étroite plaine côtière et trois bassins. L'Italie possède plusieurs volcans : le Vésuve, le Stromboli et l'Etna, et le pays connaît de fréquents séismes. La population, groupée dans la plaine du Pô, et sur les littoraux, est surtout urbaine.

Économie L'Italie est la sixième puissance économique du monde. L'agriculture est dominée par la culture de légumes, de fruits, de céréales et de vigne. Le secteur industriel réalise des produits d'exportation dans le domaine de l'électronique, de la bureautique, de la chaussure, de la confection et des produits de luxe. Le tourisme est l'un des plus importants du monde. Néanmoins la croissance de l'Italie est l'une des plus faibles de l'Union européenne.

Histoire Dominée tour à tour par la France, l'Allemagne et l'Espagne, entre le Ve et le XIXe siècle, l'Italie ne put réaliser son unité qu'en 1860, sous l'impulsion du ministre Cavour. En février 1861, le Parlement proclama Victor-Emmanuel roi d'Italie. La première moitié du XXe siècle vit la montée du fascisme et l'instauration d'une dictature par Mussolini. Au début de la Seconde Guerre mondiale, l'Italie s'allia à l'Allemagne et constitua l'axe Berlin-Rome. Elle sortit très affaiblie de ce conflit au niveau économique et politique. La république est proclamée en 1946. Dans les années 50, l'économie connut un essor spectaculaire et l'Italie adhéra à la CÉE en 1957. Les années 70 furent marquées par la montée du terrorisme et de la Mafia et, en 1993, la magistrature a lancé une opération *mains propres*, envoyant en prison de nombreux responsables politiques et économiques.

Ithaque

Île grecque située dans la mer Ionienne. 96 km^2 ; 5 000 hab. Selon les poèmes d'Homère, Ulysse en était le roi.

Ivan IV le Terrible (né en 1530, mort en 1584)

Tsar de Russie de 1533 à 1584. Il instaura un régime de terreur qui plongea le pays dans une période de crise.

Izmir

Ville portuaire de Turquie, sur la mer Égée (946 290 hab.). Elle commercialise le coton, le tabac, les figues et les raisins produits dans la région égéenne. Izmir s'appelait auparavant Smyrne.

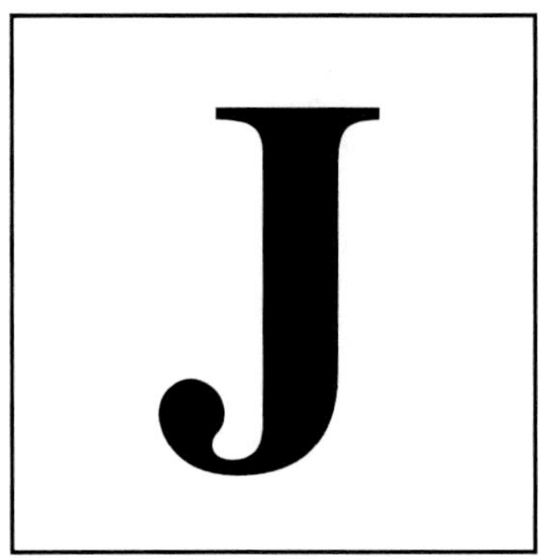

Jacob

Personnage biblique. Jacob était le second fils d'Isaac. Il fut surnommé Israël et ses douze fils sont les fondateurs des douze tribus d'Israël.

club des **Jacobins**

Société politique sous la Révolution. Fondé en 1789, le club des Jacobins était favorable à la république. Il comptait notamment Robespierre, La Fayette et Mirabeau. Il fut fermé en 1799.

Jahvé voir *Yahvé*

Jaipur

Capitale du Rajasthan, en Inde (1 455 000 hab.). Jaipur est célèbre pour ses palais de grès rose et pour son artisanat : travail de l'ivoire, taille de pierres précieuses.

Jakarta voir *Djakarta*

Jamaïque

2,6 millions d'habitants
Superficie : 10 990 km²
Capitale : Kingston
Langue officielle : anglais
Monnaie : le dollar jamaïcain

État insulaire de l'Atlantique, situé dans les Grandes Antilles, au sud de Cuba. La Jamaïque est une république membre du Commonwealth. Le climat tropical entretient une végétation forestière. Les Jamaïcains ont développé un culte original, qui mélange les rites chrétiens et le reggae, et est fondé sur le retour mythique vers l'Afrique des ancêtres. Ses adeptes sont les rastas.

Économie C'est un pays exportateur de sucre, de bananes, de rhum, de café et de bauxite. Le tourisme y est en plein essor. Mais le pays, surpeuplé, doit faire face à d'importants problèmes de délinquance et de chômage.

Histoire Découverte par Christophe Colomb en 1494 et occupée par les Espagnols, la Jamaïque fut conquise par les Anglais en 1658, qui en firent une colonie prospère. Elle accéda à l'indépendance en 1962.

James Henry (né en 1843, mort en 1916)

Écrivain américain, naturalisé anglais en 1915. Il exerça une influence majeure sur la littérature occidentale et sur des auteurs tels que Marcel Proust, James Joyce et Virginia Woolf. Ses romans les plus célèbres sont *les Ailes de la colombe (1902)* et *les Ambassadeurs (1903)*. Henry James est aussi l'auteur de nouvelles : *le Tour d'écrou (1898)* et *la Bête dans la jungle (1903)*.

Jansénius (né en 1585, mort en 1638)

Théologien hollandais. Jansénius fut professeur d'université puis évêque d'Ypres. Il a écrit l'*Augustinus (1640)*, dans lequel il établit les fondements de la doctrine qui porte son nom : le jansénisme.

Janus

Dieu romain. Saturne lui avait donné la faculté de connaître le passé et l'avenir, c'est pourquoi Janus fut représenté avec deux visages tournés en sens contraire. Il était aussi le gardien des portes de Rome.

Japon

126,9 millions d'habitants
Superficie : 372 313 km²
Capitale : Tokyo
Langue officielle : japonais
Monnaie : le yen

État d'Extrême-Orient, formé de 3 400 îles et îlots dispersés en arc de cercle au large des côtes orientales de l'Asie, et baigné par la mer du Japon et l'océan Pacifique.

Géographie On compte quatre îles principales, du nord au sud : Hokkaido, Honshu, Shikoku et Kyushu. Le Japon est un pays montagneux dont le point culminant est le mont Fuji (3 778 m). Il

A B C D E F G H I J K L M N O P Q R S T U V W X Y Z

connaît une importante activité sismique : séismes, raz de marée. Le climat est soumis à l'influence de la mousson d'hiver et de la mousson d'été. La population se concentre dans d'importantes mégalopoles.

Économie Le Japon est la 2e puissance économique du monde, mais il est dépendant de l'extérieur pour le pétrole, le charbon et les métaux, et les produits alimentaires. Le pays a su développer les industries traditionnelles (construction automobile, construction navale, sidérurgie, chimie, textile) et les industries de haute technologie (électronique, robotique, biotechnologies, nouveaux matériaux et audiovisuel). Ces succès ont plusieurs causes et notamment l'importante cohésion sociale et le culte du travail.

Histoire Jusqu'au XVIe siècle, le Japon fut dominé par un système féodal. L'empereur était considéré comme un dieu vivant et le pouvoir politique appartenait au général en chef ou *shogun*. Il exerçait son autorité sur les seigneurs. En 1603, le shogun institua un gouvernement fort et centralisé, une hiérarchie sociale très rigide, et une fermeture du Japon aux influences extérieures, et notamment à l'influence chinoise. En 1867, l'empereur Mutsuhito obligea le shogun à se retirer, instaura la monarchie absolue et établit la capitale à Tokyo. Le Japon s'ouvrit à l'Occident pour rattraper son retard technologique, culturel et scientifique. Il se dota d'équipements industriels, d'une armée et d'une flotte modernes et entreprit son expansion coloniale. Mais durant la Seconde Guerre mondiale, le pays fut en grande partie dévasté lors des bombardements d'Hiroshima et de Nagasaki. Une nouvelle Constitution instaura une monarchie parlementaire en 1946, et le Japon a reconstruit son économie mais la crise financière qui a frappé l'Asie du Sud-Est en 1997 a eu des répercussions considérables.

Jarry Alfred (né en 1873, mort en 1907)

Écrivain français. Ses œuvres annoncent le dadaïsme et le surréalisme : *les Jours et les Nuits (1897), Ubu roi (1888).*

Jason

Personnage de la mythologie grecque. Son père l'envoya à la recherche de la Toison d'or, la toison d'un bélier ailé, qui était gardée par un dragon. Entouré de guerriers, les Argonautes, Jason partit pour l'expédition. Il réussit grâce à l'aide de Médée, qu'il épousa ensuite.

Jaurès Jean (né en 1859, mort en 1914)

Homme politique et écrivain français. Jaurès fonda le Parti socialiste français en 1901, et le journal *l'Humanité* en 1904, puis il dirigea le parti socialiste SFIO créé en 1905. Il était hostile à la politique coloniale et à la guerre, et il fut assassiné par un nationaliste. Ses œuvres principales sont : *Histoire de la Révolution française (1898)* et *Histoire socialiste 1789-1900 (1908).*

Java

Île d'Indonésie située au sud-est de Sumatra. 128 754 km^2 ; 120 millions d'hab. Java, île volcanique au climat équatorial, a un sol très fertile, propice à la culture du riz, de la canne à sucre, du tabac, du café, du thé et des épices. Le sous-sol contient surtout du pétrole. L'industrialisation touche les grandes villes, qui sont aussi des ports actifs : Djakarta, Surabaya, Bandung. Java est l'île la plus riche et la plus peuplée d'Indonésie.

saint Jean (mort vers 100)

Un des douze apôtres et le disciple préféré du Christ, dont il partagea toute la vie publique. On lui attribue le quatrième Évangile, l'Apocalypse et trois épîtres du Nouveau Testament.
On dit aussi **Jean l'Évangéliste**.

Jean XXIII (né en 1881, mort en 1963)

Pape de 1958 à 1963. Il mit en œuvre la mise à jour de l'Église, l'*aggiornamento*. Il convoqua le concile œcuménique Vatican II et publia notamment l'encyclique *Pacem in terris (1963).*

Jean II le Bon (né en 1319, mort en 1364)

Roi de France de 1350 à 1364 et fils de Philippe VI de Valois. Son règne s'inscrit dans le cadre de la guerre de Cent Ans. Il fut vaincu par les Anglais à Poitiers en 1356, et emprisonné à Londres. Son fils assura la régence ; il dut affronter une insurrection paysanne, la Jacquerie, et signer la paix de Calais avec les Anglais, en 1360. Jean II fut libéré en 1362 contre une fabuleuse rançon et la prise en otage de deux de ses fils. Mais il dut retourner se constituer prisonnier à Londres en 1364, son fils Louis d'Anjou s'étant enfui.

Jean sans Peur (né en 1371, mort en 1419)

Duc de Bourgogne de 1404 à 1419 et fils de Philippe II le Hardi. Jean sans Peur était le chef des Bourguignons. Il fit assassiner le chef des Armagnacs, le duc d'Orléans, en 1407, dans l'espoir d'accéder au pouvoir mais cela provoqua la guerre civile entre Armagnacs et Bourguignons. Il réussit à devenir maître de Paris en 1408, mais il en fut chassé par les Armagnacs. Après la bataille d'Azincourt, il s'allia aux Anglais pour tenter de se rapprocher du futur Charles VII, mais il fut assassiné.

Jean sans Terre (né en 1167, mort en 1216)

Roi d'Angleterre de 1199 à 1216. Il appartenait à la dynastie des Plantagenêts et succéda à son frère Richard Cœur de Lion. Il entra dans une lutte intermittente avec la France lorsque Philippe Auguste lui confisqua ses fiefs français. Il dut aussi faire face à la révolte de ses grands seigneurs qui contestaient les nombreuses taxes, les défaites de l'armée et les tensions avec le pape. Pour calmer cette révolte, il accepta de signer la *Magna Carta*, la Grande Charte des libertés anglaises, en 1215. Mais il ne la respecta pas, ce qui provoqua une guerre civile entre 1215 et 1217.

Jean de Meung (né vers 1240, mort vers 1305)
Écrivain français. Il écrivit la deuxième partie du *Roman de la Rose (vers 1275)*.
On écrit aussi **Jean de Meun**.

saint **Jean-Baptiste** (mort vers 28)
Prophète juif. Jean-Baptiste baptisa Jésus et le désigna comme le Messie. Emprisonné sur l'ordre d'Hérode, il fut décapité. Il est surnommé le Précurseur.
On écrit aussi **Jean Baptiste**.

Jeanne d'Arc (née en 1412, morte en 1431)
Héroïne française. Jeanne entendit vers 1425 *la voix de Dieu*, qui lui ordonna d'aller au secours du roi de France, Charles VII, dont le royaume subissait l'occupation anglaise. Elle rencontra le roi à Chinon. Après l'avoir convaincu de sa mission, elle délivra Orléans de l'occupation anglaise et conduisit Charles VII à Reims, où il fut sacré le 17 juillet 1429. En 1430, Jeanne d'Arc fut capturée par les Bourguignons, qui la livrèrent aux Anglais. Elle fut condamnée pour sorcellerie et brûlée vive sur la place de Rouen, le 30 mai 1431. La révision de son procès commença dès 1450. Elle fut réhabilitée en 1456, puis béatifiée en 1909 et canonisée en 1920.

Jean-Paul II (né en 1920)
Pape depuis 1978. Jean-Paul II est le premier pape polonais de l'histoire. Il a su imposer sa forte personnalité au monde et défendre la doctrine traditionnelle, à l'intérieur de l'Église.

Jefferson Thomas (né en 1743, mort en 1826)
Homme politique américain. Il contribua à la rédaction de la *Déclaration d'indépendance* de 1776. Il fonda le premier parti républicain, fut élu président des États-Unis en 1800 et réélu en 1804. Il acheta la Louisiane à la France en 1803.

Jéhovah
Mot résultant de la transformation du mot Yahvé que les Hébreux utilisaient pour éviter de prononcer le nom sacré de Dieu.

Jenner Edward (né en 1749, mort en 1823)
Médecin anglais. Il pratiqua la première vaccination.

Jérémie (né vers 645, mort vers 580 avant J.-C.)
Personnage biblique. Il était l'un des trois grands prophètes de la Bible. Il assista à la disparition du royaume de Juda qui couvrait la Palestine.

Jéricho
Ville de Cisjordanie (65 000 hab.). Jéricho est occupée par Israël depuis 1967, et a obtenu en 1994, avec Gaza, la possibilité de s'administrer. À proximité de la ville actuelle se trouvent les vestiges de la cité biblique. Au XIIIe siècle avant J.-C., elle fut prise par les Hébreux commandés par Josué : les murailles se seraient écroulées au son des trompettes.

saint **Jérôme** (né vers 347, mort vers 420)
Théologien catholique. Il est l'auteur de la traduction latine de l'Ancien Testament que l'on appelle *la Vulgate*.

Jersey
Île anglo-normande située dans la Manche. 116 km^2 ; 84 080 hab. Le climat favorise les cultures maraîchères et florales, l'élevage et le tourisme. Jersey jouit d'un statut d'autonomie dans le cadre de la communauté britannique.

Jérusalem
Ville sainte des religions israélite, chrétienne et musulmane, située à la limite de la Cisjordanie (630 000 hab.). En 1948, elle fut partagée entre la Jordanie et Israël. La ville ancienne est administrée par la Jordanie et la ville nouvelle est devenue la capitale de l'État d'Israël le 23 janvier 1950. Elle abrite de nombreux lieux saints qui en font un haut lieu de pèlerinage.
HISTOIRE Antique cité remontant au IIIe millénaire avant J.-C., Jérusalem n'entra véritablement dans l'histoire du peuple juif qu'avec David au Xe siècle avant J.-C. Il la conquit, en fit sa capitale et Salomon y construisit le Temple. Devenue la capitale du royaume de Juda, qui couvrait la Palestine, elle fut ravagée par les Babyloniens en 586 avant J.-C., et le temple de Salomon fut détruit. Au Ier siècle avant J.-C., Hérode fit construire un temple dont il ne reste aujourd'hui qu'une partie de l'enceinte : le *Mur des lamentations*. En 70 après J.-C., la ville fut conquise par Titus et intégrée à l'Empire romain.
Lieu de la mort du Christ, Jérusalem attira, dès le IIe siècle, de nombreux pèlerins chrétiens. L'occupation arabe à partir de 638 et la construction de la Coupole du Rocher à l'emplacement du Temple en firent aussi le lieu sacré de l'Islam.

Compagnie de **Jésus**
Ordre religieux fondé en 1540 par Ignace de Loyola. Ses membres sont appelés les jésuites. Ils font vœu de chasteté, de pauvreté et d'obéissance. Ils se consacrent principalement à l'apostolat et à l'enseignement. La Compagnie de Jésus a étendu son action au Japon, à la Chine, à l'Amérique latine et au Canada.

Jésus-Christ
Fondateur de la religion chrétienne. Pour les catholiques, Jésus-Christ est le Sauveur, le Fils de

A B C D E F G H I J K L M N O P Q R S T U V W X Y Z

Dieu, le Messie annoncé par les prophètes. Sa vie et ce qu'il a prêché sont consignés dans les Évangiles et constituent le Nouveau Testament.
On dit aussi **Jésus**.

serment du **Jeu de paume**
Serment solennel, prêté le 20 juin 1789 à Versailles, par les députés du tiers état, et par lequel ils s'engageaient à ne pas se séparer avant d'avoir donné une Constitution à la France.

jeux Olympiques voir *Olympiques*

Jiangsu
Province de la Chine orientale. 102 000 km^2 ; 62 130 000 hab. Sa capitale est Nankin. Le Jiangsu est une riche terre agricole très peuplée. Ses principales productions sont le riz, le blé, les oléagineux, le coton, la soie, et le tabac. D'autres activités sont aussi fort dynamiques : l'élevage de canards, la pêche, la pisciculture et l'industrie textile.

Jiangxi
Province du sud-est de la Chine. 164 800 km^2 ; 34 600 000 hab. Sa capitale est Nanchang. Le Jiangxi est une région montagneuse qui renferme de la houille et du tungstène, et produit du riz, du coton et du thé.

Jilin
Province du nord-est de la Chine. 290 000 km^2 ; 22 980 000 hab. Sa capitale est Changchun. Le Jilin est pourvu d'importants gisements de houille et de fer. La forêt occupe une grande partie de son territoire et constitue la plus grande réserve de bois du pays.
On dit aussi **Kirin**.

Jinan
Grande ville de Chine sur le Huanghe ou « fleuve Jaune » (3 375 830 hab.). Jinan est un important carrefour ferroviaire. Ses domaines d'activité sont la filature de coton, la minoterie et l'huilerie.

Jinzhou
Grande ville maritime du nord-est de la Chine (4 448 460 hab.).

Jivaros
Indiens de la forêt tropicale amazonienne. Les Jivaros sont connus pour leur ancienne coutume de réduire la tête de leurs ennemis tués.

Job
Personnage biblique. Dieu l'ayant accablé de malheurs, il se révolta, et lorsqu'il accepta sa misère, Dieu lui rendit la prospérité.

Joffre Joseph (né en 1852, mort en 1931)
Maréchal de France. Durant la Première Guerre mondiale, le maréchal Joffre dirigea les armées du Nord et du Nord-Est et remporta la victoire de la Marne. Après la bataille de la Somme en 1916, il fut remplacé par Nivelle.

Johannesburg
Grande ville d'Afrique du Sud (1 960 000 hab.). Johannesburg est la première ville du pays par sa population. Elle en est aussi le principal centre bancaire, commercial et industriel.

Joliot-Curie Frédéric (né en 1900, mort en 1958) et Irène (née en 1897, morte en 1956)
Physiciens français. Ils reçurent le prix Nobel de chimie en 1935, pour leurs recherches sur le neutron et la radioactivité artificielle.

Livre de Jonas
Livre biblique de la fin du IVe siècle avant J.-C. Il raconte notamment comment Jonas fut avalé par un énorme poisson qui le régurgita vivant, trois jours plus tard.

Jorasses (Grandes-) voir *Grandes-Jorasses*

Jordanie
4,6 millions d'habitants
Superficie : 97 740 km^2
Capitale : Amman
Langue officielle : arabe
Monnaie : le dinar jordanien

État du Proche-Orient voisin d'Israël, de la Syrie, de l'Irak et de l'Arabie Saoudite. La moitié de sa population se compose de réfugiés palestiniens.
ÉCONOMIE Le pays est très aride à l'exception des quelques terres, à l'est, qui bordent le Jourdain et qui fournissent la quasi-totalité du blé, des légumes, des fruits et de l'huile d'olive. Les nomades élèvent chèvres et moutons dans les régions arides. L'industrie est inexistante et les aides étrangères sont vitales.
HISTOIRE Artificiellement créé sur les ruines de l'Empire ottoman en 1921, l'émirat de Transjordanie reçut son indépendance de la Grande-Bretagne en 1946. Son souverain participa aux combats contre Israël en 1948 et 1949. En 1949, son armée annexa la Cisjordanie et nomma Jordanie le nouvel État ainsi constitué. L'histoire de la Jordanie est ensuite dominée par le problème des Palestiniens puisqu'en 1967 la Jordanie dut céder à Israël la Cisjordanie et la partie arabe de Jérusalem. Dès lors, les Palestiniens tentèrent de prendre le pouvoir et malgré l'accord de paix conclu avec Israël en octobre 1994, le problème n'est pas encore résolu.

Joseph
Personnage biblique. Joseph était le onzième fils de Jacob. Il fut vendu par ses frères, et devint

ministre du pharaon, en Égypte. Par la suite, il reçut et protégea son père et ses frères, chassés de leur pays par la famine.

saint **Joseph**
Charpentier de Nazareth et époux de la Vierge Marie. Joseph est le père nourricier de Jésus.

saint **Joseph d'Arimathie**
Juif de Jérusalem. Il ensevelit le corps de Jésus-Christ et aurait recueilli son sang dans le Graal.

Joseph II (né en 1741, mort en 1790)
Empereur germanique de 1765 à 1790. Il centralisa l'administration de ses États, accorda la liberté religieuse et supprima le servage et la torture.

Joséphine (née en 1763, morte en 1814)
Impératrice des Français. Elle épousa Bonaparte et fut sacrée impératrice en 1804. Napoléon Ier la répudia en 1809 car elle ne lui donnait pas d'héritier.

Josquin Des Prés voir ***Des Prés***

Josué
Personnage biblique. Dieu le chargea de conduire le peuple hébreu en terre de Canaan. Il traversa donc le Jourdain, prit Jéricho et répartit les Hébreux en Palestine.

Joule James Prescott (né en 1818, mort en 1889)
Physicien et industriel anglais. Il détermina l'équivalence entre la chaleur et le travail.
■ Effet Joule : dégagement de chaleur dû au passage d'un courant électrique dans un conducteur.

Jourdain
Fleuve du Proche-Orient (360 km). Il naît au Liban, traverse le lac de Tibériade en Israël et se jette dans la mer Morte. Le Jourdain sépare la Jordanie de la Cisjordanie.

Jourdan Jean-Baptiste (né en 1762, mort en 1833)
Maréchal de France. Il servit Joseph Bonaparte en Espagne, puis les Bourbons et Louis-Philippe.

journées de juin 1848 voir ***juin 1848***

Joyce James (né en 1882, mort en 1941)
Écrivain irlandais. Joyce quitta définitivement son pays en 1906 et se fixa à Trieste en Italie, mais son œuvre est consacrée à l'Irlande. Il avait la particularité d'inventer des mots et d'utiliser des éléments de langues étrangères. Il publia des poèmes : *Musique de chambre (1907)*, des romans : *Dedalus, portrait de l'artiste en jeune homme (1914)*, *Ulysse (1922)*, *Finnegans Wake (1939)*, et des nouvelles : *Gens de Dublin (1914)*.

royaume de **Juda**
Ancien royaume au sud de la Palestine. Le royaume de Juda fut constitué vers 931 avant J.-C. par les tribus de Juda et de Benjamin. Sa capitale était Jérusalem. Ce royaume fut conquis en 587 avant J.-C. par Nabuchodonosor.

Judas Iscariote
Un des douze apôtres. Judas Iscariote est l'apôtre qui trahit Jésus-Christ en le vendant aux prêtres juifs.

Judée
Province de Palestine, située entre la mer Méditerranée et la mer Morte.

Jugurtha (né vers 160, mort vers 104 avant J.-C.)
Roi de Numidie. Jugurtha résista héroïquement à l'invasion romaine, mais il fut trahi par son beau-frère, et finit sa vie dans un cachot à Rome.

monarchie de **Juillet**
Régime politique de la France entre les révolutions de juillet 1830 et de février 1848. L'année 1830 marque l'arrivée de Louis-Philippe d'Orléans comme roi des Français, et 1848 marque son abdication et la proclamation de la république.

14 **juillet 1789**
Journée au cours de laquelle la première insurrection parisienne de la Révolution française aboutit à la prise de la Bastille. Depuis 1880, la commémoration de cette journée est une fête nationale.

révolution de **juillet 1830**
Insurrection parisienne qui aboutit à l'avènement de Louis-Philippe. Elle dura trois jours, du 27 au 29 juillet, et fut appelée *les Trois Glorieuses*.

Juin Alphonse (né en 1888, mort en 1967)
Maréchal de France. Juin commanda les opérations militaires en Afrique du Nord durant la Seconde Guerre mondiale, et notamment au Maroc. Il publia ses *Mémoires (1960)* et entra à l'Académie française en 1952.

journées de **juin 1848**
Journées au cours desquelles une insurrection ouvrière parisienne fut réprimée avec violence. L'insurrection dura du 22 au 26 juin et fut provoquée par la fermeture des Ateliers nationaux (qui donnaient du travail aux chômeurs).

Jules César voir ***César***

Julien (né en 331, mort en 363)
Empereur romain de 361 à 363. Julien fut élevé dans le christianisme, mais il tenta de rétablir le polythéisme. Il mourut en combattant les Perses.

Junon
Déesse romaine des femmes mariées. Junon était la fille de Saturne, et l'épouse de Jupiter. Elle est l'équivalent d'Héra dans la mythologie grecque.

① **Jupiter**
Dieu romain du Ciel, de la Lumière du jour, de

la Foudre et du Tonnerre. Jupiter était le fils de Saturne et l'époux de sa sœur Junon. Il est assimilé au Zeus grec.

② Jupiter

Cinquième planète du système solaire. Elle est située entre Mars et Saturne. Jupiter est la plus grosse planète du système solaire : elle est onze fois plus importante que la Terre. Sa température est de – 150 °C. Elle a pu être observée la première fois en 1979, par les sondes américaines *Voyager 1* et *2*.

① Jura

Massif montagneux qui s'étend sur l'est de la France et l'ouest de la Suisse et se prolonge jusqu'en Allemagne. Ses herbages et ses forêts ont permis de développer l'industrie du bois et la production de lait et de fromages. Les industries anciennes, comme la fabrication d'horloges, de pipes et de jouets, côtoient les industries nouvelles, qui bénéficient de l'hydroélectricité.

② Jura

Département français (39) de la région Franche-Comté. 5 053 km^2 ; 250 857 hab. ; chef-lieu : Lons-le-Saunier.

③ Jura

Canton du nord-ouest de la Suisse. 837 km^2 ; 65 850 hab. Son chef-lieu est Delémont. Le Jura est francophone. Il s'est créé en 1979 en se détachant du canton de Berne.

Jussieu Bernard de (né en 1699, mort en 1777)

Botaniste français. Il imagina une méthode de classement des végétaux, basée sur une étude des différents stades de formation des plantes.

Justinien Ier (né en 482, mort en 565)

Empereur d'Orient de 527 à 565. Justinien Ier prôna l'orthodoxie religieuse et la toute-puissance du droit romain. Il fit construire la basilique Sainte-Sophie à Istanbul.

Jütland voir *Jylland*

Juvénal (né vers 60, mort vers 130)

Poète latin. Ses *Satires* brossent un tableau très réaliste des mœurs de son époque.

Jylland

Partie péninsulaire du Danemark. 29 766 km^2 ; 2 356 960 hab. Le Jylland est une riche région agricole qui pratique l'élevage bovin et de volailles, et la culture des céréales.
On dit aussi **Jütland**.

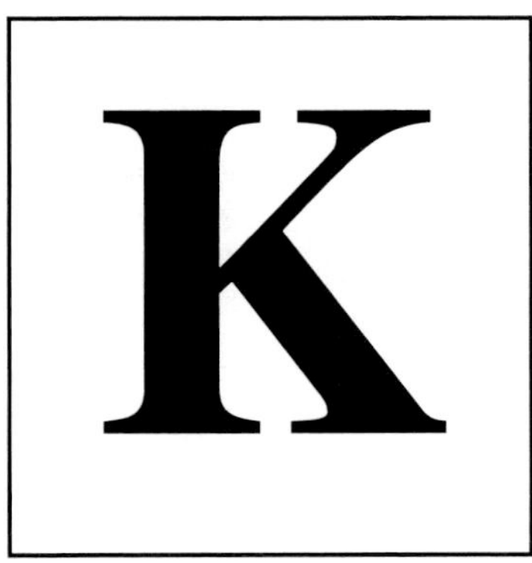

Kaboul
Capitale de l'Afghanistan, située sur le Kaboul, un affluent de l'Indus (1,4 million d'hab.). La ville a été ruinée par les différentes guerres qui secouent le pays depuis 1979.
On dit aussi **Kabul**.

Kabyles
Peuples berbères qui vivent dans le région de la Kabylie, en Algérie.

Kabylie
Massif montagneux du nord de l'Algérie. On distingue la *Grande Kabylie* et la *Petite Kabylie*. L'insuffisance des ressources de la région a contraint de nombreux Kabyles à émigrer.

Kafka Franz (né en 1883, mort en 1924)
Écrivain tchèque. Il écrivit en allemand des romans qui reflètent l'angoisse de l'existence : *la Métamorphose (1916), le Procès (1915)*, et *le Château (1922)*.

Kalahari
Désert du sud de l'Afrique, situé entre les fleuves Orange et Zambèze (700 000 km^2).

① **Kalmouks**
Peuple mongol qui vit en Mongolie, en Chine, et en Russie, dans la république autonome des Kalmouks.

② **Kalmouks**
République autonome au sein de la Fédération de Russie. 75 900 km^2 ; 325 000 hab. Sa capitale est Elista. Sa population se compose de Russes et de Kalmouks.
On dit aussi **Kalmoukie**.

Kampala
Capitale de l'Ouganda, sur le lac Victoria (850 000 hab.). C'est un important marché agricole qui est relié par voie ferrée à la ville de Nairobi au Kenya.

Kamtchatka
Presqu'île volcanique de la Sibérie. La péninsule, au climat rigoureux, recèle des métaux et du pétrole.

Kanaks voir ***Canaques***

Kandinsky Wassily (né en 1866, mort en 1944)
Peintre russe, naturalisé allemand puis français. Il est le fondateur du mouvement *Der Blaue Reiter* (le Cavalier bleu) qui prônait la rupture par rapport aux traditions. Kandinsky fut l'un des initiateurs de l'art abstrait.

Kant Emmanuel (né en 1724, mort en 1804)
Philosophe allemand. Il a développé la philosophie critique ou *criticisme*. Toute son œuvre constitue un cycle de réflexion, dont les œuvres majeures sont *Critique de la raison pure (1781), Métaphysique des mœurs (1797), Critique de la raison pratique (1788), Critique du jugement (1790)*.

Haut-**Karabakh**
Région rattachée à la république d'Azerbaïdjan en 1923. 4 400 km^2 ; 177 000 hab. Il est peuplé à 80 % d'Arméniens et, depuis 1988, le territoire réclame son rattachement à l'Arménie.

Karachi
Ville portuaire du Pakistan (5 103 000 hab.). Elle est le centre économique du pays. Son activité portuaire est très développée et a permis la création d'industries chimiques et de raffineries. Karachi fut la capitale du Pakistan jusqu'en 1960.

Karnataka
État du sud de l'Inde. 191 773 km^2 ; 44 817 390 hab. Sa capitale est Bangalore. Son sol est aride et l'agriculture peu développée. Les importantes ressources en fer et en or ont permis au pays de s'industrialiser. Le Karnataka est aussi

une région historique qui compte de nombreux lieux de pèlerinage. De plus, il a su préserver ses activités artisanales : soieries, travail de l'ivoire.

Katanga

Région de la république démocratique du Congo. 496 965 km^2 ; 4 342 000 hab. Son chef-lieu est Lubumbashi. Cette région de plateaux recèle des richesses minières considérables : cuivre, étain, uranium, charbon, zinc, argent. L'hydroélectricité a favorisé une puissante métallurgie.

Histoire Entre 1972 et 1997, le Katanga s'est appelé Shaba. Depuis 1960, date de l'accession à l'indépendance du Congo, le Katanga est régulièrement soulevé par des mouvements séparatistes.

Katmandou

Capitale du Népal (660 000 hab.). Ses nombreux temples hindouistes et bouddhistes en font un important lieu de pèlerinage.
On écrit aussi **Katmandu**.

Kawasaki

Grand ville du Japon appartenant à l'agglomération de Tokyo (1 104 270 hab.). Kawasaki est l'un des plus grands complexes industriels du Japon.

Kazakhstan

15,6 millions d'habitants
Superficie : 2 717 400 km^2
Capitale : Astana
Langues officielles : kazakh, russe
Monnaie : le tenge

État d'Asie centrale, bordé par la mer Caspienne et voisin de la Russie, de la Chine, du Kirghizstan, de l'Ouzbékistan et du Turkménistan. Jusqu'en 1991, la république du Kazakhstan était l'une des républiques fédérées de l'URSS.

Économie Le climat continental et le sol ne permettent que des cultures modestes : blé, riz, coton, tabac. Le sous-sol recèle de nombreux métaux, du charbon, du pétrole et du gaz. Le pétrole constitue un atout puissant, mais le problème de son transport est délicat, d'autant plus que les finances de l'État sont dans une situation dramatique.

Kazan

Capitale de la république autonome des Tatars en Russie (1 084 000 hab.). La ville est traversée par la Volga. Kazan est un important centre commercial et industriel : elle possède des industries chimiques, métallurgiques, textiles et alimentaires.

Histoire La ville fut dévastée par Ivan le Terrible en 1552. Son principal monument est la partie fortifiée de la ville, le kremlin, qui date de 1555 et qui renferme la cathédrale de l'Annonciation.

Kazan Elia (né en 1909)

Metteur en scène de théâtre et de cinéma américain. Ses films décrivent la vie et la société américaines : *Un tramway nommé Désir (1951), À l'est d'Eden (1955), Baby Doll (1956), le Dernier Nabab (1976).* Il a aussi publié plusieurs romans.

K2

Sommet de l'Himalaya (8 611 m), vaincu par une cordée italienne en 1954. Le K2 est le deuxième sommet du monde après le mont Everest.

Keaton Buster (né en 1895, mort en 1966)

Acteur et cinéaste américain. Il fut l'un des plus grands comiques du cinéma muet : *les Lois de l'hospitalité (1923), le Mécano de la « General » (1926), le Cameraman (1928).* Son expression sérieuse l'a fait surnommer l'« homme qui ne rit jamais ».

Kellermann François Christophe (né en 1735, mort en 1820)

Maréchal de France. Il contribua à la victoire sur les Prussiens à Valmy le 20 septembre 1792. Il servit Napoléon Ier puis se rallia aux Bourbons en 1814. Il devint duc de Valmy en 1808.

Kelvin William Thomson (né en 1824, mort en 1907)

Physicien anglais. Il est connu pour ses travaux sur la chaleur et l'électricité. Son nom fut donné à une unité de température : le *kelvin*.

Kemal Atatürk (né en 1881, mort en 1938)

Général et homme politique turc. Chef d'un mouvement nationaliste, il réunit à Ankara une assemblée qui vota la Constitution de 1921, puis il chassa les Grecs d'Asie Mineure. Après la déposition du sultan en 1922, il devint le président de la République et modernisa son pays. Kemal Atatürk signifie « le Père des Turcs ».

Kennedy John Fitzgerald (né en 1917, mort en 1963)

Homme d'État américain. Il fut le premier président catholique des États-Unis. Il amorça une politique de détente avec l'URSS et intervint à Cuba, en Amérique latine et au Viêt-nam. Au sein des États-Unis, il promut l'intégration raciale, la conquête de l'espace et l'ouverture du commerce. Son assassinat, à Dallas le 22 novembre 1963, fit de lui une figure légendaire.

Kenya

30 millions d'habitants
Superficie : 582 646 km^2
Capitale : Nairobi
Langues officielles : anglais, swahili
Monnaie : le shilling kenyan

État d'Afrique orientale, membre du Commonwealth, bordé par l'océan Indien et voisin de la Somalie, de la Tanzanie, de l'Ouganda, du Sou-

dan et de l'Éthiopie. La population est essentiellement rurale et compte une quarantaine d'ethnies. Plusieurs types de végétations se côtoient : des terres volcaniques, des terres forestières, la savane nue ou arborée et la steppe.
Économie L'agriculture repose sur les cultures du maïs et du thé, et l'élevage extensif. Le bois constitue une très importante ressource. Des foyers industriels, principalement dans le domaine de l'agroalimentaire, se sont développés à Nairobi et à Mombasa, le principal port. Les 18 parcs naturels du pays génèrent une importante activité touristique. Malgré tout, l'aide internationale demeure indispensable, car le Kenya reste un pays pauvre, d'autant plus qu'il a dû accueillir des réfugiés du Soudan et de la Somalie.
Histoire Bien qu'il fût découvert dès le Ier millénaire avant J.-C., le Kenya ne fut colonisé qu'en 1920 par la Grande-Bretagne. La résistance à cette colonisation fut violente. Le 12 décembre 1963, le Kenya accéda à l'indépendance et la république fut proclamée en 1964. Aujourd'hui le pays n'arrive pas à réaliser son unité et des violences persistent entre les différentes ethnies.

Kepler Johannes (né en 1571, mort en 1630)
Astronome allemand. Kepler formula trois lois relatives au mouvement des planètes, les *lois de Kepler*. Il fonda l'optique géométrique qui fait intervenir les notions de rayon lumineux, et d'image réelle et d'image virtuelle.

Kerala
État du sud-ouest de l'Inde, bordé par la mer d'Oman. 38 864 km^2 ; 29 011 200 hab. Sa capitale est Trivandrum. La population se regroupe sur une étroite plaine irriguée qui permet quelques cultures : thé, café, riz, noix de coco et canne à sucre. L'hydroélectricité a favorisé l'industrialisation : industries chimiques et textiles. Le Kerala commercialise aussi des bois précieux comme le santal.

îles **Kerguelen**
Archipel français de l'Antarctique faisant partie des Terres australes et antarctiques françaises (7 000 km^2). Il compte plus de 300 îles montagneuses dont le point culminant est le mont Ross (1 850 m). Les îles Kerguelen sont désertiques et balayées par des vents violents. Une base scientifique, établie sur la plus importante île, étudie la riche faune, notamment les oiseaux.

Kessel Joseph (né en 1898, mort en 1979)
Romancier français d'origine russe. Ses deux thèmes principaux sont la fraternité entre les hommes au combat et l'aventure dans des pays lointains : *l'Équipage (1923), le Lion (1958), les Cavaliers (1967)*. Kessel écrivit, avec son neveu Maurice Druon, les paroles du chant de la Résistance, le *Chant des partisans*. Il fut élu à l'Académie française en 1962.

KGB
Police politique de l'URSS. KGB signifie *Comité de sécurité de l'État*. Le KGB était également responsable de l'espionnage et du contre-espionnage.

Khartoum
Capitale du Soudan (2,7 millions d'hab.). Khartoum est aussi le centre économique et industriel du pays. Son activité industrielle se développe dans les domaines de l'agroalimentaire, du textile et de la minoterie.

Khéops voir ***Chéops***

Khéphren voir ***Chéphren***

Khmers
Peuple d'Indochine méridionale qui vit essentiellement au Cambodge.

Khmers rouges
Nom donné aux guérilleros communistes du Cambodge, dans les années 1960, dirigés par Pol Pot. En 1975, ils prirent la ville de Phnom Penh, déportèrent ses habitants et exterminèrent plus de 2 millions de leurs compatriotes, avant d'être chassés du pouvoir par l'intervention vietnamienne de 1979. Les Khmers rouges poursuivirent la guérilla jusqu'à la mort de Pol Pot en 1998.

Khomeyni Ruhullah (né en 1902, mort en 1989)
Chef religieux et homme politique iranien. Exilé en France, il inspira le soulèvement populaire qui renversa le chah d'Iran en 1979 et instaura une République islamique.

Khrouchtchev Nikita (né en 1894, mort en 1971)
Homme politique soviétique. En 1953, il succéda à Staline et devint premier secrétaire du parti communiste d'URSS. Il rejeta les méthodes autoritaires de Staline en menant une politique de *déstalinisation*. Puis il améliora les rapports de l'URSS avec les États-Unis et rompit les contacts avec la Chine. Il entreprit des réformes économiques et agricoles, mais ce fut un échec. Il fut contraint de démissionner en 1964.

Khwarizmi Muhammad (né à la fin du fin VIIIe siècle, mort vers 850)
Mathématicien et astronome musulman. Khwarizmi écrivit en arabe des « textes fondateurs » de l'algèbre.

Kiel
Ville du nord de l'Allemagne située sur la mer Baltique (243 630 hab.). Kiel est la capitale du Land de Schleswig-Holstein. Elle est un important port de pêche et de commerce. Son industrie s'est

développée dans les domaines de la métallurgie, des chantiers navals, du textile et de la conserverie. Le canal de Kiel, long de 99 km, unit la mer Baltique à la mer du Nord en traversant la presqu'île danoise du Jylland.

Kiev

Capitale de l'Ukraine, située au confluent du Dniepr et de la Desna (3,1 millions d'hab.). Kiev est un grand centre industriel et culturel. Elle possède de nombreux monuments de style byzantin, dont la cathédrale Sainte-Sophie.
HISTOIRE Kiev fut la première capitale de la Russie au XIe siècle. Détruite par les Mongols en 1240, elle subit ensuite la suzeraineté de la Pologne du XIVe au XVIIe siècle. En 1918, elle devint la capitale de la république d'Ukraine.

Kigali

Capitale du Rwanda (250 000 habitants). Kigali est située au centre du pays. Elle est réputée pour son marché agricole spécialisé dans le commerce du bétail et du café.

Kilimandjaro

Massif volcanique d'Afrique, situé dans le nord de la Tanzanie, près de la frontière du Kenya. Le Kilimandjaro comporte le point culminant du continent africain, le mont Kibo (5 892 m).
On dit aussi **Kilimanjaro**.

King Martin Luther (né en 1929, mort en 1968)

Pasteur noir américain. Il était adepte de la non-violence et s'opposa à toute forme de ségrégation raciale. En 1963, il organisa une marche pacifique sur Washington pour réclamer une loi sur l'égalité entre les races. Le discours qu'il prononça lors de cette marche est resté très célèbre. Il reçut le prix Nobel de la paix en 1964. Il fut assassiné en 1968.

Kingston

Capitale de la Jamaïque (750 000hab.). Kingston est une ville portuaire située sur la côte sud de l'île et s'ouvre sur la mer des Caraïbes. Elle est le principal port du pays et permet l'exportation de produits textiles.

Kinshasa

Capitale de la république démocratique du Congo (5 millions d'hab.). Kinshasa est un important port fluvial, situé sur le fleuve Congo. La ville est le principal centre commercial et industriel du pays. Jusqu'en 1966, Kinshasa s'appelait Léopoldville.

Kipling Rudyard (né en 1865, mort en 1936)

Écrivain anglais. Ses romans ont tous pour décor les colonies britanniques en Inde et pour thème central l'impérialisme. Kipling est l'auteur du *Livre de la jungle (1895)*, de *Capitaines courageux (1897)* et de *Kim (1901)*. Il obtint le prix Nobel de littérature en 1907 .

Kirghizstan

6,4 millions d'habitants
Superficie : 198 500 km^2
Capitale : Bichkek
Langues officielles : kirghiz, russe
Monnaie : le som

État d'Asie centrale, entouré du Tadjikistan, de l'Ouzbékistan, du Kazakhstan et de la Chine. Le Kirghizstan est une région montagneuse. Ses principales activités sont l'élevage de moutons et les cultures fruitières et céréalières. Le sous-sol est riche en or, uranium, pétrole, gaz et charbon. Les industries fabriquent des moteurs électriques, du verre à vitre et des tapis.
HISTOIRE Les Kirghiz, peuple de langue turque, furent longtemps persécutés par les Russes. Le Kirghizstan, territoire séparé du Kazakhstan, devint une république fédérée en 1936. En 1991, la république du Kirghizstan proclama son indépendance, et devint membre de la Communauté d'États Indépendants.

Kiribati

83 900 habitants
Superficie : 690 km^2
Capitale : Bairiki
Langues officielles : kiribati, anglais
Monnaie : le dollar australien

Archipel de 33 îles, situé dans l'océan Pacifique, sur l'équateur. Le Kiribati est un pays producteur de noix de coco et de bananes. Il pratique aussi l'élevage de porcs et de poulets, et la pêche.
HISTOIRE Les îles furent découvertes en 1606, et devinrent une colonie britannique en 1915. Elles sont indépendantes depuis 1979. Kiribati est une république membre du Commonwealth.

Kita-Kyushu

Conurbation industrielle du Japon, située au nord de l'île de Kyushu (1 053 290 hab.). Kita-Kyushu fut créée en 1963 par la réunion de cinq agglomérations. Elle est un important centre sidérurgique et possède un des plus vastes ports du monde asiatique.

Kléber Jean-Baptiste (né en 1753, mort en 1800)

Général français. Il lutta contre la Prusse en Alsace et participa au siège de Mayence en 1793 puis il se distingua dans la lutte contre la révolte vendéenne. En 1799, il reçut le commandement de l'armée que Bonaparte abandonnait en Égypte. Il a vaincu les Turcs à Héliopolis puis reprit Le Caire avant d'être assassiné.

Klee Paul (né en 1879, mort en 1940)
Peintre suisse. Il adhéra au mouvement *Der Blaue Reiter* (le Cavalier bleu), fondé par Kandinsky. Ses œuvres portent les marques de l'art abstrait et du surréalisme. Il a consigné ses réflexions sur l'art dans son *Journal (1898-1917)* et dans *Esquisses pédagogiques (1925)*.

Knud le Grand (né en 995, mort en 1035)
Roi d'Angleterre, de Danemark et de Norvège. Il favorisa l'égalité entre les peuples d'Angleterre et du Danemark. À sa mort, son royaume fut divisé entre ses trois fils.

Kobe
Ville portuaire du Japon, située sur l'île d'Honshu, dans la baie d'Osaka (1 419 860 hab.). Kobe est un important centre industriel : fonderies, aciéries, usines de constructions navales et aéronautiques, fabriques de produits chimiques et alimentaires. La ville a été partiellement détruite par un séisme en 1995.

Koch Robert (né en 1843, mort en 1910)
Médecin allemand. Il découvrit en 1882 le bacille de la tuberculose ou *bacille de Koch*. Il étudia aussi le paludisme, la maladie du sommeil et le choléra. Il obtint le prix Nobel de physiologie en 1905.

Kosovo
Province de Serbie qui fut une province autonome au sein de la Fédération yougoslave, de 1974 à 1990. 10 887 km^2 ; 1 850 000 hab. Sa population se compose d'une majorité d'Albanais et d'une minorité de Serbes. Sa capitale est Pristina.
Histoire Les Albanais proclamèrent la région « unité indépendante » en juillet 1990, alors que les Serbes souhaitaient réduire l'autonomie de la province. En 1992, les Albanais organisèrent clandestinement des élections, se donnèrent un chef d'État et entreprirent de lutter pour obtenir leur indépendance. En 1999, des négociations semblaient sur le point d'aboutir quand le président yougoslave déclencha la « purification ethnique » au Kosovo afin d'en chasser la population albanaise. Ce fut le début d'un exode massif. L'OTAN se livra alors à un bombardement systématique des positions serbes. Des forces de l'OTAN furent ensuite envoyées pour tenter de maintenir la paix entre les deux peuples.

Koutouzov Mikhaïl (né en 1745, mort en 1813)
Maréchal russe. Il participa aux campagnes de Pologne, de Turquie et de Crimée. Chargé de défendre Moscou contre Napoléon Ier, il fut vaincu à Borodino le 7 septembre 1812.
On dit aussi **Kutusof**.

Koweït
2 millions d'habitants
Superficie : 17 818 km^2
Capitale : Koweït
Langue officielle : arabe
Monnaie : le dinar

Émirat d'Arabie, sur la côte nord-ouest du golfe Persique, voisin de l'Irak et de l'Arabie Saoudite. Sa population compte plus d'étrangers que de nationaux. Elle est très fortement urbanisée.
Le Koweït est formé de terres basses, sablonneuses et désertiques. L'exploitation des importants gisements de pétrole et de gaz a suscité à partir de 1946 une formidable industrialisation. Le pays est très riche et le revenu par habitant est l'un des plus élevés du monde.
Histoire À partir de 1914, le Koweït fut placé sous protectorat britannique. L'exploitation du pétrole commença dans les années 1930. Le Koweït prit son indépendance en 1961. En août 1990, l'Irak, criblé de dettes et surarmé, envahit l'émirat : ce fut le déclenchement de la guerre du Golfe. Le pays fut libéré en février 1991, et l'exportation de pétrole reprit dès juillet. La reconstruction du pays s'est achevée en 1994.

le Kremlin
Ancien palais impérial et citadelle de Moscou. Le Kremlin est entouré de murailles et renferme des palais et des églises, dont la cathédrale de l'Assomption, où les tsars étaient couronnés. Le gouvernement russe siège au Kremlin.

Krishna
Huitième incarnation de la divinité indienne Vishnu. Dieu populaire de la mythologie brahmanique.
On écrit aussi **Krichna**.

Kuala Lumpur
Capitale fédérale de la Malaisie et de l'État de Selangor (3 millions d'hab.). Kuala Lumpur est un important centre politique, administratif, commercial et industriel.

Kurdes
Peuple de l'ouest de l'Asie, présent dans le sud-est de la Turquie, le nord de l'Irak, l'ouest de l'Iran et de la Syrie (environ 25 millions de personnes). La majorité des Kurdes a pour religion l'islam sunnite. Au XVIIe siècle, les Kurdes furent soumis à la Turquie. En Irak, ils constituèrent de 1945 à 1946 la république de Marhabad. Ils se rebellèrent à partir de 1961, en Iran, en Irak et en Turquie. En 1991, à la fin de la guerre du Golfe, les Kurdes irakiens ont tenté de se libérer, mais ils ont été écrasés.

Kurdistan

Région située à l'ouest de l'Asie, habitée par les Kurdes. En Iran, la province du Kurdistan (24 998 km^2 ; 1 million d'hab.) a pour chef-lieu Sanandadj.

Kurosawa Akira (né en 1910, mort en 1998)

Cinéaste japonais. Il a obtenu un succès international avec *Rashomon (1950)* et *les Sept Samouraïs (1954)*. Kurosawa a adapté au cinéma des pièces de Shakespeare, ainsi que des romans de Dostoïevski et de Gorki.

KwaZulu-Natal

Province d'Afrique du Sud. 91 481 km^2 ; 8,5 millions d'hab. Le KwaZulu-Natal fut créé en 1994 et correspond à l'ancien Natal. Il est peuplé en majorité de Zoulous. Sa capitale est Ulundi.

Kyoto

Grande ville du Japon, située au sud de l'île de Honshu (1,4 million d'hab.). Kyoto est un grand centre industriel. La ville abrite la Villa impériale de Katsura, ainsi que de nombreux temples et sanctuaires. Kyoto fut la capitale impériale du Japon du VIIIe siècle à 1868, et la principale ville culturelle du pays.

Kyushu

La plus méridionale des grandes îles du Japon. 35 660 km^2 ; 14,3 millions d'hab. Kyushu est une île montagneuse, volcanique, aux côtes découpées. Son agriculture est de type tropical. Le nord de l'île est une région industrielle.

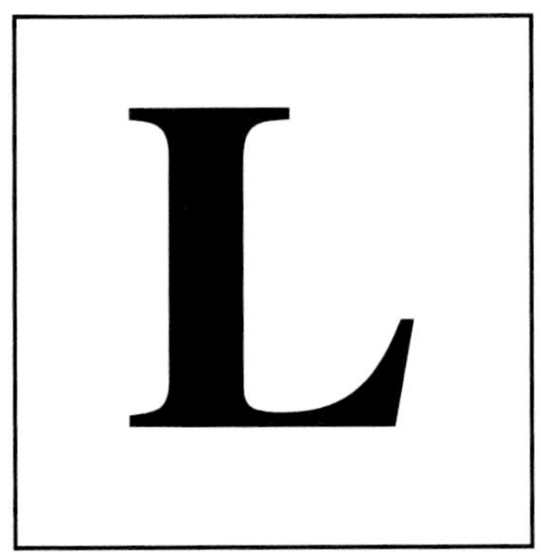

Labrador
Vaste presqu'île de l'est du Canada. Le Labrador est constitué, au nord, par la toundra glacée, au sud, par de grandes forêts de conifères. Il possède les mines de fer les plus importantes du Canada. Son hydroélectricité est abondante, notamment grâce à la centrale située près des chutes Churchill. Le Labrador est rattaché au Québec, à l'exception de sa partie nord-est, rattachée à Terre-Neuve.

La Bruyère Jean de (né en 1645, mort en 1696)
Écrivain français, auteur des *Caractères (1688)* qui constituent un recueil de maximes et de portraits établis d'après ceux du philosophe grec Théophraste. Il fut élu à l'Académie française en 1693.

Laclos Pierre Choderlos de (né en 1741, mort en 1803)
Officier et écrivain français. Son chef-d'œuvre, *les Liaisons dangereuses (1782)*, est un roman épistolaire dans lequel deux amants prennent plaisir à manipuler leur entourage. Le roman suscita à l'époque un grand scandale. Il a inspiré de nombreux cinéastes.

Laconie
Ancienne contrée de la Grèce, au sud-est du Péloponnèse, dont Sparte était la capitale. Aujourd'hui, la Laconie est une division administrative de la Grèce (94 900 hab.). Son chef-lieu est Sparte.

Lacq
Commune des Pyrénées-Atlantiques, dans l'arrondissement de Pau, sur les bords du gave de Pau (658 hab.). Elle est célèbre pour son gisement de gaz, mais il est en voie d'épuisement.

Ladakh
Plateau très élevé de l'Inde, situé dans le Cachemire, au nord de l'Himalaya (150 000 hab.). Le Ladakh est traversé par l'Indus. Ses habitants, les Ladakhi, parlent une langue tibétaine. Le Ladakh abrite de nombreux monastères bouddhiques.

Laennec René (né en 1781, mort en 1826)
Médecin français connu pour ses travaux sur les maladies pulmonaires et hépatiques. Il a publié un important traité médical, *De l'auscultation médiate (1819)*. Il est également l'inventeur du stéthoscope.

madame de **La Fayette** (née en 1634, morte en 1693)
Écrivain français. La comtesse de La Fayette a écrit *la Princesse de Clèves (1678)*, considéré comme le premier roman psychologique moderne. On lui doit également des nouvelles et les *Mémoires de la cour de France 1688-1689*, parus après sa mort.
On écrit aussi **Lafayette**.

marquis de **La Fayette** (né en 1757, mort en 1834)
Officier et homme politique français. Il combattit aux côtés des colons américains durant la guerre d'Indépendance américaine (1777-1779). Il joua également un rôle important au début de la Révolution française. Commandant de la garde nationale, il prêta serment à la Constitution le 14 juillet 1790 et s'exila en 1792. Il fut de nouveau commandant de la Garde nationale lors de la révolution française de 1830.

La Fontaine Jean de (né en 1621, mort en 1695)
Poète français. Il fut d'abord avocat au Parlement puis reprit la charge de maître des Eaux et Forêts qu'occupait son père. Protégé de différentes personnalités, il publia les *Contes et Nouvelles en vers (1665-1674)* et un roman, *les Amours de Psyché et de Cupidon (1669)*. Ses *Fables (1668 à 1694)* parurent en douze livres. Elles sont inspirées de celles d'Ésope et de Phèdre. La Fontaine

y montre une grande maîtrise de la langue française et du vers. Il fut élu à l'Académie française en 1683.

Laforgue Jules (né en 1860, mort en 1887)
Poète symboliste français. Il fut influencé par Baudelaire et Verlaine et utilisa le vers libre. Dans ses recueils *les Complaintes (1885)* et *Derniers Vers (paru après sa mort en 1890)*, il exprime son angoisse et son ennui devant la vie.

Lagerlöf Selma (née en 1858, morte en 1940)
Romancière suédoise, auteur de *la Saga de Gösta Berling (1891)* et des *Liens invisibles (1894)*. Elle reçut le prix Nobel de littérature en 1909.

Lagides
Dynastie qui régna sur l'Égypte de 306 à 30 avant J.-C.

Lagos
Grande ville du Nigeria et port sur le golfe du Bénin (1,1 million d'hab.). Ses industries sont regroupées dans le port d'Apapa. Lagos est l'ancienne capitale du Nigeria.

La Havane voir ***Havane***

La Haye voir ***Haye***

Lahore
Grande ville du Pakistan, elle est le chef-lieu du Pendjab (2,9 millions d'hab.) et le deuxième centre industriel du pays, derrière Karachi. La ville abrite l'université du Pendjab (la plus ancienne du Pakistan, 1882), des monuments de l'époque moghole (mosquée d'Aurangzeb et mosquée des Perles), ainsi que le jardin de l'Amour (Chalimar Bagh).

Lamarck Jean-Baptiste (né en 1744, mort en 1829)
Savant français et spécialiste des sciences naturelles. Jean-Baptiste Pierre de Monet, chevalier de Lamarck, fut professeur de zoologie des invertébrés au Muséum national d'histoire naturelle de 1793 à sa mort. Il est l'auteur d'une théorie sur l'évolution des espèces appelée « le lamarckisme ».

Lamartine Alphonse de (né en 1790, mort en 1869)
Poète romantique et homme politique français. En 1816, Lamartine rencontra Mme Julie Charles qui apparaît sous le nom d'Elvire dans les *Méditations poétiques (1820)*. Le livre connut un succès considérable. L'*Histoire des Girondins (1847)* valut également à Lamartine une grande popularité. Il fut le véritable chef du gouvernement provisoire de 1848 et mit fin à sa carrière politique après son échec à l'élection présidentielle. Ruiné et endetté, il rédigea alors des récits tirés de sa propre vie : *les Confidences (1849)* et *les Nouvelles Confidences (1851)*. Il fut élu à l'Académie française en 1829.

Lancastre
Nom francisé d'une famille anglaise issue de Jean de Gand (1340-1399), quatrième fils d'Édouard III. La maison de Lancastre (en anglais, *Lancaster*) vainquit la maison d'York dans la guerre des Deux-Roses. Ses armes portaient une rose rouge. Les souverains d'Angleterre Henri IV, Henri V et Henri VI furent des Lancastre.

Lancelot du Lac
Personnage légendaire. Fils de Ban de Bénoïc et d'Hélène, souverains de Bretagne armoricaine, Lancelot du Lac est élevé par la fée Viviane. Sa passion pour Guenièvre, épouse du roi Arthur, lui fait accomplir de nombreux exploits qui furent racontés par Chrétien de Troyes dans *Lancelot ou le Chevalier à la charrette (vers 1170)*.

① **Landes**
Vaste région du sud-ouest de la France, sur la côte Atlantique, formée d'une plaine sablonneuse (14 000 km^2). À l'ouest des Landes, une succession de hautes dunes (100 m d'altitude au Pyla) empêche l'écoulement des eaux vers l'Océan et forme de nombreux étangs côtiers. La plantation de pins a fait de cette zone la première forêt d'Europe (1 million d'hectares). L'agriculture, l'élevage et le tourisme se sont développés à côté de la sylviculture.

② **Landes**
Département français (40) de la Région Aquitaine. 9 236 km^2 ; 327 334 hab. ; chef-lieu : Mont-de-Marsan.

Lang Fritz (né en 1890, mort en 1976)
Cinéaste autrichien naturalisé américain. Il tourna en Allemagne des films considérés comme des chefs-d'œuvre : *le Docteur Mabuse (1922)*, *Metropolis (1927)*, *M le Maudit (1931)*. Au moment de l'arrivée au pouvoir d'Hitler, il s'exila aux États-Unis, où il tourna entre autres *l'Ange des Maudits (1951)* et *les Contrebandiers de Moonfleet (1954)*.

Langevin Paul (né en 1872, mort en 1946)
Physicien français. Il mena d'abord des travaux sur le magnétisme. Il mit ensuite au point la technique de la production et de la réception des ultrasons, en vue de la détection des sous-marins, pendant la Première Guerre mondiale. Il fit également connaître la théorie de la relativité inventée par Einstein. Il lutta contre le fascisme.

Languedoc
Région historique du sud de la France, où se parlait la langue d'oc. Les Romains y créèrent la province de Narbonnaise. Le Languedoc se développa sous les comtes de Toulouse (XIIe siècle),

mais la croisade des albigeois (1209-1229) le ruina. Il fut rattaché à la Couronne de France en 1271. Pendant les guerres de Religion, il fut le théâtre d'épisodes sanglants. Au XIXe siècle, la monoculture de la vigne s'est imposée en Languedoc.

Languedoc (canal du) voir *Midi*

Languedoc-Roussillon

Région française et de l'Union européenne. 27 559 km^2 ; 2 295 648 hab. Elle est formée des départements suivants : l'Aude, le Gard, l'Hérault, la Lozère (Languedoc) et les Pyrénées-Orientales (Roussillon). Sa capitale est Montpellier. La Région s'élève à partir de la Méditerranée jusqu'au Massif central et aux Pyrénées. Une grande partie de la population se concentre dans la plaine côtière, en partie marécageuse. Les collines et les plateaux calcaires sont couverts de garrigue et creusés de bassins et de vallées. La Région est viticole. On y cultive également des fruits et légumes, et les fourrages. Le tourisme balnéaire est important. Des industries de pointe se sont installées dans la Région, notamment à Montpellier.

Lannemezan

Plateau situé, en France, au pied des Pyrénées centrales, entre les vallées d'Aspe et du Salat. Le plateau de Lannemezan est traversé par les cours d'eau de la Baïse, du Gers et de la Save.

Lanzhou

Ville de la Chine du Nord-Ouest, située sur les bords du Huanghe, chef-lieu de la province du Gansu (2,3 millions d'hab.). Lanzhou est un grand centre industriel.

Laon

Chef-lieu du département de l'Aisne (26 265 hab). Laon est un marché agricole et possède des industries. La ville abrite la cathédrale Notre-Dame (XIIe-XIIIe siècles) et l'église Saint-Martin (XIIe-XIIIe siècles). Philippe VI de Valois prit possession de la ville en 1332.

Laos

5,3 millions d'habitants
Superficie : 236 800 km^2
Capitale : Vientiane
Langue officielle : lao
Monnaie : le kip

État de l'Asie du Sud-Est, le seul qui n'a pas d'accès à la mer, situé entre la Chine, le Viêtnam, le Cambodge, la Thaïlande et la Birmanie. La religion principale est le bouddhisme.

GÉOGRAPHIE La chaîne d'Annam (altitude maximale 2 820 m au pic Bia) et le plateau central indochinois occupent le nord et le centre du pays. Dans ces régions forestières peu accessibles vivent des minorités ethniques : les Khas, les Méos et les Yaos. Dans la moitié sud du pays, très peuplée, s'étendent les plaines de Vientiane et de Savannakhet, et la vallée du Mékong, où le climat de mousson (saison des pluies allant de mai à septembre) permet la culture du riz.

ÉCONOMIE Le Laos est l'État le plus pauvre d'Asie du Sud-Est. L'hydroélectricité, le bois, le café, le gypse, l'étain et l'industrie textile, en pleine expansion, sont les principales ressources du pays, avec l'opium.

HISTOIRE Le territoire actuel du Laos fit partie de l'Empire khmer jusqu'au XIIIe siècle. Le bouddhisme fut introduit au XIVe siècle. Le Siam reconnut le protectorat de la France sur le Laos, qui entra dans l'Union indochinoise en 1899, puis fut autonome au sein de l'Union française (1949) et devint indépendant en 1954. La monarchie fut abolie en 1975 et le Laos devint la République démocratique populaire du Laos.

Lao-tseu

Philosophe chinois du VIe siècle avant J.-C. Les récits de sa vie sont en grande partie légendaires. Sa doctrine a eu une grande influence en Chine, comme celle de Confucius. Elle est connue sous le nom de taoïsme et résumée dans le *Tao-tö king*.

La Paz voir *Paz*

La Pérouse Jean François de (né en 1741, mort en 1788)

Navigateur français. Jean-François de Galaup, comte de La Pérouse, explora, avec deux navires, *l'Astrolabe* et *la Boussole*, la côte nord-ouest du Canada et de l'Alaska (1785). Il fit naufrage sur la route du retour, au large de l'île de Vanikoro, et fut vraisemblablement tué par des indigènes de l'île. Le détroit entre les îles Hokkaido et Sakhaline porte son nom.

Laplace Pierre Simon (né en 1749, mort en 1827)

Mathématicien, physicien et astronome, l'un des plus grands savants français. Pierre Simon, marquis de Laplace, est aussi l'auteur d'un *Traité de mécanique céleste (1798-1825)*, où il a développé les théories de Newton sur la gravitation universelle. Dans son *Exposition du système du monde (1796)*, il a énoncé l'hypothèse selon laquelle le système solaire serait né d'une « nébuleuse primitive ». Il a aussi fait d'importants travaux en calculs de probabilités et en physique. Il a été élu à l'Académie française en 1816.

Laponie

Région d'Europe, située près de l'océan Glacial arctique. Habitée par les Lapons, elle est partagée entre la Norvège, la Suède, la Finlande et la Russie. L'Ouest est montagneux et couvert de glace ; l'Est renferme de nombreux marécages et des lacs.

La Rochefoucauld François de (né en 1613, mort en 1680)
Écrivain français. Le duc de La Rochefoucauld complota contre Richelieu, puis soutint la Fronde des princes en 1648 et finit par se rallier au roi en 1653. Une fois retiré sur ses terres, il rédigea ses *Mémoires (1662)* et les *Réflexions ou Sentences et Maximes morales (1664)*.

Larzac
Haut et vaste plateau calcaire du sud du Massif central. La causse du Larzac abrite un camp militaire. Le projet d'étendre le camp suscita des protestations entre 1971 et 1981.

La Salle voir ***Cavelier de La Salle***

Las Cases Emmanuel de (né en 1766, mort en 1842)
Écrivain français. Il fut Chambellan de Napoléon Ier et l'accompagna en exil à Sainte-Hélène. Il en fut éloigné en novembre 1816. Dans le *Mémorial de Sainte-Hélène (1823)*, il a relaté ses entretiens avec l'Empereur.

Lascaux
Grotte préhistorique située en Dordogne, près de Montignac-sur-Vézère. Elle fut découverte en 1940. Ses parois, ornées de très nombreuses peintures et gravures, datent de 13 000 environ avant J.-C. Visitée par de nombreux touristes, elle se dégradait. Elle fut fermée en 1963 et restaurée. À proximité, une reconstitution de la grotte en grandeur nature, Lascaux II, est ouverte au public.

Latium
Région d'Italie et de l'Union européenne, sur la mer Tyrrhénienne. 17 203 km^2 ; 5,1 millions d'hab. Sa capitale est Rome. Constitué de collines (monts Sabins) et de plaines (plaine du Tibre, marais Pontins), le Latium est une riche Région agricole et industrielle. Une grande partie de ses industries est concentrée dans la banlieue de Rome.
Histoire Dans l'antiquité, le Latium occupait un territoire plus limité. Il fut habité par les Latins dès le IIe millénaire avant J.-C. et fut conquis par Rome en 338-335 avant J.-C.

La Tour Georges de (né vers 1593, mort en 1652)
Peintre français. Il fut influencé par le peintre italien le Caravage. Son œuvre est marquée par le soin attentif qu'il porte au jeu de l'ombre et de la lumière. La Tour a peint beaucoup de sujets religieux, dans des scènes de nuit comme *l'Adoration des bergers (vers 1644-1645)* et *Saint-Sébastien soigné par Irène (vers 1649)*. Il a réalisé également des tableaux diurnes comme *le Tricheur à l'as de carreau (vers 1635)*.

La Tour Quentin de (né en 1704, mort en 1788)
Peintre et dessinateur français. Maurice Quentin de La Tour est connu pour ses portraits et excella dans la technique du pastel. *Madame de Pompadour (1755)*, conservée au musée du Louvre, est un de ses tableaux les plus célèbres.

de **Lattre de Tassigny** Jean-Marie Gabriel (né en 1889, mort en 1952)
Maréchal de France. Le général de Lattre de Tassigny s'illustra pendant la Seconde Guerre mondiale en tant que résistant. Il organisa le débarquement du 16 août 1944 à Saint-Tropez et se rendit à Berlin pour représenter la France à la signature de la capitulation allemande.

Lausanne
Ville de Suisse, située sur la rive nord du lac Léman, chef-lieu du canton de Vaud (125 620 hab.). Lausanne est une ville résidentielle et un centre d'affaires. Sa cathédrale (XIIIe siècle) est l'une des plus belles du pays.
Histoire Le *traité de Lausanne*, signé le 24 juillet 1923 par les Alliés et par la Turquie, rendit à celle-ci la Thrace, Smyrne et Andrinople.

Lautréamont Isidore Ducasse de (né en 1846, mort en 1870)
Écrivain français. Le comte de Lautréamont est connu surtout pour ses *Chants de Maldoror (1869)*. L'œuvre a eu une grande influence sur les surréalistes. Il a publié également des *Poésies (1870)*.

Laval
Chef-lieu du département de la Mayenne, qui est situé sur les bords de la Mayenne (50 947 hab.). La ville de Laval est spécialisée notamment dans l'industrie agroalimentaire.

Laval Pierre (né en 1883, mort en 1945)
Homme politique français. Président du Conseil de 1931 à 1932 et de juin 1935 à janvier 1936, il chercha à rapprocher la France de l'Italie fasciste. En 1940, il se prononça en faveur de la collaboration avec l'Allemagne et fut à la tête du gouvernement de l'État français de 1942 à 1944. Arrêté par les Américains en mai 1945, il fut livré à la France et condamné à mort.

Lavoisier Antoine Laurent de (né en 1743, mort en 1794)
Chimiste français, créateur de la chimie moderne. Lavoisier découvrit la nature et le rôle de l'oxygène, notamment dans la respiration, et établit la composition chimique de l'eau. Il fut guillotiné pendant la Révolution.

Law John (né en 1671, mort en 1729)
Financier écossais. Lorsqu'il était contrôleur général des Finances en France, il créa à Paris une banque autorisée à émettre des billets (1716). La banque fit faillite en décembre 1720. John Law s'enfuit et mourut dans la misère.

Lawrence d'Arabie (né en 1888, mort en 1935)
Aventurier, officier et écrivain anglais. Agent des services secrets britanniques, Thomas Edward Lawrence, dit Lawrence d'Arabie, contribua au soulèvement des Arabes contre les Turcs pendant la Première Guerre mondiale. Il a raconté ses aventures dans *les Sept Piliers de la sagesse (1926)*. David Lean en a tiré un film, *Lawrence d'Arabie*.

saint **Lazare**
Dans la Bible, frère de Marthe et de Marie, ressuscité à Béthanie par Jésus. La légende a fait de lui le premier évêque de Marseille.

Lebrun Albert (né en 1871, mort en 1950)
Homme politique français. Élu président de la République en 1932, réélu en 1939, il se retira le 13 juillet 1940, après l'arrivée au pouvoir du maréchal Pétain.

Leclerc (né en 1902, mort en 1947)
Maréchal de France (titre qui lui fut décerné en 1952).
Philippe Marie de Hauteclocque, dit Leclerc, fut, pendant la Seconde Guerre mondiale, l'un des premiers officiers français à rejoindre le général de Gaulle. Il se distingua dans les combats en Afrique. Il participa au débarquement en Normandie en 1944 et libéra Paris et Strasbourg. Après la guerre, il fut commandant en chef en Indochine puis inspecteur des forces françaises en Afrique. Il périt dans un accident d'avion.

Leconte de Lisle Charles Marie (né en 1818, mort en 1894)
Poète français. Leconte-de-Lisle fut le chef de file de l'école du Parnasse, un mouvement littéraire de la seconde moitié du XIXe siècle. Il est notamment l'auteur des *Poèmes antiques (1852)*, des *Poèmes barbares (1862)* et des *Poèmes tragiques (1884)*. Il fut élu à l'Académie française en 1886.

Le Corbusier (né en 1887, mort en 1965)
Architecte, urbaniste et peintre français d'origine suisse. Charles Édouard Jeanneret, dit Le Corbusier, a eu une très grande influence sur l'architecture moderne. Parmi ses réalisations figurent la villa Savoye, à Poissy (1929) et la chapelle Notre-Dame-du-Haut à Ronchamp (1950-1955). Il a donné sa conception de l'habitat dans des écrits théoriques.

Léda
Déesse de la mythologie grecque. Elle fut séduite par Zeus, métamorphosé en cygne, et puis donna naissance aux jumeaux Pollux et Hélène. Elle est également la mère des jumeaux Castor et Clytemnestre.

Léger Fernand (né en 1881, mort en 1955)
Peintre français. Son style est caractérisé notamment par un dessin géométrique et des couleurs vives. Le monde de la mécanique et des machines l'ont beaucoup inspiré. Léger a aussi conçu des mosaïques, des vitraux et des céramiques. La commune de Biot (Alpes-Maritimes) abrite le musée Fernand-Léger.

Légion d'honneur
Premier ordre national français, créé en 1802 par Bonaparte. Elle est donnée en récompense de services rendus à la nation. L'ordre de la Légion d'honneur comprend trois grades (chevalier, officier et commandeur) et deux dignités (grand officier et grand-croix). Le chef de l'État est le grand maître de l'ordre de la Légion d'honneur, que dirige un grand chancelier.

Leibniz Gottfried Wilhelm (né en 1646, mort en 1716)
Philosophe et mathématicien allemand. Leibniz a médité sur la notion d'infini et découvert le calcul différentiel et intégral en même temps que Newton. Il a exposé sa philosophie dans des livres comme *Nouveaux Essais sur l'entendement humain (1704)* et *Monadologie (1714)*. Voltaire a cherché à ridiculiser ses idées dans *Candide*.

Leipzig
Ville de l'est de l'Allemagne (607 660 hab.). Leipzig est célèbre pour ses foires depuis le Moyen Âge. Son activité industrielle repose notamment sur l'édition. Leipzig est également une ville touristique et culturelle. Son université fut fondée en 1409.
HISTOIRE Au cours de la bataille de Leipzig (du 16 au 19 octobre 1813), Napoléon fut vaincu par les Prussiens alliés à l'Autriche, la Russie et la Suède.

lac **Léman**
Lac franco-suisse (582 km^2), long de 72 km, situé à 370 m d'altitude entre le Jura et les Alpes du Chablais. Il est traversé par le Rhône, qui en sort à Genève. Le lac Léman est un haut lieu du tourisme et une station climatique.

Le Nain
Nom de trois frères peintres prénommés Antoine (né vers 1600, mort en 1648), Louis (né vers 1600, mort en 1648) et Mathieu (né vers 1610, mort en 1677). Ils travaillèrent en étroite collaboration. Après leur arrivée à Paris en 1629, ils connurent rapidement le succès avec des tableaux représentant des scènes religieuses et mythologiques, des portraits collectifs de courti-

A B C D E F G H I J K L M N O P Q R S T U V W X Y Z

sans ou de bourgeois et des scènes paysannes. Ils signaient leurs tableaux de leur simple nom de famille.

Lénine (né en 1870, mort en 1924)
Révolutionnaire russe, fondateur de l'État soviétique. Vladimir Ilitch Oulianov, dit Lénine, prépara la révolution russe de 1917 en exil à Genève et à Paris en créant un parti fort et centralisé. À son retour en Russie, il mena l'insurrection d'Octobre 1917 et présida le nouveau gouvernement bolchévique. Lénine établit la « dictature du prolétariat », créa la IIIe Internationale communiste et se mit en guerre contre ceux qui défendaient l'ancien régime. Le pays était ruiné. Lénine lança alors la « nouvelle politique économique » (NEP). Malade, il mit fin à sa carrière politique en 1923.

Leningrad voir ***Saint-Pétersbourg***

Le Nôtre André (né en 1613, mort en 1700)
Architecte et paysagiste français, jardinier du roi, inventeur du « jardin à la française ». Il a conçu les parcs des châteaux de Vaux-le-Vicomte, Versailles, Chantilly et Sceaux.

Léonard de Vinci (né en 1452, mort en 1519)
Peintre, architecte, sculpteur, ingénieur et savant italien. Il étudia l'anatomie, la botanique, l'optique, la géologie, la mécanique, etc. Il entra, en 1469, dans l'atelier de l'artiste italien Verrocchio. Il aurait peint *l'Annonciation* à cette époque. En 1482, il s'installa à Milan, à la cour de Ludovic le More, où il dressa les plans de canaux et d'installations hydrauliques. Dans cette ville, il peignit la première version de *la Vierge aux rochers (vers 1483)* et *la Cène (1495-1497)*. Il séjourna ensuite à Mantoue, à Venise, à Rome et à Florence, où il peignit *la Joconde (vers 1503-1506)*, conservée au musée du Louvre. On pense qu'il s'agit du portrait de Mona Lisa. De retour à Milan, il peignit *la Vierge, l'Enfant Jésus et sainte Anne (vers 1509)*. Appelé en France par François Ier en 1515, il s'installa à Cloux, où il mourut. Il a laissé de nombreux manuscrits.

Léonidas Ier
Roi de Sparte de 490 à 480 avant J.-C. Léonidas Ier mourut héroïquement en défendant le défilé de Thermopyles, avec 300 guerriers, contre l'armée perse de Xerxès.

Léopold Ier (né en 1790, mort en 1865)
Prince de Saxe-Cobourg, premier roi des Belges, élu en 1831. Il épousa Louise-Marie d'Orléans, fille de Louis-Philippe.

Léopold II (né en 1835, mort en 1909)
Roi des Belges de 1865 à 1909 et fils de Léopold Ier. Dans les années 1870, il se lança dans des conquêtes en Afrique centrale. Propriétaire de l'État libre du Congo, il céda celui-ci à la Belgique en 1908.

Lépine Louis (né en 1846, mort en 1933)
Administrateur français. Préfet de police de Paris, il créa en 1902 le concours Lépine qui récompense chaque année des inventeurs.

Lépine Pierre (né en 1901, mort en 1989)
Médecin français. Il inventa, à l'Institut Pasteur, le vaccin français contre la poliomyélite.

Lesage Alain-René (né en 1668, mort en 1747)
Écrivain français. Il est l'auteur des comédies *Crispin rival de son maître (1707)* et *Turcaret (1709)*, une satire des milieux financiers. Il a écrit également des romans comme *le Diable boiteux (1707)* et *Gil Blas de Santillane (1715-1735)*.

Lesotho

2,1 millions d'habitants
Superficie : 30 360 km²
Capitale : Maseru
Langues officielles : anglais, sotho
Monnaie : le loti

État de l'Afrique australe, enclavé dans la république d'Afrique du Sud. Le royaume du Lesotho est membre du Commonwealth. Les Sothos représentent 99 % de la population. Les principales religions sont le christianisme (90 %) et l'islam.

Géographie Plateau volcanique découpé par le fleuve Orange et ses affluents, le Lesotho connaît un climat tropical favorable à la prairie.

Économie Ses ressources proviennent surtout de l'élevage et des hommes qui travaillent dans les mines sud-africaines. Un projet hydroélectrique assurera la maîtrise des eaux du fleuve Orange d'ici 2020. L'industrie est limitée au textile, au cuir et à l'alimentaire. Dépendant de l'Afrique du Sud, le Lesotho fait partie des pays pauvres, mais il s'est développé ces dernières années.

Histoire Les Sothos se regroupèrent sur le territoire actuel après les guerres zouloues du début du XIXe siècle. Le pays devint un protectorat britannique en 1868 et accéda à l'indépendance en 1966. Le Lesotho vit aujourd'hui sous un régime de monarchie.

Lesseps Ferdinand de (né en 1805, mort en 1894)
Diplomate et administrateur français. Consul en Égypte, Ferdinand Marie, vicomte de Lesseps, se lia avec le prince héritier Sa'id. Une fois roi, ce dernier lui permit de percer le canal de Suez, inauguré en 1869. Son projet de construire un autre canal au Panamá (1876-1889) aboutit à une faillite qui provoqua un énorme scandale.

Lettonie

2,4 millions d'habitants
Superficie : 64 490 km²
Capitale : Riga
Langue officielle : letton
Monnaie : le lats

État d'Europe sur le bord de la Baltique. La population de la république de Lettonie est composée de Lettons (54,4 %), de Russes (31,6 %), de Biélorusses et d'Ukrainiens. La principale religion est le christianisme.

Géographie La Lettonie est une vaste plaine au climat océanique, rigoureux en hiver. Le pays est boisé et agricole.

Économie On y cultive le lin, la pomme de terre, les céréales et on y pratique l'élevage. De ses forêts, la Lettonie tire du bois et du papier. Aux industries textile et alimentaire s'ajoutent les industries mécaniques du port de Riga et la pêche.

Histoire La Lettonie fut annexée à la Russie en 1795 et fut cédée à l'Allemagne par le régime soviétique en mars 1918. Elle proclama son indépendance à la fin de la guerre et forma l'Entente baltique avec la Lituanie et l'Estonie. Envahie par l'Armée rouge en juin 1940, elle fut annexée par l'URSS, occupée par les Allemands et reconquise par les Soviétiques. Elle proclama son indépendance en 1991 et adhéra à la Communauté des États indépendants.

Le Vau Louis (né en 1612, mort en 1670)

Architecte français. Il a réalisé l'hôtel Lambert (1640) à Paris, une des façades du Louvre, aujourd'hui disparue, et le château de Vaux-le-Vicomte (1655-1661). À Versailles, il a réalisé la première Orangerie (1667) et la façade du château donnant sur le jardin.

Le Verrier Urbain (né en 1811, mort en 1877)

Astronome français. Il découvrit l'existence de Neptune par le seul calcul. Très peu de temps après, en 1846, l'Allemand Galle confirma sa découverte en observant la planète. Le Verrier dirigea l'Observatoire de Paris de 1854 à 1870.

Lévi-Strauss Claude (né en 1908)

Anthropologue français. Ses études sur les sociétés traditionnelles et leurs mythes ont eu une grande influence sur l'anthropologie moderne. Dans *Tristes Tropiques (1955)*, il a raconté la naissance de sa vocation et ses premières expéditions chez les Indiens du Brésil. Il a écrit des livres importants, comme *les Structures élémentaires de la parenté (1949)*, *la Pensée sauvage (1962)* et les *Mythologiques (1964-1985)*. Il a été élu à l'Académie française en 1973.

Lhasa

Capitale et ville sainte du Tibet, à 3 630 m d'altitude (343 240 hab.). Lhasa abrita la résidence du dalaï-lama jusqu'en 1959. La ville possède de nombreux monastères.
On écrit aussi **Lhassa** ou **Lasa**.

de L'Hospital Michel (né en 1505, mort en 1573)

Magistrat et homme politique français. Il fut nommé chancelier de France en 1560 et se montra tolérant à l'égard des protestants. Il réforma l'administration et la justice.

Liban

4,2 millions d'habitants
Superficie : 10 400 km²
Capitale : Beyrouth
Langue officielle : arabe
Monnaie : la livre libanaise

État d'Asie occidentale, limité au nord et à l'est par la Syrie, au sud par Israël, et bordé à l'ouest par la Méditerranée. Les religions principales sont l'islam (70 %) et le christianisme (30 %). La population compte 12 % de Palestiniens.

Géographie Le pays compte quatre régions : la plaine côtière (Sahel), peuplée et urbanisée, la chaîne du Liban, qui culmine à 3 083 m, la haute plaine de la Bekaa et la chaîne de l'Anti-Liban, qui culmine à 2 659 m. Le climat, méditerranéen sur la côte, est de plus en plus aride dans l'intérieur.

Économie Sur la côte, ce sont surtout les agrumes qui sont cultivés. Sur les pentes en terrasses des montagnes poussent la vigne, les arbres fruitiers et des forêts de pins. La Bekaa se consacre aux cultures irriguées. Les forêts de cèdres du Liban ont été surexploitées.

Histoire Sous contrôle français à partir de 1864, le Liban obtint son indépendance en 1943. En 1970, l'Organisation de libération de la Palestine (OLP), chassée de Jordanie, s'installa au Liban. À partir de 1975, une guerre civile opposa différentes tendances politiques et religieuses du pays. Le Liban fut occupé par la Syrie en 1976. En 1978, Israël envahit le sud du Liban pour détruire les bases palestiniennes et se retira en partie du pays en 1985. Un gouvernement d'union nationale fut créé, soutenu par la Syrie. Après de nouveaux combats, le calme revint en 1990 dans le pays dévasté. En 2000, l'armée israélienne s'est retirée du Sud-Liban.

Libération

Période de la Seconde Guerre mondiale (1943-1945) durant laquelle les forces alliées et les mouvements de résistance libérèrent les pays d'Europe occupés par les troupes allemandes. En France, le débarquement des Alliés en Normandie, le 6 juin 1944, fut suivi du débarquement en Provence, le 15 août 1944. Paris, en insurrection

A B C D E F G H I J K L M N O P Q R S T U V W X Y Z

depuis le 19 août, fut libéré par la division Leclerc le 25 août 1944. Les 21, 22, 23 novembre, ce fut au tour de Mulhouse, Metz et Strasbourg.

Liberia

3 millions d'habitants
Superficie : 111 370 km^2
Capitale : Monrovia
Langue officielle : anglais
Monnaie : le dollar libérien

État d'Afrique occidentale situé au bord de l'Atlantique. Les religions traditionnelles sont majoritaires, devant le christianisme et l'islam. Les Kpélés constituent l'ethnie principale du pays, qui en compte une vingtaine.

Géographie Le Liberia est formé par un plateau ondulé de roches anciennes (1 752 mètres, dans les monts Nimba), qui descend jusqu'à la côte Atlantique. La forêt dense couvre le pays, à cause du climat subéquatorial très humide.

Économie Le Liberia tire ses ressources de ses plantations tropicales (caoutchouc, café, cacao), du bois et de ses produits miniers (fer et diamants). Il possède une flotte marchande très importante. La situation économique est devenue catastrophique à cause de la guerre civile.

Histoire La République du Liberia, fondée en 1822 par une société américaine de colonisation pour y installer des esclaves noirs libérés, accéda à l'indépendance en 1847. Le pays subit une dictature sanguinaire de 1980 à 1989, puis connut la guerre civile. Des élections démocratiques eurent lieu en 1997.

Libreville

Capitale du Gabon (400 000 hab.). Libreville est un port sur l'estuaire du Gabon. La ville traite et exporte les bois tropicaux.

Libye

5,7 millions d'habitants
Superficie : 1 759 540 km^2
Capitale : Tripoli
Langue officielle : arabe
Monnaie : le dinar libyen

État d'Afrique du Nord, bordé au nord par la Méditerranée et limité au nord-ouest par la Tunisie, à l'ouest par l'Algérie, au sud par le Niger et le Tchad, à l'est par l'Égypte et le Soudan. La religion officielle de la République arabe libyenne est l'islam sunnite.

Géographie La Libye est constituée de trois régions : la Cyrénaïque, la Tripolitaine et le Fezzan. La côte étroite, au climat méditerranéen, regroupe la population et les cultures (oliviers, céréales). Le reste du territoire appartient au désert du Sahara, peuplé seulement dans les oasis du Fezzan (dattes, légumes).

Économie Les richesses provenant des gisements de pétrole du golfe de Syrte, découverts en 1959, ont permis de développer l'agriculture et l'industrie du pays, tournée vers la pétrochimie. Une « Grande Rivière artificielle » a été créée en 1991 pour fertiliser le nord du pays.

Histoire La Libye fut conquise par les Turcs au XVIe siècle et par les Italiens en 1912. Durant la Seconde Guerre mondiale, des combats y opposèrent les Allemands et leurs alliés aux Français et aux Britanniques. La Libye obtint son indépendance en 1951. Un coup d'État militaire porta Mu'ammar Al Kadhafi au pouvoir en 1969. Après l'intervention de la Libye au Tchad, les États-Unis décidèrent le boycott économique du pays, qu'ils bombardèrent en 1986. L'ONU décida également un embargo aérien et militaire, qui a été levé en 1999.

Liechtenstein

28 000 habitants
Superficie : 157 km^2
Capitale : Vaduz
Langue officielle : allemand
Monnaie : le franc suisse

Principauté de l'Europe centrale, située entre la Suisse et l'Autriche. Sa principale religion est le catholicisme. Le Liechtenstein compte 35 % d'étrangers (majoritairement des Suisses).

Géographie Formé des Alpes rhétiques et de la rive droite alluviale du Rhin, le Liechtenstein a un climat montagnard humide, favorable aux herbages et à l'élevage laitier.

Économie Paradis fiscal, le pays a attiré des sociétés étrangères qui en ont fait un centre industriel, financier et commercial important. Grâce à ces ressources et au tourisme, les habitants possèdent l'un des revenus les plus élevés de la planète.

Histoire Formé de la réunion des seigneuries de Vaduz et de Schellenberg (1699), le Liechtenstein devint une principauté en 1719. Napoléon le fit entrer dans la Confédération du Rhin en 1806. Rattaché à la Confédération germanique, il fut réuni à l'Autriche par une union douanière, puis signa avec la Suisse des accords monétaires, douaniers (1921-1924). François-Joseph II, prince régnant, a transmis en 1984 ses pouvoirs à son fils Hans-Adam II.

① Liège

Province de l'est de la Belgique. 3 874 km^2 ; 992 000 hab. Son chef-lieu est la ville de Liège. Ses industries se concentrent dans la vallée de la Meuse et celles de ses affluents. Sur les plateaux, on cultive des céréales et on pratique l'élevage.

② Liège

Grande ville de Belgique (196 000 hab.), située sur la Meuse, à l'extrémité du canal Albert qui relie la ville à Anvers. C'est un grand grand port

fluvial et un des grands centres industriels européens. La ville abrite notamment le palais des princes-évêques (XVIe siècle) et la cathédrale gothique Saint-Paul (Xe et XIIIe-XVe siècles).
HISTOIRE Elle fut dans le passé une grande ville industrielle et commerçante. Sa population se révolta contre le prince-évêque en 1408 et en 1467-1468. Charles le Téméraire réduisit la ville en cendres. En 1492, l'empereur d'Autriche reconnut son indépendance, qui dura jusqu'en 1792. Elle a été le lieu de violents combats en 1914 et en 1940.

la Sainte **Ligue**
Confédération de catholiques français organisée par Henri de Guise en 1576 contre les protestants, mais aussi contre Henri III. Après l'assassinat d'Henri de Guise puis d'Henri III, la Sainte Ligue lutta contre Henri IV, qui vainquit son chef, Mayenne, à Arques et à Ivry, en 1590. Henri IV se convertit finalement au catholicisme en 1593. Mayenne et Henri IV signèrent un accord qui mit fin aux guerres de Religion.

Ligurie
Région du nord de l'Italie et de l'Union européenne, sur le golfe de Gênes. 5 416 km^2 ; 1,8 million d'hab. Elle est formée des provinces de Gênes, Imperia, Savone et La Spezia. Sa capitale est la ville de Gênes. La Ligurie comprend les montagnes de l'Apennin ligure et une étroite plaine côtière où se groupe la population. On y pratique la culture des fleurs (roses, œillets). Ses industries se regroupent autour des grands ports de Gênes et de La Spezia. Le tourisme est important sur la côte, appelée « la Riviera ».

Lille
Chef-lieu du département du Nord et de la Région Nord-Pas-de-Calais, situé sur les bords de la Deûle (184 657 hab.). Lille est un grand centre industriel et culturel, et possède un aéroport. Elle est au centre d'une riche région agricole et industrielle. Elle possède une église du XIVe siècle, une ancienne Bourse (XVIIe siècle) et abrite un musée des Beaux-Arts. Sa citadelle fut construite par Vauban.
HISTOIRE Lille fut prise en 1667 par Louis XIV. En 1708, les Hollandais s'en emparèrent, mais le traité d'Utrecht rendit la ville à la France en 1713.

Lima
Capitale du Pérou, qui est située sur un plateau, au centre-est du pays (7,2 millions d'hab. dans l'agglomération). Lima est le plus grand centre administratif, commercial, industriel et culturel du Pérou. Son port sur le Pacifique, Callao, est situé à 14 km de la ville. Sa cathédrale abrite le tombeau de Pizarro, qui fonda la ville en 1535. Lima conserve également des églises de style colonial baroque et abrite plusieurs musées.

Limbourg
Province du nord-est de la Belgique. 2 422 km^2 ; 737 000 hab. Son chef-lieu est Hasselt. Le sud de la province est une région agricole. Au nord, le plateau de la Campine est une région industrielle et d'élevage.

Limoges
Chef-lieu du département de la Haute-Vienne et de la Région Limousin (133 968 hab.). La ville est mondialement connue pour ses porcelaines depuis le XVIIIe siècle. On y pratique l'émaillerie d'art depuis le XIe siècle. Elle possède la cathédrale Saint-Étienne (XIIIe-XIVe siècles) et deux ponts du XIIIe siècle. Le musée Adrien-Dubouché expose des céramiques.

Limousin
Région française et de l'Union européenne. 16 932 km^2 ; 710 939 hab. Elle est formée des départements de la Corrèze, de la Creuse et de la Haute-Vienne. Sa capitale est Limoges. Le Limousin connaît, au nord-ouest du Massif central, un climat océanique aux hivers rudes en altitude. La Région est spécialisée dans l'élevage. L'industrie utilise les ressources locales, qui sont le kaolin pour la porcelaine, le bois pour la papeterie et le meuble, le cuir pour la chaussure et la ganterie. On y traite l'uranium.

Lincoln Abraham (né en 1809, mort en 1865)
Homme politique américain. Fils de pionniers, avocat, Abraham Lincoln fut élu président des États-Unis en 1860, ce qui donna le signal de la sécession des États du Sud, puis de la guerre (1861). Il fit voter l'abolition de l'esclavage en 1863. Réélu en 1864, il fut assassiné par un sudiste, l'acteur Booth, juste après la victoire nordiste, en avril 1865.

Lindbergh Charles (né en 1902, mort en 1974)
Aviateur américain. En 1927, il réussit la première traversée de l'Atlantique d'ouest en est, entre New York et Paris, sur un avion monoplan, le *Spirit of Saint Louis*.

Linné Carl von (né en 1707, mort en 1778)
Médecin et botaniste suédois. Il est le créateur de la méthode qui consiste à désigner tout espèce vivante par ses deux noms latins. Cette nomenclature fut adoptée dans le monde entier. En 1735, sa classification des plantes reposant sur leur sexualité fit scandale et fut abandonnée.

Lisbonne
Capitale du Portugal, située sur l'estuaire du Tage (680 000 hab.). Son port fut l'un des plus importants du monde par ses relations avec l'Amérique du Sud et avec l'Afrique dès le XVIe siècle. Lisbonne est le principal centre industriel du pays. Le tremblement de terre de 1755 dévasta la ville

A B C D E F G H I J K L M N O P Q R S T U V W X Y Z

basse et détruisit la cathédrale romane (XIIe siècle), qui fut reconstruite. La ville a organisé, en 1998, la dernière Exposition universelle du millénaire.

Liszt Franz (né en 1811, mort en 1886)
Compositeur, pianiste et chef d'orchestre hongrois. Il fut un pianiste virtuose et donna des concerts dans toute l'Europe. Il est célèbre notamment pour ses deux *Concertos pour piano (1849)* et ses *Rhapsodies hongroises (1846-1885)*. Sa fille épousa le compositeur Richard Wagner.

Littré Émile (né en 1801, mort en 1881)
Médecin, philosophe et auteur du *Dictionnaire de la langue française (1863-1873)*, dit couramment *le Littré*, que la Librairie Hachette édita. Il fut élu à l'Académie française en 1871.

Lituanie

3,7 millions d'habitants
Superficie : 65 300 km²
Capitale : Vilnius
Langue officielle : lituanien
Monnaie : le litas

État d'Europe, entre la Pologne et la Russie au sud, la Biélorussie à l'est, la Lettonie au nord, baigné à l'ouest par la mer Baltique. La population de la république de Lituanie est composée de Lituaniens (80,2 %), de Russes (8,5 %) et de Polonais (7,5 %). La religion principale est le catholicisme.

Géographie La Lituanie est une vaste plaine, avec des collines à l'ouest, et un pays boisé. Elle compte près de 3 000 lacs.

Économie Les cultures des céréales, des pommes de terre et du lin sont importantes. Le pays tire également ses richesses de la pêche, de l'élevage et de ses industries mécanique et textile. Il a subi les effets de la crise russe de 1998 et connaît un chômage important.

Histoire Au XIIIe siècle, le roi Mindaugas unit les princes lituaniens. En 1569, la Lituanie s'unit à la Pologne puis fut annexée par la Russie. Occupée par les Allemands de 1915 à 1918, elle proclama son indépendance en 1918. Elle forma ensuite l'Entente baltique avec l'Estonie et la Lettonie. Envahie par l'armée soviétique en juin 1940 et occupée par l'Allemagne en 1941, elle devint une république de l'URSS en 1944. En 1991, l'URSS reconnut son indépendance.
On écrit aussi **Lithuanie**.

Liverpool
Grande ville et port du nord-ouest de l'Angleterre (448 300 hab.). Liverpool est un grand centre administratif. Elle fut au XIXe siècle un puissant centre industriel.

Livingstone David (né en 1813, mort en 1873)
Missionnaire et explorateur écossais. En 1853, il remonta le Zambèze, qu'il avait découvert deux ans auparavant, et atteignit les chutes Victoria (1855). Il condamna la traite des Noirs. En 1871, il fut rejoint par l'équipe de l'explorateur Stanley au bord du lac Tanganyika.

Ljubljana
Capitale de la Slovénie (255 000 hab.). Ljubljana est un centre industriel. La ville possède un patrimoine architectural intéressant, avec son église du XVIIe siècle, sa cathédrale et son hôtel de ville du XVIIIe siècle.

Locuste (morte en 68 après J.-C.)
Romaine, complice d'Agrippine dans le meurtre de Claude, et de Néron dans le meurtre de Britannicus. Elle fut mise à mort sur l'ordre de l'empereur Galba.

Lodz
Grande ville du centre de la Pologne (849 260 hab.). Deuxième ville du pays pour le nombre d'habitants, Lodz est un grand centre industriel. La ville fut le lieu de combats entre Russes et Allemands en 1914.

① **Loire**
Le plus long fleuve de France (1 012 km). La Loire prend sa source dans le Massif central, au mont Gerbier-de-Jonc (1 551 m), et se jette dans l'Atlantique. Elle reçoit les eaux de l'Allier puis du Cher, de l'Indre, de la Vienne et de la Maine. Dans le Massif armoricain, sa vallée se resserre puis s'élargit en un long estuaire après Nantes. Le bassin de la Loire couvre 120 000 km².

② **Loire**
Département français (42), situé dans la Région Rhône-Alpes. 4 774 km² ; 728 524 hab. ; chef-lieu : Saint-Étienne.

Loire (Haute-) voir ***Haute-Loire***

pays de la **Loire**
Région française et de l'Union européenne. 32 126 km² ; 3 222 061 hab. Elle est formée par les départements de la Loire-Atlantique, du Maine-et-Loire, de la Mayenne, de la Sarthe et de la Vendée. Sa capitale est Nantes. À cheval sur le Massif armoricain, le Bassin aquitain et le Bassin parisien, elle possède un climat océanique doux, favorable au bocage et à l'herbe.

Économie La Région est agricole. Ses industries traditionnelles, liées aux ports, se sont restructurées. Le tourisme y est important. Elle est devenue, dans les années 1990, l'une des Régions les plus riches de France.

Loire-Atlantique
Département français (44), situé dans la Région Pays de la Loire. 6 893 km² ; 1,1 million d'hab. ; chef-lieu : Nantes.

Loiret
Département français (45), situé dans la Région Centre. 6 742 km^2 ; 618 126 hab. ; chef-lieu : Orléans.

Loir-et-Cher
Département français (41), situé dans la Région Centre. 6 314 km^2 ; 314 968 hab. ; chef-lieu : Blois.

Lombardie
Région d'Italie et de l'Union européenne, sur le versant sud des Alpes et la plaine du Pô. 23 856 km^2 ; 8,9 millions d'hab. Sa capitale est Milan. Au nord, au pied des montagnes alpines, se sont formés des grands lacs (Iseo, Côme, Majeur, Garde, Lugano). L'hydroélectricité y est importante, ainsi que l'agriculture et le tourisme. Dans la plaine du Pô, on pratique la polyculture. L'industrie lombarde est puissante et diversifiée, et se concentre surtout à Milan.

Lombards
Peuple germanique. Les Lombards étaient installés au Iᵉʳ siècle sur le cours inférieur de l'Elbe. Ils se déplacèrent jusqu'en Pannonie (Hongrie actuelle) et puis conquirent la plaine du Pô au VIᵉ siècle. Convertis au catholicisme au VIIᵉ siècle, ils affrontèrent Rome et prirent Ravenne en 751. Le pape s'allia alors à Pépin le Bref, qui le sauva. En 774, Charlemagne força le roi Didier à capituler et se proclama roi des Lombards.

Lomé
Capitale du Togo, port sur le golfe de Bénin (810 000 hab.). Lomé est un marché agricole et un centre industriel. Les *Conventions de Lomé*, qui ont été signées en 1975, définissent les accords de coopération économique entre la CEE et de nombreux pays d'Afrique, des Caraïbes et du Pacifique.

London Jack (né en 1876, mort en 1916)
Écrivain américain. John Griffith London, dit Jack London, fut docker, marin, chercheur d'or et grand voyageur. Il tira de ses expériences des récits comme *l'Appel de la forêt (1903)*, *Croc-Blanc (1907)*. Il a également exprimé sa révolte sociale dans *le Peuple de l'abîme (1903)*.

Londres
Capitale de la Grande-Bretagne et port sur la Tamise (2,7 millions d'hab.). Principal port britannique, Londres a une puissante fonction commerciale, bancaire, boursière, politique et culturelle. C'est le premier centre industriel de Grande-Bretagne.

FONCTIONS La City, centre des affaires et des banques, est entourée par West End, un quartier résidentiel qui abrite des parcs comme Hyde Park, et par East End, un quartier industriel. La ville compte de nombreux monuments : la Tour de Londres (fin du XIᵉ siècle) et Tower Bridge (pont faisant face à la Tour, 1886-1894) ; l'abbaye de Westminster, fondée au XIᵉ siècle ; Westminster Palace, le siège du Parlement (terminé en 1888) ; la cathédrale Saint-Paul (1675-1710) ; Buckingham Palace, la résidence officielle des souverains britanniques depuis 1837. Ses musées, tels la National Gallery, le British Museum et la Tate Gallery, sont d'une richesse exceptionnelle.

HISTOIRE Londres devint capitale sous Guillaume le Conquérant. Avec la révolution industrielle du XIXᵉ siècle, la ville se développa et joua un rôle international. Lors de la Seconde Guerre mondiale, elle fut endommagée par les bombardements allemands.

Lons-le-Saunier
Chef-lieu du département du Jura (18 483 hab.). Lons-le-Saunier est un petit centre commercial et industriel et une station thermale. La ville abrite un hôpital du XVIIIᵉ siècle.

Lope de Vega Felix (né en 1562, mort en 1635)
Poète et auteur de pièces de théâtre espagnol. Lope de Vega a écrit dans tous les genres, mais il est surtout connu pour ses 1 800 comédies et ses 400 drames religieux. Il a influencé Corneille et Molière.

Lorca voir *Garcia Lorca*

Lorelei
Falaise rocheuse de la rive droite du Rhin. Une légende raconte que le chant d'une sirène, la Lorelei, attirait contre la falaise les bateliers qui se noyaient. La légende devint populaire surtout grâce au poème de Heinrich Heine, *la Lorelei*.

Lorenz Konrad (né en 1903, mort en 1989)
Biologiste autrichien ; considéré comme un des fondateurs de l'éthologie, la science qui étudie le comportement des animaux. Il est l'auteur des *Essais sur le comportement animal et humain (1965)*. Il a reçu le prix Nobel de médecine en 1973.

le Lorrain Claude (né en 1600, mort en 1682)
Peintre français. Il s'installa à Rome en 1627, où il connut le peintre Poussin. Il a cherché à reproduire la lumière du soir dans ses paysages de ports. Le peintre Turner a été influencé par ses tableaux.

Lorraine
Région française et de l'Union européenne, située au nord-est du pays. 23 540 km^2 ; 2 310 376 hab. La Région de Lorraine est formée des départements de Meurthe-et-Moselle, de la Meuse, de la Moselle et des Vosges. Sa capitale est Metz. Traversée par la Meuse et la Moselle, elle s'étend sur l'est du Bassin parisien et l'ouest des Vosges. Ses hauts plateaux ont des hivers longs et rudes et des étés chauds et orageux.

HISTOIRE Grâce à ses ressources naturelles (fer, charbon, sel), elle devint une puissante région industrielle à la fin du XIXe siècle. En 1919, la France reprit une partie des départements de la Meurthe et de la Moselle, annexée par l'Allemagne en 1871.

Los Angeles

Grande ville des États-Unis, sur la côte Pacifique, dans l'État de Californie (3,5 millions d'hab.). Los Angeles est un grand centre commercial et industriel. Ses studios de cinéma sont situés à Hollywood, un de ses faubourgs. La coexistence entre ses diverses communautés (Européens, Latino-Américains, Noirs) pose parfois des problèmes. La ville possède de nombreux musées et une grande université (UCLA). Los Angeles a accueilli les jeux Olympiques en 1932 et 1984.

Lot

Département français (46), situé dans la Région Midi-Pyrénées. 5 228 km^2 ; 160 197 hab. ; chef-lieu : Cahors.

Lot-et-Garonne

Département français (47), situé dans la Région Aquitaine. 5 358 km^2 ; 305 380 hab. ; chef-lieu : Agen.

Lothaire Ier (né en 795, mort en 855)

Empereur d'Occident (840-855). Lothaire Ier était le fils aîné de Louis le Pieux. À la mort de son père, il dut partager l'Empire avec ses deux frères (traité de Verdun, 843). Son territoire, très allongé, s'étendait de Rome à Aix-la-Chapelle.

Loti Pierre (né en 1850, mort en 1923)

Officier de marine et romancier français. Julien Viaud, dit Pierre Loti, a écrit des romans inspirés par ses voyages et sa vie. *Le Mariage de Loti (1882)*, *Pêcheur d'Islande (1886)*, *Madame Chrysanthème (1887)* et *Ramuntcho (1897)* sont parmi les plus célèbres. Il a été élu à l'Académie française en 1891.

Loubet Émile (né en 1838, mort en 1929)

Homme politique français. Émile Loubet fut président de la République de 1899 à 1906. Il eut une grande activité diplomatique, recevant de nombreux chefs d'État.

FRANCE

Louis Ier le Pieux (né en 778, mort en 840)

Empereur d'Occident et roi des Francs (814-840), fils de Charlemagne. Il dut lutter jusqu'à sa mort contre Pépin, Louis et Lothaire, ses trois premiers fils, jaloux de leur demi-frère, Charles le Chauve, fils de sa seconde femme, Judith de Bavière.
On dit aussi **Louis Ier le Débonnaire**.

Louis VI le Gros (né vers 1081, mort en 1137)

Roi de France (1108-1137), fils et successeur de Philippe Ier. Il parvint à établir solidement sa puissance en Île-de-France avec l'aide de son ministre Suger. Il lutta contre Henri Ier Beauclerc, duc de Normandie et roi d'Angleterre, et repoussa l'empereur germanique Henri V.

Louis VII le Jeune (né vers 1120, mort en 1180)

Roi de France (1137-1180), fils et successeur du Louis VI le Gros. Il annula son mariage avec Aliénor d'Aquitaine, qui épousa ensuite Henri Plantagenêt. Ceci provoqua ensuite la lutte entre Capétiens et Plantagenêts.

Louis VIII le Lion (né en 1187, mort en 1226)

Roi de France (1223-1226), fils et successeur de Philippe Auguste. Il chassa les Anglais du sud-ouest de la France, sauf de l'Aquitaine, et dirigea une croisade contre les albigeois (1226).

Louis IX (né en 1214, mort en 1270)

Roi de France (1226-1270), fils et successeur de Louis VIII le Lion. Sa mère, Blanche de Castille, fut régente jusqu'en 1226, mais dirigea en fait les affaires du royaume jusqu'en 1242. Cette année-là, Louis IX triompha des seigneurs du Midi et de l'Ouest qui s'étaient soulevés, soutenus par Henri III d'Angleterre. Il fit la paix avec les Anglais en signant le traité de Paris (1259). Dans son royaume, il voulut faire régner l'ordre et la justice. Il entreprit une croisade en Égypte (1248), où il fut fait prisonnier. Lors d'une autre croisade vers Tunis, il mourut de la peste dans cette ville. Il fut canonisé en 1297.
On dit aussi **Saint Louis**.

Louis X le Hutin (né en 1289, mort en 1316)

Roi de France (1314-1316), fils de Philippe le Bel et de Jeanne de Navarre. Sous son règne, les nobles obtinrent des chartes fixant leurs droits et leurs privilèges.

Louis XI (né en 1423, mort en 1483)

Roi de France (1461-1483), fils aîné de Charles VII et de Marie d'Anjou. Il pactisa avec les nobles contre son père. Une fois roi, il combattit Charles le Téméraire, duc de Bourgogne. Ce dernier parvint à l'emprisonner par surprise à Péronne (1468). Libéré, Louis XI vainquit toutes les coalitions féodales dirigées contre lui par son adversaire et occupa tous ses territoires, sauf les Pays-Bas. Il hérita également du comté d'Anjou (1480) et de la Provence (1481).

Louis XII (né en 1462, mort en 1515)

Roi de France (1498-1515), fils du poète Charles d'Orléans, cousin et successeur de Charles VIII. Louis XII, dit « le Père du peuple », poursuivit les guerres d'Italie, d'où il fut chassé en 1513. Il avait fait annuler en 1498 son mariage avec Jeanne de Valois, fille de Louis XI, pour s'unir avec Anne de Bretagne. Ainsi le duché de Bretagne resta à la France. À la mort d'Anne de Bretagne en 1514, il épousa la très jeune Marie d'Angleterre, mais n'eut pas d'héritier.

Louis XIII le Juste (né en 1601, mort en 1643)

Roi de France et de Navarre (1610-1643), fils d'Henri IV et de Marie de Médicis. En 1615, Louis XIII épousa Anne d'Autriche. Sa mère fut régente et gouverna jusqu'en 1621. Louis XIII gouverna avec le cardinal de Richelieu de 1624 à 1642. Il vainquit les protestants à La Rochelle (1629) et conquit l'Artois, une grande partie de l'Alsace et le Roussillon en intervenant dans la guerre de Trente Ans contre les Habsbourg.

Louis XIV le Grand (né en 1638, mort en 1715)
Roi de France (1643-1715), fils de Louis XIII le Juste et d'Anne d'Autriche. Sa mère fut régente et confia le gouvernement à Mazarin. Une guerre civile, la Fronde (1648-1653), marqua le jeune Louis. Après la mort de Mazarin en 1661, Louis XIV, appelé aussi le Roi-Soleil, régna seul et établit une monarchie absolue. Il fit construire le château de Versailles et déclencha quatre guerres : la guerre de Dévolution, la guerre de Hollande, la guerre de la Ligue d'Augsbourg et la guerre de la Succession d'Espagne. À la paix d'Utrecht en 1713, la France était lasse et ruinée. Il entra ensuite en conflit avec la papauté. En 1685, il révoqua l'édit de Nantes accordé aux protestants et persécuta les jansénistes. Il épousa Marie-Thérèse d'Autriche en 1660 mais eut des liaisons « officielles » avec Mlle de La Vallière, Mme de Montespan, Mlle de Fontanges et épousa secrètement Mme de Maintenon (sans doute en 1683).

Louis XV le Bien-Aimé (né en 1710, mort en 1774)
Roi de France (1715-1774), arrière-petit-fils et successeur de Louis XIV. Sous son règne, la France s'engagea dans différentes guerres. Elle perdit ses territoires de l'Inde et du Canada et l'ouest de la Louisiane mais acquit la Lorraine (1766) et la Corse (1768). Les liaisons de Louis XV avec Mme de Pompadour et Mme du Barry lui furent reprochées. Cependant, la France, bien administrée à la fin du règne par Choiseul, puis par Maupeou, connut un grand essor économique.

Louis XVI (né en 1754, mort en 1793)
Roi de France (1774-1792), petit-fils et successeur de Louis XV. Louis XVI fut marié à Marie-Antoinette d'Autriche en 1770. Les ministres Turgot et Necker (1777-1781) ne parvinrent pas à redresser les finances de l'État dans les premières années de son règne. La participation de la France à la guerre d'Indépendance américaine aggrava la dette du pays. Le roi dut alors convoquer les États généraux en mai 1789. En se proclamant Assemblée nationale le 17 juin 1789, puis Assemblée constituante, les députés du tiers état préparaient la Révolution française. Une fois la Révolution mise en marche, le roi refusa la Constitution de 1791 et s'enfuit le 20 juin. Il fut arrêté à Varennes, ramené à Paris et jura fidélité à la Constitution, qui lui accordait des pouvoirs limités. Souhaitant la défaite des révolutionnaires, il déclara la guerre à l'Autriche le 20 avril 1792, mais l'insurrection du 10 août 1792 le renversa et la Convention fit son procès. Il fut guillotiné le 21 janvier 1793. Sa mort provoqua une union des souverains d'Europe contre la France.

Louis XVIII (né en 1755, mort en 1824)
Roi de France, frère cadet de Louis XVI. Louis XVIII régna d'avril 1814 à mars 1815, lors de la première Restauration, puis de juillet 1815 à sa mort, lors de la seconde Restauration. Pendant la Révolution, il quitta la France en 1791 puis rentra à Paris après l'abdication de Napoléon. Pendant les Cent-Jours, durant lesquels Napoléon reprit le pouvoir (mars-juin 1815), il se retira en Belgique et revint après la défaite de Napoléon à Waterloo. Il établit la monarchie constitutionnelle en France à partir de 1814.

Louis II le Germanique (né vers 804, mort en 876)
Roi des Francs orientaux de 817 à 843 et roi de Germanie de 843 à 876. Il s'allia à son frère Charles le Chauve contre son frère Lothaire et lui imposa le traité de Verdun qui lui attribuait les pays à l'est du Rhin.

Louisiane
État du sud des États-Unis, situé sur le golfe du Mexique. 125 674 km^2 ; 4,3 millions d'hab. ; capitale : Baton Rouge. Les sols souvent marécageux de la région favorisent les cultures de canne à sucre, de riz, de coton, d'agrumes. Les importantes ressources minérales (pétrole, gaz naturel, soufre, sel) ont donné naissance à une puissante industrie chimique. La Nouvelle-Orléans, ville fondée par les Français en 1717, est le berceau du jazz Nouvelle Orléans, musique créée par les Noirs américains et inspirée du blues.
Histoire La Louisiane désignait autrefois un immense territoire, exploré par le Français Cavalier de la Salle qui lui donna son nom en l'honneur de Louis XIV. Elle devint colonie de la Couronne de France en 1731. La France céda ensuite à l'Espagne, la partie du territoire située à l'ouest du Mississippi, et à l'Angleterre, la partie située à l'est du fleuve. Par traité, la France récupéra la partie cédée à l'Espagne et vendit l'ensemble de ses possessions aux États-Unis, en 1803. En 1812, ce territoire devint le dix-huitième État des États-Unis sous le nom de Louisiane.

Louis-Philippe Ier (né en 1773, mort en 1850)
Roi des Français de 1830 à 1848. Partisan des idées révolutionnaires de 1789, il combattit aux côtés du général Dumouriez mais, passé à l'ennemi, il s'exila en 1793. Après la révolution de juillet 1830 qui renversa Charles X, il fut porté au pouvoir par les grands bourgeois et reçut le titre de « roi des Français ». Durant son règne, appelé « la monarchie de Juillet », il mena une politique de plus en plus conservatrice, entraînant ainsi le mécontentement

populaire. Renversé par la révolution de 1848, Louis-Philippe abdiqua et se réfugia en Grande-Bretagne.

Lourdes
Ville des Hautes-Pyrénées (15 203 hab.). Lourdes est un grand centre de pèlerinage pour les catholiques. Deux basiliques consacrées à la Vierge ont été édifiées à la grotte de Massabielle où une jeune fille, Bernadette Soubirous, a dit avoir vu apparaître la Vierge Marie en 1858.

Louvain
Ville de Belgique, dans le Brabant (85 080 hab.). La ville, célèbre pour son université fondée en 1426, possède de très beaux monuments anciens.

Louvois (né en 1639, mort en 1691)
Homme d'État français. Le marquis de Louvois fut secrétaire d'État à la Guerre. Il réorganisa entièrement l'armée et fit construire l'hôtel des Invalides à Paris pour les soldats blessés. Influençant la politique de Louis XIV, il le poussa à prendre des mesures brutales, notamment à l'égard des protestants.

Louvre
Ancienne résidence royale sur la rive droite de la Seine, à Paris. Le palais du Louvre fut transformé en musée en 1791. Au cours de son histoire, le Louvre a subi de nombreuses transformations. D'abord forteresse bâtie en 1204, elle devint résidence royale au XIVe siècle. Reconstruit en partie sous François Ier, le Louvre fut agrandi et transformé plusieurs fois. Il abrite aujourd'hui l'une des plus riches collections artistiques du monde. Depuis 1988, une pyramide de verre s'élève dans la cour centrale et sert d'entrée aux salles souterraines du musée.

Louxor
Ville d'Égypte, sur le Nil (40 000 hab.). Louxor recouvre une partie de l'antique cité de Thèbes. Le site archéologique présente les vestiges d'un temple dédié au dieu Amon élevé par le roi Aménophis III. Ramsès II y ajouta d'autres éléments dont deux obélisques. L'un des deux a été installé, depuis 1836, sur la place de la Concorde, à Paris.
On écrit aussi **Louksor**.

Lozère
Département français (48) de la Région Languedoc-Roussillon. 5 179 km^2 ; 73 509 hab. ; chef-lieu : Mende.

Luanda
Capitale et port de l'Angola, sur l'Atlantique (1,6 million d'hab.). Luanda possède des raffineries de pétrole.

Lübeck
Ville et port d'Allemagne près de la mer Baltique (209 160 hab.). Lübeck est un grand centre commercial et industriel (métallurgie, chantiers navals, industrie alimentaire).

Luberon
Chaîne calcaire des Alpes du Sud, au nord de la Durance. Le parc naturel régional du Luberon a été créé en 1977 et s'étend sur 120 000 hectares environ.
On écrit aussi **Lubéron**.

saint Luc
Auteur du troisième Évangile dans le Nouveau Testament. Saint Luc aurait vécu au Ier siècle et aurait accompagné l'apôtre saint Paul dans ses voyages pour apporter le message du Christ. Il serait aussi l'auteur des *Actes des Apôtres*.

① Lucerne
Canton suisse (1 492 km^2 ; 308 700 hab.) dont la population est de langue allemande. Ses ressources sont essentiellement agricoles : céréales, fruits, élevage bovin.

② Lucerne
Ville du centre de la Suisse, au nord du lac des Quatre-Cantons (63 280 hab.). Lucerne est un centre touristique et culturel qui accueille un festival international de musique. La ville, achetée par les Habsbourg en 1291, lutta contre la domination autrichienne et conquit son indépendance en 1386. Elle resta fidèle au catholicisme durant la Réforme.

Lucknow
Ville de l'Inde et capitale de l'État d'Uttar Pradesh (1,6 million d'hab.). Lucknow a des activités industrielles dans les secteurs de la métallurgie et du textile. La ville possède des mosquées et des palais, témoins de l'art et de la culture islamiques en Inde.

Luçon
Île des Philippines. 108 172 km^2 ; environ 24 millions d'hab. Luçon, île volcanique, la plus grande du pays, a pour ville principale Manille. Elle produit du riz, de la canne à sucre, du chanvre et du coton.
On dit aussi **Luzon**.

Lucrèce (né vers 98, mort en 55 avant J.-C.)
Poète et philosophe latin. Son long poème inachevé, *De natura rerum*, expose la doctrine du philosophe grec Épicure, selon laquelle l'homme peut trouver le bonheur sur terre, s'il domine ses passions.

Lucy
Nom donné à un squelette de femme qui fut

découvert en 1974 lors de fouilles archéologiques en Éthiopie. Lucy a vécu il y a environ 3,5 millions d'années.

Lully Jean-Baptiste (né en 1632, mort en 1687)

Compositeur français d'origine italienne. Arrivé très jeune en France, il fut remarqué et protégé par Louis XIV. Lully est considéré comme le fondateur de l'opéra français (*Roland, Armide*). Il a composé pour les pièces de Molière. Il fut aussi un talentueux violoniste.
On écrit aussi **Lulli**.

Lumière Louis (né en 1864, mort en 1948) et Auguste (né en 1862, mort en 1954)

Scientifiques et industriels français. Les frères Lumière inventèrent le cinématographe. Louis tourna, à partir de 1895, de nombreux films, dont *l'Arroseur arrosé*. Toujours en collaboration, les deux frères réalisèrent le premier procédé de photographie en couleurs.

les Lumières

Courant de pensée qui s'étendit à toute l'Europe au XVIIIe siècle. Les idées qui inspirent ce courant s'appuient sur la raison qui doit guider les actes, sur la liberté, le refus du fanatisme et la certitude que le progrès scientifique est bénéfique pour l'humanité. En France, les représentants de la philosophie des Lumières furent Montesquieu, Voltaire, Diderot, Rousseau, D'Alembert et les autres rédacteurs de l'*Encyclopédie*.

Lusaka

Capitale de la Zambie (1,1 million d'hab.). Lusaka a des activités industrielles dans les secteurs textile et alimentaire.

Lutèce

Ville de la Gaule, capitale des Parisii, tribu celte. Lutèce était située sur le site de l'actuelle île de la Cité à Paris.

Luther Martin (né en 1483, mort en 1546)

Théologien et réformateur allemand. En étudiant les grands textes religieux, le moine Luther s'est éloigné de la religion catholique. Il a affiché publiquement des thèses qui critiquaient l'Église catholique, ce qui lui a valu d'être excommunié par le pape Léon X en 1520. Ses textes ont été les bases de la Réforme. Il est l'un des fondateurs du protestantisme.

Luxembourg

420 000 habitants
Superficie : 2 586 km²
Capitale : Luxembourg
Langues : luxembourgeois, français, allemand
Monnaie : l'euro

État d'Europe occidentale situé entre la Belgique, l'Allemagne et la France.

GÉOGRAPHIE Le nord du pays, l'Ösling, est accidenté, coupé de vallées encaissées et couvert de forêts et d'herbages où se pratique l'élevage bovin. Le Gutland, au Sud, est le prolongement du plateau lorrain et offre des terres fertiles où se concentre la population. L'industrie sidérurgique est puissante et les activités financières du pays en font un centre bancaire international très important. Le revenu par habitant est l'un des plus élevés du monde. La croissance est supérieure à la moyenne de l'Union européenne. Le chômage est très faible.

HISTOIRE Longtemps, le comté de Luxembourg fit partie du Saint Empire romain germanique, et puis passa sous la domination de différentes couronnes au cours de son histoire. Bien qu'ayant le statut d'État neutre, le Luxembourg fut occupé par les Allemands au cours des deux guerres mondiales. Le Luxembourg est devenu membre du Benelux en 1947. Abandonnant son statut de pays neutre, il a adhéré à l'OTAN en 1949 et à la CEE en 1957. Il est aujourd'hui membre de l'Union européenne.

Lyautey Louis Hubert (né en 1854, mort en 1934)

Maréchal de France. Il combattit dans les colonies françaises. Nommé résident général de la République française au Maroc de 1912 à 1925, il fut un administrateur efficace et attaché au développement du pays. Il fut ministre de la Guerre en 1916 et 1917.

Lyon

Chef-lieu du département du Rhône et de la Région Rhône-Alpes (environ 1,3 million d'hab.). Lyon, située au confluent de la Saône et du Rhône, est très bien desservie par la route et par le réseau ferroviaire. Autrefois célèbre pour son industrie de la soie et du textile, la ville est aujourd'hui très active dans d'autres secteurs : produits pharmaceutiques, chimie, pétrochimie, métallurgie et textiles synthétiques. C'est un important centre universitaire. Lyon possède un riche patrimoine artistique et culturel : églises, monuments, demeures anciennes datant de la Renaissance, et nombreux musées.

HISTOIRE Lyon a été fondée par les Romains en 43 avant J.-C. sous le nom de *Lugdunum*. Capitale des Gaules, puis du royaume de Bourgogne, la ville est rattachée à la France en 1312. Durant la Révolution, les troupes de la Convention assiègent la ville, agitée par le mouvement fédéraliste contre-révolutionnaire, et y organisent des exécutions massives. En 1831 et 1834, Lyon est secouée par la révolte des canuts (ouvriers de la soie) qui vivent dans des conditions misérables.

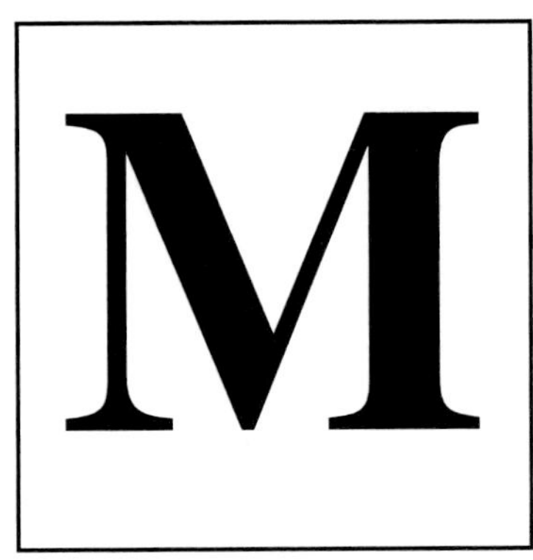

Maastricht

Ville des Pays-Bas, sur la Meuse (115 780 hab.). Maastricht est un centre industriel actif.
Le *traité de Maastricht*, signé le 7 février 1992 par les États membres de la Communauté européenne a été une étape importante dans la construction de l'Europe, notamment avec l'établissement de l'euro en tant que monnaie unique.

Macao

Territoire chinois, à l'embouchure du Xijiang. 16 km^2 ; environ 500 000 hab. Centre industriel, Macao est surtout connue pour ses casinos et ses maisons de jeu. La ville fut un territoire portugais de 1557 à 1999.

MacArthur Douglas (né en 1880, mort en 1964)

Général américain. Commandant des forces alliées en Extrême-Orient pendant la Seconde Guerre mondiale, il fut vainqueur du Japon en 1945. Commandant des troupes de l'ONU en Corée en 1950, il fut démis de ses fonctions par le président Truman en 1951.

Macbeth (mort en 1057)

Roi d'Écosse de 1040 à 1057. Son règne tragique inspira à Shakespeare l'une de ses plus célèbres tragédies, intitulée *Macbeth*, qu'il écrivit en 1605.

Macédoine

2,2 millions d'habitants
Superficie : 25 713 km^2
Capitale : Skopje
Langue officielle : macédonien
Monnaie : le dinar de Macédoine

État de la péninsule des Balkans, situé entre la Yougoslavie, la Grèce, l'Albanie et la Bulgarie.
Géographie Le pays montagneux possède des vallées, parfois bien irriguées, où sont cultivés fruits et légumes, riz et tabac. Mais l'économie macédonienne souffre des tensions et de l'instabilité politiques qui règnent dans les Balkans.
Histoire La Macédoine connut son apogée au IVe siècle avant J.-C., sous les règnes de Philippe II et d'Alexandre le Grand qui conquirent une partie de l'Asie, ainsi que l'Égypte. Puis la Macédoine fut longtemps disputée entre Byzantins et Bulgares, puis entre Bulgares et Turcs. En 1918, elle fut intégrée au royaume qui allait se nommer Yougoslavie. En 1945, elle devint une république fédérée de la Yougoslavie. En 1991, au moment de l'éclatement de la Yougoslavie, la Macédoine proclama son indépendance. Le pays fut admis à l'ONU en 1993, sous un nom provisoire, car la Grèce lui contestait le droit d'utiliser le nom de Macédoine qui est le nom d'une des ses propres provinces. En 1999, l'afflux d'émigrés du Kosovo a accru les difficultés du pays soumis à la pauvreté. L'opposition entre la population slave majoritaire et la minorité albanaise est une grave source de tension.

Machiavel (né en 1469, mort en 1527)

Homme politique et écrivain italien. Diplomate à Florence, Machiavel perd ses fonctions quand ses protecteurs sont chassés de la ville par les Médicis. Il consacre alors son temps à ses écrits. Son ouvrage le plus célèbre, *le Prince (1532)*, est un traité politique qui analyse la manière de prendre et de conserver le pouvoir, y compris par la ruse, mais dans le but d'améliorer le sort des hommes et de la société.

Machupicchu

Site archéologique inca du Pérou, situé dans les Andes à 2 400 m d'altitude. D'importants vestiges d'une ville fortifiée y ont été découverts en 1911.
On écrit aussi **Machu Picchu**.

A B C D E F G H I J K L M N O P Q R S T U V W X Y Z

Mackenzie

Fleuve du Canada (4 600 km). Le Mackenzie naît dans les montagnes Rocheuses, traverse le Grand lac de l'Esclave et se jette dans l'Arctique par un immense delta. Il est gelé huit mois par an.

mont McKinley

Sommet le plus élevé de la chaîne de l'Alaska en Amérique du Nord (6 187 m).

Mac-Mahon Edme Patrice Maurice de (né en 1808, mort en 1893)

Maréchal de France et homme politique français. Il fut à la tête des troupes qui écrasèrent la Commune de Paris en mai 1871. Les conservateurs l'élirent président de la République en mai 1873. Il entra en conflit dès mai 1876 avec une Assemblée nationale devenue républicaine, et démissionna le 30 janvier 1879.

Mâcon

Chef-lieu du département de Saône-et-Loire (34 469 hab.). Mâcon est un port fluvial actif sur la Saône. La ville a des activités industrielles et commerciales, liées notamment à l'importante production de vin de la région.

Mac Orlan Pierre (né en 1882, mort en 1970)

Écrivain français. Mac Orlan est l'auteur de romans d'aventures où le réel se mêle à l'imaginaire, comme dans *le Quai des brumes (1927)* ou *la Bandera (1931)*.

Madagascar

14 millions d'habitants
Superficie : 587 040 km^2
Capitale : Antananarivo
Langues officielles : malgache, français
Monnaie : le franc malgache

État constitué par une grande île de l'océan Indien, séparée de l'Afrique par le canal de Mozambique.

Géographie L'île est occupée dans sa partie centrale par des hauts plateaux avec des massifs volcaniques et qui jouissent d'un climat tropical tempéré par l'altitude. À l'est, ces hautes terres retombent brutalement sur une étroite plaine côtière au climat tropical d'alizés, très humide, et s'inclinent, à l'ouest, vers une plaine plus sèche où règnent la forêt claire et la savane. Les Malgaches, dont l'origine est mal connue, seraient issus principalement de l'immigration de populations africaine et malaise. Le centre de l'île et la côte est concentrent le peuplement. L'urbanisation est encore faible.

Économie La culture du riz et du manioc, l'élevage bovin extensif et la pêche occupent les trois quarts de la population active. L'île exporte le café, la vanille, la girofle et la canne à sucre. Le sous-sol possède des gisements de chrome, de mica et de graphite. L'industrie est peu développée et la situation économique reste fragile avec des problèmes de sous-équipement et la persistance de la misère dans les villes.

Histoire Divisée en de nombreux royaumes, l'île fut dominée, à partir de la fin du XVIIIe siècle, par le royaume mérina. Au début du XIXe siècle, des missionnaires protestants anglais commencèrent son évangélisation. La reine Ranavalona Ire (1828-1861) chassa les Européens. À la suite d'actions militaires et après avoir imposé son protectorat, la France annexa l'île en 1896 et abolit l'esclavage. En 1897, Gallieni, gouverneur de l'île, exila la reine Ranavalona III. La pacification fut achevée en 1905, mais la résistance à la colonisation fut constante. En 1946, Madagascar devint territoire d'outre-mer. En 1947, un soulèvement fut impitoyablement réprimé (80 000 morts). La République malgache, proclamée en 1958, devint totalement indépendante en 1960. Après un grave soulèvement populaire, une nouvelle Constitution fut adoptée par référendum et une politique plus libérale fut mise en place. La croissance revient, mais trois cyclones ont frappé l'île en 2000.

Madère

Archipel portugais de l'Atlantique. 96 km^2 ; 269 500 hab. Située au sud-ouest du Portugal, Madère pratique la culture de la vigne et de la canne à sucre. Le tourisme y est très important.

Madras

Ville de l'Inde, sur la côte est et capitale de l'État de Tamil Nadu (3,8 millions d'hab.). Madras est un port industriel actif. La ville est connue pour la fabrication de tissus imprimés, appelés *madras*.

Madrid

Capitale de l'Espagne (3,1 millions d'hab.). Madrid, située sur les bords de la rivière Manzanares, est un grand centre religieux et intellectuel et aussi le plus grand centre industriel d'Espagne. La ville possède un remarquable patrimoine historique et artistique : la très belle Plaza Mayor du XVIIe siècle, le Palais royal du XVIIIe siècle, de nombreuses églises et des musées dont le célèbre musée du Prado.

Madrid devint la capitale de l'Espagne en 1561. De violents combats s'y déroulèrent durant la guerre civile (1936-1939).

Maeterlinck Maurice (né en 1862, mort en 1949)

Écrivain belge d'expression française. Maeterlinck est l'auteur de drames mais surtout de recueils qui témoignent de sa passion pour toutes les formes de vie : *la Vie des abeilles (1901), la Vie des fourmis (1930)*. Il reçut le prix Nobel de littérature en 1911.

détroit de **Magellan**
Détroit qui sépare l'Amérique du Sud de la Terre de Feu, découvert par Magellan en 1520.

Magellan Fernand de (né en 1480, mort en 1521)
Navigateur portugais, au service de l'Espagne. En 1520, en tentant de contourner l'Amérique par le Sud, il découvrit le détroit qui porte son nom. Il navigua trois mois sur l'océan qu'il appela le *Pacifique* et parvint aux Philippines où il fut tué par les habitants d'une île.

Maghreb
Ensemble formé par trois pays d'Afrique du Nord : la Tunisie, l'Algérie et le Maroc. Ces trois pays ainsi que la Libye et la Mauritanie ont signé, en 1989, un accord économique, instituant l'Union du Maghreb arabe (UMA).

Maginot André (né en 1877, mort en 1932)
Homme politique français. Ministre de la Guerre, Maginot fit construire, entre 1927 et 1936, un système de fortifications sur les frontières est et nord-est de la France, appelé la *ligne Maginot*. Mais, en 1940, les armées allemandes purent facilement entrer en France en passant par la frontière belge, restée à découvert.

Magritte René (né en 1898, mort en 1967)
Peintre belge. Adepte du surréalisme, il créa des œuvres insolites où les personnages et les objets, peints avec un réalisme minutieux, sont juxtaposés et forment des associations étranges et poétiques.

Maharashtra
État de l'Inde, qui est situé dans la partie ouest du Dekkan, sur la mer d'Oman. 307 762 km^2 ; environ 79 millions d'hab. ; capitale : Bombay.

Mahler Gustav (né en 1860, mort en 1911)
Compositeur et chef d'orchestre autrichien. Mahler est l'auteur de neuf symphonies. Son *Chant de la Terre (1908)*, et de nombreux lieds font de lui l'un des précurseurs de la musique moderne.

Mahomet (né vers 570, mort en 632)
Prophète de l'islam. Mahomet est le fondateur de la religion musulmane. Au cours de méditations religieuses, il eut des songes et des visions qui lui révélèrent la mission dont Dieu le chargeait. Il se mit à prêcher la croyance en un dieu unique, Allah, et à transmettre les messages divins qui formeront ensuite les textes du Coran. Mais les riches commerçants de La Mecque forcèrent Mahomet à émigrer. En 622, il partit avec ses disciples pour un exil qui les mènera à Médine. Cette émigration, appelée l'« hégire », marque le point de départ de l'ère musulmane. Le Prophète organisa à Médine une communauté de croyants vivant selon la loi de l'islam. Depuis, La Mecque est devenue le lieu de pèlerinage des musulmans du monde entier.
On dit aussi **Mohammed** ou **Muhammad**.

mai 1968
Mouvement de contestation sociale qui débuta dans le milieu étudiant. Des manifestations de rue, notamment à Paris, entraînèrent des affrontements entre étudiants et policiers. La contestation gagna le monde du travail. Une grève générale désorganisa le pays pendant plusieurs jours. Mais aux élections du mois de juin, le parti du général de Gaulle remporta une victoire écrasante et le gouvernement sortit renforcé de la crise. Cependant, mai 68 a une influence certaine sur l'évolution de la société en France.

Maine-et-Loire
Département français (49) de la Région des Pays de la Loire. 7 131 km^2 ; 732 942 hab. ; chef-lieu : Angers.

madame de **Maintenon** (née en 1635, morte en 1719)
Petite-fille de l'écrivain Agrippa d'Aubigné. Françoise d'Aubigné, marquise de Maintenon, devint en 1669 la gouvernante des enfants que le roi Louis XIV avait eus avec Mme de Montespan. Mariée secrètement au roi, elle exerça une grande influence sur lui, notamment dans le domaine religieux. À la mort de Louis XIV, elle se retira à Saint-Cyr, dans la maison qu'elle avait fondée pour l'éducation des jeunes filles nobles et peu fortunées.

Maison-Blanche
Résidence du président des États-Unis, située à Washington, depuis 1800.

lac **Majeur**
Lac de Suisse et d'Italie (212 km^2). C'est un lieu de tourisme et de villégiature avec des villes comme Locarno en Suisse et Stresa en Italie.

Majorque
La plus grande île des Baléares. 3 640 km^2 ; 530 000 hab. ; capitale : Palma de Majorque. C'est un centre touristique très fréquenté.

Malabo
Capitale de la Guinée équatoriale (50 000 hab.).

Malacca
Ville de Malaisie (89 000 hab.), capitale de l'État de Malacca. 1 650 km^2 ; 550 000 hab. Malacca, située sur la côte sud-ouest de la presqu'île de Malacca, est un port de commerce (caoutchouc, coprah).
Le *détroit de Malacca* sépare la presqu'île de Malacca et Sumatra, et relie l'océan Indien à la mer de Chine.

A B C D E F G H I J K L M N O P Q R S T U V W X Y Z

Malaisie

22,2 millions d'habitants
Superficie : 329 747 km^2
Capitale : Kuala Lumpur
Langue officielle : malais
Monnaie : le ringgit (ou dollar de Malaisie)

État fédéral du Sud-Est asiatique regroupant onze États du sud de la péninsule malaise et deux États du nord de l'île de Bornéo (Sarawak et Sabah). Membre du Commonwealth depuis 1963.

Géographie La péninsule malaise et le nord de Bornéo ont des caractères géographiques semblables : montagnes, plaines côtières alluviales, littoraux marécageux, forêt dense. Les plaines côtières ont un sous-sol riche en étain, fer, bauxite et or. Les gisement de pétrole sont importants. Le peuplement est concentré sur la péninsule. La population est constituée de Malais, musulmans pour la plupart, d'une minorité chinoise et d'une minorité indienne.

Économie Le pays connaît l'une des croissances les plus fortes du monde et appartient aujourd'hui au groupe des nouveaux pays industriels. Exportateur de caoutchouc et d'huile de palme, d'étain et de bois précieux, le pays exploite désormais son pétrole, ainsi que son gaz. La culture du riz, aliment de base, ne suffit pas totalement aux besoins de la population. L'industrie est dynamique mais la crise de 1997 qui a touché tout le Sud-Est asiatique, a ébranlé le pays et un gigantesque incendie de forêt, survenu également en 1997 dans l'île de Bornéo, a provoqué un véritable désastre écologique.

Histoire Le peuplement de la péninsule malaise a commencé au IIIe millénaire avant J.-C. Elle fut soumise à différents royaumes hindous puis à l'Angleterre. En 1957 est proclamée l'indépendance de la Fédération de Malaisie qui devient, en 1963, la Fédération de Grande Malaisie, ou Malaysia, avec l'adjonction de Singapour, du Sarawak et du Sabah. Mais Singapour fait sécession en 1965. En 1969, des centaines de Chinois sont massacrés. Le pays souffre des fréquents affrontements entre les Malais et la communauté chinoise. Le gouvernement, soutenu par une alliance de plusieurs partis, dont un parti chinois et un parti indien, tente d'apaiser ces conflits en développant une économie dynamique.

On dit aussi **Malaysia**.

Malawi

10,4 millions d'habitants
Superficie : 118 484 km^2
Capitale : Lilongwe
Langue officielle : anglais
Monnaie : le kwacha du Malawi

État du sud-est de l'Afrique, situé entre la Zambie, la Tanzanie et le Mozambique. Le pays est membre du Commonwealth.

Géographie La partie est du pays est occupée par le grand lac Malawi, dominé à l'ouest par de hauts plateaux. Au sud, la vallée du Shiré est la zone la plus peuplée du pays. Les ressources sont essentiellement agricoles avec les cultures du maïs, du riz et du manioc et les cultures destinées à l'exportation (tabac, thé, café, sucre). La population est rurale à 90 %.

Histoire Occupée à l'origine par une population bantoue d'agriculteurs, la région fut explorée par David Livingstone. En 1891, la Grande-Bretagne établit son protectorat sur le pays, désigné sous le nom de Nyassaland. En 1953, le pays forma, avec la Rhodésie, une fédération d'Afrique centrale, qui éclata en 1962. Le Nyassaland accéda alors à l'indépendance en 1964 sous le nom de Malawi. Devenu république, avec un système de parti unique et un président élu à vie, le pays fut confronté à une opposition intérieure de plus en plus forte. En 1993, le multipartisme est approuvé par référendum.

Maldives

300 000 habitants
Superficie : 298 km^2
Capitale : Malé
Langue officielle : maldivien
Monnaie : le rufiyaa (roupie des Maldives)

État de l'océan Indien, formé d'environ 1 200 îles, dont 200 seulement sont habitées et qui sont menacées par la montée des eaux. Les Maldives, situées au sud-ouest du Sri Lanka, vivent essentiellement de la pêche et du tourisme.

Histoire Protectorat britannique en 1877, les Maldives accédèrent à l'indépendance en 1965. Le sultanat fut abrogé en 1968 et les Maldives devinrent une république. La république des Maldives est membre du Commonwealth.

Malherbe François de (né en 1555, mort en 1628)

Poète français. Défenseur d'une langue pure et classique, il s'opposa à la poésie savante et maniérée de Ronsard. Il est l'auteur d'odes, comme la célèbre *Consolation à Dupérier (1599)*, de stances, de chansons et de sonnets.

Mali

11,2 millions d'habitants
Superficie : 1 240 000 km^2
Capitale : Bamako
Langues officielles : français, bambara
Monnaie : le franc CFA

État de l'ouest de l'Afrique, drainé par les fleuves Niger et Sénégal.

Géographie Le Nord du pays fait partie du désert du Sahara et se prolonge, au centre, par le Sahel, zone tropicale de steppes. Ces régions d'élevage nomade souffrent depuis les années 1970 de la sècheresse. Le Sud, plus peuplé, a un climat plus humide et les zones de culture ont été étendues par des travaux d'irrigation.

Économie Producteur de riz, de mil, d'arachide, de coton, le Mali reste très pauvre. La pêche fluviale est une ressource d'appoint appréciable. Enfin, le pays souffre du manque de débouché maritime.

Histoire Le pays fut exploré par les Français à partir de 1857 qui occupèrent des territoires de Mauritanie et des parties des États actuels du Burkina Faso et du Niger. Les territoires conquis devinrent une colonie française, en 1920, sous le nom de Soudan français. Autonome en 1958, le pays forma, avec le Sénégal, la fédération du Mali en 1959. Après la dissolution de la fédération, en 1960, l'ex-Soudan français garda le nom de Mali et devint une république.

Mallarmé Stéphane (né en 1842, mort en 1898)

Poète français. Mallarmé est l'auteur de quelques poèmes, comme *l'Après-midi d'un faune (1876)*, de sonnets et surtout d'un long poème en vers libres *Un coup de dés jamais n'abolira le hasard (1897)*. Les principaux textes de ses ouvrages en prose sont réunis sous le titre de *Divagations (1897)*. Son œuvre difficile est admirée par les symbolistes. Mallarmé a joué un rôle considérable dans l'évolution de la littérature au XXe siècle.

îles **Malouines** voir ***Falkland***

Malraux André (né en 1901, mort en 1976)

Écrivain et homme politique français. Malraux est l'auteur de romans dont le plus célèbre est *la Condition humaine (1933)*. Homme d'action, il lutta aux côtés des républicains espagnols et écrivit *l'Espoir (1937)*. Il prit part à la Résistance. Gaulliste, il fut ministre des Affaires culturelles de 1959 à 1969. Malraux a également écrit des essais sur le thème de l'art : *les Voix du silence (1951), la Métamorphose des dieux (1957-1976)*.

Malte

400 000 habitants
Superficie : 316 km²
Capitale : La Valette
Langues officielles : maltais, anglais
Monnaie : la livre maltaise

État constitué par un archipel de la Méditerranée, situé entre la Sicile et la Tunisie.

Géographie Le territoire calcaire peu élevé a un climat méditerranéen sec. L'eau douce nécessaire au pays est produite par des usines de dessalement de l'eau de mer. L'archipel est peuplé de façon très dense.

Économie L'économie est diversifiée et assez prospère avec des cultures de céréales, de fruits et légumes, quelques industries, et surtout le tourisme. L'inflation et le chômage sont faibles.

Histoire En raison de sa position stratégique, l'île fut toujours disputée. Phéniciens, Grecs, Carthaginois et Romains l'occupèrent. Conquise par les Arabes, puis par les Normands, son histoire fut liée à celle du royaume de Sicile jusqu'en 1530 : Charles Quint la céda aux chevaliers de Rhodes, qui prirent le nom de chevaliers de Malte. L'île leur fut enlevée par Bonaparte en 1798. Les Anglais s'en emparèrent en 1800 et en firent une base militaire. Malte accéda à l'indépendance en 1964 et devint membre du Commonwealth.

Ordre de **Malte**

Ordre religieux et militaire créé en 1113 pour protéger et soigner les chrétiens qui allaient en pèlerinage en Terre Sainte (Palestine). À la fois soldats et religieux, les membres de l'ordre s'installèrent à Chypre, puis à Rhodes et enfin à Malte, où ils prirent le nom de chevaliers de Malte. Depuis 1834, l'ordre siège à Rome. Aujourd'hui, il exerce le rôle d'une œuvre charitable.

Malthus Thomas Robert (né en 1766, mort en 1834)

Économiste anglais. Malthus est l'auteur d'un ouvrage intitulé *Essai sur le principe de population (1798)*, qui connut à la fois succès et critiques, notamment en ce qui concernait ses idées sur la régulation volontaire des naissances.

Managua

Capitale du Nicaragua (770 000 hab.). Managua a subi de nombreux séismes. Celui de 1972 a presque totalement détruit la ville, qui, depuis, a été reconstruite.

Manama

Capitale du Bahreïn (360 000 hab.). Manama est un port pétrolier et un centre financier.

Manaus

Ville du Brésil et capitale de l'État d'Amazonas (834 540 hab.). Le port de Manaus, situé sur le rio Negro, près de son confluent avec l'Amazone, est un centre commercial et industriel.

① **Manche**

Mer formée par un bras de l'océan l'Atlantique, qui s'étend entre la Grande-Bretagne et la France. La Manche communique avec la mer du Nord par le détroit du pas de Calais. C'est une mer poissonneuse et peu profonde qui constitue un axe maritime très fréquenté avec des ports très actifs en France (Cherbourg, Le Havre, Boulogne) et en Angleterre (Douvres, Southampton, Plymouth).

② **Manche**

Département français (50) de la Région Basse-Normandie. 5 947 km² ; 481 471 hab. ; chef-lieu : Saint-Lô.

Manchester
Ville située au nord-ouest de l'Angleterre (406 900 hab.). Elle est reliée à la ville de Liverpool par un canal. C'est la deuxième place commerciale et financière de la Grande-Bretagne.

Manco Capac II (mort en 1544)
Dernier souverain de l'empire inca. Il voulut chasser les Espagnols et périt assassiné.

Mandchourie
Nom d'un ancien territoire de la Chine du Nord-Est, qui correspond approximativement aujourd'hui aux provinces chinoises de Heilongjiang, Jilin et Liaoning. Le pays est riche : cultures de soja, de millet, de riz, gisements de houille, ainsi qu'une forte industrie. Convoitée par la Russie et le Japon, la Mandchourie fut partagée en deux zones d'influence en 1905. Le territoire revint à la Chine en 1945.

Mandela Nelson (né en 1918)
Homme politique sud-africain. Mandela milita contre le régime de ségrégation imposé aux Noirs. Emprisonné en 1962 et condamné à la détention à perpétuité en 1964, il fut libéré en 1990. Il négocia alors avec le président De Klerk la fin de l'apartheid. En 1994, il devint le premier président noir d'Afrique du Sud. Il a reçu, avec De Klerk, le prix Nobel de la paix en 1993.

Mandingues
Ensemble de populations de l'ouest de l'Afrique parlant des langues appartenant à une même famille, appelée les langues nigéro-congolaises. Musulmans, les Mandingues édifièrent un empire qui connut son apogée au XIVe siècle et disparut au XVIIe siècle.
On dit aussi **Mandé**.

Mandrin Louis (né en 1724, mort en 1755)
Contrebandier français. Avec une troupe de compagnons et souvent soutenu par la population, il rançonnait les collecteurs d'impôts, ce qui lui valut une grande popularité. Il fut arrêté, et ensuite condamné au supplice de la roue.

Manet Édouard (né en 1832, mort en 1883)
Peintre français. Manet fit scandale en présentant ses premières œuvres : *le Déjeuner sur l'herbe (1862)* et *Olympia (1863)*. Bien que reconnu et admiré par les impressionnistes, il resta à l'écart de ce mouvement.
Édouard Manet est à l'origine des grandes tendances de la peinture moderne.

Manhattan
Île des États-Unis et arrondissement de la ville de New York, entre le fleuve Hudson, l'East River et la rivière de Harlem. Manhattan est le quartier des affaires et des activités culturelles de New York.

Manille
Capitale et port des Philippines, sur la mer de Chine, dans l'île de Luçon (13,4 millions d'hab.). Manille est le premier centre industriel et commercial du pays. Elle possède plusieurs universités. Manille a été fondée par les Espagnols en 1571.

Manitoba
Province du Canada, sur la baie d'Hudson. 650 086 km^2 ; 1,1 million d'hab. ; capitale : Winnipeg. Au Sud s'étend la Prairie avec des cultures de céréales et de l'élevage. Au centre et au Nord, le Bouclier canadien est couvert de forêts. Le climat est sec et rigoureux. Le sous-sol est riche en cuivre, zinc, nickel, or et pétrole. L'hydroélectricité est abondante. L'industrie se concentre autour de Winnipeg.

Mann Thomas (né en 1875, mort en 1955)
Écrivain allemand. Thomas Mann est l'auteur de romans, dont *les Buddenbrook (1901)* et *le Docteur Faustus (1947)*. L'une de ses nouvelles, *la Mort à Venise (1913)*, a été adaptée au cinéma. Il a reçu le prix Nobel de littérature en 1929.

Le Mans
Chef-lieu du département de la Sarthe (188 852 hab.). Le Mans, situé au confluent de la Sarthe et de l'Huisne, est un centre industriel. Près de la ville se trouve le circuit automobile où a lieu, chaque année, la célèbre course des *Vingt-Quatre Heures du Mans*.

Mansart François (né en 1598, mort en 1666)
Architecte français. Mansart conçut des bâtiments à Paris, comme l'église de la Visitation-de-Sainte-Marie (1632) et des maisons particulières mais aussi une partie du château de Blois. Il domina l'architecture sous Louis XIII et créa un style qui annonçait le classicisme français.

Maoris
Peuple polynésien de la Nouvelle-Zélande. La colonisation anglaise, contre laquelle ils luttèrent, les priva de leurs meilleures terres. Aujourd'hui intégrés à la république de Nouvelle-Zélande, leur population a considérablement augmenté. L'art traditionnel maori est riche et complexe.

Mao Zedong (né en 1893, mort en 1976)
Homme d'État chinois. Mao Zedong, militant marxiste, fut l'un des fondateurs du Parti communiste chinois qu'il dirigea à partir de 1935. Il fut président de la République populaire de Chine de 1954 à 1959. Après 1959, il inspira la Révolution culturelle pour se maintenir au pouvoir (1966). Sa pensée a été résumée dans le *Petit Livre rouge*, massivement diffusé. Après 1973, Mao Zedong, vieilli et affaibli par la maladie, se retira peu à peu du pouvoir.
On dit aussi **Mao Tsé-toung**.

Maputo
Capitale du Mozambique et port sur l'océan Indien (1,5 million d'hab.).

Marat Jean-Paul (né en 1743, mort en 1793)
Homme politique français. En 1789, dès le début de la Révolution, il fonda le journal *l'Ami du peuple*, qui défendait les intérêts du peuple. Élu député de Paris à la Convention, où il siégeait comme Montagnard, il dénonça la politique des Girondins et contribua à leur chute en juin 1793. Il mourut assassiné par Charlotte Corday, jeune révolutionnaire qui le poignarda dans sa baignoire pour venger les Girondins.

Marathon
Village proche d'Athènes où les Perses furent vaincus en 490 avant J.-C. Pour annoncer la nouvelle, un soldat aurait couru jusqu'à Athènes et serait mort d'épuisement au pied de l'Acropole.

saint **Marc** (Ier siècle)
L'un des quatre évangélistes. Selon la tradition, Marc est l'auteur du deuxième Évangile du Nouveau Testament. Marc est le patron de Venise et son emblème est un lion ailé.

Marc Antoine voir ***Antoine***

Marc Aurèle (né en 121, mort en 180)
Empereur romain de 161 à 180. Il lutta contre les Parthes et les Germains. Habile administrateur, il protégea les arts et les lettres. D'abord tolérant à l'égard des chrétiens, il les fit ensuite persécuter. Écrivain, il a laissé un recueil de *Pensées*, sorte de journal intime.

Marcel Étienne (né vers 1316, mort en 1358)
Prévôt des marchands de Paris. Défenseur des intérêts de la bourgeoisie, il s'opposa au Dauphin, le futur Charles V. Devenu maître de Paris, il s'allia au roi de Navarre, Charles le Mauvais, au grand mécontentement du peuple. Un partisan du Dauphin l'assassina.

les **Marches**
Région d'Italie et de l'Union européenne, sur l'Adriatique. 9 694 km^2 ; 1,5 million d'hab. ; capitale : Ancône. Ses ressources principales sont une agriculture intensive, la pêche et le tourisme.

Marconi Guglielmo (né en 1874, mort en 1937)
Physicien italien. Ses travaux sur la radioélectricité permirent d'établir, dès 1899, la première liaison radio entre la France et l'Angleterre. Il reçut le prix Nobel de physique en 1909.

Marco Polo voir ***Polo***

Marguerite d'Angoulême (née en 1492, morte en 1549)
Reine de Navarre. Sœur de François Ier, veuve du duc d'Alençon, elle épousa Henri d'Albret, roi de Navarre. Femme cultivée, elle accueillit à la cour de Navarre des poètes, des humanistes et offrit sa protection aux protestants. Elle est l'auteur de poèmes, de contes et des comédies.
On dit aussi **Marguerite de Navarre**.

Marguerite de Valois (née en 1553, morte en 1615)
Reine de Navarre, puis reine de France. Fille d'Henri II et de Catherine de Médicis, elle épousa Henri de Navarre, le futur Henri IV. Devenu roi de France, Henri IV fit annuler son mariage. Femme cultivée et intelligente, Marguerite de Valois écrivit des *Mémoires* et des poèmes. Elle fut surnommée la reine Margot.
On dit aussi **Marguerite de France**.

Marianne
Nom donné à la République française, représentée symboliquement par un buste de femme dont la tête est coiffée d'un bonnet phrygien.

Mariannes
Archipel du Pacifique Nord, à l'est des Philippines, qui comprend quinze îles. Guam, l'île principale est un territoire américain depuis 1898. Les autres îles forment le Commonwealth des Mariannes du Nord, État associé aux États-Unis. 404 km^2 ; 19 600 hab. ; capitale : Saipan.
Une importante bataille aéronavale s'y déroula en juin 1944. De 1947 à 1975, les Mariannes ont été sous tutelle américaine.

Marie
Mère de Jésus-Christ, fille d'Anne et de Joachim. Dans l'Évangile selon saint Luc, l'ange Gabriel vient annoncer à Marie que Dieu l'a choisie pour donner naissance à son fils Jésus.
On dit aussi la **Vierge Marie** ou la **Sainte Vierge**.

Marie Ire Tudor (née en 1516, morte en 1558)
Reine d'Angleterre et d'Irlande de 1553 à 1558 ; fille d'Henri VIII et de Catherine d'Aragon. En 1554, elle épousa Philippe II d'Espagne. Attachée au catholicisme, elle persécuta les protestants et reçut le surnom de Marie la Sanglante.

Marie Ire Stuart (née en 1542, morte en 1587)
Reine d'Écosse de 1542 à 1567. Fille de Jacques V d'Écosse, élevée en France, elle épousa le futur roi François II et fut reine de France de 1559 à 1560. Elle regagna l'Écosse après la mort du roi et épousa Henry Stuart, chef des catholiques. Son remariage avec l'un des responsables de l'assassinat de son époux Henry Stuart, provoqua un scandale et elle dut abdiquer. Elle s'exila en Angleterre et fut emprisonnée. En 1586, Élisabeth Ire la fit traduire devant un tribunal qui la condamna à mort.

Marie de Médicis (née en 1573, morte en 1642)
Reine de France. Marie de Médicis épousa le roi de France Henri IV en 1600. À la mort du roi, elle devint régente du royaume, au nom de son fils, le jeune Louis XIII, et gouverna sous l'influence d'un aventurier italien, Concini. Après l'assassinat de Concini, elle se révolta contre son fils, puis se réconcilia avec lui. Alors admise au Conseil, elle y fit entrer son protégé, Richelieu, en 1624. Tentant ensuite, sans succès, de le faire disgracier, elle dut s'exiler.

Marie-Antoinette d'Autriche (née en 1755, morte en 1793)
Reine de France. Fille de l'empereur germanique François Ier et de Marie-Thérèse, elle épousa le futur Louis XVI en 1770. Insouciante et dépensière, elle se rendit impopulaire. À la Révolution, elle fut arrêtée et enfermée avec le roi à la prison du Temple, puis à la Conciergerie. Le 16 octobre 1793, elle fut condamnée à mort et guillotinée.

Marie-Louise de Habsbourg-Lorraine (née en 1791, morte en 1847)
Impératrice des Français. Fille de l'empereur d'Autriche François Ier, elle épousa Napoléon Ier en 1810, dont elle eut un fils, le roi de Rome. Après l'abdication de Napoléon, elle rejoignit son père en Autriche. Elle se remaria secrètement deux fois. De 1815 à sa mort, elle régna sur les duchés de Parme, Plaisance et Guastalla.

Marie-Thérèse (née en 1717, morte en 1780)
Impératrice d'Autriche, reine de Hongrie et de Bohême. Fille de l'empereur Charles VI, à qui elle succéda, elle dut mener la guerre de Succession d'Autriche contre la Prusse notamment, pour conserver son héritage. Mais elle perdit la guerre de Sept Ans, en tentant de récupérer la Silésie. Elle gouverna avec fermeté et introduisit de nombreuses réformes dans ses États.

Marignan
Ville d'Italie, près de Milan, où François Ier remporta, en 1515, une victoire sur les Suisses qui servaient le duc de Milan.

abbé **Mariotte** (né vers 1620, mort en 1684)
Physicien français. Il fut le créateur de l'expérimentation en physique. Il énonça une loi sur la compressibilité des gaz, appelée *loi de Boyle-Mariotte*.

Marius Caius (né en 157, mort en 86 avant J.-C.)
Général et homme politique romain. Les victoires de Caius Marius en Gaule, sur les Teutons et les Cimbres, accrurent son prestige. Proscrit par ses adversaires, Marius revint à Rome et se vengea.

Marivaux (né en 1688, mort en 1763)
Écrivain français. Marivaux est l'auteur de nombreuses pièces de théâtre dont *Arlequin poli par l'amour (1720), la Surprise de l'amour (1722), la Double Inconstance (1723), le Jeu de l'amour et du hasard (1730), les Fausses Confidences (1737)*, dans lesquelles il étudie les sentiments amoureux dans un style subtil et spirituel, un peu précieux, que l'on a appelé « le marivaudage ».

Marlowe Christopher (né en 1564, mort en 1593)
Poète dramatique anglais. Marlowe, brillant devancier de Shakespeare, est l'auteur d'œuvres puissantes et tragiques dont *la Tragique Histoire du docteur Faust (1588)* et *Édouard II (1592)*. Il mourut assassiné.

① **Marne**
Rivière de France (525 km). La Marne, affluent de la Seine, naît sur le plateau de Langres, arrose Châlons-en-Champagne et Meaux et rejoint la Seine à Charenton-le-Pont.

② **Marne**
Département français (51) de la Région Champagne-Ardenne. 8 162 km² ; 565 229 hab. ; chef-lieu : Châlons-en-Champagne.

Marne (Haute-) voir ***Haute-Marne***

Maroc

27,7 millions d'habitants
Superficie : 710 000 km² (avec l'ancien Sahara espagnol)
Capitale : Rabat
Langue officielle : arabe
autre langue : berbère
Monnaie : le dirham marocain

État d'Afrique du Nord, sur l'Atlantique et la Méditerranée, voisin de l'Algérie.
Géographie Au nord-ouest s'étend le Maroc atlantique, région de plateaux et de plaines, au climat méditerranéen humide où se concentrent les deux tiers de la population. Au nord, la chaîne du Rif retombe sur la Méditerranée par un littoral escarpé. Les chaînes de l'Atlas séparent le Maroc atlantique de l'est du pays, région de hauts plateaux et de vallées. Au-delà, dans le Grand Sud, commence le Sahara marocain.
Économie L'agriculture emploie environ un tiers de la population active. Les modernes et vastes exploitations des plaines atlantiques, exportant vers l'Europe vins, agrumes, fruits et légumes, coexistent avec une agriculture traditionnelle de l'intérieur et des montagnes. La pêche est importante. Les phosphates sont la grande ressource minière du pays et ont créé une industrie chimique (engrais, acide phosphorique). L'axe

Casablanca-Rabat-Kénitra constitue la première région industrielle. Le tourisme culturel et balnéaire est très important.

Histoire La région a connu le passage des Phéniciens, des Carthaginois, puis des Romains. Le pays, envahi par les Vandales au Ve siècle, conquis et islamisé par les Arabes au début du VIIIe siècle, connut son apogée sous les dynasties berbères aux XIe et XIIe siècles. Après 1660, la dynastie arabe des Alaouites, qui règne encore, assit sa domination.

Miné par ses divisions internes, le Maroc subit la pression des Européens dès le XVIIIe siècle. La France imposa son protectorat en 1912. Lyautey organisa le pays et écrasa la révolte d'Abd el-Krim (1921-1926). Le sultan Mohammed V, déposé en 1953 par la France, fut rétabli en 1955 et obtint l'indépendance en 1956. À la mort de Mohammed V en 1961, son fils Hassan II lui succéda. Il pratiqua une politique diplomatique active dans ses relations avec la France et à propos de problèmes frontaliers avec l'Algérie. Critiqué à l'extérieur pour son absolutisme, Hassan II a intensifié l'union nationale : libération de prisonniers politiques, levée de la censure, élection, reconnaissance des partis de l'opposition. Pour la première fois, en 1997, les Marocains ont élu l'ensemble de leurs députés au suffrage universel. À la mort d'Hassan II, en 1999, son fils Mohammed VI lui a succédé.

Marot Clément (né en 1496, mort en 1544)

Poète français. Marot est l'auteur de rondeaux et de ballades qui respectent les formes traditionnelles du Moyen Âge, mais il sut aussi adopter un style plein de verve, de pittoresque et d'esprit dans ses épigrammes, ses élégies, et ses épîtres comme la célèbre *Épître au roi pour le délivrer de prison (1527)*. Soupçonné de sympathie pour le protestantisme, il fut forcé de s'exiler à plusieurs reprises et mourut, pauvre et solitaire, à Turin.

Marquises

Archipel volcanique de la Polynésie française, situé au nord-est de Tahiti. 1 274 km^2 ; 7 350 hab. ; chef-lieu : Taiohae. Ses ressources sont faibles mais le tourisme est développé. Découvertes par les Espagnols dès 1595, les îles Marquises furent occupées par la France en 1842.

Marrakech

Ville du Maroc, au pied du Haut Atlas (439 730 hab.). Marrakech est le grand marché du Sud. La ville possède un très bel artisanat. C'est un centre touristique très fréquenté. Elle compte, parmi ses nombreuses mosquées, la Kutubiyyah qui date du XIIe siècle.

① Mars

Dieu romain de la Guerre. Il est le père de Romulus et Remus. Il est identifié à Arès dans la mythologie grecque.

② Mars

Planète du système solaire. Située entre la Terre et Jupiter, elle se trouve à environ 230 millions de kilomètres du Soleil. Comme la Terre, elle a des saisons marquées, mais c'est une planète beaucoup plus froide. Au niveau des pôles se trouvent des calottes de glace et de neige carbonique. Le relief comprend des cratères et des chaînes volcaniques. L'existence de rivières fossiles prouve qu'un liquide (certainement de l'eau) a coulé jadis sur la surface de la planète. En juillet 1997, une sonde américaine a déposé sur Mars un robot qui transmet des images de la planète à la Terre.

la Marseillaise

Hymne national français. La Marseillaise fut composée à Strasbourg, en avril 1792, par Rouget de Lisle, qui l'intitula *Chant de guerre pour l'armée du Rhin*. Des fédérés marseillais montés à Paris le chantèrent, en août 1792, et on le nomma *la Marseillaise*. Une loi votée le 14 février 1879 fit de la Marseillaise l'hymne national de la France.

Marseille

Chef-lieu du département des Bouches-du-Rhône et de la Région Provence-Alpes-Côte-d'Azur (1 million d'hab. environ). Marseille est le premier port de Méditerranée. Le trafic pour le pétrole et les industries de base s'est reporté au nord-ouest de la ville. Un métro a été inauguré en 1978. La basilique Notre-Dame-de-la-Garde, bâtie sur une colline, surplombe la ville.

Histoire La cité, appelée Massilia, fut fondée par une colonie phocéenne au VIe s. avant J.-C. Port florissant jusqu'à la conquête des Gaules (49 avant J.-C.), il fut à nouveau très prospère au temps des croisades, déclina ensuite et retrouva sa puissance après l'ouverture du canal de Suez en 1869.

Marshall George (né en 1880, mort en 1959)

Général et homme politique américain. Secrétaire d'État de 1947 à 1948, il fut l'auteur d'un plan d'assistance économique à l'Europe, appelé *plan Marshall*. Il reçut le prix Nobel de la paix en 1953.

Martel voir *Charles Martel*

saint Martin (né vers 316, mort en 397)

Évêque de Tours. La légende dit que saint Martin, soldat dans l'armée romaine, aurait partagé son manteau avec un pauvre. Il fonda de nombreux monastères et fut le principal évangélisateur de la Gaule.

Martin du Gard Roger (né en 1881, mort en 1958)
Écrivain français. Ami de Gide, avec lequel il entretiendra une longue correspondance, Roger Martin du Gard évoque les problèmes de son époque dans de grands romans réalistes. Il est notamment l'auteur de la série des *Thibault*, en huit volumes, écrite de 1922 à 1940. Il a reçu le prix Nobel de littérature en 1937.

Martinique
Île des Petites Antilles formant une région et un département français d'outre-mer. 1 102 km^2 ; 381 427 hab. Son chef-lieu est Fort-de-France.
GÉOGRAPHIE La Martinique est une île volcanique ; l'éruption de la montagne Pelée, en 1902, détruisit la ville de Saint-Pierre. Le climat est chaud et humide. Très dense, la population est composée de Noirs, de Créoles et de métropolitains. Il y a une forte émigration vers la France. Les ressources de la Martinique viennent de l'agriculture (production de bananes et de canne à sucre), et du tourisme.
HISTOIRE Découverte par Christophe Colomb en 1502 et colonisée par la France au XVIIe siècle, la Martinique fut convoitée à plusieurs reprises par les Anglais. On y pratiqua l'esclavage dont le maintien, après la révolution, provoqua de nombreuses révoltes.

Marx Karl (né en 1818, mort en 1883)
Philosophe allemand. Marx, issu d'une famille juive convertie au protestantisme, fit des études de philosophie et de droit. Ami d'Engels, ils écrivirent ensemble plusieurs ouvrages, dont le *Manifeste du parti communiste* publié en 1848. S'inspirant de la dialectique de Hegel, il construira sa théorie de la lutte des classes, fondée sur une dictature du prolétariat, et devant aboutir à une société communiste où toute notion de classe serait abolie. Les quatre tomes de son grand ouvrage, *le Capital*, publié entre 1867 et 1894, exposent l'essentiel de sa doctrine. Celle-ci prendra le nom de marxisme.

Masais voir ***Massaïs***

Mascate
Ville et port de la péninsule d'Arabie. Mascate est la capitale du sultanat d'Oman, sur la côte du golfe d'Oman (600 000 hab.).

Masque de fer
Mystérieux prisonnier d'État. Enfermé à partir de 1679 par ordre du roi Louis XIV, et mort à la Bastille en 1703, ce prisonnier portait un masque de velours noir et de métal qui cachait son visage. Son identité n'a jamais été révélée, et son histoire a donné lieu à une légende, qui a inspiré des écrivains tels que Voltaire et Alexandre Dumas.

Massaïs
Peuple vivant au Kenya et en Tanzanie. Les Massaïs sont des pasteurs nomades venus du Soudan au XVIIe siècle.
On dit aussi **Masais**.

Massif armoricain voir ***armoricain***

Massif central
Grande région du centre et du sud de la France. C'est un vieux massif au relief varié, où se côtoient montagnes, plaines et volcans. Le climat y est rude. Ses principales ressources sont l'agriculture, l'élevage bovin et l'artisanat. Autour des grandes villes se concentrent les industries traditionnelles : métallurgie au Creusot et à Saint-Étienne, textile à Roanne, caoutchouc à Clermont-Ferrand. Le tourisme et les stations thermales contribuent également à faire vivre la région.

Matisse Henri (né en 1869, mort en 1954)
Peintre français. Influencé par les impressionnistes et considéré comme un des initiateurs du fauvisme, Matisse a développé un art très personnel fondé sur l'harmonie des couleurs et des formes, dans un style simplifié, équilibré et apaisant. Parmi ses œuvres les plus connues figurent la *Danse*, la *Leçon de piano*, *Intérieur au violon* et *la Conversation*.

Mato Grosso
État du sud-ouest du Brésil, dont la capitale est Cuiabá. 881 001 km^2 ; 1 660 000 hab. C'est une région aride, qui vit de l'élevage et de l'exploitation de ses mines de manganèse.

saint **Matthieu** (Ier siècle)
Un des douze apôtres. Il est l'auteur de l'Évangile selon saint Matthieu, qui constitue un des quatre premiers livres du Nouveau Testament.
On écrit aussi **Mathieu**.

Maupassant Guy de (né en 1850, mort en 1893)
Écrivain français. Guy de Maupassant passa sa jeunesse en Normandie, dont il évoquera la vie paysanne dans ses nouvelles et dans ses contes. Il fit son apprentissage d'écrivain avec Flaubert, qui développa chez lui le goût de la description détaillée et réaliste. Il est l'auteur notamment des *Contes de la bécasse (1883)*, du *Horla (1887)*, de *Boule-de-Suif (1880)*, de *Bel-Ami (1885)* et de *Pierre et Jean (1888)*. Atteint par la syphilis, il mourut presque fou.

Mauriac François (né en 1885, mort en 1970)
Écrivain français. Élevé dans la tradition chrétienne, François Mauriac sera préoccupé toute sa vie par les notions antagonistes de vertu et de péché. C'est dans cette optique qu'il décrira la vie de la bourgeoisie provinciale. Il est l'auteur de *Thérèse Desqueyroux (1927)*, *le Nœud de vipères*

(1932) et *le Mystère Frontenac (1933).* Il entra à l'Académie française en 1933, et reçut le prix Nobel de littérature en 1952.

Île Maurice

1,2 million d'habitants
Superficie : 2 040 km²
Capitale : Port-Louis
Langues officielles : anglais, français
Monnaie : la roupie mauricienne

État de l'océan Indien, l'île Maurice est située à l'est de Madagascar. Autrefois colonie française, on y parle encore le français. C'est une île volcanique, densément peuplée, qui produit de la canne à sucre et du thé. Le tourisme y est actif.
Histoire Découverte par les Portugais en 1507, l'île Maurice fut occupée par les Néerlandais, puis, à partir de 1715, par les Français. En 1810, ce sont les Anglais qui l'occupèrent à leur tour. Elle est devenue indépendante en 1968, et république au sein du Commonwealth en 1992.

Mauritanie

2,5 millions d'habitants
Superficie : 1 032 460 km²
Capitale : Nouakchott
Langue officielle : arabe
Monnaie : l'ouguiya

État d'Afrique occidentale. Située au nord du Sénégal et à l'ouest du Mali, la république islamique de Mauritanie occupe une partie du Sahara occidental. Les principales et maigres ressources viennent de l'agriculture (mil, riz, dattes), de l'élevage (ovins, bovins, dromadaires), de la pêche et de l'exploitation du fer. La Mauritanie fait partie des pays les moins avancés et nécessite une aide étrangère.

Mayas

Peuple indien d'Amérique centrale, dont les descendants vivent aujourd'hui au Mexique, principalement dans le Yucatán. Les Mayas ont été les fondateurs d'une brillante civilisation, qui se développa du IVe au IXe siècle. Ils eurent une écriture élaborée, et des connaissances en mathématiques et en astronomie. D'importants vestiges témoignent encore de leur civilisation.

Mayenne

Département français (53) de la Région des Pays de la Loire. 5 171 km² ; 285 338 hab. ; chef-lieu : Laval.

Mayflower

Navire qui, en 1620, transporta vers l'Amérique les puritains anglais qui fondèrent les premières colonies d'Amérique du Nord.

Mayotte

Île française de l'archipel des Comores, dans l'océan Indien, au nord-ouest de Madagascar. 374 km² ; 68 000 hab. Mayotte vit essentiellement de cultures tropicales et exporte de la vanille.
Histoire En 1976, Mayotte choisit de rester française, contrairement aux trois autres îles de l'archipel des Comores, devenues indépendantes en 1975.

Mazarin Jules (né en 1602, mort en 1661)

Prélat et homme d'État français. D'origine italienne, Mazarin, en mission diplomatique en France, fut remarqué par Richelieu, qui le fit nommer cardinal en 1641. Lui ayant succédé, il devint ministre de Louis XIII, puis, à sa mort, ministre de la régente Anne d'Autriche. Disposant d'un pouvoir absolu, il assura la prépondérance de la France en Europe, et accrut le territoire national de l'Alsace et du Roussillon. Il fut un mécène éclairé et actif.

Mbabane

Capitale du Swaziland (50 000 hab.).

Mécène (né vers 69, mort en 8 avant J.-C.)

Chevalier romain. Conseiller d'Auguste, Mécène encouragea les lettres et les arts. Les poètes Horace et Virgile furent parmi ses protégés.

Meched

Ville d'Iran (1,7 million d'hab.). Chef-lieu de la province du Khorasan, Meched est un centre de pèlerinage chiite.
On écrit aussi **Mechhed**.
On dit aussi **Meshhad**.

La Mecque

Ville de l'ouest de l'Arabie Saoudite (370 000 hab.). Patrie du prophète Mahomet, La Mecque est la capitale religieuse de l'islam. Elle rassemble chaque année des milliers de pèlerins musulmans.

Médée

Personnage de la mythologie grecque. Magicienne, elle aida Jason à conquérir la Toison d'or et l'épousa. Lorsqu'il l'abandonna, elle se vengea en égorgeant leurs enfants.

Mèdes

Peuple indo-européen. Les Mèdes occupèrent le nord-ouest de l'Iran ancien à partir du Ier millénaire avant J.-C. Au VIIe siècle, ils constituèrent un empire, qu'ils durent défendre contre les Scythes. Le Perse Cyrus le Grand mit fin à leur civilisation vers 550 avant J.-C.

Médicis

Famille florentine qui domina la vie économique et politique de Florence du XVe au XVIIIe siècle. Protecteurs des arts et des lettres, les Médicis contribuèrent à l'épanouissement de Florence à l'époque de la Renaissance.

Médine

Ville d'Arabie Saoudite, située au nord-ouest de La Mecque (198 000 hab.). C'est à Médine que le prophète Mahomet se réfugia en 622, après avoir été chassé de La Mecque. La ville abrite son tombeau et celui de sa fille Fatima.

guerres **médiques**

Guerres qui opposèrent les Grecs à l'empire Perse, de 492 à 448 avant J.-C. La première guerre médique marqua la victoire des Grecs sur les Perses à Marathon. Xerxès Ier, roi des Perses, prit sa revanche à la bataille des Thermopyles, lors de la deuxième guerre médique. Il prit et incendia Athènes. Mais les Grecs détruisirent la flotte perse à Salamine et vainquirent l'armée de Xerxès. La troisième guerre médique marqua la victoire d'Athènes. Les guerres médiques prirent fin en 448 avant J.-C.

mer **Méditerranée**

Vaste mer intérieure, séparant l'Europe méridionale de l'Afrique du Nord. La Méditerranée communique avec l'Atlantique par le détroit de Gibraltar, et avec la mer Noire par les détroits des Dardanelles et du Bosphore ; le canal de Suez la relie à la mer Rouge. C'est une mer salée, dont les marées sont de faible amplitude. Avec ses côtes découpées propices à l'installation de ports, et ses nombreuses îles favorables aux escales, la Méditerranée est le foyer d'une intense navigation. Les grandes civilisations de l'Antiquité se sont épanouies sur ses rives.

Méduse

Personnage de la mythologie grecque. Méduse était une des trois Gorgones, dont Athéna, par jalousie, avait transformé les cheveux en serpents. Son regard avait le pouvoir de pétrifier les vivants. Persée lui coupa la tête ; de son sang naquit le cheval Pégase.

Méhémet-Ali (né en 1769, mort en 1849)

Vice-roi d'Égypte. Général ottoman, il vint combattre Bonaparte en Égypte en 1798. Après avoir pris le pouvoir, il élimina les Mamelouks et fit de l'Égypte un État moderne. Il aida la Turquie contre la Grèce, et ensuite l'affronta en lui prenant notamment la Syrie. Le traité de Londres, en 1840, le reconnut comme vice-roi héréditaire d'Égypte.

ère **Meiji**

Période de l'histoire du Japon (1867-1912), au cours de laquelle l'empereur Mutsuhito, reprenant le pouvoir jusqu'alors détenu par les dictateurs militaires, accomplit des réformes profondes inspirées par l'Occident.

Meiji tenno (né en 1852, mort en 1912)

Empereur du Japon de 1867 à 1912. En 1867, Meiji tenno, dit Mutsuhito, reprit le pouvoir aux dictateurs militaires, et accomplit de profondes réformes. La guerre sino-japonaise (1894-1895), puis la guerre russo-japonaise (1904-1905) et l'annexion de la Corée (1910) montrèrent sous son règne la puissance du Japon.

Mékong

Fleuve d'Asie (4 180 km). Le Mékong naît dans le Tibet et se jette dans la mer de Chine méridionale par un immense delta, après avoir traversé le Laos, le Cambodge et le sud du Viêt-nam.

Mélanésie

Ensemble d'îles du Pacifique, proches de l'Australie. La Mélanésie comprend notamment la Papouasie-Nouvelle-Guinée, les îles Salomon, la Nouvelle-Calédonie et les îles Fidji.

Melbourne

Deuxième ville d'Australie, capitale de l'État de Victoria (2,9 millions d'hab.). Melbourne est un port important et le premier centre commercial du pays. C'est aussi une ville universitaire et un centre culturel.

Méliès Georges (né en 1861, mort en 1938)

Cinéaste français. Créateur des premiers studios de tournage, Méliès est surtout connu pour l'univers fantastique et poétique de ses films, qu'il réalisa avec des trucages extraordinaires. Il est l'auteur de *Voyage dans la Lune (1902)* et des *Hallucinations du baron Münchhausen (1911).*

Melun

Chef-lieu du département de Seine-et-Marne (35 695 hab.). Melun est un centre agricole et industriel.

Melville Herman (né en 1819, mort en 1891)

Romancier américain. Il est surtout connu pour ses romans d'aventure où l'univers maritime est prédominant, en particulier *Moby Dick (1851).*

Memphis

Ancienne capitale de l'Égypte pharaonique, sous l'Ancien Empire, à 35 km du Caire.

Mende

Chef-lieu du département de la Lozère, sur le Lot (12 113 hab.). Ville touristique, Mende conserve de belles maisons anciennes. Autrefois capitale du Gévaudan, elle fut saccagée lors des guerres de Religion.

Mendel Johann (né en 1822, mort en 1884)

Religieux et botaniste autrichien. Mendel entreprit, en 1856, ses expériences sur l'hybridation des plantes et, en 1866, exposa les lois qui ont fondé la science génétique.

Mendeleïev (né en 1834, mort en 1907)
Chimiste russe. Mendeleïev est l'auteur de la classification périodique des éléments, qui sera l'un des fondements de la chimie moderne.
On écrit aussi **Mendéleiev**.

Mendelssohn-Bartholdy Felix (né en 1809, mort en 1847)
Compositeur allemand. Son œuvre se situe entre le classicisme et le romantisme. Il est notamment l'auteur de la *Symphonie italienne* et du *Songe d'une nuit d'été*. Il contribua à la redécouverte de Jean Sébastien Bach.

Mendès France Pierre (né en 1907, mort en 1982)
Homme politique français. Avocat, député radical-socialiste, membre du gouvernement du Front populaire en 1938, Pierre Mendès France fut président du Conseil et mit fin à la guerre d'Indochine en 1954.

Ménélas
Roi de Sparte. Il est le frère d'Agamemnon et l'époux d'Hélène, dont l'enlèvement par le Troyen Pâris déclencha la guerre de Troie.

Mentor
Personnage de l'*Odyssée*. Ami d'Ulysse, celui-ci lui confia l'éducation de son fils Télémaque.

Mercantour
Massif cristallin des Alpes du Sud, sur la frontière franco-italienne.

① **Mercure**
Dieu romain aux pieds ailés, assimilé à l'Hermès des Grecs. Mercure était le dieu du commerce et de l'éloquence ; il transmettait les messages de Jupiter et protégeait les voyageurs. Il était aussi menteur et voleur.

② **Mercure**
Planète la plus proche du Soleil. À peine plus grosse que la Lune, Mercure a une densité comparable à celle de la Terre. Son atmosphère est presque inexistante, et elle connaît des écarts de température considérables. Le relief de Mercure ressemble à celui de la Lune, avec des régions montagneuses et des cratères creusés par des météorites.

Mérimée Prosper (né en 1803, mort en 1870)
Écrivain français. Ami de Stendhal, il est surtout connu pour ses nouvelles : *Colomba*, *Carmen* et *la Chambre bleue*. Inspecteur des monuments historiques, il parcourut la France et les pays méditerranéens.

Mermoz Jean (né en 1901, mort en 1936)
Aviateur français. Mermoz fut le créateur des lignes aériennes entre la France et l'Amérique du Sud, et entre Rio de Janeiro et Santiago du Chili. Il disparut à bord de l'hydravion *Croix-du-Sud*.

Mérovingiens
Dynastie des rois des Francs dont le premier serait Mérovée. À la fin du Ve siècle, le petit-fils de Mérovée, Clovis, conquit la Gaule. Les Mérovingiens y régnèrent jusqu'en 751. Ils furent alors remplacés par la dynastie des Carolingiens, fondée par Pépin le Bref.

Mésopotamie
Région d'Asie occidentale, située entre le Tigre et l'Euphrate. La Mésopotamie correspond aujourd'hui à la majeure partie de l'Irak. Brillant foyer de civilisation, son histoire se partage entre quatre grandes périodes : sumérienne, babylonienne, assyrienne et néo-babylonienne. En 539 avant J.-C., elle entra dans l'Empire perse. Plusieurs fois envahie, la Mésopotamie fut finalement conquise par les Arabes au VIIe siècle.

Metternich-Winneburg Klemens (né en 1773, mort en 1859)
Homme politique autrichien. Après avoir négocié le mariage de Marie-Louise avec Napoléon Ier en 1810, le prince de Metternich rompit l'alliance avec la France. Après le congrès de Vienne de 1815, il réprima les mouvements libéraux en Europe. La révolution de 1848 provoqua sa chute.

Metz
Chef-lieu du département de la Moselle et de la Région Lorraine (123 776 hab.). C'est un centre industriel. Son université, sa cathédrale et ses maisons anciennes en font également un centre culturel.

Meurthe-et-Moselle
Département français (54) de la Région Lorraine. 5 235 km^2 ; 713 779 hab. ; chef-lieu : Nancy.

① **Meuse**
Fleuve de France, de Belgique et des Pays-Bas (950 km). Née au pied du plateau de Langres, la Meuse traverse l'Ardenne, la Belgique et les Pays-Bas. Elle se jette alors dans la mer du Nord par un delta qui rejoint celui du Rhin.

② **Meuse**
Département français (55) de la Région Lorraine. 6 220 km^2 ; 192 198 hab. ; chef-lieu : Bar-le-Duc.

Mexico
Capitale du Mexique (17,5 millions d'hab.). Située sur un plateau à 2 260 mètres d'altitude, Mexico est le premier centre industriel, commercial et culturel du pays. C'est aussi une des villes les plus peuplées du monde.
HISTOIRE Mexico fut fondée par les Aztèques en 1325. Conquise par Cortés en 1521, elle fut rasée et reconstruite, avant de devenir la résidence du vice-roi de la Nouvelle-Espagne, puis la capitale du Mexique en 1824.

A B C D E F G H I J K L M N O P Q R S T U V W X Y Z

campagne du **Mexique**
Campagne entreprise par Napoléon III en 1862, à la suite d'un différend financier avec l'État mexicain. Abandonnée par ses alliés anglais et espagnols, l'armée française tenta d'imposer l'archiduc Maximilien d'Autriche comme empereur du Mexique. Cependant, harcelés par les troupes mexicaines que soutenaient les États-Unis, les Français durent quitter le pays. Maximilien, vaincu, fut fusillé en juin 1867.

golfe du **Mexique**
Large golfe de la partie occidentale de l'océan Atlantique, bordé par la côte sud des États-Unis, le nord du Mexique, le Yucatán et Cuba. C'est dans le golfe du Mexique que naît le Gulf Stream.

Mexique
99,6 millions d'habitants
Superficie : 1 972 547 km^2
Capitale : Mexico
Langue officielle : espagnol
Monnaie : le peso mexicain

État fédéral de l'Amérique septentrionale et centrale, sur le Pacifique et l'Atlantique.

Géographie Le Mexique est un pays de hauts plateaux, avec des plaines côtières donnant sur le Pacifique et sur le golfe du Mexique. Le climat y est tropical, aride au nord et humide au sud. La population et les villes se concentrent dans les hautes terres du sud, tempérées par l'altitude. La croissance démographique et l'exode rural contribuent au surpeuplement des villes.

Économie Le Mexique est la quatrième puissance économique du tiers-monde. Son agriculture est diversifiée. Le pays exporte du café, du coton, des fruits et des légumes. Son sous-sol est riche ; il fournit de l'argent (1er rang mondial), du cuivre, du fer, du zinc, et du pétrole (4e rang mondial). Le Mexique reçoit près de 5 millions de touristes par an. Son économie dépend en grande partie des États-Unis.

Histoire L'histoire du Mexique commence au début de l'ère chrétienne, avec le développement de la grande civilisation des Mayas. À partir du XIe siècle, des vagues d'envahisseurs, dont les Aztèques, commencent à venir du Nord. Ceux-ci soumettent les Mayas, et, sur le site de Mexico, fondent Tenochtitlán, centre d'une vaste confédération. Ils développent l'agriculture, le commerce et les arts. Mais l'Espagnol Hernán Cortés les écrase au XVIe siècle. Le territoire conquis est alors baptisé Nouvelle-Espagne. La population indienne, convertie de force au catholicisme par les franciscains, est massacrée et réduite en esclavage. L'indépendance du Mexique sera proclamée en 1821.

Mezzogiorno
Ensemble des Régions de l'Italie du Sud, incluant la Sicile et la Sardaigne. 131 000 km^2 ; plus de 20 millions d'hab. Essentiellement agricoles, ces Régions sont en déséquilibre économique avec le Nord du pays.

Miami
Ville des États-Unis, située en Floride (358 500 hab.). Miami est une grande station balnéaire et touristique.

Michel-Ange (né en 1475, mort en 1564)
Sculpteur, peintre, architecte et poète italien. Élève de Ghirlandaio, Michel-Ange étudia l'art antique à Florence chez son protecteur Laurent de Médicis. Sculpteur de génie, il a créé la *Pietà* de la basilique Saint-Pierre de Rome, la statue de *David*, le *Moïse* et les *Esclaves* destinés au tombeau du pape Jules II. En 1508, le pape lui confia la décoration de la voûte de la chapelle Sixtine, achevée en 1512. Il y figura la Création du monde, qui plus tard fera écho à la fresque du *Jugement dernier*. À la fin de sa vie, son génie s'appliqua aussi à l'architecture. Poète, ses *Rimes* comptent parmi les œuvres littéraires les plus originales de la Renaissance.

Michelet Jules (né en 1798, mort en 1874)
Historien et écrivain français. Michelet fut professeur au Collège de France, avant d'être destitué en raison de ses idées libérales et anticléricales. Il est connu notamment pour son *Histoire de France*, et son *Histoire de la Révolution française*.

Michigan
Un des cinq Grands Lacs de l'Amérique du Nord (57 994 km^2). Un détroit le relie au lac Huron.

Mickey Mouse
Personnage de dessin animé, créé par Walt Disney en 1928.

Micronésie
Ensemble d'îles du Pacifique, situées entre la Mélanésie et la Polynésie. La Micronésie comprend notamment les îles Mariannes et les îles Carolines.

canal du **Midi**
Canal reliant l'Atlantique à la Méditerranée par la Garonne. Long de 241 km, le canal du Midi part de Toulouse et débouche dans l'étang de Thau, près de Sète.
On dit aussi **canal des Deux-Mers** ou **canal du Languedoc**.

Midi-Pyrénées
Région française et Région de l'Union européenne. 45 427 km^2 ; 2,5 millions d'hab. Elle est formée par les départements de l'Ariège, de

l'Aveyron, de la Haute-Garonne, du Gers, du Lot, des Hautes-Pyrénées, du Tarn et du Tarn-et-Garonne. Sa capitale est Toulouse.

Milan
Ville d'Italie, située au centre de la plaine du Pô (1,5 million d'hab.). Capitale de la Lombardie, Milan est la deuxième ville d'Italie par sa population et la première par son importance économique. C'est aussi une grande ville universitaire et culturelle. Les touristes viennent visiter sa cathédrale gothique, ses églises et ses monuments. Le théâtre de la Scala contribue également à sa renommée.

les **Mille et Une Nuits**
Recueil de contes populaires arabes des Xe et XIIe siècles. Le roi de Perse ayant pour habitude de prendre une nouvelle femme chaque soir et de la faire tuer le lendemain, la belle Schéhérazade, pour échapper à la mort, eut l'idée de lui raconter chaque soir une histoire, dont il n'aura la fin que le lendemain. Le roi, toujours désireux de connaître la suite de l'histoire, lui laisse la vie sauve. *Aladin et la lampe merveilleuse*, *Ali Baba et les quarante voleurs* et *Sinbad le marin* figurent parmi les contes les plus connus.

Millet Jean-François (né en 1814, mort en 1875)
Peintre français de l'école de Barbizon, auteur de scènes de la vie rurale. *Le Semeur*, *les Glaneuses* et *l'Angélus* figurent parmi ses toiles les plus connues.

Miltiade (né en 540, mort vers 489 avant J.-C.)
Général athénien. Élu stratège en 491, Miltiade fut l'artisan de la victoire de Marathon.

Ming
Dynastie qui régna en Chine de 1368 à 1644. La dynastie Ming fixa sa capitale à Pékin en 1409.

Minos
Roi légendaire de Cnossos, en Crète. Minos était le fils de Zeus et d'Europe, et le père d'Ariane et de Phèdre. Il fit enfermer dans le Labyrinthe le Minotaure, fils monstrueux de son épouse Pasiphaé. Après sa mort, Minos devint l'un des trois juges des Enfers.

Minotaure
Monstre moitié homme, moitié taureau, de la mythologie grecque. Il avait pour mère Pasiphaé, épouse de Minos, et pour père un taureau blanc offert par Poséidon. Enfermé dans le Labyrinthe de Dédale, en Crète, il y fut tué par Thésée.

Minsk
Capitale de la Biélorussie (1,8 million d'hab.). Minsk est un centre industriel et un carrefour routier et ferroviaire.

Miquelon voir ***Saint-Pierre-et-Miquelon***

Mirabeau Honoré Gabriel de (né en 1749, mort en 1791)
Homme politique français. Élu député par le tiers état d'Aix en 1789, Mirabeau s'imposa à l'Assemblée nationale par son éloquence. Son comportement en matière de politique fut ambigu. Après avoir été conseiller secret du roi, il fut accusé de trahison, et mourut brusquement sans que fût connue la vérité.

Miró Joan (né en 1893, mort en 1983)
Peintre, graveur, sculpteur et céramiste espagnol. Ami des surréalistes, Miró est l'inventeur d'un style pictural étrange et poétique, fondé sur ce qu'il appela « l'automatisme ».

Mississippi
Principal fleuve d'Amérique du Nord (3 780 km). Né dans l'État du Minnesota, il traverse la plaine centrale des États-Unis, avant de se jeter dans le golfe du Mexique par un vaste delta. Le Mississippi est une grande voie de communication depuis le XVIIe siècle.

Missouri
Rivière des États-Unis (4 370 km) ; principal affluent du Mississippi, et le plus long cours d'eau du pays. Né dans les montagnes Rocheuses, il arrose Kansas City et se jette dans le Mississippi en amont de Saint Louis. Peu navigable, il compte de nombreuses centrales hydroélectriques.

Mistral Frédéric (né en 1830, mort en 1914)
Écrivain français. Frédéric Mistral est un écrivain de langue provençale ; il est l'auteur de *Mireille*, du *Trésor du félibrige* et des *Olivades*. Il a reçu le prix Nobel de littérature en 1904.

Mithra
Divinité des Perses, probablement issue du dieu indien Mitra qui représentait le Soleil. Son culte était célébré à Rome au Ier siècle avant J.-C.

Mitterrand François (né en 1916, mort en 1996)
Homme politique français. Plusieurs fois ministre, François Mitterrand rénova le parti socialiste, dont il fut le premier secrétaire de 1971 à 1981. Candidat de la gauche unie à la présidence de la République en 1965 et en 1974, battu à chaque fois, il sera finalement élu président de la République en mai 1981, et réélu en mai 1988. Ses deux mandats s'achevèrent par deux périodes de « cohabitation ».

Moctezuma II (né en 1466, mort en 1520)
Empereur aztèque de 1502 à 1520. Moctezuma sera pris en otage par Cortés, bien qu'il se soit montré bienveillant à son égard. Il sera tué au cours d'une insurrection.

Modigliani Amadeo (né en 1884, mort en 1920)
Peintre italien de l'école de Paris. Ses portraits et ses nus sont caractérisés par des formes étirées. Il mourut dans la misère, tuberculeux.

Mogadiscio voir ***Muqdisho***

Grands **Moghols**
Dynastie qui régna sur l'Inde du Nord du XVIe au XVIIIe siècle. Les Grands Moghols étaient les descendants de Tamerlan.
On écrit aussi **Mogols**.

Mohammed V ben Youssef (né en 1909, mort en 1961)
Sultan, puis roi du Maroc de 1957 à 1961. Il entretint de bonnes relations avec la France jusqu'en 1944. Mais lorsqu'il demanda l'indépendance du Maroc, il fut destitué et exilé en 1953. Rappelé en 1955 à la suite d'émeutes, il obtint finalement l'indépendance en 1956. Il se fera proclamer roi en 1957.

Mohicans
Indiens d'Amérique du Nord, du groupe des Algonquins. Leurs rares descendants habitent l'État du Connecticut.

Moïse (XIIIe siècle avant J.-C.)
Prophète d'Israël. Moïse naquit en Égypte sous le règne de Ramsès II, à l'époque où les Hébreux subissaient les persécutions égyptiennes. Ayant échappé à l'extermination des nouveau-nés, il fut élevé à la cour du pharaon. Contraint de se réfugier dans le désert du Sinaï à la suite du meurtre d'un Égyptien, Yahvé lui apparut sous la forme d'un buisson ardent, et lui ordonna de faire sortir les Hébreux d'Égypte et de les conduire vers la Terre promise. Après la traversée de la mer Rouge, Moïse reçut de Dieu les dix commandements inscrits dans les Tables de la Loi.

Moldavie

4,2 millions d'habitants
Superficie : 33 670 km²
Capitale : Chisinau
Langue officielle : roumain
Monnaie : le leu

État d'Europe, entre la Roumanie et l'Ukraine. Pays de plaine et de moyenne montagne au climat doux et humide, la Moldavie vit essentiellement de culture et d'élevage. C'est une ancienne république soviétique, qui est devenue indépendante en 1991. La Moldavie fait partie de la Francophonie.

Molière (né en 1622, mort en 1673)
Auteur dramatique et comédien français. Molière, dont le vrai nom était Jean-Baptiste Poquelin, fit ses études à Paris chez les jésuites. En 1643, il fonda l'Illustre-Théâtre avec la famille Béjart. Leurs débuts ayant été catastrophiques, ils partirent quinze ans en province. Rentré à Paris en 1958, et protégé à la Cour, Molière triompha avec des pièces mettant en scène de façon particulièrement drôle et fine, la vanité, le ridicule et la bêtise humaine. Sa troupe s'étant fixée au Palais-Royal, elle représenta *les Précieuses ridicules, l'École des femmes, Tartuffe, Dom Juan, le Misanthrope, le Médecin malgré lui, l'Avare, le Bourgeois gentilhomme, les Fourberies de Scapin, les Femmes savantes* et *le Malade imaginaire*. Molière mourut en scène lors de la quatrième représentation du *Malade imaginaire*.

Moluques
Archipel et province d'Indonésie. Les Moluques sont situées entre les Célèbes et la Nouvelle-Guinée. 74 505 km² ; 1,6 million d'hab. Montagneux et forestier, l'archipel produit des épices et du coprah.

Monaco

30 000 habitants
Superficie : 1,95 km²
Capitale : Monaco
Langue officielle : français
Monnaie : l'euro

Principauté enclavée dans le département français des Alpes-Maritimes, sur la Côte d'Azur. Le tourisme de luxe et les avantages de sa fiscalité font la richesse de Monaco. La principauté de Monaco est une monarchie constitutionnelle.

monarchie de Juillet voir ***Juillet***

Monet Claude (né en 1840, mort en 1926)
Peintre français. Grand représentant de l'impressionnisme, il fut l'ami de Renoir et de Sisley. Sa technique consista à capter le jeu de la lumière en posant les couleurs par petites touches distinctes. Son tableau *Impression, soleil levant*, peint en 1872, donnera son nom à l'impressionnisme.

Monge Gaspard (né en 1746, mort en 1818)
Mathématicien français. Monge travailla sur la géométrie descriptive, et fut un des fondateurs de l'École polytechnique.

Mongolie

2,4 millions d'habitants
Superficie : 1 565 000 km²
Capitale : Oulan-Bator
Langue officielle : mongol
Monnaie : le tugrik

État de l'Asie central, situé entre la Russie et la Chine. La Mongolie est une vaste cuvette au climat continental, dont le centre est occupé par des montagnes. Pays de steppe, on y pratique la culture et l'élevage.

Histoire La Mongolie proclama son autonomie en 1911. République populaire en 1924, alliée de l'URSS, elle a été reconnue indépendante par la Chine en 1946.

Mongolie-Intérieure
Région autonome du nord de la Chine. 1 200 000 km² ; 2 millions d'hab. C'est une région de steppe, au climat rigoureux. La principale ressource est élevage.

Mongols
Population regroupant différentes ethnies d'Asie centrale. Les Mongols, nomades par tradition, sont répartis entre la Mongolie, la Chine et la Sibérie. Leurs ancêtres furent les fondateurs de l'empire mongol. Ils eurent pour chef Gengis Khan qui, au XIIIe siècle, se lança à la conquête du monde et s'appropria de gigantesques territoires, allant de la Chine et de la Russie à la Méditerranée. Les conquérants mongols étaient réputés pour leur cruauté.

Monrovia
Capitale et port du Liberia, sur l'Atlantique (720 000 hab.). C'est le principal centre économique du pays.

la Montagne
Groupe de députés siégeant à l'Assemblée après la Révolution. Adversaire de la Gironde, la Montagne s'appuya sur la Commune de Paris pour prendre le pouvoir, et gouverna du 2 juin 1793 au 27 juillet 1794. Les principaux chefs montagnards étaient Danton, Marat et Robespierre.

Montaigne Michel de (né en 1533, mort en 1592)
Écrivain français. Montaigne est surtout connu pour son amitié avec l'écrivain La Boétie. Son œuvre principale nommée les *Essais* expose une certaine philosophie de la vie. Selon Montaigne, la sagesse s'appuie sur la raison et sur la nature pour préserver le bonheur et la liberté de l'homme.

mont Athos voir *Athos*

Montauban
Chef-lieu du département du Tarn-et-Garonne (51 855 hab.). Situé sur le Tarn, Montauban est connu pour son marché agricole, ses bâtiments des XVIIe et XVIIIe siècles, et son musée.

mont Blanc voir *Blanc*

Montcalm de Saint-Véran Louis Joseph (né en 1712, mort en 1759)
Général français. Il fut chargé de défendre la Nouvelle-France (le Canada) contre les Anglais pendant la guerre de Sept Ans ; il remporta d'abord des victoires, avant d'être battu par les Anglais et blessé à mort près de Québec.

Mont-de-Marsan
Chef-lieu du département des Landes (29 489 hab.).

Mont-Dore
Massif volcanique d'Auvergne, qui culmine à 1 885 m au puy de Sancy. Pays d'élevage, le massif du Mont-Dore est aussi une région touristique grâce à ses stations de ski et ses stations thermales.
On écrit aussi **monts Dore**.

Monténégro
620 000 habitants
Superficie : 13 812 km²
Capitale : Pogdorica
Langue officielle : serbo-croate
Monnaies : le dinar yougoslave,
le mark allemand

République fédérée de Yougoslavie, entre la Serbie, la Bosnie-Herzégovine, la Croatie et l'Albanie. Pays au climat doux et humide, le Monténégro vit essentiellement de l'agriculture et de l'élevage.
Histoire Depuis le 27 avril 1992, le Monténégro forme, avec la Serbie, la nouvelle République fédérée de Yougoslavie.

Montesquieu (né en 1689, mort en 1755)
Écrivain français. Montesquieu est devenu célèbre avec les *Lettres persanes (1721)* : il y critiquait la société française vue par les yeux de deux Persans. Dans son œuvre, il analyse les liens qui existent, dans une société, entre la justice, l'économie, la politique et la religion. Montesquieu a été reçu à l'Académie française en 1727.

Monteverdi Claudio (né en 1567, mort en 1643)
Compositeur italien. Monteverdi est considéré comme le créateur de l'opéra, et l'inventeur d'un nouveau langage musical. Ses *Livres de madrigaux*, et ses trois opéras *Orfeo*, *Arianna* et *le Couronnement de Poppée*, comptent parmi ses œuvres les plus connues.

Montevideo
Capitale de l'Uruguay (1,5 million d'hab.). Montevideo est un grand port et le principal centre industriel du pays.

Montgolfier Joseph de (né en 1740, mort en 1810) et Étienne de (né en 1745, mort en 1799)
Industriels français. Les frères Joseph et Étienne de Montgolfier perfectionnèrent l'industrie du papier, et inventèrent les montgolfières.

Montgomery of Alamein Bernard Law (né en 1887, mort en 1976)
Maréchal britannique. Vainqueur de Rommel à Al-Alamein en Égypte (1942), Montgomery com-

battit en Italie, en Normandie, en Belgique et en Allemagne. Il fut commandant adjoint des forces atlantiques en Europe de 1951 à 1958.

Montherlant Henry de (né en 1896, mort en 1972)

Écrivain français. Montherlant garda de son enfance catholique un goût pour la maîtrise et le dépassement de soi. Il a écrit des romans : *les Célibataires, les Jeunes Filles* et des pièces de théâtre : *la Reine morte, Malatesta, la Ville dont le prince est un enfant*. Il a été reçu à l'Académie française en 1960. Il se suicida en 1972.

Montpellier

Chef-lieu du département de l'Hérault et de la Région Languedoc-Roussillon (225 392 hab.). Montpellier est un centre commercial, industriel et culturel. Sa faculté de médecine, qui est une des plus anciennes de France, a été fondée au XIIIe siècle.

Montréal

Ville du Québec, sur l'île de Montréal (1 million d'hab.). Grand port fluvial et maritime, Montréal est un centre industriel et commercial. C'est aussi une métropole culturelle et financière. La ville a accueilli l'Exposition universelle de 1967 et les jeux Olympiques de 1976.

Mont-Saint-Michel

Commune de la Manche (46 hab.). Le Mont-Saint-Michel est situé sur un îlot rocheux relié au continent par une digue. C'est un grand site touristique. L'église abbatiale, visible de loin, domine l'abbaye bénédictine (XIIe-XIIIe siècles) et les remparts. Lorsque la marée remonte, les eaux envahissent la baie très rapidement.

Moravie

Partie orientale de la République tchèque. 26 094 km^2 ; 4 millions d'hab. C'est un pays de collines, où l'on pratique la culture et l'élevage.

Morbihan

Département français (56) de la Région Bretagne. 6 763 km^2 ; 643 873 hab. ; chef-lieu : Vannes. Le Morbihan a un littoral découpé, et un relief peu élevé. La pêche, l'agriculture et le tourisme sont ses principales ressources.

Le *golfe du Morbihan* est une petite mer intérieure parsemée d'îles et d'îlots, communiquant avec l'Atlantique par un détroit aux courants violents. L'Île-aux-Moines est une des îles les plus touristiques du golfe.

mer Morte

Grand lac entre Israël et la Jordanie, alimenté par le Jourdain, à 393 m au-dessous du niveau de la mer (1 015 km^2). Ses eaux sont tellement salées qu'un nageur est porté sans aucun effort.

Les *manuscrits de la mer Morte* sont des manuscrits dont les plus anciens datent du IIe siècle avant J.-C. Ils ont été découverts entre 1946 et 1956 dans des grottes voisines de la mer Morte. Ils sont constitués d'écrits bibliques et non bibliques, rédigés en hébreu et en araméen, et permettent de connaître le contexte historique dans lequel est né le christianisme.

Morvan

Massif granitique, au nord-est du Massif central. C'est une région d'élevage, couverte de forêts et de prairies.

Moscou

Capitale de la Russie, située sur la Moskova (8,7 millions d'hab.). Moscou est un port fluvial, et un grand centre industriel, financier et commercial. Le Kremlin occupe son centre. C'est aussi une capitale culturelle qui possède de belles églises des XVIe, XVIIe et XVIIIe siècles, des musées et des théâtres.

HISTOIRE Moscou fut la capitale politique de la Russie jusqu'en 1712, puis de nouveau à partir de 1918. Prise par Napoléon Ier et à demi détruite par un incendie en 1812, elle résista victorieusement aux Allemands en 1941.

① Moselle

Rivière de France, du Luxembourg, de l'Allemagne (550 km), et affluent du Rhin. La Moselle naît dans les Vosges, forme la frontière entre le Luxembourg et l'Allemagne, puis rejoint le Rhin à Coblence.

② Moselle

Département français (57) de la Région Lorraine. 6 214 km^2 ; 1 million d'hab. ; chef-lieu : Metz.

Moulin Jean (né en 1899, mort en 1943)

Homme politique et résistant français. Préfet d'Eure-et-Loir, Jean Moulin rejoignit de Gaulle à Londres en 1940. Il fonda et présida en 1943 le Conseil national de la Résistance. Trahi, il fut arrêté et torturé par la Gestapo. Il mourra pendant son transfert en Allemagne. Ses cendres sont au Panthéon.

Moulins

Chef-lieu du département de l'Allier (21 892 hab.).

Mountbatten Louis (né en 1900, mort en 1979)

Officier de marine britannique. Chef des forces alliées dans le Sud-Est asiatique de 1943 à 1945, dernier vice-roi des Indes, et chef d'état-major de la défense de 1959 à 1965, il fut tué par un attentat de l'Armée républicaine irlandaise (IRA).

Moussorgski Modest Petrovitch (né en 1839, mort en 1881)

Compositeur russe. Il révolutionna la composition musicale, et eut une influence sur Debussy. Il est l'auteur de l'opéra *Boris Godounov* et de la symphonie *Une nuit sur le mont chauve*.

Moyen Âge

Période de l'histoire qui se situe entre le Ve siècle et le XVe siècle. Son début correspond traditionnellement à la chute de l'empire romain d'Occident en 476 ; et sa fin a pour repère historique soit la prise de Constantinople par les Turcs en 1453, soit la découverte de l'Amérique par Christophe Colomb en 1492.

Moyen-Orient

Nom désignant, à partir de la fin du XIXe siècle, les régions riveraines de la Méditerranée orientale, de la mer Rouge, du golfe d'Oman et du golfe Persique.

Mozambique

19 millions d'habitants
Superficie : 783 050 km^2
Capitale : Maputo
Langue officielle : portugais
Monnaie : le metical

État d'Afrique orientale, bordé par l'océan Indien. Le climat tropical, assez humide, favorise la savane en plaine et la forêt claire sur les versants des plateaux. La population, essentiellement rurale, est regroupée sur le littoral.

ÉCONOMIE Le pays vit surtout de la culture de maïs, de manioc, de sorgho, et de l'exportation du thé, du coton, de la canne à sucre et de la noix de cajou. La pêche à la crevette est importante. Les ressources du sous-sol sont notables mais peu exploitées. L'industrie est très peu développée. La guerre civile a ruiné le pays, qui survit grâce à l'aide internationale.

HISTOIRE Bien que découvert à une époque très ancienne, le pays ne fut colonisé par le Portugal qu'en 1894 et devint une province d'outre-mer, soumise au travail forcé. Dès lors des groupes indépendantistes se formèrent et menèrent une guérilla contre l'autorité portugaise. Le Mozambique accéda à l'indépendance en 1975 et fut soumis à un gouvernement marxiste qui mena une politique de nationalisation de l'économie, de l'éducation, et de la santé. Une rébellion anticommuniste plongea le pays dans la guerre civile et, en 1990, une nouvelle Constitution établit le multipartisme et la République populaire fut déclarée. Le pays est membre du Commonwealth depuis 1995.

Mozart Wolfgang Amadeus (né en 1756, mort en 1791)

Compositeur autrichien. Dès l'âge de six ans, il composa des pièces pour clavecin. Il excellait à la fois dans la création d'opéras : *les Noces de Figaro (1786), Don Giovanni (1787), la Flûte enchantée (1791)* ; la musique orchestrale : les 41 symphonies ; la musique de chambre : *la Petite Musique de nuit (1787)* ; la musique vocale : *Ave Verum (1791)*, et la musique religieuse : *Requiem (1791)*. Son œuvre est colossale.

Mulhouse

Ville du Haut-Rhin, sur l'Ill et le canal qui relie le Rhône au Rhin (110 359 hab.). La ville est située à proximité des aéroports internationaux de Mulhouse-Bâle et Euro-Airport. Son activité industrielle touche les domaines de la mécanique, de la chimie, et du textile.

HISTOIRE Au XVIe siècle, Mulhouse fut rattachée aux cantons suisses. Elle devint une République indépendante en 1586, et fut réunie à la France en 1798.

Munich

Capitale de la Bavière en Allemagne, sur l'Isar (1 274 720 hab.). Munich est la 3e ville du pays. C'est un grand centre culturel, commercial, financier et industriel. Elle a été le siège des jeux Olympiques de 1972.

HISTOIRE Fondée vers 1158 par Henri le Lion, elle devint la capitale de la Bavière en 1806. Durant la Seconde Guerre mondiale, elle fut favorable au nazisme. Les *Accords de Munich*, signés le 30 septembre 1938 entre la Grande-Bretagne, la France, l'Allemagne et l'Italie, encourageaient l'expansion d'Hitler dans le but de maintenir la paix en Europe.

Muqdisho

Capitale de la Somalie, sur l'océan Indien (750 000 hab.). La ville s'appelait auparavant Mogadishu.

Grande Muraille

Mur de fortification en Chine, long de plus de 5 000 km. Il sépare la Chine de la Mongolie et fut érigé au IIIe siècle avant J.-C. pour protéger le pays des invasions turques et mongoles.
On dit aussi **Muraille de Chine**.

Murat Joachim (né en 1767, mort en 1815)

Maréchal de France. Suite à la campagne napoléonienne en Espagne, il devint roi de Naples en 1808. En 1815, le congrès de Vienne rendit le royaume de Naples aux Bourbons. Murat tenta de le reconquérir, mais il fut arrêté et fusillé.

Muses

Déesses grecques. Elles étaient neuf et protégeaient les arts : Calliope était la Muse de l'éloquence, Clio de l'histoire, Érato de l'élégie, Euterpe de la musique, Melpomène de la tragédie, Polymnie de la poésie lyrique, Terpsichore de la danse, Thalie de la comédie et Uranie de l'astronomie.

Musset Alfred de (né en 1810, mort en 1857)

Écrivain français. Il publia de nombreuses pièces, qu'il destinait uniquement à la lecture, dont *On ne badine pas avec l'amour (1834)* et *Lorenzaccio (1834)*, un roman autobiographique, *la Confession d'un enfant du siècle (1836)*, ainsi que de la poésie et des contes.

Mussolini Benito (né en 1883, mort en 1945)
Homme politique italien. Il fonda le parti fasciste et instaura une dictature en Italie. Il était appelé le *Duce*. Son rôle fut considérable durant la Seconde Guerre mondiale, puisqu'il s'allia au IIIe Reich et constitua avec l'Allemagne, l'axe Rome-Berlin. Il fut arrêté et fusillé à la fin de la guerre.

Mutsuhito voir ***Meiji tenno***

Mycènes
Ville de Grèce située au nord-est de la ville d'Argos. À proximité se trouvent les ruines de la cité antique. Du XVIe au XIIIe siècle avant J.-C., Mycènes développa une civilisation brillante. Mais elle fut détruite brutalement vers 1200 avant J.-C. De nombreux vestiges témoignent aujourd'hui de la richesse de cette civilisation : palais, enceintes de la ville, salle funéraire, objets en céramique, objets d'orfèvrerie.

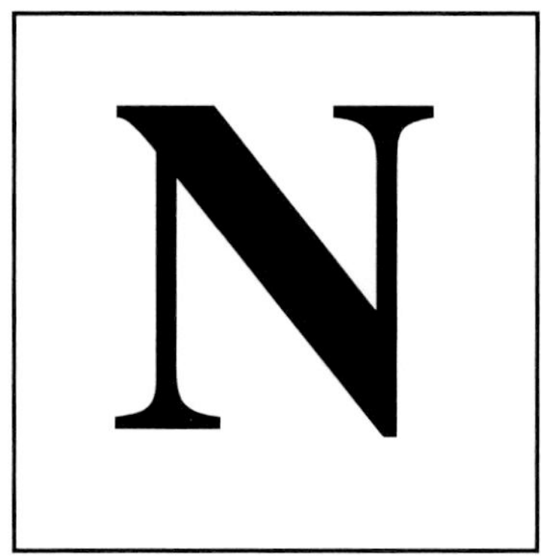

Nabuchodonosor II

Roi de Babylone de 605 à 562 avant J.-C. Il détruisit Jérusalem en 587.

Nadar (né en 1820, mort en 1910)

Photographe, aéronaute, dessinateur et écrivain français. Il fut le premier à faire de la photo aérienne. Il est l'auteur de nombreux portraits des personnalités de son époque : écrivains, acteurs, musicien, hommes politiques.

Nagasaki

Ville portuaire du Japon, située sur l'île de Kyushu (449 000 hab.). La seconde bombe atomique y fut lancée par les États-Unis, le 9 août 1945.

Nagoya

Ville portuaire du Japon, située au sud de l'île d'Honshu (2 127 580 hab.). Nagoya est un grand centre industriel, dans les domaines de la métallurgie, de la chimie et de la construction aéronautique et automobile.

Elle possède aussi des temples bouddhiques et un château qui date du XVIIe siècle.

Nahuas

Peuple amérindien qui vit au Mexique. Les Nahuas sont l'ethnie la plus importante du pays. Leur langue fut celle des Aztèques.

Nairobi

Capitale du Kenya (1,8 million d'hab.). Nairobi est le principal centre commercial et industriel du pays.

Namibie

1,7 million d'habitants
Superficie : 824 292 km^2
Capitale : Windhoek
Langues officielles : anglais, afrikaans
Monnaie : le dollar namibien

État de l'Afrique australe, voisin de l'Angola, de la Zambie, du Botswana, de l'Afrique du Sud et bordé par l'océan Atlantique. La population est principalement urbaine, et se groupe au centre du pays.

ÉCONOMIE L'activité principale est l'exploitation minière : diamants, uranium, cuivre, plomb, zinc, argent. Elle est plus importante que l'élevage et la pêche. La Namibie est relativement riche et le revenu par habitant est l'un des plus élevés d'Afrique.

HISTOIRE La Namibie devint une colonie allemande en 1892. Elle fut ensuite conquise en 1915 par les Sud-Africains. En 1946, l'Afrique du Sud demanda l'annexion du pays. Elle fut refusée par l'ONU qui plaça la Namibie sous son autorité en 1966. Pour se libérer de la domination sud-africaine, la Namibie mena une guérilla, à partir de 1966. En 1990, elle devint indépendante, se dota d'une Constitution et établit une République présidentielle et pluraliste. Le pays reste néanmoins dépendant de l'Afrique du Sud sur le plan économique.

Namur

Capitale de la Wallonie en Belgique, située au confluent de la Meuse et de la Sambre (102 320 hab.). Namur possède une importante industrie chimique et textile. La cité fut française de 1794 à 1814.

Nanchang

Capitale du Jiangxi en Chine (2 471 070 hab.).

Nancy

Chef-lieu du département de Meurthe-et-Moselle, sur la Meurthe et le canal qui relie la Marne au Rhin (264 657 hab.). Nancy est un centre intellectuel, commercial, financier et industriel. Elle possède aussi un patrimoine culturel important : église gothique, cathédrale, palais ducal. Elle devint française en 1766.

Nankin

Capitale du Jiangsu en Chine (3 682 270 hab.).

Elle possède de nombreux vestiges de l'époque des Ming : remparts, portes monumentales, tombeaux des empereurs. Fondée au Ve s. avant J.-C., Nankin est considérée comme le berceau du bouddhisme chinois. Elle fut plusieurs fois la capitale de la Chine entre le IIIe siècle et le début du XXe siècle.
On dit aussi **Nanjing**.

Nanterre

Chef-lieu du département des Hauts-de-Seine, situé à l'ouest de Paris (84 281 hab.).

Nantes

Chef-lieu du département de la Loire-Atlantique et de la Région Pays de la Loire (562 726 hab.). Nantes est un port maritime et fluvial situé au fond de l'estuaire de la Loire. Son industrie est en plein essor, notamment dans les secteurs de l'électronique.
Histoire Nantes fut la capitale de la Bretagne de 1213 à 1524, et connut un réel développement à partir du XVIe siècle, grâce à la traite des Noirs. Son activité déclina avec la Révolution.

édit de Nantes

Édit par lequel Henri IV donna un statut légal à l'Église protestante. Il fut signé le 13 avril 1598, et révoqué en 1685, par l'édit de Fontainebleau, signé par Louis XIV.

Naples

Capitale de la Campanie en Italie, située sur la mer Tyrrhénienne (1 207 750 hab.). Naples est une ville touristique qui possède un riche patrimoine culturel : palais, théâtre, musées, églises gothiques. C'est aussi une ville portuaire active dans les domaines du raffinage du pétrole, de l'aciérie, de la fabrication de produits chimiques.
Histoire Naples fut fondée par les Grecs en 600 avant J.-C. Elle devint la capitale du Royaume de Sicile au Moyen Âge, et fut rattachée à l'Italie en 1861.

Napoléon Ier (né en 1769, mort en 1821)

Empereur des Français de 1804 à 1815. Il mena plusieurs campagnes militaires dont celle d'Italie en 1796 et 1797, puis accéda au pouvoir grâce à un coup d'État. Il devint consul à vie en 1802. Il réorganisa l'administration, la justice, en créant le Code civil, et les finances. En 1801, il assujettit l'Église à l'État. Il se fit nommer empereur des Français par le Sénat en 1804, et le pape le couronna. Il fonda ainsi le Premier Empire en France. Il se fit ensuite nommer roi d'Italie en 1805. Il mena une politique extérieure offensive et réussit à contrôler une grande partie de l'Europe : la Hollande, le Portugal, l'Espagne. Il répudia sa première femme, Joséphine de Beauharnais, et épousa la fille de l'empereur d'Autriche, ce qui lui permit d'étendre son royaume. La campagne qu'il mena en Russie lui fut fatale. Il essuya plusieurs défaites et dut abdiquer le 6 avril 1814. Il fut envoyé à l'île d'Elbe, mais il s'en échappa pour reprendre le pouvoir : ce furent les Cent-Jours. Il fut battu à Waterloo par l'Europe coalisée et fut emprisonné jusqu'à sa mort dans l'île de Sainte-Hélène.
On dit aussi **Napoléon Bonaparte**.

Napoléon III (né en 1808, mort en 1873)

Empereur des Français de 1852 à 1870 et neveu de Napoléon Ier. Il fut élu président de la République après la révolution de 1848 et couronné empereur des Français en 1852. Il instaura un empire libéral, qu'il voulut étendre à l'Algérie. Son règne fut marqué par un important essor économique. Napoléon III remporta aussi des succès militaires : guerre de Crimée, guerre d'Italie qui permit l'annexion de Nice et de la Savoie, conquête de la Cochinchine. Il fut déchu après l'échec de la guerre franco-allemande de 1870.

NASA

Organisme américain, créé en 1958, pour coordonner les travaux de recherche aéronautique et spatiale. *NASA* est l'acronyme de *National Aeronautics and Space Administration*.

Nassau

Capitale des îles Bahamas (190 000 hab.).

Nasser Gamal Abdel (né en 1918, mort en 1970)

Officier et homme politique égyptien. En 1952, il renversa la royauté et proclama la république. En 1956, il fut élu président de la République. Il mena une politique décidée : réforme agraire limitant la propriété privée ; nationalisations ; union à la Syrie ; soutien militaire aux républicains du Yémen ; industrialisation du pays.

Nations unies voir *ONU*

Navahos

Peuple amérindien vivant dans des réserves de l'Arizona et du Nouveau-Mexique. Les Navahos forment le groupe amérindien le plus important des États-Unis. Ils rejettent le nom de Navahos pour celui de Dineh.
On dit aussi **Navajos**.

Navarre

Communauté espagnole autonome et Région de l'Union européenne. 10 421 km² ; 527 300 hab. Sa capitale est Pampelune. La Navarre vit essentiellement de l'élevage ovin et bovin, de la culture des céréales et de celle de la vigne. Elle est très peu industrialisée.
Histoire Au IXe siècle, la Navarre était un royaume d'Espagne. Elle comprenait la Navarre

française, ou Basse-Navarre, qui fut rattachée à la France en 1589 et la Navarre espagnole, ou Haute-Navarre, qui resta espagnole.

Naxos
Île grecque de l'archipel des Cyclades. 450 km² ; 15 000 hab. Elle est réputée pour son vin et sa production de marbre.

Nazareth
Ville d'Israël, en Galilée (44 780 hab.). Selon les Évangiles, Jésus-Christ y passa le début de sa vie.

Nazca
Site archéologique de l'époque précolombienne qui est situé au sud du Pérou. Ses nécropoles ont livré des céramiques, des pièces d'orfèvrerie et des tissus. D'immenses figures de plusieurs centaines de mètres, tracées sur le sol, n'ont pu être décodées.

N'Djamena
Capitale du Tchad (750 000 hab.). Jusqu'en 1973, N'Djamena s'appelait Fort-Lamy.

Néandertal
Site préhistorique situé dans la vallée du Neander, près de Düsseldorf, en Allemagne. En 1856, on y découvrit un squelette humain que l'on appelle l'*homme de Néandertal*.

Necker Jacques (né en 1732, mort en 1804)
Financier et homme d'État suisse. Il devint directeur général des Finances, en France, en 1777, mais il se heurta à des difficultés et démissionna en 1781. Il fut rappelé puis renvoyé deux fois, et il ne réussit pas à rétablir la situation économique de la France. Il se retira en 1790 en Suisse, avec sa fille, Mme de Staël.

Néfertiti (XIVe s. avant J.-C.)
Reine d'Égypte, femme d'Aménophis IV Akhenaton. Après le décès de son époux, elle maintint le culte du dieu solaire qu'il avait instauré.

Nehru çri Jawaharlal (né en 1889, mort en 1964)
Homme politique indien. Il se rallia à Gandhi et œuvra pour l'indépendance de l'Inde. Il fut Premier ministre de 1947 à sa mort.

Nelson Horatio (né en 1758, mort en 1805)
Amiral britannique. En 1805, il triompha de l'armée française à Trafalgar.

Népal

23,7 millions d'habitants
Superficie : 140 800 km²
Capitale : Katmandou
Langue officielle : népalais
Monnaie : la roupie népalaise

État d'Asie situé au cœur de l'Himalaya, entre la Chine et l'Inde.
GÉOGRAPHIE Son relief s'ordonne du sud au nord en bandes parallèles qui alternent chaînes de montagnes, plateau et plaine. Le Népal est dominé par le Haut Himalaya, avec les sommets les plus élevés du monde. La population est concentrée dans le sud du pays. Elle se constitue de plusieurs ethnies, et s'organise selon le système des castes.
ÉCONOMIE Le Népal vit encore d'une économie agraire traditionnelle : un élevage important complète les cultures vivrières. Les autres ressources du pays sont le tourisme et l'exportation de tapis. L'absence de routes limite le développement. Le Népal est dépendant de l'Inde et de la Chine. Il fait partie des pays les plus pauvres du monde.
HISTOIRE Jusqu'au XVIIIe siècle, de nombreuses principautés se partagèrent le territoire. En 1768, le pays réussit enfin à s'unifier. Il fut ensuite dominé par l'influence britannique et accéda à l'indépendance dès 1923. Il fut soumis à un régime autoritaire entre 1960 et 1990, date à laquelle le roi accepta la démocratie, et l'instauration d'une monarchie constitutionnelle.

① **Neptune**
Dieu de la Mer dans la mythologie romaine. Il correspond à Poséidon dans la mythologie grecque.

② **Neptune**
Planète du système solaire. Elle est la planète la plus éloignée de la Terre. Elle fut découverte en 1846 par Galle.

Néron (né en 37, mort en 68)
Empereur romain de 54 à 68 après J.-C. Pour exercer pleinement son pouvoir despotique il élimina les gens qui l'entouraient : son demi-frère, Britannicus, sa mère, Agrippine, sa femme, Octavie, et son précepteur, le philosophe Sénèque. Se sentant continuellement menacé, il procéda à de nombreuses exécutions et fit régner la terreur. Il persécuta aussi les chrétiens. La révolte gronda dans l'Empire et Néron mourut assassiné.

Neruda Pablo (né en 1904, mort en 1973)
Poète et homme politique chilien. Son chef-d'œuvre, *le Chant général (1950)*, exalte les combats des peuples d'Amérique latine contre leurs oppresseurs. Il obtint le prix Nobel de littérature en 1971.

Nerva (né en 26, mort en 98)
Empereur romain de 96 à 98 après J.-C. Nerva succéda à Domitien, et adopta Trajan, pour lui succéder.

Nerval Gérard de (né en 1808, mort en 1855)
Écrivain et poète français. Il est notamment l'auteur d'une traduction du *Faust (1827)* de Goethe. Son œuvre majeure est le roman *Aurélia ou le Rêve et la Vie (1855)*.

① Neuchâtel
Chef-lieu du canton de Neuchâtel en Suisse, situé sur le lac de Neuchâtel (34 430 hab.). La ville tire ses ressources de ses activités touristique et industrielle (horlogerie, agroalimentaire).

② Neuchâtel
Lac suisse situé au pied du Jura (216 km^2). Il est relié au lac de Bienne et au lac de Morat.

Neustrie
Royaume franc formé en 561, s'étendant sur la majeure partie du Bassin parisien, et limité à l'est par la Meuse. La Neustrie était rivale du royaume d'Austrasie qui la conquit en 687.

Neva
Fleuve de Russie (74 km). La Neva arrose Saint-Pétersbourg et se jette dans le golfe de Finlande.

Nevers
Chef-lieu du département de la Nièvre. La ville est située au confluent de la Loire et de la Nièvre (40 932 hab.). Nevers allie les industries traditionnelles (faïencerie, confiserie) à l'industrie moderne (automobile).

New Deal
Nom qui a été donné aux mesures économiques et sociales prises par le Président Roosevelt, en 1933, pour lutter contre la crise économique aux États-Unis.

New Delhi
Capitale fédérale de l'Inde. Elle a supplanté Delhi en 1931, dont elle constitue un quartier. L'agglomération de Delhi compte 11 millions d'hab.

Newton Isaac (né en 1642, mort en 1727)
Mathématicien, physicien et astronome anglais. Il établit les lois de la gravitation universelle et étudia la composition de la lumière blanche.

New York
La plus grande ville des États-Unis, située dans l'État de New York, sur l'Atlantique, à l'embouchure de l'Hudson (7 322 500 hab.). Elle compte cinq grands quartiers : Manhattan, le Queens, Brooklyn, Richmond, et le Bronx. New York est le 2e port du monde après Rotterdam, et la 1re place financière et commerciale du monde, avec la bourse de Wall Street. La ville est desservie par deux aéroports internationaux. De très nombreuses communautés y coexistent. New York est aussi une puissante métropole industrielle et un foyer culturel conséquent. Ses trois universités et ses nombreux musées (Metropolitan Museum of Art, Brooklyn Museum, Musée Guggenheim et Museum of Modern Art) sont mondialement connus. Elle abrite le fameux théâtre de Broadway. New York est aussi le siège de l'ONU depuis 1946.

Histoire Fondée en 1626 par les Hollandais, la ville fut conquise en 1664 par les Anglais, qui lui donnèrent son nom. En 2001, la ville de New York fut profondément marquée par l'attentat terroriste qui détruisit ses deux plus hauts gratte-ciels, situés à Manhathan, et causa la mort de milliers de personnes.

Ney Michel (né en 1769, mort en 1815)
Maréchal de France. Il s'illustra pendant les campagnes napoléoniennes en Prusse, en Pologne et en Russie. Devenu royaliste après la chute de l'Empire, il fut fusillé pour avoir rallié Napoléon pendant des Cent-Jours alors qu'il avait été chargé de l'arrêter à son retour de l'île d'Elbe.

Niagara
Fleuve d'Amérique du Nord (54 km) qui sépare le Canada et les États-Unis et qui unit les lacs Ontario et Érié. Des centrales hydroélectriques sont alimentées par ses chutes monumentales, qui attirent aussi beaucoup de touristes.

Niamey
Capitale du Niger, sur la rive gauche du Niger, dans le Sud-Ouest du pays (510 000 hab.).

Nicaragua
4,8 millions d'habitants
Superficie : 130 000 km^2
Capitale : Managua
Langue officielle : espagnol
Monnaie : le cordoba oro

État d'Amérique centrale, bordé par l'océan Pacifique et l'océan Atlantique.

Géographie Plusieurs types de reliefs constituent son paysage : une chaîne volcanique, des hauts plateaux et des vallées fertiles. Le Nicaragua possède aussi deux grands lacs : le Nicaragua et le Managua. Le climat est tropical. La population, composée de métis, de peuples d'origines européenne et africaine et d'Amérindiens, est essentiellement citadine.

Économie L'agriculture constitue la principale activité du pays. Le maïs est la culture vivrière la plus répandue. Le café, le coton, la viande de bœuf et les bananes représentent 80 % des exportations. Le Nicaragua est l'un des pays les plus pauvres d'Amérique latine.

Histoire Le Nicaragua, dominé par les Espagnols dès le XVIe siècle, accéda à l'indépendance en 1821. Le pays fut ensuite soumis à un pouvoir dictatorial, et des querelles ethniques firent régner la guerre civile. Lors d'une période d'accalmie, en 1987, le pays adopta une Constitution et instaura une République de type présidentiel. Pourtant l'unité n'est toujours pas réalisée et des troubles persistent.

Nice

Chef-lieu du département des Alpes-Maritimes (342 738 hab.). Nice est une des principales stations touristiques de la Côte d'Azur. La *Promenade des Anglais* qui borde la mer est mondialement connue.
Histoire Fondée au Ve siècle avant J.-C. par les Grecs, Nice fut rattachée définitivement à la France en 1860.

Nicée

Ville de Turquie, située au sud d'Istanbul. Elle fut la capitale de l'Empire byzantin de 1204 à 1261. Aujourd'hui, elle porte le nom d'Iznik.

Nicolas Ier (né en 1796, mort en 1855)

Empereur de Russie de 1825 à 1855. Il renforça la police et la bureaucratie en Russie. Il fit de la Pologne une province russe en 1830 et aida l'Autriche à écraser la révolution hongroise de 1848. Pour ces interventions visant au maintien de la paix, il fut surnommé le « Gendarme de l'Europe ». Il suscita la guerre de Crimée en 1854, qui fut désastreuse pour la Russie.

Nicolas II (né en 1868, mort en 1918)

Dernier empereur de Russie. Il régna de 1894 à 1917. Il était le fils d'Alexandre III. La révolution de février 1917 le contraignit à abdiquer. Il fut exécuté avec sa famille par les bolchéviques. En 2000, l'Église orthodoxe l'a canonisé.

Nicosie

Capitale de Chypre, dans le Nord de l'île (178 000 hab.). La ville est coupée en deux depuis la partition de l'île en 1974. Elle possède de nombreux vestiges d'une enceinte vénitienne datant de 1567, une cathédrale qui a été transformée en mosquée, et un musée d'art byzantin.

Niémen

Fleuve de Biélorussie et de Lituanie (880 km). Il se jette dans la Baltique.

Niepce de Saint-Victor Abel (né en 1805, mort en 1870)

Militaire, physicien et chimiste français. Il mit au point un procédé de photographie sur verre.

Nietzsche Friedrich (né en 1844, mort en 1900)

Philosophe allemand. Il défendit, entre autres, l'idée que l'homme est une créature toujours renouvelée. Il s'intéressa aussi au fondement de l'activité artistique. Ses principales œuvres sont : *la Naissance de la tragédie (1872), le Gai Savoir (1887), Ainsi parlait Zarathoustra (1885), Au-delà du bien et du mal (1886).*

Nièvre

Département français (58) de la Région Bourgogne. 6 837 km^2 ; 225 198 hab. ; chef-lieu : Nevers.

① Niger

10,1 millions d'habitants
Superficie : 1 267 000 km^2
Capitale : Niamey
Langue officielle : français
Monnaie : le franc CFA

État d'Afrique enclavé entre l'Algérie, la Libye, le Tchad, le Nigeria, le Bénin, le Burkina Faso et le Mali.
Géographie Il se constitue d'un vaste plateau, appartenant pour l'essentiel au désert du Sahara. Sa population qui compte plusieurs ethnies se groupe surtout dans le sud du pays.
Économie La population pratique l'élevage extensif, les cultures vivrières (mil et sorgho) et quelques cultures d'exportation (arachide, coton et tabac). Victime de la chute du cours de l'uranium dont le Niger est le 2e producteur mondial, mais aussi de la diminution du tourisme, et de nombreux troubles intérieurs, le pays est au bord de la faillite. En 1999, la France, l'Union européenne et le FMI lui ont accordé une aide financière devenue indispensable.
Histoire En 1922, la France colonisa le Niger. La seule mise en valeur du pays que la France réalisa fut l'introduction de l'arachide. Le Niger obtint son indépendance en 1960. En 1974, un régime militaire fut institué, ce qui freina grandement le développement économique. Le pays fut aussi soulevé par des revendications ethniques, notamment celle des Touaregs. En 1992, au terme d'une grave crise politique, une Constitution démocratique fut adoptée et une République présidentielle instaurée.

② Niger

Grand fleuve d'Afrique occidentale (4 200 km). Il prend sa source en Guinée, traverse le Mali, le Niger et le Nigeria, et se jette dans le golfe de Guinée. Il est peu navigable en raison de ses rapides et de l'irrégularité de son débit. Il sert surtout à la pêche et à l'irrigation.

Nigeria

121,8 millions d'habitants
Superficie : 923 770 km^2
Capitale : Abuja
Langue officielle : anglais
Monnaie : le naira

État d'Afrique occidentale situé sur le golfe de Guinée. Le Nigeria est le pays le plus peuplé d'Afrique. Du sud au nord, se succèdent la forêt subéquatoriale, la savane tropicale et une zone steppique. La population vit essentiellement dans le sud du pays.
Économie L'agriculture est très diversifiée du fait de la variété des terrains : maïs, manioc, millet, riz, sorgho, pour les cultures vivrières, et cacao, caoutchouc, arachide, coton et bois, pour les produits exportés. Le pays reste pourtant pauvre.

Histoire Colonisé par les Anglais dès 1631, le Nigeria accéda à l'indépendance en 1960. Il forma une république en 1963, et intégra le Commonwealth. Il fut secoué par une succession de coups d'États militaires et par des soulèvements ethniques. En 1995, le gouvernement militaire mena une répression sanglante sur une partie de la population. Le Nigeria fut alors momentanément exclu du Commonwealth et l'Afrique du Sud le boycotta. L'économie s'effondra, et en 1998, l'autorité fut rendue aux civils et le pouvoir démocratique restauré. Mais en 2000, les tensions entre ethnies ont de nouveau repris.

Nijni-Novgorod
Ville portuaire de Russie, au confluent de la Volga et de l'Oka (1 438 000 hab.). De 1932 à 1990, Nijni-Novgorod fut appelée Gorki.

Nil
Le plus long fleuve d'Afrique (6 671 km). Il prend sa source au lac Victoria et se jette dans la mer Méditerranée. Le Nil est vital pour l'Égypte. Il a creusé une vallée fertile grâce au limon déposé lors de ses crues. Cette vallée a permis au pays de développer l'agriculture. En outre, de grands barrages furent construits pour développer l'irrigation et agrandir les terres cultivables. Tout au long de l'histoire, le Nil a contribué à l'unité ethnique, politique et économique de l'Égypte.

Nîmes
Chef-lieu du département du Gard, situé au pied des Garrigues (133 424 hab.). Son industrie s'est spécialisée dans les domaines de la confection, de la chaussure et de l'agroalimentaire.

Histoire Nîmes fut fondée par les Romains en 120 avant J.-C. Durant cette époque, la ville fut très prospère et de nombreux monuments en témoignent : les Arènes, la Maison carrée, le temple de Diane, la tour Magne. La ville fut rattachée au comté de Toulouse en 1185, puis cédée à la France en 1229.

Niort
Chef-lieu du département des Deux-Sèvres (56 663 hab.). Niort possède beaucoup de sociétés d'assurance et de mutualité.

Histoire Niort était le principal port du Poitou au Moyen Âge. Il fut pris par Du Guesclin aux Anglais en 1372.

Nivernais
Ancienne province de France, un peu plus étendue que l'actuel département de la Nièvre. Sa capitale était Nevers. Le Nivernais était un puissant duché au Moyen Âge. Mazarin l'acheta en 1659.

Nixon Richard (né en 1913, mort en 1994)
Homme politique américain. Républicain, il fut élu président des États-Unis en 1968, et réélu en 1972. Il négocia avec l'URSS la limitation des armements, établit des relations avec la Chine populaire, accrut la guerre au Viêt-nam puis décida le cessez-le-feu, et dévalua le dollar. Nixon fut impliqué dans le scandale des écoutes téléphoniques appelé le « Watergate ». Il démissionna en août 1974.

Nobel Alfred (né en 1833, mort en 1896)
Chimiste suédois. Il est l'inventeur de la dynamite. Il créa des prix qui portent son nom et qui, depuis 1901, récompensent les bienfaiteurs de l'humanité dans les domaines suivants : physique, chimie, physiologie et médecine, littérature, amélioration des relations entre les peuples et, depuis 1969, sciences économiques.

Noé
Personnage biblique. Avant le déluge qui devait détruire l'humanité, Dieu ordonna à Noé de bâtir une arche et d'y réunir sa famille ainsi que des couples de tous les animaux.

mer Noire
Mer intérieure située entre l'Europe du sud-est et l'Asie (435 000 km^2) et qui s'ouvre sur la Méditerranée par les détroits du Bosphore et des Dardanelles. Elle est peu poissonneuse et abrite des ports et des stations balnéaires.

Noirmoutier
Île française de l'Atlantique (9 170 hab.). Elle est reliée au continent par un pont et forme un canton de la Vendée. Ses ressources sont la pêche et le tourisme.

mer du Nord
Mer bordée par l'Atlantique (547 000 km^2) et entourée par la Grande-Bretagne, la France, la Belgique, les Pays-Bas, l'Allemagne, le Danemark et la Norvège. Elle communique avec la Manche et la mer Baltique. La mer du Nord joue un rôle économique considérable : elle borde des pays industrialisés, elle est très poissonneuse et elle recèle d'immenses réserves de pétrole et de gaz naturel, au large de l'Écosse, de la Norvège et du Danemark.

Nord
Département français (59) de la Région Nord-Pas-de-Calais. 5 739 km^2 ; 2 555 020 hab. ; chef-lieu : Lille.

Nordeste
Région située au nord-est du Brésil, et couvrant neuf États. Le Nordeste est sous-développé et souffre de la sècheresse et des inondations.

Territoires du Nord-Ouest
Région du Canada, située entre le territoire du Yukon et la baie d'Hudson. 3 426 320 km^2 ; 57 600 hab. Ses principales activités sont les suivantes : la pêche, la chasse des animaux à four-

rure et l'exploitation forestière. Les Territoires du Nord-Ouest possèdent aussi d'importantes ressources minières : or, radium, uranium, nickel et pétrole. Ils furent cédés au Canada par les Anglais en 1870.

Nord-Pas-de-Calais

Région française et de l'Union européenne, formée des départements du Nord et du Pas-de-Calais. 12 378 km² ; 3 996 588 hab. La Région est fortement peuplée. Elle fut une puissance industrielle, fondée sur les charbonnages, la sidérurgie et le textile, entre le XVIIIe siècle et la première moitié du XXe siècle. Elle occupe encore le 4e rang industriel : son industrie a évolué grâce à une politique de reconversion. Elle dispose aussi d'une agriculture riche et intensive, et d'une importante filière agroalimentaire.

Normandie

Ancienne province de France, qui constitue aujourd'hui deux Régions : la Basse-Normandie et la Haute-Normandie.

HISTOIRE La région normande fut conquise par les Romains en 56 avant J.-C, puis par Clovis au début du Moyen Âge. Elle devint un fief anglais après la conquête de l'Angleterre, en 1066, par Guillaume le Conquérant, et fut reprise par Philippe Auguste, durant la guerre de Cent Ans.

Normandie (Basse-) voir *Basse-Normandie*

Normandie (Haute-) voir *Haute-Normandie*

Normands

Peuple de pillards scandinaves qui firent régner la terreur en Occident et en Orient du IXe au XIe siècle. On les appelle aussi les Vikings.

Norvège

4,4 millions d'habitants
Superficie : 324 220 km²
Capitale : Oslo
Langues officielles : norvégien, néo-norvégien
Monnaie : l'euro

État d'Europe du Nord, situé en Scandinavie et baigné par l'océan Atlantique et par la mer du Nord.

GÉOGRAPHIE La Norvège possède aussi plusieurs îles de l'océan Arctique et de l'océan Antarctique. Ses côtes sont très découpées et forment des vallées glaciaires appelées fjords. Plusieurs types de végétations coexistent : la forêt mixte, la forêt boréale de conifères et la toundra. La population, en grande majorité citadine, est groupée dans le sud et sur le littoral.

ÉCONOMIE L'agriculture est quasiment inexistante du fait du climat continental et de l'étroitesse des terres arables. Le pays tire ses revenus de la pêche, de la sylviculture, de l'exploitation des richesses souterraines (pétrole, gaz, fer, cuivre, zinc et plomb) et de son industrie qui est fort développée (construction navale, industries textile, mécanique, électrique et électronique). Le pays est riche et les Norvégiens ont l'un des niveaux de vie les plus élevés du monde.

HISTOIRE L'histoire de la Norvège commence avec les Vikings, qui accomplirent des raids marins de pillage vers l'Angleterre, les côtes hollandaise et belge, l'Irlande et le Groenland. Elle connut son apogée au XIIIe siècle, puis fut soumise à la domination danoise et suédoise dès le XIVe siècle. Elle n'obtint son indépendance qu'en 1905. La Norvège fait partie de l'OTAN depuis 1949.

Nostradamus (né en 1503, mort en 1566)

Médecin et astrologue français. Nostradamus est l'auteur d'un recueil de prédictions : *Centuries astrologiques (1555)*. Catherine de Médicis fit de lui le médecin de Charles IX.

Notre-Dame de Paris

Cathédrale de Paris, de style gothique. Elle fut commencée en 1163, et achevée vers 1250.

Nouakchott

Capitale de la Mauritanie, sur l'Atlantique (500 800 hab.). Elle fut créée en 1958. Elle possède une usine de dessalement de l'eau de mer.

Nouméa

Chef-lieu de la Nouvelle-Calédonie (65 110 hab.). Sa principale activité est la métallurgie.

Nouveau-Brunswick

Province maritime du Canada, sur l'Atlantique. 73 437 km² ; 723 900 hab. La forêt couvre les trois quarts de la région, au climat rude et humide. Les principales ressources sont l'élevage, la production de lait, l'exploitation forestière, la pêche, et la houille blanche.

HISTOIRE La province fut découverte par Jacques Cartier en 1534, puis cédée par la France aux Anglais en 1713.

Nouveau Testament

Ensemble des textes sacrés qui font suite à l'Ancien Testament. Le Nouveau Testament regroupe notamment les Évangiles. Il retrace la vie et les actes de Jésus-Christ.

Nouvelle-Angleterre

Région du nord-est des États-Unis, qui correspond aux six colonies anglaises fondées au XVIIe siècle : le New Hampshire, le Massachusetts, Rhode Island, le Connecticut, le Vermont et le Maine.

Nouvelle-Calédonie

Territoire français d'outre-mer constitué d'une île du Pacifique Sud. 19 058 km² ; 152 000 hab. Son chef-lieu est Nouméa.

Géographie L'île est montagneuse. Son climat est subtropical. Elle est peuplée d'autochtones, les Mélanésiens appelés aussi les Canaques ou Kanaks, d'Européens, appelés les Caldoches, de Polynésiens et d'Indonésiens. L'agriculture est peu développée et l'élevage extensif. La principale ressource est le nickel. On trouve aussi du cobalt, du fer, du chrome et du manganèse.
Histoire Découverte par Cook en 1774, l'île devint française en 1853 et servit de colonie pénitentiaire de 1864 à 1896. Les Kanaks furent spoliés de leur terre et se révoltèrent plusieurs fois. Lorsque la Nouvelle-Calédonie devint un territoire d'outre-mer en 1946, elle vit naître le Front de libération nationale kanak et socialiste (FLNKS) auquel s'oppose la majorité des Caldoches. Des incidents meurtriers éclatèrent entre le FLNKS et les anti-indépendantistes. Le 21 avril 1998, un accord sur l'avenir institutionnel de la Nouvelle-Calédonie fut signé entre le FLNKS et le gouvernement français : il prévoit un référendum sur l'indépendance en 2013 ou 2018.

Nouvelle-Écosse
Province maritime du Canada, formée d'une vaste presqu'île et de l'île du Cap-Breton. 55 490 km^2 ; 899 900 hab. Le climat est froid et humide. La pêche, l'élevage et la forêt sont des ressources importantes. Le sous-sol contient des gisements de fer, de zinc, de cuivre et de houille, qui ont suscité l'industrialisation.
Histoire Disputée dès le début du XVIIe siècle entre les Français et les Anglais, la Région appartint définitivement à la Grande-Bretagne en 1713. Les Français l'appelaient l'Acadie.

Nouvelle-Galles du Sud
État du sud-est de l'Australie. 801 600 km^2 ; 5 600 000 hab. Sa capitale est Sydney. Ses principales activités sont l'élevage ovin et la culture des céréales.

Nouvelle-Guinée
Île située au nord de l'Australie. 785 000 km^2 ; 4,3 millions d'hab. La Nouvelle-Guinée est la plus grande île du monde. Elle est très montagneuse, humide et volcanique, et est habitée par des Papous. Elle vit de cultures d'exportation : noix de coco, cacao, thé. La Nouvelle-Guinée fut un important centre de sculpture primitive.

La Nouvelle-Orléans
Ville de Louisiane aux États-Unis, sur le Mississippi (496 900 hab.). La Nouvelle-Orléans est le 2e port des États-Unis. Cette ville coloniale fut française jusqu'en 1803. Le jazz y naquit vers 1900.

Nouvelle-Zélande
3,8 millions d'habitants
Superficie : 268 680 km^2
Capitale : Wellington
Langues officielles : anglais, maori
Monnaie : le dollar néo-zélandais

État d'Océanie formé de deux grandes îles, situées au sud-est de l'Australie.
Géographie L'île du Nord est volcanique, et l'île du Sud, montagneuse. La population, essentiellement citadine, se groupe sur les littoraux. Le climat, océanique humide, est favorable aux forêts et aux herbages.
Économie L'élevage ovin alimente l'exportation et l'industrie a pu se développer grâce à une hydroélectricité abondante. Elle touche les domaines du textile, de la métallurgie, et de la papeterie.
Histoire Découverte en 1642, la Nouvelle-Zélande devint britannique en 1840. Elle prit son indépendance au sein du Commonwealth en 1931 et une République parlementaire y fut instaurée.

Novossibirsk
Grande ville de Sibérie, située sur l'Ob (1,4 million d'hab.).

Numidie
Ancien nom de l'Afrique du Nord. La Numidie devint une province romaine en 44 avant J.-C., puis fut conquise par les Vandales en 456 et passa sous la domination arabe au VIIIe siècle. La Numidie correspond à la plus grande partie de l'Algérie actuelle.

Nunavik
Territoire du nord du Québec où vivent environ 6 000 Inuits.

Nunavut
Territoire du nord du Canada (22 000 hab.) majoritairement peuplé d'Inuits. Le Nunavut jouit d'une autonomie administrative et est doté d'une Assemblée et d'un gouvernement. Il reste néanmoins dépendant du gouvernement canadien.

Nuremberg
Ville de Bavière, en Allemagne (467 400 hab.). Jusqu'à la Seconde Guerre mondiale, la ville de Nuremberg avait un aspect médiéval : remparts, église gothique, château impérial. Nuremberg fut le siège du parti nazi.
Histoire Le *procès de Nuremberg* où les chefs nazis furent jugés par un tribunal international se déroula du 20 novembre 1945 au 1er octobre 1946. Pour la première fois dans l'histoire, les notions de crime de guerre et de génocide furent utilisées.

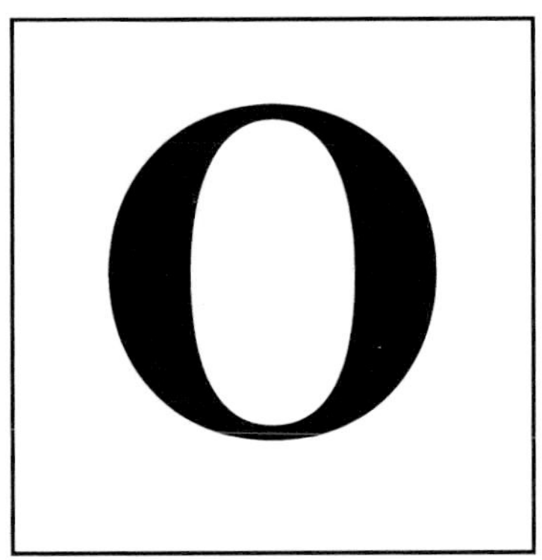

Ob
Fleuve de Sibérie (3 680 km). Il se jette dans l'océan Arctique.

empire d'**Occident**
Empire issu du démembrement de l'Empire romain. Il fut créé en 395 après J.-C. et subsista jusqu'en 476. Il fut ensuite rétabli par Charlemagne en 800.

Occitanie
Ensemble des pays de langue d'oc. L'Occitanie compte trente et un départements du sud de la France, douze vallées des Alpes italiennes et une vallée pyrénéenne d'Espagne.

Occupation
Période de l'histoire de France où l'armée allemande occupa le territoire français. Elle dura depuis l'armistice du 22 juin 1940 jusqu'à la Libération en août 1944. La France était alors divisée en une *zone occupée,* au nord, et une *zone libre,* au sud. Le gouvernement français siégeait à Vichy.

OCDE
Sigle de *Organisation de coopération et de développement économiques.* Organisation fondée en 1961 par 19 États européens, le Canada, les États-Unis, l'Australie et la Nouvelle-Zélande. Son objectif est de favoriser et d'harmoniser le développement économique des États. Son siège est à Paris. Elle compte aujourd'hui 29 membres.

Océanie
Continent situé dans le Pacifique Sud et constitué de l'Australie, de la Papouasie-Nouvelle-Guinée, de la Nouvelle-Zélande et de trois archipels : la Mélanésie, la Micronésie et la Polynésie. 8 500 000 km^2 ; 28 millions d'hab.

GÉOGRAPHIE L'Océanie est soumise au climat équatorial et au climat tropical. La population se compose de peuples autochtones : les Mélanésiens, les Micronésiens, les Polynésiens, mais aussi des Européens et des Asiatiques.

ÉCONOMIE Les principales activités sont la culture des bananes et des ananas, et l'exploitation des mines de cuivre et de nickel. Le tourisme est devenu une industrie prospère. L'Australie et la Nouvelle-Zélande appartiennent au monde riche, de même que les îles dépendant de grandes puissances comme Hawaii, la Nouvelle-Calédonie et la Polynésie française. Le reste du continent fait partie du tiers-monde.

Le Forum du Pacifique-Sud, réunissant quatorze îles du Pacifique, l'Australie et la Nouvelle-Zélande, défend les intérêts régionaux : dénucléarisation, respect des zones économiques exclusives de pêche, protection des ressources marines.

HISTOIRE Le peuplement des îles océaniennes fut progressif à partir de 20 000 avant J.-C. Les Européens abordèrent le continent au XVIe siècle, avec Magellan. À une phase d'exploration succéda le partage des terres entre les puissances coloniales : la Grande-Bretagne, les États-Unis, l'Allemagne et la France. La décolonisation ne commença que vers 1960, sauf pour l'Australie et la Nouvelle-Zélande. Aujourd'hui, de nombreuses îles sont encore des possessions européennes ou américaines.

océan Indien voir *Indien*

Octave
Nom de famille du futur empereur romain Auguste. Il prit le surnom d'Octavien quand César l'adopta.

Octavien voir *Auguste*

révolution d'**octobre 1917**
Insurrection dirigée par les bolchéviques et déclenchée par Lénine et Trotski le 24 octobre. Elle triompha le 26 octobre et conduisit au renversement du gouvernement à Petrograd.

A B C D E F G H I J K L M N O P Q R S T U V W X Y Z

Odessa
Grande ville d'Ukraine (1 148 000 hab.). Odessa est la principale ville portuaire de la mer Noire. Elle fut fondée en 1796 par Catherine de Russie et devint, au XIXe siècle, le premier port de la Russie.

sainte **Odile** (née vers 660, morte vers 720)
Fondatrice et première abbesse du monastère situé sur le mont Sainte-Odile, en Alsace. Elle est aussi la patronne de l'Alsace.

Odin
Dieu de la Sagesse, de la Poésie et de la Guerre dans la mythologie scandinave.

Odoacre (né vers 434, mort en 493)
Roi d'un peuple germanique appelé les Hérules. Odoacre mit fin à l'empire d'Occident en 476. Il fut ensuite vaincu par l'armée de l'empereur d'Orient.

Odyssée
Poème épique grec en 24 chants attribué à Homère et principalement consacré aux aventures d'Ulysse.

Œdipe
Héros de la mythologie grecque. L'oracle de Delphes avait prédit qu'Œdipe tuerait son père, Laïos, et épouserait sa mère, Jocaste. Œdipe fut donc abandonné à sa naissance par ses parents. Il fut recueilli et élevé par le roi de Corinthe et, lorsqu'il apprit la terrible prédication, il s'enfuit. Sur la route, il se querella avec un étranger qu'il tua : c'était en fait son père. Aux portes de la ville de Thèbes, il affronta le Sphinx et résolut sa célèbre énigme. En récompense pour avoir vaincu le Sphinx, il fut proclamé roi de Thèbes et épousa la reine qui était alors Jocaste, sa propre mère. Lorsqu'ils découvrirent la vérité, Jocaste se pendit et Œdipe se creva les yeux et partit en exil.

Ohm Georg Simon (né en 1789, mort en 1854)
Physicien allemand. Il a beaucoup travaillé sur les courants électriques et est à l'origine de la *loi d'Ohm*. Son nom fut donné à l'unité de résistance électrique.

Oise
Département français (60) de la Région Picardie. 5 857 km^2 ; 725 603 hab. ; chef-lieu : Beauvais.

Okinawa
Île japonaise. 2 245 km^2 ; 1 179 000 hab. Elle vit de la culture du riz, de la canne à sucre, de la banane, de l'ananas, de l'exploitation du bois et de la pêche. Elle possède une importante centrale nucléaire.

Oléron
Île côtière de Charente-Maritime située dans l'Atlantique. 175 km^2 ; 18 539 hab. Un viaduc la relie au continent. Ses principales activités sont l'ostréiculture, la pêche et le tourisme.

Olmèques
Peuple précolombien établi dans la grande plaine côtière du golfe du Mexique au IIe millénaire avant J.-C. Les Olmèques ont laissé de nombreuses constructions : temples, pyramides, stèles, autels ainsi que des sculptures et des peintures murales.

Olympe
Massif montagneux du nord de la Grèce. Il culmine à 2 917 mètres. Dans la mythologie grecque, l'Olympe était le lieu de séjour des dieux.

Olympie
Dans la Grèce Antique, grand sanctuaire du Péloponnèse et lieu des jeux Olympiques. Le temple abritait la statue de Zeus haute de 10 m et qui était l'une des Sept Merveilles du monde.

jeux **Olympiques**
Dans la Grèce antique, concours sportif qui se déroulait tous les 4 ans à Olympie, en l'honneur de Zeus. Les premiers Jeux eurent lieu en 776 avant J.-C. Après la conquête de la Grèce par les Romains, l'esprit des Jeux dégénéra et l'empereur chrétien Théodose les abolit en 392 après J.-C.

Les jeux modernes Le Français Pierre de Coubertin organisa les premiers jeux Olympiques de l'ère moderne, en 1896, à Athènes. En 1924 eurent lieu à Chamonix les premiers Jeux d'hiver. L'organisation des Jeux est confiée tous les 4 ans à une ville différente. Cette ville est choisie par décision du Comité international olympique, qui comprend 73 membres élus à vie. Depuis 1994, les Jeux d'hiver et les Jeux d'été alternent et se déroulent à deux ans d'intervalle.

Oman
2,5 millions d'habitants
Superficie : 212 000 km^2
Capitale : Mascate
Langue officielle : arabe
Monnaie : le rial omanais

État du Sud-Est de l'Arabie, sur la mer d'Oman et le golfe d'Oman. L'intérieur du pays est montagneux et les côtes sont très découpées. Oman possède d'importants gisements de pétrole et de gaz. Pourtant, le pays est confronté à des difficultés économiques.

Histoire Le sultanat d'Oman porta jusqu'en 1970 le nom de sultanat de Mascate-et-Oman. Dans les années 90, le sultan dota le pays de sa première Constitution, qui faisait d'Oman une monarchie absolue. Il modernisa le pays en créant des hôpitaux, des services d'enseignement et en construisant des routes.

Ombrie
Région d'Italie centrale et de l'Union européenne, formée des provinces de Pérouse et de Terni. 8 456 km^2 ; 818 000 hab. Sa capitale est Pérouse. Elle tire ses richesses de la culture des oliviers, de

la vigne, et de l'élevage bovin. L'hydroélectricité a permis le développement de l'industrie lourde, notamment à Terni.

Omeyyades
Dynastie de califes qui gouverna de 660 à 750 le monde arabe depuis Damas, leur capitale.
On dit aussi **Omayyades ou Umayyades**.

Omsk
Grande ville de Russie (1 150 000 hab.). Omsk possède une importante raffinerie de pétrole.

① Ontario
Lac du Canada (18 800 km^2). Le lac Ontario forme la frontière entre le Canada et les États-Unis. Il communique avec le lac Érié par le fleuve Niagara et avec l'Atlantique par le fleuve Saint-Laurent.

② Ontario
Province du Canada. 1 068 852 km^2 ; 10 084 880 hab. Sa capitale est Toronto. L'Ontario est la province la plus riche et la plus peuplée du pays. Ses principales ressources agricoles sont la culture des céréales, l'élevage, la pêche, la chasse aux fourrures et l'exploitation forestière. Le sous-sol recèle d'importantes richesses minières. Les industries sont principalement localisées dans le sud. La province fut cédée par la France aux Britanniques en 1763.

ONU
Sigle de *Organisation des Nations unies*. Organisation internationale créée en 1945 en vue de maintenir la paix entre les États et de promouvoir l'entraide économique, sociale et culturelle. Elle a succédé à la Société des Nations (SDN). Elle siège à New York et 180 États y adhèrent. Elle est dotée d'une Assemblée générale, d'un organe exécutif appelé Conseil de sécurité, d'un Conseil économique et social, d'un Conseil de tutelle, d'une Cour internationale de justice et d'un Secrétariat général. Lors de conflits militaires, l'ONU peut créer une force d'urgence dont les soldats sont appelés les *casques bleus*.

Oradour-sur-Glane
Commune de la Haute-Vienne (2 025 hab.). Le 10 juin 1944, des troupes SS allemandes y massacrèrent 642 habitants suite à une attaque de résistants dans la région. Ils fusillèrent les hommes et incendièrent l'église où ils avaient rassemblé les femmes et les enfants.

Oran
Ville d'Algérie, située sur la Méditerranée (610 380 hab.). La ville vit de l'exportation de gaz naturel et de produits agricoles. Elle est aussi un centre industriel important. Elle fut occupée par les Français en 1831.

① Orange
Province d'Afrique du Sud, nommée *État libre d'Orange* depuis 1995. 127 993 km^2 ; 1 932 000 hab. Elle tire ses revenus de la culture des céréales, de l'élevage bovin et ovin, et de l'exploitation de ses mines d'or, de diamants et de charbon.

HISTOIRE Les Britanniques reconnurent en 1854 l'indépendance de la colonie fondée vers 1836. L'Orange entra dans l'Union sud-africaine en 1910.

② Orange
Ville du Vaucluse (27 989 hab.). Orange est un important centre touristique. Son industrie s'est développée dans les domaines de la conserverie et de la chimie.

HISTOIRE La cité devint une colonie romaine sous le règne de l'empereur Auguste ; elle possède notamment un théâtre antique et un arc de triomphe. Au XIIIe siècle, elle devint une principauté et fut définitivement réunie à la France en 1713.

Orcades
Archipel britannique, situé au nord-est de l'Écosse et qui compte 90 îles, dont une vingtaine sont habitées. 975 km^2 ; 19 570 hab. Il forme une région de la Grande-Bretagne dont le chef-lieu est Kirkwall. Ses principales activités sont la pêche, l'élevage bovin et ovin. Le tourisme y est en plein essor.

Orénoque
Fleuve du Venezuela (2 160 km). Il se jette dans l'Atlantique par un vaste delta.

Oreste
Personnage de la mythologie grecque. Oreste était le fils d'Agamemnon et de Clytemnestre, et le frère d'Électre et d'Iphigénie. Il tua sa mère et l'amant de celle-ci pour venger le meurtre de son père.

Organisation de coopération et de développement économiques
voir ***OCDE***

Organisation des Nations unies
voir ***ONU***

Organisation du traité de l'Atlantique Nord
voir ***OTAN***

Orient
Dans l'Antiquité, ensemble des États et des villes situés à l'est de la Grèce. L'Orient commençait au sud en Égypte ; au sud-est il allait jusqu'à la Mésopotamie incluse, et à l'est jusqu'à l'Empire perse. L'Orient a ensuite englobé tous les pays arabes, l'Empire ottoman, l'Inde et la Chine.

Orient (Empire romain d')
voir ***byzantin***

A B C D E F G H I J K L M N O P Q R S T U V W X Y Z

Orléans
Chef-lieu du département du Loiret et de la Région Centre (263 292 hab.). Orléans, située sur les bords de la Loire, est un centre commercial avec des industries alimentaires (conserves, vinaigre, chocolat), une industrie électrique et électronique. La ville, très endommagée lors de la Seconde Guerre mondiale, a conservé quelques beaux monuments dont la cathédrale (XIIIe-XVIIIe siècles). Une forêt domaniale s'étend au nord-est de la ville.
HISTOIRE L'ancienne cité gauloise devint avec Clovis la capitale du royaume d'Orléans. Assiégée par les Anglais en 1428, elle fut délivrée par Jeanne d'Arc en 1429.

Orléans Charles d' (né en 1394, mort en 1465)
Poète français. Fils de Louis Ier d'Orléans, il fut chef des Armagnacs et participa à la bataille d'Azincourt en 1415, puis resta vingt-cinq ans prisonnier des Anglais. À son retour, il tint, à Blois, une cour raffinée. Ses œuvres (ballades, rondeaux) constituent un des sommets de la poésie courtoise.

maison d'Orléans
Nom de quatre familles princières de France. La première eut pour unique représentant Philippe d'Orléans (1336-1375), cinquième fils de Philippe VI de Valois, qui mourut sans héritier.
La deuxième fut fondée par Louis Ier d'Orléans (1372-1407), frère de Charles VI. Jean sans Peur le fit tuer, ce qui déclencha la guerre entre les Armagnacs et les Bourguignons.
La troisième eut pour seul représentant Gaston d'Orléans (1608-1660), frère de Louis XIII.
La quatrième fut fondée par Philippe Ier (1640-1701), frère de Louis XIV. Parmi ses représentants, les principaux furent Louis Philippe Joseph, dit Philippe Égalité, Louis Philippe qui fut roi sous le nom de Louis-Philippe Ier de 1830 à 1848. L'actuel comte de Paris, Henri d'Orléans, a donné le titre de duc d'Orléans à son fils Jacques.

Ormuz
Détroit qui relie le golfe Persique à la mer d'Oman. L'*île d'Ormuz*, au nord du détroit, appartient à l'Iran.

Orne
Département français (61) de la Région Basse-Normandie. 6 100 km^2 ; 292 337 hab. ; chef-lieu : Alençon.

Orphée
Poète et musicien légendaire de la mythologie grecque, fils de la muse Calliope. La beauté de sa voix et de sa musique charmait les dieux, les humains et jusqu'aux bêtes sauvages. Orphée descendit aux Enfers pour en ramener son épouse Eurydice, morte après leurs noces. Hadès, dieu des Enfers, consentit à la lui rendre à condition qu'il ne la regarde pas avant d'être sorti du royaume des Morts. Orphée ne réussit pas à tenir sa promesse et perdit définitivement Eurydice.

plan Orsec
Plan d'organisation des secours lors de catastrophes et d'urgences collectives, déclenché et mis en place sous l'autorité du préfet. *Orsec* est une abréviation de « organisation des secours ».

Orwell George (né en 1903, mort en 1950)
Écrivain anglais. Orwell est l'auteur de romans dans lesquels il décrit une société déshumanisée, victime du totalitarisme : *la Ferme des animaux (1945)*, *1984 (1949)*.

Osaka
Ville du Japon (2,7 millions d'hab.). Osaka, grand port sur le Pacifique, est la deuxième ville du pays et le centre d'une puissante et vaste conurbation industrielle.

Osiris
Dieu de l'Égypte ancienne ; frère et époux d'Isis et père d'Horus. C'est le dieu du Bien, de la Végétation et de la Vie éternelle.

Oslo
Capitale et port de la Norvège (700 000 hab.). Oslo, située au fond d'un fjord s'ouvrant sur le détroit de Skagerrak, est le principal centre industriel du pays.
HISTOIRE Fondée au XIe siècle, la ville fut détruite par un incendie en 1624. Reconstruite, elle se nomma Christiania jusqu'en 1925, où elle reprit le nom d'Oslo.

Ostie
Petite ville d'Italie, située près de l'embouchure du Tibre. Port maritime de la Rome antique, aujourd'hui ensablé, Ostie, qui conserve d'importants vestiges antiques, est devenue une station balnéaire très fréquentée.

Ostrava
Ville de la République tchèque (326 810 hab.).Ostrava, située sur un gisement houiller, est un centre industriel (métallurgie, chimie).

Ostrogoths
Peuple germanique dont le nom signifie « Goths de l'Est ». Soumis par les Huns vers 370, ils furent conduits par Attila en Gaule et en Italie. Après l'effondrement de l'empire des Huns, leur chef, Théodoric, conquit l'Italie. Après sa mort, en 526, le royaume des Ostrogoths fut reconquis par l'empereur romain d'Orient, Justinien.

OTAN
Sigle de *Organisation du traité de l'Atlantique Nord*. Organisation issue du traité d'alliance signé le 4 avril 1949 par douze États : la Belgique, le

Canada, le Danemark, les États-Unis, la France, la Grande-Bretagne, l'Islande, l'Italie, le Luxembourg, la Norvège, les Pays-Bas, le Portugal. Elle comporte des structures civiles et militaires, et a pour but de « sauvegarder la paix et la sécurité, et de développer la stabilité et le bien-être dans l'Atlantique Nord ». Son siège se trouve à Bruxelles. Depuis sa création, plusieurs pays ont rejoint l'OTAN : la Grèce, la Turquie, l'Allemagne, l'Espagne, la Russie, la Pologne, la République tchèque et la Hongrie.

Ottawa

Capitale fédérale du Canada et port sur la rivière des Outaouais (780 000 hab.). Ottawa, située dans la province de l'Ontario, est un centre politique, administratif et culturel.

Otton Ier le Grand (né en 912, mort en 973)

Roi de Germanie et d'Italie. Couronné par le pape Jean XII en 962, il fut le premier empereur du Saint Empire romain germanique.

Ouagadougou

Capitale du Burkina Faso (730 000 hab.). Ouagadougou est reliée par voie ferrée à Abidjan, en Côte d'Ivoire.

Oubangui

Rivière d'Afrique équatoriale (1 160 km), affluent du fleuve Congo. Grande voie de communication, l'Oubangui sépare la République démocratique du Congo de la République centrafricaine et de la république du Congo.

Ouessant

Île rocheuse du Finistère, en Bretagne. 15,6 km^2 ; 1 255 hab. Ouessant forme un canton d'une seule commune. Ses ressources essentielles proviennent de la pêche et de l'élevage de moutons de pré salé.

Ouganda

24 millions d'habitants
Superficie : 236 860 km^2
Capitale : Kampala
Langues officielles : anglais, swahili
Monnaie : le shilling ougandais

État de l'est de l'Afrique, traversé par l'équateur, traversé entre la République démocratique du Congo, le Soudan, le Kenya, la Tanzanie et le Rwanda.

Géographie Pays de hauts plateaux, l'Ouganda est traversé par le haut Nil et son territoire est occupé par de nombreux lacs. Le climat équatorial d'altitude crée la savane arborée. L'Ouganda est peuplé de divers groupes ethniques, dont celui des tribus pastorales (au Nord) proches des Tutsis et les populations de langues bantoues (au Sud) proches des Hutus.

Économie Le pays vit essentiellement de cultures vivrières et d'élevage et de quelques cultures d'exportation, comme le thé, le coton et surtout le café. L'exploitation des ressources minières (cuivre, cobalt, tungstène, phosphates) reste peu importante.

Histoire La région fut d'abord organisée en divers petits royaumes. Celui du Buganda devint, au XIXe siècle, le plus puissant. En 1892, les Anglais établirent un protectorat. Les colons britanniques développèrent les plantations de café et de coton sur les hauteurs. À partir de 1920, la monoculture du coton désorganisa l'économie. En 1945, des troubles éclatèrent, puis l'opposition à l'administration coloniale se précisa et des partis se constituèrent. En 1962, l'Ouganda accéda à l'indépendance et devint membre du Commonwealth. En 1963, la république est proclamée. À partir de 1971, le pouvoir est aux mains de Idi Amin Dada, dictateur sanguinaire. Le pays connaît une terrible période d'anarchie durant laquelle se succèdent coups d'État et rebellions, suivis de répression sanglante. Une élection présidentielle a eu lieu en 1996. Mais le pays a connu un grave conflit avec le Rwanda en 1998.

Oulan-Bator

Capitale de la république de Mongolie (630 000 hab.). Oulan-Bator, située à la limite du désert de Gobi, à 1 500 m d'altitude, est le centre industriel du pays.

Oural

Chaîne de montagnes de Russie, qui forme la limite conventionnelle entre l'Europe et l'Asie. L'Oural s'allonge de la mer Caspienne à l'Arctique sur 2 400 km et culmine à 1 894 m. Son relief est varié : la toundra et les glaciers, au nord, des collines peu élevées, au centre, et des forêts, au sud. Son sous-sol est extrêmement riche : fer, cuivre, manganèse, chrome, or et potasse. Le gisement de pétrole du Second-Bakou est l'un des plus importants du monde.

Ouzbékistan

24 millions d'habitants
Superficie : 449 600 km^2
Capitale : Tachkent
Langue officielle : ouzbek
Monnaie : le soum

État d'Asie centrale, bordé au nord-est par la mer d'Aral et frontalier du Kazakhstan, du Kirghizstan, du Tadjikistan et du Turkménistan.

Géographie Le pays est constitué d'une plaine désertique coupée d'oasis et de bassins, dominée au sud par des montagnes (Pamir, Tianshan) d'où descendent les fleuves Syr-Daria et Amou-Daria.

ÉCONOMIE L'irrigation permet la culture de fruits, de légumes, de riz et surtout, de coton. L'élevage, particulièrement celui des moutons astrakans, fournit quelques ressources. Les richesses minières (charbon, pétrole, gaz, uranium et cuivre) sont peu exploitées. Malgré ces atouts, la situation économique reste extrêmement précaire.

HISTOIRE La république autonome du Turkestan, sous contrôle russe depuis la seconde moitié du XIXe siècle, devint, en 1929, la république soviétique d'Ouzbékistan. En août 1991, l'indépendance de la République a été proclamée par le Parlement.

Ovide (né en 43 avant J.-C., mort en 17 ou 18 après J.-C.)

Poète latin. Ovide est l'auteur de poèmes comme *l'Art d'aimer*, qui traite avec légèreté des sentiments amoureux, mais son chef-d'œuvre reste *les Métamorphoses*, poème mythologique.

Oxford

Ville de Grande-Bretagne (109 000 hab.). Oxford, située sur le cours de la Tamise, à l'ouest de Londres, est le chef-lieu du comté d'Oxford (2 612 km^2, 574 700 hab.). La ville est célèbre pour son université, fondée en 1163, l'une des plus prestigieuses du pays.

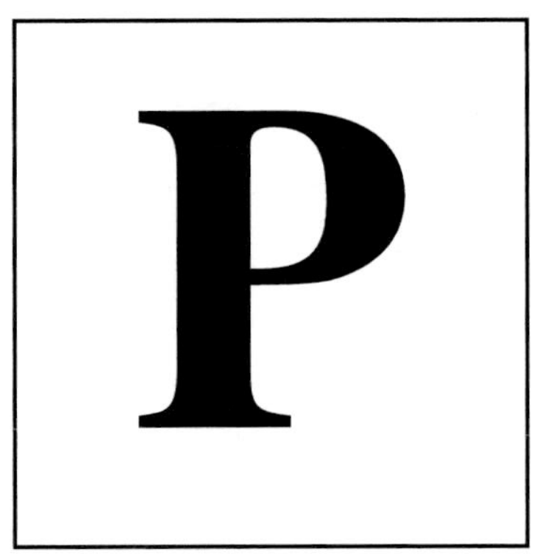

Pachtouns
Peuple d'Afghanistan et du Pakistan. Leur religion est l'islam sunnite. Leur langue appartient à la famille iranienne.

Pacifique
Océan le plus vaste du globe. Le Pacifique couvre environ 180 millions de km^2, soit 30 % de la surface de la Terre. Il s'étend entre l'Asie, l'Amérique, l'Australie et la Nouvelle-Guinée. Au nord, le détroit de Béring l'isole de l'océan Arctique. Au sud, il s'ouvre sur l'océan Antarctique. Il est bordé de fosses profondes (dont certaines de plus de 10 000 m). Ses îles, d'origine volcanique, forment sur ses bords une « ceinture de feu » : certaines îles dépassent 4 000 m d'altitude ; d'autres, qui affleurent, servent de support à des constructions coralliennes (atolls, récifs-barrières). Le Pacifique doit son nom au navigateur portugais Magellan.

Padoue
Ville d'Italie, en Vénétie (229 950 hab.). Padoue est le chef-lieu de la province de Padoue. La ville possède de nombreux monuments dont la basilique Saint-Antoine (XIIIe siècle), qui abrite le tombeau de saint Antoine, et la chapelle des Scrovegni, ornée de fresques de Giotto.

Pagnol Marcel (né en 1895, mort en 1974)
Écrivain et cinéaste français. Pagnol est l'auteur de pièces de théâtre célèbres : *Topaze (1928)*, *Marius (1929)* et *Fanny (1932)* qui furent adaptées au cinéma. Il réalisa lui-même *César (1936)* et *la Femme du boulanger (1938)*. Ses œuvres évoquent, de manière tendre et pittoresque, la vie de Marseille et de la Provence. Dans *la Gloire de mon père (1957)* et *le Château de ma mère (1958)*, il raconte ses souvenirs d'enfance. Il fut élu à l'Académie française en 1946.

Pahlavi Muhammad Riza (né en 1919, mort en 1980)
Chah d'Iran en 1941. Écarté du pouvoir en 1952, il fut rétabli en 1953. S'appuyant sur les États-Unis, il s'attacha à moderniser son pays. Renversé en 1979 par un mouvement populaire islamique, il s'exila.

Pakistan
140 millions d'habitants environ
Superficie : 803 940 km^2
Capitale : Islamabad
Langues officielles : urdu, anglais
Monnaie : la roupie pakistanaise

État d'Asie, situé au nord-ouest de l'Inde et à l'est de l'Iran et de l'Afghanistan.

Géographie Le nord est montagneux avec le haut Himalaya (plus de 8 000 m dans l'Hindou Kouch). À l'ouest, les chaînes du Béloutchistan sont moins élevées. À l'est, la vallée de l'Indus concentre la population. Le désert de Thar borde cette vallée. Le climat est aride. La population est rurale aux deux tiers.

Économie De grands travaux d'irrigation ont multiplié par quatre, depuis 1947, les surfaces cultivables produisant essentiellement du blé et du riz, ainsi que le coton destiné à l'exportation. L'élevage extensif domine au nord et à l'ouest. L'industrie s'est développée à partir de l'agriculture : textile, coton, tapis, agroalimentaire. Les inégalités sont fortes. Les problèmes économiques se sont aggravés par les différences sociales, les troubles politiques internes et les tensions avec l'Inde.

Histoire Zone de passage et terre de conquête, la vallée de l'Indus a connu de nombreuses invasions. En 712, les Arabes pénétrèrent par le sud-est et l'islam se répandit. Dominé par des dynasties turques et afghanes, puis moghole, le pays a une histoire peu différente de celle de l'Inde

jusqu'à la fin du XIXe siècle. En 1947, avec la fin de l'empire des Indes, sous domination britannique, et l'indépendance de l'Inde, la partition de l'empire donne naissance à l'État du Pakistan. Celui-ci est formé du Pakistan occidental et du Pakistan oriental, tous deux musulmans. Le Cachemire (refusant la partition), l'Inde et le Pakistan (qui revendiquaient tous deux sa possession) s'affrontèrent au cours de deux guerres. En 1971, la population bengalie du Pakistan oriental, aidée militairement par l'Inde, fit sécession et créa le Bangladesh.
Depuis 1977, le Pakistan a subi de nombreuses crises politiques, de graves troubles internes et la tension avec l'Inde ne s'est pas apaisée.

Palais-Royal

Ensemble de bâtiments de Paris, construits pour Richelieu, en 1633. Le ministre le légua à Louis XIII (1643). Remanié aux XVIIIe et XIXe siècles, le Palais-Royal, situé dans l'actuel premier arrondissement de Paris, abrite aujourd'hui le Conseil d'État, le Conseil constitutionnel et l'administration des Beaux-Arts.

mont **Palatin**

Une des sept collines de Rome, située près du Tibre. Site le plus anciennement habité de Rome, le mont Palatin abrite de nombreux vestiges de palais et de temples.

Palerme

Capitale et port de la Sicile, sur la mer Tyrrhénienne (714 250 hab.). Palerme est le chef-lieu de la province et de la Région Sicile. La ville possède de remarquables édifices : églises et palais de style byzantin ou baroque. Cité phénicienne, Palerme devint romaine en 254 avant J.-C. Les Arabes l'enlevèrent aux Byzantins. La ville, souvent occupée au cours de son histoire, fut prise par Garibaldi en 1860 et fit partie du nouveau royaume d'Italie en 1861.

Palestine

Région du Proche-Orient, bordée à l'ouest par la Méditerranée, et qui englobe la Cisjordanie, la bande de Gaza et l'État d'Israël.
HISTOIRE Berceau du judaïsme et du christianisme, la Palestine subit de nombreuses invasions au cours de son histoire. Les Hébreux s'y installèrent progressivement entre le XVIIIe siècle et le XIe siècle avant J.-C. La fin de la conquête correspond au règne de David (vers 1000 avant J.-C.). Politiquement, la Palestine fut un enjeu permanent entre les grandes puissances (les empires égyptien, babylonien, perse, assyrien, les royaumes grecs). L'occupation romaine commença en 63 avant J.-C. avec la prise de Jérusalem par Pompée. Les Juifs se révoltèrent en vain à plusieurs reprises contre la tutelle romaine. Beaucoup d'entre eux durent quitter la Palestine, qui fut rattachée à la province de Syrie.
Conquise par les Arabes sur les Byzantins, redevenue chrétienne au temps des croisades, la Palestine a finalement partagé la destinée de l'Empire ottoman jusqu'en 1922, date à laquelle elle fut placée sous mandat britannique. L'établissement d'un foyer national juif étant décidé, l'immigration juive vers la Palestine, commencée dès la fin du XIXe siècle, se poursuivit. Dès 1929, Juifs émigrants et Arabes de Palestine entrent en lutte ouverte.
La proclamation de l'État d'Israël en 1948 provoqua la riposte armée des États arabes voisins, qui furent vaincus en 1949. La Palestine fut partagée entre Israël et la Jordanie. La guerre des Six Jours (1967) permit à Israël d'étendre son occupation jusqu'au Jourdain. En novembre 1988, la Palestine fut proclamée État indépendant par les organisations palestiniennes, notamment l'OLP (Organisation de libération de la Palestine, fondée en 1964), et reconnue par une soixantaine de gouvernements. Des négociations se sont engagées, depuis 1971, entre les Palestiniens et l'État d'Israël, en vue d'établir un régime d'autonomie pour les territoires palestiniens et de mettre en place un processus de paix. Cependant, les agressions et les actes de violence se sont multipliés. L'Autorité palestinienne n'a pas pu proclamer l'existence de l'État palestinien à la date prévue (mai 1999). Les affrontements sanglants qui continuent d'opposer Palestiniens et Israéliens compromettent gravement le processus de paix.

Palissy Bernard (né vers 1510, mort en 1589 ou 1590)

Céramiste et savant français. Passionné par le secret de fabrication des émaux allemands et italiens, il réalisa de nombreuses terres cuites émaillées et décora des grottes de céramique, notamment au jardin des Tuileries. Calviniste, il refusa de renoncer à sa foi et fut emprisonné à la Bastille où il mourut.

Palladio (né en 1508, mort en 1580)

Architecte italien. Palladio fut le plus grand représentant de l'architecture classique de la Renaissance italienne. À Venise, il réalisa les églises San Giorgio Maggiore et du Rédempteur. Ses écrits, *Quatre livres d'architecture (1570)*, eurent une très grande influence sur l'architecture en Europe, particulièrement en Angleterre.

Palma de Majorque

Ville et port d'Espagne (325 100 hab.). Palma de Majorque, située à l'ouest de l'île de Majorque, est la capitale de la communauté autonome des îles Baléares. C'est un centre commercial et un lieu touristique très fréquenté.

Palmyre
Ancienne ville de Syrie, au nord-est de Damas. Ville du désert où transitaient les caravanes, Palmyre assurait la plus grande partie du commerce entre l'Inde et la Méditerranée. Elle atteignit son apogée sous le règne de Zénobie, reine de 266 à 272 après J.-C. Elle fut vaincue et saccagée par l'empereur romain Aurélien. Ses vestiges comptent parmi les plus importants du monde grec et romain.

Pamir
Région montagneuse d'Asie centrale, qui s'étend du Tadjikistan à l'Afghanistan et à la Chine. De hauts sommets (jusqu'à 7 495 m) dominent des plateaux élevés.

Pampa
Vaste plaine herbeuse et fertile d'Argentine centrale, entre les Andes et l'Atlantique. Le nord-est, plus humide, est une importante région agricole (blé, maïs et soja). L'élevage bovin est très développé. Dans l'ouest et le sud, on élève des ovins.

Pan
Dieu des bergers, dans la mythologie grecque. Pan, fils d'Hermès et d'une nymphe, est représenté comme une sorte de démon, cornu et barbu, dont le bas du corps est celui d'un bouc. Divinité puissante et brutale, il protège la Nature, mais son aspect étrange et inquiétant provoque parfois l'effroi et son nom est à l'origine du mot *panique*.

canal de **Panamá**
Canal reliant le Pacifique à l'Atlantique à travers l'isthme de Panamá. Long d'environ 80 km, il compte six écluses. Il est d'un grand intérêt commercial et stratégique pour les États-Unis, qui assurent plus de la moitié du trafic. La construction du canal, née d'un projet du Français Ferdinand de Lesseps, débuta en 1881 mais fut interrompue en 1888. En 1904, les États-Unis reprirent les travaux et le canal fut ouvert en 1914.

Panamá
3 millions d'habitants
Superficie : 77 085 km^2
Capitale : Panamá
Langue officielle : espagnol
Monnaie : le dollar américain

État d'Amérique centrale, entre le Pacifique et l'Atlantique. Le Panamá occupe une longue bande étroite qui forme le sud de l'Amérique centrale et rejoint le nord de la Colombie.

Géographie Le territoire, traversé par le canal de Panamá, est un isthme montagneux, au climat tropical. La population se concentre sur la côte du Pacifique.

Économie Le pays est exportateur de bananes, de crevettes, de café et de sucre. Mais ses recettes proviennent essentiellement du trafic sur le canal et du transit pétrolier (par oléoduc), ainsi que des capitaux étrangers investis dans le pays.

Histoire Colonisé dès le début du XVIe siècle par les Espagnols, Panamá acquit son indépendance en 1903 et forma une république avec l'aide des États-Unis, qui obtinrent l'administration d'une large zone du canal. Le pays traversa une période d'instabilité politique, au cours de laquelle les interventions répétées des États-Unis provoquèrent un mouvement nationaliste très hostile à la tutelle américaine. En 1989, les États-Unis, après avoir soumis le pays à un blocus économique, intervinrent militairement pour renverser le général Noriega, alors maître du pays et accusé de trafic de drogue. Le gouvernement reste confronté à de graves inégalités sociales et doit aussi faire face à un aménagement et un élargissement extrêmement coûteux du canal.

Pandore
La première femme de l'humanité, dans la mythologie grecque. Elle fut créée par Héphaïstos, dieu du Feu, pour châtier les hommes à qui Prométhée avait donné le feu dérobé au ciel. Pandore ouvrit la jarre que Zeus lui avait confiée ; cette jarre contenait tous les maux de l'humanité, qui se répandirent sur la Terre, à l'exception de l'espoir qui y resta enfermé.

■ Boîte de **Pandore** : ce qui est la source de bien des malheurs.

la **Pangée**
Continent qui aurait englobé toutes les terres émergées et se serait fragmenté, au cours de l'ère secondaire, en deux blocs : le Gondwana (correspondant à l'Amérique du Sud, l'Afrique du Sud, l'Antarctique, l'Inde et l'Australie) et la Laurasie (correspondant à l'Europe, l'Amérique du Nord et l'Asie à l'exception de l'Inde).

Pantagruel
Héros du roman de Rabelais intitulé *Les Horribles et Épouvantables Faits et Prouesses du très renommé Pantagruel*, publié en 1532. Ce livre, suivi d'autres récits, raconte les aventures de Pantagruel, géant plein d'appétit et de sagesse, fils de Gargantua, et de son compagnon Panurge.

① Panthéon
Temple de Rome édifié en 27 avant J.-C., brûlé en 80 après J.-C. et reconstruit au IIe siècle. D'abord dédié à Jupiter, le Panthéon fut ensuite consacré au culte de tous les dieux. En 609, le pape Boniface IV le fit transformer en une église.

② Panthéon
Monument de Paris situé sur la montagne Sainte-Geneviève, dans le Quartier latin. La construction

A B C D E F G H I J K L M N O P Q R S T U V W X Y Z

de l'édifice, destiné à être une église dédiée à sainte Geneviève, débuta en 1764 et s'acheva en 1812. À la Révolution, l'église fut transformée en un temple destiné à recevoir les cendres des grands hommes.

Panurge

Personnage des récits de Rabelais, dans lesquels il est le compagnon du géant Pantagruel. Poltron, rusé et sans scrupules, mais aussi ingénieux et farceur, Panurge partagera toutes les aventures burlesques de Pantagruel.

Papeete

Chef-lieu de la Polynésie française et port de l'île de Tahiti (115 000 hab.). Papeete est un centre touristique.

Papin Denis (né en 1647, mort en 1714)

Physicien français. Chercheur et inventeur, il établit le principe de la machine à vapeur à piston et inventa l'ancêtre de l'autocuiseur, une marmite munie d'une soupape de sûreté.

Papouasie-Nouvelle-Guinée

4,3 millions d'habitants
Superficie : 461 690 km²
Capitale : Port Moresby
Langues officielles : anglais, néo-mélanésien
Monnaie : le kina

État d'Océanie, comprenant l'est de la Nouvelle-Guinée et plusieurs îles et archipels. Sous la tutelle de l'Australie à partir de 1921, le pays obtint son indépendance en 1975 et devint membre du Commonwealth.

Géographie Le relief montagneux comprend une chaîne centrale qui se termine en péninsule effilée à l'est et domine des plaines marécageuses à l'ouest. Une forêt très dense couvre la plus grande partie du territoire. La population est très clairsemée.

Économie Les ressources proviennent essentiellement de l'agriculture, avec notamment des plantations de café, de cacao et d'hévéas. Les ressources minières sont abondantes mais peu exploitées (exportation de cuivre et d'or).

Papous

Groupe de peuples de la Nouvelle-Guinée et des îles avoisinantes, possédant une culture commune et parlant des langues très diverses. On désigne également sous le nom de Papous les habitants de la Papouasie-Nouvelle-Guinée.
On dit aussi **Papouas**.

île de Pâques

Île volcanique du Pacifique, à l'ouest du Chili. 162 km² ; 2 000 hab.

Histoire Découverte en 1772, le jour de Pâques, par le Hollandais Roggeveen, l'île de Pâques appartient au Chili depuis 1888. Elle est célèbre pour ses statues monumentales, taillées dans la roche volcanique, qui pourraient être des représentations d'un culte religieux pratiqué par des populations d'origine polynésienne.

Grand Paradis

Massif des Alpes italiennes (4 061 m) près de la frontière française. Un parc national y a été créé en 1922, auquel fait suite le parc français de la Vanoise.

① Paraguay

5,2 millions d'habitants
Superficie : 406 750 km²
Capitale : Asuncíon
Langues officielles : espagnol, guarani
Monnaie : le guarani

État continental d'Amérique du Sud, au nord de l'Argentine.

Géographie Le pays est drainé par le Paraguay, qui sert de frontière avec le Brésil et l'Argentine. À l'est s'étend un bas plateau boisé, coupé de vallées fertiles, où est concentrée la majeure partie de la population. À l'ouest, une vaste plaine, continentale, sèche et presque totalement déserte, est vouée à l'élevage extensif.

Économie Les exportations agricoles sont importantes : soja, maïs, coton et viande. Les ressources hydroélectriques du fleuve Paraná sont considérables. Mais, récemment, la situation économique s'est dégradée et le chômage a augmenté.

Histoire Habité par des Indiens guaranis, le pays fut colonisé par les Espagnols et évangélisé par les jésuites. En 1768, quand ces derniers furent expulsés, les Guaranis furent dispersés par les Portugais et les Espagnols, mais leur culture a survécu. Le Paraguay devint indépendant en 1811. Le pays a subi des périodes de dictature et a connu, à plusieurs reprises, des guerres avec les États voisins. Après le renversement de la dictature en place (1989), une nouvelle Constitution, plus démocratique, a été adoptée en 1992.

② Paraguay

Rivière d'Amérique du Sud (2 206 km). Le Paraguay naît au Brésil, dans le Mato Grosso, traverse le Paraguay et conflue avec le Paraná à Corrientes, en Argentine. Sur une partie de son cours, il forme frontière entre le Paraguay et le Brésil, et entre le Paraguay et l'Argentine.

Paramaribo

Capitale du Surinam et port à l'embouchure de la rivière Surinam (220 000 hab.).

Paraná

Fleuve d'Amérique du Sud (3 300 km). Le Paraná naît au Brésil de la réunion du Paranaíba et du rio Grande. Il sépare le Brésil du Paraguay, puis le Paraguay de l'Argentine, et forme, avec le fleuve Uruguay, le Río de La Plata. Des chutes y entravent la navigation.

Paré Ambroise (né vers 1509, mort en 1590)

Chirurgien français. Il s'illustra par ses travaux sur la circulation du sang et inventa la technique de la ligature des vaisseaux lors des amputations. On le considère comme le père de la chirurgie moderne.

Paris

Capitale de la France, sur la Seine, dans le Bassin parisien. (2,1 millions d'hab.). Les 20 arrondissements de Paris forment un département (75), qui couvre 105 km^2 et fait partie de la Région Île-de-France, dont elle est le chef-lieu. L'agglomération parisienne compte environ 10 millions d'habitants.

Géographie Paris est au centre d'une zone où convergent des voies navigables : la Seine, la Marne et l'Oise. Plusieurs buttes, comme celles de Montmartre, de Belleville ou de Ménilmontant, dominent une plaine formée par la Seine. Dans le centre de Paris, l'île de la Cité et l'île Saint-Louis séparent la Seine en deux bras.

Fonctions Paris est le centre politique, administratif, commercial, financier et culturel de la France. La ville possède une richesse architecturale exceptionnelle : la cathédrale Notre-Dame-de-Paris, l'hôtel des Invalides, l'Opéra, les hôtels du quartier du Marais, la tour Eiffel, entre autres. Ses nombreux musées, le Louvre, le musée d'Orsay, le centre Georges-Pompidou, sont riches de chefs-d'œuvre. Les routes, les voies ferrées convergent vers Paris, premier port fluvial de France, siège d'un archevêché et d'organismes internationaux. Les jeux Olympiques s'y sont déroulés en 1900 et 1924. La fonction de maire de Paris, abolie en 1871, a été rétablie en 1976.

Histoire La cité des Parisii, tribu celte installée dans l'île de la Cité, prit le nom de Lutèce après la conquête romaine en 52 avant J.-C. Ravagée par les invasions germaniques à partir du IIIe siècle, elle fut réduite à l'île de la Cité et prit alors le nom de Paris. Sauvé de l'invasion des Huns grâce à sainte Geneviève, Paris devint la capitale du royaume des Francs à partir du règne de Clovis. La ville se développa sous Philippe Auguste, qui la dota d'une enceinte. Acquise aux Anglais, la ville fut reprise par Charles VII (1436). À la fin du XVe siècle, elle était la principale ville d'Occident, et un grand foyer intellectuel. Abandonné au profit de Versailles par Louis XIV et ses successeurs, Paris joua un rôle politique considérable durant la Révolution. La ville se transforma au XIXe siècle, notamment avec les travaux entrepris par le baron Haussmann (Second Empire). Occupé par les Allemands durant la Seconde Guerre mondiale, Paris fut libéré en 1944.

Pâris

Héros de la mythologie grecque. Fils de Priam, roi de Troie. Pâris enleva Hélène, femme de Ménélas, roi de Sparte, ce qui déclencha la guerre de Troie. Pâris tua Achille, mais fut lui-même tué au cours des combats.

Bassin parisien

Cuvette sédimentaire qui occupe le quart du territoire français entre le Massif armoricain, l'Ardenne, les Vosges et le Massif central. Le Bassin parisien, formé, en grande partie, par des terrains calcaires, est drainé par la Seine, la Loire, la Meuse et la Moselle. Le climat subit des influences océaniques.

Parker Charlie (né en 1920, mort en 1955)

Saxophoniste alto de jazz américain, créateur du style be-bop.

Parlement européen

Institution de l'Union européenne, composée des représentants des quinze États membres élus au suffrage universel direct. Le Parlement européen a des pouvoirs de contrôle sur les autres organes de l'Union. Il vote le budget et participe au processus législatif.

Parmentier Antoine Augustin (né en 1737, mort en 1813)

Pharmacien et agronome français. Il vulgarisa la consommation de la pomme de terre en France.

Parnasse

Mont de la Grèce (2 457m), au nord-est de Delphes, qui, dans l'Antiquité, était consacré à Apollon et aux Muses.

Parthénon

Temple d'Athènes, sur l'Acropole, dédié à la déesse Athéna. Le Parthénon, chef-d'œuvre de l'architecture antique, construit en marbre blanc, date du règne de Périclès, au Ve siècle avant J.-C.

Parthes

Peuple semi-nomade, longtemps établi dans les steppes de l'Asie centrale. L'Empire parthe qui s'étendit vers l'Iran et la Mésopotamie au IIe siècle avant J.-C., fit obstacle à l'expansion romaine. En 224 après J.-C., les Parthes furent renversés par la dynastie perse des Sassanides.

Pascal Blaise (né en 1623, mort en 1662)

Savant, philosophe et écrivain français. Auteur à seize ans d'un traité de géométrie, inventeur à dix-neuf ans d'une machine arithmétique, Pascal jeta les bases du calcul des probabilités et entreprit d'importantes recherches en physique. En 1654, il se tourna définitivement vers la religion. Il écrivit, contre les thèses des jésuites, dix-huit *Lettres Provinciales (1656-1657).* Vers 1656, il entreprit une *Apologie de la religion chrétienne*, mais mourut sans l'avoir terminée. Des fragments de cet ouvrage furent groupés et publiés après sa mort sous le titre de *Pensées (1670)*. La réflexion de Pascal sur la faiblesse de la nature humaine et sur les incertitudes de la science l'amène à conclure que seule la foi en Dieu peut venir en aide à l'homme pour accomplir sa destinée.

① pas de Calais
Détroit, entre la France et la Grande-Bretagne, qui relie la Manche à la mer du Nord.

② Pas-de-Calais
Département français (62) de la Région Nord-Pas-de-Calais. 6 639 km^2 ; 1,5 million d' hab. ; chef-lieu : Arras.

Pasternak Boris (né en 1890, mort en 1960)
Écrivain russe. Pasternak, auteur de poèmes , est célèbre pour son roman, *le Docteur Jivago (1957)*, qui fut violemment critiqué et interdit en URSS jusqu'en 1988.

Pasteur Louis (né en 1822, mort en 1895)
Chimiste et biologiste français ; créateur de la microbiologie. Il découvrit que les fermentations sont dues à des organismes vivants, les microbes, dont certains provoquent des maladies infectieuses. Il élabora une technique de conservation de la bière, appelée la pasteurisation. La mise au point, en 1885, d'un vaccin contre la rage le rendit célèbre.
L'Institut Pasteur est un institut privé, fondé en 1888 grâce à des fonds internationaux, pour poursuivre les travaux de Pasteur. Organisme de recherches biologiques et médicales, chargé de la mise au point et de la diffusion des vaccins et sérums, il est situé à Paris avec des filiales en France et à l'étranger.

Patagonie
Partie méridionale de l'Argentine, entre les Andes, la Pampa et l'Atlantique. 786 983 km^2 ; 1,3 million d'hab. Plateau peu fertile, la Patagonie est riche en gaz naturel et en pétrole.

Pau
Chef-lieu des Pyrénées-Atlantiques (78 732 hab.). Pau, station touristique, située sur les bords du gave de Pau, doit son essor industriel au gaz de Lacq et à ses ressources en hydroélectricité.
Capitale du Béarn au XVe siècle, Pau fut le lieu de naissance du futur roi Henri IV.

saint **Paul** (né entre 5 et 15, mort vers 62 ou 67)
Apôtre du christianisme. Juif et citoyen romain, hostile à la doctrine de Jésus, il se convertit à la suite d'une vision foudroyante du Christ sur le chemin qui le conduisait à Damas. Il prêcha l'Évangile en Asie Mineure, en Macédoine, en Grèce. Il y fonda des communautés auxquelles il adressa des lettres, les *Épîtres*, où il transmettait le message de Jésus.

Paul VI (né en 1897, mort en 1978)
Pape de 1963 à 1978. Successeur du pape Jean XXIII, Paul VI voyagea dans le monde entier pour rapprocher les Églises chrétiennes.

Paulus Friedrich von (né en 1890, mort en 1957)
Maréchal allemand. Durant la Seconde Guerre mondiale, chargé de prendre Stalingrad, il dut capituler en 1943. Interné en URSS, il fut remis aux autorités de l'Allemagne de l'Est en 1953.

Pavie
Ville d'Italie, en Lombardie (85 060 hab.). Pavie, située sur les bords du Tessin, est le chef-lieu de la province de Pavie. Capitale du royaume des Lombards, elle fut assujettie aux Visconti de Milan au XIVe siècle. Durant les guerres d'Italie, les Français y furent vaincus et François Ier y fut fait prisonnier en 1525.

Pavlov Ivan Petrovitch (né en 1849, mort en 1936)
Médecin et physiologiste russe. Pavlov formula la notion de réflexe conditionné, découverte capitale dans l'histoire de la physiologie. Il reçut le prix Nobel de médecine en 1904.

pays Baltes voir ***Baltes***

Pays-Bas

15,7 millions d'habitants
Superficie : 33 935 km^2
Capitale : Amsterdam
Langue officielle : néerlandais
Monnaie : l'euro

État d'Europe de l'Ouest, sur la mer du Nord, bordé au sud par la Belgique et à l'est par l'Allemagne.
Géographie Territoire au relief plat, les Pays-Bas correspondent à la basse vallée alluviale et au delta du Rhin, de la Meuse et de l'Escaut. La zone côtière est en partie constituée de polders (terrains gagnés sur la mer et protégés par des digues, des canaux, des stations de pompage). Ces régions basses concentrent une grande partie de la population.
Économie L'agriculture, très développée, associe l'élevage et des cultures intensives. Grand producteur de légumes et de fleurs, les Pays-Bas sont connus dans le monde entier pour leurs fromages. Le secteur industriel, dynamique, concerne l'agroalimentaire, la chimie et les produits de haute technologie, outre l'exploitation d'un important gisement de gaz naturel dans le nord. Le niveau de vie du pays figure parmi les plus élevés du monde.
Histoire Le nom de Pays-Bas désigna d'abord le groupe de provinces qui s'étendaient, au XIVe siècle, sur la Hollande, la Belgique et le nord de la France. Charles-Quint hérita de ces territoires

mais les provinces du Nord se révoltèrent contre Philippe II d'Espagne (fils de Charles-Quint), qui combattait le calvinisme. En 1579, les sept provinces du Nord, dont la plus importante était la Hollande, conclurent une union et formèrent, en 1588, la république des Provinces-Unies, tandis que les provinces du Sud, catholiques, restaient soumise à l'Espagne. Les Pays-Bas étaient désormais séparés en deux.
Les Français occupèrent les Pays-Bas de 1795 à 1806, formant la République batave. En 1815, Guillaume de Nassau se proclama roi du Royaume Uni des Pays-Bas, qui incluait la Belgique. Celle-ci fit sécession en 1830. Par la suite, les Pays-Bas perdirent une partie du Limbourg, le Luxembourg, ainsi que les colonies du Cap et de Ceylan. Le royaume évolua vers la démocratie parlementaire. Neutre pendant la guerre de 1914-1918, il fut occupé par les Allemands de 1940 à 1945. L'après-guerre vit renaître la prospérité économique. Les Pays-Bas, l'un des six premiers pays de la CEE, fait partie de l'Union européenne et a adopté l'euro.

Pays basque voir *Basque*

pays de Galles voir *Galles*

Pays de la Loire voir *Loire*

La **Paz**

Capitale gouvernementale de la Bolivie, située dans les Andes, à 3 658 m d'altitude (1,3 million d'hab.). La Paz est un centre industriel relié par voie ferrée au port chilien d'Arica. La ville a été fondée en 1548 par les Espagnols.

Pearl Harbor

Base aéronavale des États-Unis, dans l'île d'Oahu (Hawaii). Le 7 décembre 1941, sans déclaration de guerre, les Japonais y détruisirent une partie de la flotte américaine du Pacifique, ce qui entraîna la participation immédiate des États-Unis à la Seconde Guerre mondiale.

Peary Robert Edwin (né en 1856, mort en 1920)

Explorateur américain. Il atteignit le premier le pôle Nord, le 6 avril 1909.

Pégase

Cheval ailé de la mythologie grecque. Il naquit du sang de Méduse lorsque Persée lui coupa la tête.

Péguy Charles (né en 1873, mort en 1914)

Écrivain français. D'abord socialiste, Péguy renoua avec la tradition patriotique et religieuse. Il écrivit des œuvres poétiques, comme *le Mystère de la charité de Jeanne d'Arc (1910)*, ainsi que des récits en prose : *Victor-Marie, comte Hugo (1910)*, *l'Argent (1913)*. Il mourut au front lors de la Première Guerre mondiale.

Pékin

Capitale de la Chine, dans le nord-est du pays (8,9 millions d'hab.). Pékin, qui forme une municipalité autonome (17 800 km^2) sous le contrôle direct du pouvoir central, est un grand foyer culturel, administratif, commercial et industriel. Pékin, riche en musées et en monuments, abrite la fameuse Cité interdite, qui fut le lieu de résidence de la famille impériale.
On dit aussi **Beijing**.
HISTOIRE La cité se développa particulièrement sous la domination mongole, puis sous les Ming. Les Occidentaux y eurent leur quartier en 1860. Les communistes y entrèrent en janvier 1949 et Mao Zedong y proclama la République populaire de Chine.

montagne **Pelée**

Volcan de la Martinique, situé sur la côte nord-ouest, à 1 397 m d'altitude. L'éruption du 8 mai 1902 détruisit la ville de Saint-Pierre.

Péloponnèse

Presqu'île qui constitue le sud de la Grèce, reliée au continent par l'isthme de Corinthe. Le Péloponnèse est une Région de la Grèce et de l'Union européenne, comprenant l'Arcadie, l'Argolide, la Corinthie, la Laconie, la Messénie (15 490 km^2 ; 607 428 hab. ; chef-lieu : Tripolis). Le Péloponnèse inclut aussi l'Élide et l'Achaïe, rattachées à la Région de Grèce occidentale (21 439 km^2 ; 1 million d' hab.). Ce pays montagneux, aux côtes découpées, a pour principales ressources l'élevage des ovins, la vigne, les oliviers et les mûriers.
La *guerre du Péloponnèse* opposa les cités de Sparte et d'Athènes de 431 à 404 avant J.-C. Après des luttes indécises, Athènes entreprit une désastreuse expédition en Sicile et fut alors attaquée par les Spartiates, alliés aux Perses. En 405, le général spartiate Lysandre remporta la victoire navale d'Ægos-Potamos, puis il prit Athènes qui perdit sa prépondérance en Grèce.

Pendjab

Région du sous-continent indien, qui s'étend sur le bassin de l'Indus moyen et de ses affluents. 299 929 km^2 ; 77 millions d'hab. Le Pendjab est divisé, depuis 1947, entre le Pakistan et l'Inde, où il constitue l'État du Pendjab et l'État de l'Haryana ; leur capitale commune est Chandigarh. C'est une riche région agricole : blé, riz, coton et canne à sucre. Dans le Pendjab indien, les sikhs, qui représentent près de 60 % de la population, réclament la création d'un État indépendant, le Khalistan.
On dit aussi **Penjab**.

Pénélope

Femme d'Ulysse et mère de Télémaque. Pénélope est un personnage de *l'Odyssée*, épopée du poète grec *Homère*. Pendant l'absence d'Ulysse, pour décourager ses prétendants, elle déclara qu'elle choisirait l'un d'entre eux lorsque sa tapisserie serait terminée, mais, chaque nuit, elle défaisait son travail de la journée.

Pentagone

Nom qui désigne le bâtiment en forme de pentagone dans lequel siègent, à Washington, le secrétariat à la Défense et l'état-major des armées américaines.

Pentateuque

Nom grec donné aux cinq premiers livres de la Bible, qui sont la Genèse, l'Exode, le Lévitique, les Nombres et le Deutéronome, écrits du xe au vi^e^ siècle avant J.-C.

Pentecôte

Fête juive et fête chrétienne. La fête juive de la Pentecôte commémore la remise des Tables de la Loi à Moïse, au Sinaï, célébrée sept semaines après le second jour de la Pâque. La fête chrétienne commémore la descente du Saint-Esprit sur les Apôtres de Jésus, célébrée le septième dimanche après Pâques.

Pépin le Bref (né vers 715, mort en 768)

Roi des Francs de 751 à 768 ; premier roi de la dynastie des Carolingiens. Fils de Charles Martel, héritier de la Neustrie, de la Bourgogne et de la Provence en 741, Pépin le Bref fut d'abord maire du palais. Avec l'appui de la papauté, il déposa le roi mérovingien Childéric III. Il se fit proclamer roi des Francs et se fit sacrer par le pape à Soissons. Vainqueur des Lombards, il donna à la papauté les territoires qu'il avait conquis. Ses fils, Carloman et Charlemagne, héritèrent du royaume.

Perche

Région de France, répartie entre les départements de l'Orne et d'Eure-et-Loir. Le Perche, pays de bocages, est voué essentiellement à l'élevage bovin.

Pergame

Ancienne ville de l'Asie Mineure, capitale du puissant royaume des Attalides, dynastie macédonienne, aux IIIe et IIe siècles avant J.-C. Le royaume fut légué aux Romains par le dernier roi de Pergame. La ville fut célèbre pour sa remarquable bibliothèque qui réunissait 200 000 volumes.

Pergaud Louis (né en 1882, mort en 1915)

Romancier français. Louis Pergaud est l'auteur de *la Guerre des boutons (1912).* Ce roman drôle et plein de verve a été adapté pour le cinéma en 1962 par le cinéaste Yves Robert.

Périclès (né vers 495, mort en 429 avant J.-C.)

Homme d'État athénien. Chef du parti démocratique, puis réélu chaque année comme stratège (haut magistrat dans certaines cités grecques) d'Athènes, Périclès domina la vie politique de la cité pendant trente ans et accomplit de grandes réformes démocratiques. À l'extérieur, il porta à son apogée la puissance navale et coloniale d'Athènes en luttant contre les Perses et contre Sparte. En 454, il fit transférer le trésor de guerre de Délos sur l'Acropole et l'utilisa pour embellir la cité. Il y fit édifier de nombreux monuments dont le Parthénon. Il s'entoura d'artistes, de philosophes et personnifia si bien la gloire et la puissance athéniennes que la civilisation grecque de son époque prit le nom de *siècle de Périclès*.

Périgord

Région de France, au nord-est du Bassin aquitain. Le Périgord fait partie du département de la Dordogne et sa ville principale est Périgueux. Ses vallées fertiles permettent de nombreuses cultures et la région est célèbre pour ses truffes récoltées dans les forêts de chênes. Le Périgord possède de nombreux sites préhistoriques comme Les Eyzies et Lascaux.

Périgueux

Chef-lieu du département de la Dordogne (30 193 hab.). Périgueux, située sur les bords de l'Isle, est un centre commercial, connu notamment pour son foie gras et ses truffes. La ville possède des vestiges romains, des églises et de belles maisons anciennes.

Perón Juan Domingo (né en 1895, mort en 1974)

Homme politique argentin. Perón fut président de la République de 1946 à 1955. Il s'appuya sur les classes pauvres et relança l'économie. Sa doctrine, appelée péronisme, alliait les réformes sociales et le dirigisme économique. Renversé par l'armée en 1955, il se réfugia en Espagne. Réélu président de la République en 1973, il mourut l'année suivante. Sa femme, Eva Perón, joua un grand rôle dans les affaires sociales.

Pérou

27 millions d'habitants
Superficie : 1 285 220 km^2
Capitale : Lima
Langues officielles : espagnol, quechua
Monnaie : le sol

État d'Amérique du Sud, sur le Pacifique, au sud des États de l'Équateur et de la Colombie, et au nord du Chili.

GÉOGRAPHIE Le relief s'ordonne en trois bandes parallèles. À l'ouest, la côte pacifique est un désert frais et brumeux. Au centre, la cordillère des Andes (6 768 m au Huascarán) regroupe la majorité des habitants dans les vallées et sur le large plateau de l'Altiplano. Les plaines de l'est, tropicales, humides et forestières, sont très peu peuplées.

Économie L'agriculture emploie le tiers de la population active, sans couvrir les besoins du pays. La pêche occupe une place importante dans l'économie. Le Pérou est une puissance minière, avec des gisements de cuivre, de zinc, de plomb et d'argent, ainsi qu'avec un peu de pétrole et d'or. L'hydroélectricité est importante, mais l'industrie est faible. Sous-équipé, le pays souffre d'une situation économique dramatique et la majorité de la population vit dans une extrême pauvreté.

Histoire Au XIIe siècle, le Pérou fit partie de l'Empire inca. Après la destruction de cet empire par le conquistador espagnol Pizarro en 1533, le Pérou constitua la base des conquêtes espagnoles, avec Lima pour métropole. Les mines d'argent de Potosí, découvertes en 1544, assurèrent la richesse du Trésor espagnol jusqu'au XVIIIe siècle, où une longue crise économique provoqua des troubles politiques et une révolte indienne. L'indépendance fut proclamée en 1821. Mais une suite de dictatures et de coups d'État militaires secouèrent le pays. En 1980, le pouvoir revint aux civils, mais le gouvernement dut faire face à la guérilla menée par les maoïstes du *Sentier lumineux*. Confronté à une crise économique et politique qui ne se résout pas, le Pérou est également en conflit avec son voisin, l'État d'Équateur.

Perpignan

Chef-lieu du département des Pyrénées-Orientales (105 115 hab.). Perpignan, sur les bords de la Têt, est un centre commercial et industriel. La ville possède une citadelle du XVIe siècle qui englobe l'ancien palais des rois de Majorque (XIIIe-XIVe siècles). Capitale du royaume de Majorque, la ville fut réunie à l'Aragon puis cédée à la France par l'Espagne en 1659.

Perrault Charles (né en 1628, mort en 1703)

Écrivain français. Perrault est l'auteur de contes célèbres intitulés les *Contes de ma mère l'Oye (1967)*, écrits d'après des récits traditionnels, tels que « le Petit Poucet », « Cendrillon », « le Petit Chaperon rouge ».

Perse

Ancien nom de l'Iran. La Perse fut peuplée à partir du Xe siècle avant J.-C. par des Aryens venus d'Asie centrale. Cyrus II le Grand fonda en 550 un grand empire qui s'étendait de l'Indus à l'Anatolie et à la Palestine. L'empire connut son apogée sous Darius Ier (522-486), mais les conflits avec la Grèce aux Ve et IVe siècles avant J.-C. mirent fin à cette époque de gloire et le royaume s'effondra sous l'assaut d'Alexandre le Grand. Les successeurs d'Alexandre en Perse, les Séleucides, menèrent une politique d'hellénisation. En 224 après J.-C., Ardachêr Ier fonda une nouvelle dynastie qui fit connaître à la Perse une nouvelle période de gloire. Mais, à partir du Ve siècle, la Perse eut à lutter à la fois contre les Huns et les Byzantins. Les derniers feux de la civilisation de la Perse antique s'éteignirent en 637, avec l'arrivée des envahisseurs arabes qui s'en rendirent maîtres. L'islamisation se poursuivit et le chiisme fut établi comme religion d'État. Le XIXe siècle fut marqué par les luttes d'influence entre Russes, Français et Britanniques. En 1935, le pays prit le nom officiel d'empire d'Iran.

Perséphone

Déesse des Enfers dans la mythologie grecque. Fille de Déméter et de Zeus, vivant dans le monde souterrain des Enfers, elle obtint de Zeus l'autorisation de revenir à la surface de la terre au printemps et en été. Elle est identifiée à Proserpine chez les Romains.

Persépolis

Cité royale de l'ancien empire perse des Achéménides. Fondée par Darius Ier à la fin du VIe siècle avant J.-C., incendiée par Alexandre le Grand, il en reste des ruines imposantes qui témoignent de l'art achéménide, inspiré des arts de la Mésopotamie, de l'Égypte et de l'Ionie.

Pershing John Joseph (né en 1860, mort en 1948)

Général américain, chef des forces américaines en France en 1917-1918.

golfe Persique

Golfe de l'océan Indien, entre l'Arabie, l'Irak, le Koweït et l'Iran ; relié au golfe d'Oman par le détroit d'Ormuz. Très vaste (230 000 km^2), le golfe Persique est peu profond et a une forte teneur en sel. Les États du golfe Persique subissent de fortes oscillations de température et la végétation y est rare. Pendant des siècles, les perles ont constitué la seule richesse de ces territoires, dont le rôle fut important dans les échanges entre l'Orient et l'Occident. Aujourd'hui, leurs immenses richesses pétrolières confèrent à ces États une grande importance.
On dit aussi le **Golfe,** le **golfe Arabique** ou le **golfe Arabo-Persique**.

Perth

Ville d'Australie (983 000 hab.). Perth, proche de l'océan Indien, est la capitale de l'État de l'Australie-Occidentale.

Pétain Philippe (né en 1856, mort en 1951)

Maréchal de France et homme politique français. Général en 1914, il prend part à la Première Guerre mondiale et remporte la bataille de Verdun (1915-1916). Il est nommé maréchal en 1918. Ministre de la Guerre, puis président du Conseil, il conclut un armistice avec les Allemands en 1940. Chef de l'État investi des pleins pouvoirs par l'Assemblée nationale, il instaure, à Vichy, un régime autoritaire, corporatiste et antisémite, qui collabora avec les occupants allemands. Enlevé par les Allemands en août 1944, il revint volontairement en France où il fut jugé. Sa condamnation à mort fut transformée en prison à vie.

Pétrarque (né en 1304, mort en 1374)

Poète et humaniste italien. Auteur d'une œuvre littéraire considérable, il est surtout célèbre pour ses poèmes *Rimes* et *Triomphes*, publiés en 1470 dans le recueil *Canzoniere*. Il est à l'origine d'un courant littéraire, appelé le pétrarquisme, dont l'influence fut immense jusqu'au XVIe siècle.

Peuls

Ensemble de populations de l'Afrique de l'Ouest. Extrêmement nombreux, les Peuls sont surtout présents au Nigeria (plus de 10 millions), en Guinée (près de 3 millions) et au Sénégal (1,8 million). Leur langue comporte de nombreux dialectes. Descendant probablement des pasteurs nomades du Sahara préhistorique, les Peuls apparurent dans la vallée du Sénégal au Xe siècle et connurent une grande période d'extension entre le XVe et le XVIIe siècles. Ils se convertirent à l'islam au XVIIIe siècle et fondèrent plusieurs royaumes. Aujourd'hui, la sédentarisation des Peuls s'accélère.
On dit aussi **Foulbés** ou **Foulanis**.

Phébus voir *Apollon*

Phèdre

Femme de Thésée, roi légendaire d'Athènes, dans la mythologie grecque. Amoureuse de son beau-fils, Hippolyte, qui la repousse, elle cause sa mort et se suicide. Son histoire tragique inspira à Racine une tragédie en vers, intitulée *Phèdre*.

Phénicie

Ancienne région du Proche-Orient formée d'une bande côtière située entre le mont Liban et la Méditerranée. Vers le début du IIIe millénaire, des populations de langue sémitique occupèrent ces territoires. Devenue un chapelet de cités-États, la bande côtière, baptisée Phénicie par les Grecs, est à son apogée du Xe au VIIe siècle avant J.-C. Ses navires atteignirent les rivages de l'Afrique du Nord et de l'Espagne, créant des comptoirs (Chypre, Malte, Crète, Sicile, Sardaigne). Les Phéniciens, qui fondèrent Carthage en 814 avant J.-C., sont les plus actifs commerçants de la Méditerranée. Mais après avoir subi la domination des Assyriens, des Babyloniens et des Perses, la Phénicie est réduite à l'état de colonie grecque par Alexandre et passera ensuite sous l'administration des Romains (province de Syrie, 64-63 avant J.-C.).

Dans différents domaines, les Phéniciens ont apporté des innovations. Ils ont ainsi introduit l'usage d'un alphabet permettant une écriture simplifiée et favorisant les relations commerciales.

Phidias (né vers 490, mort en 431 avant J.-C.)

Architecte et sculpteur grec. Phidias aurait été choisi par Périclès pour superviser les travaux d'embellissement d'Athènes. Parmi ses œuvres les plus célèbres, on compte les sculptures du Parthénon.

Philadelphie

Ville des États-Unis dans l'État de Pennsylvanie (1,6 million d'hab.). Philadelphie, située sur les bords de la Delaware, est un centre universitaire, culturel et artistique.
C'est à Philadelphie que fut signée, en 1776, la déclaration d'indépendance des États-Unis.

Antiquité

Philippe II (né vers 382, mort en 336 avant J.-C.)

Roi de Macédoine de 356 à 336 avant J.-C. Philippe II réorganisa le gouvernement et les finances, fit de l'armée macédonienne la meilleure de la Grèce et conquit plusieurs colonies athéniennes. En dépit des avertissements de Démosthène, homme politique athénien, qui dénonçait le danger macédonien, les forces coalisées de Thèbes et d'Athènes furent écrasées : Philippe II possédait la Grèce entière (à l'exception de Sparte). Alors qu'il préparait une expédition contre les Perses, il fut assassiné.

Espagne

Philippe II (né en 1527, mort en 1598)

Roi d'Espagne de 1556 à 1598, et roi de Naples, de Sicile et du Portugal de 1580 à 1598. Fils de Charles Quint et d'Isabelle de Portugal, époux de Marie Tudor, Philippe II fut un prince autoritaire, attaché à l'absolutisme et au catholicisme. Il lutta contre le protestantisme (1559-1560) et écrasa la révolte des musulmans convertis au catholicisme à Grenade. Il combattit les Turcs et provoqua la révolte des calvinistes aux Pays-Bas, où ses mesures violentes entraînèrent la sécession des Provinces-Unies. Il lança en 1588, contre l'Angleterre, une flotte de navires, *l'Invincible Armada*, dont la déroute marqua la fin de la suprématie maritime de l'Espagne.

Philippe V (né en 1683, mort en 1746)

Roi d'Espagne de 1700 à 1746. Petit-fils de Louis XIV, il fut le premier représentant de la branche des Bourbons d'Espagne. Il dut attendre la fin de la guerre de Succession d'Espagne pour s'assurer la couronne (1713). En 1739, l'Angleterre, inquiète de l'expansion maritime de l'Espagne, lui déclara la guerre. Philippe V s'allia alors à la France dans la guerre de la Succession d'Autriche.

France

Philippe Ier (né vers 1052, mort en 1108)
Roi de France de 1060 à 1108. Appartenant à la dynastie des Capétiens, il régna d'abord sous la tutelle de son oncle Baudouin V de Flandre. Il renforça l'administration aux dépens des féodaux et annexa plusieurs provinces à la couronne de France. Inquiet de la puissance anglo-normande, il soutint la révolte de Robert Courteheuse, fils de Guillaume le Conquérant, roi d'Angleterre, contre son père. Il fut excommunié pour avoir répudié sa femme, Berthe de Hollande, et s'être remarié.

Philippe II Auguste (né en 1165, mort en 1223)
Roi de France de 1180 à 1223 ; fils de Louis VII. Roi capétien, Philippe II Auguste établit solidement la puissance de la dynastie, quadruplant le domaine royal. Il mena une longue lutte contre l'Angleterre. D'abord vaincu par Richard Cœur de Lion en 1194 et en 1198, il s'opposa dès 1199 à Jean sans Terre, frère de Richard et nouveau roi d'Angleterre. Il le vainquit à Bouvines (1214) et écrasa la coalition formée par Jean sans Terre, l'empereur Otton et le comte de Flandre. Il s'assura la possession du Vexin, du pays d'Évreux, du Berry et de la Normandie. Il acquit en outre, de 1185 à 1213, l'Amiénois, l'Auvergne et la Champagne. À l'intérieur du royaume, il affaiblit le pouvoir des seigneurs, créa des baillis et des sénéchaux et favorisa le commerce en protégeant les marchands.

Philippe III le Hardi (né en 1245, mort en 1285)
Roi de France de 1270 à 1285 ; fils de Louis IX. Pour soutenir son oncle Charles d'Anjou, il affronta Pierre III d'Aragon et mourut en menant, contre lui, une expédition qui échoua.

Philippe IV le Bel (né en 1268, mort en 1314)
Roi de France de 1285 à 1314 ; fils de Philippe III le Hardi. Son mariage avec Jeanne de Navarre lui donna la Champagne et la Navarre. Remarquable chef d'État, il s'entoura de conseillers de valeur, tels que Guillaume de Nogaret et Enguerrand de Marigny. Il reprit la lutte contre l'Angleterre, sans résultat. Il replaça la Flandre sous sa suzeraineté. Peut-être dans l'espoir de relever les finances du royaume, il entama un procès contre les Templiers dont il confisqua les biens. L'ordre fut supprimé et ses principaux chefs furent brûlés (1314). Philippe le Bel centralisa le royaume, améliorant les divers rouages de l'administration. Un violent conflit l'opposa à la papauté, qui se termina par l'arrestation du pape Boniface VIII. Après la mort de ce dernier, Philippe soutint l'élection d'un pape français, Clément V, qui s'installa à Avignon sous la tutelle du roi de France.

Philippe V le Long (né vers 1293, mort en 1322)
Roi de France de 1316 à 1322 ; fils de Philippe le Bel. Régent, il évinça sa nièce Jeanne pour devenir roi. Il mit fin à la guerre de Flandre et poursuivit l'organisation du pouvoir royal, ébranlé après la mort de son père.

Philippe VI de Valois (né en 1293, mort en 1350)
Roi de France de 1328 à 1350 ; fils de Charles de Valois (frère de Philippe le Bel). Son prédécesseur, Charles IV, ayant laissé une fille, Philippe fut choisi comme roi (premier de la dynastie des Valois) contre Édouard III d'Angleterre, petit-fils de Philippe le Bel. Ce fut le début de la guerre de Cent Ans. Les défaites de L'Écluse et de Crécy, puis la chute de Calais affaiblirent le royaume, en proie à la peste. Philippe acquit le Dauphiné et Montpellier. Il créa un impôt sur le sel, appelé la gabelle.

Philippines

75,3 millions d'habitants
Superficie : 298 000 km^2
Capitale : Manille
Langues officielles : tagalog, anglais
Monnaie : le peso philippin

État d'Asie du Sud-Est, constitué d'un archipel situé entre l'archipel indonésien et Taiwan, bordé à l'ouest par la mer de Chine et à l'est par l'océan Pacifique. Parmi les 7 000 îles de l'archipel, les deux plus importantes sont Luçon, au nord, et Mindanao, au sud.

Géographie Les Philippines appartiennent à la « ceinture de feu » du Pacifique et sont bordées à l'est par l'une des fosses marines les plus profondes du monde (– 10 800 m). L'archipel, marqué par un volcanisme actif et d'importants séismes, compte 23 000 km de côtes. Les vallées et les rares plaines concentrent la population. Le climat est tropical humide. La forêt dense est en recul et la savane couvre 40 % du territoire. La population, d'origine malaise, et qui compte quelques minorités, a été marquée par la colonisation espagnole et elle est à 90% catholique. La population et les villes ont une croissance rapide.

Économie L'agriculture occupe plus de 40 % de la population active. Mais une infime minorité de propriétaires possèdent 80 % des terres. Les cultures principales sont le riz et le maïs, auxquelles s'ajoutent la noix de coco et la canne à sucre. Le coprah, les fruits, les légumes et le bois sont exportés. La croissance industrielle est rapide, mais près de la moitié des habitants vit au-dessous du seuil de pauvreté. Les troubles intérieurs, l'instabilité politique, le surendettement et la corruption pèsent sur le pays.

HISTOIRE Les Philippines ont appartenu à divers empires maritimes (VIIe-XVIe siècle). En 1521, Magellan découvrit l'archipel. À partir de 1565, les Philippines passèrent sous la tutelle coloniale des Espagnols qui christianisèrent le pays, jusque-là gagné à l'islam. Annexé par les États-Unis en 1898, l'archipel est conquis par les Japonais en 1941, puis repris par les Américains entre 1944 et 1945.

En 1946, les Philippines accédèrent à l'indépendance, mais les États-Unis y conservèrent jusqu'en 1992 d'importantes installations militaires. Après la dictature du président Marcos, élu en 1965, la démocratie fut rétablie en 1986. Mais le pays souffre encore de la corruption et des guérillas continuent de mettre en danger sa stabilité politique.

Philistins

Peuple de l'Antiquité qui participa à la grande migration des Peuples de la Mer au XIIIe siècle avant J.-C. Refoulés d'Égypte, les Philistins s'installèrent sur la côte sud de la Palestine. Ils luttèrent contre les Hébreux et furent vaincus par le roi David au Xe siècle avant J.-C.

Phnom Penh

Capitale et principal port fluvial du Cambodge (540 000 hab.). Phnom Penh, au confluent du Mékong et du Tonlé Sap, est un centre commercial. En 1975, les Khmers rouges entrèrent dans la ville et déportèrent les habitants à la campagne. Réoccupée en 1979, la ville se reconstruit peu à peu et reprend lentement ses activités.

Phrygie

Ancienne contrée du nord-ouest de l'Asie Mineure, entre le Pont-Euxin et la mer Égée. Les Phrygiens, peuple indo-européen, émigrèrent de Thrace et de Macédoine et s'y installèrent vers le XIIe siècle avant J.-C. Ils constituèrent le puissant royaume de Midas, démantelé par les Cimmériens. La Phrygie, qui subit plusieurs conquêtes successives, tomba sous la domination de Rome en 133 avant J.-C.

Piaf Édith (née en 1915, morte en 1963)

Chanteuse française. Sa voix envoûtante et ses chansons émouvantes l'ont fait connaître en France et dans le monde entier.

Picardie

Région française et de l'Union européenne, formée des départements de l'Aisne, de l'Oise et de la Somme. 19 443 km^2 ; 1,9 million d'hab. ; capitale : Amiens.

GÉOGRAPHIE Le climat de la région est à dominante océanique. Au sud, les plateaux du Bassin parisien portent de riches campagnes, mais aussi de vastes forêts (Compiègne, Senlis, Villers-Cotterêts). Au nord s'étendent des plaines et des collines de craie. La vallée de l'Oise est le grand axe de peuplement et de passage.

ÉCONOMIE Les grandes cultures, qui sont la betterave, les céréales, la pomme de terre, le fourrage, les haricots et les pois, favorisent l'industrie agroalimentaire. Forte de traditions locales, la Région a bénéficié de la décentralisation parisienne. Elle jouit d'une position stratégique dans les échanges européens.

Picasso Pablo (né en 1881, mort en 1973)

Peintre, dessinateur, graveur, sculpteur et céramiste espagnol. Picasso est certainement l'artiste le plus célèbre du XXe siècle. Encore attaché à la peinture traditionnelle dans ses périodes dites « bleue » et « rose », il subit l'influence de l'art africain et jette les bases du cubisme dans *les Demoiselles d'Avignon (1907)*, puis invente le collage (1912). Picasso a exécuté un nombre considérable d'œuvres expressionnistes ou baroques. Frappé par la guerre d'Espagne, il peint *Guernica (1937)*, chef-d'œuvre qui dénonce la violence de la guerre. Des musées Picasso existent à Antibes, à Barcelone et à Paris.

Pic de la Mirandole Jean (né en 1463, mort en 1494)

Humaniste et philosophe italien. Homme d'une érudition considérable, il publia, en 1486, un recueil de thèses relativisant le christianisme qui fut condamné par Rome et il fut déclaré hérétique. S'étant réfugié en France, il y fut emprisonné (1488), puis revint à Florence, où il fut probablement empoisonné par son secrétaire. Il fut l'un des esprits les plus éclairés de la Renaissance.

Pie VII (né en 1742, mort en 1823)

Pape de 1800 à 1823. Il négocia le Concordat avec Bonaparte (1801), sacra Napoléon empereur (1804), puis entra en conflit avec lui. Interné à Fontainebleau par l'empereur, il signa sous la contrainte un projet de concordat (1813). De retour à Rome, il dénonça ce projet.

Pie IX (né en 1792, mort en 1878)

Pape de 1846 à 1878. Il encouragea les patriotes italiens, puis, à partir de 1848, défendit contre eux sa souveraineté temporelle. Cette lutte aboutit, en 1870, à la prise de Rome et à la rupture du pape avec le gouvernement italien. Pie IX condamna le socialisme et le libéralisme. Il proclama le dogme de l'Immaculée Conception de la Vierge (1854) et réunit le concile Vatican I qui postula l'infaillibilité du pape (1870).

Pie XI (né en 1857, mort en 1939)
Pape de 1922 à 1939. Il signa avec l'État italien les accords du Latran (1929), qui créèrent l'État du Vatican. Il condamna l'Action française (mouvement d'extrême droite), les excès du fascisme, du nazisme et du communisme.

Pie XII (né en 1876, mort en 1958)
Pape de 1939 à 1958. Durant la Seconde Guerre mondiale, il donna asile à de nombreux persécutés, mais on lui a reproché de ne pas avoir condamné officiellement l'extermination des Juifs par les Nazis. Il proclama le dogme de l'Assomption en 1950.

Piémont
Région d'Italie et de l'Union européenne. Situé aux frontières de la France et de la Suisse, le Piémont est formé des provinces d'Alexandrie, d'Asti, de Cuneo, de Novare, de Turin et de Verceil. 25 399 km^2 ; 4,4 millions d'hab. ; capitale : Turin.
À l'ouest et au nord, de hauts sommets alpins dominent une région de plaines et de collines drainée par le Pô et ses affluents. Grâce à l'irrigation, les cultures (blé, riz, maïs et vigne) ont un haut rendement. Les vallées alpestres vivent de l'élevage et du tourisme d'hiver. L'hydroélectricité a permis l'essor industriel.
Histoire Le Piémont appartint à la maison de Savoie à partir du XIe siècle et lui fut définitivement attribué en 1418. Le duc de Savoie étant devenu roi de Sardaigne en 1718, on parla du royaume de Piémont-Sardaigne. C'est autour de ce royaume que l'unité italienne se fit au XIXe siècle, et le duc de Savoie fut proclamé roi d'Italie en 1861 à Turin.

Piero della Francesca (né entre 1415 et 1420, mort en 1492)
Peintre italien. Dans ses œuvres, il allia le génie du trait à la pureté de la perspective et des couleurs. Ses œuvres principales sont les fresques de *la Légende de la Croix (1452-1459)* et *la Flagellation du Christ (vers 1455)*. À sa mort, son œuvre tomba dans l'oubli et ne fut redécouverte qu'au début du XXe siècle.

saint **Pierre** (?, mort vers 64 après J.-C.)
L'un des douze apôtres de Jésus-Christ. Pierre fut le premier évêque de Rome et il est donc considéré par les catholiques comme le fondateur de la papauté. Pêcheur de Galilée, il fut choisi comme apôtre par Jésus, qui changea son nom de Simon en celui de Pierre. Il renia par trois fois le Christ, son maître, peu avant la Crucifixion, mais se repentit par trois fois. Il œuvra à la conversion des Juifs, visitant les communautés de Galilée, de Judée et de Samarie. Il aurait prêché en Asie Mineure avant d'aller à Rome, où il serait mort martyr au temps de Néron.

Pierre Ier (né en 1672, mort en 1725)
Tsar de Russie. Pierre Ier, dit Pierre le Grand, fit de la Russie une puissance européenne. Proclamé tsar en 1682 avec son demi-frère Ivan V, il enferma sa demi-sœur Sophie, qui était régente, dans un couvent. À la mort d'Ivan en 1696, il détint seul le pouvoir. Il prit aux Turcs la forteresse d'Azov, noya dans le sang la révolte de la garde des tsars, vainquit le roi de Suède Charles XII à Poltava et occupa le sud de la Finlande actuelle, l'Estonie et la Livonie. Saint-Pétersbourg fut sa capitale à partir de 1712. Il réforma l'administration, l'armée et l'économie. Par la création du Saint-Synode (1721), il contrôla l'Église russe. Il régna en despote ; il fit tuer son fils Alexis qui s'opposait à lui. Catherine Ire, sa seconde épouse, lui succéda.

Pilate Ponce (Ier siècle)
Gouverneur romain de Judée (26-36). Ponce Pilate était peu favorable aux juifs qui réclamaient la mort de Jésus. Mais, craignant de déplaire à l'empereur, il le leur livra et déclara ne pas se sentir responsable de ce jugement.

Pilâtre de Rozier Jean-François (né en 1756, mort en 1785)
Pilote de ballon français. Il fut le premier homme à s'élever dans les airs en ballon (1783). Il tenta de traverser le pas de Calais, mais son ballon prit feu et il périt.

Pirandello Luigi (né en 1867, mort en 1936)
Écrivain italien. Il est surtout célèbre pour ses pièces de théâtre : *Six Personnages en quête d'auteur (1921), Henri IV (1922)* et *les Géants de la montagne (1934)* font partie des plus célèbres. Il est également l'auteur de romans comme *Feu Mathias Pascal (1904)* et des *Nouvelles pour une année (1894-1919)*. Il reçut le prix Nobel de littérature en 1934.

Le **Pirée**
Ville de Grèce et port d'Athènes (196 390 hab.). Le Pirée est le premier port de Grèce et un grand centre commercial et industriel.
Histoire Le Pirée devint le port d'Athènes lors des guerres médiques (Ve siècle avant J.-C). Plusieurs fois détruit et reconstruit, Le Pirée ne retrouva son importance qu'au XIXe siècle.

Pise
Ville d'Italie, située en Toscane, sur les bords de l'Arno (104 050 hab.). Pise est célèbre pour sa tour penchée, d'une hauteur de 56 m (XIIe-XIVe siècle). Grâce à son commerce maritime, Pise fut une grande cité au XIe siècle. Elle fut vaincue par Gênes (1284) et connut le déclin. Florence s'en empara en 1406.

A B C D E F G H I J K L M N O P Q R S T U V W X Y Z

Pissarro Camille (né en 1830, mort en 1903)
Peintre français impressionniste. Il a peint *les Toits rouges (1877)* et *Avenue de l'Opéra (1897)*.

Pizarro Francisco (né vers 1475, mort en 1541)
Conquistador espagnol. Il tenta deux expéditions vers le Pérou en 1524 et 1526, qui échouèrent. En 1528, il regagna l'Espagne. En 1530, il repartit pour le Pérou, qu'il conquit et pilla avec ses frères et son associé, Almagro. Il fit mettre à mort celui-ci, en 1538, et fut tué à son tour par le fils et les amis d'Almagro.

Plantagenêt
Surnom donné à Geoffroi V le Bel, comte d'Anjou. Le surnom désigna ensuite la dynastie des Plantagenêts qui régna sur l'Angleterre de 1154 à 1485.

Río de La **Plata**
Estuaire des fleuves Paraná et Uruguay. Le Río de La Plata sépare l'Argentine de l'Uruguay.

Platon (né en 428, mort en 348 ou 347 avant J.-C.)
Philosophe grec. Issu d'une famille aristocratique, il fut disciple de Socrate. Après la mort de Socrate, il fonda une école de philosophie à Athènes, dans les jardins d'Académos. Son enseignement n'est connu que par quelques textes de son élève Aristote. Mais nous possédons presque tous ses écrits, rédigés sous forme de dialogues. *Protagoras* et *Apologie de Socrate* font partie de ses œuvres de jeunesse. Dans *le Banquet*, *la République* et *Phèdre*, il a développé la théorie des Idées. *Politique* et *Timée* font partie de ses dernières œuvres.

Plaute (né vers 254, mort en 184 avant J.-C.)
Poète comique latin. On a conservé 21 de ses 130 comédies, dont *Amphitryon*, *les Ménechmes*, *Curculio* (« le Charançon »), *Miles gloriosus* (« le Soldat fanfaron »). *Aulularia* (« la Marmite ») inspira *l'Avare* à Molière.

la **Pléiade**
Groupe de sept poètes grecs d'Alexandrie (IIIe siècle avant J.-C.). Le nom fut choisi en référence aux Pléiades, les sept filles d'Atlas qui se transformèrent en étoiles à leur mort.
Le nom désigne également un groupe de sept poètes français de la Renaissance, formé en 1553 par Ronsard. Joachim du Bellay et Jean Antoine de Baïf en firent partie.

Plutarque (né vers 50, mort vers 125 après J.-C.)
Historien et moraliste grec. Un grand nombre de ses ouvrages ont été perdus. Ceux qui nous sont parvenus sont classés en deux groupes : les *Vies parallèles*, ensemble de 50 récits de vie opposant souvent un Grec et un Romain, et les *Œuvres morales*, ensemble de 80 courts traités.

① **Pluton**
Dans la mythologie romaine, dieu des Morts. Pluton est le fils de Saturne et d'Ops, le frère de Jupiter et de Neptune, et le mari de Proserpine. Il correspond, dans la mythologie grecque, au dieu Hadès.

② **Pluton**
La plus petite des planètes du système solaire. Son diamètre est de 2 300 km. Sa masse est 400 fois inférieure à celle de la Terre. Elle fut découverte en 1930 par l'Américain Clyde Tombaugh. Elle fait le tour du Soleil en 247 ans et 249,7 jours. Elle est formée d'un noyau rocheux recouvert de méthane solidifié et possède une très mince couche atmosphérique.

Pô
Fleuve de l'Italie du Nord (652 km). Son bassin a une superficie de 70 742 km^2. Le Pô naît au mont Viso dans les Alpes, coule dans la plaine piémontaise, traverse Turin et Crémone, et se jette dans l'Adriatique par un vaste delta. Ses crues sont très dangereuses. La plaine formée par le Pô est une très riche région agricole et un centre industriel.

Poe Edgar (né en 1809, mort en 1849)
Écrivain américain. Il est l'auteur de poèmes, comme *le Corbeau*, et de romans, comme *les Aventures d'Arthur Gordon Pym (1837)*. Il est surtout célèbre pour ses contes ou nouvelles fantastiques (1840-1845), que Baudelaire a traduits et auxquels il a donné le titre d'*Histoires extraordinaires*.

Poincaré Raymond (né en 1860, mort en 1934)
Avocat et homme politique français, cousin du mathématicien Henri Poincaré. Il fut président du Conseil de 1912 à 1913 et président de la République de 1913 à 1920. À nouveau président du Conseil de 1922 à 1924 puis de 1926 à 1929, il parvint à stabiliser le franc (nommé alors « franc Poincaré »). Il fut élu à l'Académie française en 1909.

Poitiers
Chef-lieu du département de la Vienne et de la Région Poitou-Charentes (83 448 hab.). Ses principaux édifices sont la cathédrale Saint-Pierre (XIIe siècle), le baptistère de Saint-Jean (IVe-VIIe siècle) et l'hypogée des Dunes (VIIe-VIIIe siècle). Poitiers abrite le Futuroscope.
HISTOIRE Charles Martel battit les Arabes à Poitiers en 732. En 1356, le Prince Noir y écrasa le roi de France Jean II le Bon. La ville fut cédée aux Anglais en 1360, mais Du Guesclin la reprit en 1372.

Poitou
Ancienne province française, correspondant aux départements des Deux-Sèvres, de la Vendée et de la Vienne. Elle fut soumise par les Romains,

envahie par les Wisigoths, puis les Francs s'en emparèrent après la bataille de Vouillé (507). Elle passa ensuite sous la domination de l'Aquitaine (IXe siècle) et devint une possession anglaise après le mariage d'Aliénor d'Aquitaine avec Henri II Plantagenêt. Philippe Auguste reprit le Poitou, qui fut rattaché une première fois à la couronne de France en 1271. Il fut ravagé lors de la guerre de Cent Ans et définitivement réuni à la couronne de France par le dauphin Charles.

Poitou-Charentes

Région française et de l'Union européenne. 25 822 km^2 ; 1 640 068 hab. Elle est formée des départements de la Charente, de la Charente-Maritime, des Deux-Sèvres et de la Vienne. Elle comprend l'île de Ré et l'île d'Oléron. Sa capitale est Poitiers.

Géographie Sur la côte atlantique, elle est constituée de plaines et de marais, comme le Marais poitevin. Le relief s'élève près du Massif central et du Massif armoricain. Le climat y est doux.

Économie L'agriculture repose sur le vignoble de Cognac, l'élevage bovin (lait, viande), ovin et caprin, et les céréales. La Région tire une grande partie de ses ressources de la pêche, des parcs de Marennes-Oléron (huîtres et moules) et du tourisme. Elle est peu industrialisée mais développe les activités de haute technologie.

Polichinelle

Personnage du théâtre de marionnettes aux origines très lointaines. Il existait sous le nom de Pulcinella dans la commedia dell'arte, en Italie, et fut introduit en France vers 1600. Polichinelle est bossu devant et derrière, d'un caractère querelleur et fanfaron.

Pollux voir *Castor et Pollux*

Polo Marco (né en 1254, mort en 1324)

Voyageur vénitien. Accompagnant son père et son oncle, tous deux commerçants, Marco Polo traversa l'Asie par le Turkestan et le désert de Gobi (1271-1275). Il demeura seize ans à la cour de l'empereur mongol de Chine, qui lui confia de nombreuses missions. Il regagna Venise par Sumatra, en 1295. Il fut emprisonné par les Génois, en guerre avec Venise, et dicta en 1298 ses souvenirs, rassemblés dans le *Livre des merveilles du monde*.

Pologne

38,7 millions d'habitants
Superficie : 312 680 km^2
Capitale : Varsovie
Langue officielle : polonais
Monnaie : le zloty

État de l'est de l'Europe, sur la Baltique, bordé par la Russie et la Lituanie au nord, la Biélorussie et l'Ukraine à l'est, la République tchèque et la Slovaquie au sud et l'Allemagne à l'ouest. Sa principale religion est le catholicisme.

Géographie La Pologne est une plaine au climat semi-continental. Ses grands fleuves, la Vistule et l'Oder, se jettent dans la Baltique. Le sud est montagneux, avec les Carpates au sud-est et le massif de Bohême au sud-ouest. La population est groupée au centre et au sud.

Économie L'agriculture repose sur les céréales (seigle), la pomme de terre, la betterave sucrière, et sur l'élevage bovin et porcin. Mais l'agriculture et la pêche ne couvrent pas tous les besoins. L'industrie repose sur les mines de charbon de haute Silésie, et sur le cuivre, le plomb et le zinc. La Pologne intégrera bientôt l'Union européenne.

Histoire Un premier État polonais se forma au Xe siècle et Mieszko Ier convertit le pays au christianisme. Au XVIIIe siècle, la Pologne fut partagée entre la Prusse, la Russie et l'Autriche. En 1815, la Pologne centrale constitua un royaume autonome dont le roi était l'empereur de Russie. Envahie par l'Allemagne en 1914, elle devint une république indépendante en 1918. Alliée avec la France et l'Angleterre, elle fut attaquée le 1er septembre 1939 par l'armée allemande, puis par l'armée soviétique, et fut partagée entre les vainqueurs. De 1941 à 1944, elle fut entièrement soumise à l'Allemagne : 6 millions de Polonais, dont 3 millions de juifs, moururent. Varsovie fut rasée après l'insurrection de l'été 1944. Après la guerre, elle devint une démocratie populaire (1947), sous le contrôle de l'URSS. Le syndicat Solidarnosc contribua à libérer la Pologne de l'emprise soviétique.

Polynésie

Partie est de l'Océanie, constituée par les îles du Pacifique situées à l'est de l'Australie, de la Micronésie et de la Mélanésie. Elle comprend des territoires français, anglais, américains et chiliens ainsi que des États indépendants dont la Nouvelle-Zélande.

Les îles polynésiennes, le plus souvent d'origine volcanique et entourées d'anneaux de corail, ont un climat tropical océanique. L'origine des Polynésiens est mal connue. Ils se seraient installés dans les îles au début de l'ère chrétienne. Leur système social fut modifié par la colonisation.

Polynésie française

Territoire français d'outre-mer. 4 200 km^2 ; 189 000 hab. La Polynésie française comprend l'archipel de la Société (Tahiti et ses dépendances), les Tuamotu et les Gambier, les Marquises et les îles Australes (ou Tubuaï). Son territoire est éparpillé sur 5 millions de km^2 d'océan. Son chef-lieu est Papeete, sur l'île de Tahiti.

Géographie Les îles sont d'origine volcanique,

sauf les Tuamotu qui sont coralliennes. Le climat est tropical humide. Les ressources agricoles (cocotiers, tubercules, canne à sucre, café) et de la pêche sont faibles et des produits alimentaires doivent être importés. Les rares industries se concentrent à Papeete. Le tourisme est en expansion et la culture de la perle noire se développe.

Histoire Les îles polynésiennes furent explorées à la fin du XVIIIe siècle par des marins anglais ou français comme Bougainville et La Pérouse. La France y établit un protectorat puis une colonie. Les habitants furent christianisés par des missionnaires. Après la Seconde Guerre mondiale, la Polynésie française devint un Territoire d'outre-mer (TOM). Elle possède une Assemblée depuis 1977.

marquise de **Pompadour** (née en 1721, morte en 1764)

Maîtresse de Louis XV de 1745 à 1750. Fille d'un financier, Jeanne Antoinette Poisson fut mariée à un fermier général. Riche et cultivée, elle fréquenta la haute bourgeoisie. Le roi la fit marquise de Pompadour en 1745. Elle eut sur lui une grande influence. Elle apporta également son aide à des artistes, écrivains et philosophes de l'époque.

Pompée (né en 106, mort en 48 avant J.-C.)

Général et homme politique romain. Il écrasa en Italie les derniers partisans de Spartacus (71). Il devint consul (70), en compagnie de Crassus, et conquit le royaume du Pont, l'Asie mineure, la Syrie et Jérusalem (66-63). Revenu à Rome, il forma avec César et Crassus le premier triumvirat (60). À la mort de Crassus (53), il fut fait consul unique par le sénat. En 49, César franchit le Rubicon et le battit à Pharsale (48). Pompée se réfugia en Égypte, où Ptolémée le fit assassiner.

Pompéi

Ville antique de Campanie, à 25 km au sud-est de Naples, en bordure de mer et au pied du Vésuve. En 79 après J.-C., lors d'une éruption du volcan, elle fut ensevelie sous une couche de roches et de cendres. Les fouilles commencèrent en 1748 et se poursuivirent plus méthodiquement à partir de 1860. Une grande partie de la ville fut déblayée. Les fouilles révélèrent des maisons patriciennes préservées par les dépôts volcaniques. On y trouva des statues, de l'orfèvrerie, des mosaïques et, surtout, des fresques influencées par la peinture grecque.

Pompidou Georges (né en 1911, mort en 1974)

Homme politique français. Premier ministre de 1962 à 1968, il participa aux accords de Grenelle en mai 1968. Il fut mis à l'écart du gouvernement par le général de Gaulle. Quand de Gaulle démissionna en 1969, il fut élu président de la République. La mort interrompit son mandat.

Ponce Pilate voir ***Pilate***

Pondichéry

Ville et port de l'Inde, sur la côte de Coromandel (162 640 hab.), capitale du territoire de Pondichéry (480 km^2 ; 789 400 hab.). La ville fut le siège de la Compagnie des Indes (XVIIe siècle), et jusqu'en 1954, la capitale des Établissements français dans l'Inde.

Pontoise

Chef-lieu du Val-d'Oise, sur les bords de l'Oise, qui forme avec Cergy le noyau de Cergy-Pontoise (27 494 hab.). Pontoise possède quelques industries. Elle abrite la cathédrale Saint-Maclou (XIIe-XVIe siècles), le musée Tavet-Delacour, situé dans un hôtel du XVe siècle, et le musée Pissarro. Pontoise est l'ancienne capitale du Vexin.

Popocatepetl

Volcan du Mexique central (5 452 m), à 60 km de Mexico.

Port-au-Prince

Capitale et principal port de la république d'Haïti, au fond de la baie de Port-au-Prince (1,2 million d'hab.). Port-au-Prince est le plus grand centre économique du pays. La ville fut fondée en 1749 par la France sous le nom de L'Hôpital.

Port Moresby

Capitale et port de Papouasie-Nouvelle-Guinée, sur la côte sud-est de l'île (220 000 hab.).

Porto

Grande ville et port du Portugal, à l'embouchure du Douro (327 370 hab.). Porto est la capitale de la région Nord et la deuxième ville du pays. Ville industrielle, elle est le principal centre de fabrication du vin de Porto. Elle abrite une cathédrale romane (XIIe-XIIIe siècle), remaniée à l'époque baroque, et l'église dos Clérigos (XVIIe-XVIIIe siècle).

Porto Alegre

Ville et port du Brésil, sur le lac dos Patos (1,3 million d'hab.). Porto Alegre est la capitale de l'État de Rio Grande do Sul. La ville est spécialisée dans l'agroalimentaire, les constructions navales, le textile et la pétrochimie.

Port of Spain

Capitale et port de l'État de Trinité-et-Tobago, dans l'île de la Trinité (58 000 hab.).

Porto-Novo

Capitale et port important du Bénin, sur une lagune du golfe de Guinée (180 000 hab.). Porto-Novo est spécialisée dans l'industrie alimentaire.

Porto Rico

3,4 millions d'habitants
Superficie : 8 897 km^2
Capitale : San Juan
Langues officielles : espagnol, anglais
Monnaie : le dollar des États-Unis

La plus à l'est des Grandes Antilles, formant, avec ses dépendances (Mona, Culebra, Vieques), un État libre associé aux États-Unis. La population est composée de Blancs (80 %) et de Noirs. La principale religion est le catholicisme (85 %). L'île est surpeuplée, ce qui provoque l'émigration : plus de 2 millions de Portoricains habitent aux États-Unis.

GÉOGRAPHIE Une chaîne montagneuse (1 341 m au Cerro de Punta) traverse l'île d'ouest en est. Elle partage le pays en une zone tropicale humide au nord, et une zone tropicale sèche au sud. Les cyclones sont fréquents.

ÉCONOMIE Les principales ressources de l'État sont le tourisme, le sucre, le tabac, le café, les agrumes et le cacao. Les États-Unis ont développé l'industrie du pays, notamment les industries alimentaire, textile et chimique.

HISTOIRE Découverte par Christophe Colomb (1493), l'île fut aussitôt colonisée par les Espagnols. Les Anglais et les Hollandais cherchèrent à s'en emparer aux XVIe et XVIIe siècles. L'Espagne dut la céder aux États-Unis en 1898. En 1952, le pays est devenu un État libre associé aux États-Unis.

Port-Royal

Abbaye de femmes fondée en 1204 dans la vallée de Chevreuse (département des Yvelines). Les religieuses de l'abbaye de Port-Royal des Champs, dont le nombre augmentait rapidement, s'installèrent en 1625 à Paris. L'abbé de Saint-Cyran les convertit au jansénisme. Les jansénistes furent persécutés par le pouvoir royal à partir de 1656. L'abbaye de Port-Royal de Paris se sépara de Port-Royal des Champs en 1669. Ceux qu'on appelait les « solitaires de Port-Royal » menèrent des recherches sur la langue et la logique, et leur influence fut grande également dans l'enseignement et la littérature. Racine fut leur élève, Pascal subit leur influence. Les dernières religieuses furent chassées en 1709 et Port-Royal des Champs fut rasée en 1710. Port-Royal de Paris fut supprimée en 1790.

Portugal

10 millions d'habitants
Superficie : 92 080 km^2
Capitale : Lisbonne
Langue officielle : portugais
Monnaie : l'euro

État du sud de l'Europe, dans l'ouest de la péninsule Ibérique, sur l'Atlantique. La République portugaise comprend également les Açores et Madère. La religion principale est le catholicisme.

GÉOGRAPHIE Au nord du pays dominent les hautes terres au climat méditerranéen humide. Le sud est constitué de plaines et de bas plateaux, au climat plus chaud et plus sec.

ÉCONOMIE Le pays exporte le liège et le vin de Porto. L'industrie est spécialisée notamment dans le textile et l'habillement, le matériel de transport, l'agroalimentaire et la chaussure. Porto et Lisbonne sont les deux grands centres industriels. Le pays tire aussi des revenus du tourisme et des transferts de richesses des 3 millions d'émigrés.

HISTOIRE La région fut conquise par les Romains, les barbares, les Wisigoths, puis les Arabes (711). Les Maures furent chassés du territoire en 1249. Puis vint l'exploration et l'exploitation des côtes africaines, indiennes et brésiliennes. Lié à l'Espagne, le Portugal déclina et son empire s'effrita. Le pays conquit durement son indépendance en 1640. Occupé par les armées napoléoniennes, il se libéra en 1811. En 1910, le roi Manuel II fut renversé et la république fut proclamée. Salazar gouverna en dictateur de 1933 à 1968. Caetano lui succéda. Le 25 avril 1974, la « révolution des œillets » apporta la démocratie, qui paracheva la décolonisation commencée dans les années 1960.

Poséidon

Dans la mythologie grecque, dieu des Mers, des Sources et des Fleuves. Poséidon est le fils de Cronos et de Rhéa, le frère de Zeus, et l'époux d'Amphitrite. Il est armé d'un trident. Il correspond à Neptune, chez les Romains.

Potsdam

Ville d'Allemagne, sur les bords de la Havel, à 20 km au sud-est de Berlin (132 540 hab.). Potsdam est la capitale du Land de Brandebourg et un centre industriel.

La *conférence de Potsdam*, du 17 juillet au 2 août 1945, réunit Staline, Truman et Churchill afin d'organiser la paix en Europe.

Pouchkine Alexandre (né en 1799, mort en 1837)

Écrivain russe. Il connut la gloire littéraire avec *le Prisonnier du Caucase (1821), Eugène Onéguine (1823-1830), Boris Godounov (1825), la Dame de pique (1834)* et *la Fille du capitaine (1836)*. Il est considéré comme le premier grand poète russe. Un Français, Georges d'Anthès, qui courtisait sa femme, le tua en duel.

les Pouilles

Région d'Italie méridionale et de l'Union européenne, sur l'Adriatique. 19 347 km^2 ; 4 millions d'hab. La Région est l'ancienne Apulie. Sa capitale est Bari. Le relief est constitué de plaines et de plateaux. Les Pouilles tirent leurs ressources du vin, des olives, de la pêche et de la bauxite. L'industrialisation est récente et encore limitée. On dit aussi **la Pouille**.

Poussin Nicolas (né en 1594, mort en 1665)
Peintre français, représentant de la peinture classique du XVIIe siècle. Il a peint notamment *les Bergers d'Arcadie (vers 1638)* et *les Funérailles de Phocion (vers 1648)*.

Prague
Capitale de la République tchèque, sur les bords de la Vltava (1,2 million d'hab.). Prague est le principal centre commercial, industriel et culturel du pays. La ville abrite l'ancienne résidence royale et de nombreux édifices baroques.
HISTOIRE Prague fut prospère dès le Xe siècle. Elle devint la capitale de la Tchécoslovaquie en 1918. Occupée par les Allemands en 1939, elle fut libérée par les Soviétiques en 1945. Du 5 janvier au 21 août 1968, le système communiste de la Tchécoslovaquie fut libéralisé par Alexander Dubcek. Cette période, appelée le *printemps de Prague,* prit fin avec l'intervention militaire des forces du pacte de Varsovie, sous le contrôle de l'URSS.

Praxitèle (né vers 390, mort vers 330 avant J.-C.)
Sculpteur grec. Son œuvre n'est connue que par des copies de ses sculptures réalisées par les Romains. *L'Aphrodite de Cnide* est la plus célèbre.

Préalpes
Massifs situés en bordure des Alpes. Les sommets des Préalpes dépassent rarement 3 000 m.

Pretoria
Capitale administrative de l'Afrique du Sud (1,1 million d'hab.). Pretoria est le siège du gouvernement (la capitale législative est Le Cap). Pretoria est un important centre industriel, à proximité de mines de fer, et un carrefour ferroviaire relié au port de Maputo (Mozambique). La ville fut fondée en 1855.

Prévert Jacques (né en 1900, mort en 1977)
Poète français. Il fréquenta le groupe des surréalistes. Sa poésie est populaire. Il est l'auteur de recueils dont le plus connu est *Paroles (1945)*. Certains de ses textes, mis en musique par Joseph Kosma, sont devenus des chansons célèbres, comme *Barbara* et *les Feuilles mortes*. Il a écrit de nombreux scénarios de films, notamment pour son frère Pierre Prévert et, pour Marcel Carné, *Quai des brumes (1938)* et *les Enfants du paradis (1945)*.

l'abbé **Prévost** (né en 1697, mort en 1763)
Écrivain français. Antoine François Prévost d'Exiles, dit l'abbé Prévost, est l'auteur de *Manon Lescaut (1731)*, qui constitue le septième et dernier volume de ses *Mémoires et aventures d'un homme de qualité*. Giacomo Puccini en a tiré un opéra, *Manon Lescaut (1893)*.

Priam
Dans la mythologie grecque, dernier roi de Troie, père d'Hector, de Pâris, de Cassandre, de Polyxène, etc. Il fut tué par Pyrrhus (le fils d'Achille) après la prise de Troie.

île du **Prince-Édouard**
Île formant la plus petite des provinces maritimes du Canada, au sud du golfe du Saint-Laurent. 5 657 km^2 ; 129 760 hab. Sa capitale est Charlottetown. L'île est basse et découpée. Elle vit de l'agriculture, de l'élevage, de la pêche et du tourisme. Colonisée par les Acadiens après 1715, occupée par les Anglais (1758), elle fut détachée de la Nouvelle-Écosse en 1769 et entra dans la Confédération canadienne en 1873.

prince Eugène voir ***Eugène de Savoie-Carignan***

Prince Noir voir ***Édouard***

Privas
Chef-lieu de l'Ardèche (9 170 hab.). Privas est réputée pour sa confiserie (marrons glacés). Calviniste, la ville fut prise par Louis XIII (1629), et sa population massacrée.

Proche-Orient
Expression utilisée pour désigner généralement la région du Moyen-Orient qui comprend la Turquie, la Syrie, le Liban, Israël et l'Égypte.

Prokofiev Sergueï (né en 1891, mort en 1953)
Compositeur et pianiste russe. Il a composé de nombreux morceaux pour piano, des concertos, sept symphonies et de la musique de chambre. *Pierre et le Loup (1936)* et le ballet *Roméo et Juliette (1940)* sont deux de ses œuvres les plus célèbres.

Prométhée
Dans la mythologie grecque, fils du Titan Japet, frère d'Atlas et d'Épiméthée. Il aurait dérobé le feu aux dieux pour l'apporter sur la Terre et l'offrir aux hommes. Dans sa colère, Zeus punit l'humanité de tous les maux contenus dans la boîte de Pandore. Il donna l'ordre à Héphaïstos d'attacher Prométhée sur la plus haute cime du Caucase. Un aigle dévorait le foie de Prométhée, qui repoussait sans cesse.

Proudhon Pierre Joseph (né en 1809, mort en 1865)
Théoricien politique français, considéré comme un des pères de l'anarchisme. On connaît de lui l'expression : « La propriété, c'est le vol ». Il est l'auteur de *Qu'est-ce que la propriété ? (1840)*. Sa pensée, critiquée par Marx, a influencé le mouvement ouvrier français.

Proust Marcel (né en 1871, mort en 1922)
Écrivain français. Il écrivit d'abord des nouvelles, des chroniques et un long roman inachevé publié après sa mort, *Jean Santeuil (1952)*. Marcel Proust est connu avant tout pour *À la recherche du temps perdu*, cycle romanesque en sept parties, paru entre 1913 et 1927.

Provence-Alpes-Côte d'Azur
Région française et de l'Union européenne (abréviation : PACA). 31 395 km^2 ; 4 506 151 hab. Elle est formée des départements des Alpes-de-Haute-Provence, des Hautes-Alpes, des Alpes-Maritimes, des Bouches-du-Rhône, du Var et du Vaucluse. Sa capitale est Marseille.
GÉOGRAPHIE La Région comprend de hauts massifs alpins au nord et à l'est, et les chaînes de la basse Provence au sud-ouest. À l'ouest, le Rhône se termine dans le delta de la Camargue. L'été est chaud et sec. En hiver, le climat est doux sur les côtes et rigoureux dans les montagnes.
ÉCONOMIE Dans les plaines et vallées, on cultive des fruits et légumes et des fleurs. De nombreux vignobles de la Région sont réputés. Les industries sont concentrées autour de l'étang de Berre (raffineries de pétrole et pétrochimie), à Fos-sur-Mer et dans la région de Nice. Le tourisme est très important.
HISTOIRE Au VIe siècle avant J.-C., les Phocéens fondèrent Marseille. Les Romains en firent la *Provincia Romana*, qui eut Aix pour capitale, et qui devint la Narbonnaise en 27 avant J.-C. Le pays fut donné à Lothaire au traité de Verdun (843) et devint un royaume (855). En 1112, la Provence passa aux comtes de Barcelone. René le Bon, le roi poète, installa sa cour à Aix-en-Provence. Le comté revint au roi de France en 1482.

Provinces-Unies
Nom adopté en 1588 par les provinces situées à l'époque au nord des Pays-Bas espagnols. En 1572, elles se proclamèrent indépendantes. En 1579, elles formèrent l'Union d'Utrecht, qui devint en 1588 la république des Provinces-Unies, à l'origine des Pays-Bas actuels.

Prusse
Ancien État de l'Allemagne du Nord. Peuplé de Baltes, elle fut conquise au milieu du XIIIe siècle par les chevaliers Teutoniques. Le Grand Électeur obtint son indépendance vis-à-vis de la Pologne (1660) et son fils, Frédéric Ier, reçut le titre de roi en Prusse (1701). Elle fut vaincue par la France révolutionnaire à la bataille de Valmy (1792), puis tomba sous la domination de Napoléon Ier, qui diminua de moitié son territoire. Mais Napoléon fut battu à Leipzig en 1813. Le traité de Vienne (1815) agrandit fortement le territoire de la Prusse. Entrée dans la Confédération germanique, elle vainquit l'Autriche à Sadowa (1866). Guillaume Ier et son chancelier, Bismarck, imposèrent leur domination sur l'Allemagne et l'entraînèrent dans la guerre contre la France (1870-1871). Guillaume II fut proclamé empereur d'Allemagne en 1871. Dès lors, l'histoire de la Prusse fut celle de l'Allemagne.

Psyché
Dans la mythologie grecque, princesse dont la beauté provoqua la jalousie d'Aphrodite, qui demanda à son fils Éros de la faire périr. Éros tomba amoureux de Psyché et lui rendit visite chaque nuit, mais elle devait ignorer son identité. Une nuit, elle céda à la tentation et regarda son visage : Éros s'enfuit. Le couple ne se reforma qu'après de nombreuses péripéties.

Puccini Giacomo (né en 1858, mort en 1924)
Compositeur italien, auteur d'opéras célèbres comme *Manon Lescaut (1893)*, *la Bohème (1896)*, *Tosca (1900)* et *Madame Butterfly (1904)*.

Purcell Henry (né en 1659, mort en 1695)
Compositeur anglais. Il a composé un véritable opéra, *Didon et Énée (1689)*, et des œuvres lyriques pour le théâtre, comme *King Arthur (1691)*. Ses autres œuvres comprennent de la musique religieuse, des fantaisies pour violes, des sonates pour deux violons et basse, et des pièces pour clavecin.

Pusan
Principal port de la Corée du Sud, sur le détroit de Corée (3,5 millions d'hab.). La ville constitue une province industrielle de 433 km^2.

Puy-de-Dôme
Département français (63) de la Région Auvergne. 7 965 km^2 ; 604 266 hab. ; chef-lieu : Clermont-Ferrand.

Le **Puy-en-Velay**
Chef-lieu du département de la Haute-Loire (20 490 hab.). Ville touristique située dans un site pittoresque, Le Puy-en-Velay abrite une cathédrale romane, le musée Crozatier, une église et des maisons anciennes. Le Puy fut la capitale du Velay, spécialisée dès le XVe siècle dans la fabrication de dentelles. À partir du Xe siècle, la ville fut le lieu d'un pèlerinage à la Vierge noire.

Puyi (né en 1906, mort en 1967)
Dernier empereur de Chine (1908-1912). Les Japonais le firent régner sur le Mandchoukouo (1934-1945). Il fut emprisonné en URSS puis en Chine et occupa de modestes emplois.
On écrit aussi **P'ou-yi**.

chaîne des **Puys**

Le plus important ensemble volcanique du Massif central, à l'ouest de Clermont-Ferrand. Son point culminant est le volcan du puy de Dôme (1 465 m).

On dit aussi **monts Dôme**.

Pygmées

Population africaine vivant surtout dans la forêt équatoriale, caractérisée par une petite taille (moins de 1,50 m). Les Pygmées sont des chasseurs-cueilleurs nomades. Ils parlent une grande variété de langues.

Pyongyang

Capitale de la Corée du Nord (1 million d'hab.). Pyongyang est le centre administratif, économique, industriel et culturel du pays. La ville a été dévastée lors de la guerre de Corée en 1950 et reconstruite sur un modèle soviétique.

Pyrénées

Chaîne de montagnes de France et d'Espagne, entre l'océan Atlantique à l'ouest et la Méditerranée à l'est. Ses principaux sommets sont dans les Pyrénées centrales. Le point culminant est le pic d'Aneto, en Espagne (3 404 m). Le pic Vignemale, en France, s'élève à 3 298 m. Les Pyrénées ne sont franchissables qu'à l'ouest et près de la Méditerranée, par le col du Perthus (290 m). Les Pyrénées possèdent de nombreuses sources thermales. On y pratique l'élevage. Des industries sont alimentées par l'hydroélectricité des torrents.

Pyrénées (Hautes-) voir ***Hautes-Pyrénées***

Pyrénées-Atlantiques

Département français (64) de la Région Aquitaine. 7 629 km^2 ; 600 018 hab. ; chef-lieu : Pau.

Pyrénées-Orientales

Département français (66) de la Région Languedoc-Roussillon. 4 087 km^2 ; 392 803 hab. ; chef-lieu : Perpignan.

Pyrrhus II (né vers 318, mort en 272 avant J.-C.)

Roi d'Épire (295-272). Il secourut la colonie grecque de Tarente contre les Romains et remporta deux victoires importantes, mais dont il ne put tirer avantage. Il pilla la Sicile mais, battu ensuite par les Romains, il regagna l'Épire. Parti conquérir la Macédoine, il fut tué à Argos.

■ Victoire à la **Pyrrhus** : victoire trop chèrement acquise.

On dit aussi **Pyrrhos II**.

Pythagore (VIe siècle avant J.-C.)

Philosophe et mathématicien grec. Sa vie est mal connue. Pythagore est le créateur des sciences mathématiques. On lui attribue le théorème qui porte son nom. Il supposa que la Terre tournait sur elle-même et enseigna qu'elle était sphérique.

■ Théorème de **Pythagore** : théorème qui établit que le carré de l'hypoténuse d'un triangle rectangle est égal à la somme des carrés des deux autres côtés.

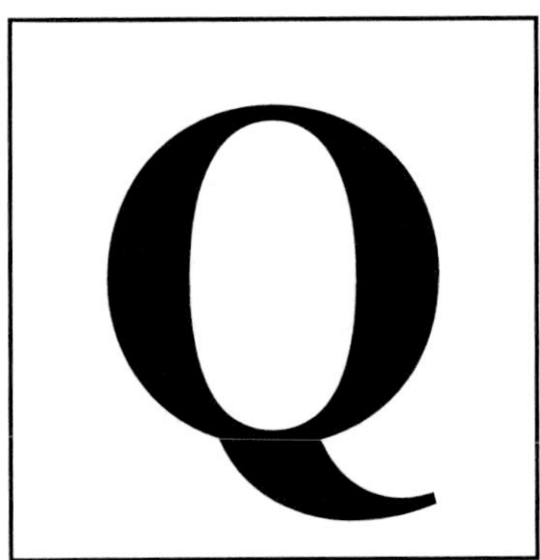

Qatar

600 000 habitants
Superficie : 11 430 km^2
Capitale : al-Dawha
Langue officielle : arabe
Monnaie : le riyal du Qatar

État de la péninsule d'Arabie, sur une presqu'île du golfe Persique. La population, concentrée dans la capitale, est majoritairement composée d'Indiens, de Pakistanais et d'Iraniens. La religion officielle est l'islam sunnite (wahhabite). Le pays occupe un plateau calcaire désertique. Le pétrole et le gaz assurent un revenu par habitant très élevé et ont permis un fort développement du pays.

HISTOIRE L'actuelle dynastie Al Thani prit possession du Qatar à la fin du XVIIIe siècle. Après avoir été un protectorat britannique, le Qatar accéda à l'indépendance en 1971.

Qingdao

Grande ville et port de Chine, dans la province de Shandong, sur la mer Jaune (4,2 millions d'hab.). Qingdao est un centre industriel.

① Québec

La plus vaste des provinces canadiennes, située entre la baie d'Hudson et le golfe du Saint-Laurent. 1 540 681 km^2 ; environ 7 millions d'hab. Sa capitale est Québec et sa ville principale Montréal. 80 % des Québécois parlent français. Les Amérindiens et les Inuit représentent 1,2 % de la population. Le reste de la population est d'origine anglaise ou issue d'immigrations récentes et parle l'anglais.

GÉOGRAPHIE Le Québec comprend trois grandes régions : le bouclier canadien, les basses terres de la vallée du Saint-Laurent et les Appalaches. Des milliers de lacs couvrent 12 % de la superficie du territoire.

ÉCONOMIE L'agriculture n'emploie plus que 2,6 % de la population. La pêche est importante en Gaspésie. Le Québec tire la moitié de ses revenus de l'exploitation de ses forêts. Les richesses naturelles sont immenses (fer, cuivre, zinc, or, argent, plomb, etc.). Le commerce s'effectue surtout avec les États-Unis. Le tourisme est aujourd'hui important.

HISTOIRE Baptisé Nouvelle-France dès 1524, le pays fut exploré en 1534 par Jacques Cartier et puis colonisé. La région devint une colonie anglaise en 1763. En 1867, l'Acte de l'Amérique du Nord britannique fédéra le Québec, la Nouvelle-Écosse, le Nouveau-Brunswick et l'Ontario. Dans les années 1960, les idées indépendantistes progressèrent au Québec. En 1977, le français devint la seule langue officielle et professionnelle.

② Québec

Ville du Canada (167 500 hab.), capitale de la province de Québec. 96 % des habitants de la ville parlent le français. Québec est un port actif et un centre industriel. C'est l'une des rares villes fortifiées d'Amérique du Nord. Elle abrite le château Frontenac (XIXe siècle) et l'université Laval.

Quechuas

Le plus important des peuples amérindiens d'Amérique du Sud (6 millions de personnes). Les Quechuas sont installés principalement en Bolivie et au Pérou, mais aussi en Équateur et dans le nord des Andes chiliennes. Les Incas étaient issus d'une tribu quechua.
On dit aussi **Quichuas**.

Queensland

État du nord-est de l'Australie. 1 727 200 km^2 ; 2,7 millions d'hab. La capitale est Brisbane. La population et l'industrie sont concentrées dans la région côtière. Dans l'intérieur du pays, on pratique l'élevage bovin et ovin et on exploite des mines d'or, de cuivre et de plomb.

Queneau Raymond (né en 1903, mort en 1976)
Écrivain français. Il a fait partie un moment des surréalistes. Son goût pour les mathématiques et pour les jeux avec les mots s'exprime dans *Exercices de style (1947)*. Son roman *Zazie dans le métro (1959)* a connu un grand succès et a été adapté au cinéma. Raymond Queneau est aussi l'auteur de recueils poétiques comme *les Ziaux (1943)* et *Cent Mille Milliards de poèmes (1961)*. En 1960, il a fondé le groupe littéraire l'Oulipo.

Quercy
Région et ancien pays de France, entre le Massif central et le Bassin aquitain. Le haut Quercy, autour de Cahors, est une région de causses traversée par les rivières du Lot et de la Dordogne. Ses principales activités économiques sont l'élevage ovin, l'arboriculture et le tourisme. Le bas Quercy, autour de Montauban, est un pays de collines où l'on pratique la polyculture. Le Quercy fut, au cours de son histoire, une partie de la Guyenne, avant d'être rattaché définitivement à la France en 1472.

Quetzalcoatl
Divinité du Mexique précolombien. Quetzalcoatl est le maître de l'air et des phénomènes atmosphériques. Il est représenté sous la forme d'un serpent à plumes. Son nom signifie « Serpent-Oiseau ».

Queyras
Région montagneuse des Hautes-Alpes (1 500 à 2 000 m), où coule la rivière du Guil, qui se jette dans la Durance.

Quiberon
Chef-lieu de canton du Morbihan, situé sur la presqu'île de Quiberon (4 647 hab.). Station balnéaire réputée, Quiberon possède un centre de thalassothérapie. C'est également un port de pêche, spécialisé dans la conserverie de sardines.

Quimper
Chef-lieu du département du Finistère, à 16 km de l'Atlantique (63 238 hab.). Quimper est une ville touristique réputée pour ses faïenceries. Longtemps appelée Quimper-Corentin, elle fut la capitale du comté de Cornouaille.

mont **Quirinal**
Une des sept collines de Rome, située au nord-ouest de la ville. Construit sur le mont Quirinal, le palais du Quirinal (fin du XVIe siècle) fut la résidence d'été des papes, puis du roi d'Italie (de 1870 à 1946). C'est aujourd'hui la demeure du président de la République.

Quito
Capitale de l'Équateur, située à 2 850 m d'altitude, au pied du volcan Pichincha (1,3 million d'hab.). Quito est le centre administratif, commercial et industriel du pays. La ville a conservé de nombreuses églises et couvents de style colonial baroque.

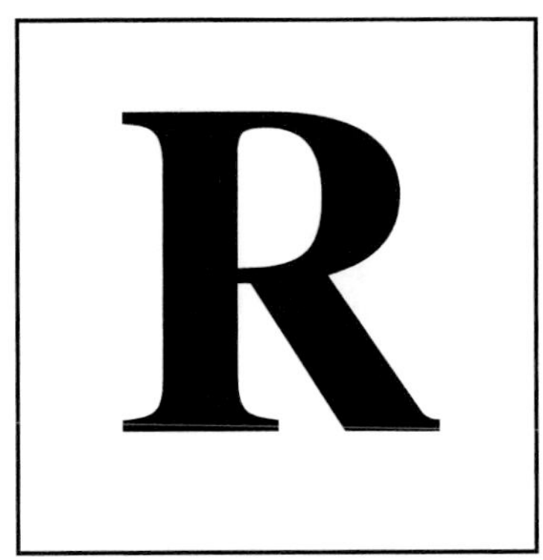

Râ voir ***Rê***

Rabat
Capitale du Maroc et port important sur l'Atlantique (1,5 million d'hab.). Rabat est spécialisée dans les industries textiles et l'industrie alimentaire. Elle abrite le mur des Andalous (remparts du XVIIe siècle) et la tour Hassan (XIIe siècle).
HISTOIRE Rabat fut fondée au XIIe siècle. Elle connut un grand essor au XVIIe siècle. En 1912, Lyautey en fit la capitale administrative et politique du protectorat français du Maroc.

Rabelais François (né vers 1494, mort en 1553)
Écrivain français. En 1532, il publia *les Horribles et Épouvantables Faits et Prouesses du très renommé Pantagruel*, puis *la Vie inestimable du grand Gargantua, père de Pantagruel (1534)*. Il donna une suite à ces histoires, avec le *Tiers Livre (1546)*, le *Quart Livre (1548-1552)* et le *Cinquième Livre (1564)*. L'œuvre de Rabelais réalise la synthèse entre la tradition comique carnavalesque médiévale et l'énergie des nouveaux savoirs de la Renaissance. Son style relève de la verve la plus truculente, paillarde et gauloise.

Racine Jean (né en 1639, mort en 1699)
Auteur de théâtre français. Il fut élevé au monastère de Port-Royal, chez les jansénistes. Ses principales pièces : *Andromaque (1667), les Plaideurs (1668), Britannicus (1669), Bérénice (1670), Iphigénie (1674), Phèdre (1677)* sont considérées comme le modèle absolu de la poésie classique. Les règles du classicisme y sont rigoureusement respectées. Racine fut élu à l'Académie française en 1673.

Rais Gilles de (né en 1404, mort en 1440)
Maréchal de France (1429), compagnon de Jeanne d'Arc. Accusé de sorcellerie, assassin de nombreux enfants, il fut pendu et brûlé.
On écrit aussi **Retz** ou **Rays**.

Rajasthan
État du nord-ouest de l'Inde. 342 214 km^2 ; 43,9 millions d'hab. Sa capitale est Jaipur. Le Rajasthan est désertique à l'ouest et plus fertile à l'est, où l'on cultive notamment le millet. L'État tire ses ressources de l'élevage de moutons et de ses industries textiles.

Raleigh sir Walter (né vers 1552, mort en 1618)
Navigateur anglais. Il fut le favori d'Élisabeth Ire. Il explora la Virginie (1584-1585) et en rapporta le tabac et la pomme de terre. Son expédition dans l'Orénoque fut un échec, et, à son retour en Angleterre, il fut décapité.

Rameau Jean-Philippe (né en 1683, mort en 1764)
Compositeur français. En 1733, il débuta à l'Opéra avec *Hippolyte et Aricie*, puis composa l'opéra-ballet *les Indes galantes (1735)*. Dans la querelle des Bouffons qui opposait Italiens et Français, il défendit la musique française. Il écrivit également un important *Traité d'harmonie (1722)*.

Ramsès II Méiamoun
Roi d'Égypte de 1301 à 1235 environ avant J.-C. Petit-fils de Ramsès Ier, Ramsès II, dit Ramsès le Grand, fut l'un des grands pharaons de l'Égypte antique. Il mena une longue guerre contre l'Empire hittite. Il édifia des cités et de nombreux monuments.

Ramuz Charles Ferdinand (né en 1878, mort en 1947)
Écrivain suisse de langue française. Il a publié *l'Histoire du soldat (1918)*, mis en musique par Igor Stravinski. Dans ses romans, il a dépeint le monde paysan. On lui doit aussi des essais et un *Journal (1940-1947)*.

Ranavalona III (née en 1862, morte en 1917)
Dernière reine de Madagascar. Elle accéda au

A B C D E F G H I J K L M N O P Q R S T U V W X Y Z

trône en 1883. Les Français débarquèrent à Tamatave en 1895, et elle dut accepter le protectorat français. Son règne prit fin quand la France annexa le pays en 1897.

Rangoon
Capitale de la Birmanie (3 millions d'hab.). Depuis 1989, son nom officiel est Yangoun. Rangoon est le premier port du pays, et le plus grand centre industriel et commercial. La pagode de Shwedagon, lieu saint du bouddhisme, est son monument le plus remarquable.
On écrit aussi **Rangoun**.

Raphaël (né en 1483, mort en 1520)
Peintre et architecte italien. Il s'installa à Florence puis à Rome, où les papes Jules II et Léon X lui confièrent la décoration de trois chambres du palais du Vatican. Certaines de ses fresques, comme la *chambre de Constantin (1517-1525)*, furent, en majeure partie, réalisées par ses élèves. Il réalisa aussi des retables, des peintures de la Vierge (*la Vierge à la chaise, 1514*), des tapisseries et des portraits. En tant qu'architecte, il dirigea les travaux de Saint-Pierre de Rome à partir de 1514.

Raspail François Vincent (né en 1794, mort en 1878)
Chimiste et homme politique français. Il écrivit plusieurs ouvrages scientifiques qui connurent un succès populaire. Ardent républicain, il participa aux révolutions de 1830 et de 1848. Il fut banni en 1849.

Raspoutine Grigori (né en 1865, mort en 1916)
Aventurier russe. Raspoutine était un moine illettré. Grâce à ses dons de guérisseur, il réussit à gagner la confiance de la tsarine Alexandra en soignant son fils Alexis et eut une grande influence sur elle. Sa vie de débauche scandalisa le peuple russe et discrédita le régime. Il fut assassiné par des proches du tsar.

Ravaillac François (né en 1578, mort en 1610)
Assassin du roi Henri IV. Il fut écartelé.

Ravel Maurice (né en 1875, mort en 1937)
Compositeur français. Il fut l'élève de Gabriel Fauré. Ses œuvres les plus célèbres restent le *Boléro (1928)* et le *Concerto pour la main gauche (1929-1930)*.

Ravenne
Ville du nord-est de l'Italie sur la mer Adriatique (137 010 hab.). Ravenne est un port pétrolier et un centre industriel. La ville conserve des monuments romains et des monuments byzantins. Sa cathédrale date du XVIIIe siècle. La ville abrite également le tombeau de Dante (1483).
Ravenne fut la capitale de l'Empire romain d'Occident puis la capitale des rois Odoacre et Théodoric (Ve siècle).

Ravensbrück
Village d'Allemagne, près de Potsdam. Ravensbrück abrita un camp de concentration nazi de 1934 à 1945, où furent internés principalement des femmes et des enfants.

Rawalpindi
Ville du Pakistan, située dans la province du Pendjab (806 000 hab.). Rawalpindi est un centre industriel.

Ray Man (né en 1890, mort en 1976)
Photographe, peintre et cinéaste américain. Emmanuel Redensky Ray, dit Man Ray, participa, avec Marcel Duchamp, aux premières manifestations du mouvement dada à New York, puis vint à Paris (1921), où il fréquenta les surréalistes.

pointe du **Raz**
Cap situé à l'extrémité ouest du département du Finistère. La pointe du Raz est située en face de l'île de Sein. Ses abords sont dangereux pour la navigation.

RDA voir ***Allemagne***

île de **Ré**
Île de la côte atlantique. 85,3 km^2 ; 14 179 hab. Située dans le département de Charente-Maritime, face à La Rochelle, l'île de Ré est reliée au continent par un pont depuis 1988. C'est un lieu touristique.

Rê
Dieu du Soleil chez les anciens Égyptiens. Il est représenté en général par un homme à tête de faucon que surmonte le disque solaire, ou sous la forme d'un scarabée. Sous le Nouvel Empire, il fut nommé Amon-Rê (Amon étant le dieu de Thèbes) et il fut représenté avec une tête de bélier.
On dit aussi **Râ**.

Réaumur René Antoine de (né en 1683, mort en 1757)
Chimiste et physicien français. Il inventa le thermomètre à alcool (vers 1730). Spécialiste en zoologie, il étudia les animaux invertébrés.

Recife
Ville et port du nord-est du Brésil, (1,3 million d'hab.). Récife est un centre industriel. La ville conserve des églises baroques (XVIIe-XVIIIe siècles) et des maisons coloniales. Fondée par les Portugais en 1548, la ville se développa sous les Hollandais, qui l'occupèrent au XVIIe siècle.

Reconquista
Terme par lequel les historiens désignent la conquête par les chrétiens des territoires que les Arabes occupaient en Espagne. La Reconquista (« Reconquête ») s'étala du VIIIe au XVe siècle, mais surtout durant la période du XIe au XIIIe siècle. Elle s'acheva en 1492, avec la prise de Grenade.

Redon Odilon (né en 1840, mort en 1916)

Peintre, graveur et pastelliste français. Il est considéré comme un peintre symboliste. Il a été inspiré par la littérature fantastique et a illustré des livres d'Edgar Poe, de Baudelaire et de Flaubert.

la Réforme

Mouvement religieux qui donna naissance au protestantisme. La Réforme eut lieu au XVIe siècle. Elle poussa une partie des chrétiens à se séparer de l'Église romaine.

Le luthéranisme Luther, souhaitant que l'Église retrouve le christianisme des origines, fut le premier des réformateurs. Ses idées se répandirent en Allemagne, en Scandinavie et dans les pays Baltes. En 1530, Melanchthon et Camerarius rédigèrent la *Confession d'Augsbourg*, dans laquelle furent proclamés les dogmes luthériens.

Le calvinisme Une autre réforme prit naissance en Suisse. Le Français Jean Calvin publia son *Institution de la religion chrétienne (1536)*. Le calvinisme se répandit en France malgré l'opposition du roi. Les guerres de Religion opposèrent catholiques et protestants calvinistes. La Réforme calviniste se répandit assez largement en Europe, surtout en Hongrie, aux Pays-Bas, au Palatinat et en Écosse.

L'anglicanisme Une troisième famille protestante vit le jour en Grande-Bretagne sous le règne d'Henri VIII. L'Église d'Angleterre se sépara de l'Église romaine en 1534. Le roi fut proclamé chef de l'Église d'Angleterre. L'anglicanisme s'imposa sous Élisabeth Ire et se répandit dans les colonies anglaises d'Amérique du Nord.

Réforme catholique

Réforme de l'Église catholique qui suivit, au XVIe siècle, la Réforme protestante. La Réforme de l'Église catholique, ou Contre-Réforme, avait commencé à la fin du XVe siècle, mais le concile de Latran (1512) ne put la mener à bien. Par la suite, le pape Paul III convoqua le concile de Trente (1545-1563). Pie V édita un catéchisme, un missel et un bréviaire. L'ordre des Jésuites, créé en 1540, contribua à la modernisation du catholicisme. Le tribunal de l'Inquisition servit la Contre-Réforme jusqu'au XVIIIe siècle.
On dit aussi **Contre-Réforme**.

la Régence

Période de l'histoire de France pendant laquelle Philippe d'Orléans, neveu de Louis XIV, fut régent du royaume (1715-1723). La Régence fut une période de libération des mœurs. La cour quitta Versailles pour s'installer au Palais-Royal à Paris.

Reich

Mot allemand signifiant « empire ». Le Ier Reich désigna le Saint Empire romain germanique (962-1806), le IIe Reich, l'Empire fondé par Bismarck (1871-1918) et le IIIe Reich, le régime nazi (1933-1945).

Reichstag

Chambre législative, élue au suffrage universel, de la Confédération de l'Allemagne du Nord (1867-1871), de l'Empire allemand (1871-1918) et de la république de Weimar (1919-1933). L'incendie du Reichstag en 1933 servit de prétexte à Hitler pour faire arrêter ses opposants. Le Reichstag fut maintenu sous le IIIe Reich, mais seul siégeait le parti nazi.

Reims

Chef-lieu de la Marne, sur les bords de la Vesle (187 206 hab.). La ville est célèbre pour son champagne, dont elle tire d'importants revenus. Sa cathédrale Notre-Dame (XIIIe siècle) est l'un des plus beaux édifices gothiques. Les portails de la façade ouest sont ornés de sculptures, dont celle de « l'Ange au sourire ». Reims fut la capitale de la Gaule Belgique. Clovis y fut baptisé en 496. À partir de Louis VII, les rois de France furent sacrés dans la cathédrale de Reims.

guerres de Religion

Ensemble des troubles et des guerres civiles provoqués en France par la Réforme (1562-1598). Les guerres de Religion furent déclenchées par le massacre des protestants à Wassy, le 1er mars 1562. Elles eurent pour principaux épisodes l'édit de pacification d'Amboise (1563), le massacre de la Saint-Barthélemy (24 août 1572), la paix de Monsieur (1576), l'assassinat du duc de Guise (1588), chef de la Ligue catholique, l'assassinat du roi Henri III (1589). Le nouveau roi de France, Henri IV, sauva sa vie en renonçant à sa foi protestante (1572) et fut converti de force au catholicisme. Il abandonna ensuite la religion catholique et prit la tête du parti protestant. Il renonça à nouveau au protestantisme en 1593, reconquit le royaume et mit fin à la guerre en accordant aux protestants l'édit de Nantes (1598).

Rembrandt (né en 1606, mort en 1669)

Peintre et graveur hollandais. Rembrandt est célèbre pour ses effets de clair-obscur que l'on retrouve dans son tableau *Ronde de nuit (1642)*. Protestant, lecteur de la Bible, il chercha à révéler, dans ses tableaux, la dimension divine et cachée de l'homme. Son œuvre immense comprend 400 tableaux, 300 gravures et des milliers de dessins.

saint Remi (né vers 440, mort vers 530)

Évêque de Reims. Il fut nommé évêque vers 459. Il convertit Clovis et le baptisa en 496.
On écrit aussi **Remy**.

Remus
Frère jumeau de Romulus. Remus fut tué par Romulus.

Renaissance
Nom donné à la période de transformation de la société et de la culture en Europe occidentale, qui s'étendit du XIVe siècle au début du XVIIe siècle. Une première Renaissance, ou Renaissance italienne, a lieu en Italie. À la fin du XIVe siècle et au début du XVe siècle, des cités-États telles que Florence connaissent un épanouissement culturel. La société rompt progressivement avec le Moyen Âge et la féodalité grâce à des changements économiques puis sociaux et politiques. On assiste à la naissance de la notion d'État, à l'augmentation de la population, au développement des techniques (notamment de l'imprimerie) et des échanges, à l'urbanisation et à l'apparition d'une bourgeoisie d'affaires. La vie de cour est marquée par le goût de la fête et des œuvres d'art. En France, la Renaissance est plus tardive. Elle survient avec les guerres d'Italie et brille de son plus vif éclat sous le règne de François Ier, avec notamment la décoration de Fontainebleau, la fondation du Collège de France et de l'Imprimerie nationale. Des changements dans la pensée religieuse conduisent à la Réforme.

Renan Ernest (né en 1823, mort en 1892)
Écrivain, historien et philosophe français. D'abord séminariste, il abandonna la prêtrise et quitta l'Église. Sa *Vie de Jésus* fit scandale. Il fut élu à l'Académie française en 1878.

Renard Jules (né en 1864, mort en 1910)
Écrivain français. Il est l'auteur de *Poil de Carotte (1894)*, un roman dont il fit une pièce de théâtre (1900), et des *Histoires naturelles (1896)*. Son *Journal (1887-1910)* fut publié à partir de 1925.

Renaudot Théophraste (né en 1586, mort en 1653)
Médecin et journaliste français. Il fonda *la Gazette (1631)*, le premier journal hebdomadaire français. Il dirigea aussi *le Mercure français (1635)*. Le *prix Renaudot* est décerné chaque automne depuis 1926 à un ouvrage (généralement un roman) publié dans l'année.

René Ier d'Anjou (né en 1409, mort en 1480)
Duc d'Anjou, fils de Louis II. René Ier d'Anjou, dit le bon roi René, épousa Isabelle de Lorraine (1420), mais ne put régner sur le duché de Lorraine. En 1438, il succéda, sur le trône de Naples, à son frère Louis III, mais en fut chassé par Alphonse d'Aragon (1442). Il préféra ensuite écrire, au milieu d'artistes et de savants, notamment en Provence, où il se retira. En 1473, Louis XI le déposséda de l'Anjou.

Rennes
Chef-lieu du département d'Ille-et-Vilaine et de la Région Bretagne (206 229 hab.). Rennes est un marché agricole et une ville industrielle. La ville fut réunie à la couronne de France avec le duché de Bretagne en 1532. Henri II y établit le parlement de Bretagne.

Renoir Auguste (né en 1841, mort en 1919)
Peintre français. Il fut l'un des grands peintres du mouvement impressionniste dont il s'éloigna par la suite. *Le Bal du Moulin de la Galette (1876)* est un de ses tableaux les plus célèbres. Il a peint également de nombreux nus féminins.

Renoir Jean (né en 1894, mort en 1979)
Cinéaste français, fils d'Auguste Renoir. Jean Renoir fut le maître du réalisme poétique au cinéma. Il a réalisé de nombreux films comme *Nana (1926)*, *la Grande Illusion (1937)* et *la Bête humaine (1938)*.

République centrafricaine
3,6 millions d'habitants
Superficie : 622 900 km^2
Capitale : Bangui
Langues officielles : français, sango
Monnaie : le franc CFA

État d'Afrique équatoriale situé au nord du Congo. Ancienne colonie française, la République centrafricaine devint membre de la Communauté française en 1958, et accéda à l'indépendance en 1960. La population se concentre dans le sud du pays. Elle est très pauvre et subsiste grâce à l'exportation de bois, de diamants et d'or. On dit aussi **Centrafrique**.

république Dominicaine
8,3 millions d'habitants
Superficie : 48 442 km^2
Capitale : Saint-Domingue
Langue officielle : espagnol
Monnaie : le peso dominicain

État des Grandes Antilles formé par la partie orientale de l'île d'Haïti. La population est composée de métis (75 %), de Blancs (15 %) et de Noirs (10 %).

Géographie Le pays est montagneux et possède un climat tropical humide. La population se concentre dans les vallées et les plaines littorales fertiles. Le pays exporte la canne à sucre, le café, le cacao, le tabac, le nickel, un peu d'or. Il attire beaucoup de touristes. Les États-Unis sont leur premier partenaire commercial.

Histoire Découverte en 1492 par Christophe Colomb, l'île d'Hispaniola fut occupée par les Espagnols. Les Français s'installèrent ensuite dans la partie ouest, qu'ils nommèrent Saint-Domingue. En 1697, l'île fut partagée en deux, mais l'Espagne céda sa partie à la France. Les colons proclamèrent la république Dominicaine indépendante en 1821. Elle fut ensuite rattachée à Haïti puis occupée par les États-Unis. Le pays a connu une longue période de guerre civile à la fin du XXe siècle.

République française

Régime politique proclamé cinq fois en France. La Ire République, établie le 21 septembre 1792 après l'abolition de la royauté, s'acheva le 18 mai 1804, avec la proclamation du premier Empire. La IIe République, issue de la révolution de 1848, dura du 25 février 1848 au 2 décembre 1852, date de la proclamation du second Empire. La IIIe République, proclamée par un gouvernement de la Défense nationale le 4 septembre 1870 et définitivement instituée en 1875, s'acheva le 10 juillet 1940, quand Pétain créa l'État français. La IVe République, constituée le 3 juin 1944, eut la forme d'un gouvernement provisoire, puis une Constitution fut approuvée par le référendum du 13 octobre 1946. Les évènements de mai 1958 en Algérie précipitèrent la chute de la IVe République, qui prit fin le 8 janvier 1959. La Ve République commença alors. Voulue par le général de Gaulle, sa Constitution approuvée par référendum le 28 septembre 1958 est toujours la Constitution en vigueur en France.

République tchèque

10,3 millions d'habitants
Superficie : 78 864 km^2
Capitale : Prague
Langue officielle : tchèque
Monnaie : la couronne tchèque

État d'Europe centrale bordé par l'Allemagne, la Pologne, la Slovaquie et l'Autriche, qui fut, jusqu'en 1992, l'une des deux républiques de Tchécoslovaquie. La population est composée de Tchèques (81,4 %) et de Slovaques (3,2 %). La principale religion est le catholicisme.

Géographie À l'ouest, la Bohême est bordée par de vieux massifs boisés (Sumava, monts Métallifères, Sudètes, collines de Moravie), qui encadrent le bassin de l'Elbe et la région de Prague. À l'est, le couloir de Moravie est fertile et peuplé.

Économie Après la rupture avec la Slovaquie, la République tchèque a augmenté ses échanges avec l'Allemagne, principal investisseur étranger du pays.

Histoire La montée du nationalisme chez les Slovaques de Tchécoslovaquie entraîna, le 1er janvier 1993, le partage de la Tchécoslovaquie en deux États : la république de Slovaquie et la République tchèque. Václav Havel fut élu président, puis réélu en 1998. En 1997, le pays intégra l'OTAN.

Résistance

Nom donné à l'action clandestine menée en France et en Europe pour lutter contre l'occupation allemande durant la Seconde Guerre mondiale et parvenir à la libération des territoires. Durant la guerre, 115 000 résistants français furent déportés, 75 000 d'entre eux moururent dans des camps et 20 000 furent fusillés.

Resnais Alain (né en 1922)

Cinéaste français. Après des courts métrages comme *Guernica (1950)* et *Nuit et Brouillard (1955)*, il réalisa des films importants comme *Hiroshima mon amour (1959)* et *l'Année dernière à Marienbad (1961)*.

Restauration

Nom donné en France au régime marqué par le retour de la monarchie au XIXe siècle. Louis XVIII régna de 1814-1824 et Charles X de 1824 à 1830. La première Restauration (avril 1814-mars 1815) fut interrompue par l'épisode des Cent-Jours, durant lesquels Napoléon reprit le pouvoir. La seconde Restauration (juillet 1815-juillet 1830) s'acheva par la révolution de Juillet, qui mit en place la monarchie de Juillet.

Rethondes

Commune de l'Oise, près de Compiègne, (668 hab.). Dans une clairière proche de la gare de Rethondes, la France et l'Allemagne ont signé les armistices du 11 novembre 1918 et du 22 juin 1940.

Retz (Gilles de) voir *Rais*

cardinal de Retz (né en 1613, mort en 1679)

Religieux, homme politique et écrivain français. Il participa à la Fronde et s'opposa à Mazarin. Il devint cardinal en 1652. Enfermé à Vincennes puis à Nantes, il s'évada en 1654. Il fut autorisé à revenir en France en 1661 et reçut l'abbaye de Saint-Denis. À partir de 1665, il rédigea ses célèbres *Mémoires*, qu'il laissa inachevés et qui furent publiés après sa mort.

la Réunion

Île de l'océan Indien, dans l'archipel des Mascareignes, formant un département français d'outre-mer depuis 1946, et une Région depuis 1982. 2 510 km^2 ; 706 300 hab. Son chef-lieu est Saint-Denis. La population est composée essentiellement de métis.

Géographie Île volcanique et montagneuse, la Réunion connaît un climat tropical. L'économie repose sur la culture de la canne à sucre, mais on cultive aussi la vanille et des plantes à parfum. Peu industrialisée, l'île connaît un chômage élevé. L'aide de la métropole est indispensable.

Histoire L'île Bourbon, jusqu'alors déserte, fut prise par les Français en 1638 et se développa sous l'impulsion de la Compagnie française des Indes. La culture du café provoqua l'implantation d'esclaves africains au XVIIIe siècle. Le nom de la

A B C D E F G H I J K L M N O P Q R S T U V W X Y Z

Réunion lui fut donné en 1793, pour commémorer la réunion des Marseillais et des gardes nationaux le 10 août 1792.

Révolution culturelle
Mouvement idéologique et armé que Mao Zedong déclencha en Chine, en 1966, pour rester au pouvoir. Mao Zedong, aidé de Lin Biao, mobilisa l'armée et les Gardes rouges, formés surtout de jeunes gens. La Révolution culturelle fit plusieurs millions de victimes et ruina l'économie du pays.

première **Révolution d'Angleterre**
(1642-1649)
Révolution issue de la révolte des classes moyennes contre le roi Charles Ier. Après une longue période de guerres civiles, elle aboutit à la fin de la monarchie et au début de la République, sous le nom de Commonwealth. Après le procès et l'exécution du roi, Cromwell s'empara du pouvoir et instaura dix ans de dictature.

seconde **Révolution d'Angleterre**
(1688-1689)
Révolution pacifique qui provoqua le départ du roi catholique Jacques II et l'avènement de son gendre, Guillaume III d'Orange-Nassau. L'Angleterre bénéficiera alors d'une monarchie constitutionnelle.

révolution de juillet 1830 voir ***Juillet 1830***

révolution d'octobre 1917 voir ***Octobre 1917***

Révolution française
Ensemble des mouvements révolutionnaires qui se sont succédé en France de 1789 à 1799. La Révolution est l'aboutissement d'une longue période de mécontentement populaire. Les principales causes ont été la crise financière, les grandes différences sociales, les privilèges de la noblesse et du clergé, les ambitions de la bourgeoisie, l'absolutisme et les tergiversations du roi Louis XVI.
La prise de la Bastille et la déchéance du pouvoir royal marquèrent le début de grandes réformes, en particulier l'abolition des privilèges, l'adoption de la Déclaration des droits de l'homme, et la mise en place de la Constitution de 1791. Le 21 septembre 1792, la République est proclamée par la Convention. Cette assemblée votera aussi la mort du roi qui sera décapité en janvier 1792. Le pouvoir sera alors successivement aux mains des députés révolutionnaires, les Girondins, puis les Montagnards en 1793. Sous la direction de Robespierre, ceux-ci combattront les ennemis de la Révolution par la Terreur. Robespierre renversé, le pouvoir reviendra en 1794 aux Républicains modérés. S'ensuivra une période de désordre, qui durera jusqu'au Directoire, en 1799, marquant la fin de la première République. Le Directoire fut renversé par le coup d'État de Bonaparte qui instaura le Consulat.

révolution française de 1848
Mouvement révolutionnaire qui entraîna l'abdication du roi Louis-Philippe le 24 février 1848, et aboutit à l'instauration de la IIe République. Les premières grandes réformes furent l'adoption du suffrage universel et la proclamation de la liberté de la presse.

révolution industrielle
Nom donné à l'industrialisation rapide des pays européens et des États-Unis, à partir du premier tiers du XIXe siècle.

révolution russe de 1905
Suite de rébellions et de manifestations qui eurent lieu après la guerre qui opposa la Russie au Japon. Cette révolution culmina avec le « Dimanche rouge », où les soldats du tsar tirèrent sur la foule et la mutinerie du cuirassé *Potemkine*. Le tsar accepta alors l'élection d'une assemblée législative au suffrage universel. Mais les émeutes, les mutineries et les grèves persistèrent. Fin 1905, le tsar réussit finalement à briser l'insurrection.

révolution russe de 1917
Ensemble des deux mouvements révolutionnaires successifs qui secouèrent la Russie en 1917 et conduisirent à la création de la République socialiste soviétique fédérative de Russie. La *révolution de Février* aboutit à l'abdication du tsar Nicolas II et la *révolution d'Octobre* aboutit à la prise du pouvoir par Lénine.

Reykjavík
Capitale de l'Islande (155 000 hab.). Reykjavík est un port de pêche et un grand centre industriel.

Reynaud Paul (né en 1878, mort en 1966)
Homme politique français. Paul Reynaud fut président du Conseil en 1940. Hostile à l'armistice, il dut démissionner au profit du maréchal Pétain. Celui-ci le fera emprisonner, et il sera déporté de 1942 à 1945.

RFA voir ***Allemagne***

Rhénanie-du-Nord-Westphalie
Land d'Allemagne et Région de l'Union européenne. 34 067 km^2 ; 16,8 millions d'hab. Sa capitale est Düsseldorf. C'est la Région la plus puissante de l'Union européenne.

Rhénanie-Palatinat
Land d'Allemagne et Région de l'Union européenne. 19 846 km^2 ; 3,6 millions d'hab. Sa capitale est Mayence.

Rhin
Fleuve d'Europe occidentale (1 298 km). Le Rhin naît en Suisse et se jette dans la mer du Nord. Il traverse le lac de Constance, sert de frontière entre la Suisse et l'Allemagne, traverse la plaine d'Alsace et arrive aux Pays-Bas en formant un vaste delta. Grande voie de circulation, il a bénéficié de nombreux aménagements. Des canaux l'unissent au Danube, à la Moselle, à la Marne, à l'Elbe et aux grands ports de la mer du Nord.

Rhin (Bas-) voir *Bas-Rhin*

Rhin (Haut-) voir *Haut-Rhin*

Rhodes
Île grecque de la mer Égée. 1 404 km^2 ; 67 000 hab. ; chef-lieu : Rhodes. Rhodes est une île montagneuse qui vit des faibles ressources de son agriculture, en particulier la vigne et l'olivier, et du tourisme. La vieille ville de Rhodes, fondée en 408 avant J.-C., conserve des ruines antiques : le colosse de Rhodes, l'une des Sept Merveilles du monde, ainsi que des églises byzantines et des monuments bâtis par les chevaliers de Rhodes.
Histoire Dans l'Antiquité, Rhodes fut une puissante cité maritime. À partir de 1309, elle fut gouvernée par les chevaliers de Rhodes, puis fut sous la domination des Turcs de 1523 à 1912. Elle fut alors occupée par l'Italie, qui la céda à la Grèce en 1947.

Rhodésie
Ancienne région de l'Afrique du Sud britannique, aujourd'hui divisée en trois États : la Zambie, le Malawi et le Zimbabwe.

① Rhône
Fleuve de France et de Suisse (812 km, dont 522 km en France). Né à 1 750 m d'altitude dans le massif du Saint-Gothard, le Rhône descend jusqu'au Valais et franchit le lac Léman. Entré en France, il traverse le Jura, puis coule vers le sud jusqu'au delta de la Camargue, avant de se jeter dans la Méditerranée. Le Rhône est une grande voie de navigation, aujourd'hui bien aménagée ; des barrages et des centrales nucléaires ont été installés sur son cours.

② Rhône
Département français (69) de la Région Rhône-Alpes. 3 215 km^2 ; 1,6 million d'hab. ; chef-lieu : Lyon.

Rhône-Alpes
Région française et de l'Union européenne. 43 738 km^2 ; 5,6 millions d'hab. ; chef-lieu : Lyon. La Région Rhône-Alpes comprend les départements de l'Ain, de l'Ardèche, de la Drôme, de l'Isère, de la Loire, du Rhône, de la Savoie et de la Haute-Savoie.
Géographie Traversée par le Rhône et ses affluents (la Saône, l'Isère, la Drôme et l'Ardèche), la région a un climat continental au nord, méditerranéen au sud. Sa population est particulièrement importante dans la vallée du Rhône, et dans les grandes villes comme Grenoble et Saint-Étienne.
Économie Deuxième ensemble économique derrière l'Île-de-France, et grand carrefour européen, la Région Rhône-Alpes occupe le 1er rang pour la production d'énergie, et le 2e pour la chimie. Le tourisme y est important, en particulier dans les Alpes du Nord qui possèdent le domaine skiable le mieux équipé au monde.

Ribera José de (né vers 1588, mort en 1652)
Peintre espagnol baroque. Il fut influencé par le Caravage, et évolua peu à peu vers un certain classicisme. Affectionnant les thèmes religieux et mythologiques, il est l'auteur du *Martyre de Saint-Barthélemy* et du *Songe de Jacob*.

Richard Ier (né en 1157, mort en 1199)
Roi d'Angleterre (1189-1199). Richard Ier, dit Richard Cœur de Lion, se révolta contre son père Henri II. Il participa à la 3e croisade avec le roi de France Philippe Auguste et se fit remarquer par sa bravoure au cours de la prise de Chypre et de Saint-Jean-d'Acre. Soupçonnant le roi de France d'intriguer contre lui avec la complicité de son frère Jean sans Terre, il quitta la Palestine en 1192. Capturé en Autriche, il versa une forte rançon à l'empereur d'Allemagne Henri VI. Revenu en Angleterre en 1194, il laissa le gouvernement à son chancelier pour aller défendre ses possessions françaises. Il mourut en assiégeant le château de Châlus dans le Limousin.

Richard III (né en 1452, mort en 1485)
Roi d'Angleterre (1483-1485). Régent à la mort de son frère aîné Édouard IV, il séquestra ses deux neveux, dont l'aîné venait d'être sacré roi, et les fit assassiner. Despote rusé et cynique, Richard III fut tué pendant la bataille qu'il livrait contre Henri Tudor, le futur roi Henri VII.

Richelieu (né en 1585, mort en 1642)
Homme d'État français. Armand Jean du Plessis, évêque de Luçon, devint cardinal en 1622, après avoir réconcilié Marie de Médicis avec son fils Louis XIII. Appelé au Conseil du roi en 1624, le cardinal de Richelieu renforça l'autorité du roi. Il réduisit la résistance des protestants, leur accordant cependant la liberté de culte. Il lutta contre la noblesse qui tentait de l'écarter et résista au parti catholique. Il affronta les Habsbourg pendant la guerre de Trente Ans, et obtint le Roussillon en 1642. Il favorisa l'industrie, le commerce maritime et la colonisation, et fonda l'Académie française en 1635.

Richepin Jean (né en 1849, mort en 1926)
Poète français. Jean Richepin fut un écrivain bohème, auteur de *la Chanson des gueux* et de romans populaires, tels que *la Glu*, *Miarka*. Il fut reçu à l'Académie française en 1908.

Richter Charles Francis (né en 1900, mort en 1985)
Sismologue américain. Il est l'inventeur de l'*échelle de Richter*, qui permet de mesurer l'importance des séismes.

Rideau de fer
Nom qui fut donné à la frontière symbolique qui séparait les États socialistes d'Europe de l'Est des États d'Europe occidentale pendant la seconde moitié du vingtième siècle jusqu'à la chute du mur de Berlin en 1989.

Rif
Chaîne côtière du Maroc septentrional. Difficilement pénétrable, le Rif est peuplé de cultivateurs à l'ouest, et d'éleveurs semi-nomades à l'est.
La *guerre du Rif* désigne les opérations militaires menées dans le Rif par les troupes franco-espagnoles contre la révolte d'Abd el-Krim, entre 1921 et 1926.

Rift Valley
Grande vallée de l'est de l'Afrique, formée par une suite de dépressions qui s'étendent de la vallée du Jourdain au Malawi. La Rift Valley est occupée par des plaines étroites et des grands lacs. De nombreuses découvertes de paléontologie humaine y ont été faites, notamment dans le nord de la Tanzanie et en Éthiopie.
On dit aussi **le Rift**.

Riga
Capitale de la Lettonie (950 000 hab.). Riga est un port actif de la Baltique et un centre industriel.

Rilke Rainer Maria (né en 1875, mort en 1926)
Poète autrichien. Personnalité à la sensibilité maladive et angoissée, Rilke se livre, dans son œuvre, à une réflexion sur la mort et sur l'invisible. Ses *Lettres à un jeune poète*, écrites en 1903, forment une belle et profonde réflexion sur l'art de la poésie.

Rimbaud Arthur (né en 1854, mort en 1891)
Poète français. Révolté dès ses plus jeunes années et influencé par Victor Hugo, Rimbaud se trouve très tôt une voie dans la poésie. Venu à Paris à 17 ans, il stigmatisera la guerre, la religion et la misère sociale. Ami de Verlaine, il cherche un nouveau langage poétique, fondé sur l'image, le jeu des sonorités, et qui annonce la poésie moderne. À vingt ans, il s'engage dans l'armée hollandaise, déserte, et fait du trafic d'armes en Afrique. Atteint d'un cancer osseux à la jambe, il mourra à Marseille en 1891. Il est l'auteur du *Dormeur du val (1870)*, d'*Une saison en enfer (1873)*, et des *Illuminations (1886)*.

Rimski-Korsakov Nikolaï (né en 1844, mort en 1908)
Compositeur russe. Son œuvre, d'une grande qualité mélodique, se caractérise par ses références au folklore de son pays, et par la richesse de ses orchestrations. Rimski-Korsakov a composé essentiellement des opéras, des symphonies et des mélodies. Son influence sur la musique du XXe siècle a été considérable.

Rio de Janeiro
Ville du Brésil (10,3 millions d'hab.). Situé sur la côte, au sud-est du Brésil, Rio de Janeiro est le premier port du Brésil et un très grand centre industriel. La ville s'étend le long de la baie de Guanabara, que dominent le Pain de Sucre et le Corcovado. C'est aussi une ville pauvre entourée de bidonvilles, appelés *favelas*.
Rio est également une grande métropole universitaire, culturelle et artistique, qui fait concurrence à São Paulo. Son carnaval est particulièrement célèbre.

Río de La Plata voir ***Plata***

Rio Grande
Fleuve des États-Unis (2 900 km). Le Rio Grande naît dans les montagnes Rocheuses, traverse le Nouveau-Mexique, sépare l'État du Texas du Mexique et se jette dans le golfe du Mexique. Au Mexique, le fleuve est appelé *Rio Bravo*.

Rioja
La Rioja est une communauté autonome espagnole et une Région de l'Union européenne. 5 034 km^2 ; 266 280 hab. Son chef-lieu est Logroño. Ses vins sont particulièrement renommés.

Risorgimento
Terme qui signifie « renaissance », et qui désigne un mouvement né en Italie au milieu du XIXe siècle. Mouvement à la fois idéologique, culturel et politique, il contribua à l'unification de l'Italie.

Rivoli
Petite ville d'Italie, dans la province de Vérone (1 620 hab.). Bonaparte y vainquit les Autrichiens en janvier 1797.

Riyad
Capitale de l'Arabie Saoudite (2 millions d'hab.). Située dans une région de palmeraies et de vergers, Riyad est un important centre politique et financier.
On écrit aussi **Ryad** ou **Riad**.

Robbe-Grillet Alain (né en 1922)
Écrivain et cinéaste français. Robbe-Grillet s'est attaché à renouveler la narration littéraire en réfléchissant sur la perception humaine, et il est un des principaux représentants du *nouveau roman*. Il a écrit *les Gommes (1953)*, il a été le scénariste du film d'Alain Resnais *l'Année dernière à Marienbad (1961)* et le réalisateur de *l'Immortelle (1963)*.

Robert Ier (né vers 865, mort en 923)
Roi de France de 922 à 923. Robert Ier chassa les Normands d'Île-de-France. Capétien, il fut proclamé roi par les seigneurs révoltés contre le Carolingien Charles le Simple. Il sera tué dans une bataille engagée contre celui-ci.

Robert II le Pieux (né vers 970, mort en 1031)
Roi de France de 996 à 1031. Robert le Pieux était le fils d'Hugues Capet, qui l'associa au trône dès 987. Ayant répudié son épouse, il fut excommunié par le pape. Il annexa la Bourgogne et donna une base territoriale au domaine capétien.

saint **Robert de Molesmes** (né vers 1028, mort en 1111)
Bénédictin français. Il fut le fondateur de l'abbaye de Cîteaux en 1098.

Robert Guiscard (né vers 1015, mort en 1085)
Duc de Pouille, de Calabre et de Sicile (1059-1085). Aventurier normand, Robert Guiscard conquit l'Italie du Sud, fondant ainsi le futur royaume de Sicile. En 1084, il délivra le pape Grégoire VII, assiégé dans Rome par l'empereur d'Allemagne Henri IV.

Roberval Gilles de (né en 1602, mort en 1675)
Mathématicien et physicien français. Il formula la loi de la composition des forces, et inventa une balance qui porte son nom.

Robespierre Maximilien de (né en 1758, mort en 1794)
Homme politique français. Surnommé *l'Incorruptible*, Robespierre fut une des grandes figures de la Révolution française. Chefs des Montagnards, il fut député à la Convention, et membre du Comité de salut public de 1793. Opposé aux Girondins, il contribua à leur élimination. Il combattit les ennemis de la Révolution, et instaura la Terreur. Maître du pouvoir, il établit une véritable dictature. Mais il fut renversé par une coalition de Montagnards et de modérés et fut guillotiné.

Robin des Bois
Personnage légendaire anglais. Héros du Moyen Âge, Robin des Bois était le grand défenseur des pauvres contre les seigneurs. Adversaire des Normands et du prince Jean, il s'était réfugié dans la forêt de Sherwood avec ses compagnons. Son adresse à l'arc était extraordinaire et lui valut de nombreux succès. Son histoire a inspiré des films et des dessins animés.

Robinson Crusoé
Roman de l'écrivain anglais Daniel Defoe, écrit en 1719. Robinson, unique survivant d'un naufrage, est rejeté sur une île déserte sur laquelle son courage et son ingéniosité lui permettront de survivre durant vingt-huit ans, avant de pouvoir regagner sa patrie. Il devra aussi sa survie à son compagnon d'infortune, un jeune esclave noir appelé Vendredi, qu'il sauvera des anthropophages.

Rochambeau (né en 1725, mort en 1807)
Maréchal de France. Jean-Baptiste de Vimeur, comte de Rochambeau, commanda le corps expéditionnaire français envoyé en 1781 en Amérique, lors de la guerre d'Indépendance.

Rochefoucauld (La) voir ***La Rochefoucauld***

La **Rochelle**
Chef-lieu de la Charente-Maritime (76 594 hab.). Située sur l'Atlantique, La Rochelle est un port de commerce et de pêche. C'est une ancienne ville fortifiée, dont il reste encore des tours et des remparts.
HISTOIRE La Rochelle fut au XVIe siècle une importante citadelle protestante, qui faisait commerce avec l'Amérique du Nord. Alliée des Anglais contre la France, la ville fut prise par Richelieu en 1628, au terme d'une résistance héroïque de près d'un an.

La **Roche-sur-Yon**
Chef-lieu de la Vendée (49 262 hab.). La ville est un centre industriel.

montagnes **Rocheuses**
Massif montagneux de l'ouest de l'Amérique du Nord, qui s'étend de l'Alaska au Mexique. Les Rocheuses possèdent de nombreux sommets de plus de 4 000 mètres.

Rockefeller John Davison (né en 1839, mort en 1937)
Industriel américain. Rockefeller fonda en 1870 la Standard Oil Company. Cette raffinerie de pétrole sera à l'origine de son immense fortune.

Rodez
Chef-lieu du département de l'Aveyron (23 707 hab.). Située sur l'Aveyron, Rodez est une petite ville touristique, qui possède quelques vestiges du passé. C'est l'ancienne capitale de la région du Rouergue.

Rodin Auguste (né en 1840, mort en 1917)
Sculpteur français. Rodin sort la sculpture du classicisme, en rendant au sujet le mouvement et la force expressive qui naît de l'attitude. Il établit

A B C D E F G H I J K L M N O P Q R S T U V W X Y Z

ainsi la liaison entre le romantisme et la modernité. Il est l'auteur de célèbres sculptures comme *le Penseur*, *le Baiser*, *les Bourgeois de Calais* et *Balzac*.

Rois mages

Personnages bibliques. Les Rois mages, auxquels la légende donna le nom de Gaspard, Melchior et Balthazar, auraient parcouru un long chemin, d'Arabie à Bethléem, pour honorer Jésus nouveau-né. Une étoile aurait guidé leurs pas. L'Église fête leur visite le 6 janvier, *jour des Rois*, dit aussi Épiphanie.

Roi-Soleil voir *Louis XIV le Grand*

Roland (VIIIe siècle)

Héros de chansons de geste. Neveu de Charlemagne, Roland aurait été tué par les Sarrasins à Roncevaux, dans les Pyrénées, en 778. La légende dit que, armée de sa fidèle épée Durandal, il protégea héroïquement l'arrière-garde de l'armée de Charlemagne, prise dans une embuscade. Blessé à mort, il sonna du cor pour prévenir Charlemagne. Revenu sur ses pas, celui-ci vengea Roland en écrasant les Sarrasins. Héros de *la Chanson de Roland* (fin du XIe siècle), Roland apparaît dans de nombreuses œuvres à caractère épique.

Rolland Romain (né en 1866, mort en 1944)

Écrivain français. L'œuvre de Romain Rolland est marquée essentiellement par le culte des grands hommes et l'attachement à la patrie. Il est connu notamment pour les dix volumes de son grand cycle romanesque, *Jean-Christophe (1904-1912)*. Il reçut le prix Nobel en 1915.

Rollon (mort vers 927)

Chef de pirates normands. Il menaça les territoires du roi de France Charles le Simple. Celui-ci le vainquit, mais lui céda en 911 une partie de la Neustrie. Rollon fut le premier duc de Normandie.

Romains Jules (né en 1885, mort en 1972)

Écrivain français. Jules Romains est l'auteur de romans (*les Hommes de bonne volonté*), de poèmes (*la Vie unanime*) et de pièces de théâtre (*Knock ou le Triomphe de la médecine*). Il fut reçu à l'Académie française en 1946.

Romanov

Dynastie russe fondée par Michel III Fiodorovitch en 1613. Son dernier représentant fut le tsar Nicolas II.

① Rome

Cité-État de l'Antiquité, établie sur le site de la Rome actuelle. Rome fut la capitale du plus vaste empire qu'ait connu l'Antiquité européenne.

Histoire Fondée en 753 avant J.-C. par Romulus et Remus, Rome s'étendit sur les sept collines qui bordent le Tibre. Son essor commence avec l'arrivée des Étrusques, et la République marque le début des conquêtes. Entre 343 et 290 avant J.-C., Rome devient maîtresse de presque toute l'Italie. À la fin des guerres puniques et après la destruction de Carthage, la puissance de Rome s'étendra vers l'Afrique et vers la Grèce, puis vers la péninsule Ibérique et la Gaule méridionale. En 63 avant J.-C., Pompée achèvera la conquête de l'Orient. Mais les querelles de pouvoir viendront bientôt affaiblir la République. En 60 avant J.-C., le premier triumvirat est formé par Pompée, César et Crassus. Mais César finira par s'emparer du pouvoir, avant d'être assassiné en 44 avant J.-C. Puis ce sera la guerre civile entre Antoine et Octave, qui se soldera par la victoire d'Octave qui prendra le titre d'Auguste, devenant ainsi le premier empereur romain.

L'empire d'Auguste s'étendra à cette époque de la Manche à la mer Rouge. Après une période de grande prospérité, au IIIe siècle après J.-C., le désordre et les guerres civiles vont bientôt à nouveau affaiblir l'Empire romain. Le Ve siècle après J.-C. est marqué par l'invasion des Barbares. En 410 après J.-C., Rome tombe aux mains des Wisigoths, et en 476 après J.-C. disparaît le dernier empereur romain d'Occident. Seul l'Empire romain d'Orient subsistera jusqu'en 1453, date de la prise de Constantinople par les Turcs.

② Rome

Capitale de l'Italie (2,8 millions d'hab.). Située sur le Tibre, Rome est un centre politique, administratif, religieux et artistique.

La richesse de son passé fait de Rome une ville d'art exceptionnelle. Les vestiges de la Rome antique (le Forum, le Colisée, les thermes de Caracalla, les arcs de triomphe) y côtoient les monuments de la Rome chrétienne, avec ses églises et ses basiliques. Les palais et les villas y abondent : le palais Farnèse (XVIe siècle), le palais Borghèse, la villa Quirinal (fin XVIe siècle) et la villa Médicis (XVIe siècle). On y trouve également de nombreux musées dont celui du Vatican, les galeries Borghèse et Barberini, et la galerie nationale d'Art moderne. La basilique Saint-Pierre, dans l'enclave du Vatican, attire chaque année des milliers de pèlerins et de visiteurs.

Rommel Erwin (né en 1891, mort en 1944)

Maréchal allemand. Membre du parti nazi, il s'illustra en Libye et en Égypte. Vaincu à Al-Alamein en novembre 1942, il s'enfuit par la Tunisie. En France, il affronta le débarquement allié en Normandie. Compromis dans le complot des généraux contre Hitler en 1944, celui-ci l'obligea à se suicider, et lui accorda des funérailles nationales.

Roms

Un des trois grands groupes de Tsiganes, vivant essentiellement en Europe centrale.

Romulus
Personnage légendaire, fils d'une vestale et de Mars, dieu de la Guerre, Romulus est le fondateur et le premier roi de Rome. Abandonné avec Remus, son frère jumeau, ils furent tous deux allaités par une louve, puis recueillis par un berger. Ils décidèrent de fonder une ville sur le mont Palatin. Romulus traça le sillon qui en marquait l'enceinte. Remus ayant franchi ce sillon par bravade, Romulus le tua.

Roncevaux
Petite ville d'Espagne, en Navarre, à l'entrée d'un col pyrénéen. C'est là que Roland, neveu de Charlemagne, aurait été tué en 778.

Ronsard Pierre de (né en 1524, mort en 1585)
Poète français. Imprégné de culture grecque et latine, Ronsard devint célèbre grâce à ses *Odes*, imitées de Pindare et d'Horace. En 1553, il fonda la Pléiade. Poète officiel de la cour de Charles IX, il prit parti pour les catholiques dans les guerres de Religion. Après l'échec de son épopée en décasyllabes, *la Franciade*, il se retira dans un prieuré proche de Tours, où il mourut.

Roosevelt Franklin (né en 1882, mort en 1945)
Homme politique américain. Démocrate, il fut élu quatre fois président des États-Unis à partir de 1932. Il lutta contre la crise économique par une série de réformes appliquées aux domaines économique et social. Il engagea les États-Unis dans la Seconde Guerre mondiale, et permit la victoire des Alliés sur l'Allemagne d'Hitler.

Rosette
Ville et port d'Égypte, sur une branche du delta du Nil, à l'est d'Alexandrie (40 000 hab.).
La *pierre de Rosette*, datée de 196 avant J.-C., est le fragment d'une stèle découverte à Rosette en 1799. Ses inscriptions ont permis à Champollion de déchiffrer les hiéroglyphes égyptiens.

Rossini Gioacchino (né en 1792, mort en 1868)
Compositeur italien. Rossini est connu pour ses nombreux opéras, notamment *Tancredi*, *l'Italienne à Alger*, *le Barbier de Séville*, *la Pie voleuse* et *Guillaume Tell*.

Rostand Edmond (né en 1868, mort en 1918)
Poète et auteur dramatique français. Il est l'auteur de la célèbre comédie héroïque *Cyrano de Bergerac*, de *l'Aiglon* et de *Chantecler*. Il a été reçu à l'Académie française en 1901.

Rostand Jean (né en 1894, mort en 1977)
Biologiste français. Il travailla sur la reproduction et l'hérédité. On lui doit de nombreuses œuvres, dont *l'Homme*, *la Génétique des batraciens* et *Notes d'un biologiste*. Il fut reçu à l'Académie française en 1959.

Rostov-sur-le-Don
Ville et port de Russie, situé sur le Don, près de la mer d'Azov (1 million d'hab.). Rostov-sur-le-Don fut le théâtre de violents combats pendant la Seconde Guerre mondiale.

Rothschild
Famille de banquiers d'origine allemande, dont la fortune est devenue proverbiale.

Rotterdam
Ville des Pays-Bas (1 million d'hab.). Rotterdam est le premier port du monde, et un grand centre industriel et pétrolier. Grâce à l'aménagement du Rhin, elle est devenue, au XVIIe siècle, la deuxième ville commerciale de Hollande.

Rouen
Chef-lieu du département de la Seine-Maritime et de la Région Haute-Normandie (396 902 hab.). Rouen est un important port fluvial sur la Seine et un centre industriel. C'est aussi une ville universitaire et culturelle, avec des maisons anciennes, des églises et une remarquable cathédrale gothique.

HISTOIRE Longtemps, les Anglais et les Français se la disputèrent. Après avoir été annexée par les rois de France au XIIIe siècle, elle fut prise au XVe siècle par les Anglais qui y brûlèrent Jeanne d'Arc.

Rouergue
Région du midi de la France, au sud du Massif central. Sa capitale est Rodez.

fleuve Rouge
Fleuve du nord du Viêt-nam (1 200 km). Né en Chine, le fleuve Rouge rejoint le Viêt-nam et se jette dans le golfe du Tonkin par un vaste delta.

mer Rouge
Mer qui sépare l'Égypte et l'Arabie Saoudite, et qui communique au sud avec l'océan Indien. La mer Rouge est un grand axe commercial et stratégique depuis l'Antiquité. Depuis 1869, elle est reliée à la Méditerranée par le canal de Suez.

Rouget de Lisle Claude Joseph (né en 1760, mort en 1836)
Compositeur et officier français. Il est l'auteur de *la Marseillaise*, composée en 1792.

Roumanie
22,5 millions d'habitants
Superficie :237 500 km^2
Capitale : Bucarest
Langue officielle : roumain
Monnaie : le leu

État du sud-est de l'Europe, au nord de la Bulgarie, donnant à l'est sur la mer Noire.

GÉOGRAPHIE La Roumanie est partagée entre montagnes, collines et plaines. Le climat est semi-continental avec des étés chauds et des hivers froids.

Économie L'agriculture du pays est très diversifiée : blé, maïs, fruits et légumes. L'industrie sidérurgique est en pleine expansion, de même que l'industrie chimique, textile et alimentaire. Si la Roumanie est en train de renouer avec la croissance, son économie a beaucoup souffert jusqu'en 1989 de la dictature communiste de Ceaucescu.

Douanier **Rousseau** (né en 1844, mort en 1910)

Peintre français. Henri Rousseau, dit le Douanier Rousseau, vécut à Paris où il connut Gauguin et Picasso. Maître de l'art naïf, il peignit des scènes de la vie quotidienne (*la Carriole du père Juniet*) et des paysages exotiques, empreints d'étrangeté et de poésie (*la Charmeuse de serpents*).

Rousseau Jean-Jacques (né en 1712, mort en 1778)

Écrivain et philosophe de langue française. Né à Genève, orphelin très tôt et abandonné à dix ans par son père, il fut recueilli par une jeune femme, Mme de Warens. En 1741, Rousseau se rend à Paris, où il rencontre Voltaire et Diderot, et participe à l'*Encyclopédie*. En 1750, son *Discours sur les sciences et les arts* le rend célèbre. En 1755, il écrit le *Discours sur l'origine de l'inégalité parmi les hommes*, qui condamne la société, fondée sur la propriété, et lui oppose un idéal « état de nature ». En 1761, il achève *Julie ou la Nouvelle Héloïse*, roman épistolaire préromantique, écrit *le Contrat social* qui prône la démocratie, et donne l'*Émile (1762)*, ouvrage sur l'éducation aux idées modernes. Trois ans plus tard, il commence ses *Confessions*, la grande œuvre de sa vie. Il mourra brusquement en 1778, au moment où il a à peine achevé *les Rêveries du promeneur solitaire*. Son œuvre, qui a inspiré la Déclaration des droits de l'homme, annonce le romantisme.

Roussillon

Région historique de France, qui forme aujourd'hui le département des Pyrénées-Orientales. Sa capitale est Perpignan. Le Roussillon s'est spécialisé dans les cultures maraîchères et fruitières, et les vignobles.
Possession d'Alphonse II d'Aragon au XIIe siècle, le Roussillon fut définitivement rattaché à la France en 1659.

Royaume-Uni de Grande-Bretagne et d'Irlande du Nord

58 millions d'habitants
Superficie : 244 023 km^2
Capitale : Londres
Langue officielle : anglais
Monnaie : la livre sterling

État d'Europe occidentale, situé au nord-ouest de la France. Le Royaume-Uni est constitué d'une grande île, la Grande-Bretagne (229 903 km^2), divisée en trois pays : l'Angleterre, le pays de Galles et l'Écosse, à laquelle s'ajoute l'Irlande du Nord (14 120 km^2).

Géographie Le pays, baigné par la Manche, la mer du Nord et l'océan Atlantique, s'étire sur environ 1 000 km du nord au sud. Le climat océanique humide, doux en hiver, frais en été, est favorable à l'élevage. Les hautes terres, rudes, ventées et humides, occupent le nord et l'ouest du pays. Ces massifs anciens ont donné naissance à de nombreux lacs et ont formé des côtes rocheuses et découpées. Au sud-est s'étend le bassin sédimentaire de Londres. La Tamise, principal fleuve du pays, se jette dans la mer du Nord par un large estuaire en aval de Londres. Le Royaume-Uni est très urbanisé. Plus de 90 % de la population vit dans les villes. L'immigration, importante, est notamment liée à l'afflux de populations venues des anciennes colonies anglaises d'Asie et des Antilles.

Économie Bien que faisant partie des grandes puissances économiques mondiales, la Grande-Bretagne a connu de nombreuses difficultés. L'agriculture est compétitive mais n'occupe que 2 % de la population active. L'élevage (bovins et ovins) tient une place importante. L'industrie, dynamisée par l'exploitation du pétrole et du gaz de la mer du Nord, à partir de 1974, s'est aujourd'hui reconvertie dans les technologies de pointe, la chimie, la production automobile. Le tourisme est très développé. Londres est une importante place financière. La Grande-Bretagne fait partie de l'Union européenne et le tunnel sous la Manche, ouvert en 1994, a renforcé l'intégration à l'Europe. Cependant le Royaume-Uni n'a pas adopté l'euro.

Histoire Après l'installation des Celtes suivie de la domination romaine, l'île fut soumise par les Normands de Guillaume le Conquérant qui, vainqueur à Hastings (1066), fonda un puissant royaume anglo-normand. Édouard III, revendiquant la couronne française, déclencha la guerre de Cent Ans (1337-1453), mais l'Angleterre perdit ses biens continentaux. Les dynasties des Tudor et des Stuart se succédèrent à la tête du royaume.
À partir de 1750, une révolution agricole et industrielle plaça le pays à la tête du progrès technique et la Grande-Bretagne développa sa puissance coloniale. En 1800, la Grande-Bretagne devint le Royaume-Uni de Grande-Bretagne et d'Irlande. Le long règne de Victoria (1837-1901) voit l'apogée de l'Empire britannique. Au XXe siècle, les gouvernements, travaillistes ou conservateurs, ont fait face à une grave crise économique et au conflit des catholiques et des protestants en Irlande du Nord. Depuis 1997, l'Écosse et le pays de Galles ont leur propre Parlement.

Ruanda voir ***Rwanda***

Rubens Pierre Paul (né en 1577, mort en 1640)
Peintre flamand. Jeune apprenti dans divers ateliers de 1591 à 1600, Rubens part à 23 ans pour l'Italie, où il s'imprègne de la peinture italienne de la Renaissance. Rappelé à Anvers pour être le peintre officiel du gouverneur espagnol des Pays-Bas, il recevra des commandes de l'Europe entière. Vers 1611, il installe un vaste atelier. Il y peindra de grandes compositions, sur des thèmes mythologiques ou religieux : *la Descente de Croix, la Mise au tombeau, l'Enlèvement des filles de Leucippe, les Trois Grâces*. Sa peinture, colorée, dynamique et gracieuse, témoigne d'une prodigieuse habileté.

Rubicon
Rivière qui séparait la Gaule cisalpine de l'Italie. En 50 avant J.-C., César franchissant le Rubicon avec son armée malgré l'interdiction du Sénat, s'écria : *Alea jacta est !* (« Les dés sont jetés »).
▪ Franchir le **Rubicon** : prendre une décision irrévocable et périlleuse.

Ruhr
Rivière d'Allemagne (235 km), affluent du Rhin. La Ruhr traverse une grande région industrielle appelée *bassin de la Ruhr*.

Russie
145 millions d'habitants
Superficie : 17 075 400 km^2
Capitale : Moscou
Langue officielle : russe
Monnaie : le rouble

État d'Europe et d'Asie. Premier État du monde par la superficie, la Russie, qui s'étend de la mer Baltique à l'ouest, à l'océan Pacifique à l'est, est baignée par l'océan Arctique au nord, et par la mer Noire et la mer Caspienne au sud.

Géographie La Russie, qui compte près de 10 000 km d'ouest en est, et plus de 4 000 km du nord au sud, comprend surtout des plaines et des plateaux. La chaîne de l'Oural sépare la Russie d'Europe et la Russie d'Asie ; la chaîne du Caucase lui sert de frontière avec la Turquie et l'Iran, et la chaîne de l'Altaï la sépare de la Mongolie et de la Chine. La steppe occupe une grande partie de la Russie méridionale. La population de la Russie comporte de nombreuses minorités : les Ukrainiens, les Tatars, les Biélorusses et bien d'autres, qui représentent environ 30 millions de personnes. Plus de 70 % de la population vit dans les villes.

Économie La Russie doit faire face à de graves problèmes économiques. Elle figure pourtant parmi les premiers pays producteurs d'orge et de blé du monde. Sa richesse minière constitue un atout considérable : le pays est au 1er rang mondial pour les réserves de gaz naturel, au 8e rang pour les réserves de pétrole et parmi les cinq premiers pays pour la production d'or, de diamants, d'uranium et de fer. Son industrie est puissante, mais souffre encore d'équipements désuets. Malgré ses difficultés, la Russie reste une des grandes puissances du monde.

Histoire Partie de l'Empire scythe au VIIIe siècle avant J.-C., la Russie sera conquise par les envahisseurs mongols au XIIIe siècle. La tutelle mongole assure alors la paix et le développement. Au XVIe siècle, Ivan le Terrible devient le premier tsar de Russie. Il soumet la noblesse et impose le servage à la population paysanne.

Au XVIIe siècle, les Romanov prennent le pouvoir, donnant à la Russie une dynastie de tsars jusqu'en 1917. De la fin du XVIIe siècle au début du XVIIIe, Pierre Ier le Grand modernisera les institutions militaires et politiques et tentera d'occidentaliser le pays. Il fait construire Saint-Pétersbourg, sa nouvelle capitale et se proclame empereur de l'Empire russe en 1721. À sa suite, les grandes impératrices de Russie, dont Catherine la Grande, étendent leurs possessions vers la mer Noire et vers l'ouest.

Au XIXe siècle, l'histoire de la Russie sera marquée par l'invasion napoléonienne, l'abolition du servage par d'Alexandre II en 1881, et l'industrialisation du pays sous Alexandre III et Nicolas II. Les idées socialistes commencent alors à progresser dans le monde ouvrier et dans le monde paysan. Mencheviks et surtout bolchéviques, sous la conduite de Lénine, vont bientôt dominer la vie politique. Le mécontentement des masses, aggravé par la guerre désastreuse avec le Japon, aboutira à la révolution de 1905.

Le XXe siècle commence par l'engagement de la Russie dans la guerre contre l'Allemagne, qui fera des millions de morts. En 1917, des émeutes éclatent à Saint-Pétersbourg : le tsar Nicolas II est destitué, et un gouvernement républicain libéral est mis en place. Le mécontentement populaire aboutira finalement à la révolution d'Octobre, et à la prise du pouvoir par Lénine.

En janvier 1918, le IIIe congrès proclame la République socialiste fédérative soviétique de Russie. En 1922, l'Union des républiques socialistes soviétiques (URSS) est proclamée. Lénine essaie de relancer l'économie, ruinée par la guerre civile. Après sa mort, Staline, secrétaire général du Parti communiste de l'Union soviétique, élimine l'opposition. De 1934 à 1939, la police politique instaure la terreur. Dans le même temps, le pacte germano-soviétique permet en 1939 d'annexer de vastes territoires occidentaux. En 1941, l'Allemagne envahit l'URSS. Après d'écrasantes défaites, l'armée Rouge sauve Moscou et arrête les Allemands à Stalingrad. La victoire de 1945

donne à l'URSS de nouvelles frontières, et le rétablissement de l'économie fait du pays la deuxième puissance du monde après les États-Unis. Mais très vite commence la « guerre froide » avec l'Occident, qui ne finira que dans les années 1980, avec l'ère Gorbatchev.
En 1990-1991, la plupart des républiques proclament leur souveraineté ou leur indépendance. Gorbatchev démissionne de la présidence de l'URSS. Celle-ci est dissoute en décembre 1991. Le même mois, la Communauté des États indépendants, qui rassemble la quasi-totalité des anciennes Républiques soviétiques, est créée. L'URSS devient la Fédération de Russie.

Rutebeuf

Poète parisien du XIIIe siècle. Rutebeuf est considéré comme le premier grand poète de la littérature française. Il a écrit des fabliaux, des complaintes, des poèmes satiriques et dramatiques.

Rwanda

8 millions d'habitants
Superficie : 26 340 km^2
Capitale : Kigali
Langues officielles : français, kinyarwanda
Monnaie : le franc rwandais

État d'Afrique centrale, entre le Congo, le Burundi, la Tanzanie et l'Ouganda. Sa population est composée de Hutus (90 %) et de Tutsis. Le Rwanda, autrefois uni au Congo belge, est devenu indépendant en 1962.
GÉOGRAPHIE Le Rwanda est un pays de hauts plateaux. Le climat équatorial est tempéré par l'altitude. La densité de peuplement est la plus élevée d'Afrique.
ÉCONOMIE L'agriculture constitue sa grande ressource, en particulier les cultures vivrières, le café et le thé. Mais la guerre civile entre Hutus et Tutsis a ruiné l'économie.
On écrit aussi **Ruanda**.

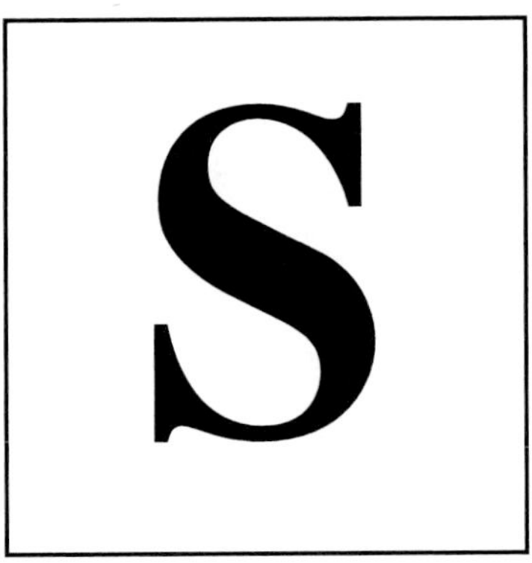

Saba
Ancien royaume d'Arabie, dans l'actuel Yémen. Il prospéra du VIIIe siècle avant J.-C. jusqu'à la conquête persane. La *reine de Saba*, dont parle la Bible, aurait vécu au Xe siècle avant J.-C.

el-Sadate Anouar (né en 1918, mort en 1981)
Homme politique égyptien. Anouar el-Sadate fut président de l'Assemblée nationale, puis vice-président de la République, avant de succéder à Nasser à la tête de l'État en 1970. Il se rapprocha des États-Unis et signa un traité de paix avec Israël en mars 1979. Il fut assassiné lors d'un défilé militaire. Il a reçu le prix Nobel de la paix en 1978.

Sade Donatien Alphonse François (né en 1740, mort en 1814)
Écrivain français. Le marquis de Sade passa trente années de sa vie en prison pour ses écrits à la fois érotiques et philosophiques, qui donnèrent naissance au mot « sadisme ». Il est l'auteur de *Justine ou les Malheurs de la vertu* et des *Cent Vingt Journées de Sodome*.

Sahara
Désert d'Afrique du Nord. Le Sahara est le plus grand désert du monde (environ 10 millions de km^2). Il s'étend de l'océan Atlantique à la mer Rouge et du massif de l'Atlas jusqu'au Soudan. Sa population comprend des groupes sédentaires, qui occupent les quelques oasis, et des éleveurs nomades.

Sahel
Région semi-désertique d'Afrique, au sud du Sahara (5 millions de km^2). Le Sahel est situé aux confins de la savane et du désert. La saison sèche y dure neuf mois, et celle des pluies de juillet à septembre. Mais des périodes de sécheresse plus longues ont provoqué récemment de graves dégâts sur les cultures et l'élevage.

saint Antoine voir ***Antoine***

saint Augustin voir ***Augustin***

la **Saint-Barthélemy**
Nom donné au massacre des protestants, le 24 août 1572, jour de la Saint-Barthélemy. Le roi Charles IX, persuadé que les huguenots préparaient un complot contre lui, chargea les Guise de les exécuter : 3 000 protestants furent tués à Paris, dont leur chef Coligny. En province, les massacres durèrent plusieurs mois, relançant la guerre de Religion.

saint Benoît de Nursie voir ***Benoît de Nursie***

Saint-Brieuc
Chef-lieu du département des Côtes-d'Armor (46 087 hab.). Situé dans la baie de Saint-Brieuc sur les côtes de la Manche, Saint-Brieuc est un port de pêche. Sa cathédrale des XIIIe-XIVe siècles est remarquable.

saint Cyrille voir ***Cyrille***

① **Saint-Denis**
Chef-lieu d'arrondissement de la Seine-Saint-Denis (85 832 hab.). Saint-Denis est un important centre industriel et possède une célèbre basilique.

② **Saint-Denis**
Chef-lieu du département de la Réunion (131 557 hab.). Saint-Denis est un port situé au nord de l'île de la Réunion.

Saint-Domingue
Capitale de la république Dominicaine (2,4 millions d'hab.). Saint-Domingue est un grand port et un centre industriel.

Sainte-Alliance voir ***Alliance***

Saint Graal voir ***Graal***

Sainte-Hélène
Île britannique de l'Atlantique Sud. 122 km^2 ; 6 528 hab. Napoléon y fut déporté par les Anglais en 1815, et y mourut en 1821.

Sainte-Ligue voir *Ligue*

Sainte-Lucie

100 000 habitants
Superficie : 615 km²
Capitale : Castries
Langue officielle : anglais
Monnaie : le dollar des Caraïbes de l'Est

État des Petites Antilles, au sud de la Martinique. Ses ressources résident essentiellement dans le tourisme et la production de bananes.
Colonie britannique jusqu'en 1967, l'État de Sainte-Lucie a accédé à l'indépendance en tant que membre du Commonwealth en 1979. Sainte-Lucie fait partie de la Francophonie.

Saint Empire romain germanique

Nom donné à l'empire fondé en 962 par le roi de Germanie Otton Ier. Celui-ci profita de la dislocation de l'empire de Charlemagne pour établir son pouvoir. Le Saint Empire englobait l'Allemagne, l'Italie du Nord et du Centre, la Lorraine et la Bourgogne. Il déclina à partir du XIIIe siècle, en raison des querelles intérieures et du conflit avec la papauté, et se réduisit au XVe siècle au royaume germanique. Il fut définitivement dissous en 1806, après l'invasion napoléonienne.

sainte Odile voir *Odile*

sainte Thérèse d'Avila voir *Thérèse d'Avila*

Saint-Étienne

Chef-lieu du département de la Loire (180 210 hab.). Saint-Étienne est le principal centre économique de la Loire, autrefois spécialisé dans l'industrie textile, la métallurgie et l'exploitation du charbon.

Saint-Exupéry Antoine de (né en 1900, mort en 1944)

Écrivain et aviateur français. Il fut un des premiers à assurer des liaisons aériennes avec l'Amérique du Sud. Grâce à son expérience de pilote, il a tiré une philosophie de la vie fondée sur la qualité des relations humaines et la valeur spirituelle et morale de l'individu. Il a écrit *Vol de nuit*, *Terre des hommes*, *Pilote de guerre*, mais son livre le plus connu est *le Petit Prince (1943)*.

Saint-Jacques-de-Compostelle

Ville d'Espagne, capitale de la communauté autonome de Galice (82 400 hab.). Saint-Jacques-de-Compostelle est le centre d'un célèbre pèlerinage vers lequel convergent depuis le XIe siècle des chrétiens de l'Europe entière.

Saint-Just Louis Antoine (né en 1767, mort en 1794)

Homme politique français. Révolutionnaire et fidèle de Robespierre, Saint-Just contribua à éliminer les Girondins et les partisans de Danton. Il fut guillotiné avec Robespierre.

Saint-Kitts-et-Nevis

50 000 habitants
Superficie : 269 km²
Capitale : Basseterre
Langue : anglais
Monnaie : le dollar des Caraïbes

États des Petites Antilles, au nord-ouest de la Guadeloupe, formé principalement des îles Saint Kitts et Nevis. La population est majoritairement d'origine africaine. Ses principales ressources sont le tourisme et la canne à sucre.
Colonie britannique à partir de 1783, Saint-Kitts-et-Nevis accéda à l'indépendance en tant que membre du Commonwealth en 1983.

Saint-Laurent

Grand fleuve d'Amérique du Nord (3 700 km). Le Saint-Laurent relie les Grands Lacs à l'Atlantique. Il part du lac Supérieur, passe par le lac Ontario, arrose les villes de Montréal et de Québec, puis forme un estuaire de 570 km aboutissant au *golfe du Saint-Laurent*.

Saint-Lô

Chef-lieu du département de la Manche (20 090 hab.). La ville a été presque détruite en 1944, lors de la bataille de Normandie.

Saint Louis voir *Louis IX*

Saint-Malo

Ville d'Ille-et-Vilaine (50 675 hab.). Située sur une presqu'île dominant la Manche, à l'embouchure de la Rance, Saint-Malo est un port de pêche et de commerce. C'est aussi un centre touristique, avec des maisons anciennes et des remparts des XIIe et XIIIe siècles.

Saint-Marin

30 000 habitants
Superficie : 60,6 km²
Capitale : Saint-Marin
Langue officielle : italien
Monnaie : l'euro

Petit État isolé, qui forme une enclave au nord de l'Italie. Ses principales ressources sont la vigne et le tourisme. Saint-Marin est une république autonome depuis le XIIIe siècle.

saint Paul voir *Paul*

Saint-Pétersbourg

Ville et port de Russie (5 millions d'hab.). Située à l'embouchure de la Neva, Saint-Pétersbourg est un important centre industriel et culturel. Ses palais, dont le palais d'Hiver, ses églises et ses

monuments en font une grande ville touristique. Le musée de l'Ermitage, fondé par Catherine II, abrite une richissime collection de tableaux.
HISTOIRE Saint-Pétersbourg, fondée en 1703 par le tsar Pierre le Grand, a été conçue par des architectes italiens et français. Elle a été la capitale de la Russie de 1715 à 1918. Rebaptisée Petrograd en 1914, elle a pris le nom de Leningrad en 1924, à la mort de Lénine. Ce n'est qu'en 1991 qu'elle a retrouvé son nom.

Saint-Pierre de Rome

Basilique de Rome, à côté du palais du Vatican. Commencée vers 1450, Saint-Pierre de Rome est l'église la plus vaste de la chrétienté. Raphaël, Michel-Ange et le Bernin ont participé à sa construction et à sa décoration.

Saint-Pierre-et-Miquelon

Archipel français situé dans l'océan Atlantique, à l'est du Canada. 242 km^2 ; 6 277 hab.
L'archipel est constitué de trois îles, la Grande Miquelon, Langlade et Saint-Pierre.
Le climat y est rude. Les ressources sont faibles, partagées entre le tourisme et la pêche. Successivement occupées par les Français et les Anglais à partir du XVIe siècle, les îles de Saint-Pierre-et-Miquelon deviendront définitivement françaises en 1814.

Saint-Saëns Camille (né en 1835, mort en 1921)

Compositeur et organiste français. Défenseur d'un style à la fois classique et épuré, Saint-Saëns est l'auteur de *la Danse macabre*, de *Samson et Dalila* et du *Carnaval des animaux*.

Saint-Siège

Nom qui désigne le Vatican, en tant que siège de la papauté. Par extension, le Saint-Siège désigne également le gouvernement pontifical.

Saint-Simon Louis de Rouvroy de (né en 1675, mort en 1755)

Écrivain français. Le duc de Saint-Simon est connu essentiellement pour ses *Mémoires*, au style pittoresque et imagé, dans lesquels il décrit la vie à la cour de Louis XIV.

Saint-Simon Claude Henri de Rouvroy de (né en 1760, mort en 1825)

Philosophe et économiste français. Dans ses écrits, Le comte de Saint-Simon a essayé de démontrer qu'il était possible d'assurer la paix et le bonheur des peuples par des réformes économiques et sociales.

saint Thomas voir *Thomas*

saint Thomas d'Aquin voir *Thomas d'Aquin*

saint Vincent de Paul voir *Vincent de Paul*

Saint-Vincent et les Grenadines

100 000 habitants
Superficie : 389 km^2
Capitale : Kingstown
Langue officielle : anglais
Monnaie : le dollar des Caraïbes de l'Est

État des Petites Antilles. Ses ressources résident essentiellement dans le tourisme et la production de bananes.
Colonie britannique jusqu'en 1969, l'État de Saint-Vincent et les Grenadines a accédé à l'indépendance en tant que membre du Commonwealth en 1979.

Saintonge

Ancienne province française, formant aujourd'hui le sud du département de la Charente-Maritime et une partie de la Charente. Sa capitale est Saintes.

Sakhaline

Île de Russie, dans le Pacifique Nord. 87 100 km^2 ; 700 000 hab. C'est une île montagneuse et forestière. Le climat y est froid. Son sous-sol est riche en pétrole, en gaz naturel et en charbon.

Saladin Ier (né en 1138, mort en 1193)

Sultan d'Égypte et de Syrie. Il soumit la Mésopotamie et vainquit les chrétiens en 1187. Il entra à Jérusalem, ce qui suscita la 3e croisade. Saladin, réputé très chevaleresque, inspira de nombreuses légendes en Occident.

Salamine

Île de la Grèce. 95 km^2 ; 28 600 hab. Une célèbre bataille navale y opposa les Grecs et les Perses en 480 avant J.-C., pendant la seconde guerre médique. La victoire fut remportée par les Grecs.

îles Salomon

400 000 habitants
Superficie : 28 450 km^2
Capitale : Honiara
Langue officielle : anglais
Monnaie : le dollar des îles Salomon

État du Pacifique, située à l'est de la Papouasie-Nouvelle-Guinée. Volcaniques, les îles Salomon vivent des ressources locales et exportent des produits de la pêche et du bois.
Les îles Salomon sont indépendantes depuis juillet 1978. Elles furent le théâtre de violents combats entre Américains et Japonais en 1942-1943.

Salomon

Troisième roi des Hébreux de 970 à 931 avant J.-C. Salomon fit bâtir le Temple et le palais royal de Jérusalem. Son autoritarisme et ses impôts provoquèrent, après sa mort, la division du royaume, amenant les tribus du Nord à fonder le royaume d'Israël. Salomon a joui d'une réputation de grande sagesse.

① Salvador

6,3 millions d'habitants
Superficie : 21 040 km²
Capitale : San Salvador
Langue officielle : espagnol
Monnaie : le colon du Salvador

État d'Amérique centrale donnant sur le Pacifique, entre le Guatemala et le Honduras. Le Salvador a un climat tropical. Ses deux chaînes volcaniques dominent la plaine côtière, chaude et humide. C'est un pays essentiellement agricole, qui exporte du café, de la canne à sucre, du coton et du bois. La guerre civile, de 1977 à 1992, a gravement désorganisé son économie.

② Salvador

Ville et port du Brésil, capitale de l'État de Bahia (1,8 million d'hab.). Fondée en 1500, et capitale du Brésil de 1549 à 1763, Salvador est une des grandes villes touristiques du Brésil. Elle est célèbre pour son centre historique et ses nombreuses églises baroques.

Salzbourg

Ville d'Autriche (143 970 hab.). Salzbourg est une ville d'art, aux nombreux monuments de style Renaissance et baroque. C'est un grand centre touristique, connu pour son Festival annuel de musique en l'honneur de Mozart.

Samara

Ville de Russie (1,3 million d'hab.). Situé sur la Volga, Samara est un grand port et un centre industriel.

Samarie

Ancienne ville de Palestine. Samarie a été la capitale du royaume d'Israël au IXe siècle avant J.-C. Conquise par le roi d'Assyrie au VIIIe siècle, puis par Alexandre au IVe siècle, détruite au IIe siècle avant J.-C., la ville fut reconstruite par Hérode le Grand sous le nom de Sébaste.

Samarkand

Ville d'Ouzbékistan (371 000 hab.). Prise par Alexandre au IVe siècle avant J.-C., puis par les Arabes en 712, Samarkand fut un grand centre culturel sous les Samanides au Xe siècle. Ravagée par Gengis khan en 1220, la ville fut la capitale de Tamerlan et rayonna au XVe siècle.

Samoa

Archipel du Pacifique, en Polynésie. Ses ressources sont le cacao et la noix de coco. Les îles Samoa sont indépendantes depuis 1962.

Samos

Île grecque de la mer Égée, proche de la Turquie. 478 km² ; 41 850 hab. On y trouve les ruines d'un temple dédié à Héra.

Samothrace

Île grecque du nord de la mer Égée. 180 km² ; 3 000 hab. C'est à Samothrace que l'on trouva, en 1863, une statue de marbre figurant une Victoire ailée, dite *Victoire de Samothrace*. Elle est actuellement exposée au Louvre.

Samson

Personnage biblique. Samson était célèbre par la force surhumaine qu'il devait à sa longue chevelure. Dalila lui coupa les cheveux pendant son sommeil et le livra aux Philistins. Ses cheveux ayant repoussé, il renversa les colonnes d'un temple qui s'écroula sur les Philistins et sur lui-même.

Sanaa

Capitale de la république du Yémen (760 000 hab.). Le commerce, l'artisanat et l'industrie du coton sont ses principales ressources. On écrit aussi **San'a**.

puy de Sancy

Point culminant du Massif central (1 885 m), dans la chaîne des monts Dore. Un téléphérique permet d'accéder à son sommet.

Sand George (née en 1804, morte en 1876)

Écrivain français. De son vrai nom Aurore Dupin, George Sand était une femme indépendante, célèbre pour ses liaisons avec Musset et Chopin. Elle a écrit des romans, sentimentaux et champêtres, dont les plus connus sont *la Mare au diable*, *François le Champi* et *la Petite Fadette*.

San Diego

Ville des États-Unis, en Californie (2 millions d'hab.). San Diego est une importante base navale et un port de pêche. C'est aussi un grand centre touristique.

San Francisco

Ville des États-Unis, dans l'État de Californie (723 950 hab., 4,3 millions d'hab. avec l'agglomération). Située sur la baie de San Francisco, la ville s'ouvre sur l'océan Pacifique par un détroit, que traverse le célèbre pont du *Golden Gate*. San Francisco est le principal port de commerce de l'ouest des États-Unis. C'est aussi un grand centre industriel, culturel et touristique.
Situé sur une zone sismique, San Francisco a connu de grands tremblements de terre, notamment en 1906 et 1989.

San José

Capitale du Costa Rica (1,4 million d'hab.). Situé en altitude, au centre du pays, San José est le principal centre commercial du Costa Rica.

San Juan

Capitale et port de l'île de Porto Rico (1,5 million d'hab.). C'est un centre commercial et industriel, qui exporte du café et du sucre.

San Salvador
Capitale du Salvador (1 million d'hab.). Situé au pied d'un volcan, San Salvador est le centre commercial et industriel du pays.

Santiago
Capitale du Chili (5,3 millions d'hab.). Situé au centre du pays, Santiago rassemble plus du tiers de la population du Chili. C'est le principal centre industriel, commercial et culturel du Chili.

Saône
Rivière de France (480 km). La Saône est l'affluent principal du Rhône. Elle naît dans les Vosges, passe par Chalon-sur-Saône, Mâcon et rejoint le Rhône à Lyon. Son débit est régulier et abondant.

Saône (Haute-) voir *Haute-Saône*

Saône-et-Loire
Département français (71) de la Région Bourgogne. 8 565 km^2 ; 544 893 hab. ; chef-lieu : Mâcon.

São Paulo
Grande ville du Brésil (11 millions d'hab.). São Paulo est le principal centre économique du pays. Le café est à l'origine de son essor.

São Tomé et Principe
150 000 habitants
Superficie : 965 km^2
Capitale : São Tomé
Langue officielle : portugais
Monnaie : le dobra

État du golfe de Guinée, formé des îles de São Tome et de Principe, et situé au large du Gabon. Ses principales ressources sont le cacao, le café et la noix de coco. São Tome espère exploiter du pétrole en association avec le Nigeria. São Tome et Principe était une colonie portugaise. Elle accéda à l'indépendance en 1975.

Abd al-Aziz III ibn **Saoud** (né en 1881, mort en 1953)
Roi d'Arabie Saoudite de 1932 à 1953. Il fonda le royaume d'Arabie Saoudite en 1932. Après 1945, les richesses pétrolières lui permirent de moderniser le pays.
On dit aussi **Ibn Séoud**.

Sapporo
Ville du Japon située sur l'île d'Hokkaido (1,6 million d'hab.). Sapporo est un centre industriel important. Elle fut construite au XIXe siècle pour coloniser l'île d'Hokkaido. Elle accueillit les jeux Olympiques d'hiver en 1972.

Saragosse
Capitale de la communauté autonome d'Aragon en Espagne, sur l'Èbre (592 670 hab.). Saragosse est une ville commerciale, culturelle, agricole et industrielle. Elle fut conquise en 1118 par Alphonse Ier, qui en fit la capitale de l'Aragon.

Sarapis voir *Sérapis*

Sardaigne
Île de la Méditerranée occidentale, située au sud de la Corse. La Sardaigne est une Région d'Italie et de l'Union Européenne. 24 090 km^2 ; 1 651 220 hab. ; capitale : Cagliari. Elle est formée de quatre provinces. Le sud de l'île comporte une grande plaine où se pratiquent l'élevage ovin et la culture des céréales. Le climat très chaud et sec favorise le tourisme. L'île est peu industrialisée.
HISTOIRE Longtemps disputée par les Romains, les Byzantins, et les villes de Gênes et de Pise, la Sardaigne fut attribuée à l'Aragon au XIVe siècle. Elle fut cédée en 1718 au duc de Savoie qui fut proclamé roi de Sardaigne. C'est autour du *royaume de Sardaigne*, que se constitua le royaume d'Italie, créé en 1861.

mer des **Sargasses**
Zone étendue de l'Atlantique Nord, à l'est des Bahamas, où s'accumulent de grandes quantités d'algues charriées par les courants marins. Les anguilles viennent s'y reproduire.

Sarre
Land d'Allemagne et Région de l'Union Européenne, situé à la frontière française. 2 569 km^2 ; 1 045 700 hab. ; capitale : Sarrebruck. La Sarre est une grande région industrielle depuis le XVIIIe siècle grâce à sa houille. Aujourd'hui, la haute technologie y a supplanté la métallurgie traditionnelle.
HISTOIRE La région fut un département français de 1790 à 1814. Après 1947, elle fut à nouveau rattachée économiquement à la France puis elle choisit d'intégrer l'Allemagne en 1957.

Sarthe
Département français (72) de la région Pays de la Loire. 6 210 km^2 ; 52 995 hab. ; chef-lieu : Le Mans.

Saskatchewan
Province du centre du Canada. 652 330 km^2 ; 988 900 hab. ; capitale : Regina. La Saskatchewan est une riche région agricole qui produit du blé et du lin, et pratique l'élevage bovin et porcin. Elle possède aussi des richesses souterraines importantes : pétrole, potasse, houille et uranium.
HISTOIRE La colonisation, qui débuta au XVIIIe siècle, prit son essor quand la voie ferrée transcontinentale fut achevée en 1885. En 1905, le territoire devint une province.

A B C D E F G H I J K L M N O P Q R S T U V W X Y Z

Satie Erik (né en 1866, mort en 1925)
Compositeur français. Son œuvre se caractérise par sa simplicité mélodique et par son humour. Ses pièces les plus connues sont les *Trois Gymnopédies (1888)* pour piano.

① Saturne
Dieu romain des semailles. Il est identifié à Cronos dans la mythologie grecque.

② Saturne
Planète du système solaire. Elle est la plus lointaine des planètes visibles à l'œil nu, et se situe au-delà de Jupiter. Elle est entourée d'un système d'anneaux.

Saül
Premier roi des Hébreux au XIe siècle avant J.-C. Il fut vaincu par les Philistins et se donna la mort. David lui succéda.

Saussure Horace Bénédict de (né en 1740, mort en 1799)
Physicien suisse. Il est l'inventeur de l'hygromètre à cheveu. Il a découvert de nombreux minéraux et a beaucoup travaillé dans le domaine de la météorologie. Il organisa la première ascension du mont Blanc en 1786.

Saussure Ferdinand de (né en 1857, mort en 1913)
Linguiste suisse. Son *Cours de linguistique générale (1916)* pose les bases de la linguistique moderne.

① Savoie
Région historique de France, limitrophe de la Suisse et de l'Italie, et correspondant aujourd'hui aux départements de la Savoie et de la Haute-Savoie.
HISTOIRE Au XIVe siècle, la Savoie s'étendait jusqu'en Italie. Le duc de Savoie devint roi du royaume de Sardaigne. C'est autour de ce royaume que se fit l'unité italienne au XIXe siècle. La Savoie fut définitivement cédée à la France, avec Nice, en 1860.

② Savoie
Département français (73) de la Région Rhône-Alpes. 6 036 km^2 ; 373 258 hab. ; chef-lieu : Chambéry.

Savoie (Haute-) voir ***Haute-Savoie***

Savonarole Jérôme (né en 1452, mort en 1498)
Prédicateur italien. Ses sermons dénonçaient la perversion des mœurs et la tyrannie des Médicis. Il créa une démocratie à Florence, mais il fut excommunié et condamné au bûcher.

① Saxe
Ancien État d'Allemagne situé au nord de la Bohême. Au XIIIe siècle, la Saxe fut scindée en Basse-Saxe et Haute-Saxe. Elles furent intégrées en 1871 à l'Empire allemand, et demeurèrent un royaume jusqu'en 1918. Elles firent partie de la République démocratique d'Allemagne après la Seconde Guerre mondiale. Aujourd'hui, la Haute-Saxe constitue deux Lands. La Basse-Saxe constitue un Land.

② Saxe
Land d'Allemagne et Région de l'Union européenne, situé entre la Basse-Saxe et le Brandebourg. 18 300 km^2 ; 5 000 130 hab. ; capitale : Dresde. Les montagnes du sud sont vouées à l'élevage et les riches plaines du nord, aux cultures intensives (blé, betterave et pomme de terre). La Saxe possède aussi des richesses minières (lignite, potasse, charbon). C'est une région prospère.

Saxe (Basse-) voir ***Basse-Saxe***

Saxons
Peuple germanique établi vers le IIe siècle à l'embouchure de l'Elbe. Les Saxons étendirent leurs terres vers le sud et l'ouest. Charlemagne les soumit en 797 et les christianisa. Certains avaient investi le sud de l'Angleterre au Ve siècle.

Scandinavie
Région de l'Europe du Nord comprenant la Norvège et la Suède. On y associe souvent le Danemark et la Finlande.

Scarlatti Alessandro (né en 1660, mort en 1725)
Compositeur italien. On lui doit plusieurs opéras dont *Il Mitridate Eupatore (1707)* et *la Griselda (1721)*.

accords de **Schengen**
Ensemble de conventions signées en 1985 à Schengen par cinq États de l'Union européenne : l'Allemagne, la Belgique, la France, le Luxembourg et les Pays-Bas. Ils instaurent une libre circulation des personnes entre les États. En 1991, l'Italie, l'Espagne et le Portugal les ont acceptés et signés. Les huit pays signataires constituent ce que l'on appelle l'*espace Schengen*. En 1997, les accords de Schengen ont été intégrés au traité d'Amsterdam.

Schiller Friedrich von (né en 1759, mort en 1805)
Poète et dramaturge allemand. Ses premiers drames exaltent le droit des peuples et la tolérance : *les Brigands (1782)*, *Guillaume Tell (1804)*. Il était aussi professeur d'histoire et publia *Histoire de la guerre de Trente Ans (1791-1793)*.

Schleswig-Holstein
Land d'Allemagne et Région de l'Union européenne, situé à la frontière danoise et bordé par la mer du Nord et la mer Baltique. 15 720 km^2 ; 2 614 100 hab. ; capitale : Kiel. Le Schleswig-

Holstein est une région agricole qui a développé ses industries après 1945, notamment à Kiel et à Lübeck.
HISTOIRE En 1460, le duché danois de Schleswig et le comté de Holstein devinrent la propriété du roi de Danemark. Ils furent ensuite annexés par la Prusse en 1867. En 1920, le nord du Schleswig fut rendu aux Danois et le sud forma avec le Holstein un Land allemand.

Schœlcher Victor (né en 1804, mort en 1893)
Homme politique français. Il obtint l'abolition de l'esclavage le 27 avril 1848.

Schönberg Arnold (né en 1874, mort en 1951)
Compositeur autrichien. Il fut influencé par Wagner, Brahms et Mahler. Il élabora le *Sprechgesang* ou « mélodie parlée » dans *Pierrot lunaire (1912)*. Puis il s'orienta vers le dodécaphonisme. On écrit aussi **Schoenberg**.

Schubert Franz (né en 1797, mort en 1828)
Compositeur autrichien. Il a écrit plus de 600 lieds, le cycle de *la Belle Meunière (1823)*, de nombreuses pièces pour piano, de la musique de chambre, *la Truite (1819)*, *la Jeune Fille et la Mort (1826)*. Schubert a également laissé 22 opéras, des messes et neuf symphonies. La *Tragique (1816)* et l'*Inachevée (1822)* restent les plus jouées.

Schumann Robert (né en 1810, mort en 1856)
Compositeur allemand. Sa femme, Clara Wieck, fut son inspiratrice et son interprète. Il écrivit des œuvres pour piano, des lieds, *l'Amour et la vie d'une femme*, *les Amours du poète*, de la musique de chambre, quatre symphonies, un *concerto pour violoncelle (1850)* et un *concerto pour violon (1853)*. Sa musique est très romantique.

Schweitzer Albert (né en 1875, mort en 1965)
Pasteur, théologien et médecin français. Il fonda un hôpital à Lambaréné au Gabon en 1913. Il obtint le prix Nobel de la paix en 1952.

Scipion l'Africain (né vers 235, mort en 183 avant J.-C.)
Homme politique et général romain. Il contribua grandement à l'extension de l'Empire romain en Espagne. Il vainquit Hannibal en Afrique et mit fin à la deuxième guerre punique.

Scotland Yard
Siège des services centraux de la police londonienne créés en 1829. En 1967, ce siège a été déplacé et nommé *New Scotland Yard*.

Scott Walter (né en 1771, mort en 1832)
Auteur écossais de romans historiques dont *Rob Roy (1818)* et *Ivanhoé (1820)*.

Scythes
Peuple indo-européen de langue iranienne, qui s'est fixé au Xe siècle avant J.-C. dans la steppe située au nord de la mer Noire, entre la Volga, le Caucase et le Danube. Les Scythes étaient des archers et des cavaliers redoutables. Ils étendirent leur influence jusqu'en Égypte. Leur civilisation mêlait les influences de la steppe, de la Grèce antique et de l'Orient. Ils disparurent au début des grandes invasions barbares vers le IIIe siècle après J.-C.

SDN voir ***Société des Nations***

Seattle
Ville portuaire américaine située dans l'État de Washington (1,7 million d'hab.). Seattle est un important centre commercial et industriel dont les domaines d'activité sont la pêche, la construction navale et aéronautique.

Sébastopol
Ville portuaire d'Ukraine, située sur les bords de la mer Noire (34 000 hab.).

Sécession (guerre de) voir ***guerre de Sécession***

Second Empire voir ***Empire***

comtesse de **Ségur** (née en 1799, morte en 1874)
Écrivain français d'origine russe. Elle est l'auteur de nombreux romans pour la jeunesse : *les Petites Filles modèles (1858)*, *Mémoires d'un âne (1860)*, *les Malheurs de Sophie (1864)*, *Un bon petit diable (1865)*, *le Général Dourakine (1866)*.

Seine
Fleuve de France (776 km) qui draine le Bassin parisien. La Seine naît en Haute-Marne, traverse d'importantes villes comme Troyes, Paris, Rouen, et se jette dans la Manche par un vaste estuaire sur lequel sont établis Le Havre et Honfleur. Ses principaux affluents sont l'Aube, l'Yonne, la Marne et l'Oise. Elle constitue une grande voie commerciale.

Seine-et-Marne
Département français (77) de la Région Île-de-France. 5 917 km^2 ; 1 193 166 hab. ; chef-lieu : Melun.

Seine-Maritime
Département français (76) de la Région Haute-Normandie. 6 254 km^2 ; 1 239 138 hab. ; chef-lieu : Rouen.

Seine-Saint-Denis
Département français (93) de la Région Île-de-France. 236 km^2 ; 1 382 861 hab. ; chef-lieu : Bobigny.

Séleucides
Dynastie de la Grèce antique fondée par Séleucos Ier vers 305 avant J.-C. Elle régna sur la Syrie, la Mésopotamie, l'Asie Mineure et l'Iran. Réduit à la Syrie actuelle, son royaume fut conquis par les Romains en 64 avant J.-C.

A B C D E F G H I J K L M N O P Q R S T U V W X Y Z

Sem

Personnage biblique. Sem était le fils aîné de Noé.

Sémiramis

Reine d'Assyrie et de Babylonie dans la mythologie grecque. On lui attribue les célèbres jardins suspendus de Babylone.

① Sénégal

9,5 millions d'habitants
Superficie : 196 720 km^2
Capitale : Dakar
Langue officielle : français
Monnaie : le franc CFA

État d'Afrique occidentale, qui s'ouvre sur l'océan Atlantique.

Géographie Le pays, très plat, est drainé par plusieurs fleuves dont le Sénégal et la Gambie. Deux types de végétations se distinguent : la steppe au nord et la savane au sud. La population est en grande partie rurale et peuple les côtes et les vallées.

Économie Le pays vit essentiellement de la culture de produits d'exportation (arachide, coton, canne à sucre) et de la pêche. Les cultures vivrières (riz, mil, sorgho) subissent la sècheresse depuis 1968 et l'élevage est peu florissant. Les industries, dans la région de Dakar, transforment les arachides (huiles) et les phosphates (engrais), et produisent des cotonnades et des biens de consommation courante. Le commerce extérieur se fait surtout avec la France. Le tourisme est en plein essor.

Histoire La colonisation française débuta au XVIIe siècle. Les Français implantèrent la culture des arachides et du coton et fondèrent la ville de Dakar en 1857. La colonie fut une importante base de l'expansion française en Afrique occidentale, et, en 1902, Dakar devint le siège du gouvernement général d'une fédération de colonies appelée l'Afrique Occidentale française. En 1960, le pays devint une république indépendante, dotée d'une Constitution de type présidentiel. Léopold Sédar Senghor fut président de la République de 1960 à 1980.

② Sénégal

Fleuve de l'Afrique occidentale (1 700 km). Il naît au Mali de la réunion de deux rivières : le Bafing et le Bakhoy. Il sépare le Sénégal et la Mauritanie, et se jette dans l'Atlantique. Le Sénégal est en partie navigable et sert surtout à l'irrigation. Il est doté de plusieurs barrages.

Sénèque (né vers 4 avant J.-C., mort en 65 après J.-C.)

Philosophe, homme d'État et auteur tragique latin. Il fut le précepteur de Néron. Impliqué par Néron dans une conspiration, il fut contraint de se suicider. Son œuvre exalte le stoïcisme. Il a écrit des traités de morale, des dialogues philosophiques, des tragédies (*Médée*, *Phèdre*) et des lettres.

Senghor Léopold Sédar (né en 1906, mort en 2002)

Homme politique et poète sénégalais. Ses œuvres célèbrent la *négritude*, c'est-à-dire les valeurs spirituelles et morales des Noirs : *Chants d'ombre (1945)*, *Hosties noires (1948)*, *Éthiopiques (1956)*. Il fut président de la république du Sénégal de 1960 à 1980. Il entra à l'Académie française en 1983.

Séoul

Capitale de la Corée du Sud (11 millions d'hab.). Séoul est un grand centre commercial et industriel. Ses domaines d'activités sont le textile, la métallurgie et l'industrie alimentaire. La ville, détruite en grande partie durant la guerre de Corée de 1950 à 1953, a été reconstruite. Elle fut le siège des jeux Olympiques de 1988.

Sept Ans (guerre de) voir ***guerre de Sept Ans***

Septime Sévère (né en 146, mort en 211)

Empereur romain de 193 à 211. Il créa la province de Mésopotamie et favorisa les cultes orientaux.

Sérapis

Dieu des Morts créé en Égypte. Il réunissait les attributs d'Osiris et de Zeus. Il était aussi un dieu guérisseur. Son culte s'est étendu à la Grèce, Rome et l'Asie Mineure.
On dit aussi **Sarapis**.

Serbie

10 millions d'habitants
Superficie : 88 361 km^2
Capitale : Belgrade
Langue officielle : serbe
Monnaie : le dinar

République fédérative de Yougoslavie, constituée en 1992 par la Serbie et le Monténégro. Sa population se compose d'une majorité de Serbes et de minorités hongroise et albanaise.

Économie L'agriculture est dominante : céréales et élevage. Les importantes ressources minières et énergétiques (lignite, cuivre, antimoine et hydroélectricité) ont favorisé l'industrialisation. Mais la guerre et les sanctions adoptées par l'ONU ont affecté gravement l'économie.

Histoire Disputée par les Byzantins et les Bulgares depuis le IXe siècle, la Serbie fut annexée par la Turquie en 1389. Elle n'obtint son indépendance qu'en 1878. La Serbie voulait unir tous les Slaves du Sud en s'appuyant sur la Russie, mais elle provoqua l'hostilité de l'Autriche, qui lui déclara la guerre le 28 juillet 1914. Ce fut le déclenchement de la Première Guerre mondiale.

En 1945, elle devint une république fédérée au sein de la Yougoslavie. Les Serbes, qui dominaient la Yougoslavie, réprimèrent les soulèvements des Albanais au Kosovo et des Hongrois en Vojvodine, et abolirent leur autonomie. En 1991, des conflits éclatèrent entre les minorités serbes et les majorités autochtones. La Croatie, la Slovénie et la Bosnie-Herzégovine obtinrent leur indépendance.

La Serbie constitua alors une nouvelle République fédérale de Yougoslavie avec le Monténégro. Elle soutint les Serbes en Bosnie et au Kosovo contre les Slaves musulmans et les Croates en pratiquant la *purification ethnique*, qui consistait à chasser les non-Serbes. En mars 1998, la Serbie réprima durement les manifestations des Albanais du Kosovo ; l'OTAN bombarda les positions de l'armée serbe au Kosovo puis en Serbie et l'ONU organisa un embargo. Le Kosovo et la Serbie sont ruinés.

Seurat Georges (né en 1859, mort en 1891)

Peintre et dessinateur français. Il travailla la technique du pointillisme : *Un dimanche d'été à la Grande Jatte (1886), la Parade de cirque (1888).*

marquise de Sévigné (née en 1626, morte en 1696)

Écrivain français. Ses *Lettres (1726)*, adressées à sa fille, la comtesse de Grignan, constituent des documents précieux sur la vie aristocratique au XVIIe siècle.

Séville

Capitale de la communauté autonome d'Andalousie en Espagne (678 200 hab.). Séville est l'un des ports les plus importants du pays. Ses industries traditionnelles et modernes sont en plein essor. Son patrimoine architectural important lui a permis de développer le tourisme.

Histoire La ville fut un important foyer culturel aux VIe et VIIe siècles, sous la domination romaine. Elle fut conquise par les Arabes en 712, et reconquise en 1248 par Ferdinand III de Castille. Séville fut un grand centre commercial, que Cadix supplanta au XVIIIe siècle. Elle accueillit l'exposition universelle de 1992.

Seychelles

100 000 habitants
Superficie : 453 km^2
Capitale : Victoria
Langues officielles : anglais, français
Monnaie : la roupie des Seychelles

État de l'océan Indien, formé d'une centaine d'îles, et situé au nord-est de Madagascar. Cet archipel volcanique, au climat tropical humide, est peuplé surtout de créoles. L'économie, assez prospère, est fondée sur le tourisme et la pêche au thon ; la culture de la cannelle et de la vanille sont en déclin.

Histoire Découvertes par les Portugais au XVIe siècle et colonisées par les Français au XVIIIe siècle, les Seychelles furent cédées aux Anglais en 1814 et accédèrent à l'indépendance en 1976. Une République fut instaurée. Les Seychelles sont membre du Commonwealth.

Shaba

Nom du Katanga de 1972 à 1997.

Shakespeare William (né en 1564, mort en 1616)

Auteur de théâtre anglais. Il est l'un des plus grands auteurs britanniques. Son œuvre, colossale et variée, comprend des drames tels que *Roméo et Juliette (1595), Henri VI (1592), Richard III (1593)* et des comédies : *la Mégère apprivoisée (1594), le Marchand de Venise (1596), Beaucoup de bruit pour rien (1598), Comme il vous plaira (1599)*. Les héros de Shakespeare sont des personnages complexes, en proie à de terribles hantises, *Hamlet (1601)*, à la jalousie, *Othello (1604)*, à l'ambition, *Macbeth (1605)*, au désespoir et à la folie, *le Roi Lear (1606)*. À l'exception de ses poèmes : *Vénus et Adonis (1593), Sonnets (1609)*, Shakespeare n'a rien publié sous son nom, et l'on ne possède aucun manuscrit de ses œuvres, ce qui a fait naître des légendes sur son identité.

Shandong

Province de la Chine située sur la mer Jaune. 153 300 km^2 ; 76 950 000 hab. ; chef-lieu : Jinan. Cette région surpeuplée possède des terres très fertiles et un sous-sol riche (houille, fer, métaux). On dit aussi **Chantoung**.

Shanghai

Ville portuaire de Chine (12,5 millions d'hab.). Shanghai est la plus grande ville et le premier port de Chine. C'est un grand centre industriel en essor constant et aux activités très diversifiées : chimie, textile, métallurgie, construction électrique, alimentation.

Shaw George Bernard (né en 1856, mort en 1950)

Écrivain irlandais. Au théâtre, il traita avec humour de thèmes tels que la prostitution : *la Profession de Mrs. Warren (1898)*, l'héroïsme : *le Héros et le Soldat (1898)*, ou les préjugés de classe : *Pygmalion (1916)*. Il obtint le prix Nobel de littérature en 1925.

Shelley Percy Bysshe (né en 1792, mort en 1822)

Poète romantique anglais. Il mena une vie agitée avant de se fixer en Italie avec son épouse, Mary

Shelley. Il publia notamment des poèmes et un drame lyrique en vers qui célèbre la liberté et l'amour idéal : *Prométhée délivré (1820).*

Shelley Mary (née en 1797, morte en 1851)

Écrivain anglais. Épouse du poète Shelley, elle est l'auteur du roman fantastique *Frankenstein (1818).*

Shenyang

Ville du nord-est de la Chine (4,5 millions d'hab.). Au XVIIe siècle, elle était la capitale de la Mandchourie.

Sherpas

Peuple d'origine tibétaine qui vit dans les montagnes du Népal.

îles Shetland

Archipel britannique situé au nord de l'Écosse. 1 429 km^2 ; 23 200 hab. ; chef-lieu : Lerwick. Les îles Shetland sont réputées pour l'élevage de poneys.

Shikoku

Une des quatre grandes îles japonaises, au sud de l'île de Honshu. 18 792 km^2 ; 4,3 millions d'hab. Montagneuse et forestière, Shikoku a un climat à la fois tempéré et tropical. La population se concentre dans les plaines côtières, vouées à une agriculture diversifiée. Ses activités industrielles se développent dans les domaines de la pétrochimie et de la métallurgie.

Shiva voir *Çiva*

la Shoah

Mot hébreu qui désigne l'extermination des Juifs par les nazis.

Sibérie

Région située en Russie, entre l'Oural, le Kazakhstan, la Mongolie et la Chine et bordée par l'océan Arctique et l'océan Pacifique. 12 765 000 km^2 ; 30 millions d'hab.

GÉOGRAPHIE La Sibérie occidentale est une vaste plaine marécageuse, la Sibérie centrale est un immense plateau, et la Sibérie orientale se caractérise par des chaînes montagneuses. Le climat est très rude et le sol est presque gelé en permanence. La région possède une végétation bien particulière qui associe la toundra, la taïga et la steppe. Le potentiel hydroélectrique est colossal et le sous-sol recèle d'immenses richesses (houille, fer, or, diamants, hydrocarbures), mais le climat rude et les mauvaises communications freinent l'exploitation des richesses. L'agriculture n'est pratiquée que dans le sud-ouest.

HISTOIRE Occupée dès le paléolithique, la Sibérie s'ouvrit à la colonisation russe au XVIe siècle. La voie ferrée du Transsibérien, édifiée de 1891 à 1916, favorisa cette colonisation. L'ère stalinienne a créé de nombreux goulags dont les prisonniers ont été employés sur tous les grands chantiers en Sibérie.

Sichuan

Province de la Chine centrale. 569 000 km^2 ; 102 millions d'hab. Le Sichuan est la province la plus peuplée de Chine. L'ouest est occupé par des montagnes. La population se concentre dans la plaine orientale. C'est une région très fertile qui permet la culture du coton, du tabac, des céréales, du thé et des agrumes. Elle recèle aussi de la houille, du pétrole, du gaz et des minerais. Les industries sont implantées à Chengdu et à Chongqing et touchent les domaines du textile, de la chimie et de la mécanique.

Sicile

Île de la Méditerranée située au sud de l'Italie. La Sicile est une Région d'Italie et de l'Union européenne. 25 708 km^2 ; 5 141 340 hab. Son chef-lieu est Palerme. Elle compte neuf provinces.

GÉOGRAPHIE La population se concentre en grande partie sur les littoraux et pratique la polyculture, la viticulture, et la pêche. À l'intérieur de l'île, la population reste très rurale. Ses activités sont la culture des céréales, des olives et des amandes et l'élevage ovin. L'île n'a que peu de ressources et est peu industrialisée. L'essor du tourisme et les aides de l'Union européenne ont freiné l'émigration de sa population vers le continent.

HISTOIRE L'île reçut des colons grecs à partir de 700 avant J.-C. L'apogée de la Sicile grecque se situe au Ve siècle avant J.-C. Elle devint ensuite une province romaine : son blé nourrissait Rome. Après la chute de l'Empire romain, la Sicile fut tour à tour byzantine puis arabe.

Les Normands la conquirent entre 1061 et 1091. Après avoir été successivement espagnole, savoyarde, autrichienne, elle échut aux Bourbons de Naples en 1734. Conquise par le révolutionnaire italien Garibaldi en 1860, elle vota son rattachement à l'Italie. La Sicile pose le problème permanent de sa pauvreté et des agissements de la Mafia.

Sienne

Ville d'Italie, en Toscane (61 890 hab.). Son patrimoine culturel en fait une importante ville touristique : cathédrale, palais public, églises. L'une de ses places, la Piazza del Campo accueille chaque année une course de chevaux, dite *Palio*.

Sienne fut une cité importante à partir du XIIe siècle et un grand centre bancaire au XIIIe siècle. L'école de peinture de Sienne atteignit son apogée au XIVe siècle.

Sierra Leone

5,2 millions d'habitants
Superficie : 71 740 km^2
Capitale : Freetown
Langue officielle : anglais
Monnaie : le leone

État de l'Afrique occidentale bordé par l'océan Atlantique.
Géographie La forêt dense, due à un climat tropical très humide, a reculé devant les cultures vivrières (riz, manioc) et les cultures d'exportation (café, cacao). La population est très rurale. Le pays possède aussi des ressources minières qu'il exporte (diamants, bauxite, or). Pourtant, il reste très pauvre.
Histoire Découverte au XVe siècle par les Portugais, la Sierra Leone fut un centre de la traite des esclaves. En 1808, elle fut achetée par la Grande-Bretagne et devint une colonie britannique. Elle accéda à l'indépendance en 1961 dans le cadre du Commonwealth.

Sieyès Emmanuel Joseph (né en 1748, mort en 1836)

Homme politique français. Prêtre, il fut député du tiers état aux états généraux en 1789. Il soutint Napoléon Bonaparte dans le coup d'État du 18 Brumaire. Il dut s'exiler de 1816 après l'abdication de l'empereur.

Sikkim

État himalayen de l'Inde, à l'est du Népal (7 298 km^2 ; 403 600 hab.). Sa capitale est Gangtok. Le Sikkim se constitue d'un bassin encadré de hautes chaînes de montagnes. Il est soumis à un climat de mousson et la végétation varie avec l'altitude. Seul le sud est cultivé. En 1641, le royaume du Sikkim fut fondé par des Tibétains. L'Inde fit du Sikkim son 22e État en 1975.

Silésie

Région de l'Europe centrale, située principalement en Pologne. On distingue la haute Silésie qui est une région minière et industrielle, et la basse Silésie qui est agricole. La Silésie déborde en Slovaquie.
Histoire La Silésie fut annexée par la Prusse en 1742 et connut au XIXe siècle un important essor économique. En 1945, elle fut incluse dans la Pologne et la population allemande fut expulsée.

Silicon Valley

Zone industrielle située en Californie, entre San José et San Francisco. Elle doit son nom aux sociétés d'électronique et d'informatique qui y sont implantées et utilisent du silicium.

Simenon Georges (né en 1903, mort en 1989)

Écrivain belge. Il est l'auteur de romans policiers mettant en scène le commissaire Maigret.

Sinaï

Presqu'île montagneuse située au nord de la mer Rouge. Le Sinaï est désertique. Seuls de rares nomades y vivent. Son sous-sol recèle des gisements de pétrole.
Selon la Bible, l'un des sommets du Sinaï serait la montagne où Moïse reçut de Dieu les Tables de la Loi où étaient gravés les Dix Commandements.
Histoire Le Sinaï, territoire égyptien, fut conquis par les Israéliens en 1967 lors de la guerre des Six Jours. Suite à un conflit armé entre les Israéliens et les Égyptiens, un traité fut signé en 1979. Il prévoyait l'évacuation définitive des troupes israéliennes. Elle s'acheva en 1982.

Singapour

4 millions d'habitants
Superficie : 581 km^2
Capitale : Singapour
Langues officielles : malais, chinois, anglais, tamoul
Monnaie : le dollar de Singapour

État de l'Asie du Sud-Est formé d'une île et d'îlots situés au sud de la Malaisie.
Géographie La population est composée de Chinois, de Malais et d'Indiens. La forêt dense, due à un climat équatorial très humide, a été remplacée par une végétation artificielle : cocotiers, hévéas, arbres fruitiers. Un aqueduc venant de Malaisie couvre la majorité des besoins en eau.
Économie Singapour est le premier port mondial pour le transit, et la principale place financière de l'Asie du Sud-Est. Son industrialisation, due à des investissements américains, japonais et britanniques, a été très rapide. La puissance financière du pays est colossale. Le tourisme est actif.
Histoire L'île fut achetée par la Grande-Bretagne en 1819. Elle devint rapidement une puissante base économique et stratégique. Singapour accéda à l'indépendance en 1959, au sein du Commonwealth.

Sioux

Amérindiens des États-Unis. Les Sioux, sous les ordres de leur chef Sitting Bull, résistèrent héroïquement à l'armée américaine mais ils furent définitivement vaincus en 1890. Ils vivent aujourd'hui dans des réserves au Dakota, au Nebraska et au Montana.

Sisley Alfred (né en 1839, mort en 1899)

Peintre anglais de l'école impressionniste française. Il peignit surtout des paysages d'Île-de-France.

Sisyphe

Personnage de la mythologie grecque. Sisyphe était roi de Corinthe. Il fut condamné à rouler éternellement jusqu'au sommet d'une montagne un rocher qui en retombait aussitôt.

A B C D E F G H I J K L M N O P Q R S T U V W X Y Z

Sitting Bull (né vers 1834, mort en 1890)
Nom anglais du chef des Sioux du Dakota. Il organisa la résistance des Sioux face à l'armée américaine mais fut vaincu en 1890.

Six Jours (guerre des) voir ***guerre des Six Jours***

chapelle **Sixtine**
Chapelle du palais du Vatican, construite en 1473, sous le pape Sixte IV. Elle fut décorée par Botticelli et Michel-Ange.

Skopje
Capitale de la Macédoine (570 000 hab.). Elle fut détruite par un important séisme en 1963, mais sa reconstruction rapide lui permit de connaître un important essor économique. Elle possède encore de nombreux vestiges turcs.

Slovaquie

5,4 millions d'habitants
Superficie : 48 630 km^2
Capitale : Bratislava
Langue officielle : slovaque
Monnaie : la couronne slovaque

État d'Europe de l'Est, frontalier de la Pologne, de l'Ukraine, de la Hongrie et de la Moravie. La Slovaquie est une région montagneuse et boisée qui comprend quelques plaines. Le climat est continental. Elle a su développer ses ressources traditionnelles (forêts, céréales, élevage) et des industries grâce à l'hydroélectricité et au fer. La Slovaquie a été admise dans l'OCDE en 2000.
Histoire En 1918, lors de la disparition de l'empire d'Autriche-Hongrie, la Slovaquie s'unit à la Bohême et à la Moravie dans la Tchécoslovaquie. Animée par un important mouvement nationaliste, la Slovaquie proclama son indépendance et la souveraineté de sa république en 1993.

Slovénie

2 millions d'habitants
Superficie : 20 255 km^2
Capitale : Ljubljana
Langue officielle : slovène
Monnaie : le tolar

État d'Europe centrale, frontalier de l'Autriche, de la Hongrie, de la Croatie et de l'Italie. Région de montagnes et de plateaux, elle a su développer son agriculture (pommes de terre, élevage bovin et ovin). L'industrie a bénéficié des infrastructures implantées par l'Autriche et de richesses hydroélectriques et minières (houille, lignite, mercure, plomb).
Histoire Les Slovènes s'installèrent dans le pays au VIe siècle. Dès le XIIIe siècle, la Slovénie fut annexée par l'Autriche. Certains nationalistes prônèrent l'union avec les Slaves du Sud et en 1918, le royaume des Serbes, Croates et Slovènes (la future Yougoslavie) fut créé. En 1941, Hitler divisa la Slovénie entre l'Allemagne, l'Italie et la Hongrie et, en 1945, la Yougoslavie fut reconstituée. Le 25 juin 1991, comme la Croatie, la Slovénie proclama son indépendance.

Smith Adam (né en 1723, mort en 1790)
Économiste écossais. Son œuvre principale, *Recherches sur la nature et les causes de la richesse des nations (1776)*, est le premier grand traité du capitalisme libéral.

Société des Nations
Organisation internationale créée en 1919 par le traité de Versailles et fixée à Genève. Ses objectifs étaient la paix et la coopération entre les nations. La Société des Nations (SDN) fut remplacée par l'ONU après la Seconde Guerre mondiale.

Socrate (né vers 470, mort en 399 avant J.-C.)
Philosophe grec. Accusé d'impiété, il fut condamné à mort par le tribunal populaire d'Athènes. Socrate n'a publié aucun ouvrage, mais Xénophon, Aristophane et surtout Platon nous l'ont fait connaître dans leurs écrits. Socrate s'est beaucoup intéressé au moyen d'accéder à la connaissance de soi. « Connais-toi toi-même » était sa devise.

Sodome
Cité biblique située dans l'ancienne Palestine, sur la mer Morte. Comme Gomorrhe, elle était célèbre pour les mœurs dissolues de ses habitants. Selon la Bible, elle fut détruite par une pluie de soufre et de feu, déclenchée par la colère de Dieu.

Sofia
Capitale de la Bulgarie (1,2 million d'hab.). Sofia est un grand centre intellectuel, commercial et industriel. Elle devint la capitale de la Bulgarie en 1978.

Soliman II le Magnifique (né en 1494, mort en 1566)
Sultan ottoman de 1520 à 1566. Il fut le dernier des grands sultans. Il mena une politique extérieure expansionniste : il prit Belgrade, soumit la Hongrie, s'empara de Bagdad et établit sa domination sur la quasi-totalité du monde arabe. Au sein de l'Empire ottoman, il protégea les arts et les lettres, et fut un grand bâtisseur et un grand législateur.

Soljenitsyne Alexandre (né en 1918)
Écrivain russe. Ses romans et chroniques dénoncent le communisme : *le Pavillon des cancéreux (1968), l'Archipel du Goulag (1973-1976)*. Il fut emprisonné de 1945 à 1953 et expulsé d'URSS en 1974. Il s'établit aux États-Unis et regagna la Russie en 1994. Il obtint le prix Nobel de littérature en 1970.

Sologne
Région du Bassin parisien, entre la Loire et le Cher. La Sologne est une grande réserve de chasse.

Solon (né vers 640, mort vers 558 avant J.-C.)
Législateur et poète athénien. Il était l'un des Sept Sages de la Grèce.

Somalie
10 millions d'habitants
Superficie : 637 660 km²
Capitale : Muqdisho
Langues officielles : arabe, somali
Monnaie : le shilling somalien

État de l'Afrique orientale, sur le golfe d'Aden et l'océan Indien. La population se concentre essentiellement dans la plaine côtière du sud du pays où les zones irriguées permettent la culture du maïs, de la canne à sucre, du sorgho et des bananes. Ailleurs domine l'élevage nomade, première activité du pays, complété par la pêche et l'exploitation du sel.
Histoire La population, venue du sud de l'Arabie, s'établit en Somalie vers le xᵉ siècle. La Grande-Bretagne colonisa le nord du pays à partir de 1884 et l'Italie occupa la majeure partie du pays, à partir de 1889. Il existait alors deux Somalie. Elles accédèrent à l'indépendance en 1960 et s'unirent en une république. Dans les années 1990, le pays fut ravagé par la guerre civile. Aujourd'hui, les combats ont cessé, mais la division du pays en clans demeure.

Somme
Département français (80) de la Région Picardie. 6 176 km² ; 555 551 hab. ; chef-lieu : Amiens.

Sophocle (né vers 496, mort en 406 avant J.-C.)
Poète tragique grec. Il aurait écrit plus de cent pièces, mais il ne nous reste que sept tragédies complètes. Elles exaltent le héros qui se révolte ou préfère la mort à la soumission.

la Sorbonne
Établissement public d'enseignement supérieur, situé à Paris et abritant plusieurs unités d'enseignement et de recherche rattachées à des universités différentes. La Sorbonne fut à l'origine un collège de théologie fondé en 1257 par Sorbon.

Sothos
Ethnie d'Afrique du Sud et du Lesotho, qui regroupe environ 10 millions de personnes. Les Sothos parlent une langue bantoue.
On dit aussi **Bassoutho** ou **Basuto**.

Soudan
29,5 millions d'habitants
Superficie : 2 505 810 km²
Capitale : Khartoum
Langue officielle : arabe
Monnaie : le dinar soudanais

État de l'Afrique orientale, bordé par la mer Rouge.
Géographie Le Soudan est le plus vaste État d'Afrique. Il est drainé par le Nil et ses affluents, le Nil Blanc et le Nil Bleu. Le climat tropical fait se succéder le désert au nord, la steppe sahélienne au centre et la savane au sud. La population, très rurale, se concentre au point de jonction des affluents du Nil. Elle est constituée de nombreuses ethnies attachées au christianisme et aux religions traditionnelles du sud et de musulmans sunnites au nord.
Économie L'agriculture est très développée, mais les terres cultivables sont étroites, et l'exploitation trop intensive crée la désertification. Les productions sont des cultures vivrières (mil, sorgho, patates douces, manioc) et des produits d'exportation (coton, arachide et canne à sucre). Le Soudan possède d'importants gisements de pétrole, exploités pour la première fois en 1999. Les industries sont rares. L'insuffisance du réseau de communications empêche tout développement économique.
Histoire Le Soudan fut partiellement islamisé au xvɪᵉ siècle et divisé en plusieurs États qui vivaient du trafic des esclaves. Dépendant de l'Égypte, il choisit l'indépendance en 1956. Le pays subit alors une succession de dictatures militaires. La population était divisée : les chrétiens du sud refusaient la domination des Arabes du nord, musulmans. En 1973, lorsque les régions du sud furent divisées en trois et que la loi islamique fut proclamée, les ethnies du Sud, où les conditions de vie sont tragiques, entreprirent une guérilla qui plongea le pays dans des difficultés économiques et la famine.

Soufflot Germain (né en 1713, mort en 1780)
Architecte français. De 1755 à sa mort, il dirigea la construction de l'église parisienne qui devint le Panthéon.

Soweto
Grande ville d'Afrique du Sud, située dans la banlieue de Johannesburg (2 millions d'hab.).

Spartacus (mort en 71 avant J.-C.)
Chef de la révolte des esclaves contre Rome. Il s'évada d'une école de gladiateurs avec des compagnons. Ils formèrent le noyau d'une armée de 100 000 esclaves qui vainquit plusieurs fois les troupes romaines.

A B C D E F G H I J K L M N O P Q R S T U V W X Y Z

Sparte

Ville de Grèce, située dans le sud-est du Péloponnèse (14 000 hab.). La ville actuelle date du XIXe siècle.

Histoire La ville de Sparte fut fondée au IXe siècle avant J.-C. Elle s'organisait selon une structure sociale bien particulière : les *citoyens* dominaient les cultivateurs des terres les moins fertiles ; des serfs, les *ilotes,* cultivaient les domaines fertiles des citoyens. Ces derniers, qui redoutaient une révolte des ilotes, constituèrent une caste militaire très rigide. Sparte dominait alors presque tout le Péloponnèse, mais son despotisme suscita la coalition de plusieurs cités, qui la vainquirent. Elle fut dévastée au IVe siècle après J.-C. par les Wisigoths.

Sphinx

Monstre originaire de l'ancienne Égypte, présent dans la mythologie grecque. Dans la légende d'Œdipe, ce monstre ailé arrêtait les voyageurs se rendant à Thèbes, leur soumettait des énigmes et les dévorait s'ils ne pouvaient les résoudre. Œdipe résolut l'énigme, et le Sphinx, désappointé, se précipita dans le vide du haut d'un rocher.

Spinoza Baruch (né en 1632, mort en 1677)

Philosophe hollandais. Son ouvrage principal, *l'Éthique (1677)*, expose que Dieu n'a pas créé le monde. Il est présent en toutes choses, il s'y déploie et vit la vie de chaque être. Spinoza, le premier, proposa la séparation de l'Église et de l'État ; cette idée fit scandale et Spinoza fut en butte à de violentes persécutions.

Split

Ville portuaire de Croatie, située sur l'Adriatique, à proximité des ruines de la cité antique, Salone (169 320 hab.). Split fut fondée en 615 sur les ruines de Salone.

Sporades

Îles grecques de la mer Égée, comprenant les Sporades du Nord et les Sporades du Sud ou Dodécanèse, proches de la Turquie.

Spoutnik

Série de dix satellites soviétiques qui furent lancés entre 1957 et 1961. Spoutnik 1 a été le premier satellite artificiel mis en orbite autour de la Terre en 1957.

Sri Lanka

19,2 millions d'habitants
Superficie : 65 610 km^2
Capitale : Colombo
Langues officielles : cinghalais, tamoul, anglais
Monnaie : la roupie de Sri Lanka

État insulaire de l'Asie méridionale, au sud-est de l'Inde. Le Sri Lanka s'appelait Ceylan jusqu'en 1972. La population, principalement rurale, se compose d'une majorité de Cinghalais, bouddhistes, et de Tamouls, hindouistes.

Géographie Le climat tropical de mousson oppose le sud-ouest de l'île, très arrosé, et couvert de forêt dense, au nord-est, plus sec, et couvert de forêts claires et de savanes.

Économie La population pratique des cultures vivrières (riz, manioc, patates douces) et des cultures d'exportation (thé, hévéa, noix de coco). Les autres ressources du pays sont l'élevage, la pêche, l'exploitation du bois et des pierres précieuses.

Histoire Jusqu'au début du XVIe siècle, l'histoire de Ceylan fut marquée par les migrations d'ethnies et leurs luttes incessantes. Elle fut ensuite colonisée tour à tour par le Portugal, les Pays-Bas puis la Grande-Bretagne, qui développa les plantations, mais se heurta à des révoltes. L'île devint, en 1972, la république démocratique de Sri Lanka.

Srinagar

Ville de l'Inde et capitale de l'État de Jammu-et-Cachemire (595 000 hab.).

Madame de Staël (née en 1766, morte en 1817)

Écrivain français. Elle était la fille du banquier Necker. Ses œuvres annoncent le romantisme : *Delphine (1802)*, *Corinne (1807)*, *De l'Allemagne (1810)*.

Staline (né en 1879, mort en 1953)

Homme politique soviétique. Joseph Vissarionovitch Djougatchvili, dit Staline, devint secrétaire général du parti ouvrier social-démocrate en 1922, et parvint à succéder à Lénine en 1924. Il était partisan de la centralisation autoritaire des pouvoirs. Il utilisa la terreur : exécutions, procès truqués, déportations massives, purges ethniques, et développa le culte de sa personnalité. La Seconde Guerre mondiale lui permit d'agrandir le territoire soviétique et de contrôler les États voisins. En 1956, sa politique fut condamnée et Khrouchtchev se livra à une *déstalinisation*.

Stalingrad

Nom donné de 1925 à 1961 à la ville de Volgograd.

Stanislas Ier Leczinsky (né en 1677, mort en 1766)

Roi de Pologne de 1704 à 1709 et de 1733 à 1736. Il abdiqua après la guerre de succession en Pologne et reçut les duchés de Lorraine et de Bar. On dit aussi **Leszczynski**.

Stanley John Rowlands (né en 1841, mort en 1904)

Journaliste et explorateur anglais. Il remonta le fleuve Congo et prit possession de sa rive gauche, au nom de l'Association africaine internationale, créée en 1876.

Steinbeck John (né en 1902, mort en 1968)
Écrivain américain. Ses œuvres les plus connues sont : *Des souris et des hommes (1937), les Raisins de la colère (1939)* et *À l'est d'Éden (1952)*. Il reçut le prix Nobel de littérature en 1962.

Stendhal (né en 1783, mort en 1842)
Écrivain français. Ses chef-d'œuvres, *le Rouge et le Noir (1830)* et *la Chartreuse de Parme (1839)*, ne rencontrèrent que peu de succès lorsqu'ils furent publiés. Stendhal fut méconnu de son vivant, mais il est aujourd'hui l'un des écrivains français les plus admirés.

Stevenson Robert Louis (né en 1850, mort en 1894)
Romancier écossais. Stevenson est connu pour ses romans *l'Île au trésor (1883)* et *Docteur Jekyll et Mister Hyde (1886)*.

Stockholm
Capitale et port de la Suède, sur la Baltique (1,5 million d'hab.). Construite sur un détroit, la ville est le premier centre industriel, commercial et culturel du pays.
Fondée vers 1250, Stockholm ne prit de l'importance qu'après l'indépendance de la Suède en 1523, dont elle devint la capitale en 1624. Les jeux Olympiques s'y déroulèrent en 1912.

Stonehenge
Site préhistorique du sud de l'Angleterre, au nord de Salisbury. Il recèle le plus important monument mégalithique des îles Britanniques, qui était vraisemblablement consacré au culte solaire.

Stradivarius (né vers 1644, mort en 1737)
Luthier italien. Il fut le plus célèbre des fabricants de violons. Il en réalisa 1 100, dont 400 ont été conservés et sont d'une valeur inestimable : ces instruments sont d'une qualité qui ne fut jamais égalée.

Strasbourg
Chef-lieu du département du Bas-Rhin et de la Région Alsace, situé sur l'Ill et près du Rhin (456 550 hab.). Son port, deuxième port fluvial de France, en a fait une ville industrielle. Strasbourg est aussi un centre culturel et une capitale européenne : elle abrite le siège du Conseil de l'Europe depuis 1949, et le Parlement européen depuis 1979.
Histoire Fondée vers 15 avant J.-C., la ville fut une cité gallo-romaine prospère, ruinée par les Barbares. Rattachée à l'Allemagne en 870, elle devint un centre de la Réforme. Elle fut rattachée soit à l'Allemagne, soit à la France entre le XVIIe et le XXe siècle et devint définitivement française en 1944.

Strauss Johann II (né en 1825, mort en 1899)
Compositeur autrichien. Il est connu et réputé pour ses valses : *le Beau Danube bleu*, la *Vie d'artiste*, la *Valse de l'Empereur*, et ses opérettes.

Strauss Richard (né en 1864, mort en 1949)
Compositeur et chef d'orchestre allemand, à l'inspiration postromantique. Il est l'auteur de poèmes symphoniques : *le Chevalier à la rose (1911), Ariane à Naxos (1912)*.

Stravinski Igor (né en 1882, mort en 1971)
Compositeur russe. Ses œuvres les plus connues sont *l'Oiseau de feu (1910), Petrouchka (1911)* et *le Sacre du printemps (1913)*.

Stroheim Eric von (né en 1885, mort en 1957)
Cinéaste et acteur américain d'origine autrichienne. Il fut l'un des grands maîtres du cinéma muet : *Folies de femmes (1921), les Rapaces (1923)*.

île **Stromboli**
Île au nord-est de la Sicile. 12,6 km^2 ; 700 hab. Elle porte le volcan Stromboli qui est toujours en activité.

Stuart
Famille écossaise connue depuis le XIIe siècle. Les Stuarts régnèrent sur l'Écosse de 1371 à 1714 et sur l'Angleterre de 1603 à 1714. Cette famille s'éteignit en 1788, à la mort de Charles-Édouard, petit-fils de Jacques II d'Angleterre.

Stuttgart
Capitale du Land de Bade-Wurtemberg en Allemagne (565 490 hab.). Stuttgart est un grand centre industriel, commercial et culturel. Son industrie touche les domaines de la construction automobile, de l'équipement électrique et de l'informatique.

Styx
Fleuve des Enfers dans la mythologie grecque. Achille y fut plongé et devint invulnérable sauf au talon par lequel sa mère le tenait.

Sucre
Capitale de la Bolivie, située à 2 800 m d'altitude, dans les Andes (490 000 hab.).

Sucre Antonio José de (né en 1795, mort en 1830)
Général sud-américain. Il fut élu président à vie de la Bolivie en 1826 et abdiqua en 1828. Élu président de la Colombie en 1830, il fut assassiné. Il a beaucoup œuvré en faveur de l'indépendance des pays d'Amérique latine.

Sudètes
Nom donné après 1919 à la population de langue allemande installée sur le pourtour de la Bohême. Le territoire des Sudètes fut annexé à l'Allemagne par Hitler en 1938. Lorsqu'il fut

restitué à la Tchécoslovaquie en 1945, la quasi-totalité de la population allemande fut expulsée. Aujourd'hui, les droits des Allemands expulsés font l'objet de négociations entre l'Allemagne et la République tchèque.

Sue Eugène (né en 1804, mort en 1857)

Auteur français. Il excellait dans l'écriture de romans-feuilletons à caractère social : *les Mystères de Paris (1842-1843).*

Suède

8,9 millions d'habitants
Superficie : 449 965 km²
Capitale : Stockholm
Langue officielle : suédois
Monnaie : la couronne suédoise

État de la péninsule scandinave, sur la Baltique.
Géographie Son relief est très accidenté et varié : profondes vallées, multitude de lacs, littoral découpé avec de nombreuses îles. Le climat est continental froid. Le sud du pays est couvert de forêts mixtes et comporte l'essentiel de la population. Ailleurs domine la forêt de conifères, ainsi que les landes et la toundra. La population est très urbanisée.
Économie L'agriculture a des rendements élevés malgré la médiocrité du sol et du climat (céréales, pomme de terre, betterave sucrière, élevage bovin intensif). L'exploitation forestière a favorisé, dès le XIXe siècle, une forte industrialisation, qu'ont accentuée les ressources hydroélectriques, nucléaires et minières (fer, cuivre, plomb). Dans l'industrie, très diversifiée, la sidérurgie et la construction navale ont reculé, tandis que les industries du bois, les constructions automobiles et aéronautiques, et les industries chimiques ont su s'imposer sur le marché mondial. Le niveau de vie est l'un des plus élevés du monde.
Histoire Au XVIe siècle, la Suède affronta ses voisins pour dominer la Baltique. Riche de ses forêts et de ses mines, elle fut, au XVIIe siècle, une grande puissance européenne. Elle devint maîtresse de la Baltique, mais commença à perdre ses acquisitions dès le XVIIIe siècle. En 1808, elle perdit la Finlande au profit de la Russie, mais prit en 1814 la Norvège au Danemark. L'économie se modernisa et un syndicalisme très actif apparut. L'union avec la Norvège fut dissoute en 1905. Le pays est régi par une monarchie constitutionnelle. La Suède ne fait pas partie de l'OTAN. Le 1er janvier 1995, elle est entrée dans l'Union européenne, mais n'a pas adopté l'euro en 1999.

Suétone (né vers 69, mort vers 126 après J.-C.)

Historien latin. Ses *Vies des douze Césars* relatent la vie des empereurs romains et accumulent les anecdotes.

canal de Suez

Canal percé à travers l'isthme de Suez, qui relie la mer Méditerranée et la mer Rouge. Long de 195 km, large de 190 m, profond de 20 m, doublé sur une longueur de 67 km, le canal permet à de puissants navires de passer d'Europe en Orient et inversement sans contourner l'Afrique.
Histoire Construit par Ferdinand de Lesseps, le canal fut inauguré en 1869. En 1875, la Grande-Bretagne devint le principal actionnaire de la Compagnie du canal (créée en 1854). En 1956, le président égyptien Nasser nationalisa le canal. Une intervention franco-britannique s'ensuivit mais elle fut stoppée sous la pression américaine et russe.

Suffren (né en 1729, mort en 1788)

Vice-amiral français. Pierre André de Suffren de Saint-Tropez ,dit le bailli de Suffren, était bailli de l'ordre de Malte. Il vainquit les Anglais en Inde (1782-1783).

Suisse

7,2 millions d'habitants
Superficie : 41 290 km²
Capitale : Berne
Langues officielles : allemand, français, italien, romanche
Monnaie : le franc suisse

État d'Europe centrale, situé entre la France, l'Allemagne, le Liechtenstein, l'Autriche et l'Italie. La Suisse compte 23 cantons. 65 % de la population parle l'allemand, 18 % le français, 10 % l'italien, 1 % le romanche. Les religions principales sont le catholicisme et le protestantisme. La Suisse est un pays neutre. Elle ne fait pas partie de l'ONU, ni de la zone euro.
Géographie Au sud et à l'est du pays se dressent les Alpes, où le Rhin, le Rhône, l'Inn et l'Aar prennent leur source. À l'ouest s'étend le Jura. Le Plateau suisse comprend les lacs Léman, de Neuchâtel, des Quatre-Cantons et le lac Constance.
Économie La Suisse a le niveau de vie le plus élevé d'Europe. Première place bancaire mondiale, elle tire également ses ressources de l'élevage bovin, de l'exploitation de ses nombreuses forêts et du tourisme. Elle est réputée pour son horlogerie et son chocolat. Son industrie est orientée vers des fabrications de précision, de luxe et de haute technicité. L'hydroélectricité est abondante.
Histoire Les tribus helvètes furent soumises par César. Le pays fut ensuite envahi par les Alamans et les Burgondes, englobé dans le royaume de Bourgogne et rattaché au Saint Empire romain germanique (1032). Il comptait 13 cantons en 1513. La « paix perpétuelle »

(1516) lia le pays à la France jusqu'en 1815. Envahi par la France en 1798, il fut transformé en République helvétique, puis redevint une Confédération (1803) sous Napoléon. Les traités de 1815 fixèrent à peu près les frontières actuelles. Choisissant la neutralité, la Suisse ne prit pas part aux deux guerres mondiales. En 1999, Ruth Dreifuss fut la première femme suisse élue présidente.
On dit aussi **Confédération suisse** ou **Confédération helvétique**.

Sukarno Achmed (né en 1901, mort en 1970)
Homme politique indonésien. Fondateur du parti nationaliste (1927), il fut emprisonné en 1929 et exilé en 1933. En 1942, les Japonais le libérèrent. Après leur départ (1945), il proclama l'indépendance et devint le premier président de la République d'Indonésie. Il lutta contre les Néerlandais jusqu'en 1949. En 1963, il se fit élire président à vie. En 1966-1967, l'armée le contraignit à remettre le pouvoir au général Suharto.
On écrit aussi **Soekarno**.

Sully (né en 1560, mort en 1641)
Homme d'État français. Maximilien de Béthune, duc de Sully, était protestant, ami et conseiller du futur Henri IV. Devenu roi, ce dernier lui confia d'importantes charges (1596). Il redressa les finances, développa l'agriculture et le commerce. Il demanda aux protestants de se soumettre à l'autorité de Louis XIII et Richelieu le fit maréchal (1634).

Sully Prudhomme (né en 1839, mort en 1907)
Poète français membre du Parnasse (mouvement littéraire du XIXe siècle). Il est l'auteur des *Solitudes (1869)* et des *Vaines Tendresses (1875)*. Il fut élu à l'Académie française en 1881 et reçut le premier prix Nobel de littérature en 1901.

Sumatra
Grande île d'Indonésie la plus à l'ouest. 473 606 km² ; 34 millions d'hab. Ses villes principales sont Medan, Palembang et Padang. La côte sud-ouest de Sumatra est bordée par des volcans. Le reste du pays est une vaste plaine. Le climat équatorial favorise les forêts denses. On y cultive le riz, le thé, le café, la canne à sucre, l'hévéa et le palmier à huile. L'île possède du charbon et surtout du pétrole. Elle est encore peu exploitée et peu peuplée.

Sumer
Ancienne région de basse Mésopotamie, en bordure du golfe Persique. La civilisation de Sumer brilla d'un vif éclat entre 3 500 et 2 000 avant J.-C. Les Sumériens développèrent des cités-États. Le sumérien, langue écrite la plus ancienne, utilisait l'écriture cunéiforme, mode d'écriture utilisant des traits en forme de clou. Les Sumériens ont transmis également des codes de lois, leur littérature et leur pensée religieuse. Spécialisés dans les monuments en briques crues, la poterie, l'art du métal et l'art des statues, leur production artistique fut prodigieuse.

Sun Yat-sen (né en 1866, mort en 1925)
Homme politique chinois. En 1894, il fonda un mouvement nationaliste qui devint en 1911 le Guomindang. Il participa au renversement de la dynastie mandchoue et à la création de la république de Chine, dont il fut le premier président en 1912. Il fut obligé de démissionner et fut remplacé par Yuan Shikai en 1913. Il fit entrer les communistes dans le Guomindang, car l'URSS le soutenait, et fut élu président de la République en 1921. À sa mort, Tchang Kaï-chek lui succéda.
On dit aussi **Sun Zhong-shan**.

lac **Supérieur**
Le plus étendu (84 131 km²) et le plus à l'ouest des Grands Lacs d'Amérique du Nord, entre le Canada et les États-Unis. Il est relié au lac Huron par la rivière Sainte-Marie. La navigation y est importante.

Supervielle Jules (né en 1884, mort en 1960)
Poète français. Il est l'auteur de recueils comme *Gravitations (1925)* et *Oublieuse Mémoire (1949)*. Il a écrit aussi des contes comme *l'Enfant de la haute mer (1931)* et des pièces de théâtre comme *la Belle au bois (1932)*.

Surabaya
Ville industrielle et principal port d'Indonésie, situés sur la côte nord de Java (2 millions d'hab.).

Surcouf Robert (né en 1773, mort en 1827)
Corsaire français, puis riche armateur. Il pourchassa les Anglais sous la Révolution et l'Empire, notamment au large des Indes.

Surinam

400 000 habitants
Superficie : 163 265 km²
Capitale : Paramaribo
Langue officielle : néerlandais
Monnaie : le florin du Surinam

État du nord de l'Amérique du Sud, sur l'Atlantique. Son ancien nom est la Guyane néerlandaise. La population est composée d'Indo-Pakistanais (32,8 %), de créoles (35,4 %),

d'Amérindiens, de Chinois et d'Européens. Les religions principales sont l'hindouisme, le protestantisme, le catholicisme et l'islam sunnite.
Géographie Le pays s'étend sur le massif cristallin des Guyanes (1 280 m), que borde une plaine côtière marécageuse. La plus grande partie du territoire est couverte d'une forêt dense équatoriale. La population occupe les côtes.
Économie Le pays vit de pêche, du bois et d'une agriculture variée (riz, canne à sucre, bananes, oranges). Le Surinam exporte de la bauxite et de l'alumine.
Histoire Colonisé au XVIIe siècle par les Anglais et les Hollandais, le pays fit partie des Pays-Bas en 1948, fut autonome en 1954 et acquit son indépendance en 1975.
On écrit aussi **Suriname**.

Suse

Ancienne ville d'Élam, fondée en bordure de la plaine mésopotamienne au Ve millénaire avant J.-C. Elle est située aujourd'hui en Iran. Détruite vers 640 avant J.-C. par Assurbanipal, Suse devint une grande cité de l'Empire perse achéménide (VIe-IVe siècles avant J.-C.). Les fouilles ont révélé des parties du palais de Darius Ier. On a trouvé de très vieilles poteries et le code d'Hammourabi, conservés au Louvre.

Swahilis

Peuple vivant en Tanzanie (2,5 millions de personnes), ainsi qu'au Kenya, en Ouganda et dans le nord du Mozambique. Les Swahilis parlent une langue bantoue, le swahili. Ils sont musulmans.
On écrit aussi **Souahélis**.

Swaziland

1 million d'habitants
Superficie : 17 363 km^2
Capitale : Mbabane
Langues officielles : anglais, swazi
Monnaie : le lilangeni

État de l'Afrique australe, situé entre l'Afrique du Sud et le Mozambique. Le Swaziland est membre du Commonwealth. La population est composée de Swazis (85 %) et de Zoulous (10 %). Les religions principales sont le christianisme (77 %) et les religions traditionnelles. Le Swaziland est un pays de hautes terres tropicales. Il est bien pourvu en eau. La population est rurale à 80 %.
Économie En plus de l'agriculture (sucre, fruits, maïs, coton), le pays tire ses ressources de ses forêts, de ses mines (amiante, charbon, diamants) et de ses industries (bois, agro-alimentaire, textile, chimie). De nombreux Swazis travaillent en Afrique du Sud.
Histoire Le royaume de Ngwan, fondé par les Swazis au début du XIXe siècle, devint un protectorat britannique en 1902. Le pays obtint son indépendance en 1968. Le roi Sobhuza II régna de 1921 jusqu'à sa mort en 1982, puis la reine fut régente. En 1986, Mswati III monta sur le trône. Les intérêts des anciens colons britanniques demeurent puissants.

Swift Jonathan (né en 1667, mort en 1745)

Écrivain irlandais. Membre du clergé anglican, il participa aux querelles littéraires et religieuses et défendit le peuple irlandais opprimé. Son chef-d'œuvre, *les Voyages de Gulliver (1726)*, violente satire de l'Angleterre et du monde civilisé, mêle le fantastique à un récit d'aventures.

Sydney

Principale ville et port d'Australie, capitale de la Nouvelle-Galles du Sud, située sur la baie de Port Jackson (3,4 millions d'hab.). Sydney est un centre administratif, financier, commercial et industriel. Son opéra, d'architecture moderne, fut achevé en 1973. À l'origine simple campement de bagnards (1788), Sydney a été la capitale de l'Australie de 1901 à 1927. Elle a accueilli les jeux Olympiques d'été en 2000.

Sylla Lucius Cornelius (né en 138, mort en 78 avant J.-C.)

Général et homme politique romain. Sylla combattit en Afrique au côté de Marius et livra Jugurtha à l'armée romaine (105). Puis, il lutta avec succès contre les Germains. Devenu consul (88), il réprima la guerre sociale. Il occupa Rome et força Marius à s'enfuir. Après avoir vaincu Mithridate (86), il rentra à Rome et écrasa les partisans de Marius. Dictateur à vie à partir de 82, il gouverna par la terreur. Il abdiqua brusquement en 79.
On écrit aussi **Sulla**.

Syracuse

Ville et port d'Italie, située sur la côte est de la Sicile (163 860 hab.). Syracuse est un port de pêche et un grand centre commercial et industriel. La ville abrite un théâtre grec (Ve siècle avant J.-C.), un amphithéâtre romain, un château et un palais. Elle fut fondée vers 734 avant J.-C., par des colons venus de Corinthe. Du VIe siècle avant J.-C. à sa prise par les Romains (213-212 avant J.-C.), elle fut la plus puissante ville de la Grande-Grèce.

Syr-Daria

Fleuve d'Asie (2 860 km). Le Syr-Daria naît dans le Tianshan, traverse la Fergana et les déserts du Kyzyl-Koum, puis se jette dans la mer d'Aral. Il sert à l'irrigation.

Syrie

16,5 millions d'habitants
Superficie : 185 180 km²
Capitale : Damas
Langue officielle : arabe
Monnaie : la livre syrienne

État du Proche-Orient, entre la Méditerranée et la vallée moyenne de l'Euphrate. La religion principale de la Syrie est l'islam sunnite.

Géographie La plaine côtière est séparée du reste du pays par le djebel Ansariyyah (1 562 m). Plus au sud, la chaîne de l'Anti-Liban, le mont Hermon (2 814 m) et le plateau du Golan dominent l'oasis de Damas. Au sud-est s'élève le djebel Druze. Le reste du pays est un vaste plateau, steppique ou désertique. L'Euphrate et l'Oronte sont les deux grands fleuves.

Économie L'agriculture repose surtout sur la culture des céréales, des arbres fruitiers et du coton. L'extraction du pétrole, l'argent perçu sur les oléoducs venant d'Irak et d'Arabie Saoudite, et l'aide soviétique et arabe ont financé des voies ferrées et l'irrigation.

Histoire La Syrie antique subit la domination de nombreux peuples. Christianisée, puis occupée par les Arabes, elle fut conquise par les croisés, ruinée par les Mongoles et annexée à l'Empire ottoman (1516). Délivrée de la Turquie (1918), elle devint un protectorat français puis obtint son indépendance en 1946. Elle participa à la guerre contre Israël en 1948. Après la guerre des Six-Jours (1967), Israël occupa le plateau du Golan. En 1970, Hafiz al-Aassad s'empara du pouvoir et devint président. À sa mort, son fils, Bachir al-Aassad, lui succéda en 2000.

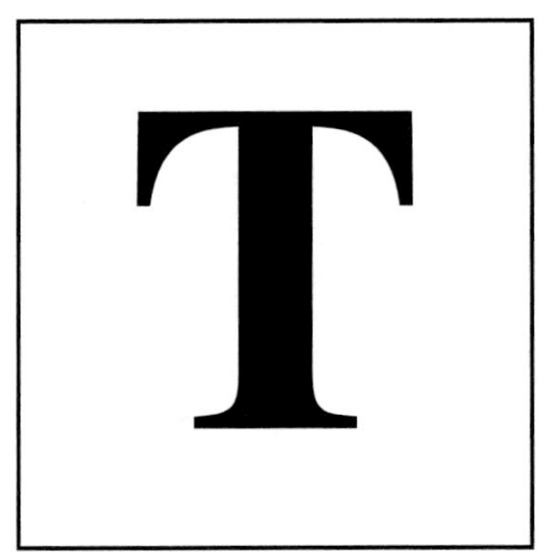

Tabarly Éric (né en 1931, mort en 1998)

Navigateur français. Tabarly remporta la Course transatlantique en solitaire en 1964 et 1976, sur ses voiliers baptisés les *Pen Duick*.

Table ronde

Table circulaire autour de laquelle le roi Arthur réunissait ses chevaliers (Lancelot, Perceval, Gauvain, etc.), afin de montrer leur égalité.

Tachkent

Capitale de l'Ouzbékistan (2,3 millions d'hab.), située à proximité de barrages sur le Syr-Daria. Tachkent est un grand centre universitaire, commercial et industriel.

Tacite (né vers 55, mort vers 120 après J.-C.)

Historien latin. Il fut préteur, consul, puis proconsul d'Asie (vers 110-113). Il est l'auteur des *Dialogue des orateurs (vers 81)*, de la *Vie d'Agricola* et de *la Germanie (vers 98)*. Il a écrit également les *Histoires (vers 106)*, qui racontent l'histoire romaine de la mort de Néron à celle de Domitien, et les *Annales (vers 115-117)*, qui vont de la mort d'Auguste à celle de Néron.

Tadjikistan

6,5 millions d'habitants
Superficie : 143 000 km²
Capitale : Douchanbe
Langue : tadjik
Monnaie : le rouble tadjik

État d'Asie centrale, situé entre le Kirghizstan, l'Ouzbékistan, l'Afghanistan et le nord-ouest de la Chine. Sa population est composée de Tadjiks (64,9 %), d'Ouzbeks (25 %) et de Russes (3,3 %). La religion principale est l'islam sunnite.

Géographie Occupé en partie par le Pamir (qui culmine à 7 495 m), le territoire est souvent à plus de 2 000 m d'altitude. Dans les régions basses, grâce à l'irrigation, on cultive le coton, le riz, les fruits, les céréales, etc. Dans les montagnes, on pratique l'élevage ovin. L'hydroélectricité abondante a permis le développement de l'industrie de l'aluminium, mais la moitié de la population vit au-dessous du seuil de pauvreté.

Histoire La région forma une république autonome au sein de l'Ouzbékistan en 1924, puis une république de l'URSS en 1929. Après de graves émeutes, le pays devint indépendant en 1991 et adhéra à la CÉI. La guerre civile embrasa le pays. En 1997 un accord de paix fragile a été signé avec l'opposition islamiste.

Tadj Mahall

Mausolée élevé aux portes d'Agra, en Inde, de 1630 à 1652, par l'empereur moghol Chah Jahan, en mémoire de son épouse Mumtaz-i-Mahall.
On écrit aussi **Taj Mahal**.

Tage

Principal fleuve de la péninsule Ibérique (1 006 km). Le Tage naît dans l'ouest de l'Espagne, dans la province de Teruel, traverse Tolède et Alcantara, puis passe au Portugal et se jette dans la baie de Lisbonne.

Tahiti

La plus importante des îles de la Société. 1 042 km² ; 116 000 hab. Sa ville principale est Papeete, qui est aussi le chef-lieu de la Polynésie française. Formée par deux volcans éteints (2 241 mètres au mont Orohena), l'île est entourée d'un récif de corail. Le climat est tropical. La population est concentrée sur la côte.

Économie L'île pratique les cultures vivrières et la pêche. Le tourisme est une ressource importante. L'aide de la France est nécessaire car le Centre d'expérimentation nucléaire du Pacifique, qui faisait vivre toute l'économie de l'île et de la Polynésie française, est fermé depuis 1997.

Histoire Tahiti fut découverte au XVIIIe siècle. Les premiers à s'y installer furent des missionnaires protestants anglais suivis par des missionnaires catholiques français. Les Français et les Britanniques se disputèrent l'île. En 1842, la France y établit son protectorat, puis l'annexa en 1880.

Taibei

Capitale de Taiwan, dans le nord de l'île (8 millions d'hab.). Taibei est un centre administratif, commercial et industriel.
On écrit aussi **Taipei** ou **T'ai-pei**.

Taiwan

22,3 millions d'habitants
Superficie : 35 961 km^2
Capitale : Taibei
Langue officielle : chinois
Monnaie : le dollar de Taiwan

Île située à 150 km au sud-est de la Chine, constituant depuis 1949, avec les îles des Pescadores et les îlots Quemoy et Mazu, l'État de Chine nationaliste, dénommé officiellement République de Chine. Les religions principales sont le bouddhisme, le taoïsme et le confucianisme.

Géographie De hautes chaînes, culminant à 3 997 m, occupent l'est de l'île. Elles s'abaissent vers l'ouest où une large plaine côtière concentre les habitants et les grandes villes. Le climat tropical, tempéré en altitude, est rythmé par la mousson. La population, très urbanisée, a doublé de 1950 à 1990.

Économie Taiwan est un des nouveaux pays industrialisés et une place financière mondiale. Elle a développé une industrie d'exportation (textiles, jouets), une industrie lourde (sidérurgie, chantiers navals, pétrochimie) et la haute technologie. L'agriculture (riz, canne à sucre) et la pêche, bien que très productives, restent insuffisantes.

Histoire Les Portugais visitèrent l'île en 1590 et la nommèrent *Formosa* (« la Belle »), les Hollandais vinrent ensuite (1624-1662). Intégrée à l'empire de Chine (1683), elle se peupla massivement de Chinois. Cédée au Japon après la guerre sino-japonaise (1894-1895), elle revint à la Chine en 1945. En 1949, Tchang Kaï-chek, vaincu, se replia sur l'île, où arrivèrent 1,8 million de réfugiés nationalistes. Avec l'appui des États-Unis, Formose devint alors le territoire de la république de Chine nationaliste. Chen Shuibian, démocrate opposé à la Chine, a été élu président en 2000.
On dit aussi **Formose**.

Taj Mahal voir *Tadj Mahall*

Talleyrand (né en 1754, mort en 1838)

Homme politique français. Charles Maurice de Talleyrand-Périgord, dit Talleyrand, joua un rôle important lors de la Révolution française. Il fut député aux états généraux puis chef du clergé constitutionnel (1790). Il abandonna l'Église et fut diplomate à Londres (1792). Menacé d'arrestation, il s'exila aux États-Unis. De retour en France, il fut ministre des Relations extérieures, mais opposé à Napoléon, il perdit son poste. Il fut ensuite ministre des Affaires étrangères, puis président du Conseil en 1815. En 1830, il contribua à l'instauration de la monarchie de Juillet.

Tallinn

Capitale de l'Estonie, port sur le golfe de Finlande (500 000 hab.). Tallin est un centre industriel. Fortifiée au XIIIe siècle, la ville conserve des églises et des maisons anciennes et abrite un palais du XVIIIe siècle.

Talmud

Recueil de droit civil et religieux juif. Le Talmud (« étude » en hébreu) fut élaboré à partir de la tradition orale juive. Il comprend deux parties : la Mishna, étude des principes religieux, et la Gemara, un commentaire de la Mishna. Il existe deux versions du Talmud : le Talmud de Jérusalem (début du IIIe siècle) et le Talmud de Babylone (IVe-VIe siècles).

Tamil Nadu

État de l'Inde méridionale, situé sur la côte de Coromandel. 130 357 km^2 ; 55,6 millions d'hab. Sa capitale est Madras. La population parle le tamoul. La plaine côtière laisse la place à des collines puis à un relief montagneux. Le climat tropical devient aride dans le centre. L'irrigation a permis le développement des cultures. Le sous-sol est riche, mais l'industrialisation reste faible.
On dit aussi **Tamilnad**.

Tamise

Fleuve de Grande-Bretagne (336 km). La Tamise arrose Oxford, Richmond et Londres, et se jette dans la mer du Nord par un large estuaire. Le trafic maritime y est intense. Sa vallée est très industrialisée.

Tamouls

Peuple du sud-est de l'Inde et du Sri Lanka, parlant le tamoul. Les Tamouls sont hindouistes et s'opposent aux bouddhistes, qui sont majoritaires au Sri Lanka.
On dit aussi **Tamils**.

Tananarive voir *Antananarivo*

lac Tanganyika

Grand lac de l'est de l'Afrique (31 900 km^2), long de 650 km et large de 30 à 50 km. Situé à 782 m d'altitude, il a une profondeur maximale de 1 435 m. Son eau s'évacue par la rivière Lukuga, affluent du Congo. Il est navigable et permet un trafic important entre les pays riverains.

Tanganyika voir *Tanzanie*

Tanger
Ville du Maroc, sur le détroit de Gibraltar (266 350 hab.). Tanger est l'un des principaux ports du pays. Le tourisme est très développé.
Histoire Tanger fut un comptoir phénicien puis carthaginois. La ville fut portugaise de 1471 à 1662. Déclarée zone internationale en 1923, Tanger revint au Maroc en 1956.

Tantale
Dans la mythologie grecque, roi de Lydie qui égorgea son fils Pélops et le servit aux dieux dans un festin. Il fut condamné dans les Enfers à subir la faim et la soif en étant tenté par de la nourriture mais ne pouvant jamais s'en nourrir.
▪ Supplice de **Tantale** : situation douloureuse de quelqu'un proche de l'objet de ses désirs mais qui ne peut l'atteindre.

Tanzanie
29,5 millions d'habitants
Superficie : 945 090 km^2
Capitale : Dodoma
Langues officielles : anglais, swahili
Monnaie : le shilling tanzanien

État de l'Afrique orientale, sur l'océan Indien, membre du Commonwealth. La ville principale est Dar es-Salaam, l'ancienne capitale. La population est composée de 120 ethnies. Les religions sont les religions traditionnelles, le christianisme et l'islam.
Géographie Le centre du pays est formé par un vaste plateau (1 200 m d'altitude) où coulent de nombreux cours d'eau qui se jettent dans les lacs Malawi, Tanganyika et Victoria. La région côtière est plate et se prolonge par les îles de Zanzibar et de Pemba. Au nord se dressent de puissants volcans, notamment le Kilimandjaro (5 895 m), le Meru et le Ngorongoro. Le climat tropical d'alizés est varié. La faune est abondante dans les nombreuses forêts claires et savanes.
Économie L'agriculture repose sur le manioc, le maïs, le riz, le sorgho et l'élevage. Le café et le coton représentent la moitié des exportations du pays. La pêche se développe, ainsi que le tourisme. L'industrie est modeste et les richesses minières sont peu exploitées.
Histoire Zanzibar devint un protectorat britannique à la fin du XIXe siècle. Le territoire sur le continent fut intégré à l'Afrique-Orientale allemande de 1891 à 1919. En 1920, la Grande-Bretagne obtint le mandat sur ce territoire qui fut nommé Tanganyika. Il devint indépendant en 1961 et l'union du Tanganyika et de Zanzibar, réalisée en 1964, forma la Tanzanie.

Tarbes
Chef-lieu du département des Hautes-Pyrénées, situé sur les bords de l'Adour (46 275 hab.). Tarbes est l'ancienne capitale de la Bigorre. On y pratique l'élevage de chevaux de race tarbaise. L'industrialisation est récente. La ville possède un aéroport international. Sa cathédrale date des XIIIe-XVIIIe siècles.

Tarn
Département français (81), situé en Région Midi-Pyrénées. 5 751 km^2 ; 343 402 hab. ; chef-lieu : Albi.

Tarn-et-Garonne
Département français (82), situé en Région Midi-Pyrénées. 3 716 km^2 ; 206 034 hab. ; chef-lieu : Montauban.

Tarquin l'Ancien (mort vers 579 avant J.-C.)
Le cinquième roi de Rome selon la tradition. D'origine étrusque (ou grecque), il créa à Rome la *Cloaca maxima* (« le grand égout »).

Tarquin le Superbe (né vers 534, mort vers 509 avant J.-C.)
Le septième et dernier roi de Rome. Successeur de Servius Tullius, son beau-père, il eut un règne glorieux, mais les nobles romains soulevèrent le peuple après le viol de Lucrèce par son fils, l'exilèrent et fondèrent la république.

Tarzan
Héros du roman de Edgar Rice Burroughs *Tarzan, seigneur de la jungle (1914)*. Harold Foster en fit le héros d'une bande dessinée et l'acteur Johnny Weissmuller incarna Tarzan dans de nombreux films.

Tasmanie
État d'Australie, formé par une île située au sud du détroit de Bass. 67 800 km^2 ; 450 000 hab. Sa capitale est Hobart.
Géographie L'île correspond à un massif ancien, très raviné (1 618 mètres au mont Ossa). Le climat tempéré permet l'élevage (bovins et ovins) et la culture des fruits. Le sous-sol est très riche (zinc, plomb, tungstène, cuivre) et l'hydroélectricité abondante.
Histoire Découverte en 1642 par Abel Tasman, l'île fut colonisée au XIXe siècle par les Britanniques et servit de colonie pénitentiaire. Les Mélanésiens qui l'habitaient furent massacrés. La Tasmanie entra dans le Commonwealth australien en 1901.

Tbilissi
Capitale de la Géorgie (11,5 millions d'hab. dans l'agglomération). Tbilissi est un grand centre universitaire et industriel. La cathédrale de Sion (VIe siècle) est un de ses plus beaux édifices.

Tchad

8 millions d'habitants
Superficie : 1 284 000 km^2
Capitale : N'Djamena
Langues officielles : français et arabe
Monnaie : le franc CFA

État de l'Afrique centrale. Le Tchad compte une centaine d'ethnies. Les nomades sahariens et les pasteurs sahéliens sont musulmans. Les populations des bassins du Chari et du Logone pratiquent les religions traditionnelles ou le christianisme.

GÉOGRAPHIE Le Tchad est une vaste cuvette dont la zone la plus basse est occupée par le lac Tchad. Au nord, on trouve le massif du Tibesti et à l'est l'Ennedi et le Ouaddaï. Le nord appartient au désert du Sahara.

ÉCONOMIE Le Tchad est l'un des pays les plus pauvres d'Afrique. L'économie a été ruinée par la guerre civile. L'agriculture (manioc, mil, sorgho, igname, arachide) et l'élevage ne couvrent pas les besoins alimentaires. La culture du coton est importante. L'industrie est très peu développée.

HISTOIRE Protectorat français après 1900, colonie en 1922, le Tchad obtint son indépendance en 1960. À partir de 1979, la guerre civile opposa Goukouni Oueddeï et Hissène Habré, les deux leaders nordistes. Hissène Habré s'installa en vainqueur à N'Djamena et Goukouni Oueddeï fit alliance avec la Libye, qui occupa le nord du pays. Malgré sa victoire militaire sur les Libyens, Hissène Habré ne put réaliser l'unité politique du pays.

lac Tchad

Vaste lac de l'Afrique centrale, partagé entre le Nigeria, le Niger, le Cameroun et le Tchad. Sa superficie varie de 10 000 à 25 000 km^2, suivant le niveau des eaux. Il est peu profond et très poissonneux. Des polders ont été créés sur ses rives, où l'on cultive du blé et du maïs.

Tchaïkovski Piotr Ilitch (né en 1840, mort en 1893)

Compositeur russe. Ses œuvres nombreuses sont caractérisées par un élan lyrique. Il a composé des symphonies, des concertos pour piano et pour violon, des opéras comme *Eugène Onéguine (1878)* et *la Dame de pique (1890)*, ainsi que les célèbres ballets *le Lac des cygnes (1876)* et *Casse-Noisette (1892)*.

Tchang Kaï-chek (né en 1887, mort en 1975)

Généralissime et homme politique chinois. Il rejoignit le parti de Sun Yat-sen en 1911. À la mort de celui-ci, il dirigea l'armée du Guomindang et réprima durement le soulèvement communiste de Canton (1927). Établissant un gouvernement nationaliste à Nankin, il reconquit le nord de la Chine. Élu président de la République en 1928, il s'attaqua aux communistes, qui entreprirent la « Longue Marche », mais, en 1937, il accepta l'aide de Mao Zedong pour lutter contre le Japon. L'alliance fut rompue après la victoire (1945). Vaincu plusieurs fois par les communistes, Tchang Kaï-chek dut se replier en 1949 à Taiwan, où il présida avec autorité la république de Chine nationaliste.
On écrit aussi **Chang Kaï-chek**.
On dit aussi **Jiang Jieshi**.

Tchécoslovaquie

Ancien État fédéral de l'Europe centrale, situé entre l'Allemagne, la Pologne, l'Ukraine, la Hongrie et l'Autriche, et constitué par les États tchèque et slovaque. Elle avait une superficie de 127 877 km^2 et comptait 15,6 millions d'hab. Sa capitale était Prague.

HISTOIRE La république de Tchécoslovaquie, réunissant Tchèques et Slovaques, fut créée en 1918. Hitler annexa les Sudètes en 1938 et prit le contrôle du reste du pays en mars 1939. La Hongrie annexa la Ruthénie. Le pays fut libéré par les Soviétiques (1944-1945) et devint une démocratie populaire, puis une république socialiste (1960). Le « printemps de Prague » (1969) prit fin avec l'invasion du pays par les troupes du pacte de Varsovie. Václav Havel, chef de l'opposition démocratique, devint président en 1989. En 1993, la Slovaquie devint une république indépendante. La Bohême et la Moravie restèrent unies dans la République tchèque.

Tchekhov Anton Pavlovitch (né en 1860, mort en 1904)

Écrivain russe. Une tristesse poignante se dégage de ses nombreuses nouvelles, dont *la Dame au petit chien*, et de ses pièces de théâtre *Ivanov (1887)*, *la Mouette (1896)*, *Oncle Vania (1897)*, *les Trois Sœurs (1901)* et *la Cerisaie (1904)*.

tchèque (République) voir ***République tchèque***

Tchernobyl

Ville d'Ukraine, située sur les bords du Pripiat. L'explosion d'un des 4 réacteurs de la centrale nucléaire de Tchernobyl, le 26 avril 1986, a contaminé le site et les régions environnantes. La centrale a été arrêtée définitivement en 2000.
On écrit aussi **Tchornobyl**.

Tchétchénie

République de la Fédération de Russie, située dans le nord du Caucase et sur la mer Caspienne. Environ 12 500 km^2 ; 1 million d' hab. Sa capitale est Groznyï. La Tchétchénie possède d'importantes ressources pétrolières.

HISTOIRE Ce territoire formait la partie principale de la Tchétchéno-Ingouchie. En 1991, la Tchétchénie proclama son indépendance et élut un Parlement et un président. Les Ingouches ne participèrent pas au scrutin, que Moscou jugea illégal. Aussitôt, les Ingouches formèrent, au sein de la Russie, la république d'Ingouchie. En 1994, l'armée russe fit le siège de la capitale, qui tomba en février 1995. Après un accord de paix, la Russie rouvrit brutalement les hostilités en 1999. En janvier 2000, Groznyï fut pris, mais la résistance se poursuit.

Tegucigalpa

Capitale du Honduras, à 1 000 mètres d'altitude (760 000 hab.). Tegucigalpa est le principal centre commercial et industriel du pays.

Téhéran

Capitale de l'Iran, située sur le flanc sud de l'Elbourz, à 1 150 mètres d'altitude (7,7 millions d'hab.). Téhéran est un grand centre de commerce. Les industries sont récentes. La ville abrite le palais de Golestan, la mosquée Sépahasalar et un musée archéologique.

Capitale de la Perse à partir de 1788, Téhéran se développa sous le règne de Riza Pahlavi, chah d'Iran de 1925 à 1941. En 1943, elle accueillit une conférence, dite *conférence de Téhéran,* qui réunit pour la première fois Churchill, Roosevelt et Staline.

Teilhard de Chardin Pierre (né en 1881, mort en 1955)

Jésuite, philosophe et paléontologue français. Il chercha un accord possible entre la science moderne et la religion chrétienne, en ce qui concerne l'évolution de l'Homme. L'Église catholique lui reprocha ses idées et ne l'autorisa pas à publier certains livres, qui parurent après sa mort : *le Phénomène humain (1955), l'Apparition de l'homme (1956), le Milieu divin (1957).*

Tel-Aviv

Grande ville et principal centre économique d'Israël, située sur la Méditerranée (1,8 million d'hab. dans l'agglomération de Tel-Aviv-Jaffa). La ville fut fondée en 1909. Elle possède des universités, un musée des beaux-arts et un opéra.

Télémaque

Dans la mythologie grecque, fils d'Ulysse et de Pénélope. Athéna, sous les traits de Mentor, le guida lorsqu'il partit chercher son père.

Templiers

Ordre religieux et militaire créé en 1119 pour protéger les pèlerins en Terre sainte. Le grand maître dirigeait, depuis Jérusalem, les commandeurs de l'Orient latin et d'Occident. Lors de la chute de l'Orient latin, les Templiers se replièrent en Europe. Leur richesse fit d'eux les trésoriers du roi de France et du pape. En 1307, Philippe le Bel, accusant l'ordre de corruption et voulant s'en approprier les richesses, ordonna l'arrestation de 138 templiers. Le pape Clément V prononça la dissolution de l'ordre en 1312. Le grand maître Jacques de Molay et plusieurs de ses compagnons furent condamnés et brûlés sur le bûcher en 1314.

Teng Siao-p'ing voir *Deng Xiaoping*

Tenochtitlán

Capitale des Aztèques, située sur le site actuel de Mexico. Elle fut fondée en 1325 et prise par le conquistador espagnol Cortès en 1521.

Teotihuacán

Ville précolombienne du Mexique, au nord-est de Mexico. Elle fut le centre d'une importante civilisation du Mexique central, dite *civilisation de Teotihuacán*, qui connut son apogée entre 300 et 650 après J.-C. Parmi ses principaux monuments figurent les pyramides de la Lune et du Soleil et le temple de Quetzalcoatl.

Térence (né vers 190, mort en 159 avant J.-C.)

Poète comique latin. Térence était l'esclave du sénateur Terentius Lucanus, qui l'éduqua et l'affranchit. Six de ses comédies nous sont parvenues, notamment *l'Eunuque*, *Phormion* (dont Molière s'inspira dans *les Fourberies de Scapin*) et *les Adelphes* (imitée par Molière dans *l'École des maris*).

Mère Teresa (née en 1910, morte en 1997)

Religieuse indienne. Mère Teresa, de son vrai nom Agnes Gonxha Bajaxhiu, fonda la Congrégation des missionnaires de la Charité en 1950. Elle voua sa vie aux pauvres de la ville de Calcutta et créa dans le monde de nombreuses institutions destinées à aider les plus démunis. Elle reçut le prix Nobel de la paix en 1979.

Terre de Feu

Archipel séparé du sud-est de l'Amérique du Sud par le détroit de Magellan (21 263 km^2 ; 50 000 hab.). L'archipel est formé d'une grande île montagneuse et forestière et de nombreuses petites îles. La partie ouest appartient au Chili, la partie est, à l'Argentine. Le climat est froid et humide. Découverte par Magellan en 1520, la Terre de Feu ne fut colonisée qu'au XIXe siècle.

Terre-Neuve

Province de l'est du Canada, comprenant l'île de Terre-Neuve (112 300 km^2) et le nord-est du Labrador (404 517 km^2 ; 568 470 hab.). Sa capitale est Saint-Jean.

GÉOGRAPHIE La population se concentre sur la côte nord. Le climat est rude, à cause du courant glacial du Labrador. La végétation est très pauvre (toundra, tourbières), mais les zones forestières sont exploitées. La pêche est très importante. On commence à exploiter le fer et l'hydroélectricité de la presqu'île du Labrador.

A B C D E F G H I J K L M N O P Q R S T U V W X Y Z

Histoire Les pêcheurs français et anglais furent attirés dès le XVIe siècle par cette île. Elle devint anglaise par le traité d'Utrecht (1713). La France garda le monopole de la pêche sur la côte nord jusqu'en 1904. Terre-Neuve devint après référendum la dixième province du Canada en 1949.

la Terreur

Période de la Révolution française allant de septembre 1793 à juillet 1794. Pour combattre les ennemis intérieurs et extérieurs de la nation, le gouvernement révolutionnaire, représenté par le Comité de salut public qui obéissait à Robespierre, créa une dictature policière. Le Tribunal révolutionnaire prononça de nombreuses condamnations à mort. La Terreur s'accentua (Grande Terreur) après le 10 juin 1794 et prit fin à la chute de Robespierre, le 9 Thermidor (27 juillet 1794).
La *Terreur blanche* désigne les violences que les royalistes commirent dans le sud-est de la France, en mai 1795, et dans le midi de la France, en 1815, au début de la Restauration.

Tessin

Rivière de Suisse et d'Italie (248 km), affluent du Pô. Le Tessin naît dans les Alpes, traverse le lac Majeur et passe dans Pavie.
Lors de la bataille du Tessin, en 218 avant J.-C., Hannibal battit les Romains, commandés par Publius Cornelius Scipio.

ordre Teutonique

Ordre hospitalier et militaire, créé en 1198 en Terre sainte par des croisés allemands. L'ordre Teutonique fut influent en Méditerranée et, surtout, en Europe du Nord. Il fut supprimé par Napoléon Ier en 1809. Il se reforma en Autriche en 1840.

Teutons

Ancien peuple germanique. Les Teutons se répandirent, depuis la Baltique, en Bavière et en Gaule. Ils furent exterminés par Marius près d'Aix-en-Provence en 102 avant J.-C.

Texas

Le plus vaste État des États-Unis après l'Alaska, sur le golfe du Mexique. 692 402 km^2 ; 16 987 000 hab. Sa capitale est Austin.
Géographie Une large plaine est dominée par un plateau qui, à l'extrême ouest, rejoint les Rocheuses. Le climat est subtropical au sud et à l'est, continental au centre, et désertique à l'ouest.
Économie La production de coton et de céréales est importante, ainsi que l'élevage bovin et ovin. Mais la grande richesse de l'État provient des hydrocarbures et de l'industrie, très diversifiée, située notamment à Houston et Dallas.
Histoire Explorée au XVIe siècle et colonisée au XVIIe siècle par les Espagnols, la région forma un État du Mexique (1821), puis une république indépendante (1836). En 1845, les États-Unis l'annexèrent puis vainquirent le Mexique (1846-1848).

Thaïlande

62 millions d'habitants
Superficie : 514 000 km^2
Capitale : Bangkok
Langue officielle : thaï
Monnaie : le baht

État du Sud-Est asiatique, entre la Birmanie, le Laos et le Cambodge. La population du royaume de Thaïlande est composée de Thaïs (74,9 %) et de nombreuses minorités (Chinois, Malais, Khmers, Karens, Méos). La religion officielle est le bouddhisme.
Géographie La population est regroupée dans la plaine centrale, où coule le Ménam. Cette plaine est encadrée de montagnes au nord et à l'ouest et dominée à l'est, jusqu'au Mékong, par un vaste plateau. Le climat tropical de mousson favorise la forêt dense du sud et à l'ouest et la forêt claire au centre et à l'est.
Économie L'agriculture repose sur le riz, le sucre et les fruits. Le pays exploite le caoutchouc et le bois. L'industrie agroalimentaire est forte. Le pays tire également ses ressources de la pêche, de ses industries d'exportation (vêtements, chaussures, jouets, semi-conducteurs), des mines d'étain, du pétrole, du gaz naturel et des pierres précieuses. Le tourisme est important.
Histoire Originaires de Chine du Sud, les Thaïs créèrent le royaume de Siam (XIVe siècle). Occupé par la Birmanie, le pays recouvra son indépendance en 1782. L'armée prit le pouvoir en 1938, donna au royaume le nom de Thaïlande et s'allia au Japon pendant la Seconde Guerre mondiale. Après la guerre, le pays fut sous l'influence des États-Unis. Il connut plusieurs coups d'État militaires.

Thalès (né fin VIIe siècle, mort début VIe siècle avant J.-C.)

Mathématicien et philosophe grec de l'école ionienne, l'un des Sept Sages de la Grèce. Il fut le premier à donner une explication rationnelle, et non mythologique, de l'Univers, en faisant de l'eau l'élément premier.
■ Théorème de **Thalès** : théorème de géométrie qui établit que « Toute parallèle à l'un des côtés d'un triangle divise les deux autres côtés en segments proportionnels ».

① Thèbes

Ville de l'ancienne Égypte, sur le Nil, à 700 km au sud du Caire. Sa fondation est très ancienne. La cité de Thèbes réunifia l'Égypte vers 2060 avant J.-C. et lui imposa le culte d'Amon. Elle fut la capitale des souverains du Moyen et du Nouvel Empire (1580-1085 avant J.-C.). Cette époque fut glorieuse et marquée par la construction des temples d'Amon à Karnak et à Louxor, et par celle des tombes des pharaons dans la Vallée des Rois. À partir de la XIXe dynastie, la cité commença à décliner et l'invasion assyrienne (vers 663 avant J.-C.) acheva sa ruine.

② Thèbes

Ville de Grèce, l'une des principales cités de Béotie (18 710 hab.). Elle fut détruite par des tremblements de terre et reconstruite sur un plan en damier. Elle abrite un musée archéologique.

HISTOIRE Thèbes devint, entre le XVIe et le XIVe siècle avant J.-C., le siège d'un royaume mycénien où naquit la légende d'Œdipe. Elle fut la cité la plus importante de Béotie. Vaincue par les Athéniens (479), elle s'allia à Sparte lors de la première guerre du Péloponnèse (431-421), puis s'allia à Argos, Corinthe et Athènes contre Sparte (395-386). Le régime que Sparte, victorieuse, lui imposa fut renversé par Pélopidas et par Épaminondas (371). Après la mort d'Épaminondas, Thèbes déclina. Philippe de Macédoine la prit. Elle se révolta contre Alexandre, qui la fit raser (336), se releva sous Cassandre (316), et fut détruite par les Romains (146 avant J.-C.).

Thémistocle (né vers 524, mort vers 459 avant J.-C.)

Homme d'État et général athénien. Stratège en 480 avant J.-C., il décida ses compatriotes à construire une flotte de 200 vaisseaux et vainquit les Perses à Salamine (480). Il fit construire à Athènes une nouvelle enceinte et fortifia le port du Pirée. Il se rendit impopulaire par son goût du luxe et, vers 472-471, il fut banni d'Athènes.

Théodora (née vers 500, morte en 548)

Impératrice d'Orient (527-548), épouse de l'empereur Justinien Ier. Elle suggéra de nombreuses mesures politiques et religieuses à son époux.

Théodoric le Grand (né vers 454, mort en 526)

Roi des Ostrogoths (493-526). À la mort de son père, le roi Théodomir (vers 474), Théodoric le Grand devint le chef du peuple ostrogoth. Il vainquit Odoacre à Ravenne. Roi, il domina l'Italie, la Dalmatie, la Pannonie, le Norique et la Rhétie. Il lutta contre les Francs et les Burgondes. Il embellit Ravenne, sa capitale. Il persécuta les catholiques à partir de 524.

Théodose Ier le Grand (né vers 347, mort en 395)

Empereur romain (379-395). Proclamé auguste par Gratien (379), il régna sur l'Orient. Il fit du christianisme la religion officielle de l'Empire. Il reconnut d'abord l'usurpateur Maxime, qui avait renversé Gratien (383), puis le vainquit et le fit mettre à mort. Il écrasa également l'usurpateur Eugène. Il partagea l'Empire entre ses deux fils : Honorius reçut l'Occident et Arcadius l'Orient.

sainte Thérèse d'Avila (née en 1515, morte en 1582)

Religieuse et mystique espagnole. Elle entra en 1536 au couvent de l'Incarnation d'Avila et réforma l'ordre du Carmel avec Jean de la Croix. Elle écrivit *le Livre de la vie*, *le Chemin de la perfection*, *le Livre des fondations* et *le Château intérieur*. Elle fut la première femme proclamée docteur de l'Église.

journées des 9 et 10 Thermidor an II

Journées décisives de la Révolution française (27 et 28 juillet 1794) qui virent la chute de Robespierre et de ses partisans. Le parti révolutionnaire s'était affaibli. Il avait été soumis à des purges successives et avait perdu le soutien des sans-culottes. Malgré l'insurrection de la Commune de Paris, les partisans de Robespierre ne purent être sauvés. Vingt-deux d'entre eux, dont Robespierre et Saint-Just, furent guillotinés au soir du 10 thermidor et d'autres partisans durant les jours suivants.

les Thermopyles

Défilé de la Grèce, situé en Phtiotide (Thessalie), sur la côte sud du golfe de Lamía. En 480 avant J.-C., Léonidas Ier, roi de Sparte, et ses 300 Spartiates y opposèrent une défense héroïque à l'armée perse de Xerxès Ier qui les extermina.

Thésée

Dans la mythologie grecque, roi d'Athènes. Fils d'Égée ou de Poséidon, Thésée fut élevé par sa mère, Æthra. À l'âge de seize ans, il tua le brigand Procuste et se rendit à Athènes. Là, il s'opposa à Médée, la nouvelle épouse d'Égée, et la bannit. Il se rendit en Crète où il tua le Minotaure avec l'aide d'Ariane. Devenu roi d'Athènes, il enleva l'Amazone Antiope qui lui donna un fils, Hippolyte. Il la chassa pour épouser Phèdre. Il fut écarté du pouvoir et se retira dans l'île de Skyros. Le roi de cette île, Lycomédès, le fit assassiner.

Thessalie

Région de la Grèce centrale et de l'Union européenne, située sur la mer Égée, entre l'Olympe et la chaîne du Pinde. 14 037 km^2 ; 731 200 hab. Sa capitale est Larissa.

Thessalonique

Grande ville et port de Grèce, en Macédoine, sur la mer Égée (377 950 hab.). Thessalonique est la 2e ville du pays et possède un port actif doté d'industries modernes. Elle abrite de nombreux monuments romains et byzantins.

HISTOIRE Fondée en 316 avant J.-C., elle fut la capitale d'un royaume latin (1204-1224), soumise au despotat d'Épire puis reprise par Byzance (1246) et occupée par les Turcs de 1430 à 1913. On dit aussi **Salonique**.

A B C D E F G H I J K L M N O P Q R S U V W X Y Z

Thiers Adolphe (né en 1797, mort en 1877)
Homme politique, journaliste et historien français. Il fut ministre de l'Intérieur de 1832 à 1834 et chef du gouvernement de 1836 à 1840. Revenu à la vie politique en février 1848, il ne put sauver la monarchie. Chef de l'exécutif en février 1871, il dirigea la répression de la Commune lors de la « semaine sanglante ». Il devint président de la République en août 1871. Il dut démissionner en 1873.

saint **Thomas**
L'un des douze apôtres, appelé aussi *Didyme* (« jumeau » en grec). Il ne crut à la résurrection de Jésus qu'après avoir touché ses plaies. Il aurait prêché en Perse et en Inde.

saint **Thomas Becket** (né en 1117 ou 1118, mort en 1170)
Haut dignitaire religieux et homme politique anglais. Il fut chancelier d'Angleterre (1155), puis archevêque de Canterbury (1162). Il s'opposa à la soumission de l'Église par Henri II, qui le fit assassiner.

saint **Thomas d'Aquin** (né en 1225, mort en 1274)
Théologien et philosophe italien. Thomas d'Aquin entra dans l'ordre de Saint-Dominique. Disciple d'Albert le Grand, il enseigna à Paris, à Rome, à Viterbe et à Naples. Ses œuvres les plus importantes sont la *Somme théologique* et la *Somme contre les gentils*. Sa pensée, appelée le thomisme, a eu une forte influence jusqu'à nos jours.

saint **Thomas More** (né en 1478, mort en 1535)
Homme d'État et humaniste anglais. Il fut nommé Chancelier du royaume en 1529. Il abandonna cette charge en 1532, car il désapprouvait la rupture d'Henri VIII avec le pape. Il fut emprisonné, condamné à mort et décapité. Son œuvre la plus célèbre est un roman politique et social en latin, *Utopie (1515-1516)*.

Thrace
Région d'Europe, située entre la mer Noire et la mer Égée. La Thrace occidentale est rattachée à la Grèce (14 157 km^2 ; 577 000 hab.) et a pour capitale Komotini. La Thrace orientale forme la Turquie d'Europe (23 764 km^2 ; 5,1 millions d'hab.) et a pour ville principale Istanbul. La Thrace septentrionale est située dans le sud de la Bulgarie.
Histoire La Thrace fut colonisée par les Grecs, soumise par les Perses, contrôlée par les Athéniens et devint macédonienne (IVe siècle avant J.-C.). Les Romains en firent une province. Au IVe siècle après J.-C., elle fut envahie par les Barbares. Les Slaves s'y installèrent au VIIe siècle. Conquise par les Ottomans (XIVe siècle), elle forma la province de Roumélie. Le nord fut annexé par la Bulgarie en 1885. Le nom de Thrace désigna alors seulement la partie sud, qui fut conquise par les Bulgares (1912-1913), puis partagée entre la Turquie et la Grèce (1919-1923).

Thucydide (né vers 460, mort après 395 avant J.-C.)
Historien grec. Élu stratège en 424 avant J.-C., il commanda la flotte de Thrace. Après la prise d'Amphipolis par les Spartiates, il dut s'exiler jusqu'en 404. Il commença alors l'écriture de l'*Histoire de la guerre du Péloponnèse*. Il n'eut pas recours à la mythologie, mais eut le souci d'être objectif et de raconter les faits réels. Il est considéré comme un des premiers grands historiens.

Thulé
Nom donné par les Anciens aux terres connues à l'époque, situées les plus au nord. Il s'agissait peut-être de l'Islande, de l'une des îles Shetland ou des îles Féroé.

Thurgovie
Canton de Suisse, sur le lac de Constance. 1 013 km^2 ; 208 900 hab. Son chef-lieu est Frauenfeld. Dans ses larges vallées sont concentrées l'arboriculture et les industries. Le territoire fut administré par la Confédération suisse de 1460 à 1798 et entra dans cette Confédération en 1803.

Thuringe
Land d'Allemagne et Région de l'Union européenne. 16 251 km^2 ; 2,7 millions d'hab. Sa capitale est Erfurt. La Thuringe est formée du bassin de Thuringe, riche en sel et en potasse, et d'un massif, le Thüringerwald. C'est une région industrialisée. Elle compte des villes anciennes telles que Weimar, Iéna, Erfurt.
Histoire La région fut intégrée au royaume de Germanie en 840 puis appartint aux ducs de Saxe (IXe siècle). Par la suite, elle fut morcelée en principautés, puis fut regroupée en un seul Land en 1920.

Tianjin
Grande ville du nord de la Chine, sur le fleuve Haihe, dans la province du Hebei (5,7 millions d'hab.). Tianjin est un port important et un grand centre industriel.
On dit aussi **T'ien-tsin**.

Tibère (né vers 42 avant J.-C., mort en 37 après J.-C.)
Empereur romain (14-37 après J.-C.). Tibère était le fils de Tiberius Claudius Nero et de Livie. Il fut adopté par son beau-père Auguste et lui succéda. Il renforça les institutions d'Auguste, maintint les frontières et réorganisa les finances. Il quitta Rome pour Capri (27). De là, il continua d'exercer le pouvoir avec dureté.

Tibet

Région autonome du sud-ouest de la Chine (1 221 600 km^2 ; 2,3 millions d'hab.). Son chef-lieu est Lhassa.

Géographie La majeure partie du Tibet dépasse 3 500 m d'altitude. Souvent appelé le « toit du monde », le pays est parcouru par les chaînes du Kunlun au nord et du Transhimalaya au sud (plus de 6 000 m), et est entrecoupé de plateaux désertiques. Le climat est très froid et sec, sauf dans le sud où la population se concentre. La région vit de l'agriculture (céréales, légumes), de l'élevage (moutons, chèvres, yacks) et de l'artisanat (textiles, cuir).

Histoire Le royaume du Tibet apparut au VIIe siècle. Les bouddhistes indiens y exercèrent une forte influence. Au XVe siècle se forma un pouvoir religieux avec deux chefs spirituels : le dalaï-lama et le panchen-lama. Au XVIIIe siècle, la Chine imposa son protectorat. La Chine populaire fit entrer ses troupes au Tibet en 1950. En 1959, une révolte éclata, et le dalaï-lama, Tenzin Gyatso, se réfugia en Inde. La Chine réprima durement des émeutes de 1987 à 1989. Tenzin Gyatso reçut le prix Nobel de la paix en 1989. Depuis, il parcourt le monde pour faire entendre le désir d'indépendance des Tibétains.

Tibre

Fleuve d'Italie (396 km). Le Tibre naît au mont Fumaiolo, dans l'Apennin, traverse la Toscane, l'Ombrie, le Latium, passe dans Rome et se jette dans la mer Tyrrhénienne, près d'Ostie.

Tigre

Fleuve de Mésopotamie (1 950 km). Le Tigre naît dans l'est de la Turquie, passe en Irak, traverse Mossoul et Bagdad, puis rejoint l'Euphrate pour former le fleuve Chatt al-Arab. Son cours très irrégulier a été assagi par des barrages.

Timor

Île indonésienne (30 800 km^2 ; 1,6 million d'hab.), située à l'extrémité est de l'archipel de la Sonde. Le Timor est séparé de l'Australie par la mer de Timor. Les villes principales sont Kupang et Dili. L'île est montagneuse et le climat tropical. L'économie repose sur l'agriculture (café, coprah, riz).

Histoire L'île fut colonisée dès le XVIe siècle et partagée en deux dans la seconde moitié du XIXe siècle. Les Pays-Bas obtinrent l'ouest et le Portugal l'est. Après 1945, l'Indonésie prit la partie ouest et conquit de façon sanguinaire le Timor oriental, l'annexa en 1976 et en fit une province. Guérilla et répression se succédèrent. Les indépendantistes du Timor oriental remportèrent le référendum de 1999 mais des milices soutenues par l'Indonésie organisèrent des massacres. L'ONU intervint.

Tintin

Héros de bandes dessinées créé en 1929 par Hergé. Jeune reporter, il parcourt le monde avec son chien Milou, le capitaine Haddock, le professeur Tournesol et les policiers Dupont et Dupond.

le Tintoret (né en 1518, mort en 1594)

Peintre vénitien. De 1562 à 1566, il exécuta trois grandes toiles pour la confrérie de San Marco. De 1564 à 1587, il réalisa à Venise un cycle comprenant notamment *la Crucifixion* et *le Baptême du Christ*. De 1575 à 1590, il décora, avec l'aide de ses élèves, le palais des Doges, peignant *le Paradis*.

Tirana

Capitale de l'Albanie (560 000 hab.). Tirana est le centre commercial, industriel et culturel du pays. Durrès, qui fut la capitale du pays jusqu'en 1920, lui sert de port sur l'Adriatique.

Titans

Divinités de la mythologie grecque. Les Titans sont les six fils et les six filles d'Ouranos (le Ciel) et de Gaia (la Terre). Une guerre les opposa à Zeus, qui les précipita dans le Tartare.

Tite-Live (né en 64 ou 59 avant J.-C., mort en 17 après J.-C.)

Historien romain. À partir de 27 avant J.-C. environ, il se consacra à son *Histoire de Rome*. Ce récit inachevé s'arrête à la mort de Drusus (9 avant J.-C.). Sur 142 livres, 35 nous sont parvenus.

lac Titicaca

Grand lac des Andes (8 300 km^2), partagé entre le Pérou et la Bolivie, à 3 812 mètres d'altitude. Ses rives sont fertiles.

Titien (né vers 1490, mort en 1576)

Peintre italien. Titien, vint étudier à neuf ans la peinture à Venise. Son principal maître fut Giorgione. À partir de 1518, le duc de Ferrare lui commanda des œuvres mythologiques. En 1548, Charles Quint l'invita à Augsbourg. En 1551, il revint définitivement à Venise, où il exécuta des commandes pour Philippe II d'Espagne. Riche, comblé d'honneurs, il mourut de la peste.

Tito (né en 1892, mort en 1980)

Maréchal et homme politique yougoslave. Josip Broz, dit Tito, fut l'un des fondateurs du parti communiste yougoslave. Élu secrétaire général du Parti en 1937, il organisa la lutte armée contre les nazis qui occupaient la Yougoslavie (1941-1945). Chef du gouvernement, il fut ensuite président de la République (élu à vie en 1974). Tito refusa de suivre les directives de l'URSS et édifia un socialisme fondé sur l'autogestion. Il évita les conflits entre les peuples yougoslaves et conclut des accords économiques avec l'Occident. Il se réconcilia avec l'URSS de Khrouchtchev. Son prestige dans le monde, surtout dans le tiers-monde, a été considérable.

Titus (né en 39, mort en 81)

Empereur romain (79-81), fils et successeur de Vespasien. Il prit Jérusalem en 70 et fut associé au gouvernement de l'Empire. Brutal, débauché, il fut jugé sévèrement pour sa liaison avec la princesse juive Bérénice. Devenu empereur, il se montra tolérant et généreux.

Toamasina

Ville et principal port de Madagascar, sur la côte est (150 000 hab.). Son ancien nom est Tamatave.

Tobago voir ***Trinité-et-Tobago***

Tocqueville Alexis de (né en 1805, mort en 1859)

Écrivain et homme politique français. Au retour d'un voyage aux États-Unis, il publia *De la démocratie en Amérique (1835-1840)*. Il fut ministre des Affaires étrangères de la IIe République. En 1856, il fit paraître *l'Ancien Régime et la Révolution*. Il fut élu à l'Académie française en 1841.

Togo

5,1 millions d'habitants
Superficie : 56 790 km^2
Capitale : Lomé
Langue officielle : français
Monnaie : le franc CFA

État de l'Afrique occidentale, sur le golfe du Bénin. La population de la république du Togo se compose notamment de Kabrés (23,7 %) et d'Éwés (21,9 %). On y pratique en majorité les religions traditionnelles, mais aussi le christianisme et l'islam.

Géographie À l'ouest du pays s'élèvent les monts du Togo (986 m). Au centre, le Togo s'allonge du nord au sud sur près de 700 km. Sa largeur est d'environ 100 km. Il s'ouvre sur le golfe de Guinée. Au sud et sur les hauteurs, où pousse la forêt dense guinéenne, le climat tropical humide est très pluvieux. Il est un peu plus sec dans le centre et le nord où domine la savane.

Économie Elle repose en grande partie sur l'agriculture (maïs, millet, manioc). Le pays exporte les phosphates, le café, le coton et le cacao. Le Togo fait partie des pays les moins développés.

Histoire Au XIXe siècle, la région fut un protectorat allemand. En 1922, la région ouest fut placée sous mandat britannique et la région est sous mandat français. En 1956, après un référendum, le Togo britannique fut intégré à la Côte-de-l'Or, qui devint le Ghana. Le Togo français accéda à l'indépendance en 1960.

Tokyo

Capitale du Japon, située dans l'île de Honshu, au fond de la baie de Tokyo et dans la plaine du Kwanto (29,8 millions d'hab. dans l'agglomération). Tokyo est le principal pôle financier, commercial, industriel et culturel du pays. Les jeux Olympiques de 1964 s'y déroulèrent.

Histoire La ville, alors appelée Edo, existait déjà au XIIe siècle. Elle se développa quand les Seigneurs de la province d'Edo prirent le pouvoir en 1601. Edo remplaça Kyoto comme capitale impériale en 1868 et fut rebaptisée Tokyo. Elle fut détruite par des tremblements de terre et endommagée par les bombardements américains pendant la Seconde Guerre mondiale.

Tolbiac

Bourgade de l'ancienne Gaule, au sud-ouest de Cologne, où les Francs Ripuaires vainquirent les Alamans (vers 496).

Tolstoï Léon (né en 1828, mort en 1910)

Écrivain russe. Lev Nikolaïevitch, comte Tolstoï s'engagea dans l'armée en 1851. Son chef-d'œuvre, le roman *Guerre et Paix (1865-1869)*, raconte la lutte héroïque du peuple russe contre l'envahisseur français. Il publia également *Anna Karénine (1876-1877), la Mort d'Ivan Ilitch (1886)* et *la Sonate à Kreutzer (1889)*. Voulant vivre en simple paysan, il s'enfuit de chez lui, tomba malade et mourut dans la petite gare d'Astapovo.

Toltèques

Peuple de l'Amérique précolombienne qui occupa le Mexique central au IXe siècle après J.-C. Ils fondèrent Teotihuacán et développèrent une civilisation brillante jusqu'en 1168. Les Toltèques pénétrèrent au Xe siècle en pays maya et y établirent leur capitale à Chichén Itzá. Leur art est représenté par les monuments et les sculptures de Tula.

Tombouctou

Ville du Mali, près du fleuve Niger (19 160 hab.). Tombouctou était une ville de départ et d'arrivée de caravanes. Ses échanges avec l'Afrique du Nord furent importants à partir du XIe siècle. Tombouctou devint une ville musulmane et répandit l'islam. Elle connut son apogée du XVe au XVIe siècle. Les échanges côtiers avec les Européens remplacèrent le commerce à travers le Sahara et Tombouctou déclina. En 1894, la ville fut prise par les Français.

Tonga

98 170 habitants
Superficie : 747 km^2
Capitale : Nuku'alofa
Langues officielles : anglais, tongan
Monnaie : le pa'anga

État d'Océanie, dans le Pacifique sud, au sud-est des Fidji. Le Tonga est formé d'environ 170 îles et îlots. Ses habitants sont des Polynésiens. Les

îles sont volcaniques ou coralliennes. Elles vivent de cultures vivrières, du tourisme et exportent des produits tropicaux.
Histoire Découvertes au XVIIe siècle par les Européens, elles formèrent un royaume (XIXe siècle) qui passa sous protectorat britannique en 1901 et accéda à l'indépendance en 1970. Le Tonga est membre du Commonwealth.

Tonkin
Région du nord du Viêt-nam, en bordure du golfe du Tonkin. Ses hauts plateaux sont creusés de profondes vallées. La région côtière, traversée par le fleuve Rouge, est très peuplée et couverte de rizières. Le sous-sol est riche : zinc, étain, houille et fer.
Histoire Le Tonkin fut conquis par les Français, qui y établirent leur protectorat (1885). Paul Doumer, gouverneur général de 1897 à 1902, en fit une véritable colonie. Après 1945, le Tonkin fut le centre de la résistance contre la France.

la Torah
Nom donné par les Juifs aux cinq livres du Pentateuque. Elle contient les *Dix Commandements* rédigés, selon la tradition, par Moïse inspiré par Dieu. Elle est la base de la religion et de la loi juives.
On écrit aussi **Thora**.

Toronto
Grande ville du Canada, capitale de l'Ontario et grand port sur le lac Ontario (635 390 hab.). Deuxième ville du pays, Toronto est un centre financier, commercial et industriel.

Torquemada Tomás de (né en 1420, mort en 1498)
Dominicain espagnol. Nommé Inquisiteur général de la péninsule Ibérique en 1483, il obtint le bannissement des Juifs et ordonna des milliers d'exécutions.

Torricelli Evangelista (né en 1608, mort en 1647)
Mathématicien et physicien italien, disciple de Galilée. Il démontra en 1643 l'existence de la pression atmosphérique. Il établit en 1644 les lois de l'écoulement des liquides.

Toscane
Région du nord de l'Italie et de l'Union européenne, sur la mer Tyrrhénienne (22 992 km^2 ; 3,6 millions d'hab.). Elle est formée des provinces d'Arezzo, de Florence, de Grosseto, de Livourne, de Lucques, de Massa-et-Carrare, de Pise, de Pistoia et de Sienne. Son chef-lieu est Florence. La Région comprend l'Apennin toscan. Le climat est chaud et assez humide. Elle tire ses ressources du tourisme, très important, de la polyculture intensive, des vignes du Chianti, de l'élevage et de ses industries.
Histoire Peuplée par les Étrusques, la Toscane fut occupée par les Lombards (vers 570), prise par les Francs en 774 qui furent vaincus par Charlemagne au IXe siècle. À partir du XVe siècle, les Médicis, seigneurs de Florence, étendirent leur autorité sur la Toscane. De 1737 à 1859, elle appartint aux Habsbourg, sauf pendant l'occupation française de 1799 à 1814. En 1860, elle fut rattachée au Piémont et, en 1861, au royaume d'Italie.

Touaregs
Populations berbères nomades du sud du Sahara (900 000 personnes), dispersées entre l'Algérie, le Burkina Faso, le Mali, le Niger et la Libye. Leur religion est l'islam. Nomades, les Touaregs élevaient surtout des chameaux et leurs guerriers ont longtemps pillé les caravanes. Leur mode de vie a été menacé par la colonisation, puis par la décolonisation (avec l'établissement de frontières entre États), par l'introduction de camions et par la sècheresse. Des tensions sont apparues entre les Touaregs et les populations noires que les guerriers touaregs réduisaient naguère en esclavage.
On dit aussi **Targuis**.

Toulon
Chef-lieu du département du Var (160 639 hab.). Toulon est un important port militaire, en raison de la protection qu'offre sa rade.
Histoire Henri IV y implanta un arsenal (1595). Colbert et Vauban en firent la base de la flotte française en Méditerranée. En août 1793, une révolte royaliste livra la ville aux Anglais. Bonaparte la reprit en décembre. En 1942, lorsque l'Allemagne occupa la zone libre, la flotte française s'y saborda.

Toulouse
Chef-lieu du département de la Haute-Garonne et de la Région Midi-Pyrénées, situé sur les bords de la Garonne (390 350 hab.). Depuis 1993, la ville est dotée d'un métro. Elle est le premier pôle français d'industrie aérospatiale. La basilique romane Saint-Sernin (XIe-XIIe siècle), la cathédrale St-Étienne (XIIe-XVe siècle) et le Capitole (XVIIIe siècle) figurent parmi ses principaux monuments.
Histoire Toulouse fut une cité romaine, puis la capitale des Wisigoths et fut conquise par les Francs (507). Elle fut la capitale du royaume d'Aquitaine, et celle du comté de Toulouse (IXe siècle). Frappés par la croisade des albigeois (début du XIIIe siècle), la ville et son comté furent rattachés à la France en 1271.

Toulouse-Lautrec Henri de (né en 1864, mort en 1901)
Peintre français. Atteint d'une maladie des os, Toulouse-Lautrec resta boiteux et anormalement petit. Il étudia la peinture à Paris et peignit les cabarets de Montmartre, les bals, le cirque et les

A B C D E F G H I J K L M N O P Q R S T U V W X Y Z

vedettes de l'époque, comme Jane Avril et la Goulue. Il a laissé aussi des gravures, des lithographies et des affiches.

Touraine
Région et ancienne province de France, un peu plus vaste que le département d'Indre-et-Loire. Sa capitale est Tours. Elle est constituée de plateaux crayeux, des vallées de la Loire et de ses affluents (Cher, Indre, Vienne). Les vins de Touraine sont réputés. Dans la vallée de la Loire, on pratique également l'arboriculture et on récolte les primeurs. Les châteaux de la région attirent les touristes.
Histoire La Touraine forma un comté (xe siècle) que se disputèrent la France et l'Angleterre à partir du xiie siècle. En 1584, elle fut rattachée à la couronne de France. Aimée des rois de France, elle se couvrit de châteaux, puis les rois préférèrent Paris et Versailles.

Tourgueniev Ivan Sergueïevitch (né en 1818, mort en 1883)
Écrivain russe. Ses *Récits (ou Mémoires) d'un chasseur (1852)* connurent un grand succès. Autorisé à quitter la Russie en 1856, il vécut en Allemagne et en France. Il est l'auteur de nombreux romans, *Roudine (1856)*, *Pères et Fils (1862)*, *Fumée (1867)*, *Terres vierges (1877)* et de nouvelles. Après avoir été censurée, sa comédie *Un mois à la campagne* fut un triomphe.

Tours
Chef-lieu du département d'Indre-et-Loire, sur les bords de la Loire (132 820 hab.). Tours est un centre agricole et industriel. La ville abrite la cathédrale Saint-Gatien (xiiie-xvie siècle), une église du xiiie siècle et un musée des Beaux-Arts. Elle fut la capitale de la Touraine.
En 1920, au *congrès de Tours,* le Parti socialiste se divisa et le Parti communiste français fut créé.

Toussaint Louverture (né en 1743, mort en 1803)
Homme politique haïtien. Noir, il milita en faveur de la France révolutionnaire qui avait aboli l'esclavage (1794). Nommé général, il défendit l'île d'Haïti contre les Anglais. En 1802, Bonaparte rétablit l'esclavage et envoya Leclerc reconquérir l'île. Toussaint Louverture fut trahi et arrêté en 1802.

Toutankhamon (xive siècle avant J.-C.)
Pharaon égyptien de la XVIIIe dynastie, qui, à dix ans succéda à son beau-père Aménophis IV Akhenaton. Il supprima le culte d'Aton pour rétablir celui du dieu Amon. Il mourut à dix-huit ou dix-neuf ans. Son tombeau a été retrouvé intact, en 1922, dans la Vallée des Rois. Il renfermait un riche trésor funéraire, aujourd'hui au musée du Caire. On écrit aussi **Tout Ankh Amon**.

Toutatis
Dieu de la tribu chez les Celtes, assimilé à Mars chez les Romains.

Trafalgar
Cap du sud de l'Espagne, sur l'Atlantique, près de Gibraltar. À la bataille de Trafalgar, l'amiral Nelson anéantit la flotte franco-espagnole de l'amiral Villeneuve (1805), mais il fut tué à bord de son navire.
■ Un coup de **Trafalgar** : un événement inattendu et catastrophique.

Trajan (né en 53, mort en 117)
Empereur romain (98-117). Il succéda à l'empereur Nerva. Pour rétablir les finances de l'État, il entreprit de nouvelles colonisations avec une armée peu nombreuse mais bien entraînée. Il conquit la Dacie, l'Arabie nabatéenne, l'Arménie, l'Assyrie et la Mésopotamie. Il développa l'architecture et la sculpture à Rome et dans l'Empire. La *colonne de Trajan*, sur le forum de Trajan, à Rome, fut érigée pour commémorer sa victoire en Dacie en 113.

Transsibérien
Voie ferrée (plus de 9 000 km) qui traverse le sud de la Sibérie, et relie Moscou à Vladivostok. Construite de 1891 à 1903, la ligne Vladivostok-Tchita fut achevée en 1916.

Transvaal
Province du nord de l'Afrique du Sud (262 499 km^2 ; 11 millions hab.). Sa capitale est Pretoria. Cette région de hauts plateaux se consacre surtout à l'élevage (bovins et ovins) et tire l'essentiel de ses ressources du sous-sol, très riche en or, argent, diamants, charbon, fer et chrome. Les puissantes industries se concentrent à Johannesburg et à Pretoria.
Histoire La région forma une république en 1856. Annexée par le Natal, mais libérée par Paul Kruger, elle fut autonome sous la domination britannique. Après la guerre des Boers, le Transvaal forma une colonie britannique, puis entra dans l'Union sud-africaine en 1910.

Transylvanie
Région du centre de la Roumanie. La Transylvanie est un plateau élevé dominé notamment par le massif du Bihor et les Carpates. Ses villes principales sont Cluj-Napoca et Brasov. La population est composée de Roumains, de Hongrois et d'Allemands.
Géographie La région est fertile. On y cultive des céréales ainsi que des fruits et on y pratique l'élevage. Le sous-sol est riche en gaz naturel, lignite, cuivre et plomb.
Histoire Ancienne province romaine de Dacie, la région subit les Grandes Invasions. Peuplée de Valaques (Roumains), conquise par les Hongrois

(XIe siècle), placée sous la protection des Turcs (1526), elle fut conquise par les Habsbourg en 1691 et réunie en 1867 à la Hongrie. Elle fut rattachée à la Roumanie en 1918. La partie nord, cédée à la Hongrie par le diktat de Vienne (1940), fut rendue à la Roumanie en 1947.

Treblinka
Camp d'extermination nazi, près de Varsovie, où périrent près de 800 000 déportés juifs en 1942-1943.

Trenet Charles (né en 1913, mort en 2001)
Chanteur français, auteur et compositeur de chansons poétiques comme *Y a d'la joie*, *Douce France* et *la Mer*.

Trente
Ville d'Italie, située sur les bords de l'Adige, chef-lieu du Trentin-Haut-Adige (98 830 hab.). Elle a conservé des ruines de l'enceinte de Théodoric. Sa cathédrale San Vigilio date du XIIIe siècle. Le château y abrite un musée.
Le *concile de Trente* (de 1545 à 1563) institua la Contre-Réforme ou Réforme catholique, en réponse à la Réforme protestante.

Trente Ans (guerre de) voir ***guerre de Trente Ans***

Trentin-Haut-Adige
Région du nord de l'Italie et de l'Union européenne, formée des provinces de Bolzano et de Trente. 13 620 km² ; 882 000 hab. ; chef-lieu : Trente. Ce pays alpin est drainé par l'Adige, dont la vallée possède de riches cultures. L'hydroélectricité, abondante, a permis une récente industrialisation. La région fut cédée par l'Autriche à l'Italie en 1919. La population étant en partie de langue allemande, le pays a un statut de région autonome.

Trieste
Ville d'Italie (244 980 hab.). Trieste, située au fond du golfe de Trieste, est un port important et un centre industriel. La ville possède des vestiges romains. Principal débouché maritime de l'Autriche, la ville fut cédée à l'Italie en 1919. Occupée par les Yougoslaves en 1945, elle revint à l'Italie en 1954.

Trinité-et-Tobago
1,3 million d'habitants
Superficie : 5 124 km²
Capitale : Port of Spain
Langue officielle : anglais
Monnaie : le dollar de Trinité-et-Tobago

État des Petites Antilles, proche de la côte du Venezuela, formé de l'île de la Trinité (4 821 km²) et de l'île de Tobago (303 km²).
ÉCONOMIE Ces îles tropicales, montagneuses et forestières, ont une économie traditionnelle avec la pêche et avec les cultures de cacao, de canne sucrière et de café. Le pétrole de la Trinité a permis le développement d'industries (raffineries, chimie et métallurgie).
HISTOIRE Découvertes par Christophe Colomb en 1498, colonisées par les Espagnols, les îles revinrent aux Anglais en 1802. Elles accédèrent à l'indépendance en 1962, dans le cadre du Commonwealth. La république fut proclamée en 1976.

Tripoli
Capitale de la Libye et port sur la Méditerranée (1,6 million d' hab.). Tripoli, centre commercial et industriel, abrite des vestiges romains.
HISTOIRE Fondée par les Phéniciens, la ville a subi de nombreuses invasions au cours de son histoire. Occupée par les Italiens en 1911, par les Britanniques en 1943, elle est la capitale de la Libye depuis l'indépendance du pays en 1951.

Tristan et Iseult
Légende médiévale d'origine celtique. Le chevalier, Tristan part pour l'Irlande demander la main d'Iseult la Blonde pour son oncle Marc, roi de Cornouailles. Mais, sur le bateau qui les ramène en Cornouailles, Tristan et Iseult boivent, sans le savoir, un philtre magique qui les unit par un amour jusque dans la mort. La légende a inspiré de nombreuses œuvres et notamment le célèbre opéra de Wagner, intitulé *Tristan et Isolde*.

Troie
Ancienne cité située au nord-ouest de l'Asie Mineure. Dans le récit épique d'Homère, intitulé l'*Iliade*, Troie est l'enjeu d'une guerre entre les Grecs et les Troyens. Dans cette épopée, Pâris, fils du roi troyen Priam, ayant enlevé Hélène, épouse du roi Ménélas, les chefs grecs, dont Achille, Ménélas et Ulysse, se liguèrent contre la cité de Troie sous la conduite d'Agamemnon, roi de Mycènes. Ils assiégèrent la ville pendant dix ans, avant de s'en emparer grâce à la fameuse ruse du « cheval de Troie ». Ayant construit un immense cheval de bois, à l'intérieur duquel étaient cachés des guerriers, ils firent mine d'abandonner le siège. Les Troyens introduisirent ce cheval dans leurs murs. La nuit venue, les soldats cachés ouvrirent les portes de Troie aux Grecs qui détruisirent la cité.
L'archéologue allemand Heinrich Schliemann a découvert, en 1870, dans le village d'Hissarlik des vestiges qui seraient ceux de l'antique cité troyenne.
On dit aussi **Ilion**.

Trotski Léon (né en 1879, mort en 1940)
Homme politique russe. Étudiant en droit, Trotski, militant révolutionnaire, fut arrêté et déporté en Sibérie en 1900. En 1902, il s'évada et rejoignit

Lénine à Londres. Revenu en Russie, il s'opposa à Lénine. Arrêté, il s'évada à nouveau et vécut en exil. Rentré en Russie en 1917 et rallié aux bolchéviques, il participa à la révolution d'Octobre. Principal collaborateur de Lénine, il créa l'Armée rouge. Après la mort de Lénine, il s'opposa à Staline, qui le fit exclure du parti communiste en 1927. Expulsé d'URSS en 1929, il se fixa au Mexique, où il meurt assassiné par un agent de Staline. Il avait fondé, en 1938, la IVe Internationale. Partisan de la « révolution permanente », il est l'auteur d'une œuvre politique et historique considérable, dont on peut citer, entre autres, *la Révolution permanente (1933), Histoire de la révolution russe (1931-1933), la Révolution trahie (1937).*

Troyes
Chef-lieu du département de l'Aube (122 800 hab.). Troyes, située sur les bords de la Seine, est un centre textile important. Capitale du comté de Troyes, puis du comté de Champagne, la ville, très prospère du XIIe au XIVe siècle, était célèbre pour ses foires.

Truffaut François (né en 1932, mort en 1984)
Cinéaste français. Truffaut, l'un des réalisateurs les plus talentueux de la « Nouvelle Vague », mouvement artistique qui renouvela l'art du cinéma, est l'auteur de films tendres et nostalgiques comme *les Quatre Cents Coups (1959), Jules et Jim (1961), Baisers volés (1968), le Dernier Métro (1980).*

Truman Harry (né en 1884, mort en 1972)
Homme politique américain. Il devint président des États-Unis à la mort de Roosevelt en 1945. Il hâta la fin de la Seconde Guerre mondiale en utilisant la bombe atomique contre le Japon. Élu en 1948, il se montra ferme à l'égard de l'URSS et de la Chine communiste, engageant son pays dans la guerre de Corée (1950). Il apporta une aide économique à l'Europe de l'Ouest avec le plan Marshall.

Tsiganes
Ensemble de populations nomades d'origine mal connue. L'exode des Tsiganes aurait débuté au IXe siècle. Les tsiganes émigrèrent de l'Inde vers l'Iran, puis, par l'Arménie et le Caucase, vers la Grèce, la Hongrie, l'Allemagne, la France, l'Espagne, le Portugal, l'Angleterre. La musique tsigane a souvent influencé la musique des pays où ils sont passés, notamment en Russie, en Hongrie et en Espagne (flamenco). Les Tsiganes se divisent en trois grands groupes : les Gitans ou Kalés, en Espagne surtout ; les Roms, en Europe de l'Est ; les Manouches ou Sintis, en Allemagne, Italie et France. De nombreuses mesures d'expulsion ont été prises pendant des siècles dans divers pays à l'encontre des Tsiganes. L'Allemagne hitlérienne a tenté de les exterminer.
On écrit aussi **Tziganes**.

îles **Tuamotu**
Archipel de la Polynésie française. 880 km^2 ; 12 400 hab. ; chef-lieu : Rotoava. Les îles Tuamotu, situées dans le Pacifique, à l'est de Tahiti, sont formées d'environ 60 îles et îlots.
On écrit aussi **Touamotou**.

Tudor
Famille d'origine galloise qui régna sur l'Angleterre de l'avènement d'Henri VII, en 1485, à la mort d'Élisabeth Ire, en 1603.

palais des **Tuileries**
Ancienne résidence royale, à Paris, entre le Louvre et les Champs-Élysées. Sa construction fut entreprise par Philibert Delorme en 1564, sur l'ordre de Catherine de Médicis. Délaissées au profit de Versailles par Louis XIV, les Tuileries furent le siège de la Convention sous la Révolution, et devinrent, à partir du Premier Empire, la demeure de tous les souverains. Les bâtiments, incendiés lors de la Commune, ont été démolis, à l'exception des pavillons de Flore et de Marsan, aujourd'hui intégrés au musée du Louvre.
Le *jardin des Tuilerie*s fut d'abord un jardin à l'italienne. André Le Nôtre en fit un jardin à la française. Le Jeu de paume et l'Orangerie y ont été construits en 1853.

Tulle
Chef-lieu du département de la Corrèze (15 553 hab.). Tulle, sur les bords de la Corrèze, possède des industries mécaniques et une manufacture d'armes.

Tunis
Capitale de la Tunisie, au fond du golfe de Tunis (1,8 million d'hab.). Métropole commerciale et industrielle du pays, Tunis est desservie par le port de La Goulette.

HISTOIRE La ville fut conquise à la fin du VIIe siècle par les Arabes, qui en firent un grand centre économique, religieux et politique. Depuis 1979, Tunis est le siège de la Ligue arabe.

Tunisie
9,6 millions d'habitants
Superficie : 163 610 km^2
Capitale : Tunis
Langue officielle : arabe
Monnaie : le dinar tunisien

État de l'Afrique du Nord, entre l'Algérie et la Libye, baigné par la Méditerranée, au nord et à l'est.

GÉOGRAPHIE Le littoral oriental tunisien, de Bizerte à Sfax, est une région de plaines et de collines qui concentre la population et les villes.

À l'intérieur du pays, s'élèvent au nord de moyennes montagnes humides boisées, coupées de vallées et de plaines fertiles, tandis qu'au sud s'étendent des plaines et des plateaux plus secs. Tout à fait au sud, la Tunisie désertique, qui compte quelques oasis peuplées, couvre plus de la moitié du territoire.

ÉCONOMIE Les ressources de l'agriculture concentrée dans le nord avec les cultures de céréales et d'oliviers, restent insuffisantes. La Tunisie exporte de l'huile d'olive. Pétrole, gaz et phosphates ont permis la création d'importants complexes industriels sur les côtes, alors que les activités textiles et de montage se sont développées dans les villes. Le tourisme et l'envoi de fonds par les émigrés assurent d'importantes recettes. Mais le niveau de vie reste faible, bien que le pays soit l'un des plus développés d'Afrique.

HISTOIRE Peuplée de Berbères, la Tunisie fut occupée du IXe au IIe siècle avant J.-C. par les Phéniciens, qui fondèrent Carthage. Prise par les Romains qui en firent une riche province, elle fut dévastée et ruinée par les Vandales et par la conquête byzantine. Le pays fut mis en valeur par les Arabes, qui relevèrent l'économie de la région et fondèrent la ville de Kairouan. Sous la dépendance de plusieurs dynasties successives, la Tunisie devient l'une des principales bases des pirates barbaresques à la fin du XVIe siècle. Rattachée à l'Empire ottoman, la Tunisie fut, en fait, gouvernée par des souverains régents, appelés les beys. En 1881, le traité du Bardo, signé entre le bey de Tunis et la France établit un protectorat français en Tunisie. L'opposition nationaliste se manifesta rapidement et le mouvement pour l'indépendance se développa, notamment avec la création du parti du Néo-Destour d'Habib Bourguiba. En 1956, la Tunisie accède à l'indépendance. Bourguiba proclame la république et devient président en 1957 et le restera, régulièrement réélu, jusqu'en 1987, date à laquelle il sera destitué par le général Ben Ali.

Tunnel sous la Manche

Tunnel ferroviaire qui, depuis 1994, relie la Grande-Bretagne et la France.

Tupis

Amérindiens qui vivent au Brésil, au Paraguay et en Bolivie.

Turcs

Ensemble de populations, vraisemblablement originaires de l'Altaï, parlant des langues turques (environ 75 millions d'individus), réparties aujourd'hui entre la Turquie, l'Azerbaïdjan, le Turkménistan, l'Ouzbékistan, le Kirghizstan et le Xinjiang chinois.

HISTOIRE À partir du VIIIe siècle, les Turcs s'islamisèrent au contact du monde arabe. Des dynasties turques musulmanes s'imposèrent en Inde et en Perse (Xe-XIIe siècles). Au début du XIIIe siècle, le Mongol Gengis khan ruina la domination turque, mais la dynastie des Seldjoukides maintint son pouvoir à l'ouest de l'actuel territoire afghan.
On écrit aussi **Türks**.

Turenne Henri de (né en 1611, mort en 1675)

Maréchal de France. Turenne participa à de nombreuses campagnes, en Hollande et en France. Il fut fait maréchal pour ses victoires au cours de la guerre de Trente Ans. Luttant d'abord aux côtés des partisans de la Fronde, il se rallia à la royauté contre Condé en 1652. Il imposa la paix aux Espagnols en 1658. Il conduisit la guerre de Dévolution et la guerre de Hollande, mais fut tué au cours d'une audacieuse campagne en Alsace. Protestant, il se convertit au catholicisme en 1668.

Turgot Anne Robert Jacques (né en 1727, mort en 1781)

Homme politique et économiste français. Contrôleur général des Finances, il tenta d'appliquer un vaste programme de réformes financières, économiques et sociales, cherchant notamment à instaurer la liberté du commerce et l'industrie. Mais s'étant attiré l'hostilité des privilégiés, il fut disgracié.

Turin

Ville d'Italie et chef-lieu du Piémont (1,1 million d'hab.).Turin, situé au confluent du Pô et de la Doire Ripaire, est un grand centre commercial et industriel, notamment avec les constructions automobiles (Fiat). La ville possède de nombreux édifices religieux comme la cathédrale de style Renaissance et des musées, dont un célèbre musée d'art égyptien.

Turkestan

Région historique d'Asie, divisée aujourd'hui entre le Kazakhstan, le Kirghizstan, l'Ouzbékistan, le Tadjikistan, le Turkménistan et la Chine (Xinjiang).

HISTOIRE À la fin du XIXe siècle, la région fut conquise par la Russie qui lui donna le nom de Turkestan car elle était peuplée par des Turcs depuis le VIe siècle environ.

Turkménistan

5,2 millions d'habitants
Superficie : 488 000 km^2
Capitale : Achkhabad
Langue officielle : turkmène
Monnaie : le manat

État d'Asie centrale, qui s'étend, d'est en ouest, de la mer Caspienne au fleuve Amou-Daria, et des frontières de l'Ouzbékistan et du Kazakhstan, au nord, aux frontières iranienne et afghane au sud.

Géographie Des régions désertiques et de maigres steppes sont bordées au sud par des chaînes montagneuses. Le développement de l'irrigation, avec les eaux de l'Amou-Daria, a transformé ces régions qui cultivent du coton et élèvent des moutons. Les ressources minérales sont importantes : sel, soufre, pétrole et surtout gaz.
Histoire Le Turkménistan tomba aux mains des Russes en 1881. En 1918, un mouvement nationaliste chassa les bolchéviques et instaura un État indépendant. En 1920, l'Armée rouge rétablit le pouvoir communiste, mais la guérilla se poursuivit jusqu'aux années 1930. La république socialiste soviétique du Turkménistan fut créée en 1924. Elle proclama sa souveraineté en 1990, puis son indépendance en 1991.

Türks voir *Turcs*

Turks et Caicos

Archipels des Antilles, au nord d'Haïti. 430 km^2 ; 7 500 hab. Colonie britannique, les îles Turks et Caicos sont un centre touristique et financier.

Turner William (né en 1775, mort en 1851)

Peintre et graveur anglais. Artiste classique, Turner fut élu à l'Académie Royale des Arts. Dans le même temps, il élabora une œuvre originale en cherchant à rendre les atmosphères, les mouvements de l'air et les lumières qui modifient les formes. Parmi ses œuvres, on peut citer *la Flotte amarrée de nuit (1835)* et de nombreuses *Vues de Venise (1840-1843).* Il influença les impressionnistes.

Turquie

65,5 millions d'habitants
Superficie : 780 580 km^2
Capitale : Ankara
Langue officielle : turc
Monnaie : la livre turque

État du Proche-Orient, qui s'étend au sud-ouest de l'Asie et sur une petite partie du continent européen, à l'ouest du détroit du Bosphore. La Turquie est bordée au nord par la mer Noire, à l'ouest par la mer Égée, au sud par la Méditerranée.
Géographie Le pays est constitué d'un plateau central élevé et massif, avec un climat sec, aux hivers rigoureux, qui produit la steppe. Des montagnes le ceinturent, avec les chaînes Pontiques au nord, le Taurus au sud, le massif volcanique arménien (5 165 m au mont Ararat) à l'est. Le littoral, ponctué de plaines, est chaud et humide le long de la mer Noire, plus sec sur la Méditerranée ; la population s'y concentre.
Économie L'agriculture est diversifiée : céréales, fruits et légumes, élevage ovin. Les ressources minérales sont peu abondantes, à l'exception du lignite. Les industries d'exportation sont le moteur de la croissance : textile, habillement et biens manufacturés. Le tourisme et les fonds envoyés par les nombreux émigrés couvrent le déficit commercial. La Turquie dispose d'une position favorable entre l'Europe et l'Asie, et d'un marché intérieur en croissance. De grands travaux sont en cours. Mais l'inflation et l'endettement sont élevés et les tensions sociales restent fortes.
Histoire Le territoire de l'Anatolie ancienne vit se succéder divers peuples et diverses civilisations depuis le IIe millénaire avant J.-C. Venus de l'Altaï, les Turcs avaient constitué en Asie centrale un immense empire (VIe-VIIe siècles). Convertis en masse à l'islam au Xe siècle, les Turcs de la dynastie des Seldjoukides envahirent tout le Proche-Orient, à partir du XIe siècle. Au XIIIe siècle, les Mongols imposèrent leur tutelle aux Seldjoukides. Après 1290, une tribu turque se libéra des Seldjoukides. Ils se nommèrent les Osmanlis (ou Ottomans), d'après le nom de leur chef Osman Ier. Étendant leur territoire, ils conquirent l'ensemble de l'Anatolie dès 1326. Leurs successeurs poursuivirent leurs conquêtes en Europe et la prise de Constantinople, en 1453, marqua la prépondérance turque dans les Balkans pour trois siècles. Mais au XVIe siècle l'Empire ottoman perdit son rôle d'intermédiaire entre l'Europe et l'Orient et son économie tomba sous la domination européenne. Du XVIIe siècle au début du XXe siècle, il perdit plusieurs de ses territoires. Les guerres balkaniques de 1912-1913 chassèrent d'Europe les Turcs, qui entrèrent en guerre aux côtés de l'Allemagne au début de la Première Guerre mondiale. En 1915, ils massacrèrent les Arméniens, soupçonnés de vouloir pactiser avec l'armée russe. En 1918, l'Empire ottoman est défait et les Alliés occupent Istanbul.
Chef du gouvernement, le général Mustafa Kemal lutte pour reconstruire l'intégrité du territoire turc. Il proclame la république en 1923.Gouvernant de façon dictatoriale, appuyé sur un parti unique, il modernisa et laïcisa le pays. Son successeur maintint le pays à l'écart de la Seconde Guerre mondiale. La Turquie adhéra à l'OTAN en 1951. Depuis 1960, le pays a connu des coups d'État et une instabilité politique, aggravée par les troubles provoqués par les intégristes musulmans et les séparatistes kurdes. La Turquie a fait acte de candidature pour être admise au sein de l'Union européenne mais celle-ci attend des garanties démocratiques, ainsi que le règlement des problèmes qui oppose la Turquie à la minorité kurde, à Chypre et en ce qui concerne les eaux de la mer Egée.

Tutsis

Ethnie du Rwanda et du Burundi. Les Tutsis représentent une très petite minorité (10 à 15 %) de la population de ces deux pays, composée en majorité de Hutus. Des conflits, accompagnés de terribles massacres (génocide de 1994), opposent toujours ces deux populations.

Tuvalu
Archipel du Pacifique, à l'est des îles Salomon ; 24 km^2 ; 9 000 habitants ; capitale : Fongafale. Tuvalu a accédé à l'indépendance au sein du Commonwealth en 1978.

Twain Mark (né en 1835, mort en 1910)
Écrivain américain. Il est l'auteur de deux romans célèbres, *les Aventures de Tom Sawyer (1876)* et *les Aventures de Huckleberry Finn (1884)*, en partie autobiographiques, qui racontent avec humour la vie américaine au temps de la conquête de l'Ouest.

Tyr
Ancien port phénicien, qui devint une puissante cité-État au XIIe siècle avant J.-C. Carrefour commercial entre l'Asie et l'Occident, elle imposa sa présence sur les côtes de la Méditerranée et atteignit son apogée au IXe siècle avant J.-C. En 573 avant J.-C., Babylone la soumit.

Tyrol
Région des Alpes orientales, drainée par le cours supérieur de l'Inn, de la Drave et de l'Adige, partagée entre l'Autriche et l'Italie. En Autriche, le Tyrol forme un Land (12 647 km^2 ; 605 770 hab. ; chef-lieu : Innsbruck), pays d'élevage au tourisme très actif et dont les vallées sont industrialisées. En Italie, il correspond à la Région du Trentin-Haut-Adige.

mer **Tyrrhénienne**
Partie de la Méditerranée, entre la Corse, la Sardaigne, la Sicile et l'Italie péninsulaire. Très profonde, elle possède de nombreuses îles d'origine volcanique.

Tziganes voir ***Tsiganes***

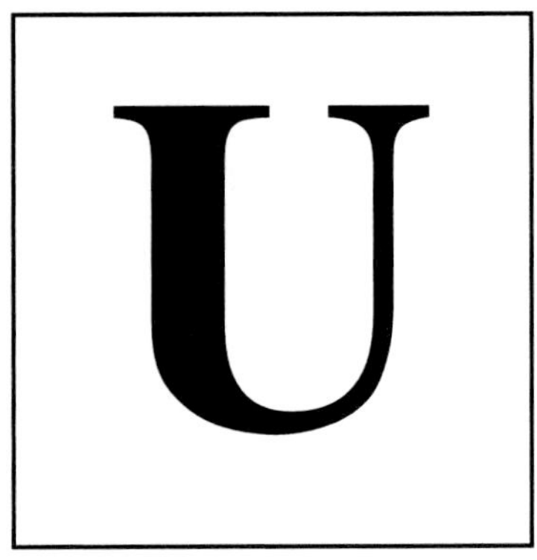

Uccello Paolo (né en 1397, mort en 1475)

Peintre italien. Son sens de la perspective et de la couleur se révèle dans son œuvre célèbre, la *Bataille de San Romano (1456-1460)*, comportant trois panneaux, l'un exposé à Florence, le deuxième à Londres et le troisième à Paris.

UE voir *Union européenne*

Ukraine

50,3 millions d'habitants
Superficie : 603 700 km^2
Capitale : Kiev
Langue officielle : ukrainien
Monnaie : la hryvnia

État d'Europe, situé entre la Biélorussie au nord, la Russie à l'est, la Moldavie, la Roumanie, la Hongrie, la Slovaquie et la Pologne à l'ouest, et la mer Noire au sud.

Économie Région de plaine aux terres noires et fertiles, le pays est un grand producteur de blé, de maïs, de betterave sucrière et de tournesol. Il possède un important élevage (bovins, porcins et ovins). Ses principaux cours d'eau (Dniepr, Dniestr, Prout) lui procurent une hydroélectricité abondante. Les principales ressources du sous-sol sont le charbon, le fer et le manganèse. Mais les industries lourdes, anciennes et puissantes, ont des installations souvent vieillies. La dépendance économique de l'Ukraine vis-à-vis de la Russie a entraîné une grave crise après l'effondrement de l'URSS. L'Ukraine possède le principal port de la mer Noire : Odessa.

Histoire Kiev fut le centre du premier État russe qui se développa entre le IXe et le XIIe siècle. Au cours de son histoire, le territoire fut morcelé à plusieurs reprises. Au XVIe siècle, des cosaques s'organisèrent sur les rives du Dniepr et du Don ; au XVIIe siècle, ils défendirent les paysans ukrainiens contre les Polonais et demandèrent la protection de la Russie. L'Ukraine sera partagée entre la Pologne et la Russie, puis entre la Russie et l'Autriche.

Après la révolution russe d'octobre 1917, deux républiques furent proclamées : l'une, nationaliste, se voulait indépendante ; l'autre, bolchévique, voulait son rattachement à l'État soviétique. Après des luttes entre les armées russes blanches et les armées polonaises contre les bolchéviques, l'Ukraine fut à nouveau partagée et l'une des parties forma la république socialiste soviétique d'Ukraine, qui adhéra en 1922 à l'URSS. L'occupation allemande (1941-1944) fut très dure.

L'Ukraine proclama sa souveraineté en 1990 et son indépendance en août 1991. En 1997, après cinq ans de tension avec la Russie, les deux États ont signé un accord reconnaissant le rattachement de la Crimée à l'Ukraine. En 1997, l'Ukraine a signé un accord avec l'OTAN.

Ulster

Région du nord de l'Irlande. L'Ulster comprend l'Irlande du Nord (13 482 km^2 ; 1,6 million d'hab. ; capitale : Belfast) qui fait partie du Royaume-Uni, et la province de l'Ulster (8 011 km^2 ; 236 000 hab.) qui fait partie de la république d'Irlande.

Ulysse

Héros de la mythologie grecque. Roi légendaire d'Ithaque, vaillant guerrier et ingénieux stratège, il conçut la fameuse ruse du « cheval de Troie ». Personnage principal de l'*Odyssée*, épopée du poète grec Homère, Ulysse vit mille péripéties en retournant à Ithaque après la guerre de Troie, avant de retrouver sa femme, Pénélope.

UNESCO

Institution de l'ONU dont le but est de contribuer au maintien de la paix dans le monde par la

diffusion de la culture, de la science et la défense du droit d'expression des personnes. Fondée en 1946, l'Unesco a son siège à Paris.
Unesco est l'acronyme des mots anglais : *United Nations Educational Scientific and Cultural Organization* (Organisation des Nations unies pour l'éducation, la science et la culture).

UNICEF
Organisme international dont le but est l'aide à l'enfance dans le monde. Créée en 1946, l'Unicef, qui a son siège à New York, a reçu le prix Nobel de Paix en 1965.
Unicef est l'acronyme des mots anglais : *United Nations International Children's Emergency Fund* (Fonds des Nations unies pour l'enfance).

bulle **Unigenitus**
Bulle du pape Clément XI. Cette bulle (acte authentifié par un sceau de plomb) condamnait le jansénisme en 1713.

Union des républiques socialistes soviétiques voir *URSS*

Union européenne
Association qui regroupe 15 États indépendants européens. L'Union européenne (UE) a été fondée, au départ avec 12 États, par le traité de Maastricht (février 1992) pour succéder, en 1993, à la Communauté économique européenne (CEE), créée en 1957. En 2001, l'Union européenne, appelée aussi *Europe des Quinze*, rassemble l'Allemagne, l'Autriche, la Belgique, le Danemark, l'Espagne, la Finlande, la France, la Grèce, l'Irlande, l'Italie, le Luxembourg, les Pays-Bas, le Portugal, le Royaume-Uni et la Suède. Sa monnaie unique, l'euro, a été adoptée par tous les pays en janvier 2002, à l'exception du Danemark, du Royaume-Uni et de la Suède.

Union Jack
Drapeau du Royaume-Uni. Il regroupe la croix de Saint-George de l'Angleterre, la croix de Saint-Patrick de l'Irlande et la croix de Saint-André de l'Écosse.

Unterwald
Canton de la Suisse centrale, au sud du lac des Quatre-Cantons. L'Unterwald est divisé en deux demi-cantons : Nidwald (276 km^2 ; 31 000 hab. ; chef-lieu : Stans) et Obwald (491 km^2 ; 27 600 hab. ; chef-lieu : Sarnen). Ce fut l'un des trois premiers cantons de la Confédération suisse (1291).

Ur
Ancienne ville du sud de la Mésopotamie, sur l'Euphrate. Ur fut la patrie d'Abraham, selon la Bible. La ville connut son apogée sous la IIIe dynastie, fondée au XXIe siècle avant J.-C. par le roi Ur-Nammu, qui en fit la capitale de Sumer. Site archéologique d'Irak, les ruines de la ville (tombes royales, temples et palais) ont révélé de véritables trésors.
On dit aussi **Our**.

Uranus
Septième planète du système solaire, découverte par William Herschel en 1781. Avec un diamètre équatorial de 51 120 km et une densité de 1,19, Uranus se range dans la catégorie des planètes géantes. Elle tourne sur elle-même en 17 heures 14 minutes autour d'un axe quasiment couché sur le plan de l'orbite, particularité unique dans le système solaire. Au cours de sa révolution de 84 ans et 7,4 jours, les deux pôles de la planète sont successivement exposés au Soleil. La vie y est impossible car sa température se situe aux environs de -223° C. Uranus est entourée d'un système de 11 anneaux. Elle possède quinze satellites.

Urbain II (né vers 1042, mort en 1099)
Pape de 1088 à 1099. Urbain II réunit, en 1095, le concile de Clermont qui décida la 1re croisade.

Uri
Canton suisse, au sud du lac des Quatre-Cantons. 1 076 km^2 ; 34 170 hab. ; chef-lieu : Altdorf. Uri, canton alpin, drainé par la Reuss et peu fertile, vit de l'élevage bovin et du tourisme. Le col du Saint-Gothard en fait une importante voie de passage. Ce fut l'un des trois premiers cantons de la Confédération suisse (1291).

URSS
Ancien État de l'Europe de l'Est, fondé en 1922 et dissous en 1991. L'URSS regroupait 15 républiques socialistes fédérées, sur un territoire de 22 400 000 km^2. Elle comptait 289 millions d'habitants. Sa langue officielle était le russe et sa monnaie le rouble.
GÉOGRAPHIE L'URSS était le plus grand État du monde, avec 17 000 km de frontières terrestres et 47 000 km de côtes. L'Union comportait la Russie, les républiques fédérées européennes (Estonie, Lettonie, Lituanie, Biélorussie, Ukraine et Moldavie), les républiques fédérées au Sud du Caucase (Arménie, Azerbaïdjan et Géorgie) et les républiques fédérées d'Asie centrale (Kazakhstan, Kirghizstan, Ouzbékistan, Tadjikistan et Turkménistan).
ÉCONOMIE Longtemps considérée comme la deuxième puissance industrielle mondiale après les États-Unis, l'URSS était caractérisée par une économie socialiste. Tous les moyens de production (terres, usines, transports, commerce, etc.) étaient propriété de l'État ou de coopératives. Un organisme d'État élaborait des plans quinquennaux centralisés et impératifs. Jusqu'en 1950, ces plans ont mis l'accent sur l'infrastructure industrielle et l'industrie lourde. En 1965 fut décidée

une réforme générale de l'économie visant à l'amélioration du rendement et de la productivité agricole et industrielle.

HISTOIRE L'Union des républiques socialistes soviétiques fut proclamée le 30 décembre 1922, cinq ans après la révolution russe d'octobre 1917. Lénine, chef des bolchéviques, fut élu président du Conseil des commissaires du peuple. La construction de l'État soviétique se consolida avec l'absorption des républiques non russes, l'adoption de la Constitution de 1924 et sa reconnaissance par les puissances occidentales. À la mort de Lénine, Staline, secrétaire du Parti communiste, élimina ses adversaires et instaura un régime de terreur (emprisonnements, exécutions, camps de concentration). Durant la Seconde Guerre mondiale, l'URSS fut envahie par l'Allemagne mais l'Armée rouge remporta la victoire de Stalingrad. En 1945, le pays sortit épuisé de la guerre, mais il s'était agrandi vers l'ouest, notamment en annexant les pays Baltes. En outre, il dominait les pays qui deviendront des « démocraties populaires ». À partir de 1989, leur rupture avec l'URSS annonça l'éclatement de l'Union. En 1953, la mort de Staline, remplacé par Khrouchtchev, marqua le début de la déstalinisation. En mars 1991, un référendum tenta de donner à l'Union une nouvelle base institutionnelle, mais une tentative de coup d'État, organisée par des communistes conservateurs, précipita la décomposition de l'Union. Le Parti communiste soviétique prononça son auto-dissolution le 29 août 1991. La plupart des républiques fédérées proclamèrent leur souveraineté ou leur indépendance. En décembre 1991, l'URSS fut dissoute et la Communauté des États indépendants (CÉI) fut créée. La Russie a hérité des prérogatives internationales de l'ex-URSS.

Uruguay

3,2 millions d'habitants
Superficie : 176 210 km^2
Capitale : Montevideo
Langue officielle : espagnol
Monnaie : le peso uruguyaen

État de l'Amérique du Sud, sur l'Atlantique, bordé par le Brésil et l'Argentine.

GÉOGRAPHIE L'Uruguay, pays de plaines et de plateaux, drainé par le Rio Negro, s'ouvre au sud sur le plus vaste estuaire du monde, le Río de La Plata. Le climat est doux et humide. L'élevage ovin et bovin alimente l'exportation et constitue l'essentiel des ressources. Le pays possède quelques cultures : céréales, canne à sucre et riz. La population est très urbanisée.

HISTOIRE Exploré à partir de 1516 par les Espagnols, le Río de La Plata fut disputé par les Portugais du Brésil et les Espagnols d'Argentine, qui en restèrent maîtres au XVIIIe siècle. Les gauchos, éleveurs de bétail, ont d'abord constitué le seul peuplement blanc, malgré la résistance des Indiens Charrúas, qui furent complètement éliminés en 1832. Après avoir été rattaché au Brésil, l'Uruguay devient indépendant en 1828. La « grande guerre » qui l'oppose à l'Argentine dure de 1839 à 1851. Le pays subit plusieurs dictatures militaires et les difficultés économiques et sociales suscitèrent, à partir de 1958, la guérilla urbaine des Tupamaros. L'armée prit le pouvoir en 1973, mais la dégradation de la situation économique et la montée de l'opposition l'obligèrent à céder la place à un gouvernement civil en 1984.

Urumqi

Ville de la Chine du nord-ouest et capitale du Xinjiang (1,1 million d' hab.).
On dit aussi **Ouroumtsi**.

USA voir *États-Unis d'Amérique*

Ushuaia

Ville d'Argentine et chef-lieu de la province de Terre de Feu (11 000 hab.). Ushuaia est la ville située le plus au sud du globe terrestre.

Utrecht

Ville des Pays-Bas (230 370 hab.). Utrecht, port fluvial sur le canal d'Amsterdam, a des activités commerciales importantes, mais c'est aussi un centre universitaire et religieux.

Les *traités d'Utrecht* (1713-1715) mirent fin à la guerre de la Succession d'Espagne. Philippe V fut reconnu roi d'Espagne, mais renonça à ses droits sur la couronne de France. L'Angleterre obtint d'importantes territoires espagnols (Gibraltar et Minorque) et français (Terre-Neuve, l'Acadie, la baie d'Hudson).

Utrillo Maurice (né en 1883, mort en 1955)

Peintre français. Utrillo est particulièrement connu pour les tableaux qui lui ont été inspirés par le quartier de Montmartre à Paris.

Uttar Pradesh

État du nord de l'Inde. 294 413 km^2 ; 139 millions d'hab. ; capitale : Lucknow. Aux frontières de la Chine et du Népal, cet État, le plus peuplé de l'Inde, s'étend dans la plaine du Gange, entre l'Himalaya et le Dekkan. Les villes principales, Bénarès, Agra et Allahabad, sont des centres religieux importants et des lieux de pèlerinage.

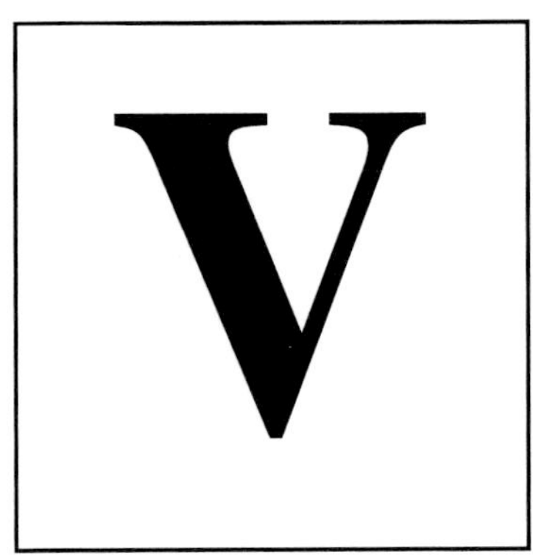

Vaduz
Capitale du Liechtenstein, au bord du Rhin (6 000 hab.). Vaduz est un centre touristique.

Valais
Canton de Suisse. 5 226 km^2 ; 247 550 hab. ; chef-lieu : Sion. Bordé par la frontière française à l'ouest, et la frontière italienne au sud et à l'est, le Valais est drainé par le Rhône, et vit de l'élevage, de la polyculture (notamment vigne), mais surtout d'une industrie servie par une abondante hydroélectricité. Le tourisme constitue une part croissante des ressources.

HISTOIRE Le *comté du Valais* forma une république indépendante en 1802, puis il constitua le département français du Simplon. En 1814, il entra dans la Confédération suisse. Les langues pratiquées sont le français (parlé par 2/3 des Valaisans) et l'allemand.

Val d'Aoste
Région du nord-ouest de l'Italie et de l'Union européenne, dans les Alpes, frontalière de la France et de la Suisse. 3 262 km^2 ; 114 300 hab. ; capitale : Aoste. La région, dont les langues officielles sont l'italien et le français, jouit d'un statut d'autonomie depuis 1945.

Val-de-Marne
Département français (94) de la Région Île-de-France. 244 km^2 ; 1,2 million d'hab. ; chef-lieu : Créteil.

Val-d'Oise
Département français (95) de la Région Île-de-France. 1 249 km^2 ; 1,1 million d' hab. ; chef-lieu : Pontoise.

① Valence
Communauté autonome d'Espagne et Région de l'Union européenne, formée des provinces d'Alicante, de Castellón et de Valence. 23 305 km^2 ; 3,9 millions d'hab. ; capitale : Valence. Riche plaine agricole, la région est exportatrice d'agrumes, de fruits et de légumes. C'est aussi un important pôle industriel et portuaire et un lieu de tourisme.

② Valence
Ville et port d'Espagne, sur la Méditerranée. (758 700 hab.). Valence est la capitale de la communauté autonome de Valence. La ville possède de belles églises baroques et une halle de la soie du XVe siècle.

HISTOIRE La ville, fondée par les Grecs, devint la capitale d'un royaume arabe indépendant au XIe siècle. Elle fut conquise par le Cid en 1094. Elle passa à l'Aragon en 1238.

③ Valence
Chef-lieu du département de la Drôme (64 260 hab.). Valence, sur les bords du Rhône, est un centre commercial connu pour ses fruits et ses légumes primeurs.

Valéry Paul (né en 1871, mort en 1945)
Écrivain français. Attiré par la poésie, il se lia avec Mallarmé, puis s'intéressa aux sciences et au processus de la connaissance. Il publia l'*Introduction à la méthode de Léonard de Vinci (1895)* et *la Soirée avec Monsieur Teste (1896)*. En 1917, *la Jeune Parque*, poème symboliste, lui valut la célébrité. Il est aussi l'auteur de nombreux essais, parmi lesquels *Variété (1924-1944)* et *Regards sur le monde actuel (1931)*. Il fut élu membre de l'Académie française en 1927.

La Valette
Capitale et port de la république de Malte (210 000 hab.). Remarquable ville fortifiée dont la construction commença au XVIe siècle.

Vallée des Rois
Site archéologique d'Égypte. Située sur la rive gauche du Nil, en face de Louxor, la vallée des Rois abrite la nécropole des pharaons du Nouvel Empire égyptien (1580-1085 avant J.-C.).

Vallès Jules (né en 1832, mort en 1885)
Journaliste et écrivain français. Membre de la Commune, Jules Vallès s'exila à Londres. Son œuvre essentielle, *Jacques Vingtras*, est une trilogie autobiographique qui comporte *l'Enfant (1879)*, *le Bachelier (1881)* et *l'Insurgé (1886)*.

Valmy
Commune de la Marne, où les généraux Dumouriez et Kellermann remportèrent, en 1792, sur les Prussiens, une victoire inespérée qui stoppa l'invasion de la France.

Valois
Dynastie de rois qui régna sur la France, après la fin de la dynastie des Capétiens directs, depuis l'avènement de Philippe VI, en 1328, jusqu'à la mort d'Henri III, en 1589.

Valparaíso
Ville et principal port de commerce du Chili (620 000 hab.). Valparaiso est un centre industriel et touristique.

Vancouver
Ville de l'ouest du Canada, en Colombie-Britannique (1,4 million d'hab.). Vancouver, situé en face de l'île de Vancouver, est un port important sur le Pacifique, un grand centre industriel et touristique.

Vandales
Ensemble de peuples germaniques qui franchirent le Rhin en 406 et envahirent la Gaule. Ils pénétrèrent jusqu'en Espagne. Conduits par leur roi Geiséric, ils franchirent le détroit de Gibraltar, s'installèrent en Numidie, conquirent une partie de la Tunisie actuelle, la Corse, la Sardaigne, les Baléares, la Sicile et pillèrent Rome en 455. Le royaume d'Afrique qu'ils fondèrent fut conquis par le général byzantin Bélisaire en 533-534.

Van Dyck Anton (né en 1599, mort en 1641)
Peintre flamand. Élève de Rubens, il séjourna en Italie, puis s'installa en Angleterre où il réalisa des portraits, notamment celui du roi *Charles Ier (1635)*, qui lui apportèrent la célébrité.

Van Eyck Jan (né vers 1390, mort en 1441)
Peintre flamand. Avec *l'Agneau mystique (1432)*, tableau en 12 panneaux, considéré comme un chef-d'œuvre, Van Eyck rompt avec les traditions picturales du Moyen Âge gothique. Auteur de portraits dont le célèbre portrait en pied des *Époux Arnolfini (1434)*, il est l'un des fondateurs de l'école flamande.

Van Gogh Vincent (né en 1853, mort en 1890)
Peintre néerlandais. Van Gogh, de nature tourmentée et profondément religieuse, se tourne vers la peinture vers 1880. Influencé par les impressionnistes à Paris, il part pour Arles où il réalise sa célèbre série de tableaux, les *Tournesols*, dans lesquels éclatent les couleurs et la violence de sa peinture. Atteint de délire, il se tranche l'oreille après une dispute avec le peintre Gauguin (*Portrait de l'artiste à l'oreille coupée*). Victime d'hallucinations, il est interné à Saint-Rémy-de-Provence mais il continue à peindre : *Deux Cyprès*, *Route aux cyprès*. En 1890, il s'installe à Auvers-sur-Oise, peignant portraits et paysages (*Champ de blé aux corbeaux*). Mais, malade et désespéré, il meurt après s'être tiré une balle de revolver dans la poitrine.

Vannes
Chef-lieu du département du Morbihan (51 759 hab.). Vannes, située au fond du golfe du Morbihan, abrite plusieurs édifices historiques et possède une petite industrie agroalimentaire.

Vanuatu

200 000 habitants
Superficie : 14 765 km^2
Capitale : Port-Vila
Langues officielles : bichlamar, français, anglais
Monnaie : le vatu

État du Pacifique Sud, au nord-est de la Nouvelle-Calédonie.

Géographie Archipel montagneux tropical, Vanuatu est composé d'îles volcaniques ou coralliennes dont les six plus importantes groupent plus de 80 % des habitants.

Économie La population, mélanésienne et polynésienne, vit surtout de l'agriculture et de la pêche. Le pays exporte du coprah, de la viande bovine, du cacao et du bois. Le tourisme se développe, mais l'économie reste déficitaire.

Histoire Découvert par les Portugais, l'archipel, d'abord appelé Nouvelles-Hébrides, fut sous la domination commune des Anglais et des Français et acquit son indépendance en 1980, sous le nom de république de Vanuatu. L'État est membre du Commonwealth et fait partie de l'Office international de la Francophonie.

Var
Département français (83) de la Région Provence-Alpes-Côte d'Azur. 5 999 km^2 ; 898 441 hab. ; chef-lieu : Toulon.

Varennes-en-Argonne
Chef-lieu de canton de la Meuse. C'est à Varennes que le roi Louis XVI et sa famille, qui fuyaient Paris, furent arrêtés dans la nuit du 20 au 21 juin 1791. Cet épisode de la Révolution est connu sous le nom de *fuite à Varennes*.

Varsovie
Capitale de la Pologne (2,1 millions d'hab.). Varsovie, sur les bords de la Vistule, est un grand centre scientifique, culturel, commercial et industriel et un important nœud de communications.

Histoire Capitale du royaume de Pologne (1815-1915), soumis à la Russie, Varsovie fut le siège d'une insurrection, durement réprimée (1830-1831). En 1918, elle devint la capitale de la Pologne restaurée. Occupée par les Allemands en 1939, elle fut le centre de la Résistance polonaise et les nazis profitèrent du soulèvement du ghetto pour exterminer les Juifs de la capitale. Une insurrection éclata en 1944 et la ville fut détruite par les Allemands. Les monuments ainsi que la vieille ville ont été reconstruits avec une grande fidélité.

Le *pacte de Varsovie,* signé en 1955, liait, par des accords militaires, les pays communistes de l'Europe de l'Est, groupés autour de l'URSS. Conçu pour répliquer à l'entrée de la RFA dans l'OTAN, il fut dissous en 1991.

Vatican

État d'Europe, situé dans la ville de Rome et placé sous la souveraineté du pape. C'est le plus petit État du monde (44 hectares ; 830 citoyens). Il est également appelé le Saint-Siège. La cité du Vatican comprend la basilique Saint-Pierre, le palais pontifical, les jardins, les musées et la place Saint-Pierre. En plus de la cité, l'État englobe une douzaine d'édifices dont les basiliques Saint-Jean-de-Latran, Saint-Paul-hors-les-Murs, Sainte-Marie-Majeure et Castel Gandolfo, résidence d'été du pape. Les palais de la cité comportent, entre autres, les appartements du pape, la secrétairerie d'État, la chapelle Sixtine, la bibliothèque Vaticane, les archives secrètes du Vatican. Le Vatican est un État neutre. Il possède son drapeau, ses forces armées, sa propre monnaie, sa radio et ses propres journaux.

Histoire La souveraineté de l'État du Vatican a été établie par les accords du Latran, signés en 1929 entre la papauté et l'Italie alors sous le gouvernement de Mussolini.

Vauban Sébastien Le Prestre de (né en 1633, mort en 1707)

Maréchal de France. Nommé commissaire général des fortifications en 1678 par Louis XIV, Vauban adapta les ouvrages fortifiés aux progrès de l'armement, consolida 300 places fortes et en construisit 40 nouvelles. Il dirigea victorieusement plusieurs sièges. Mais, à la suite de critiques qu'il adressa au roi, celui-ci lui retira sa faveur.

Vaucluse

Département français (84) de la Région Provence-Alpes-Côte d'Azur. 3 566 km^2 ; 499 685 hab. ; chef-lieu : Avignon.

Vaud

Canton de Suisse, entre les lacs Léman et de Neuchâtel ; 3 219 km^2 ; 599 790 hab. ; chef-lieu : Lausanne. Plus de la moitié de sa population vit sur les rives du lac Léman, vouées à l'industrie (horlogerie et petite mécanique) et surtout au tourisme. Il entra dans la Confédération suisse en 1803. Le canton de Vaud est francophone.

Vaux-le-Vicomte

Château situé en Seine-et-Marne, non loin de Paris. Somptueuse demeure construite par l'architecte Le Vau (1655-1661) pour le surintendant Fouquet, elle fut décorée par Le Brun et Le Nôtre en dessina les jardins.

Vélasquez Diego (né en 1599, mort en 1660)

Peintre espagnol. D'abord auteur de tableaux d'inspiration religieuse et de scènes de la vie quotidienne comme *le Vendeur d'eau de Séville*, Vélasquez devint en 1623 le peintre officiel du roi Philippe IV d'Espagne. Ses portraits du roi et des personnages de la cour royale sont des chefs-d'œuvre. Artiste inspiré par les couleurs et la lumière, il atteint le sommet de son art avec les *Ménines (1656)*, représentant l'infante d'Espagne et ses suivantes.

Velay

Région du Massif central, formée de massifs cristallins et volcaniques coupés de bassins arrosés par la Loire.

Vendée

Département français (85) de la Région Pays de la Loire. 6 721 km^2 ; 539 664 hab. ; chef-lieu : La Roche-sur-Yon.

Vendée (guerre de) voir ***guerre de Vendée***

Vénétie

Région du nord-est de l'Italie et de l'Union européenne. 18 364 km^2 ; 4,4 millions d'hab. ; chef-lieu : Venise. Bordée par la mer Adriatique, la Vénétie est formée de la chaîne des Dolomites, au nord, et d'une plaine alluviale fertile, arrosée par le Pô, au sud. L'hydroélectricité favorise l'industrie. C'est une région très touristique.

Venezuela

24,2 millions d'habitants
Superficie : 912 050 km^2
Capitale : Caracas
Langue officielle : espagnol
Monnaie : le bolivar

État du nord-ouest de l'Amérique du Sud, bordé au nord par la mer des Caraïbes.

Géographie Au nord, s'élèvent les montagnes des Andes et la cordillère de la Costa, bordées d'un littoral très peuplé. Elles isolent, au nord-ouest, la plaine et le lac de Maracaibo, au climat chaud et sec. Au sud de ces chaînes montagneuses s'étend une région tropicale de plaines, arrosée par le fleuve Orénoque, puis le massif des Guyanes couvert d'une forêt dense. Le pays est urbanisé à 85 %.

Économie L'agriculture reste insuffisante, l'élevage bovin est important. Le pays se révèle particulièrement riche en ressources minérales et énergétiques (or, diamants, bauxite, gaz naturel, pétrole). À partir de 1960, l'État a implanté des industries en Guyane (sidérurgie et aluminium). Malgré une diminution du chômage et de l'inflation, la situation économique et sociale demeure fragile.

Histoire La région fut découverte par Christophe Colomb en 1498. Puis, rattaché à l'Espagne, le Venezuela devint une capitainerie générale de l'empire colonial espagnol. En 1821, vaincus par le général vénézuélien Simon Bolívar, les Espagnols se retirent. Bolívar forme alors la Grande-Colombie, comprenant le Venezuela, la Colombie et l'Équateur. Après la mort de Bolívar, les partisans d'une indépendance totale du pays l'emportèrent. Dès lors, révolutions et dictatures se succédèrent. En 1948, une junte révolutionnaire dirigée par Rómulo Betancourt rendit le pouvoir aux civils. Malgré une alternance démocratique, le pays est en proie à la corruption et a dû faire face à une grave crise financière.

Venise

Ville d'Italie (80 000 hab.). Venise est bâtie sur une lagune reliée à la mer Adriatique. Elle est le chef-lieu de la province de Venise et la capitale de la Vénétie.

Géographie La ville est construite sur 118 îlots, que séparent 177 canaux étroits enjambés par 400 ponts. Le Grand Canal divise la ville en deux ensembles, bordés au sud par la longue île de la Giudecca. Une bande côtière sépare les eaux vénitiennes de la mer. Venise est un prestigieux centre touristique. Elle compte de nombreux palais du Moyen Âge et de la Renaissance et d'innombrables églises. Sa célèbre place Saint-Marc est bordée par la basilique Saint-Marc (XIe-XVe siècle) à l'est, par la tour de l'Horloge (1496) au nord, par la Piazzetta, dominée par le Campanile (XIIIe-XIVe siècle) au sud et par le palais des Doges (XIIe-XVIe siècle). Venise est aujourd'hui menacée par la montée des eaux marines et par la pollution.

Histoire Au IXe siècle, Venise, qui dépendait de l'empereur byzantin, était devenue une cité indépendante gouvernée par un doge. Elle édifia un véritable empire maritime en Méditerranée. La concurrence des Turcs qui, à partir du XVe siècle, la dépossédèrent de plusieurs de ses territoires, puis les guerres d'Italie amorcèrent son déclin. En 1797, la république de Venise fut abolie par Bonaparte. Venise et ses territoires, correspondant à la Vénétie actuelle, passèrent sous domination autrichienne jusqu'à leur rattachement au royaume d'Italie en 1866.

mont Ventoux

Massif calcaire des Préalpes du Sud dans le Vaucluse, qui culmine à 1 909 mètres.

① Vénus

Déesse de la Beauté et de l'Amour, dans la mythologie romaine. Elle est assimilée à la déesse Aphrodite de la mythologie grecque.

② Vénus

Deuxième planète du système solaire, située entre Mercure et la Terre. C'est l'astre le plus brillant du ciel après le Soleil et la Lune. Elle est visible tantôt à l'aube (on l'appelle alors l'étoile du matin), tantôt au crépuscule (on l'appelle alors l'étoile du Berger). Sa distance au Soleil varie de 107 à 109 millions de km. Vénus est la planète la plus proche de la Terre (41 millions de km). Elle tourne sur elle-même en 243 jours. Son diamètre, de 12 102 km, est proche de celui de la Terre (12 756 km) et les deux planètes ont une densité et structure interne comparable. Il y a plusieurs milliards d'années, océans et continents étaient présents à la surface de Vénus. Un intense effet de serre imposa les conditions qui y règnent aujourd'hui, avec notamment une température d'environ 470 °C. Le dioxyde de carbone constitue l'essentiel de l'atmosphère de Vénus qui retient en outre une épaisse couche nuageuse riche en acide sulfurique.

Veracruz

Ville et port du Mexique, sur le golfe du Mexique (284 820 hab.).

L'*État de Veracruz* (71 699 km^2 ; 6,3 millions d'hab. ; capitale : Jalapa Enríquez) a des cultures de canne à sucre, de café, de coton, de cacao, de bananes et de tabac. Il possède du pétrole et du gaz naturel.

Vercingétorix (né vers 72, mort en 46 avant J.-C.)

Chef gaulois. Issu de la tribu des Arvernes, il fut le chef suprême des Gaulois en lutte contre les Romains en 52 avant J.-C. Il contraignit Jules César à lever le siège de Gergovie, mais perdit sa cavalerie près de Dijon. Enfermé dans la ville d'Alésia, il se rendit à César. Emprisonné à Rome, il fut exécuté dans sa prison six ans plus tard.

Vercors

Massif calcaire des Préalpes, entre les vallées de l'Isère et de la Drôme.

Histoire En 1944, dans le Vercors, des maquisards français résistèrent héroïquement aux troupes allemandes qui leur infligèrent de terribles représailles.

Verdi Giuseppe (né en 1813, mort en 1901)

Compositeur italien. Musicien sensible et novateur, Verdi sut unir l'expression vocale et une action dramatique intense dans ses nombreux opéras : *Nabucco (1842), Rigoletto (1851), la Traviata (1853), les Vêpres siciliennes (1855), Aïda (1871), Otello (1887), Falstaff (1893).*

Verdun

Chef-lieu d'arrondissement de la Meuse (19 624 hab.). Verdun possède une cathédrale (XIe-XVIe siècles) restaurée, de nombreux monuments et une citadelle bâtie sur de vastes souterrains, ainsi qu'un musée de la Guerre.

HISTOIRE Ancien camp gaulois, la ville fut occupée, avec Metz et Toul, par le roi Henri II en 1552, et réunie à la France en 1648.

Le *traité de Verdun* fut signé à Verdun, en 843, par les trois fils de l'empereur d'Occident Louis le Pieux : Louis, Charles le Chauve et Lothaire, qui se partagèrent l'Empire carolingien.

La *bataille de Verdun*, l'une des plus meurtrières de la Première Guerre mondiale, se déroula en 1916 à la suite d'une attaque allemande contre le camp de Verdun. Les combats durèrent de février à décembre, durant lesquels plus de 700 000 hommes, Français et Allemands, trouvèrent la mort. La défense française arrêta l'offensive allemande mais ne mit pas fin à la guerre.

Verhaeren Émile (né en 1855, mort en 1916)

Poète belge d'expression française. Auteur de poèmes empreints de désespoir : *Soirs (1887), Débâcles (1888), Flambeaux noirs (1891)*, il fut ensuite inspiré par la poésie des hommes et des cités livrés à la modernité et au monde industriel.

Verlaine Paul (né en 1844, mort en 1896)

Poète français. Alors qu'il travaille comme employé de bureau à Paris, Verlaine publie ses premiers poèmes : *Poèmes saturniens (1866)* et *Fêtes galantes (1869)*. Après sa rencontre avec Rimbaud, il mène une vie désordonnée et se met à boire. Pour avoir tiré deux coups de revolver sur son ami Rimbaud, au cours d'une dispute, il est emprisonné. Libéré, il renoue avec la religion, se remet à écrire et publie *Romances sans paroles (1874), Sagesse (1881), Jadis et Naguère (1884)*. Dans *les Poètes maudits (1884)*, il fait connaître des poètes tels que Rimbaud et Mallarmé. Ayant repris son existence de bohême, Verlaine finira sa vie misérable et alcoolique.

Vermeer Johannes (né en 1632, mort en 1675)

Peintre néerlandais. Oublié durant deux siècles, Vermeer, dont la vie reste mal connue, a laissé une quarantaine de tableaux, dont *Vue de Delft, la Dentellière, l'Atelier*. Ses scènes d'intérieur, ses portraits, ses paysages, remarquables par de subtils jeux de lumière et la précision du trait, font de lui l'un des plus grands peintres de son siècle.

Verne Jules (né en 1828, mort en 1905)

Écrivain français. Avec son premier roman, *Cinq Semaines en ballon (1863)*, Jules Vernes crée le roman d'anticipation, genre qui le rendra célèbre. Son imagination, qui s'appuie sur le progrès technologique et les découvertes de son époque, lui inspire de nombreux romans : *Voyage au centre de la Terre (1864), De la Terre à la Lune (1865), Vingt Mille Lieues sous les mers (1870), le Tour du monde en quatre-vingts jours (1873), Michel Strogoff (1876)*. Ils font de lui le précurseur de la littérature de science-fiction.

Vérone

Ville d'Italie en Vénétie (261 270 hab.). Vérone, sur les bords de l'Adige, est un centre commercial et touristique de la plaine du Pô. La ville compte un cirque et un théâtre romains, de nombreux palais (XVe, XVIe siècles). Réunie au royaume d'Italie avec Venise (1805-1814), la ville revint à l'Autriche en 1814. En 1866, Venise et Vérone furent rattachées à l'Italie.

Véronèse Paolo (né en 1528, mort en 1588)

Peintre italien. Choisissant souvent des sujets historiques, mythologiques ou religieux, Véronèse sut donner vie aux personnages qu'il représentait, avec un grand art de la mise en scène, sur des toiles de vastes dimensions, telles que *les Noces de Cana, le Repas chez Simon le Pharisien, le Repas chez Lévi*.

Versailles

Ville de France (85 761 hab.). Chef-lieu du département des Yvelines, Versailles est un centre résidentiel et touristique. La ville possède de nombreux monuments, dont une église bâtie par l'architecte Hardouin-Mansart, une cathédrale du XVIIIe siècle, la salle du Jeu de paume (fin XVIIe siècle) et une école d'horticulture réputée. Mais Versailles est surtout célèbre pour son château.

Le *château de Versailles* ne fut à l'origine qu'un pavillon de chasse que Louis XIII se fit construire de 1624 à 1632 dans le village du même nom. De 1661 à 1668, Louis XIV, désireux d'en faire une résidence royale, le fit agrandir et embellir, sollicitant des architectes et des décorateurs grâce auxquels Versailles deviendra un somptueux ensemble, prototype de l'architecture classique française. Ainsi, Le Vau et Hardouin-Mansart réaliseront le corps central du bâtiment ; Mansart aménagera la galerie des Glaces (décorée par Le Brun), l'Orangerie, les Grandes et Petites Écuries ; le jardin, la pièce d'eau et le parc sont l'œuvre du paysagiste Le Nôtre. Au nord-est du palais se trouvent le Petit et le Grand Trianon. Cité royale et véritable capitale du royaume, Versailles vit en 1789 la réunion des États généraux, qui marquèrent le début de la Révolution. Le gouvernement y siégea durant la Commune, ainsi que l'Assemblée nationale et le Parlement.

Le *traité de Versailles* y fut signé, le 28 juin 1919, entre l'Allemagne et les puissances alliées victorieuses, mettant fin à la Première Guerre mondiale. Les conditions sévères imposées à l'Allemagne alimentèrent la propagande hitlérienne.

cap **Vert**

Cap qui constitue la pointe extrême de l'ouest de l'Afrique, situé dans l'État du Sénégal, au nord-ouest de Dakar.

Vesoul

Chef-lieu du département de la Haute-Saône (17 168 hab.).

Vespasien (né en l'an 9 après J.-C., mort en 79)

Empereur romain de 69 à 79. Vespasien reçut, sous Néron, le commandement de l'armée d'Orient, qui le proclama empereur. Il fit de nombreuses réformes, rétablit la discipline dans l'armée et restaura l'Empire héréditaire en faveur de ses fils Titus et Domitien, malgré l'opposition du sénat. Il commença la construction du Colisée, à Rome.

Vespucci Amerigo (né en 1454, mort en 1512)

Navigateur italien. Vespucci explora les côtes du Nouveau Monde au cours de plusieurs voyages. Un cartographe allemand lui attribua la découverte du continent américain et se servit de son prénom, Amerigo, pour donner au nouveau continent le nom d'Amérique.

Vésuve

Volcan actif d'Italie, situé au sud-est de Naples (1 277 m). L'éruption du Vésuve en 79 après J.-C. ensevelit les villes d'Herculanum et de Pompéi.

Vexin

Région agricole de France qui occupe l'ouest du Val-d'Oise, l'extrême sud-ouest de l'Oise et le nord-est de l'Eure.

Vézelay

Chef-lieu de canton de l'Yonne (492 hab.) où a été bâtie la superbe basilique de la Madeleine (XIIe siècle), qui possède une nef romane, un transept et un chœur gothiques. Cet ensemble fut restauré par Viollet-le-Duc en 1840.

Vian Boris (né en 1920, mort en 1959)

Écrivain français. Poète et romancier : *l'Automne à Pékin*, *l'Écume des jours*, *l'Arrache-cœur*, il fut aussi dramaturge, trompettiste de jazz et auteur de chansons. Il marqua toutes ses activités d'un humour proche du désespoir. Il écrivit des romans noirs à l'américaine sous le pseudonyme de Vernon Sullivan *(J'irai cracher sur vos tombes)*.

Vichy

Chef-lieu d'arrondissement de l'Allier (26 528 hab.). Vichy est une station thermale très réputée.

Le *gouvernement de Vichy* est le nom donné au gouvernement de l'État français, de juillet 1940 à août 1944, dont le chef, le maréchal Pétain, s'était installé à Vichy. Après une entrevue avec Hitler, Pétain mena une politique de collaboration avec les occupants nazis : persécution des Juifs, juridictions d'exception, création de la Milice et du Service du travail obligatoire en Allemagne. Le gouvernement de Vichy s'effondra avec la Libération et la défaite allemande.

Victor Paul-Émile (né en 1907, mort en 1995)

Ethnologue et explorateur français des régions polaires.

Victor-Emmanuel II (né en 1820, mort en 1878)

Roi de Piémont-Sardaigne de 1849 à 1861, puis d'Italie de 1861 à 1878. Il travailla, avec son ministre Cavour, à établir l'indépendance et l'unité italiennes, avec l'appui de la France. Il réunit en 1859-1860 tous les États italiens, à l'exception de la Vénétie (acquise en 1866) et de Rome (prise en 1870).

Victor-Emmanuel III (né en 1869, mort en 1947)

Roi d'Italie de 1900 à 1946. En 1922, il confia le pouvoir à Mussolini. Après les revers de l'Italie, alliée de l'Allemagne de 1940 à 1943, il fit arrêter Mussolini. Il abdiqua en faveur de son fils Humbert en mai 1946, mais ne put empêcher la proclamation de la république en juin 1946.

lac **Victoria**

Lac d'Afrique équatoriale, bordé par l'Ouganda, le Kenya et la Tanzanie (68 100 km^2). Il alimente le cours supérieur du Nil.

Victoria

État du sud-est de l'Australie. 227 600 km^2 ; 4,2 millions d'hab. ; capitale : Melbourne. Une chaîne montagneuse isole au nord un bassin fertile et au sud des plaines et collines vouées à l'élevage bovin. L'essentiel de la population forme l'agglomération de Melbourne.

Victoria Ire (née en 1819, morte en 1901)

Reine de Grande-Bretagne et d'Irlande de 1837 à 1901, et impératrice des Indes de 1876 à 1901. Épouse du prince Albert de Saxe-Cobourg-Gotha, elle marqua de son empreinte la vie politique britannique, sans enfreindre les limites de la monarchie parlementaire. Grâce à des hommes de valeur (Peel, Disraeli, Gladstone, Chamberlain) et à d'excellentes conditions économiques, son règne marqua l'apogée de la puissance britannique.

Vidocq François (né en 1775, mort en 1857)

Aventurier français. Bagnard évadé, il devint espion au service de la police puis chef de la Sûreté. Les *Mémoires* parus sous son nom eurent un grand succès. Ils inspirèrent à Balzac le personnage de Vautrin.

① Vienne

Département français (86) de la Région Poitou-Charentes. 6 985 km² ; 339 024 hab. ; chef-lieu : Poitiers.

② Vienne

Capitale de l'Autriche (1,6 million d'hab.). Vienne, sur les bords du Danube, constitue le Land de Vienne (415 km²). Métropole culturelle, commerciale, financière et industrielle du pays, elle regroupe 20 % de la population. Vienne possède de nombreux édifices baroques et néogothiques, des églises (XVIIe et XVIIIe siècles), de nombreux musées.

Histoire Forteresse romaine, la ville se développa quand les Habsbourg en firent leur résidence (XVIe siècle). Elle fut la plus grande ville germanique jusqu'en 1900 et un grand centre artistique. En 1918, elle devint la capitale de la république d'Autriche.

Le *congrès de Vienne* se tint à Vienne de novembre 1814 à juin 1815 pour réorganiser l'Europe après la défaite de Napoléon. Les quatre grandes puissances victorieuses, l'Autriche, la Prusse, la Grande-Bretagne et la Russie se partagèrent l'Europe sans tenir compte des revendications nationales. Elles rétablirent partout l'absolutisme, préparant ainsi de futurs conflits.

Vienne (Haute-) voir ***Haute-Vienne***

Vientiane

Capitale du Laos (220 000 hab.). Vientiane, sur la rive gauche du Mékong, est un centre commercial important.

Viêt-cong

Durant la guerre du Viêt-nam (1960-1975), nom donné par leurs adversaires aux communistes et à leurs alliés regroupés au sein du Front national de libération du Viêt-nam du Sud.

On écrit aussi **Vietcong**.

Viêt-minh

Organisation politique vietnamienne à prépondérance communiste qui lutta pour l'indépendance du Viêt-nam. Sous la direction de Hô Chi Minh, le Viêt-minh mena la guerre contre le Japon (1941-1945) et contre la France (1946-1954).

On écrit aussi **Vietminh**.

Viêt-nam

78,5 millions d'habitants
Superficie : 329 560 km²
Capitale : Hanoi
Langue officielle : vietnamien
Monnaie : le dong

État de l'Asie du Sud-Est, qui s'étend le long de la mer de Chine méridionale.

Géographie Étiré sur près de 1 700 km du nord au sud, bordé par un littoral de plus de 3 000 km, le Viêt-nam se partage entre trois régions. Au nord, le Tonkin est constitué de montagnes qui encadrent la plaine du delta du fleuve Rouge. Au centre, les monts d'Annam, que prolongent de hauts plateaux, sont bordés d'étroites plaines littorales. Au sud, en Cochinchine, s'étend la plaine du delta du Mékong. Le climat tropical de mousson, très humide, entretient une végétation forestière. La population se concentre dans les plaines rizicoles surpeuplées, alors que les montagnes, qui couvrent les deux tiers du territoire, ne sont occupées que par de petites minorités : Thaïs, Muongs, Méos.

Économie Groupés en coopératives, environ les deux tiers des Vietnamiens vivent de l'agriculture (riz essentiellement). Les autres ressources viennent de la pêche, la pisciculture et la forêt. L'industrie est très peu développée. Cependant, après avoir connu une crise économique majeure, le pays s'ouvre peu à peu vers l'extérieur et a profité de la reprise économique des années 1999-2000.

Histoire Établis dès la préhistoire dans le delta du fleuve Rouge, les ancêtres des Vietnamiens actuels subirent une domination chinoise de plusieurs siècles. Ayant acquis leur indépendance, les dynasties Li et Trân édifièrent à partir du XIe siècle un État centralisé, qui atteignit le delta du Mékong. Mais livré aux rivalités dynastiques, le pays demeura divisé.

Cette anarchie favorisa la colonisation française, achevée en 1887. Dès 1925, des troubles nationalistes éclatèrent. L'indépendance de la république démocratique du Viêt-nam fut proclamée le 2 septembre 1945. La France l'accepta, mais refusa d'y intégrer la Cochinchine. Dès 1946, des affrontements éclatèrent entre l'armée française et le Viêt-minh, dirigé par le communiste Hô Chi Minh. En 1954, la défaite française s'acheva par la chute de Diên Biên Phu. Les accords de Genève séparèrent le pays en deux parties : le Nord dirigé par le Viêt-minh, et le Sud dirigé par Bao-Daï. Mais une opposition se manifesta contre le régime autoritaire du Sud autour du Front national de libération (FNL), ou Viêt-cong, soutenu par le Viêt-nam du Nord. En 1965, les États-Unis intervinrent directement contre le FNL et le Viêt-nam du Nord fut bombardé massivement. La guerre du Viêt-nam, désapprouvée par de nombreux Américains, fut terriblement meurtrière et ravagea le pays. Elle dura jusqu'en 1975 et s'acheva par la prise de Saigon par les troupes du Viêt-nam du Nord.

En avril 1976, des élections générales eurent lieu, et l'unification du pays fut officiellement proclamée en juillet. Le Viêt-nam devient une république socialiste. Environ un million et demi de Vietnamiens tentèrent alors de fuir le nouveau régime, le plus souvent par la mer (les *boat peo-*

A B C D E F G H I J K L M N O P Q R S T U V W X Y Z

ple). En 1999, le Viêt-nam a conclu un accord commercial avec les États-Unis. Le Viêt-nam fait partie de la Francophonie.
On écrit aussi **Vietnam**.

Vigny Alfred de (né en 1797, mort en 1863)
Écrivain français. Capitaine dans la garde royale, Vigny publia ses premiers poèmes en 1822. Mais il commence à être connu en 1826 avec les *Poèmes antiques et modernes* et un roman historique, *Cinq-Mars*. Il entame alors une carrière littéraire et écrit, entre autres, un drame, *Chatterton (1835)*, divers récits, dont *Servitude et grandeur militaires (1835)*, et de grands poèmes : *la Mort du loup (1843), la Maison du berger (1844)* et *le Mont des oliviers (1844)*. Alfred de Vigny est l'un des grands écrivains romantiques de la littérature française.

Vikings
Navigateurs et guerriers scandinaves qui firent des incursions vers le sud aux IXe et Xe siècles dans l'espoir de trouver des terres pour s'y établir. Très bons marins, ils arrivaient par la mer ou par les fleuves et atteignirent la Grande-Bretagne, la France, la Russie. Ils furent parfois appelés Normands (hommes du Nord).

Villa Pancho (né en 1878, mort en 1923)
Révolutionnaire mexicain. À la tête d'une armée de cavaliers, il prit Mexico en 1914, mais finit par se soumettre au gouvernement. Il fut assassiné.

ordonnance de **Villers-Cotterêts**
Ordonnance promulguée en 1539 par François Ier, qui imposa le français à la place du latin dans tous les actes de justice.

Villiers de L'Isle-Adam Auguste (né en 1838, mort en 1889)
Écrivain français. Auteur de vers et de romans, il est particulièrement connu pour ses courts récits, souvent étranges, dans lesquels il exprime son désir d'absolu : *Contes cruels (1883), l'Ève future (1886), Histoires insolites (1888)*.

Villon François (né en 1431, mort en 1463)
Poète français. Villon mena une vie désordonnée, au cours de laquelle il eut plusieurs fois affaire à la justice. En 1455, provoqué par un prêtre, il le blessa mortellement et s'enfuit de Paris. Villon est l'auteur du *Petit Testament (1456)* et du *Grand Testament (1461)*, bilan amer et narquois de sa vie. En 1462, le prévôt de Paris le condamna à la pendaison, mais le parlement décida son bannissement. Son procès lui inspira la célèbre *Ballade des pendus*. Après 1463, on perd sa trace. Villon est considéré comme le premier des poètes modernes.

Vilnius
Capitale de la Lituanie (650 000 hab.). La ville fut polonaise de 1920 à 1939 sous le nom de Wilno.

saint **Vincent de Paul** (né en 1581, mort en 1660)
Prêtre français. Aumônier général des galères, conscient de la misère du peuple, il créa de nombreuses œuvres de charité, comme la congrégation des Filles de la Charité. Il fut canonisé en 1737.

Vinci voir ***Léonard de Vinci***

mont **Vinson**
Point culminant de l'Antarctique (5 140 m), au sud-ouest du cap Horn.

Viollet-le-Duc Eugène (né en 1814, mort en 1879)
Architecte français. Convaincu de la nécessité de la restauration, il sauva de la ruine de nombreux édifices dont l'abbatiale de Vézelay, la Sainte-Chapelle de Paris, la cathédrale Notre-Dame de Paris. Il est l'auteur d'un énorme ouvrage en dix volumes, le *Dictionnaire raisonné de l'architecture française du XIe au XVIe siècle (1854-1868)*.

Virgile (né vers 70, mort en 19 avant J.-C.)
Poète latin. Après avoir étudié à Crémone, à Milan, puis à Rome, Virgile revint dans sa province natale où il composa les *Bucoliques (42-39 avant J.-C.)*, poème qui exalte la vie des bergers, simple et paisible. Revenu à Rome, il fut le protégé d'Octave, futur empereur romain sous le nom d'Auguste. En 29 avant J.-C., il publia les *Géorgiques*. Mais il est surtout l'auteur d'un chef-d'œuvre, *l'Énéide*, poème épique en 12 chants, qui raconte les aventures d'Énée et la fondation de Rome.

Vishnu
Divinité hindoue. Vishnu, forme, avec Brahma et Çiva, l'ensemble des trois divinités principales de l'hindouisme. Il est le conservateur de l'Univers et est souvent représenté avec quatre bras, chevauchant l'oiseau mythique appelé Garuda.
On écrit aussi **Vichnou**.

Vistule
Fleuve de Pologne (1 047 km). La Vistule naît dans les Carpates, arrose Cracovie, Varsovie et Gdansk, et se jette dans la Baltique par un delta.

Vivaldi Antonio (né en 1678, mort en 1741)
Compositeur italien. Professeur de musique à Venise, violoniste virtuose, il composa de nombreuses œuvres : opéras et oratorios, symphonies, sonates. Novateur, il fixe la forme du concerto classique et en compose plus de 450, dont le plus connu est intitulé *les Quatre Saisons (1725)*.

Vivarais
Ensemble de massifs de l'est du Massif central (1 434 m au mont Pilat), correspondant à peu près au département de l'Ardèche.

Vladivostok
Ville et port de Russie, située à l'extrême est du pays, sur la mer du Japon (627 000 hab.). Vladivostok est le terminus du train Transsibérien.

Vlaminck Maurice de (né en 1876, mort en 1958)
Peintre français. Vlaminck est un des créateurs du fauvisme avec Derain et Matisse. À partir de 1910, il peignit des paysages traditionnels.

Volga
Fleuve de Russie (3 700 km), le plus long d'Europe. Né sur le plateau du Valdaï, près de Moscou, il arrose Nijni-Novgorod, Kazan, Volgograd, et se jette dans la mer Caspienne par un vaste delta. La Volga constitue un grand axe commercial relié par canaux à la mer Baltique, à la mer d'Azov et à la mer Noire.

Volgograd
Ville de Russie, sur la rive droite de la Volga (981 000 hab.). Volgograd est un important centre industriel. Rebaptisée *Tsaritsyne* jusqu'en 1925, elle prit le nom de *Stalingrad* de 1925 à 1961.

Volta Alessandro (né en 1745, mort en 1827)
Physicien italien. Le comte Volta fit progresser l'électricité et inventa en 1800 la première pile. Celle-ci porte son nom.

Volta (Haute-) voir ***Burkina Faso***

Voltaire (né en 1694, mort en 1778)
Écrivain français. François Marie Arouet, dit Voltaire, fut enfermé plusieurs fois à la prison de la Bastille à la suite d'écrits visant des familles princières, des nobles, ou même le roi Louis XIV. Trop critique envers les abus du régime, il dut se réfugier à Londres, puis en Lorraine chez Mme du Châtelet et enfin chez le roi de Prusse, Frédéric II. Ses œuvres principales sont les *Lettres anglaises (1734), Zadig ou la Destinée (1747), Poème sur le désastre de Lisbonne (1756), Candide ou l'Optimisme (1759), Traité sur la tolérance (1763)* et *l'Ingénu (1767).* Il fut élu à l'Académie française en 1746.

① Vosges
Massif montagneux de l'est de la France. Les Vosges juxtaposent deux ensembles : au nord et à l'ouest, les *Vosges gréseuses* et, à l'est et au sud, les *Vosges cristallines.* Le climat humide et rude explique l'importance de la forêt. Les stations touristiques et thermales (Vittel, Contrexéville) ne fournissent que des ressources limitées.

② Vosges
Département français (88) de la Région Lorraine. 5 871 km^2 ; 380 952 hab. ; chef-lieu : Épinal.

Vulcain
Dans la mythologie romaine, Vulcain est le dieu du Feu et des Arts métallurgiques. Fils de Jupiter et de Junon, il épousa Vénus, qui le trompa avec Mars. Il correspond, dans la mythologie grecque, au dieu Héphaïstos.

Vulgate
Version latine de la Bible, due principalement à saint Jérôme (IVe-Ve siècle) et adoptée par le concile de Trente en 1546 comme version conforme aux lois de l'Église.

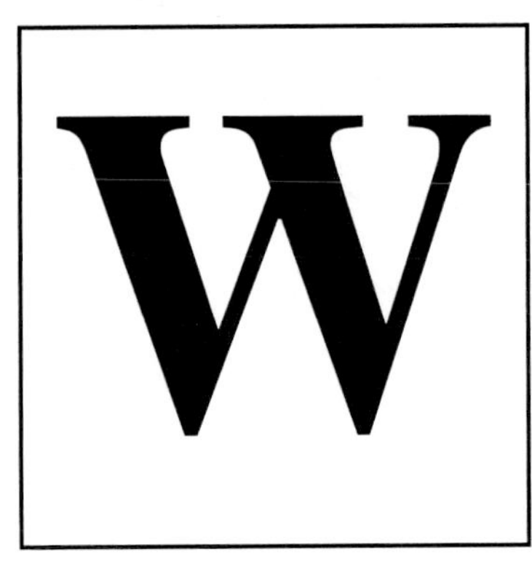

Wagner Richard (né en 1813, mort en 1883)
Compositeur allemand. Créateur du drame lyrique intégral (il écrivait lui-même ses textes, souvent à partir de légendes germaniques), il fut mal accepté par la critique et le public. Ses œuvres principales sont *Tannhäuser (1841-1845)*, *Lohengrin (1846-1847)*, *la Walkyrie (1856)*, *Tristan et Isolde (1857-1859)* et *Parsifal (1877-1882)*.

Wagram
Localité d'Autriche (4 000 hab.), près de Vienne, où Napoléon Ier vainquit l'archiduc Charles d'Autriche (5-6 juillet 1809).

Wallace Alfred (né en 1823, mort en 1913)
Naturaliste anglais. Explorateur de l'Australie, de l'Amazonie et l'Indonésie, il étudia la répartition géographique des animaux et des végétaux sur la planète.

Wallenstein Albrecht von (né en 1583, mort en 1634)
Général tchèque au service du Saint Empire. Il s'illustra pendant la guerre de Trente Ans, mais son ambition entraîna sa disgrâce (1630). Rappelé en 1632 contre Gustave II Adolphe, roi de Suède, il négocia avec lui pour obtenir la couronne de Bohême. Ferdinand II le fit assassiner. On dit aussi **Waldstein**.

Wallis-et-Futuna
Archipel de l'océan Pacifique, territoire français d'outre-mer depuis 1959. 274 km^2 ; environ 15 000 hab. ; chef-lieu : Mata-Utu (dans l'île d'Uvéa). Ces îles volcaniques, au climat tropical, ont peu de ressources : cultures vivrières, pêche, production de coprah. L'archipel fut découvert par le navigateur anglais Samuel Wallis en 1767 et passa sous protectorat français en 1886-1887.

Wallonie
Partie sud de la Belgique, d'expression française et romane (dialecte wallon). 16 844 km^2 ; 3 207 500 hab. ; capitale : Namur. Sans unité physique et historique, ce pays a une forte cohésion culturelle. Il constitue aujourd'hui la *Région wallonne*, Région de l'Union Européenne, et comprend les provinces du Hainaut, de Liège, du Luxembourg, de Namur et du Brabant wallon. La Région wallonne et la Région Bruxelles-Capitale forment la Communauté française de Belgique.

Warhol Andy (né en 1928, mort en 1987)
Peintre et cinéaste américain. Andy Warhol appartient au mouvement pop'art. De nombreuses œuvres reprennent inlassablement un même visage : *Marilyn Monroe (1962)*, ou un même objet : *Campbell's Soup (1962)*. Il réalisa également des films d'avant-garde.

Washington
Capitale fédérale des États-Unis (depuis 1800) ; 174 km^2 ; 610 000 hab. La ville abrite les sièges du pouvoir américain : la Maison-Blanche (résidence du président des États-Unis), le Capitole (siège du Congrès), la Cour suprême, et le Pentagone (commandement militaire). De nombreux laboratoires, universités et musées (dont la National Gallery of Art) y sont implantés. La ville doit son nom à Georges Washington, premier président des États-Unis.
On dit aussi **Washington DC (District of Columbia)**.

Washington George (né en 1732, mort en 1799)
Général et premier président des États-Unis d'Amérique. Chef des forces américaines, il gagna la guerre de l'Indépendance contre l'Angleterre (1775-1782). Élu à la présidence de la

Convention de 1787, il signa la Constitution des États-Unis. Élu président en 1789, réélu en 1792, il refusa un troisième mandat en 1796.

Waterloo
Commune de Belgique (Brabant wallon), au sud de Bruxelles (24 780 hab.).
La *bataille de Waterloo* est une défaite de Napoléon contre les Anglais de Wellington et les Prussiens de Blücher (18 juin 1815).

Watson James (né en 1928)
Biologiste américain. Watson construisit avec Crick une double hélice représentant la molécule d'ADN. Il obtint le prix Nobel de médecine en 1962 avec Crick et Wilkins.

Watt James (né en 1736, mort en 1819)
Ingénieur écossais. Watt apporta des perfectionnements décisifs à la machine à vapeur.

Watteau Antoine (né en 1684, mort en 1721)
Peintre français. Watteau a surtout peint les divertissements (fêtes galantes, théâtre...) de l'aristocratie de son époque, sur fond de mélancolie : *l'Embarquement pour l'île de Cythère (1717), Gilles (1721), l'Enseigne de Gersaint (1721).*

Wegener Alfred (né en 1880, mort en 1930)
Météorologiste et géophysicien allemand ; explorateur du Grand Nord. La théorie de Wegener sur la dérive des continents (1915) a été confirmée par l'étude de la tectonique des plaques.

Weimar
La *Constitution de Weimar*, votée par l'Assemblée allemande le 11 août 1919, organisait l'Allemagne en une république fédérale de 17 États.
La *république de Weimar* (1919-1933) subit les conséquences politiques et économiques de la défaite allemande de 1918. La crise mondiale (1929) et les difficultés parlementaires provoquent l'arrivée de Hitler au pouvoir (1933).

Welles Orson (né en 1915, mort en 1985)
Cinéaste et acteur américain. Son œuvre foisonne de trouvailles techniques, souvent baroques. *Citizen Kane (1941), la Dame de Shanghai (1948), Macbeth (1948), Othello (1952), la Soif du mal (1958), le Procès (1962), Falstaff (1966)* sont parmi ses films les plus célèbres.

Wellington
Capitale de la Nouvelle-Zélande, port sur l'île du Nord du détroit de Cook (330 000 hab.). La ville de Wellington est un centre industriel.

Wellington Arthur (né en 1769, mort en 1852)
Général et homme politique britannique. Vainqueur des Français au Portugal et en Espagne (bataille de Vitoria, 21 juin 1813), le premier duc de Wellington vainquit Napoléon Ier à Waterloo (18 juin 1815) à la tête des troupes alliées et commanda les forces d'occupation en France (1815-1818). Il fut Premier ministre de 1828 à 1830.

Wells Herbert George (né en 1866, mort en 1946)
Auteur anglais de romans d'anticipation : *la Machine à explorer le temps (1895), l'Île du docteur Moreau (1896), l'Homme invisible (1897), la Guerre des mondes (1898).*

Wenzhou
Ville de l'est de la Chine, sur la baie du même nom (5,9 millions d'hab.).

Westminster
Quartier de Londres, sur la rive gauche de la Tamise, regroupant le palais du Parlement et l'abbaye de Westminster où les rois d'Angleterre sont couronnés. Elle est également le panthéon des souverains et des grands hommes.

Westphalie
Ancienne province de l'ouest de l'Allemagne ; prussienne en 1815 ; intégrée en 1945 dans le Land de Rhénanie-du-Nord-Westphalie.
Les *traités de Westphalie* furent signés en 1648 par l'empereur Ferdinand III avec la France, la Suède et les principautés d'Empire. Ils mirent fin à la guerre de Trente Ans, après quatre années de négociations. Ils autorisèrent la liberté des cultes catholique, luthérien et calviniste dans le Saint Empire, la souveraineté des 350 États allemands ainsi que l'indépendance de la Suisse et des Provinces-Unies. La France reçut définitivement les Trois-Évêchés (Metz, Toul et Verdun) et une grande partie de l'Alsace (sans Strasbourg).

île de **Wight**
Île britannique de la Manche, formant un comté. 381 km^2 ; 126 600 hab. ; chef-lieu : Newport. L'élevage et le tourisme sont ses principales richesses.

Wilde Oscar (né en 1854, mort en 1900)
Écrivain britannique. Provocateur, il écrivit *le Portrait de Dorian Gray (1891)*, puis *Salomé* (représenté à Paris en 1893 et interdit à Londres) et *De l'importance d'être constant (1895)*. Attaqué pour son homosexualité, il fut condamné à deux ans de travaux forcés. Il mourut dans la misère.

Wilson Thomas (né en 1856, mort en 1924)
Homme politique américain. Élu président en 1912, réélu en 1916, il déclara la guerre à l'Allemagne. À la conférence de la Paix (à Paris en 1919-1920), il fit triompher son programme pacifiste et fut l'instigateur de la Société des Nations. Il obtint le prix Nobel de la paix en 1919.

lac **Winnipeg**
Lac du Canada, dans la province du Manitoba, qui communique avec la baie d'Hudson par le fleuve Nelson (24 650 km²).

Wisigoths
Ancien peuple germanique faisant partie du groupe des Goths. Au IVe siècle, ils vivaient entre le Dniepr et le Danube. Leur puissant royaume fut abattu par Clovis en 507 et par les Arabes en Espagne en 711.
On écrit aussi **Visigoths**.

Witt Johan de (né en 1625, mort en 1672)
Homme d'État hollandais. Witt fit la paix avec l'Angleterre (1654), assura les libertés publiques et poursuivit la formidable expansion maritime, commerciale et financière de son pays. Il combattit avec succès la Suède (1658-1660) et l'Angleterre (1665-1667). Contre Guillaume d'Orange, il fit voter l'Acte d'exclusion en 1667. Contre la menace française, il conclut la Triple-Alliance en 1668. Mais, après l'invasion de la Hollande par Louis XIV (1672), il fut mis à mort par le peuple de La Haye.

Wolofs
Peuple musulman vivant principalement au nord-ouest du Sénégal et qui compte environ 4 millions de personnes.
On dit aussi **Ouolofs**.

Woolf Virginia (née en 1882, morte en 1941)
Écrivain anglais. Influencée par Proust et Joyce, ses principales œuvres sont *la Chambre de Jacob (1922), Mrs. Dalloway (1925), la Promenade au phare (1927), Orlando (1928), les Vagues (1931).*

Wright Wilbur (né en 1867, mort en 1912)
Aviateur américain. Avec son frère Orville, il construisit un aéroplane équipé de deux hélices et d'un moteur à explosion Le 17 décembre 1903, Orville effectua le premier vol après celui de Clément Ader en 1890.

Wroclaw
Ville du sud-ouest de la Pologne (basse Silésie), sur l'Oder (637 630 hab.). Wroclaw est un centre administratif et industriel.

Wuhan
Conurbation industrielle de la Chine centrale, chef-lieu de province du Hubei, au confluent du Yangzijiang et du Hanshui. (4,3 millions d'hab.).

Wurtemberg
Ancien État de l'Allemagne, qui englobait le nord-est de la Forêt-Noire et le sud du bassin de Souabe et Franconie. Il fait aujourd'hui partie du Land de *Bade-Wurtemberg*.
HISTOIRE Le Wurtemberg fut érigé en duché en 1495 et Napoléon Ier en fit un royaume en 1805. Il entra dans le IIe Reich allemand en 1871. République en 1918, il fut intégré au IIIe Reich en 1934.

Wyclif John (né vers 1330, mort en 1384)
Théologien anglais, précurseur de la Réforme. Il attaqua le pape, les indulgences ainsi que la confession obligatoire et prêcha un retour aux Écritures. Il défendit les paysans lors de leur révolte (1381), dans *Servants and Lords*. Le concile de Constance (1415) le condamna à titre posthume.
On écrit aussi **Wycliffe**.

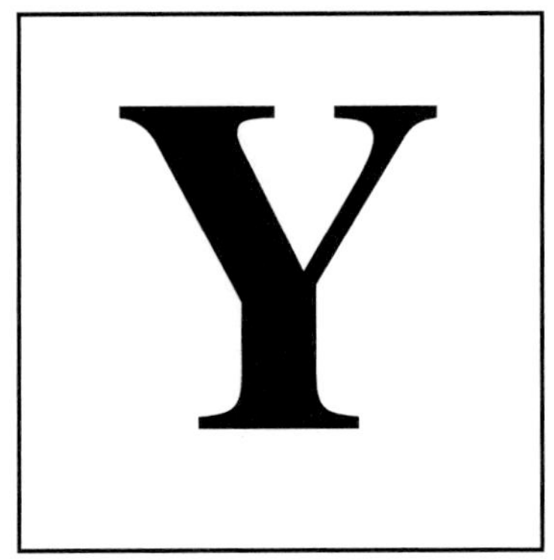

Yahvé

Nom donné au Dieu d'Israël dans la Bible hébraïque après qu'il se fut manifesté à Moïse sous la forme d'un buisson ardent. Yahvé signifie « je suis qui je suis » ; les chrétiens ont transformé Yahvé en Jéhovah. On distingue dans la Bible les livres où Dieu est Yahvé et les livres, moins nombreux et antérieurs, où Dieu est Élohim.
On écrit aussi **Jahvé**.

Yalta

Ville d'Ukraine, sur la mer Noire (77 000 hab.). Yalta est réputée pour son port et sa station balnéaire.
Du 4 au 11 février 1945, la *conférence de Yalta* réunit Roosevelt, Churchill et Staline. Le « partage du monde » qu'ils effectuèrent ne fut sanctionné par aucun traité.
On écrit aussi **Ialta**.

Yamoussoukro

Capitale de la Côte d'Ivoire depuis 1983, à 250 km au nord-ouest d'Abidjan (150 000 hab.). La plus grande église du monde y a été consacrée par le pape en 1990. Houphouët-Boigny, né à Yamoussoukro, la fit construire.

Yangzijiang

Le plus long fleuve de Chine (5 800 km), appelé le fleuve Bleu, qui se jette dans la mer de Chine orientale. Né sur les plateaux du Tibet, à 5 000 m d'altitude, il coule vers le sud-est et reçoit de nombreux affluents. Il arrose Nankin et Shanghai, bâtie dans son delta. Fleuve régulier, au débit abondant, c'est le principal axe économique de la Chine. La construction du plus grand barrage du monde a commencé en 1997.
On dit aussi **Changjiang** ou **Yang Tsé Kiang**.

Yaoundé

Capitale du Cameroun, reliée par voie ferrée au port de Douala (990 000 hab.). Yaoundé possède un archevêché catholique.

Yémen

17 millions d'habitants
Superficie : 527 970 km²
Capitale : Sanaa
Langue officielle : arabe
Monnaie : le rial du Yémen

État du Sud-Ouest de la péninsule Arabique. Il est bordé à l'ouest par la mer Rouge et l'océan Indien, à l'est par le sultanat d'Oman et au nord par l'Arabie saoudite. La population est majoritairement arabe, la religion officielle est l'islam.

Géographie Le Yémen contrôle la rive orientale du détroit de Bab al-Mandab, qui sépare l'Asie de l'Afrique et fait communiquer le golfe d'Aden et la mer Rouge. La plaine d'Aden, aride, est peuplée dans les sites irrigués et est dominée par un massif montagneux (3 760 m). Ces hautes terres, moins chaudes et plus humides que le reste du territoire, concentrent pâturages, cultures et peuplement.

Économie La population, rurale à 70 %, garde des activités ancestrales : élevage extensif (ovins, caprins, bovins), cultures vivrières (céréales) et quelques produits d'exportation (coton, café). La grande ressource est le pétrole (95 % des exportations). De nombreux Yéménites émigrent dans les pays du Golfe Persique.

Histoire Cette région vit naître des royaumes prospères dès le IIe millénaire avant J.-C. Le pays résista aux Romains (Ier siècle avant J.-C.) puis chassa les Éthiopiens avec l'aide des Perses. Il fut islamisé au VIIe siècle. Carrefour commercial, le Yémen connut la prospérité et fut intégré (XVIe-début du XVIIe siècle) à l'Empire ottoman. Les Britanniques occupèrent Aden en 1839. Le pouvoir des Ottomans déclina et prit fin en 1920. Des imams régnèrent ensuite sur le Yémen du Nord et furent renversés par un coup d'État militaire en 1962 ; la *république arabe du Yémen* fut proclamée au nord.

Au sud, les Britanniques organisèrent la fédération de l'Arabie du Sud, qui devait devenir la *république démocratique et populaire du Yémen*. En 1967, le Front national de libération proclama l'indépendance.
Après deux guerres entre le Yémen du Nord et le Yémen du Sud, un rapprochement s'initia dans les années 1980. La réunification des deux pays fut effective en 1990.

île d'Yeu

Île française proche de la côte vendéenne, formant une commune et un canton ; 23 km^2 ; 4 868 hab.

Yokohama

Ville et port du Japon (sur l'île d'Honshu), constituant le sud de la conurbation de Tokyo (3 037 000 hab.). La ville présente une intense activité portuaire et industrielle.

Yom Kippour

Cette fête juive solennelle, qui signifie « jour de l'Expiation », marquée par le jeûne et la prière, est dite aussi *Grand Pardon* ; elle est célébrée en septembre ou octobre, le dixième jour après le Nouvel An juif.
On dit aussi **Kippour**.

Yonne

Département français (89) de la Région Bourgogne. 7 425 km^2 ; 333 221 hab. ; chef-lieu : Auxerre.

York

Famille anglaise, branche de la maison royale des Plantagenêts. La famille d'York disputa le trône à la maison de Lancastre (guerre des Deux-Roses) et donna trois rois à l'Angleterre : Édouard IV, Édouard V et Richard III, tué et détrôné par Henri VII Tudor (1485).

Yoroubas

Population de 20 millions de personnes établie dans le sud du Nigeria et du Bénin. Descendants des fondateurs des royaumes d'Ife et du Bénin, ils ont développé un art rappelant le style de cour de leurs ancêtres, qui travaillèrent le bronze, l'ivoire, la pierre et la terre cuite.
On dit aussi **Yorubas**.

① Yougoslavie

Ancien État du sud-est de l'Europe, jusqu'en 1992 (255 804 km^2 ; 23,4 millions d'hab.). Sa capitale était Belgrade. Il regroupait six républiques socialistes : la Serbie, la Croatie, la Slovénie, la Bosnie-Herzégovine, la Macédoine et le Monténégro. Sa population était composée de 65 % d'orthodoxes, de 19 % de musulmans et de 4 % de catholiques.
Économie L'agriculture avait été modernisée. L'industrie avait bénéficié d'une certaine richesse en minerais (cuivre, fer, plomb, bauxite, zinc et mercure), mais souffrait de la relative faiblesse des ressources énergétiques ; elle était concentrée autour des deux principales villes, Belgrade et Zagreb, et en Slovénie. L'inégal développement des différentes républiques et régions constituait un problème majeur. Avec la crise institutionnelle qui a suivi la mort du maréchal Tito (1980) et la chute des régimes communistes d'Europe orientale, ces disparités économiques ont contribué à la dislocation de la Yougoslavie.
Histoire Le *royaume des Serbes, Croates et Slovènes* fut proclamé le 1er décembre 1918. Le pays prit en 1931 le nom de Yougoslavie. Après l'assassinat du roi Alexandre Ier, la régence fut exercée par le prince Paul.
Malgré un pacte signé avec l'Allemagne en 1941, celle-ci envahit le pays. Deux puissants mouvements de résistance s'organisèrent : l'un, royaliste, autour du Serbe Mihajlovic ; l'autre, communiste, autour du Croate Tito, soutenu par les Alliés dès 1943. Le pays fut libéré par ses propres forces. Une république fédérale socialiste, dont Tito devint le président, fut établie en 1946. La Yougoslavie rompit avec l'URSS de Staline en 1948. Tito gouverna jusqu'à sa mort en 1980.
Les premières élections libres confirmèrent, en 1990, les contradictions entre, d'une part, les Slaves occidentalisés et plus riches de la Slovénie et de la Croatie, et, d'autre part, les Slaves orthodoxes et plus pauvres de Serbie, ainsi qu'entre chrétiens et musulmans. La guerre civile éclata en 1991 après la proclamation d'indépendance de la Slovénie et de la Croatie et conduisit à l'éclatement de la fédération yougoslave. 15 000 casques bleus de l'ONU vinrent mettre fin au conflit. Une nouvelle *république fédérale de Yougoslavie* fut proclamée le 27 avril 1992 par la Serbie et le Monténégro, mais ne fut pas reconnue par la communauté internationale, qui lui retira son siège à l'ONU.

② république fédérale de Yougoslavie

10,6 millions d'habitants
Superficie : 101 780 km^2
Capitale : Belgrade
Langue officielle : serbo-croate
Monnaie : le nouveau dinar yougoslave

État de l'Europe balkanique formé de la Serbie (avec ses deux provinces autonomes, Vojvodine et Kosovo) et du Monténégro.
Histoire La république fédérale de Yougoslavie fut formée en avril 1992, lorsque la sécession de la Slovénie, de la Croatie, de la Bosnie-Herzégovine et de la Macédoine consacra le démantèlement de la république fédérale socialiste de Yougoslavie. Le président serbe, Slobodan Milosevic, fut élu président de la nouvelle république en 1993. Vojislav Kostunica lui succéda en 2000.

Yourcenar Marguerite (née en 1903, morte en 1987)
Écrivain à la double nationalité, française et américaine. Marguerite de Crayencour, dite Marguerite Yourcenar, fut traductrice, auteur de poèmes, d'essais, de pièces de théâtre, de récits et de romans : *Mémoires d'Hadrien (1951)*, *l'Œuvre au noir (1968)*. Elle fut la première femme élue à l'Académie française, en 1980.

Ys
Ville bretonne légendaire qui aurait été engloutie par l'Océan au IVe ou Ve siècle.

Yucatán
Péninsule du Mexique, formée de plateaux peu élevés, qui ferme au sud le golfe du Mexique. Le climat y est chaud et sec, les forêts recèlent du bois précieux.
L'*État du Yucatán* (38 402 km^2 ; 1 362 900 hab.) a pour capitale Mérida. Anciennement habitée par les Mayas, la région conserve d'importants vestiges de cette civilisation.

① **Yukon**
Fleuve du Canada et de l'Alaska (2 554 km), qui se jette dans la mer de Béring.

② **Yukon**
Territoire situé au nord-ouest du Canada ; 483 450 km^2 ; 27 790 hab. ; chef-lieu : Whitehorse. Cette région montagneuse et glacée renferme de nombreux gisements : or, plomb, zinc, cadmium, amiante, pétrole, charbon. Le Yukon connut une ruée vers l'or en 1897.

Yunnan
Province de la Chine du Sud (436 200 km^2 ; 34 060 000 hab.). La capitale est Kunming. Région montagneuse, au climat tropical, le Yunnan possède des richesses minières et cultive le riz, le thé, la canne à sucre.

Yvelines
Département français (78) de la Région Ile-de-France. 2 271 km^2 ; 1 354 304 hab. ; chef-lieu : Versailles.

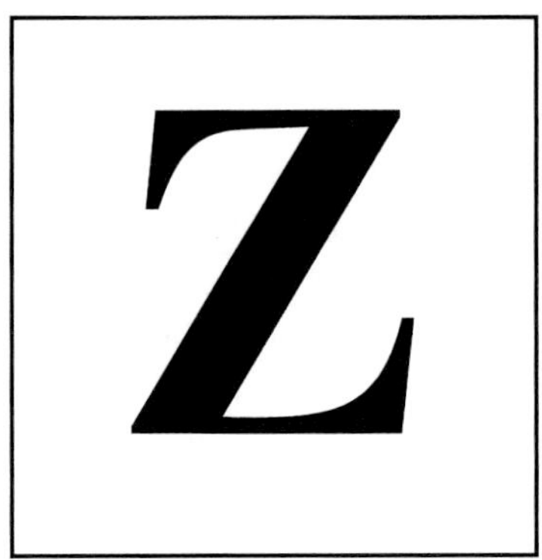

Zagreb

Capitale de la Croatie, sur la Save (870 000 hab.). La ville de Zagreb est un centre industriel avec une université, une cathédrale (XIIIe-XVIIIe siècles), le Palais royal (XIVe siècle) et de nombreux musées.

Zaïre

voir ***République démocratique du Congo***

Zama

Ancienne localité d'Afrique du Nord, à 150 km au sud-ouest de Carthage. Scipion l'Africain y vainquit Hannibal (202 avant J.-C.), remportant la deuxième guerre punique.

Zambèze

Fleuve de l'Afrique australe (2 660 km), qui dépend de l'océan Indien. Né à la limite de l'Angola, il sert de frontière entre la Zambie et le Zimbabwe, puis pénètre au Mozambique. Plusieurs grands barrages contrôlent les chutes et les rapides du Zambèze. Le cours inférieur forme une voie navigable d'environ 500 km.

Zambie

9,6 millions d'habitants
Superficie : 752 614 km^2
Capitale : Lusaka
Langue officielle : anglais
Monnaie : le kwacha de Zambie

État de l'Afrique australe, la Zambie est située entre l'Angola, la République démocratique du Congo, la Tanzanie, le Malawi, le Mozambique, le Zimbabwe et la Namibie. C'est une république membre du Commonwealth. Les religions majoritaires sont le christianisme (69 %) et les religions traditionnelles. Le pays est peuplé de plus de 70 ethnies de langues bantoues.

GÉOGRAPHIE Un haut plateau (900-1 500 mètres) coupé par les vallées du Zambèze, du Luangwa et du Kafue, et à l'est duquel s'élèvent les monts Muchinga (1 840 m), constitue l'essentiel du relief. Au climat tropical humide, tempéré par l'altitude, correspond une végétation de savane arborée et de forêt claire.

ÉCONOMIE L'agriculture est peu performante (élevage extensif des bovins, cultures vivrières, exportation de tabac) mais la production hydroélectrique est abondante. La grande richesse du pays est le cuivre. Le taux de chômage est très élevé.

HISTOIRE Le territoire reçut, en 1911, le nom de Rhodésie du Nord et, en 1924, obtinrent le statut de colonie britannique. La Grande-Bretagne créa en 1953 une fédération d'Afrique centrale, englobant les deux Rhodésies et le Nyassaland. Celle-ci éclata en 1963, et la Rhodésie du Nord accéda à l'indépendance. Elle prit le nom de Zambie (1964). Des rapports de paix furent établis avec l'Angola et la République démocratique du Congo en 1999.

Zanzibar

Île corallienne du littoral africain de l'océan Indien, faisant partie de l'État de Tanzanie. 1 658 km^2 ; 479 000 hab. ; capitale : Zanzibar. Les principales ressources sont les clous de girofle et l'huile de girofle (n° 1 mondial).

HISTOIRE Zanzibar fut contrôlée par les Portugais de 1503 à 1730, puis par les Arabes et devint en 1890 un protectorat britannique. Elle gagna son indépendance en 1963 et fusionna avec le Tanganyika en 1964 pour former la Tanzanie.

Zapata Emiliano (né vers 1879, mort en 1919)

Révolutionnaire mexicain. Il devint, en 1910, un des chefs de la révolution qui restituait les terres aux paysans. Trahi, il fut assassiné. Sa mémoire inspira le *zapatisme*, mouvement qui depuis 1994 réunit des Amérindiens du Mexique.

Zapotèques

Peuple de l'Amérique précolombienne qui s'établit au IVe siècle après J.-C. dans le sud du Mexique.

Zénon d'Élée (né entre 490 et 485 avant J.-C.)
Philosophe grec, disciple de Parménide.

Zeus
Dieu suprême de la Grèce antique, fils de Cronos et de Rhéa. Dieu de la Pluie et de la Foudre (son emblème), il étendit son empire sur les dieux de l'Olympe et sur les hommes. Il a pour femme légitime Héra. Les Romains l'ont assimilé à Jupiter.

Zhejiang
Province de Chine, sur la mer de Chine orientale ; 101 800 km^2 ; 40 millions d'hab. ; chef-lieu : Hangzhou. Cette région de collines (au sud) et de plaines (au nord), au climat chaud et humide, est vouée à l'agriculture, à l'élevage et à la pêche.

Zhengzhou
Ville de Chine (4 millions d'hab.), sur le Huanghe. Chef-lieu du Henan.

Zhou Enlai (né en 1898, mort en 1976)
Homme politique et général chinois. Après des études achevées au Japon et en Europe, il adhéra au parti communiste. Il organisa l'armée de la première République soviétique chinoise en 1931. Premier ministre de 1949 à sa mort, il œuvra en faveur de la solidarité afro-asiatique et fut à l'origine de la détente politique avec les États-Unis.
On dit aussi **Chou En-lai**.

Zimbabwe

11,4 millions d'habitants
Superficie : 389 360 km^2
Capitale : Harare
Langue officielle : anglais
Monnaie : le dollar du Zimbabwe

État de l'Afrique australe, limitrophe de la Zambie, du Mozambique, de l'Afrique du Sud et du Botswana. Le Zimbabwe est une république dont les principales ethnies sont les Shonas (71 %) et les Ndébélés (16 %). Les religions principales sont le christianisme (43 %) et les religions traditionnelles (41 %).
Géographie Le Zimbabwe a un climat tropical qui produit une forêt claire et une savane boisée. La population est surtout rurale. 4 500 fermiers blancs cultivent 10 millions d'hectares de bonnes terres et exportent tabac, coton, maïs et sucre. 2 500 000 fermiers noirs pratiquent des cultures vivrières sur 20 millions d'hectares de terres pauvres. La sècheresse sévit depuis 1995.
Économie Le pays a des ressources hydroélectriques et industrielles. Il exporte ses richesses : or, amiante et nickel. L'Afrique du Sud reste son principal partenaire économique.
Histoire Très tôt, de vastes royaumes naquirent dans la région, dont celui du Grand Zimbabwe qui fit le commerce de l'or. Le territoire devint une colonie britannique, sous le nom de Rhodésie du Sud, par opposition à la Rhodésie du Nord (la Zambie actuelle). En 1953, la Grande-Bretagne réunit les deux Rhodésies et le Nyassaland (le Malawi actuel) dans une fédération d'Afrique centrale. En 1964, le Malawi et la Zambie devinrent indépendants ; l'indépendance du Zimbabwe ne fut proclamée qu'en 1980.

Zola Émile (né en 1840, mort en 1902)
Romancier français. Il passa sa jeunesse à Aix-en-Provence, puis à Paris et fut employé à la librairie Hachette. Enquêtant sur le terrain et s'appuyant sur les lois de l'hérédité, il conçoit en 1869 la série des *Rougon-Macquart, histoire naturelle et sociale d'une famille sous le Second Empire*. Ses romans les plus célèbres sont *la Fortune des Rougon (1871)*, *l'Assommoir (1877)*, *Nana (1880)*, *Au Bonheur des dames (1883)*, *Germinal (1885)*, *la Terre (1887)* et *la Bête humaine (1890)*. Il dénonça les irrégularités du procès de Dreyfus avec un article intitulé « J'accuse », publié dans le journal *l'Aurore* en 1898. Condamné, il se réfugia en Angleterre.

Zoug
Ville de Suisse (21 400 hab.), sur la rive nord-est du *lac de Zoug* (38 km^2).
Le *canton de Zoug* (239 km^2 ; 81 600 hab.) est entré dans la Confédération helvétique en 1352.

Zoulous
Peuple d'Afrique du Sud (12 millions de personnes) qui constitue notamment la plus grande partie de la population de la province du KwaZulu-Natal. Ils parlent une langue bantoue.

Zurich
Ville de Suisse, sur la Limmat, rivière issue du lac de Zurich (351 100 hab.). Principal centre financier et économique de Suisse, cette ville industrielle est en plein essor. Elle renferme une université et des musées.
Le *canton de Zurich* (1 729 km^2 ; 1 142 700 hab.) adhéra en 1351 à la Confédération helvétique.

Zuyderzee
Ancien golfe de la mer du Nord (aux Pays-Bas). Fermé par une digue en 1932, il est devenu un lac : l'IJsselmeer.
On écrit aussi **Zuiderzee**.

Zwingli Ulrich (né en 1484, mort en 1531)
Humaniste et réformateur suisse. Curé de Glaris, il adhéra vers 1520 à la Réforme, qu'il propagea, notamment à Zurich, en se montrant plus radical que Luther. Voulant fondre les gouvernements religieux et civil dans l'ensemble de la Suisse, il associa la plupart des villes suisses, mais les cantons catholiques formèrent une ligue alliée à l'Autriche, et il fut tué à la bataille de Kappel, dans le canton de Zurich.

ICONOGRAPHIE

Couverture

Livre © Tony Cordoza / PHOTONICA ; pyramide © Hideki Kuwajima / PHOTONICA ; valise © David Zaitz / PHOTONICA ; montre © Peter Zeray / PHOTONICA ; sphère avec palmiers © Lanny Provo / PHOTONICA ; poisson © Takashi Mizushima / PHOTONICA.

Partie « aide-mémoire »

p. 1 : livre © Tony Cordoza / PHOTONICA . **p. 65 :** pyramide © Hideki Kuwajima / PHOTONICA . **p. 129 :** montre © Peter Zeray / PHOTONICA. **p. 130 :** Dame de Brassempouy, Musée de Saint-Germain-en-Laye © RMN. **p. 131 :** 1. Sagaies et harpons du paléolithique, Musée de Saint-Germain-en-Laye © RMN ; 2. Reconstitution de la grotte de Lascaux © S. Grossman/ Wood in Camp/Cosmos. **p. 133 :** 1. Musée des antiquités de Saint-Germain-en-Laye © RMN/ Gérard Blot ; 2. Louvre © RMN. **p. 135 :** Musée égyptien, Le Caire © G. Dagli Orti. **p. 139 :** © Diaf/J.-P. Langeland. **p. 141 :** Louvre © RMN. **p. 144 :** Tapisserie de Bayeux © Hubert Josse. **p. 145 :** Le couronnement de Charlemagne, miniature *in* Les Grandes Chroniques de France, B.N.F. © Hachette. **p. 146 :** Loches © Jacques Guillard/Scope. **p. 147 :** Jeanne d'Arc, miniature Vigiles de Charles VII © Hachette. **p. 148 :** Chambord © Jacques Benazet/Pix. **p. 149 :** La bataille de Marignan, par Maître de la Ratière, Musée de Condé, Chantilly © Hubert Josse. **p. 150 :** Henri IV en cuirasse et panache blanc, École française du XVIe siècle, Versailles © RMN. **p. 151 :** Château de Versailles © Chandelle/Jerrican. **p. 152 :** Gravure « Le noble est l'araignée le paysan la mouche », anonyme © Hubert Josse. **p. 153 :** Coupe d'un moulin à farine, par Édouard Bowry ; 1796, © Hubert Josse. **p. 154 :** La Déclaration des droits de l'homme et du citoyen, gravure de Niquet le Jeune, Musée Carnavalet, Paris © Edimédia. **p. 155 :** La bataille de Trafalgar (détail), gravure anglaise de Q. Dodd © Lauros/giraudon. **p. 156 :** © Hachette. **p. 157 :** *La Classe d'école* de Geoffroy Jean Henri, Paris, Ministère de l'éducation nationale © Hubert Josse. **p. 158 :** Tranchée en Argonne, Première Guerre Mondiale © B.N.F. **p. 159 :** Juifs au camp de Drancy, Centre de documentation juive contemporaine, Paris © Hachette. **p. 160 :** Casques bleus à Grbavica en Serbie © Noël Quidu/Gamma. **p. 161 :** Ouverture du mur de Berlin © Patrick Piel/Gamma. **p. 163 :** sphère avec palmiers © Lanny Provo / PHOTONICA. **p. 165 :** © V.C.L./Pix. **p. 167 :** © Hervé Donezan/Rapho. **p. 169 :** © Altitude/Franck Lechenet. **p. 197 :** poisson © Takashi Mizushima / PHOTONICA. **p. 209 :** 1. Fossile archéoptéryx (musée de Solnhofen, Bavière) © Petzold ; 2. Dessin archéopteryx © Hachette ; 3. Fougère fossile © Petzold ; 4. Ammonite © Petzold. **p. 231 :** 1 et 2 . © Philippe Burlot ; 3. © Alain Béguerie. **p. 237 :** valise © David Zaitz / PHOTONICA.

Illustrations humoristiques de la partie « aide-mémoire »

Sylviane GANGLOFF : pp. 86, 87, 89, 91.
Annie-Claude MARTIN : pp. 18, 21, 37, 49, 50, 53, 55, 84, 109, 111, 119, 125, 250, 251.
Véronique PRÉNAUD : pp. 31, 79, 81, 82, 83, 103.
Florence SOUVRAIN : pp. 22, 23, 66, 67, 68, 69, 70, 71, 73, 92, 94, 95.
Christophe VERDENAL : pp. 24, 46, 75, 77, 97, 239, 240, 242, 245, 249.

Achevé d'imprimér par G. Canale & C. S.p.A. - Italie
Dépôt légal : 22942 - 06/02
Collection N° 25 - Édition 01
28/0527/3